本书出版得到

国家重点文物保护专项补助经费资助

阳新大路铺

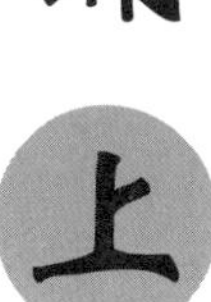

上

湖北省文物考古研究所
湖北省黄石市博物馆　编著
湖北省阳新县博物馆

主　编　冯少龙
副主编　田桂萍　付守平

文物出版社

封面设计　周小玮
责任印制　陆　联
责任校对　李　薇
责任编辑　杨新改

图书在版编目（CIP）数据

阳新大路铺／湖北省文物考古研究所，湖北省黄石市博物馆，湖北省阳新县博物馆编著．—北京：文物出版社，2013.11

ISBN 978－7－5010－3841－1

Ⅰ.①阳…　Ⅱ.①湖…　②湖…　③湖…　Ⅲ.①文化遗址－发掘报告－阳新县－新石器时代　②文化遗址－发掘报告－阳新县－商周时代　Ⅳ.①K878.05

中国版本图书馆 CIP 数据核字（2013）第 229198 号

阳　新　大　路　铺

湖北省文物考古研究所
湖北省黄石市博物馆　编著
湖北省阳新县博物馆

＊

文　物　出　版　社　出　版　发　行

（北京东直门内北小街 2 号楼）

http：//www.wenwu.com

E-mail：web@wenwu.com

北京盛天行健艺术印刷有限公司印刷

新　华　书　店　经　销

889×1194　1/16　印张：64.25　插页：1

2013 年 11 月第 1 版　2013 年 11 月第 1 次印刷

ISBN 978－7－5010－3841－1　定价：680.00 元（全二册）

The Dalupu Site in Yangxin County

I

Compiled by

Hubei Provincial Institute of Cultural Relics and Archaeology
Huangshi Municipal Museum
Yangxin County Museum

Cultural Relics Press

目　　录

附录

插图目录

彩版目录

图版目录

第一章　绪言

第一节　地理位置、历史沿革

阳新大路铺古文化遗址所在的大路铺自然村，隶属湖北省鄂东地区的阳新县白沙镇土库村保垅组。

阳新县，地处鄂东地区，紧邻长江南岸。以长江为界，鄂东地区又可划分为鄂东南和鄂东北两个区域，长江以北属鄂东北区域，长江以南属鄂东南区域。阳新县属鄂东南区域幕阜山脉北麓。东北与蕲春、武穴市隔江相望，东南毗邻江西省瑞昌县，西南接通山县和江西省武宁县，西北连大冶市和咸宁市。地理坐标为北纬29°30′～30°09′，东经144°43′～115°30′。

阳新，从旧石器时代起，就有人类在此繁衍生息①。据文献记载，春秋前，此地为“吴头楚尾”，介于鄂（后为武昌）、江夏、浔阳（后为江州）、豫章（后为洪州）之间，春秋时属楚。阳新自西汉高祖六年（公元前201年）始置县，初名下雉县，属江夏郡。三国时，魏黄初二年（221年）吴孙权分鄂置阳新县，与下雉县并隶武昌郡。东晋时，下雉并入阳新。南北朝时，梁普通七年（526年），分阳新置安昌县；陈天嘉元年（560年）又分置永兴县。隋移置永兴，添置富川县，并阳新、安昌入富川，不久并永兴入富川，后更名永兴，属江夏郡，唐属鄂州。宋为兴国军治，因宋太平兴国三年（978年）改永兴军置，以“兴国”年号为名。元升兴国军为兴国路，隶江西道，不久自江西割隶湖广行省。明初改为兴国府，洪武九年（1376年）降府为州，省永兴县，属武昌府。清仍为州。1914年改兴国州复为阳新县，属湖北江汉道，1933年划归湖北省第二行政督察区。中华人民共和国成立后，阳新县于1949～1952年属大冶专区，1952～1965年属黄冈专区，1965～1996年属咸宁专区（地区），1996年至今隶属黄石市。

阳新是“多山之乡，百湖之县”。为新华夏构造体系隆起带的组成部分，多为燕山运动所造成的褶皱山地。山脉走向与构造线走向一致，略呈东北—西南向。燕山运动后期有花岗岩侵入，并伴有断裂作用发生，造成富水下游、海口湖、大冶湖等盆地。盆地方向受构造线控制，呈东北—西南向平行排列，构成周高中低的地形特征。山脉除局部峰峦外，多为海拔300米左右的丘陵岗地。

白沙镇东部由百福山（海拔602米）和父子山（海拔658米）构成南北走向的东部屏障；西部由白浪山、七峰山（海拔748.5米）构成南北走向的西部屏障。两道屏障之间是由丘岗、平地

---

① 在阳新浮屠街镇上岩邢村北宝下洞穴旧石器时代遗址中，采集有人类左下第二臼齿和哺乳动物骨骼化石。见国家文物局：《中国文物地图集·湖北分册（下）》第52页，西安地图出版社，2002年。

为主构成的狭长地带，间有较大的平畈分布。地表径流大体以白沙镇为南北分水岭，北边流经大冶小箕铺，汇入大冶湖；南边流经浮屠街镇南坦湖，注入富水河。在这遍长约50、宽约15千米的范围内，集中分布着许多古文化遗址。在阳新县境内有和尚垴、油榨山遗址等，大路铺遗址便是其中之一。在大冶市境内有五里界城址、梁家垴遗址等。

大路铺遗址西北距大冶五里界古城直线距离约10千米①，距大冶铜绿山遗址约20千米②；东南离阳新县城关约18千米。遗址向北经大冶湖可通长江，向南走富水河可达长江，水陆交通十分便利（图一、二）。

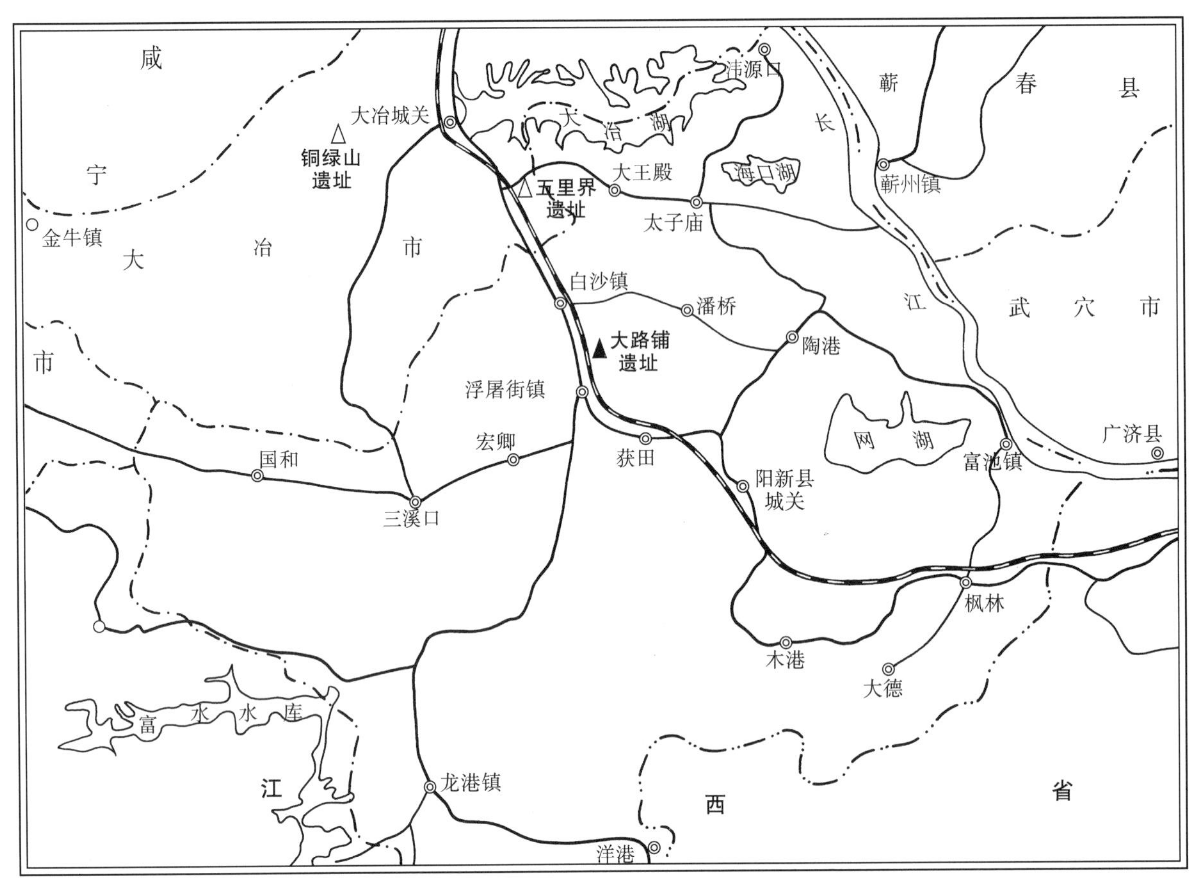

图一 阳新大路铺遗址地理位置示意图

阳新大路铺古文化遗址于1981年文物普查时发现。遗址所在地大路铺自然村庄，为三面靠山（丘岗），一面向路。村庄背后（东面）的山，称“背后山”；前面（西南面）的山，称“前面山”；西北面的山，称“铺垴”。

大路铺是一处丘岗、台地遗址。遗址范围包括大路铺村和周围高出大路铺村的背后山、前面山、铺垴等山林、丘岗、台地，平均高出现在四周地面约5米，最高点海拔高56.7米，遗址略呈不规则圆角长方形，南北长约400米、东西宽约200米，总面积约8万平方米。大路铺村就坐落

① 湖北省文物考古研究所：《大冶五里界——春秋城址与周围遗址考古报告》，科学出版社，2006年。

② 黄石市博物馆：《铜绿山古矿冶遗址》，文物出版社，1999年。

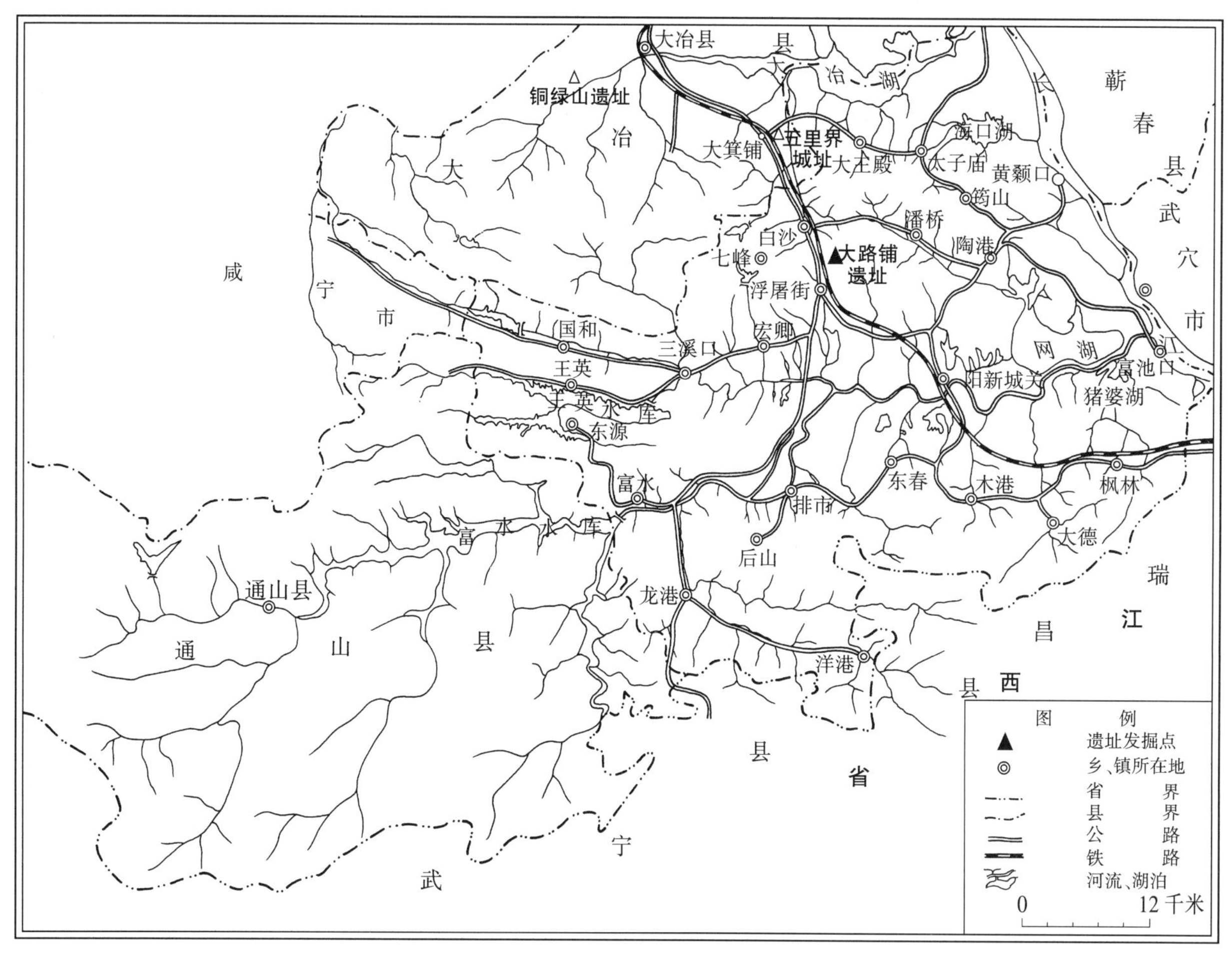

图二　阳新县水网水系交通示意图

在遗址上，覆盖着遗址的中心区域。遗址被前面山和大路铺村分隔为东（山岗林地和台地）、西（山坡地）、北（丘岗林地）三个相对独立的区块。遗址东面有一条发源于百福山的小溪，小溪紧靠遗址由北向南流，当地人称小溪为蚂蚁港（疑为古河道或古湖泊），流经大路铺后，向西流汇入平原港。因上游筑坝蓄水，使蚂蚁港水流萎缩，港区成为水稻田（图三；彩版一，1）。

第二节　发掘经过

大路铺遗址先后进行过四次发掘。第一次发掘是为配合“大沙铁路”（湖北大冶至江西九江沙河镇）单线修筑工程；第二次发掘是第一次发掘的补充；第三和第四次发掘是为配合“武九铁路”（湖北武汉市至江西九江市）复线（弯改直提速）修筑工程。

第一次发掘工作，起于1984年3月，于1985年1月结束，前后历时11个月。

20世纪80年代初，为了加大湖北省与江西省沿江地带陆路交通，政府决定将原湖北省武汉市至大冶县的“武大”铁路，向东南延伸至江西省九江县沙河镇，定名为“大沙”（线）铁路。为了配合铁路建设，做好文物保护工作，原湖北省文化局组织湖北省博物馆和黄石市、黄石市大冶县、咸宁地区、咸宁地区阳新县等文博单位，成立“大沙铁路文物保护工作队”，当

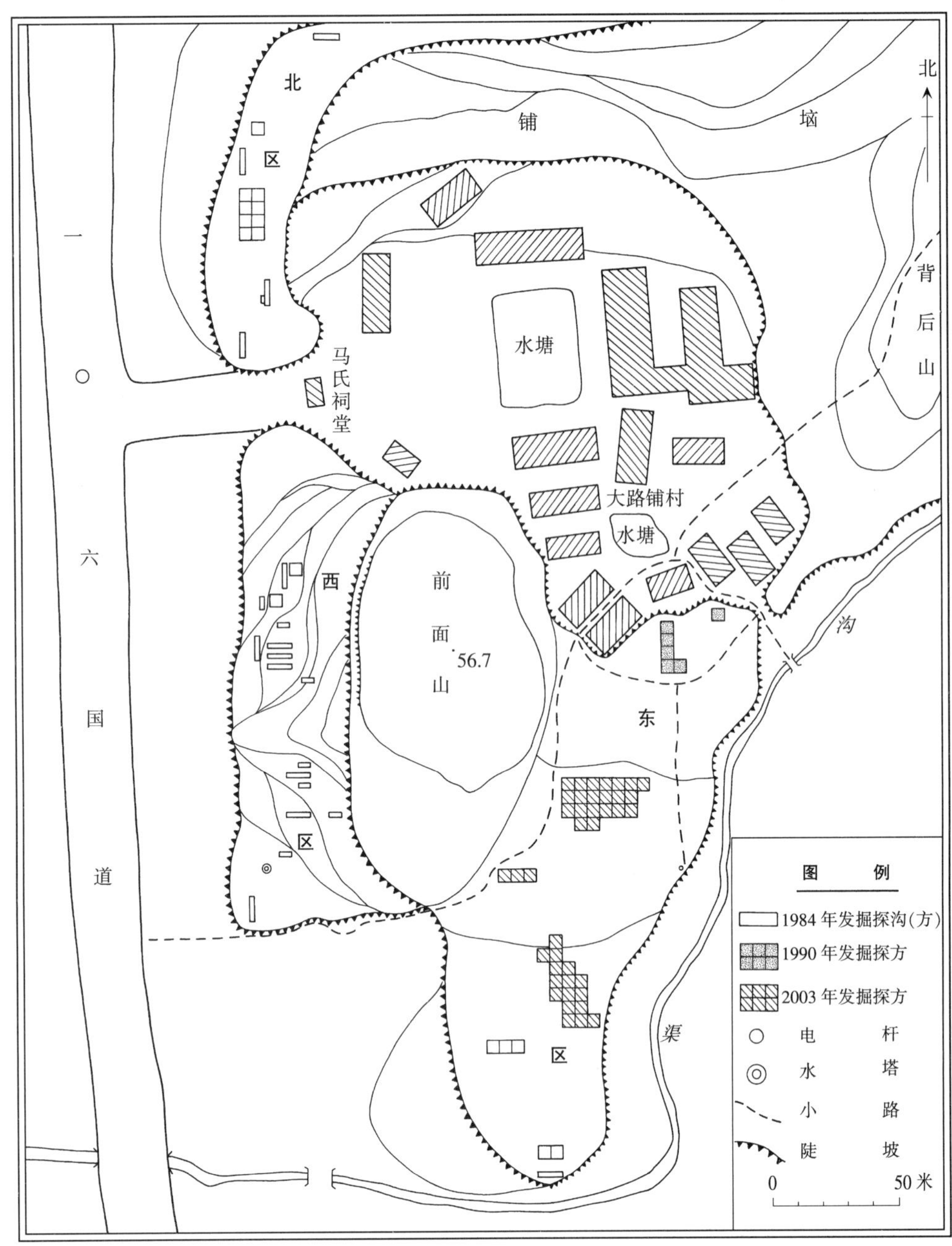

图三　大路铺遗址地形地貌、布方位置总图

时湖北省博物馆副馆长王劲任队长。1983 年 4～9 月，大沙铁路文物保护工作队安排专业人员，对大沙铁路湖北段（大冶城关至阳新枫林）进行专线考古调查，大路铺遗址地处铁路施工线上。

这次发掘主要是配合“大沙铁路”单线路基修筑工程进行的，发掘区域局限在路基设计线段内。根据遗址现存状况，我们在发掘前将遗址按分布状况，划分为三个区块：北区为铺垴丘岗林地、西区为前面山西部坡坎梯地、东区为前面山东南台地。布方采用区块法，在区块基础上按先后发掘的顺序给探方（沟）号。编序为发掘开始年份、地点、区域、探方，年份和探方序号用阿拉伯数字表示，区域和探方（沟）用英文字母表示，如北区 1 号探方（沟）的编号为 84NT1。遗迹单位按区块统一编号，如北区 1 号灰坑，即为 84NH1。

这次发掘共布探方（沟）36 个。

北区：布探方（沟）13 个，编号为 84NT1 ~ T13。其中，84NT1、T2、T3、T5 等 4 个为 10 米 ×2 米探沟，84NT4、84NT6 ~ T13 等 9 个为 5 米 ×5 米探方。布方面积 305 平方米，实际发掘面积 277.5 平方米（图四）。

西区：布探方（沟）17 个，编号为 84WT1 ~ T17。其中，84WT1 为 4 米 ×4 米探方；84WT2 为 5 米 ×5 米探方；84WT3、T4、T5、T9、T10、T11、T15、T17 等 8 个为 10 米 ×2 米探沟；84WT6、T7、T8、T12、T13、T14、T16 等 7 个为 5 米 ×2 米探沟。布方面积 271 平方米，实际发掘面积 271 平方米（图五）。

东区：东区南部布探方（沟）6 个，编号为 84ET1 ~ T6。其中 84ET1 ~ T5 等 5 个为 5 米 ×5 米

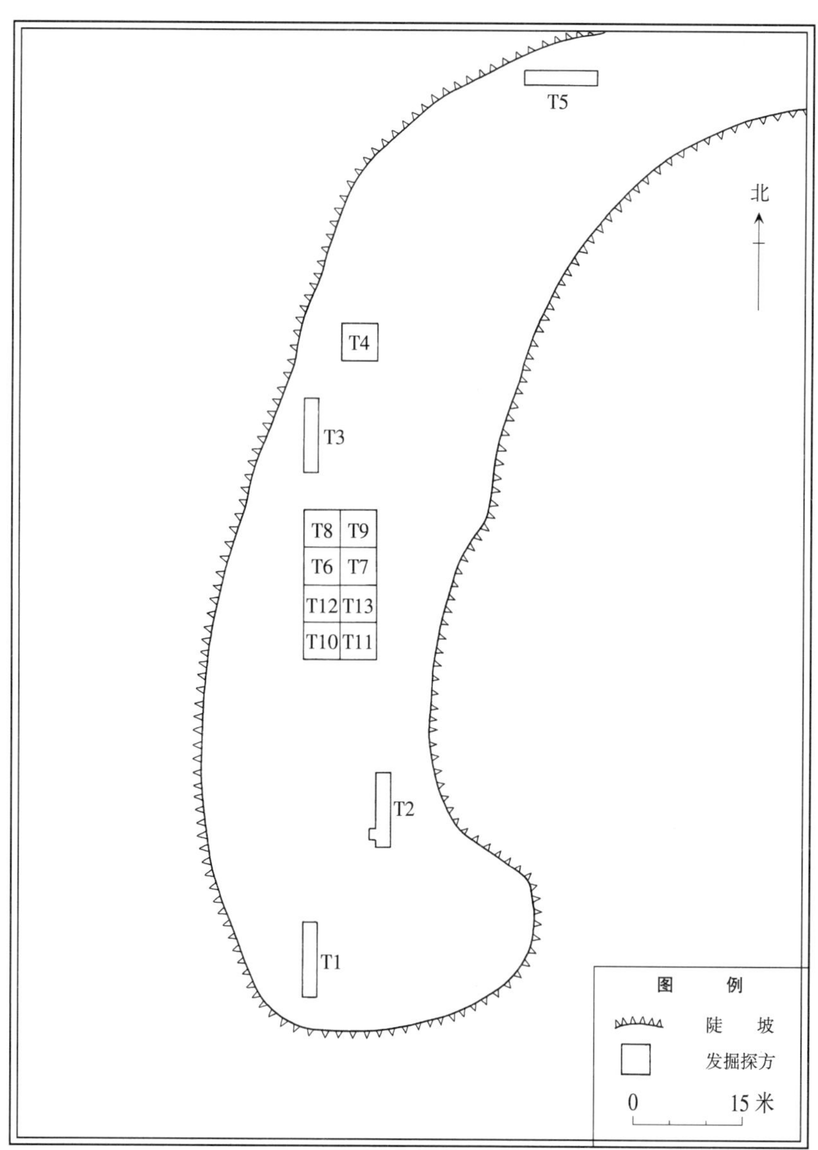

图四　84N 探方（沟）分布图

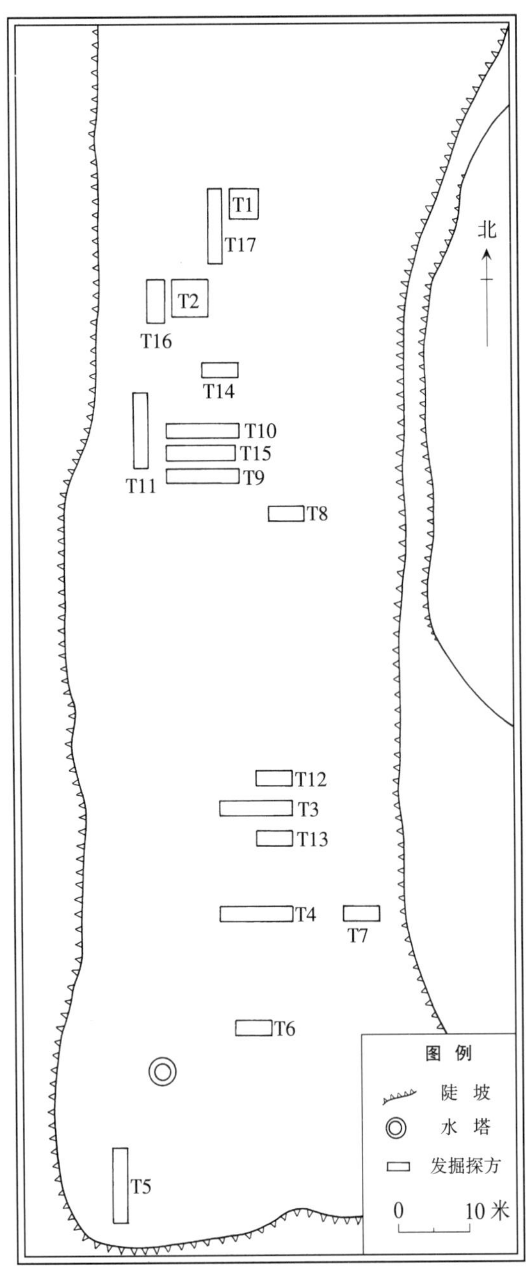

图五 84W探方（沟）分布图

探方；84ET6为10米×2米探沟。布方面积145平方米，实际发掘面积112平方米。

本次发掘布方（沟）面积共721平方米，实际发掘面积共660.5平方米。

第二次发掘工作，起于1990年10月，于当年12月结束，前后历时3个月。

此次发掘因大沙铁路单线工程已建成通车，遗址北、西区已成铁路路基。由于第一次发掘局限在施工线段内，所获取的资料有限，无法全面反映大路铺遗址的文化内涵，故在遗址东区的北部选择有代表性的区块进行布方。共布5米×5米探方6个，探方编号分别为90ET216、T217、T233、T248、T262、T272，发掘面积150平方米①。

第三、四次发掘工作于2003年展开。为配合武九铁路复线（弯改直提速）修筑工程，再次对该遗址进行了发掘。发掘工作在东区进行，分上半年（第三次）和下半年（第四次）两次展开，上半年起于2003年3月，于8月初结束；下半年起于2003年11月，于2004年1月结束。两次发掘历时共9个月。

第三次在遗址东区中部布5米×5米探方21个，探方编号分别为03ET2507、T2607、T2707、T2807、T2907、T3007、T3107、T2506、T2606、T2706、T2806、T2906、T3006、T2505、T2605、T2705、T2805、T2905、T3005、T2604、T2704。布方面积525平方米，实际发掘面积475平方米（彩版一，2）。

第四次在遗址东区南部布5米×5米探方19个，探方编号分别为03ET2001、T2101、T2201、T2406、T2307、T2407、T2408、T2508、T2409、T2509、T2609、T2410、T2510、T2610、T2511、T2611、T2512、T2612、T2712。布方面积475平方米，实际发掘面积397平方米（图六）。

大路铺遗址四次总计发掘面积1682.5平方米。共发现灰坑、灰沟（柱洞）、房址（柱洞）、墓葬、水井、陶窑、灶（坑）、烧坑、烧土堆积等九大类遗迹；提取遗物标本总数3790件。出土遗物有陶、玉石、铜、漆木器等，还有矿石、炼渣、炉壁等矿冶遗存。

① 湖北省文物考古研究所、阳新县博物馆：《阳新大路铺遗址东区发掘简报》，《江汉考古》1992年第3期。1992年的报道和以往在一些学术活动中交流的资料和结论，在本报告中多有修正，以本次报告为准。

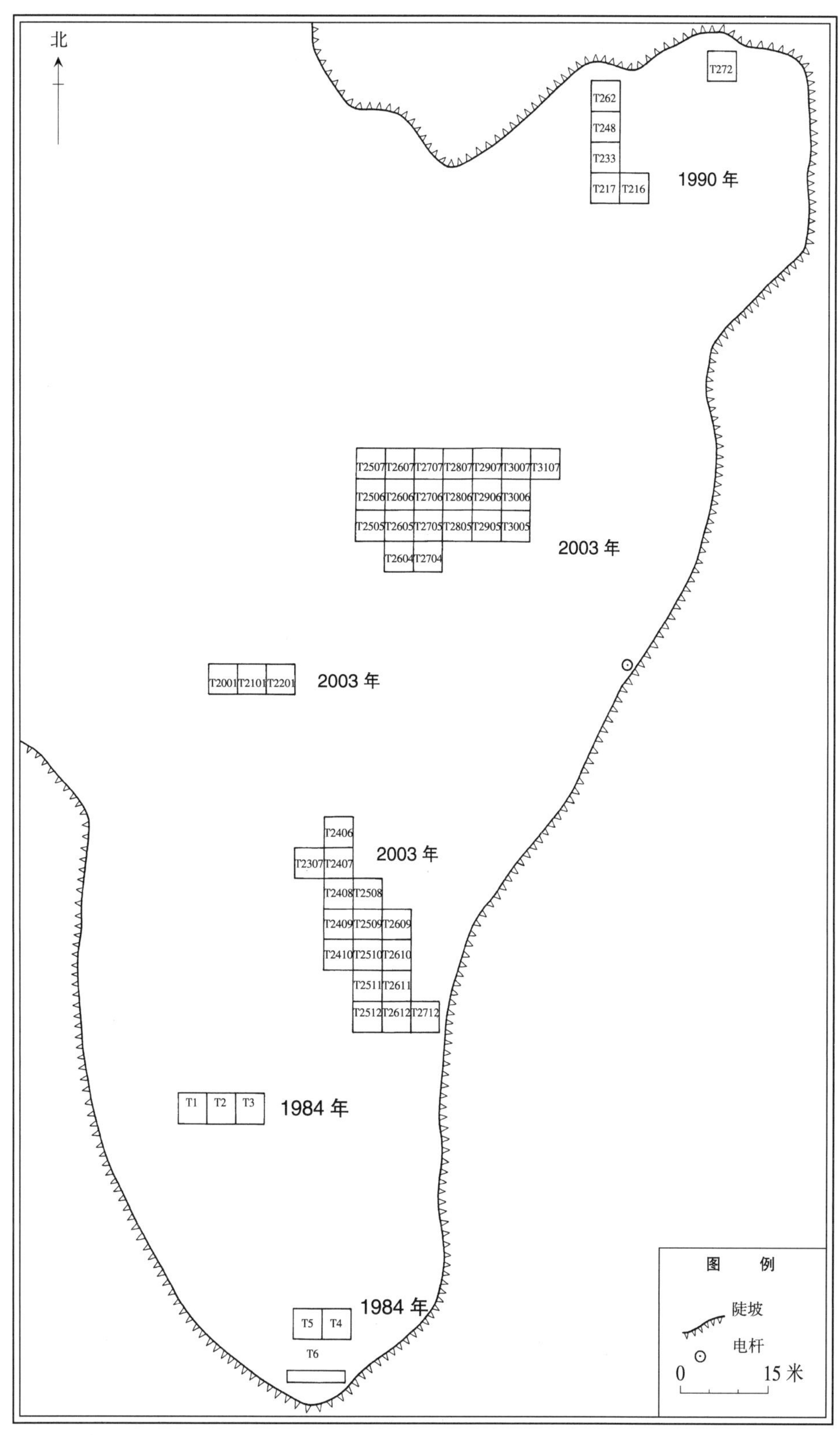

图六　84、90、03E探方（沟）分布图

田野发掘工作由冯少龙负责。先后参加过发掘工作的单位有湖北省博物馆、湖北省文物考古研究所、湖北省博物馆盘龙城工作站（现为武汉市盘龙城博物馆）、阳新县博物馆、钟祥市博物馆、大悟县博物馆、黄州区博物馆。先后参加过发掘工作的人员有李儒俦、贾晓玲、费世华、李卉妍、费世霞、明建国、赵晓娣、王功木、朱俊英、陈连才、付贵堂、黄文进、管福桃、柳长辉、郑军、张忠怀、马盾、黄卫平、官信、周国平、宋有志、杨军、黄旭初、柯忠、费世超、孟世和、付亚南、董志伟、吴琳、院文清、付守平、潘佳虹、闫鄂、田桂萍、陈春、肖志华、谭竹青。

第三节　整理与编写情况

大路铺遗址整理工作大致可分四个阶段：

第一阶段在阳新县博物馆进行。起于1985年，主要整理第一次发掘的资料。后因主持整理的负责人于1985年下半年参加湖北荆门至沙市的荆沙铁路修筑工程文物保护工作，故整理工作搁置下来。

第二阶段在湖北省文物考古研究所进行。主要整理1990年东区发掘遗存，并对初步整理的资料以简报形式予以报道。但是，报告整理工作，因主持人于1992年上半年参加湖北清江水利枢纽工程文物保护工作和其他文物保护工作，整理工作又搁置了下来。

第三阶段在阳新县博物馆进行，起于2004年下半年。主要是对四次发掘资料进行综合整理。后因主持整理的负责人于2006年参加汉江崔家营水利枢纽工程襄阳陈坡遗址、墓地文物保护工作，故整理工作再次搁置下来。

第四阶段整理工作，起于2008年上半年至今。进入报告整理编写阶段。

整理工作由冯少龙主持。先后参加整理工作的人员有贾晓玲、费世华、费世霞、徐银秀、黄文进、郑军、黄旭初、谭娇娥、谭竹青、刘少华、鲍友桂、邓蔚蓝、杨军、宋有志、周国平、付守平、田桂萍、院文清、肖志华、马晓姣、周世本、曾令斌、李天智、孟军涛、吴帅岚、韩恒、陈明芳等。

大路铺遗址自新石器时代，经商、周、明、清等时代至今，一直是人们生产、生活场所。本报告报道的内容仅包括新石器时代和商周时代的文化遗存。

大路铺遗址发掘和整理期间，引起学界的高度重视和广泛关注。曾多次组织现场研讨活动。参加研讨活动的专家、学者有武汉大学历史学院考古系主任陈冰白教授；湖北省黄石市博物馆副研究员龚长根、曲毅先生；湖北省博物馆、文物考古研究所研究员王红星、孟华平、张昌平、院文清、胡雅丽、朱俊英、笪浩波、冯少龙，副研究员付守平、黄文新、宋有志、周国平、田桂萍、刘国胜、武仙竹、余乐，馆员陈丽新、张艺军、陈春等。

发掘和整理期间，先后到现场指导工作的各级领导有湖北省文化厅文物处原处长孙启康先生，湖北省咸宁地区博物馆原馆长谢邦翼、原副馆长彭明琪，湖北省文物考古研究所原党委书记陈乃成，原所长陈振裕，湖北省文物局副局长吴宏堂，省文物考古研究所原所长王红星，原副所长张昌平，副所长孟华平，湖北省咸宁地区博物馆馆长黄大建、副馆长杜峰，湖北省黄石市博物馆原馆长龚长根、副馆长周百灵，湖北省阳新县副县长俞水英、县文化局局长王义兆、县文物局局长程军及副局长徐银秀、柯忠等。

湖北省阳新县白沙区土库村宝塆组大路铺古文化遗址发掘和整理工作，自始至终得到铁道部门和省、市、县、镇、村、组等各级政府，相关部门，相关领导、干部、业务科研人员的关怀和大力支持，谨此致谢！

第二章　地层堆积与遗迹分布

遗址北、西、东三个区块的文化内涵，从总的方面看相互间差别不大，有密切联系。但三个区块在地形、地貌及地层堆积层次、分布、结构、土质土色等方面，却有所不同。现根据发掘情况，按三个区块分别介绍如下。

第一节　北区地层堆积与遗迹分布

遗址北区为长条圆角弧形岗地，又名“铺垴”。大部分地方在农耕土层（第1层）下即为灰白色砂岩（风化石灰岩生土层）和近现代墓葬、窖穴，极少地方有古文化层可供发掘。在可供发掘的地方，其文化层的分布也有差别，大部分地方在第2层下即见灰白色砂岩（生土）层，极少地方有第3、4文化层堆积。

（一）地层堆积

北区以沙质土为主。地层堆积可划分为4层。现以84NT2① 探沟西壁、84NT5探沟北壁剖面为例，介绍地层堆积。

1. 84NT2西壁剖面

第1层：耕土层，浅黄色沙质土。厚0.02～0.18米。内含烧土粒、炼渣和早晚混杂陶、瓷、砖、瓦碎片。

第2层：灰黄色沙质土层，土质较松软。距地表深0.02～0.18、厚0～0.1米。内含烧土粒、炼渣颗粒、陶片。陶器器类有鬲、豆、罐、瓮、钵等。

第3层：灰色夹褐色斑点沙质土层，土质松软。距地表深0.1～0.36、厚0～0.32米。内含较大烧土块、炼渣颗粒、陶片，陶器器类有鬲、甗、豆、罐、瓮、钵等。

第4层：黄灰色沙质土层，土质较硬。距地表深0.16～0.42、厚0～0.22米。陶器器类有鬲、甗、豆、罐、瓮、钵等。此层下开口的遗迹有84NM6。

第4层下为灰白色砂岩（生土）层（图七）。

2. 84NT5北壁剖面

第1层：农耕土层，浅黄色沙质土。厚0.05～0.1米。内含烧土粒、炼渣颗粒和早晚混杂陶、瓷、砖、瓦碎片。此层下有近现代坑（窖穴）1个。

---

① 探方编号前数字表示发掘年份，字母N、W、E分别表示北、西、东区。下同。

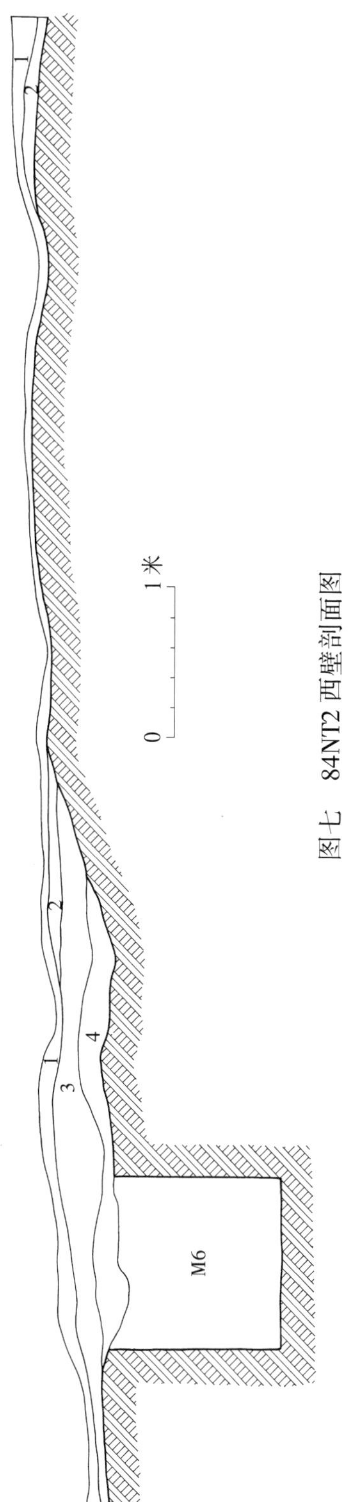

图七　84NT2 西壁剖面图

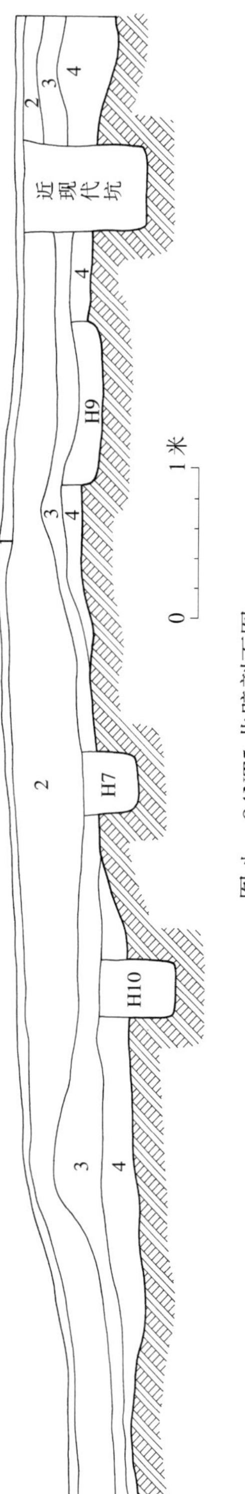

图八　84NT5 北壁剖面图

第2层：灰黄色沙质土层，土质较松软。距地表深0.05~0.1、厚0.15~0.48米。内含烧土粒、炼渣颗粒、陶片。可辨陶器器类有鬲、豆、罐、瓮、钵等。此层下开口的遗迹有84NH7。

第3层：灰色夹褐色斑点沙质土，土质松软。距地表深0.15~0.53、厚0.1~0.32米。内含较大烧土块、炼渣颗粒、陶片，陶器器类有鬲、甗、豆、罐、瓮、钵等。此层下开口的遗迹有84NH9、H10。

第4层：黄灰色沙质土层，土质较硬。距地表深0.28~0.6、厚0~0.4米。陶器器类有鬲、鼎、甗、豆、罐、瓮等。此层下开口的遗迹有84NH11、H12、H13、H14。

第4层下为灰白色砂岩（生土）层（图八）。

（二）遗迹分布

北区遗迹主要有新石器时代的房基（柱洞）和墓葬，商周时代的灰坑。共有遗迹23处，其中新石器时代遗迹7处，包括房基（柱洞）1处，墓葬6座；商周时代灰坑14个。另有2个近现代窖坑。

新石器时代房基和墓葬集中分布在第4层下，营造在灰白色砂岩（生土）层上。房基（柱洞）1处，编号为84NF1，分布在84NT13探方内。墓葬6座，编号为84NM1~M6。其中，84NM1~M5分布在84NT6、T8、T12探方内（图九）。84NM6分布在84NT2探沟内（图一〇）。

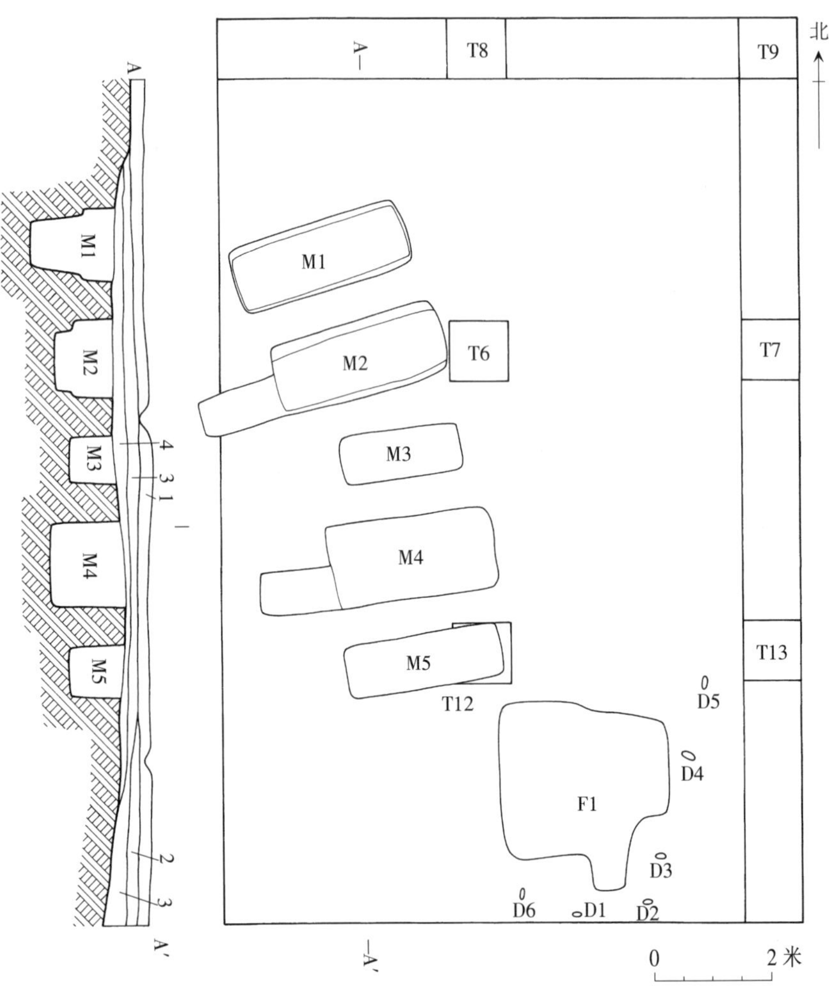

图九 84NT6~T9、T12、T13第4层下遗迹分布及地层剖面图

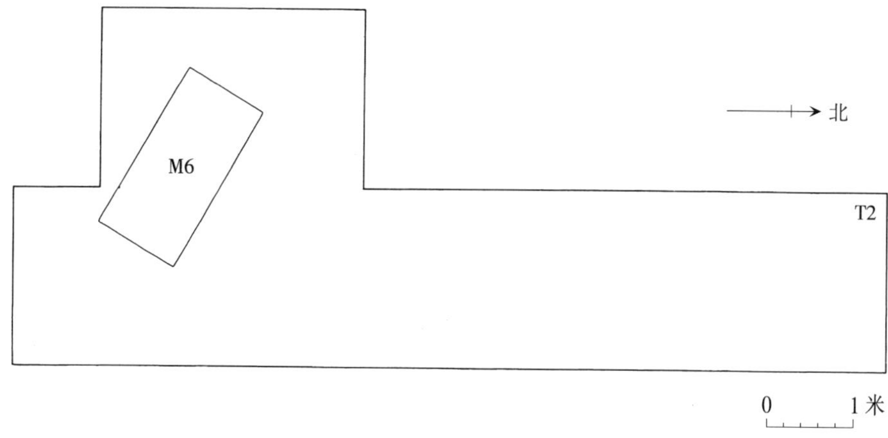

图一〇　84NT2 第 4 层下遗迹分布平面图

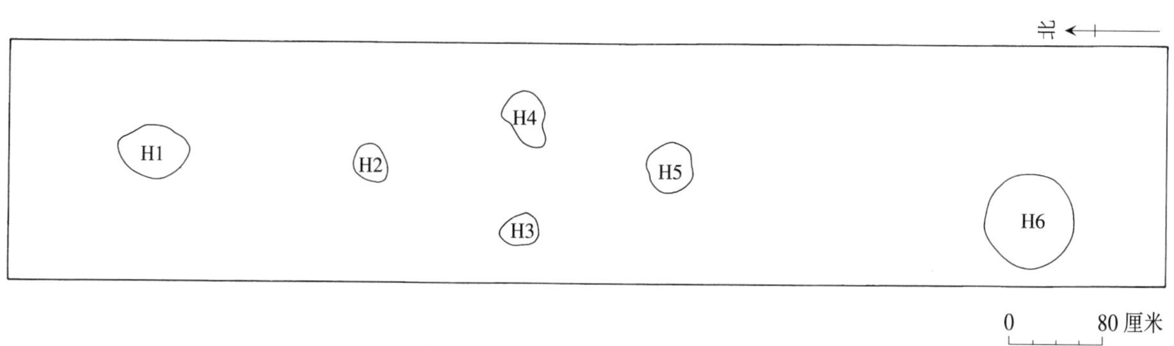

图一一　84NT3 第 3 层下遗迹分布平面图

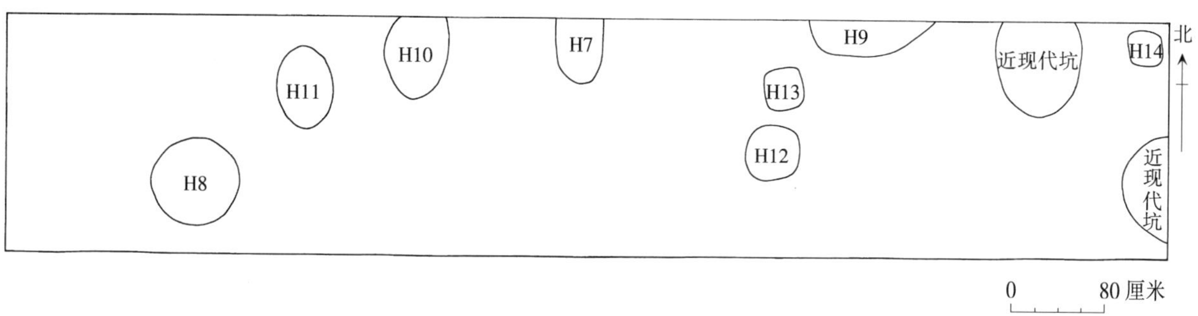

图一二　84NT5 遗迹分布平面图

商周时代 14 个灰坑，编号为 84NH1 ~ H14，分布在 84NT3 和 84NT5 探方内。其中，84NH1 ~ H6 等 6 个灰坑，分布在 84NT3 探沟内，开口均在第 3 层下，打破灰白色砂岩（生土）层（图一一）；84NH7 ~ H14 等 8 个灰坑和 2 个近现代坑（窖穴），分布在 84NT5 探沟内。其中，84NH7 开口于第 2 层下，打破第 3 层；84NH9 和 84NH10 开口于第 3 层下，打破第 4 层；84NH8、H11、H12、H13、H14 等 5 个灰坑，开口于第 4 层下，打破灰白色沙岩（生土）层。2 个近现代坑开口均在第 1 层下，打破至灰白色沙岩（生土）层（图一二）。

第二节 西区地层堆积与遗迹分布

遗址西区位于前面山西部，为山坡梯田坎地，很多地方灰白色沙岩（生土）裸露，近、现代坟茔突出地表。南北长约为170米，东西宽约为50～80米，面积约为8500平方米。地表中部有一条冲沟，由东向西将西区分隔为南、北两块。由于地势比较陡峭，水土流失严重，再加人们长期在上面耕作，对文化遗存的破坏很大，几乎很难找到原生地层。为此，我们选择可能有原生地层的地方进行布方发掘。发掘表明，有的地方表土层下即见生土，有的地方堆积达到7层见生土。

（一）地层堆积

西区以沙质土为主。地层堆积层次共分7层。现以84WT2北壁、84WT15北壁剖面为例，介绍地层堆积。

1. 84WT2北壁剖面

第1层：农耕土层，沙质灰黑土，土质松软。厚0.16～0.48米。内含烧土粒、炼渣颗粒和早晚混杂陶、瓷、砖、瓦碎片。

第2层：沙质黄灰色土层，土质松软，含沙质较重。距地表深0.17～0.48、厚0～0.44米。内含较多碎石颗粒土、草木根茎及陶、瓷碎片。

第3层：沙质灰色土层。含较多条纹、方格纹、绳纹碎陶片，器类有鬲、鼎、豆、罐等。分为三小层。

3A层：土色浅灰，含沙成分较重，土质较松软。距地表深0.16～0.74、厚0～0.36米。内含零星炼渣、烧土块。

3B层：土色褐灰，含沙成分较重，土质略硬。距地表深0.78～0.94、厚0～0.26米。内含较大块的烧土块和铜炼渣。

3C层：土色浅灰，土质较松散。距地表深0.72～1.12、厚0～0.16米。内含较大块的烧土块和炼渣。

第4层：沙质深灰色土层，土质结构紧密。距地表深0.45～1.18、厚0～0.42米。内含大量烧土块和炼渣，包含的陶片较多，器类有鬲、鼎、甗、豆、罐、钵等。此层仅分布在探方的北部。

第5层：沙质灰白色土层。分两小层。

5A层：土质较坚硬。距地表深0.34～0.86、厚0～0.33米。仅见于探方的东北部，包含大量陶片，器类有陶鬲、鼎、甗、豆、罐、钵、瓮等。

5B层：土质略硬。距地表深0.58～1.22、厚0.17～0.63米。仅见于探方的北部，所含陶片相对较少，器类有鬲、鼎、甗、豆、罐、钵、瓮等。

第6层：沙质黑灰色土层。距地表深0.75～1.44、厚0～0.62米。仅见于探方的东北部，含木炭颗粒和陶片较多，器类有陶鬲、甗、罐、钵等。

第7层：沙质灰白土层。距地表深1.22～1.58、厚0～0.32米。器类有陶壶、豆、杯、器盖等。

第7层下为生土层（砂岩）（图一三）。

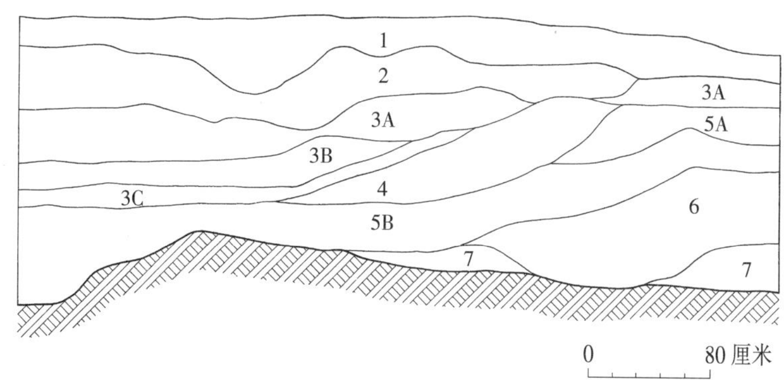

图一三　84WT2北壁剖面图

2. 84WT15北壁剖面

第1层：耕土层，沙质灰黑土，土质松软。厚0.1～0.26米。内含烧土粒、炼渣颗粒和早晚混杂陶、瓷、砖、瓦碎片。此层下有2座近代墓葬，分别位于探沟的东北角和西北角。

第2层：近现代堆积层，沙质黄灰色土，土质松软，含沙质较重。内含较多碎石颗粒土、草木根茎及陶、瓷碎片。分两小层。

2A层：土质松软，距地表深0.16～0.26、厚0.16～0.36米。内含烧土粒和少许木炭颗粒。

2B层：土质较松散。距地表深0.34～0.58、厚0.13～0.36米。内含大量烧土块和木炭颗粒。

第3层：沙质灰色土层，土质较松，有黏性。距地表深0.4～0.94、厚0～0.46米。内含烧土块和木炭粒，并有少许炼渣。此层下开口的遗迹有84WH2。

第4层：沙质深灰色土层，土质结构紧密。夹杂大量烧土块、石块和炼渣，包含的陶片较多，器类有鬲、鼎、甗、豆、罐、钵等。分两小层。

4A层：烧土层。距地表深0.68～0.88、厚0～0.28米。由北向南分布在探沟的中部。

4B层：土质较松软，拌有黏性泥质土。距地表深0.66～1.06、厚0～0.46米。内含烧土块、木炭粒和炼渣。此层下开口的遗迹有84WH1。

第5层：沙泥深灰色土层，黏性较强，质地较硬。距地表深1.14～1.3、厚0～0.38米。内含烧土粒和木炭颗粒，陶器器类有鬲、鼎、甗、豆、罐、钵、瓮等。

第5层下为生土层（图一四）。

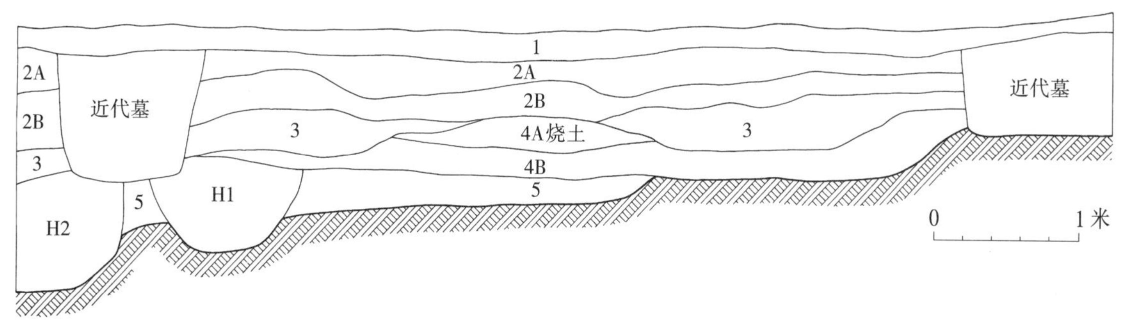

图一四　84WT15北壁剖面图

（二）遗迹分布

西区遗迹主要为商周时代灰坑。共有7个，编号为84WH1～H7。分布在84WT15和84WT9探沟内。其中，84WH1和84WH2分布在84WT15探沟的西北角，都被一座近代墓打破。84WH2开口于第3层下，打破第5层；84WH1开口于第4B层下，打破第5层（图一五）。84WH3～H7分布在84WT9探沟内，开口均在第5层下，打破生土层（图一六）。

图一五 84WT15第3、4B层下遗迹分布平面图

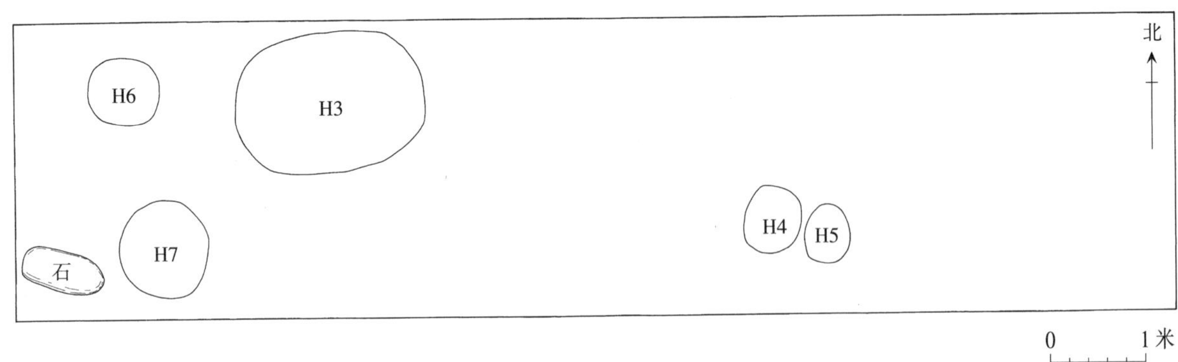

图一六 84WT9第5层下遗迹分布平面图

第三节 东区地层堆积与遗迹分布

东区位于前面山东南部，大路铺村南部，为高出大路铺村地面约3～5米的台地，平面略呈圆角三角形，面积约为17500平方米。现存地表中部略高，呈西东向隆起，南北两面相对低缓。

东、西、北三个区块比较，东区地势相对而言较为平坦，地层堆积最厚，层次最多。四次发掘都涉及东区，因此获取的文化遗存资料也最为丰富。

由于东区地形地势为中部高，北部和南部相对低缓，其地层堆积层次有所区别，故将东区分为南部、中部、北部等三块。

一　东区南部地层堆积

（一）地层堆积

南部地层堆积共分10层。东区南部10层堆积，与东区中部雷同，除第1层是普遍堆积外，第2～10层都是局部堆积，且堆积错落。现以03ET2407、T2307南壁和03ET2410、T2409、T2408、T2407西壁剖面为例，介绍地层堆积。

1. 03ET2407、T2307南壁剖面

第1层：耕土层，沙质灰色土，土质松软。厚0.07～0.25米。夹烧土粒、炼渣颗粒和早晚陶、瓷、砖、瓦碎片。

第2层：沙泥黄褐色土层，土质松软。距地表深0.07～0.25、厚0.45～0.62米。内含较多烧土块和早晚混杂陶器碎片、石块等遗物。此层下开口的遗迹有近代房基、沟，另有03EH8。

第3层：沙泥灰褐色土层，土质疏松。距地表深0.6～0.72、厚0.15～0.5米。内含鬲、鼎、罐、豆、钵等陶器和烧土粒、矿石、炼渣等。

此两探方缺第4、5层。

第6层：泥质灰黑色土层，土质细腻有黏性。距地表深0.8～1.12、厚0～0.9米。内含鬲、罐、豆、钵等陶器和矿石、炼渣、烧土块、草木灰等。

第7层：泥质褐黄色土层，质地较紧密。距地表深0.8～2、厚0～0.95米。内含烧土块、矿石和铜片等，包含鼎、罐、杯等陶器。

第8层：泥质灰黄色土层，土质有黏性。距地表深1.25～2.45、厚0.05～0.55米。内含鼎、罐等陶器器类陶片。

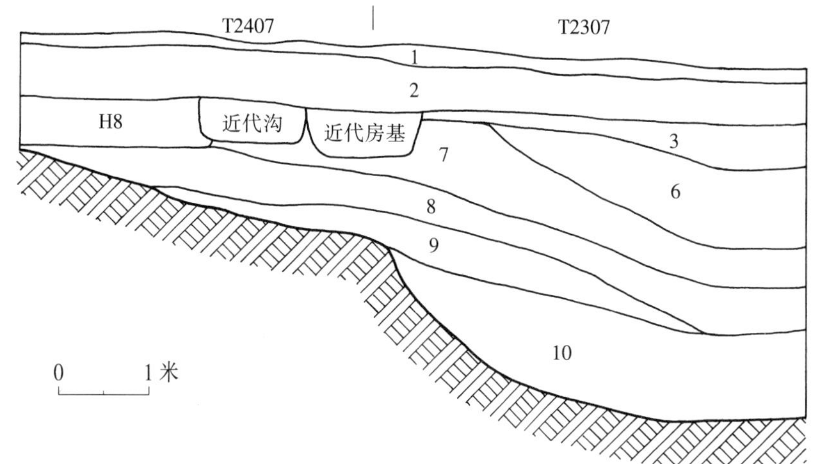

图一七　03ET2407、T2307南壁剖面图

第9层：泥质黄色土层，土质板结纯净有黏性。距地表深0.8～2、厚0～0.5米。内含少量鼎、罐等陶器器类陶片。

第10层：泥质黄色夹褐色斑点土层，土质板结有黏性。距地表深2.3～3、厚0～1.1米。内含鼎、罐、甑、豆等器类陶片。

第10层下为生土层（图一七）。

2. 03ET2410、T2409、T2408、T2407西壁剖面

第1层：耕土层，沙质灰色土，土质松软。厚0～0.3米。内含烧土粒、炼渣颗粒和早晚陶、瓷、砖、瓦碎片。

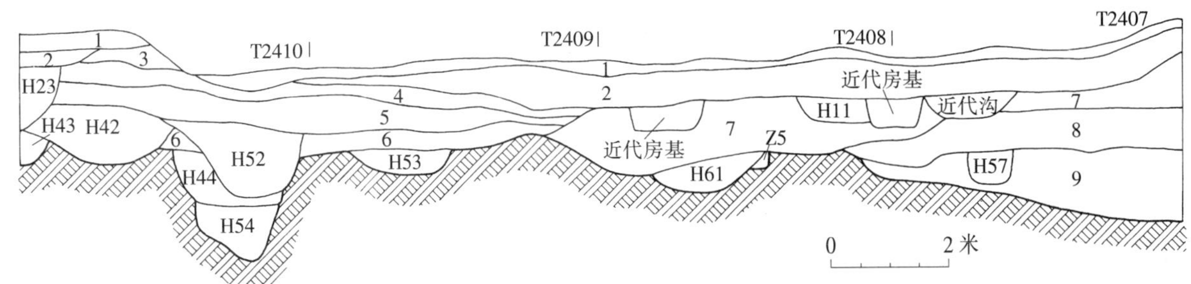

图一八　03ET2410、T2409、T2408、T2407 西壁剖面图

第 2 层：沙泥质黄褐色土层，土质松软。距地表深 0.07～0.3、厚 0～0.75 米。内含较多烧土块和早晚混杂陶器碎片、石块等遗物。此层下开口的遗迹有近代房基、沟，以及 03EH11、H23。

第 3 层：沙泥灰褐色土层，土质疏松。距地表深 0～0.45、厚 0～0.4 米。内含鬲、鼎、罐、豆、钵等陶器和烧土粒、炼渣等。

第 4 层：泥沙质灰黄土层，土质较硬。距地表深 0～0.8、厚 0.2～0.4 米。内含鬲、鼎、罐、豆、钵等陶器和烧土块、少量木炭粒等。

第 5 层：沙泥质灰褐色土层，土质较硬。距地表深 0.25～0.95、厚 0～0.65 米。内含鬲、鼎、罐、豆、钵等陶器和矿石、炼渣、烧土块、草木灰等。此层下开口的遗迹有 03EH52、H42。

第 6 层：泥质灰黑色土层，土质细腻有黏性。距地表深 1.07～1.2、厚 0～0.35 米。内含鬲、罐、豆、钵等陶器和矿石、炼渣、烧土块等。此层下开口的遗迹有 03EH53、H43、H44、H54。

第 7 层：泥质褐黄色土层，质地较紧密。距地表深 0.55～1.25、厚 0～1.12 米。内含烧土粒，出土有鼎、罐、杯等陶器器类。此层下开口的遗迹有 03EH61、Z5。

第 8 层：泥质灰黄色土，土质较黏。距地表深 1～1.7、厚 0～0.75 米。含有鼎、罐等陶器器类陶片。此层下开口的遗迹有 03EH57。

第 9 层：泥质黄色土层，土质板结纯净有黏性。距地表深 1.65～2.2、厚 0～1.2 米。含少量鼎、罐等陶器器类陶片。

第 9 层下为生土层（图一八）。

（二）遗迹分布

东区南部分布的遗迹有灰坑、灰沟（柱洞）、房址（柱洞）、烧坑、烧土堆积等。1984 年在东区 84ET5 清理 2 个灰坑（编号 84EH1、H2），2003 年共发掘清理遗迹单位 74 个，遗迹单位合计 76 个。

属于新石器时代的遗迹单位 20 个，其中灰坑 18 个，房址（柱洞）1 座，烧土堆积 1 处。属于商周时代的遗迹单位 52 个，其中灰坑 45 个，灰沟（柱洞）1 处，烧坑 3 个，烧土堆积 3 处。另有 2 处近代房基（沟槽）和灰沟。

第 2 层下开口共 15 处遗迹。灰坑 13 个，编号为 03EH2、H5、H8、H11、H12、H16、H19、H22、H23、H28、H36、H39、H55 等。其中，03EH5、H19、H22、H28、H36、H39 等 6 个灰坑，集中分布在 03ET2611、T2612、T2712 内；03EH8 分布在 03ET2407 内；03EH11 分布在 03ET2408 内；03EH2、H12 分布在 03ET2508 内；03EH16 分布在 03ET2406 内；03EH23 分布在 03ET2410 内；03EH55 分布在 03ET2610 内。另有近代房基沟槽和近代窑穴、沟各 1 处（图一九）。

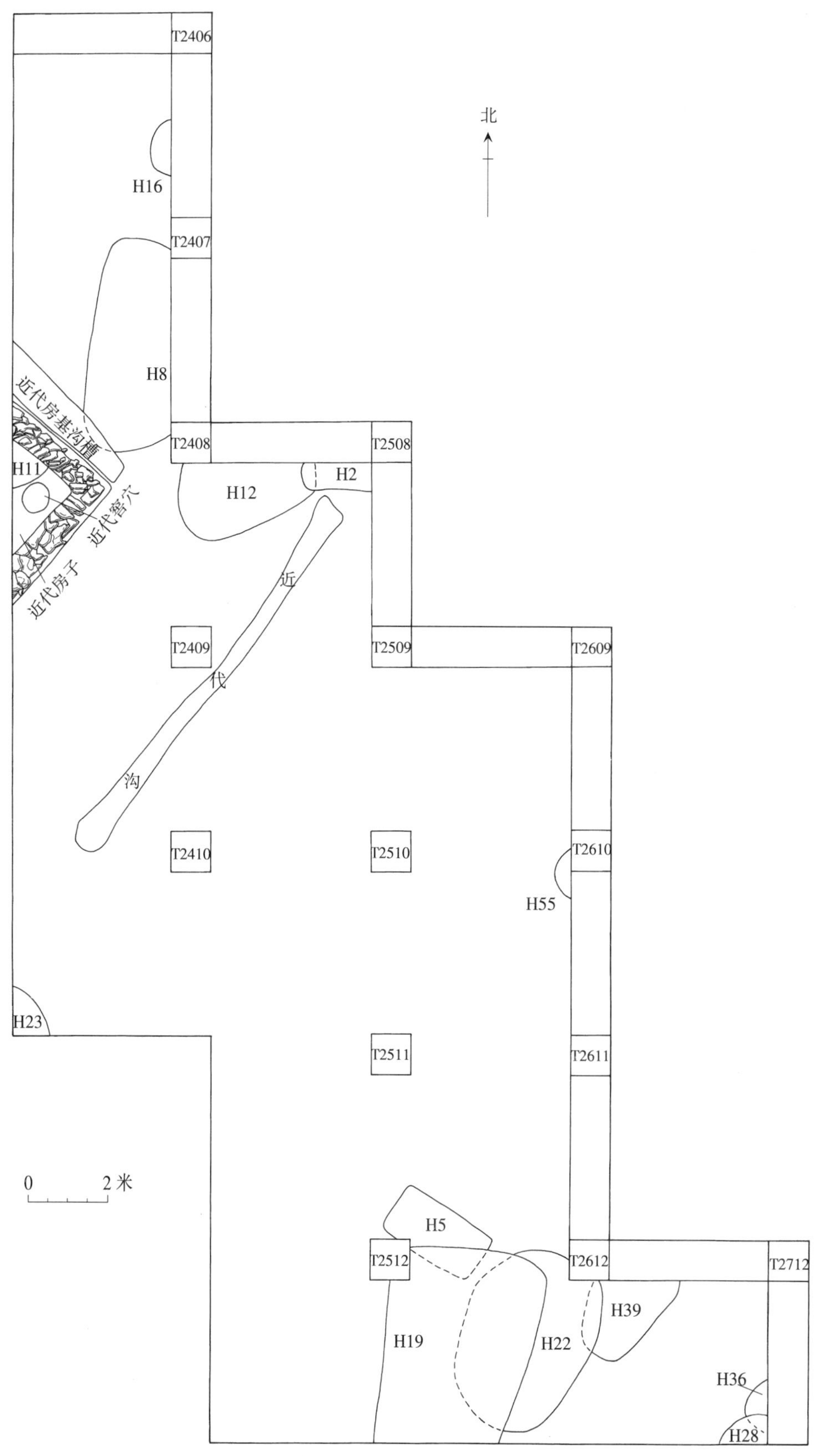

图一九　03E南部第2层下遗迹分布平面图

第3层下开口共11处遗迹。灰坑5个，编号为03EH1、H6、H17、H30、H37等。灰沟（柱洞）1条，编号为03EG3。烧坑2个，编号为03ESK5、SK6。烧土堆积3处，编号为03EST1、ST2、ST3等。其中，03EH1、H6分布在03ET2511探方内；03EH17分布在03ET2508探方内；03EH30分布在03ET2408探方内；03EH37分布在03ET2001探方内；03ESK5、SK6集中分布在03ET2407探方内。3处烧土堆积中的03EST1分布在03ET2407探方内；03EST2分布在03ET2409探方内；03EST3分布在03ET2510探方内。03EG3（柱洞）分布在03ET2001、T2101、T2201等3个探方内（图二〇、二一）。

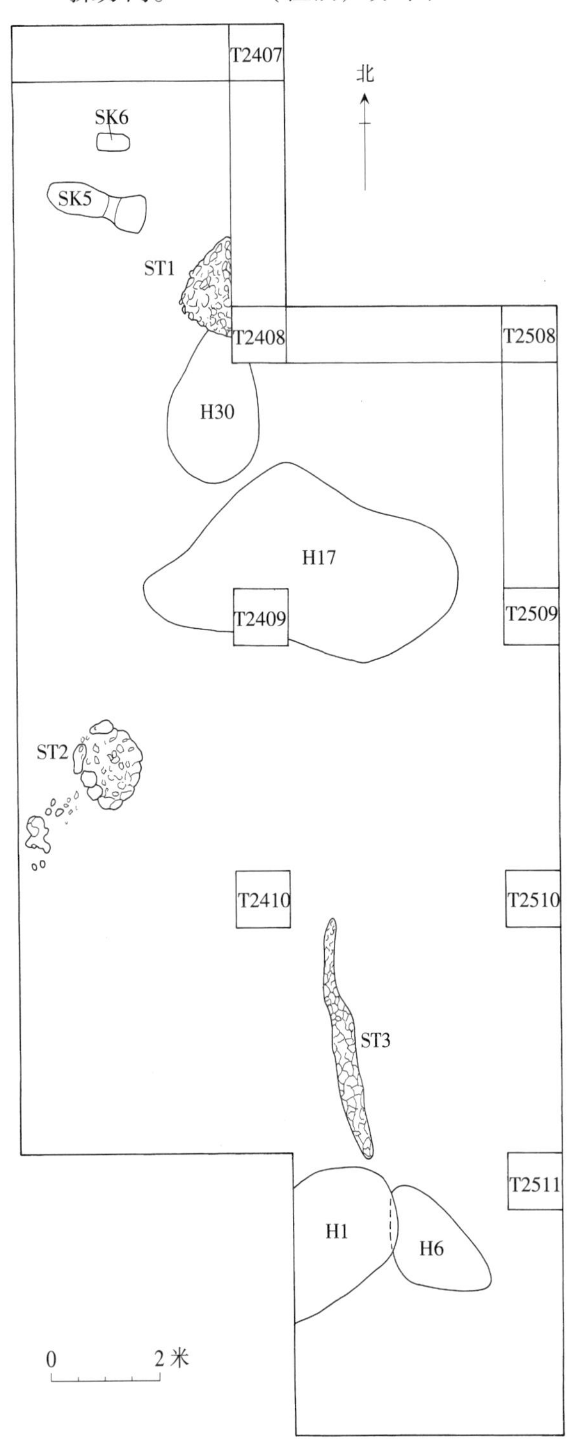

图二〇 03E南部第3层下遗迹分布平面图

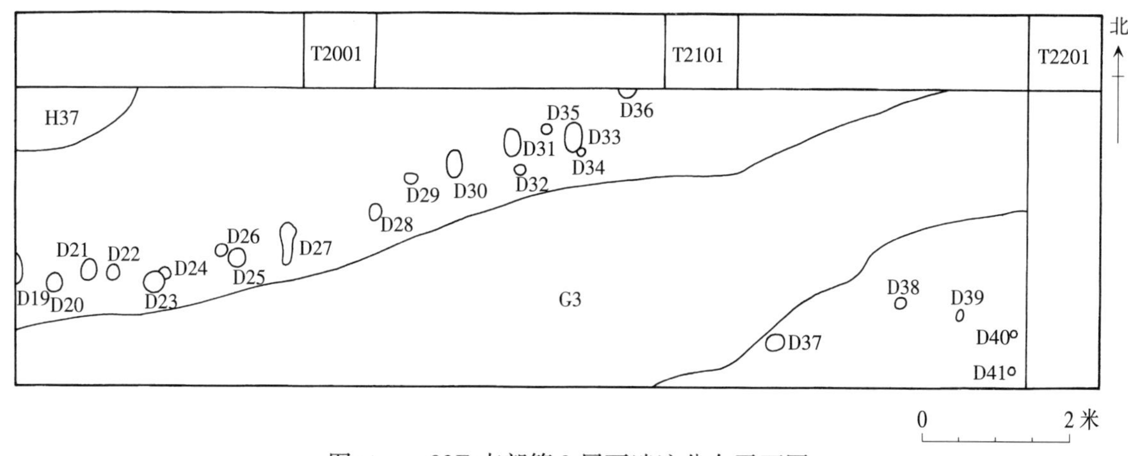

图二一 03E南部第3层下遗迹分布平面图

第4层下开口共17处遗迹。灰坑16个，其中，编号为03EH7、H9、H10、H13、H14、H15、H18、H20、H25、H26、H33、H45的12个灰坑，集中分布在03ET2409、T2509、T2410和T2510探方内；编号为03EH21、H27、H29、H38的4个灰坑，集中分布在03ET2508探方内。烧坑1个，编号为03ESK7，分布在03ET2408探方内（图二二）。

第5层下开口共6处遗迹，均为灰坑。其中，编号为03EH35、H42、H43、H52的灰坑，集中分布在03ET2410探方内；编号为03EH3的灰坑，分布在03ET2510探方内；编号为03EH24的灰坑，分布在03ET2406探方内（图二三）。

第6层下开口共6处遗迹，均为灰坑。编号为03EH44、H50、H53、H54、H58、H59，集中分布在03ET2410、T2409探方内（图二四）。

第7层下开口共13处遗迹。灰坑11个，其中，编号为03EH34、

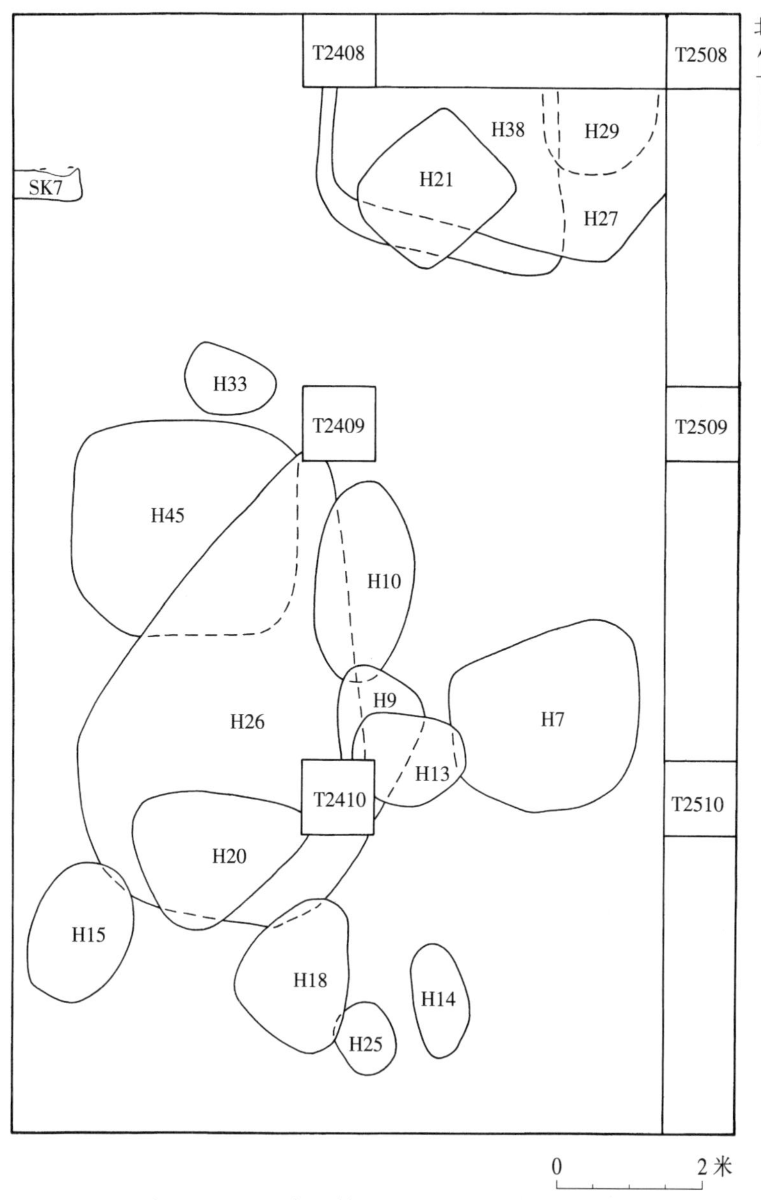

图二二 03E南部第4层下遗迹分布平面图

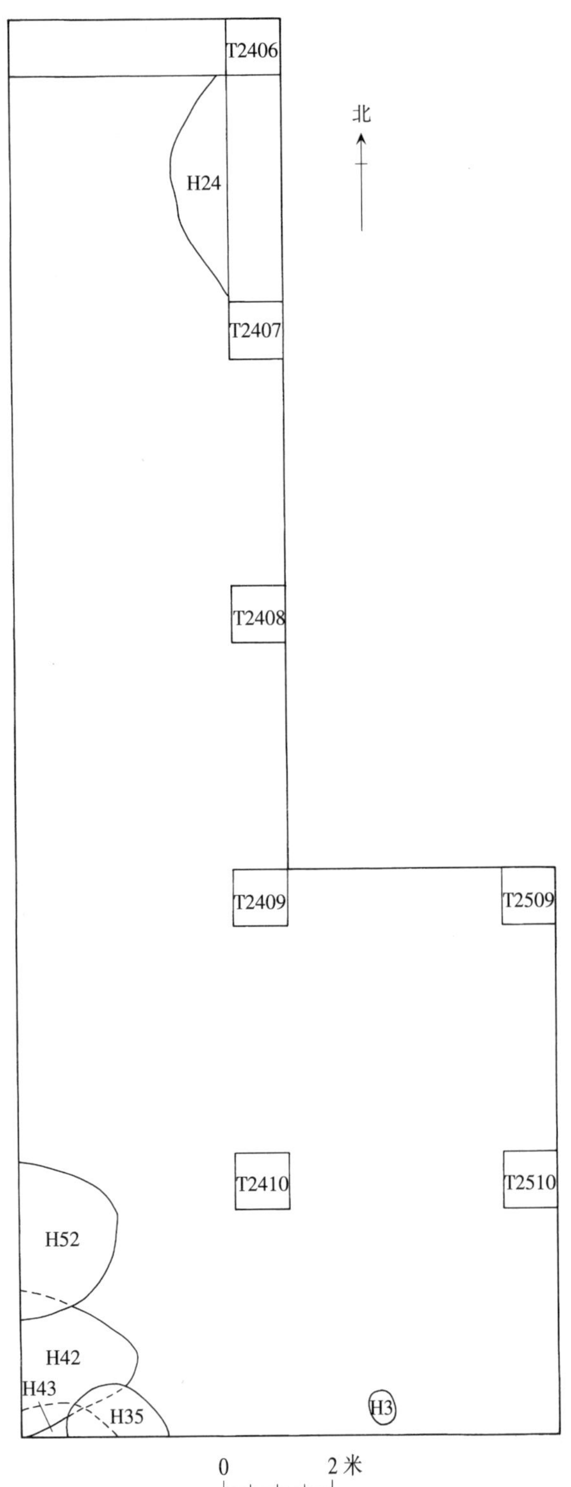

图二三　03E南部第5层下遗迹分布平面图

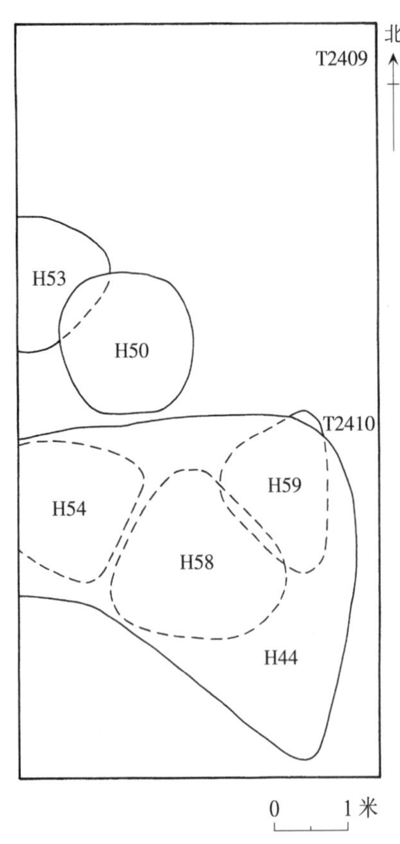

图二四　03E南部第6层下遗迹分布平面图

H40、H56、H60、H61、H62、H63、H153的8个灰坑，集中分布在03ET2408探方内；编号为03EH41、H48、H49的3个灰坑分布在03ET2307探方内。房址（柱洞）1座，编号为03EF3分布在03ET2307探方内。烧土堆积1处，编号为03EST4，分布在03ET2406探方内（图二五）。

第8层下开口共6处遗迹，均为灰坑。编号为03EH31、H32、H46、H47、H51、H57，集中分布在03ET2307和03ET2407探方内（图二六）。

二　东区中部地层堆积

（一）地层堆积

中部地层堆积共分8层。除第1层是普遍堆积外，第2～8层都是局部堆积。现以编号为03E

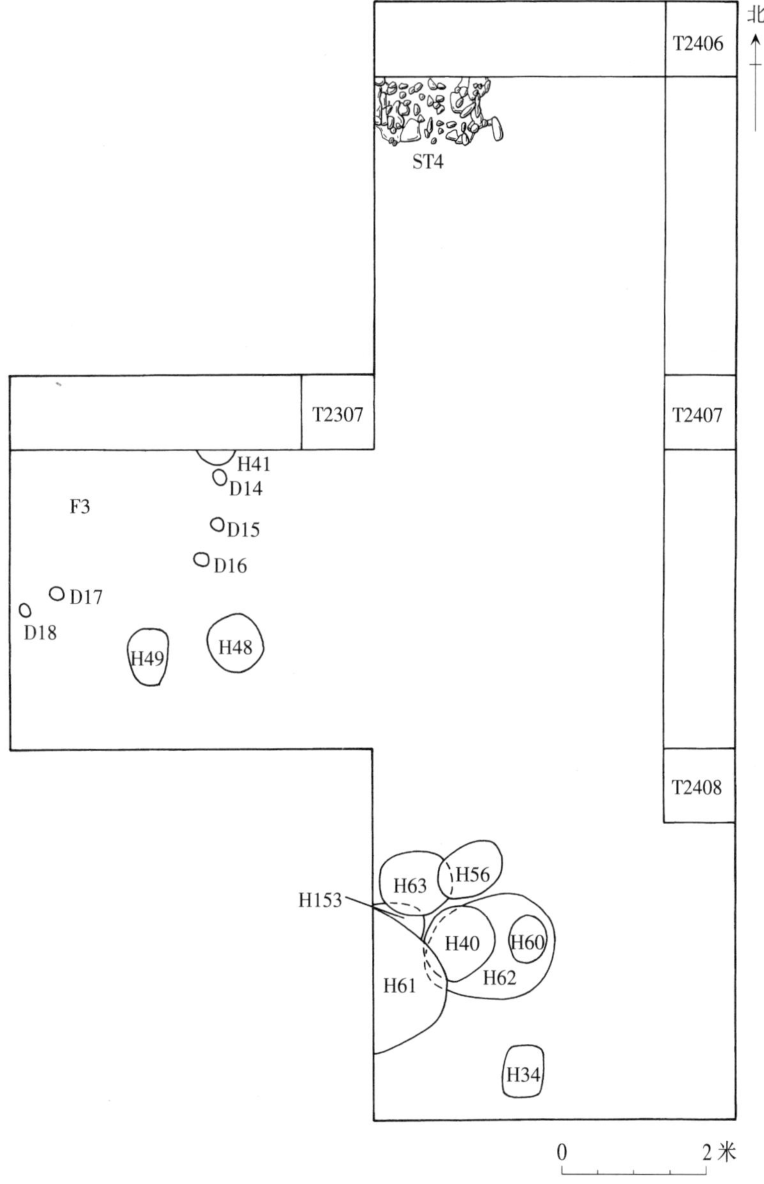

图二五　03E 南部第 7 层下遗迹分布平面图

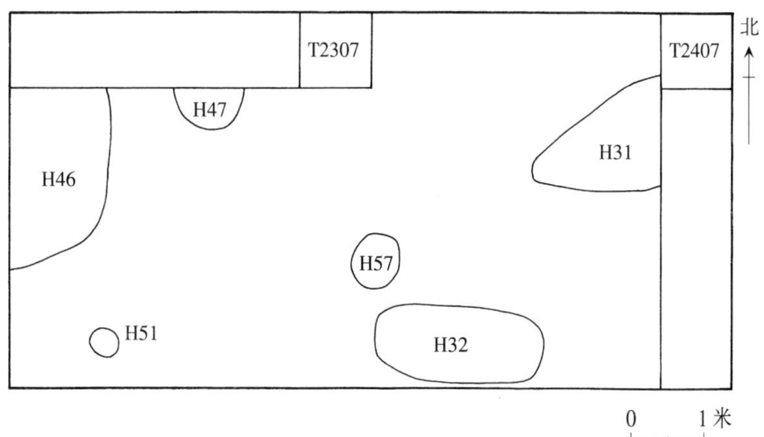

图二六　03E 南部第 8 层下遗迹分布平面图

T2506～T3006探方北壁剖面为例，介绍地层堆积。

03ET2506、T2606、T2706、T2806、T2906、T3006北壁剖面

第1层：耕土层，沙质灰色土，土质松软。厚0.12～0.2米。夹烧土粒、炼渣颗粒和早晚混杂陶、瓷、砖、瓦碎片。此层下分布近现代树坑、竹坑和编号为2003EH143、H75的灰坑。

第2层：沙泥黄褐色土层，土质松软。距地表深0.12～0.2、厚0.2～0.4米。内含鬲、鼎、罐、豆、钵等陶器和烧土粒、矿石、炼渣等。

第3层：沙泥灰褐色土层，土质疏松。距地表深0.15～0.35、厚0.2～0.25米。内含鬲、鼎、罐、豆、钵等陶器和烧土粒、矿石、炼渣等。此层下开口的遗迹03EH130、H67、H71。

第4层：泥沙质灰黄土层，土质较硬。距地表深0.15～0.55、厚0～0.45米。内含鬲、鼎、罐、豆、钵等陶器和矿石、烧土块，少量木炭粒等。此层下开口的遗迹有03EH83、H129、H68、H69、H70和03EG4。

第5层：沙泥质灰褐色土层，土质较硬。距地表深0.5～1.15、厚0～0.25米。内含鬲、鼎、罐、豆、钵等陶器和矿石、炼渣、烧土块、草木灰等。此层下开口的遗迹有03EH72、H93、H81、H82、H86、H79、H92。

第6层：泥质灰黑色土层，土质细腻有黏性。距地表深0.45～0.75、厚0～0.3米。内含鬲、罐、豆、钵等陶器和矿石、炼渣、烧土块、草木灰等。此层下开口的遗迹有03EH88。

第7层：泥质褐黄色土层，质地较紧密。距地表深0.52～0.75、厚0.26～0.32米。夹杂烧土块和矿石、炼渣等。包含鼎、罐、豆等陶器。

第8层：泥质灰黄色土层，土质有黏性。距地表深0.8～0.93、厚0.25～0.3米。含鼎、罐等陶器器类陶片。

第8层下为生土层（图二七）。

（二）遗迹分布

东区中部各层下都有遗迹分布，遗迹有灰坑、灰沟、房址（柱洞）、灶（坑）、陶窑、水井、烧坑、石块堆积、墓葬、树坑等。共有遗迹单位131个。属于新石器时代的遗迹单位10个。其中，灰坑6个，房址（柱洞）2座，灶（坑）2个。属于商周时代的遗迹单位115个。其中，灰坑106个，灰沟3条，陶窑1座，水井1眼，烧坑4个。另有6处晚期遗存。

第1层下开口共12处遗迹。属于商周时代的遗迹有灰坑6个，编号03EH66、H75、H85、H99、H143、H176等。其中，03EH66、H75、H85和H176集中分布在03ET3006、T3007、T2906探方内；03EH99分布在03ET2705探方内；03EH143跨四个探方，主要分布在03ET2606探方内。另有6处晚期遗存，即石块堆积1处，明代墓葬1座，近代沟1条，现代树坑3个（图二八）。

第2层下开口共11处遗迹。均为灰坑，编号03EH97、H100、H101、H102、H107、H110、H125、H126、H151、H152、H175等。其中，03EH125、H126、H152，集中分布在03ET3107探方内；03EH151分布在03ET2906探方内；03EH97分布在03ET2807探方内；03EH100分布在03ET2805探方内；03EH101分布在03ET2707探方内；03EH102分布在03ET2604探方内；03EH110分布在03ET2706探方内；03EH107和H175分布在03ET2507探方内（图二九）。

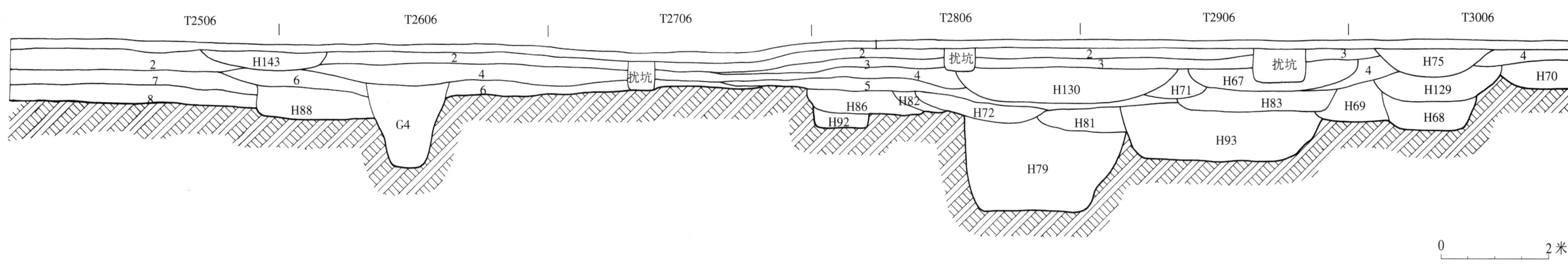

图二七　03ET2506～T3006北壁剖面图

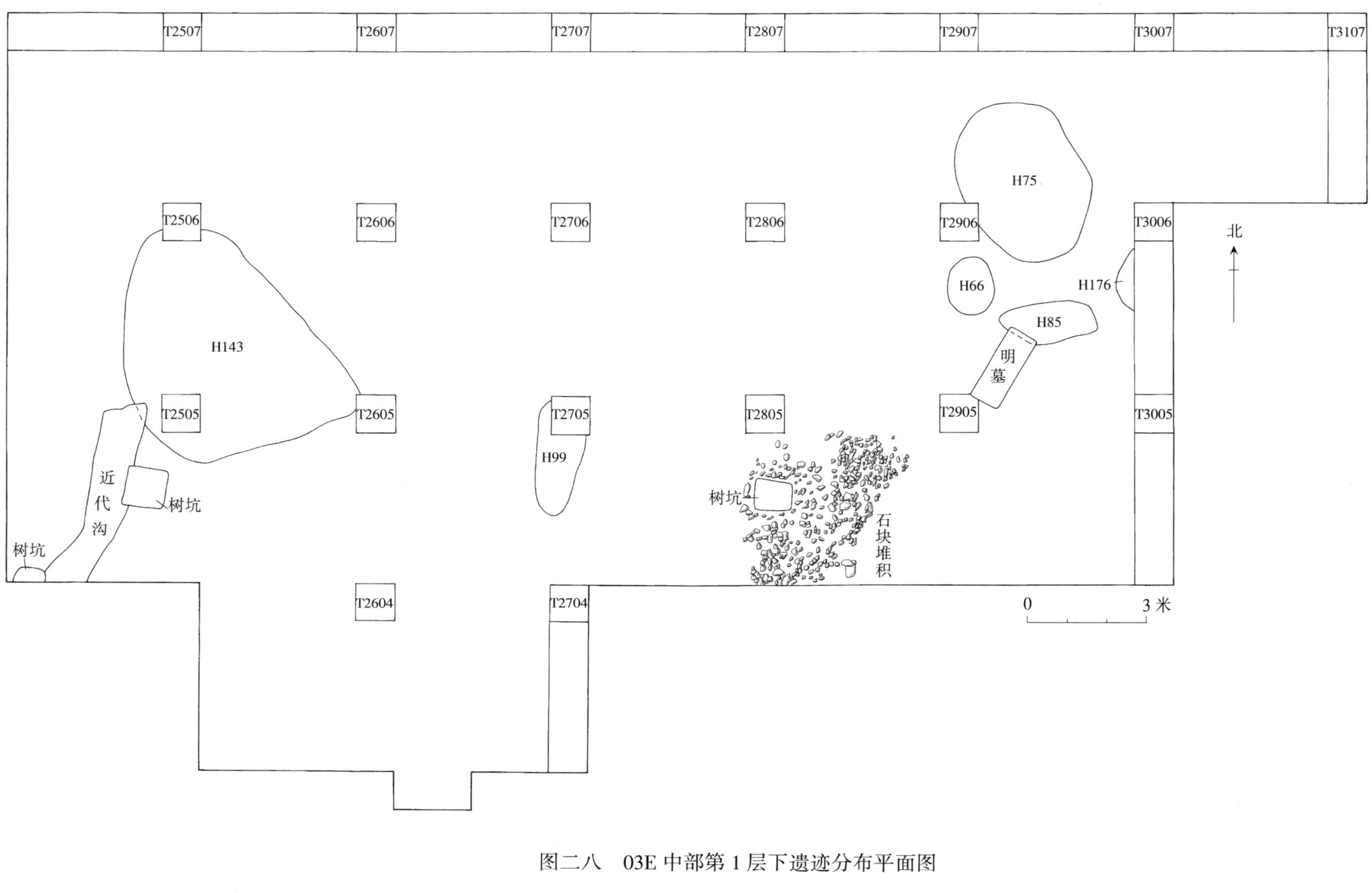

图二八　03E 中部第 1 层下遗迹分布平面图

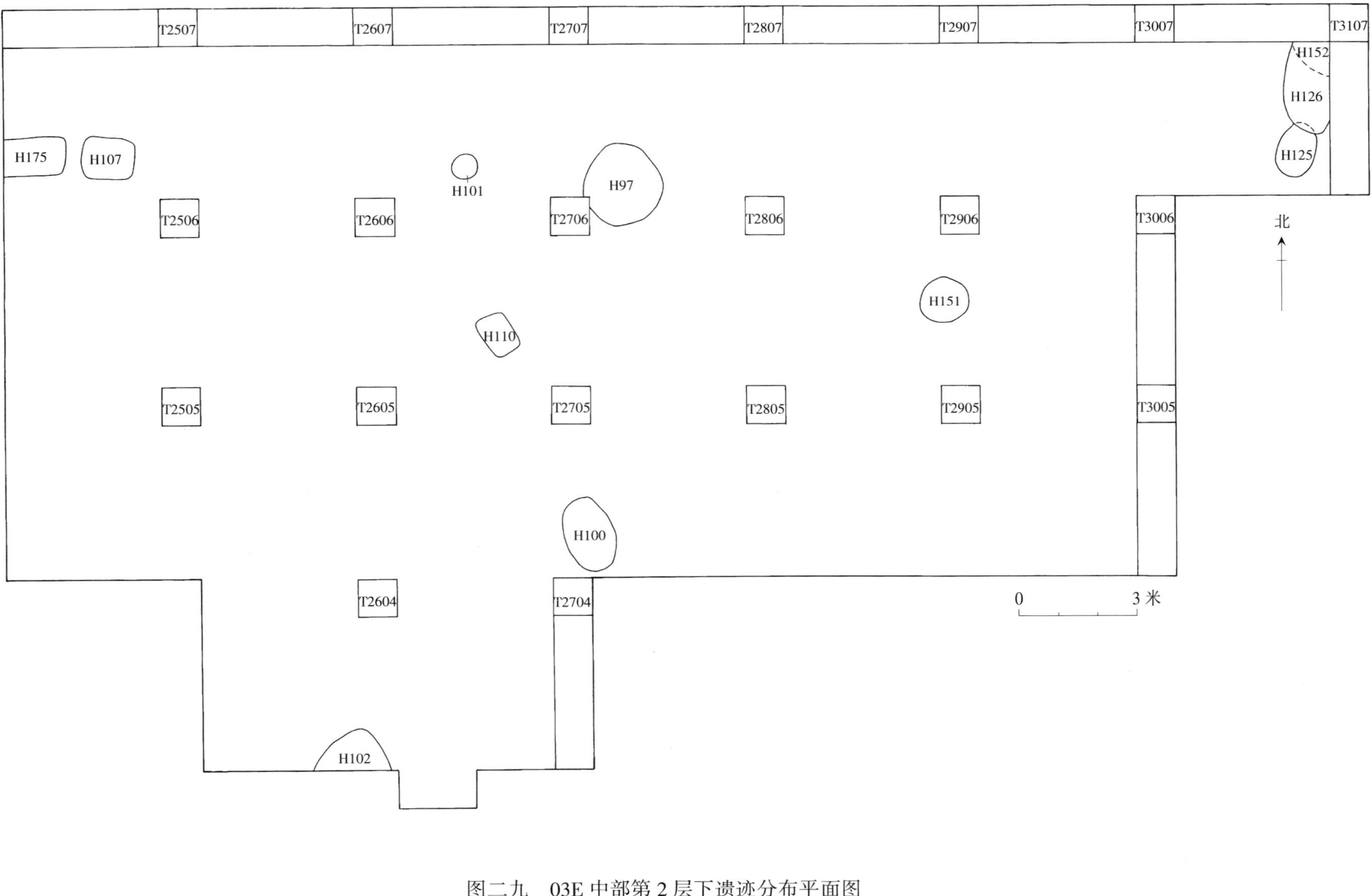

图二九　03E 中部第 2 层下遗迹分布平面图

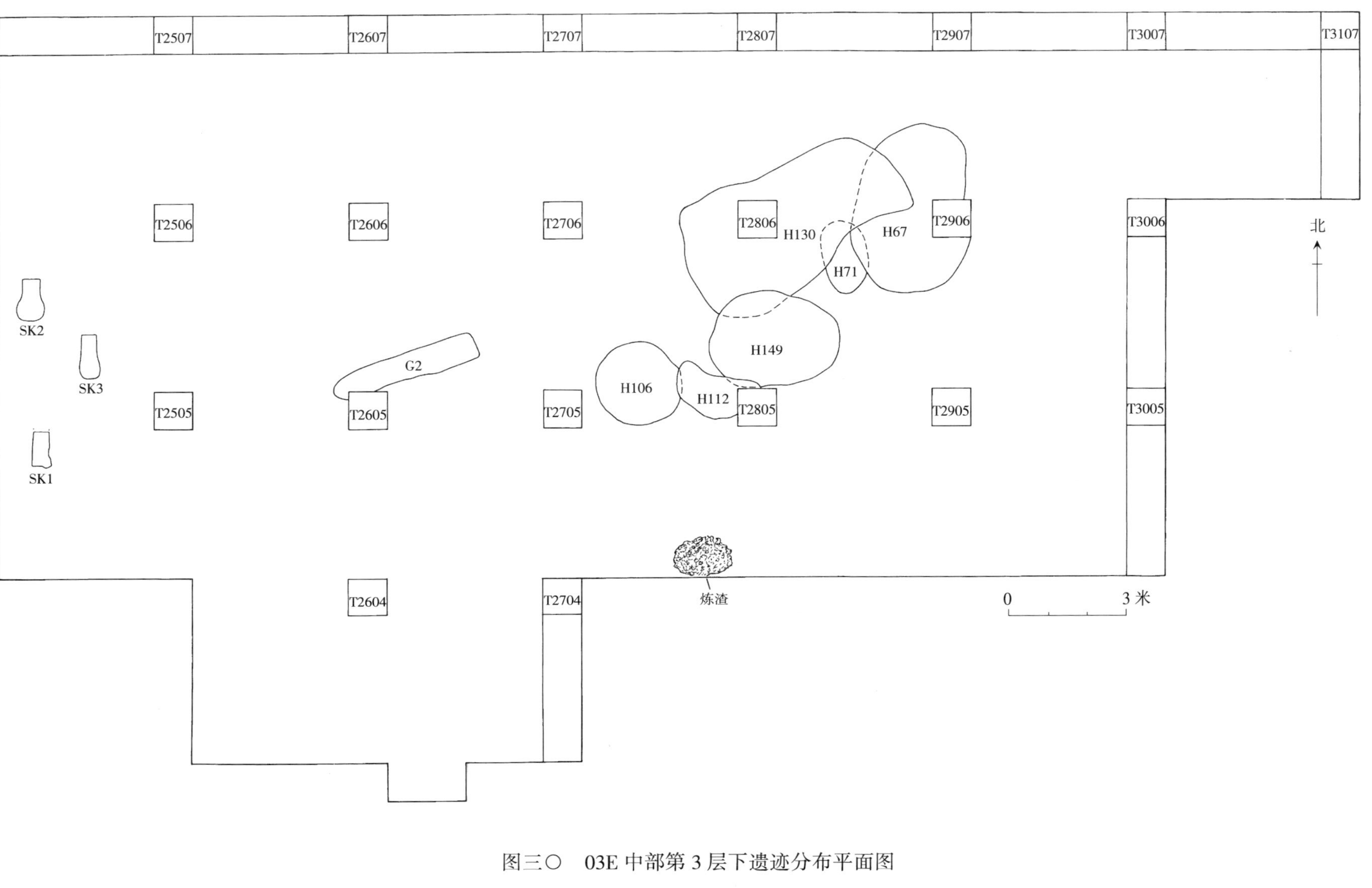

图三〇 03E 中部第3层下遗迹分布平面图

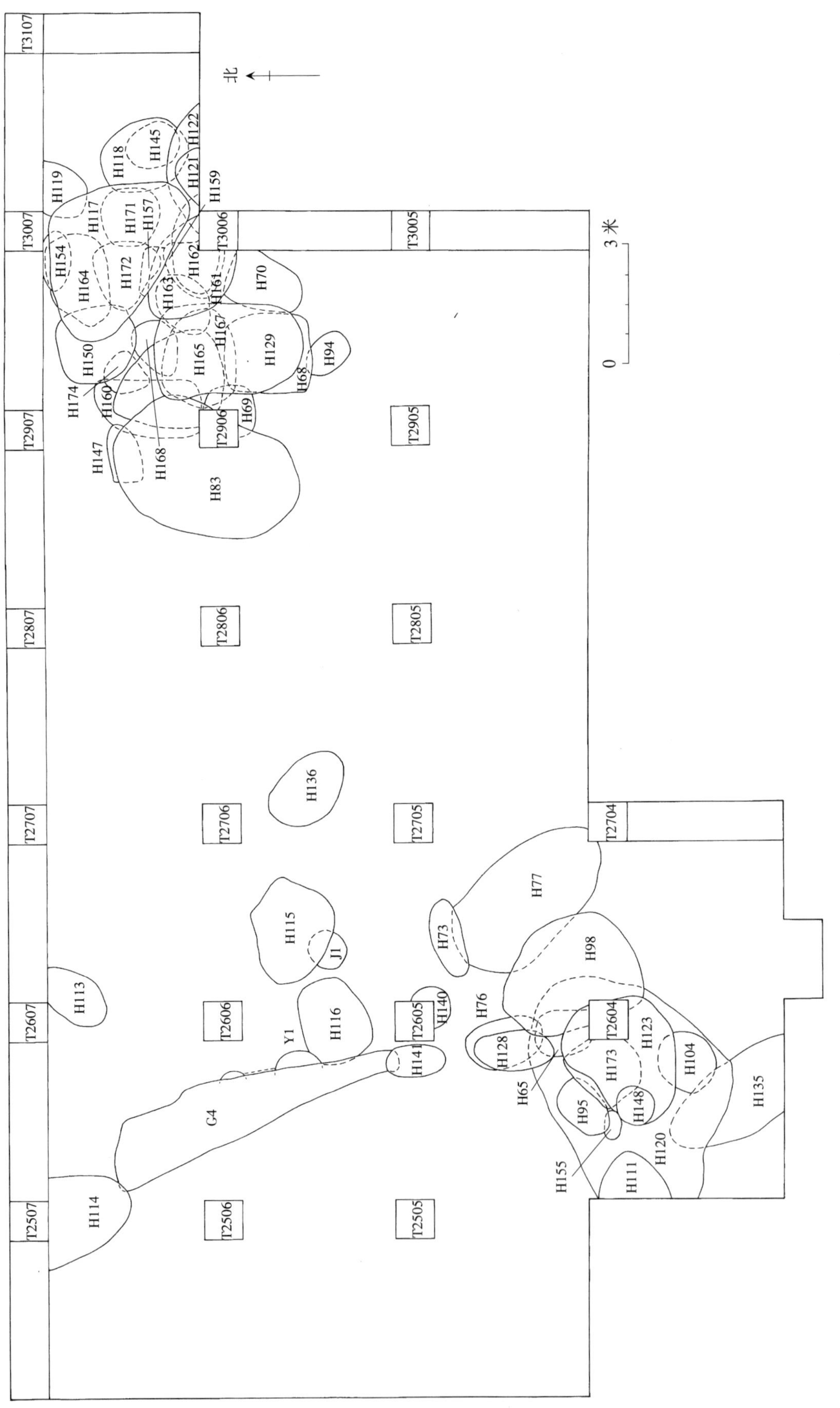

图三一 03E 中部第4层下遗迹分布平面图

第3层下开口共10处遗迹。灰坑6个，编号为03EH67、H71、H106、H112、H130、H149等；灰沟1条，编号为03EG2；烧坑3个，编号为03ESK1、SK2、SK3等。其中，6个灰坑集中分布在03ET2805、T2905、T2806、T2906等探方内；03EG2主要分布在03ET2706探方内；3个烧坑集中分布在03ET2505、T2506探方内；另在03ET2805东南部集中分布有炼渣（图三〇；彩版五，1）。

第4层下开口共53处遗迹。以灰坑为主，共有灰坑50个。其中，编号为03EH65、H73、H76、H77、H95、H98、H104、H111、H120、H123、H128、H135、H140、H141、H148、H155、H173等17个灰坑，集中分布在03ET2604、T2605、T2705探方内。编号为03EH68、H69、H70、H83、H94、H117、H118、H119、H121、H122、H129、H145、H147、H150、H154、H157、H159、H160、H161、H162、H163、H164、H165、H167、H168、H171、H172、H174等28个灰坑，集中分布在03ET2906、T3006、T2907、T3007和03ET3107探方内；03EH113分布在03ET2707探方内；03EH114分布在03ET2507探方内；03EH115、H116分布在03ET2706探方内；03EH136分布在03ET2806探方内。灰沟1条，编号03EG4，由南向北分布在03ET2606、T2607探方内。陶窑1座，编号03EY1，分布在03ET2606探方内。水井1眼，编号03EJ1，分布在03ET2706探方内（图三一）。

第5层下开口共22处遗迹。以灰坑为主，共有灰坑19个，其中，编号为03EH72、H79、H80、H81、H82、H86、H87、H90、H92、H93、H127、H131、H144、H146、H158、H177、H178等17个灰坑，集中分布在03ET2806、T2906等探方内；03EH139、H142，分布在03ET2704等探方内。灰沟1条，编号03EG1，分布在03ET2605、T2704等探方内。房址（柱洞）1座，编号03EF1，分布在03ET2704探方内。烧坑1个，编号03ESK4，分布在03ET2604探方内（图三二）。

第6层下开口共15个灰坑，编号为03EH74、H84、H88、H89、H96、H103、H105、H108、H124、H132、H133、H137、H138、H169、H170等，集中分布在03ET2606、T2607和03ET2507探方内。其中，03EH84、H89、H88、H103、H169、H124、H132等7个灰坑，被第4层下开口的03EG4打破（图三三）。

第7层下开口共4处遗迹。其中，灰坑3个，编号为03EH64、H78、H91。房址（柱洞）1座，编号03EF2。4处遗迹集中分布在03ET2507、T2506探方内（图三四）。

第8层下开口共4处遗迹。其中，灰坑2个，编号为03EH109、H134。灶坑2个，编号为03EZ1、Z2。4处遗迹集中分布在03ET2507和T2506探方内（图三五）。

三　东区北部地层堆积与遗迹分布

（一）地层堆积

北部地层堆积主要是通过1990年发掘的6个探方获得。地层堆积共分9层。现以90ET248、T233、T217东壁剖面为例，介绍地层堆积。

90ET248、T233、T217东壁剖面

第1层：耕土层，沙质灰色土，土质松软。厚0.35～0.6米。内含烧土粒、炼渣颗粒和早晚混杂陶、瓷、砖、瓦碎片。此层下有2个近现代灰坑90EH1、H2。

第2层：沙泥黄褐色土层，土质松软。距地表深0.35～0.6、厚0.2～0.47米。内含较多烧土

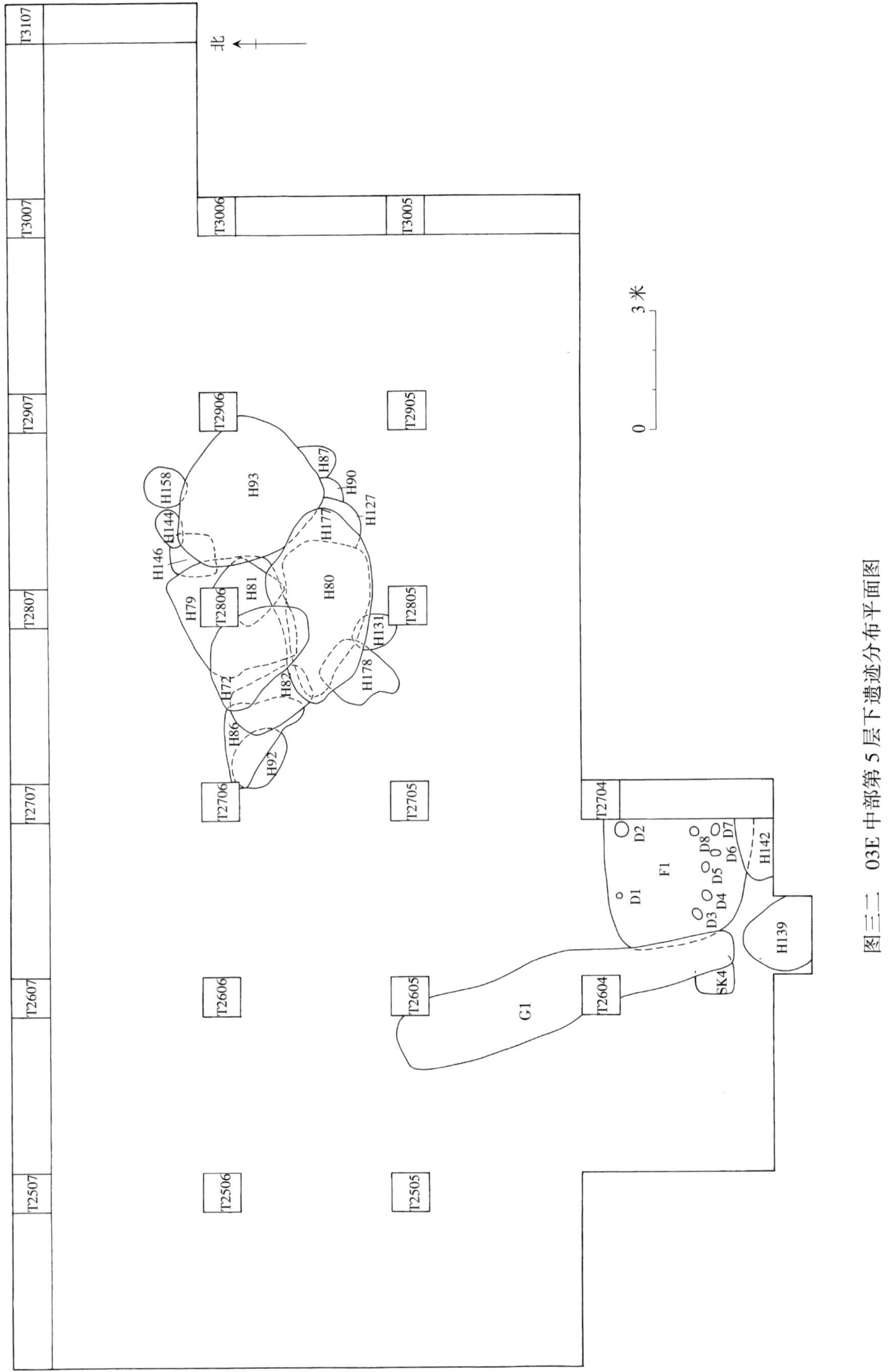

图三二　03E 中部第 5 层下遗迹分布平面图

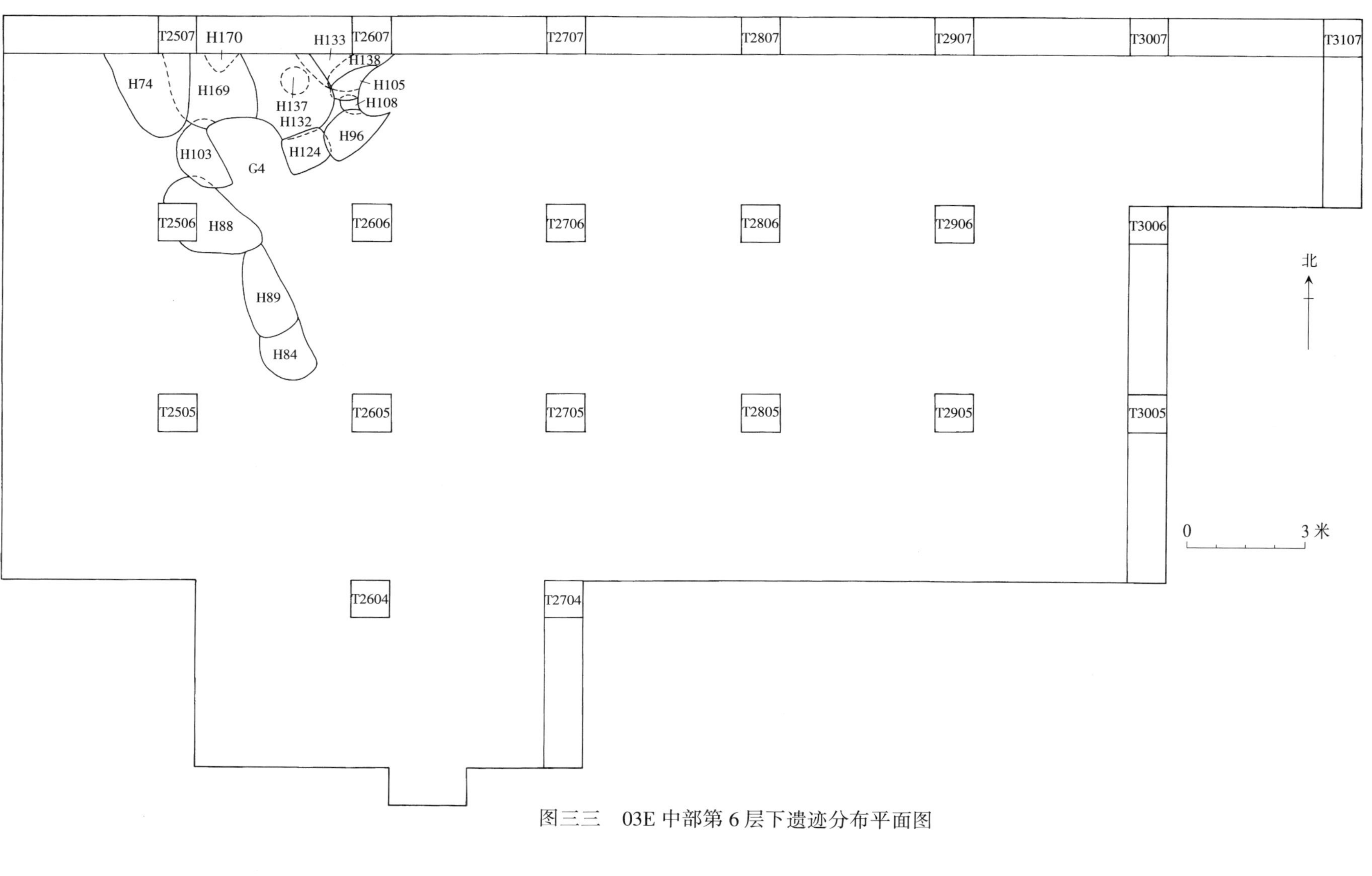

图三三　03E 中部第 6 层下遗迹分布平面图

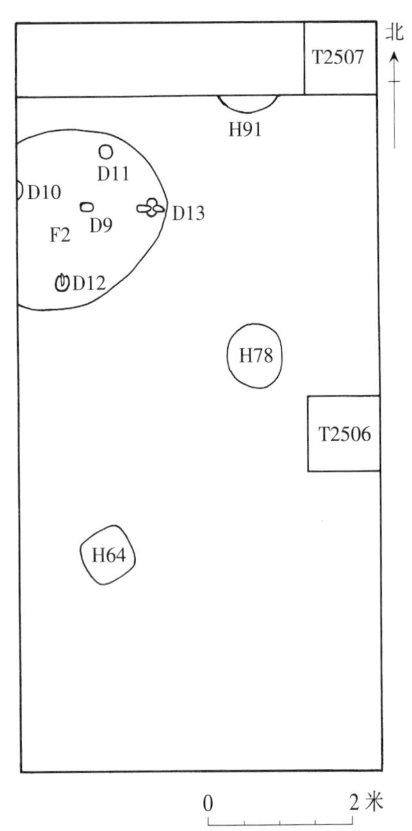

图三四　03E 中部第 7 层下遗迹分布平面图

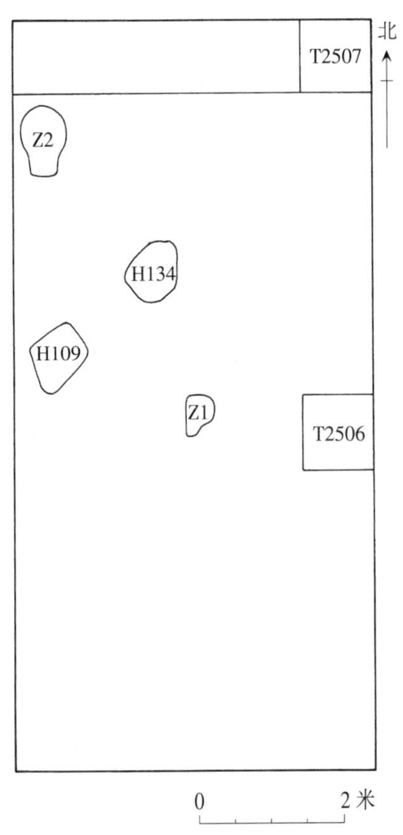

图三五　03E 中部第 8 层下遗迹分布平面图

块和陶片、炼渣颗粒等。此层下开口的遗迹有 90EG1。

第 3 层：沙泥灰褐色土层，土质疏松。距地表深 0.6 ~ 0.85、厚 0.1 ~ 0.47 米。内含鬲、鼎、罐、豆等陶器和烧土粒、炼渣等。此层下开口的遗迹有 90EH9、H14。

第 4 层：沙质黄色土层，土质松软。距地表深 0.7 ~ 1.32、厚 0.1 ~ 0.87 米。内含鬲、鼎、罐、豆等陶器和烧土粒、炼渣等。此层下开口的遗迹有 90EF1。

第 5 层：泥沙灰黑色土层，土质松软有黏性。距地表深 1.2 ~ 2.25、厚 0 ~ 0.65 米。内含有鬲、罐、豆等陶器和烧土粒、炼渣、木炭粒等。此层下开口的遗迹有 90EF2。

第 6 层：泥质褐红色土层，土质紧密有黏性。距地表深 1.65 ~ 2.62、厚 0 ~ 0.65 米。夹烧土块，内含有鼎、罐、豆、杯等陶器。

第 7 层：泥质褐黄色土层。质地较紧密，距地表深 1.7 ~ 2.6、厚 0.42 ~ 1.05 米。夹烧土粒，含大量篮纹陶片和鼎、罐、杯等陶器器类。

第 8 层：泥质灰黄色土层，土质有黏性。距地表深 2.05 ~ 3.6、厚 0.12 ~ 0.8 米。含鼎、罐等陶器器类陶片。

第 9 层：泥沙浅灰色土层，土质松软有黏性。距地表深 3.7 ~ 3.9、厚 0.4 ~ 0.55 米。含少量泥质素面灰色陶片。

第 9 层下为生土层（图三六）。

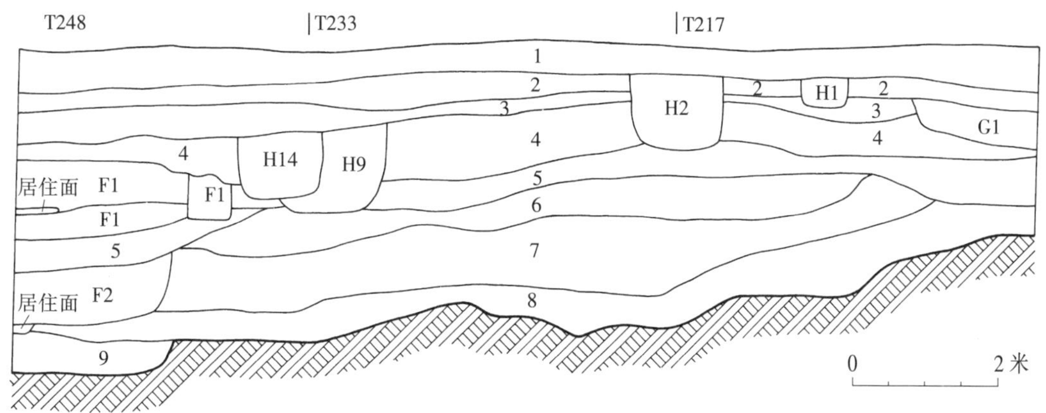

图三六　90ET248、T233、T217 东壁剖面图

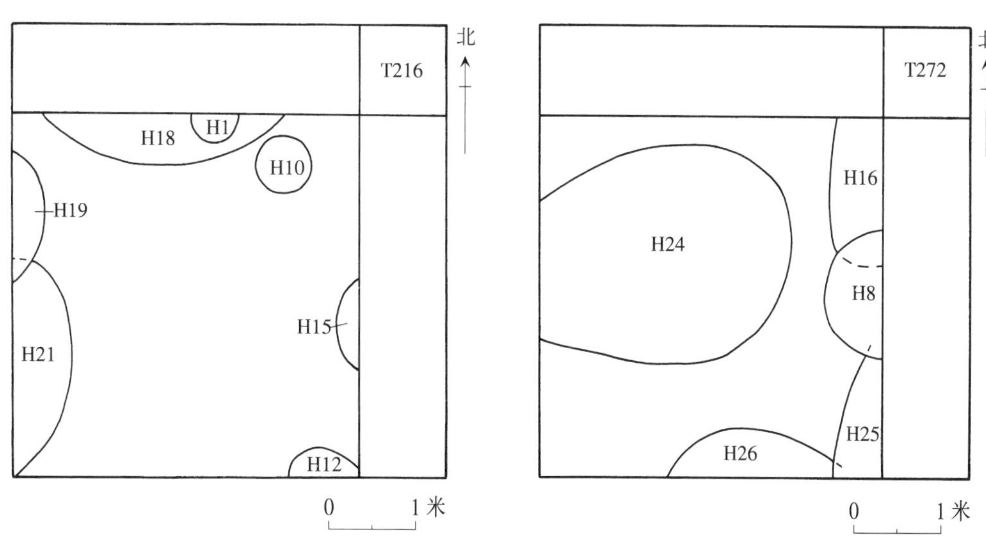

图三七　90ET216 遗迹分布平面图　　　图三八　90ET272 遗迹分布平面图

（二）遗迹分布

1990 年在东区北部发掘清理的遗迹有灰坑、灰沟、房址（柱洞）、墓葬等。共有遗迹单位 31 处。属于新石器时代的遗迹有 4 个灰坑。属于商周时代的遗迹 25 处。其中，灰坑 20 个，灰沟 2 条，房址（柱洞）2 座，墓葬 1 座。另有 2 个明清时代灰坑。

第 1 层下开口共 2 处遗迹，均为灰坑，编号为 90EH1、H2。属明清时代。其中，90EH1 分布在 90ET216 探方内，90EH2 分布在 90ET233 探方内。

第 2 层下开口共 3 处遗迹。灰坑 2 个，编号为 90EH10、H13，90EH10 分布在 90ET216 探方内，90EH13 分布在 90ET217 探方内。灰沟 1 条，编号为 90EG1，分布在 90ET217、T233 探方内。

第 3 层下开口共 13 处遗迹。灰坑 12 个，编号为 90EH3 ~ H9、H14、H16、H24 ~ H26 等，其中，90EH3、H4、H5 等 3 个灰坑分布在 90ET262 探方内。90EH6、H7、H14 等 3 个灰坑分布在

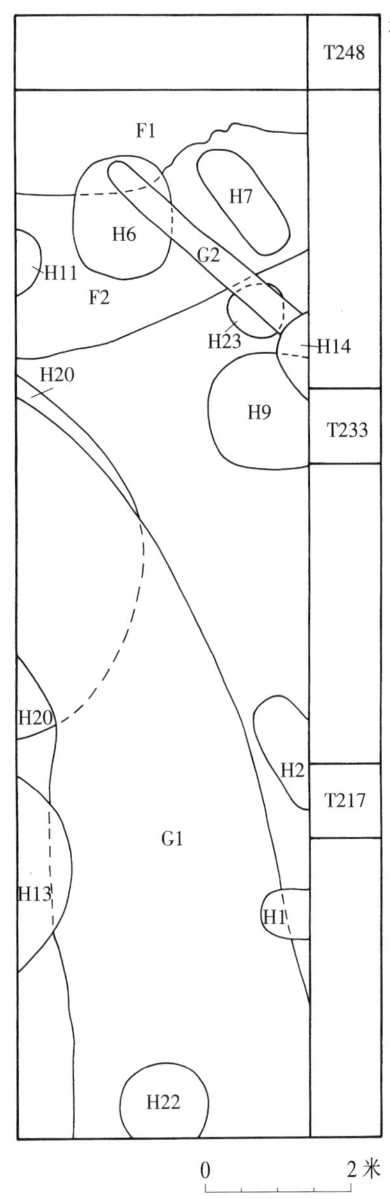

图三九　90ET248、T233、T217遗迹分布平面图

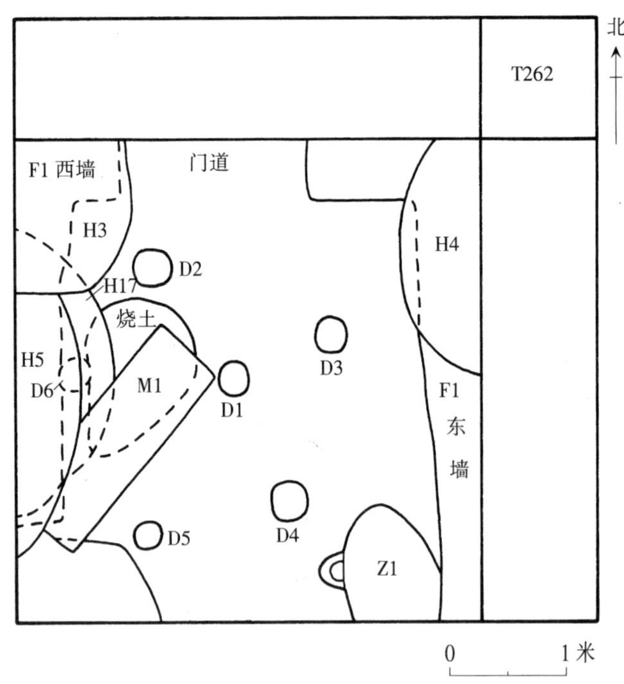

图四〇　90ET262 遗迹分布平面图

90ET248 探方内，90EH8、H16、H24、H25、H26 等 5 个灰坑分布在 90ET272 探方内，90EH9 分布在 90ET233 探方内。灰沟 1 条，编号为 90EG2，分布在 90ET248 探方内。

第 4 层下开口共 6 处遗迹。灰坑 4 个，编号为 90EH18～H21 等，90EH18、H19、H21 等 3 个灰坑分布在 90ET216 探方内，90EH20 分布在 90ET233 探方内。房址（柱洞）1 座，编号为 90EF1，分布在 90ET248、T262 探方内。墓葬 1 座，编号为 90EM1，分布在 90ET262 探方内。

第 5 层下开口共 3 处遗迹。灰坑 2 个，编号为 90EH17、H22，90EH17 分布在 90ET262 探方内，90EH22 分布在 90ET217 探方内。房址（柱洞）1 座，编号为 90EF2，分布在 90ET248、T262 探方内。

第 6 层下开口 1 处遗迹，为灰坑，编号为 90EH12，分布在 90ET216 探方内。

第 7 层下开口 1 处遗迹，为灰坑，编号为 90EH15，分布在 90ET216 探方内。

第 9 层下开口 2 处遗迹，均为灰坑，编号为 90EH11、H23，分布在 90ET248 探方内（图三七至四〇）。

第三章 新石器时代文化遗存

第一节 概述

新石器时代文化遗存分布在东区北部90ET216、T217、T233、T248、T262、T272，中部03ET2506、T2507、T2607，南部03ET2307、T2406、T2407、T2408，84ET1、T4；北区84NT2、T6、T8、T12、T13；西区84WT2、T8等探方（沟）内。在东区有地层堆积、灰坑、灶（坑）、房址（柱洞）、烧土堆积等文化遗存；西区仅有少量遗物包含在第7层中；北区有房址（柱洞）和墓葬遗存。

新石器时代文化遗存包括东区南部第7、8、9、10层以及18个灰坑，1处房址（柱洞），1处烧土堆积；中部第7、8层以及5个灰坑，2处房址（柱洞），2个灶（坑）；北部第6、7、8、9层以及4个灰坑。西区第7层和北区房址（柱洞）1处，墓葬6座。合计共有遗迹单位40个。

从上述地层和遗迹单位中，共提取遗物标本903件。除少量石器和极少数骨器、铜器外，均为陶器。其中，石器48件，骨器1件，铜片1件，陶器853件（含彩陶5件）。另外，还在03ET2407、T2507⑧层和03ET2307、T2506、T2507⑦层中提取矿石3件、炉壁1件、炼渣5件等矿冶遗存。另有碎小硬陶片，未提标本。

（一）陶器

853件（含彩陶），占标本总数912件的93.53%。陶器中器形较大的器类以泥条盘筑后经慢轮加工，往往陶胎较厚，注重口部加工。如陶缸口部用双层泥片加固，形成“叠唇”。较小器类一般采用轮制，分部分对接成器。如陶壶、罐、簋、豆、盘等，往往在器身有轮制痕迹，圈足脱落后，留有明显对接印痕。更小的器类则手捏成器，再稍加修饰，如陶器盖、球等。陶器中多夹砂陶和泥质陶，另有极少量硬陶。夹砂陶的砂粒多为白色，以褐色为主，次为红、黑、灰和黄色陶。泥质陶质地细腻，灰色居多（包括深灰、浅灰和灰白色），次为黑皮（包括黑皮红胎和黑皮灰胎）、黑（包括磨光黑陶）、红褐、红和黄色陶；还有少量橙黄陶。陶器以素面为主，纹样以篮纹和凹凸弦纹为主，有少量刻划纹、附加堆纹、镂孔、绳纹、方格纹和红衣彩绘陶等。篮纹有斜向、交错拍印几种形式，主要施于鼎、缸、罐和盆、甑等器类上（图四一、四二、四三）。

陶器造型比较规整。多三足器和圈足器，少平底器和圜底器。器类主要有鼎、罐、缸、盆、甑、瓮、壶、簋、钵、碗、豆、杯、盘、盖、座、纺轮和环等。彩陶器类有环。

鼎 86件。分四型。

A型 49件。罐形鼎。分三亚型。

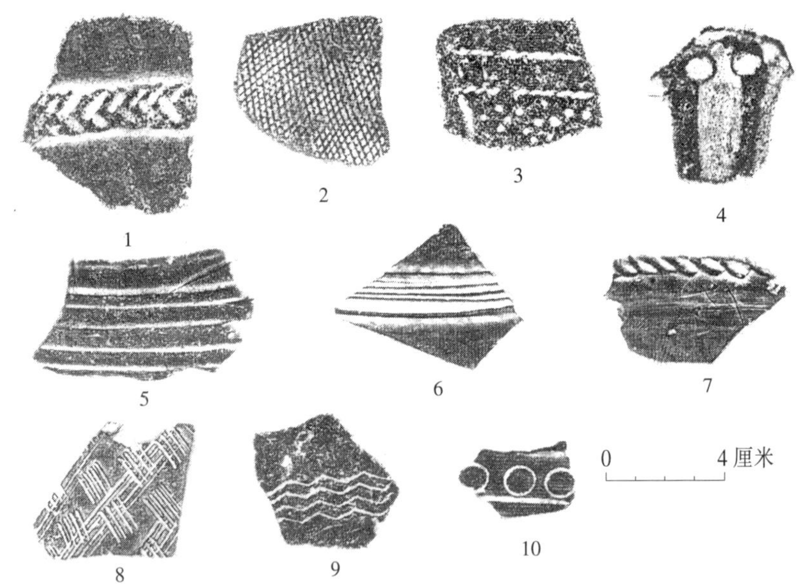

图四一 新石器时代陶器纹饰拓片

1. 附加堆纹（03ET2407⑨：4） 2. 方格纹（03ET2406⑦：25） 3. 凹弦纹、压印纹（03ET2307⑩：3） 4. 捺窝纹（03ET2507⑦：26） 5. 凹弦纹（03ET2307⑩：8） 6. 凸弦纹（03ET2307⑨：13） 7. 压印纹索状附加堆纹（03ET2307⑩：2） 8. 篦划纹（03ET2307⑧：31） 9. 波浪纹（03ET2406⑦：20） 10. 压印圆圈纹（03ET2307⑩：5）

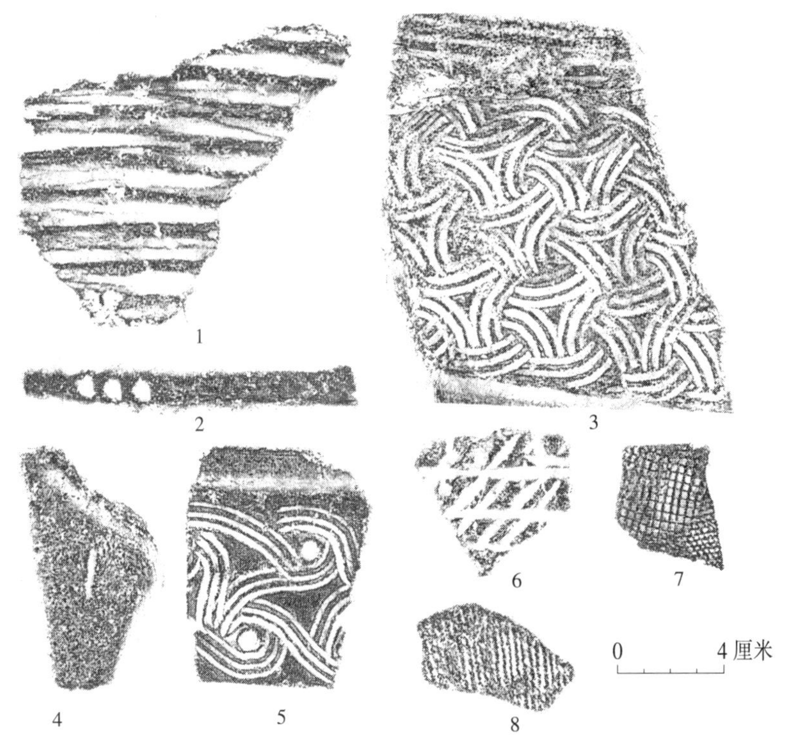

图四二 新石器时代陶器纹饰拓片

1. 横篮纹（03ET2307⑦：17） 2. 捺窝纹（03ET2307⑩：6） 3. 压印纹（03ET2307⑧：17） 4. 刻划纹（03ET2307⑩：18） 5. 压印纹（03ET2406⑦：24） 6. 弦断篮纹（03ET2406⑦：22） 7. 方格纹（03ET2406⑦：21） 8. 绳纹（03ET2307⑦：19）

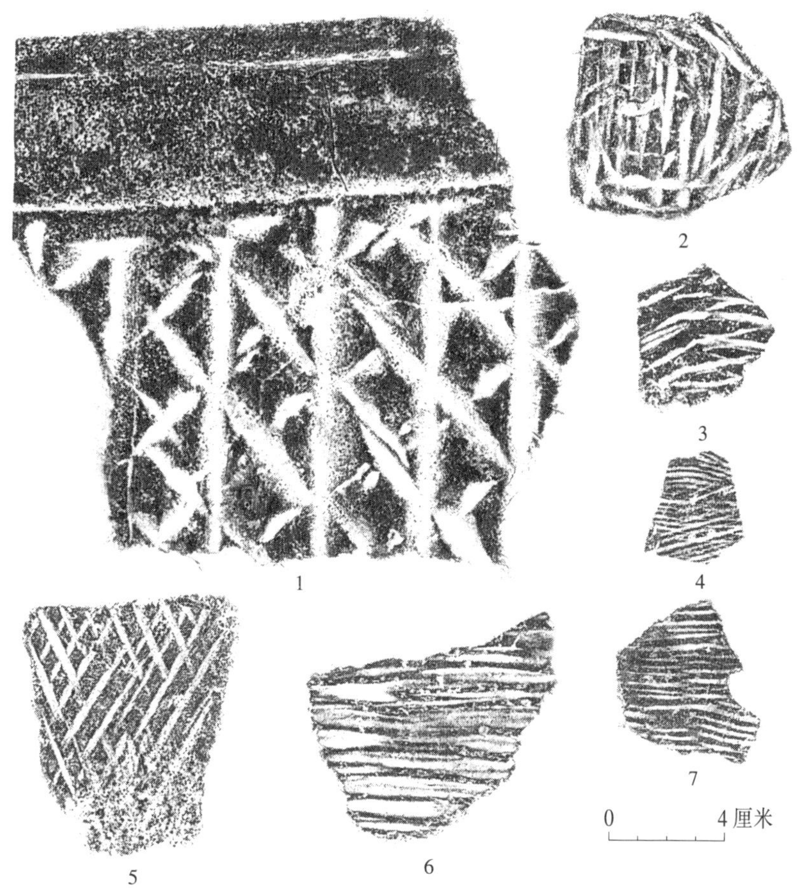

图四三　新石器时代陶器纹饰拓片

1～4、6、7. 篮纹（03ET2407⑧:20、03ET2406⑦:57、03ET2406⑦:51、03ET2307⑨:11、03ET2307⑦:21、03ET2307⑧:37）　5. 交错篮纹（03ET2406⑦:27）

Aa型　35件。侈口，折弧沿。整体变化为圆腹渐变至弧腹。8件式别不明，余27件分四式。

Ⅰ式　6件。圆腹。如标本03ET2307⑩:7（图四四，1）。

Ⅱ式　7件。圆弧腹。如标本03ET2407⑧:1（图四四，4）。

Ⅲ式　11件。圆弧深腹。如标本84ET1⑦:1（图四四，3）。

Ⅳ式　3件。弧腹。如标本03ET2307⑦:101（图四四，2）

Ab型　13件。侈口，卷沿或折沿。整体变化为圆鼓腹渐变至垂腹。2件式别不明，余11件分三式。

Ⅰ式　2件。圆鼓腹。如标本84NM2:1（图四四，5）。

Ⅱ式　8件。弧腹下垂。如标本03EH78:1（图四四，6）。

Ⅲ式　1件。斜弧腹下垂。标本84NM6:4（图四四，7）。

Ac型　1件。夹砂褐陶。侈口，卷沿，圆唇，束颈，上腹斜弧，下腹垂，鸭嘴形足。标本84NM5:3（图四四，8）。

B型　13件。釜形鼎。侈口，折沿。整体变化为深弧腹渐变至浅圆腹。3件式别不明，余10件分三式。

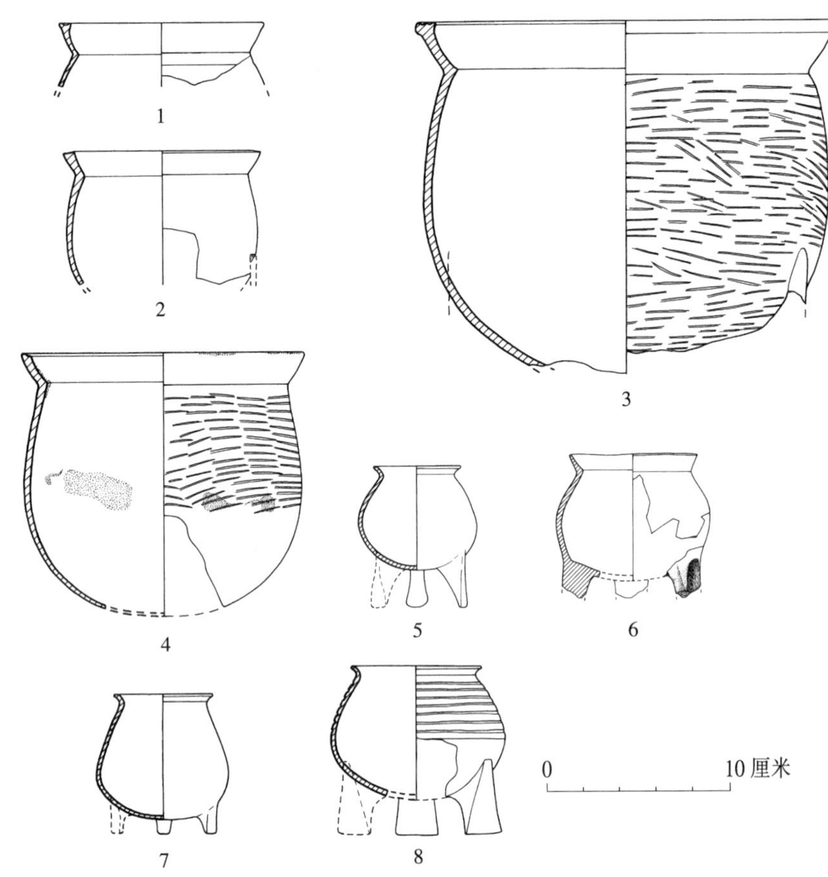

图四四　新石器时代A型陶鼎

1. Aa型Ⅰ式（03ET2307⑩:7）　2. Aa型Ⅳ式（03ET2307⑦:101）　3. Aa型Ⅲ式（84ET1⑦:1）　4. Aa型Ⅱ式（03ET2407⑧:1）　5. Ab型Ⅰ式（84NM2:1）　6. Ab型Ⅱ式（03EH78:1）　7. Ab型Ⅲ式（84NM6:4）　8. Ac型（84NM5:3）

Ⅰ式　1件。侈口，宽仰折沿微凹，尖唇。标本03ET2307⑩:30（图四五，1）

Ⅱ式　2件。宽仰折沿微凹，圆唇，溜肩。如标本03ET2507⑧:1（图四五，2）。

Ⅲ式　7件。方唇，宽折沿凹，溜肩，圆腹。如标本03ET2307⑦:10（图四五，3）。

C型　18件。盆形鼎。整体变化为敞口卷沿弧腹渐变至侈口折沿直腹。11件式别不明，余7件，分三式。

Ⅰ式　2件。敞口，仰折沿凹，方唇，溜肩。如标本03ET2307⑩:9（图四五，4）。

Ⅱ式　2件。侈口，卷沿，圆唇，颈微束，圆弧腹下收呈圜底，鸭嘴足。如标本84NM1:2（图四五，5）。

Ⅲ式　3件。侈口，勾唇，溜肩，斜直腹。如标本03ET2307⑦:2（图四五，7）。

D型　6件。壶形鼎。整体变化为长弧颈渐变至短直颈。分三式。

Ⅰ式　1件。侈口，圆唇，粗长颈。标本03ET2307⑩:54（图四五，6）。

Ⅱ式　2件。直口粗长颈，方唇凹，圆肩。如标本03ET2307⑦:95（图四五，8）。

Ⅲ式　3件。直口微敞，领较高，方唇。如标本03ET2307⑦:96（图四五，9）。

鼎足　139件。分三型。

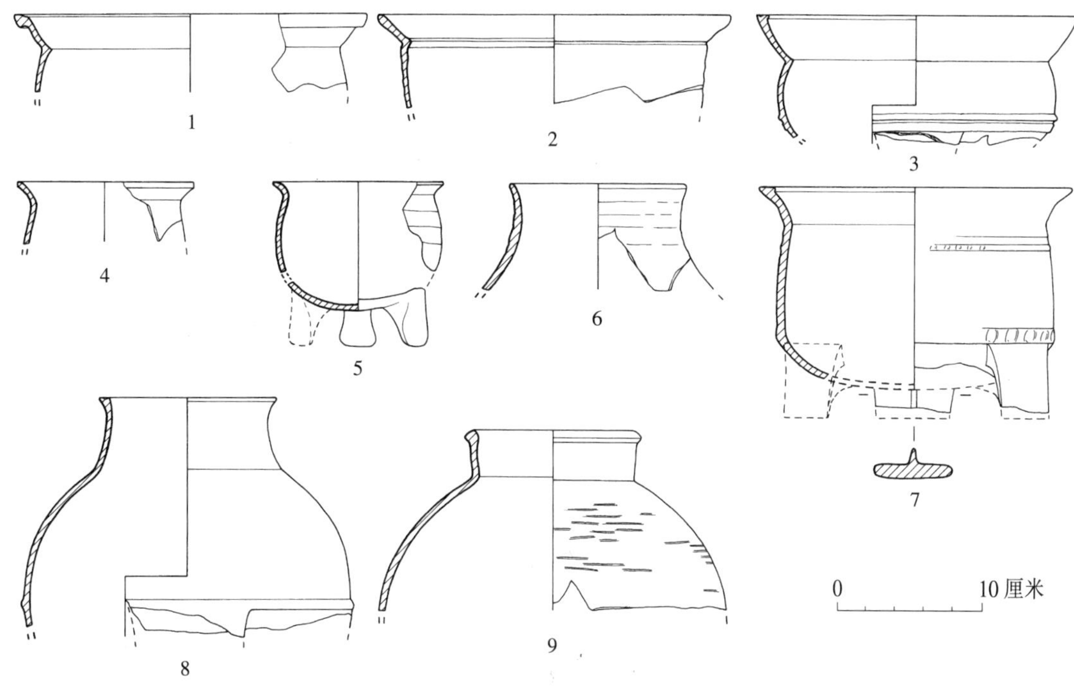

图四五　新石器时代陶鼎

1. B型Ⅰ式（03ET2307⑩:30）　2. B型Ⅱ式（03ET2507⑧:1）　3. B型Ⅲ式（03ET2307⑦:10）
4. C型Ⅰ式（03ET2307⑩:9）　5. C型Ⅱ式（84NM1:2）　6. D型Ⅰ式（03ET2307⑩:54）
7. C型Ⅲ式（03ET2307⑦:2）　8. D型Ⅱ式（03ET2307⑦:95）　9. D型Ⅲ式（03ET2307⑦:96）

A型　102件。侧装三角形足。6件亚型不明，可进行亚型划分者96件，分三亚型。

Aa型　37件。足尖凿形。如标本03ET2307⑩:20（图四六，1）。

Ab型　47件。足尖鸭嘴形。如标本03ET2307⑩:13（图四六，2）。

Ac型　12件。足尖平，截面圆角长方形。如标本03ET2406⑦:32（图四六，3）。

B型　36件。正装扁形足。可进行亚型划分者30件，分三亚型。

Ba型　13件。扁形，足根无支钉。如标本03ET2307⑨:42（图四六，4）。

Bb型　22件。扁形，足根有支钉。如标本03ET2307⑧:30（图四六，5）。

Bc型　1件。正装扁圆柱状足。标本03EH64:8（图四六，6）。

C型　1件。圆柱状锥足。标本90ET233⑥:37（图四六，7）。

鬲　1件。标本03EF1:1（图四七，1）。

甑　16件。完整器极少，包括甑及甑口沿、甑底等，型式不明者2件，余14件分两型。

A型　11件。侈口，折沿。甑箅孔仅设在底部。整体变化为由罐形渐变至盆形，甑腹由深变浅。4件式别不明，余7件分三式。

Ⅰ式　1件。夹砂灰陶。侈口，尖圆唇，斜沿，沿面向下。标本90ET233⑨:26（图四八，1）。

Ⅱ式　5件。侈口，方唇，仰折沿凹，深弧腹，矮直圈足，底施梭形箅孔。如标本03ET2506⑦:4（图四八，2）。

Ⅲ式　1件。尖圆唇，仰折沿，上沿面平，下沿面弧，斜弧腹，矮圈足，甑身呈盆形；甑底

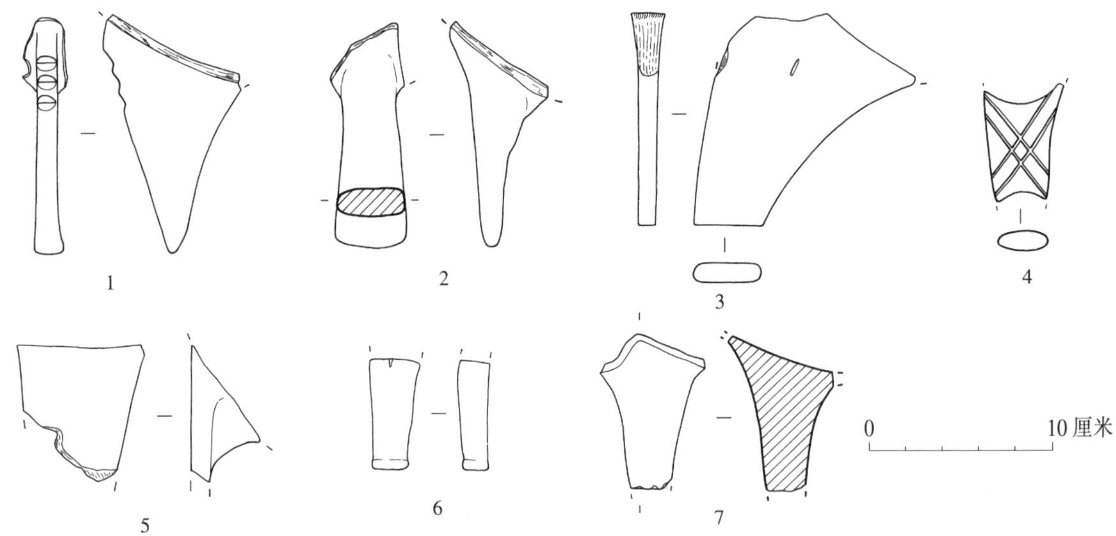

图四六　新石器时代陶鼎足

1. Aa型（03ET2307⑩：20）　2. Ab型（03ET2307⑩：13）　3. Ac型（03ET2406⑦：32）
4. Ba型（03ET2307⑨：42）　5. Bb型（03ET2307⑧：30）　6. Bc型（03EH64：8）
7. C型（90ET233⑥：37）

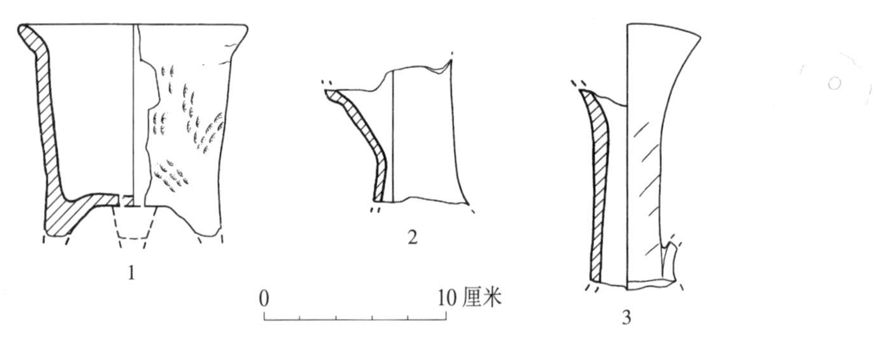

图四七　新石器时代陶器

1. 鬲（03EF1：1）　2. Ⅰ式鬶（90ET233⑦：39）　3. Ⅱ式鬶（90EH12：11）

上有五个箅孔。标本84ET1⑦：2（图四八，5）。

B型　3件。甑箅孔设在下腹和底部。仅存下腹及底。分二式。

Ⅰ式　1件。矮圈足外撇。下腹及底饰圆形箅孔。标本03ET2307⑨：27（图四八，4）。

Ⅱ式　2件。矮圈足，底及下腹近底处都施圆形箅孔。如标本03EH46：27（图四八，3）。

鬶　3件。1件式别不明，余2件分二式。

Ⅰ式　1件。口呈椭圆形，颈部内收。标本90ET233⑦：39（图四七，2）。

Ⅱ式　1件。细长颈。标本90EH12：11（图四七，3）。

罐　64件，完整器极少，根据罐口沿特征，分五型。

A型　45件。侈口罐，肩腹无明显分界。分四亚型。

Aa型　22件。整体变化为斜弧沿上扬、圆弧腹渐变至斜折沿近平、斜弧腹。2件式别不明，余20件分三式。

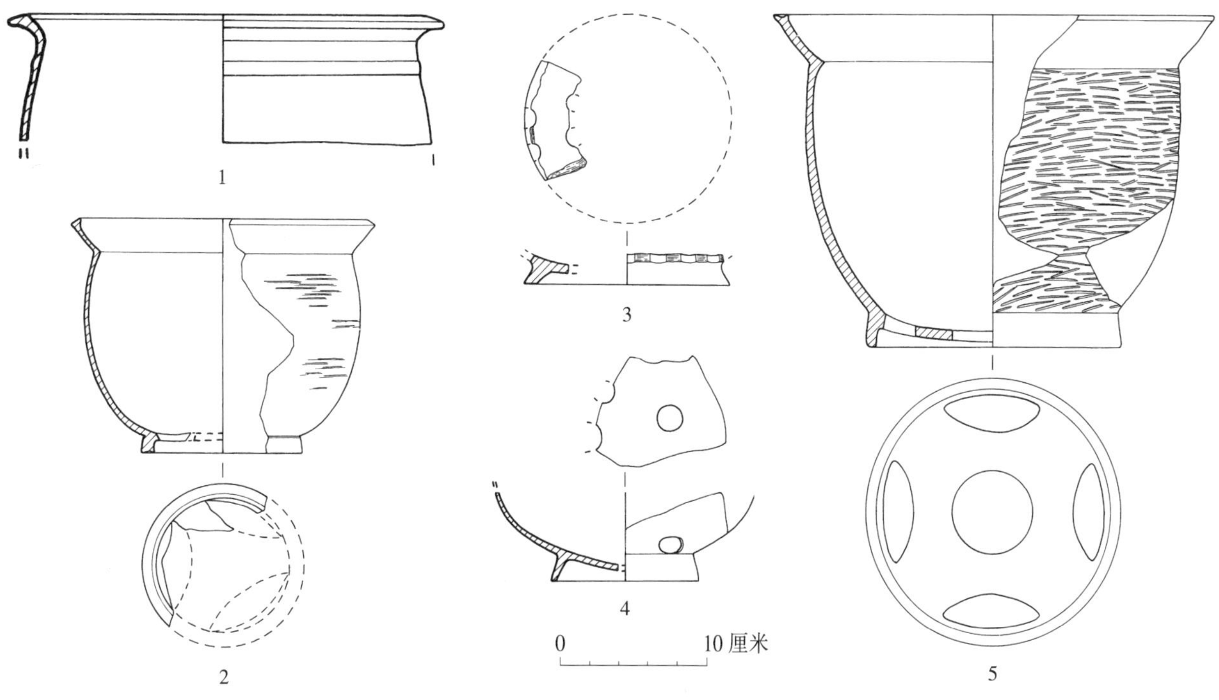

图四八　新石器时代陶甑

1. A型Ⅰ式（90ET233⑨:26）　2. A型Ⅱ式（03ET2506⑦:4）　3. B型Ⅱ式（03EH46:27）
4. B型Ⅰ式（03ET2307⑨:27）　5. A型Ⅲ式（84ET1⑦:2）

Ⅰ式　2件。大侈口，仰折沿，圆唇。如标本03ET2307⑩:52（图四九，1）。

Ⅱ式　9件。敛口，窄折沿，尖唇，溜肩。如标本03ET2307⑧:16（图四九，2）。

Ⅲ式　9件。侈口小，折沿，圆唇。如标本03ET2507⑦:16（图四九，3）。

Ab型　8件。整体变化为口沿斜折上侈、弧腹渐变至折沿近直、斜弧腹。1件式别不明，余7件分三式。

Ⅰ式　1件。侈口，折沿斜上侈，圆唇，弧腹。标本03ET2307⑩:53（图四九，4）。

Ⅱ式　4件。侈口，折沿，方唇，溜肩，斜弧腹。如标本03ET2407⑨:20（图四九，5）。

Ⅲ式　2件。侈口，圆唇，折沿，溜肩。如标本03ET2408⑦:7（图四九，8）。

Ac型　9件。整体变化为斜折沿上扬、沿面内凹、鼓腹渐变至斜折沿近平、斜弧折垂腹。1件式别不明，余8件分三式。

Ⅰ式　2件。侈口，折沿内凹，凹方唇，溜肩。如标本03ET2307⑧:22（图四九，9）。

Ⅱ式　3件。侈口，方唇，折沿，溜肩。如标本03ET2507⑦:4（图四九，15）。

Ⅲ式　3件。侈口，方唇，折沿，溜肩，斜直折垂腹。如标本03ET2307⑦:97（图四九，10）。

Ad型　6件。整体变化为斜弧沿上扬、弧腹渐变至卷沿近直、斜弧腹。1件式别不明，余5件分三式。

Ⅰ式　2件。小侈口，仰折沿，圆唇，溜肩。如标本03ET2307⑩:28（图四九，6）。

Ⅱ式　2件。侈口，折沿，方唇，鼓腹。如标本03ET2307⑧:21（图四九，7）。

Ⅲ式　1件。侈口，圆唇，卷沿。标本03ET2408⑦:15（图四九，11）。

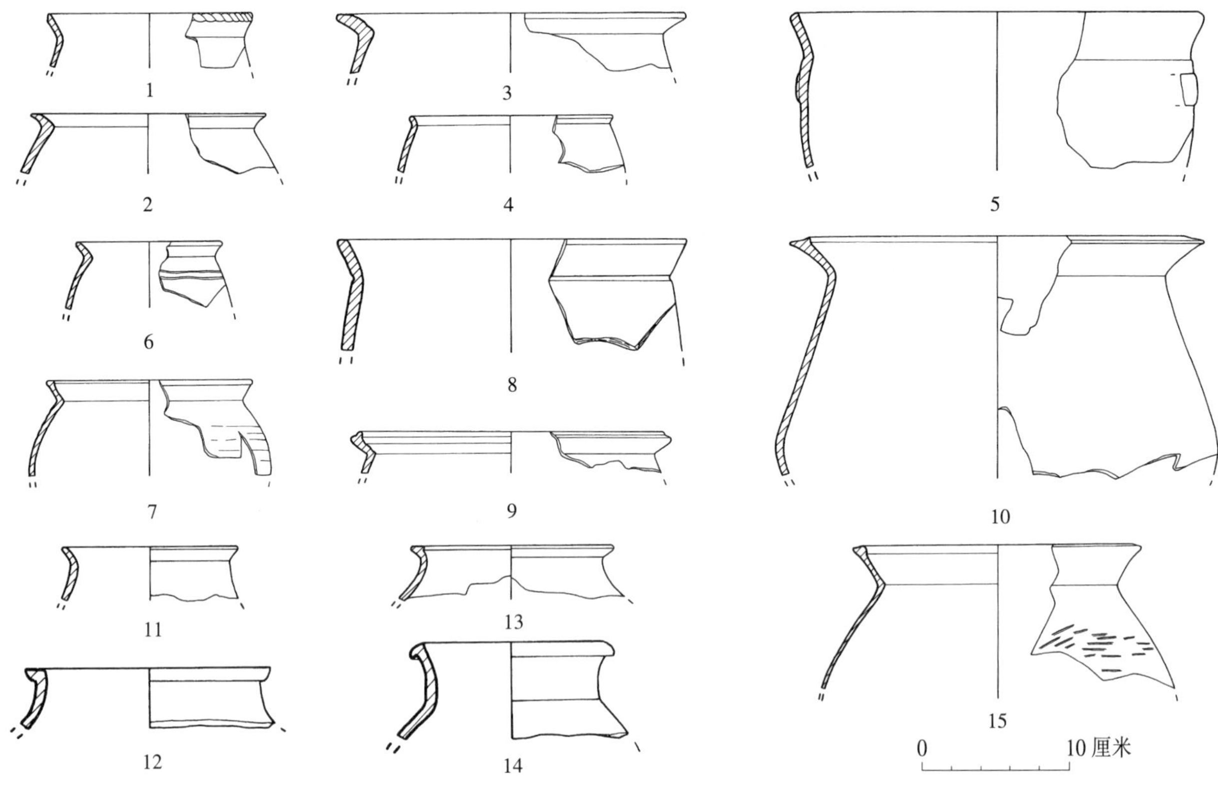

图四九　新石器时代陶罐

1. Aa型Ⅰ式（03ET2307⑩:52）　2. Aa型Ⅱ式（03ET2307⑧:16）　3. Aa型Ⅲ式（03ET2507⑦:16）
4. Ab型Ⅰ式（03ET2307⑩:53）　5. Ab型Ⅱ式（03ET2407⑨:20）　6. Ad型Ⅰ式（03ET2307⑩:28）
7. Ad型Ⅱ式（03ET2307⑧:21）　8. Ab型Ⅲ式（03ET2408⑦:7）　9. Ac型Ⅰ式（03ET2307⑧:22）
10. Ac型Ⅲ式（03ET2307⑦:97）　11. Ad型Ⅲ式（03ET2408⑦:15）　12. B型Ⅰ式（90ET233⑨:24）
13. B型Ⅱ式（90EH12:8）　14. B型Ⅲ式（90ET233⑥:43）　15. Ac型Ⅱ式（03ET2507⑦:4）

B型　6件。敞口有领罐。整体变化为沿面平折、矮领渐变至沿面向下、领渐高。1件式别不明，余5件分三式。

Ⅰ式　1件。直口微敞，沿面平。标本90ET233⑨:24（图四九，12）。

Ⅱ式　3件。平沿。如标本90EH12:8（图四九，13）。

Ⅲ式　1件。敞口，沿面向下。标本90ET233⑥:43（图四九，14）。

C型　10件。盘口罐，均为口沿。分两亚型。

Ca型　3件。有流。整体变化为盘口内敛、斜直腹渐变至盘口外敞、弧腹。分二式。

Ⅰ式　2件。盘口内敛，斜直腹。如标本03EH57:6（图五〇，2）。

Ⅱ式　1件。盘口外敞，弧腹。标本03ET2307⑦:1（图五〇，1）。

Cb型　7件。无流。整体变化为盘口内敛、斜直腹渐变至盘口外敞、弧腹。1件式别不明，余6件分三式。

Ⅰ式　3件。盘口，圆唇，斜直腹。如标本03EH63:1（图五〇，3）。

Ⅱ式　1件。盘口敛，圆唇，斜直腹。标本03ET2408⑦:14（图五〇，10）。

Ⅲ式　2件。盘口不明显，圆唇，溜肩，弧腹。如标本03ET2406⑦:74（图五〇，7）。

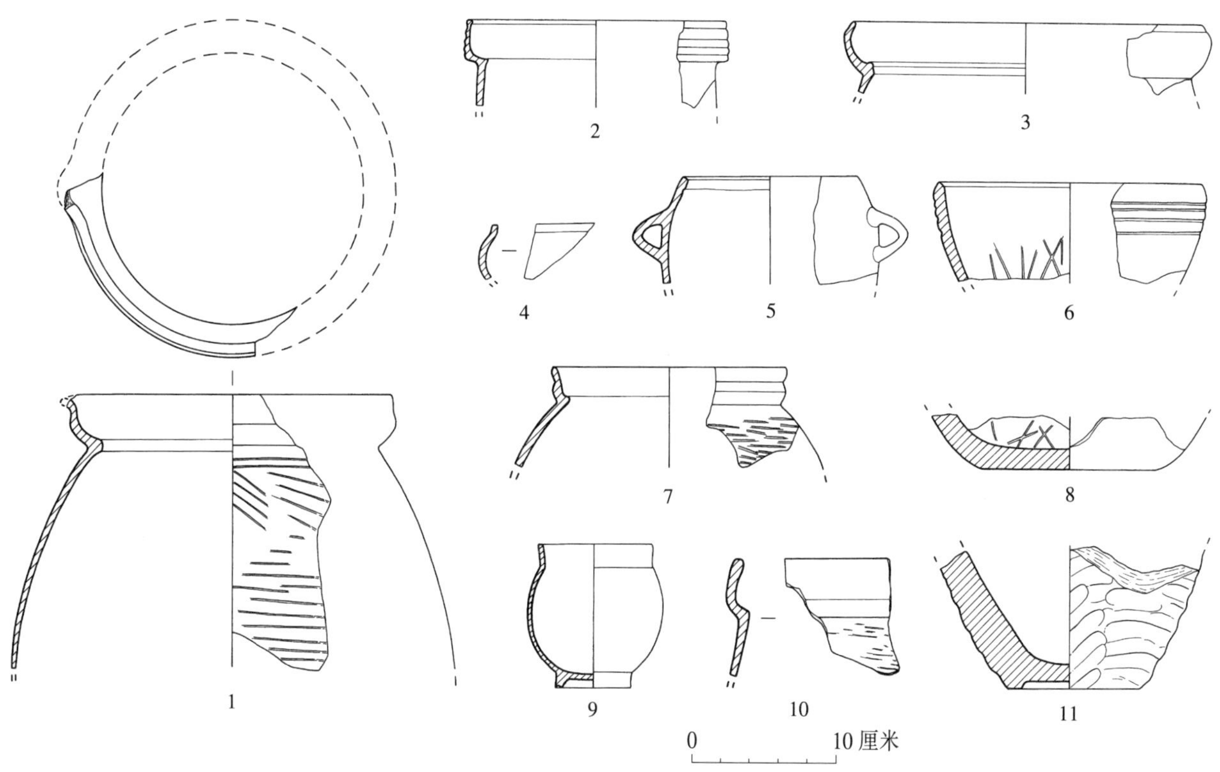

图五〇　新石器时代陶器

1. Ca型Ⅱ式罐（03ET2307⑦:1）　2. Ca型Ⅰ式罐（03EH57:6）　3. Cb型Ⅰ式罐（03EH63:1）
4. D型Ⅰ式罐（03ET2307⑦:71）　5. E型罐（03EH31:25）　6. 擂钵口（03ET2307⑩:55）
7. Cb型Ⅲ式罐（03ET2406⑦:74）　8. 擂钵底（03ET2307⑩:65）　9. D型Ⅱ式罐（84NM6:3）
10. Cb型Ⅱ式罐（03ET2408⑦:14）　11. 臼（03ET2507⑦:17）

D型　2件。直口罐。分二式。

Ⅰ式　1件。直口微敛，圆唇，溜肩。标本03ET2307⑦:71（图五〇，4）。

Ⅱ式　1件。直口微敞，圆唇，直颈，圆弧腹，圜底近平。标本84NM6:3（图五〇，9）。

E型　1件。带耳敛口罐。标本03EH31:25（图五〇，5）。

擂钵　2件。其中擂钵口、擂钵底各1件。标本03ET2307⑩:55（图五〇，6）、03ET2307⑩:65（图五〇，8）。

臼　1件。标本03ET2507⑦:17（图五〇，11）。

瓮　13件。根据瓮口沿及肩部特征，分五型。

A型　4件。子母口瓮。整体变化为敛口渐变至直口有系。分三式。

Ⅰ式　1件。子母口敛。标本03ET2307⑧:18（图五一，1）。

Ⅱ式　2件。凹口敛，圆唇，溜肩。标本03ET2406⑦:47（图五一，2）、03ET2307⑦:75（图五一，3）。

Ⅲ式　1件。直子口，圆唇，颈部外壁等距离附四系。标本90ET233⑥:44（图五一，11）。

B型　4件。折沿敛口瓮。整体变化为卷平沿敛口渐变至平折沿口、沿面渐宽有凹弦纹。分三式。

Ⅰ式　1件。敛口，卷折平沿，方唇，弧腹。标本03ET2307⑧:44（图五一，6）。

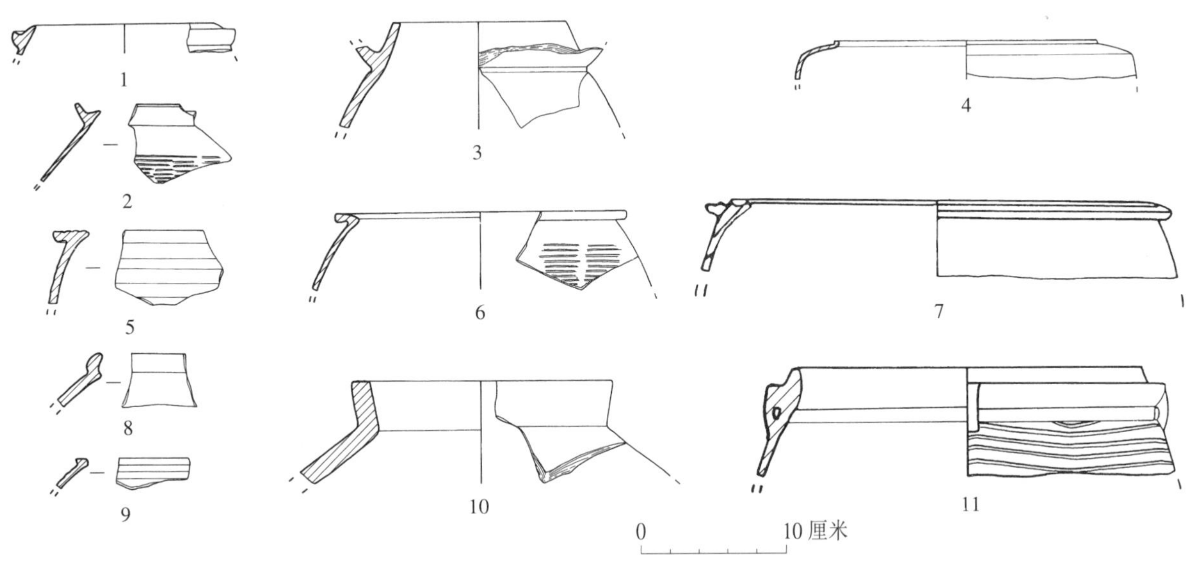

图五一　新石器时代陶瓮

1. A型Ⅰ式（03ET2307⑧:18）　2、3. A型Ⅱ式（03ET2406⑦:47、03ET2307⑦:75）　4. D型（03EH46:4）　5. B型Ⅱ式（03ET2407⑧:16）　6. B型Ⅰ式（03ET2307⑧:44）　7. B型Ⅲ式（90ET233⑦:48）　8. Ca型（03ET2507⑦:36）　9. Cb型（03ET2506⑦:16）　10. E型（03EH46:1）　11. A型Ⅲ式（90ET233⑥:44）

Ⅱ式　2件。敛口，平折沿上饰凹槽，方唇，弧腹。如标本03ET2407⑧:16（图五一，5）。

Ⅲ式　1件。敛口，尖圆唇，平折沿，鼓腹。标本90ET233⑦:48（图五一，7）。

C型　3件。敛口圆唇瓮。分两亚型。

Ca型　1件。敛口凹，圆唇。标本03ET2507⑦:36（图五一，8）。

Cb型　2件。敛口，圆唇。如标本03ET2506⑦:16（图五一，9）。

D型　1件。敛口广隆肩瓮。标本03EH46:4（图五一，4）。

E型　1件。敞口广斜肩瓮。标本03EH46:1（图五一，10）。

壶　44件。分三型。

A型　40件。敞口圈足壶。分五亚型。

Aa型　21件。弧广肩圆鼓腹壶。整体变化由敞口、无沿渐变至盘口、有沿。2件式别不明，余19件分四式。

Ⅰ式　2件。直口微敞。如标本03ET2307⑩:49（图五二，3）。

Ⅱ式　7件。直口微敛，斜方唇。如标本03ET2307⑩:48（图五二，4）。

Ⅲ式　9件。敞口，圆唇。如标本03ET2407⑧:47（图五二，1）。

Ⅳ式　1件。口略呈盘口状，曲沿。标本84NM6:8（图五二，2）。

Ab型　7件。弧溜肩壶。整体变化由弧腹渐变至垂腹。1件式别不明，余6件分三式。

Ⅰ式　1件。弧腹。标本84NM4:3（图五二，6）。

Ⅱ式　4件。弧腹下垂。如标本84NM3:6（图五二，5）。

Ⅲ式　1件。弧折腹下垂。标本84NM6:6（图五二，7）。

Ac型　5件。弧肩鼓腹壶。2件式别不明，余3件分两式。

Ⅰ式　2件。弧肩，鼓腹。如标本03ET2407⑨:1（图五二，8）。

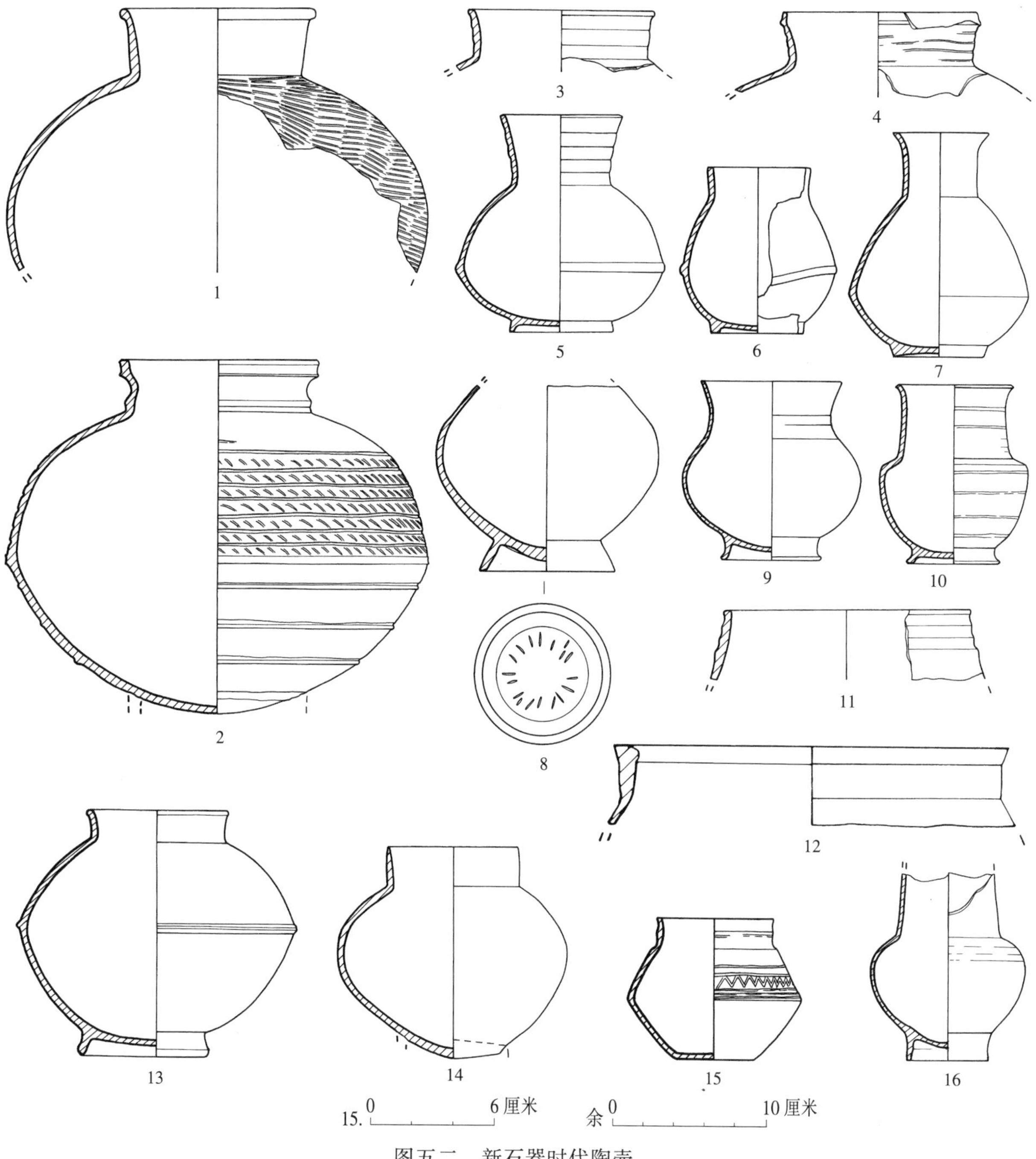

图五二　新石器时代陶壶

1. Aa 型Ⅲ式（03ET2407⑧:47）　2. Aa 型Ⅳ式（84NM6:8）　3. Aa 型Ⅰ式（03ET2307⑩:49）　4. Aa 型Ⅱ式（03ET2307⑩:48）　5. Ab 型Ⅱ式（84NM3:6）　6. Ab 型Ⅰ式（84NM4:3）　7. Ab 型Ⅲ式（84NM6:6）　8. Ac 型Ⅰ式（03ET2407⑨:1）　9. Ac 型Ⅱ式（84NM3:7）　10. Ad 型Ⅰ式（84NM3:1）　11. B 型Ⅰ式（03ET2307⑩:50）　12. B 型Ⅱ式（90ET233⑧:42）　13. Ae 型Ⅱ式（84NM6:7）　14. Ae 型Ⅰ式（03ET2407⑧:12）　15. C 型（84NM1:1）　16. Ad 型Ⅱ式（84WT2⑦:6）

Ⅱ式　1 件。弧肩，圆鼓腹。标本 84NM3:7（图五二，9）。

Ad 型　2 件。斜弧肩壶。整体变化由肩腹交界处弧折渐变至圆鼓腹。分二式。

Ⅰ式　1 件。斜折肩，弧腹内收。标本 84NM3:1（图五二，10）。

Ⅱ式 1件。圆肩，圆鼓腹。标本84WT2⑦:6（图五二，16）。

Ae型 5件。弧肩圆腹壶。1件式别不明，余4件分两式。

Ⅰ式 2件。直口微敞，圆唇，短颈。如标本03ET2407⑧:12（图五二，14）。

Ⅱ式 2件。敞口，圆唇，直颈。如标本84NM6:7（图五二，13）。

B型 3件。敛口壶。整体变化由颈肩无明显分界渐至有明显分界。分二式。

Ⅰ式 1件。颈肩无明显分界。标本03ET2307⑩:50（图五二，11）。

Ⅱ式 2件。颈肩有明显分界。如标本90ET233⑧:42（图五二，12）。

C型 1件。小圆肩折腹壶。标本84NM1:1（图五二，15）。

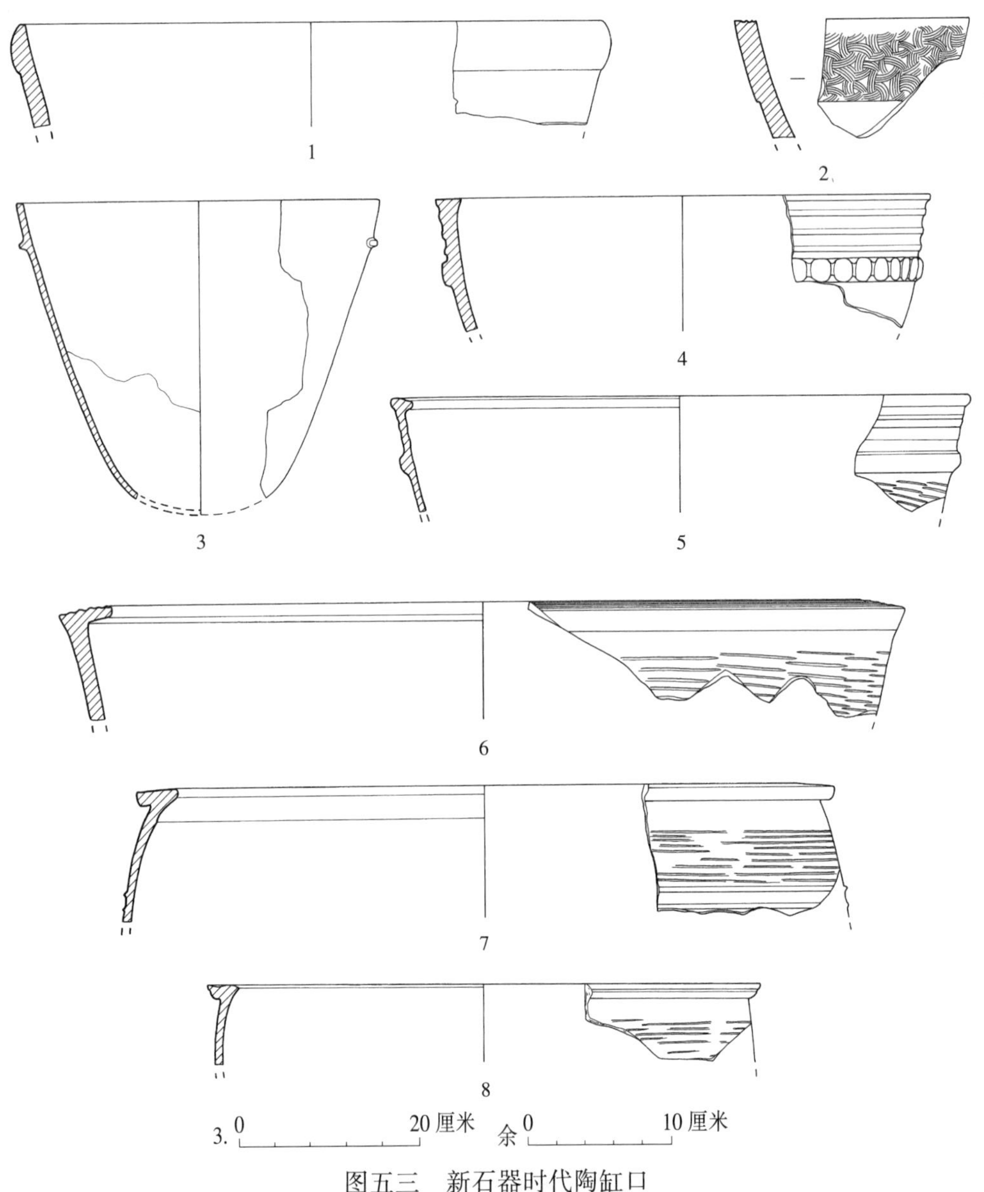

图五三 新石器时代陶缸口

1. A型Ⅰ式（03ET2307⑩:1） 2. A型Ⅱ式（03ET2307⑧:53） 3. A型Ⅲ式（03ET2307⑦:6）
4. B型Ⅰ式（03ET2307⑩:58） 5. B型Ⅱ式（03ET2406⑦:75） 6. B型Ⅲ式（03ET2307⑦:34）
7. C型Ⅱ式（03ET2307⑦:35） 8. C型Ⅰ式（03ET2307⑧:46）

缸　45 件，无完整器。分为缸口、缸底。

缸口　42 件。根据口沿不同分为三型。

A 型　32 件。敞口缸。方唇，缸口外附器耳。整体变化为缸口叠圆唇渐变至厚方唇。1 件式别不明，余 31 件分三式。

Ⅰ式　17 件。大敞口，叠圆唇。如标本 03ET2307⑩:1（图五三，1）。

Ⅱ式　12 件。敞口，方唇。如标本 03ET2307⑧:53（图五三，2）。

Ⅲ式　2 件。大敞口，厚方唇，上腹施对称横条状附耳。如标本 03ET2307⑦:6（图五三，3）。

B 型　7 件。敛口内折沿缸。整体变化为缸口内折沿渐渐加宽。分三式。

Ⅰ式　4 件。微敛口，方唇。如标本 03ET2307⑩:58（图五三，4）。

Ⅱ式　1 件。敞口，勾唇。标本 03ET2406⑦:75（图五三，5）。

Ⅲ式　2 件。敞口，方唇，内斜沿。如标本 03ET2307⑦:34（图五三，6）。

C 型　3 件。敛口外折沿缸。整体变化为缸沿面平渐向下。分二式。

Ⅰ式　2 件。敛口，折平沿。如标本 03ET2307⑧:46（图五三，8）。

Ⅱ式　1 件。大口敛，平沿外斜。标本 03ET2307⑦:35（图五三，7）。

缸底　3 件。分三型。

A 型　1 件。圜底。标本 03ET2307⑦:98（图五四，3）。

B 型　1 件。平底。标本 03ET2307⑦:11（图五四，1）。

C 型　1 件。圜底有圈足。标本 90ET233⑦:51（图五四，2）。

盆　38 件，但完整器较少。根据腹部特征分两型。

A 型　27 件。深腹盆。分三亚型。

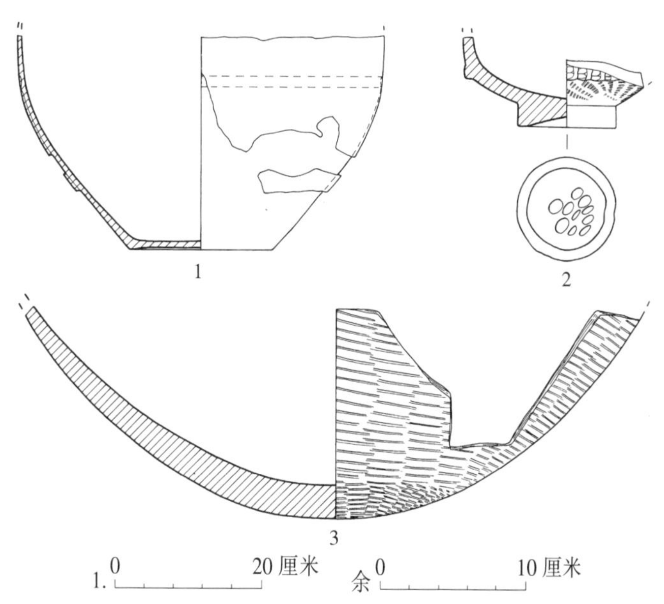

图五四　新石器时代陶缸底

1. B 型（03ET2307⑦:11）　2. C 型（90ET233⑦:51）　3. A 型（03ET2307⑦:98）

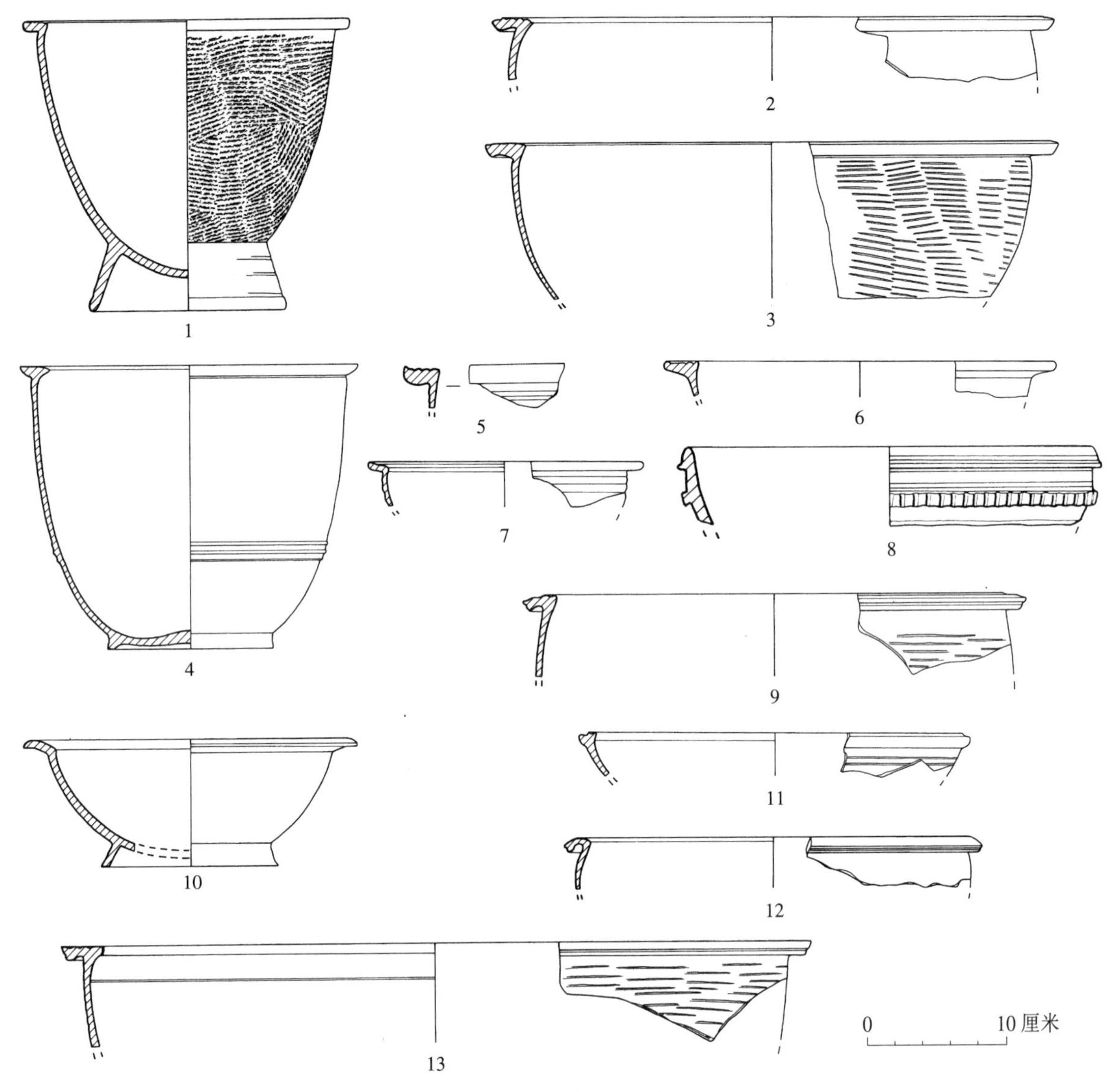

图五五　新石器时代陶盆

1. Aa型Ⅲ式（03ET2307⑦:5）　2. Ab型Ⅰ式（03ET2307⑧:45）　3. Ab型Ⅱ式（03ET2307⑦:4）　4. Aa型Ⅳ式（03ET2406⑦:1）　5. Aa型Ⅰ式（03ET2307⑨:29）　6. Aa型Ⅱ式（03ET2407⑧:50）　7. Bb型Ⅰ式（03EH109:3）　8. Ba型Ⅰ式（90ET233⑨:28）　9. Ac型Ⅰ式（03ET2506⑧:8）　10. Bb型Ⅱ式（03ET2307⑦:100）　11. Ba型Ⅱ式（03ET2307⑦:37）　12. Ac型Ⅱ式（03ET2408⑦:2）　13. Ab型Ⅲ式（03ET2408⑦:1）

Aa型　13件。平折沿，斜弧腹盆。整体变化为盆直口微敛、沿内唇不明显渐变至敛口、内唇突出。1件式别不明，余12件分四式。

Ⅰ式　4件。直口微敛，方唇，厚平折沿，沿面有凹槽。如标本03ET2307⑨:29（图五五，5）。

Ⅱ式　4件。口微敛，平沿上饰凹槽，圆唇。如标本03ET2407⑧:50（图五五，6）。

Ⅲ式　3件。敛口，平沿，沿面有凹槽，圆唇。如标本03ET2307⑦:5（图五五，1）。

Ⅳ式　1件。敛口，平沿，圆唇，内唇突出。标本03ET2406⑦:1（图五五，4）。

Ab型　11件。弧折沿，弧腹盆。整体变化为盆直口微敛、沿内唇不明显渐变至敛口、内唇突

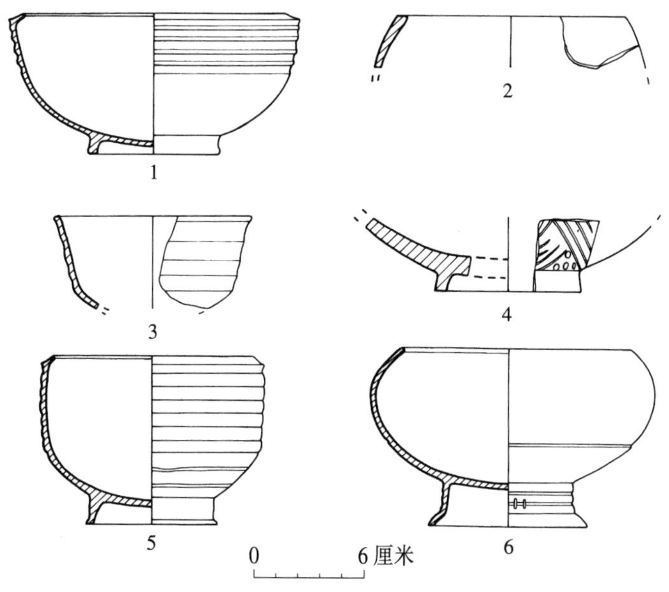

图五六　新石器时代陶器

1. A 型Ⅰ式簋（84NM4∶4）　2. B 型Ⅰ式簋（03ET2307⑩∶68）　3. A 型碗（03ET2307⑩∶44）　4. B 型碗（03ET2307⑨∶20）　5. A 型Ⅱ式簋（84NM2∶3）　6. B 型Ⅱ式簋（84NM3∶3）

出。分三式。

Ⅰ式　3 件。敛口，平折沿，斜方唇，沿面有凹槽。如标本 03ET2307⑧∶45（图五五，2）。

Ⅱ式　7 件。大口微敛，方唇。如标本 03ET2307⑦∶4（图五五，3）。

Ⅲ式　1 件。大口微敛，平沿，方唇，内唇突出。标本 03ET2408⑦∶1（图五五，13）。

Ac 型　3 件。卷折沿，圆腹盆。整体变化为盆口微敛、沿面微卷渐变至敛口、卷沿。分二式。

Ⅰ式　2 件。口微敛，沿面微卷。如标本 03ET2506⑧∶8（图五五，9）。

Ⅱ式　1 件。敛口，卷沿。标本 03ET2408⑦∶2（图五五，12）。

B 型　11 件。浅腹盆。分两亚型。

Ba 型　4 件。窄折沿盆。整体变化为盆口敞、无内唇渐变至敛口、有内唇。分两式。

Ⅰ式　2 件。敞口，无内唇。如标本 90ET233⑨∶28（图五五，8）。

Ⅱ式　2 件。敞口，有内唇。如标本 03ET2307⑦∶37（图五五，11）。

Bb 型　7 件。宽折沿盆。整体变化为盆沿面斜平、弧腹渐变至弧沿、斜弧腹。分两式。

Ⅰ式　5 件。沿面斜平，弧腹。如标本 03EH109∶3（图五五，7）。

Ⅱ式　2 件。弧沿，斜弧腹。如标本 03ET2307⑦∶100（图五五，10）。

簋　23 件。根据簋口沿及腹部特征，分两型。

A 型　17 件。敛口内折沿弧腹簋。整体变化由簋腹壁斜弧、浅腹渐变至簋腹壁弧近直、深腹。分两式。

Ⅰ式　7 件。腹壁斜弧，浅腹。如标本 84NM4∶4（图五六，1）。

Ⅱ式　10 件。腹壁弧近直，深腹。如标本 84NM2∶3（图五六，5）。

B 型　6 件。敛口圆腹簋。其变化为方唇、腹壁圆至圆唇、圆鼓腹。分两式。

Ⅰ式　3 件。方唇，腹壁圆。如标本 03ET2307⑩∶68（图五六，2）。

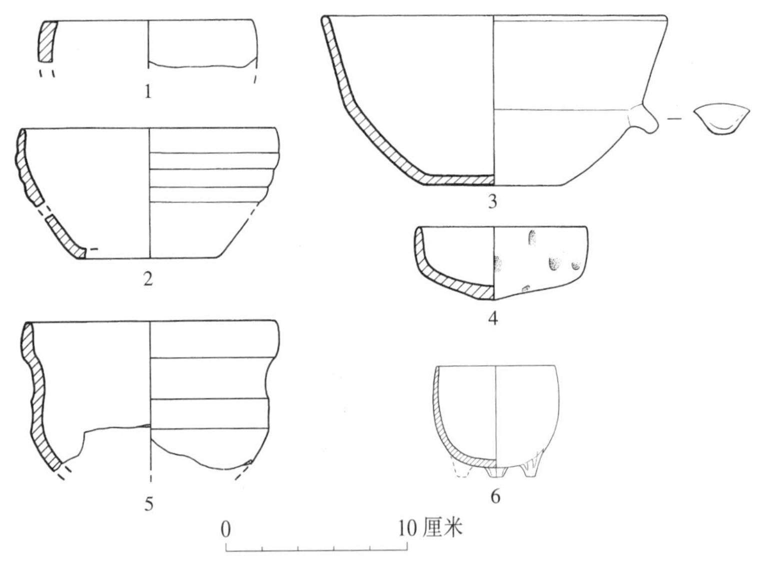

图五七　新石器时代陶钵

1. A型Ⅰ式（03ET2307⑨:37）　2. A型Ⅱ式（84NM1:3）　3. B型（84NM5:2）
4. A型Ⅲ式（03ET2407⑧:2）　5. D型（90EH12:6）　6. C型（03ET2507⑧:50）

Ⅱ式　3件。圆唇，圆鼓腹。如标本84NM3:3（图五六，6）。

钵　6件。分四型。

A型　3件。敛口钵。其变化为方唇、深弧腹、平底渐变至圆唇、浅直腹、圜底。分三式。

Ⅰ式　1件。敛口，方唇。标本03ET2307⑨:37（图五七，1）。

Ⅱ式　1件。直口微敞，圆唇，弧斜腹内收，平底。标本84NM1:3（图五七，2）。

Ⅲ式　1件。直口，尖唇，折腹，圜底。标本03ET2407⑧:2（图五七，4）。

B型　1件。敞口带鋬钵。标本84NM5:2（图五七，3）。

C型　1件。直口三足钵。标本03ET2507⑧:50（图五七，6）。

D型　1件。盘口钵。标本90EH12:6（图五七，5）。

碗　2件。分两型。

A型　1件。敞口，斜腹碗。标本03ET2307⑩:44（图五六，3）。

B型　1件。仅存下腹及圈足，矮圈足外撇。标本03ET2307⑨:20（图五六，4）。

盘　21件。根据盘口沿及器身特征，分四型。

A型　9件。侈口宽沿盘。分两型。

Aa型　7件。深盘。整体变化为宽仰折沿、盘壁直渐变为直沿、盘壁斜。分三式。

Ⅰ式　3件。敞口，宽仰折沿，圆唇。如标本03ET2307⑨:17（图五八，1）。

Ⅱ式　1件。侈口，圆唇，宽仰折沿，直腹，粗圈足。标本03ET2507⑦:5（图五八，2）。

Ⅲ式　3件。敞口，直沿，圆唇，盘壁斜折盘。如标本03ET2307⑦:109（图五八，3）。

Ab型　2件。浅盘。其变化为盘沿渐上侈。分两式。

Ⅰ式　1件。标本03ET2307⑨:28（图五八，4）。

Ⅱ式　1件。标本03EH30:1（图五八，6）。

B型　2件。折壁直口盘。分两型。

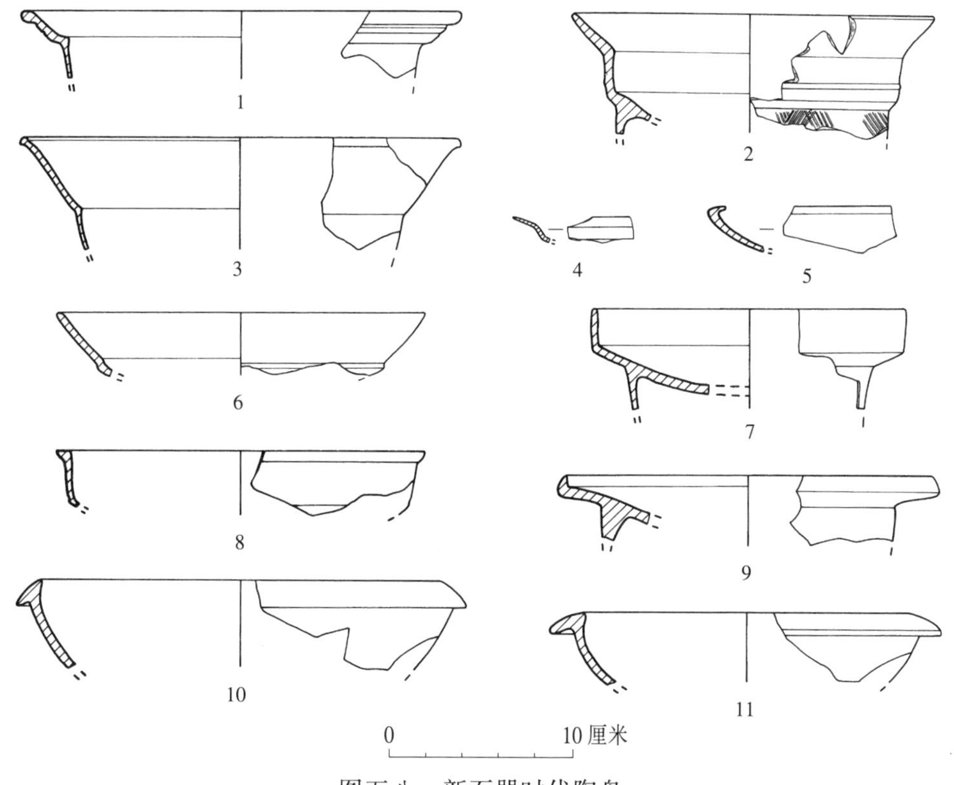

图五八　新石器时代陶盘

1. Aa型Ⅰ式（03ET2307⑨:17）　2. Aa型Ⅱ式（03ET2507⑦:5）　3. Aa型Ⅲ式（03ET2307⑦:109）4. Ab型Ⅰ式（03ET2307⑨:28）　5. C型Ⅱ式（03ET2307⑦:69）　6. Ab型Ⅱ式（03EH30:1）　7. Bb型（03ET2406⑦:3）　8. Ba型（03ET2408⑦:27）　9. C型Ⅰ式（90EH15:1）　10. D型Ⅰ式（03ET2407⑧:37）　11. D型Ⅱ式（03ET2406⑦:58）

Ba型　1件。有沿。标本03ET2408⑦:27（图五八，8）。

Bb型　1件。无沿。标本03ET2406⑦:3（图五八，7）。

C型　5件。内勾唇盘。其变化为盘壁斜曲渐变至弧壁。1件式别不明，余4件分两式。

Ⅰ式　3件。盘壁外撇。如标本90EH15:1（图五八，9）。

Ⅱ式　1件。弧壁。标本03ET2307⑦:69（图五八，5）。

D型　5件。弧折沿敛口盘。1件式别不明，余4件分两式。

Ⅰ式　2件。沿唇向下，弧盘。如标本03ET2407⑧:37（图五八，10）。

Ⅱ式　2件。沿唇近平，斜弧盘。如标本03ET2406⑦:58（图五八，11）。

豆　41件。分三型。

A型　34件。敛口折盘豆。分两亚型。

Aa型　16件。沿面内折豆。分三式。

Ⅰ式　3件。敛口，圆唇。如标本03ET2307⑩:46（图五九，2）。

Ⅱ式　12件。敛口，尖唇，斜直盘。如标本03ET2407⑧:32（图五九，1）。

Ⅲ式　1件。敛口，勾唇，斜直盘。标本03ET2407⑦:6（图五九，3）。

Ab型　18件。沿面内曲，子口形豆。其变化为弧壁浅盘渐变至弧壁深盘豆。1件式别不明，

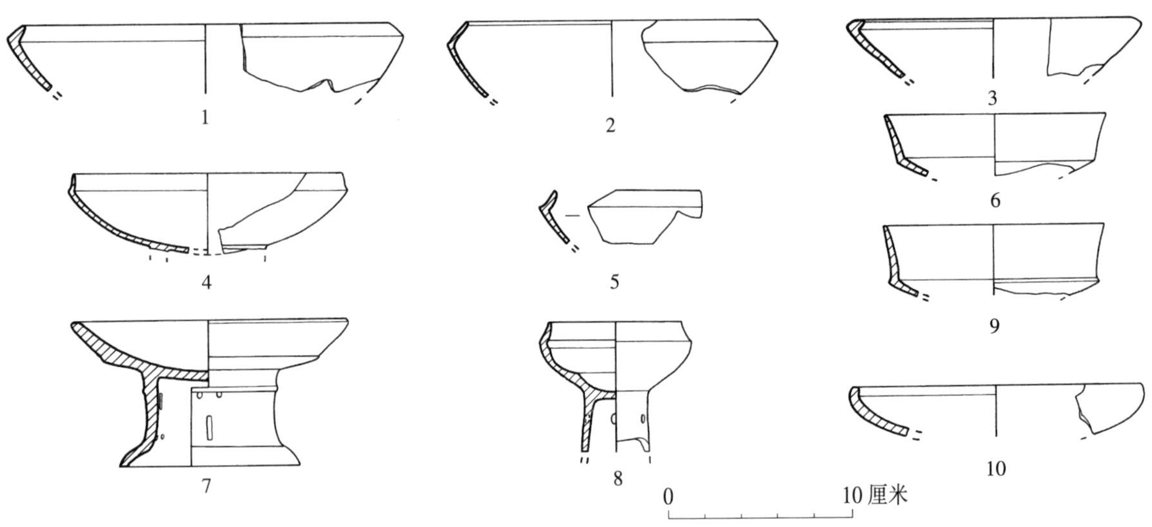

图五九　新石器时代陶豆

1. Aa型Ⅱ式（03ET2407⑧:32）　2. Aa型Ⅰ式（03ET2307⑩:46）　3. Aa型Ⅲ式（03ET2407⑦:6）　4. Ab型Ⅱ式（03ET2406⑦:7）　5. Ab型Ⅰ式（03ET2307⑩:90）　6. C型Ⅰ式（03ET2506⑧:12）　7. Bb型（84NM6:2）　8. Ab型Ⅲ式（84ET4⑦:1）　9. C型Ⅱ式（03ET2307⑦:39）　10. Ba型（03ET2307⑧:38）

余17件分三式。

Ⅰ式　4件。子口，圆唇，如标本03ET2307⑩:90（图五九，5）。

Ⅱ式　11件。子口直，圆唇，如标本03ET2406⑦:7（图五九，4）。

Ⅲ式　2件。子口微敛，圆唇，上腹圆弧，下腹斜内收。如标本84ET4⑦:1（图五九，8）。

B型　4件。敞口豆。分两亚型。

Ba型　3件。深弧盘豆。如标本03ET2307⑧:38（图五九，10）。

Bb型　1件。浅斜弧盘豆。标本84NM6:2（图五九，7）。

C型　3件。敞口折盘豆。其变化为盘折壁处凸棱不明显渐变至有明显凸棱。分二式。

Ⅰ式　1件。盘折壁处凸棱不明显。标本03ET2506⑧:12（图五九，6）。

Ⅱ式　2件。盘折壁处凸棱明显。如标本03ET2307⑦:39（图五九，9）。

杯　25件。分七型。

A型　3件。垂腹杯。分三式。

Ⅰ式　1件。敛口，尖唇，垂腹，圈足。标本03ET2307⑩:84（图六〇，1）。

Ⅱ式　1件。圜底。标本03ET2307⑧:57（图六〇，2）。

Ⅲ式　1件。下腹弧，圈足。标本03ET2307⑦:12（图六〇，3）。

B型　7件。直腹杯。分两个亚型。

Ba型　5件。杯体粗，矮圈足。其变化为假圈足渐变至真圈足。2件式别不明，余3件分三式。

Ⅰ式　1件。假矮圈足。标本90ET233⑨:29（图六〇，4）。

Ⅱ式　1件。曲底，矮圈足。标本90ET233⑧:52（图六〇，5）。

Ⅲ式　1件。圜底，矮圈足。标本90ET233⑦:53（图六〇，8）。

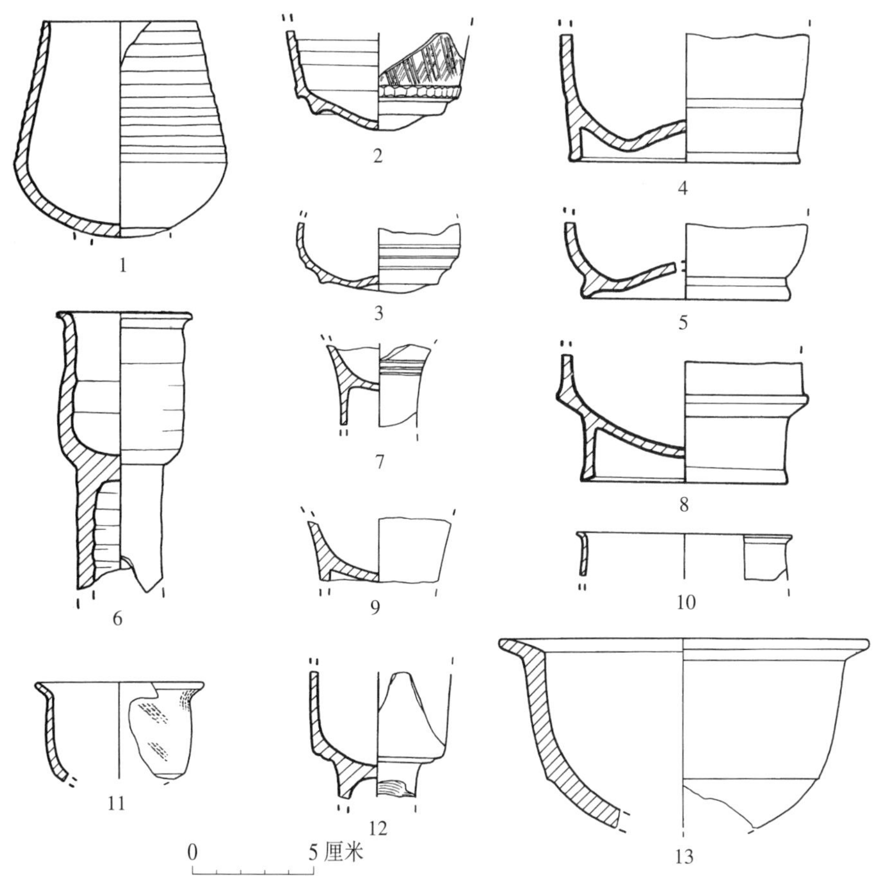

图六〇　新石器时代陶杯

1. A型Ⅰ式（03ET2307⑩:84）　2. A型Ⅱ式（03ET2307⑧:57）　3. A型Ⅲ式（03ET2307⑦:12）　4. Ba型Ⅰ式（90ET233⑨:29）　5. Ba型Ⅱ式（90ET233⑧:52）　6. Cb型Ⅰ式（84ET1⑧:3）　7. Ca型Ⅰ式（03ET2506⑧:18）　8. Ba型Ⅲ式（90ET233⑦:53）　9. Ca型Ⅱ式（03ET2507⑦:49）　10. E型Ⅰ式（03EH47:3）　11. E型Ⅱ式（03EH31:26）　12. Cb型Ⅱ式（03ET2406⑦:40）　13. E型Ⅲ式（90EH15:11）

Bb型　2件。杯体细，矮圈足。如标本84NM3:5（图六一，1）。

C型　7件。高圈足杯。分四亚型。

Ca型　3件。弧腹圜底杯。分二式。

Ⅰ式　2件。杯身与圈足连为一体。标本03ET2506⑧:18（图六〇，7）。

Ⅱ式　1件。圜底，杯底与杯身单制后捏合，杯身与圈足是连制。标本03ET2507⑦:49（图六〇，9）。

Cb型　3件。直腹圜底杯。分二式。

Ⅰ式　2件。下腹微弧内收。如标本84ET1⑧:3（图六〇，6）。

Ⅱ式　1件。斜直腹。标本03ET2406⑦:40（图六〇，12）。

Cc型　1件。曲腹圜底杯。标本84WT2⑦:5（图六一，3）。

Cd型　1件。圜底杯。标本90ET233⑥:54（图六一，2）。

D型　1件。斜直腹折圜底杯。标本03ET2507⑧:53（图六一，4）。

E型　5件。敞口弧腹圜底杯。其变化为杯窄沿、直弧腹渐变至宽沿、斜弧腹。1件式别不

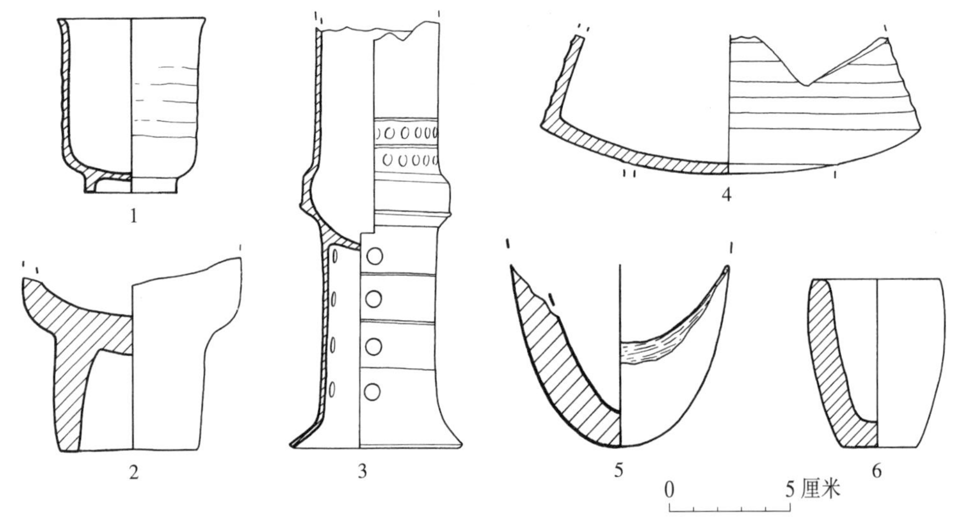

图六一　新石器时代陶杯

1. Bb型（84NM3∶5）　2. Cd型（90ET233⑥∶54）　3. Cc型（84WT2⑦∶5）　4. D型（03ET2507⑧∶53）
5. F型（03EZ2∶1）　6. G型（03ET2407⑦∶8）

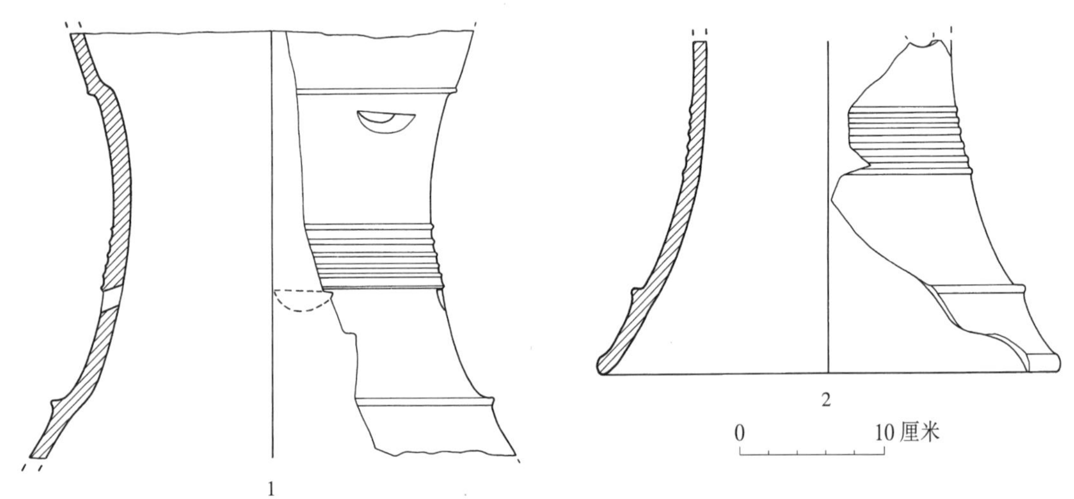

图六二　新石器时代陶器座

1. Ⅰ式（03ET2407⑧∶9）　2. Ⅱ式（03ET2307⑦∶102）

明，余4件分三式。

Ⅰ式　1件。敞口，卷沿，圆唇，直腹。标本03EH47∶3（图六〇，10）。

Ⅱ式　2件。敞口，仰折沿，圆唇，直腹。如标本03EH31∶26（图六〇，11）。

Ⅲ式　1件。敞口，斜折沿，圆唇，沿面弧，斜弧腹内收。标本90EH15∶11（图六〇，13）。

F型　1件。器形小，胎厚。圜底。标本03EZ2∶1（图六一，5）。

G型　1件。器形小。敞口，圆唇，斜直腹，平底。标本03ET2407⑦∶8（图六一，6）。

器座　8件。分两式。

Ⅰ式　5件。亚腰形。如标本03ET2407⑧∶9（图六二，1）。

Ⅱ式　3件。亚腰喇叭形座。如标本03ET2307⑦∶102（图六二，2）。

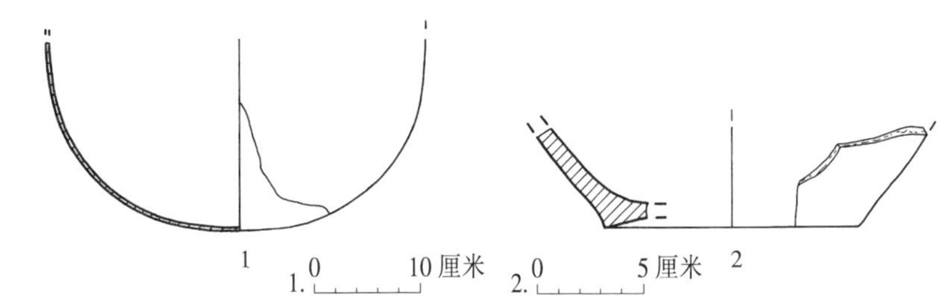

图六三　新石器时代陶器底

1. A 型（03ET2406⑦:8）　2. B 型（90EH11:4）

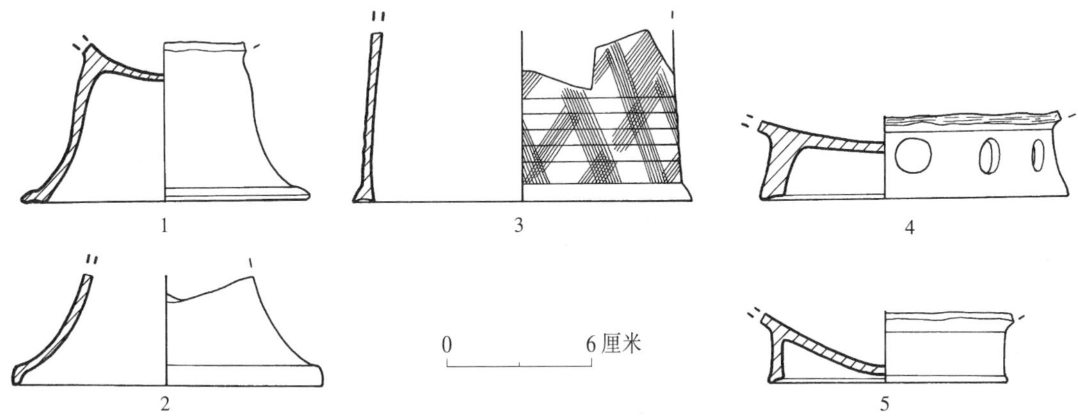

图六四　新石器时代陶圈足

1. Aa 型（90EH12:10）　2. Ab 型（03EH32:12）　3. Ac 型（03ET2307⑦:72）
4. Ba 型（03ET2407⑧:7）　5. Bb 型（03ET2407⑧:14）

器底　4 件。分两型。

A 型　1 件。大圜底。标本 03ET2406⑦:8（图六三，1）。

B 型　3 件。平底。如标本 90EH11:4（图六三，2）。

圈足　67 件。分两型。

A 型　39 件。高圈足。分三亚型。

Aa 型　22 件。圈足口呈喇叭形。如标本 90EH12:10（图六四，1）。

Ab 型　12 件。圈足口呈盘口形。如标本 03EH32:12（图六四，2）。

Ac 型　5 件。圈足桶形。如标本 03ET2307⑦:72（图六四，3）。

B 型　28 件。矮圈足。分两亚型。

Ba 型　13 件。器底平。如标本 03ET2407⑧:7（图六四，4）。

Bb 型　15 件。器底圜。如标本 03ET2407⑧:14（图六四，5）。

器盖　70 件，完整器极少。分五型。

A 型　37 件。圆圈形凹纽。其中有 2 件亚型不明，余 35 件根据盖顶、口等部位的差异，分六亚型。

Aa 型　5 件。弧顶，敞口盖。其变化为盖纽矮、顶平弧、圆唇无沿渐变至盖纽高、顶隆弧、有沿。2 件式别不明，余 3 件分三式。

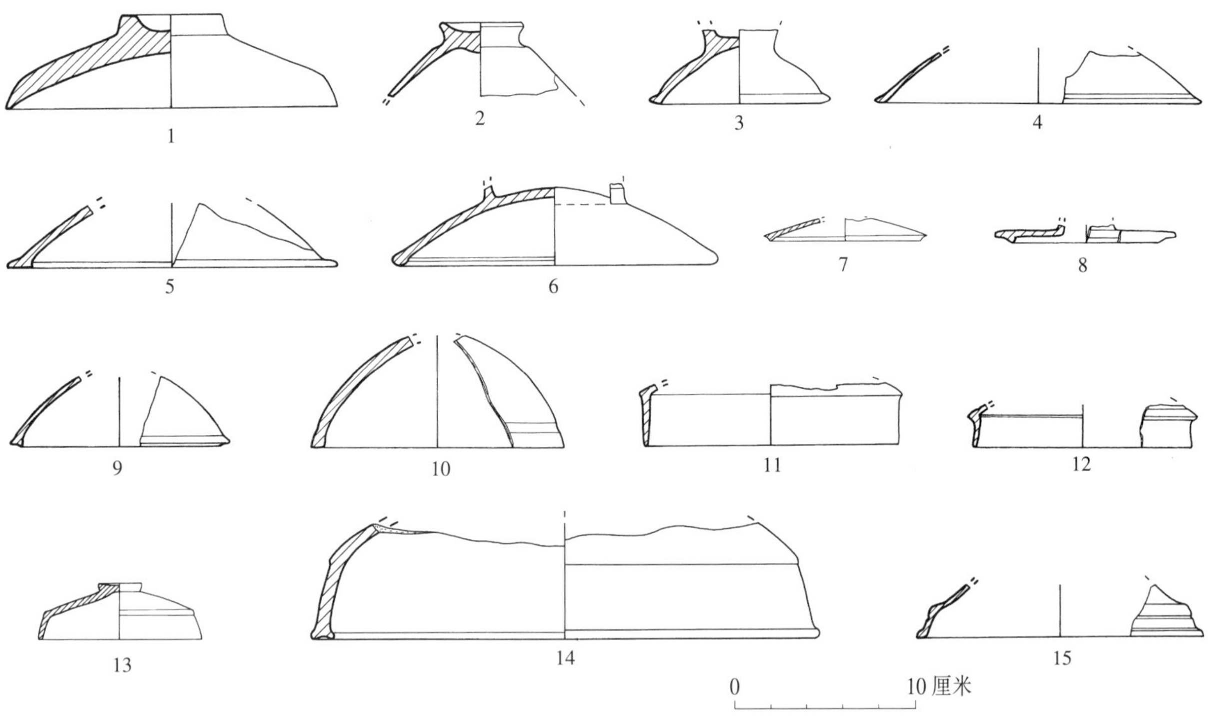

图六五　新石器时代A型陶器盖

1. Aa型Ⅰ式（03ET2307⑩:80）　2. Aa型Ⅱ式（90EH15:12）　3. Aa型Ⅲ式（03ET2307⑦:7）　4. Ab型Ⅰ式（03ET2307⑩:62）　5、6. Ab型Ⅱ式（03ET2307⑧:7、03ET2307⑦:8）　7. Ab型Ⅲ式（03ET2307⑦:49）　8. Af型（03ET2307⑦:50）　9. Ac型Ⅰ式（03ET2307⑧:9）　10. Ac型Ⅱ式（03ET2307⑦:99）　11、12. Ae型（03ET2307⑧:40、03ET2307⑦:40）　13. Ad型Ⅰ式（90ET217⑧:8）　14. Ad型Ⅱ式（90EH15:10）　15. Ad型Ⅲ式（90EH15:9）

Ⅰ式　1件。圆圈形凹纽，弧平顶，敞口。标本03ET2307⑩:80（图六五，1）。

Ⅱ式　1件。盖纽圆形内凹，斜弧顶。标本90EH15:12（图六五，2）。

Ⅲ式　1件。盖纽高，顶隆弧，有沿。标本03ET2307⑦:7（图六五，3）。

Ab型　14件。斜弧顶盖。其变化为盖口敞口有沿、圆唇渐变至盖口直或内勾、无沿方唇。分三式。

Ⅰ式　2件。盖口敞口有沿，圆唇。如标本03ET2307⑩:62（图六五，4）。

Ⅱ式　10件。盖口直或内勾，圆唇。如标本03ET2307⑧:7（图六五，5）、03ET2307⑦:8（图六五，6）。

Ⅲ式　2件。无沿方唇。如标本03ET2307⑦:49（图六五，7）。

Ac型　7件。圆弧顶，敛口盖。1件式别不明，余6件分二式。

Ⅰ式　4件。圆顶。如标本03ET2307⑧:9（图六五，9）。

Ⅱ式　2件。弧顶。如标本03ET2307⑦:99（图六五，10）。

Ad型　6件。盖顶折壁。其变化为盖口敞口无沿、折壁直渐变至盖口有沿、斜折壁。1件式别不明，余5件分三式。

Ⅰ式　3件。盖口敞口无沿，折壁。如标本90ET217⑧:8（图六五，13）。

Ⅱ式　1件。盖口有沿，折壁。标本90EH15:10（图六五，14）。

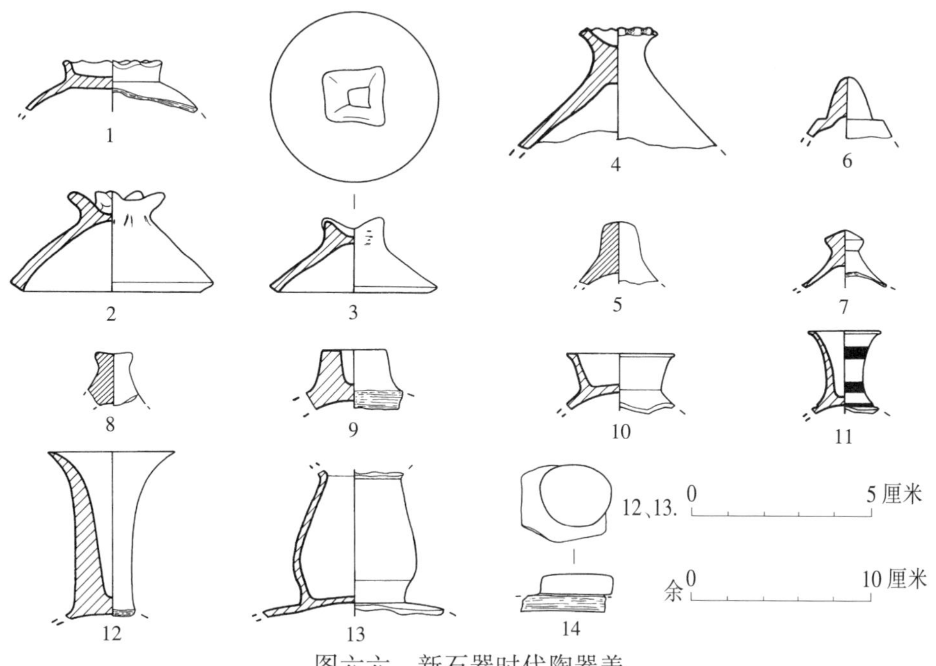

图六六　新石器时代陶器盖

1. B型Ⅰ式（03ET2307⑧:10）　2. B型Ⅱ式（03ET2406⑦:6）　3. B型Ⅲ式（03ET2406⑦:9）　4. B型Ⅳ式（84WT2⑦:1）　5. Ca型Ⅰ式（03ET2307⑩:69）　6. Ca型Ⅱ式（03ET2507⑦:37）　7. Ca型Ⅲ式（03ET2307⑦:51）　8. Cb型Ⅰ式（03ET2307⑩:70）　9. Cb型Ⅱ式（03EH46:16）　10. Da型Ⅰ式（03ET2507⑧:46）　11. Da型Ⅱ式（03ET2406⑦:64）　12. Da型Ⅲ式（03ET2307⑦:63）　13. Db型（03ET2307⑦:41）　14. E型（03EH31:24）

Ⅲ式　1件。盖口有沿，斜折壁。标本90EH15:9（图六五，15）。

Ae型　2件。盖顶斜折壁，子口盖。标本03ET2307⑧:40（图六五，11）、03ET2307⑦:40（图六五，12）。

Af型　1件。盖顶平，子口盖。标本03ET2307⑦:50（图六五，8）。

B型　17件。花（边）瓣形盖纽。其变化为盖纽粗、纽顶花边形、盖顶弧渐变至细纽、盖顶斜。2件式别不明，余15件分四式。

Ⅰ式　3件。花瓣形凹纽，盖纽粗，盖顶弧。如标本03ET2307⑧:10（图六六，1）。

Ⅱ式　7件。花瓣形凹纽，盖纽稍粗，弧顶。如标本03ET2406⑦:6（图六六，2）。

Ⅲ式　3件。花瓣形凹纽，斜顶。如标本03ET2406⑦:9（图六六，3）。

Ⅳ式　2件。花边形凹纽，细纽，盖顶斜。如标本84WT2⑦:1（图六六，4）。

C型　10件。柄形纽。2件亚型不明，余8件分两亚型。

Ca型　5件。盖纽顶凸。分三式。

Ⅰ式　3件。柄形纽，顶稍平。如标本03ET2307⑩:69（图六六，5）。

Ⅱ式　1件。柄形纽，斜顶。标本03ET2507⑦:37（图六六，6）。

Ⅲ式　1件。算珠形纽。标本03ET2307⑦:51（图六六，7）。

Cb型　3件。盖纽顶凹。分二式。

Ⅰ式　2件。柄形纽，纽顶微凹。如标本03ET2307⑩:70（图六六，8）。

Ⅱ式　1件。圆柄形凹纽。标本03EH46:16（图六六，9）。

D型　5件。高柄形凹纽。分两亚型。

Da型　4件。纽壁弧。其变化为柄由粗矮渐变至细高。分三式。

Ⅰ式　2件。柄粗矮。如标本03ET2507⑧:46（图六六，10）。

Ⅱ式　1件。柄稍细高。标本03ET2406⑦:64（图六六，11）。

Ⅲ式　1件。柄细高。标本03ET2307⑦:63（图六六，12）。

Db型　1件。纽壁曲。标本03ET2307⑦:41（图六六，13）。

E型　1件。圆饼形纽。标本03EH31:24（图六六，14）。

器耳　25件。分三型。

A型　17件。鋬形耳。分三亚型。

Aa型　13件。片状横耳。如标本03ET2307⑩:42（图六七，1）。

Ab型　3件。圆柱状耳。如标本03ET2307⑩:32（图六七，2）。

Ac型　1件。圆角方形片状竖耳。标本03ET2507⑧:47（图六七，3）。

B型　7件。有孔竖耳。如标本03ET2407⑧:43（图六七，4）。

C型　1件。动物形片状竖耳。标本03EH32:15（图六七，5）。

器鋬　1件。标本03ET2307⑩:71（图六七，6）。

支（拍）垫　2件。如标本03ET2507⑧:24（图六八，1）。

纺轮　45件。扁圆形，圆中间穿孔。分三型。

A型　38件。两面平，折壁。根据纺轮厚薄不一，分两亚型。

Aa型　10件。厚体。如标本03ET2407⑧:8（图六九，1）。

Ab型　28件。薄体。如标本03ET2307⑦:103（图六九，2）。

B型　6件。两面平，弧壁。根据纺轮厚薄不一，分两亚型。

Ba型　2件。厚体。如标本03ET2307⑩:76（图六九，3）。

Bb型　4件。薄体。如标本03ET2406⑦:63（图六九，4）。

C型　1件。正面弧，弧壁。标本90ET216⑦:1（图六九，5）。

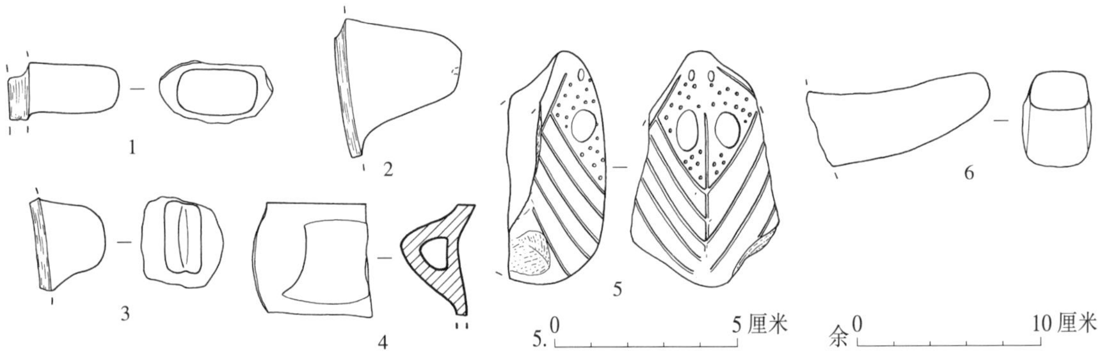

图六七　新石器时代陶器

1. Aa型器耳（03ET2307⑩:42）　2. Ab型器耳（03ET2307⑩:32）　3. Ac型器耳（03ET2507⑧:47）
4. B型器耳（03ET2407⑧:43）　5. C型器耳（03EH32:15）　6. 器鋬（03ET2307⑩:71）

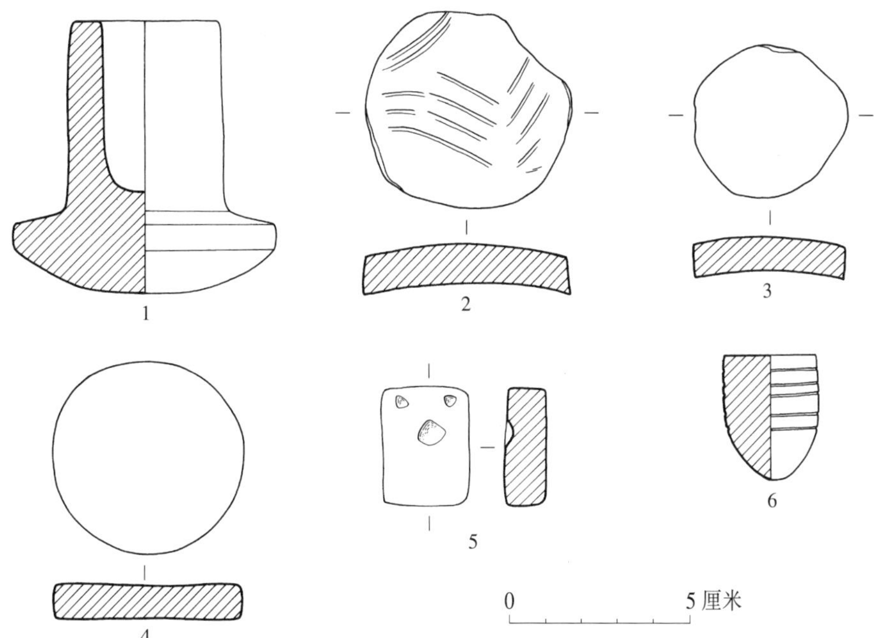

图六八　新石器时代陶器

1. 支（拍）垫（03ET2507⑧:24）　2. Aa型陶饼（03ET2307⑩:85）　3. Ab型陶饼（03ET2307⑩:73）
4. Ac型陶饼（03ET2506⑧:1）　5. B型陶饼（03ET2407⑨:17）　6. 陀螺（03ET2507⑧:25）

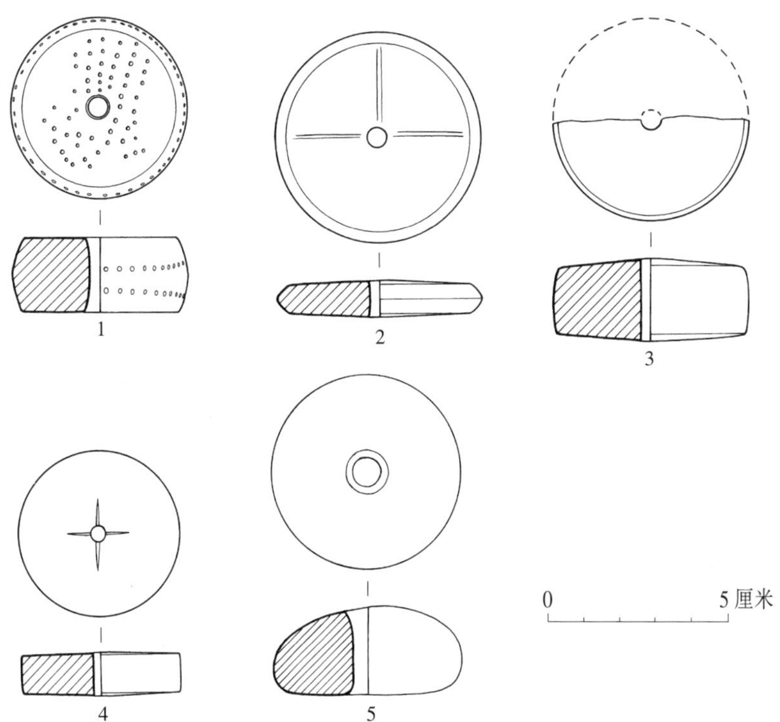

图六九　新石器时代陶纺轮

1. Aa型（03ET2407⑧:8）　2. Ab型（03ET2307⑦:103）　3. Ba型（03ET2307⑩:76）
4. Bb型（03ET2406⑦:63）　5. C型（90ET216⑦:1）

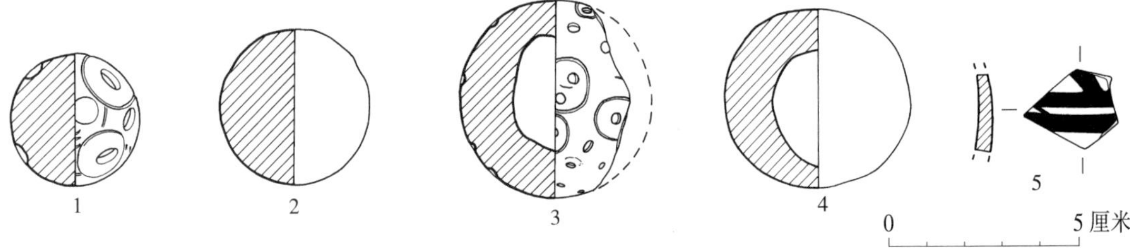

图七〇 新石器时代陶器

1. Aa型陶球（03ET2307⑨:38） 2. Ab型陶球（03ET2307⑩:86） 3. Ba型陶球（03ET2307⑩:79）
4. Bb型陶球（03ET2407⑨:27） 5. 彩陶片（90EH11:9）

陶饼 8件。有的用陶片打磨而成，有的用陶土专门烧制。分两型。

A型 7件。圆形。分三亚型。

Aa型 1件。纹饰饼。标本03ET2307⑩:85（图六八，2）。

Ab型 3件。素面饼。如标本03ET2307⑩:73（图六八，3）。

Ac型 3件。专制素面饼。如标本03ET2506⑧:1（图六八，4）。

B型 1件。方形。标本03ET2407⑨:17（图六八，5）。

陀螺 1件。标本03ET2507⑧:25（图六八，6）。

陶球 19件。分两型。

A型 9件。实心。根据纹样有无，分两亚型。

Aa型 6件。有纹样。如标本03ET2307⑨:38（图七〇，1）。

Ab型 3件。素面。如标本03ET2307⑩:86（图七〇，2）。

B型 10件。空心。根据纹样有无，分两亚型。

Ba型 9件。有纹样。如标本03ET2307⑩:79（图七〇，3）。

Bb型 1件。素面。标本03ET2407⑨:27（图七〇，4）。

陶环 28件。根据环截面形状不同，分四型。

A型 3件。圆形。如标本03ET2307⑧:48（图七一，1）。

B型 13件。三角形。如标本03ET2307⑦:89（图七一，5）。

C型 6件。扁形。分两亚型。

Ca型 4件。横扁形。如标本03ET2307⑩:93（图七一，2）。

Cb型 2件。竖扁形。如标本03ET2307⑩:74（图七一，4）。

D型 6件。圆角方形。分两亚型。

Da型 2件。横圆角方形。如标本03ET2507⑧:26（图七一，6）。

Db型 4件。竖圆角方形。如标本03ET2507⑧:18（图七一，8）。

彩陶环 2件。根据环截面形状不同，分两型。

A型 1件。截面圆形。标本84WT8⑦:3（图七一，3）。

B型 1件。截面椭圆形。标本84WT8⑦:4（图七一，7）。

彩陶片 3件。如标本90EH11:9（图七〇，5）。

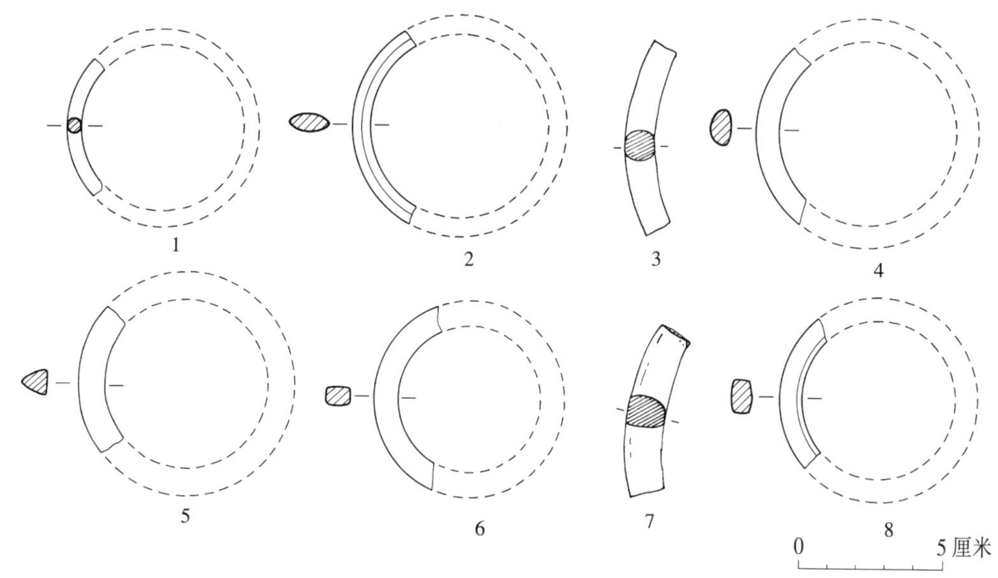

图七一　新石器时代陶环

1. A型陶环（03ET2307⑧:48）　2. Ca型陶环（03ET2307⑩:93）　3. A型彩陶环（84WT8⑦:3）
4. Cb型陶环（03ET2307⑩:74）　5. B型陶环（03ET2307⑦:89）　6. Da型陶环（03ET2507⑧:26）
7. B型彩陶环（84WT8⑦:4）　8. Db型陶环（03ET2507⑧:18）

（二）石器

48件。主要是小型生产工具，均为磨制。除1件器类不明外，余47件器类有石斧、锛、铲石刀、凿、杵、镞、戈、璧、环、石料。

石斧　13件。2件型式不明，余11件分两型。

A型　5件。斜顶。如标本03ET2307⑧:56（图七二，1）。

B型　6件。平顶。如标本90ET217⑧:9（图七二，2）。

石锛　10件。分两型。

A型　6件。无段。如标本03ET2407⑨:14（图七二，3）。

B型　4件。有段。1件式别不明，余3件分两式。

Ⅰ式　2件。偏锋。如标本03EF2:1（图七二，4）。

Ⅱ式　1件。正锋。标本03ET2307⑦:90（图七二，5）。

石铲　2件。如标本03ET2307⑨:41（图七二，6）。

石刀　4件。分两式。

Ⅰ式　1件。体较厚。标本03ET2307⑩:81（图七二，7）。

Ⅱ式　3件。体较薄。标本03ET2507⑦:1（图七二，9）。

石凿　5件。分两式。

Ⅰ式　4件。体较厚。如标本03ET2406⑦:70（图七二，8）。

Ⅱ式　1件。体较薄。标本03ET2507⑦:56（图七二，11）。

石杵　1件。标本03ET2507⑧:14（图七二，10）。

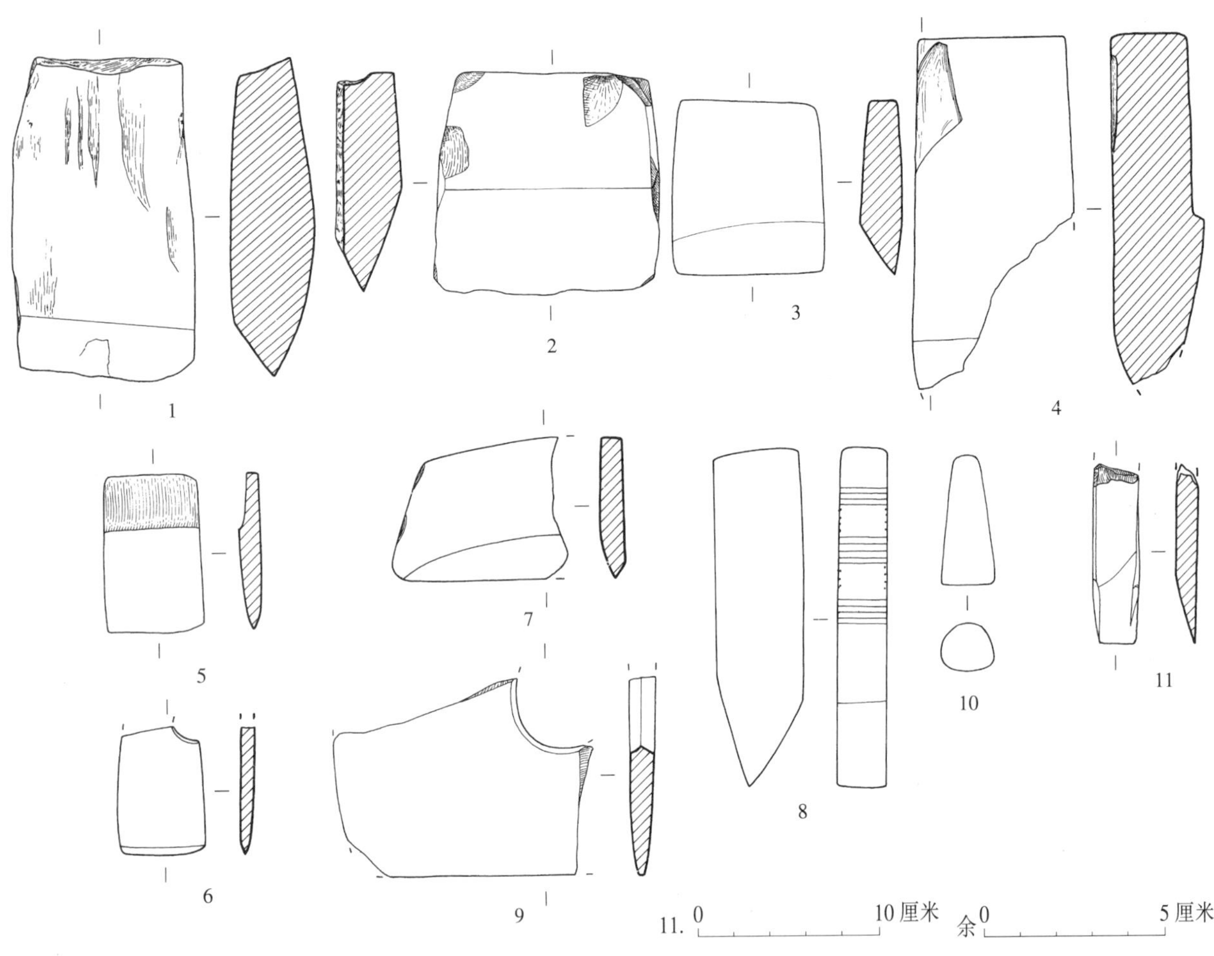

图七二 新石器时代石器

1. A 型石斧（03ET2307⑧:56） 2. B 型石斧（90ET217⑧:9） 3. A 型石锛（03ET2407⑨:14）
4. B 型Ⅰ式石锛（03EF2:1） 5. B 型Ⅱ式石锛（03ET2307⑦:90） 6. 石铲（03ET2307⑨:41）
7. Ⅰ式石刀（03ET2307⑩:81） 8. Ⅰ式石凿（03ET2406⑦:70） 9. Ⅱ式石刀（03ET2507⑦:1）
10. 石杵（03ET2507⑧:14） 11. Ⅱ式石凿（03ET2507⑦:56）

石镞　4 件。如标本 90ET248⑥:1。

石戈　1 件。标本 03ET2307⑦:92。

石璧　1 件。标本 03ET2407⑨:29。

石环　4 件。根据环截面形状不同，分三型。

A 型　1 件。截面横长方形。标本 03ET2307⑩:75（图七三，1）。

B 型　2 件。截面三角形。如标本 03ET2307⑦:94（图七三，2）。

C 型　1 件。截面近椭圆形。标本 03ET2406⑦:65（图七三，3）。

石料　2 件。分两型。

A 型　1 件。扁体长方形。标本 03ET2408⑦:36（图七三，5）。

B 型　1 件。扁体长条形。标本 03ET2507⑦:6（图七三，4）。

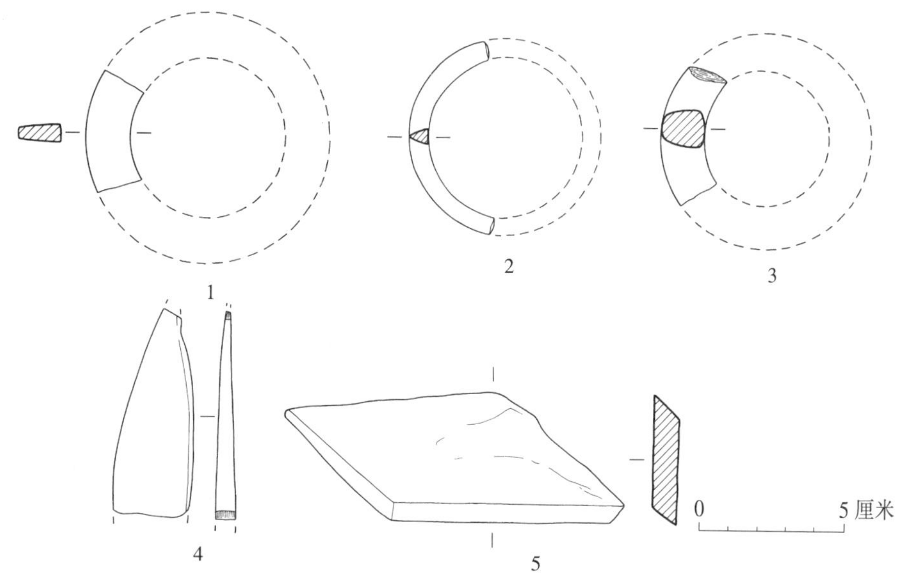

图七三 新石器时代石、骨器

1. A 型石环（03ET2307⑩：75） 2. B 型石环（03ET2307⑦：94） 3. C 型石环（03ET2406⑦：65） 4. B 型石料（03ET2507⑦：6） 5. A 型石料（03ET2408⑦：36）

（三）骨器

仅 1 件骨钻。

骨钻 1 件。标本 03ET2406⑦：71。

（四）铜器

铜器仅 1 件铜片。

铜片 1 件。标本 03ET2307⑦：13。

（五）矿冶遗物

矿冶遗物 9 件，其中有矿石 4 件、炉壁 1 件、炼渣 4 件。

第二节 文化遗存

文化遗存包括地层和各类遗迹单位，以及这些地层和各类遗迹单位中所包含的遗物。现按区块和发掘年份分别介绍文化遗存。

一 东区 2003 年文化遗存

东区 2003 年新石器时代文化遗存，包括东区南部第 7 ~ 10 层（第 10 层仅见于南部 03ET2307），中部第 7、8 层以及 24 个灰坑，2 个灶（坑），3 处房址（柱洞），1 处烧土堆积等。文化层共 4 层，遗迹单位共 30 处，遗物标本共 729 件。遗物标本中，除极少量石器和极少骨器外，均为陶器。其中陶器标本698件，石器标本30件，骨器标本1件。

（一）灰坑

灰坑24个。第8层下8个，编号为03EH31、H32、H46、H47、H51、H57、H109、H134；第7层下14个，编号为03EH34、H40、H41、H48、H49、H56、H60～H64、H78、H91、H153；第6层下1个，编号为03EH137；第3层下1个，编号为03EH30。遗物标本共145件。其中，陶器标本144件，石器标本1件（附表一）。

现按层位分别介绍如下。

1. 03E第8层下灰坑

第8层下灰坑8个。其中，有6个分布在南部，编号为03EH31、H32、H46、H47、H51、H57；有2个分布在中部，编号为03EH109、H134。

03EH31

位于03ET2407东北角。开口于第8层下，东部延伸进隔梁内，打破第9层。平面呈不规则形，最长处1.72米，最宽处1.5米。坑壁斜直，平底。坑深0.38米。填土上层为纯净的黄土，下层为灰黑土，含烧土、石块和陶片。可辨器类有陶鼎、罐、豆、盆、簋和陶球等（表一）。

标本28件，均为陶器。

陶鼎　1件。标本03EH31∶19，C型。仅存口部残片。夹砂灰陶。侈口，勾唇，唇面两道凹槽。残高3.7厘米（图七四，12）。

陶鼎足　4件。标本03EH31∶17，Ab型。夹砂红陶，足与鼎身相连处呈黑色。三角形足，较厚，足正面有一条不明显的凸棱。残高7.8厘米（图七四，16）。标本03EH31∶16，Ac型。夹砂褐陶。三角侧扁足，足大扁薄。素面。残高8厘米（图七四，24）。标本03EH31∶27，Ac型。夹砂红陶。三角侧扁足，足大宽薄。素面。残高3.9厘米（图七四，22）。标本03EH31∶18，Ba型。夹砂褐陶，表面褐色部分脱落，露出红色，足与鼎身相连处呈黑色。正装扁足，足小，足正面凹。素面。残高6厘米（图七四，21）。

陶罐　1件。标本03EH31∶25，E型。夹砂灰陶。敛口，方唇斜，牛鼻形竖耳。素面。口径12、残高7.3厘米（图七四，9）。

陶壶　6件。标本03EH31∶2，Aa型Ⅱ式。夹砂红陶。直口微敞，圆唇。素面。口径14、残高5厘米（图七四，2）。标本03EH31∶5，Aa型Ⅱ式。夹砂黑陶。直口微敞，圆唇。素面。口径14、残高4.2厘米（图七四，8）。标本03EH31∶3，Aa型Ⅲ式。夹砂黄褐陶。敞口，卷沿，圆唇。素面。口径16、残高3.2厘米（图七四，15）。标本03EH31∶10，Aa型Ⅲ式。夹砂红陶，陶质较疏松。敞口，圆唇，肩稍广。饰稀疏的篮纹。口径12、残高7.4厘米（图七四，6）。标本03EH31∶28，Aa型Ⅲ式。夹砂黑皮陶，浅红胎。直口微敞，唇微内勾。素面。口径14、残高5.2厘米（图七四，5）。标本03EH31∶4，Ac型。夹砂黑陶。侈口，卷沿，尖唇。素面。口径12、残高3.2厘米（图七四，17）。

陶缸口　1件。标本03EH31∶22，A型Ⅱ式。夹砂灰黄陶。口微敞，方唇，上腹饰一道凹槽。口径36、残高6.4厘米（图七四，1）。

表一　03EH31 陶系及器类统计表

陶质		粗砂			细砂					泥质		合计	百分比（%）
陶色		红	褐	黄	红	黄	褐	灰	黑	灰	黑		
陶片数量		38	30	5	73	15	36	41	70	38	43	389	
百分比（%）		9.77	7.71	1.29	18.77	3.86	9.25	10.54	17.99	9.77	11.05	100	
		18.77			60.41					20.82			
纹饰	素面	37	30	3	69	11	30	37	63	33	38	351	90.23
	篮纹				4	4	2	3	4	3	2	22	5.66
	凸弦纹			1			4		2		3	10	2.57
	凹弦纹							1		1		2	0.51
	刻划纹								1			1	0.26
	压划纹	1										1	0.26
	附加堆纹			1								1	0.26
	戳印纹									1		1	0.26
器形	鼎							1				1	3.57
	鼎足				2		2					4	14.29
	罐							1	1			2	7.14
	瓮						1		2			3	10.71
	壶				2	1			2			5	17.86
	缸							1				1	3.57
	盆							1		1		2	7.14
	簋										1	1	3.57
	豆										2	2	7.14
	杯							1				1	3.57
	器盖				2			1				3	10.71
	圈足					1				1		2	7.14
	球				1							1	3.57
合计					7	2	3	6	5	2	3	28	100

陶盆　5件。标本03EH31∶11，Aa型Ⅰ式。夹砂黑皮陶，浅红胎。敛口，平折沿，圆唇，沿面饰凹槽，斜直腹。素面。残高5.2厘米（图七四，18）。标本03EH31∶12，Aa型Ⅰ式。夹砂褐陶。敛口，平折沿，方唇，唇、沿面有凹槽，斜直腹。腹饰横篮纹。残高4.2厘米（图七四，19）。标本03EH31∶13，Aa型Ⅰ式。夹砂黑皮陶，浅红胎。敛口，平折沿，圆唇，沿面饰凹槽，斜直腹。素面。残高3.6厘米（图七四，10）。标本03EH31∶14，Ab型Ⅰ式。夹砂灰陶。口微敛，平沿，圆唇，斜直腹。素面。残高2厘米（图七四，4）。标本03EH31∶15，Ac型Ⅰ式。泥质灰

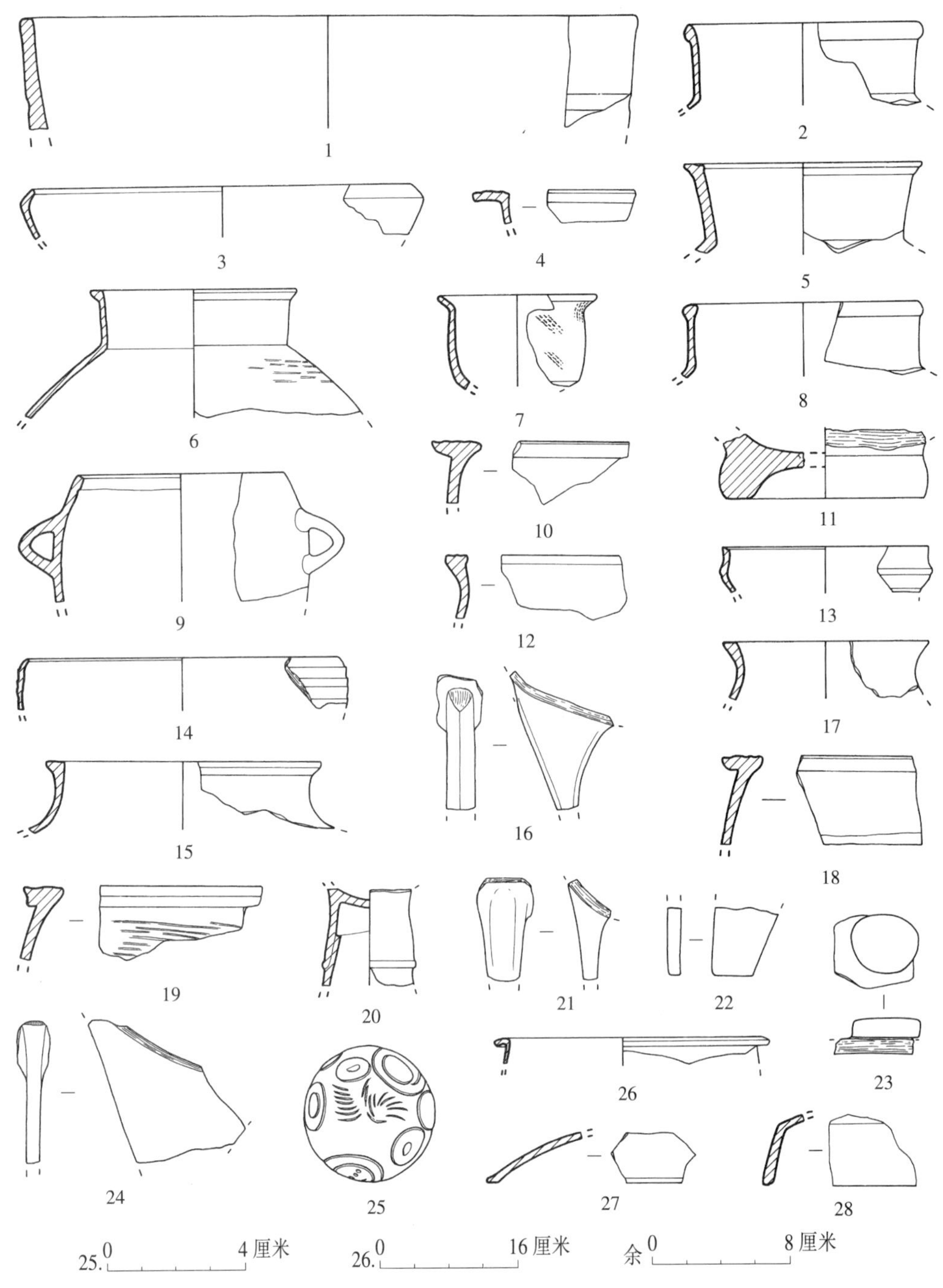

图七四　03EH31 出土陶器

1. A 型Ⅱ式缸口（03EH31∶22）　2、8. Aa 型Ⅱ式壶（03EH31∶2、5）　3. Aa 型Ⅱ式豆（03EH31∶8）　4. Ab 型Ⅰ式盆（03EH31∶14）　5、6、15. Aa 型Ⅲ式壶（03EH31∶28、10、3）　7. E 型Ⅱ式杯（03EH31∶26）　9. E 型罐（03EH31∶25）　10、18、19. Aa 型Ⅰ式盆（03EH31∶13、11、12）　11. Ba 型圈足（03EH31∶21）　12. C 型鼎（03EH31∶19）　13. Ab 型Ⅱ式豆（03EH31∶7）　14. A 型Ⅱ式簋（03EH31∶9）　16. Ab 型鼎足（03EH31∶17）　17. Ac 型壶（03EH31∶4）　20. Aa 型圈足（03EH31∶23）　21. Ba 型鼎足（03EH31∶18）　22、24. Ac 型鼎足（03EH31∶27、16）　23. E 型器盖（03EH31∶24）　25. Aa 型球（03EH31∶1）　26. Ac 型Ⅰ式盆（03EH31∶15）　27. Ab 型Ⅰ式器盖（03EH31∶29）　28. Ad 型Ⅰ式器盖（03EH31∶6）

陶。口微敛，卷沿，圆唇，斜直腹。素面。口径32、残高2厘米（图七四，26）。

陶簋　1件。标本03EH31:9，A型Ⅱ式。泥质黑皮红胎陶。敛口，圆唇。器表见慢轮修整痕。口径18、残高3厘米（图七四，14）。

陶豆　2件。标本03EH31:8，Aa型Ⅱ式。泥质黑皮灰胎陶。敛口，方唇。口径22、残高2.8厘米（图七四，3）。标本03EH31:7，Ab型Ⅱ式。夹砂黑皮红胎陶。子口，圆唇。素面。口径12、残高2.6厘米（图七四，13）。

陶杯　1件。标本03EH31:26，E型Ⅱ式。夹细砂灰陶。敞口，仰折沿，圆唇，直腹。纹饰多脱落。口径9.4、残高5.2厘米（图七四，7；图版六，6）。

陶器盖　3件。标本03EH31:29，Ab型Ⅰ式。夹细砂红陶。纽残，斜顶，盖口敞。素面。残高2.8厘米（图七四，27）。标本03EH31:6，Ad型Ⅰ式。夹砂红陶。纽、顶残，盖口敞。素面。残高4.2厘米（图七四，28）。标本03EH31:24，E型。夹砂灰黄陶。圆饼形纽，顶残。素面。残高2厘米（图七四，23）。

陶圈足　2件。标本03EH31:23，Aa型。泥质灰陶。圆柱竹节形柄状圈足。内壁见泥片贴塑的痕迹。残高5.4厘米（图七四，20）。标本03EH31:21，Ba型。夹砂黄褐陶，厚胎。矮圈足。素面。手制，器身与器底分制后黏合。底径11.6、残高4厘米（图七四，11）。

陶球　1件。标本03EH31:1，Aa型。夹砂红黄陶。圆形，实心。饰不规则的圆圈、圆窝和羽毛状纹饰。手制。直径3.8厘米（图七四，25；图版一一，3）。

03EH32

位于03ET2407西南角。开口于第8层下，打破第9层。平面呈圆角长条方形，最长处2.35米，最宽处1.04米。坑壁斜直，坑底近平。坑深0.48米。坑内填土为灰黑土，含石块、烧土和陶片。器类有鼎、缸、豆、圈足、器耳、纺轮等陶器和石锛等石器（表二）。

标本16件，其中陶器15件，石器1件。

陶鼎　1件。标本03EH32:3，Aa型Ⅱ式。夹砂灰陶。侈口，折沿，方唇，沿面微凹，溜肩。素面。口径16、残高5.5厘米（图七五，6）。

陶鼎足　4件。标本03EH32:5，Aa型。夹砂黄陶。侧装三角凿形足。素面。残高6.2厘米（图七五，15）。标本03EH32:6，Ab型。夹砂黄灰陶。鸭嘴形足。素面。残高6.4厘米（图七五，10）。标本03EH32:4，Ab型。夹砂红褐陶。鸭嘴形足。素面。残高9.6厘米（图七五，11）。标本03EH32:7，Ac型。夹砂褐红陶。三角侧扁足，足大宽薄，足残。素面。残高10厘米（图七五，14）。

陶缸口　1件。标本03EH32:14，A型Ⅱ式。夹砂红黄陶。口微敞，方唇，上腹饰一道凹槽。残高9.2厘米（图七五，12）。

陶豆　3件。标本03EH32:9，Aa型Ⅱ式。泥质深灰陶。直口，圆唇，折腹。素面。口径18、残高4.3厘米（图七五，2）。标本03EH32:16，Ab型Ⅰ式。泥质黄灰陶。口敛略呈子口状，圆唇，斜腹。素面。口径18、残高3.2厘米（图七五，1）。标本03EH32:11，Ab型Ⅱ式。泥质灰陶。子口，圆唇，斜腹。素面。口径16、残高4.2厘米（图七五，5）。

陶器耳　1件。标本03EH32:15，C型。夹砂黑皮浅红胎。片状竖耳，外形似蟾蜍，大眼睛，小鼻孔，头部满布小圆点。器身饰刻划纹。手制。残高6.4厘米（图七五，4）。

表二　03EH32 陶系及器类统计表

陶质		粗砂		细砂					泥质				合计	百分比（%）
陶色		红	褐	红	褐	灰	黑	黄	红	褐	灰	黑		
陶片数量		8	9	31	34	11	26	17	21	7	47	38	249	
百分比（%）		3.21	3.61	12.45	13.65	4.42	10.44	6.83	8.43	2.81	18.88	15.26	100	
		6.83		47.79					45.38					
纹饰	素面	8	9	30	32	9	22	15	20	1	47	33	226	90.76
	凸弦纹				2	2		2	1	2		1	10	4.02
	篮纹						3			4		3	10	4.02
	镂孔											1	1	0.40
	蛙纹						1						1	0.40
	凹弦纹			1									1	0.40
器形	鼎					1							1	6.67
	鼎足			1	1			2					4	26.67
	缸口			1									1	6.67
	豆										3		3	20.00
	器耳						1						1	6.67
	圈足										3		3	20.00
	纺轮				1		1						2	13.33
合计				2	2	1	2	2			6		15	100

陶圈足　3 件。标本 03EH32∶2，Aa 型。泥质灰陶。喇叭形圈足上饰凹弦纹。手制。底径 7、残高 3.2 厘米（图七五，16）。标本 03EH32∶12，Ab 型。泥质灰陶。喇叭形圈足。素面。手制，内壁见泥条盘筑痕迹。底径 12.8、残高 4.4 厘米（图七五，9）。标本 03EH32∶13，Ab 型。泥质灰陶。喇叭形圈足。素面。手制，内壁见泥条盘筑痕。底径 14、残高 6.5 厘米（图七五，8）。

陶纺轮　2 件。标本 03EH32∶10，Ab 型。夹细砂黑褐陶。扁平圆形，折壁，圆中间穿小圆孔。正面饰不对称的放射线。手制。直径 4.4、孔径 0.4、厚 0.9～1 厘米（图七五，13；图版一〇，4）。标本 03EH32∶1，Bb 型。夹砂褐红陶。扁平圆形，弧壁，圆中间穿孔，有损痕。素面。手制。直径 5.5、孔径 0.5、厚 1～1.2 厘米（图七五，7；图版一〇，8）。

石锛　1 件。标本 03EH32∶8，A 型。灰色。通体磨制。器形小。平顶，梯形，侧锋，平刃。长 4.4、宽 3.2、厚 0.7 厘米（图七五，3）。

03EH46

位于 03ET2307 西北角，延伸至隔梁。开口于第 8 层下，打破第 9 层。发掘坑口平面最长处 2.4 米，最宽处 1.4 米。坑壁斜，圜底。坑深 0.7～0.76 米。填土极板结，含粗砂呈灰褐色。包含

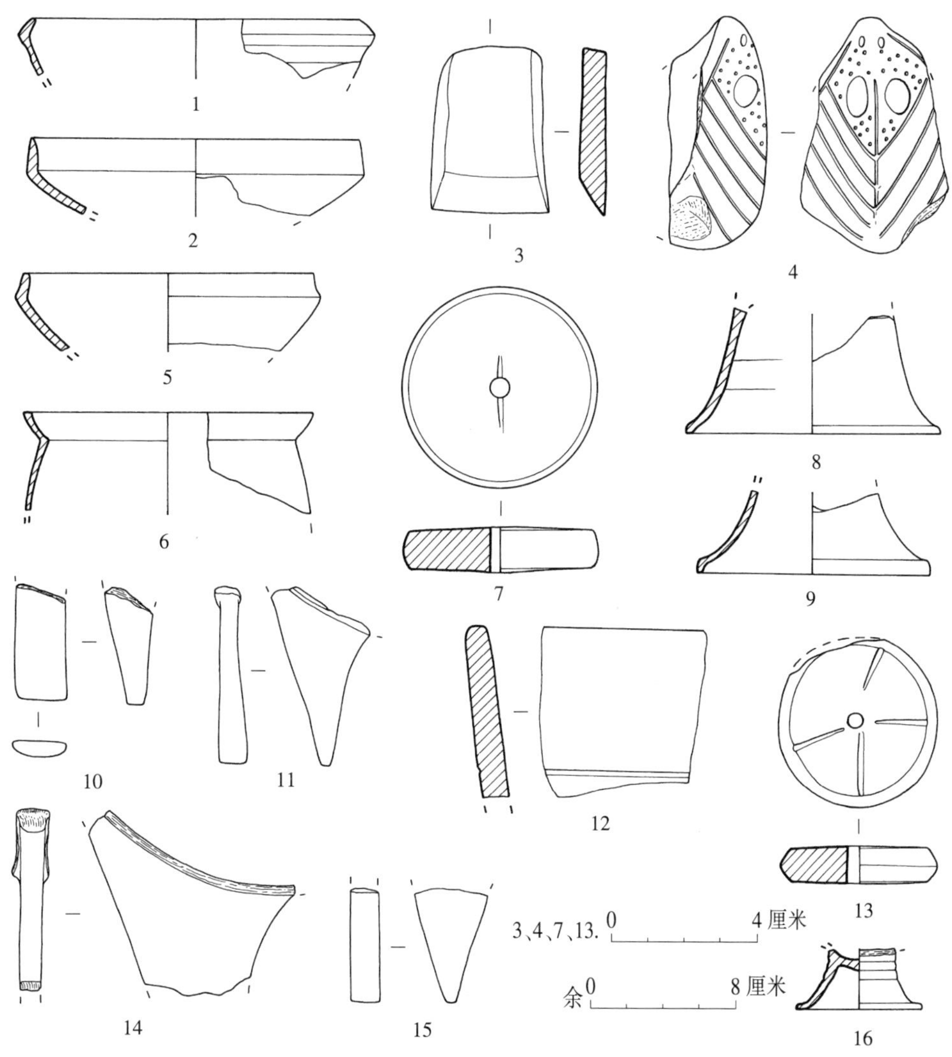

图七五　03EH32出土陶、石器

1. Ab型Ⅰ式陶豆（03EH32:16）　2. Aa型Ⅱ式陶豆（03EH32:9）　3. A型石锛（03EH32:8）　4. C型陶器耳（03EH32:15）　5. Ab型Ⅱ式陶豆（03EH32:11）　6. Aa型Ⅱ式陶鼎（03EH32:3）　7. Bb型陶纺轮（03EH32:1）　8、9. Ab型陶圈足（03EH32:13、12）　10. Ab型陶鼎足（03EH32:6）　11. Ab型陶鼎足（03EH32:4）　12. A型Ⅱ式陶缸口（03EH32:14）　13. Ab型陶纺轮（03EH32:10）　14. Ac型陶鼎足（03EH32:7）　15. Aa型陶鼎足（03EH32:5）　16. Aa型陶圈足（03EH32:2）

物多为陶片。器类有鼎、甑、罐、瓮、缸、簋、器盖和环等。

标本27件，均为陶器。

陶鼎　2件。标本03EH46:7，Ab型Ⅱ式。夹砂褐陶。侈口，折沿，勾唇，溜肩。素面。残高4厘米（图七六，11）。标本03EH46:9，Ab型Ⅱ式。夹砂灰陶。侈口，折沿，唇内勾，方溜肩。素面。口径20、残高5厘米（图七六，5）。

陶鼎足　7件。标本03EH46:10，Aa型。夹砂黄灰陶。三角凿形足，足两面刻划竖短槽。素面。残高12厘米（图七七，3）。标本03EH46:13，Ab型。夹砂黄陶。鸭嘴形足。素面。残高8.8厘米（图七七，7）。标本03EH46:14，Ab型。夹砂灰陶。鸭嘴形足。素面。残高7厘米

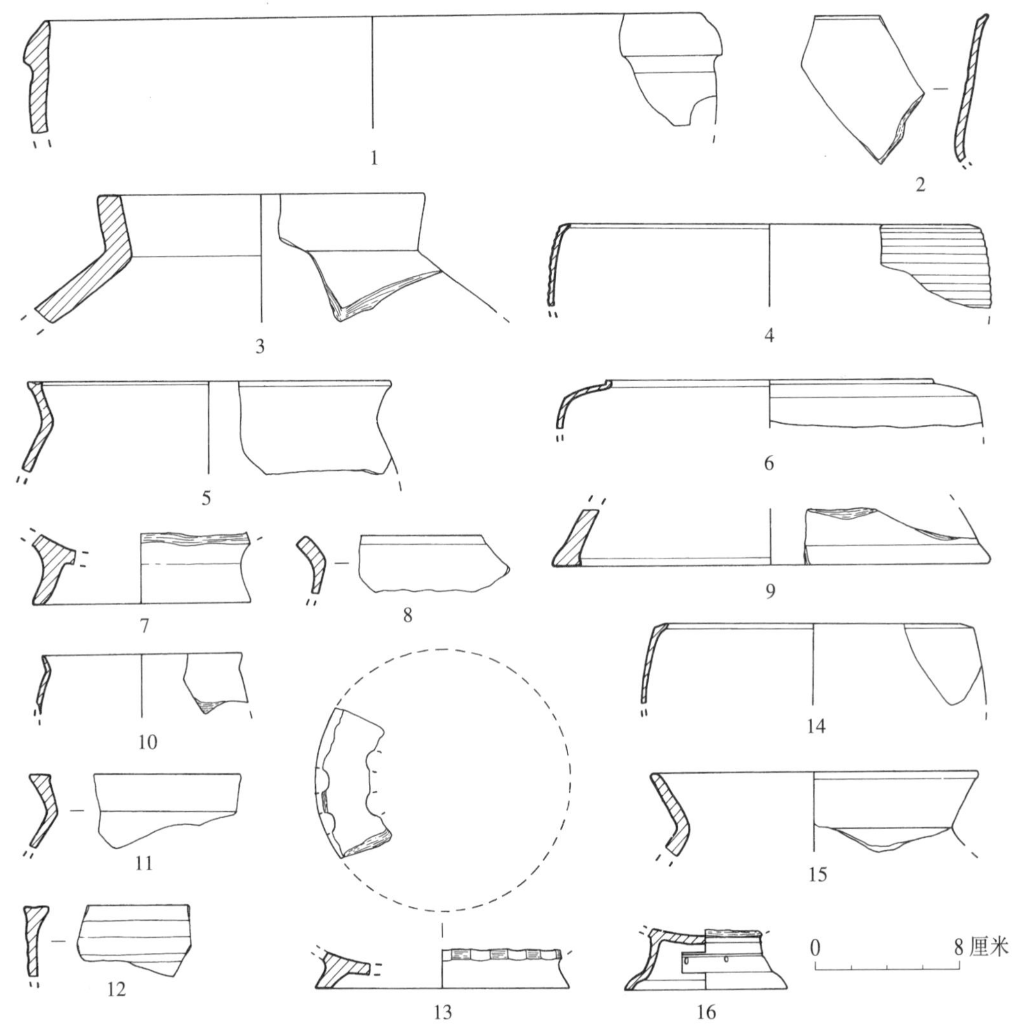

图七六 03EH46出土陶器

1. A型Ⅰ式缸口（03EH46:18） 2、4、14. A型Ⅱ式簋（03EH46:5、19、25） 3. E型瓮（03EH46:1） 5、11. Ab型Ⅱ式鼎（03EH46:9、7） 6. D型瓮（03EH46:4） 7. Ba型圈足（03EH46:21） 8. Ab型罐（03EH46:2） 9. Ab型Ⅱ式器盖（03EH46:8） 10. Ab型Ⅱ式罐（03EH46:3） 12. B型Ⅰ式缸口（03EH46:6） 13. B型Ⅱ式甑（03EH46:27） 15. Aa型Ⅱ式罐（03EH46:26） 16. Ab型圈足（03EH46:20）

（图七七，9）。标本03EH46:15，Ab型。夹砂黄陶。鸭嘴形足。素面。残高7.6厘米（图七七，6）。标本03EH46:24，Ab型。夹砂红陶。鸭嘴形足，足矮。素面。残高5.2厘米（图七七，4）。标本03EH46:12，Ac型。夹砂褐陶。三角侧扁足。素面。残高7.6厘米（图七七，5）。标本03EH46:11，Ba型。夹砂褐陶。正装扁足，足面凹，足底外撇。素面。残高5.8厘米（图七七，8）。

陶甑 1件。标本03EH46:27，B型Ⅱ式。仅存甑底及圈足。夹砂黄灰陶。矮圈足，底及下腹近底处都施圆形箅孔。素面。底径14、残高2厘米（图七六，13）。

陶罐 3件。标本03EH46:26，Aa型Ⅱ式。泥质黄陶，上施红衣大部分脱落。侈口，折沿，尖唇。口径18、残高6.4厘米（图七六，15）。标本03EH46:3，Ab型Ⅱ式。泥质红陶，陶土不纯。器形小。侈口，折沿斜上侈，圆唇，弧腹。素面。口径11、残高3.4厘米（图七六，10）。标

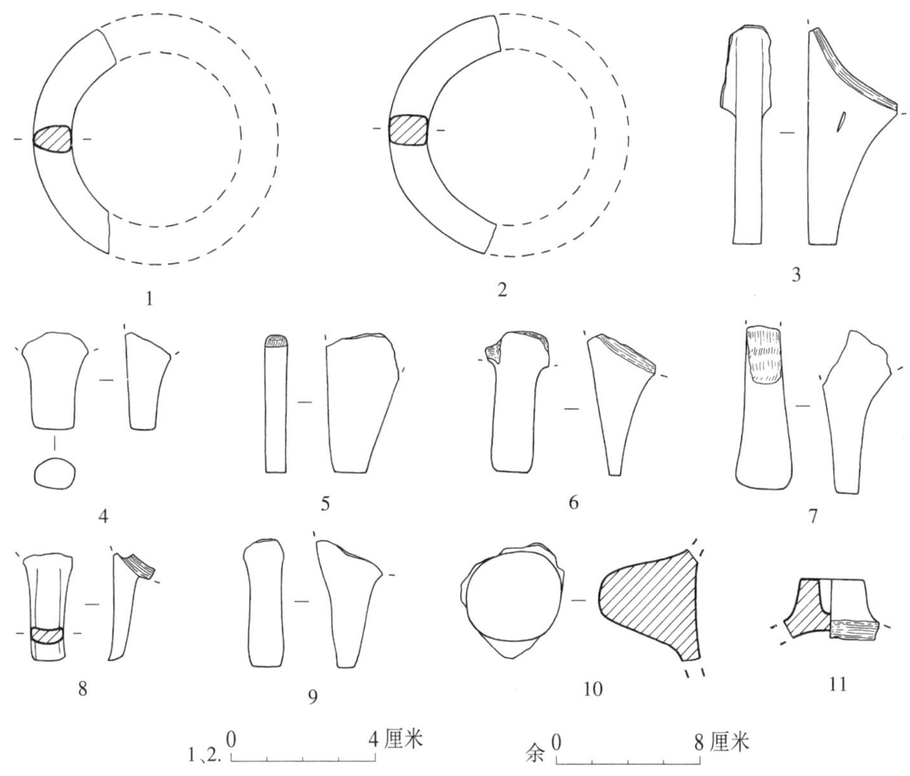

图七七　03EH46出土陶器

1. B型环（03EH46∶22）　2. Da型环（03EH46∶23）　3. Aa型鼎足（03EH46∶10）　4、6、7、9. Ab型鼎足（03EH46∶24、15、13、14）　5. Ac型鼎足（03EH46∶12）　8. Ba型鼎足（03EH46∶11）　10. Ab型器耳（03EH46∶17）　11. Cb型Ⅱ式器盖（03EH46∶16）

本03EH46∶2，Ab型。夹砂红陶。侈口，折沿，方唇，溜肩。素面。残高3厘米（图七六，8）。

陶瓮　2件。标本03EH46∶4，D型。泥质灰陶。敛口，折沿，圆唇，广隆肩。素面。口径18、残高2.6厘米（图七六，6）。标本03EH46∶1，E型。夹砂褐陶，陶土不纯，胎较厚，多夹白色砂粒。内外壁光滑。敞口，方唇，广斜肩。素面。口径18、残高7厘米（图七六，3）。

陶缸口　2件。标本03EH46∶18，A型Ⅰ式。夹砂灰陶，陶土不纯，夹白色砂粒。敞口，叠圆唇。素面。口径36、残高6厘米（图七六，1）。标本03EH46∶6，B型Ⅰ式。夹砂褐红陶。直口微敛，方唇凹，斜直腹残。素面。手制，腹外壁留下慢轮修整时的刮削痕。残高3.9厘米（图七六，12）。

陶簋　3件。标本03EH46∶5，A型Ⅱ式。泥质灰陶。敛口，圆唇，弧腹残。饰弦纹。残高8厘米（图七六，2）。标本03EH46∶19，A型Ⅱ式。泥质灰陶。敛口，圆唇，弧腹。饰弦纹。口径22、残高4.4厘米（图七六，4）。标本03EH46∶25，A型Ⅱ式。泥质灰陶。敛口，圆唇，弧腹。素面。口径16.6、残高4.3厘米（图七六，14）。

陶器盖　2件。标本03EH46∶8，Ab型Ⅱ式。夹砂灰陶。纽、顶残，盖口敞。素面。口径24、残高3厘米（图七六，9）。标本03EH46∶16，Cb型Ⅱ式。夹砂褐陶。圆柄形凹纽，顶残。素面。纽径3.4、残高3.2厘米（图七七，11）。

陶器耳　1件。标本03EH46∶17，Ab型。夹砂灰黄陶。圆柱状截锥耳。素面。手制（图七七，10）。

陶圈足 2件。标本03EH46:20，Ab型。泥质灰陶，浅红胎。喇叭形圈足下起一台面。饰小圆形镂孔和凹弦纹。底径9、残高3.4厘米（图七六，16）。标本03EH46:21，Ba型。夹砂褐黄陶。矮圈足外撇。素面。底径12、残高3.8厘米（图七六，7）。

陶环 2件。标本03EH46:22，B型。泥质灰陶，胎浅红。截面圆角三角形。素面。直径6.8、肉宽1.1、厚0.7厘米（图七七，1）。标本03EH46:23，Da型。泥质灰陶。截面圆角长方形。素面。直径6.6、肉宽1.1、厚0.8厘米（图七七，2）。

03EH47

位于03ET2307东北部。开口于第8层下，北部延伸进隔梁内，打破第9层。直径1米。坑壁弧，圜底。坑深0.5米。填土为较湿软的灰褐土，含少量的烧土颗粒和草木灰。包含物多为陶片。器类有鼎、缸、簋和杯等陶器。

标本6件，均为陶器。

陶鼎足 2件。标本03EH47:2，Aa型。夹砂褐黄陶。三角凿形足。素面。残高7厘米（图七八，4）。标本03EH47:5，Bb型。夹砂红陶。正装宽扁足，反面中间起凸棱。足面刻划短线纹，俗称“麻面”。残高5.6厘米（图七八，5）。

陶缸口 2件。标本03EH47:6，A型Ⅰ式。夹砂黄褐陶。敞口，叠圆唇。素面。残高4厘米（图七八，2）。标本03EH47:1，A型Ⅱ式。夹砂褐陶。口微敞，方唇，唇外一宽带。素面。残高7.6厘米（图七八，3）。

陶簋 1件。标本03EH47:4，B型Ⅱ式。泥质灰陶，陶质细腻。敛口，圆唇，圆腹。腹外饰一道凹弦纹。口径14.4、残高2.4厘米（图七八，1）。

陶杯 1件。标本03EH47:3，E型Ⅰ式。泥质灰陶。敞口，卷沿，圆唇，直腹。素面。口径10、残高2厘米（图七八，6）。

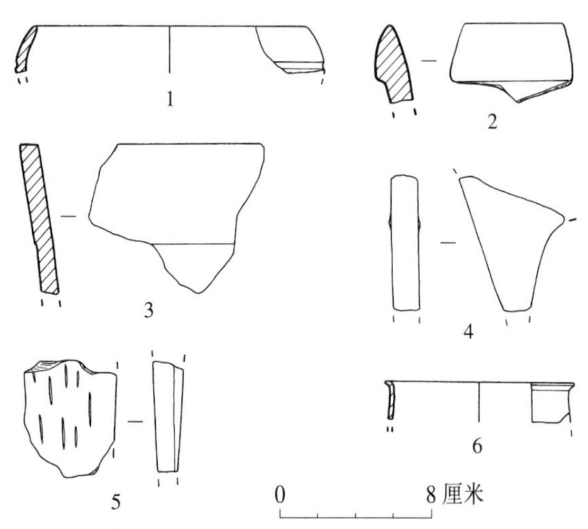

图七八 03EH47出土陶器

1. B型Ⅱ式簋（03EH47:4） 2. A型Ⅰ式缸口（03EH47:6） 3. A型Ⅱ式缸口（03EH47:1）
4. Aa型鼎足（03EH47:2） 5. Bb型鼎足（03EH47:5） 6. E型Ⅰ式杯（03EH47:3）

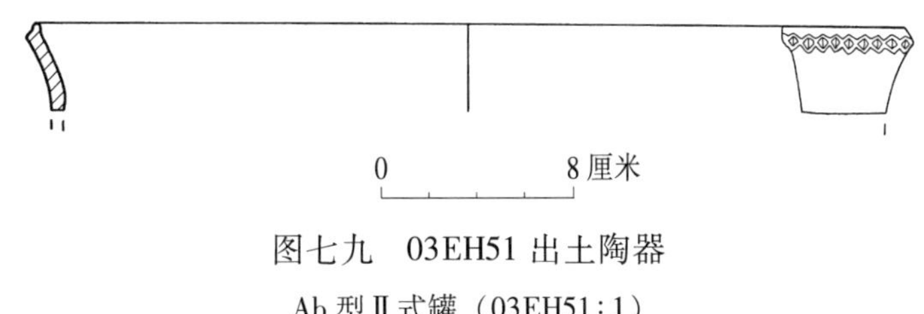

图七九　03EH51出土陶器

Ab型Ⅱ式罐（03EH51∶1）

03EH51

位于03ET2307西南部。开口于第8层下，打破第9层。坑小，平面呈椭圆形，直径0.35～0.4米。坑壁斜直，平底。坑深0.42米。填土为板结的黄褐土，内含少量烧土颗粒和碎小的陶片。器类有陶罐。

陶器标本1件。

陶罐　1件。标本03EH51∶1，Ab型Ⅱ式。夹砂褐陶。侈口，斜方唇，折沿。沿面饰窝状花边。口径36、残高3.5厘米（图七九）。

03EH57

位于03ET2407中部偏西。开口于第8层下，打破第9层。平面呈椭圆形，直径0.65～0.75米。坑壁斜直，平底。坑深0.62米。填土为较软的灰黑色土，内含烧土颗粒、草木灰和陶片。器类有鼎、罐、缸、壶和环等陶器。

标本7件，均为陶器。

陶鼎足　2件。标本03EH57∶1，Aa型。夹砂红陶，多白砂。侧装三角形足。素面。残高8.2厘米（图八〇，4）。标本03EH57∶2，Aa型。夹砂红陶，足与身相粘处呈黑色。侧装三角形足。素面。残高5.6厘米（图八〇，3）。

陶罐　1件。标本03EH57∶6，Ca型Ⅰ式。夹细砂灰陶。盘口，圆唇，斜直腹。饰凹弦纹。口径18、残高5.8厘米（图八〇，2）。

陶缸口　1件。标本03EH57∶7，A型Ⅱ式。夹砂红陶。敞口，方唇，唇外一宽带。素面。残高8.6厘米（图八〇，5）。

陶壶　1件。标本03EH57∶5，Aa型Ⅲ式。夹砂灰褐陶。敞口，卷沿，方唇。素面。口径12、残高2.9厘米（图八〇，1）。

陶圈足　1件。标本03EH57∶4，Aa型。夹砂灰陶。喇叭形柄状圈足。素面。手制。底径10、残高2.6厘米（图八〇，7）。

陶环　1件。标本03EH57∶3，B型。泥质黑陶。截面三角形。素面。复原直径5.5、肉宽0.95、厚0.8厘米（图八〇，6）。

03EH109

位于03ET2507西部。开口于第8层下，打破生土层。平面呈不规则方形，坑口长0.8、宽0.7米。坑壁斜直，平底。坑深0.52米。填土为湿软的褐红色黏土，内含少量烧土和草木灰。包含物多为陶片，器类有鼎、罐、盆等。

标本5件，均为陶器。

陶鼎　1件。标本03EH109∶1，C型。夹砂黄陶。侈口，勾唇。素面。口径32、残高3.4厘米

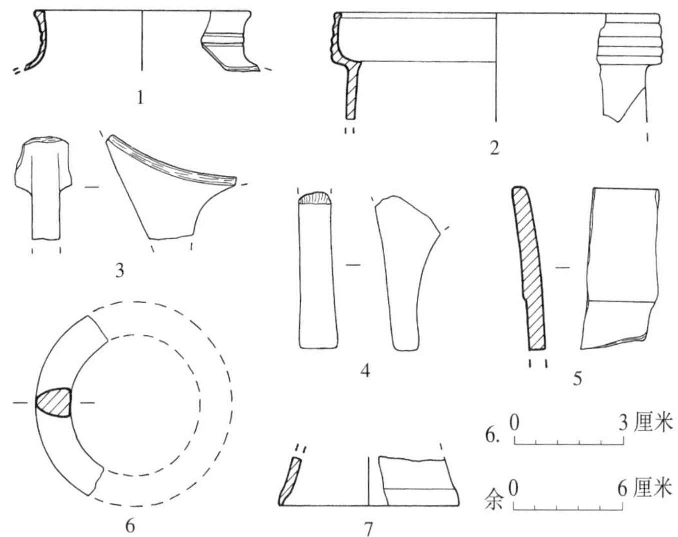

图八〇　03EH57出土陶器

1. Aa型Ⅲ式壶（03EH57∶5）　2. Ca型Ⅰ式罐（03EH57∶6）　3、4. Aa型鼎足（03EH57∶2、1）　5. A型Ⅱ式缸口（03EH57∶7）　6. B型环（03EH57∶3）　7. Aa型圈足（03EH57∶4）

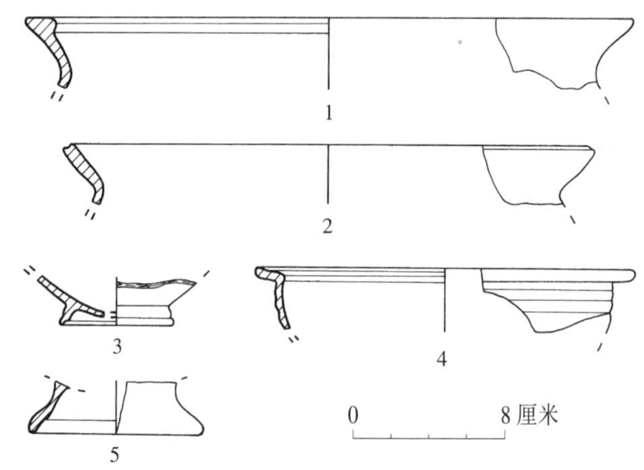

图八一　03EH109出土陶器

1. C型鼎（03EH109∶1）　2. Ac型Ⅰ式罐（03EH109∶2）　3. Bb型圈足（03EH109∶4）　4. Bb型Ⅰ式盆（03EH109∶3）　5. Ab型圈足（03EH109∶5）

（图八一，1）。

陶罐　1件。标本03EH109∶2，Ac型Ⅰ式。夹砂红陶。侈口，折沿，方唇一凹槽。素面。口径28.2、残高2.8厘米（图八一，2）。

陶盆　1件。标本03EH109∶3，Bb型Ⅰ式。泥质灰陶，陶色纯。敞口，仰折沿，圆唇，弧腹。腹外留慢轮修整时的轮旋纹。口径20.2、残高3.2厘米（图八一，4）。

陶圈足　2件。标本03EH109∶5，Ab型。泥质灰黑陶。圈足近底处外鼓一弧形台面。素面。底径9.2、残高2.6厘米（图八一，5）。标本03EH109∶4，Bb型。泥质灰陶，黄胎。矮圈足着地处内侧有一凹槽。素面。底径6、残高2.4厘米（图八一，3）。

03EH134

位于03ET2507中部偏西。开口于第8层下，坑口南高北低，打破生土层。平面呈不规则椭圆形，坑口长径0.85、短径0.7米。坑壁斜直，平底。坑深0.45米。填土0.3米以上为褐红色，土质较硬，含有较多的烧土块和少量的草木灰、陶片；0.3米以下为浅黄色黏土，土质板结，含少量烧土颗粒。包含物多为陶片，可辨器类有陶缸。

标本2件，均为陶器。

陶缸口　2件。标本03EH134∶2，A型Ⅰ式。夹砂黄灰陶，灰胎。敞口，叠圆唇，斜直腹。叠圆唇下部饰压印纹。残高8厘米（图八二，2）。标本03EH134∶1，B型Ⅰ式。夹砂黄陶，灰胎。敞口，方唇，斜直腹。上腹外饰附加堆纹。口径32、残高6.2厘米（图八二，1）。

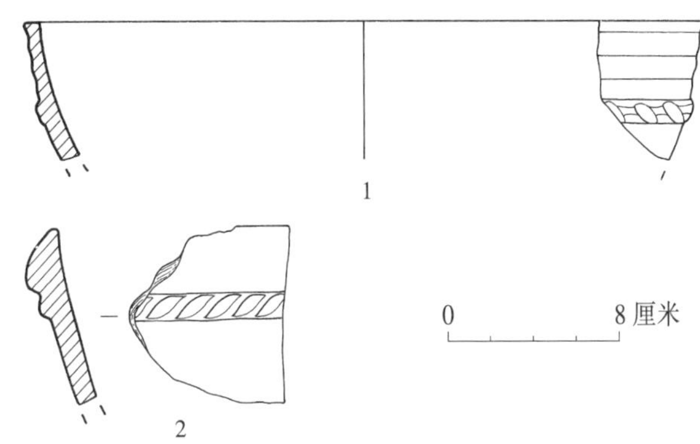

图八二　03EH134出土陶器

1. B型Ⅰ式缸口（03EH134∶1）　2. A型Ⅰ式缸口（03EH134∶2）

2. 03E第7层下灰坑

第7层下灰坑14个。其中，有11个分布在南部，编号为03EH34、H40、H41、H48、H49、H56、H60～H63、H153；有3个分布在中部，编号为03EH64、H78、H91。

03EH34

位于03ET2408中南部。开口于第7层下，打破生土。坑口平面呈圆角长方形，长0.7、宽0.57米。坑壁斜直，圜底。坑深0.34～0.5米。填土为板结的黄褐土，包含少许陶器碎片。

03EH40

位于03ET2408中部偏西。开口于第7层下，被03EH61打破，打破03EH62。平面略呈圆形，坑口径0.8～0.92米。坑壁斜直，底近平。坑深0.46～0.5米。坑内填土为较湿软的灰黑土，含少量草木灰和陶片。器类有陶鼎、罐等。

标本3件，均为陶器。

陶鼎足　2件。标本03EH40∶3，Ab型。夹砂黄褐陶。侧装三角形足。素面。残高8.2厘米（图八三，2）。标本03EH40∶2，Ac型。夹砂褐红陶。侧装三角形足。素面。残高5.2厘米（图八三，3）。

陶罐　1件。标本03EH40∶1，Aa型Ⅲ式。夹砂灰陶。侈口，折沿，方唇，沿面饰四道凹槽，溜肩。素面。口径26、残高6厘米（图八三，1）。

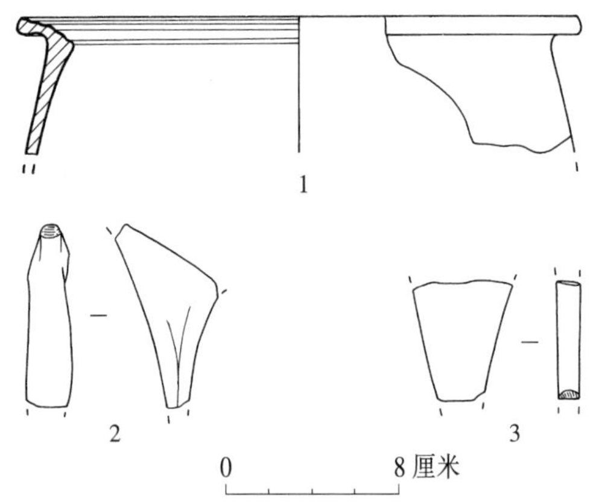

图八三　03EH40 出土陶器

1. Aa 型Ⅲ式罐（03EH40:1）　2. Ab 型鼎足（03EH40:3）　3. Ac 型鼎足（03EH40:2）

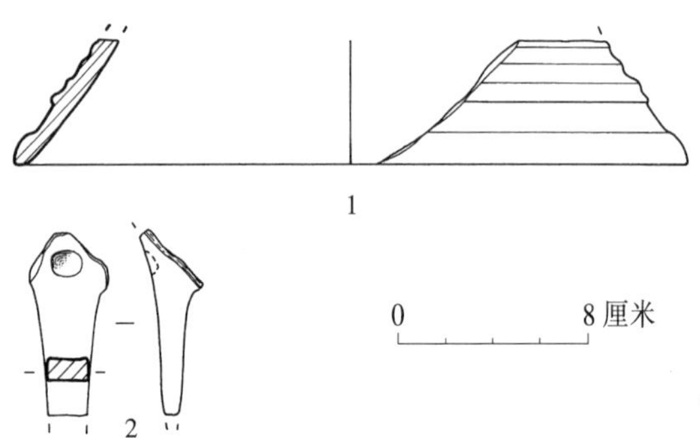

图八四　03EH48 出土陶器

1. Ⅰ式器座（03EH48:1）　2. Bb 型鼎足（03EH48:2）

03EH41

位于 03ET2307 东北部，坑北部延伸至隔梁。开口于第 7 层下，打破第 8 层。坑壁斜，圜底。坑口径 0.55 米，坑深 0.34 米。填土为湿软的褐黄土。包含少许陶器碎片。

03EH48

位于 03ET2307 东南部。开口于第 7 层下，打破第 8 层。坑口平面呈圆形，直径 0.8 米。坑壁斜弧，圜底。坑深 0.56 米。填土为较湿软的灰褐土，含少量碎小的烧土颗粒和草木灰。包含器类有鼎、器座等陶器。

标本 2 件，均为陶器。

陶鼎足　1 件。标本 03EH48:2，Bb 型。夹砂黄陶，胎灰，黄色大部分脱落。扁足，足面微凹。足根捺窝。残高 7 厘米（图八四，2）。

陶器座　1 件。标本 03EH48:1，Ⅰ式。夹砂褐红陶。仅存喇叭形座下部。饰凸棱。手制。底径 28、残高 4.6 厘米（图八四，1）。

03EH49

位于 03ET2307 中部偏南。开口于第 7 层下，打破第 8 层。平面呈椭圆形，直径 0.5 ~ 0.78 米。坑壁斜弧，底近平。坑深 0.4 ~ 0.45 米。填土为较湿软的灰褐黏土，内含少量烧土颗粒和草

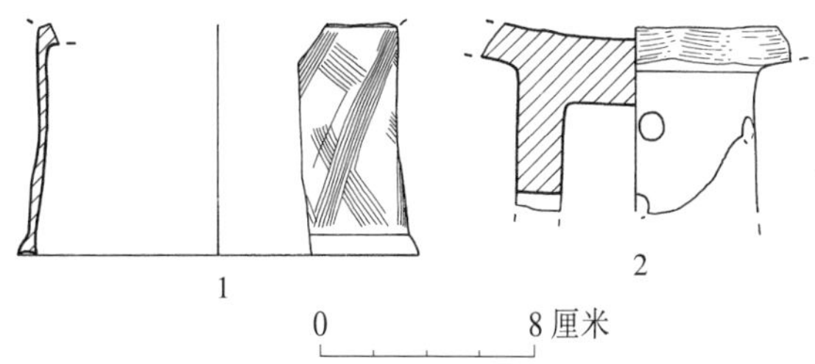

图八五　03EH49出土陶器

1. Ac型圈足（03EH49∶1）　2. Aa型圈足（03EH49∶2）

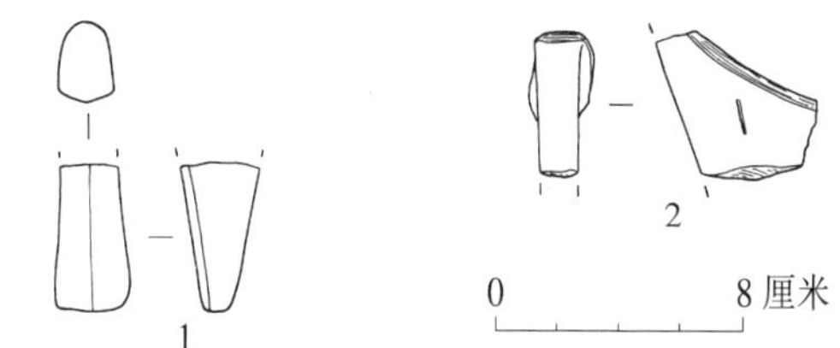

图八六　03EH56出土陶器

1. Ab型鼎足（03EH56∶2）　2. Aa型鼎足（03EH56∶1）

木灰。包含物为碎小的陶片。可辨器类为陶器圈足。

标本2件，均为陶器。

陶圈足　2件。标本03EH49∶2，Aa型。泥质灰黑陶，陶色不纯。圈足上饰圆形镂孔。手制。残高6.8厘米（图八五，2）。标本03EH49∶1，Ac型。泥质黄陶，陶色纯正。圆桶形粗圈足较高，中间稍凹弧，近底外壁一凹槽。饰交错刻划篦纹。手制，内壁见泥条盘筑痕。底径15、残高8.4厘米（图八五，1）。

03EH56

位于03ET2408西北部。开口于第7层下，打破03EH63和生土。平面呈椭圆形，坑口长径0.9、短径0.72米。坑壁斜直，圜底。坑深0.36～0.4米。填土为较板结的黄土，内夹红烧土块。可辨器类有鼎。

标本2件，均为陶器。

陶鼎足　2件。标本03EH56∶1，Aa型。夹砂红褐陶。三角形足残。刻划短竖线。残高4.6厘米（图八六，2）。标本03EH56∶2，Ab型。夹砂黄灰陶。鸭嘴形足，足正、反面中间起棱。素面。残高4.6厘米（图八六，1）。

03EH60

位于03ET2408中部。开口于第7层下，打破03EH62。平面呈椭圆形，坑口长径0.6、短径0.52米。坑壁斜直，底斜平。坑深0.5米。填土为较湿软的灰黑土，内含烧土颗粒、草木灰和碎小陶片。

03EH61

位于03ET2408中西部，坑西部延伸至隔梁。开口于第7层下，打破03EH40、H62、H153。坑口长1.8米。坑壁斜，圜底。坑深0.34～0.56米。填土为较湿软的灰褐土。陶器器类有缸、

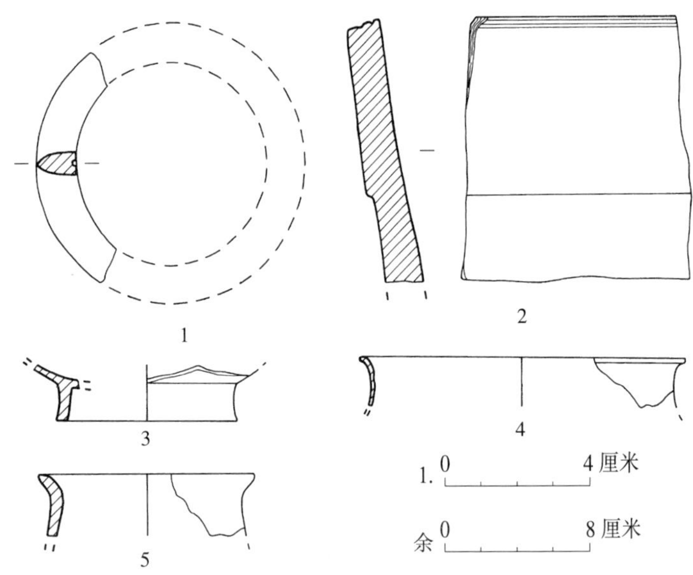

图八七 03EH61出土陶器

1. B型环（03EH61∶5） 2. A型Ⅱ式缸口（03EH61∶1） 3. Ba型圈足（03EH61∶4）
4. Aa型壶（03EH61∶3） 5. E型Ⅱ式杯（03EH61∶2）

壶、杯和环等。

标本5件，均为陶器。

陶缸口 1件。标本03EH61∶1，A型Ⅱ式。夹砂褐陶，陶土不纯。器形大。敞口，方唇，唇面凹槽两道，唇外一宽带。素面。残高14.2厘米（图八七，2）。

陶壶 1件。标本03EH61∶3，Aa型。泥质灰陶。侈口，卷沿，圆唇。素面。口径18、残高2.6厘米（图八七，4）。

陶杯 1件。标本03EH61∶2，E型Ⅱ式。夹砂红陶。卷沿，圆唇，溜肩。口径12、残高3.3厘米（图八七，5）。

陶圈足 1件。标本03EH61∶4，Ba型。泥质灰陶。圈足壁直。底径10、残高3厘米（图八七，3）。

陶环 1件。标本03EH61∶5，B型。泥质灰陶。截面呈扁三角形。内侧一凹槽。复原直径7.5、肉宽1.1、厚0.6厘米（图八七，1）。

03EH62

位于03ET2408中部。开口于第7层下，被03EH60、H61打破，打破生土。坑口平面呈椭圆形，坑口长径1.7、短径1.41米。坑壁斜，圜底。坑深0.92米。填土为较硬的红黏土，夹少量灰土。填土内含有许多草木灰。包含物有兽骨和陶鼎、壶等。

标本4件，均为陶器。

陶鼎足 3件。标本03EH62∶3，Ab型。夹砂黄灰陶。三角形足，器底与足根相粘处有烟熏痕。素面。手制。残高10厘米（图八八，3）。标本03EH62∶1，Ba型。夹砂红褐陶。正装宽扁足，卷边。足面有戳窝纹。手制。残高8厘米（图八八，4）。标本03EH62∶2，Bb型。夹砂灰黄陶。器形小。正装扁足，足面微凹。素面。手制。残高8.4厘米（图八八，2）。

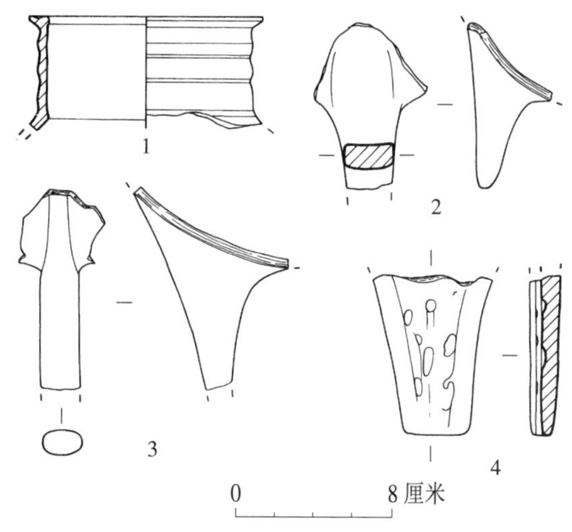

图八八 03EH62出土陶器

1. Aa型Ⅲ式壶（03EH62:4） 2. Bb型鼎足（03EH62:2） 3. Ab型鼎足（03EH62:3） 4. Ba型鼎足（03EH62:1）

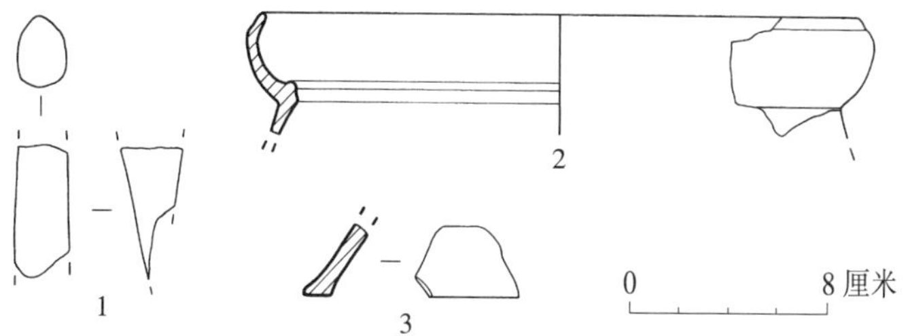

图八九 03EH63出土陶器

1. Ab型鼎足（03EH63:2） 2. Cb型Ⅰ式罐（03EH63:1） 3. Ab型Ⅱ式器盖（03EH63:3）

陶壶 1件。标本03EH62:4，Aa型Ⅲ式。夹砂灰黑陶。直口微敞，平沿，圆唇，直颈较长。素面。手制，颈外有慢轮制痕。口径12、残高5.6厘米（图八八，1）。

03EH63

位于03ET2408西北部。开口于第7层下，被03EH56打破，打破03EH153。坑口平面呈椭圆形，坑口长径1、短径0.74米。坑壁斜直，平底。坑深0.35米。填土为较板结的黄褐土。包含物为陶片。器类有鼎足、罐和器盖等。

标本3件，均为陶器。

陶鼎足 1件。标本03EH63:2，Ab型。夹砂黄褐陶。鸭嘴形足。素面。手制。残高5.2厘米（图八九，1）。

陶罐 1件。标本03EH63:1，Cb型Ⅰ式。夹砂灰陶。盘口，圆唇，斜直腹。素面。口径24、残高4.7厘米（图八九，2）。

陶器盖 1件。标本03EH63:3，Ab型Ⅱ式。夹砂红褐陶。纽、顶残，盖口敞。素面。残高3厘米（图八九，3）。

03EH64

位于03ET2506西北部。开口于第7层下，打破生土。平面略呈圆角方形，长0.7、宽0.67

米。四壁较直，平底。坑深0.5米。填土为土质较硬的褐黄土，含少量烧土和石块。包含物多为陶片。器类有鼎、罐、缸、簋和盘等。

标本10件，均为陶器。

陶鼎　1件。标本03EH64∶5，Ab型。夹砂红陶，多白色砂粒，内外壁较光滑，胎红，颜色纯正。胎较厚。侈口，尖唇。素面。手制。残高3.3厘米（图九〇，1）。

陶鼎足　2件。标本03EH64∶4，Ab型。夹砂黄陶。鸭嘴形足。素面。手制。残高5.6厘米（图九〇，8）。标本03EH64∶8，Bc型。夹细砂黄陶，颜色不纯，红黄相间。正装扁足，足着地处突起，竖刻槽残。足面有手捏的窝痕。手制。残高6厘米（图九〇，10）。

陶罐　2件。标本03EH64∶2，Aa型。夹砂红陶，胎较厚。侈口，折沿，方唇。素面。手制。残高4厘米（图九〇，7）。标本03EH64∶1，Ad型Ⅱ式。泥质磨光黑陶，陶质细腻，陶色纯正。器形小，侈口，折沿，圆唇，溜肩。素面。手制，经慢轮修整，肩内外壁见慢轮修整时留下的极细的不规则的轮旋线。口径6、残高3.2厘米（图九〇，2）。

陶缸口　1件。标本03EH64∶7，A型Ⅰ式。夹粗砂灰陶，陶土不纯，内壁泛黄，胎厚。敞口，叠圆唇，斜直腹。素面。残高7.2厘米（图九〇，5）。

陶簋　1件。标本03EH64∶6，A型Ⅱ式。泥质灰陶，陶质细腻，胎内外壁颜色一致。敛口，圆唇。外壁轮旋线似凸弦纹。手制，经慢轮修整，外壁见慢轮修整时留下的规则轮旋线。残高3厘米（图九〇，4）。

陶盘　1件。标本03EH64∶9，Aa型Ⅰ式。泥质黑陶，陶色纯正。敞口，圆唇，折盘。素面。口径16、残高2.5厘米（图九〇，6）。

陶器耳　1件。标本03EH64∶3，B型。夹砂灰黄陶。器形大。耳面呈方圆形，中横置对穿的圆孔。素面。手制（图九〇，9）。

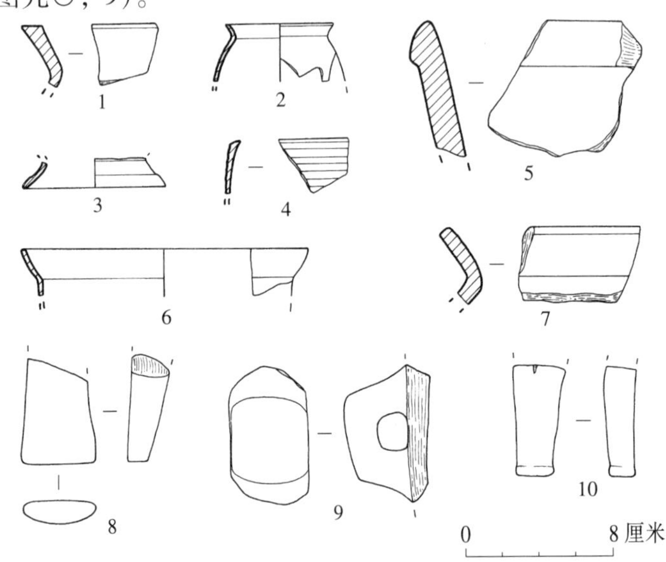

图九〇　03EH64出土陶器

1. Ab型鼎（03EH64∶5）　2. Ad型Ⅱ式罐（03EH64∶1）　3. Ab型圈足（03EH64∶10）　4. A型Ⅱ式簋（03EH64∶6）　5. A型Ⅰ式缸口（03EH64∶7）　6. Aa型Ⅰ式盘（03EH64∶9）　7. Aa型罐（03EH64∶2）　8. Ab型鼎足（03EH64∶4）　9. B型器耳（03EH64∶3）　10. Bc型鼎足（03EH64∶8）

陶圈足　1件。标本03EH64∶10，Ab型。泥质红衣陶。底径8、残高1.6厘米（图九〇，3）。

03EH78

位于03ET2507东南部。开口于第7层下，打破第8层。平面略呈椭圆形。坑口长径0.87、短径0.77米。坑壁斜直，底近平。坑深0.55～0.6米。填土为湿软的褐红黏土，含少量烧土和草木灰。包含物多为陶片，器类有鼎、甑、缸、盆、簋等。

标本9件，均为陶器。

陶鼎　3件。标本03EH78∶1，Ab型Ⅱ式。夹砂灰陶。器形小。侈口，折沿，圆唇，溜肩，弧腹，三扁足，足面凹。素面。口径8.8、残高9.6厘米（图九一，6；彩版六，3）。标本03EH78∶3，B型Ⅲ式。夹砂黑皮浅红胎。侈口，折沿微凹，圆唇，唇外饰凹槽。口径40、残高4.3厘米（图九一，8）。标本03EH78∶5，B型Ⅲ式。夹砂灰陶。侈口，折沿微凹，尖唇。口径24、残高4厘米（图九一，1）。

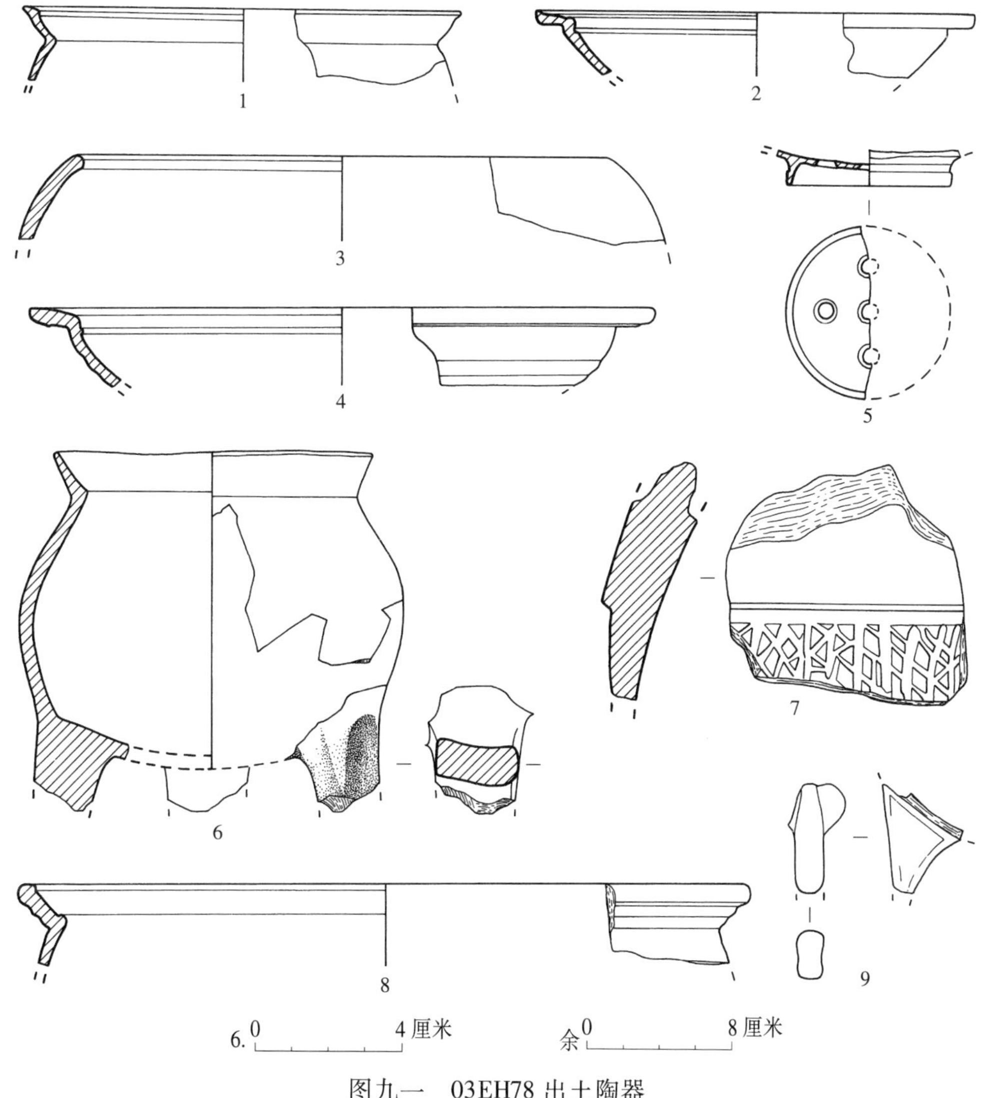

图九一　03EH78出土陶器

1、8. B型Ⅲ式鼎（03EH78∶5、3）　2、4. Bb型Ⅰ式盆（03EH78∶13、12）　3. B型Ⅱ式簋（03EH78∶4）　5. A型甑（03EH78∶6）　6. Ab型Ⅱ式鼎（03EH78∶1）　7. A型Ⅱ式缸口（03EH78∶10）　9. Ab型鼎足（03EH78∶9）

陶鼎足　1件。标本03EH78:9，Ab型。夹砂红褐陶。器形小。侧装三角形足。素面。残高6厘米（图九一，9）。

陶甑　1件。标本03EH78:6，A型。仅存底部。泥质灰陶。圆形箅孔。矮圈足外饰一周凹弦纹。底径9.2、残高2厘米（图九一，5）。

陶缸口　1件。标本03EH78:10，A型Ⅱ式。夹粗砂红陶。敞口。饰交错篮纹。残高13厘米（图九一，7）。

陶盆　2件。标本03EH78:12，Bb型Ⅰ式。夹砂黑皮浅红胎。敞口，宽折沿，浅弧腹。口径34、残高4厘米（图九一，4）。标本03EH78:13，Bb型Ⅰ式。夹砂黑皮浅红胎。敞口，宽折沿，沿面有凹槽，唇上缘微上侈，浅弧腹。口径24.2、残高3.5厘米（图九一，2）。

陶簋　1件。标本03EH78:4，B型Ⅱ式。夹砂褐陶。敛口，圆唇。素面。口径29.2、残高4.6厘米（图九一，3）。

03EH91

位于03ET2507东北部，大部分延伸至北隔梁。开口于第7层下，打破第8层。坑口形状不明，发掘平面呈弧形，残长0.8、残宽0.25米。坑壁斜，弧底。坑深0.28~0.3米。填土呈褐黄色，土质较硬，含有烧土块、草木灰和炼渣。可辨器类有鼎、壶、豆等器残片。炼渣标本见附录一。

03EH153

位于03ET2408西部，西部伸进隔梁。开口于第7层下，被03EH61和03EH63打破，打破生土层。现成平面呈弧形，残长0.8、残宽0.46米。坑壁斜直，弧底。坑深0.58~0.66米。填土为土质较硬的褐黄土，内含较大的烧土块和少量的草木灰。器类有鼎、壶和豆等。

标本5件，均为陶器。

陶鼎足　2件。标本03EH153:4，Ab型。夹砂黄陶。侧装鸭嘴形足，内侧残。素面。手制。残高11厘米（图九二，4）。标本03EH153:5，Bb型。夹砂红褐陶。正装宽扁足，足内侧三角形支垫。足面戳成排的斜竖短线，足与鼎身相接处饰凸棱。残高5.9厘米（图九二，1）。

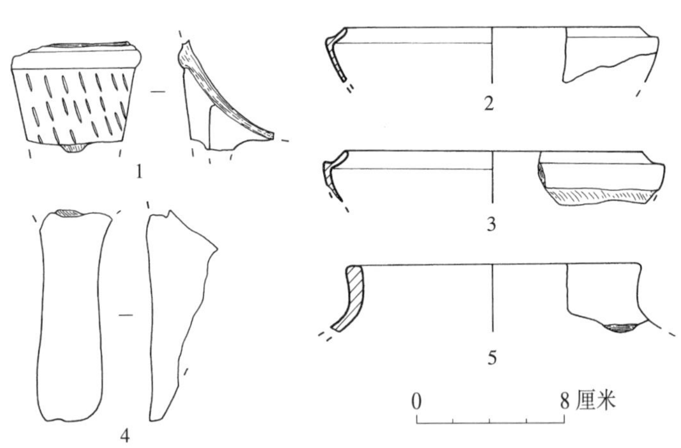

图九二　03EH153出土陶器

1. Bb型鼎足（03EH153:5）　2、3. Ab型Ⅰ式豆（03EH153:3、2）　4. Ab型鼎足（03EH153:4）
5. Ae型壶（03EH153:1）

陶壶 1件。标本03EH153:1，Ae型。夹砂褐陶，器表见白砂粒。直口微敞，方唇，短颈。素面。口径16、残高3.2厘米（图九二，5）。

陶豆 2件。标本03EH153:2，Ab型Ⅰ式。泥质灰黑皮，浅红胎，胎芯灰色。子口，圆唇。素面。口径16、残高2.8厘米（图九二，3）。标本03EH153:3，Ab型Ⅰ式。泥质灰陶。子口，圆唇。素面。口径16、残高2.9厘米（图九二，2）。

3. 03E第6层下灰坑

03EH137

位于东区中部03ET2607东北部。开口于第6层下，打破生土层。坑口平面呈圆形，直径0.76～0.79米。坑壁斜直，平底。坑深0.45米。坑内填土为土质较硬的褐黄土，夹许多小红烧土块和少量草木灰。包含物多为陶片。可辨器类有鼎。

陶器标本1件。

陶鼎足 1件。标本03EH137:1，Aa型。夹砂黄褐陶，胎红。侧装三角凿形足。素面。手制。残高6厘米（图九三，1）。

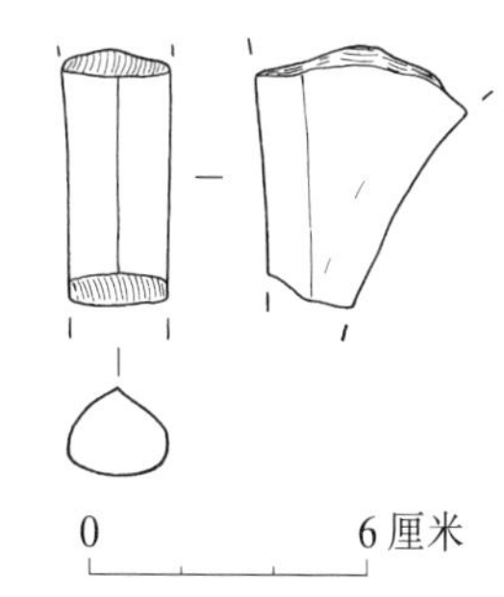

图九三 03EH137出土陶器
Aa型鼎足（03EH137:1）

4. 03E第3层下灰坑

03EH30

位于东区南部03ET2408东北角，东、北两壁伸进隔梁内。开口于第3层下，打破第7层和生土层。平面呈不规则形，长2.14、宽1.22米。坑壁斜，底较平。坑深0.9～1.08米。填土为板结的黄褐土。器类有鼎、盘、器盖等。

标本7件，均为陶器。

陶鼎足 2件。标本03EH30:5，Aa型。夹砂红褐陶。侧装三角凿形足。素面。残高10.2厘米（图九四，3）。标本03EH30:4，Ac型。夹砂黄褐陶。足大。侧装三角凿形足。素面。手制。残高12.2厘米（图九四，4）。

陶盘 1件。标本03EH30:1，Ab型Ⅱ式。泥质磨光黑陶，陶土纯，陶色正，胎黑。敞口，圆唇，折腹处外壁起棱。外壁见慢轮修整痕。口径20、残高3.5厘米（图九四，1）。

陶器盖 1件。标本03EH30:3，Aa型。夹砂褐红陶，陶土不纯，胎厚。器形大。平顶略斜，盖口直微敞，方唇沿面凹。素面。手制。盖口径40、残高2.4厘米（图九四，7）。

陶圈足 2件。标本03EH30:2，Aa型。泥质磨光黑陶，陶土纯，陶色正，胎黑。喇叭形高圈足。素面。手制，圈足内壁见泥片贴塑的痕迹。残高4.4厘米（图九四，6）。标本03EH30:6，Ba型。夹砂灰黑皮浅灰胎，灰黑色大部分脱落。矮圈足。素面。手制。底径16、残高2.6厘米（图九四，2）。

陶环 1件。标本03EH30:7，B型。泥质灰陶。截面三角形。素面。直径6.7、肉宽0.7、厚0.6厘米（图九四，5）。

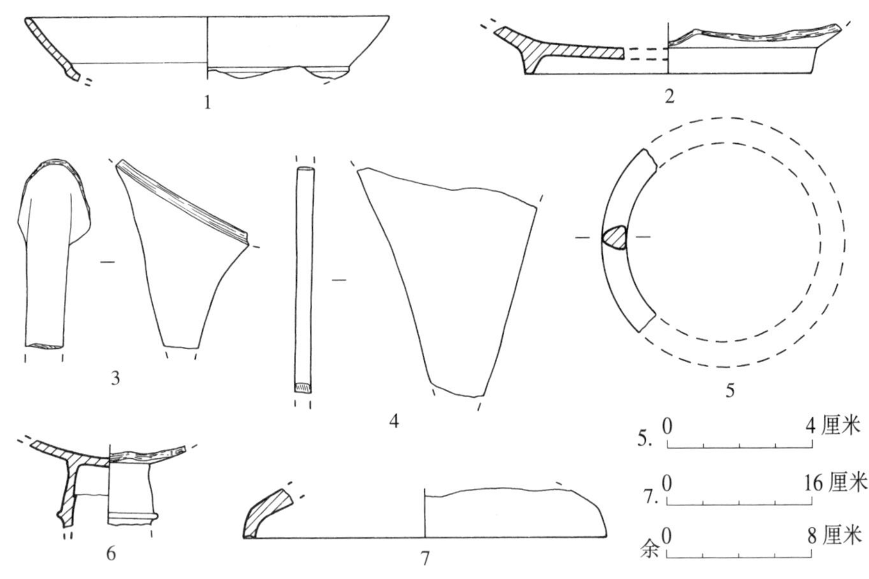

图九四　03EH30出土陶器

1. Ab型Ⅱ式盘（03EH30∶1）　2. Ba型圈足（03EH30∶6）　3. Aa型鼎足（03EH30∶5）　4. Ac型鼎足（03EH30∶4）　5. B型环（03EH30∶7）　6. Aa型圈足（03EH30∶2）　7. Aa型器盖（03EH30∶3）

（二）灶（坑）

灶（坑）2座。分布在东区中部03ET2506和03ET2507探方内，编号为03EZ1（原编号为03EH156）、03EZ2（原编号为03EH156）。

03EZ1

位于03ET2506北隔梁中部偏东。开口于第8层下，打破生土层。残存下部。整个灶坑依地势而建，南高北低。坑口平面呈不规则形，由圆形大坑和圆角三角形小坑相连而成，坑壁斜直，底斜平。大坑现存直径0.4、深0.1～0.14米。小坑较浅，在大坑的西南部，现存长0.2、深0.06米。大小坑由厚0.02～0.06米的烧土壁相连，两坑周壁有平均厚0.05米的烧土壁，底面有薄薄的烧土面。坑内填土开口处为土质较硬的褐红土，含较大的烧土块和少许碎陶片及烧骨碎片，底部堆积0.03～0.07米厚的灰烬。大坑内遗物有陶鼎、盘和圈足等。03EZ1未发现火口和火膛，根据形状、结构和堆积物推测应属灶坑（图九五）。

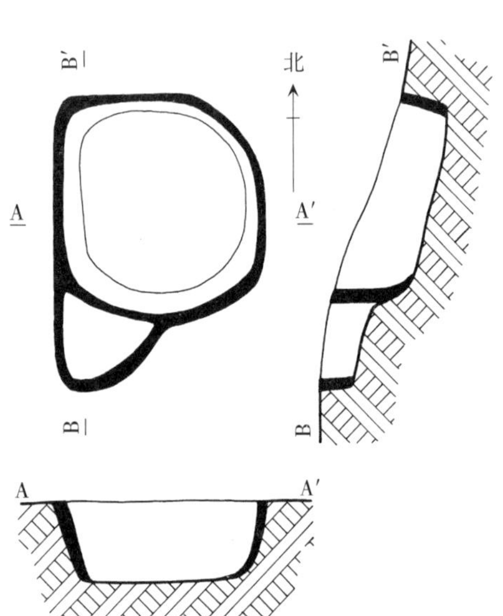

图九五　03EZ1平、剖面图

标本5件，均为陶器。

陶鼎　1件。标本03EZ1∶4，B型Ⅱ式。夹细砂黑皮红胎陶。宽折沿，方唇，斜直腹。沿面饰凹弦纹。口径28、残高3.4厘米（图九六，5）。

陶鼎足　2件。标本03EZ1∶3，Aa型。夹砂红褐陶。三角凿形足，足扁、薄，外侧中间起棱。素面。手制。残高

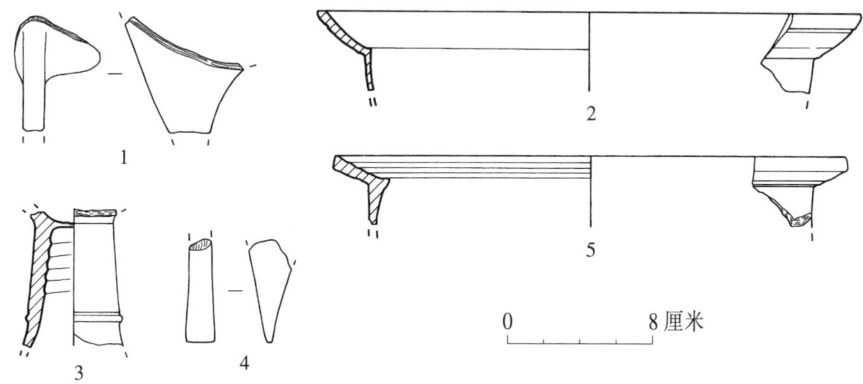

图九六　03EZ1 出土陶器

1. Aa 型鼎足（03EZ1∶3）　2. Aa 型Ⅰ式盘（03EZ1∶1）　3. Aa 型圈足（03EZ1∶2）　4. Ab 型鼎足（03EZ1∶5）　5. B 型Ⅱ式鼎（03EZ1∶4）

6.2 厘米（图九六，1）。标本 03EZ1∶5，Ab 型。夹砂灰黄陶。器形小。鸭嘴形足。素面。手制。残高 5.6 厘米（图九六，4）。

陶盘　1 件。标本 03EZ1∶1，Aa 型Ⅰ式。泥质黄陶，陶土不纯。侈口，宽仰折沿微凹，圆唇，直腹。素面。口径 30、残高 4.2 厘米（图九六，2）。

陶圈足　1 件。标本 03EZ1∶2，Aa 型。泥质灰黑陶，浅红胎。喇叭形高圈足。有凸棱。手制，圈足内壁见泥条盘筑痕。残高 7.4 厘米（图九六，3）。

03EZ2

位于 03ET2507 西北部。开口于第 8 层下，打破生土层。残存底部。形状规整，由灶门、火膛和灶坑三部分构成，整体平面近椭圆坑形，残长径 1.08、短径 0.7 米。灶门朝南，残宽 0.46 米。由灶门至灶坑渐深，残深 0.03 ~ 0.2 米。灶壁为烧土壁，平均厚 0.05 米。坑内填土分两层，上层为厚约 0.2 米的褐红土，内含较多烧土块和陶器碎片；下层为厚 0.05 米左右的灰黑土，多为灰烬，夹有少量木炭和烧骨碎片。器类有陶杯（图九七）。

陶器标本 1 件。

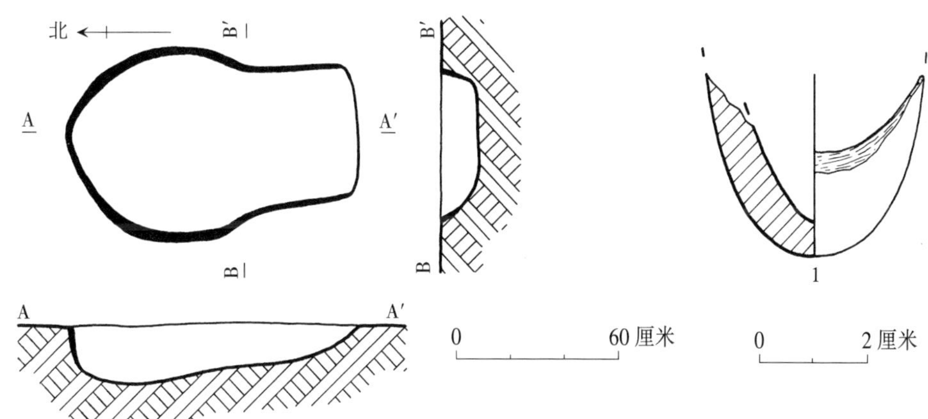

图九七　03EZ2 平、剖面图及出土陶器

1. F 型陶杯（03EZ2∶1）

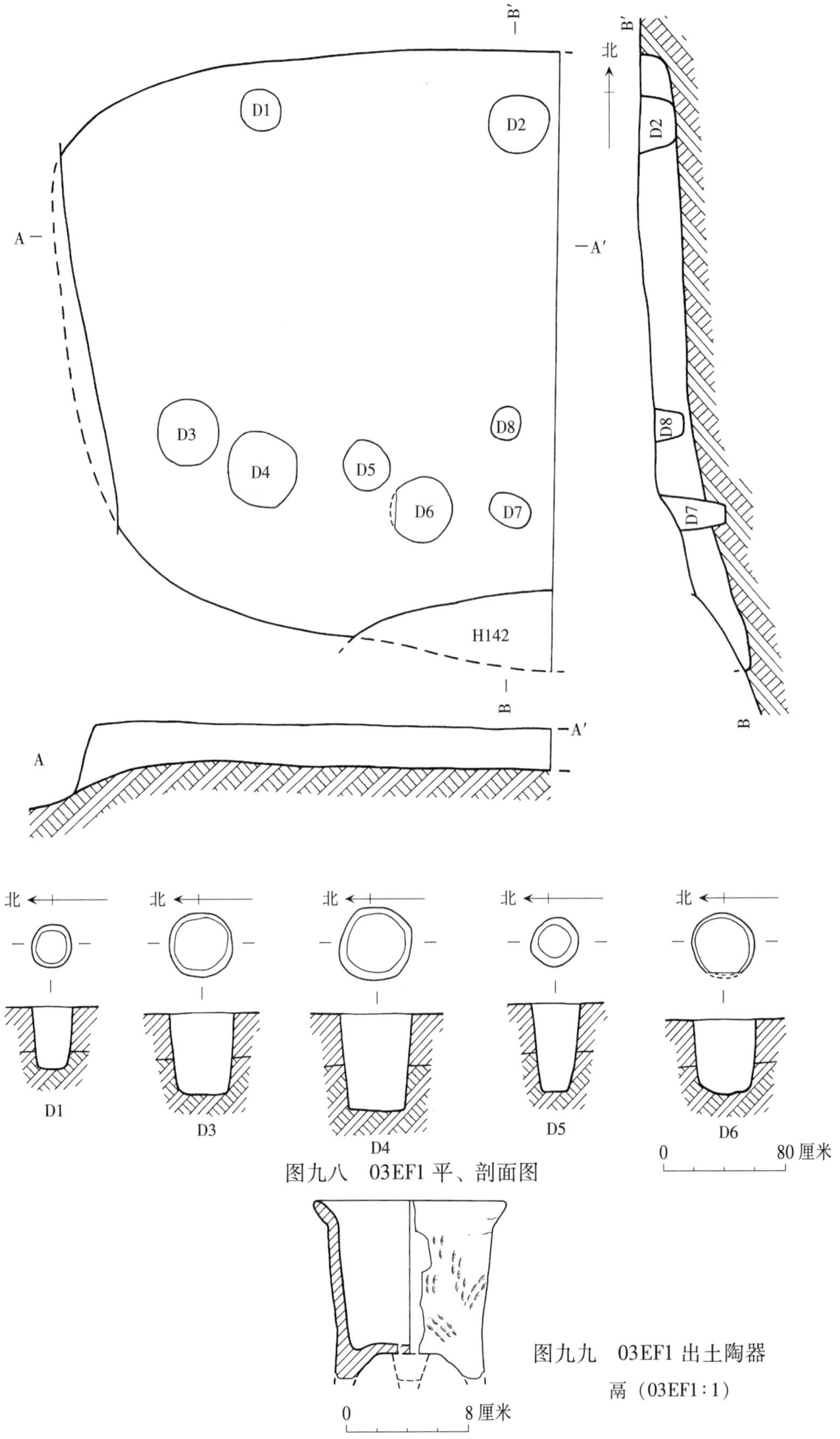

图九八　03EF1 平、剖面图

图九九　03EF1 出土陶器

鬲（03EF1：1）

陶杯 1件。标本03EZ2∶1，F型。夹砂红陶，胎厚。器形小。圜底。素面。残高3.5厘米（图九七，1）。

（三）房址（柱洞）

2003年在东区共清理3处残存的房址（柱洞）。其中，东区中部2处，编号为03EF1、F2；南部1处，编号为03EF3。均为地面建筑，其中，03EF1、F2仅残存有垫土和柱洞，03EF3仅发现残存的柱洞。未发现灶（坑）、墙基等其他建筑遗存。

03EF1

位于03ET2704探方内，延伸至东隔梁。开口于第5层下，打破生土层，距现在地表深0.38米。东南和西部分别被第5层下开口的03EH142和03EG1打破，残存有垫土和柱洞。垫土范围平面形状略呈圆角长方形，残长3.7、残宽3.3米。营造在生土上。营造过程为，先在地面挖坑，然后在坑中垫较纯净的黏土，土色呈块状黄褐色，最后在垫土范围内依次挖柱洞埋木柱，以便建立房子上部。现存垫土厚0.1～0.2米，共发现8个柱洞，编号为03ED1～D8。其中，03ED1、D2分布在03EF1的北部，03ED3～D7由西向东依次分布在南部，03ED8在东部向北排列（图九八；彩版二，1）。

03EF1残存的柱洞形状各异，大小不一，深度不同，均为口大底小。多打破垫土，深入至生土层。其中，03ED1平面呈圆形，洞口直径0.26、深0.4米；03ED2平面略呈圆形，洞口直径0.36～0.42、深0.24米；03ED3平面呈圆形，洞口直径0.42、深0.52米；03ED4平面略呈圆形，洞口直径0.46、深0.6米；03ED5平面略呈圆形，洞口直径0.3、深0.56米；03ED6平面略呈圆形，洞口残径0.42、深0.47米；03ED7平面略呈椭圆形，洞口残径0.2～0.28、深0.3～0.44米；03ED8平面略呈椭圆形，洞口残径0.18～0.23、深0.2米。柱洞内的土质土色基本相同，均为灰黑色沙泥土，土质较松软纯净，黏性较强（图九八）。

标本1件。

陶鬲 1件。标本03EF1∶1，夹砂红褐陶。侈口，斜沿，圆唇，斜直腹内收，裆残，器内壁底部与足根对接处有足窝，圆柱状锥足外撇，足尖残。腹部残有绳纹。口径12.8、残高11.4厘米（图九九；图版二，3）。

炼渣标本见附录一。

03EF2

位于03ET2507西北部，延伸至西壁。开口于第7层下，距现在地表深0.82～0.9米。残存有垫土和柱洞。垫土范围平面形状略呈圆形，残径2.35～2.45米。营造于第8层上，西南略高，东北略低。营造过程与03EF1相同，先在地面挖坑，然后在坑中垫较纯净的黏土，土呈黄褐色，最后在垫土范围内依次挖柱洞埋木柱。现存垫土很薄，平均厚约0.05米，共发现5个柱洞，编号为03ED9～D13。柱洞分布呈梅花状，其中，03ED9居中；03ED10位于西边，延伸至西壁；03ED11在北边；03ED12在南边，03ED13在东部（图一〇〇）

03EF2的柱洞多打破垫土，深入至第8层。03ED9平面呈圆角长方形，洞口长0.21、宽0.16、深0.18米；03ED10洞口长约0.3、深0.16米；03ED11平面呈圆形，洞口直径0.34、深0.12米；03ED12平面略呈椭圆形，底部垫有一块长条石头，石头截面呈圆角三角形，洞口长径0.42、短径

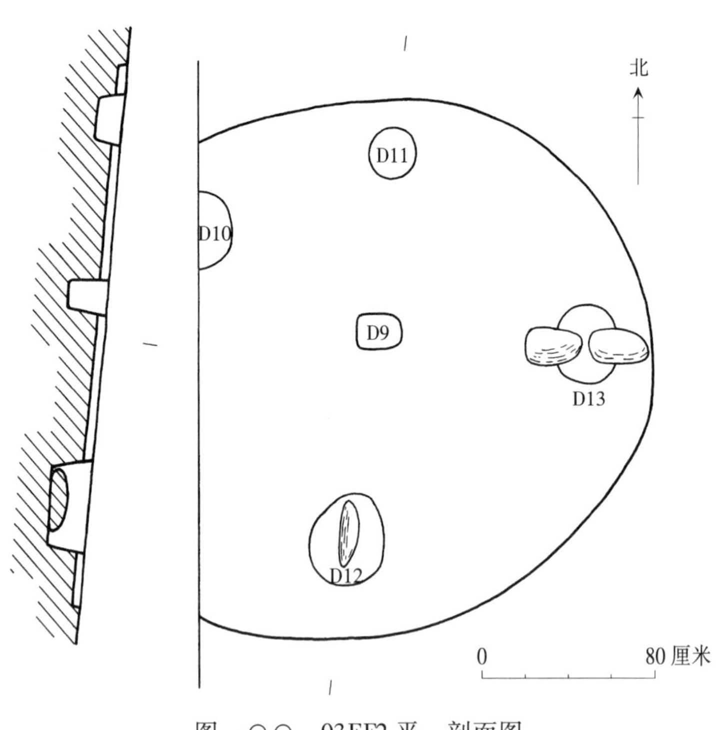

图一〇〇 03EF2平、剖面图

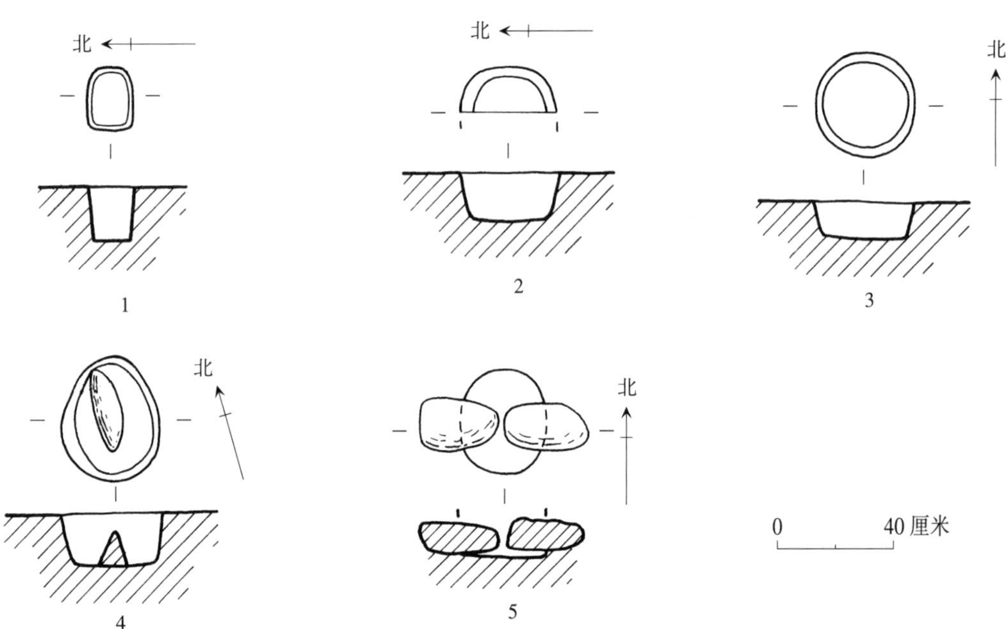

图一〇一 03EF2柱洞平、剖面图

1. 03ED9 2. 03ED10 3. 03ED11 4. 03ED12 5. 03ED13

0.34、深0.18米；03ED13基本被毁，仅见柱洞痕迹，略呈圆形，直径0.3～0.35米，其上有两块石块。柱洞内的土质土色基本相同，均为灰色沙泥土，土质较松软（图一〇一）。

标本1件。

石锛 1件。标本03EF2∶1，B型Ⅰ式。青色。磨制。长条方形，平顶，刃面平，有段，偏锋，刃残。残长9.6、顶宽4.1、顶厚2.2、段部厚2.6厘米（图一〇二；图版一三，6）。

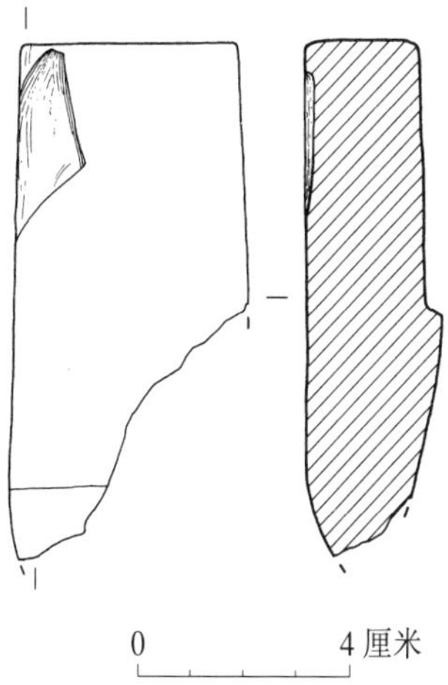

图一〇二 03EF2出土石锛
B型Ⅰ式（03EF2∶1）

03EF3

基本被毁，仅存5个柱洞（03ED14～D18），位于03ET2307探方内。柱洞开口于第7层下，由西南向东北呈弧形排列。柱洞内的土质土色基本相同，均为有黏性的浅灰色泥质土，土质较疏松。推测应属一处地面房子建筑遗存（见图二五）。

（四）烧土堆积

2003年在遗址东区南部清理烧土堆积1处。编号03EST4。

03EST4

位于03ET2406西北角，延伸至隔梁。开口于第7层下，打破第8层。残存形状略呈长方形，长1.7、宽1米，面积约1.7平方米。烧土分布散乱，结构疏松，夹杂有石块、木炭和碎陶片等，为废弃后的堆积（见图二五）。

（五）文化层

2003年在东区共清理新石器时代文化层7～10等四层。第10层仅在东区南部03ET2307探方中有分布。第7～9层在南部03ET2406、T2407、T2408和中部03ET2506、T2507等探方中有连续分布，土质土色基本一致。现以探方为单位逐层介绍包含的遗物标本。

1. 03ET2307⑩～⑦

03ET2307⑩

器类有陶鼎、罐、缸、盆、甑、擂钵、簋、钵、碗、豆、杯、器盖、球和石刀、环等。

标本67件（表三）。

陶鼎 4件。标本03ET2307⑩∶7，Aa型Ⅰ式。夹砂灰陶。侈口，宽仰折凹沿，方唇内凹，肩饰一周凹槽。口径14、残高4.3厘米（图一〇三，2）。标本03ET2307⑩∶30，B型Ⅰ式。夹砂黄陶，陶土不纯。侈口，宽仰折沿微凹，尖唇。素面。口径24、残高5.3厘米（图一〇四，6）。标本03ET2307⑩∶9，C型Ⅰ式。夹砂褐陶。侈口，仰折沿凹，方唇，溜肩。素面。口径12、残高4厘米（图一〇三，3）。标本03ET2307⑩∶54，D型Ⅰ式。夹粗砂红陶。侈口，圆唇，粗长颈。颈外饰凹弦纹。口径12、残高7.2厘米（图一〇三，1）。

陶鼎足 9件。标本03ET2307⑩∶20，Aa型。夹砂红陶。侧装三角形足，足尖凿形。足正面压凹窝。残高12.8厘米（图一〇三，9）。标本03ET2307⑩∶21，Aa型。夹砂红陶。侧装三角形足，足尖凿形。足正面压印凹窝，足两侧刻划短竖凹槽。残高9厘米（图一〇三，10）。标本

表三　03ET2307⑩陶系及器类统计表

陶质		夹砂					泥质						合计	百分比（%）
陶色		褐	红	黑	灰	黄	红褐	红	黑	黑皮	灰	黄		
陶片数量		1547	720	121	169	383	137	46	14	450	466	14	4067	
百分比（%）		38.04	17.70	2.98	4.16	9.42	3.37	1.13	0.34	11.06	11.46	0.34	100	
		72.29					27.71							
纹饰	素面	1544	708	120	165	372	100	34	11	305	390	13	3762	92.50
	刻划纹	1	2			1				2			6	0.15
	附加堆纹	1	2	1		2							6	0.15
	凹弦纹	1	2			1			1	5	8		18	0.44
	镂孔		2			1			1		3		7	0.17
	凸弦纹		1				37	10		137	64	1	250	6.15
	戳印纹				2	2			1				5	0.12
	压划纹		3		2	4				1	1		11	0.27
	红衣							2					2	0.05
器形	鼎	1	1		1	1							4	6.15
	鼎足	3	6										9	13.85
	甑	1											1	1.54
	罐	1			2		1		1				5	7.69
	壶							1	1	1	1		4	6.15
	缸口	3	1										4	6.15
	盆									1			1	1.54
	擂钵				1	1							2	3.08
	簋									2	2	1	5	7.69
	碗									1			1	1.54
	豆								1		1		2	3.08
	杯									1			1	1.54
	器盖	3				1				1			5	7.69
	器耳		5										5	7.69
	器鋬	1											1	1.54
	器底		1								1		2	3.08
	圈足	1			1						3		5	7.69
	纺轮				1	1							2	3.08
	饼	1	1										2	3.08
	环										2		2	3.08
	球					1					1		2	3.08
合计		15	15		6	5	1	1	3	7	11	1	65	100

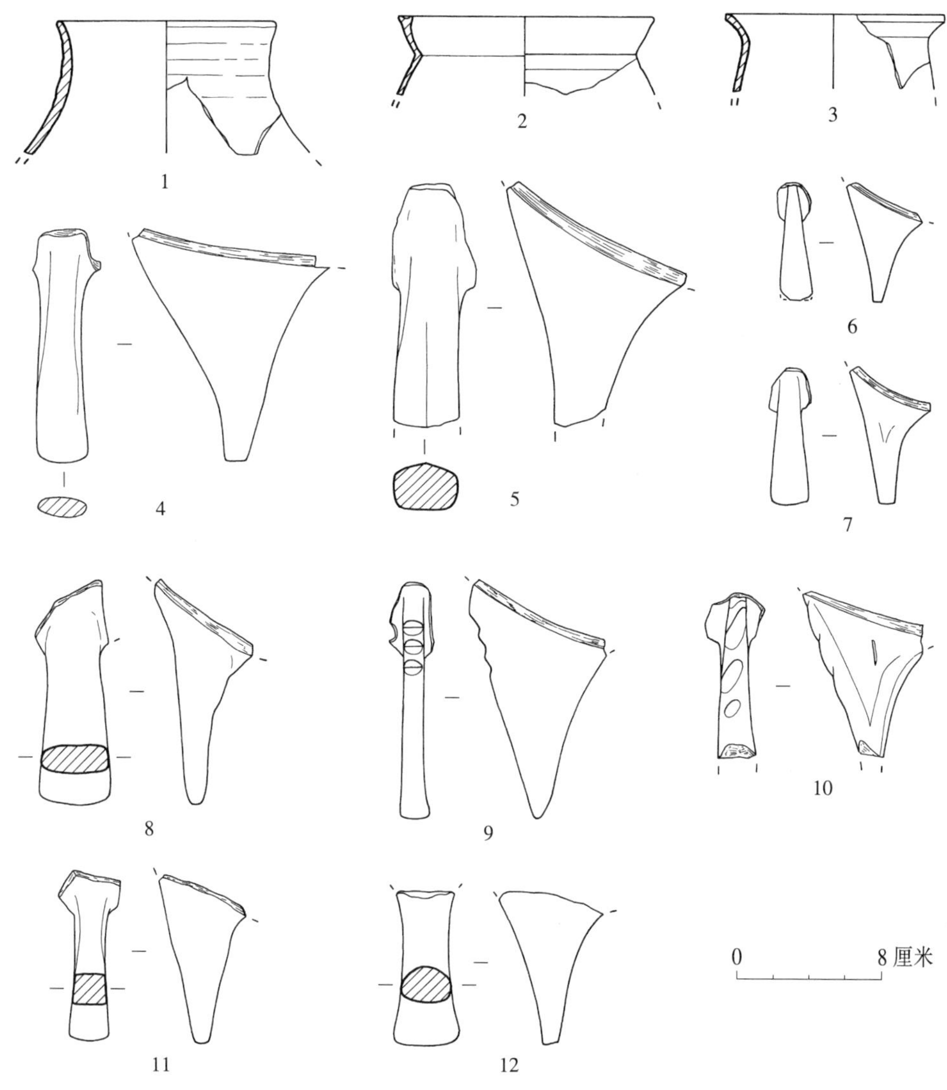

图一〇三　03ET2307⑩出土陶器

1. D 型Ⅰ式鼎（03ET2307⑩:54）　2. Aa 型Ⅰ式鼎（03ET2307⑩:7）　3. C 型Ⅰ式鼎（03ET2307⑩:9）　4、5、9、10. Aa 型鼎足（03ET2307⑩:19、23、20、21）　6～8、11、12. Ab 型鼎足（03ET2307⑩:22、14、13、12、11）

03ET2307⑩:19，Aa 型。夹砂褐陶。侧装三角形足，足尖凿形。截面长条椭圆形。素面。残高 12.6 厘米（图一〇三，4）。标本 03ET2307⑩:23，Aa 型。夹砂褐陶。侧装三角形足，足尖凿形。截面长条椭圆形。足面起脊。素面。残高 13 厘米（图一〇三，5）。标本 03ET2307⑩:13，Ab 型。夹砂褐陶。鸭嘴形足，足截面略呈椭圆形。素面。残高 12.2 厘米（图一〇三，8）。标本 03ET2307⑩:11，Ab 型。夹砂红陶。鸭嘴形足，足截面略呈椭圆形。素面。残高 8.4 厘米（图一〇三，12）。标本 03ET2307⑩:14，Ab 型。夹砂红陶。鸭嘴形足，足小，足截面略呈椭圆形。素面。残高 7.4 厘米（图一〇三，7）。标本 03ET2307⑩:22，Ab 型。夹砂红陶。鸭嘴形足，足小，足截面略呈椭圆形。素面。残高 6.3 厘米（图一〇三，6）。标本 03ET2307⑩:12，Ab 型。夹砂红陶。鸭嘴形足，足截面略呈方形。残高 9.2 厘米（图一〇三，11）。

陶甑　1 件。标本 03ET2307⑩:78，A 型。夹砂褐陶。仅存部分底片，圆形箅孔。孔径 0.8 厘米（图一〇四，4）。

陶罐　5件。标本03ET2307⑩∶52，Aa型Ⅰ式。泥质红褐陶。大侈口，仰折沿，圆唇。唇压印绞索状花边。口径14、残高3.6厘米（图一〇四，14）。标本03ET2307⑩∶24，Aa型Ⅰ式。夹粗砂灰陶，浅黄胎。大侈口，仰折沿微凹，斜方唇，溜肩。素面。口径28、残高5厘米（图一〇四，5）。标本03ET2307⑩∶25，Aa型Ⅱ式。夹砂灰陶，颜色不纯。小侈口，仰折沿，尖唇。素面。口径18、残高4.2厘米（图一〇四，15）。标本03ET2307⑩∶53，Ab型Ⅰ式。泥质黑陶。侈口，折沿斜上侈，圆唇，弧腹。素面。口径14、残高3.8厘米（图一〇四，10）。标本03ET2307⑩∶28，Ad型Ⅰ式。夹砂褐陶。小侈口，仰折沿，圆唇，溜肩。肩饰两道不规则的凹弦纹。口径10、残高4.4厘米（图一〇四，8）。

陶壶　4件。标本03ET2307⑩∶49，Aa型Ⅰ式。泥质黑皮浅红胎。直口微敞，圆唇，高领，领部有凹槽。口径12、残高4厘米（图一〇四，13）。标本03ET2307⑩∶26，Aa型Ⅰ式。泥质红陶，饰红衣。圆唇，矮颈。口径18、残高4.4厘米（图一〇四，18）。标本03ET2307⑩∶48，Aa型Ⅱ式。泥质灰白陶。直口微敛，小平沿，斜方唇，高领，广肩。唇外饰一凸棱，领部饰多周不规则凹槽。口径12.6、残高5.4厘米（图一〇四，9）。标本03ET2307⑩∶50，B型Ⅰ式。泥质黑陶。敛口，方唇，粗颈。素面。口径16、残高4.4厘米（图一〇四，7）。

陶缸口　4件。标本03ET2307⑩∶1，A型Ⅰ式。夹粗砂褐陶，黑灰胎。大敞口，叠圆唇。素面。口径40、残高7厘米（图一〇四，3）。标本03ET2307⑩∶4，A型Ⅰ式。夹砂褐陶。大敞口，叠圆唇。唇面饰三角戳印纹。残高4厘米（图一〇四，11）。标本03ET2307⑩∶59，A型Ⅰ式。夹粗砂红陶，灰胎。大敞口，叠圆唇。唇面饰窝状附加堆纹。残高5.6厘米（图一〇四，16）。标本03ET2307⑩∶58，B型Ⅰ式。夹粗砂褐陶，灰胎。微敛口，方唇。上腹饰慢轮修整时留下的凸棱和一周窝状附加堆纹。口径34、残高9厘米（图一〇四，1）。

陶盆　1件。标本03ET2307⑩∶89，Ba型Ⅰ式。泥质黑皮红胎陶。敞口，厚唇。上腹饰慢轮修整时留下的凸棱。残高2.6厘米（图一〇四，17）。

陶擂钵　2件。标本03ET2307⑩∶55，夹粗砂黄陶，陶土不纯，粗砂多白砂。敞口微敛，圆唇，弧腹。腹内壁刻划交错线段，腹部饰不规则凹弦纹。口径18、残高6.8厘米（图一〇四，2）。标本03ET2307⑩∶65，仅存下腹及底部。夹粗砂灰陶，陶土不纯，粗砂多白砂，厚胎。平底。腹内壁刻划交错线段。素面。底径12、残高3.5厘米（图一〇四，12）。

陶簋　5件。标本03ET2307⑩∶56，A型Ⅰ式。泥质黑皮浅红胎。敛口，圆唇。上腹饰凸棱。口径12、残高5.2厘米（图一〇五，2）。标本03ET2307⑩∶45，A型Ⅰ式。泥质黑皮浅红胎陶。敛口，圆唇，弧腹。上腹饰有慢轮修整时留下的间距相等的凸棱。口径12、残高7.5厘米（图一〇五，6；图版五，1）。标本03ET2307⑩∶68，B型Ⅰ式。泥质灰陶。敛口，方唇。素面。口径14、残高3厘米（图一〇五，8）。标本03ET2307⑩∶47，B型Ⅰ式。泥质黄陶。敛口，方唇。素面。口径14、残高2.8厘米（图一〇五，11）。标本03ET2307⑩∶82，B型Ⅰ式。泥质灰陶。敛口，圆唇。上腹饰凹弦纹。口径14、残高3厘米（图一〇五，14）。

陶碗　1件。标本03ET2307⑩∶44，A型。泥质黑皮灰胎陶。敞口，圆唇，斜腹。上腹有慢轮修整时留下的凹槽。口径12、残高5.6厘米（图一〇五，3；图版五，5）。

陶豆　2件。标本03ET2307⑩∶46，Aa型Ⅰ式。仅存盘。泥质黑陶。敛口，圆唇，折盘。素

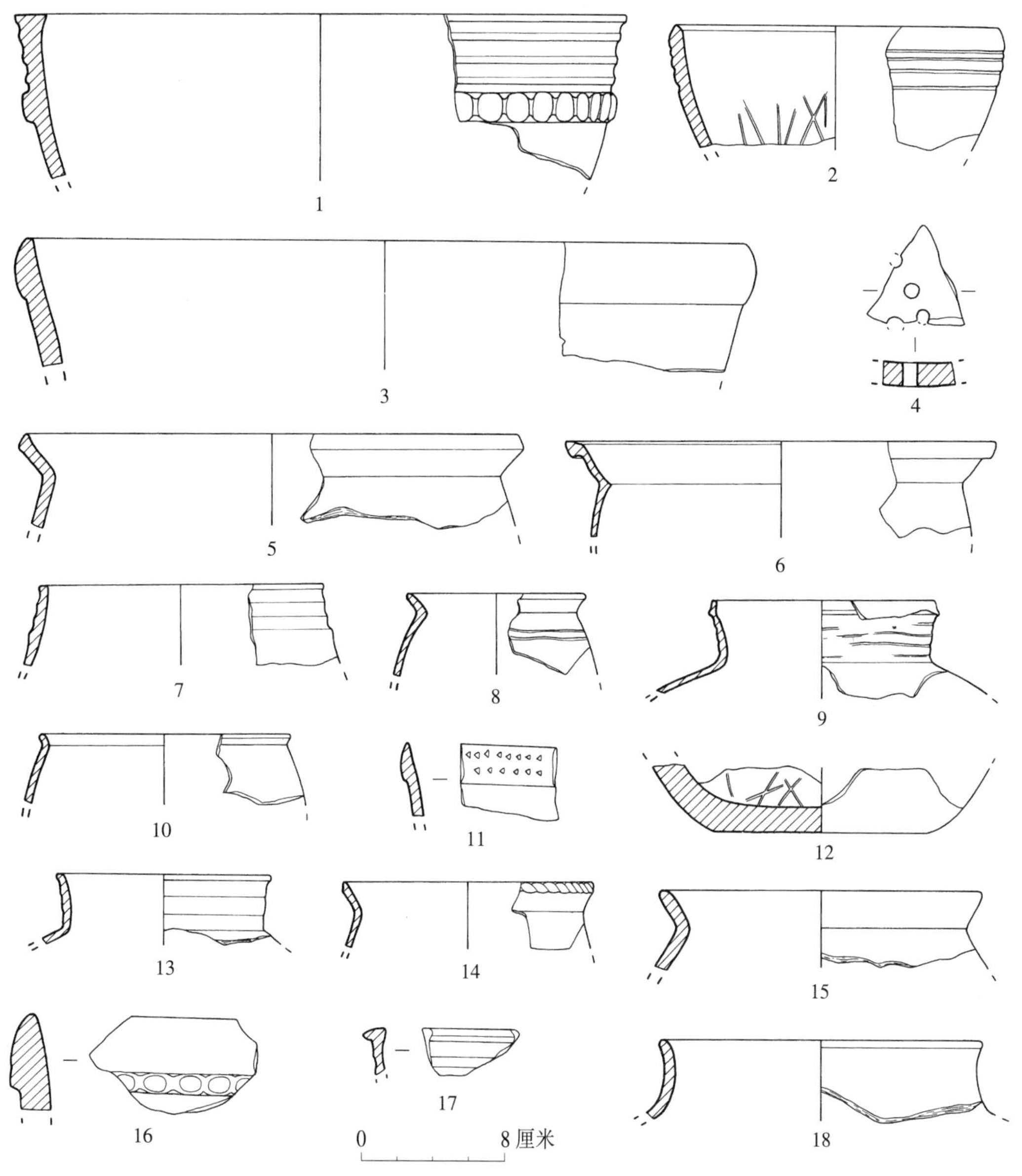

图一〇四　03ET2307⑩出土陶器

1. B型Ⅰ式缸口（03ET2307⑩:58）　2、12. 擂钵（03ET2307⑩:55、65）　3、11、16. A型Ⅰ式缸口（03ET2307⑩:1、4、59）　4. A型甑（03ET2307⑩:78）　5、14. Aa型Ⅰ式罐（03ET2307⑩:24、52）　6. B型Ⅰ式鼎（03ET2307⑩:30）　7. B型Ⅰ式壶（03ET2307⑩:50）　8. Ad型Ⅰ式罐（03ET2307⑩:28）　9. Aa型Ⅱ式壶（03ET2307⑩:48）　10. Ab型Ⅰ式罐（03ET2307⑩:53）　13、18. Aa型Ⅰ式壶（03ET2307⑩:49、26）　15. Aa型Ⅱ式罐（03ET2307⑩:25）　17. Ba型Ⅰ式盆（03ET2307⑩:89）

面。口径16、残高4厘米（图一〇五，1）。标本03ET2307⑩:90，Ab型Ⅰ式。仅存盘。泥质灰陶，陶色纯正。子口，沿面内曲，圆唇。素面。残高2.8厘米（图一〇五，9）。

陶杯　1件。标本03ET2307⑩:84，A型Ⅰ式。泥质黑皮红胎陶，黑皮多脱落。敛口，尖唇，垂腹，圈足残。杯底内壁见手压按窝，杯外底与圈足黏合处见刻划痕。外壁有慢轮修整时留下的凸棱。口径7、残高9.6厘米（图一〇五，19；图版六，1）。

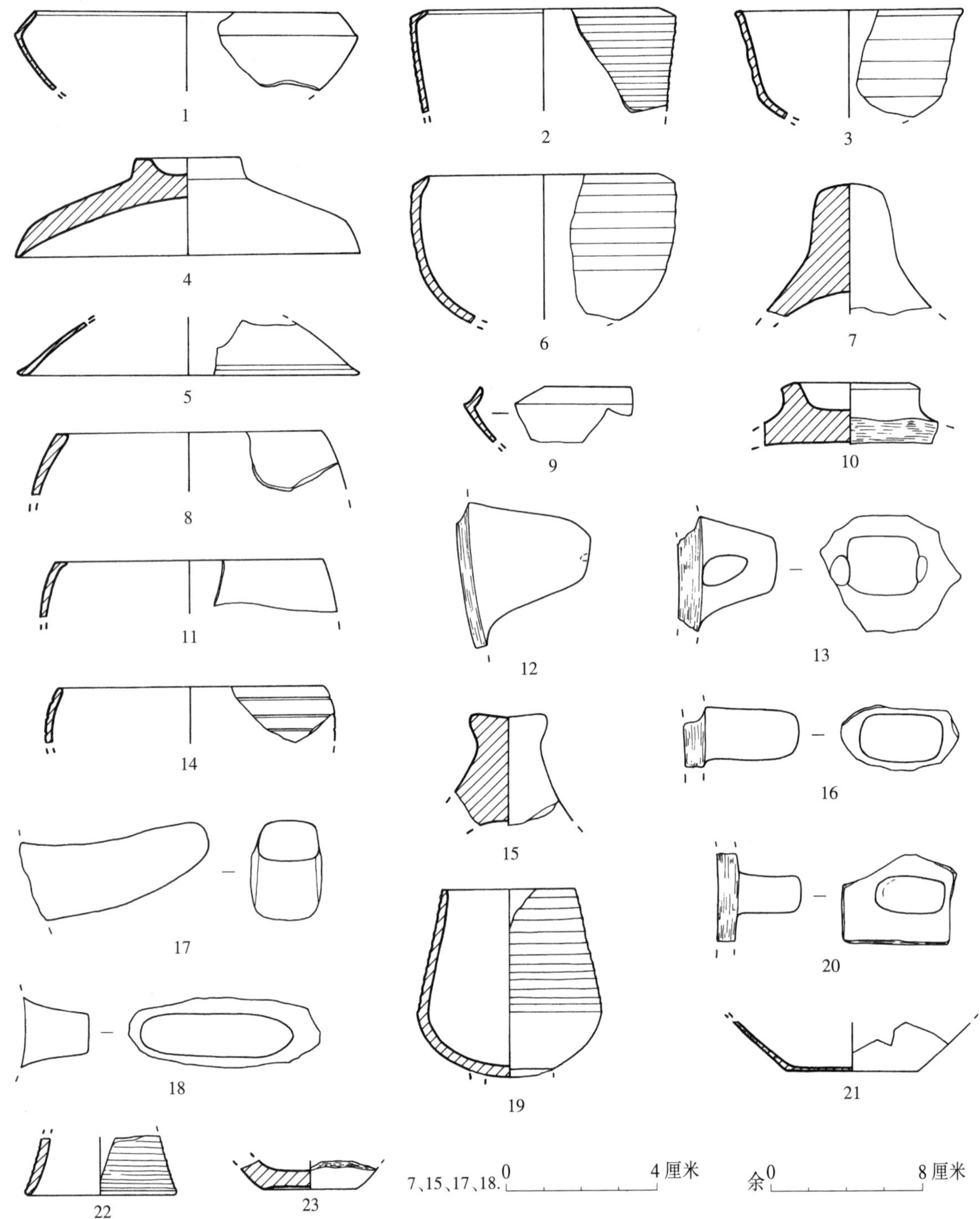

图一〇五 03ET2307⑩出土陶器

1. Aa型Ⅰ式豆（03ET2307⑩:46） 2、6. A型Ⅰ式簋（03ET2307⑩:56、45） 3. A型碗（03ET2307⑩:44） 4. Aa型Ⅰ式器盖（03ET2307⑩:80） 5. Ab型Ⅰ式器盖（03ET2307⑩:62） 7. Ca型Ⅰ式器盖（03ET2307⑩:69） 8、11、14. B型Ⅰ式簋（03ET2307⑩:68、47、82） 9. Ab型Ⅰ式豆（03ET2307⑩:90） 10. A型器盖（03ET2307⑩:35） 12. Ab型器耳（03ET2307⑩:32） 13. B型器耳（03ET2307⑩:33） 15. Cb型Ⅰ式器盖（03ET2307⑩:70） 16、18、20. Aa型器耳（03ET2307⑩:42、72、43） 17. 器鋬（03ET2307⑩:71） 19. A型Ⅰ式杯（03ET2307⑩:84） 21、23. B型器底（03ET2307⑩:63、64） 22. Aa型圈足（03ET2307⑩:61）

陶器盖 5件。标本03ET2307⑩:80，Aa型Ⅰ式。夹砂黄褐陶，陶质疏松。圆圈形凹纽，弧顶，敞口。素面。纽径5.6、口径18、高5厘米（图一〇五，4）。标本03ET2307⑩:62，Ab型Ⅰ式。泥质黑皮灰胎陶。纽、顶下残，敞口。素面。口径18、残高3厘米（图一〇五，5）。标本03ET2307⑩:35，A型。夹砂褐陶。圆圈形凹纽。素面。纽径7.4、残高3.2厘米（图一〇五，10）。标本03ET2307⑩:69，Ca型Ⅰ式。夹砂褐陶。柄形纽，纽顶微凸。素面。残高3.4厘米（图一〇五，7）。标本03ET2307⑩:70，Cb型Ⅰ式。夹砂褐陶。柄形纽，纽顶微凹。素面。残高2.9厘米（图一〇五，15）。

陶器耳 5件。标本03ET2307⑩:42，Aa型。夹砂红陶。长方形片状横耳。素面（图一〇五，16）。标本03ET2307⑩:43，Aa型。夹砂红陶。长方形片状横耳。素面（图一〇五，20）。标本03ET2307⑩:72，Aa型。夹砂红陶。长方形片状横耳。素面（图一〇五，18）。标本03ET2307⑩:32，Ab型。夹砂红陶。圆柱状截锥耳（图一〇五，12）。标本03ET2307⑩:33，B型。夹砂红陶。穿孔竖耳，孔略呈椭圆形（图一〇五，13）。

陶器鋬 1件。标本03ET2307⑩:71，夹砂褐陶。圆柱状角形鋬。素面（图一〇五，17）。

陶器底 2件。标本03ET2307⑩:63，B型。仅存下腹和底。泥质灰陶。下腹斜直，平底。素面。底径7、残高2.5厘米（图一〇五，21）。标本03ET2307⑩:64，B型。仅存底。夹细砂红陶，胎较厚。平底微凹。素面。底径5厘米（图一〇五，23）。

陶圈足 5件。标本03ET2307⑩:41，Aa型。泥质灰陶。喇叭形高圈足。素面。底径4、残高2.6厘米（图一〇六，14）。标本03ET2307⑩:61，Aa型。夹砂灰陶。喇叭状。饰慢轮修整时留下的凸棱。底径8、残高3厘米（图一〇五，22）。标本03ET2307⑩:60，Ab型。泥质灰陶。仅存较高圈足，圈足口呈盘口形。底径10、残高2.6厘米（图一〇六，12）。标本03ET2307⑩:37，Ba型。夹砂褐陶。仅存圈足。素面。底径12、残高2.2厘米（图一〇六，13）。标本03ET2307⑩:40，Bb型。泥质灰陶。矮圈足外撇，器底圜。素面。底径6、残高2厘米（图一〇六，6）。

陶纺轮 2件。标本03ET2307⑩:76，Ba型。夹砂灰陶。圆形，弧壁，圆中间穿小圆孔。素面。直径5.4、孔径0.5、厚1.8~2.2厘米（图一〇六，3）。标本03ET2307⑩:77，Bb型。夹砂黄陶。圆形，直边，圆中间穿小圆孔。素面。直径4.9、孔径0.5、厚1.1~1.2厘米（图一〇六，5）。

陶饼 2件。标本03ET2307⑩:85，Aa型。夹砂褐陶。圆形。饰模糊的水波纹。直径5.2~5.6、厚1~1.1厘米（图一〇六，1）。标本03ET2307⑩:73，Ab型。夹砂红陶。圆形。素面。直径4~4.2、厚0.9厘米（图一〇六，7）。

陶环 2件。标本03ET2307⑩:93，Ca型。泥质灰陶，陶色纯正。截面呈横扁形。素面。直径7.4、肉宽0.6、厚1.3厘米（图一〇六，2）。标本03ET2307⑩:74，Cb型。泥质灰陶。截面呈竖扁形。素面。直径7.7、肉宽0.8、厚1.2厘米（图一〇六，10）。

陶球 2件。标本03ET2307⑩:86，Ab型。夹砂黄陶。圆形，实心。素面。直径3.9厘米（图一〇六，11）。标本03ET2307⑩:79，Ba型。泥质灰陶。圆形，空心。饰圆圈套圆窝纹。直径5厘米（图一〇六，9）。

石刀 1件。标本03ET2307⑩:81，Ⅰ式。黑色砾石，器表白色麻点。通体磨制。体较厚，背平，双面刃。残长4.8、宽3.8、厚0.7厘米（图一〇六，8）。

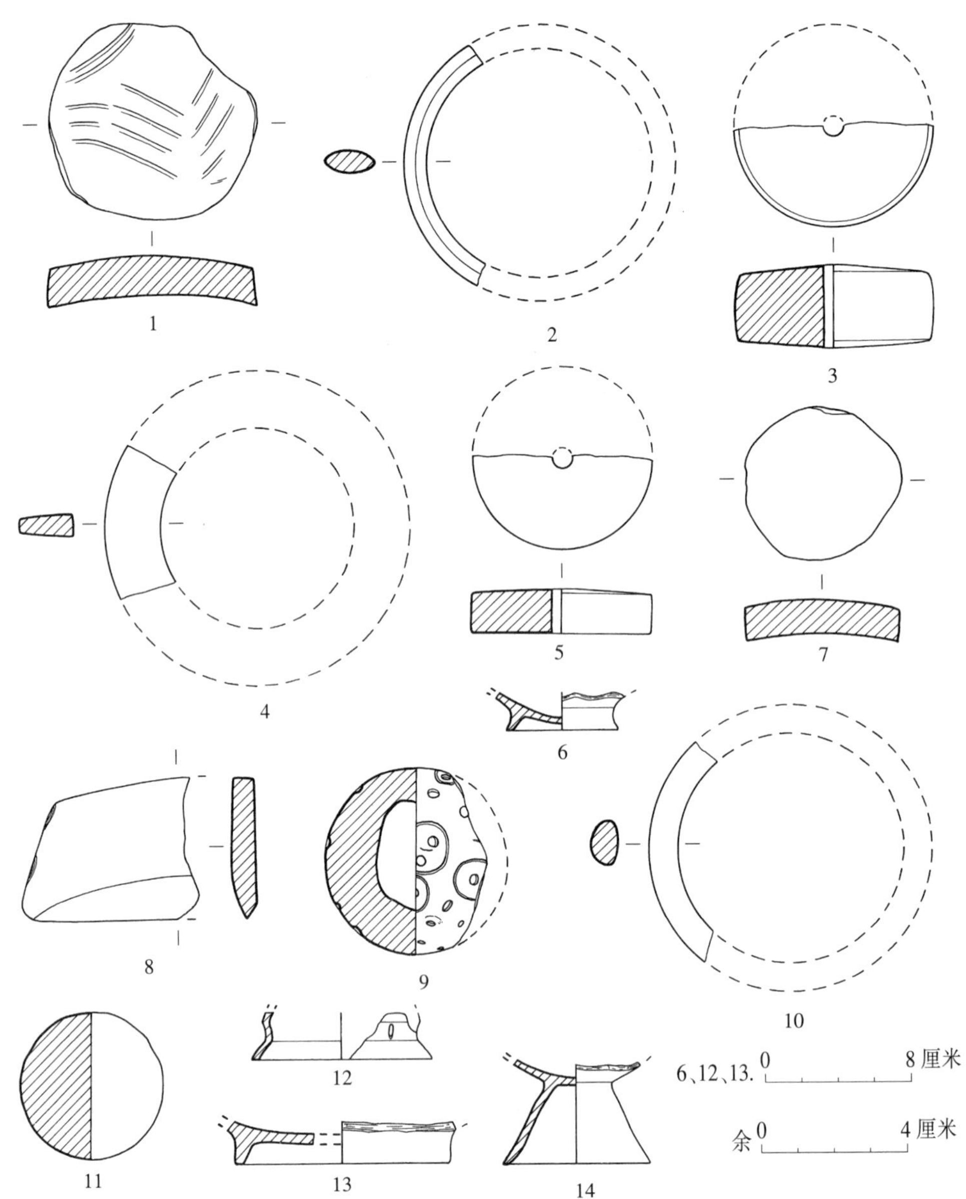

图一〇六 03ET2307⑩出土陶、石器

1. Aa型陶饼（03ET2307⑩：85） 2. Ca型陶环（03ET2307⑩：93） 3. Ba型陶纺轮（03ET2307⑩：76） 4. A型石环（03ET2307⑩：75） 5. Bb型陶纺轮（03ET2307⑩：77） 6. Bb型陶圈足（03ET2307⑩：40） 7. Ab型陶饼（03ET2307⑩：73） 8. Ⅰ式石刀（03ET2307⑩：81） 9. Ba型陶球（03ET2307⑩：79） 10. Cb型陶环（03ET2307⑩：74） 11. Ab型陶球（03ET2307⑩：86） 12. Ab型陶圈足（03ET2307⑩：60） 13. Ba型陶圈足（03ET2307⑩：37） 14. Aa型陶圈足（03ET2307⑩：41）

石环 1件。标本03ET2307⑩：75，A型。黑色。截面呈横长方形。直径8.4、肉宽1.5、厚0.6厘米（图一〇六，4）。

03ET2307⑨

器类有陶鼎、罐、缸、盆、甑、簋、碗、钵、豆、盘、器盖、球和石铲等。

标本37件（表四）。

表四　03ET2307⑨陶系及器类统计表

陶质		夹砂					泥质						合计	百分比（%）
陶色		褐	红	黑	灰	黄	红褐	红	黑	黑皮	灰	黄		
陶片数量		539	401	145	30	75	58	22	47	444	258	41	2060	
百分比（%）		26.17	19.47	7.04	1.46	3.64	2.82	1.07	2.28	21.55	12.52	1.99	100	
		57.77					42.23							
纹饰	素面	537	397	144	27	75	54	15	32	372	213	36	1902	92.33
	凸弦纹		1		1		3	6	11	69	33	5	129	6.26
	凹弦纹		1							1	3		5	0.24
	镂孔		1							1	3		5	0.24
	刻划纹		1		2								3	0.15
	篮纹			1			1		1	1			4	0.19
	压划纹	1							2		5		8	0.39
	戳印纹	1						1	1		1		4	0.19
器形	鼎			2		1							3	8.33
	鼎足		4	1	1								6	16.67
	罐			1		1				1	2		5	13.89
	壶	2											2	5.55
	缸口		1			1							2	5.55
	甑										1		1	2.78
	盆			1									1	2.78
	簋										3		3	8.33
	碗										1		1	2.78
	钵	1											1	2.78
	豆										1		1	2.78
	盘								1	2			3	8.33
	杯										1		1	2.78
	器盖										1		1	2.78
	器耳		1				1			1			3	8.33
	圈足										1		1	2.78
	球										1		1	2.78
合计		3	6	5	1	3	1		1	4	12		36	100

陶鼎 3件。标本03ET2307⑨:4，Aa型Ⅰ式。夹砂黑陶。侈口，宽仰折沿凹，方唇勾。素面。口径12、残高3.1厘米（图一〇七，1）。标本03ET2307⑨:2，Aa型Ⅰ式。夹砂黑陶。小侈口，仰折沿，尖圆唇，肩稍广。肩饰凹弦纹。口径12、残高2.8厘米（图一〇七，16）。标本03ET2307⑨:15，Aa型。夹砂黄褐陶。残口沿，厚唇勾。素面。残高3厘米（图一〇七，4）。

陶鼎足 6件。标本03ET2307⑨:24，A型。夹粗砂红陶，陶土不纯。器形较大。侧装三角形足。足根中间透穿小圆孔，足前后中间饰刻划纹。残高6.2厘米（图一〇七，17）。标本03ET2307⑨:25，A型。夹砂红陶。侧装三角形扁足。足两侧戳一道对称的竖槽。残高8.4厘米（图一〇七，8）。标本03ET2307⑨:22，Ab型。夹砂红陶。侧装三角形足，截面近长方形。素面。残高9.2厘米（图一〇七，6）。标本03ET2307⑨:21，Ab型。夹砂红褐陶。侧装三角形足，截面近菱形。足两侧戳一道对称的长竖槽。残高11厘米（图一〇七，7）。标本03ET2307⑨:23，Ab型。夹砂黑陶。鸭嘴形足。残高6.2厘米（图一〇七，11）。标本03ET2307⑨:42，Ba型。夹砂灰黄陶。正装扁足，足上下凹弧。饰刻划纹。残高6.2厘米（图一〇七，9）。

陶甑 1件。标本03ET2307⑨:27，B型Ⅰ式。仅存部分下腹和底。泥质灰白陶。矮圈足外撇。下腹及底饰圆形箅孔。底径10、残高6厘米（图一〇七，14）。

陶罐 5件。标本03ET2307⑨:3，Aa型Ⅱ式。夹砂黑陶。小侈口，仰折沿，圆唇，肩稍广。肩饰凹弦纹。口径12、残高3厘米（图一〇七，12）。标本03ET2307⑨:5，Aa型Ⅱ式。泥质灰陶。侈口，卷沿，圆唇。素面。口径16、残高2.2厘米（图一〇七，20）。标本03ET2307⑨:8，Aa型Ⅱ式。夹砂黄陶。侈口，方唇。素面。口径16、残高3厘米（图一〇七，19）。标本03ET2307⑨:10，Aa型Ⅱ式。泥质灰陶。侈口，宽仰折沿，圆唇，溜肩。素面。口径20、残高6.5厘米（图一〇七，2）。标本03ET2307⑨:6，Ad型Ⅰ式。泥质黑皮浅红胎。器形小。小侈口，仰折沿，圆唇，肩稍广。素面。口径6、残高2.2厘米（图一〇七，13）。

陶壶 2件。标本03ET2307⑨:12，Aa型Ⅱ式。夹砂褐陶。直口微敞，折沿，高领，叠唇。素面。口径12、残高4.6厘米（图一〇七，18）。标本03ET2307⑨:9，B型Ⅱ式。夹砂褐红陶。直口微敞，方唇，高领。素面。口径20、残高4.2厘米（图一〇七，3）。

陶缸口 2件。标本03ET2307⑨:18，A型Ⅰ式。夹砂红陶。大敞口，叠圆唇。素面。残高6.6厘米（图一〇七，10）。标本03ET2307⑨:19，A型Ⅰ式。夹砂黄陶。大敞口，叠圆唇稍厚。素面。残高5.6厘米（图一〇七，15）。

陶盆 1件。标本03ET2307⑨:29，Aa型Ⅰ式。夹砂黑皮浅红胎陶。直口微敛，厚平折沿，沿面饰四道凹槽，方唇。残高3厘米（图一〇七，5）。

陶簋 3件。标本03ET2307⑨:43，A型Ⅰ式。泥质灰陶。敛口，圆唇，深直腹。素面。口径16、残高4.2厘米（图一〇八，3）。标本03ET2307⑨:1，A型Ⅰ式。泥质灰陶，浅红胎。子母敛口，圆唇，弧腹。素面。口径14、残高7厘米（图一〇八，5；图版五，2）。标本03ET2307⑨:40，A型Ⅰ式。泥质灰陶，浅红胎。敛口，圆唇，深弧腹。饰慢轮修整时留下的凸弦纹。口径15、残高3厘米（图一〇八，10）。

陶碗 1件。标本03ET2307⑨:20，B型。残存下腹和圈足。泥质灰陶，浅红胎。矮圈足外撇。饰刻划直线和圆窝纹。底径8、残高2厘米（图一〇八，9）。

陶钵 1件。标本03ET2307⑨:37，A型Ⅰ式。夹砂褐陶。敛口，方唇。素面。口径11.6、残

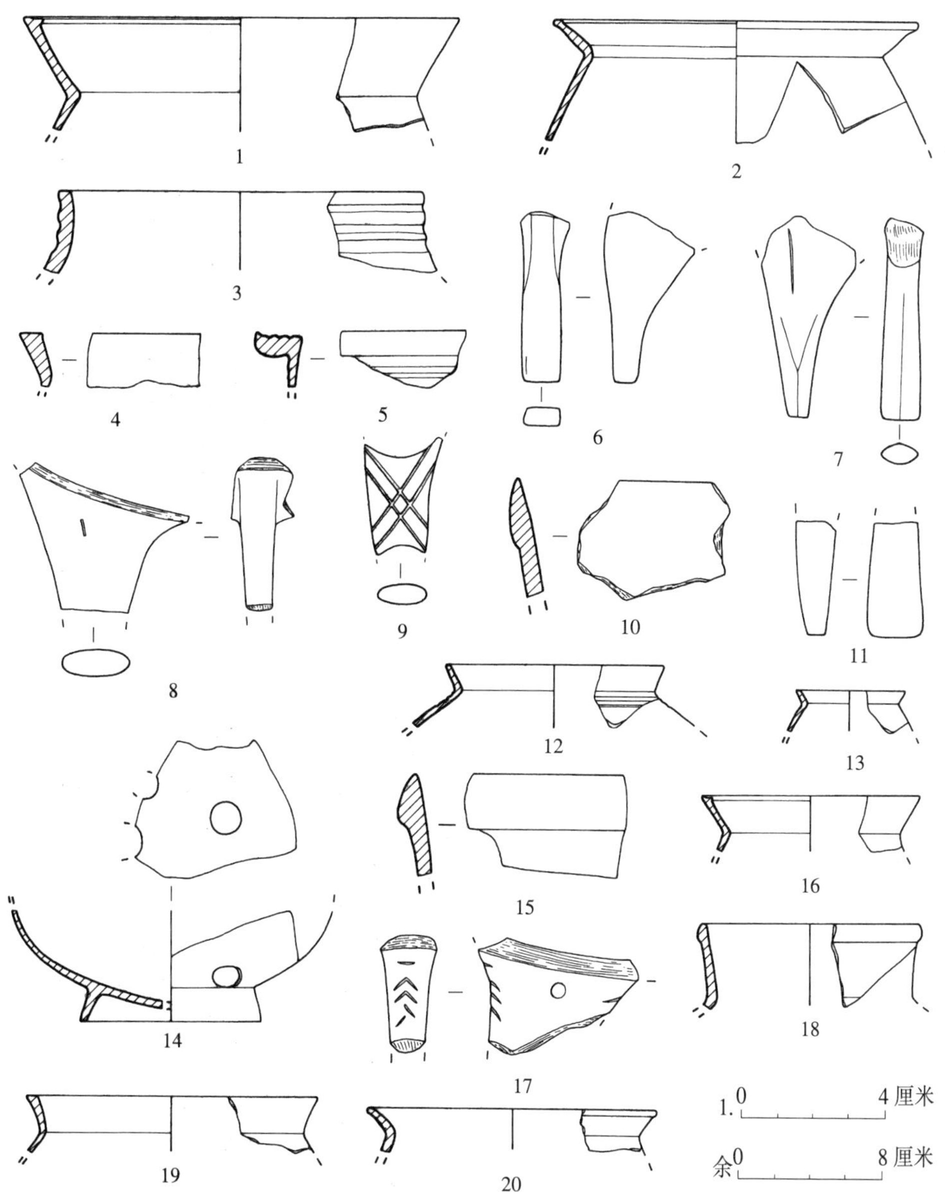

图一〇七　03ET2307⑨出土陶器

1、16. Aa型Ⅰ式鼎（03ET2307⑨：4、2）　2、12、19、20. Aa型Ⅱ式罐（03ET2307⑨：10、3、8、5）　3. B型Ⅱ式壶（03ET2307⑨：9）　4. Aa型鼎（03ET2307⑨：15）　5. Aa型Ⅰ式盆（03ET2307⑨：29）　6、7、11. Ab型鼎足（03ET2307⑨：22、21、23）　8、17. A型鼎足（03ET2307⑨：25、24）　9. Ba型鼎足（03ET2307⑨：42）　10、15. A型Ⅰ式缸口（03ET2307⑨：18、19）　13. Ad型Ⅰ式罐（03ET2307⑨：6）　14. B型Ⅰ式甑（03ET2307⑨：27）　18. Aa型Ⅱ式壶（03ET2307⑨：12）

高2.6厘米（图一〇八，14）。

陶豆　1件。标本03ET2307⑨：36，Aa型Ⅰ式。泥质灰陶。仅存盘。敛口，沿面内折，折盘。素面。口径18、残高3.6厘米（图一〇八，1）。

陶盘　3件。标本03ET2307⑨：17，Aa型Ⅰ式。泥质灰黑皮陶。敞口，宽仰折沿，圆唇，沿外饰凸棱。口径24、残高3.7厘米（图一〇八，2）。标本03ET2307⑨：28，Ab型Ⅰ式。泥质磨光

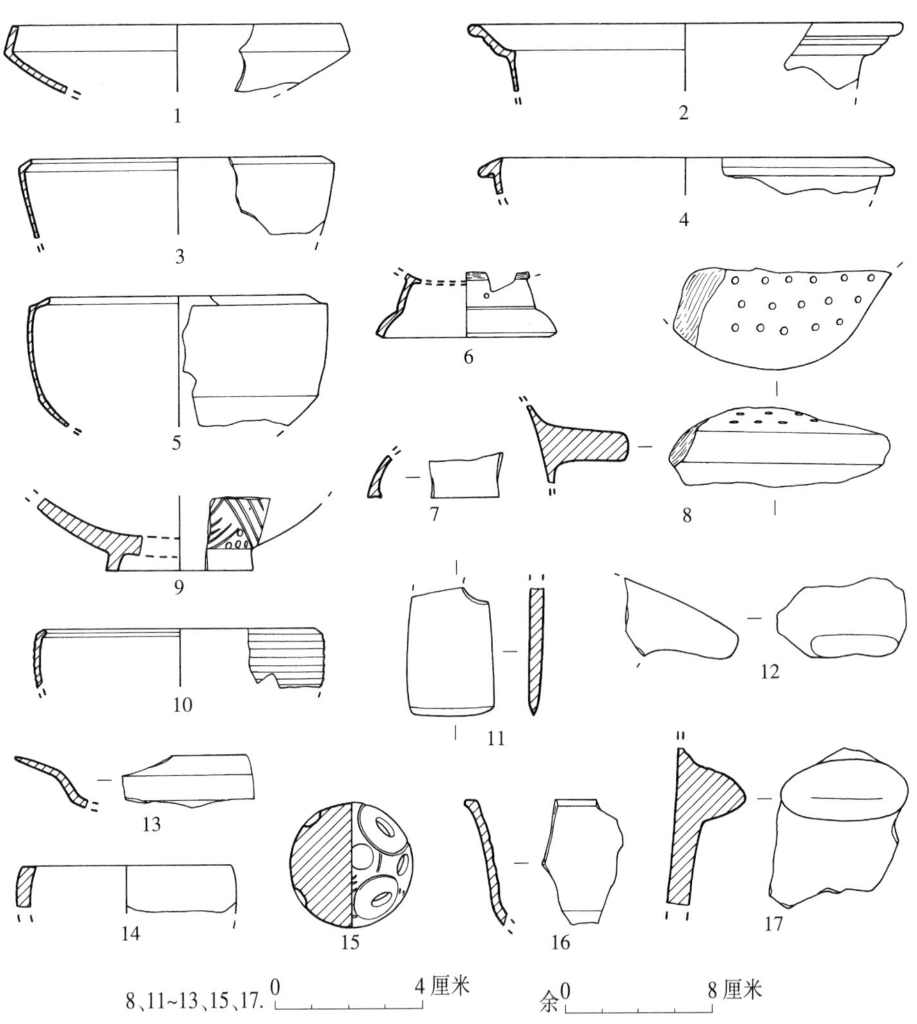

图一〇八 03ET2307⑨出土陶、石器

1. Aa型Ⅰ式陶豆（03ET2307⑨:36） 2. Aa型Ⅰ式陶盘（03ET2307⑨:17） 3、5、10. A型Ⅰ式陶簋（03ET2307⑨:43、1、40） 4. D型Ⅰ式陶盘（03ET2307⑨:45） 6. Ab型陶圈足（03ET2307⑨:26） 7. Ac型Ⅰ式陶器盖（03ET2307⑨:44） 8、12、17. Aa型陶器耳（03ET2307⑨:31、30、32） 9. B型陶碗（03ET2307⑨:20） 11. 石铲（03ET2307⑨:41） 13. Ab型Ⅰ式陶盘（03ET2307⑨:28） 14. A型Ⅰ式陶钵（03ET2307⑨:37） 15. Aa型陶球（03ET2307⑨:38） 16. Ba型陶杯（03ET2307⑨:14）

黑陶，胎薄。器形小。大敞口，折盘。素面。残高1.5厘米（图一〇八，13）。标本03ET2307⑨:45，D型Ⅰ式。泥质黑皮红胎，灰胎芯。口微敛，弧折沿。素面。口径20、残高2厘米（图一〇八，4）。

陶杯 1件。标本03ET2307⑨:14，Ba型。泥质灰陶，浅红胎。敞口。素面。斜直内壁见泥条盘筑痕。残高6.8厘米（图一〇八，16）。

陶器盖 1件。标本03ET2307⑨:44，Ac型Ⅰ式。泥质灰陶。纽、顶残，盖口敛。素面。残高2.4厘米（图一〇八，7）。

陶器耳 3件。标本03ET2307⑨:31，Aa型。泥质黑皮浅红胎。长方形片状横耳。耳面饰圆窝纹（图一〇八，8）。标本03ET2307⑨:30，Aa型。泥质红褐陶。长条形片状横耳。素面。手制，耳与器身黏合处凹凸不平（图一〇八，12）。标本03ET2307⑨:32，Aa型。夹砂褐陶。半圆形片状横耳。素面（图一〇八，17）。

陶圈足　1件。标本03ET2307⑨:26，Ab型。泥质灰白陶。圈足口呈盘口形。饰一周凹弦纹和小圆形镂孔。底径10、残高3.2厘米（图一〇八，6）。

陶球　1件。标本03ET2307⑨:38，Aa型。泥质灰陶。圆形，实心。饰圆圈套圆窝纹。直径3.4厘米（图一〇八，15；图版一一，1）。

石铲　1件。标本03ET2307⑨:41，灰色。通体磨光。器形薄小。近梯形，顶残，正锋，弧刃，残有单面钻孔一个。残长3.4、刃宽2.4、厚0.3~0.4厘米（图一〇八，11；图版一四，1）。

03ET2307⑧

器类有陶鼎、罐、缸、盆、甑、瓮、簋、豆、杯、器盖、纺轮和石斧、环等。

标本56件（表五）。

陶鼎　9件。标本03ET2307⑧:20，Aa型Ⅱ式。夹砂灰陶，陶色不纯。侈口，仰折沿凹，方唇凹，溜肩。饰横篮纹。口径18、残高4.8厘米（图一〇九，4）。标本03ET2307⑧:32，Aa型。夹砂黑皮红胎陶。侈口，宽仰折沿微凹，方唇。素面。残高4厘米（图一〇九，5）。标本03ET2307⑧:33，Aa型。夹砂黑皮红胎陶。侈口，宽仰折沿微凹，方唇。素面。残高6厘米（图一〇九，6）。标本03ET2307⑧:23，B型。夹砂黑皮红胎陶。侈口，宽仰折沿。素面。残高2.4厘米（图一〇九，15）。标本03ET2307⑧:35，B型。夹砂灰陶。侈口，仰折沿凹。素面。残高4厘米（图一〇九，16）。标本03ET2307⑧:13，C型Ⅱ式。夹砂灰陶，胎红。侈口，折沿仰，沿上一周浅凹槽，圆唇，溜肩。素面。口径16、残高5厘米（图一一〇，8）。标本03ET2307⑧:19，C型Ⅲ式。夹砂褐陶。大口侈，窄仰折沿，方唇内勾，溜肩，斜直腹。内壁有按窝，外腹饰多周凸棱。口径40、残高14厘米（图一〇九，1）。标本03ET2307⑧:59，C型。夹砂灰陶。敞口，勾唇，饰锯齿状附加堆纹。唇为另贴泥片形成。残高5.6厘米（图一〇九，14）。标本03ET2307⑧:50，D型Ⅱ式。夹砂灰陶。侈口，粗长颈，方唇，壶形鼎。素面。口径12、残高5厘米（图一〇九，8）。

陶鼎足　7件。标本03ET2307⑧:27，Aa型。夹砂红陶。侧装三角凿形足，足小，足根部残有榫头。素面。残高6厘米（图一〇九，10）。标本03ET2307⑧:26，Aa型。夹砂红陶。侧装三角凿形足，足两侧刻竖短凹槽。残高8.4厘米（图一〇九，17）。标本03ET2307⑧:24，Aa型。夹砂黄褐陶。侧装三角凿形足。残高10.6厘米（图一〇九，9）。标本03ET2307⑧:25，Aa型。夹砂红褐陶。侧装扁足。足两侧刻竖短凹槽。残高10厘米（图一〇九，2）。标本03ET2307⑧:30，Bb型。夹砂黄褐陶。正装宽扁足，足根内侧有支片。残高7.4厘米（图一〇九，7）。标本03ET2307⑧:28，Bb型。夹砂红陶。正装扁足，足面凹，足下部残。足根刻一横排竖凹槽。残高5厘米（图一〇九，12）。标本03ET2307⑧:29，Bb型。泥质黑陶。正装扁足，足面凹。足根饰一凸棱。残高4.6厘米（图一〇九，11）。

陶甑　2件。标本03ET2307⑧:34，夹砂黑陶。侈口，折沿上仰，斜方唇，溜肩，深腹。饰稀疏的横篮纹。口径20、残高8.4厘米（图一一〇，16）。标本03ET2307⑧:3，泥质灰陶。仅存圈足，圈足矮直。底径16、残高3厘米（图一一〇，17）。

陶罐　3件。标本03ET2307⑧:16，Aa型Ⅱ式。泥质灰陶。器形小。侈口，窄折沿，尖唇，

表五　03ET2307⑧陶系及器类统计表

陶　质		粗　砂				细　砂				泥　质						合 计	百分比（%）
陶　色		褐	红	灰	黄	褐	黑	灰	黄	红	褐	黑	黑皮	灰	黄		
陶片数量		84	459	7	19	382	152	113	15	9	22	180	155	305	20	1922	
百分比（%）		4. 37	23. 88	0. 36	0. 99	19. 88	7. 91	5. 88	0. 78	0. 47	1. 14	9. 37	8. 06	15. 87	1. 04	100	
		29. 60				34. 44				35. 95							
纹饰	素面	81	445	6	19	368	125	98	15	8	20	136	116	261	20	1718	89. 39
	篮纹		5			5	15	15			1	21	13	9		84	4. 37
	凸弦纹	3	3	1		5	11			1	1	17	25	35		102	5. 31
	附加堆纹		3			4										7	0. 35
	戳印纹		1													1	0. 05
	压划纹		2										1			3	0. 16
	凹弦纹						1									1	0. 05
	镂孔											3				3	0. 16
	刻划纹											3				3	0. 16
器形	鼎					1	3	5								9	16. 67
	鼎足		4						2			1				7	12. 96
	罐						1	1						1		3	5. 56
	壶							1					1			2	3. 70
	瓮											1		1		2	3. 70
	缸口					3		1								4	7. 41
	盆							1								1	1. 86
	甑						1							1		2	3. 70
	簋												1			1	1. 86
	豆											2				2	3. 70
	杯											1				1	1. 86
	器盖		1					1				1	3	2	1	9	16. 67
	器耳											1		1		2	3. 70
	圈足							1						3		4	7. 41
	纺轮					1			1							2	3. 70
	环									1					1	2	3. 70
	球							1								1	1. 86
合　计			5			5	5	12	3	1		7	5	9	2	54	

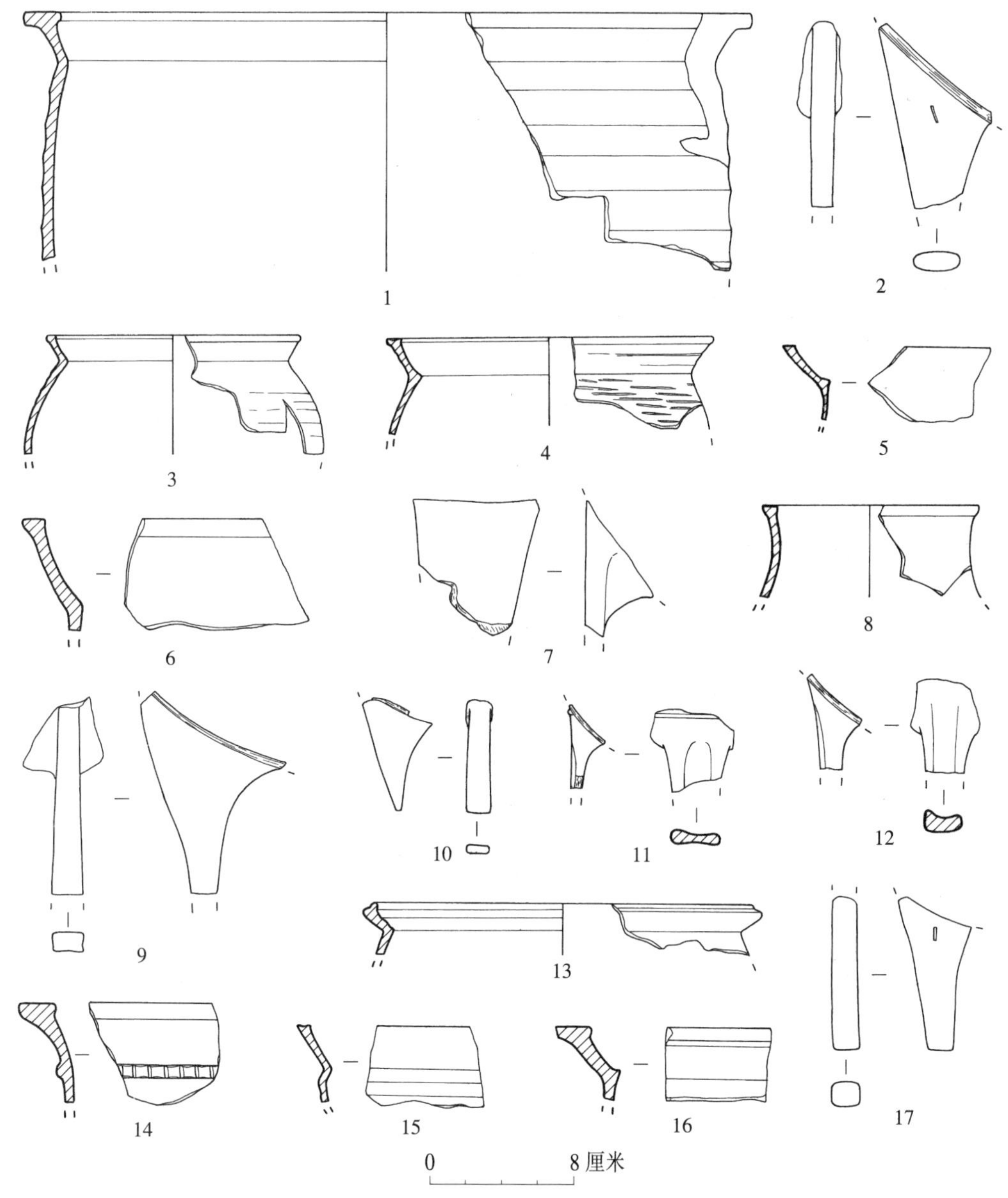

图一〇九　03ET2307⑧出土陶器

1. C型Ⅲ式鼎（03ET2307⑧:19）　2、9、10、17. Aa型鼎足（03ET2307⑧:25、24、27、26）　3. Ad型Ⅱ式罐（03ET2307⑧:21）　4. Aa型Ⅱ式鼎（03ET2307⑧:20）　5、6. Aa型鼎（03ET2307⑧:32、33）　7、11、12. Bb型鼎足（03ET2307⑧:30、29、28）　8. D型Ⅱ式鼎（03ET2307⑧:50）　13. Ac型Ⅰ式罐（03ET2307⑧:22）　14. C型鼎（03ET2307⑧:59）　15、16. B型鼎（03ET2307⑧:23、35）

溜肩。素面。口径16、残高4厘米（图一一〇，5）。标本03ET2307⑧:22，Ac型Ⅰ式。夹砂灰陶。侈口，折沿内凹，凹方唇，溜肩。素面。口径22、残高4.8厘米（图一〇九，13）。标本03ET2307⑧:21，Ad型Ⅱ式。夹砂黑陶。侈口，折沿，方唇，鼓腹。素面。口径14、残高6.2厘米（图一〇九，3）。

陶壶　2件。标本03ET2307⑧:14，Aa型Ⅱ式。夹砂灰陶。叠唇，高领微敞。领内壁见泥条盘筑痕。口径12、残高5厘米（图一一〇，7）。标本03ET2307⑧:15，Aa型Ⅱ式。泥质黑皮浅红

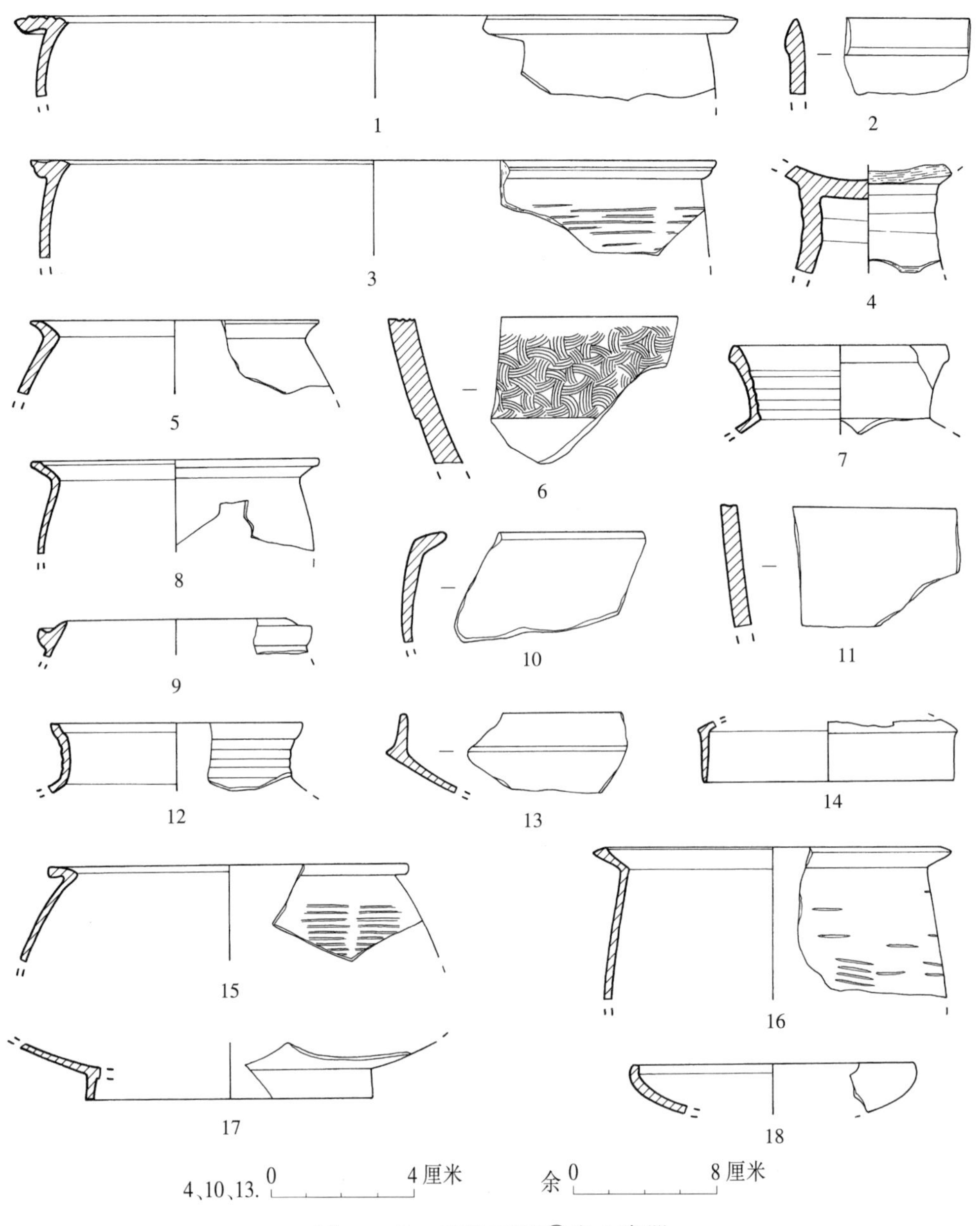

图一一〇 03ET2307⑧出土陶器

1. Ab型Ⅰ式盆（03ET2307⑧:45） 2. A型Ⅰ式缸口（03ET2307⑧:55） 3. C型Ⅰ式缸口（03ET2307⑧:46） 4. Aa型圈足（03ET2307⑧:5） 5. Aa型Ⅱ式罐（03ET2307⑧:16） 6、11. A型Ⅱ式缸口（03ET2307⑧:53、54） 7、12. Aa型Ⅱ式壶（03ET2307⑧:14、15） 8. C型Ⅱ式鼎（03ET2307⑧:13） 9. A型Ⅰ式瓮（03ET2307⑧:18） 10. A型Ⅱ式簋（03ET2307⑧:36） 13. Ab型Ⅱ式豆（03ET2307⑧:39） 14. Ae型器盖（03ET2307⑧:40） 15. B型Ⅰ式瓮（03ET2307⑧:44） 16、17. 甑（03ET2307⑧:34、3） 18. Ba型豆（03ET2307⑧:38）

胎。侈口，尖圆唇，高领微敞。领外为慢轮修整时留下的凹槽。口径14、残高3.6厘米（图一一〇，12）。

陶瓮 2件。标本03ET2307⑧:18，A型Ⅰ式。泥质黑陶。子母口敛。素面。口径12.4、残高2厘米（图一一〇，9）。标本03ET2307⑧:44，B型Ⅰ式。泥质灰陶。敛口，卷折平沿，方唇，弧腹。饰稀疏的横篮纹。口径20、残高5.2厘米（图一一〇，15）。

陶缸口　4件。标本03ET2307⑧:55，A型Ⅰ式。夹砂褐黄陶。直口微敞，叠圆唇。素面。残高4.2厘米（图一一〇，2）。标本03ET2307⑧:53，A型Ⅱ式。夹砂褐陶，厚胎。器形大，器内壁光滑。敞口，方唇，唇面三周凹槽。饰宽带弧线纹。残高8厘米（图一一〇，6）。标本03ET2307⑧:54，A型Ⅱ式。夹砂褐陶，砂粒大，多为白色砂粒。敞口，方唇，唇面一凹槽。素面。残高6.6厘米（图一一〇，11）。标本03ET2307⑧:46，C型Ⅰ式。夹砂灰陶。敛口，折平沿上一凹槽，斜方唇。饰横篮纹。口径38、残高5.2厘米（图一一〇，3）。

陶盆　1件。标本03ET2307⑧:45，Ab型Ⅰ式。夹砂灰陶。器形大。敛口，平折沿，沿面饰凹槽，斜方唇，溜肩。素面。口径40、残高4.5厘米（图一一〇，1）。

陶簋　1件。标本03ET2307⑧:36，A型Ⅱ式。泥质黑皮红胎陶。敛口，内折沿，圆唇。素面。残高3厘米（图一一〇，10）。

陶豆　2件。标本03ET2307⑧:39，Ab型Ⅱ式。仅存盘。泥质黑陶。直口微敛，圆唇，折盘。素面。残高2.2厘米（图一一〇，13）。标本03ET2307⑧:38，Ba型。仅存盘。泥质黑陶。圆唇，弧盘。素面。口径15.6、残高2.8厘米（图一一〇，18）。

陶杯　1件。标本03ET2307⑧:57，A型Ⅱ式。泥质黑陶。垂腹，圜底。饰交错篦划纹。内壁见轮制痕和泥条盘筑痕。残高4.4厘米（图一一一，8）。

陶器盖　9件。标本03ET2307⑧:11，Aa型。泥质黑皮红胎陶。凹纽，顶、盖口残。素面。纽与顶同时捏制。残高2厘米（图一一一，3）。标本03ET2307⑧:7，Ab型Ⅱ式。泥质灰陶。纽、顶残，盖口敞。素面。口径18、残高3.4厘米（图一一一，6）。标本03ET2307⑧:8，Ac型Ⅰ式。夹砂红褐陶。纽、顶残，盖口敛。素面。口径20、残高2.6厘米（图一一一，12）。标本03ET2307⑧:9，Ac型Ⅰ式。泥质黑皮陶。盖口敛。素面。口径11.2、残高3.8厘米（图一一一，13）。标本03ET2307⑧:40，Ae型。泥质黄陶。仅存盖顶口，盖口直，斜折顶壁残。素面。口径14、残高3.2厘米（图一一〇，14）。标本03ET2307⑧:10，B型Ⅰ式。夹砂灰陶。花瓣形凹纽，弧顶，盖口残。素面。纽径6、残高3厘米（图一一一，2）。标本03ET2307⑧:60，B型。泥质黑皮红胎陶。纽、顶残，敞口微敛。素面。残高3.6厘米（图一一一，14）。标本03ET2307⑧:12，Cb型Ⅰ式。泥质黑陶。柄形纽，纽顶微凹，斜顶。素面。纽径1.6、残高2厘米（图一一一，5）。标本03ET2307⑧:6，Da型Ⅰ式。泥质灰陶。高柄形凹纽，弧顶、盖口残。素面。纽内壁见轮制痕。残高2.7厘米（图一一一，11）。

陶器耳　2件。标本03ET2307⑧:42，Aa型。泥质黑陶。半圆形片状横耳。素面。耳与器身单制（图一一一，4）。标本03ET2307⑧:43，B型。泥质灰陶。半圆形竖耳，横穿孔。耳面饰刻划纹。耳与器身单制（图一一一，9）。

陶圈足　4件。标本03ET2307⑧:5，Aa型。泥质灰黑陶。圆柱形高圈足。素面。有泥条盘筑痕。残高3厘米（图一一〇，4）。标本03ET2307⑧:4，Ab型。泥质灰黑陶。喇叭状圈足较高，圈足口呈盘口形。素面。底径14.8、残高4.6厘米（图一一一，10）。标本03ET2307⑧:1，Ba型。夹砂灰陶。仅存部分下腹和矮圈足。素面。底径14.4、残高3.6厘米（图一一一，1）。标本03ET2307⑧:2，Bb型。泥质灰黑陶。圈足较高。素面。圈足内壁见泥条盘筑痕。底径12.8、残高3.8厘米（图一一一，7）。

陶纺轮　2件。标本03ET2307⑧:51，Aa型。夹砂褐陶。算珠形，折壁，圆中间穿小圆孔。

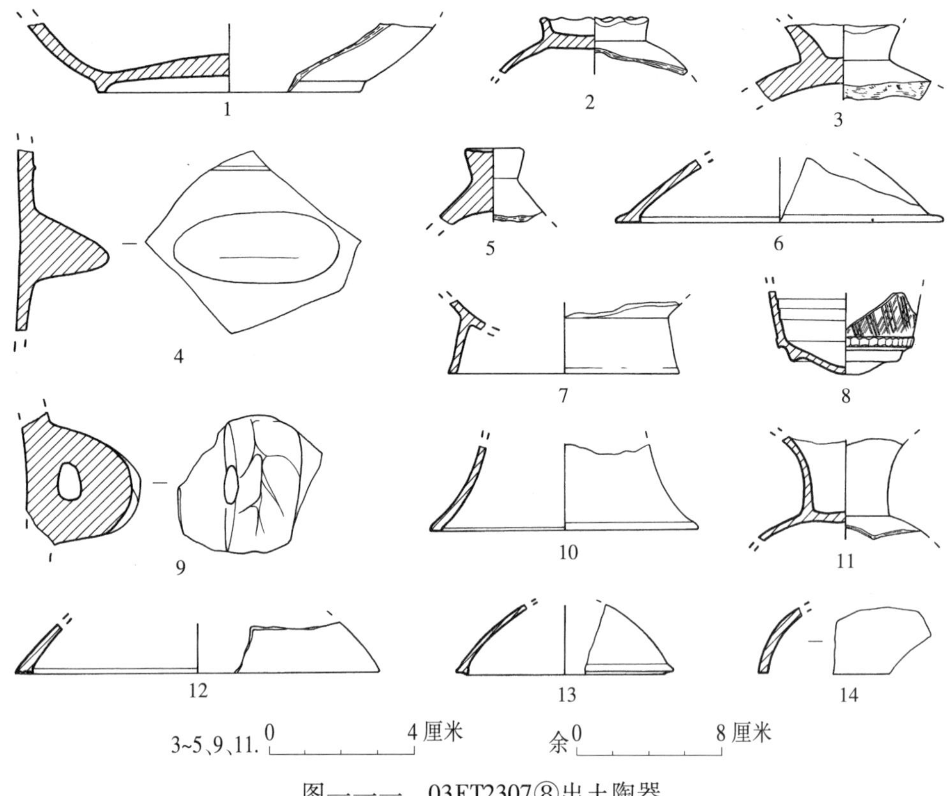

图一一一　03ET2307⑧出土陶器

1. Ba 型圈足（03ET2307⑧∶1）　2. B 型Ⅰ式器盖（03ET2307⑧∶10）　3. Aa 型器盖（03ET2307⑧∶11）　4. Aa 型器耳（03ET2307⑧∶42）　5. Cb 型Ⅰ式器盖（03ET2307⑧∶12）　6. Ab 型Ⅱ式器盖（03ET2307⑧∶7）　7. Bb 型圈足（03ET2307⑧∶2）　8. A 型Ⅱ式杯（03ET2307⑧∶57）　9. B 型器耳（03ET2307⑧∶43）　10. Ab 型圈足（03ET2307⑧∶4）　11. Da 型Ⅰ式器盖（03ET2307⑧∶6）　12、13. Ac 型Ⅰ式器盖（03ET2307⑧∶8、9）　14. B 型器盖（03ET2307⑧∶60）

素面。直径 4.2、孔径 0.6、厚 1.8 厘米（图一一二，6）。标本 03ET2307⑧∶52，Ba 型。夹砂黄灰陶。圆形，弧壁，圆中间穿小圆孔。两面饰稻壳状戳印纹。直径 5.4、孔径 0.7、厚 1.7 厘米（图一一二，1）。

陶环　2 件。标本 03ET2307⑧∶48，A 型。泥质红陶。环截面圆形。素面。直径 6.7、肉径 0.5 厘米（图一一二，3）。标本 03ET2307⑧∶47，Ca 型。泥质黄陶。截面呈横扁形。素面。直径 6.6、肉宽 0.5、厚 0.9 厘米（图一一二，2）。

陶球　1 件。标本 03ET2307⑧∶58，Ba 型。夹砂灰陶。器形小，圆形，空心，内含小泥芯。饰圆圈弧线纹。直径 2.6 厘米（图一一二，7；图版一一，5）。

石斧　1 件。标本 03ET2307⑧∶56，A 型。灰色。通体粗磨。整体呈长方形，斜顶，正锋，刃稍斜。长 8.7、宽 5、厚 1.5 ~2.3 厘米（图一一二，4；图版一二，3）。

石环　1 件。标本 03ET2307⑧∶49，B 型。黑色。截面近等边三角形。直径 6.5、肉宽 0.6、厚 0.5 厘米（图一一二，5）。

03ET2307⑦

器类有陶鼎、甑、罐、瓮、缸、壶、盆、豆、盘、杯、器盖、纺轮，石斧、凿。

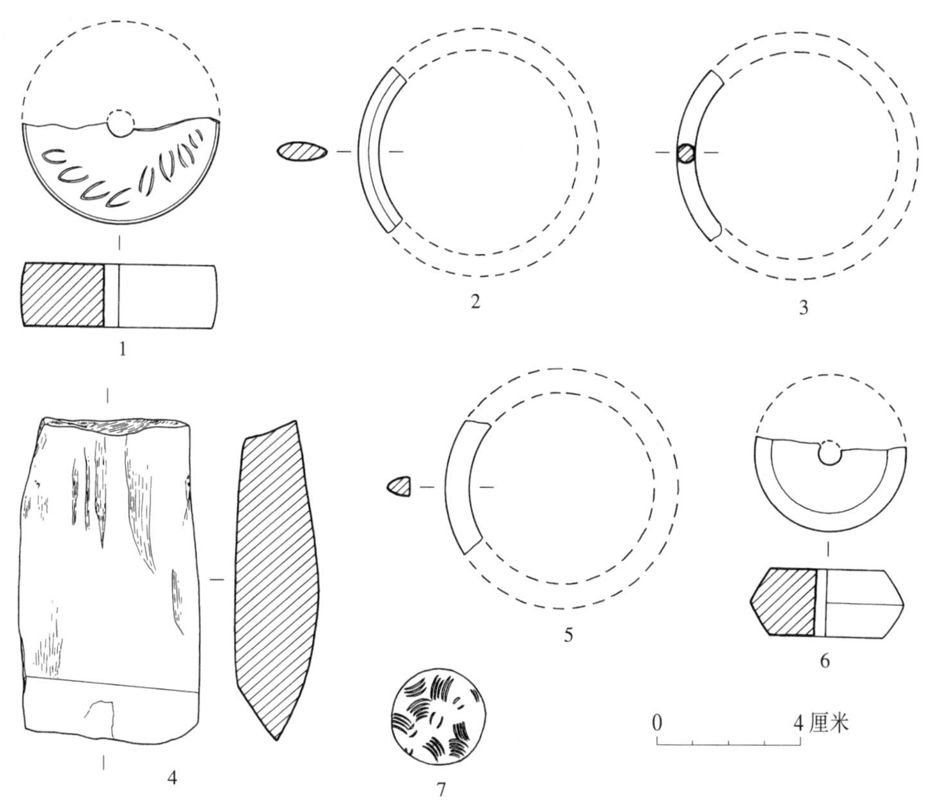

图一一二　03ET2307⑧出土陶、石器

1. Ba型陶纺轮（03ET2307⑧:52）　2. Ca型陶环（03ET2307⑧:47）　3. A型陶环（03ET2307⑧:48）
4. A型石斧（03ET2307⑧:56）　5. B型石环（03ET2307⑧:49）　6. Aa型陶纺轮（03ET2307⑧:51）
7. Ba型陶球（03ET2307⑧:58）

标本87件（表六）。另有矿石。

陶鼎　10件。标本03ET2307⑦:101，Aa型Ⅳ式。夹砂褐陶。侈口，折沿，方唇凹，溜肩，弧腹。素面。下腹存接足的痕迹。口径13.6、残高9厘米（图一一三，3）。标本03ET2307⑦:18，Aa型。夹砂灰陶。侈口，折沿，沿微凹，方唇，沿越到唇部越厚。素面。口径26、残高5.2厘米（图一一三，6）。标本03ET2307⑦:20，Aa型。夹砂灰陶。侈口，折沿，沿面凹，方唇，唇面一凹槽，溜肩。素面。口径14、残高7.2厘米（图一一三，4）。标本03ET2307⑦:10，B型Ⅲ式。夹砂红陶，陶质疏松，多气孔。侈口，宽折沿凹，方唇，唇面一凹槽，溜肩，圆腹。下腹饰凸棱，接宽扁足痕迹明显。口径22、残高8.6厘米（图一一三，2；图版一，4）。标本03ET2307⑦:14，B型Ⅲ式。夹砂灰陶。侈口，折沿，沿面凹，方唇凹，溜肩。素面。口径30、残高7.2厘米（图一一三，1）。标本03ET2307⑦:2，C型Ⅲ式。夹砂红陶。侈口，勾唇，溜肩，斜直腹，最大腹径在下腹，三正装宽扁足，足根内侧有支钉，外面压印浅圆窝的凸棱。口径21.6、残高15.2厘米（图一一三，8；彩版七，1）。标本03ET2307⑦:3，C型Ⅲ式。夹砂红陶，器表见很多白砂粒。器形大。大侈口，勾唇，溜肩，斜直腹。器内壁见按窝，饰条状凸棱。口径42、残高17厘米（图一一四，1；图版一，5）。标本03ET2307⑦:95，D型Ⅱ式。夹砂褐陶，颜色不纯，邻足的部分内外壁陶色泛黑，应是使用所致。器内壁凹凸不平。直口粗长颈，方唇凹，圆肩。接

表六 03ET2307⑦陶系及器类统计表

陶质		粗砂				细砂					泥质						硬陶		合计	百分比（%）
陶色		褐	红	灰	黑	褐	红	黑	灰	黄	红	褐	黑	黑皮	灰	黄	红褐	灰		
陶片数量		43	49	24	4	489	861	643	432	127	93	12	286	102	177	36	2	1	3381	
百分比（%）		1. 27	1. 45	0. 71	0. 12	14. 46	25. 47	19. 02	12. 78	3. 76	2. 75	0. 35	8. 46	3. 02	5. 22	1. 06	0. 06	0. 03	100	
		3. 55				75. 48					20. 88						0. 09			
纹饰	素面	40	48	19	4	450	680	550	371	108	82	10	252	96	155	36	1	1	2903	85. 86
	篮纹	3				26	121	58	34	9	2		1	2	8				264	7. 81
	凸弦纹			5		11	57	32	23	9	4	2	23	2	11				179	5. 29
	压划纹		1				3		2										6	0. 18
	刻划纹					2					2		2						6	0. 18
	凹弦纹							1			2		1	1			1		6	0. 18
	附加堆纹							1		1									2	0. 06
	镂孔							1			1		1	1	3				7	0. 21
	绳纹								2										2	0. 06
	戳印纹												6						6	0. 18
器形	鼎					1	4		3	2									10	12. 35
	鼎足					3	5		1	2						1			12	14. 81
	甑						1												1	1. 23
	罐						2	1		1					1				5	6. 17
	瓮								1										1	1. 23
	壶								1	1									2	2. 47
	缸口						5												5	6. 17
	缸底						2												2	2. 47

续表六

陶质	粗砂				细砂					泥质						硬陶		合计	百分比（%）
陶色	褐	红	灰	黑	褐	红	黑	灰	黄	红	褐	黑	黑皮	灰	黄	红褐	灰		
器形：盆					1			2	1									4	4.94
器形：豆												1		3	1			5	6.17
器形：盘													1	3				4	4.94
器形：杯													1	1				2	2.47
器形：器盖					1		1	2		1		3	1	3				12	14.81
器形：器耳						2												2	2.47
器形：圈足												1		1	1			3	3.70
器形：器座								2										2	2.47
器形：纺轮					1			3			1							5	6.17
器形：环														1	1			2	2.47
器形：球					1			1										2	2.47
合计					8	21	2	16	7	1	1	5	3	13	4			81	

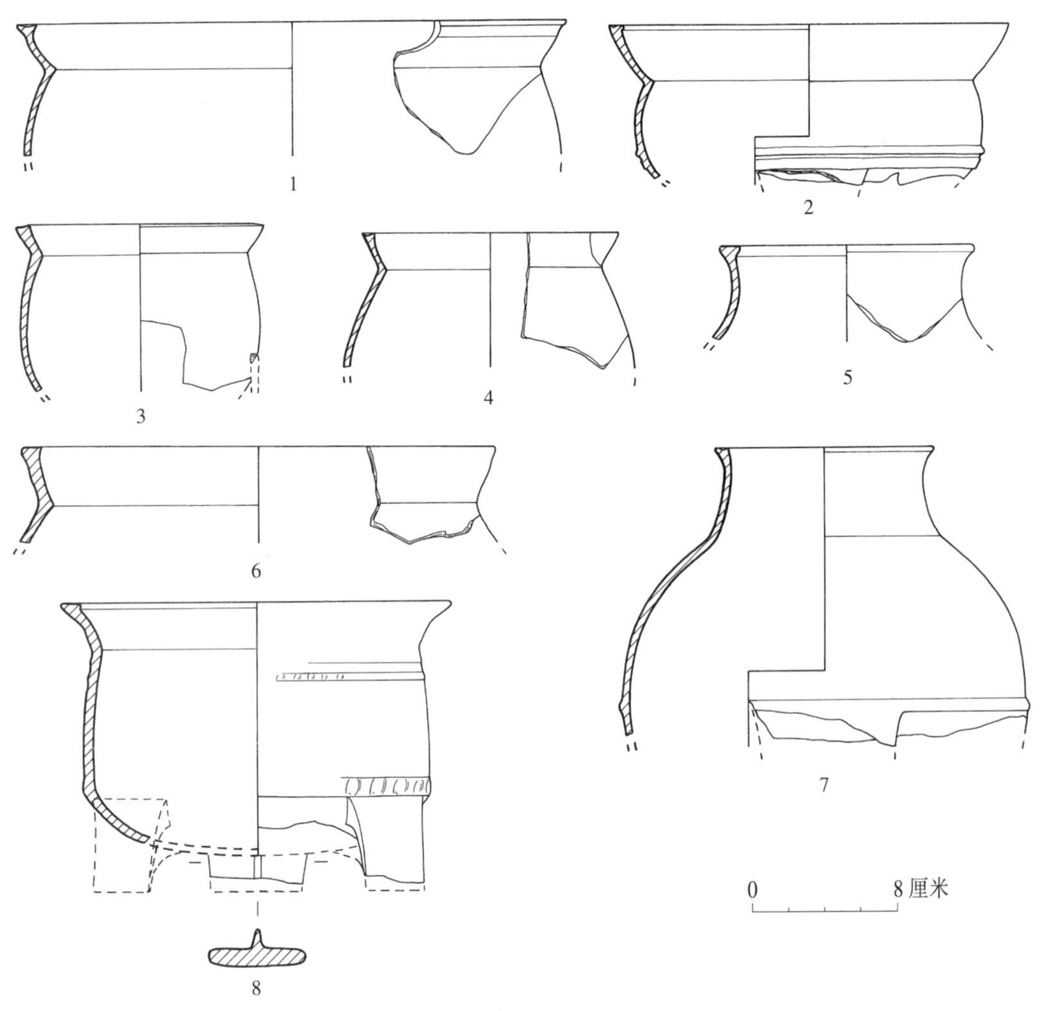

图一一三 03ET2307⑦出土陶鼎

1、2. B型Ⅲ式（03ET2307⑦:14、10） 3. Aa型Ⅳ式（03ET2307⑦:101） 4、6. Aa型（03ET2307⑦:20、18） 5. D型Ⅲ式（03ET2307⑦:105） 7. D型Ⅱ式（03ET2307⑦:95） 8. C型Ⅲ式（03ET2307⑦:2）

宽扁足处起凸棱。口径12、残高16厘米（图一一三，7；图版二，2）。标本03ET2307⑦:105，D型Ⅲ式。夹砂橙黄陶。直口粗长颈，方唇勾。素面。口径14、残高5.2厘米（图一一三，5）。标本03ET2307⑦:96，D型Ⅲ式。夹砂黄红陶。直口微敞，较高领，方唇。饰稀疏的篮纹。口径12、残高12厘米（图一一五，2）。

陶鼎足 12件。标本03ET2307⑦:24，Aa型。夹砂褐陶。器形小。侧装三角凿形足。素面。残高7.4厘米（图一一四，13）。标本03ET2307⑦:27，Aa型。夹砂黄陶。侧装三角凿形足，足大，足两侧饰竖直的宽带和透穿短竖槽。素面。残高11厘米（图一一四，10）。标本03ET2307⑦:29，Aa型。夹砂红陶。侧装三角形足，足两侧饰盲孔竖槽。残高10厘米（图一一四，11）。标本03ET2307⑦:30，Ab型。夹砂褐陶。侧装三角形鸭嘴形足，较扁薄。素面。残高11.8厘米（图一一四，9）。标本03ET2307⑦:31，Ab型。夹砂红陶。侧装鸭嘴形足。素面。残高7.2厘米（图一一四，7）。标本03ET2307⑦:55，Ab型。夹砂灰陶。器形小。侧装鸭嘴形足。素面。残高6.8厘米（图一一四，2）。标本03ET2307⑦:23，Bb型。夹砂黄陶。正装宽扁足，足根内侧一三角形支

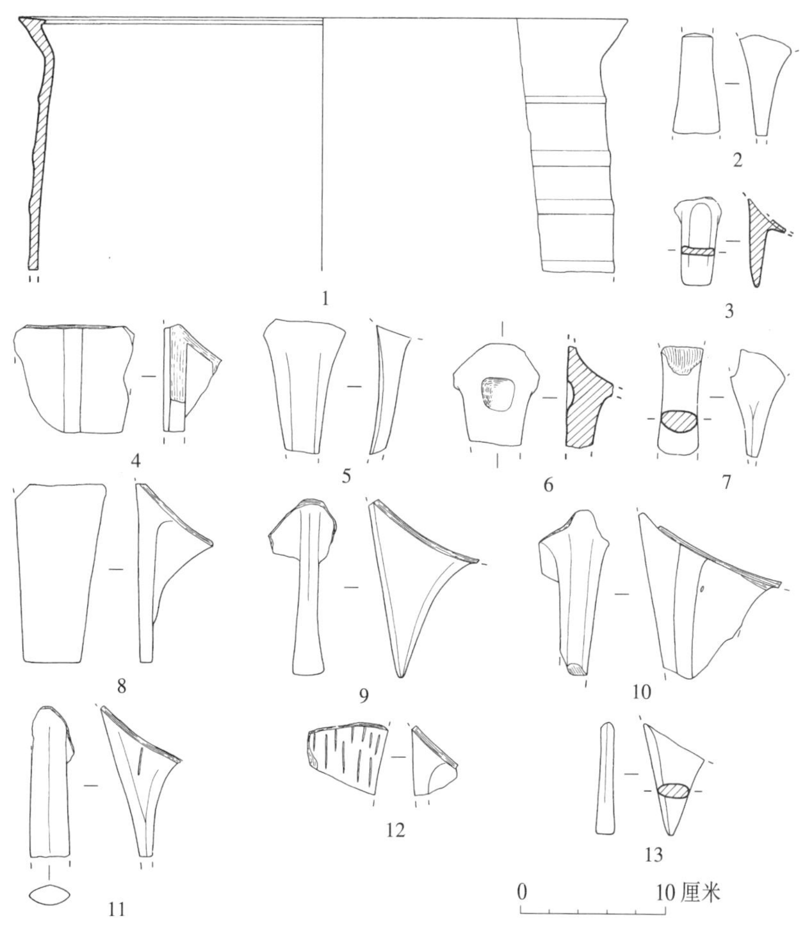

图一一四　03ET2307⑦出土陶器

1. C 型Ⅲ式鼎（03ET2307⑦：3）　2、7、9. Ab 型鼎足（03ET2307⑦：55、31、30）　3. Bb 型鼎足（03ET2307⑦：113）　4～6、8、12. Bb 型鼎足（03ET2307⑦：26、22、54、23、28）　10、11、13. Aa 型鼎足（03ET2307⑦：27、29、24）

钉。素面。残高 12 厘米（图一一四，8）。标本 03ET2307⑦：113，Bb 型。泥质橙黄陶。器形小。正装扁足，足正面微凹。素面。残高 6 厘米（图一一四，3）。标本 03ET2307⑦：54，Bb 型。夹砂褐陶。正装扁足。足根压印一个圆角方形凹窝。残高 6.8 厘米（图一一四，6）。标本 03ET2307⑦：22，Bb 型。夹砂红陶。正装扁足，足面凹弧。素面。残高 8.8 厘米（图一一四，5）。标本 03ET2307⑦：26，Bb 型。夹砂红陶。正装宽扁足。足正面中间饰一道竖直宽带。残高 7.2 厘米（图一一四，4）。标本 03ET2307⑦：28，Bb 型。夹砂红陶。正装宽扁足，足面满饰凹槽。残高 4.8 厘米（图一一四，12）。

陶甑　1 件。标本 03ET2307⑦：15，A 型Ⅱ式。夹砂红陶。侈口，折沿凹，方唇，唇面饰两道凹槽，溜肩。素面。口径 26、残高 10.6 厘米（图一一五，3）。

陶罐　5 件。标本 03ET2307⑦：77，Aa 型。夹砂黑陶。器形小。侈口，折沿，尖圆唇，内壁紧邻口沿一周宽带光滑。饰稀疏的篮纹。残高 3.2 厘米（图一一五，10）。标本 03ET2307⑦：74，Ac 型Ⅲ式。夹砂黄陶。侈口，折沿，圆唇。素面。口径 30、残高 4.3 厘米（图一一五，9）。标本 03ET2307⑦：97，Ac 型Ⅲ式。夹砂红陶，饰红衣。侈口，折沿，方唇，溜肩，斜直折垂腹。口径

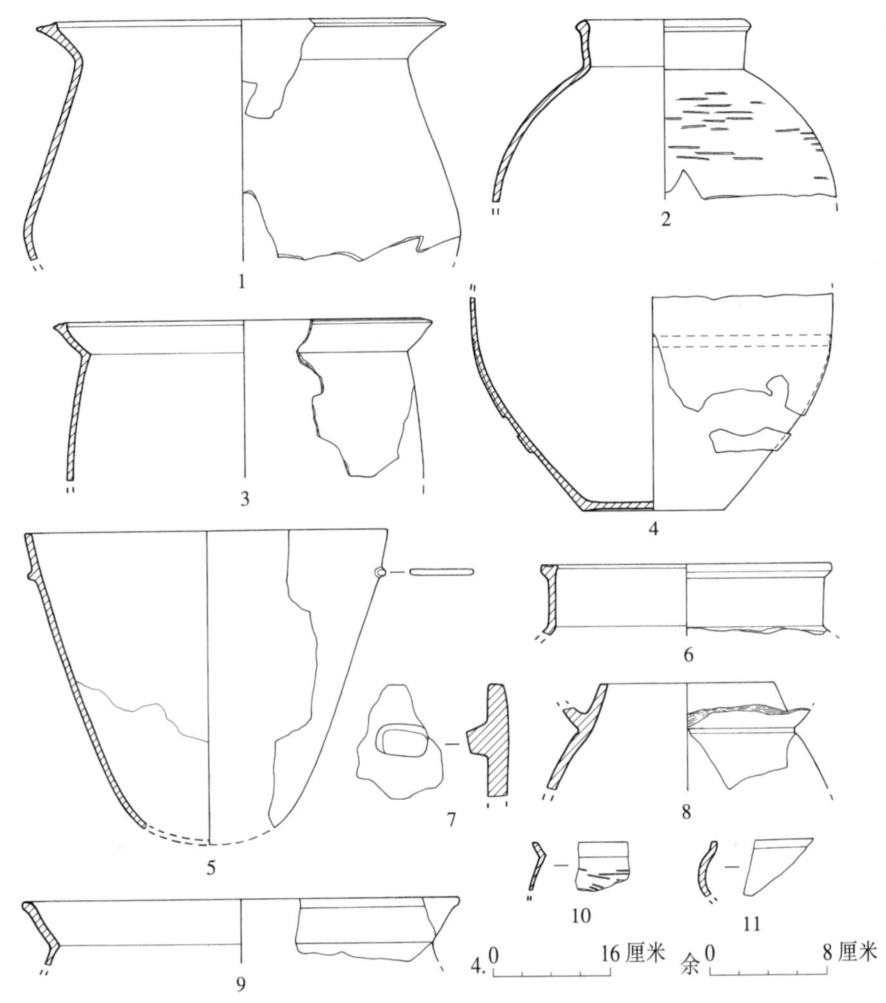

图一一五 03ET2307⑦出土陶器

1、9. Ac 型Ⅲ式罐（03ET2307⑦:97、74） 2. D 型Ⅲ式鼎（03ET2307⑦:96） 3. A 型Ⅱ式甑（03ET2307⑦:15） 4. B 型缸底（03ET2307⑦:11） 5、7. A 型Ⅲ式缸口（03ET2307⑦:6、66） 6. Aa 型Ⅲ式壶（03ET2307⑦:81） 8. A 型Ⅱ式瓮（03ET2307⑦:75） 10. Aa 型罐（03ET2307⑦:77） 11. D 型Ⅰ式罐（03ET2307⑦:71）

28、残高 16.2 厘米（图一一五，1；图版四，1）。标本 03ET2307⑦:1，Ca 型Ⅱ式。夹砂红陶。敞盘口，带三角形流，溜肩。饰稀疏的篮纹。口径 22、残高 18.2 厘米（图一一七，1；图版四，2）。标本 03ET2307⑦:71，D 型Ⅰ式。泥质灰陶。器形小。直口微敛，圆唇，溜肩。素面。残高 3.8 厘米（图一一五，11）。

陶瓮 1 件。标本 03ET2307⑦:75，A 型Ⅱ式。夹砂灰陶。子母口敛，圆唇，溜肩。素面。口径 12、残高 7.2 厘米（图一一五，8）。

陶壶 2 件。标本 03ET2307⑦:81，Aa 型Ⅲ式。夹砂黄陶。方唇凹，高直领。素面。口径 20、残高 4.8 厘米（图一一五，6）。标本 03ET2307⑦:83，Ab 型Ⅱ式。夹砂灰陶。高直领微外敞，方唇。素面。口径 10、残高 5.4 厘米（图一一七，6）。

陶缸口 5 件。标本 03ET2307⑦:6，A 型Ⅲ式。夹砂红陶。器形大。大敞口，方唇，斜直腹深，上腹饰对称横条状器耳。素面。口径 50、残高 40 厘米（图一一五，5；图版四，3）。标本

03ET2307⑦:66，A型Ⅲ式。夹砂红陶。敞口，方唇。仅存上腹器耳，器耳与器身同时捏制。残高7.6厘米（图一一五，7）。标本03ET2307⑦:34，B型Ⅲ式。夹砂红陶。器形大。敛口，内斜沿，沿面饰凹槽，方唇。饰横篮纹。紧邻口沿内壁一周光滑宽带内凹，与其余内壁多气孔和凹凸不平有别。口径58、残高8厘米（图一一六，1）。标本03ET2307⑦:32，C型Ⅰ式。夹砂红陶。器形较大。大口敛，平沿外斜，尖唇，弧腹。饰粗斜篮纹。紧邻口沿内壁一周光滑宽带内凹，与其余内壁凹凸不平有别。口径42、残高7.8厘米（图一一六，3）。标本03ET2307⑦:35，C型Ⅱ式。夹砂红陶。器形较大。大口敛，平沿外斜，圆唇，弧腹。饰间断的横篮纹和两周凸棱。紧邻口沿内壁一周光滑宽带内凹，与其余内壁多气孔有别。口径48、残高9厘米（图一一六，2）。

陶缸底　2件。标本03ET2307⑦:98，A型。夹砂红陶。胎比底薄，圜底厚。腹、底饰交错粗篮纹。残高14.2厘米（图一一六，5）。标本03ET2307⑦:11，B型。夹砂红陶，灰黑胎。器形大。平底。凸棱脱落，下腹陶胎二层，外层由上自下渐厚。底径19.2、残高28.8厘米（图一一

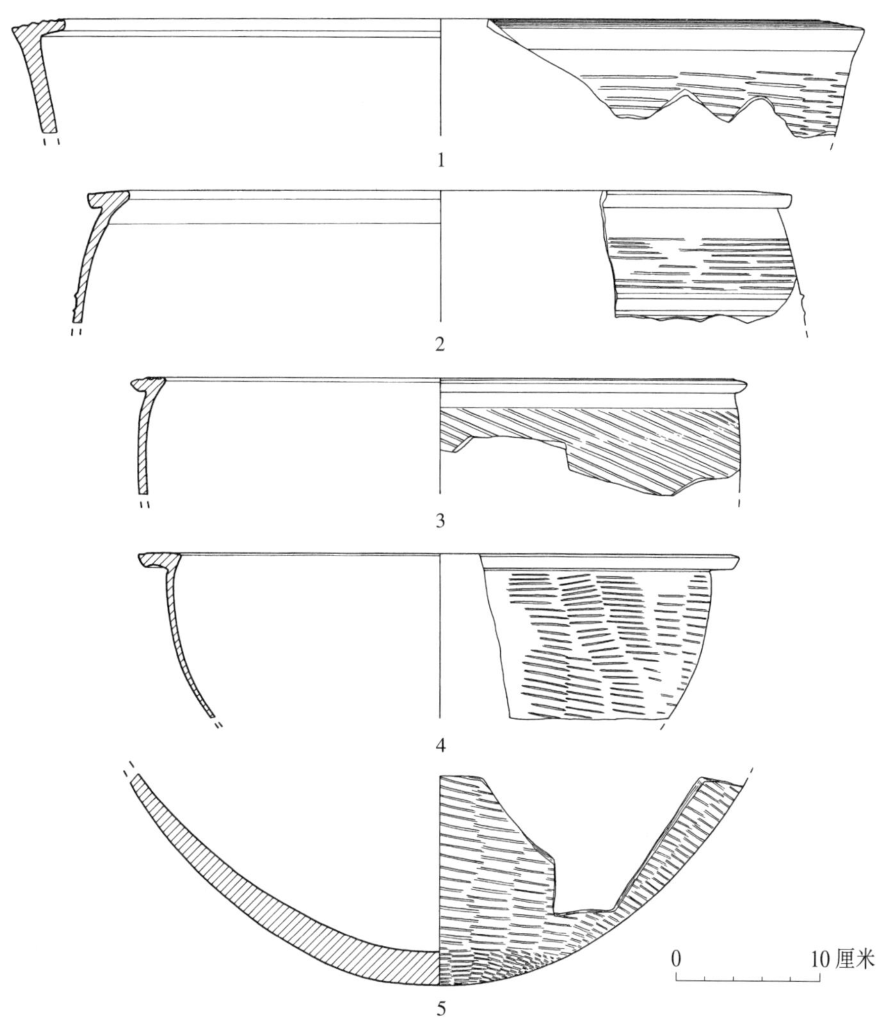

图一一六　03ET2307⑦出土陶器

1. B型Ⅲ式缸口（03ET2307⑦:34）　2. C型Ⅱ式缸口（03ET2307⑦:35）　3. C型Ⅰ式缸口（03ET2307⑦:32）　4. Ab型Ⅱ式盆（03ET2307⑦:4）　5. A型缸底（03ET2307⑦:98）

五，4；图版四，4）。

陶盆　4件。标本03ET2307⑦:5，Aa型Ⅲ式。夹砂褐陶，器表见很多砂粒。敛口，平沿，沿面有凹槽，圆唇，深弧腹，圜底，喇叭形圈足较高。口沿及底有按窝，腹饰粗篮纹。手制，器形规整，器身与圈足单制。口径23.4、底径14、高20.5厘米（图一一七，4；彩版七，5）。标本03ET2307⑦:4，Ab型Ⅱ式。夹砂黄陶，陶土不纯。器形较大。大口微敛，平沿，方唇，弧腹。饰稀疏横篮纹。口径41.2、残高11厘米（图一一六，4）。标本03ET2307⑦:37，Ba型Ⅱ式。夹砂灰陶。敞口微敛，唇厚，唇面有凹槽。饰凹弦纹。口径28、残高3厘米（图一一八，4）。标本03ET2307⑦:100，Bb型Ⅱ式。夹细砂灰陶，器表未见粗砂。敞口，斜沿，浅弧腹，矮圈足外撇。素面。口径24、底径12.8、高9厘米（图一一七，3；图版四，5）。

陶豆　5件。标本03ET2307⑦:44，Aa型Ⅱ式。仅存盘。泥质灰陶。敛口，圆唇，折盘。素面。口径14、残高2.8厘米（图一一八，14）。标本03ET2307⑦:108，Aa型Ⅱ式。仅存盘。泥质黄陶，胎为橙黄色。敛口，圆唇，折盘。素面。残高2.6厘米（图一一八，10）。标本03ET2307⑦:42，Ab型Ⅱ式。仅存盘。泥质灰陶。子口，沿面内曲，圆唇。素面。口径18、残高3.6厘米

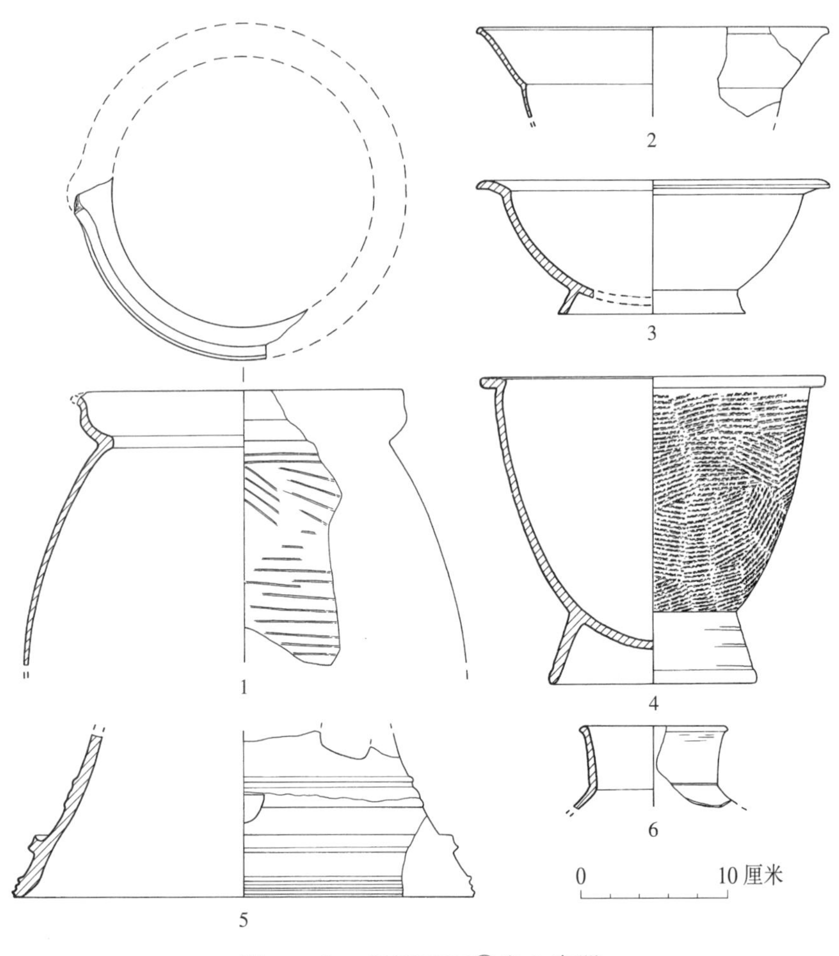

图一一七　03ET2307⑦出土陶器

1. Ca型Ⅱ式罐（03ET2307⑦:1）　2. Aa型Ⅲ式盘（03ET2307⑦:109）　3. Bb型Ⅱ式盆（03ET2307⑦:100）
4. Aa型Ⅲ式盆（03ET2307⑦:5）　5. Ⅰ式器座（03ET2307⑦:56）　6. Ab型Ⅱ式壶（03ET2307⑦:83）

（图一一八，1）。标本03ET2307⑦:43，Ba型。仅存盘。泥质灰陶。敞口，圆唇，弧盘。素面。口径16、残高2.4厘米（图一一八，6）。标本03ET2307⑦:39，C型Ⅱ式。仅存盘。泥质黑陶。直口微敞，圆唇，折盘。素面。口径12、残高3.8厘米（图一一八，22）。

陶盘 4件。标本03ET2307⑦:109，Aa型Ⅲ式。泥质黑皮红胎陶。侈口，宽沿，圆唇，折盘。素面。口径24、残高6厘米（图一一七，2）。标本03ET2307⑦:69，C型Ⅱ式。泥质灰陶。圆唇内勾。素面。残高2.4厘米（图一一八，24）。标本03ET2307⑦:36，D型Ⅱ式。泥质灰陶。敞口微敛，弧折沿，尖唇。素面。口径30.8、残高2.8厘米（图一一八，2）。标本03ET2307⑦:58，D型。仅存部分盘下部和残粗圈足。泥质灰陶。素面。残高4.6厘米（图一一八，18）。

陶杯 2件。标本03ET2307⑦:12，A型Ⅲ式。泥质灰陶。下腹弧，圈足残。饰凸棱。残高3.6厘米（图一一八，21）。标本03ET2307⑦:73，Ba型。泥质黑皮浅红胎。下腹弧，圈足残。素面。残高2.6厘米（图一一八，17）。

陶器盖 12件。标本03ET2307⑦:7，Aa型Ⅲ式。夹砂黑陶。凹纽，弧顶，盖口敞。素面。盖口径10、残高4厘米（图一一八，7）。标本03ET2307⑦:48，Ab型Ⅱ式。泥质灰陶。纽、顶残，盖口敞。素面。盖口径18.2、残高3.6厘米（图一一八，3）。标本03ET2307⑦:8，Ab型Ⅱ式。泥质红陶。弧顶，盖口敞。素面。盖口径18、残高4.4厘米（图一一八，8；图版七，1）。标本03ET2307⑦:49，Ab型Ⅲ式。泥质黑皮灰胎陶。子口。素面。盖口径9、残高1.2厘米（图一一八，5）。标本03ET2307⑦:67，Ac型Ⅰ式。夹砂褐陶，陶色不纯。纽、弧顶残，盖口敛。素面。残高2.2厘米（图一一八，20）。标本03ET2307⑦:99，Ac型Ⅱ式。夹砂灰陶。弧顶，敞口微敛。素面。盖口径14、残高6厘米（图一一八，19）。标本03ET2307⑦:40，Ae型。仅存盖顶和盖口。泥质黑陶。盖顶斜折壁，子口盖。素面。盖口径12、残高2.2厘米（图一一八，16）。标本03ET2307⑦:50，Af型。泥质灰陶。器形低矮。平顶，子口。素面。盖口径10、残高2厘米（图一一八，25）。标本03ET2307⑦:53，B型Ⅱ式。夹砂灰陶。花瓣形凹纽。素面。残高2.6厘米（图一一八，9）。标本03ET2307⑦:51，Ca型Ⅲ式。泥质灰陶。柄形纽，纽顶算珠形，斜顶。素面。纽径2.2、残高3.2厘米（图一一八，15）。标本03ET2307⑦:63，Da型Ⅲ式。泥质黑陶，陶色纯正。高柄形凹纽。素面。纽径3.5、残高4.4厘米（图一一八，23）。标本03ET2307⑦:41，Db型。泥质黑陶。高柄形凹纽，纽壁曲形。素面。残高3.9厘米（图一一八，13）。

陶器耳 2件。标本03ET2307⑦:65，Aa型。夹砂红陶。长条形片状横耳。素面（图一一九，5）。标本03ET2307⑦:64，Aa型。夹砂红陶。半圆形片状横耳。素面（图一一九，10）。

陶圈足 3件。标本03ET2307⑦:45，Aa型。仅存部分豆柄。泥质灰陶。素面。残高3.6厘米（图一一八，11）。标本03ET2307⑦:72，Ac型。泥质黄陶。圈足桶形。饰交错篦划纹。器表有慢轮修整时留下的凹槽。底径14、残高6.8厘米（图一一八，12）。标本03ET2307⑦:59，Ac型。泥质黑陶。圈足高，外撇。饰凹弦纹和透穿小圆孔。手制，器表有慢轮修整时留下的不规则的细线条，内壁见泥条盘筑痕。残高5.4厘米（图一一九，4）。

陶器座 2件。标本03ET2307⑦:56，Ⅰ式。夹砂灰陶。亚腰喇叭形座。饰条状附加堆纹和半圆形大镂孔。手制，慢轮修整，见泥条盘筑痕。底径32、残高11.2厘米（图一一七，5）。标本03ET2307⑦:102，Ⅱ式。夹砂灰陶。亚腰喇叭形座。饰弦纹和条状附加堆纹。手制，慢轮修整。底径32、残高22厘米（图一二〇，6；图版八，1）。

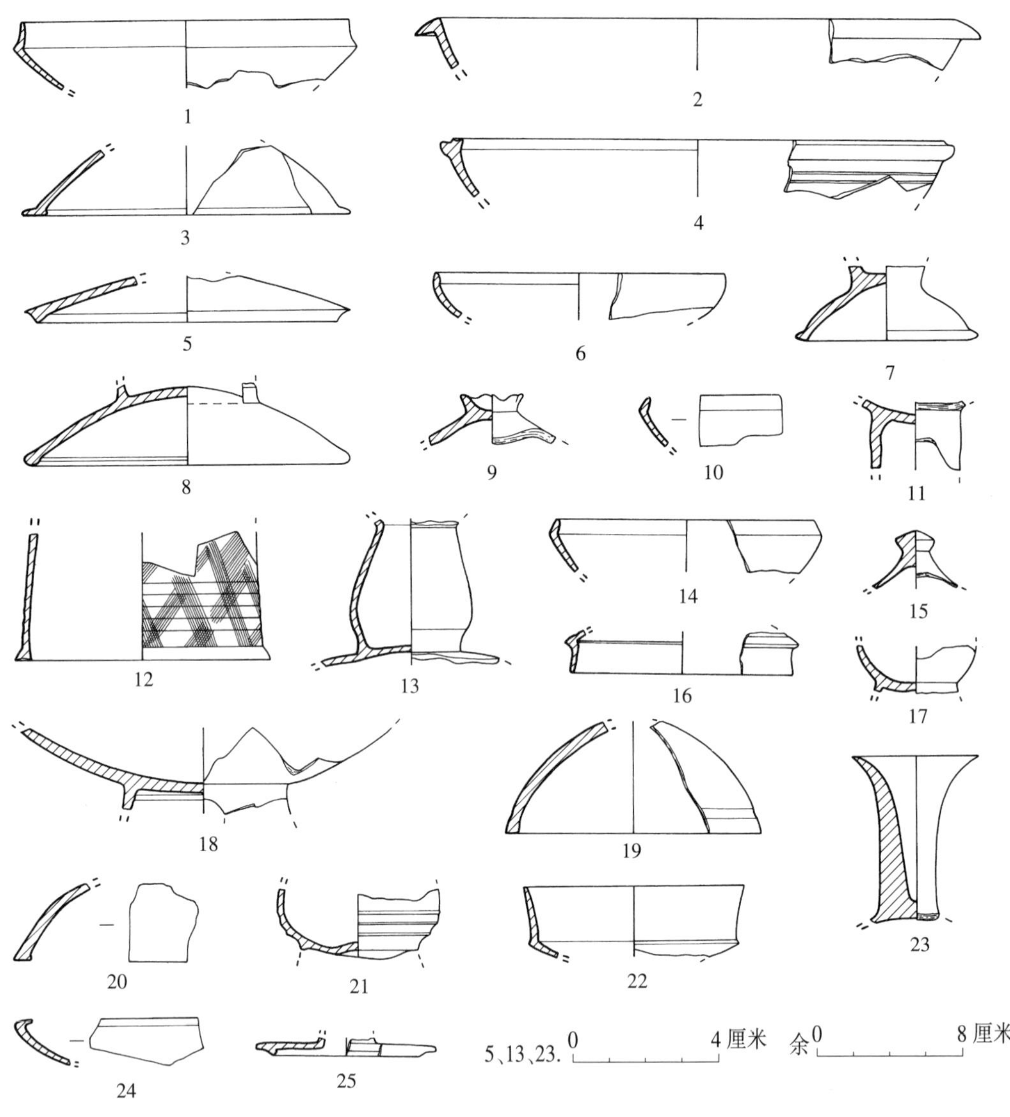

图一一八　03ET2307⑦出土陶器

1. Ab 型Ⅱ式豆（03ET2307⑦:42）　2. D 型Ⅱ式盘（03ET2307⑦:36）　3. Ab 型Ⅱ式器盖（03ET2307⑦:48）
4. Ba 型Ⅱ式盆（03ET2307⑦:37）　5. Ab 型Ⅲ式器盖（03ET2307⑦:49）　6. Ba 型豆（03ET2307⑦:43）
7. Aa 型Ⅲ式器盖（03ET2307⑦:7）　8. Ab 型Ⅱ式器盖（03ET2307⑦:8）　9. B 型Ⅱ式器盖（03ET2307⑦:53）
10、14. Aa 型Ⅱ式豆（03ET2307⑦:108、44）　11. Aa 型圈足（03ET2307⑦:45）　12. Ac 型圈足（03ET2307⑦:72）
13. Db 型器盖（03ET2307⑦:41）　15. Ca 型Ⅲ式器盖（03ET2307⑦:51）　16. Ae 型器盖（03ET2307⑦:40）
17. Ba 型杯（03ET2307⑦:73）　18. D 型盘（03ET2307⑦:58）　19. Ac 型Ⅱ式器盖（03ET2307⑦:99）
20. Ac 型Ⅰ式器盖（03ET2307⑦:67）　21. A 型Ⅲ式杯（03ET2307⑦:12）　22. C 型Ⅱ式豆（03ET2307⑦:39）
23. Da 型Ⅲ式器盖（03ET2307⑦:63）　24. C 型Ⅱ式盘（03ET2307⑦:69）　25. Af 型器盖（03ET2307⑦:50）

陶纺轮　5 件。标本 03ET2307⑦:104，Aa 型。夹砂灰陶。圆形稍厚，两面平，折壁，圆中间穿小圆孔。饰短线段。手制。直径 5.7、孔径 0.6、厚 2.1 厘米（图一一九，6）。标本 03ET2307⑦:9，Aa 型。夹砂灰陶。扁平圆形，两面平，圆中间穿小圆孔。折壁上饰刻划纹。直径 4.4、孔径 0.5、厚 1.6～1.7 厘米（图一一九，7；图版九，5）。标本 03ET2307⑦:86，Aa 型。泥质褐陶。两面平，折壁，圆中间穿小圆孔。素面。直径 3.6、孔径 0.4、厚 1.3 厘米（图一一九，8）。标本 03ET2307

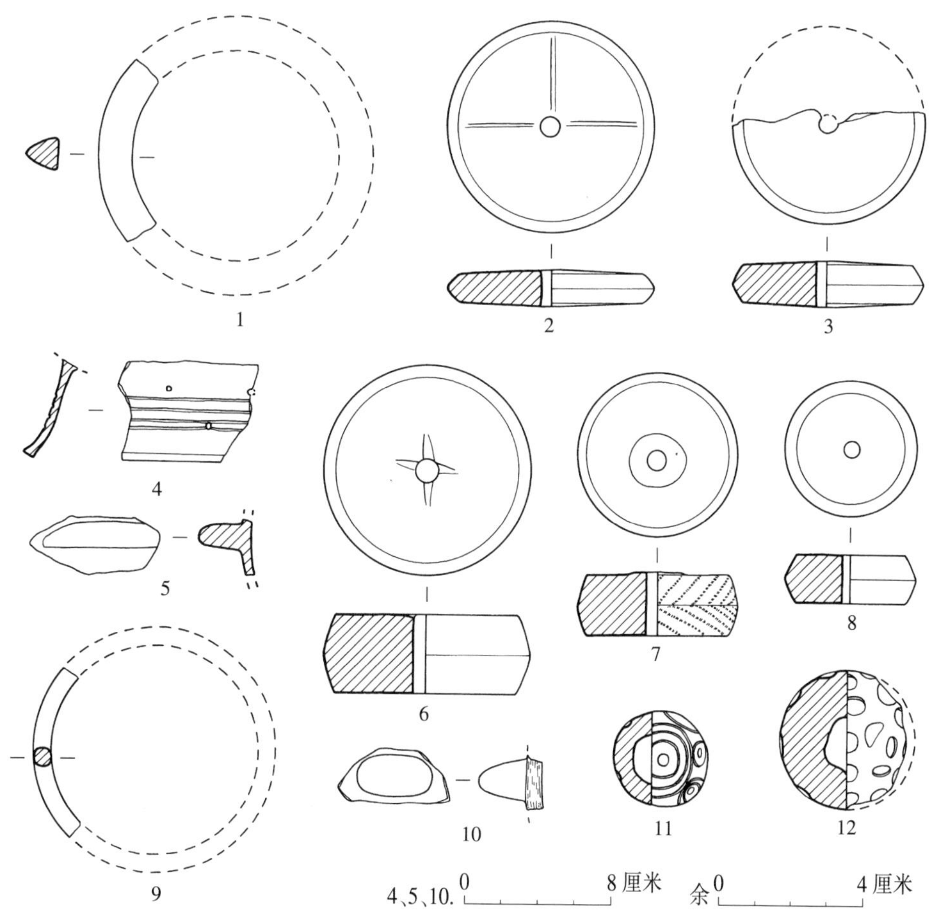

图一一九　03ET2307⑦出土陶器

1. B型环（03ET2307⑦:89）　2、3. Ab型纺轮（03ET2307⑦:103、87）　4. Ac型圈足（03ET2307⑦:59）　5、10. Aa型器耳（03ET2307⑦:65、64）　6～8. Aa型纺轮（03ET2307⑦:104、9、86）　9. A型环（03ET2307⑦:88）　11、12. Ba型球（03ET2307⑦:84、85）

⑦:87，Ab型。夹细砂褐陶。两面微弧，折壁，圆中间穿小圆孔。素面。直径5.3、孔径0.5、厚1～1.2厘米（图一一九，3）。标本03ET2307⑦:103，Ab型。夹砂灰陶。扁平圆形，折壁，圆中间穿小圆孔。饰线段。手制。直径5.7、孔径0.5、厚0.8～1厘米（图一一九，2；图版一〇，1）。

陶环　2件。标本03ET2307⑦:88，A型。泥质黄陶。截面呈圆形。素面。直径6.6、肉宽0.5、厚0.5厘米（图一一九，9）。标本03ET2307⑦:89，B型。泥质灰陶。截面呈三角形。素面。直径7.5、肉宽0.9、厚0.8厘米（图一一九，1）。

陶球　2件。标本03ET2307⑦:84，Ba型。夹砂灰陶。圆形，空心。饰圆圈和圆窝纹。手制。直径2.6厘米（图一一九，11）。标本03ET2307⑦:85，Ba型。夹砂褐陶。空心。满饰圆窝纹。手制。直径3.8厘米（图一一九，12）。

石斧　1件。标本03ET2307⑦:93，B型。灰白色，素面。通体磨光。整器厚重，身到刃部渐厚。平顶，锋、刃残。有使用的崩疤。残长5.9、宽4、厚1.7～2厘米（图一二〇，3）。

石锛　2件。标本03ET2307⑦:91，A型。灰色。通体磨光。器形小。近梯形，平顶，偏锋，弧刃。长4、残宽2.1、厚0.4～0.8厘米（图一二〇，5）。标本03ET2307⑦:90，B型Ⅱ式。深灰色。通体磨光。器形小。长方形，器身一面平，一面弧，弧面高三分之二处有段，平顶，正锋，弧刃，刃部有破渣，呈锯齿状。长4.3、宽2.7、厚0.4～0.6厘米（图一二〇，4；彩版一〇，4）。

石戈　1件。标本03ET2307⑦:92，仅存援后部和内。黑灰色。磨制。无阑，援扁平，上下直刃。残长6、宽3.7、厚0.7、内长2厘米（图一二〇，2）。

石环　1件。标本03ET2307⑦:94，B型。灰色。截面呈三角形。复原直径6.6、肉宽0.7、厚0.5厘米（图一二〇，1）。

铜片　1件。标本03ET2307⑦:13，体表呈绿色。扁平体。结构紧密，正面平整光滑，反面有褶皱，周边皆为残断面，上下厚薄不均。铜片表层锈蚀严重，但仍可从残断处见到坚硬的实质胎体，胎体呈深绿色。经中国科学技术大学理化科学实验中心检测分析，是一件以铜—锡—铅为主的三元合金物的锈蚀品。其中铅、锡非本地所有。标本长1.3、宽0.7、厚0.2～0.3厘米（彩版一一，3；附录二）。

矿石　1块。标本03ET2307⑦:16，块状，铜铁混生矿石。比重较轻，质地较为坚实，无孔隙，结构较为细腻。矿体呈深绿色，有细小的白色颗粒，矿体表面有泥土。经检测，含铜量为40.12%，三氧化二铁2.35%，二氧化硅9.04%。经镜下观察，其岩相薄片及XRD物相分析，岩相结果为孔雀石、石英等。该矿石含铜量高，含铁低。标本长1.8、宽1.7、厚1.2厘米（彩版一一，2；附录二）。

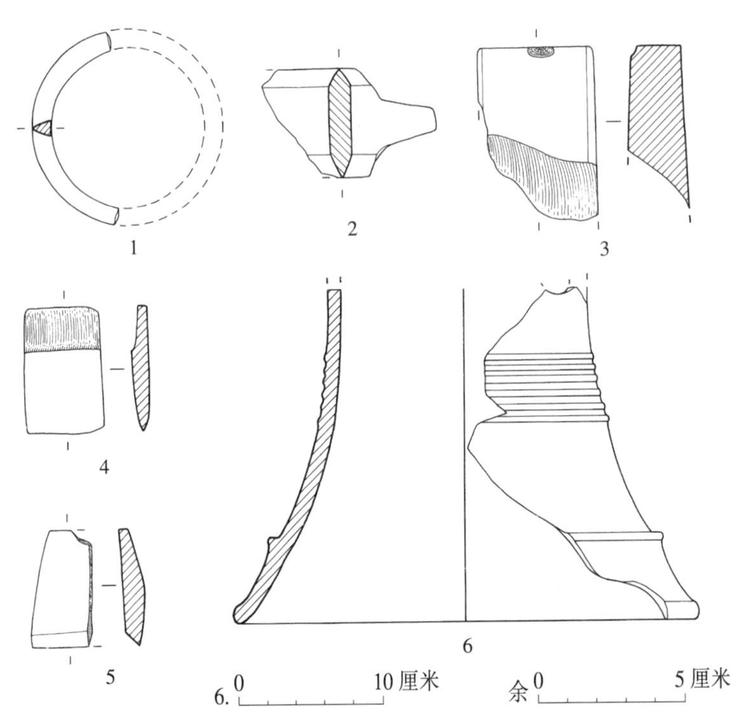

图一二〇　03ET2307⑦出土陶、石器

1. B型石环（03ET2307⑦:94）　2. 石戈（03ET2307⑦:92）　3. B型石斧（03ET2307⑦:93）　4. B型Ⅱ式石锛（03ET2307⑦:90）　5. A型石锛（03ET2307⑦:91）　6. Ⅱ式陶器座（03ET2307⑦:102）

2. 03ET2407⑨～⑦

03ET2407⑨

器类有陶鼎、罐、缸、壶、簋、豆、球、环和石锛、璧等。

标本26件。

陶鼎　3件。标本03ET2407⑨：21，Aa型Ⅰ式。夹砂灰黑陶，浅红胎。侈口，仰折沿凹，方唇上一道凹槽，溜肩。素面。口径18、残高2.8厘米（图一二一，2）。标本03ET2407⑨：25，Ab型。夹砂褐陶。敞口，尖唇。素面。残高2.6厘米（图一二一，8）。标本03ET2407⑨：22，C型。夹砂黄陶。侈口，勾唇。素面。残高2.8厘米（图一二一，6）。

陶鼎足　4件。标本03ET2407⑨：12，Aa型。夹砂黄褐陶。侧装三角凿形足，截面近菱形，足两侧戳一道对称的短竖槽。残高13.8厘米（图一二一，4）。标本03ET2407⑨：10，Aa型。夹砂黄陶。侧装三角凿形足，足前后面中间起棱。素面。残高11.8厘米（图一二一，13）。标本03ET2407⑨：11，A型。夹砂红陶。侧装三角形扁足。素面。残高5厘米（图一二一，17）。标本03ET2407⑨：13，Ab型。夹砂灰黄陶。侧装鸭嘴形足。残高3.8厘米（图一二一，5）。

陶罐　3件。标本03ET2407⑨：9，Aa型Ⅱ式。泥质灰白陶，陶质细腻。侈口，圆唇，矮领。口径12、残高2.5厘米（图一二一，16）。标本03ET2407⑨：20，Ab型Ⅱ式。夹砂褐陶。侈口，折沿，方唇，溜肩，斜弧腹。肩饰一方形泥饼，似耳。素面。口径28、残高10.7厘米（图一二一，1）。标本03ET2407⑨：23，Ad型。泥质黑皮，浅红胎。侈口，仰折沿，圆唇，溜肩。沿面饰两道凸棱。素面。残高4厘米（图一二一，7）。

陶缸口　2件。标本03ET2407⑨：6，A型Ⅰ式。夹砂灰黄陶。敞口，叠圆唇。唇面压印圆窝纹。残高5.4厘米（图一二一，14）。标本03ET2407⑨：7，A型Ⅰ式。夹砂红陶。敞口，叠圆唇。素面。残高7厘米（图一二一，11）。

陶壶　1件。标本03ET2407⑨：1，Ac型Ⅰ式。泥质灰陶，陶色纯正。弧肩，鼓腹，喇叭形矮圈足。壶底刻划呈放射状线纹一周。底径8.8、残高11.6厘米（图一二一，12；图版三，2）。

陶簋　1件。标本03ET2407⑨：2，A型Ⅰ式。泥质灰陶，陶色纯正。敛口，圆唇，深弧腹。手制，经慢轮修整，器表见规整密集的轮制时留下的旋纹。口径15.6、残高5.8厘米（图一二一，3）。

陶豆　1件。标本03ET2407⑨：5，Aa型Ⅰ式。泥质黑皮浅红胎陶。敛口，圆唇，折腹。素面。残高2.7厘米（图一二一，10）。

陶杯　1件。标本03ET2407⑨：19，E型。夹砂褐黄陶。敞口，窄折沿，圆唇，直腹。素面。残高5.8厘米（图一二一，15）。

陶器盖　1件。标本03ET2407⑨：3，B型。夹砂灰褐陶，陶质较疏松。盖口敞。素面。残高3.8厘米（图一二一，20）。

陶器耳　1件。标本03ET2407⑨：28，Aa型。泥质灰陶。半圆形片状横耳。素面（图一二一，19）。

陶圈足　2件。标本03ET2407⑨：24，Bb型。泥质黑皮浅红胎。矮圈足直。底径8.6、残高1.6厘米（图一二一，18）。标本03ET2407⑨：26，Bb型。泥质灰白陶。喇叭形矮圈足。底径8、残高2厘米（图一二一，9）。

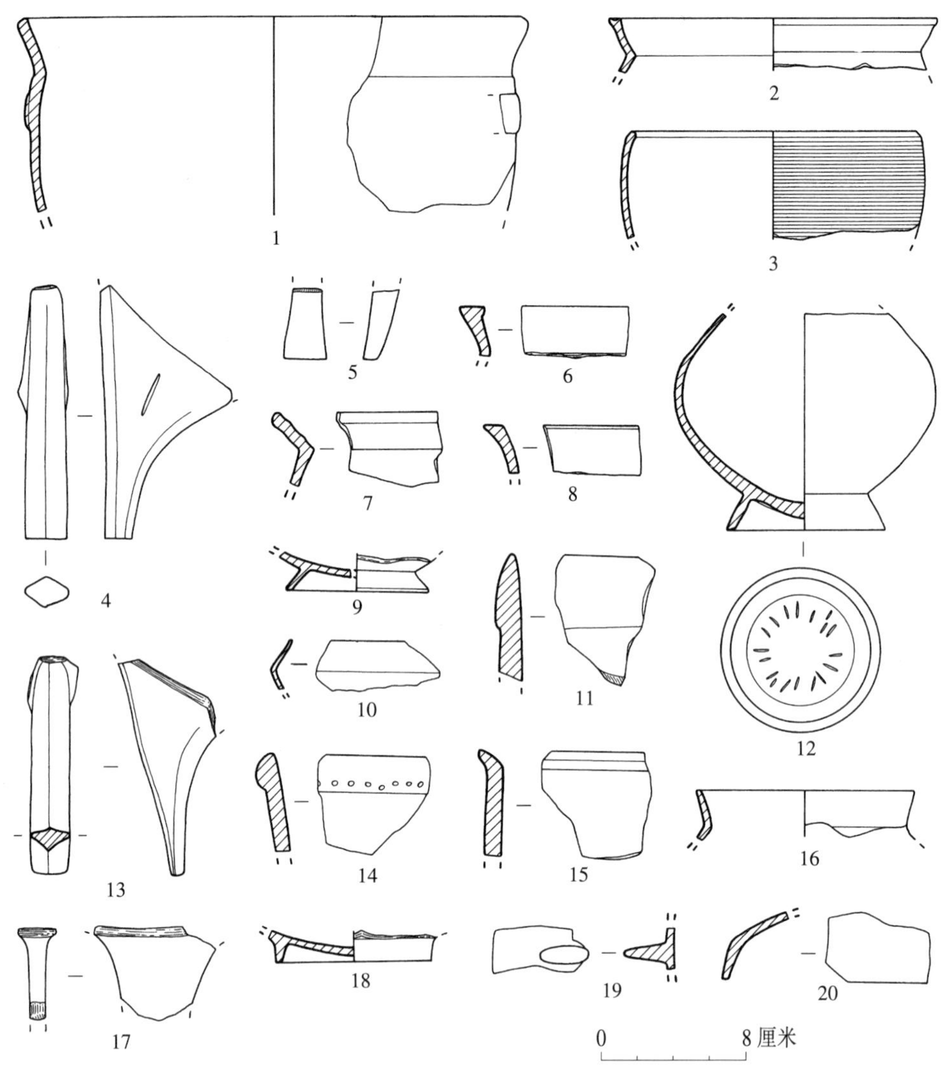

图一二一　03ET2407⑨出土陶器

1. Ab型Ⅱ式罐（03ET2407⑨:20）　2. Aa型Ⅰ式鼎（03ET2407⑨:21）　3. A型Ⅰ式簋（03ET2407⑨:2）　4、13. Aa型鼎足（03ET2407⑨:12、10）　5. Ab型鼎足（03ET2407⑨:13）　6. C型鼎（03ET2407⑨:22）　7. Ad型罐（03ET2407⑨:23）　8. Ab型鼎（03ET2407⑨:25）　9、18. Bb型圈足（03ET2407⑨:26、24）　10. Aa型Ⅰ式豆（03ET2407⑨:5）　11、14. A型Ⅰ式缸口（03ET2407⑨:7、6）　12. Ac型Ⅰ式壶（03ET2407⑨:1）　15. E型杯（03ET2407⑨:19）　16. Aa型Ⅱ式罐（03ET2407⑨:9）　17. A型鼎足（03ET2407⑨:11）　19. Aa型器耳（03ET2407⑨:28）　20. B型器盖（03ET2407⑨:3）

陶球　1件。标本03ET2407⑨:27，Bb型。夹砂红黄陶。圆形，空心。素面。直径4.5～4.8厘米（图一二二，2）。

陶环　2件。标本03ET2407⑨:15，Ca型。泥质灰陶。截面呈长圆形。素面。直径7、肉宽1、厚0.5～0.6厘米（图一二二，4；图版八，7）。标本03ET2407⑨:16，Ca型。泥质灰陶。截面呈横扁形。素面。直径6.5、肉宽1.2、厚0.6厘米（图一二二，1）。

陶饼　1件。标本03ET2407⑨:17，B型。夹砂灰黄陶。长方形，实心，一面上方有二小一大三圆窝，似人面。素面。用陶土捏制。长3.2、宽2.4、厚1～1.1厘米（图一二二，6；图版

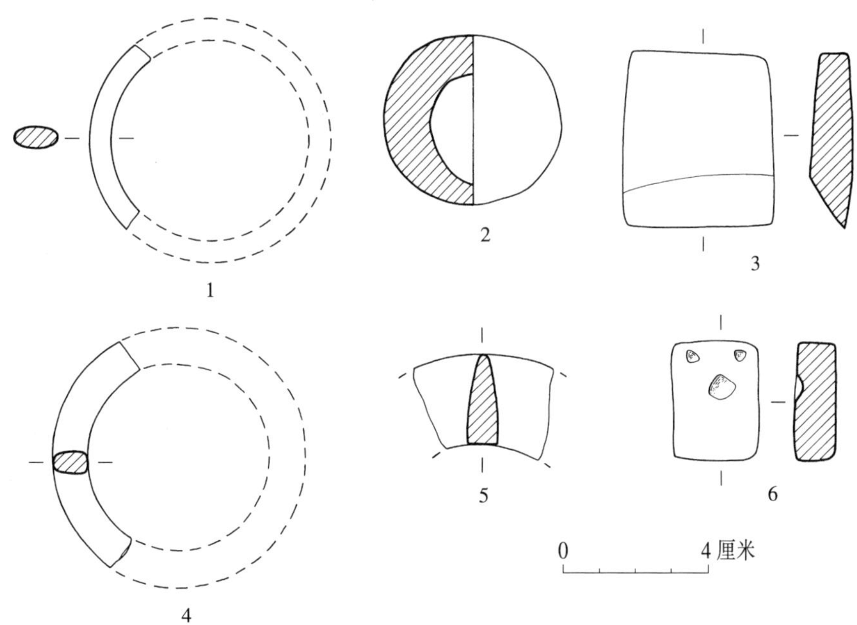

图一二二　03ET2407⑨出土陶、石器

1、4. Ca型陶环（03ET2407⑨:16、15）　2. Bb型陶球（03ET2407⑨:27）　3. A型石锛（03ET2407⑨:14）
5. 石璧（03ET2407⑨:29）　6. B型陶饼（03ET2407⑨:17）

八，5）。

石锛　1件。标本03ET2407⑨:14，A型。颜色泛绿。通体磨制精细。整体呈梯形，器形较小。斜顶，偏锋，刃稍斜。素面。长4.7、宽4.1、厚0.8～1.2厘米（图一二二，3；彩版一○，2）。

石璧　1件。标本03ET2407⑨:29，黑色。断面近等边三角形。素面。肉宽2.4、厚0.2～0.8厘米（图一二二，5）。

03ET2407⑧

器类有陶鼎、甑、罐、缸、盆、钵、豆、盘、器盖和器座等。

标本49件，还有炼渣。

陶鼎　4件。标本03ET2407⑧:1，Aa型Ⅱ式。夹砂褐陶，陶质疏松，红衣。侈口，仰折沿凹，内斜方唇上一道凹槽，溜肩，圆弧腹。手制，内壁部分地方凹凸不平，近底处一小块陶片不平为黏合侧装足处。饰稀疏的横篮纹。口径19.4、残高17.8厘米（图一二三，1；图版一，1）。标本03ET2407⑧:25，Aa型Ⅱ式。夹砂褐黄陶。侈口，仰折沿微凹，方唇凹，溜肩。饰稀疏的横篮纹。口径18、残高5.6厘米（图一二三，5）。标本03ET2407⑧:24，C型。夹砂黄褐陶。侈口，勾唇。素面。残高5.6厘米（图一二三，7）。标本03ET2407⑧:51，C型。夹砂灰褐陶。侈口，勾唇。上腹饰按窝状附加堆纹。残高6.4厘米（图一二三，6）。

陶鼎足　6件。标本03ET2407⑧:27，Aa型。夹砂红褐陶。侧装三角扁足，足两侧戳竖短刻槽。残高12.4厘米（图一二三，8）。标本03ET2407⑧:26，Ab型。夹砂黑灰陶。侧装鸭嘴形足。素面。残高5.6厘米（图一二三，12）。标本03ET2407⑧:28，Ab型。夹砂黄陶。侧装三角形足，足小。素面。残高6.7厘米（图一二三，10）。标本03ET2407⑧:29，Ab型。夹砂黑皮红胎陶。

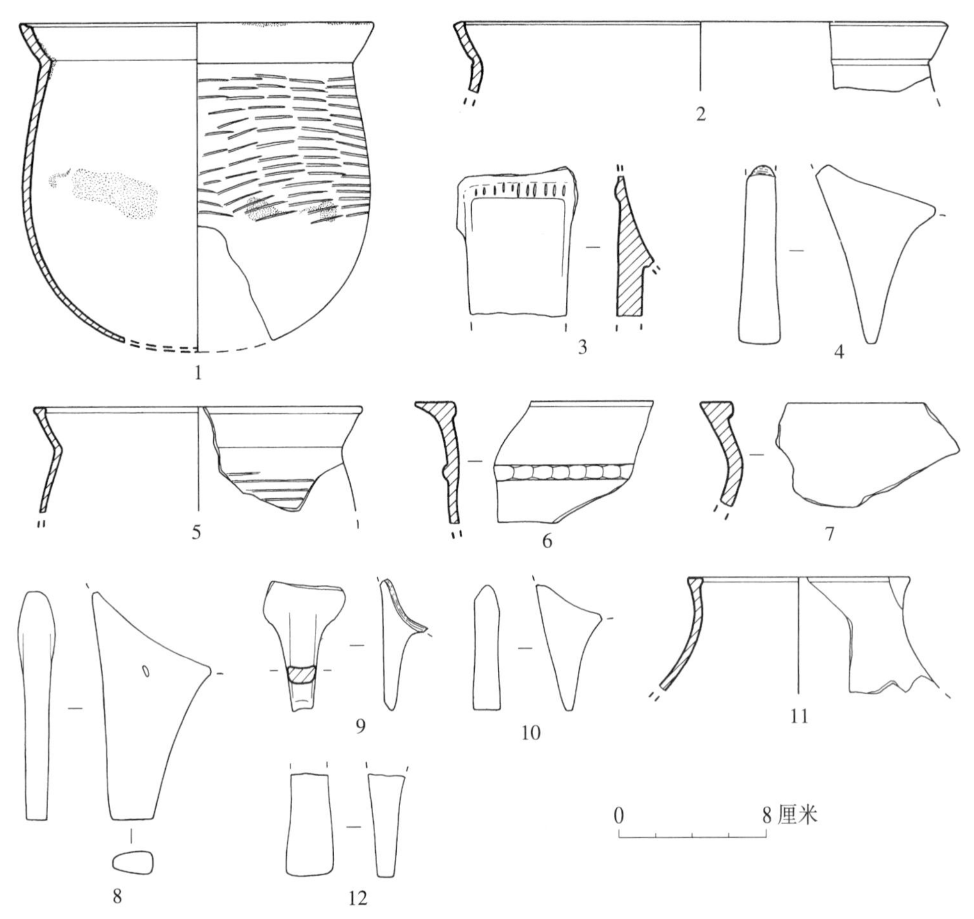

图一二三 03ET2407⑧出土陶器

1、5. Aa型Ⅱ式鼎（03ET2407⑧:1、25） 2. Aa型Ⅲ式罐（03ET2407⑧:49） 3. Ba型鼎足（03ET2407⑧:30） 4、10、12. Ab型鼎足（03ET2407⑧:29、28、26） 6、7. C型鼎（03ET2407⑧:51、24） 8. Aa型鼎足（03ET2407⑧:27） 9. Bb型鼎足（03ET2407⑧:31） 11. Aa型Ⅱ式壶（03ET2407⑧:22）

侧装鸭嘴形足。素面。残高9.6厘米（图一二三，4）。标本03ET2407⑧:30，Ba型。夹砂黄陶。正装宽扁足，似铲形，足面凹。足根刻一横排竖凹槽。残高8厘米（图一二三，3）。标本03ET2407⑧:31，Bb型。夹砂褐陶。正装扁足不高，足两面凹。素面。残高7厘米（图一二三，9）。

陶甑 1件。标本03ET2407⑧:10，B型Ⅱ式。夹细砂灰胎，陶色纯正。矮圈足。下腹饰斜篮纹。底径12.8、残高3.8厘米（图一二四，7）。

陶罐 3件。标本03ET2407⑧:49，Aa型Ⅲ式。夹砂黑皮红胎，灰胎芯。侈口，宽仰折沿微凹，方唇。素面。口径27、残高3.8厘米（图一二三，2）。标本03ET2407⑧:48，Ac型Ⅱ式。夹砂黑皮红胎陶。大侈口，仰折沿，叠唇凹。素面。口径38、残高4.4厘米（图一二四，3）。标本03ET2407⑧:41，Cb型。泥质黑皮红胎。盘口，斜方唇。素面。残高3.8厘米（图一二四，12）。

陶缸口 2件。标本03ET2407⑧:46，A型Ⅰ式。夹砂黄陶，胎及内壁黑。敞口，叠圆唇。素面。残高6.5厘米（图一二四，2）。标本03ET2407⑧:45，A型Ⅱ式。夹砂红陶。器形大。敞口，方唇。饰压印的米格纹。残高19厘米（图一二四，9）。

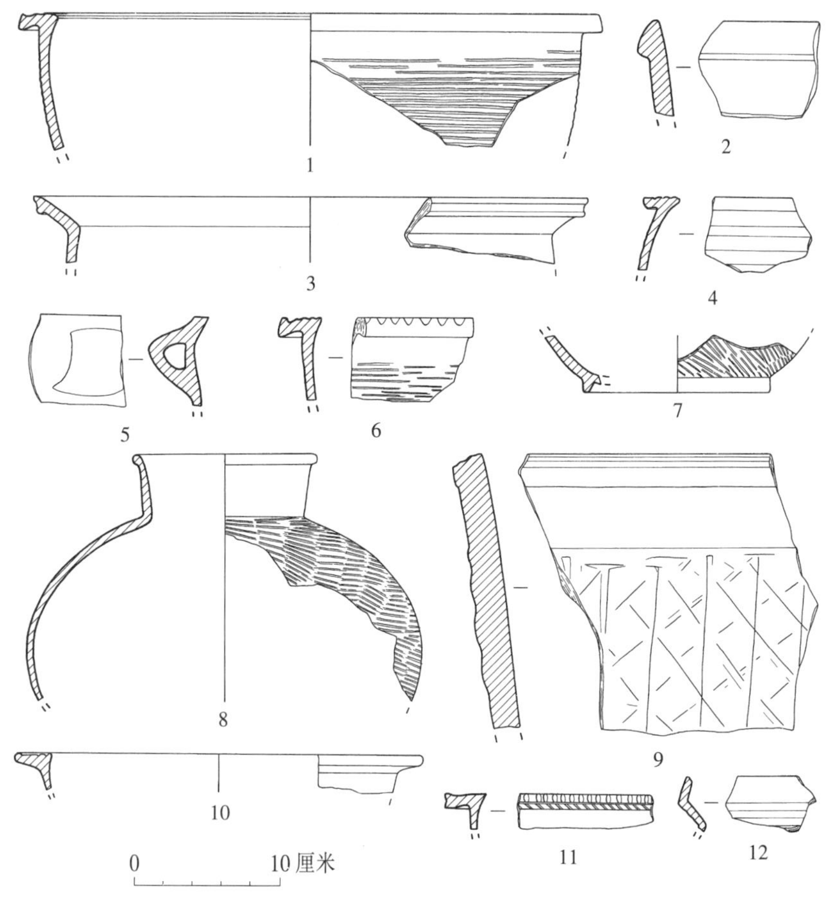

图一二四　03ET2407⑧出土陶器

1、6、11. Ab 型Ⅱ式盆（03ET2407⑧：15、17、18）　2. A 型Ⅰ式缸口（03ET2407⑧：46）　3. Ac 型Ⅱ式罐（03ET2407⑧：48）　4. B 型Ⅱ式瓮（03ET2407⑧：16）　5. B 型器耳（03ET2407⑧：43）　7. B 型Ⅱ式甑（03ET2407⑧：10）　8. Aa 型Ⅲ式壶（03ET2407⑧：47）　9. A 型Ⅱ式缸（03ET2407⑧：45）　10. Aa 型Ⅱ式盆（03ET2407⑧：50）　12. Cb 型罐（03ET2407⑧：41）

陶瓮　1 件。标本 03ET2407⑧：16，B 型Ⅱ式。夹砂灰黑陶，浅红胎。敛口，平折沿上饰凹槽，方唇，弧腹。饰凹弦纹。残高 5 厘米（图一二四，4）。

陶壶　4 件。标本 03ET2407⑧：22，Aa 型Ⅱ式。夹砂褐陶，外褐内黑，陶质较疏松。敞口，小平沿，方唇，粗颈。素面。口径 12、残高 6 厘米（图一二三，11）。标本 03ET2407⑧：47，Aa 型Ⅲ式。夹细砂灰黑皮浅红胎。敞口，圆唇，颈较高，圆腹。饰斜篮纹。手制，内壁多按窝。口径 12.6、残高 16.6 厘米（图一二四，8）。标本 03ET2407⑧：19，Ac 型Ⅰ式。泥质黑皮红胎陶。敞口，圆唇，直颈，溜肩。素面。口径 10、残高 4.8 厘米（图一二五，15）。标本 03ET2407⑧：12，Ae 型Ⅰ式。泥质黑皮灰胎，陶质细腻。器形小，较规整。直口微敞，圆唇，短颈，弧肩，圆腹，圈足残。素面。手制，经慢轮修整，内壁见慢轮修整时留下的间断弧线。口径 8.4、残高 13.4 厘米（图一二五，14；图版三，5）。

陶盆　4 件。标本 03ET2407⑧：50，Aa 型Ⅱ式。泥质黑皮浅红胎，灰胎芯。口微敛，平沿上饰凹槽，圆唇。口径 28、残高 2.5 厘米（图一二四，10）。标本 03ET2407⑧：15，Ab 型Ⅱ式。夹砂黑皮浅红胎。大口微敛，平沿，沿面上一凹槽，方唇，深弧腹。腹饰密集的凹弦纹。

口径40、残高8.8厘米（图一二四，1）。标本03ET2407⑧∶17，Ab型Ⅱ式。夹砂黑皮浅红胎。大口微敛，平沿上饰凹槽，方唇，深弧腹。唇缘压印窝状花边，腹饰横篮纹。残高5.6厘米（图一二四，6）。标本03ET2407⑧∶18，Ab型Ⅱ式。夹砂黑皮灰胎陶。大口微敛，平折沿下凹，方唇，方唇中一道凹槽把唇分成上下两部分。唇饰锯齿状和绞索状花边。残高2.4厘米（图一二四，11）。

陶钵　1件。标本03ET2407⑧∶2，A型Ⅲ式。夹砂红陶，陶色不纯。器形小。直口，尖圆唇，折腹，圜底。素面。手制，器表凹凸不平。口径9.3、高4厘米（图一二五，5；图版五，3）。

陶豆　3件。标本03ET2407⑧∶32，Aa型Ⅱ式。泥质灰陶，陶质细腻，陶色纯正。敛口，尖唇，折盘。素面。口径20、残高3.6厘米（图一二五，10）。标本03ET2407⑧∶33，Aa型Ⅱ式。泥质灰陶。敛口，尖唇，折盘。素面。口径16、残高2厘米（图一二五，4）。标本03ET2407⑧∶34，Ab型Ⅱ式。泥质灰陶。子口微敛，圆唇，折盘。素面。残高3.7厘米（图一二五，6）。

陶盘　1件。标本03ET2407⑧∶37，D型Ⅰ式。泥质灰陶。口微敛，弧折唇，弧盘。素面。口径21.6、残高4.6厘米（图一二五，13）。

陶器盖　8件。标本03ET2407⑧∶40，Ab型Ⅱ式。泥质黑皮灰胎，黑皮光亮。纽、顶残，盖口敞。素面。盖口径18、残高3.6厘米（图一二五，3）。标本03ET2407⑧∶53，Ab型Ⅱ式。泥质灰陶。纽、顶残，盖口敞。素面。盖口径20、残高2.6厘米（图一二五，2）。标本03ET2407⑧∶42，Ac型。夹砂褐陶。纽、顶残，直口微敛。素面。残高3.2厘米（图一二五，11）。标本03ET2407⑧∶3，B型Ⅰ式。泥质黄陶，陶色不纯。器形小。花瓣形凹纽，斜顶，盖口敞。素面。纽与顶同时捏制。纽径3.2、盖口径6.6、高2.2厘米（图一二五，17）。标本03ET2407⑧∶4，B型Ⅱ式。夹砂灰黑陶。花瓣形凹纽，弧顶，近直口。素面。纽与顶同时捏制，内外壁见捏制痕。纽径6、盖口径11.2、高3.3厘米（图一二五，9；图版七，4）。标本03ET2407⑧∶39，Ca型Ⅰ式。泥质灰陶。柄形纽，斜顶残。素面。残高2.5厘米（图一二五，8）。标本03ET2407⑧∶36，C型。夹砂黄灰陶。纽残，斜顶，盖口敞。素面。盖口径12、残高4厘米（图一二五，12）。标本03ET2407⑧∶38，C型。夹砂褐陶。纽残，弧顶，盖口近直。素面。残高3厘米（图一二五，16）。

陶器耳　2件。标本03ET2407⑧∶44，Ab型。夹砂黄陶。圆柱形耳，耳端有圆形孔。素面（图一二六，3）。标本03ET2407⑧∶43，B型。夹砂褐红陶。敛口，方唇，有孔牛鼻形竖耳。素面（图一二四，5）。

陶圈足　4件。标本03ET2407⑧∶35，Aa型。泥质灰白陶，陶质细腻，陶色纯正。圈足上有一周凸棱。残高4.4厘米（图一二五，7）。标本03ET2407⑧∶23，Ac型。夹砂红陶，陶色不纯。仅存高粗桶形圈足。素面。残高7.4厘米（图一二五，18）。标本03ET2407⑧∶7，Ba型。夹砂褐皮红胎。喇叭形圈足。圈足饰相对的透穿圆孔各两个，盲孔圆穿九个。底径12.6、残高3.2厘米（图一二六，2）。标本03ET2407⑧∶14，Bb型。泥质灰陶，陶质细腻。矮直圈足。素面。底径9.8、残高2.8厘米（图一二六，1）。

陶器座　1件。标本03ET2407⑧∶9，Ⅰ式。夹砂灰陶。器形大，亚腰形，上口沿有使用痕迹。饰半圆形大镂孔和附加堆纹。手制，慢轮修整，见泥条盘筑痕。最小腰径22.4、残高28.8厘米

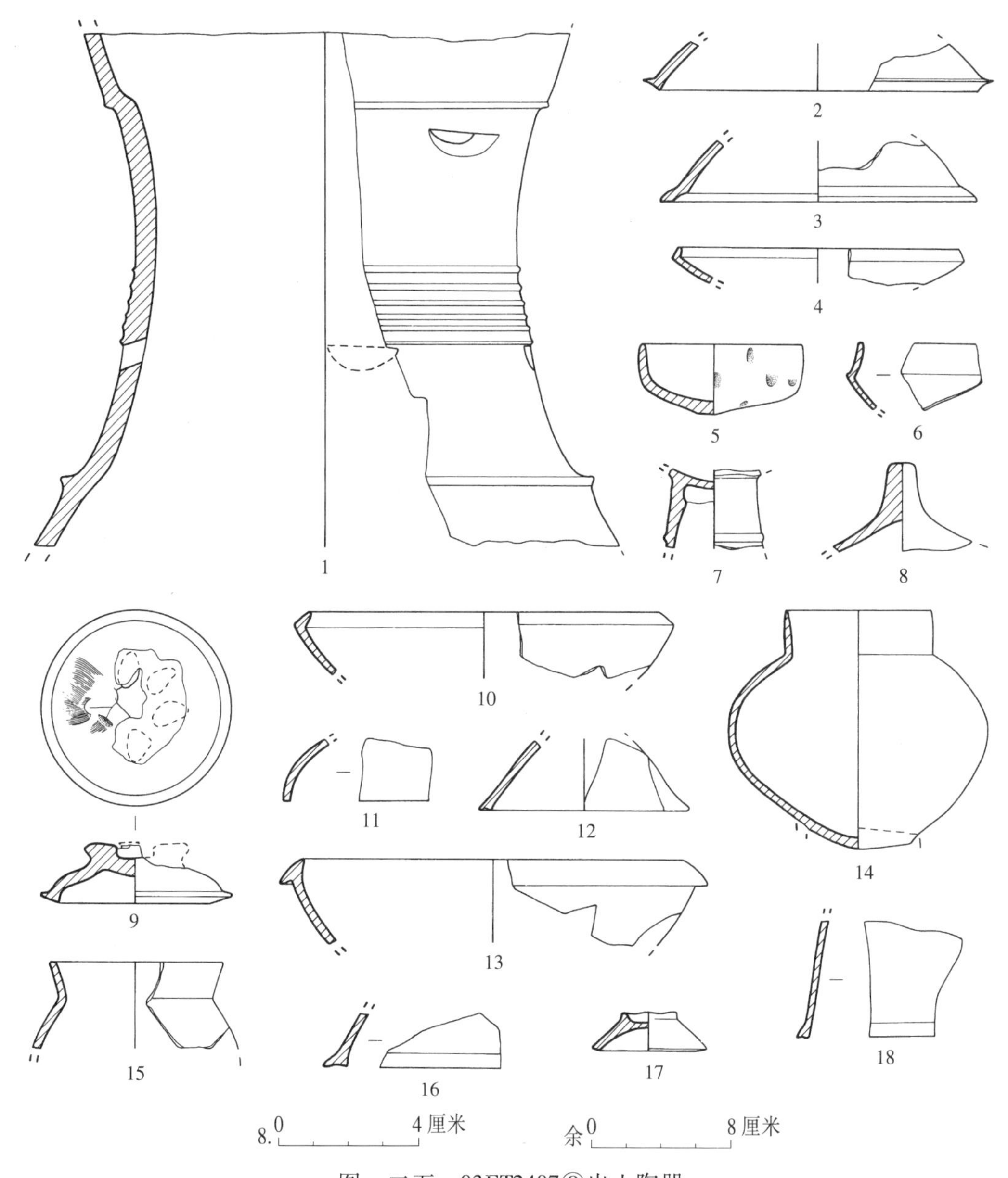

图一二五　03ET2407⑧出土陶器

1. Ⅰ式器座（03ET2407⑧:9）　2、3. Ab型Ⅱ式器盖（03ET2407⑧:53、40）　4、10. Aa型Ⅱ式豆（03ET2407⑧:33、32）　5. A型Ⅲ式钵（03ET2407⑧:2）　6. Ab型Ⅱ式豆（03ET2407⑧:34）　7. Aa型圈足（03ET2407⑧:35）　8. Ca型Ⅰ式器盖（03ET2407⑧:39）　9. B型Ⅱ式器盖（03ET2407⑧:4）　11. Ac型器盖（03ET2407⑧:42）　12、16. C型器盖（03ET2407⑧:36、38）　13. D型Ⅰ式盘（03ET2407⑧:37）　14. Ae型Ⅰ式壶（03ET2407⑧:12）　15. Ac型Ⅰ式壶（03ET2407⑧:19）　17. B型Ⅰ式器盖（03ET2407⑧:3）　18. Ac型圈足（03ET2407⑧:23）

（图一二五，1；彩版八，6）。

陶纺轮　3件。标本03ET2407⑧:8，Aa型。夹砂褐陶。圆形稍厚，折壁，圆中间穿小圆孔。饰不规则的小窝点。直径4.9、孔径0.5、厚2厘米（图一二六，5；图版九，1）。标本03ET2407⑧:11，Aa型。夹砂红黄陶。圆形稍厚，折壁，圆中间穿小圆孔。素面。直径4.8、孔径0.4、厚1.7厘米（图一二六，4；图版九，2）。标本03ET2407⑧:5，Ab型。夹砂黄褐陶。扁平圆形，折

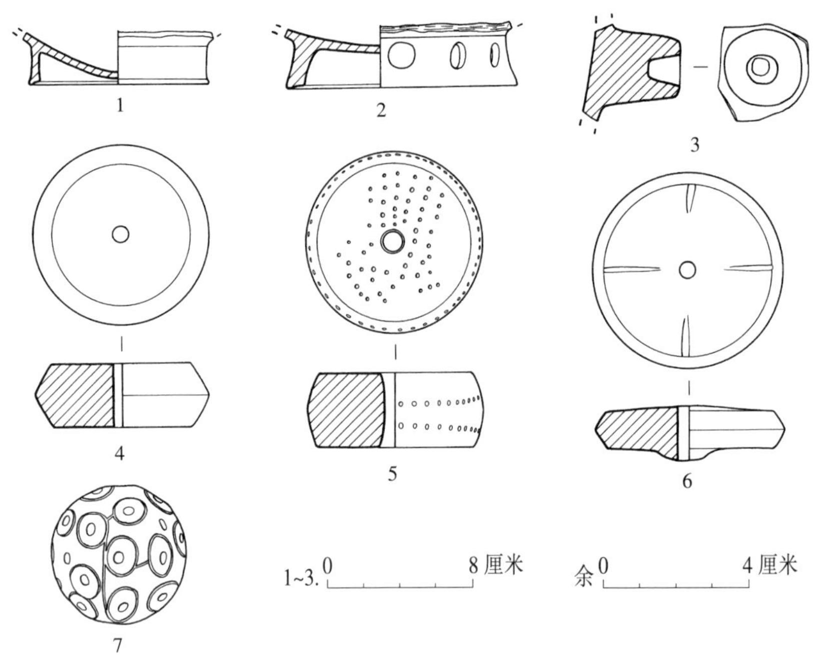

图一二六　03ET2407⑧出土陶器

1. Bb型圈足（03ET2407⑧:14）　2. Ba型圈足（03ET2407⑧:7）　3. Ab型器耳（03ET2407⑧:44）　4、5. Aa型纺轮（03ET2407⑧:11、8）　6. Ab型纺轮（03ET2407⑧:5）　7. Aa型球（03ET2407⑧:6）

壁，圆中间穿小圆孔，一面圆孔周围凸起，为穿孔所制。饰四条对称短射线。直径5.2、孔径0.4、厚1~1.4厘米（图一二六，6；图版九，7）。

陶球　1件。标本03ET2407⑧:6，Aa型。泥质褐红陶。圆形，实心。饰圆圈套圆窝纹。直径3.7厘米（图一二六，7；图版一一，2）。

炼渣　2块。标本03ET2407⑧:13，块状溶流结体，渣体灰褐色为主两侧浅红色，断面上可观察有密集的气孔形的空隙，其中夹杂有细小的红色颗粒。标本长6.2、宽4.1、高3.2厘米（彩版一二，1；附录二）。

03ET2407⑦

器类有陶鼎、罐、盆、甑、饼、球、环和石刀等。

标本14件。

陶鼎　1件。标本03ET2407⑦:2，Aa型。夹砂红陶。侈口，尖唇，束颈。素面。残高3.8厘米（图一二七，11）。

陶鼎足　1件。标本03ET2407⑦:1，Aa型。夹砂黄陶。侧装三角凿形足。素面。残高14厘米（图一二七，4）。

陶罐　1件。标本03ET2407⑦:4，Aa型Ⅲ式。泥质灰陶。侈口，折沿厚，方唇凹。素面。口径25.8、残高3.8厘米（图一二七，1）。

陶壶　1件。标本03ET2407⑦:3，Ab型。夹砂黄陶。敞口，尖唇，粗长颈。素面。口径10、残高5厘米（图一二七，12）。

陶缸口　1件。标本03ET2407⑦:9，A型Ⅱ式。夹砂红陶。敞口，方唇，唇面饰两凹槽。素

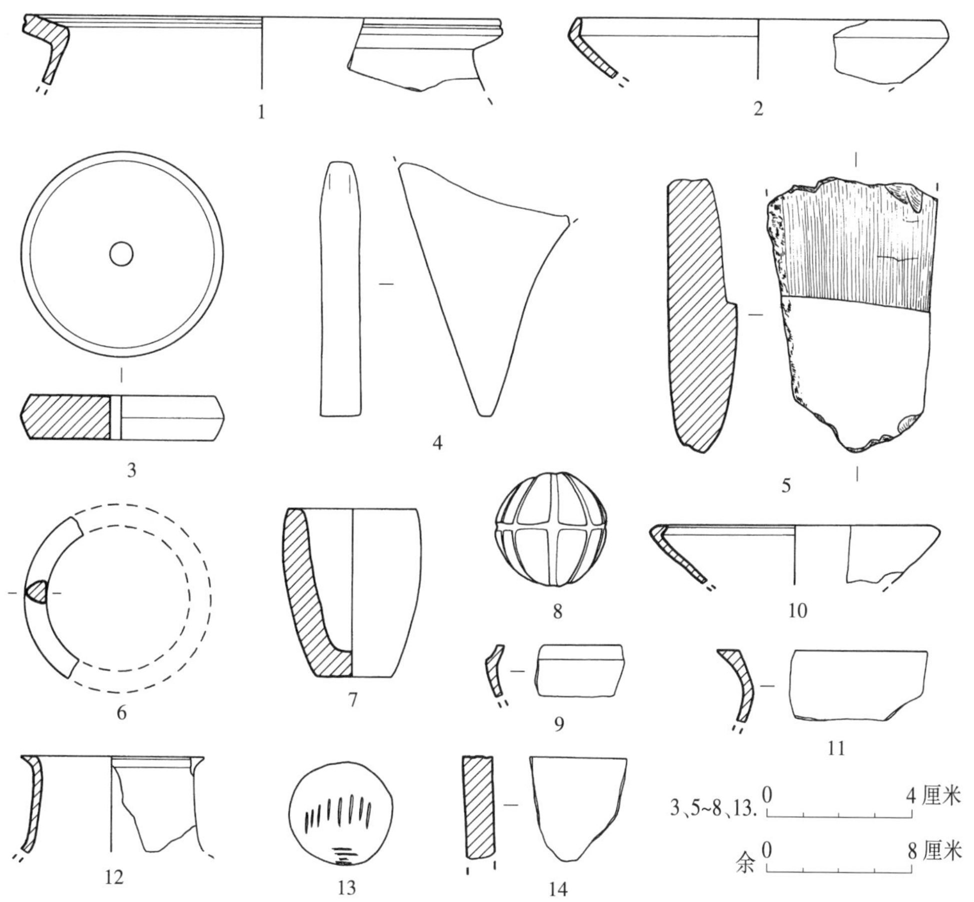

图一二七　03ET2407⑦出土陶、石器

1. Aa 型Ⅲ式陶罐（03ET2407⑦:4）　2. Aa 型Ⅱ式陶豆（03ET2407⑦:5）　3. Ab 型陶纺轮（03ET2407⑦:14）　4. Aa 型陶鼎足（03ET2407⑦:1）　5. B 型石锛（03ET2407⑦:12）　6. B 型陶环（03ET2407⑦:13）　7. G 型陶杯（03ET2407⑦:8）　8. Ba 型陶球（03ET2407⑦:10）　9. Ab 型陶豆（03ET2407⑦:7）　10. Aa 型Ⅲ式豆（03ET2407⑦:6）　11. Aa 型陶鼎（03ET2407⑦:2）　12. Ab 型陶壶（03ET2407⑦:3）　13. Aa 型陶球（03ET2407⑦:11）　14. A 型Ⅱ式陶缸口（03ET2407⑦:9）

面。残高 5.6 厘米（图一二七，14）。

陶豆　3 件。标本 03ET2407⑦:5，Aa 型Ⅱ式。泥质黑皮红胎陶。敛口，圆唇，折盘。素面。口径 20、残高 3.2 厘米（图一二七，2）。标本 03ET2407⑦:6，Aa 型Ⅲ式。泥质灰陶。敛口，勾唇，折盘。素面。口径 14、残高 3.2 厘米（图一二七，10）。标本 03ET2407⑦:7，Ab 型。泥质灰陶。子口微敛，沿面内曲，圆唇。素面。残高 2.8 厘米（图一二七，9）。

陶杯　1 件。标本 03ET2407⑦:8，G 型。夹砂褐陶，厚胎。器形小。敞口，圆唇，斜直腹，平底。素面。口径 3.4、底径 2、高 4.5 厘米（图一二七，7）。

陶纺轮　1 件。标本 03ET2407⑦:14，Ab 型。夹砂灰黄陶。扁平圆形，折壁，圆中间穿小圆孔。直径 5.5、孔径 0.6、厚 1.2 厘米（图一二七，3）。

陶环　1 件。标本 03ET2407⑦:13，B 型。泥质灰陶。截面呈三角形。素面。直径 5.1、肉宽 0.6、厚 0.6 厘米（图一二七，6）。

陶球 2件。标本03ET2407⑦:11，Aa型。夹砂灰陶。圆形，实心。饰刻划短线。手制。直径2.8厘米（图一二七，13）。标本03ET2407⑦:10，Ba型。夹砂黄陶。圆形，空心。饰对称弧线纹。手制，手摇有轻微的碰撞声。直径3～3.1厘米（图一二七，8）。

石锛 1件。标本03ET2407⑦:12，B型。颜色泛灰。通体磨制。厚体。有段。顶、刃和身残。残长7.4、残宽3.6～4.6、厚1.3～1.9厘米（图一二七，5；图版一三，5）。

3. 03ET2408⑦

器类有陶鼎、甑、罐、缸、壶、盆、器盖、纺轮和石斧、刀等。

标本39件。

陶鼎 4件。标本03ET2408⑦:11，Aa型。夹砂黑陶。素面。侈口，折沿，沿面微凹，方唇。残高2厘米（图一二八，18）。标本03ET2408⑦:6，B型Ⅲ式。夹砂灰黑陶。侈口，折沿凹，方唇饰一道凹槽，溜肩。饰斜篮纹。口径16、残高5.6厘米（图一二八，10）。标本03ET2408⑦:8，B型Ⅲ式。夹砂灰陶。侈口，折沿凹，方唇凹，溜肩。饰稀疏的篮纹。口径26、残高6厘米（图一二八，1）。标本03ET2408⑦:13，D型Ⅲ式。夹砂黑陶，灰胎。直口，方唇，颈较高，广肩。饰稀疏的篮纹。口径12、残高5.6厘米（图一二八，7）。

陶鼎足 9件。标本03ET2408⑦:21，Aa型。夹砂红陶。器形小，侧装三角凿形足。素面。残高5厘米（图一二八，15）。标本03ET2408⑦:22，Aa型。夹砂褐红陶。器形小，侧装三角凿形足。足正面中间起棱。素面。残高10.2厘米（图一二八，11）。标本03ET2408⑦:16，Ab型。夹砂红陶。侧装鸭嘴形足。素面。残高6.2厘米（图一二八，17）。标本03ET2408⑦:17，Ab型。夹砂黑皮红胎陶。侧装鸭嘴形足，足前后面中间起棱。素面。残高7.6厘米（图一二八，16）。标本03ET2408⑦:23，Ab型。夹砂褐红陶。侧装鸭嘴形足。素面。残高10.6厘米（图一二八，14）。标本03ET2408⑦:18，Ac型。夹砂红陶。侧装三角形足，足内弯且较薄。素面。残高5.2厘米（图一二八，12）。标本03ET2408⑦:19，Ac型。夹砂红陶。侧装三角扁足。素面。残高8.2厘米（图一二八，13）。标本03ET2408⑦:20，Bb型。夹砂褐红陶。正装宽扁足，足根内侧有三角形支钉。足根正面中间饰一圆饼，足面满戳窝纹。残高5厘米（图一二八，8）。标本03ET2408⑦:24，Bb型。夹砂红陶。正装宽扁足，足根内侧有三角形支钉。足面满戳窝纹。残高6.2厘米（图一二八，5）。

陶甑 1件。标本03ET2408⑦:9，A型Ⅱ式。夹砂灰黑陶。侈口，折沿，沿面一凹槽，尖唇。素面。口径22、残高4.6厘米（图一二八，2）。

陶罐 4件。标本03ET2408⑦:7，Ab型Ⅲ式。夹砂红陶。侈口，折沿，圆唇，溜肩。口径24、残高7.6厘米（图一二八，3）。标本03ET2408⑦:15，Ad型Ⅲ式。夹砂红陶。侈口，卷沿，圆唇。素面。口径12、残高3.6厘米（图一二九，4）。标本03ET2408⑦:5，B型Ⅱ式。夹砂灰陶。平沿，圆唇，矮直领，溜肩，弧腹。素面。口径12、残高4.4厘米（图一二八，6）。标本03ET2408⑦:14，Cb型Ⅱ式。夹砂灰陶。盘口敛，圆唇，斜直腹。素面。残高7.8厘米（图一二八，9）。

陶缸口 2件。标本03ET2408⑦:29，A型Ⅱ式。夹砂红褐陶，陶质疏松，外壁光滑，内壁砂粒外凸，多为白色砂粒，胎越到底部越厚。器形大。敞口，方唇面饰两道凹槽。唇外饰一周弧线圆窝宽带。残高16.6厘米（图一二九，1）。标本03ET2408⑦:34，A型。夹砂灰陶。长条状耳。

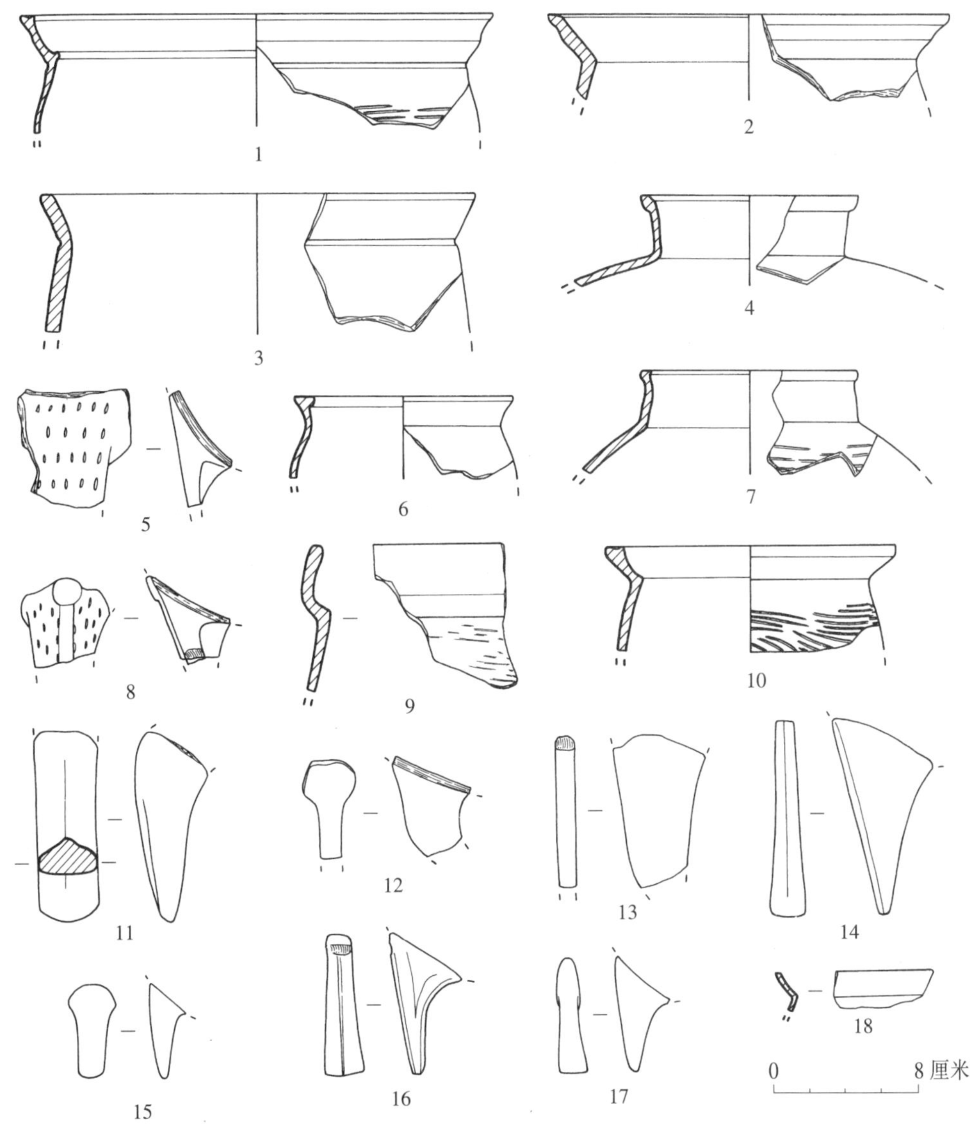

图一二八　03ET2408⑦出土陶器

1、10. B型Ⅲ式鼎（03ET2408⑦:8、6）　2. A型Ⅱ式甑（03ET2408⑦:9）　3. Ab型Ⅲ式罐（03ET2408⑦:7）
4. Aa型Ⅲ式壶（03ET2408⑦:12）　5、8. Bb型鼎足（03ET2408⑦:24、20）　6. B型Ⅱ式罐（03ET2408⑦:5）
7. D型Ⅲ式鼎（03ET2408⑦:13）　9. Cb型Ⅱ式罐（03ET2408⑦:14）　11、15. Aa型鼎足（03ET2408⑦:22、21）
12、13. Ac型鼎足（03ET2408⑦:18、19）　14、16、17. Ab型鼎足（03ET2408⑦:23、17、16）　18. Aa型鼎（03ET2408⑦:11）

耳面饰竖短刻槽（图一二九，11）。

陶壶　1件。标本03ET2408⑦:12，Aa型Ⅲ式。夹细砂灰陶。直口微敞，叠唇，高领，广肩。素面。口径12、残高4.8厘米（图一二八，4）。

陶盆　4件。标本03ET2408⑦:3，Aa型Ⅱ式。泥质灰黑皮浅红胎。大口微敛，平沿，方唇，深弧腹。素面。口径28、残高4.6厘米（图一二九，2）。标本03ET2408⑦:4，Aa型。夹砂红褐陶。敞口，平沿，方唇，弧腹。饰一周凸棱。残高4.2厘米（图一二九，3）。标本03ET2408⑦:1，Ab型Ⅲ式。夹砂灰陶。大口微敛，平沿，沿面饰多道凹槽，方唇，唇面饰一道凹槽，深弧腹。饰横篮纹。口径54、残高7厘米（图一二九，9）。标本03ET2408⑦:2，Ac型Ⅱ式。泥质黑皮浅红

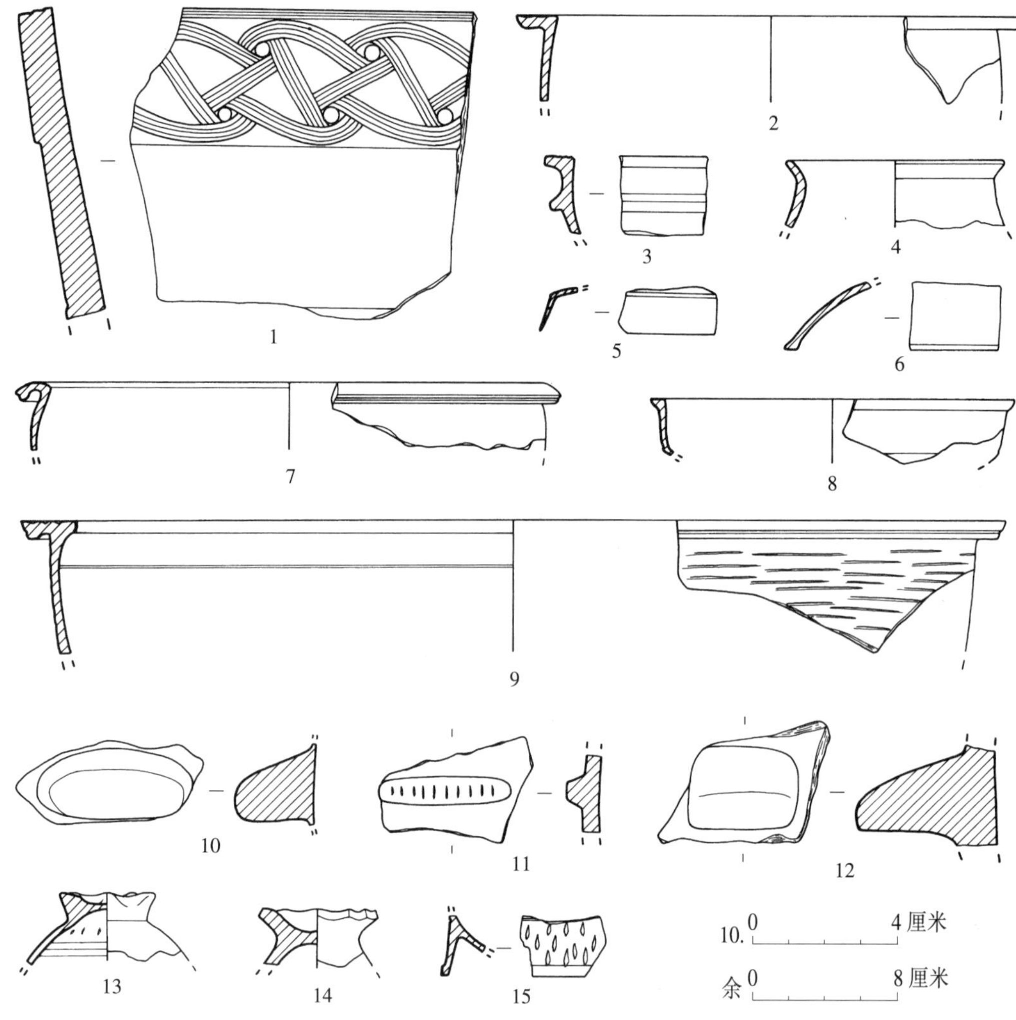

图一二九 03ET2408⑦出土陶器

1. A型Ⅱ式缸口（03ET2408⑦:29） 2. Aa型Ⅱ式盆（03ET2408⑦:3） 3. Aa型盆（03ET2408⑦:4） 4. Ad型Ⅲ式罐（03ET2408⑦:15） 5. Ad型Ⅰ式器盖（03ET2408⑦:28） 6. Ab型Ⅱ式器盖（03ET2408⑦:30） 7. Ac型Ⅱ式盆（03ET2408⑦:2） 8. Ba型盘（03ET2408⑦:27） 9. Ab型Ⅲ式盆（03ET2408⑦:1） 10、12. Aa型器耳（03ET2408⑦:33、35） 11. A型缸口（03ET2408⑦:34） 13. B型Ⅰ式器盖（03ET2408⑦:32） 14. B型Ⅱ式器盖（03ET2408⑦:31） 15. Bb型圈足（03ET2408⑦:10）

胎。大口微敛，翻沿，方唇，唇面一凹槽，弧腹残。素面。口径30、残高3.6厘米（图一二九，7）。

陶盘 1件。标本03ET2408⑦:27，Ba型。泥质灰陶。直口微敞，平沿，圆唇，折壁。折壁处一周凸棱。口径20、残高3.6厘米（图一二九，8）。

陶器盖 4件。标本03ET2408⑦:30，Ab型Ⅱ式。夹砂褐陶。纽、斜顶残，盖口敞。素面。残高3.6厘米（图一二九，6）。标本03ET2408⑦:28，Ad型Ⅰ式。泥质红黄陶。盖口敞，圆唇，折腹残。折腹处一凸棱。残高2.6厘米（图一二九，5）。标本03ET2408⑦:32，B型Ⅰ式。夹砂褐陶。花瓣形凹纽，盖顶弧。素面。手制，内壁见泥条盘筑痕，纽见捏制痕。纽径5.2、残高3.6厘米（图一二九，13）。标本03ET2408⑦:31，B型Ⅱ式。夹砂褐黄陶。花瓣形凹纽，盖顶、口残。素面。纽见捏制痕。纽径6.2、残高3.2厘米（图一二九，14）。

陶器耳　2件。标本03ET2408⑦:33，Aa型。夹砂红褐陶。长条形片状横耳。素面（图一二九，10）。标本03ET2408⑦:35，Aa型。夹砂灰黑陶。长条形片状横耳。器耳下面光滑。素面（图一二九，12）。

陶圈足　1件。标本03ET2408⑦:10，Bb型。泥质黑陶。矮圈足，圈足底部一周起凸。戳菱形纹。残高3.2厘米（图一二九，15）。

陶纺轮　4件。标本03ET2408⑦:25，Ab型。夹砂黄陶。圆形，折壁，圆中间穿小圆孔，正面微凸。素面。直径5、孔径0.6、厚1.2~1.4厘米（图一三〇，1）。标本03ET2408⑦:38，Ab型。夹砂红黄陶。扁平圆形，折壁，圆中间穿小圆孔。素面。直径5.4、孔径0.4、厚0.9厘米（图一三〇，3）。标本03ET2408⑦:39，Ab型。夹砂黑灰陶。扁平圆形，折壁，圆中间穿小圆孔。素面。直径4.7、孔径0.5、厚0.9厘米（图一三〇，4；图版九，9）。标本03ET2408⑦:41，Ab型。夹砂灰黄陶。扁平圆形，棱边，圆中间穿小圆孔。素面。直径5.1、孔径0.5厘米（图一三〇，2）。

石锛　1件。标本03ET2408⑦:26，A型。绿色泛灰。通体磨制。器形小。近梯形，平顶，偏锋，刃残，刃部见破渣和崩疤。素面。残长3.7、宽2.3、厚0.6厘米（图一三〇，6）。

石料　1件。标本03ET2408⑦:36，A型。颜色深灰。扁体长方形。素面。长7.3~8、宽5.2~6、厚0.9厘米（图一三〇，5）。

4. 03ET2406⑦

器类有陶鼎、甑、罐、瓮、缸、壶、盆、豆、盘、器盖、纺轮，石斧、凿和骨钻等。

标本71件（表七）。

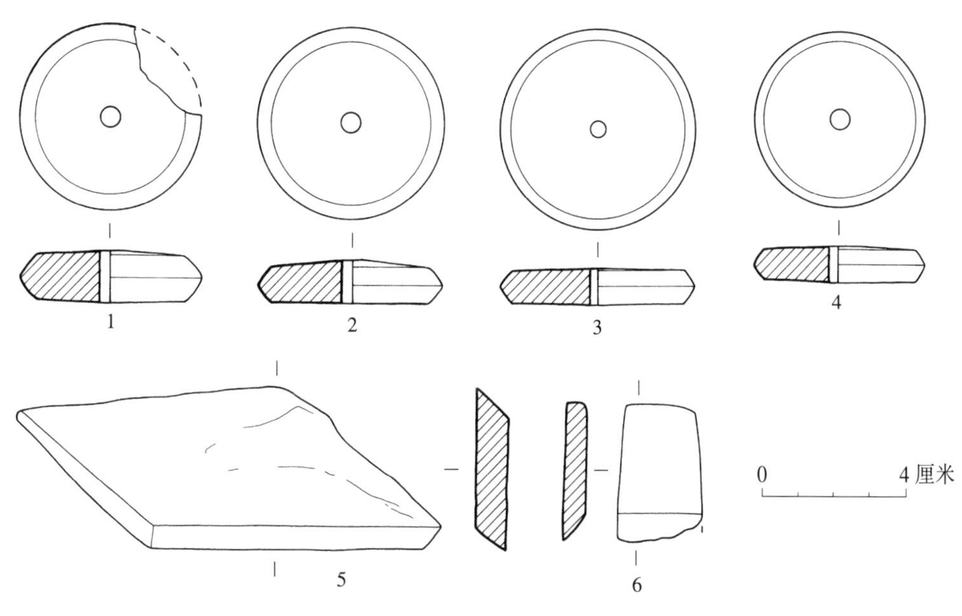

图一三〇　03ET2408⑦出土陶、石器

1~4. Ab型陶纺轮（03ET2408⑦:25、41、38、39）　5. A型石料（03ET2408⑦:36）　6. B型石锛（03ET2408⑦:26）

表七 03ET2406⑦陶系及器类统计表

陶质		细砂					泥质				硬陶			合计	百分比（%）
陶色		红	褐	黑	灰	黄	红	黑	灰	黄	红	褐	灰		
陶片数量		857	571	770	282	172	40	121	186	52	1	5	4	3061	
百分比（%）		28.00	18.65	25.16	9.21	5.62	1.31	3.95	6.08	1.70	0.03	0.16	0.13	100	
		86.64					13.03				0.33				
纹饰	素面	812	550	589	198	136	33	98	130	49	1	4	4	2604	85.07
	篮纹		13	119	61	21		12	36					262	8.56
	镂孔							1		1				2	0.07
	刻划纹			1		2		2						5	0.16
	凸弦纹	5	3	47	15	3	7	7	15	2				104	3.40
	绳纹	2	2	10	6	1		1	2					24	0.78
	附加堆纹			4		3						1		8	0.26
	凹弦纹		1		2	2			3					8	0.26
	压印纹	2				2								4	0.13
	粗篮纹	35												35	1.14
	弦断篮纹	1	2											3	0.10
	方格纹					2								2	0.07
器形	鼎		2	1		2								5	7.58
	鼎足	4	2		2	1			1					10	15.15
	甗	1				1			1					3	4.55
	罐	1			1	1		1			1			5	7.58
	瓮							1						1	1.52
	缸口		1		1									2	3.03
	壶				1									1	1.52
	盆					1								1	1.52
	豆						2	2	3	2				9	13.64
	盘						1	1	2					4	6.06
	杯							1						1	1.52
	器盖	1	1		1			4						7	10.61
	器耳		1						1					2	3.03
	圈足								3					3	4.55
	器座				2									2	3.03
	器底						1							1	1.52
	纺轮	1	1	3										5	7.58
	饼		1											1	1.52
	环								1					1	1.52
	球	1				1								2	3.03
合计		9	9	4	8	7	4	10	12	2	2		1	66	100

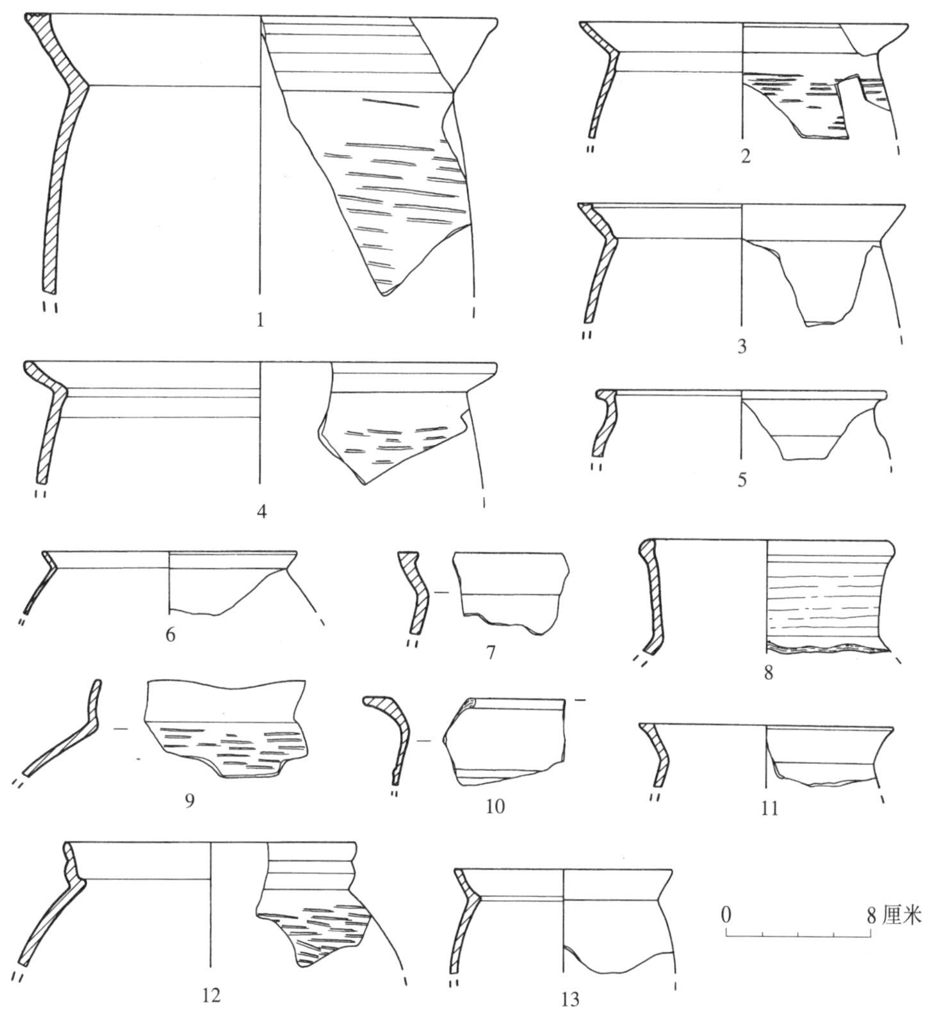

图一三一　03ET2406⑦出土陶器

1、11、13. Aa型Ⅲ式鼎（03ET2406⑦:30、46、72）　2、4. A型Ⅱ式甑（03ET2406⑦:45、28）　3. Ac型Ⅱ式罐（03ET2406⑦:29）　5. B型Ⅱ式罐（03ET2406⑦:76）　6. Ab型Ⅱ式鼎（03ET2406⑦:78）　7. B型罐（03ET2406⑦:43）　8. Ab型Ⅱ式壶（03ET2406⑦:48）　9、12. Cb型Ⅲ式罐（03ET2406⑦:59、74）　10. C型鼎（03ET2406⑦:73）

陶鼎　5件。标本03ET2406⑦:30，Aa型Ⅲ式。夹砂褐陶。侈口，宽折沿，沿面凹，溜肩。饰稀疏的篮纹。手制，沿外见慢轮修整痕。口径26、残高15厘米（图一三一，1）。标本03ET2406⑦:72，Aa型Ⅲ式。夹砂黑陶。侈口，折沿凹，方唇，溜肩，圆腹。素面。口径12、残高4.6厘米（图一三一，13）。标本03ET2406⑦:46，Aa型Ⅲ式。夹砂褐陶。侈口，折沿，尖圆唇，溜肩。素面。口径14、残高3.4厘米（图一三一，11）。标本03ET2406⑦:78，Ab型Ⅱ式。夹砂黄褐陶。侈口，折沿，圆唇，溜肩。素面。口径14、残高3.4厘米（图一三一，6）。标本03ET2406⑦:73，C型。夹砂黄褐陶。敞口，圆唇，溜肩。肩饰一道附加堆纹。残高4.8厘米（图一三一，10）。

陶鼎足　10件。标本03ET2406⑦:33，Aa型。夹砂褐陶。侧装三角凿形足，较扁薄。素面。残高12.2厘米（图一三二，4）。标本03ET2406⑦:42，Ab型。夹砂灰陶。侧装鸭嘴形足。素面。

残高9.4厘米（图一三二，2）。标本03ET2406⑦:32，Ac型。夹砂红陶。形制大。侧装扁足，足面一侧戳短凹槽。残高11.4厘米（图一三二，9）。标本03ET2406⑦:41，A型。夹砂褐陶。器形大。侧装三角形足，足扁薄。残高12厘米（图一三二，8）。标本03ET2406⑦:38，Ba型。夹砂红陶。正装宽扁足，足根饰刻划竖短凹槽。残高7.2厘米（图一三二，6）。标本03ET2406⑦:35，Ba型。泥质灰陶。形制小。正装扁足，足面内凹，足外撇。素面。残高4.4厘米（图一三二，11）。标本03ET2406⑦:39，Ba型。夹砂灰陶。正装宽扁足，足根内侧有三角形支钉。足下面中间一凸棱。残高7厘米（图一三二，7）。标本03ET2406⑦:36，Bb型。夹砂黄灰陶。器形小。正装扁足。足根捺窝。残高4厘米（图一三二，10）。标本03ET2406⑦:34，Bb型。夹砂红陶。器形小。正装扁足，足面凹。素面。残高5厘米（图一三二，12）。标本03ET2406⑦:37，Bb型。夹

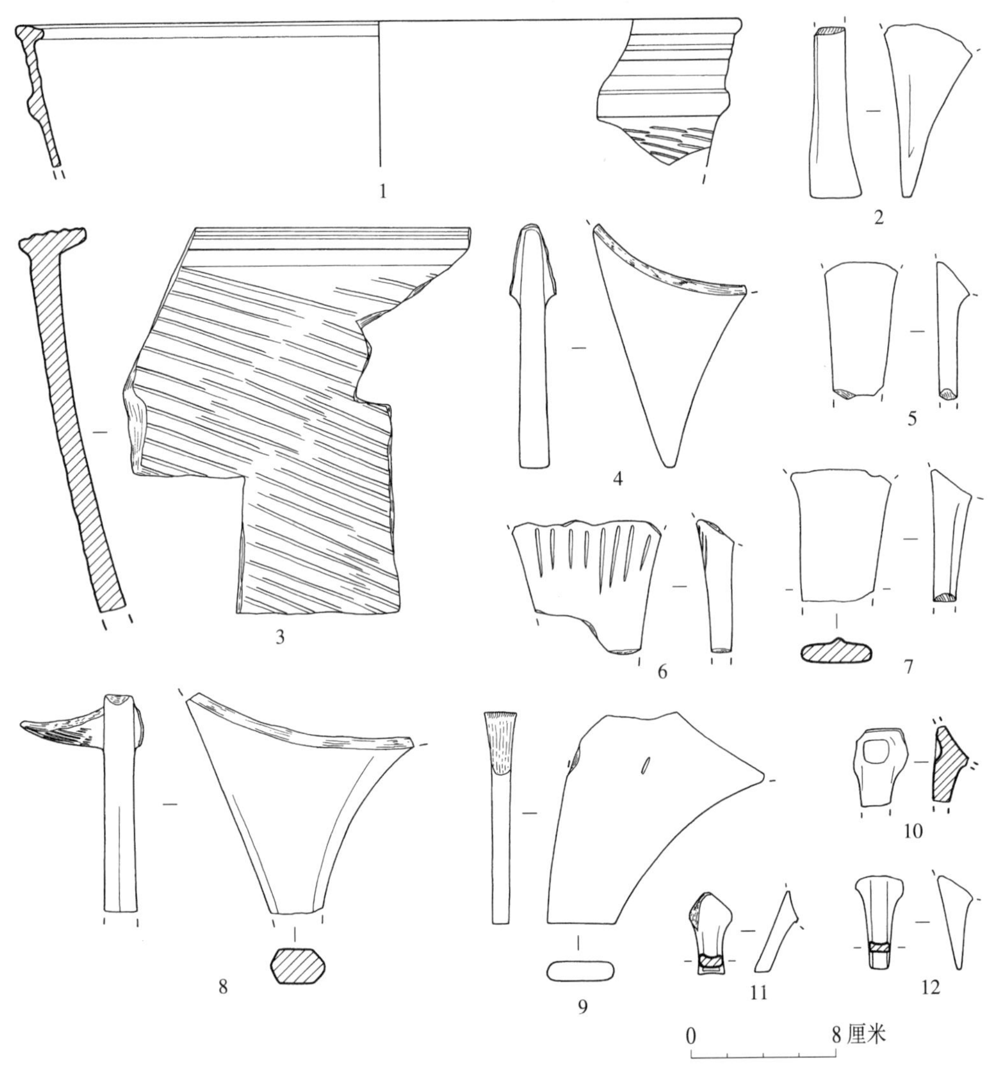

图一三二　03ET2406⑦出土陶器

1. B型Ⅱ式缸口（03ET2406⑦:75）　2. Ab型鼎足（03ET2406⑦:42）　3. B型Ⅲ式缸口（03ET2406⑦:19）　4. Aa型鼎足（03ET2406⑦:33）　5、10、12. Bb型鼎足（03ET2406⑦:37、36、34）　6、7、11. Ba型鼎足（03ET2406⑦:38、39、35）　8. A型鼎足（03ET2406⑦:41）　9. Ac型鼎足（03ET2406⑦:32）

砂红陶。正装扁足。素面。残高7.4厘米（图一三二，5）。

陶甑 3件。标本03ET2406⑦:28，A型Ⅱ式。夹砂红陶。侈口，折沿，圆唇，溜肩。饰稀疏的横篮纹。口径26、残高6.6厘米（图一三一，4）。标本03ET2406⑦:45，A型Ⅱ式。泥质灰陶。侈口，折沿，尖唇，溜肩。饰横篮纹。口径18、残高6.2厘米（图一三一，2）。标本03ET2406⑦:14，A型。夹砂黄褐陶。仅存矮直圈足。底饰四个梭形孔和一个圆孔。底径8、残高2厘米（图一三三，18）。

陶罐 5件。标本03ET2406⑦:29，Ac型Ⅱ式。夹砂灰陶。侈口，折沿，方唇凹，溜肩。素面。口径18、残高6.6厘米（图一三一，3）。标本03ET2406⑦:76，B型Ⅱ式。泥质黑陶，红胎。敞口，平沿，圆唇，矮直领，溜肩。素面。口径16、残高3.6厘米（图一三一，5）。标本03ET2406⑦:43，B型。夹砂红陶。侈口，折沿，勾唇，溜肩。素面。残高4.4厘米（图一三一，7）。标本03ET2406⑦:59，Cb型Ⅲ式。红褐色硬陶，胎灰，有气孔。盘口不明显，圆唇。饰横篮纹。残高5.2厘米（图一三一，9）。标本03ET2406⑦:74，Cb型Ⅲ式。夹砂黄褐陶。盘口不明显，圆唇，溜肩。饰横篮纹。口径16、残高6.8厘米（图一三一，12）。

陶瓮 1件。标本03ET2406⑦:47，A型Ⅱ式。泥质黑皮灰胎陶。子口，凹口敛，圆唇，溜肩。饰清晰的横篮纹。手制，内壁见泥条盘筑痕。残高5.2厘米（图一三三，14）。

陶缸口 2件。标本03ET2406⑦:75，B型Ⅱ式。夹砂灰陶。敛口，内折沿，勾唇。腹饰一粗凸棱和横篮纹。口径40、残高7.4厘米（图一三二，1）。标本03ET2406⑦:19，B型Ⅲ式。夹砂褐陶，厚胎。器形大。敛口，内折沿，勾唇，唇面饰四道规整又深的凹槽。腹饰粗斜篮纹。残高20.8厘米（图一三二，3）。

陶壶 1件。标本03ET2406⑦:48，Ab型Ⅱ式。夹砂灰陶。直口微敞，叠唇，高领。领外留慢轮修整时的轮旋纹。口径14、残高6.2厘米（图一三一，8）。

陶盆 1件。标本03ET2406⑦:1，Aa型Ⅳ式。夹砂黄红陶，器表黄红色多脱落，露出灰胎。敛口，平沿，圆唇，深弧腹，平底微内凸，矮圈足。下腹饰三道凸棱。手制，慢轮修整。器身与圈足单制，器形规整。口径24.2、底径12、高20厘米（图一三三，1；彩版七，6）。

陶豆 9件。标本03ET2406⑦:4，Aa型Ⅱ式。泥质黑皮灰胎陶。敛口，圆唇，折盘。素面。口径18、残高3.8厘米（图一三三，3）。标本03ET2406⑦:50，Aa型Ⅱ式。泥质黄陶。敛口，勾唇，折盘。素面。口径22、残高3厘米（图一三三，5）。标本03ET2406⑦:77，Aa型Ⅱ式。泥质黑皮红胎陶。敛口，尖唇，折盘。素面。口径14、残高4.2厘米（图一三三，11）。标本03ET2406⑦:49，Ab型Ⅱ式。泥质红陶，陶质细腻。子母口，尖唇。素面。口径16、残高3厘米（图一三三，6）。标本03ET2406⑦:54，Ab型Ⅱ式。泥质灰褐陶。素面。残高2.2厘米（图一三三，12）。标本03ET2406⑦:52，Ab型Ⅱ式。泥质黄灰陶。子口，沿面内曲，圆唇，折盘。素面。口径18、残高4.4厘米（图一三三，2）。标本03ET2406⑦:7，Ab型Ⅱ式。泥质红陶，陶土纯净。子口直，沿面内曲，圆唇。底部有圈足残痕。素面。口径14.8、残高4.4厘米（图一三三，9）。标本03ET2406⑦:53，Ab型Ⅱ式。泥质灰黑陶，灰胎。子口直，沿面内曲，圆唇，折盘。折腹处起凸棱。口径16、残高3.4厘米（图一三三，4）。标本03ET2406⑦:55，C型Ⅱ式。仅存盘和盘柄相粘处。泥质灰白陶，浅红胎。直口残，折盘。素面。残高4厘米（图一三三，17）。

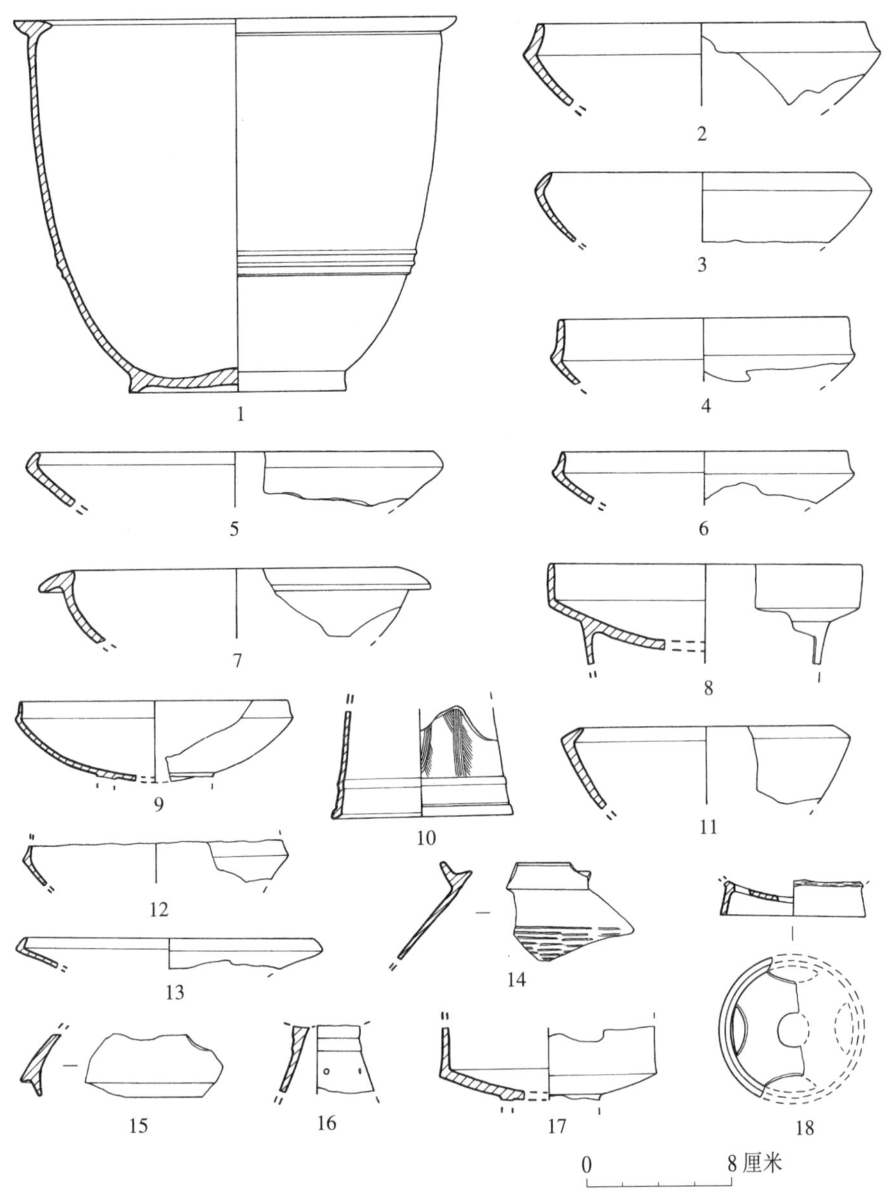

图一三三　03ET2406⑦出土陶器

1. Aa 型Ⅳ式盆（03ET2406⑦:1）　2、4、6、9、12. Ab 型Ⅱ式豆（03ET2406⑦:52、53、49、7、54）　3、5、11. Aa 型Ⅱ式豆（03ET2406⑦:4、50、77）　7. D 型Ⅱ式盘（03ET2406⑦:58）　8. Bb 型盘（03ET2406⑦:3）　10. Ac 型圈足（03ET2406⑦:60）　13. C 型Ⅰ式盘（03ET2406⑦:79）　14. A 型Ⅱ式瓮（03ET2406⑦:47）　15. A 型器盖（03ET2406⑦:56）　16. Aa 型圈足（03ET2406⑦:44）　17. C 型Ⅱ式豆（03ET2406⑦:55）　18. A 型甑（03ET2406⑦:14）

陶盘　4 件。标本 03ET2406⑦:31，Aa 型Ⅲ式。泥质灰陶。敞口，尖圆唇，折盘。折腹处起凸棱。口径 22、残高 4 厘米（图一三四，9）。标本 03ET2406⑦:3，Bb 型。泥质黑陶，陶质细腻，陶色纯正。器形规整。直口，尖圆唇，折壁。素面。口径 17.4、残高 5.4 厘米（图一三三，8）。标本 03ET2406⑦:79，C 型Ⅰ式。泥质红褐陶。敛口，圆唇内勾，浅盘。素面。口径 16、残高 1.6 厘米（图一三三，13）。标本 03ET2406⑦:58，D 型Ⅱ式，泥质灰陶。敞口微敛，弧折沿，尖唇，斜弧盘。折腹处起凸棱。口径 18、残高 3.8 厘米（图一三三，7）。

陶杯　1件。标本03ET2406⑦:40，Cb型Ⅱ式。泥质黑皮浅红胎陶。斜直腹。饰两周凹槽。残高5厘米（图一三四，13）。

陶器盖　7件。标本03ET2406⑦:62，Ab型Ⅲ式。泥质磨光黑陶，顶面见朱绘痕。斜顶，盖口敞。饰半圆镂孔。盖口径10、残高1.4厘米（图一三四，5）。标本03ET2406⑦:80，Ac型Ⅱ式。泥质黑皮灰胎陶。弧顶，盖口敞。素面。手制。盖口径11.2、残高2.2厘米（图一三四，14）。标本03ET2406⑦:56，A型。仅存盖口。泥质黑皮浅红胎陶。素面。残高3.4厘米（图一三三，15）。标本03ET2406⑦:6，B型Ⅱ式。夹砂红陶。花瓣形凹纽，弧顶，盖口敞。素面。手制，纽与顶同时捏制，内壁见按窝，外壁有捏痕。纽径5.2、盖口径11、高5.4厘米（图一三四，12；彩版九，6）。标本03ET2406⑦:61，B型Ⅱ式。夹砂灰黑陶。花瓣形凹纽，盖顶斜。素面。手制，花瓣形纽捏制。纽径7.4、残高7.4厘米（图一三四，4）。标本03ET2406⑦:9，B型Ⅲ式。夹砂褐陶。花瓣形凹纽，斜顶，盖口敞。素面。手制，纽与顶同时捏制，内壁有按窝，外壁见捏痕，纽外见工具印痕。纽径3.4、盖口径9、高4厘米（图一三四，7；图版七，5）。标本03ET2406⑦:64，Da型Ⅱ式。泥质黑皮灰胎陶，外施朱绘带状纹。高柄形凹纽。纽径4、残高4.4厘米（图一三四，11；彩版一〇，5）。

陶器耳　2件。标本03ET2406⑦:11，Aa型。泥质灰白陶。半圆形片状横耳。素面（图一三四，10）。标本03ET2406⑦:12，B型。夹砂褐陶。桥形贯耳。素面（图一三四，8）。

陶圈足　3件。标本03ET2406⑦:44，Aa型。泥质灰陶，朱绘不清。圈足较高。饰凸棱和小圆形镂孔。残高3.6厘米（图一三三，16）。标本03ET2406⑦:60，Ac型。泥质灰陶。粗桶形圈足。饰刻划篦纹和凸棱。底径10、残高5.8厘米（图一三三，10）。标本03ET2406⑦:2，Ba型。泥质灰陶。矮圈足。下腹饰横篮纹。手制，底见慢轮修整痕。底径9.6、残高4厘米（图一三四，2）。

陶器座　2件。标本03ET2406⑦:67，Ⅰ式。夹砂灰黑皮陶。喇叭形。饰附加堆纹和半圆形大镂孔。手制，慢轮修整，见泥条盘筑痕。口径32、残高12.4厘米（图一三四，3）。标本03ET2406⑦:68，Ⅰ式。夹砂灰黑皮灰胎陶。亚腰形。饰绞索状附加堆纹和半圆形大镂孔。手制，慢轮修整，见泥条盘筑痕。底径32、残高15厘米（图一三四，6）。

陶器底　1件。标本03ET2406⑦:8，A型。泥质红陶，火候高。器形大，大圜底。素面。残高17.6厘米（图一三四，1）。

陶纺轮　5件。标本03ET2406⑦:26，Aa型。夹砂褐陶。圆形，折壁，稍厚，圆中间穿小圆孔。素面。直径4.8、孔径0.5、厚1.8厘米（图一三五，1；图版九，6）。标本03ET2406⑦:16，Ab型。夹细砂黑褐陶。扁平圆形，折壁，圆中间穿小圆孔，正面微弧。饰对称的两组短线。直径5、孔径0.4、厚0.9～1厘米（图一三五，3）。标本03ET2406⑦:17，Ab型。夹细砂黑褐陶。扁平圆形，折壁，圆中间穿小圆孔。饰对称的两组短线。手制，器表光滑。直径4.9、孔径0.4、厚1.1厘米（图一三五，4；图版一〇，2）。标本03ET2406⑦:23，Ab型。夹细砂黑褐陶。扁平圆形，折壁，圆中间穿小圆孔。素面。直径5、孔径0.6、厚0.9～1.1厘米（图一三五，2）。标本03ET2406⑦:63，Ba型。夹砂红陶。扁平圆形，直壁微弧，圆中间穿小圆孔。一面钻很模糊的小圆窝和“十”字形纹。直径4.4、孔径0.4、厚1～1.2厘米（图一三五，8；图版一〇，5）。

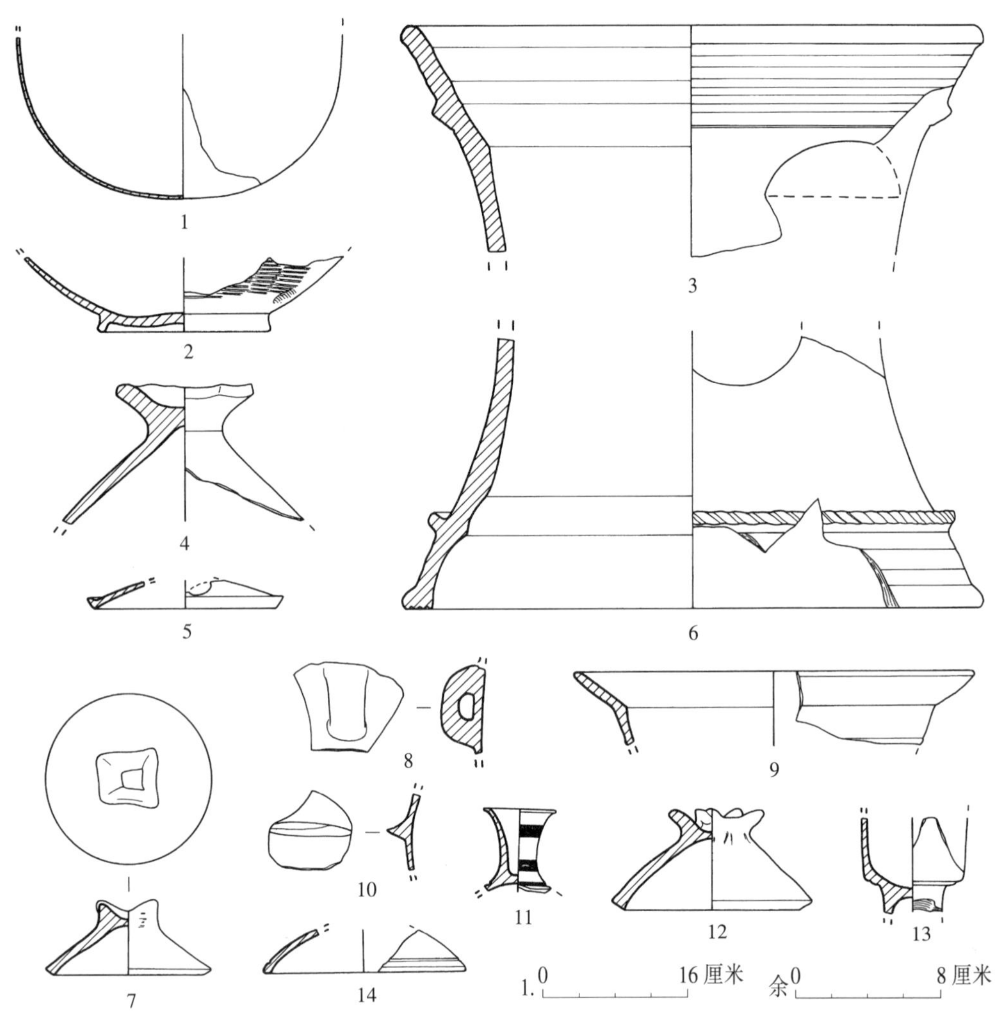

图一三四 03ET2406⑦出土陶器

1. A型器底（03ET2406⑦:8） 2. Ba型圈足（03ET2406⑦:2） 3、6. Ⅰ式器座（03ET2406⑦:67、68） 4、12. B型Ⅱ式器盖（03ET2406⑦:61、6） 5. Ab型Ⅲ式器盖（03ET2406⑦:62） 7. B型Ⅲ式器盖（03ET2406⑦:9） 8. B型器耳（03ET2406⑦:12） 9. Aa型Ⅲ式盘（03ET2406⑦:31） 10. Aa型器耳（03ET2406⑦:11） 11. Da型Ⅱ式器盖（03ET2406⑦:64） 13. Cb型Ⅱ式杯（03ET2406⑦:40） 14. Ac型Ⅱ式器盖（03ET2406⑦:80）

陶饼 1件。标本03ET2406⑦:5，Ab型。夹砂褐陶。不规则圆形。素面。直径5.4、厚0.6厘米（图一三五，5）。

陶环 1件。标本03ET2406⑦:13，B型。泥质灰陶，陶色纯。截面呈三角形。素面。直径6、肉宽0.6、厚0.6厘米（图一三五，6）。

陶球 2件。标本03ET2406⑦:18，Aa型。夹砂红褐陶。圆形，实心。满饰圆窝纹。手制。直径4.8厘米（图一三五，9）。标本03ET2406⑦:15，Ab型。夹细砂黄陶。圆形，实心。素面。手制。直径3.6厘米（图一三五，10；图版一一，4）。

石斧 1件。标本03ET2406⑦:66，B型。颜色泛灰。通体磨制。偏锋，平刃，刃部见崩疤。残长6.6、残宽4.4、厚1.6厘米（图一三六，3）。

石凿 2件。标本03ET2406⑦:10，Ⅰ式。颜色泛绿。磨制。背面破损。长条形，厚体，正

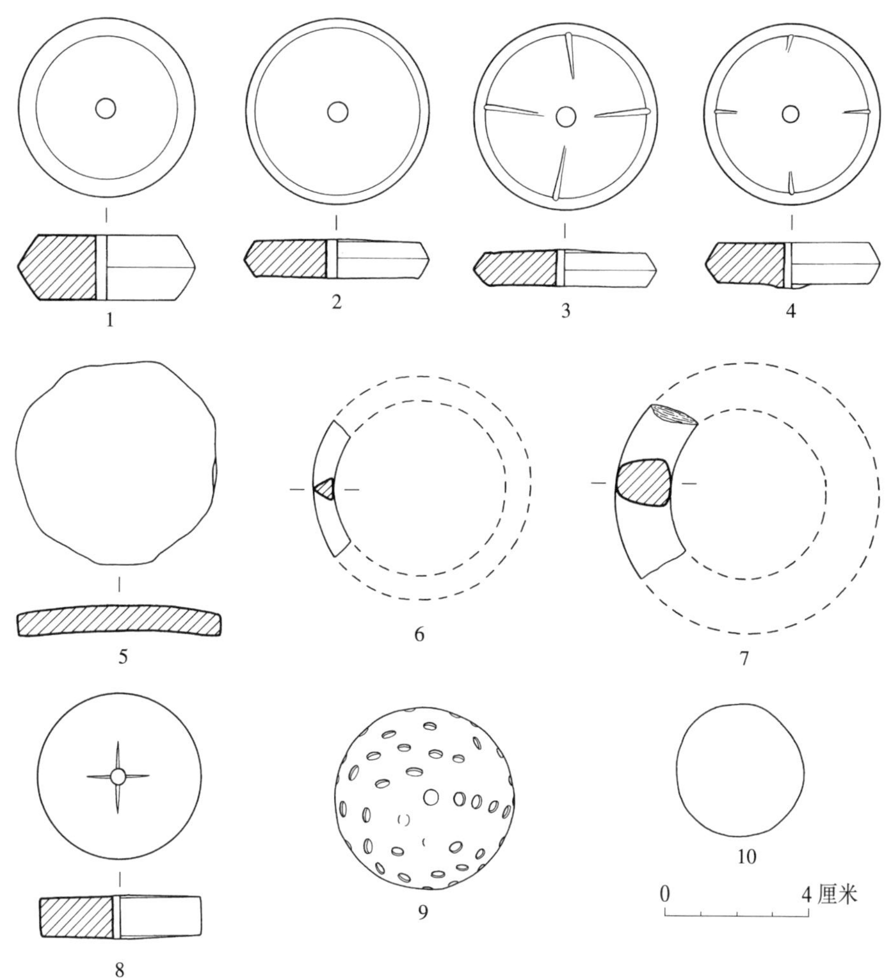

图一三五　03ET2406⑦出土陶、石器

1. Aa 型陶纺轮（03ET2406⑦:26）　2~4. Ab 型陶纺轮（03ET2406⑦:23、16、17）　5. Ab 型陶饼（03ET2406⑦:5）　6. B 型陶环（03ET2406⑦:13）　7. C 型石环（03ET2406⑦:65）　8. Ba 型陶纺轮（03ET2406⑦:63）　9. Aa 型陶球（03ET2406⑦:18）　10. Ab 型陶球（03ET2406⑦:15）

锋，弧刃。刃部有崩疤。残长 8.5、宽 2.1~2.3、厚 1.5~2.3 厘米（图一三六，1；图版一四，3）。标本 03ET2406⑦:70，Ⅰ式。颜色泛蓝。通体磨制，制作精致。长条形，厚体，斜顶，正锋，弧刃，刃部有崩疤。凿面饰篦划，边缘饰篦点纹。长 9.1、宽 2.3、厚 1.3 厘米（图一三六，2；彩版一〇，3）。

石环　1 件。标本 03ET2406⑦:65，C 型。颜色泛绿。磨制。截面近椭圆形。复原直径 7.3、肉宽 1.3~1.5、厚 1.2 厘米（图一三五，7）。

骨钻　1 件。标本 03ET2406⑦:71，白色。磨制，器表磨制不好的地方能见纹理。圆柱形实心，两端残。残长 3.2、直径 0.5 厘米（图一三六，4；彩版一〇，6）。

5. 03ET2506⑧~⑦

03ET2506⑧

器类有陶鼎、罐、缸、盆、豆、杯、饼和环等。

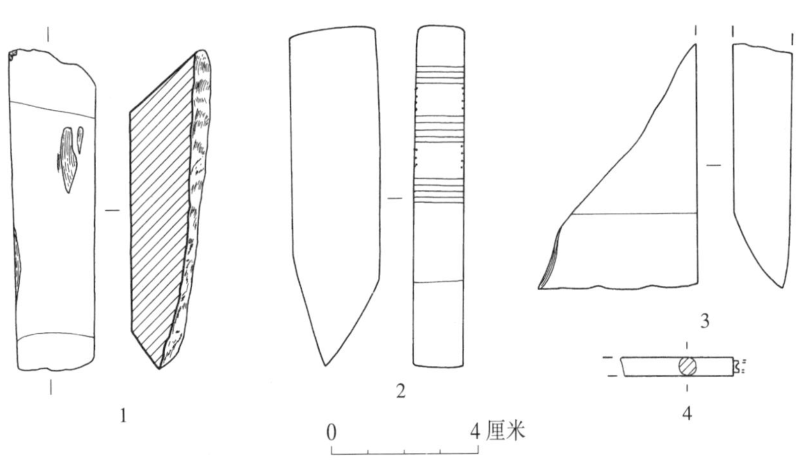

图一三六 03ET2406⑦出土石、骨器

1、2. Ⅰ式石凿（03ET2406⑦:10、70） 3. B型石斧（03ET2406⑦:66） 4. 骨钻（03ET2406⑦:11）

标本17件。

陶鼎 1件。标本03ET2506⑧:9，Aa型Ⅱ式。泥质黄红陶，陶土不纯，有些泥土颗粒。侈口，折沿微凹，方唇，唇上一道凹槽。素面。口径22、残高2.6厘米（图一三七，9）。

陶鼎足 4件。标本03ET2506⑧:7，Aa型。夹砂灰黄陶。侧装三角形足。足根有两个凹窝。残高6.2厘米（图一三七，2）。标本03ET2506⑧:5，Ab型。夹砂红黄陶。侧装三角鸭嘴形足，足前后面中间起棱，足着地处宽平。素面。残高13.4厘米（图一三七，6）。标本03ET2506⑧:6，Ab型。夹砂黄陶。侧装三角鸭嘴形足。素面。残高12.4厘米（图一三七，5）。标本03ET2506⑧:4，Ac型。夹砂黄陶。侧装扁足。足两侧戳三道短竖槽。残高9.2厘米（图一三七，7）。

陶罐 3件。标本03ET2506⑧:10，Aa型Ⅲ式。泥质灰陶，陶土不纯。侈口，折沿，圆唇。素面。口径16、残高4.4厘米（图一三七，4）。标本03ET2506⑧:13，Ac型。泥质灰陶。侈口，折沿，方唇中一凹槽。素面。残高3厘米（图一三七，10）。标本03ET2506⑧:11，Cb型Ⅰ式。夹砂灰陶。敛口，圆唇，折盘口残。素面。口径20、残高3厘米（图一三七，11）。

陶缸口 1件。标本03ET2506⑧:15，A型Ⅰ式。夹砂红褐陶。敞口，叠圆唇。素面。内外壁光滑。残高6厘米（图一三七，12）。

陶盆 1件。标本03ET2506⑧:8，Ac型Ⅰ式。夹砂灰陶。口微敛，平沿稍外斜，沿面三道凹槽，方唇中一凹槽，深腹。饰稀疏的横篮纹。口径36、残高5.8厘米（图一三七，1）。

陶豆 2件。标本03ET2506⑧:14，Aa型Ⅱ式。仅存豆盘。泥质灰陶。敛口，圆唇，折盘。素面。口径18、残高3.2厘米（图一三七，3）。标本03ET2506⑧:12，C型Ⅰ式。仅存豆盘。泥质灰陶。口微敞，尖唇，折盘。素面。口径12、残高3.2厘米（图一三七，14）。

陶杯 1件。标本03ET2506⑧:18，Ca型Ⅰ式。泥质黑陶，陶色纯正。杯身与圈足连为一体。饰凹弦纹。杯底内壁见贴塑痕迹。残高4.4厘米（图一三七，8）。

陶圈足 1件。标本03ET2506⑧:17，Bb型。夹砂红陶，砂粒多，陶土不纯。素面。底径10.8、残高3厘米（图一三七，13）。

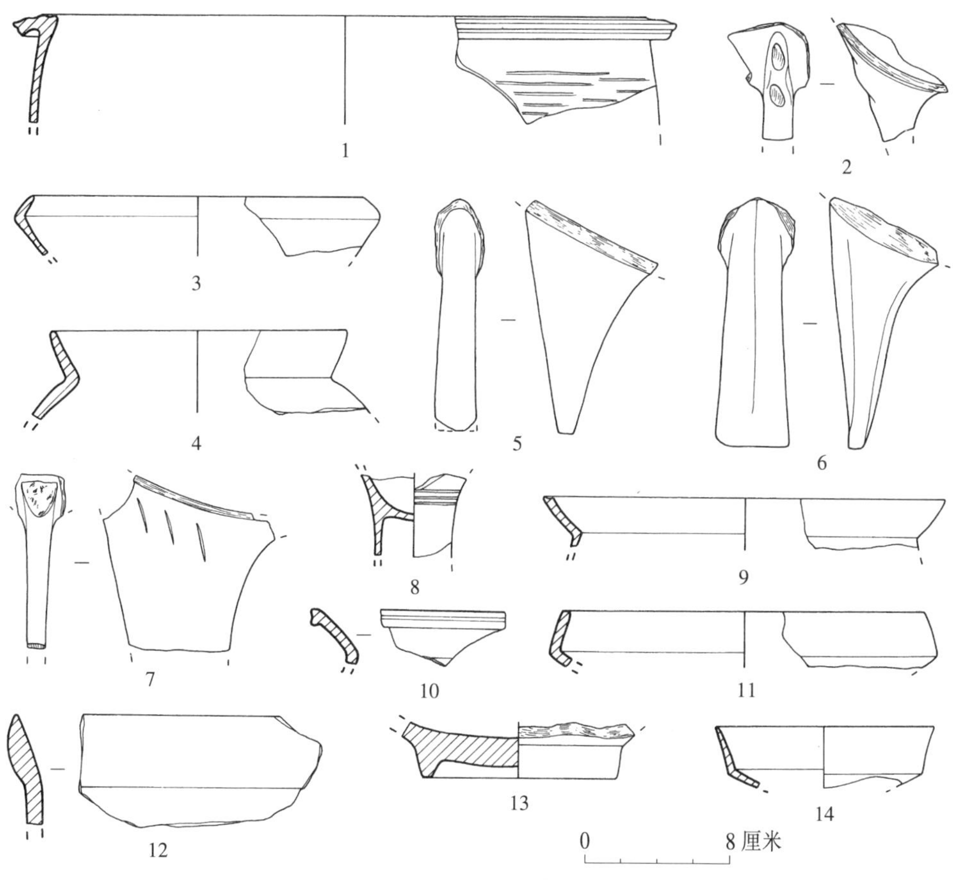

图一三七　03ET2506⑧出土陶器

1. Ac型Ⅰ式盆（03ET2506⑧：8）　2. Aa型鼎足（03ET2506⑧：7）　3. Aa型Ⅱ式豆（03ET2506⑧：14）
4. Aa型Ⅲ式罐（03ET2506⑧：10）　5、6. Ab型鼎足（03ET2506⑧：6、5）　7. Ac型鼎足（03ET2506⑧：4）
8. Ca型Ⅰ式杯（03ET2506⑧：18）　9. Aa型Ⅱ式鼎（03ET2506⑧：9）　10. Ac型罐（03ET2506⑧：13）
11. Cb型Ⅰ式罐（03ET2506⑧：11）　12. A型Ⅰ式缸口（03ET2506⑧：15）　13. Bb型圈足（03ET2506⑧：17）
14. C型Ⅰ式豆（03ET2506⑧：12）

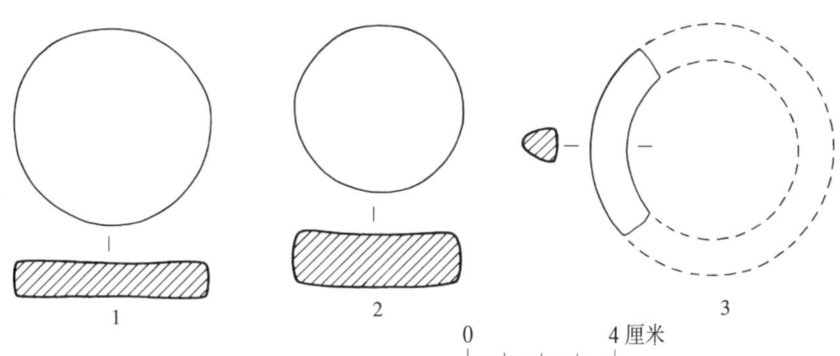

图一三八　03ET2506⑧出土陶器

1、2. Ac型陶饼（03ET2506⑧：1、2）　3. B型环（03ET2506⑧：16）

陶饼　2件。标本03ET2506⑧:1，Ac型。夹砂褐陶。圆形。素面。用陶土捏制。直径5.3、厚1厘米（图一三八，1）。标本03ET2506⑧:2，Ac型。夹砂红褐陶。圆形。素面。直径4.5、厚1.4厘米（图一三八，2）。

陶环　1件。标本03ET2506⑧:16，B型。泥质灰黑陶。截面呈三角形。素面。直径6.6、肉宽0.9~1、厚0.9厘米（图一三八，3）。

03ET2506⑦

器类有陶鼎、甑、罐、瓮、壶、盆、饼、球、环等。

标本16件，另有矿石、炼渣。

陶鼎　2件。标本03ET2506⑦:14，Aa型。夹砂灰陶。侈口，折沿凹，唇凹。素面。残高3.8厘米（图一三九，2）。标本03ET2506⑦:10，C型。夹砂红陶，胎黄灰。大侈口，唇微勾。素面。口径44、残高3.8厘米（图一三九，1）。

陶鼎足　4件。标本03ET2506⑦:7，Aa型。夹砂红陶。侧装三角凿形足。素面。残高8.4厘米（图一三九，8）。标本03ET2506⑦:5，Aa型。夹砂红陶。侧装三角凿形足，足着地处平。足两侧戳一道短竖槽。残高13.2厘米（图一三九，5）。标本03ET2506⑦:8，Aa型。夹砂红陶。侧装扁足。足两侧戳一道短竖槽。残高7.6厘米（图一三九，11）。标本03ET2506⑦:6，Ab型。夹砂灰黄陶。侧装三角形足，呈椭圆形，着地处加宽。足两侧戳一道短竖槽。残高8.2厘米（图一三九，6）。

陶甑　2件。标本03ET2506⑦:4，A型Ⅱ式。夹砂黑灰陶，黑皮脱落严重，露出灰黄胎。侈口，仰折沿凹，方唇，深弧腹，矮直圈足。腹饰稀疏模糊的横篮纹，器底施三个大的梭形箅孔。口径20.6、底径10.8、高15.8厘米（图一三九，9；彩版七，2）。标本03ET2506⑦:3，A型。仅存底部。夹砂黄褐陶。从内壁向外戳大小不等的圆形箅孔。孔径0.5~1厘米（图一三九，7；图版二，4）。

陶罐　1件。标本03ET2506⑦:11，Aa型Ⅲ式。泥质灰陶。侈口，宽折沿，圆唇。素面。口径22、残高4厘米（图一三九，4）。

陶瓮　1件。标本03ET2506⑦:16，Cb型。泥质灰黑皮，浅红胎，灰胎芯。敛口，圆唇。腹外饰凹槽。残高2厘米（图一三九，12）。

陶壶　1件。标本03ET2506⑦:9，Ac型。夹砂灰黄陶。大侈口，圆唇。素面。口径30、残高6厘米（图一三九，3）。

陶盆　2件。标本03ET2506⑦:17，Bb型Ⅰ式。夹砂灰陶。敞口，平折沿，方唇，弧腹。沿上两道凹弦纹，腹部饰稀疏的篮纹。残高3.8厘米（图一三九，13）。标本03ET2506⑦:12，Bb型Ⅱ式。夹砂灰陶。敞口，宽仰折沿，圆唇。饰稀疏的篮纹。残高4.8厘米（图一三九，10）。

陶饼　1件。标本03ET2506⑦:1，Ac型。夹砂黄褐陶。圆形，弧边。素面。用陶土捏制。直径5.5、厚2.5厘米（图一四〇，1）。

陶球　1件。标本03ET2506⑦:2，Aa型。夹砂褐灰陶。圆形，实心。满饰窝纹。直径3.7厘米（图一四〇，3；图版一〇，4）。

陶环　1件。标本03ET2506⑦:13，B型。泥质灰陶。断面近三角形。素面。复原直径7.5、肉宽1.1、肉厚0.7厘米（图一四〇，2）。

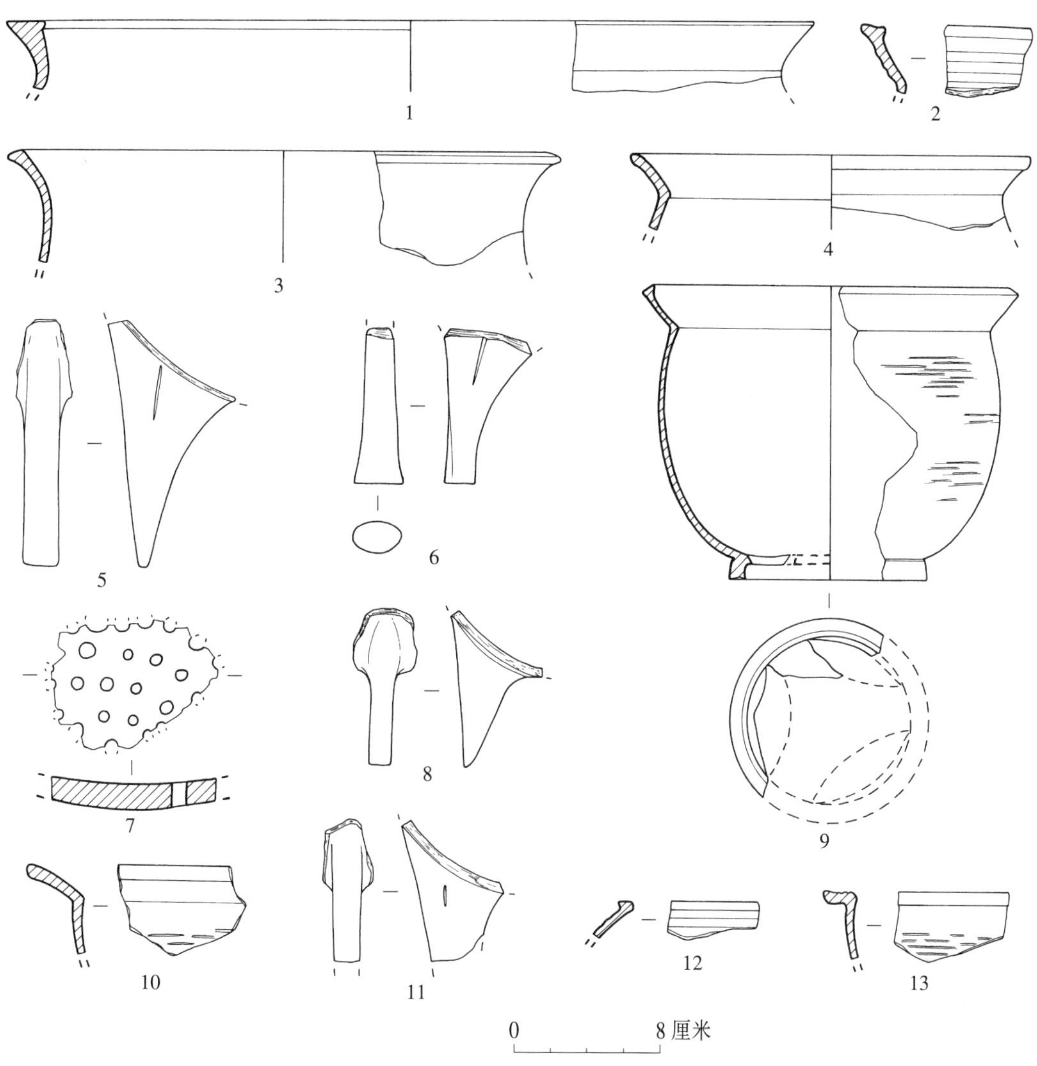

图一三九　03ET2506⑦出土陶器

1. C型鼎（03ET2506⑦:10）　2. Aa型鼎（03ET2506⑦:14）　3. Ac型壶（03ET2506⑦:9）　4. Aa型Ⅲ式罐（03ET2506⑦:11）　5、8、11. Aa型鼎足（03ET2506⑦:5、7、8）　6. Ab型鼎足（03ET2506⑦:6）　7. A型甑（03ET2506⑦:3）　9. A型Ⅱ式甑（03ET2506⑦:4）　10. Bb型Ⅱ式盆（03ET2506⑦:12）　12. Cb型瓮（03ET2506⑦:16）　13. Bb型Ⅰ式盆（03ET2506⑦:17）

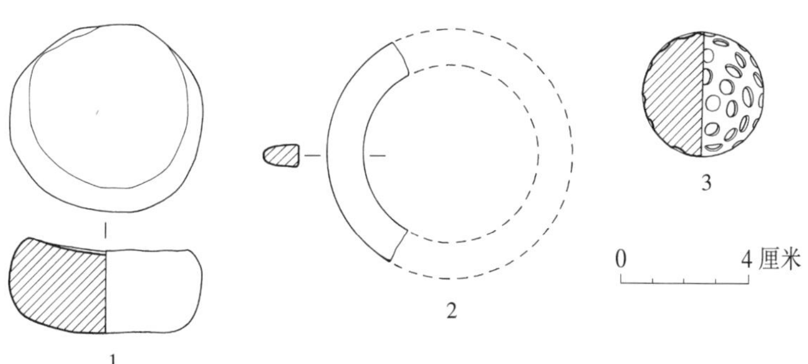

图一四〇　03ET2506⑦出土陶器

1. Ac型饼（03ET2506⑦:1）　2. B型环（03ET2506⑦:13）　3. Aa型球（03ET2506⑦:2）

矿石 3块。标本03ET2506⑦:15，铜铁混生矿石。块状，体表有泥土包裹。断面呈扇形，质地坚实，有小孔隙，含有小颗粒状的杂质。体表呈深褐色，断面泛铜锈色，外围呈绿色，中间呈蓝色。比重较大。经检测，含铜量极低，仅有3.18%。而含三氧化二铁38.56%，二氧化硅28.46%，氧化钙16.03%。可以判定是含铜量极低的铜铁混生矿体。标本长3.6、宽2.9、厚2.7厘米（彩版一一，5；附录二）。标本03ET2506⑦:18，铜铁混生矿石。矿体呈扇形块状。褐红色，矿体表面有较明显的浅灰绿色，质地坚硬。可观察到有明显的孔隙。比重较大。经检测，含铜量仅1.53%，三氧化二铁30.27%，二氧化硅39.03%，氧化钙22.27%，氧化镁4.86%。岩相镜下薄片及XRD物相分析，为辉石和铜蓝。主要成分是赤铁矿和石英石，含铜量极少。标本长4.3、宽2.3、高2.6厘米（见附录二）。标本03ET2506⑦:19，铁矿石。呈褐红色，表面较为平整。块状，呈不规整形。质坚硬厚重，经检测三氧化二铁含量为97.84%（彩版一一，4；附录二）。

炼渣 1块。标本03ET2506⑦:20，表面凸凹不平，局部有气孔，面上光滑，有薄膜。褐色，渣体灰色，质地较坚硬。断面有许多气孔，局部可见铜锈斑块痕。标本长3.8、宽3.1、高2厘米（彩版一二，3；附录二）。

6. 03ET2507⑧～⑦

03ET2507⑧

器类有陶鼎、罐、缸、壶、盆、簋、钵、杯、饼、球、环和石锛、铲等。

标本47件，另有炼渣、炉壁。

陶鼎 3件。标本03ET2507⑧:2，Aa型Ⅱ式。夹砂灰黑陶，灰胎。侈口，仰折沿凹，方唇，方唇上一道凹槽，溜肩。饰模糊的横篮纹。口径20、残高6厘米（图一四一，3）。标本03ET2507⑧:34，Aa型Ⅱ式。夹砂灰陶。侈口，折沿凹，方唇凹。素面。残高3.6厘米（图一四一，14）。标本03ET2507⑧:1，B型Ⅱ式。夹细砂灰黑皮，浅红胎，灰胎芯。侈口，宽仰折沿微凹，圆唇，溜肩。素面。口径24、残高6.3厘米（图一四一，1）。

陶鼎足 8件。标本03ET2507⑧:12，Aa型。夹砂黄陶，胎红。侧装三角凿形足。足根压印四个凹窝。残高10.6厘米（图一四一，8）。标本03ET2507⑧:8，Aa型。夹砂红陶。侧装三角凿形足，足着地处略宽平。足两侧戳一道短竖槽。残高14厘米（图一四一，9）。标本03ET2507⑧:9，Aa型。夹砂灰陶。侧装三角凿形足。素面。残高8厘米（图一四一，13）。标本03ET2507⑧:13，Aa型。夹砂黄陶。侧装三角凿形足。素面。残高10厘米（图一四一，6）。标本03ET2507⑧:7，Aa型。夹砂黄陶。侧装三角凿形足。素面。残高13厘米（图一四一，10）。标本03ET2507⑧:10，Ab型。夹砂黄陶。侧装鸭嘴形足，足前面中间起棱。素面。残高10厘米（图一四一，7）。标本03ET2507⑧:6，Ab型。夹砂黄陶。侧装鸭嘴形足，足前后面中间起棱。素面。残高12厘米（图一四一，11）。标本03ET2507⑧:5，Ba型。夹砂灰陶。正装扁足不高，足前后面中间起棱。素面。残高6.6厘米（图一四一，12）。

陶罐 4件。标本03ET2507⑧:4，Aa型Ⅲ式。夹砂褐陶。侈口，折沿，圆唇，溜肩。饰稀疏的横篮纹。口径22、残高7厘米（图一四一，2）。标本03ET2507⑧:35，Aa型Ⅲ式。夹砂红陶。侈口小，折沿，圆唇。素面。残高6厘米（图一四一，4）。标本03ET2507⑧:42，Aa型Ⅲ式。泥质灰陶。侈口小，折沿，圆唇。素面。残高3.2厘米（图一四一，15）。标本03ET2507⑧:33，Cb

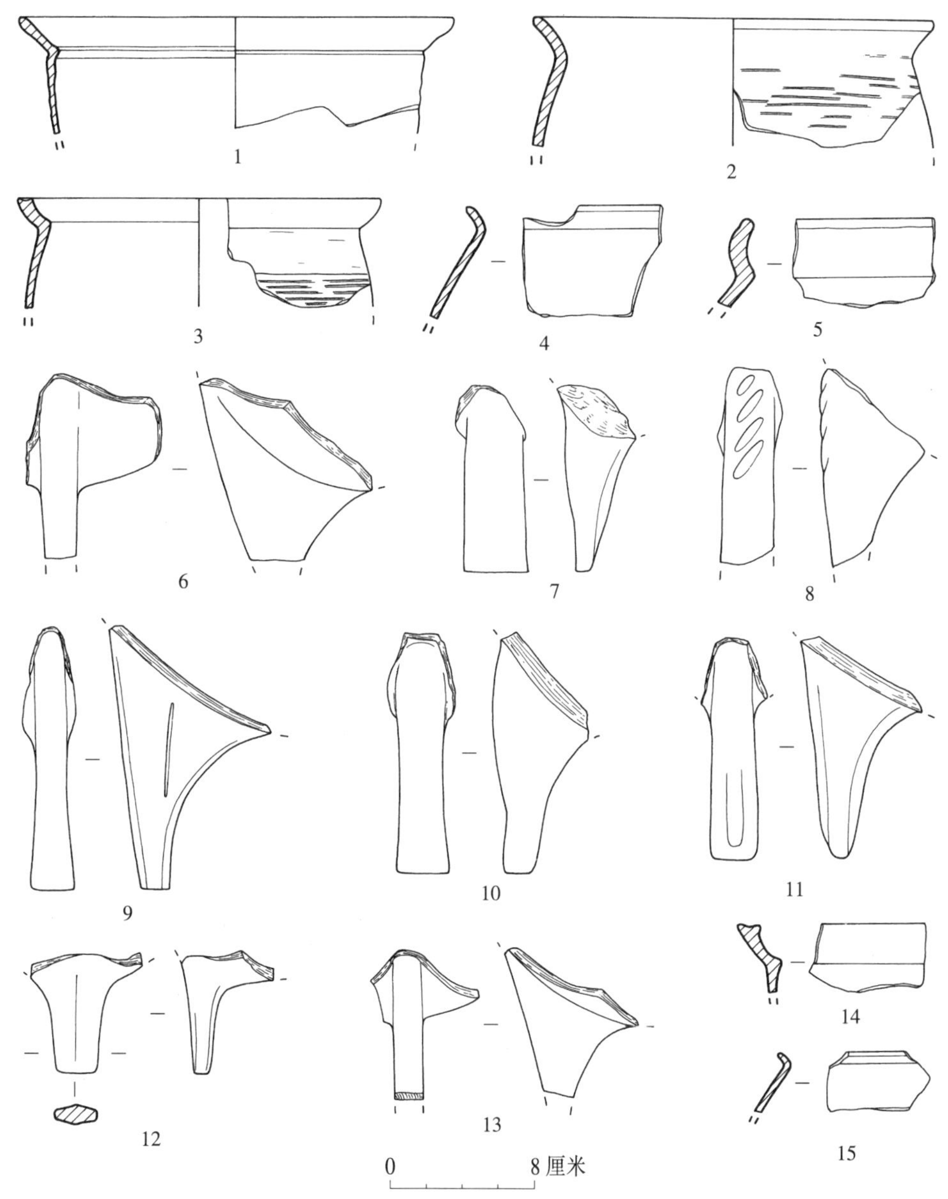

图一四一　03ET2507⑧出土陶器

1. B型Ⅱ式鼎（03ET2507⑧:1）　2. Aa型Ⅲ式罐（03ET2507⑧:4）　3、14. Aa型Ⅱ式鼎（03ET2507⑧:2、34）　4、15. Aa型Ⅲ式罐（03ET2507⑧:35、42）　5. Cb型Ⅰ式罐（03ET2507⑧:33）　6、8、9、10、13. Aa型鼎足（03ET2507⑧:13、12、8、7、9）　7、11. Ab型鼎足（03ET2507⑧:10、6）　12. Ba型鼎足（03ET2507⑧:5）

型Ⅰ式。夹砂灰陶。敛口，沿内凹，圆唇。素面。残高4.8厘米（图一四一，5）。

陶缸口　4件。标本03ET2507⑧:31，A型Ⅰ式。夹砂红褐陶。敞口，叠圆唇。素面。器表很光滑。残高10.6厘米（图一四二，4）。标本03ET2507⑧:30，A型Ⅰ式。夹砂红褐陶。敞口，叠圆唇。素面。残高5.6厘米（图一四二，18）。标本03ET2507⑧:28，A型Ⅱ式。夹砂红陶。敞口，方唇一凹槽，唇外一周素面宽带。素面。残高6厘米（图一四二，13）。标本03ET2507⑧:29，B型Ⅰ式。夹砂红陶。敛口，内折沿，方唇，弧腹。上腹饰一周绞索状附加堆纹。口外多周凹槽，与慢轮修整有关。口径32、残高5.4厘米（图一四二，1）。

陶壶　2件。标本03ET2507⑧:44，Ab型Ⅱ式。夹砂灰黑陶。直口，高领。唇面内侧一凹槽，领外有慢轮修整时留下的轮旋纹，残高4厘米（图一四二，8）。标本03ET2507⑧:39，Ae型Ⅰ式。泥质灰黑皮红胎，胎芯灰。侈口，圆唇。领外有慢轮修整时留下的轮旋纹。口径14、残高4.2厘米（图一四二，7）。

陶盆　2件。标本03ET2507⑧:43，Aa型Ⅱ式。夹砂灰黑皮红胎。敞口，平折沿，沿面三道凹槽，圆唇。素面。残高2.4厘米（图一四二，14）。标本03ET2507⑧:37，Ab型Ⅱ式。夹细砂灰黑皮红胎陶。口微敛，平折沿，沿面一道凹槽，圆唇，深腹。饰稀疏的横篮纹。口径28、残高3.2厘米（图一四二，2）。

陶簋　2件。标本03ET2507⑧:40，A型Ⅱ式。泥质灰陶。敛口，内折沿，圆唇，弧腹。下腹饰一凸棱。残高5.2厘米（图一四二，19）。标本03ET2507⑧:41，A型Ⅱ式。泥质灰陶。敛口，内折沿，圆唇，弧腹较深。腹外有慢轮修整时留下的轮旋纹。口径16、残高6厘米（图一四二，5）。

陶钵　1件。标本03ET2507⑧:50，C型。泥质灰陶。直口微敛，圆唇，弧腹，三矮足。素面。口径6.4、高6厘米（图一四二，10；图版五，4）。

陶杯　1件。标本03ET2507⑧:53，D型。泥质灰黑皮，浅红胎，灰胎芯。器形大。斜直腹，腹底相接处起折，圜底，柄残。器表有慢轮修整时留下的很规整的轮旋纹。残高3.6厘米（图一四二，12）。

陶器盖　2件。标本03ET2507⑧:49，Ca型Ⅰ式。夹砂黄陶。柄形纽。素面。残高4.6厘米（图一四二，9）。标本03ET2507⑧:46，Da型Ⅰ式。夹细砂灰陶。高柄形凹纽。素面。纽径6、残高2.2厘米（图一四二，15）。

陶器耳　2件。标本03ET2507⑧:47，Ac型。夹砂红褐陶。圆角方形片状竖耳，耳面中间压凹槽。素面（图一四二，6）。标本03ET2507⑧:48，B型。夹砂红褐陶。有孔牛鼻形竖耳。素面（图一四二，17）。

陶圈足　1件。标本03ET2507⑧:45，Bb型。夹砂黄褐陶。矮直圈足。素面。底径10、残高3.2厘米（图一四二，16）。

陶支（拍）垫　2件。标本03ET2507⑧:51，夹细砂灰陶。握手残，拍面弧形。素面。拍面径5.4、残高3.2厘米（图一四二，3）。标本03ET2507⑧:24，夹粗砂黑灰陶。握手光滑，圆柱形中空，拍面光滑但砂粒多，呈圆形，弧面。素面。柄径4.2、拍面径7.3、高7.3厘米（图一四二，11；图版八，2）。

陶纺轮　3件。标本03ET2507⑧:21，Aa型。夹砂灰黄陶。扁平圆形，折壁，圆中间穿圆形小孔。素面。手制。直径6.2、孔径0.7、厚1.6厘米（图一四三，5；图版九，3）。标本03ET2507⑧:22，Aa型。夹细砂黑灰陶。扁平面，折壁，圆中间穿圆形小孔。素面。手制。直径4.6、孔径0.5、厚1.8厘米（图一四三，6；图版九，4）。标本03ET2507⑧:16，Ab型。夹砂灰黄陶。扁平圆形，折壁，圆中间穿圆形小孔。素面。手制。直径5、孔径0.5、厚1～1.1厘米（图一四三，7）。

陶环　4件。标本03ET2507⑧:27，B型。泥质灰陶。截面呈三角形。素面。直径6.8、肉宽0.9、厚0.8厘米（图一四三，1）。标本03ET2507⑧:56，Cb型。泥质灰陶。截面扁圆形。素面。

图一四二　03ET2507⑧出土陶器

1. B型Ⅰ式缸口（03ET2507⑧:29）　2. Ab型Ⅱ式盆（03ET2507⑧:37）　3、11. 支（拍）垫（03ET2507⑧:51、24）　4、18. A型Ⅰ式缸口（03ET2507⑧:31、30）　5、19. A型Ⅱ式簋（03ET2507⑧:41、40）　6. Ac型器耳（03ET2507⑧:47）　7. Ae型Ⅰ式壶（03ET2507⑧:39）　8. Ab型Ⅱ式壶（03ET2507⑧:44）　9. Ca型Ⅰ式器盖（03ET2507⑧:49）　10. C型钵（03ET2507⑧:50）　12. D型杯（03ET2507⑧:53）　13. A型Ⅱ式缸口（03ET2507⑧:28）　14. Aa型Ⅱ式盆（03ET2507⑧:43）　15. Da型Ⅰ式器盖（03ET2507⑧:46）　16. Bb型圈足（03ET2507⑧:45）　17. B型器耳（03ET2507⑧:48）　20. 陀螺（03ET2507⑧:25）

直径6.5、肉宽0.9、厚0.9厘米（图一四三，3）。标本03ET2507⑧:26，Da型。泥质灰陶。截面呈竖圆角长方形。素面。直径6.5、肉宽0.9、厚0.6厘米（图一四三，4）。标本03ET2507⑧:18，Db型。泥质黄陶，黄色脱落，露出灰胎。截面呈横圆角长方形。素面。直径6.8、肉宽0.8、厚0.7厘米（图一四三，2）。

陶陀螺　1件。标本03ET2507⑧:25，夹细砂黄陶。上端圆柱形，下端圆锥形，顶平。圆柱形器表饰数圈凹弦纹。面径2.6、高3.4厘米（图一四二，20；图版八，4）。

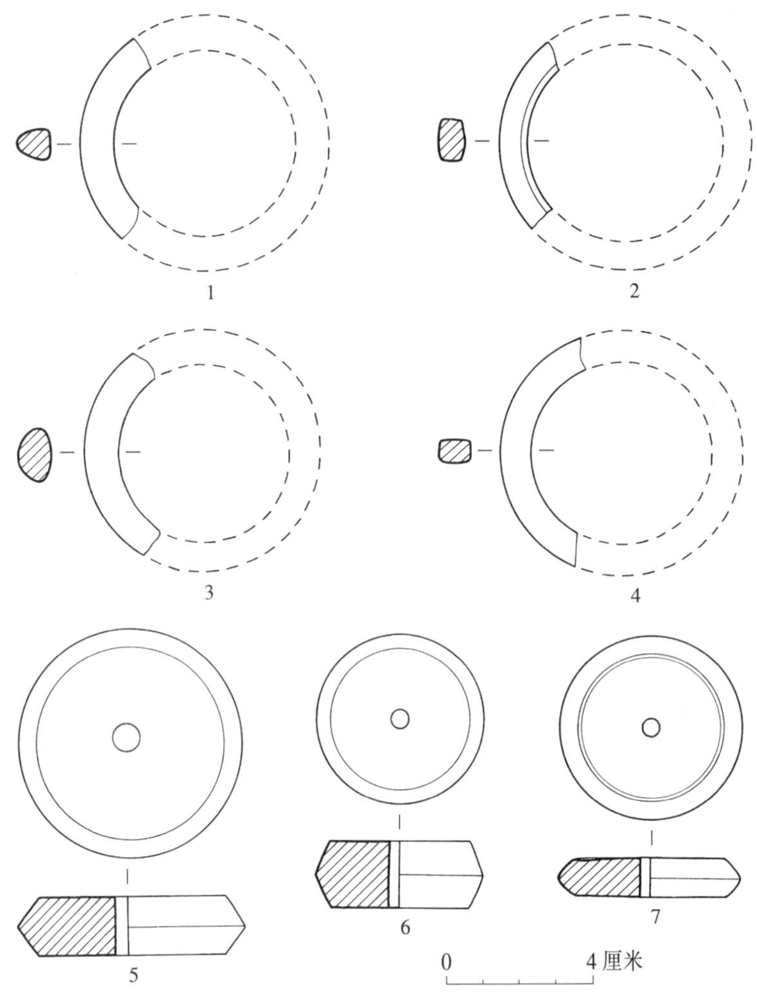

图一四三　03ET2507⑧出土陶器

1. B型环（03ET2507⑧:27）　2. Db型环（03ET2507⑧:18）　3. Cb型环（03ET2507⑧:56）　4. Da型环（03ET2507⑧:26）　5、6. Aa型纺轮（03ET2507⑧:21、22）　7. Ab型纺轮（03ET2507⑧:16）

石杵　1件。标本03ET2507⑧:14，麻石。器小，截锥形。通体磨光，磨面光滑。长3.5、面径1.3～1.5厘米（图一四四，2）。

石斧　1件。标本03ET2507⑧:20，A型。绿色泛灰。石质本身有条纹。磨制不精细，一侧为自然断裂面。器小，呈梯形，斜顶，偏锋，斜刃。残长3.3、宽3、厚1.2厘米（图一四四，3；图版一二，1）。

石锛　2件。标本03ET2507⑧:17，A型。厚体残，正面有断裂痕，偏锋，斜刃，刃上有破茬。残长3.8、宽2.8、厚0.5～0.7厘米（图一四四，1）。标本03ET2507⑧:15。B型Ⅰ式。颜色泛绿。琢磨兼制。厚体，梯形残，有段，有崩疤，平顶，锋、刃残。残长7.5、宽5.6、厚2.1～2.4厘米（图一四四，4）。

石刀　1件。标本03ET2507⑧:52，Ⅱ式。灰色。对钻圆孔，锋刃残。通体磨光。残长4、残宽2.7、厚0.3厘米（图一四四，5）。

炼渣　1块。标本03ET2507⑧:3，楔形状，满布蜂窝状孔隙。经检测。标本长2.6、宽2.25、

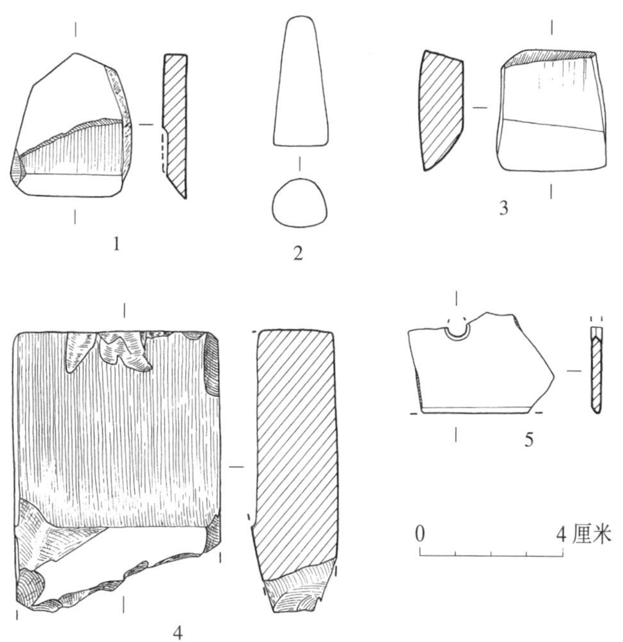

图一四四　03ET2507⑧出土石器

1. A型锛（03ET2507⑧:17）　2. 杵（03ET2507⑧:14）　3. A型斧（03ET2507⑧:20）　4. B型Ⅰ式锛（03ET2507⑧:15）　5. Ⅱ式刀（03ET2507⑧:52）

高2.5厘米（彩版一二，2；附录二）。

炉壁　1块。标本03ET2507⑧:11，块状，呈胶结状，深灰色，孔隙明显。质地较轻而坚硬。胎体经检测分析表明其含量为三氧化二铁13.24%，二氧化硅54.49%，氧化钙2.06%，三氧化二铝18.27%，氧化钾5.57%。经镜下观察，其岩相薄片及XRD物相分析，岩相镜下为黏土矿物、石英、长石、炭屑、植物纤维。标本长2.9、宽2.7、高2.5厘米（彩版一一，1；附录二）。

03ET2507⑦

器类有陶鼎、罐、瓮、缸、盆、簋、豆、盘、杯、臼、饼、球、环及石刀等。

标本51件，另有炼渣。

陶鼎　7件。标本03ET2507⑦:18，Aa型Ⅲ式。夹砂灰黑陶，红胎。侈口，凹折沿，方唇，溜肩。饰横篮纹。口径20、残高4厘米（图一四五，5）。标本03ET2507⑦:12，Aa型Ⅲ式。夹砂灰陶。侈口，折沿凹，方唇，方唇饰两道凹槽，溜肩。口径18、残高4.8厘米（图一四五，6）。标本03ET2507⑦:14，Aa型Ⅲ式。夹砂灰黑陶。大侈口，折沿凹，方唇，方唇饰一道凹槽，溜肩。口径22、残高5厘米（图一四五，1）。标本03ET2507⑦:19，Aa型Ⅲ式。夹砂灰陶。侈口，折沿凹，勾唇。口径20、残高3.4厘米（图一四五，2）。标本03ET2507⑦:13，B型Ⅲ式。夹砂灰陶。侈口，折沿凹甚，唇凹。口径26、残高3.4厘米（图一四五，10）。标本03ET2507⑦:23，B型。夹砂灰黑皮，浅红胎。大侈口，宽仰折沿，方唇。素面。残高3.4厘米（图一四六，12）。标本03ET2507⑦:20，C型。夹砂褐陶。圆唇勾，溜肩。素面。残高2.6厘米（图一四五，14）。

陶鼎足　11件。标本03ET2507⑦:8，Ab型。夹砂灰黑陶。侧装三角鸭嘴形足。素面。残高7厘米（图一四五，17）。标本03ET2507⑦:38，Ab型。夹砂黄褐陶。侧装三角鸭嘴形足。素面。

残高12厘米（图一四五，8）。标本03ET2507⑦:10，Ab型。夹砂黄灰陶。器形小。侧装三角鸭嘴形足。素面。残高7厘米（图一四五，11）。标本03ET2507⑦:40，Ab型。夹砂黄红陶。侧装三角鸭嘴形足。素面。残高10.2厘米（图一四五，13）。标本03ET2507⑦:45，Ab型。夹砂黑陶。侧装三角鸭嘴形足。素面。残高7.8厘米（图一四五，12）。标本03ET2507⑦:7，Ab型。夹砂黄陶。侧装鸭嘴形足。素面。残高7.8厘米（图一四五，9）。标本03ET2507⑦:42，Ab型。夹砂黄灰陶。侧装鸭嘴形足。素面。残高9.4厘米（图一四五，3）。标本03ET2507⑦:39，Ac型。夹砂灰黑陶。侧装三角形扁足。足两侧戳一道短竖槽。残高10.6厘米（图一四五，7）。标本03ET2507⑦:9，Bb型。夹砂灰陶。正装扁足，足面凹，足底残。足根有两个对称圆窝。残高5.4厘米（图一四五，15）。标本03ET2507⑦:11，Bb型。夹砂红褐陶。正装，横截面呈椭圆形。素面。残高6厘米（图一四五，16）。标本03ET2507⑦:41，Bb型。夹砂灰陶。正装扁形足，正面卷边，背面中间起棱。素面。残高9厘米（图一四五，4）。

陶罐　3件。标本03ET2507⑦:16，Aa型Ⅲ式。夹砂灰陶。侈口小，折沿，圆唇。素面。口径24、残高4厘米（图一四六，13）。标本03ET2507⑦:4，Ac型Ⅱ式。夹砂灰陶。侈口，折沿，方唇，方唇饰一道凹槽，溜肩，弧腹。腹饰篮纹。口径18.2、残高9.8厘米（图一四六，8）。标本03ET2507⑦:15，Ac型Ⅲ式。夹砂灰陶，浅红胎，灰胎芯。大侈口，宽仰折沿，叠唇。素面。口径30、残高4厘米（图一四六，3）。

陶瓮　2件。标本03ET2507⑦:25，B型Ⅱ式。夹砂灰陶。敛口，平折沿，沿面四道凹槽，方唇，唇面一道凹槽。残高2厘米（图一四六，17）。标本03ET2507⑦:36，Ca型。泥质灰黑陶。敛口凹，圆唇。素面。残高3.6厘米（图一四六，2）。

陶缸口　1件。标本03ET2507⑦:32，A型Ⅰ式。夹砂红黄陶。敞口，叠圆唇。素面。残高5厘米（图一四六，16）。

陶壶　2件。标本03ET2507⑦:29，Aa型Ⅲ式。泥质灰陶，陶色纯正。直口微敞，叠唇，高领。领外留下慢轮修整时的轮旋纹。口径14、残高5.2厘米（图一四六，10）。标本03ET2507⑦:30，Ae型Ⅱ式。夹砂灰陶。直口微敞，叠唇，高领。素面。口径10、残高3.6厘米（图一四六，7）。

陶盆　3件。标本03ET2507⑦:34，Aa型Ⅲ式。泥质灰陶，陶土不纯。敞口，平折沿，圆唇。素面。口径20、残高3.6厘米（图一四六，4）。标本03ET2507⑦:22，Aa型Ⅲ式。夹砂灰黑陶。敞口，平折沿，沿面四道凹槽，斜方唇，弧腹。口径24、残高2.8厘米（图一四六，14）。标本03ET2507⑦:31，Ab型Ⅱ式。夹砂灰黑陶，浅红胎，灰胎芯。敞口，宽平折沿，沿面微凸，斜方唇一凹槽，斜直腹。口径42、残高4.8厘米（图一四六，1）。

陶簋　1件。标本03ET2507⑦:43，A型Ⅱ式。泥质灰黑皮，浅红胎，灰胎芯。敛口，内折沿，圆唇。素面。残高5厘米（图一四六，9）。

陶豆　1件。标本03ET2507⑦:44，Aa型Ⅱ式。泥质灰陶。敛口，沿面内折，圆唇。素面。残高2.4厘米（图一四六，11）。

陶盘　2件。标本03ET2507⑦:5，Aa型Ⅱ式。泥质灰陶。侈口，宽仰折沿，圆唇，直腹，圜底，粗圈足。盘身饰凸棱，圈足刻划篦纹。口径20、残高6.6厘米（图一四六，15；图版五，7）。标本03ET2507⑦:21，Aa型Ⅲ式。泥质灰陶。敞口，宽沿，圆唇。素面。口径24、残高4.2厘米（图一四六，5）。

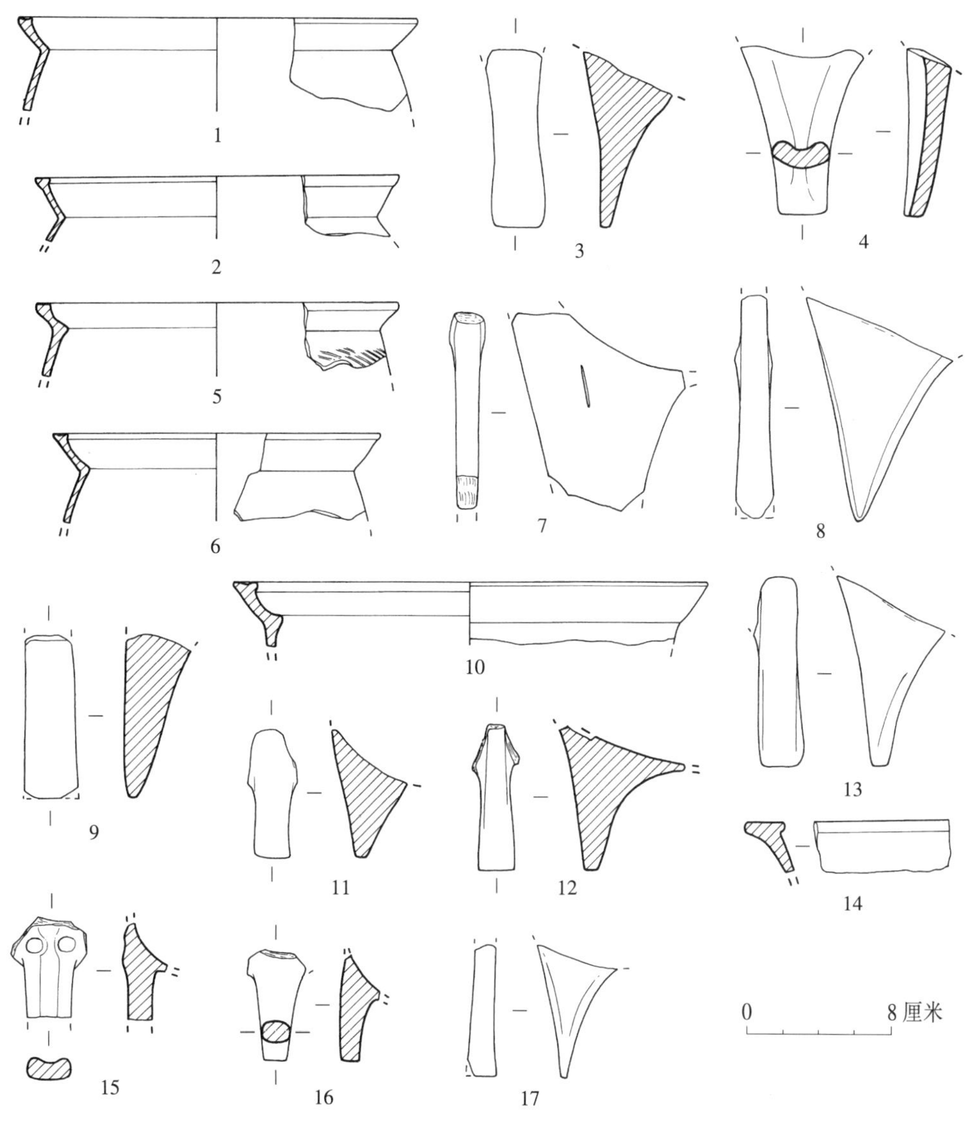

图一四五　03ET2507⑦出土陶器

1、2、5、6. Aa型Ⅲ式鼎（03ET2507⑦:14、19、18、12）　3、8、9、11～13、17. Ab型鼎足（03ET2507⑦:42、38、7、10、45、40、8）　4、15、16. Bb型鼎足（03ET2507⑦:41、9、11）　7. Ac型鼎足（03ET2507⑦:39）　10. B型Ⅲ式鼎（03ET2507⑦:13）　14. C型鼎（03ET2507⑦:20）

陶杯　1件。标本03ET2507⑦:49，Ca型Ⅱ式。泥质黄陶。弧腹，圜底。素面。杯底与杯身单制后捏合，杯身与圈足是连制。残高3.4厘米（图一四七，12）。

陶臼　1件。标本03ET2507⑦:17，夹砂红褐陶，厚胎。斜腹，平底凹。素面。手制，器物外表粗糙，内壁光滑。底径8、残高9.6厘米（图一四七，1）。

陶器盖　5件。标本03ET2507⑦:28，Ab型Ⅱ式。泥质灰黑陶，陶质较疏松，浅红胎芯，器表颜色脱落。盖口敞。素面。残高2厘米（图一四七，3）。标本03ET2507⑦:35，Ab型Ⅱ式。夹砂黑陶。斜弧顶，盖口敞，顶上有凹痕，沿面有凹槽。残高4.8厘米（图一四七，4）。标本03ET2507⑦:51，B型Ⅱ式。夹砂灰皮黑，浅红胎。花瓣形凹纽。素面。花瓣形凹纽捏制，纽与顶捏合。纽径5、残高3.4厘米（图一四七，13）。标本03ET2507⑦:52，B型Ⅲ式。夹砂黄褐陶。

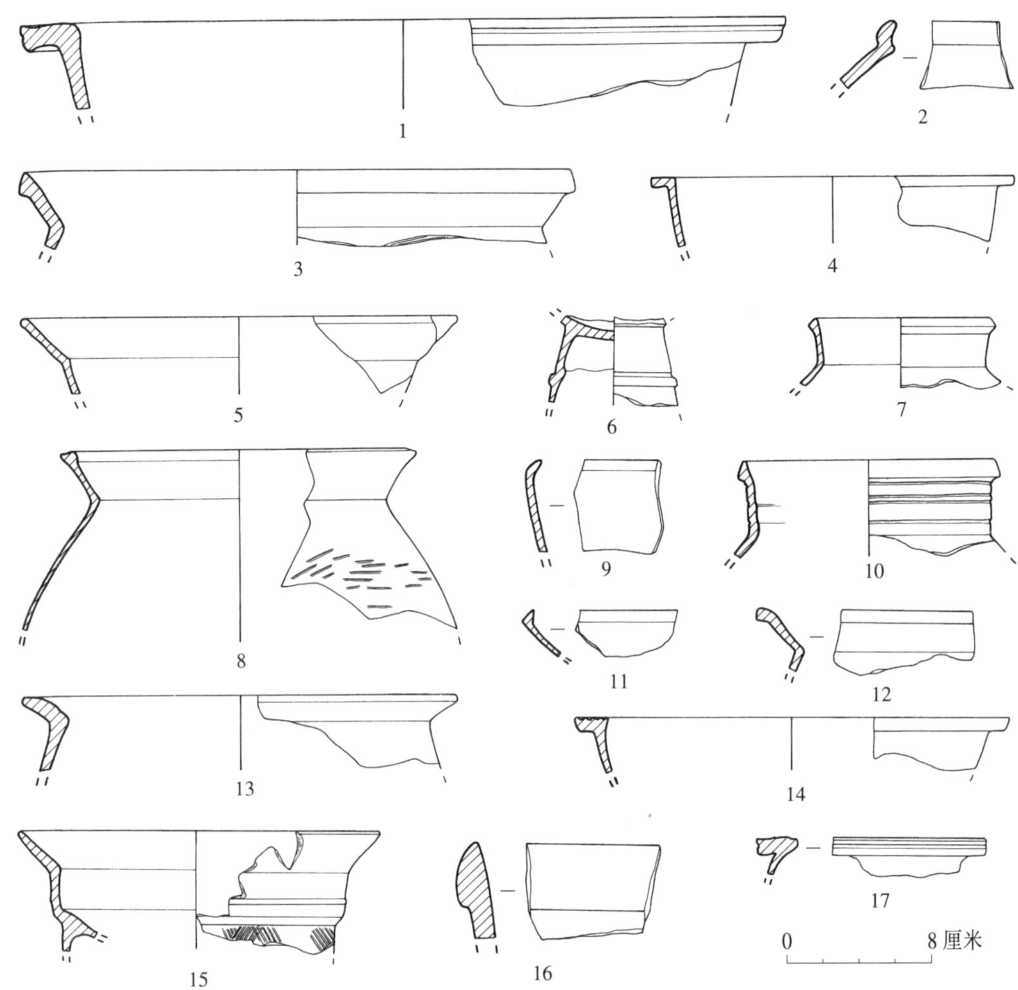

图一四六　03ET2507⑦出土陶器

1. Ab型Ⅱ式盆（03ET2507⑦:31）　2. Ca型瓮（03ET2507⑦:36）　3. Ac型Ⅲ式罐（03ET2507⑦:15）　4、14. Aa型Ⅲ式盆（03ET2507⑦:34、22）　5. Aa型Ⅲ式盘（03ET2507⑦:21）　6. Aa型圈足（03ET2507⑦:50）　7. Ae型Ⅱ式壶（03ET2507⑦:30）　8. Ac型Ⅱ式罐（03ET2507⑦:4）　9. A型Ⅱ式簋（03ET2507⑦:43）　10. Aa型Ⅲ式壶（03ET2507⑦:29）　11. Aa型Ⅱ式豆（03ET2507⑦:44）　12. B型鼎（03ET2507⑦:23）　13. Aa型Ⅲ式罐（03ET2507⑦:16）　15. Aa型Ⅱ式盘（03ET2507⑦:5）　16. A型Ⅰ式缸口（03ET2507⑦:32）　17. B型Ⅱ式瓮（03ET2507⑦:25）

花瓣形凹纽。素面。纽与顶捏合，有捏痕。纽径3.8、残高3厘米（图一四七，16）。标本03ET2507⑦:37，Ca型Ⅱ式。夹砂灰陶。柄形纽，纽顶尖。素面。纽顶单独制作后捏合。残高3.2厘米（图一四七，14）。

陶器耳　1件。标本03ET2507⑦:53，B型。夹砂黄灰陶。近长圆形，横穿椭圆形耳孔。素面（图一四七，9）。

陶圈足　3件。标本03ET2507⑦:50，Aa型。泥质黑陶。高圈足。素面。残高4.6厘米（图一四六，6）。标本03ET2507⑦:46，Ba型。泥质灰陶。矮圈足。素面。底径7、残高1.4厘米（图一四七，17）。标本03ET2507⑦:48，Bb型。泥质灰陶。圈足较高。素面。底径10、残高4.6厘米（图一四七，8）。

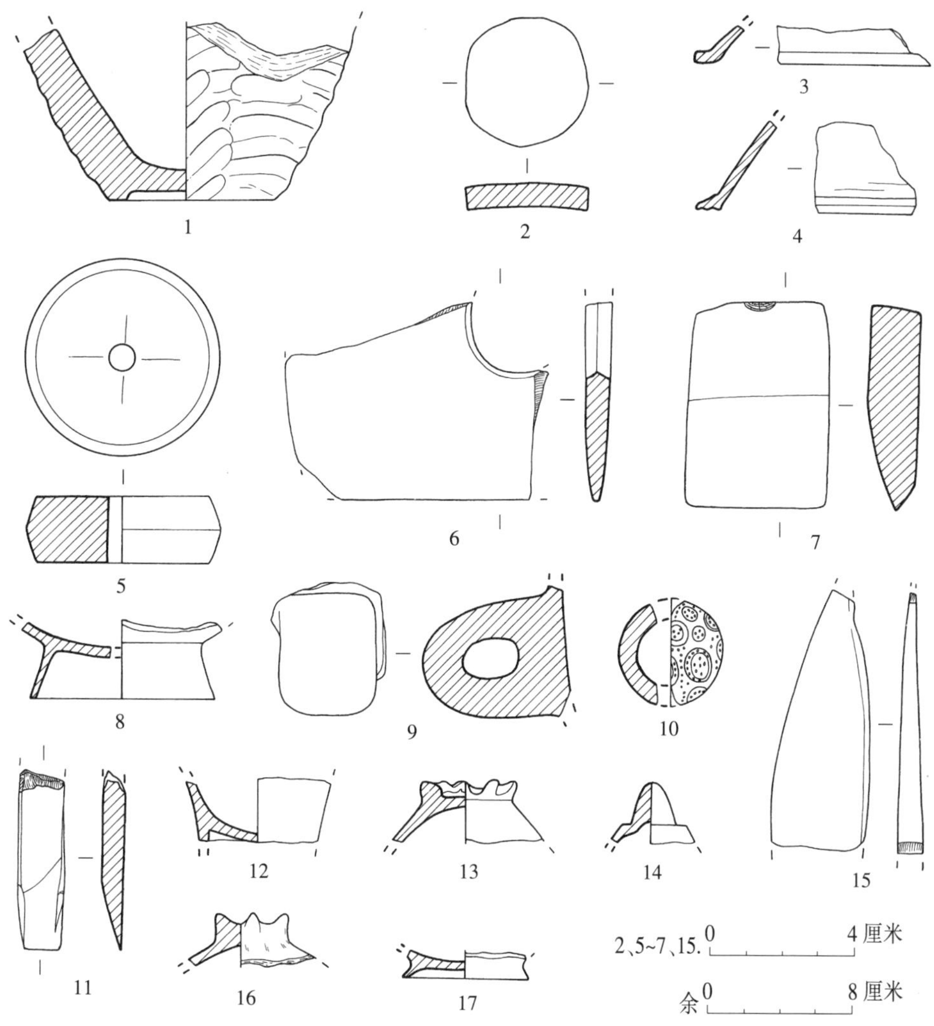

图一四七 03ET2507⑦出土陶、石器

1. 陶臼（03ET2507⑦:17） 2. Ab型陶饼（03ET2507⑦:55） 3、4. Ab型Ⅱ式陶器盖（03ET2507⑦:28、35） 5. Aa型陶纺轮（03ET2507⑦:2） 6. Ⅱ式石刀（03ET2507⑦:1） 7. A型石斧（03ET2507⑦:3） 8. Bb型陶圈足（03ET2507⑦:48） 9. B型陶器耳（03ET2507⑦:53） 10. Ba型陶球（03ET2507⑦:54） 11. Ⅱ式石凿（03ET2507⑦:56） 12. Ca型Ⅱ式陶杯（03ET2507⑦:49） 13. B型Ⅱ式陶器盖（03ET2507⑦:51） 14. Ca型Ⅱ式陶器盖（03ET2507⑦:37） 15. B型石料（03ET2507⑦:6） 16. B型Ⅲ式陶器盖（03ET2507⑦:52） 17. Ba型陶圈足（03ET2507⑦:46）

陶纺轮 1件。标本03ET2507⑦:2，Aa型。夹细砂灰黄陶。圆形，折壁，正中穿小圆孔。圆孔周围饰四条对称短射线。直径5.3、孔径0.7、厚1.8厘米（图一四七，5）。

陶饼 1件。标本03ET2507⑦:55，Ab型。夹砂褐陶。近圆形，直边。素面。直径2.7~3.5、厚0.6厘米（图一四七，2）。

陶球 1件。标本03ET2507⑦:54，Ba型。灰色。对穿圆孔，空心。饰圆圈麻点纹。直径5.6厘米（图一四七，10）。

石斧 1件。标本03ET2507⑦:3，A型。灰色。石质本身有条纹。磨制。近梯形，体较厚。斜顶，偏锋，平刃。长5.5、宽3.9、厚0.7~1.3厘米（图一四七，7；图版一二，4）。

石刀　1件。标本03ET2507⑦:1，Ⅱ式。青色。磨制。薄体较大，平顶，对钻圆孔残，锋刃残。残长7.1、厚0.2～0.7厘米（图一四七，6）。

石凿　1件。标本03ET2507⑦:56，Ⅱ式。灰色。磨制。长条形，薄体。背面为自然断裂面，有崩疤，顶残，偏锋，平刃。残长9.6、宽2.6、厚1.2厘米（图一四七，11）。

石料　1件。标本03ET2507⑦:6，B型。墨绿色。扁体长条形。身残，弧背，有锉痕，刃未能完全磨出。残长7、宽2.6、厚0.2～0.7厘米（图一四七，15）。

炼渣　1件。标本03ET2507⑦:24，块状胶琉体，体中满是蜂窝状的孔眼，体表较光滑，质地较坚硬，质较轻。标本长4.15、宽2.8、高2.2厘米（彩版一二，4；附录二）。

二　东区1990年文化遗存

东区1990年共发掘清理新石器时代文化层6～9等4层，灰坑4个。遗物标本共107件。除极少石器和彩绘陶器片外，均为陶器。其中，陶器标本96件（含彩绘陶器片1片），石器标本11件。

（一）灰坑

4个灰坑编号分别为90EH11、H12、H15、H23。其中，90EH11、H23开口于第9层下；90EH15开口于第7层下；90EH12开口于第6层下（附表二）。

灰坑遗物标本共36件。现分述如下。

90EH11

90EH11位于90ET248西边，紧靠西壁，伸进隔梁内。开口于第9层下，打破生土层。形状不明，仅清理长0.95米半月形面积。坑壁斜。坑深0.2米。填土为灰褐土，内含少量烧土颗粒和陶器碎片。器类有陶鼎、鬶、罐、盆和彩陶器等。

标本9件，均为陶器。

陶鼎　2件。标本90EH11:2，Aa型Ⅰ式。夹砂灰陶。敞口，斜弧沿，方唇，斜直颈，弧腹。素面。口径16、残高3.2厘米（图一四八，3）。标本90EH11:3，C型Ⅰ式。夹粗砂黄褐陶。鼎身呈盆形，口径大于最大腹径。侈口，弧沿，圆唇，斜直颈，上腹直，下腹弧内收。素面。口径22.8、残高14厘米（图一四八，1）。

陶鬶　1件。标本90EH11:8，泥质灰陶。仅存鬶片，截面弧。中间有两道竖线纹，上端有短堆纹。残长6.7厘米（图一四八，4）。

陶罐　1件。标本90EH11:1，Ab型Ⅱ式。夹砂褐陶。侈口，斜折沿，方唇，斜直颈，弧腹。素面。口径30、残高5.8厘米（图一四八，5）。

陶盆　1件。标本90EH11:7，Ab型Ⅰ式。泥质黑灰陶。口沿呈“T”字形敛口，宽平沿。沿面饰凹弦纹。口径44、残高3.2厘米（图一四八，9）。

陶器底　1件。标本90EH11:4，B型。夹砂黄灰陶。下腹斜弧内收，内凹底下略呈圈足形，平底内凹。素面。底径12、残高4.6厘米（图一四八，7）。

陶圈足　2件。标本90EH11:6，Ba型。夹砂红褐陶。下腹弧内收，矮圈足。素面。底径16、残高4厘米（图一四八，6）。标本90EH11:5，Bb型。夹砂黄褐陶。下腹斜弧内收，平底，矮圈

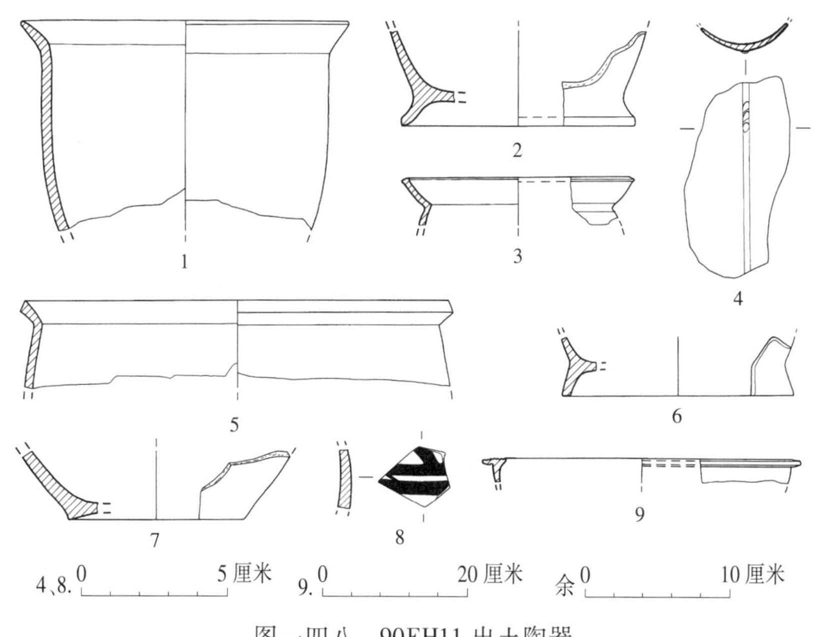

图一四八　90EH11 出土陶器

1. C 型Ⅰ式鼎（90EH11:3）　2. Bb 型圈足（90EH11:5）　3. Aa 型Ⅰ式鼎（90EH11:2）　4. 鬶（90EH11:8）　5. Ab 型Ⅱ式罐（90EH11:1）　6. Ba 型圈足（90EH11:6）　7. B 型器底（90EH11:4）　8. 彩陶片（90EH11:9）　9. Ab 型Ⅰ式盆（90EH11:7）

足。素面。底径 16、残高 6.4 厘米（图一四八，2）。

彩陶片　1 件。标本 90EH11:9，泥质陶，器表灰白色地绘褐红色条带彩（图一四八，8）。

90EH23

位于 90ET248 东南部。开口于第 9 层下，打破生土层。坑浅。坑口平面略呈圆形，直径 0.85 ~ 1 米。直壁，平底。坑深 0.25 米。填土黄褐色，内含少量烧土颗粒和石块。可辨器类有陶豆、壶的圈足等。

标本 3 件，均为陶器。

陶圈足　3 件。标本 90EH23:1，Aa 型。泥质灰陶。残存器底和圈足座，喇叭形器座。素面。底径 8、残高 3.6 厘米（图一四九，3）。标本 90EH23:2，Ba 型。泥质灰衣褐胎陶，灰衣大多已脱落。仅存下腹、底和圈足。素面。底径 17.8、残高 12.4 厘米（图一四九，1；图版八，3）。标本 90EH23:3，Bb 型。夹细砂褐黄陶。为壶圈足。下腹斜弧内收，圜底残，矮圈足，圈足口略呈盘口状。素面。底径 9.6、残高 4.2 厘米（图一四九，2）。

90EH15

位于 90ET216 东壁，伸进隔梁内。开口于第 7 层下，打破第 8 层。形状不明，仅清理长 0.94 米弧形面积。坑壁弧。坑深 0.3 米。填土为较松软的黄褐土，内含少量烧土颗粒和木炭粒。器类有陶鼎、罐、盆、盘、杯、器盖等。

标本 13 件，均为陶器。

陶鼎　2 件。标本 90EH15:4，Aa 型Ⅲ式。夹细砂灰胎橙黄陶。侈口，弧沿，方唇，弧颈。素

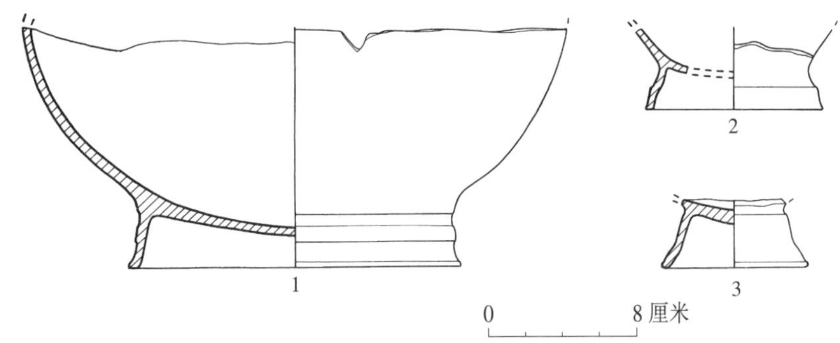

图一四九　90EH23 出土陶器

1. Ba 型圈足（90EH23∶2）　2. Bb 型圈足（90EH23∶3）　3. Aa 型圈足（90EH23∶1）

面。口径 26、残高 6.4 厘米（图一五〇，12）。标本 90EH15∶5，C 型。夹砂褐胎黑陶。敞口，平沿，圆唇，斜直颈，弧肩。肩腹部有一周凸棱。口径 36、残高 6.2 厘米（图一五〇，1）。

陶鼎足　1 件。标本 90EH15∶8，Ba 型。夹砂红陶，侧扁足残。足根外侧有三个圆窝纹。残高 3.5 厘米（图一五〇，2）。

陶罐　1 件。标本 90EH15∶3，Ab 型Ⅲ式。夹细砂灰陶。侈口，斜沿，方唇。素面。口径 36、残高 5 厘米（图一五〇，9）。

陶盆　1 件。标本 90EH15∶7，Bb 型Ⅰ式。夹细砂灰陶。敛口，平折宽沿，方唇。唇面上缘一周凹弦纹，沿面饰三周凹弦纹，腹饰凹弦纹。口径 26、残高 2.8 厘米（图一五〇，6）。

陶盘　1 件。标本 90EH15∶1，C 型Ⅰ式。泥质黄陶。盘为直口，圆唇内勾，盘壁外撇，粗圈足残。素面。口径 20.2、残高 3.6 厘米（图一五〇，5；图版五，6）。

陶杯　1 件。标本 90EH15∶11，E 型Ⅲ式。夹砂灰陶。敞口，斜折沿，沿面弧，圆唇，斜弧腹内收，圜底残。下腹一周凸棱。口径 10.4、残高 5.1 厘米（图一五〇，10）。

陶器盖　4 件。标本 90EH15∶12，Aa 型Ⅱ式。夹细砂灰陶。盖纽圆形内凹，斜弧顶。素面。纽径 4.5、残高 4 厘米（图一五〇，8）。标本 90EH15∶10，Ad 型Ⅱ式。夹砂黑陶。盖顶弧，顶残，斜直壁，敛口，凹唇。盖顶壁相交处一周凸棱。盖口径 28、残高 6.2 厘米（图一五〇，3）。标本 90EH15∶9，Ad 型Ⅲ式。泥质灰陶。盖顶斜，壁斜折，盖口敞，平沿，圆唇。盖壁饰凹弦纹。盖口径 16、残高 2.8 厘米（图一五〇，7）。标本 90EH15∶2，B 型Ⅱ式。夹砂黑衣褐胎陶，黑衣多脱落。盖纽根部圆圈形，纽顶分叉呈五瓣泥钉形。盖顶斜弧，盖口敞，平沿，圆唇。素面。盖口径 8、高 3.2 厘米（图一五〇，4；图版七，3）。

陶圈足　1 件。标本 90EH15∶6，Bb 型。夹细砂黑灰陶。残底圜，圈足斜直壁，敞口。素面。底径 14.4、残高 3.4 厘米（图一五〇，11）。

陶器座　1 件。标本 90EH15∶13，Ⅱ式。夹砂黑衣灰褐胎陶。圈足壁弧，喇叭形座口。柄上饰六周凸棱纹，座上一周凸棱。底径 26、残高 20 厘米（图一五〇，13）。

90EH12

位于 90ET216 东南角，伸进隔梁内。开口于第 6 层下，打破第 7 层。形状不明，仅清理长 0.85 米弧形面积。坑壁弧。坑深 0.32 米。填土为较松软的灰褐土，内含少量烧土颗粒和木炭粒。器类有鼎、鬶、罐、豆、钵、器盖等。

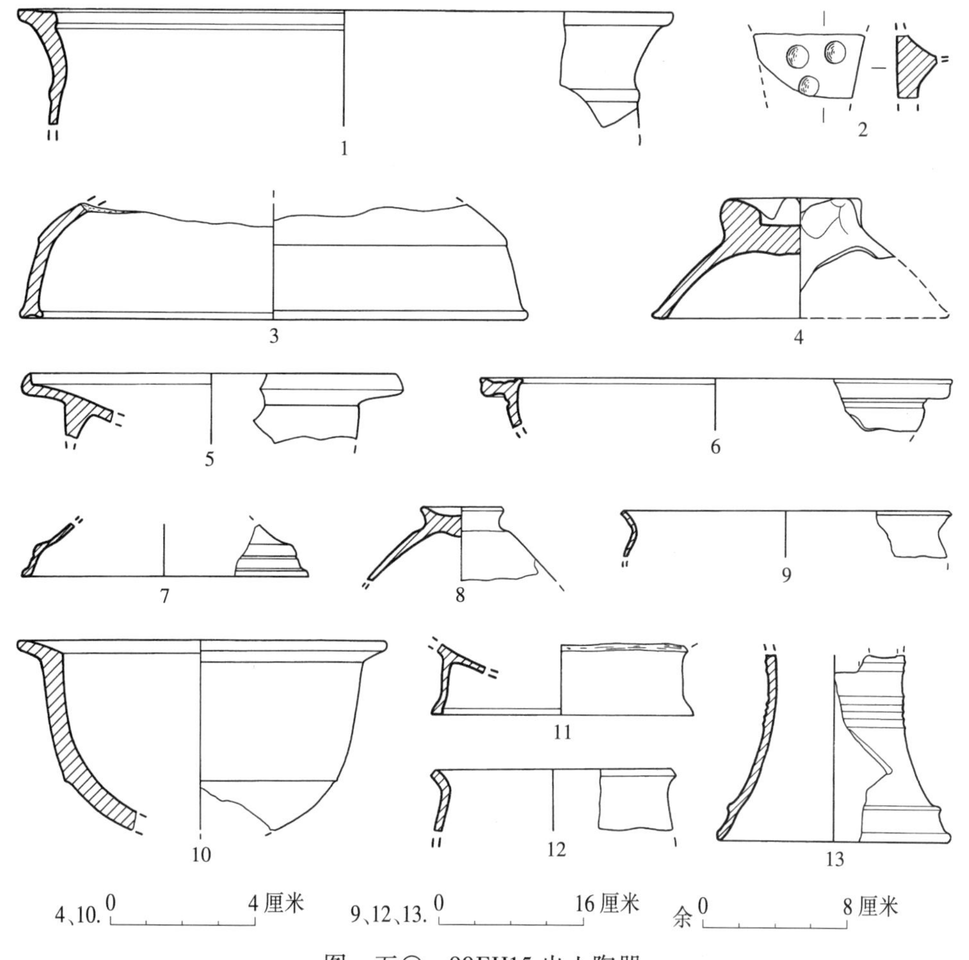

图一五〇　90EH15出土陶器

1. C型鼎（90EH15∶5）　2. Ba型鼎足（90EH15∶8）　3. Ad型Ⅱ式器盖（90EH15∶10）　4. B型Ⅱ式器盖（90EH15∶2）　5. C型Ⅰ式盘（90EH15∶1）　6. Bb型Ⅰ式盆（90EH15∶7）　7. Ad型Ⅲ式器盖（90EH15∶9）　8. Aa型Ⅱ式器盖（90EH15∶12）　9. Ab型Ⅲ式罐（90EH15∶3）　10. E型Ⅲ式杯（90EH15∶11）　11. Bb型圈足（90EH15∶6）　12. Aa型Ⅲ式鼎（90EH15∶4）　13. Ⅱ式器座（90EH15∶13）

标本11件，均为陶器。

陶鼎　2件。标本90EH12∶2，Aa型Ⅳ式。夹砂灰褐陶。侈口，卷沿，圆唇，弧腹。素面。口径18、残高7.4厘米（图一五一，6）。标本90EH12∶3，Aa型Ⅳ式。夹砂褐陶。敞口，卷沿，方唇，弧腹。素面。口径20、残高7.2厘米（图一五一，1）。

陶鬶　1件。标本90EH12∶11，Ⅱ式。夹细砂红衣灰胎陶，红衣多脱落。流口及器身均残，残存颈部和把手上端根部，细长颈。素面。残高14.3厘米（图一五一，8；图版二，5）。

陶罐　1件。标本90EH12∶8，B型Ⅱ式。夹砂灰陶。敞口，平沿，圆唇，斜弧领。素面。口径14、残高3.6厘米（图一五一，9）。

陶豆　1件。标本90EH12∶1，Ab型Ⅲ式。泥质灰褐陶。呈钵形。口微敛，沿面内曲，圆唇，小圆肩，腹斜内收。颈肩和下腹部饰弦纹。口径13、残高5.2厘米（图一五一，7）。

陶钵　1件。标本90EH12∶6，D型。夹砂灰陶。盘口，圆唇，上腹直，下腹折弧内收。腹饰两周凸弦纹。口径14、残高8厘米（图一五一，2）。

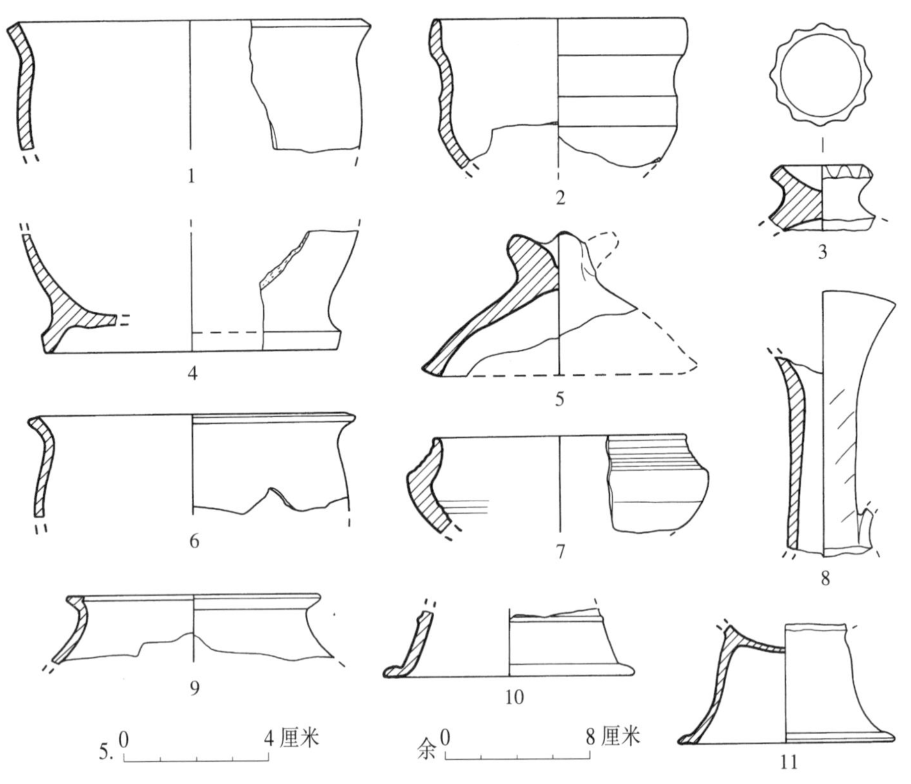

图一五一 90EH12 出土陶器

1、6. Aa 型Ⅳ式鼎（90EH12:3、2） 2. D 型钵（90EH12:6） 3. B 型Ⅳ式器盖（90EH12:7） 4. Ba 型圈足（90EH12:9） 5. B 型Ⅲ式器盖（90EH12:4） 7. Ab 型Ⅲ式豆（90EH12:1） 8. Ⅱ式鬶（90EH12:11） 9. B 型Ⅱ式罐（90EH12:8） 10、11. Aa 型圈足（90EH12:5、10）

陶器盖 2 件。标本 90EH12:4，B 型Ⅲ式。夹砂黑陶。花瓣形盖纽，盖纽根部圆圈形，纽顶分岔呈四瓣泥钉状，盖顶斜弧，盖口敞，斜平沿，圆唇。素面。盖口径 6.7、高 3.8 厘米（图一五一，5；彩版一〇，1）。标本 90EH12:7，B 型Ⅳ式。夹细砂灰陶。仅存盖纽。圆圈形凹纽，纽口呈锯齿状花边形。素面。残高 3.6 厘米（图一五一，3）。

陶圈足 3 件。标本 90EH12:5，Aa 型。泥质灰陶。圈足座口呈喇叭形，平沿，圆唇。圈足上残存一周凸棱。底径 14、残高 3.6 厘米（图一五一，10）。标本 90EH12:10，Aa 型。夹细砂灰黄陶。器盘圜底，圈足座口呈喇叭形，平沿内凹，圆唇。素面。底径 12、残高 6.4 厘米（图一五一，11）。标本 90EH12:9，Ba 型。泥质黄褐陶。下腹弧内收，矮圈足。素面。底径 16、残高 6.4 厘米（图一五一，4）。

（二）文化层

1990 年东区清理的新石器时代文化层分布在 90ET233、T216、T217、T248、T262、T272 六个探方中。其中，90ET233、T248 两个探方第 6～9 层都有；90ET262 仅有第 9 层；90ET217 仅有第 8 层；90ET216 有第 6、7 层；90ET272 仅有第 6 层。

遗物标本共 71 件。其中，陶器标本 60 件，石器标本 11 件。现按探方逐一介绍包含的遗物标本。

1. 90ET233⑨～⑥

90ET233⑨

器类有陶鼎、甑、罐、壶、盆、杯、盘、纺轮和石斧等。

标本16件。

陶鼎　1件。标本90ET233⑨:23，Aa型Ⅰ式。夹砂灰陶，陶质疏松。侈口，仰折沿凹，方唇，唇上一道凹槽，溜肩，弧腹。手制，内壁部分地方凹凸不平。口径23、残高9厘米（图一五二，6）。

陶鼎足　2件。标本90ET233⑨:22，Ab型。夹砂红陶。足根残，足根部中空，由足根向足尖渐薄渐宽。素面。残高7厘米（图一五三，2）。标本90ET233⑨:21，Ba型。夹砂红褐陶。宽扁足，下部及足尖残，由足根向足尖渐薄渐窄。素面。残高4.9厘米（图一五三，3）。

陶甑　1件。标本90ET233⑨:26，A型Ⅰ式。夹砂灰陶。侈口，斜沿，沿面向下，尖圆唇。颈腹相交处一道凸棱。口径30.2、残高8.6厘米（图一五二，2）。

陶罐　3件。标本90ET233⑨:20，Aa型Ⅱ式。泥质灰陶。侈口，仰折斜沿，沿面微内凹，尖方唇，溜肩。素面。口径21.6、残高4.8厘米（图一五二，8）。标本90ET233⑨:24，B型Ⅰ式。夹砂红陶。直口微敞，沿面平，圆唇，直领，溜肩残。素面。口径17、残高4厘米（图一五二，12）。标本90ET233⑨:27，Ca型Ⅰ式。夹砂灰陶。盘口有流，流残，方唇，颈下残。盘口外壁饰数道细弦纹。口径39.6、残高5.6厘米（图一五二，3）。

陶壶　1件。标本90ET233⑨:25，Aa型Ⅱ式。夹砂灰陶。口、颈连接略呈“T”字形，沿面宽平，有两道凹槽，内、外圆唇，高颈斜直，颈肩交接处转折明显，圆弧肩。素面。口径12、残高5.8厘米（图一五二，1）。

陶盆　1件。标本90ET233⑨:28，Ba型Ⅰ式。夹砂灰陶，敞口，尖圆唇，弧腹。唇下一周方形凸棱，上腹附加一周压印堆纹。口径29.6、残高5.6厘米（图一五二，4）。

陶杯　1件。标本90ET233⑨:29，Ba型Ⅰ式。泥质黑陶。直筒竹节形，曲底，假矮圈足。下腹与圈足相接处一周凹弦纹。底径8.2、残高4.2厘米（图一五二，9）。

陶盘　1件。标本90ET233⑨:30，C型Ⅰ式。泥质黑陶。圆唇内勾，浅折盘。素面。口径26.2、残高2.8厘米（图一五二，7）。

陶圈足　3件。标本90ET233⑨:31，Aa型。泥质灰陶。盘、座残，粗柄。柄上饰凸弦纹。残高4.4厘米（图一五二，10）。标本90ET233⑨:32，Ab型。泥质灰陶。素面。底径27.4、残高5.2厘米（图一五二，5）。标本90ET233⑨:33，Ab型。泥质灰陶。素面。底径20、残高5.4厘米（图一五二，11）。

陶纺轮　1件。标本90ET233⑨:18，Ab型。夹砂褐陶。扁圆形，两面平，圆中间一直壁圆孔，周壁中间凸起一周折棱，折棱上下斜面直。一面有对称四道刻划纹，一面素面。直径5.4、孔径0.6、厚1.4厘米（图一五三，4）。

石斧　1件。标本90ET233⑨:17，A型。灰白色。磨制。扁体略呈长方形，斜顶，偏锋，直刃。残长9.7、刃残宽6.5、厚2.3厘米（图一五三，1；图版一二，5）。

90ET233⑧

器类有陶鼎、壶、盆、杯、豆和石镞等。

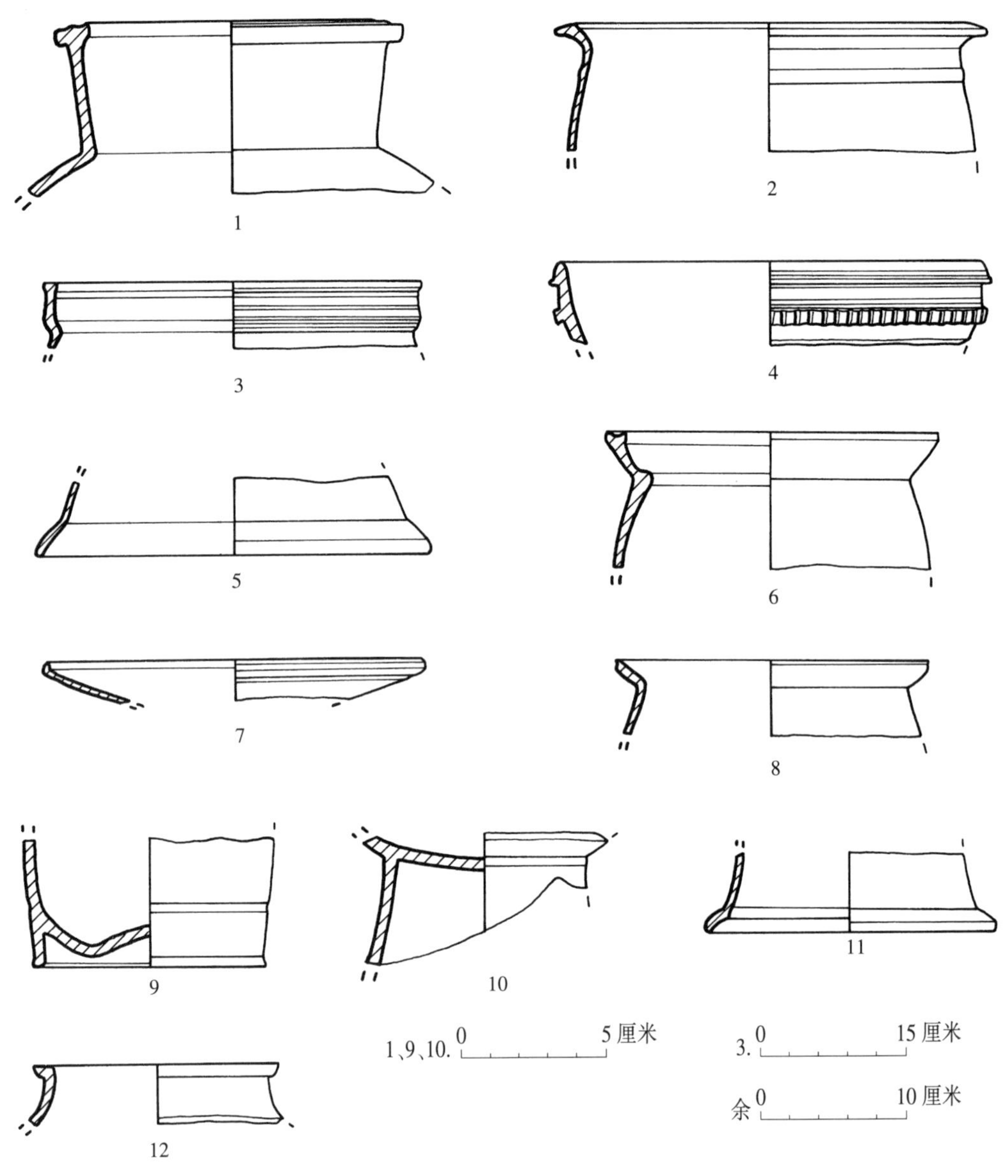

图一五二　90ET233⑨出土陶器

1. Aa 型Ⅱ式壶（90ET233⑨:25）　2. A 型Ⅰ式甑（90ET233⑨:26）　3. Ca 型Ⅰ式罐（90ET233⑨:27）　4. Ba 型Ⅰ式盆（90ET233⑨:28）　5、11. Ab 型圈足（90ET233⑨:32、33）　6. Aa 型Ⅰ式鼎（90ET233⑨:23）　7. C 型Ⅰ式盘（90ET233⑨:30）　8. Aa 型Ⅱ式罐（90ET233⑨:20）　9. Ba 型Ⅰ式杯（90ET233⑨:29）　10. Aa 型圈足（90ET233⑨:31）　12. B 型Ⅰ式罐（90ET233⑨:24）

标本 11 件。

陶鼎　3 件。标本 90ET233⑧:34，Ab 型Ⅱ式。泥质红陶。敞口，尖圆唇，溜肩。颈肩相接处一周凹弦纹。口径 14.4、残高 4.2 厘米（图一五四，4）。标本 90ET233⑧:40，Ab 型Ⅱ式。夹砂灰陶。敞口，尖圆唇，溜肩。素面。口径 17.8、残高 5.6 厘米（图一五四，3）。标本 90ET233⑧:45，C 型。夹砂灰陶。敞口，平沿，内外圆唇，束颈。腹部饰凹弦纹。口径 38.6、残高 7.5 厘米（图一五四，10）。

陶鼎足　1 件。标本 90ET233⑧:35，Aa 型。夹砂红褐陶。侧扁足。素面。高 8.6 厘米（图一

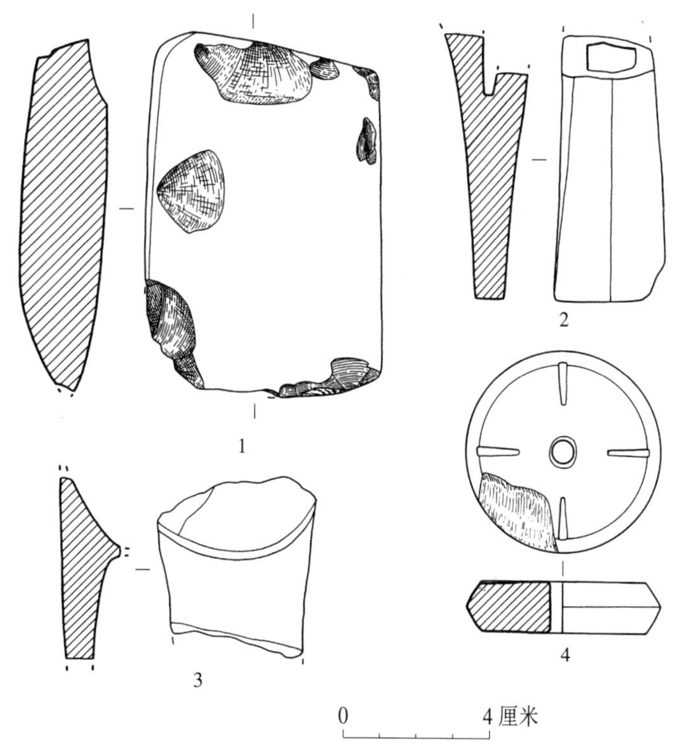

图一五三　90ET233⑨出土陶、石器

1. A型石斧（90ET233⑨:17）　2. Ab型陶鼎足（90ET233⑨:22）　3. Ba型陶鼎足（90ET233⑨:21）　4. Ab型陶纺轮（90ET233⑨:18）

五四，1）。

陶壶　1件。标本90ET233⑧:42，B型Ⅱ式。夹砂红陶。口微敛，厚方唇，直颈，溜肩。素面。口径26.6、残高5厘米（图一五四，9）。

陶盆　1件。标本90ET233⑧:47，Aa型Ⅱ式。夹砂灰陶。口微敛，平折沿，圆唇。腹部饰凹弦纹。口径30、残高4.6厘米（图一五四，5）。

陶杯　1件。标本90ET233⑧:52，Ba型Ⅱ式。泥质灰陶。上部残，直筒形，弧腹，曲底，矮圈足。素面。底径7.5、残高2.6厘米（图一五四，6）。

陶圈足　3件。标本90ET233⑧:57，Aa型。泥质灰陶。盘残，柄较粗。柄上残有一周凸棱。残高6厘米（图一五四，11）。标本90ET233⑧:56，Ab型。泥质灰陶。盘残，粗柄。素面。残高5.4厘米（图一五四，7）。标本90ET233⑧:50，Bb型。夹砂灰陶。腹斜弧内收，圜底残，矮圈足。素面。底径10.1、残高7.4厘米（图一五四，2）。

石镞　1件。标本90ET233⑧:16，青色。打磨制法。残存镞身呈柳叶形。残长7.2、最宽2.56、厚0.3厘米（图一五四，8；图版一四，5）。

90ET233⑦

器类有陶鼎、鬶、瓮、盆、缸、杯、豆、纺轮等。

标本10件。

陶鼎　1件。标本90ET233⑦:41，Aa型Ⅲ式。夹砂灰陶，胎芯红。侈口，仰折沿，沿面有一

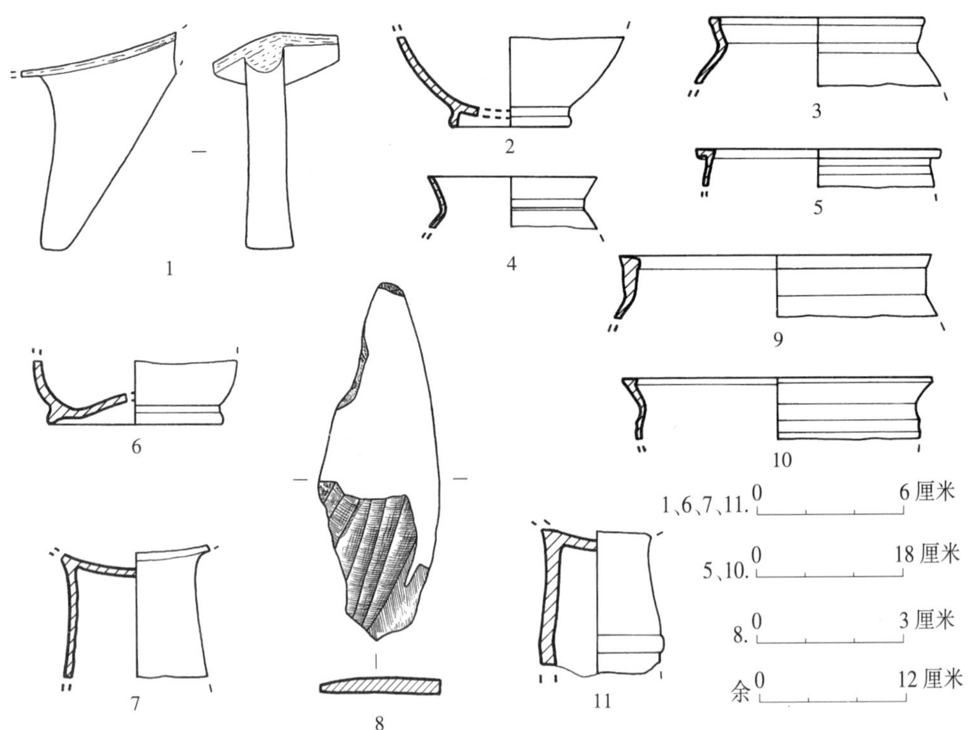

图一五四　90ET233⑧出土陶、石器

1. Aa型陶鼎足（90ET233⑧:35）　2. Bb型陶圈足（90ET233⑧:50）　3、4. Ab型Ⅱ式陶鼎（90ET233⑧:40、34）　5. Aa型Ⅱ式陶盆（90ET233⑧:47）　6. Ba型Ⅱ式陶杯（90ET233⑧:52）　7. Ab型陶圈足（90ET233⑧:56）　8. 石镞（90ET233⑧:16）　9. B型Ⅱ式陶壶（90ET233⑧:42）　10. C型陶鼎（90ET233⑧:45）　11. Aa型陶圈足（90ET233⑧:57）

周凹槽，尖圆唇，溜肩。口径22.2、残高4.7厘米（图一五五，4）。

陶鼎足　1件。标本90ET233⑦:36，Ba型。夹砂红陶。正装扁足。素面。残高7.3厘米（图一五五，3）。

陶鬶　1件。标本90ET233⑦:39，Ⅰ式。夹砂红陶。口呈椭圆形，颈部内收。素面。口沿上有手捏痕迹。残高7.9厘米（图一五五，2）。

陶瓮　1件。标本90ET233⑦:48，B型Ⅲ式。夹砂灰陶。敛口，平折沿，尖圆唇，鼓腹。沿面有五周凹弦纹。口径32.6、残高5厘米（图一五五，8）。

陶盆　1件。标本90ET233⑦:49，Ba型Ⅱ式。夹砂灰陶，胎芯红。口微敛，平折沿，尖唇，弧腹内收。沿面有五周凹弦纹，腹饰弦纹。口径40、残高5.6厘米（图一五五，6）。

陶杯　1件。标本90ET233⑦:53，Ba型Ⅲ式。泥质灰陶，上部残，直筒形，圜底，矮圈足。下腹与圈足相接处饰一周凹弦纹。底径7.2、残高4.3厘米（图一五五，5）。

陶豆　1件。标本90ET233⑦:55，Ba型。泥质灰陶。圆唇，弧盘。素面。口径21、残高3.7厘米（图一五五，7）。

陶缸底　1件。标本90ET233⑦:51，C型。夹砂红褐陶。上部残，腹壁斜直弧内收，圜底，矮圈足。底径6.8、残高5.8厘米（图一五五，1）。

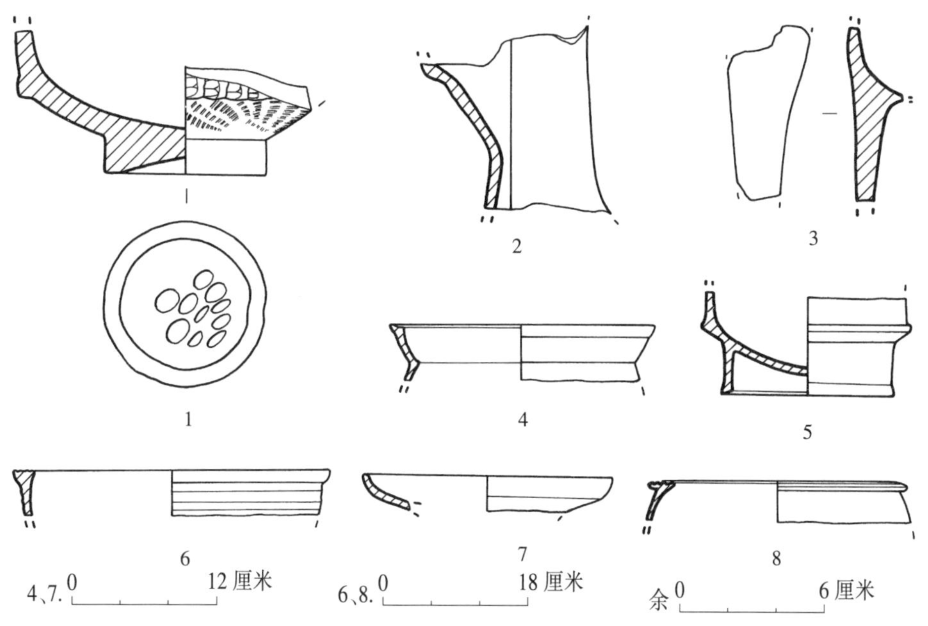

图一五五　90ET233⑦出土陶器

1. C 型缸底（90ET233⑦:51）　2. Ⅰ式鬶（90ET233⑦:39）　3. Ba 型鼎足（90ET233⑦:36）　4. Aa 型Ⅲ式鼎（90ET233⑦:41）　5. Ba 型Ⅲ式杯（90ET233⑦:53）　6. Ba 型Ⅱ式盆（90ET233⑦:49）　7. Ba 型豆（90ET233⑦:55）　8. B 型Ⅲ式瓮（90ET233⑦:48）

陶纺轮　2 件。标本 90ET233⑦:14，Ab 型。夹砂褐灰陶。扁圆形，中部微隆起，圆中间一弧壁圆孔，周壁中间凸起一周折棱，折棱上下斜面直。素面。直径 4.9、孔径 0.4～0.6、厚 1～1.2 厘米（图一五六，3）。标本 90ET233⑦:15，Ab 型。夹砂褐陶。扁圆形，中心微隆起，圆中间一直壁圆孔，周壁中间凸起一周折棱，折棱上下斜面直。一面有五道凹槽。直径 4.9、孔径 0.3～0.5、厚 0.9～1.1 厘米（图一五六，4）。

90ET233⑥

器类有陶鼎、罐、瓮、杯等标本 6 件。

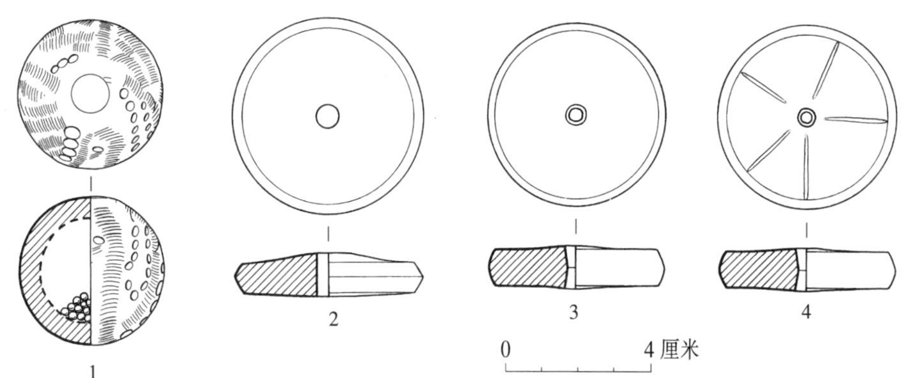

图一五六　90ET233、T248⑦出土陶器

1. Ba 型球（90ET248⑦:2）　2～4. Ab 型纺轮（90ET248⑦:1、90ET233⑦:14、90ET233⑦:15）

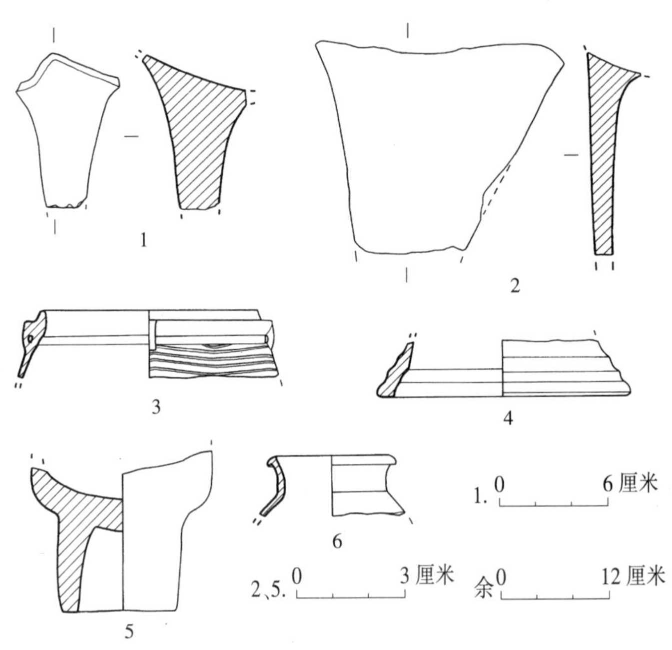

图一五七 90ET233⑥出土陶器

1. C型鼎足（90ET233⑥:37） 2. Ba型鼎足（90ET233⑥:38）
3. A型Ⅲ式瓮（90ET233⑥:44） 4. Ab型圈足（90ET233⑥:46）
5. Cd型杯（90ET233⑥:54） 6. B型Ⅲ式罐（90ET233⑥:43）

陶鼎足 2件。标本90ET233⑥:38，Ba型。夹砂红褐陶。正装宽扁足。素面。残高5.8厘米（图一五七，2）。标本90ET233⑥:37，C型。夹砂红陶。圆柱状锥足。素面。残高8.2厘米（图一五七，1）。

陶罐 1件。标本90ET233⑥:43，B型Ⅲ式。夹砂红陶。敞口，沿面向下，圆唇，弧领较高，溜肩。素面。口径14.4、残高6.5厘米（图一五七，6）。

陶瓮 1件。标本90ET233⑥:44，A型Ⅲ式。夹砂灰陶，胎芯红。直子口，圆唇，颈部外壁等距离附四系。腹部饰篮纹。口径24.4、残高7.2厘米（图一五七，3）。

陶杯 1件。标本90ET233⑥:54，Cd型。夹砂红陶，胎厚。器小。上部残，弧腹，圜底，高圈足。素面。底径3.2、残高4.3厘米（图一五七，5）。

陶圈足 1件。标本90ET233⑥:46，Ab型。夹砂红陶。圈足口呈盘口形。圈足顶面有两周凸棱。底径28.3、残高6.1厘米（图一五七，4）。

2. 90ET248⑨～⑥

90ET248⑨

器类有陶环和石器。

标本2件。

陶环 1件。标本90ET248⑨:1，B型。泥质灰陶。圆形环残，平面外薄内厚，截面呈三角形。素面。直径6、肉宽0.7～0.8、厚0.2～0.8厘米（图一五八，1）。

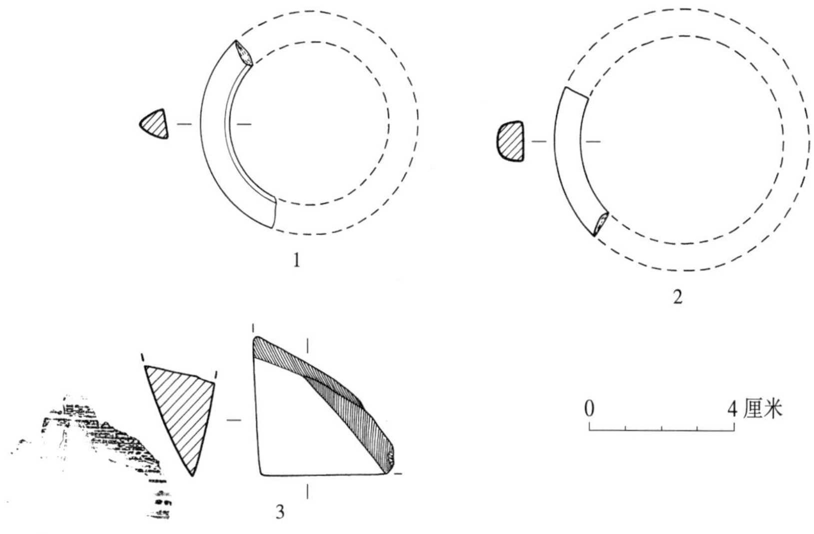

图一五八　90ET248、T262⑨出土陶、石器

1. B型陶环（90ET248⑨:1）　2. Db型陶环（90ET262⑨:1）　3. 石残器（90ET248⑨:2）

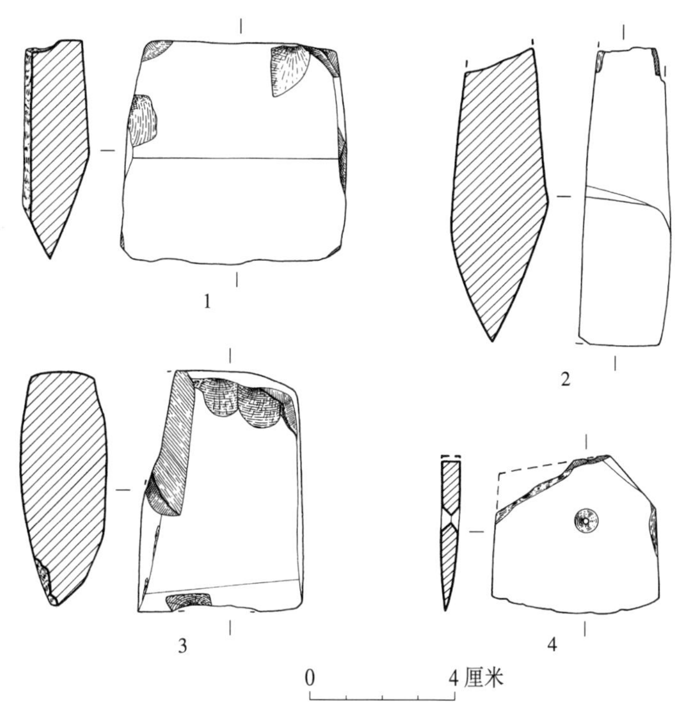

图一五九　90ET217、T248⑧出土石器

1、3. B型斧（90ET217⑧:9、15）　2. Ⅰ式凿（90ET217⑧:14）　4. Ⅱ式刀（90ET248⑧:1）

石残器　1件。标本90ET248⑨:2，青色。器类不明。磨制。残高3.8、残刃长3.7、残厚2厘米（图一五八，3）。

90ET248⑧

器类仅有石刀。

标本1件。

石刀　1件。标本90ET248⑧:1，Ⅱ式。青色。磨制。扁体，两面残留一对钻穿孔，正锋，弧刃。残长4.3、刃残宽4.6、孔径0.2~0.6、厚0.6厘米（图一五九，4；图版一四，2）。

90ET248⑦

器类有陶纺轮、球等。

标本2件。

陶纺轮　1件。标本90ET248⑦:1，Ab型。夹砂灰褐陶。扁圆形，中部微隆起，圆中间一直壁圆孔，周壁中间凸起一周折棱，折棱上下斜面直。素面。直径5.2、孔径0.6、厚0.8~1.2厘米（图一五六，2）。

陶球　1件。标本90ET248⑦:2，Ba型。泥质灰褐陶。圆球形，空心中有烧土粒。通体饰线纹和圆圈纹。直径4厘米（图一五六，1）。

90ET248⑥

仅有石镞

标本1件。

石镞　1件。标本90ET248⑥:1，青色。磨制。镞锋尖残，中部起棱，截面菱形，翼窄；铤尖残，铤呈截面呈椭圆形，铤根至尖渐细。残长6.9厘米（图一六〇，3；图版一四，6）。

3. 90ET262⑨

器类仅有陶环。

标本1件。

陶环　1件。标本90ET262⑨:1，Db型。泥质灰陶。圆形环残，平面外壁圆弧内壁直，截面略呈竖扁形。素面。直径7、肉宽0.7、厚0.7~1厘米（图一五八，2）。

4. 90ET217⑧

器类有陶器盖、纺轮、球和石斧、凿等。

标本11件。

陶器盖　1件。标本90ET217⑧:8，Ad型Ⅰ式。泥质灰陶。圆饼形微凹纽，圆口，斜直顶，斜直壁。顶壁交界处一周凸棱。盖口径9、高3厘米（图一六一，8；图版七，2）。

陶纺轮　6件。标本90ET217⑧:10，Ab型。夹砂褐陶。扁圆形，正面中部隆起，背面平，中部微内凹，圆中间一直壁圆孔，周壁中间凸起一周折棱，折棱上下斜面直。素面。直径4.6、孔径0.4、厚0.9~1.1厘米（图一六一，4）。标本90ET217⑧:13，Ab型。泥质灰陶。扁圆形，中心微隆起，圆中间一直壁圆孔，周壁中间凸起一周折棱，折棱上下斜面直。面上残留两道弧形凹槽。直径4.6、孔径0.6、残厚0.8~0.9厘米（图一六一，5）。标本90ET217⑧:16，Ab型。夹砂褐陶。扁圆形，正面中心微隆起，背面平，圆中间一直壁圆孔，周壁中间凸起一周折棱，折棱上下斜面直。素面。直径4.1、孔径0.5、厚1~1.1厘米（图一六一，6；图版九，8）。标本90ET217⑧:17，Ab型。泥质灰陶。扁圆形，正面中部微隆起，背面平，圆中间一直壁圆孔，周壁中间凸起一周折棱，折棱上下斜面直，有对称四道凹槽。直径5、孔径0.6、厚1.2~1.4厘米（图一六

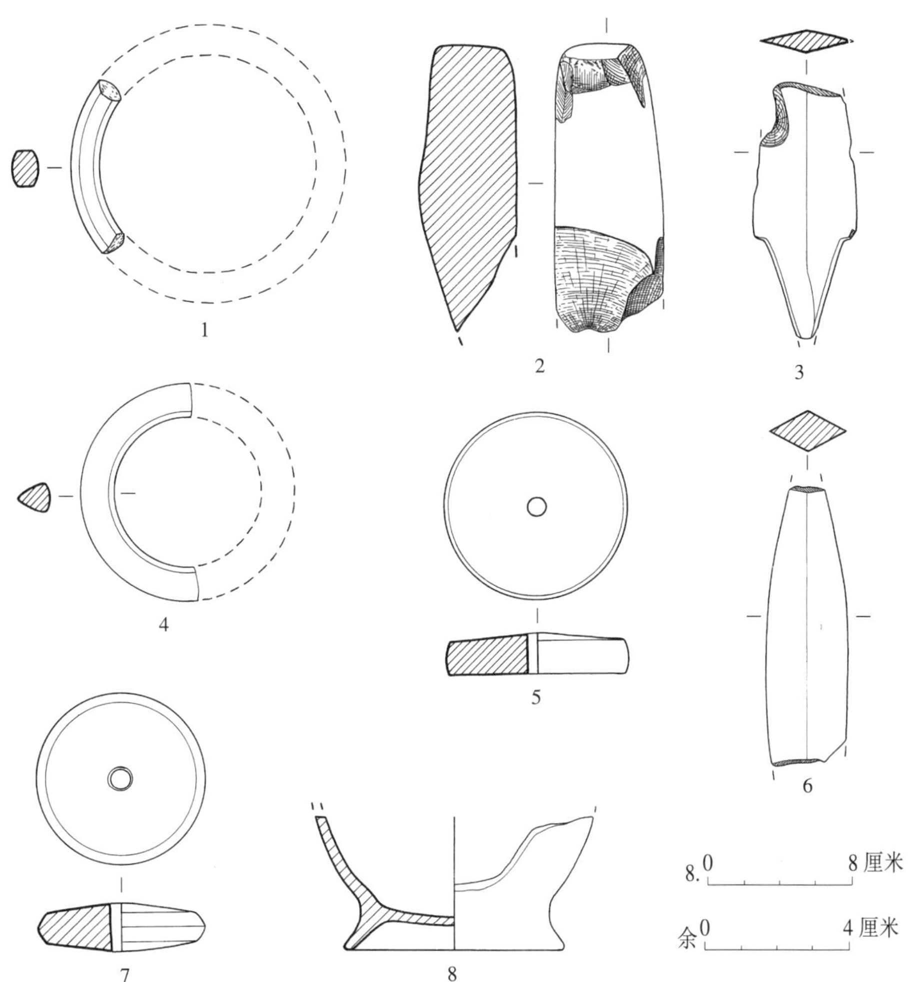

图一六〇　90ET216、T248、T272⑥出土陶、石器

1. Db型陶环（90ET216⑥:1）　2. Ⅰ式石凿（90ET216⑥:3）　3、6. 石镞（90ET248⑥:1、90ET216⑥:5）　4. B型陶环（90ET216⑥:4）　5. Bb型陶纺轮（90ET216⑥:2）　7. Ab型陶纺轮（90ET272⑥:1）　8. Bb型陶圈足（90ET272⑥:2）

一，3）。标本90ET217⑧:18，Ab型。夹砂褐陶。扁圆形，中心微隆起，圆中间一直壁圆孔，周壁中间凸起一周折棱，折棱上下斜面直。面上有四道凹槽。直径4.9、孔径0.6、厚1～1.3厘米（图一六一，2）。标本90ET217⑧:12，Bb型。夹砂灰褐陶。扁圆形，两面平，圆中间一直壁圆孔，周壁弧。素面。直径5.1、孔径0.6、厚1厘米（图一六一，1；图版一〇，6）。

陶球　1件。标本90ET217⑧:11，Ba型。泥质褐陶。圆球形，中空。通体饰圆窝纹。直径6.6厘米（图一六一，7）。

石斧　2件。标本90ET217⑧:9，B型。青色。磨制。扁体梯形，平顶，偏锋，直刃。长6、刃宽6.2、厚2.4厘米（图一五九，1；图版一二，2）。标本90ET217⑧:15，B型。青色。磨制。扁体梯形，正锋，直刃微弧。长6.5、刃宽4.5、厚2.4厘米（图一五九，3；图版一三，1）。

石凿　1件。标本90ET217⑧:14，Ⅰ式。青色。磨制。长条形，厚体，正锋，直刃。残长

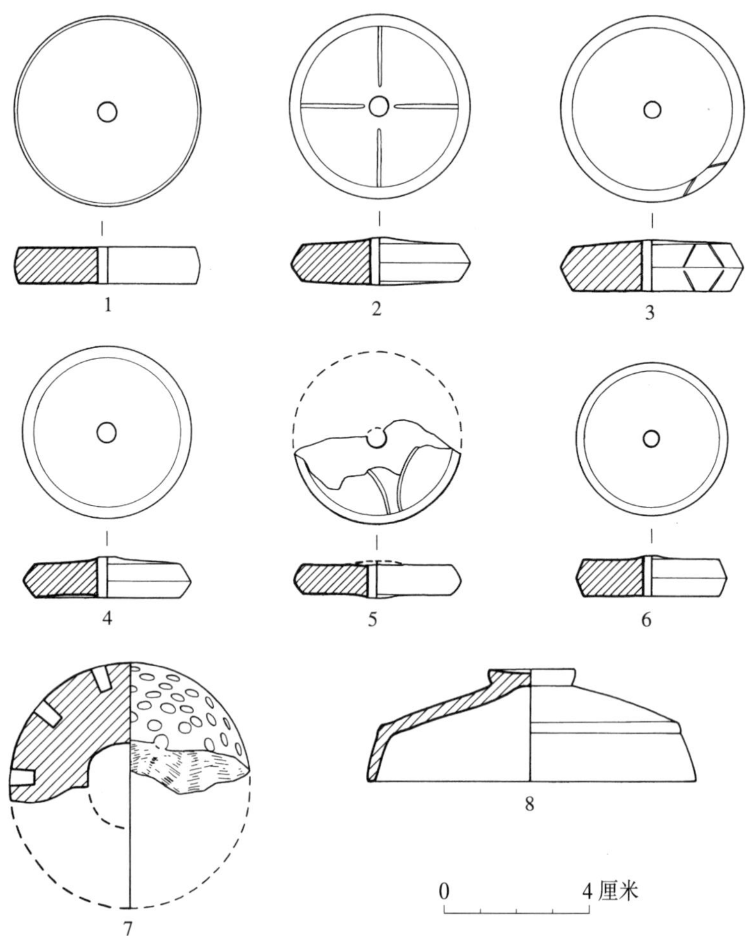

图一六一　90ET217⑧出土陶器

1. Bb型纺轮（90ET217⑧:12）　2~6. Ab型纺轮（90ET217⑧:18、17、10、13、16）　7. Ba型球（90ET217⑧:11）　8. Ad型Ⅰ式器盖（90ET217⑧:8）

8.1、刃宽2.2、厚2.6厘米（图一五九，2；图版一四，4）。

5. 90ET216⑦~⑥

90ET216⑦

器类有陶纺轮和石斧等。

标本3件。

陶纺轮　2件。标本90ET216⑦:2，Ab型。夹砂褐陶。扁圆形，正面中部微隆起，背面平，圆中间一直壁圆孔，周壁弧。素面。直径4.6、孔径0.5、厚1~1.1厘米（图一六二，2）。标本90ET216⑦:1，C型。夹砂褐陶。圆形，体厚，正面上弧隆起，背面平，圆中间一弧壁圆孔，周壁圆弧。素面。直径5.2、孔径0.8~1.2、最厚2.4厘米（图一六二，1；图版一〇，9）。

石斧　1件。标本90ET216⑦:3，B型。青色。磨制，制作精致。顶部略残，刃口有崩疤。扁体略呈长方形，正面向刃口渐弧，偏锋，锋面直，直刃残。长3.7、刃宽3.9、厚1.2厘米（图一六二，3；图版一三，3）。

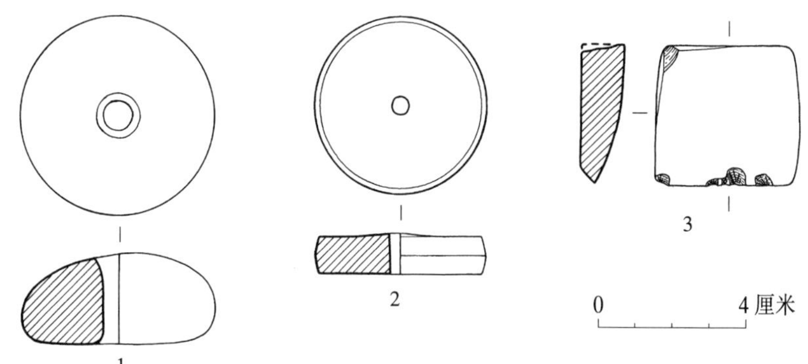

图一六二　90ET216⑦出土陶、石器

1. C型陶纺轮（90ET216⑦:1）　2. Ab型陶纺轮（90ET216⑦:2）　3. B型石斧（90ET216⑦:3）

90ET216⑥

器类有陶纺轮、环和石凿、镞等。

标本5件。

陶纺轮　1件。标本90ET216⑥:2，Bb型。夹砂灰褐陶。扁圆形，正面中部微隆起，背面平，圆中间一直壁圆孔，周壁弧。素面。直径5、孔径0.6、厚0.9～1.1厘米（图一六〇，5；图版一〇，7）。

陶环　2件。标本90ET216⑥:1，Db型。泥质灰黄陶。圆形环残，两面平，内外壁弧，截面呈竖圆角方形。素面。直径7.4、肉宽0.5～0.8、厚1厘米（图一六〇，1）。标本90ET216⑥:4，B型。泥质灰黄陶。圆形环残，平面外薄内厚，截面呈圆角三角形。素面。直径5.8、肉宽0.8～0.9、厚0.2～0.8厘米（图一六〇，4；图版八，6）。

石凿　1件。标本90ET216⑥:3，Ⅰ式。灰色。厚体，长条形，溜肩，截面近正方形。平顶，锋刃残。表面光滑。残长7.7、宽2.2～3、厚2.2～2.6厘米（图一六〇，2）。

石镞　1件。标本90ET216⑥:5，青灰色。磨制。残存镞身呈柳叶形，中部起棱，截面菱形。残长7.5厘米（图一六〇，6；图版一四，7）。

6. 90ET272⑥

器类有陶圈足、纺轮等。

标本2件。

陶圈足　1件。标本90ET272⑥:2，Bb型。夹细砂灰陶。仅残存下腹、底和圈足，弧下腹，圜底，矮圈足口外撇。素面。底径12、残高7.2厘米（图一六〇，8）。

陶纺轮　1件。标本90ET272⑥:1，Ab型。夹砂褐陶。扁圆形，中部微隆起，圆中间一直壁圆孔，周壁中间凸起一周折棱，折棱上下斜面直。素面。直径4.6、孔径0.4～0.6、厚0.8～1.3厘米（图一六〇，7）。

三　东区1984年文化遗存

1984年仅在东区84ET1、T4两个探方中，清理新石器时代文化层第7、8层。遗物标本共14

件。其中，陶器标本 11 件，石器标本 3 件。

1. 84ET1⑧～⑦

84ET1⑧

器类有陶杯、球和石镞等。

标本 3 件。

陶杯　1 件。标本 84ET1⑧:3，Cb 型Ⅰ式。夹细砂褐陶。直口微敞，圆唇，上腹直，下腹微弧内收呈平底，直圈足柄。杯腹内壁有两周凸棱，圈足柄内壁有四周凸棱。口径 5.7、残高 11.2 厘米（图一六三，2；图版六，4）。

陶球　1 件。标本 84ET1⑧:1，Ab 型。泥质红陶。圆球形，实心。素面。直径 3.5 厘米（图一六三，1）。

石镞　1 件。标本 84ET1⑧:2，青色。打磨制法。器较大，残存镞身。残长 8.2 厘米（图一六三，3）。

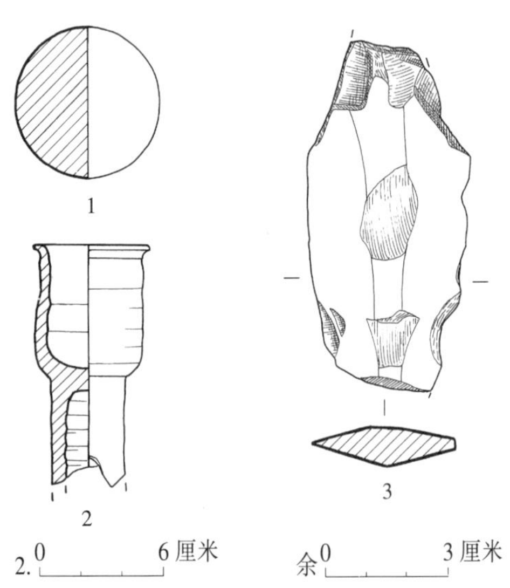

图一六三　84ET1⑧出土陶、石器
1. Ab 型陶球（84ET1⑧:1）　2. Cb 型Ⅰ式陶杯（80ET1⑧:3）　3. 石镞（80ET1⑧:2）

84ET1⑦

器类有陶鼎、甑、豆、纺轮、环和石斧等。

标本 10 件。

陶鼎　1 件。标本 84ET1⑦:1，Aa 型Ⅲ式。夹砂褐灰陶。圆唇，仰折沿，上沿面平，下沿面弧，圆弧深腹。鼎身呈罐形，口径大于腹径。上沿面有两周凹弦纹，沿下至底通饰篮纹。口径 28.6、残高 23.8 厘米（图一六四，1；彩版六，1）。

陶甑　1 件。标本 84ET1⑦:2，A 型Ⅲ式。夹砂灰陶。尖圆唇，仰折沿，上沿面平，下沿面弧，斜弧腹，圜底，矮圈足。甑身呈盆形，口大于最大腹径。甑底上有五个箅孔，中心为一圆形箅孔，周边四个对称箅孔。上沿面有一周凹槽，沿下至底通饰篮纹。口径 30.6、底径 17.6、高 22.2 厘米（图一六五；彩版七，3、4）。

陶豆　1 件。标本 84ET1⑦:5，Ab 型Ⅱ式。泥质黑衣灰胎陶。豆盘口为子口，盘壁斜弧内收。盘壁残存两周凸棱。口径 14.8、残高 4.5 厘米（图一六四，10）。

陶圈足　1 件。标本 84ET1⑦:4，Aa 型。仅存残盘底和喇叭形圈足。泥质灰陶。素面。底径 12.4、残高 6.8 厘米（图一六四，9）。

陶纺轮　1 件。标本 84ET1⑦:8，Ab 型。夹砂灰褐陶，夹较多白色砂粒。扁圆形，两面微隆，圆中间一直壁圆孔，周壁中间凸起一周折棱，折棱上下斜面直。素面。直径 5、孔径 0.6、厚 1 厘米（图一六四，5）。

陶环　3 件。标本 84ET1⑦:6，A 型。泥质黑衣灰陶。圆形环残，截面圆形。素面。肉宽 0.5、

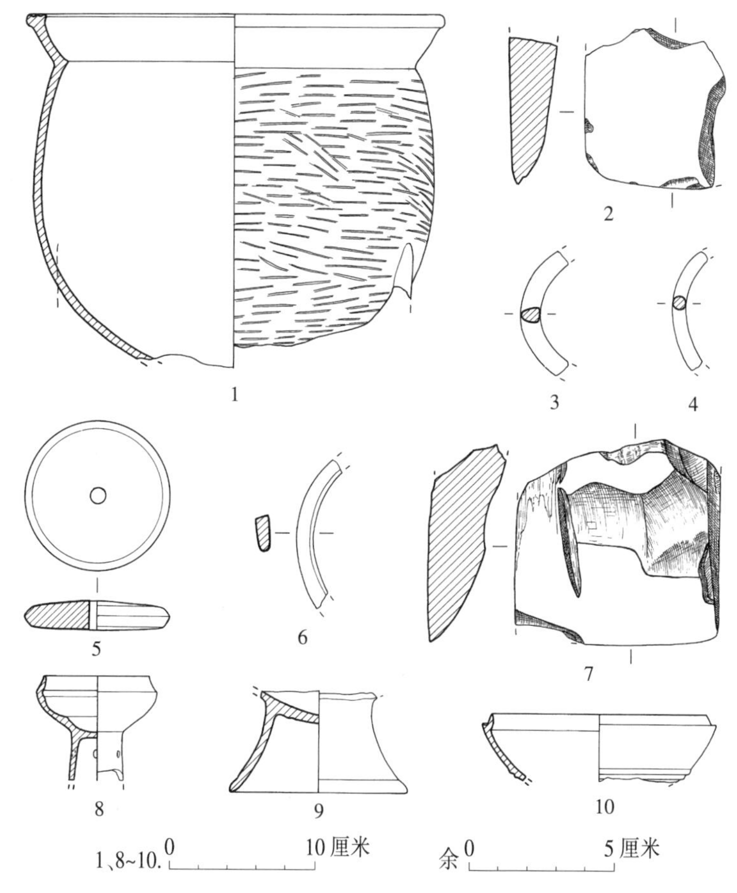

图一六四　84ET1、T4⑦出土陶、石器

1. Aa型Ⅲ式陶鼎（84ET1⑦：1）　2、7. 石斧（84ET1⑦：9、10）　3. B型陶环（84ET1⑦：7）　4. A型陶环（84ET1⑦：6）　5. Ab型陶纺轮（84ET1⑦：8）　6. Db型陶环（84ET1⑦：3）　8. Ab型Ⅲ式陶豆（84ET4⑦：1）　9. Aa型陶圈足（84ET1⑦：4）　10. Ab型Ⅱ式陶豆（84ET1⑦：5）

厚0.4厘米（图一六四，4）。标本84ET1⑦：7，B型。泥质灰陶。圆形环残，截面外薄内厚呈三角形。素面。肉宽0.7、厚0.2~0.5厘米（图一六四，3）。标本84ET1⑦：3，Db型。泥质灰陶。圆形环残，截面呈竖圆角长方形。素面。肉宽0.6、厚0.3~0.5厘米（图一六四，6）。

石斧　2件。标本84ET1⑦：9，型别不明。青色。磨制。扁体方形，顶、面、边、刃均残，直边，偏锋，弧刃。残长5.3、刃口残宽5、残厚1.6厘米（图一六四，2）。标本84ET1⑦：10，型别不明。青灰色。磨制。扁体方形，顶、面、边、刃均残，直边，偏锋，直刃微弧。残长6.9、刃口残宽7、残厚2.6厘米（图一六四，7）。

2. 84ET4⑦

器类仅陶豆。

标本1件。

陶豆　1件。标本84ET4⑦：1，Ab型Ⅲ式。泥质灰陶。豆身呈钵形。口微敛，圆唇，上腹圆弧，下腹斜内收，底近平，圆形圈足柄下部残。盘内壁凹凸不平，有一周凹槽，圈足柄上有四个对称圆形穿孔。口径7.2、残高7厘米（图一六四，8）。

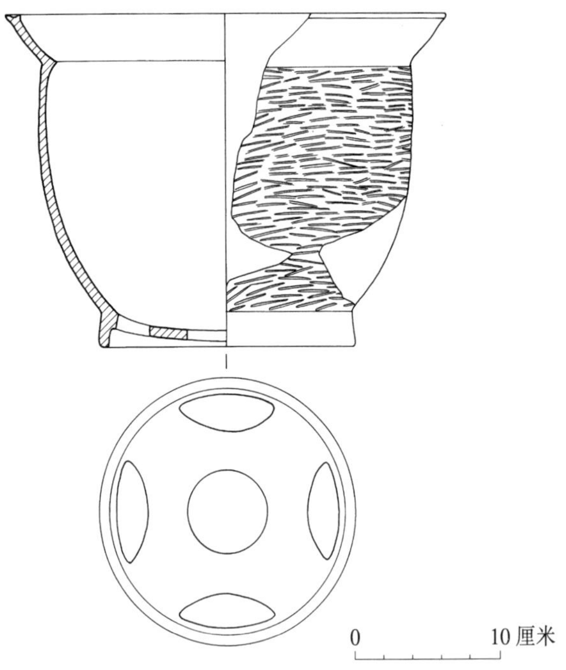

图一六五 84ET1⑦出土A型Ⅲ式陶甑（84ET1⑦:2）

四 西区1984年文化遗存

西区1984年新石器时代文化层仅存在于84WT2、T8的第7层。遗物标本共16件。其中，陶器标本14件（含彩陶4件），石器标本2件。

1. 84WT2⑦

器类有陶壶、杯、器盖、器座和石斧等。

标本10件。

陶壶 1件。标本84WT2⑦:6，Ad型Ⅱ式。泥质黄灰陶。高直颈，圆肩，圆鼓腹，下腹弧内收，矮圈足。素面。底径5.3、残高11.6厘米（图一六六，5；图版三，3）。

陶杯 2件。标本84WT2⑦:8，Cb型Ⅰ式。泥质黄灰陶。上腹弧，下腹微下垂，平底。内壁近口部有两周凹弦纹。残高5厘米（图一六六，11；图版六，3）。标本84WT2⑦:5，Cc型。泥质黑衣褐胎陶。杯体呈瘦高圆筒形。口部残，杯壁直，下腹曲腹起凸棱，直壁高圈足，足座喇叭形口。杯下腹饰两周凹弦纹和圆圈纹，杯圈足由上至下对称等距离镂四排圆孔，用凹弦纹间隔。残高22.8、底径9.2厘米（图一六六，6；图版六，5）。

陶器盖 1件。标本84WT2⑦:1，B型Ⅳ式。夹砂灰陶。凹纽，纽口花边形，斜顶，盖口残。素面。残口径5.6、残高3.2厘米（图一六六，9；图版七，6）。

陶圈足 4件。标本84WT2⑦:7，Aa型。泥质褐灰陶，器表多脱落。仅存器盘底和柄。圆桶形圈足上有三周凹弦纹。残高8.6厘米（图一六六，4）。标本84WT2⑦:9，Aa型。泥质灰黑陶，器表多脱落，胎浅红色，胎芯浅灰色。仅存豆圈足座，座呈喇叭口形。足与座交界处一周凸棱，圆形

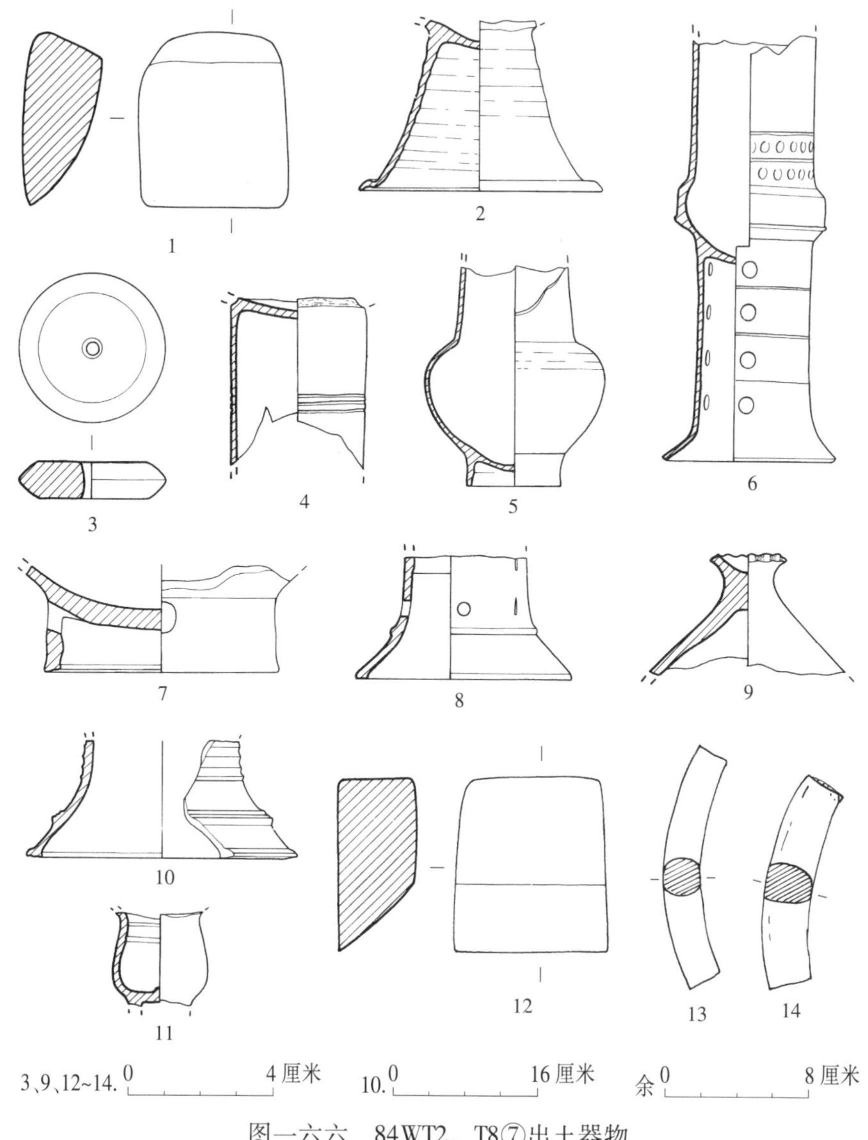

图一六六　84WT2、T8⑦出土器物

1. A 型石斧（84WT8⑦:2）　2、4、8. Aa 型陶圈足（84WT2⑦:4、7、9）　3. Ab 型陶纺轮（84WT8⑦:1）
5. Ad 型Ⅱ式陶壶（84WT2⑦:6）　6. Cc 型陶杯（84WT2⑦:5）　7. Ba 型陶圈足（84WT2⑦:2）
9. B 型Ⅳ式陶器盖（84WT2⑦:1）　10. Ⅱ式陶器座（84WT2⑦:3）　11. Cb 型Ⅰ式陶杯（84WT2⑦:8）
12. B 型石斧（84WT2⑦:10）　13. A 型彩陶环（84WT8⑦:3）　14. B 型彩陶环（84WT8⑦:4）

圈足上有等距离四组圆形镂孔和竖短刻纹。底径 12、残高 6.6 厘米（图一六六，8）。标本 84WT2⑦:4，Aa 型。泥质黑衣灰胎陶。仅残存盘底和喇叭形圈足。圈足胎表里有轮制痕迹。底径 13.4、残高 9.2 厘米（图一六六，2）。标本 84WT2⑦:2，Ba 型。夹砂褐陶。圈足壁直，圈足上等距离透穿四个圆孔。底径 13、残高 5.8 厘米（图一六六，7）。

陶器座　1 件。标本 84WT2⑦:3，Ⅱ式。夹砂灰陶。座呈喇叭口形。圆圈形座上饰凸棱纹。底径 30、残高 12.6 厘米（图一六六，10）。

石斧　1 件。标本 84WT2⑦:10，B 型。青灰色。琢磨成器，制作精致。器小。长方形，两面平，平顶，边壁直，偏锋，单面直刃。长 4.8、刃宽 4.3、厚 2.2 厘米（图一六六，12；图版一三，2）。

2. 84WT8⑦

器类有陶纺轮、彩陶环和石斧等。

标本6件。

陶纺轮　1件。标本84WT8⑦:1，Ab型。夹细砂褐陶。扁圆形，两面平，圆中间一弧壁圆孔，周壁中间凸起一周折棱，折棱上下斜面弧。素面。直径4、孔径0.4~0.5、厚1厘米（图一六六，3；图版一〇，3）。

彩陶环　2件。标本84WT8⑦:3，A型。泥质陶，胎芯灰色，黄地绘朱红彩，多脱落。截面呈圆形。肉宽1厘米（图一六六，13；彩版一〇，7②）。标本84WT8⑦:4，B型。泥质陶，胎芯灰色，黄地绘朱红彩。圆形环残，截面略呈椭圆形。肉宽1.3厘米（图一六六，14；彩版一〇，7①）。

彩陶片　2件。标本84WT8⑦:5，泥质陶，胎较厚，胎芯灰色，黄地绘褐红色条带彩。残长7、残宽4厘米（彩版一〇，7③）。标本84WT8⑦:6，泥质陶，胎薄，胎芯灰色，灰白地绘红色或褐色条带彩。残长3.2、残宽3厘米（彩版一〇，7④）。

石斧　1件。标本84WT8⑦:2，A型。青灰色。磨制。扁体方形，平顶，直边，偏锋直刃。长9.4、刃口宽8、厚4厘米（图一六六，1；图版一二，6）。

五　北区1984年文化遗存

1984年分别在北区84NT2、T6、T8、T12、T13五个探方，清理新石器时代房址1座（编号84NF1）、墓葬6座（编号为84NM1~M6）（附表三、四）。

（一）房址（柱洞）

房址1座（编号为84NF1）。

84NF1

位于84NT13探方内，开口于第4层下，打破生土，为南北向半地穴式建筑。房基平面略呈长方形，长2.9、宽1.68~2.65、地穴深0.2~0.38米。南面偏东留有斜坡门道，门道长方形，长0.6~1.15、宽0.66米。地穴居住面利用灰白色砂岩生土构成，十分平整。房基外侧东面和南面分布有六个椭圆形柱洞，柱洞深度0.2~0.3米。房基地穴内充填黏性较强的灰褐色沙泥土，夹杂烧土块、灰烬和石块等。包含少许陶器碎片，陶片多为夹砂素面陶。器类有鼎、瓮、壶、盆、盘、器盖等（图一六七）。

标本8件，均为陶器。

陶鼎　1件。标本84NF1:7，Aa型Ⅲ式。夹砂灰褐陶。圆唇，仰折沿，上沿面平，下沿面弧，鼎身呈罐形。沿面有两周凹弦纹，颈部有三周凸弦纹。口径34.3、残高5.4厘米（图一六八，4）。

陶鼎足　2件。标本84NF1:1，A型。夹砂灰陶。侧装三角形足。素面。残高10厘米（图一六八，7）。标本84NF1:2，A型。夹砂褐陶。侧装三角足。素面。残高7.4厘米（图一六八，6）。

陶瓮　1件。标本84NF1:5，Cb型。夹砂褐陶。敛口，平折沿外沿向下，圆唇。沿面有四周凹弦纹。残高4.2厘米（图一六八，3）。

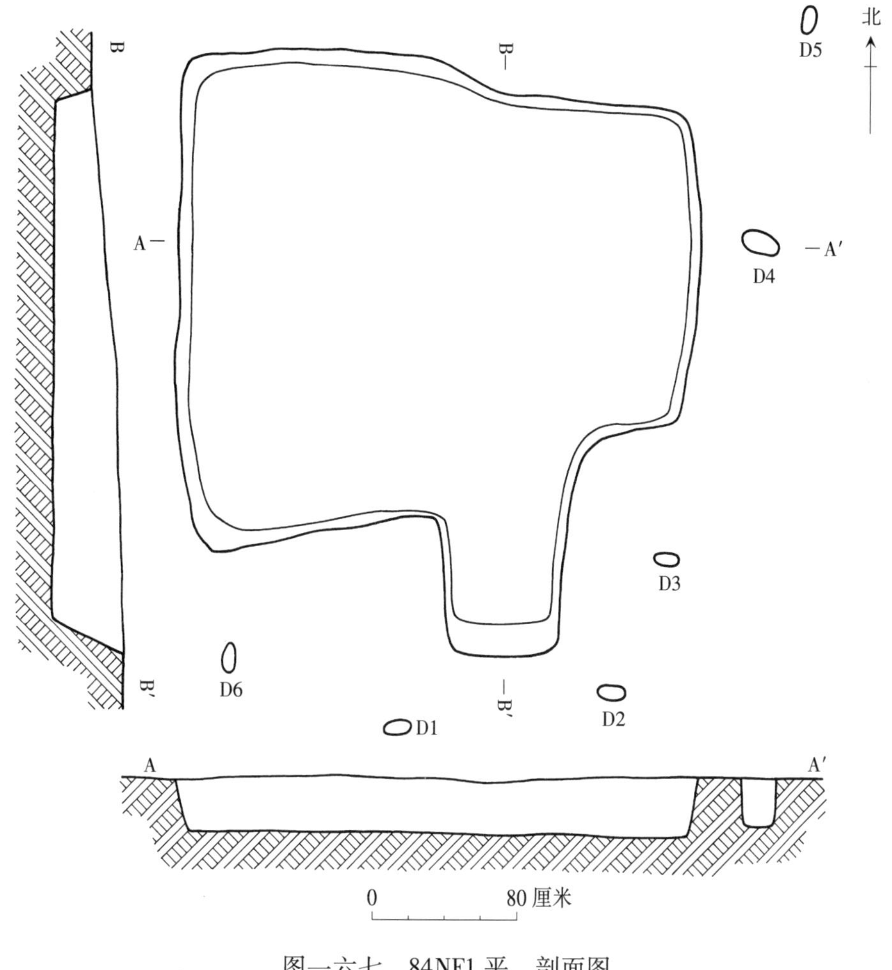

图一六七　84NF1平、剖面图

陶壶　1件。标本84NF1∶6，Aa型。夹砂灰陶。敞口，斜方唇，唇面一周内凹，唇上缘尖，弧颈。颈部饰斜绳纹。口径16、残高4厘米（图一六八，1）。

陶盆　1件。标本84NF1∶3，Ab型Ⅱ式。夹砂褐陶，胎芯红色。敛口，平折沿，尖唇。素面。残高3厘米（图一六八，2）。

陶盘　1件。标本84NF1∶8，C型。泥质黄陶。矮圈足呈敛口“八”字形。素面。底径19.2、残高4.6厘米（图一六八，8）。

陶器盖　1件。标本84NF1∶4，Ad型。夹细砂黑灰陶。斜顶，斜壁，敞口，平沿，小圆唇。顶下缘饰一周凹弦纹。残高2.8厘米（图一六八，5）。

（二）墓葬

6座墓葬均开口于第4层下，无叠压、打破关系。除84NM6分布在84NT2，相距84NM5东南角直线距离30余米外，84NM1～M5相距很近，间距仅1米左右，呈南北向，并行排列。墓圹不大，最大者为84NM1，墓口长3.14、宽1.26米；最小者为84NM6，墓口长2、宽1米。都是在沙岩层上凿穴营造，坑壁陡直，形状较规整，但葬具和遗骸都腐朽无痕（见图九）。

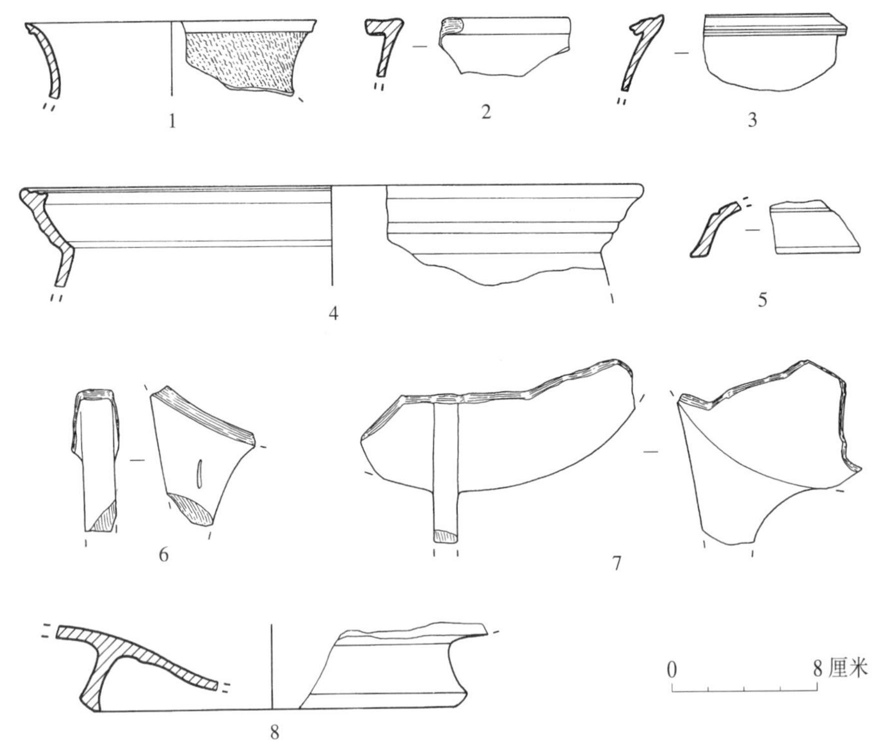

图一六八 84NF1出土陶器

1. Aa型壶（84NF1∶6） 2. Ab型Ⅱ式盆（84NF1∶3） 3. Cb型瓮（84NF1∶5） 4. Aa型Ⅲ式鼎（84NF1∶7） 5. Ad型器盖（84NF1∶4） 6、7. A型鼎足（84NF1∶2、1） 8. C型盘（84NF1∶8）

6座墓葬共28件遗物标本。其中，陶器26件，石器2件。现分述如下。

84NM1

位于84NT8探方内，开口于第4层下，打破生土。墓向78°。长方形竖穴砂岩坑墓，有二层台。墓口长3.14、宽1.26米，墓底长3.05、宽0.72米，墓圹深1.5米。墓坑四壁较直，墓圹南、北两边壁留有生土二层台。南壁台面宽0.1米，北壁台面宽0.13米，台面距墓底1米。葬具已朽无痕。人骨已朽，头向及葬式不明。随葬品有陶鼎、钵各1件放置于墓坑北壁中部，陶壶1件放置于墓坑东端（图一六九）。

随葬品共3件。组合为陶鼎、壶、钵。

陶鼎 1件。标本84NM1∶2，C型Ⅱ式。夹砂黑衣褐胎陶，黑衣大多已脱落。侈口，卷沿，圆唇，颈微束，圆弧腹下收呈圜底，鼎身为盆形，底部安鸭嘴形足。腹上饰三周细弦纹。口径11.6、高11厘米（图一七〇，1；图版二，1）。

陶壶 1件。标本84NM1∶1，C型。泥质红褐陶，陶质细腻，制作规整，器表似饰有红衣。口微敞，小圆唇，直颈，小圆肩微隆起折，折腹斜内收，平底。颈部一周凸棱，上腹部施六周不甚规整的凹弦纹，第三、四周凹弦纹间夹一周波折纹。口径5.6、底径4、高6.6厘米（图一七〇，3；图版三，4）。

陶钵 1件。标本84NM1∶3，A型Ⅱ式。泥质灰陶。直口微敞，圆唇，弧斜腹内收，平底。上腹施三周凸棱。口径14、底径7.8、高约7厘米（图一七〇，2）。

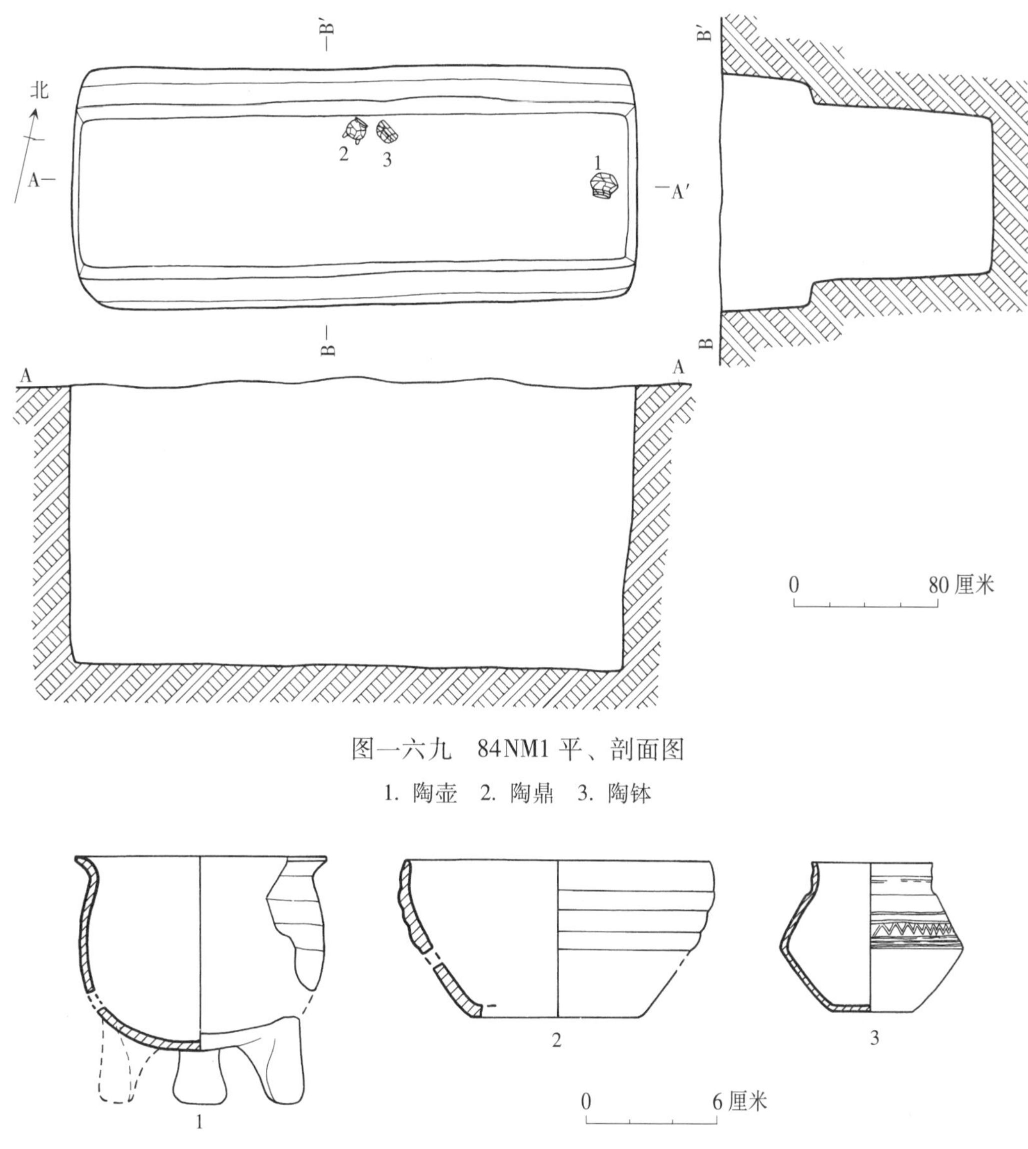

图一六九　84NM1 平、剖面图

1. 陶壶　2. 陶鼎　3. 陶钵

图一七〇　84NM1 出土陶器

1. C 型Ⅱ式鼎（84NM1∶2）　2. A 型Ⅱ式钵（84NM1∶3）　3. C 型壶（84NM1∶1）

84NM2

位于 84NT8 和 84NT6 探方内，开口于第 4 层下，打破生土。墓向 255°。长方形竖穴砂岩坑墓，有墓道和二层台。墓口长 3.04、宽 1.2 米，墓底长 3.02、宽 0.7 米，墓圹深 1.08 米。墓坑四壁较直，墓圹西端偏南设墓道，墓道长 1.43、宽 0.56～0.72、深 0.76 米。墓圹南、北两边壁留有生土二层台。南壁台面宽 0.1 米，北壁台面宽 0.23 米，台面距墓底 0.33 米。葬具已朽无痕。人骨已朽，头向及葬式不明。随葬品陶鼎 1 件放置于墓道与墓坑连接处，陶簋和石锛各 1 件放置于墓坑北壁中部（图一七一）。

随葬品共 3 件。组合为陶鼎、陶簋、石锛。

陶鼎　1 件。标本 84NM2∶1，Ab 型Ⅰ式。夹砂褐陶，器上腹部似有烟熏痕迹。侈口，卷沿，圆唇，束颈，垂腹下收呈圜底，鼎身罐形，底部安鸭嘴形足。素面。口径 8、高 12.6 厘米（图一

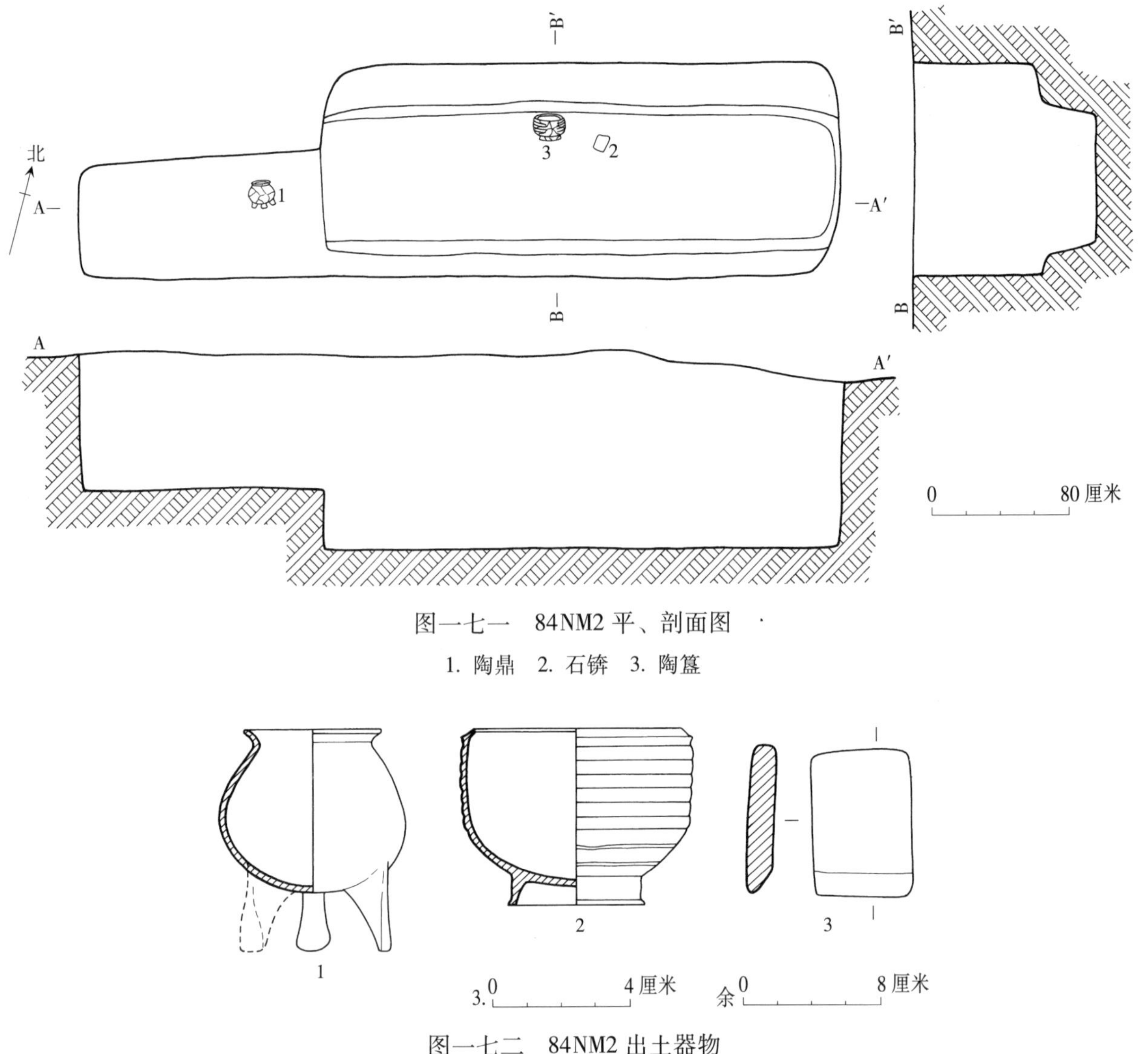

图一七一　84NM2平、剖面图

1. 陶鼎　2. 石锛　3. 陶簋

图一七二　84NM2出土器物

1. Ab型Ⅰ式陶鼎（84NM2∶1）　2. A型Ⅱ式陶簋（84NM2∶3）　3. A型石锛（84NM2∶2）

七二，1；彩版六，2）。

陶簋　1件。标本84NM2∶3，A型Ⅱ式。夹细砂灰陶。敛口，圆唇，上腹较直，下腹弧内收，圜底，有圈足。上腹部施六周凹凸棱纹（“瓦沟纹”），下腹饰四周细凹弦纹。口径12、腹径13.5、底径8、高10厘米（图一七二，2；彩版九，1）。

石锛　1件。标本84NM2∶2，A型。黄灰色。磨制。扁体长方形，顶微弧，直边，偏锋直刃。长4～4.2、刃口宽2.8、厚0.8厘米（图一七二，3；图版一三，4）。

84NM3

位于84NT6探方内，开口于第4层下，打破生土。根据随葬品放置偏西推断，墓向为264°。长方形竖穴砂岩坑墓。墓口长2.1、宽0.8米，墓底长1.92、宽0.75米，墓圹深0.88米。墓坑四壁较陡直。葬具已朽无痕。人骨已朽，头向及葬式不明。随葬品除陶簋1件放置于墓坑南壁偏西处外，其余随葬品均放置于墓坑北壁偏西端（图一七三）。

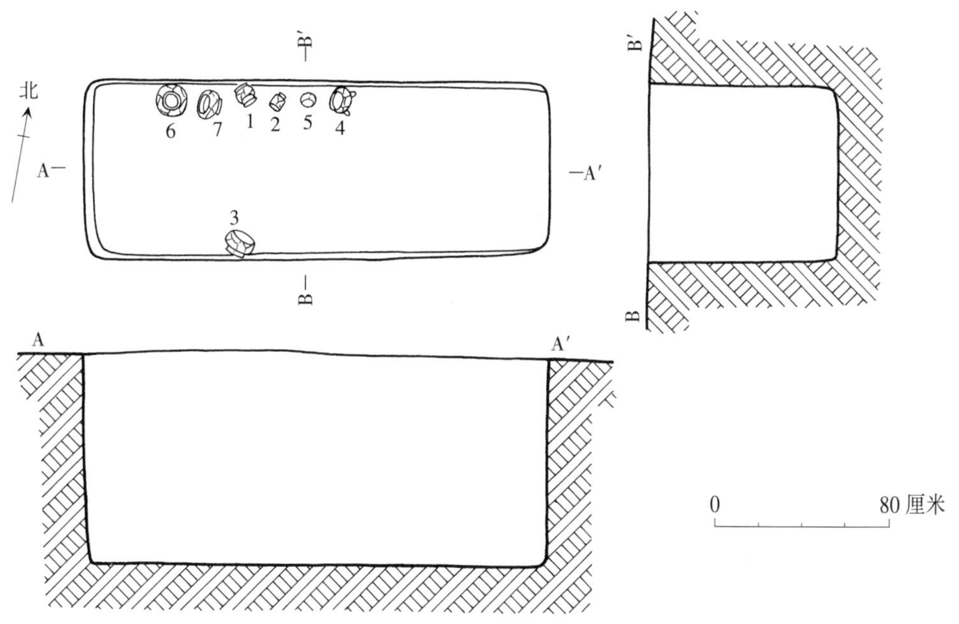

图一七三 84NM3 平、剖面图

1、6、7. 陶壶 2、5. 陶杯 3. 陶簋 4. 陶鼎

随葬品共7件。组合为陶鼎1、陶壶3、陶簋1、陶杯2。

陶鼎 1件。标本84NM3∶4，Ab型Ⅱ式。夹砂黑衣红褐胎陶，黑衣多已脱落。侈口，卷沿，圆唇，束颈，腹微垂下收呈圜底，鼎身为罐形，底部安鸭嘴形足。素面。口径7.6、高10.2厘米（图一七四，2；彩版六，4）。

陶簋 1件。标本84NM3∶3，B型Ⅱ式。夹细砂黑衣橙黄胎陶，大部分黑衣已脱落。敛口，圆唇，弧腹内收，圈足。下腹饰一周凹弦纹，圈足上饰两周凹弦纹，并有两个一组共四组对称长条形方孔。口径14、底径9.8、高10.6厘米（图一七四，6；彩版九，2）。

陶壶 3件。标本84NM3∶6，Ab型Ⅱ式。夹细砂黑衣褐黄胎陶，黑衣有脱落。敞口，方唇，斜直颈，弧溜肩，弧腹下垂，圜底，矮圈足。颈部饰三周凸棱，似慢轮加工留下的痕迹，腹最大径处饰一周凸棱。口径8、底径6.8、高13.6厘米（图一七四，4；彩版八，1）。标本84NM3∶7，Ac型Ⅱ式。夹细砂黄褐陶。敞口，圆唇，颈微束，弧肩，圆鼓腹，圜底，矮圈足。颈部施三周凸棱，似慢轮加工留下的痕迹。口径9.2、底径6.4、高11.2厘米（图一七四，1；彩版八，3）。标本84NM3∶1，Ad型Ⅰ式。泥质黑衣褐红胎陶，黑衣有脱落。侈口，卷沿，方唇，直颈，斜折肩，弧腹内收，圜底，矮圈足。颈部饰两周凹弦纹，腹部饰四周凹弦纹。口径7.6、底径6.1、高11.2厘米（图一七四，5；彩版八，4）。

陶杯 2件。标本84NM3∶2，Bb型。泥质黑衣褐黄胎陶，黑衣有脱落。敞口，圆唇，杯口略呈椭圆形，杯体直桶形，圜底，矮圈足。素面。口径6.8～7.4、底径5.2～5.4、高9.8厘米（图一七四，3；图版六，2）。标本84NM3∶5，Bb型。泥质黑衣褐黄胎陶，黑衣有脱落。敞口，圆唇，杯口圆形，杯体直桶形，圜底，矮圈足。素面。口径6.2、底径4、高7厘米（图一七四，7；彩版九，5）。

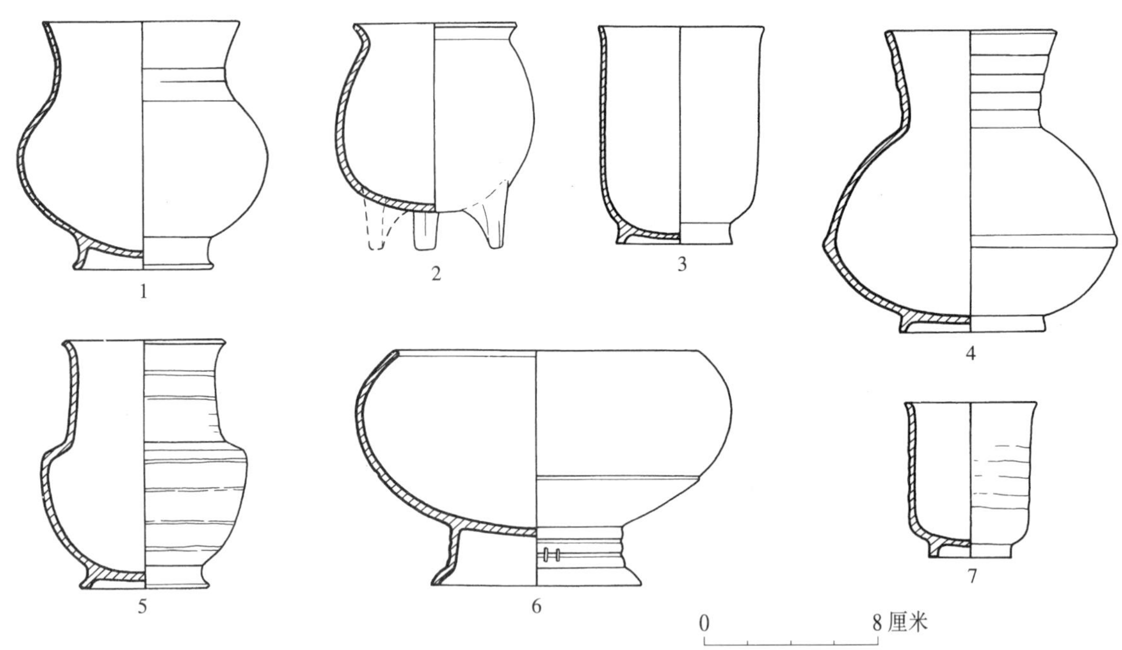

图一七四　84NM3出土陶器

1. Ac型Ⅱ式壶（84NM3:7）　2. Ab型Ⅱ式鼎（84NM3:4）　3、7. Bb型杯（84NM3:2、5）
4. Ab型Ⅱ式壶（84NM3:6）　5. Ad型Ⅰ式壶（84NM3:1）　6. B型Ⅱ式簋（84NM3:3）

84NM4

位于84NT6探方内，开口于第4层下，打破生土。墓向264°。长方形竖穴砂岩坑墓，有墓道。墓口长2.88～2.94、宽1.4米，墓底长2.9、宽1.68米，墓圹深1.15米。墓坑四壁较陡直。墓圹西端偏南设墓道，墓道长1.27、宽0.6～0.75、深0.78米。葬具已朽无痕。人骨已朽，头向及葬式不明。随葬品陶壶、陶球各1件放置于墓道与墓坑连接处，陶鼎、陶簋各1件放置于南壁偏西端（图一七五）。

随葬品共4件。组合为陶鼎、壶、簋、球。

陶鼎　1件。标本84NM4:1，Ab型Ⅰ式。夹砂黑衣红褐胎陶，黑衣大多已脱落。侈口，弧沿，圆唇，束颈，圆鼓腹微下垂，鼎身为罐形，底部三足均残，残损处有磨平修整痕迹。素面。口径8.6、残高9.3厘米（图一七六，2；图版一，2）。

陶簋　1件。标本84NM4:4，A型Ⅰ式。夹细砂灰陶。敛口，圆唇，斜弧腹内收，圜底，矮圈足。上腹饰五周凹凸弦纹或称瓦沟纹。口径15.6、底径8、高8.4厘米（图一七六，4）。

陶壶　1件。标本84NM4:3，Ab型Ⅰ式。泥质黑衣褐黄胎陶，黑衣有脱落。器形不甚规整。直口，方唇，直颈，弧溜肩，弧腹，矮圈足。腹部最大径处施一周凸棱。口径6.8、底径6、高10.4厘米（图一七六，1；图版三，1）。

陶球　1件。标本84NM4:2，Ba型。夹细砂灰褐陶。圆球形，空心。通体戳饰密集的小圆窝。直径4.6厘米（图一七六，3；图版一一，6）。

84NM5

位于84NT12探方内，开口于第4层下，打破生土。墓向西偏南260°。窄长方形竖穴砂岩坑

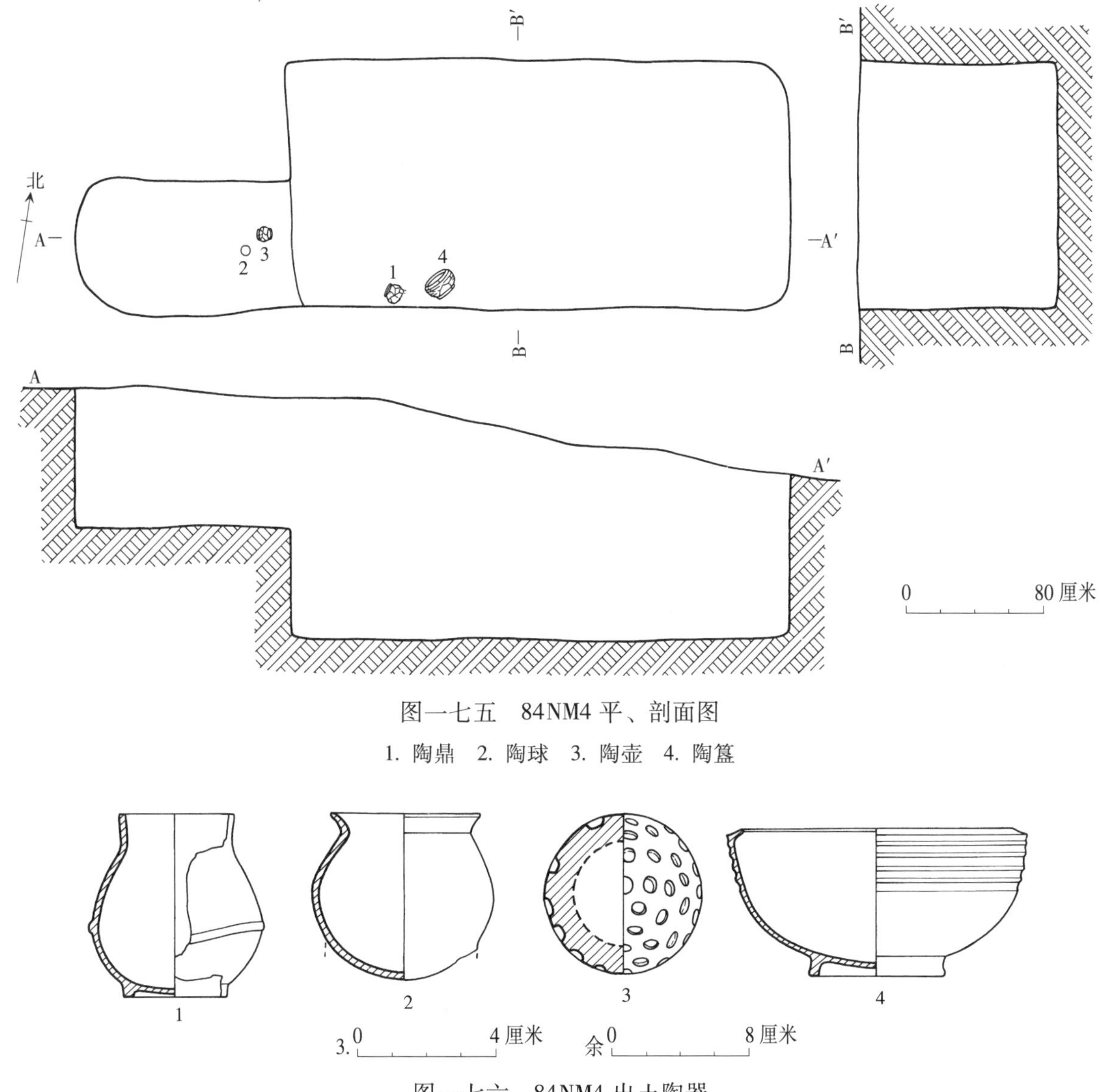

图一七五　84NM4平、剖面图

1. 陶鼎　2. 陶球　3. 陶壶　4. 陶簋

图一七六　84NM4出土陶器

1. Ab型Ⅰ式壶（84NM4∶3）　2. Ab型Ⅰ式鼎（84NM4∶1）　3. Ba型球（84NM4∶2）　4. A型Ⅰ式簋（84NM4∶4）

墓。墓口长2.72、宽0.8米，墓底长2.65、宽0.76米，墓圹深0.94米。墓坑四壁较陡直。葬具已朽无痕。人骨已朽，头向及葬式不明。随葬品陶鼎、钵、纺轮各1件放置于墓坑西部（图一七七）。

随葬品共3件。组合为陶鼎、钵、纺轮。

陶鼎　1件。标本84NM5∶3，Ac型。夹砂褐陶。侈口，卷沿，圆唇，束颈，上腹斜弧，下腹垂，鼎身呈罐形，底上安鸭嘴形足。上腹饰凹凸弦纹。口径9.1、高11.3厘米（图一七八，2；彩版六，6）。

陶钵　1件。标本84NM5∶2，B型。夹细砂灰衣褐胎陶，灰衣大多已脱落。敞口，圆唇，斜折盘内收，钵盘中部施舌形单鋬，平底。口径19.4、底径7.8、高9厘米（图一七八，1；彩版

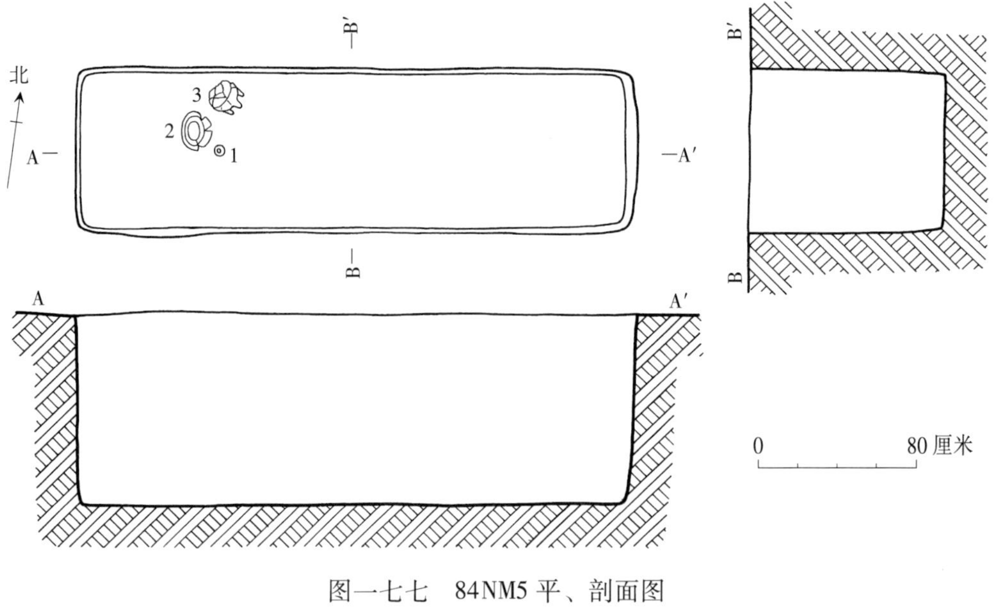

图一七七　84NM5 平、剖面图

1. 陶纺轮　2. 陶钵　3. 陶鼎

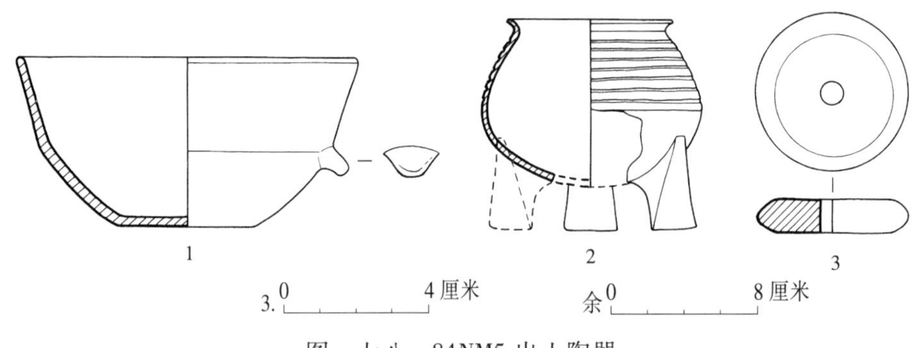

图一七八　84NM5 出土陶器

1. B 型钵（84NM5∶2）　2. Ac 型鼎（84NM5∶3）　3. Ab 型纺轮（84NM5∶1）

九，3）。

陶纺轮　1 件。标本 84NM5∶1，Ab 型。夹细砂褐陶。扁圆形，两面平，中间一直圆孔，周壁中间凸起一周折棱，折棱上下斜面较直。素面。直径 4.3、孔径 0.5、厚 0.9 厘米（图一七八，3）。

84NM6

位于 84NT2 探方内，开口于第 4 层下，打破生土。墓向 124°。长方形竖穴砂岩坑墓。长 2、宽 1 米，墓底长 1.98、宽 0.98 米，墓圹深 1.05 米。墓坑四壁规整陡直。葬具已朽无痕。人骨已朽，头向及葬式不明。墓坑东端南、北两角各置陶壶 1 件，南壁偏东处放置陶鼎 2 件、陶罐 1 件、陶豆 1 件，墓坑西南角放置陶壶 1 件、石铲 1 件（图一七九）。

随葬品共 8 件。组合为陶鼎 2、陶壶 3、陶罐 1、陶豆 1、石铲 1。

陶鼎　2 件。标本 84NM6∶1，Ab 型Ⅱ式。夹砂褐陶。侈口，折沿，圆唇，束颈，圆鼓腹微下垂，鼎身为罐形，底部安三个鸭嘴形足。素面。口径 10、高 12 厘米（图一八〇，5；图版一，3）。

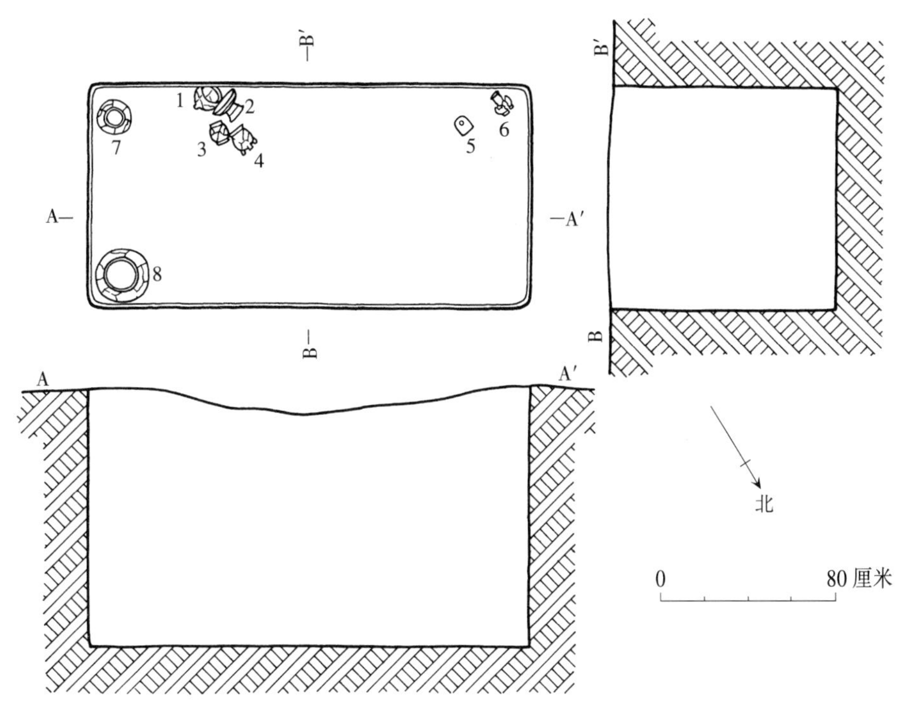

图一七九 84NM6平、剖面图

1、4. 陶鼎 2. 陶豆 3. 陶罐 5. 石铲 6~8. 陶壶

标本84NM6:4，Ab型Ⅲ式。夹砂黑衣褐陶，黑衣多已脱落。侈口，卷沿，圆唇，束颈，斜弧腹下垂，圜底，鼎身为罐形，底部安三个鸭嘴形足。素面。口径6.8、高9.4厘米（图一八〇，6；彩版六，5）。

陶罐 1件。标本84NM6:3，D型Ⅱ式。夹砂黑衣褐胎陶，黑衣多已脱落。直口微敞，圆唇，直颈，圆弧腹，平底。素面。口径8、底径5.4、高9.6厘米（图一八〇，7；彩版八，5）。

陶壶 3件。标本84NM6:8，Aa型Ⅳ式。夹砂黑衣褐胎陶，黑衣多已脱落。敞口，曲沿，略呈盘口状，方唇，矮曲颈，弧广肩，圆鼓腹，圈足残。上腹饰九道弦纹，弦纹间饰间距双线斜向划纹，下腹饰四周凸弦纹。口径13、残高22厘米（图一八〇，8；图版二，6）。标本84NM6:6，Ab型Ⅲ式。夹砂黑衣褐胎陶，黑衣多已脱落。敞口，圆唇，直颈较高，弧溜肩，弧折腹下垂，圜底近平有圈足。腹最大径处饰一周凸棱。口径6、底径6、高14厘米（图一八〇，2；彩版八，2）。标本84NM6:7，Ae型Ⅱ式。泥质黑衣褐胎陶，黑衣多已脱落。敞口，圆唇，直颈，弧肩，圆腹，圜底，矮圈足。腹最大径处饰一周凸棱。口径9.4、底径8.4、高15.4厘米（图一八〇，1；图版三，6）。

陶豆 1件。标本84NM6:2，Bb型。泥质褐陶。敞口，圆唇，弧形盘，粗柄短直，喇叭形豆座。豆盘外壁有一周凸棱，豆柄上部有一周凸棱，中部有由两小圆孔配一长方形孔组成的三组穿孔。口径15.4、底径10、高7.8厘米（图一八〇，4；彩版九，4）。

石铲 1件。标本84NM6:5，青灰色。磨制。铲体扁平呈梯形，上部中间对穿直孔。弧顶，斜直边，正锋，直刃。长14.2~15、宽9.4~11.8、厚1.6厘米（图一八〇，3）。

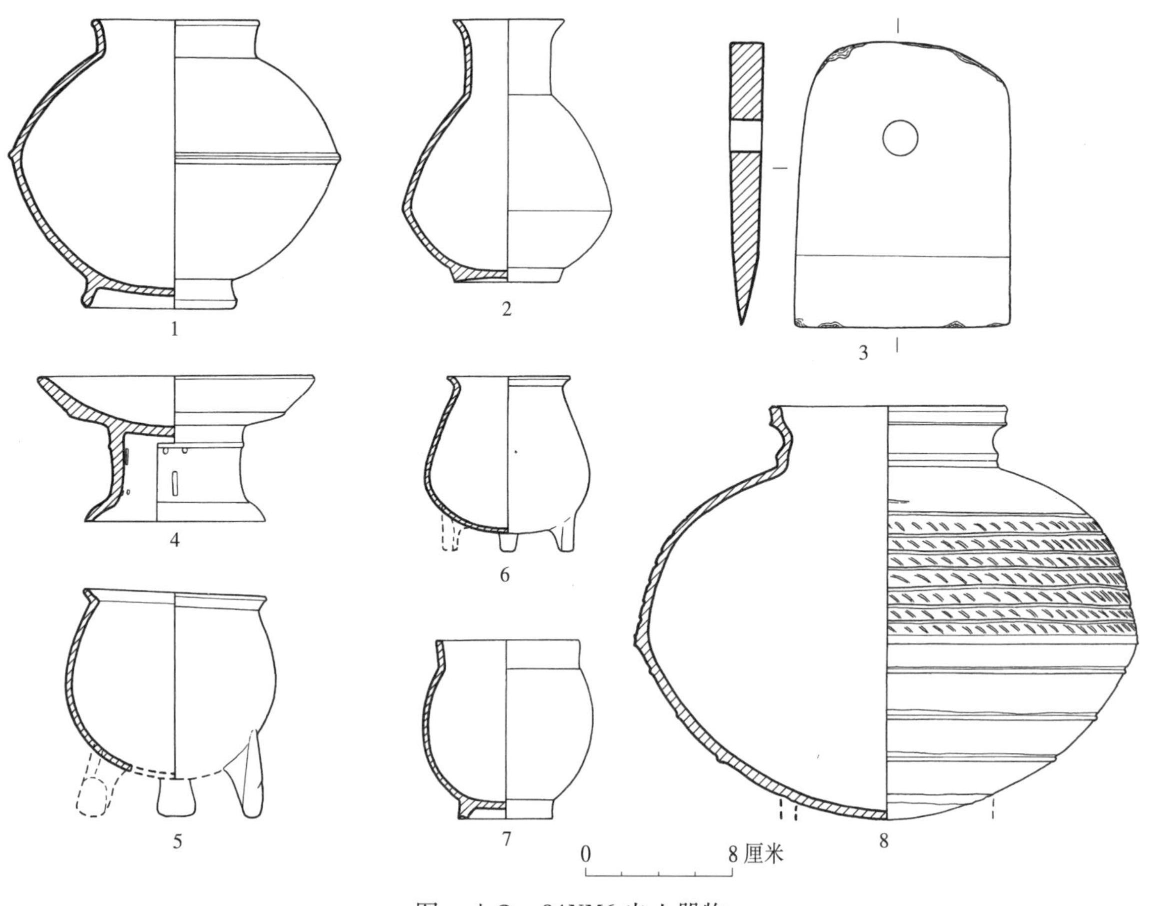

图一八〇　84NM6出土器物

1. Ae型Ⅱ式陶壶（84NM6∶7）　2. Ab型Ⅲ式陶壶（84NM6∶6）　3. 石铲（84NM6∶5）　4. Bb型陶豆（84NM6∶2）　5. Ab型Ⅱ式陶鼎（84NM6∶1）　6. Ab型Ⅲ式陶鼎（84NM6∶4）　7. D型Ⅱ式陶罐（84NM6∶3）　8. Aa型Ⅳ式陶壶（84NM6∶8）

第三节　分期与年代

一　分期

阳新大路铺新石器时代文化遗存在东、西、北三个区块中的堆积，以东区内容最为丰富，尤其是2003年在东区中部和南部发掘的资料较成系统，为分期工作提供了可能。为此，我们将以东区发掘的资料为主，其他资料为辅，对新石器时代文化遗存分期进行探讨。

在东区属于新石器时代文化堆积，有1990年6~9层、2003年7~10层等。此外，还有灰坑、灶、房址（柱洞）、烧土堆积等遗迹单位。它们相互之间构成多组叠压或打破关系，出土的陶器有多组较好的共存关系，这些都为分期创造了条件。

首先分析几组东区典型层位关系（箭头方向表示叠压或打破）。

（1）03ET2307⑦→03ET2307⑧→03EH46→03ET2307⑨→03ET2307⑩→生土

（2）03ET2407⑦→03ET2407⑧→03EH32→03ET2407⑨→生土

（3）03ET2507⑦→03ET2507⑧→03EH109→生土

（4）90ET233⑥→90ET233⑦→90ET233⑧→90ET233⑨→生土

上述四组层位关系涉及5个地层和3个灰坑，是遗址东区新石器时代文化堆积典型层位。其中，第1、2组代表遗址东区南部，第3组代表东区中部，第4组代表东区北部。四组层位关系中的03ET2307⑩、03ET2407⑨、03EH109和90ET233⑨层直接打破生土层。包含的主要陶器器类是新石器时代典型陶器型式组合。现将其对应关系列成表八。

从表八中可以看出，第1组03ET2307⑩层出Aa型Ⅰ式、B型Ⅰ式、C型Ⅰ式、D型Ⅰ式鼎，Aa型Ⅰ、Ⅱ式罐，Aa型Ⅰ式、Aa型Ⅱ式、B型Ⅰ式壶，Ba型Ⅰ式盆，A型Ⅰ式、B型Ⅰ式簋，Aa型Ⅰ式豆，Ab型Ⅰ式器盖；03ET2307⑨层出Aa型Ⅰ式鼎，Aa型Ⅱ式罐，Aa型Ⅱ式、B型Ⅱ式壶，Aa型Ⅰ式盆，A型Ⅰ式簋，Aa型Ⅰ式豆，Aa型Ⅰ式盘，Ac型Ⅰ式器盖。第2组03ET2407⑨层出Aa型Ⅰ式鼎，Aa型Ⅱ式罐，A型Ⅰ式簋，Aa型Ⅰ式豆。第3组03EH109出Ac型Ⅰ式罐，Bb型Ⅰ式盆。第4组90ET233⑨层出Aa型Ⅰ式鼎，Aa型Ⅱ式罐，Aa型Ⅱ式壶，Ba型Ⅰ式盆。这些器物处在遗址新石器时代文化堆积下层，可定为第一段。

第1组03EH46出Aa型Ⅱ式罐，A型Ⅱ式簋，Ab型Ⅱ式器盖。03ET2307⑧层出Aa型Ⅱ式、C型Ⅱ式、C型Ⅲ式、D型Ⅱ式鼎，Aa型Ⅱ式、Ac型Ⅰ式罐，A型Ⅰ式、B型Ⅰ式瓮，Aa型Ⅱ式壶，Ab型Ⅰ式盆，A型Ⅱ式簋，Ab型Ⅱ式、Ac型Ⅰ式器盖。第2组03EH32出Aa型Ⅱ式鼎，Aa型Ⅱ式豆。03ET2407⑧层出Aa型Ⅱ式鼎，Aa型Ⅲ式、Ac型Ⅱ式罐，B型Ⅱ式瓮，Aa型Ⅱ式、Aa型Ⅲ式壶，Aa型Ⅱ式、Ab型Ⅱ式盆，Aa型Ⅱ式豆，Ab型Ⅱ式器盖。第3组03ET2507⑧出Aa型Ⅱ式、B型Ⅱ式鼎，Aa型Ⅲ式罐，Aa型Ⅱ式、Ab型Ⅱ式盆，A型Ⅱ式簋。第4组90ET233⑧层出B型Ⅱ式壶，Aa型Ⅱ式盆。这些器物处在遗址新石器时代文化堆积中层，可定为第二段。

第1组03ET2307⑦出Aa型Ⅳ式、B型Ⅲ式、C型Ⅲ式、D型Ⅱ式、D型Ⅲ式鼎，Ac型Ⅲ式罐，A型Ⅱ式瓮，Aa型Ⅲ式壶，Aa型Ⅲ式、Ab型Ⅱ式、Ba型Ⅱ式、Bb型Ⅱ式盆，Aa型Ⅱ式豆，Aa型Ⅲ式盘，Ab型Ⅱ式、Ab型Ⅲ式、Ac型Ⅰ式、Ac型Ⅱ式器盖。第2组03ET2407⑦出Ac型Ⅲ式罐，Aa型Ⅱ式、Aa型Ⅲ式豆。第3组03ET2507⑦出Aa型Ⅲ式、B型Ⅲ式鼎，Aa型Ⅲ式、Ac型Ⅱ式、Ac型Ⅲ式罐，B型Ⅱ式瓮，Aa型Ⅲ式壶，Aa型Ⅲ式、Ab型Ⅱ式盆，A型Ⅱ式簋，Aa型Ⅱ式豆，Aa型Ⅱ式、Aa型Ⅲ式盘，Ab型Ⅱ式器盖。第4组90ET233⑦层出Aa型Ⅲ式鼎，B型Ⅲ式瓮，Ba型Ⅱ式盆。90ET233⑥出A型Ⅲ式瓮。这些器物处在遗址新石器时代文化堆积上层，可定为第三段。

我们根据上述东区四组典型层位关系和陶器比较，归纳出反映东区第10至第6层相对顺序的三个时间段。即东区第10、9层为最早的第一段；开口于8层下打破第9层或生土层的灶、灰坑，第8层为第二段；开口于第7层下打破第8层或生土层的房址、烧土堆积、灰坑，第7层，开口于第6层下打破第7层的灰坑，第6层为第三段。此外，03EH30开口于第3层下直接打破第7层，出Aa型陶鼎足、Ab型Ⅱ式陶盘等；03EF1开口于第5层下打破生土层，其结构与第7层下开口营造在第8层上的03EF2略同，出土的陶鬲形态特别，其时段在第三段或稍晚。

遗址西区84WT2、T8两个探方中的第7层，84WT2第7层器类有Ad型Ⅱ式陶壶、Cb型Ⅰ式陶杯、B型Ⅳ式陶器盖等，84WT8第7层器类有Ab型陶纺轮及A、B型彩陶环等。与东区第7层出土的同类器形态略同，可定为第三段。

表八　新石器时代典型层位主要陶器组合关系对应表

组序	单位（地层、灰坑）	鼎				罐		瓮		壶		盆				簋		豆	盘	器盖	
		Aa	B	C	D	Aa	Ac	A	B	Aa	B	Aa	Ab	Ba	Bb	A	B	Aa	Aa	Ab	Ac
1	03ET2307⑩	Ⅰ	Ⅰ	Ⅰ	Ⅰ	Ⅰ Ⅱ				Ⅰ Ⅱ	Ⅰ			Ⅰ		Ⅰ	Ⅰ	Ⅰ		Ⅰ	
	03ET2307⑨	Ⅰ				Ⅱ				Ⅱ	Ⅱ	Ⅰ				Ⅰ		Ⅰ	Ⅰ		Ⅰ
	03EH46					Ⅱ										Ⅱ				Ⅱ	
	03ET2307⑧	Ⅱ		Ⅱ Ⅲ	Ⅱ	Ⅱ	Ⅰ	Ⅰ	Ⅰ	Ⅱ			Ⅰ			Ⅱ				Ⅱ	Ⅰ
	03ET2307⑦	Ⅳ	Ⅲ	Ⅲ	Ⅱ Ⅲ		Ⅲ	Ⅱ		Ⅲ		Ⅲ	Ⅱ	Ⅱ	Ⅱ			Ⅱ	Ⅲ	Ⅱ Ⅲ	Ⅰ Ⅱ
2	03ET2407⑨	Ⅰ				Ⅱ										Ⅰ		Ⅰ			
	03EH32	Ⅱ																Ⅱ			
	03ET2407⑧	Ⅱ				Ⅲ	Ⅱ		Ⅱ	Ⅱ Ⅲ		Ⅱ	Ⅱ					Ⅱ		Ⅱ	
	03ET2407⑦						Ⅲ											Ⅱ Ⅲ			
3	03EH109						Ⅰ								Ⅰ						
	03ET2507⑧	Ⅱ	Ⅱ			Ⅲ						Ⅱ	Ⅱ			Ⅱ					
	03ET2507⑦	Ⅲ	Ⅲ			Ⅲ	Ⅱ Ⅲ		Ⅱ	Ⅲ		Ⅲ	Ⅱ			Ⅱ		Ⅱ	Ⅱ Ⅲ	Ⅱ	
4	90ET233⑨	Ⅰ				Ⅱ				Ⅱ				Ⅰ							
	90ET233⑧										Ⅱ	Ⅱ									
	90ET233⑦	Ⅲ							Ⅲ					Ⅱ							
	90ET233⑥							Ⅲ													

遗址北区房址和墓葬均开口于4层下，营造在沙岩层生土上。84NF1器类有Aa型Ⅲ式陶鼎、Ab型Ⅱ式陶盆等，与东区第7层出土的同类器形态相同，可定为第三段。北区6座墓葬各墓间没有叠压、打破关系，且出土陶器多为明器。因此，只能根据既见于墓葬又见于遗址东区地层或灰坑等遗迹单位中的同类器进行形制比较，从而确定其层位关系，分析其各自所处的相对时间段。

84NM2、M4出Ab型Ⅰ式陶鼎与东区第三段03EH78所出Ab型Ⅱ式陶鼎形制相似，03EH78开口于7层下，打破第8层。84NM3所出Ac型Ⅱ式陶壶与东区第一段03ET2407⑨所出Ac型Ⅰ式陶壶形制相似。84NM1与东区第二段03ET2307⑧均出C型Ⅱ式陶鼎。因此，84NM2、M4、M3、M1等四座墓葬的相对时段应在第二段。

84NM5所出Ab型Ⅲ式陶鼎与东区第三段03EH78所出Ab型Ⅱ式陶鼎形制相似。03EH78开口于7层下，打破第8层。84NM6与东区第二段03ET2507⑦均出Ae型Ⅱ式陶壶。因此，84NM5、M6两座墓葬的相对时段应在第三段。

通过上述分析，可将大路铺遗址新石器时代遗存归纳如下：

第一段有03ET2307⑩、03ET2307⑨，03ET2407⑨，90EH11、H23和90ET233⑨、90ET248⑨、90ET262⑨等单位。

第二段有84NM1～M4，03EH31、H32、H46、H47、H51、H57、H109、H134，03EZ1、Z2，03ET2307⑧、03ET2407⑧、03ET2506⑧、03ET2507⑧，90ET233⑧、90ET217⑧、90ET248⑧，84ET1⑧等单位。

第三段有03EH34、H40、H41、H48、H49、H56、H60～H64、H78、H91、H153，03EF2、F3，03EST4，03ET2307⑦、03ET2406⑦、03ET2407⑦、03ET2408⑦、03ET2506⑦、03ET2507⑦，90EH15和90ET233⑦、90ET216⑦、90ET248⑦，84ET1⑦、84ET4⑦，84WT2⑦、84WT8⑦，84NF1和84NM5、M6，90EH12和90ET216⑥、90ET233⑥、90ET248⑥，03EF1，03EH137、H30等单位。

综合东、西、北三个区块三段文化遗存，可归纳成新石器时代主要陶器型式组合关系表（表九）。

表九基本上覆盖了大路铺遗址新石器时代陶器群。根据三段主要陶器器类组合、型式变化，器类增减等要素。可将新石器时代遗存分为两期，其中第二期可分为两段。

第一期主要出土Aa型Ⅰ式、B型Ⅰ式、C型Ⅰ式、D型Ⅰ式鼎，A型Ⅰ式、B型Ⅰ式甑，鬶，Aa型Ⅰ式、Aa型Ⅱ式、Ab型Ⅰ式、Ab型Ⅱ式、Ad型Ⅰ式、B型Ⅰ式、Ca型Ⅰ式罐，Aa型Ⅰ式、Aa型Ⅱ式、Ac型Ⅰ式、B型Ⅰ式、B型Ⅱ式壶，Aa型Ⅰ式、Ab型Ⅰ式、Ba型Ⅰ式盆，A型Ⅰ式、B型Ⅰ式缸口，A型Ⅰ式、B型Ⅰ式簋，A型Ⅰ式钵，Aa型Ⅰ式、Ab型Ⅰ式豆，A型Ⅰ式、Ba型Ⅰ式、E型杯，Aa型Ⅰ式、Ab型Ⅰ式、C型Ⅰ式、D型Ⅰ式盘，A、B型碗，Aa型Ⅰ式、Ab型Ⅰ式、Ac型Ⅰ式、Ca型Ⅰ式、Cb型Ⅰ式、B型器盖和鬶、擂钵等。

第二期1段主要出土Aa型Ⅱ式、B型Ⅱ式、C型Ⅱ式、C型Ⅲ式、D型Ⅱ式鼎，A型Ⅰ式、B型Ⅱ式甑，Aa型Ⅱ式、Aa型Ⅲ式、Ab型Ⅱ式、Ad型Ⅱ式罐，Aa型Ⅱ式、Aa型Ⅲ式、Ab型Ⅰ式、Ab型Ⅱ式、Ac型Ⅱ式、B型Ⅱ式壶，Aa型Ⅰ式盆，A型Ⅰ式、A型Ⅱ式、B型Ⅰ式缸口，A型Ⅰ式、A型Ⅱ式、B型Ⅱ式簋，A型Ⅱ式、A型Ⅲ式钵，Aa型Ⅱ式、Ab型Ⅰ式、Ab型Ⅱ式豆，A型Ⅱ式、Ba型Ⅱ式、E型Ⅰ式、E型Ⅱ式杯，Aa型Ⅰ式、D型Ⅰ式盘，Ab型Ⅰ式、Ab型Ⅱ式、

表九　新石器时代主要陶器型式组合关系表

期段	单位（地层、灰坑）	鼎				罐		瓮		壶		盆				簋		豆	盘	器盖	
		Aa	B	C	D	Aa	Ac	A	B	Aa	B	Aa	Ab	Ba	Bb	A	B	Aa	Aa	Ab	Ac
一期	03ET2307⑩	Ⅰ	Ⅰ	Ⅰ	Ⅰ	Ⅰ Ⅱ				Ⅰ Ⅱ	Ⅰ			Ⅰ		Ⅰ	Ⅰ	Ⅰ		Ⅰ	
	03ET2307⑨	Ⅰ				Ⅱ				Ⅱ	Ⅱ	Ⅰ				Ⅰ		Ⅰ	Ⅰ		Ⅰ
	03ET2407⑨	Ⅰ				Ⅱ										Ⅰ		Ⅰ			
	90ET233⑨	Ⅰ				Ⅱ				Ⅱ				Ⅰ							
二期 1段	03EH46					Ⅱ										Ⅱ				Ⅱ	
	03ET2307⑧	Ⅱ		Ⅱ Ⅲ	Ⅱ	Ⅱ	Ⅰ	Ⅰ	Ⅰ	Ⅱ			Ⅰ			Ⅱ				Ⅱ	Ⅰ
	03EH32	Ⅱ																Ⅱ			
	03ET2407⑧	Ⅱ				Ⅲ	Ⅱ		Ⅱ	Ⅱ Ⅲ		Ⅱ	Ⅱ					Ⅱ		Ⅱ	
	03ET2507⑧	Ⅱ	Ⅱ			Ⅲ						Ⅱ	Ⅱ			Ⅱ					
	03EH109						Ⅰ								Ⅰ						
	90ET233⑧										Ⅱ	Ⅱ									
二期 2段	03ET2307⑦	Ⅳ	Ⅲ	Ⅲ	Ⅱ Ⅲ		Ⅲ	Ⅱ		Ⅲ		Ⅲ	Ⅱ	Ⅱ	Ⅱ			Ⅱ	Ⅲ	Ⅱ Ⅲ	Ⅰ Ⅱ
	03ET2407⑦						Ⅲ											Ⅱ Ⅲ			
	03ET2507⑦	Ⅲ	Ⅲ			Ⅲ	Ⅱ Ⅲ		Ⅱ	Ⅲ		Ⅲ	Ⅱ			Ⅱ		Ⅱ	Ⅱ Ⅲ	Ⅱ	
	90ET233⑦	Ⅲ							Ⅲ					Ⅱ							
	90ET233⑥							Ⅲ													

Ac 型Ⅰ式、B 型Ⅰ式、B 型Ⅱ式、Ca 型Ⅰ式、Cb 型Ⅱ式器盖等。新增器类有 Ab 型Ⅰ式、Ab 型Ⅱ式鼎，Ac 型Ⅰ～Ⅲ式、Cb 型Ⅰ式、E 型罐，A 型Ⅰ式、B 型Ⅰ式、B 型Ⅱ式、D 型、E 型瓮，Ad 型Ⅰ式、Ae 型Ⅰ式壶，Ab 型Ⅱ式、Ac 型Ⅰ式、Bb 型Ⅰ式盆，C 型Ⅰ式缸口，C 型钵，Ba 型、C 型Ⅰ式豆，Ca 型Ⅰ式、D 型、F 型杯，Ad 型Ⅰ式、Ae 型、Da 型Ⅰ式器盖，Ⅰ式器座和支（拍）垫等。未见碗、擂钵等器类。

第二期 2 段主要出土 Aa 型Ⅲ、Aa 型Ⅳ式、Ab 型Ⅱ式、Ab 型Ⅲ式、B 型Ⅲ式、C 型Ⅲ式、D 型Ⅱ式、D 型Ⅲ式鼎，A 型Ⅱ式、A 型Ⅲ式甑，Ⅰ、Ⅱ式鬶，Aa 型Ⅲ式、Ab 型Ⅲ式、Ac 型Ⅲ式、Ad 型Ⅱ式、Ad 型Ⅲ式、B 型Ⅱ式、B 型Ⅲ式、Ca 型Ⅱ式、Cb 型Ⅱ式、Cb 型Ⅲ式罐，A 型Ⅱ式、A 型Ⅲ式、B 型Ⅱ式、B 型Ⅲ式瓮，Aa 型Ⅲ式、Aa 型Ⅳ式、Ab 型Ⅱ式、Ab 型Ⅲ式、Ad 型Ⅱ式、Ae 型Ⅱ式壶，Aa 型Ⅲ式、Aa 型Ⅳ式、Ab 型Ⅱ式、Ab 型Ⅲ式、Ac 型Ⅱ式、Ba 型Ⅱ式、Bb 型Ⅱ式盆，A 型Ⅱ式、A 型Ⅲ式、B 型Ⅱ式、B 型Ⅲ式、C 型Ⅰ式、C 型Ⅱ式缸口，A 型Ⅱ式、B 型Ⅱ式簋，Aa 型Ⅱ式、Aa 型Ⅲ式、Ab 型Ⅱ式、Ab 型Ⅲ式、Ba 型、C 型Ⅱ式豆，A 型Ⅲ式、Ba 型Ⅲ式、Ca 型Ⅱ式、Cb 型Ⅰ式、Cb 型Ⅱ式、E 型Ⅱ式、E 型Ⅲ式杯，Aa 型Ⅱ式、Aa 型Ⅲ式、Ab 型Ⅱ式、C 型Ⅰ式、C 型Ⅱ式、D 型Ⅱ式盘，Aa 型Ⅱ式、Aa 型Ⅲ式、Ab 型Ⅲ式、Ab 型Ⅳ式、Ac 型Ⅱ式、Ad 型Ⅱ式、Ad 型Ⅲ式、Ae 型、B 型Ⅱ～Ⅳ式、Ca 型Ⅱ式、Ca 型Ⅲ式、Da 型Ⅱ式、Da 型Ⅲ式器盖，Ⅰ、Ⅱ式器座等。新增器类有鬲，D 型Ⅰ式、D 型Ⅱ式罐，Ca、Cb 型瓮，B、D 型钵，Bb 型豆，Cc、Cd、G 型杯，Ba、Bb 型盘，Af、Db 型器盖及陶臼等。未见 B 型甑，E 型罐，D、E 型瓮，B、C 型壶，C 型钵，Bb、D、F 型杯，E 型器盖等器类。

分析两期陶器组合，从中选择有代表性、变化明显的器类进行型式排列，即可构成大路铺遗址新石器时代文化主要器类的演变序列分期图（图一八一）。

从图一八一中可以看出，贯穿第一期至第二期的器类有 Aa、B、C 型鼎，Aa 型罐，Aa 型壶，A 型缸口，Aa 型盆，Aa 型豆，A、Ba 型杯，Ab 型器盖等，说明两期是一脉相承、连续发展的。从整体上看，第一期陶器器类相对较少，风格与第二期有明显差别。第二期 1、2 段联系紧密，许多二期 1 段新增器类，在二期 2 段进一步发展演进。如 Ab 型鼎，Ac 型罐，Ab、Ad、Ae 型壶，A、B 型瓮，C 型缸，Bb、C 型盆，C 型豆等，可见第二期 1 段与 2 段有更多的共同性。

二　年代

我们在分期中根据地层叠压关系和主要陶器类型排比分析，将大路铺遗址新石器时代文化遗存，划分为早、晚两期三段。关于文化遗存的年代，由于没有直接测年数据，只能依赖与遗址相邻地区同时代考古学文化中的陶器比较，从而推断其文化遗存的相对年代范围。与大路铺遗址相邻、在时间上大体相当的文化遗存，主要有湖北通城尧家林、湖南湘乡岱子坪、湖北黄梅陆墩、武穴鼓山、罗田庙山岗、麻城栗山岗、天门肖家屋脊、宜昌白庙、宜都石板巷子和安徽潜山薛家岗等。大路铺新石器时代文化遗存中的陶器主要有陶鼎、甑、罐、盆、壶、瓮、缸、簋、钵、器盖等器类。据此比较如下：

大路铺第一期陶器中的 Aa 型Ⅰ式鼎（03ET2307⑩:7），与湖北通城尧家林晚期Ⅱ式罐形

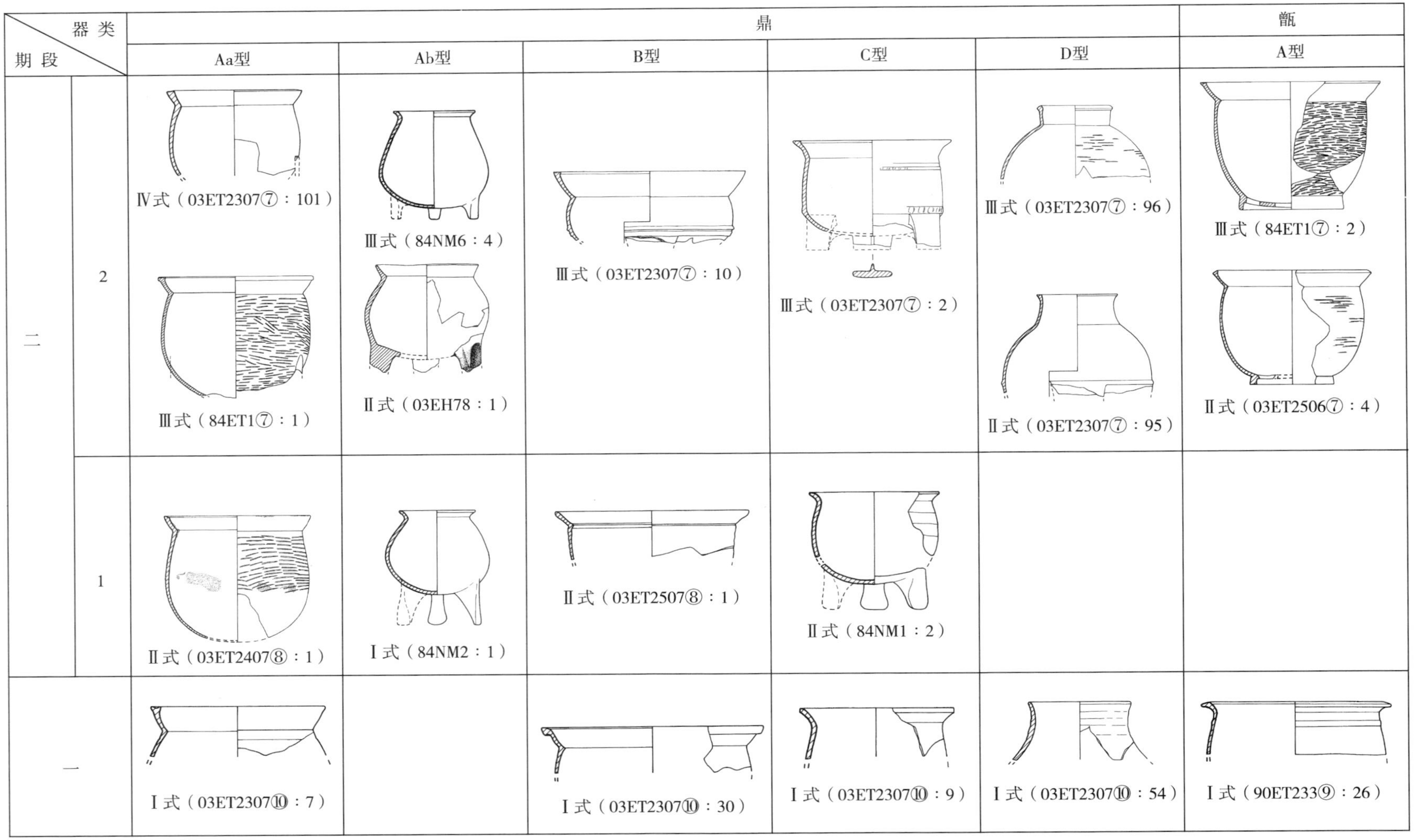

期段 \ 器类		鼎 Aa型	鼎 Ab型	鼎 B型	鼎 C型	鼎 D型	甗 A型
二	2	Ⅳ式（03ET2307⑦：101） Ⅲ式（84ET1⑦：1）	Ⅲ式（84NM6：4） Ⅱ式（03EH78：1）	Ⅲ式（03ET2307⑦：10）	Ⅲ式（03ET2307⑦：2）	Ⅲ式（03ET2307⑦：96） Ⅱ式（03ET2307⑦：95）	Ⅲ式（84ET1⑦：2） Ⅱ式（03ET2506⑦：4）
	1	Ⅱ式（03ET2407⑧：1）	Ⅰ式（84NM2：1）	Ⅱ式（03ET2507⑧：1）	Ⅱ式（84NM1：2）		
一		Ⅰ式（03ET2307⑩：7）		Ⅰ式（03ET2307⑩：30）	Ⅰ式（03ET2307⑩：9）	Ⅰ式（03ET2307⑩：54）	Ⅰ式（90ET233⑨：26）

图一八一（一） 新石器时代陶器分期图（一）

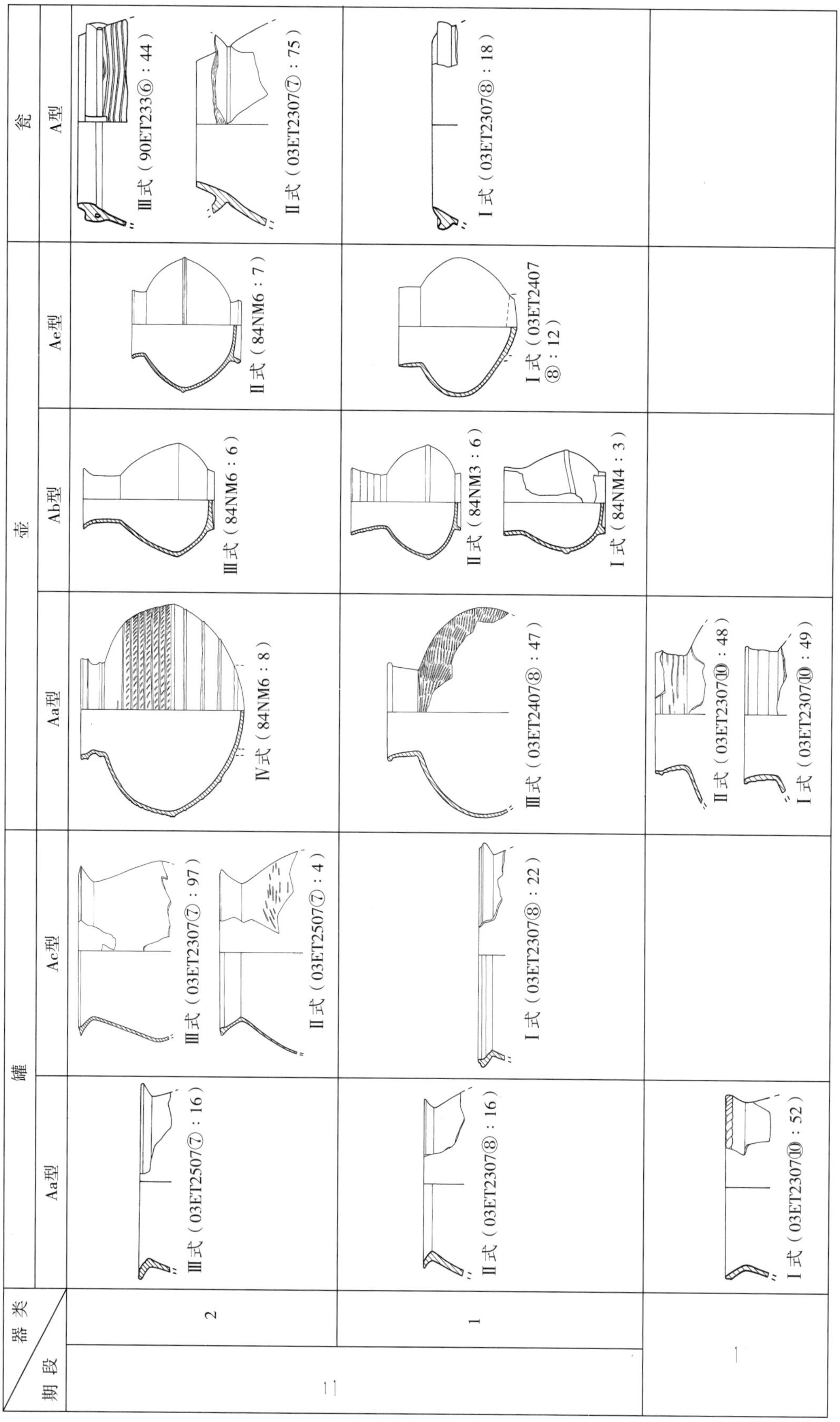

期	段	罐 Aa型	罐 Ac型	壶 Aa型	壶 Ab型	壶 Ae型	瓮 A型
二	2	Ⅲ式（03ET2507⑦：16）	Ⅲ式（03ET2307⑦：97） Ⅱ式（03ET2507⑦：4）	Ⅳ式（84NM6：8）	Ⅲ式（84NM6：6）	Ⅱ式（84NM6：7）	Ⅲ式（90ET233⑥：44） Ⅱ式（03ET2307⑦：75）
二	1	Ⅱ式（03ET2307⑧：16）	Ⅰ式（03ET2307⑧：22）	Ⅲ式（03ET2407⑧：47）	Ⅱ式（84NM3：6） Ⅰ式（84NM4：3）	Ⅰ式（03ET2407⑧：12）	Ⅰ式（03ET2307⑧：18）
一		Ⅰ式（03ET2307⑩：52）		Ⅱ式（03ET2307⑩：48） Ⅰ式（03ET2307⑩：49）			

图一八一（二）　新石器时代陶器分期图（二）

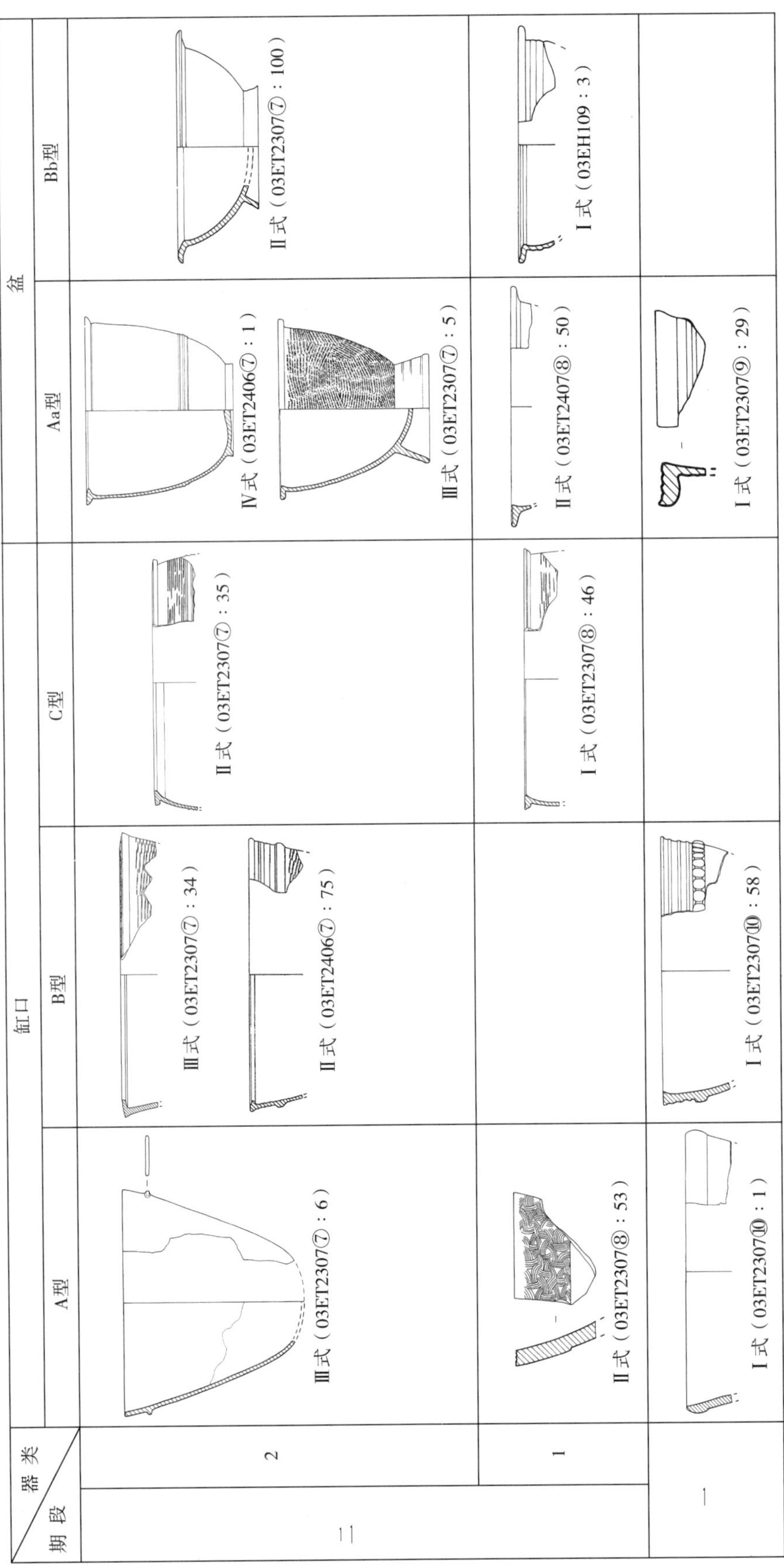

图一八一（三） 新石器时代陶器分期图（三）

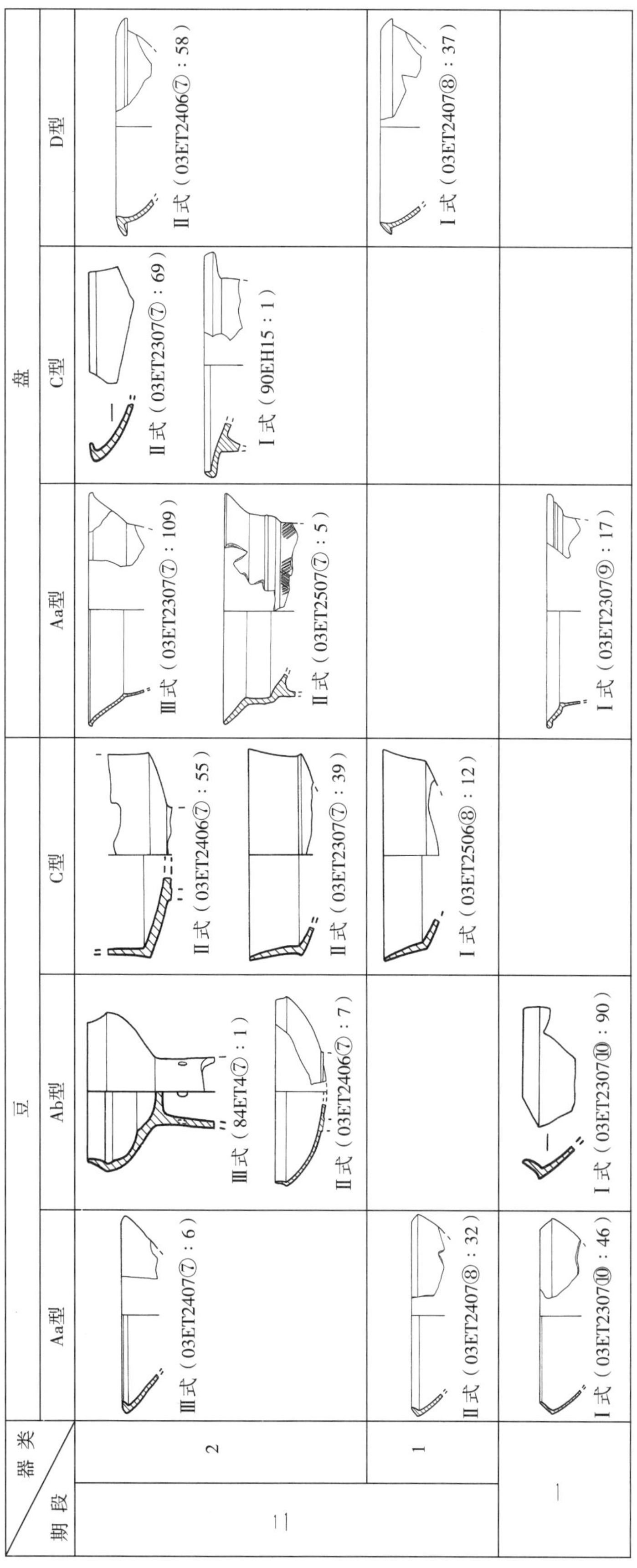

图一八一（四）　新石器时代陶器分期图（四）

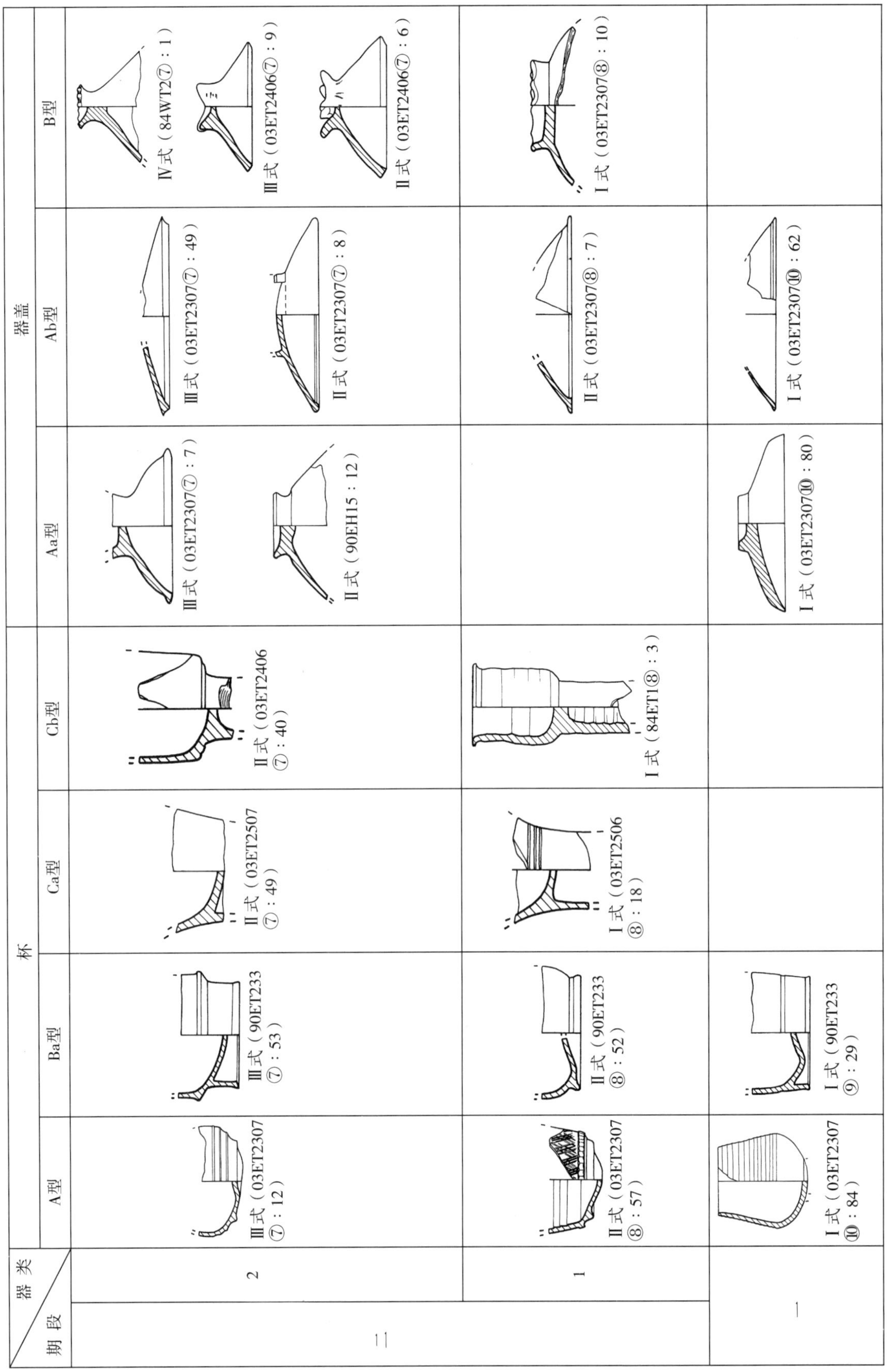

期段 \ 器类		杯				器盖		
		A型	Ba型	Ca型	Cb型	Aa型	Ab型	B型
二	2	Ⅲ式（03ET2307⑦：12）	Ⅲ式（90ET233⑦：53）	Ⅱ式（03ET2507⑦：49）	Ⅱ式（03ET2406⑦：40）	Ⅲ式（03ET2307⑦：7） Ⅱ式（90EH15：12）	Ⅲ式（03ET2307⑦：49） Ⅱ式（03ET2307⑦：8）	Ⅳ式（84WT2⑦：1） Ⅲ式（03ET2406⑦：9） Ⅱ式（03ET2406⑦：6）
	1	Ⅱ式（03ET2307⑧：57）	Ⅱ式（90ET233⑧：52）	Ⅰ式（03ET2506⑧：18）	Ⅰ式（84ET1⑧：3）		Ⅱ式（03ET2307⑧：7）	Ⅰ式（03ET2307⑧：10）
一		Ⅰ式（03ET2307⑩：84）	Ⅰ式（90ET233⑨：29）			Ⅰ式（03ET2307⑩：80）	Ⅰ式（03ET2307⑩：62）	

图一八一（五） 新石器时代陶器分期图（五）

鼎（T3H4∶78）①、黄梅陆墩Ⅱ式陶圆腹罐形鼎（M3∶5）②、麻城栗山岗早期Ⅰ式罐形鼎（T5⑤C∶93）③和天门肖家屋脊石家河文化早期Aa型Ⅰ式罐形鼎（AT1909⑥∶1）④形制相近，其特征均为侈口、仰折凹沿。出土的B型Ⅰ式缸（03ET2307⑩∶58）与肖家屋脊石家河文化早期C型缸（AT1522②∶1）⑤类似，均为大口、窄沿、双凸唇。Aa型Ⅰ式豆（03ET2307⑩∶46）与武穴鼓山三期四段Ab型Ⅳ式豆（M208∶3）⑥类同，均为敛口、沿面内折、斜直腹。出土的Aa型Ⅰ式器盖（03ET2307⑩∶80）与麻城栗山岗早期Ⅱ式圈纽器盖（T9⑤C∶42）⑦形制相同，均为盖口敞、顶弧，盖纽圆圈形凹纽。

第二期陶器中的B型Ⅲ式鼎（03ET2307⑦∶10），与湖北麻城栗山岗早期Ⅰ式釜形鼎（T1⑤D∶24）⑧和通城尧家林晚期Ⅵ式罐形鼎（T3④A∶47）⑨等形制相近；出土的C型Ⅲ式鼎（03ET2307⑦∶2），与湖北黄梅陆墩盆形鼎（M19∶8）⑩、湖南湘乡岱子坪C型Ⅰ式盆形鼎（M12∶6）⑪、安徽潜山薛家岗四期陶盆形鼎（M30∶1）⑫等形制相近；出土的D型Ⅱ式鼎（03ET2307⑦∶95），与安徽潜山薛家岗五期壶形鼎（M31∶4）和五期圆腹罐形鼎（M141∶1）⑬类同。出土的A型Ⅱ式甑（03ET2506⑦∶4）和A型Ⅲ式陶甑（84ET1⑦∶2），分别与肖家屋脊石家河文化早期甑（H555∶2）⑭、通城尧家林晚期前段陶甑（T1ⒽⒼ∶6）⑮和黄梅陆墩Ⅱ式甑（M3∶7、M5∶10）⑯等形制相近。出土的Ca型Ⅱ式罐（03ET2307⑦∶1）和Cb型Ⅱ式罐（03ET2408⑦∶14）、Cb型Ⅲ式罐（03ET2406⑦∶74），分别与湖北通城尧家林晚期前段Ⅲ式（T2ⒽⒼ∶40）和Ⅳ式陶罐（T3④A∶38）⑰及湖北宜昌白庙Aa型陶罐（T27⑥∶1）⑱类同。出土的Aa型Ⅲ式壶（03ET2407⑧∶47），分别与黄梅陆墩小口高领罐（M1∶6、M3∶10）⑲、宜昌白庙C型罐（H27∶3）⑳等相似。出土的Aa型Ⅳ式壶

① 武汉大学历史系考古专业等：《湖北通城尧家林遗址的试掘》，《江汉考古》1983年第3期。

② 中国社会科学院考古研究所湖北工作队：《湖北黄梅陆墩新石器时代墓葬》，《考古》1991年第6期。

③ 武汉大学历史系考古教研室等：《湖北麻城栗山岗新石器时代遗址》，《考古学报》1990年第4期。

④ 湖北省荆州博物馆等：《肖家屋脊》，文物出版社，1999年。

⑤ 湖北省荆州博物馆等：《肖家屋脊》，文物出版社，1999年。

⑥ 湖北省京九铁路考古队、湖北省文物考古研究所：《武穴鼓山》，科学出版社，2001年。

⑦ 武汉大学历史系考古教研室等：《湖北麻城栗山岗新石器时代遗址》，《考古学报》1990年第4期。

⑧ 武汉大学历史系考古教研室等：《湖北麻城栗山岗新石器时代遗址》，《考古学报》1990年第4期。

⑨ 武汉大学历史系考古专业等：《湖北通城尧家林遗址的试掘》，《江汉考古》1983年第3期。

⑩ 中国社会科学院考古研究所湖北工作队：《湖北黄梅陆墩新石器时代墓葬》，《考古》1991年第6期。

⑪ 湖南省博物馆：《湘乡岱子坪新石器时代遗址》，《湖南考古辑刊》（第二集），岳麓书社，1984年。

⑫ 安徽省文物考古研究所：《潜山薛家岗》，文物出版社，2004年。

⑬ 安徽省文物考古研究所：《潜山薛家岗》，文物出版社，2004年。

⑭ 湖北省荆州博物馆等：《肖家屋脊》，文物出版社，1999年。

⑮ 武汉大学历史系考古专业等：《湖北通城尧家林遗址的试掘》，《江汉考古》1983年第3期。

⑯ 中国社会科学院考古研究所湖北工作队：《湖北黄梅陆墩新石器时代墓葬》，《考古》1991年第6期。

⑰ 武汉大学历史系考古专业等：《湖北通城尧家林遗址的试掘》，《江汉考古》1983年第3期。

⑱ 三峡考古队：《湖北宜昌白庙遗址1993年发掘简报》，《江汉考古》1994年第1期。

⑲ 中国社会科学院考古研究所湖北工作队：《湖北黄梅陆墩新石器时代墓葬》，《考古》1991年第6期。

⑳ 三峡考古队：《湖北宜昌白庙遗址1993年发掘简报》，《江汉考古》1994年第1期。

（84NM6∶8），与肖家屋脊石家河文化晚期C型陶广肩罐（H78∶26）① 和薛家岗前5次发掘新石器地层上层陶罐（T36④∶11）② 等相似。出土的B型Ⅰ至Ⅲ式瓮（03ET2307⑧∶44、03ET2407⑧∶16、90ET233⑦∶48）和Cb型瓮（03ET2506⑦∶16），分别与湖北宜都石板巷子Ⅰ式敛口瓮（T14③B∶24、T13H9∶1）③ 和宜昌白庙B型陶瓮（H20∶1）类同；出土的Aa型Ⅱ式（03ET2407⑧∶50）和Aa型Ⅲ式（03ET2307⑦∶5）盆，与湖北罗田庙山岗A型Ⅰ式（F1②∶16）、A型Ⅱ式（T0933⑧∶12）陶盆类同；出土的Aa型Ⅱ式陶盘（03ET2507⑦∶5）与湖北罗田庙山岗B型Ⅰ式（T0833⑨∶2）陶鼎的盘形鼎身形态相似④；出土的Ab型Ⅰ式（03ET2307⑧∶45）、Ab型Ⅱ式（03ET2307⑦∶4）、Ab型Ⅲ式（03ET2408⑦∶1）盆，与湖北天门肖家屋脊石家河文化早期A型陶盆⑤类同；出土的Bb型Ⅱ式盆（03ET2307⑦∶100），与麻城栗山岗晚期Ⅴ式圈足碗（T5③B∶21）形制相近。

遗址北区的6座墓葬，均属于第二期文化遗存。陶器中陶鼎是最主要的随葬品之一，所出陶鼎，除M1为C型、M5为Ac型鼎外，余4座墓都为Ab型。Ab型Ⅰ式陶鼎（84NM2∶1、M4∶1），与武穴鼓山Ba型Ⅳ式陶鼎（M128∶4、M170∶2）⑥ 类同。出土的Ab型Ⅰ式（84NM4∶3）、Ab型Ⅱ式（84NM3∶6）壶，与武穴鼓山Ac型Ⅴ式陶壶（M192∶3）⑦ 形式相近。出土的A型Ⅰ式簋（84NM4∶4），与武穴鼓山Ab型Ⅲ式碗（M199∶10）⑧ 相似；B型Ⅱ式簋（84NM3∶3），与武穴鼓山Aa型Ⅳ式碗（M72∶5）⑨ 相似。出土的B型陶钵（84NM5∶2），与武穴鼓山Aa型Ⅰ式陶钵（M237∶5）⑩ 和薛家岗Aa型Ⅲ式陶碗（M91∶3）⑪ 类同。

通过上述大路铺新石器时代文化遗存中的主要陶器，与周边邻近地区同时代文化遗存中的同类器物横向比较，可推断大路铺遗址新石器时代两期三段文化遗存的相对时代。肖家屋脊石家河文化遗存分早、晚两期，绝对年代为距今4600～4000年⑫，宜昌白庙早期文化遗存年代“约在龙山时代晚期至二里头三期文化之间”⑬。这些研究成果为推定大路铺遗址新石器时代两期（三段）文化遗存的时代提供了依据。大路铺遗址新石器时代第一期文化遗存，所处时代应略晚于肖家屋脊石家河文化遗存早期；第二期1、2段文化遗存应相当于天门肖家屋脊石家河文化遗存分期的晚期。由此推测，这两期年代为距今约4350～4100年，其年代下限可能与肖家屋脊石家河文化晚期遗存相当，已进入夏朝纪年时代⑭。

---

① 湖北省荆州博物馆等：《肖家屋脊》，文物出版社，1999年。

② 安徽省文物考古研究所：《潜山薛家岗》，文物出版社，2004年。

③ 宜都考古发掘队：《湖北宜都石板巷子新石器时代遗址》，《考古》1985年第11期。

④ 湖北省文物考古研究所等：《湖北罗田庙山岗遗址发掘报告》，《考古》1994年第9期。

⑤ 湖北省荆州博物馆等：《肖家屋脊》，文物出版社，1999年。

⑥ 湖北省京九铁路考古队、湖北省文物考古研究所：《武穴鼓山》，科学出版社，2001年。

⑦ 湖北省京九铁路考古队、湖北省文物考古研究所：《武穴鼓山》，科学出版社，2001年。

⑧ 湖北省京九铁路考古队、湖北省文物考古研究所：《武穴鼓山》，科学出版社，2001年。

⑨ 湖北省京九铁路考古队、湖北省文物考古研究所：《武穴鼓山》，科学出版社，2001年。

⑩ 湖北省京九铁路考古队、湖北省文物考古研究所：《武穴鼓山》，科学出版社，2001年。

⑪ 安徽省文物考古研究所：《潜山薛家岗》，文物出版社，2004年。

⑫ 湖北省荆州博物馆等：《肖家屋脊》，文物出版社，1999年。

⑬ 三峡考古队：《湖北宜昌白庙遗址1993年发掘简报》，《江汉考古》1994年第1期。

⑭ 2000年9月15日在中国科技部组织召开的“夏商周断代工程项目验收会”上，断代工程顺利通过了验收。2000年11月9日正式公布了《夏商周年表》，《年表》定夏朝约开始于公元前2070年。

第四章　商周时代文化遗存

第一节　概述

商周时代文化遗存分布在东、西、北三个区块中，地层堆积有东区北部第2~5层（1990年发掘），中部第2~6层（2003年发掘），南部3~6层（1984、2003年发掘）；西区第3~6层（1984年发掘）和北区第2~4层（1984年发掘）等。遗迹种类有灰坑、灰沟、房址（柱洞）、灶（坑）、陶窑、水井、烧坑、烧土堆积、墓葬等九类，共有遗迹单位216处。其中，灰坑194个，灰沟6条，房址（柱洞）2座，灶（坑）1个，陶窑1座，水井1眼，烧坑7个，烧土堆积3处，墓葬1座（附表五至一一）。

商周时代文化遗物较丰富，总计提取各类遗物标本2878件（含采集5件），其中，陶器2630件，硬陶器120件，铜器10件，漆、木器4件，玉石器114件，另有矿石、炉壁、炼渣。

（一）陶器

2630件。分夹砂和泥质两大类，其中夹砂陶较多，泥质陶较少。陶色以红色为基调，其次为灰陶，有少量磨光黑皮陶和灰白陶。红陶以颜色适中的红陶（红褐）最多，浅红（红黄）和深红（褐色）相对较少。红陶器类主要为鬲、甗、鼎、罐、瓮、罍、盆、钵等，也有少量的豆为红陶。灰陶以青灰色为多，深灰和浅灰陶较少。灰陶器类主要为罐、壶、豆、盆、盂、钵、卣、器盖等，也有少量的鬲、甗、鼎、滤盉等为灰陶。磨光黑皮陶陶色黑灰，打磨光滑，器形规整，均为泥质陶。其器类主要为陶豆、器盖和瓿等。灰白陶陶质较好，制作的器物规整，多为泥质陶。其器类主要为陶瓮。

纹饰主要采用拍印、压印、戳印、堆贴和镂刻等方法加饰。纹饰种类比较丰富，以条纹和绳纹为主体纹饰，还有方格纹、附加堆纹、“S”形纹、弦纹、暗纹、叶脉纹、云纹、网格纹、波浪纹、水波纹、鳞纹、回字形纹、菱形曲折纹、蝉纹（彩版三〇，3、6）、三角纹、饕餮纹，还有戳印小圆窝纹、“人”字形纹、圆饼纹、泥饰、纽钉、镂孔、刻槽等。另有一种类似刻划符号的纹样，我们称之为“枝杈”纹。上述纹饰在使用上，往往以一种纹样为主体纹饰，几种不同纹饰施于一器，起装饰和加固作用（图一八二~二〇二）。

陶器基本上采用轮制和模制成型，极少数体量小、结构简单的器物采用手制成器；有些结构相对复杂、形态相对独特的器物，往往多种制法施于一器，体现“复合制法”的特征。

复合制法在鬲、甗、鼎、滤盉、罐、瓮、豆等器类上都有体现，其结构有上下结构和左右结构。下面仅以鬲和D型甗为例，简要介绍“复合制法”。

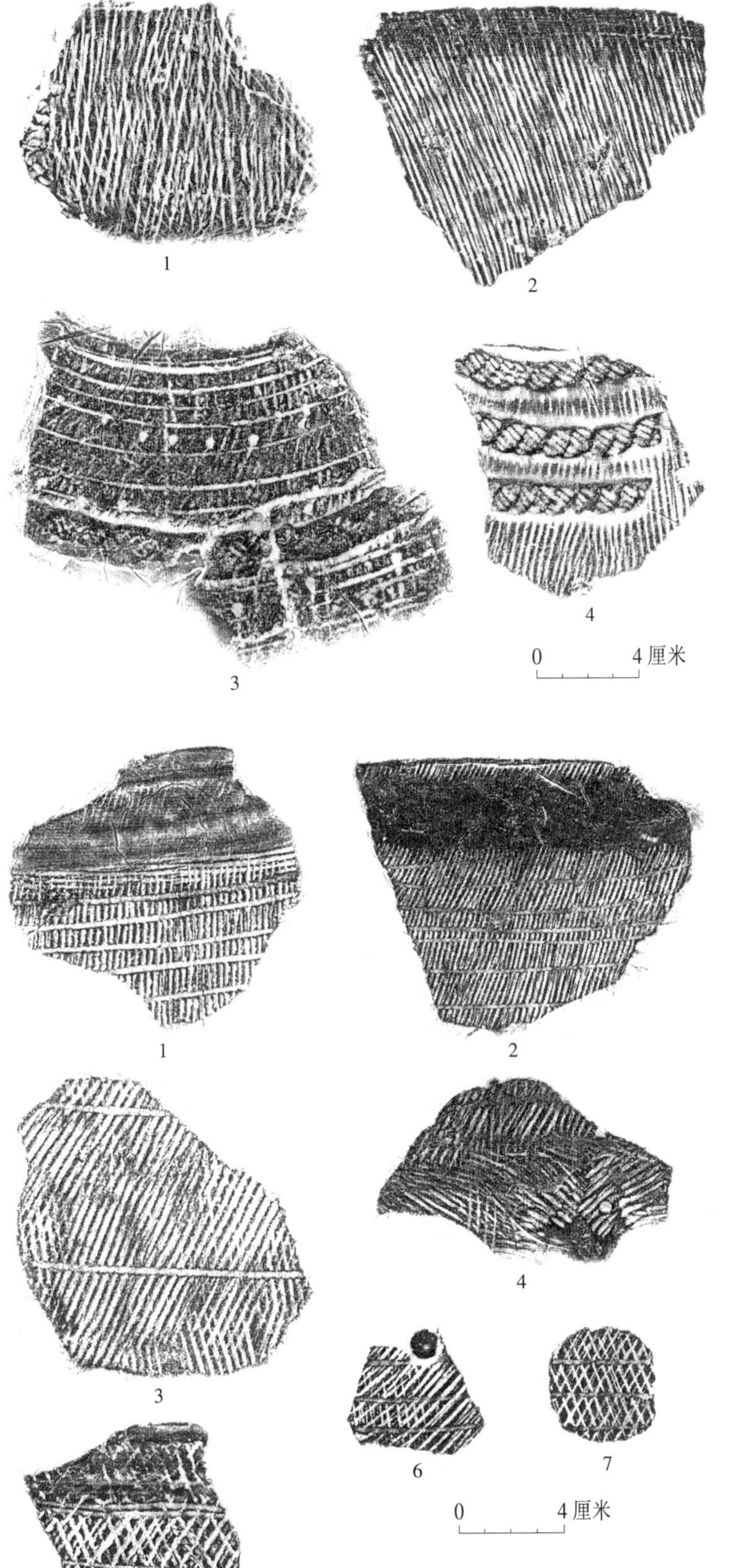

图一八二　商周时代陶器纹饰拓片

1. 交错条纹（03EH8）　2. 斜直条纹（03EH1）　3. 弦纹、小圆窝纹、条纹（03EH44）　4. 附加堆纹、条纹（03EH19）、

图一八三　商周时代陶器纹饰拓片

1、2. 弦断条纹（03EG4、03EG3①）　3、5、7. 弦断交叉条纹（03EG1、03EH53、03EH22）　4. 弦断交错条纹、小圆窝纹（03EG4）　6. 弦断交错条纹、泥饼纹（03EH44）

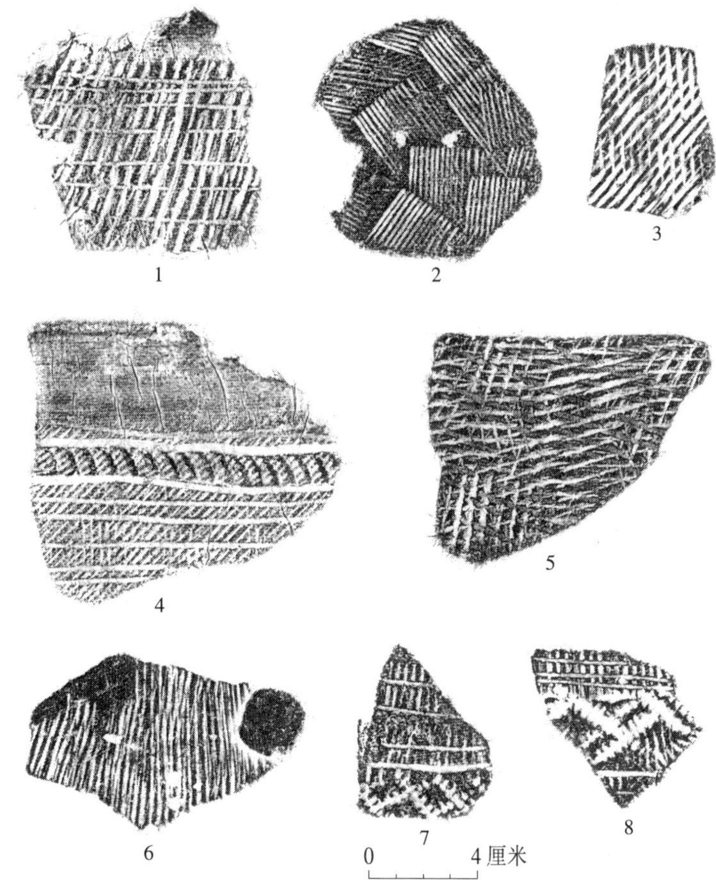

图一八四　商周时代陶器纹饰拓片

1. 弦断条纹（03ET2707③）　2、3、5. 交错条纹（03EH19、03EH44、03ET2604②）　4. 附加堆纹、弦断交错条纹（03EG4）　6. 条纹、泥饼纹（03EH1）　7、8. 附加堆纹、弦断条纹（03ET2410③）

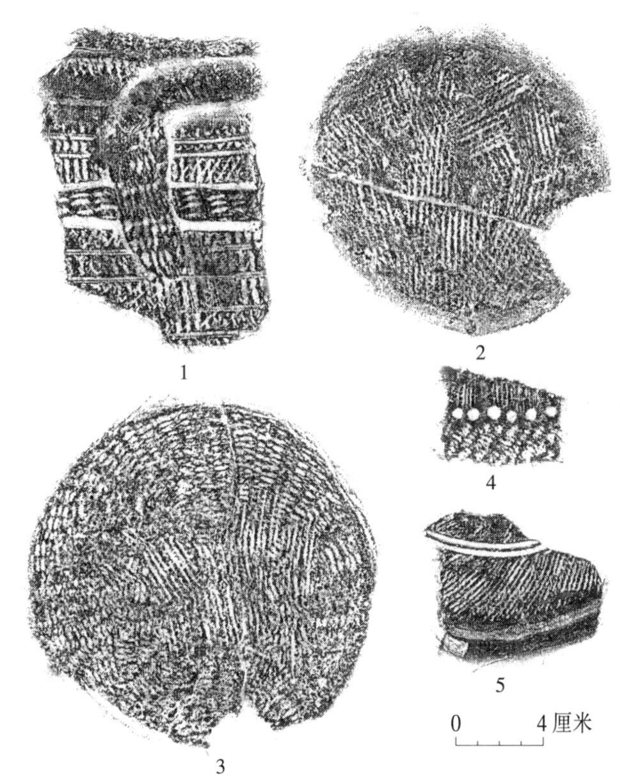

图一八五　商周时代陶器纹饰拓片

1. 绳纹、附加堆纹、泥条附加贴耳（03EH50）　2、3. 交错绳纹（03EH50）　4. 小圆窝纹、凹绳纹（03ET2410③）　5. 弦纹、斜绳纹（03EH50）

图一八六　商周时代陶器纹饰拓片

1～4. 交错绳纹（03ET2604②、03EH44、03EG1、03EY1）　5. 附加堆纹、弦断绳纹（03EG4）　6. 弦断绳纹（03EH44）　7. 交错细绳纹（03EG1）

鬲多为鬲身呈罐形，裆下弧，实足较高，足窝较浅，足上往往有刻槽。有的鬲还辅以流、耳和鋬，其结构为上下结构或左右结构，是上下结构和左右结构制陶技术的集中体现。制法主要为轮制和模制相结合，并辅以榫卯套包、粘贴套包、粘贴、压捏（手捏）、刻划等复合制法。

E型鬲是一件上下结构制法的典型实证。它分为两部分，口颈肩为一个部分，腹裆足为一个部分。分制成型后，肩的下缘与腹的上缘上下粘贴对接，然后在接缝处外壁附加一周泥条堆纹加固。采用上下结构制成的陶器在器物内壁接缝（合）处，往往有一周因加固内外挤压遗留的凹窝，使这一部位的陶胎厚薄不均。

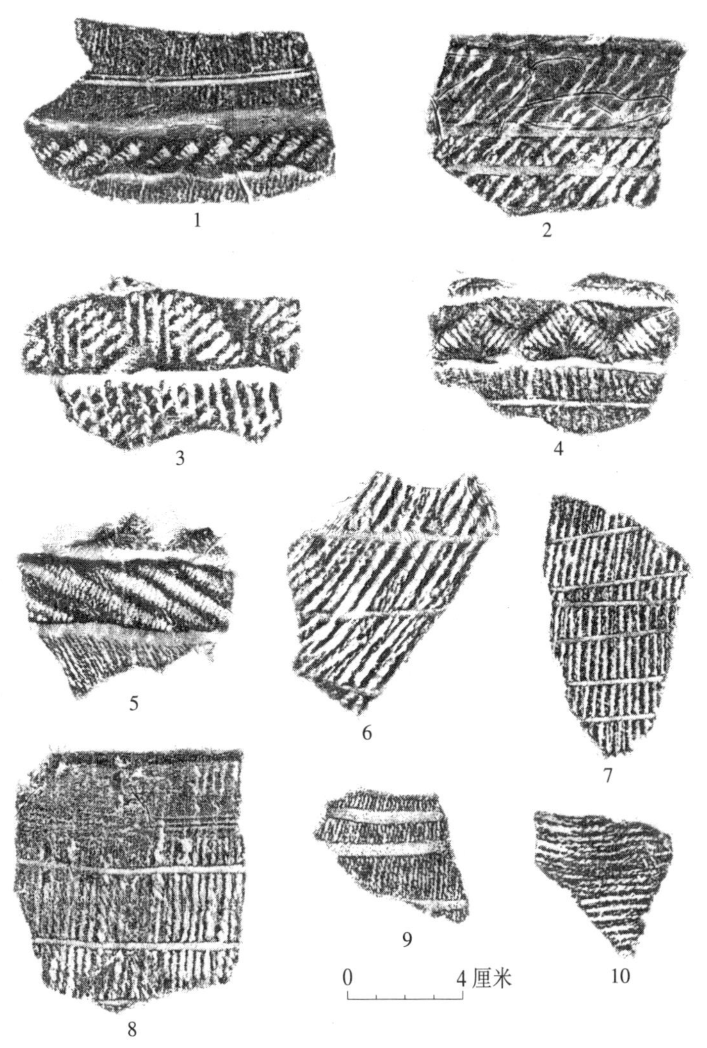

图一八七　商周时代陶器纹饰拓片

1. 附加堆纹、细绳纹、弦纹（03EH44）　2、6. 弦断斜绳纹（03ET2604②、03ET2007②）　3. 附加堆纹、交错绳纹（03EG2）　4. 附加堆纹、弦断绳纹（03ET2410③）　5. 附加堆纹、细绳纹（03EY1）　7、8. 弦断绳纹（03EH44、03ET2706②）　9. 间断细绳纹（03EG2）　10. 横绳纹（03EG2）

鬲的身、足、鋬和耳等部件一般为分制成型，然后采用复合组装方法成器。具体步骤如下：

先拉坯制成鬲身，在鬲身延着器腹下壁与底部交界处等距离留三个尖锥状榫头，然后将器身翻覆过来底朝上，将底部预留的榫头与留有卯凹的足对接套包构成鬲，这样制成的鬲通常被称为包足鬲。由于制法的缘故，包足鬲在鬲身底部内壁与足对接处有“足窝”，鬲身底部及腹底相交处的外壁与足对接处有明显的压捏痕迹，形似“手捏”痕，由于接足对器下腹和底部实施压捏的缘故，改变了腹壁和底部圆形的原有形状，使鬲身的底部呈圆角三角形（彩版二九，1、3）。鬲底与鼎底比较，鼎底则呈圆形（彩版二九，2、4）。鬲身底部呈圆角三角形的特征与鼎底呈圆形特征不同的主要原因是，鬲接足方法通常使用包足法（彩版二九，5；彩版三〇，1、5；图版六一，1、2、5）。而鼎的接足方法通常使用“榫足”法或“贴足”法。鼎采用榫足法接足的方法比较常见，

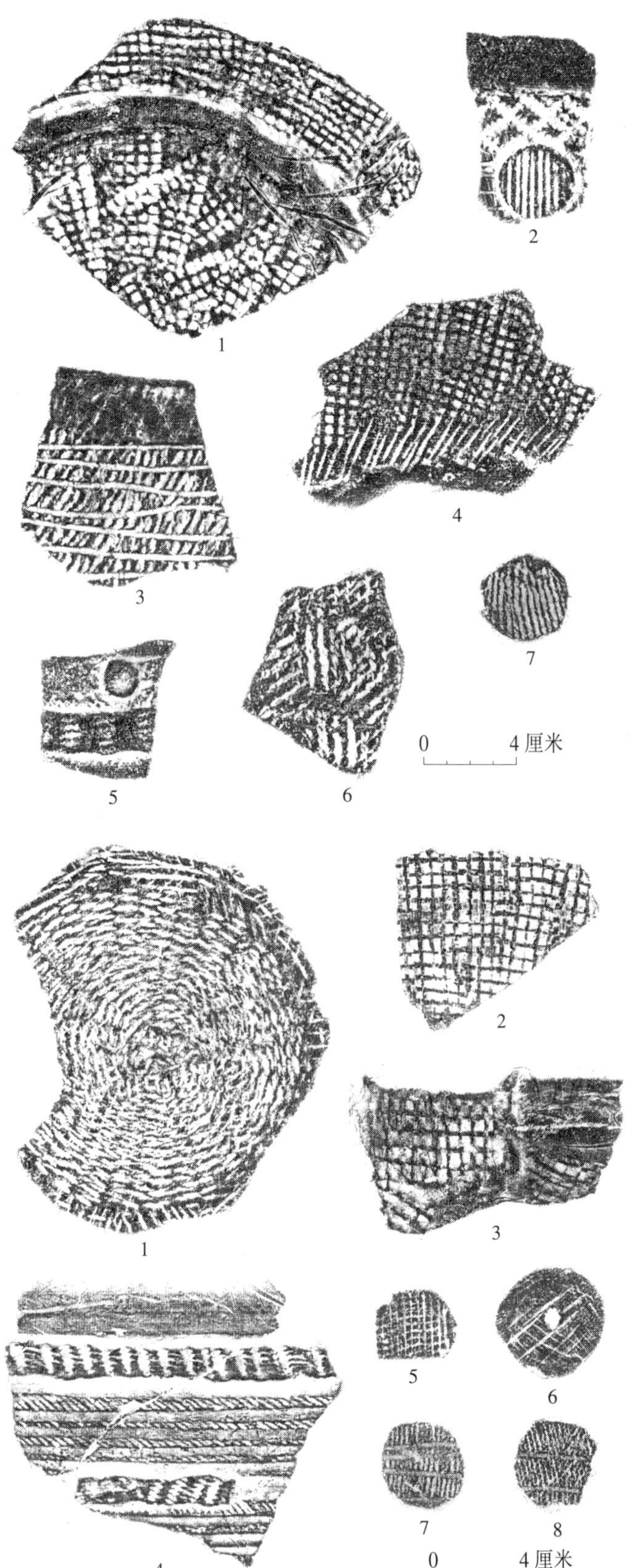

图一八八　商周时代陶器纹饰拓片

1. 方格纹、交错方格纹（03ET2705③）　2. 附加堆纹、弦断条纹、泥饼纹（03ET2410③）　3. 弦断粗绳纹（03EH53）　4. 方格纹、条纹（03ET2705③）　5. 泥饼纹、附加堆纹（03ET2410③）　6. 交错粗绳纹（03ET2410③）　7. 绳纹（03EH93）

图一八九　商周时代陶器纹饰拓片

1. 编织绳纹（03ET2410③）　2、3、5、6. 方格纹（03ET2705③、03EG3、03EH93、03EH19）　4. 带状、索状附加堆纹（03EH160）　7. 弦断绳纹（03EH93）　9. 弦断交叉绳纹（03EH93）

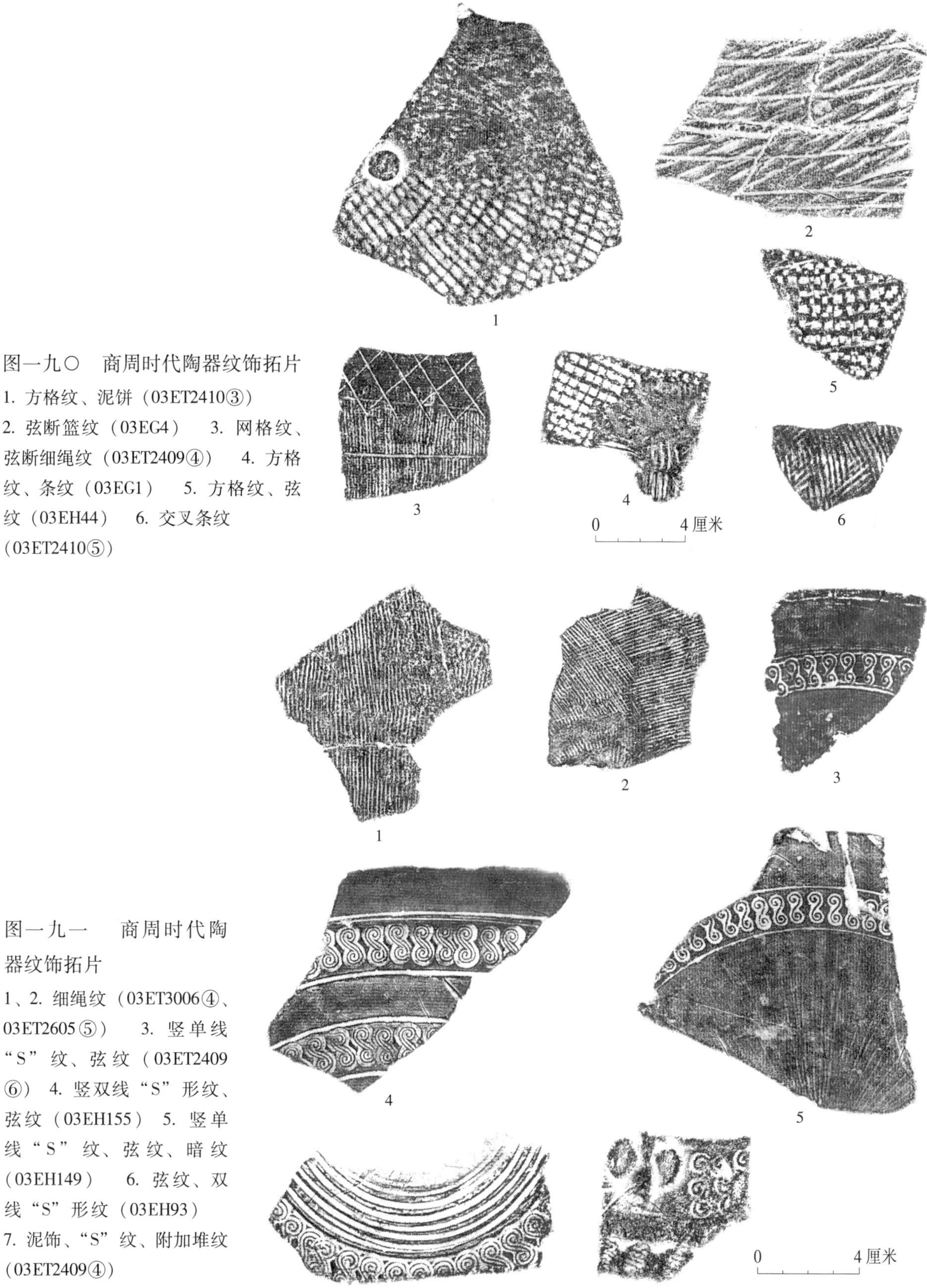

图一九〇　商周时代陶器纹饰拓片

1. 方格纹、泥饼（03ET2410③）
2. 弦断篮纹（03EG4）　3. 网格纹、弦断细绳纹（03ET2409④）　4. 方格纹、条纹（03EG1）　5. 方格纹、弦纹（03EH44）　6. 交叉条纹（03ET2410⑤）

图一九一　商周时代陶器纹饰拓片

1、2. 细绳纹（03ET3006④、03ET2605⑤）　3. 竖单线“S”纹、弦纹（03ET2409⑥）　4. 竖双线“S”形纹、弦纹（03EH155）　5. 竖单线“S”纹、弦纹、暗纹（03EH149）　6. 弦纹、双线“S”形纹（03EH93）
7. 泥饰、“S”纹、附加堆纹（03ET2409④）

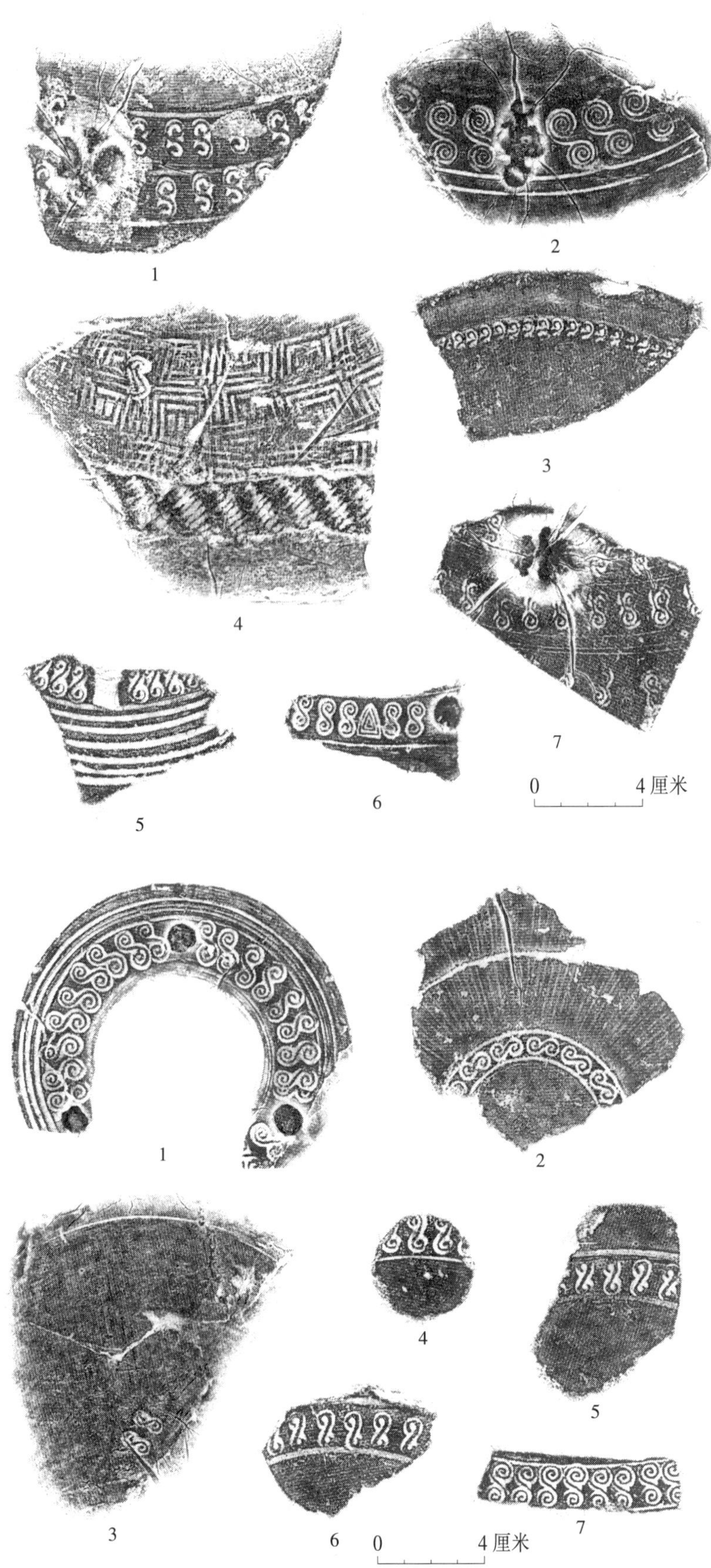

图一九二　商周时代陶器纹饰拓片

1、7. 竖“S”纹、弦纹、泥饰（03ET2509③、03ET2805③）　2. “S”形卷云纹、弦纹、泥饰（03EH44）　3. 竖“S”形纹（03ET2607③）　4. 雷纹、“S”纹、附加堆纹（03EH115）　5. 竖“S”、镂孔、弦纹（03EH83）　6. “S”纹、三角纹、泥饼、弦纹（03EH80）

图一九三　商周时代陶器纹饰拓片

1. 竖“S”纹、弦纹、泥饼纹（03EH26）　2. 横“S”纹、凹弦纹、暗纹（放射形）（03EH26）　3～7. 弦形、“S”形纹（03ET2605⑤、03ET2410⑥）

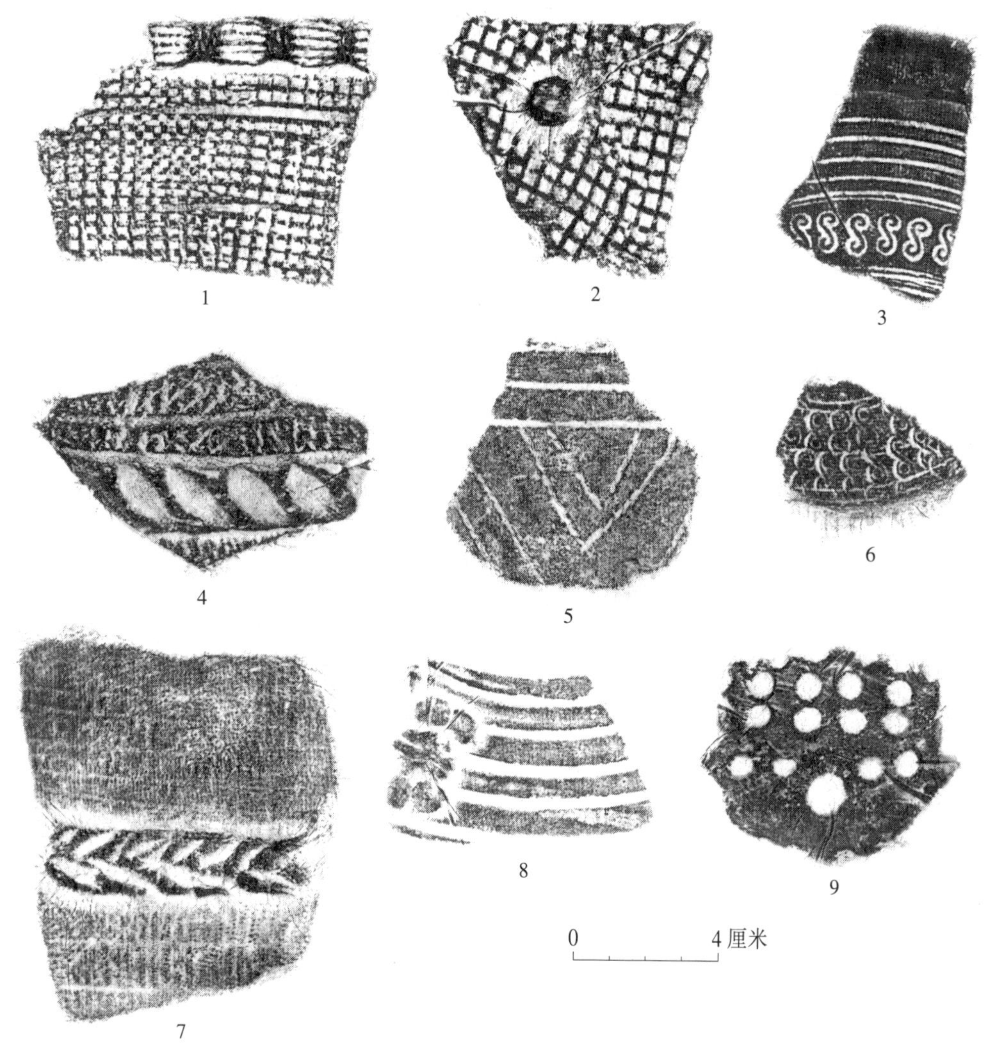

图一九四　商周时代陶器纹饰拓片

1. 附加堆纹、方格纹（03EH164）　2. 泥饼、方格纹（03EH164）　3. 竖“S”纹、弦纹（03EH160）
4. 附加堆纹、弦断绳纹（03EH145）　5. 弦纹、三角形纹（03EH120）　6. 弦纹、“S”形纹（03EH136）
7. 附加堆纹上叶脉纹、弦断绳纹（03EH146）　8. 弦纹、泥饰（03EH129）　9. 小圆窝纹、圆穿孔（03EH143）

即在鼎底部等距离预留三个圆形卯孔，在鼎足根部预留榫头，然后榫卯对接后，施以泥浆将器底内、外壁压填缝隙，抹平加固。由于这种接足方法不影响器的腹壁和底部原有形状，故鼎底呈圆形。贴足法即在鼎底外壁等距离划糙三个小圆块，然后将足直接粘贴在相对应的粗糙处，并施以泥浆压缝，抹平加固（彩版二九，6；彩版三〇，1、4；图版六一，6）。

鬲身多为轮制，口沿多经修整，鬲足、鋬多系模制，有的鬲或在口沿局部下压，使之成为“带流鬲”；或在口沿外对称贴“附加泥条状”耳，使之成为“抠耳鬲”；或在肩腹部榫卯套包器鋬，使之成为“带鋬鬲”等。器物成型后，再施加纹饰进行装饰和修整加固。

D型甗是上下结构制法的典型器。由上部甑和下部鬲两部分对接而成，对接痕迹十分清晰。其制作过程为，先将甗的甑部和鬲部分制成甑底径小于鬲口径的单件，然后将甑底套合在鬲口上，最后粘贴修整套合部位，使之成为束腰用以支箅甗。

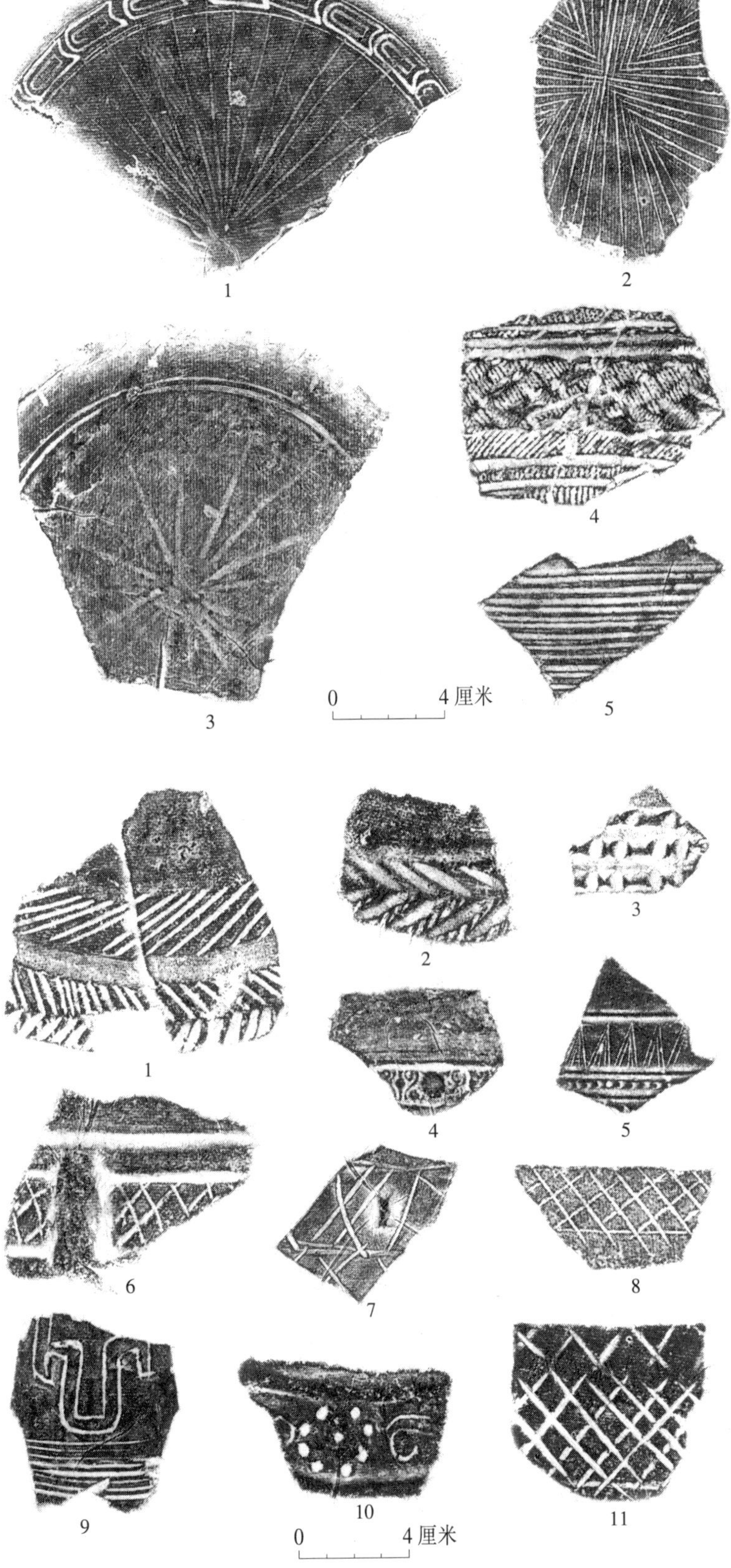

图一九五 商周时代陶器纹饰拓片

1. 重环纹、弦纹、暗纹（放射形）（03E117） 2. 几何线纹（03EH177） 3. 弦纹、暗纹（放射形）（03EH129） 4. 附加堆纹、弦纹、绳纹（03EH178） 5. 弦纹（03EH54）

图一九六 商周时代陶器纹饰拓片

1. 斜条纹、带状弦纹、叶脉纹（03EG3②） 2. 叶脉纹（03ET2805③） 3. 花瓣纹（03ET2410③） 4. 弦纹、“S”纹、泥饼（03EH10） 5. 凸弦纹、三角纹、点纹（03EH53） 6. 凸棱、网格纹（03ET2410③） 7. 条纹（03ET2607④） 8. 弦纹、网格纹（03ET2507③） 9. 云纹、弦纹（03ET2409④） 10. 云纹、泥饼小圆窝纹（03ET2409④） 11. 网格纹（03ET2410⑤）

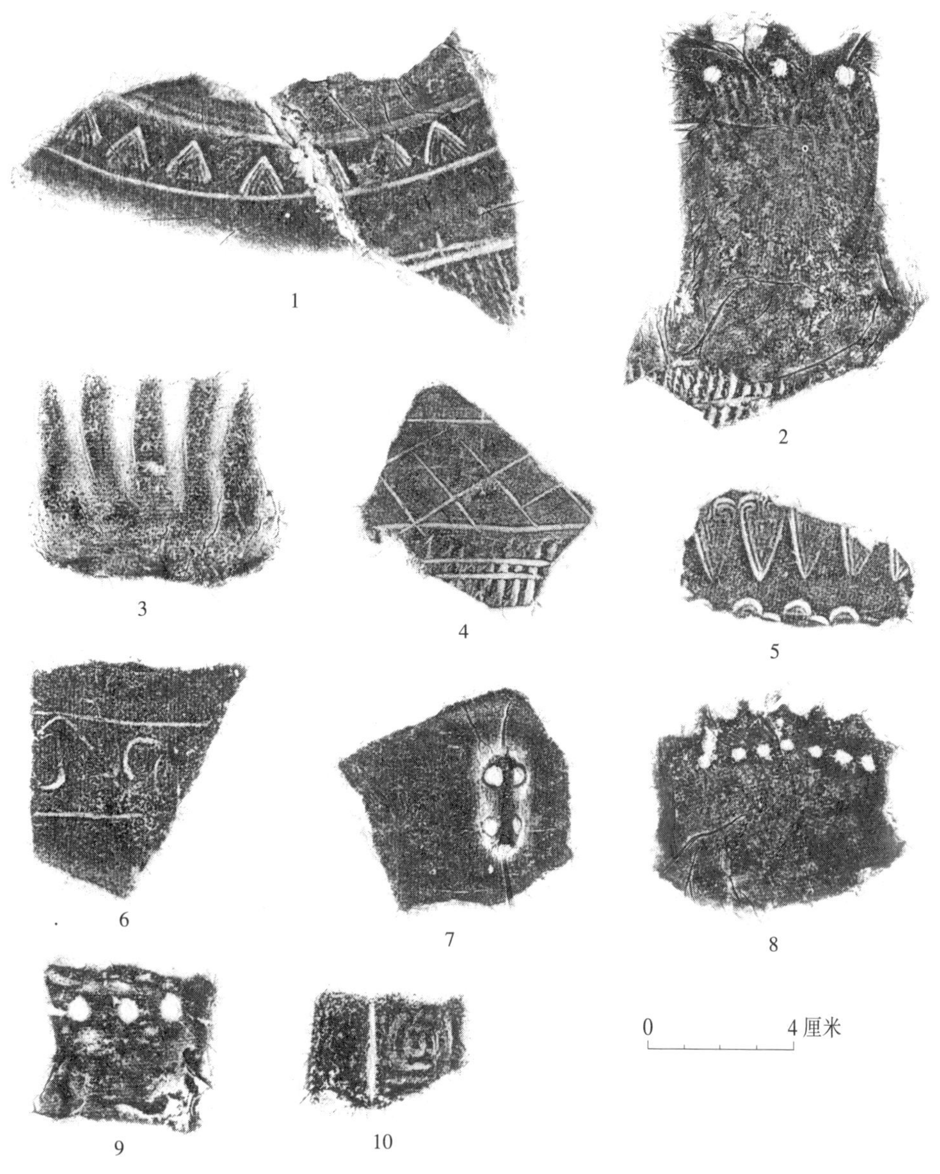

图一九七　商周时代陶器纹饰拓片

1. 三角纹、弦纹、绳纹（03EH36）　2. 小圆窝纹、弦断绳纹（03EG4）　3. "手指"形纹（03EG4）　4. 网格纹、弦断条纹（03ET2607④）　5. 蝉纹（03ET2607③）　6. 弦纹、云纹（03EG4）　7. 长条、泥饰、小圆窝纹（03EG3②）　8. 小圆窝纹（03EG4）　9. 小圆窝纹（03EG3）　10. 云纹（03ET2410⑥）

陶器可辨器类有陶鬲、甗、鼎、滤盉、罐、瓮、罍、壶、缸、卣、盆、尊、簋、瓿、盂、盂形器、钵、钵形器、豆、杯、器盖、纺轮、饼、支（拍）垫、纹印、指托、范、模具、网坠、铙形器、埙形器、铃形器、陀螺、环、球、角形器、方条、条形器、动物等。

陶鬲　251件。可分为罐形鬲（A、B、C、D、E、F、G型）和盆（钵）形鬲（H型）。其中罐形鬲根据鬲裆特征，又可细分为下弧裆鬲（A、B、C、D型）和上弧裆鬲（E、F、G型）两种，其中以下弧裆鬲为主。下弧裆鬲罐底内壁接足部位有凹窝，实足卵包在罐底预留的榫头上，足根外侧往往有小圆形按窝，足上外侧往往有刻槽（图版六一，4）。上弧裆鬲实足根较高，实足往往

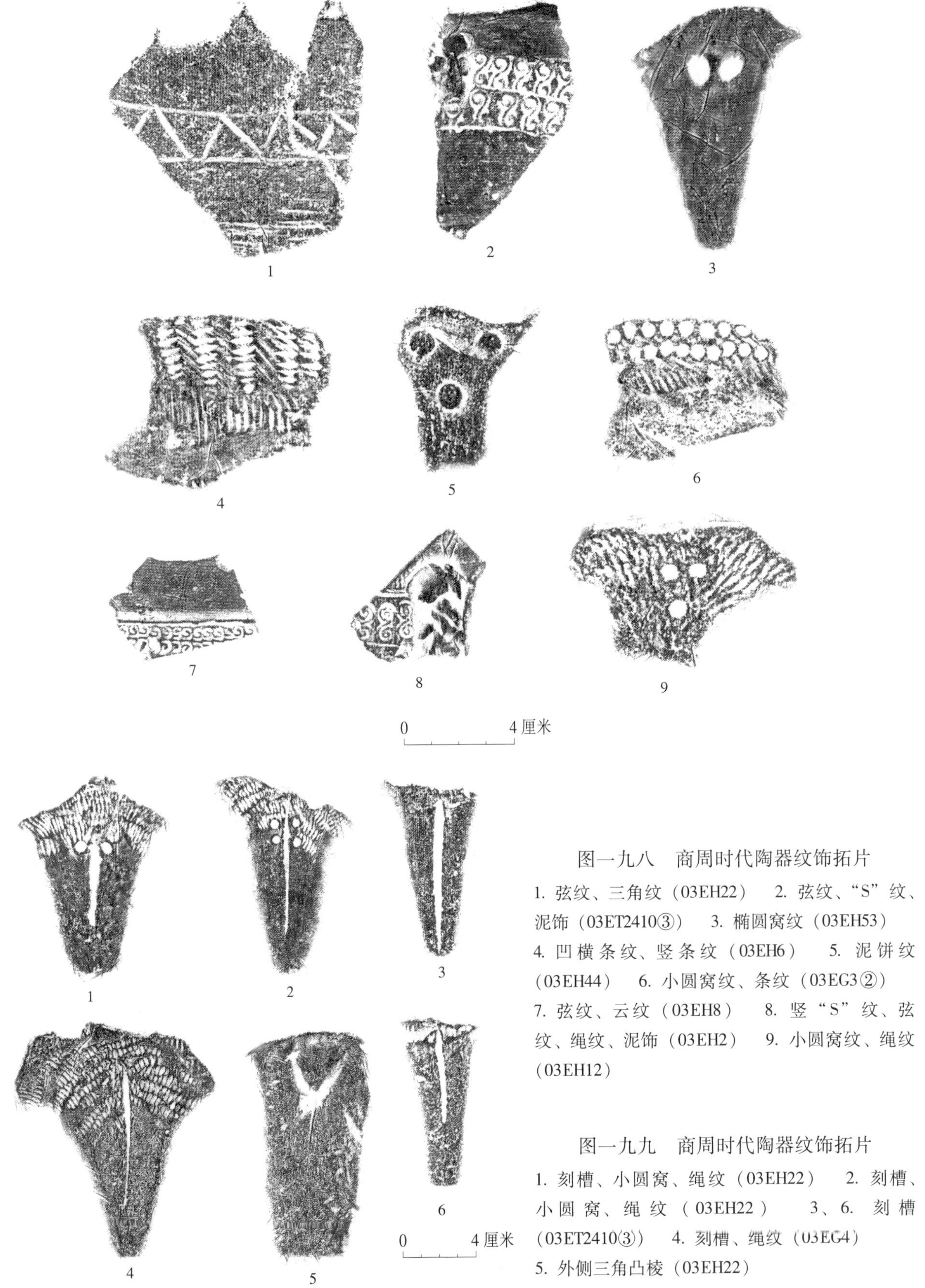

图一九八　商周时代陶器纹饰拓片

1. 弦纹、三角纹（03EH22）　2. 弦纹、“S”纹、泥饰（03ET2410③）　3. 椭圆窝纹（03EH53）　4. 凹横条纹、竖条纹（03EH6）　5. 泥饼纹（03EH44）　6. 小圆窝纹、条纹（03EG3②）　7. 弦纹、云纹（03EH8）　8. 竖“S”纹、弦纹、绳纹、泥饰（03EH2）　9. 小圆窝纹、绳纹（03EH12）

图一九九　商周时代陶器纹饰拓片

1. 刻槽、小圆窝、绳纹（03EH22）　2. 刻槽、小圆窝、绳纹（03EH22）　3、6. 刻槽（03ET2410③）　4. 刻槽、绳纹（03EG4）　5. 外侧三角凸棱（03EH22）

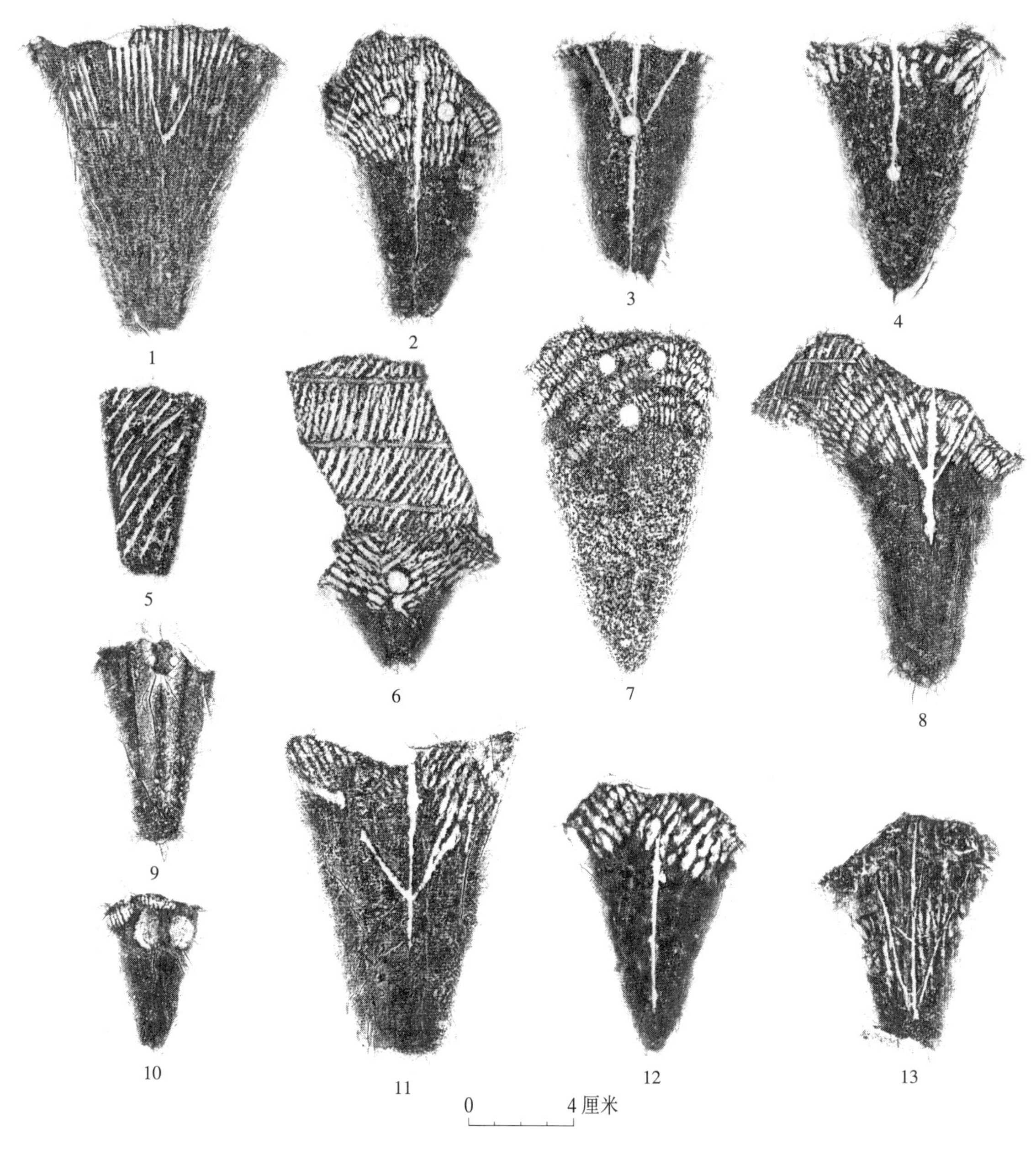

图二〇〇　商周时代陶器纹饰拓片

1. 条纹、树杈纹（03ET2001④）　2. 刻槽、小圆窝、绳纹（03EG1）　3. 树杈纹、小圆窝纹（03ET2704④）　4. 刻槽、小圆窝、绳纹（03EH22）　5. 足外侧斜条纹（03ET2507⑥）　6. 弦断绳纹、小圆窝纹（03ET2410⑥）　7. 小圆窝纹、绳纹（03EH44）　8. 枝杈纹、弦断条纹（03EH22）　9. 足外侧一道长条凸棱和小圆窝纹（03ET2507④）　10. 窝纹、绳纹（03EH7）　11. 枝杈纹、绳纹（03ET2409⑤）　12. 刻槽、绳纹（03EH35）　13. 枝杈纹、条纹（03EH35）

也采用榫接卯包方法，安在罐底预留的榫头上；器身无流无耳无鋬，足根外侧一般无小圆窝，足上外侧无刻槽。盆形（盂）鬲底内壁接足部位有凹窝，鬲裆下弧，实足榫接卯包在底部预留的榫头上。

A型　197件。无流无耳无鋬罐形鬲。分十一亚型。

Aa型　64件（含采集1件）。溜肩鬲。整体变化为弧腹近直、器瘦高渐变至弧腹、器渐粗矮。

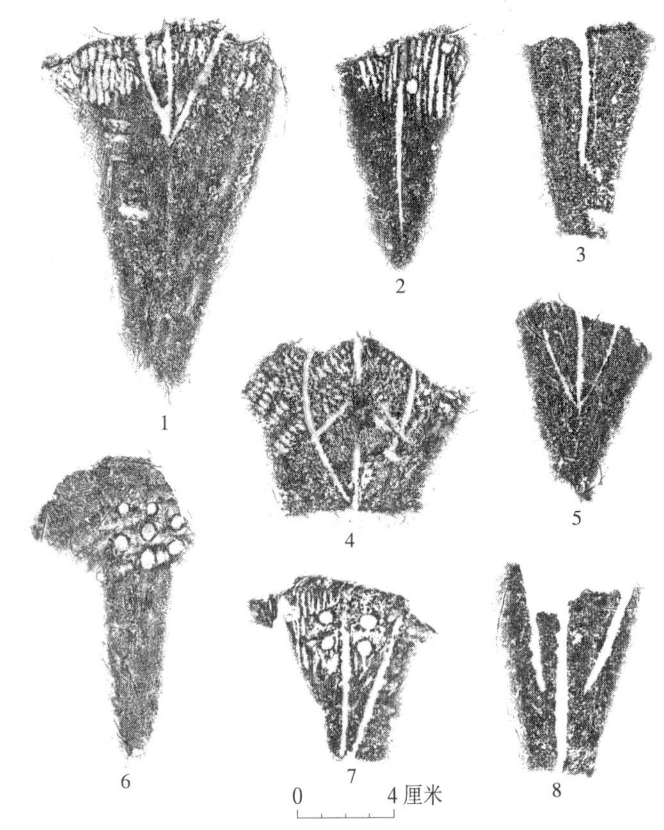

图二〇一 商周时代陶器纹饰拓片

1. 绳纹、枝杈纹（03EH139） 2. 条纹、刻槽、小圆窝（03ET2410⑥） 3. 背面刻槽（03ET2510④） 4. 枝杈纹、绳纹（03ET2607⑤） 5. 枝杈形纹（03EH55） 6. 圆窝纹（03EH107） 7. 刻槽、小圆窝、绳纹（03EH160） 8. 正面刻槽（03ET2510④）

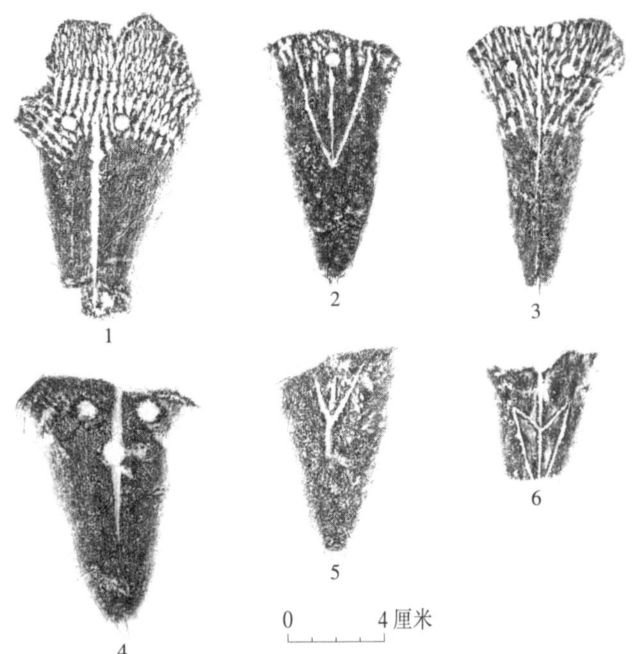

图二〇二 商周时代陶器纹饰拓片

1. 刻槽、小圆窝、绳纹（03EH22） 2. 枝杈纹、小圆窝纹（03ET2409⑤） 3. 刻槽、小圆窝纹、条纹（03EH8） 4. 刻槽、小圆窝纹（03EH93） 5. 枝杈纹（03ET2410⑥） 6. 刻划箭镞形符号（03EH72）

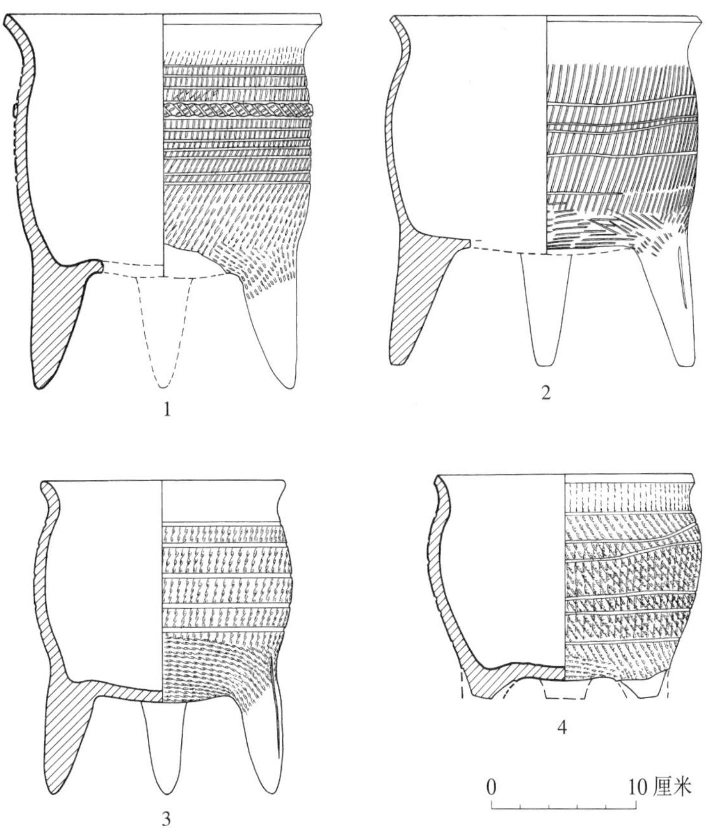

图二〇三　商周时代 Aa 型陶鬲

1. Ⅰ式（03EH44∶13）　2. Ⅱ式（90ET233⑤∶9）　3. Ⅲ式（03EG3③∶17）　4. Ⅳ式（03EH12∶3）

18 件式别不明，余 46 件分四式。

Ⅰ式　17 件。颈、肩、腹分界不明显，腹壁近直。如标本 03EH44∶13（图二〇三，1）。

Ⅱ式　10 件。颈肩有分界，腹微外弧。如标本 90ET233⑤∶9（图二〇三，2）。

Ⅲ式　14 件（含采集 1 件）。颈肩有明显分界，腹外弧。如标本 03EG3③∶17（图二〇三，3）。

Ⅳ式　5 件。颈肩有明显分界，上腹弧微外鼓，下腹斜内收。如标本 03EH12∶3（图二〇三，4）。

Ab 型　37 件（含采集 1 件）。弧肩鬲。整体变化与 Aa 型略同。9 件式别不明，余 28 件分四式。

Ⅰ式　8 件。颈、肩、腹分界不明显，腹壁近直。如标本 03EH82∶2（图二〇四，1）。

Ⅱ式　4 件。颈肩有明显分界，腹微外弧。如标本 03EH146∶1（图二〇四，2）。

Ⅲ式　11 件。颈肩有明显分界，腹微外弧。如标本 03EH26∶7（图二〇四，3）。

Ⅳ式　5 件（含采集 1 件）。颈肩有明显分界，上腹弧微外鼓，下腹斜内收。如标本 03EH130∶8（图二〇四，4）。

Ac 型　41 件。圆肩鬲。整体变化与 Aa 型略同。21 件式别不明，余 20 件分四式。

Ⅰ式　4 件。颈、肩、腹分界不明显，腹壁近直。如标本 03EH103∶4（图二〇四，5）。

Ⅱ式　6 件。颈肩分界较明显，腹微外弧。如标本 03EH139∶1（图二〇四，6）。

Ⅲ式　7 件。颈肩有明显分界，腹微外弧。如标本 03EH98∶7（图二〇四，7）。

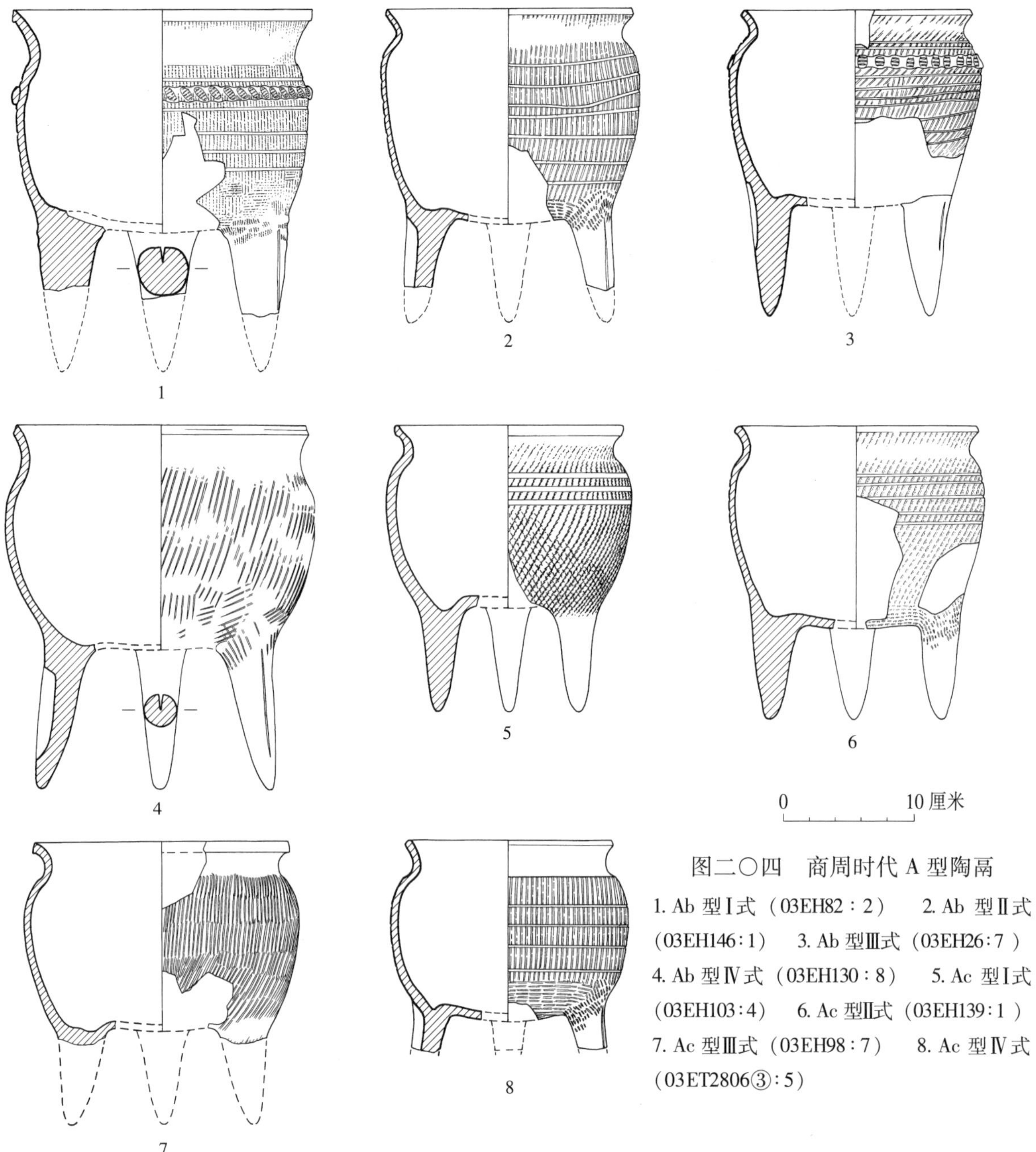

图二〇四　商周时代 A 型陶鬲

1. Ab 型Ⅰ式（03EH82：2）　2. Ab 型Ⅱ式（03EH146：1）　3. Ab 型Ⅲ式（03EH26：7）　4. Ab 型Ⅳ式（03EH130：8）　5. Ac 型Ⅰ式（03EH103：4）　6. Ac 型Ⅱ式（03EH139：1）　7. Ac 型Ⅲ式（03EH98：7）　8. Ac 型Ⅳ式（03ET2806③：5）

Ⅳ式　3 件。颈肩有明显分界，上腹弧微外鼓，下腹斜内收。如标本 03ET2806③：5（图二〇四，8）。

Ad 型　13 件。隆肩鬲。整体变化与 Aa 型略同。1 件式别不明，余 12 件分四式。

Ⅰ式　1 件。颈、肩、腹分界不明显，腹壁近直。标本 03EH103：3（图二〇五，1）。

Ⅱ式　2 件。颈肩有明显分界，腹微外弧。如标本 03EH139：4（图二〇五，2）。

Ⅲ式　7 件。颈肩有明显分界，腹微外弧鼓。如标本 03ET2409⑤：30（图二〇五，3）。

Ⅳ式　2 件。颈肩有明显分界，上腹弧微外鼓，下腹斜内收。如标本 03EH22：17（图二〇五，4）。

Ae 型　4 件。颈明显，弧肩鼓腹鬲。分三式。

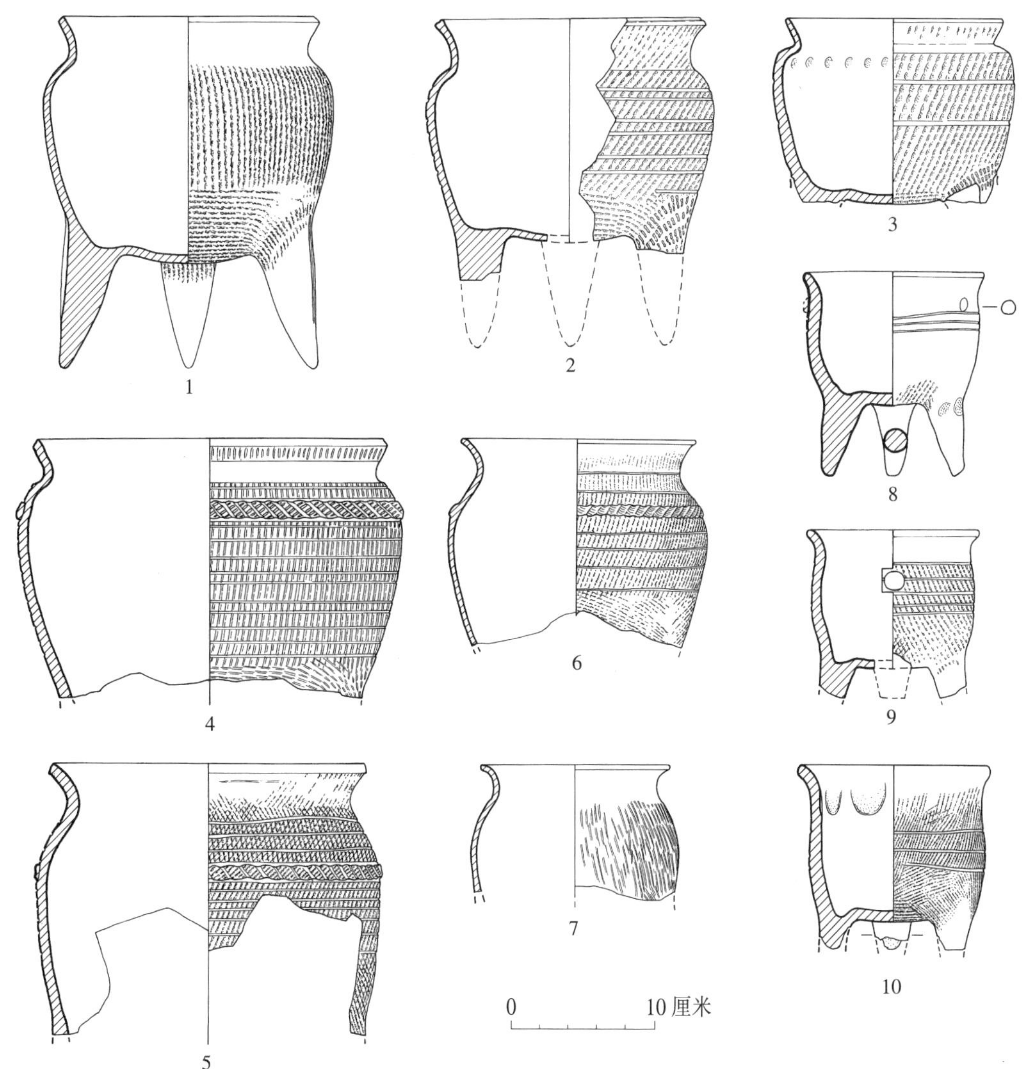

图二〇五　商周时代 A 型陶鬲

1. Ad 型Ⅰ式（03EH103∶3）　2. Ad 型Ⅱ式（03EH139∶4）　3. Ad 型Ⅲ式（03ET2409⑤∶30）　4. Ad 型Ⅳ式（03EH22∶17）　5. Ae 型Ⅰ式（03EH44∶14）　6. Ae 型Ⅱ式（90ET217④∶7）　7. Ae 型Ⅲ式（03EH67∶7）　8. Af 型Ⅰ式（03EH44∶4）　9. Af 型Ⅱ式（03EH35∶1）　10. Af 型Ⅲ式（03EH19∶14）

Ⅰ式　1 件。敞口，方唇，唇面外斜，束颈，弧肩，颈、肩、腹交界清晰，圆腹弧内收。标本 03EH44∶14（图二〇五，5）。

Ⅱ式　2 件。侈口，圆唇，弧颈较高，溜肩，口径小于腹径。如标本 90ET217④∶7（图二〇五，6）。

Ⅲ式　1 件。敞口，方唇，弧颈，斜弧肩，圆弧腹。标本 03EH67∶7（图二〇五，7）。

Af 型　8 件。器小，敞口溜肩鬲。1 件式别不明，余 7 件分三式。

Ⅰ式　3 件。弧沿，颈肩分界不明显，弧腹，口径略大于腹径。如标本 03EH44∶4（图二〇五，8）。

Ⅱ式　2 件。斜弧沿，溜肩，弧腹，口径大于腹径。如标本 03EH35∶1（图二〇五，9）。

Ⅲ式 2件。斜弧沿，弧直腹内收，口径大于腹径。如标本03EH19∶14（图二〇五，10）。

Ag型 12件。器小，整体变化为侈口弧肩渐变为侈口隆肩鬲。4件式别不明，余8件分五式。

Ⅰ式 1件。斜弧颈，弧肩，圆弧腹斜内收。标本03ET2409⑥∶11（图二〇六，1）。

Ⅱ式 1件。弧束颈，弧肩，弧腹内收。标本03EH160∶2（图二〇六，2）。

Ⅲ式 3件。束颈，斜肩，圆鼓腹弧内收。如标本03EH26∶3（图二〇六，3）。

Ⅳ式 2件。弧束颈，溜肩，圆弧腹内收。如标本03EH27∶1（图二〇六，4）。

Ⅴ式 1件。弧束颈，隆肩，弧腹内收。标本03EH8∶8（图二〇六，5）。

Ah型 13件。器小。敞口，卷沿，弧肩鬲。整体变化为口径由小于最大腹径到等于或大于最大腹径，腹由深渐浅。2件式别不明，余11件分三式。

Ⅰ式 3件。颈、肩、腹交界清晰，深腹，口径小于腹径。如标本03EH44∶18（图二〇六，6）。

Ⅱ式 6件。圆弧腹内收，口径基本等于腹径。如标本03EG1∶4（图二〇六，7）。

Ⅲ式 2件。圆弧腹内收，口径大于腹径。如标本03EH117∶30（图二〇六，8）。

Ai型 2件。器小。敞口，圆腹鬲。素面。分两式。

Ⅰ式 1件。斜直颈，圆鼓腹。标本03EH79∶31（图二〇七，1）。

Ⅱ式 1件。弧颈，圆腹弧内收。标本03EH130∶9（图二〇七，2）。

Aj型 2件。器小。侈口卷沿鬲。素面。分两式。

Ⅰ式 1件。斜直颈，弧肩，圆鼓腹内收。标本03ET2508④∶5（图二〇七，3）。

Ⅱ式 1件。斜弧颈，圆肩，鼓腹弧内收。标本03ET2409④∶3（图二〇七，4）。

Ak型 1件。器小，敞口，垂腹鬲。标本90ET217④∶9（图二〇七，5）。

B型 8件。带流罐形鬲。口沿局部下压，形成鬲流。分两亚型。

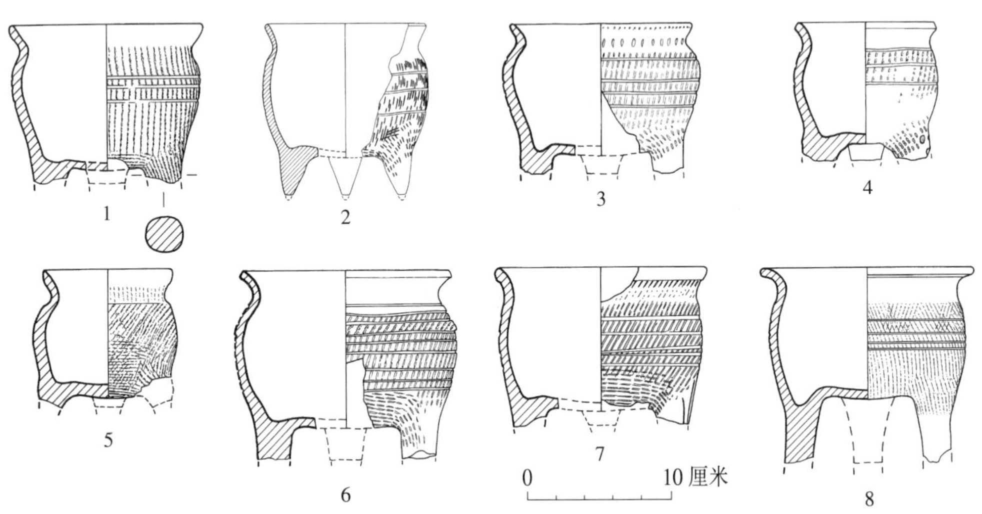

图二〇六 商周时代A型陶鬲

1. Ag型Ⅰ式（03ET2409⑥∶11） 2. Ag型Ⅱ式（03EH160∶2） 3. Ag型Ⅲ式（03EH26∶3） 4. Ag型Ⅳ式（03EH27∶1） 5. Ag型Ⅴ式（03EH8∶8） 6. Ah型Ⅰ式（03EH44∶18） 7. Ah型Ⅱ式（03EG1∶4） 8. Ah型Ⅲ式（03EH117∶30）

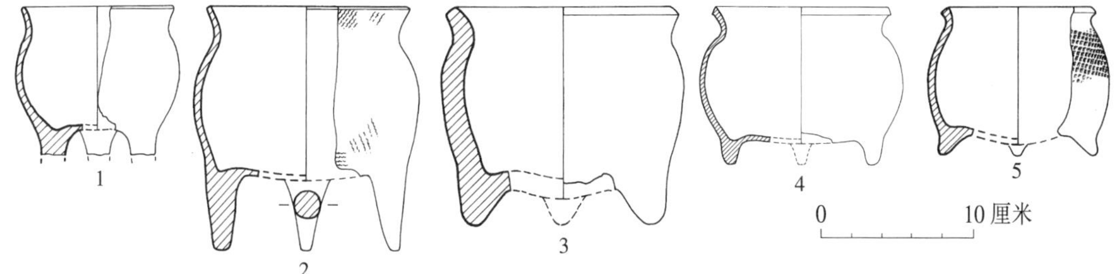

图二〇七　商周时代A型陶鬲

1. Ai型Ⅰ式（03EH79∶31）　2. Ai型Ⅱ式（03EH130∶9）　3. Aj型Ⅰ式（03ET2508④∶5）
4. Aj型Ⅱ式（03ET2409④∶3）　5. Ak型（90ET217④∶9）

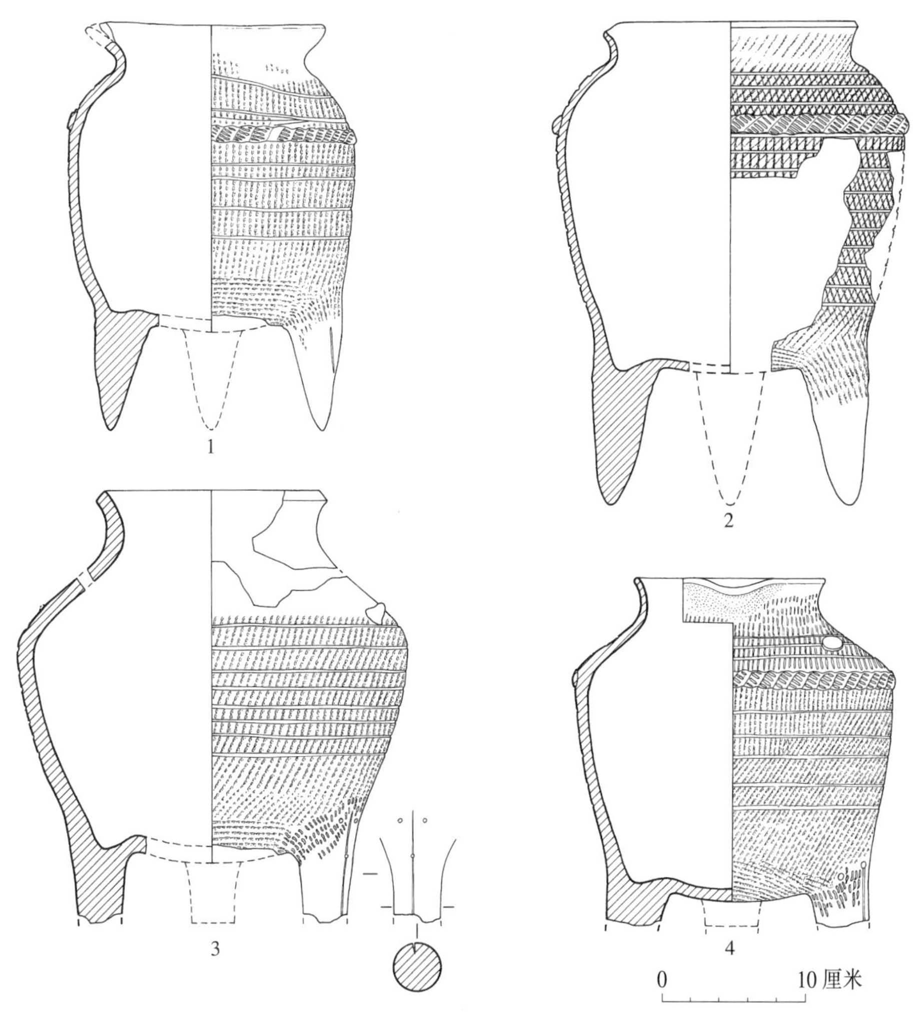

图二〇八　商周时代Ba型陶鬲

1. Ⅰ式（03ET2410⑥∶7）　2. Ⅱ式（03EH139∶2）　3. Ⅳ式（03EH19∶11）　4. Ⅲ式（03ET2508④∶10）

Ba型　6件。小口，深腹，广肩。2件式别不明，余4件分四式。

Ⅰ式　1件。斜弧束颈，弧肩，圆腹弧内收。标本03ET2410⑥∶7（图二〇八，1）。

Ⅱ式　1件。斜直颈，圆肩，圆鼓腹弧内收。标本03EH139∶2（图二〇八，2）。

Ⅲ式　1件。弧颈，斜弧折肩，弧腹斜直内收。标本03ET2508④:10（图二〇八，4）。

Ⅳ式　1件。弧颈，斜弧折肩，弧腹斜内收。标本03EH19:11（图二〇八，3）。

Bb型　2件。大口，浅腹，溜肩。分两式。

Ⅰ式　1件。垂腹弧内收。标本03ET2410⑥:6（图二〇九，1）。

Ⅱ式　1件。圆弧腹斜直内收。标本03EH83:8（图二〇九，2）。

C型　7件。带耳罐形鬲。口沿下颈肩处对称粘贴两个附加泥条抠耳。整体变化为由溜肩渐至斜圆肩。分三式。

Ⅰ式　1件。溜肩。标本84WT14⑥:1（图二〇九，3）。

Ⅱ式　2件。弧肩。如标本03EH129:10（图二〇九，4）。

Ⅲ式　4件。斜圆肩。如标本03EH130:37（图二〇九，5）。

D型　6件。敞口带鋬罐形鬲。肩腹部榫卯套包器鋬。分两亚型。

Da型　5件。折肩。整体变化为由斜弧折肩、斜腹直内收渐变至折弧肩、弧腹。分三式。

Ⅰ式　2件。斜腹直内收。如标本03EH24:1（图二一〇，2）。

Ⅱ式　2件。弧腹。如标本03EG4:5（图二一〇，3）。

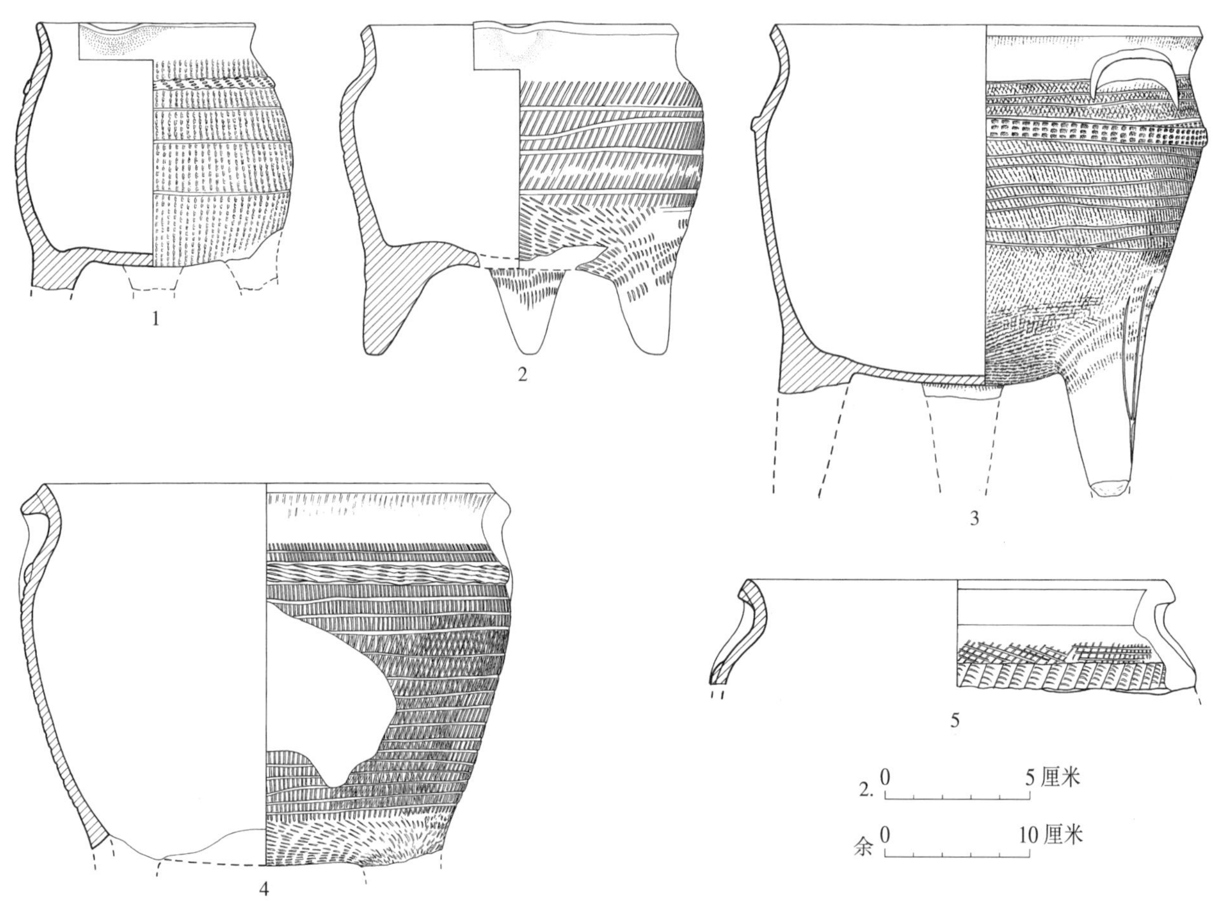

图二〇九　商周时代陶鬲

1. Bb型Ⅰ式（03ET2410⑥:6）　2. Bb型Ⅱ式（03EH83:8）　3. C型Ⅰ式（84WT14⑥:1）　4. C型Ⅱ式（03EH129:10）　5. C型Ⅲ式（03EH130:37）

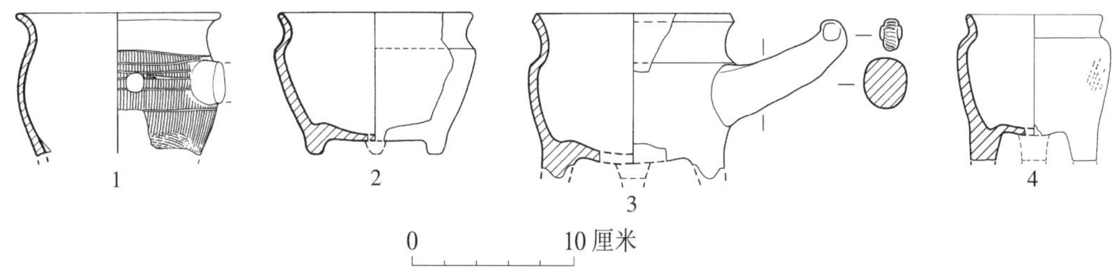

图二一〇　商周时代D型陶鬲

1. Db型（90ET217④：11）　2. Da型Ⅰ式（03EH24：1）　3. Da型Ⅱ式（03EG4：5）　4. Da型Ⅲ式（03ET2508④：3）

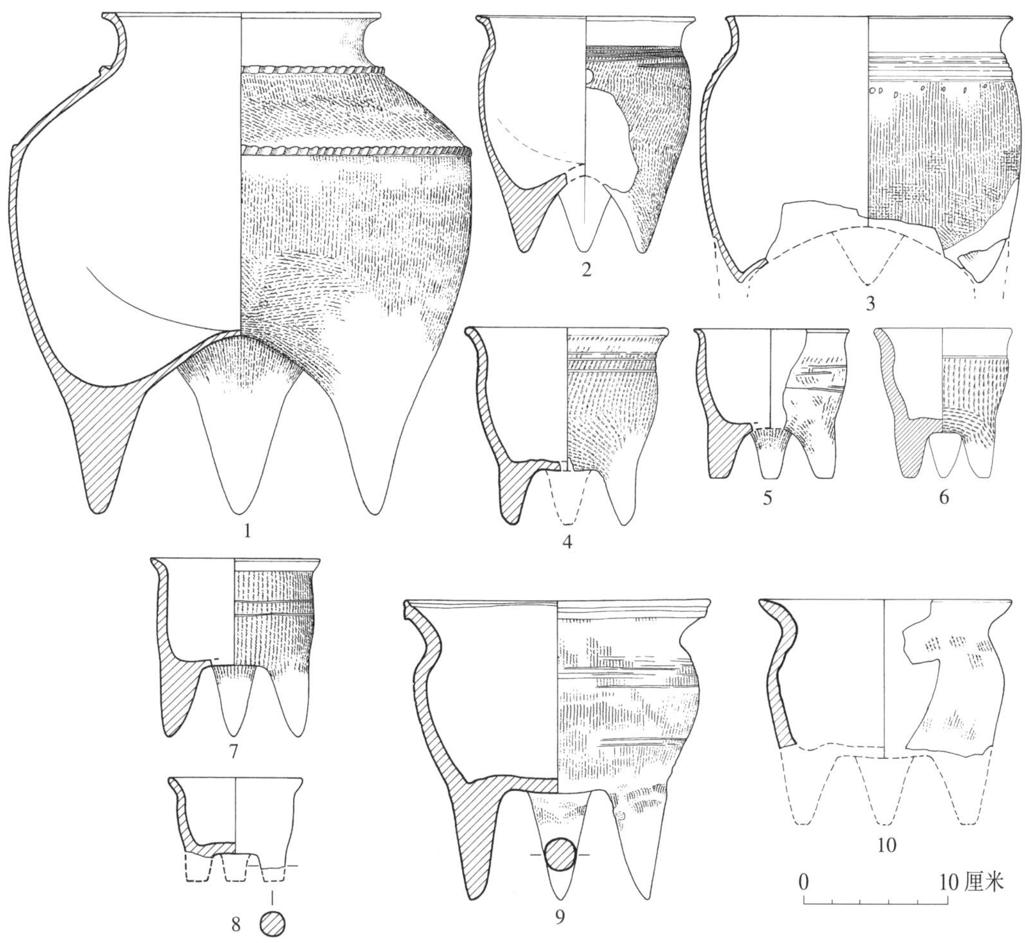

图二一一　商周时代陶鬲

1. E型（84NH8：1）　2. F型（84WT2③：1）　3. G型（03EH116：2）　4. Ha型Ⅰ式（03EH44：17）
5. Ha型Ⅱ式（90ET217⑤：1）　6. Ha型Ⅲ式（03ET2508④：4）　7. Hb型Ⅰ式（90ET233⑤：6）
8. Hb型Ⅱ式（03EH22：29）　9. Hc型Ⅰ式（03ET2406⑥：1）　10. Hc型Ⅱ式（03EH161：1）

Ⅲ式　1件。弧肩，弧腹内收。标本03ET2508④：3（图二一〇，4）。

Db型　1件。敞口，弧肩，弧腹，带錾罐（盂）形鬲。标本90ET217④：11（图二一〇，1）。

E型　1件。小口，广肩，罐形鬲。标本84NH8：1（图二一一，1）。

F型　6件。大口，溜肩，罐形鬲。如标本84WT2③：1（图二一一，2）。

G 型　1 件。大口，斜弧肩，罐形鬲。标本 03EH116∶2（图二一一，3）。

H 型　24 件。鬲裆下弧，盆形（盂）鬲。分三亚型。

Ha 型　19 件。器小，敞口，弧沿。3 件式别不明，余 16 件分三式。

Ⅰ式　7 件。颈肩分界不明显，弧腹内收，口径大于腹径。如标本 03EH44∶17（图二一一，4）。

Ⅱ式　7 件。圆弧腹，口径与腹径相等。如标本 90ET217⑤∶1（图二一一，5）。

Ⅲ式　2 件。弧腹斜内收，口径大于腹径。如标本 03ET2508④∶4（图二一一，6）。

Hb 型　3 件。器小，侈口，斜沿。分两式。

Ⅰ式　1 件。腹壁直。标本 90ET233⑤∶6（图二一一，7）。

Ⅱ式　2 件。弧腹。如标本 03EH22∶29（图二一一，8）。

Hc 型　2 件。敞口，卷沿，弧肩。分两式。

Ⅰ式　1 件。弧肩，圆弧腹内收。标本 03ET2406⑥∶1（图二一一，9）。

Ⅱ式　1 件。斜肩弧折，弧腹斜内收。标本 03EH161∶1（图二一一，10）。

陶鬲耳　2 件。均为 C 型鬲耳。如标本 03EH129∶33。

陶鬲足　310 件。分五型。

A 型　259 件。细高圆柱状包芯足。分三亚型。

Aa 型　134 件。鬲足外侧一道竖刻槽。5 件式别不明，余 129 件分四式。

Ⅰ式　50 件。整体形状呈锥形。如标本 03EH44∶22（图二一二，1）。

Ⅱ式　59 件。整体形状呈截锥形。如标本 03EH93∶41（图二一二，2）。

Ⅲ式　16 件。整体形状呈圆柱状形。如标本 03ET2606⑤∶14（图二一二，3）。

Ⅳ式　4 件。整体形状呈椭圆柱状形。如标本 03ET2409③∶3（图二一二，4）。

Ab 型　20 件。鬲足外侧一道竖刻槽，足根有小圆窝纹排列在刻槽上或两侧，圆窝有两个、三个或四个，一般为三个。5 件式别不明，余 15 件分两式。

Ⅰ式　11 件。整体形状呈锥形。如标本 03ET2409⑥∶25（图二一二，5）。

Ⅱ式　4 件。整体形状呈截锥形。如标本 03EH26∶52（图二一二，6）。

Ac 型　105 件。鬲足上无刻划和圆窝。7 件式别不明，余 98 件分两式。

Ⅰ式　68 件。整体形状呈锥形。如标本 03EH50∶10（图二一二，7）。

Ⅱ式　30 件。整体形状呈截锥形。如标本 03ET2606⑤∶4（图二一二，8）。

B 型　9 件。足根刻划呈枝杈状或“V”字状包芯鬲足，有的压有小圆窝。分两式。

Ⅰ式　8 件。整体形状呈锥形。如标本 03ET2410⑥∶32（图二一二，9）。

Ⅱ式　1 件。圆柱状截锥足。标本 03EG3④∶22（图二一二，10）。

C 型　30 件。鬲足根部有小圆窝一至三个，一般为三个。分两式。

Ⅰ式　28 件。整体形状呈锥形。如标本 03EH50∶9（图二一二，11）。

Ⅱ式　2 件。整体形状呈截锥形。如标本 03EH70∶3（图二一二，12）。

D 型　5 件。素面矮鬲足。1 件式别不明，余 4 件分两式。

Ⅰ式　3 件。椭圆柱状矮锥足。如标本 03EH112∶2（图二一二，13）。

Ⅱ式　1 件。椭圆柱状矮足。标本 03EH130∶19（图二一二，14）。

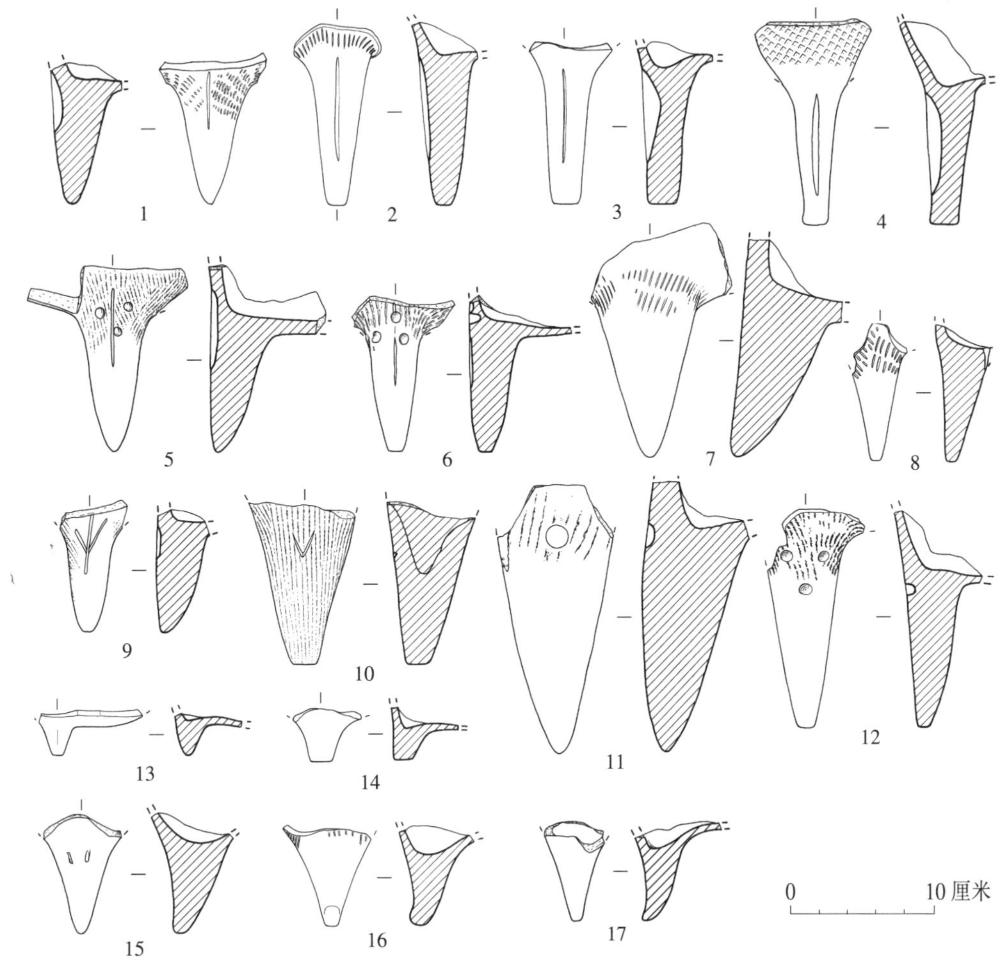

图二一二　商周时代陶鬲足

1. Aa型Ⅰ式（03EH44：22）　2. Aa型Ⅱ式（03EH93：41）　3. Aa型Ⅲ式（03ET2606⑤：14）　4. Aa型Ⅳ式（03ET2409③：3）　5. Ab型Ⅰ式（03ET2409⑥：25）　6. Ab型Ⅱ式（03EH26：52）　7. Ac型Ⅰ式（03EH50：10）　8. Ac型Ⅱ式（03ET2606⑤：4）　9. B型Ⅰ式（03ET2410⑥：32）　10. B型Ⅱ式（03EG3④：22）　11. C型Ⅰ式（03EH50：9）　12. C型Ⅱ式（03EH70：3）　13. D型Ⅰ式（03EH112：2）　14. D型Ⅱ式（03EH130：19）　15. E型Ⅰ式（03ET2406⑥：10）　16. E型Ⅱ式（03EH165：5）　17. E型Ⅲ式（03ET2509④：5）

E型　7件。上弧裆鬲足。可分三式。

Ⅰ式　1件。尖锥状足。标本03ET2406⑥：10（图二一二，15）。

Ⅱ式　4件。圆锥状足，足尖微外撇。如标本03EH165：5（图二一二，16）。

Ⅲ式　2件。尖锥状足，足尖外撇。如标本03ET2509④：5（图二一二，17）。

陶甗　96件。分四型。

A型　70件。有耳甗，口沿外壁对称贴施两个泥片护耳，多为粘贴法安足（见03ET2406⑤：2，图五八三，6；彩版三〇，2）。甗上部呈盆形或钵形，甗腰部内壁等距离安三个小舌状泥片用以支箅，甗下部呈三足钵形。分四亚型。

Aa型　33件。溜肩甗，上部深腹盆形。整体变化为由粗矮渐变至瘦高，甗腰由粗渐细，下部钵腹由浅渐深。13件式别不明，余20件分四式。

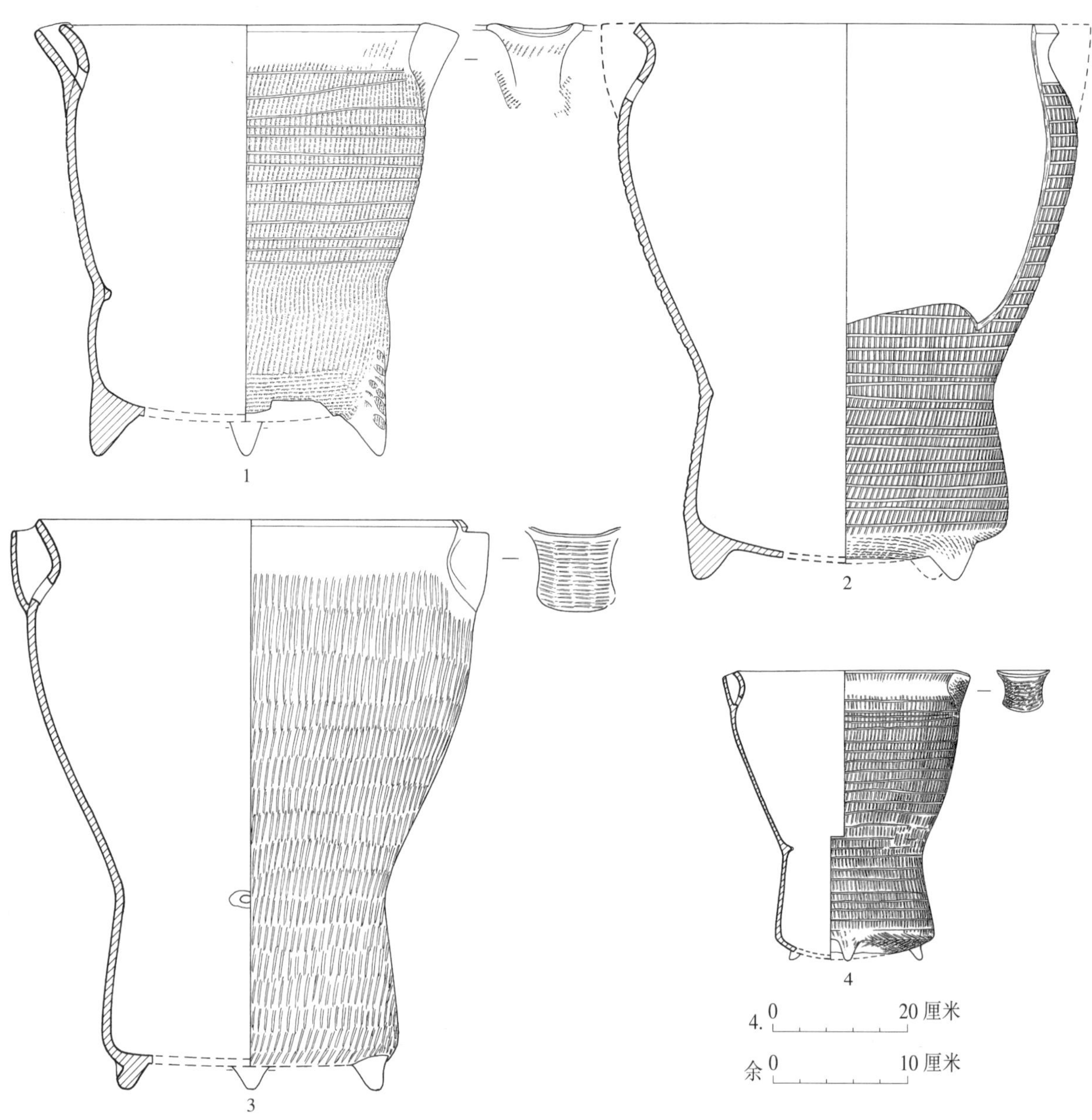

图二一三　商周时代 Aa 型陶甗

1. Ⅰ式（03ET2409⑥:9）　2. Ⅱ式（03EG4:1）　3. Ⅲ式（03EH130:5）　4. Ⅳ式（84NT2③:4）

Ⅰ式　8 件。整体粗矮，圆柱状矮锥足。如标本 03ET2409⑥:9（图二一三，1）。

Ⅱ式　4 件。整体较Ⅰ式瘦高，乳头状小矮足。如标本 03EG4:1（图二一三，2）。

Ⅲ式　4 件。整体较瘦高，椭圆形矮锥足。如标本 03EH130:5（图二一三，3）。

Ⅳ式　4 件。整体细瘦，圆柱状矮锥足。如标本 84NT2③:4（图二一三，4）。

Ab 型　34 件。上部盆形，圆肩甗。整体变化与 Aa 型相同。17 件式别不明，余 17 件分四式。

Ⅰ式　7 件。整体粗矮，圆柱状矮锥足。如标本 03ET2409⑥:2（图二一四，1）。

Ⅱ式　6 件。整体较Ⅰ式瘦高，圆锥状小矮足。如标本 84EH2:3（图二一四，2）。

Ⅲ式　1 件。甗腰较Ⅱ式细。标本 03EH118:1（图二一四，3）。

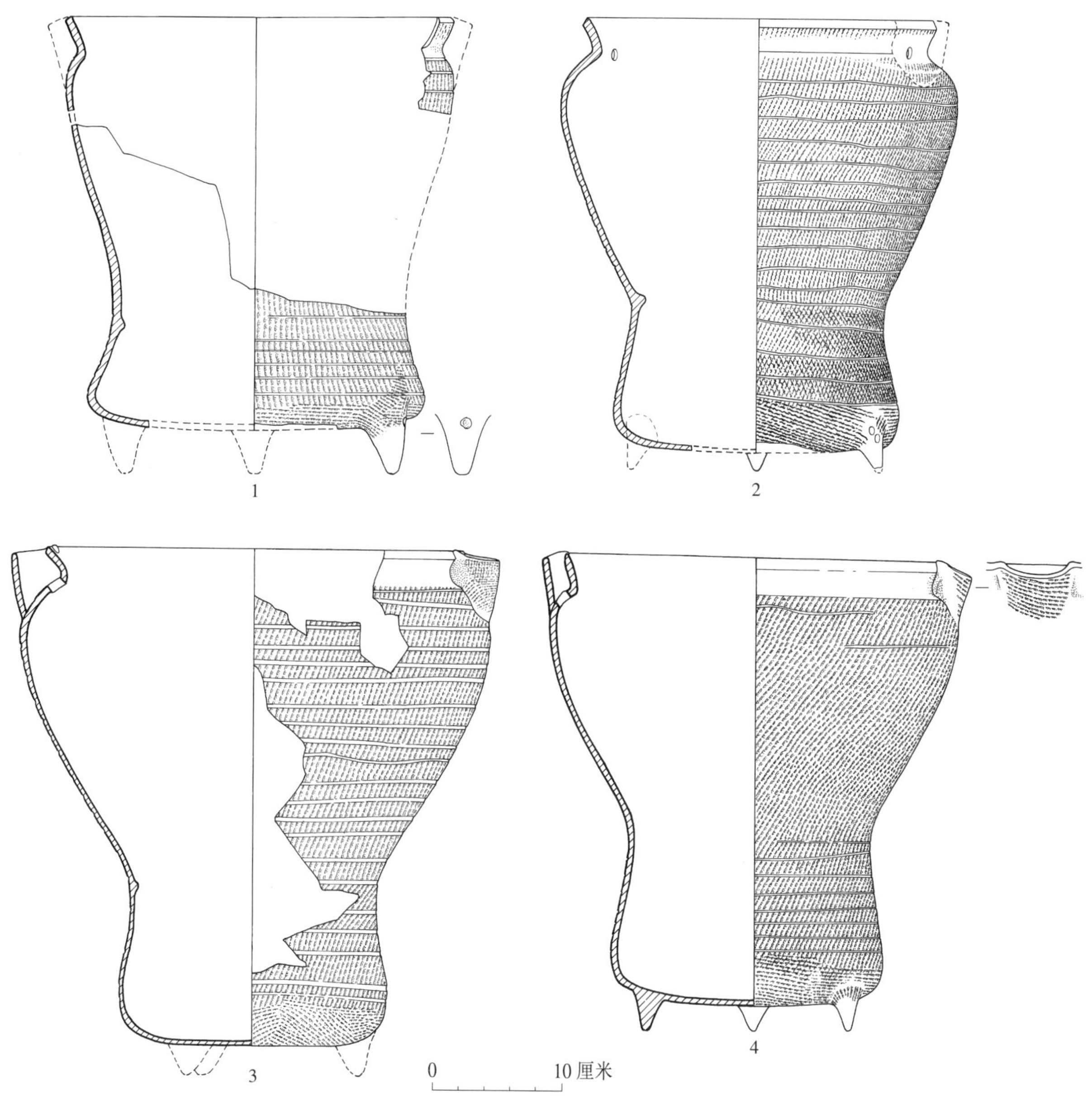

图二一四　商周时代 Ab 型陶甗

1. Ⅰ式（03ET2409⑥:2）　2. Ⅱ式（84EH2:3）　3. Ⅲ式（03EH118:1）　4. Ⅳ式（03EH8:9）

Ⅳ式　3 件。整体细瘦，圆柱状矮锥足。如标本 03EH8:9（图二一四，4）。

Ac 型　2 件。敞口，无肩，斜直腹甗。可分两式。

Ⅰ式　1 件。敞口。标本 03ET2307⑥:29（图二一五，1）。

Ⅱ式　1 件。敞口较直。标本 03EH77:9（图二一五，2）。

Ad 型　1 件。上部敛口钵形，无肩，弧腹甗。标本 03ET2307⑥:9（图二一五，3）。

B 型　6 件。有耳甗，在口沿外壁对称堆贴泥条构成两抠耳。甗上部呈罐形，束腰用以支箅，底部不明。如标本 03EH164:8（图二一五，4）。

C 型　13 件。有耳甗，在口沿内壁对称粘贴泥片，构成两个横向牛鼻形耳。分两亚型。

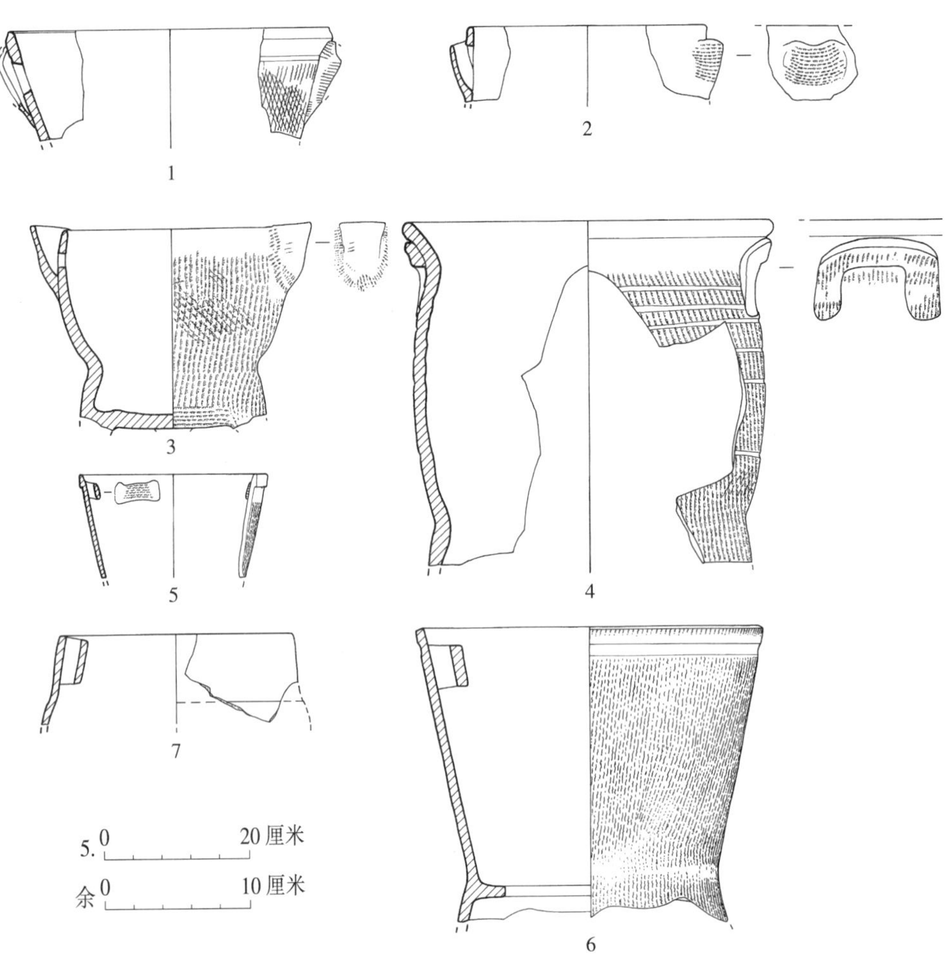

图二一五 商周时代陶甗

1. Ac 型Ⅰ式（03ET2307⑥：29） 2. Ac 型Ⅱ式（03EH77：9） 3. Ad 型（03ET2307⑥：9） 4. B 型（03EH164：8） 5. Ca 型Ⅰ式（84WT2③：7） 6. Ca 型Ⅱ式（84NT5③：3） 7. Cb 型（03ET2409④：21）

Ca 型 12 件。敞口，甗上部呈斜直壁圆桶形，束腰内壁一周横隔沿用于支箅，下部不明。11 件式别不明，余 2 件分两式。

Ⅰ式 1 件。尖圆唇，唇面宽。标本 84WT2③：7（图二一五，5）。

Ⅱ式 1 件。敞口，近口部有一周凹槽，方唇。标本 84NT5③：3（图二一五，6）。

Cb 型 1 件。敛口。标本 03ET2409④：21（图二一五，7）。

D 型 7 件。无耳甗。由甑、鬲两部分对接而成，对接痕迹清晰。整体变化为甑由卷沿、溜肩渐变至斜弧沿、弧肩。分为三式。

Ⅰ式 3 件。卷沿，溜肩，圆鼓腹。如标本 90ET233⑤：11（图二一六，1）。

Ⅱ式 2 件。斜弧沿，圆肩，圆弧腹。如标本 84NT2③：1（图二一六，2）。

Ⅲ式 2 件。斜弧沿，弧广肩，圆弧腹。如标本 03EH28：3（图二一六，3）。

陶甗耳 55 件。根据与有耳甗对应，可分辨出 A 型甗耳和 Ca 型甗耳。

A 型 54 件。分两亚型。

Aa 型 27 件。溜肩甗耳。如标本 03EH44：32（图二一七，1）。

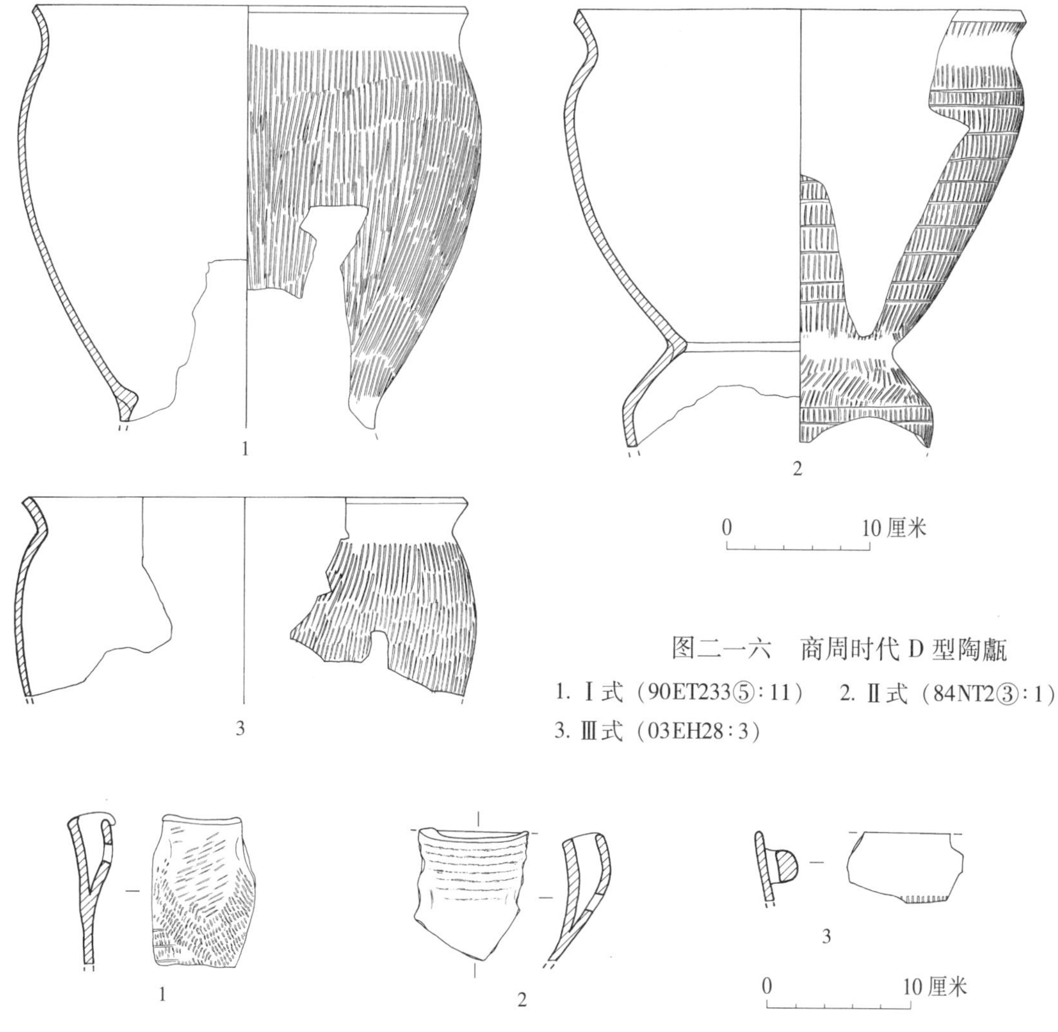

图二一六　商周时代 D 型陶甗

1. Ⅰ式（90ET233⑤:11）　2. Ⅱ式（84NT2③:1）　3. Ⅲ式（03EH28:3）

图二一七　商周时代陶甗耳

1. Aa 型（03EH44:32）　2. Ab 型（03EH50:16）　3. Ca 型（03ET2606③:15）

Ab 型　27 件。圆肩甗耳。如标本 03EH50:16（图二一七，2）。

Ca 型　1 件。横向牛鼻形耳。标本 03ET2606③:15（图二一七，3）。

陶甗腰（底足）　23 件。根据与已分型的甗相对应，有 A、Ca、D 型甗腰。

A 型　9 件。3 件亚型不明，余 6 件分两亚型。

Aa 型　4 件。圆弧腹接圜底。如标本 03EH12:6（图二一八，1）。

Ab 型　2 件。外斜腹接圜底。如标本 03ET2707⑤:4（图二一八，2）。

Ca 型　7 件。圆形直桶腰，腰内壁有一周内沿用于支箅。如标本 03EH116:3（图二一八，3）。

D 型　7 件。束腰，腰部有明显上下对接痕迹。如标本 03ET2605⑥:2（图二一八，4）。

陶甗足　121 件。根据与已分型的甗相对应，有 A、D 两型甗足。

A 型　57 件。横截面椭圆或圆柱状矮实足，足根无足窝。分三亚型。

Aa 型　37 件。锥足根部无圆窝或刻划槽。分两式。

Ⅰ式　22 件。乳头状矮锥足。如标本 03EH105:11（图二一九，2）。

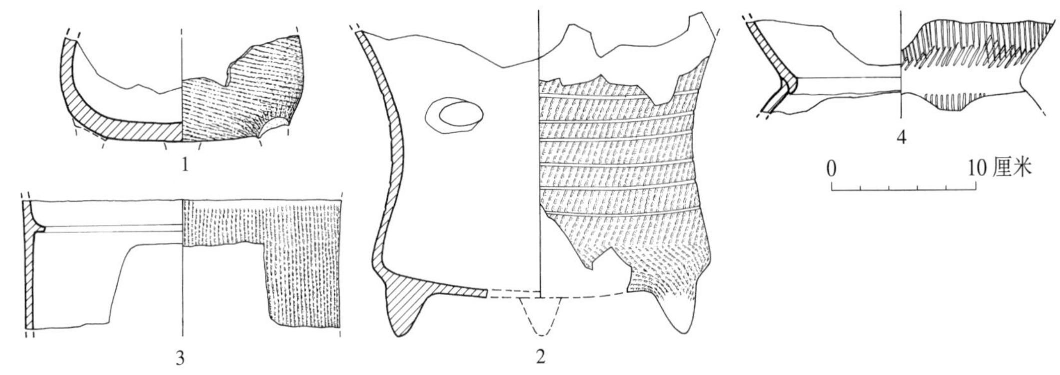

图二一八 商周时代陶甗腰（底足）

1. Aa型（03EH12:6） 2. Ab型（03ET2707⑤:4） 3. Ca型（03EH116:3） 4. D型（03ET2605⑥:2）

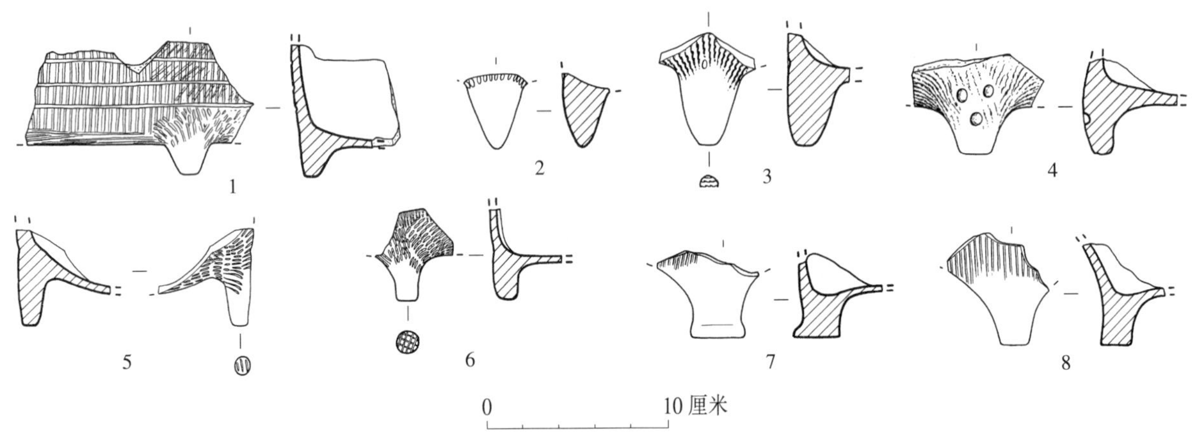

图二一九 商周时代陶甗足

1. Aa型Ⅱ式（03EH17:20） 2. Aa型Ⅰ式（03EH105:11） 3. Ab型Ⅰ式（03EH105:9） 4. Ab型Ⅱ式（03EH12:9） 5. Ac型Ⅰ式（03EH169:5） 6. Ac型Ⅱ式（03EG4:66） 7. Da型（03ET2606⑥:17） 8. Db型（03ET2607⑤:9）

Ⅱ式 15件。矮截锥足。如标本03EH17:20（图二一九，1）。

Ab型 14件。足根部有圆窝或刻划槽。分两式。

Ⅰ式 7件。乳头状矮锥足。如标本03EH105:9（图二一九，3）。

Ⅱ式 7件。矮截锥足。如标本03EH12:9（图二一九，4）。

Ac型 6件。柱状足。分两式。

Ⅰ式 1件。圆柱状矮足。标本03EH169:5（图二一九，5）。

Ⅱ式 5件。椭圆柱状矮足。如标本03EG4:66（图二一九，6）。

D型 64件。椭圆或圆柱状矮足，足根有足窝，足底面多有压印纹，有的甗足上有刮削痕迹。分两亚型。

Da型 53件。柱状蹄形足。如标本03ET2606⑥:17（图二一九，7）。

Db型 11件。柱状足。如标本03ET2607⑤:9（图二一九，8）。

陶鼎 67件。分四型。

A型 13件。无耳，器身略呈罐形。底内壁接足部位无凹窝，有的有凸榫。实足榫接卯包在

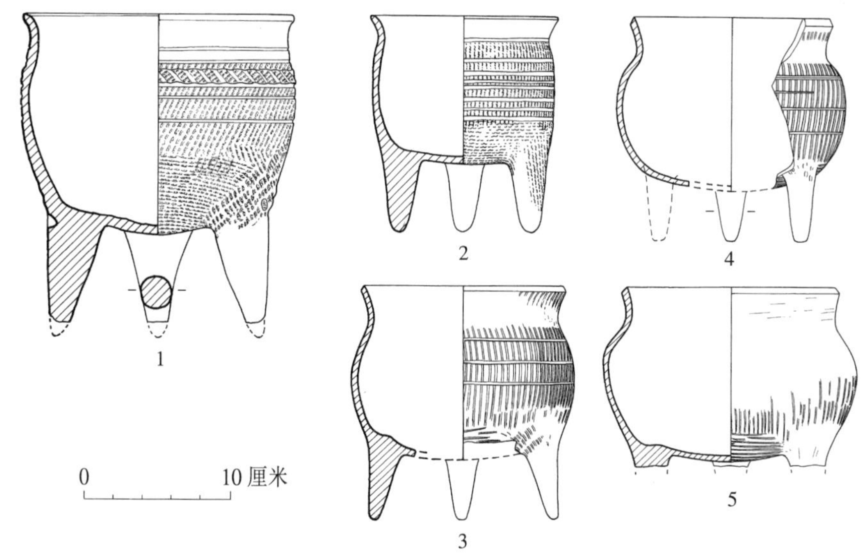

图二二〇　商周时代 A 型陶鼎

1. Aa 型Ⅰ式（03EH44∶2）　2. Aa 型Ⅱ式（90ET233⑤∶16）　3. Ab 型Ⅰ式（84NH8∶2）
4. Ab 型Ⅱ式（84NT2④∶1）　5. Ab 型Ⅲ式（84NT2③∶3）

底部预留的圆孔中，足根外侧往往有小圆形按窝。分四亚型。

Aa 型　5 件。溜肩弧腹鼎。整体变化为鼎腹弧渐变为腹弧直，尖锥足渐变为截锥足。1 件式别不明，余 4 件分两式。

Ⅰ式　3 件。弧腹，尖锥足。如标本 03EH44∶2（图二二〇，1）。

Ⅱ式　1 件。弧腹近直，截锥足。标本 90ET233⑤∶16（图二二〇，2）。

Ab 型　4 件。弧肩圆腹鼎。整体变化为鼎弧腹较深渐变为圆鼓腹较浅，尖锥足渐变为截锥足。分三式。

Ⅰ式　1 件。弧腹较深。标本 84NH8∶2（图二二〇，3）。

Ⅱ式　1 件。圆鼓腹。标本 84NT2④∶1（图二二〇，4）。

Ⅲ式　2 件。圆鼓腹较浅。如标本 84NT2③∶3（图二二〇，5）。

Ac 型　2 件。溜肩鼓腹鼎。分两式。

Ⅰ式　1 件。颈肩分界不明显，鼓腹。标本 84WT14⑥∶4（图二二一，1）。

Ⅱ式　1 件。鼓腹下垂。标本 84NT13③∶5（图二二一，2）。

Ad 型　2 件。斜肩圆弧腹鼎。分两式。

Ⅰ式　1 件。尖圆唇，圆弧腹内收。标本 03EH136∶5（图二二一，3）。

Ⅱ式　1 件。圆唇，上腹弧，下腹弧内收。标本 03EH151∶2（图二二一，4）。

B 型　13 件。无耳，器身略呈盆形。盆底内壁接足部位无凹窝，实足榫接卯包粘贴在盆底预留的圆孔中。可分两亚型。

Ba 型　6 件。弧腹，颈肩分界不明显。整体变化为鼎口由敞口、卷沿渐变为敛口、平沿。3 件式别不明，余 3 件分三式。

Ⅰ式　1 件。敞口，卷沿，弧腹内收。标本 03EH79∶20（图二二二，1）。

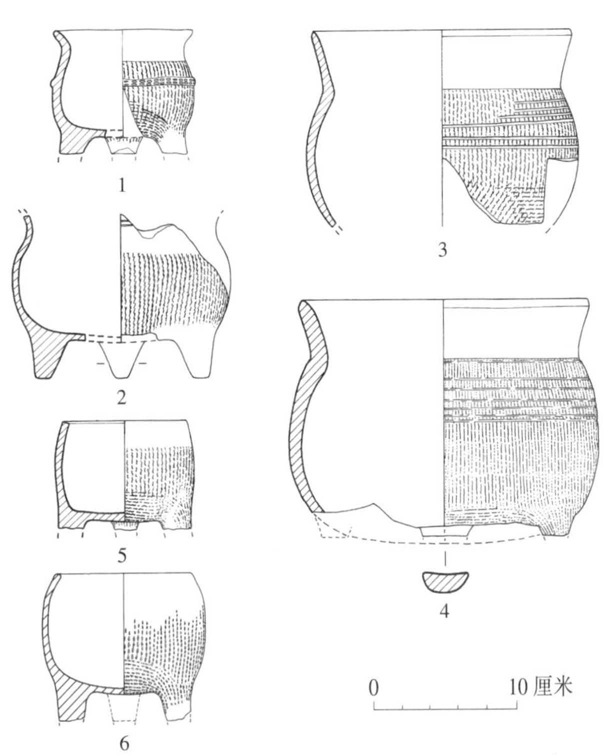

图二二一　商周时代陶鼎

1. Ac型Ⅰ式（84WT14⑥:4）　2. Ac型Ⅱ式（84NT13③:5）
3. Ad型Ⅰ式（03EH136:5）　4. Ad型Ⅱ式（03EH151:2）
5. C型Ⅰ式（84WT8④:1）　6. C型Ⅱ式（03ET2706④:1）

Ⅱ式　1件。敞口，卷沿，上腹斜直，下腹微垂。标本84NT5④:1（图二二二，2）。

Ⅲ式　1件。口微敛，平沿。标本03ET2406④:4（图二二二，3）。

Bb型　7件。弧腹，颈肩有分界。分三式。

Ⅰ式　2件。敞口，平沿，弧肩。如标本03ET2410⑥:14（图二二二，4）。

Ⅱ式　4件。口微敞，平沿微上侈，溜肩。如标本84WT2③:2（图二二二，5）。

Ⅲ式　1件。直口，平折沿，斜弧肩。标本03EH28:23（图二二二，6）。

C型　2件。无耳，器身呈钵形，器小。底内壁接足部位无凹窝，实足榫接卯包在底预留的圆孔中。可分两式。

Ⅰ式　1件。方唇，斜直腹。标本84WT8④:1（图二二一，5）。

Ⅱ式　1件。圆唇，腹较Ⅰ式弧。标本03ET2706④:1（图二二一，6）。

D型　39件。有耳，釜形或盆形鼎。是一种仿铜陶鼎。器身略呈圜底釜形，实足榫接卯包在底预留的圆孔中，有的鼎足直接粘贴在底部。足根外侧往往有小圆形按窝，足内侧往往有刻槽（图版六一，6）。除1件亚型不明外，余38件分四亚型。

Da型　15件。釜形，整体变化为颈肩分界不明显、垂腹渐变为颈肩分界明显、弧腹。8件式别不明，余7件分三式。

Ⅰ式　1件。颈肩分界不明显，垂腹。标本03ET2707⑤:3（图二二三，1）。

Ⅱ式　1件。颈肩分界较明显，腹下垂。标本03EH98:4（图二二三，2）。

Ⅲ式　5件。颈肩分界明显，弧腹。如标本84ET2③:4（图二二三，3）。

Db型　10件。釜形，整体变化为颈肩分界不明显、垂腹渐变为颈肩分界明显、弧腹。7件式别不明，余3件分三式。

Ⅰ式　1件。颈肩分界不明显，垂腹。标本03EH68:2（图二二三，4）。

Ⅱ式　1件。颈肩分界较明显，腹下垂。标本03EH19:8（图二二三，5）。

Ⅲ式　1件。颈肩分界明显，弧腹。标本84NT6②:1（图二二三，6）。

Dc型　4件。釜形，整体变化为直口微敛、垂腹渐变为敛口、弧腹。1件式别不明。余3件分三式。

Ⅰ式　1件。直口微敛，垂腹。标本03EH120:3（图二二四，1）。

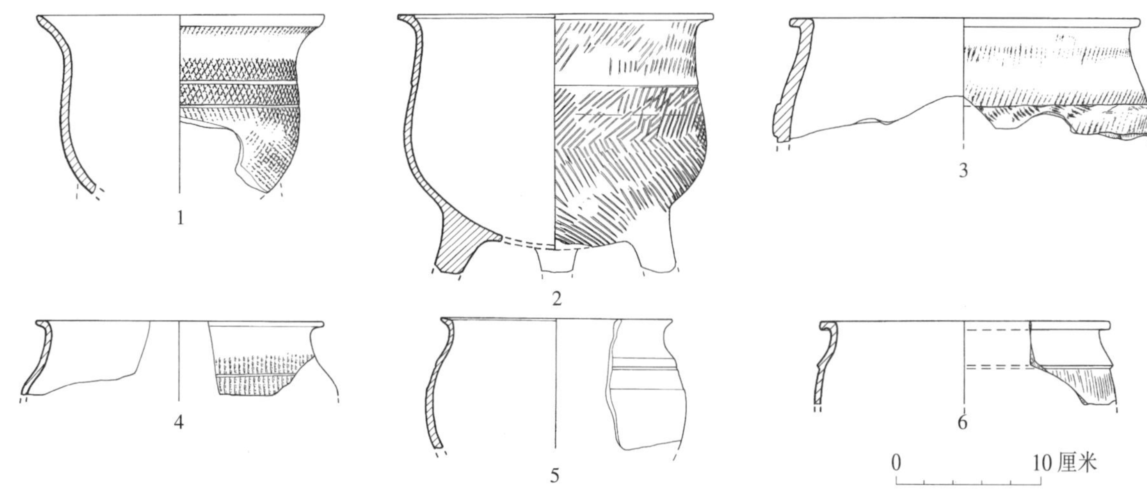

图二二二　商周时代B型陶鼎

1. Ba型Ⅰ式（03EH79∶20）　2. Ba型Ⅱ式（84NT5④∶1）　3. Ba型Ⅲ式（03ET2406④∶4）　4. Bb型Ⅰ式（03ET2410⑥∶14）　5. Bb型Ⅱ式（84WT2③∶2）　6. Bb型Ⅲ式（03EH28∶23）

Ⅱ式　1件。敛口，圆腹，下腹外鼓。标本03EH149∶2（图二二四，2）。

Ⅲ式　1件。敛口，弧腹。标本03EH22∶22（图二二四，3）。

Dd型　9件。盆形，整体变化为直口、直腹渐变为敞口、束腹。5件式别不明。余4件分三式。

Ⅰ式　1件。直口，斜直腹弧内收。标本03EH164∶3（图二二四，4）。

Ⅱ式　2件。直口微敛，弧腹。如标本03EH129∶3（图二二四，5）。

Ⅲ式　1件。敞口，束腹。标本03EH22∶3（图二二四，6）。

陶鼎耳　26件。仿铜陶鼎耳。分两型。

A型　25件。立耳，环形，耳根直立在口沿上。如标本03ET2409④∶17（图二二五，1）。

B型　1件。附耳，环形，附耳整体呈长方形。标本03ET2607③∶13（图二二五，2）。

陶鼎腹片　7件。仿铜陶鼎片。如标本03EH160∶18（图二二五，3）。

陶鼎足　107件。分三型。

A型　69件。圆、椭圆或半圆柱形足，以圆柱形足为主。分六亚型。

Aa型　21件。柱足无刻槽鼎足。如标本03EH84∶4（图二二六，1）。

Ab型　21件。柱足有刻槽。与鬲的刻槽不同，一般刻在足的内侧，多属有耳仿铜陶鼎鼎足。如标本03ET2507⑤∶11（图二二六，2）。

Ac型　5件。柱足，足内有刻槽，足根外侧有圆窝，多属有耳仿铜陶鼎鼎足。如标本03EH18∶1（图二二六，3）。

Ad型　4件。柱足，足根外壁有圆窝。如标本03EH178∶9（图二二六，4）。

Ae型　10件。柱足，足根外壁隆起，多属有耳仿铜陶鼎鼎足。如标本03EH79∶29（图二二六，5）。

Af型　8件。小柱足，足根外壁隆起，多属有耳仿铜陶鼎鼎足。如标本03ET2507④∶5（图二二六，6）。

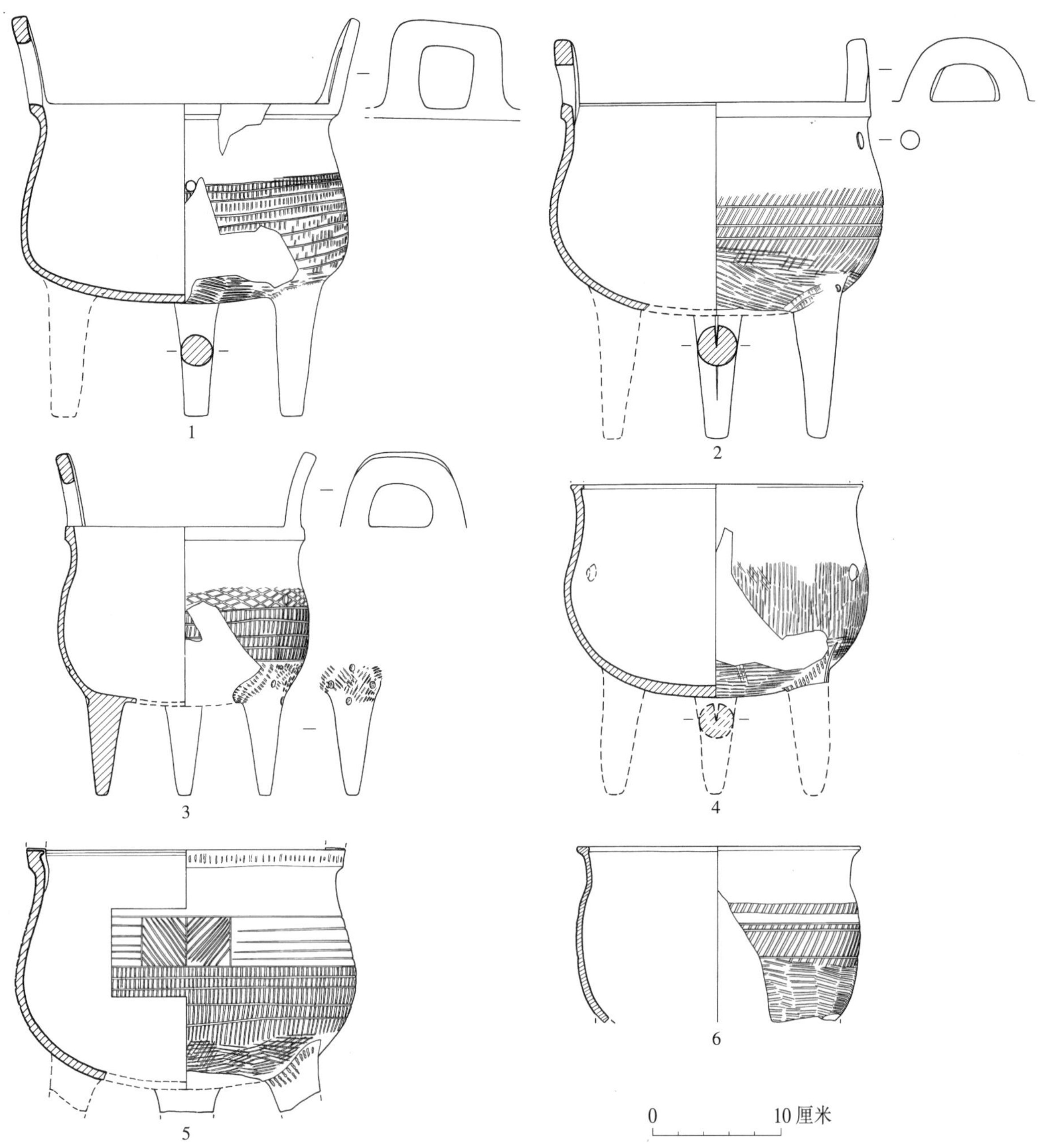

图二二三　商周时代D型陶鼎

1. Da型Ⅰ式（03ET2707⑤:3）　2. Da型Ⅱ式（03EH98:4）　3. Da型Ⅲ式（84ET2③:4）　4. Db型Ⅰ式（03EH68:2）　5. Db型Ⅱ式（03EH19:8）　6. Db型Ⅲ式（84NT6②:1）

B型　32件。圆柱形足，足外壁有凹窝或划纹，多属无耳鼎足。如标本03EH53:6（图二二六，7）。

C型　6件。柱形蹄足。如标本03ET2607④:23（图二二六，8）。

陶滤盉　20件。由上部滤钵和下部带流带鋬鬲两部分构成。分两型。

A型　17件。单鋬滤盉。分三亚型。

Aa型　13件。滤盉的钵壁为弧壁，鬲为圆肩。8件式别不明，余5件分三式。

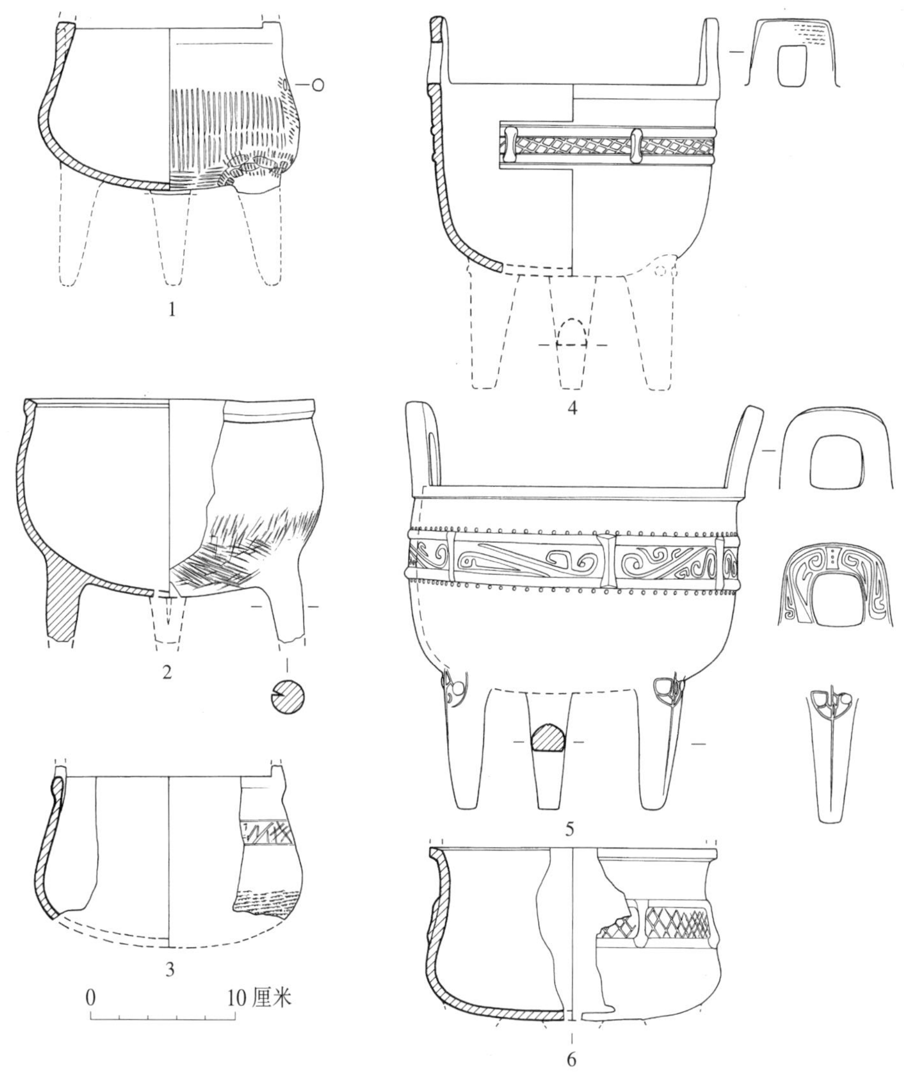

图二二四　商周时代D型陶鼎

1. Dc型Ⅰ式（03EH120：3）　2. Dc型Ⅱ式（03EH149：2）　3. Dc型Ⅲ式（03EH22：22）　4. Dd型Ⅰ式（03EH164：3）　5. Dd型Ⅱ式（03EH129：3）　6. Dd型Ⅲ式（03EH22：3）

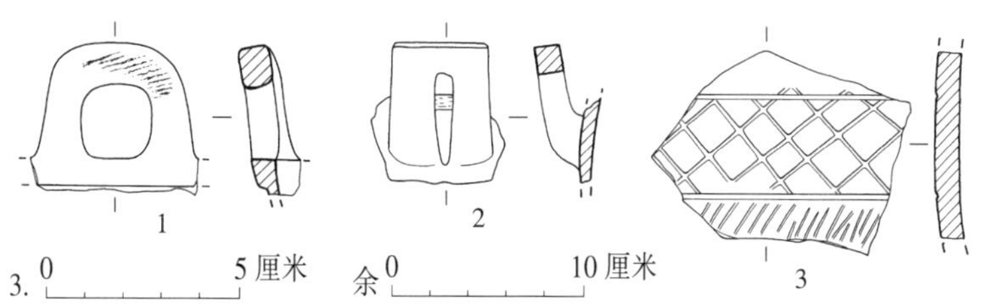

图二二五　商周时代陶鼎耳、鼎腹片

1. A型鼎耳（03ET2409④：17）　2. B型鼎耳（03ET2607③：13）　3. 鼎腹片（03EH160：18）

Ⅰ式　3件。钵口直微敛，弧腹内收，底部中心戳一个圆形穿孔，四周有长条形穿孔；鬲为敛口，弧圆肩，弧腹。如标本03EH58：3（图二二七，1）。

Ⅱ式　1件。钵为敛口，折弧腹内收，钵底戳圆角长方形穿孔；鬲为敛口，弧广肩。标本

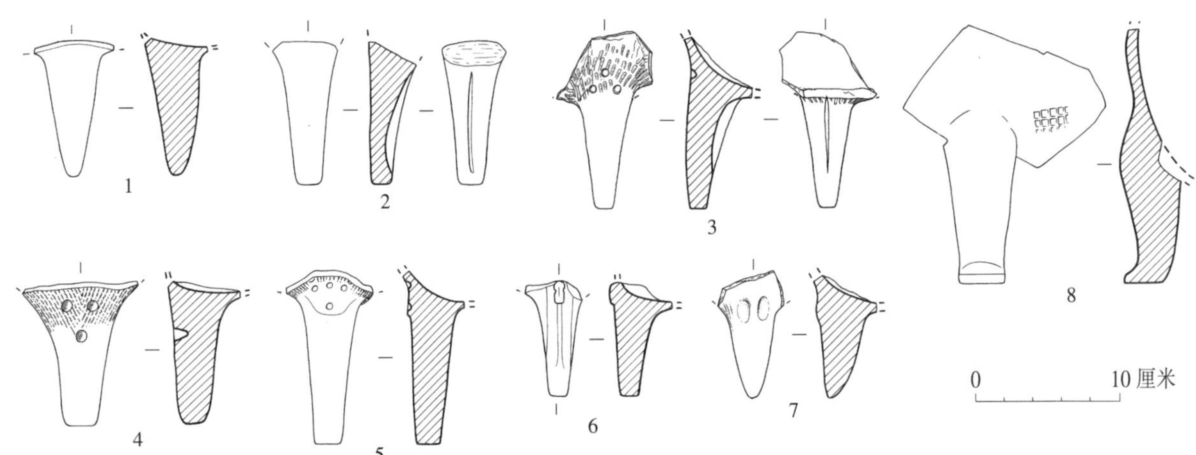

图二二六　商周时代陶鼎足

1. Aa型（03EH84∶4）　2. Ab型（03ET2507⑤∶11）　3. Ac型（03EH18∶1）　4. Ad型（03EH178∶9）　5. Ae型（03EH79∶29）　6. Af型（03ET2507④∶5）　7. B型（03EH53∶6）　8. C型（03ET2607④∶23）

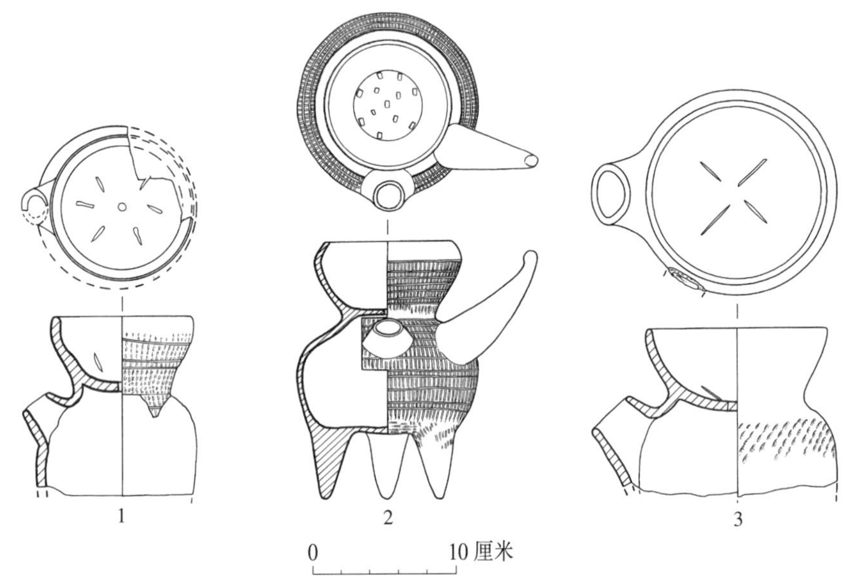

图二二七　商周时代Aa型陶滤盉

1. Ⅰ式（03EH58∶3）　2. Ⅱ式（84WH1∶2）　3. Ⅲ式（03EH36∶3）

84WH1∶2（图二二七，2）。

Ⅲ式　1件。钵口敞，弧腹内收，底部戳长条形穿孔；鬲为敛口，弧肩，弧腹。标本03EH36∶3（图二二七，3）。

Ab型　2件。滤盉的钵壁为弧壁近直，鬲为溜肩。如标本90ET217⑤∶3（图二二八，1）。

Ac型　2件。滤盉的钵壁为斜直壁，鬲为弧肩。如标本03EH117∶3（图二二八，2）、03EH45∶8（图二二八，3）。

B型　3件。双錾滤盉。如标本03EH36∶6（图二二八，4）。

陶甑　1件。

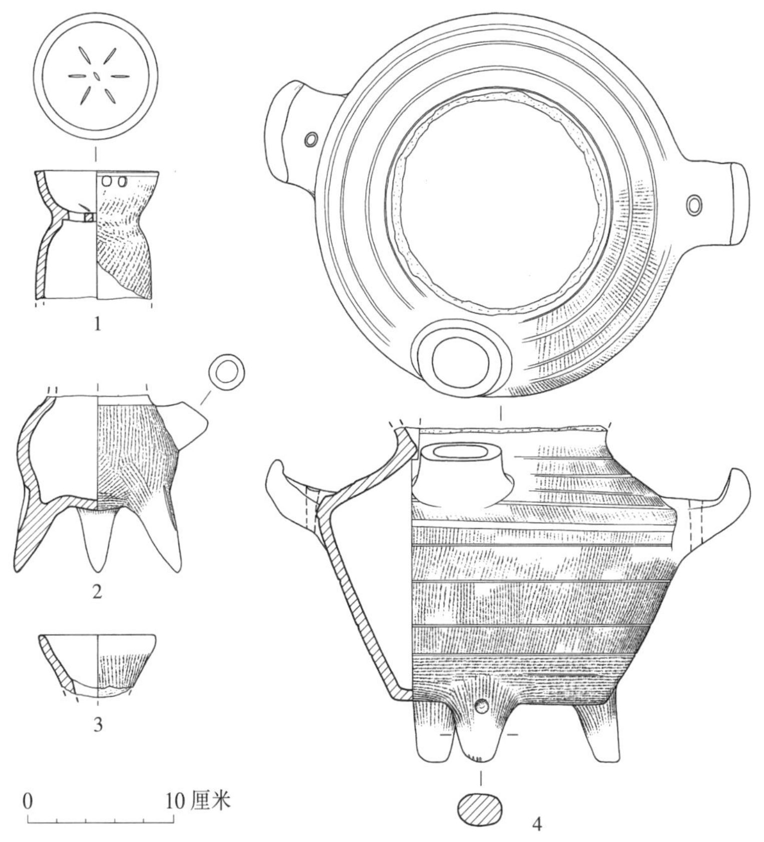

图二二八　商周时代陶滤盉

1. Ab型（90ET217⑤:3）　2、3. Ac型（03EH117:3、03EH45:8）　4. B型（03EH36:6）

陶罐　214件。分九型。

A型　56件。大口敞口罐。分四亚型。

Aa型　31件。14件式别不明，余17件分六式。

Ⅰ式　2件，弧颈，溜肩，弧腹斜内收。如标本03EH58:1（图二二九，1）。

Ⅱ式　3件。弧颈，溜肩，弧腹内收，平底。如标本03EH50:4（图二二九，2）。

Ⅲ式　1件。弧颈，弧肩，圆弧腹，平底内凹。标本03EH72:2（图二二九，3）。

Ⅳ式　8件。斜弧颈，溜肩，圆腹弧内收，平底内凹。如标本03EH15:4（图二二九，4）。

Ⅴ式　2件。弧颈，溜肩，圆弧腹斜内收，平底。如标本03EH106:1（图二二九，5）。

Ⅵ式　1件。斜直颈，溜肩，圆弧腹斜内收，平底。标本03ET2410③:3（图二二九，6）。

Ab型　18件。整体变化为弧肩、器矮胖渐变至斜弧肩、器较瘦高。4件式别不明，余14件分五式。

Ⅰ式　2件。斜直颈，溜肩，圆腹，器物矮胖。如标本03EH124:4（图二三〇，1）。

Ⅱ式　3件。弧颈，溜肩，垂腹，器物矮胖。如标本03EH160:3（图二三〇，2）。

Ⅲ式　2件。弧直颈，溜肩，圆弧腹。如标本03EH26:28（图二三〇，3）。

Ⅳ式　4件。弧颈，溜肩，弧腹。如标本03ET2409④:12（图二三〇，4）。

Ⅴ式　3件。斜直颈，溜肩，弧腹，器较瘦高。如标本03EH143:2（图二三〇，5）。

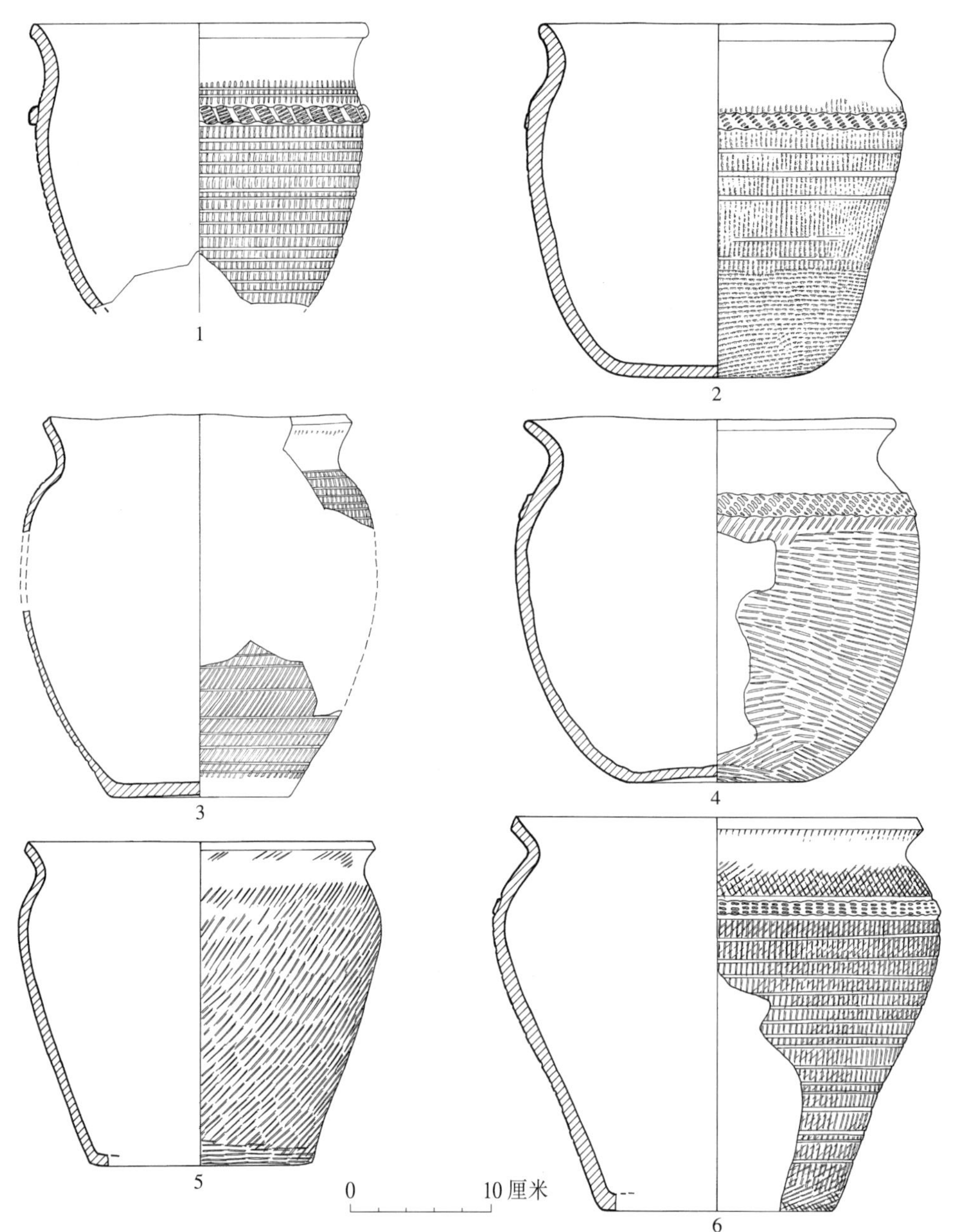

图二二九　商周时代 Aa 型陶罐

1. Ⅰ式（03EH58∶1）　2. Ⅱ式（03EH50∶4）　3. Ⅲ式（03EH72∶2）　4. Ⅳ式（03EH15∶4）　5. Ⅴ式（03EH106∶1）　6. Ⅵ式（03ET2410③∶3）

Ac 型　3 件。灰陶，制作精致。分两式。

Ⅰ式　2 件。弧束颈。如标本 03EH53∶13（图二三〇，6）。

Ⅱ式　1 件。束颈，腹较Ⅰ式弧。标本 03EG3③∶47（图二三〇，7）。

Ad 型　4 件。整体变化为溜肩渐变至弧肩。分三式。

Ⅰ式　2 件。卷沿，弧颈，溜肩。如标本 03EH72∶9（图二三一，1）。

Ⅱ式　1 件。斜折沿，束颈，斜肩。标本 03EH7∶11（图二三一，2）。

Ⅲ式　1 件。卷沿，弧颈，弧肩。标本 03EH149∶9（图二三一，3）。

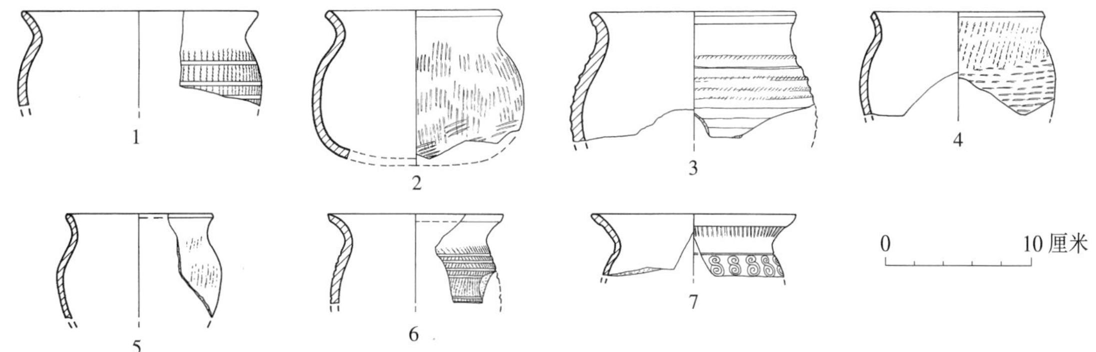

图二三〇　商周时代 A 型陶罐

1. Ab 型Ⅰ式（03EH124∶4）　2. Ab 型Ⅱ式（03EH160∶3）　3. Ab 型Ⅲ式（03EH26∶28）　4. Ab 型Ⅳ式（03ET2409④∶12）　5. Ab 型Ⅴ式（03EH143∶2）　6. Ac 型Ⅰ式（03EH53∶13）　7. Ac 型Ⅱ式（03EG3③∶47）

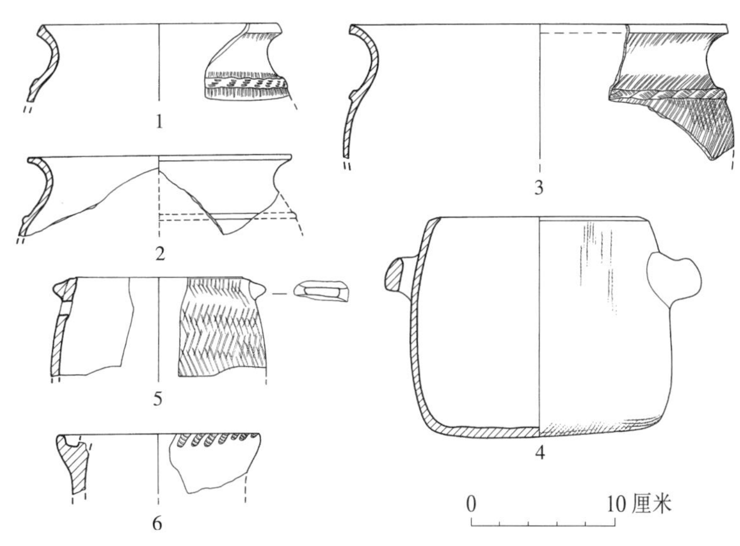

图二三一　商周时代陶罐

1. Ad 型Ⅰ式（03EH72∶9）　2. Ad 型Ⅱ式（03EH7∶11）　3. Ad 型Ⅲ式（03EH149∶9）　4. D 型Ⅰ式（03EH117∶7）　5. D 型Ⅱ式（03ET3007④∶3）　6. E 型（03EG4∶111）

B 型　26 件。大口侈口罐。分四亚型。

Ba 型　10 件。整体变化为溜肩渐变至弧肩，口径变大。分四式。

Ⅰ式　1 件。圆唇，弧束颈，溜肩，弧腹。标本 03EH44∶27（图二三二，1）。

Ⅱ式　2 件。平方唇，斜直颈，溜肩，斜直腹。如标本 90EF2∶17（图二三二，2）。

Ⅲ式　6 件。方唇，斜直颈，溜肩，弧腹。如标本 03EY1∶9（图二三二，3）。

Ⅳ式　1 件。圆唇，斜直颈，弧肩，圆弧腹。标本 03EH67∶21（图二三二，4）。

Bb 型　8 件。整体变化为溜肩渐变至弧肩。分四式。

Ⅰ式　2 件。斜直颈，溜肩，圆弧腹。如标本 03EH53∶12（图二三二，5）。

Ⅱ式　4 件。斜直颈，弧肩，圆弧腹。如标本 03EG4∶98（图二三二，6）。

Ⅲ式　1 件。束颈，斜弧肩，圆弧腹。标本 03EH18∶9（图二三二，7）。

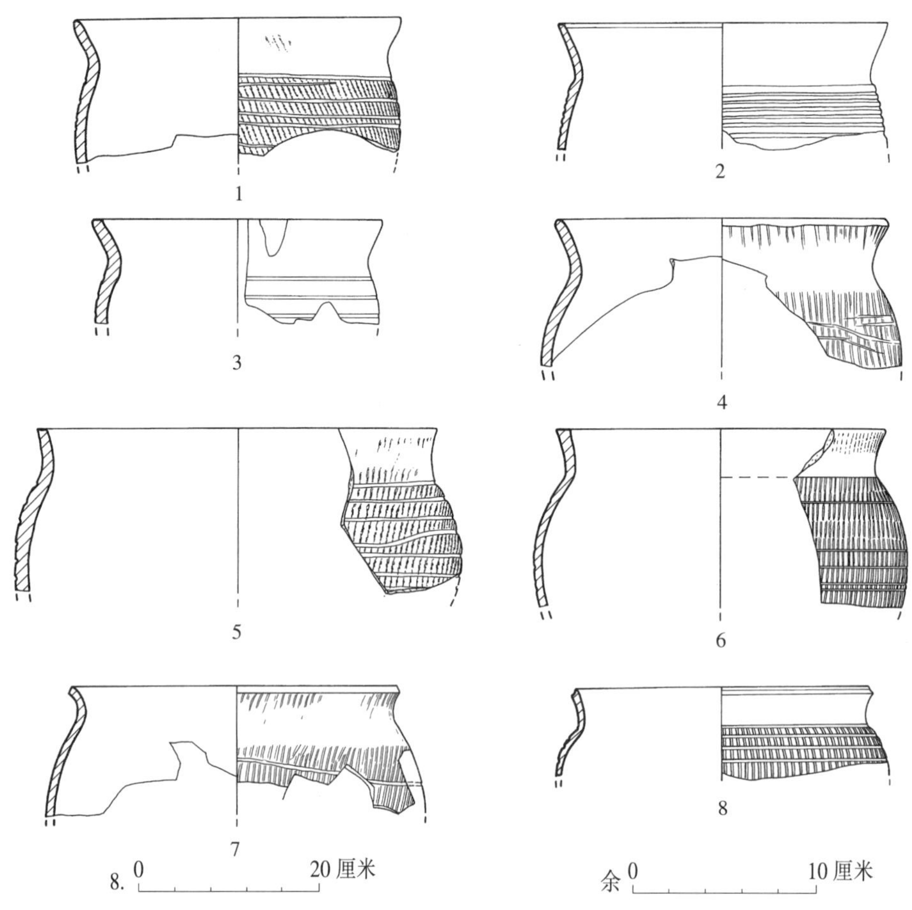

图二三二　商周时代B型陶罐

1. Ba型Ⅰ式（03EH44∶27）　2. Ba型Ⅱ式（90EF2∶17）　3. Ba型Ⅲ式（03EY1∶9）　4. Ba型Ⅳ式（03EH67∶21）　5. Bb型Ⅰ式（03EH53∶12）　6. Bb型Ⅱ式（03EG4∶98）　7. Bb型Ⅲ式（03EH18∶9）　8. Bb型Ⅳ式（03EH130∶45）

Ⅳ式　1件。弧颈，弧肩，圆腹。标本03EH130∶45（图二三二，8）。

Bc型　3件。整体变化为小平肩渐变至弧肩。分三式。

Ⅰ式　1件。小平肩。标本03EH177∶6（图二三三，1）。

Ⅱ式　1件。小斜肩。标本03EG4∶20（图二三三，2）。

Ⅲ式　1件。弧肩。标本03EH110∶3（图二三三，3）。

Bd型　5件。整体变化为溜肩渐变至弧肩。分三式。

Ⅰ式　2件。斜直颈，溜肩，圆弧腹。如标本84ET4⑤∶1（图二三三，4）。

Ⅱ式　2件。斜直颈，弧肩，上腹圆下腹弧内收，平底。如标本84WT9④∶1（图二三三，5）。

Ⅲ式　1件。弧颈，斜弧肩，圆弧腹内收，平底微内凹。标本03ET2410④∶1（图二三三，6）。

C型　11件。大口罐。分两亚型。

Ca型　9件。整体变化为垂腹渐变至弧腹。2件式别不明，余7件分三式。

Ⅰ式　1件。弧颈，垂腹。标本90EF2∶18（图二三四，1）。

Ⅱ式　4件。弧颈，小平肩，弧腹。如标本03EG4∶34（图二三四，2）。

Ⅲ式　2件。斜直颈，弧腹。如标本03ET2707④∶11（图二三四，3）。

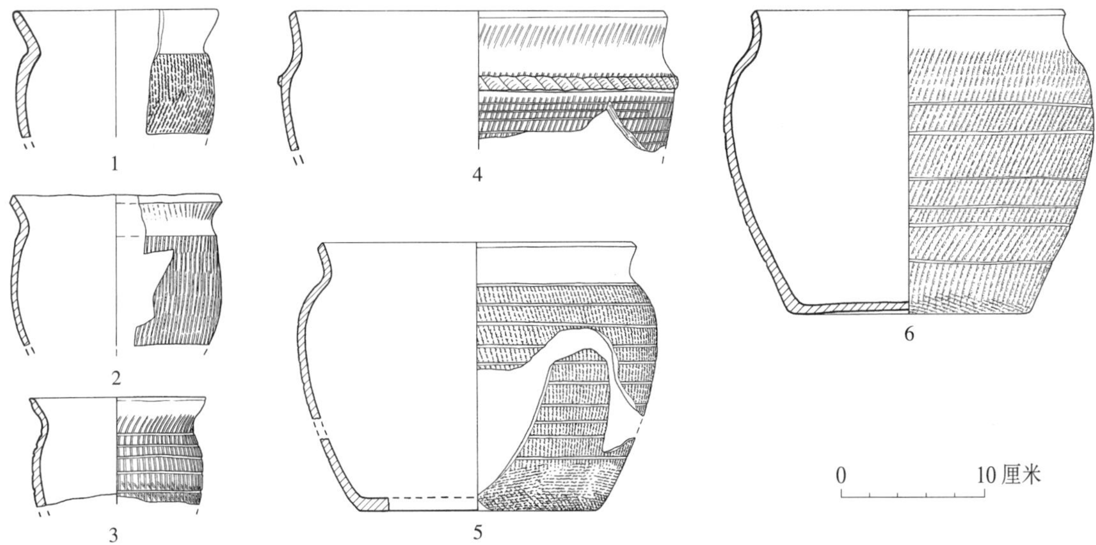

图二三三　商周时代B型陶罐

1. Bc型Ⅰ式（03EH177∶6）　2. Bc型Ⅱ式（03EG4∶20）　3. Bc型Ⅲ式（03EH110∶3）　4. Bd型Ⅰ式（84ET4⑤∶1）　5. Bd型Ⅱ式（84WT9④∶1）　6. Bd型Ⅲ式（03ET2410④∶1）

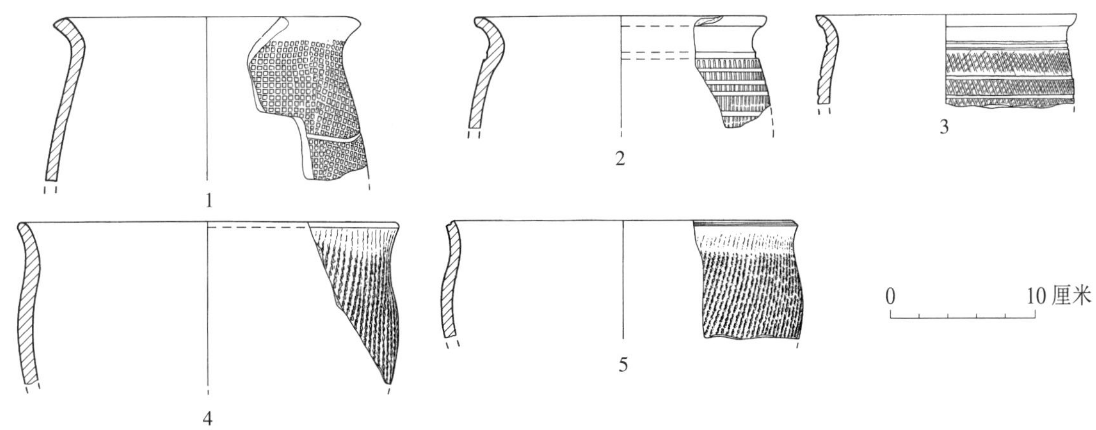

图二三四　商周时代C型陶罐

1. Ca型Ⅰ式（90EF2∶18）　2. Ca型Ⅱ式（03EG4∶34）　3. Ca型Ⅲ式（03ET2707④∶11）　4. Cb型Ⅰ式（03ET2409⑥∶45）　5. Cb型Ⅱ式（03ET2706④∶8）

Cb型　2件。分两式。

Ⅰ式　1件。弧颈，弧腹。标本03ET2409⑥∶45（图二三四，4）。

Ⅱ式　1件。斜直颈，弧腹。标本03ET2706④∶8（图二三四，5）。

D型　2件。大口带耳罐。分两式。

Ⅰ式　1件。牛鼻形横环耳，圆桶形罐。标本03EH117∶7（图二三一，4）。

Ⅱ式　1件。横泥片状耳，弧腹。标本03ET3007④∶3（图二三一，5）。

E型　1件。大口盘口罐。标本03EG4∶111（图二三一，6）。

F型　79件。小口罐。口沿与颈部分界不明显。分六亚型。

Fa 型　13 件。整体变化为斜直颈较矮、斜弧肩渐变至弧颈较高、圆弧肩。8 件式别不明，余 5 件分四式。

Ⅰ式　1 件。斜直颈较矮，斜弧肩。标本 03EH50∶2（图二三五，1）。

Ⅱ式　1 件。弧束颈，斜弧肩。标本 03EH44∶20（图二三五，2）。

Ⅲ式　2 件。斜直颈，斜弧广肩。如标本 03ET2607⑤∶18（图二三五，3）。

Ⅳ式　1 件。弧颈较高，圆弧肩。标本 03EH106∶6（图二三五，4）。

Fb 型　29 件。整体变化为斜肩渐变至斜弧肩。16 件式别不明，余 13 件分四式。

Ⅰ式　2 件。斜弧沿，弧束颈，斜肩，弧腹。如标本 03EH54∶3（图二三五，5）。

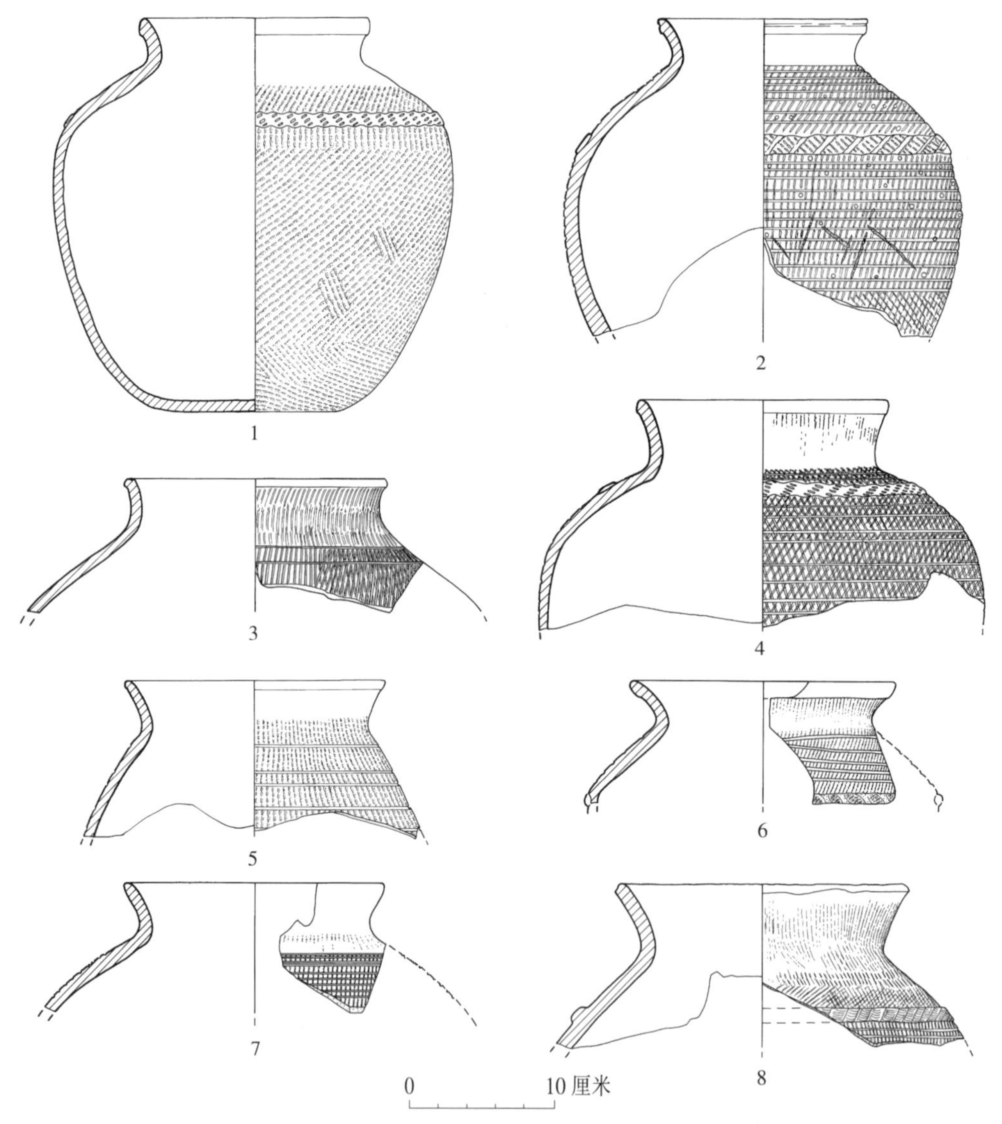

图二三五　商周时代 F 型陶罐

1. Fa 型Ⅰ式（03EH50∶2）　2. Fa 型Ⅱ式（03EH44∶20）　3. Fa 型Ⅲ式（03ET2607⑤∶18）　4. Fa 型Ⅳ式（03EH106∶6）　5. Fb 型Ⅰ式（03EH54∶3）　6. Fb 型Ⅱ式（03ET2409⑥∶44）　7. Fb 型Ⅲ式（03EH120∶8）　8. Fb 型Ⅳ式（03EG3④∶25）

Ⅱ式　7件。斜弧颈，斜弧肩。如标本03ET2409⑥:44（图二三五，6）。

Ⅲ式　1件。斜直颈，斜弧肩，弧腹。标本03EH120:8（图二三五，7）。

Ⅳ式　3件。斜直颈，斜弧肩。如标本03EG3④:25（图二三五，8）。

Fc型　11件。整体变化为敞口、斜肩弧折渐变至直口微敞、斜折肩。3件式别不明，余8件分四式。

Ⅰ式　1件。敞口，斜直颈，斜肩弧折，弧腹斜直内收呈平底。标本84EH2:2（图二三六，1）。

Ⅱ式　1件。直颈，斜肩弧折，弧腹斜内收。标本03EH139:3（图二三六，2）。

Ⅲ式　4件。敞口，圆唇，弧颈，斜弧肩。如标本03EH83:12（图二三六，3）。

Ⅳ式　2件。直口微敞，方唇，弧直颈，斜折肩。如标本03EH12:12（图二三六，4）。

Fd型　19件。多为素面。3件式别不明，余16件分三式。

Ⅰ式　4件。斜直颈，斜肩。如标本03EH129:14（图二三六，5）。

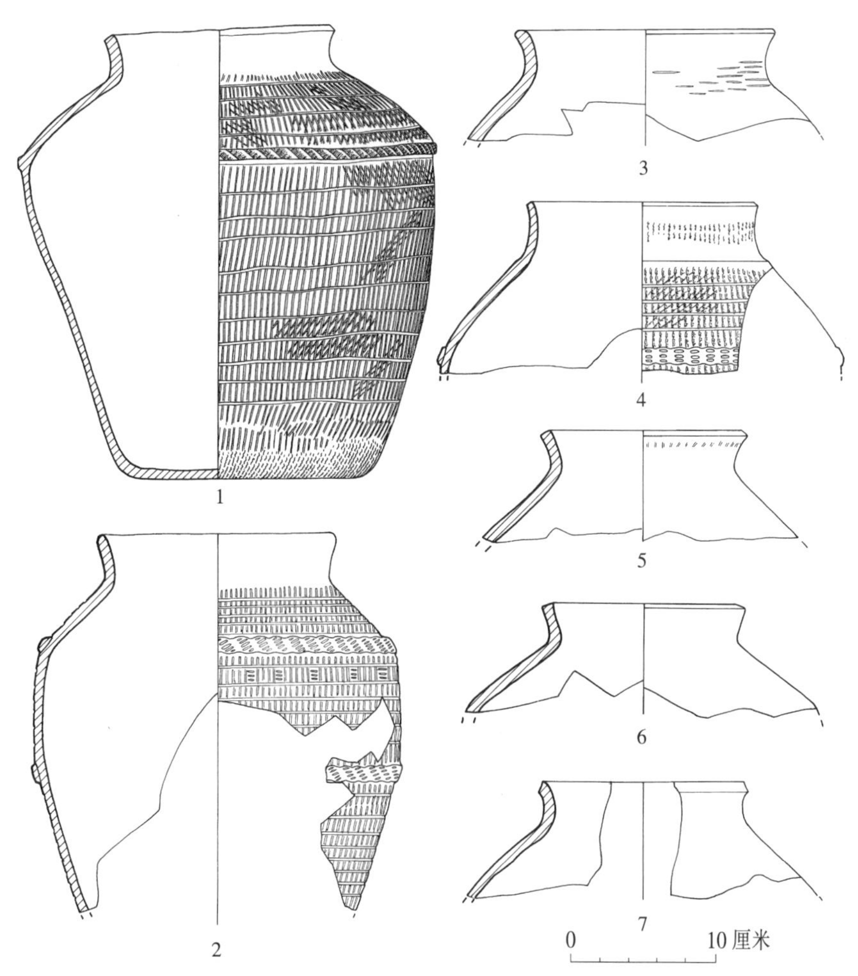

图二三六　商周时代F型陶罐

1. Fc型Ⅰ式（84EH2:2）　2. Fc型Ⅱ式（03EH139:3）　3. Fc型Ⅲ式（03EH83:12）　4. Fc型Ⅳ式（03EH12:12）　5. Fd型Ⅰ式（03EH129:14）　6. Fd型Ⅱ式（03EH130:44）　7. Fd型Ⅲ式（03EH22:16）

Ⅱ式　6件。唇上缘内勾，斜直颈，斜弧折肩。如标本03EH130:44（图二三六，6）。

Ⅲ式　6件。弧直颈，斜弧肩。如标本03EH22:16（图二三六，7）。

Fe型　3件。整体变化为尖唇渐变至方唇。分三式。

Ⅰ式　1件。尖唇，短弧颈，圆弧腹，平底。标本90EM1:1（图二三七，1）。

Ⅱ式　1件。圆唇，弧颈，斜肩。标本03ET2507③:9（图二三七，2）。

Ⅲ式　1件。方唇，弧颈，斜肩。标本03ET2409②:2（图二三七，3）。

Ff型　4件。整体变化为唇上缘尖圆、斜弧颈渐变至圆唇、斜直颈。分三式。

Ⅰ式　1件。圆唇，斜弧颈，斜肩。标本84EH2:6（图二三七，4）。

Ⅱ式　2件。唇上缘尖圆，斜弧颈，溜肩。如标本03EH144:12（图二三七，5）。

Ⅲ式　1件。圆唇，斜直颈。标本03EH45:12（图二三七，6）。

G型　13件。小口罐。口沿与颈部分界明显。分两亚型。

Ga型　8件。整体变化为尖圆唇、弧肩、圆弧腹渐变为圆唇、圆肩、圆鼓腹。1件式别不明，余7件分四式。

Ⅰ式　1件。弧卷沿，尖圆唇，弧颈残，弧肩，圆弧腹内收，平底。标本03EH50:5（图二三八，1）。

Ⅱ式　3件。卷沿，方唇，弧束颈，弧肩，弧腹。如标本03EG3②:6（图二三八，2）。

Ⅲ式　1件。弧沿，圆唇，直颈，圆肩，圆鼓腹。标本84WT16③:2（图二三八，3）。

Ⅳ式　2件。弧沿，方唇，弧直颈，圆肩。如标本03EH19:77（图二三八，4）。

Gb型　5件。器小，整体变化为敞口、弧肩渐变为侈口、斜弧肩。分三式。

Ⅰ式　2件。敞口，方唇，弧直颈，弧肩。如标本90ET217⑤:9（图二三八，5）。

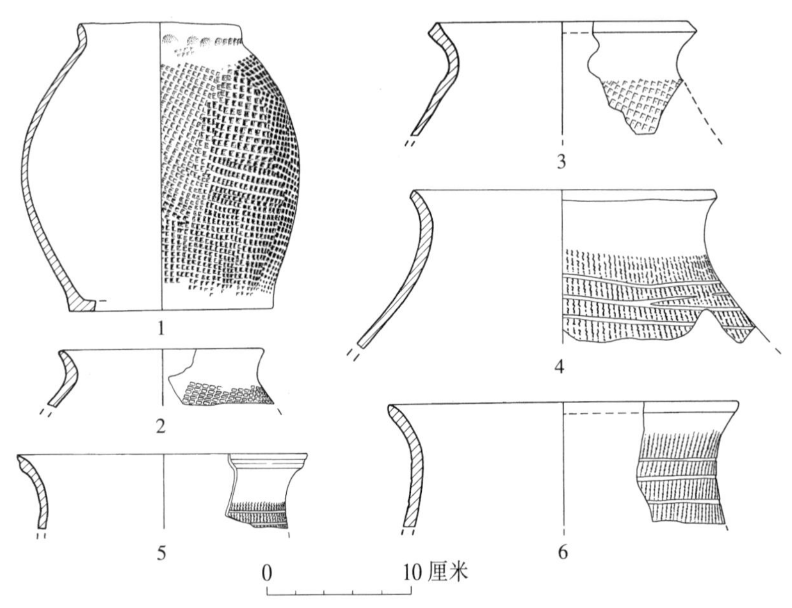

图二三七　商周时代F型陶罐

1. Fe型Ⅰ式（90EM1:1）　2. Fe型Ⅱ式（03ET2507③:9）　3. Fe型Ⅲ式（03ET2409②:2）
4. Ff型Ⅰ式（84EH2:6）　5. Ff型Ⅱ式（03EH144:12）　6. Ff型Ⅲ式（03EH45:12）

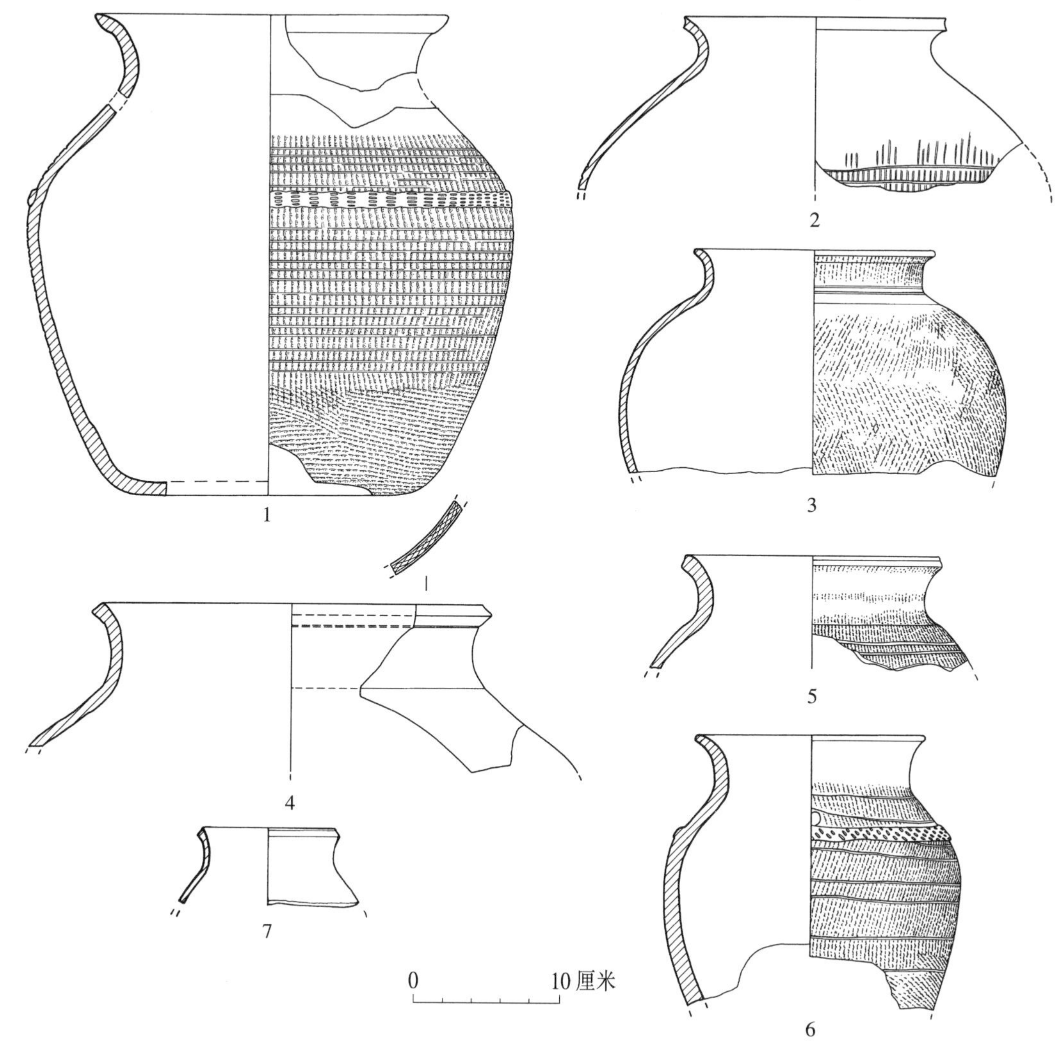

图二三八　商周时代 G 型陶罐

1. Ga 型Ⅰ式（03EH50∶5）　2. Ga 型Ⅱ式（03EG3②∶6）　3. Ga 型Ⅲ式（84WT16③∶2）　4. Ga 型Ⅳ式（03EH19∶77）　5. Gb 型Ⅰ式（90ET217⑤∶9）　6. Gb 型Ⅱ式（90ET217④∶8）　7. Gb 型Ⅲ式（90ET233③∶100）

Ⅱ式　2 件。敞口，圆唇，直颈较高，溜肩，圆弧腹。如标本 90ET217④∶8（图二三八，6）。

Ⅲ式　1 件。侈口，方唇，直颈较高，斜弧肩。标本 90ET233③∶100（图二三八，7）。

H 型　19 件。小口，广肩罐。9 件式别不明，余 10 件分三式。

Ⅰ式　4 件。敞口，圆唇，弧直颈。如标本 03ET2410⑥∶44（图二三九，1）。

Ⅱ式　5 件。敞口，圆唇，斜直颈，下腹斜内收，平底微内凹。如标本 84WT8③∶7（图二三九，2）。

Ⅲ式　1 件。直口微敞，方唇，弧直颈。标本 03EH19∶70（图二三九，3）。

I 型　6 件。器小，直口微敛小口罐。如标本 03ET2410⑥∶8（图二三九，5）。

J 型　1 件。小罐。标本 03EH98∶30（图二三九，4）。

陶瓮　234 件。瓮的种类多，个体大小也不一。2 件型别不明，余 232 件分八型。

A 型　57 件。大口折肩瓮。肩、腹部多施泥钉或附加堆纹。分三亚型。

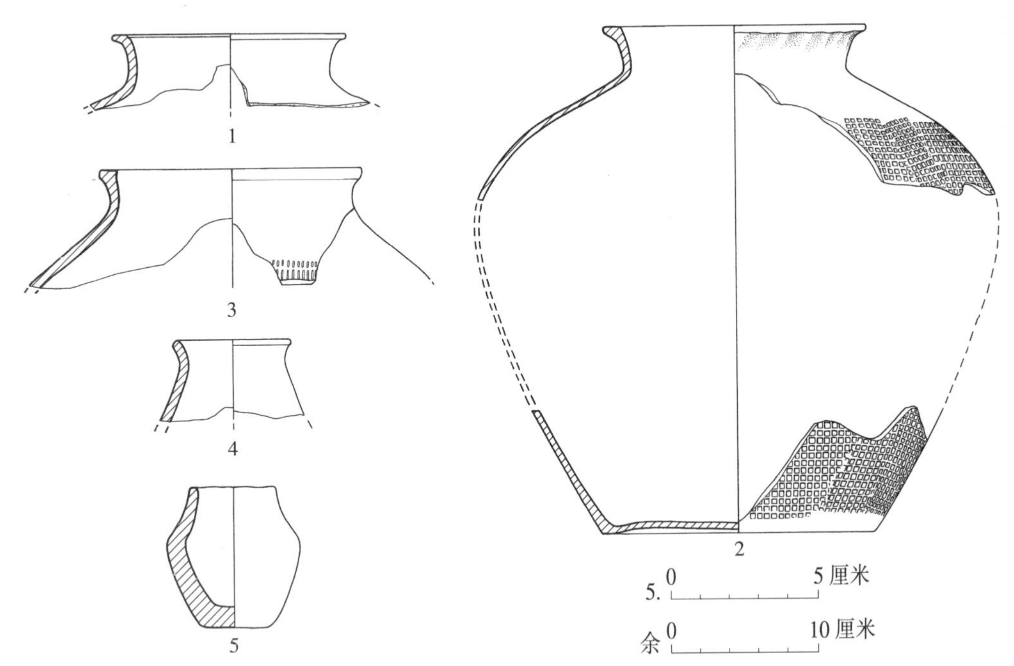

图二三九 商周时代陶罐

1. H型Ⅰ式（03ET2410⑥:44） 2. H型Ⅱ式（84WT8③:7） 3. H型Ⅲ式（03EH19:70）
4. J型（03EH98:30） 5. I型（03ET2410⑥:8）

Aa型 26件。整体变化为沿面略向下、斜折肩较平渐变为沿面斜上侈、斜折肩。14件式别不明，余12件分四式。

Ⅰ式 1件。敞口，沿面略向下，斜弧颈，斜折肩，直腹。标本03ET2410⑥:24（图二四〇，1）。

Ⅱ式 5件。侈口，斜直颈，斜折肩，弧腹。如标本03EH79:16（图二四〇，2）。

Ⅲ式 4件。敞口，唇面内凹，弧直颈，斜折肩，弧直腹。如标本03EG4:24（图二四〇，3）。

Ⅳ式 2件。敞口，沿面斜上侈，斜弧颈，斜折肩。如标本03EH149:14（图二四〇，4）。

Ab型 15件。整体变化与Aa型略同。7件式别不明，余8件分四式。

Ⅰ式 1件。斜弧颈，斜折肩，弧腹。标本03EH146:19（图二四〇，5）。

Ⅱ式 2件。斜直颈，斜直折肩，直腹斜内收。如标本90ET248④:1（图二四〇，6）。

Ⅲ式 1件。器较高大。斜弧沿，束颈，斜折肩，斜弧深腹，平底。标本84NT2③:5（图二四〇，7）。

Ⅳ式 4件。斜弧沿，斜直颈，斜折肩，弧腹内收。如标本03EH126:7（图二四〇，8）。

Ac型 16件。整体变化为沿面略向下渐变为沿面斜上侈。9件式别不明，余7件分三式。

Ⅰ式 1件。斜弧沿，沿面略向下，斜直颈，弧肩。标本03EH169:1（图二四一，1）。

Ⅱ式 3件。弧沿，沿面稍向上，斜直颈，圆肩。如标本84EH2:4（图二四一，2）。

Ⅲ式 3件。沿面斜上侈，斜弧颈，弧肩。如标本03EH130:38（图二四一，3）。

B型 9件。大口斜弧肩瓮。整体变化为直口微敞、直颈、斜肩渐变为敞口、弧颈、斜弧折肩。2件式别不明，余7件分三式。

Ⅰ式 1件。直口微敞，圆唇，直颈，斜肩。标本03ET2604⑤:5（图二四一，4）。

Ⅱ式 1件。敞口，方唇，斜直颈，斜弧肩。标本03ET2410④:11（图二四一，5）。

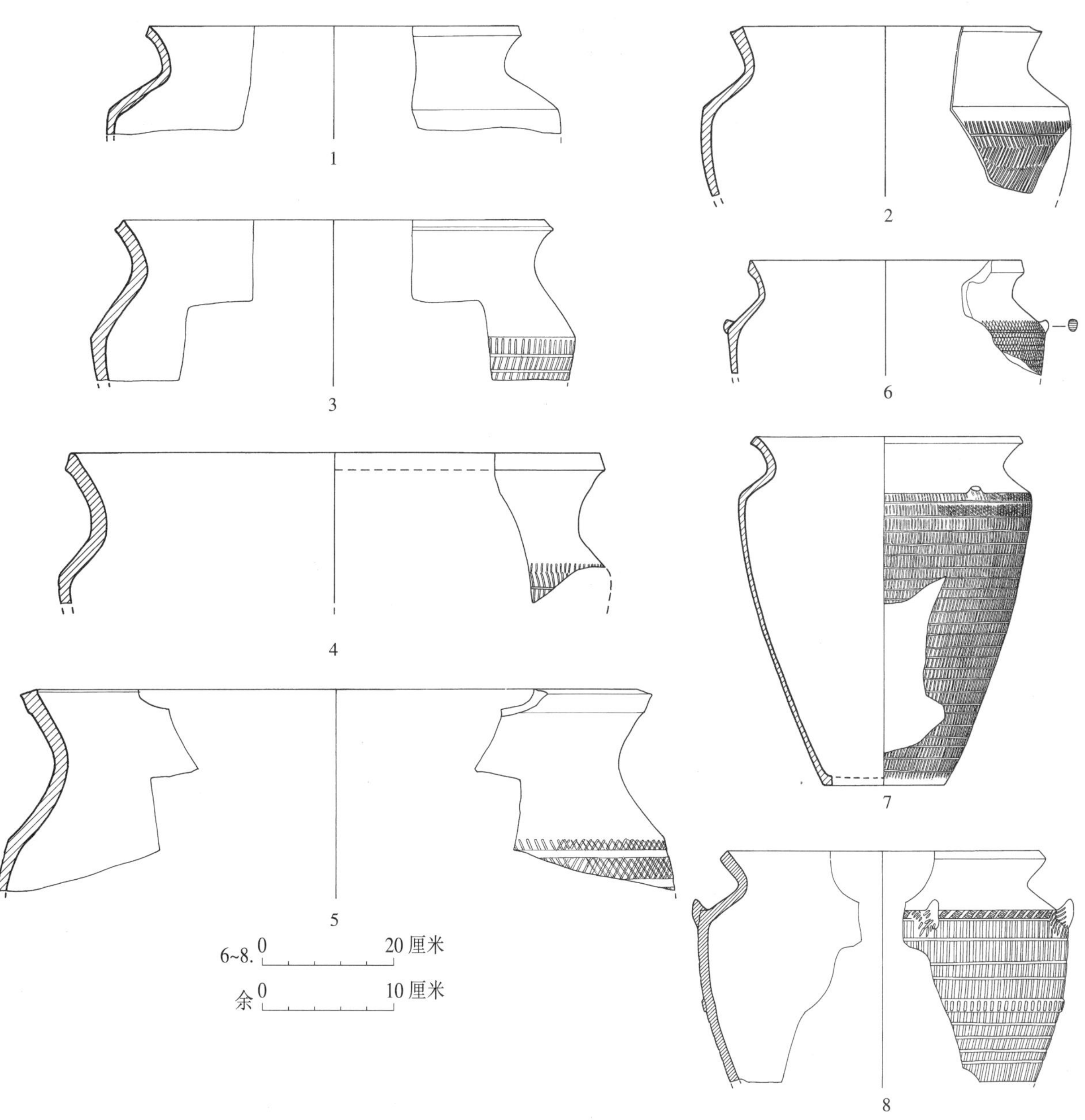

图二四〇　商周时代A型陶瓮

1. Aa型Ⅰ式（03ET2410⑥:24）　2. Aa型Ⅱ式（03EH79:16）　3. Aa型Ⅲ式（03EG4:24）　4. Aa型Ⅳ式（03EH149:14）　5. Ab型Ⅰ式（03EH146:19）　6. Ab型Ⅱ式（90ET248④:1）　7. Ab型Ⅲ式（84NT2③:5）　8. Ab型Ⅳ式（03EH126:7）

Ⅲ式　5件。敞口，斜弧沿，方唇，弧颈，斜弧折肩，直腹。如标本03EH19:78（图二四一，6）。

C型　20件。大口弧肩瓮。肩、腹部多施泥钉。分两亚型。

Ca型　13件。整体变化为卷沿、弧肩渐变为斜沿、斜弧肩。3件式别不明，余10件分三式。

Ⅰ式　5件。卷沿，弧颈，弧肩，弧腹。如标本03EH105:3（图二四二，1）。

Ⅱ式　4件。斜弧颈，圆弧肩，圆腹弧内收。如标本03EH129:36（图二四二，2）。

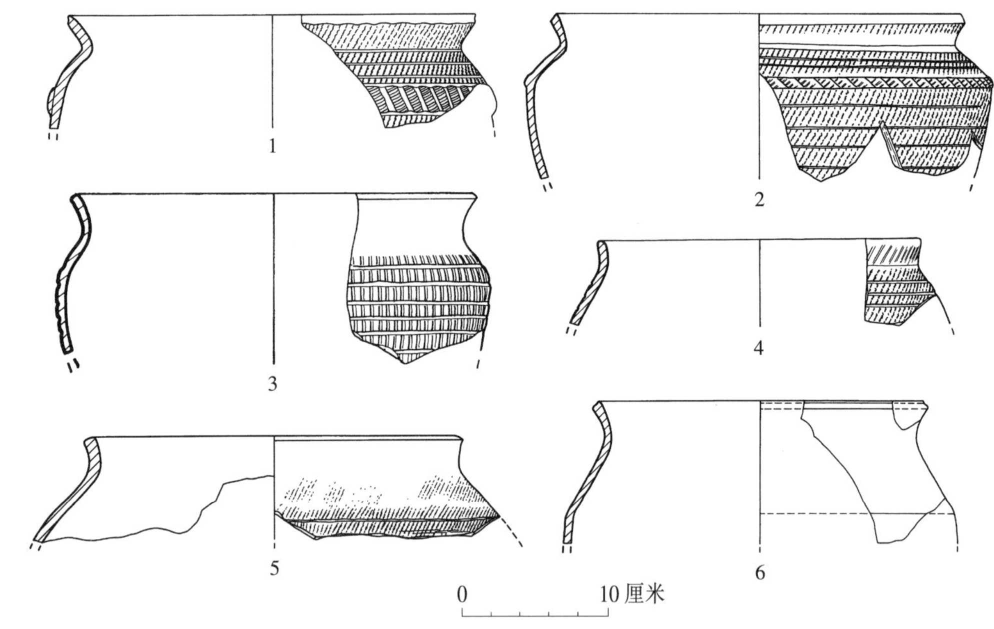

图二四一 商周时代陶瓮

1. Ac型Ⅰ式（03EH169∶1） 2. Ac型Ⅱ式（84EH2∶4） 3. Ac型Ⅲ式（03EH130∶38） 4. B型Ⅰ式（03ET2604⑤∶5） 5. B型Ⅱ式（03ET2410④∶11） 6. B型Ⅲ式（03EH19∶78）

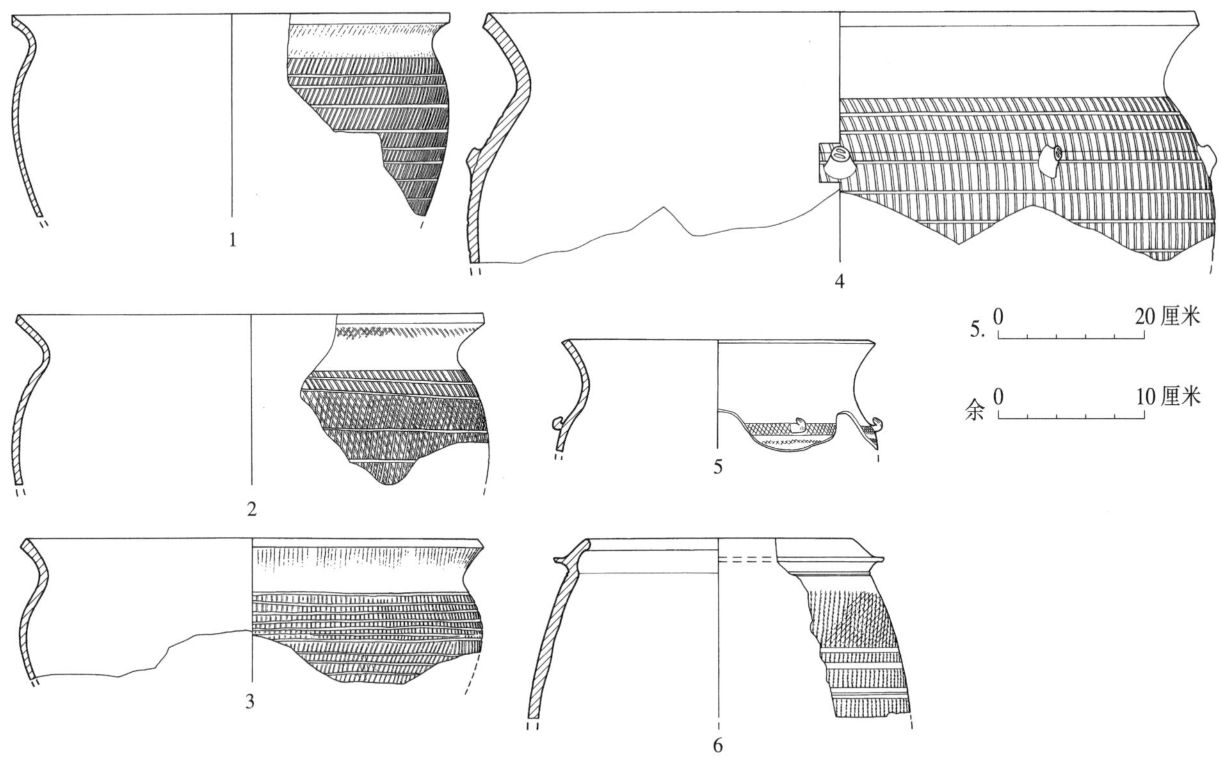

图二四二 商周时代陶瓮

1. Ca型Ⅰ式（03EH105∶3） 2. Ca型Ⅱ式（03EH129∶36） 3. Ca型Ⅲ式（03EH22∶46） 4. Cb型Ⅰ式（03EH129∶11） 5. Cb型Ⅱ式（03EH130∶4） 6. D型（03EH132∶10）

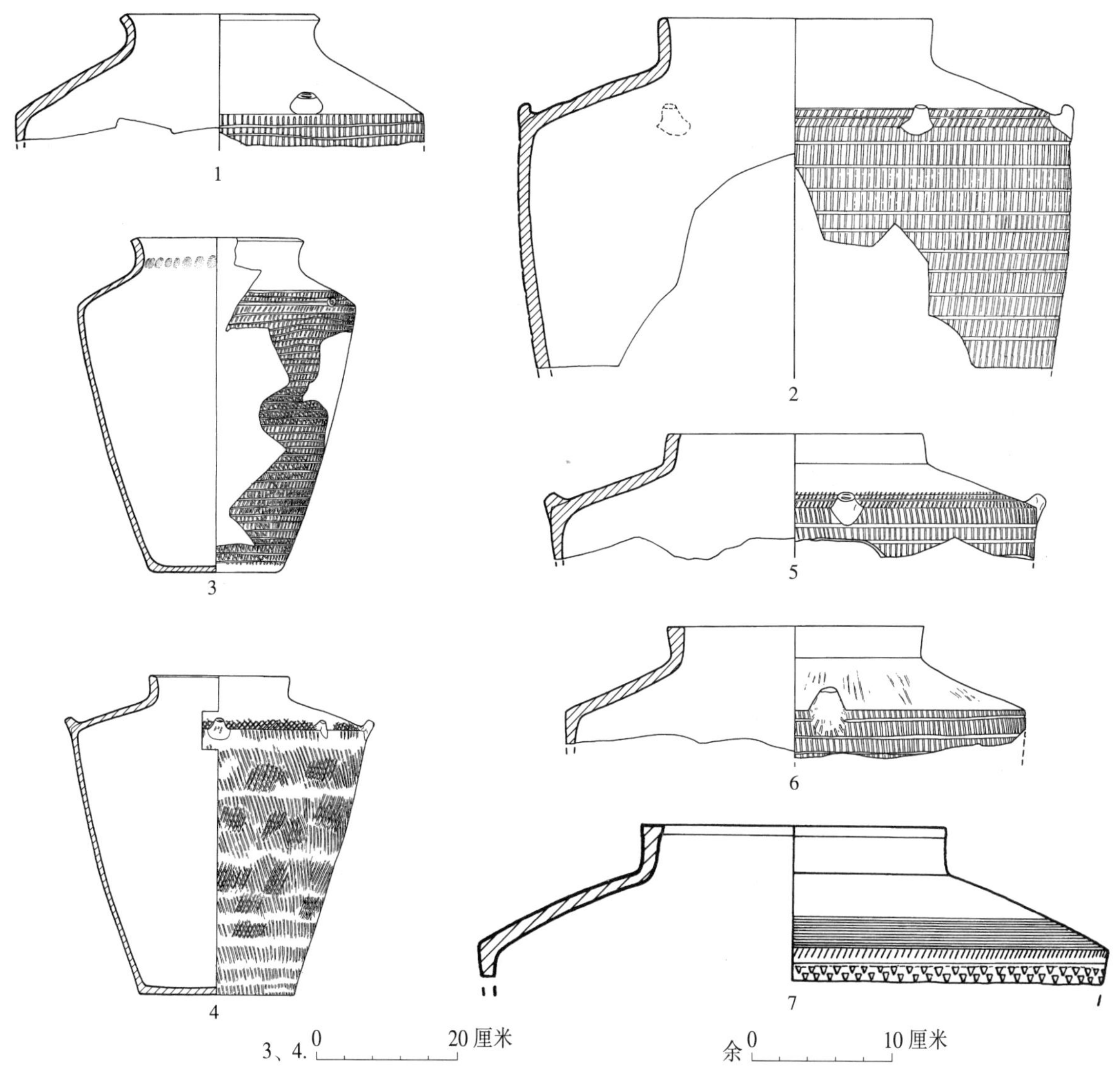

图二四三 商周时代E型陶瓮

1. Ea型Ⅰ式（03ET2607⑥:15） 2. Ea型Ⅱ式（03EH163:3） 3. Ea型Ⅲ式（84NT2③:7） 4. Ea型Ⅳ式（03EH19:7） 5. Eb型Ⅰ式（03EH79:7） 6. Eb型Ⅱ式（03EG3③:43） 7. Eb型Ⅲ式（90ET233③:91）

Ⅲ式 1件。斜沿，束颈，斜弧肩，圆弧腹。标本03EH22:46（图二四二，3）。

Cb型 7件。整体变化为口径小于腹径渐变为口径与腹径基本相等。1件式别不明，余6件分两式。

Ⅰ式 4件。斜弧颈，口径大于腹径。如标本03EH129:11（图二四二，4）。

Ⅱ式 2件。高弧颈，口径与腹径基本相等。如标本03EH130:4（图二四二，5）。

D型 1件。敛口大口瓮。标本03EH132:10（图二四二，6）。

E型 89件。小口折肩瓮。分八亚型。

Ea型 14件。敞口，斜折广肩瓮。肩、腹部多施泥钉。7件式别不明，余7件分四式。

Ⅰ式 1件。束颈，斜折广肩。标本03ET2607⑥:15（图二四三，1）。

Ⅱ式 3件。直颈，斜折广肩，斜腹直内收。如标本03EH163:3（图二四三，2）。

Ⅲ式　2件。口微敞，斜直颈，斜弧折广肩，斜弧深腹，平底。如标本84NT2③:7（图二四三，3）。

Ⅳ式　1件。器较高大。口小，口微敞，斜直颈，斜平折广肩，斜直深腹，平底。标本03EH19:7（图二四三，4）。

Eb型　14件。直口，折广肩近平，腹壁近直。肩、腹部多施泥钉。9件式别不明，余5件分三式。

Ⅰ式　2件。直口微敛，平沿，斜直颈，斜折广肩。如标本03EH79:7（图二四三，5）。

Ⅱ式　2件。直口，厚方唇，斜直颈，斜直折广肩，直腹。如标本03EG3③:43（图二四三，6）。

Ⅲ式　1件。直口微敛，厚方唇，直颈，斜直折广肩，直腹。标本90ET233③:91（图二四三，7）。

Ec型　24件。较之Eb型口略厚矮，器略大。肩、腹部多施泥钉。19件式别不明，余5件分三式。

Ⅰ式　1件。小敛口，平沿，斜直颈，斜折广肩，直腹斜内收。标本03EH79:2（图二四四，1）。

Ⅱ式　2件。直口微敛，厚方唇，直颈，斜弧广肩。如标本03EH1:34（图二四四，2）。

Ⅲ式　2件。直口微敛，厚方唇，直颈，斜广折肩。如标本03ET2409②:1（图二四四，3）。

Ed型　12件。直口，沿面呈“T”字形或唇内凹。肩、腹部多施泥钉。2件式别不明，余10

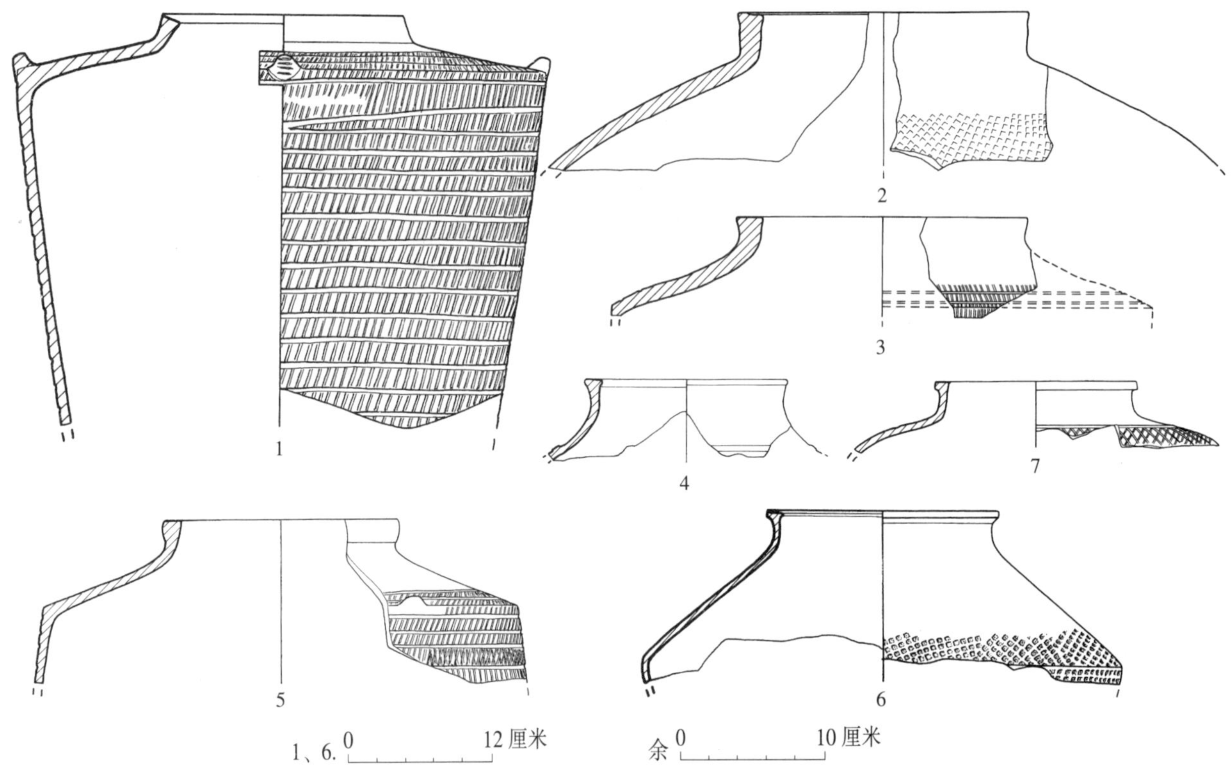

图二四四　商周时代E型陶瓮

1. Ec型Ⅰ式（03EH79:2）　2. Ec型Ⅱ式（03EH1:34）　3. Ec型Ⅲ式（03ET2409②:1）　4. Ed型Ⅰ式（03ET2406⑥:13）　5. Ed型Ⅱ式（03EH79:26）　6. Ed型Ⅲ式（90ET262④:2）　7. Ed型Ⅳ式（03ET2705③:3）

件分四式。

Ⅰ式　2件。沿唇呈“T”字形，圆唇，弧颈，斜弧肩。如标本03ET2406⑥:13（图二四四，4）。

Ⅱ式　1件。厚弧唇，短弧颈，斜广折肩，直腹。标本03EH79:26（图二四四，5）。

Ⅲ式　5件。有内唇，沿面与颈呈“T”字形，内外唇为圆唇，直颈，斜直广肩折。如标本90ET262④:2（图二四四，6）。

Ⅳ式　2件。方唇，直颈，弧广肩。如标本03ET2705③:3（图二四四，7）。

Ee型　7件。直口，斜肩弧折。分四式。

Ⅰ式　2件。直颈，斜肩弧折。如标本03ET2409⑥:43（图二四五，1）。

Ⅱ式　2件。直颈，斜折肩，斜直腹。如标本03EH26:26（图二四五，2）。

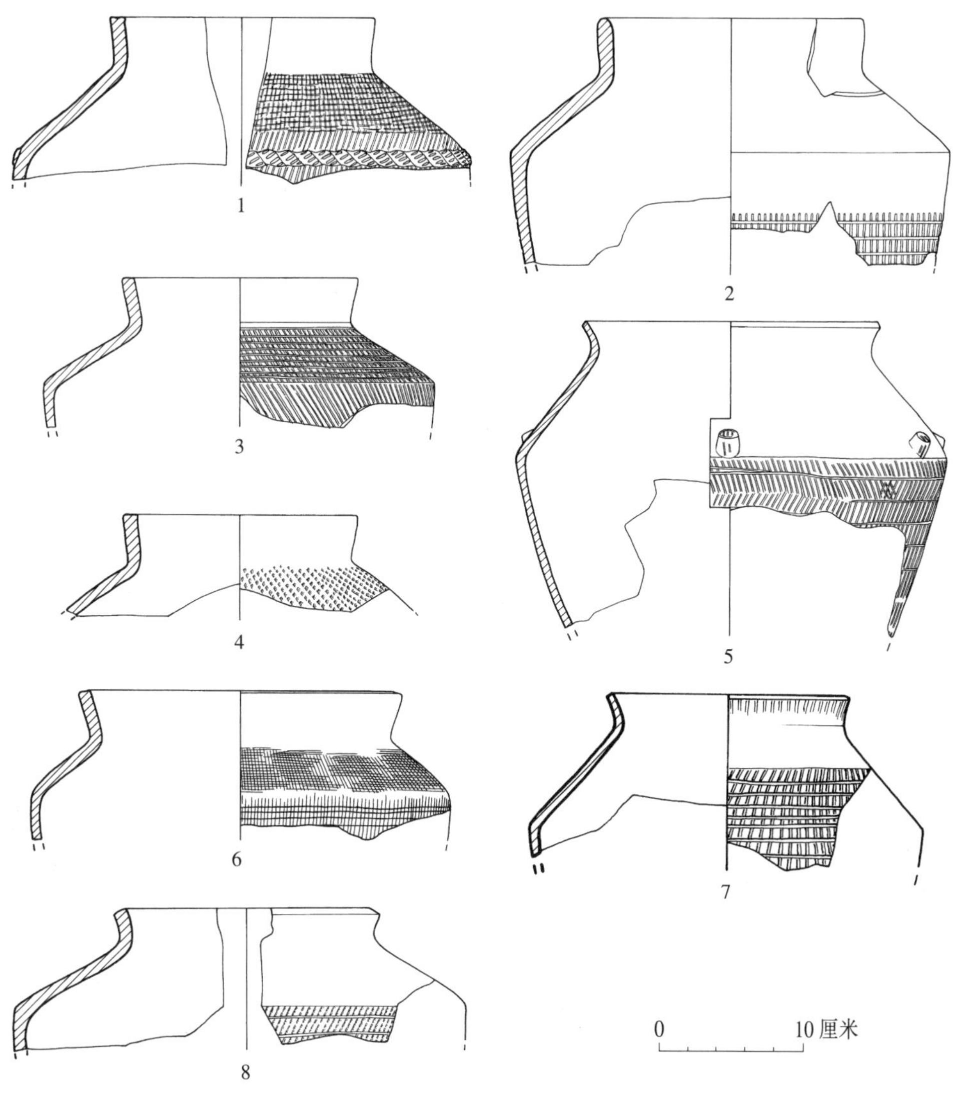

图二四五　商周时代E型陶瓮

1. Ee型Ⅰ式（03ET2409⑥:43）　2. Ee型Ⅱ式（03EH26:26）　3. Ee型Ⅲ式（03ET2510④:6）　4. Ee型Ⅳ式（03EH28:19）　5. Ef型Ⅰ式（90ET233⑤:2）　6. Ef型Ⅱ式（84EH1:4）　7. Ef型Ⅲ式（03EH130:35）　8. Ef型Ⅳ式（03EH19:67）

Ⅲ式 2件。斜直颈，斜折广肩。如标本03ET2510④:6（图二四五，3）。

Ⅳ式 1件。方唇，斜直颈，斜弧肩。标本03EH28:19（图二四五，4）。

Ef型 11件。侈口，斜直折肩。1件式别不明，余10件分四式。

Ⅰ式 1件。斜直折肩，斜直腹内收。标本90ET233⑤:2（图二四五，5）。

Ⅱ式 2件。斜折肩，弧直腹。如标本84EH1:4（图二四五，6）。

Ⅲ式 5件。斜直广折肩，弧腹内收。如标本03EH130:35（图二四五，7）。

Ⅳ式 2件。斜折广肩，直腹。如标本03EH19:67（图二四五，8）。

Eg型 5件。直口，直颈，斜折肩。分四式。

Ⅰ式 2件。方唇，直颈，斜折肩，弧腹，平底微内凹。如标本03EG1:1（图二四六，1）。

Ⅱ式 1件。圆唇，斜直颈，斜弧肩。标本03EG3③:38（图二四六，2）。

Ⅲ式 1件。方唇，直颈，弧圆广肩，弧腹。标本03EH126:3（图二四六，3）。

Ⅳ式 1件。厚方唇，弧直颈，斜弧广肩，弧腹。标本03EH22:39（图二四六，4）。

Eh型 2件。敛口瓮。分两式。

Ⅰ式 1件。斜折肩，斜直腹。标本03ET2410⑥:12（图二四六，5）。

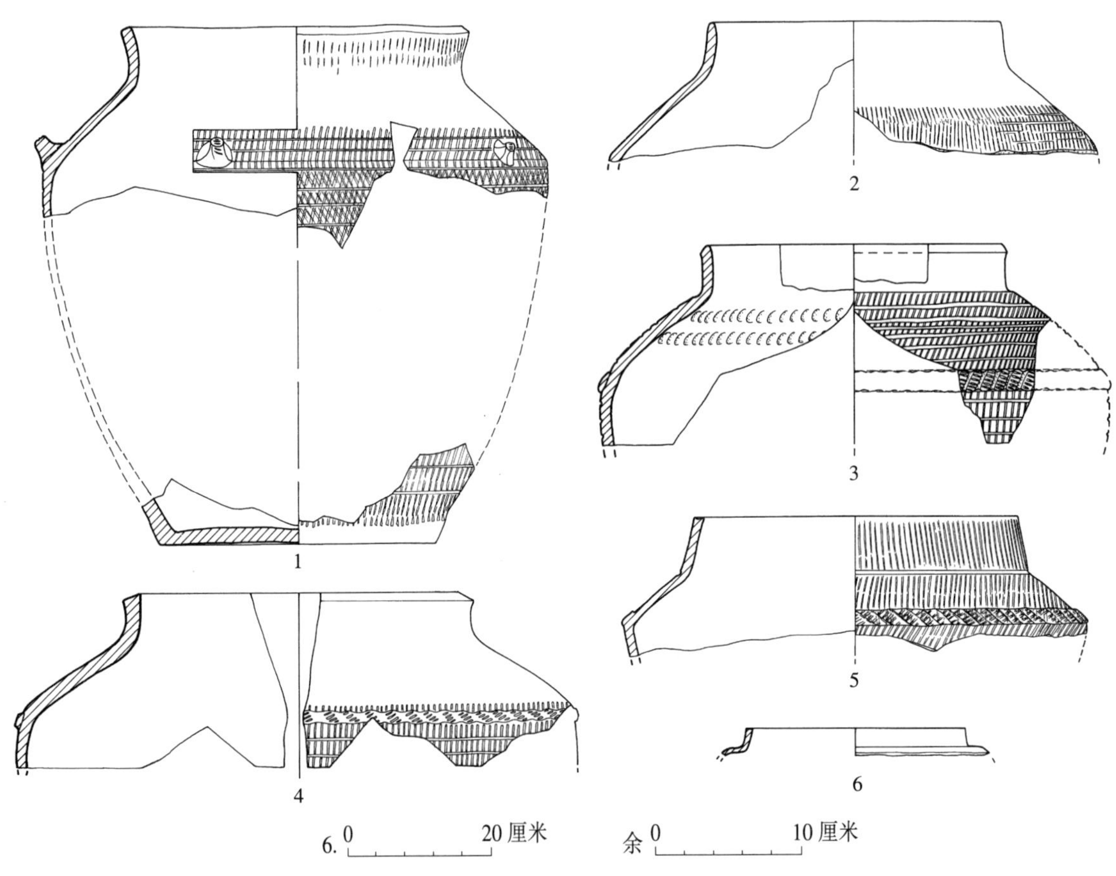

图二四六 商周时代E型陶瓮

1. Eg型Ⅰ式（03EG1:1） 2. Eg型Ⅱ式（03EG3③:38） 3. Eg型Ⅲ式（03EH126:3） 4. Eg型Ⅳ式（03EH22:39） 5. Eh型Ⅰ式（03ET2410⑥:12） 6. Eh型Ⅱ式（90ET233④:81）

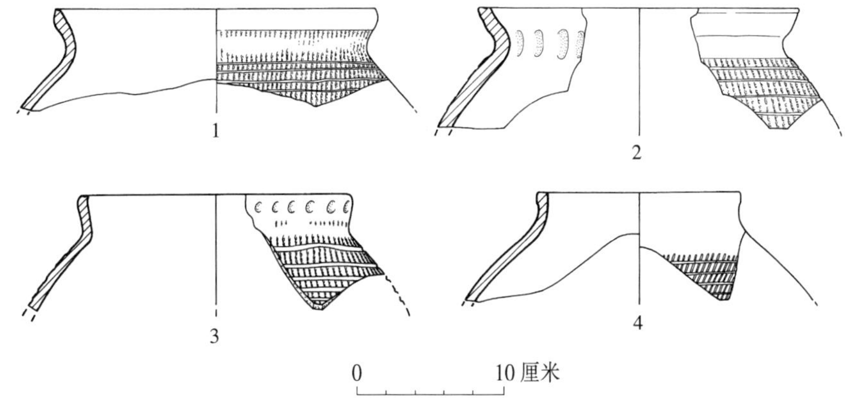

图二四七　商周时代 Fa 型陶瓮

1. Ⅰ式（03ET2409⑥:36）　2. Ⅱ式（03ET2410⑤:10）　3. Ⅲ式（03EH126:2）　4. Ⅳ式（03EH22:14）

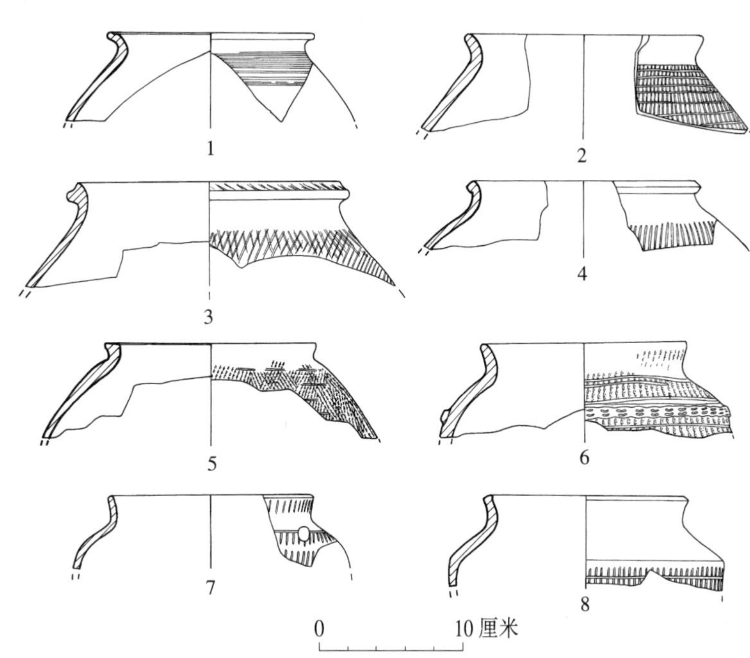

图二四八　商周时代 F 型陶瓮

1. Fb 型Ⅰ式（03ET2406⑥:12）　2. Fb 型Ⅱ式（03EH178:5）　3. Fb 型Ⅲ式（03EH98:22）　4. Fb 型Ⅳ式（03ET2410④:14）　5. Fb 型Ⅴ式（03EH22:28）　6. Fc 型Ⅰ式(03EH50:20)　7. Fc 型Ⅱ式（03EH83:16）　8. Fc 型Ⅲ式（03EH130:46）

Ⅱ式　1件。隆肩。标本 90ET233④:81（图二四六，6）。

F 型　20件。小口瓮。分四亚型。

Fa 型　4件。器小。斜弧肩瓮。分四式。

Ⅰ式　1件。斜弧颈，斜弧肩。标本 03ET2409⑥:36（图二四七，1）。

Ⅱ式　1件。弧沿，弧颈，斜肩。标本 03ET2410⑤:10（图二四七，2）。

Ⅲ式　1件。直颈，弧肩。标本 03EH126:2（图二四七，3）。

Ⅳ式　1件。弧直颈，斜弧肩。标本 03EH22:14（图二四七，4）。

Fb 型　7件。器小。斜弧肩瓮。较之 Fa 型沿略厚矮。分五式。

Ⅰ式　1件。敞口，圆唇，弧束颈，斜弧肩。标本 03ET2406⑥:12（图二四八，1）。

Ⅱ式　1件。敞口，圆唇，斜弧颈，斜肩。标本 03EH178:5（图二四八，2）。

Ⅲ式　2件。敞口，子母唇，子唇尖，母唇圆，斜弧颈，斜肩。如标本 03EH98:22（图二四八，3）。

Ⅳ式　2件。敞口，厚尖圆唇，斜颈，斜肩。如标本03ET2410④:14（图二四八，4）。

Ⅴ式　1件。直口微敞，厚方唇，短弧颈，弧隆肩，斜弧腹。标本03EH22:28（图二四八，5）。

Fc型　6件。器小，斜弧折肩瓮。1件式别不明，余5件分三式。

Ⅰ式　3件。斜弧沿，圆唇，斜直颈，弧肩，圆弧腹。如标本03EH50:20（图二四八，6）。

Ⅱ式　1件。直颈，弧肩，圆腹。标本03EH83:16（图二四八，7）。

Ⅲ式　1件。唇上缘内勾，斜直颈，斜弧广折肩，弧腹内收。标本03EH130:46（图二四八，8）。

Fd型　3件。器小，斜弧折肩瓮。较之Fc型沿略厚矮。分三式。

Ⅰ式　1件。唇面有凹槽，弧隆肩。标本03EH144:15（图二四九，1）。

Ⅱ式　1件。方唇上缘内勾，弧折肩，弧腹内收。标本03EH117:14（图二四九，2）。

Ⅲ式　1件。方唇上缘内勾，斜折肩，弧直腹内收。标本03EH117:16（图二四九，3）。

G型　30件。小口瓮。分四亚型。

Ga型　7件。敛口瓮。分三式。

Ⅰ式　1件。圆唇，斜弧肩，弧腹内收，平底微内凹。标本03EH50:6（图二五〇，1）。

Ⅱ式　3件。方唇，斜弧广肩。如标本03EG3③:40（图二五〇，2）。

Ⅲ式　3件。方唇，斜弧肩，圆弧腹。如标本03EH8:7（图二五〇，3）。

Gb型　7件。整体变化为敛口渐变为直口微敛。2件式别不明，余5件分三式。

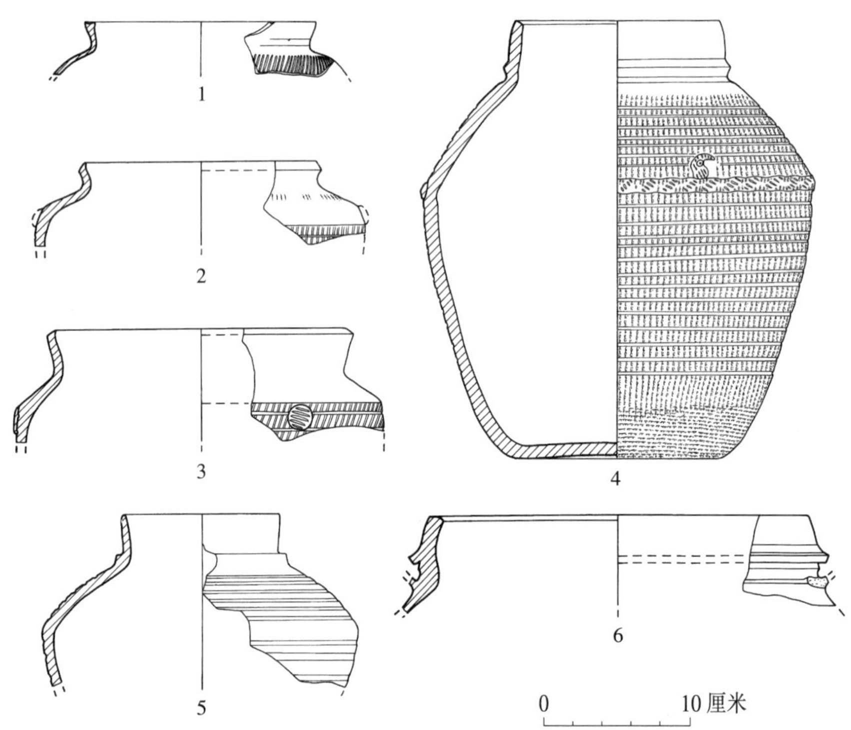

图二四九　商周时代Fd、H型陶瓮

1. Fd型Ⅰ式（03EH144:15）　2. Fd型Ⅱ式（03EH117:14）　3. Fd型Ⅲ式（03EH117:16）　4. Ha型Ⅰ式（03EH50:1）　5. Ha型Ⅱ式（03EH115:5）　6. Hb型（03EH133:4）

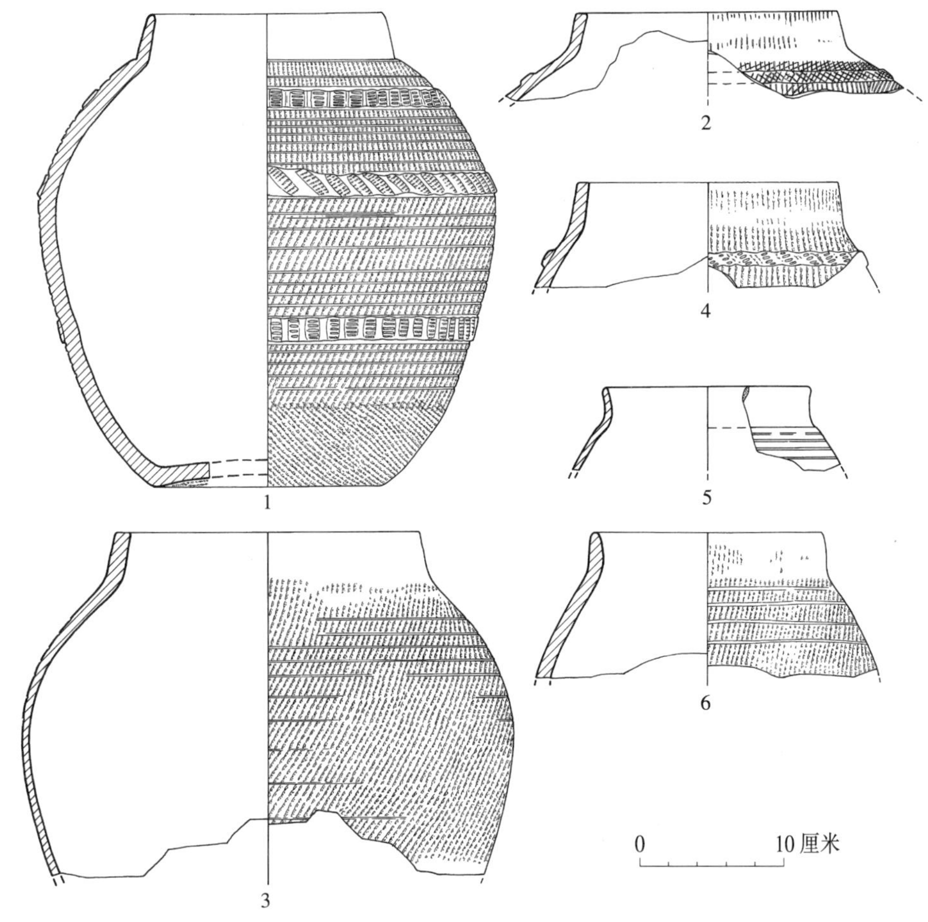

图二五〇　商周时代G型陶瓮

1. Ga型Ⅰ式（03EH50:6）　2. Ga型Ⅱ式（03EG3③:40）　3. Ga型Ⅲ式（03EH8:7）　4. Gb型Ⅰ式（03ET2409⑤:22）　5. Gb型Ⅱ式（03EG4:27）　6. Gb型Ⅲ式（03EH29:1）

Ⅰ式　3件。敛口，斜直颈，斜肩。如标本03ET2409⑤:22（图二五〇，4）。

Ⅱ式　1件。直口微敞，直颈，斜弧肩。标本03EG4:27（图二五〇，5）。

Ⅲ式　1件。直口微敛，直颈，斜弧肩。标本03EH29:1（图二五〇，6）。

Gc型　5件。直口，斜折广肩瓮。1件式别不明，余4件分三式。

Ⅰ式　1件。斜直颈，斜弧肩，圆鼓腹弧内收，平底微内凹。标本03EH44:3（图二五一，1）。

Ⅱ式　1件。口微敛，方直颈，斜折肩，弧直腹。标本03ET2409⑥:35（图二五一，2）。

Ⅲ式　2件。直口微敞，斜直颈，斜直折广肩，斜直腹内收，平底微内凹。如标本03EG3③:11（图二五一，3）。

Gd型　11件。素面，斜弧肩瓮。5件式别不明，余6件分三式。

Ⅰ式　1件。直口，直颈，斜肩。标本03ET2509⑤:3（图二五一，4）。

Ⅱ式　2件。直口，弧直颈，斜弧广肩。如标本03EG4:38（图二五一，5）。

Ⅲ式　3件。敛口，斜直颈，斜弧肩。如标本03EH36:11（图二五一，6）。

H型　6件。小口瓮。分两亚型。

Ha型　4件。斜弧折肩瓮。其变化为由敛口渐变为直口。分两式。

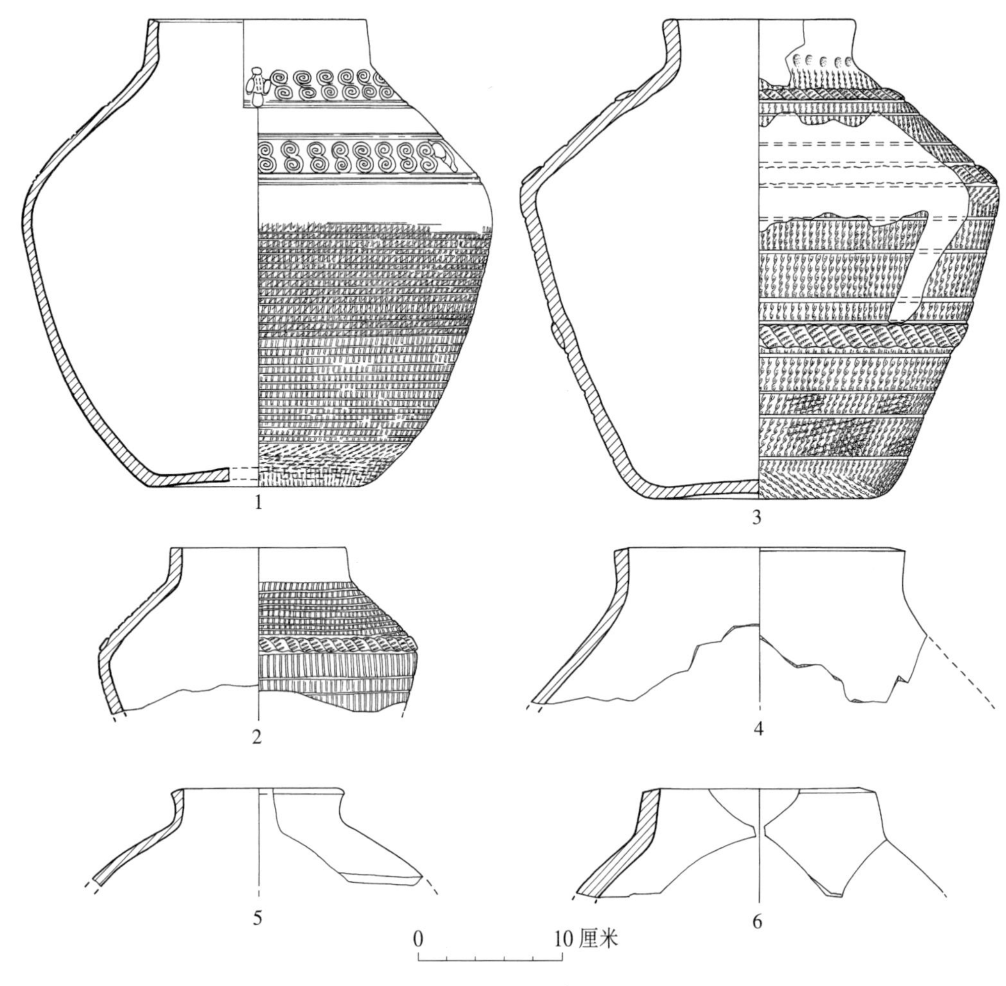

图二五一　商周时代G型陶瓮

1. Gc型Ⅰ式（03EH44:3）　2. Gc型Ⅱ式（03ET2409⑥:35）　3. Gc型Ⅲ式（03EG3③:11）
4. Gd型Ⅰ式（03ET2509⑤:3）　5. Gd型Ⅱ式（03EG4:38）　6. Gd型Ⅲ式（03EH36:11）

Ⅰ式　1件。敛口，斜直颈，斜弧肩，斜弧腹内收，平底微内凹。标本03EH50:1（图二四九，4）。

Ⅱ式　3件。直口微敞，圆唇，直颈，平折肩，弧折腹弧内收。如标本03EH115:5（图二四九，5）。

Hb型　2件。敛口，沿面下斜，圆唇，唇下起沿承盖。如标本03EH133:4（图二四九，6）。

陶尊　6件。分两型。

A型　4件。其变化为由弧肩、口径大于腹径渐变为圆肩、口径等于腹径。分三式。

Ⅰ式　2件。弧颈，弧肩，口径远大于腹径。如标本03EH81:4（图二五二，1）。

Ⅱ式　1件。弧颈，弧腹，口径大于腹径。标本03EH77:4（图二五二，2）。

Ⅲ式　1件。高弧直颈，小圆肩，圆弧腹内收，口径几乎等于腹径。标本03EG4:25（图二五二，3）。

B型　2件。其变化为由坎肩渐变为斜折肩。分两式。

Ⅰ式　1件。卷沿，斜弧颈，坎肩。标本03EH104:1（图二五二，4）。

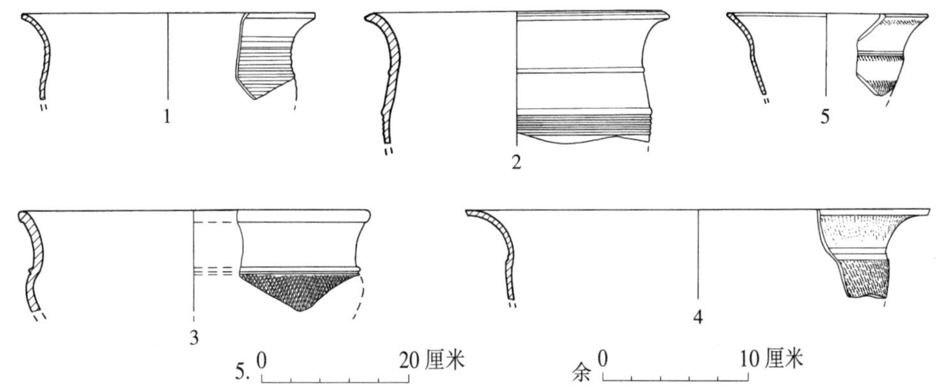

图二五二　商周时代陶尊

1. A型Ⅰ式（03EH81∶4）　2. A型Ⅱ式（03EH77∶4）　3. A型Ⅲ式（03EG4∶25）　4. B型Ⅰ式（03EH104∶1）　5. B型Ⅱ式（84WT2③∶10）

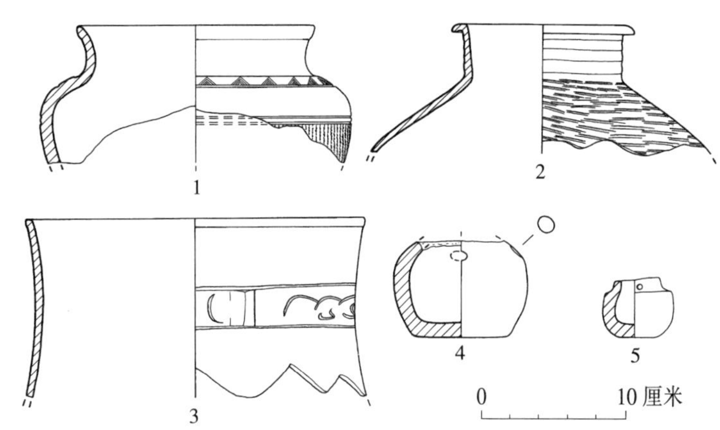

图二五三　商周时代陶壶

1. A型（03EH36∶8）　2. B型（84WT9⑤∶2）　3. C型（03EH75∶15）　4. D型Ⅰ式（03ET2307⑥∶2）　5. D型Ⅱ式（03EH22∶11）

Ⅱ式　1件。斜弧沿，斜折肩，斜直腹内收。标本84WT2③∶10（图二五二，5）。

陶壶　12件。分五型。

A型　1件。敞口，弧隆肩，圆鼓腹。标本03EH36∶8（图二五三，1）。

B型　1件。敞口，直颈，斜弧广肩。标本84WT9⑤∶2（图二五三，2）。

C型　1件。直口微敞，粗高弧颈。标本03EH75∶15（图二五三，3）。

D型　2件。器小。分两式。

Ⅰ式　1件。斜弧肩，弧腹。标本03ET2307⑥∶2（图二五三，4）。

Ⅱ式　1件。直口，方唇，斜直颈，斜平折肩，弧腹。标本03EH22∶11（图二五三，5）。

E型　7件。整体器形酷似雉形。3件式别不明，余4件分四式。

Ⅰ式　1件。背部残有椭圆形孔，雉尾留圆形壶嘴。标本03EH144∶2（图二五四，1）。

Ⅱ式　1件。雉昂首，弧背安提梁，平腹，尾上翘，留圆角长方形壶嘴。标本03EH172∶2（图二五四，2）。

Ⅲ式 1件。雉尾留椭圆形壶嘴。标本03ET2607④:22（图二五四，3）。

Ⅳ式 1件。雉首端留椭圆形壶嘴，雉尾上翘。标本03ET2806③:4（图二五四，4）。

陶罍 30件。分三型。

A型 3件。敞口，肩腹部施附加堆纹罍。整体变化为由圆肩、圆腹渐变至弧折肩、弧腹。分三式。

Ⅰ式 1件。斜弧颈，圆肩，圆腹。标本03EH50:3（图二五五，1）。

Ⅱ式 1件。斜弧沿，弧束颈，斜弧肩，圆弧腹斜内收。标本03EH26:24（图二五五，2）。

Ⅲ式 1件。斜直颈，斜弧广折肩，弧腹。标本03EH115:4（图二五五，3）。

B型 19件。肩腹部施鸡冠状耳罍。分两亚型。

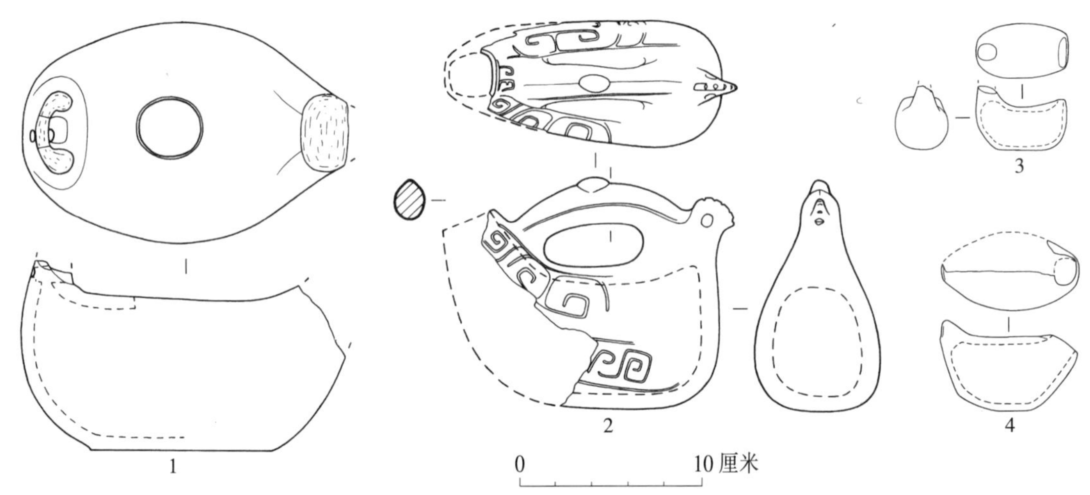

图二五四 商周时代E型陶壶

1. Ⅰ式（03EH144:2） 2. Ⅱ式（03EH172:2） 3. Ⅲ式（03ET2607④:22） 4. Ⅳ式（03ET2806③:4）

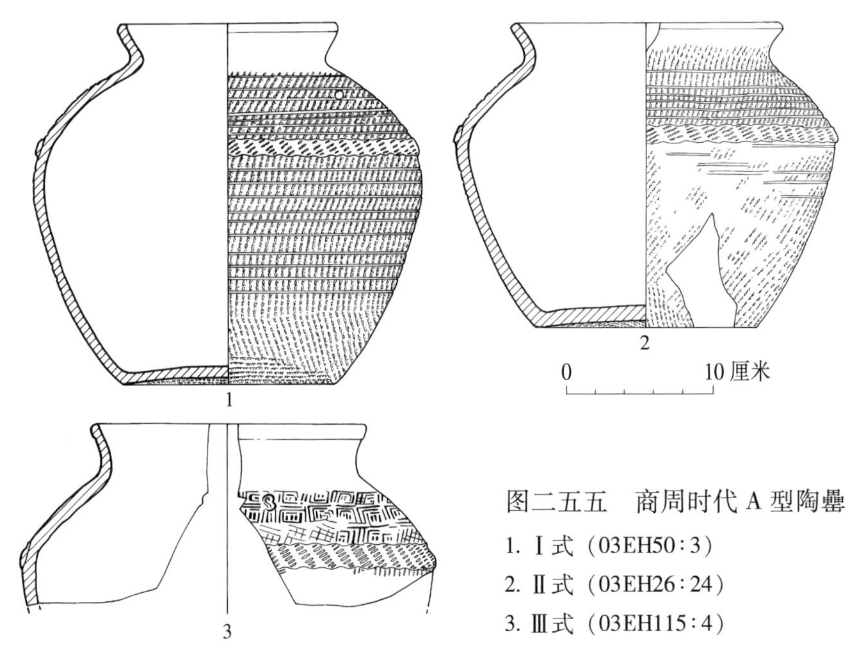

图二五五 商周时代A型陶罍

1. Ⅰ式（03EH50:3）
2. Ⅱ式（03EH26:24）
3. Ⅲ式（03EH115:4）

Ba 型　15 件。敞口，卷沿，肩腹部施鸡冠状耳鋬。整体变化为由弧折肩、弧腹渐变至斜弧折肩、斜弧腹。8 件式别不明，余 7 件分四式。

Ⅰ式　1 件。弧颈，弧折肩，弧腹。标本 03EH144∶1（图二五六，1）。

Ⅱ式　1 件。矮弧颈，斜弧折肩，弧腹斜直内收。标本 03EH129∶9（图二五六，2）。

Ⅲ式　1 件。弧颈，斜弧折肩，弧腹内收。标本 03EH117∶8（图二五六，3）。

Ⅳ式　4 件。弧颈，斜弧折肩，斜弧腹。如标本 03EH149∶43（图二五六，4）。

Bb 型　4 件。侈口，弧沿，肩腹部施鸡冠状鋬耳鋬。分三式。

Ⅰ式　1 件。斜直颈，斜直肩，直弧腹内收。标本 90ET233⑤∶1（图二五六，5）。

Ⅱ式　2 件。斜直颈，斜广肩。如标本 03EH165∶7（图二五六，6）。

Ⅲ式　1 件。斜直颈较高，斜广肩。标本 03ET2705③∶5（图二五六，7）。

C 型　8 件。分两亚型。

Ca 型　4 件。侈口，弧沿，肩腹部施鸟头形扁直耳鋬。整体变化为由弧肩、弧腹渐变至斜折肩、斜弧腹。分三式。

Ⅰ式　1 件。弧颈，弧肩，圆腹弧内收，平底微内凹。标本 03EH129∶5（图二五七，1）。

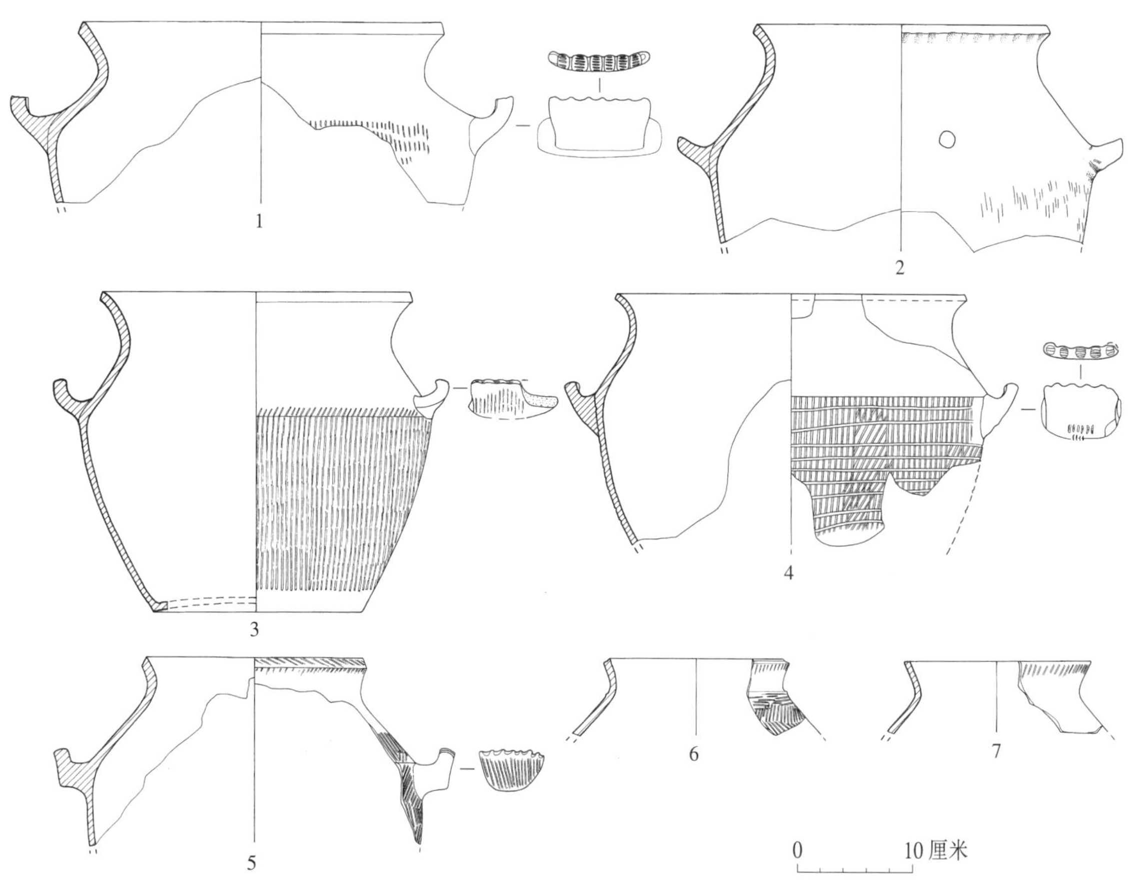

图二五六　商周时代 B 型陶鬲

1. Ba 型Ⅰ式（03EH144∶1）　2. Ba 型Ⅱ式（03EH129∶9）　3. Ba 型Ⅲ式（03EH117∶8）　4. Ba 型Ⅳ式（03EH149∶43）　5. Bb 型Ⅰ式（90ET233⑤∶1）　6. Bb 型Ⅱ式（03EH165∶7）　7. Bb 型Ⅲ式（03ET2705③∶5）

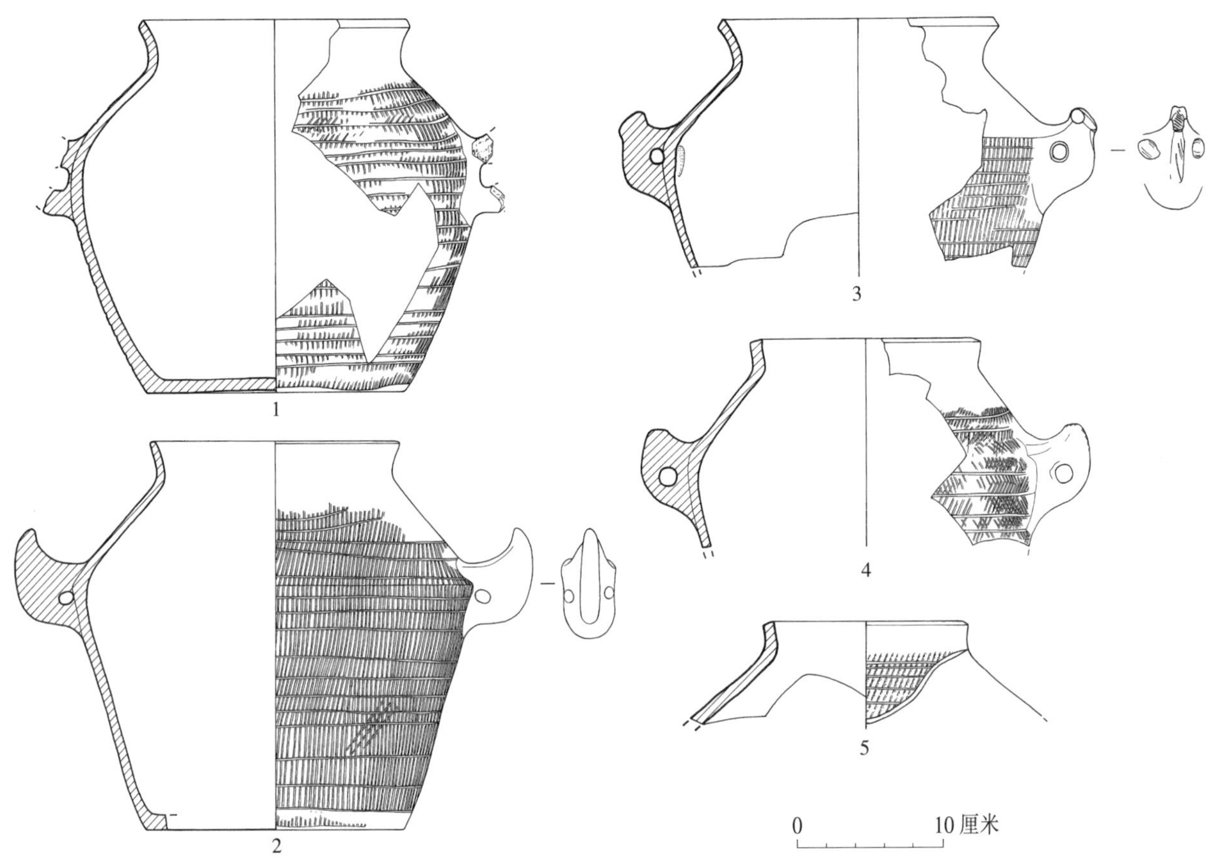

图二五七 商周时代 C 型陶罍

1. Ca 型Ⅰ式（03EH129∶5） 2. Ca 型Ⅱ式（03EH130∶7） 3. Ca 型Ⅲ式（03EH22∶27） 4. Cb 型Ⅰ式（03EH129∶7） 5. Cb 型Ⅱ式（03ET2508③∶6）

Ⅱ式 1 件。斜直颈，斜直折肩，腹斜直内收，平底。标本 03EH130∶7（图二五七，2）。

Ⅲ式 2 件。弧颈，斜弧折肩，弧腹内收。如标本 03EH22∶27（图二五七，3）。

Cb 型 4 件。口近直，肩腹部施鸟头形扁直耳罍。分两式。

Ⅰ式 2 件。斜弧折肩，弧腹斜直内收。如标本 03EH129∶7（图二五七，4）。

Ⅱ式 2 件。斜肩。如标本 03ET2508③∶6（图二五七，5）。

陶盆 69 件。1 件类型不明，余 68 件分四型。

A 型 37 件。深腹盆。分两亚型。

Aa 型 30 件。敞口，卷沿。整体变化为溜肩、弧腹渐至弧肩、圆腹。14 件式别不明，余 16 件分四式。

Ⅰ式 2 件。斜直颈，溜肩，弧腹。如标本 90EF2∶22（图二五八，1）。

Ⅱ式 3 件。斜弧颈，溜肩，圆弧腹。如标本 03EH79∶18（图二五八，2）。

Ⅲ式 9 件。弧束颈，上腹圆弧，下腹斜直内收，平底。如标本 84WT8④∶2（图二五八，3）。

Ⅳ式 2 件。侈短弧颈，弧肩，圆腹。如标本 84WT2③∶11（图二五八，4）。

Ab 型 7 件。整体变化为侈口、斜沿、斜直腹渐至敞口、卷沿、弧腹。分三式。

Ⅰ式 4 件。侈口，斜沿，斜直腹。如标本 03EH133∶1（图二五八，5）。

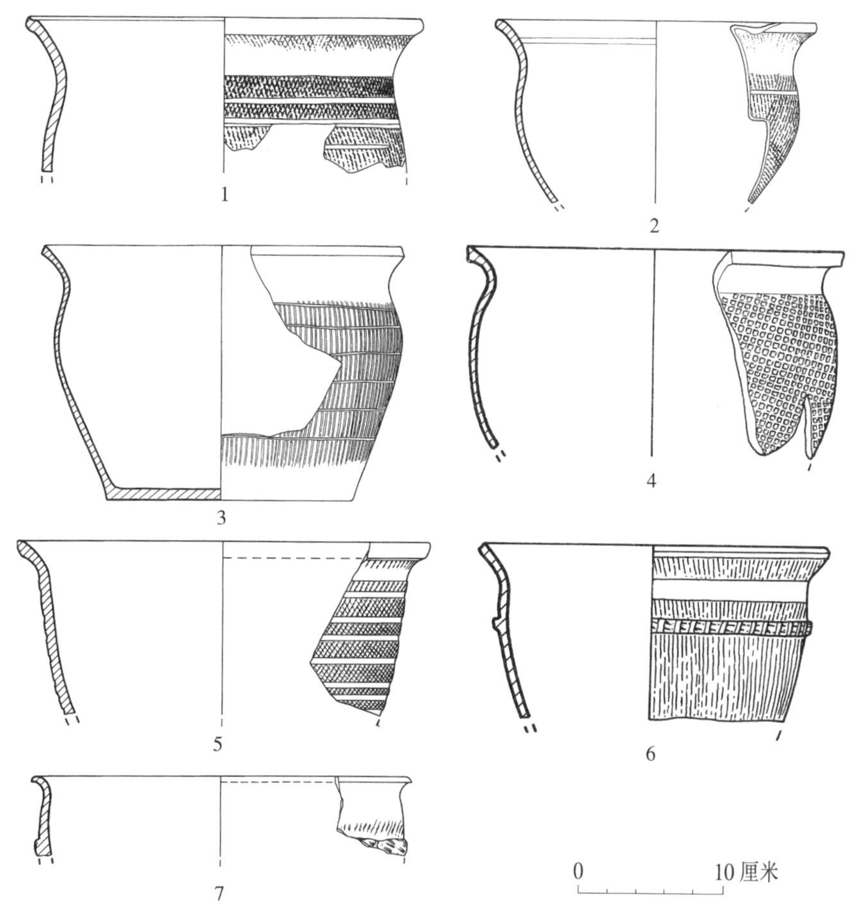

图二五八　商周时代 A 型陶盆

1. Aa 型Ⅰ式（90EF2:22）　2. Aa 型Ⅱ式（03EH79:18）　3. Aa 型Ⅲ式（84WT8④:2）　4. Aa 型Ⅳ式（84WT2③:11）　5. Ab 型Ⅰ式（03EH133:1）　6. Ab 型Ⅱ式（90ET233⑤:66）　7. Ab 型Ⅲ式（03EH21:3）

Ⅱ式　2 件。敞口，弧沿，斜直腹弧内收。如标本 90ET233⑤:66（图二五八，6）。

Ⅲ式　1 件。敞口，卷沿，弧腹。标本 03EH21:3（图二五八，7）。

B 型　25 件。浅腹盆。分三亚型。

Ba 型　12 件。整体变化为敞口、斜肩渐至侈口、溜肩。分四式。

Ⅰ式　3 件。敞口，斜弧折肩，弧腹。如标本 03ET2406⑥:6（图二五九，1）。

Ⅱ式　2 件。侈口，斜直颈，小斜肩，弧腹。如标本 03EG4:17（图二五九，2）。

Ⅲ式　4 件。侈口，弧颈，溜肩，弧腹斜内收，平底。如标本 03EH21:1（图二五九，3）。

Ⅳ式　3 件。侈口，斜直颈，溜肩，弧腹。如标本 03EH19:65（图二五九，4）。

Bb 型　5 件。整体变化为敞口、圆肩渐至侈口、斜肩。分四式。

Ⅰ式　2 件。敞口，卷沿，短弧颈，小圆肩，圆腹。如标本 90ET217⑤:11（图二五九，5）。

Ⅱ式　1 件。敞口，斜弧沿，弧颈，溜肩，弧腹。标本 03EH26:29（图二五九，6）。

Ⅲ式　2 件。侈口，弧沿，斜弧颈，斜肩，弧腹内收，平底微内凹。如标本 03ET2508④:1（图二五九，7）。

Bc 型　8 件。整体变化为敞口、溜肩渐至侈口、弧肩。分三式。

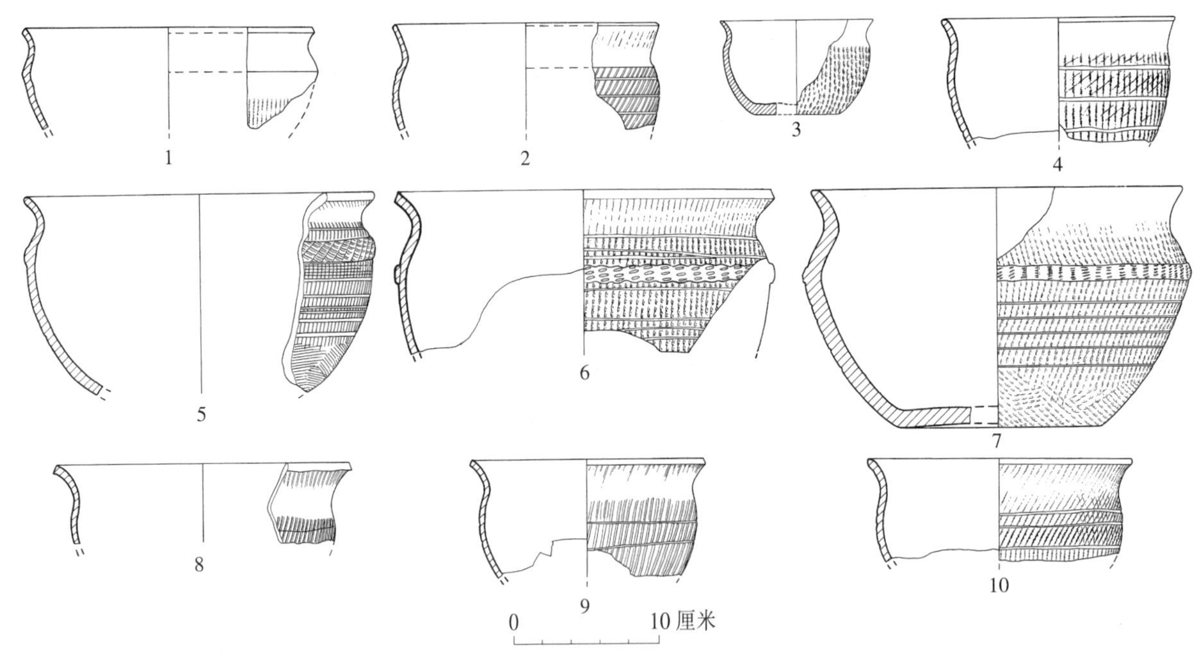

图二五九 商周时代B型陶盆

1. Ba型Ⅰ式（03ET2406⑥:6） 2. Ba型Ⅱ式（03EG4:17） 3. Ba型Ⅲ式（03EH21:1） 4. Ba型Ⅳ式（03EH19:65） 5. Bb型Ⅰ式（90ET217⑤:11） 6. Bb型Ⅱ式（03EH26:29） 7. Bb型Ⅲ式（03ET2508④:1） 8. Bc型Ⅰ式（03EH72:11） 9. Bc型Ⅱ式（03EH14:20） 10. Bc型Ⅲ式（03EH28:20）

Ⅰ式 1件。敞口，卷沿，溜肩，弧腹。标本03EH72:11（图二五九，8）。

Ⅱ式 5件。敞口，弧沿，肩微弧，圆弧腹内收。如标本03EH14:20（图二五九，9）。

Ⅲ式 2件。侈口，斜弧沿，弧肩，弧腹。如标本03EH28:20（图二五九，10）。

C型 5件。有耳有足盆。整体变化为敞口、卷沿渐至侈口、斜弧沿。盆身与Aa型甗上部（甑部）略同，口沿外壁也对称贴施两个泥片护耳，盆底等距离安三个矮足。分三式。

Ⅰ式 1件。敞口，卷沿，弧颈，弧腹。标本90EF2:8（图二六〇，1）。

Ⅱ式 2件。敞口，弧沿，弧颈，弧腹。如标本03EH164:13（图二六〇，2）。

Ⅲ式 2件。侈口，斜弧沿，弧腹内收。如标本03EH26:22（图二六〇，3）。

D型 1件。敞口，卷沿，方唇，斜直颈，溜肩，斜弧腹。标本90ET233⑤:59（图二六〇，4）。

陶盆耳 4件。均为C型盆耳。如标本03EH93:29（图二六一，1）。

陶盆（底）足 20件。均为C型盆底足。整体变化为足由腹壁直下渐移至底部。与A型甗的区别主要是：盆下腹斜直，与底相接为折接，甗为弧接；盆底为平底，甗为圜底。分三式。

Ⅰ式 10件。足在腹壁直下。如标本03EH146:15（图二六一，2）。

Ⅱ式 8件。足在腹壁下近底部。如标本03ET2409④:30（图二六一，3）。

Ⅲ式 2件。足在底部。如标本03EH22:19（图二六一，4）。

陶簋 7件（包括5件圈足）。分两型。

A型 1件。喇叭形圈足。标本03EH67:6（图二六二，1）。

B型 1件。颈腹部对称安鸟头形耳。标本03ET2509③:5（图二六二，2）。

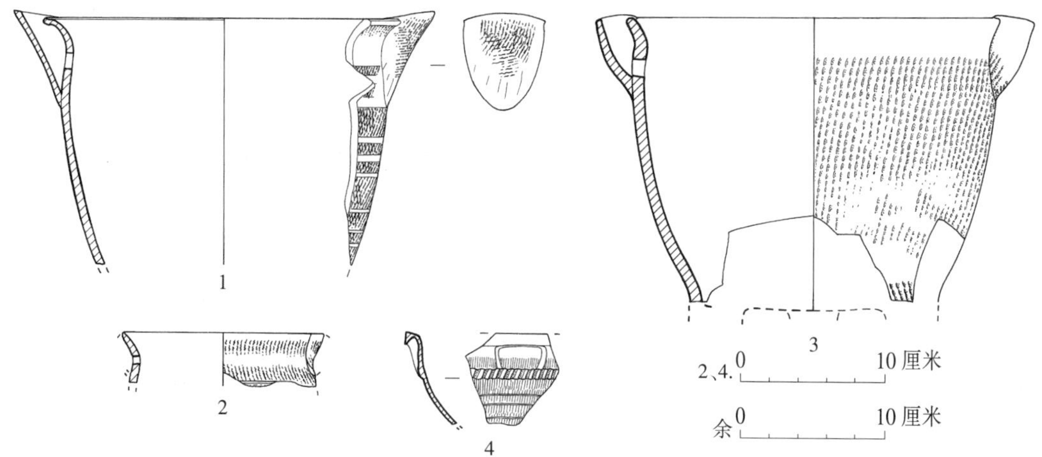

图二六〇　商周时代陶盆

1. C型Ⅰ式（90EF2:8）　2. C型Ⅱ式（03EH164:13）　3. C型Ⅲ式（03EH26:22）　4. D型（90ET233⑤:59）

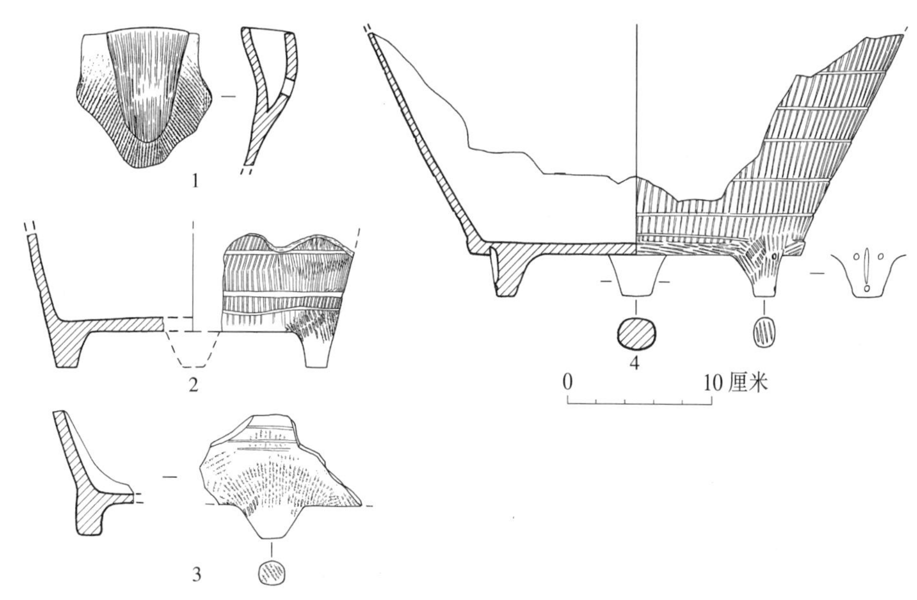

图二六一　商周时代陶盆耳、盆（底）足

1. C型盆耳（03EH93:29）　2. C型Ⅰ式盆（底）足（03EH146:15）　3. C型Ⅱ式盆（底）足（03ET2409④:30）　4. C型Ⅲ式盆（底）足（03EH22:19）

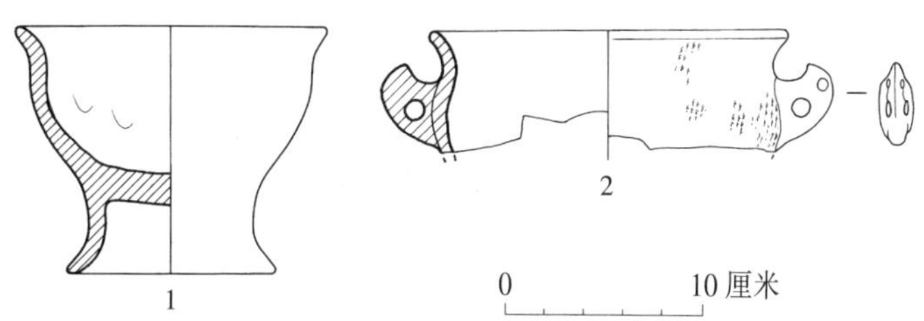

图二六二　商周时代陶簋

1. A型簋（03EH67:6）　2. B型簋（03ET2509③:5）

陶盂 9件。分两型。

A型 6件。深腹盂。分三亚型。

Aa型 2件。其变化为敞口、卷沿、圆弧肩、弧腹渐至侈口、斜弧沿、弧颈、弧肩、圆鼓腹斜内收。分两式。

Ⅰ式 1件。敞口，卷沿，圆弧肩，弧腹。标本03EH93∶23（图二六三，1）。

Ⅱ式 1件。侈口，斜弧沿，弧颈，弧肩，圆鼓腹斜内收。标本84ET2④∶1（图二六三，2）。

Ab型 2件。其变化为弧肩、圆弧腹渐至斜弧肩、圆鼓腹。分两式。

Ⅰ式 1件。弧肩，圆弧腹。标本03EG4∶99（图二六三，3）。

Ⅱ式 1件。斜弧肩，圆鼓腹。标本03EH70∶2（图二六三，4）。

Ac型 2件。其变化为敞口、小平肩渐至直口、溜肩。分两式。

Ⅰ式 1件。敞口，小平肩。标本03EG4∶32（图二六三，5）。

Ⅱ式 1件。直口微敞，溜肩。标本90EF1∶4（图二六三，6）。

B型 3件。浅腹盂。分两亚型。

Ba型 1件。敞口，弧沿，圆唇，弧束颈，弧腹内收。标本03EH27∶2（图二六三，7）。

Bb型 2件。其变化为敞口、平沿、小圆肩、斜弧腹渐至直口、弧折沿、上腹直、下腹斜弧。分两式。

Ⅰ式 1件。敞口，平沿，小圆肩，斜弧腹。标本03EH3∶1（图二六三，8）。

Ⅱ式 1件。直口，弧折沿，上腹直、下腹斜弧。标本03ET2509③∶3（图二六三，9）。

陶盂形器 1件。标本03ET2508②∶3（图二六四，1）。

陶钵 42件。分四型。

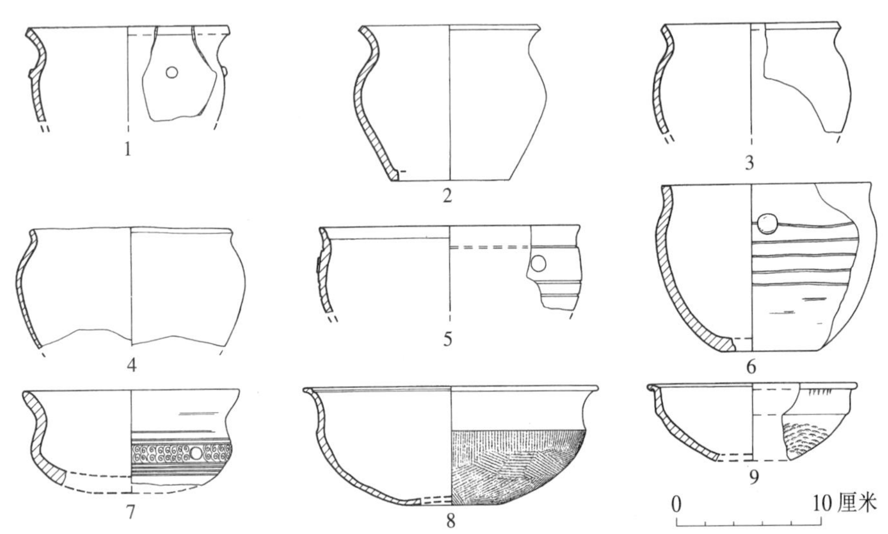

图二六三 商周时代陶盂

1. Aa型Ⅰ式（03EH93∶23） 2. Aa型Ⅱ式（84ET2④∶1） 3. Ab型Ⅰ式（03EG4∶99） 4. Ab型Ⅱ式（03EH70∶2） 5. Ac型Ⅰ式（03EG4∶32） 6. Ac型Ⅱ式（90EF1∶4） 7. Ba型（03EH27∶2） 8. Bb型Ⅰ式（03EH3∶1） 9. Bb型Ⅱ式（03ET2509③∶3）

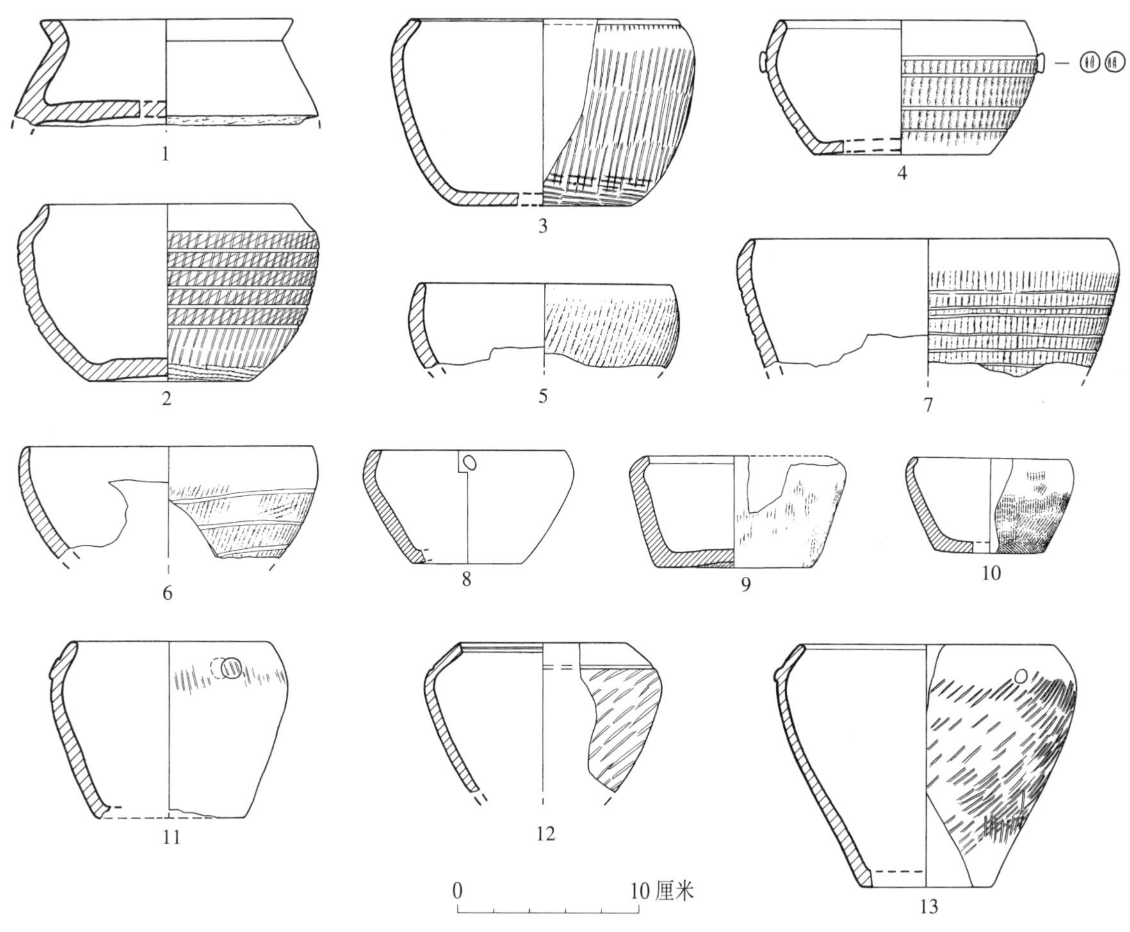

图二六四　商周时代陶盂形器、钵

1. 盂形器（03ET2508②:3）　2. Aa型Ⅰ式钵（03EH132:1）　3. Aa型Ⅱ式钵（03EH25:1）　4. Aa型Ⅲ式钵（03ET2509③:2）　5. Ab型Ⅰ式钵（03ET2409⑥:52）　6. Ab型Ⅱ式钵（03EH98:24）　7. Ab型Ⅲ式钵（03EH17:25）　8. Ac型Ⅰ式钵（03ET2409⑤:3）　9. Ac型Ⅱ式钵（03EH26:10）　10. Ac型Ⅲ式钵（03ET3006④:4）　11. Ac型Ⅳ式钵（03EH8:3）　12. Ad型Ⅰ式钵（03EH98:8）　13. Ad型Ⅱ式钵（03ET2707④:2）

A型　23件。敛口，圆弧肩钵。分四亚型。

Aa型　12件。弧腹钵。整体变化为钵腹由深渐浅。3件式别不明，余9件分三式。

Ⅰ式　4件。深腹。如标本03EH132:1（图二六四，2）。

Ⅱ式　4件。腹较Ⅰ式浅。如标本03EH25:1（图二六四，3）。

Ⅲ式　1件。浅腹。标本03ET2509③:2（图二六四，4）。

Ab型　5件。与Aa型相比唇沿薄短，腹斜弧。分三式。

Ⅰ式　3件。口微敛，弧腹。如标本03ET2409⑥:52（图二六四，5）。

Ⅱ式　1件。直口微敛，弧腹斜内收。标本03EH98:24（图二六四，6）。

Ⅲ式　1件。敛口，腹斜直内收。标本03EH17:25（图二六四，7）。

Ac型　4件。与Aa型相比腹斜直。分四式。

Ⅰ式　1件。上腹弧折，下腹斜直内收。标本03ET2409⑤:3（图二六四，8）。

Ⅱ式　1件。弧肩，斜直腹内收，平底内凹。标本03EH26:10（图二六四，9）。

Ⅲ式 1件。上腹圆弧，下腹斜直内收呈平底。标本03ET3006④:4（图二六四，10）。

Ⅳ式 1件。圆弧腹斜内收。标本03EH8:3（图二六四，11）。

Ad型 2件。与Aa型相比腹斜直，深腹。分两式。

Ⅰ式 1件。斜肩弧折，弧腹斜内收。标本03EH98:8（图二六四，12）。

Ⅱ式 1件。器瘦高。上腹圆弧，下腹斜弧内收呈平底。标本03ET2707④:2（图二六四，13）。

B型 5件。敛口，斜弧腹钵。分两亚型。

Ba型 4件。浅腹。分三式。

Ⅰ式 2件。弧肩，弧腹斜内收。如标本03EH53:1（图二六五，1）。

Ⅱ式 1件。斜弧肩，肩腹微折。标本03ET2509⑤:1（图二六五，2）。

Ⅲ式 1件。折腹斜弧内收，平底微内凹。标本84WT2③:15（图二六五，3）。

Bb型 1件。深腹。标本03ET2707⑤:1（图二六五，4）。

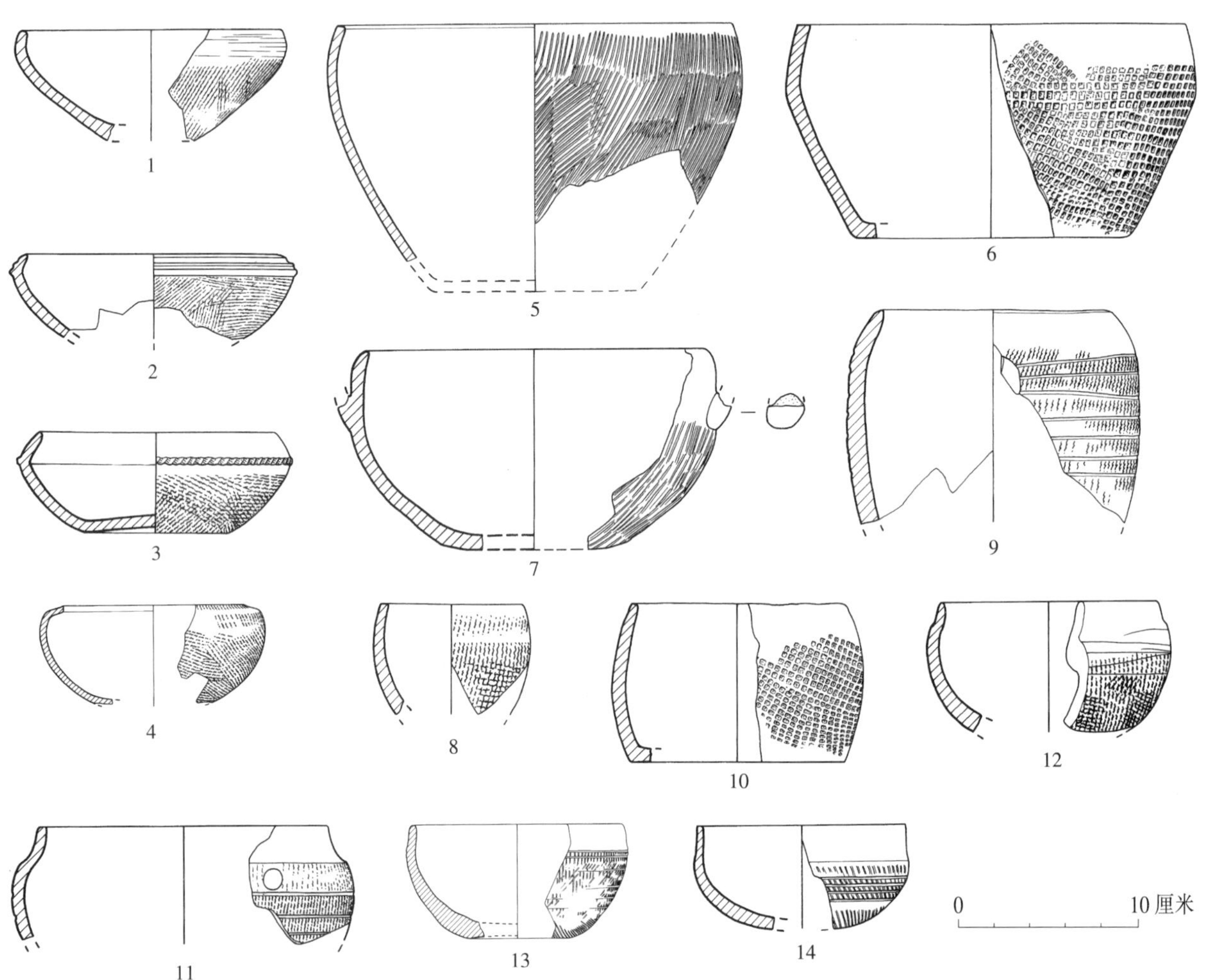

图二六五 商周时代陶钵

1. Ba型Ⅰ式（03EH53:1） 2. Ba型Ⅱ式（03ET2509⑤:1） 3. Ba型Ⅲ式（84WT2③:15） 4. Bb型（03ET2707⑤:1） 5. Ca型Ⅰ式（03EH65:1） 6. Ca型Ⅱ式（84WT8③:4） 7. Ca型Ⅲ式（03EH19:16） 8. Cb型Ⅰ式（03EH178:15） 9. Cb型Ⅱ式（03EH161:2） 10. Cb型Ⅲ式（90ET262④:3） 11. Da型Ⅰ式（03EH80:20） 12. Da型Ⅱ式（84ET1⑤:2） 13. Db型Ⅰ式（03EH80:2） 14. Db型Ⅱ式（03EH177:22）

C型　9件。敛口近直钵。分两亚型。

Ca型　6件。弧折腹。1件式别不明，余5件分三式。

Ⅰ式　3件。上腹圆弧，下腹斜弧内收。如标本03EH65∶1（图二六五，5）。

Ⅱ式　1件。折弧腹斜内收。标本84WT8③∶4（图二六五，6）。

Ⅲ式　1件。弧腹斜内收。标本03EH19∶16（图二六五，7）。

Cb型　3件。弧腹。分三式。

Ⅰ式　1件。方唇，弧腹。标本03EH178∶15（图二六五，8）。

Ⅱ式　1件。圆唇，弧腹。标本03EH161∶2（图二六五，9）。

Ⅲ式　1件。圆唇，弧腹，下腹外鼓，平底。标本90ET262④∶3（图二六五，10）。

D型　5件。敛口呈子口状。分两亚型。

Da型　3件。分两式。

Ⅰ式　2件。圆唇，斜直颈。如标本03EH80∶20（图二六五，11）。

Ⅱ式　1件。小圆唇，短斜直颈。标本84ET1⑤∶2（图二六五，12）。

Db型　2件。分两式。

Ⅰ式　1件。直口微敛，圆唇，圆弧腹。标本03EH80∶2（图二六五，13）。

Ⅱ式　1件。口微敛，方唇，弧直壁。标本03EH177∶22（图二六五，14）。

陶钵形器　14件。器小，多不规整。分六型。

A型　4件。敞口。分四式。

Ⅰ式　1件。器小，圆唇，腹较直，平底。标本03ET2409⑥∶3（图二六六，1）。

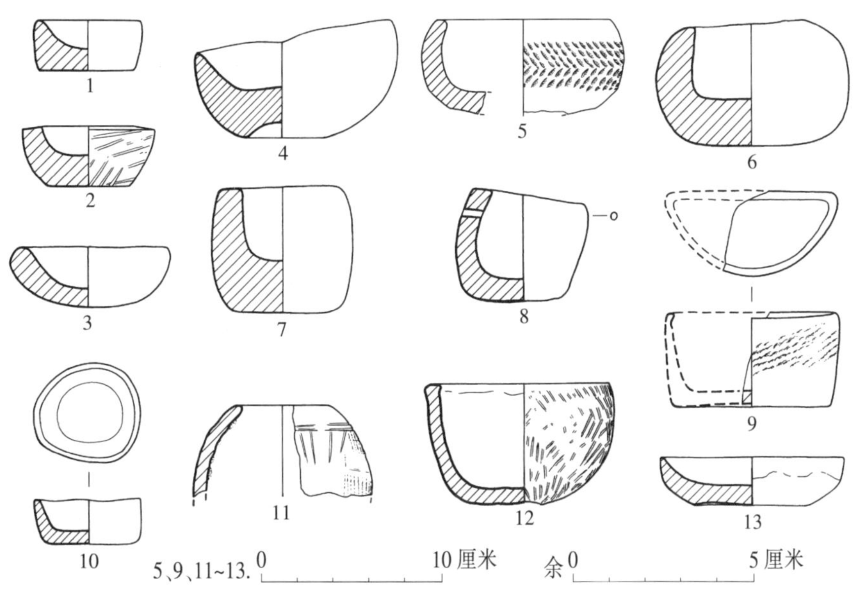

图二六六　商周时代陶钵形器

1. A型Ⅰ式（03ET2409⑥∶3）　2. A型Ⅱ式（03ET2201⑤∶1）　3. A型Ⅲ式（03EH36∶4）　4. A型Ⅳ式（90EG1∶7）　5. B型Ⅰ式（03ET2409⑤∶2）　6. B型Ⅱ式（03EH26∶14）　7. B型Ⅲ式（03EH45∶11）　8. B型Ⅳ式（84WT10③∶1）　9. C型Ⅰ式（03ET2409⑥∶15）　10. C型Ⅱ式（90EG1∶2）　11. D型（03EH22∶31）　12. E型（84NH1∶1）　13. F型（84ET4②∶1）

Ⅱ式　1件。方唇，弧腹，平底。标本03ET2201⑤:1（图二六六，2）。

Ⅲ式　1件。厚圆唇，弧腹，圜底。标本03EH36:4（图二六六，3）。

Ⅳ式　1件。直弧腹，平底内凹。标本90EG1:7（图二六六，4）。

B型　5件。直口微敛。分四式。

Ⅰ式　1件。圆弧腹内收。标本03ET2409⑤:2（图二六六，5）。

Ⅱ式　2件。腹内壁较直内收。如标本03EH26:14（图二六六，6）。

Ⅲ式　1件。腹内外都较直。标本03EH45:11（图二六六，7）。

Ⅳ式　1件。器小，器不规整，口沿下有对称两个小圆孔，弧腹，平底。标本84WT10③:1（图二六六，8）。

C型　2件。口呈半圆形或椭圆形。分两式。

Ⅰ式　1件。钵口俯视略呈半圆形。标本03ET2409⑥:15（图二六六，9）。

Ⅱ式　1件。钵口俯视略呈椭圆形。标本90EG1:2（图二六六，10）。

D型　1件。敛口。标本03EH22:31（图二六六，11）。

E型　1件。直口微敞。标本84NH1:1（图二六六，12）。

F型　1件。敞口，浅盘。标本84ET4②:1（图二六六，13）。

陶豆　185件（包括豆柄27件，豆座25件）。分四型。

A型　146件（含豆柄14件，豆座25件）。粗柄，柄上有镂孔豆。42件亚型不明，余104件分两亚型。

Aa型　76件。弧盘豆。整体变化为豆盘由浅渐深，盘径由小渐大，柄上镂孔由单层到双层。37件式别不明，余39件分五式。

Ⅰ式　5件。豆盘浅，盘径小，柄上镂孔单层。如标本03EH44:6（图二六七，1）。

Ⅱ式　8件。弧盘，豆座呈喇叭形，柄上镂孔双层。如标本03ET2409⑥:4（图二六七，2）。

Ⅲ式　7件。盘径较大，喇叭形豆座，柄上镂孔双层。如标本03EY1:6（图二六七，3）。

Ⅳ式　9件。盘径较Ⅲ式大，柄上镂孔双层。如标本84EH1:1（图二六七，4）。

Ⅴ式　10件。盘较深，盘径较大，柄上镂孔双层。如标本03EH22:33（图二六七，5）。

Ab型　28件。折盘豆。整体变化为豆盘由浅渐深，盘径由小渐大，盘胎由薄渐厚。15件式别不明，余13件分四式。

Ⅰ式　4件。豆盘浅，盘径小，胎壁较薄。如标本90EF2:26（图二六七，6）。

Ⅱ式　2件。盘径较Ⅰ式深，胎壁稍厚。如标本03EH26:18（图二六七，7）。

Ⅲ式　2件。盘较Ⅱ式深，盘径较大。如标本03ET2605③:1（图二六七，8）。

Ⅳ式　5件。豆盘较深，大盘径，厚胎。如标本03EH8:5（图二六七，9）。

B型　16件。粗柄，柄上无镂孔豆。分四亚型。

Ba型　7件（含豆柄3件）。弧盘豆。整体变化为豆盘由浅渐深，盘径由小渐大。2件式别不明，余2件分两式。

Ⅰ式　1件。浅盘渐深，小盘径。标本03ET2606⑤:1（图二六七，10）。

Ⅱ式　1件。深盘，盘径较大。标本03EH22:10（图二六七，11）。

Bb型　3件。弧折盘豆。如标本84NT1③:1（图二六七，12）。

Bc型　2件。粗直柄豆。如标本03EH72:22（图二六八，1）。

Bd型　4件。粗高直柄豆。如标本03EH117:24（图二六八，2）。

C型　22件。细柄，柄上无镂孔豆。仅复原1件，多无法复原，仅存豆盘和柄座。分两亚型。

图二六七　商周时代陶豆

1. Aa型Ⅰ式（03EH44∶6）　2. Aa型Ⅱ式（03ET2409⑥∶4）　3. Aa型Ⅲ式（03EY1∶6）　4. Aa型Ⅳ式（84EH1∶1）　5. Aa型Ⅴ式（03EH22∶33）　6. Ab型Ⅰ式（90EF2∶26）　7. Ab型Ⅱ式（03EH26∶18）　8. Ab型Ⅲ式（03ET2605③∶1）　9. Ab型Ⅳ式（03EH8∶5）　10. Ba型Ⅰ式（03ET2606⑤∶1）　11. Ba型Ⅱ式（03EH22∶10）　12. Bb型（84NT1③∶1）

Ca型　16件（含豆柄4件）。弧盘豆。整体变化为豆盘由浅渐深。4件豆柄式别不明，余3件分三式。

Ⅰ式　1件。敞口，豆盘较浅。标本03ET2410⑤∶7（图二六八，3）。

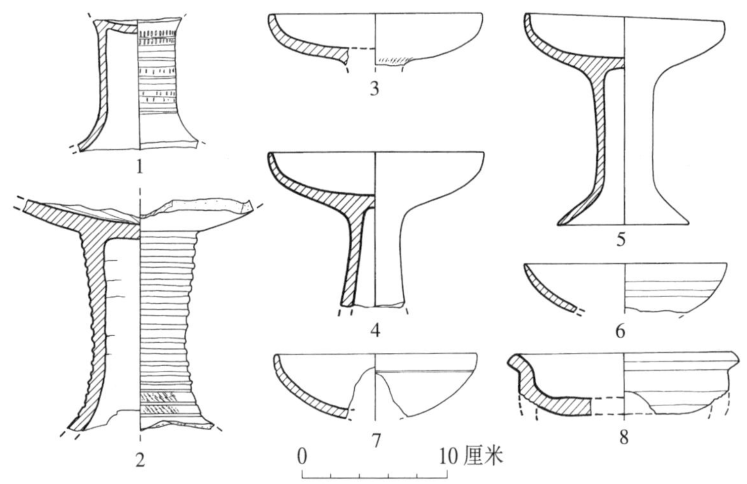

图二六八　商周时代陶豆

1. Bc 型（03EH72∶22）　2. Bd 型（03EH117∶24）　3. Ca 型Ⅰ式（03ET2410⑤∶7）　4. Ca 型Ⅱ式（84WT14③∶1）　5. Ca 型Ⅲ式（84NT6②∶2）　6. Cb 型Ⅰ式（03ET2606⑤∶11）　7. Cb 型Ⅱ式（03ET2606③∶9）　8. D 型（03EH14∶1）

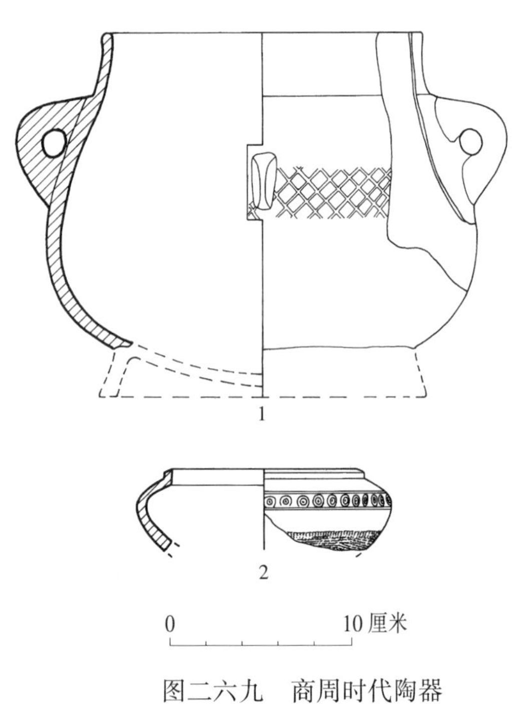

图二六九　商周时代陶器

1. 卣（03EH79∶1）　2. 瓿（84ET1⑤∶4）

Ⅱ式　6 件。敞口，豆盘较深，圆柱形豆柄由上至下渐粗。如标本 84WT14③∶1（图二六八，4）。

Ⅲ式　5 件。直口，弧盘较深，豆柄较瘦高，座口呈喇叭形。如标本 84NT6②∶2（图二六八，5）。

Cb 型　6 件（含豆柄 4 件）。斜弧深盘豆。整体变化为豆盘由浅渐深。4 件豆柄式别不明，余 2 件分两式。

Ⅰ式　1 件。豆盘较浅。标本 03ET2606⑤∶11（图二六八，6）。

Ⅱ式　1 件。豆盘较深。标本 03ET2606③∶9（图二六八，7）。

D 型　1 件。假腹豆。标本 03EH14∶1（图二六八，8）。

陶卣　1 件。标本 03EH79∶1（图二六九，1）。

陶瓿　1 件。标本 84ET1⑤∶4（图二六九，2）。

陶缸　21 件。分两型，其中 A 型为存储器；B 型用途不明，根据形状、结构推测，其主要功用可能与冶炼相关，疑为溶铜器。

A 型　4 件。有沿缸。器表有附加堆纹。分四式。

Ⅰ式　1 件。斜沿，颈微束，弧直腹。标本 03EH58∶6（图二七〇，1）。

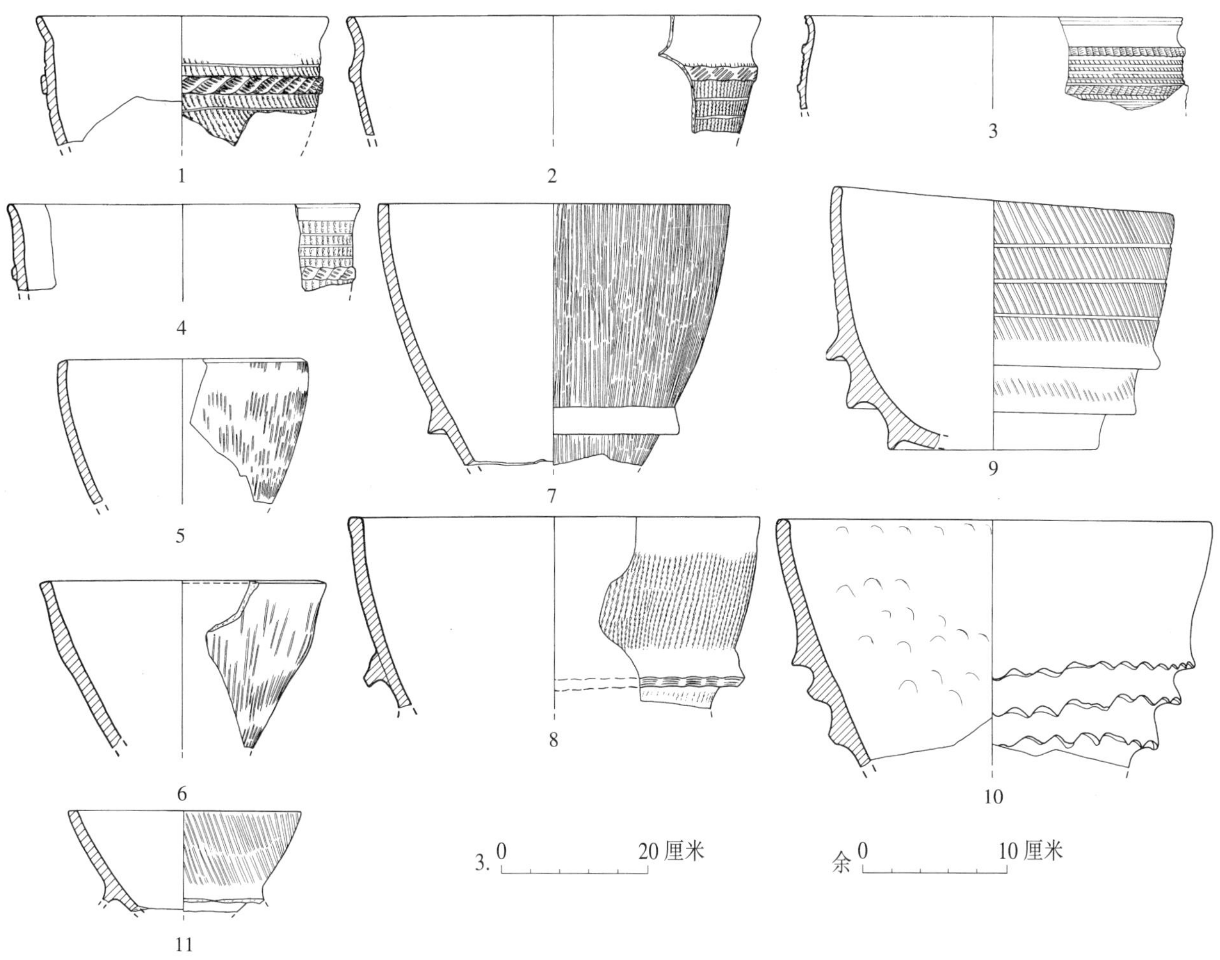

图二七〇　商周时代陶缸

1. A 型Ⅰ式（03EH58∶6）　2. A 型Ⅱ式（03EH93∶24）　3. A 型Ⅲ式（03EH160∶11）　4. A 型Ⅳ式（03EH163∶7）　5. Ba 型Ⅰ式（03ET2606⑥∶1）　6. Ba 型Ⅱ式（03EH22∶32）　7. Bb 型Ⅰ式（03ET2509⑤∶2）　8. Bb 型Ⅱ式（03EY1∶12）　9. Bb 型Ⅲ式（03EH26∶20）　10. Bb 型Ⅳ式（03EH67∶4）　11. Bc 型（03ET2508④∶32）

Ⅱ式　1 件。斜直颈，溜肩，斜直腹。标本 03EH93∶24（图二七〇，2）。

Ⅲ式　1 件。平沿，弧颈，弧腹。标本 03EH160∶11（图二七〇，3）。

Ⅳ式　1 件。斜弧颈，弧腹。标本 03EH163∶7（图二七〇，4）。

B 型　17 件。无沿缸。根据器表凸棱的有无和具体形态特征，分三亚型。

Ba 型　4 件。器表无凸棱。分两式。

Ⅰ式　2 件。口微敛，方唇。如标本 03ET2606⑥∶1（图二七〇，5）。

Ⅱ式　2 件。敞口，方唇，弧腹斜内收。如标本 03EH22∶32（图二七〇，6）。

Bb 型　11 件。器表有凸棱，腹较深。7 件式别不明，余 4 件分四式。

Ⅰ式　1 件。口微敛，方唇，斜弧腹内收。标本 03ET2509⑤∶2（图二七〇，7）。

Ⅱ式　1 件。口微敛，方唇，斜弧腹。标本 03EY1∶12（图二七〇，8）。

Ⅲ式　1 件。直口微敛，圆唇，弧腹内收，矮圈足。标本 03EH26∶20（图二七〇，9）。

Ⅳ式　1 件。直口微敛，圆唇，斜弧腹。标本 03EH67∶4（图二七〇，10）。

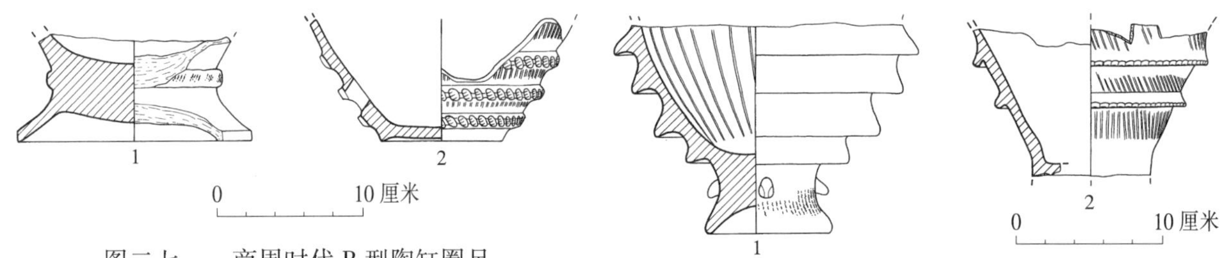

图二七一　商周时代B型陶缸圈足

1. Ba型（03EH79∶4）
2. Bd型（84ET4⑥∶1）

图二七二　商周时代B型陶缸圈足

1. Bb型（84EH2∶1）　2. Bc型（03EG3③∶15）

Bc型　2件。器表有凸棱，腹较浅。如标本03ET2508④∶32（图二七〇，11）。

陶缸圈足　22件。包括下腹、底等部分，均为B型缸。分四亚型。

Ba型　8件。无凸棱，有附加堆纹或乳丁，圈足口呈喇叭口形。如标本03EH79∶4（图二七一，1）。

Bb型　6件。有凸棱，圈足口呈喇叭口形。如标本84EH2∶1（图二七二，1）。

Bc型　4件。有凸棱，圈足呈直口形或假圈足。如标本03EG3③∶15（图二七二，2）。

Bd型　4件。有凸棱，矮圈足。如标本84ET4⑥∶1（图二七一，2）。

陶器盖　42件。分四型。

A型　26件。圆圈形凹纽，凹平顶盖。分四亚型。

Aa型　12件。盖体较深。整体变化为盖口敞、壁斜直渐变为直口、弧壁。2件式别不明，余10件分五式。

Ⅰ式　2件。盖口敞，方唇，壁斜直。如标本03ET2409⑥∶14（图二七三，1）。

Ⅱ式　2件。盖口敞，方唇。如标本03EH98∶10（图二七三，2）。

Ⅲ式　2件。盖口直，圆唇。如标本03EH26∶12（图二七三，3）。

Ⅳ式　3件。盖口直微敛，圆唇，壁较弧。如标本03ET2508④∶7（图二七三，4）。

Ⅴ式　1件。盖口直，圆唇，弧壁。标本03ET2512③∶1（图二七三，5）。

Ab型　8件。盖体较深。整体变化为盖体由深渐浅，顶由平渐隆起。分三式。

Ⅰ式　3件。盖体较深。如标本03EH26∶57（图二七三，6）。

Ⅱ式　2件。盖较Ⅰ式浅，顶隆起。如标本03EH27∶12（图二七三，7）。

Ⅲ式　3件。盖较Ⅱ式浅，顶隆起。如标本84WT8③∶10（图二七三，8）。

Ac型　4件。盖体较浅。整体变化为盖顶面由凹渐凸起。分三式。

Ⅰ式　2件。盖顶内凹，盖壁直。如标本03EH72∶1（图二七三，9）。

Ⅱ式　1件。平顶，斜直壁。标本03ET2607⑤∶2（图二七三，10）。

Ⅲ式　1件。盖顶面凸起，斜直壁。标本03ET2409⑤∶25（图二七三，11）。

Ad型　2件。盖体较深。整体变化为盖顶面由平渐隆起。分两式。

Ⅰ式　1件。顶面平斜，斜直壁。标本03ET2409⑥∶41（图二七三，12）。

Ⅱ式　1件。圆盘形器盖，盖顶较隆起，盖壁弧直。标本03EH177∶8（图二七三，13）。

B型　13件。弧顶盖。分四亚型。

Ba型　6件。盖顶、壁弧形，盖口敛。分三式。

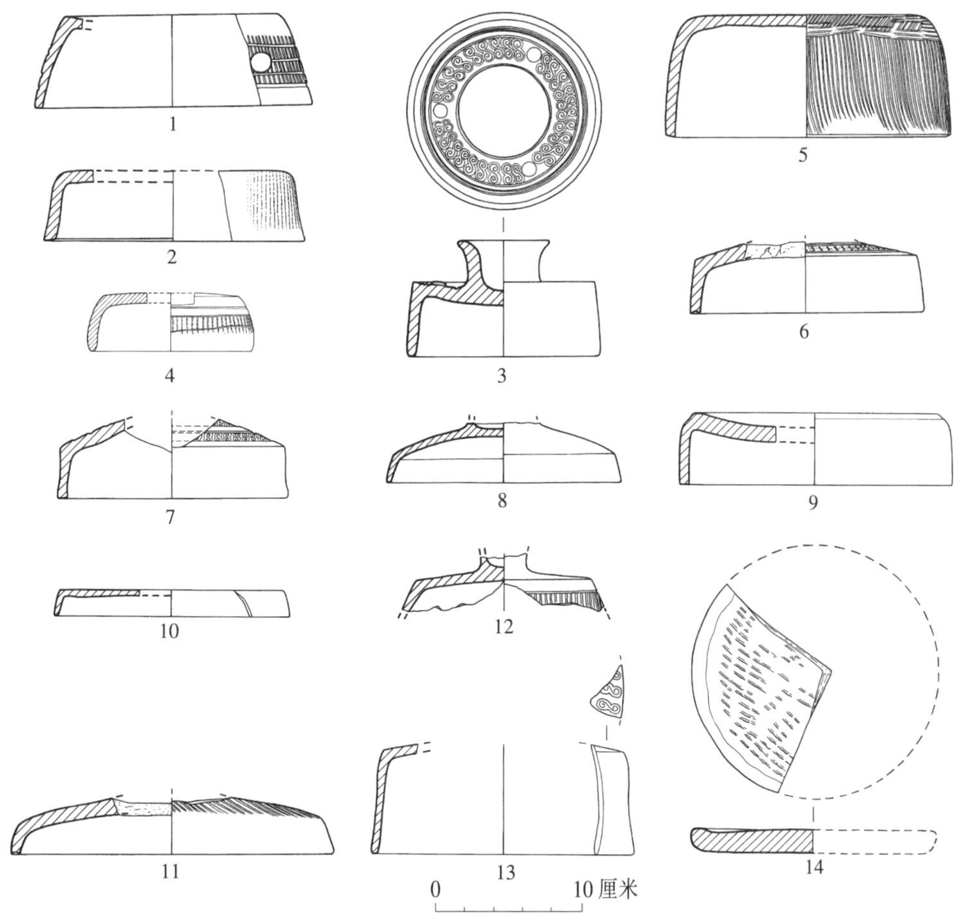

图二七三　商周时代陶器盖

1. Aa型Ⅰ式（03ET2409⑥:14）　2. Aa型Ⅱ式（03EH98:10）　3. Aa型Ⅲ式（03EH26:12）　4. Aa型Ⅳ式（03ET2508④:7）　5. Aa型Ⅴ式（03ET2512③:1）　6. Ab型Ⅰ式（03EH26:57）　7. Ab型Ⅱ式（03EH27:12）　8. Ab型Ⅲ式（84WT8③:10）　9. Ac型Ⅰ式（03EH72:1）　10. Ac型Ⅱ式（03ET2607⑤:2）　11. Ac型Ⅲ式（03ET2409⑤:25）　12. Ad型Ⅰ式（03ET2409⑥:41）　13. Ad型Ⅱ式（03EH177:8）　14. D型（03ET2707④:1）

Ⅰ式　2件。弧顶，弧直壁，直口平沿。如标本90ET217⑤:5（图二七四，1）。

Ⅱ式　3件。弧顶，斜弧壁，盖口平，圆唇。如标本84ET5⑤:1（图二七四，2）。

Ⅲ式　1件。弧壁，敞口，圆唇。标本03EH8:21（图二七四，3）。

Bb型　3件。盖顶弧、壁斜直，盖口敞。1件式别不明，余2件分两式。

Ⅰ式　1件。器形不规整，圆圈喇叭口形凹纽，圆唇。标本84ET5⑤:2（图二七四，4）。

Ⅱ式　1件。圆圈形纽，盖顶弧。标本03ET2410④:6（图二七四，5）。

Bc型　2件。盖纽圆柄状“Y”字形，盖顶壁弧，盖口敞。分两式。

Ⅰ式　1件。标本03EH103:1（图二七四，6）。

Ⅱ式　1件。纽较Ⅰ式内凹。标本03EH155:5（图二七四，7）。

Bd型　2件。盖纽椭圆珠或球形。分两式。

Ⅰ式　1件。纽呈椭圆珠形，顶面斜。标本03ET2707⑥:1（图二七四，8）。

Ⅱ式　1件。盖纽椭圆球形，斜弧顶。标本03ET2307⑥:23（图二七四，9）。

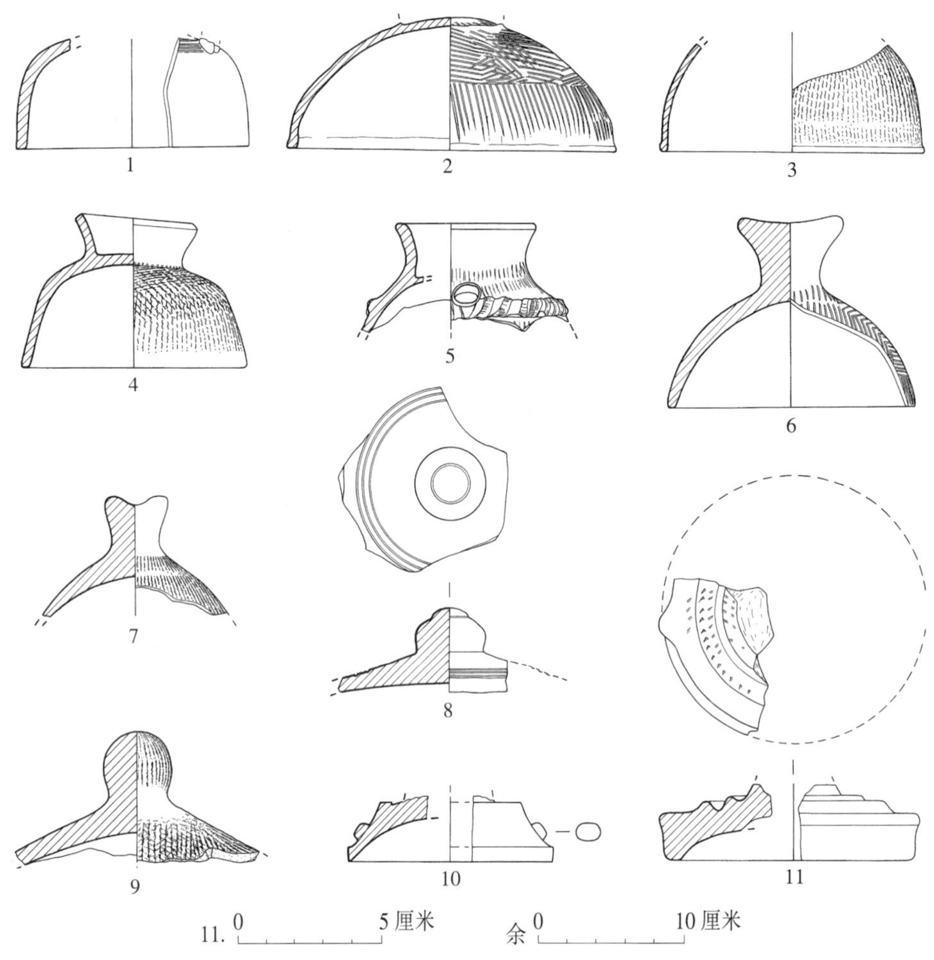

图二七四　商周时代陶器盖

1. Ba型Ⅰ式（90ET217⑤:5）　2. Ba型Ⅱ式（84ET5⑤:1）　3. Ba型Ⅲ式（03EH8:21）　4. Bb型Ⅰ式（84ET5⑤:2）　5. Bb型Ⅱ式（03ET2410④:6）　6. Bc型Ⅰ式（03EH103:1）　7. Bc型Ⅱ式（03EH155:5）　8. Bd型Ⅰ式（03ET2707⑥:1）　9. Bd型Ⅱ式（03ET2307⑥:23）　10. C型Ⅰ式（03EH93:30）　11. C型Ⅱ式（03ET2607④:1）

C型　2件。盖顶凹凸形。分两式。

Ⅰ式　1件。弧顶，斜弧壁。标本03EH93:30（图二七四，10）。

Ⅱ式　1件。壁直微内弧。标本03ET2607④:1（图二七四，11）。

D型　1件。圆饼形器盖。标本03ET2707④:1（图二七三，14）。

陶盖纽　22件。分四型。

A型　15件。圆圈形凹纽。如标本03EH93:34（图二七五，1）。

B型　5件。“Y”字形纽。如标本90ET262②:3（图二七五，2）。

C型　1件。塔形纽。标本84ET1⑥:4（图二七五，3）。

D型　1件。饼形纽。标本03EH86:4（图二七五，4）。

陶杯　5件。分四型。

A型　2件。三足杯。分两式。

Ⅰ式　1件。器小，敞口，圆唇，束腰。标本03ET2410⑥:3（图二七六，1）。

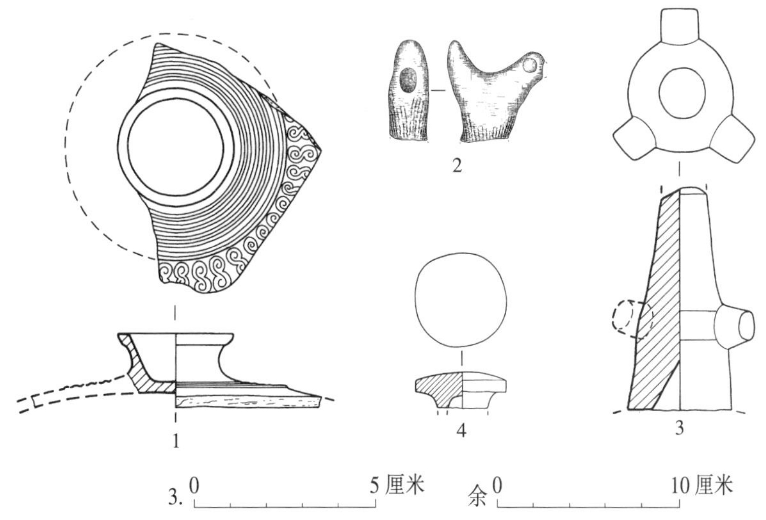

图二七五　商周时代陶盖纽

1. A 型（03EH93∶34）　2. B 型（90ET262②∶3）　3. C 型（84ET1⑥∶41）　4. D 型（03EH86∶4）

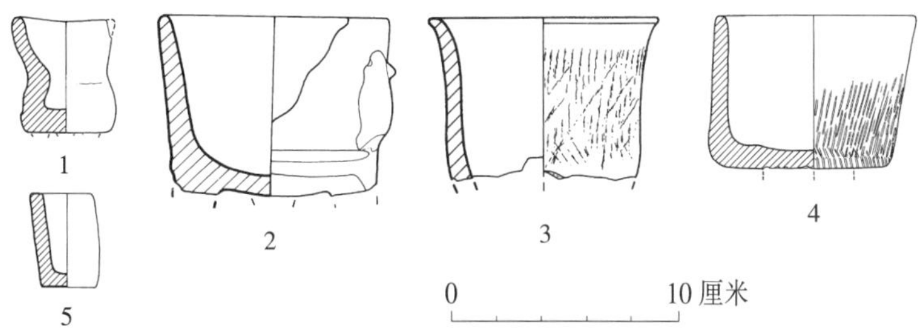

图二七六　商周时代陶杯

1. A 型Ⅰ式（03ET2410⑥∶3）　2. A 型Ⅱ式（03ET3006③∶4）　3. B 型（03ET2409⑥∶51）　4. C 型（03ET2508④∶11）　5. D 型（03EH144∶4）

Ⅱ式　1 件。圆桶形三足带耳杯。标本 03ET3006③∶4（图二七六，2）。

B 型　1 件。敞口杯。标本 03ET2409⑥∶51（图二七六，3）。

C 型　1 件。带柄杯。标本 03ET2508④∶11（图二七六，4）。

D 型　1 件。直筒杯。标本 03EH144∶4（图二七六，5）。

陶支（拍）垫　43 件。分五型。

A 型　21 件。牛鼻状握手支（拍）垫，平面形状略呈椭圆形或圆角长方形。5 件亚型不明，余 16 件分两亚型。

Aa 型　9 件。握手在垫片上竖安，即握手两端粘接在垫片长径的上缘。分五式。

Ⅰ式　2 件。垫面平，呈椭圆形，垫背穿孔呈椭圆形。如标本 90EH93∶10（图二七七，1）。

Ⅱ式　1 件。垫面弧形，呈椭圆形，垫背穿孔呈椭圆形。标本 90ET262③∶3（图二七七，2）。

Ⅲ式　2 件。垫面弧形，垫背穿孔呈椭圆形。如标本 03ET2806③∶6（图二七七，3）。

Ⅳ式　3 件。垫呈圆角弧边长方形，垫面弧形，垫背穿孔呈椭圆形。如标本 90EG1∶9（图二七七，4）。

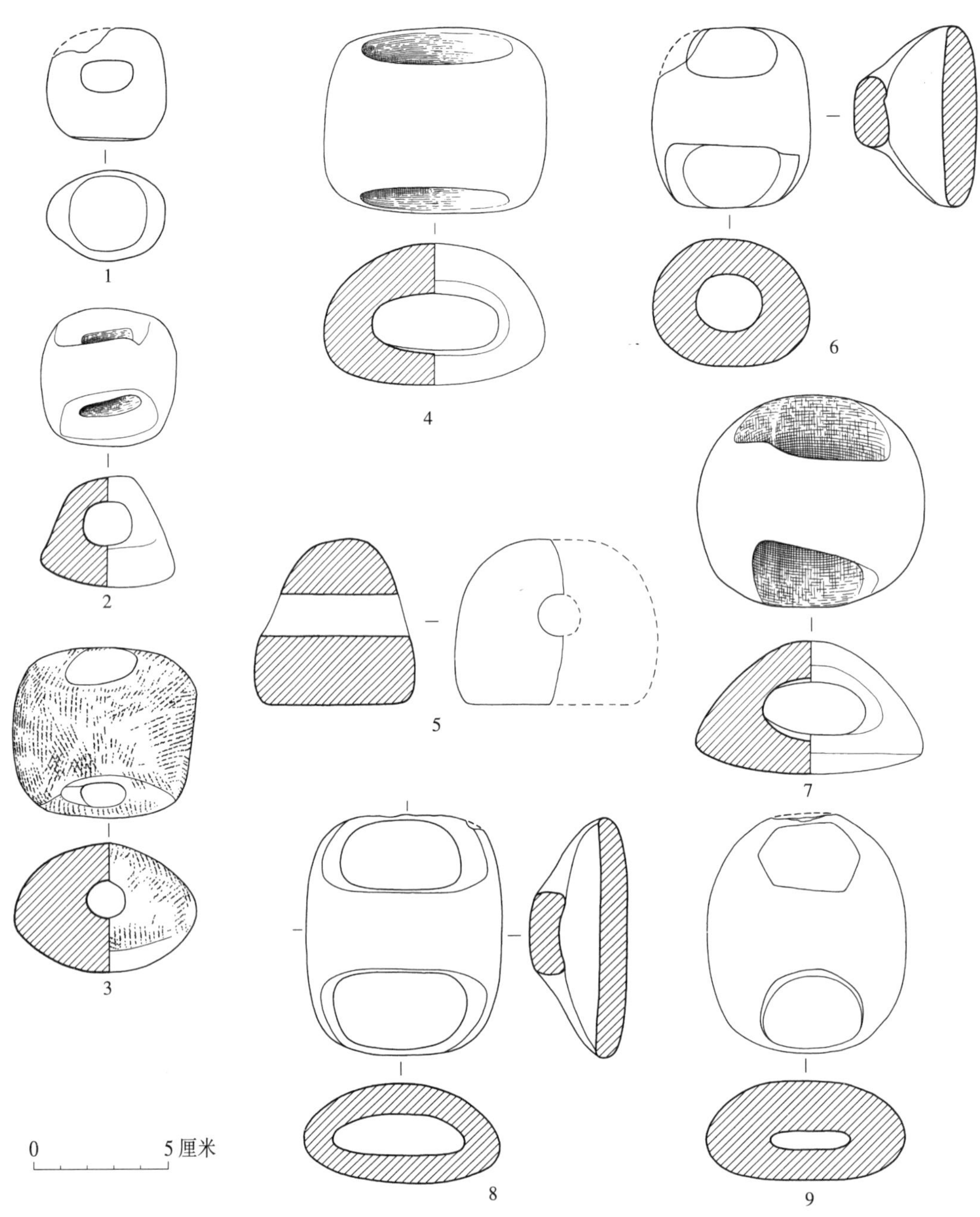

图二七七 商周时代A型陶支（拍）垫

1. Aa型Ⅰ式（90EH93∶10） 2. Aa型Ⅱ式（90ET262③∶3） 3. Aa型Ⅲ式（03ET2806③∶6） 4. Aa型Ⅳ式（90EG1∶9） 5. Aa型Ⅴ式（03EH151∶6） 6. Ab型Ⅰ式（03ET2410④∶7） 7. Ab型Ⅱ式（90EH5∶3） 8. Ab型Ⅲ式（03EG3③∶14） 9. Ab型Ⅳ式（03EH22∶12）

Ⅴ式 1件。垫呈圆角长方形，垫面平，垫背穿孔呈圆形。标本03EH151∶6（图二七七，5）。

Ab型 7件。握手在垫片上横安，即握手两端粘接在垫片短径的上缘。分四式。

Ⅰ式 2件。垫呈圆角长方形，垫面平，垫背穿孔呈圆形。如标本03ET2410④∶7（图二七七，6）。

Ⅱ式 1件。垫呈椭圆形，垫面弧形，垫背穿孔呈椭圆形。标本90EH5∶3（图二七七，7）。

Ⅲ式 3件。垫呈圆角长方形，垫面平，垫背穿孔呈椭圆形。如标本03EG3③∶14（图二七七，8）。

Ⅳ式 1件。垫呈椭圆形，垫面平，垫背穿孔呈椭圆形。标本03EH22∶12（图二七七，9）。

B型 15件。柄状握手支（拍）垫。握手圆柱形与垫片粘接，整体略呈蘑菇状。1件型式不明，余14件分四亚型。

Ba型 5件。其变化为垫面边缘由圆形渐至方形。分两式。

Ⅰ式 3件。垫面边缘圆形。如标本03EH93∶8（图二七八，1）。

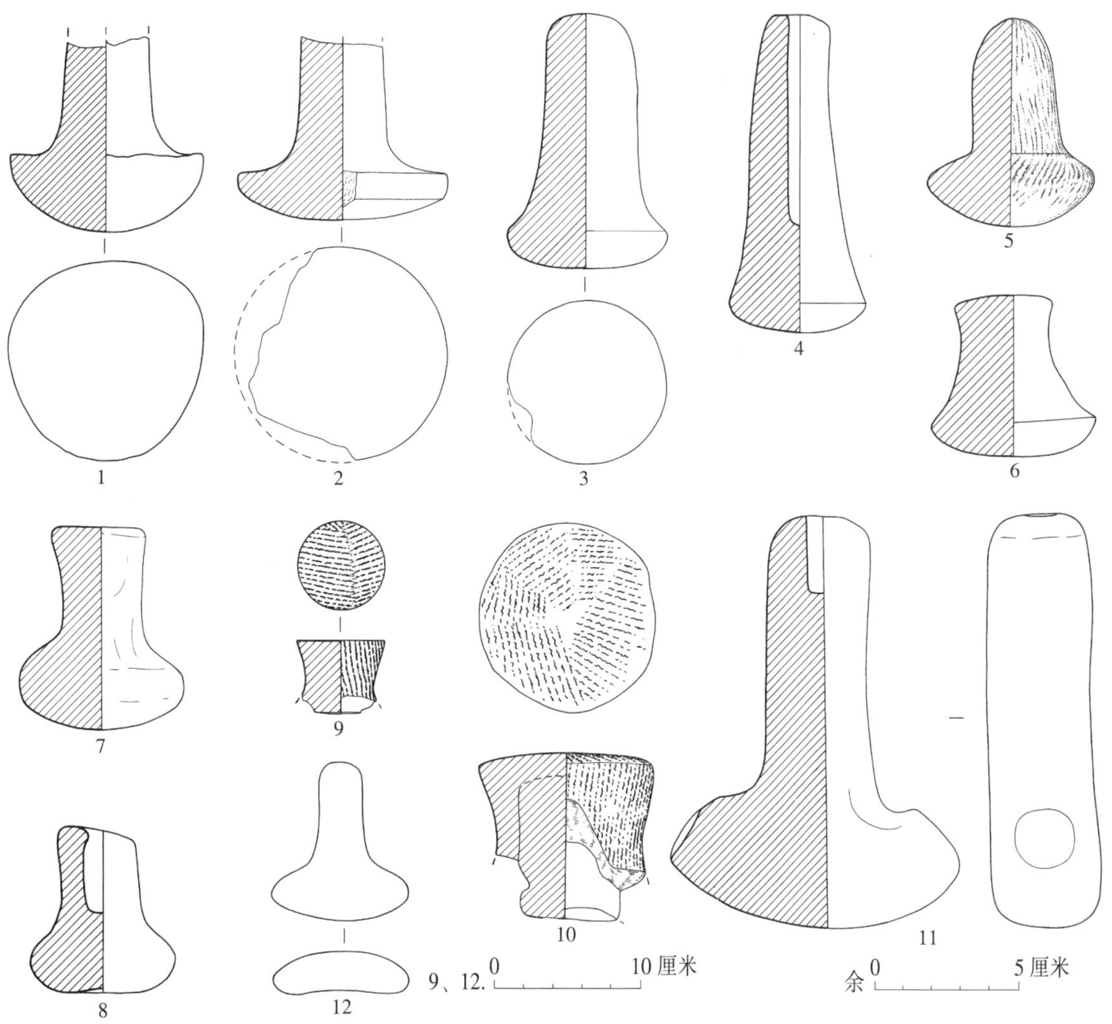

图二七八 商周时代陶支（拍）垫

1. Ba型Ⅰ式（03EH93∶8） 2. Ba型Ⅱ式（03EH115∶3） 3. Bb型Ⅰ式（03EH163∶4） 4. Bb型Ⅱ式（03EH36∶5） 5. Bc型Ⅰ式（03EH26∶11） 6. Bc型Ⅱ式（03ET2406④∶2） 7. Bc型Ⅲ式（90EH3∶1） 8. Bc型Ⅳ式（03ET2508②∶1） 9. Bd型Ⅰ式（03EH84∶3） 10. Bd型Ⅱ式（90EF2∶14） 11. C型Ⅰ式（90ET272④∶4） 12. C型Ⅱ式（84NT1②∶1）

Ⅱ式　2件。垫面边缘方形。如标本03EH115:3（图二七八，2）。

Bb型　3件。柄状握手较长。其变化为柄由实心渐至中空。分两式。

Ⅰ式　2件。柄实心。如标本03EH163:4（图二七八，3）。

Ⅱ式　1件。柄中空。标本03EH36:5（图二七八，4）。

Bc型　4件。其变化为柄顶由圆弧渐至顶平，由实心渐至中空。分四式。

Ⅰ式　1件。柄顶圆弧，圆柱状柄，柄实心。如标本03EH26:11（图二七八，5）。

Ⅱ式　1件。柄顶微弧，柄柱弧束，柄实心。标本03ET2406④:2（图二七八，6）。

Ⅲ式　1件。柄顶面平，顶端略粗，圆形垫周壁弧，柄实心。标本90EH3:1（图二七八，7）。

Ⅳ式　1件。圆饼形垫，垫面微内弧，柄中空呈圆孔。标本03ET2508②:1（图二七八，8）。

Bd型　2件。其变化为握手顶面平渐至顶面弧。分两式。

Ⅰ式　1件。顶面平。标本03EH84:3（图二七八，9）。

Ⅱ式　1件。顶面微弧。标本90EF2:14（图二七八，10）。

C型　3件。柄状握手支（拍）垫。握手圆柱形与垫片粘接，整体略呈“T”字形。分两式。

Ⅰ式　1件。顶部有圆形孔，垫面两端各施一个圆形凹窝。标本90ET272④:4（图二七八，11）。

Ⅱ式　2件。柄顶弧，圆形垫周壁弧，垫面弧形。如标本84NT1②:1（图二七八，12）。

D型　3件。柄状握手支（拍）垫。握手呈长方柱形，截面呈圆角长方形；垫呈长方形或椭圆形。分两亚型。

Da型　2件。垫面略呈长方形。分两式。

Ⅰ式　1件。由长方圆角柱状握手和圆角长方形垫构成，垫面平。标本03EH172:1（图二七九，1）。

Ⅱ式　1件。握手呈不规则椭圆形，上有手捏痕迹，垫面略呈圆角长方形。标本84ET1③:3（图二七九，2）。

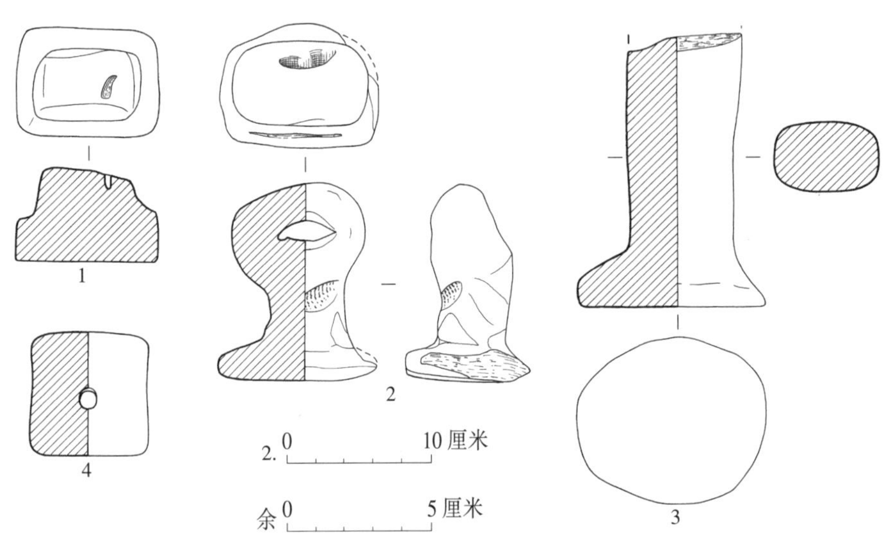

图二七九　商周时代陶支（拍）垫

1. Da型Ⅰ式（03EH172:1）　2. Da型Ⅱ式（84ET1③:3）　3. Db型（90EM1:2）　4. E型（90ET217④:1）

Db 型　1 件。由柱状柄形握手和圆饼形垫构成。柄截面呈圆角长方形，垫面略呈椭圆形。标本 90EM1∶2（图二七九，3）。

E 型　1 件。圆柱形，壁中部对穿一圆形孔。标本 90ET217④∶1（图二七九，4）。

陶纺轮　87 件。均为算珠形纺轮。分四型。

A 型　55 件。折壁纺轮。分八亚型。

Aa 型　9 件。体厚，折壁较缓，折棱清晰。分五式。

Ⅰ式　1 件。周壁中间凸起一周尖折棱，折棱上下斜面直。标本 03EH74∶1（图二八〇，2）。

Ⅱ式　3 件。周壁中间凸起一周弧折棱，折棱上下斜面弧。如标本 03ET2607⑤∶1（图二八〇，1）。

Ⅲ式　2 件。周壁中间凸起一周内弧折棱，弧折棱上下斜面微内弧。如标本 03EH117∶6（图二八〇，3）。

Ⅳ式　2 件。周壁中间凸起一周弧折棱，折棱上下斜面直，面径较小。如标本 03ET2605④∶2（图二八〇，4）。

Ⅴ式　1 件。周壁中部圆弧，圆弧上下面斜弧。标本 03EH19∶1（图二八〇，5）。

Ab 型　5 件。体厚，折壁较陡，折棱不甚清晰。分三式。

Ⅰ式　2 件。周壁中间凸起一周弧折棱，折棱上下斜面弧。如标本 03EH144∶3（图二八〇，6）。

Ⅱ式　1 件。周壁中间凸起一周圆弧折棱，折棱上下斜面直。标本 03ET3006④∶2（图二八〇，7）。

Ⅲ式　2 件。周壁中间凸起一周内弧折棱，折棱上下斜面内弧。如标本 03EH75∶1（图二八〇，8）。

Ac 型　9 件。体较厚，折壁较缓，折棱清晰。分四式。

Ⅰ式　2 件。扁圆形，体较厚，两面平。如标本 90EF2∶4（图二八〇，9）。

Ⅱ式　2 件。圆形，体厚，两面平。如标本 03ET2510⑤∶5（图二八〇，10）。

Ⅲ式　2 件。扁圆形，正面中部微隆起，背面平。如标本 03EG3②∶78（图二八〇，11）。

Ⅳ式　3 件。扁圆形，两面平。周壁上下斜面各饰一周圆圈纹。如标本 03EH110∶1（图二八〇，12）。

Ad 型　7 件。体较厚，折壁较缓，折棱较清晰，两面微内凹。分三式。

Ⅰ式　2 件。圆中间一弧壁圆孔，周壁中间凸起折棱，折棱上下斜面弧。如标本 03EH86∶1（图二八〇，13）。

Ⅱ式　3 件。圆中间一直壁圆孔，周壁中间凸起折棱，折棱上下斜面直。如标本 03EH115∶2（图二八〇，14）。

Ⅲ式　2 件。扁圆形，两面内凹，圆中间一弧壁圆孔，周壁中间凸起折棱，折棱上下斜面直。周壁上下斜面各饰两周圆圈纹。如标本 03EH136∶2（图二八〇，15）。

Ae 型　3 件。体较厚，折壁较缓，折棱较清晰，正面斜。分两式。

Ⅰ式　1 件。圆形，周壁中间凸起折棱，折棱上下斜面直。标本 90ET216⑤∶3（图二八〇，16）。

Ⅱ式　2 件。椭圆形，周壁斜弧。如标本 03ET2201③∶3（图二八〇，17）。

Af 型　11 件。体薄，折壁较缓，折棱清晰，正背两面隆起。1 件式别不明，余 10 件分三式。

Ⅰ式　6 件。正面中部隆起，背面微隆，周壁中间凸起折棱，折棱上下斜面直。如标本 90EF2∶16（图二八〇，18）。

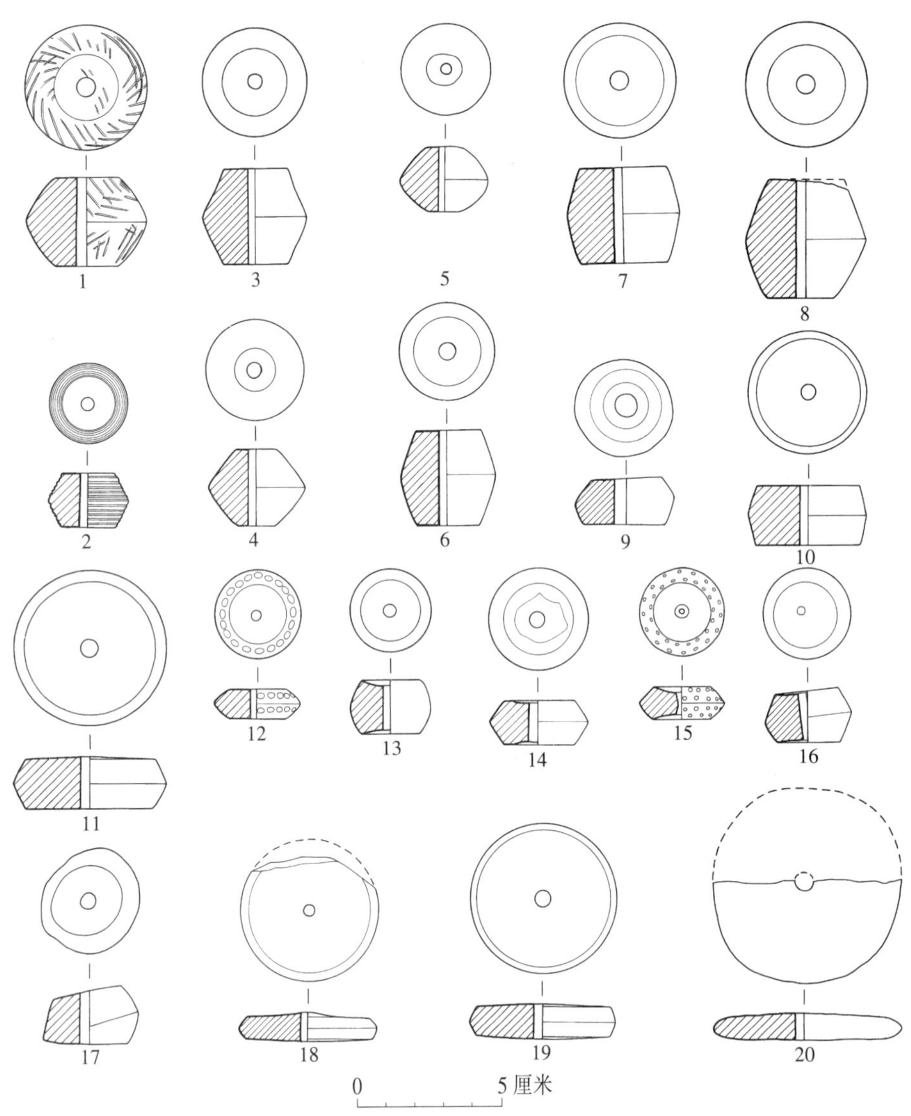

图二八〇 商周时代A型陶纺轮

1. Aa型Ⅱ式（03ET2607⑤:1） 2. Aa型Ⅰ式（03EH74:1） 3. Aa型Ⅲ式（03EH117:6） 4. Aa型Ⅳ式（03ET2605④:2） 5. Aa型Ⅴ式（03EH19:1） 6. Ab型Ⅰ式（03EH144:3） 7. Ab型Ⅱ式（03ET3006④:2） 8. Ab型Ⅲ式（03EH75:1） 9. Ac型Ⅰ式（90EF2:4） 10. Ac型Ⅱ式（03ET2510⑤:5） 11. Ac型Ⅲ式（03EG3②:78） 12. Ac型Ⅳ式（03EH110:1） 13. Ad型Ⅰ式（03EH86:1） 14. Ad型Ⅱ式（03EH115:2） 15. Ad型Ⅲ式（03EH136:2） 16. Ae型Ⅰ式（90ET216⑤:3） 17. Ae型Ⅱ式（03ET2201③:3） 18. Af型Ⅰ式（90EF2:16） 19. Af型Ⅱ式（84WT2⑤:1） 20. Af型Ⅲ式（03ET2409④:8）

Ⅱ式 3件。两面中部微隆起，周壁中间凸起折棱，折棱上下斜面直。如标本84WT2⑤:1（图二八〇，19）。

Ⅲ式 1件。两面微弧，周壁圆弧。标本03ET2409④:8（图二八〇，20）。

Ag型 4件。体薄，折壁较缓，折棱清晰，正面隆起，背面平。分两式。

Ⅰ式 2件。折棱上下斜面弧。如标本03ET2507⑥:2（图二八一，1）。

Ⅱ式　2件。折棱上下斜面直。如标本90EF1∶7（图二八一，2）。

Ah型　7件。体薄，折壁较缓，折棱清晰，正背两面平。分两式。

Ⅰ式　5件。正、背面各一个圆凹，周壁中间凸起折棱，折棱上下斜面直。如标本03ET2307⑥∶6（图二八一，3）。

Ⅱ式　1件。圆中间一弧壁圆孔，周壁中间凸起一周折棱，折棱上下斜面弧。标本03EH82∶1（图二八一，4）。

B型　7件。圆鼓壁，厚体纺轮。分三式。

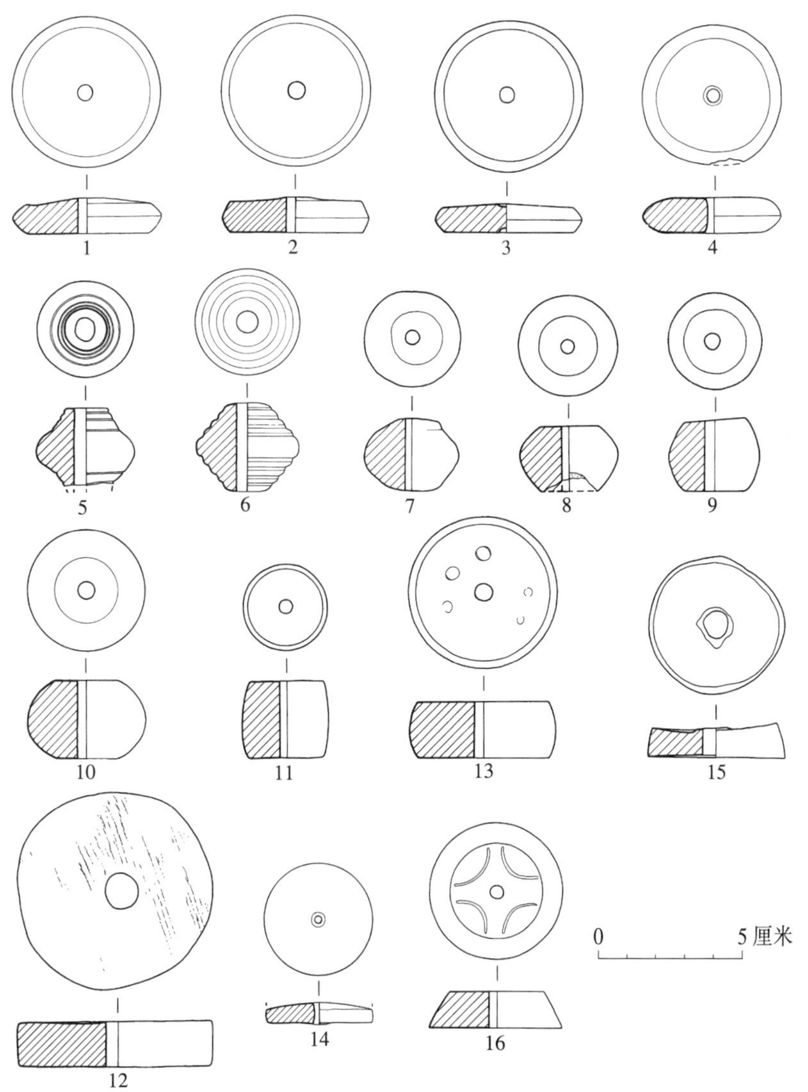

图二八一　商周时代陶纺轮

1. Ag型Ⅰ式（03ET2507⑥∶2）　2. Ag型Ⅱ式（90EF1∶7）　3. Ah型Ⅰ式（03ET2307⑥∶6）　4. Ah型Ⅱ式（03EH82∶1）　5. B型Ⅰ式（03ET2409④∶1）　6. B型Ⅱ式（90ET217④∶2）　7. B型Ⅲ式（03EH1∶4）　8. Ca型Ⅰ式（03EG4∶9）　9. Ca型Ⅱ式（03EH1∶5）　10. Ca型Ⅲ式（03EH102∶1）　11. Cb型（03ET2510④∶4）　12. Cc型Ⅰ式（03EH93∶2）　13. Cc型Ⅱ式（03EH5∶1）　14. Cd型（90ET216⑤∶1）　15. D型Ⅰ式（03ET2101④∶9）　16. D型Ⅱ式（03ET2512②∶1）

Ⅰ式　1件。周壁中部圆鼓，圆鼓上下斜面饰凹弦纹。标本03ET2409④:1（图二八一，5）。

Ⅱ式　3件。周壁中间凸鼓，凸鼓上下斜面施凹凸棱。如标本90ET217④:2（图二八一，6）。

Ⅲ式　3件。两面平，器呈算珠形。如标本03EH1:4（图二八一，7）。

C型　20件。弧壁纺轮。分四亚型。

Ca型　5件。弧壁圆鼓，体较厚。分三式。

Ⅰ式　1件。一面平，一面残，周壁弧，中部外鼓。标本03EG4:9（图二八一，8）。

Ⅱ式　3件。一面斜平，一面平，周壁圆弧。如标本03EH1:5（图二八一，9）。

Ⅲ式　1件。两面平，周壁圆鼓弧。标本03EH102:1（图二八一，10）。

Cb型　1件。弧壁，体较厚。标本03ET2510④:4（图二八一，11）。

Cc型　14件。弧壁，体较薄。分两式。

Ⅰ式　10件。扁圆形，正面中部微凹，背面平。如标本03EH93:2（图二八一，12）。

Ⅱ式　4件。圆形，两面平。如标本03EH5:1（图二八一，13）。

Cd型　1件。体较薄，正面隆起，背面弧平。标本90ET216⑤:1（图二八一，14）。

D型　5件。斜壁纺轮。分两式。

Ⅰ式　3件。素面。如标本03ET2101④:9（图二八一，15）。

Ⅱ式　2件。饰纹饰。如标本03ET2512②:1（图二八一，16）。

陶饼　54件。以圆形陶饼为主，圆形多呈不规则形，次为方形饼。分两型。

A型　51件。圆形饼。均为陶器碎片打磨而成。根据器表纹饰的有无，分两亚型。

Aa型　19件。纹饰饼。分三式。

Ⅰ式　11件。绳纹饼。如标本03EH74:2（图二八二，1）。

Ⅱ式　7件。条纹饼。如标本03EH83:2（图二八二，2）。

Ⅲ式　1件。“S”形纹饼。标本03EH93:11（图二八二，3）。

Ab型　32件。素面饼。分三式。

Ⅰ式　19件。薄胎饼。如标本03EH93:13（图二八二，4）。

Ⅱ式　11件。中胎饼。如标本03EH93:37（图二八二，5）。

Ⅲ式　2件。厚胎饼。如标本03EH93:7（图二八二，6）。

B型　3件。方形饼。均为素面。分两式。

Ⅰ式　2件。薄胎饼。如标本03ET3006③:5（图二八二，7）。

Ⅱ式　1件。厚胎饼。如标本03EH22:8（图二八二，8）。

陶纹印　3件。分两型。

A型　2件。“S”形纹印。分两式。

Ⅰ式　1件。两面平，两边壁微弧，两端为印模。纹样均为单线“S”形。标本03ET2307⑥:4（图二八三，1）。

Ⅱ式　1件。印模一端略粗。纹样为复线“S”形。标本03EH106:3（图二八三，2）。

B型　1件。几何菱形纹印。标本03EH93:49（图二八三，3）。

陶角形器　1件。

陶方条　1件。

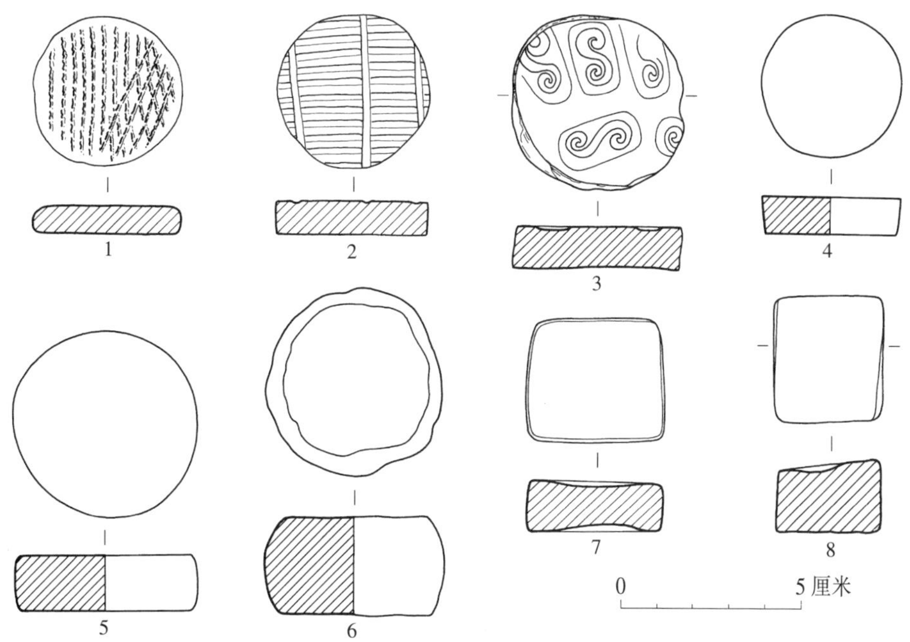

图二八二　商周时代陶饼

1. Aa型Ⅰ式（03EH74∶2）　2. Aa型Ⅱ式（03EH83∶2）　3. Aa型Ⅲ式（03EH93∶11）　4. Ab型Ⅰ式（03EH93∶13）　5. Ab型Ⅱ式（03EH93∶37）　6. Ab型Ⅲ式（03EH93∶7）　7. B型Ⅰ式（03ET3006③∶5）　8. B型Ⅱ式（03EH22∶8）

陶指托　1件。安装陶器附件（如器耳）的工具。

陶范　2件。均为外范，分两型。

A型　1件。素面范。标本03ET2410⑥∶1（图二八四，1）。

B型　1件。带纹饰范。标本03ET2410⑥∶54（图二八四，2）。

陶模具　4件。分三型。

A型　1件。斧形模。标本90EF2∶24（图二八五，1）。

B型　2件。铙形模，器小。分两式。

Ⅰ式　1件。模体似铙形。标本03ET2607⑤∶3（图二八五，2）。

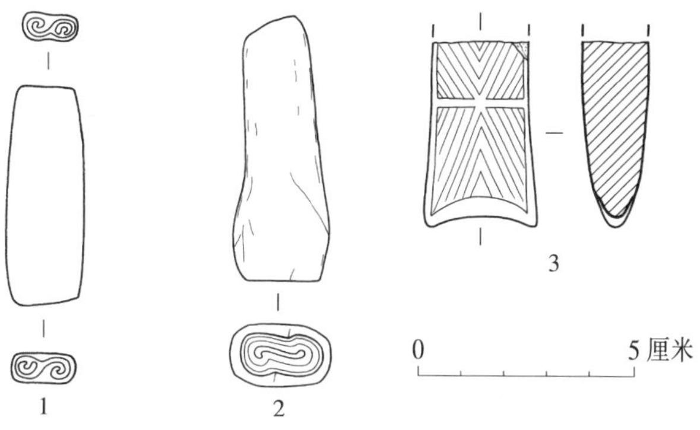

图二八三　商周时代陶纹印

1. A型Ⅰ式（03ET2307⑥∶4）
2. A型Ⅱ式（03EH106∶3）
3. B型（03EH93∶49）

Ⅱ式　1件。模体长方扁形。标本03ET2604④∶6（图二八五，3）。

C型　1件。纺轮模。标本90ET217④∶4（图二八五，4）。

陶网坠　4件（含1件采集）。分两式。

Ⅰ式　1件。平面长条圆角方形，两面有凹槽，两端侧壁有凹槽。标本90ET233④∶2（图二八六，1）。

Ⅱ式　3件。平面呈圆角弧壁长方形，两面中间有凹槽，两端有凹槽。如标本03EH8∶28（图

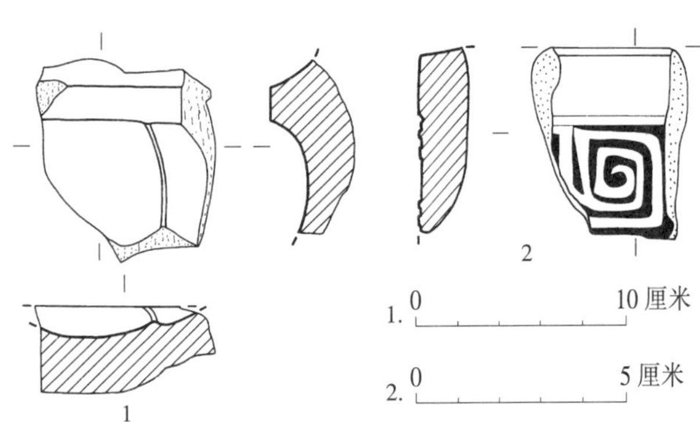

图二八四　商周时代陶范

1. A型（03ET2410⑥:1）　2. B型（03ET2410⑥:54）

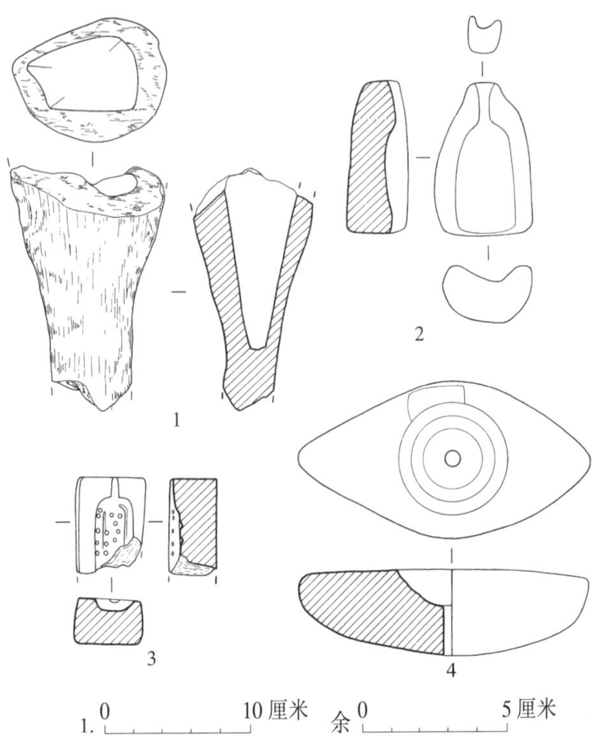

图二八五　商周时代陶模具

1. A型（90EF2:24）　2. B型Ⅰ式（03ET2607⑤:3）　3. B型Ⅱ式（03ET2604④:6）　4. C型（90ET217④:4）

二八六，2）。

陶铙形器　1件。标本03EH22:23（图二八七，1）。

陶陀螺　2件。如标本03EH93:9（图二八七，4）。

陶埙形器　1件。标本03ET2507⑥:1（图二八七，2）。

陶铃形器　1件。标本03EH126:1（图二八七，3）。

陶环　3件。分两型。

A型　2件。截面呈圆角三角形。如标本03EH74:17（图二八八，1）。

B型　1件。截面呈长方形。标本90ET272④:2（图二八八，2）。

陶球　7件。分两型。

A型　6件。实心陶球。分两亚型。

Aa型　5件。圆形球。如标本84ET1⑥:27（图二八八，3）。

Ab型　1件。椭圆形球。标本84ET1③:2（图二八八，4）。

B型　1件。圆形空心球。标本03ET2507②:2（图二八八，5）。

陶动物　9件。1件形态不明，余8件为猴、猪、牛、雉形器（鸡）等陶塑造型。

陶猴　1件。标本03EH75:3（图二八九，1）。

陶猪　1件。标本03EH129:1（图二八九，2）。

陶牛　2件。分两式。

Ⅰ式　1件。大眼，阔鼻，宽嘴。标本03ET2201④:2（图二八九，3）。

Ⅱ式　1件。弧形弯角，双眼突出。标本03EH75:14（图二八九，4）。

陶雉形器　4件。整体造型与雉形壶（E型壶）略同，唯一不同的是，雉形壶为中空可容物，而雉形器为实心不可容物。分四式。

Ⅰ式　1件。扁尾，尾上侈，雉尾有圆形穿孔。标本03EH144:17（图二八九，5）。

Ⅱ式　1件。雉呈俯卧状。器身刻划象征翅膀和羽毛的纹样。标本03EH117:10（图二八九，6）。

Ⅲ式　1件。雉呈俯卧状，仰首，长喙，突眼，弧背，平腹。标本03ET2409④:2（图二八九，7）。

Ⅳ式　1件。颈部上昂，弧背，平腹，尾斜上侈。标本03EH67:5（图二八九，8）。

陶器耳　216件。分七型。

A型　85件。竖耳，即在器物上呈竖向安装器耳；耳根穿孔。分八亚型。

Aa型　33件。器耳正视略呈鸟头形，有明显的鸟喙，喙较长。如标本03EH103:9（图二九〇，1）。

Ab型　13件。器耳正视略呈鸟头形，有明显的鸟喙，喙较短。如标本03EH146:10（图二九〇，2）。

Ac型　11件。器耳正视略呈鸟头形，鸟喙不明显，耳较长。如标本03EH68:20（图二九〇，3）。

Ad型　8件。器耳正视略呈鸟头形，鸟喙不明显，耳较短。如标本03EH72:14（图二九〇，4）。

Ae型　7件。器耳正视略呈鸟头形，鸟喙略呈鸭嘴形。如标本03EH14:17（图二九〇，7）。

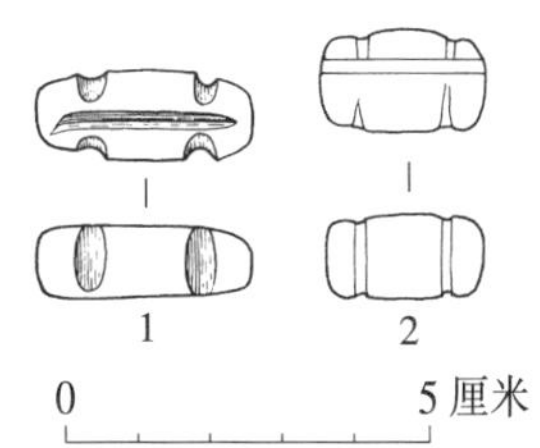

图二八六　商周时代陶网坠

1. Ⅰ式（90ET233④:2）　2. Ⅱ式（03EH8:28）

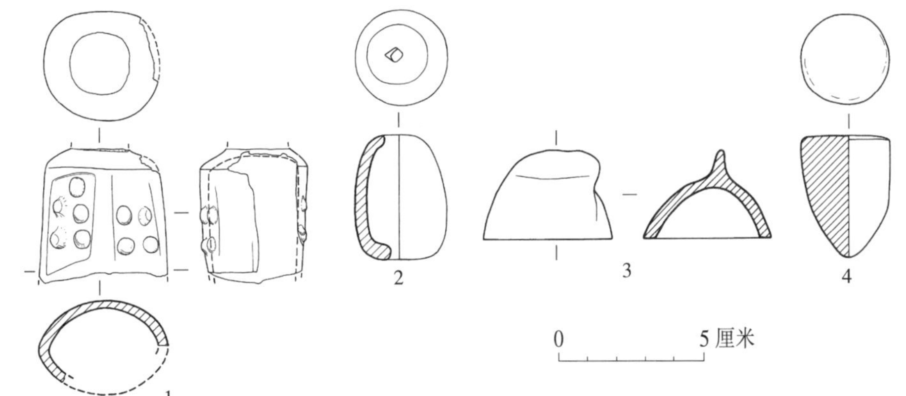

图二八七　商周时代陶器

1. 铙形器（03EH22:23）　2. 埙形器（03ET2507⑥:1）　3. 铃形器（03EH126:1）　4. 陀螺（03EH93:9）

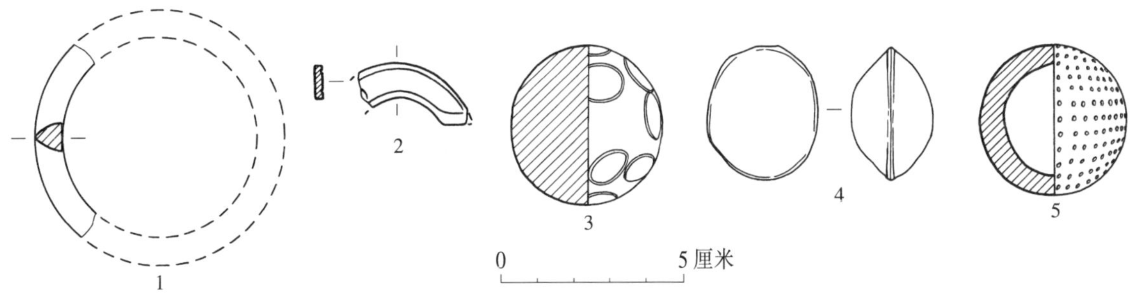

图二八八　商周时代陶器

1. A型环（03EH74:17）　2. B型环（90ET272④:2）　3. Aa型陶球（84ET1⑥:27）　4. Ab型陶球（84ET1③:2）　5. B型陶球（03ET2507②:2）

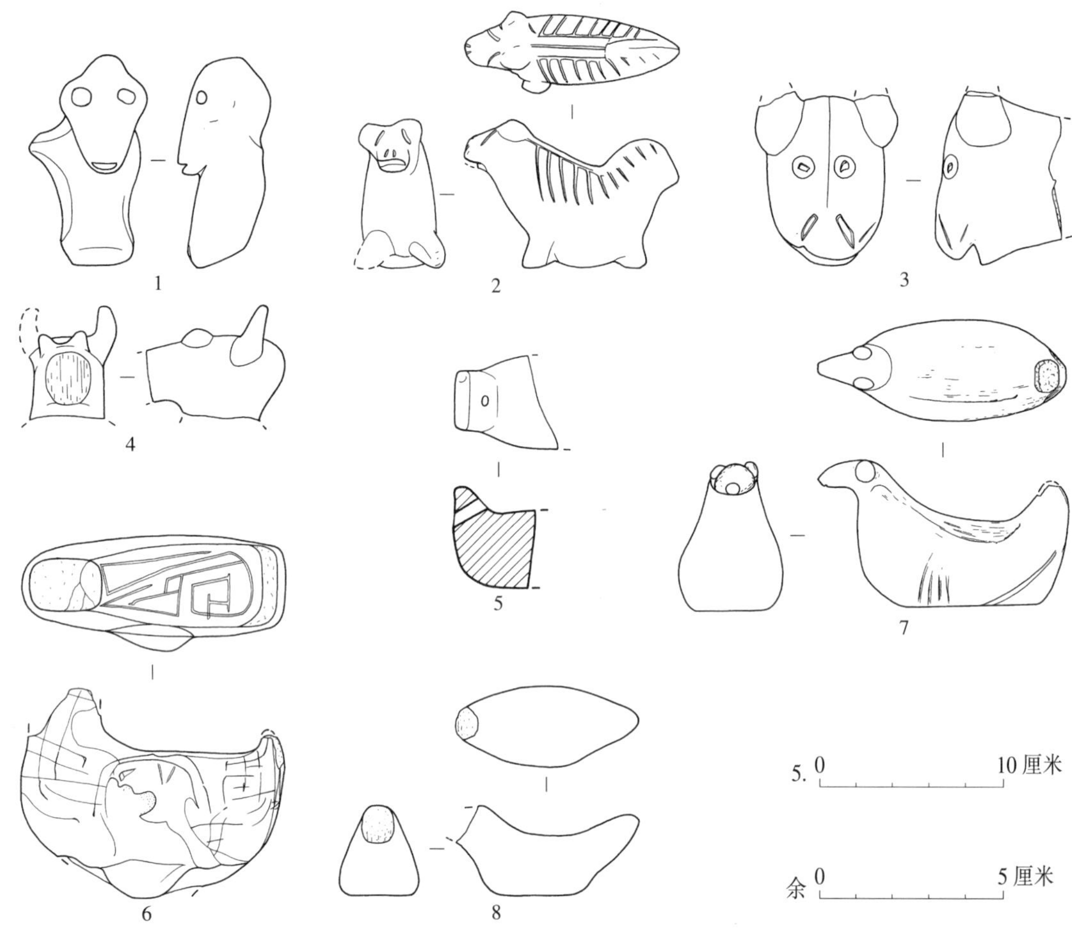

图二八九 商周时代陶动物

1. 猴（03EH75:3） 2. 猪（03EH129:1） 3. Ⅰ式牛（03ET2201④:2） 4. Ⅱ式牛（03EH75:14） 5. Ⅰ式雏形器（03EH144:17） 6. Ⅱ式雏形器（03EH117:10） 7. Ⅲ式雏形器（03ET2409④:2） 8. Ⅳ式雏形器（03EH67:5）

Af 型 7 件。器耳正视略呈猪头形。如标本 03ET2806⑤:2（图二九〇，8）。

Ag 型 5 件。器耳正视略呈羊头形。如标本 03EH68:21（图二九〇，5）。

Ah 型 1 件。扁直耳略呈狗头形。标本 03EH117:33（图二九〇，6）。

B 型 104 件。片形横耳，即在器物上呈横向安装器耳；耳顶面多呈鸡冠状，耳剖面略呈角形。分八亚型。

Ba 型 13 件。耳较宽，器耳有穿孔。如标本 03EH177:15（图二九〇，9）。

Bb 型 4 件。耳较窄，器耳有穿孔。如标本 03EG4:95（图二九〇，10）。

Bc 型 19 件。耳片较厚，耳外侈较长，器耳无穿孔。如标本 03ET2607⑥:3（图二九〇，12）。

Bd 型 6 件。耳片较厚，外侈较短，器耳无穿孔。如标本 03EH79:23（图二九〇，13）。

Be 型 23 件。耳片不厚，外侈较长，斜上侈，器耳无穿孔。如标本 03ET2606⑥:15（图二九〇，14）。

Bf 型 18 件。耳片不厚，外侈较长，耳近平，器耳无穿孔。如标本 03ET2507⑤:2（图二九〇，11）。

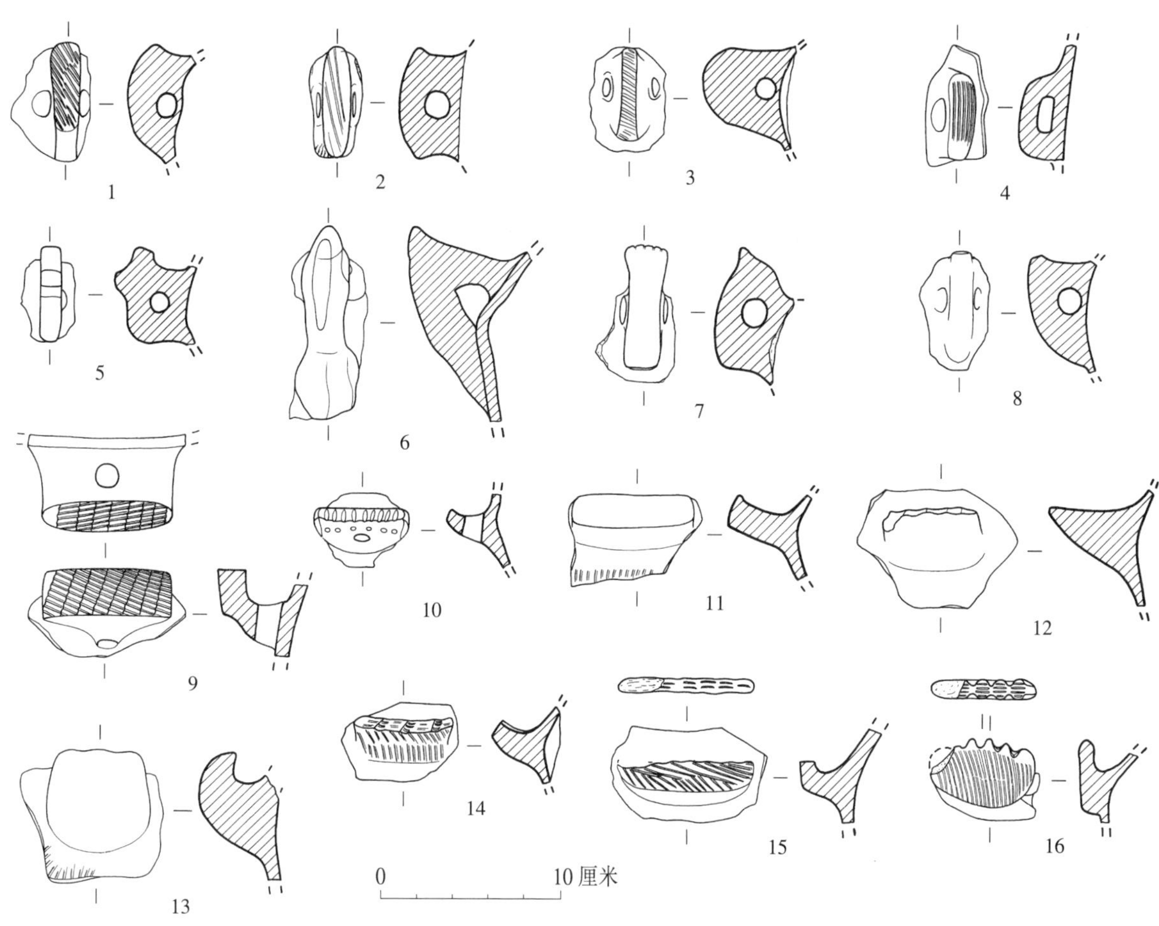

图二九〇 商周时代A型陶器耳

1. Aa型（03EH103∶9） 2. Ab型（03EH146∶10） 3. Ac型（03EH68∶20） 4. Ad型（03EH72∶14） 5. Ag型（03EH68∶21） 6. Ah型（03EH117∶33） 7. Ae型（03EH14∶17） 8. Af型（03ET2806⑤∶2） 9. Ba型（03EH177∶15） 10. Bb型（03EG4∶95） 11. Bf型（03ET2507⑤∶2） 12. Bc型（03ET2607⑥∶3） 13. Bd型（03EH79∶23） 14. Be型（03ET2606⑥∶15） 15. Bg型（03EH80∶10） 16. Bh型（03EG4∶83）

Bg型 17件。耳片不厚，外侈较短，耳近平，器耳无穿孔。如标本03EH80∶10（图二九〇，15）。

Bh型 4件。耳片较厚，外侈短，耳近平，器耳无穿孔。如标本03EG4∶83（图二九〇，16）。

C型 18件。环耳。分三亚型。

Ca型 5件。环形立耳。如标本03EH150∶4（图二九一，1）。

Cb型 6件。环形耳，附着在口至肩部。如标本03EH130∶54（图二九一，2）。

Cc型 7件。环形耳，附着在肩腹部。如标本03EH68∶23（图二九一，3）。

D型 4件。横方环耳。如标本03EH117∶28（图二九一，4）。

E型 3件。小横耳。如标本03ET2410⑤∶29（图二九一，5）。

F型 1件。泥片竖耳，耳呈牛鼻形。标本03EH132∶7（图二九一，6）。

G型 1件。器表附加泥条抠耳。标本03EH19∶58（图二九一，7）。

陶器鋬 45件。分两型。

A型 39件。柄（柱）形器鋬，截面圆形或椭圆形。分七亚型。

Aa 型　7 件。錾柄端鸟首形。如标本 03EH50∶15（图二九一，8）。

Ab 型　18 件。素面錾。如标本 03ET2409⑥∶42（图二九一，9）。

Ac 型　3 件。曲弧形錾。如标本 03EH80∶26（图二九一，10）。

Ad 型　6 件。錾柄端斜弧上侈。如标本 03EH93∶6（图二九一，11）。

Ae 型　2 件。圆锥状錾。如标本 03EH74∶13（图二九一，12）。

Af 型　2 件。截面扁圆形錾。如标本 03EH80∶22（图二九一，13）。

Ag 型　1 件。截面圆角梯形。标本 03EG4∶97（图二九一，14）。

B 型　6 件。錾较短，錾端塑成动物头形。如标本 03ET2607⑥∶1（图二九一，15）。

陶器纽　5 件。分两型。

A 型　4 件。陶塑动物形纽。分两型。

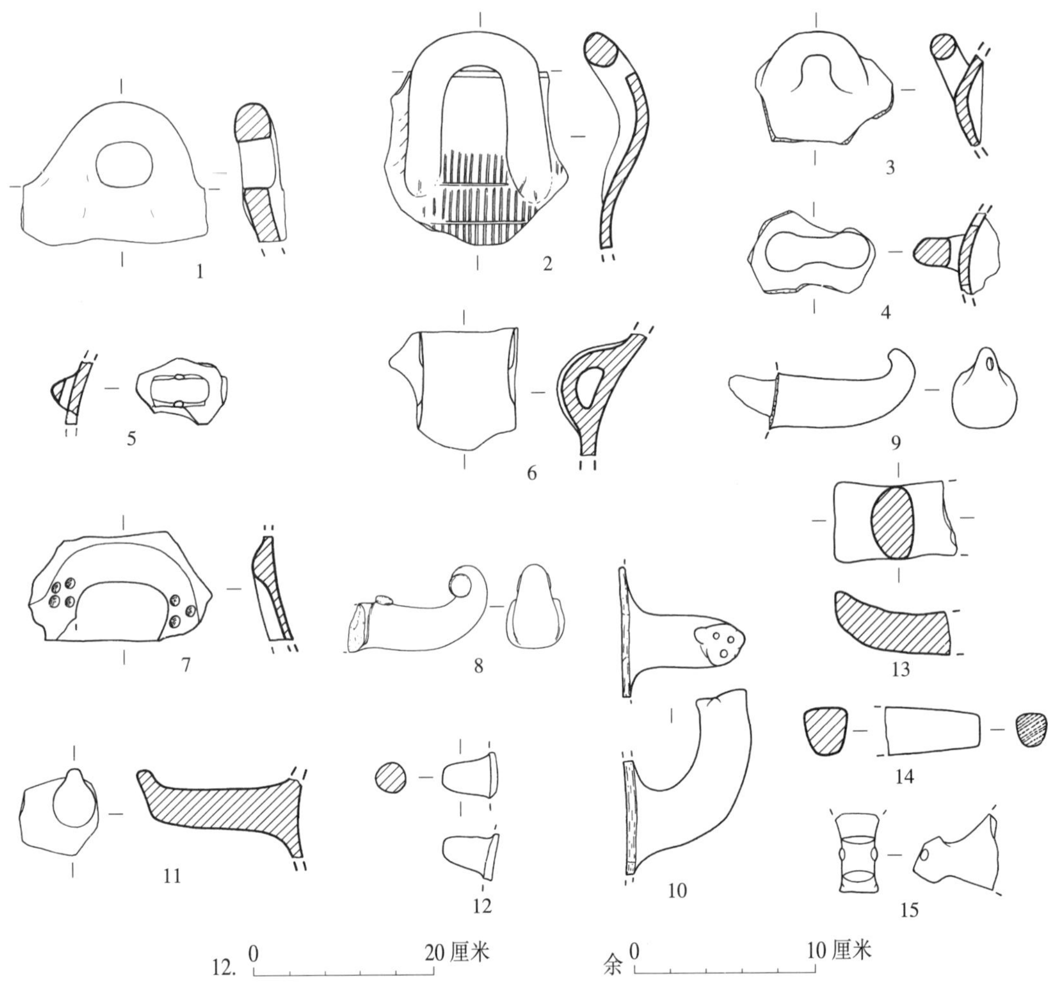

图二九一　商周时代陶器

1. Ca 型器耳（03EH150∶4）　2. Cb 型器耳（03EH130∶54）　3. Cc 型器耳（03EH68∶23）　4. D 型器耳（03EH117∶28）　5. E 型器耳（03ET2410⑤∶29）　6. F 型器耳（03EH132∶7）　7. G 型器耳（03EH19∶58）　8. Aa 型器錾（03EH50∶15）　9. Ab 型器錾（03ET2409⑥∶42）　10. Ac 型器錾（03EH80∶26）　11. Ad 型器錾（03EH93∶6）　12. Ae 型器錾（03EH74∶13）　13. Af 型器錾（03EH80∶22）　14. Ag 型器錾（03EG4∶97）　15. B 型器錾（03ET2607⑥∶1）

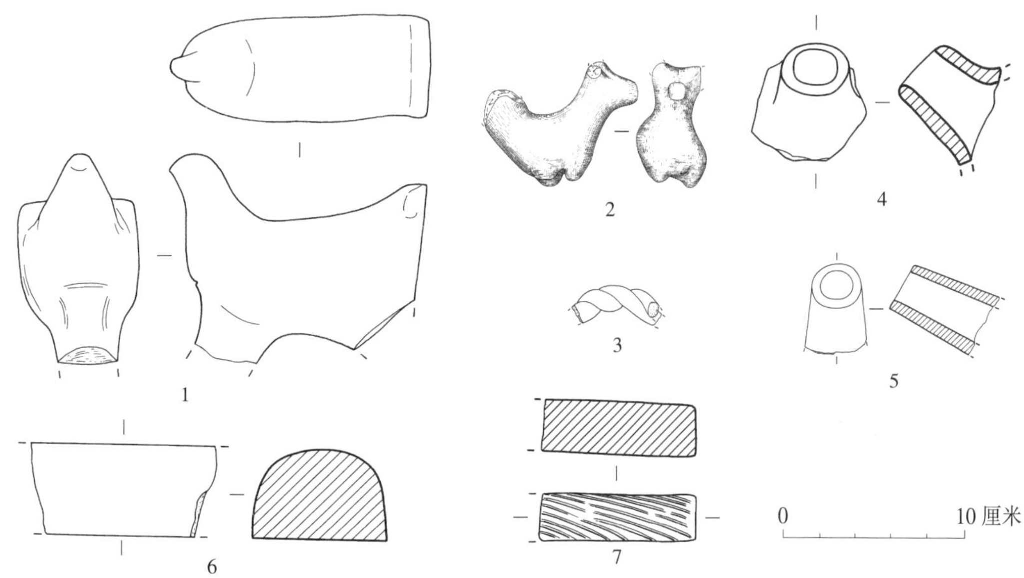

图二九二　商周时代陶器

1. Aa型器纽（03ET2409④:32）　2. Ab型器纽（90EG1:21）　3. B型器纽（03EH26:13）　4. Ⅰ式器流（03EH129:32）　5. Ⅱ式器流（03EH19:34）　6. Ⅰ式条形器（03EH45:2）　7. Ⅱ式条形器（03ET2705③:15）

Aa型　3件。动物足部外张。如标本03ET2409④:32（图二九二，1）。

Ab型　1件。动物足部直立。标本90EG1:21（图二九二，2）。

B型　1件。用两根泥条扭成圆索状，绹索状纽。标本03EH26:13（图二九二，3）。

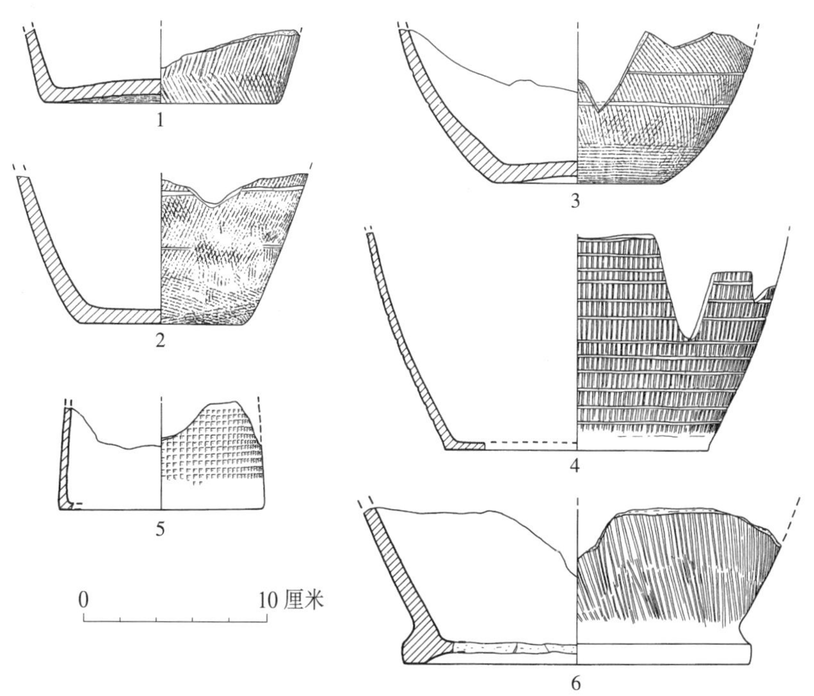

图二九三　商周时代陶器底

1. A型（03EH50:14）　2. B型（03EH103:2）　3. C型（03ET2410⑥:4）　4. D型（03EH79:34）　5. F型（03EH19:74）　6. E型（03EH117:17）

陶器流　4件。分两式。

Ⅰ式　3件。流口椭圆形。如标本03EH129∶32（图二九二，4）。

Ⅱ式　1件。流口圆形。标本03EH19∶34（图二九二，5）。

陶条形器　3件。分两式。

Ⅰ式　1件。顶弧，壁斜弧，底平。素面。标本03EH45∶2（图二九二，6）。

Ⅱ式　2件。条形圆柱状。通体饰条纹。如标本03ET2705③∶15（图二九二，7）。

陶器底　74件。根据器壁与器底接合处形态差别，分六型。

A型　24件。器腹斜直，与器底折接，接合处棱角清晰，器底平底或平底内凹。如标本03EH50∶14（图二九三，1）。

B型　17件。器腹斜弧，与器底弧接，器底平或微内凹。如标本03EH103∶2（图二九三，2）。

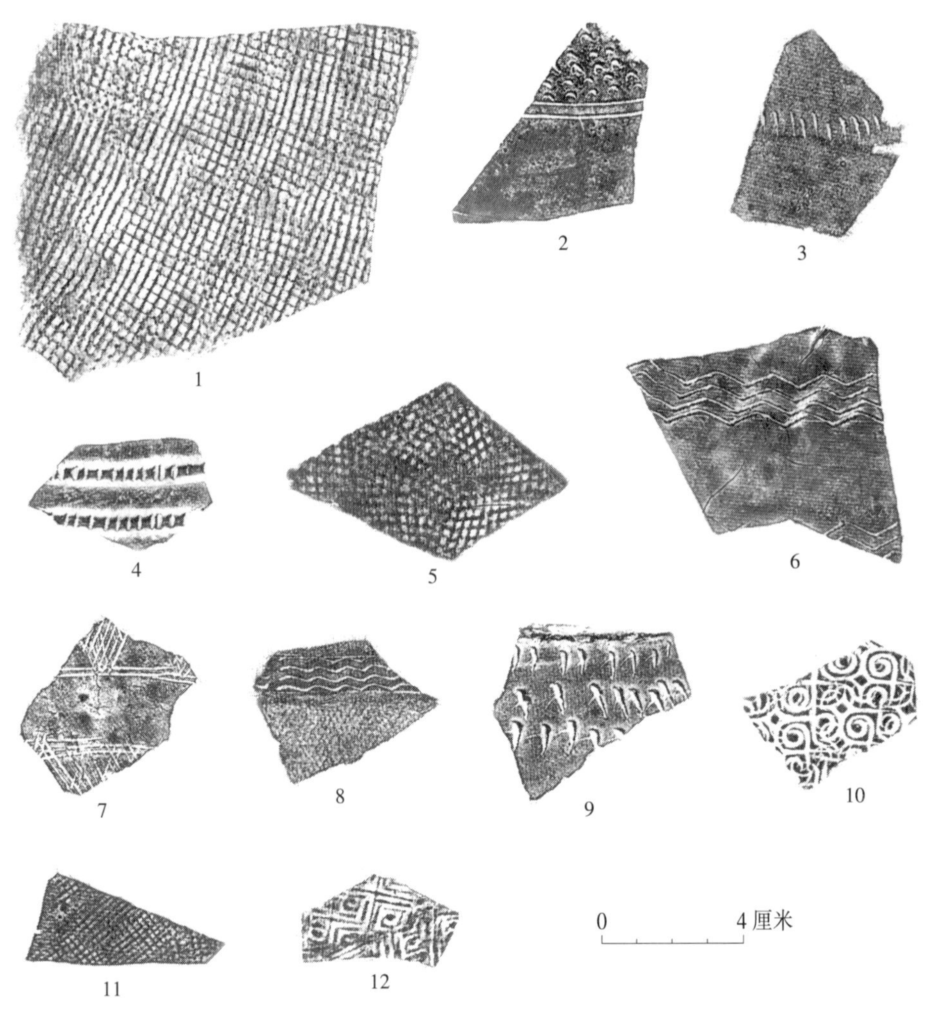

图二九四　商周时代硬陶器纹饰拓片

1、5、11. 压印凹方格纹（03ET2406⑥∶11、03ET2410⑤∶19、03ET2406④∶5）　2. 戳印纹、弦纹（03ET2406⑥∶9）　3. 戳印“人”字形纹（03ET2406④∶9）　4. 压印锯齿形附加堆纹（03ET2406⑥∶3）　6. 波浪纹（03ET2406⑥∶14）　7. 弦纹、菱形网格纹（03ET2406④∶8）　8. 弦纹、波浪纹、方格纹（03ET2509④∶3）　9. 戳印“人”字形纹（03ET2406⑥∶4）　10. 勾连卷云纹（03ET2409⑤∶5）　12. 压印云纹（03ET2409⑥∶12）

C型　7件。器腹弧，与器底弧接，器底内凹或平。如标本03ET2410⑥:4（图二九三，3）。

D型　13件。器腹弧，与器底相接处微外凸，器底平。如标本03EH79:34（图二九三，4）。

E型　12件。器腹斜直，与器底相接处外凸，器底略呈圈足状或平。如标本03EH117:17（图二九三，6）。

F型　1件。腹壁直，腹底相接夹角小于90°。标本03EH19:74（图二九三，5）。

（二）硬陶器

120件（含硬陶片71件、器类不明硬陶器口4件）。可辨器类有瓮、罐、瓿、盖纽、器耳、器

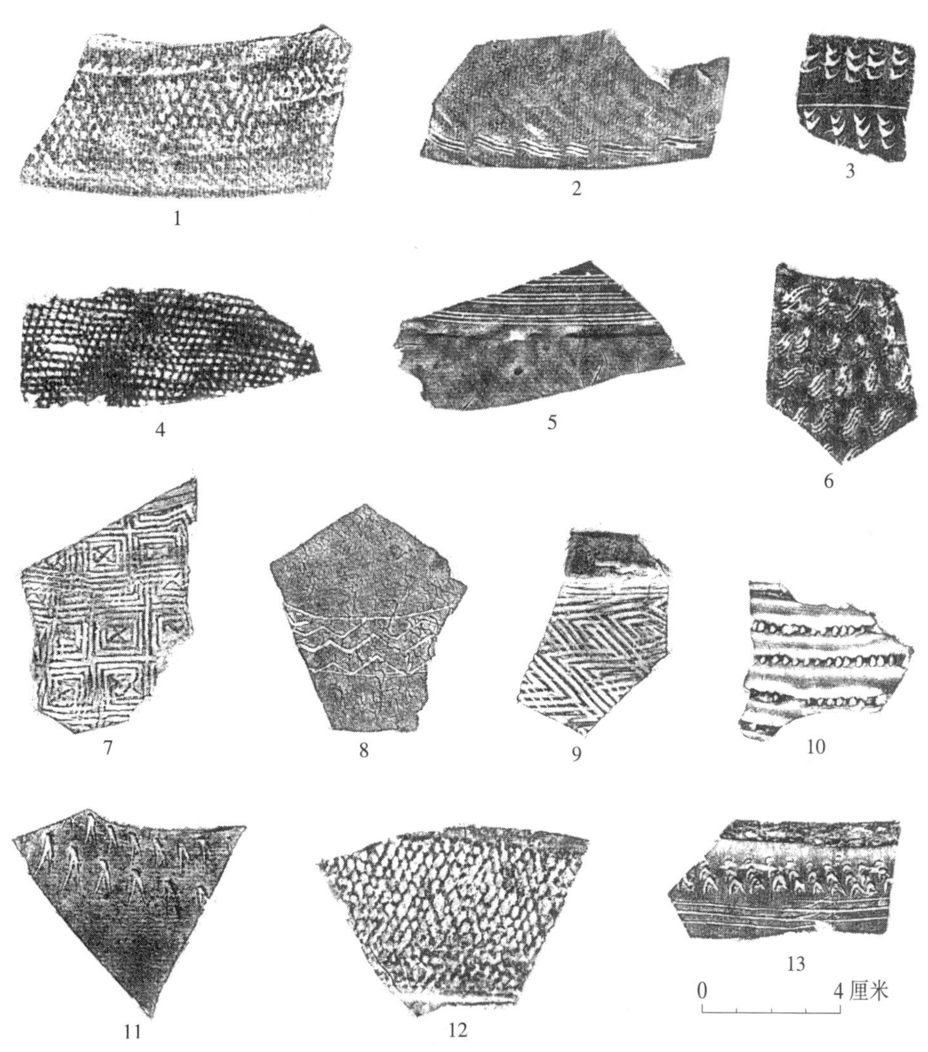

图二九五　商周时代硬陶器纹饰拓片

1、12. 菱形方格纹（03ET2706④:5、03ET2704④:4）　2、6. 水波纹（03ET2607⑤、03ET2410⑤:25）　3. 弦纹、戳印鳞纹（03ET2407④:1）　4. 压印凹方格纹（03ET2410③:2）　5. 弦纹（03ET2409⑤:7）　7. 叉心回字纹（03ET2607③:7）　8. 弦纹、波浪纹（03ET2406④:10）　9. 菱形曲折纹（03ET2607⑤:6）　10. 压印锯齿形附加堆纹（03ET2409⑤:15）　11. 戳印人字纹（03ET3107②:3）　13. 鳞纹、弦纹（03ET2605③:9）

底、圈足、饼等。硬陶器纹饰有戳印纹、压印凹方格纹、勾连卷云纹、菱形方格纹、鳞纹、弦纹、回纹等（图二九四至二九八）。

硬陶瓮 34件。分两型。

A型 33件。侈口瓮。分三亚型。

Aa型 8件。器较小。分三式。

Ⅰ式 1件。敞口，斜折沿，束颈，斜弧肩。标本03EH58∶5（图二九九，8）。

Ⅱ式 3件。侈口，斜直颈。如标本03EH177∶11（图二九九，9）。

Ⅲ式 4件。敞口，斜沿，束颈。如标本03ET2707④∶9（图二九九，10）。

Ab型 20件。器较大，弧广折肩。分四式。

Ⅰ式 8件。敞口，斜弧折沿。如标本03ET2406⑥∶5（图二九九，11）。

Ⅱ式 5件。侈口，斜折沿，斜弧广折肩，弧腹斜内收。如标本84NH10∶4（图二九九，1）。

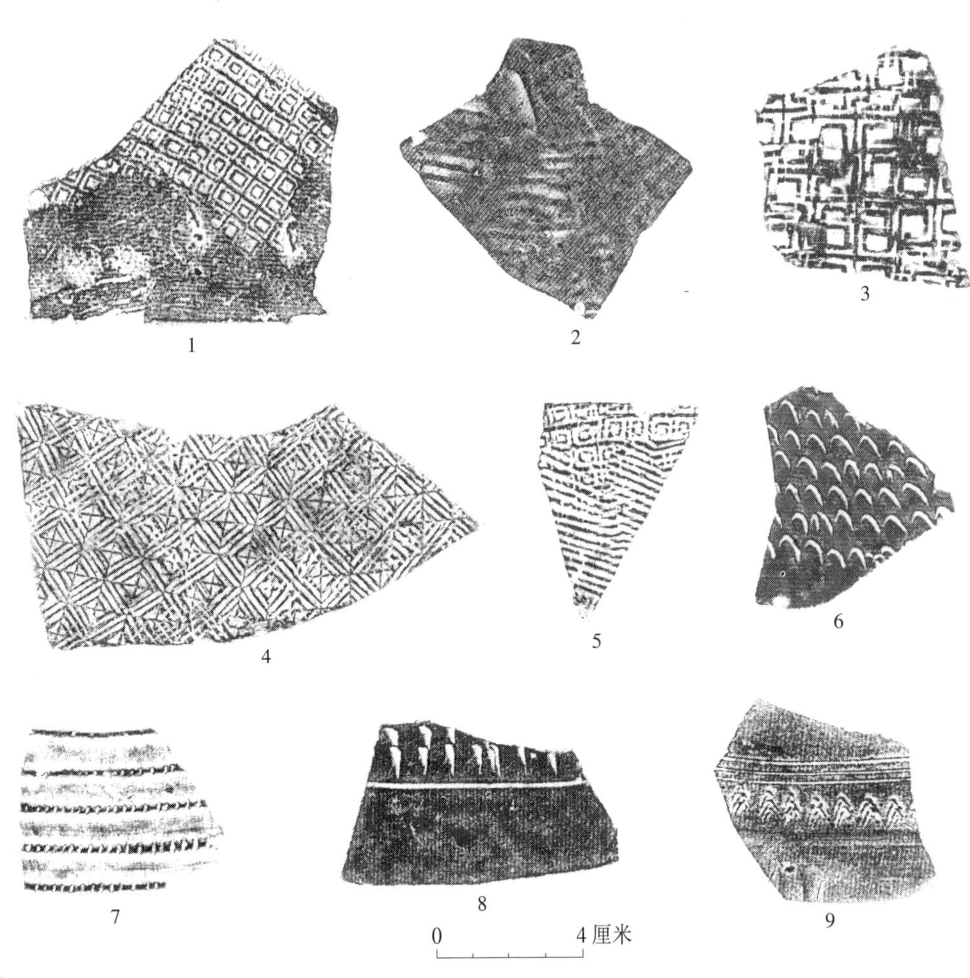

图二九六 商周时代硬陶器纹饰拓片

1. 回字形纹（03ET3007④∶5） 2. 压印条纹（03ET2510②∶1） 3. 回纹（03ET2512②∶3） 4. 叉心回字形纹（03ET2607②∶2） 5. 回字形纹、条纹（03EH138∶5） 6. 鳞纹（03EH54∶7） 7. 压印锯齿形附加堆纹（03ET2509②∶1） 8. 戳印人字形纹（03EH44∶37） 9. 弦纹、鳞纹（03ET2704②∶2）

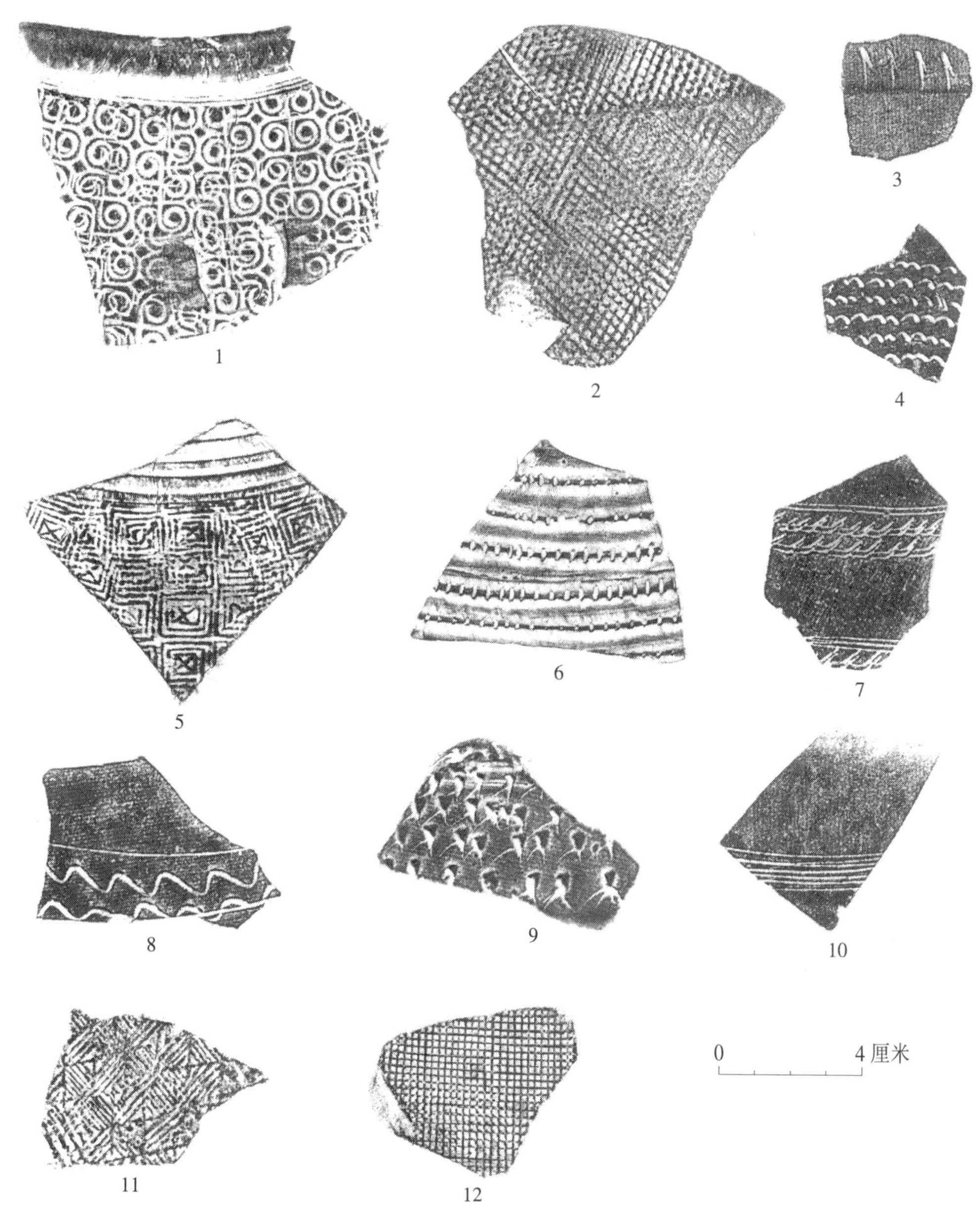

图二九七　商周时代硬陶器纹饰拓片

1. 弦纹、勾连云纹（03EH17∶18）　2、12. 压印凹方格纹（03EG2∶4、03ET2607②∶1）　3. 戳印人字形纹（03EG3③∶5）　4. 波浪纹（03EH27∶10）　5. 压印叉心回纹（03EG4∶105）　6. 压印附加锯齿纹（03EH75∶19）　7. 弦纹、水波纹（03EG4∶112）　8. 弦纹、波浪纹（03EG3③∶2）　9. 戳印人字形纹（03EH81∶6）　10. 弦纹（03EH44∶34）　11. 方格纹、回纹（03ET2410②∶4）

Ⅲ式　6件。侈口，折沿，弧广肩，折腹斜内收。如标本84WT11③∶1（图二九九，2）。

Ⅳ式　1件。器形规整。侈口，折沿，弧肩，圆腹。标本84NT5③∶4（图二九九，3）。

Ac型　5件。器大。分三式。

Ⅰ式　2件。斜折沿，尖圆唇，束颈。如标本90ET233⑤∶74（图二九九，12）。

Ⅱ式　2件。斜折沿，方唇，束颈，斜肩。如标本03ET2406④∶6（图二九九，4）。

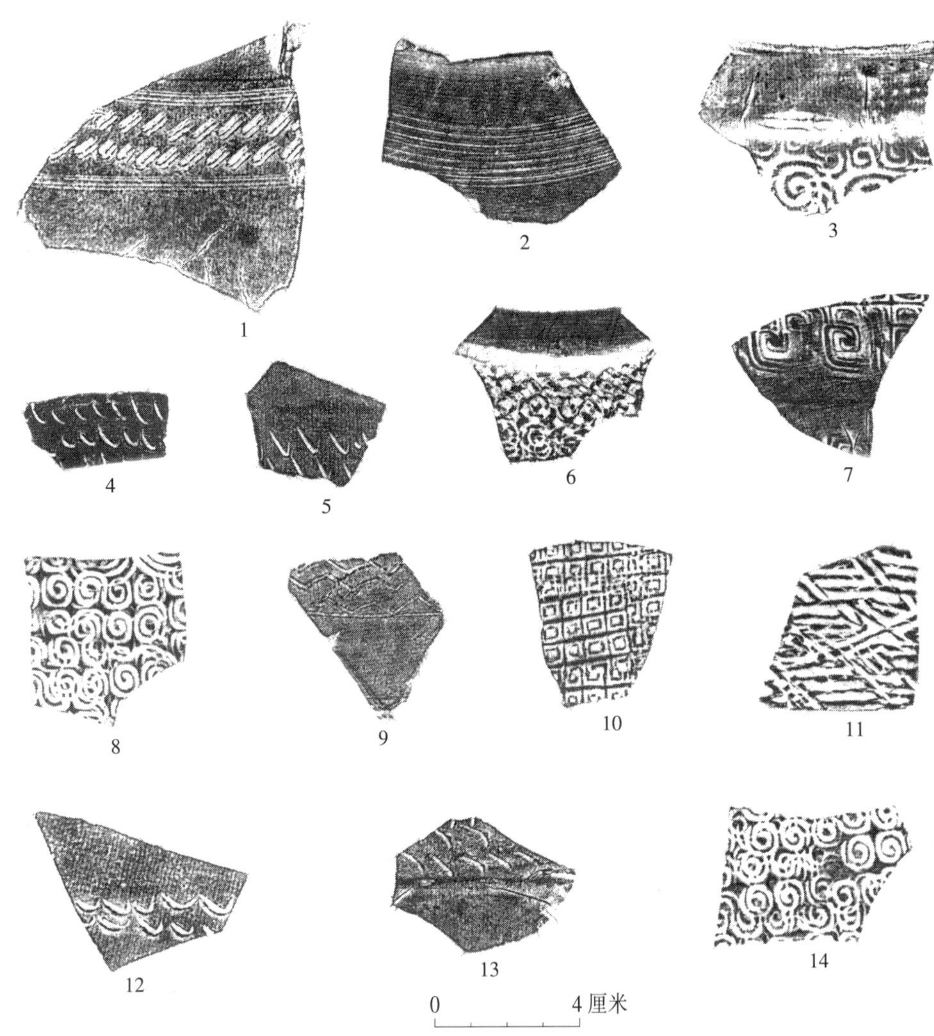

图二九八　商周时代硬陶器纹饰拓片

1、9. 弦纹、水波纹（03EH107∶1、03EH26∶37）　2. 弦纹（03EH22∶7）　3、8、14. 勾连云纹（03EH93∶53、03EH130∶63、03EH161∶9）　4、5、12、13. 鳞纹（03EH1∶7、03EG3③∶3、03EH115∶14、03EG3③∶4）　6. 菱形方格纹、云纹（03EH19∶25）　7. 云纹（03EG3③∶1）　10. “回”字纹（03EH130∶62）　11. 雷纹（03EH44∶7）

Ⅲ式　1件。圆唇，斜直颈，颈肩相交处内凹。标本03EH99∶1（图二九九，14）。

B型　1件。直口，方唇，斜直颈。标本03EH19∶64（图二九九，13）。

硬陶罐　3件。分三式。

Ⅰ式　1件。直口微敞，弧直颈。标本03EG1∶13（图二九九，5）。

Ⅱ式　1件。敞口，斜直颈，斜肩，弧腹。标本03EH177∶10（图二九九，6）。

Ⅲ式　1件。敞口，斜直颈，弧肩，弧腹。标本03EH177∶13（图二九九，7）。

硬陶瓿　1件。标本03ET2307⑥∶26（图三○○，1）。

硬陶盖纽　2件。分两型。

A型　1件。圆圈形凹盖纽。标本03ET2406④∶1（图三○○，2）。

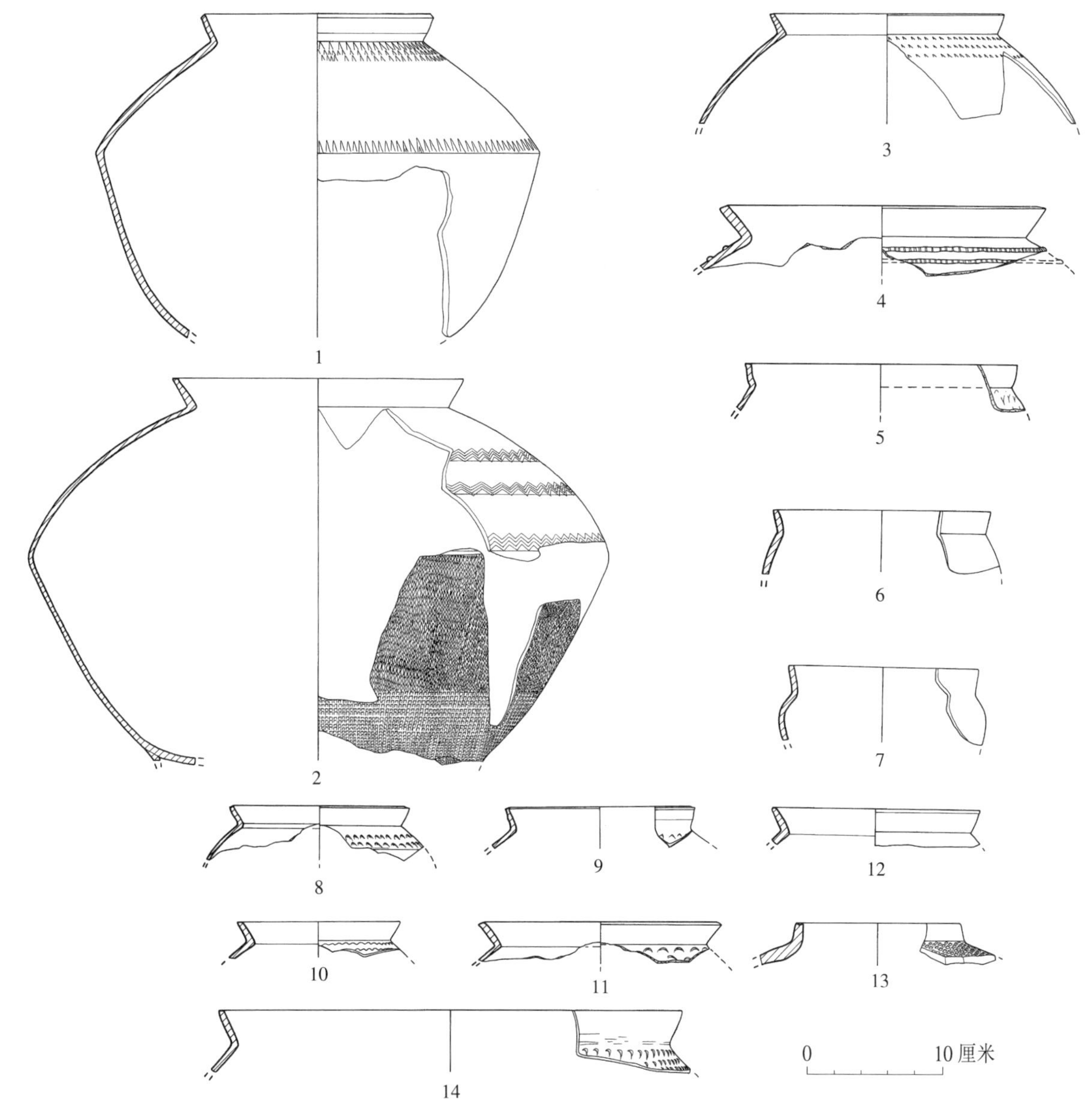

图二九九　商周时代硬陶瓮、罐

1. Ab 型Ⅱ式瓮（84NH10∶4）　2. Ab 型Ⅲ式瓮（84WT11③∶1）　3. Ab 型Ⅳ式瓮（84NT5③∶4）　4. Ac 型Ⅱ式瓮（03ET2406④∶6）　5. Ⅰ式罐（03EG1∶13）　6. Ⅱ式罐（03EH177∶10）　7. Ⅲ式罐（03EH177∶13）　8. Aa 型Ⅰ式瓮（03EH58∶5）　9. Aa 型Ⅱ式瓮（03EH177∶11）　10. Aa 型Ⅲ式瓮（03ET2707④∶9）　11. Ab 型Ⅰ式瓮（03ET2406⑥∶5）　12. Ac 型Ⅰ式瓮（90ET233⑤∶74）　13. B 型瓮（03EH19∶64）　14. Ac 型Ⅲ式瓮（03EH99∶1）

B 型　1 件。圆饼形纽。标本 84WT8③∶13（图三〇〇，3）。

硬陶器耳　1 件。

硬陶器底　2 件。分两型。

A 型　1 件。平底内凹。标本 03ET2507④∶18（图三〇〇，4）。

B 型　1 件。平底。标本 03ET3007④∶9（图三〇〇，5）。

硬陶圈足　1 件。

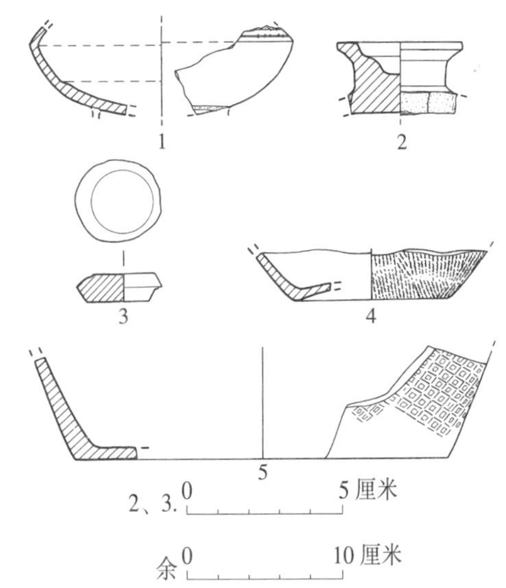

图三〇〇 商周时代硬陶器

1. 瓿（03ET2307⑥:26） 2. A型盖纽（03ET2406④:1） 3. B型盖纽（84WT8③:13） 4. A型器底（03ET2507④:18） 5. B型器底（03ET3007④:9）

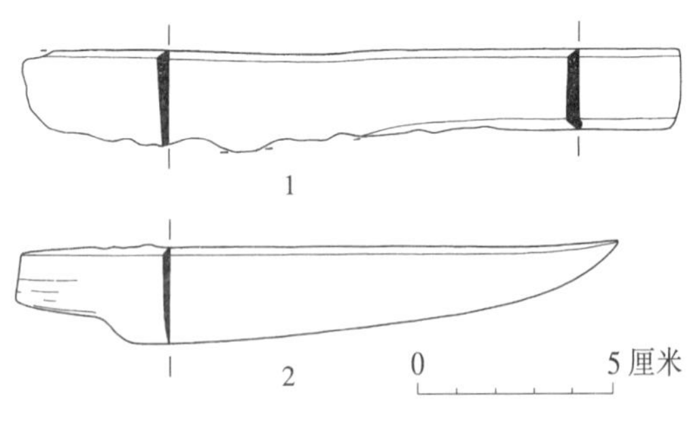

图三〇一 商周时代铜削刀

1. A型（84ET1⑤:15） 2. B型（84WT13⑤:1）

硬陶饼 1件。

（三）铜器

10件。器类有剑、戈、削刀、臿、钩、锥、条，为范铸法制作而成。

铜剑 1件。

铜戈 1件。

铜削刀 2件。分两型。

A型 1件。长方条形柄，刀身与柄无明显分界。标本84ET1⑤:15（图三〇一，1）。

B型 1件。短柄，刀身与柄有明显分界。标本84WT13⑤:1（图三〇一，2）。

铜臿 1件。

铜钩 2件。分两式。

Ⅰ式 1件。截面椭圆形。标本03EY1:4（图三〇二，1）。

Ⅱ式 1件。截面圆角方形。标本84NT5③:2（图三〇二，2）。

铜锥 1件。

铜条 2件。分两型。

A型 1件。长条形，截面梯形。标本03EH117:31（图三〇二，4）。

B型 1件。三棱条形，截面三角形。标本03ET2507④:20（图三〇二，3）。

（四）漆木器

4件。均出自于90EF2废弃堆积层内。器类有漆木柲、木楔等。

漆木柲 1件。标本90EF2:6（图三〇三，1）。

木楔 3件。如标本90EF2:13（图三〇三，2）。

（五）玉石器

113件，其中石器106件，玉器4件，水晶石3件。主要是小型生产工具，均为磨制。106件石器中，除1件器类不明、3件为石料外，余102件按用途可分为生产工具、兵器和其他等三类。工序有打磨、琢磨和钻孔。器类有砧、锤、斧、锛、铲、刀、凿、范、支（拍）垫、杵、饼、钻、锥、镞、镯、环、管、砺石等。绝大多数为生产工具，极少数为装饰物品。玉器4件，器类有璧、环和器形不明残片，多为装饰物品。

石砧　2件。均有明显的使用痕迹。分两型。

A型　1件。不规则圆形，正面弧，底面平。标本03EH105∶10－2（图三〇四，1）。

B型　1件。不规则方形，两面平。标本03EH93∶52（图三〇四，2）。

石锤　7件。均有明显的使用痕迹。分两型。

A型　6件。圆形。分两式。

Ⅰ式　3件。顶面呈圆形。如标本03EH44∶5（图三〇四，3）。

Ⅱ式　3件。扁圆形，两面凹凸不平。如标本03EH163∶1（图三〇四，4）。

B型　1件。器略呈倒三角形。标本03EH142∶3（图三〇四，5）。

石斧　26件（含采集品1件）。体形不大，多为长方形，也有近方形或梯形者。型式不明10件，余16件分两型。

A型　14件。无段石斧。分三亚型。

Aa型　4件。器较小，器体厚。分四式。

Ⅰ式　1件。长方形，顶平，偏锋，弧刃。标本03ET2406⑥∶2（图三〇五，1）。

Ⅱ式　1件。长方形，顶平，边壁直，偏锋，单面直刃。标本03EH160∶1（图三〇五，2）。

Ⅲ式　1件。长方梯形，顶平微弧，边壁直，正锋，弧刃。标本90ET233④∶3（图三〇五，3）。

Ⅳ式　1件。长方形，顶平，边壁直，正锋，斜直刃。标本90ET217④∶3（图三〇五，4）。

Ab型　7件。器较大，器体较厚。分四式。

Ⅰ式　3件。长方形。如标本90ET217⑤∶8（图三〇五，5）。

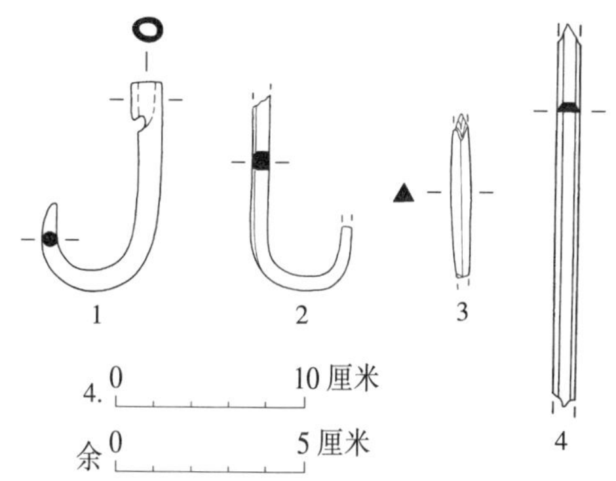

图三〇二　商周时代铜器

1. Ⅰ式铜钩（03EY1∶4）　2. Ⅱ式铜钩（84NT5③∶2）　3. B型铜条（03ET2507④∶20）　4. A型铜条（03EH117∶31）

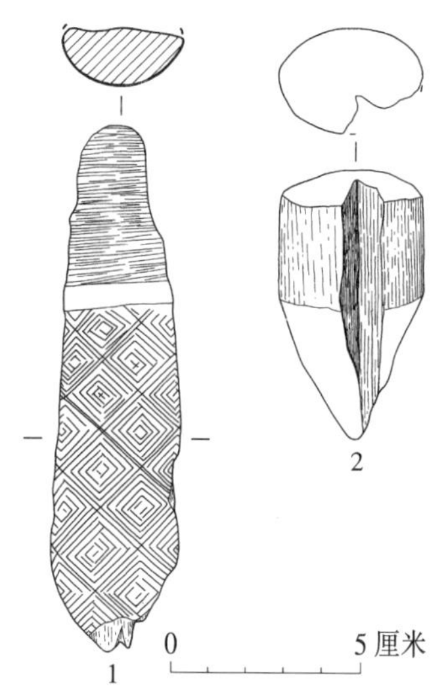

图三〇三　商周时代漆木器

1. 漆木柲（90EF2∶6）
2. 木楔（90EF2∶13）

Ⅱ式　2件。扁体长方梯形。如标本84NT13③∶6（图三〇五，6）。

Ⅲ式　1件。扁体长方形。标本03ET2806③∶2（图三〇五，7）。

Ⅳ式　1件。扁平长方形。标本03EH75∶6（图三〇五，8）。

Ac型　3件。器较小，器体较薄。分三式。

Ⅰ式　1件。体扁平，呈长方梯形。标本03EH177∶1（图三〇五，9）。

Ⅱ式　1件。平面梯形。标本90ET216⑤∶4（图三〇五，10）。

Ⅲ式　1件。扁体长方形。标本03ET2607③∶1（图三〇五，11）。

B型　2件。有段石斧，器小。分两式。

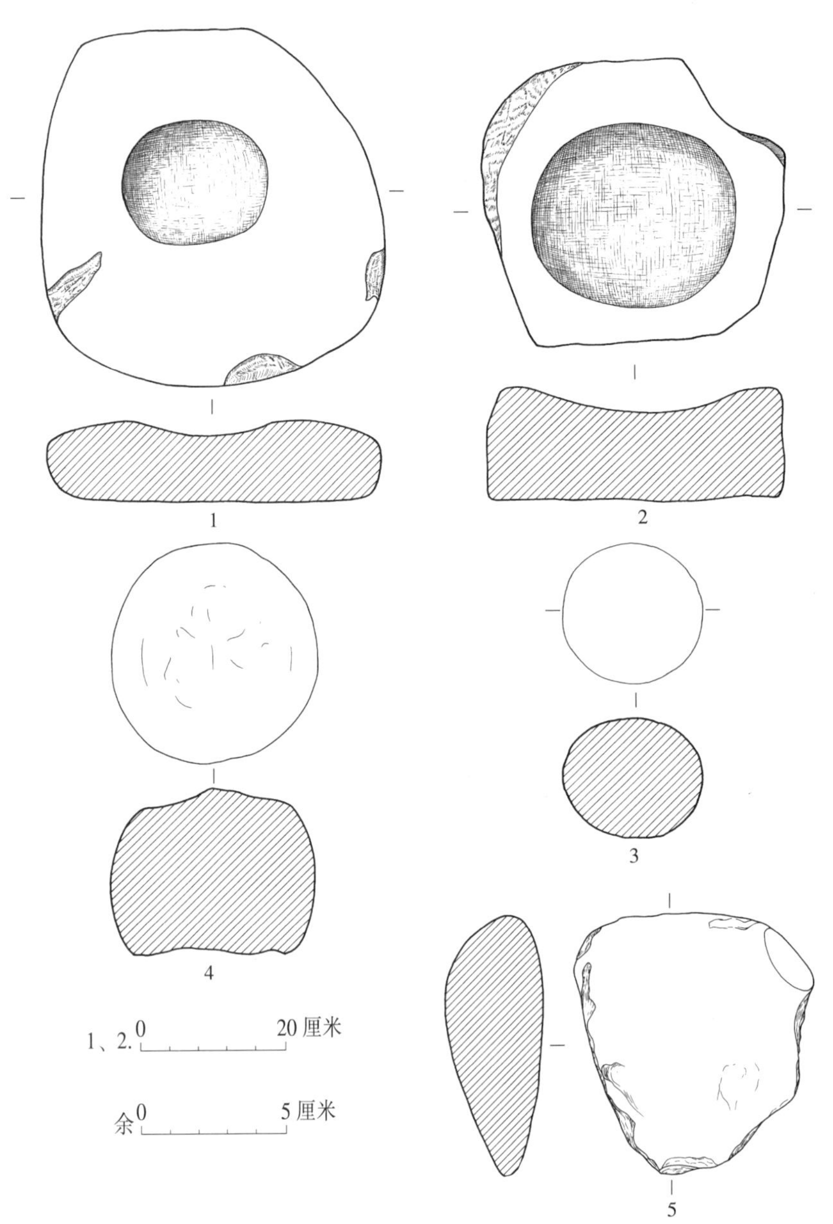

图三〇四　商周时代石器

1. A 型石砧（03EH105∶10－2）　2. B 型石砧（03EH93∶52）　3. A 型Ⅰ式石锤（03EH44∶5）　4. A 型Ⅱ式石锤（03EH163∶1）　5. B 型石锤（03EH142∶3）

Ⅰ式　1 件。长方形。标本 03EH93∶5（图三〇五，12）。

Ⅱ式　1 件。不规则形。标本 90EH25∶1（图三〇五，13）。

石锛　13 件（含采集品 2 件）。体形不大，均为长条方形。分两型。

A 型　8 件。无段石锛。分两亚型。

Aa 型　6 件。胎较厚。分五式。

Ⅰ式　1 件。长条方形，直刃。标本 03EH108∶1（图三〇六，2）。

Ⅱ式　1 件。长条方形，弧刃。标本 03EH87∶1（图三〇六，1）。

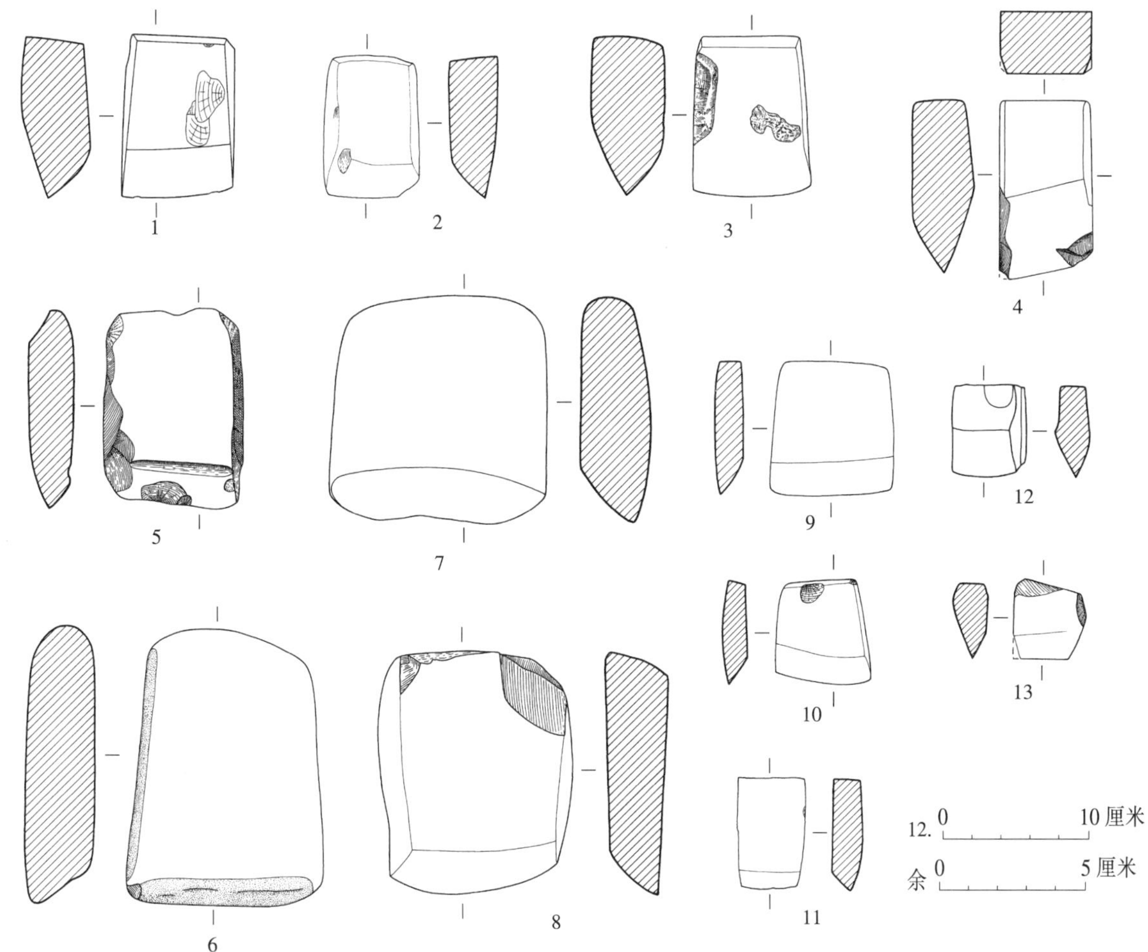

图三〇五　商周时代石斧

1. Aa型Ⅰ式（03ET2406⑥:2）　2. Aa型Ⅱ式（03EH160:1）　3. Aa型Ⅲ式（90ET233④:3）　4. Aa型Ⅳ式（90ET217④:3）　5. Ab型Ⅰ式（90ET217⑤:8）　6. Ab型Ⅱ式（84NT13③:6）　7. Ab型Ⅲ式（03ET2806③:2）　8. Ab型Ⅳ式（03EH75:6）　9. Ac型Ⅰ式（03EH177:1）　10. Ac型Ⅱ式（90ET216⑤:4）　11. Ac型Ⅲ式（03ET2607③:1）　12. B型Ⅰ式（03EH93:5）　13. B型Ⅱ式（90EH25:1）

Ⅲ式　1件。长方条形，单面直刃。标本03ET3107②:1（图三〇六，3）。

Ⅳ式　2件。长方形，直刃微弧。如标本90ET248②:1（图三〇六，4）。

Ⅴ式　1件。长方形，单面弧刃。标本03EH143:7（图三〇六，5）。

Ab型　2件。胎较薄。分两式。

Ⅰ式　1件。长条方形，直刃。标本90ET248④:2（图三〇六，6）。

Ⅱ式　1件。长方形，单面直刃。标本03EH71:2（图三〇六，7）。

B型　5件。有段石锛。分三式。

Ⅰ式　1件。正锋。标本90EF2:5（图三〇六，8）。

Ⅱ式　1件。偏锋，斜直刃。标本90EG1:1（图三〇六，9）。

Ⅲ式　3件。偏锋，弧刃。如标本03EH8:1（图三〇六，10）。

石铲　3件。分两型。

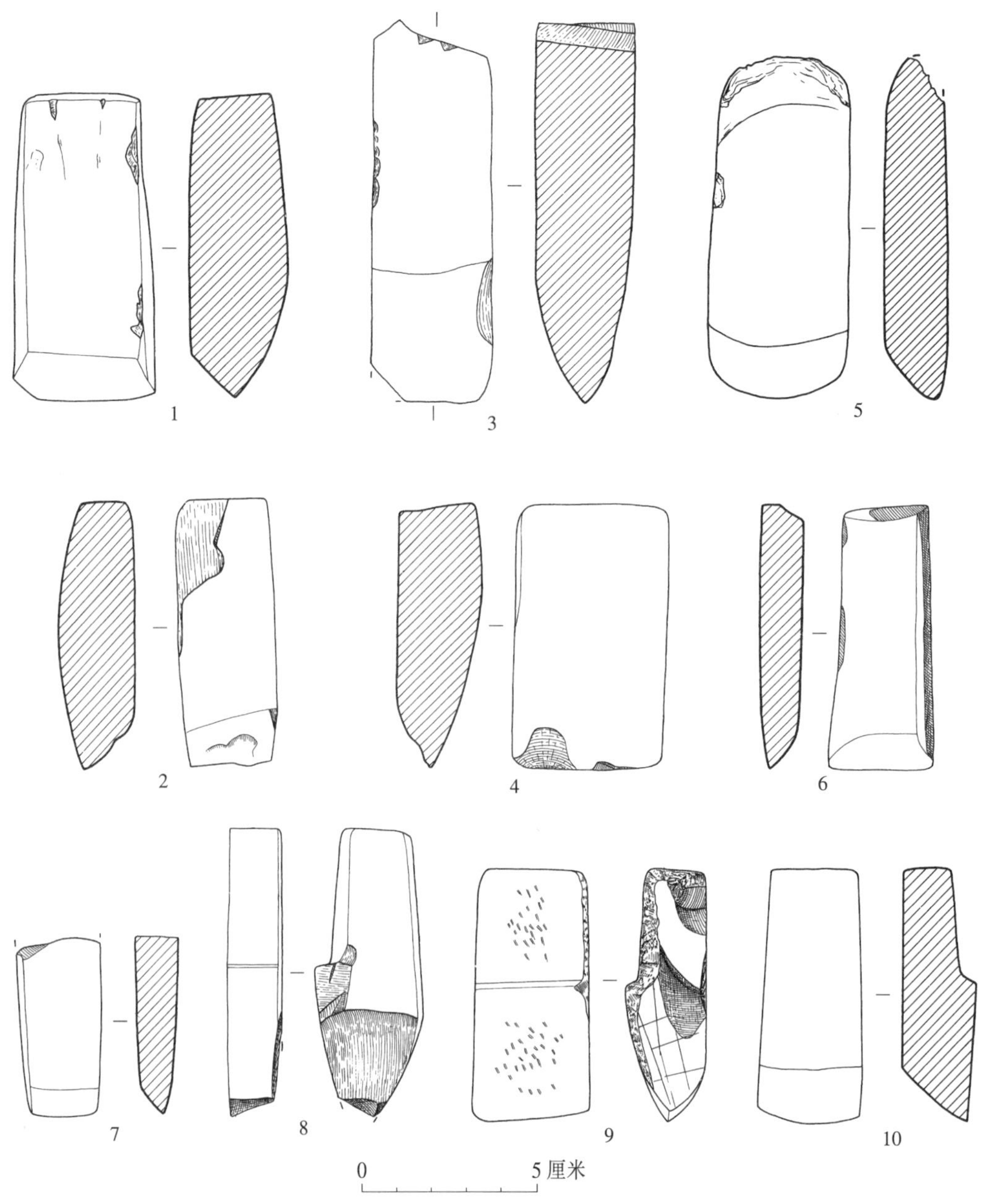

图三〇六 商周时代石锛

1. Aa型Ⅱ式（03EH87∶1） 2. Aa型Ⅰ式（03EH108∶1） 3. Aa型Ⅲ式（03ET3107②∶1） 4. Aa型Ⅳ式（90ET248②∶1） 5. Aa型Ⅴ式（03EH143∶7） 6. Ab型Ⅰ式（90ET248④∶2） 7. Ab型Ⅱ式（03EH71∶2） 8. B型Ⅰ式（90EF2∶5） 9. B型Ⅱ式（90EG1∶1） 10. B型Ⅲ式（03EH8∶1）

A型 1件。穿孔有肩石铲。标本03EH98∶2（图三〇七，1）。

B型 2件。无孔石铲。分两式。

Ⅰ式 1件。扁平长方形。标本03ET2307⑥∶8（图三〇七，2）。

Ⅱ式 1件。长条形。标本90ET216⑤∶2（图三〇七，3）。

石凿 3件。分三式。

Ⅰ式 1件。长条方形，截面长方形。标本03ET2406⑤∶6（图三〇七，4）。

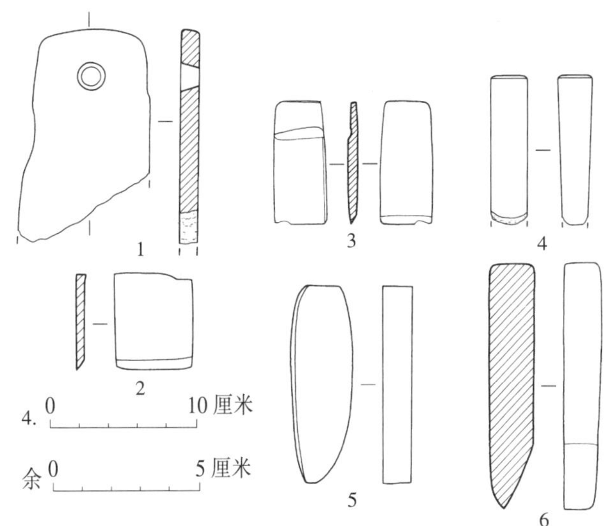

图三〇七　商周时代石铲、石凿

1. A 型石铲（03EH98∶2）　2. B 型Ⅰ式石铲（03ET2307⑥∶8）　3. B 型Ⅱ式石铲（90ET216⑤∶2）　4. Ⅰ式石凿（03ET2406⑤∶6）　5. Ⅱ式石凿（03EH119∶8）　6. Ⅲ式石凿（84WT8④∶4）

Ⅱ式　1 件。不规则长条形，横截面长方形。标本 03EH119∶8（图三〇七，5）。

Ⅲ式　1 件。长条形，截面近正方形。标本 84WT8④∶4（图三〇七，6）。

石刀　9 件。分两型。

A 型　6 件。马鞍形石刀。分三式。

Ⅰ式　3 件。两面有钻孔，正锋，双面直刃。如标本 90EF1∶2（图三〇八，1）。

Ⅱ式　2 件。上端中部近背处两面有钻孔，偏锋，单面直刃。如标本 84WT16③∶4（图三〇八，2）。

Ⅲ式　1 件。无钻孔。标本 90ET262②∶1（图三〇八，3）。

B 型　3 件。弓背石刀。分三式。

Ⅰ式　1 件。两面近刀背残有一个对钻穿孔，偏锋，单面直刃。标本 03EH72∶23（图三〇八，4）。

Ⅱ式　1 件。正锋，双面直刃，标本 03ET2410⑤∶20（图三〇八，5）。

Ⅲ式　1 件。两面近刀背三个对钻穿孔，正锋，双面直刃。标本 03ET2805②∶1（图三〇八，6）。

石支（拍）垫　2 件。分两式。

Ⅰ式　1 件。由长方圆角柱状握手和圆角长方梯形垫构成。标本 03EH98∶3（图三〇九，1）。

Ⅱ式　1 件。由长条圆角柱状柄和圆角长方形垫构成。标本 03EH106∶7（图三〇九，2）。

石杵　2 件。分两式。

Ⅰ式　1 件。柱状，截面略呈椭圆形，顶平。标本 90ET262⑤∶1（图三〇九，3）。

Ⅱ式　1 件。圆柱体，截面呈圆形，顶面弧。标本 03ET2410③∶1（图三〇九，4）。

石范　2 件。分两型。

A 型　1 件。单扇内弧范。标本 03ET2307⑥∶1（图三〇九，5）。

B 型　1 件。单扇斧范。标本 03EH77∶1（图三〇九，6）。

石镞　21 件。7 件型式不明，余 14 件分两型。

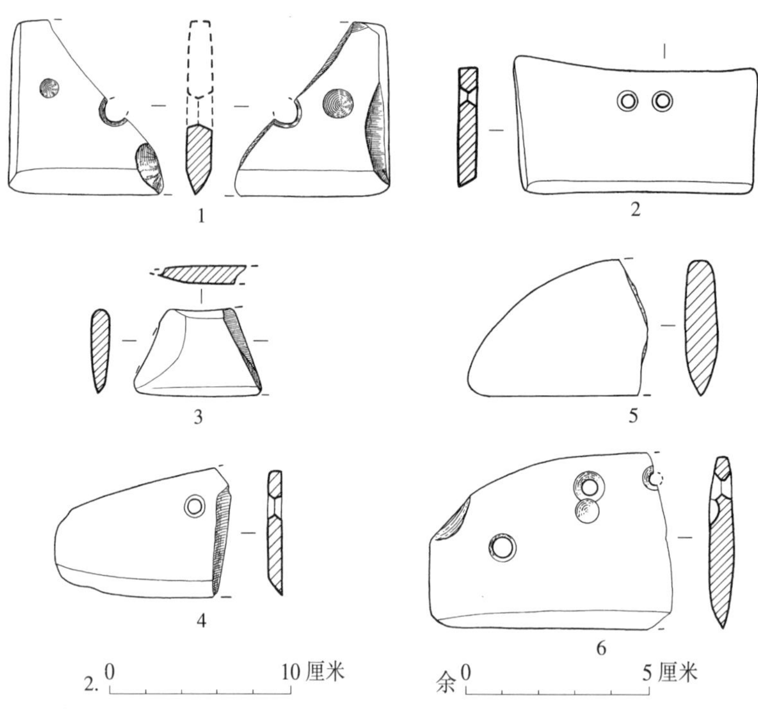

图三〇八　商周时代石刀

1. A型Ⅰ式（90EF1∶2）　2. A型Ⅱ式（84WT16③∶4）　3. A型Ⅲ式（90ET262②∶1）　4. B型Ⅰ式（03EH72∶23）　5. B型Ⅱ式（03ET2410⑤∶20）　6. B型Ⅲ式（03ET2805②∶1）

A型　9件。镞身与铤分界不明显。分两亚型。

Aa型　5件。镞身较窄长。分四式。

Ⅰ式　1件。镞身呈柳叶形，有脊，截面六边形。标本03EH74∶4（图三一〇，1）。

Ⅱ式　2件。有脊，中部起棱，截面菱形。如标本03ET2201⑤∶2（图三一〇，2）。

Ⅲ式　1件。镞身两面平，无脊。标本90ET233④∶1（图三一〇，3）。

Ⅳ式　1件。中部起棱，截面菱形，翼窄；铤略呈椭圆锥形，铤根至尖渐细。标本03ET2508③∶1（图三一〇，4）。

Ab型　4件。镞身较宽短。分三式。

Ⅰ式　1件。斜弧窄翼，铤呈扁圆柱形。标本03EH80∶3（图三一〇，5）。

Ⅱ式　1件。镞身呈柳叶形。标本03EH67∶2（图三一〇，6）。

Ⅲ式　2件。斜弧窄翼，铤呈扁圆柱锥形。如标本03EH149∶4（图三一〇，7）。

B型　5件。镞身与铤分界明显。分四式。

Ⅰ式　1件。翼较宽，铤截面呈椭圆形，铤较细。标本03EH93∶4（图三一〇，8）。

Ⅱ式　2件。翼窄，铤截面呈椭圆锥形。标本03EH26∶27（图三一〇，9）。

Ⅲ式　1件。翼窄，铤截面呈椭圆形。标本03EH77∶2（图三一〇，10）。

Ⅳ式　1件。翼较宽，铤截面呈椭圆形。标本84WT8③∶3（图三一〇，11）。

石锥　2件。

石钻　1件。

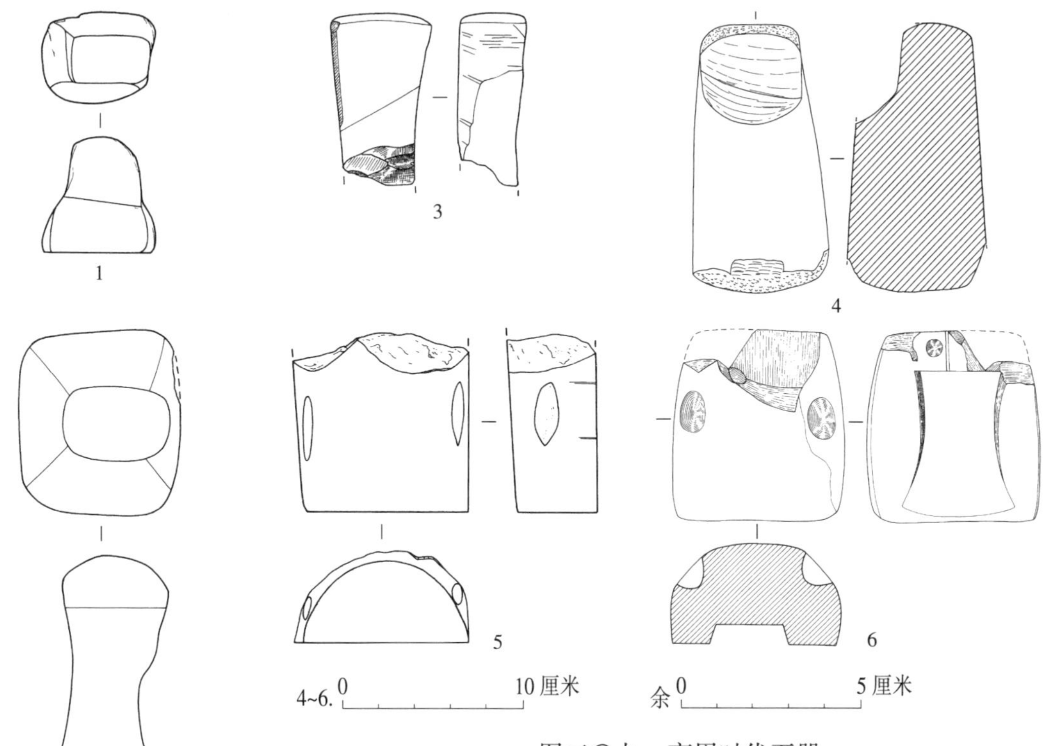

图三〇九　商周时代石器

1. Ⅰ式支（拍）垫（03EH98∶3）　2. Ⅱ式支（拍）垫（03EH106∶7）　3. Ⅰ式石杵（90ET262⑤∶1）　4. Ⅱ式石杵（03ET2410③∶1）　5. A 型石范（03ET2307⑥∶1）　6. B 型石范（03EH77∶1）

石镯　1 件。

石环　1 件。

石管　2 件。分两型。

A 型　1 件。长条圆形。标本 03ET2307⑥∶3（图三一一，3）。

B 型　1 件。圆柱状。标本 03ET2605④∶1（图三一一，4）。

石饼　1 件。

砺石　4 件。分三型。

A 型　1 件。扁平圆角长条形。标本 03EH93∶3（图三一一，1）。

B 型　2 件。圆角三角形。如标本 03EH144∶9（图三一一，2）。

C 型　1 件。扁长方形。标本 03EH67∶3（图三一一，5）。

玉璧　2 件。

玉环　1 件。

玉片　1 件。

水晶石　3 件。

（六）矿冶遗物

矿冶遗物 47 块。有矿石、炉壁、炼渣等。其中，矿石 14、炉壁 2、炼渣 31 块。

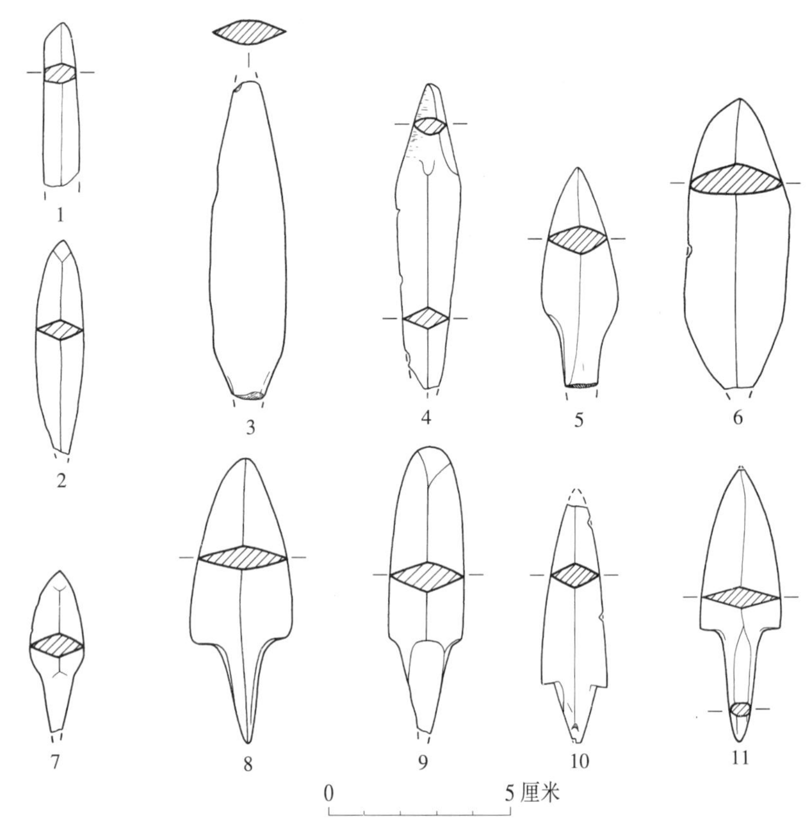

图三一〇　商周时代石镞

1. Aa型Ⅰ式（03EH74∶4）　2. Aa型Ⅱ式（03ET2201⑤∶2）　3. Aa型Ⅲ式（90ET233④∶1）　4. Aa型Ⅳ式（03ET2508③∶1）　5. Ab型Ⅰ式（03EH80∶3）　6. Ab型Ⅱ式（03EH67∶2）　7. Ab型Ⅲ式（03EH149∶4）　8. B型Ⅰ式（03EH93∶4）　9. B型Ⅱ式（03EH26∶27）　10. B型Ⅲ式（03EH77∶2）　11. B型Ⅳ式（84WT8③∶3）

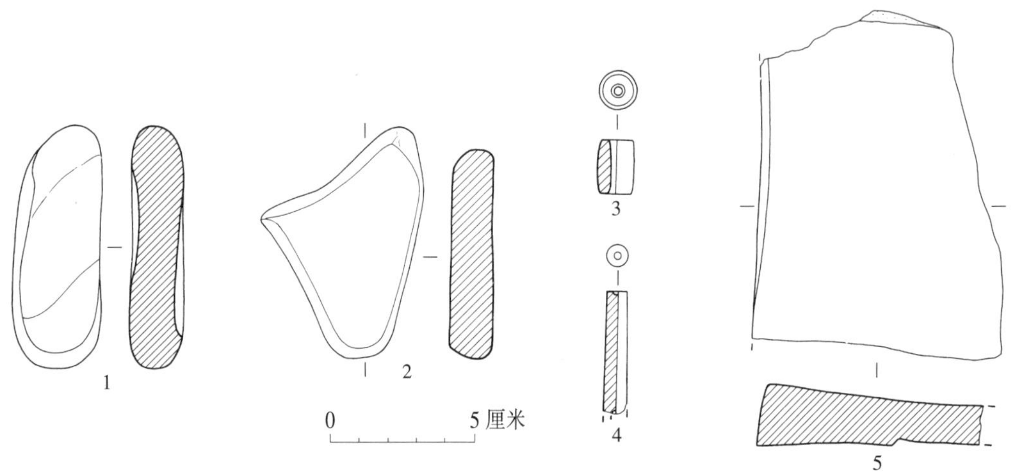

图三一一　商周时代石器

1. A型砺石（03EH93∶3）　2. B型砺石（03EH144∶9）　3. A型石管（03ET2307⑥∶3）　4. B型石管（03ET2605④∶1）　5. C型砺石（03EH67∶3）

第二节　文化遗存

一　东区2003年文化遗存

东区2003年在南部和中部清理商周时代地层共有2～6等5层，遗迹单位共167处。其中，灰坑151个，灰沟4条，陶窑1座，水井1眼，烧坑7个，烧土堆积3处等。

（一）灰坑

东区2003年在南部和中部共清理商周时代灰坑151个（附表五）。

151个灰坑分布在南部第2～6层下和中部第1～6层下。其中，第6层下的灰坑20个，第5层下的灰坑25个，第4层下的灰坑66个，第3层下的灰坑10个，第2层下的灰坑24个，第1层下的灰坑6个。

灰坑的形状有圆形、椭圆形、方（长方）形和不规则形。按坑壁和坑底不同，可分为直壁平底、斜壁平底和弧壁圜底三种。

在151个灰坑中，有123个灰坑可提取遗物标本。分别介绍如下：

1. 03E第6层下灰坑

20个，其中有6个分布在南部，编号为03EH44、H50、H53、H54、H58、H59；有14个分布在中部，编号为03EH74、H84、H88、H89、H96、H103、H105、H108、H124、H132、H133、H138、H169、H170。除03EH89和03EH170无遗物标本外，余18个灰坑或多或少都有遗物标本。

03EH44

位于03ET2410探方内，开口面积较大，向西延伸至03ET2410西壁。开口于第6层下，叠压03EH54和03EH58，打破03EH59。坑口呈不规则形，坑壁弧，底平。坑口长4.55米，坑深1.05米。填土黄褐色，土质较疏松，夹杂烧土块、木炭粒和石块。包含器类有陶鬲、鼎、甗、罐、瓮、钵、豆，硬陶器和石锤等。

标本36件。其中陶器30件，硬陶器4件，石器2件

陶鬲　9件。标本03EH44∶13，Aa型Ⅰ式。夹砂褐红陶，器壁内外均有烟炱痕迹。敞口，卷沿，方唇，颈肩分界不明显，下腹弧直内收，鬲身呈罐形，器内壁底部与足根对接处有较深足窝，圆柱状尖锥足。肩及上腹部饰弦断细绳纹，肩腹相交处饰一周附加堆纹，下腹至足根饰细绳纹。足根部手捏痕迹清晰。口径21.6、高25厘米（图三一二，2；彩版一三，1）。标本03EH44∶16，Aa型Ⅰ式。夹砂褐陶，器壁内外均有烟炱。敞口，弧沿，圆唇，颈肩分界不明显，弧腹较直，鬲身呈罐形，器内壁底部与足根对接处有较深足窝。颈部纹饰被抹，肩腹部饰弦断条纹，上腹部饰一周附加堆纹，下腹至足根饰条纹。口径20、残高20厘米（图三一二，4）。标本03EH44∶15，Aa型Ⅰ式。夹砂褐陶。敞口，斜弧沿，圆唇，弧腹内收，鬲身呈罐形。肩部饰三周凹弦纹，肩腹部饰弦断条纹，下腹饰条纹。口径14、残高9.2厘米（图三一三，6）。标本03EH44∶30，Aa型Ⅰ式。夹砂灰褐陶。敞口，斜弧沿，方唇，弧束颈，溜肩，弧腹，鬲身呈罐形。肩腹部饰弦断绳纹，

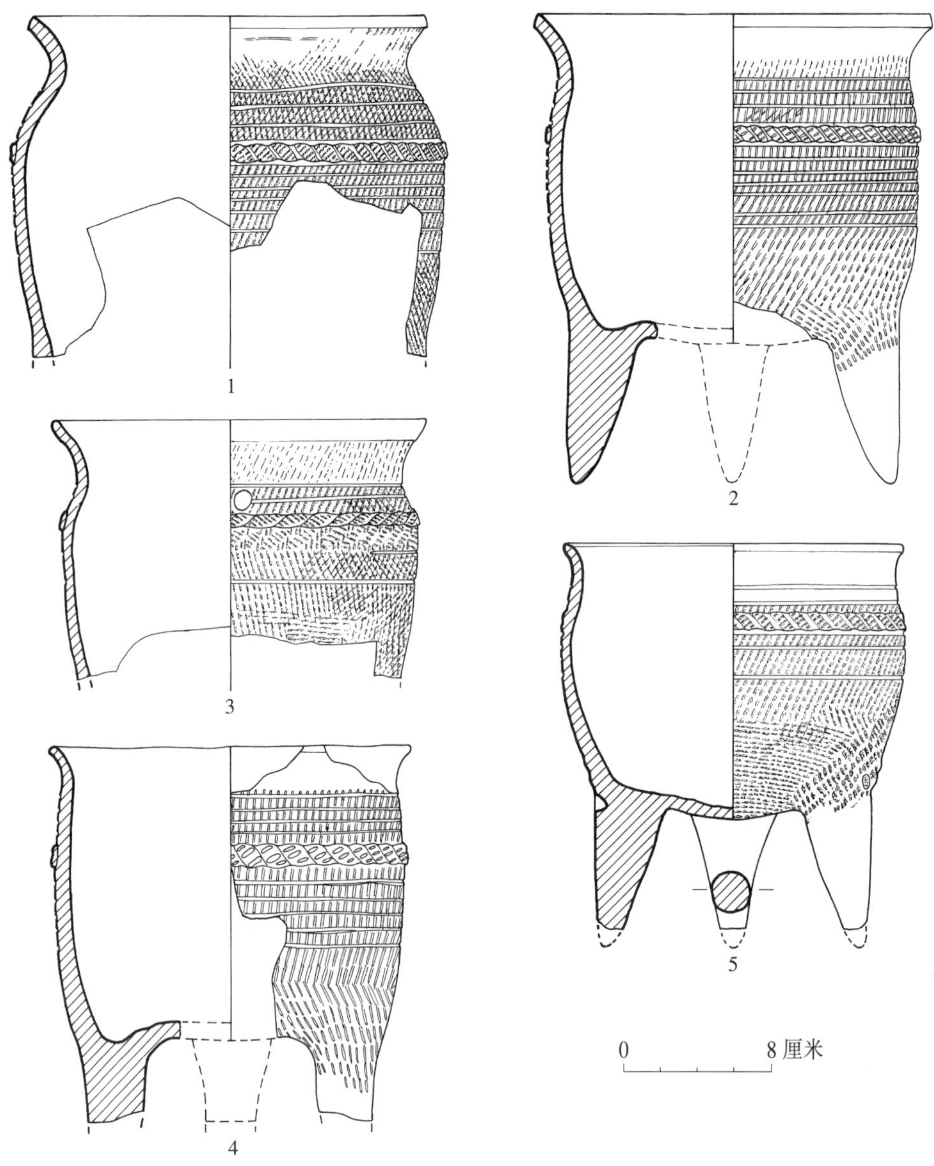

图三一二　03EH44出土陶器

1. Ae型Ⅰ式鬲（03EH44：14）　2、4. Aa型Ⅰ式鬲（03EH44：13、16）　3. Ab型Ⅰ式鬲（03EH44：12）　5. Aa型Ⅰ式鼎（03EH44：2）

腹饰一周附加堆纹。口径16、残高8.4厘米（图三一三，8）。标本03EH44：12，Ab型Ⅰ式。夹砂褐陶，器壁内外均有烟垢。侈口，卷沿，圆唇，唇面薄微弧，弧束颈，颈、肩、腹交界清晰，弧肩，腹弧内收，鬲身呈罐形。颈部绳纹被抹，颈、肩及上腹部饰弦断绳纹，肩部等距离饰三个圆形泥饼，肩腹相交处饰一周附加堆纹，下腹饰绳纹。口径20.6、残高13.8厘米（图三一二，3）。标本03EH44：14，Ae型Ⅰ式。夹砂灰褐陶，器壁内外均有烟垢。敞口，卷沿，方唇，唇面外斜，束颈，弧肩，颈、肩、腹交界清晰，圆腹弧内收，鬲身呈罐形。颈部绳纹被抹，肩饰弦断交叉绳纹，肩腹部饰弦断绳纹，肩腹交界处饰一周附加堆纹，下腹饰绳纹。口径22、残高18.2厘米（图三一二，1）。标本03EH44：4，Af型Ⅰ式。夹砂褐陶，器表有烟炱。敞口，弧沿，圆唇，颈肩分界不明显，溜肩，弧腹内收，鬲身呈罐形，下弧裆近平，器内壁底部与足根对接处有较浅足窝，圆柱状锥足。肩部等距离饰三个圆形泥饼，上腹部饰三周凹弦纹，底及足根略饰绳纹。足根部手捏痕迹清晰。口径12.5、残高13.8厘米（图三一三，1；彩版一四，2）。标本03EH44∶18，Ah型Ⅰ式。夹砂褐陶，器壁内外均有烟垢。敞口，卷沿，方唇，唇面外斜，束颈，斜弧肩，颈、肩、腹交界清晰，圆鼓腹弧内收，鬲身呈罐形，器内壁底部与足根对接处有较深足窝，圆柱状足，足芯明显。肩腹部饰弦断绳纹，肩腹相交处饰一周附加堆纹，下腹、底及足饰绳纹。包足痕迹清晰。口径14.8、残高12.6厘米（图三一三，9；图版二二，5）。标本03EH44∶17，Ha型Ⅰ式。夹砂褐陶，器表有烟炱。敞口，弧沿，圆唇，颈肩分界不明显，弧腹内收，鬲身呈盆形，器内壁底部与

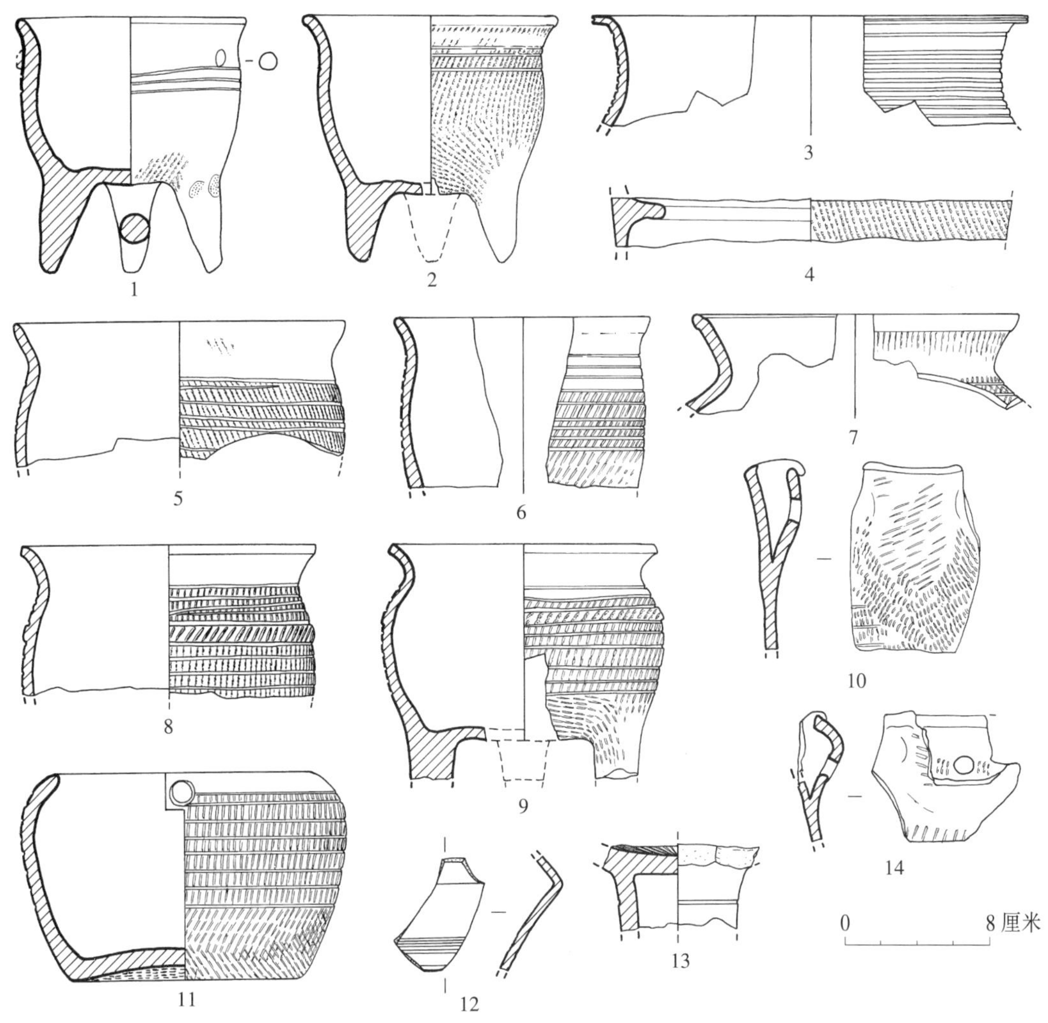

图三一三　03EH44出土器物

1. Af型Ⅰ式陶鬲（03EH44∶4）　2. Ha型Ⅰ式陶鬲（03EH44∶17）　3. H型Ⅰ式陶罐（03EH44∶35）　4. Ca型陶甗腰（03EH44∶28）　5. Ba型Ⅰ式陶罐（03EH44∶27）　6、8. Aa型Ⅰ式陶鬲（03EH44∶15、30）　7. Fb型Ⅱ式陶罐（03EH44∶29）　9. Ah型Ⅰ式陶鬲（03EH44∶18）　10. Aa型陶甗耳（03EH44∶32）　11. Aa型Ⅰ式陶钵（03EH44∶19）　12. 硬陶器口（03EH44∶31）　13. A型陶豆（03EH44∶26）　14. Ab型陶甗耳（03EH44∶33）

足根对接处有较深足窝，圆柱状锥足。颈部绳纹被抹，肩、上腹部饰弦断绳纹，下腹、底饰绳纹。口径 14、高 13.2 厘米（图三一三，2；图版二六，2）。

陶鬲足 5 件。标本 03EH44∶22，Aa 型Ⅰ式。夹砂黄褐陶。圆柱状锥足，有足窝。足外侧一道竖刻槽，足根饰绳纹。残高 10 厘米（图三一四，5）。标本 03EH44∶24，Aa 型Ⅰ式。夹砂灰黄陶。圆柱状锥足，有足窝。足外侧一道竖刻槽，足根饰绳纹。残高 13.6 厘米（图三一四，1）。标本 03EH44∶23，Ac 型Ⅰ式。夹砂褐陶。圆柱状锥足，足根有足窝。底及足根饰绳纹。残高 10 厘米（图三一四，4）。标本 03EH44∶25，Ac 型Ⅰ式。夹砂褐陶。圆柱状尖锥足，足根有足窝。下腹及足根饰绳纹。残高 9 厘米（图三一四，6）。标本 03EH44∶21，C 型Ⅰ式。夹砂褐陶。圆柱状尖锥足，外侧有三个圆窝。足根饰绳纹。残高 12.5 厘米（图三一四，7）。

陶鼎 1 件。标本 03EH44∶2，Aa 型Ⅰ式。夹砂褐陶，器壁内外均有烟炱。敞口，卷沿，圆唇，颈肩分界不明显，下腹弧内收，鼎身呈罐形，器内壁底部与足根对接处有较浅足窝，圆柱状锥足。肩及上腹部饰弦断细绳纹，肩腹相交处饰一周附加堆纹，下腹至足根饰细绳纹。足根部手捏痕迹清晰。口径 18.4、残高 20.6 厘米（图三一二，5；彩版一八，1）。

陶甗腰 1 件。标本 03EH44∶28，Ca 型。夹砂灰褐陶。甗腰内壁有一周横隔沿。器表饰绳纹。残高 2.2 厘米（图三一三，4）。

陶甗耳 2 件。标本 03EH44∶32，Aa 型。夹砂黄灰陶。口沿外壁贴施泥片护耳，耳内甗壁上

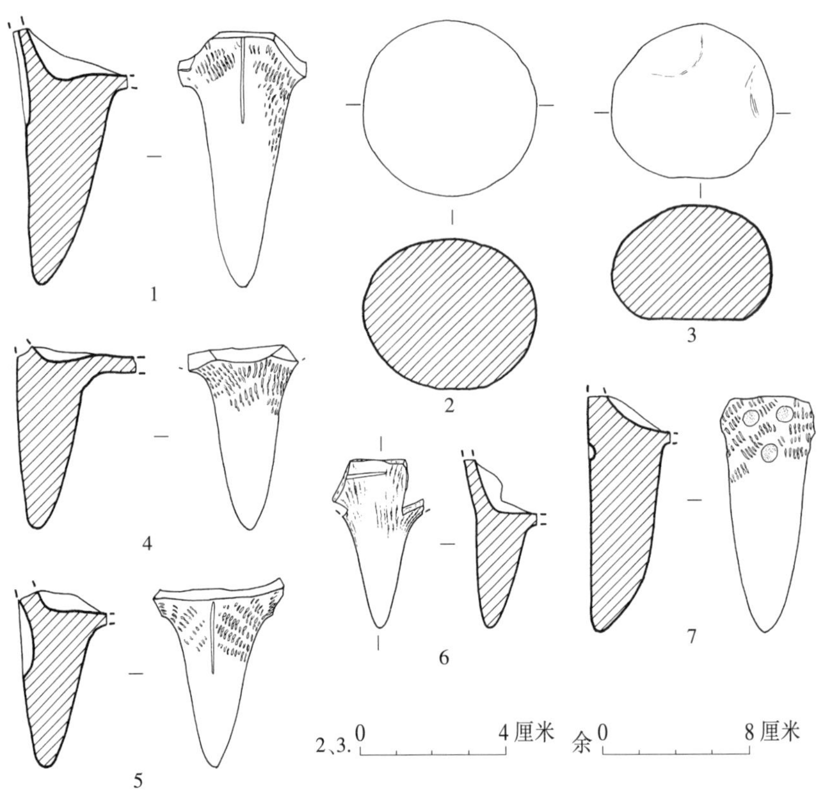

图三一四 03EH44 出土器物

1、5. Aa 型Ⅰ式陶鬲足（03EH44∶24、22） 2、3. A 型Ⅰ式石锤（03EH44∶5、1） 4、6. Ac 型Ⅰ式陶鬲足（03EH44∶23、25） 7. C 型Ⅰ式陶鬲足（03EH44∶21）

戳圆形穿孔。耳面饰绳纹（图三一三，10）。标本03EH44:33，Ab型。夹砂黄灰陶。口沿外壁贴施泥片护耳，耳内甗壁上戳圆形穿孔。耳面和器表饰条纹（图三一三，14）。

陶罐 4件。标本03EH44:27，Ba型Ⅰ式。夹砂褐陶。侈口，斜沿，圆唇，弧束颈，溜肩，弧腹。肩腹部饰弦断绳纹。口径18、残高7.4厘米（图三一三，5）。标本03EH44:20，Fa型Ⅱ式。夹砂灰褐陶，器表有烟炱。敞口，斜弧沿，方唇，弧束颈，斜弧肩，圆鼓腹弧内收。唇面一周凹弦纹，肩、上腹部饰弦断条纹，其间有零星小圆窝和划纹，肩腹相交处饰一周附加堆纹，下腹饰交错条纹。口径14.4、残高21.2厘米（图三一五，2；图版三四，4）。标本03EH44:29，Fb型Ⅱ式。夹砂灰陶。敞口，斜弧沿，圆唇，弧束颈，斜肩。颈部绳纹被抹，肩部饰弦断交叉绳纹。口径18、残高5.2厘米（图三一三，7）。标本03EH44:35，H型Ⅰ式。夹细砂灰陶。敞口，平折沿，方唇，弧颈较高。唇面一周凹弦纹，颈部饰凹弦纹。口径24、残高6厘米（图三一三，3）。

陶瓮 1件。标本03EH44:3，Gc型Ⅰ式。夹砂灰皮褐胎陶，灰皮多脱落。直口，方唇，斜直颈，斜弧肩，圆鼓腹弧内收，平底内凹。肩部磨光，饰三组凹弦纹和两周“S”形纹，“S”形纹间各等距离粘贴三个鸟头状泥饰，上腹部饰弦断绳纹，下腹及底饰交错绳纹。口径15.2、底径15.2、高31.2厘米（图三一五，1；彩版二二，1）。

陶钵 1件。标本03EH44:19，Aa型Ⅰ式。夹砂褐陶。敛口，圆唇，圆肩，圆腹弧内收，平底内凹。肩部残有一个圆形泥饼，肩腹部饰弦断绳纹，下腹及底饰绳纹。口径14、底径12.6、高11厘米（图三一三，11；彩版二四，2）。

陶豆 6件。标本03EH44:6，Aa型Ⅰ式。夹细砂褐红陶。敞口，圆唇，弧盘，圆圈形柄，喇叭口形豆座。豆盘外壁和柄座饰弦断绳纹，柄中部一周等距离镂三个长条形穿孔。口径16.8、底径15、高16.4厘米（图三一五，3；彩版二五，1）。标本03EH44:8，Aa型Ⅰ式。夹细砂灰陶。敞口，圆唇，弧盘。盘外壁底部饰绳纹。口径19.2、残高4.6厘米（图三一五，4）。标本03EH44:10，Aa型Ⅰ式。夹细砂灰陶。敞口，方唇，弧盘，圆圈形柄。盘内壁饰线纹，线纹呈辐射状；外壁底部饰绳纹，柄部残有长方形镂孔痕迹。口径22、残高6.8厘米（图三一五，6）。标本03EH44:11，Aa型Ⅰ式。夹细砂灰陶。敞口，方唇，弧盘，圆圈形柄。盘内壁一周凹弦纹，其下饰线纹，线纹呈辐射状，柄部残有两组凹弦纹和三个长条形镂孔。口径22、残高11.2厘米（图三一五，5）。标本03EH44:9，Aa型。夹细砂黑灰陶。敞口，方唇，弧盘。盘内壁饰一周凹弦纹，外壁底部饰绳纹。口径21.2、残高3.8厘米（图三一五，7）。标本03EH44:26，A型。夹细砂黄灰陶。仅存豆柄。圆圈形柄。盘内壁饰线纹，线纹呈辐射状，柄部残有一周凹弦纹。残高4.2厘米（图三一三，13）。

硬陶器口 1件。标本03EH44:31，器类不明。泥质灰陶。斜折沿，束颈，斜弧肩。器表饰弦纹（图三一三，12）。

硬陶片 3件。标本03EH44:37，器类不明。灰硬陶。饰弦纹和戳印人字形纹（图二九六，8）。标本03EH44:34，器类不明。灰硬陶。饰弦纹（图二九七，10）。标本03EH44:7，器类不明。灰硬陶。饰雷纹（图二九八，11）。

石锤 2件。标本03EH44:1，A型Ⅰ式。黑色。器表有砸痕。顶面略呈圆形，截面椭圆形，一面平。直径3.1～4.4、厚3.1厘米（图三一四，3；彩版三三，3）。标本03EH44:5，A型Ⅰ式。黑色。器表有砸痕。顶面呈圆形，截面椭圆形。直径4.7、厚4厘米（图三一四，2；

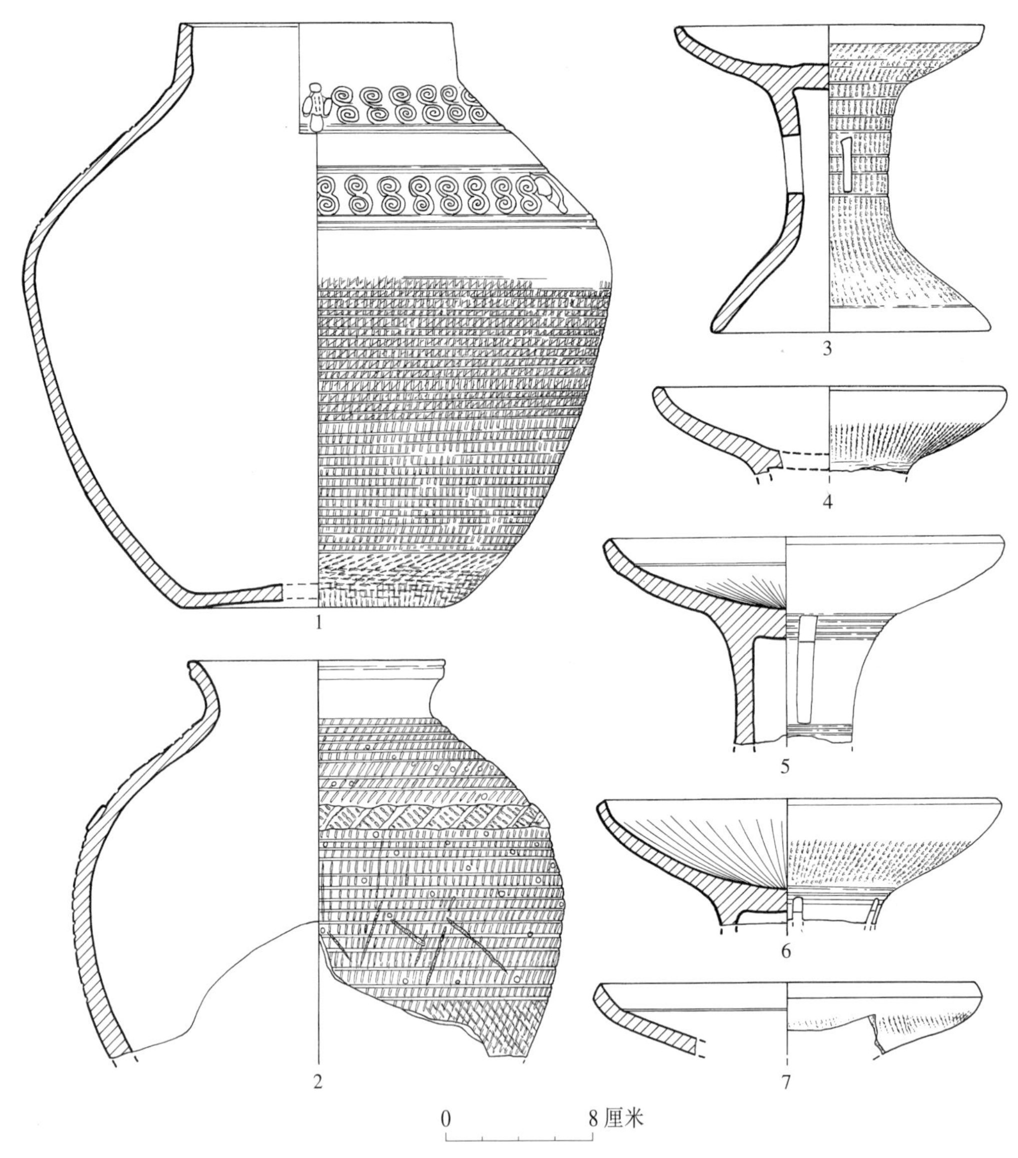

图三一五 03EH44 出土陶器

1. Gc 型Ⅰ式瓮（03EH44:3） 2. Fa 型Ⅱ式罐（03EH44:20） 3～6. Aa 型Ⅰ式豆（03EH44:6、8、11、10）
7. Aa 型豆（03EH44:9）

彩版三三，4）。

03EH50

位于 03ET2409 西南部。开口于第 6 层下，西北部打破 03EH53。坑口距地表 0.95 米。圆形斜壁平底坑，坑口直径 1.85 米，坑深 0.66 米，坑壁保存较好，坑内堆积灰褐土，土质松软，夹有少量木炭颗粒和烧土块、石块等，包含器类有陶鬲、鼎、甗、滤盉、罐、瓮、罍、豆，另有石块、矿石（图三一六；表一〇）。

标本 17 件，均为陶器。

陶鬲 1 件。标本 03EH50:19，Ha 型Ⅰ式。夹砂褐陶。敞口，斜弧沿，圆唇，颈肩分界不明

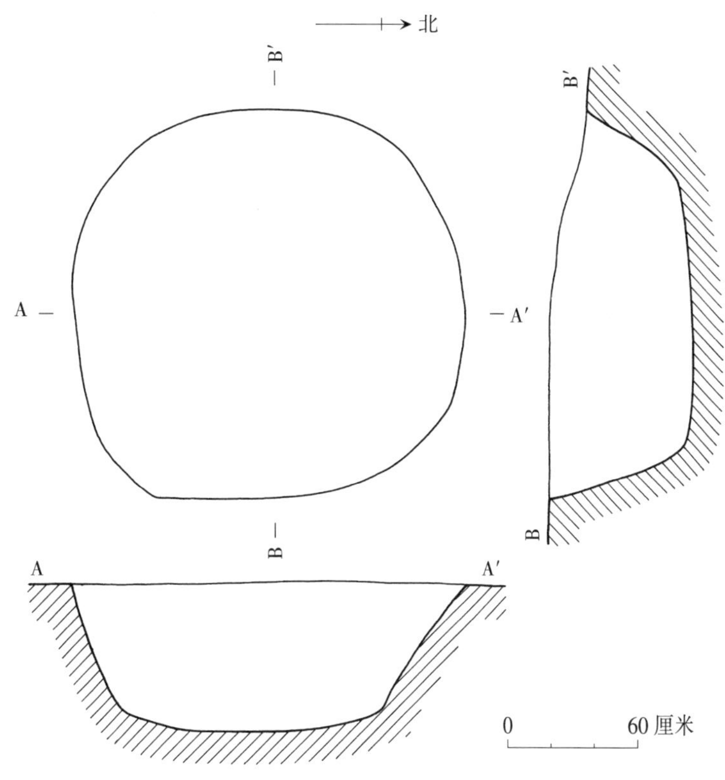

图三一六　03EH50 平、剖面图

显，弧腹，鬲身呈盆形。腹部饰绳纹。口径 14、残高 9.8 厘米（图三一七，3）。

陶鬲足　2 件。标本 03EH50∶10，Ac 型Ⅰ式。夹砂褐陶。圆柱状尖锥足，有足窝。足根饰绳纹。残高 15.6 厘米（图三一八，3）。标本 03EH50∶9，C 型Ⅰ式。夹砂褐红陶。圆柱状尖锥足，有足窝。足根饰绳纹。残高 18 厘米（图三一八，4）。

陶鼎　1 件。标本 03EH50∶7，Aa 型。夹砂褐红陶。弧腹，椭圆柱状足。下腹、底及足根饰绳纹。足上有明显手捏痕迹。残高 12 厘米（图三一七，4）。

陶甗　1 件。标本 03EH50∶17，B 型。夹砂灰褐陶。敞口，圆唇，斜直颈，弧溜肩，弧腹，口沿外附加泥条抠耳。颈部绳纹被抹，肩、腹饰弦断绳纹，肩腹相交处一周附加堆纹，耳面饰绳纹。残高 13.5 厘米（图三一九，3）。

陶甗耳　1 件。标本 03EH50∶16，Ab 型。夹砂灰黄陶。口沿外壁贴施泥片护耳，耳内甗壁上戳圆形穿孔。耳面饰绳纹（图三一七，7）。

陶滤盉　1 件。标本 03EH50∶8，Aa 型Ⅰ式。夹砂褐红陶。仅存下部带流带鋬鬲。鬲肩腹部残有圆筒形流和安鋬圆孔，器内壁底部与足根对接处有较深足窝，椭圆柱状足。鬲腹饰绳纹。残高 11.2 厘米（图三一九，1）。

陶罐　3 件。标本 03EH50∶4，Aa 型Ⅱ式。夹砂黑皮褐胎陶。敞口，卷沿，圆唇，弧颈，溜肩，弧腹内收，平底。上腹部饰弦断绳纹和一周附加堆纹，下腹及底饰绳纹。口径 24.8、底径 13、高 24 厘米（图三一九，4；彩版二〇，1）。标本 03EH50∶2，Fa 型Ⅰ式。夹砂褐陶，器表有

表一〇　03EH50陶系及器类统计表

陶质			夹砂					泥质		纹饰							
陶色			褐红	灰褐	灰黄	褐	黑	黑	灰白	绳纹	弦断绳纹	条纹	凸弦纹	凹弦纹	附加堆纹	素面	复合纹饰
陶片数量			41	42	32	59	24	7	1	24	34	15	3	4	30	89	7
百分比（%）			19.90	20.39	15.53	28.64	11.65	3.40	0.49	11.65	16.50	7.28	1.46	1.94	14.56	43.20	3.40
器形	数量	百分比（%）															
鬲	1	5.88				1				1							
鬲足	2	11.76	1			1				2							
鼎	1	5.88	1							1							
甗	1	5.88		1							1						
甗耳	1	5.88			1					1							
滤盉	1	5.88	1							1							
罐	3	17.65	1			1	1										3
瓮	3	17.65		1	1				1								3
罍	1	5.88	1														1
豆	1	5.88			1					1				1			
器鋬	1	5.88				1											
器底	1	5.88			1					1							
合计	17		5	2	4	4	1		1	8	1			1			7

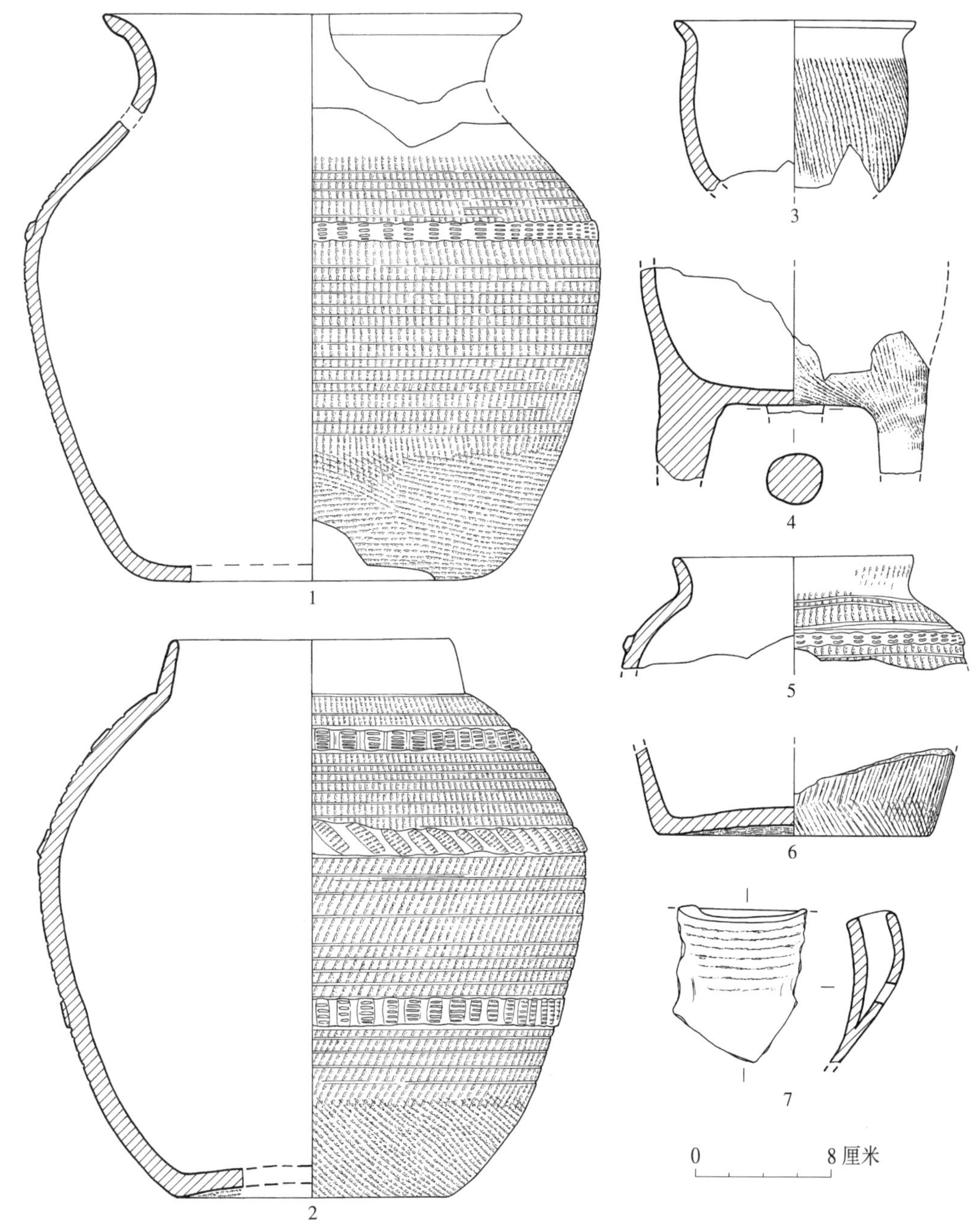

图三一七　03EH50 出土陶器

1. Ga 型Ⅰ式罐（03EH50∶5）　2. Ga 型Ⅰ式瓮（03EH50∶6）　3. Ha 型Ⅰ式鬲（03EH50∶19）　4. Aa 型鼎（03EH50∶7）　5. Fc 型Ⅰ式瓮（03EH50∶20）　6. A 型器底（03EH50∶14）　7. Ab 型甗耳（03EH50∶16）

烟炱。敞口，方唇，斜直颈，斜弧肩，圆腹弧内收，平底。肩腹相交处一周附加堆纹，肩、腹及底饰绳纹。口径 16、底径 13.5、高 26.3 厘米（图三一八，2；彩版二〇，5）。标本 03EH50∶5，Ga 型Ⅰ式。夹砂褐红陶。敞口，弧卷沿，尖圆唇，弧颈，弧肩，圆弧腹内收，平底。肩、上腹部饰弦断绳纹，肩腹相交处一周附加堆纹，下腹及底饰绳纹。口径 24、底径 20、高约 32.4 厘米（图三一七，1；图版三五，4）。

陶瓮　3件。标本03EH50∶20，Fc型Ⅰ式。夹砂灰褐陶。敞口，斜弧沿，圆唇，斜直颈，弧肩，圆弧腹。颈部绳纹被抹，肩、上腹部饰弦断绳纹，肩腹相交处一周附加堆纹。口径14、残高6.6厘米（图三一七，5）。标本03EH50∶6，Ga型Ⅰ式。夹细砂灰黄陶。直口微敛，圆唇，斜直颈，斜弧肩，弧腹内收，平底内凹。肩、上腹和下腹各饰一周附加堆纹，肩、上腹饰弦断绳纹，下腹及底饰绳纹。口径16、底径16、高31.8厘米（图三一七，2；彩版二一，4）。标本03EH50∶1，Ha型Ⅰ式。泥质灰白陶。敛口，方唇，斜直颈，斜弧肩，斜弧腹内收，平底微内凹。颈部一周凸棱，肩、上腹部饰弦断绳纹，肩腹相交处一周附加堆纹，堆纹接头处多出一段向上弧呈鸟喙

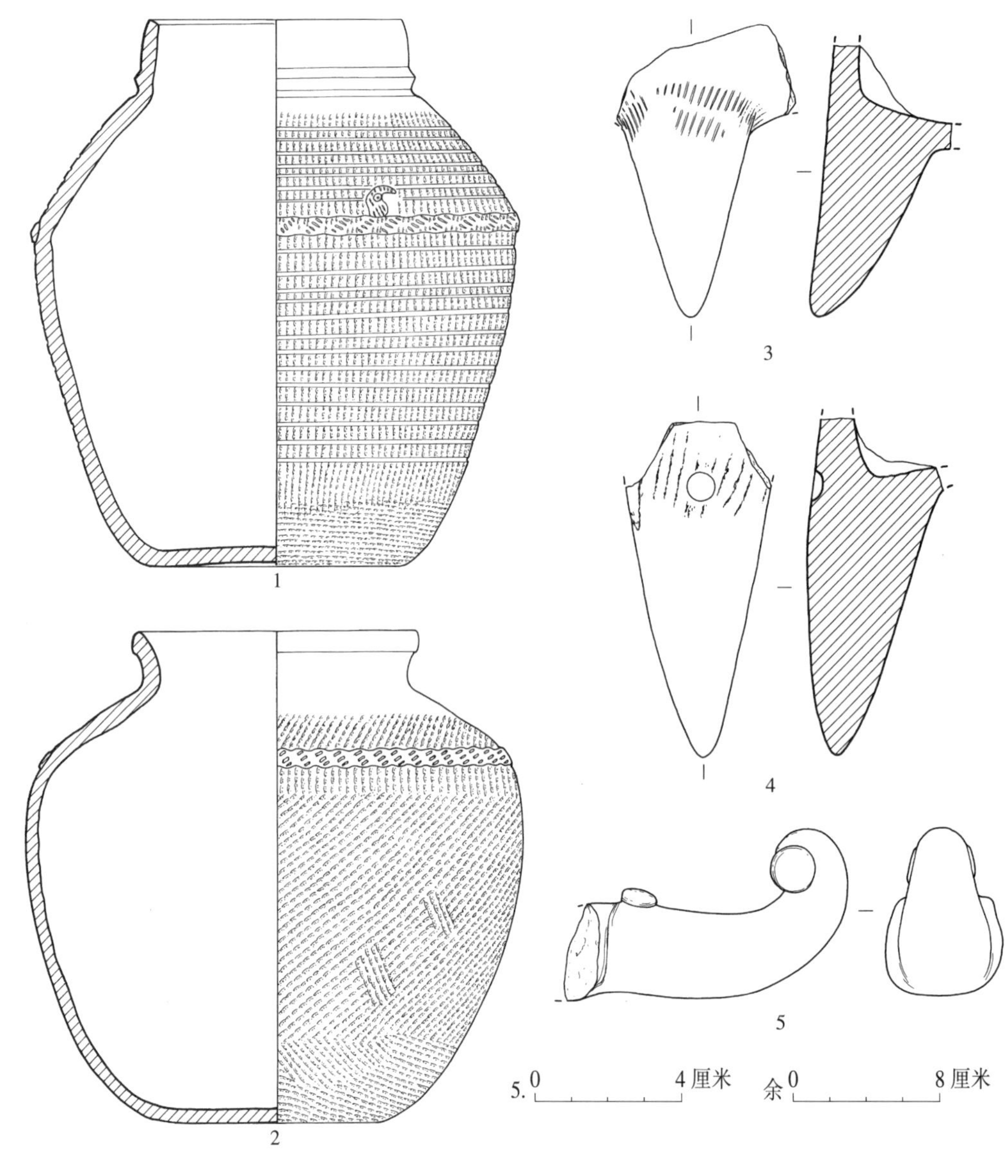

图三一八　03EH50出土陶器

1. Ha型Ⅰ式瓮（03EH50∶1）　2. Fa型Ⅰ式罐（03EH50∶2）　3. Ac型Ⅰ式鬲足（03EH50∶10）　4. C型Ⅰ式鬲足（03EH50∶9）　5. Aa型器鋬（03EH50∶15）

状，下腹及底饰绳纹。口径 14、底径 14、高 29.4 厘米（图三一八，1；彩版二二，2）。

陶罍　1 件。标本 03EH50:3，A 型Ⅰ式。夹砂褐红陶。敞口，圆唇，斜弧颈，弧肩，圆鼓腹弧内收，平底内凹。肩部残有一个圆形泥饼，肩腹相交处一周附加堆纹，肩、上腹饰弦断绳纹，下腹及底饰绳纹。口径 15.4、底径 14.6、高 24 厘米（图三一九，2；彩版二三，1）。

陶豆　1 件。标本 03EH50:18，A 型。夹细砂灰黄陶。仅存喇叭口形豆座。座顶面残有凹弦纹和绳纹。残高 4.6 厘米（图三一九，5）。

陶器鋬　1 件。标本 03EH50:15，Aa 型。夹细砂褐陶。椭圆柱形器鋬，鋬根有两个圆形泥饼，鋬端弧上翘呈鸟头形（图三一八，5；图版四八，5）。

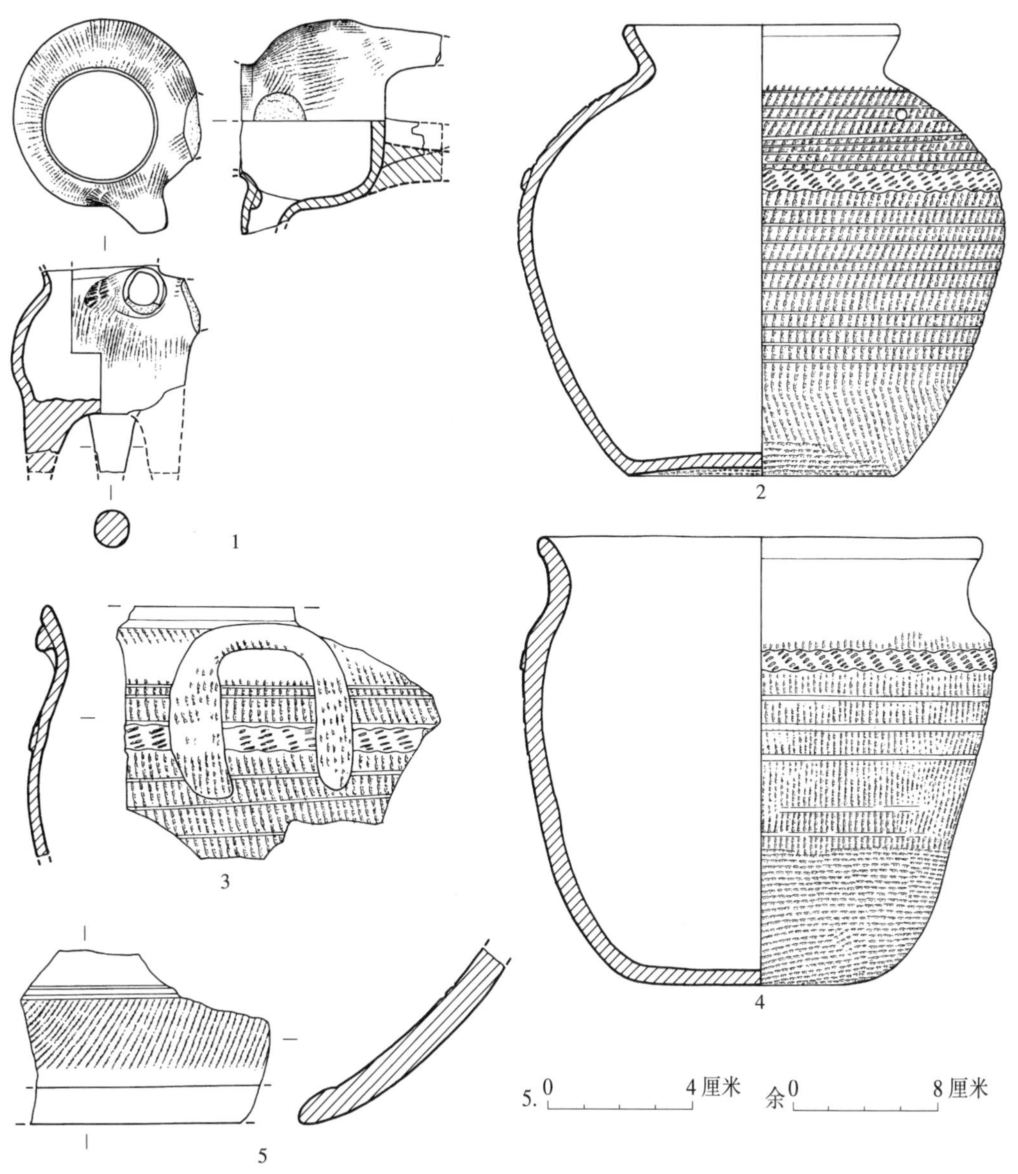

图三一九　03EH50 出土陶器

1. Aa 型Ⅰ式滤盉（03EH50:8）　2. A 型Ⅰ式罍（03EH50:3）　3. B 型甗（03EH50:17）　4. Aa 型Ⅱ式罐（03EH50:4）　5. A 型豆（03EH50:18）

陶器底 1件。标本03EH50：14，A型。夹砂灰黄陶。斜直腹弧内收，平底微内凹。下腹、底饰交错绳纹。底径16、残高5厘米（图三一七，6）。

03EH53

位于03ET2409西南部，向西延伸至隔梁。开口于第6层下，被03EH50打破，打破生土层。坑壁弧，圜底近平。坑口长1.94米，坑深0.42米。填土灰褐色，土质较疏松，夹杂烧土粒。包含器类有陶鬲、鼎、罐、钵、饼和硬陶器等。

标本16件，其中陶器15件，硬陶器1件。

陶鬲 2件。标本03EH53：14，Aa型。夹砂褐陶。敞口，卷沿，方唇，弧直腹，鬲身呈罐形。腹饰弦断绳纹。口径18、残高5厘米（图三二〇，1）。标本03EH53：11，Ha型Ⅰ式。夹砂褐陶。敞口，弧沿，方唇，弧颈，溜肩，鬲身呈盆形。器表饰绳纹。口径16、残高7厘米（图三二〇，6）。

陶鬲足 4件。标本03EH53：2，Aa型Ⅰ式。夹砂红褐陶。圆柱状锥足。足外侧一道竖刻槽，足根饰绳纹。残高11.2厘米（图三二〇，7）。标本03EH53：5，Aa型Ⅰ式。夹砂褐陶。圆柱状锥足，有足窝。足外侧一道竖刻槽，足根饰绳纹。残高9.6厘米（图三二〇，11）。标本03EH53：3，Ac型Ⅰ式。夹砂褐陶。圆柱状锥足。残高11.4厘米（图三二〇，12）。标本03EH53：22，Ac型Ⅰ式。夹砂黄褐陶。圆柱状锥足，有足窝。足根饰绳纹。残高10厘米（图三二〇，14）。

陶鼎足 1件。标本03EH53：6，B型。夹细砂黄褐陶。圆柱状锥足，足根外壁微隆起，有两个椭圆形凹窝。残高8.5厘米（图三二〇，13）。

陶罐 5件。标本03EH53：13，Ac型Ⅰ式。泥质灰陶。敞口，斜弧沿，尖圆唇，弧束颈，溜肩。颈部纹饰被抹，肩、腹饰弦断绳纹。口径12、残高6厘米（图三二〇，15）。标本03EH53：21，Ac型Ⅰ式。泥质灰陶。敞口，斜弧沿，尖圆唇，弧束颈，溜肩，弧腹。肩、腹饰弦断绳纹。口径10、残高4.8厘米（图三二〇，16）。标本03EH53：12，Bb型Ⅰ式。夹砂黄灰陶。侈口，方唇，斜直颈，溜肩，圆弧腹。颈部纹饰被抹，肩、腹饰弦断绳纹。口径22、残高8.8厘米（图三二〇，3）。标本03EH53：9，Fa型。泥质灰陶。敞口，斜弧沿，尖圆唇，束颈，斜肩。颈部绳纹被抹。口径18、残高4.2厘米（图三二〇，2）。标本03EH53：19，H型Ⅰ式。泥质褐陶。敞口，平沿内勾，圆唇，弧颈。内沿下一道凹槽。口径16、残高5.8厘米（图三二〇，5）。

陶钵 2件。标本03EH53：1，Ba型Ⅰ式。夹细砂黑皮褐胎陶。敛口，圆唇，弧肩，弧腹斜内收。腹部饰绳纹。口径14.4、残高6厘米（图三二〇，10）。标本03EH53：16，Ba型Ⅰ式。泥质黑陶。直口微敞，圆唇，弧肩，弧腹斜内收。腹部饰绳纹。口径16、残高4.6厘米（图三二〇，9）。

陶饼 1件。标本03EH53：17，Ab型Ⅰ式。夹砂褐陶。用陶片打磨而成。扁圆形，两面平，周壁直。素面。直径3.2～3.5厘米（图三二〇，4）。

硬陶瓮 1件。标本03EH53：15，Ab型Ⅰ式。灰硬陶。敞口，斜折沿，方唇，束颈。素面。口径20、残高2.5厘米（图三二〇，8）。

03EH54

位于03ET2410西北部，向西延伸至隔梁。开口于第6层下，被03EH44叠压，打破生土层。坑壁斜直，圜底。坑口长2.1米，坑深0.96米。填土褐灰色，土质疏松，夹杂烧土粒和木炭粒。包含器类有陶鬲、甗、鼎、罐、盆和硬陶器等。

标本7件，其中陶器6件，硬陶器1件。

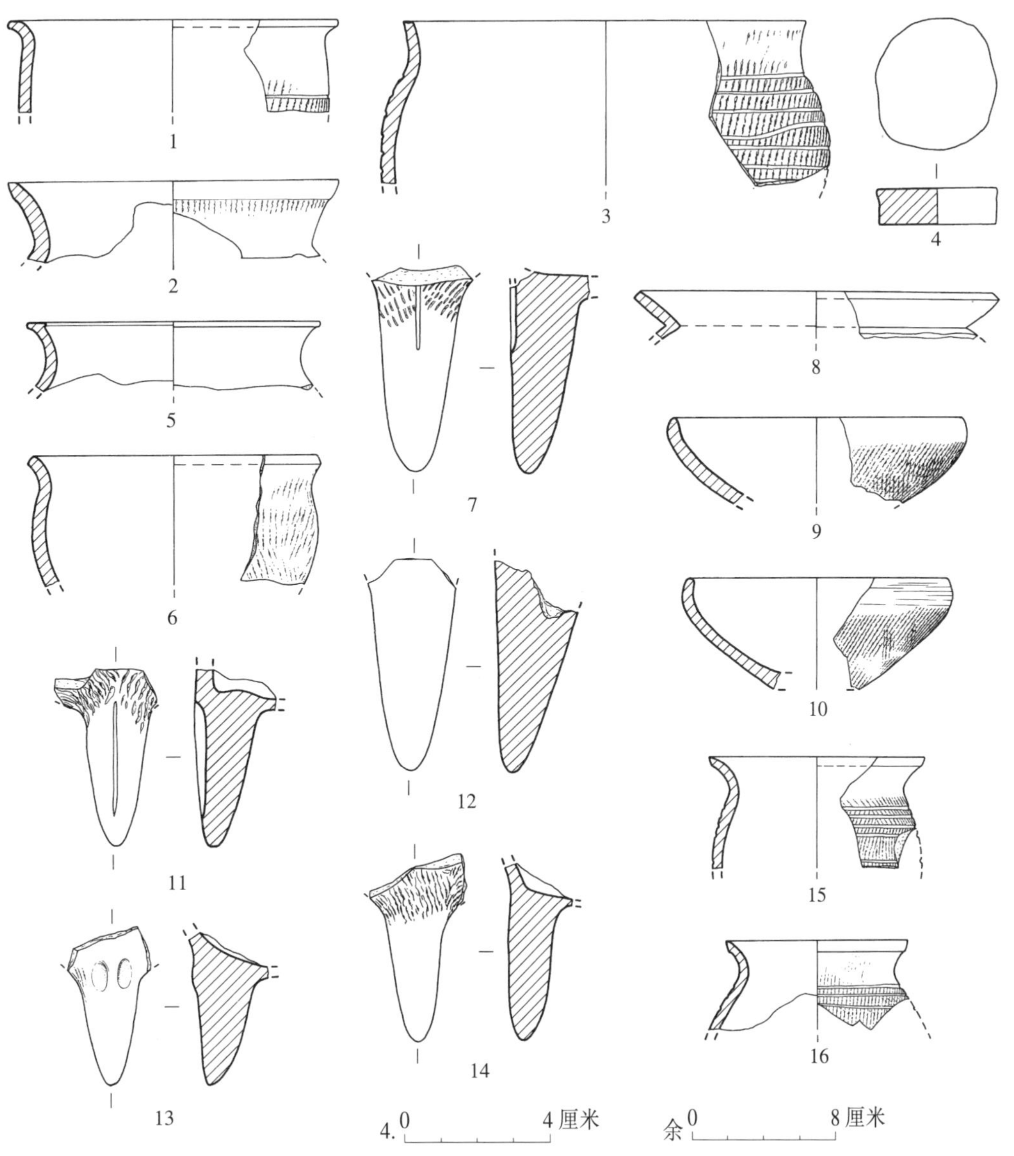

图三二〇　03EH53出土器物

1. Aa型陶鬲（03EH53：14）　2. Fa型陶罐（03EH53：9）　3. Bb型Ⅰ式陶罐（03EH53：12）　4. Ab型Ⅰ式陶饼（03EH53：17）　5. H型Ⅰ式陶罐（03EH53：19）　6. Ha型Ⅰ式陶鬲（03EH53：11）　7、11. Aa型Ⅰ式陶鬲足（03EH53：2、5）　8. Ab型Ⅰ式硬陶瓮（03EH53：15）　9、10. Ba型Ⅰ式陶钵（03EH53：16、1）　12、14. Ac型Ⅰ式陶鬲足（03EH53：3、22）　13. B型陶鼎足（03EH53：6）　15、16. Ac型Ⅰ式陶罐（03EH53：13、21）

陶鬲　1件。标本03EH54：1，Ab型Ⅰ式。夹砂红褐陶。敞口，弧沿，尖圆唇，弧束颈，斜弧肩，弧腹，鬲身呈罐形，口径略小于腹径。肩、腹饰弦断绳纹，肩腹相交处饰一周附加堆纹。口径19.6、残高9厘米（图三二一，2）。

陶鼎足　1件。标本03EH54：5，Aa型。夹砂红褐陶。圆柱状足足尖残，足根有椭圆形短榫头。足外有两道竖划痕。残高8厘米（图三二一，6）。

陶甗腰　1件。标本03EH54：6，Aa型。夹砂褐黄陶。腹斜弧内收，弧腰内壁安舌状横泥片用

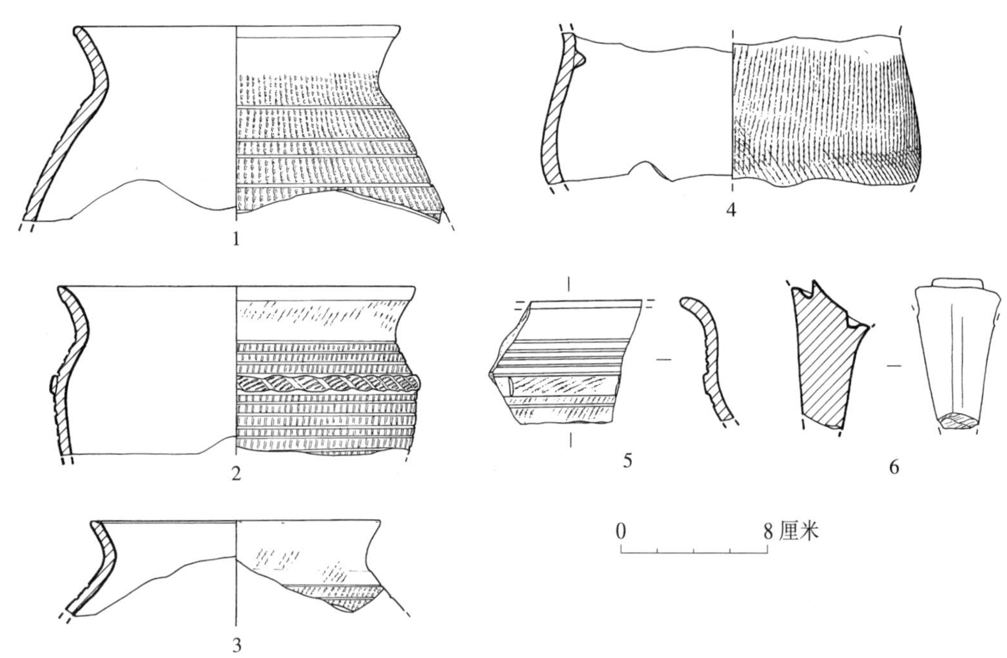

图三二一 03EH54 出土陶器

1、3. Fb 型Ⅰ式罐（03EH54∶3、2） 2. Ab 型Ⅰ式鬲（03EH54∶1） 4. Aa 型甗腰（03EH54∶6） 5. 盆（03EH54∶4） 6. Aa 型鼎足（03EH54∶5）

以支箅。腹饰绳纹。残高 8.2 厘米（图三二一，4）。

陶罐 2 件。标本 03EH54∶2，Fb 型Ⅰ式。夹砂红褐陶。敞口，斜沿，方唇，斜直颈，斜肩。唇面一道凹弦纹，颈部纹饰被抹，肩、腹饰弦断绳纹。口径 16、残高 4.8 厘米（图三二一，3）。标本 03EH54∶3，Fb 型Ⅰ式。泥质灰黄陶。敞口，斜弧沿，圆唇，弧束颈，斜肩，弧腹。颈部饰绳纹，肩、腹饰弦断绳纹。口径 18、残高 10.4 厘米（图三二一，1）。

陶盆 1 件。标本 03EH54∶4，型式不明。夹细砂褐陶。敞口，弧沿，圆唇，弧腹。腹部一周附加堆纹，饰弦纹和弦断绳纹。残高 6.5 厘米（图三二一，5）。

硬陶片 1 件。标本 03EH54∶7，器类不明。灰硬陶。饰鳞纹（图二九六，6）。

03EH58

位于 03T2410 中部。开口于第 6 层下，被 03EH44 叠压，打破 03EH59。坑口距地表 1.3 米。坑口略呈椭圆形，弧壁圜底坑。坑口长径 2.42、短径 2.24 米，坑深 0.35 米。坑内堆积灰褐色土，夹有炭渣、炼渣、烧土块等，包含器类有陶鬲、甗、滤盉、罐、缸、豆和硬陶瓮等（图三二二；表一一）。

标本 12 件，其中陶器 11 件，硬陶器 1 件。

陶鬲 1 件。标本 03EH58∶7，Aa 型Ⅰ式。夹细砂褐陶。侈口，尖圆唇，斜直颈，溜肩，弧腹。颈部纹饰被抹，肩部饰弦纹，腹饰弦断交叉绳纹。口径 20、残高 8.8 厘米（图三二三，3）。

陶鬲足 2 件。标本 03EH58∶10，Ac 型Ⅰ式。夹砂褐陶。圆柱状尖锥足，有足窝。足根饰绳纹。残高 12.5 厘米（图三二四，6）。标本 03EH58∶11，Ac 型Ⅰ式。夹砂褐红陶。圆柱状尖锥足，有足窝。足根饰绳纹。残高 9 厘米（图三二四，7）。

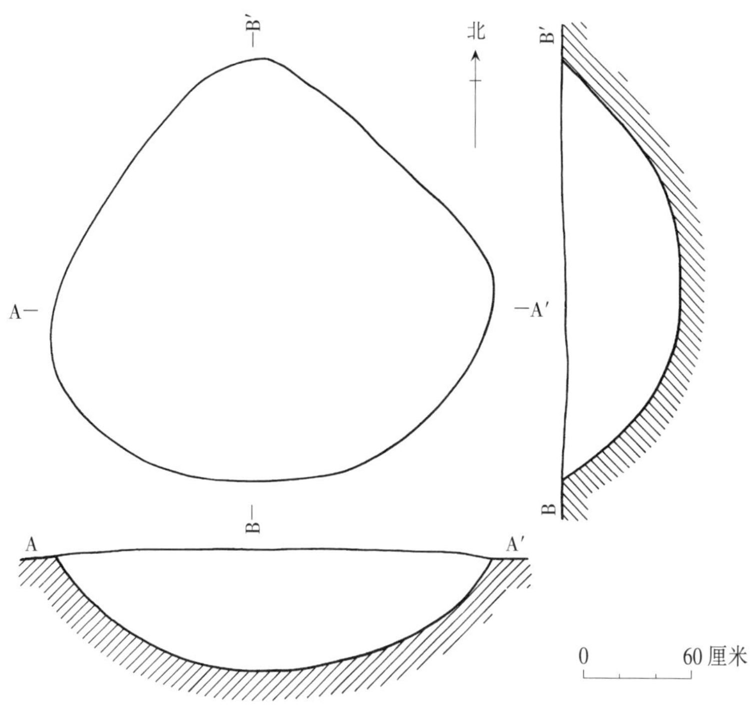

图三二二　03EH58 平、剖面图

陶甗　2 件。标本 03EH58∶9，Aa 型Ⅰ式。夹砂灰黄陶，器表有烟熏痕迹。敞口，斜弧沿，圆唇，弧束颈，溜肩，弧腹。口沿外侧贴施两个对称泥片护耳，两耳内根部甗壁上各戳穿一圆形孔。颈部绳纹被抹，甑腹部饰弦断交错绳纹，耳面饰绳纹。口径 27.6、残高 11 厘米（图三二三，1）。标本 03EH58∶13，B 型。夹砂褐陶。敞口，方唇，斜弧颈，溜肩，弧腹。口沿外附加泥条抠耳，耳残。颈部绳纹被抹，肩、腹饰弦断绳纹，肩腹相交处一周附加堆纹。残高 15.2 厘米（图三二四，4）。

陶甗腰　1 件。标本 03EH58∶12，A 型。夹砂褐陶。甑下腹斜直内收，束腰内壁安舌状横泥片用以支箅。器表饰绳纹。残高 14 厘米（图三二四，5）。

陶滤盉　1 件。标本 03EH58∶3，Aa 型Ⅰ式。夹砂褐陶。器由滤钵和带流带鋬鬲两部分构成。钵口直微敛，圆唇，弧腹内收，底部中心戳一个圆形穿孔，四周六个长条形穿孔；鬲为直口，弧圆肩，弧腹，鬲肩腹部残有椭圆筒形流。钵及鬲腹饰弦断绳纹。口径 9.2、残高 11.5 厘米（图三二四，3；图版三三，2）。

陶罐　1 件。标本 03EH58∶1，Aa 型Ⅰ式。夹细砂灰黄陶。敞口，卷沿，圆唇，弧颈，溜肩，弧腹斜内收。肩、腹饰弦断绳纹，肩腹相交处饰一周附加堆纹。口径 23.6、残高 19.2 厘米（图三二三，2；图版三三，5）。

陶缸　1 件。标本 03EH58∶6，A 型Ⅰ式。夹细砂褐陶。侈口，斜沿，圆唇，颈微束，弧直腹。肩、腹饰弦断绳纹，腹饰一周附加堆纹。口径 20、残高 8.8 厘米（图三二三，4）。

陶豆　2 件。标本 03EH58∶2，A 型。夹细砂黑灰陶。圆圈柱形柄，喇叭形豆座。盘内壁底部饰放射线纹，柄上分两层镂六个长条方形孔，每层三个，用三组弦纹间隔。底径 16.8、残高 16 厘

表一一　03EH58陶系及器类统计表

陶质			夹砂					泥质		纹饰									
陶色			褐红	灰黄	黄	黑灰	褐	灰	黑	绳纹	弦断绳纹	镂孔	凸弦纹	凹弦纹	放射	波浪	素面	复合纹饰
陶片数量			37	7	18	2	44	4	3	16	44	1	2	5	1	1	42	3
百分比（%）			32.17	6.09	15.65	1.74	38.26	3.48	2.61	13.91	38.26	0.87	1.74	4.35	0.87	0.87	36.52	2.61
器形	数量	百分比（%）																
鬲	1	9.09					1				1							
鬲足	2	18.18	1				1			2								
甗	2	18.18		1			1			1								1
甗腰	1	9.09					1			1								
滤盉	1	9.09					1				1							
罐	1	9.09		1														1
缸	1	9.09					1											1
豆	2	18.18		1		1												2
合计	11		1	3		1	6			4	2							5

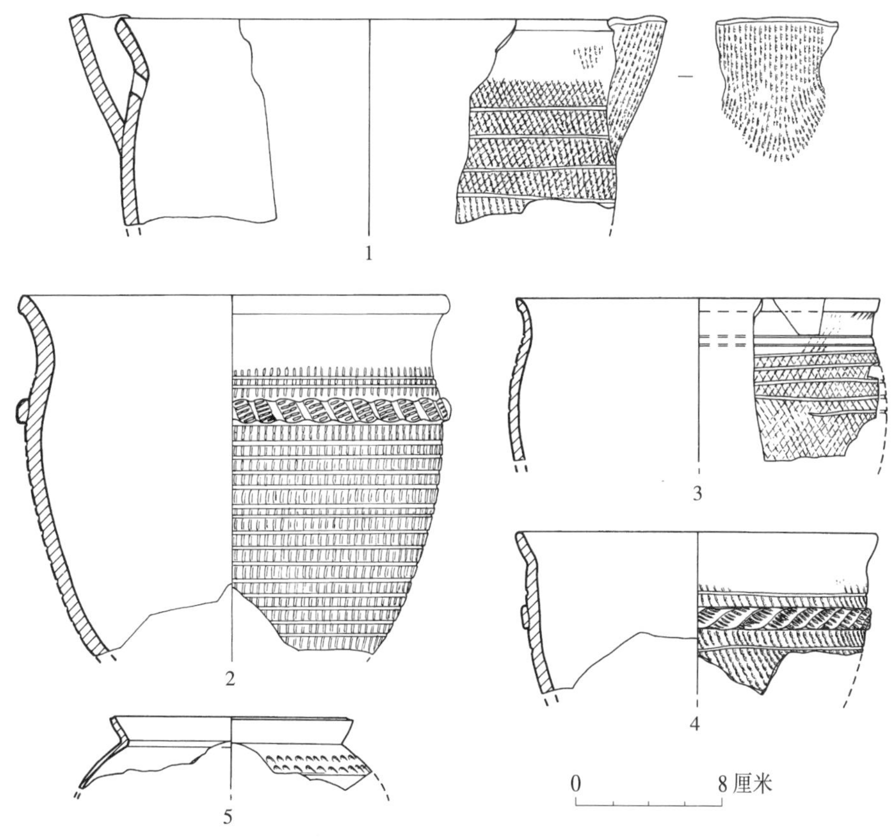

图三二三　03EH58出土器物

1. Aa型Ⅰ式陶甗（03EH58∶9）　2. Aa型Ⅰ式陶罐（03EH58∶1）　3. Aa型Ⅰ式陶鬲（03EH58∶7）
4. A型Ⅰ式陶缸（03EH58∶6）　5. Aa型Ⅰ式硬陶瓮（03EH58∶5）

米（图三二四，1；图版四六，2）。标本03EH58∶4，A型。夹细砂灰黄陶。喇叭形豆座。豆座顶面饰凹弦纹和绳纹。底径18.4、残高6厘米（图三二四，2）。

硬陶瓮　1件。标本03EH58∶5，Aa型Ⅰ式。灰硬陶。敞口，斜折沿，方唇，束颈，斜弧肩。肩部有戳印纹。口径13.2、残高4厘米（图三二三，5）。

03EH59

位于03ET2410东北部。开口于第6层下，被03EH58打破，打破生土层。坑壁弧，圜底。坑口长径2.15、短径1.5米，坑深0.3米。填土灰褐色，土质疏松，夹杂少许烧土粒。包含器类有陶鬲、豆等。

标本3件。均为陶器。

陶鬲　2件。标本03EH59∶1，Aa型Ⅰ式。夹砂灰陶，器内外均有烟炱痕迹。敞口，卷沿，圆唇外叠，颈肩分界不明显，弧腹。颈部纹饰被抹，肩腹部饰弦断细绳纹，肩腹交界处饰一周附加堆纹。口径22、残高14厘米（图三二五，1）。标本03EH59∶2，Ab型Ⅰ式。夹砂黄褐陶，器内外均有烟炱痕迹。侈口，弧沿，圆唇外叠，颈肩分界不明显，弧腹。颈部纹饰被抹，肩腹部饰弦断交叉细绳纹。腹底与足根交接处微见裆痕。口径21.8、残高13.2厘米（图三二五，3）。

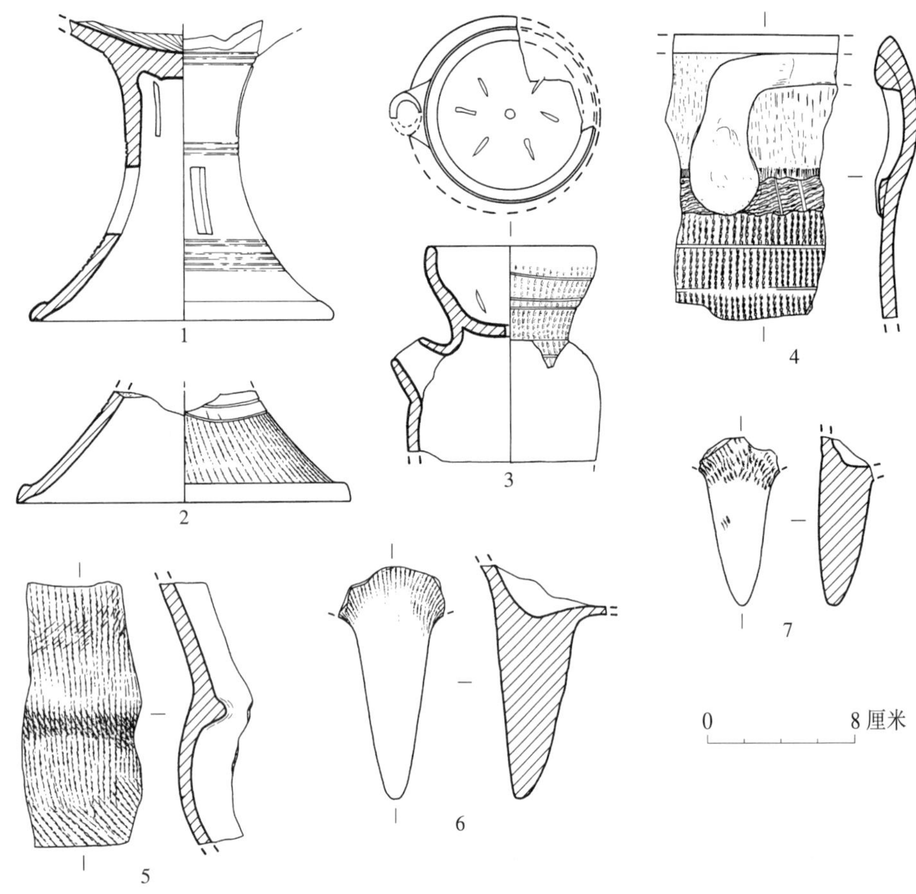

图三二四 03EH58出土陶器

1、2. A型豆（03EH58:2、4） 3. Aa型Ⅰ式滤盉（03EH58:3） 4. B型甗（03EH58:13） 5. A型甗腰（03EH58:12） 6、7. Ac型Ⅰ式鬲足（03EH58:10、11）

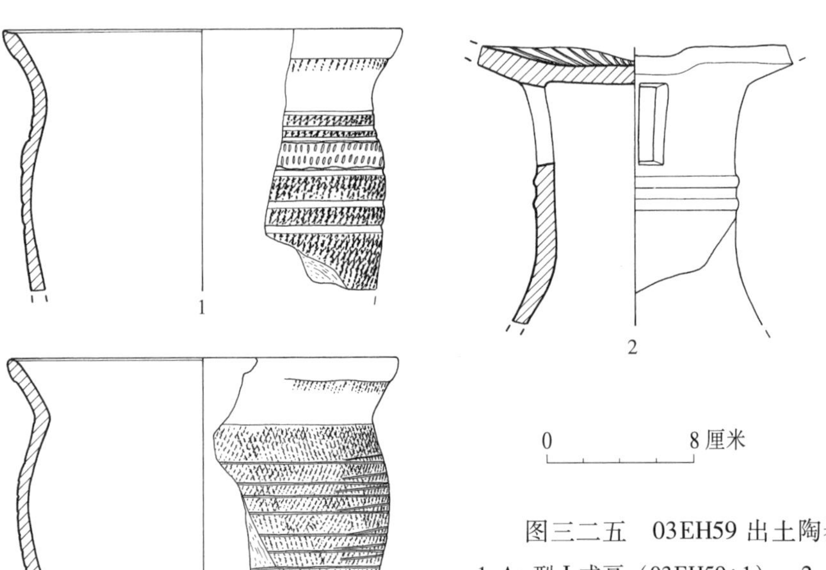

图三二五 03EH59出土陶器

1. Aa型Ⅰ式鬲（03EH59:1） 2. A型豆（03EH59:3） 3. Ab型Ⅰ式鬲（03EH59:2）

陶豆　1件。标本03EH59∶3，A型。夹细砂褐灰陶。圆圈形豆柄。盘底内壁饰浅暗纹，纹样呈辐射状，柄上部一周等距离镂三个长条形穿孔，中部两周凸棱。残高15厘米（图三二五，2）。

03EH74

位于03ET2507东北部，延伸至隔梁。开口于第6层下，打破03EH169。坑壁弧，圜底。坑口长径3.2、短径2.2米，坑深0.5米。填土灰褐色，土质较疏松，夹杂少许烧土粒和木炭粒。包含器类有陶鬲、甗、纺轮、饼、环和石镞、石环等。

标本10件，其中陶器8件，石器2件。

陶鬲足　1件。标本03EH74∶14，C型Ⅰ式。夹细砂红褐陶。圆柱状尖锥足，足根外侧压印三个圆凹窝。足根饰绳纹。残高11.6厘米（图三二六，2）。

陶甗　2件。标本03EH74∶10，Ab型Ⅰ式。夹砂褐陶。残存甑部。侈口，卷沿，方唇，弧颈，圆肩，圆腹斜弧内收。颈部纹饰被抹，腹饰弦断条纹。口径30.6、残高10.6厘米（图三二

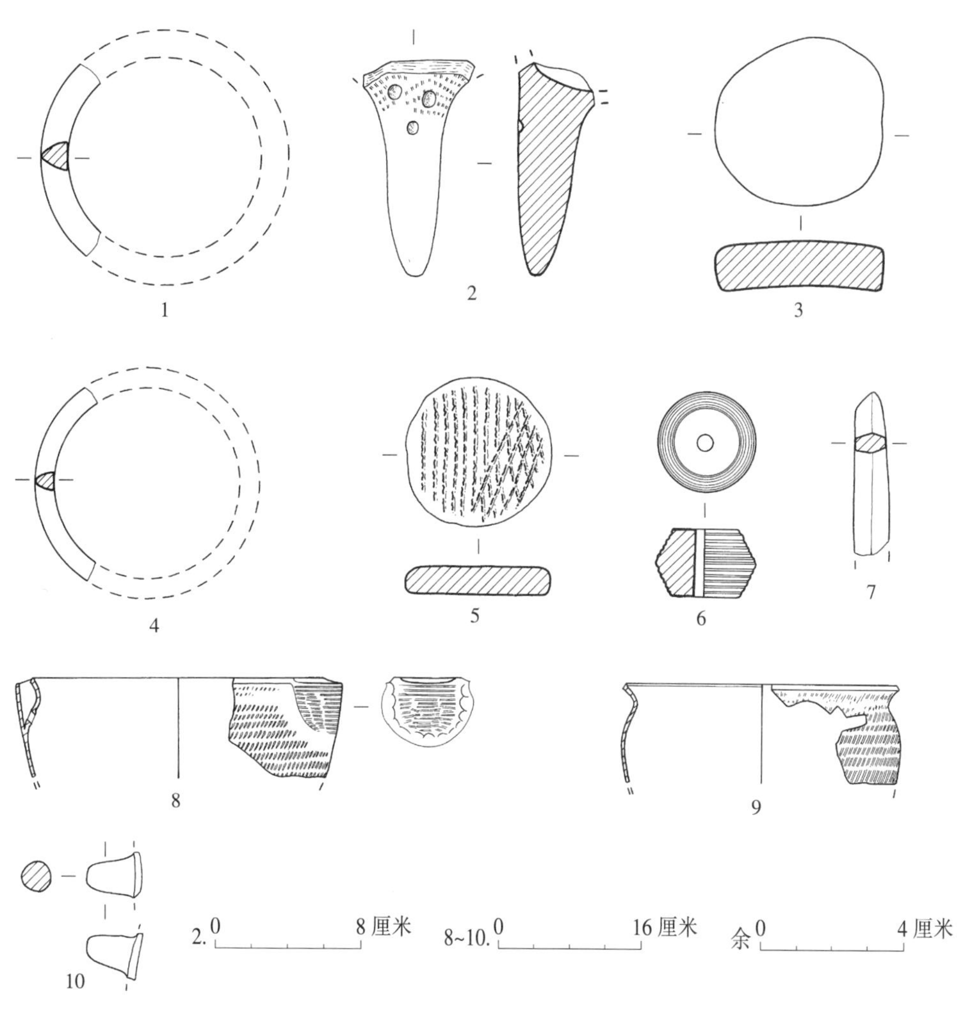

图三二六　03EH74出土器物

1. A型陶环（03EH74∶17）　2. C型Ⅰ式陶鬲足（03EH74∶14）　3. Ab型Ⅰ式陶饼（03EH74∶3）　4. 石环（03EH74∶5）　5. Aa型Ⅰ式陶饼（03EH74∶2）　6. Aa型Ⅰ式陶纺轮（03EH74∶1）　7. Aa型Ⅰ式石镞（03EH74∶4）　8、9. Ab型Ⅰ式陶甗（03EH74∶18、10）　10. Ae型陶器鋬（03EH74∶13）

六，9）。标本03EH74∶18，Ab型Ⅰ式。夹砂黄褐陶。残存甑部。侈口，卷沿，方唇，弧颈，圆肩，弧腹斜内收。口沿外侧贴施对称泥片护耳，两耳内甗壁上各戳穿一圆形孔。颈部纹饰被抹，腹饰弦断竖条纹，耳面饰横条纹。口径32、残高10.8厘米（图三二六，8）。

陶器鋬　1件。标本03EH74∶13，Ae型。夹细砂灰胎红陶。圆柱形器鋬（图三二六，10）。

陶纺轮　1件。标本03EH74∶1，Aa型Ⅰ式。夹砂红褐陶。厚体，圆形，两面平，圆中间一直壁圆孔，周壁中间凸起一周尖折棱，折棱上下斜面直。周壁通饰凹弦纹。直径2.7、孔径0.5、厚1.8厘米（图三二六，6；图版五二，1）。

陶饼　2件。标本03EH74∶2，Aa型Ⅰ式。夹砂黑灰胎红陶。陶片打磨而成。扁圆形，两面平，周壁弧。一面饰交错绳纹。直径4、厚0.8厘米（图三二六，5）。标本03EH74∶3，Ab型Ⅰ式。夹砂黑灰胎红陶。陶片打磨而成。扁圆形，周壁弧。素面。直径4.5~4.6、厚1.2厘米（图三二六，3）。

陶环　1件。标本03EH74∶17，A型。泥质灰陶。圆形环残，肉部外薄内厚，截面呈圆角三角形。素面。直径6.8、肉宽0.8、肉厚0.2~0.8厘米（图三二六，1）。

石镞　1件。标本03EH74∶4，Aa型Ⅰ式。青色。磨制。残存镞身呈柳叶形，锋、刃尚未打磨，中部起棱。残长4.4厘米（图三二六，7）。

石环　1件。标本03EH74∶5，青灰色。圆形环残，肉部外薄内厚，截面呈圆角三角形。直径6.2、肉宽0.6、厚0.2~0.5厘米（图三二六，4）。

03EH84

位于03ET2606南部。开口于第6层下，被03EH89和03EG4打破，打破生土层。坑壁弧，圜底近平。坑口长径1.3、短径1.25米，坑深0.3米。填土灰褐色，土质疏松，夹杂烧土粒和木炭粒。包含器类有陶鼎、盆、支（拍）垫等。

标本4件，均为陶器。

陶鼎足　1件。标本03EH84∶4，Aa型。夹砂黄褐陶。圆柱状锥足。素面。残高9厘米（图三二七，2）。

陶盆　1件。标本03EH84∶1，Aa型。夹砂黑灰陶。敞口，卷沿，方唇，斜弧颈，弧腹。颈部纹饰被抹，腹饰绳纹。口径26、残高7厘米（图三二七，4）。

陶器底　1件。标本03EH84∶2，C型。夹砂黑皮褐胎陶。下腹直内弧收，平底。下腹饰交错绳纹。底径16、残高9厘米（图三二七，1）。

陶支（拍）垫　1件。标本03EH84∶3，Bd型Ⅰ式。夹砂黄褐陶。圆柱柄形握手，握手顶面平，柄壁直微弧，垫残。顶和柄饰绳纹。柄顶面径6、残高5厘米（图三二七，3）。

03EH88

位于03ET2606西北部。开口于第6层下，北部被03EH103打破，打破03EH89和生土层。坑口不规则，直壁平底坑。坑口最长处2.8、最宽处1.65米，坑深0.54米。坑内堆积灰黑沙质土，土质疏松，包含有陶鬲、罐和硬陶器等（图三二八）。

标本2件，其中陶器、硬陶器各1件。

陶鬲足　1件。标本03EH88∶1，Aa型Ⅰ式。夹细砂红陶。圆柱状尖锥足。足外壁刻划一道竖槽。残高9.8厘米（图三二九，1）。

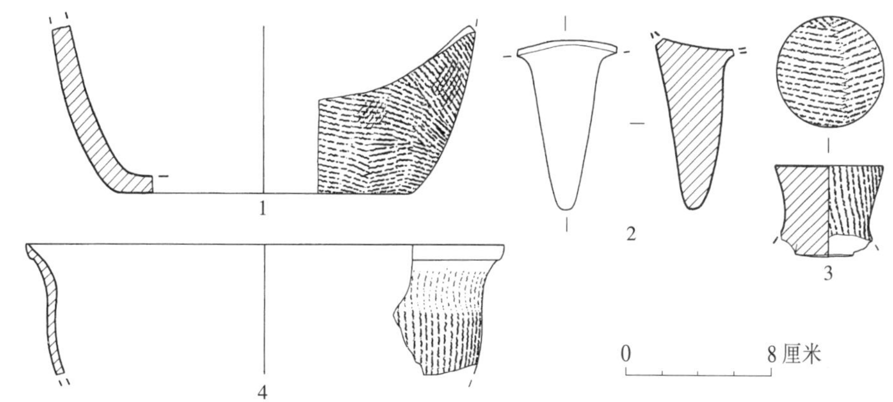

图三二七　03EH84 出土陶器

1. C 型器底（03EH84∶2）　2. Aa 型鼎足（03EH84∶4）　3. Bd 型Ⅰ式支（拍）垫（03EH84∶3）　4. Aa 型盆（03EH84∶1）

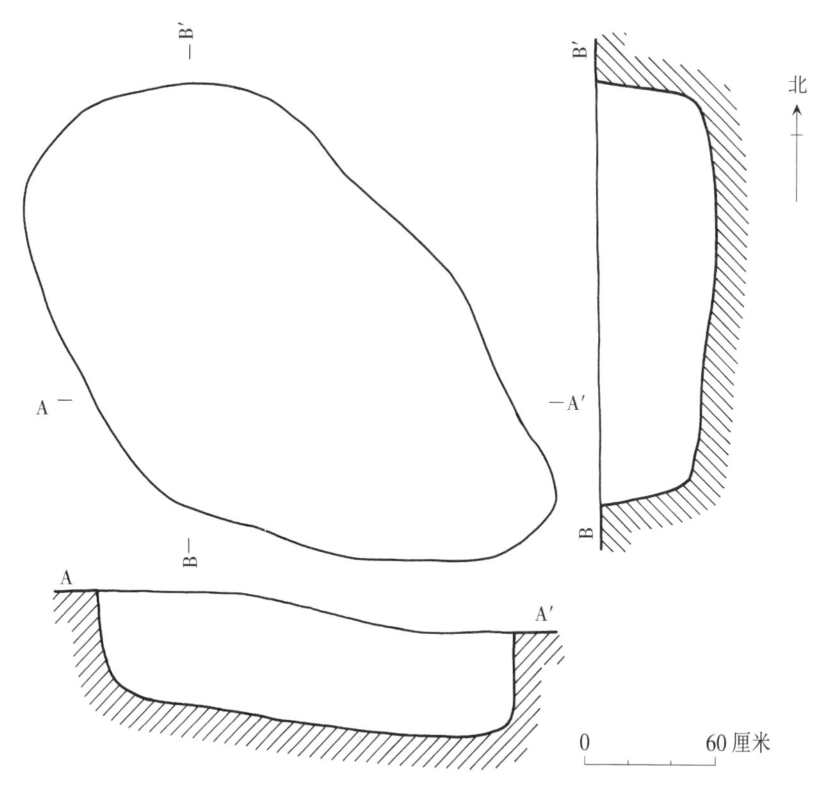

图三二八　03EH88 平、剖面图

硬陶片　1 件。标本 03EH88∶2，灰硬陶。器类不明。饰人字形纹（图三二九，2）。

03EH96

位于 03ET2607 东部。开口于第 6 层下，打破 03EH108、03EH124。坑壁弧，圜底。坑口长径 1.8、短径 1 米，坑深 0.44 米。填土褐灰色，土质疏松，夹杂烧土粒和木炭粒。包含器类有陶甗和陶器碎片。

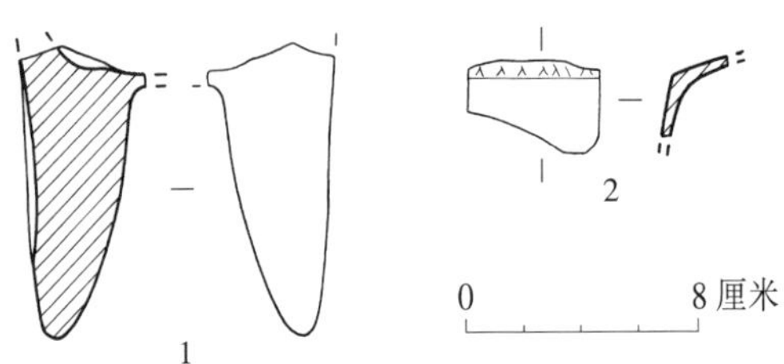

图三二九 03EH88出土器物

1. Aa型Ⅰ式陶鬲足（03EH88∶1）
2. 硬陶片（03EH88∶2）

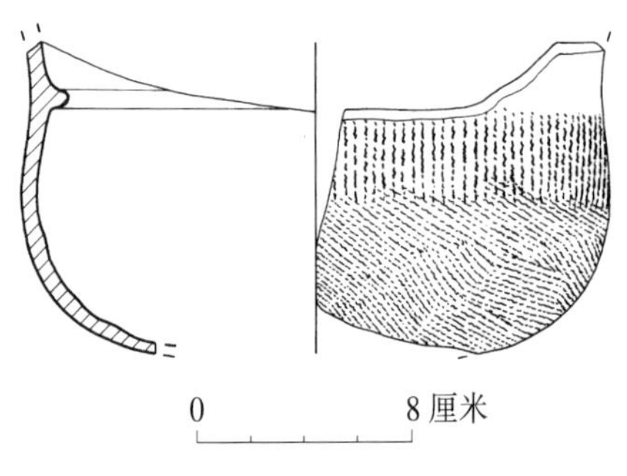

图三三〇 03EH96出土陶器

Ca型甗腰（03EH96∶1）

标本1件，为陶器。

陶甗腰 1件。标本03EH96∶1，Ca型。夹细砂黑皮褐胎陶。残存甗隔和甗底。腹饰竖绳纹和交错绳纹。残高11.2厘米（图三三〇，1）。

03EH103

位于03ET2607西南部。开口于第6层下，被03EH169和03EG4打破，打破03EH88。坑壁弧，圜底。坑口径1.95米，坑深0.7米。填土褐灰色，土质较疏松，夹杂烧土粒和木炭粒。包含器类有陶鬲、甗、滤盉、瓮、豆、器盖等。

标本14件，均为陶器。

陶鬲 2件。标本03EH103∶4，Ac型Ⅰ式。夹砂黄褐陶，器表有烟熏痕迹。侈口，方唇，弧束颈，圆肩，圆腹弧内收，鬲身呈罐形，圆柱状尖锥足，足窝较浅。颈部纹饰被抹，肩，腹饰弦断绳纹，腹至足根饰交错绳纹。口径17.6、高21.6厘米（图三三一，3；图版一九，1）。标本03EH103∶3，Ad型Ⅰ式。夹砂灰黄陶，器表有烟熏痕迹。侈口，方唇，弧束颈，圆肩，鼓腹弧内收，鬲身呈罐形，下弧裆，圆柱状尖锥足，足外撇，足窝较浅。颈部纹饰被抹，肩至足根饰绳纹，足外壁一道竖刻槽。口径18、高23.6厘米（图三三一，1；彩版一四，1）。

陶鬲足 3件。标本03EH103∶8，Aa型Ⅰ式。夹砂黄褐皮灰胎陶。圆柱状锥足，足外壁刻划一道竖槽。足根饰绳纹。残高12.5厘米（图三三一，5）。标本03EH103∶7，Ab型Ⅰ式。夹砂黄褐皮灰胎陶。圆柱状锥足。下腹饰弦断竖条纹，底饰横条纹，足根饰条纹，外壁三个圆窝纹、一道竖刻槽。残高20.8厘米（图三三一，2）。标本03EH103∶11，Ac型Ⅰ式。夹砂褐灰陶。圆柱状锥足。足根饰条纹。残高8.8厘米（图三三一，6）。

陶甗 1件。标本03EH103∶13，Ab型Ⅰ式。夹细砂黄褐皮灰胎陶。侈口，卷沿，方唇，弧颈，斜肩，圆腹，口沿外侧贴施对称泥片护耳，耳内甗壁上各戳穿一圆形孔。肩、腹饰弦断交叉绳纹，耳面饰绳纹。口径28、残高8.4厘米（图三三一，8）。

陶甗足 1件。标本03EH103∶10，Aa型Ⅰ式。夹细砂黄褐陶。圆柱状矮锥足。足饰条纹。残高6.3厘米（图三三一，7）。

陶滤盉 1件。标本03EH103∶5，Aa型。夹细砂黄皮灰陶。残存滤盉钵。敛口，方唇，弧腹。腹饰弦断条纹。口径12、残高4.8厘米（图三三二，4）。

陶瓮 1件。标本03EH103∶14，Ca型Ⅰ式。泥质黄褐陶。敞口，卷沿，尖圆唇，弧颈，弧

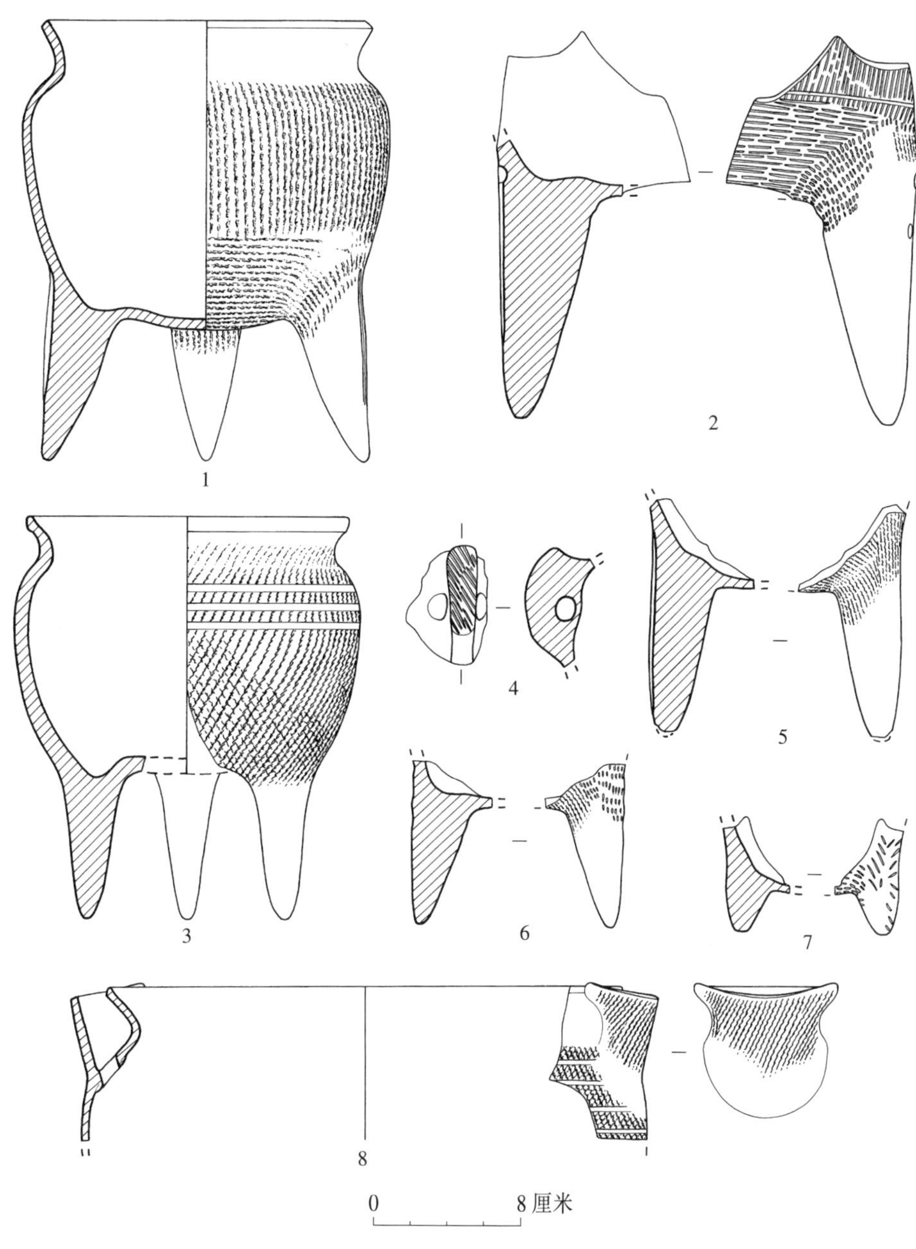

图三三一　03EH103出土陶器

1. Ad型Ⅰ式鬲（03EH103:3）　2. Ab型Ⅰ式鬲足（03EH103:7）　3. Ac型Ⅰ式鬲（03EH103:4）　4. Aa型器耳（03EH103:9）　5. Aa型Ⅰ式鬲足（03EH103:8）　6. Ac型Ⅰ式鬲足（03EH103:11）　7. Aa型Ⅰ式甗足（03EH103:10）　8. Ab型Ⅰ式甗（03EH103:13）

肩，圆弧腹。颈肩部一周凸棱，肩腹饰弦断绳纹。口径32、残高7.8厘米（图三三二，3）。

陶豆　2件。标本03EH103:16，Aa型。泥质灰黑陶。敞口，方唇，弧盘。素面。口径22、残高3.4厘米（图三三二，2）。标本03EH103:15，Ab型。泥质灰黑陶。直口，方唇，折盘。盘底饰绳纹。口径22、残高4.6厘米（图三三二，1）。

陶器盖　1件。标本03EH103:1，Bc型Ⅰ式。夹砂褐陶。盖纽圆柄状"Y"字形，盖顶壁弧，盖口敞，平方唇。纽根和盖顶壁通饰交错条纹。盖口径16.8、高12.8厘米（图三三二，6；彩版

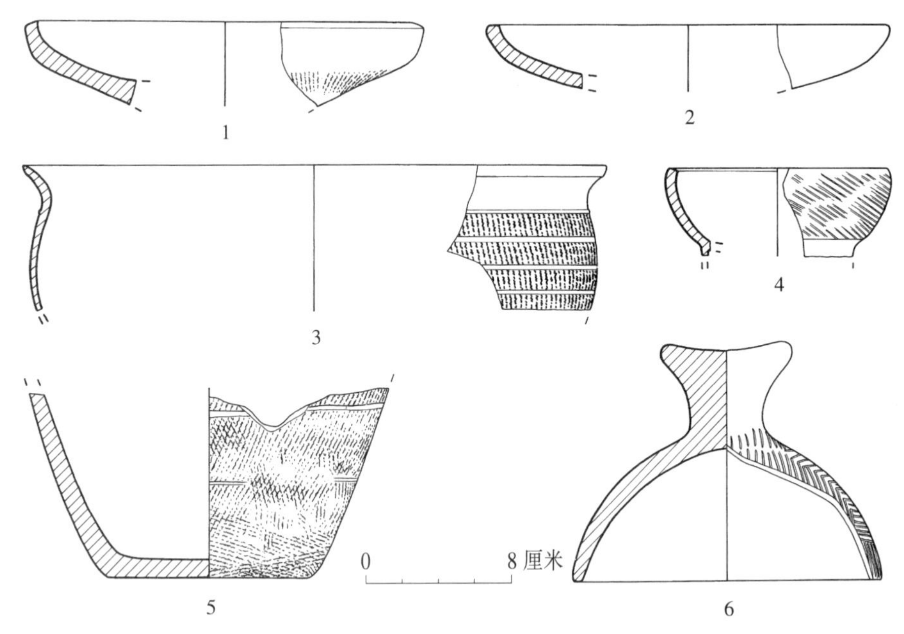

图三三二 03EH103 出土陶器

1. Ab 型豆（03EH103∶15） 2. Aa 型豆（03EH103∶16） 3. Ca 型Ⅰ式瓮（03EH103∶14）
4. Aa 型滤盉（03EH103∶5） 5. B 型器底（03EH103∶2） 6. Bc 型Ⅰ式器盖（03EH103∶1）

二六，2）。

陶器耳 1件。标本03EH103∶9，Aa型。夹砂黄褐陶。鸟头形扁直耳，耳根部横穿圆孔。耳顶面饰条纹（图三三一，4）。

陶器底 1件。标本03EH103∶2，B型。夹砂灰黄陶。下腹斜直内收，平底。下腹饰绳纹。底径11.2、残高10.2厘米（图三三二，5）。

03EH105

位于03ET2607东南部。开口于第6层下，被03EH132打破，打破03EH108、H133和03EH138。坑壁弧，圜底。坑口长径1.45、短径0.7米，坑深0.54米。填土褐灰色，土质较疏松，夹杂烧土粒、木炭粒和矿石。包含器类有陶鬲、甗、罐、瓮、豆、器盖等。

标本14件，其中陶器12件，石器2件。

陶鬲 1件。标本03EH105∶2，Ac型Ⅰ式。夹砂褐红陶。侈口，卷沿，圆唇，束颈，圆肩，颈、肩、腹交界清晰，下腹斜弧内收，鬲身呈罐形，足外撇，足窝浅。颈部斜条纹被抹，颈下至下腹饰弦断斜条纹，肩腹交界处饰一周附加堆纹，下腹底部饰横向和交叉条纹；足根外侧有三个压印圆窝纹和一道竖向刻槽。口径26.2、残高23.5厘米（图三三三，1；图版一九，2）。

陶鬲足 2件。标本03EH105∶7，Aa型Ⅰ式。夹细砂黄褐陶。圆柱状锥足。足外侧一道竖刻槽，足根饰条纹。残高11.2厘米（图三三四，4）。标本03EH105∶12，D型。夹细砂灰陶。圆柱状足。素面。残高2.5厘米（图三三三，3）。

陶甗 1件。标本03EH105∶14，Ab型Ⅰ式。夹细砂褐陶。侈口，斜沿，方唇，斜弧束颈，圆肩，圆腹。颈部纹饰被抹，肩、腹饰弦断条纹。口径32、残高9厘米（图三三四，1）。

陶甗足 2件。标本03EH105∶11，Aa型Ⅰ式。夹细砂黑皮褐胎陶。椭圆柱状矮锥足。足根饰

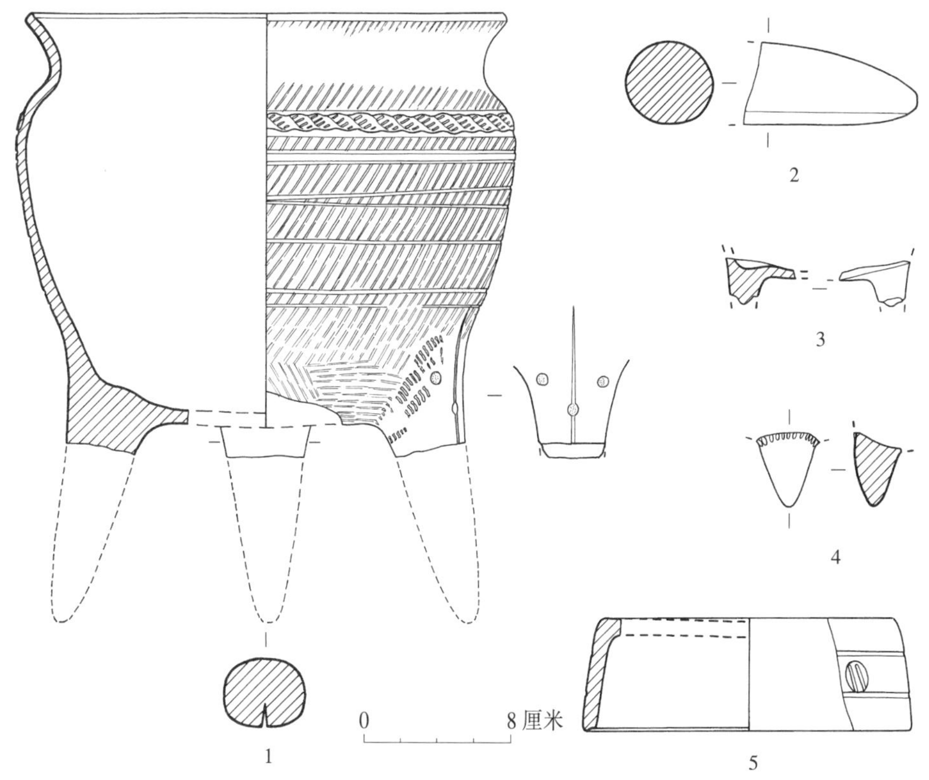

图三三三　03EH105 出土陶器

1. Ac 型Ⅰ式鬲（03EH105∶2）　2. Ae 型器鋬（03EH105∶8）　3. D 型鬲足（03EH105∶12）　4. Aa 型Ⅰ式甗足（03EH105∶11）　5. Aa 型Ⅰ式器盖（03EH105∶1）

绳纹。残高 4 厘米（图三三三，4）。标本 03EH105∶9，Ab 型Ⅰ式。夹细砂褐陶。椭圆柱状矮锥足。足根外壁有一个小圆窝纹，足底面饰绳纹。残高 6 厘米（图三三四，2）。

陶罐　1 件。标本 03EH105∶4，Ba 型Ⅱ式。泥质黄灰陶。侈口，圆唇，弧颈，溜肩，弧腹。颈部纹饰被抹，肩、腹饰弦断绳纹。口径 18、残高 5.7 厘米（图三三四，6）。

陶瓮　1 件。标本 03EH105∶3，Ca 型Ⅰ式。夹细砂红褐陶。敞口，卷沿，方唇，弧颈，弧肩，弧腹。颈部纹饰被抹，肩腹饰弦断条纹。口径 30、残高 13.6 厘米（图三三四，3）。

陶豆　2 件。标本 03EH105∶6，Aa 型。泥质黑皮灰胎陶。敞口，圆唇，弧盘。盘内饰线纹，盘外壁底部饰绳纹。口径 22、残高 4 厘米（图三三四，5）。标本 03EH105∶5，A 型。夹细砂灰黑陶。喇叭形豆座。座顶面饰凹弦纹和“S”形纹。残柄上有长方形镂孔痕迹。底径 20、残高 8 厘米（图三三四，7）。

陶器盖　1 件。标本 03EH105∶1，Aa 型Ⅰ式。夹砂红陶。盖顶平，斜直壁，敞口，平方唇。盖壁饰弦纹和椭圆形泥饼。盖口径 18.2、顶径 16.4、高 6 厘米（图三三三，5）。

陶器鋬　1 件。标本 03EH105∶8，Ae 型。夹细砂红褐陶。圆柱锥形鋬。素面（图三三三，2）。

石锤　1 件。标本 03EH105∶10－1，A 型Ⅰ式。青灰色。整体呈不规则束腰椭圆形，底面有明显砸痕。直径 5.7～7、长 14 厘米（图版六六，4）。

石砧　1 件。标本 03EH105∶10－2，A 型。青灰色。不规则圆形，底面平，正面弧。正面中

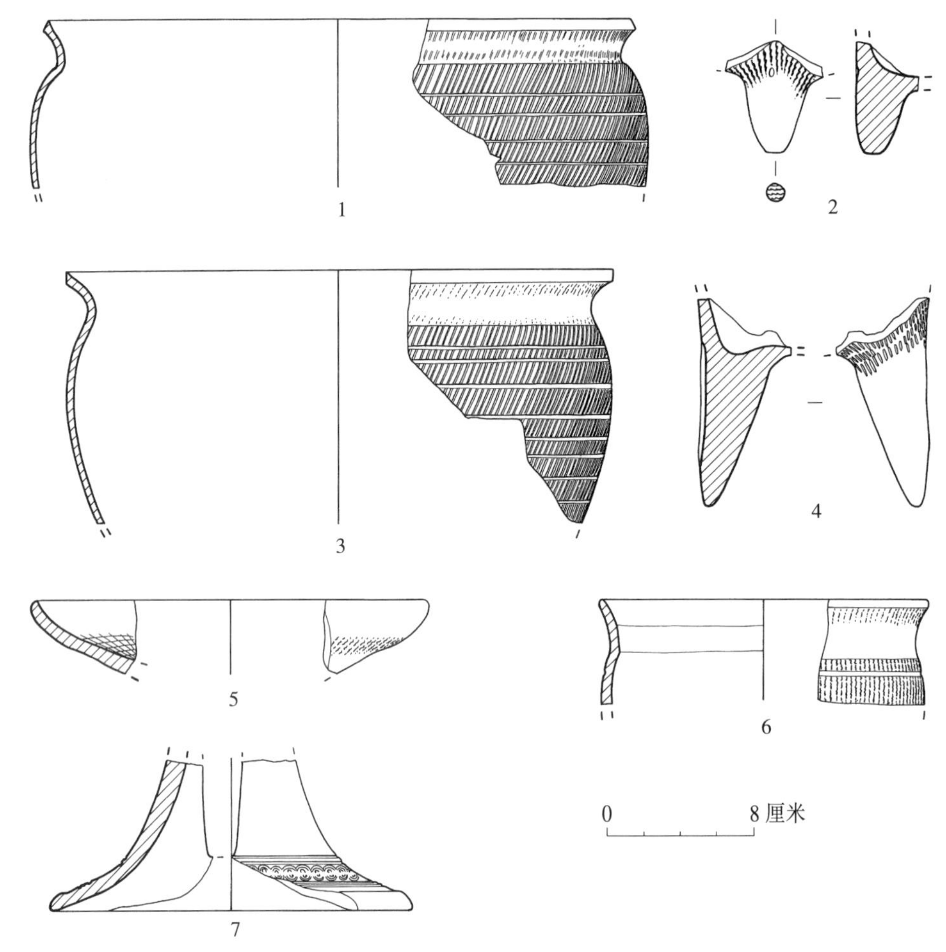

图三三四　03EH105出土陶器

1. Ab型Ⅰ式甗（03EH105：14）　2. Ab型Ⅰ式甗足（03EH105：9）　3. Ca型Ⅰ式瓮（03EH105：3）　4. Aa型Ⅰ式鬲足（03EH105：7）　5. Aa型豆（03EH105：6）　6. Ba型Ⅱ式罐（03EH105：4）　7. A型豆（03EH105：5）

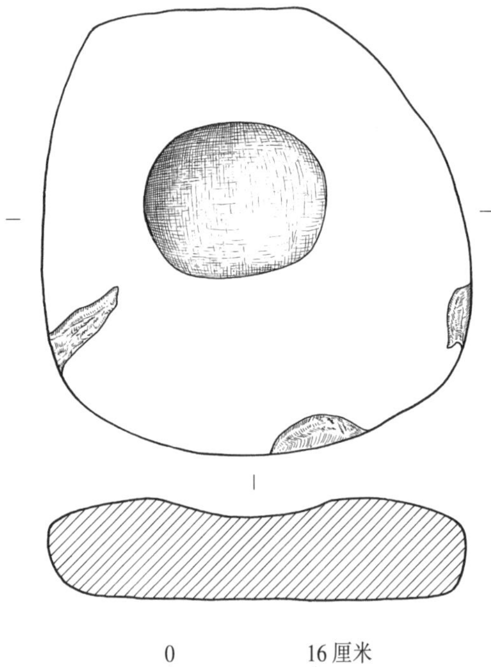

图三三五　03EH105出土A型石砧

（03EH105：10－2）

部有明显砸凹痕。直径45～54、厚8.8～10.8厘米（图三三五；图版六六，4）。

03EH108

位于03ET2607东南部。开口于第6层下，被03EH96、H105打破，打破生土层。坑壁弧，圜底。坑口长径0.6、短径0.5米，坑深0.4米。填土黄褐色，土质较疏松，夹杂烧土粒和木炭粒。包含器类有陶器碎片和石锛等。

标本1件，为石器。

石锛　1件。标本03EH108:1，Aa型Ⅰ式。灰色。磨制。长条方形，顶平，刃面平，背面弧偏锋，直刃残。残长7.4、刃宽2.3、厚1.8～2.2厘米（图三三六；图版六五，1）。

03EH124

位于03ET2607东部。开口于第6层下，东部被03EH96打破，打破03EH132。坑口略呈方形，直壁平底。坑口长1.2、宽1米，坑底长1.1、宽0.88米，坑深0.53米。坑内堆积黄褐色土，夹黄斑点土块和炼渣。土质结构紧密，包含有陶鬲、鼎、甗、罐等器类（图三三七）。

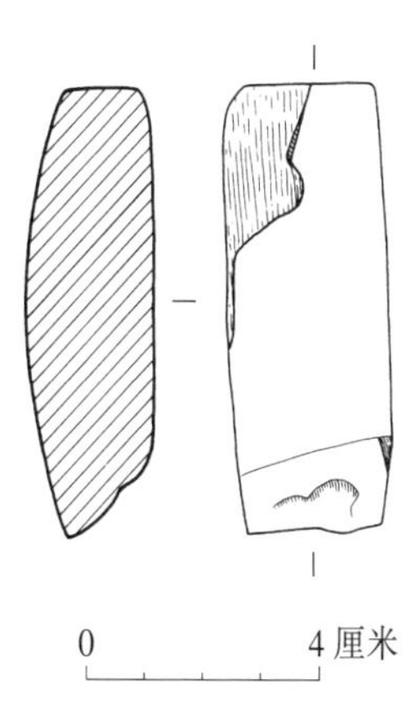

图三三六　03EH108出土石器

Aa型Ⅰ式锛（03EH108:1）

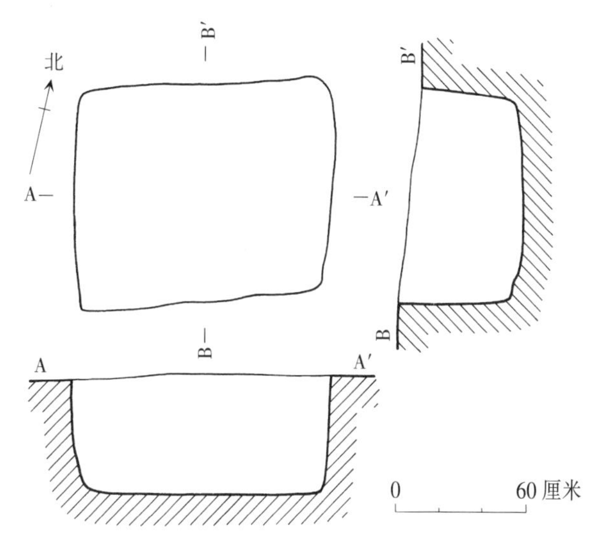

图三三七　03EH124平、剖面图

标本7件，均为陶器。

陶鬲　1件。标本03EH124:1，Ac型Ⅰ式。夹细砂红褐陶。敞口，斜弧沿，方唇，直颈，圆肩，鼓腹弧内收。颈部纹饰被抹，肩腹饰弦断条纹，肩腹相交处饰一周附加堆纹。口径22.4、残高17.5厘米（图三三八，1）。

陶鬲足　1件。标本03EH124:6，Aa型Ⅰ式。夹细砂红褐陶。圆柱状尖锥足。足外侧一道浅竖刻槽。残高11.4厘米（图三三八，4）。

陶鼎　1件。标本03EH124:5，Bb型Ⅰ式。泥质灰陶。敞口，平沿，圆唇，弧颈。内唇下有一周凹槽。口径18、残高3.8厘米（图三三八，2）。

陶甗　1件。标本03EH124:8，Ab型Ⅰ式。夹砂褐陶。侈口，斜沿，方唇，弧束颈，斜肩，圆弧腹，口沿外侧贴施对称泥片护耳，耳内根部甗壁上各戳穿一圆形孔。腹饰弦断绳纹，耳面饰条纹。口径28、残高9.4厘米（图三三八，7）。

陶甗底　2件。标本03EH124:2，Aa型。夹砂褐陶。残存下部及底。弧腰，壁弧。下腹饰弦

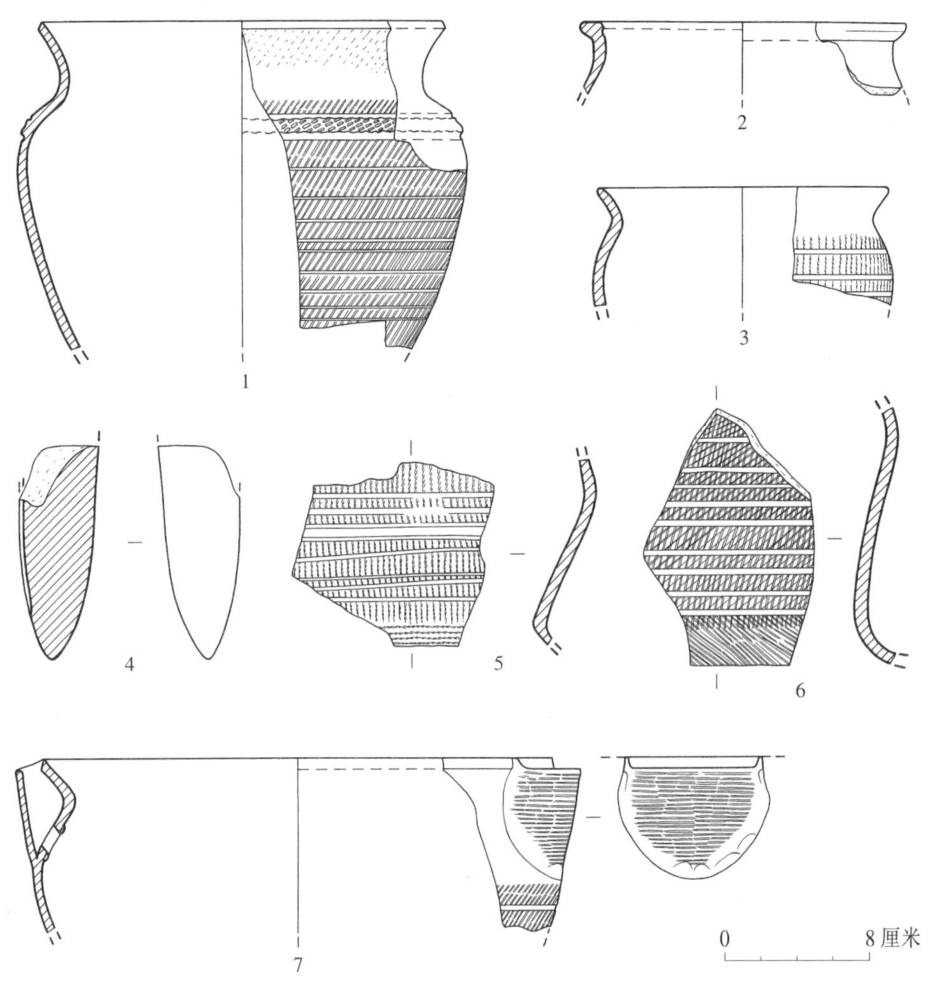

图三三八 03EH124出土陶器

1. Ac型Ⅰ式鬲（03EH124∶1） 2. Bb型Ⅰ式鼎（03EH124∶5） 3. Ab型Ⅰ式罐（03EH124∶4） 4. Aa型Ⅰ式鬲足（03EH124∶6） 5. Ab型甗底（03EH124∶3） 6. Aa型甗底（03EH124∶2） 7. Ab型Ⅰ式甗（03EH124∶8）

断绳纹，底饰斜绳纹。残高13.8厘米（图三三八，6）。标本03EH124∶3，Ab型。夹砂褐陶。残存下部及底。弧腰，壁弧折。下腹饰弦断绳纹，底饰斜绳纹。残高9.8厘米（图三三八，5）。

陶罐 1件。标本03EH124∶4，Ab型Ⅰ式。夹细砂褐陶。敞口，弧沿，尖圆唇，斜直颈，溜肩，圆腹。腹饰弦断绳纹。口径16、残高6.3厘米（图三三八，3）。

03EH132

位于03ET2607北部，延伸至北隔梁。开口于第6层下，被03EH169打破，打破03EH105。坑壁弧，圜底。坑口长2.3米，坑深0.65米。填土褐灰色，土质较疏松，夹杂少许烧土粒和木炭粒。包含器类有陶鬲、甗、罐、瓮、盆、钵等。

标本10件，均为陶器。

陶鬲足 2件。标本03EH132∶9，Aa型Ⅰ式。夹砂红褐皮灰胎陶。圆柱状锥足。足外侧一道竖刻槽，足根饰细绳纹。手捏而成。残高10.6厘米（图三三九，8）。标本03EH132∶8，Ac型。夹砂红褐陶。圆柱状锥足，足窝较深。足根饰细绳纹。残高6.6厘米（图三三九，5）。

陶甗　1件。标本03EH132∶4，Ca型。夹细砂黄皮黑胎陶。仅存器口残片。敞口，外唇面宽，唇上缘尖圆，斜直腹。近上缘有一周凹弦纹，腹饰较细竖绳纹。口径28、残高7.2厘米（图三三九，7）。

陶甗足　1件。标本03EH132∶3，Aa型Ⅰ式。夹细砂黄褐皮灰胎陶。下腹直壁弧内收，椭圆柱状矮锥足，足尖内弧。下腹、足根饰绳纹。残高10.6厘米（图三三九，3）。

陶罐　1件。标本03EH132∶5，Aa型Ⅰ式。夹细砂黄陶。敞口，弧沿，圆唇，斜弧颈，溜肩，弧腹。沿面有一周凹弦纹，腹饰绳纹。口径26、残高5.8厘米（图三三九，1）。

陶瓮　1件。标本03EH132∶10，D型。夹细砂黑陶。敛口，圆唇，唇下起沿承盖，沿面平，上腹弧外鼓。腹饰间断绳纹。口径18、残高12厘米（图三三九，2）。

陶盆　1件。标本03EH132∶6，Ab型Ⅰ式。夹细砂黄皮灰胎陶。敞口，弧沿，圆唇上侈，直腹斜内收。腹饰绳纹。口径20、残高9.4厘米（图三三九，6）。

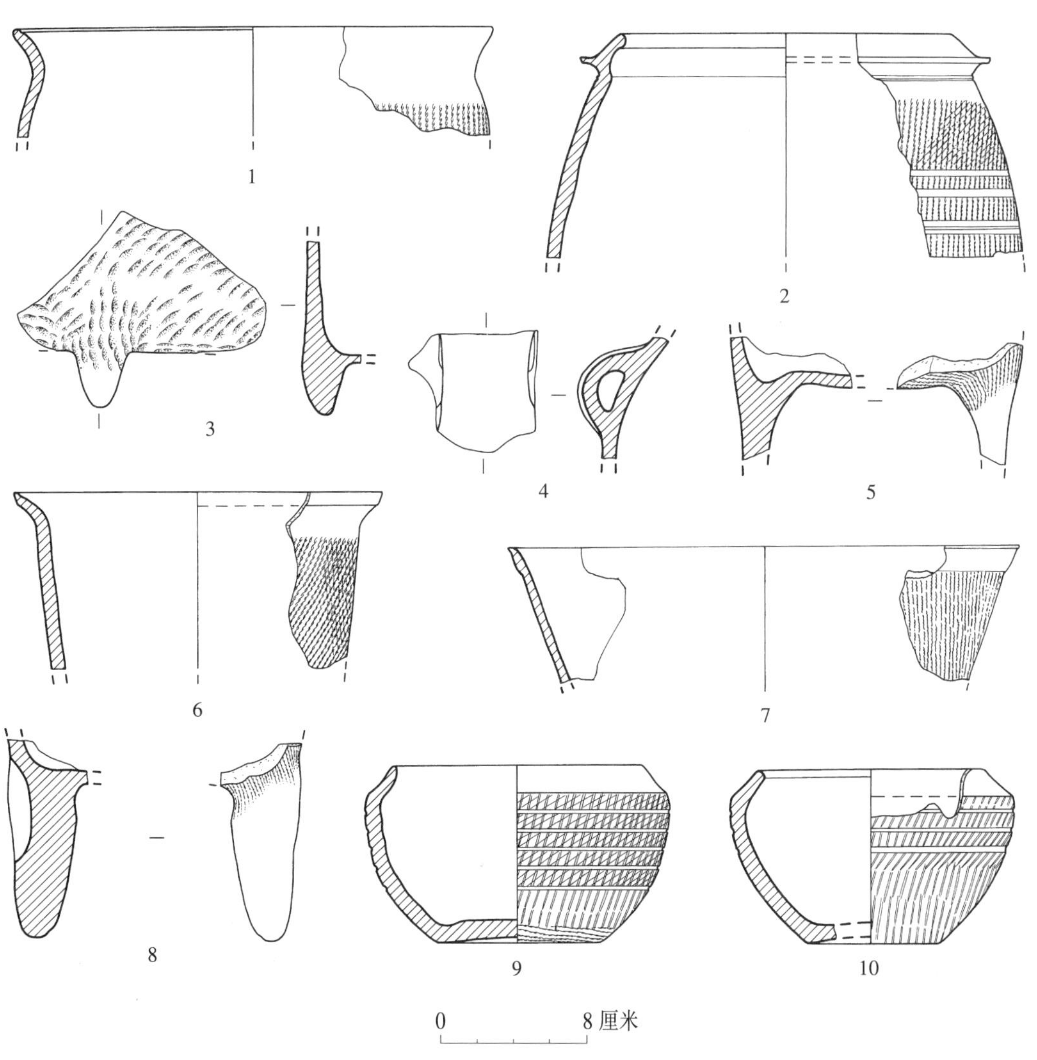

图三三九　03EH132出土陶器

1. Aa型Ⅰ式罐（03EH132∶5）　2. D型瓮（03EH132∶10）　3. Aa型Ⅰ式甗足（03EH132∶3）　4. F型器耳（03EH132∶7）　5. Ac型鬲足（03EH132∶8）　6. Ab型Ⅰ式盆（03EH132∶6）　7. Ca型甗（03EH132∶4）　8. Aa型Ⅰ式鬲足（03EH132∶9）　9、10. Aa型Ⅰ式钵（03EH132∶1、2）

陶钵 2件。标本03EH132∶1，Aa型Ⅰ式。夹砂褐红陶。敛口，圆唇，圆肩，圆腹弧内收，平底内凹。腹饰弦断竖条纹，下腹饰竖条纹，底饰横条纹。口径13.6、底径9、高9.5厘米（图三三九，9；图版四一，5）。标本03EH132∶2，Aa型Ⅰ式。夹砂褐红陶。敛口，圆唇，圆肩，圆腹弧内收，平底内凹。上腹饰弦断竖条纹，下腹饰竖条纹，底饰横条纹。口径12.4、底径7.2、高9.4厘米（图三三九，10；图版四一，6）。

陶器耳 1件。标本03EH132∶7，F型。夹细砂红陶。泥片竖耳，耳呈牛鼻形。素面（图三三九，4）。

03EH133

位于03ET2607东北部，延伸至隔梁。开口于第6层下，被03EH105、H132打破，打破03EH138。坑壁弧，圜底。坑口长2.1米，坑深0.88米。填土黄褐色，土质较疏松，夹杂烧土粒、木炭粒和炼渣等。包含器类有陶鬲、瓮、盆、器盖等。

标本6件，其中陶器5件，还有炼渣。

陶鬲足 1件。标本03EH133∶5，Aa型。夹砂红褐陶。圆柱状足芯。足根饰细绳纹。包足痕迹清晰。残高5.2厘米（图三四〇，3）。

陶瓮 1件。标本03EH133∶4，Hb型。夹细砂红褐陶。敛口，圆唇，唇下起沿承盖，沿面下斜，肩部残有竖环耳耳根。素面。口径26.2、残高12厘米（图三四〇，1）。

陶盆 2件。标本03EH133∶1，Ab型Ⅰ式。夹细砂黑皮褐胎陶。侈口，弧沿，圆唇，斜直腹弧内收。腹饰间断绳纹。口径28、残高11.6厘米（图三四〇，4）。标本03EH133∶2，Ab型Ⅰ式。夹细砂黑皮灰褐胎陶。侈口，斜沿，方唇，直腹。腹饰间断绳纹。口径26、残高6.3厘米（图三四〇，5）。

陶器盖 1件。标本03EH133∶3，Ba型Ⅰ式。夹细砂灰陶。弧顶残，弧壁，敛口，厚方唇。素面。口径20、残高6.3厘米（图三四〇，2）。

炼渣 1块。标本03EH133∶6，冶炼溶渣，胶结体，块状。表面光滑呈褐色，断面可见明显的大小孔隙，断面上有褐色斑块，表面泛一层薄绿色铜锈。经检测，含铁62.23%，二氧化硅

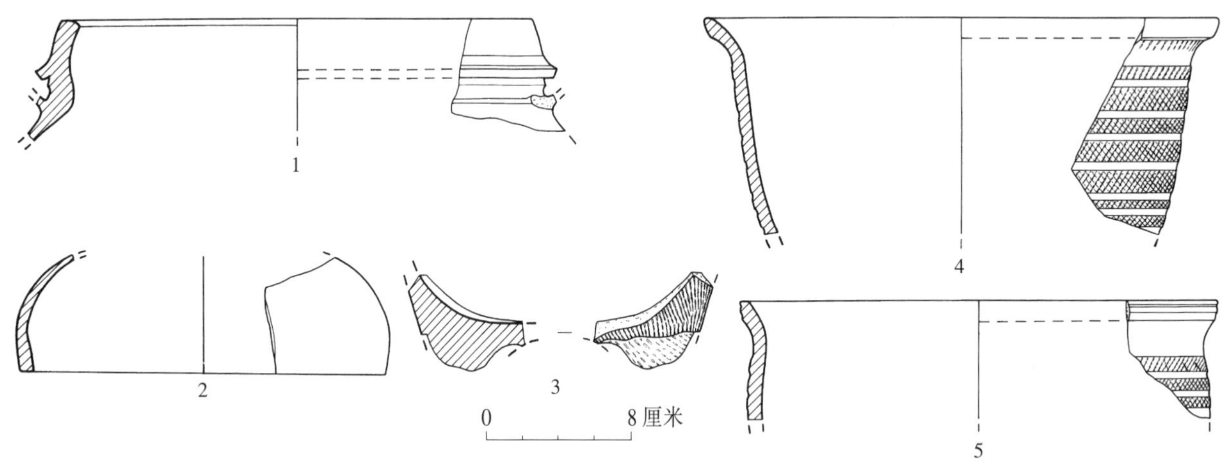

图三四〇 03EH133出土陶器

1. Hb型瓮（03EH133∶4） 2. Ba型Ⅰ式器盖（03EH133∶3） 3. Aa型鬲足（03EH133∶5） 4、5. Ab型Ⅰ式盆（03EH133∶1、2）

30.73%，氧化钙0.30%，三氧化二铝3.06%，铜2.37%。岩相薄片及XRD物相分析结果为橄榄石、石英石、赤铁矿（彩版四一，3；附录二）。

03EH138

位于03ET2607东部。开口于第6层下，被03EH133打破，打破生土层。坑壁弧，圜底。坑口长0.85米，坑深0.5米。填土灰褐色，土质疏松，夹杂烧土粒和木炭粒。包含器类有陶鬲、豆，还有硬陶器。

标本5件，其中陶器4件，硬陶器1件。

陶鬲足　1件。标本03EH138:4，Ac型Ⅰ式。夹砂黄褐陶。圆柱状锥足。素面。残高6.6厘米（图三四一，2）。

陶豆　1件。标本03EH138:1，Aa型Ⅰ式。夹细砂黑灰陶。敞口，圆唇，弧盘，弧底，圆圈形豆柄残。豆盘内壁饰两周弦纹，以盘底中心为点饰射线形纹，柄上饰弦纹。口径18.6、残高5.2厘米（图三四一，1）。

陶器底　1件。标本03EH138:2，B型。泥质黑皮褐胎陶。下腹弧内收，平底。腹底饰横行绳纹。底径6.8、残高4厘米（图三四一，4）。

陶片　1件。标本03EH138:3，器类不明。夹细砂黑皮褐胎陶。器表残有弦纹和“S”形纹（图三四一，3）。

硬陶片　1件。标本03EH138:5，器类不明。褐硬陶。饰条纹和压印回字形纹（图二九六，5）。

03EH169

位于03ET2607西北部，延伸至隔梁。开口于第6层下，被03EH74打破，打破03EH103和03EH170。坑壁弧，圜底近平。坑口长1.94米，坑深0.38米。填土褐灰色，土质较疏松，夹杂烧土粒和木炭粒。包含器类有陶鬲、甗、瓮、豆等。

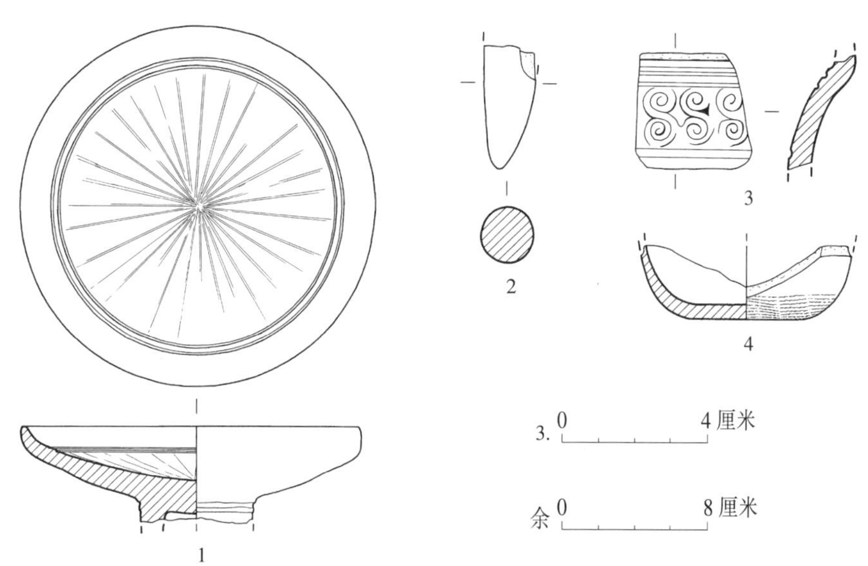

图三四一　03EH138出土陶器

1. Aa型Ⅰ式豆（03EH138:1）　2. Ac型Ⅰ式鬲足（03EH138:4）　3. 陶片（03EH138:3）　4. B型器底（03EH138:2）

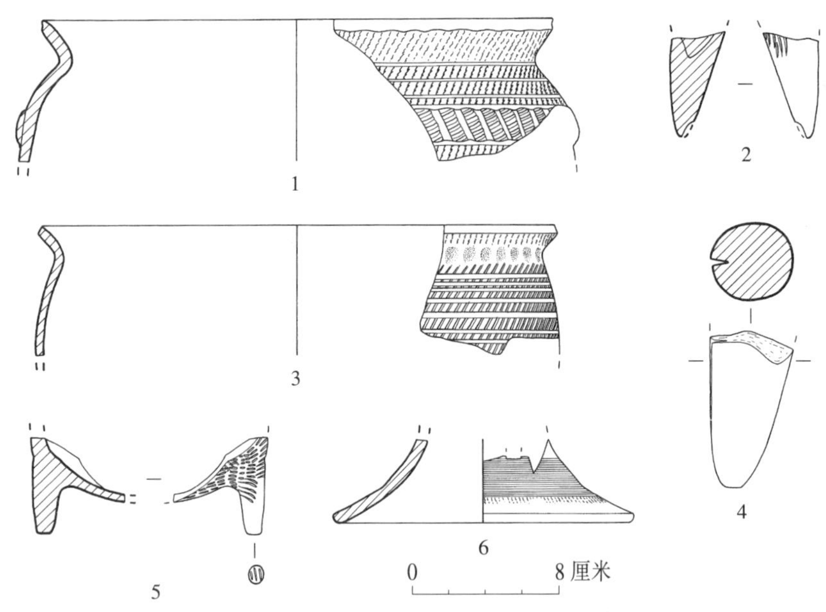

图三四二　03EH169 出土陶器

1. Ac 型Ⅰ式瓮（03EH169:1）　2. Ac 型Ⅰ式鬲足（03EH169:3）　3. Ca 型Ⅰ式瓮（03EH169:2）　4. Aa 型Ⅰ式鬲足（03EH169:6）　5. Ac 型Ⅰ式甗足（03EH169:5）　6. A 型豆（03EH169:4）

标本6件，均为陶器。

陶鬲足　2件。标本03EH169:6，Aa型Ⅰ式。夹砂褐陶。圆柱状锥足。足外侧一道刻槽。残高8.5厘米（图三四二，4）。标本03EH169:3，Ac型Ⅰ式。夹砂褐陶。圆柱状锥足。足根饰绳纹。足根包足痕迹明显。残高5.6厘米（图三四二，2）。

陶甗足　1件。标本03EH169:5，Ac型Ⅰ式。夹细砂黄皮黑胎陶。圆柱状足。腹、底和足根部饰条纹。足上手捏痕迹清晰。残高5.2厘米（图三四二，5）。

陶瓮　2件。标本03EH169:1，Ac型Ⅰ式。夹细砂黄褐陶。敞口，斜弧沿，方唇，斜直颈，弧肩。颈部绳纹被抹，肩、腹部饰弦断绳纹，腹部残留一周附加堆纹。口径28、残高7.6厘米（图三四二，1）。标本03EH169:2，Ca型Ⅰ式。夹细砂黄褐陶。敞口，弧沿，方唇，弧颈，弧腹。颈部条纹被抹，有一周指窝纹，肩腹部饰弦断条纹。口径28、残高7厘米（图三四二，3）。

陶豆　1件。标本03EH169:4，A型。泥质磨光黑陶。仅存喇叭形豆座。座顶面饰密集细弦纹，座缘饰细绳纹。底径16.4、残高4.5厘米（图三四二，6）。

2. 03E 第5层下灰坑

25个，其中有6个分布在南部，编号为03EH3、H24、H35、H42、H43、H52等；有19个分布在中部，编号为03EH72、H79～H82、H86、H87、H90、H92、H93、H127、H131、H139、H142、H144、H146、H158、H177、H178等。其中，03EH52、H90、H92、H131、H158等5个灰坑无遗物标本外，余20个灰坑有遗物标本。

03EH3

位于03ET2510西南部。开口于第5层下，打破第6层。坑口平面呈椭圆形，直壁，平底。坑

表一二　03EH3 陶系及器类统计表

陶　质			夹　砂			泥　质		纹　　饰									
陶色			红	黄褐	黄	黑	灰	绳纹	间断绳纹	交错绳纹	条纹	间断条纹	附加堆纹	方格	凹弦纹	三角印纹	素面
陶片数量			773	453	79	19	6	162	404	2	139	145	22	2	12	1	441
百分比（%）			58.12	34.06	5.94	1.43	0.45	12.18	30.38	0.15	10.45	10.90	1.65	0.15	0.90	0.08	33.16
器形	数量	百分比（%）															
盂	1	100					1			1							
合计	1						1			1							

口径0.5～0.6米，坑深0.2米。填土灰褐色，土质较疏松，内含少量烧土粒，包含少许陶器碎片，器类有陶盂等（表一二）。

标本1件。

陶盂　1件。标本03EH3∶1，Bb型Ⅰ式。泥质灰陶。敞口，平沿，沿内一周凹槽，圆唇，弧颈，小圆肩，斜弧腹内收，平底微内凹。腹饰交错绳纹。口径20.4、高8厘米（图三四三；图版四一，3）。

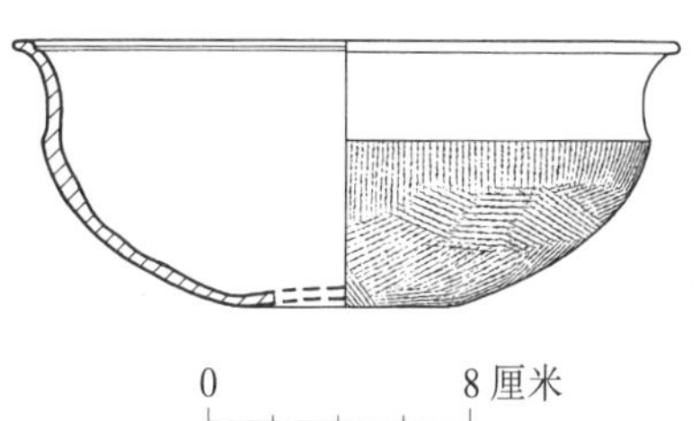

图三四三　03EH3出土陶器
Bb型Ⅰ式盂（03EH3∶1）

03EH24

位于03ET2406东部，延伸至东隔梁。开口于第5层下，打破第6层。坑壁弧，圜底。坑口长3.8米，坑深0.44米。填土黄褐色，土质较疏松，内含烧土粒和木炭粒。包含器类有陶鬲、甗等。

标本8件，均为陶器。

陶鬲　5件。标本03EH24∶4，Aa型Ⅱ式。夹砂黄褐陶。敞口，卷沿，圆唇，弧颈，弧腹，鬲身呈罐形。颈部绳纹被抹，肩、腹部饰弦断绳纹，腹中部一周附加堆纹。口径16、残高7.2厘米（图三四四，8）。标本03EH24∶3，Ac型Ⅱ式。夹砂黄褐陶。敞口，斜弧沿，方唇，弧颈，弧肩，圆弧腹内收，鬲身呈罐形。颈部绳纹被抹，肩、腹部饰弦断绳纹，足根饰绳纹。口径18、残高13.3厘米（图三四四，1）。标本03EH24∶8，Ac型Ⅱ式。夹砂黄褐陶。敞口，斜弧沿，方唇，弧颈，隆肩，圆弧腹内收，鬲身呈罐形。颈部纹饰被抹，肩、腹部饰弦断绳纹。口径14、残高8.5厘米（图三四四，4）。标本03EH24∶1，Da型Ⅰ式。夹细砂灰陶，器表有烟炱。敞口，圆唇，斜直颈，斜弧折肩，斜腹直内收，鬲身呈罐形，鋬残，圆柱状矮足，足窝较深。素面。口径12、高8.6厘米（图三四四，2；图版二五，2）。标本03EH24∶2，Da型Ⅰ式。夹细砂灰陶，器表有烟炱。腹部饰条纹。口部和鋬残，斜弧折肩，弧腹斜内收，鬲身呈罐形，下弧裆，椭圆柱状矮锥足，足窝较深。残高8厘米（图三四四，3；图版二五，3）。

陶鬲足　2件。标本03EH24∶5，Aa型Ⅰ式。夹砂黄褐陶。圆柱状尖锥足。足外侧一道竖刻槽，足根饰绳纹。残高13.4厘米（图三四四，5）。标本03EH24∶6，E型Ⅱ式。夹砂灰陶。圆锥

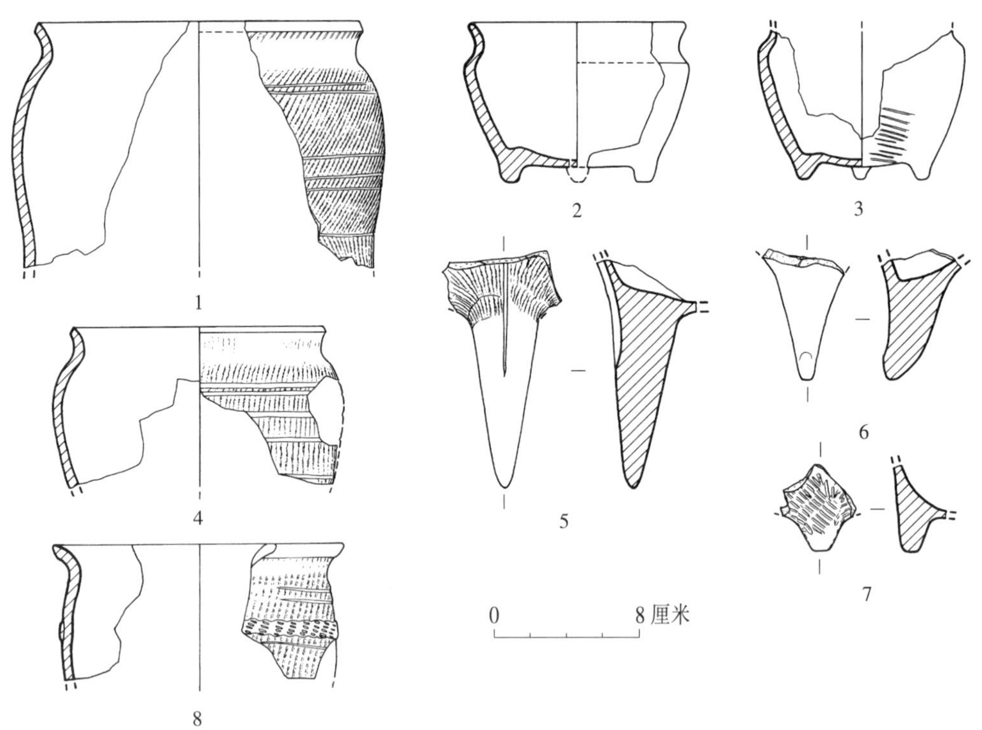

图三四四　03EH24出土陶器

1、4. Ac型Ⅱ式鬲（03EH24∶3、8）　2、3. Da型Ⅰ式鬲（03EH24∶1、2）　5. Aa型Ⅰ式鬲足（03EH24∶5）　6. E型Ⅱ式鬲足（03EH24∶6）　7. Aa型Ⅱ式甗足（03EH24∶7）　8. Aa型Ⅱ式鬲（03EH24∶4）

状足，足尖微外撇。素面。残高7厘米（图三四四，6）。

陶甗足　1件。标本03EH24∶7，Aa型Ⅱ式。夹砂褐陶。椭圆柱状矮截锥足。足根饰条纹。残高4.6厘米（图三四四，7）。

03EH35

位于03ET2410西南部，延伸至南隔梁。开口于第5层下，打破03EH42和03EH43。坑壁弧，圜底。坑口长1.8米，坑深0.65米。填土灰褐色，土质较疏松，夹杂烧土粒。包含器类有陶鬲、鼎等。

标本6件，均为陶器。

陶鬲　3件。标本03EH35∶3，Ab型Ⅰ式。夹砂灰白陶。敞口，斜弧沿，圆唇，弧束颈，溜肩，圆弧腹。肩部一周凹弦纹，上腹饰交叉绳纹，中腹饰一周附加堆纹，下腹饰绳纹。口径18、残高7.5厘米（图三四五，2）。标本03EH35∶2，Ab型Ⅱ式。夹砂褐黄陶，器表有烟炱。器不规整。敞口，斜弧沿，圆唇，弧束颈，颈、肩、腹交界清晰，腹弧内收，鬲身呈罐形，下弧裆，器内壁底部与足根对接处有较深足窝，圆柱状足。颈及肩部饰绳纹，上腹饰一周附加堆纹和弦断绳纹，下腹、底至足根饰绳纹。口径22、残高21.3厘米（图三四五，1；图版一七，3）。标本03EH35∶1，Af型Ⅱ式。夹砂褐黄陶。敞口，斜弧沿，圆唇，溜肩，弧腹内收，鬲身呈罐形，器内壁底部与足根对接处有较深足窝，圆柱状足。上腹饰弦断绳纹，残有一个圆形泥饼，下腹、底至足根饰绳纹。口径12、残高11.2厘米（图三四五，4；图版二〇，5）。

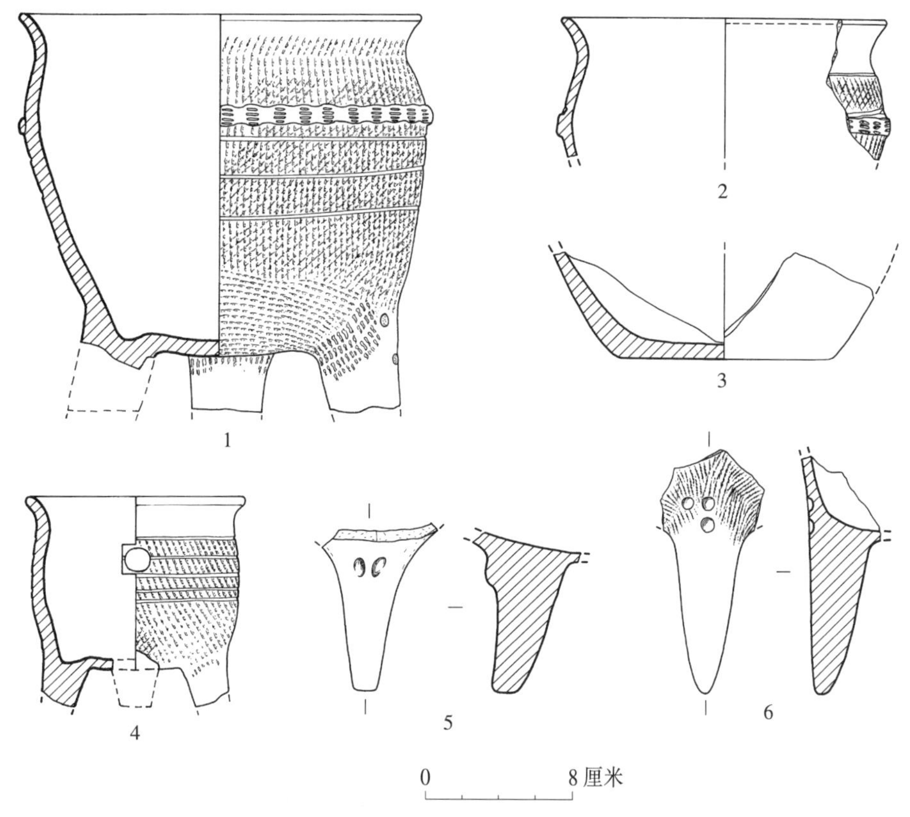

图三四五　03EH35 出土陶器

1. Ab 型Ⅱ式鬲（03EH35∶2）　2. Ab 型Ⅰ式鬲（03EH35∶3）　3. B 型器底（03EH35∶4）　4. Af 型Ⅱ式鬲（03EH35∶1）　5. B 型鼎足（03EH35∶6）　6. C 型Ⅰ式鬲足（03EH35∶5）

陶鬲足　1 件。标本 03EH35∶5，C 型Ⅰ式。夹砂褐陶。圆柱状尖锥足，有足窝，外侧三个圆窝。足根饰绳纹。残高 13 厘米（图三四五，6）。

陶鼎足　1 件。标本 03EH35∶6，B 型。夹砂灰陶。圆柱状截锥足，足根外壁微隆起，有两个椭圆形凹窝。残高 9 厘米（图三四五，5）。

陶器底　1 件。标本 03EH35∶4，B 型。夹细砂褐陶。斜直腹弧内收，平底。素面。底径 11.6、残高 5.6 厘米（图三四五，3）。

03EH42

位于 03ET2410 西南部，延伸至西隔梁。开口于第 5 层下，被 03EH35、H52 打破，打破 03EH43。坑壁弧，圜底。坑口长 2.6 米，坑深 1 米。填土褐灰色，土质较疏松，夹杂烧土粒。包含器类有陶鬲、甗、罐、盆等。

标本 6 件，均为陶器。

陶鬲足　3 件。标本 03EH42∶4，Ac 型Ⅰ式。夹砂褐陶。圆柱状尖锥足，足根有足窝。足饰绳纹。残高 9 厘米（图三四六，5）。标本 03EH42∶5，Ac 型Ⅱ式。夹砂灰黄陶。圆柱状截锥足。足根饰绳纹。残高 9.6 厘米（图三四六，4）。标本 03EH42∶6，E 型Ⅱ式。夹砂灰陶。圆锥状足，足尖微外撇。素面。残高 6 厘米（图三四六，6）。

陶甗腰　1 件。标本 03EH42∶2，A 型。夹砂灰褐陶。甑下腹斜直内收，束腰内壁安舌状横泥

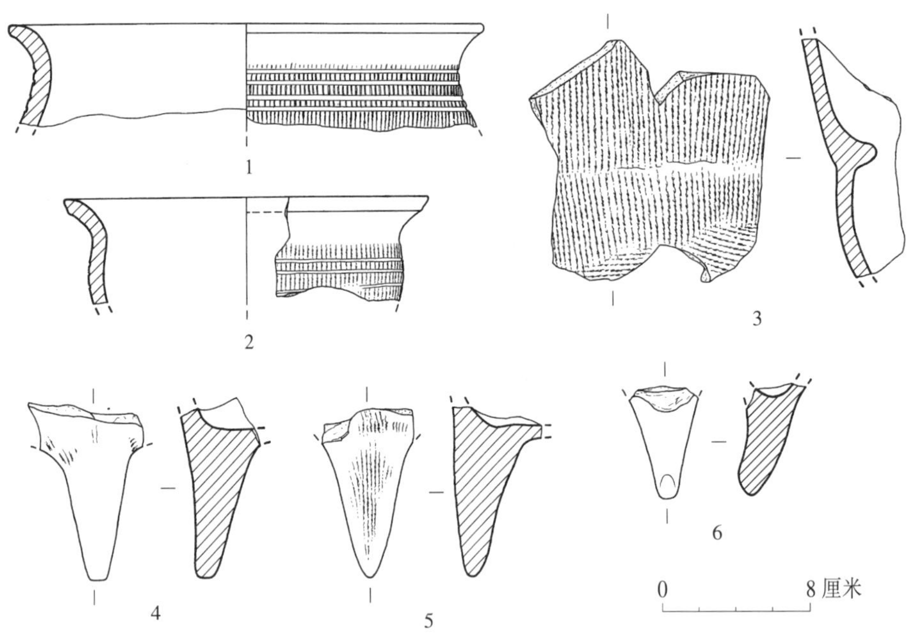

图三四六　03EH42 出土陶器

1. Ca 型罐（03EH42∶1）　2. Bc 型Ⅱ式盆（03EH42∶3）　3. A 型甗腰（03EH42∶2）　4. Ac 型Ⅱ式鬲足（03EH42∶5）　5. Ac 型Ⅰ式鬲足（03EH42∶4）　6. E 型Ⅱ式鬲足（03EH42∶6）

片格用以支箅，弧腹。器表饰绳纹。残高 12.8 厘米（图三四六，3）。

陶罐　1 件。标本 03EH42∶1，Ca 型。夹细砂褐陶。敞口，卷沿，圆唇，弧颈。颈饰弦断绳纹。口径 26、残高 5.8 厘米（图三四六，1）。

陶盆　1 件。标本 03EH42∶3，Bc 型Ⅱ式。夹砂褐陶。敞口，弧沿，方唇，溜肩，弧腹。肩、腹饰弦断绳纹。口径 20、残高 5.6 厘米（图三四六，2）。

03EH43

位于 03ET2410 西南部，延伸至隔梁。开口于第 5 层下，被 03EH35、H42 打破，打破生土层。坑壁弧，圜底。坑口长 1.8 米，坑深 0.5 米。填土黄褐色，土质较疏松，夹杂烧土粒。包含器类有陶鬲、鼎、罐、豆等。

标本 5 件，均为陶器。

陶鬲足　2 件。标本 03EH43∶2，Aa 型Ⅰ式。夹砂褐陶。圆柱状尖锥足，足根有足窝。足外侧一道竖刻槽，底、足饰绳纹。残高 8.8 厘米（图三四七，4）。标本 03EH43∶1，Ac 型Ⅰ式。夹砂褐陶。圆柱状尖锥足。下腹、足饰绳纹。残高 11 厘米（图三四七，3）。

陶鼎足　1 件。标本 03EH43∶5，Aa 型。夹砂黄灰陶。圆柱状锥足。素面。残高 9.6 厘米（图三四七，5）。

陶罐　1 件。标本 03EH43∶3，H 型。夹细砂黄陶。直口微敞，平沿，沿内一周凹槽，圆唇，斜直颈。颈饰弦断绳纹。口径 20、残高 3.4 厘米（图三四七，1）。

陶豆　1 件。标本 03EH43∶4，A 型。夹细砂灰陶。仅存豆座，豆座呈喇叭口形。座顶面饰凹弦纹。底径 18、残高 4.8 厘米（图三四七，2）。

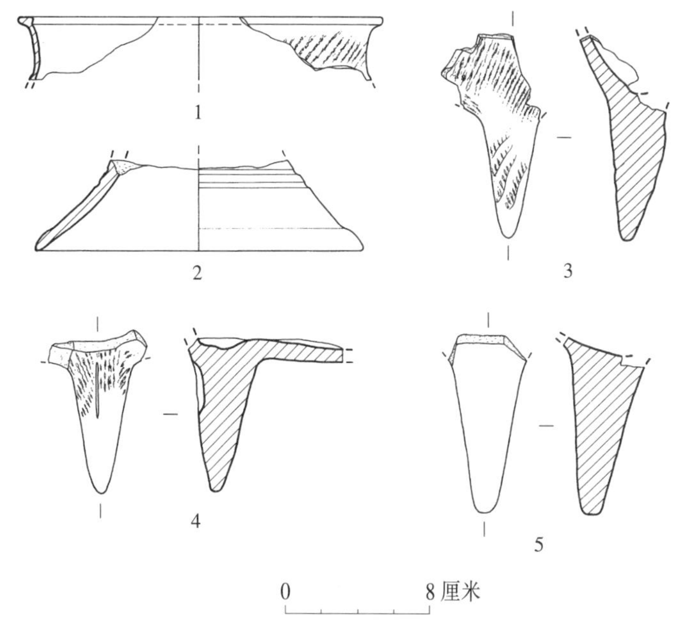

图三四七 03EH43出土陶器

1. H型罐（03EH43∶3） 2. A型豆（03EH43∶4） 3. Ac型Ⅰ式鬲足（03EH43∶1） 4. Aa型Ⅰ式鬲足（03EH43∶2） 5. Aa型鼎足（03EH43∶5）

03EH72

位于03ET2806东北部。开口于第5层下，打破03EH81、H82、H177。坑口略呈椭圆形，坑壁弧，圜底。坑口长径3.15、短径1.95米，坑深0.4米。填土灰褐色，土质较疏松，夹杂少许烧土粒和木炭粒。包含器类有陶鬲、鼎、罐、瓮、盆、豆、器盖和石刀等（表一三）。

标本19件，其中陶器18件，石器1件。

陶鬲 2件。标本03EH72∶4，Aa型。夹砂灰褐陶。敞口，平沿，尖圆唇，弧颈，弧腹。腹饰绳纹。口径18、残高6厘米（图三四八，2）。标本03EH72∶8，Ab型。夹砂黄褐陶。敞口，卷沿，方唇，弧颈，圆腹。腹饰弦断条纹。口径16、残高5.6厘米（图三四八，3）。

陶鬲足 1件。标本03EH72∶20，Ab型Ⅱ式。夹砂红褐陶。圆柱状截锥足。足外壁戳印一个圆窝纹和刻划一道竖槽，足根饰条纹。残高11.2厘米（图三四八，6）。

陶鼎耳 1件。标本03EH72∶13，A型。夹砂黄褐陶。仿铜器。耳直立在器口上，立耳整体略呈圆角方形，耳环截面略呈长方形。素面（图三四八，9）。

陶鼎足 1件。标本03EH72∶21，Ad型。夹砂黄褐陶。圆柱状足，足根外壁压印三个圆凹窝。足根饰绳纹。残高9.5厘米（图三四八，7）。

陶罐 5件。标本03EH72∶2，Aa型Ⅲ式。夹砂灰褐陶。敞口，方唇，弧颈，弧肩，圆弧腹，下腹弧内收，平底微内凹。颈部纹饰被抹，肩、腹饰弦断条纹。口径20.8、高约25.8厘米（图三四八，1；图版三三，6）。标本03EH72∶9，Ad型Ⅰ式。夹砂黄褐陶。敞口，卷沿，方唇，弧颈，溜肩。颈部纹饰被抹，肩、腹饰条纹，肩腹交界处饰绳索状附加堆纹。口径16、残高5.2厘米（图三四八，5）。标本03EH72∶15，Ad型Ⅰ式。夹砂红褐陶。敞口，弧沿，方唇，直颈，溜肩。颈部纹饰被抹，肩、腹饰弦断条纹，肩腹交界处饰附加堆纹，堆纹较宽，其上有叶脉纹。口径16、残高5.2厘米（图三四八，8）。标本03EH72∶5，Fa型。夹砂褐陶。敞口，弧沿，叠唇上缘圆，唇面有一周凹槽，弧颈，斜肩。颈部纹饰被抹，肩饰压印方格纹。口径16、残高4.7厘米（图三四八，4）。标本03EH72∶12，H型。夹砂黄褐陶。敞口，平沿，尖圆唇，直颈。沿面有凹弦纹。口径18、残高3.6厘米（图三四八，11）。

陶瓮 2件。标本03EH72∶3，Aa型Ⅱ式。夹砂黄褐陶。侈口，卷沿，方唇，弧颈，弧肩。颈部纹饰被抹，腹饰弦断条纹。口径28.8、残高9.4厘米（图三四九，1）。标本03EH72∶6，Eb型。

表一三　03EH72 陶系及器类统计表

陶质			夹砂					泥质	磨光	纹饰														
陶　色			红褐	灰褐	褐	黄褐	白	灰	黑	绳纹	弦断绳纹	交错绳纹	条纹	弦断条纹	交错条纹	S 纹	凹弦纹	菱形纹	附加堆纹	方格纹	素面	复合纹饰
陶片数量			83	34	44	250	1	4	12	19	20	16	22	180	54	2	4	1	7	3	98	2
百分比（%）			19. 39	7. 94	10. 28	58. 41	0. 23	0. 93	2. 80	4. 44	4. 67	3. 74	5. 14	42. 06	12. 62	0. 47	0. 93	0. 23	1. 64	0. 70	22. 90	0. 47
器形	数量	百分比（%）																				
鬲	2	11. 11		1		1				1				1								
鬲足	1	5. 56	1										1									
鼎耳	1	5. 56				1															1	
鼎足	1	5. 56				1				1												
罐	5	27. 78	1	1	1	2								1			1			1		2
瓮	2	11. 11				2								1							1	
盆	1	5. 56				1								1								
豆	2	11. 11		1	1					1				1								
器盖	1	5. 56			1						1											
器耳	2	11. 11				2								1								1
合计	18		2	3	3	10				3	1		1	6			1			1	2	3

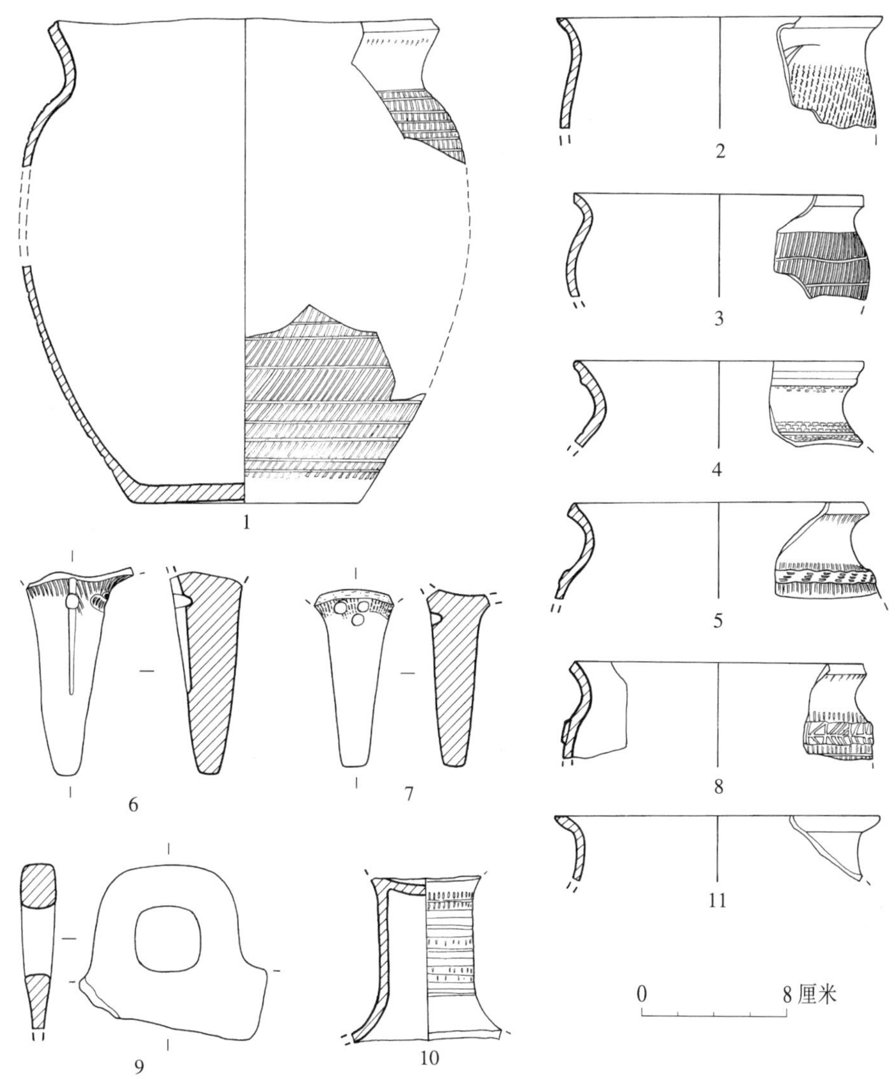

图三四八　03EH72 出土陶器

1. Aa 型Ⅲ式罐（03EH72∶2）　2. Aa 型鬲（03EH72∶4）　3. Ab 型鬲（03EH72∶8）　4. Fa 型罐（03EH72∶5）　5、8. Ad 型Ⅰ式罐（03EH72∶9、15）　6. Ab 型Ⅱ式鬲足（03EH72∶20）　7. Ad 型鼎足（03EH72∶21）　9. A 型鼎耳（03EH72∶13）　10. Bc 型豆（03EH72∶22）　11. H 型罐（03EH72∶12）

夹砂黄褐陶。直口，方唇，直颈。素面。口径 20、残高 6 厘米（图三四九，6）。

陶盆　1 件。标本 03EH72∶11，Bc 型Ⅰ式。夹砂黄褐陶。敞口，卷沿，方唇，弧颈，溜肩，弧腹。颈部纹饰被抹，腹饰弦断条纹。口径 20、残高 5.5 厘米（图三四九，8）。

陶豆　2 件。标本 03EH72∶10，Ab 型。夹细砂褐陶。敞口，方唇，弧盘。豆盘底饰绳纹。口径 24、残高 3 厘米（图三四九，7）。标本 03EH72∶22，Bc 型。夹细砂灰褐陶。仅残存豆盘底和圈足柄。圆圈柱状柄。柄饰弦断条纹。残高 8.8 厘米（图三四八，10）。

陶器盖　1 件。标本 03EH72∶1，Ac 型Ⅰ式。夹细砂褐陶。圆盘形器盖，盖顶内凹，盖壁直。顶饰交错绳纹。盖口径 19、高 4.8 厘米（图三四九，3；图版四八，1）。

陶器耳　2 件。标本 03EH72∶14，Ad 型。夹砂黄褐陶。圆角长方形扁直耳，耳根部横穿圆角

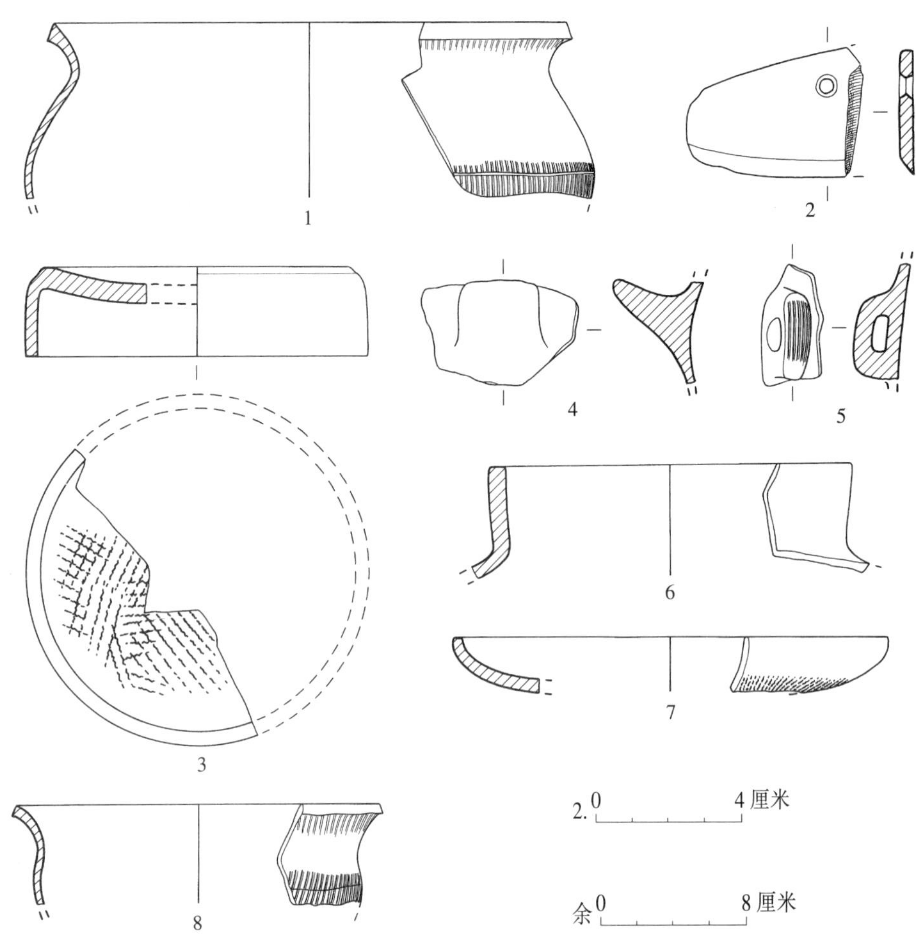

图三四九　03EH72 出土器物

1. Aa 型Ⅱ式陶瓮（03EH72:3）　2. B 型Ⅰ式石刀（03EH72:23）　3. Ac 型Ⅰ式陶器盖（03EH72:1）　4. Bc 型陶器耳（03EH72:7）　5. Ad 型陶器耳（03EH72:14）　6. Eb 型陶瓮（03EH72:6）　7. Ab 型陶豆（03EH72:10）　8. Bc 型Ⅰ式陶盆（03EH72:11）

长方形孔。耳顶面饰条纹（图三四九，5）。标本 03EH72∶7，Bc 型。夹砂黄褐陶。长方形泥片状横耳，耳面斜上侈。素面（图三四九，4）。

石刀　1 件。标本 03EH72∶23，B 型Ⅰ式。青色。残刀身扁平，刀背上弧，两面近刀背残有一个对钻穿孔，端壁微弧，偏锋，单面直刃。残长 4.9、宽 2～3.4、厚 0.4 厘米（图三四九，2）。

03EH79

位于 03ET2806 东北部。开口于第 5 层下，被 03EH81 打破，打破 03EH80。坑口略呈方形，坑壁斜直，底近平。坑口长 3、宽 2.8 米，坑深 1.7 米。填土褐灰色，土质较疏松，夹杂烧土粒和木炭粒。包含器类有陶鬲、鼎、甗、罐、瓮、卣、盆、缸等。

标本 32 件，均为陶器。

陶鬲　1 件。标本 03EH79∶31。Ai 型Ⅰ式。夹砂褐陶，器表有烟垢。敞口，圆唇，斜直颈，斜肩，圆鼓腹，足窝较深，圆柱状足。素面。口径 10、残高 9.5 厘米（图三五〇，10；图版二三，4）。

陶鬲足　1 件。标本 03EH79∶5，Aa 型Ⅰ式。夹砂褐陶。圆柱状锥足。足外壁刻划一道竖槽，

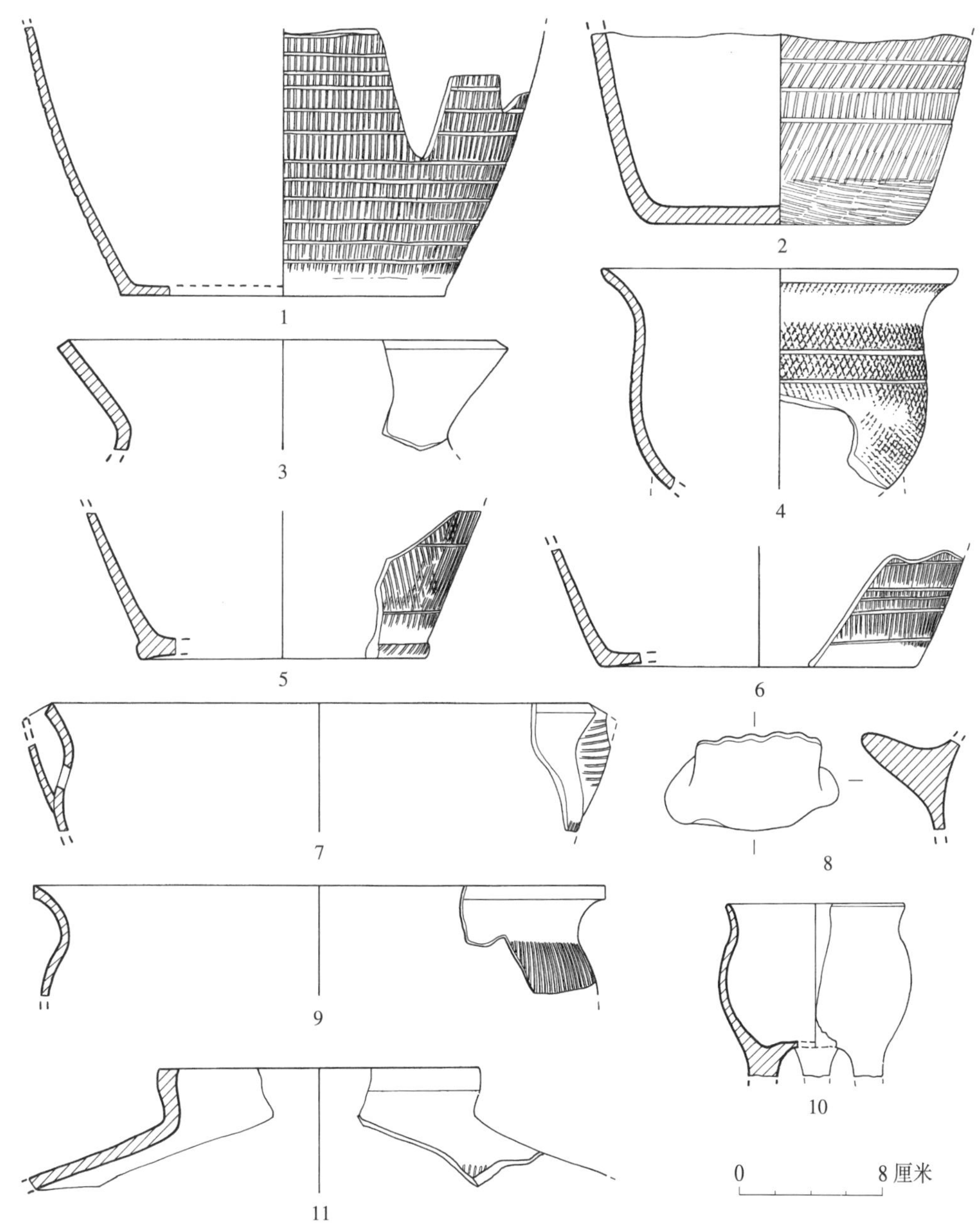

图三五〇　03EH79出土陶器

1. D型器底（03EH79∶34）　2. B型器底（03EH79∶32）　3. Fb型罐（03EH79∶8）　4. Ba型Ⅰ式鼎（03EH79∶20）　5. E型器底（03EH79∶15）　6. A型器底（03EH79∶6）　7. Aa型Ⅰ式甗（03EH79∶12）　8. Bc型器耳（03EH79∶25）　9. Ab型甗（03EH79∶30）　10. Ai型Ⅰ式鬲（03EH79∶31）　11. Eb型瓮（03EH79∶11）

足根饰条纹。残高10.4厘米（图三五一，8）。

陶甗　2件。标本03EH79∶12，Aa型Ⅰ式。夹砂黄陶。侈口，卷沿，方唇，弧颈，溜肩，圆腹，口沿外侧贴施对称泥片护耳两个，耳内甗壁上各戳穿一圆形孔。耳面饰横条纹。口径30、残高7厘米（图三五〇，7）。标本03EH79∶30，Ab型。夹砂红褐陶。侈口，卷沿，方唇，弧颈，弧肩。肩、腹饰条纹。口径32、残高6厘米（图三五〇，9）。

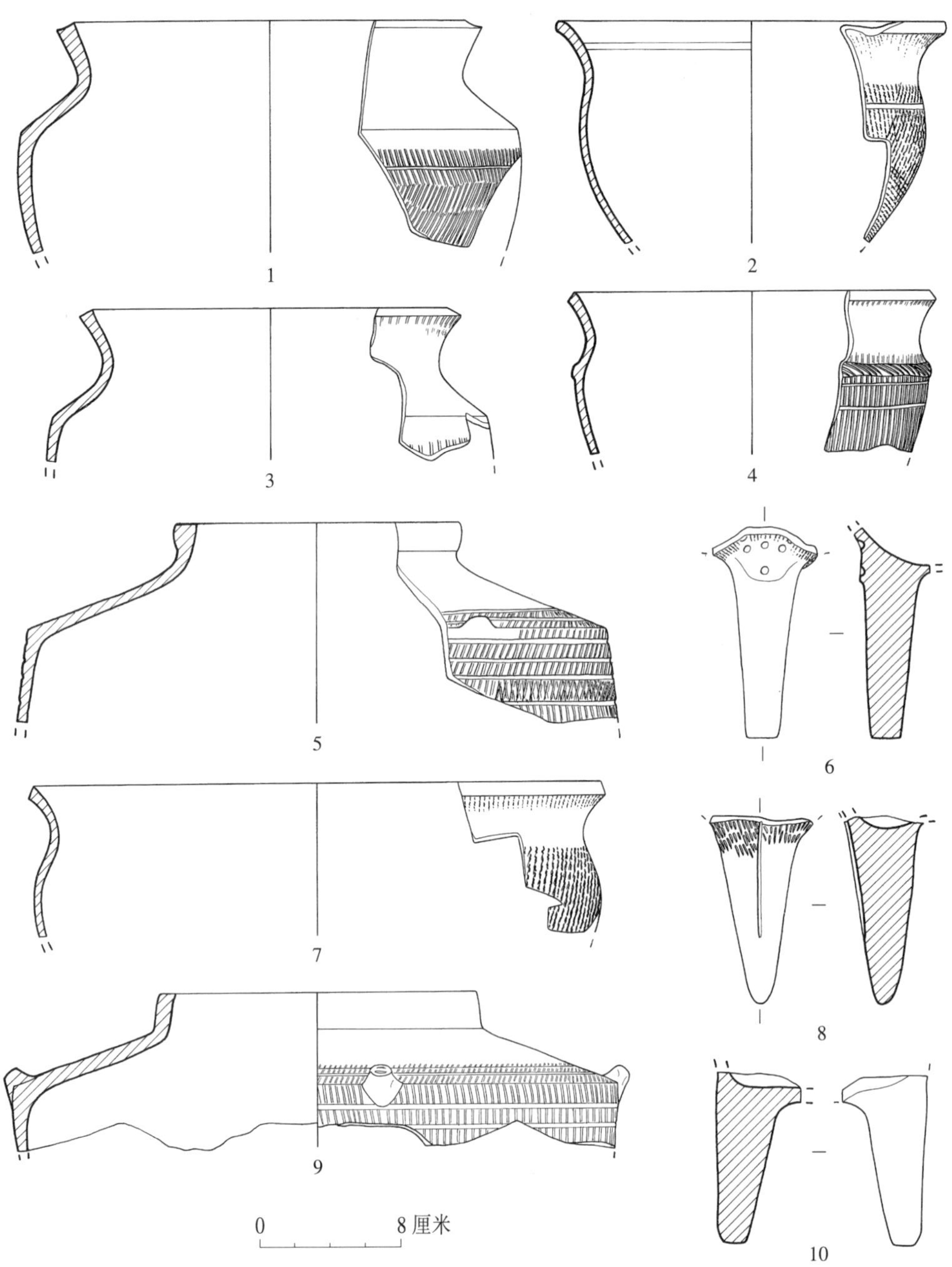

图三五一　03EH79出土陶器

1、3. Aa型Ⅱ式瓮（03EH79∶16、13）　2. Aa型Ⅱ式盆（03EH79∶18）　4. Ba型Ⅰ式盆（03EH79∶21）　5. Ed型Ⅱ式瓮（03EH79∶26）　6. Ae型鼎足（03EH79∶29）　7. Ca型Ⅰ式瓮（03EH79∶22）　8. Aa型Ⅰ式鬲足（03EH79∶5）　9. Eb型Ⅰ式瓮（03EH79∶7）　10. Aa型鼎足（03EH79∶24）

陶鼎　1件。标本03EH79∶20，Ba型Ⅰ式。夹砂褐陶。敞口，卷沿，圆唇，斜弧颈，弧腹内收，器身呈盆形。颈部纹饰被抹，腹饰弦断交叉绳纹。口径20、残高12厘米（图三五〇，4）。

陶鼎耳　1件。标本03EH79∶10，A型。夹砂黄褐陶。仿铜。立耳残，耳环截面呈长方形（图三五二，9）。

陶鼎足　2件。标本03EH79∶24，Aa型。夹细砂黄褐陶。圆柱状截锥足。素面。残高9.4厘米（图三五一，10）。标本03EH79∶29，Ae型。夹砂黄褐陶。圆柱状足，足根外侧隆起，压印四个圆凹窝。足根饰条纹。残高11.6厘米（图三五一，6）。

陶罐　2件。标本03EH79∶8，Fb型。夹砂黄陶。敞口，方唇，高斜直束颈。素面。口径24、残高6厘米（图三五〇，3）。标本03EH79∶3，Fc型。夹砂黄褐陶。斜弧肩，弧腹，平底。腹饰弦断绳纹。底径12.8、残高22.5厘米（图三五二，3；图版三五，2）。

陶瓮　7件。标本03EH79∶13，Aa型Ⅱ式。夹砂褐陶。侈口，弧沿，方唇，斜弧颈，斜折肩，弧腹。颈部纹饰被抹，腹饰条纹。口径20、残高8.4厘米（图三五一，3）。标本03EH79∶16，Aa型Ⅱ式。夹砂褐陶。侈口，弧沿，方唇，斜直颈，斜折肩，弧腹。腹饰弦断条纹。口径22、残高12.8厘米（图三五一，1）。标本03EH79∶22，Ca型Ⅰ式。夹砂褐陶。侈口，卷沿，方唇，弧颈，弧肩，圆腹。颈部纹饰被抹，腹饰绳纹。口径32、残高8.4厘米（图三五一，7）。标本03EH79∶7，Eb型Ⅰ式。夹砂黄褐陶。直口微敛，平沿，斜直颈，斜折广肩。肩、腹饰弦断条纹，肩腹相交处等距离饰六个顶面饰条纹泥钉。口径18、残高8.6厘米（图三五一，9）。标本03EH79∶11，Eb型。夹砂褐陶。敛口，平沿，弧直颈，斜广肩。肩饰条纹。口径18、残高6.4厘米（图三五〇，11）。标本03EH79∶2，Ec型Ⅰ式。夹砂黄褐陶。敛口，平沿，斜直颈，斜折广肩，直腹斜内收。肩、腹饰弦断条纹，肩腹交界处等距离饰六个顶面饰条纹泥钉。口径20、残高33.2厘米（图三五二，2；图版三六，6）。标本03EH79∶26，Ed型Ⅱ式。夹砂褐陶。直口微敛，平沿，厚弧唇，短弧颈，斜广折肩，直腹。肩、腹饰弦断条纹，肩腹相交处等距离饰泥钉。口径16、残高11厘米（图三五一，5）。

陶卣　1件。标本03EH79∶1，夹砂灰褐陶。直口，圆唇，斜直颈，小折肩，垂腹，整器俯视呈椭圆形，肩腹长径处对称各施一个竖环耳。腹饰网格纹和长方形竖泥片纹。口长径17.6、口短径16.8、残高17厘米（图三五二，1；彩版二四，4）。

陶盆　3件。标本03EH79∶18，Aa型Ⅱ式。夹砂褐陶。敞口，卷沿，圆唇，斜弧颈，溜肩，圆弧腹。颈部纹饰被抹，肩、腹饰弦断绳纹，下腹饰交错绳纹。口径22、残高12.2厘米（图三五一，2）。标本03EH79∶14，Aa型。夹砂褐陶。敞口，卷沿，方唇，唇面一周凹槽，弧颈，斜肩，圆弧腹。肩、腹饰弦断条纹。口径26、残高6.4厘米（图三五二，4）。标本03EH79∶21，Ba型Ⅰ式。夹砂褐黄陶。侈口，弧沿，方唇，斜直颈，斜肩，弧腹。颈部纹饰被抹，肩、腹饰弦断条纹，肩腹交界处一周索状附加堆纹。口径20、残高9厘米（图三五一，4）。

陶缸圈足　1件。标本03EH79∶4，Ba型。夹细砂褐陶。圜底底厚，矮喇叭形圈足。底足交界处饰一周附加堆纹。底径16、残高7.2厘米（图三五二，7）。

陶器耳　4件。标本03EH79∶19，Aa型。夹砂黄灰陶。鸟头形扁直耳，耳根部横穿圆孔。耳顶面饰条纹（图三五二，5）。标本03EH79∶25，Bc型。夹砂红褐陶。长方形泥片状横耳，耳顶凹凸不平呈鸡冠状，耳面斜上侈。素面（图三五〇，8）。标本03EH79∶28，Bc型。夹砂黄陶。长方形泥片状横耳，耳顶平微弧，耳端弧上侈。耳顶面饰竖条纹和横波浪纹（图三五二，10）。标本03EH79∶23，Bd型。夹砂红褐陶。长方形泥片状横耳，耳顶凹弧，耳面斜弧弯内勾。器壁饰条纹（图三五二，11）。

陶器鋬　2件。标本03EH79∶17，Aa型。夹砂褐陶。圆柱形鋬，鋬顶端弧上扬，鸟首部眼、喙形象逼真。鋬柄饰条纹（图三五二，6）。标本03EH79∶9，Aa型。夹砂灰褐陶。圆柱形鋬，鋬

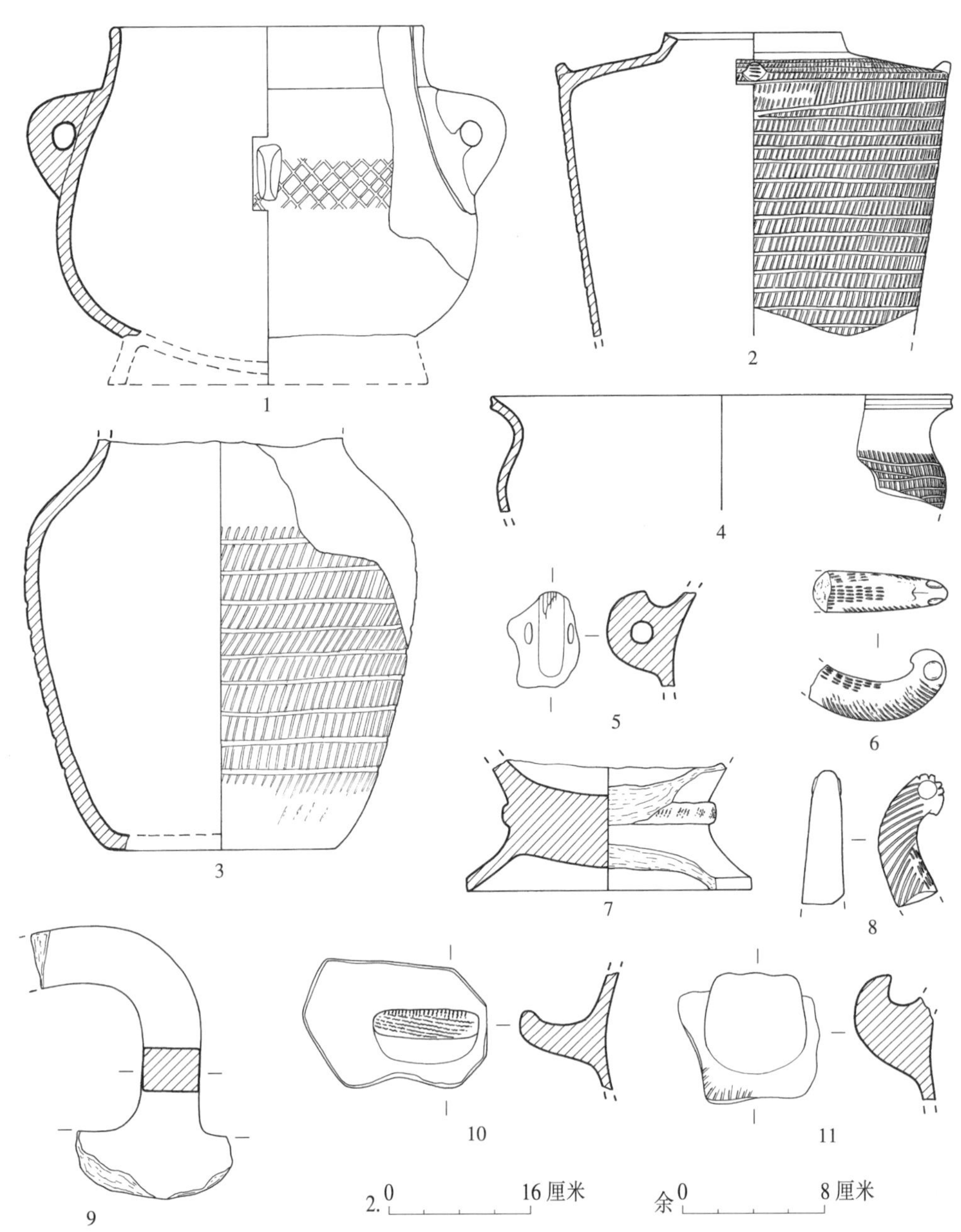

图三五二　03EH79 出土陶器

1. 卣（03EH79∶1）　2. Ec 型Ⅰ式瓮（03EH79∶2）　3. Fc 型罐（03EH79∶3）　4. Aa 型盆（03EH79∶14）　5. Aa 型器耳（03EH79∶19）　6、8. Aa 型器鋬（03EH79∶17、9）　7. Ba 型缸圈足（03EH79∶4）　9. A 型鼎耳（03EH79∶10）　10. Bc 型器耳（03EH79∶28）　11. Bd 型器耳（03EH79∶23）

顶端弧上扬，鸟首部冠、眼、喙具备，形象逼真。鋬柄饰条纹（图三五二，8）。

陶器底　4 件。标本 03EH79∶6，A 型。夹砂黄陶。下腹斜直内收，平底微内凹。下腹饰弦断条纹。底径 17.6、残高 6.4 厘米（图三五〇，6）。标本 03EH79∶32，B 型。夹砂黄陶。下腹斜直弧内收，平底。下腹饰弦断条纹，近底部饰横条纹。底径 14.4、残高 10.4 厘米（图三五〇，2）。标本 03EH79∶34，D 型。夹砂红褐陶。下腹斜弧内收，平底。下腹饰弦断条纹。底径 18.2、残高

14.5 厘米（图三五〇，1）。标本 03EH79∶15，E 型。夹砂黄陶。下腹斜直内收，假圈足，平底微内凹。下腹饰弦断交错条纹，圈足沿面饰条纹。底径 16、残高 8 厘米（图三五〇，5）。

03EH80

位于03ET2806 东部和03ET2906 西部。开口于第5 层下，被03EH79 打破，打破03EH127。坑口略呈椭圆形，坑壁弧，圜底。坑口长径 4.98、短径 2.85 米，坑深 0.25 米。填土褐灰色，土质较疏松，夹杂烧土粒、木炭粒和炼渣。包含器类有陶鬲、甗、罐、瓮、钵、豆和石镞等。

标本 26 件，其中陶器 24 件，硬陶片 1 件，石器 1 件。

陶鬲　5 件。标本 03EH80∶1，Aa 型Ⅱ式。夹砂褐陶，器表有烟垢。敞口，弧沿，圆唇，斜直颈，弧腹，下弧裆，圆柱状截锥足，足窝较深，足尖磨损。颈部纹饰被抹，腹至足通饰绳纹。口径 16.6、高 18 厘米（图三五三，1；图版一六，2）。标本 03EH80∶27，Aa 型Ⅱ式。夹砂红褐陶。敞口，卷沿，圆唇，弧颈，弧腹，足窝较深。颈部纹饰被抹，腹至足根饰绳纹。口径 15.8、残高 12.4 厘米（图三五三，2）。标本 03EH80∶9，Ab 型Ⅰ式。夹砂黄褐陶。敞口，卷沿，方唇，弧颈，弧肩，圆弧腹。颈部纹饰被抹，腹饰弦断条纹。口径 15、残高 6.2 厘米（图三五三，3）。标本 03EH80∶13，Ab 型Ⅰ式。夹砂黄褐陶。敞口，卷沿，方唇，弧颈，溜肩，圆弧腹。颈部纹饰被抹，腹饰弦断绳纹。口径 16、残高 6 厘米（图三五三，5）。标本 03EH80∶24，Ha 型Ⅱ式。夹砂黄褐陶。敞口，平沿，沿面有凹槽，斜直颈，溜肩，圆弧腹，鬲身呈盆形。颈部纹饰被抹，腹饰弦断条纹。口径 14、残高 6 厘米（图三五三，4）。

陶鬲足　4 件。标本 03EH80∶14，Aa 型Ⅱ式。夹砂黄褐陶。圆柱状足。足外壁刻划一道竖槽，足根饰条纹。残高 10.8 厘米（图三五三，6）。标本 03EH80∶19，Aa 型Ⅱ式。夹砂黄褐陶。圆柱状截锥足。足外壁刻划一道竖槽。残高 5 厘米（图三五三，11）。标本 03EH80∶17，Ac 型Ⅰ式。夹砂黄褐陶。圆柱状矮锥足。足根饰条纹。残高 5.6 厘米（图三五三，8）。标本 03EH80∶16，Ac 型Ⅱ式。夹砂褐陶。圆柱状锥足。足根饰间断条纹。残高 10.5 厘米（图三五三，7）。

陶甗　1 件。标本 03EH80∶8，Ab 型。夹砂褐陶。侈口，弧沿，方唇，斜弧颈，弧肩。颈部纹饰被抹，肩饰条纹。口径 26、残高 4.2 厘米（图三五三，9）。

陶甗足　1 件。标本 03EH80∶21，Da 型。夹砂褐陶。圆柱状矮足略呈蹄形，足根有足窝。足根饰条纹。残高 3.4 厘米（图三五三，10）。

陶罐　1 件。标本 03EH80∶15，Aa 型Ⅱ式。夹砂褐红陶。敞口，圆唇，斜直颈，溜肩，弧腹。肩、腹饰弦断绳纹，腹饰附加堆纹。口径 24、残高 7.4 厘米（图三五三，12）。

陶瓮　4 件。标本 03EH80∶6，Aa 型。夹砂褐陶。侈口，弧沿，方唇，弧颈。颈部纹饰被抹。口径 32、残高 3.6 厘米（图三五四，14）。标本 03EH80∶5，Ab 型。夹砂黄褐陶。敞口，平沿，方唇，弧直颈。素面。口径 42、残高 4.8 厘米（图三五四，1）。标本 03EH80∶7，Ga 型Ⅱ式。夹砂黄褐陶。敛口，平沿，斜直颈，小斜肩，弧腹。腹饰弦断绳纹。口径 14、残高 4.2 厘米（图三五四，12）。标本 03EH80∶11，Gd 型。夹砂黄褐陶。敛口，平沿，弧直颈，弧肩。素面。口径 14、残高 4.4 厘米（图三五四，7）。

陶豆　1 件。标本 03EH80∶4，Ab 型Ⅰ式。泥质黑皮褐胎陶。敞口，方唇，折盘。柄上残镂长方形孔。口径 25.6、残高 13 厘米（图三五四，5）。

陶钵　3 件。标本 03EH80∶20，Da 型Ⅰ式。夹细砂灰陶。敛口，圆唇，斜直颈，弧肩，圆腹。

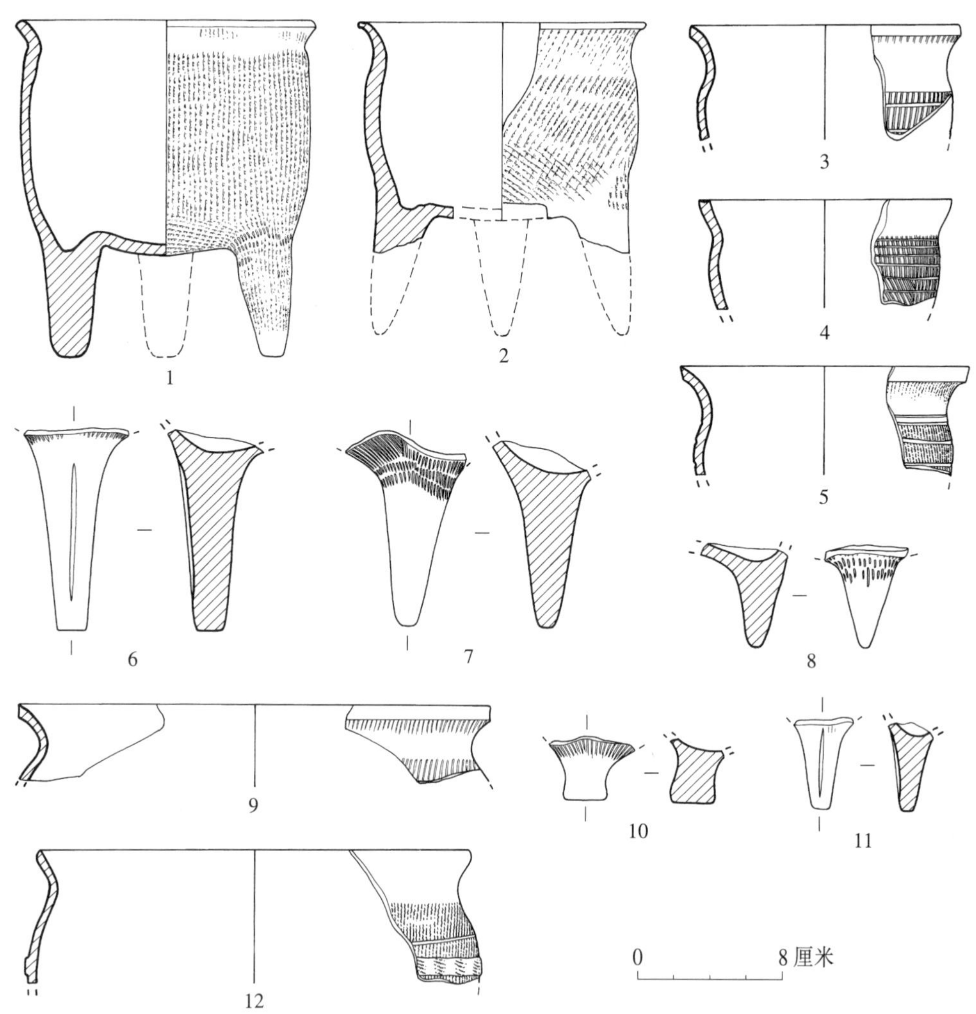

图三五三 03EH80出土陶器

1、2. Aa型Ⅱ式鬲（03EH80∶1、27） 3、5. Ab型Ⅰ式鬲（03EH80∶9、13） 4. Ha型Ⅱ式鬲（03EH80∶24） 6、11. Aa型Ⅱ式鬲足（03EH80∶14、19） 7. Ac型Ⅱ式鬲足（03EH80∶16） 8. Ac型Ⅰ式鬲足（03EH80∶17） 9. Ab型甗（03EH80∶8） 10. Da型甗足（03EH80∶21） 12. Aa型Ⅱ式罐（03EH80∶15）

腹饰弦断绳纹，上腹残有圆形泥饼纹。口径16、残高6.4厘米（图三五四，11）。标本03EH80∶25，Da型Ⅰ式。夹细砂红褐陶。敛口，圆唇，斜颈，弧折肩，圆弧腹。腹饰凹弦纹，上腹残有圆形泥饼纹。口径14、残高6厘米（图三五四，9）。标本03EH80∶2，Db型Ⅰ式。夹细砂灰陶。直口微敛，圆唇，圆弧腹。腹饰弦断绳纹。口径12、高6.2厘米（图三五四，2）。

陶器耳 2件。标本03EH80∶12，Be型。夹砂褐陶。长方形泥片状横耳，耳顶凹凸不平呈鸡冠状，耳面弧上侈（图三五四，6）。标本03EH80∶10，Bg型。夹砂黄褐陶。长方形泥片状横耳，耳顶凹凸不平呈鸡冠状，耳端折上翘（图三五四，13）。

陶器鋬 2件。标本03EH80∶26，Ac型。夹细砂褐陶。圆柱形鋬弧上弯曲，鋬端顶面三个小圆窝。素面（图三五四，4；图版四八，6）。标本03EH80∶22，Af型。夹细砂黄褐陶。扁圆柱形鋬，鋬端弧上侈。素面（图三五四，10）。

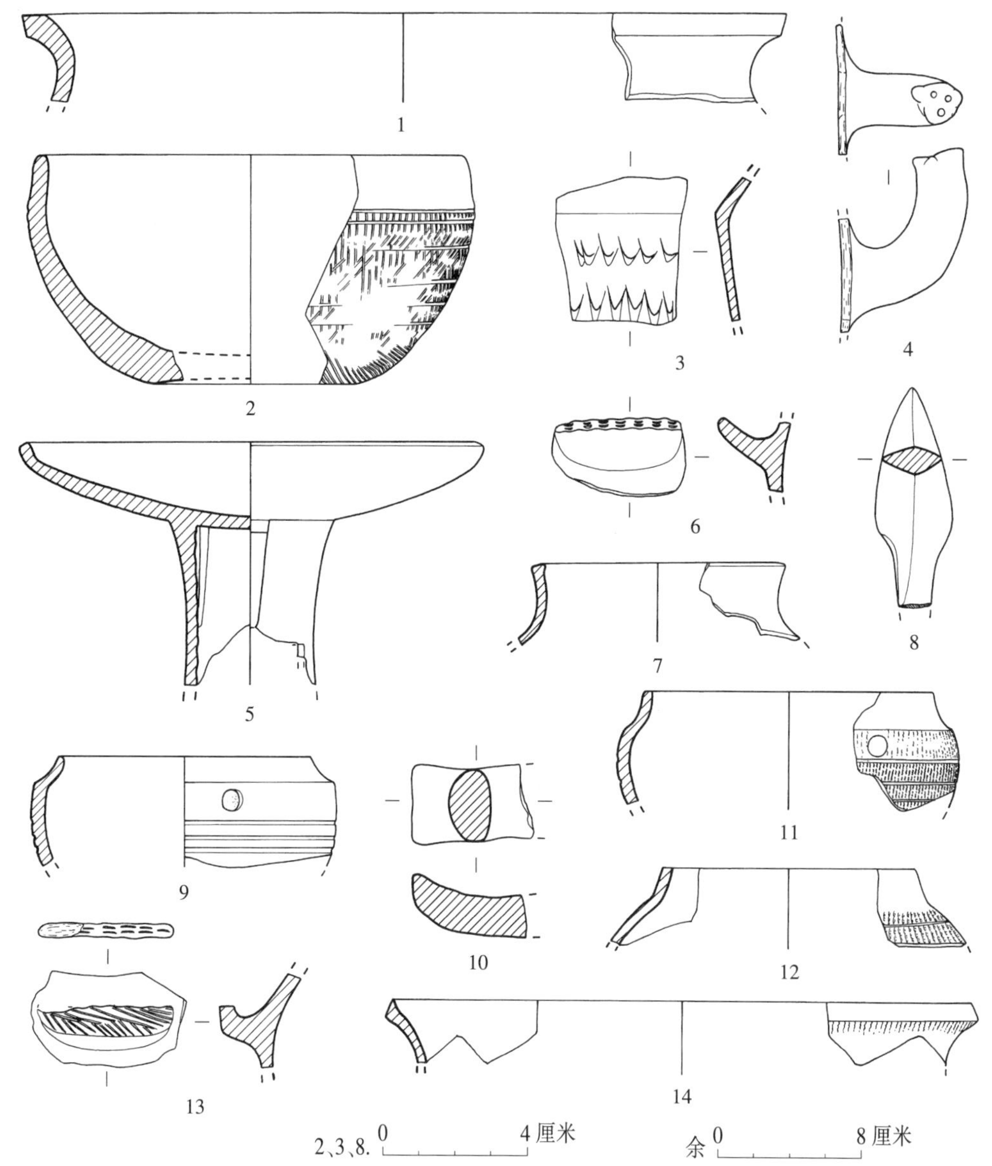

图三五四　03EH80出土器物

1. Ab型陶瓮（03EH80∶5）　2. Db型Ⅰ式陶钵（03EH80∶2）　3. 硬陶片（03EH80∶23）　4. Ac型陶器鋬（03EH80∶26）　5. Ab型Ⅰ式陶豆（03EH80∶4）　6. Be型陶器耳（03EH80∶12）　7. Gd型陶瓮（03EH80∶11）　8. Ab型Ⅰ式石镞（03EH80∶3）　9、11. Da型Ⅰ式陶钵（03EH80∶25、20）　10. Af型陶器鋬（03EH80∶22）　12. Ga型Ⅱ式陶瓮（03EH80∶7）　13. Bg型陶器耳（03EH80∶10）　14. Aa型陶瓮（03EH80∶6）

硬陶片　1件。标本03EH80∶23，灰硬陶。戳印有鳞纹（图三五四，3）。

石镞　1件。标本03EH80∶3，Ab型Ⅰ式。褐青色。磨制。镞尖锋，中部起棱，截面菱形，斜弧窄翼；铤呈扁圆柱形。残长5.9厘米（图三五四，8；图版六七，5）。

03EH81

位于03ET2806东部、03ET2906西部。开口于第5层下，被03EH72、H93打破，打破03EH79。坑口呈方形，坑壁弧，圜底近平。坑口长1.55、宽1.35米，坑深0.62米。填土褐灰色，土质较疏松，夹杂烧土粒和木炭粒。包含器类有陶鬲、鼎、罐、瓮、盆、尊、豆、纺轮和硬陶器等。

标本13件，其中陶器10件，硬陶器3件。

陶鬲足　2件。标本03EH81∶8，Aa型Ⅰ式。夹砂褐陶。圆柱状锥足。足外壁刻划一道竖槽，足根饰绳纹。残高12.2厘米（图三五五，3）。标本03EH81∶10，Aa型Ⅰ式。夹砂褐陶。圆柱状锥足。足外壁刻划一道竖槽，足根饰条纹。残高7.5厘米（图三五五，12）。

陶鼎　1件。标本03EH81∶5，Ba型。夹砂黑陶。敞口，平沿，沿内一道凹槽，圆唇，直颈，肩起棱。颈部纹饰被抹，肩、腹饰绳纹。口径20、残高5.5厘米（图三五五，5）。

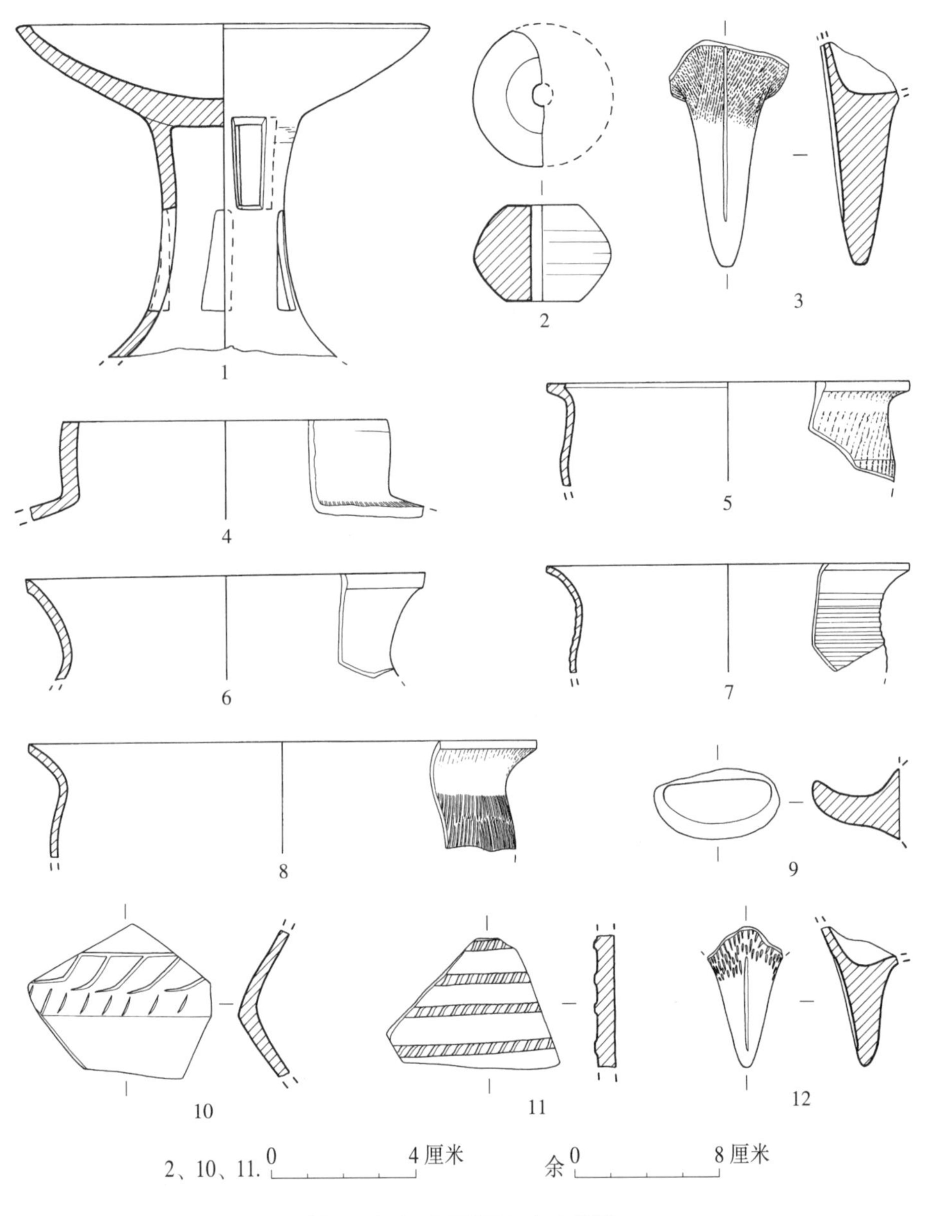

图三五五　03EH81出土器物

1. Aa型Ⅲ式陶豆（03EH81∶1）　2. Aa型Ⅱ式陶纺轮（03EH81∶13）　3、12. Aa型Ⅰ式陶鬲足（03EH81∶8、10）　4. Eb型陶瓮（03EH81∶2）　5. Ba型陶鼎（03EH81∶5）　6. Fb型陶罐（03EH81∶9）　7. A型Ⅰ式陶尊（03EH81∶4）　8. Aa型陶盆（03EH81∶3）　9. Bc型陶器耳（03EH81∶7）　10、11. 硬陶片（03EH81∶12、11）

陶罐　1件。标本03EH81:9，Fb型。夹砂黄褐陶。敞口，方唇，斜弧颈。素面。口径22、残高5.6厘米（图三五五，6）。

陶瓮　1件。标本03EH81:2，Eb型。夹砂黄褐陶。直口微敛，平沿，直颈微弧，斜肩近平。肩饰条纹。口径18、残高5.4厘米（图三五五，4）。

陶盆　1件。标本03EH81:3，Aa型。夹砂红褐陶。侈口，弧沿，方唇，弧颈，弧肩。颈部纹饰被抹，肩饰条纹。口径28、残高6厘米（图三五五，8）。

陶尊　1件。标本03EH81:4，A型Ⅰ式。夹细砂黑陶。敞口，卷沿，圆唇，弧颈。颈、肩饰凹弦纹。口径20、残高5.8厘米（图三五五，7）。

陶豆　1件。标本03EH81:1，Aa型Ⅲ式。夹细砂灰陶。敞口，圆唇，弧盘。柄上分两层镂长方形孔六个，每层三个。口径22.8、残高17.8厘米（图三五五，1；图版四五，4）。

陶器耳　1件。标本03EH81:7，Bc型。夹砂褐陶。长方形泥片状横耳，耳顶平，耳面弧上侈（图三五五，9）。

陶纺轮　1件。标本03EH81:13，Aa型Ⅱ式。夹砂黄褐陶。厚体残，圆形，两面平，圆中间一直壁圆孔，周壁中间凸起一周折棱，折棱上下斜面弧。周壁饰弦纹。残直径3.8、残孔径0.6、厚2.6厘米（图三五五，2）。

硬陶片　3件。标本03EH81:11，器类不明。灰硬陶。饰索状附加堆纹（图三五五，11）。标本03EH81:12，器类不明。灰硬陶。饰条纹（图三五五，10）。标本03EH81:6，器类不明。灰硬陶。饰戳印人字形纹。胎厚0.5厘米（图二九七，9）。

03EH82

位于03ET2806北部。开口于第5层下，被03EH72打破，打破03EH86。坑口圆角长方形，弧壁圜底。坑口长2.2、宽1.32米，坑深0.36米。坑内堆积黄褐色土，土质较硬，结构紧密，夹有炭渣和烧土颗粒。包含有陶鬲、罐、豆、纺轮等器类（图三五六）。

标本2件，均为陶器。

陶鬲　1件。标本03EH82:2，Ab型Ⅰ式。夹细砂褐陶，器表有烟炱。敞口，卷沿，方唇，唇上下缘圆，斜直颈，颈、肩、腹交界清晰，弧肩，腹弧内收，器内壁底部与足根对接处有浅足窝，柱状锥足。颈部纹饰被抹，腹饰弦断绳纹，上腹饰一周绳索状附加堆纹，下腹至足根饰绳纹，足外壁刻划一道竖槽。口径23、残高23厘米（图三五七，1；彩版一三，3）。

陶纺轮　1件。标本03EH82:1，Ah型Ⅱ式。夹砂黄褐陶。扁圆形，两面平，圆中间一弧壁圆孔，周壁中间凸起一周折棱，折棱上下斜面弧。素面。直径4.8、孔径0.4～0.6、厚1.2厘米（图三五七，2；图版五六，4）。

03EH86

位于03ET2806西北部。开口于第5层下，被03EH82打破，打破03EH92。坑壁弧，圜底近平。坑口最长2.8、最宽1.75米，坑深0.32米。填土灰褐色，土质疏松，夹杂烧土粒和木炭粒。包含器类有陶甗、器盖、纺轮、饼等。

标本5件，均为陶器。

陶甗耳　1件。标本03EH86:3，Aa型。夹砂黄褐陶。口沿外侧贴施泥片护耳，耳内甗壁上戳圆形穿孔。颈部纹饰被抹，器表饰弦断绳纹，耳面饰绳纹（图三五八，2）。

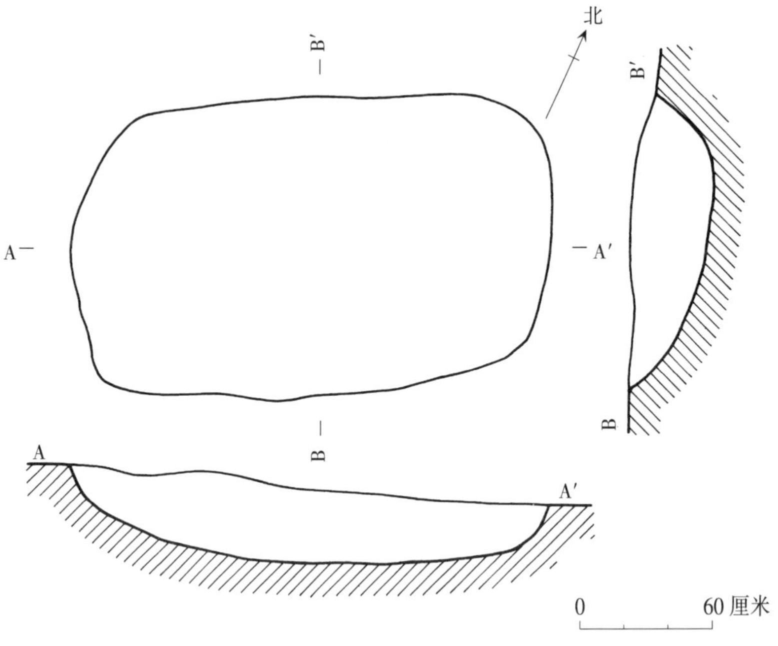

图三五六　03EH82平、剖面图

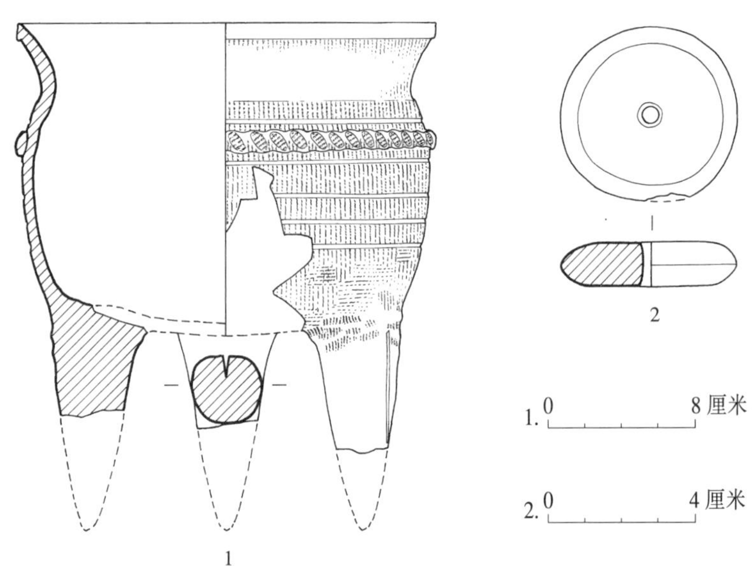

图三五七　03EH82出土陶器

1. Ab型Ⅰ式鬲（03EH82∶2）　2. Ah型Ⅱ式纺轮（03EH82∶1）

陶盖纽　2件。标本03EH86∶5，A型。夹砂黄灰陶。圆圈形凹纽，纽颈弧。素面。纽径4、残高4厘米（图三五八，5）。标本03EH86∶4，D型。泥质灰陶。纽顶圆，顶面弧，周壁直，纽颈。素面。纽径5、残高2厘米（图三五八，1）。

陶纺轮　1件。标本03EH86∶1，Ad型Ⅰ式。夹砂黄褐陶。厚体，圆形，两面内凹，圆中间一弧壁圆孔，周壁中间凸起一周折棱，折棱上下斜面弧。素面。直径2.8、孔径0.5、厚1.8厘米

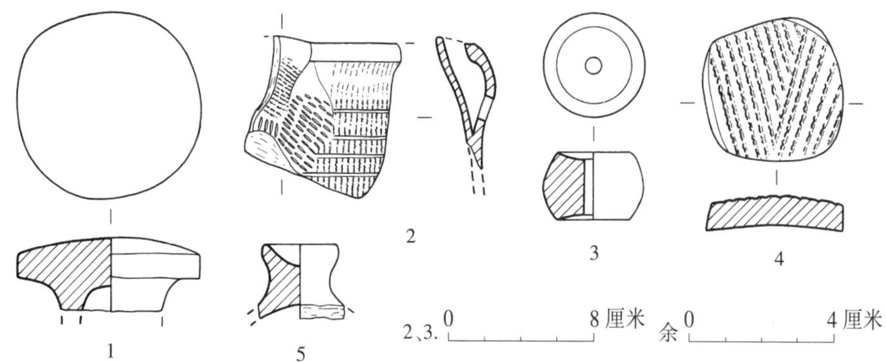

图三五八　03EH86出土陶器

1. D型盖纽（03EH86:4）　2. Aa型甗耳（03EH86:3）　3. Ad型Ⅰ式纺轮（03EH86:1）
4. Aa型Ⅰ式饼（03EH86:2）　5. A型盖纽（03EH86:5）

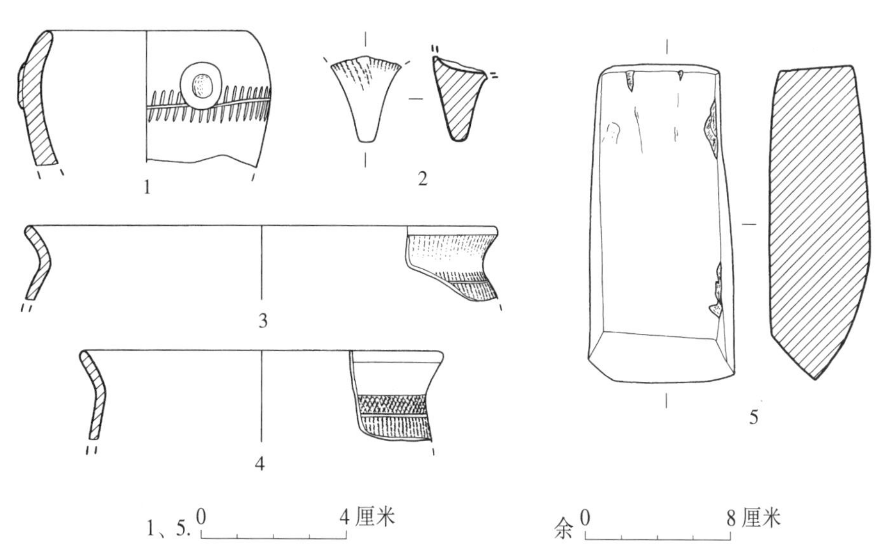

图三五九　03EH87出土器物

1. Aa型陶滤盉（03EH87:2）　2. Ab型Ⅱ式陶甗足（03EH87:3）　3. Aa型陶罐（03EH87:4）
4. Aa型陶鬲（03EH87:5）　5. Aa型Ⅱ式石锛（03EH87:1）

（图三五八，3；图版五四，1）。

陶饼　1件。标本03EH86:2，Aa型Ⅰ式。夹砂灰褐陶。陶片打磨而成。扁圆形，周壁斜直。一面饰交错绳纹。直径3.7～3.8、厚0.8厘米（图三五八，4）。

03EH87

位于03ET2906东部。开口于第5层下，被03EH90、H93打破，打破生土层。坑壁弧，圜底。坑口长径0.95、短径0.8米，坑深0.65米。填土灰褐色，土质疏松，夹杂烧土粒和木炭粒。包含器类有陶鬲、甗、罐、滤盉和石锛等。

标本5件，其中陶器4件，石器1件。

陶鬲　1件。标本03EH87:5，Aa型。夹砂灰黄陶。敞口，圆唇，斜直颈。腹饰弦断绳纹。口径20、残高4.8厘米（图三五九，4）。

陶甗足 1件。标本03EH87:3，Ab型Ⅱ式。夹细砂红褐陶。圆柱状截锥足，外壁有一个小圆窝。足根饰绳纹。残高4.6厘米（图三五九，2）。

陶滤盉 1件。标本03EH87:2，Aa型。夹细砂黄褐陶。敛口，圆唇，弧腹。腹饰弦断条纹和圆形中部内凹泥饼。口径5.6、残高3.8厘米（图三五九，1）。

陶罐 1件。标本03EH87:4，Aa型。夹砂黄褐陶。敞口，圆唇，斜弧颈，溜肩。颈部纹饰被抹，肩、腹饰弦断绳纹。口径26、残高4厘米（图三五九，3）。

石锛 1件。标本03EH87:1，Aa型Ⅱ式。磨制。灰色。长条方形，顶平，刃面平，背面弧，偏锋，弧刃。长8.5、刃宽4.1、厚2.2～2.8厘米（图三五九，5；图版六五，2）。

03EH93

位于03ET2907南部和03ET2906北部。开口于第5层下，西南部被03EH177打破，打破03EH87、H144。坑口椭圆形，斜壁平底。坑口长径4.16、短径3.36米，坑深0.92～1.16米。坑内堆积根据土色可分上下两层：上层，厚0.5～1米。褐灰色土，土质疏松，夹有烧土、炭渣、炼渣、碎骨、石块等，包含少许陶器碎片；下层，厚0.26～0.42米。灰黑色土，夹有较多炭渣，含有烧土、石块、炼渣等，包含器类有陶鬲、鼎、甗、罐、瓮、缸、盂、豆、盆、纺轮、饼、支（拍）垫、纹印、陀螺、器盖，硬陶瓮和石砧、锤、石斧、刀、镞、砺石等，遗物均属此层（图三六〇）。

标本53件，其中陶器45件，硬陶器2件，石器6件，另有炼渣。

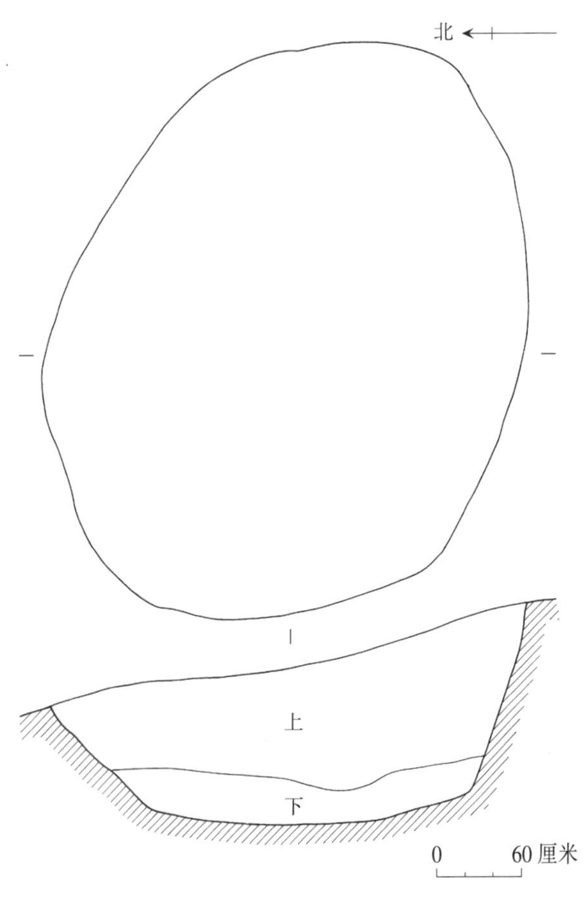

图三六〇 03EH93平、剖面图

陶鬲 5件。标本03EH93:18，Aa型Ⅱ式。夹砂黄褐陶。敞口，方唇，斜弧颈，溜肩，弧腹。颈部纹饰被抹，肩、腹饰弦断条纹。口径20、残高6厘米（图三六一，7）。标本03EH93:14，Ab型Ⅱ式。夹砂黄褐陶，器表有烟熏痕迹。侈口，弧沿，圆唇，束颈，弧肩，圆弧腹下收，鬲窝较浅。颈部纹饰被抹，肩至下腹饰弦断竖绳纹，肩腹交界处饰一周附加堆纹，底饰横绳纹，足根外壁有一个圆窝纹。口径22、残高15厘米（图三六一，13；图版一七，5）。标本03EH93:17，Ac型。夹砂黄陶。敞口，方唇，斜弧束颈，斜弧肩，弧腹。肩、腹饰条纹。口径24、残高7厘米（图三六一，8）。标本03EH93:16，Ad型Ⅱ式。夹砂黄褐陶。敞口，方唇，斜弧颈，弧肩，圆弧腹。颈部纹饰被抹，肩、腹饰条纹。口径20、残高10厘米（图三六一，2）。标本03EH93:22，Ha型Ⅱ式。夹砂褐红陶。敞口，圆唇，斜直颈，弧腹，鬲身呈盆形。肩、腹饰绳纹。口径14、残高6.2厘米

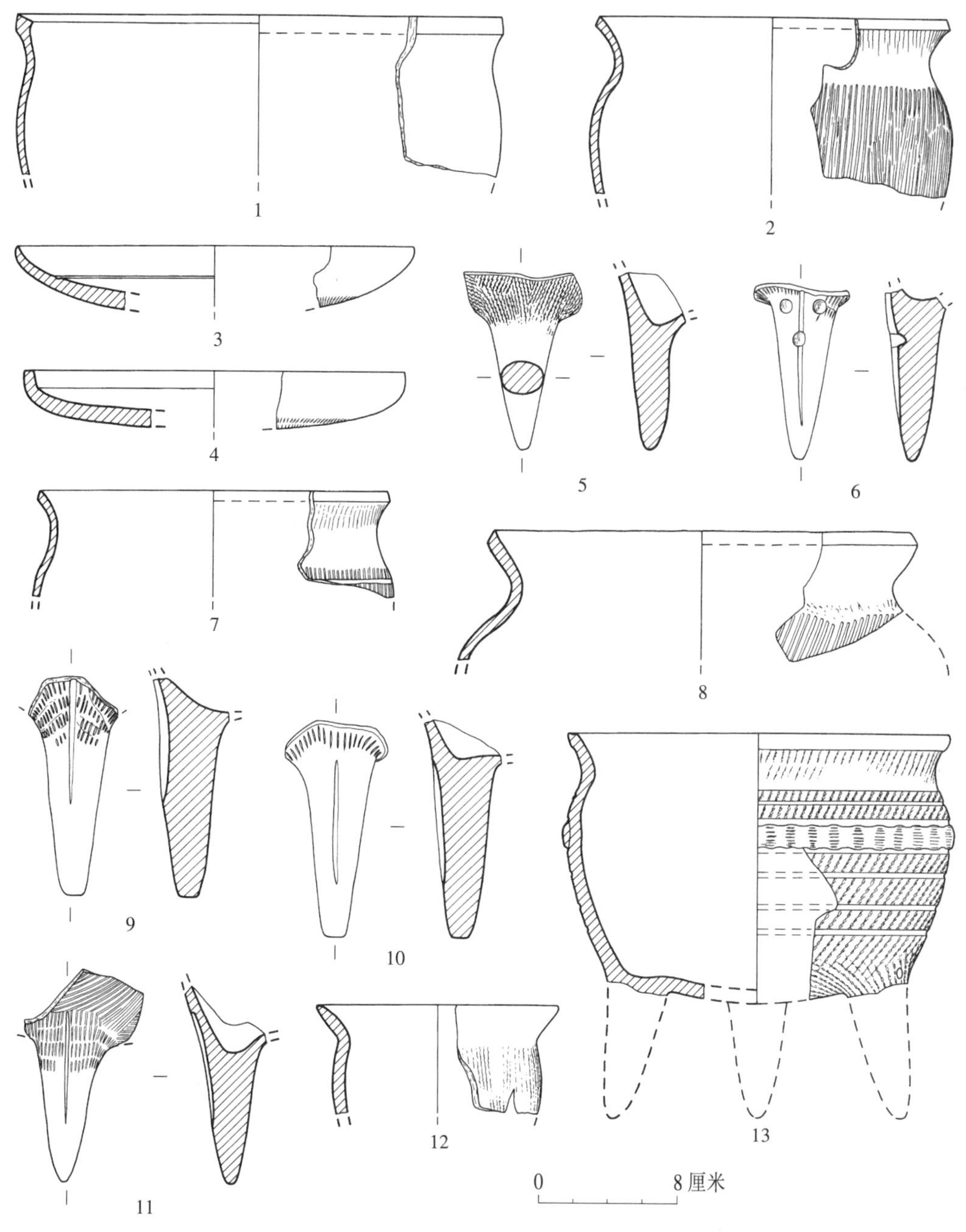

图三六一　03EH93 出土陶器

1. Db 型鼎（03EH93:20）　2. Ad 型Ⅱ式鬲（03EH93:16）　3. Aa 型豆（03EH93:33）　4. Ab 型豆（03EH93:32）　5. Ac 型Ⅰ式鬲足（03EH93:44）　6. Ab 型Ⅰ式鬲足（03EH93:46）　7. Aa 型Ⅱ式鬲（03EH93:18）　8. Ac 型鬲（03EH93:17）　9、10. Aa 型Ⅱ式鬲足（03EH93:42、41）　11. Aa 型Ⅰ式鬲足（03EH93:45）　12. Ha 型Ⅱ式鬲（03EH93:22）　13. Ab 型Ⅱ式鬲（03EH93:14）

（图三六一，12）。

陶鬲足　5 件。标本 03EH93:45，Aa 型Ⅰ式。夹砂黄陶。圆柱状尖锥足。下腹及足根饰条纹，足外壁刻划一道竖槽。残高 12 厘米（图三六一，11）。标本 03EH93:41，Aa 型Ⅱ式。夹砂红褐陶。圆柱状截锥足。足外壁刻划一道竖槽，足根饰条纹。残高 12.3 厘米（图三六一，10）。标本

03EH93∶42，Aa型Ⅱ式。夹砂黄褐陶。圆柱状截锥足。足外壁刻划一道竖槽，足根饰条纹。残高12.4厘米（图三六一，9）。标本03EH93∶46，Ab型Ⅰ式。夹砂黄褐陶。椭圆柱状锥足。足外壁刻划一道竖槽，近根部三个圆窝，足根饰绳纹。残高9.8厘米（图三六一，6）。标本03EH93∶44，Ac型Ⅰ式。夹砂红陶。椭圆柱状锥足。足根饰绳纹。残高10厘米（图三六一，5）。

陶甗　2件。标本03EH93∶28，Ab型Ⅱ式。夹砂黄褐陶。侈口，卷沿，方唇，弧颈，弧肩，

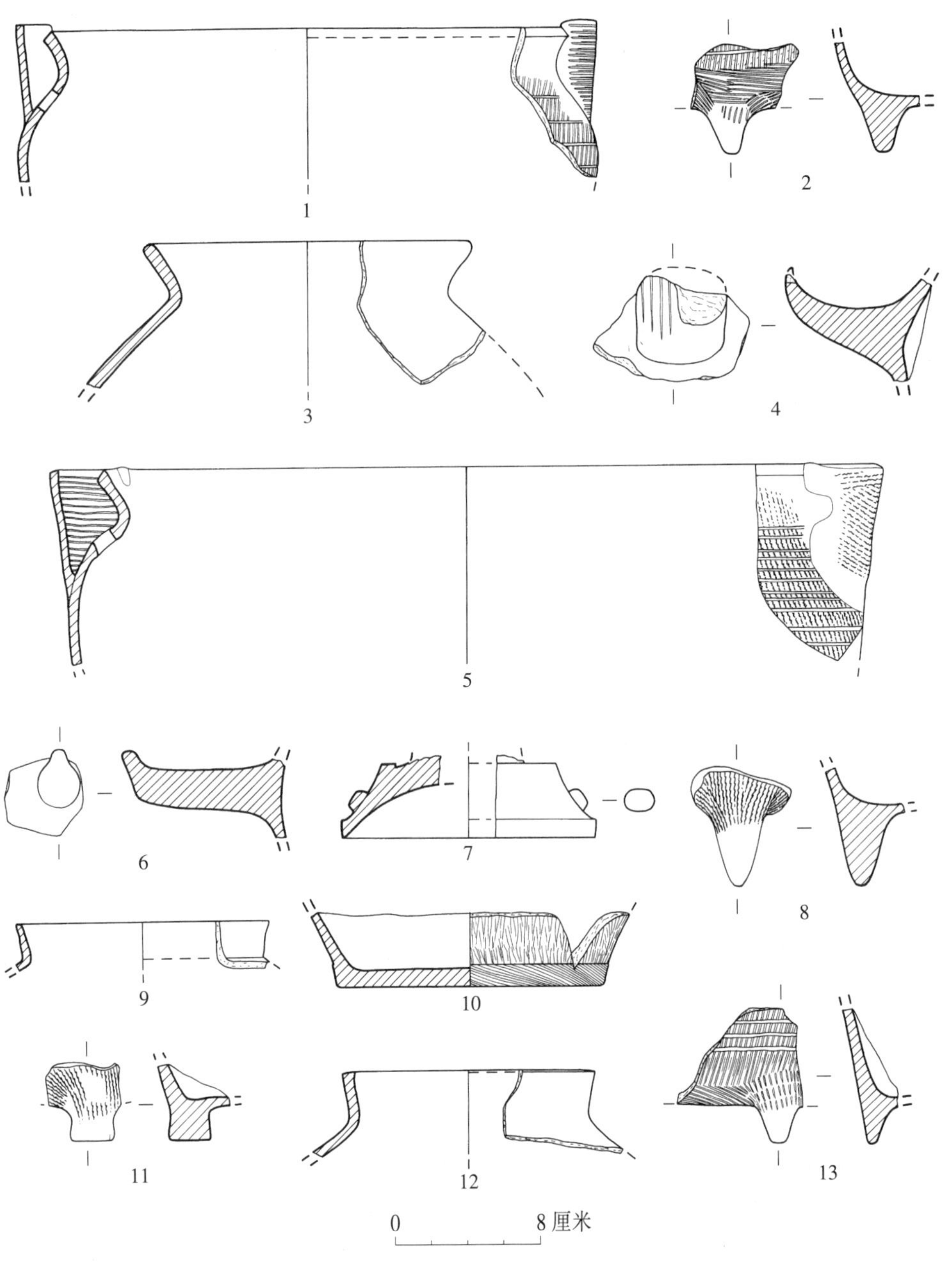

图三六二　03EH93出土器物

1、5. Ab型Ⅱ式陶甗（03EH93∶28、50）　2. Aa型Ⅱ式陶甗足（03EH93∶43）　3. Fb型陶罐（03EH93∶19）　4. Bc型陶器耳（03EH93∶35）　6. Ad型陶器鋬（03EH93∶6）　7. C型Ⅰ式陶器盖（03EH93∶30）　8、13. Aa型Ⅰ式陶甗足（03EH93∶47、48）　9. Aa型Ⅱ式硬陶瓮（03EH93∶27）　10. E型陶器底（03EH93∶31）　11. Da型陶甗足（03EH93∶40）　12. Gd型陶瓮（03EH93∶26）

圆腹，口沿外侧贴施对称泥片护耳两个，两耳内甗壁上各戳穿一圆形孔。肩、腹饰弦断条纹，耳面饰横条纹。口径28、残高8厘米（图三六二，1）。标本03EH93∶50，Ab型Ⅱ式。夹细砂黄褐陶。侈口，斜沿，方唇，斜弧束颈，圆肩，圆腹，口沿外侧贴施对称泥片护耳两个，两耳内甗壁上各戳穿一圆形孔。颈部纹饰被抹，肩、腹饰弦断交叉绳纹，耳面饰绳纹。口径40、残高10.6厘米（图三六二，5）。

陶甗足　4件。标本03EH93∶47，Aa型Ⅰ式。夹砂黄褐陶。圆柱状矮锥足。足根饰绳纹。残高6.4厘米（图三六二，8）。标本03EH93∶48，Aa型Ⅰ式。夹砂黄褐陶。椭圆柱状锥足。下腹饰弦断条纹，底及足根饰条纹。残高7.2厘米（图三六二，13）。标本03EH93∶43，Aa型Ⅱ式。夹砂红褐陶。椭圆柱状截锥足。下腹饰弦断条纹，底及足根饰条纹。残高5.8厘米（图三六二，2）。标本03EH93∶40，Da型。夹砂红褐陶。圆柱状矮足略呈蹄形，足根有足窝。足根饰绳纹。残高4.2厘米（图三六二，11）。

陶鼎　1件。标本03EH93∶20，Db型。仿铜。夹砂黄陶。敛口，平沿内斜，沿内凹弧，方唇，弧颈，弧腹。素面。口径28、残高9厘米（图三六一，1）。

陶罐　1件。标本03EH93∶19，Fb型。夹砂黄灰陶。敞口，圆唇，斜直颈，斜弧肩。素面。口径18、残高7.8厘米（图三六二，3）。

陶瓮　4件。标本03EH93∶15，Aa型Ⅱ式。夹砂黄褐陶。敞口，方唇，弧颈，斜弧折肩，弧腹。素面。口径28、残高10厘米（图三六三，1）。标本03EH93∶25，Aa型Ⅱ式。夹砂黄褐陶。敞口，卷沿，方唇，弧颈，斜弧折肩，弧腹。肩、腹饰弦断条纹。口径24、残高7厘米（图三六三，6）。标本03EH93∶21，Ac型。夹砂黄褐陶。敞口，卷沿，方唇，斜弧束颈，斜肩。颈部纹饰被抹，肩、腹饰绳纹，肩腹交界处饰附加堆纹。口径32.8、残高6厘米（图三六三，4）。标本03EH93∶26，Gd型。夹砂灰陶。直口微敛，平沿，直颈微斜，斜肩。素面。口径14、残高4.5厘米（图三六二，12）。

陶缸　1件。标本03EH93∶24，A型Ⅱ式。夹砂红褐陶。敞口，圆唇，斜直颈，溜肩，斜直腹。肩、腹饰弦断绳纹，肩腹交界处饰一周附加堆纹。口径28、残高8厘米（图三六三，2）。

陶盂　1件。标本03EH93∶23，Aa型Ⅰ式。夹细砂黄灰陶。敞口，卷沿，方唇，斜直颈，圆弧肩，弧腹，口径略大于腹径。腹部饰圆形泥钉纹。口径14、残高6.4厘米（图三六三，5）。

陶豆　2件。标本03EH93∶33，Aa型。夹细砂褐陶。敞口，尖圆唇，弧盘。盘内饰一周凹弦纹，盘外底部饰绳纹。口径23、残高3.6厘米（图三六一，3）。标本03EH93∶32，Ab型。夹细砂黄褐陶。直口微敞，方唇，折盘。盘内饰一周弦纹，盘外底部饰绳纹。口径22、残高3.2厘米（图三六一，4）。

陶盆耳　1件。标本03EH93∶29，C型。夹砂红褐陶。口沿外侧贴施泥片护耳，耳内壁上戳圆形穿孔。颈部纹饰被抹，器表绳纹，耳面饰竖条纹（图三六三，9）。

陶器盖　1件。标本03EH93∶30，C型Ⅰ式。夹砂黄灰陶。弧顶，斜弧壁，敞口，厚方唇。盖壁饰椭圆形泥钉纹。盖口径14、残高4.4厘米（图三六二，7）。

陶盖纽　1件。标本03EH93∶34，A型。泥质灰陶。圆圈形凹纽，纽颈斜弧。盖顶面饰弦纹和“S”形纹。纽面径6.4、残高4厘米（图三六三，3）。

陶器耳　1件。标本03EH93∶35，Bc型。夹砂黄灰陶。长方形泥片状横耳，耳面弧上侈。耳

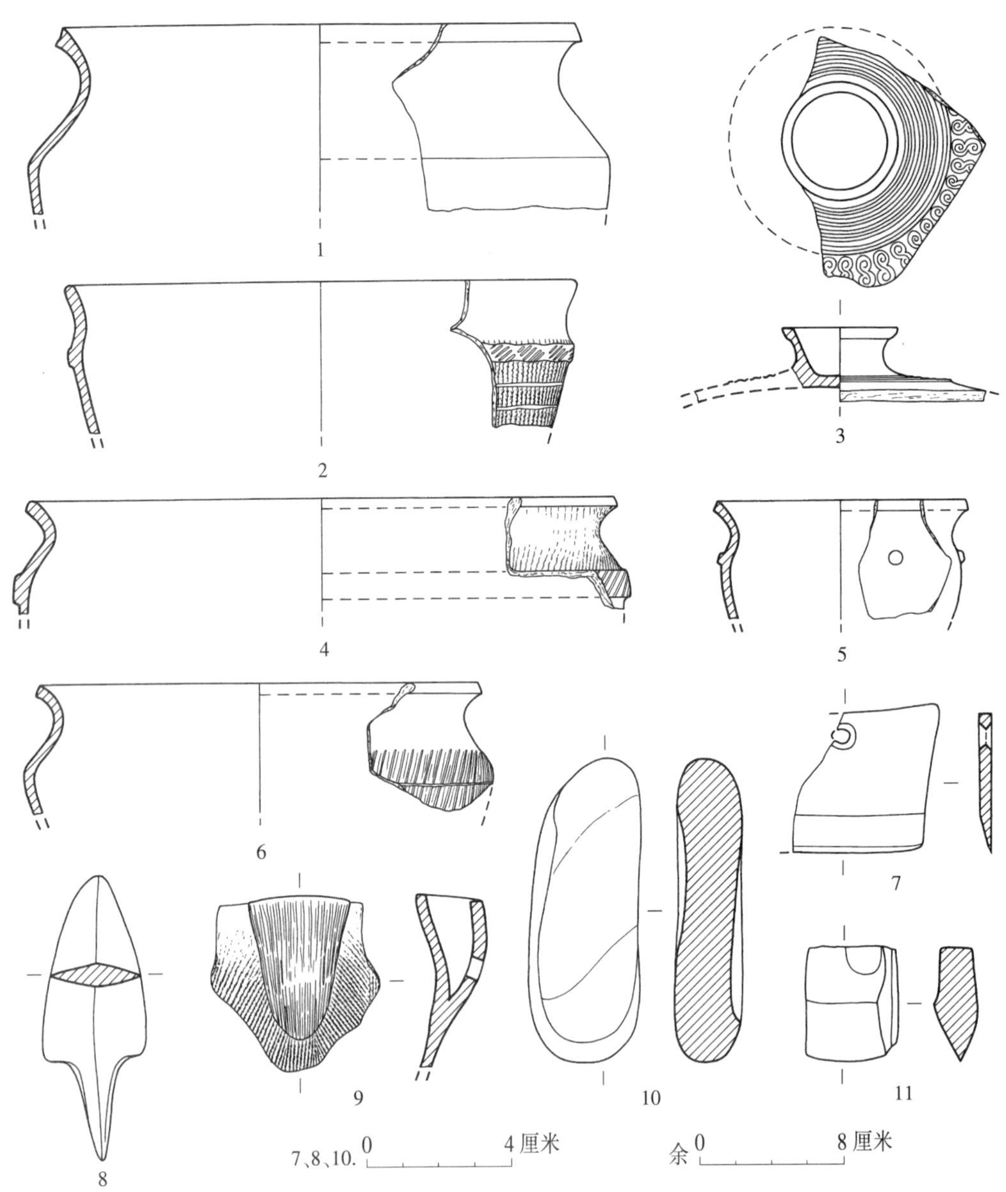

图三六三　03EH93 出土器物

1、6. Aa 型Ⅱ式陶瓮（03EH93∶15、25）　2. A 型Ⅱ式陶缸（03EH93∶24）　3. A 型陶盖纽（03EH93∶34）　4. Ac 型陶瓮（03EH93∶21）　5. Aa 型Ⅰ式陶盂（03EH93∶23）　7. A 型Ⅱ式石刀（03EH93∶39）　8. B 型Ⅰ式石镞（03EH93∶4）　9. C 型陶盆耳（03EH93∶29）　10. A 型砺石（03EH93∶3）　11. B 型Ⅰ式石斧（03EH93∶5）

面饰条纹（图三六二，4）。

陶器鋬　1 件。标本 03EH93∶6，Ad 型。夹砂红褐陶。圆柱形器鋬，鋬端折斜上侈。素面（图三六二，6）。

陶器底　1 件。标本 03EH93∶31，E 型。夹砂黄陶。下腹斜直内弧收，平底。下腹至底缘饰条纹。底径 14.8、残高 4 厘米（图三六二，10）。

陶纺轮　2 件。标本 03EH93∶1，Cc 型Ⅰ式。夹砂灰陶。扁圆形，两面平，圆中间一弧壁圆孔，周壁微弧。素面。直径 5.3、孔径 0.7～1、厚 1.5 厘米（图三六四，6；图版五七，8）。标本

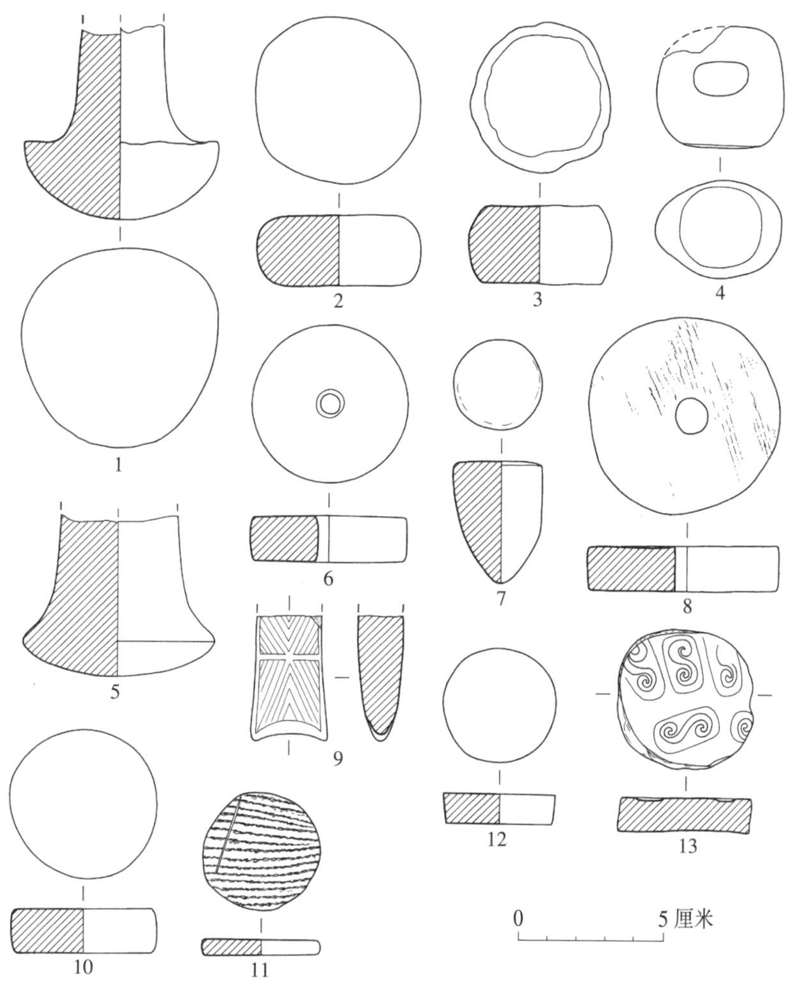

图三六四　03EH93 出土陶器

1. Ba 型Ⅰ式支（拍）垫（03EH93∶8）　2、3. Ab 型Ⅲ式饼（03EH93∶36、7）　4. Aa 型Ⅰ式支（拍）垫（03EH93∶10）　5. Bb 型Ⅰ式支（拍）垫（03EH93∶12）　6、8. Cc 型Ⅰ式纺轮（03EH93∶1、2）　7. 陀螺（03EH93∶9）　9. B 型纹印（03EH93∶49）　10. Ab 型Ⅱ式饼（03EH93∶37）　11. Aa 型Ⅰ式饼（03EH93∶38）　12. Ab 型Ⅰ式饼（03EH93∶13）　13. Aa 型Ⅲ式饼（03EH93∶11）

03EH93∶2，Cc 型Ⅰ式。夹砂灰陶。扁圆形，正面中部微凹，背面平，圆中间一直壁圆孔，周壁微弧近直。正面饰绳纹。直径 6.6～6.7、孔径 1.1、厚 1.5 厘米（图三六四，8；图版五七，4）。

陶饼　6 件。标本 03EH93∶38，Aa 型Ⅰ式。夹砂黄褐陶。陶片打磨而成。扁圆形，两面平，周壁弧。一面绳纹上残有一道划纹。直径 4、厚 0.6 厘米（图三六四，11）。标本 03EH93∶11，Aa 型Ⅲ式。夹砂褐陶。陶片打磨而成。扁圆形，两面较平，周壁弧。一面压印“S”纹。直径 4.8～5、厚 1 厘米（图三六四，13；图版四九，7）。标本 03EH93∶13，Ab 型Ⅰ式。夹砂灰陶。陶片打磨而成，扁圆形，两面平，周壁斜直。素面。直径 3.6～3.8、厚 1 厘米（图三六四，12；图版四九，8）。标本 03EH93∶37，Ab 型Ⅱ式。夹砂黄褐陶。扁圆形，两面平，周壁弧。素面。直径 5、厚 1.5 厘米（图三六四，10）。标本 03EH93∶36，Ab 型Ⅲ式。夹砂黄褐陶。厚体，圆形，两面平，周壁弧。素面。直径 5.6、厚 2.4 厘米（图三六四，2）。标本 03EH93∶7，Ab 型Ⅲ式。夹砂褐灰陶。厚体，圆形，两面平，周缘不规整，周壁弧。素面。直径4.9、厚2.6厘米（图三六四，3）。

陶支（拍）垫 3件。标本03EH93∶10，Aa型Ⅰ式。夹砂褐陶。垫面平，呈椭圆形，垫背隆起穿孔，孔呈椭圆形用于握手。素面。垫残长径4.4、短径3.3、通高4厘米（图三六四，4）。标本03EH93∶8，Ba型Ⅰ式。夹砂褐陶。圆饼形垫垫面弧形。素面。垫直径6.6、残柄径2.7～4.5、残高6.5厘米（图三六四，1；图版五一，9）。标本03EH93∶12，Bb型Ⅰ式。夹砂红褐陶。由圆柱状柄形握手和圆饼形垫构成。圆饼形垫垫面弧形。素面。垫直径6.5、残柄径4～5.2、残高5.4厘米（图三六四，5）。

陶纹印 1件。标本03EH93∶49，B型。夹砂黄褐陶。扁平长条方形，上端残，下端圆弧，中部上弧。正面对称几何菱形纹样。残长4～4.2、宽2.2～2.6、厚0.6～1.5厘米（图三六四，9）。

陶陀螺 1件。标本03EH93∶9，夹砂黄陶。圆柱锥形，陀螺顶面平，周壁直。直径3、高4.1厘米（图三六四，7；图版五九，3）。

硬陶瓮 1件。标本03EH93∶27，Aa型Ⅱ式。灰硬陶。敞口，平沿，斜直颈。素面。口径14、残高2.6厘米（图三六二，9）。

硬陶片 1件。标本03EH93∶53，器类不明。灰硬陶。饰勾连云纹（图二九八，3）。

石砧 1件。标本03EH93∶52－1，B型。青色。不规则方形，两面平，正面中部有明显砸凹痕。长40.8、宽38、厚12～15.2厘米（图三六五；彩版三三，1）。

石锤 1件。标本03EH93∶52－2，A型Ⅰ式。黑色，略呈圆形，器表有砸痕，锤身黏有绿色铜矿粉渣。直径5.2厘米（彩版三三）。

石斧 1件。标本03EH93∶5，B型Ⅰ式。灰色。磨制。长方形，顶面平，有段，正锋，双面弧刃。长6.2、刃宽4.4、厚1.8～2.4厘米（图三六三，11；图版六三，6）。

石刀 1件。标本03EH93∶39，A型Ⅱ式。青色。残刀身扁平，残留一对钻穿孔，顶面和端壁内弧，偏锋，平刃。残长4、刃残宽3.5、厚0.3～0.4厘米（图三六三，7）。

石镞 1件。标本03EH93∶4，B型Ⅰ式。青色。打磨制法。镞锋尖弧，中部起棱，截面菱形，翼较宽；铤截面呈椭圆形，铤根至尖渐细。长7.6厘米（图三六三，8；图版六七，6）。

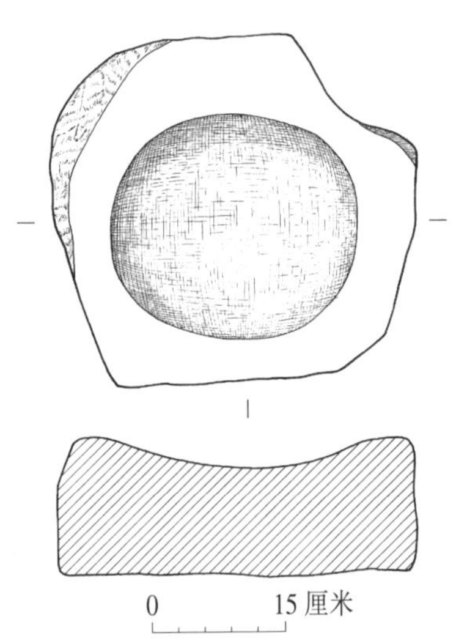

图三六五 03EH93出土B型石砧
（03EH93∶52－1）

砺石 1件。标本03EH93∶3，A型。青灰色沙石。平面略呈扁平圆角长条形，两面有磨痕。长8.2、宽3、厚1.8厘米（图三六三，10）。

炼渣 2块。标本03EH93∶54，凹形片状琉结体，灰色局部表面有一层薄薄的褐红色膜。琉结体残破，一侧有边沿，边沿处凸起，形成盘形，底部较平，面上有凸起的小和凹下的浅槽。标本长5.1、宽4.8、高1.8厘米（彩版三九，5）。标本03EH93∶55，不规整块状琉结体，断表及周边凸凹不平，表面局部较光滑，渣体灰色，表面有褐红色薄膜。断面有较大的空隙及小孔。标本长5.5、宽3.3、高3.1厘米（彩版三九，6）。

03EH127

位于03ET2906西南部。开口于第5层下，被03EH80打破，打破03EH90。坑壁弧，圜底。坑口残长1.1米，坑深

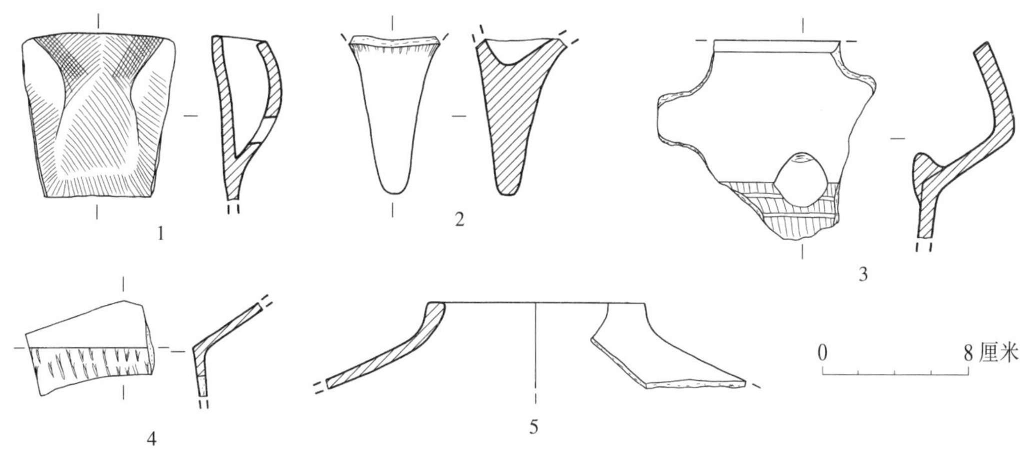

图三六六　03EH127出土器物

1. Aa型陶甗耳（03EH127∶3）　2. Ac型Ⅰ式陶鬲足（03EH127∶5）　3. Ab型陶瓮（03EH127∶1）
4. 硬陶片（03EH127∶7）　5. Ec型陶瓮（03EH127∶2）

0.64米。填土灰褐色，土质较疏松，夹杂烧土粒和木炭粒。包含器类有陶鬲、甗、瓮及石斧等。

标本6件，其中陶器4件，硬陶器1件，石器1件。

陶鬲足　1件。标本03EH127∶5，Ac型Ⅰ式。夹砂红褐陶。圆柱状锥足。足根饰绳纹。残高8.4厘米（图三六六，2）。

陶甗耳　1件。标本03EH127∶3，Aa型。夹砂红褐陶。口沿外侧贴施泥片护耳，耳内甗壁上戳圆形穿孔。器表和耳面饰条纹（图三六六，1）。

陶瓮　2件。标本03EH127∶1，Ab型。夹砂黄褐陶。敞口，方唇，斜直颈，斜折肩。肩腹相交处饰泥钉，腹饰弦断条纹。残高10.7厘米（图三六六，3）。标本03EH127∶2，Ec型。夹砂红陶。敛口，厚方唇，斜直颈，斜弧广肩。素面。口径12、残高4.6厘米（图三六六，5）。

硬陶片　1件。标本03EH127∶7，器类不明。灰硬陶。器表饰戳印纹（图三六六，4）。

石斧　1件。标本03EH127∶4，型式不明。青灰色。磨制。偏锋，单面直刃。残长7.2、残宽4.2、厚1.8～2.2厘米（图版六四，2）。

03EH139

位于03ET2704西南部。开口于第5层下，打破生土层。坑壁斜直，圜底近平。坑口长2.1米，坑深0.78米。填土灰褐色，土质疏松，夹杂烧土粒和木炭粒。包含器类有陶鬲、甗、罐、豆等。

标本16件，均为陶器。

陶鬲　4件。标本03EH139∶1，Ac型Ⅱ式。夹砂黄褐陶，器表有烟熏痕迹。侈口，方唇，弧束颈，圆肩，圆鼓腹弧内收，鬲身呈罐形，圆柱状锥足，足窝较深。颈部纹饰被抹，肩、上腹饰弦断绳纹，下腹、底、足根饰绳纹。口径18.2、高22厘米（图三六七，5；图版一九，3）。标本03EH139∶5，Ac型Ⅱ式。夹砂黄褐陶。侈口，方唇，弧束颈，圆肩，圆鼓腹弧内收。颈部纹饰被抹，肩、上腹饰弦断条纹。口径14.5、残高6厘米（图三六七，8）。标本03EH139∶4，Ad型Ⅱ式。夹砂黄褐陶。侈口，方唇，弧束颈较高，圆肩，圆鼓腹弧内收，鬲身呈罐形，圆柱状锥足，足窝较浅。颈部纹饰被抹，肩、上腹饰弦断条纹，下腹、底、足根饰条纹。口径17.8、残高17.6厘米（图三六七，4）。标本03EH139∶2，Ba型Ⅱ式。夹砂黄陶，器表有烟熏痕迹。敞口，口沿处

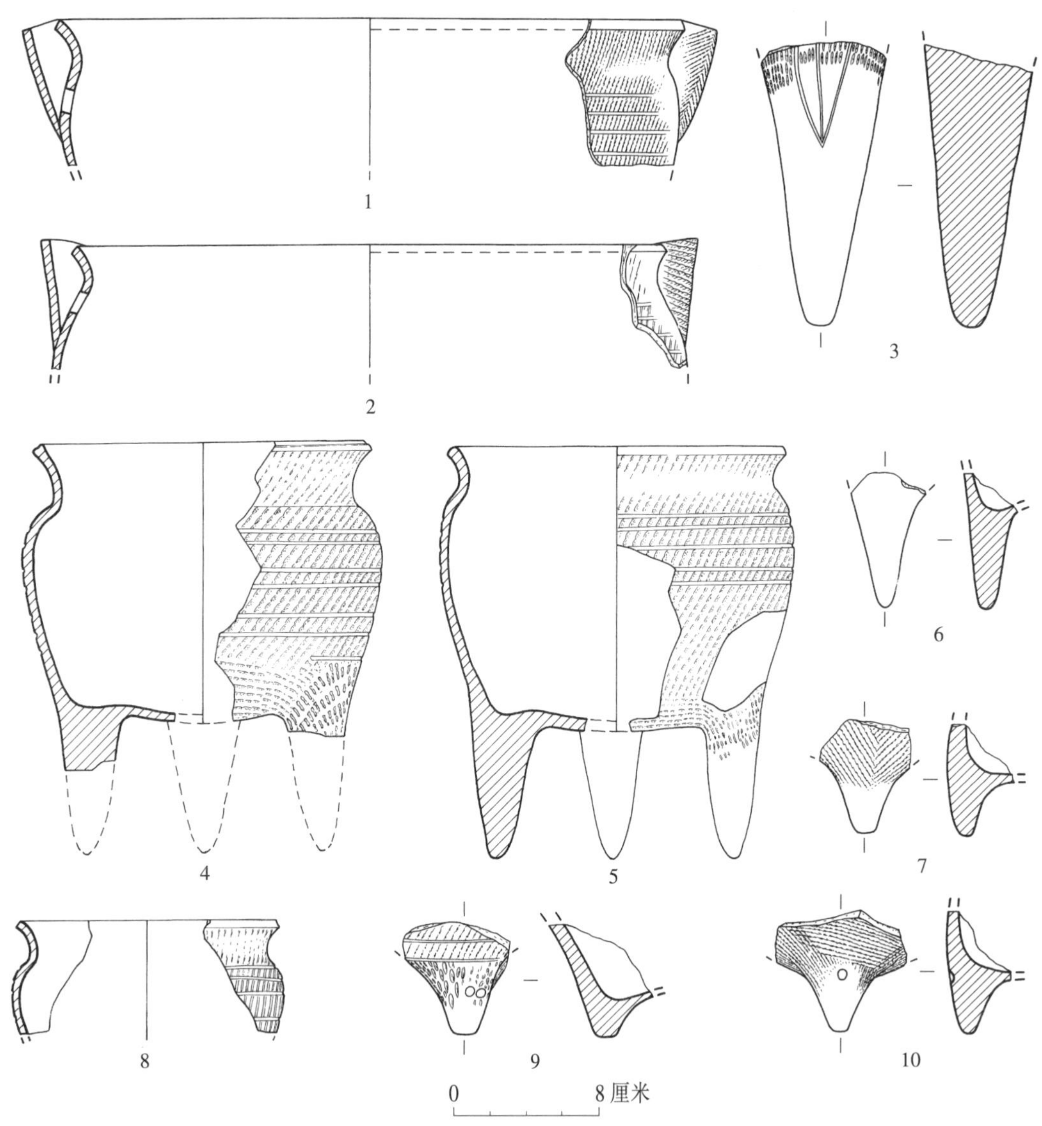

图三六七　03EH139 出土陶器

1. Aa 型Ⅰ式甗（03EH139∶8）　2. Aa 型Ⅱ式甗（03EH139∶9）　3. B 型Ⅰ式鬲足（03EH139∶17）　4. Ad 型Ⅱ式鬲（03EH139∶4）　5、8. Ac 型Ⅱ式鬲（03EH139∶1、5）　6. Ac 型Ⅰ式鬲足（03EH139∶15）　7. Aa 型Ⅰ式甗足（03EH139∶12）　9. Ab 型Ⅱ式甗足（03EH139∶11）　10. Ab 型Ⅰ式甗足（03EH139∶10）

突出一个凹流，方唇，斜直颈，圆肩，圆鼓腹弧内收，鬲身呈深腹罐形，圆柱状锥足，足窝较深。颈部纹饰被抹，肩、腹饰弦断交错绳纹，底、足根饰绳纹，上腹部一周附加堆纹。口径 17.2、高 32.4 厘米（图三六八，1；图版二四，2）。

陶鬲足　5 件。标本 03EH139∶14，Aa 型Ⅰ式。夹砂黄褐陶。圆柱状锥足。足外侧一道竖刻槽，足根饰条纹。残高 9.4 厘米（图三六八，5）。标本 03EH139∶16，Aa 型Ⅰ式。夹砂红褐陶。圆柱状锥足。足外侧一道竖刻槽，足根饰条纹。残高 17.4 厘米（图三六八，3）。标本 03EH139∶13，Ac 型Ⅰ式。夹砂黄褐陶。圆柱状锥足。足根饰条纹。残高 9 厘米（图三六八，4）。标本 03EH139∶15，Ac 型Ⅰ式。夹砂红褐陶。圆柱状锥足。素面。残高 7.3 厘米（图三六七，6）。标本 03EH139∶17，

B型Ⅰ式。夹砂红褐陶。圆柱状锥足。足外侧有三道呈枝杈状刻槽，足根饰条纹。残高15.4厘米（图三六七，3）。

陶甗　2件。标本03EH139:8，Aa型Ⅰ式。夹砂黄灰陶。侈口，弧沿，方唇，斜弧颈，溜肩，圆弧腹，口沿外侧贴施对称泥片护耳两个，耳内根部甗壁上各戳穿一圆形孔。颈、耳面饰绳纹，肩、腹饰弦断绳纹。口径34.4、残高8厘米（图三六七，1）。标本03EH139:9，Aa型Ⅱ式。夹砂红褐陶。侈口，弧沿，方唇，斜弧颈，溜肩，口沿外侧贴施对称泥片护耳两个，耳内根部甗壁上各戳穿一圆形孔。颈部纹饰被抹，耳面饰绳纹，肩、腹饰弦断条纹。口径32.5、残高6.6厘米（图三六七，2）。

陶甗足　3件。标本03EH139:12，Aa型Ⅰ式。夹砂黄褐陶。椭圆柱状矮锥足。下腹、底及足根饰绳纹。残高6厘米（图三六七，7）。标本03EH139:10，Ab型Ⅰ式。夹砂黄褐陶。椭圆柱状矮锥足。足根外壁一个圆窝。下腹、底及足根饰绳纹。残高6.6厘米（图三六七，10）。标本

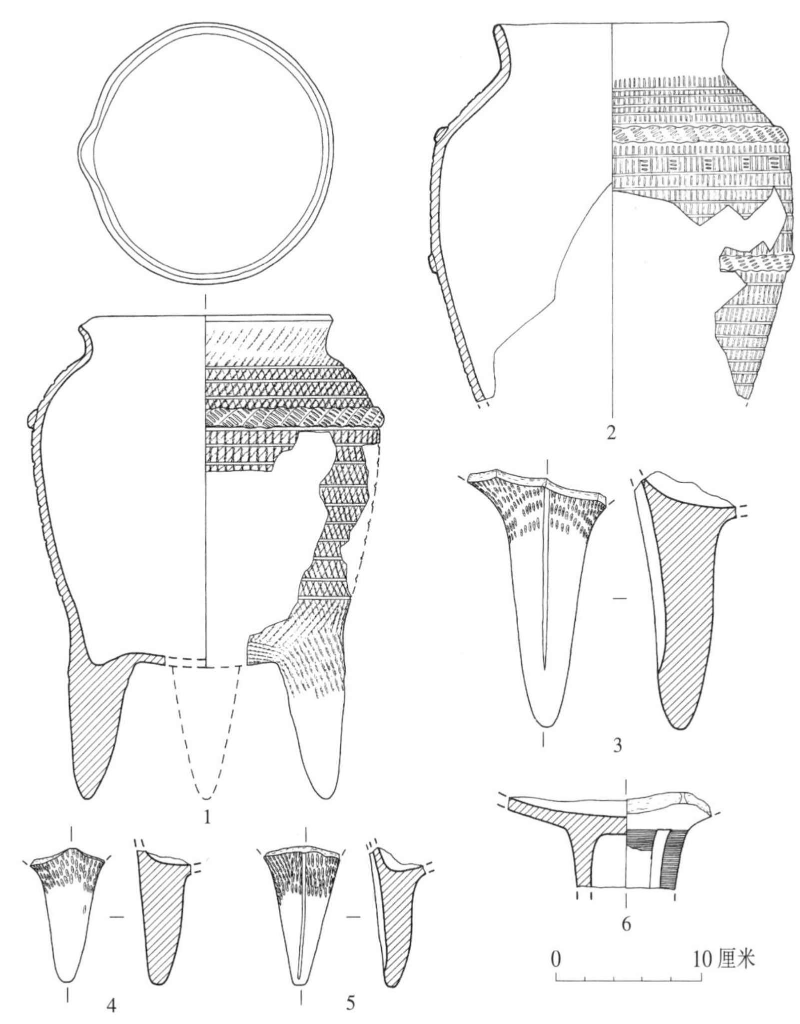

图三六八　03EH139出土陶器

1. Ba型Ⅱ式鬲（03EH139:2）　2. Fc型Ⅱ式罐（03EH139:3）　3、5. Aa型Ⅰ式鬲足（03EH139:16、14）　4. Ac型Ⅰ式鬲足（03EH139:13）　6. A型豆（03EH139:7）

03EH139∶11，Ab 型Ⅱ式。夹砂黄褐陶。圆柱状矮锥足。足根外壁两个圆窝。下腹饰弦断绳纹，底及足根饰绳纹。残高 6 厘米（图三六七，9）。

陶罐　1 件。标本 03EH139∶3，Fc 型Ⅱ式。夹砂红褐陶。敞口，圆唇，直颈，斜肩弧折，弧腹斜内收。肩、腹饰弦断条纹，肩腹相交处和腹中部各饰一周附加堆纹。口径 16.4、残高 25.3 厘米（图三六八，2；图版三四，6）。

陶豆　1 件。标本 03EH139∶7，A 型。夹细砂灰陶。仅残存豆盘底和圈足柄，圆圈柱状柄。柄部通饰弦纹，镂长方形穿孔。残高 6.5 厘米（图三六八，6）。

03EH142

位于 03ET2704 东南部。开口于第 5 层下，打破 03EF1。坑壁弧，圜底。坑口径 1.6 米，坑深 0.6 米。填土灰褐色，土质较疏松，夹杂烧土块、木炭粒和矿石。包含器类有陶豆和石锤等。

标本 3 件，其中陶器 2 件，石器 1 件，还有矿石。

陶豆　1 件。标本 03EH142∶2，Aa 型。夹细砂黄褐陶。敞口，圆唇，弧盘。豆盘内壁饰“S”形纹。口径 20、残高 2.5 厘米（图三六九，2）。

陶器鋬　1 件。标本 03EH142∶1，Ab 型。夹细砂灰陶。圆柱形器鋬弧上弯，鋬端残（图三六九，3）。

石锤　1 件。标本 03EH142∶3，B 型。青灰色。器略呈扁圆形。器身侧面布满锤砸痕迹。长 8.8、宽 8、厚 0.5 ~3.4 厘米（图三六九，1）。

矿石　1 块。标本 03EH142∶4，不规整块状，矿体显绿色，横断面可见有空洞，纵断面可观察到明显的自然状态的波状层次，内含杂质较少，经检测分析含铜 28.15%，铁 31.06%，二氧化硅 17.43%，三氧化二铝 4.36%。经镜下观察，其岩相薄片及 XRD 物相分析，岩相结构为孔雀石、褐铁矿、石英石，是铜铁混生矿石。标本长 2.8、宽 2.4、厚 1.8 厘米（彩版三七，1）。

03EH144

位于 03ET2907 南部。开口于第 5 层下，被 03EH93 打破，打破 03EH146。坑口呈椭圆形，坑口长径 1、短径 0.65 米，坑深 0.52 米。填土灰褐色，土质较疏松，夹杂烧土粒和木炭粒。包含器类有陶鬲、甗、罐、瓮、罍、壶、盆、杯、雉形器、纺轮及砺石等。

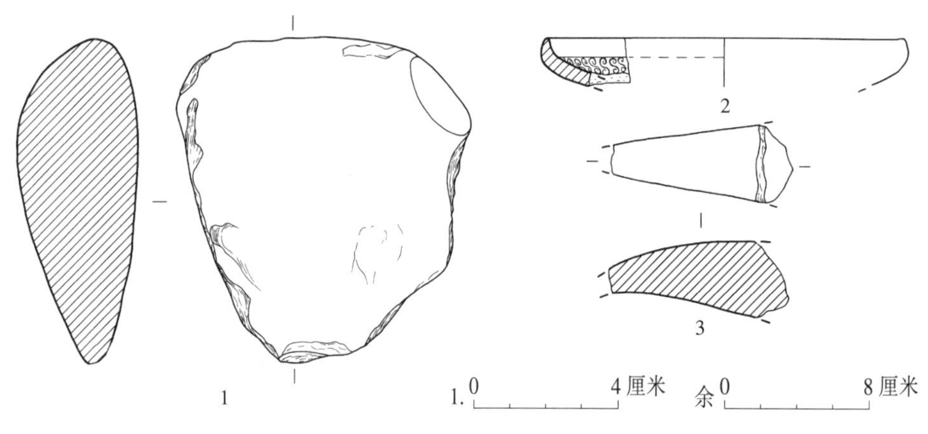

图三六九　03EH142 出土器物

1. B 型石锤（03EH142∶3）　2. Aa 型陶豆（03EH142∶2）　3. Ab 型陶器鋬（03EH142∶1）

标本20件，其中陶器17件，硬陶器2件，石器1件。

陶鬲　3件。标本03EH144∶5，Ac型。夹砂黄褐陶。敞口，弧沿，方唇，斜弧颈，弧肩。颈部纹饰被抹，肩、腹饰弦断条纹。口径26、残高6.8厘米（图三七〇，1）。标本03EH144∶13，Ac型。夹砂红褐陶。敞口，卷沿，方唇，斜弧颈，弧隆肩。肩、腹饰弦断条纹。口径24、残高5.6厘米（图三七〇，3）。标本03EH144∶18，Ac型。夹砂褐陶。敞口，弧沿，方唇，斜直颈，弧肩。肩、腹饰弦断绳纹。口径24、残高6厘米（图三七〇，5）。

陶鬲足　2件。标本03EH144∶19，Aa型Ⅱ式。夹砂红褐陶。圆柱状截锥足。足外侧一道竖刻槽，足根饰条纹。残高11厘米（图三七〇，9）。标本03EH144∶11，Ac型。夹砂黄褐陶。圆柱状锥足，足尖残。足根饰条纹。残高5厘米（图三七〇，7）。

陶甗足　1件。标本03EH144∶20，Db型。夹砂红褐陶。椭圆柱状矮截锥足。足根饰绳纹。残高4.5厘米（图三七〇，8）。

陶罐　2件。标本03EH144∶14，Fb型。夹砂红褐陶。敞口，弧沿，方唇，弧颈，溜肩。颈部绳纹被抹。口径22、残高4厘米（图三七〇，4）。标本03EH144∶12，Ff型Ⅱ式。夹砂红褐陶。

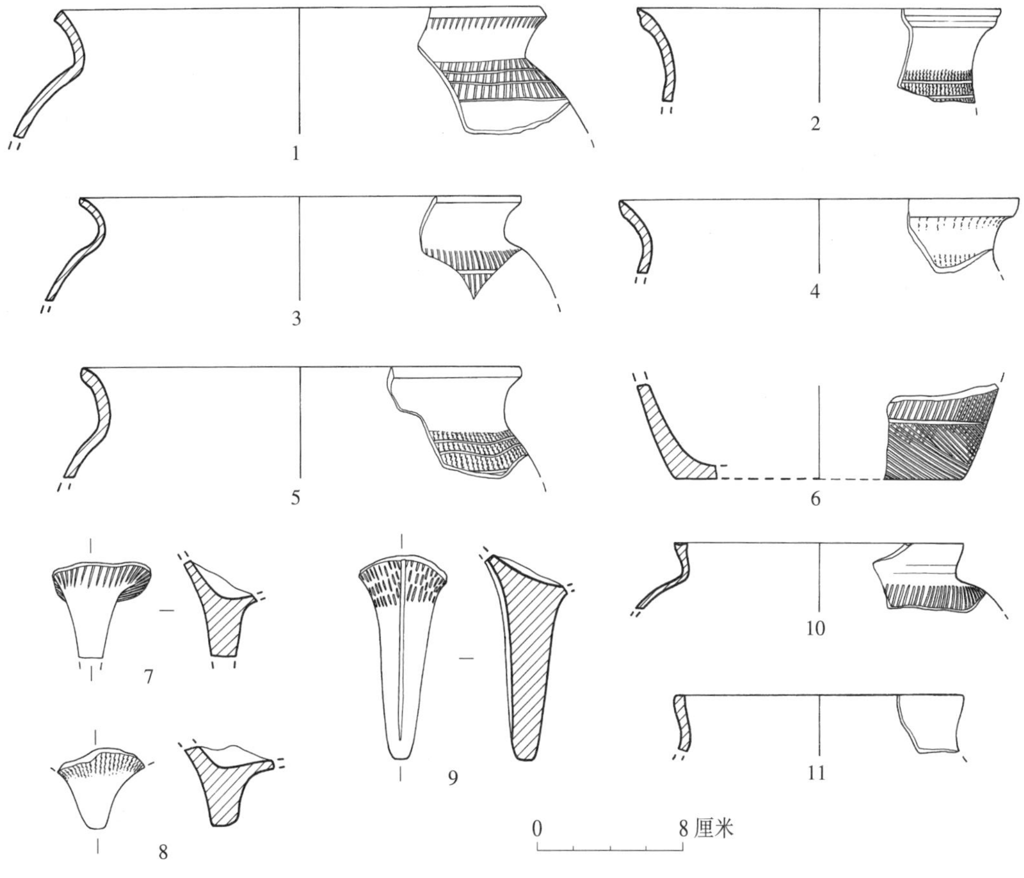

图三七〇　03EH144出土陶器

1、3、5. Ac型鬲（03EH144∶5、13、18）　2. Ff型Ⅱ式罐（03EH144∶12）　4. Fb型罐（03EH144∶14）　6. A型器底（03EH144∶10）　7. Ac型鬲足（03EH144∶11）　8. Db型甗足（03EH144∶20）　9. Aa型Ⅱ式鬲足（03EH144∶19）　10. Fd型Ⅰ式瓮（03EH144∶15）　11. Gd型瓮（03EH144∶8）

敞口，弧沿，唇上缘尖圆，斜弧颈，溜肩。厚唇面有一周凹槽，肩、腹饰弦断绳纹。口径20、残高5厘米（图三七〇，2）。

陶瓮 2件。标本03EH144:15，Fd型Ⅰ式。夹砂灰陶。直口，方唇，唇面有凹槽，斜直颈，弧隆肩。肩、腹饰弦断条纹。口径16、残高3.6厘米（图三七〇，10）。标本03EH144:8，Gd型。夹砂黄褐陶。敞口，方唇，直颈。素面。口径16、残高3厘米（图三七〇，11）。

陶罍 1件。标本03EH144:1，Ba型Ⅰ式。夹砂褐陶。侈口，卷沿，方唇，弧颈，斜弧折肩，弧腹内收，肩腹相交处对称施泥片鸡冠状横耳，耳面弧上翘。肩、耳顶面和腹饰条纹。口径31.6、残高15.2厘米（图三七一，1；图版三八，1）。

陶壶 1件。标本03EH144:2，E型Ⅰ式。泥质红陶。壶呈卧雉形，中空，背部残有椭圆形孔，雉首、尾残，雉尾留圆形壶嘴。素面。残长18、残高10.5厘米（图三七一，2；图版三八，6）。

陶盆 1件。标本03EH144:7，Ba型Ⅰ式。夹细砂黄褐陶。敞口，方唇，斜直颈，圆弧腹。颈部纹饰被抹，肩、腹饰弦断条纹。口径16.8、残高5.6厘米（图三七一，6）。

陶杯 1件。标本03EH144:4，D型。夹砂褐陶。敞口，方唇，直壁筒形，平底。素面。口径2.8、底径2.5、高4厘米（图三七一，9；图版四七，3）。

陶雉形器 1件。标本03EH144:17，Ⅰ式。泥质褐皮灰胎陶。残存尾部。扁尾，尾上侈，雉尾有圆形穿孔。素面。残高5.4厘米（图三七一，8）。

陶器底 1件。标本03EH144:10，A型。夹砂黄褐陶。下腹斜弧内收，平底。下腹饰弦断条纹。底径16、残高5厘米（图三七〇，6）。

陶纺轮 1件。标本03EH144:3，Ab型Ⅰ式。夹细砂灰黄陶。厚体，圆形，两面平，圆中间一直壁圆孔，周壁中间凸起一周折棱，折棱上下斜面弧。素面。直径3.3、孔径0.6、厚3.2厘米（图三七一，3；图版五二，8）。

硬陶器口 1件。标本03EH144:16，器类不明。灰硬陶。直口，方唇。直颈中部一道凹槽（图三七一，4）。

硬陶片 1件。标本03EH144:21，器类不明。灰硬陶。素面（图三七一，5）。

砺石 1件。标本03EH144:9，B型。青灰色沙石。平面略呈扁平圆角三角形，两面略有磨痕。长8、宽5.4、厚1.4~1.5厘米（图三七一，7）。

03EH146

位于03ET2907西南部。开口于第5层下，东部被03EH93、H144打破，西部被03EH79打破，打破生土层。坑口略呈方形，直壁平底。坑口长1.3、宽1.1米，坑底长1.1、宽0.94米，坑深0.98米。坑内堆积灰褐色土，土质结构紧密，夹有炭渣、烧土颗粒、炼渣、碎骨等。包含较多陶器碎片，器类有陶鬲、鼎、瓮、盆、缸、饼等（图三七二）。

标本22件，均为陶器。

陶鬲 2件。标本03EH146:1，Ab型Ⅱ式。夹砂褐陶，器表有烟熏痕迹。侈口，方唇，弧束颈，弧肩，圆腹弧内收，鬲身呈罐形，口径小于腹径，下弧裆略残，圆柱状足尖残，足窝较深。颈部纹饰被抹，肩、腹饰弦断条纹，底、足根饰条纹，足外侧一道竖刻槽。口径19、残高21厘米（图三七三，1；彩版一三，4）。标本03EH146:2，F型。夹砂红褐陶。上弧裆，圆柱状截锥足，

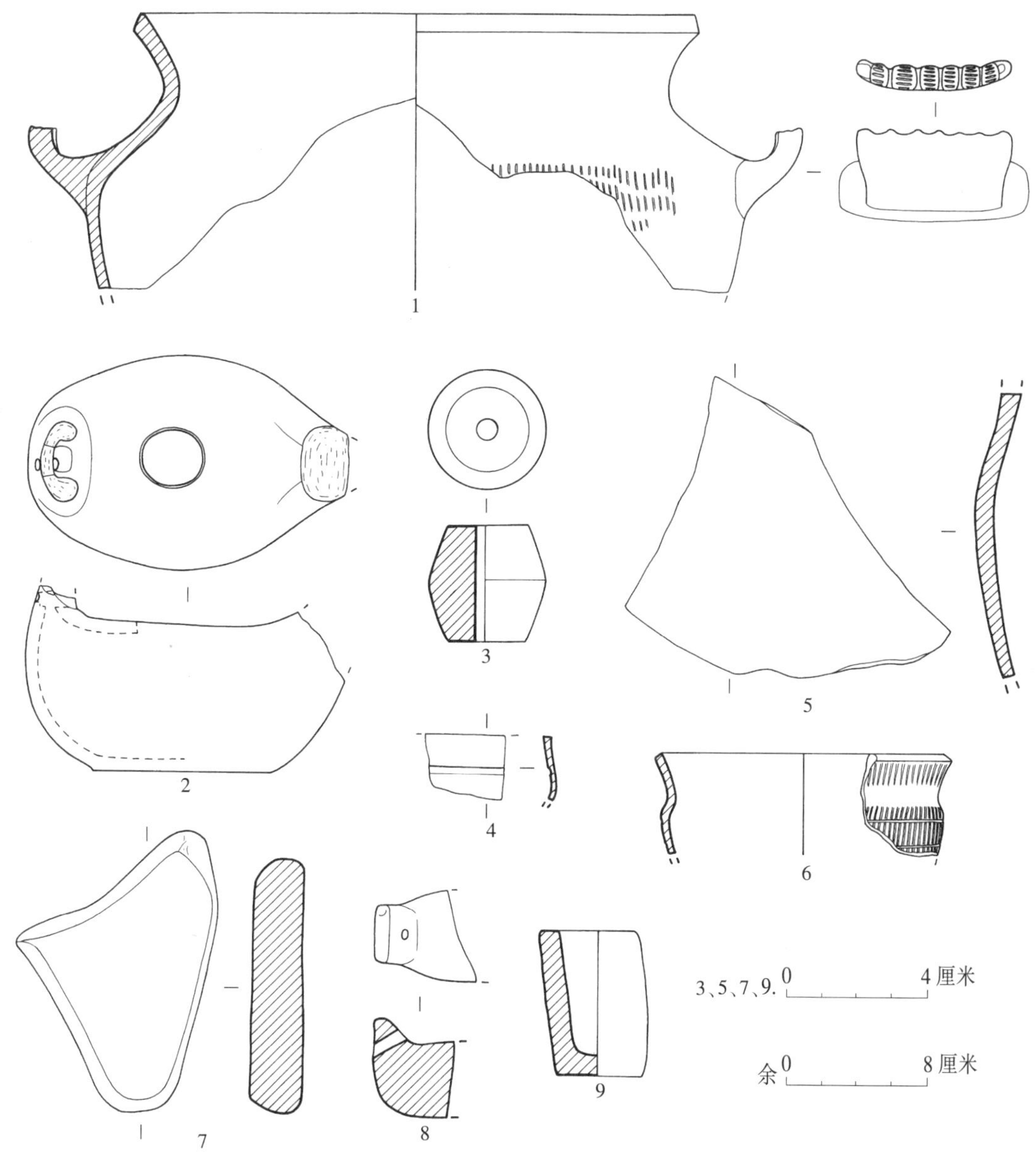

图三七一　03EH144 出土器物

1. Ba型Ⅰ式陶罍（03EH144:1）　2. E型Ⅰ式陶壶（03EH144:2）　3. Ab型Ⅰ式陶纺轮（03EH144:3）　4. 硬陶器口（03EH144:16）　5. 硬陶片（03EH144:21）　6. Ba型Ⅰ式陶盆（03EH144:7）　7. B型砺石（03EH144:9）　8. Ⅰ式陶雉形器（03EH144:17）　9. D型陶杯（03EH144:4）

足窝较深。裆、足根饰条纹。残高5.1厘米（图三七三，7）。

陶鬲足　3件。标本03EH146:9，Aa型Ⅰ式。夹砂黄褐陶。圆柱状锥足。足外侧一道竖刻槽，足根饰条纹。残高7.8厘米（图三七三，9）。标本03EH146:12，Aa型Ⅰ式。夹砂黄褐陶。圆柱状锥足。足外侧一道竖刻槽，足根饰条纹。残高10厘米（图三七三，3）。标本03EH146:3，Aa型Ⅱ式。夹砂红陶。圆柱状截锥足。足外侧一道竖刻槽。足根有明显包足痕迹。残高7.6厘米（图三七三，2）。

陶鼎　1件。标本03EH146:24，Db型。仿铜。夹砂红褐陶。直口，平沿，方唇，弧颈，弧

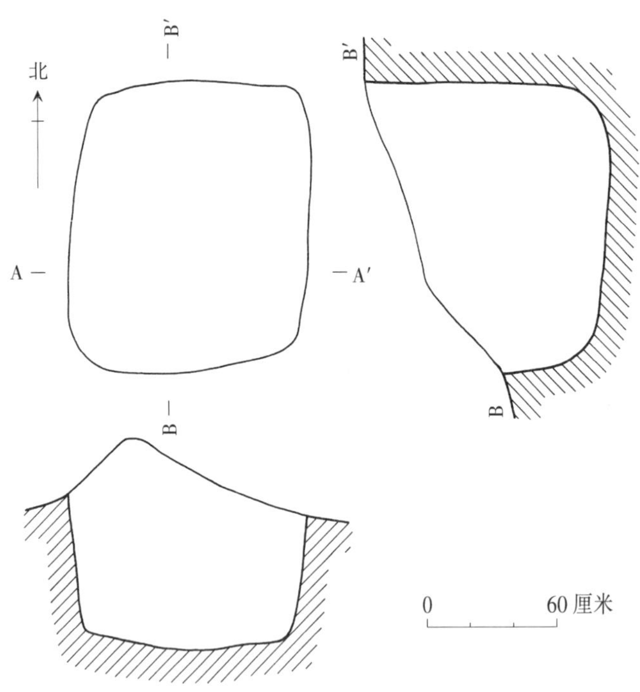

图三七二 03EH146 平、剖面图

腹。腹饰交叉条纹。口径 20、残高 6 厘米（图三七三，6）。

陶鼎耳 2 件。标本 03EH146∶22，A 型。仿铜。夹砂黄褐陶。耳环截面呈长方形。素面（图三七三，11）。标本 03EH146∶23，A 型。仿铜。夹砂红褐陶。耳环截面呈长方形。素面（图三七三，10）。

陶鼎足 1 件。标本 03EH146∶8，B 型。夹砂黄褐陶。圆柱状锥足，足根外壁微隆起，有两个椭圆窝。残高 8.4 厘米（图三七三，4）。

陶甗足 2 件。标本 03EH146∶21，Aa 型Ⅱ式。夹砂红褐陶。椭圆柱状矮截锥足。下腹、足根饰条纹。残高 6.4 厘米（图三七三，8）。标本 03EH146∶16，Db 型。夹砂黄褐陶。椭圆柱状矮足，足根有足窝。下腹、足根及足底面饰条纹。残高 6 厘米（图三七三，5）。

陶瓮 1 件。标本 03EH146∶19，Ab 型Ⅰ式。夹砂黄褐陶。敞口，方唇，斜弧颈，斜折肩，弧腹。腹饰弦断交叉条纹。口径 48、残高 15 厘米（图三七四，4）。

陶盆 1 件。标本 03EH146∶20，Aa 型。夹砂灰陶。敞口，弧沿，方唇，弧颈，弧肩。颈部纹饰被抹，肩、腹饰弦断条纹。口径 28、残高 6.4 厘米（图三七四，1）。

陶盆（底）足 1 件。标本 03EH146∶15，C 型Ⅰ式。夹砂黄褐陶。下腹斜直内收，平底，椭圆柱状矮截锥足。下腹饰弦断条纹，足根饰条纹。残高 9 厘米（图三七四，8）。

陶缸 1 件。标本 03EH146∶4，Ba 型Ⅰ式。夹砂黄褐陶。口微敛，方唇，弧腹。腹饰条纹。口径 14、残高 5.6 厘米（图三七四，11）。

陶器口 1 件。标本 03EH146∶18，器类不明。夹砂黄褐陶。敞口，平沿，厚圆唇。腹部残留两周凸棱（图三七四，9）。

陶器耳 5 件。标本 03EH146∶6，Aa 型。夹砂黄褐陶。鸟头形扁直耳，耳根部横穿圆孔。耳顶面饰条纹（图三七四，2）。标本 03EH146∶10，Ab 型。夹砂黄褐陶。鸟头形扁直耳，耳根部横穿圆孔。耳顶面饰条纹（图三七四，3）。标本 03EH146∶5，Bc 型。夹砂黄褐陶。长方形泥片状横耳，耳顶弧，略呈鸡冠状，耳面弧上翘。耳面饰条纹（图三七四，6）。标本 03EH146∶7，Be 型。夹砂灰陶。长方形泥片状横耳，耳顶呈鸡冠状，压印凹凸不平条纹，耳面弧上侈。器表饰条纹（图三七四，10）。标本 03EH146∶13，Be 型。夹砂红褐陶。长方形泥片状横耳，耳顶呈鸡冠状，压印凹凸不平条纹，耳面斜弧上侈。器表和耳面饰绳纹（图三七四，5）。

陶饼 1 件。标本 03EH146∶17，Ab 型Ⅱ式。夹砂红褐陶。扁圆形，两面平，周壁弧。素面。

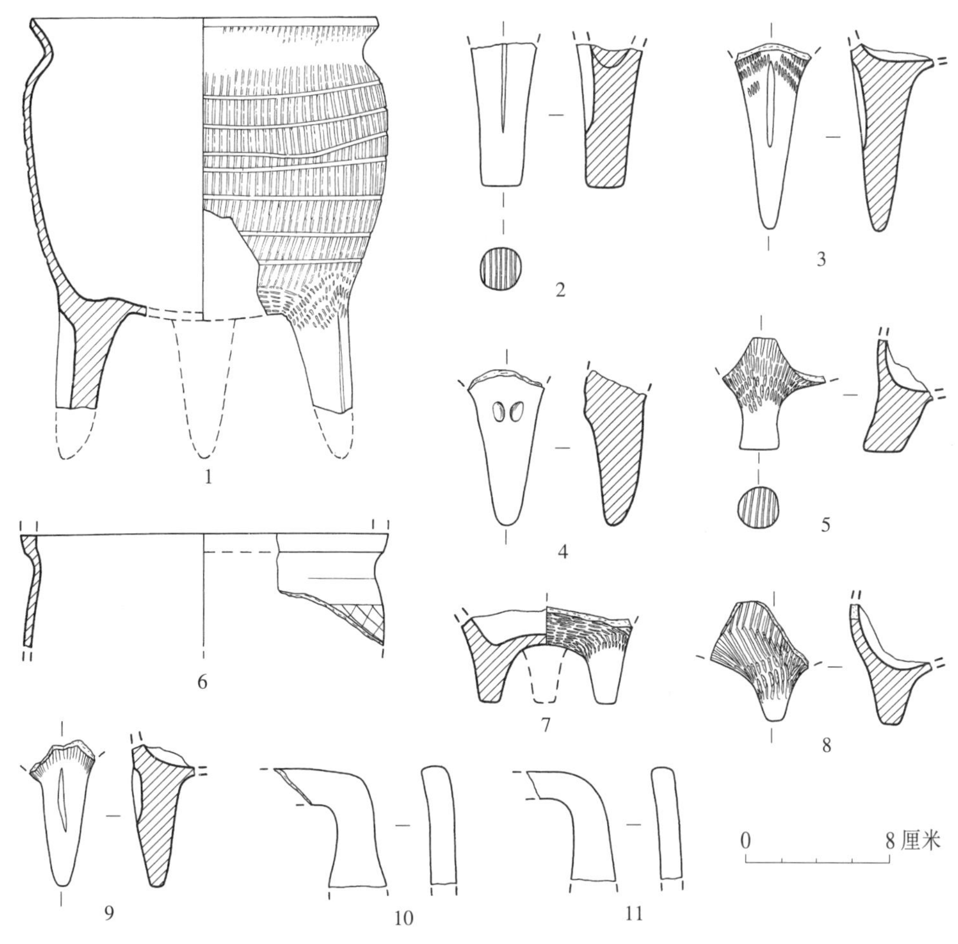

图三七三　03EH146出土陶器

1. Ab型Ⅱ式鬲（03EH146∶1）　2. Aa型Ⅱ式鬲足（03EH146∶3）　3、9. Aa型Ⅰ式鬲足（03EH146∶12、9）　4. B型鼎足（03EH146∶8）　5. Db型甗足（03EH146∶16）　6. Db型鼎（03EH146∶24）　7. F型鬲（03EH146∶2）　8. Aa型Ⅱ式甗足（03EH146∶21）　10、11. A型鼎耳（03EH146∶23、22）

直径4.3～4.5、厚1.5厘米（图三七四，7）。

03EH177

位于T2806东部。开口于第5层下，被03EH72打破，打破03EH93、H131、H178等。坑口略呈椭圆形，坑壁弧，圜底近平。坑口长径5、短径2.65米，坑深0.6米。填土褐灰色，土质较疏松，夹杂烧土粒、木炭粒和矿石、炼渣。包含器类有陶鬲、甗、鼎、罐、瓮、豆、钵、器盖、支（拍）垫，硬陶罐、瓮和石斧等。

标本22件，其中陶器18件，硬陶器3件，石器1件，还有矿石、炼渣。

陶鬲　2件。标本03EH177∶2，Aa型Ⅱ式。夹砂黑皮黄褐胎陶。敞口，斜弧沿，圆唇，弧颈，溜肩，弧腹内收，鬲身呈罐形，口径略大于腹径。颈部一周凹弦纹，肩、腹部饰弦断条纹。口径17.2、残高11.4厘米（图三七五，1）。标本03EH177∶12，Ac型。夹砂黄褐陶。侈口，弧沿，方唇，弧颈，圆肩。颈部纹饰被抹，肩、腹饰条纹。口径18、残高5.4厘米（图三七五，12）。

陶鬲耳　1件。标本03EH177∶16，C型。夹砂黄灰陶。口外唇下附加泥条抠耳。器表饰条纹

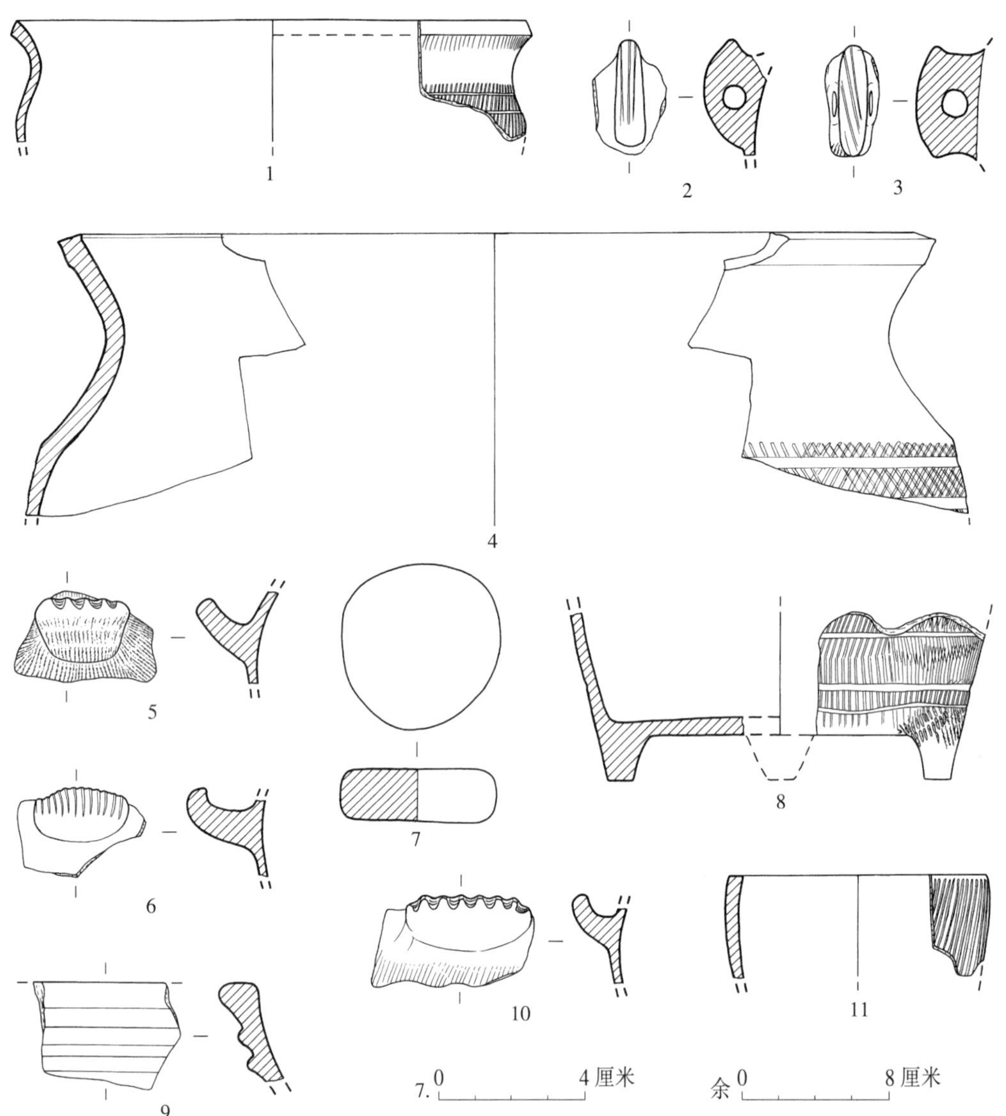

图三七四　03EH146出土陶器

1. Aa型盆（03EH146∶20）　2. Aa型器耳（03EH146∶6）　3. Ab型器耳（03EH146∶10）　4. Ab型Ⅰ式瓮（03EH146∶19）　5、10. Be型器耳（03EH146∶13、7）　6. Bc型器耳（03EH146∶5）　7. Ab型Ⅱ式饼（03EH146∶17）　8. C型Ⅰ式盆（底）足（03EH146∶15）　9. 陶器口（03EH146∶18）　11. Ba型Ⅰ式缸（03EH146∶4）

（图三七五，7）。

陶鬲足　2件。标本03EH177∶14，Aa型Ⅰ式。夹砂黄褐陶。圆柱状尖锥足。足外侧一道竖刻槽，下腹、底和足根饰条纹。残高8厘米（图三七五，4）。标本03EH177∶17，Ac型Ⅰ式。夹砂红褐陶。圆柱状锥足。足根饰条纹。残高11.6厘米（图三七五，6）。

陶甗　1件。标本03EH177∶7，Ab型。夹砂黑陶。侈口，弧沿，方唇，弧束颈，弧肩。颈部纹饰被抹，肩、腹饰间断绳纹。口径30、残高5.6厘米（图三七五，2）。

陶鼎足　2件。标本03EH177∶20，Aa型。夹砂黄褐陶。圆柱状截锥足。底、足根饰条纹。残高12.2厘米（图三七五，5）。标本03EH177∶18，B型。夹砂黄褐陶。圆柱状锥足，足根外壁隆

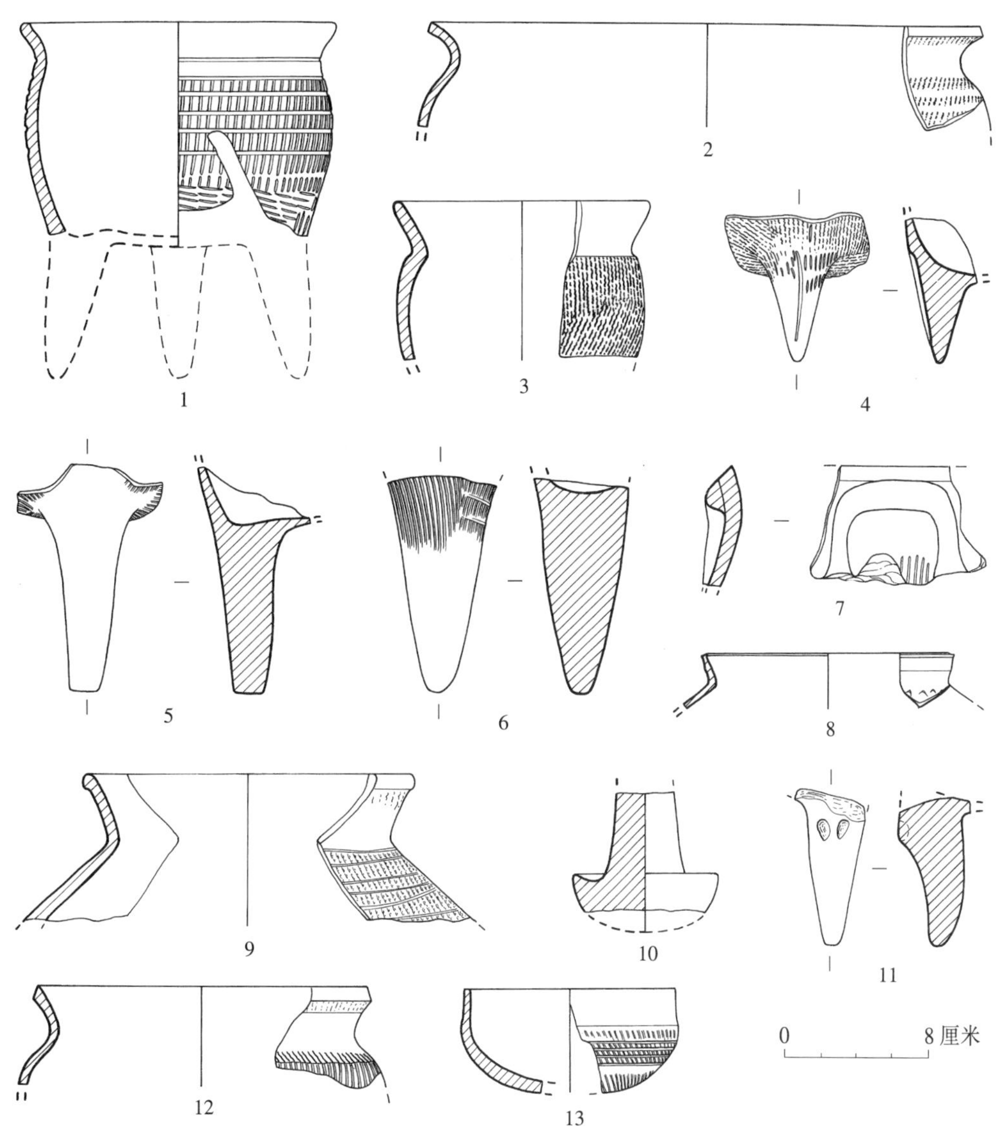

图三七五　03EH177 出土器物

1. Aa 型Ⅱ式陶鬲（03EH177∶2）　2. Ab 型陶甗（03EH177∶7）　3. Bc 型Ⅰ式陶罐（03EH177∶6）　4. Aa 型Ⅰ式陶鬲足（03EH177∶14）　5. Aa 型陶鼎足（03EH177∶20）　6. Ac 型Ⅰ式陶鬲足（03EH177∶17）　7. C 型陶鬲耳（03EH177∶16）　8. Aa 型Ⅱ式硬陶瓮（03EH177∶11）　9. Fb 型Ⅱ式陶罐（03EH177∶5）　10. Ba 型Ⅰ式陶支（拍）垫（03EH177∶19）　11. B 型陶鼎足（03EH177∶18）　12. Ac 型陶鬲（03EH177∶12）　13. Db 型Ⅱ式陶钵（03EH177∶22）

起，有两个椭圆窝。残高 8.4 厘米（图三七五，11）。

陶罐　2 件。标本 03EH177∶6，Bc 型Ⅰ式。夹砂红褐陶。侈口，圆唇，斜直颈，小平肩，弧腹内收，口径略大于腹径。腹饰绳纹。口径 14、残高 8.5 厘米（图三七五，3）。标本 03EH177∶5，Fb 型Ⅱ式。夹砂红褐陶。敞口，圆唇，斜直颈较高，斜弧肩。颈部纹饰被抹，肩、腹饰弦断绳纹。口径 18、残高 8 厘米（图三七五，9）。

陶瓮　2 件。标本 03EH177∶3，Ca 型Ⅰ式。夹细砂黄陶。敞口，卷沿，方唇，弧颈，溜肩，圆弧腹，口径大于腹径。肩、腹饰条纹。口径32、残高9厘米（图三七六，1）。标本03EH177∶4，Ec型。夹砂黄灰陶。敛口，厚方唇，直颈，弧肩残。素面。口径20、残高7.2厘米（图三七六，3）。

陶豆　2件。标本03EH177∶9，Aa型。泥质黑陶。敞口，方唇，弧盘。豆盘内壁饰一周凹弦纹，外壁底部饰绳纹。口径24、残高4厘米（图三七六，4）。标本03EH177∶21，A型。泥质黑皮灰胎陶。盘底弧。盘底饰射线纹；圆圈形柄上残存三个长方形镂孔，施凹弦纹间隔。残高6.4厘米（图三七六，8）。

陶钵　1件。标本03EH177∶22，Db型Ⅱ式。泥质灰陶。口微敛，方唇，弧直壁。壁饰弦断条纹。口径11.2、残高5.6厘米（图三七五，13）。

陶器盖　1件。标本03EH177∶8，Ad型Ⅱ式。夹细砂黄灰陶。圆盘形器盖，盖顶残，盖壁弧直，口敞，圆唇。盖顶边缘残有“S”形纹。口径18、残高7.5厘米（图三七六，5）。

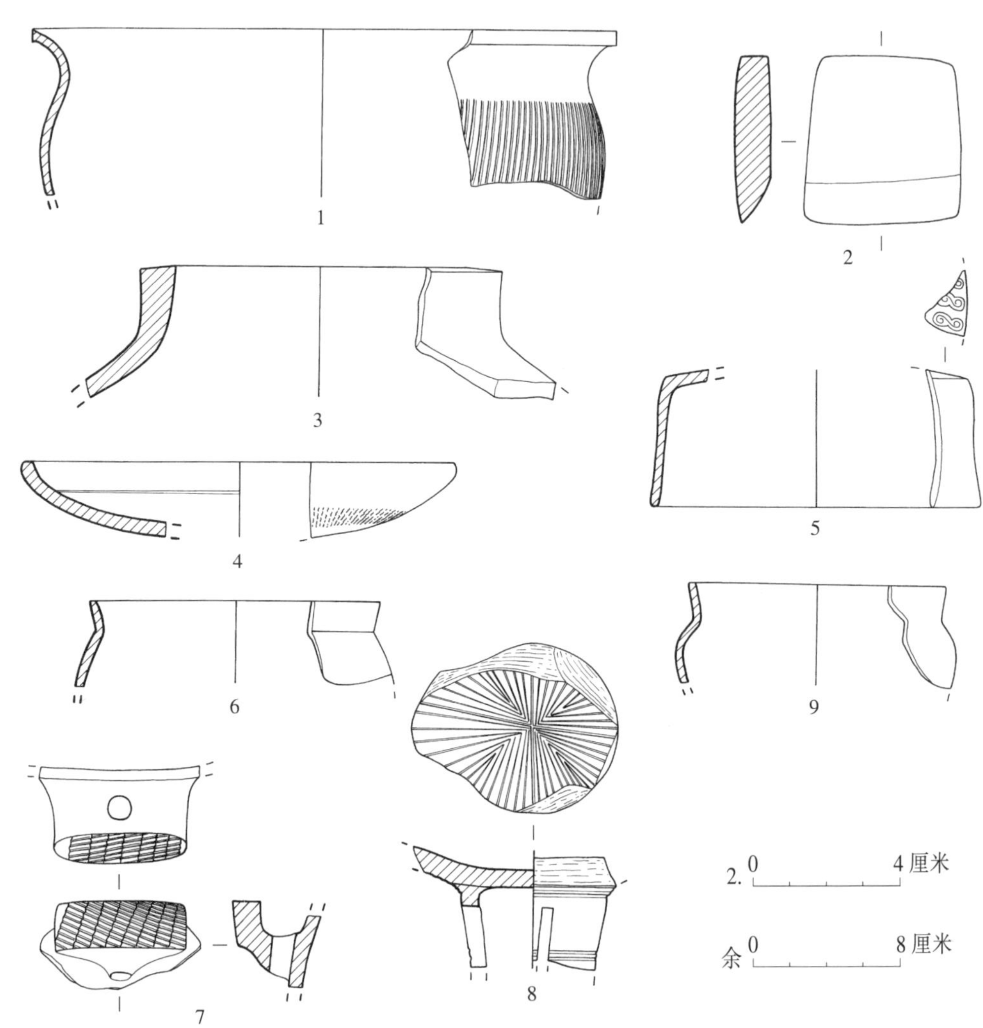

图三七六　03EH177出土器物

1. Ca型Ⅰ式陶瓮（03EH177∶3）　2. Ac型Ⅰ式石斧（03EH177∶1）　3. Ec型陶瓮（03EH177∶4）　4. Aa型陶豆（03EH177∶9）　5. Ad型Ⅱ式陶器盖（03EH177∶8）　6. Ⅱ式硬陶罐（03EH177∶10）　7. Ba型陶器耳（03EH177∶15）　8. A型陶豆（03EH177∶21）　9. Ⅲ式硬陶罐（03EH177∶13）

陶器耳　1件。标本03EH177∶15，Ba型。夹砂黄褐陶。长方形泥片状横耳，耳顶平，耳根中部一个圆形竖穿孔，耳面弧折上翘。耳面饰交叉条纹（图三七六，7）。

陶支（拍）垫　1件。标本03EH177∶19，Ba型Ⅰ式。夹砂红褐陶。柄及垫面残。素面。垫直径8、垫残厚2.2、柄径3～4.5、残高6.6厘米（图三七五，10）。

硬陶罐　2件。标本03EH177∶10，Ⅱ式。灰硬陶。敞口，方唇，斜直颈，弧腹。素面。口径16、残高4.6厘米（图三七六，6）。标本03EH177∶13，Ⅲ式。黄灰硬陶。敞口，方唇，斜直颈，弧肩，弧腹。素面。口径14、残高5.4厘米（图三七六，9）。

硬陶瓮　1件。标本03EH177∶11，Aa型Ⅱ式。灰硬陶。侈口，方唇，斜直颈，斜肩下残。肩部戳印"人"字形纹。口径14、残高3厘米（图三七五，8）。

石斧　1件。标本03EH177∶1，Ac型Ⅰ式。灰色。磨制。体扁平，呈长方梯形，斧顶平略窄，两边壁直，偏锋，单面弧刃略宽。长4.6、刃宽4.2、厚0.8～1厘米（图三七六，2；图版六三，4）。

矿石　2块。标本03EH177∶23，块状，表面凹凸明显，质地较为坚硬。从断面上可以观察到内部结构的局部差异较大，有的很紧密坚实，有的部位孔隙较大，显得松散。坚实的部分呈褐色，松散部分显露出明显的绿色铜锈斑，经检测分析结果为含铜23.06%，含铁41.15%，二氧化硅10.91%，表明矿石为铜铁混生矿石。经镜下观察，其岩相薄片及XRD物相分析，为孔雀石、褐铁矿、钙铝榴石橄榄石的混生体。标本长3.1、宽3、厚2.9厘米（彩版三七，5）。

炼渣　1块。标本03EH177∶24，块状，质地坚实，表面光滑，含孔雀石、褐铁矿、钙铝榴石、橄榄石等（附录二）。

03EH178

位于03ET2806东部。开口于第5层下，被03EH131、H177打破，打破03EH80。坑口略呈长方形，坑壁斜直，圜底近平。坑口长3.95、宽1.5米，坑深1.5米。填土褐灰色，土质较疏松，夹杂烧土粒、木炭粒和石块。包含器类有陶鬲、甗、鼎、瓮、盆、钵和石斧等。

标本15件，其中陶器14件，石器1件。

陶鬲　1件。标本03EH178∶16，C型Ⅱ式。夹砂褐陶。敞口，卷沿，圆唇，弧颈，溜肩，口沿外附加泥条抠耳。器表饰绳纹，耳面饰条纹。口径26、残高6.4厘米（图三七七，1）。

陶鬲足　3件。标本03EH178∶8，Ac型Ⅱ式。夹砂红褐陶。圆柱状截锥足。足根饰条纹。残高9.4厘米（图三七七，6）。标本03EH178∶10，Ac型Ⅱ式。夹砂红褐陶。圆柱状截锥足。素面。残高9厘米（图三七七，7）。标本03EH178∶12，Ac型Ⅱ式。夹砂灰陶。圆柱状截锥足，外壁有略呈圆形的抹痕。足根饰绳纹。残高9.5厘米（图三七七，4）。

陶甗耳　1件。标本03EH178∶13，Ab型。夹砂红褐陶。口沿外侧贴施泥片护耳，耳内甗壁上戳圆形穿孔。器表、耳面饰绳纹（图三七七，10）。

陶鼎　1件。标本03EH178∶3，Dd型。夹砂黑陶。直口，平沿，方唇，直颈。颈部纹饰被抹，颈腹相交处一周凸棱。口径20、残高5厘米（图三七七，9）。

陶鼎足　2件。标本03EH178∶9，Ad型。夹砂黄褐陶。圆柱状截锥足，外壁有三个圆窝。足根饰绳纹。残高9.6厘米（图三七七，3）。标本03EH178∶11，B型。夹砂黄褐陶。圆柱状足足尖残，足根外壁微隆起，有两个椭圆形凹窝。残高9厘米（图三七七，5）。

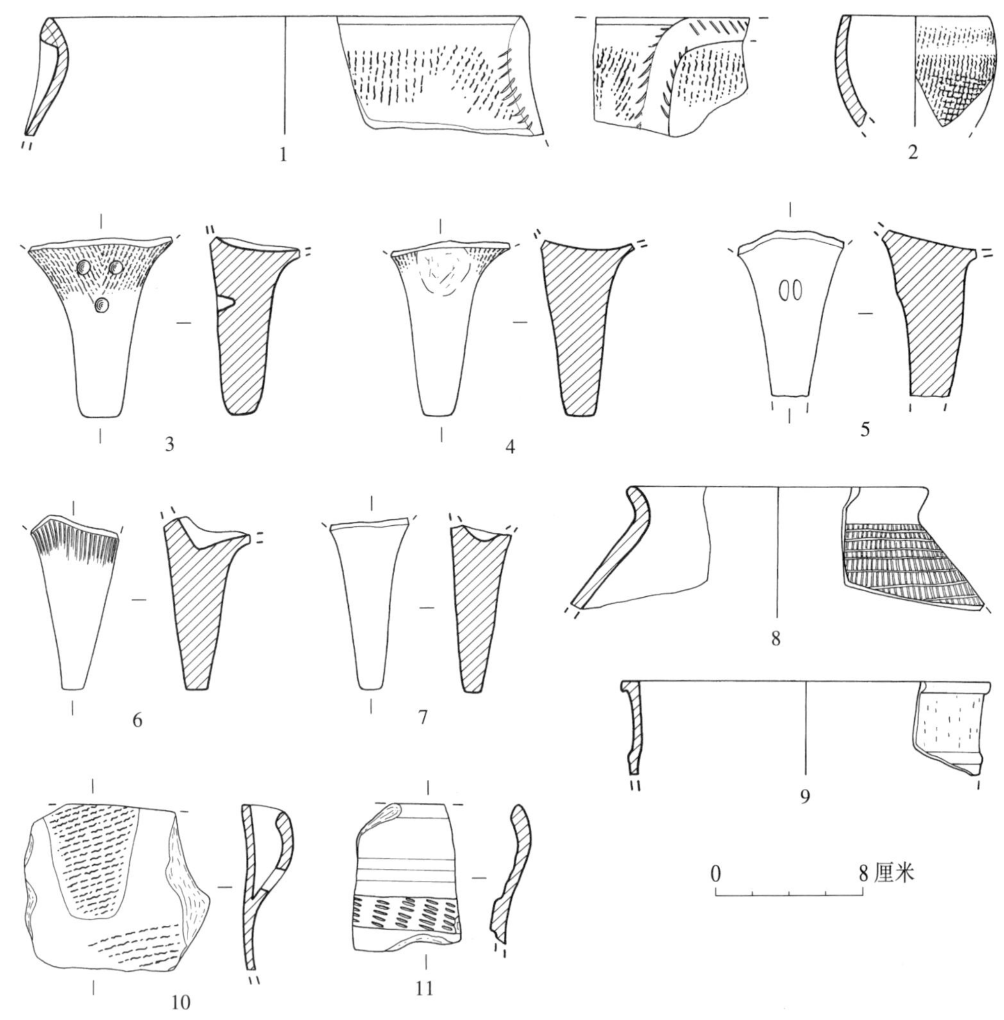

图三七七 03EH178出土陶器

1. C型Ⅱ式鬲（03EH178∶16） 2. Cb型Ⅰ式钵（03EH178∶15） 3. Ad型鼎足（03EH178∶9） 4、6、7. Ac型Ⅱ式鬲足（03EH178∶12、8、10） 5. B型鼎足（03EH178∶11） 8. Fb型Ⅱ式瓮（03EH178∶5） 9. Dd型鼎（03EH178∶3） 10. Ab型甗耳（03EH178∶13） 11. 陶器口（03EH178∶2）

陶瓮 1件。标本03EH178∶5，Fb型Ⅱ式。夹砂黄褐陶。敞口，弧沿，圆唇，斜弧颈，斜肩。肩、腹饰弦断条纹。口径16、残高6.6厘米（图三七七，8）。

陶盆 1件。标本03EH178∶4，Bb型Ⅰ式。夹细砂灰黄陶。敞口，卷沿，方唇，弧颈，溜肩，弧腹。颈部纹饰被抹，肩、腹饰弦断条纹，肩腹相交处饰一周附加堆纹。口径24、残高6.6厘米（图三七八，1）。

陶钵 2件。标本03EH178∶14，Ab型Ⅰ式。夹砂红褐陶。敛口，圆唇，弧腹。腹饰绳纹。口径12、残高5.8厘米（图三七八，2）。标本03EH178∶15，Cb型Ⅰ式。泥质灰陶。敛口，方唇，弧腹。腹饰绳纹。口径8、残高6厘米（图三七七，2）。

陶器口 1件。标本03EH178∶2，器类不明。夹砂黄陶。敞口，圆唇，弧颈，溜肩。颈肩部饰三周弦纹，肩腹相交处饰一周附加堆纹（图三七七，11）。

陶器耳 1件。标本03EH178∶7，Aa型。夹砂红褐陶。鸟头形扁直耳，喙残，耳根部横穿圆

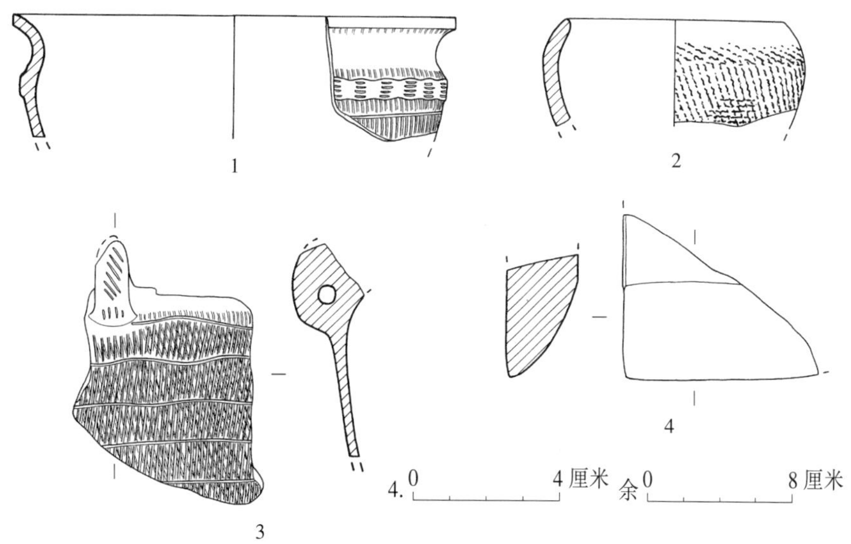

图三七八 03EH178出土器物
1. Bb型Ⅰ式陶盆（03EH178:4） 2. Ab型Ⅰ式陶钵（03EH178:14） 3. Aa型陶器耳（03EH178:7）
4. 石斧（03EH178:1）

孔。耳顶面饰条纹，器表饰弦断条纹（图三七八，3）。

石斧 1件。标本03EH178:1，型式不明。青色。磨制。两面平，边壁直，偏锋，单面直刃微弧。残长4.4、刃残宽5.4、厚2厘米（图三七八，4）。

3. 03E第4层下灰坑

66个，其中有16个分布在南部，编号为03EH7、H9、H10、H13~H15、H18、H20、H21、H25~H27、H29、H33、H38、H45等；有50个分布在中部，编号为03EH65、H68~H70、H73、H76、H77、H83、H94、H95、H98、H104、H111、H113~H123、H128、H129、H135、H136、H140、H141、H145、H147、H148、H150、H154、H155、H157、H159~H165、H167、H168、H171~H174等。除03EH33、H38、H69、H76、H95、H121、H140、H148、H154、H158、H171等11个灰坑无标本外，余55个有遗物标本。

03EH7

位于03ET2509西南部。开口于第4层下，被03EH13打破，打破第5层。坑口平面略呈圆形，弧壁，平底。坑口直径2.4~2.6米，坑深0.45米。填土灰黄色，土质较疏松，内含少量木炭颗粒和炼渣。包含器类有陶鼎、罐和硬陶器等。

标本5件，其中陶器4件，硬陶器1件。

陶鼎足 2件。标本03EH7:7，B型。夹砂灰陶。圆柱状锥足，足根外壁微隆起，有两个椭圆凹窝。足根饰绳纹。残高6厘米（图三七九，4）。标本03EH7:9，B型。夹砂灰陶。圆柱状足足尖残，足根外壁微隆起，有两个椭圆凹窝。足根饰绳纹。残高5.4厘米（图三七九，5）。

陶罐 2件。标本03EH7:11，Ad型Ⅱ式。夹砂灰陶。敞口，卷沿，圆唇，弧束颈，弧肩。肩腹部残有一周凸弦纹。口径18、残高5.4厘米（图三七九，2）。标本03EH7:5，H型。夹砂灰陶。口近直，平沿，方唇，弧直颈。肩腹部残有一周凸弦纹。口径18、残高3.6厘米（图三七九，3）。

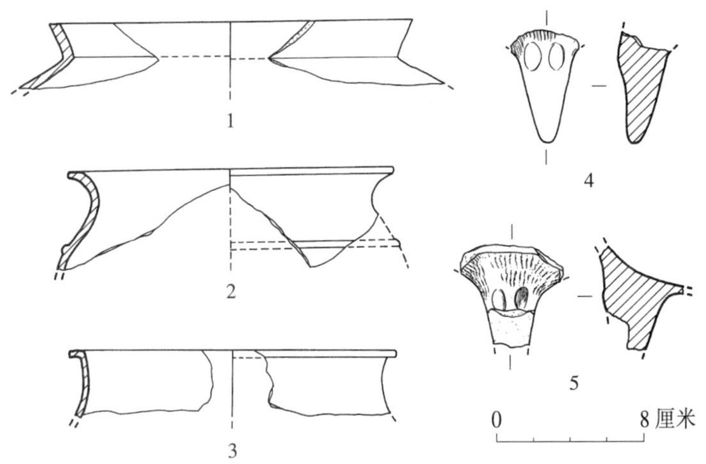

图三七九 03EH7出土器物

1. Ab型Ⅰ式硬陶瓮（03EH7:1） 2. Ad型Ⅱ式陶罐（03EH7:11） 3. H型陶罐（03EH7:5）
4、5. B型陶鼎足（03EH7:7、9）

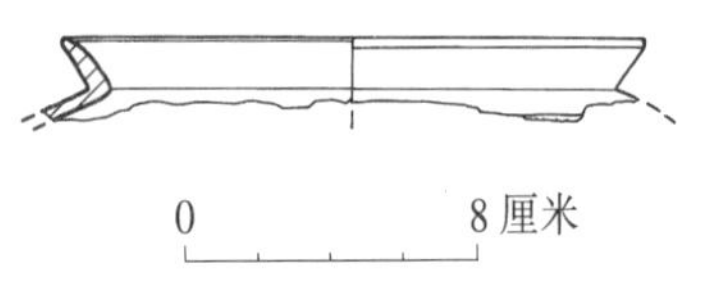

图三八〇 03EH9出土硬陶器

Ab型Ⅲ式硬陶瓮（03EH9:1）

硬陶瓮 1件。标本03EH7:1，Ab型Ⅰ式。灰硬陶。敞口，斜折沿，方唇，束颈，斜肩。素面。口径20、残高3.5厘米（图三七九，1）。

03EH9

位于03ET2509西南部。开口于第4层下，被03EH13打破，打破03EH10和03EH26。坑口平面呈不规则形，弧壁，圜底。坑口最长1.85、最宽1.2米，坑深0.25米。填土黄褐色，土质较疏松，内含少量烧土颗粒和木炭粒。可辨器类有陶鬲、甗、瓮和硬陶瓮等。

标本1件。

硬陶瓮 1件。标本03EH9:1，Ab型Ⅲ式。褐硬陶。敞口，斜折沿，圆唇，束颈，斜肩。素面。口径16、残高2.2厘米（图三八〇）。

03EH10

位于03ET2509西部。开口于第4层下，被03EH9打破，打破03EH26。坑口平面呈椭圆形，弧壁，圜底。坑口长径2.7、短径1.3米，坑深0.6米。填土黄褐色，土质较疏松，内含少量烧土块和木炭粒。可辨器类有陶鬲、甗、罐、盆、支（拍）垫等。

标本2件。

陶罐 1件。标本03EH10:1，Aa型。夹细砂黄褐陶。敞口，圆唇，斜直颈，弧肩。颈部饰绳纹，肩部饰弦断绳纹，肩腹相交处饰一周附加堆纹。口径24、残高5.8厘米（图三八一，1）。

陶盆 1件。标本03EH10:3，Aa型。夹细砂黄褐陶。敞口，弧沿，圆唇，斜弧颈，溜肩，圆弧腹。颈部纹饰被抹，肩、腹饰弦断条纹。口径26、残高5.6厘米（图三八一，2）。

03EH13

位于03ET2509西南部。开口于第4层下，打破03EH7和03EH9。坑口平面略呈椭圆形，弧壁，圜底。坑口长径1.55、短径1.2米，坑深0.25米。填土黄褐色，土质较疏松，内含烧土粒和

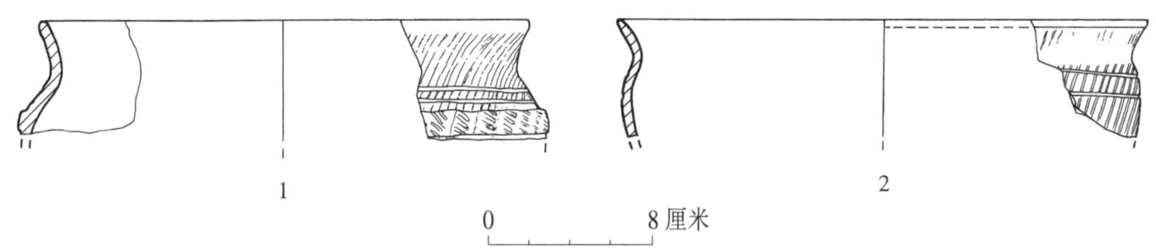

图三八一　03EH10出土陶器

1. Aa型罐（03EH10∶1）　2. Aa型盆（03EH10∶3）

木炭粒。可辨器类有陶鼎、瓮等。

标本2件。

陶鼎足　1件。标本03EH13∶2，B型。夹砂黄褐陶。圆柱状锥足，足根外壁微隆起，有两个椭圆凹窝。残高8.8厘米（图三八二，1）。

陶瓮　1件。标本03EH13∶1，型式不明。夹砂灰黄陶。器表饰弦断条纹，残有一个顶面有条纹的乳丁（图三八二，2）。

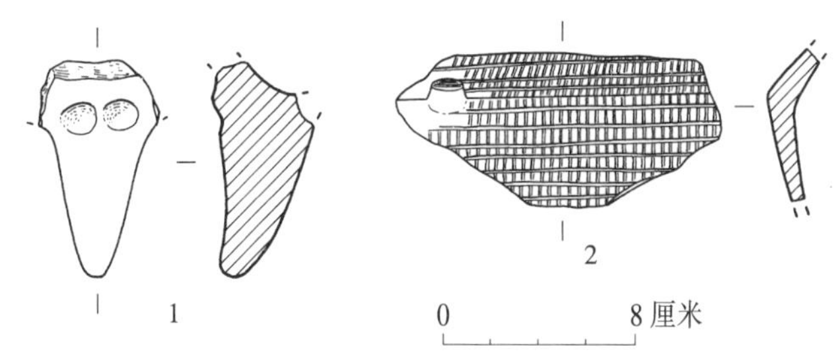

图三八二　03EH13出土陶器

1. B型鼎足（03EH13∶2）　2. 瓮（03EH13∶1）

03EH14

位于03ET2510西南部。开口于第4层下，打破第5层。坑口平面略呈椭圆形，弧壁，圜底。坑口长径1.55、短径0.75米，坑深0.86米。填土灰褐色，土质较疏松，内含烧土粒和木炭粒。包含器类有陶鬲、鼎、甗、盆、罐、瓮、盆、豆、缸和硬陶瓮等。

标本13件，其中陶器12件，硬陶器1件。

陶鬲足　1件。标本03EH14∶11，Aa型Ⅰ式。夹砂黄褐陶。圆柱状尖锥足，有足窝。足外侧一道竖刻槽，足根饰交错绳纹。残高10厘米（图三八三，3）。

陶鼎足　2件。标本03EH14∶8，Ab型。夹砂褐陶。圆柱状截锥足。足内侧一道竖刻槽，足底面饰条纹，足根饰绳纹。残高11厘米（图三八三，1）。标本03EH14∶10，Ac型。夹砂灰褐陶。圆柱状截锥足，足根外侧残有四个圆窝。足内侧一道竖刻槽，足根饰绳纹。残高12厘米（图三八三，2）。

陶甗耳　1件。标本03EH14∶12，Ab型。夹砂褐陶。口沿外侧贴施泥片护耳，耳内甗壁上戳圆形穿孔，器表饰弦断条纹，耳面饰条纹（图三八三，4）。

陶罐　1件。标本03EH14∶3，Ba型Ⅲ式。夹细砂红褐陶。侈口，圆唇，斜直颈，弧肩。肩腹部饰弦断绳纹。口径20、残高6厘米（图三八四，5）。

陶瓮　1件。标本03EH14∶2，Ec型Ⅱ式。夹砂黄褐陶。直口，厚方唇，直颈，斜广折肩。肩腹饰弦断条纹，肩腹相交处残有一个乳丁。口径26、残高11.6厘米（图三八四，1）。

陶盆　2件。标本03EH14∶18，Aa型Ⅱ式。夹砂黄褐陶。敞口，斜弧沿，方唇，斜直颈，弧肩，弧腹斜内收。腹饰弦断交错条纹。口径20、残高10.4厘米（图三八四，4）。标本03EH14∶20，Bc型Ⅱ式。夹砂褐陶。敞口，弧沿，方唇，弧颈，溜肩，圆弧腹内收。颈部条纹被抹，肩、腹饰

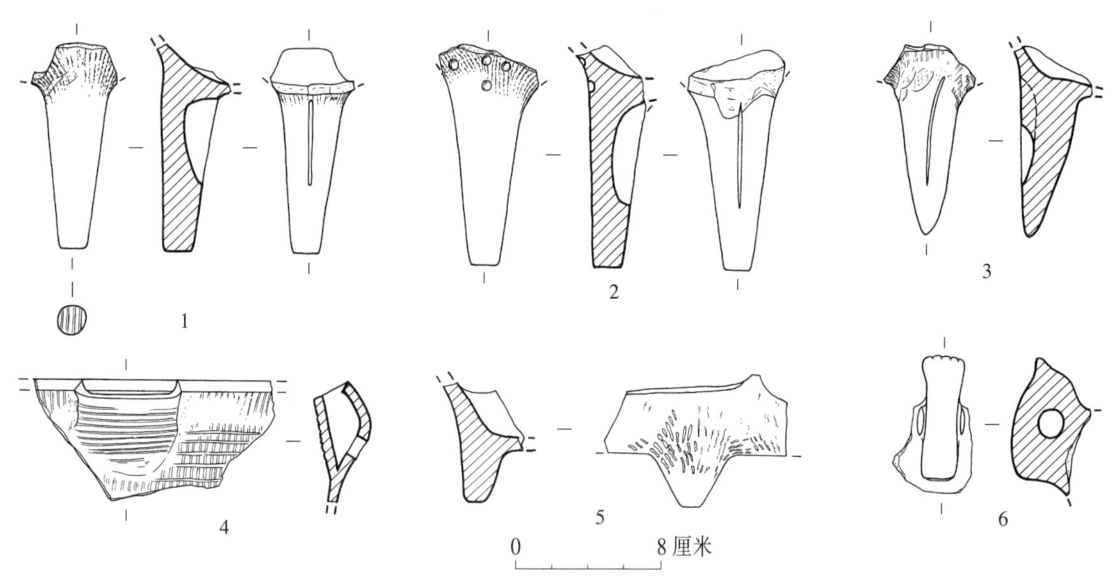

图三八三 03EH14 出土陶器

1. Ab 型鼎足（03EH14∶8） 2. Ac 型鼎足（03EH14∶10） 3. Aa 型Ⅰ式鬲足（03EH14∶11）
4. Ab 型甗耳（03EH14∶12） 5. C 型Ⅰ式盆足（03EH14∶14） 6. Ae 型器耳（03EH14∶17）

弦断条纹。口径 16、残高 8 厘米（图三八四，6）。

陶盆足 1 件。标本 03EH14∶14，C 型Ⅰ式。夹砂褐陶。椭圆柱状矮截锥足。下腹、底及足根饰条纹。残高 7.4 厘米（图三八三，5）。

陶豆 1 件。标本 03EH14∶1，D 型。夹细砂红褐陶。敞口，弧沿，方唇，盘壁上直下斜，假腹，平底，底上有圆圈形豆座残痕。素面。口径 16、残高 4.2 厘米（图三八四，3）。

陶缸圈足 1 件。标本 03EH14∶5，Bb 型。夹砂褐陶。斜直腹内收，平底，矮圈足呈喇叭口形。器表饰条纹，下腹残留一周凸棱。底径 12、残高 6.4 厘米（图三八四，7）。

陶器耳 1 件。标本 03EH14∶17，Ae 型。夹砂褐陶。鸭头形扁直耳，耳根部横穿圆孔。素面（图三八三，6）。

硬陶瓮 1 件。标本 03EH14∶7，Ab 型Ⅱ式。灰硬陶。敞口，方唇，斜直颈，斜肩。素面。口径 34、残高 4.6 厘米（图三八四，2）。

03EH15

位于 03ET2410 西部。开口于第 4 层下，打破 03EH26。坑口长径 1.9、短径 1.4 米，坑深 0.25 米。坑内堆积含沙质的灰黑色土，土质疏松，夹有炭渣。包含有陶鼎、罐、簋、豆、器盖、饼等器类（图三八五；表一四）。

标本 7 件，均为陶器。

陶鼎腹片 1 件。标本 03EH15∶6，夹砂黄褐陶。腹饰两周凸棱，凸棱中间凸起一道竖棱，竖棱两边各有三个椭圆形凹窝，残有云纹状纹饰（图三八六，5）。

陶罐 2 件。标本 03EH15∶4，Aa 型Ⅳ式。夹砂黄褐陶。敞口，卷沿，圆唇，斜弧颈，溜肩，圆腹弧内收，口径小于腹径，平底内凹。颈部纹饰被抹，肩腹相交处一周附加堆纹，腹至底饰竖、

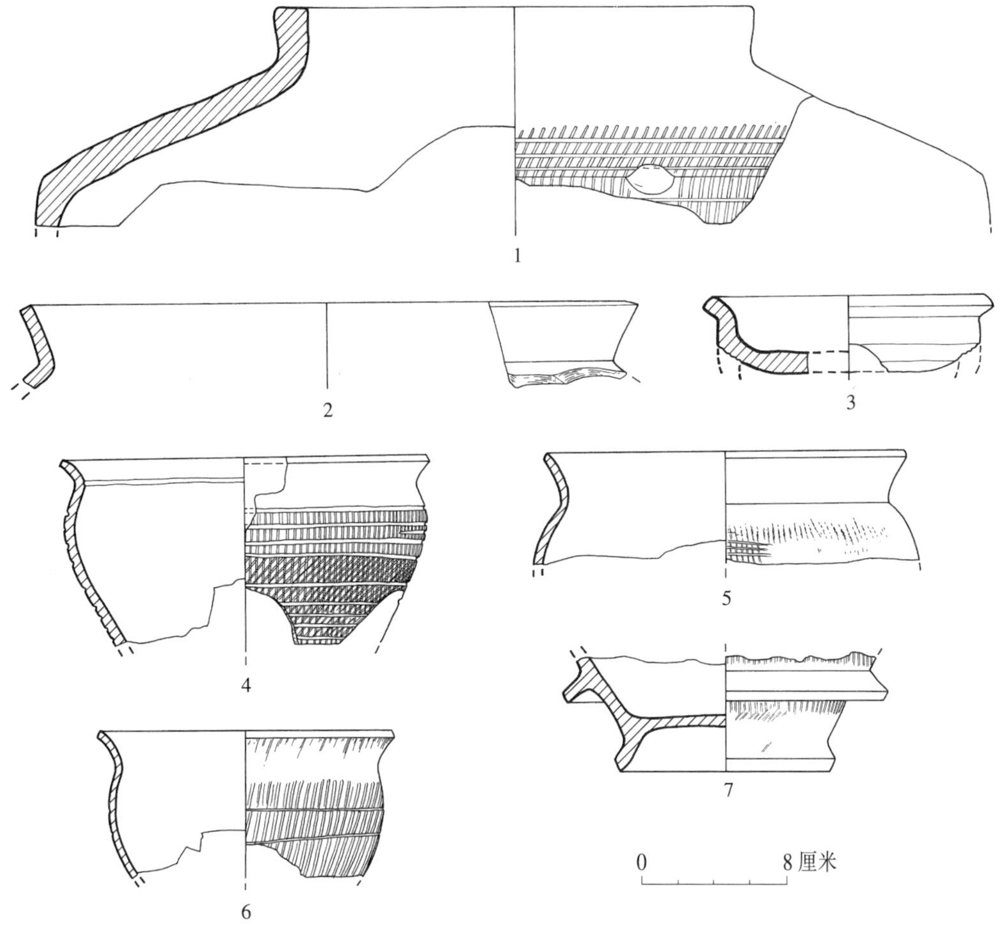

图三八四　03EH14出土器物

1. Ec型Ⅱ式陶瓮（03EH14∶2）　2. Ab型Ⅱ式硬陶瓮（03EH14∶7）　3. D型陶豆（03EH14∶1）　4. Aa型Ⅱ式陶盆（03EH14∶18）　5. Ba型Ⅲ式陶罐（03EH14∶3）　6. Bc型Ⅱ式陶盆（03EH14∶20）　7. Bb型陶缸圈足（03EH14∶5）

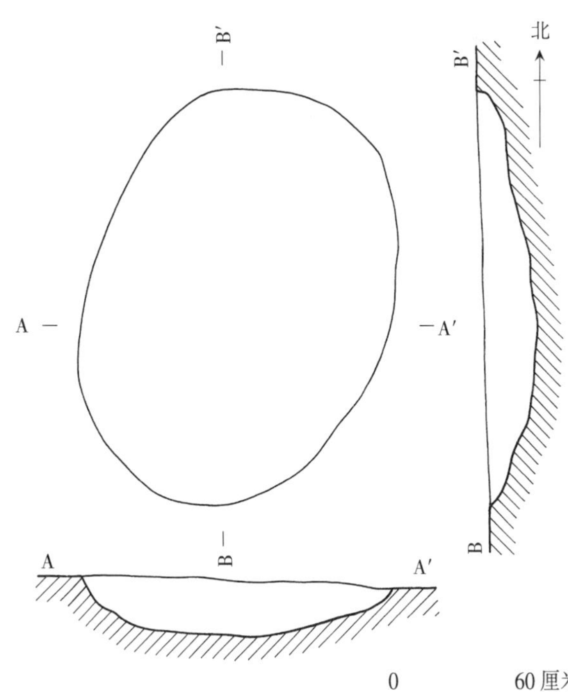

图三八五　03EH15平、剖面图

表一四　03EH15陶系及器类统计表

陶质			夹砂						泥质		纹饰									
陶色			红	灰	褐	黄褐	黄	砖红	灰	黑	绳纹	弦断绳纹	交错绳纹	弦纹	弦断条纹	圆圈	凹弦纹	波浪	绳纹+长方镂孔	素面
陶片数量			48	8	51	58	94	58	8	16	29	58	4	46	53	1	1	1	1	147
百分比（%）			14.08	2.35	14.96	17.01	27.57	17.01	2.35	4.69	8.50	17.01	1.17	13.49	15.54	0.29	0.29	0.29	0.29	43.11
器形	数量	百分比（%）																		
鼎腹片	1	14.29				1										1				
罐	2	28.57			1	1									2					
簋圈足	1	14.29				1														1
豆	1	14.29		1															1	
盖纽	1	14.29				1					1									
饼	1	14.29			1															1
合计	7			1	2	4					1				2	1			1	2

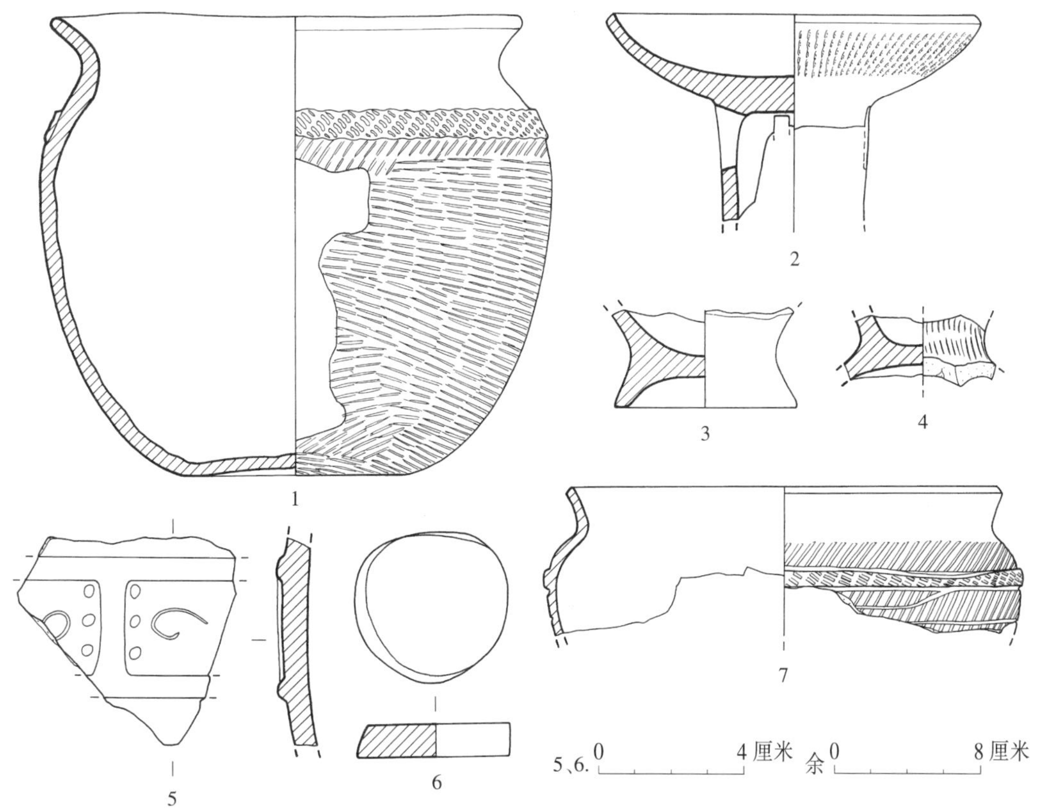

图三八六　03EH15出土陶器

1. Aa型Ⅳ式罐（03EH15∶4）　2. Aa型Ⅳ式豆（03EH15∶1）　3. 簋圈足（03EH15∶5）　4. A型盖纽（03EH15∶2）　5. 鼎腹片（03EH15∶6）　6. Ab型Ⅰ式饼（03EH15∶7）　7. Bd型Ⅰ式罐（03EH15∶3）

横拍印条纹。口径25.8、底径12、高24.7厘米（图三八六，1；图版三四，1）。标本03EH15∶3，Bd型Ⅰ式。夹细砂褐陶。敞口，方唇，斜直颈，圆弧肩，弧腹。肩、腹部饰弦断条纹，肩腹相交处饰一周附加堆纹。口径24、残高8厘米（图三八六，7）。

陶簋圈足　1件。标本03EH15∶5，夹细砂黄褐陶。下腹弧，圈足呈喇叭口形。素面。底径10、残高5.4厘米（图三八六，3）。

陶豆　1件。标本03EH15∶1，Aa型Ⅳ式。夹细砂灰陶。敞口，方唇，弧盘，圜底，圆圈形柄。盘外壁饰绳纹；柄上有两层长条形镂孔残痕。口径20.6、残高11厘米（图三八六，2）。

陶盖纽　1件。标本03EH15∶2，A型。夹细砂黄褐陶。圜底，喇叭形圈足残。器表饰绳纹。残高3.8厘米（图三八六，4）。

陶饼　1件。标本03EH15∶7，Ab型Ⅰ式。夹砂褐陶。用陶片打磨而成。扁圆形，两面平，周壁斜直。素面。直径4.1、厚0.9厘米（图三八六，6）。

03EH18

位于03ET2410东部。开口于第4层下，打破03EH25和03EH26。坑口平面略呈椭圆形，弧壁，平底。长径1.95、短径1.55米，坑深0.6米。填土褐灰色，土质疏松，内含烧土块。包含器类有陶鬲、鼎、罐、瓮等。

标本8件，均为陶器。

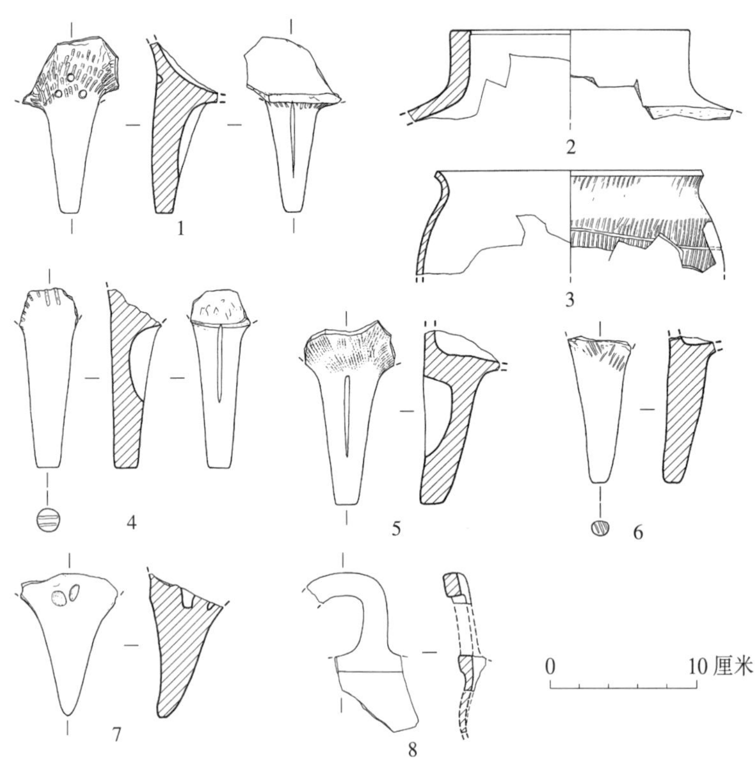

图三八七 03EH18出土陶器

1. Ac型鼎足（03EH18∶1） 2. Ec型瓮（03EH18∶10） 3. Bb型Ⅲ式罐（03EH18∶9） 4. Ab型鼎足（03EH18∶2） 5. Aa型Ⅱ式鬲足（03EH18∶3） 6. Ac型Ⅱ式鬲足（03EH18∶4） 7. B型鼎足（03EH18∶5） 8. A型鼎耳（03EH18∶8）

陶鬲足 2件。标本03EH18∶3，Aa型Ⅱ式。夹砂褐陶。圆柱状截锥足。足外侧一道竖刻槽，足根饰绳纹。残高12.4厘米（图三八七，5）。标本03EH18∶4，Ac型Ⅱ式。夹砂黄褐陶。圆柱状足。足根和足底面饰条纹。残高9.8厘米（图三八七，6）。

陶鼎耳 1件。标本03EH18∶8，A型。夹砂褐陶。耳直立在器口上，立耳整体略呈圆角方形，环耳残，截面呈长方形（图三八七，8）。

陶鼎足 3件。标本03EH18∶2，Ab型。夹砂黄褐陶。圆柱状截锥足，足内侧一道竖刻槽。足根和足底面饰条纹。残高12厘米（图三八七，4）。标本03EH18∶1，Ac型。夹砂黄褐陶。圆柱状截锥足。足根外侧三个圆窝，足内侧一道竖刻槽，足根饰条纹。残高11.8厘米（图三八七，1）。标本03EH18∶5，B型。夹细砂褐陶。圆柱状锥足，足根外壁微隆起，有两个椭圆形凹窝。残高9.5厘米（图三八七，7）。

陶罐 1件。标本03EH18∶9，Bb型Ⅲ式。夹砂黄褐陶。侈口，弧沿，方唇，束颈，斜弧肩，圆弧腹。颈部条纹被抹，腹饰弦断条纹。口径18、残高7厘米（图三八七，3）。

陶瓮 1件。标本03EH18∶10，Ec型。夹细砂灰黄陶。直口，方唇，直颈，斜肩。素面。口径16、残高6厘米（图三八七，2）。

03EH20

位于03ET2410北部。开口于第4层下，打破03EH26。坑口平面呈不规则形，直壁，圜底。

坑口最长2.5、最宽1.85米，坑深0.4米。填土黄褐色，土质疏松，内含少许烧土粒和矿石。包含器类有陶鬲、鼎、甗、瓮、盆、簋、缸、饼等。

标本19件，均为陶器。

陶鬲　1件。标本03EH20:4，Ab型。夹砂灰褐陶。敞口，斜弧沿，圆唇，束颈，溜肩，圆弧腹，鬲身呈罐形，口径与腹径相等。腹饰绳纹。口径12、残高4.4厘米（图三八八，2）。

陶鬲足　3件。标本03EH20:22，Aa型Ⅱ式。夹砂黄褐陶。圆柱状截锥足。足外侧一道竖刻槽，足根饰条纹。残高11.4厘米（图三八八，7）。标本03EH20:24，Aa型Ⅱ式。夹砂黄褐陶。

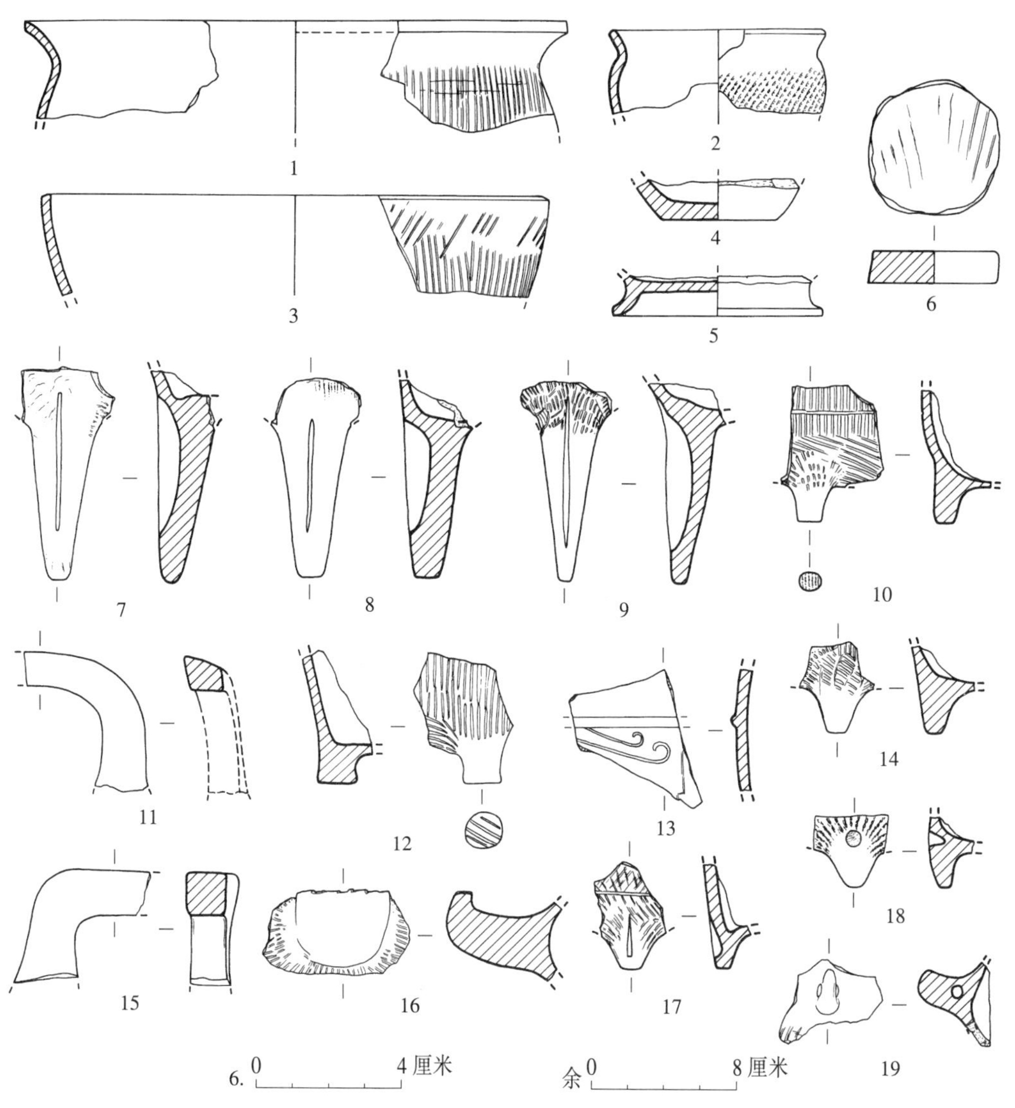

图三八八　03EH20出土陶器

1. Ca型瓮（03EH20:26）　2. Ab型鬲（03EH20:4）　3. Bb型缸（03EH20:2）　4. B型器底（03EH20:27）　5. 簋圈足（03EH20:28）　6. Aa型Ⅱ式饼（03EH20:31）　7～9. Aa型Ⅱ式鬲足（03EH20:22、25、24）　10. Ac型Ⅱ式甗足（03EH20:13）　11、15. A型鼎耳（03EH20:20、19）　12. Da型甗足（03EH20:7）　13. 鼎腹片（03EH20:21）　14. C型Ⅰ式盆足（03EH20:8）　16. Bc型器耳（03EH20:16）　17. Ab型Ⅱ式甗足（03EH20:15）　18. Ab型Ⅰ式甗足（03EH20:9）　19. Ac型器耳（03EH20:17）

圆柱状截锥足。足外侧一道竖刻槽，足根饰条纹。残高10.7厘米（图三八八，9）。标本03EH20:25，Aa型Ⅱ式。夹砂红褐陶。圆柱状截锥足。足外侧一道竖刻槽，足根饰绳纹。残高10.6厘米（图三八八，8）。

陶鼎耳 2件。标本03EH20:19，A型。夹砂黄灰陶。立耳圆角方形，截面呈方形（图三八八，15）。标本03EH20:20，A型。仿铜，夹砂褐陶。立耳圆角方形，截面略呈长方形（图三八八，11）。

陶鼎腹片 1件。标本03EH20:21，夹砂褐陶。器表饰凸弦纹和云纹（图三八八，13）。

陶甗足 4件。标本03EH20:9，Ab型Ⅰ式。夹砂黄褐陶。椭圆柱状矮锥足。足外壁一个圆窝，足根饰绳纹。残高3.8厘米（图三八八，18）。标本03EH20:15，Ab型Ⅱ式。夹砂灰黄陶。椭圆柱状矮截锥足。下腹饰弦断交叉条纹，足外侧一道竖刻槽，足根饰条纹。残高5.6厘米（图三八八，17）。标本03EH20:13，Ac型Ⅱ式。夹砂黄褐陶。椭圆柱状矮截锥足。下腹饰弦断条纹，底及足根、足底面饰条纹。残高7.3厘米（图三八八，10）。标本03EH20:7，Da型。夹砂黄褐陶。圆柱状矮足略呈蹄形，足根有足窝。下腹、足根及足底面饰条纹。残高7.2厘米（图三八八，12）。

陶瓮 1件。标本03EH20:26，Ca型。夹砂黄褐陶。敞口，弧沿，方唇，束颈，溜肩，弧腹。肩、腹部饰条纹。口径30、残高5.2厘米（图三八八，1）。

陶簋圈足 1件。标本03EH20:28，夹细砂褐陶。喇叭口形矮圈足。素面。底径11.6、残高2.2厘米（图三八八，5）。

陶缸 1件。标本03EH20:2，Bb型。夹细砂黄褐陶。直口微敛，方唇，斜弧腹。腹部饰条纹。口径28、残高5.5厘米（图三八八，3）。

陶盆足 1件。标本03EH20:8，C型Ⅰ式。夹砂灰褐陶。圆柱状矮截锥足。下腹和足根饰条纹。残高4.8厘米（图三八八，14）。

陶器耳 2件。标本03EH20:17，Ac型。夹砂红褐陶。鸟头形扁直耳，耳根部横穿圆孔（图三八八，19）。标本03EH20:16，Bc型。夹砂黄褐陶。长方形泥片状横耳，耳顶面凹凸不平呈鸡冠状，耳面弧折上翘。器表饰条纹（图三八八，16）。

陶器底 1件。标本03EH20:27，B型。夹砂灰褐陶。下腹斜内收，平底。素面。底径6.4、残高2.2厘米（图三八八，4）。

陶饼 1件。标本03EH20:31，Aa型Ⅱ式，夹砂黄灰陶。用陶片打磨而成。扁圆形，两面平，周壁直。一面饰条纹。直径3.5~3.6、厚0.9厘米（图三八八，6）。

03EH21

位于03ET2508西部。开口于第4层下，打破03EH27。坑口距地表0.85米。坑口长方形，弧壁圜底。坑口长1.9、宽1.6米，坑深0.74米。坑底有0.02~0.03米的淤泥，坑内堆积灰褐色土，质地疏松有黏性，夹有炭渣、烧土块、石块等。包含有陶鬲、甗、罐、豆、盆等器类（图三八九）。

标本3件，均为陶器。

陶瓮 1件。标本03EH21:2，Ca型。夹砂褐陶。敞口，弧沿，圆唇，束颈，弧肩，弧腹。颈部绳纹被抹，肩、腹部饰弦断交错绳纹。口径34、残高6.6厘米（图三九〇，1）。

陶盆　2件。标本03EH21∶3，Ab型Ⅲ式。夹砂灰褐陶。敞口，卷沿，圆唇，弧腹。腹部饰绳纹和一周附加堆纹。口径26、残高5.5厘米（图三九〇，2）。标本03EH21∶1，Ba型Ⅲ式。夹细砂褐陶。侈口，斜弧沿，圆唇，弧颈，溜肩，弧腹斜内收，平底。腹部饰绳纹。口径10.4、底径5.5、高6.3厘米（图三九〇，3；图版四〇，5）。

03EH25

位于03ET2510西南部。开口于第4层下，被03EH18打破，打破生土层。坑口呈椭圆形，坑壁弧，圜底。坑口长径1、短径0.8米，坑深0.3米。填土灰褐色，土质疏松，夹杂木炭粒。包含器类有陶鬲、甗、钵等。

标本1件。

陶钵　1件。标本03EH25∶1，Aa型Ⅱ式。夹砂灰陶。敛口，方唇，圆肩，圆腹弧内收，平底。唇下和腹部饰竖条纹，底饰横条纹。口径14.8、底径9.6、高10厘米（图三九一，1；图版四二，1）。

03EH26

位于03ET2409探方内。开口于第4层下，开口面积较大，被03EH10、H15、H18、H20等多个坑打破，打破03EH45。坑口呈不规则形，坑壁弧，平底。坑口最长6.4、最宽3.3米，坑深1.3米。填土黄褐色，土质较疏松，夹杂木炭粒，内含烧土粒和铁矿石、炼渣。包含器类有陶鬲、甗、滤盉、罐、瓮、罍、缸、盆、钵、钵形器、豆、器盖、支（拍）垫、饼、方条及硬陶瓮、石

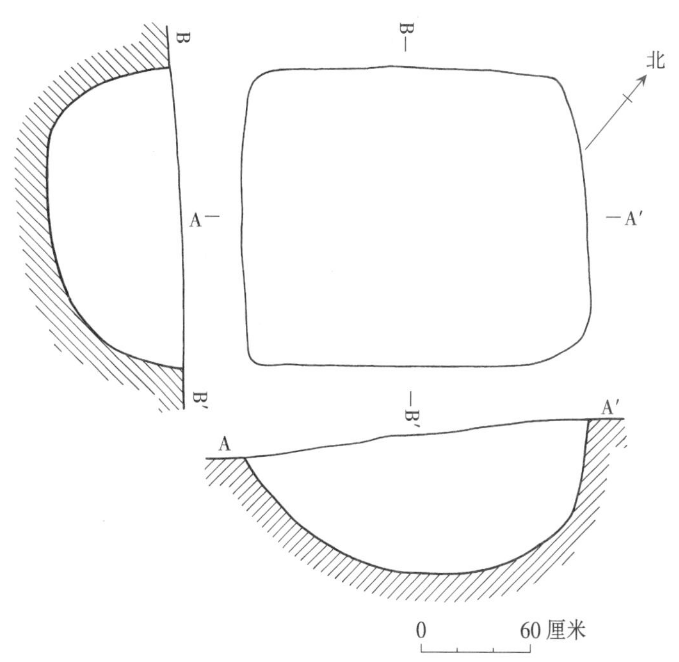

图三八九　03EH21平、剖面图

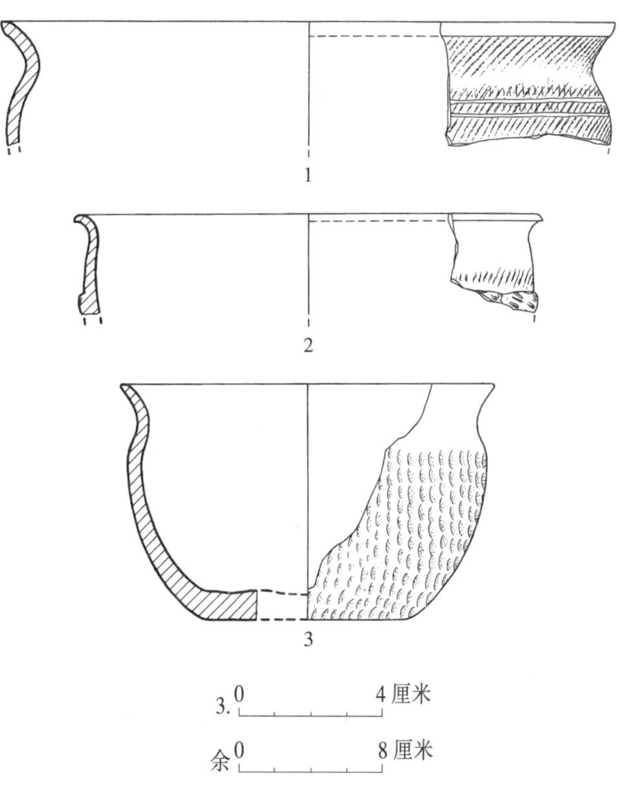

图三九〇　03EH21出土陶器

1. Ca型瓮（03EH21∶2）　2. Ab型Ⅲ式盆（03EH21∶3）　3. Ba型Ⅲ式盆（03EH21∶1）

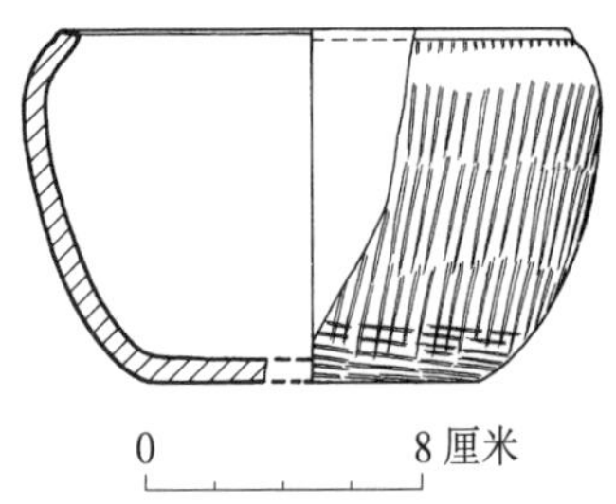

图三九一　03EH25出土陶器
Aa型Ⅱ式钵（03EH25∶1）

镞等。

标本53件，其中陶器50件，硬陶器2件，石器1件。

陶鬲　9件。标本03EH26∶1，Aa型Ⅲ式。夹砂褐陶，器表有烟炱。敞口，斜沿，圆唇，束颈，溜肩，弧腹内收，口径略小于腹径。肩、腹饰弦断绳纹，肩腹相交处饰一周附加堆纹，下腹、足根饰绳纹。口径22、残高18.6厘米（图三九二，2）。标本03EH26∶4，Aa型Ⅲ式。夹砂褐陶，器表有烟炱。敞口，弧沿，方唇，弧颈，溜肩，弧腹，口径略大于腹径。颈肩部绳纹被抹，肩腹相交处饰一周附加堆纹，腹部饰弦断绳纹，残有一个圆形泥饼，饼面微内凹。口径18.8、残高10.8厘米（图三九二，6）。标本03EH26∶6，Aa型Ⅲ式。夹砂褐陶，器表有烟炱。敞口，斜弧沿，圆唇，斜直颈，斜肩，弧腹斜内收，口径略小于腹径，裆残，器内壁底部与足根对接处有较浅足窝，圆柱状足足尖残。颈部一周凹弦纹，肩、腹饰弦断绳纹，肩腹相交处饰一周附加堆纹，下腹、底饰绳纹；足外侧有呈倒枝杈形刻槽。口径20、残高21厘米（图三九二，4；图版一六，6）。标本03EH26∶7，Ab型Ⅲ式。夹砂褐陶，器表有烟炱。敞口，斜弧沿，方唇，弧束颈，弧肩，圆弧腹，口径小于腹径，器内壁底部与足根对接处有较浅足窝，圆柱状尖锥足。颈部条纹被抹，肩、腹饰弦断条纹，肩腹相交处饰一周附加堆纹，下腹、底至足根饰条纹，足外壁刻划一道竖槽。口径17.6、高23厘米（图三九三，1；图版一八，5）。标本03EH26∶3，Ag型Ⅲ式。夹砂褐黄陶，器表有烟炱。侈口，斜弧沿，圆唇，束颈，斜肩，圆鼓腹弧内收，口径小于腹径，裆残，器内壁底部与足根对接处有较深足窝，圆柱状足足尖残。颈部饰条纹，肩、腹饰弦断条纹，下腹、底至足根饰条纹。口径12.6、残高10厘米（图三九三，2；图版二一，2）。标本03EH26∶31，Ag型。夹砂褐陶。敞口，斜弧沿，方唇，弧束颈，弧肩，圆弧腹，口径略小于腹径。颈部纹饰被抹，肩、腹饰弦断条纹。口径14、残高6.6厘米（图三九三，11）。标本03EH26∶2，Ah型Ⅱ式。夹砂褐陶，器表有烟炱。敞口，弧沿，圆唇，溜肩，弧腹内收，口径大于腹径。上腹部饰弦断条纹，残有一个圆形泥饼，下腹、底饰条纹。口径16、残高10厘米（图三九三，3）。标本03EH26∶16，Ah型Ⅱ式。夹砂褐陶，器表有烟炱。敞口，卷沿，圆唇，弧颈，弧腹内收，口径大于腹径，器内壁底部与足根对接处有较浅足窝，圆柱状足足尖残。上腹饰弦断条纹，残有一个圆形泥饼，下腹、底及足根饰条纹。足根部有明显的手捏痕迹。口径15、残高13厘米（图三九三，8；图版二三，2）。标本03EH26∶8，Ha型Ⅱ式。夹砂褐陶，器表有烟炱。敞口，弧沿，圆唇，弧颈，弧腹，鬲身呈盆形，口径略大于腹径。腹、底饰绳纹。口径8、残高4.8厘米（图三九三，6；图版二六，3）。

陶鬲足　5件。标本03EH26∶52，Ab型Ⅱ式。夹砂黄褐陶。圆柱状尖锥足。足根有足窝，外侧有三个圆窝，足根饰绳纹。残高10.4厘米（图三九四，4）。标本03EH26∶49，C型Ⅰ式。夹砂红褐陶。圆柱状锥足，外侧有三个圆窝。足外侧一道竖刻槽，足根饰绳纹。残高12厘米（图三九四，1）。标本03EH26∶50，C型Ⅰ式。夹砂灰白陶。圆柱状锥足足尖残，外侧有三个圆窝。足根饰绳纹。残高11.2厘米（图三九四，2）。标本03EH26∶53，C型Ⅰ式。夹砂褐陶。圆柱状锥足，外侧有一个圆窝，足根有足窝。足根饰绳纹。残高11.2厘米（图三九四，3）。标本03EH26∶55，C型Ⅰ式。夹砂黄褐陶。圆柱状截锥足，外侧有三个圆窝，足根有足窝。足外侧一道竖刻槽，足

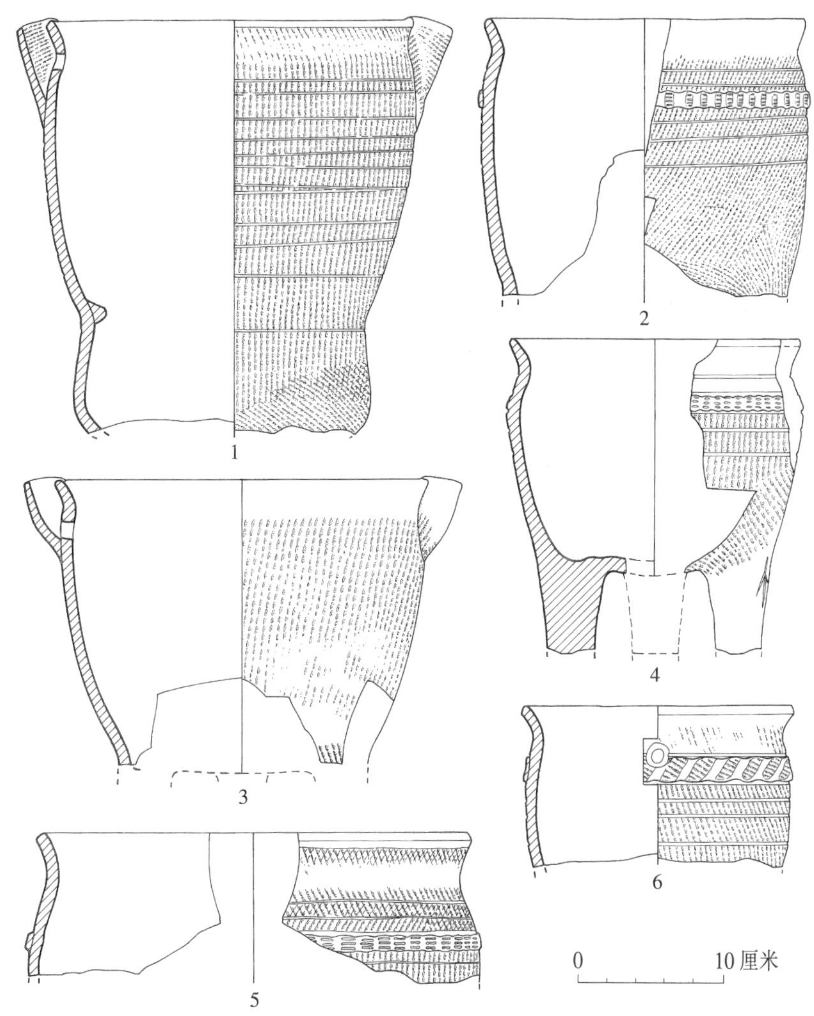

图三九二　03EH26出土陶器

1. Aa型Ⅱ式甗（03EH26:23）　2、4、6. Aa型Ⅲ式鬲（03EH26:1、6、4）　3. C型Ⅲ式盆（03EH26:22）
5. Aa型罐（03EH26:35）

根饰绳纹。残高11.8厘米（图三九四，5）。

陶甗　2件。标本03EH26:23，Aa型Ⅱ式。夹砂褐陶，器表有烟熏痕迹和烟炱。甗身上部罐形甑和下部三足钵构成。敞口，斜弧沿，方唇，溜肩，弧腹内收，口径与腹径略相等，束腰内壁等距离安三个舌状横泥片用以支箅。口沿外侧贴施两个对称泥片护耳，两耳内根部甗壁上各戳穿一圆形孔。甑部及耳面饰绳纹或弦断绳纹，钵腹部饰绳纹。口径24.8、残高28厘米（图三九二，1；图版二八，1）。标本03EH26:19，Ab型。夹砂褐陶，器表有烟炱。弧腹斜内收，弧腰内壁等距离安三个舌状横泥片用以支箅，椭圆矮锥足足尖残。甑下腹饰条纹，腰部饰弦断条纹，下腹、底及足饰条纹。残高23.2厘米（图三九五，1；图版二八，4）。

陶甗耳　2件。标本03EH26:43，Aa型。夹砂灰黄陶。口沿外壁贴施泥片护耳，耳内甗壁上戳圆形穿孔。耳面和器表饰绳纹（图三九六，13）。标本03EH26:44，Ab型。夹砂黄褐陶。口沿外壁贴施泥片护耳，耳内甗壁上戳圆形穿孔。耳面饰条纹，器表饰弦断条纹（图三九六，12）。

陶滤盉　1件。标本03EH26:58，B型。夹砂褐陶。器由上部滤钵和下部带流带鋬鬲两部分构

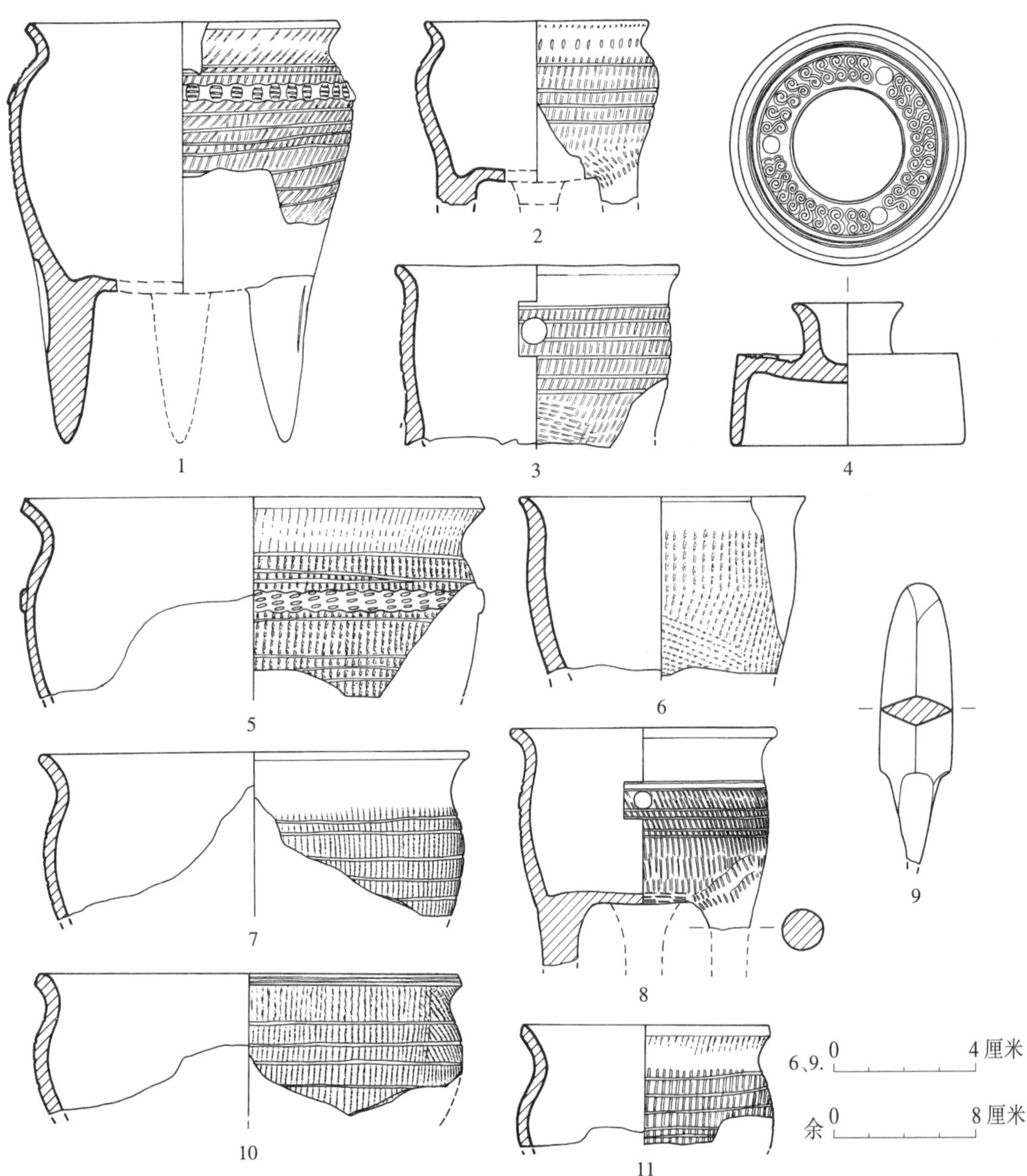

图三九三　03EH26出土器物

1. Ab型Ⅲ式陶鬲（03EH26∶7）　2. Ag型Ⅲ式陶鬲（03EH26∶3）　3、8. Ah型Ⅱ式陶鬲（03EH26∶2、16）　4. Aa型Ⅲ式陶器盖（03EH26∶12）　5. Bb型Ⅱ式陶盆（03EH26∶29）　6. Ha型Ⅱ式陶鬲（03EH26∶8）　7、10. Aa型Ⅲ式陶盆（03EH26∶32、30）　9. B型Ⅱ式石镞（03EH26∶27）　11. Ag型陶鬲（03EH26∶31）

成。钵口微敛，圆唇，弧腹内收。鬲肩部残有椭圆筒形流。钵腹饰绳纹。口径12、残高5.6厘米（图三九六，14）。

陶罐　4件。标本03EH26∶35，Aa型。夹细砂灰褐陶。敞口，斜弧沿，方唇，弧颈，弧溜肩，弧腹。颈部饰交叉绳纹，肩、上腹部饰弦断交叉绳纹，肩腹相交处饰一周附加堆纹。口径30、残高10厘米（图三九二，5）。标本03EH26∶28，Ab型Ⅲ式。夹细砂褐陶。敞口，斜弧沿，圆唇，弧直颈，溜肩，圆弧腹。肩、腹部饰绳索状凸弦纹。口径14、残高8.8厘米（图三九六，11）。标

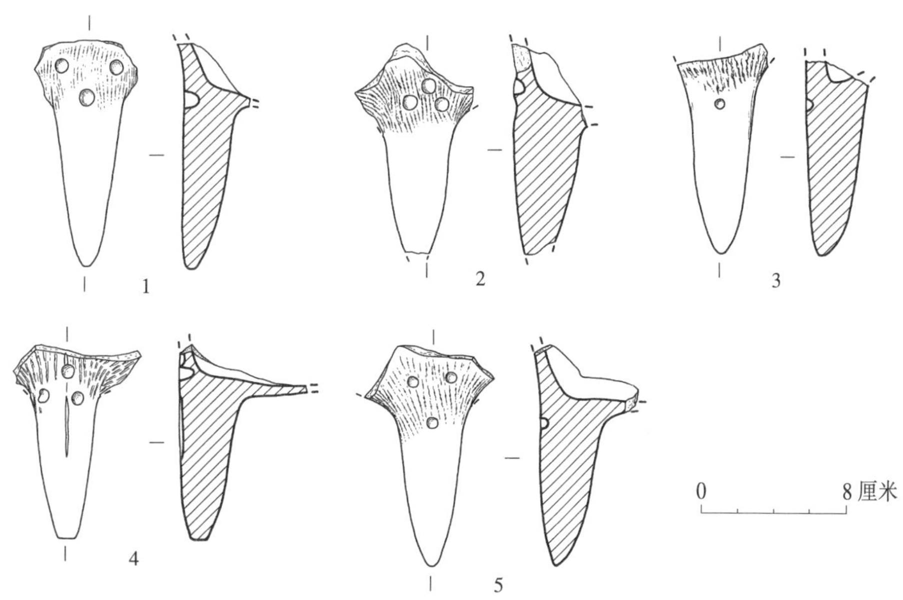

图三九四　03EH26出土陶器

1~3、5. C型Ⅰ式鬲足（03EH26:49、50、53、55）　4. Ab型Ⅱ式鬲足（03EH26:52）

本03EH26:34，Fc型Ⅲ式。夹细砂黄褐陶。敞口，圆唇，斜直颈，斜弧肩。素面。口径20、残高6.8厘米（图三九六，1）。标本03EH26:62，Fd型Ⅰ式。夹细砂黄褐陶。敞口，圆唇，斜直颈，斜弧肩。素面。口径12、残高6.4厘米（图三九六，2）。

陶瓮　3件。标本03EH26:60，Cb型。夹细砂灰褐陶。敞口，斜弧沿，方唇，弧颈，斜弧折肩。肩腹部残有乳丁，饰条纹。口径32、残高6.6厘米（图三九六，4）。标本03EH26:26，Ee型Ⅱ式。夹细砂褐陶。直口，圆唇，直颈，斜折肩，斜直腹。腹部饰弦断条纹。口径18.4、残高16.6厘米（图三九五，5）。标本03EH26:33，Gd型。夹细砂灰白陶。直口微敞，方唇，斜直颈，斜肩。素面。口径16、残高5厘米（图三九六，3）。

陶罍　1件。标本03EH26:24，A型Ⅱ式。夹细砂黄褐陶。敞口，斜弧沿，方唇，弧束颈，斜弧肩，圆弧腹斜内收，平底微内凹。颈部饰绳纹，肩、上腹部饰弦断绳纹，肩腹相交处饰一周附加堆纹，下腹和底部饰绳纹。口径18.4、底径15.2、高20.4厘米（图三九五，2；彩版二三，2）。

陶缸　1件。标本03EH26:20，Bb型Ⅲ式。夹细砂褐皮灰胎陶，器表有烟熏痕迹。直口微敛，圆唇，弧腹内收，矮圈足。腹部饰弦断条纹，下腹两周凸棱。口径23.6、底径14.4、高16~17.4厘米（图三九五，3；图版三九，4）。

陶盆　4件。标本03EH26:32，Aa型Ⅲ式。夹细砂红褐陶。敞口，斜弧沿，圆唇，弧颈，溜肩，弧腹，口径略大于腹径。肩、腹部饰弦断绳纹。口径24、残高9.2厘米（图三九三，7）。标本03EH26:30，Aa型Ⅲ式。夹细砂灰白陶。敞口，斜弧沿，方唇，弧颈，溜肩，圆弧腹，口径与腹径相等。颈部饰绳纹，肩、腹部饰弦断绳纹。口径24、残高7.6厘米（图三九三，10）。标本03EH26:29，Bb型Ⅱ式。夹细砂黄褐陶。敞口，斜弧沿，方唇，弧颈，溜肩，弧腹，口径略大于腹径。颈部饰绳纹，肩、腹部饰弦断绳纹，肩腹相交处饰一周附加堆纹。口径26、残高10.8厘米（图三九三，5）。标本03EH26:22，C型Ⅲ式。夹砂红褐陶，器表有烟熏痕迹。侈口，斜弧沿，圆

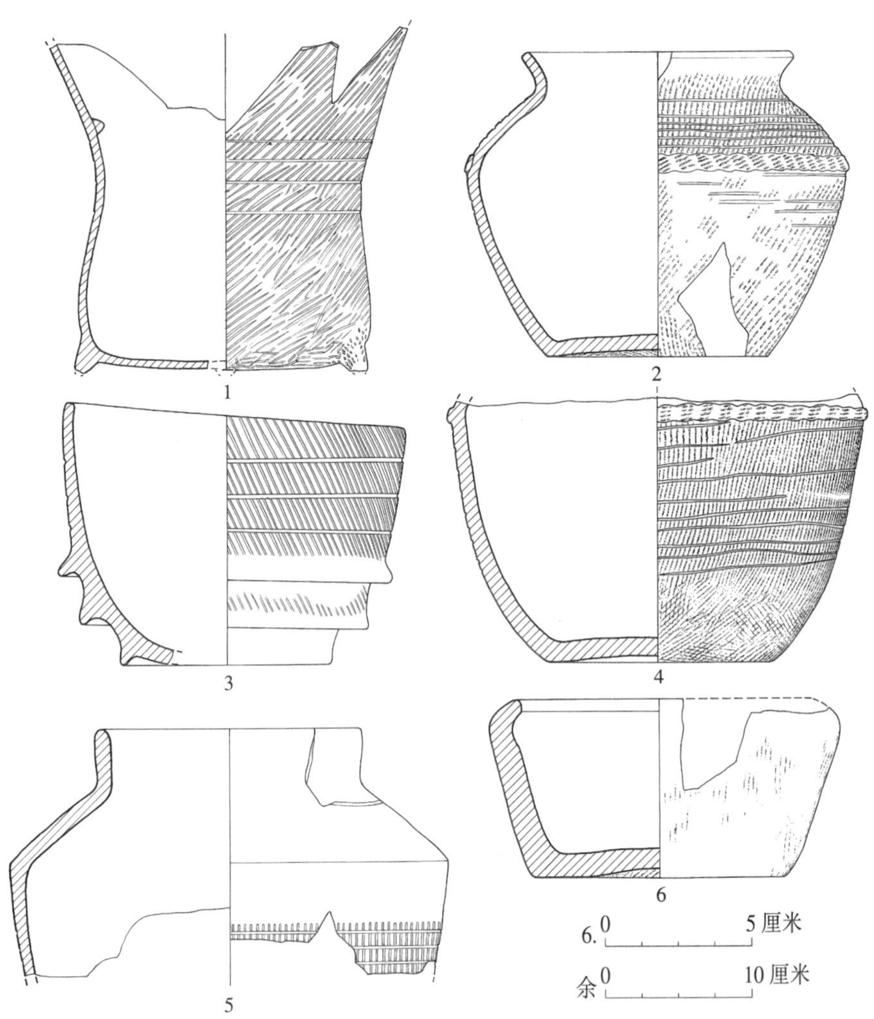

图三九五　03EH26 出土陶器

1. Ab 型甗（03EH26：19）　2. A 型Ⅱ式罍（03EH26：24）　3. Bb 型Ⅲ式缸（03EH26：20）　4. C 型器底（03EH26：25）　5. Ee 型Ⅱ式瓮（03EH26：26）　6. Ac 型Ⅱ式钵（03EH26：10）

唇，弧腹内收，口径略大于腹径，平底，三足残。口沿外侧贴施两个对称泥片护耳，两耳内根部盆壁上各戳穿一圆形孔。器身、耳面及足根饰绳纹。口径 25.6、残高 19.4 厘米（图三九二，3；彩版二二，6）。

陶盆（底）足　1 件。标本 03EH26：47，C 型Ⅱ式。夹细砂黄褐陶。下腹斜直内收，平底，椭圆柱状足。底及足根饰条纹。残高 5.6 厘米（图三九七，9）。

陶钵　1 件。标本 03EH26：10，Ac 型Ⅱ式。泥质黑皮灰胎陶。敛口，圆唇，弧肩，斜直腹内收，平底内凹。腹部饰绳纹。口径 10、底径 8.5、高 6 厘米（图三九五，6；彩版二四，5）。

陶钵形器　1 件。标本 03EH26：14，B 型Ⅱ式。泥质黑衣褐胎陶。直口，圆唇，圆弧腹内收，平底。素面。口径 2.9、底径 2.8、高 3.2 ~ 3.4 厘米（图三九七，8；图版四四，3）。

陶豆　5 件。标本 03EH26：17，Aa 型Ⅳ式。夹细砂灰陶。敞口，圆唇，弧盘，圆圈形柄。盘外壁底部饰绳纹，柄部饰弦纹，残有三个长方形镂孔。口径 23.6、残高 12 厘米（图三九七，3）。标本 03EH26：39，Aa 型。夹细砂灰陶。敞口，圆唇，弧盘。盘内壁饰两周凹弦纹，其间一周竖

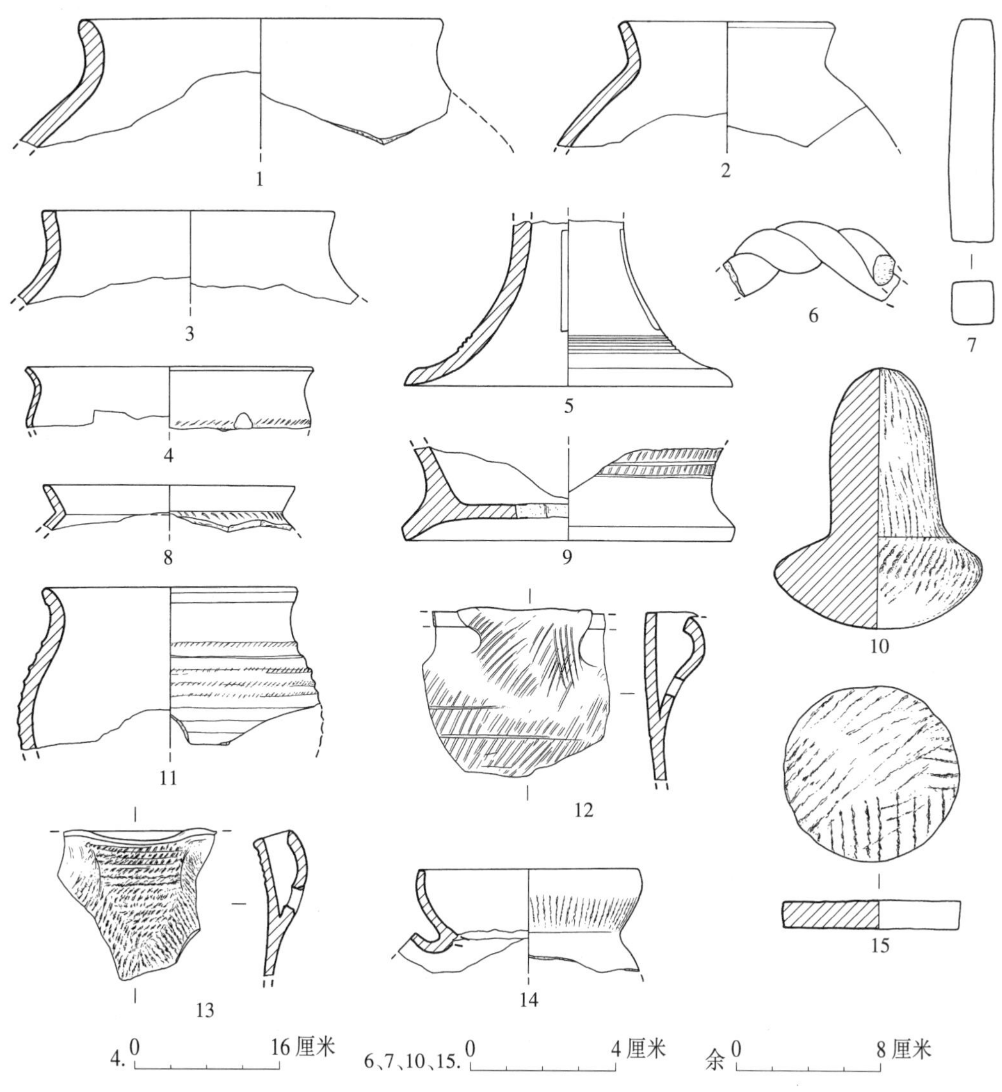

图三九六　03EH26出土器物

1. Fc型Ⅲ式陶罐（03EH26:34）　2. Fd型Ⅰ式陶罐（03EH26:62）　3. Gd型陶瓮（03EH26:33）　4. Cb型陶瓮（03EH26:60）　5. A型陶豆（03EH26:38）　6. B型陶器纽（03EH26:13）　7. 陶方条（03EH26:15）　8. Aa型Ⅲ式硬陶瓮（03EH26:36）　9. E型陶器底（03EH26:56）　10. Bc型Ⅰ式陶支（拍）垫（03EH26:11）　11. Ab型Ⅲ式陶罐（03EH26:28）　12. Ab型陶甗耳（03EH26:44）　13. Aa型陶甗耳（03EH26:43）　14. B型陶滤盉（03EH26:58）　15. Aa型Ⅰ式陶饼（03EH26:5）

"S"形纹，外壁底部饰绳纹。口径28、残高4厘米（图三九七，2）。标本03EH26:9，Ab型Ⅱ式。夹细砂灰陶。直口，方唇，折盘，圆圈形柄残。盘外壁底部饰绳纹，柄部残有长方形镂孔痕迹。口径22、残高6厘米（图三九七，4）。标本03EH26:18，Ab型Ⅱ式。夹细砂灰陶。直口，圆唇，折盘，圆圈形柄残。盘内底部饰线纹，线纹呈辐射状；外壁底部饰绳纹，柄部残有长方形镂孔痕迹。口径24、残高7厘米（图三九七，1）。标本03EH26:38，A型。夹细砂灰陶。圆圈形柄，喇叭口形豆座。柄残有三个长方形镂孔，圈足顶面饰弦纹。底径18、残高9厘米（图三九六，5）。

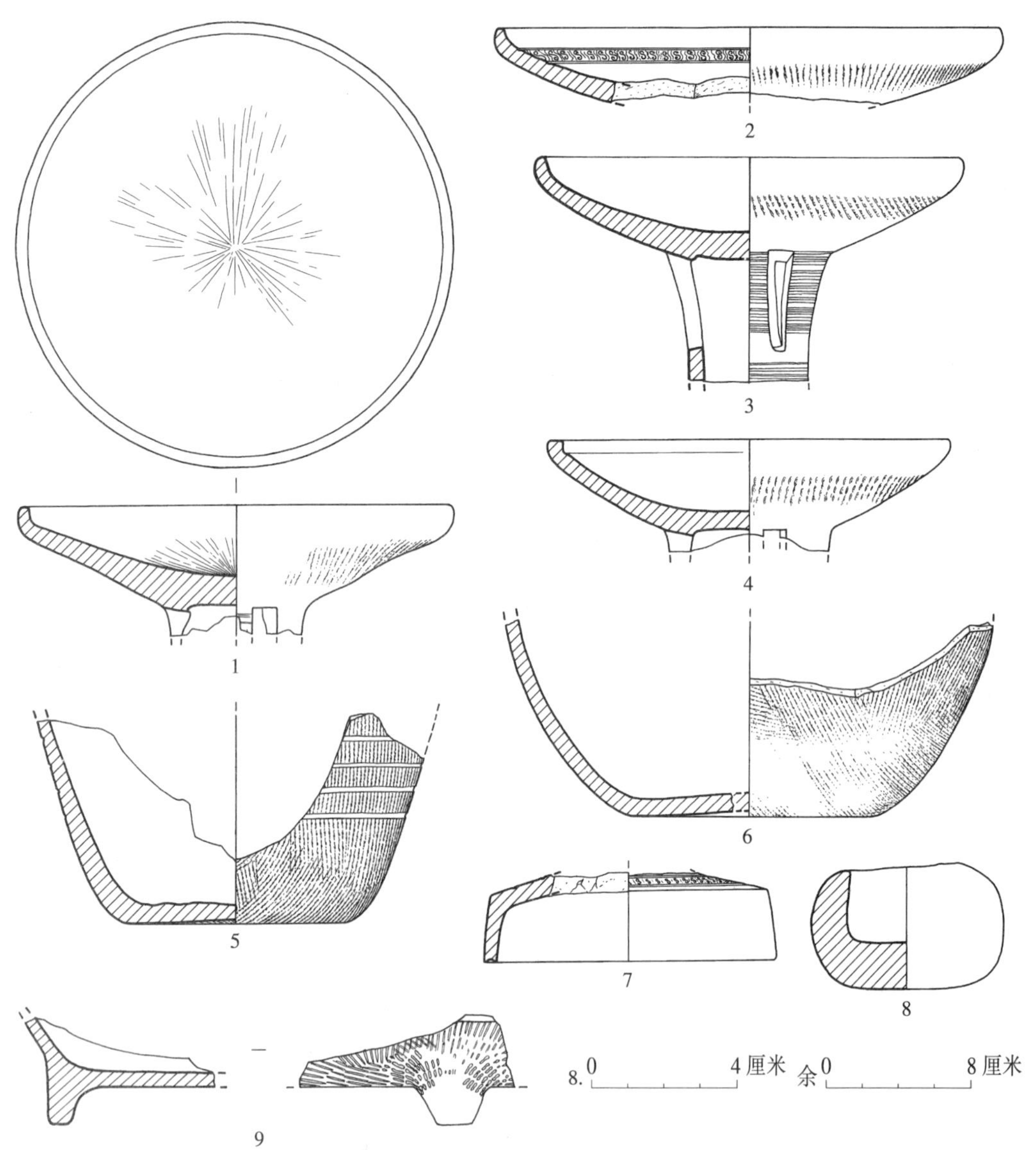

图三九七　03EH26 出土陶器

1、4. Ab 型Ⅱ式豆（03EH26∶18、9）　2. Aa 型豆（03EH26∶39）　3. Aa 型Ⅳ式豆（03EH26∶17）　5. B 型器底（03EH26∶41）　6. C 型器底（03EH26∶21）　7. Ab 型Ⅰ式器盖（03EH26∶57）　8. B 型Ⅱ式钵形器（03EH26∶14）　9. C 型Ⅱ式盆（底）足（03EH26∶47）

陶器盖　2 件。标本 03EH26∶12，Aa 型Ⅲ式。泥质黑皮灰胎陶。圆圈喇叭口形凹纽，盖顶内凹，斜直壁，直口，圆唇。盖顶面饰弦纹和一周竖“S”形纹，其间等距离施三个圆形泥饼。盖口径 13.2、纽口径 6.4、高 7.8 厘米（图三九三，4；彩版二六，4）。标本 03EH26∶57，Ab 型Ⅰ式。泥质灰陶。盖纽残，斜顶残，斜直壁，敞口，方唇，唇面一道凹槽。盖顶面饰弦纹和一周竖“S”形纹。盖口径 16、残高 4.8 厘米（图三九七，7）。

陶器纽　1 件。标本 03EH26∶13，B 型。夹砂褐灰陶。用两根泥条纽成圆索状，弧形，两端残（图三九六，6）。

陶器底　4 件。标本 03EH26∶41，B 型。泥质灰白陶。斜直腹弧内收，平底微内凹。中腹部饰弦断绳纹，下腹、底饰交错绳纹。底径12、残高11.2厘米（图三九七，5）。标本03EH26:21，C型。夹细砂灰陶。下腹弧内收，平底微内凹。下腹、底饰绳纹。底径13.8、残高10.4厘米（图三九七，6）。标本03EH26:25，C型。夹细砂灰陶。弧腹内收，平底微内凹。中腹部饰一周附加堆纹和弦断绳纹，下腹、底饰交错绳纹。底径15.4、残高17.8厘米（图三九五，4）。标本03EH26:56，E型。夹砂红褐陶。斜直腹内收，矮圈足。下腹部饰弦断条纹。底径18、残高5厘米（图三九六，9）。

陶支（拍）垫　1件。标本03EH26:11，Bc型Ⅰ式。夹砂灰黄陶。由圆柱状柄形握手和圆饼形垫构成。柄顶圆弧，圆柱状柄，圆饼形垫垫面弧形。器表饰绳纹。垫径5.8、垫厚2.5、柄径3.3、高7厘米（图三九六，10；彩版二七，4）。

陶饼　1件。标本03EH26:5，Aa型Ⅰ式。夹砂黄陶。用陶片打磨而成。扁圆形，两面平，周壁直。一面饰交错绳纹。直径4.7~4.9厘米（图三九六，15）。

陶方条　1件。标本03EH26:15，夹砂红陶。长条形。素面。长5.9、宽0.7~1.2厘米（图三九六，7；图版五九，5）。

硬陶瓮　1件。标本03EH26:36，Aa型Ⅲ式。灰硬陶。敞口，斜折沿，方唇，束颈，斜肩。肩部饰戳印纹。口径14、残高2.4厘米（图三九六，8）。

硬陶片　1件。标本03EH26:37，器类不明。灰褐硬陶。饰弦纹和水波浪（图二九八，9）。

石镞　1件。标本03EH26:27，B型Ⅱ式。青灰色。磨制。镞锋尖弧，中部起棱，截面菱形，翼窄；铤截面呈椭圆锥形，铤根至尖渐细，铤尖残。残长7.7厘米（图三九三，9；彩版三四，6）。

03EH27

位于03ET2508北部，延伸至北隔梁。开口于第4层下，被03EH21打破，打破03EH29。坑壁弧，平底。坑口长4.7米，坑深0.76米。填土黄褐色，土质较疏松，夹杂木炭粒和烧土粒。包含器类有陶鬲、罐、盂、豆、器盖等。

标本11件，其中陶器10件，硬陶器1件。

陶鬲　4件。标本03EH27:3，Ad型Ⅲ式。夹砂红褐陶，器表有烟炱。敞口，斜弧沿，方唇，弧束颈，隆肩，圆弧腹，鬲身呈罐形，口径小于腹径。肩、腹饰弦断绳纹。口径14.8、残高9.6厘米（图三九八，6）。标本03EH27:1，Ag型Ⅳ式。夹砂褐陶，器表有烟炱。侈口，弧沿，方唇，弧束颈，溜肩，圆弧腹内收，鬲身呈罐形，口径与腹径略相等，下弧裆，器内壁底部与足根对接处有较深足窝，圆柱状足足尖残。上腹饰弦断绳纹，足外侧残有三个圆窝，足根饰绳纹。口径9.8、残高9.2厘米（图三九八，2；图版二一，4）。标本03EH27:8，Ah型。夹砂褐陶。敞口，斜弧沿，圆唇，弧颈，溜肩，圆弧腹，口径大于腹径。颈部绳纹被抹，肩、腹饰弦断绳纹。口径12、残高5.4厘米（图三九八，4）。标本03EH27:6，Ha型。夹砂灰褐陶。敞口，斜弧沿，方唇，弧颈，溜肩，弧腹，鬲身呈盆形，口径大于腹径。颈部绳纹被抹，肩、腹饰弦断绳纹，肩腹相交处饰一周附加堆纹。口径12、残高6厘米（图三九八，7）。

陶鬲足　1件。标本03EH27:9，Aa型Ⅲ式。夹砂褐陶。圆柱状足，有足窝。足外侧一道短深竖刻槽。足上手捏痕迹清晰。残高9.2厘米（图三九八，8）。

陶罐　2件。标本03EH27:5，Bb型Ⅱ式。夹砂黄褐陶。侈口，圆唇，斜直颈，弧肩，圆弧

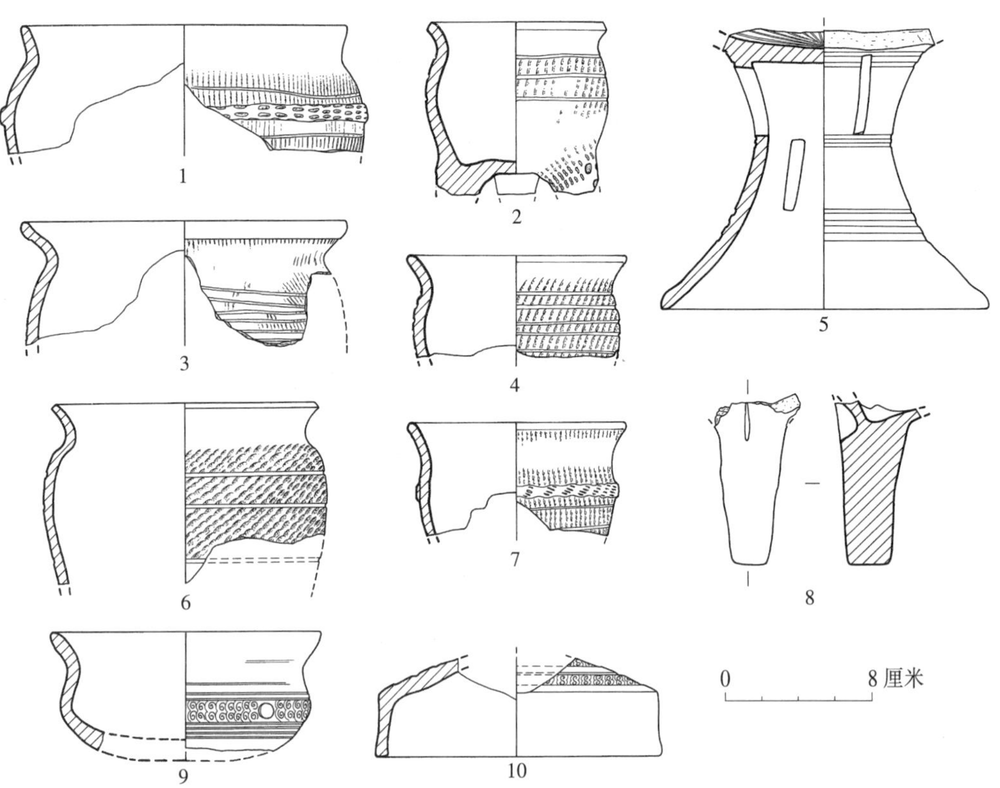

图三九八 03EH27 出土陶器

1. Bb 型Ⅱ式罐（03EH27:5） 2. Ag 型Ⅳ式鬲（03EH27:1） 3. Ca 型Ⅱ式罐（03EH27:7） 4. Ah 型鬲（03EH27:8） 5. A 型豆（03EH27:4） 6. Ad 型Ⅲ式鬲（03EH27:3） 7. Ha 型鬲（03EH27:6） 8. Aa 型Ⅲ式鬲足（03EH27:9） 9. Ba 型盂（03EH27:2） 10. Ab 型Ⅱ式器盖（03EH27:12）

腹。肩、腹饰弦断绳纹，肩腹相交处饰一周附加堆纹。口径 18、残高 7 厘米（图三九八，1）。标本 03EH27:7，Ca 型Ⅱ式。夹砂灰白陶。敞口，斜弧沿，圆唇，束颈，溜肩，弧腹，鬲身呈罐形。颈部绳纹被抹，肩、腹饰弦断绳纹。口径 18、残高 6.7 厘米（图三九八，3）。

陶盂 1 件。标本 03EH27:2，Ba 型。泥质灰皮黄胎陶，灰皮多脱落。敞口，弧沿，圆唇，弧束颈，弧腹内收，口径大于腹径。腹饰弦纹和一周“S”形纹，其间残有一个圆形泥饼。口径 15、残高 6.4 厘米（图三九八，9；图版四一，2）。

陶豆 1 件。标本 03EH27:4，A 型。夹细砂灰陶。圆圈柱形柄，豆座，呈喇叭形。盘内壁底部饰线纹，柄上分两层镂六个长方形孔，每层三个，用三组弦纹间隔。底径 17.8、残高 15 厘米（图三九八，5）。

陶器盖 1 件。标本 03EH27:12，Ab 型Ⅱ式。泥质灰陶。盖纽及斜顶残，直壁，敞口，圆唇。盖顶面饰弦纹，残有两周“S”形纹。盖口径 15.8、残高 5.2 厘米（图三九八，10）。

硬陶片 1 件。标本 03EH27:10，器类不明。灰褐硬陶。饰波浪纹（图二九七，4）。

03EH29

位于 03ET2508 东北部，延伸至隔梁。开口于第 4 层下，被 03EH27 叠压，打破 03EH38。坑壁弧，圜底。坑口长 1.55 米，坑深 0.56 米。填土黄褐色，土质较疏松，夹杂木炭粒和烧土粒。包含器类有陶罐、瓮等。

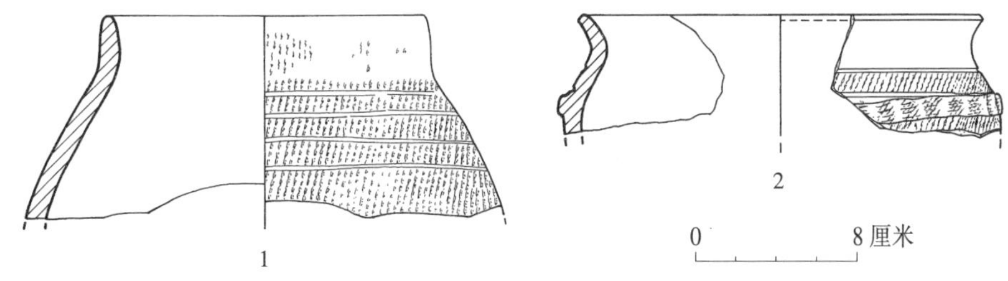

图三九九　03EH29 出土陶器

1. Gb 型Ⅲ式瓮（03EH29:1）　2. Aa 型罐（03EH29:2）

标本 2 件，均为陶器。

陶罐　1 件。标本 03EH29:2，Aa 型。夹砂褐陶。敞口，斜弧沿，圆唇，束颈，斜弧肩。肩、腹部饰弦断绳纹，肩腹相交处饰一周附加堆纹。口径 20、残高 6 厘米（图三九九，2）。

陶瓮　1 件。标本 03EH29:1，Gb 型Ⅲ式。夹砂褐陶。直口，圆唇，直颈，斜弧腹。颈部绳纹被抹，腹部饰弦断绳纹。口径 16、残高 9.6 厘米（图三九九，1）。

03EH45

位于 03ET2409 东北部。开口于第 4 层下，东南部被 03EH26 打破，打破第 5 层。坑口距地表 0.7 米。坑口方形，斜壁平底。坑口长 3.12、宽 2.9 米，坑底长 2.5、宽 2.2 米，坑深 1.2 米。坑内堆积灰黑色土，土质较松软，夹有炭渣、石块、炼渣、炉壁等。包含有陶鬲、滤盉、罐、豆、钵形器、条形器等器类（图四〇〇）。

标本 7 件，均为陶器。

陶鬲　1 件。标本 03EH45:13，Af 型Ⅱ式。夹砂褐陶。敞口，斜弧沿，圆唇，颈肩分界不明显，弧腹，鬲身呈钵形，口径略大于腹径。肩腹部饰弦断绳纹。口径 14、残高 7.7 厘米（图四〇一，7）。

陶滤盉　1 件。标本 03EH45:8，Ac 型。夹砂褐灰陶。钵敞口，方唇，直腹斜内收。下部鬲残。钵腹饰绳纹。口径 8、残高 4.3 厘米（图四〇一，6）。

陶罐　2 件。标本 03EH45:1，Fb 型。泥质灰陶。敞口，斜弧沿，尖圆唇，弧束颈，斜肩。颈部绳纹被抹，肩部饰弦断交叉绳纹和一周附加堆纹。口径 22、残高 6 厘米（图四〇一，3）。标本 03EH45:12，Ff 型Ⅲ式。夹细砂褐灰陶。敞口，斜弧沿，圆唇，斜直颈。颈部饰弦断绳纹。口径 24、残高 8.4 厘米（图四〇一，1）。

陶豆　1 件。标本 03EH45:10，A 型。夹细砂灰陶。圆圈形柄。盘底及盘柄相接处饰绳纹，柄部残有三个长条方形镂孔和五周凹弦纹。残高 10.2 厘米（图四〇一，2）。

陶钵形器　1 件。标本 03EH45:11，B 型Ⅲ式。夹砂黄灰陶。直口，方唇，弧腹内收，平底。素面。口径 3.4、底径 2.8、高 3.3 ~3.4 厘米（图四〇一，5）。

陶条形器　1 件。标本 03EH45:2，Ⅰ式。夹砂红陶。顶弧，壁斜弧，底平。素面。残长 10、宽 7.4、高 5 厘米（图四〇一，4）。

03EH65

位于 03ET2605 南部。开口于第 4 层下，被 03EH120 打破，打破 03EH76。坑口略呈椭圆形，弧

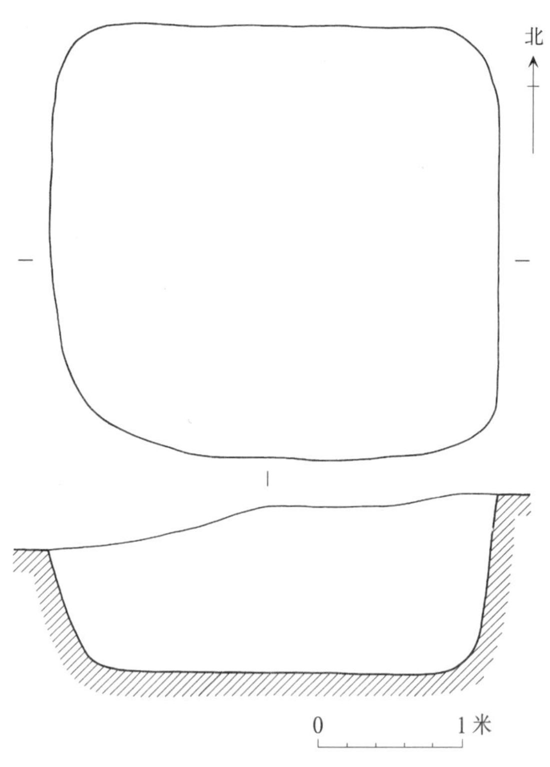

图四〇〇 03EH45 平、剖面图

壁圜底。坑口长径 1.58、短径 1.23 米，坑深 0.3 米。坑底规整，有较清楚的工具痕迹。坑内堆积黄褐色土，夹有烧土、炭渣等。包含有陶鬲、罐、豆、钵等器类（图四〇二）。

标本 2 件，均为陶器。

陶钵 1 件。标本 03EH65∶1，Ca 型Ⅰ式。夹砂褐陶。敛口，方唇，上腹圆弧，下腹斜弧内收。腹通饰斜条纹。口径 22、残高 13 厘米（图四〇三，1）。

陶豆 1 件。标本 03EH65∶2，Aa 型。泥质褐陶。敞口，圆唇，弧盘，弧壁。盘内壁一周“S”形纹。口径 23.6、残高 3.4 厘米（图四〇三，2）。

03EH68

位于 03ET3006 西北部。开口于第 4 层下，被 03EH129 打破，打破 03EH69 和 03EH94。坑口长方形，斜壁平底。坑口长 2.3、宽 2.05 米，坑底长 1.4、宽 1.35 米，坑深 0.8 米。坑内堆积褐灰色土，土质疏松，夹有炭渣。包含

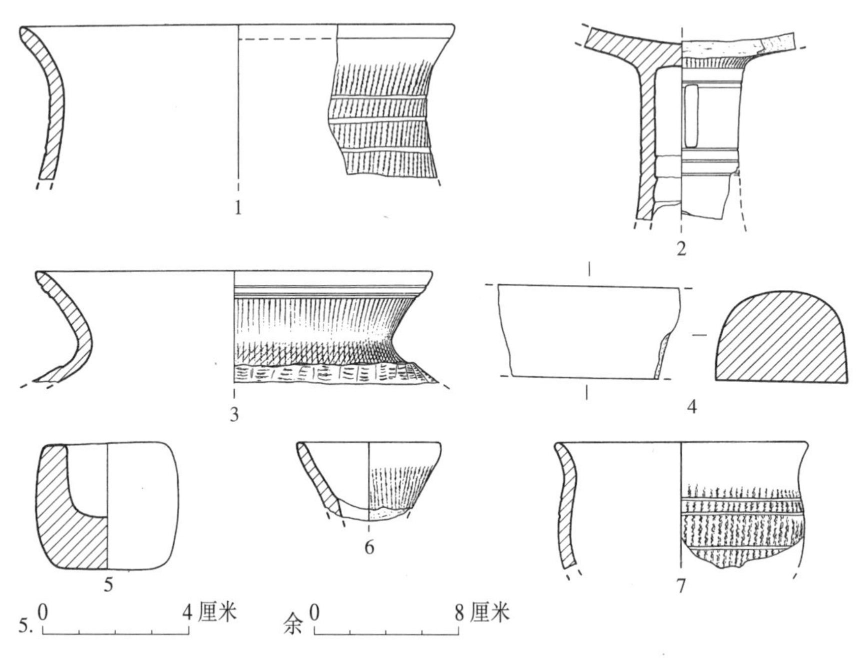

图四〇一 03EH45 出土陶器

1. Ff 型Ⅲ式罐（03EH45∶12） 2. A 型豆（03EH45∶10） 3. Fb 型罐（03EH45∶1） 4. Ⅰ式条形器（03EH45∶2） 5. B 型Ⅲ式钵形器（03EH45∶11） 6. Ac 型滤盉（03EH45∶8） 7. Af 型Ⅱ式鬲（03EH45∶13）

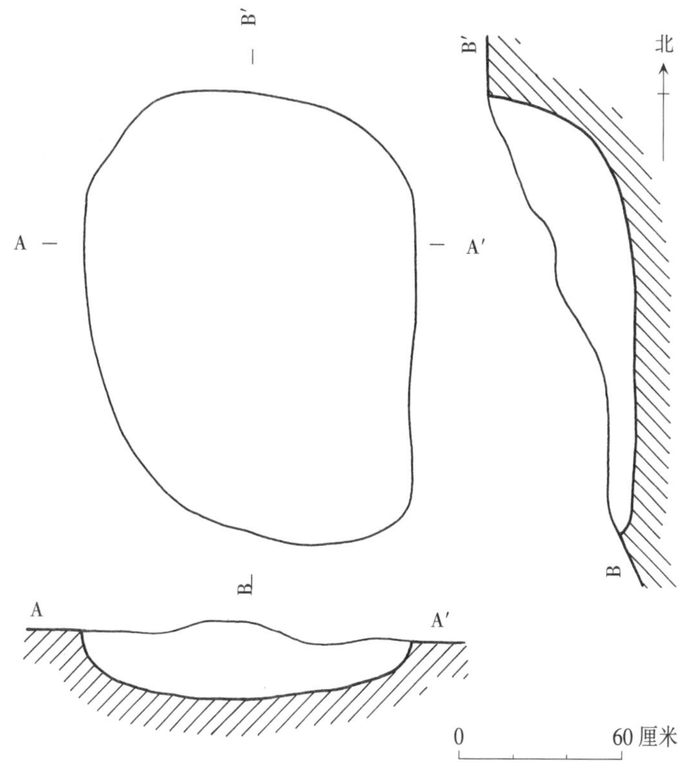

图四〇二　03EH65平、剖面图

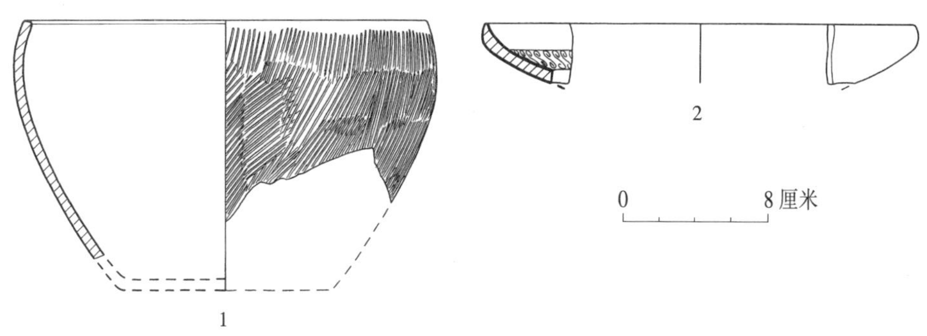

图四〇三　03EH65出土陶器

1. Ca型Ⅰ式钵（03EH65:1）　2. Aa型豆（03EH65:2）

有陶鬲、鼎、甗、罐、瓮、罍、豆、器盖等器类（图四〇四）。

标本19件，均为陶器。

陶鬲足　3件。标本03EH68:13，Aa型Ⅰ式。夹砂褐陶。圆柱状尖锥足，足根有足窝。足外壁刻划一道竖槽，足根饰条纹。包足足榫明显。残高8.2厘米（图四〇五，3）。标本03EH68:10，Aa型Ⅱ式。夹砂黄褐陶。圆柱状截锥足，足根有足窝。足外壁刻划一道竖槽，足根饰条纹。残高11.6厘米（图四〇五，2）。标本03EH68:11，Aa型Ⅱ式。夹砂黄褐陶。圆柱状截锥足，足根有足窝。足外壁刻划一道竖槽，足根饰条纹。残高12.8厘米（图四〇五，5）。

陶甗　2件。标本03EH68:4，Aa型Ⅲ式。夹砂黄褐陶，残存甑部。侈口，卷沿，方唇，弧

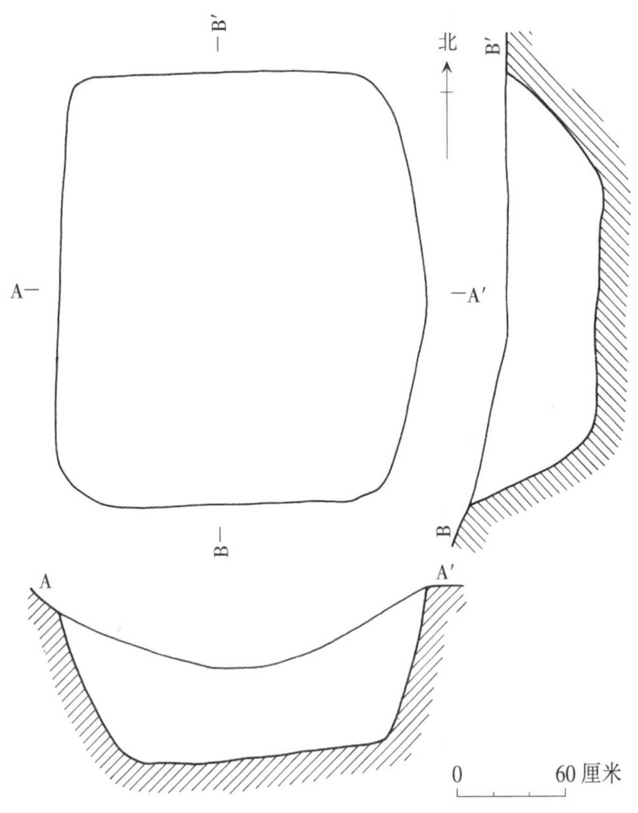

图四〇四 03EH68 平、剖面图

颈，溜肩，直腹斜内收。口沿外侧贴施两个对称泥片护耳，两耳内甗壁上各戳穿一圆形孔。颈部纹饰被抹，腹饰弦断条纹。口径 31.8、残高 24 厘米（图四〇六，1）。标本 03EH68∶7，Ab 型。夹砂黄褐陶。侈口，卷沿，方唇，弧颈，弧肩。腹饰条纹。口径 32、残高 5.4 厘米（图四〇六，4）。

陶甗耳 1 件。标本 03EH68∶24，Aa 型。夹砂黄灰陶。耳面饰条纹，耳面两侧各有一个对穿小圆孔（图四〇六，7）。

陶鼎 2 件。标本 03EH68∶1，Da 型Ⅲ式。仿铜。夹砂红褐陶，下腹和底部有烟熏痕迹。直口，平沿，方唇，圆弧腹，下腹外鼓，釜形，口径小于腹径，圜底近平，圆柱形截锥足。耳残。肩腹交界处饰网格纹，其间残有两个泥饼纹，腹饰弦断条纹，底及足根饰条纹，足根有三个小圆窝纹。口径 19.6、高 22.3 厘米（图四〇五，1；图版三一，4）。标本 03EH68∶2，Db 型Ⅰ式。仿铜，夹砂黄褐陶，腹和底部有烟熏痕迹。直口，平沿，圆唇，圆弧腹，下腹垂，鼎身呈双耳釜形，耳残，口径小于腹径。腹部等距离施四个泥钉，腹、底饰条纹，足上残有一道竖刻划槽。口径 22.6、残高 16 厘米（图四〇五，4；图版三二，1）。

陶罐 1 件。标本 03EH68∶25，Fb 型。夹砂褐陶。敞口，圆唇，高斜直束颈。颈部饰条纹。口径 28、残高 8.8 厘米（图四〇六，6）。

陶瓮 1 件。标本 03EH68∶6，Eb 型。夹砂褐陶。直口，平沿，直颈，斜弧肩。素面。口径 18、残高 5.2 厘米（图四〇六，8）。

陶罍 1 件。标本 03EH68∶5，Ba 型。夹砂褐陶。敞口，方唇，斜直颈，斜弧肩。肩、腹部饰弦断条纹。口径 20、残高 7.8 厘米（图四〇五，7）。

陶豆 1 件。标本 03EH68∶3，Aa 型。夹细砂灰陶。敞口，圆唇，弧壁，圜底。盘外壁饰条纹。口径 22、残高 5 厘米（图四〇六，9）。

陶盖纽 1 件。标本 03EH68∶9，A 型。夹细砂黄褐陶。圆圈形纽，盖顶斜残。素面。纽径 9、残高 4.8 厘米（图四〇五，6）。

陶器耳 6 件。标本 03EH68∶19，Aa 型。夹砂黄灰陶。鸟喙形扁直耳，耳根部横穿圆孔。素面（图四〇六，2）。标本 03EH68∶22，Ab 型。夹砂黄灰陶。鸟喙形扁直耳，耳根部横穿圆孔。器腹和耳顶面饰条纹（图四〇六，5）。标本 03EH68∶20，Ac 型。夹砂黄灰陶。椭圆扁直耳略呈鸟喙

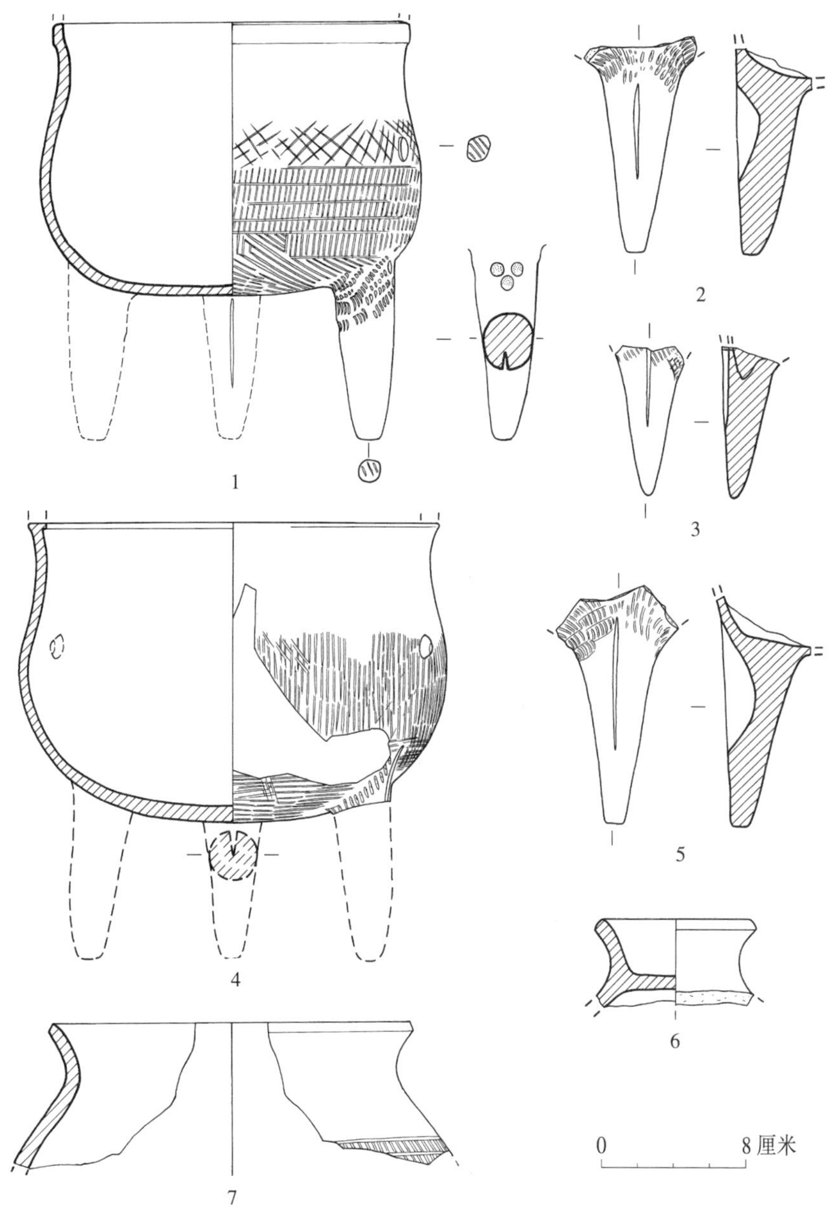

图四〇五　03EH68 出土陶器

1. Da 型Ⅲ式鼎（03EH68∶1）　2、5. Aa 型Ⅱ式鬲足（03EH68∶10、11）　3. Aa 型Ⅰ式鬲足（03EH68∶13）
4. Db 型Ⅰ式鼎（03EH68∶2）　6. A 型盖纽（03EH68∶9）　7. Ba 型罍（03EH68∶5）

形，耳根部横穿圆孔。耳顶面饰条纹（图四〇六，11）。标本 03EH68∶21，Ag 型。夹砂黄灰陶。扁直耳略呈羊头形。耳顶面有凸棱，耳根部横穿圆孔（图四〇六，3）。标本 03EH68∶18，Bc 型。夹砂褐陶。长方形泥片状横耳，耳顶凹弧，耳面斜折弧上翘。素面（图四〇六，10）。标本 03EH68∶23，Cc 型。夹砂褐陶。椭圆形环耳，耳环截面略呈椭圆形。素面（图四〇六，12）。

03EH70

位于 03ET3006 东北部，延伸至隔梁。开口于第 4 层下，被 03EH129 打破，打破生土层。坑口呈椭圆形，坑壁弧，圜底。坑口长径 2.1、短径 1.35 米，坑深 0.5 米。填土黄褐色，土质较疏松，

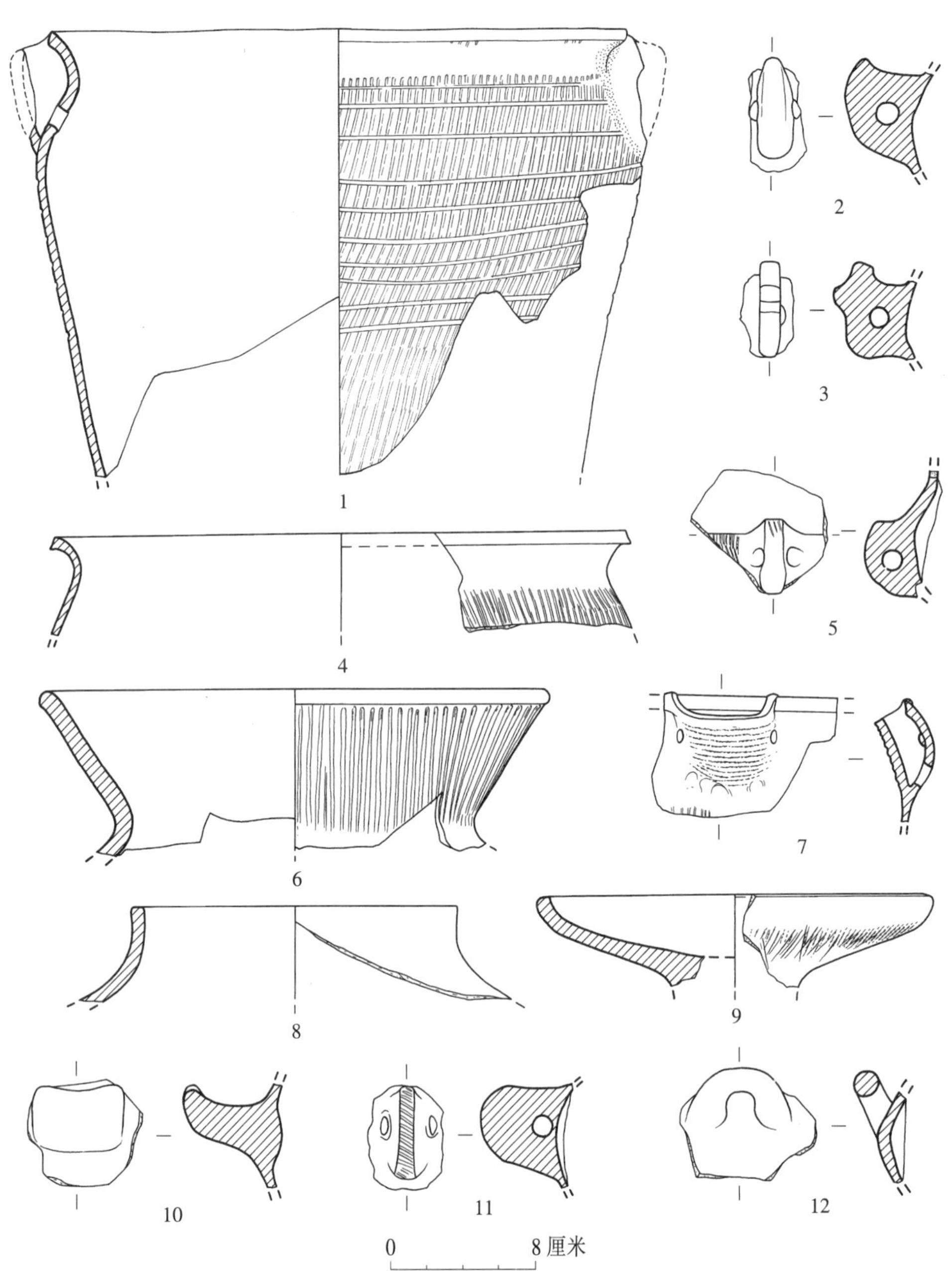

图四〇六　03EH68 出土陶器

1. Aa 型Ⅲ式甗（03EH68∶4）　2. Aa 型器耳（03EH68∶19）　3. Ag 型器耳（03EH68∶21）　4. Ab 型甗（03EH68∶7）　5. Ab 型器耳（03EH68∶22）　6. Fb 型罐（03EH68∶25）　7. Aa 型甗耳（03EH68∶24）　8. Eb 型瓮（03EH68∶6）　9. Aa 型豆（03EH68∶3）　10. Bc 型器耳（03EH68∶18）　11. Ac 型器耳（03EH68∶20）　12. Cc 型器耳（03EH68∶23）

夹杂少许烧土粒。包含器类有陶鬲、鼎、甗、罐、盂等。

标本 7 件，均为陶器。

陶鬲足　2 件。标本 03EH70∶4，Ac 型Ⅰ式。夹砂红褐陶。圆柱状矮锥足，足根有足窝。足根饰绳纹。残高 6.4 厘米（图四〇七，7）。标本 03EH70∶3，C 型Ⅱ式。夹砂褐陶。圆柱状截锥足，

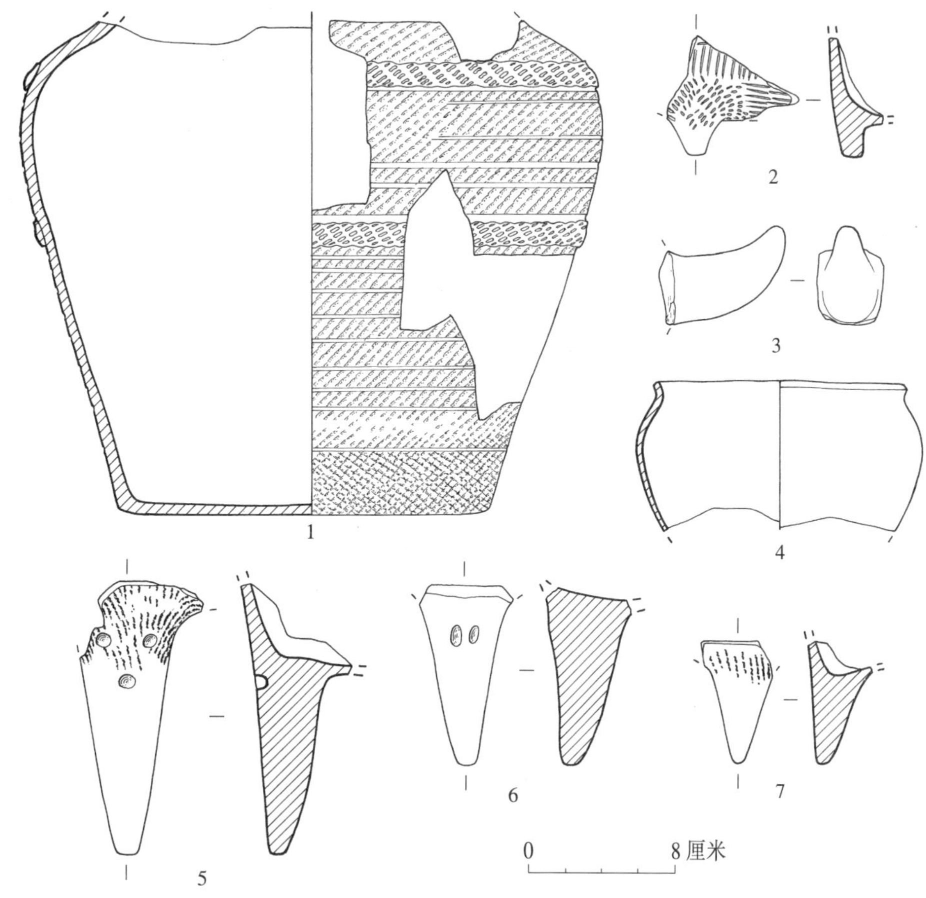

图四〇七　03EH70 出土陶器

1. Fc 型罐（03EH70∶1）　2. Aa 型Ⅱ式甗足（03EH70∶6）　3. Ab 型器鋬（03EH70∶7）　4. Ab 型Ⅱ式盂（03EH70∶2）　5. C 型Ⅱ式鬲足（03EH70∶3）　6. B 型鼎足（03EH70∶5）　7. Ac 型Ⅰ式鬲足（03EH70∶4）

足根有足窝，外壁三个圆窝。足根饰绳纹。残高 14.6 厘米（图四〇七，5）。

陶鼎足　1 件。标本 03EH70∶5，B 型。夹砂灰陶。圆柱状锥足。足根外壁有两个椭圆形凹窝。残高 9.6 厘米（图四〇七，6）。

陶甗足　1 件。标本 03EH70∶6，Aa 型Ⅱ式。夹砂褐陶。椭圆柱状截锥矮足。底及足根饰条纹。残高 6.4 厘米（图四〇七，2）。

陶罐　1 件。标本 03EH70∶1，Fc 型。夹砂灰褐陶。斜弧肩，上腹圆弧，下腹斜直内收呈平底。肩腹交界处和腹部各有一周绳索状附加堆纹，肩腹部通饰弦断斜绳纹。底径 20、残高 26.6 厘米（图四〇七，1；图版三五，1）。

陶盂　1 件。标本 03EH70∶2，Ab 型Ⅱ式。夹砂红褐陶。侈口，方唇，斜直颈，斜弧肩，圆鼓腹。素面。口径 13.6、残高 8 厘米（图四〇七，4）。

陶器鋬　1 件。标本 03EH70∶7，Ab 型。夹砂褐陶。椭圆柱形器鋬，鋬端微上弯。素面（图四〇七，3）。

03EH73

位于 03ET2705 东北部。开口于第 4 层下，打破 03EH77。坑口略呈椭圆形，坑壁弧，圜底。

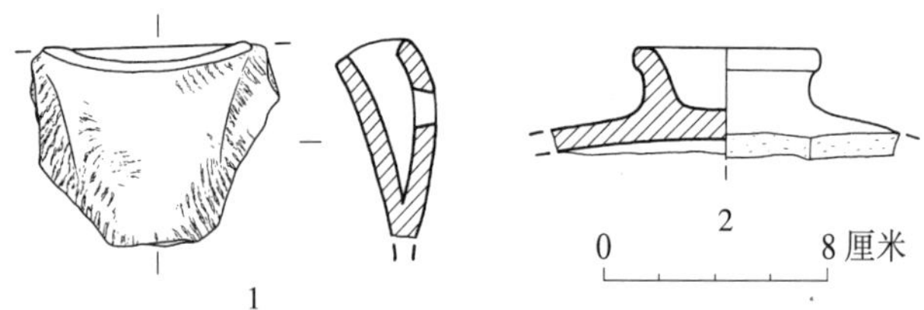

图四〇八 03EH73出土陶器

1. Aa型甗耳（03EH73∶1） 2. A型盖纽（03EH73∶2）

坑口长径2、短径0.8米，坑深0.52米。填土灰褐色，土质较疏松，夹杂少许烧土粒和木炭粒。包含器类有陶甗、器盖等。

标本3件，均为陶器。

陶甗耳 1件。标本03EH73∶1，Aa型。夹砂红褐陶。口沿外侧贴施泥片护耳，耳内甗壁上戳圆形穿孔。耳面饰条纹（图四〇八，1）。

陶盖纽 1件。标本03EH73∶2，A型。夹细砂褐陶。圆圈形纽，盖顶弧残。素面。纽径6.8、残高3.9厘米（图四〇八，2）。

陶支（拍）垫 1件。标本03EH73∶3，Aa型Ⅰ式。夹砂灰陶。握手略残。垫面平，呈椭圆形。素面。垫面长5.5、宽4.5、支垫通高6厘米（图版五〇，3）。

03EH77

位于03ET2705探方中。开口于第4层下，被03EH73、H98打破，打破生土层。坑口呈椭圆形，坑壁斜直，底平。坑口长径4.5、短径2.45米，坑深1米。填土褐灰色，土质较疏松，夹杂烧土粒、木炭粒和炼渣。包含器类有陶鬲、甗、鼎、罐、尊、钵、器耳和石镞、范等。

标本12件，其中陶器9件，石器3件。

陶鬲足 1件。标本03EH77∶6，C型Ⅱ式。夹砂褐陶。圆柱状截锥足。足根饰条纹，外壁压印一个圆窝纹。残高10.2厘米（图四〇九，10）。

陶甗 1件。标本03EH77∶9，Ac型Ⅱ式。夹砂灰陶。残存甑口部。直口微敛，圆唇，口沿外侧贴施两个对称泥片护耳，两耳内甗壁上各戳穿一圆形孔。耳面饰横绳纹。口径16.4、残高5厘米（图四〇九，6）。

陶鼎 1件。标本03EH77∶15，Bb型Ⅱ式。夹砂灰陶。敞口，平沿，方唇，斜弧颈，斜肩。肩、腹各残有一道凸弦纹。口径22、残高6.6厘米（图四〇九，9）。

陶罐 2件。标本03EH77∶11，Aa型。泥质灰陶。侈口，卷沿，方唇，弧颈。颈部饰细绳纹，肩饰弦纹。口径22、残高2.6厘米（图四〇九，8）。标本03EH77∶12，Fb型。夹砂褐陶。侈口，圆唇，束颈。斜沿沿面对称戳穿两个圆形孔。口径16、残高3厘米（图四〇九，2）。

陶器耳 1件。标本03EH77∶8，Ad型。夹砂黄陶。椭圆扁直耳略呈鸟头形，耳根部横穿圆孔。耳顶面饰条纹（图四〇九，5）。

陶尊 2件。标本03EH77∶14，A型Ⅰ式。夹细砂灰陶。敞口，卷沿，方唇，弧颈。颈饰凹弦纹。口径20、残高5厘米（图四〇九，7）。标本03EH77∶4，A型Ⅱ式。泥质灰陶。敞口，卷沿，圆唇，弧颈，弧腹。腹饰凹凸弦纹。口径20.8、残高8.8厘米（图四〇九，11）。

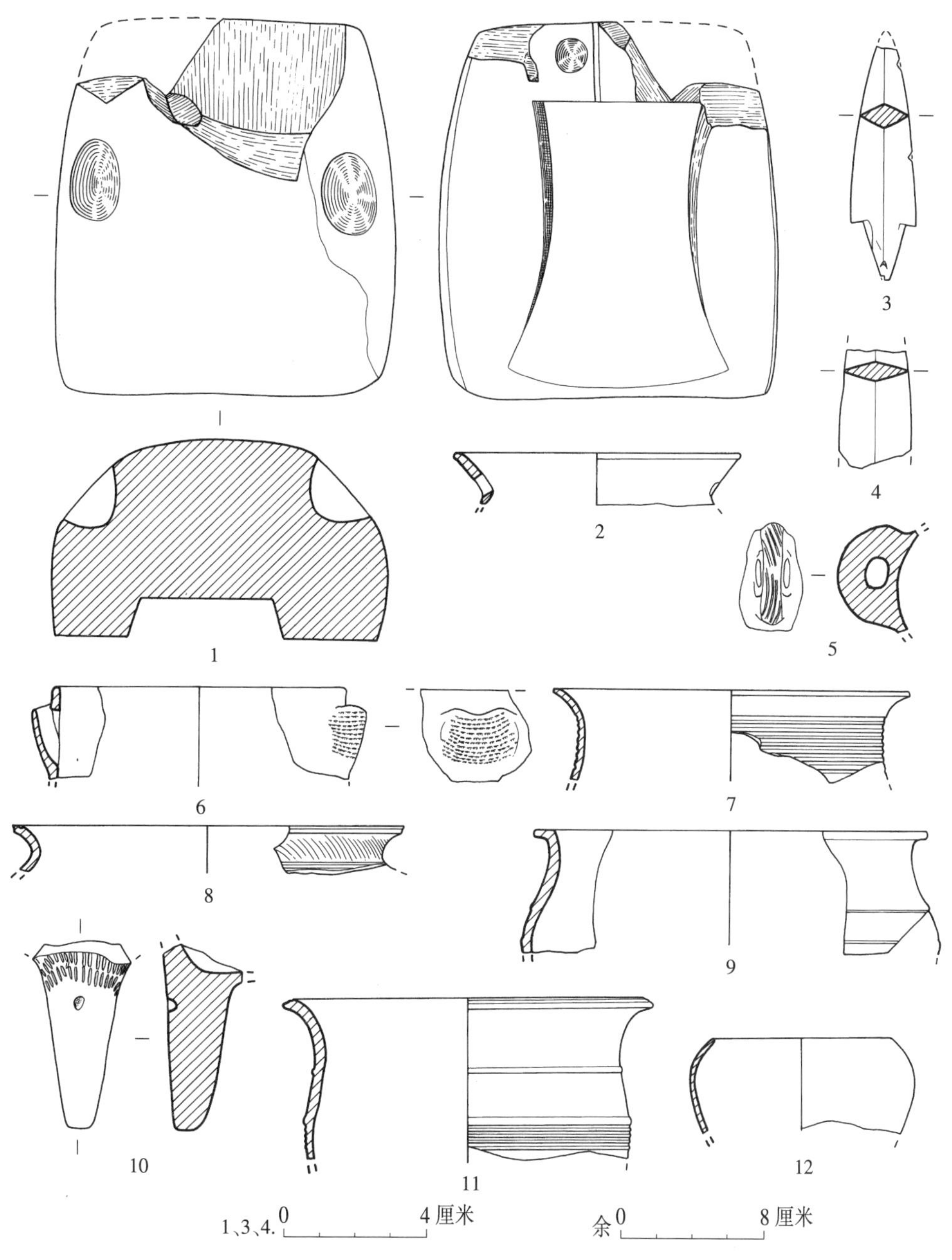

1、3、4. 0　4厘米　余 0　8厘米

图四〇九　03EH77出土器物

1. B型石范（03EH77∶1）　2. Fb型陶罐（03EH77∶12）　3. B型Ⅲ式石镞（03EH77∶2）　4. 石镞（03EH77∶3）　5. Ad型陶器耳（03EH77∶8）　6. Ac型Ⅱ式陶甗（03EH77∶9）　7. A型Ⅰ式陶尊（03EH77∶14）　8. Aa型陶罐（03EH77∶11）　9. Bb型Ⅱ式陶鼎（03EH77∶15）　10. C型Ⅱ式陶鬲足（03EH77∶6）　11. A型Ⅱ式陶尊（03EH77∶4）　12. Ca型Ⅰ式陶钵（03EH77∶5）

陶钵　1件。标本03EH77∶5，Ca型Ⅰ式。夹细砂灰陶。敛口，圆唇，弧腹。素面。口径10.2、残高5.8厘米（图四〇九，12）。

石镞　2件。标本03EH77∶2，B型Ⅲ式。褐青色。磨制。镞锋尖残，中部起棱，截面菱形，翼窄；铤截面呈椭圆形，铤根至尖渐细。残长6.4厘米（图四〇九，3；图版六七，8）。标本03EH77∶3，型式不明。青色。磨制。残存镞身中段，中部起棱，截面菱形。残长3.2厘米（图四

○九，4）。

石范 1件。标本03EH77∶1，B型。褐色砂石。凿磨制法。单扇斧范，顶角略残，范体略呈圆角长方形，范面顶端下凹，留圆窝形卯眼，边面和底面齐平，背面弧，两侧各有一个椭圆形凹窝，范四壁弧，范腔呈束腰斧形，斧顶上方至范端有一长2.1、宽1.2、深0.2～0.3厘米的长方形浇口。范体长10.3、宽7.5～9.5、厚5.4厘米（图四○九，1；彩版三五，4）。

03EH83

位于03ET2906、T2907。开口于第4层下，被03EH129打破，打破03EH147、H69。坑口呈椭圆形，坑壁斜，平底。坑口长径4.9、短径3.1米，坑深0.35米。填土黄褐色，土质较疏松，夹杂烧土粒和木炭粒。包含器类有陶鬲、甗、鼎、罐、瓮、盆、豆、支（拍）垫、饼和硬陶饼等。

标本31件，其中陶器30件，硬陶器1件，还有炼渣。

陶鬲 4件。标本03EH83∶18，Ab型。夹砂灰黄陶。敞口，方唇，斜直颈，溜肩，弧腹，口径略大于腹径。腹饰抹断条纹。口径12、残高4.2厘米（图四一○，7）。标本03EH83∶17，Ac型。夹砂灰褐陶。敞口，方唇，斜直颈，弧肩，口径与腹径相等。颈部纹饰被抹，肩、腹饰抹断条纹。口径24、残高5.2厘米（图四一○，2）。标本03EH83∶8，Bb型Ⅱ式。夹砂褐陶。直口微敞，口沿处突出一个凹流，方唇，弧颈，弧肩，圆弧腹斜直内收，口径小于腹径，器内壁底部与足根对接处有较浅足窝，圆柱状截锥足。颈部纹饰被抹，腹饰弦断条纹，足根饰间断绳纹。口径11、高11厘米（图四一○，1；图版二四，6）。标本03EH83∶11，Ha型Ⅱ式。夹砂褐红陶。敞口，圆唇，斜直颈，溜肩，弧腹，口径大于腹径。颈部纹饰被抹，肩、腹饰弦断绳纹。口径16、残高8厘米（图四一○，4）。

陶鬲足 3件。标本03EH83∶26，Aa型Ⅰ式。夹砂黄褐陶。圆柱状尖锥足。足外壁刻划一道竖槽，足根饰条纹。残高10.8厘米（图四一○，5）。标本03EH83∶27，Aa型Ⅰ式。夹砂黄褐陶。圆柱状尖锥足。足外壁刻划一道竖槽，足根饰条纹。残高9厘米（图四一○，6）。标本03EH83∶28，Ac型Ⅰ式。夹砂黄褐陶。圆柱状矮锥足。足外壁刻划一道竖槽，足根饰绳纹。残高6.8厘米（图四一○，8）。

陶甗耳 1件。标本03EH83∶24，Ab型。夹砂红褐陶。口沿外侧贴施泥片护耳，耳边缘中部捏压较深，耳面隆起较高，耳内甗壁上戳圆形穿孔。耳面饰绳纹（图四一一，13）。

陶鼎足 1件。标本03EH83∶25，Ab型。夹砂褐陶。圆柱状截锥足。足内壁刻划一道竖槽，足根饰条纹。残高16.8厘米（图四一○，3）。

陶罐 4件。标本03EH83∶9，Aa型Ⅳ式。夹砂黄褐陶。敞口，方唇，斜弧颈，溜肩。肩、腹饰抹断条纹，肩腹交界处饰一周绳索状附加堆纹。口径30、残高7.8厘米（图四一一，6）。标本03EH83∶15，Ab型。夹砂黄褐陶。敞口，方唇，斜直颈，溜肩。颈部纹饰被抹，肩、腹饰弦断条纹。口径14、残高3.8厘米（图四一一，5）。标本03EH83∶10，Ba型Ⅲ式。夹砂黄褐陶。侈口，圆唇，斜直颈，溜肩。唇内外各有一周凹弦纹，颈部纹饰被抹，肩、腹饰弦断绳纹。口径24、残高6厘米（图四一一，8）。标本03EH83∶12，Fc型Ⅲ式。夹砂灰黄陶。敞口，圆唇，弧颈，斜弧肩。颈部纹饰被抹。口径18、残高7.5厘米（图四一一，9）。

陶瓮 3件。标本03EH83∶5，Ac型。夹砂黄褐陶。敞口，圆唇，弧颈，弧肩。颈部纹饰被抹，肩、腹饰弦断条纹，肩腹交界处饰一周绳索状附加堆纹。口径36、残高8厘米（图四一一，

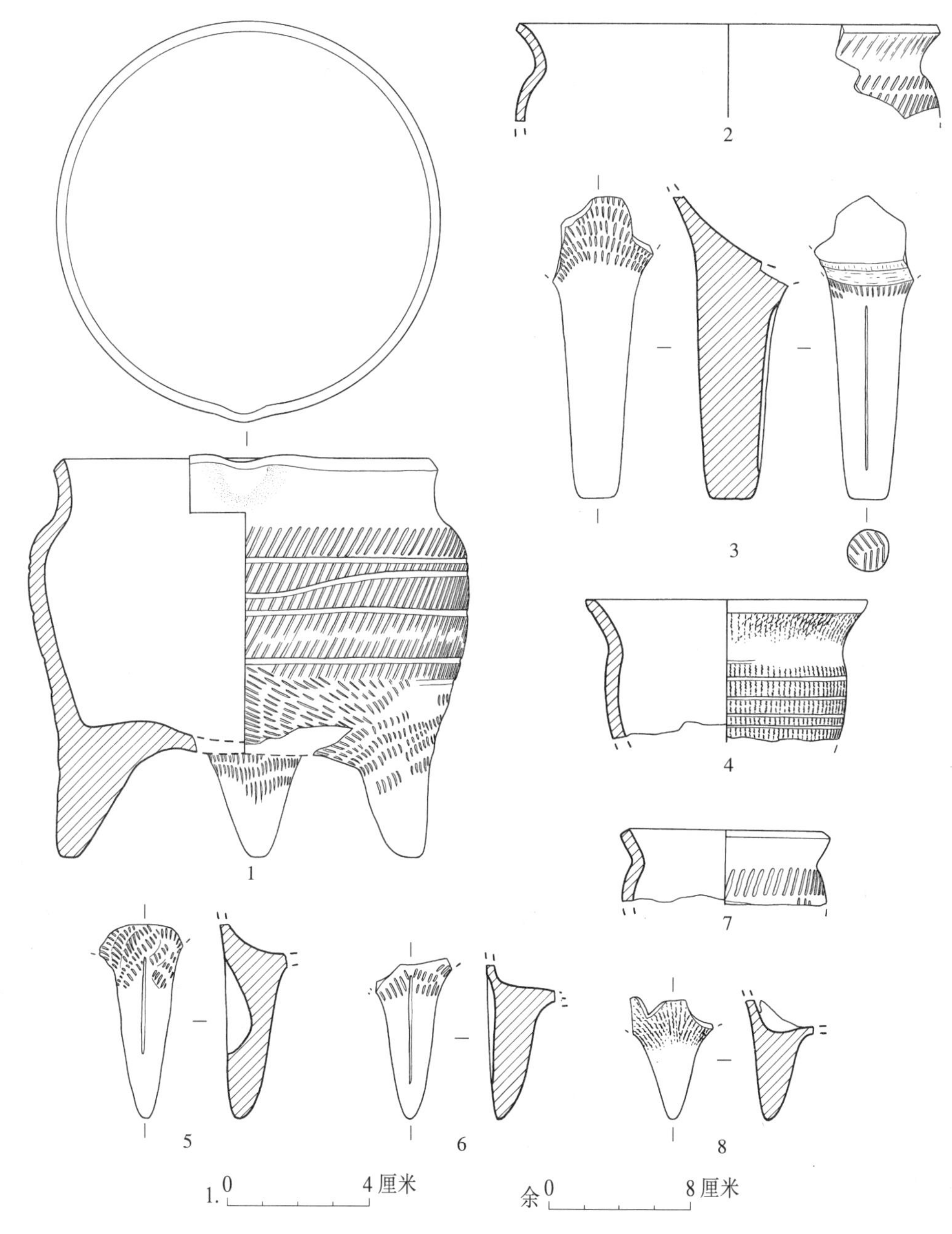

图四一〇　03EH83出土陶器

1. Bb型Ⅱ式鬲（03EH83:8）　2. Ac型鬲（03EH83:17）　3. Ab型鼎足（03EH83:25）　4. Ha型Ⅱ式鬲（03EH83:11）　5、6. Aa型Ⅰ式鬲足（03EH83:26、27）　7. Ab型鬲（03EH83:18）　8. Ac型Ⅰ式鬲足（03EH83:28）

1）。标本03EH83:16，Fc型Ⅱ式。夹砂灰黄陶。敞口，圆唇，直颈，弧肩，圆腹。颈部纹饰被抹，肩、腹饰弦断条纹，肩饰圆形泥饼纹。口径14、残高5厘米（图四一一，4）。标本03EH83:13，Gb型。夹砂褐陶。直口，圆唇，直颈，溜肩。肩、腹饰弦断绳纹。口径14、残高5.2厘米（图四一一，7）。

陶盆　1件。标本03EH83:14，Ba型Ⅲ式。夹砂浅灰陶。侈口，方唇，斜直颈，溜肩，弧腹。颈部纹饰被抹，肩、腹饰弦断条纹。口径16、残高5.7厘米（图四一一，3）。

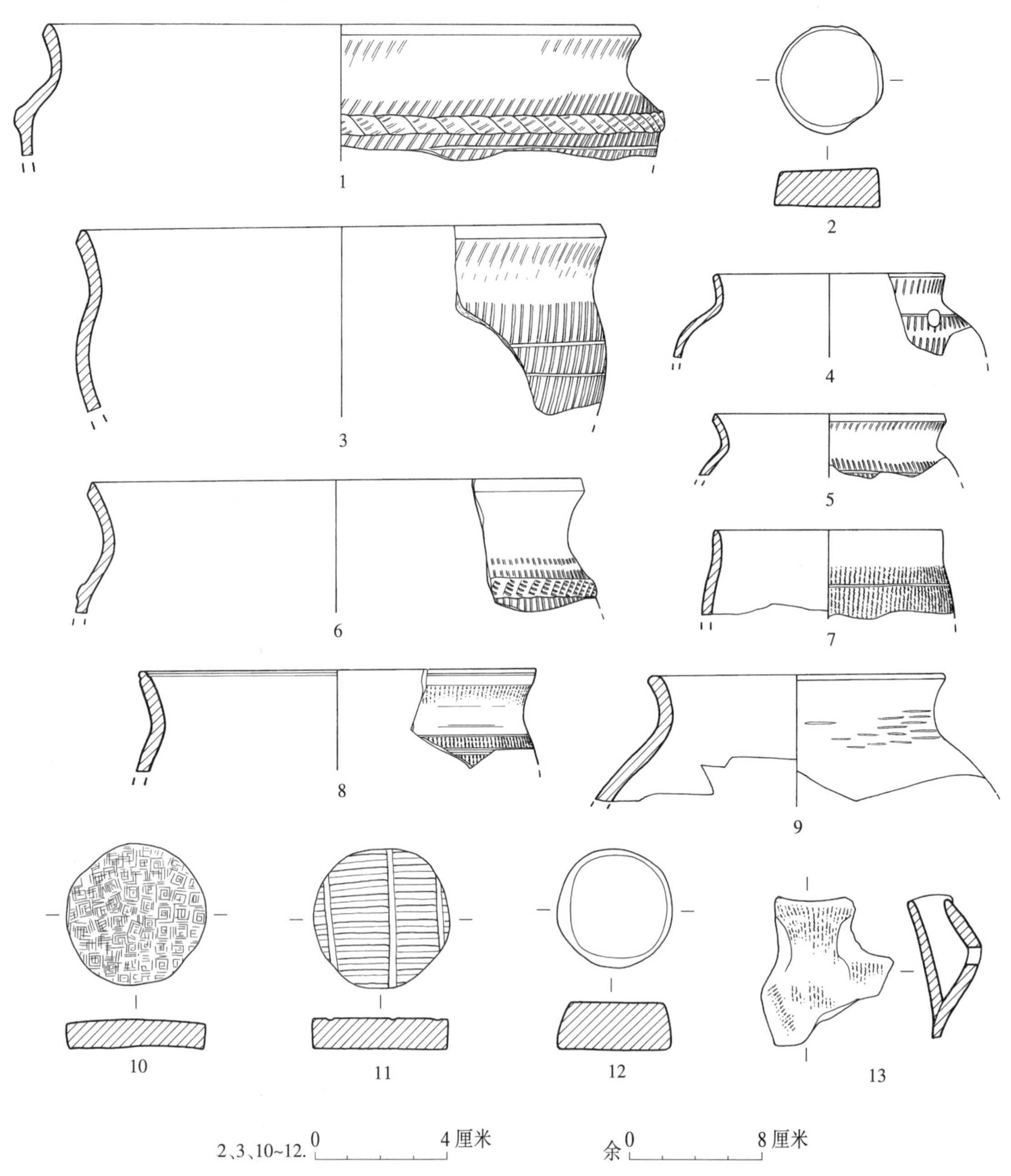

图四一一 03EH83出土器物

1. Ac型陶瓮（03EH83:5） 2. Ab型Ⅰ式陶饼（03EH83:13） 3. Ba型Ⅲ式陶盆（03EH83:14） 4. Fc型Ⅱ式陶瓮（03EH83:16） 5. Ab型陶罐（03EH83:15） 6. Aa型Ⅳ式陶罐（03EH83:9） 7. Gb型陶瓮（03EH83:13） 8. Ba型Ⅲ式陶罐（03EH83:10） 9. Fc型Ⅲ式陶罐（03EH83:12） 10. 硬陶饼（03EH83:4） 11. Aa型Ⅱ式陶饼（03EH83:2） 12. Ab型Ⅱ式陶饼（03EH83:7） 13. Ab型陶甗耳（03EH83:24）

陶豆 2件。标本03EH83:6，Ab型。夹细砂灰陶。敞口，圆唇，折盘。残柄上有长方形镂孔痕。口径22、残高5.6厘米（图四一二，6）。标本03EH83:30，Ab型。夹细砂灰陶。敞口，方唇，折盘。盘底饰绳纹。口径24、残高3.9厘米（图四一二，7）。

陶器耳 6件。标本03EH83:21，Ab型。夹砂褐陶。鸟喙形扁直耳。耳根部横穿椭圆形孔

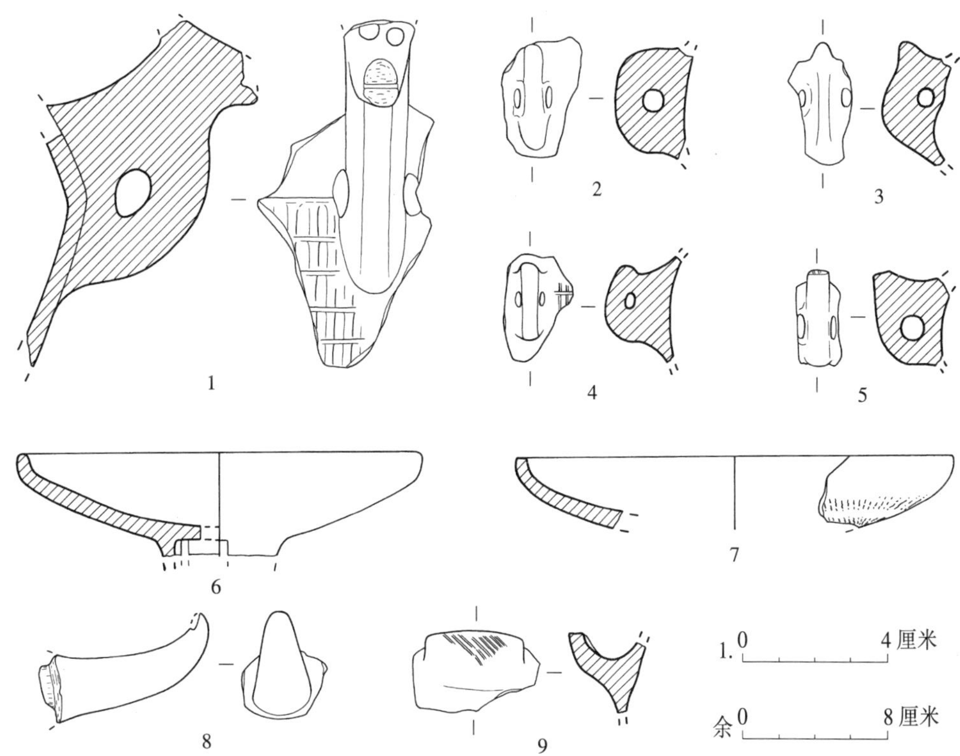

图四一二　03EH83 出土陶器

1. Ag 型器耳（03EH83∶3）　2. Ad 型器耳（03EH83∶19）　3. Ae 型器耳（03EH83∶22）　4. Ab 型器耳（03EH83∶21）　5. Af 型器耳（03EH83∶20）　6、7. Ab 型豆（03EH83∶6、30）　8. Ab 型器鋬（03EH83∶29）　9. Be 型器耳（03EH83∶23）

（图四一二，4）。标本 03EH83∶19，Ad 型。夹砂黄灰陶。扁直耳略呈鸟头形，耳根部横穿圆孔（图四一二，2）。标本 03EH83∶22，Ae 型。夹砂灰褐陶。鸟喙形扁直耳，耳顶面弧曲，耳根部横穿圆孔（图四一二，3）。标本 03EH83∶20，Af 型。夹砂黄灰陶。扁直耳略呈猪头形，耳根部横穿圆孔。嘴面压印条纹（图四一二，5）。标本 03EH83∶3，Ag 型。夹砂灰褐陶。扁直耳略呈羊头形，羊角残，耳根部横穿圆孔。器壁饰弦断条纹（图四一二，1；图版四九，2）。标本 03EH83∶23，Be 型。夹砂褐陶。长方形泥片状横耳，耳顶平微弧，耳面微折斜上侈。耳面饰条纹（图四一二，9）。

陶器鋬　1 件。标本 03EH83∶29，Ab 型。夹砂红黄陶。圆柱形器鋬，根部残留有圆形短榫头，鋬端残，弧上翘（图四一二，8）。

陶支（拍）垫　1 件。标本 03EH83∶1，Ab 型Ⅰ式。夹砂红褐陶。长条椭圆形，垫面弧，垫背隆起穿孔，孔呈椭圆形用于握手。素面。长径 8.6、短径 7、通高 3.5 厘米（图版五〇，8）。

陶饼　3 件。标本 03EH83∶2，Aa 型Ⅱ式。夹砂黄陶。陶片打磨而成。扁圆形，两面平，周壁直。一面饰弦断条纹。直径 4.1、厚 0.9 厘米（图四一一，11）。标本 03EH83∶13，Ab 型Ⅰ式。泥质灰陶。陶片打磨而成。体较厚，圆形，两面平，周壁斜直。素面。直径 2.9～3.1、厚 1～1.2 厘米（图四一一，2）。标本 03EH83∶7，Ab 型Ⅱ式。泥质黄褐陶。陶片打磨而成。体较厚，圆形，两面平，周壁斜弧。素面。直径 2.9～3.5、厚 1.4 厘米（图四一一，12）。

硬陶饼　1 件。标本 03EH83∶4，灰硬陶。陶片打磨而成。扁圆形，两面近平，周壁直。一面饰压印雷纹。直径4.1～4.2、厚0.8～0.9厘米（图四一一，10）。

炼渣 1块。标本03EH83:31，长形块状琉结体，体表灰色，局部泛褐红色，薄层，面上有较明显的凹凸不平和较大的气泡形成的大小圆孔。周边无明显断面，所为一整块炼渣，质地较坚硬。标本长7.8、宽4.5、高3.1厘米（彩版三八，3）。

03EH94

位于03ET3006南部。开口于第4层下，被03EH68打破，打破生土层。坑口呈椭圆形，坑壁弧，圜底。坑口长径1.3、短径0.85米，坑深0.48米。填土灰褐色，土质疏松，夹杂烧土粒和木炭粒。包含器类有陶甗，另有陶器碎片。

标本1件。

陶甗 1件。标本03EH94:1，D型Ⅰ式。残存甗腰和鬲部。夹砂褐陶，器表有烟熏痕迹。鬲敛口，斜直折腹，椭圆柱形矮锥足，足根有足窝。通体饰条纹。甑鬲相连处（甗腰部）有明显对接痕迹，甑底套合在鬲口内。残高15.6厘米（图四一三，1；图版二九，4）。

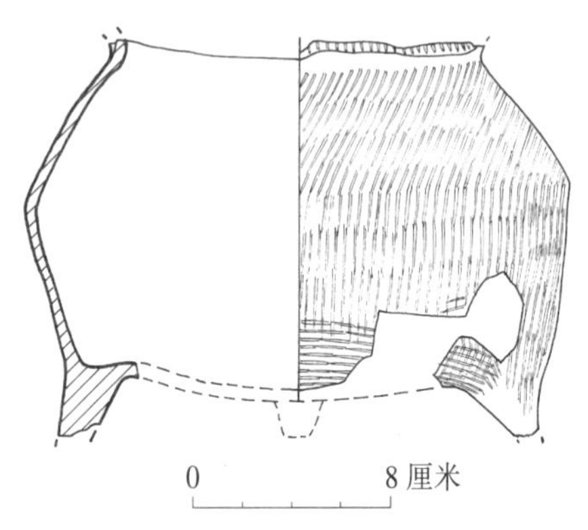

图四一三 03EH94出土陶甗
D型Ⅰ式（03EH94:1）

03EH98

位于03ET2705西南和03ET2704西北部，03ET2604东北和03ET2605东南部，横跨四个探方。开口于第4层下，被03EH123打破，打破03EH120、H77。坑口略呈椭圆形，弧壁圜底。坑口长径3.6、短径2.8米，坑深0.74米。坑内堆积含沙质的黑灰色土，夹有炭渣、烧土、炼渣和碎骨等。包含有陶鬲、鼎、甗、罐、瓮、钵、豆、器盖和石铲、支（拍）垫、玉器残片等（图四一四）。

标本38件，其中陶器35件，石器2件，玉器1件。

陶鬲 4件。标本03EH98:6，Aa型Ⅲ式。夹砂褐陶。侈口，弧沿，圆唇，弧颈，溜肩，圆弧腹，鬲身呈罐形，口径略大于腹径。颈下至足根饰弦断竖条纹。口径20、残高13.2厘米（图四一五，2）。标本03EH98:23，Aa型。夹砂灰陶。敞口，卷沿，尖圆唇，斜弧颈，溜肩，弧腹。颈部纹饰被抹，肩、腹饰弦断绳纹。口径18、残高6.2厘米（图四一五，9）。标本03EH98:7，Ac型Ⅲ式。夹砂褐陶，器表有烟熏痕迹。侈口，卷沿，方唇，弧束颈，圆肩，圆鼓腹下收，鬲身呈罐形，口径小于腹径，足窝较深。颈下至足根饰条纹。口径19.6、残高15厘米（图四一五，1；图版一九，5）。标本03EH98:9，Ag型Ⅲ式。夹砂褐陶。侈口，弧沿，圆唇，弧颈，圆肩，上腹圆，下腹弧，鬲身呈罐形，口径略小于腹径。颈部纹饰被抹，肩、腹饰弦断绳纹。口径17.5、残高10厘米（图四一五，6）。

陶鬲足 5件。标本03EH98:13，Aa型Ⅰ式。夹砂黄陶。圆柱状锥足。足外壁刻划一道竖槽，足根饰绳纹。残高10.4厘米（图四一五，4）。标本03EH98:15，Aa型Ⅱ式。夹砂褐陶。圆柱状截锥足，足微弧外撇。足外壁刻划一道竖槽，下腹及足根饰弦断条纹。残高6.2厘米（图四一五，3）。标本03EH98:20，Aa型Ⅱ式。夹砂褐陶。圆柱状截锥足，足弧外撇。足外壁刻划一道竖槽，下腹及足根饰条纹。残高12.8厘米（图四一五，5）。标本03EH98:16，Aa型Ⅲ式。夹砂黄褐陶。圆柱状足。足外壁刻划一道竖槽，足根饰条纹。残高10厘米（图四一五，8）。标本03EH98:14，

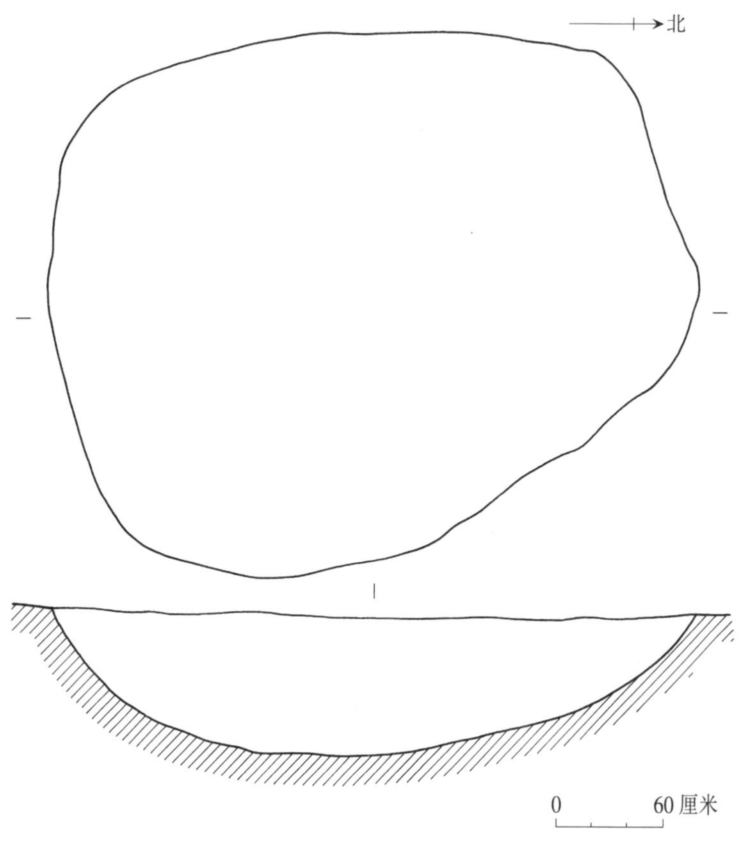

图四一四　03EH98平、剖面图

Ac型Ⅰ式。夹砂黄褐陶。圆柱状尖锥足。足外壁刻划一道竖槽，足根饰绳纹。残高8.2厘米（图四一五，7）。

陶鼎　2件。标本03EH98∶25，Bb型Ⅱ式。夹砂灰陶。敞口，平沿，圆唇，弧颈，斜肩。肩腹部一周凸棱。口径20、残高6厘米（图四一六，8）。标本03EH98∶4，Da型Ⅱ式。夹砂黄褐陶。直口，平沿内斜，方唇，沿面对称立双耳，斜直颈，腹外鼓略呈垂腹，鼎身呈釜形，口径小于腹径，圆柱状足。颈部等距离饰三个圆形泥饼纹，腹饰弦断条纹，底饰横条纹，足根外壁有一个圆窝纹。口径23.8、通高30.2厘米（图四一六，1；彩版一八，5）。

陶甗足　3件。标本03EH98∶17，Da型。夹砂褐陶。椭圆柱状矮足略呈蹄形，足根有足窝。足底面压印方格纹。残高3.6厘米（图四一六，10）。标本03EH98∶18，Da型。夹砂褐陶。椭圆柱状矮足略呈蹄形。足根有足窝，足底面饰条纹。残高3.4厘米（图四一六，3）。标本03EH98∶19，Da型。夹砂褐陶。椭圆柱状矮足略呈蹄形。足根有足窝，足根压印方格纹，足底面饰条纹。残高5厘米（图四一六，11）。

陶罐　2件。标本03EH98∶26，H型。夹砂灰陶。敞口，平沿，方唇，弧颈。颈部纹饰被抹。口径18、残高3.2厘米（图四一七，16）。标本03EH98∶30，J型。夹砂黄灰陶。敞口，圆唇，弧颈，斜腹。素面。口径8、残高5.5厘米（图四一七，15）。

陶瓮　4件。标本03EH98∶21，B型。夹砂黄褐陶。敞口，方唇，弧颈。素面。口径52、残高6.8厘米（图四一七，3）。标本03EH98∶27，Ec型。夹砂黄灰陶。直口，厚方唇微内敛，直

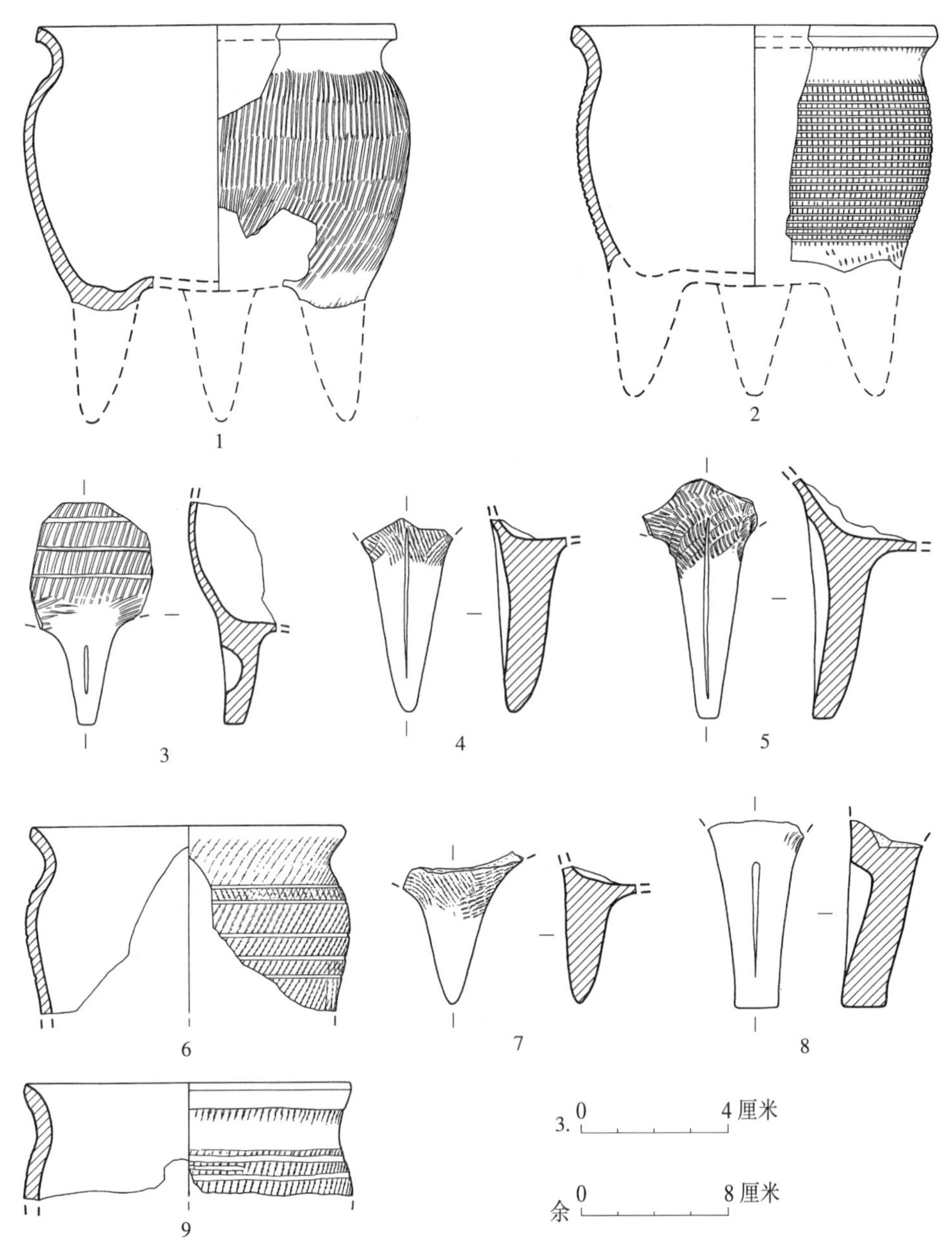

图四一五 03EH98 出土陶器

1. Ac 型Ⅲ式鬲（03EH98∶7） 2. Aa 型Ⅲ式鬲（03EH98∶6） 3、5. Aa 型Ⅱ式鬲足（03EH98∶15、20）
4. Aa 型Ⅰ式鬲足（03EH98∶13） 6. Ag 型Ⅲ式鬲（03EH98∶9） 7. Ac 型Ⅰ式鬲足（03EH98∶14）
8. Aa 型Ⅲ式鬲足（03EH98∶16） 9. Aa 型鬲（03EH98∶23）

颈，斜肩。素面。口径 22、残高 4.8 厘米（图四一七，1）。标本 03EH98∶28，Ef 型Ⅱ式。夹砂黄褐陶。侈口，方唇，直颈，斜弧肩。肩饰弦断条纹。口径 16、残高 6 厘米（图四一七，7）。标本 03EH98∶22，Fb 型Ⅲ式。夹砂灰陶。敞口，子母唇，子唇尖，母唇圆，斜弧颈，斜肩。唇面饰条纹，肩腹部饰交叉条纹。口径 19.2、残高 7 厘米（图四一七，5）。

陶豆 2 件。标本 03EH98∶12，Aa 型Ⅲ式。夹细砂褐陶。素面。敞口，圆唇，弧盘，弧底，圈足残有长方形镂孔残痕。口径 20、残高 5.5 厘米（图四一七，6）。标本 03EH98∶11，Ca 型Ⅱ

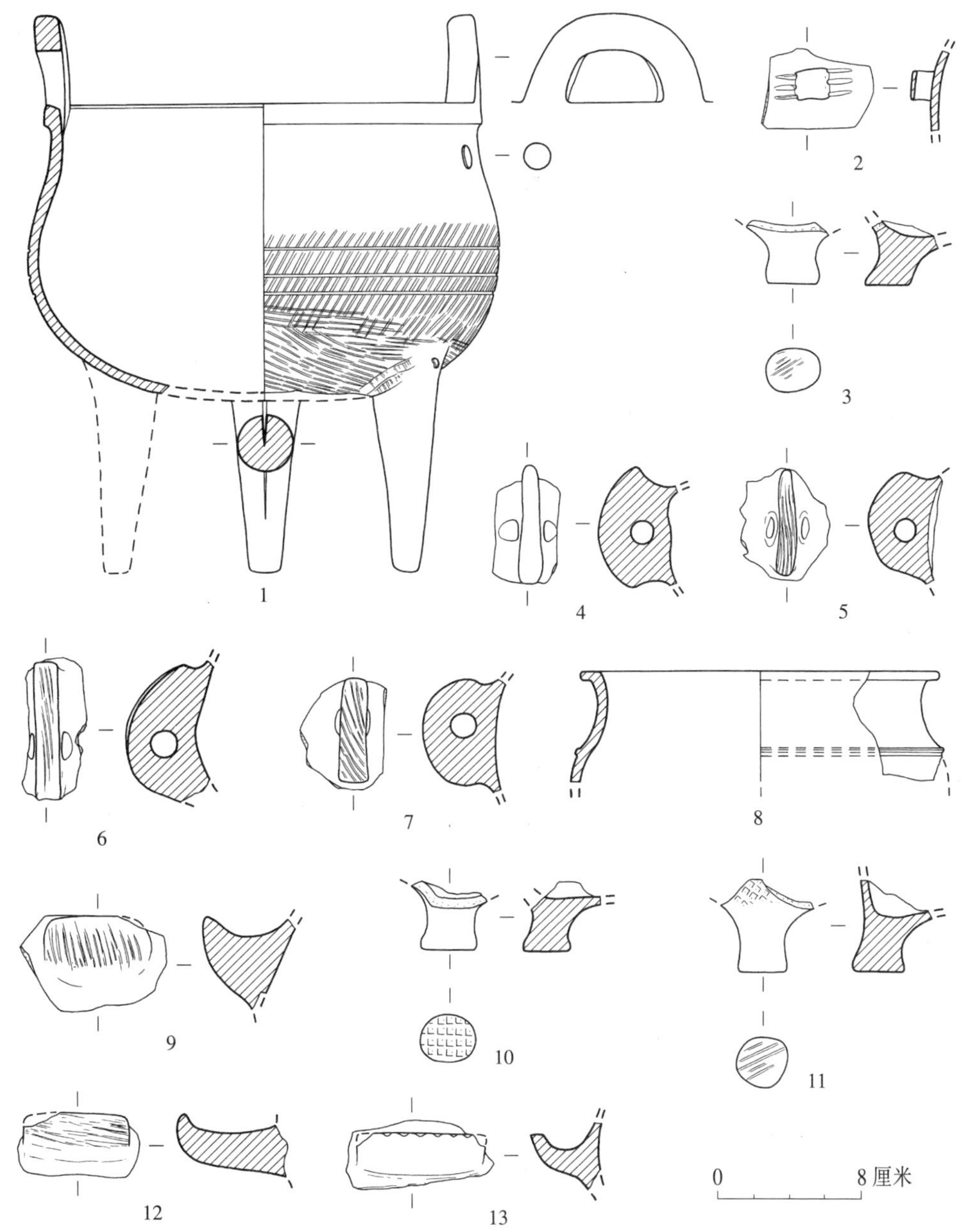

图四一六　03EH98出土陶器

1. Da型Ⅱ式鼎（03EH98∶4）　2. E型器耳（03EH98∶40）　3、10、11. Da型甗足（03EH98∶18、17、19）　4、6. Ab型器耳（03EH98∶37、39）　5、7. Ad型器耳（03EH98∶36、38）　8. Bb型Ⅱ式鼎（03EH98∶25）　9. Bd型器耳（03EH98∶35）　12. Bc型器耳（03EH98∶33）　13. Bg型器耳（03EH98∶34）

式。夹细砂黄褐陶。敞口，圆唇，弧盘。素面。口径15.2、残高3.8厘米（图四一七，14）。

陶钵　2件。标本03EH98∶24，Ab型Ⅱ式。泥质黄灰陶。直口微敛，圆唇，弧腹斜内收。腹饰弦断绳纹。口径16、残高6厘米（图四一七，8）。标本03EH98∶8，Ad型Ⅰ式。夹细砂灰陶。敛口，方唇，斜肩弧折，弧腹斜内收。肩部一周凹弦纹，肩、腹饰斜条纹。口径9.2、残高8厘米（图四一七，10）。

陶器盖　1件。标本03EH98∶10，Aa型Ⅱ式。夹砂褐红陶。盖顶残平，顶平，斜直壁，敞口，

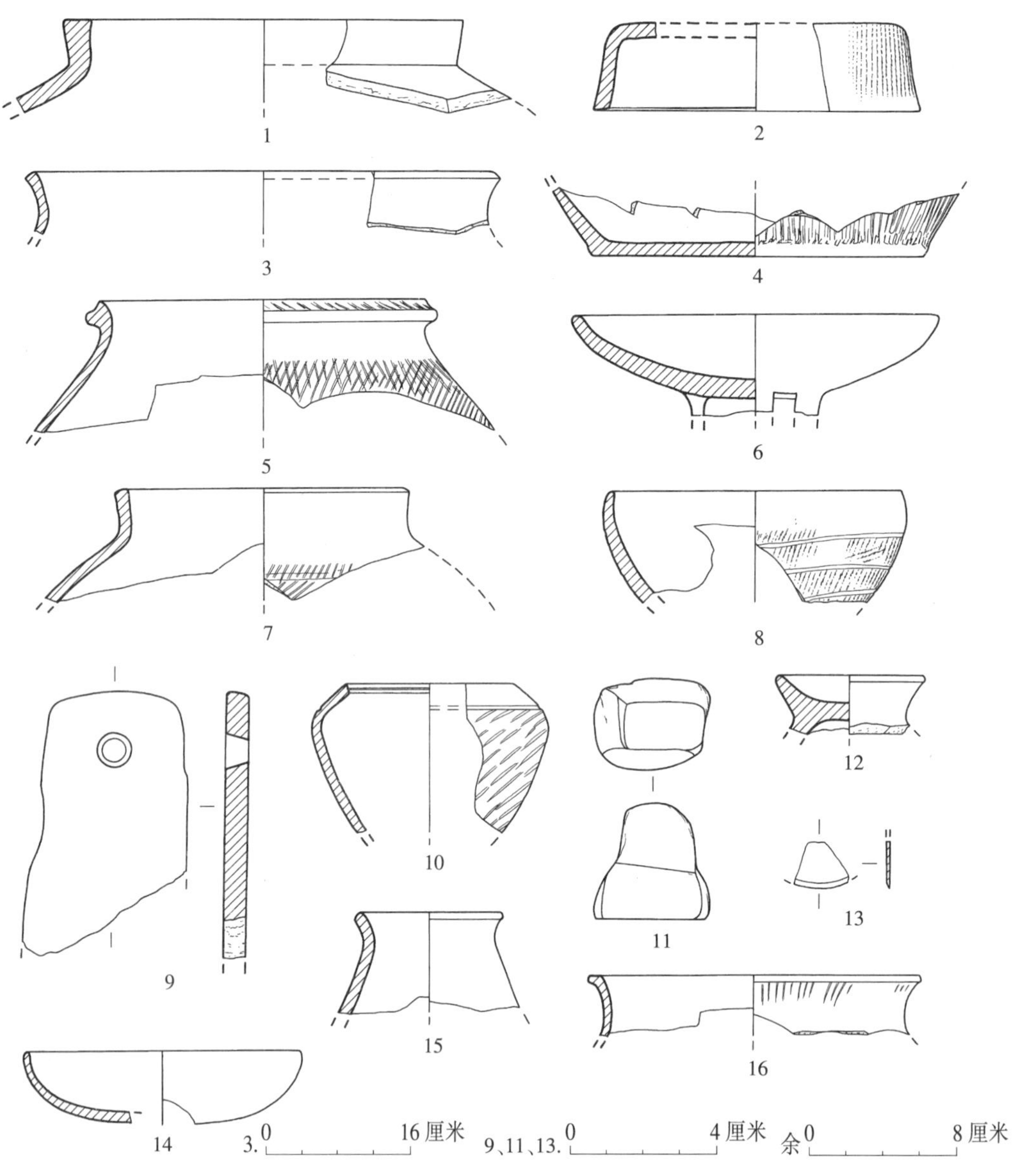

图四一七　03EH98 出土器物

1. Ec 型陶瓮（03EH98：27）　2. Aa 型Ⅱ式陶器盖（03EH98：10）　3. B 型陶瓮（03EH98：21）　4. D 型陶器底（03EH98：31）　5. Fb 型Ⅲ式陶瓮（03EH98：22）　6. Aa 型Ⅲ式陶豆（03EH98：12）　7. Ef 型Ⅱ式陶瓮（03EH98：28）　8. Ab 型Ⅱ式陶钵（03EH98：24）　9. A 型石铲（03EH98：2）　10. Ad 型Ⅰ式陶钵（03EH98：8）　11. Ⅰ式石支（拍）垫（03EH98：3）　12. A 型陶盖纽（03EH98：32）　13. 玉片（03EH98：1）　14. Ca 型Ⅱ式陶豆（03EH98：11）　15. J 型陶罐（03EH98：30）　16. H 型陶罐（03EH98：26）

方唇。盖壁饰绳纹。盖口径 17.8、高 4.7 厘米（图四一七，2）。

陶盖纽　1 件。标本 03EH98：32，A 型。夹砂黄褐陶。圆圈形凹盖纽，敞口，圆唇，斜壁。素面。纽口径 8、残高 3.2 厘米（图四一七，12）。

陶器耳　8 件。标本 03EH98：37，Ab 型。夹砂黄陶。鸟头形扁直耳。耳根部横穿圆孔（图四一六，4）。标本 03EH98：39，Ab 型。夹砂黄陶。鸟头形扁直耳，耳根部横穿圆孔。耳顶面饰条纹（图四一六，6）。标本 03EH98：36，Ad 型。夹砂黄陶。鸟头形扁直耳，耳根部横穿圆孔。耳顶面饰条纹（图四一六，5）。标本03EH98∶38，Ad型。夹砂黄陶。扁直耳略呈鸟头形，耳根部横穿圆孔。耳顶面饰条纹（图四一六，7）。标本03EH98∶33，Bc型。夹砂褐陶。长方形泥片状横耳，耳面弧上翘。耳面饰条纹（图四一六，12）。标本03EH98∶35，Bd型。夹砂褐陶。长方形泥片状横耳，耳顶面斜弧上侈。耳面饰条纹（图四一六，9）。标本03EH98∶34，Bg型。夹砂褐陶。长方形泥片状横耳，耳顶面凹凸不平略呈鸡冠状，耳中部折上翘（图四一六，13）。标本03EH98∶40，E型。泥质灰黄陶。扁泥片横环耳，竖耳孔呈椭圆形。耳两边各饰三道条纹（图四一六，2）。

陶器底　1件。标本03EH98∶31，D型。夹砂褐陶。下腹斜直内收，平底。下腹饰条纹。底径18、残高3.6厘米（图四一七，4）。

石支（拍）垫　1件。标本03EH98∶3，Ⅰ式。黄褐色。琢磨成器。由长方圆角柱状握手和圆角长方梯形垫构成，握手小于垫，垫面平。素面。垫长径2.9～3.1、短径2.2～2.5、通高3.1厘米（图四一七，11；图版六六，3）。

石铲　1件。标本03EH98∶2，A型。黑色。琢磨成器。体薄，扁平光滑，上端中部单面钻一个穿孔，弧顶，一侧边壁直，一侧边壁中部起肩，下端及刃部残。素面。残长7.2、残宽4.4、厚0.6厘米（图四一七，9；图版六六，1）。

玉片　1件。标本03EH98∶1，器类不明。灰白色。琢磨成器。残片扁平弧形，胎薄，周壁斜直。素面。器表光滑（图四一七，13）。

03EH104

位于03ET2604东部。开口于第4层下，被03EH123、H135打破，打破生土层。坑口略呈圆形，直壁平底。坑口直径1.6米，坑深0.52米，坑壁保存较好，坑内堆积褐灰色土，土质较松软，夹有少量木炭颗粒和烧土块等。包含少许陶器碎片，可辨器类有陶尊（图四一八）。

标本1件。

陶尊　1件。标本03EH104∶1，B型Ⅰ式。夹砂灰陶。大敞口，卷沿，方唇，斜弧颈，坎肩，弧腹。颈部纹饰被抹，腹饰绳纹。口径32、残高6厘米（图四一九）。

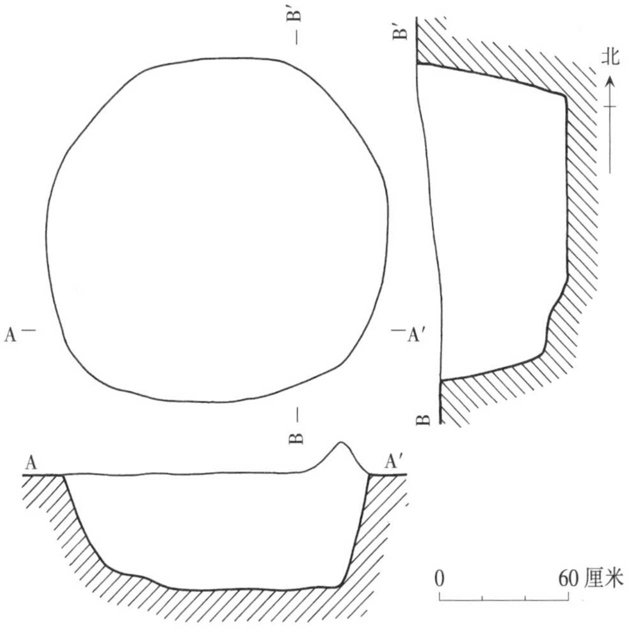

03EH111

位于03ET2604西北部，延伸至隔梁。开口于第4层下，被03EH120叠压，打破生土层。坑壁弧，圜底。坑口

图四一八　03EH104平、剖面图

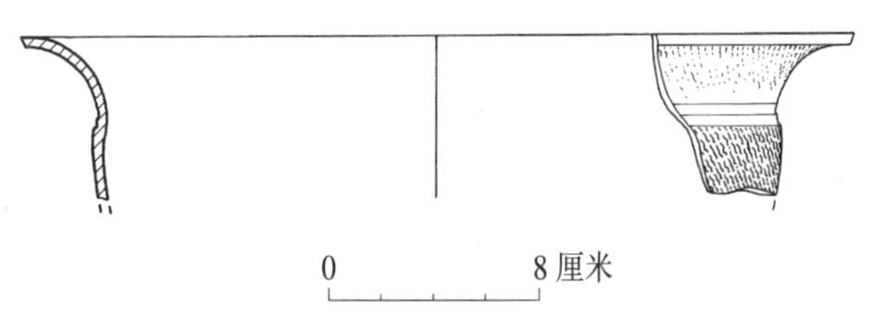

图四一九　03EH104出土陶器
B型Ⅰ式尊（03EH104∶1）

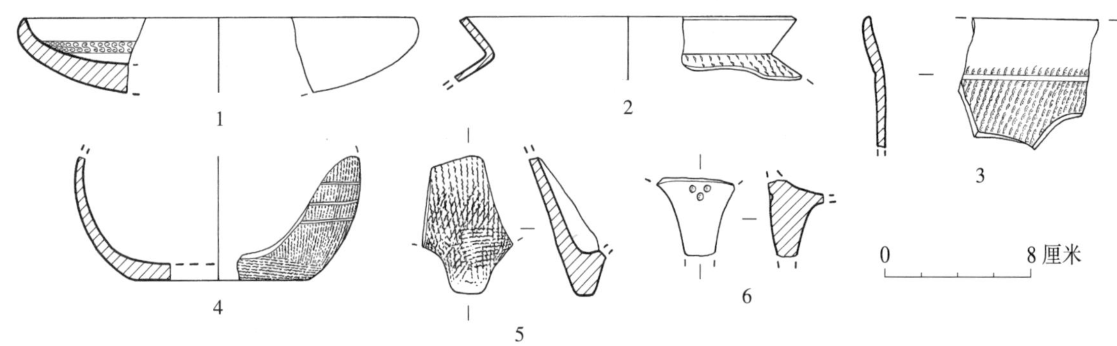

图四二〇 03EH111出土器物

1. Aa型陶豆（03EH111∶4） 2. Ab型Ⅰ式硬陶瓮（03EH111∶1） 3. Ca型陶甗（03EH111∶2） 4. Aa型陶钵（03EH111∶3） 5. Aa型Ⅱ式陶甗足（03EH111∶5） 6. Ae型陶鼎足（03EH111∶6）

径1.86米，坑深0.25米。填土黄褐色，土质较疏松，夹杂烧土粒和木炭粒。包含器类有陶甗、鼎、豆、钵和硬陶瓮等。

标本6件，其中陶器5件，硬陶器1件。

陶鼎足 1件。标本03EH111∶6，Ae型。夹砂红褐陶。圆柱状足。足根外侧有三个圆窝。残高4.2厘米（图四二〇，6）。

陶甗 1件。标本03EH111∶2，Ca型。夹砂黄褐陶。敞口，圆唇，斜直颈，直腹。颈下一周凹弦纹，颈、腹饰绳纹。残高7厘米（图四二〇，3）。

陶甗足 1件。标本03EH111∶5，Aa型Ⅱ式。夹砂灰黄陶。椭圆柱状矮截锥足。下腹及足饰绳纹。残高7.4厘米（图四二〇，5）。

陶钵 1件。标本03EH111∶3，Aa型。夹砂红褐陶。下腹圆弧内收，平底。下腹饰弦断绳纹，底饰横绳纹。底径10、残高6.6厘米（图四二〇，4）。

陶豆 1件。标本03EH111∶4，Aa型。泥质灰陶。敞口，圆唇，弧盘。盘内饰“S”形纹。口径22、残高4厘米（图四二〇，1）。

硬陶瓮 1件。标本03EH111∶1，Ab型Ⅰ式。灰硬陶。敞口，方唇，斜直颈，束颈，斜肩。肩饰戳印纹。口径18.6、残高3.5厘米（图四二〇，2）。

03EH113

位于03ET2707西北部，向北延伸至隔梁。开口于第4层下，打破第5层。坑口略呈椭圆形，坑壁直，圜底。坑口长径1.7、短径1.15米，坑深0.9米。填土灰褐色，土质较疏松，夹杂烧土粒和木炭粒。包含器类有陶鬲、甗、豆等。

标本4件，均为陶器。

陶鬲足 1件。标本03EH113∶3，Ab型。夹砂红陶。圆柱状足，足外侧有两个圆窝。足上刻划一道竖槽，足根饰绳纹。残高7厘米（图四二一，3）。

陶甗 1件。标本03EH113∶1，Aa型。夹砂红褐陶。侈口，弧沿，圆唇，弧颈，弧腹口沿外侧残留泥片护耳贴痕，耳内甗壁上戳穿一圆形孔。颈部纹饰被抹，肩、腹饰弦断交叉绳纹（图四二一，2）。

陶甗足 1件。标本03EH113∶4，Aa型Ⅰ式。夹砂褐陶。椭圆柱状矮锥足。足根饰绳纹。残

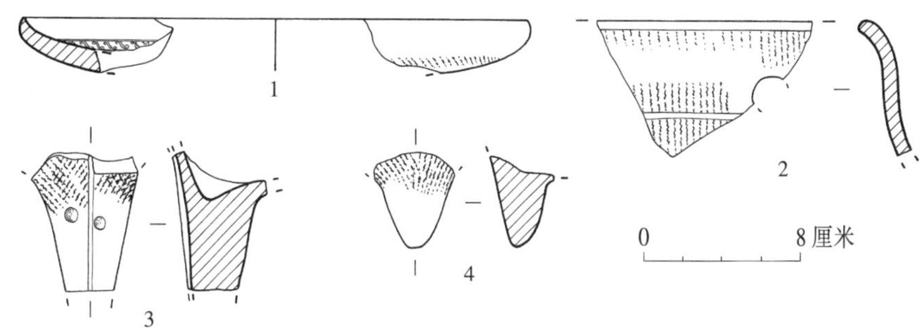

图四二一　03EH113 出土陶器

1. Aa 型豆（03EH113∶2）　2. Aa 型甗（03EH113∶1）　3. Ab 型鬲足（03EH113∶3）　4. Aa 型Ⅰ式甗足（03EH113∶4）

高 4.8 厘米（图四二一，4）。

陶豆　1 件。标本 03EH113∶2，Aa 型。夹砂褐陶。敞口，圆唇，弧盘。盘内饰“S”形纹。口径 26、残高 2.6 厘米（图四二一，1）。

03EH114

位于 03ET2507 东北部，向北延伸至隔梁。开口于第 4 层下，打破 03EG4。坑壁弧，圜底。坑口径 2.5 米，坑深 0.45 米。填土灰褐色，土质较疏松，夹杂烧土粒和木炭粒。包含器类有陶鬲、甗、罐等。

标本 6 件，均为陶器。

陶鬲　1 件。标本 03EH114∶3，Aa 型。夹砂褐陶。敞口，方唇，弧颈，溜肩。肩饰条纹。口径 20、残高 4.8 厘米（图四二二，1）。

陶鬲足　2 件。标本 03EH114∶5，Aa 型Ⅱ式。夹砂褐陶。圆柱状截锥足。足外侧刻划一道竖槽。残高 10 厘米（图四二二，3）。标本 03EH114∶6，Aa 型Ⅲ式。夹砂褐陶。圆柱状足。足外侧刻划一道竖槽。残高 8.6 厘米（图四二二，4）。

陶甗足　1 件。标本 03EH114∶1，Db 型。夹砂黄灰陶。椭圆柱状矮足，足根有足窝。素面。残高 4.8 厘米（图四二二，5）。

陶罐　1 件。标本 03EH114∶2，Fd 型Ⅰ式。夹砂黄褐陶。敞口，方唇，弧颈，斜肩。肩饰条纹。口径 12、残高 4.6 厘米（图四二二，2）。

陶器耳　1 件。标本 03EH114∶4，Ag 型。夹砂灰褐陶。扁直耳略呈羊头形，羊角残。耳根部横穿圆孔（图版四九，3）。

03EH115

位于 03ET2706 北部。开口于第 4 层下，打破 03EJ1 和生土层。坑口不规则形，斜直壁平底。坑口最长处 2.7 米，最宽处 2.1 米，坑深 0.56 米。坑内堆积黄褐色土，土质较硬，结构紧密有黏性，夹有炭渣、烧土块、炼渣等。包含器类有陶鬲、鼎、罐、瓮、罍、纺轮、支（拍）垫及硬陶瓮、石镞等（图四二三）。

标本 14 件，其中陶器 11 件，硬陶器 2 件，石器 1 件。

陶鬲　1 件。标本 03EH115∶7，Ab 型。夹砂褐陶。敞口，圆唇，弧颈，弧肩。颈部纹饰被抹，肩、腹饰弦断绳纹。口径 18、残高 5.6 厘米（图四二四，9）。

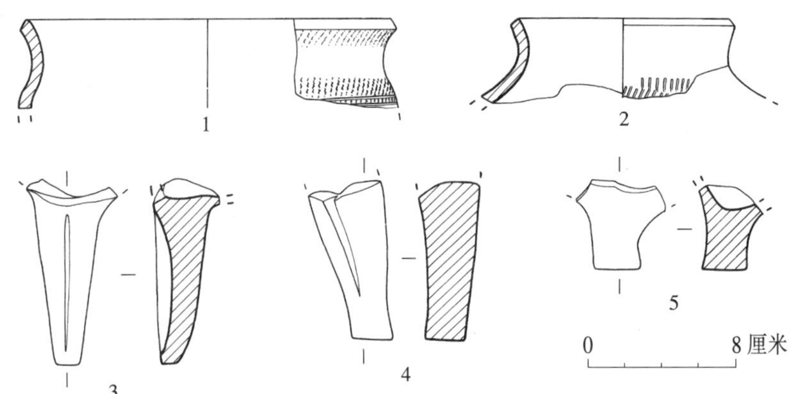

图四二二 03EH114出土陶器

1. Aa型鬲（03EH114:3） 2. Fd型Ⅰ式罐（03EH114:2） 3. Aa型Ⅱ式鬲足（03EH114:5）
4. Aa型Ⅲ式鬲足（03EH114:6） 5. Db型甗足（03EH114:1）

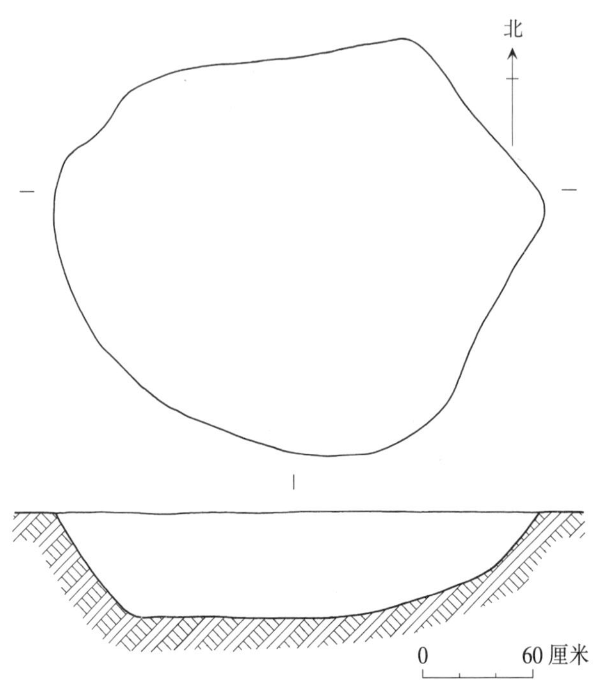

图四二三 03EH115平、剖面图

陶鬲足 3件。标本03EH115:11，Aa型Ⅰ式。夹砂红黄陶。圆柱状尖锥足。足内侧刻划一道竖槽。残高8.2厘米（图四二四，11）。标本03EH115:10，C型Ⅰ式。夹砂褐陶。圆柱状锥足，外侧有一个圆窝。足根饰绳纹。残高11.2厘米（图四二四，8）。标本03EH115:9，E型Ⅱ式。夹细砂红褐陶。圆锥状足，足尖微外撇。素面。残长8厘米（图四二四，13）。

陶鼎 1件。标本03EH115:6，Dd型。夹砂褐陶。敞口，平沿，方唇，弧颈。素面。口径24、残高5.2厘米（图四二四，5）。

陶鼎足 1件。标本03EH115:12，B型。夹砂灰陶。圆柱状足，足根外壁微隆起，有两个椭圆形凹窝，足尖残。素面。残高 5.4 厘米（图四二四，10）。

陶罐　1 件。标本 03EH115∶13，Fb 型。夹砂灰褐陶。敞口，方唇，弧颈，弧肩。唇面有一周凹弦纹，肩饰弦纹。口径 24、残高 3.6 厘米（图四二四，6）。

陶瓮　1 件。标本 03EH115∶5，Ha 型Ⅱ式。夹细砂黑陶。直口微敞，圆唇，直颈，平折肩，弧折腹弧内收。腹饰凹弦纹。口径 10.8、残高 11.4 厘米（图四二四，2）。

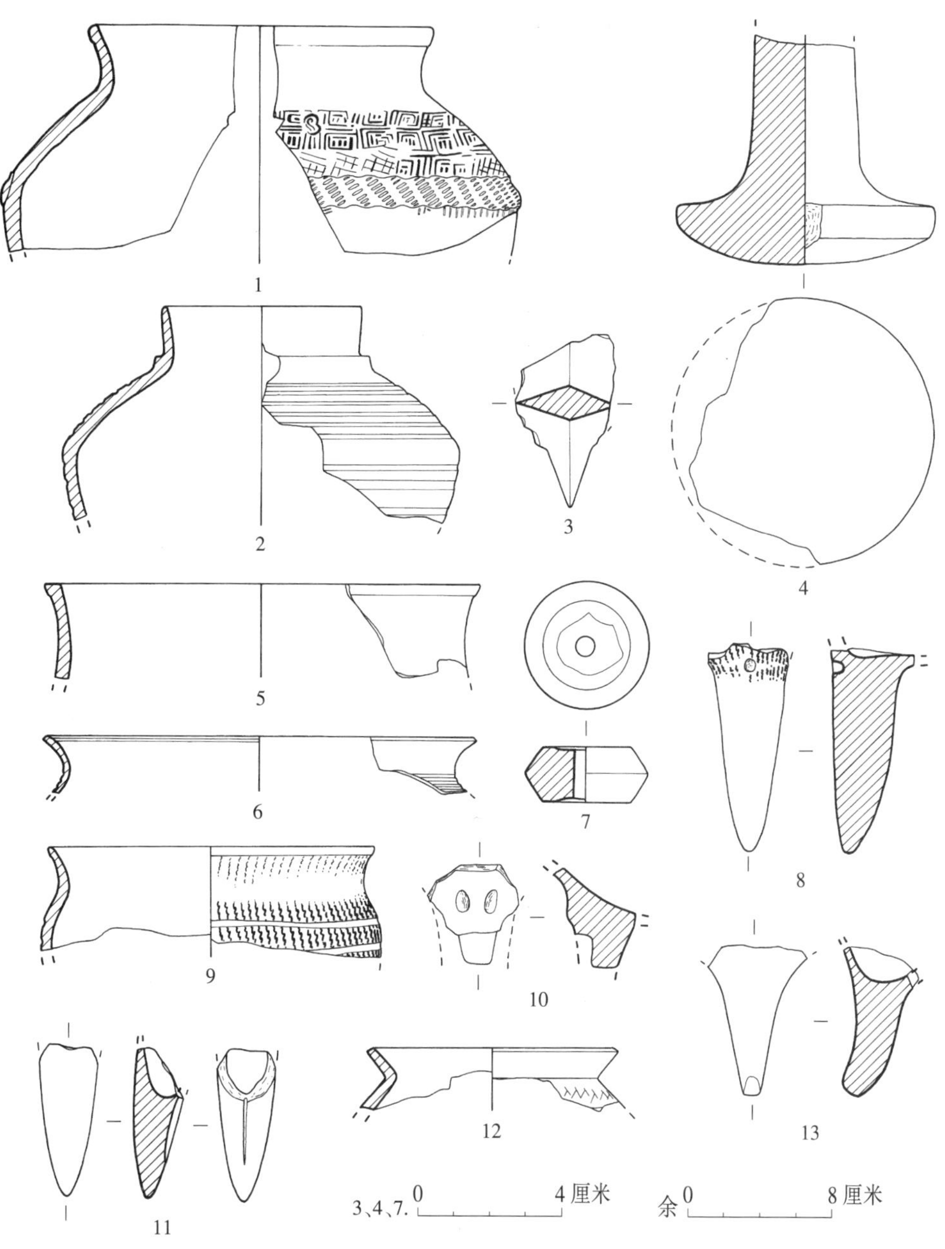

图四二四　03EH115 出土器物

1. A 型Ⅲ式陶罍（03EH115∶4）　2. Ha 型Ⅱ式陶瓮（03EH115∶5）　3. 石镞（03EH115∶1）　4. Ba 型Ⅱ式陶支（拍）垫（03EH115∶3）　5. Dd 型陶鼎（03EH115∶6）　6. Fb 型陶罐（03EH115∶13）　7. Ad 型Ⅱ式陶纺轮（03EH115∶2）　8. C 型Ⅰ式陶鬲足（03EH115∶10）　9. Ab 型陶鬲（03EH115∶7）　10. B 型陶鼎足（03EH115∶12）　11. Aa 型Ⅰ式陶鬲足（03EH115∶11）　12. Aa 型Ⅲ式硬陶瓮（03EH115∶8）　13. E 型Ⅱ式陶鬲足（03EH115∶9）

陶罍 1件。标本03EH115∶4，A型Ⅲ式。夹细砂灰陶。敞口，圆唇，斜直颈，斜弧广折肩，弧腹内收。肩饰雷纹，肩腹相交处饰一周附加堆纹。口径19、残高12.3厘米（图四二四，1）。

陶支（拍）垫 1件。标本03EH115∶3，Ba型Ⅱ式。夹砂褐陶。由圆柱状柄形握手和圆饼形垫构成。柄及圆饼形垫残，垫面弧形。素面。垫直径7.2、残高6.2厘米（图四二四，4；图版五一，1）。

陶纺轮 1件。标本03EH115∶2，Ad型Ⅱ式。夹细砂褐灰陶。体较厚，圆形，两面中部内凹，圆中间一直壁圆孔，周壁中间凸起一周折棱，折棱上下斜面直。素面。直径3.5、孔径0.5、厚1.5厘米（图四二四，7；图版五四，2）。

硬陶瓮 1件。标本03EH115∶8，Aa型Ⅲ式。灰硬陶。敞口，方唇，斜直颈，束颈，斜肩。肩饰戳印纹。口径14、残高3.4厘米（图四二四，12）。

硬陶片 1件。标本03EH115∶14，器类不明。灰硬陶。饰鳞纹（图二九八，12）。

石镞 1件。标本03EH115∶1，型式不明。青色。打磨制法。镞残，中部起棱，截面菱形，翼斜窄；铤截面呈椭圆锥形，铤根至尖渐细。残长4.7厘米（图四二四，3）。

03EH116

位于03ET2706西部。开口于第4层下，紧邻03EY1和03EJ1。西部被03EG4打破，打破生土层。坑口椭圆形，直壁平底。坑口长径2.1、短径1.8米，坑深0.4米。坑内堆积根据土质土色的

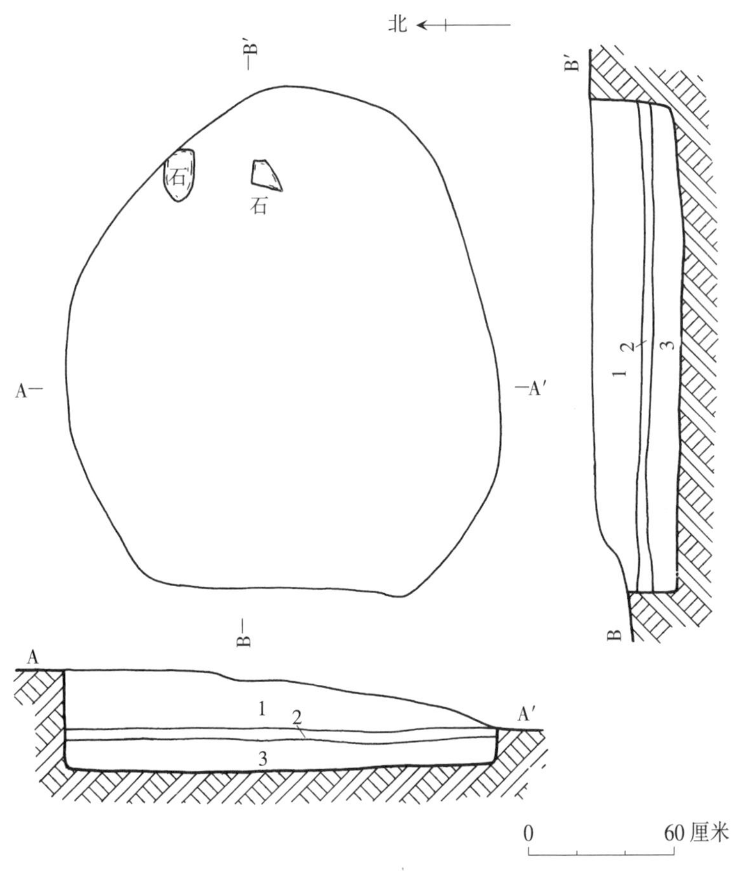

图四二五 03EH116平、剖面图

差别可细分为三层：第1层，厚0.08~0.24米。灰黑土夹木炭颗粒，土质结构紧密有黏性，包含少许石块和陶器碎片，器类不清；第2层，厚0.05~0.1米。灰烬层，质地松软，纯净；第3层，厚0.08~0.12米。深灰色土，土质疏松，包含器类有陶鬲、鼎、甗、瓮、豆、指托等，遗物标本均属此层（图四二五；彩版二，2）。

标本8件，均为陶器。

陶鬲 1件。标本03EH116∶2，G型。夹砂黑灰皮褐胎陶，器表有烟熏痕迹。直口微敞，窄平沿，小圆唇，弧颈，斜弧肩，圆弧腹弧内收，鬲身呈罐形，口径小于腹径。肩部饰凹凸弦纹，肩腹相交处有一周圆形小窝纹，腹至底饰细绳纹。足尖包足痕迹明显。口径19.8、残高17.8厘米（图四二六，1；彩版一六，1）。

陶鬲足 1件。标本03EH116∶6，E型Ⅲ式。夹细砂褐陶。尖锥状足，足尖外撇。素面。残高8厘米（图四二六，5）。

陶甗腰 1件。标本03EH116∶3，Ca型。夹细砂灰皮黑灰胎陶。圆形直桶腰，腰内壁有一周内沿用于支箅。器表饰绳纹。残高8.6厘米（图四二六，3）。

陶鼎 1件。标本03EH116∶8，Bb型Ⅱ式。夹砂黑皮灰胎陶。敞口，平沿，圆唇，弧颈，弧

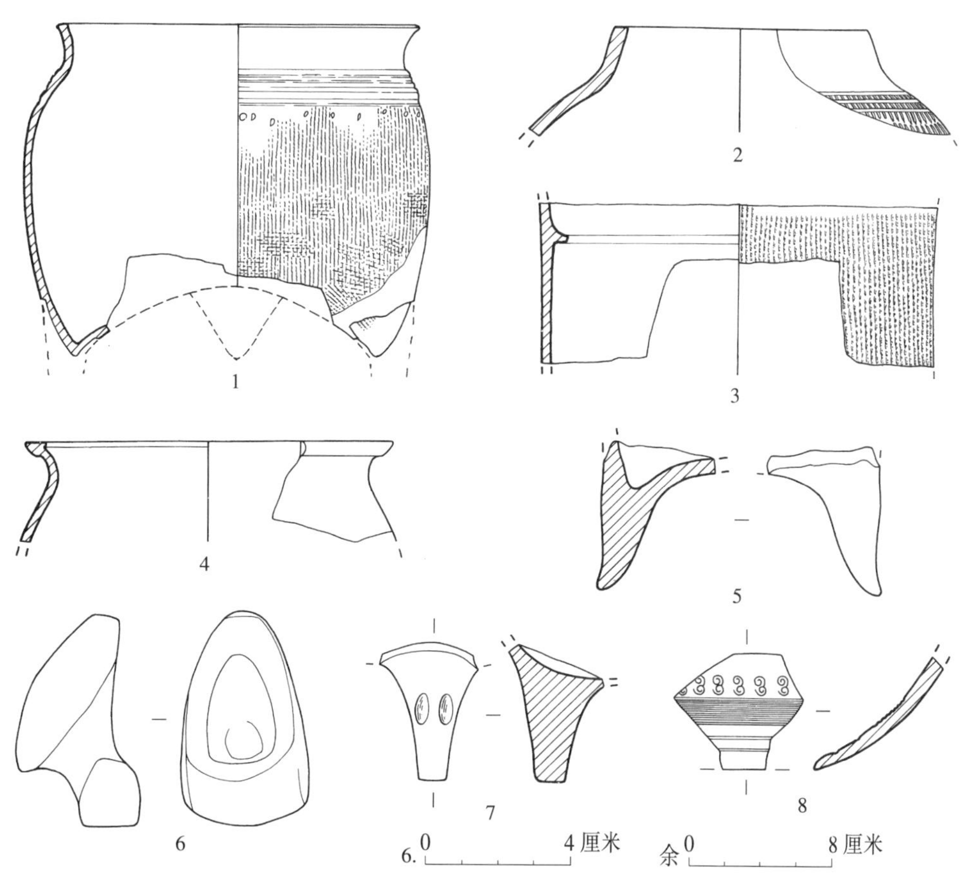

图四二六 03EH116出土陶器

1. G型鬲（03EH116∶2） 2. Ga型Ⅱ式瓮（03EH116∶5） 3. Ca型甗腰（03EH116∶3） 4. Bb型Ⅱ式鼎（03EH116∶8） 5. E型Ⅲ式鬲足（03EH116∶6） 6. 指托（03EH116∶1） 7. B型鼎足（03EH116∶7） 8. A型豆（03EH116∶4）

腹。内唇下有一周凹槽。口径20、残高5.4厘米（图四二六，4）。

陶鼎足　1件。标本03EH116∶7，B型。夹砂黄褐皮黑灰胎陶。圆柱状截锥足。足根外壁有两个椭圆形凹窝。残高7.4厘米（图四二六，7）。

陶瓮　1件。标本03EH116∶5，Ga型Ⅱ式。泥质黑皮灰胎陶。敛口，方唇，斜直颈，弧肩。肩、腹饰弦断条纹。口径14、残高6厘米（图四二六，2）。

陶豆　1件。标本03EH116∶4，A型。泥质黄褐陶。喇叭形豆座残。座顶面饰凹弦纹和"S"形纹（图四二六，8）。

陶指托　1件。标本03EH116∶1，夹细砂灰褐陶。器由托面和套指两部分构成，托面底端宽，有圆形孔用于套指，指托平面呈圆角弧边三角形，横截面圆形。素面。托面长5.8、宽1～3.4、高5厘米（图四二六，6；彩版二八，2）。

03EH117

位于03ET3007东部。开口于第4层下，打破03EH119、H122、H150、H154、H161等灰坑。坑口略呈椭圆形，坑壁弧，圜底。坑口长径4.6、短径3.1米，坑深1米。填土灰褐色，土质疏松，夹杂烧土粒和木炭粒。包含器类有陶鬲、甗、滤盉、罐、瓮、罍、盆、缸、豆、器盖、纺轮、饼、矬形器和铜条等。

标本33件，其中铜器1件，余为陶器。

陶鬲　2件。标本03EH117∶1，Ad型Ⅲ式。夹细砂黑皮灰褐胎陶。敞口，方唇，弧颈，隆肩，上腹圆弧，下腹弧直内收，鬲身呈罐形，口径小于腹径。颈部纹饰被抹，肩、腹饰弦断交叉条纹。口径16.2、残高12厘米（图四二七，4）。标本03EH117∶30，Ah型Ⅲ式。夹细砂红褐陶。敞口，卷沿，圆唇，弧颈，斜肩，圆弧腹内收，鬲身呈罐形，口径大于腹径，下弧裆，圆柱状足，足窝较深。肩、腹饰弦断绳纹，下腹、底至足根饰绳纹。口径14.8、残高13厘米（图四二七，3；彩版一四，4）。

陶鬲足　2件。标本03EH117∶25，Aa型Ⅰ式。夹砂褐陶。圆柱状尖锥足。足外侧一道竖刻槽，足根饰条纹。残高9厘米（图四二七，7）。标本03EH117∶26，Ac型Ⅰ式。夹砂褐陶。圆柱状尖锥足。足外侧一道竖刻划槽，足根饰绳纹。残高8.5厘米（图四二七，8）。

陶甗耳　1件。标本03EH117∶5，Aa型。夹砂黄灰陶。口沿外侧贴施泥片护耳，耳内甗壁上戳圆形穿孔。耳面饰条纹（图四二七，2）。

陶甗足　1件。标本03EH117∶27，Aa型Ⅰ式。夹砂褐陶。椭圆柱状矮锥足。底及足根饰条纹。残高4.4厘米（图四二七，11）。

陶滤盉　1件。标本03EH117∶3，Ac型。夹细砂红褐陶。斜弧肩，肩腹部安圆筒状流，流口微上弧，圆鼓腹弧内收，下弧裆，圆柱状尖锥足，足外撇，足窝较深。肩、腹、底至足根饰绳纹，足外侧一道竖刻划槽。残高11.8厘米（图四二七，10；图版三三，3）。

陶罐　2件。标本03EH117∶7，D型Ⅰ式。夹砂黄褐陶。敛口，斜平沿，圆唇，弧腹内收，口径小于腹径，平底，上腹部对称施牛鼻形横环耳，双耳圆桶形罐。纹饰多脱落，口外和底部残有绳纹。口径15.2、底径16、高14.8厘米（图四二七，6；彩版二〇，4）。标本03EH117∶15，Ga型Ⅱ式。夹砂褐陶。敞口，卷沿，方唇，弧颈，斜弧肩。素面。口径26、残高8.2厘米（图四二七，1）。

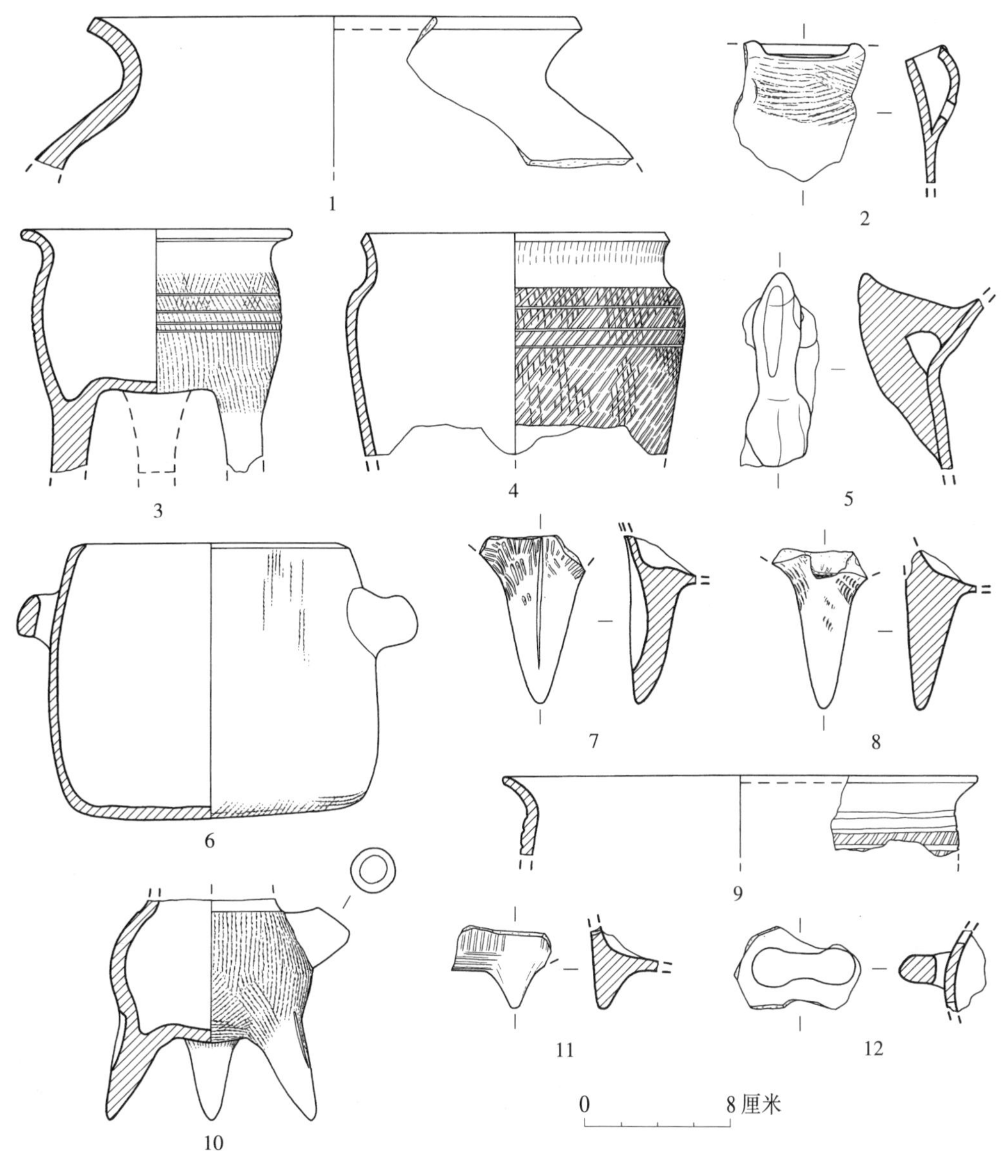

图四二七　03EH117出土陶器

1. Ga型Ⅱ式罐（03EH117:15）　2. Aa型甗耳（03EH117:5）　3. Ah型Ⅲ式鬲（03EH117:30）　4. Ad型Ⅲ式鬲（03EH117:1）　5. Ah型器耳（03EH117:33）　6. D型Ⅰ式罐（03EH117:7）　7. Aa型Ⅰ式鬲足（03EH117:25）　8. Ac型Ⅰ式鬲足（03EH117:26）　9. Ab型Ⅱ式盆（03EH117:13）　10. Ac型滤盉（03EH117:3）　11. Aa型Ⅰ式甗足（03EH117:27）　12. D型器耳（03EH117:28）

陶瓮　5件。标本03EH117:21，Ea型Ⅱ式。夹砂灰黄陶。直口，斜平沿，直颈，斜折广肩，弧直腹内收。腹饰弦断条纹，肩腹交界处饰泥钉。口径16、残高13厘米（图四二八，1）。标本03EH117:20，Eb型Ⅰ式。夹砂褐陶。直口微敛，斜平沿，沿面弧凹，弧直颈，斜折广肩，弧直腹内收。肩饰凹凸弦断条纹，腹饰弦断条纹，肩腹交界处饰泥钉。口径18、残高9.2厘米（图四二八，5）。标本03EH117:19，Ee型Ⅱ式。夹砂灰黄陶。直口微敞，斜平沿，直颈，斜折广肩，弧直腹内收。肩、腹饰弦断条纹，肩腹交界处饰泥钉。口径16、残高12.2厘米（图四二八，3）。标本03EH117:14，Fd型Ⅱ式。夹砂黄陶。敞口，方唇上缘内勾，斜直颈，弧折肩，弧腹内收。肩

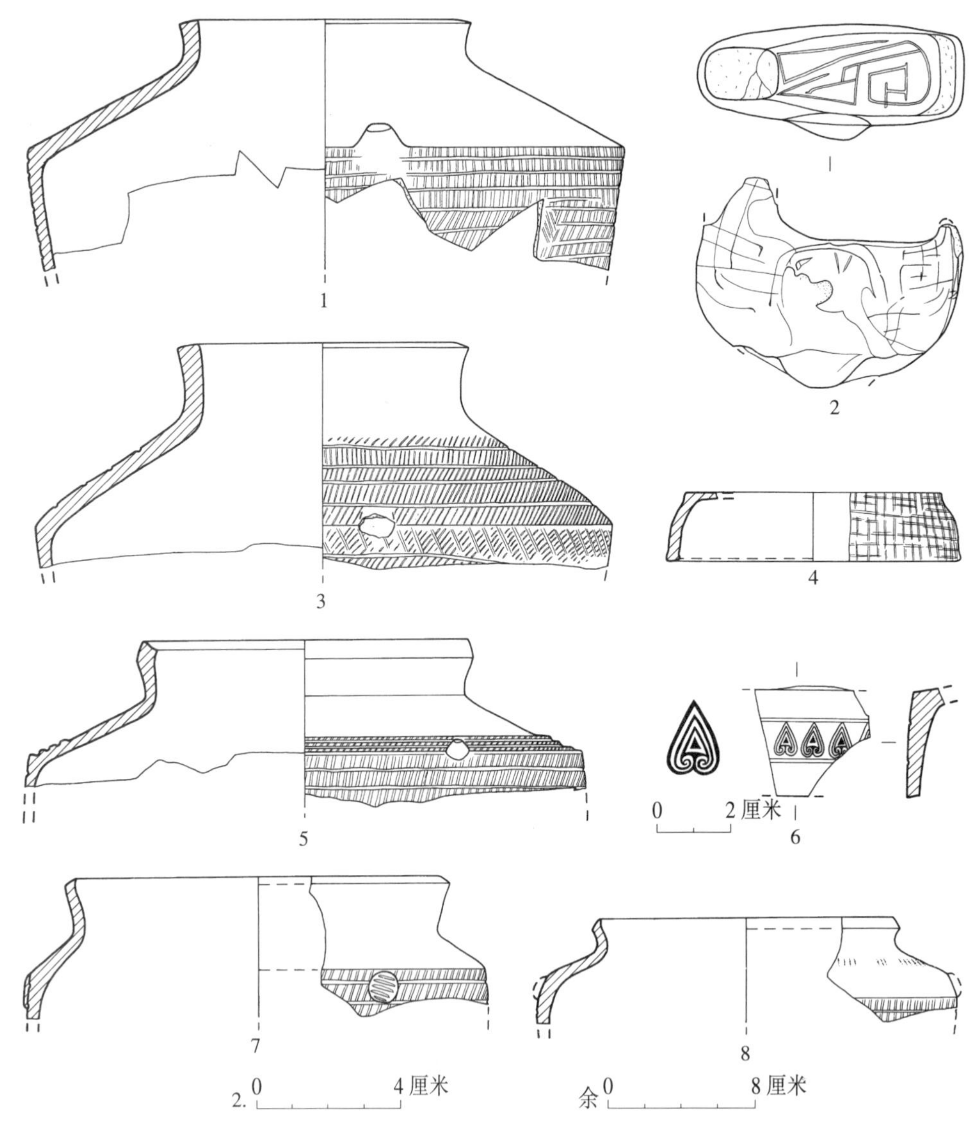

图四二八　03EH117出土陶器

1. Ea型Ⅱ式瓮（03EH117:21）　2. Ⅱ式雉形器（鸡）（03EH117:10）　3. Ee型Ⅱ式瓮（03EH117:19）　4. Aa型Ⅳ式器盖（03EH117:4）　5. Eb型Ⅰ式瓮（03EH117:20）　6. Aa型器盖（03EH117:32）　7. Fd型Ⅲ式瓮（03EH117:16）　8. Fd型Ⅱ式瓮（03EH117:14）

饰条纹，腹饰弦断条纹、圆形泥饼纹。口径16、残高6厘米（图四二八，8）。标本03EH117:16，Fd型Ⅲ式。夹砂黄陶。敞口，方唇上缘内勾，斜直颈，斜折肩，弧直腹内收。腹饰弦断条纹、圆形泥饼纹。口径20、残高7.6厘米（图四二八，7）。

陶罍　1件。标本03EH117:8，Ba型Ⅲ式。夹砂褐陶。敞口，卷沿，方唇，弧颈，斜弧折肩，口径小于腹径，弧腹内收。肩腹相交处对称施泥片鸡冠状横耳，耳面弧上翘。肩、腹和耳面饰条纹。口径27.2、底径18.4、高26.8厘米（图四二九，1；彩版二三，3）。

陶盆　3件。标本03EH117:18，Aa型Ⅲ式。夹砂灰黄陶。敞口，方唇，斜直颈，弧肩，上腹圆弧，下腹弧直内收，口径小于腹径。肩、腹饰弦断条纹。口径20、残高12.7厘米（图四三〇，

3）。标本03EH117∶22，Aa型Ⅲ式。夹砂褐陶。敞口，方唇，斜直颈，弧肩，上腹圆弧，下腹弧内收，口径与腹径相等。肩、腹饰弦断条纹。口径16、残高11.8厘米（图四三〇，6）。标本03EH117∶13，Ab型Ⅱ式。夹细砂黄褐陶。敞口，卷沿，圆唇，斜弧颈，口径大于腹径。腹部饰弦断条纹和一周附加堆纹。口径26、残高4.4厘米（图四二七，9）。

陶缸（底）圈足　1件。标本03EH117∶12，Bb型。夹砂黄褐陶。斜直腹内收，矮圈足呈喇叭口形。腹部饰绳纹，残留两周凸棱和一周附加堆纹。底径10.2、残高16.8厘米（图四三〇，2；图版四〇，2）。

陶豆　3件。标本03EH117∶11，Aa型Ⅳ式。夹砂褐陶。敞口，圆唇，弧盘，圆圈形豆柄残。盘内壁饰线纹和一周重环纹，外壁盘底饰绳纹，柄上残有三周凹弦纹和长方形镂孔痕迹。口径23.2、残高7厘米（图四三〇，1；图版四五，6）。标本03EH117∶23，A型。夹砂黄陶。残存圆圈形豆柄。柄上饰弦纹和长方形镂孔。残高11厘米（图四三〇，5）。标本03EH117∶24，Bd型。夹砂灰陶。残存圆圈形豆柄座。盘内壁饰线纹，线纹呈辐射状，柄上饰凹弦纹，座顶面有斜细绳

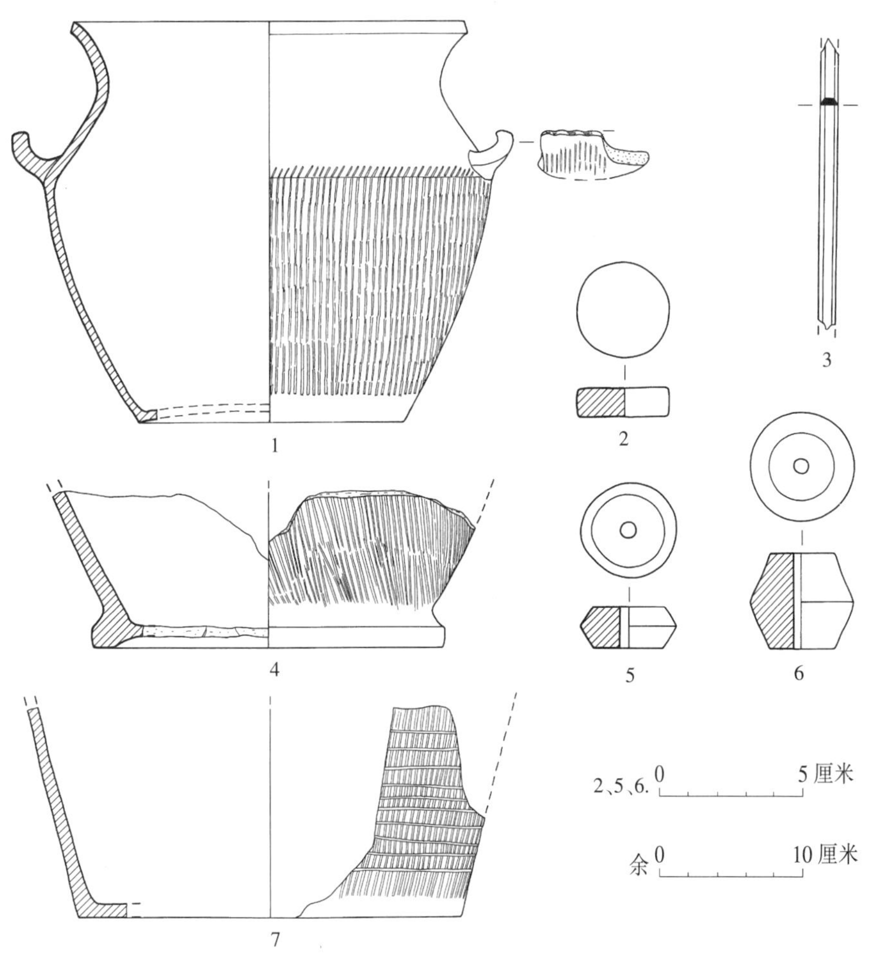

图四二九　03EH117出土器物

1. Ba型Ⅲ式陶罍（03EH117∶8）　2. Ab型Ⅰ式陶饼（03EH117∶9）　3. A型铜条（03EH117∶31）　4. E型陶器底（03EH117∶17）　5. Ac型Ⅰ式陶纺轮（03EH117∶2）　6. Aa型Ⅲ式陶纺轮（03EH117∶6）　7. A型陶器底（03EH117∶29）

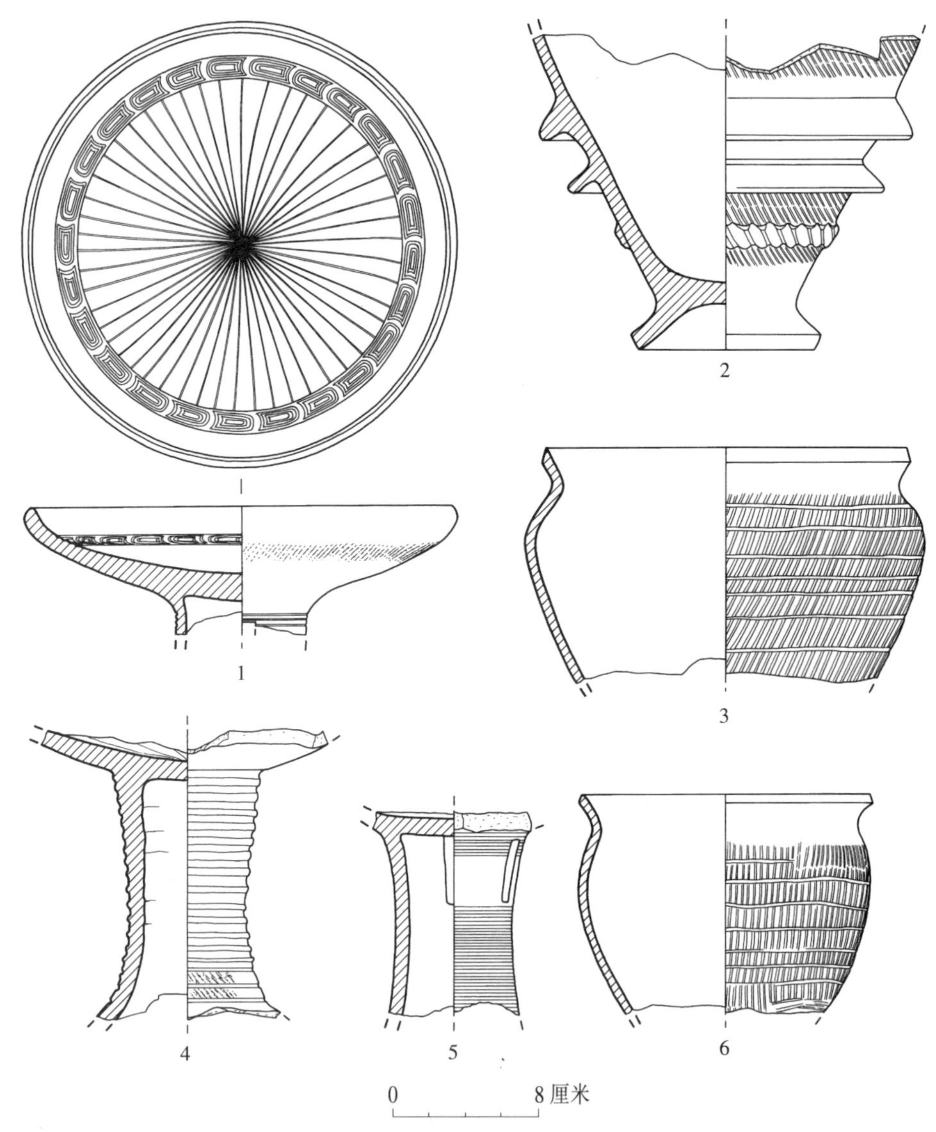

图四三〇 03EH117出土陶器

1. Aa型Ⅳ式豆（03EH117:11） 2. Bb型缸（底）圈足（03EH117:12） 3、6. Aa型Ⅲ式盆（03EH117:18、22） 4. Bd型豆（03EH117:24） 5. A型豆（03EH117:23）

纹。残高15.6厘米（图四三〇，4）。

陶器盖 2件。标本03EH117:4，Aa型Ⅳ式。泥质黄陶。圆盘形器盖，盖顶平，盖壁弧，口微敞，圆唇。器盖壁饰方格纹。盖口径16、高3.7厘米（图四二八，4）。标本03EH117:32，Aa型。泥质黑皮灰胎陶。盖壁弧直，口敞，方唇，圆盘形器盖。壁饰两周凹弦纹，其间饰一周蝉纹（图四二八，6；彩版三〇，3）。

陶器耳 2件。标本03EH117:33，Ah型。夹砂黄陶。扁直耳略呈狗头形，昂首张口作狂吠状，耳根部横穿透孔。素面（图四二七，5）。标本03EH117:28，D型。夹砂褐陶。横环耳，耳环截面圆角长方形，耳孔呈椭圆形。素面（图四二七，12）。

陶器底 2件。标本03EH117:29，A型。夹砂灰褐陶。下腹斜直内收，平底残。下腹饰弦断条纹。底径 26、残高 14 厘米（图四二九，7）。标本 03EH117∶17，E 型。夹砂褐陶。下腹斜直内收，矮圈足。下腹饰条纹。底径 24、残高 10.6 厘米（图四二九，4）。

陶纺轮　2 件。标本 03EH117∶6，Aa 型Ⅲ式。夹细砂褐灰陶。体厚，圆形，两面平，圆中间一直壁圆孔，周壁中间凸起一周内弧折棱，弧折棱上下斜面微内弧。素面。直径 3.6、孔径 0.5、厚 3.2 厘米（图四二九，6；图版五二，5）。标本 03EH117∶2，Ac 型Ⅰ式。夹细砂褐灰陶。扁圆形，两面平，圆中间一直壁圆孔，周壁中间凸起一周弧折棱，弧折棱上下斜面直。素面。直径 3.2～3.4、孔径 0.5、厚 1.4 厘米（图四二九，5；图版五三，3）。

陶饼　1 件。标本 03EH117∶9，Ab 型Ⅰ式。夹砂红陶。陶片打磨而成。扁圆形，两面平，周壁斜直。素面。直径 3.2、厚 1 厘米（图四二九，2）。

陶雉形器（鸡）　1 件。标本 03EH117∶10，Ⅱ式。夹细砂红褐陶。实心，雉呈俯卧状，仰首残，弧背，弧腹，翘尾略残。器身刻划象征翅膀和羽毛的纹样。长 7.3、残高 5.6 厘米（图四二八，2；图版六〇，5）。

铜条　1 件。标本 03EH117∶31，A 型。锈蚀严重。器表绿色，里青色。长条形，两端残，截面梯形。残长 19.6、宽 0.8～1.2、厚 0.4 厘米（图四二九，3）。

03EH118

位于 03ET3107 西南部。开口于第 4 层下，被 03EH117、H121、H122 打破，打破 03EH145。坑口椭圆形，斜壁平底。坑口长径 2.2、短径 1.75 米，坑深 0.32 米。坑内堆积灰褐色土，土质疏松，夹有烧土、木炭渣等。包含有陶鬲、甗、钵等器类（图四三一）。

标本 1 件。

陶甗　1 件。标本 03EH118∶1，Ab 型Ⅲ式。夹砂褐陶，器表有烟熏痕迹。甗身整体由上部罐形甑和下部三足钵两部分构成。侈口，卷沿，方唇，弧束颈，圆肩，口径小于最大肩腹，甑上腹圆鼓，下腹斜弧收，束腰内壁等距离安三个小舌状泥片，用以支箅，钵壁弧直，平底，底部三足残。口沿外侧贴施对称泥片护耳，两耳内根部甗壁上各戳穿一圆形孔。颈下通饰弦断绳纹。口径 32、残高 36.4 厘米（图四三二；彩版一七，2）。

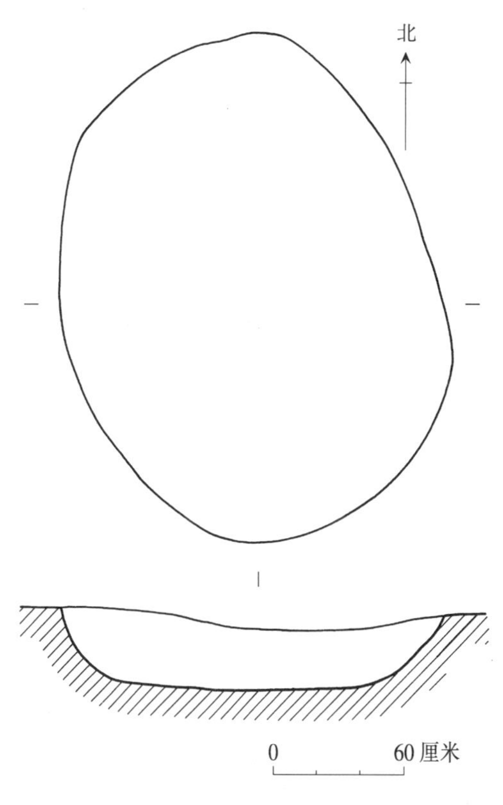

图四三一　03EH118 平、剖面图

03EH119

位于 03ET3107 西北部，延伸至隔梁。开口于第 4 层下，被 03EH117 打破，打破生土层。坑壁弧，圜底。坑口径 1.54 米，坑深 0.3 米。填土褐灰色，土质较疏松，夹杂烧土粒和木炭粒。包含器类有陶鬲、甗、豆和石凿等。

标本 7 件，其中陶器 6 件，石器 1 件。

陶鬲足　2 件。标本 03EH119∶5，Ac 型Ⅰ式。夹砂黄灰陶。圆柱状锥足。足根饰条纹。残高

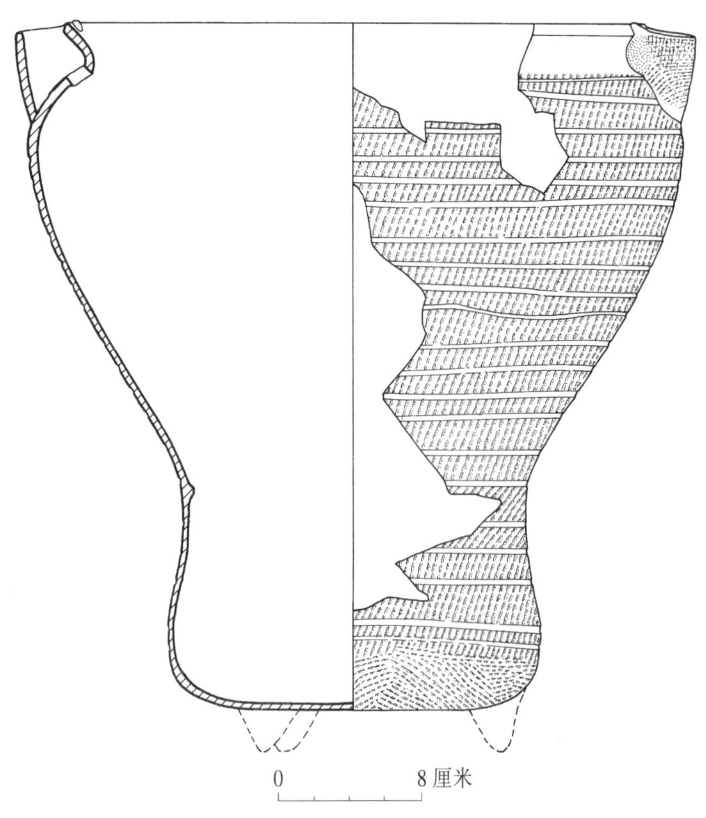

图四三二　03EH118出土陶器

Ab型Ⅲ式甗（03EH118∶1）

10.8厘米（图四三三，1）。标本03EH119∶6，Ac型Ⅰ式。夹砂黄灰陶。圆柱状锥足。足根饰条纹。足根部包足痕迹明显。残高6.5厘米（图四三三，6）。

陶甗耳　1件。标本03EH119∶7，Ab型。夹砂黄褐陶。口沿外侧贴施泥片护耳，耳内甗壁上戳圆形穿孔。耳面饰条纹（图四三三，5）。

陶豆　2件。标本03EH119∶4，A型。夹砂黄灰陶。残盘弧底，圆圈形豆柄残。柄上残有两周凹弦纹和长方形镂孔痕迹。残高3.6厘米（图四三三，7）。标本03EH119∶3，A型。泥质黄陶。喇叭形豆座。座顶面饰凹弦纹。底径20、残高3.7厘米（图四三三，3）。

陶器底　1件。标本03EH119∶1，B型。夹砂褐陶。下腹斜直内收，平底。下腹饰交错条纹。底径12.8、残高4.2厘米（图四三三，4）。

石凿　1件。标本03EH119∶8，Ⅱ式。青色。打磨制法。长条形，横截面长方形。平顶，偏锋，直刃。长6.6、宽0.4～2、厚1厘米（图四三三，2）。

03EH120

位于03ET2604北部，向西延伸至隔梁。开口于第4层下，被03EH98和03EH128打破，叠压03EH111，打破03EH65、H135、H148等。坑口略呈椭圆形，坑壁弧，圜底。坑口长径5.65、短径3米，坑深0.34米。填土灰褐色，土质较疏松，夹杂烧土粒和木炭粒。包含器类有陶鬲、鼎、甗、罐、盆、豆、饼，还有硬陶器等。

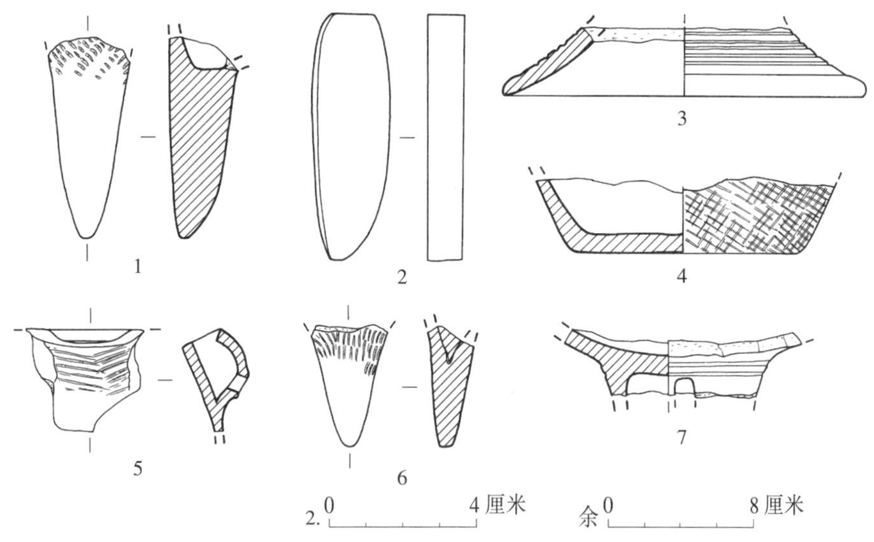

图四三三　03EH119出土器物

1、6. Ac型Ⅰ式陶鬲足（03EH119∶5、6）　2. Ⅱ式石凿（03EH119∶8）　3、7. A型陶豆（03EH119∶3、4）　4. B型陶器底（03EH119∶1）　5. Ab型陶甗耳（03EH119∶7）

标本17件，其中陶器15件，硬陶器2件。

陶鬲　3件。标本03EH120∶5，Aa型Ⅲ式。夹砂灰褐陶。敞口，卷沿，圆唇，斜弧颈，溜肩，弧腹内收，鬲身呈罐形，口径小于腹径。颈部纹饰被抹，肩腹相交处饰一周附加堆纹，肩、腹饰弦断绳纹。口径19、残高14厘米（图四三四，5）。标本03EH120∶4，Ac型Ⅲ式。夹砂黄褐陶。敞口，卷沿，方唇，弧颈较高，圆肩，圆腹弧内收，鬲身呈罐形，口径小于腹径。颈部纹饰被抹，肩、腹饰弦断条纹。口径20.4、残高15.2厘米（图四三四，2）。标本03EH120∶19，Ac型。夹砂黄陶。敞口，方唇，斜弧颈，弧肩，鬲身呈罐形，口径略小于腹径。颈部纹饰被抹，肩、腹饰弦断交错绳纹。口径20、残高5.7厘米（图四三四，3）。

陶鬲足　1件。标本03EH120∶17，C型Ⅰ式。夹砂黄褐陶。圆柱状锥足。足外侧三个圆窝纹，足根饰绳纹。残高13.2厘米（图四三四，8）。

陶甗　1件。标本03EH120∶7，Ab型。夹细砂黄褐陶。敞口，卷沿，方唇，高弧颈，弧肩。肩腹饰间断条纹。口径30.2、残高5.5厘米（图四三五，3）。

陶甗耳　1件。标本03EH120∶14，Aa型。夹砂黄陶。口沿外侧贴施泥片护耳。耳内甗壁上戳圆形穿孔，耳面饰条纹（图四三五，4）。

陶鼎　1件。标本03EH120∶3，Dc型Ⅰ式。夹砂黄褐陶。直口微敛，平沿，直颈，垂腹，圜底，鼎身呈双耳釜形，口径小于腹径，圆柱状足。肩腹部饰圆形泥饼纹，腹饰条纹，底饰横条纹。沿面立耳耳根套包在口沿上，足根部有明显的手捏痕迹。口径15.4、残高11.6厘米（图四三四，1；图版三二，2）。

陶鼎足　1件。标本03EH120∶16，B型。夹砂红褐陶。圆柱状锥足。足根外壁有两个椭圆形圆窝。残高9厘米（图四三四，7）。

陶罐　2件。标本03EH120∶15，Ba型Ⅲ式。夹砂红褐陶。敞口，圆唇，斜直颈，溜肩，圆弧腹。颈部纹饰被抹，肩、腹饰弦断条纹。口径18、残高7厘米（图四三五，7）。标本03EH120∶8，

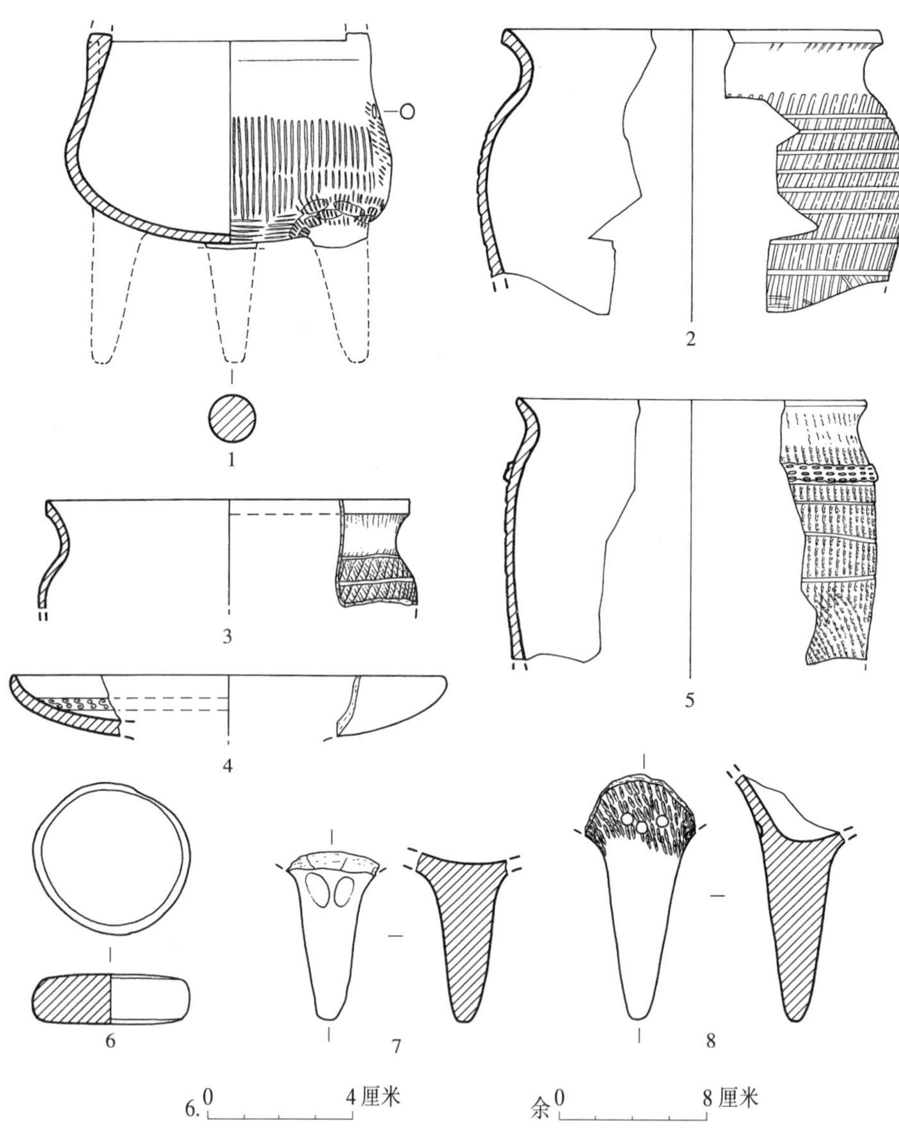

图四三四 03EH120出土陶器

1. Dc型Ⅰ式鼎（03EH120∶3） 2. Ac型Ⅲ式鬲（03EH120∶4） 3. Ac型鬲（03EH120∶19） 4. Aa型豆（03EH120∶12） 5. Aa型Ⅲ式鬲（03EH120∶5） 6. Ab型Ⅱ式饼（03EH120∶2） 7. B型鼎足（03EH120∶16） 8. C型Ⅰ式鬲足（03EH120∶17）

Fb型Ⅲ式。夹细砂黑灰皮黄胎陶。敞口，圆唇，斜直颈，斜弧肩。肩部绳纹被抹，腹饰弦断绳纹。口径18、残高8.6厘米（图四三五，1）。

陶盆 1件。标本03EH120∶6，Aa型。夹细砂红褐陶。敞口，卷沿，圆唇，高弧颈，斜肩。颈部饰绳纹，肩腹饰弦断绳纹。口径24、残高5.8厘米（图四三五，5）。

陶盆耳 1件。标本03EH120∶13，C型。夹砂红褐陶。敞口，卷沿，方唇，弧颈。口沿外侧贴施泥片护耳，耳内壁上戳圆形穿孔。器表饰弦断条纹（图四三五，2）。

陶豆 1件。标本03EH120∶12，Aa型。夹砂黑陶。敞口，圆唇，弧盘。豆盘内壁饰两周弦纹，其间饰一周“S”形纹。口径24、残高3.2厘米（图四三四，4）。

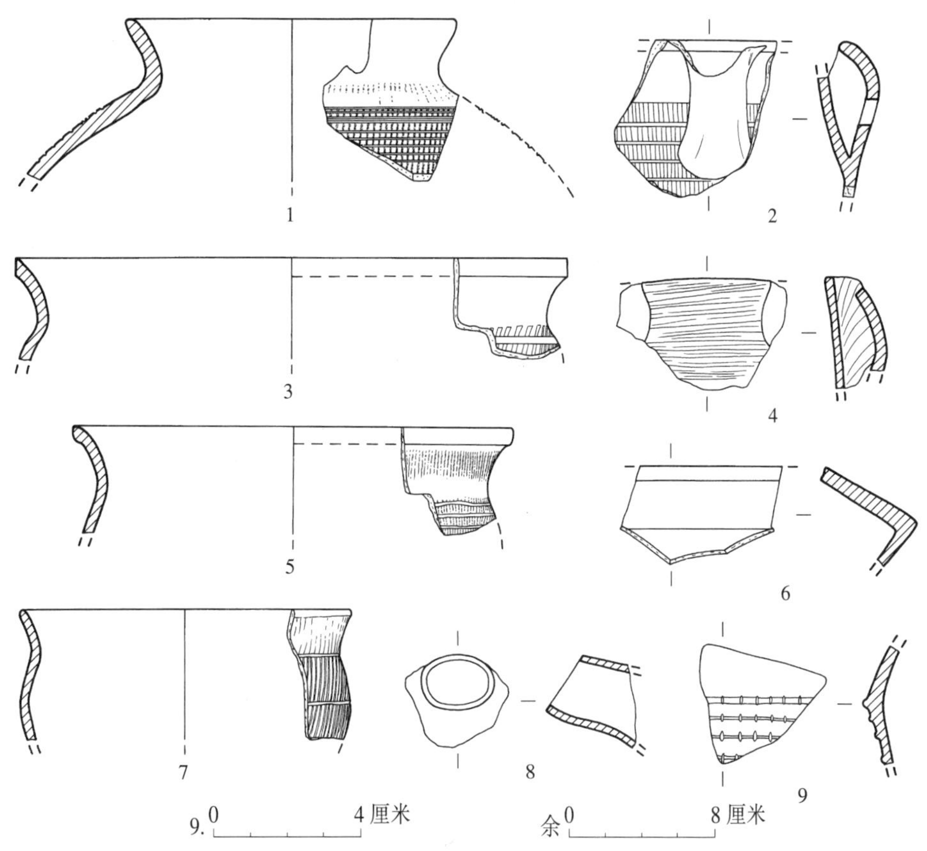

图四三五　03EH120 出土器物

1. Fb 型Ⅲ式陶罐（03EH120∶8）　2. C 型陶盆耳（03EH120∶13）　3. Ab 型陶甗（03EH120∶7）　4. Aa 型陶甗耳（03EH120∶14）　5. Aa 型陶盆（03EH120∶6）　6. 硬陶器口（03EH120∶18）　7. Ba 型Ⅲ式陶罐（03EH120∶15）　8. Ⅰ式陶器流（03EH120∶11）　9. 硬陶片（03EH120∶1）

陶器流　1 件。标本 03EH120∶11，Ⅰ式。夹细砂红陶。圆筒状流斜上侈，流口椭圆形（图四三五，8）。

陶饼　1 件。标本 03EH120∶2，Ab 型Ⅱ式。夹砂褐灰陶。陶片打磨而成。扁圆形，两面平，周壁弧。素面。直径 4.1～4.3、厚 1.3 厘米（图四三四，6）。

硬陶器口　1 件。标本 03EH120∶18，器类不明。灰硬陶。侈口，斜折沿，方唇，斜肩残。素面。残高 5.4 厘米（图四三五，6）。

硬陶片　1 件。标本 03EH120∶1，器类不明。灰硬陶。器表残留四道凸弦纹，弦纹纹面间距竖向压印凹纹，使凸弦纹呈锯齿状（图四三五，9）。

03EH122

位于 03ET3107 西南部，延伸至隔梁。开口于第 4 层下，被 03EH117 打破，叠压 03EH121，打破 03EH162。坑壁弧，圜底。坑口残长 2、宽 0.8 米，坑深 0.44 米。填土灰褐色，土质较疏松，夹杂烧土粒和木炭粒。包含器类有陶鬲、罐等。

标本 2 件，均为陶器。

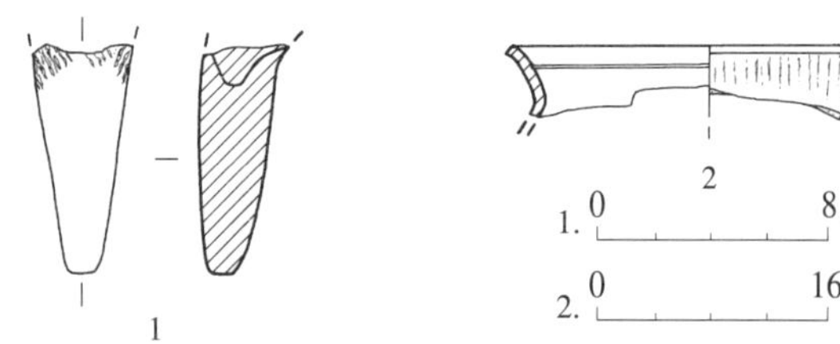

图四三六　03EH122 出土陶器

1. Ac 型Ⅱ式鬲足（03EH122:1）
2. Fb 型罐（03EH122:2）

陶鬲足　1 件。标本 03EH122:1，Ac 型Ⅱ式。夹砂褐陶。圆柱状截锥足。足根饰绳纹。根部包足痕迹明显。残高 7.8 厘米（图四三六，1）。

陶罐　1 件。标本 03EH122:2，Fb 型。夹砂褐陶。敞口，方唇，斜直颈。颈内壁有一周凹弦纹，外壁饰条纹。口径 28、残高 5 厘米（图四三六，2）。

03EH123

位于 03ET2605 东南部。开口于第 4 层下，打破 03EH98。坑口呈椭圆形，坑壁弧，圜底。坑口长径 3.22、短径 2.2 米，坑深 0.46 米。填土灰褐色，土质较疏松，夹杂烧土粒和木炭粒。包含器类有陶鬲、甗、鼎、瓮、盆、豆、纺轮等。

标本 14 件，均为陶器。

陶鬲足　5 件。标本 03EH123:2，Aa 型Ⅱ式。夹砂红褐陶。圆柱状截锥足。足外侧一道竖刻槽。残高 9.8 厘米（图四三七，7）。标本 03EH123:3，Aa 型Ⅱ式。夹砂褐陶。圆柱状截锥足。足外侧一道竖刻槽，足根部饰条纹。残高 11 厘米（图四三七，5）。标本 03EH123:1，Aa 型Ⅲ式。夹砂褐陶。圆柱状足。足外侧一道竖刻槽。残高 11.2 厘米（图四三七，6）。标本 03EH123:4，Ac 型Ⅰ式。夹砂褐陶。圆柱状尖锥足。足外侧一道竖刻槽，足根部饰条纹。残高 7.4 厘米（图四三七，2）。标本 03EH123:5，Ac 型Ⅰ式。夹砂黄陶。圆柱状尖锥足。足外侧一道竖刻槽，足根部饰条纹。残高 8.8 厘米（图四三七，9）。

陶甗足　1 件。标本 03EH123:7，Da 型。夹砂褐陶。椭圆柱状矮足略呈蹄形，足根有足窝。足底面饰条纹。残高 3.4 厘米（图四三七，11）。

陶鼎足　1 件。标本 03EH123:6，B 型。夹砂褐陶。圆柱状锥足，足根外壁微隆起，有两个椭圆形圆窝。残高 7.8 厘米（图四三七，14）。

陶瓮　1 件。标本 03EH123:15，Aa 型。夹砂黄褐陶。敞口，方唇，唇面微凹，弧颈。口径 36.8、残高 7 厘米（图四三七，13）。

陶盆　1 件。标本 03EH123:14，Ba 型Ⅱ式。夹细砂红褐陶。敞口，弧沿，圆唇，斜直颈，弧肩，上腹圆，下腹弧内收。颈部绳纹被抹，肩腹饰弦断绳纹。口径 24、残高 15.2 厘米（图四三七，1）。

陶豆　1 件。标本 03EH123:13，Ca 型Ⅱ式。夹砂黄灰陶。敞口，弧盘。素面。口径 16、残高 3.7 厘米（图四三七，3）。

陶器耳　3 件。标本 03EH123:10，Ab 型。夹砂黄灰陶。敞口，卷沿，方唇。鸟头形扁直耳，耳根部横穿椭圆孔。器表饰条纹（图四三七，8）。标本 03EH123:9，Be 型。夹砂黄褐陶。长方形泥片状横耳，耳顶面凹凸不平呈鸡冠状，耳面折上侈。耳面饰条纹（图四三七，10）。标本 03EH123:11，E 型。夹砂黄灰陶。方形泥片贴耳，泥片中部隆起呈圆柱形穿竖圆孔（图四三七，4）。

陶纺轮　1 件。标本 03EH123:8，Cc 型Ⅱ式。夹细砂灰陶。扁圆形，两面平，圆中间一直壁圆孔，周壁弧。素面。直径 4、孔径 0.5、厚 1.1 厘米（图四三七，12）。

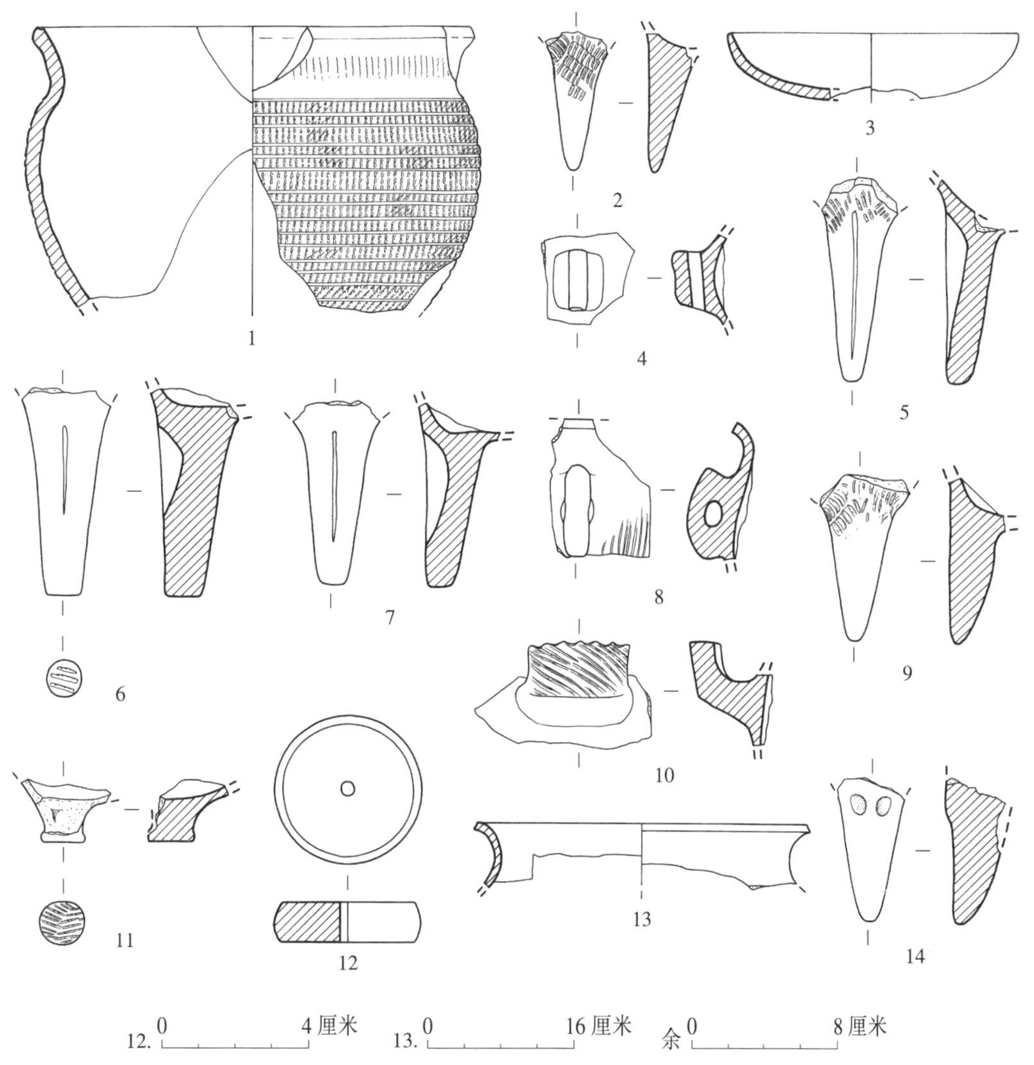

图四三七　03EH123 出土陶器

1. Ba 型Ⅱ式盆（03EH123∶14）　2、9. Ac 型Ⅰ式鬲足（03EH123∶4、5）　3. Ca 型Ⅱ式豆（03EH123∶13）　4. E 型器耳（03EH123∶11）　5、7. Aa 型Ⅱ式鬲足（03EH123∶3、2）　6. Aa 型Ⅲ式鬲足（03EH123∶1）　8. Ab 型器耳（03EH123∶10）　10. Be 型器耳（03EH123∶9）　11. Da 型甗足（03EH123∶7）　12. Cc 型Ⅱ式纺轮（03EH123∶8）　13. Aa 型瓮（03EH123∶15）　14. B 型鼎足（03EH123∶6）

03EH128

位于 03ET2605 东南部。开口于第 4 层下，被 03EH98 打破，打破 03EH120。坑口呈椭圆形，坑壁弧，圜底。坑口长径 2.05、短径 1 米，坑深 0.48 米。填土灰褐色，土质较疏松，夹杂烧土粒和木炭粒。包含器类有陶鬲和硬陶器等。

标本 4 件，其中陶器 3 件，硬陶器 1 件。

陶鬲　1 件。标本 03EH128∶1，Ac 型Ⅲ式。夹砂黄褐陶。敞口，卷沿，方唇，弧颈，圆肩，圆弧腹内收，鬲身呈罐形，口径小于腹径，圆柱状足窝较浅。腹饰弦断条纹，下腹、底至足根饰绳纹。口径 22.5、残高 19 厘米（图四三八，1）。

陶鬲足　1 件。标本 03EH128∶6，Aa 型Ⅱ式。夹砂红褐陶。圆柱状截锥足。足外侧一道竖刻

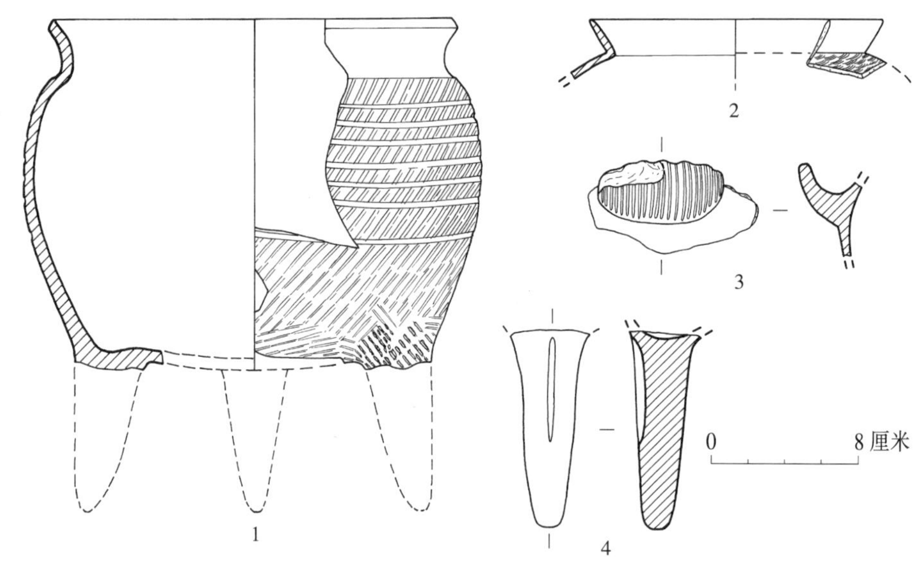

图四三八　03EH128 出土器物

1. Ac 型Ⅲ式陶鬲（03EH128∶1）　2. Ab 型Ⅰ式硬陶瓮（03EH128∶2）　3. Be 型陶器耳（03EH128∶5）
4. Aa 型Ⅱ式陶鬲足（03EH128∶6）

槽。残高 10.6 厘米（图四三八，4）。

陶器耳　1 件。标本 03EH128∶5，Be 型。夹砂黄灰陶。长方形泥片状横耳，耳顶凹凸不平呈鸡冠状，耳面弧上侈。耳面饰条纹（图四三八，3）。

硬陶瓮　1 件。标本 03EH128∶2，Ab 型Ⅰ式。灰硬陶。敞口，方唇，斜直束颈，斜弧肩。肩饰戳印纹。口径 16、残高 3.2 厘米（图四三八，2）。

03EH129

位于 03ET3006 北部。开口于第 4 层下，被 03EH161 打破，打破 03EH68、H83 和 03EH70。坑口呈长方形，坑壁弧，平底。坑口长 4.05、宽 2 米，坑深 0.65 米。填土灰褐色，土质较疏松，夹杂烧土粒和木炭粒。包含器类有陶鬲、鼎、罐、瓮、罍、盆、钵、豆、猪和石斧等。

标本 37 件，其中陶器 36 件，石器 1 件。

陶鬲　4 件。标本 03EH129∶10，C 型Ⅱ式。夹细砂黄褐陶，器表有烟炱。敞口，弧沿，方唇，弧颈，弧肩，圆腹弧内收，鬲身呈罐形，口径小于腹径，口沿外对称附加两个泥条抠耳。颈部斜条纹被抹，肩腹交界处饰一周附加堆纹，肩至下腹饰弦断绳纹。口径 31.4、残高 25.6 厘米（图四三九，1；图版二五，1）。标本 03EH129∶6，Ab 型Ⅲ式。夹砂黄褐陶，器表有烟熏痕迹。器较大。侈口，卷沿，方唇，唇面下缘向外侈，束颈，弧肩，颈、肩、腹交界清晰，下腹斜弧内收，口径小于腹径，圆柱状足，足窝浅。颈部条纹被抹过，颈下至下腹饰弦断竖条纹，肩腹交界处饰一周附加堆纹；足外侧一道竖刻槽，刻槽上端深，向下渐浅。足根有明显捏痕。口径 29、残高 29.2 厘米（图四四〇，1；彩版一三，5）。标本 03EH129∶16，Ac 型Ⅲ式。夹砂褐陶。敞口，弧沿，方唇，弧颈，圆肩，圆腹弧内收，鬲身呈罐形，口径略小于腹径。腹饰弦断条纹。口径 18、残高 8 厘米（图四三九，3）。标本 03EH129∶37，Ac 型Ⅲ式。夹砂黄褐陶。敞口，弧沿，方唇，弧颈较高，圆肩，弧腹内收，鬲身呈罐形，口径小于腹径。颈部纹饰被抹，腹饰弦断条纹。口径 22.2、

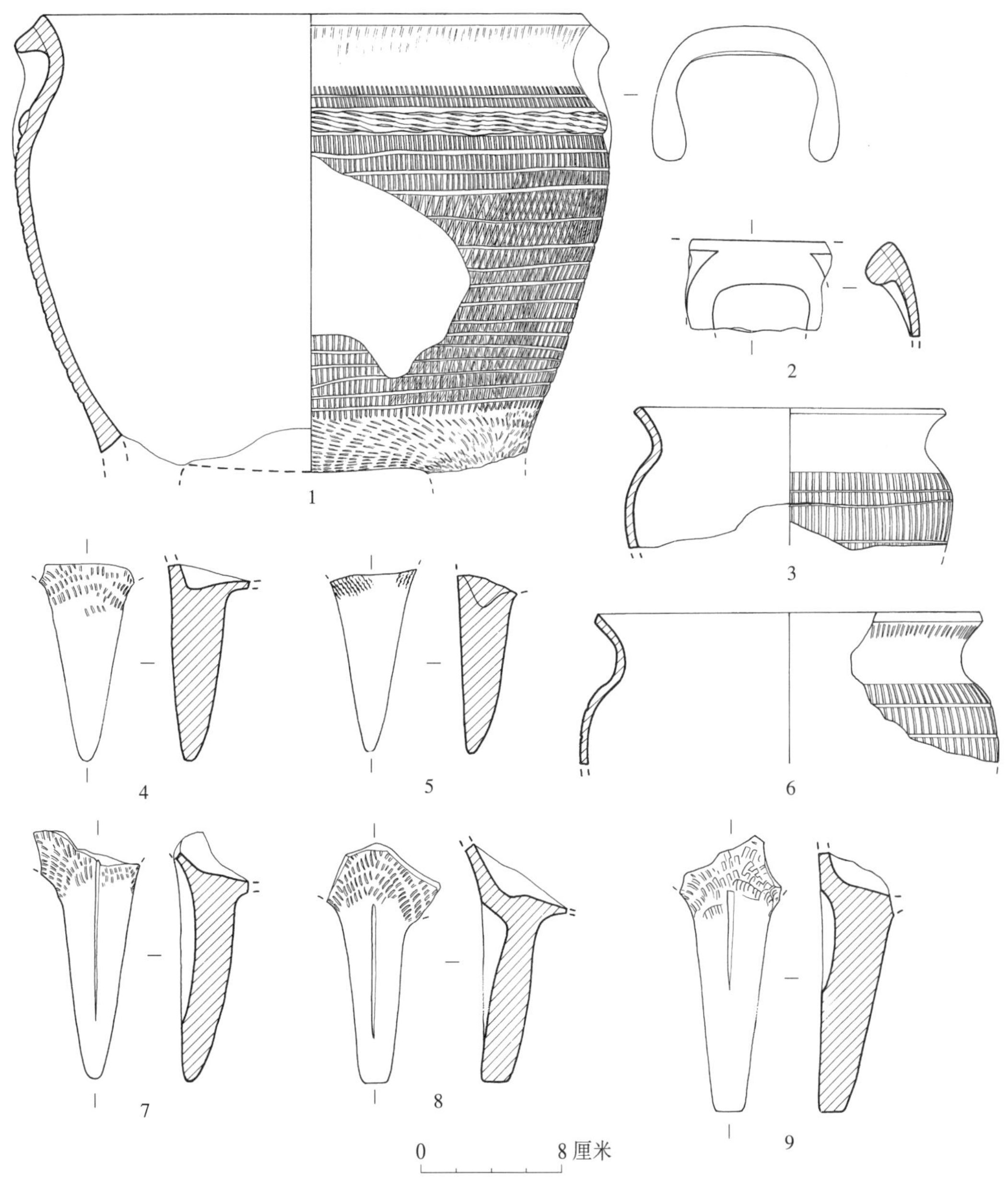

图四三九　03EH129出土陶器

1. C型Ⅱ式鬲（03EH129∶10）　2. C型鬲耳（03EH129∶33）　3、6. Ac型Ⅲ式鬲（03EH129∶16、37）　4、5. Ac型Ⅰ式鬲足（03EH129∶24、28）　7. Aa型Ⅰ式鬲足（03EH129∶26）　8、9. Aa型Ⅱ式鬲足（03EH129∶23、27）

残高8.4厘米（图四三九，6）。

陶鬲耳　1件。标本03EH129∶33，C型。夹砂黄灰陶。口外唇下附加泥条抠耳。素面（图四三九，2）。

陶鬲足　5件。标本03EH129∶26，Aa型Ⅰ式。夹砂黄灰陶。圆柱状尖锥足。足外侧一道竖刻槽，足根饰条纹。残高14厘米（图四三九，7）。标本03EH129∶23，Aa型Ⅱ式。夹砂褐陶。圆柱状截锥足。足外侧一道竖刻槽，足根饰条纹。残高13.4厘米（图四三九，8）。标本03EH129∶27，Aa型Ⅱ式。夹砂褐陶。圆柱状截锥足。足外侧一道竖刻槽，足根饰条纹。残高15.5厘米（图四

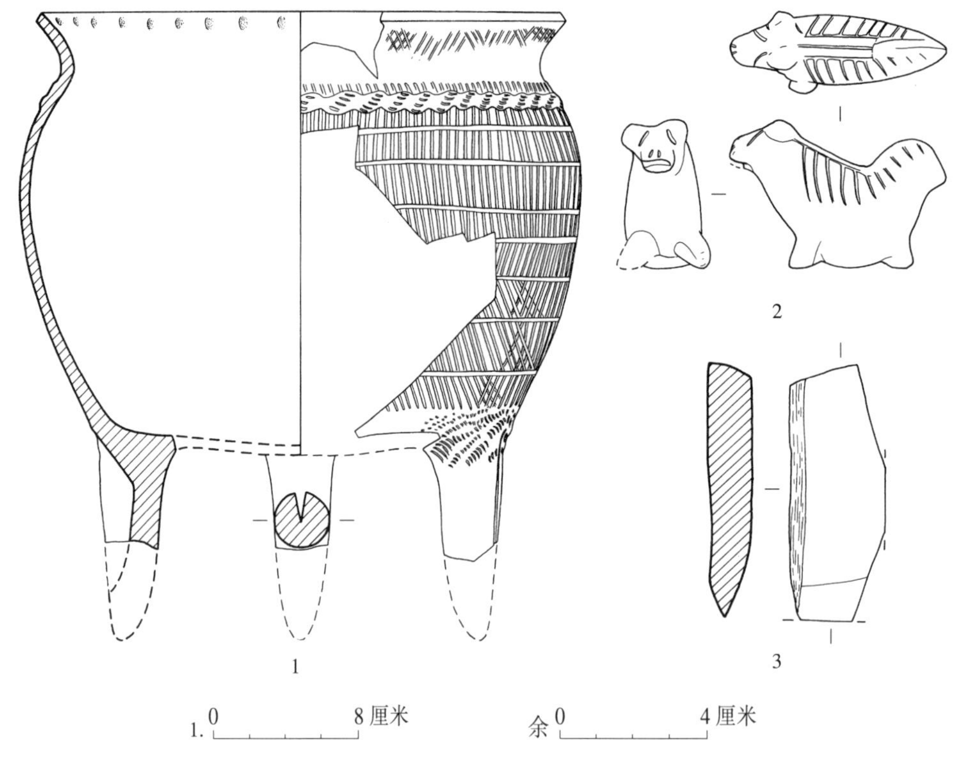

图四四〇　03EH129 出土器物

1. Ab 型Ⅲ式陶鬲（03EH129∶6）　2. 陶猪（03EH129∶1）　3. 石斧（03EH129∶2）

三九，9）。标本 03EH129∶24，Ac 型Ⅰ式。夹砂褐陶。圆柱状尖锥足。足外侧一道竖刻槽，足根饰条纹。残高 11 厘米（图四三九，4）。标本 03EH129∶28，Ac 型Ⅰ式。夹砂褐陶。圆柱状尖锥足。足根饰绳纹。根部包足痕迹明显。残高 10.2 厘米（图四三九，5）。

陶鼎　2 件。标本 03EH129∶8，Da 型Ⅲ式。仿铜。夹砂黄褐陶，器表有烟熏痕迹。直口微敞，平沿，方唇，弧颈，垂腹，鼎身呈釜形，口径小于腹径，沿面立对称圆角长方形耳。下腹及足根饰条纹，足根外壁一道竖刻槽。口径 24.8、含耳残高 23.6 厘米（图四四一，1；图版三一，5）。标本 03EH129∶3，Dd 型Ⅱ式。仿铜。夹砂褐陶，器表有烟熏痕迹。直口微敛，平沿，方唇，弧腹，鼎身呈盆形，口径略大于腹径，沿面立对称圆角方形耳，柱状足，足内壁平，足外壁和两侧壁圆弧。腹部两周小圆窝纹和凸棱，凸棱中间饰一周由夔纹组成的六组饕餮纹图样，足外壁一道竖槽，根部饰兽面纹；立耳内面环绕耳面饰一组由夔纹组成的饕餮纹图样。口径 23、通高 27.2 厘米（图四四一，5；彩版一九，1）。

陶鼎足　3 件。标本 03EH129∶25，Ad 型。夹砂褐陶。圆柱状足，足根外壁微隆起，有三个圆窝。足通饰条纹。残高 12 厘米（图四四一，3）。标本 03EH129∶30，Ae 型。夹砂褐陶。柱状足，足内壁平，外壁和两侧壁圆弧，截面略呈半圆形。素面。残高 11.4 厘米（图四四一，7）。标本 03EH129∶29，C 型。夹砂灰褐陶。圆柱状蹄形足。素面。残高 8.7 厘米（图四四一，2）。

陶罐　2 件。标本 03EH129∶17，Ab 型Ⅱ式。夹细砂褐陶。敞口，方唇，弧颈，溜肩，圆腹。腹饰弦断条纹。口径 12、残高 4.4 厘米（图四四一，6）。标本 03EH129∶14，Fd 型Ⅰ式。夹细砂褐陶。敞口，方唇，斜直颈，斜肩。颈部纹饰被抹。口径 14.4、残高 7.6 厘米（图四四一，4）。

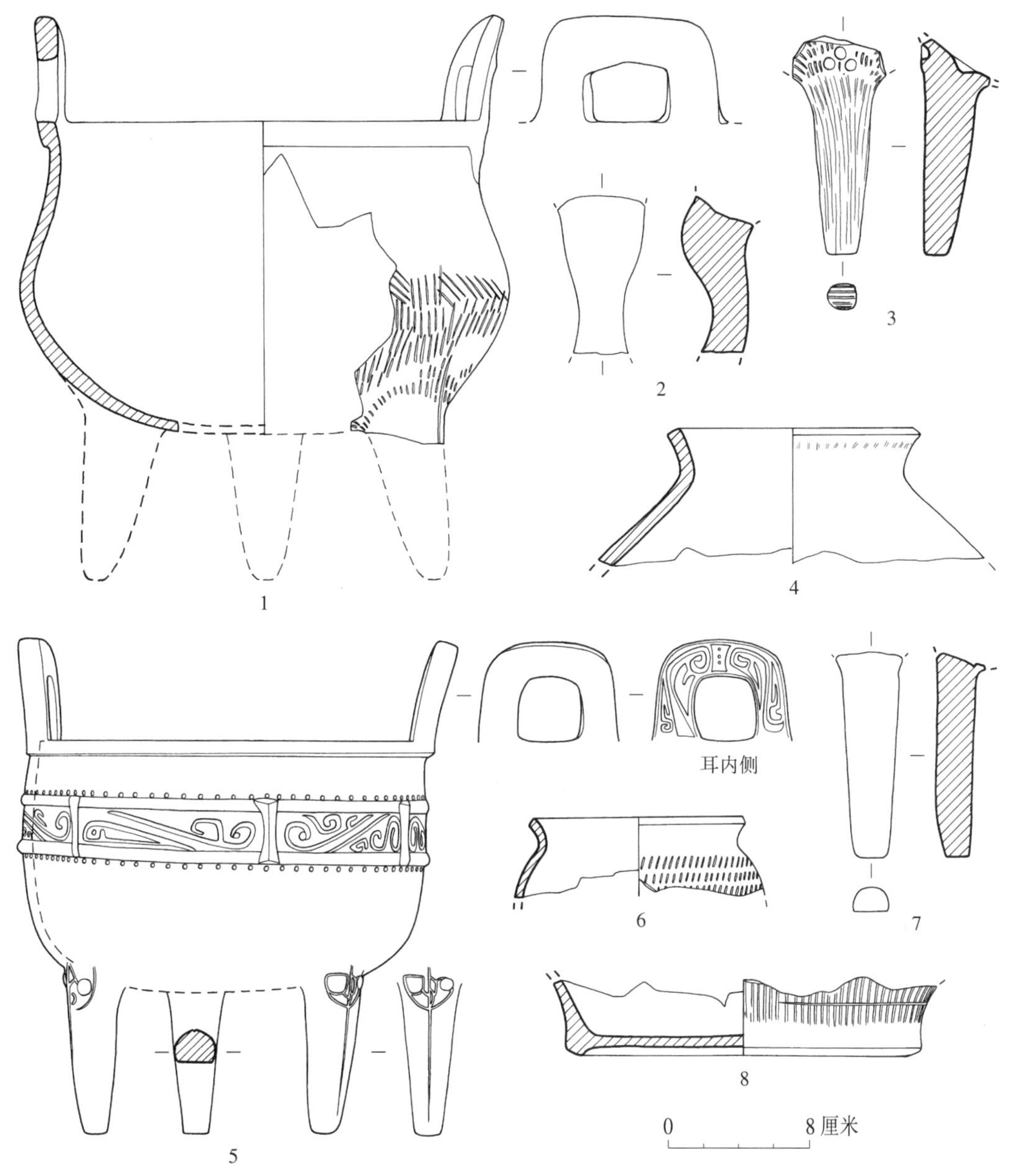

图四四一　03EH129出土陶器

1. Da型Ⅲ式鼎（03EH129∶8）　2. C型鼎足（03EH129∶29）　3. Ad型鼎足（03EH129∶25）　4. Fd型Ⅰ式罐（03EH129∶14）　5. Dd型Ⅱ式鼎（03EH129∶3）　6. Ab型Ⅱ式罐（03EH129∶17）　7. Ae型鼎足（03EH129∶30）　8. E型器底（03EH129∶21）

陶瓮　5件。标本03EH129∶35，Aa型Ⅲ式。夹砂黄褐陶。敞口，方唇，斜直颈，斜折肩。颈部纹饰被抹，腹饰弦断条纹。口径33.2、残高11厘米（图四四二，5）。标本03EH129∶18，Aa型。夹砂褐陶。敞口，卷沿，方唇。口径37.6、残高5.2厘米（图四四二，4）。标本03EH129∶36，Ca型Ⅱ式。夹细砂黄褐陶。敞口，方唇，斜弧颈，圆弧肩，圆腹弧内收。颈部纹饰被抹，肩腹饰弦断条纹。口径32.3、残高11.4厘米（图四四二，8）。标本03EH129∶11，Cb型Ⅰ式。夹细砂黄褐陶。敞口，方唇，斜弧颈，弧肩，圆腹弧内收。肩腹饰弦断条纹，肩腹相交处等距离饰八个泥钉。口径48、残高16.8厘米（图四四二，1）。标本03EH129∶13，Cb型Ⅰ式。夹细砂灰黄陶。敞

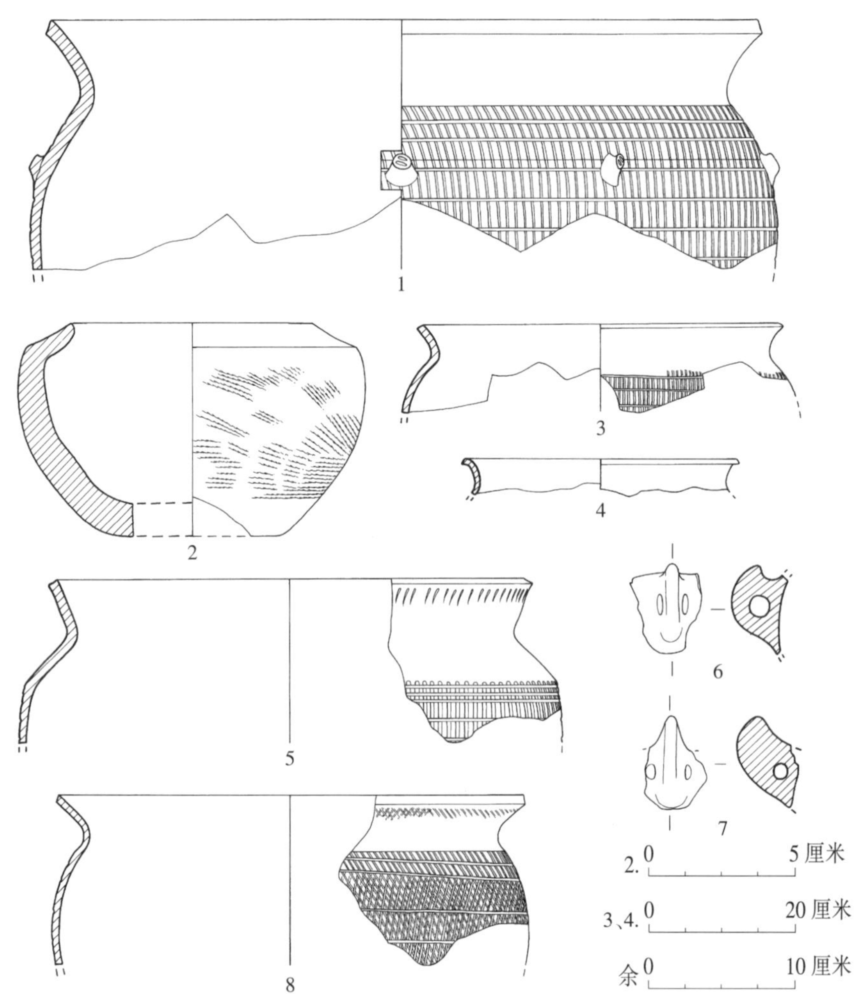

图四四二 03EH129 出土陶器

1、3. Cb 型Ⅰ式瓮（03EH129∶11、13） 2. Aa 型Ⅰ式钵（03EH129∶4） 4. Aa 型瓮（03EH129∶18）
5. Aa 型Ⅲ式瓮（03EH129∶35） 6. Aa 型器耳（03EH129∶34） 7. Ac 型器耳（03EH129∶31）
8. Ca 型Ⅱ式瓮（03EH129∶36）

口，方唇，斜弧颈，弧肩，圆腹。肩腹饰弦断条纹。口径 49.6、残高 12 厘米（图四四二，3）。

陶罍 4 件。标本 03EH129∶9，Ba 型Ⅱ式。夹细砂褐陶。敞口，方唇，弧颈，斜弧折肩，弧腹斜直内收。肩腹部对称安长方形泥片状横耳，耳顶平，耳面斜上侈。外口沿下饰一周指窝纹，肩部饰圆形泥钉，耳根和肩腹部饰条纹。口径 25、残高 18.2 厘米（图四四三，1；图版三八，2）。标本 03EH129∶15，Ba 型。夹细砂褐陶。敞口，方唇，斜弧颈，溜肩。颈部纹饰被抹。口径 22、残高 6.2 厘米（图四四三，7）。标本 03EH129∶5，Ca 型Ⅰ式。夹细砂黄褐陶。敞口，方唇，弧颈，弧肩，圆腹弧内收，平底微内凹。肩腹部对称安耳，耳根部横穿圆孔。肩下至底饰弦断条纹。口径 18、底径 17.6、高 25 厘米（图四四三，4；彩版二三，4）。标本 03EH129∶7，Cb 型Ⅰ式。夹细砂黄褐陶。直口微敞，方唇，直颈，斜弧折肩，弧腹斜直内收。肩腹部对称安鸟头形扁直耳，耳面中部横穿圆孔。肩、腹饰弦断条纹。口径 16、残高 14 厘米（图四四三，8；图版三八，3）。

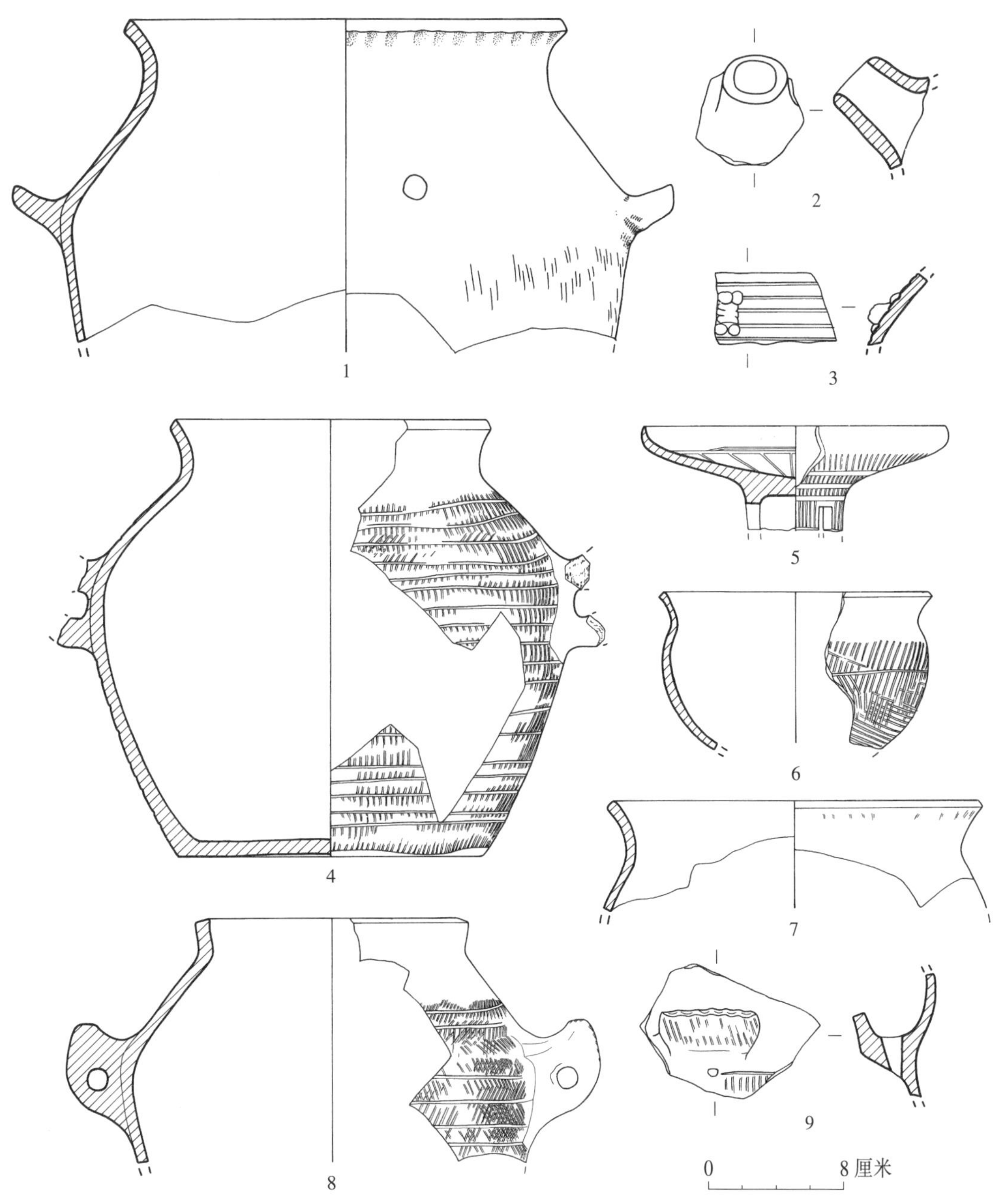

图四四三　03EH129出土陶器

1. Ba型Ⅱ式罍（03EH129:9）　2. Ⅰ式器流（03EH129:32）　3. 陶片（03EH129:20）　4. Ca型Ⅰ式罍（03EH129:5）　5. Ab型Ⅰ式豆（03EH129:12）　6. Ba型Ⅲ式盆（03EH129:19）　7. Ba型罍（03EH129:15）　8. Cb型Ⅰ式罍（03EH129:7）　9. Ba型器耳（03EH129:22）

陶盆　1件。标本03EH129:19，Ba型Ⅲ式。夹细砂灰陶。侈口，方唇，高弧颈，弧肩，圆腹弧内收。上腹饰间断条纹，下腹至底饰交错条纹。口径16、残高9厘米（图四四三，6）。

陶钵　1件。标本03EH129:4，Aa型Ⅰ式。夹细砂褐陶。敛口，圆唇，圆肩弧折，圆腹斜弧内收，平底。腹饰斜绳纹。口径8.2、高7.1厘米（图四四二，2；图版四一，4）。

陶豆　1件。标本03EH129:12，Ab型Ⅰ式。泥质灰陶。敞口，圆唇，折盘，圆圈形豆柄残。

盘内壁饰凹弦纹和线纹，外壁盘底饰间断条纹，柄上残有三个长方形镂孔。口径18、残高6厘米（图四四三，5）。

陶器耳 3件。标本03EH129∶34，Aa型。夹砂褐陶。鸟头形扁直耳，耳根部横穿圆孔（图四四二，6）。标本03EH129∶31，Ac型。夹砂褐陶。扁直耳略呈鸟头形，耳根部横穿圆孔（图四四二，7）。标本03EH129∶22，Ba型。夹砂黄灰陶。长方形泥片状横耳，耳面弧折斜上侈，耳根中部一个圆形竖穿孔。耳面饰条纹，耳顶压印凹凸条纹呈鸡冠状（图四四三，9）。

陶器流 1件。标本03EH129∶32，Ⅰ式。夹细砂褐陶。圆筒状流斜上侈，流口椭圆形。流残长4～5.2厘米（图四四三，2）。

陶器底 1件。标本03EH129∶21，E型。夹砂褐陶。下腹斜直内收，矮圈足。下腹饰弦断条纹。底径20、残高4.4厘米（图四四一，8）。

陶片 1件。标本03EH129∶20，夹砂黄灰陶。器类不明。器表饰凹弦纹和"绳结"形泥饰。残长7.2、残宽4.2厘米（图四四三，3）。

陶猪 1件。标本03EH129∶1，夹细砂黄陶。猪作昂首站立状，大嘴，眯眼，竖耳，粗颈，垂腹，四蹄粗短。背部饰象征鬃毛的条形划纹。首尾长5.8、高4厘米（图四四〇，2；图版六〇，2）。

石斧 1件。标本03EH129∶2，型式不明。残损严重。青灰色。磨制。长条方形，顶、边壁残，刃面平，背面弧，偏锋，直刃残。残长6.8、刃残宽1.5、厚1～1.2厘米（图四四〇，3）。

03EH135

位于03ET2604南部，向南延伸至隔梁。开口于第4层下，被03EH120打破，打破03EH104。坑壁弧，圜底。坑口长2.6米，坑深0.4米。填土黄褐色，土质较疏松，夹杂烧土粒和木炭粒。包含器类有陶鬲、鼎、罐、豆等。

标本6件，均为陶器。

陶鬲 1件。标本03EH135∶1，Ah型Ⅱ式。夹细砂褐陶，器表有烟炱。侈口，斜沿，圆唇，斜弧颈，弧肩，圆腹弧内收，口径略大于腹径，下弧裆，圆柱状锥足，足窝较深。肩、腹饰弦断交叉绳纹，底和足根饰绳纹。口径14.8、高15.4厘米（图四四四，1；图版二三，3）。

陶鼎足 1件。标本03EH135∶6，B型。夹砂红陶。圆柱状截锥足，足根外壁微隆起，有两个圆窝。残高5.6厘米（图四四四，5）。

陶罐 1件。标本03EH135∶2，Fa型。夹细砂黄褐陶。敞口，圆唇，弧颈较高，弧肩。颈部有指窝纹，肩、腹饰弦断绳纹。口径16、残高7.8厘米（图四四四，3）。

陶豆 1件。标本03EH135∶3，Aa型。夹砂褐黄陶。敞口，圆唇，弧盘。盘内壁一周凹弦纹。口径20、残高2.4厘米（图四四四，4）。

陶器底 1件。标本03EH135∶4，A型。夹砂黄灰陶。下腹斜弧内收，平底内凹。素面。底径9.2、残高1.5厘米（图四四四，6）。

陶器錾 1件。标本03EH135∶5，Ad型。夹砂褐黄陶。扁圆柱形錾。錾和器表饰条纹（图四四四，2）。

03EH136

位于03ET2806西部。开口于第4层下，打破第5层。坑口呈椭圆形，坑壁弧，圜底近平。坑

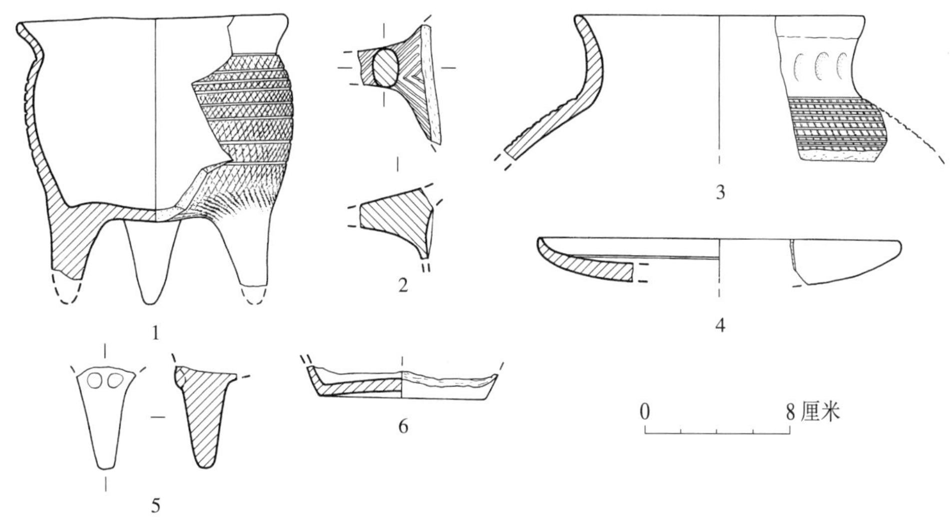

图四四四　03EH135出土陶器

1. Ah型Ⅱ式鬲（03EH135∶1）　2. Ad型器鋬（03EH135∶5）　3. Fa型罐（03EH135∶2）　4. Aa型豆（03EH135∶3）　5. B型鼎足（03EH135∶6）　6. A型器底（03EH135∶4）

口长径2.3、短径1.5米，坑深0.56米。填土灰褐色，土质疏松，夹杂烧土粒、木炭粒和炼渣等。包含物有陶鬲、鼎、罐、豆、器盖、纺轮和炼渣等。

标本6件，均为陶器，还有炼渣。

陶鬲　1件。标本03EH136∶1，Af型Ⅲ式。夹细砂褐陶。敞口，斜沿，圆唇，斜直颈，弧腹内收，口径大于腹径，下弧裆，圆柱状足，足窝较深。上腹饰弦断条纹，下腹、底和足根饰间断条纹。口径12.2、残高9.8厘米（图四四五，2）。

陶鼎　1件。标本03EH136∶5，Ad型Ⅰ式。夹砂褐陶。敞口，尖圆唇，斜直颈，圆弧腹内收，鼎身呈罐形，口径小于最大腹径，底、足残。上腹饰弦断绳纹，下腹、底饰绳纹。口径18、残高13.2厘米（图四四五，3）。

陶罐　1件。标本03EH136∶3，Fb型Ⅳ式。夹细砂灰陶。敞口，圆唇，斜弧颈较高，斜弧肩。颈部纹饰被抹，肩、腹饰弦断绳纹。口径20、残高12.5厘米（图四四五，1）。

陶豆　1件。标本03EH136∶4，A型。夹细砂灰陶。仅残存豆盘底和圈足柄，圆圈柱状柄。柄饰弦纹，镂长方形穿孔。残高6.6厘米（图四四五，5）。

陶器盖　1件。标本03EH136∶6，Ab型Ⅰ式。泥质灰陶。圆形器盖，盖顶残，盖顶弧，壁斜直。盖顶饰一周“S”形纹。残高3.1厘米（图四四五，4）。

陶纺轮　1件。标本03EH136∶2，Ad型Ⅲ式。夹细砂灰陶。扁圆形，两面内凹，圆中间一弧壁圆孔，周壁中间凸起一周折棱，折棱上下斜面直。周壁上下斜面各饰两周圆圈纹。直径3、孔径0.2～0.5、厚1.1厘米（图四四五，6；图版五四，5）。

炼渣　2块。标本03EH136∶7，近三角形块状。琉结体，表面凹凸不平，较光滑，灰色，断面有气孔。标本长4.2、宽3.5、厚2.5厘米（彩版三九，3）。标本03EH136∶8，块状铜绿色，质软，有明显的孔隙，为蜂窝状，可见明显的铜绿色。标本长2.9、宽2.4、厚0.9厘米（彩版三九，1）。

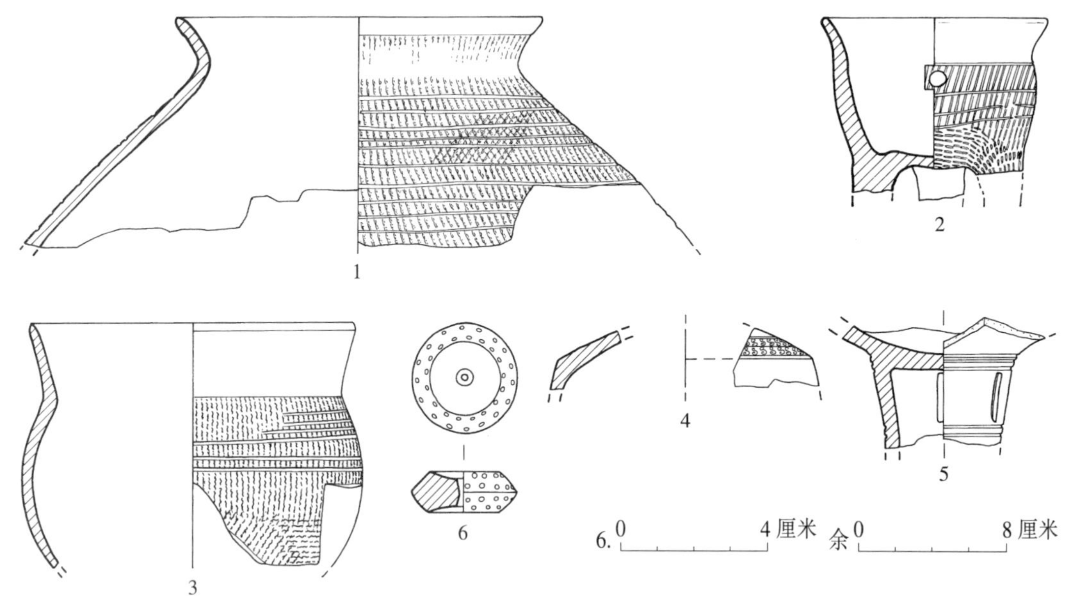

图四四五 03EH136出土陶器

1. Fb型Ⅳ式罐（03EH136∶3） 2. Af型Ⅲ式鬲（03EH136∶1） 3. Ad型Ⅰ式鼎（03EH136∶5） 4. Ab型Ⅰ式器盖（03EH136∶6） 5. A型豆（03EH136∶4） 6. Ad型Ⅲ式纺轮（03EH136∶2）

03EH141

位于03ET2605东北部。开口于第4层下，打破03EG4。坑口呈椭圆形，坑壁弧，圜底。坑口长径1.55、短径0.8米，坑深0.6米。填土灰褐色，土质较疏松，夹杂烧土粒和木炭粒。包含器类有陶鬲、鼎、甗、罐、盆等。

标本9件，均为陶器。

陶鬲足 2件。标本03EH141∶6，Aa型Ⅱ式。夹砂褐陶。圆柱状截锥足。足外侧一道竖刻槽，底、足根饰方格纹。残高6.6厘米（图四四六，7）。标本03EH141∶5，Ac型Ⅰ式。夹砂黄褐陶。圆柱状尖锥足。足根饰条纹。残高8.2厘米（图四四六，5）。

陶鼎足 1件。标本03EH141∶4，B型。夹砂褐陶。圆柱状足，足根外壁有三个压印凹窝。素面。残高11厘米（图四四六，4）。

陶甗足 2件。标本03EH141∶7，Da型。夹砂褐陶。椭圆柱状矮足略呈蹄形，足根有足窝。足底面饰方格纹。残高2.8厘米（图四四六，2）。标本03EH141∶8，Da型。夹砂灰褐陶。椭圆柱状矮足略呈蹄形，足根有足窝。足底面压印方格纹。残高2.8厘米（图四四六，3）。

陶罐 2件。标本03EH141∶1，Ab型Ⅲ式。夹砂灰褐陶。敞口，弧沿，尖圆唇，斜弧颈，溜肩。沿面内饰两周凹弦纹。口径16、残高5.2厘米（图四四六，8）。标本03EH141∶2，Fb型Ⅱ式。夹细砂灰褐陶。敞口，圆唇，斜直颈较高，斜弧肩。颈部纹饰被抹，肩、腹饰弦断绳纹。口径16、残高5.8厘米（图四四六，1）。

陶盆耳 1件。标本03EH141∶3，C型。夹砂灰褐陶。敞口，弧沿，方唇，斜直腹。口沿外侧贴施泥片护耳，耳内壁上戳圆形穿孔。器表饰弦断绳纹，耳面饰绳纹（图四四六，6）。

陶器耳 1件。标本03EH141∶9，Bh型。夹砂褐陶。长方形泥片状横耳，耳顶呈鸡冠状，耳

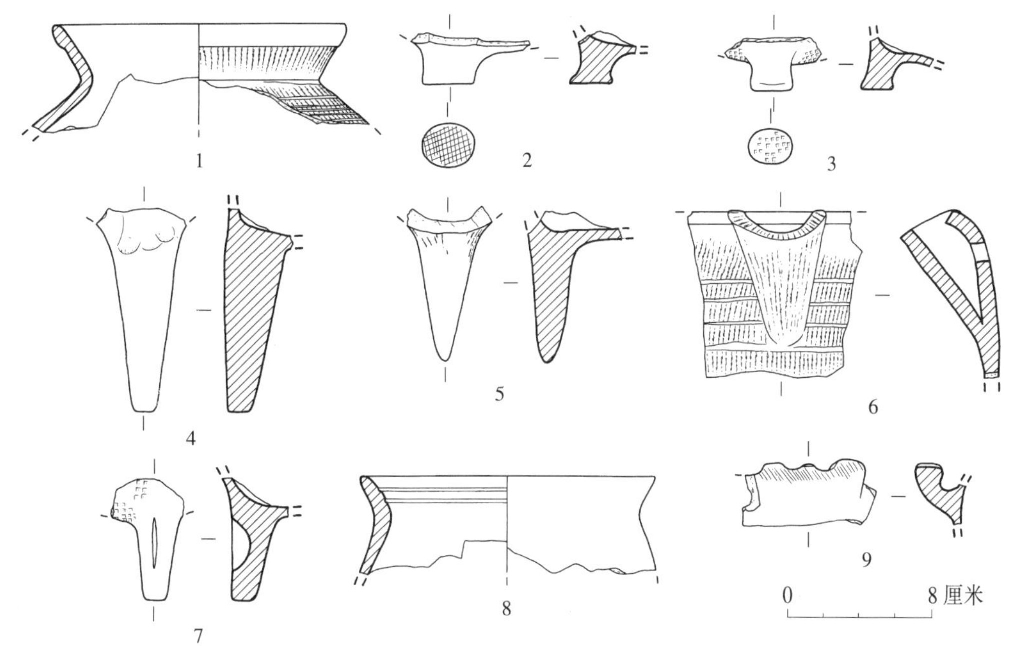

图四四六　03EH141 出土陶器

1. Fb 型Ⅱ式罐（03EH141:2）　2、3. Da 型甗足（03EH141:7、8）　4. B 型鼎足（03EH141:4）　5. Ac 型Ⅰ式鬲足（03EH141:5）　6. C 型盆耳（03EH141:3）　7. Aa 型Ⅱ式鬲足（03EH141:6）　8. Ab 型Ⅲ式罐（03EH141:1）　9. Bh 型器耳（03EH141:9）

面斜弧上弯勾。耳面饰条纹（图四四六，9）。

03EH145

位于 03ET3107 西南部。开口于第 4 层下，被 03EH118 叠压，打破生土层。坑口呈椭圆形，坑壁弧，圜底。坑口长径 1.4、短径 1.1 米，坑深 0.28 米。填土灰褐色，土质较疏松，夹杂烧土粒和木炭粒。包含器类有陶鬲、甗等。

标本 2 件。

陶鬲足　1 件。标本 03EH145:1，Ac 型。夹砂褐陶。圆柱状足。足根饰绳纹。残高 10 厘米（图四四七，1）。

陶甗腰　1 件。标本 03EH145:2，A 型。夹砂褐陶。饰交叉绳纹，内壁有小舌形泥片（图四四七，2）。

03EH147

位于 03ET2907 东部。开口于第 4 层下，被 03EH83 打破，打破 03EH160。坑口略呈椭圆形，坑壁弧，圜底。坑口长径 1.45、短径 0.75 米，坑深 0.48 米。填土褐灰色，土质较疏松，夹杂烧土粒、木炭粒、石块和炼渣等。包含器类有陶鬲、甗、鼎、罐、纺轮等。

标本 6 件，均为陶器。

陶鬲　1 件。标本 03EH147:2，Aa 型。夹砂褐陶。敞口，弧沿，圆唇，弧颈，弧腹。腹饰弦断条纹。口径 14.2、残高 5.6 厘米（图四四八，6）。

陶鼎足　1 件。标本 03EH147:5，B 型。夹砂褐陶。圆柱状锥足，足根外壁微隆起，有两个圆窝。残高 7 厘米（图四四八，4）。

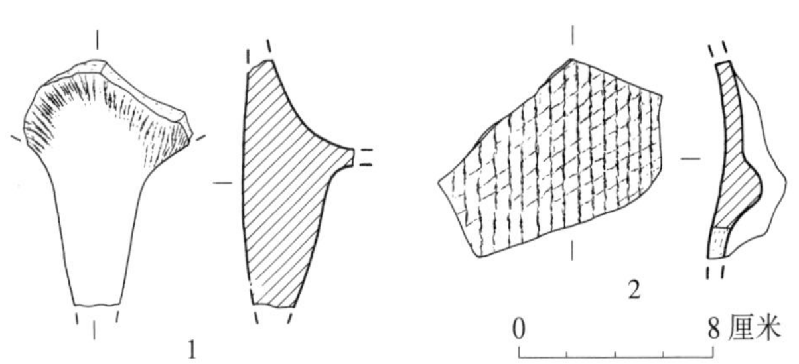

图四四七　03EH145出土陶器

1. Ac型鬲足（03EH145∶1）　2. A型甗腰（03EH145∶2）

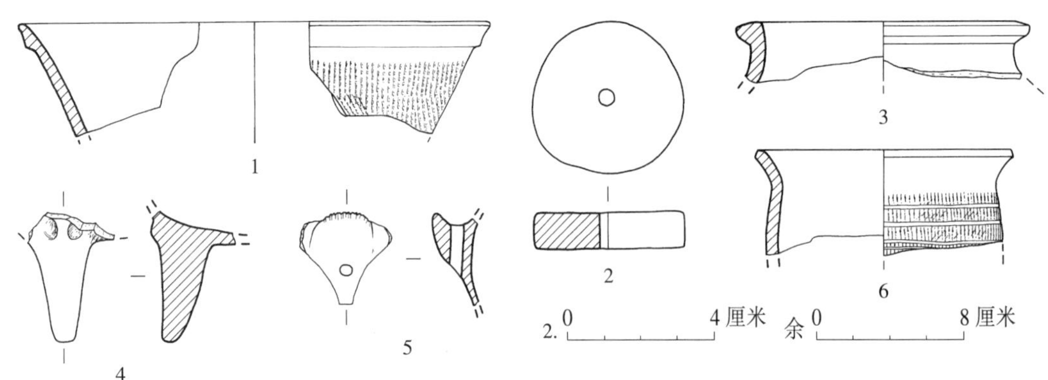

图四四八　03EH147出土陶器

1. Ca型甗（03EH147∶3）　2. Cc型Ⅰ式纺轮（03EH147∶1）　3. H型罐（03EH147∶4）
4. B型鼎足（03EH147∶5）　5. Bb型器耳（03EH147∶6）　6. Aa型鬲（03EH147∶2）

陶甗　1件。标本03EH147∶3，Ca型。夹细砂灰陶。敞口，宽唇面微内凹，斜直腹内收。器表通饰较细竖绳纹。口径26、残高6厘米（图四四八，1）。

陶罐　1件。标本03EH147∶4，H型。夹砂灰陶。敞口，平沿，圆唇，沿面向下，弧颈。素面。口径16、残高3.2厘米（图四四八，3）。

陶器耳　1件。标本03EH147∶6，Bb型。夹砂褐陶。长方形泥片状横耳，耳顶凹凸不平略呈鸡冠状，耳面斜弧上侈，耳根中部一个圆形竖穿孔（图四四八，5）。

陶纺轮　1件。标本03EH147∶1，Cc型Ⅰ式。夹砂灰陶。扁圆形，两面平，圆中间一直壁圆孔，周壁直。素面。直径4.1、孔径0.5、厚1厘米（图四四八，2；图版五七，9）。

03EH150

位于03ET3007北部。开口于第4层下，被03EH117打破，打破03EH172。坑口略呈圆形，坑壁弧，圜底。坑口径2.05米，坑深0.88米。填土灰褐色，土质较疏松，夹杂烧土粒、木炭粒和石块。包含器类有陶鬲、瓮等。

标本5件，均为陶器。

陶鬲足　2件。标本03EH150∶3，Ac型Ⅰ式。夹砂黄灰陶。圆柱状锥足。足根饰条纹。残高7.8厘米（图四四九，3）。标本03EH150∶5，Ac型Ⅱ式。夹砂褐陶。圆柱状截锥足。足根饰条纹。残高9.3厘米（图四四九，2）。

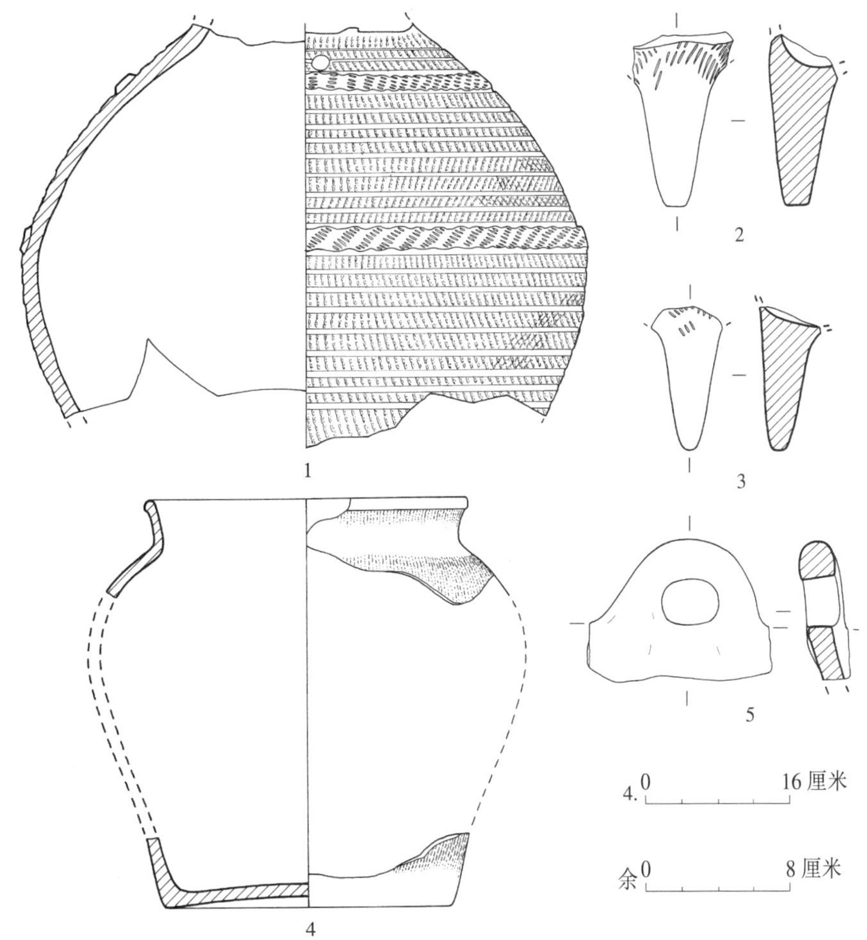

图四四九　03EH150 出土陶器

1. Gb 型瓮（03EH150∶1）　2. Ac 型Ⅱ式鬲足（03EH150∶5）　3. Ac 型Ⅰ式鬲足（03EH150∶3）
4. Eg 型Ⅰ式瓮（03EH150∶2）　5. Ca 型器耳（03EH150∶4）

陶瓮　2 件。标本 03EH150∶2，Eg 型Ⅰ式。夹砂灰陶。敞口，圆唇，斜直颈，弧肩，平底微内凹。颈部纹饰被抹，肩饰绳纹。口径 35.2、高约 44 厘米（图四四九，4）。标本 03EH150∶1，Gb 型。夹细砂黑皮深褐胎陶。斜弧肩，圆鼓腹弧内收。肩部等距离饰四个圆饼形泥钉，肩、腹饰弦断绳纹，肩腹相交处和腹中部各饰一周附加堆纹。残高 22 厘米（图四四九，1）。

陶器耳　1 件。标本 03EH150∶4，Ca 型。夹砂灰陶。平沿，方唇。耳直立，耳根套包在器口上，耳顶呈弧形，耳孔呈椭圆形，环耳顶部截面椭圆形。素面（图四四九，5）。

03EH155

位于 03ET2604 北部。开口于第 4 层下，被 03EH95 打破，打破生土层。坑口呈椭圆形，坑壁弧，圜底。坑口长径 0.75、短径 0.45 米，坑深 0.5 米。填土褐灰色，土质较疏松，夹杂烧土粒和木炭粒。包含器类有陶鬲、甗、鼎、豆、器盖等。

标本 7 件，均为陶器。

陶鬲足　1 件。标本 03EH155∶6，Ac 型。夹砂黄陶。圆柱状足。下腹及底饰绳纹。足根部有明显手捏痕迹。残高 9.8 厘米（图四五〇，5）。

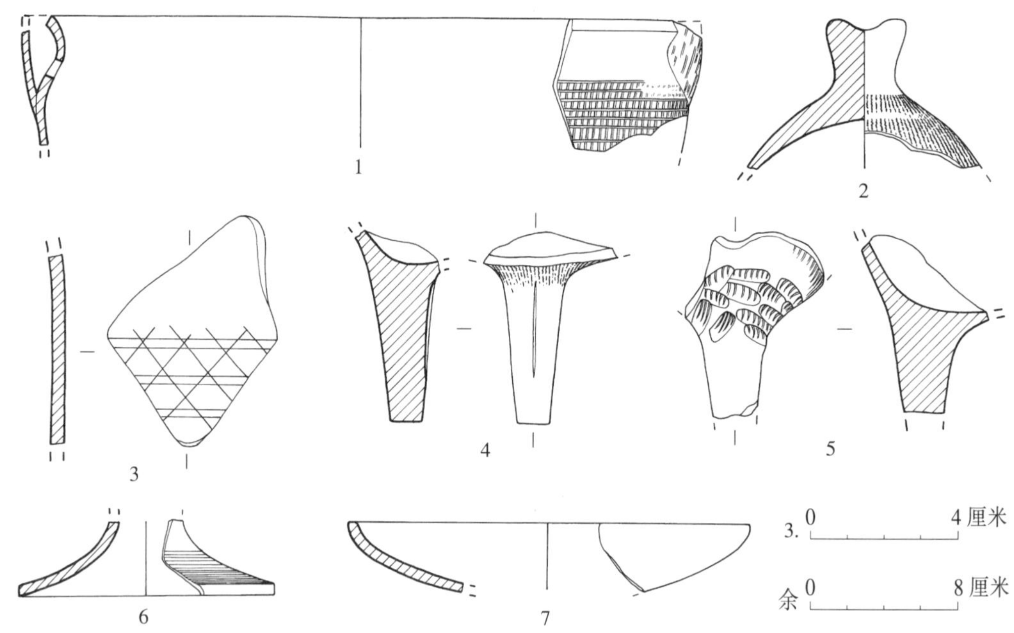

图四五〇 03EH155 出土陶器

1. Aa 型Ⅲ式甗（03EH155∶1） 2. Bc 型Ⅱ式器盖（03EH155∶5） 3. 鼎腹片（03EH155∶9） 4. Ab 型鼎足（03EH155∶7） 5. Ac 型鬲足（03EH155∶6） 6. A 型豆（03EH155∶4） 7. Aa 型豆（03EH155∶3）

陶甗 1 件。标本 03EH155∶1，Aa 型Ⅲ式。夹砂黄褐陶。侈口，弧沿，方唇，弧束颈，溜肩，口沿外侧贴施两个对称泥片护耳，耳内根部甗壁上各戳穿一圆形孔，弧腹。耳面饰条纹，肩、腹饰弦断条纹。口径 34.5、残高 7 厘米（图四五〇，1）。

陶鼎腹片 1 件。标本 03EH155∶9，型式不明。夹砂黄褐陶。饰弦断网格纹（图四五〇，3）。

陶鼎足 1 件。标本 03EH155∶7，Ab 型。夹砂黄陶。圆柱状截锥足，足内侧一道竖刻槽。足根饰绳纹。残高 10.4 厘米（图四五〇，4）。

陶豆 2 件。标本 03EH155∶3，Aa 型。夹细砂黄褐陶。敞口，方唇，弧盘。素面。口径 22、残高 3.8 厘米（图四五〇，7）。标本 03EH155∶4，A 型。夹细砂黑陶。喇叭形豆座。座顶面饰凹弦纹。底径 14、残高 4.2 厘米（图四五〇，6）。

陶器盖 1 件。标本 03EH155∶5，Bc 型Ⅱ式。夹砂红褐陶。盖纽圆柄状“Y”字形，盖顶壁弧。盖顶饰绳纹。残高 8 厘米（图四五〇，2）。

03EH157

位于 03ET3007 东南部。开口于第 4 层下，被 03EH159 打破，打破 03EH172。坑壁弧，圜底。坑口长 1.9 米，坑深 0.33 米。填土褐灰色，土质较疏松，夹杂烧土粒和木炭粒。包含器类有陶鬲、甗、瓮和硬陶瓮等。

标本 6 件，其中陶器 5 件，硬陶器 1 件。

陶鬲 2 件。标本 03EH157∶1，Ab 型。夹砂灰褐陶。敞口，斜弧沿，圆唇，斜直颈较高，弧肩。颈部纹饰被抹，肩、腹饰弦断绳纹。口径 20、残高 7.8 厘米（图四五一，1）。标本 03EH157∶4，Ha 型。夹砂黄褐陶。敞口，弧沿，圆唇，斜弧颈，弧肩，圆腹，口径大于腹径。肩、腹饰条纹。

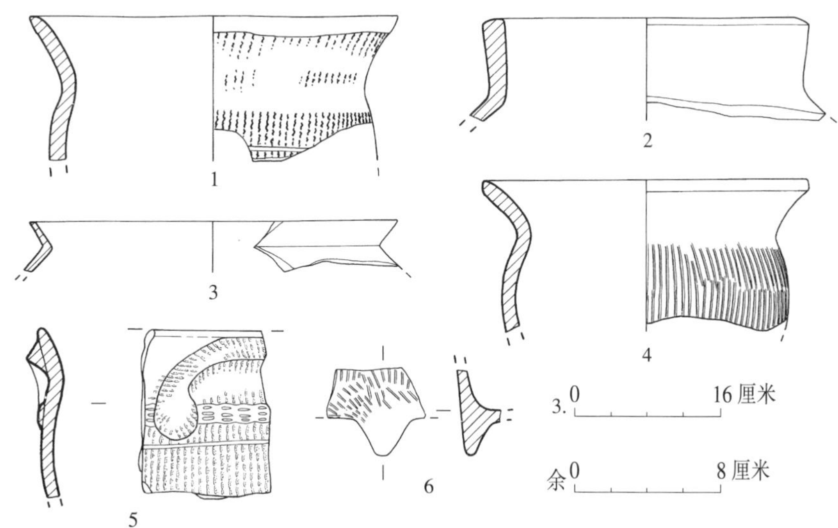

图四五一　03EH157出土器物

1. Ab型陶鬲（03EH157∶1）　2. Eb型陶瓮（03EH157∶3）　3. Ab型Ⅱ式硬陶瓮（03EH157∶2）　4. Ha型陶鬲（03EH157∶4）　5. B型陶甗（03EH157∶5）　6. Aa型Ⅰ式陶甗足（03EH157∶6）

口径18、残高8厘米（图四五一，4）。

陶甗　1件。标本03EH157∶5，B型。夹砂灰褐陶。敞口，圆唇，溜肩。口沿外附加泥条抠耳，耳残。耳面饰绳纹，肩、腹饰弦断绳纹，肩腹相交处一周附加堆纹。残高9厘米（图四五一，5）。

陶甗足　1件。标本03EH157∶6，Aa型Ⅰ式。夹砂灰褐陶。椭圆柱状矮锥足。下腹、足根饰条纹。残高4.8厘米（图四五一，6）。

陶瓮　1件。标本03EH157∶3，Eb型。夹砂黄灰陶。直口，厚方唇，直颈。素面。口径18、残高5.6厘米（图四五一，2）。

硬陶瓮　1件。标本03EH157∶2，Ab型Ⅱ式。灰硬陶。侈口，方唇，斜直束颈。素面。口径40、残高5.6厘米（图四五一，3）。

03EH159

位于03ET3007东南部。开口于第4层下，被03EH162打破，打破03EH157。坑壁弧，圜底。坑口长1.7～1.75米，坑深0.24米。填土灰褐色，土质疏松，夹杂烧土粒和木炭粒。包含器类有陶罐、盆等。

标本3件，均为陶器。

陶罐　2件。标本03EH159∶2，Ca型Ⅱ式。夹砂灰黄陶。敞口，弧沿，圆唇，弧束颈，溜肩。肩部饰圆饼形泥钉，肩、腹饰弦断绳纹，肩腹相交处和腹中部各饰一周附加堆纹。口径18、残高5.6厘米（图四五二，1）。标本03EH159∶3，Fb型。泥质灰陶。敞口，卷沿，圆唇，弧颈。颈部饰绳纹和弦纹。口径16、残高3.2厘米（图四五二，2）。

陶盆　1件。标本03EH159∶1，Aa型。夹砂灰黄陶。敞口，斜弧沿，圆唇，斜弧颈较高，弧腹。器表饰弦断绳纹。口径28、残高10.3厘米（图四五二，3）。

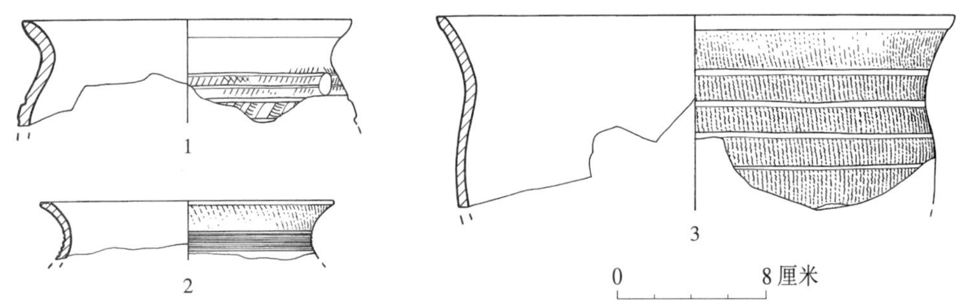

图四五二 03EH159 出土陶器

1. Ca 型Ⅱ式罐（03EH159:2） 2. Fb 型罐（03EH159:3） 3. Aa 型盆（03EH159:1）

03EH160

位于03ET3007 西南部。开口于第4层下，被03EH147、H174 打破，打破生土层。坑口略呈长方形，坑壁斜直，底近平。坑口长2.75、宽1.5米，坑深1.6米。填土黄褐色，土质疏松，夹杂烧土粒、木炭粒和炉壁。包含器类有陶鬲、甗、鼎、罐、缸、盆、豆和石斧等。

标本17件，其中陶器16件，石器1件，还有炉壁。

陶鬲 1件。标本03EH160:2，Ag 型Ⅱ式。夹砂黄褐陶，器表有烟熏痕迹。侈口，方唇，弧束颈，弧肩，弧腹内收，鬲身呈罐形，口径略小于腹径，圆柱状锥足，足窝较深。肩、上腹饰弦断条纹，下腹、底、足根饰条纹。口径11.2、残高11.5厘米（图四五三，1；图版二一，1）。

陶鬲足 2件。标本03EH160:15，Aa 型Ⅰ式。夹砂褐陶。圆柱状锥足。足外侧一道竖刻槽，足根饰绳纹。残高13.8厘米（图四五三，3）。标本03EH160:17，Ac 型Ⅰ式。夹砂褐陶。圆柱状矮锥足。足根饰绳纹。残高6.2厘米（图四五三，4）。

陶甗足 1件。标本03EH160:16，Aa 型Ⅱ式。夹砂灰褐陶。椭圆柱状矮截锥足。下腹饰弦断条纹，底和足根饰条纹。残高9厘米（图四五三，7）。

陶鼎腹片 1件。标本03EH160:18，夹砂褐陶。器表饰两周凹弦纹，其间网格纹，网格纹下饰条纹（图四五三，6）。

陶罐 5件。标本03EH160:9，Aa 型。夹砂红褐陶。敞口，方唇，弧颈，溜肩。颈部条纹被抹，肩腹相交处饰一周附加堆纹。口径26、残高5.7厘米（图四五三，2）。标本03EH160:5，Aa 型。夹砂褐陶。敞口，圆唇，弧颈。颈部饰绳纹。口径24、残高5厘米（图四五三，9）。标本03EH160:3，Ab 型Ⅱ式。夹砂黄褐陶。敞口，卷沿，圆唇，弧颈，溜肩，垂腹，口径小于腹径。肩、腹至底饰条纹。口径12.2、残高10厘米（图四五三，8；图版三四，2）。标本03EH160:7，Fa 型。夹砂褐陶。敞口，平沿，方唇，弧颈。唇面和沿面各有一周凹弦纹，颈部饰弦断绳纹。口径20、残高5.2厘米（图四五三，10）。标本03EH160:8，Ff 型Ⅱ式。夹砂灰黄陶。敞口，弧沿，圆唇，高弧颈。颈饰弦断绳纹。口径16、残高6.4厘米（图四五三，11）。

陶缸 1件。标本03EH160:11，A 型Ⅲ式。夹砂灰陶。敞口，平沿，方唇，弧颈，弧腹。唇面一周凹弦纹，腹部残有两周带状附加堆纹和五周索状附加堆纹。口径52、残高12.5厘米（图四五四，6）。

陶盆 1件。标本03EH160:10，Aa 型Ⅱ式。夹砂黄红陶。敞口，卷沿，方唇，弧束颈，斜弧肩，弧腹。颈部纹饰被抹，肩、腹饰弦断条纹，肩腹相交处饰一周附加堆纹。口径34、残高7.5

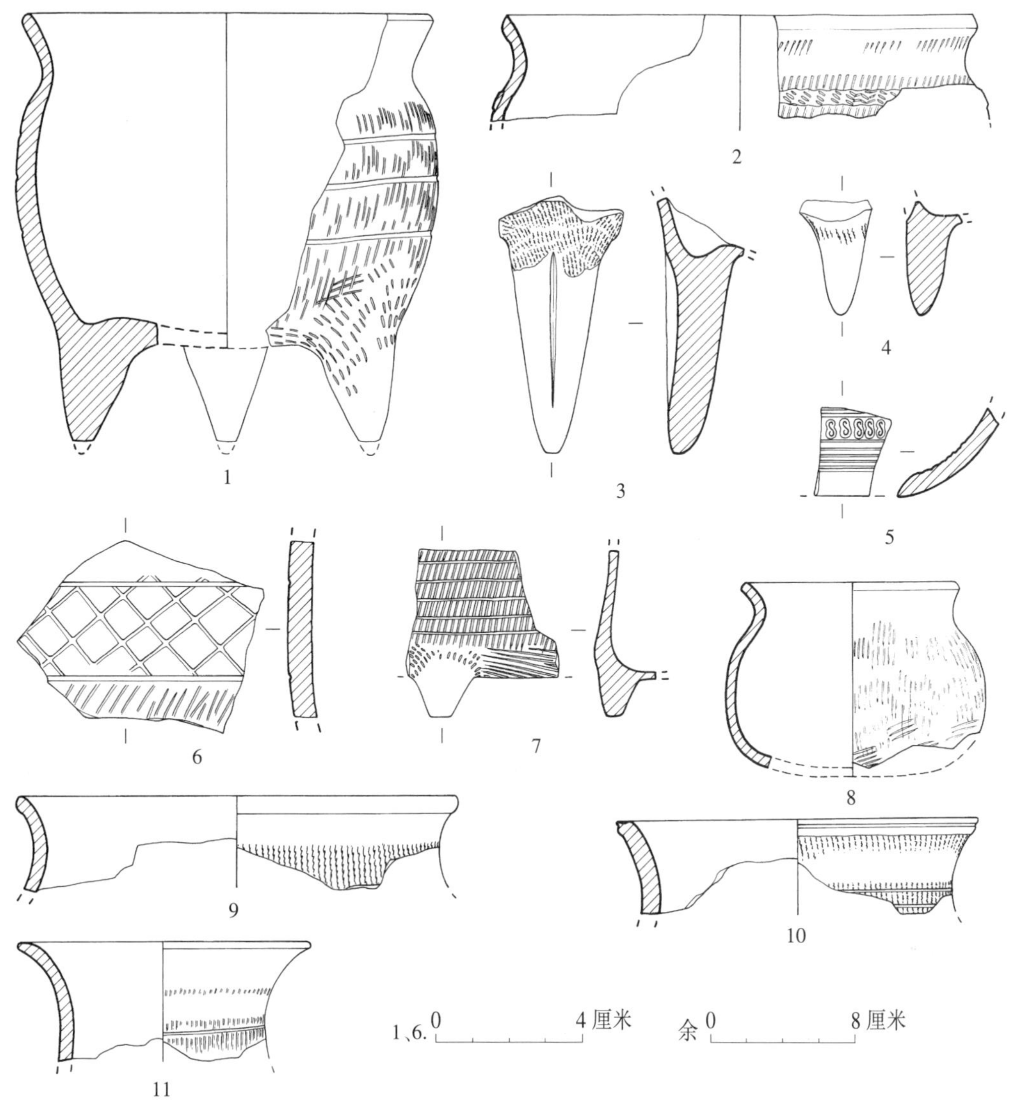

图四五三 03EH160 出土陶器

1. Ag 型Ⅱ式鬲（03EH160:2） 2、9. Aa 型罐（03EH160:9、5） 3. Aa 型Ⅰ式鬲足（03EH160:15） 4. Ac 型Ⅰ式鬲足（03EH160:17） 5. A 型豆（03EH160:14） 6. 鼎腹片（03EH160:18） 7. Aa 型Ⅱ式甗足（03EH160:16） 8. Ab 型Ⅱ式罐（03EH160:3） 10. Fa 型罐（03EH160:7） 11. Ff 型Ⅱ式罐（03EH160:8）

厘米（图四五四，2）。

陶豆 2件。标本 03EH160:4，Aa 型。夹细砂黑灰陶。敞口，圆唇，弧盘，弧底，圆圈形柄。柄部残有长方形穿孔。口径 18.6、残高 7.6 厘米（图四五四，5）。标本 03EH160:14，A 型。夹细砂黄陶。喇叭形豆座。座顶面饰凹弦纹，其间一周“S”形纹。残高 4.8 厘米（图四五三，5）。

陶器耳 1件。标本 03EH160:12，Cb 型。夹砂褐陶。整体略呈椭圆环形耳，环耳顶部截面略呈椭圆形。耳体大部分附着在器壁沿外至肩腹部呈抠耳状，耳顶高出口沿。腹饰弦断条纹（图四五四，1）。

陶器底 1件。标本 03EH160:13，B 型。夹砂褐陶。下腹斜弧内收，平底。下腹饰弦断条纹。底径 12、残高 4.4 厘米（图四五四，3）。

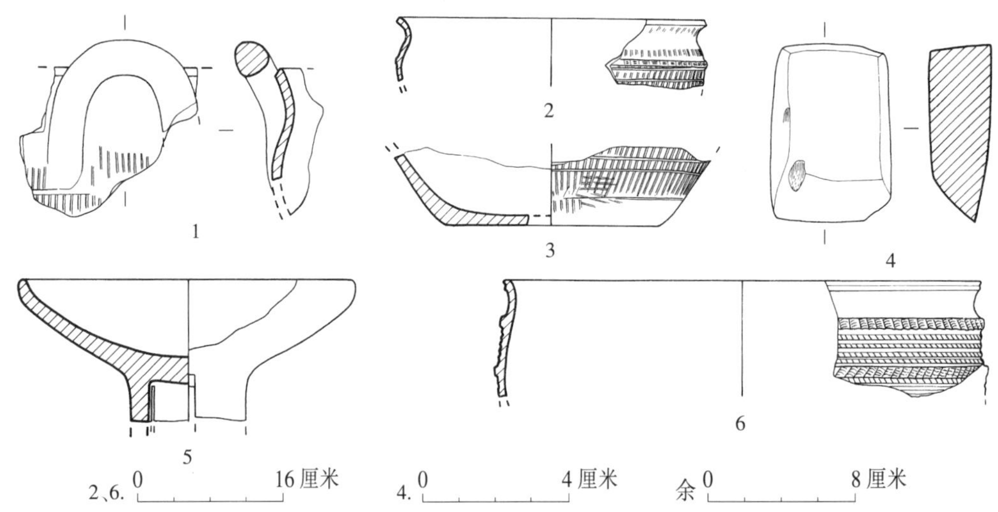

图四五四　03EH160出土器物

1. Cb型陶器耳（03EH160∶12）　2. Aa型Ⅱ式陶盆（03EH160∶10）　3. B型陶器底（03EH160∶13）　4. Aa型Ⅱ式石斧（03EH160∶1）　5. Aa型陶豆（03EH160∶4）　6. A型Ⅲ式陶缸（03EH160∶11）

石斧　1件。标本03EH160∶1，Aa型Ⅱ式。浅灰色。琢磨成器。长方形，两面平，平顶，边壁直，偏锋，单面直刃。长4.8、刃残宽2.4、厚1.8厘米（图四五四，4；图版六二，4）。

炉壁　1块。标本03EH160∶6，夹砂质料。断面可见到有石英砂、植物梗叶，内侧经烧结呈深褐色，其余部位呈红色。炉壁体断面上有明显的孔隙。经检测分析表明，胎体的主要成分为含三氧化二铁18.28%，二氧化硅（石英）38.44%，三氧化二铝23.14%，氧化钾10.66%，氧化钙3.85%。经镜下观察，其岩相薄片及XRD物相分析，岩相结果为黏土矿物、石英、长石、褐铁矿、云母、植物纤维。标本长6.8、宽3.9、厚3.2厘米（彩版三六，4）。

03EH161

位于03ET3007东南部，延伸至隔梁。开口于第4层下，被03EH117打破，打破03EH129。坑口略呈椭圆形，坑壁斜直，底近平。坑口长径2.95、短径2.1米，坑深0.5米。填土黄褐色，土质疏松，夹杂烧土粒和木炭粒。包含器类有陶鬲、甗、罐、钵等。

标本9件，其中8件陶器，1件硬陶器

陶鬲　1件。标本03EH161∶1，Hc型Ⅱ式。夹砂灰褐陶。敞口，卷沿，尖圆唇，弧束颈，斜肩弧折，弧腹斜内收，鬲身呈盆形，口径大于腹径。器表绳纹多脱落，器内壁有手指压痕。口径17.5、残高10.6厘米（图四五五，1）。

陶鬲足　3件。标本03EH161∶7，Aa型。夹砂黄灰陶。圆柱状足。足外侧一道竖刻槽，足根饰绳纹。残高9.2厘米（图四五五，6）。标本03EH161∶8，Ac型Ⅰ式。夹砂黄褐陶。圆柱状锥足。足根饰绳纹。残高10.2厘米（图四五五，5）。标本03EH161∶6，C型Ⅰ式。夹砂黄灰陶。圆柱状锥足，外侧有两个圆窝。足根饰条纹。包足痕迹明显。残高10.6厘米（图四五五，3）。

陶甗耳　1件。标本03EH161∶5，Aa型。夹砂灰褐陶。敞口，圆唇，弧颈，溜肩，口沿外侧贴施泥片护耳，耳内甗壁上戳圆形穿孔。器表饰弦断绳纹，耳面饰绳纹（图四五五，4）。

陶罐　1件。标本03EH161∶3，Fa型。夹砂灰陶。敞口，圆唇，弧直颈，弧肩。肩饰绳纹。

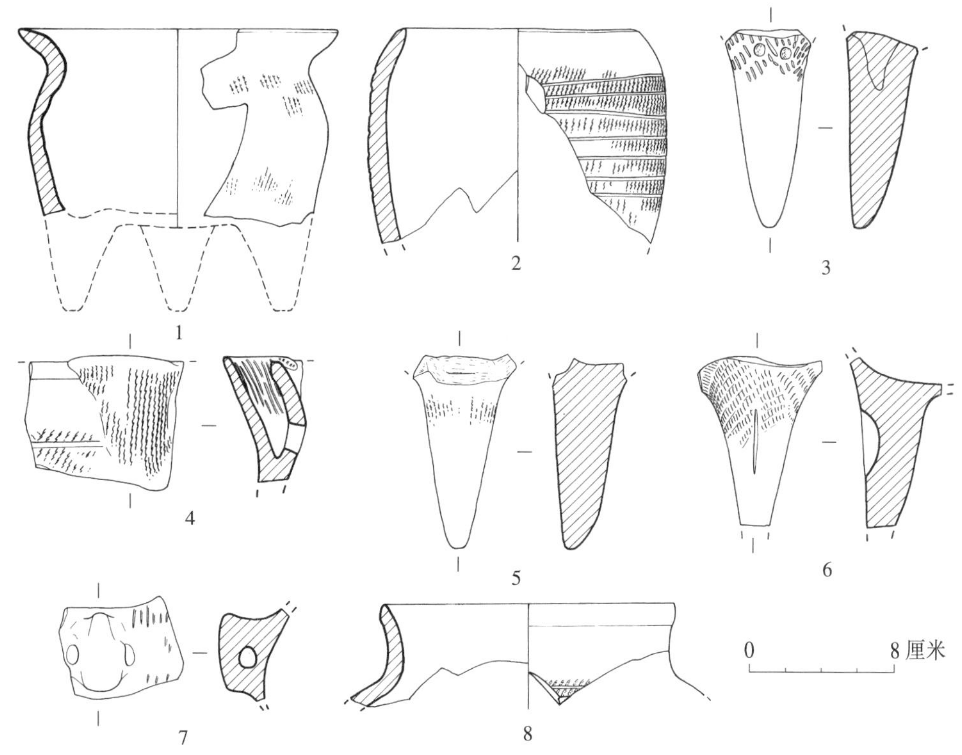

图四五五　03EH161 出土陶器

1. Hc 型Ⅱ式鬲（03EH161∶1）　2. Cb 型Ⅱ式钵（03EH161∶2）　3. C 型Ⅰ式鬲足（03EH161∶6）　4. Aa 型甗耳（03EH161∶5）　5. Ac 型Ⅰ式鬲足（03EH161∶8）　6. Aa 型鬲足（03EH161∶7）　7. Ab 型器耳（03EH161∶4）　8. Fa 型罐（03EH161∶3）

口径 16、残高 5.3 厘米（图四五五，8）。

陶钵　1 件。标本 03EH161∶2，Cb 型Ⅱ式。夹砂褐红陶。敛口，圆唇，弧腹，口径小于腹径。腹饰弦断绳纹。口径 12.6、残高 11.5 厘米（图四五五，2）。

陶器耳　1 件。标本 03EH161∶4，Ab 型。夹砂黄褐陶。鸟喙形扁直耳，耳根部横穿圆孔。器表饰条纹（图四五五，7）。

硬陶片　1 件。标本 03EH161∶9，器类不明。灰硬褐陶。饰压印勾连云纹（图二九八，14）。

03EH163

位于 03ET3007 南部。开口于第 4 层下，被 03EH129 打破，打破 03EH165。坑口椭圆形，斜壁平底。坑口长径 1.7、短径 1.3 米，坑深 0.36 米。坑内堆积灰黄色土，土质较软，含细沙，夹有炭渣、烧土块、矿石等，包含有陶鬲、甗、瓮、缸、豆、支（拍）垫和石锤等（图四五六）。

标本 17 件，其中陶器 16 件，石器 1 件。

陶鬲　3 件。标本 03EH163∶2，Ad 型Ⅲ式。夹砂灰褐陶。敞口，方唇，弧直颈，隆肩，圆弧腹斜内收，鬲身呈罐形，口径小于腹径。器内肩腹部有一周手指按压窝纹，器表肩、上腹饰弦断条纹，下腹饰交错条纹。口径 18.2、残高 13.2 厘米（图四五七，4）。标本 03EH163∶18，Ag 型Ⅲ式。夹砂褐陶，器表有烟熏痕迹。侈口，方唇，弧束颈，弧肩，圆腹弧内收，鬲身呈罐形，口径略小于腹径，下弧裆，圆柱状锥足，足窝较深。肩、上腹饰弦断条纹，下腹、底、足根饰条纹。

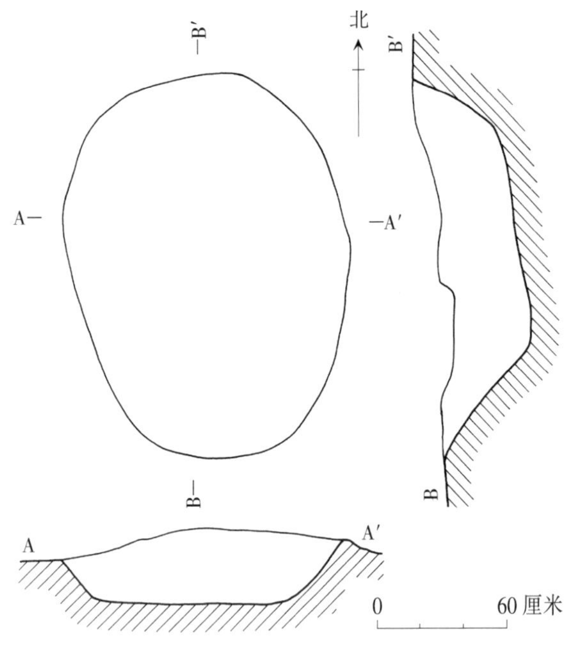

图四五六 03EH163平、剖面图

口径14.8、残高11.6厘米（图四五七，5；图版二一，3）。标本03EH163∶6，Ha型Ⅱ式。夹砂褐陶。敞口，弧沿，尖圆唇，斜弧颈，弧腹斜内收，鬲身呈盆形，口径大于腹径。腹饰弦断条纹。口径16、残高5.5厘米（图四五七，7）。

陶鬲足 2件。标本03EH163∶14，Ac型Ⅰ式。夹砂灰褐陶。圆柱状尖锥足。足根饰条纹。残高7.8厘米（图四五七，2）。标本03EH163∶13，C型Ⅰ式。夹砂灰褐陶。圆柱状尖锥足，外侧有一个圆窝。下腹饰弦断交叉绳纹，足根饰绳纹。残高9.2厘米（图四五七，3）。

陶甗耳 1件。标本03EH163∶15，Ab型。夹砂黄灰陶。口沿外侧贴施泥片护耳，耳内甗壁上戳圆形穿孔。耳面饰条纹（图四五七，8）。

陶甗足 1件。标本03EH163∶16，Aa型Ⅰ式。夹砂灰褐陶。下腹曲弧内收，椭圆柱状矮锥足。下腹饰弦断条纹，底和足根饰条纹。残高13.4厘米（图四五七，6）。

陶瓮 3件。标本03EH163∶3，Ea型Ⅱ式。夹细砂黄褐陶。直口，方唇，直颈，斜折广肩，斜腹直内收。肩腹饰弦断条纹，肩腹相交处残有两个泥钉。口径19.4、残高24厘米（图四五七，1；图版三七，2）。标本03EH163∶17，Eb型。夹砂黄褐陶。直口微敛，厚方唇，直颈，弧肩。素面。口径20、残高5.4厘米（图四五八，1）。标本03EH163∶9，Gb型Ⅰ式。夹砂褐陶。敛口，方唇，斜直颈，弧肩。颈部残留刮痕，肩饰交叉绳纹。口径12、残高4.4厘米（图四五八，6）。

陶缸 1件。标本03EH163∶7，A型Ⅳ式。夹砂褐陶。敞口，圆唇，弧颈，弧腹。腹部弦断绳纹，残有一周附加堆纹。口径24、残高6.2厘米（图四五八，2）。

陶豆 3件。标本03EH163∶5，Aa型Ⅲ式。夹细砂褐陶。敞口，圆唇，弧盘，弧底，圆圈形柄残。素面。口径23.6、残高7厘米（图四五八，5）。标本03EH163∶11，Aa型。泥质灰陶。敞口，圆唇，弧盘，弧底。盘内壁一周凹弦纹，外壁饰绳纹。口径26、残高5厘米（图四五八，3）。标本03EH163∶12，A型。夹砂灰陶。喇叭形豆座。座顶面饰凹弦纹。底径20、残高6厘米（图四五八，8）。

陶支（拍）垫 1件。标本03EH163∶4，Bb型Ⅰ式。夹砂黄褐陶。由圆柱状柄形握手和圆饼形垫构成。柄顶面弧，圆饼形垫微残，垫面弧。素面。垫直径5.4～5.5、柄径2.8～4.5、高8.6厘米（图四五七，9；图版五一，2）。

陶片 1件。标本03EH163∶10，器类不明。夹砂灰陶。器表饰弦断条纹，残有一周附加堆纹和堆贴纹饰（图四五八，7）。

石锤 1件。标本03EH163∶1，A型Ⅱ式。黄色。器表沾满绿色矿石粉末，两面砸痕密布。扁

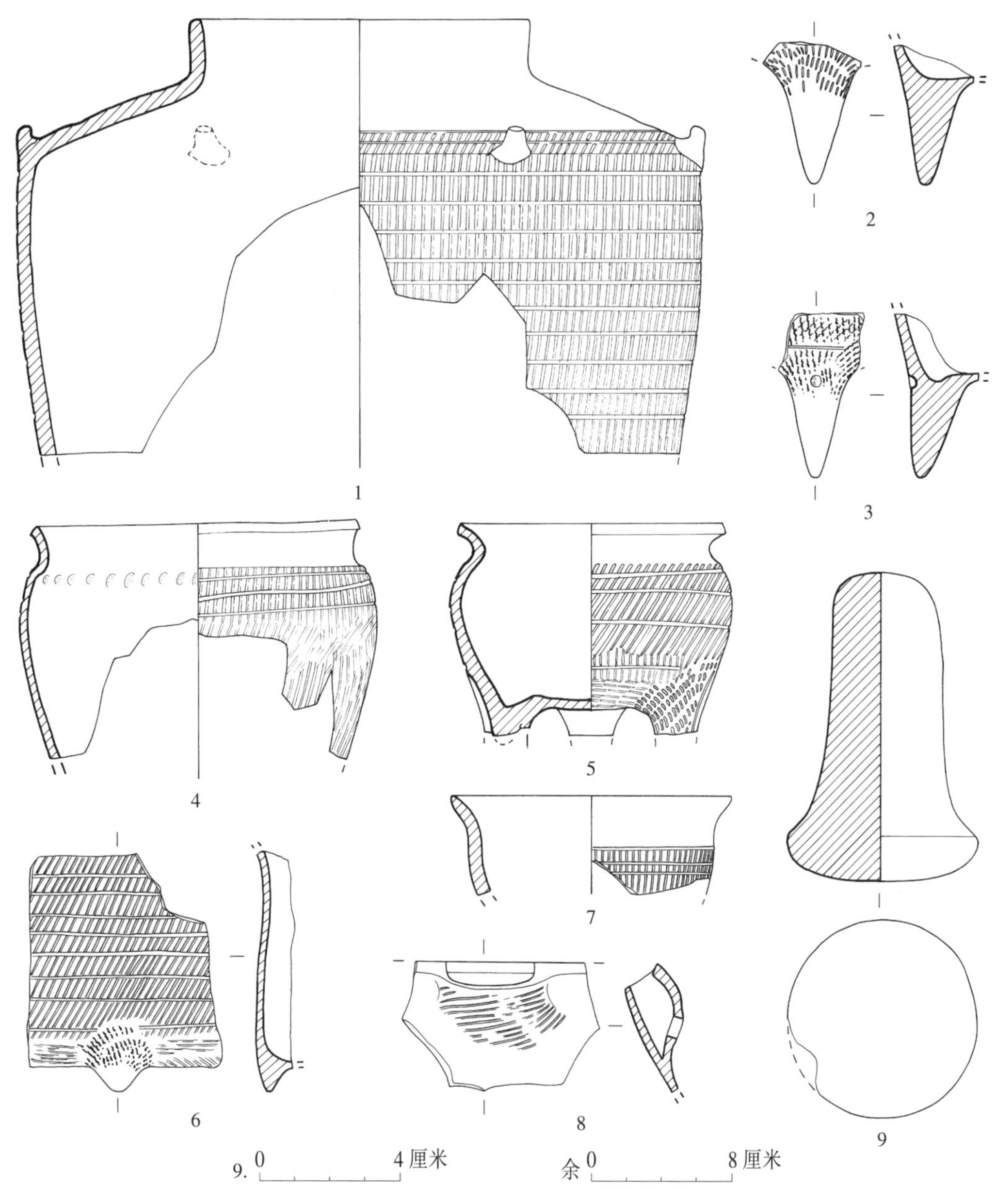

图四五七　03EH163 出土陶器

1. Ea 型Ⅱ式瓮（03EH163∶3）　2. Ac 型Ⅰ式鬲足（03EH163∶14）　3. C 型Ⅰ式鬲足（03EH163∶13）　4. Ad 型Ⅲ式鬲（03EH163∶2）　5. Ag 型Ⅲ式鬲（03EH163∶18）　6. Aa 型Ⅰ式甗足（03EH163∶16）　7. Ha 型Ⅱ式鬲足（03EH163∶6）　8. Ab 型甗耳（03EH163∶15）　9. Bb 型Ⅰ式支（拍）垫（03EH163∶4）

圆形，两面凹凸不平。直径 7～7.4、厚 5～5.6 厘米（图四五八，4；彩版三三，5）。

03EH164

位于 03ET3007 东北部。开口于第 4 层下，被 03EH154、H172 打破，打破生土层。坑口呈椭圆形，坑壁斜直，底近平。坑口长径 2.3、短径 1.6 米，坑深 1.09 米。填土黄褐色，土质疏松，夹杂烧土粒和木炭粒。包含器类有陶鬲、甗、鼎、罐、缸、盆、豆等。

标本 17 件，均为陶器。

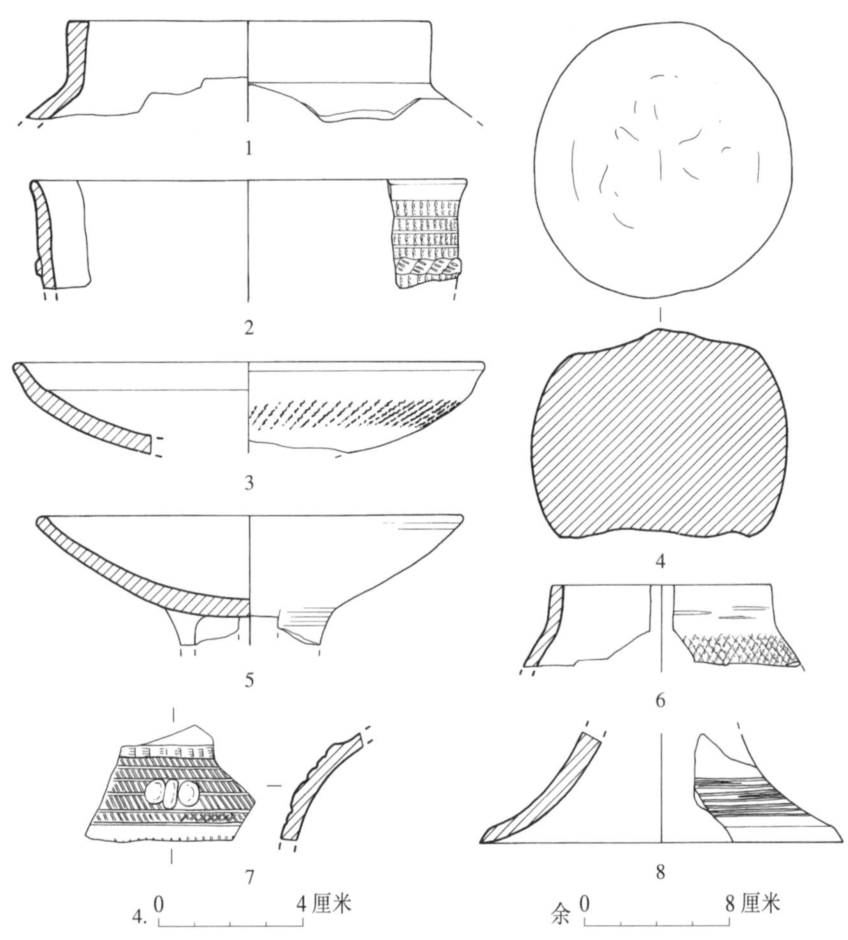

图四五八　03EH163 出土器物

1. Eb 型陶瓮（03EH163∶17）　2. A 型Ⅳ式陶缸（03EH163∶7）　3. Aa 型陶豆（03EH163∶11）　4. A 型Ⅱ式石锤（03EH163∶1）　5. Aa 型Ⅲ式陶豆（03EH163∶5）　6. Gb 型Ⅰ式陶瓮（03EH163∶9）　7. 陶片（03EH163∶10）　8. A 型陶豆（03EH163∶12）

陶鬲足　3 件。标本 03EH164∶6，Ac 型Ⅰ式。夹砂褐陶。圆柱状尖锥足。足根饰绳纹。残高 8.7 厘米（图四五九，3）。标本 03EH164∶9，Ac 型Ⅰ式。夹砂褐陶。圆柱状锥足。足根饰绳纹。足上手捏痕迹清晰。残高 12 厘米（图四五九，5）。标本 03EH164∶11，Ac 型Ⅰ式。夹砂褐陶。圆柱状矮锥足。足根饰绳纹。残高 7.2 厘米（图四五九，2）。

陶甗　2 件。标本 03EH164∶8，B 型。夹砂灰褐陶，器表有烟熏炱。甑部为敞口，弧沿，圆唇，弧束颈，弧肩，弧腹内收与下部构成束腰。甗身甑部呈罐形，口沿外附加泥条抠耳，口径大于腹径。耳面饰绳纹，肩至下腹饰弦断绳纹。口径 25.8、残高 23 厘米（图四五九，1）。标本 03EH164∶19，Ca 型。夹细砂灰陶。仅存器口残片。敞口，外唇面宽，唇上缘圆，斜直腹内收。近口部有一周凸弦纹，器表饰竖绳纹。口径 20、残高 6.4 厘米（图四五九，6）。

陶鼎　1 件。标本 03EH164∶3，Dd 型Ⅰ式。夹砂黄褐陶，器表有烟熏痕迹。直口，方唇，平沿，斜直腹弧内收，鼎身呈盆形，口径略大于腹径，沿面立对称圆角方形耳。腹部两周凸棱，凸棱中间饰一周菱形方格纹，纹样用竖条凸棱间隔成六组。口径 20、含耳残高 17.2 厘米（图四五九，4；图版三二，5）。

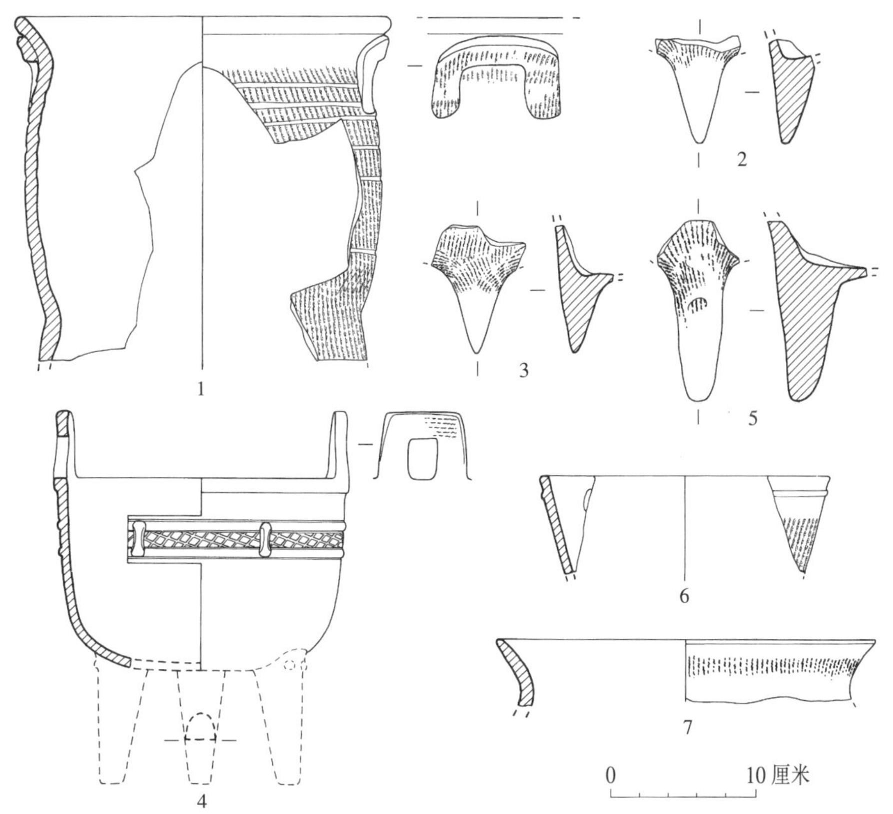

图四五九　03EH164出土陶器

1. B型甗（03EH164∶8）　2、3、5. Ac型Ⅰ式鬲足（03EH164∶11、6、9）　4. Dd型Ⅰ式鼎（03EH164∶3）
6. Ca型甗（03EH164∶19）　7. Aa型罐（03EH164∶2）

陶罐　1件。标本03EH164∶2，Aa型。夹砂褐陶。敞口，弧沿，圆唇，斜弧颈。腹饰绳纹。口径26、残高4厘米（图四五九，7）。

陶缸　1件。标本03EH164∶20，Bb型。夹砂红褐陶。弧腹。腹部残留两周凸棱。残高5厘米（图四六〇，6）。

陶盆　2件。标本03EH164∶5，Bc型Ⅱ式。夹砂褐陶。敞口，弧沿，圆唇，斜弧颈，溜肩，圆弧腹。腹饰绳纹。口径20、残高7.2厘米（图四六〇，10）。标本03EH164∶13，C型Ⅱ式。夹砂褐陶。敞口，弧沿，尖圆唇，弧颈，溜肩，弧腹残。口沿外侧对称贴施两个泥片护耳，耳残，两耳内根部盆壁上各戳穿一圆形孔。肩、腹和耳面饰绳纹。口径28、残高7厘米（图四六〇，4）。

陶豆　4件。标本03EH164∶18，Ab型。泥质灰陶。敞口，方唇，折盘。盘外壁底部饰绳纹。口径24、残高3.6厘米（图四六〇，9）。标本03EH164∶1，Bd型。泥质黑皮红胎陶。弧底，圆圈形柄残。盘内壁饰凹弦纹和线纹，线纹呈辐射状；盘外壁底部饰绳纹，柄饰弦纹。残高7.2厘米（图四六〇，8）。标本03EH164∶4，A型。泥质黑皮灰胎陶。盘底弧，喇叭形豆座。盘底饰射线纹；圆圈形柄上分两层镂六个长方形孔，每层三个，施凹弦纹间隔；座顶面饰绳纹。底径16.4、残高16.4厘米（图四六〇，7）。标本03EH164∶15，A型。夹砂灰陶。喇叭形豆座。圆圈形柄上残三个长方形孔，座顶面饰凹凸弦纹呈台阶状。底径14、残高4.4厘米（图四六〇，5）。

陶片　3件。标本03EH164∶7，器类不明。泥质灰陶。器表残存两周“S”形纹和兽面堆贴

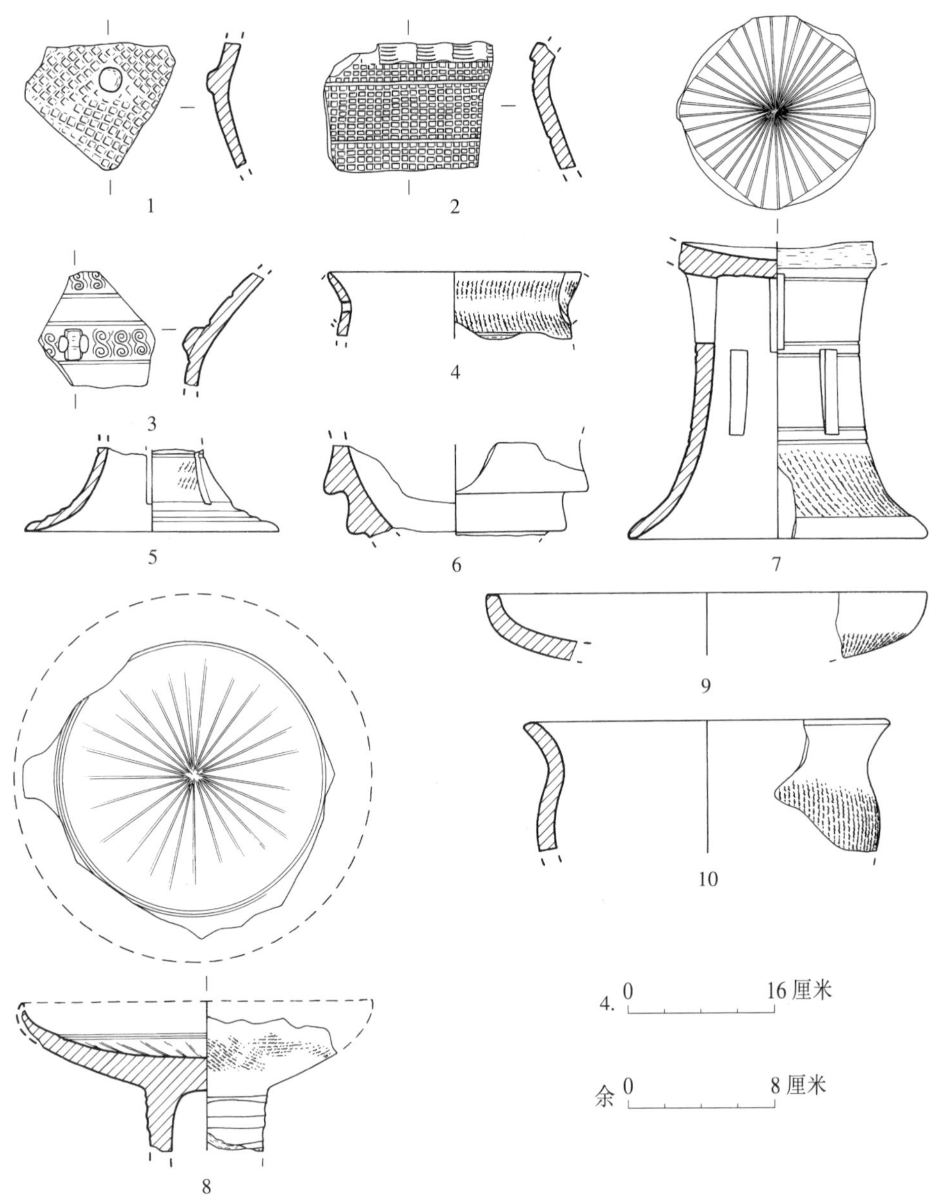

图四六〇 03EH164出土陶器

1～3. 陶片（03EH164∶17、14、7） 4. C型Ⅱ式盆（03EH164∶13） 5、7. A型豆（03EH164∶15、4） 6. Bb型缸（03EH164∶20） 8. Bd型豆（03EH164∶1） 9. Ab型豆（03EH164∶18） 10. Bc型Ⅱ式盆（03EH164∶5）

纹，施弦纹间隔（图四六〇，3）。标本03EH164∶14，器类不明。夹细砂灰褐陶。器表残存附加堆纹和弦断方格纹（图四六〇，2）。标本03EH164∶17，器类不明。夹细砂褐陶。器表残存方格纹，其间一个圆形泥饼（图四六〇，1）。

03EH165

位于03ET3007西南部。开口于第4层下，被03EH163打破，打破03EH174。坑口略呈椭圆形，坑壁弧，圜底近平。坑口长径2.75、短径2.4米，坑深0.2米。填土黄褐色，土质疏松，夹杂烧土粒和木炭粒。包含器类有陶鬲、甗、罍、盆、豆、器盖等。

标本9件，均为陶器。

陶鬲足　3件。标本03EH165∶3，Aa型Ⅰ式。夹砂黄灰陶。圆柱状尖锥足。足外侧一道竖刻槽，足根饰条纹。残高10.4厘米（图四六一，3）。标本03EH165∶4，Ac型Ⅰ式。夹砂黄灰陶。圆柱状锥足。足根饰条纹。残高9.2厘米（图四六一，8）。标本03EH165∶5，E型Ⅱ式。夹砂灰陶。圆锥状足，足尖微外撇。根部饰条纹。残高6.8厘米（图四六一，6）。

陶甗耳　1件。标本03EH165∶9，Aa型。夹砂黄灰陶。敞口，弧沿，方唇，弧颈，溜肩。口沿外侧贴施泥片护耳，耳内甗壁上戳圆形穿孔。器表和耳面饰条纹（图四六一，7）。

陶甗足　1件。标本03EH165∶6，Aa型Ⅰ式。夹砂灰黄陶。椭圆柱状矮锥足。底和足根饰条纹。残高4.8厘米（图四六一，2）。

陶罍　1件。标本03EH165∶7，Bb型Ⅱ式。夹砂灰陶。侈口，方唇，斜直颈，斜肩。颈部纹饰被抹，颈肩部饰弦纹，肩下饰条纹。口径16、残高6.5厘米（图四六一，1）。

陶盆　1件。标本03EH165∶8，Bc型Ⅱ式。夹砂灰褐陶。敞口，卷沿，圆唇，斜弧颈，溜肩，圆弧腹。腹饰绳纹。口径16、残高5.8厘米（图四六一，4）。

陶豆　1件。标本03EH165∶2，Aa型。夹细砂灰陶。敞口，圆唇，弧盘，弧底。盘内壁有两周弦纹，其间饰一周“S”形纹；盘外壁底部饰绳纹，圆圈形柄上饰凹弦纹，残有长方形镂孔。口径20、残高6.4厘米（图四六一，9）。

陶器盖　1件。标本03EH165∶1，Aa型Ⅲ式。泥质灰陶。圆盘形器盖，盖顶残，盖壁弧直，

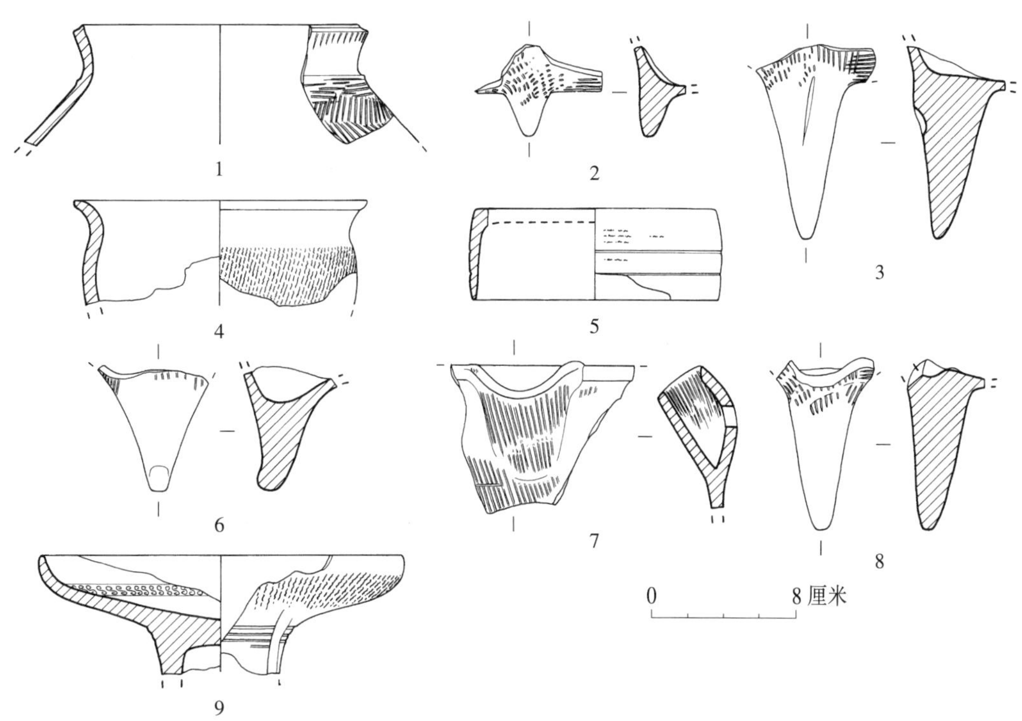

图四六一　03EH165出土陶器

1. Bb型Ⅱ式罍（03EH165∶7）　2. Aa型Ⅰ式甗足（03EH165∶6）　3. Aa型Ⅰ式鬲足（03EH165∶3）　4. Bc型Ⅱ式盆（03EH165∶8）　5. Aa型Ⅲ式器盖（03EH165∶1）　6. E型Ⅱ式鬲足（03EH165∶5）　7. Aa型甗耳（03EH165∶9）　8. Ac型Ⅰ式鬲足（03EH165∶4）　9. Aa型豆（03EH165∶2）

口微敞，尖圆唇。壁饰两周凹弦纹。盖口径13.6、高5厘米（图四六一，5）。

03EH167

位于03ET3007西南部。开口于第4层下，被03EH165打破，打破03EH168和生土层。坑口距地表0.75米。坑口椭圆形，弧壁圜底。坑口长径2.4、短径1.82米，坑深0.8米。坑内堆积含沙质的灰黑色土，土质疏松，夹有炭渣、烧土粒等，包含有陶鬲、罐、瓮、豆及硬陶器残片等（图四六二）。

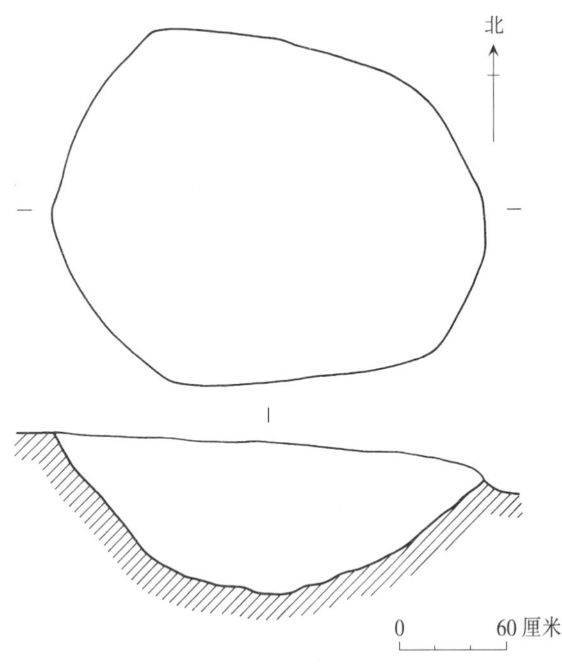

图四六二 03EH167平、剖面图

标本6件，其中陶器5件，硬陶器1件。

陶鬲足 1件。标本03EH167∶6，Aa型。夹砂褐陶。圆柱状锥足。足外侧一道竖刻槽，足根饰绳纹。残高8.4厘米（图四六三，5）。

陶罐 2件。标本03EH167∶3，Bb型Ⅱ式。夹砂黄褐陶。敞口，方唇，斜直颈，弧肩，圆弧腹。肩、腹部饰弦断条纹。口径18、残高6.6厘米（图四六三，2）。标本03EH167∶1，Fb型。夹砂黄灰陶。敞口，方唇，斜弧颈，斜肩。颈肩部饰弦断条纹。口径48、残高10厘米（图四六三，3）。

陶瓮 1件。标本03EH167∶2，Ac型。夹砂褐陶。敞口，方唇，斜弧颈，圆弧肩。肩、腹部饰弦断条纹。口径26、残高5.2厘米（图四六三，1）。

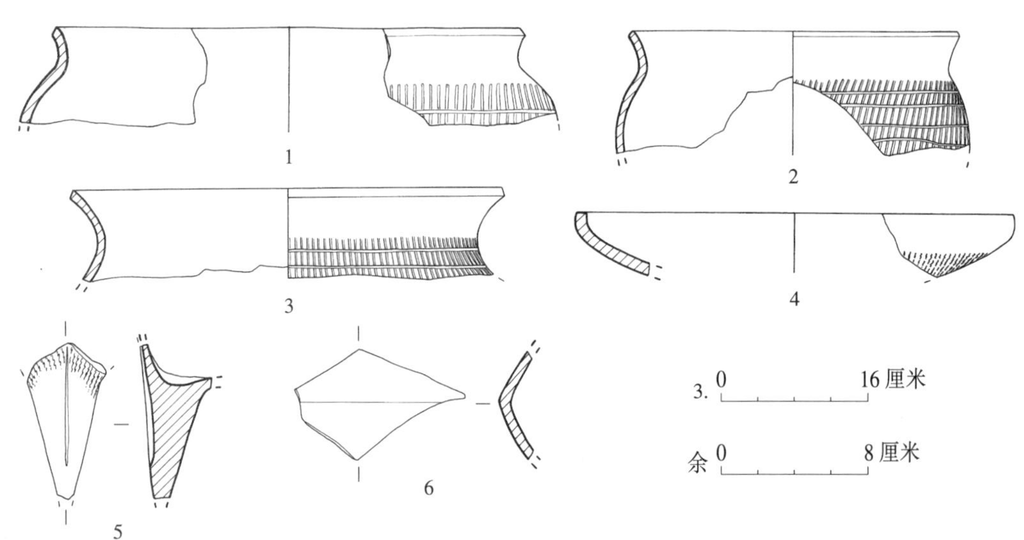

图四六三 03EH167出土器物

1. Ac型陶瓮（03EH167∶2） 2. Bb型Ⅱ式陶罐（03EH167∶3） 3. Fb型陶罐（03EH167∶1） 4. Ab型陶豆（03EH167∶5） 5. Aa型陶鬲足（03EH167∶6） 6. 硬陶片（03EH167∶4）

陶豆　1件。标本03EH167∶5，Ab型。夹细砂黑灰陶。直口，方唇，折盘。盘外壁底部饰绳纹。口径24、残高3.4厘米（图四六三，4）。

硬陶片　1件。标本03EH167∶4，器类不明。泥质灰陶。素面（图四六三，6）。

03EH168

位于03ET3007西南部。开口于第4层下，被03EH167打破，打破生土层。坑口略呈椭圆形，坑壁弧，圜底近平。坑口长径1.5、短径1.1米，坑深0.36米。填土灰褐色，土质疏松，夹杂烧土粒和木炭粒。包含器类有陶鬲、豆等。

标本2件，均为陶器。

陶鬲　1件。标本03EH168∶2，仅存鬲口，型式不明。夹砂灰褐陶。敞口，方唇，斜弧颈，弧肩，圆弧腹。肩、腹部饰弦断条纹。残高8.2厘米（图四六四，2）。

陶豆　1件。标本03EH168∶1，A型。夹砂灰陶。喇叭形豆座。圆圈形柄上残三个长方形孔，座顶面饰凹凸弦纹，座边缘饰条纹。底径20、残高10厘米（图四六四，1）。

03EH172

位于03ET3007东部。开口于第4层下，被03EH157、H171打破，打破03EH164。坑壁直，圜底近平。坑口长径1.75、短径1.35米，坑深0.7米。填土灰褐色，土质较疏松，夹杂烧土粒、木炭粒和炼渣。包含器类有陶鬲、甗、鼎、罐、瓮、壶、豆、支（拍）垫等。

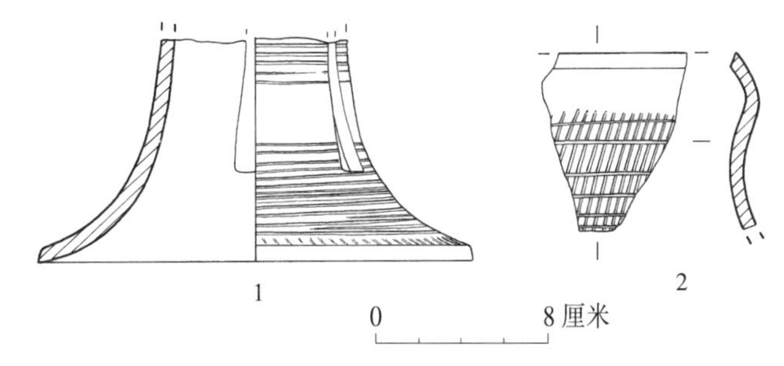

图四六四　03EH168出土陶器

1. A型豆（03EH168∶1）　2. 鬲（03EH168∶2）

标本17件，均为陶器。

陶鬲　2件。标本03EH172∶3，Ab型Ⅲ式。夹细砂黑皮褐胎陶。敞口，斜弧沿，方唇，弧颈，弧肩，圆弧腹，鬲身呈罐形，口径略小于腹径。颈部有两周指窝纹，肩、腹部饰弦断条纹。口径14.4、残高11.2厘米（图四六五，6）。标本03EH172∶16，Ab型Ⅲ式。夹砂红褐陶。敞口，弧沿，方唇，弧颈，弧肩，圆弧腹，鬲身呈罐形，口径小于腹径。肩、腹部饰弦断条纹。口径16、残高6厘米（图四六五，2）。

陶鬲足　4件。标本03EH172∶5，Ac型Ⅰ式。夹砂褐陶。圆柱状尖锥足。足根饰条纹。残高9厘米（图四六五，8）。标本03EH172∶6，Ac型Ⅰ式。夹砂褐陶。圆柱状尖锥足。足根饰条纹。残高12厘米（图四六五，7）。标本03EH172∶8，Ac型Ⅱ式。夹砂黄灰陶。圆柱状锥足。下腹、足根饰条纹。残高11.2厘米（图四六五，4）。标本03EH172∶7，C型Ⅰ式。夹砂灰褐陶。圆柱状尖锥足，外侧三个圆窝。下腹饰弦断绳纹，足根饰绳纹。残高10厘米（图四六五，5）。

陶甗　1件。标本03EH172∶14，Aa型。夹砂黄褐陶。侈口，弧沿，方唇，弧束颈，斜肩。颈部纹饰被抹，肩、腹饰弦断条纹。口径32、残高5.4厘米（图四六五，10）。

陶甗足　1件。标本03EH172∶10，Aa型Ⅱ式。夹砂褐陶。椭圆柱状矮截锥足。底和足根饰条纹。残高5.8厘米（图四六五，9）。

陶鼎耳　1件。标本03EH172∶12，A型。仿铜。夹砂灰黄陶。耳环截面呈长方形。素面（图四六六，5）。

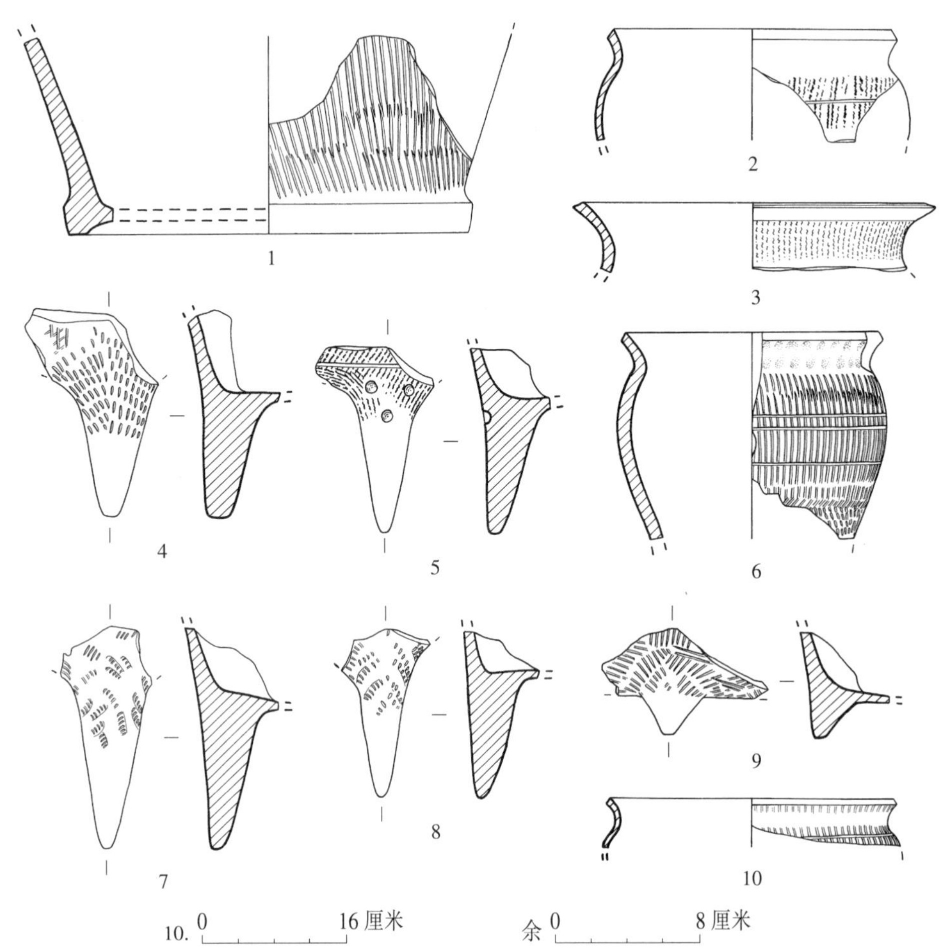

图四六五　03EH172出土陶器

1. E型器底（03EH172∶18）　2、6. Ab型Ⅲ式鬲（03EH172∶16、3）　3. Fb型罐（03EH172∶13）　4. Ac型Ⅱ式鬲足（03EH172∶8）　5. C型Ⅰ式鬲足（03EH172∶7）　7、8. Ac型Ⅰ式鬲足（03EH172∶6、5）　9. Aa型Ⅱ式甗足（03EH172∶10）　10. Aa型甗（03EH172∶14）

陶罐　1件。标本03EH172∶13，Fb型。夹细砂黄褐陶。侈口，斜弧沿，方唇，弧颈。颈部绳纹被抹。口径20、残高3.8厘米（图四六五，3）。

陶瓮　1件。标本03EH172∶15，Aa型。夹砂褐陶。敞口，弧沿，方唇，弧颈。素面。口径33.6、残高4.8厘米（图四六六，7）。

陶壶　1件。标本03EH172∶2，E型Ⅱ式。夹细砂褐陶。壶呈卧雉形，背部中空，雉昂首，弧背安提梁，平腹，尾上翘，留圆角长方形壶嘴，嘴残。器身刻划卷云纹象征翅膀和羽毛。残长16、宽1.8～6.8、高12.5厘米（图四六六，1；彩版二二，3）。

陶豆　2件。标本03EH172∶4，Aa型Ⅲ式。夹细砂褐陶。敞口，圆唇，弧盘，弧底。圆圈形柄上残有长方形镂孔。口径23.2、残高6厘米（图四六六，2）。标本03EH172∶17，A型。泥质灰陶。喇叭形豆座。座顶面饰绳纹。底径20、残高3厘米（图四六六，6）。

陶器耳　1件。标本03EH172∶11，Bc型。夹砂黄灰陶。椭圆柱形器耳，耳端弧上翘（图四六六，3）。

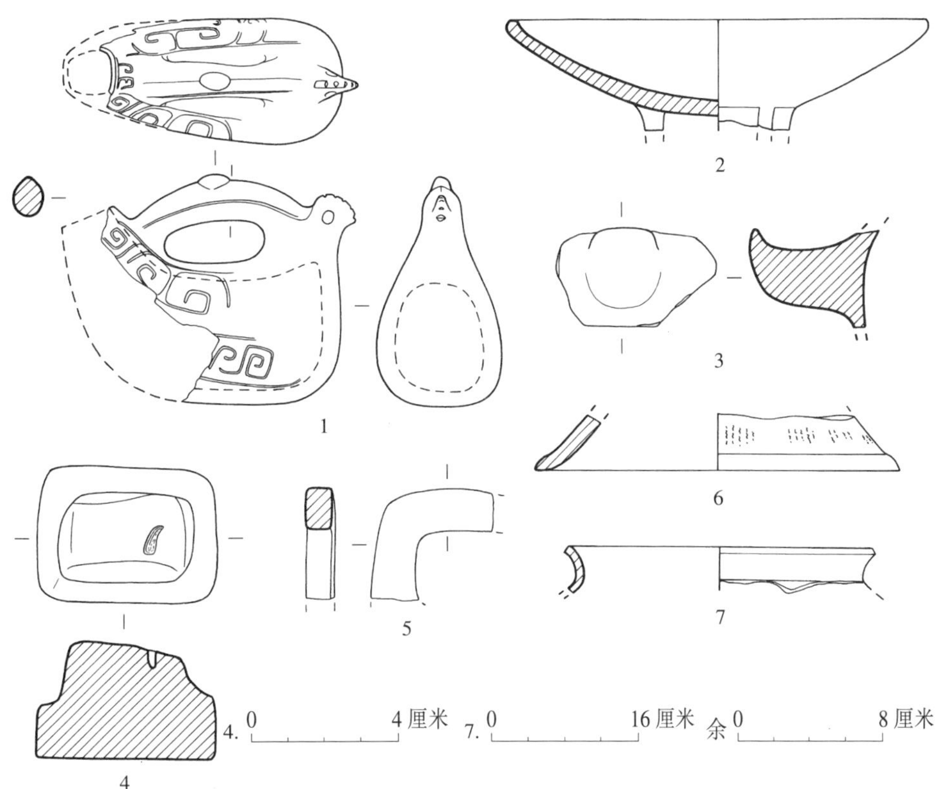

图四六六　03EH172 出土陶器

1. E 型Ⅱ式壶（03EH172∶2）　2. Aa 型Ⅲ式豆（03EH172∶4）　3. Bc 型器耳（03EH172∶11）　4. Da 型Ⅰ式支（拍）垫（03EH172∶1）　5. A 型鼎耳（03EH172∶12）　6. A 型豆（03EH172∶17）　7. Aa 型瓮（03EH172∶15）

陶器底　1 件。标本 03EH172∶18，E 型。夹砂褐陶。下腹斜直内收，矮圈足。下腹饰条纹。底径 22、残高 10.6 厘米（图四六五，1）。

陶支（拍）垫　1 件。标本 03EH172∶1，Da 型Ⅰ式。夹砂黄褐陶。由长方圆角柱状握手和圆角长方形垫构成。握手残，垫面平。素面。垫长 4.9、宽 3.6 厘米，握手长 3.8、宽 2.4 厘米，残高 3.2 厘米（图四六六，4；彩版二七，8）。

03EH173

位于 03ET2605 东南部。开口于第 4 层下，被 03EH148 打破，打破 03EH95。坑口略呈长方形，坑壁弧，圜底近平。坑口长 1.7、宽 1.6 米，坑深 0.2 米。填土灰褐色，土质较疏松，夹杂烧土粒、木炭粒和矿石。包含器类有陶鬲、罐、瓮、盆等。

标本 4 件，均为陶器。

陶鬲足　1 件。标本 03EH173∶5，Ac 型Ⅱ式。夹砂黄陶。圆柱状锥足。素面。残高 7.2 厘米（图四六七，3）。

陶罐　1 件。标本 03EH173∶1，Ab 型Ⅳ式。夹砂黄陶。直口微敞，方唇，斜直颈，溜肩，圆鼓腹。纹饰被抹。口径 12、残高 6.4 厘米（图四六七，4）。

陶瓮　1 件。标本 03EH173∶2，Eb 型。夹砂褐陶。敞口，厚方唇，直颈。素面。口径 16、残高 4.6 厘米（图四六七，1）。

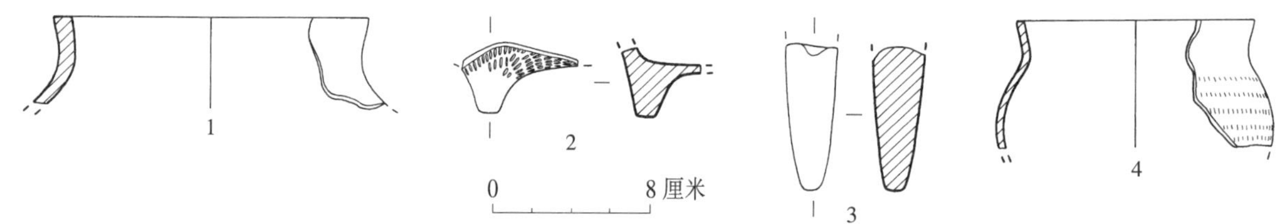

图四六七　03EH173 出土陶器

1. Eb 型瓮（03EH173∶2）　2. C 型Ⅰ式盆足（03EH173∶4）　3. Ac 型Ⅱ式鬲足（03EH173∶5）
4. Ab 型Ⅳ式罐（03EH173∶1）

陶盆足　1 件。标本 03EH173∶4，C 型Ⅰ式。夹砂黄褐陶。椭圆柱状矮截锥足。底和足根饰条纹。残高 3.4 厘米（图四六七，2）。

03EH174

位于 03ET3007 西部。开口于第 4 层下，被 03EH165 打破，打破 03EH160。坑口略呈圆形，坑壁弧，圜底近平。坑口直径 1～1.05 米，坑深 0.52 米。填土灰褐色，土质较疏松，夹杂烧土粒、木炭粒和石块。包含器类有陶鬲、甗、罐、饼等。

标本 5 件，均为陶器。

陶鬲足　1 件。标本 03EH174∶1，Ac 型。夹砂黄陶。圆柱状锥足。足根饰条纹。残高 9.7 厘米（图四六八，5）。

陶甗耳　1 件。标本 03EH174∶4，Ab 型。夹砂黄褐陶。敞口，弧沿，方唇，弧束颈，圆肩，口沿外侧贴施泥片护耳，耳内甗壁上戳圆形穿孔。耳面饰条纹（图四六八，1）。

陶罐　1 件。标本 03EH174∶5，Bb 型Ⅱ式。夹砂褐陶。敞口，方唇，斜直颈，斜弧肩，圆腹。颈部纹饰被抹，肩、腹部饰弦断条纹。口径 18、残高 6 厘米（图四六八，2）。

陶器底　1 件。标本 03EH174∶2，B 型。夹砂褐陶。下腹斜弧内收，平底。下腹饰条纹。底径 12、残高 3.6 厘米（图四六八，3）。

陶饼　1 件。标本 03EH174∶3，Aa 型Ⅰ式。夹细砂灰陶。陶片打磨而成。扁圆形，两面平，周壁斜直。一面饰绳纹。直径 5、厚 1.4 厘米（图四六八，4）。

4. 03E 第 3 层下灰坑

10 个，其中有 4 个分布在南部，编号为 03EH1、H6、H17、H37 等；有 6 个分布在中部，编号为 03EH67、H71、H106、H112、H130、H149 等。除 03EH37 无遗物标本外，余 9 个灰坑有遗物标本。

03EH1

位于 03ET2511 西北部，坑西部延伸至隔梁。开口于第 3 层下，打破 03EH6。坑口平面略呈椭圆形，弧壁，圜底。坑口长径 2.3、短径 2 米，坑深 1.2 米。填土黄褐色，内含少量烧土颗粒和石块。包含有陶鬲、鼎、甗、瓮、缸、豆、器盖、纺轮和硬陶器等。

标本 25 件，其中 24 件陶器，1 件硬陶器。

陶鬲　1 件。标本 03EH1∶32，Ac 型。夹砂黄褐陶。敞口，斜弧沿，方唇，弧束颈，斜弧肩。肩腹饰压印方格纹。口径 24、残高 5.5 厘米（图四六九，6）。

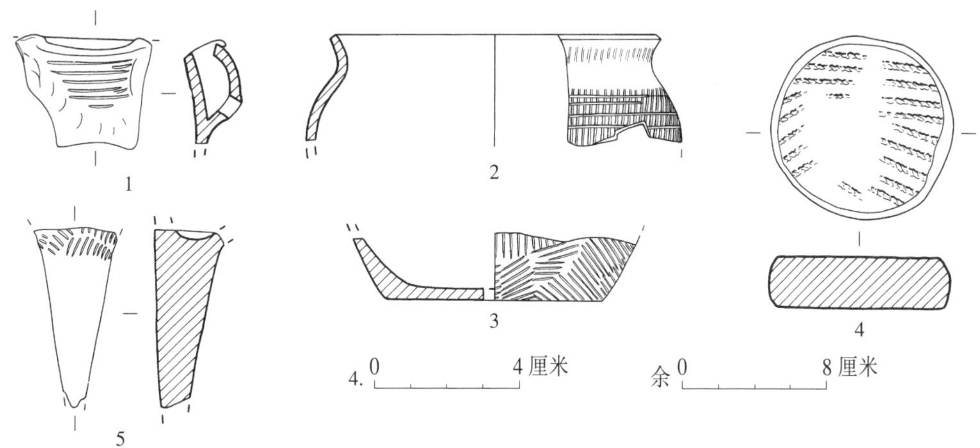

图四六八　03EH174出土陶器

1. Ab型甗耳（03EH174∶4）　2. Bb型Ⅱ式罐（03EH174∶5）　3. B型器底（03EH174∶2）
4. Aa型Ⅰ式饼（03EH174∶3）　5. Ac型鬲足（03EH174∶1）

陶鼎足　2件。标本03EH1∶12，Ab型。夹砂黄褐陶。圆柱状截锥足。足内侧一道竖刻槽，足根饰条纹。残高14.5厘米（图四七〇，1）。标本03EH1∶15，C型。夹砂黄褐陶。圆柱状蹄足。素面。足芯清晰。残高6.6厘米（图四六九，4）。

陶甗　2件。标本03EH1∶35，Aa型Ⅳ式。夹砂灰陶。侈口，弧沿，方唇，弧颈，溜肩，口沿外侧贴施泥片护耳，耳残，耳内甗壁上戳圆形穿孔。器表饰间断条纹，耳面饰条纹。口径30、残高6.6厘米（图四六九，3）。标本03EH1∶1，Ab型。夹砂褐陶。甑下腹斜直内收，腰部内壁安舌状泥片用以支箅，甗下部为三足钵形，钵腹壁斜直微外弧，圜底下安三个圆柱状矮足。下腹饰弦断条纹，底和足根饰条纹，足底面饰条纹。残高19.6厘米（图四六九，5）。

陶甗耳　1件。标本03EH1∶30，Aa型。夹砂黄褐陶。敞口，方唇，弧颈，溜肩，弧腹。口沿外侧贴施泥片护耳，耳内甗壁上戳圆形穿孔。耳面饰条纹，器表饰弦断条纹（图四七〇，5）。

陶甗足　2件。标本03EH1∶18，Da型。夹砂褐陶。圆柱状矮足略呈蹄形，足根有足窝。下腹、底及足根饰条纹，足底面饰绳纹。残高6.8厘米（图四七〇，6）。标本03EH1∶19，Da型。夹砂灰褐陶。椭圆柱状矮足略呈蹄形，足根有足窝。下腹、底及足根饰条纹，足底面饰绳纹。残高4.6厘米（图四七〇，9）。

陶瓮　1件。标本03EH1∶34，Ec型Ⅱ式。夹砂褐陶。直口微敛，厚方唇，直颈，斜弧广肩。唇面一周凹槽，肩部饰压印方格纹。口径20、残高10.6厘米（图四六九，1）。

陶缸　2件。标本03EH1∶31，Bb型。夹砂灰褐陶。敞口，方唇，弧腹内收。器表饰条纹。口径24、残高9.8厘米（图四六九，7）。标本03EH1∶36，Bc型。夹砂红褐陶。缸片外壁饰绳纹和两周压印凹凸不平条纹的凸棱（图四七〇，2）。

陶缸圈足　1件。标本03EH1∶3，Ba型。夹砂红褐陶。斜直腹内收，矮圈足呈喇叭口形。腹部饰条纹和一周附加堆纹。底径9、残高6.4厘米（图四六九，10）。

陶豆　2件。标本03EH1∶2，Ca型Ⅱ式。夹细砂灰陶。敞口，圆唇，弧盘，圆圈形柄残。素面。口径14.8、残高4.5厘米（图四六九，9）。标本03EH1∶6，A型。夹细砂红陶。盘底圜，豆柄圆圈柱形，豆座残。柄上分两层镂六个长方形孔，每层三个。残高15厘米（图四六九，8）。

图四六九　03EH1 出土陶器

1. Ec 型Ⅱ式瓮（03EH1∶34）　2. A 型盖纽（03EH1∶27）　3. Aa 型Ⅳ式甗（03EH1∶35）　4. C 型鼎足（03EH1∶15）　5. Ab 型甗（03EH1∶1）　6. Ac 型鬲（03EH1∶32）　7. Bb 型缸（03EH1∶31）　8. A 型豆（03EH1∶6）　9. Ca 型Ⅱ式豆（03EH1∶2）　10. Ba 型缸圈足（03EH1∶3）

陶盖纽　1 件。标本 03EH1∶27，A 型。夹砂褐陶。圆圈形凹盖纽，纽口敞，圆唇，纽颈弧直，盖顶残。盖顶面饰压印绳索状附加堆纹。纽口径 6.3、残高 3.6 厘米（图四六九，2）。

陶器耳　6 件。标本 03EH1∶26，Aa 型。夹砂黄褐陶。鸟头形扁直耳，耳根部横穿圆孔（图四七〇，7）。标本 03EH1∶22，Ba 型。夹砂褐陶。长方形泥片状横耳，耳根中部一个圆形竖穿孔，耳顶面斜平，耳面弧上内勾。耳顶和耳面饰条纹（图四七〇，3）。标本 03EH1∶24，Be 型。夹砂

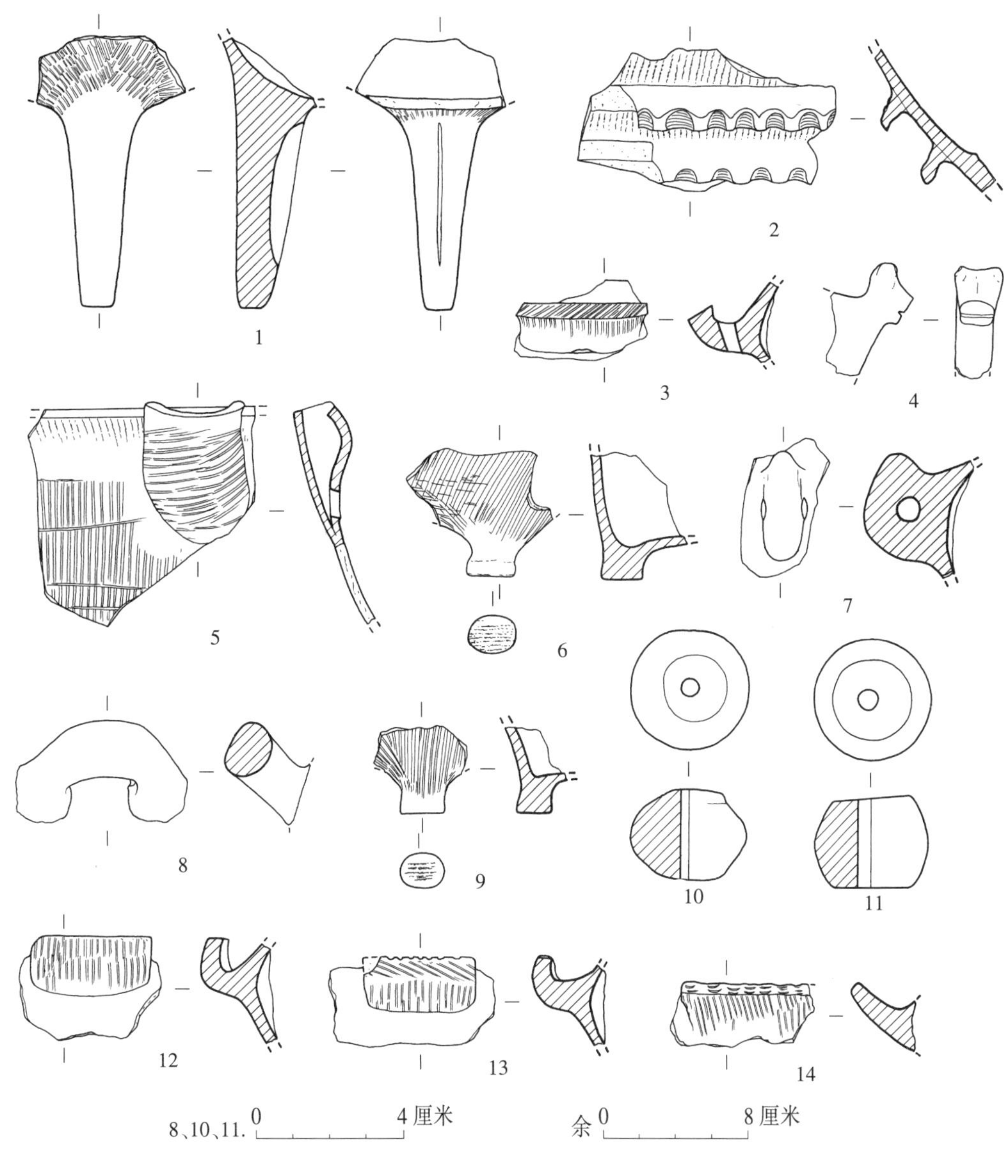

图四七〇　03EH1 出土陶器

1. Ab 型鼎足（03EH1∶12）　2. Bc 型缸（03EH1∶36）　3. Ba 型器耳（03EH1∶22）　4. B 型器鋬（03EH1∶29）　5. Aa 型甗耳（03EH1∶30）　6、9. Da 型甗足（03EH1∶18、19）　7. Aa 型器耳（03EH1∶26）　8. Cc 型器耳（03EH1∶21）　10. B 型Ⅲ式纺轮（03EH1∶4）　11. Ca 型Ⅱ式纺轮（03EH1∶5）　12. Bf 型器耳（03EH1∶23）　13. Bg 型器耳（03EH1∶25）　14. Be 型器耳（03EH1∶24）

褐陶。长方形泥片状横耳，耳面弧上侈。耳面饰条纹，耳顶面平压印条纹（图四七〇，14）。标本03EH1∶23，Bf 型。夹砂褐陶。长方形泥片状横耳，耳顶面平，耳面折上侈。耳面饰条纹（图四七〇，12）。标本 03EH1∶25，Bg 型。夹砂黄褐陶。长方形泥片状横耳，耳顶面平压印条纹略呈鸡冠状，耳中部折上翘。耳面饰条纹（图四七〇，13）。标本 03EH1∶21，Cc 型。夹砂黄褐陶。椭圆形环耳，耳环截面略呈椭圆形。素面（图四七〇，8）。

陶器鋬　1 件。标本 03EH1∶29，B 型。夹砂褐陶。兽首形扁直器鋬。素面（图四七〇，4）。

陶纺轮　2 件。标本 03EH1∶4，B 型Ⅲ式。夹砂灰褐陶。圆形，两面平，器呈算珠形，圆中间一直壁圆孔，周壁弧。直径3.1～3.2、孔径0.5、厚2.5厘米（图四七〇，10；图版五七，1）。标本03EH1:5，Ca型Ⅱ式。夹砂灰黄陶。厚体，圆形，一面斜平，一面平，圆中间一直壁圆孔，周壁圆弧。直径3.2、孔径0.5、厚2.3～2.5厘米（图四七〇，11；图版五七，3）。

硬陶片 1件。标本03EH1:7，器类不明。灰褐硬陶。戳印鳞纹（图二九八，4）。

03EH6

位于03ET2511北部。开口于第3层下，西部被03EH1打破，打破第4层。坑口不规则形，斜壁平底。坑口最长处2.4、最宽处1.3米，坑深0.28米。坑内堆积灰褐色土，土质疏松，夹有炭渣、烧土颗粒等，包含有陶鼎、豆等（图四七一）。

标本3件，均为陶器。

陶鼎足 1件。标本03EH6:2，Aa型。夹砂褐陶。圆柱状截锥足。素面。残高11.4厘米（图四七二，2）。

陶器耳 1件。标本03EH6:3，Be型。夹砂褐陶。长方形泥片状横耳，耳顶面平，耳面折斜上侈，耳顶面内勾。耳顶面和耳面饰条纹（图四七二，3）。

陶豆 1件。标本03EH6:1，Aa型Ⅴ式。夹细砂灰陶。敞口，圆唇，弧盘，圆圈形柄残，其上残有长方形镂孔痕迹。盘外壁饰绳纹。口径10.2、残高3.6厘米（图四七二，1）。

03EH17

位于03ET2508西南部。开口于第3层下，打破第4层。坑口平面呈不规则形，弧壁，圜底。坑口长5.8、宽2.6米，坑深0.8米。填土褐灰色，土质较疏松，内含烧土块和木炭粒。包含器类有陶鬲、甗、滤盉、罐、瓮、盆、钵、豆、器盖、簋和硬陶瓮等。

标本25件，其中陶器23件，硬陶器2件。

陶鬲 3件。标本03EH17:27，Aa型Ⅲ式。夹细砂褐陶。敞口，斜沿，圆唇，弧颈，溜肩，弧腹，口径大于腹径。肩、颈部绳纹被抹，腹饰弦断交叉绳纹。口径28、残高10.4厘米（图四七

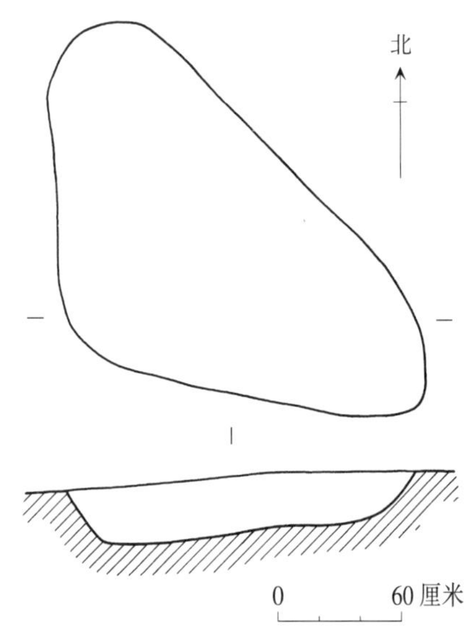

图四七一 03EH6平、剖面图

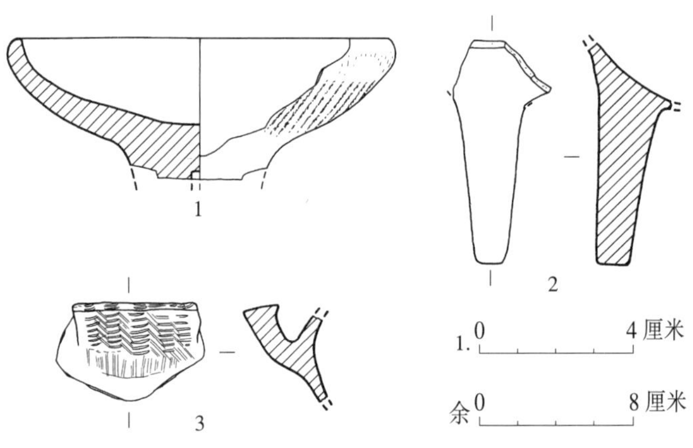

图四七二 03EH6出土陶器

1. Aa型Ⅴ式豆（03EH6:1） 2. Aa型鼎足（03EH6:2） 3. Be型器耳（03EH6:3）

三，1）。标本03EH17∶23，Aa型Ⅲ式。夹砂黄褐陶。侈口，斜弧沿，圆唇，束颈，斜弧肩，圆弧腹。颈部绳纹被抹，肩、腹饰弦断绳纹，上腹一周附加堆纹。口径24、残高13.8厘米（图四七三，3）。标本03EH17∶4，Aa型。夹砂红褐陶。敞口，斜弧沿，圆唇，溜肩，弧直腹内收，鬲身呈罐形，口径大于腹径。肩、上腹饰弦断绳纹，下腹、底饰绳纹。口径17.8、残高14厘米（图四七三，4；图版一七，2）。

陶鬲足　4件。标本03EH17∶15，Aa型Ⅰ式。夹砂褐陶。圆柱状尖锥足。足外侧一道竖刻槽，足根饰条纹。残高13厘米（图四七三，5）。标本03EH17∶16，Ab型Ⅰ式。夹砂褐陶。圆柱状尖

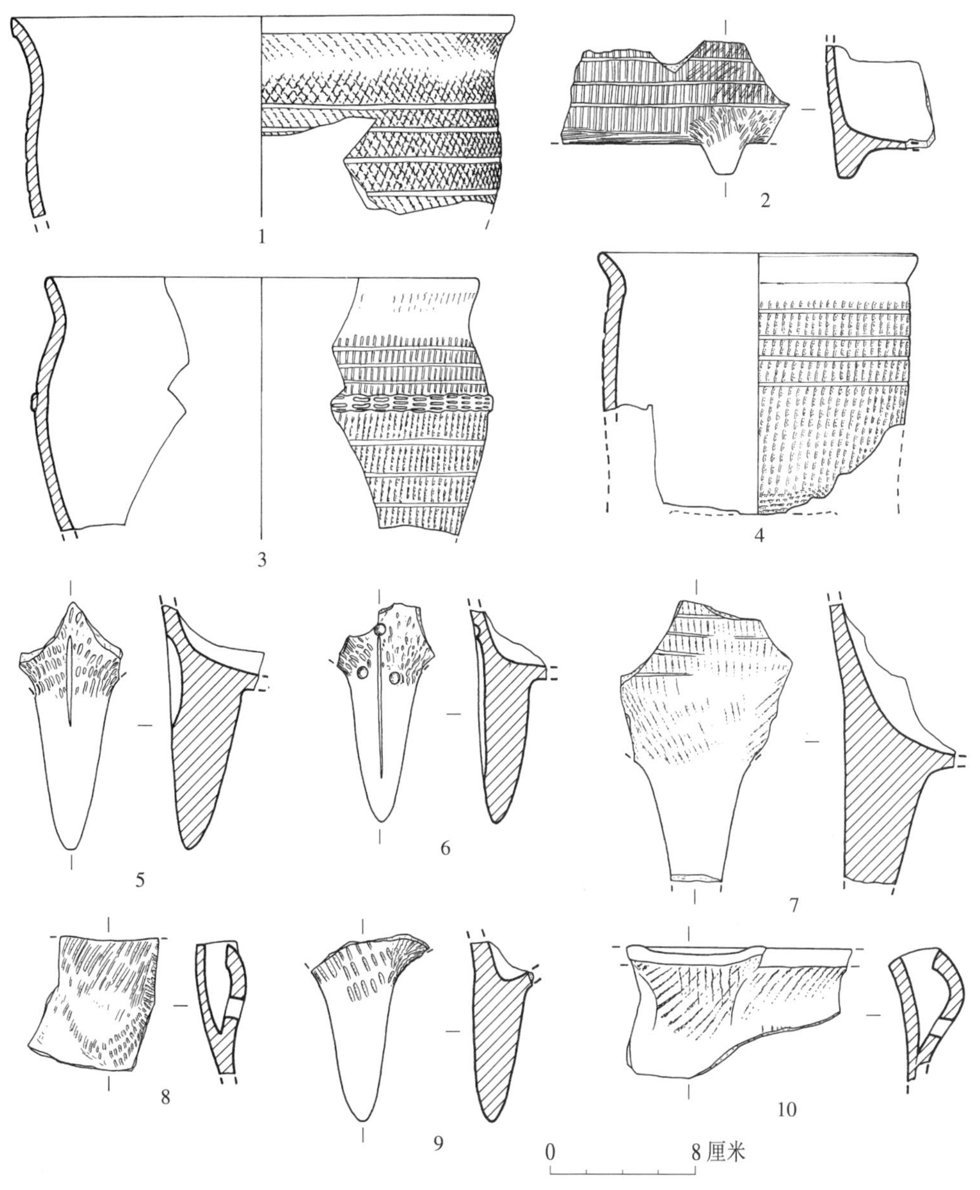

图四七三　03EH17出土陶器

1、3. Aa型Ⅲ式鬲（03EH17∶27、23）　2. Aa型Ⅱ式甗足（03EH17∶20）　4. Aa型鬲（03EH17∶4）　5. Aa型Ⅰ式鬲足（03EH17∶15）　6. Ab型Ⅰ式鬲足（03EH17∶16）　7、9. Ac型Ⅰ式鬲足（03EH17∶14、17）　8. Aa型甗耳（03EH17∶22）　10. Ab型甗耳（03EH17∶21）

锥足，外侧三个圆窝。足外侧一道竖刻槽，足根饰条纹。残高 11.8 厘米（图四七三，6）。标本 03EH17∶14，Ac 型Ⅰ式。夹砂黄褐陶。圆柱状足。下腹饰弦断绳纹，底及足根饰绳纹。残高 15 厘米（图四七三，7）。标本 03EH17∶17，Ac 型Ⅰ式。夹砂黄褐陶。圆柱状尖锥足。足根饰条纹。残高 10 厘米（图四七三，9）。

陶滤盉 1 件。标本 03EH17∶5，Ab 型。夹砂红褐陶。器由上部滤钵和下部带流带把手鬲两部分构成，鬲残。钵为敞口，圆唇，斜直腹内收。钵饰绳纹，近口部有椭圆形泥饼。口径 10.6、残高 4.4 厘米（图四七四，7）。

陶甗耳 2 件。标本 03EH17∶22，Aa 型。夹砂灰褐陶。敞口，方唇，短直颈，溜肩。口沿外侧贴施泥片护耳，耳内甗壁上戳圆形穿孔。耳面饰条纹（图四七三，8）。标本 03EH17∶21，Ab 型。夹砂褐陶。敞口，方唇，弧颈。口沿外侧贴施泥片护耳，耳内甗壁上戳圆形穿孔。耳面及器表饰绳纹（图四七三，10）。

陶甗足 1 件。标本 03EH17∶20，Aa 型Ⅱ式。夹砂灰白陶。椭圆柱状矮截锥足。下腹饰弦断条纹，底及足根饰条纹。残高 7.4 厘米（图四七三，2）。

陶罐 2 件。标本 03EH17∶9，Aa 型Ⅴ式。夹砂黄褐陶。敞口，斜沿，圆唇，束颈，斜弧肩，圆弧腹。颈部绳纹被抹，肩、腹饰弦断绳纹，肩腹相交处一周附加堆纹。口径 28、残高 10.8 厘米（图四七四，3）。标本 03EH17∶10，Ca 型Ⅲ式。夹砂黄褐陶。侈口，弧沿，圆唇，矮领，弧腹。颈部绳纹被抹，腹饰弦断绳纹，上腹部一周附加堆纹。口径 20、残高 6.4 厘米（图四七四，2）。

陶瓮 2 件。标本 03EH17∶12，Ca 型。夹细砂灰褐陶。敞口，斜弧沿，方唇，束颈，溜肩，弧腹。颈部条纹被抹，肩、腹部饰弦断条纹。口径 32、残高 5.8 厘米（图四七四，1）。标本 03EH17∶7，Ea 型。夹细砂灰陶。敞口，方唇，斜直颈，平肩。颈部绳纹被抹，肩饰绳纹。口径 16、残高 2.5 厘米（图四七四，4）。

陶盆 1 件。标本 03EH17∶11，Bc 型Ⅱ式。夹砂褐陶。敞口，弧沿，圆唇，弧颈，溜肩，圆弧腹，鬲身呈罐形，口径略大于腹径。肩、颈部纹饰被抹，腹饰弦断条纹。口径 16、残高 6.2 厘米（图四七四，8）。

陶钵 1 件。标本 03EH17∶25，Ab 型Ⅲ式。夹细砂红褐陶。敛口，圆唇，弧腹斜内收。器表饰弦断绳纹。口径 20、残高 7.4 厘米（图四七四，9）。

陶豆 3 件。标本 03EH17∶2，Aa 型Ⅳ式。泥质黑皮灰胎陶。敞口，圆唇，弧盘，圆圈形柄残。盘内壁饰两周凹弦纹，其间饰一周“S”形纹，柄上饰弦纹。口径 22.2、残高 5.6 厘米（图四七五，2）。标本 03EH17∶6，Aa 型Ⅳ式。夹细砂黑皮灰胎陶。敞口，圆唇，弧盘，圜底，圆圈形柄残。盘内壁饰两周凹弦纹，其间饰一周“S”形纹，底部饰线纹，线纹呈辐射状，外壁底部饰绳纹；柄上饰弦纹，残存三个长条方形镂孔。口径 24、残高 13.5 厘米（图四七五，1）。标本 03EH17∶3，A 型。夹细砂灰陶。圆圈形柄，豆座呈喇叭形。柄上饰弦纹，有三个长条方形镂孔；豆座顶部饰弦纹。底径 18、残高 12.6 厘米（图四七五，4）。

陶器盖 1 件。标本 03EH17∶1，Aa 型Ⅳ式。夹砂红褐陶。盖顶残，斜直壁，敞口，方唇。盖壁饰弦断绳纹。口径 19.6、高 6.4 厘米（图四七四，6）。

陶簋圈足 1 件。标本 03EH17∶24，夹砂灰褐陶。圈足呈喇叭口形。素面。底径 12、残高 4.2 厘米（图四七五，5）。

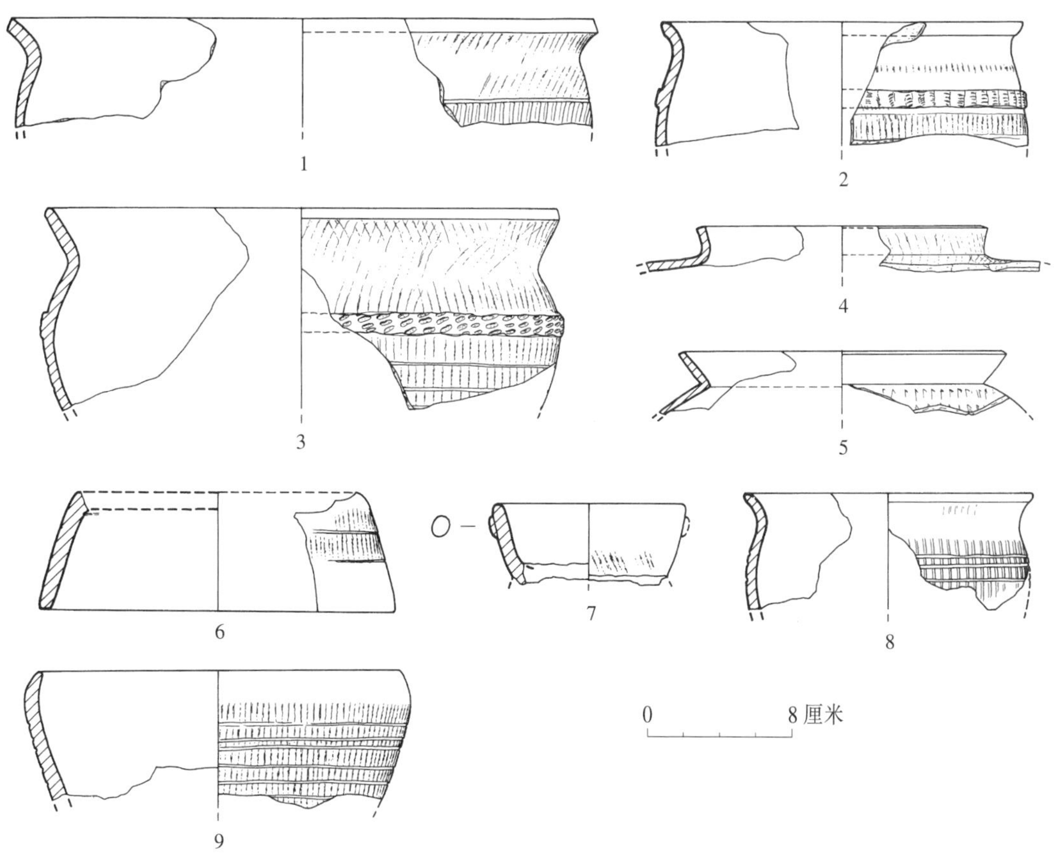

图四七四　03EH17出土器物

1. Ca型陶瓮（03EH17∶12）　2. Ca型Ⅲ式陶罐（03EH17∶10）　3. Aa型Ⅴ式陶罐（03EH17∶9）　4. Ea型陶瓮（03EH17∶7）　5. Ab型Ⅰ式硬陶瓮（03EH17∶8）　6. Aa型Ⅳ式陶器盖（03EH17∶1）　7. Ab型陶滤盉（03EH17∶5）　8. Bc型Ⅱ式陶盆（03EH17∶11）　9. Ab型Ⅲ式陶钵（03EH17∶25）

陶器底　1件。标本03EH17∶13，B型。夹砂褐陶。下腹斜弧内收，平底。素面。底径12、残高5.6厘米（图四七五，3）。

硬陶瓮　1件。标本03EH17∶8，Ab型Ⅰ式。灰硬陶。敞口，斜折沿，方唇，束颈，斜弧肩。肩部有戳印纹。口径18、残高3.4厘米（图四七四，5）。

硬陶片　1件。标本03EH17∶18，器类不明。灰硬陶。饰弦纹和压印勾连云纹（图二九七，1）。

03EH67

位于03ET2906东北和03ET2907东南部。开口于第3层下，被03EH130打破，打破03EH71。坑口呈椭圆形，坑壁弧，圜底。坑口长径4.5、短径2.75米，坑深0.5米。填土灰褐色，土质较疏松，夹杂少许烧土粒、木炭粒。包含器类有陶鬲、甗、鼎、罐、瓮、罍、簋、缸、饼、支（拍）垫、雉形器和石镞、砺石等。

标本53件，其中陶器51件，石器2件。

陶鬲　4件。标本03EH67∶11，Ac型。夹砂灰褐陶。敞口，卷沿，方唇，弧颈，圆肩。颈部纹饰被抹，肩、腹饰条纹。口径18、残高4.8厘米（图四七六，8）。标本03EH67∶51，Ac型。夹砂黄灰陶。敞口，卷沿，方唇，弧颈，圆肩。颈部纹饰被抹，肩、腹饰弦断条纹。口径24、残高

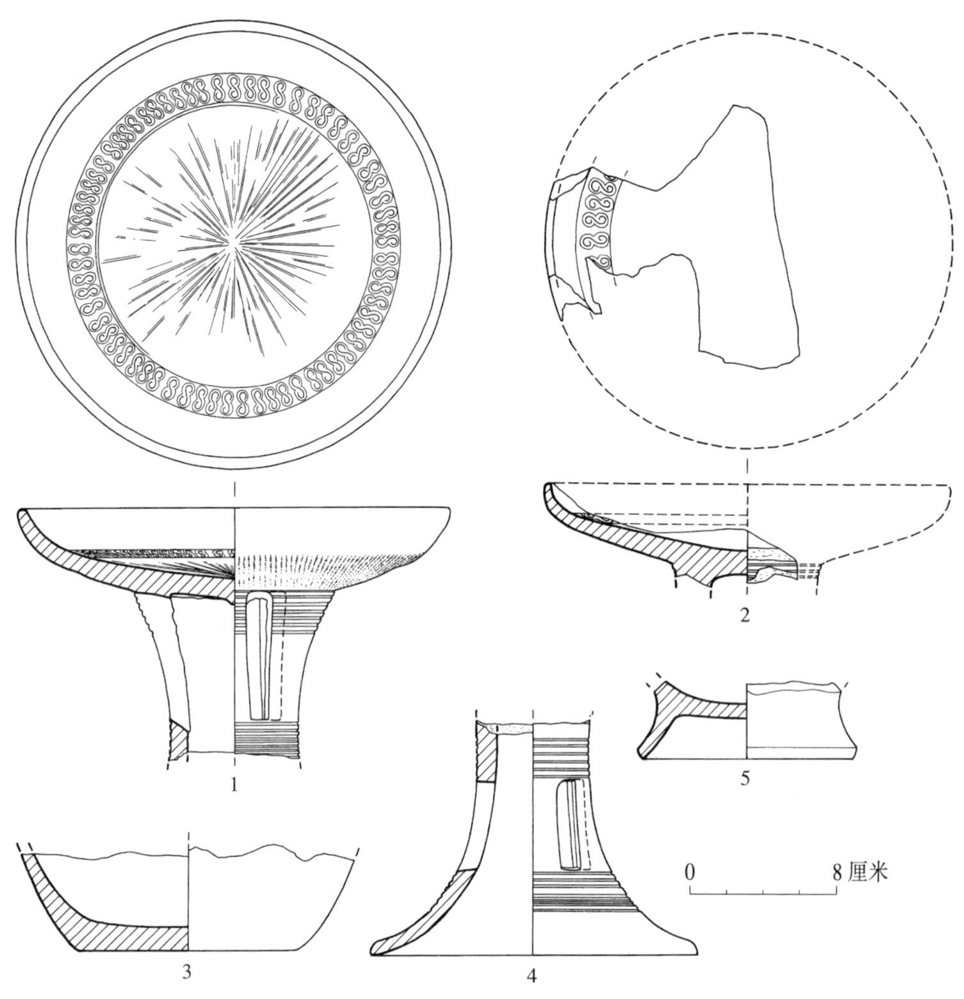

图四七五 03EH17出土陶器

1、2. Aa型Ⅳ式豆（03EH17:6、2） 3. B型器底（03EH17:13） 4. A型豆（03EH17:3）
5. 簋圈足（03EH17:24）

5.8厘米（图四七六，4）。标本03EH67:52，Ac型。夹砂黄陶。敞口，卷沿，方唇，弧颈，圆肩。颈部纹饰被抹，肩、腹饰弦断条纹。口径22、残高5.1厘米（图四七六，7）。标本03EH67:7，Ae型Ⅲ式。夹砂褐灰陶。敞口，卷沿，方唇，弧颈，斜弧肩，圆弧腹。肩、腹饰条纹。口径12.8、残高9.2厘米（图四七六，12）。

陶鬲足 7件。标本03EH67:38，Aa型Ⅰ式。夹砂黄灰陶。圆柱状尖锥足。足外壁刻划一道竖槽，足根饰条纹。残高11.4厘米（图四七六，2）。标本03EH67:14，Aa型Ⅱ式。夹砂褐陶。圆柱状截锥足，足根有足窝。下腹饰弦断条纹，足外壁刻划一道竖槽。足根饰条纹。残高13.8厘米（图四七六，1）。标本03EH67:47，Aa型Ⅱ式。夹砂褐陶。圆柱状尖锥足，足根有足窝。足外壁有一道竖槽。残高8.6厘米（图四七六，5）。标本03EH67:39，Aa型Ⅱ式。夹砂灰黄陶。圆柱状截锥足，足根有足窝。足外壁有一道竖槽。残高10.4厘米（图四七六，10）。标本03EH67:49，Aa型Ⅱ式。夹砂褐陶。圆柱状截锥足。足根饰条纹。残高9.2厘米（图四七六，11）。标本03EH67:46，Aa型Ⅲ式。夹砂灰褐陶。圆柱状足。足外壁有一道竖槽。残高13.4厘米（图四七

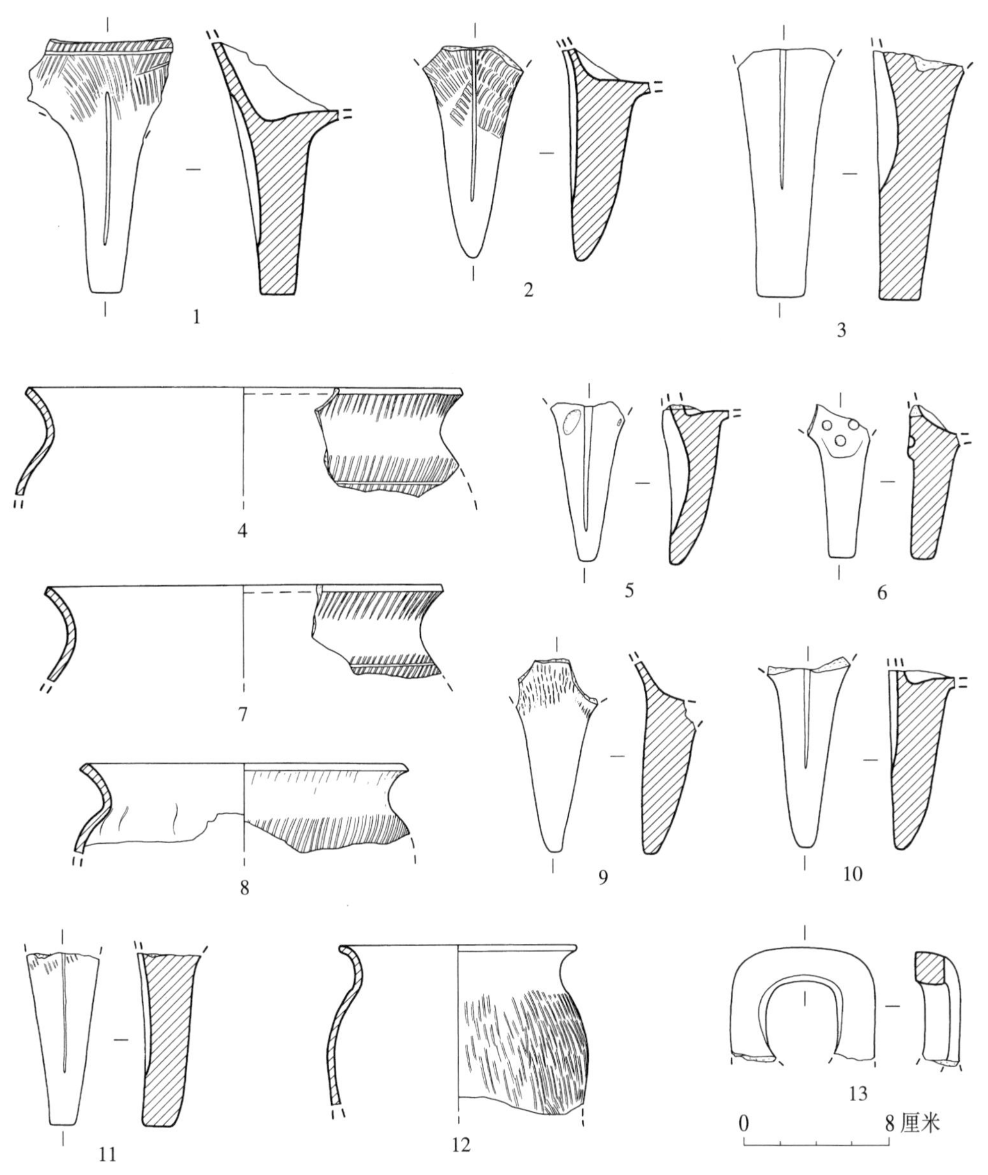

图四七六　03EH67出土陶器

1、5、10、11. Aa型Ⅱ式鬲足（03EH67:14、47、39、49）　2. Aa型Ⅰ式鬲足（03EH67:38）　3. Aa型Ⅲ式鬲足（03EH67:46）　4、7、8. Ac型鬲（03EH67:51、52、11）　6. Ae型鼎足（03EH67:50）　9. Ac型Ⅰ式鬲足（03EH67:48）　12. Ae型Ⅲ式鬲（03EH67:7）　13. A型鼎耳（03EH67:15）

六，3）。标本03EH67:48，Ac型Ⅰ式。夹砂褐陶。圆柱状锥足。足根饰绳纹。残高10.4厘米（图四七六，9）。

陶甗　3件。标本03EH67:16，Aa型。夹砂黄褐陶。侈口，卷沿，方唇，弧颈，弧肩。颈部纹饰被抹，肩、腹饰交错条纹。口径30、残高5.6厘米（图四七七，4）。标本03EH67:23，Aa型。夹砂黄褐陶。侈口，卷沿，方唇，弧颈。器壁有圆形耳孔。颈部纹饰被抹，肩、腹饰交错条纹。口沿外残有泥片贴耳痕迹。口径37.6、残高4.8厘米（图四七七，1）。标本03EH67:53，Aa型。夹砂黄褐陶。侈口，卷沿，方唇，弧颈，弧肩。颈部纹饰被抹，肩、腹饰条纹。口径36、残

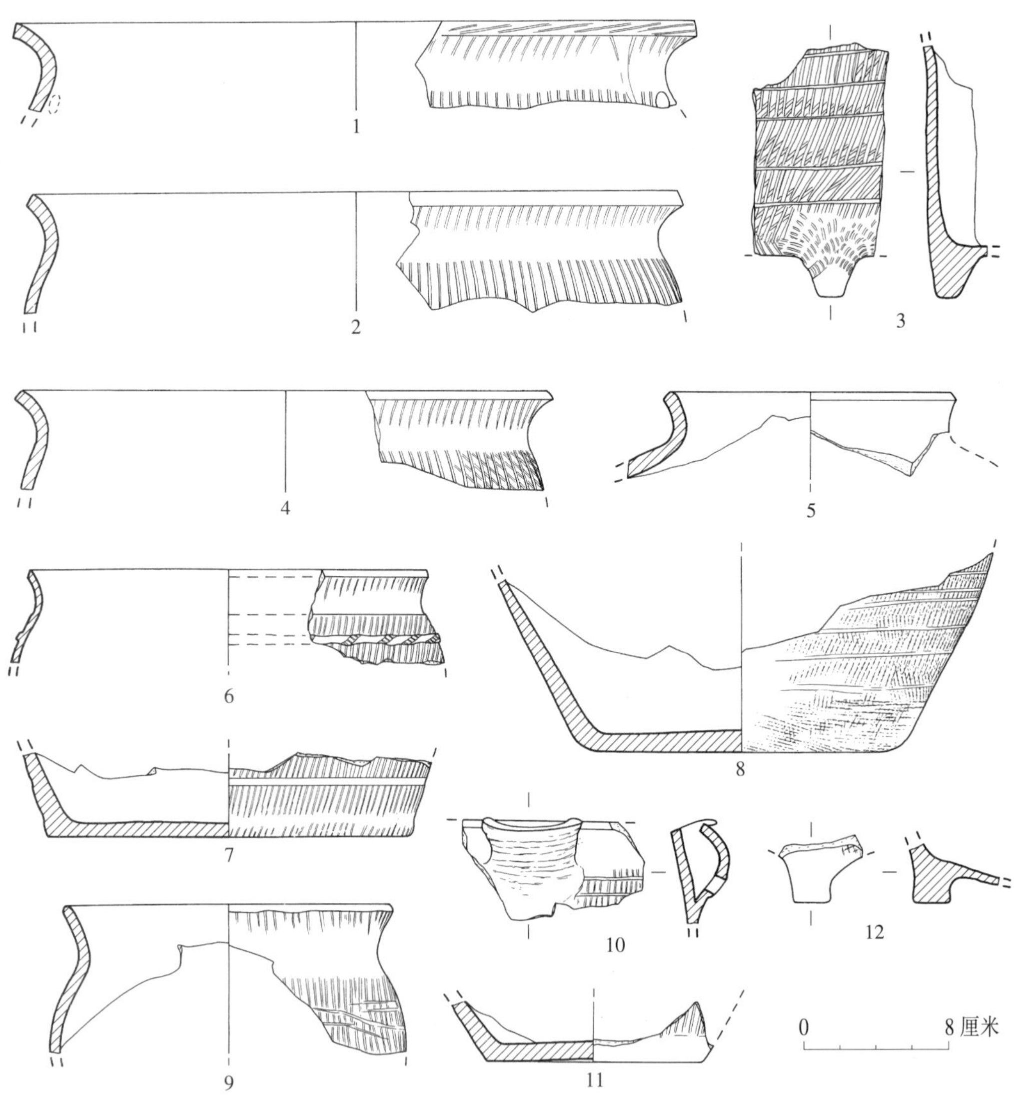

图四七七　03EH67出土陶器

1、2、4. Aa型甗（03EH67∶23、53、16）　3. Aa型Ⅱ式甗足（03EH67∶40）　5. Fd型罐（03EH67∶43）　6. Aa型Ⅳ式罐（03EH67∶25）　7、11. A型器底（03EH67∶27、42）　8. B型器底（03EH67∶10）　9. Ba型Ⅳ式罐（03EH67∶21）　10. Ab型甗耳（03EH67∶37）　12. Da型甗足（03EH67∶41）

高6.8厘米（图四七七，2）。

陶甗耳　1件。标本03EH67∶37，Ab型。夹砂褐陶。耳内器壁上一圆形穿孔。耳面饰条纹（图四七七，10）。

陶甗足　2件。标本03EH67∶40，Aa型Ⅱ式。夹砂黄灰陶。椭圆柱状截锥矮足。下腹饰弦断条纹，底及足根饰条纹。残高13.6厘米（图四七七，3）。标本03EH67∶41，Da型。夹砂灰褐陶。椭圆柱状矮足略呈蹄形，足根有足窝。足根饰条纹。残高3.6厘米（图四七七，12）。

陶鼎耳　1件。标本03EH67∶15，A型。仿铜，夹砂红陶。立耳残，整体略呈圆角方环形，耳环截面近方形（图四七六，13）。

陶鼎足　1件。标本03EH67∶50，Ae型。夹砂红褐陶。圆柱状足，足根外侧隆起，压印三个圆凹窝。残高8.2厘米（图四七六，6）。

陶罐　3件。标本03EH67∶25，Aa型Ⅳ式。夹砂黄褐陶。敞口，方唇，斜直颈，溜肩。颈部纹饰被抹，肩、腹饰条纹，肩腹交界处饰一周绳索状附加堆纹。口径22、残高5厘米（图四七七，6）。标本03EH67∶21，Ba型Ⅳ式。夹砂灰褐陶。侈口，圆唇，斜直颈，弧肩，圆弧腹。颈部纹饰被抹，腹饰条纹。口径18、残高8.1厘米（图四七七，9）。标本03EH67∶43，Fd型。夹砂黄褐

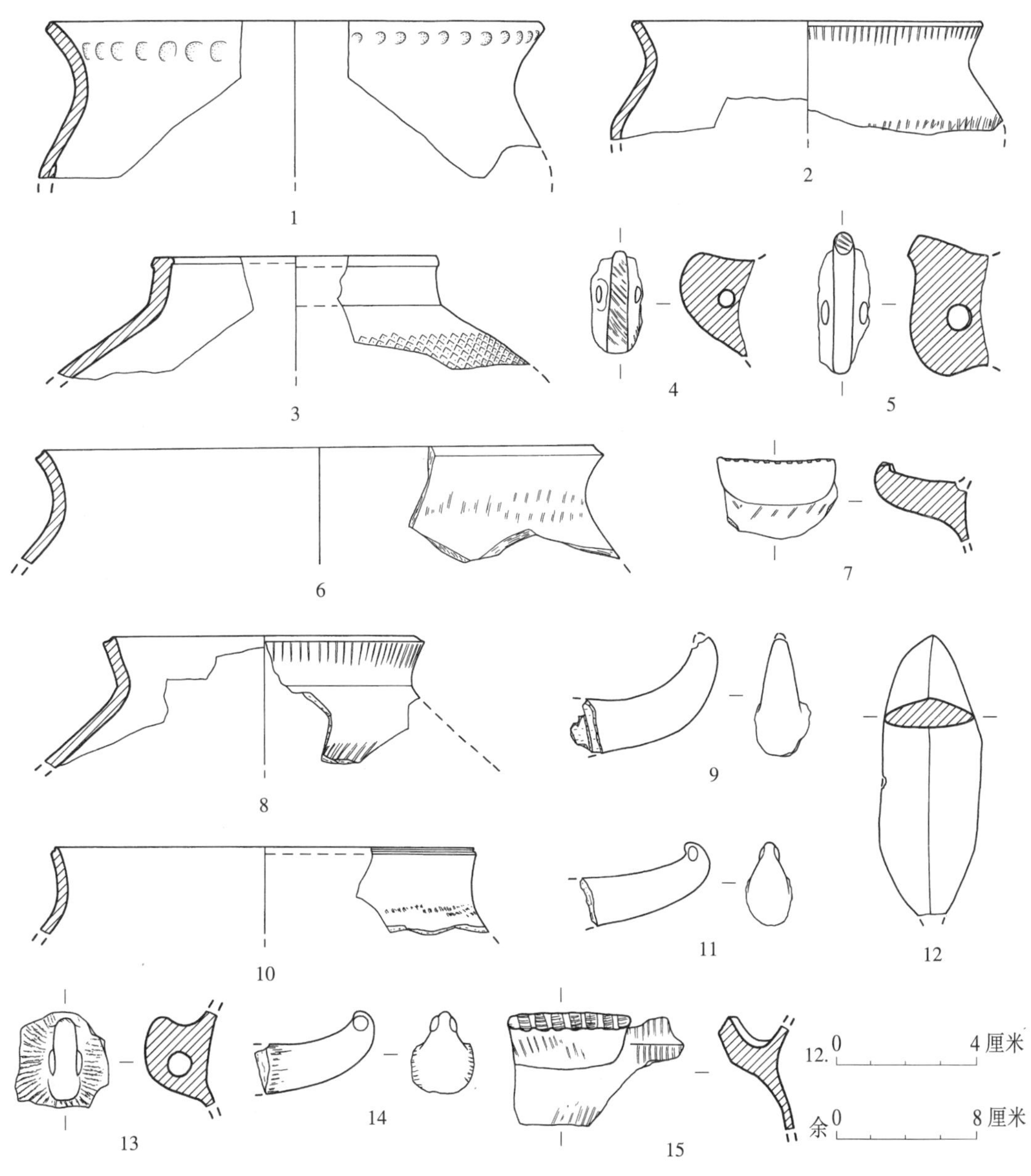

图四七八　03EH67出土器物

1. Ba型Ⅳ式陶罍（03EH67∶12）　2、6. Ba型陶罍（03EH67∶20、17）　3. Ed型Ⅲ式陶瓮（03EH67∶54）　4. Ac型陶器耳（03EH67∶30）　5. Ae型陶器耳（03EH67∶29）　7. Bc型陶器耳（03EH67∶31）　8. Bb型Ⅱ式陶罍（03EH67∶19）　9. Ab型陶器鋬（03EH67∶35）　10. B型陶瓮（03EH67∶18）　11、14. Aa型陶器鋬（03EH67∶34、33）　12. Ab型Ⅱ式石镞（03EH67∶2）　13. Aa型陶器耳（03EH67∶32）　15. Be型陶器耳（03EH67∶28）

陶。敞口，方唇，斜直颈。素面。口径16、残高4.6厘米（图四七七，5）。

陶罍　4件。标本03EH67∶12，Ba型Ⅳ式。夹砂灰褐陶。敞口，卷沿，方唇，弧颈，斜折肩。口部内外有指窝纹。口径28、残高8.8厘米（图四七八，1）。标本03EH67∶17，Ba型。夹砂黄灰陶。敞口，斜方唇，斜弧颈，斜肩。唇面一周凹槽，颈部纹饰被抹。口径32、残高6.4厘米（图四七八，6）。标本03EH67∶20，Ba型。夹砂黄褐陶。敞口，平方唇，斜直颈，斜折肩。唇面一周凹槽，颈部纹饰被抹，肩腹饰条纹。口径20、残高6.2厘米（图四七八，2）。标本03EH67∶19，Bb型Ⅱ式。夹砂褐陶。敞口，斜方唇，斜直颈，斜肩。颈部纹饰被抹，肩饰条纹。口径18、残高7.4厘米（图四七八，8）。

陶瓮　8件。标本03EH67∶24，Ab型。夹砂黄褐陶。直口微敛，平沿，斜直颈，斜折广肩。腹饰条纹。残高7厘米（图四七九，5）。标本03EH67∶44，Ac型。夹砂灰褐陶。敞口，尖圆唇，斜直颈，斜肩。肩饰条纹，肩腹交界处饰绳索状附加堆纹。口径29.6、残高5.8厘米（图四七九，6）。标本03EH67∶18，B型。夹砂黄灰陶。敞口，斜方唇，斜弧颈。唇面一周凹槽，颈部纹饰被抹。口径24、残高5.6厘米（图四七八，10）。标本03EH67∶13，Cb型Ⅱ式。夹砂红褐陶。敞口，卷沿，圆唇，弧颈，斜弧肩。颈部纹饰被抹，肩腹饰弦断交叉条纹，肩腹交界处饰有条纹的泥钉。口径50、残高13.2厘米（图四七九，1）。标本03EH67∶22，Ec型。夹砂灰黄陶。直口微敛，平沿，直颈，斜肩。素面。口径24、残高7.4厘米（图四七九，2）。标本03EH67∶54，Ed型Ⅲ式。夹砂黄褐陶。敛口，平沿，圆唇，斜直颈，斜肩。颈肩交界处一周凹弦纹，肩饰压印方格纹。口径16、残高6.8厘米（图四七八，3）。标本03EH67∶45，Ef型Ⅲ式。夹砂黄褐陶。侈口，圆唇，斜直颈，斜折广肩。肩腹饰斜竖交错条纹。口径17.6、残高11.2厘米（图四七九，4）。标本03EH67∶55，Ef型Ⅲ式。夹砂黄灰陶。侈口，平沿，斜直颈，斜折广肩。肩饰交叉条纹，腹饰条纹。口径18、残高8.6厘米（图四七九，7）。

陶簋　1件。标本03EH67∶6，A型。夹砂黄红陶。侈口，卷沿，圆唇，圆弧腹，圜底，喇叭形圈足。素面。口径15.6、底径10.5、高12.2厘米（图四八〇，3；彩版二四，1）。

陶缸　1件。标本03EH67∶4，Bb型Ⅳ式。夹砂灰褐陶。直口微敛，圆唇，斜弧腹。腹部残留三周棱面呈锯齿状的凸棱。口径29.6、残高16.6厘米（图四八〇，1；图版三九，5）。

陶器耳　5件。标本03EH67∶32，Aa型。夹砂黄褐陶。鸟喙形扁直耳，耳根部横穿圆孔。器表饰条纹（图四七八，13）。标本03EH67∶30，Ac型。夹砂黄褐陶。扁直耳略呈鸟喙形，耳根部横穿圆孔。耳顶面饰条纹（图四七八，4）。标本03EH67∶29，Ae型。夹砂黄褐陶。鸟喙形扁直耳，耳根部横穿圆孔。喙面饰条纹（图四七八，5）。标本03EH67∶31，Bc型。夹砂褐陶。长方形泥片状横耳，耳顶凹凸不平呈锯齿状，耳面弧，耳端弧上翘。器腹饰条纹（图四七八，7）。标本03EH67∶28，Be型。夹砂黄褐陶。长方形泥片状横耳，耳面折斜上侈。器腹饰弦断条纹，耳面饰条纹，耳顶压印凹凸条纹呈鸡冠状（图四七八，15）。

陶器鋬　4件。标本03EH67∶33，Aa型。夹砂红褐陶。椭圆柱形器鋬，根部残留有圆形短榫头，鋬端弧上翘呈鸟首形。鋬根部饰条纹（图四七八，14）。标本03EH67∶34，Aa型。夹砂黄褐陶。椭圆柱形器鋬，鋬端弧上翘呈鸟首形（图四七八，11）。标本03EH67∶35，Ab型。夹砂黄褐陶。椭圆柱形器鋬，根部有圆形短榫头，鋬端略残，弧上弯（图四七八，9）。标本03EH67∶36，Ad型。夹砂黄灰陶。椭圆柱形器鋬，柄端弧上翘。器腹饰条纹（图四七九，3）。

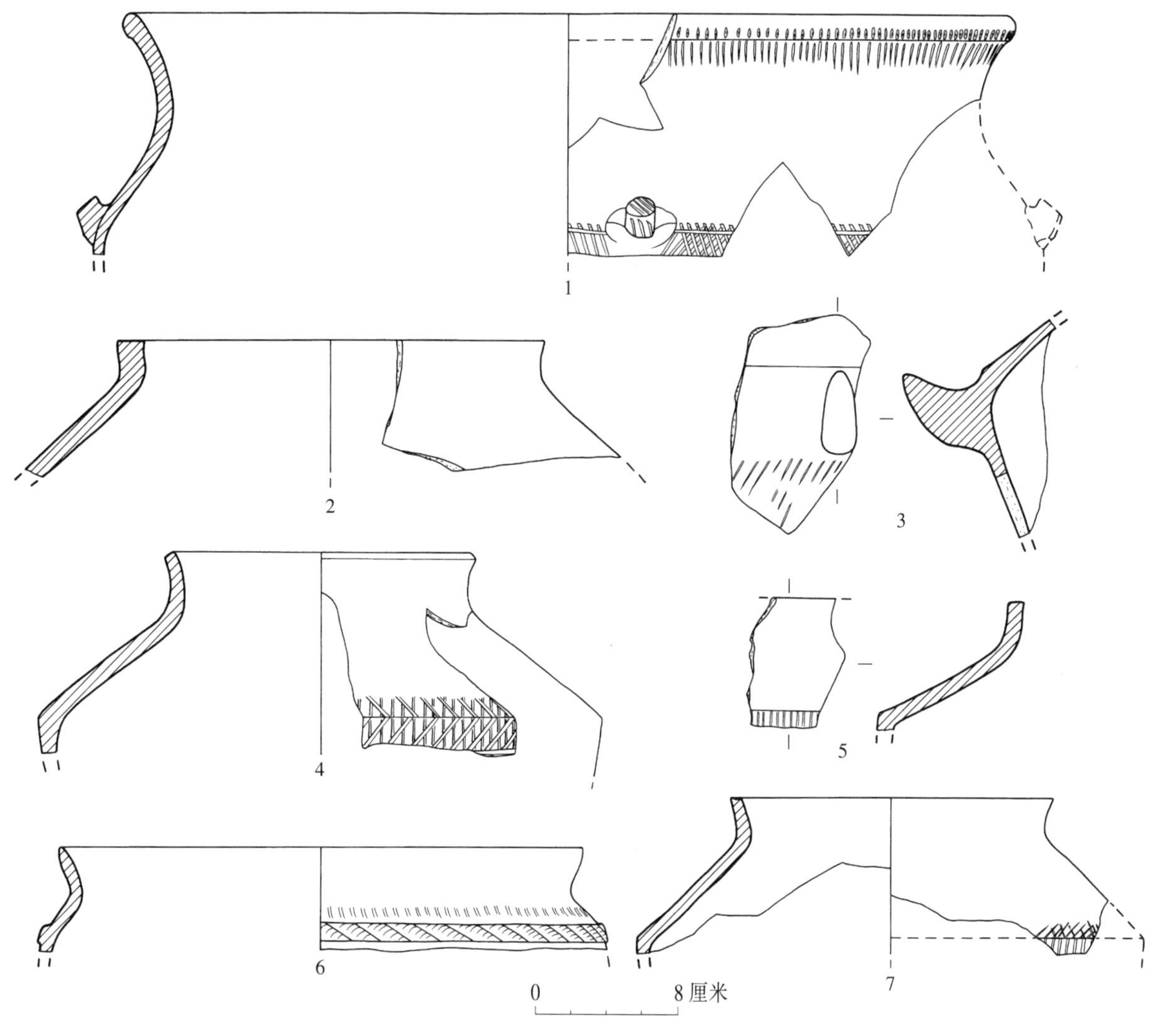

图四七九　03EH67 出土陶器

1. Cb 型Ⅱ式瓮（03EH67∶13）　2. Ec 型瓮（03EH67∶22）　3. Ad 型器鋬（03EH67∶36）　4、7. Ef 型Ⅲ式瓮（03EH67∶45、55）　5. Ab 型瓮（03EH67∶24）　6. Ac 型瓮（03EH67∶44）

陶器底　3 件。标本 03EH67∶27，A 型。夹砂黄灰陶。下腹斜直内折收，平底。饰弦断条纹。底径 20、残高 4.6 厘米（图四七七，7）。标本 03EH67∶42，A 型。夹砂黄灰陶。下腹斜直内折收，平底微内凹。饰条纹。底径 12、残高 3.2 厘米（图四七七，11）。标本 03EH67∶10，B 型。夹砂黄灰陶。下腹斜直内弧收，平底。饰弦断绳纹。底径 16、残高 10.8 厘米（图四七七，8）。

陶饼　1 件。标本 03EH67∶8，Aa 型Ⅱ式。夹砂黑褐陶。扁圆形，两面微弧，周壁直。通体饰条纹。直径 5.4、厚 0.8～1.3 厘米（图四八〇，6）。

陶支（拍）垫　1 件。标本 03EH67∶1，Ab 型Ⅲ式。夹砂褐陶。由牛鼻状握手和饼形垫两部分构成。垫残，呈椭圆形，垫面平，垫背隆起穿孔，孔呈椭圆形用于握手。素面。垫残长径 8.2、短径 8、通高 5 厘米（图四八〇，5；图版五一，7）。

陶雉形器　1 件。标本 03EH67∶5，Ⅳ式。夹砂褐陶。首残，颈部上昂，弧背，平腹，尾斜上侈。素面。残长 5、残高 2.4 厘米（图四八〇，2）。

图四八〇　03EH67 出土器物

1. Bb 型Ⅳ式陶缸（03EH67∶4）　2. Ⅳ式陶雉形器（03EH67∶5）　3. A 型陶簋（03EH67∶6）　4. C 型砺石（03EH67∶3）　5. Ab 型Ⅲ式陶支（拍）垫（03EH67∶1）　6. Aa 型Ⅱ式陶饼（03EH67∶8）

石镞　1 件。标本 03EH67∶2，Ab 型Ⅱ式。青色。磨制。残存镞身呈柳叶形，中部起棱，截面略呈菱形。残长 7.8 厘米（图四七八，12）。

砺石　1 件。标本 03EH67∶3，C 型。青灰色砂石，扁长方形。残长 11.7、残宽 6.6～8.6、厚 1.4～2.1 厘米（图四八〇，4）。

03EH71

位于 T2906 东北部，延伸至隔梁。开口于第 3 层下，被 03EH67、H130 打破，打破第 4 层。坑口呈椭圆形，坑壁弧，圜底。坑口长径 2.15、短径 1.8 米，坑深 0.5 米。填土黄褐色，土质较疏松，夹杂少许烧土粒。包含器类有陶甗、豆、缸、纺轮和石锛等。

标本 5 件，其中陶器 4 件，石器 1 件。

陶甗耳　1 件。标本 03EH71∶5，Ab 型。夹砂黄灰陶。口沿外侧贴施泥片护耳，耳内甗壁上戳

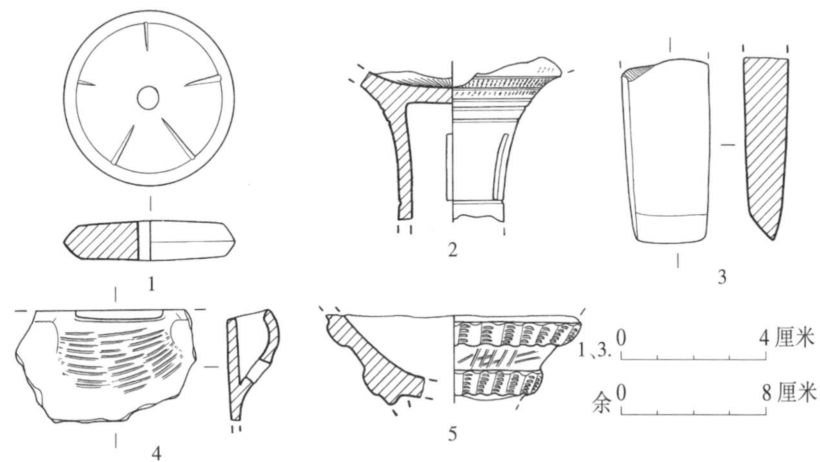

图四八一　03EH71出土器物

1. Af型Ⅱ式陶纺轮（03EH71:1）　2. A型陶豆（03EH71:3）　3. Ab型Ⅱ式石锛（03EH71:2）　4. Ab型陶甗耳（03EH71:5）　5. Bc型陶缸底（03EH71:4）

圆形穿孔。耳面饰条纹（图四八一，4）。

陶豆　1件。标本03EH71:3，A型。夹细砂灰黄陶。仅残存豆盘底和圈足柄。豆盘圜底，圆圈柱状柄。豆盘底饰弦断条纹，柄饰弦纹和镂长方形穿孔。残高9厘米（图四八一，2）。

陶缸底　1件。标本03EH71:4，Bc型。夹砂红褐陶。斜弧腹。器表残有两周压印呈凹凸状附加堆纹。残高5厘米（图四八一，5）。

陶纺轮　1件。标本03EH71:1，Af型Ⅱ式。泥质灰陶。扁圆形，两面中部微隆起，圆中间一直壁圆孔，周壁中间凸起一周折棱，折棱上下斜面直。正面边缘向中孔有五道浅直划痕。直径4.7、孔径0.6、厚0.9~1.1厘米（图四八一，1；图版五五，5）。

石锛　1件。标本03EH71:2，Ab型Ⅱ式。灰色。磨制。长方形，顶部残，偏锋，单面直刃。残长4.9、宽1.8~2.2、厚0.9~1.2厘米（图四八一，3；图版六四，4）。

03EH106

位于03ET2806西南和03ET2805西北部。开口于第3层下，东部被03EH112打破，打破03EH178和生土层。坑口圆形，弧壁圜底。坑口直径2.25米，坑深0.9米。坑壁保存较好，坑内堆积黑褐色土，土质松软有黏性，夹有烧土块、木炭颗粒和炼渣等。包含器类有陶鬲、鼎、甗、罐、瓮、盆、豆、钵、器盖、纹印、饼，硬陶瓮，石斧、石支（拍）垫、镞等（图四八二）。

标本26件，其中陶器21件，硬陶器1件，石器3件，还有炼渣。

陶鬲　2件。标本03EH106:12，Aa型。夹砂灰褐陶。敞口，弧沿，圆唇，斜弧颈，弧腹，口径略大于腹径。腹饰弦断条纹。口径18、残高6厘米（图四八三，2）。标本03EH106:15，Ac型。夹砂灰黄陶。敞口，弧沿，方唇，斜直颈，溜肩，口径小于腹径。肩、腹饰弦断条纹。口径28、残高6.6厘米（图四八三，1）。

陶鬲足　3件。标本03EH106:9，Aa型Ⅱ式。夹砂黄灰陶。圆柱状截锥足。足外壁一道竖刻槽，足根饰条纹。残高13厘米（图四八三，7）。标本03EH106:24，Ac型Ⅰ式。夹砂黄灰陶。圆柱状锥足。足根饰条纹。残高10.4厘米（图四八三，8）。标本03EH106:21，Ac型Ⅱ式。夹砂褐

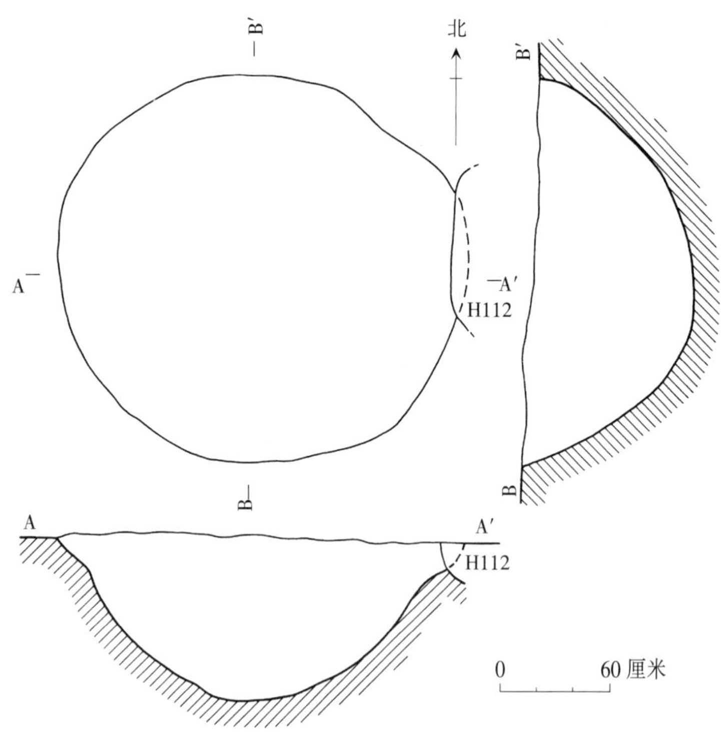

图四八二　03EH106 平、剖面图

陶。圆柱状截锥足。素面。残高 11.5 厘米（图四八三，5）。

陶鼎　1 件。标本 03EH106:11，Dd 型。夹砂灰褐陶。敞口，平沿，方唇，斜直颈。素面。口径 30、残高 5.2 厘米（图四八三，10）。

陶鼎耳　1 件。标本 03EH106:19，A 型。仿铜。夹砂褐陶。耳直立在器口上，环耳整体略呈圆角方形，截面略呈长方形（图四八三，4）。

陶鼎足　3 件。标本 03EH106:8，Ac 型。夹砂褐陶。圆柱状足，外侧残留三个圆窝。内侧刻划一道竖槽，足根饰条纹。残高 9.6 厘米（图四八三，6）。标本 03EH106:10，Af 型。夹砂灰陶。圆柱状截锥矮足，足根残有圆形短榫头。素面。残高 6 厘米（图四八三，11）。标本 03EH106:25，B 型。夹砂灰黄陶。圆柱状截锥足，外壁微隆起，有两个圆凹窝。足根饰条纹。残高 11.2 厘米（图四八三，3）。

陶甗　1 件。标本 03EH106:13，Aa 型。夹砂灰褐陶。敞口，弧沿，方唇，斜弧颈，弧肩，口径大于腹径。颈部纹饰被抹，肩、腹饰弦断条纹。口径 32、残高 5.2 厘米（图四八三，9）。

陶罐　2 件。标本 03EH106:1，Aa 型Ⅴ式。夹砂黄褐陶。敞口，卷沿，方唇，弧颈，溜肩，圆弧腹斜内收，口径略小于腹径，平底。颈部纹饰被抹，肩至下腹饰间斜竖条纹，底饰横条纹。口径 24.4、底径 15.6、高 22 厘米（图四八四，1；彩版二〇，2）。标本 03EH106:6，Fa 型Ⅳ式。夹细砂黄褐陶。敞口，圆唇，弧颈较高，圆弧肩，圆弧腹，口径小于腹径。颈部纹饰被抹，肩部一周附加堆纹，肩、腹饰弦断交叉条纹。口径 16.8、残高 15.2 厘米（图四八四，5）。

陶瓮　1 件。标本 03EH106:16，Ec 型。夹砂黄灰陶。敛口，厚方唇，斜直颈。肩饰条纹。口径 18、残高 5 厘米（图四八五，3）。

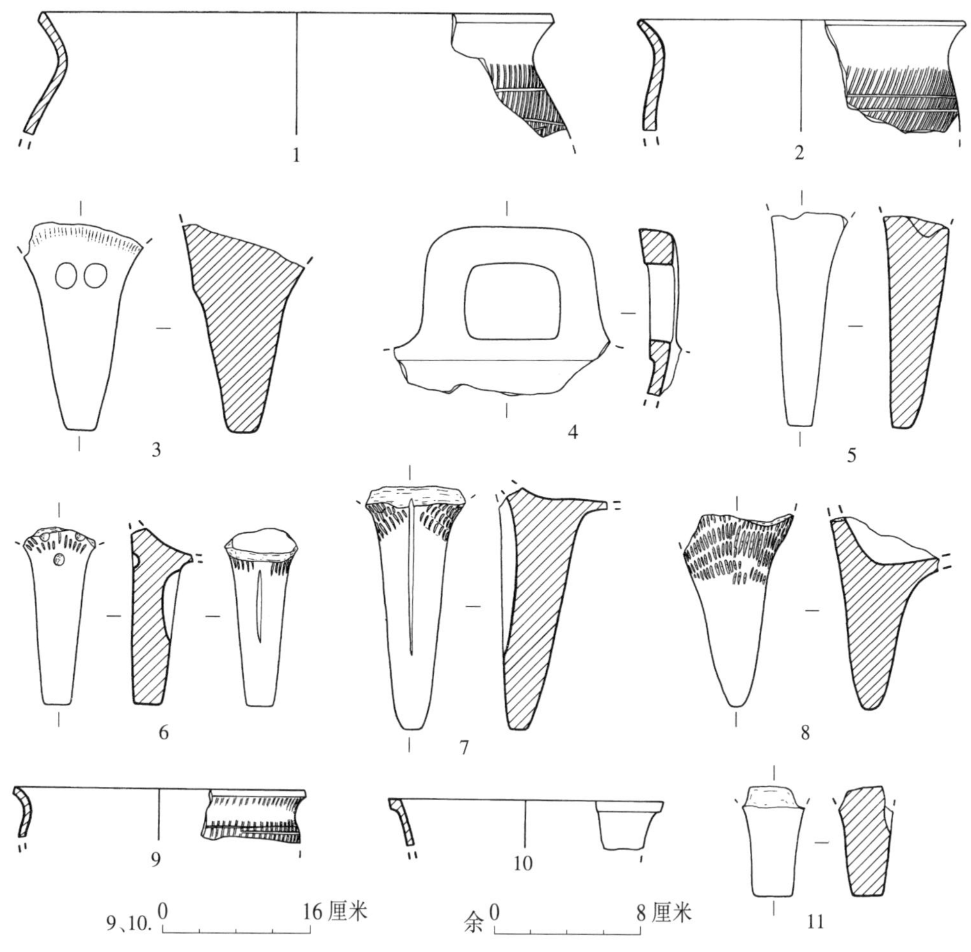

图四八三　03EH106出土陶器

1. Ac型鬲（03EH106∶15）　2. Aa型鬲（03EH106∶12）　3. B型鼎足（03EH106∶25）　4. A型鼎耳（03EH106∶19）　5. Ac型Ⅱ式鬲足（03EH106∶21）　6. Ac型鼎足（03EH106∶8）　7. Aa型Ⅱ式鬲足（03EH106∶9）　8. Ac型Ⅰ式鬲足（03EH106∶24）　9. Aa型甗（03EH106∶13）　10. Dd型鼎（03EH106∶11）　11. Af型鼎足（03EH106∶10）

陶盆　1件。标本03EH106∶22，Aa型。夹细砂褐陶。敞口，卷沿，圆唇，高弧颈，斜弧肩，口径大于腹径。颈部纹饰被抹，肩饰弦断绳纹，肩腹相交处一周附加堆纹。口径28、残高7.4厘米（图四八四，7）。

陶盆耳　1件。标本03EH106∶18，C型。夹砂灰褐陶。口沿外侧贴施泥片护耳，耳内壁上戳圆形穿孔。颈部纹饰被抹，器表和耳根饰弦断绳纹（图四八四，2）。

陶豆　1件。标本03EH106∶17，Aa型。泥质黑皮灰胎陶。残存豆盘片，敞口，圆唇，弧盘。盘内饰线纹，盘外壁底部饰弦断绳纹。残高3.4厘米（图四八四，3）。

陶盖纽　1件。标本03EH106∶23，A型。夹细砂灰黄陶。圆圈形凹盖纽，纽内壁曲弧，纽口敞，圆唇，纽颈弧直，盖顶残。素面。纽口径8、残高3.6厘米（图四八四，8）。

陶器耳　1件。标本03EH106∶20，Bh型。夹砂黄灰陶。长方形泥片状横耳，耳顶弧，耳面平折上侈。耳面饰条纹（图四八五，4）。

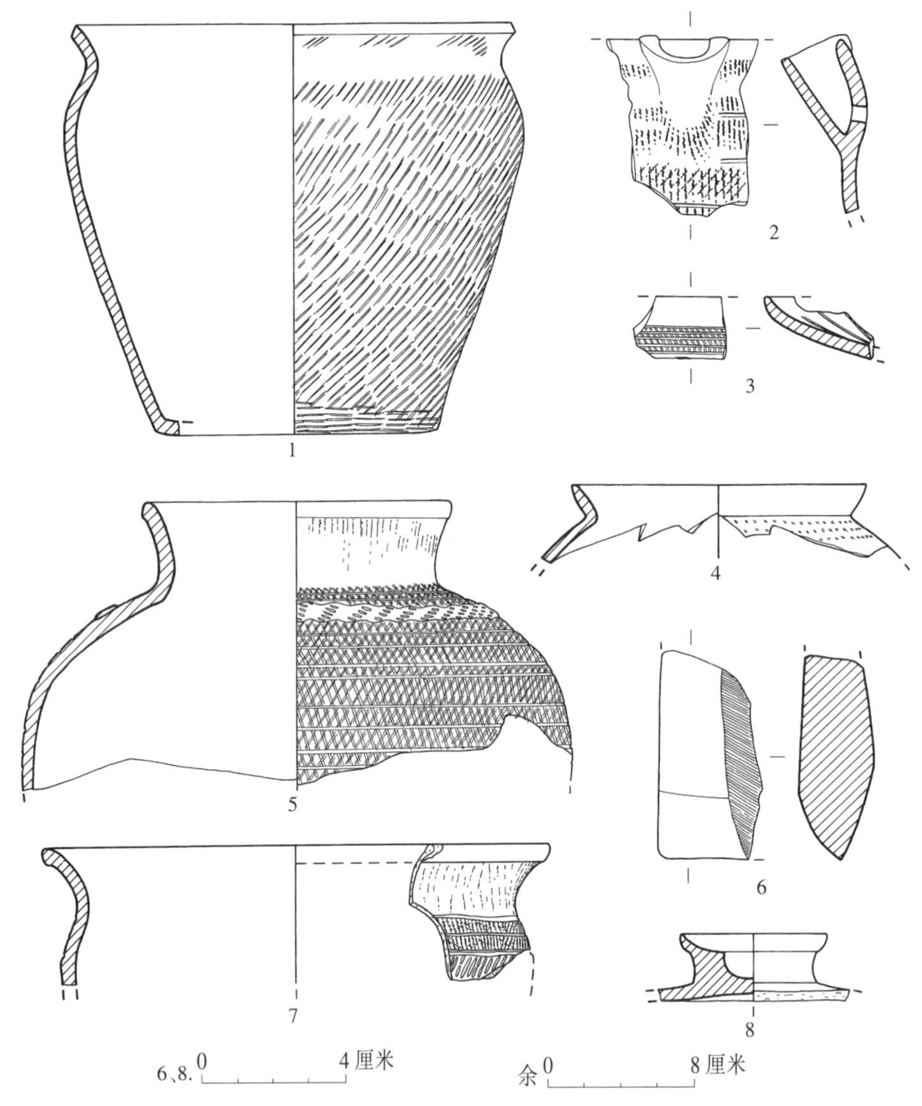

图四八四　03EH106出土器物

1. Aa型Ⅴ式陶罐（03EH106∶1）　2. C型陶盆耳（03EH106∶18）　3. Aa型陶豆（03EH106∶17）　4. Ab型Ⅲ式硬陶瓮（03EH106∶14）　5. Fa型Ⅳ式陶罐（03EH106∶6）　6. 石斧（03EH106∶5）　7. Aa型陶盆（03EH106∶22）　8. A型陶盖纽（03EH106∶23）

陶饼　1件。标本03EH106∶2，Ab型Ⅰ式。夹细砂灰陶。陶片打磨而成。扁圆形，两面平，周壁斜直。素面。直径4.2～4.3、厚1.1厘米（图四八五，5）。

陶纹印　1件。标本03EH106∶3，A型Ⅱ式。夹细砂褐陶。印呈长条形，截面圆角长方形，印模一端略粗。纹样为复线“S”形，复线“S”形纹样凸起，俗称“朱文”印。印面长2.4、印面宽1.5、通长6厘米（图四八五，2；彩版二六，7）。

硬陶瓮　1件。标本03EH106∶14，Ab型Ⅲ式。黄褐硬陶。敞口，圆唇，斜直颈，颈肩相交处内凹，斜弧肩。肩饰戳印纹。口径16、残高4.2厘米（图四八四，4）。

石支（拍）垫　1件。标本03EH106∶7，Ⅱ式。黄褐色。琢磨成器。由长条圆角柱状柄和圆角长方形垫构成。柄顶小于垫面，柄顶至垫面束腰，垫面弧。垫长径4.6～5、短径4.2、通高8.2

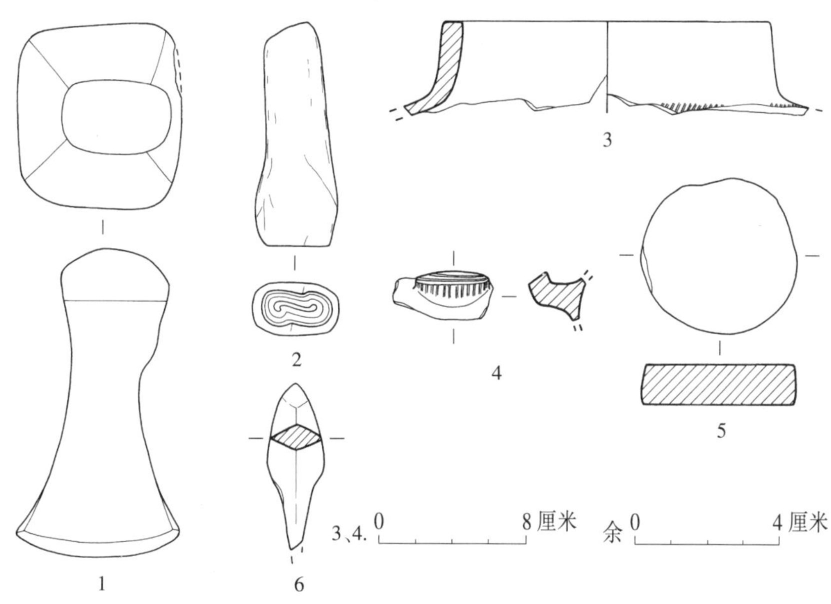

图四八五　03EH106出土器物

1. Ⅱ式石支（拍）垫（03EH106:7）　2. A型Ⅱ式陶纹印（03EH106:3）　3. Ec型陶瓮（03EH106:16）　4. Bh型陶器耳（03EH106:20）　5. Ab型Ⅰ式陶饼（03EH106:2）　6. Ab型Ⅲ式石镞（03EH106:4）

厘米（图四八五，1；彩版三五，1）。

石斧　1件。标本03EH106:5，型式不明。残损严重。青灰色。琢磨成器。顶、边均残，边壁直，刃面直，背面弧，偏锋，单面直刃，刃残。残长5.6、残宽2.8、厚1.6～2厘米（图四八四，6）。

石镞　1件。标本03EH106:4，Ab型Ⅲ式。青色。打磨制法。镞锋尖锐，中部起棱，截面菱形，翼斜窄；铤截面呈椭圆锥形，铤根至尖渐细，铤尖残。残长4.4厘米（图四八五，6）。

炼渣　1块。标本03EH106:26，炼溶胶结体，块状。断面似为三角形，体表有一薄褐色层，体为灰绿色，表面较光滑，断面有气孔，质地较坚硬。经检测，含三氧化二铁69.00%，二氧化硅16.44%，氧化钙6.87%，三氧化二铝5.08%，含铜0.56%。岩相薄片物相分析结果为铁橄榄石、赤铁矿。标本长4.5、宽3.1、厚3厘米（彩版三九，4；附录二）。

03EH112

位于03ET2806东南部。开口于第3层下，打破03EH106和03EH149。坑口不规则形，弧壁圜底。坑口最长处2.2、最宽处1.14米，坑深0.4米。坑内堆积灰褐色土，土质疏松，夹有炭渣、烧土块等，包含有陶鬲、鼎、甗、罐、豆等器类。

标本3件，均为陶器。

陶鬲足　2件。标本03EH112:1，Aa型。夹砂黄灰陶。圆柱状足。下腹至足根弦断饰绳纹。残高12厘米（图四八六，1）。标本03EH112:2，D型Ⅰ式。夹砂灰褐陶。椭圆柱状矮锥足。素面。残高3.2厘米（图四八六，3）。

陶豆　1件。标本03EH112:3，Ca型。夹砂浅灰陶。仅存豆柄。素面。残高6厘米（图四八六，2）。

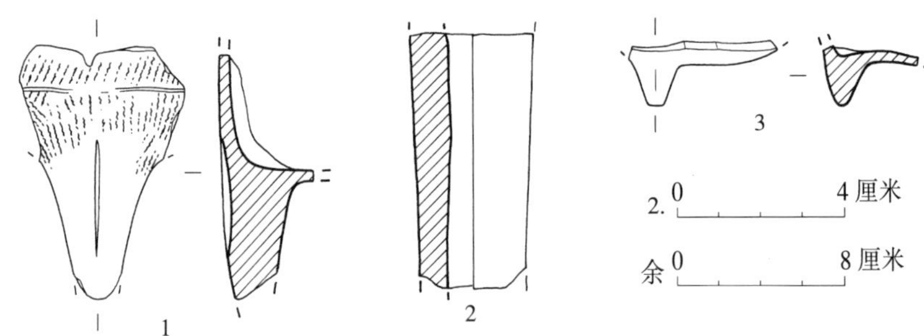

图四八六　03EH112 出土陶器

1. Aa 型鬲足（03EH112∶1）　2. Ca 型豆（03EH112∶3）　3. D 型Ⅰ式鬲足（03EH112∶2）

03EH130

位于 03ET2906 西北部。开口于第 3 层下，被 03EH149 打破，打破 03EH67 和 03EH71。坑口略呈长方形，坑壁弧，圜底近平。坑口长 6、宽 2.35 米，坑深 0.65 米。填土灰褐色，土质较疏松，夹杂烧土粒、木炭粒和炼渣等。包含有陶鬲、鼎、甗、罐、瓮、罍、缸、盆、钵、豆、器盖及硬陶器、石斧、砺石等。

标本 63 件，其中陶器 59 件，硬陶器 2 件，石器 2 件，还有炼渣。

陶鬲　5 件。标本 03EH130∶8，Ab 型Ⅳ式。夹砂褐陶，器表有烟炱。侈口，斜沿，方唇较厚，唇面下缘向外侈，弧颈，弧肩，圆腹弧内收，口径小于腹径，圆柱状尖锥足，有足窝。足根外侧有一道由上向下的刻槽，刻槽长 7、深 0～1.2 厘米。颈部竖条纹被抹过，颈下至足根饰竖条纹，底部饰横向条纹。足根与器底相接处有捏痕。口径 22.4、高 27.4 厘米（图四八七，1；彩版一三，6）。标本 03EH130∶47，Ac 型。夹砂黄灰陶。敞口，弧沿，方唇，弧颈，斜肩，口径小于肩腹径。颈部纹饰被抹，肩腹饰弦断条纹。口径 14、残高 2.6 厘米（图四八七，11）。标本 03EH130∶9，Ai 型Ⅱ式。夹细砂红褐陶，器表有烟炱。敞口，斜沿，圆唇，弧颈，斜肩，圆腹弧内收，口径小于腹径，圆柱状锥足，足窝较浅。素面。口径 13.6、高 15.5 厘米（图四八七，2；彩版一四，5）。标本 03EH130∶37，C 型Ⅲ式。夹细砂黄褐陶。侈口，弧沿，方唇，弧颈，斜圆肩，颈、肩、腹交界清晰，鬲身呈罐形，口径小于腹径，口沿外对称安两个泥条长方形抠耳，耳残。肩腹交界处饰一周附加堆纹，肩腹饰弦断绳纹。口径 30、残高 5.9 厘米（图四八七，6）。标本 03EH130∶43，Ha 型。夹砂褐陶。敞口，弧沿，方唇，弧腹内收，鬲身呈盆形，口径大于腹径。器表饰弦断交错绳纹。口径 18、残高 8.4 厘米（图四八七，8）。

陶鬲足　5 件。标本 03EH130∶12，Aa 型Ⅱ式。夹砂褐陶。圆柱状截锥足。足外侧一道竖刻槽。残高 11 厘米（图四八七，5）。标本 03EH130∶13，Aa 型Ⅱ式。夹砂褐陶。圆柱状锥足。足外侧一道竖刻槽。残高 11 厘米（图四八七，3）。标本 03EH130∶11，Ac 型Ⅱ式。夹砂黄褐陶。圆柱状截锥足。足根饰绳纹。残高 9 厘米（图四八七，4）。标本 03EH130∶14，Ac 型Ⅱ式。夹砂红褐陶。圆柱状截锥足。足饰条纹。残高 13.4 厘米（图四八七，10）。标本 03EH130∶19，D 型Ⅱ式。夹砂褐陶。椭圆柱状矮足。素面。残高 3.6 厘米（图四八七，9）。

陶甗　2 件。标本 03EH130∶5，Aa 型Ⅲ式。夹砂褐陶，器表有烟熏痕迹。甗身整体由上部罐形甑和下部三足钵两部分构成。侈口，弧沿，方唇，弧束颈，溜肩，甑上腹圆鼓，下腹斜弧收，

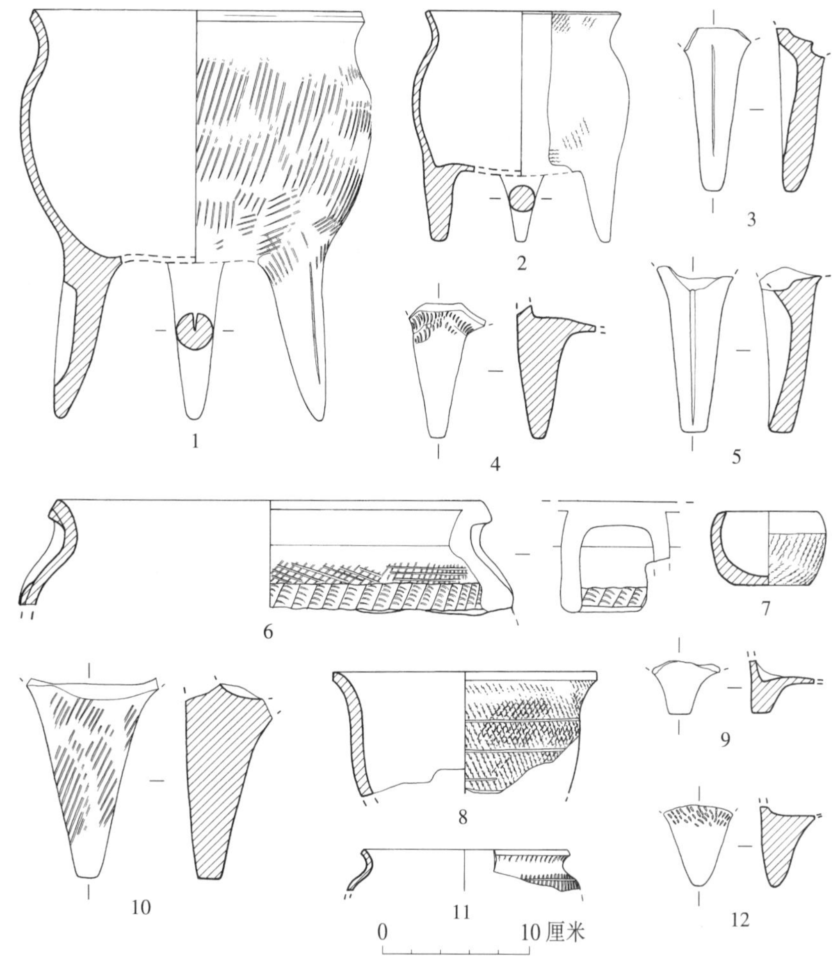

图四八七　03EH130出土陶器

1. Ab型Ⅳ式鬲（03EH130∶8）　2. Ai型Ⅱ式鬲（03EH130∶9）　3、5. Aa型Ⅱ式鬲足（03EH130∶13、12）　4、10. Ac型Ⅱ式鬲足（03EH130∶11、14）　6. C型Ⅲ式鬲（03EH130∶37）　7. Aa型Ⅱ式钵（03EH130∶6）　8. Ha型鬲（03EH130∶43）　9. D型Ⅱ式鬲足（03EH130∶19）　11. Ac型鬲（03EH130∶47）　12. Aa型Ⅰ式甗足（03EH130∶18）

口径小于肩腹径，束腰内壁等距离安三个小舌状泥片，用以支箅，钵壁斜直，底部三个椭圆形矮锥足。口沿外侧贴施两个对称泥片护耳，两耳内根部甗壁上各戳穿一圆形孔。颈下至底通饰条纹，足外侧一道竖刻划槽。口径32.4、高41.3厘米（图四八八；彩版一六，4）。标本03EH130∶39，Aa型。夹砂褐陶。侈口，弧沿，方唇，弧束颈，圆肩。肩腹饰弦断条纹。口径33.6、残高8.4厘米（图四八九，7）。

陶甗耳　2件。标本03EH130∶57，Ab型。夹砂黄灰陶。口沿外侧贴施泥片护耳，耳内甗壁上戳圆形穿孔。器表饰弦断条纹，耳面饰条纹（图四八九，2）。标本03EH130∶58，Ab型。夹砂黄褐陶。口沿外侧贴施泥片护耳，耳内甗壁上戳圆形穿孔。耳面饰绳纹（图四八九，3）。

陶甗足　2件。标本03EH130∶18，Aa型Ⅰ式。夹砂黄褐陶。椭圆柱状矮锥足。足根饰条纹。残高5.4厘米（图四八七，12）。标本03EH130∶17，Da型。夹砂褐陶。椭圆柱状矮足略呈蹄形，足根有足窝。下腹、底及足根饰条纹。残高5.3厘米（图四八九，4）。

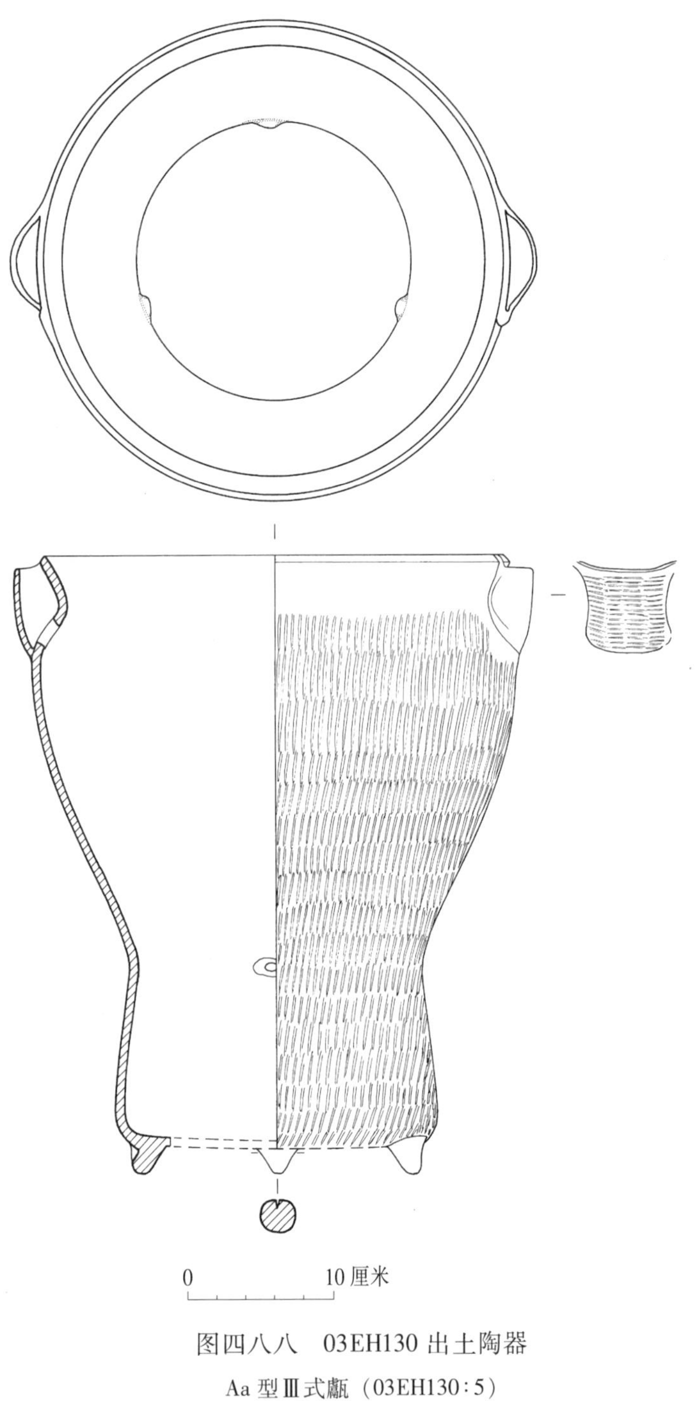

图四八八　03EH130出土陶器
Aa型Ⅲ式甗（03EH130∶5）

陶鼎　2件。标本03EH130∶10，Da型Ⅲ式。夹砂褐陶，器表有烟熏痕迹。直口微敞，平沿微内斜，方唇，弧直颈，垂腹，圜底、柱状足残，鼎身呈釜形，口径略小于腹径，耳残。肩部等距离附加六个长方形竖泥条，上腹饰交叉条纹，中腹饰弦断条纹，下腹、底及足根饰条纹，足根外壁有三个圆窝。口径33.4、残高24.2厘米（图四八九，1；图版三一，6）。标本03EH130∶55，D型。仿铜。夹砂灰褐陶。直口，平沿，方唇，直颈，弧腹。器表腹部残有一个附加长方形竖泥条和网状纹。残高7.6厘米（图四八九，9）。

陶鼎耳　1件。标本03EH130∶53，A型。仿铜。夹砂褐陶。耳直立在器口上，环耳整体略呈圆角方形，截面略呈长方形（图四八九，8）。

陶鼎腹片　1件。标本03EH130∶56，仿铜。夹砂灰褐陶。器表腹部残有一个附加长方形竖泥条和网状纹，其下饰弦断交叉条纹和条纹（图四八九，6）。

陶鼎足　1件。标本03EH130∶15，Ae型。夹砂黄灰陶。椭圆柱状足，足根外侧隆起，压印三个圆窝。残高8.8厘米（图四八九，5）。

陶罐　5件。标本03EH130∶45，Bb型Ⅳ式。夹砂黄褐陶。侈口，方唇，唇面凹，弧颈，弧肩，圆腹，口径小于肩腹径。肩腹饰弦断条纹。口径32.8、残高10厘米（图四九〇，10）。标本03EH130∶36，Fd型Ⅱ式。夹砂褐陶。敞口，方唇，斜直颈，斜弧肩。素面。口径16、残高6.5厘米（图四九〇，4）。标本03EH130∶44，Fd型Ⅱ式。夹砂红褐陶。敞口，方唇，唇上缘内勾，斜直颈，斜弧折肩。素面。口径14、残高7.6厘米（图四九〇，1）。标本03EH130∶48，Fd型Ⅱ式。夹砂灰褐陶。敞口，方唇，斜直颈，斜弧肩。素面。口径12、残高6厘米（图四九〇，7）。标本03EH130∶33，Ⅰ型。夹砂灰陶。残存下部。下腹斜

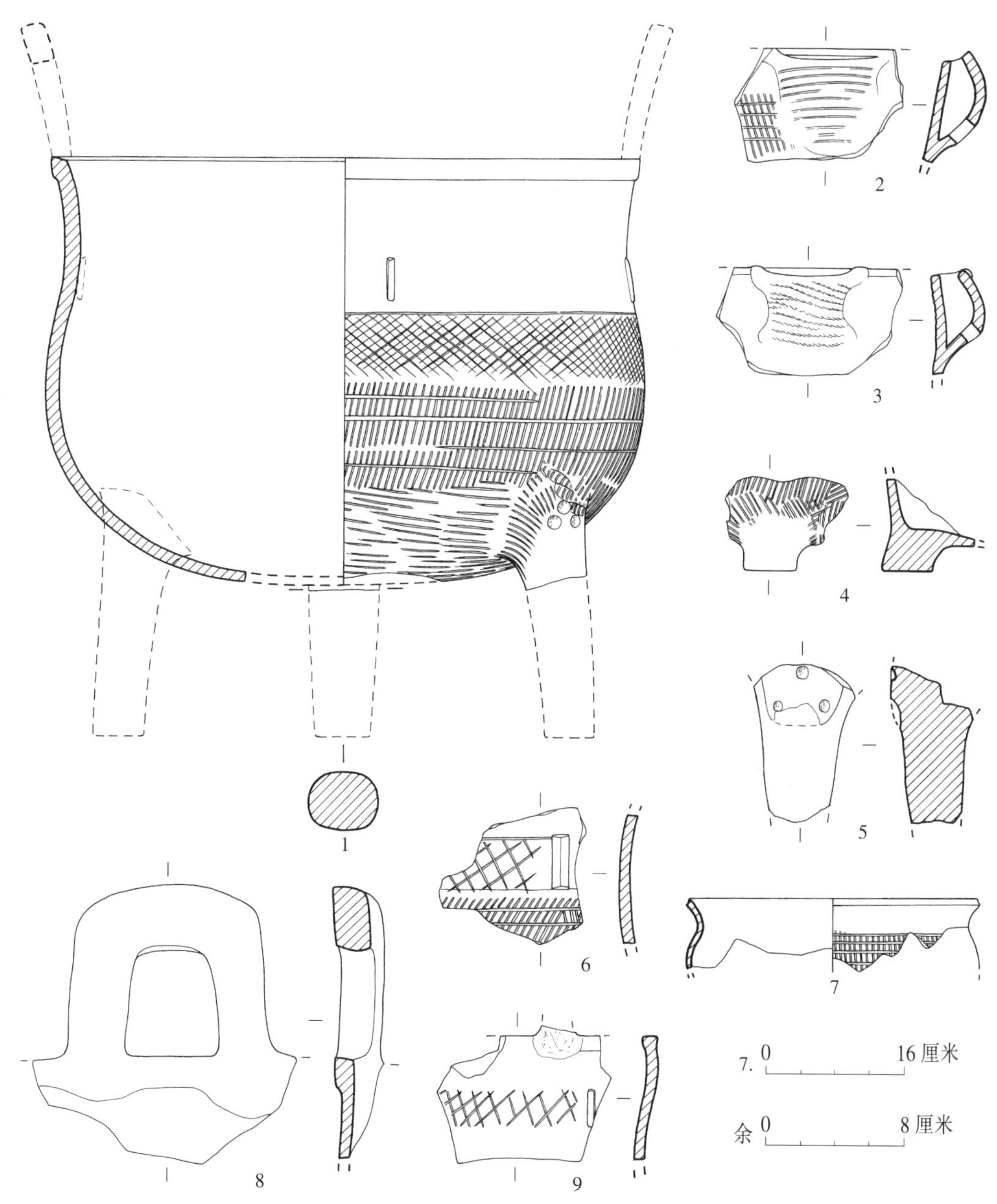

图四八九　03EH130出土陶器

1. Da型Ⅲ式鼎（03EH130∶10）　2、3. Ab型甗耳（03EH130∶57、58）　4. Da型甗足（03EH130∶17）　5. Ae型鼎足（03EH130∶15）　6. 鼎腹片（03EH130∶56）　7. Aa型甗（03EH130∶39）　8. A型鼎耳（03EH130∶53）　9. D型鼎（03EH130∶55）

直内收，平底。素面。底径4.4、残高5.8厘米（图四九〇，16）。

陶瓮　8件。标本03EH130∶40，Aa型。夹细砂褐陶。敞口，方唇，斜直颈，斜弧肩。肩部残有纹饰。口径30、残高7.8厘米（图四九一，12）。标本03EH130∶34，Aa型。夹细砂褐陶。敞口，方唇，斜弧颈。颈部纹饰被抹。口径44、残高6厘米（图四九一，13）。标本03EH130∶38，Ac型Ⅲ式。夹砂褐陶。敞口，方唇，斜弧颈，弧肩，圆弧腹，口径小于腹径。肩、腹饰弦断条

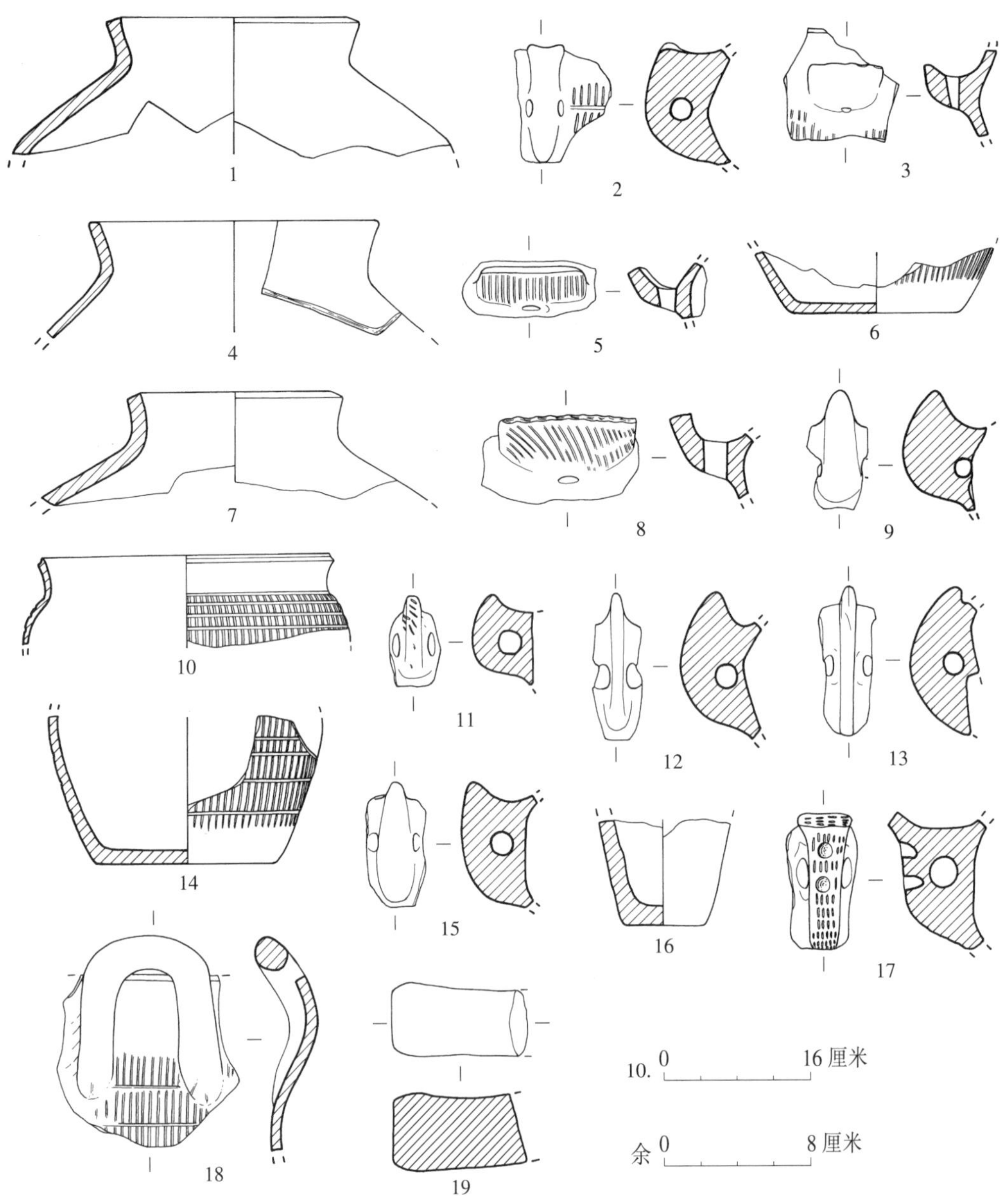

图四九〇　03EH130出土陶器

1、4、7. Fd型Ⅱ式罐（03EH130∶44、36、48）　2、9、11～13、15. Aa型器耳（03EH130∶26、24、23、29、25、27）　3. Bb型器耳（03EH130∶30）　5、8. Ba型器耳（03EH130∶32、31）　6. A型器底（03EH130∶51）　10. Bb型Ⅳ式罐（03EH130∶45）　14. B型器底（03EH130∶52）　16. Ⅰ型罐（03EH130∶33）　17. Ae型器耳（03EH130∶28）　18. Cb型器耳（03EH130∶54）　19. Af型器鋬（03EH130∶16）

纹。口径28、残高11.4厘米（图四九一，11）。标本03EH130∶4，Cb型Ⅱ式。夹细砂黄褐陶。敞口，弧沿，方唇，高弧颈，弧肩，弧腹。肩腹相交处饰鸟首形上勾泥钉，肩腹饰弦断网格纹。口径42.8、残高15厘米（图四九一，7）。标本03EH130∶41，Ee型Ⅲ式。夹细砂褐陶。直口，方唇，直颈，斜弧广折肩，弧腹内收。肩腹饰条纹，肩腹相交处饰泥钉。口径14.4、残高8厘米（图四九一，6）。标本03EH130∶35，Ef型Ⅲ式。夹细砂褐陶。侈口，方唇，斜直颈，斜直广折肩。颈部纹饰被抹，肩腹饰弦断条纹。口径16.8、残高12厘米（图四九一，10）。标本03EH130∶46，Fc

型Ⅲ式。夹细砂黄褐陶。敞口，方唇，唇上缘内勾，斜直颈，斜弧广折肩，弧腹内收。腹饰弦断条纹。口径14、残高6.4厘米（图四九一，5）。标本03EH130:49，Gd型Ⅲ式。夹砂黄灰陶。直口，方唇，唇上缘内勾，直颈，斜肩。素面。口径17、残高6.8厘米（图四九一，8）。

陶罍　2件。标本03EH130:42，Ba型。夹砂黄褐陶。敞口，方唇，斜弧颈，弧肩。颈部纹饰

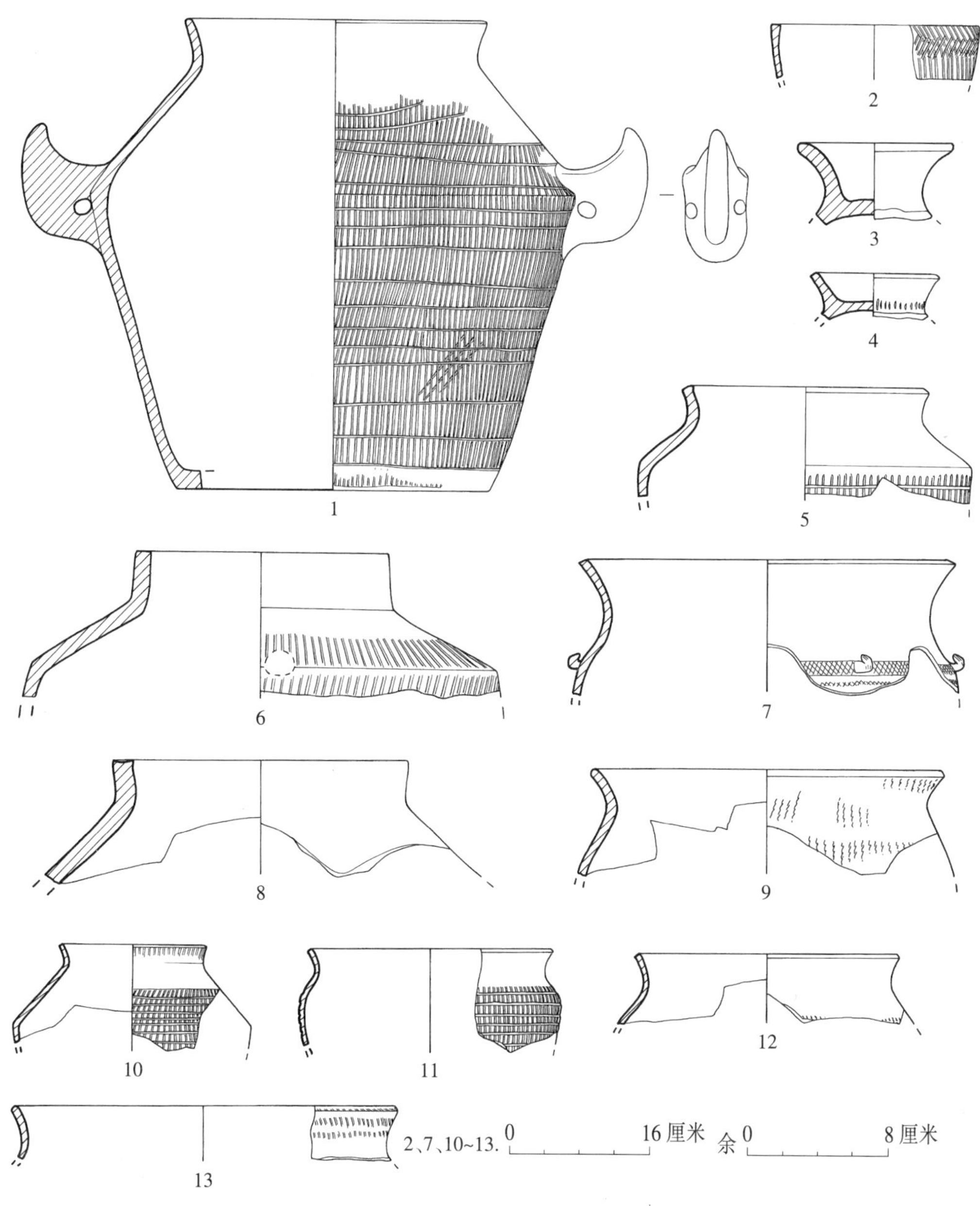

图四九一　03EH130出土陶器

1. Ca型Ⅱ式罍（03EH130:7）　2. Bb型缸（03EH130:50）　3、4. A型盖纽（03EH130:21、22）　5. Fc型Ⅲ式瓮（03EH130:46）　6. Ee型Ⅲ式瓮（03EH130:41）　7. Cb型Ⅱ式瓮（03EH130:4）　8. Gd型Ⅲ式瓮（03EH130:49）　9. Ba型罍（03EH130:42）　10. Ef型Ⅲ式瓮（03EH130:35）　11. Ac型Ⅲ式瓮（03EH130:38）　12、13. Aa型瓮（03EH130:40、34）

被抹，肩饰绳纹。口径20、残高6厘米（图四九一，9）。标本03EH130:7，Ca型Ⅱ式。夹细砂褐陶。敞口，圆唇，斜直颈，斜直折肩，腹斜直内收，平底。肩腹相交处对称安鸟喙形扁直耳，耳根部横穿椭圆孔，肩、腹饰弦断条纹。口径17.2、底径17.6、高26厘米（图四九一，1；彩版二三，5）。

陶缸 1件。标本03EH130:50，Bb型。夹砂黄褐陶。直口微敛，厚方唇，弧腹弧内收。饰斜直条纹。口径24、残高6厘米（图四九一，2）。

陶盆足 2件。标本03EH130:20，C型Ⅰ式。夹砂黄褐陶。椭圆柱状矮截锥足。足根饰条纹。残高6.7厘米（图四九二，7）。标本03EH130:61，C型Ⅰ式。夹砂灰陶。椭圆柱状矮足。下腹饰弦断条纹，足根饰条纹。残高8.8厘米（图四九二，4）。

陶钵 1件。标本03EH130:6，Aa型Ⅱ式。夹砂灰褐陶。敛口，圆唇，圆肩，圆腹弧内收，平底。腹饰斜绳纹。口径6.8、底径5.4、高5厘米（图四八七，7；图版四二，2）。

陶豆 3件。标本03EH130:3，Aa型Ⅳ式。夹砂黄褐陶。敞口，方唇，弧盘。外壁饰间断条纹。口径20、残高5.4厘米（图四九二，2）。标本03EH130:59，Ab型Ⅲ式。夹砂黄褐陶。直口微敞，方唇，折盘。素面。口径26、残高5厘米（图四九二，1）。标本03EH130:60，A型。夹细砂灰黑陶。喇叭形豆座。柄上有长方形镂孔，座顶面饰凹弦纹。底径18、残高9厘米（图四九二，6）。

陶盖纽 2件。标本03EH130:21，A型。夹细砂灰陶。圆圈形凹盖纽，纽口敞，圆唇，纽颈弧，盖顶残。素面。纽口径8.8、残高4.6厘米（图四九一，3）。标本03EH130:22，A型。夹细砂灰陶。圆圈形凹盖纽，纽口敞，方唇，纽颈斜直，盖顶残。纽根有条纹。纽口径7.4、残高2.6厘米（图四九一，4）。

陶器耳 11件。标本03EH130:23，Aa型。夹砂黄褐陶。鸟头形扁直耳，耳根部横穿圆孔。耳顶面饰条纹（图四九〇，11）。标本03EH130:24，Aa型。夹砂灰褐陶。鸟头形扁直耳，耳根部横穿圆孔。素面（图四九〇，9）。标本03EH130:26，Aa型。夹砂灰褐陶。鸭嘴形扁直耳，耳根部横穿圆孔。器表饰弦断条纹（图四九〇，2）。标本03EH130:25，Aa型。夹砂灰褐陶。鸟头形扁直耳，耳根部横穿圆孔。素面（图四九〇，13）。标本03EH130:27，Aa型。夹砂黄褐陶。鸟头形扁直耳，耳根部横穿圆孔。素面（图四九〇，15）。标本03EH130:29，Aa型。夹砂黄灰陶。鸟头形扁直耳，耳根部横穿圆孔。素面（图四九〇，12）。标本03EH130:28，Ae型。夹砂黄褐陶。鸭嘴形扁直耳，耳根部横穿圆孔，耳顶面两个小圆窝。饰间断条纹（图四九〇，17）。标本03EH130:31，Ba型。夹砂灰褐陶。长方形泥片状横耳，耳根中部一个圆形竖穿孔，耳面弧折斜上侈。耳面饰条纹，耳顶压印凹凸条纹呈鸡冠状（图四九〇，8）。标本03EH130:32，Ba型。夹砂灰褐陶。长方形泥片状横耳，耳顶平，耳根中部一个圆形竖穿孔，耳面斜上侈。耳面饰条纹（图四九〇，5）。标本03EH130:30，Bb型。夹砂黄褐陶。长方形泥片状横耳，耳顶凹凸不平呈鸡冠状，耳根中部一个圆形竖穿孔，耳面斜弧上侈。器表饰条纹（图四九〇，3）。标本03EH130:54，Cb型。夹砂褐陶。耳体大部分附着在器壁沿外至肩腹部呈抠耳状，耳顶高出口沿，整体略呈椭圆环形耳，环耳顶部截面略呈椭圆形。器表肩腹饰弦断条纹（图四九〇，18）。

陶器鋬 1件。标本03EH130:16，Af型。夹砂黄褐陶。椭圆柱形。素面（图四九〇，19）。

陶器底 2件。标本03EH130:51，A型。夹砂褐陶。下腹斜直内收，平底。下腹饰条纹。底

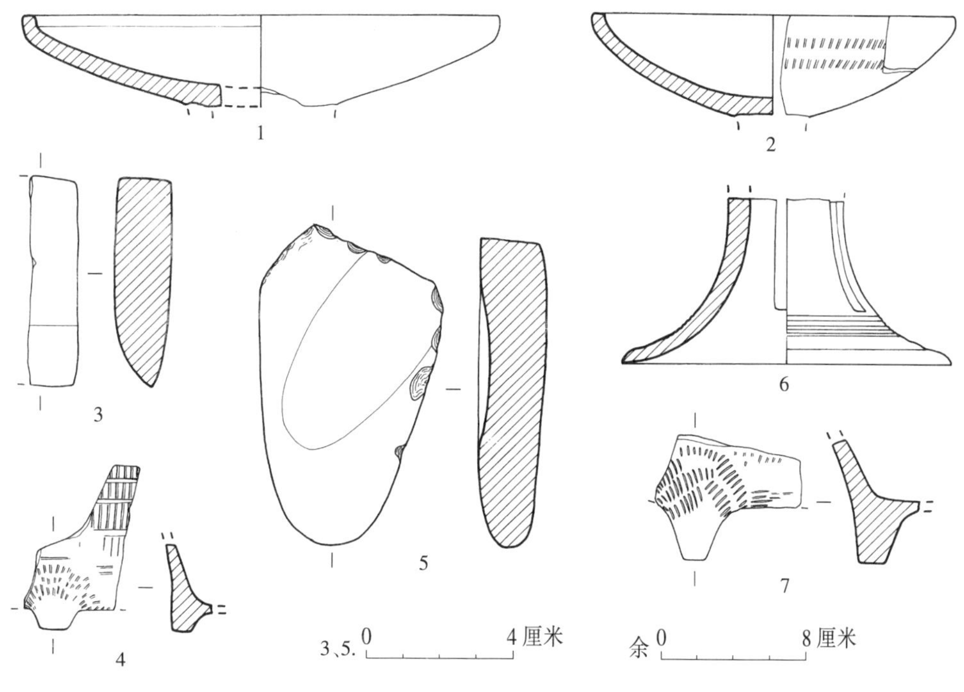

图四九二　03EH130出土器物

1. Ab型Ⅲ式陶豆（03EH130:59）　2. Aa型Ⅳ式陶豆（03EH130:3）　3. 石斧（03EH130:2）　4、7. C型Ⅰ式陶盆足（03EH130:61、20）　5. B型砺石（03EH130:1）　6. A型陶豆（03EH130:60）

径9.2、残高3.6厘米（图四九〇，6）。标本03EH130:52，B型。夹砂褐陶。下腹弧斜内收，平底。下腹饰弦断条纹。底径10、残高8厘米（图四九〇，14）。

硬陶片　2件。标本03EH130:62，器类不明。红褐硬陶。饰“回”字纹（图二九八，10）。标本03EH130:63，器类不明。红褐硬陶。饰勾连云纹（图二九八，8）。

石斧　1件。标本03EH130:2，型式不明。残损严重。青灰色。磨制。长条方形，平顶、边壁残，刃、背两面平，偏锋，直刃残。长5.6、刃残宽1.4、厚1.5厘米（图四九二，3；图版六四，1）。

砺石　1件。标本03EH130:1，B型。青灰色沙石。残损。平面略呈扁平圆角三角形，一面有磨痕。残长8.8、宽5、厚1.1～1.9厘米（图四九二，5）。

炼渣　1块。标本03EH130:64，冶炼溶渣，块状琉结体，渣体内有较大的孔洞及细小孔隙，体呈灰色，中间夹杂有少量的褐色颗粒。经检测，含铁71.41%，石英20.32%，氧化钙3.25%，三氧化二铝2.82%，铜0.29%。标本长4.7、宽3.6、高3.2厘米（彩版三九，2）。

03EH149

位于03ET2906西南部。开口于第3层下，西南部被03EH112打破，打破03EH130。坑口距地表0.55米。坑口椭圆形，斜壁平底。坑口长径3.35、短径2.5米，坑深0.5米。坑内堆积灰黄色含沙质土，土质疏松，夹有烧土块、木炭渣和炼渣等。包含遗物较丰富，有陶鬲、鼎、甗、罐、瓮、罍、壶、钵、器盖、饼、条形器和石镞、水晶石等（图四九三）。

标本45件，其中陶器42件，石器2件，水晶石1件，还有炼渣。

陶鬲　4件。标本03EH149:3，Ab型Ⅳ式。夹砂红褐陶。侈口，弧沿，圆唇，束颈，弧肩，

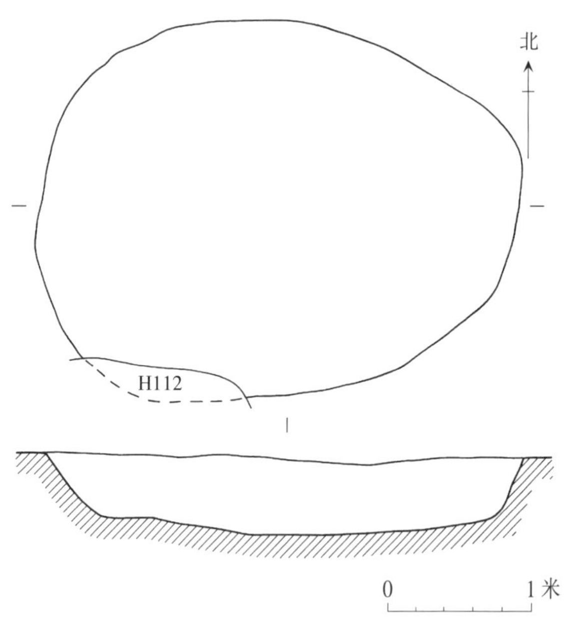

图四九三　03EH149 平、剖面图

圆鼓腹，下腹弧内收，口径小于腹径。颈部纹饰被抹过，肩腹部饰斜条纹。口径17、残高12.8厘米（图四九四，5；图版一八，6）。标本03EH149：15，Ab型。夹砂褐陶。敞口，卷沿，圆唇，弧束颈，弧肩。颈部纹饰被抹，肩、腹饰绳纹。口径20、残高6厘米（图四九四，12）。标本03EH149：44，Ah型Ⅲ式。夹砂红褐陶，器表有烟熏痕迹。器小，敞口，卷沿，圆唇，弧束颈，弧肩，圆腹弧内收，鬲身呈罐形，口径大于腹径，下弧裆，圆柱状足，足窝较深。颈部有指窝痕，肩、腹饰弦断绳纹，下腹、底、足根饰绳纹。口径14.8、残高12.8厘米（图四九四，6）。标本03EH149：16，C型Ⅲ式。夹砂黄灰陶。侈口，弧沿，方唇，弧颈，弧肩，弧腹，口径小于腹径。口沿外安对称两个泥条长方形抠耳，耳残。肩腹饰弦断条纹。口径32、残高8厘米（图四九四，10）。

陶鬲足　3件。标本03EH149：28，Aa型Ⅱ式。夹砂黄褐陶。圆柱状截锥足。足外侧一道竖刻槽。残高10厘米（图四九四，8）。标本03EH149：31，Aa型Ⅲ式。夹砂褐陶。圆柱状截锥足。足外侧一道竖刻槽，足根饰条纹。残高10.4厘米（图四九四，7）。标本03EH149：25，Ac型Ⅱ式。夹砂黄褐陶。圆柱状足。足饰绳纹。残高8.6厘米（图四九四，9）。

陶甗　1件。标本03EH149：17，Aa型Ⅲ式。夹砂褐陶。侈口，弧沿，方唇，弧束颈，溜肩，圆弧腹，口沿外侧贴施两个对称泥片护耳，两耳内根部甗壁上各戳穿一圆形孔。颈部纹饰被抹，耳面、腹饰条纹。口径36、残高10厘米（图四九五，10）。

陶甗足　2件。标本03EH149：34，Da型。夹砂黄褐陶。椭圆柱状矮足略呈蹄形，足根有足窝。足根饰条纹。残高3.2厘米（图四九五，11）。标本03EH149：33，Db型。夹砂黄褐陶。圆柱状矮足。素面。残高3.5厘米（图四九五，9）。

陶鼎　2件。标本03EH149：18，Da型。仿铜。夹细砂灰褐陶。直口，平沿内斜，方唇，弧腹，口径略小于腹径。素面。口径26、残高8厘米（图四九五，2）。标本03EH149：2，Dc型Ⅱ式。仿铜。夹细砂黄褐陶，腹和底部有烟熏痕迹。敛口，平沿内斜，唇外方内圆，圆腹，下腹外鼓，鼎身呈双耳釜形，口径小于腹径，圆柱状足。耳残。腹、底饰条纹。足内壁一道竖刻划槽。口径20、残高16.4厘米（图四九五，1；图版三二，3）。

陶鼎足　4件。标本03EH149：30，Aa型。夹砂黄褐陶。圆柱状截锥足。足根饰条纹。残高9厘米（图四九五，5）。标本03EH149：27，Ab型。夹砂黄褐陶。圆柱状截锥足。足内侧有一道竖刻槽，足根饰条纹。残高12厘米（图四九五，4）。标本03EH149：26，Ad型。夹砂褐陶。圆柱状足，外壁有三个圆窝。足根饰条纹。足上有刮痕。残高10.6厘米（图四九五，6）。标本03EH149：32，Af型。夹砂黄褐陶。圆柱状足。足根外侧隆起一个圆饼。残高6.4厘米（图四九五，12）。

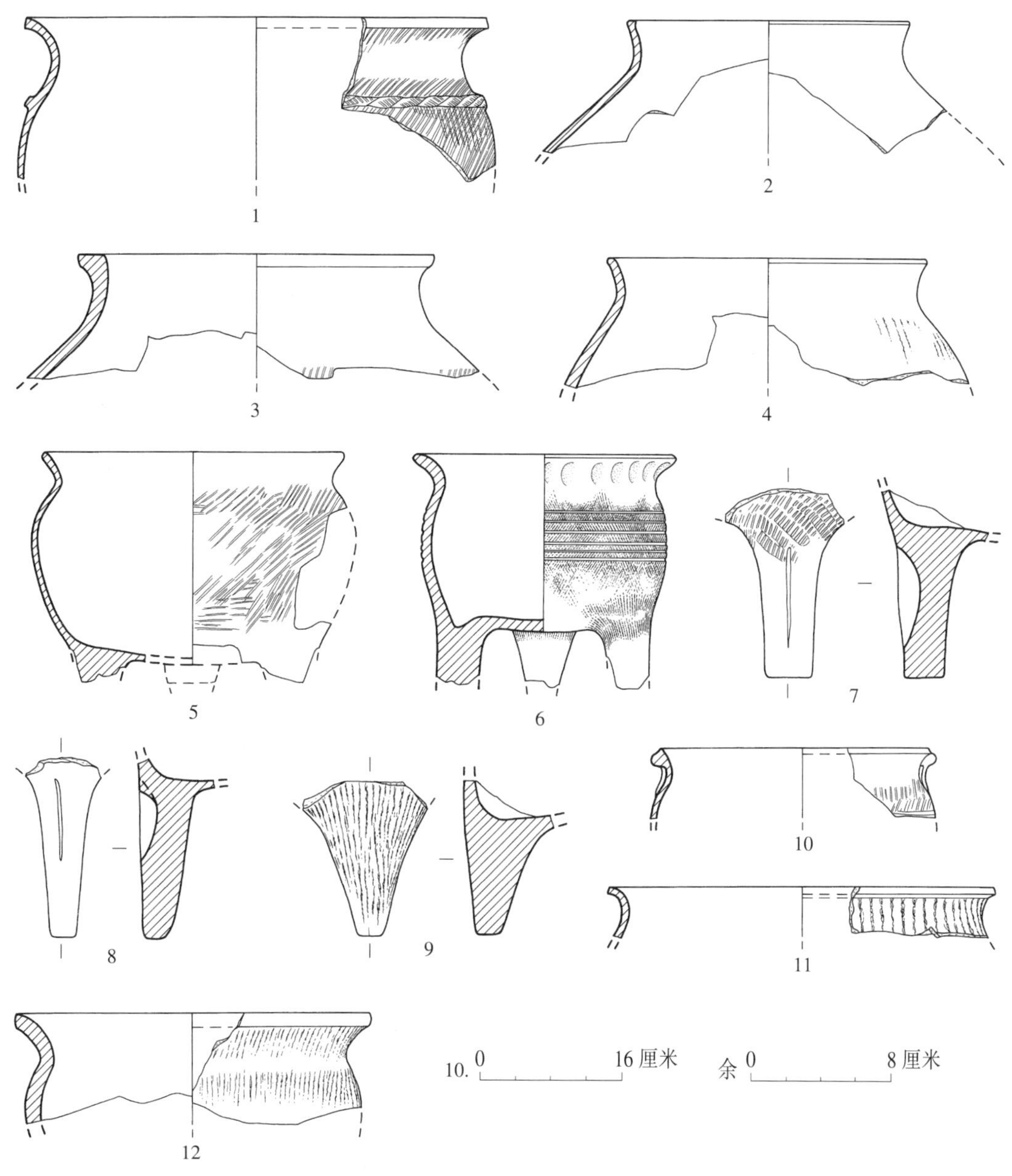

图四九四 03EH149 出土陶器

1. Ad 型Ⅲ式罐（03EH149:9） 2. Fd 型Ⅱ式罐（03EH149:10） 3. H 型Ⅱ式罐（03EH149:13） 4. Fc 型Ⅲ式罐（03EH149:12） 5. Ab 型Ⅳ式鬲（03EH149:3） 6. Ah 型Ⅲ式鬲（03EH149:44） 7. Aa 型Ⅲ式鬲足（03EH149:31） 8. Aa 型Ⅱ式鬲足（03EH149:28） 9. Ac 型Ⅱ式鬲足（03EH149:25） 10. C 型Ⅲ式鬲（03EH149:16） 11. H 型罐（03EH149:11） 12. Ab 型鬲（03EH149:15）

陶罐 5件。标本03EH149:9，Ad型Ⅲ式。夹砂褐陶。敞口，卷沿，方唇，弧颈，弧肩，圆腹。颈部纹饰被抹，肩、腹饰交错条纹，肩腹相交处饰一周附加堆纹。口径26、残高9.1厘米（图四九四，1）。标本03EH149:12，Fc型Ⅲ式。夹砂黄灰陶。敞口，圆唇，斜直颈，斜弧肩。肩腹部残有绳纹。口径18、残高7.2厘米（图四九四，4）。标本03EH149:10，Fd型Ⅱ式。夹细砂黄红陶。敞口，方唇，斜直颈，斜弧肩。素面。口径16、残高7.4厘米（图四九四，2）。标本

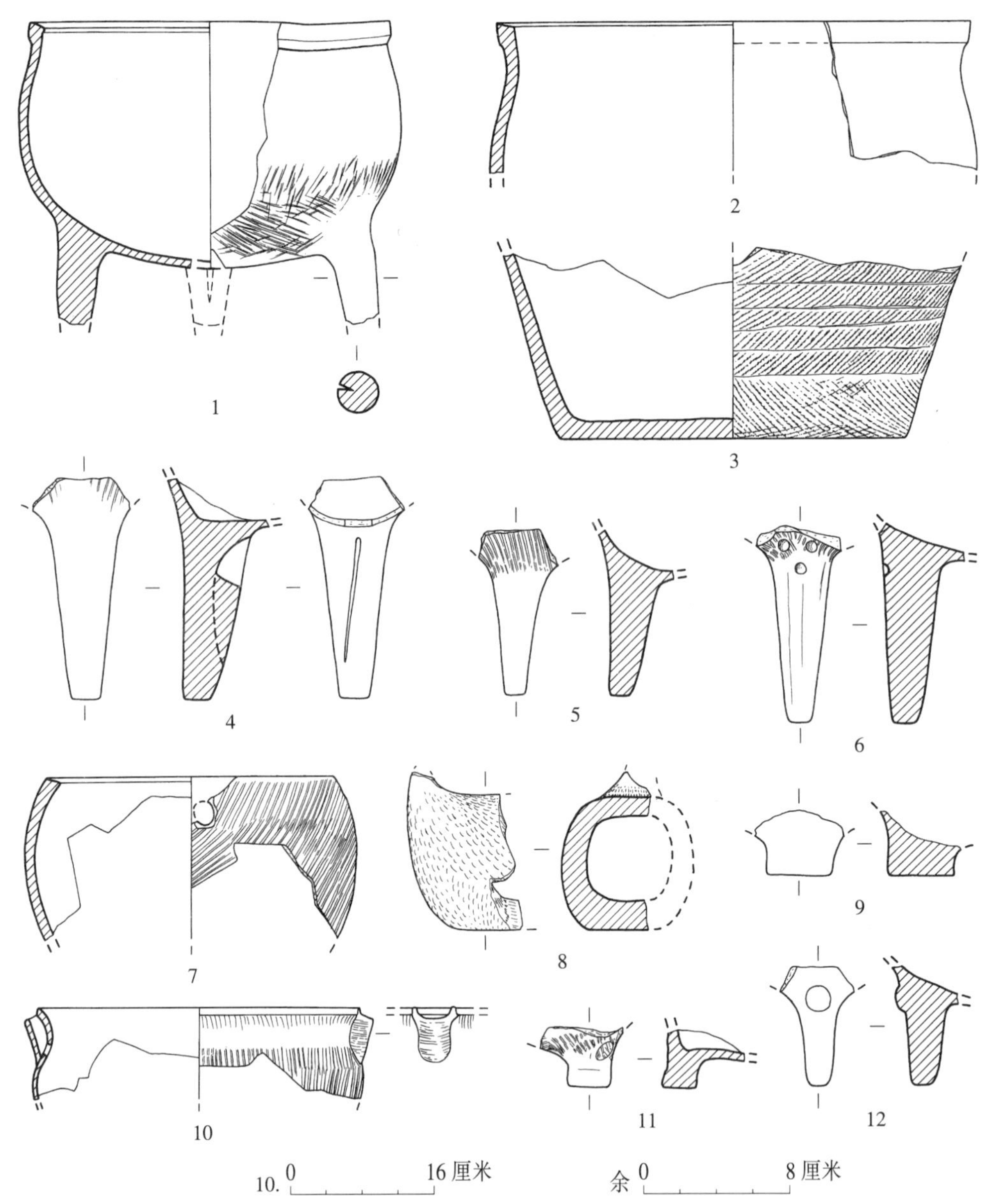

图四九五 03EH149出土陶器

1. Dc型Ⅱ式鼎（03EH149:2） 2. Da型鼎（03EH149:18） 3. A型器底（03EH149:20） 4. Ab型鼎足（03EH149:27） 5. Aa型鼎足（03EH149:30） 6. Ad型鼎足（03EH149:26） 7. Ca型Ⅰ式钵（03EH149:19） 8. E型壶（03EH149:45） 9. Db型甗足（03EH149:33） 10. Aa型Ⅲ式甗（03EH149:17） 11. Da型甗足（03EH149:34） 12. Af型鼎足（03EH149:32）

03EH149:13，H型Ⅱ式。夹砂黄褐陶。直口微敞，平沿，圆唇，斜弧颈，斜弧肩。肩腹部残有条纹。口径20、残高6.8厘米（图四九四，3）。标本03EH149:11，H型。夹砂褐陶。敞口，卷沿，方唇，弧颈。颈部饰绳纹。口径22、残高2.8厘米（图四九四，11）。

陶瓮 2件。标本03EH149:14，Aa型Ⅳ式。夹砂黄褐陶。敞口，方唇，斜弧颈，斜折肩。肩、腹饰弦断条纹。口径40.8、残高11.2厘米（图四九六，4）。标本03EH149:8，Aa型。夹细砂黄褐陶。敞口，方唇，唇面有凹槽，弧颈。素面。口径18、残高3.8厘米（图四九六，10）。

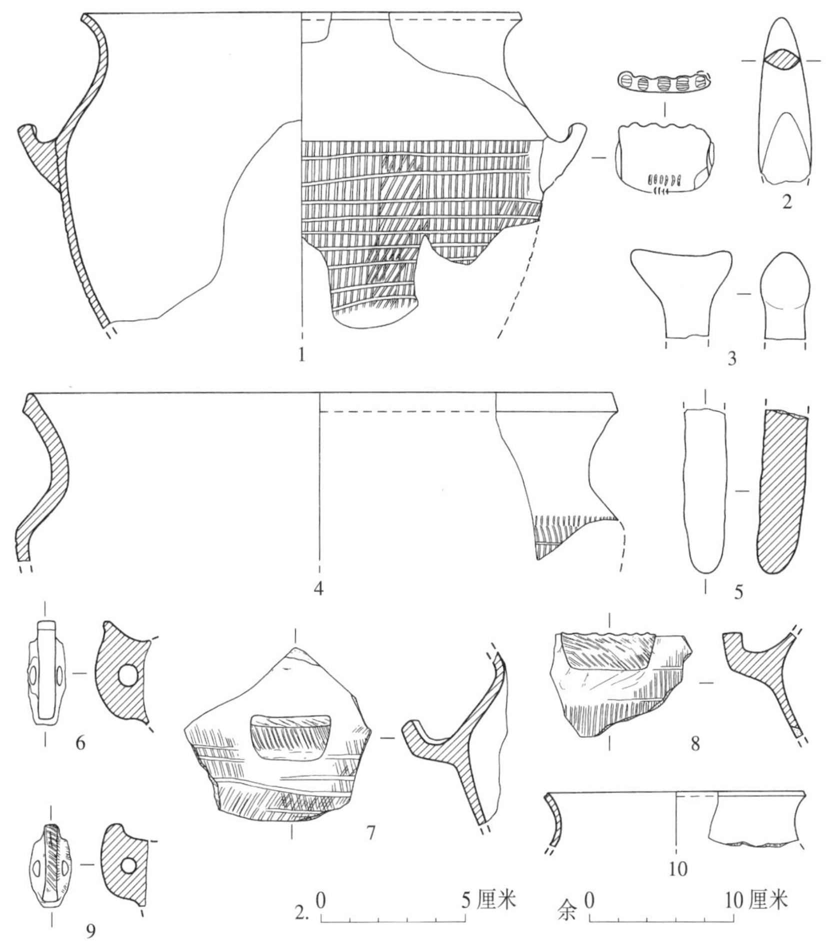

图四九六　03EH149 出土器物

1. Ba 型Ⅳ式陶罍（03EH149∶43）　2. 石镞（03EH149∶1）　3. B 型陶盖纽（03EH149∶22）　4. Aa 型Ⅳ式陶瓮（03EH149∶14）　5. Ⅱ式陶条形器（03EH149∶29）　6. Ae 型陶器耳（03EH149∶38）　7、8. Bf 型陶器耳（03EH149∶36、35）　9. Aa 型陶器耳（03EH149∶39）　10. Aa 型陶瓮（03EH149∶8）

陶罍　1 件。标本 03EH149∶43，Ba 型Ⅳ式。夹砂黄褐陶。敞口，卷沿，方唇，弧颈，斜弧折肩，斜弧腹内收，口径小于腹径。肩腹相交处对称施泥片鸡冠状横耳，耳面弧上翘。腹饰弦断条纹，耳根和耳顶面饰条纹。口径 30.4、残高 21.2 厘米（图四九六，1）。

陶壶　1 件。标本 03EH149∶45，E 型。夹砂灰陶。壶呈卧雉形，中空，雉首残，雉尾上翘残。器表饰绳纹。残长 6.5、残高 8.6 厘米（图四九五，8）。

陶钵　1 件。标本 03EH149∶19，Ca 型Ⅰ式。夹砂黄褐陶。敛口，平沿内斜，近口部残一圆孔，弧腹。腹饰条纹。口径 16、残高 8.7 厘米（图四九五，7）。

陶盖纽　2 件。标本 03EH149∶23，A 型。夹细砂红褐陶。圆圈形凹盖纽，纽口敞，方唇，纽颈弧。素面。纽口径 5.4、残高 2.6 厘米（图四九七，9）。标本 03EH149∶22，B 型。夹砂黄褐陶。盖纽圆柄状“Y”字形。素面。残高 6、柄径 2.8 ~ 3 厘米（图四九六，3）。

陶器耳　7 件。标本 03EH149∶39，Aa 型。夹砂黄褐陶。鸟头形扁直耳，耳根部横穿圆孔。耳顶面饰条纹（图四九六，9）。标本 03EH149∶38，Ae 型。夹砂黄褐陶。鸟头形扁直耳，喙呈鸭嘴状，耳根部横穿圆孔（图四九六，6）。标本03EH149∶37，Bc型。夹砂灰褐陶。长方形片状横耳，耳顶弧，耳面弧上侈（图四九七，8）。标本03EH149∶35，Bf型。夹砂黄褐陶。长方形泥片状横耳，耳顶面凹凸不平呈鸡冠状，耳面弧折上侈。器表饰弦断条纹，耳面饰条纹（图四九六，8）。标本03EH149∶36，Bf型。夹砂黄灰陶。长方形片状横耳，耳顶平，耳面斜折上侈。器表饰弦断条纹，耳面饰条纹（图四九六，7）。标本03EH149∶24，Ca型。夹砂红褐陶。环耳，截面呈圆角长方形。素面（图四九七，10）。标本03EH149∶21，D型。夹砂黄褐陶。横环耳，耳环截面圆形，耳孔呈月牙形。器表和耳面饰条纹（图四九七，5）。

陶器鋬　1件。标本03EH149∶40，Aa型。夹砂红褐陶。椭圆柱形器鋬，鋬端弧上翘呈鸟首形（图四九七，7）。

陶器底　1件。标本03EH149∶20，A型。夹砂灰黄陶。下腹斜直内收，平底。下腹饰弦断斜绳纹。底径18.8、残高10.3厘米（图四九五，3）。

陶饼　4件。标本03EH149∶5，Ab型Ⅰ式。夹砂黄褐陶。扁圆形，两面平，周壁弧。素面。直径4.6、厚0.8～1厘米（图四九七，2）。标本03EH149∶7，Ab型Ⅰ式。夹砂黄褐陶。扁圆形，两面平，周壁弧。素面。直径4.4、厚0.9厘米（图四九七，3）。标本03EH149∶42，Ab型Ⅰ式。夹砂黄褐陶。扁圆形，两面平，周壁弧。素面。直径3.7、厚0.7～0.9厘米（图四九七，4）。标本03EH149∶6，Ab型Ⅱ式。夹砂红褐陶。扁圆形，两面平，周壁弧。素面。直径5、厚1.5～1.7

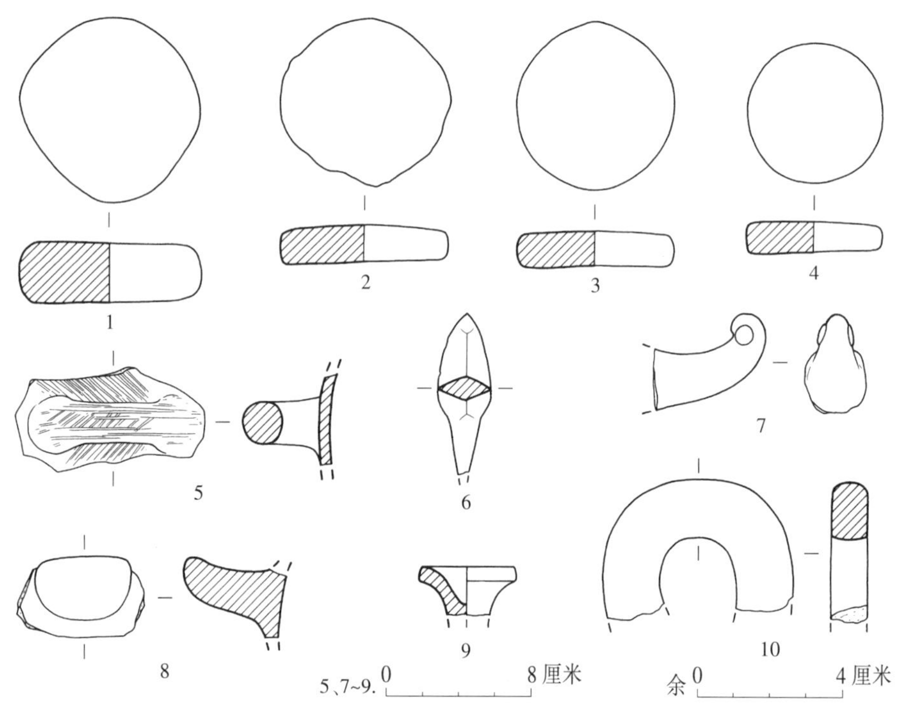

图四九七　03EH149出土器物

1. Ab型Ⅱ式陶饼（03EH149∶6）　2～4. Ab型Ⅰ式陶饼（03EH149∶5、7、42）　5. D型陶器耳（03EH149∶21）　6. Ab型Ⅲ式石镞（03EH149∶4）　7. Aa型陶器鋬（03EH149∶40）　8. Bc型陶器耳（03EH149∶37）　9. A型陶盖纽（03EH149∶23）　10. Ca型陶器耳（03EH149∶24）

厘米（图四九七，1）。

陶条形器　1件。标本03EH149∶29，Ⅱ式。夹砂黄褐陶。条形圆柱状残。素面。残长11、直径2.8厘米（图四九六，5）。

石镞　2件。标本03EH149∶4，Ab型Ⅲ式。青灰色。磨制。镞尖锋，中部起棱，截面菱形，斜弧窄翼；铤呈扁圆柱锥形，铤端残。残长4.3厘米（图四九七，6；彩版三四，4）。标本03EH149∶1，型式不明。青灰色。磨制。镞弧锋，中部起弧棱，截面略呈菱形，翼、铤残。残长5.6厘米（图四九六，2；图版六七，9）。

水晶石　1件。标本03EH149∶41，淡紫色，晶莹透亮。不规则圆角三角形。最长9、最宽5.6、最厚3.6厘米（彩版三五，2）。

炼渣　1块。标本03EH149∶46，扁平块状琉结体，面上有较大的气孔，灰黑色。凹凸不平，质地坚硬。标本长8.2、宽5.65、厚3.2厘米（彩版三八，5；附录二）。

5.03E第2层下灰坑

24个，其中有13个分布在南部，编号为03EH2、H5、H8、H11、H12、H16、H19、H22、H23、H28、H36、H39、H55等；有11个分布在中部，编号为03EH97、H100、H101、H102、H107、H110、H125、H126、H151、H152、H175等。除03EH11、H23、H97、H101、H125等5个灰坑无遗物标本外，余19个有遗物标本。

03EH2

位于03ET2508东北部，坑东北部延伸至隔梁。开口于第2层下，打破03EH12。弧壁，圜底。坑长1.7米，坑深0.3米。填土灰褐色，土质较疏松，内含少量烧土颗粒。包含器类有陶鬲、甗、豆等。

标本5件，均为陶器。

陶鬲　1件。标本03EH2∶5，Ac型Ⅳ式。夹砂灰褐陶。敞口，方唇，斜弧颈，圆肩，圆弧腹。肩、腹饰弦断条纹。口径18、残高9.2厘米（图四九八，4）。

陶甗　1件。标本03EH2∶1，Aa型。夹砂黄褐陶。敞口，方唇，斜弧颈，溜肩。颈部条纹被抹，肩腹部饰条纹。口径30、残高5.4厘米（图四九八，3）。

陶甗耳　1件。标本03EH2∶4，Aa型。夹砂黄褐陶。口沿外侧贴施泥片护耳，耳内甗壁上戳圆形穿孔。器表饰弦断条纹，耳面饰条纹（图四九八，2）。

陶豆　1件。标本03EH2∶3，A型。夹细砂灰陶。残盘弧底。圆圈柱形豆柄残。柄上残有长方形镂孔痕迹。残高3.6厘米（图四九八，5）。

陶片　1件。标本03EH2∶2，器类不明。泥质灰陶。器表残留一个绳结状竖泥条堆贴，两周凹弦纹间饰“S”形纹，其下饰绳纹（图四九八，1）。

03EH5

位于03ET2611西南部。开口于第2层下，被03EH19打破。坑口平面呈长方形，直壁，平底。坑口长2.5、宽1.35米，坑深0.2米。填土灰褐色，土质较疏松，内含少量烧土粒和木炭颗粒。包含器类有陶鬲、鼎、甗、罐、纺轮等（表一五）。

标本9件，均为陶器。

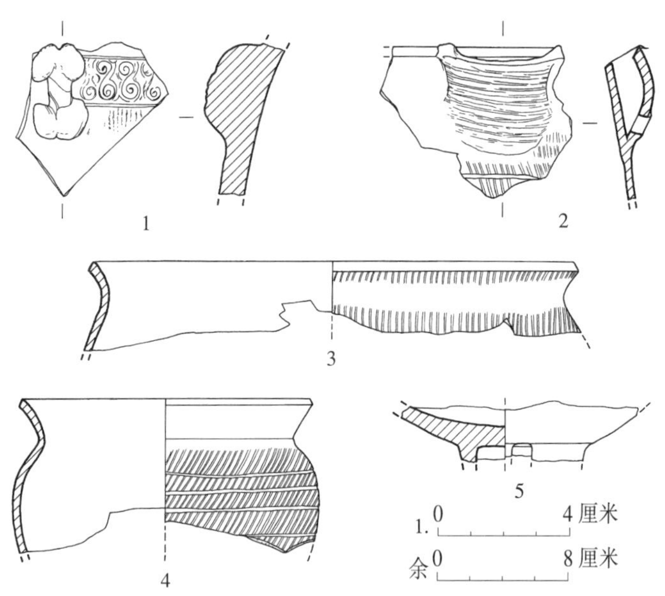

图四九八　03EH2出土陶器

1. 陶片（03EH2∶2）　2. Aa型甗耳（03EH2∶4）　3. Aa型甗（03EH2∶1）　4. Ac型Ⅳ式鬲（03EH2∶5）　5. A型豆（03EH2∶3）

陶鬲　2件。标本03EH5∶9，Ab型。夹砂褐陶。敞口，方唇，斜直颈，弧肩，圆弧腹。腹饰弦断条纹。口径12、残高5.6厘米（图四九九，5）。标本03EH5∶5，C型Ⅲ式。夹砂灰褐陶。敞口，方唇，斜弧颈，圆肩。口沿外附加泥条抠耳，耳残。器表饰条纹，耳下残有附加堆纹。口径32、残高6厘米（图四九九，1）。

陶鼎足　1件。标本03EH5∶2，Ae型。夹砂褐陶。圆柱状足，足根外侧隆起，压印三个圆凹窝。残高11.6厘米（图四九九，3）。

陶甗足　2件。标本03EH5∶3，Aa型Ⅱ式。夹砂褐陶。椭圆柱状矮截锥足。下腹饰弦断条纹，底及足根饰条纹。残高6.4厘米（图四九九，9）。标本03EH5∶4，Aa型Ⅱ式。夹砂褐陶。椭圆柱状矮截锥足。下腹饰弦断条纹，底及足根饰条纹。残高5.8厘米（图四九九，4）。

陶罐　1件。标本03EH5∶8，Fd型。夹砂黄褐陶。敞口，方唇，斜直颈，斜肩。素面。口径16、残高4.4厘米（图四九九，6）。

陶器耳　2件。标本03EH5∶6，Aa型。夹砂褐陶。鸟头形扁直耳，耳根部横穿圆孔。耳顶面饰条纹（图四九九，7）。标本03EH5∶7，Cc型。夹砂红褐陶。椭圆形横环耳，耳环截面略呈椭圆形。素面（图四九九，8）。

陶纺轮　1件。标本03EH5∶1，Cc型Ⅱ式。夹砂褐陶。体较厚，圆形，两面平，圆中间一直壁圆孔，周壁弧。一面饰五个小圆窝纹。直径5.1、孔径0.6、厚1.9厘米（图四九九，2；图版五八，2）。

03EH8

位于03ET2407东部，东部延伸至隔梁。开口于第2层下，被近代房基沟槽打破，打破第3层和03ESK5。坑口平面略呈长方形，弧壁，圜底。坑口长4.75米，坑深0.3～0.56米。填土黄褐色，土质较疏松，内含少量烧土颗粒和炼渣。包含器类有陶鬲、甗、罐、瓮、盆、钵、豆、簋、

表一五　03EH5陶系及器类统计表

陶质			夹砂					纹饰												
陶色			红褐	褐	黄褐	灰	黑	绳纹	弦断绳纹	条纹	弦断条纹	交错条纹	凸弦纹	凹弦纹	附加堆纹	圆窝	放射	兽面	网格	素面
陶片数量			52	128	27	3	34	23	2	46	25	8	1	3	2	1	1	1	1	130
百分比（%）			21.31	52.46	11.07	1.23	13.93	9.43	0.82	18.85	10.25	3.28	0.41	1.23	0.82	0.41	0.41	0.41	0.41	53.28
器形	数量	百分比（%）																		
鬲	2	22.22		1	1						1				1					
鼎足	1	11.11		1												1				
甗足	2	22.22		2							2									
罐	1	11.11			1															1
器耳	2	22.22	1	1						1										1
纺轮	1	11.11		1												1				
合计	9		1	6	2					1	3				1	2				2

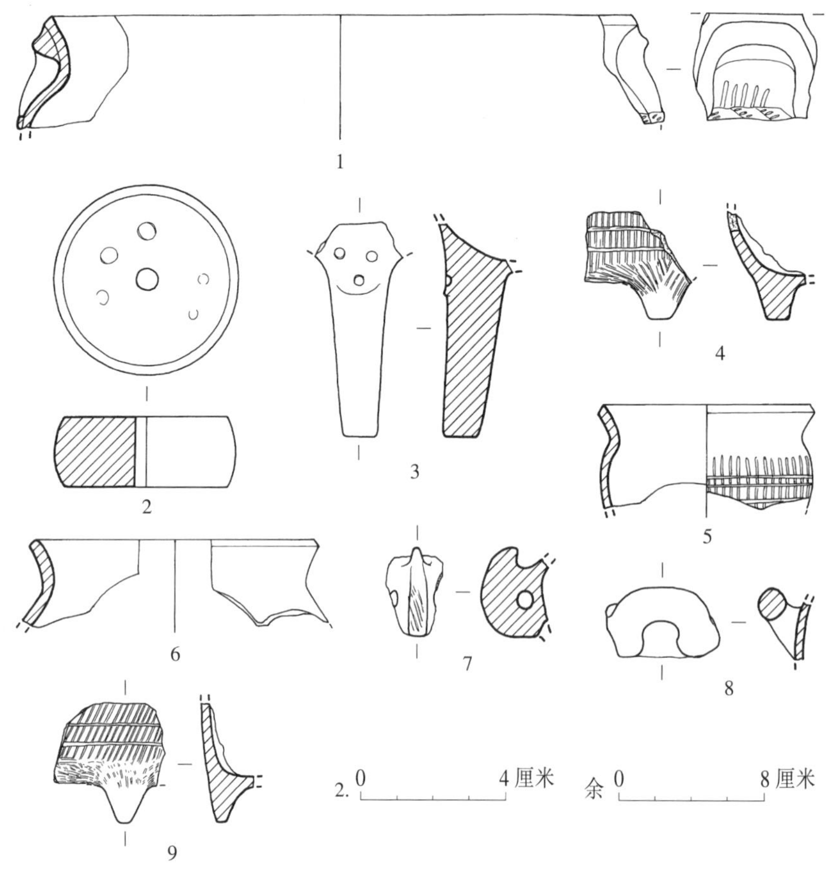

图四九九 03EH5 出土陶器

1. C型Ⅲ式鬲（03EH5:5） 2. Cc型Ⅱ式纺轮（03EH5:1） 3. Ae型鼎足（03EH5:2） 4、9. Aa型Ⅱ式甗足（03EH5:4、3） 5. Ab型鬲（03EH5:9） 6. Fd型罐（03EH5:8） 7. Aa型器耳（03EH5:6） 8. Cc型器耳（03EH5:7）

器盖、网坠和石锛等。

标本24件，其中陶器23件，石器1件。

陶鬲 5件。标本03EH8:37，Aa型Ⅳ式。夹细砂灰褐陶。侈口，方唇，斜直颈，溜肩，弧腹内收。肩腹部饰弦断绳纹。口径24、残高12.6厘米（图五〇〇，1）。标本03EH8:38，Ac型。夹砂黄褐陶，器表有烟炱。敞口，斜弧沿，方唇，斜弧颈，弧肩，弧腹，鬲身呈罐形，口径小于腹径。肩、腹饰弦断条纹。口径20、残高8.4厘米（图五〇〇，3）。标本03EH8:36，Ad型。夹砂黄褐陶，器表有烟炱。侈口，斜弧沿，方唇，唇上缘上侈，弧束颈，圆肩，圆弧腹，鬲身呈罐形，口径小于腹径。内壁肩腹部一周指窝纹，颈部纹饰被抹，肩、腹饰弦断条纹。口径30、残高9.6厘米（图五〇〇，5）。标本03EH8:8，Ag型Ⅴ式。夹砂黄褐陶，器表有烟熏痕迹。侈口，弧沿，圆唇，弧束颈，隆肩，弧腹内收，鬲身呈罐形，口径小于腹径，下弧裆，器内壁底部与足根对接处有较深足窝。颈部纹饰被抹，肩、腹、底及足饰条纹。口径9、残高9.2厘米（图五〇〇，2；图版二一，6）。标本03EH8:2，Ag型。夹砂褐陶，器表有烟熏痕迹。弧腹内收，器内壁底部与足根对接处有较深足窝。腹饰弦断绳纹。残高9.6厘米（图五〇〇，4）。

陶甗 4件。标本03EH8:34，Aa型Ⅳ式。夹砂黄褐陶，器表有烟炱。侈口，斜沿，方唇，

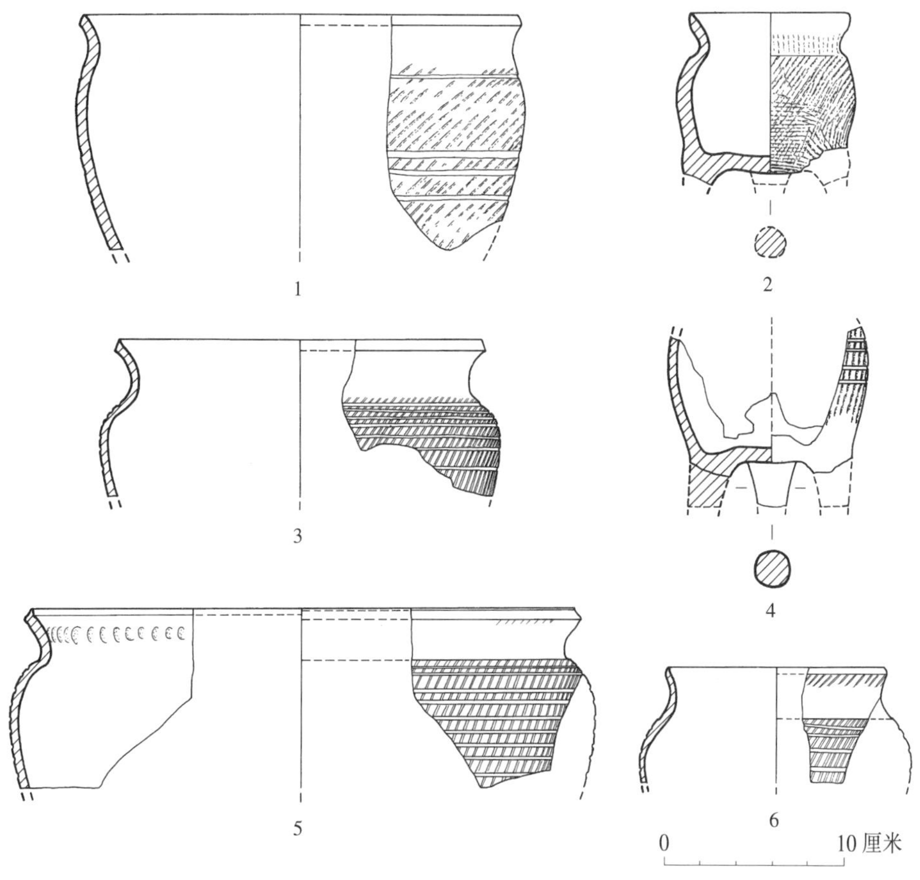

图五〇〇　03EH8出土陶器

1. Aa型Ⅳ式鬲（03EH8∶37）　2. Ag型Ⅴ式鬲（03EH8∶8）　3. Ac型鬲（03EH8∶38）　4. Ag型鬲（03EH8∶2）　5. Ad型鬲（03EH8∶36）　6. Ab型Ⅴ式罐（03EH8∶39）

弧颈，溜肩，圆弧腹，口沿外侧贴施泥片护耳，耳内甗壁上戳圆形穿孔。器表饰弦断条纹，耳面饰条纹。口径30、残高10.2厘米（图五〇一，1）。标本03EH8∶20，Aa型。夹细砂褐陶。敞口，方唇，斜直颈，斜弧肩，弧腹内收。肩腹部饰弦断条纹。口径24、残高16.8厘米（图五〇一，2）。标本03EH8∶10，Ab型Ⅳ式。夹砂黄褐陶。敞口，圆唇，斜直颈，弧肩，圆弧腹斜内收。器表饰弦断条纹。口径32.4、残高22.8厘米（图五〇一，3）。标本03EH8∶9，Ab型Ⅳ式。夹砂红褐陶，器表有烟炱。甗身整体由上部罐形甑和下部三足钵两部分构成。直口微敞，圆唇，斜直颈，圆肩，口径小于腹径，圆弧腹斜内收，束腰内壁等距离安三个舌状横泥片用以支箅，圆柱状矮锥足。口沿外侧贴施两个对称泥片护耳，两耳内根部甗壁上各戳穿一圆形孔。甑部及耳面饰绳纹或弦断绳纹，钵腹部饰弦断绳纹，底及足根饰绳纹。口径29、高35厘米（图五〇一，4；彩版一七，3）。

陶罐　1件。标本03EH8∶39，Ab型Ⅴ式。夹砂黄褐陶，器表有烟熏痕迹。敞口，方唇，斜直颈，溜肩，圆弧腹。颈部纹饰被抹，肩、腹饰弦断条纹。口径12、残高6.2厘米（图五〇〇，6）。

陶瓮　5件。标本03EH8∶32，Ea型。夹砂褐陶。斜弧折肩，深弧腹，平底。腹饰弦断绳纹。残高50厘米（图五〇二，4；图版三七，3）。标本03EH8∶24，Eb型。夹细砂黄灰陶。直口微敛，

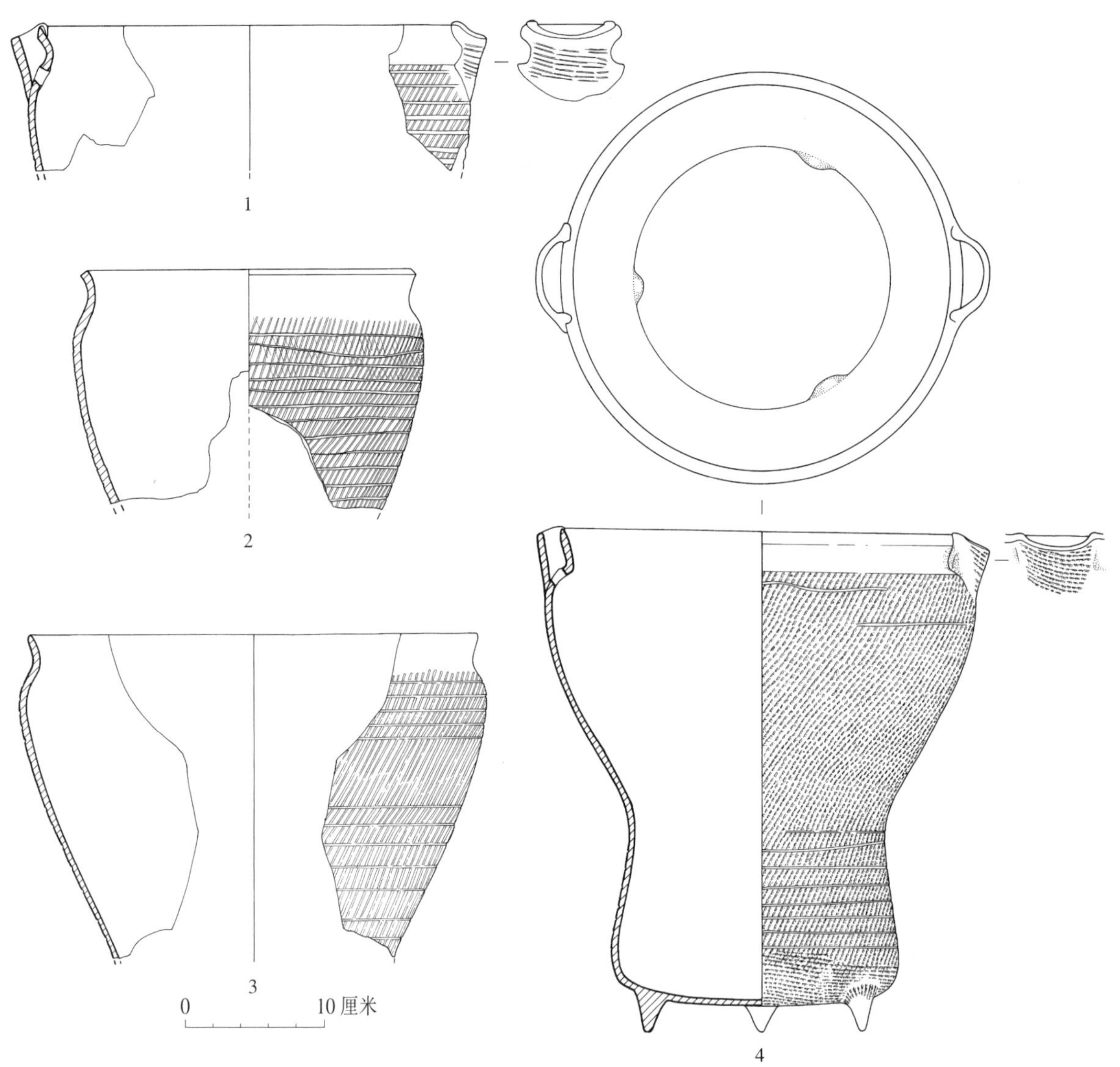

图五〇一　03EH8 出土陶甗

1. Aa 型Ⅳ式（03EH8∶34）　2. Aa 型（03EH8∶20）　3. Ab 型Ⅳ式（03EH8∶10）　4. Ab 型Ⅳ式（03EH8∶9）

方唇，唇内缘内勾，直颈，斜弧肩。素面。口径 16、残高 6 厘米（图五〇二，5）。标本 03EH8∶35，Ed 型。夹砂红褐陶。直口微敛，唇面弧，直颈，斜弧肩。素面。口径 19.2、残高 8 厘米（图五〇二，2）。标本 03EH8∶25，Ef 型。夹细砂黄褐陶。侈口，圆唇，直颈，斜弧肩。颈部纹饰被抹，肩部饰弦断条纹。口径 22、残高 5.6 厘米（图五〇二，3）。标本 03EH8∶7，Ga 型Ⅲ式。夹砂红褐陶。敛口，方唇，斜直颈，斜弧肩，圆弧腹。肩腹部饰弦断绳纹。口径 21、残高 23 厘米（图五〇二，1）。

陶盆（底）足　1 件。标本 03EH8∶17，C 型Ⅱ式。夹砂褐陶。圆柱状矮足。下腹饰弦断条纹，底及足根饰条纹，足底面饰条纹。残高 13.5 厘米（图五〇二，6）。

陶钵　1 件。标本 03EH8∶3，Ac 型Ⅳ式。夹细砂褐陶。敛口，圆唇，圆弧腹斜内收。腹部有条纹和一个圆形泥饼。口径 11、高 9.5 厘米（图五〇三，8；图版四三，1）。

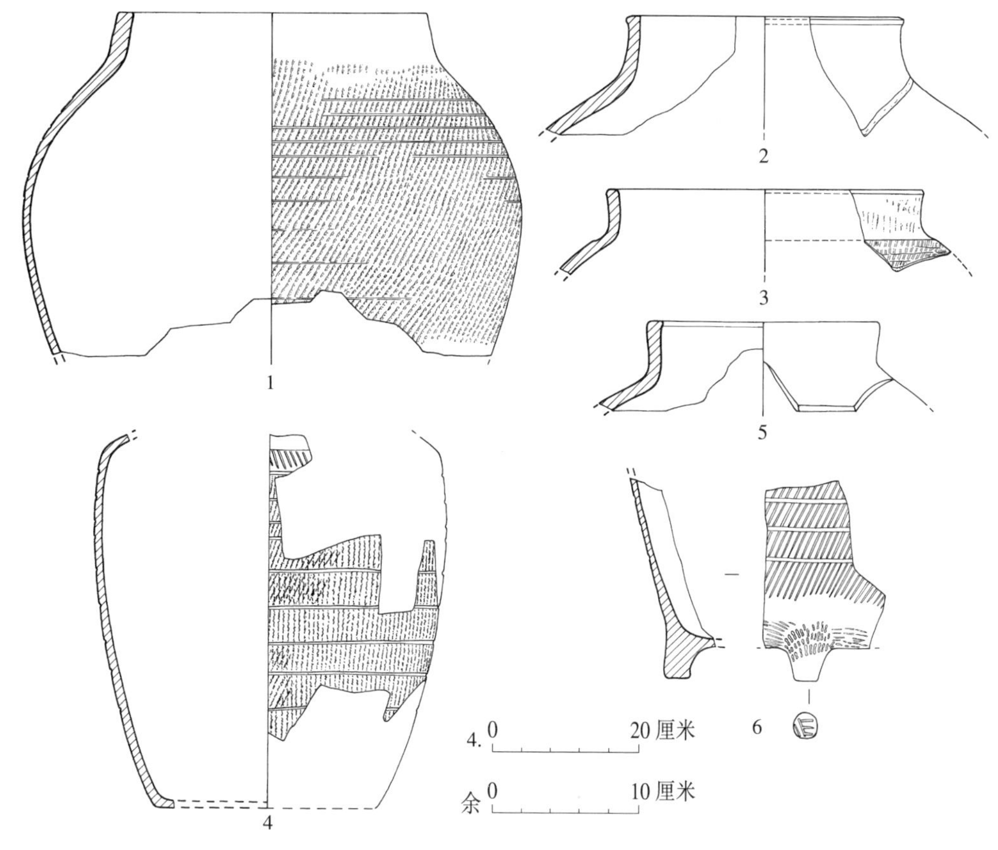

图五〇二　03EH8 出土陶器

1. Ga 型Ⅲ式瓮（03EH8:7）　2. Ed 型瓮（03EH8:35）　3. Ef 型瓮（03EH8:25）　4. Ea 型瓮（03EH8:32）　5. Eb 型瓮（03EH8:24）　6. C 型Ⅱ式盆（底）足（03EH8:17）

陶豆　3 件。标本 03EH8:33，Aa 型Ⅴ式。泥质黑灰陶。直口微敛，方唇，弧盘，圆圈形柄残。柄上残有长方形镂孔痕迹。口径 23.2、残高 8.2 厘米（图五〇三，1）。标本 03EH8:4，Ab 型Ⅳ式。泥质黑皮灰胎陶。直口，圆唇，折盘，圆圈形柄。盘外壁饰条纹；柄上饰弦纹，有两层镂孔，每层镂三个长条方形孔，下层孔残。口径 24.4、残高 13.4 厘米（图五〇三，2）。标本 03EH8:5，Ab 型Ⅳ式。泥质黑皮灰胎陶。直口，圆唇，折盘，圆圈形柄，喇叭形豆座。盘内壁一周凹弦纹，外壁饰绳纹；柄上饰弦纹，有两层镂孔，每层镂三个长条方形孔；豆座顶部饰弦纹。口径 22、底径 17.6、高 21.4 厘米（图五〇三，6；彩版二五，5）。

陶簋圈足　1 件。标本 03EH8:26，夹细砂灰黄陶。圈足呈喇叭口形。素面。底径 12、残高 4 厘米（图五〇三，4）。

陶器盖　1 件。标本 03EH8:21，Ba 型Ⅲ式。夹细砂黄褐陶。顶残，弧壁，敞口，圆唇。器表饰绳纹。口径 18、残高 7.2 厘米（图五〇三，3）。

陶网坠　1 件。标本 03EH8:28，Ⅱ式。泥质灰陶。平面呈圆角弧壁长方形，截面椭圆形，两面中间及两端有凹槽。坠长 2.3、坠截面长径 1.4、短径 1.1 厘米（图五〇三，5）。

石锛　1 件。标本 03EH8:1，B 型Ⅲ式。灰褐色。磨制。长条方形，平顶，刃面平，有段，偏锋，弧刃。长 7、刃宽 3、厚 1.3～2.1 厘米（图五〇三，7）。

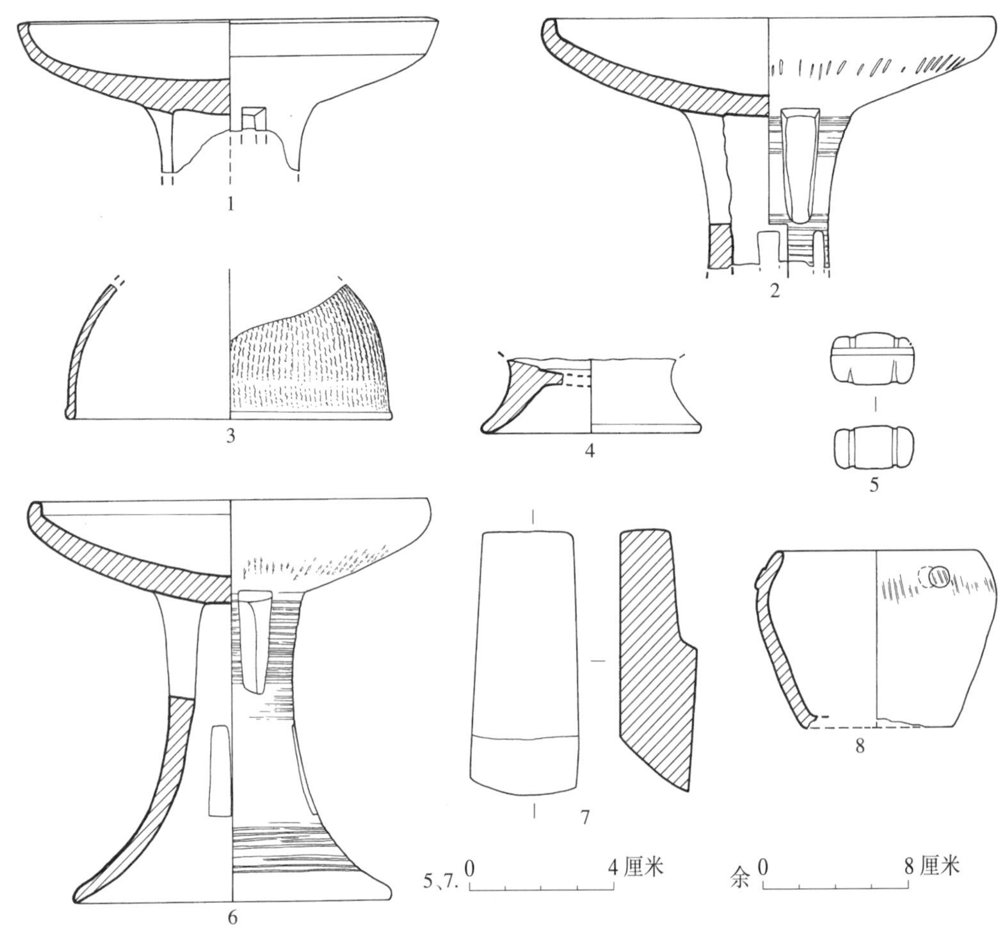

图五〇三　03EH8出土器物

1. Aa型Ⅴ式陶豆（03EH8:33）　2、6. Ab型Ⅳ式陶豆（03EH8:4、5）　3. Ba型Ⅲ式陶器盖（03EH8:21）　4. 陶簋圈足（03EH8:26）　5. Ⅱ式陶网坠（03EH8:28）　7. B型Ⅲ式石锛（03EH8:1）　8. Ac型Ⅳ式陶钵（03EH8:3）

03EH12

位于03ET2508西北部，北部延伸至隔梁。开口于第2层下，被03EH2打破，打破第3层。坑口平面呈椭圆形，弧壁，圜底。坑口长径2.3、残短径1.9米，坑深0.56米。填土灰褐色，土质较疏松，内含烧土块和木炭粒。包含器类有陶鬲、甗、罐、滤盉、豆等。

标本11件，均为陶器。

陶鬲　3件。标本03EH12:3，Aa型Ⅳ式。夹砂褐陶，器表有烟熏痕迹。敞口，弧沿，方唇，弧颈，溜肩，圆弧腹内收，鬲身呈罐形，口径小于腹径，下弧裆，圆柱状足，足芯明显，包足清晰，器内壁底部与足根对接处有较深足窝。颈部绳纹被抹，肩、腹饰弦断绳纹，底及足根饰绳纹。口径18、残高15厘米（图五〇四，4；图版一七，1）。标本03EH12:2，Aa型Ⅳ式。夹砂灰褐陶。敞口，弧沿，圆唇，弧颈，溜肩，圆弧腹内收，鬲身呈罐形，口径小于腹径。颈部绳纹被抹，肩、腹饰弦断绳纹。口径16、残高10.8厘米（图五〇四，6）。标本03EH12:15，F型。夹砂黄褐陶。裆微上弧，圆柱状足残，器内壁底部与足根对接处有较浅足窝。足饰绳纹。残高5厘米（图五〇四，11）。

陶甗　1件。标本03EH12:14，Aa型。夹砂褐陶。敞口，方唇，斜直颈，溜肩。口沿外侧贴施泥片护耳，耳内甗壁上戳圆形穿孔。颈部和耳面饰绳纹，肩腹部饰弦断绳纹。口径 26、残高 7 厘米（图五〇四，1）。

陶甗腰（底足）　1 件。标本 03EH12∶6，Aa 型。夹砂红褐陶。下腹圆弧内收，圆柱状足残。下腹及足根饰绳纹。残高 7 厘米（图五〇四，8）。

陶甗足　2 件。标本 03EH12∶9，Ab 型Ⅱ式。夹砂褐陶。椭圆柱状矮截锥足，足内弧，足根外侧有三个圆窝。下腹、底及足根饰绳纹。残高 5.4 厘米（图五〇四，10）。标本 03EH12∶10，Ab 型Ⅱ式。夹砂灰褐陶。椭圆柱状矮截锥足，足内弧。足根外侧残有两个圆窝，底及足饰绳纹。残高 5.4 厘米（图五〇四，2）。

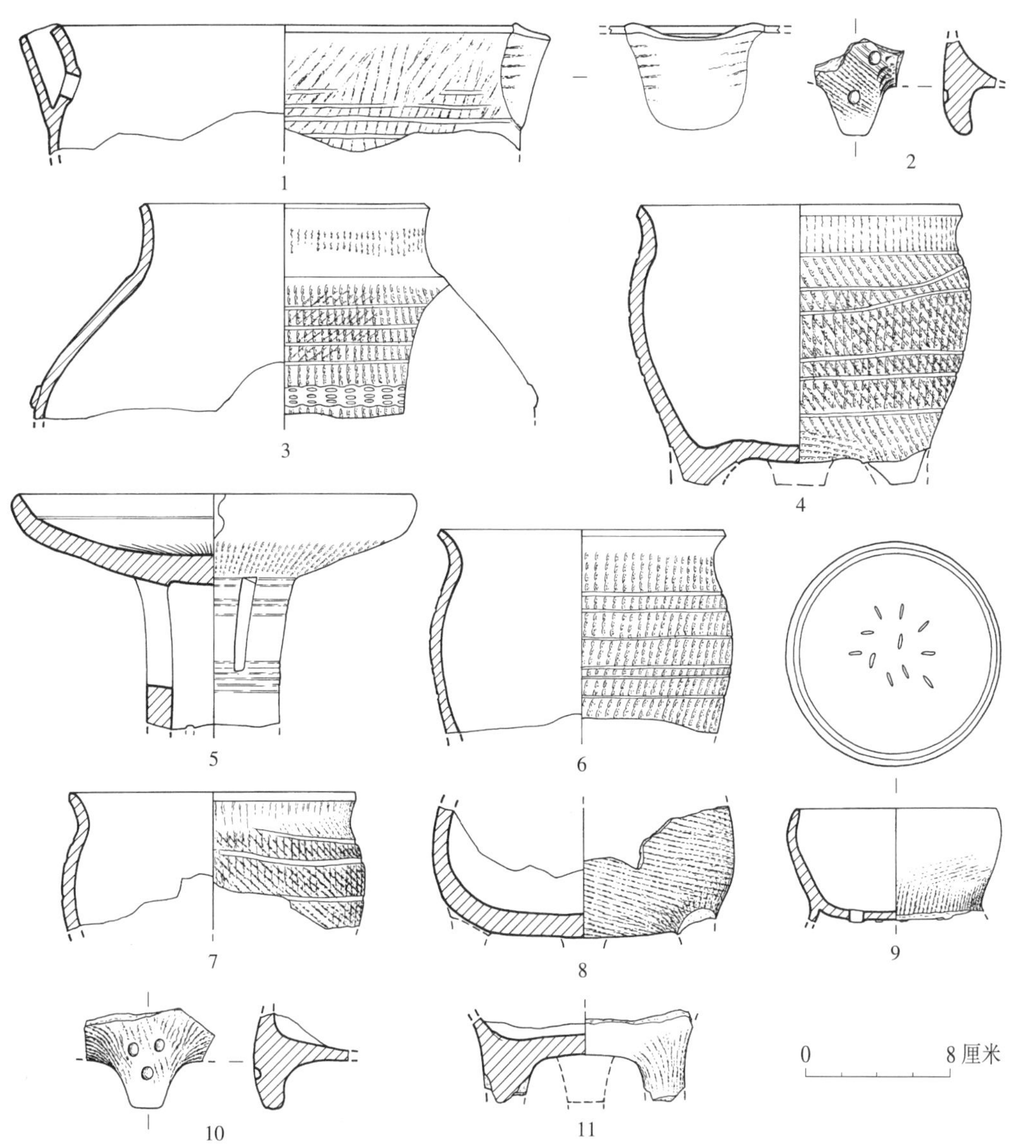

图五〇四　03EH12 出土陶器

1. Aa 型甗（03EH12∶14）　2、10. Ab 型Ⅱ式甗足（03EH12∶10、9）　3. Fc 型Ⅳ式罐（03EH12∶12）　4、6. Aa 型Ⅳ式鬲（03EH12∶3、2）　5. Aa 型Ⅴ式豆（03EH12∶5）　7. Ab 型Ⅴ式罐（03EH12∶13）　8. Aa 型甗腰（底足）（03EH12∶6）　9. Aa 型滤盉（03EH12∶1）　11. F 型鬲（03EH12∶15）

陶滤盉 1件。标本03EH12∶1，Aa型。夹砂红褐陶。仅存上部滤钵。钵为敛口，圆唇，弧腹内收，平底。钵饰绳纹，钵底中心戳一条形穿孔，周围十个条形穿孔。口径11.2、残高6.2厘米（图五〇四，9）。

陶罐 2件。标本03EH12∶13，Ab型Ⅴ式。夹砂褐陶。敞口，弧沿，圆唇，弧颈，溜肩，圆弧腹内收，鬲身呈罐形，口径小于腹径。颈部绳纹被抹，肩、腹饰弦断交错绳纹。口径16、残高7.4厘米（图五〇四，7）。标本03EH12∶12，Fc型Ⅳ式。夹细砂黄褐陶。直口微敞，方唇，弧直颈，斜折肩。唇面一周凹弦纹，颈部绳纹被抹，肩、腹部饰弦断交错绳纹，肩腹相交处饰一周附加堆纹。口径16、残高11.6厘米（图五〇四，3）。

陶豆 1件。标本03EH12∶5，Aa型Ⅴ式。泥质灰陶。敞口，方唇，弧盘，圆圈形柄。盘内壁一周凹弦纹，底部饰线纹，线纹呈辐射状；盘外壁底部饰绳纹；柄上饰弦纹，有两层镂孔，每层镂三个长条方形孔，下层孔残。口径22.6、残高12.5厘米（图五〇四，5）。

03EH16

位于03ET2406东部，延伸至隔梁。开口于第2层下，打破第4层。弧壁，圜底。坑口径1.4米，坑深0.32米。填土灰褐色，土质较疏松，内含烧土粒和木炭粒。包含器类有陶鬲、瓮、盆等。

标本4件，均为陶器。

陶鬲足 2件。标本03EH16∶2，Aa型Ⅲ式。夹砂褐陶。圆柱状足。足外侧一道竖刻槽。残高12.4厘米（图五〇五，2）。标本03EH16∶3，Aa型Ⅳ式。夹砂灰褐陶。椭圆柱状足。足外侧一道竖刻槽，足底面饰条纹。残高9.4厘米（图五〇五，4）。

陶瓮 1件。标本03EH16∶4，Gd型。泥质褐陶。敞口，方唇，斜弧肩。素面。口径14、残高2.5厘米（图五〇五，3）。

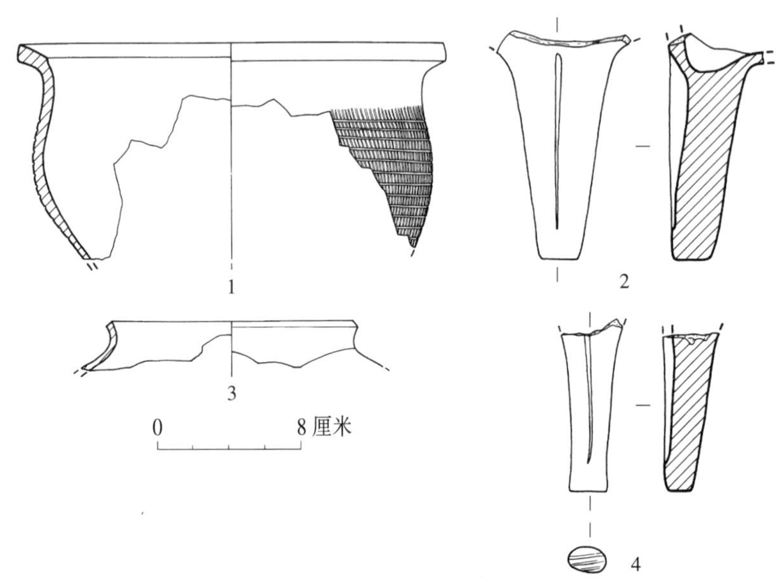

图五〇五 03EH16出土陶器

1. Aa型Ⅳ式盆（03EH16∶1） 2. Aa型Ⅲ式鬲足（03EH16∶2） 3. Gd型瓮（03EH16∶4） 4. Aa型Ⅳ式鬲足（03EH16∶3）

陶盆　1件。标本03EH16∶1，Aa型Ⅳ式。夹砂褐陶。敞口，斜折沿，方唇，弧直颈，弧肩，圆弧腹斜内收，口径大于腹径。腹饰弦断条纹。口径24、残高11.6厘米（图五〇五，1）。

03EH19

位于03ET2612内，南部延伸至隔梁。开口于第2层下，打破03EH5和03EH22。坑口平面略呈长方形，直壁，平底。坑口长4.76、宽3.75米，坑深1.6米。填土黄褐色，土质疏松，内含烧土块、石块、水晶石等。包含器类有陶鬲、鼎、甗、罐、瓮、盆、缸、钵、豆、纺轮和硬陶瓮等。

标本79件，其中陶器76件，硬陶器2件，水晶石1件。

陶鬲　4件。标本03EH19∶10，Aa型Ⅳ式。夹砂红褐陶，器表有烟熏痕迹。敞口，斜沿，方唇，弧颈，溜肩，弧腹斜内收，鬲身呈罐形，口径略大于腹径。肩、腹及足根饰绳纹。口径18.8、残高14.2厘米（图五〇六，4）。标本03EH19∶66，Aa型。夹砂灰褐陶。敞口，弧沿，圆唇，斜弧颈，弧腹，鬲身呈罐形。腹饰弦断交错绳纹。口径16、残高6厘米（图五〇六，10）。标本03EH19∶14，Af型Ⅲ式。夹砂红褐陶，器内壁灰黑色。敞口，斜弧沿，圆唇，弧直腹内收，鬲身呈罐形，口径大于腹径，下弧裆，器内壁底部与足根对接处有较深足窝，圆柱状足，足芯明显，包足清晰。器内壁有指窝按压痕迹，上腹饰弦断绳纹，下腹、底及足根饰绳纹。口径13.4、残高12.4厘米（图五〇六，7；彩版一四，3）。标本03EH19∶11，Ba型Ⅳ式。夹砂褐陶，器表有烟熏痕迹。流残，敞口，斜弧沿，方唇，弧颈，斜弧折肩，弧腹斜内收，鬲身呈小口罐形，口径小于腹径，圆柱状足足尖残，器内壁底部与足根对接处有较深足窝。肩部有泥钉，肩、上腹饰弦断绳纹，下腹、底及足根饰绳纹，足外侧三个小圆窝和一道竖刻槽。口径16、残高29厘米（图五〇六，1；彩版一五，2）。

陶鬲足　6件。标本03EH19∶20，Aa型Ⅱ式。夹砂褐陶。圆柱状截锥足。足外侧一道竖刻槽，足根饰条纹。残高9.4厘米（图五〇六，3）。标本03EH19∶23，Aa型Ⅱ式。夹砂褐陶。圆柱状截锥足。足外侧一道竖刻槽，足根饰条纹。残高10.6厘米（图五〇六，8）。标本03EH19∶82，Aa型Ⅱ式。夹砂黄褐陶。圆柱状截锥足。足外侧一道竖刻槽，足根饰条纹。残高10.2厘米（图五〇六，2）。标本03EH19∶18，Ab型Ⅱ式。夹砂黄褐陶。圆柱状截锥足，外侧残存三个圆窝。足外侧一道竖刻槽，足根饰条纹。残高11.8厘米（图五〇六，6）。标本03EH19∶81，Ac型Ⅰ式。夹砂黄褐陶。椭圆柱状截尖锥足，足窝较深。足根饰条纹。残高15.6厘米（图五〇六，5）。标本03EH19∶26，B型Ⅰ式。夹砂褐陶。圆柱状锥足。足外侧有三道呈枝杈形刻槽，足根饰条纹。残高11.4厘米（图五〇六，9）。

陶甗耳　3件。标本03EH19∶55，Aa型。夹砂黄褐陶。口沿外侧贴施泥片护耳，耳内甗壁上戳圆形穿孔。器表和耳面饰条纹（图五〇七，4）。标本03EH19∶57，Aa型。夹砂黄褐陶。口沿外侧贴施泥片护耳，耳内甗壁上戳圆形穿孔。器表间断条纹，耳面饰条纹（图五〇七，8）。标本03EH19∶56，Ab型。夹砂灰褐陶。口沿外侧贴施泥片护耳，耳内甗壁上戳圆形穿孔。器表饰弦断绳纹，耳面饰绳纹（图五〇七，11）。

陶甗腰　2件。标本03EH19∶12，D型。夹细砂褐陶，器表有烟熏痕迹。甑下腹斜直内收，束腰支箅。器表饰压印方格纹。残高8.5厘米（图五〇七，9）。标本03EH19∶75，D型。夹细砂黄灰陶，器表有烟熏痕迹。甑下腹弧内收，束腰支箅。器表饰压印方格纹。残高8.2厘米（图五〇七，6）。

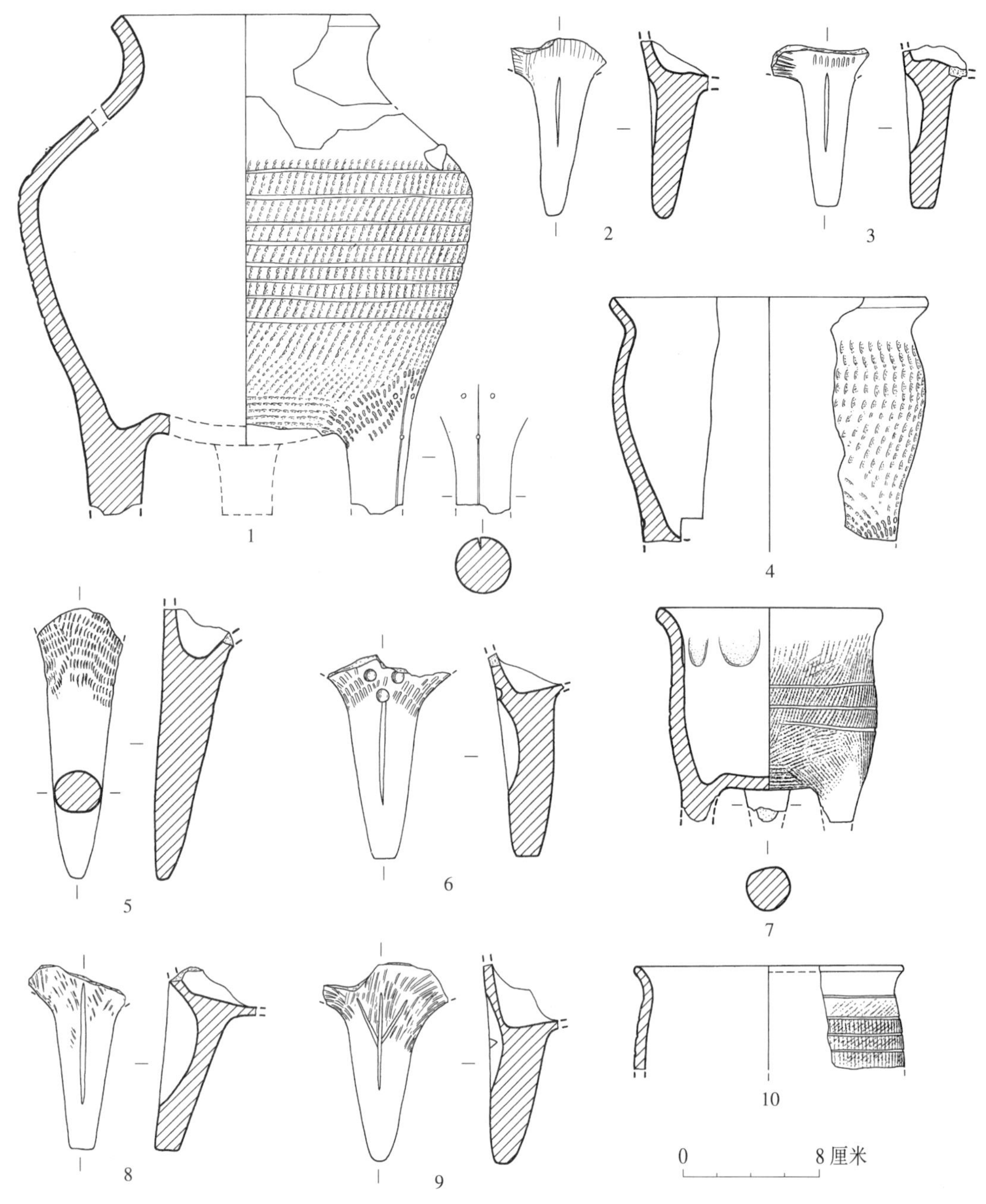

图五〇六 03EH19 出土陶器

1. Ba 型Ⅳ式鬲（03EH19:11） 2、3、8. Aa 型Ⅱ式鬲足（03EH19:82、20、23） 4. Aa 型Ⅳ式鬲（03EH19:10） 5. Ac 型Ⅰ式鬲足（03EH19:81） 6. Ab 型Ⅱ式鬲足（03EH19:18） 7. Af 型Ⅲ式鬲（03EH19:14） 9. B 型Ⅰ式鬲足（03EH19:26） 10. Aa 型鬲（03EH19:66）

陶甗足 1件。标本03EH19:27，Da型。夹砂灰褐陶。椭圆柱状矮足略呈蹄形，足根有足窝。下腹饰条纹。残高8.2厘米（图五〇七，10）。

陶鼎 4件。标本03EH19:60，Da型。仿铜。夹砂褐陶。直口微敛，平沿，方唇，斜直颈，立耳呈圆角长方形，弧腹。腹部残有呈“I”字形竖泥条。残高18.3厘米（图五〇八，1）。标本03EH19:8，Db型Ⅱ式。仿铜。夹细砂磨光红衣黄灰胎陶，器表有烟熏痕迹。直口，平沿，沿面内勾呈一道凹槽，方唇，斜直颈，垂腹，鼎身呈对称双立耳釜形，口径小于腹径，柱状足，耳残。唇面饰条纹，上腹饰五周凹弦纹，其间等距离饰四组叶脉纹，中、下腹饰弦断条纹，底及足根饰条纹。口径24.6、残高19.6厘米（图五〇八，4；彩版一九，2）。标本03EH19∶76，Db型。仿铜。夹砂黄褐陶。敛口，平沿，方唇，斜直颈，垂腹，鼎身呈对称双立耳釜形，口径小于腹径，耳残。腹饰凹弦纹。口径24、残高9.2厘米（图五〇七，3）。标本03EH19∶59，Dd型。仿铜。夹砂褐陶。敞口，平沿，方唇，直颈，垂腹，鼎身呈对称双立耳釜形。颈部一周凸棱，腹部残有云纹。口径16、残高6.2厘米（图五〇八，8）。

陶鼎足　6件。标本03EH19∶19，Aa型。夹砂黄褐陶。圆柱状足。素面。残高9.7厘米（图五〇七，7）。标本03EH19∶83，Ab型。夹砂黄褐陶。圆柱状截锥足。足内侧一道竖刻槽，足根和足底面饰绳纹。残高12.4厘米（图五〇八，7）。标本03EH19∶21，Ab型。夹砂黄褐陶。圆柱状足。足内侧一道竖刻槽，足根饰条纹。残高11.4厘米（图五〇八，6）。标本03EH19∶22，Ab型。夹砂褐陶。圆柱状足。足内侧一道竖刻槽，足根饰绳纹。残高14.6厘米（图五〇八，3）。标本

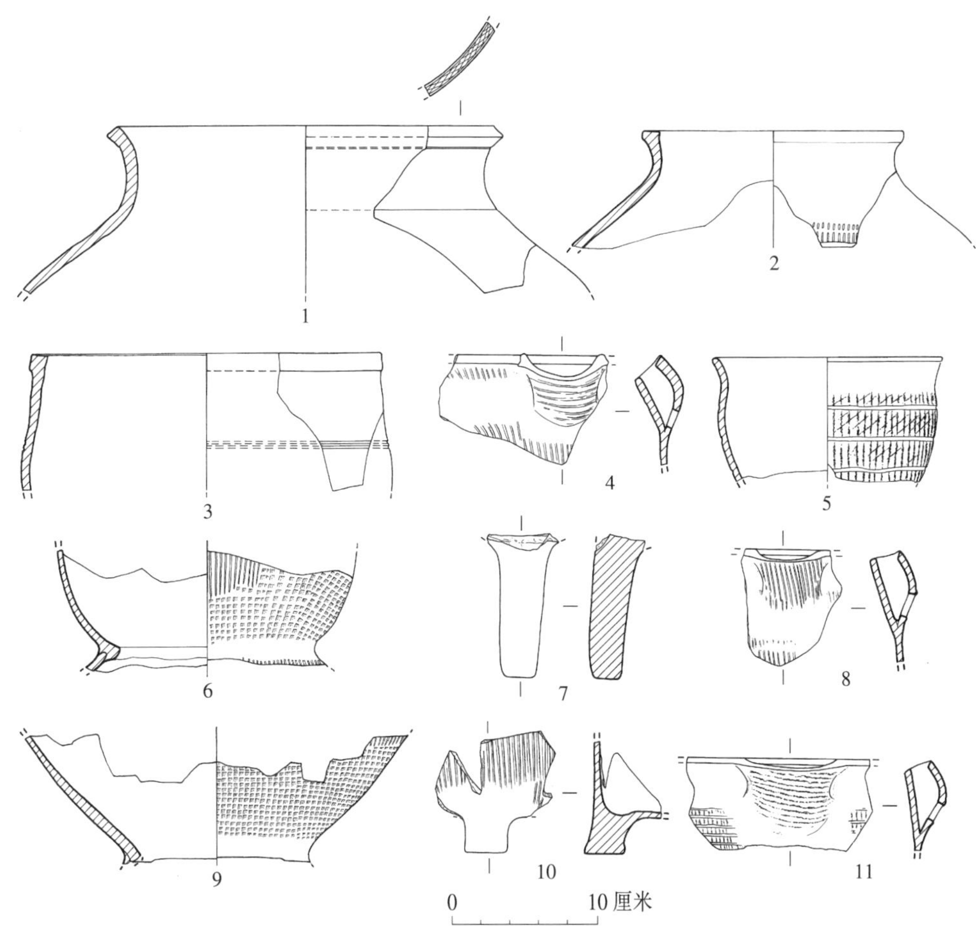

图五〇七　03EH19出土陶器

1. Ga型Ⅳ式罐（03EH19∶77）　2. H型Ⅲ式罐（03EH19∶70）　3. Db型鼎（03EH19∶76）　4、8. Aa型甗耳（03EH19∶55、57）　5. Ba型Ⅳ式盆（03EH19∶65）　6、9. D型甗腰（03EH19∶75、12）　7. Aa型鼎足（03EH19∶19）　10. Da型甗足（03EH19∶27）　11. Ab型甗耳（03EH19∶56）

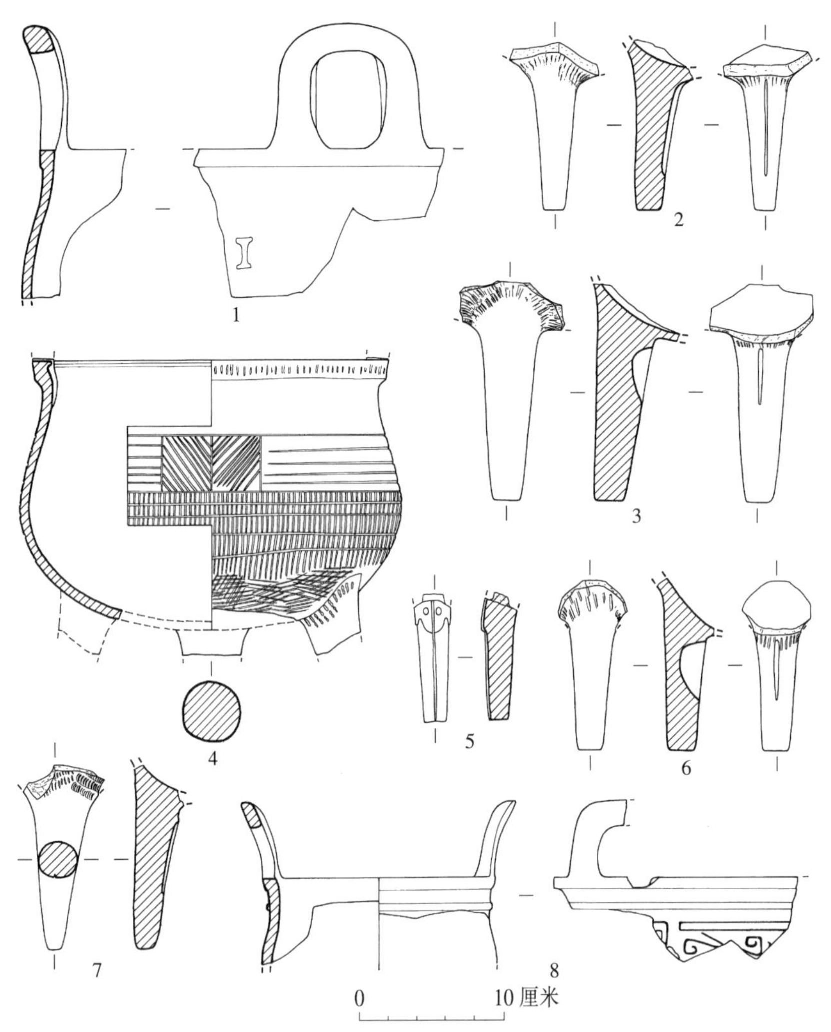

图五〇八 03EH19出土陶器

1. Da型鼎（03EH19:60） 2、3、6. Ab型鼎足（03EH19:24、22、21） 4. Db型Ⅱ式鼎（03EH19:8） 5. Af型鼎足（03EH19:6） 7. Ab型鼎足（03EH19:83） 8. Dd型鼎（03EH19:59）

03EH19:24，Ab型。夹砂黄褐陶。圆柱状足。足内侧一道竖刻槽，足根饰绳纹。残高11.2厘米（图五〇八，2）。标本03EH19:6，Af型。夹砂褐陶。圆柱状足，足根有短榫。刻划一道竖槽，外侧隆起饰兽面形纹。残高8.6厘米（图五〇八，5）。

陶罐 2件。标本03EH19:77，Ga型Ⅳ式。夹砂黄陶。敞口，弧沿，方唇，弧直颈，圆肩。口沿沿面饰一周网格纹。口径26、残高11.2厘米（图五〇七，1）。标本03EH19:70，H型Ⅲ式。夹细砂灰黄陶。直口微敞，平沿，方唇，弧直颈，斜弧肩。肩部饰间断条纹。口径18、残高8厘米（图五〇七，2）。

陶瓮 8件。标本03EH19:71，Aa型Ⅳ式。夹砂黄陶。敞口，弧沿，方唇，弧颈，小斜肩，弧腹。腹饰压印方格纹。口径34、残高8厘米（图五〇九，6）。标本03EH19:72，Ab型。夹砂黄褐陶。敞口，方唇，斜直颈，斜折肩。肩部一周等距离施乳丁，乳丁顶面有条纹，肩以下饰弦断条纹。口径44、残高13.4厘米（图五〇九，3）。标本03EH19:69，Ab型。夹砂黄褐陶。直口微

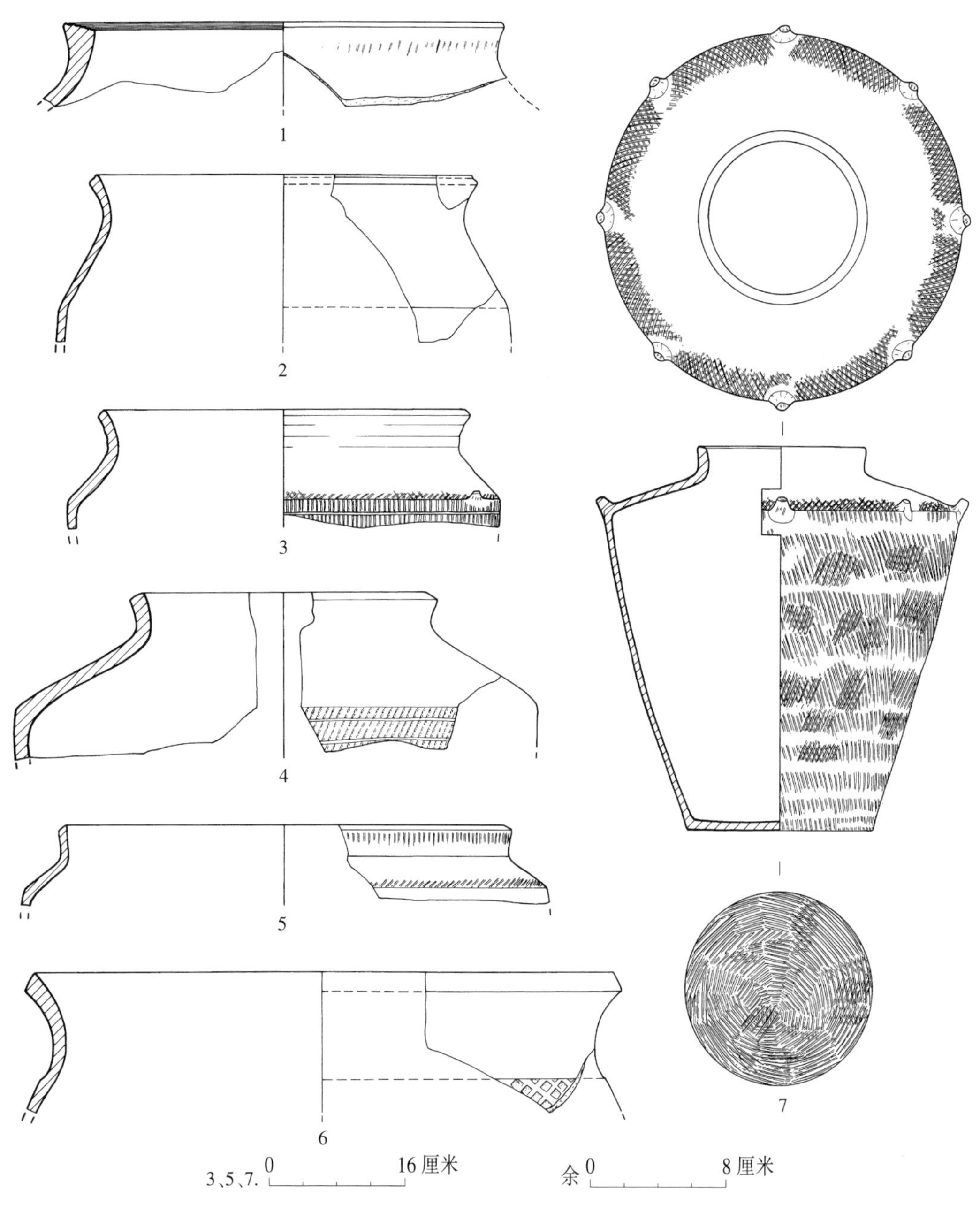

图五〇九　03EH19 出土陶瓮

1. Ec 型（03EH19∶68）　2. B 型Ⅲ式（03EH19∶78）　3、5. Ab 型（03EH19∶72、69）　4. Ef 型Ⅳ式（03EH19∶67）　6. Aa 型Ⅳ式（03EH19∶71）　7. Ea 型Ⅳ式（03EH19∶7）

敞，方唇，斜直颈，斜折肩。颈部纹饰被抹，肩部饰绳纹。口径 53.6、残高 9.2 厘米（图五〇九，5）。标本 03EH19∶73，B 型Ⅲ式。夹砂黄陶。敞口，斜沿，方唇，束颈，斜弧折肩。腹饰弦断条纹。口径 34、残高 9.6 厘米（图五一〇，5）。标本 03EH19∶78，B 型Ⅲ式。夹砂红褐陶。敞口，斜弧沿，方唇，弧颈，斜弧折肩，直腹。素面。口径 22、残高 9.6 厘米（图五〇九，2）。标本 03EH19∶7，Ea 型Ⅳ式。夹细砂褐陶，器表腹上局部有青灰色。器较高大。口小，口微敞，方唇，斜直颈，斜平折广肩，斜直深腹，平底。肩部一周等距离施顶面有条纹的八个乳丁，肩以下通饰

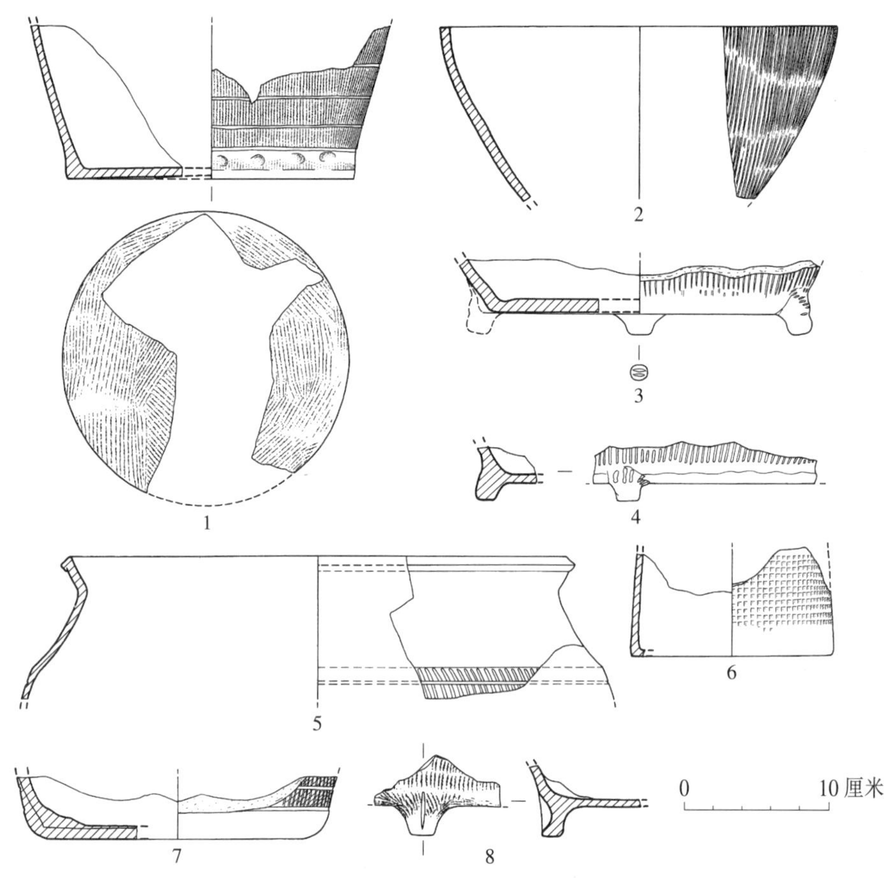

图五一〇 03EH19出土陶器

1. D型器底（03EH19:9） 2. Bb型缸（03EH19:17） 3、4. C型Ⅱ式盆足（03EH19:80、30） 5. B型Ⅲ式瓮（03EH19:73） 6. F型器底（03EH19:74） 7. B型器底（03EH19:79） 8. C型Ⅰ式盆足（03EH19:29）

抹断交叉条纹，底面饰旋涡状条纹。口径20、底径22.2、高44厘米（图五〇九，7；彩版二一，3）。标本03EH19:68，Ec型。夹砂褐陶。敛口，厚方唇，斜直颈。唇面饰四周凹弦纹，颈部纹饰被抹。口径26、残高4.8厘米（图五〇九，1）。标本03EH19:67，Ef型Ⅳ式。夹细砂褐陶。侈口，方唇，斜直颈，斜折广肩，直腹。腹部饰弦断绳纹。口径18、残高9.6厘米（图五〇九，4）。

陶缸 1件。标本03EH19:17，Bb型。夹细砂红褐陶。直口微敛，方唇，斜弧腹内收。腹部通饰条纹。口径27.6、残高11.6厘米（图五一〇，2）。

陶缸圈足 2件。标本03EH19:5，Bb型。夹砂褐陶。斜直腹内收，圜底，矮圈足。器表饰条纹，下腹残留两周凸棱，凸棱顶面压印条纹。残高10.2厘米（图五一一，4；图版四〇，1）。标本03EH19:63，Bd型。夹砂黄褐陶。斜直腹内收，矮圈足。器表饰条纹，下腹残留一周凸棱，凸棱顶面和圈足底面压印条纹。底径14、残高5.2厘米（图五一一，11）。

陶盆 1件。标本03EH19:65，Ba型Ⅳ式。夹砂灰褐陶，器表有烟熏痕迹。侈口，斜弧沿，圆唇，斜直颈，溜肩，弧腹。腹饰弦断交错绳纹。口径16、残高8.4厘米（图五〇七，5）。

陶盆足 3件。标本03EH19:29，C型Ⅰ式。夹砂灰褐陶。椭圆柱状矮足。下腹饰间断绳纹，底及足根饰绳纹，足外侧一道竖刻槽。残高4.8厘米（图五一〇，8）。标本03EH19:30，C型Ⅱ

式。夹砂黄灰陶。圆柱状矮足外撇。下腹及足根饰条纹。残高4厘米（图五一〇，4）。标本03EH19∶80，C型Ⅱ式。夹砂黄陶。下腹斜直内收，平底，圆柱状矮足外撇。下腹及足根饰条纹。底径21.5、残高5厘米（图五一〇，3）。

陶钵　1件。标本03EH19∶16，Ca型Ⅲ式。夹细砂褐陶。口微敛，圆唇，弧腹斜内收，平底。上腹部一个圆形泥钉，钉残，下腹至底饰条纹。口径19、底径7.6、高10.8厘米（图五一一，5；图版四三，3）。

陶豆　4件。标本03EH19∶33，Aa型。泥质磨光黑皮灰胎陶。敞口，圆唇，弧盘。素面。口径26、残高4厘米（图五一一，14）。标本03EH19∶13，Ca型Ⅲ式。夹细砂黄褐陶。直口微敛，圆唇，弧盘。素面。口径14、残高3.5厘米（图五一一，8）。标本03EH19∶15，Ca型Ⅲ式。夹细砂褐陶。直口，圆唇，弧盘。素面。口径15.4、残高4厘米（图五一一，7）。标本03EH19∶32，Ca型。夹细砂灰黄陶。仅存豆座。圆圈喇叭形豆柄座。素面。底径12、残高6厘米（图五一一，13）。

陶器流　1件。标本03EH19∶34，Ⅱ式。夹细砂褐陶。圆筒形流斜上侈，流口圆形。素面。流口径2.8、残长5厘米（图五一一，9）。

陶器耳　17件。标本03EH19∶47，Aa型。夹砂黄褐陶。鸟头形扁直耳，耳面横穿圆孔（图五一二，10）。标本03EH19∶51，Aa型。夹砂灰褐陶。鸟头形扁直耳，耳面横穿圆孔（图五一二，3）。标本03EH19∶53，Aa型。夹砂灰黄陶。鸟头形扁直耳，耳面横穿圆孔（图五一二，13；图版四九，1）。标本03EH19∶44，Ab型。夹砂黄灰陶。鸟头形扁直耳，耳根部横穿圆孔。器表饰弦断条纹（图五一二，11）。标本03EH19∶48，Ab型。夹砂黄褐陶。鸟头形扁直耳，耳根部横穿圆孔。耳顶面饰条纹（图五一二，14）。标本03EH19∶46，Ad型。夹砂黄褐陶。圆环扁直耳，耳面横穿圆孔。耳顶面饰条纹（图五一二，9）。标本03EH19∶50，Ad型。夹砂灰黄陶。扁直耳略呈鸟头形，耳面横穿圆孔（图五一二，12）。标本03EH19∶40，Bc型。夹砂黄褐陶。长方形泥片状横耳，耳顶平，耳面斜上翘。素面（图五一二，8）。标本03EH19∶43，Bd型。夹砂黄褐陶。长方形泥片状横耳，耳顶面压印凹凸不平条纹呈鸡冠状，耳面弧上侈。器表饰弦断条纹（图五一二，15）。标本03EH19∶42，Be型。夹砂黄褐陶。长方形泥片状横耳，耳顶弧，耳面微折斜上侈。耳顶面饰条纹（图五一二，16）。标本03EH19∶41，Be型。夹砂黄褐陶。长方形泥片状横耳，耳顶面压印凹凸不平条纹呈鸡冠状，耳面微折弧上侈，耳根厚。器表饰条纹（图五一二，19）。标本03EH19∶38，Bf型。夹砂褐陶。长方形泥片状横耳，耳顶面压印条纹略呈鸡冠状，耳面斜弧折上勾。耳面饰条纹（图五一二，18）。标本03EH19∶37，Bf型。夹砂红褐陶。长方形泥片状横耳，耳顶面凹凸不平呈鸡冠状，耳面斜弧折直上侈。器表和耳面饰条纹（图五一二，4）。标本03EH19∶36，Bg型。夹砂黄褐陶。长方形泥片状横耳，耳顶面凹凸不平呈鸡冠状，耳中部折上翘。耳面饰条纹（图五一二，5）。标本03EH19∶39，Bg型。夹砂黄褐陶。长方形泥片状横耳，耳顶面压印凹凸不平条纹呈鸡冠状，耳面斜上侈。耳面饰条纹（图五一二，7）。标本03EH19∶61，Ca型。夹砂灰黄陶。环耳，截面呈圆形。素面（图五一二，1）。标本03EH19∶58，G型。夹砂褐陶。器表附加泥条抠耳，耳面根部两边饰圆窝，其中一边四个，一边残有三个（图五一二，2）。

陶器鋬　2件。标本03EH19∶35。Aa型。夹细砂灰白陶。椭圆柱形器鋬，鋬根有圆形短榫头，鋬端弧，微上翘呈鸟首形（图五一二，6）。标本03EH19∶62，B型。夹砂褐陶。鋬呈鸟形，鋬根

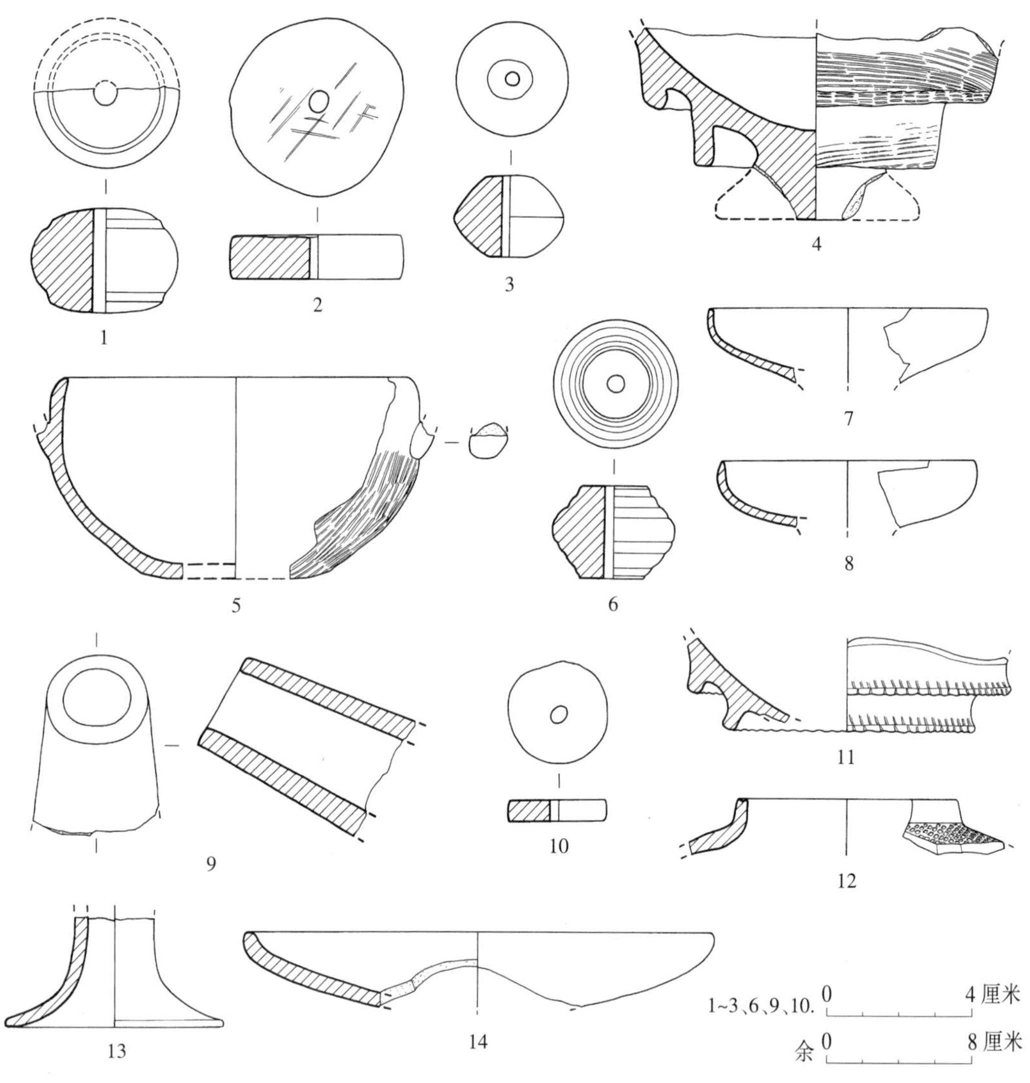

图五一一　03EH19 出土器物

1. B 型Ⅲ式陶纺轮（03EH19∶2）　2、10. Cc 型Ⅰ式陶纺轮（03EH19∶3、31）　3. Aa 型Ⅴ式陶纺轮（03EH19∶1）　4. Bb 型陶缸圈足（03EH19∶5）　5. Ca 型Ⅲ式陶钵（03EH19∶16）　6. B 型Ⅱ式陶纺轮（03EH19∶4）　7、8. Ca 型Ⅲ式陶豆（03EH19∶15、13）　9. Ⅱ式陶器流（03EH19∶34）　11. Bd 型陶缸圈足（03EH19∶63）　12. B 型硬陶瓮（03EH19∶64）　13. Ca 型陶豆（03EH19∶32）　14. Aa 型陶豆（03EH19∶33）

有环耳，鋬、环耳截面椭圆形，耳环残，鋬弧上扬。刻划羽毛形纹样（图五一二，17）。

陶器底　3 件。标本 03EH19∶79，B 型。夹砂灰黄陶。下腹斜弧内收，平底。下腹饰弦断交叉条纹。壁底相交处有明显贴抹层。底径 18、残高 4.2 厘米（图五一〇，7）。标本 03EH19∶9，D 型。夹砂褐红陶。下腹斜直内收，平底微内凹。下腹饰弦断绳纹，底缘一周手指按窝纹，底面饰交错绳纹。底径 19.8、残高 10.3 厘米（图五一〇，1）。标本 03EH19∶74，F 型。夹砂黄褐陶。腹壁直，腹底相接夹角小于 90°，平底。腹饰压印方格纹。底径 14、残高 7.2 厘米（图五一〇，6）。

陶纺轮　5 件。标本 03EH19∶1，Aa 型Ⅴ式。夹细砂灰陶。厚体，圆形，两面平，平面略呈椭圆形，椭圆中间一直壁圆孔，周壁中部圆弧，圆弧上下面斜弧。直径 3.1、孔径 0.4、厚 2.2 厘米

(图五一一，3)。标本03EH19:4，B型Ⅱ式。夹细砂灰褐陶。圆形，两面平，圆中间一直壁圆孔，周壁中部圆鼓。圆鼓上下斜面饰凹弦纹。直径3.4、孔径0.4、厚2.5厘米（图五一一，6；图版五六，8)。标本03EH19:2，B型Ⅲ式。泥质灰白陶。厚体，圆形，两面弧，截面略呈椭圆形，圆中间一直壁圆孔。周壁中间凸鼓，凸鼓上下斜面施凹凸棱。直径4、孔径0.7、厚2.8厘米（图五一一，1)。标本03EH19:3，Cc型Ⅰ式。泥质灰陶。扁圆形，两面平，圆中间一个直壁圆孔，周

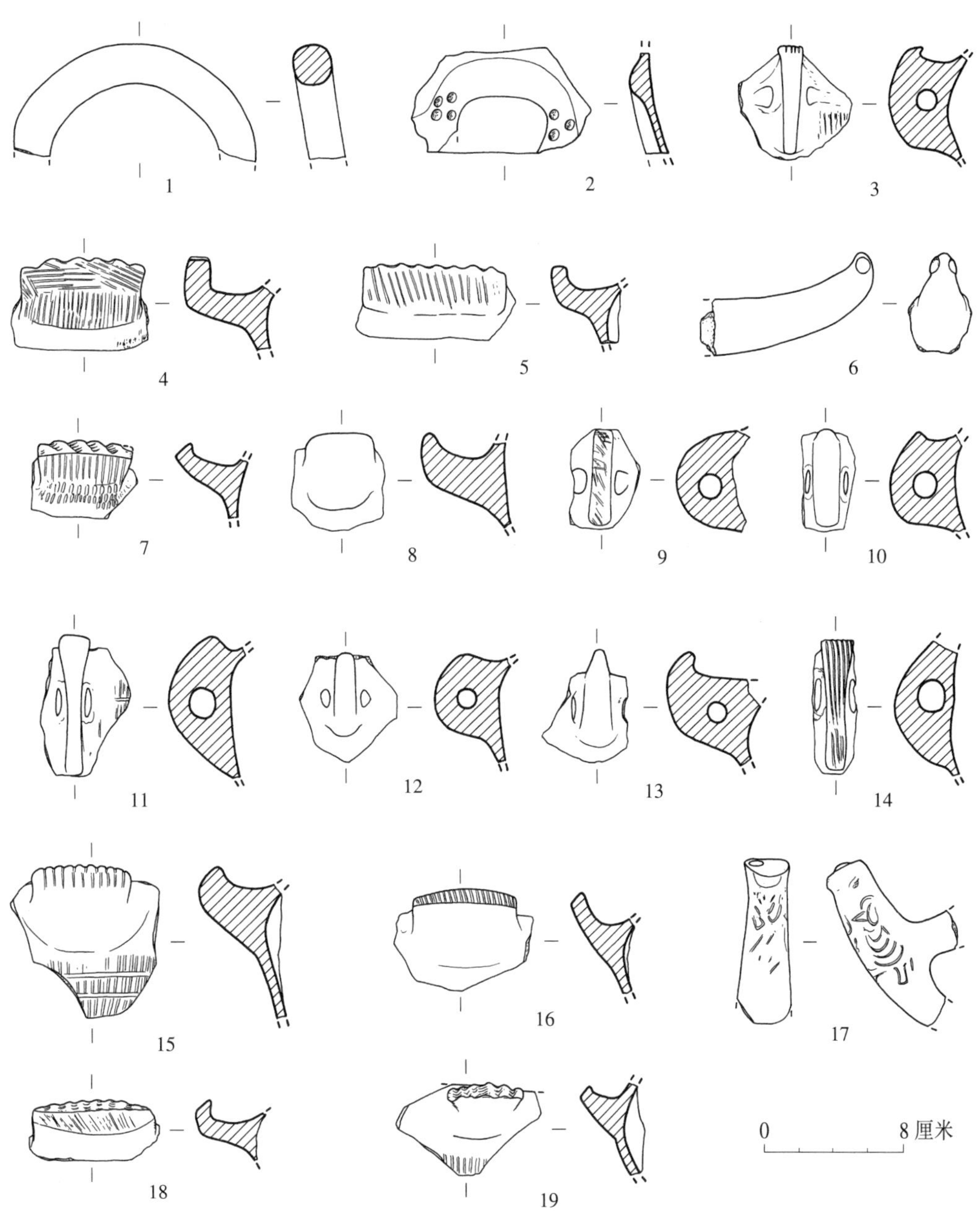

图五一二　03EH19出土陶器

1. Ca型器耳（03EH19:61）　2. G型器耳（03EH19:58）　3、10、13. Aa型器耳（03EH19:51、47、53）　4、18. Bf型器耳（03EH19:37、38）　5、7. Bg型器耳（03EH19:36、39）　6. Aa型器鋬（03EH19:35）　8. Bc型器耳（03EH19:40）　9、12. Ad型器耳（03EH19:46、50）　11、14. Ab型器耳（03EH19:44、48）　15. Bd型器耳（03EH19:43）　16、19. Be型器耳（03EH19:42、41）　17. B型器鋬（03EH19:62）

壁直。一面有划纹。直径4.8、孔径0.5、厚1.2厘米（图五一一，2）。标本03EH19∶31，Cc型Ⅰ式。泥质灰陶。扁圆形，两面平，圆中间一个直壁椭圆孔，周壁直。素面。直径2.7～2.8、孔径0.4～0.6、厚0.6厘米（图五一一，10）。

硬陶瓮 1件。标本03EH19∶64，B型。灰褐硬陶。直口，方唇，斜直颈，斜肩。唇面一周凹弦纹，肩部压印方格纹。口径12、残高3厘米（图五一一，12）。

硬陶片 1件。标本03EH19∶25，器类不明。黄灰硬陶。饰菱形方格纹和云纹（图二九八，6）。

水晶石 1件。标本03EH19∶28，淡紫色，晶莹透亮。略呈不规则椭圆形。长径12、短径8.6、最厚4.2厘米（彩版三五，6）。

03EH22

位于03ET2612探方内。开口于第2层下，被03EH19打破，打破03EH39。坑口平面呈椭圆形，直壁，圜底。坑口长径4.55、短径3.3米，坑深1.7米。填土黄褐色，土质较疏松，内含烧土块和矿石。包含有陶鬲、甗、鼎、罐、瓮、罍、壶、缸、盆、钵形器、豆、支（拍）垫、饼、铙形器和硬陶器等。

标本85件，其中陶器84件，硬陶器1件。

陶鬲 7件。标本03EH22∶47，Ac型Ⅳ式。夹砂黄褐陶。敞口，斜沿，方唇，弧颈，圆肩，圆弧腹，鬲身呈罐形，口径小于腹径。颈部饰条纹，肩、腹部饰弦断条纹。口径18、残高8厘米（图五一三，1）。标本03EH22∶48，Ac型。夹砂灰褐陶。敞口，斜弧沿，方唇，弧颈，鬲身呈罐形，口径小于腹径。颈部饰绳纹，肩、腹部饰弦断绳纹。口径22、残高6厘米（图五一三，2）。标本03EH22∶97，Ac型。夹细砂红褐陶。敞口，弧沿，方唇，弧束颈，弧肩。器表肩部饰条纹，肩腹相交处饰一周附加堆纹；器内壁有一周饰附加堆纹留下的手指按压窝纹。口径22.6、残高6.6厘米（图五一三，3）。标本03EH22∶17，Ad型Ⅳ式。夹砂褐陶，器表有烟熏痕迹。敞口，斜沿，方唇，弧颈，隆肩，弧腹内收，鬲身呈罐形，口径小于腹径。颈部饰条纹，肩、腹部饰弦断条纹，肩腹相交处一周附加堆纹，底及足根饰条纹。口径24.4、残高17.4厘米（图五一三，4；图版二〇，2）。标本03EH22∶18，Ba型。夹砂褐陶，器表有烟熏痕迹。口部残，斜弧折肩，弧腹内收，鬲身呈罐形，下弧裆，椭圆柱状足，器内壁底部与足根对接处有较深足窝。肩、腹饰弦断绳纹，底及足根饰绳纹，足外侧一道竖刻槽。残高15.3厘米（图五一三，7；图版二四，3）。标本03EH22∶29，Hb型Ⅱ式。夹砂褐陶，器表有烟熏痕迹。侈口，斜弧沿，圆唇，弧腹内收，鬲身呈盆形，口径大于腹径，平裆微上弧，器内壁底部与足根对接处有较浅足窝，圆柱状足。素面。口径9.2、残高6.2厘米（图五一三，6；图版二七，1）。标本03EH22∶30，Hb型Ⅱ式。夹砂褐陶，器表有烟熏痕迹。敞口，斜弧沿，圆唇，弧腹内收，鬲身呈盆形，口径大于腹径，器内壁底部与足根对接处有较浅足窝。腹及足根饰绳纹。口径13.2、残高8厘米（图五一三，5；图版二七，2）。

陶鬲足 11件。标本03EH22∶54，Aa型Ⅰ式。夹砂黄褐陶。圆柱状尖锥足，有足窝。足外侧一道竖刻槽，足根饰条纹。残高12.4厘米（图五一四，1）。标本03EH22∶57，Aa型Ⅰ式。夹砂黄褐陶。圆柱状尖锥足，有足窝。足外侧有一道刻槽，足根饰绳纹。残高13厘米（图五一四，11）。标本03EH22∶51，Ab型Ⅰ式。夹砂褐陶。圆柱状尖锥足，有足窝。足外侧四个圆窝、一道

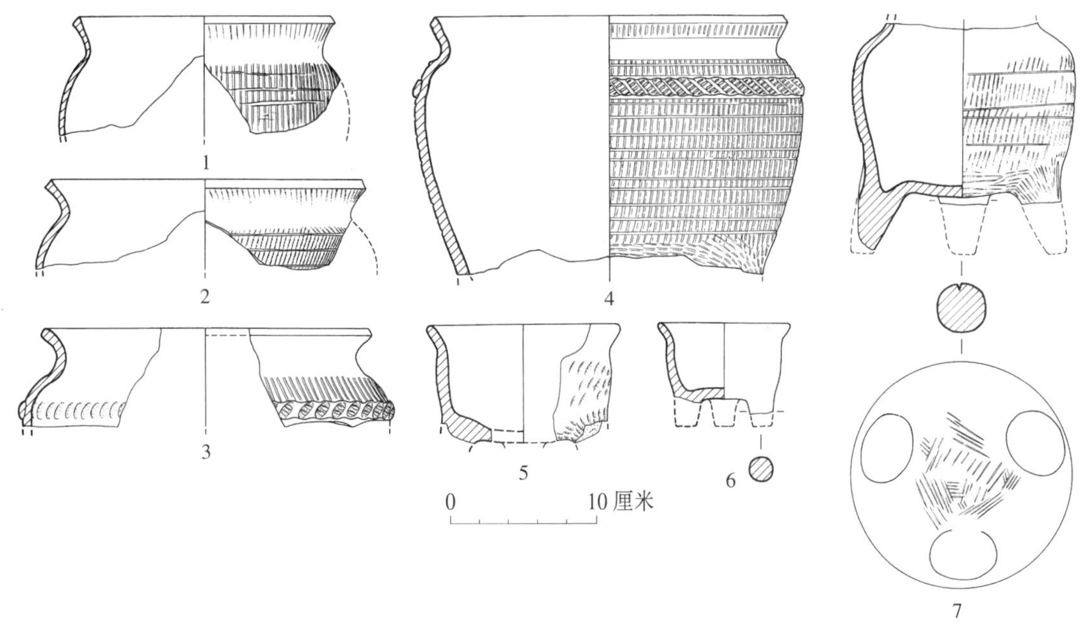

图五一三　03EH22出土陶鬲

1. Ac型Ⅳ式（03EH22∶47）　2、3. Ac型（03EH22∶48、97）　4. Ad型Ⅳ式（03EH22∶17）　5、6. Hb型Ⅱ式（03EH22∶30、29）　7. Ba型（03EH22∶18）

竖刻槽，足根饰绳纹。残高10.2厘米（图五一四，2）。标本03EH22∶53，Ab型Ⅰ式。夹砂褐陶。圆柱状尖锥足，有足窝。下腹饰弦断绳纹，足外侧两个圆窝、一道竖刻槽，足根饰绳纹。残高15.8厘米（图五一四，10）。标本03EH22∶64，Ab型。夹砂灰褐陶。圆柱状足足尖残，有足窝。足外侧三个圆窝，足根饰绳纹。残高12.8厘米（图五一四，9）。标本03EH22∶58，Ac型Ⅰ式。夹砂褐陶。圆柱状细高尖锥足，有足窝。足根饰条纹。残高17.2厘米（图五一四，6）。标本03EH22∶55，B型Ⅰ式。夹砂褐陶。圆柱状锥足，有足窝。下腹饰弦断条纹，足外侧有三道呈枝杈形刻槽，足根饰绳纹。残高11.9厘米（图五一四，3）。标本03EH22∶63，B型Ⅰ式。夹砂褐陶。圆柱状锥足，有足窝。下腹饰弦断条纹，足外侧有三道呈枝杈形刻槽，足根饰条纹。残高12.6厘米（图五一四，5）。标本03EH22∶50，C型Ⅰ式。夹砂黄褐陶。圆柱状尖锥足，有足窝。足外侧一个圆窝，一道竖刻槽，足根饰绳纹。残高10.6厘米（图五一四，8）。标本03EH22∶60，C型Ⅰ式。夹砂褐陶。圆柱状尖锥足，有足窝。足外侧三个圆窝，足根饰条纹。残高10.4厘米（图五一四，4）。标本03EH22∶70，D型Ⅰ式。夹砂褐陶。椭圆柱状矮锥足。素面。残高4.7厘米（图五一四，7）。

陶鼎　2件。标本03EH22∶22，Dc型Ⅲ式。仿铜。夹砂红褐陶。敛口，平沿，方唇，垂腹弧内收，鼎身呈对称双立耳釜形，口径小于腹径，沿面立对称圆角方形耳，耳残。腹部两周凹弦纹，中间饰一周交错条纹，底部饰绳纹。口径15.8、残高9.6厘米（图五一五，2；图版三二，4）。标本03EH22∶3，Dd型Ⅲ式。仿铜。夹砂褐陶，器表有烟熏痕迹。敞口，平沿，方唇，上腹斜弧，下腹外鼓弧内收，鼎身呈对称双立耳盆形，口径略小于腹径，底面有粘贴鼎足残痕，沿面立对称圆角方形耳，耳残。腹部两周凸棱，凸棱中间饰一周菱形方格纹，纹样用竖条凸棱间隔，底部饰交错条纹。口径20、残高11.5厘米（图五一五，1；图版三二，6）。

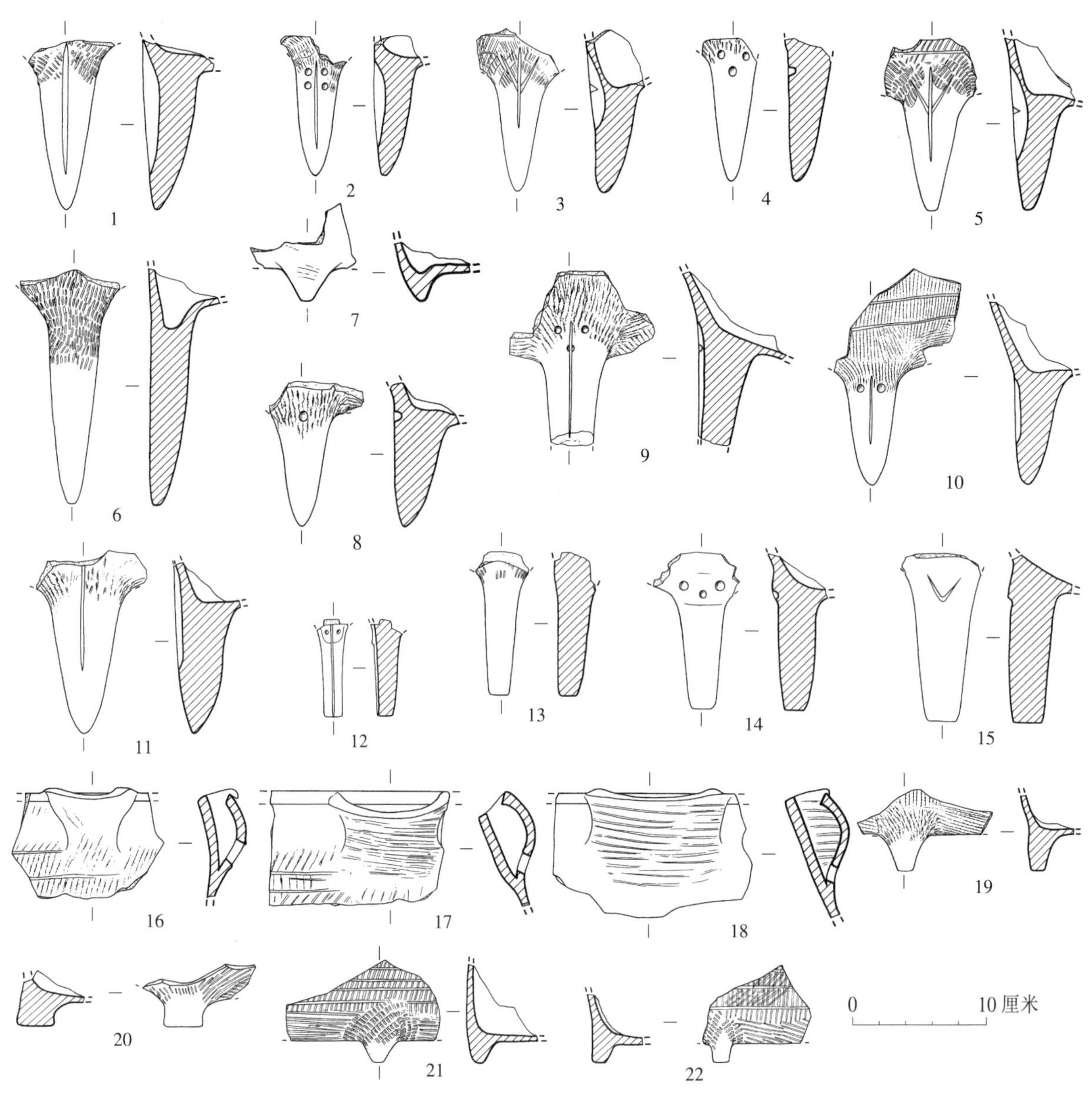

图五一四 03EH22 出土陶器

1、11. Aa 型Ⅰ式鬲足（03EH22:54、57） 2、10. Ab 型Ⅰ式鬲足（03EH22:51、53） 3、5. B 型Ⅰ式鬲足（03EH22:55、63） 4、8. C 型Ⅰ式鬲足（03EH22:60、50） 6. Ac 型Ⅰ式鬲足（03EH22:58） 7. D 型Ⅰ式鬲足（03EH22:70） 9. Ab 型鬲足（03EH22:64） 12、15. Af 型鼎足（03EH22:93、91） 13. Aa 型鼎足（03EH22:61） 14. Ae 型鼎足（03EH22:92） 16～18. Aa 型甗耳（03EH22:72、75、76） 19、22. Ac 型Ⅱ式甗足（03EH22:68、67） 20. Da 型甗足（03EH22:71） 21. Aa 型Ⅱ式甗足（03EH22:69）

陶鼎足 4 件。标本 03EH22:61，Aa 型。夹砂褐陶。圆柱状足，有圆形短榫头。足根饰条纹。残高 10.4 厘米（图五一四，13）。标本 03EH22:92，Ae 型。夹砂黄褐陶。圆柱状足，足根外侧隆起，上有三个圆窝。残高 11.5 厘米（图五一四，14）。标本 03EH22:91，Af 型。夹砂黄褐陶。椭圆柱状足，足根外侧隆起呈三角形。残高 12.4 厘米（图五一四，15）。标本 03EH22:93，Af 型。夹砂褐陶。圆柱状足，有圆形短榫头。足外侧一道竖刻槽，足根饰兽面形纹。残高 7.2 厘米（图五一四，12）。

陶甗耳 3 件。标本 03EH22:72，Aa 型。夹砂黄褐陶。口沿外侧贴施泥片护耳，耳内甗壁上

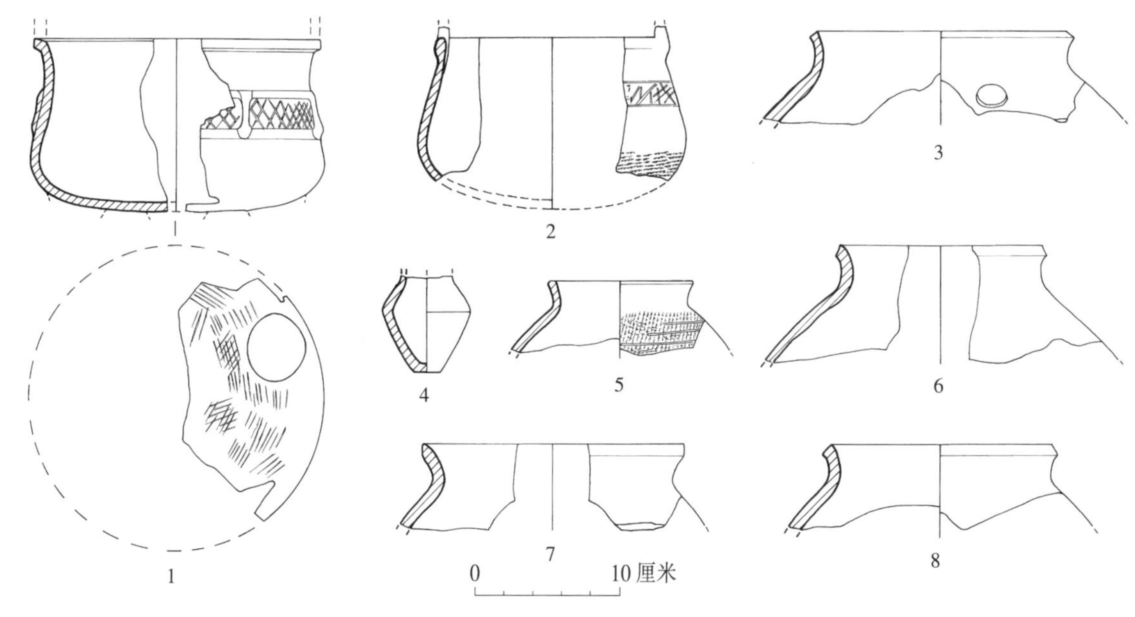

图五一五　03EH22出土陶器

1. Dd型Ⅲ式鼎（03EH22∶3）　2. Dc型Ⅲ式鼎（03EH22∶22）　3、6～8. Fd型Ⅲ式罐（03EH22∶9、16、36、34）　4. Ⅰ型罐（03EH22∶24）　5. Fc型罐（03EH22∶15）

戳圆形穿孔。器表饰弦断绳纹，耳面饰绳纹（图五一四，16）。标本03EH22∶75，Aa型。夹砂黄褐陶。口沿外侧贴施泥片护耳，耳内甗壁上戳圆形穿孔。器表饰弦断条纹，耳面饰条纹（图五一四，17）。标本03EH22∶76，Aa型。夹砂黄褐陶。口沿外侧贴施泥片护耳，耳内甗壁上戳圆形穿孔。耳面饰条纹（图五一四，18）。

陶甗足　4件。标本03EH22∶69，Aa型Ⅱ式。夹砂黄褐陶。圆柱状矮截锥足。下腹饰弦断交错条纹，底及足根饰条纹。残高7.5厘米（图五一四，21）。标本03EH22∶67，Ac型Ⅱ式。夹砂黄褐陶。椭圆柱状矮足。下腹饰弦断交错条纹，底及足根饰条纹。残高7.2厘米（图五一四，22）。标本03EH22∶68，Ac型Ⅱ式。夹砂黄褐陶。椭圆柱状矮足。下腹、底及足根饰绳纹。残高6厘米（图五一四，19）。标本03EH22∶71，Da型。夹砂黄褐陶。圆柱状矮足略呈蹄形，足根有足窝。底及足根饰条纹。残高4.6厘米（图五一四，20）。

陶罐　6件。标本03EH22∶15，Fc型。夹细砂黄褐陶。敞口，平沿，圆唇，斜直颈，斜弧肩。肩腹部饰弦断绳纹。口径10、残高5厘米（图五一五，5）。标本03EH22∶9，Fd型Ⅲ式。夹细砂红褐陶。敞口，方唇，弧直颈，斜弧肩。肩部残有一个椭圆形泥饼。口径18、残高7.2厘米（图五一五，3）。标本03EH22∶34，Fd型Ⅲ式。夹细砂黄褐陶。敞口，方唇，弧直颈，斜弧肩。素面。口径16、残高5.8厘米（图五一五，8）。标本03EH22∶16，Fd型Ⅲ式。夹细砂褐陶。敞口，方唇，弧直颈，斜弧肩。素面。口径14.4、残高7.8厘米（图五一五，6）。标本03EH22∶36，Fd型Ⅲ式。夹细砂红褐陶。敞口，斜弧沿，方唇，弧颈，斜弧肩。素面。口径18、残高5.6厘米（图五一五，7）。标本03EH22∶24，Ⅰ型。夹细砂褐陶。斜折肩，斜弧腹，平底。素面。底径2、残高6.4厘米（图五一五，4；图版三六，2）。

陶瓮　14件。标本03EH22∶20，Ab型Ⅳ式。夹砂红褐陶。敞口，斜弧沿，方唇，弧直颈，斜弧折肩，弧腹。肩、腹部饰弦断条纹，肩腹相交处等距离施四个乳丁。口径40、残高11.4厘米

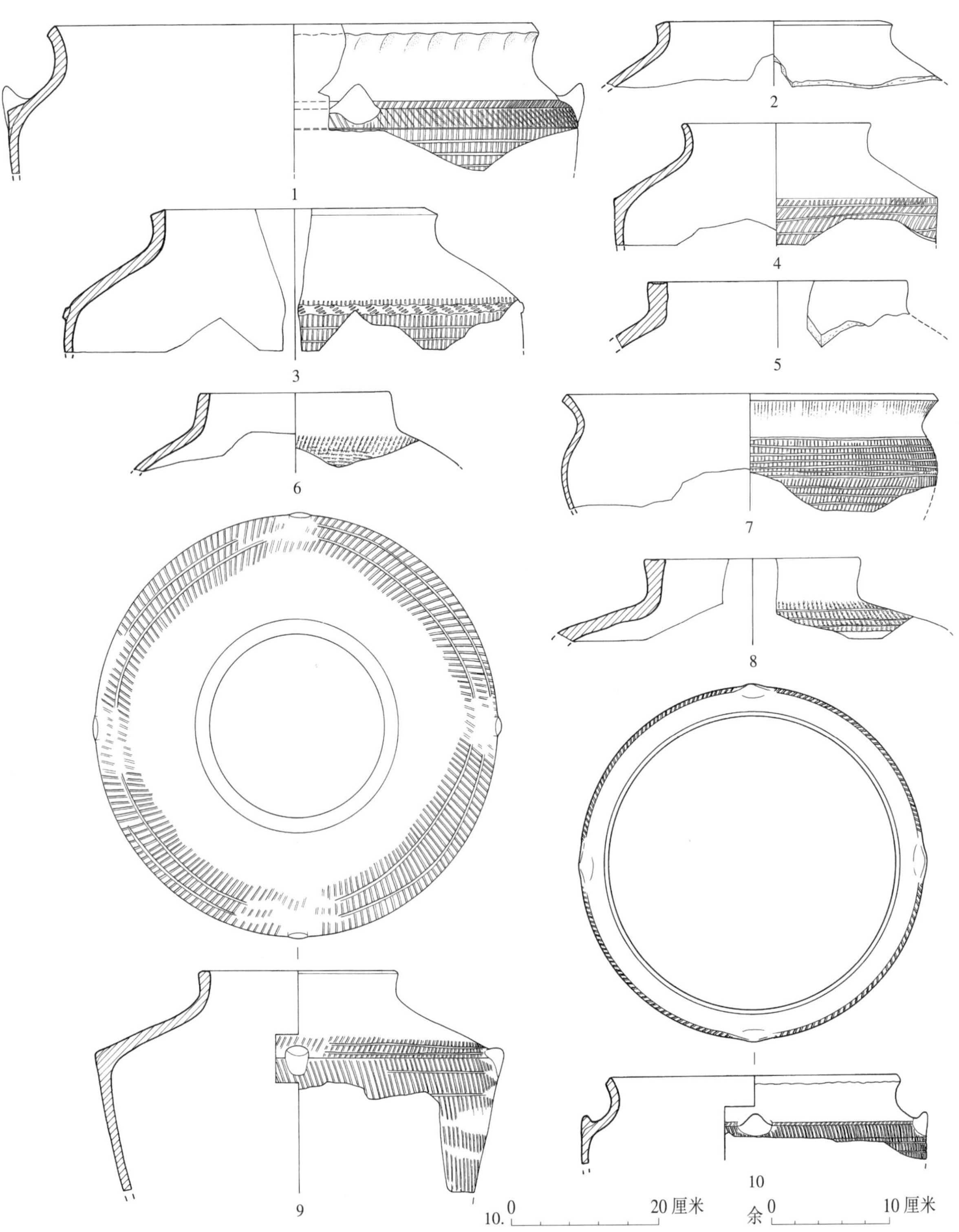

图五一六　03EH22 出土陶瓮

1、10. Ab 型Ⅳ式（03EH22∶37、20）　2、5、8. Ec 型（03EH22∶13、96、40）　3. Eg 型Ⅳ式（03EH22∶39）　4. Ef 型Ⅳ式（03EH22∶41）　6. Ga 型Ⅲ式（03EH22∶44）　7. Ca 型Ⅲ式（03EH22∶46）　9. Ea 型Ⅲ式（03EH22∶26）　10. Ab 型Ⅳ式（03EH22∶20）

（图五一六，10）。标本03EH22∶37，Ab型Ⅳ式。夹砂褐陶。口微敞，方唇，弧直颈，斜弧折肩。肩腹部饰弦断交错条纹，肩腹相交处残存两个乳丁。口径40、残高12.2厘米（图五一六，1）。标本03EH22∶46，Ca型Ⅲ式。夹砂灰褐陶。敞口，斜沿，方唇，束颈，斜弧肩，圆弧腹。颈部绳纹被抹，肩、腹部饰弦断绳纹。口径32、残高9.8厘米（图五一六，7）。标本03EH22∶26，Ea型Ⅲ式。夹砂黄褐陶。直口，厚方唇，斜直颈，斜弧折广肩，斜直腹。肩、腹部饰弦断条纹，肩腹相交处等距离施四个乳丁。口径17.2、残高18.2厘米（图五一六，9）。标本03EH22∶95，Ea型。夹砂黄褐陶。直口微敞，方唇，斜直颈，斜广折肩。肩部饰弦断条纹。口径17.2、残高7.5厘米（图五一七，1）。标本03EH22∶13，Ec型。夹砂黄褐陶。直口，厚方唇，直颈，斜弧肩。素面。口径20、残高5.6厘米（图五一六，2）。标本03EH22∶40，Ec型。夹砂褐陶。直口微敛，厚方唇，唇面一道凹槽，直颈，斜弧广肩。肩部饰弦断绳纹。口径18、残高6.6厘米（图五一六，8）。标本03EH22∶96，Ec型。夹砂黄陶。直口，厚方唇，直颈。唇面一道凹槽，槽内饰四周凹弦纹。口径22、残高5.4厘米（图五一六，5）。标本03EH22∶41，Ef型Ⅳ式。夹砂褐陶。侈口，圆唇，弧直颈，斜广折肩，斜直腹。腹部饰弦断条纹。口径16、残高10厘米（图五一六，4）。标本03EH22∶39，Eg型Ⅳ式。夹砂灰褐陶。直口，厚方唇，弧直颈，斜弧广肩，弧腹。肩腹部饰弦断条纹，肩腹相交处饰一周附加堆纹。口径24、残高11.8厘米（图五一六，3）。标本03EH22∶14，Fa型Ⅳ式。夹砂灰褐陶。直口，方唇，弧直颈，斜弧肩，弧腹。腹部饰弦断条纹。口径14、残高7.2厘米（图五一七，5）。标本03EH22∶42，Fb型Ⅳ式。夹细砂褐陶。敞口，厚方唇，唇面凹弧，短直颈，弧肩，斜弧腹。肩腹部饰弦断绳纹。口径16、残高7.2厘米（图五一七，4）。标本03EH22∶28，Fb型Ⅴ式。夹细砂黄褐陶。直口，厚方唇，短弧颈，弧隆肩，斜弧腹。腹部饰交错绳纹。口径14.4、残高6.5厘米（图五一七，3）。标本03EH22∶44，Ga型Ⅲ式。夹砂黄褐陶。敛口，方唇，斜直颈，弧肩。肩部饰弦断绳纹。口径16、残高6.2厘米（图五一六，6）。

陶罍　2件。标本03EH22∶27，Ca型Ⅲ式。夹细砂红褐陶。侈口，斜弧沿，方唇，弧颈，斜弧折肩，弧腹内收。肩腹部对称安鸟头形扁直耳，耳根部横穿圆孔。腹部饰弦断条纹。口径19.6、残高17厘米（图五一八，1）。标本03EH22∶35，Cb型Ⅱ式。夹细砂灰褐陶。直口微敞，方唇，斜直颈，斜弧肩。颈、肩部饰条纹。口径26、残高7.5厘米（图五一七，2）。

陶缸　1件。标本03EH22∶32，Ba型Ⅱ式。夹细砂红褐陶。敞口，方唇，弧腹斜内收。腹部饰条纹。口径19.6、残高11.3厘米（图五一八，2；图版三九，2）。

陶缸底　2件。标本03EH22∶88，Bb型。夹细砂黄褐陶。斜直腹内收。器表饰条纹，腹部残留两周凸棱。残高8厘米（图五一八，5）。标本03EH22∶5，Bc型。夹细砂红褐陶。斜直腹内收，平底。器表饰条纹，下腹残留两周凸棱。残高8.8厘米（图五一八，4；图版四〇，3）。

陶盆（底）足　1件。标本03EH22∶19，C型Ⅲ式。夹细砂褐陶。下腹斜直内收，平底，底安三个椭圆柱状足。腹饰弦断条纹，底及足饰条纹，足根外侧三个圆窝，足外侧一道竖刻槽，足底面饰条纹。残高18.2厘米（图五一八，3；图版四〇，6）。

陶豆　8件。标本03EH22∶1，Aa型Ⅴ式。夹细砂灰陶。敞口，方唇，弧盘，圆圈形柄残。柄上残有镂孔痕迹。口径22.4、残高5.2厘米（图五一九，8）。标本03EH22∶4，Aa型Ⅴ式。夹细砂灰皮褐胎陶。敞口，方唇，弧盘，圆圈形柄残。盘内底部饰线纹，线纹呈辐射状，外壁底部饰绳纹。口径21.6、残高5.8厘米（图五一九，7）。标本03EH22∶33，Aa型Ⅴ式。夹细砂黑皮褐胎

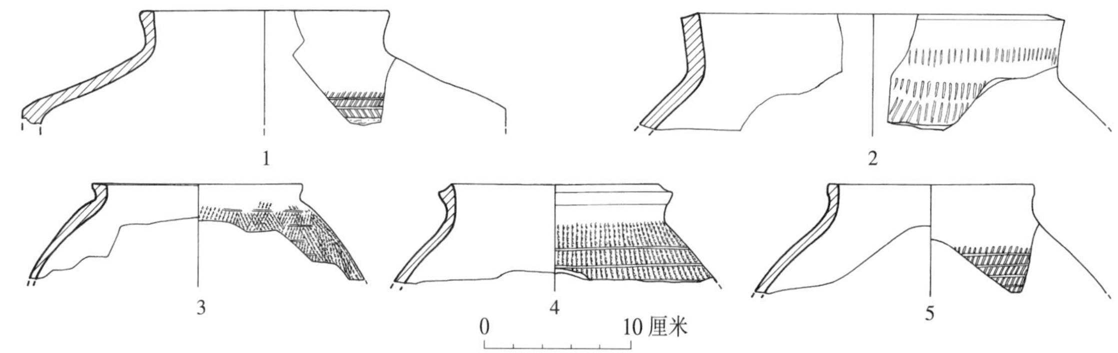

图五一七　03EH22出土陶器

1. Ea型瓮（03EH22:95）　2. Cb型Ⅱ式罍（03EH22:35）　3. Fb型Ⅴ式瓮（03EH22:28）
4. Fb型Ⅳ式瓮（03EH22:42）　5. Fa型Ⅳ式瓮（03EH22:14）

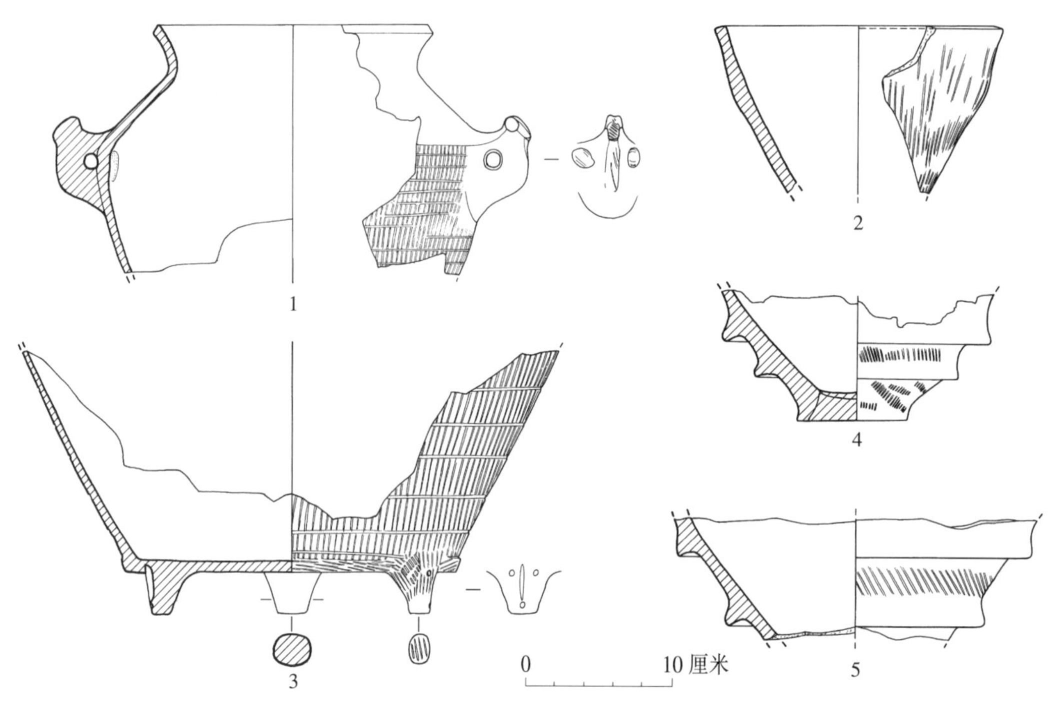

图五一八　03EH22出土陶器

1. Ca型Ⅲ式罍（03EH22:27）　2. Ba型Ⅱ式缸（03EH22:32）　3. C型Ⅲ式盆（底）足（03EH22:19）
4. Bc型缸底（03EH22:5）　5. Bb型缸底（03EH22:88）

陶。敞口，方唇，弧盘，圜底，圆圈形柄残。盘内底部饰线纹，线纹呈辐射状，外壁底部饰条纹；柄上饰弦纹，残存两层四个长条方形镂孔，其中上层三个，下层一个。口径23.2、残高16.2厘米（图五一九，1）。标本03EH22:90，Aa型。泥质磨光黑陶。敞口，方唇，弧盘。盘内一周凹弦纹，外壁底部饰绳纹。口径26、残高4厘米（图五一九，6）。标本03EH22:2，Ab型Ⅳ式。夹细砂灰陶。敞口，圆唇，折盘，圆圈形柄残。口径25.6、残高5.6厘米（图五一九，5）。标本03EH22:6，Ab型Ⅳ式。夹细砂褐陶。敞口，圆唇，折盘，圜底，圆圈形柄残。盘外壁底部饰绳纹，柄上残有镂孔痕迹。口径28、残高7.4厘米（图五一九，4）。标本03EH22:89，Ab型。泥质磨光黑陶。敞

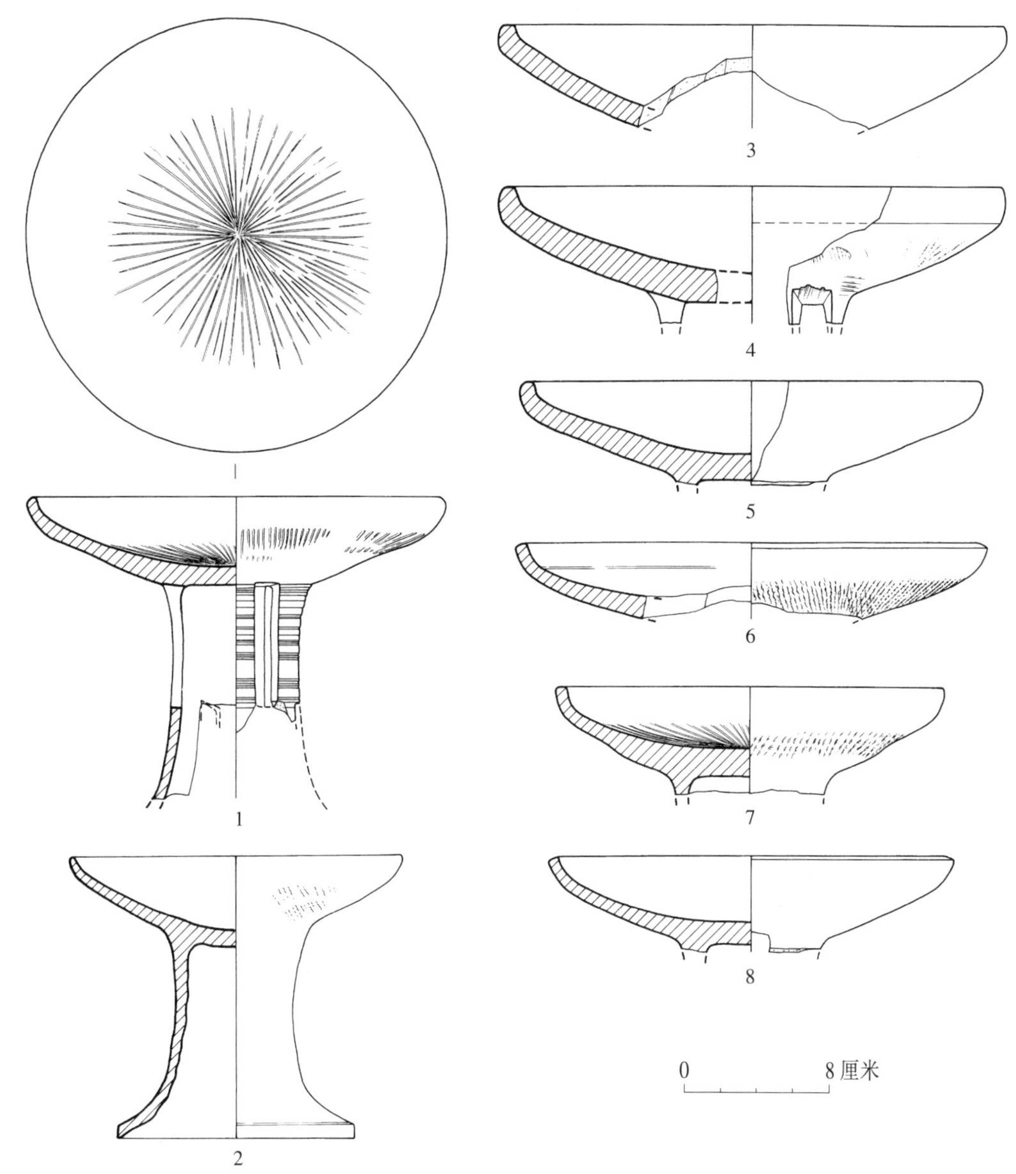

图五一九　03EH22出土陶器

1、7、8. Aa型Ⅴ式豆（03EH22∶33、4、1）　2. Ba型Ⅱ式豆（03EH22∶10）　3. Ab型豆（03EH22∶89）　4、5. Ab型Ⅳ式豆（03EH22∶6、2）　6. Aa型豆（03EH22∶90）

口，方唇，折盘。口径28、残高5.6厘米（图五一九，3）。标本03EH22∶10，Ba型Ⅱ式。夹细砂黑衣灰胎陶，黑衣多脱落。敞口，圆唇，圜底，圆圈形柄，喇叭口形豆座。盘外壁饰绳纹。口径18.6、底径13.2、高15.1厘米（图五一九，2；图版四六，4）。

陶壶　1件。标本03EH22∶11，D型Ⅱ式。夹细砂褐陶。直口，方唇，斜直颈，斜平折肩，弧腹，平底。颈部对称穿两个圆孔。口径3、高3.7～4厘米（图五二〇，4；图版三八，5）。

陶器耳　6件。标本03EH22∶83，Af型。夹砂黄褐陶。器表饰弦断条纹，扁直耳略呈猪头形，嘴部饰条纹，耳根部横穿圆孔（图五二〇，6）。标本03EH22∶87，Bc型。夹砂黄褐陶。长方形泥片状横耳，耳顶面凹凸不平呈鸡冠状，耳面斜弧折上翘（图五二〇，11）。标本03EH22∶85，Bf

型。夹砂黄褐陶。耳根套包在器身预留的榫头上。素面（图版四九，4）。标本03EH22∶49，Cb型。夹砂黄褐陶。耳整体略呈椭圆形，耳根套包在口沿上，耳体一半附着在器壁沿外至颈肩部，环耳顶部截面略呈椭圆形。素面（图五二〇，5）。标本03EH22∶81，Cb型。夹砂黄褐陶。耳整体略呈椭圆形，耳根套包在口沿上，下延部分残，环耳顶部截面略呈椭圆形。素面（图五二〇，9）。标本03EH22∶82，Cb型。夹砂褐陶。耳整体略呈圆角方形，耳根套包在口沿上，耳体一半附着在器壁沿外至颈肩部，环耳顶部截面略呈长方形。素面（图五二〇，7）。

陶器鋬　1件。标本03EH22∶78，Ab型。夹细砂黄灰陶。椭圆柱形器鋬，鋬中部弧，斜上侈（图五二〇，10）。

陶钵形器　1件。标本03EH22∶31，D型。泥质红褐陶。敛口，圆唇，弧腹。腹饰弦纹、条纹

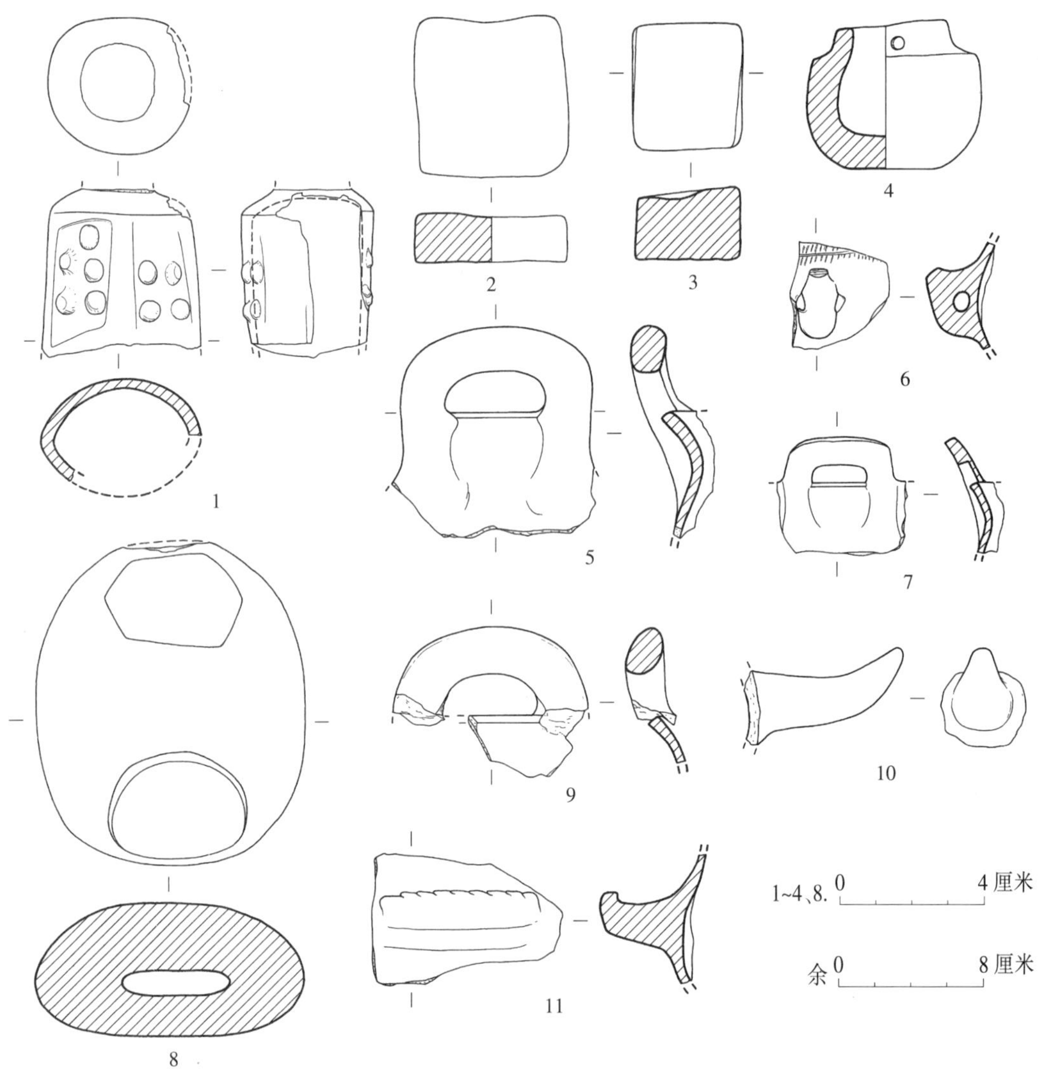

图五二〇　03EH22出土陶器

1. 铙形器（03EH22∶23）　2. B型Ⅰ式饼（03EH22∶94）　3. B型Ⅱ式饼（03EH22∶8）　4. D型Ⅱ式壶（03EH22∶11）　5、7、9. Cb型器耳（03EH22∶49、82、81）　6. Af型器耳（03EH22∶83）　8. Ab型Ⅳ式支（拍）垫（03EH22∶12）　10. Ab型器鋬（03EH22∶78）　11. Bc型器耳（03EH22∶87）

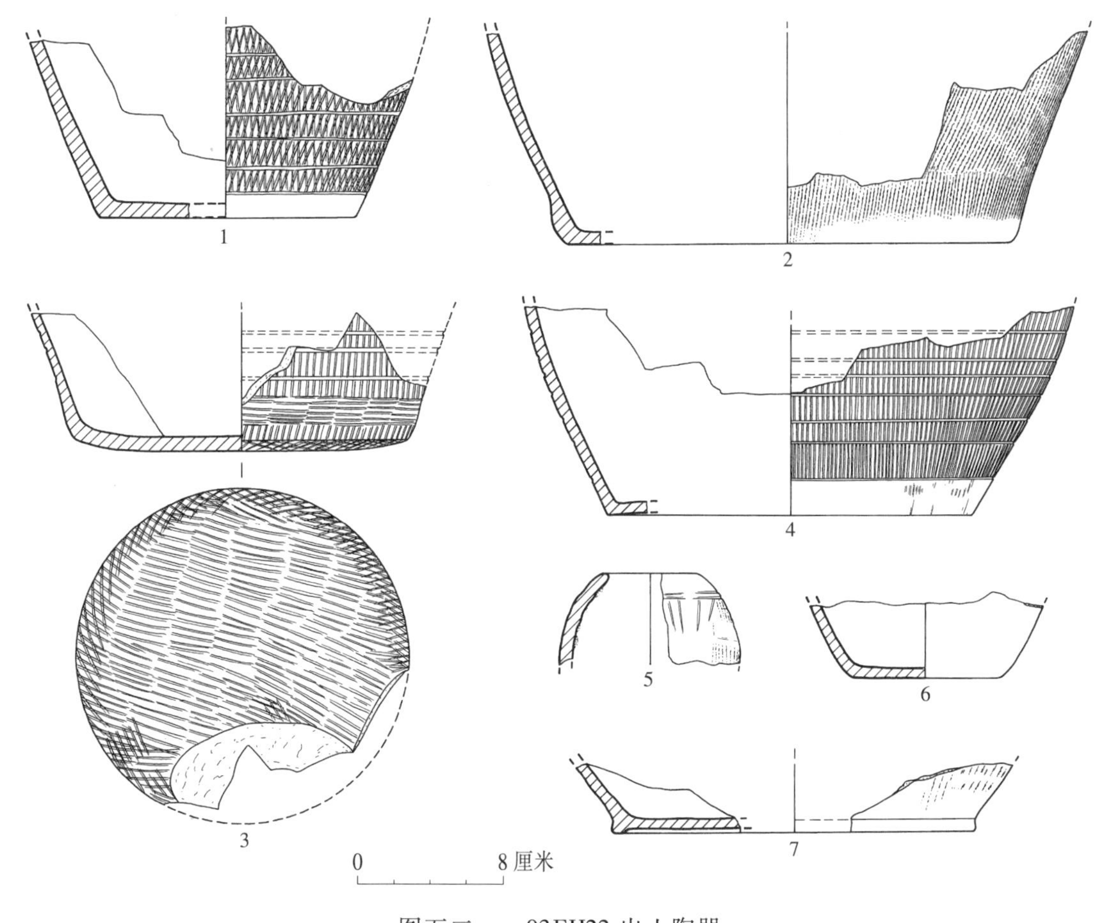

图五二一　03EH22 出土陶器

1. A 型器底（03EH22∶45）　2、4. D 型器底（03EH22∶21、25）　3、6. B 型器底（03EH22∶98、79）　5. D 型钵形器（03EH22∶31）　7. E 型器底（03EH22∶80）

和绳纹。口径 5.2、残高 5 厘米（图五二一，5；图版四四，5）。

陶器底　6 件。标本 03EH22∶45，A 型。夹砂褐陶。下腹斜直内收，平底。下腹饰弦断条纹。底径 14、残高 10.2 厘米（图五二一，1）。标本 03EH22∶79，B 型。夹砂灰陶。下腹斜弧内收，平底。素面。底径 8、残高 4.4 厘米（图五二一，6）。标本 03EH22∶98，B 型。夹砂黄褐陶。下腹斜直内收，平底。下腹饰弦断条纹，底饰条纹。底径 18、残高 7.4 厘米（图五二一，3）。标本 03EH22∶21，D 型。夹砂红褐陶。下腹斜弧内收，平底。下腹饰绳纹。底径 24、残高 11.4 厘米（图五二一，2）。标本 03EH22∶25，D 型。夹砂红褐陶。下腹斜弧内收，平底微内凹。下腹饰弦断条纹。底径 20.2、残高 11.4 厘米（图五二一，4）。标本 03EH22∶80，E 型。夹砂红褐陶。下腹斜直内收，平底，有矮圈足。下腹饰绳纹。底径 20、残高 3.7 厘米（图五二一，7）。

陶支（拍）垫　1 件。标本 03EH22∶12，Ab 型Ⅳ式。夹砂灰褐陶。由牛鼻状握手和饼形垫两部分构成。垫略残，呈椭圆形，垫面平，垫背隆起穿孔，孔呈椭圆形用于握手。素面。垫残长径 8.4、短径 7.6、支垫通高 3.6 厘米（图五二〇，8）。

陶饼　2 件。标本 03EH22∶94，B 型Ⅰ式。夹砂褐陶。素面。平面正方形，正面中部有浅窝，背面平，四壁直。边长 4.2、厚 1.2～1.4 厘米（图五二〇，2）。标本 03EH22∶8，B 型Ⅱ式。夹砂褐陶。平面长方形，正面中部有浅窝，背面平，四壁直。素面。长3.4、宽3、厚1.7～2厘米（图五二〇，3；图版四九，9）。

陶铙形器　1件。标本03EH22∶23，夹细砂褐陶。器小。铙体似两瓦相复扣状，略呈长方梯形，四壁斜直，空腔，腔口椭圆形。铙两面各有两组用方框凹弦纹分隔的圆形乳丁，残存的一面两组共有九个乳丁，其中一组五个、一组四个。残高4.5厘米（图五二〇，1；图版五九，2）。

硬陶片　1件。标本03EH22∶7，器类不明。红褐硬陶。饰弦纹（图二九八，2）。

03EH28

位于03ET2712东南部，延伸至隔梁。开口于第2层下，打破03EH36。坑壁弧，圜底。坑口长1.15米，坑深0.45米。填土黄褐色，土质疏松，夹杂木炭粒和烧土粒。包含器类有陶鬲、甗、鼎、罐、瓮、盆、缸、器盖等。

标本16件，均为陶器。

陶鬲足　2件。标本03EH28∶7，Aa型Ⅱ式。夹砂红褐陶。圆柱状截锥足，有足窝。足外侧一道竖刻槽。残高10.3厘米（图五二二，1）。标本03EH28∶9，Aa型Ⅱ式。夹砂黄褐陶。圆柱状足，有足窝。下腹饰交错条纹，足外侧一道竖刻槽。残高10.8厘米（图五二二，3）。

陶甗　1件。标本03EH28∶3，D型Ⅲ式。夹砂红褐陶。残存甑上部。侈口，斜弧沿，方唇，束颈，弧广肩，圆弧腹。肩、腹部饰条纹。口径30、残高13.4厘米（图五二三，1）。

陶甗足　2件。标本03EH28∶11，Da型。夹砂黄褐陶。椭圆柱状矮足略呈蹄形，足根有足窝。底饰条纹。残高5.6厘米（图五二二，6）。标本03EH28∶12，Da型。夹砂黄褐陶。椭圆柱状矮足略呈蹄形，足根有足窝。底及足根饰条纹，足底面饰条纹。残高5.6厘米（图五二二，5）。

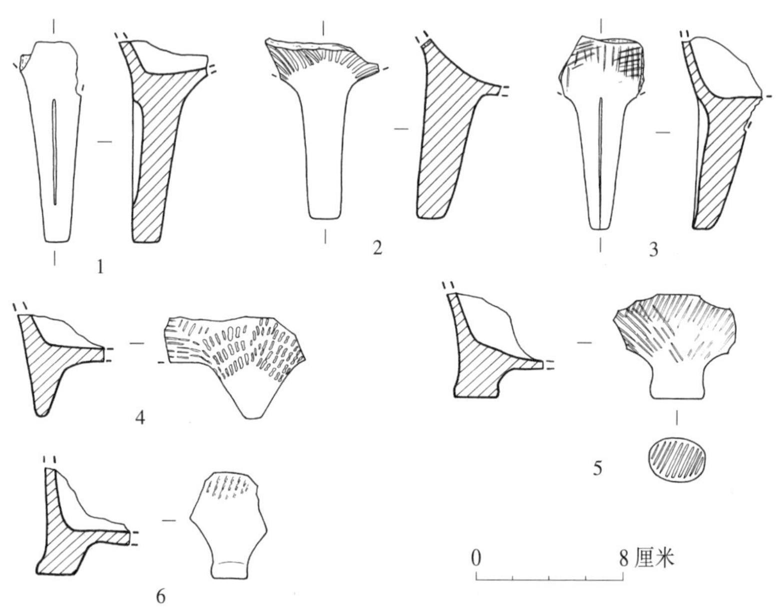

图五二二　03EH28出土陶器

1、3. Aa型Ⅱ式鬲足（03EH28∶7、9）　2. Aa型鼎足（03EH28∶8）　4. C型Ⅰ式盆足（03EH28∶14）　5、6. Da型甗足（03EH28∶12、11）

陶鼎　1件。标本03EH28∶23，Bb型Ⅲ式。夹砂灰黑陶。直口，平折沿，方唇，斜弧肩，弧腹。肩、腹部饰一周凸弦纹。口径20、残高5.8厘米（图五二三，5）。

陶鼎足　1件。标本03EH28∶8，Aa型。夹砂红褐陶。圆柱状足。足根饰条纹。残高9.6厘米（图五二二，2）。

陶罐　2件。标本03EH28∶1，Aa型。夹细砂黄褐陶。斜弧肩，弧腹斜内收，平底。颈部饰绳纹，肩、上腹部饰弦断绳纹，肩腹相交处一周附加堆纹，下腹和底部饰绳纹。底径15.2、残高22厘米（图五二三，4）。标本03EH28∶2，Ⅰ型。夹细砂红褐陶。弧腹，平底。腹部饰条纹。底径4.2、残高7.5厘米（图五二三，9）。

陶瓮　2件。标本03EH28∶19，Ee型Ⅳ式。泥质红褐陶。直口微敞，方唇，斜直颈，斜弧肩。肩部饰压印方格纹。口径16、残高6.6厘米（图五二三，6）。标本03EH28∶22，Ef型Ⅲ式。夹砂红褐陶。侈口，方唇，斜直颈，斜折肩。肩、腹部饰条纹，肩腹相交处残有泥钉。口径12.8、残高6.6厘米（图五二三，8）。

陶盆　2件。标本03EH28∶21，Ba型Ⅳ式。夹砂黄褐陶。侈口，斜弧沿，圆唇，弧颈，溜肩，弧腹。肩、腹饰弦断绳纹。口径16、残高8厘米（图五二三，3）。标本03EH28∶20，Bc型Ⅲ式。夹砂灰褐陶。侈口，斜弧沿，圆唇，弧颈，溜肩，弧腹。颈部绳纹被抹，肩、腹饰弦断绳纹。口径18、残高7厘米（图五二三，2）。

陶盆足　1件。标本03EH28∶14，C型Ⅰ式。夹砂黄褐陶。椭圆柱状矮截锥足。下腹、底及足根饰条纹。残高5.5厘米（图五二二，4）。

陶缸底　1件。标本03EH28∶4，Ba型。夹砂红褐陶。弧腹内收。腹部饰条纹，下腹一周锯齿状凸棱。残高7.6厘米（图五二三，7）。

陶器盖　1件。标本03EH28∶24，Ab型Ⅲ式。夹细砂黑皮红胎陶。弧直壁，直口，圆唇，唇缘内敛。素面。口径16、残高3.2厘米（图五二三，10）。

03EH36

位于03ET2712东南部，延伸至隔梁。开口于第2层下，被03EH28打破，打破生土层。坑壁弧，圜底。坑口长1.1米，坑深0.4米。填土灰褐色，土质疏松，夹杂烧土粒和矿石。包含器类有陶鬲、鼎、滤盉、罐、瓮、壶、钵形器、支（拍）垫和硬陶瓮等。

标本18件，其中陶器17件，硬陶器1件。

陶鬲　2件。标本03EH36∶10，Ab型Ⅳ式。夹砂黄褐陶。敞口，斜弧沿，方唇，弧束颈，溜肩，圆弧腹，鬲身呈罐形，口径略小于腹径。颈、肩饰交错绳纹，腹饰弦断交错绳纹。口径18.4、残高11厘米（图五二四，5）。标本03EH36∶1，Ag型Ⅳ式。夹砂褐陶。侈口，斜弧沿，方唇，弧束颈，弧肩，圆弧腹内收，鬲身呈罐形，口径小于腹径，器内壁底部与足根对接处有较深足窝，圆柱状足。上腹饰弦断绳纹，下腹、底至足饰绳纹。口径11、残高11.6厘米（图五二四，8；图版二一，5）。

陶鬲足　3件。标本03EH36∶16，Aa型Ⅰ式。夹砂褐陶。圆柱状尖锥足，有足窝。足外侧一道竖刻槽，下腹及足根饰条纹。残高14.2厘米（图五二五，2）。标本03EH36∶17，Aa型Ⅰ式。夹砂褐陶。圆柱状尖锥足，有足窝。足外侧一道竖刻槽，下腹及足根饰条纹。残高9.2厘米（图五二五，5）。标本03EH36∶22，Aa型Ⅱ式。夹砂褐陶。素面。圆柱状锥足，足根有足窝。足外侧

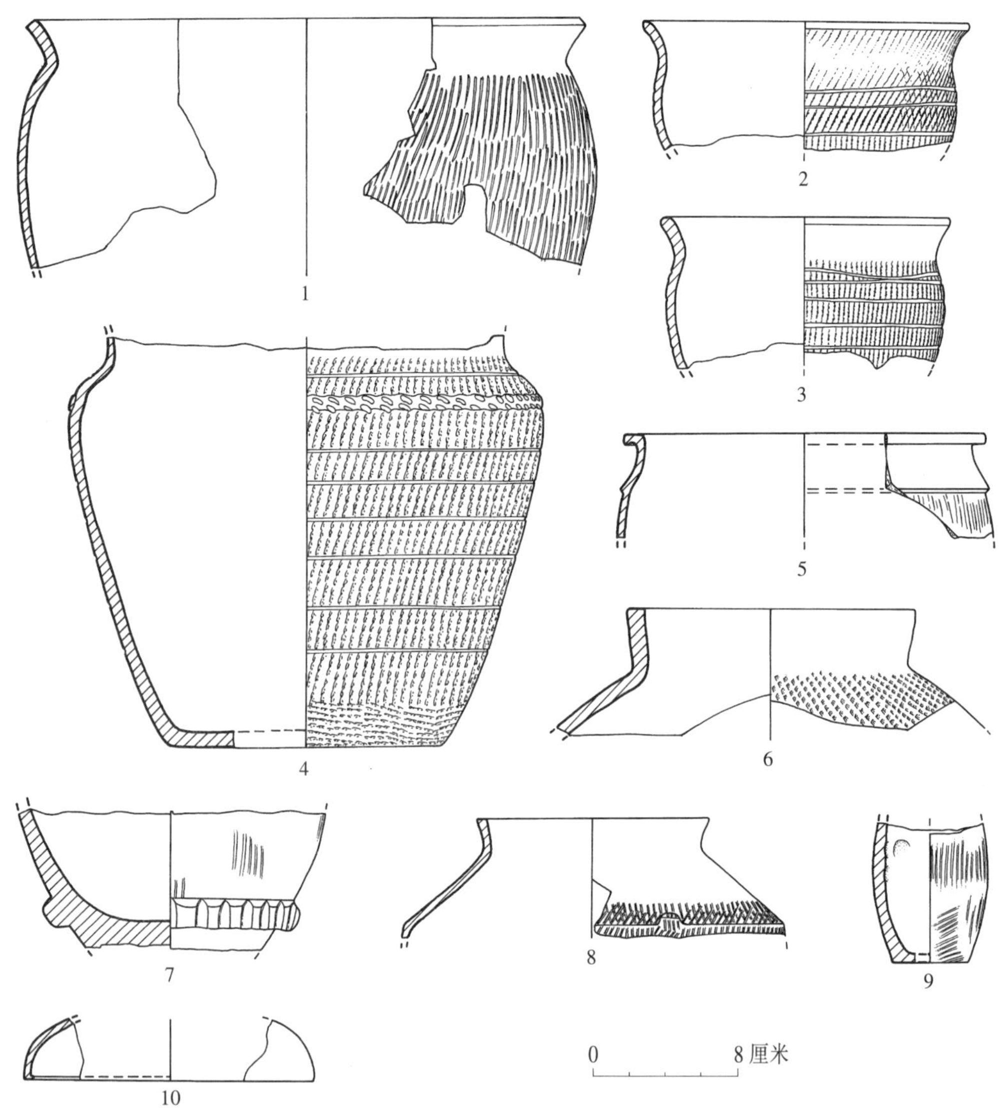

图五二三　03EH28 出土陶器

1. D 型Ⅲ式甗（03EH28∶3）　2. Bc 型Ⅲ式盆（03EH28∶20）　3. Ba 型Ⅳ式盆（03EH28∶21）　4. Aa 型罐（03EH28∶1）　5. Bb 型Ⅲ式鼎（03EH28∶23）　6. Ee 型Ⅳ式瓮（03EH28∶19）　7. Ba 型缸底（03EH28∶4）　8. Ef 型Ⅲ式瓮（03EH28∶22）　9. Ⅰ型小罐（03EH28∶2）　10. Ab 型Ⅲ式器盖（03EH28∶24）

一道竖刻槽。残高 10.2 厘米（图五二五，3）。

陶鼎腹片　1 件。标本 03EH36∶23，夹砂褐陶。腹部饰菱形方格纹，残有堆贴竖泥条（图五二五，4）。

陶滤盉　2 件。标本 03EH36∶3，Aa 型Ⅲ式。夹砂黄褐陶。器由滤钵和鬲构成。钵口敞，圆唇，弧腹内收，底部戳长条形穿孔。鬲为敛口，弧肩，鬲肩腹部残有椭圆筒形流和安鋬圆孔。鬲腹饰绳纹。口径 12、残高 11 厘米（图五二四，1；图版三三，4）。标本 03EH36∶6，B 型。夹砂黄褐陶，器表有烟炱。上部滤钵残；下部罐为斜折广肩，腹壁直斜内收，平底，椭圆柱状矮足，三足根外侧各有一个圆窝。肩部安椭圆筒形流，肩腹相交处对称安两个长方形泥片状耳形鋬，两耳形鋬根中部各有一个椭圆形竖穿孔。罐肩、腹饰弦断绳纹，底及足饰绳纹。残高 22.3 厘米（图五

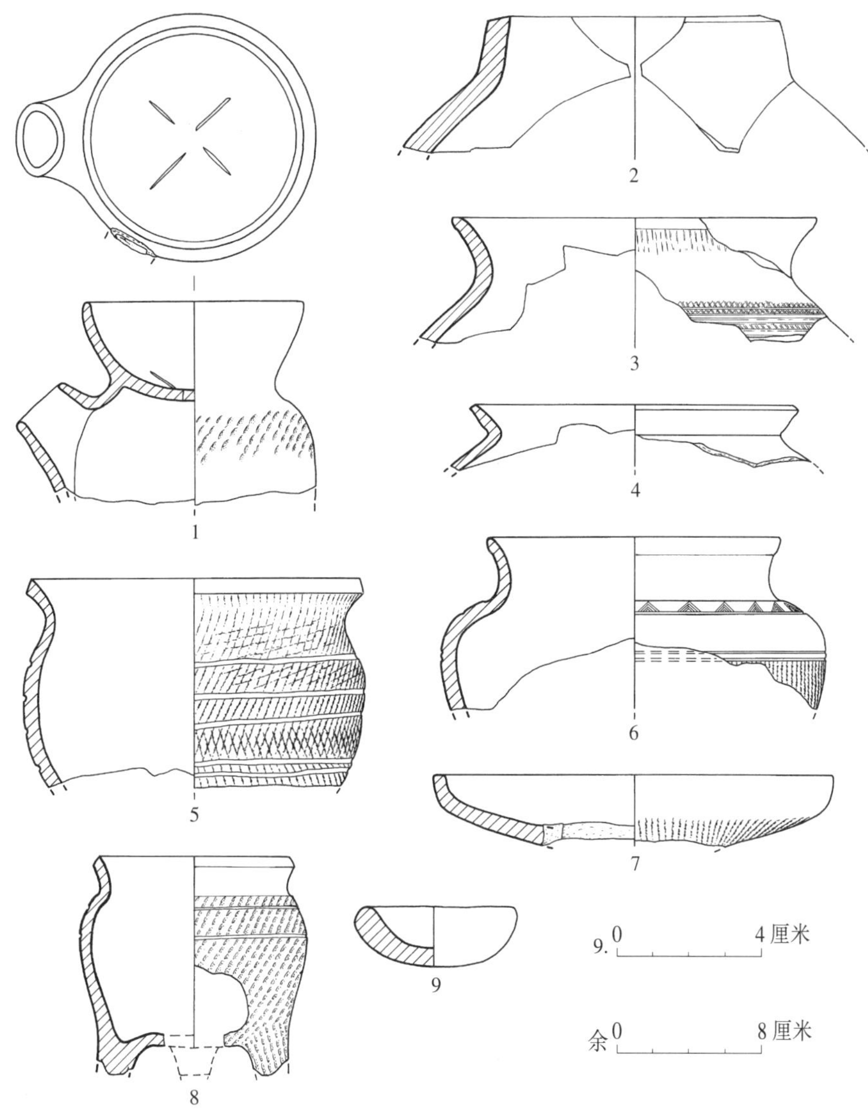

图五二四　03EH36出土器物

1. Aa型Ⅲ式陶滤盉（03EH36：3）　2. Gd型Ⅲ式陶瓮（03EH36：11）　3. Fb型Ⅳ式陶罐（03EH36：20）　4. Ab型Ⅲ式硬陶瓮（03EH36：21）　5. Ab型Ⅳ式陶鬲（03EH36：10）　6. A型陶壶（03EH36：8）　7. Ab型陶豆（03EH36：13）　8. Ag型Ⅳ式陶鬲（03EH36：1）　9. A型Ⅲ式陶钵形器（03EH36：4）

二六；彩版一九，4）。

陶罐　1件。标本03EH36：20，Fb型Ⅳ式。夹细砂灰陶。敞口，圆唇，斜直颈，斜弧肩。颈部绳纹被抹，肩饰弦断绳纹。口径20、残高6.6厘米（图五二四，3）。

陶瓮　1件。标本03EH36：11，Gd型Ⅲ式。夹砂黄褐陶。敛口，方唇，斜直颈，斜弧肩。素面。口径16、残高7.5厘米（图五二四，2）。

陶壶　1件。标本03EH36：8，A型。泥质灰陶。敞口，圆唇，斜直颈，弧隆肩，圆鼓腹弧内收。肩部饰两周凹弦纹，其间一周几何三角形蝉纹，腹部饰凹弦纹和绳纹。口径16、残高9.2厘米（图五二四，6；彩版三〇，6）。

陶钵形器　1件。标本03EH36：4，A型Ⅲ式。夹细砂褐陶。敞口，厚圆唇，弧腹，圜底。素

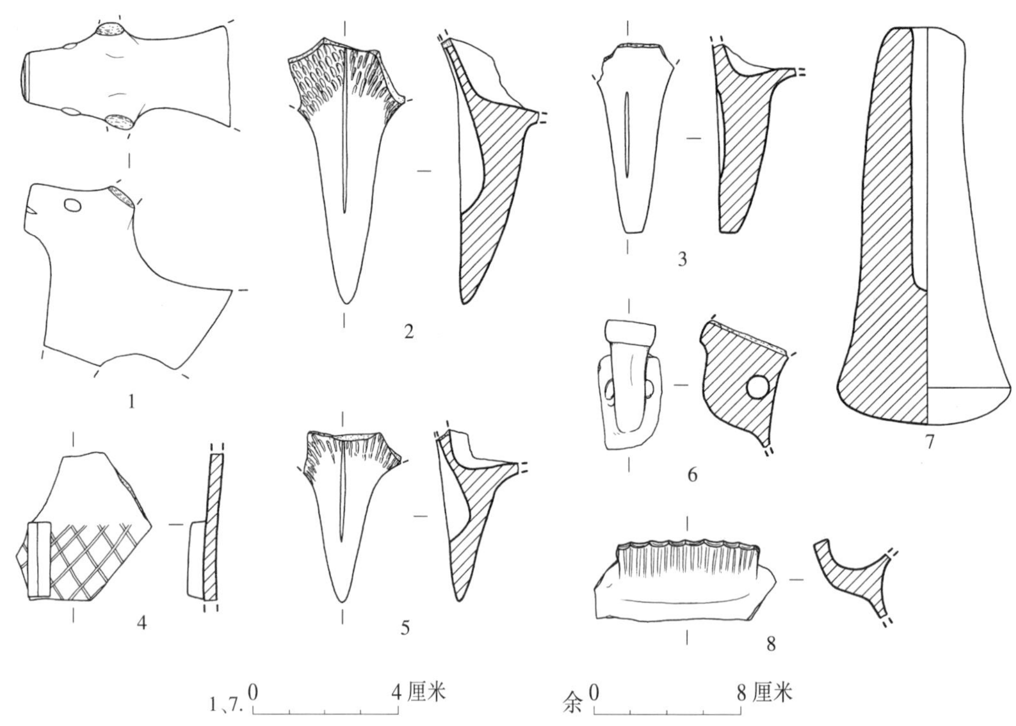

图五二五 03EH36 出土陶器

1. B 型器鋬（03EH36∶2） 2、5. Aa 型Ⅰ式鬲足（03EH36∶16、17） 3. Aa 型Ⅱ式鬲足（03EH36∶22） 4. 鼎腹片（03EH36∶23） 6. Ae 型器耳（03EH36∶7） 7. Bb 型Ⅱ式支（拍）垫（03EH36∶5） 8. Bg 型器耳（03EH36∶19）

面。口径 4、高 1.6 厘米（图五二四，9）。

陶豆 1 件。标本 03EH36∶13，Ab 型。夹细砂灰陶。敞口，方唇，折盘。盘外壁底部饰绳纹。口径 22、残高 3.8 厘米（图五二四，7）。

陶器耳 2 件。标本 03EH36∶7，Ae 型。夹砂红褐陶。鸭嘴形扁直耳，耳根部横穿圆孔（图五二五，6）。标本 03EH36∶19，Bg 型。夹砂黄褐陶。长方形泥片状横耳，耳顶面压印凹凸不平条纹呈鸡冠状，耳中部折上翘。耳面饰条纹（图五二五，8）。

陶器鋬 1 件。标本 03EH36∶2，B 型。夹砂红褐陶。兽首形扁直器鋬，根部圆耳残（图五二五，1；图版五〇，1）。

陶支（拍）垫 1 件。标本 03EH36∶5，Bb 型Ⅱ式。夹砂黄褐陶。由圆角方柱状柄形握手和不规则圆饼形垫构成。柄中空，顶面弧，饼形垫垫面弧。素面。垫直径 4.4～4.6、柄径 2.2～4.5、高 10.6 厘米（图五二五，7；彩版二七，3）。

硬陶瓮 1 件。标本 03EH36∶21，Ab 型Ⅲ式。灰硬陶。敞口，斜折沿，方唇，束颈，斜肩。素面。口径 18、残高 3.6 厘米（图五二四，4）。

03EH39

位于 03ET2712 西北部，延伸至隔梁。开口于第 2 层下，被 03EH22 打破，打破生土层。坑口略呈椭圆形，弧壁，圜底。坑口长 2 米，坑深 0.7 米。填土褐色，土质较疏松，夹杂烧土粒。包含器类有陶瓮等。

标本 2 件，均为陶器。

陶瓮　2件。标本03EH39∶1，Ab型Ⅳ式。夹砂黄褐陶。敞口，方唇，斜直颈，斜折肩。肩、腹饰弦断条纹，肩腹相交处残有泥钉。口径40、残高9.6厘米（图五二七，1）。标本03EH39∶3，Ga型Ⅲ式。夹砂黄陶。敛口，方唇，斜直颈，斜弧肩。肩部饰绳纹。口径18、残高4.6厘米（图五二七，2）。

03EH55

位于03ET2610东北部，延伸至隔梁。开口于第2层下，打破生土层。坑壁弧，圜底。坑口长1.1米，坑深0.76米。填土黄褐色，土质疏松，夹杂木炭粒。包含器类有陶鬲、鼎、盆等。

标本6件，均为陶器。

陶鬲足　3件。标本03EH55∶5，Aa型Ⅱ式。夹砂黄灰陶。圆柱状截锥足，有足窝。足外侧一道竖刻槽，足根饰条纹。残高13.6厘米（图五二八，2）。标本03EH55∶2，Ac型Ⅰ式。夹砂褐陶。圆柱状尖锥足，有足窝。素面。残高8.4厘米（图五二八，3）。标本03EH55∶6，Ac型。夹砂灰褐陶。圆柱状足足尖残，有足窝。足根饰条纹。残高6.8厘米（图五二八，4）。

陶鼎足　1件。标本03EH55∶1，

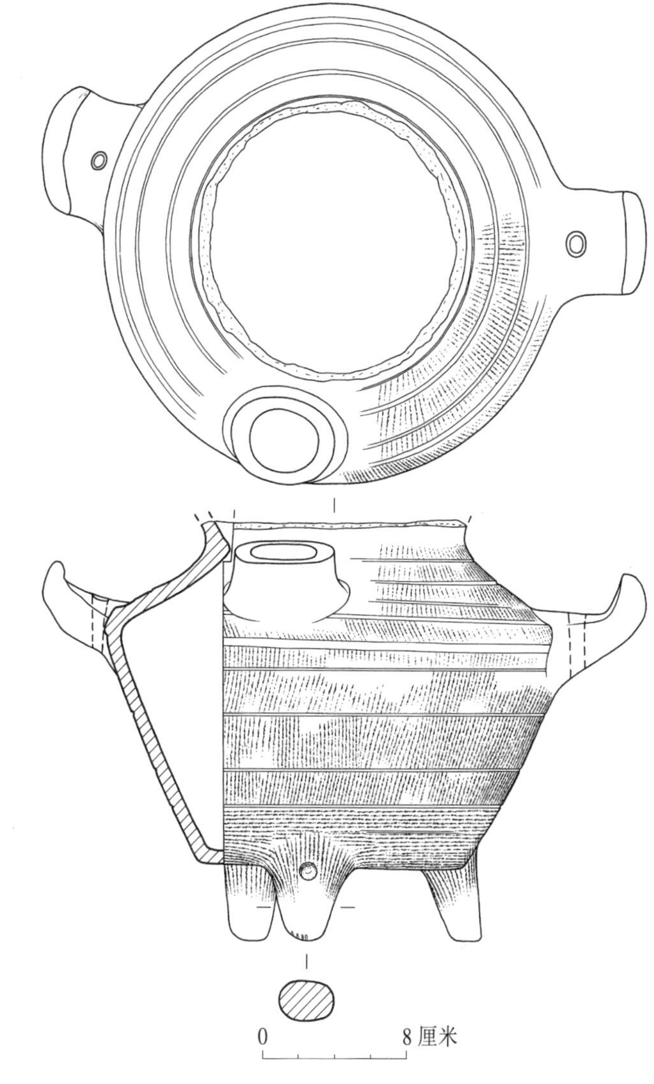

图五二六　03EH36出土陶器

B型滤盉（03EH36∶6）

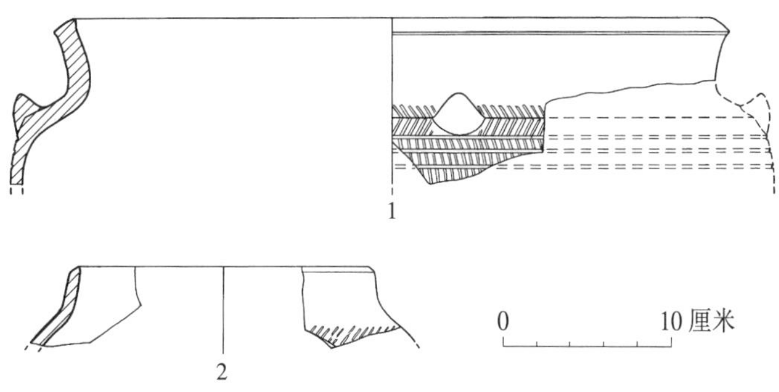

图五二七　03EH39出土陶器

1. Ab型Ⅳ式瓮（03EH39∶1）　2. Ga型Ⅲ式瓮（03EH39∶3）

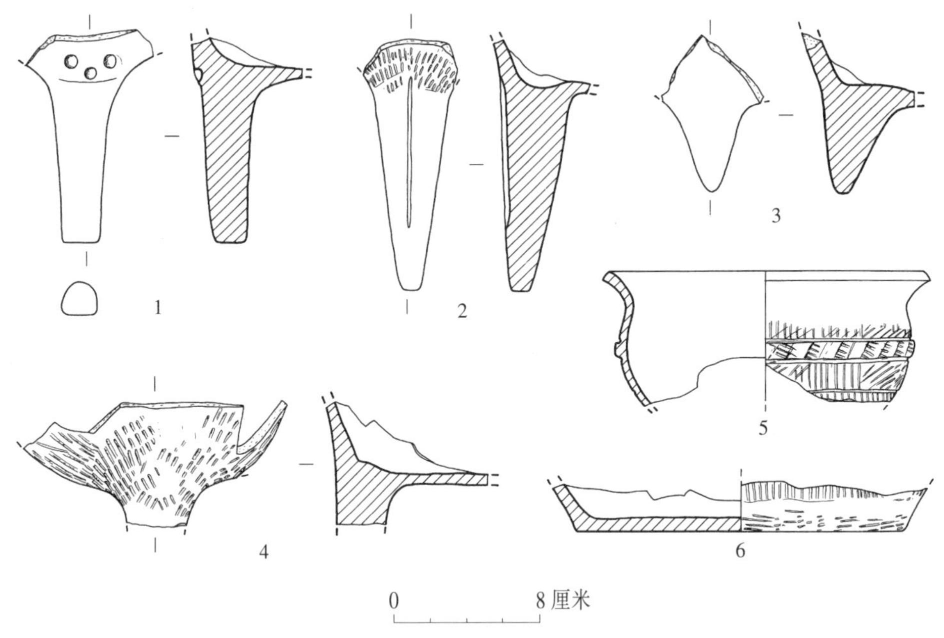

图五二八　03EH55出土陶器

1. Ae型鼎足（03EH55∶1）　2. Aa型Ⅱ式鬲足（03EH55∶5）　3. Ac型Ⅰ式鬲足（03EH55∶2）　4. Ac型鬲足（03EH55∶6）　5. Bc型Ⅲ式盆（03EH55∶3）　6. D型器底（03EH55∶4）

Ae型。夹砂褐陶。圆柱状足，足内壁平，外壁和两侧壁圆弧，截面略呈半圆形，足根外侧隆起，压印三个圆凹窝。残高11.6厘米（图五二八，1）。

陶盆　1件。标本03EH55∶3，Bc型Ⅲ式。夹细砂黄褐陶。侈口，斜弧沿，方唇，弧颈，溜肩，圆弧腹，口径大于腹径。肩、腹部饰弦断绳纹，肩腹相交处一周附加堆纹。口径18、残高7.2厘米（图五二八，5）。

陶器底　1件。标本03EH55∶4，D型。夹砂褐陶。斜直腹弧内收，平底。下腹、底饰条纹。底径18、残高2.7厘米（图五二八，6）。

03EH100

位于03ET2805西南和03ET2705东南部。开口于第2层下，打破第4层。坑口椭圆形，斜壁平底。坑口长径1.9、短径1.28米，坑深0.74米。坑内堆积灰褐色土，夹有烧土颗粒、木炭粒、炼渣等，土质结构较疏松，包含有陶鬲、鼎、甗、罐等器类（图五二九）。

标本1件。

陶鼎　1件。标本03EH100∶1，Db型。仿铜。夹砂褐陶。敛口，平沿，弧颈，圆弧腹，鼎身呈双耳釜形，口径略大于腹径，耳残。腹饰一周凹凸弦纹和疏松条纹。口径16、残高7厘米（图五三〇）。

03EH102

位于03ET2604东南部。开口于第2层下，打破第4层。坑壁弧，圜底。坑口径1.95米，坑深0.35米。填土灰褐色，土质疏松，夹杂烧土粒、木炭粒和炼渣。包含器类有陶器碎片、纺轮等。

标本1件。

陶纺轮　1件。标本03EH102:1，Ca型Ⅲ式。夹砂黄褐陶。厚体，圆形，两面平，圆中间一直壁圆孔，周壁圆鼓弧。素面。直径4、孔径0.6、厚2.6厘米（图五三一）。

03EH107

位于03ET2507东南部。开口于第2层下，打破第4层。坑口长方形，斜壁平底。坑口长1.4、宽1.1米，坑底长1.16、宽0.82米，坑深0.44米。坑内堆积黑灰色土，土质疏松有黏性，夹有炭渣、烧土粒，可辨器类有陶鬲、鼎、甗、罐、瓮、豆、钵、纺轮及硬陶器等（图五三二）。

标本1件。

硬陶片　1件。标本03EH107:1，器类不明。黄灰硬陶。饰弦纹和水波纹（图二九八，1）。

03EH110

位于03ET2706东南部。开口于第2层下，打破第4层。坑口长方形，斜壁平底。坑口长1.15、宽0.8米，坑底长0.82、宽0.62米，坑深0.5米。坑内堆积灰黑色沙质土，土质疏松有黏性，夹有炭渣、烧土块、炼渣、碎骨等，包含有陶鬲、甗、罐、纺轮、饼等器类（图五三三）。

标本6件，其中陶器5件，还有矿石、炼渣。

陶鬲足　1件。标本03EH110:4，C型Ⅰ式。夹砂红褐陶。圆柱状锥足，外侧有一个圆窝。足根饰绳纹。残高10厘米（图五三四，1）。

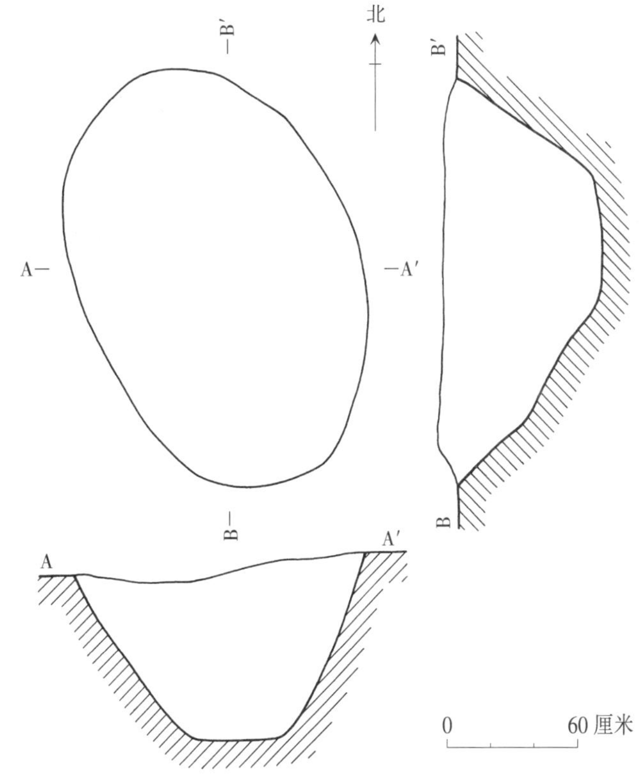

图五二九　03EH100平、剖面图

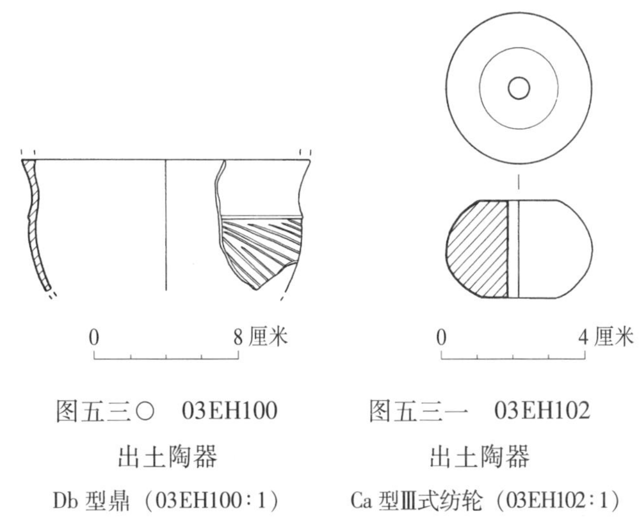

图五三〇　03EH100出土陶器
Db型鼎（03EH100:1）

图五三一　03EH102出土陶器
Ca型Ⅲ式纺轮（03EH102:1）

陶甗足　1件。标本03EH110:5，Aa型Ⅰ式。夹砂红褐陶。椭圆柱状矮锥足。足根饰绳纹。残高6.4厘米（图五三四，4）。

陶罐　1件。标本03EH110:3，Bc型Ⅲ式。夹砂褐陶。敞口，斜沿，方唇，短直颈，弧肩，圆弧腹。颈部纹饰被抹，肩、腹饰弦断条纹。口径12、残高7.3厘米（图五三四，3）。

陶纺轮　1件。标本03EH110:1，Ac型Ⅳ式。夹细砂灰陶。扁圆形，两面平，圆中间一直壁圆孔，周壁中间凸起一周折棱，折棱上下斜面直。周壁上下斜面各饰一周圆圈纹。直径3、孔径0.4、厚1

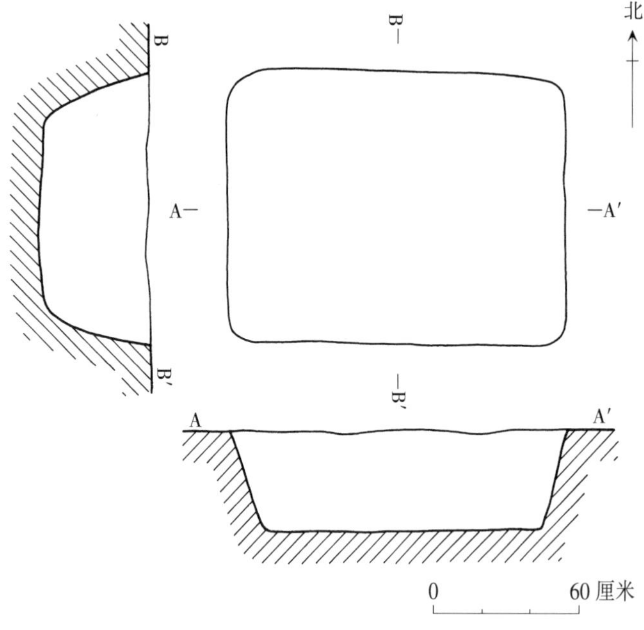

图五三二 03EH107 平、剖面图

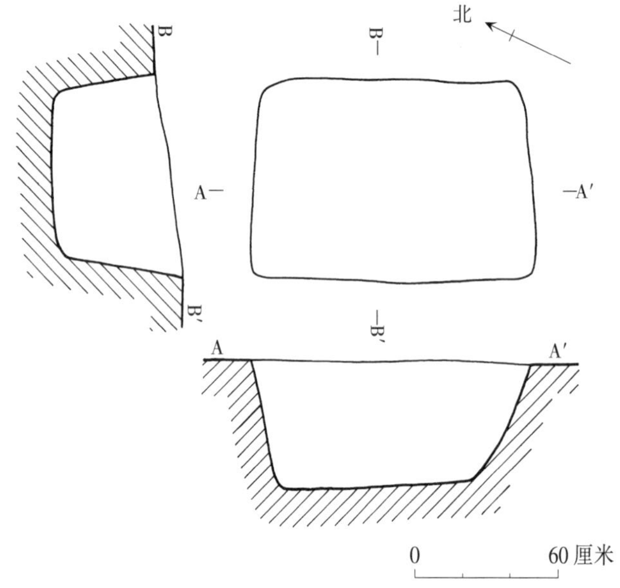

图五三三 03EH110 平、剖面图

厘米（图五三四，5；图版五三，7）。

陶饼 1 件。标本 03EH110：2，Aa 型Ⅱ式。夹细砂褐陶。陶片打磨而成。扁圆形，两面平，周壁斜直。一面中部一道凹槽，槽两边对称饰条纹。直径 2.7、厚 0.7 厘米（图五三四，2）。

矿石 1 件。标本 03EH110：7，块状，整体呈绿色，可观察到有深绿色的颗粒状结构。矿体坚实，无孔隙，器表沾满泥土。可以凭眼睛观察判定为是含铜量较高的矿石。经检测分析含铜量为 27.61%，含三氧化二铁 21.09%。镜下岩相构造为孔雀石，含石英石。标本长 3.9、宽 3、厚 1.8 厘米（彩版三七，2）。

炼渣 3 块。标本 03EH110：6，冶炼溶渣，形状为块状。器表为光滑的胶结状，浅褐色。断面可见明显的铜锈斑，中间有明显的大小孔隙。从检测分析结果看，此炼渣中含铜 82.87%。在显微镜下的物体结构为金属冶炼铜、赤铁矿和孔雀石。标本长 2.8、宽 1.8、厚 1.8 厘米（彩版四二，4；附录二）。标本 03EH110：8，胶结体，可观察到为上下两层，下层较平，上层凸起呈束腰状。结构紧密，体表呈灰褐色，断面可观察有孔隙。含三氧化二铁 + 四氧化三铁 71.69%，二氧化硅（石英）17.56%，氧化钙 2.26%，三氧化二铝 5.22%，氧化钾 1.03%，铜 0.37%，硫 0.29%。岩相薄片及 XRD 物相分析结果为铁橄榄石。标本长 3.3、宽 3.1、厚 2.1 厘米（彩版四一，4；附录二）。标本 03EH110：9，胶结体。结构紧密，体表呈灰褐色，断面可观察有孔隙。含三氧化二铁 + 四氧化三铁、二氧化硅、氧化钙、三氧化二铝、氧化钾、铜、硫等成分。标本长 5、宽 3、厚 2.5 厘米（彩版四一，2）。

03EH126

位于 03ET3107 东北部，延伸至隔梁。开口于第 2 层下，打破 03EH125、H152。坑壁弧，圜底。坑长 2.05 米，坑深 0.5 米。填土灰褐色，土质较疏松，夹杂烧土粒和木炭粒。包含器类有陶鬲、瓮、铃形器等。

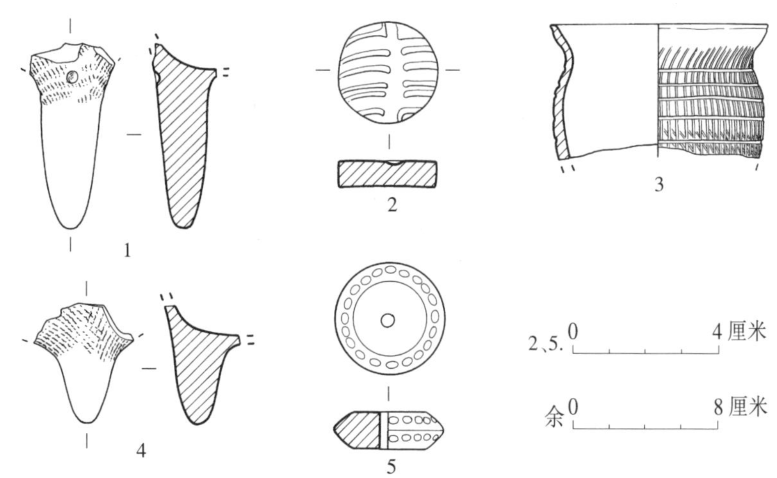

图五三四　03EH110 出土陶器

1. C 型Ⅰ式鬲足（03EH110∶4）　2. Aa 型Ⅱ式饼（03EH110∶2）　3. Bc 型Ⅲ式罐（03EH110∶3）　4. Aa 型Ⅰ式甗足（03EH110∶5）　5. Ac 型Ⅳ式纺轮（03EH110∶1）

标本 7 件，均为陶器。

陶鬲　1 件。标本 03EH126∶4，Ad 型Ⅳ式。夹砂黄陶。敞口，圆唇，弧颈，隆肩，弧腹近直。肩腹饰弦断条纹。口径 13.4、残高 8.2 厘米（图五三五，2）。

陶鬲足　1 件。标本 03EH126∶6，Ac 型。夹砂黄陶。圆柱状锥足。下腹饰弦断绳纹，足根饰绳纹。残高 8.4 厘米（图五三五，4）。

陶瓮　4 件。标本 03EH126∶7，Ab 型Ⅳ式。夹砂黄褐陶。敞口，斜弧沿，方唇，斜直颈，斜折肩，弧腹内收。肩腹交界处饰泥钉，肩、腹部各饰一周附加堆纹，腹饰弦断条纹。口径 50、残高 34.4 厘米（图五三六；图版三七，1）。标本 03EH126∶5，Ea 型。夹砂灰皮红褐陶。直口，方唇，直颈，斜弧广折肩。肩腹饰弦断条纹。口径 17.2、残高 8.6 厘米（图五三五，3）。标本 03EH126∶3，Eg 型Ⅲ式。夹砂红褐陶。直口，方唇，直颈，弧圆广肩，弧腹。肩内壁有两周手指按窝纹，肩、腹饰弦断条纹，肩腹相交处饰一周附加堆纹。口径 20、残高 13.3 厘米（图五三五，1）。标本 03EH126∶2，Fa 型Ⅲ式。夹砂黄褐陶。直口微敞，圆唇，直颈，弧肩。颈部一周指窝纹，肩、腹饰弦断绳纹。口径 18、残高 7.8 厘米（图五三五，6）。

陶铃形器　1 件。标本 03EH126∶1，夹砂黄褐陶。器小。圆弧形铃，扁平铃纽，弧顶弧壁，铃口敞，方唇。素面。口径 4.4、高 3 厘米（图五三五，5）。

03EH151

位于 03ET2906 东部。开口于第 2 层下，打破第 3 层。坑口略呈圆形，直壁平底。坑口直径 1.25 米，坑深 0.9 米，坑壁规整，保存较好。坑内堆积黄褐土，土质较硬，夹有木炭、烧土块、炼渣和碎骨等，包含陶器有鼎、甗、罍、豆、支（拍）垫、饼等器类（图五三七；表一六）。

标本 8 件，均为陶器。

陶甗　1 件。标本 03EH151∶3，D 型Ⅱ式。夹砂黄褐陶，器表有烟熏痕迹。残存甗腰和鬲部。鬲为敛口，斜直折腹，足根有足窝。通体饰条纹。甑鬲相连处（甗腰部）有明显对接痕迹，甑底口套合在鬲口内。残高 21 厘米（图五三八，1；图版二九，5）。

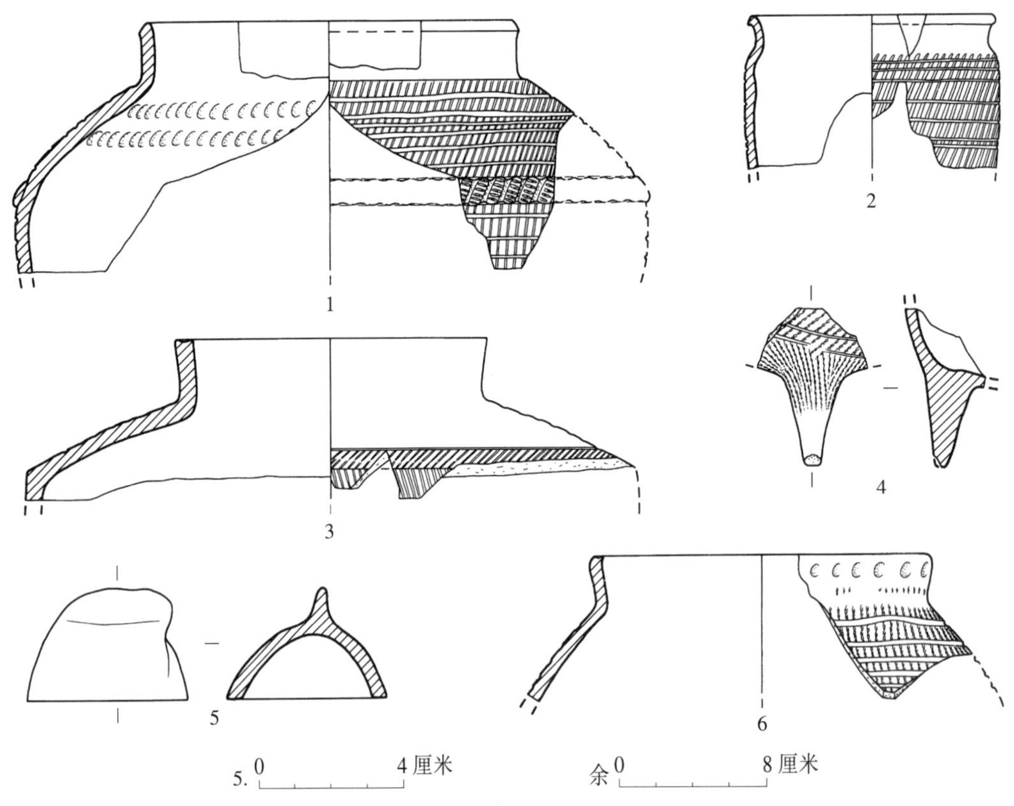

图五三五 03EH126出土陶器

1. Eg型Ⅲ式瓮（03EH126:3） 2. Ad型Ⅳ式鬲（03EH126:4） 3. Ea型瓮（03EH126:5） 4. Ac型鬲足（03EH126:6） 5. 铃形器（03EH126:1） 6. Fa型Ⅲ式瓮（03EH126:2）

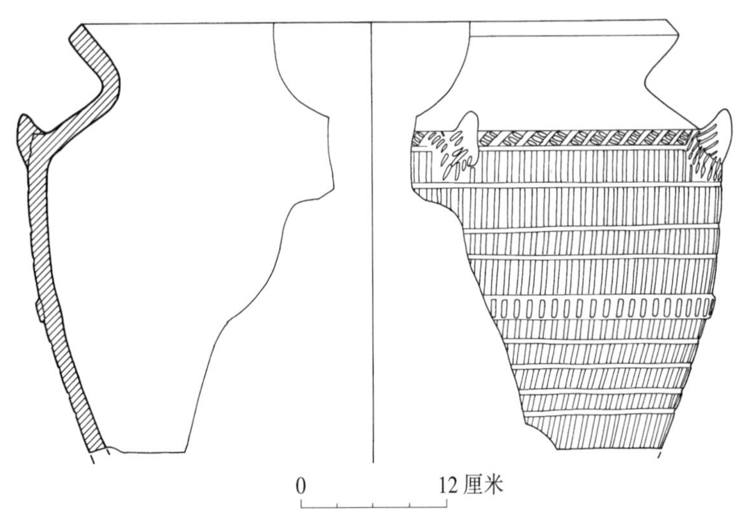

图五三六 03EH126出土陶器

Ab型Ⅳ式瓮（03EH126:7）

表一六　03EH151 陶系及器类统计表

陶质			夹砂				泥质	纹饰												
陶　色			红褐	褐	黄褐	灰褐	灰	绳纹	弦断绳纹	交错绳纹	条纹	弦断条纹	交错条纹	圆圈	方格	凹弦纹	附加堆纹	S 纹	刻划	素面
陶片数量			31	36	199	13	14	7	29	49	12	94	25	1	1	4	5	3	1	62
百分比（%）			10.58	12.29	67.92	4.44	4.78	2.39	9.90	16.72	4.10	32.08	8.53	0.34	0.34	1.37	1.71	1.02	0.34	21.16
器形	数量	百分比（%）																		
鼎	1	12.50				1			1											
甗	1	12.50			1						1									
罍	2	25.00			2							1								1
豆	1	12.50					1									1				
支（拍）垫	1	12.50			1															1
饼	2	25.00			2															2
合计	8				6	1	1		1		1	1				1				4

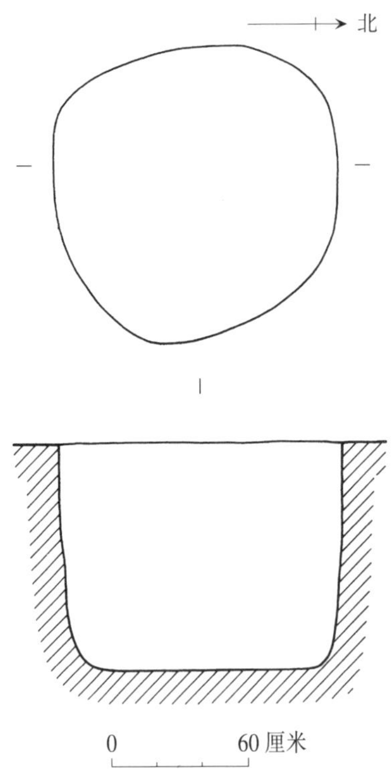

图五三七 03EH151平、剖面图

陶鼎 1件。标本03EH151∶2，Ad型Ⅱ式。夹细砂灰褐陶。敞口，圆唇，斜直颈，小斜肩，上腹弧，下腹弧内收，鼎身呈罐形。肩、上腹饰弦断细绳纹，下腹、底、足饰细绳纹。口径20、残高15.8厘米（图五三八，2；彩版一八，3）。

陶罍 2件。标本03EH151∶8，Ba型Ⅳ式。夹砂黄褐陶。敞口，卷沿，方唇，弧颈，斜弧折肩，口径小于腹径。肩腹相交处对称施泥片横耳残。肩、腹饰弦断条纹。口径30.4、残高11.4厘米（图五三八，3）。标本03EH151∶1，Ca型Ⅲ式。夹细砂黄褐陶。侈口，方唇，斜直颈，斜弧折肩，圆腹弧内收。肩腹部对称安鸟头形扁直耳，耳根部横穿圆孔。素面。口径17、残高12.5厘米（图五三八，5）。

陶豆 1件。标本03EH151∶7，Aa型。泥质灰陶。敞口，圆唇，弧盘，弧底和圆圈形豆柄残。盘内壁饰凹弦纹和线纹，外壁盘底和柄饰弦纹。口径20、残高4厘米（图五三九，3）。

陶支（拍）垫 1件。标本03EH151∶6，Aa型Ⅴ式。夹砂黄褐陶。由牛鼻状握手和饼形垫两部分构成。垫呈圆角长方形，垫面平，垫背隆起穿孔，孔呈圆形用于握手。素面。垫长7.5、宽6、支垫高6厘米（图五三九，1；图版五〇，6）。

陶饼 2件。标本03EH151∶5，Ab型Ⅰ式。夹砂黄褐陶。扁圆形，两面平，周壁弧。素面。直径3.6、厚1～1.2厘米（图五三八，4）。标本03EH151∶4，Ab型Ⅱ式。夹砂黄褐陶。扁圆形，两面平，周壁弧。素面。直径4.7、厚1.5厘米（图五三九，2）。

03EH152

位于03ET3107东北部，延伸至隔梁。开口于第2层下，被03EH126打破，打破生土层。坑壁弧，圜底。坑口长0.9米，坑深0.2米。填土灰褐色，土质较疏松，夹杂烧土粒和木炭粒。包含器类有陶甗、盆、豆、器盖等。

标本4件，均为陶器。

陶甗 1件。标本03EH152∶2，Ab型。夹砂黄褐陶。侈口，弧沿，方唇，弧束颈，斜肩，弧腹。颈部纹饰被抹，肩、腹饰弦断条纹。口径32.8、残高7.6厘米（图五四〇，3）。

陶盆足 1件。标本03EH152∶3，C型Ⅱ式。夹砂褐陶。椭圆柱状矮足。下腹、底饰弦断条纹，足外侧饰条纹。残高4.8厘米（图五四〇，2）。

陶豆 1件。标本03EH152∶1，Aa型Ⅴ式。泥质灰陶。敞口，圆唇，弧盘，弧底和圆圈形豆柄残。素面。口径21.6、残高6厘米（图五四〇，1）。

陶盖纽 1件。标本03EH152∶4，A型。夹砂黄褐陶。圆圈形凹盖纽，纽口敞，圆唇，纽颈微弧。盖纽口内和纽顶面相交处饰弦纹。纽口径9.2、残高4.4厘米（图五四〇，4）。

03EH175

位于03ET2507西部，坑西部延伸至隔梁。开口于第2层下，打破第7层。坑口平面略呈长方

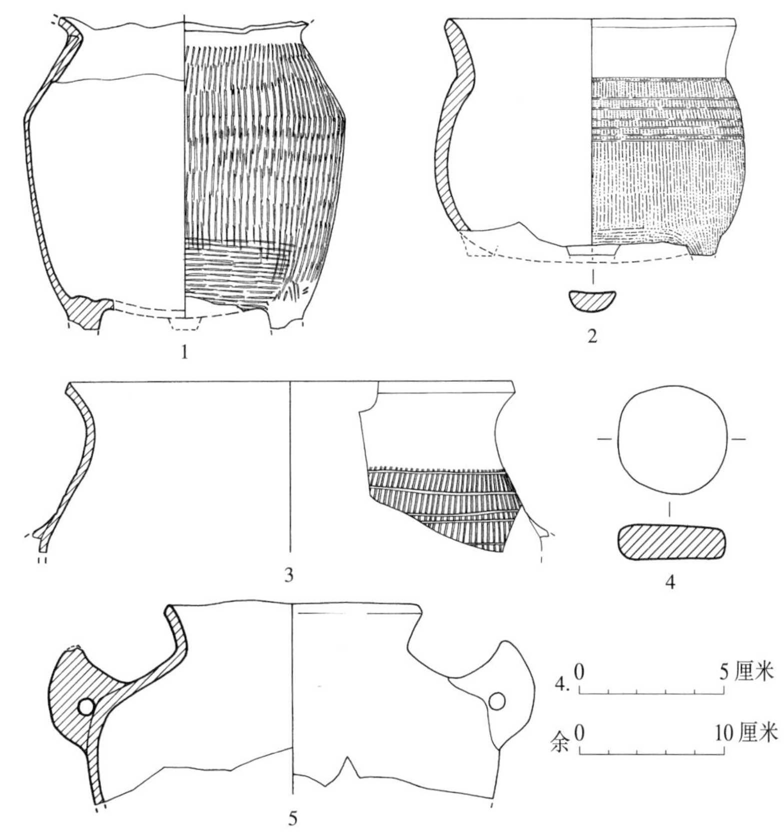

图五三八　03EH151 出土陶器

1. D型Ⅱ式甗（03EH151:3）　2. Ad型Ⅱ式鼎（03EH151:2）　3. Ba型Ⅳ式罍（03EH151:8）　4. Ab型Ⅰ式饼（03EH151:5）　5. Ca型Ⅲ式罍（03EH151:1）

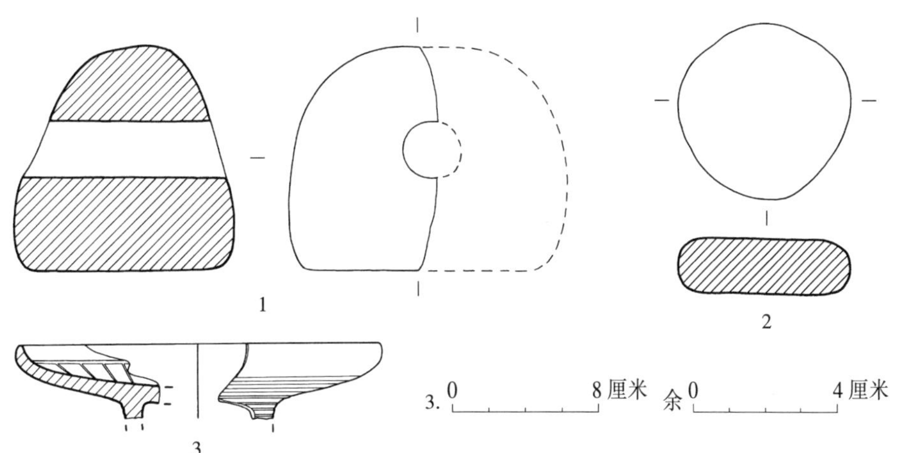

图五三九　03EH151 出土陶器

1. Aa型Ⅴ式支（拍）垫（03EH151:6）　2. Ab型Ⅱ式饼（03EH151:4）　3. Aa型豆（03EH151:7）

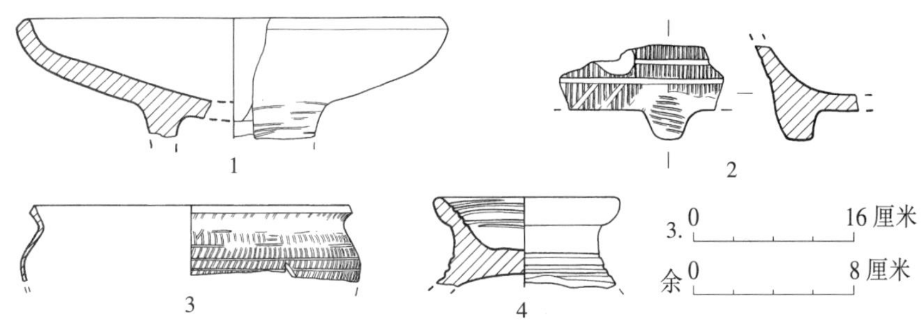

图五四〇　03EH152 出土陶器

1. Aa 型Ⅴ式豆（03EH152∶1）　2. C 型Ⅱ式盆足（03EH152∶3）　3. Ab 型甗（03EH152∶2）
4. A 型盖纽（03EH152∶4）

形，弧壁，圜底。坑口长 1.6、宽 1 米，坑深 0.55 米。填土灰褐色，土质较疏松，内含少量烧土颗粒、炼渣。包含有陶鬲、甗、豆等器碎片，提取 1 块炼渣标本。

炼渣　1 块。标本 03EH175∶1，硫结状，灰黑色，质地较坚硬。不规整长形，表面局部有细小孔隙，在局部可观察到有浅绿色的铜锈痕迹。标本长 3.6、宽 2.2、厚 1 厘米（彩版四二，5）。

6. 03E 第 1 层下灰坑

6 个，都分布在东区中部，编号为 03EH66、H75、H85、H99、H143、H176 等。其中，03EH66、H85、H176 等 3 个灰坑无遗物标本，另外 3 个灰坑有遗物标本。

03EH75

位于 03ET3006 西北和 03ET3007 西南部。开口于第 1 层下，打破第 3 层。坑口呈椭圆形，坑壁弧，圜底。坑口长径 4.4、短径 3.1 米，坑深 0.5 米。填土灰褐色，土质较疏松，夹杂烧土粒和木炭粒。包含有陶鬲、甗、罐、瓮、壶、豆、纺轮、饼、猴、牛及硬陶器、石斧等（表一七）。

标本 19 件，其中陶器 17 件，硬陶器 1 件，石器 1 件。

陶鬲足　1 件。标本 03EH75∶12，Aa 型Ⅱ式。夹砂褐陶。圆柱状截锥足。足外壁刻划一道竖槽，足根饰条纹。残高 10.8 厘米（图五四一，4）。

陶甗足　1 件。标本 03EH75∶18，Db 型。夹细砂黄褐陶。椭圆柱状矮足，足根有足窝。下腹、底及足根和足底面饰条纹。残高 6 厘米（图五四一，1）。

陶罐　4 件。标本 03EH75∶8，Fd 型Ⅲ式。泥质红陶。敞口，方唇，斜直颈，斜弧肩。素面。口径 16.4、残高 5.1 厘米（图五四一，9）。标本 03EH75∶11，Ga 型Ⅳ式。泥质红陶。敞口，弧沿，方唇，弧颈，斜弧肩。素面。口径 24、残高 8.4 厘米（图五四一，7）。标本 03EH75∶4，I 型。夹砂黄褐陶。器小，胎厚。斜折腹，腹上有对称穿孔，平底。器表饰绳纹。底径 2.2、残高 3.6 厘米（图五四一，8；图版三六，3）。标本 03EH75∶5，I 型。夹砂灰褐陶。器小，胎厚。弧腹，平底。器表饰绳纹。底径 2.3～2.5、残高 3.6 厘米（图五四一，5；图版三六，4）。

陶瓮　1 件。标本 03EH75∶10，Gd 型Ⅲ式。泥质红陶。直口微敛，直颈，斜弧肩。素面。口径 13、残高 6.2 厘米（图五四二，4）。

陶壶　1 件。标本 03EH75∶15，C 型。泥质灰陶。直口微敞，粗高弧颈。颈部两周凹弦纹，其

表一七　03EH75陶系及器类统计表

陶质			夹砂				泥质		纹饰											
陶色			红褐	黄褐	褐	灰褐	红	灰	绳纹	交错绳纹	条纹	弦断条纹	交错条纹	凹弦纹	方格	乳丁	刻划	附加堆纹	素面	复合纹饰
陶片数量			198	1585	308	7	3	1	33	75	661	556	463	2	8	4	1	21	276	2
百分比（%）			9.4	75.3	14.6	0.3	0.15	0.05	1.6	3.5	32.7	27.1	22.2	0.09	0.4	0.2	0.05	1	10.7	
器形	数量	百分比（%）																		
鬲足	1	5.88			1						1									
甗足	1	5.88		1							1									
罐	4	23.53		1		1	2		2										2	
瓮	1	5.88					1												1	
壶	1	5.88						1												1
豆	2	11.76					2												1	1
器耳	1	5.88			1														1	
器底	2	11.76				1	1					2								
纺轮	1	5.88	1																1	
饼	1	5.88			1														1	
猴	1	5.88			1														1	
牛	1	5.88			1														1	
合计	17		1	2	5	2	6	1	2		2	2							9	2

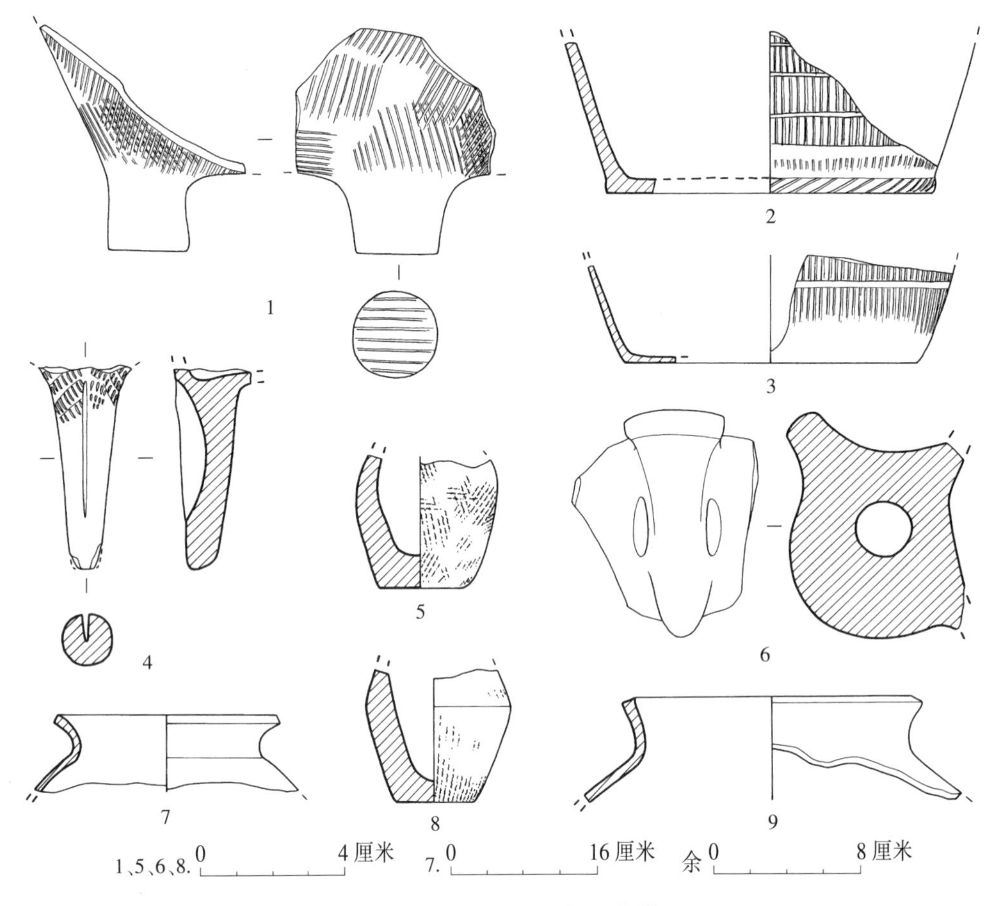

图五四一 03EH75 出土陶器

1. Db 型甗足（03EH75∶18） 2. E 型器底（03EH75∶17） 3. A 型器底（03EH75∶16） 4. Aa 型Ⅱ式鬲足（03EH75∶12） 5、8. Ⅰ型罐（03EH75∶5、4） 6. Ae 型器耳（03EH75∶2） 7. Ga 型Ⅳ式罐（03EH75∶11） 9. Fd 型Ⅲ式罐（03EH75∶8）

间饰云纹。口径 23.2、残高 12 厘米（图五四二，5）。

陶豆 2 件。标本 03EH75∶13，Ab 型Ⅳ式。泥质红陶。敞口，圆唇，折盘。豆盘内近口部两周凹弦纹，盘外底部饰条纹。口径 24、残高 5.2 厘米（图五四二，2）。标本 03EH75∶9，Ab 型。泥质红陶。直口，圆唇，折盘。素面。口径 22.4、残高 2.6 厘米（图五四二，3）。

陶器耳 1 件。标本 03EH75∶2，Ae 型。夹砂褐陶。鸟头形扁直耳，喙呈鸭嘴形，耳根部横穿圆孔。耳顶面有凸棱（图五四一，6）。

陶器底 2 件。标本 03EH75∶16，A 型。夹砂灰褐陶。下腹斜直弧内收，平底。下腹饰弦断条纹。底径 16、残高 5.8 厘米（图五四一，3）。标本 03EH75∶17，E 型。泥质红褐陶。下腹斜直内收，平底。下腹饰弦断条纹，底沿面饰斜条纹。底径 18、残高 8.6 厘米（图五四一，2）。

陶纺轮 1 件。标本 03EH75∶1，Ab 型Ⅲ式。夹砂红褐陶。厚体，圆形，两面平，圆中间一直壁圆孔，周壁中间凸起一周内弧折棱，折棱上下斜面内弧。素面。直径 4.2、孔径 0.6、厚 4 厘米（图五四二，9；图版五三，2）。

陶饼 1 件。标本 03EH75∶7，Ab 型Ⅰ式。夹砂褐陶。陶片打磨而成。扁圆形，周壁直。素面。直径 3.8、厚 1.1 厘米（图五四二，6）。

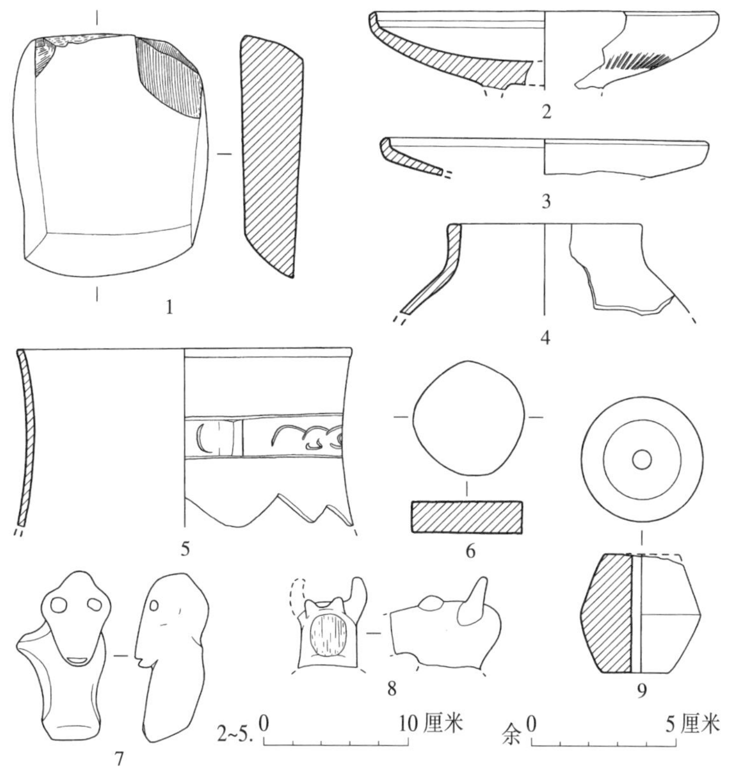

图五四二　03EH75 出土器物

1. Ab 型Ⅳ式石斧（03EH75∶6）　2. Ab 型Ⅳ式陶豆（03EH75∶13）　3. Ab 型陶豆（03EH75∶9）　4. Gd 型Ⅲ式陶瓮（03EH75∶10）　5. C 型陶壶（03EH75∶15）　6. Ab 型Ⅰ式陶饼（03EH75∶7）　7. 陶猴（03EH75∶3）　8. Ⅱ式陶牛（03EH75∶14）　9. Ab 型Ⅲ式陶纺轮（03EH75∶1）

陶猴　1 件。标本 03EH75∶3，夹砂褐陶。猴半身塑像，头顶凸起，面部大眼圆睁，猴腮长吻。素面。高 5.7 厘米（图五四二，7）。

陶牛　1 件。标本 03EH75∶14，Ⅱ式。夹砂褐陶。仅存牛头部。牛嘴及右角残，弧形弯角，双眼突出。素面。残长 3.8、残宽 2.4、残高 3.1 厘米（图五四二，8；图版六〇，4）。

硬陶片　1 件。标本 03EH75∶19，器类不明。灰硬陶。饰压印锯齿纹（图二九七，6）。

石斧　1 件。标本 03EH75∶6，Ab 型Ⅳ式。灰白色。磨制。扁平长方形，斧顶略残，偏锋，单面弧刃。长 8.2、宽 5.7、厚 1.8～2.2 厘米（图五四二，1）。

03EH99

位于 03ET2705 东北部。开口于第 1 层下，打破第 4 层。坑口呈长条椭圆形，坑壁弧，圜底。坑口长径 3.05、短径 1.15 米，坑深 0.32 米。填土灰褐色，土质疏松，夹杂烧土粒和木炭粒。包含器类有陶甗、鼎、罐和硬陶瓮等。

标本 4 件，其中陶器 3 件，硬陶器 1 件。

陶甗　1 件。标本 03EH99∶3，Ca 型。夹砂褐陶。敞口，圆唇，唇下缘起凸棱，斜直腹。唇下纹饰被抹，腹饰弦断条纹。残高 5.6 厘米（图五四三，3）。

陶鼎足　1 件。标本 03EH99∶4，Aa 型。泥质黄褐陶。圆柱状足。足根饰绳纹。残高 7.4 厘米（图五四三，4）。

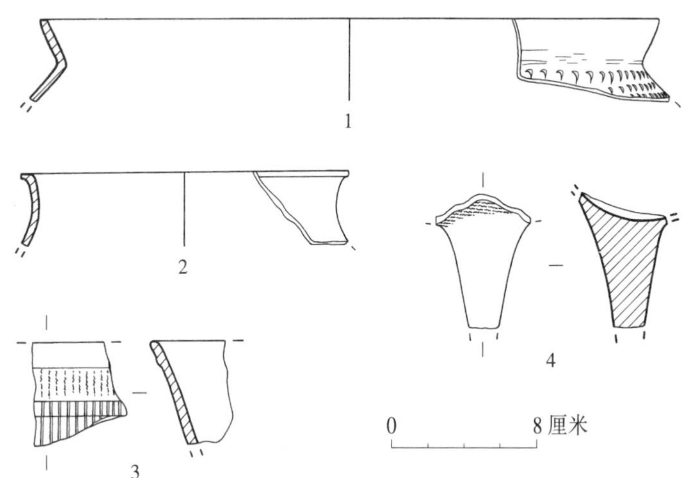

图五四三 03EH99出土器物

1. Ac型Ⅲ式硬陶瓮（03EH99：1） 2. H型陶罐（03EH99：2） 3. Ca型陶甗（03EH99：3） 4. Aa型陶鼎足（03EH99：4）

陶罐 1件。标本03EH99：2，H型。泥质黄褐陶。直口微敞，平沿，方唇，弧颈，斜肩。素面。口径18、残高4厘米（图五四三，2）。

硬陶瓮 1件。标本03EH99：1，Ac型Ⅲ式。黄硬陶。敞口，圆唇，斜直颈，颈肩相交处内凹。肩饰戳印纹。口径34、残高3.4厘米（图五四三，1）。

03EH143

位于03ET2606西南部。开口于第1层下，被近代沟打破，打破第2层。此坑开口面积较大，平面呈圆角三角形，三壁斜坡向下，最深处达1.5米。坑口径1～5.27米，坑深0.3～1.5米。填土灰褐色，土质较疏松，夹杂烧土粒、木炭粒、石块和矿石、炼渣等。包含器类有陶鬲、鼎、甗、罐、瓮和石锛等。

标本7件，其中陶器6件，石器1件，另有矿石、炼渣。

陶鬲足 1件。标本03EH143：6，C型Ⅰ式。夹砂红褐陶。圆柱状锥足，足根外侧残有两个圆窝。残高7.8厘米（图五四四，4）。

陶甗 1件。标本03EH143：1，D型Ⅲ式。夹砂褐陶，器表有烟熏痕迹。残存甗腰和鬲部。鬲为敛口，斜弧折腹，椭圆柱形矮足略呈蹄形，足根有足窝。通体饰条纹。残高20.6厘米（图五四四，7；图版三〇，2）。

陶鼎足 1件。标本03EH143：5，Aa型。夹砂红陶。圆柱状足。素面。残高11.4厘米（图五四四，6）。

陶罐 1件。标本03EH143：2，Ab型Ⅴ式。夹砂灰褐陶。敞口，圆唇，斜直颈，溜肩，弧腹内收。器表绳纹被抹。口径10、残高7厘米（图五四四，3）。

陶瓮 1件。标本03EH143：3，B型Ⅲ式。夹砂黄灰陶。敞口，方唇，斜直颈，斜肩残。素面。口径28、残高7.4厘米（图五四四，1）。

陶器耳 1件。标本03EH143：4，Aa型。夹砂灰褐陶。鸟头形扁直耳，耳根部横穿圆孔。器表饰弦断条纹（图五四四，2）。

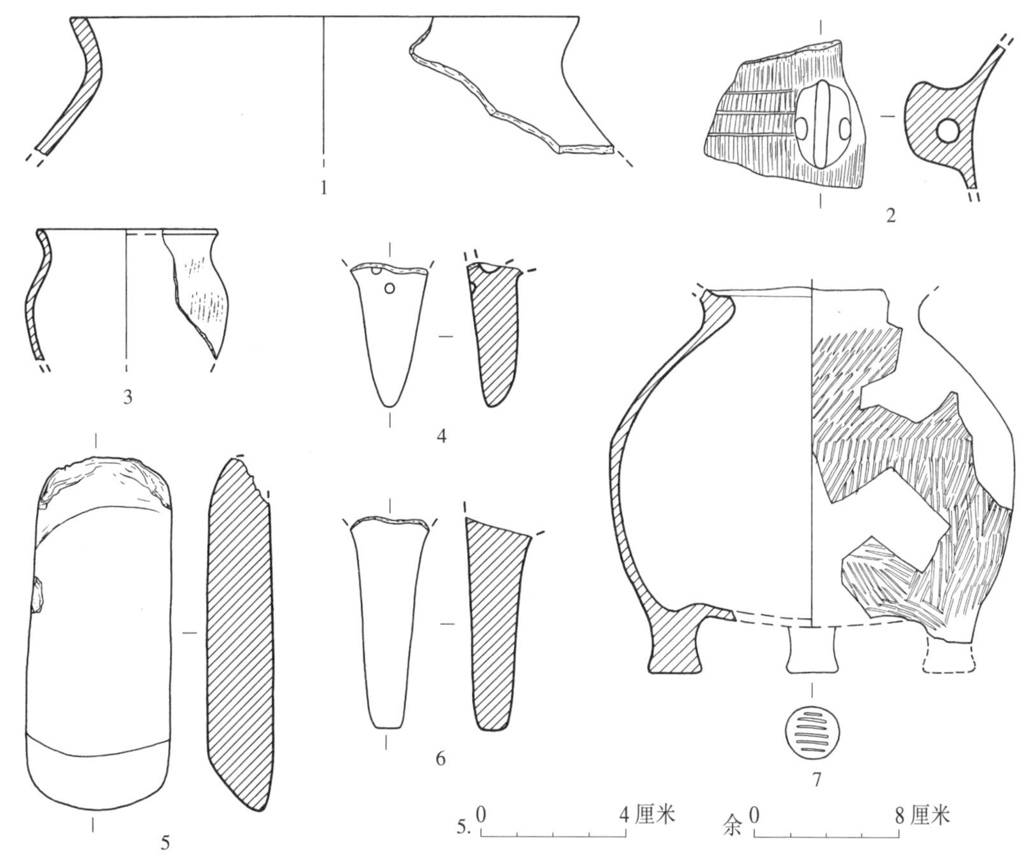

图五四四　03EH143 出土器物

1. B 型Ⅲ式陶瓮（03EH143∶3）　2. Aa 型陶器耳（03EH143∶4）　3. Ab 型Ⅴ式陶罐（03EH143∶2）　4. C 型Ⅰ式陶鬲足（03EH143∶6）　5. Aa 型Ⅴ式石锛（03EH143∶7）　6. Aa 型陶鼎足（03EH143∶5）　7. D 型Ⅲ式陶甗（03EH143∶1）

石锛　1 件。标本 03EH143∶7，Aa 型Ⅴ式。青灰色。琢磨成器。长方形，两面平，边壁直，偏锋，单面弧刃。残长 9.6、刃宽 3.8、厚 1.8 厘米（图五四四，5）。

矿石　1 块。标本 03EH143∶8，长形块状，矿体表面呈褐色，夹杂有铜锈斑，褐色体部位质地坚实，而露铜锈斑处较为松软。矿体中有明显的孔隙，可观察到为铜铁混生矿。经检测分析铜含量仅为 6.72%，铁含量高，其三氧化二铁为 52.86%，二氧化硅 8.32%。镜下岩相薄片及 XRD 物相分析为孔雀石、石英、赤铁矿，以赤铁矿为主，含铜量极低。标本长 4.8、宽 2.9、厚 2.2 厘米（彩版三六，6）。

炼渣　1 块。标本 03EH143∶9，扁平近三角形块状溶结体。从断面上观察可以明显的分为内外两层：外侧为夹砂质，浅红色；内层为灰褐色的溶琉体，有较多且密的孔隙，有细小的绿色和白色颗粒，内侧面有较厚的铜锈层。标本长 4.6、宽 3.6、厚 1.5 厘米（彩版四一，5）。

（二）灰沟

东区 2003 年共清理灰沟 4 条。其中，在东区南部清理 1 条，编号为 03EG3；东区中部清理 3 条，编号分别为 03EG1、03EG2 和 03EG4（附表六）。

03EG3

位于03ET2001、T2101、T2201中，开口于第3层下，打破第4层，深入生土层（砂岩）。呈西南—东北走向，东北和西南两端未发掘完，长度不明。平面为不规则长条形，斜壁，壁面弯曲起伏。沟口北边发掘长度14米，南边发掘长度5米，宽1.75～3米，沟深（由西南向东北）0.45～1.4米。沟内堆积可分四层：第1层：厚0.05～0.2米。灰褐色土，土质松软，夹杂炭渣、烧土块、炼渣等。包含有陶鬲、鼎、甗、罐、瓮、豆、缸等器类。第2层：厚0.25～0.3米。黄灰色杂土，土质松软，含沙较多，夹有黄色土块、炭渣、矿石、炼渣等。包含有陶鬲、鼎、甗、罐、瓮、豆、支垫、缸等器类。第3层：厚0.45～0.9米。灰褐色杂土，土质松软，夹有炭渣和大量烧土块、炼渣等。包含有陶鬲、鼎、甗、罐、瓮、缸、豆、盆、支垫及石镞、钻等器类。第4层：厚0.15～0.2米。灰褐色杂土，土质松软，夹有炭渣和大量烧土块等。包含有陶鬲、罐、瓮等器类（图五四五）。

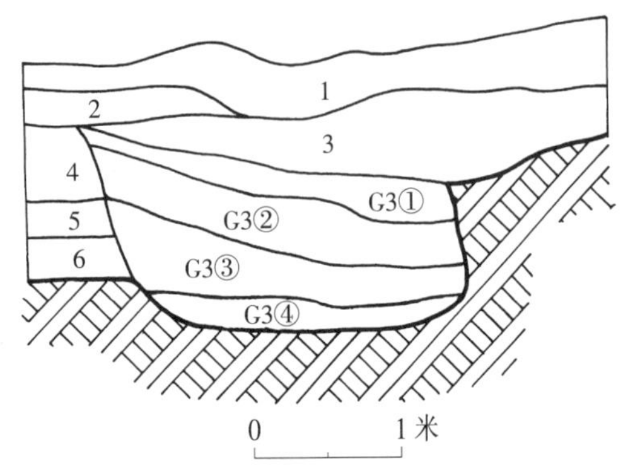

图五四五　03ET2201西壁、03EG3剖面图

在第3层下沟沿南北两边，与沟并行有柱洞排列，共有柱洞23个，北边由西向东18个，编号为03ED19～D36；南边5个，编号为03ED37～D41。这些柱洞应与沟是一个整体建筑（见图二一）。由于未能全面揭露，沟的用途不明。但是，根据沟的形状和沟内堆积情况推测，可能与冶炼有关。

03EG3④至①层，共提取遗物标本93件。

03EG3④

标本7件，均为陶器。

陶鬲　1件。标本03EG3④∶27，Aa型。夹砂褐陶。敞口，斜弧沿，尖圆唇，弧颈，弧腹内收，鬲身呈罐形，口径大于腹径。颈部饰绳纹，腹饰弦断绳纹。口径18.2、残高8.5厘米（图五四六，2）。

陶鬲足　2件。标本03EG3④∶24，Ac型Ⅱ式。夹砂红褐陶。圆柱状截锥足，有足窝。足根饰绳纹。残高6厘米（图五四六，7）。标本03EG3④∶22，B型Ⅱ式。夹砂黄灰陶。圆柱状截锥足。足饰绳纹，外侧刻划“V”字形纹。足根足芯明显，包足痕迹清晰。残高11厘米（图五四六，6）。

陶罐　3件。标本03EG3④∶28，Ab型Ⅳ式。夹砂深褐陶。敞口，圆唇，斜直颈，溜肩。颈部饰交叉绳纹，残有一个圆形泥饼，腹饰弦断交叉绳纹。口径16、残高6.4厘米（图五四六，4）。标本03EG3④∶26，Fa型Ⅲ式。夹细砂灰黄陶。直口微敞，方唇，直颈，斜弧肩。唇面一周凹槽，颈部绳纹被抹，肩腹饰弦断绳纹。口径20、残高9.4厘米（图五四六，1）。标本03EG3④∶25，Fb型Ⅳ式。夹细砂褐陶。敞口，方唇，斜直颈，斜弧肩。颈部饰绳纹，肩部饰交叉绳纹，腹饰弦断绳纹，肩腹相交处饰一周附加堆纹。口径20、残高11厘米（图五四六，5）。

陶瓮　1件。标本03EG3④∶103，Ec型。夹砂黄褐陶。直口微敞，厚方唇，唇内缘下一周凹槽，斜直颈，斜弧广肩。口径16、残高7.2厘米（图五四六，3）。

03EG3③

标本46件，其中陶器40件，硬陶器6件。

陶鬲　4件。标本03EG3③∶17，Aa型Ⅲ式。夹砂褐陶，器表有烟炱。敞口，弧沿，圆唇，弧

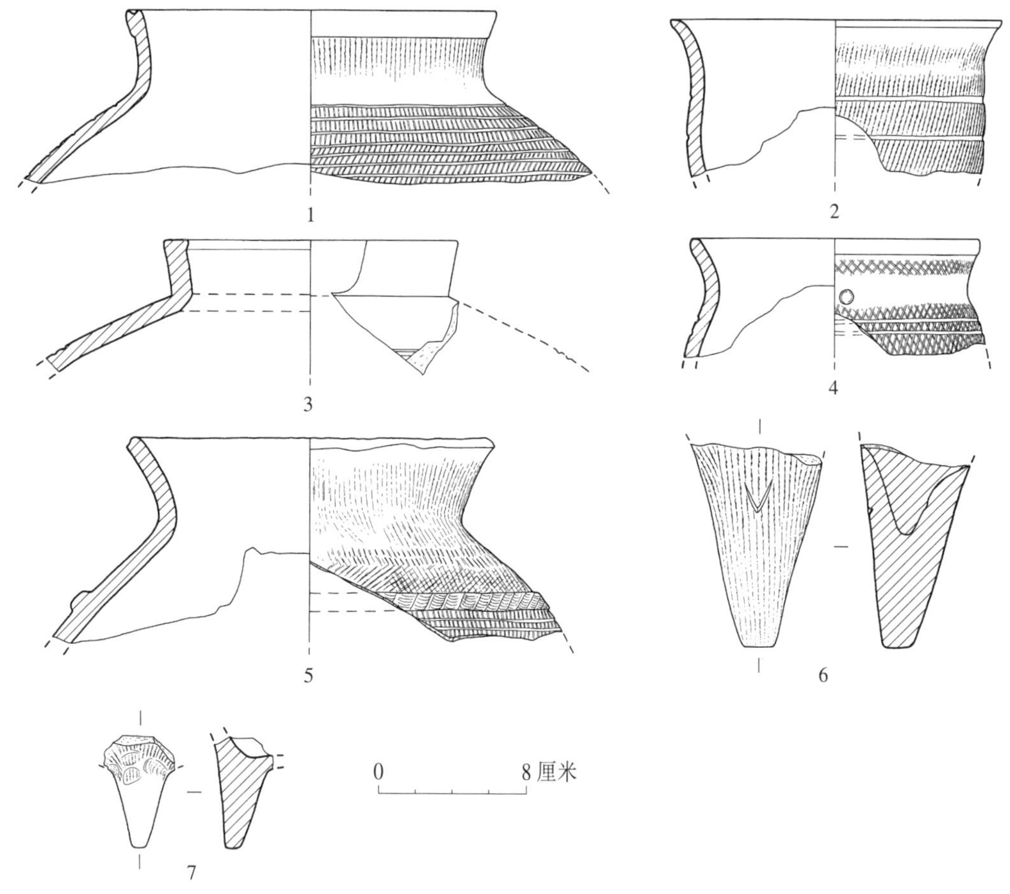

图五四六　03EG3④出土陶器

1. Fa型Ⅲ式罐（03EG3④:26）　2. Aa型鬲（03EG3④:27）　3. Ec型瓮（03EG3④:103）　4. Ab型Ⅳ式罐（03EG3④:28）　5. Fb型Ⅳ式罐（03EG3④:25）　6. B型Ⅱ式鬲足（03EG3④:22）　7. Ac型Ⅱ式鬲足（03EG3④:24）

束颈，溜肩，圆弧腹内收，鬲身呈罐形，口径小于腹径，下弧裆，器内壁底部与足根对接处有较深足窝，圆柱状锥足。肩、上腹部饰弦断绳纹，下腹、底及足根饰绳纹，足外侧一道竖刻槽。口径16.8、高21厘米（图五四七，1；彩版一三，2）。标本03EG3③:41，Aa型。夹细砂黄褐陶。敞口，弧沿，圆唇，斜弧颈，弧腹。腹部饰弦断绳纹。口径18、残高9.7厘米（图五四七，7）。标本03EG3③:20，Ag型。夹砂褐陶，器表有烟熏痕迹。弧颈，溜肩，弧腹内收，鬲身呈罐形，器内壁底部与足根对接处有较深足窝。肩、腹、底及足根饰条纹。残高9厘米（图五四八，7；图版二二，1）。标本03EG3③:21，Ag型。夹砂褐陶，器表有烟熏痕迹。溜肩，弧腹内收，鬲身呈罐形，上弧裆，足窝较深。肩、腹饰条纹。残高7.3厘米（图五四八，8；图版二二，2）。

陶鬲足　5件。标本03EG3③:35，Aa型Ⅲ式。夹砂黄褐陶。圆柱状足，有足窝。足外侧一道竖刻槽，足根饰绳纹。残高11.8厘米（图五四九，2）。标本03EG3③:31，Ab型。夹砂黄褐陶。圆柱状足足尖残，足根有足窝，外侧两个圆窝。足外侧一道竖刻槽。残高12厘米（图五四九，4）。标本03EG3③:36，Ab型。夹砂褐陶。圆柱状足足尖残，足根外侧四个圆窝。足外侧一道竖刻槽。残高7.8厘米（图五四九，5）。标本03EG3③:33，Ac型Ⅰ式。夹砂黄褐陶。圆柱状尖锥足，足根有足窝。残高10厘米（图五四九，6）。标本03EG3③:34，C型Ⅰ式。夹砂黄褐陶。圆

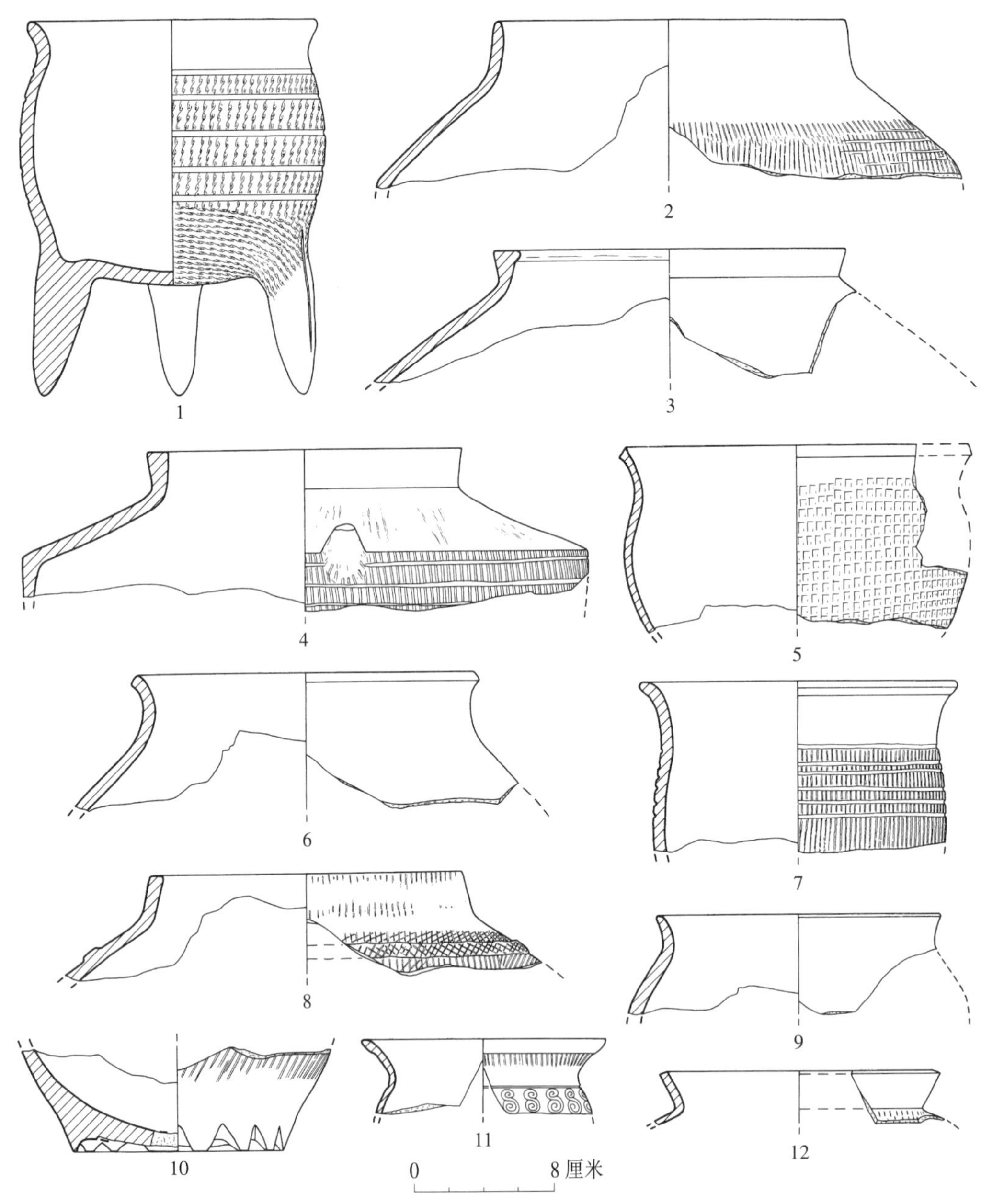

图五四七 03EG3③出土器物

1. Aa型Ⅲ式陶鬲（03EG3③:17） 2. Eg型Ⅱ式陶瓮（03EG3③:38） 3. Ec型陶瓮（03EG3③:42） 4. Eb型Ⅱ式陶罐（03EG3③:43） 5. Aa型Ⅲ式陶盆（03EG3③:45） 6. Fc型Ⅲ式陶罐（03EG3③:39） 7. Aa型陶鬲（03EG3③:41） 8. Ga型Ⅱ式陶瓮（03EG3③:40） 9. Ab型陶罐（03EG3③:46） 10. Bd型陶缸底（03EG3③:49） 11. Ac型Ⅱ式陶罐（03EG3③:47） 12. Ab型Ⅲ式硬陶瓮（03EG3③:48）

柱状尖锥足，有足窝，足外侧一个圆窝。足根饰绳纹。残高10厘米（图五四九，9）。

陶甗足 1件。标本03EG3③:37，Da型。夹砂褐陶。椭圆柱状矮足略呈蹄形，足根有足窝。下腹、足根及足底面饰条纹。残高7厘米（图五四九，3）。

陶鼎足 1件。标本03EG3③:32，Ab型。夹砂褐陶。圆柱状截锥足。足内侧一道竖刻槽，足底面饰条纹。残高11.4厘米（图五四九，1）。

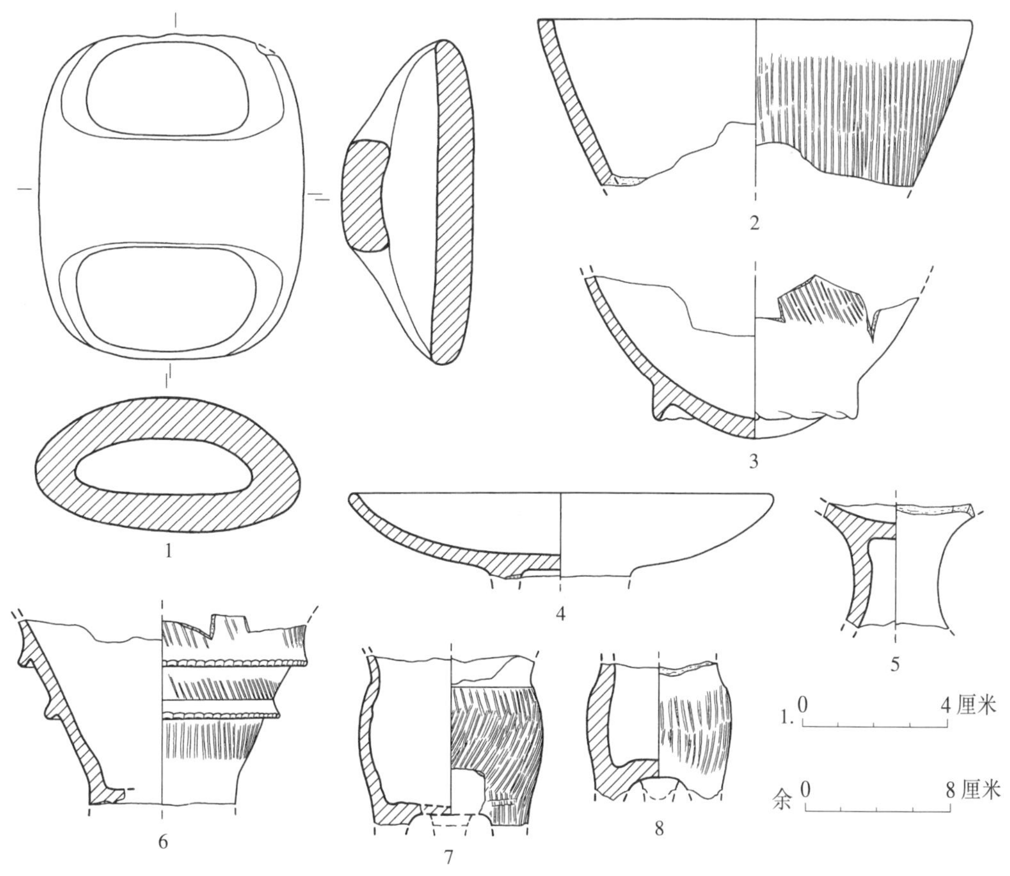

图五四八　03EG3③出土陶器

1. Ab型Ⅲ式支（拍）垫（03EG3③:14）　2. Bb型缸（03EG3③:44）　3. Bd型缸底（03EG3③:16）　4. Aa型豆（03EG3③:7）　5. Ba型豆（03EG3③:56）　6. Bc型缸底（03EG3③:15）　7、8. Ag型鬲（03EG3③:20、21）

陶罐　3件。标本03EG3③:46，Ab型。夹细砂灰陶。敞口，圆唇，斜直颈，溜肩，弧腹。素面。口径16、残高5.6厘米（图五四七，9）。标本03EG3③:47，Ac型Ⅱ式。夹细砂灰陶。敞口，斜弧沿，尖圆唇，束颈，溜肩。颈部绳纹被抹，肩部两周凹弦纹，其间一周“S”形纹。口径14、残高4.2厘米（图五四七，11）。标本03EG3③:39，Fc型Ⅲ式。夹砂黄褐陶。敞口，方唇，弧颈，斜弧肩。素面。口径20、残高7.6厘米（图五四七，6）。

陶瓮　6件。标本03EG3③:100，Cb型Ⅰ式。夹砂黄褐陶。敞口，斜弧沿，方唇，弧颈，弧肩，弧腹。沿下饰交叉条纹，肩腹交界处饰有条纹的泥钉，腹饰弦断交叉条纹。口径45、残高16.8厘米（图五五〇，1）。标本03EG3③:43，Eb型Ⅱ式。夹砂褐灰陶。直口，厚方唇，斜直颈，斜直折广肩，直腹。肩腹相交处残有泥钉，腹部饰弦断条纹。口径18、残高9厘米（图五四七，4）。标本03EG3③:42，Ec型。夹砂黄褐陶。直口微敞，厚方唇，唇内缘下一周凹槽，斜直颈，斜弧广肩。素面。口径20、残高7.6厘米（图五四七，3）。标本03EG3③:38，Eg型Ⅱ式。夹砂黄灰陶。直口，圆唇，斜直颈，斜弧肩。肩部饰绳纹。口径20、残高9.2厘米（图五四七，2）。标本03EG3③:40，Ga型Ⅱ式。夹细砂灰白陶。敛口，方唇，斜直颈，斜弧肩。颈部绳纹被抹，肩部饰交错绳纹和一周附加堆纹。口径18、残高6厘米（图五四七，8）。标本03EG3③:11，Gc

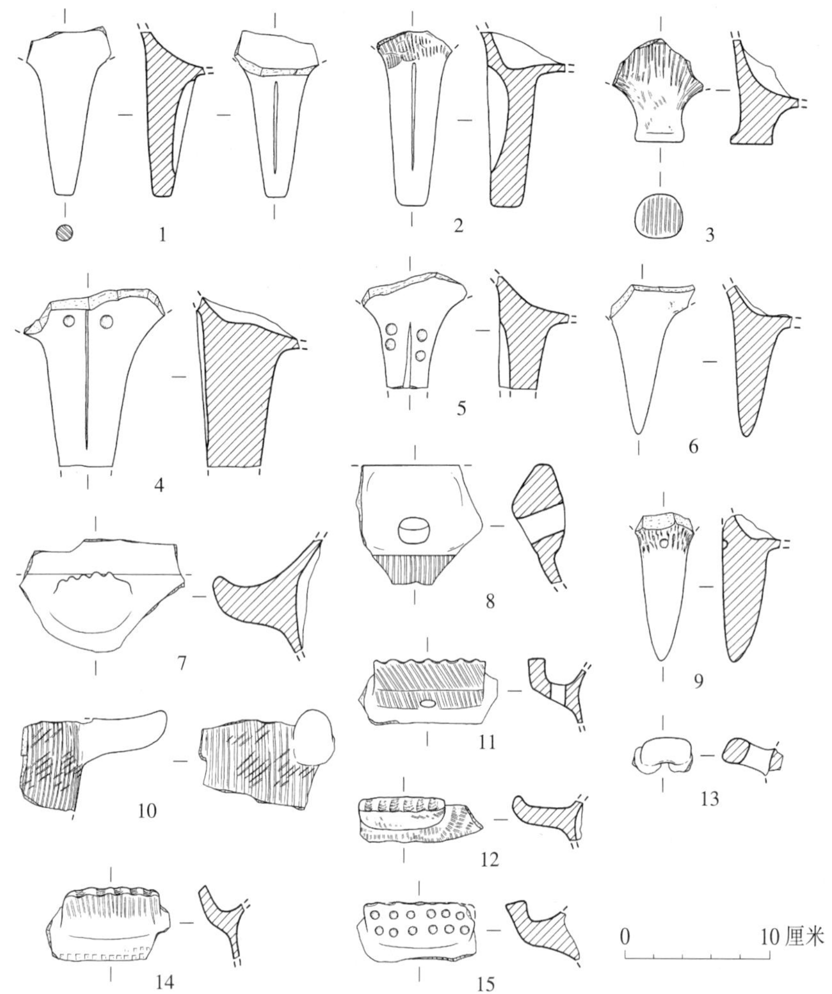

图五四九　03EG3③出土陶器

1. Ab型鼎足（03EG3③:32）　2. Aa型Ⅲ式鬲足（03EG3③:35）　3. Da型甗足（03EG3③:37）　4、5. Ab型鬲足（03EG3③:31、36）　6. Ac型Ⅰ式鬲足（03EG3③:33）　7. Bc型器耳（03EG3③:50）　8. 陶器口（03EG3③:54）　9. C型Ⅰ式鬲足（03EG3③:34）　10. Ad型器鋬（03EG3③:53）　11. Ba型器耳（03EG3③:62）　12. Bf型器耳（03EG3③:51）　13. D型器耳（03EG3③:55）　14. Be型器耳（03EG3③:61）　15. Bg型器耳（03EG3③:60）

型Ⅲ式。夹细砂灰褐陶。直口微敞，方唇，斜直颈，斜直折广肩，斜直腹内收，平底内凹。颈部一周指窝纹，肩、肩腹相交处和中腹部各饰一周附加堆纹，肩、腹饰弦断绳纹，底饰绳纹。口径13.4、底径15.2、高32厘米（图五五〇，4；图版三七，5）。

陶缸　1件。标本03EG3③:44，Bb型。夹砂黄褐陶。敞口，方唇，斜弧腹内收。腹部饰条纹。口径24、残高9厘米（图五四八，2）。

陶缸底　3件。标本03EG3③:15，Bc型。夹砂红褐陶。直腹斜内收。腹部饰弦断条纹，下腹两周凸棱。残高10.2厘米（图五四八，6）。标本03EG3③:49，Bd型。夹砂黄褐陶。弧腹内收。腹部饰条纹。残高5.8厘米（图五四七，10）。标本03EG3③:16，Bd型。夹砂红褐陶。弧腹内收，圜底，矮圈足足顶面呈索状。腹部饰条纹。残高9厘米（图五四八，3）。

陶盆 1件。标本03EG3③:45，Aa型Ⅲ式。夹砂黄褐陶。敞口，斜弧沿，方唇，弧颈，圆弧腹内收。器表饰压印方格纹。口径20、残高10.4厘米（图五四七，5）。

陶豆 6件。标本03EG3③:7，Aa型。夹细砂红陶。敞口，圆唇，弧盘。素面。口径23.4、残高4.4厘米（图五四八，4）。标本03EG3③:59，A型。夹细砂灰陶。盘底弧，圆圈形柄残。柄上饰凹弦纹，残有三个长条方形孔。残高13厘米（图五五〇，5）。标本03EG3③:58，A型。夹细砂灰陶。圆圈形柄，豆座呈喇叭形。柄上残有三个长条方形镂孔；豆座顶部饰弦纹。底径16、残高7厘米（图五五〇，6）。标本03EG3③:56，Ba型。夹细砂灰陶。圆圈形柄残。素面。残高6.8厘米（图五四八，5）。标本03EG3③:99，Ba型。夹细砂黄灰陶。圆圈形柄。素面。柄内壁有旋转痕迹。残高7.5厘米（图五五〇，3）。标本03EG3③:57，Cb型。夹细砂灰陶。圆圈形柄。座顶面饰绳纹。柄内壁有旋转痕迹。残高8.8厘米（图五五〇，2）。

陶器口 1件。标本03EG3③:54，器类不明。夹砂黄灰陶。敞口，唇特别厚，斜弧腹内收。口沿上残有一个椭圆形穿孔，腹部饰条纹。残高8厘米（图五四九，8）。

陶器耳 6件。标本03EG3③:62，Ba型。夹砂黄褐陶。长方形泥片状横耳，耳根中部一个圆形竖穿孔，耳顶面凹凸不平呈鸡冠状，耳面弧折上翘。耳面饰条纹（图五四九，11）。标本03EG3

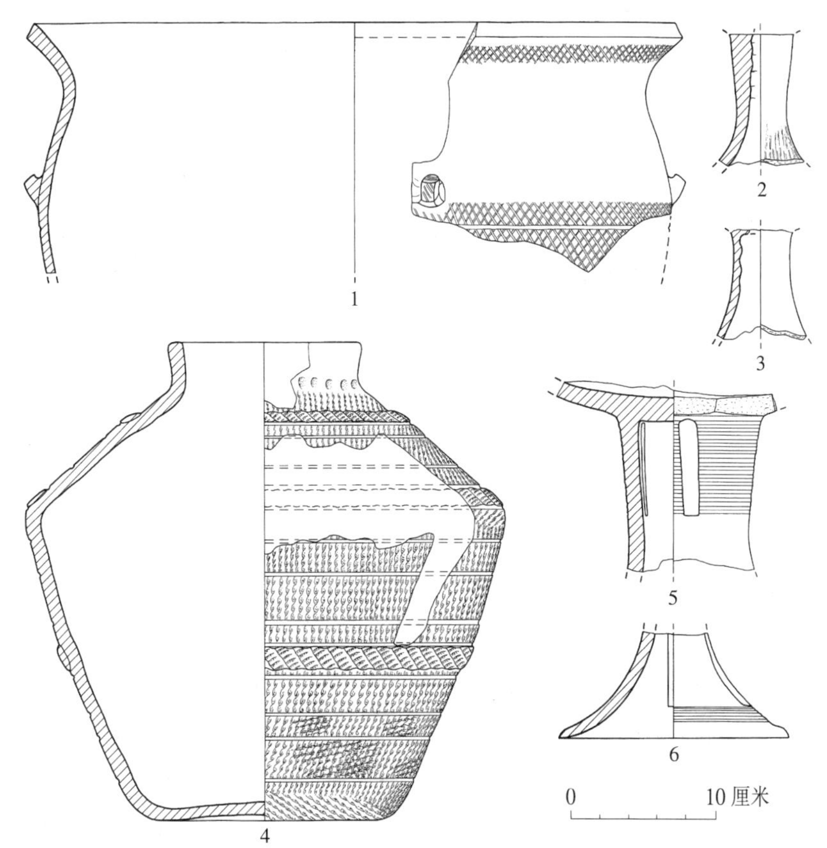

图五五〇 03EG3③出土陶器

1. Cb型Ⅰ式瓮（03EG3③:100） 2. Cb型豆（03EG3③:57） 3. Ba型豆（03EG3③:99） 4. Gc型Ⅲ式瓮（03EG3③:11） 5、6. A型豆（03EG3③:59、58）

③:50，Bc型。夹砂红褐陶。长方形泥片状横耳，耳顶面凹凸不平呈鸡冠状，耳面弧上侈。素面（图五四九，7）。标本03EG3③:61，Be型。夹砂黄褐陶。长方形泥片状横耳，耳顶面压印凹凸不平条纹呈鸡冠状，耳面斜弧上侈。耳面饰条纹，器表饰压印方格纹（图五四九，14）。标本03EG3③:51，Bf型。夹砂黄褐陶。长方形泥片状横耳，耳顶面压印凹凸不平条纹呈鸡冠状，耳端微弧上翘。器表饰条纹（图五四九，12）。标本03EG3③:60，Bg型。夹砂黄褐陶。长方形泥片状横耳，耳顶面压印凹凸不平条纹略呈鸡冠状，耳中部折上翘。耳面分两排饰十二圆窝，每排六个（图五四九，15）。标本03EG3③:55，D型。夹砂黄褐陶。椭圆形环耳，耳根部残有圆形短榫头，耳环截面略呈圆角长方形。素面（图五四九，13）。

陶器鋬　1件。标本03EG3③:53，Ad型。夹细砂灰褐陶。椭圆柱形器鋬，鋬端微弧上翘。器表饰交错条纹（图五四九，10）。

陶支（拍）垫　1件。标本03EG3③:14，Ab型Ⅲ式。夹砂褐陶。由牛鼻状握手和饼形垫两部分构成。垫呈圆角长方形，垫面平，垫背隆起穿孔，孔呈椭圆形用于握手。素面。垫长径8.7、短径7.2、通高3.6厘米（图五四八，1；图版五一，6）。

硬陶瓮　1件。标本03EG3③:48，Ab型Ⅲ式。灰硬陶。敞口，斜折沿，方唇，束颈。肩部有戳印纹。口径16、残高3厘米（图五四七，12）。

硬陶片　5件。标本03EG3③:5，器类不明。灰硬陶。饰戳印“人”字形纹（图二九七，3）。标本03EG3③:2，器类不明。灰硬陶。饰弦纹和波浪纹（图二九七，8）。标本03EG3③:1，器类不明。灰硬陶。饰云纹（图二九八，7）。标本03EG3③:3，器类不明。灰硬陶。饰鳞纹（图二九八，5）。标本03EG3③:4，器类不明。灰硬陶。饰鳞纹（图二九八，13）。

03EG3②

标本24件，均为陶器。

陶鬲　2件。标本03EG3②:19，Ab型Ⅲ式。夹砂灰褐陶，器表有烟熏痕迹。敞口，弧沿，圆唇，弧束颈，溜肩，弧腹内收，鬲身呈罐形，口径略小于腹径，器内壁底部与足根对接处有较深足窝，圆柱状尖锥足。腹、底饰条纹。口径11.2、高13.2厘米（图五五一，4；图版一七，6）。标本03EG3②:60，Ac型Ⅲ式。夹砂褐陶。敞口，斜弧沿，圆唇，弧束颈，圆鼓腹弧内收，鬲身呈罐形，口径小于腹径。肩、腹饰弦断条纹。口径12、残高7.4厘米（图五五一，6）。

陶鼎耳　1件。标本03EG3②:76，A型。仿铜。夹砂褐陶。立耳呈圆角方形，耳截面略呈长方形。素面（图五五二，11）。

陶鼎足　3件。标本03EG3②:63，Aa型。夹砂黄褐陶。圆柱状截锥足。足根饰条纹。残高11.4厘米（图五五二，5）。标本03EG3②:65，Ab型。夹砂黄褐陶。圆柱状截锥足。足内侧一道竖刻槽，足根饰绳纹。残高11.6厘米（图五五二，1）。标本03EG3②:64，Ab型。夹砂黄褐陶。圆柱状足。足内侧一道竖刻槽，足根饰绳纹。残高11.4厘米（图五五二，2）。

陶罐　2件。标本03EG3②:6，Ga型Ⅱ式。夹细砂褐陶。敞口，卷沿，方唇，弧束颈，弧肩，弧腹。腹饰弦断条纹。口径18、残高11.6厘米（图五五一，3）。标本03EG3②:82，Ga型Ⅱ式。夹细砂褐陶。敞口，斜弧沿，方唇，弧束颈，弧肩。素面。口径18、残高7厘米（图五五一，8）。

陶瓮　5件。标本03EG3②:102，Eb型Ⅱ式。夹砂黄褐陶。直口，方唇，直颈，平弧广折肩，直腹。肩腹饰弦断条纹，肩腹相交处一周等距离饰四个乳丁。口径15.2、残高8.5厘米（图五五

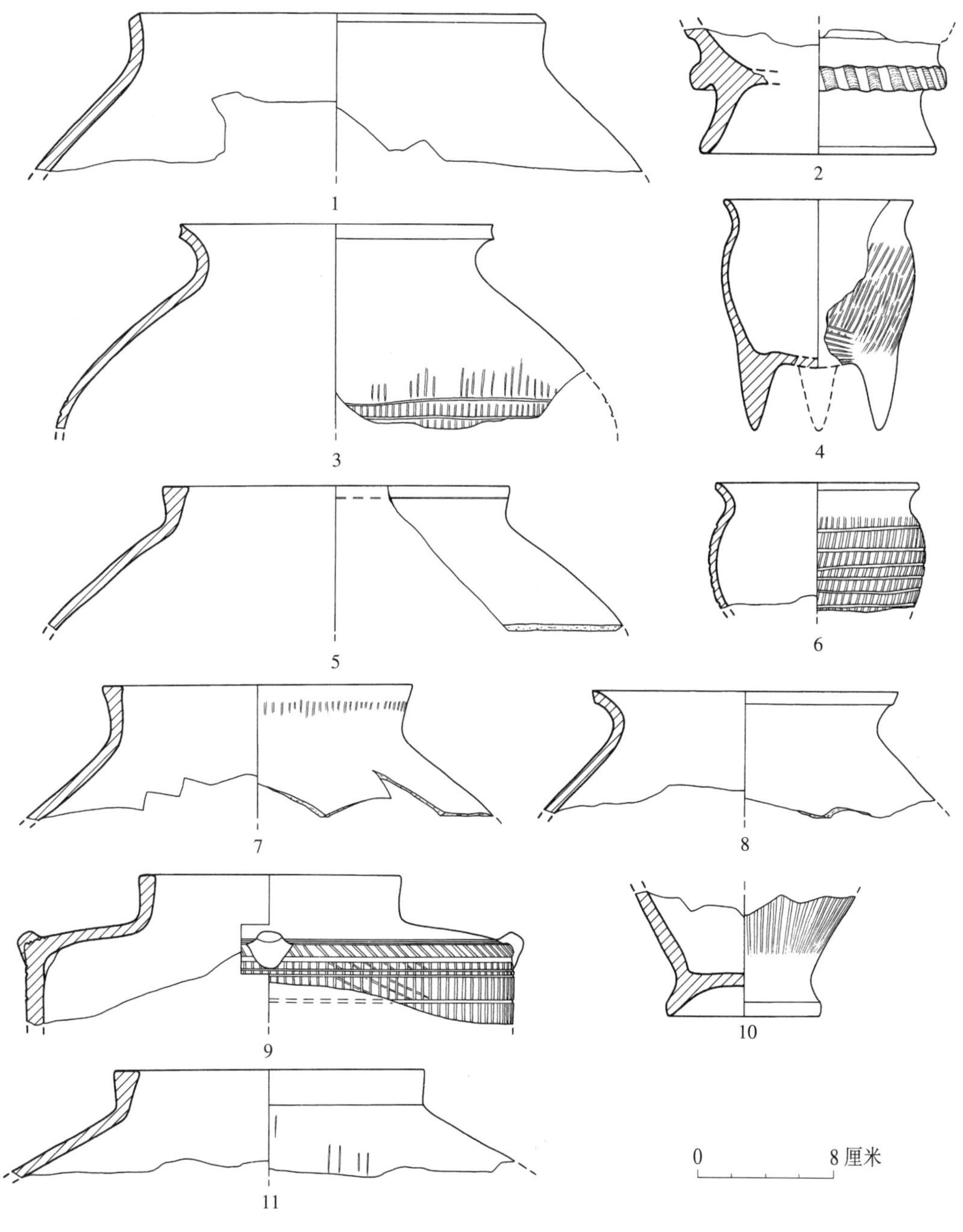

图五五一　03EG3②出土陶器

1. Gd 型Ⅱ式瓮（03EG3②:84）　2、10. Ba 型缸圈足（03EG3②:75、85）　3、8. Ga 型Ⅱ式罐（03EG3②:6、82）
4. Ab 型Ⅲ式鬲（03EG3②:19）　5、11. Ec 型瓮（03EG3②:101、80）　6. Ac 型Ⅲ式鬲（03EG3②:60）
7. Ed 型Ⅲ式瓮（03EG3②:81）　9. Eb 型Ⅱ式瓮（03EG3②:102）

一，9）。标本 03EG3②:80，Ec 型。夹砂黄褐陶。敛口，厚方唇，直颈，斜弧广肩。腹饰条纹。口径 18、残高 6 厘米（图五五一，11）。标本 03EG3②:101，Ec 型。夹砂黄褐陶。敛口，厚方唇，斜直颈，斜弧肩。素面。口径 20、残高 8.2 厘米（图五五一，5）。标本 03EG3②:81，Ed 型Ⅲ式。夹砂黄褐陶。直口，厚方唇，斜直颈，斜弧广肩。沿下饰条纹。口径 18、残高 6.6 厘米（图五五一，7）。标本 03EG3②:84，Gd 型Ⅱ式。夹砂黄褐陶。直口微敞，方唇，直颈，斜弧广肩。素面。

口径23、残高9厘米（图五五一，1）。

陶缸圈足 2件。标本03EG3②:75，Ba型。夹砂褐陶。弧腹内收，矮圈足。圈足与底相交处饰一周附加堆纹。底径14、残高7厘米（图五五一，2）。标本03EG3②:85，Ba型。夹砂黄灰陶。下腹斜直内收，平底，矮圈足。下腹饰条纹。底径9、残高7厘米（图五五一，10）。

陶器耳 7件。标本03EG3②:74，Af型。夹砂黄褐陶。扁直耳略呈猪头形，耳根部横穿圆孔。嘴部饰条纹（图五五二，13）。标本03EG3②:69，Ba型。夹砂黄褐陶。长方形泥片状横耳，耳根中部一个圆形竖穿孔，耳顶面凹凸不平略呈鸡冠状，耳面弧折上翘。耳面饰条纹（图五五二，4）。标本03EG3②:71，Be型。夹砂灰黄陶。长方形泥片状横耳，耳顶面压印凹凸不平条纹呈鸡

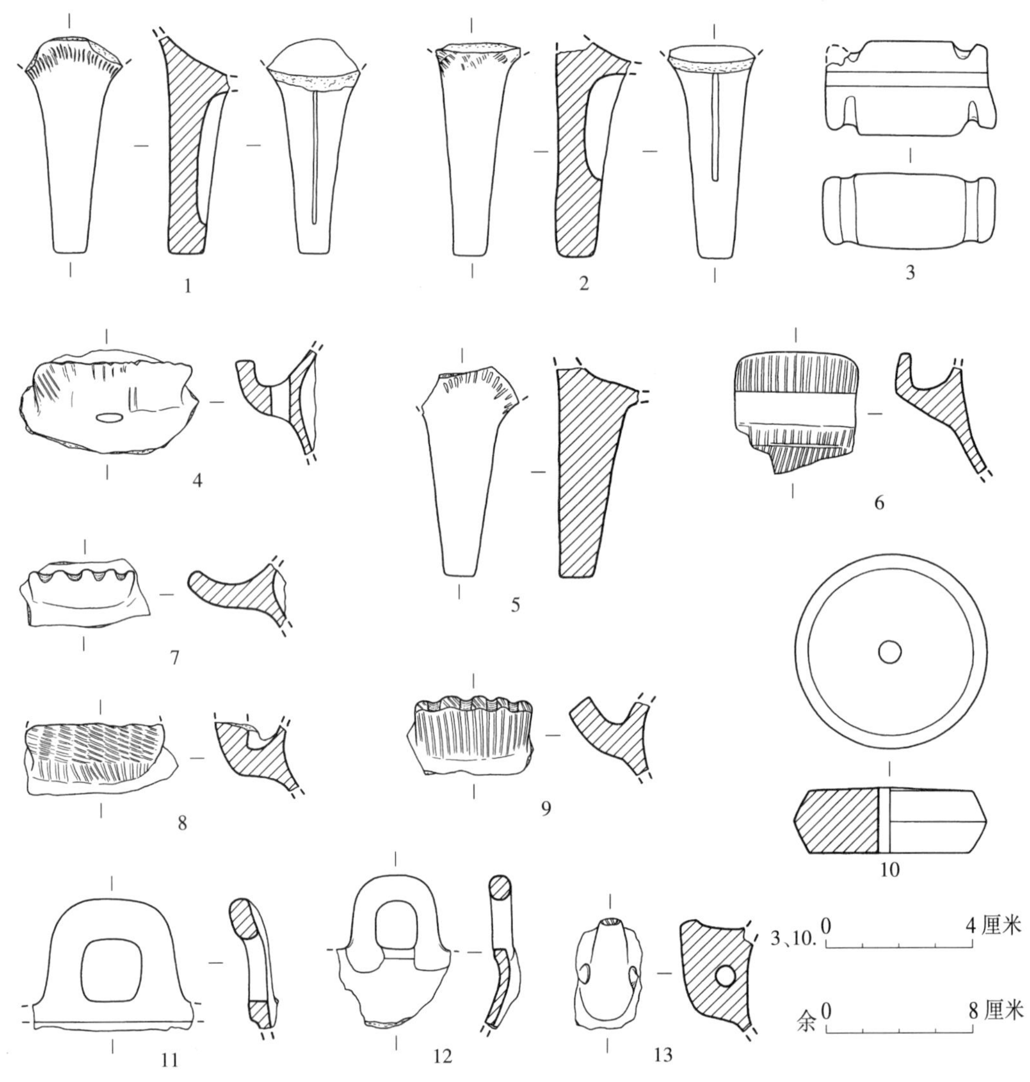

图五五二 03EG3②出土陶器

1、2. Ab型鼎足（03EG3②:65、64） 3. Ⅱ式网坠（03EG3②:79） 4. Ba型器耳（03EG3②:69） 5. Aa型鼎足（03EG3②:63） 6、8. Bf型器耳（03EG3②:70、72） 7. Bf型器耳（03EG3②:73） 9. Be型器耳（03EG3②:71） 10. Ac型Ⅲ式纺轮（03EG3②:78） 11. A型鼎耳（03EG3②:76） 12. Ca型器耳（03EG3②:77） 13. Af型器耳（03EG3②:74）

冠状，耳面斜弧上侈。耳面饰条纹（图五五二，9）。标本03EG3②:73，Bf型。夹砂黄灰陶。长方形泥片状横耳，耳顶面压印凹凸不平条纹呈鸡冠状，耳面微弧上翘（图五五二，7）。标本03EG3②:70，Bf型。夹砂黄灰陶。长方形泥片状横耳，耳顶面弧，耳面斜折直上翘。器表饰弦断条纹，耳面饰条纹残（图五五二，6）。标本03EG3②:72，Bf型。夹砂黄褐陶。长方形泥片状横耳，顶面凹凸不平略呈鸡冠状，耳面折上侈。耳面饰条纹（图五五二，8）。标本03EG3②:77，Ca型。夹砂褐陶。耳直立，耳根套包在器口上，整体略呈圆角方形，环耳顶部截面略呈圆形。素面（图五五二，12）。

陶纺轮　1件。标本03EG3②:78，Ac型Ⅲ式。泥质黑陶。扁圆形，正面中部微隆起，背面平，圆中间一个直壁圆孔，周壁中部凸起一周折棱，折棱上下斜面弧直。素面。直径5.2、孔径0.6、厚1.7厘米（图五五二，10）。

陶网坠　1件。标本03EG3②:79，Ⅱ式。夹细砂褐陶。平面呈圆角弧壁长方形，截面椭圆形，两面中间及两端有凹槽。素面。坠长4.4~4.6、坠截面长径2.5、短径2厘米（图五五二，3）。

03EG3①

标本16件，均为陶器。

陶鬲　2件。标本03EG3①:18，Aa型Ⅲ式。夹砂黄褐陶，器表有烟熏痕迹。敞口，卷沿，圆唇，弧束颈，隆肩，弧直腹内收，口径略大于腹径，器内壁底部与足根对接处有较深足窝，圆柱状足足尖残。颈、肩腹及底足饰条纹，足外侧一道竖刻槽。口径15.2、残高12.4厘米（图五五三，3；图版一六，5）。标本03EG3①:92，Ac型。夹砂灰褐陶。敞口，斜弧沿，圆唇，弧束颈，圆肩。沿下和肩腹饰条纹。口径20、残高5.6厘米（图五五三，4）。

陶鬲足　2件。标本03EG3①:87，Aa型Ⅱ式。夹砂褐陶。圆柱状截锥足，足根有足窝。足外侧一道竖刻槽，足根和足底面饰条纹。残高12厘米（图五五三，8）。标本03EG3①:88，Aa型Ⅱ式。夹砂褐陶。圆柱状截锥足，有足窝。足外侧一道竖刻槽，足根饰条纹。残高11厘米（图五五三，6）。

陶甗　2件。标本03EG3①:105，Ab型。夹砂黄褐陶。敞口，斜弧沿，方唇，束颈，斜肩，沿外侧贴施两个对称泥片护耳，两耳内根部甗壁上各戳穿一圆形孔。器表和耳面饰条纹，耳根有压印指窝纹。口径40.4、残高6.4厘米（图五五三，1）。标本03EG3①:86，Ca型。夹砂灰陶。仅存器口残片。敞口，方唇，斜直腹。腹部饰条纹。口径32、残高10厘米（图五五三，2）。

陶甗耳　2件。标本03EG3①:91，Aa型。夹砂黄褐陶。口沿外壁贴施泥片护耳，耳内甗壁上戳圆形穿孔。器表和耳面压印方格纹（图五五三，5）。标本03EG3①:104，Aa型。夹砂黄褐陶。口沿外壁贴施泥片护耳，耳内甗壁上戳圆形穿孔。器表和耳面饰条纹，耳根有压印指窝纹（图五五三，9）。

陶甗足　1件。标本03EG3①:89，Da型。夹砂黄褐陶。椭圆柱状矮足略呈蹄形，足根有足窝。下腹及足底面压印方格纹。残高6.8厘米（图五五三，12）。

陶壶　1件。标本03EG3①:97，E型。泥质灰陶。残存尾部，器腹中空，尾上翘，两矮足。素面。残高5.8厘米（图五五三，7）。

陶簋圈足　1件。标本03EG3①:90，夹砂黄褐陶。矮圈足。素面。底径10、残高3.4厘米（图五五三，16）。

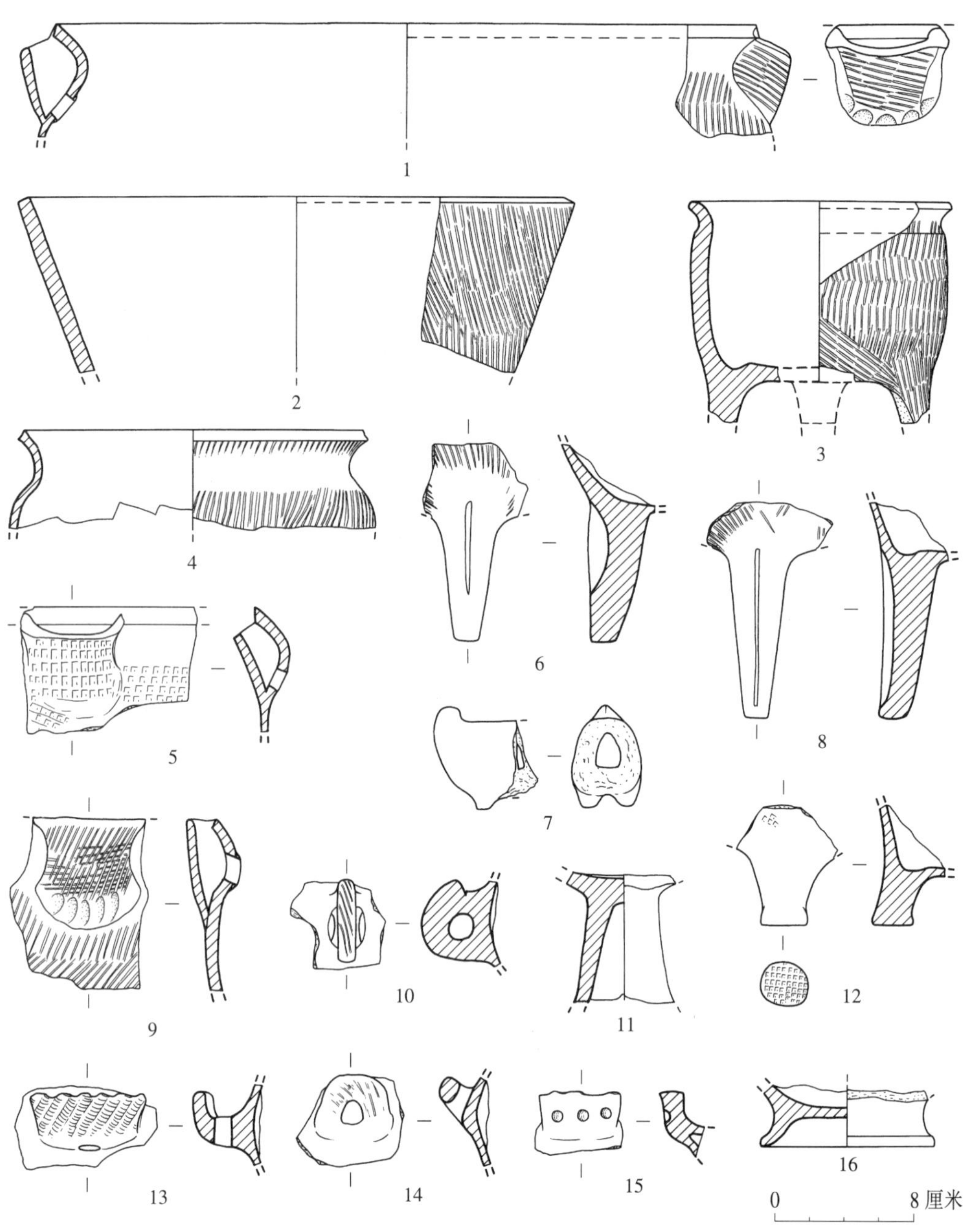

图五五三 03EG3①出土陶器

1. Ab型甗（03EG3①:105） 2. Ca型甗（03EG3①:86） 3. Aa型Ⅲ式鬲（03EG3①:18） 4. Ac型鬲（03EG3①:92） 5、9. Aa型甗耳（03EG3①:91、104） 6、8. Aa型Ⅱ式鬲足（03EG3①:88、87） 7. E型壶（03EG3①:97） 10. Aa型器耳（03EG3①:94） 11. Ba型豆（03EG3①:98） 12. Da型甗足（03EG3①:89） 13. Ba型器耳（03EG3①:93） 14. Cc型器耳（03EG3①:96） 15. Bg型器耳（03EG3①:95） 16. 簋圈足（03EG3①:90）

陶豆 1件。标本03EG3①:98，Ba型。泥质红陶。圆圈形柄，座残。素面。残高7.4厘米（图五五三，11）。

陶器耳 4件。标本03EG3①:94，Aa型。夹砂黄褐陶。鸟头形扁直耳，耳根部横穿圆孔。耳顶面饰条纹（图五五三，10）。标本03EG3①:93，Ba型。夹砂黄褐陶。长方形泥片状横耳，耳根中部一个圆形竖穿孔，耳顶面凹凸不平呈鸡冠状，耳面弧折上翘。耳面饰绳纹（图五五三，13）。标本 03EG3①:95，Bg 型。夹砂黄褐陶。长方形泥片状横耳，耳顶面凹凸不平略呈鸡冠状，耳中部折上翘。耳面并排饰三个圆窝。器身留有短横榫，耳根套包在榫上（图五五三，15）。标本 03EG3①:96，Cc 型。夹砂褐陶。椭圆形环耳，耳环截面略呈椭圆形。耳面饰条纹（图五五三，14）。

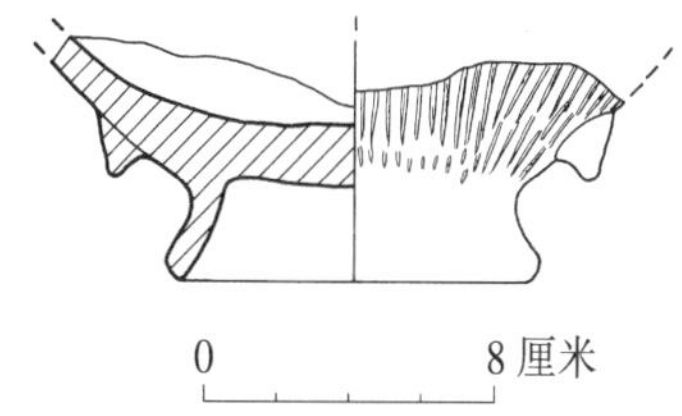

图五五四　03ED25 出土陶器
Ba 型缸圈足（03ED25:1）

另在 03EG3 北边 03ED25 出土陶缸圈足 1 件，编号 03ED25:1。

陶缸圈足　1 件。标本 03ED25:1，Ba 型。夹砂红褐陶。斜弧腹内收，矮圈足呈喇叭口形。下腹饰条纹，残留乳丁。底径 10.4、残高 6.4 厘米（图五五四）。

03EG1

位于 03ET2605 ~ T2704 中，开口于第 5 层下，打破 03ESK4 和 03EF1，深入到生土层。呈西北—东南走向，长 8.9 米。平面为长条形，斜壁圜底。沟西北宽东南窄。西北宽 1.8、东南宽 0.9 米，沟深（由西北向东南）0.45 ~ 0.6 米。沟内充填灰褐色沙质土，土质松软，夹有炭渣和烧土粒。包含器类有陶鬲、甗、鼎、瓮和硬陶瓮、罐等（见图三二）。

标本 12 件，其中陶器 10 件，硬陶器 2 件。

陶鬲　4 件。标本 03EG1:2，Aa 型Ⅱ式。夹砂黄褐陶，器表有烟熏痕迹。侈口，斜沿，圆唇，斜直束颈，弧肩，垂腹，鬲身呈罐形，口径小于腹径，下弧裆，圆柱状锥足，足窝较深。肩、腹饰弦断交叉条纹，底及足根饰条纹。口径 16.2、高 20.2 厘米（图五五五，3；图版一六，1）。标本 03EG1:7，Aa 型。夹砂褐陶。敞口，圆唇，弧颈。颈部绳纹被抹，腹饰绳纹。口径 24、残高 5 厘米（图五五五，11）。标本 03EG1:3，Ah 型Ⅱ式。夹砂灰陶，器表有烟熏痕迹。敞口，弧沿，圆唇，斜弧颈，弧肩，圆弧腹内收，鬲身呈盆形，口径略大于腹径，足窝较浅。颈部纹饰被抹，肩、腹饰弦断条纹，底和足根饰条纹。口径 14.4、残高 10.4 厘米（图五五五，2；图版二二，4）。标本 03EG1:4，Ah 型Ⅱ式。夹砂灰陶，器表有烟熏痕迹。敞口，弧沿，圆唇，斜弧颈，弧肩，圆弧腹内收，口径略大于腹径，足窝较浅。颈部纹饰被抹，肩、腹饰弦断条纹，底和足根饰条纹，足外侧三道竖刻槽。口径 14.4、残高 10.4 厘米（图五五五，1；图版二三，1）。

陶鬲足　1 件。标本 03EG1:10，Ac 型Ⅰ式。夹砂红褐陶。圆柱状锥足。足根饰绳纹。残高 7.8 厘米（图五五五，8）。

陶甗耳　1 件。标本 03EG1:5，Ab 型。夹砂红褐陶。口沿外侧贴施泥片护耳，耳内甗壁上戳圆形穿孔。器表饰弦断条纹，耳面饰条纹（图五五五，6）。

陶甗足　2 件。标本 03EG1:11，Aa 型Ⅰ式。夹砂褐陶。椭圆柱状矮锥足。足根饰条纹。残高 5.8 厘米（图五五五，9）。标本 03EG1:12，Da 型。夹砂褐陶。圆柱状矮足略呈蹄形，足根有足窝。足根饰条纹。残高 4 厘米（图五五五，12）。

陶鼎足　1 件。标本 03EG1:9，Aa 型。夹砂红褐陶。圆柱状矮锥足。足根饰绳纹。残高 10.8 厘米（图五五五，5）。

陶瓮　1 件。标本 03EG1:1，Eg 型Ⅰ式。夹砂黄褐陶。直口，方唇，直颈，斜折肩，平底微内凹。颈部纹饰被抹，肩、腹饰弦断条纹，肩腹相交处等距离饰六个泥钉。口径 24、底径 19、高

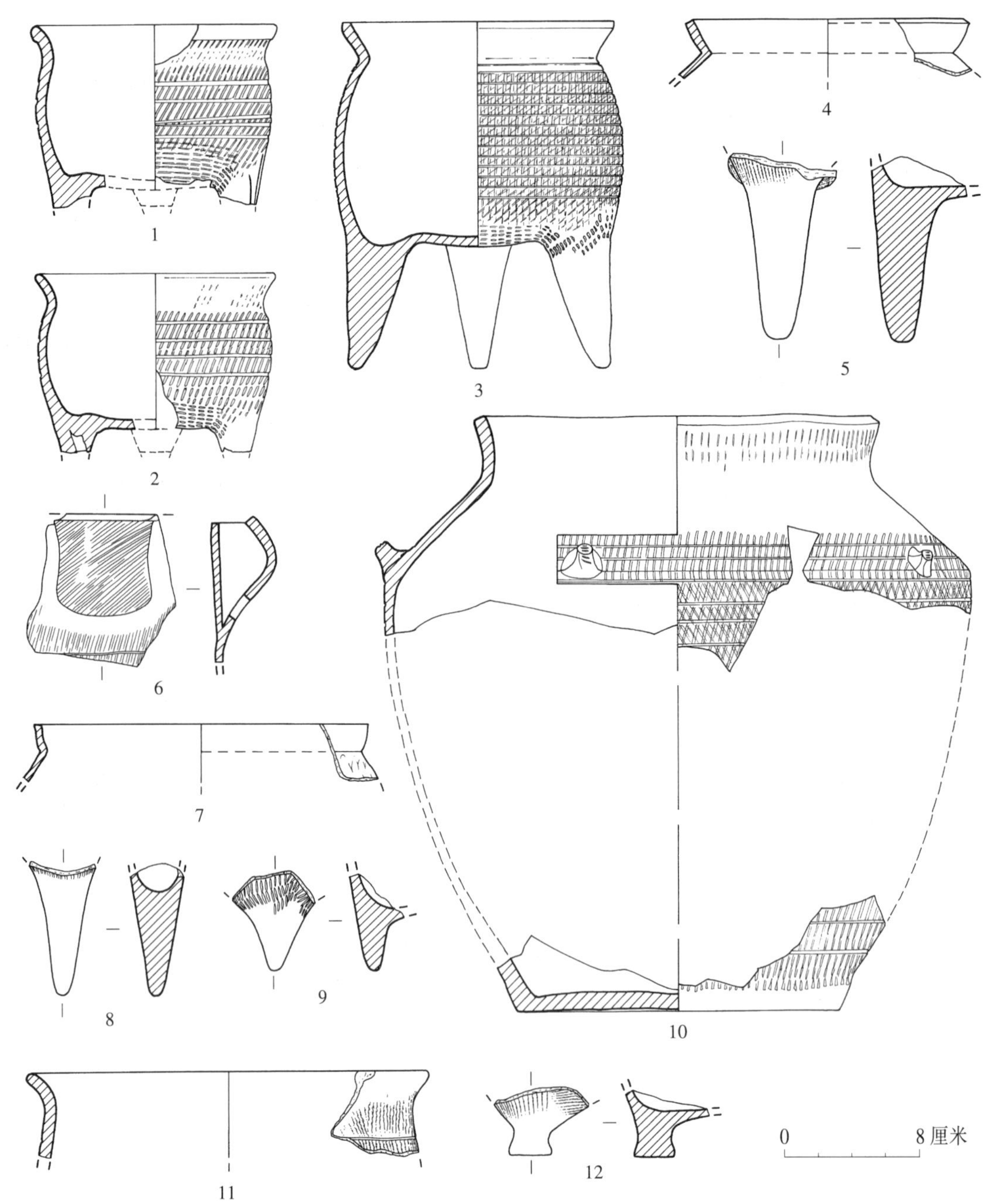

图五五五　03EG1出土器物

1、2. Ah型Ⅱ式陶鬲（03EG1:4、3）　3. Aa型Ⅱ式陶鬲（03EG1:2）　4. Ab型Ⅱ式硬陶瓮（03EG1:6）　5. Aa型陶鼎足（03EG1:9）　6. Ab型陶甗耳（03EG1:5）　7. Ⅰ式硬陶罐（03EG1:13）　8. Ac型Ⅰ式陶鬲足（03EG1:10）　9. Aa型Ⅰ式陶甗足（03EG1:11）　10. Eg型Ⅰ式陶瓮（03EG1:1）　11. Aa型陶鬲（03EG1:7）　12. Da型陶甗足（03EG1:12）

约34.6厘米（图五五五，10；图版三七，4）。

硬陶瓮　1件。标本03EG1:6，Ab型Ⅱ式。黄灰硬陶。敞口，方唇，斜直束颈。素面。口径16.8、残高3.4厘米（图五五五，4）。

硬陶罐　1件。标本03EG1:13，Ⅰ式。灰硬陶。直口微敞，方唇，弧直颈，斜肩。肩部戳印

“Y”字形纹。口径 20、残高 3.4 厘米（图五五五，7）。

03EG2

位于 03ET2706～T2606 中，开口于第 3 层下，打破第 4 层。略呈东西走向，平面为长条形，斜壁平底，长 3.85、宽 0.6 米，沟深 0.5 米。沟内充填灰褐色土，土质较松软，夹有炭渣和烧土粒。包含有陶鬲、鼎、罐和硬陶器等（见图三〇）。

标本 4 件，其中陶器 3 件，硬陶器 1 件。

陶鬲足　1 件。标本 03EG2∶3，Ac 型Ⅰ式。夹砂黄褐陶。圆柱状锥足。下腹、底及足根饰绳纹。残高 8.8 厘米（图五五六，1）。

陶鼎足　1 件。标本 03EG2∶1，B 型。夹砂黄陶。圆柱状足足尖残，足根外壁有两个椭圆形凹窝。残高 5.2 厘米（图五五六，3）。

陶罐　1 件。标本 03EG2∶2，Fa 型。夹砂黄褐陶。敞口，圆唇，弧直颈，斜肩。颈部绳纹被抹，肩、腹残有凹弦纹和两周附加堆纹。口径 16、残高 6 厘米（图五五六，2）。

硬陶片　1 件。标本 03EG2∶4，器类不明。灰硬陶。饰压印凹方格纹（图二九七，2）。

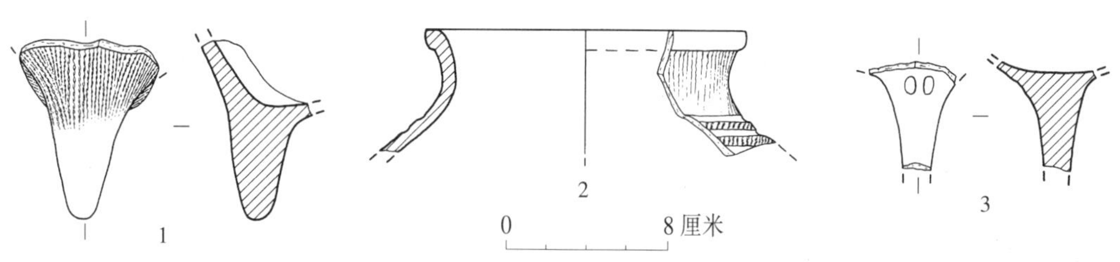

图五五六　03EG2 出土陶器

1. Ac 型Ⅰ式鬲足（03EG2∶3）　2. Fa 型罐（03EG2∶2）　3. B 型鼎足（03EG2∶1）

03EG4

位于 03ET2605、T2606 和 03ET2607 之间，开口于第 4 层下，西南部被第 1 层下开口的 03EH143 打破，南部和北部分别被第 4 层下开口的 03EH141 和 03EH114 打破，东部打破第 4 层下开口的 03EY1、H116，西部打破第 6 层下开口的 03EH103、H88、H89、H84、H169，深入到生土层。略呈东南—北走向。平面形状为不规则长条形，南部窄而深，北部渐宽而浅，斜壁，圜底，口部长 8.55、宽 0.5～1.65 米，沟深 0.55～1.55 米。沟内从上至下堆积杂乱的灰黑色土，夹杂较多木炭渣、烧土块和炼渣、炉壁等。包含遗物较丰富，有陶鬲、甗、鼎、罐、瓮、豆、盆、钵、纺轮、饼、支垫及硬陶器等（图五五七；彩版二，3）。

标本 112 件，其中陶器 110 件，硬陶器 2 件，另有炉壁、炼渣。

陶鬲　5 件。标本 03EG4∶3，Ab 型Ⅱ式。夹细砂红褐陶。敞口，方唇，斜直颈，斜肩，弧直腹内收，鬲身呈罐形，口径小于腹径，圆柱状尖锥足，足窝较深。颈部纹饰被抹，肩、腹饰弦断条纹，下腹、底及足根饰条纹。口径 12.4、高 15.4 厘米（图五五八，3；图版一七，4）。标本 03EG4∶4，Ab 型Ⅲ式。夹砂黄褐陶。侈口，方唇，斜直颈，弧肩，圆弧腹内收，鬲身呈罐形，口径略小于腹径，足窝较深。颈部纹饰被抹，肩、腹饰弦断绳纹，下腹、底及足根饰绳纹。口径 15.2、残高 13.2 厘米（图五五八，2；图版一八，4）。标本 03EG4∶23，Ab 型Ⅲ式。夹细砂红褐陶。侈口，方唇，斜直颈，弧肩，圆腹弧内收，鬲身呈罐形，口径略小于腹径。颈部绳纹被抹，

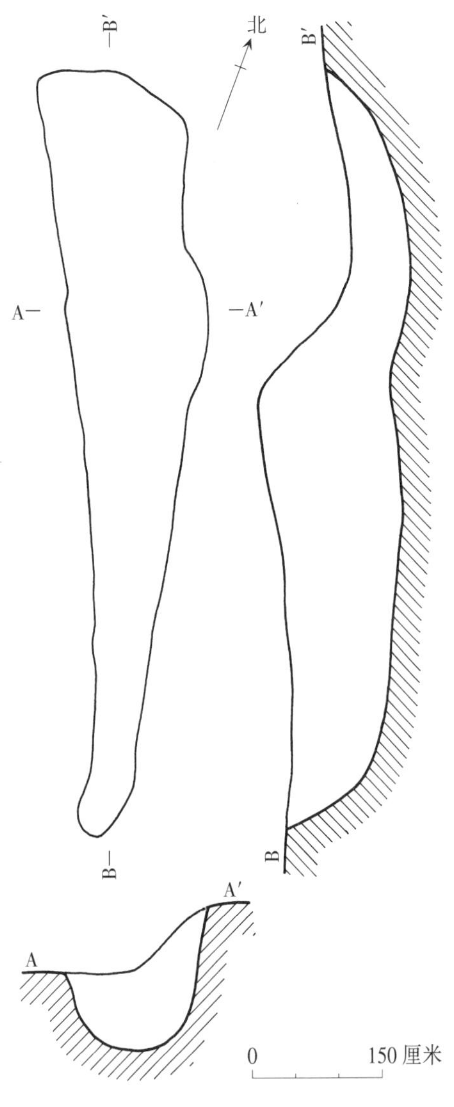

图五五七　03EG4平、剖面图

肩、腹饰弦断绳纹。口径16、残高8.6厘米（图五五八，9）。标本03EG4∶6，Da型Ⅱ式。夹细砂褐陶，器表有烟炱。敞口，方唇，斜直颈，斜弧折肩，弧腹斜内收，鬲身呈罐形，口径略小于腹径，下弧裆，錾和圆柱状足足尖残，足窝较深。素面。口径12.4、残高8.8厘米（图五五八，5）。标本03EG4∶5，Da型Ⅱ式。夹细砂褐陶，器表有烟炱。敞口，方唇，斜直颈，斜弧折肩，弧腹内收，鬲身呈罐形，口径略小于腹径，足窝较深。肩腹部安圆柱状錾，錾顶端呈鸟首形。口径12.4、残高10厘米（图五五八，4；彩版一五，3、4）。

陶鬲足　17件。标本03EG4∶61，Aa型Ⅰ式。夹砂黄褐陶。圆柱状锥足。足外侧一道竖刻槽，足根饰绳纹。残高6.4厘米（图五五九，10）。标本03EG4∶81，Aa型Ⅰ式。夹砂黄褐皮灰胎陶。圆柱状尖锥足。足外侧一道竖刻槽，足根饰条纹。残高13.5厘米（图五五九，7）。标本03EG4∶58，Aa型Ⅱ式。夹砂黄褐陶。圆柱状截锥足。足外侧一道竖刻槽，足根饰条纹。残高12.4厘米（图五五九，5）。标本03EG4∶77，Aa型Ⅱ式。夹细砂红褐陶。圆柱状截锥足。足外侧一道竖刻槽，足根、足底面饰条纹。残高13.4厘米（图五五九，2）。标本03EG4∶91，Aa型Ⅱ式。夹砂黄褐陶。圆柱状锥足。足外侧一道竖刻槽。素面。残高8厘米（图五五九，12）。标本03EG4∶93，Ab型Ⅰ式。夹砂黄褐陶。圆柱状尖锥足。足外侧一道竖刻槽和三个圆窝纹，足根饰绳纹。残高8厘米（图五五八，12）。标本03EG4∶55，Ac型Ⅰ式。夹砂黄褐陶。圆柱状尖锥足。足根饰绳纹。残高14.2厘米（图五五九，4）。标本03EG4∶56，Ac型Ⅰ式。夹砂黄褐陶。圆柱状锥足，外侧四个圆窝。足根饰绳纹。残高14厘米（图五五九，3）。标本03EG4∶85，Ac型Ⅰ式。夹细砂黄褐陶。圆柱状锥足。足根饰绳纹。残高9.4厘米（图五五九，8）。标本03EG4∶87，Ac型Ⅰ式。夹细砂黄褐陶。圆柱状尖锥足。足根饰条纹。残高9.3厘米（图五五九，11）。标本03EG4∶90，Ac型Ⅰ式。夹砂黄褐陶。圆柱状锥足。足根饰绳纹。残高8.8厘米（图五五九，9）。标本03EG4∶78，Ac型Ⅱ式。夹细砂褐陶。圆柱状锥足。足、足底面饰条纹。残高13.5厘米（图五五八，1）。标本03EG4∶84，Ac型Ⅱ式。夹砂黄褐陶。圆柱状锥足。素面。残高8.5厘米（图五五八，10）。标本03EG4∶86，Ac型Ⅱ式。夹细砂黄褐陶。圆柱状足。足根饰条纹。残高9.6厘米（图五五八，8）。标本03EG4∶89，Ac型Ⅱ式。夹细砂黄褐陶。圆柱状截锥足。足根饰绳纹。残高8.6厘米（图五五八，7）。标本03EG4∶88，Ac型Ⅱ式。夹细砂红褐陶。圆柱状足。足根和足底面饰条纹。根部有手捏痕迹。残高8.6厘米（图五五八，6）。标本03EG4∶92，Ac

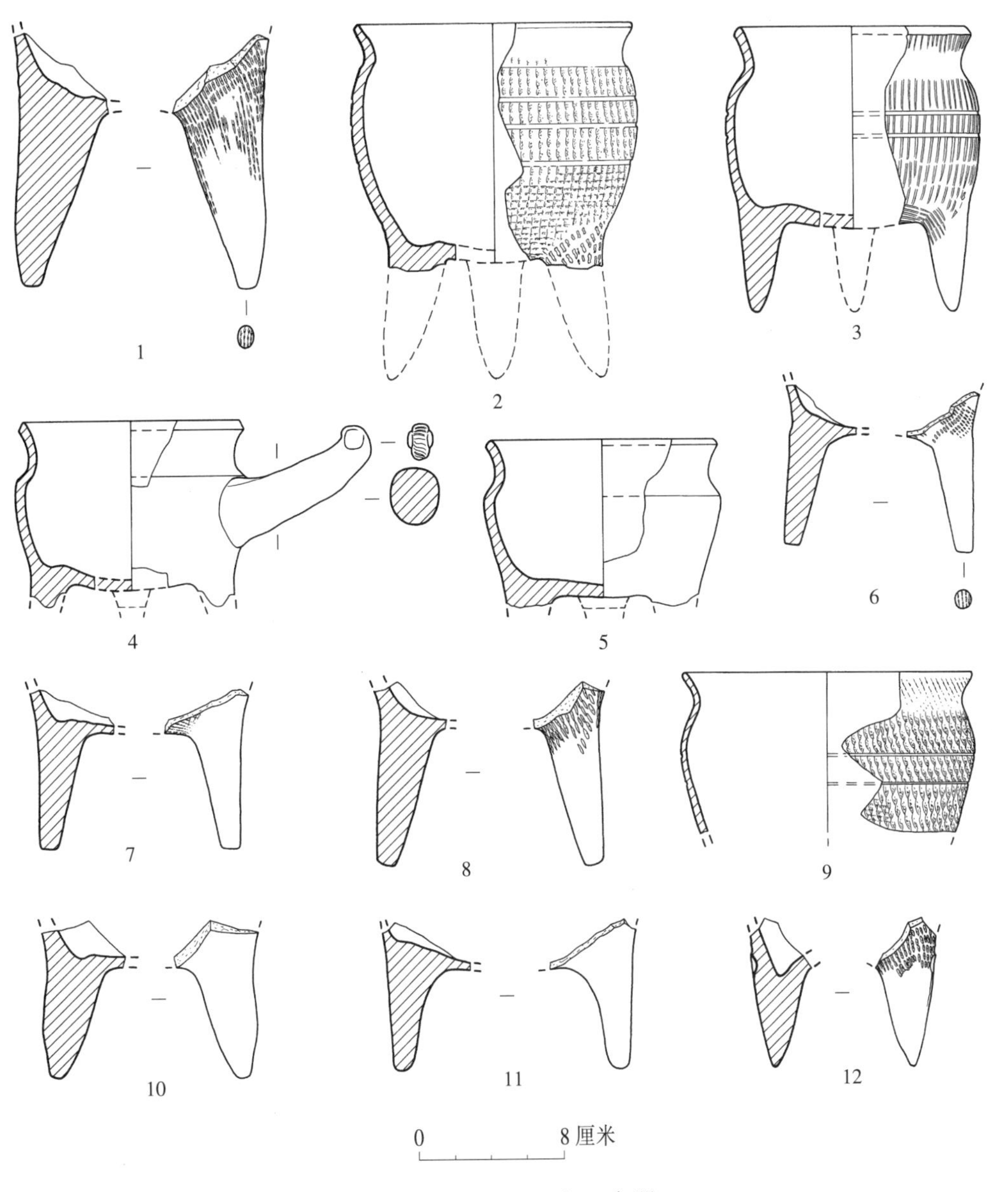

图五五八　03EG4 出土陶器

1、6～8、10、11. Ac 型Ⅱ式鬲足（03EG4∶78、88、89、86、84、92）　2、9. Ab 型Ⅲ式鬲（03EG4∶4、23）
3. Ab 型Ⅱ式鬲（03EG4∶3）　4、5. Da 型Ⅱ式鬲（03EG4∶5、6）　12. Ab 型Ⅰ式鬲足（03EG4∶93）

型Ⅱ式。夹细砂黄褐陶。圆柱状锥足。素面。残高 8 厘米（图五五八，11）。

陶甗　7 件。标本 03EG4∶1，Aa 型Ⅱ式。夹砂黄褐陶，器表有烟炱。侈口，斜弧沿，方唇，弧束颈，溜肩，圆弧腹，束腰，腰内壁等距离安三个小舌状泥片用以支箅，底部等距离安三个乳头状小矮足。口沿外侧有贴耳残痕，耳部甗壁上戳有圆形孔。通体饰弦断条纹。口径 31.4、高 40.4 厘米（图五六〇，1；图版二七，5）。标本 03EG4∶14，Ab 型Ⅱ式。夹细砂黄褐陶。侈口，方唇，斜直颈，斜弧肩，弧腹。口沿外侧贴施对称泥片护耳两个，两耳内根部甗壁上各戳穿一圆形孔。肩、腹饰弦断条纹，耳面饰条纹。口径 32、残高 7.5 厘米（图五六〇，8）。标本 03EG4∶12，Ab 型。夹细砂黄褐皮灰胎陶。侈口，卷沿，方唇，弧颈，小斜肩，弧腹。肩、腹饰条纹。口径 32.4、残高 8.8 厘米

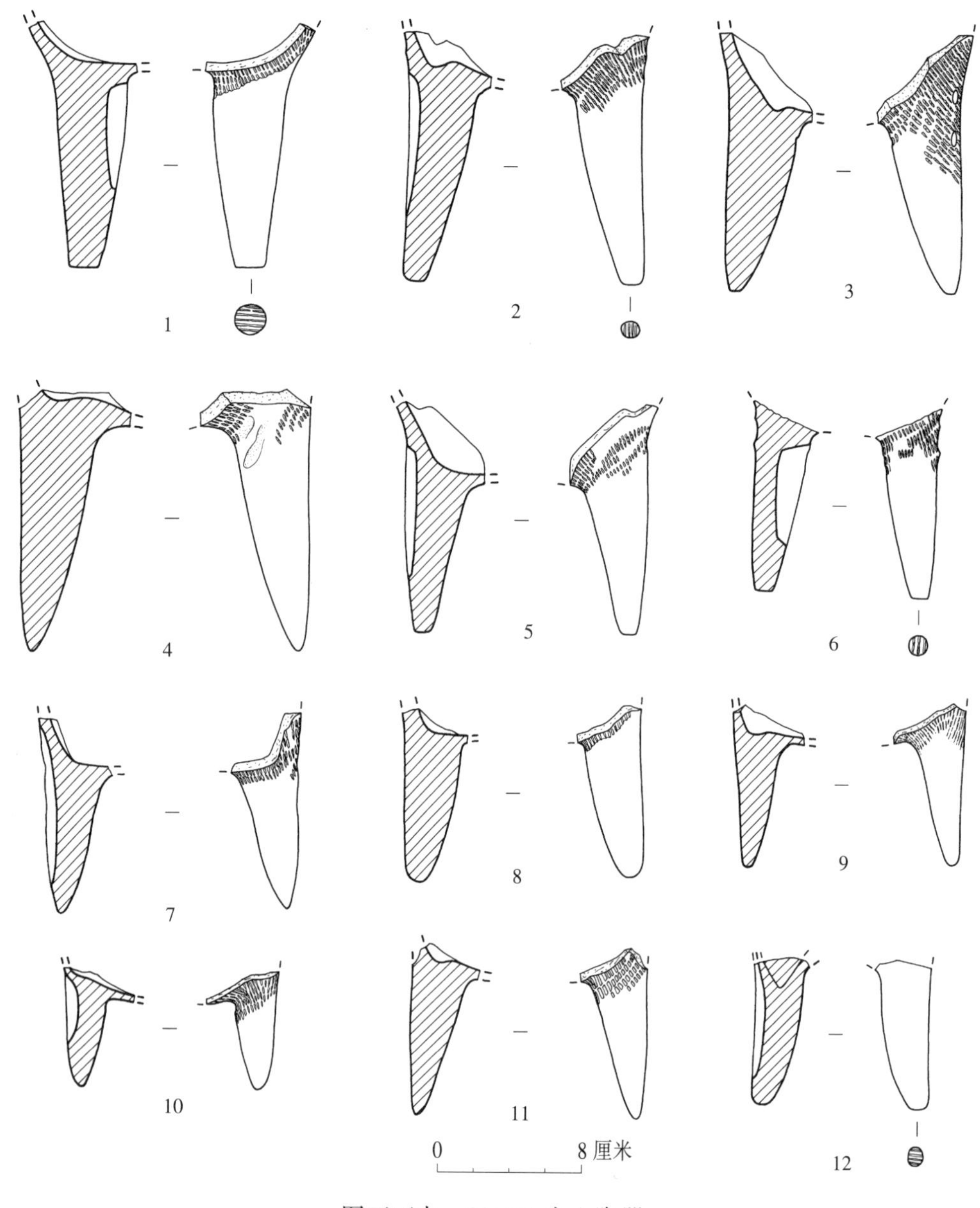

图五五九　03EG4出土陶器

1、6. Ab型鼎足（03EG4∶57、60）　2、5、12. Aa型Ⅱ式鬲足（03EG4∶77、58、91）　3、4、8、9、11. Ac型Ⅰ式鬲足（03EG4∶56、55、85、90、87）　7、10. Aa型Ⅰ式鬲足（03EG4∶81、61）

（图五六〇，6）。标本03EG4∶15，Ab型。夹细砂黄褐皮灰胎陶。侈口，卷沿，方唇，弧颈，斜肩，弧腹。口沿外侧有贴耳残痕。肩、腹饰弦断条纹。口径32、残高8厘米（图五六〇，3）。标本03EG4∶16，Ab型。夹细砂红褐陶。侈口，弧沿，方唇，斜弧颈，弧肩，弧腹。肩、腹饰弦断条纹。口径34.5、残高6.8厘米（图五六〇，2）。标本03EG4∶18，Ab型。夹细砂红褐陶。侈口，弧沿，方唇，斜弧颈，弧肩，弧腹。肩、腹饰弦断条纹。口径28、残高5.8厘米（图五六〇，4）。标本03EG4∶26，Ca型。夹细砂红褐陶。敞口，圆唇，斜直腹内收。腹饰间断条纹。口径22、残高6.2厘米（图五六〇，7）。

陶甗足　9件。标本03EG4∶62，Aa型Ⅰ式。夹细砂黄陶。圆柱状矮锥足。下腹饰弦断条纹，

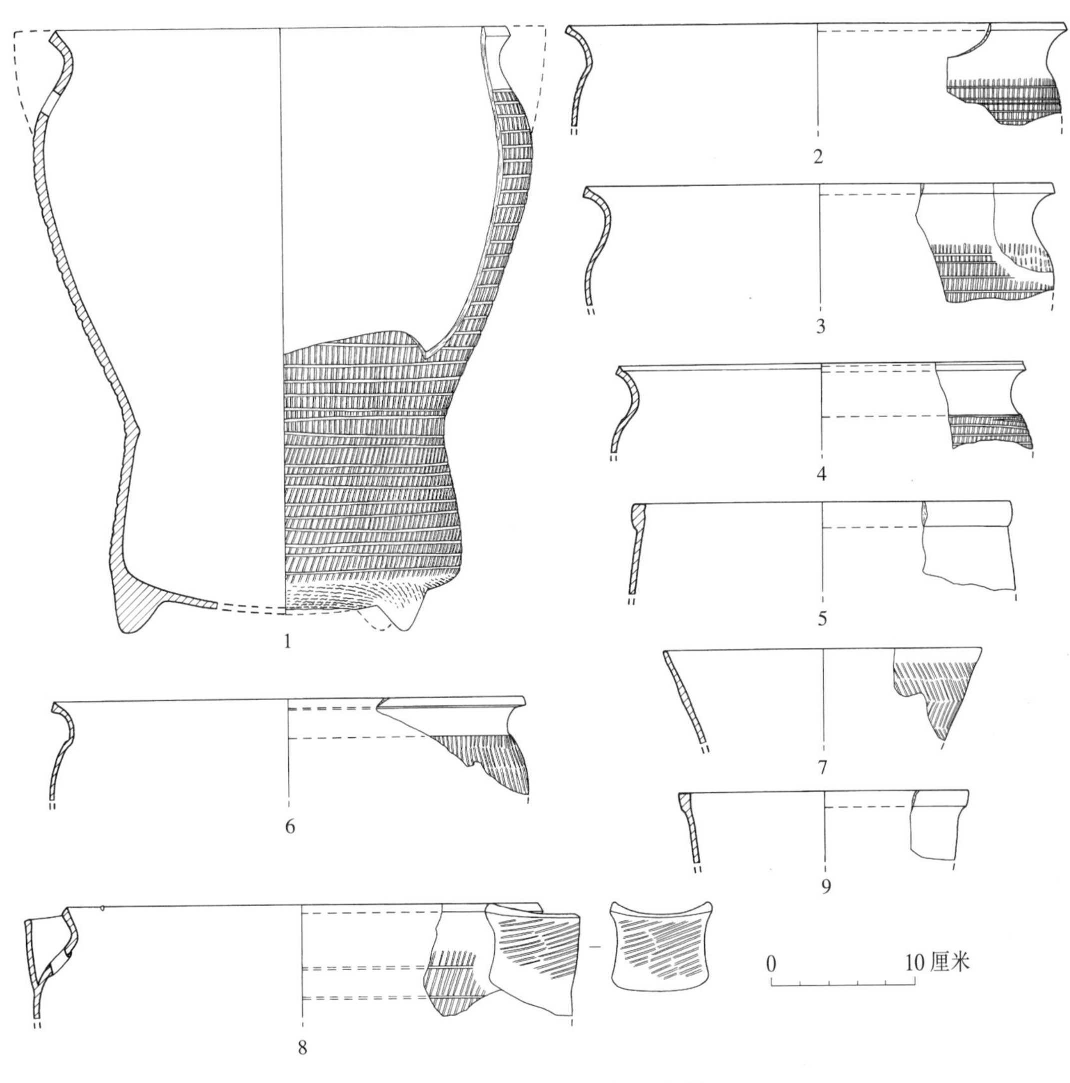

图五六〇　03EG4出土陶器

1. Aa型Ⅱ式甗（03EG4∶1）　2～4、6. Ab型甗（03EG4∶16、15、18、12）　5、9. Db型鼎（03EG4∶30、31）　7. Ca型甗（03EG4∶26）　8. Ab型Ⅱ式甗（03EG4∶14）

底及足根饰绳纹。残高7.4厘米（图五六一，3）。标本03EG4∶63，Aa型Ⅰ式。夹细砂黄褐陶。圆柱状矮锥足。下腹饰弦断条纹，底及足根饰条纹。残高6.6厘米（图五六一，4）。标本03EG4∶66，Ac型Ⅱ式。夹细砂黑皮灰胎陶。椭圆柱状矮足。下腹、底及足根饰绳纹，足底面饰方格纹。残高4.8厘米（图五六一，5）。标本03EG4∶65，Da型。夹细砂黑皮黄褐胎陶。圆柱状矮足略呈蹄形，足根有足窝。足底面饰条纹。残高4.8厘米（图五六一，6）。标本03EG4∶100，Da型。夹细砂红褐陶。椭圆柱状矮足略呈蹄形，足根有足窝。足底面饰菱形方格纹。残高3厘米（图五六一，7）。标本03EG4∶101，Da型。夹细砂黄褐陶。椭圆柱状矮足略呈蹄形，足根有足窝。足饰绳纹，足底面饰条纹。残高2.6厘米（图五六一，8）。标本03EG4∶103，Da型。夹细砂黄褐陶。椭圆柱状矮足略呈蹄形，足根有足窝。底和足底面饰条纹。残高4.2厘米（图五六一，10）。标本03EG4∶106，Da型。夹细砂红褐陶。圆柱状矮足略呈蹄形，足根有足窝。足上有刮削痕迹。残高4厘米（图五

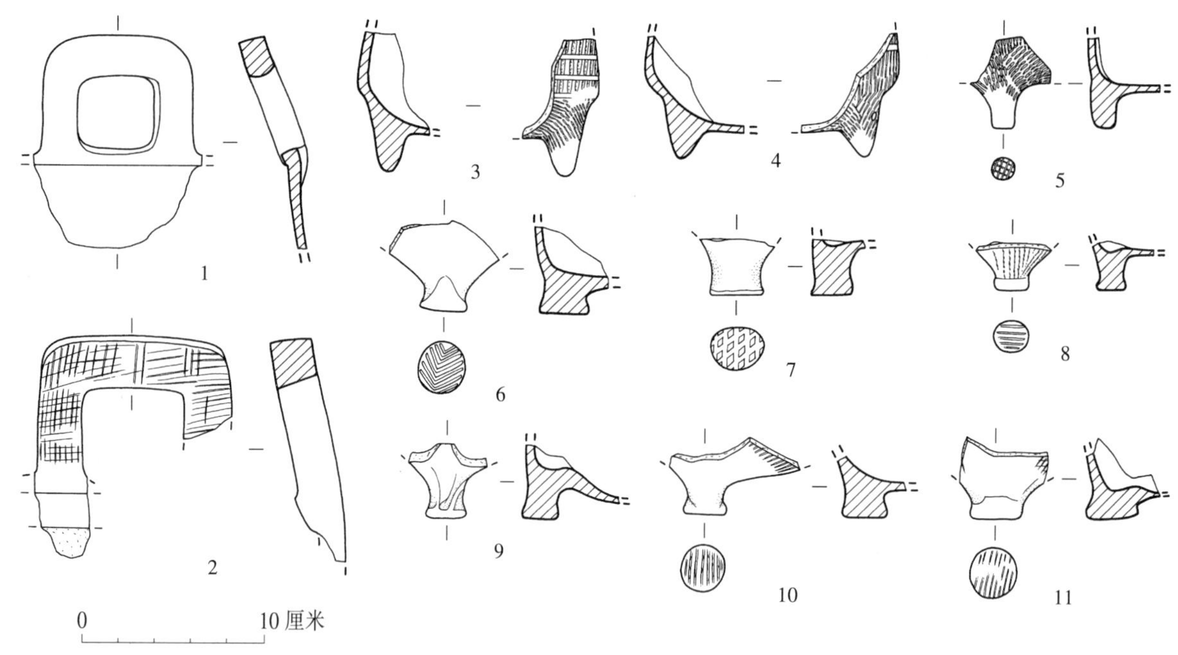

图五六一 03EG4 出土陶器

1、2. A 型鼎耳（03EG4∶36、37） 3、4. Aa 型Ⅰ式甗足（03EG4∶62、63） 5. Ac 型Ⅱ式甗足（03EG4∶66）
6～11. Da 型甗足（03EG4∶65、100、101、106、103、108）

六一，9）。标本 03EG4∶108，Da 型。夹细砂黑皮褐胎陶。椭圆柱状矮足略呈蹄形，足根有足窝。足底面饰条纹。残高 4.4 厘米（图五六一，11）。

陶鼎 2 件。标本 03EG4∶30，Db 型。仿铜。夹细砂黄褐陶。敛口，平沿，厚弧唇，外斜直腹。素面。口径 26、残高 6 厘米（图五六〇，5）。标本 03EG4∶31，Db 型。仿铜。夹细砂黄褐陶。直口微敛，平沿，厚弧唇，斜直腹内收。素面。口径 20、残高 4.6 厘米（图五六〇，9）。

陶鼎耳 2 件。标本 03EG4∶36，A 型，仿铜。夹细砂黄褐陶。直立耳呈圆角方环耳，耳环截面略呈长方形。素面。耳根套包在器口上，套包痕迹清晰（图五六一，1）。标本 03EG4∶37，A 型，仿铜。夹细砂黄褐陶。立耳呈圆角方环耳，耳环截面略呈梯形。耳外面饰交错条纹（图五六一，2）。

陶鼎足 2 件。标本 03EG4∶57，Ab 型。夹细砂红褐陶。圆柱状截锥足。足内侧一道竖刻槽，足根和足底面饰条纹。残高 13.6 厘米（图五五九，1）。标本 03EG4∶60，Ab 型。夹细砂黄褐陶。圆柱状截锥足。足内侧一道竖刻槽，足根和足底面饰条纹。根部有手捏痕迹。残高 10.4 厘米（图五五九，6）。

陶罐 6 件。标本 03EG4∶102，Aa 型Ⅳ式。夹细砂黄褐陶。侈口，方唇，斜直颈，溜肩。颈部纹饰被抹，肩腹相交处饰一周附加堆纹。口径 24、残高 6.5 厘米（图五六二，2）。标本 03EG4∶98，Bb 型Ⅱ式。泥质黄褐陶。侈口，厚方唇，斜直颈，弧肩，圆弧腹。肩、腹饰弦断条纹。口径 18、残高 9.6 厘米（图五六二，3）。标本 03EG4∶20，Bc 型Ⅱ式。夹砂黑陶。敞口，方唇，斜直颈，小斜肩，弧腹。颈部纹饰被抹，腹饰条纹。口径 14.4、残高 10.2 厘米（图五六二，5）。标本 03EG4∶34，Ca 型Ⅱ式。夹细砂褐陶。敞口，卷沿，圆唇，弧颈，小平肩，弧腹。肩部一周凹弦纹，腹饰间断条纹。口径20、残高7.4厘米（图五六二，1）。标本03EG4∶111，E型。泥质黄褐陶。盘口，内口唇残，外唇圆，弧颈，弧直腹。沿外一周指窝纹。口径14、残高4厘米（图五六二，8）。标本03EG4∶35，Fb型。泥质灰陶。敞口，方唇，唇上缘内上侈，弧颈，斜肩。弧沿上有一周凹弦纹，颈部绳纹被抹，腹部残有绳纹。口径20、残高4.6厘米（图五六二，6）。

陶瓮　10件。标本03EG4∶24，Aa型Ⅲ式。夹细砂黄皮灰胎陶。敞口，弧沿，方唇，唇面内

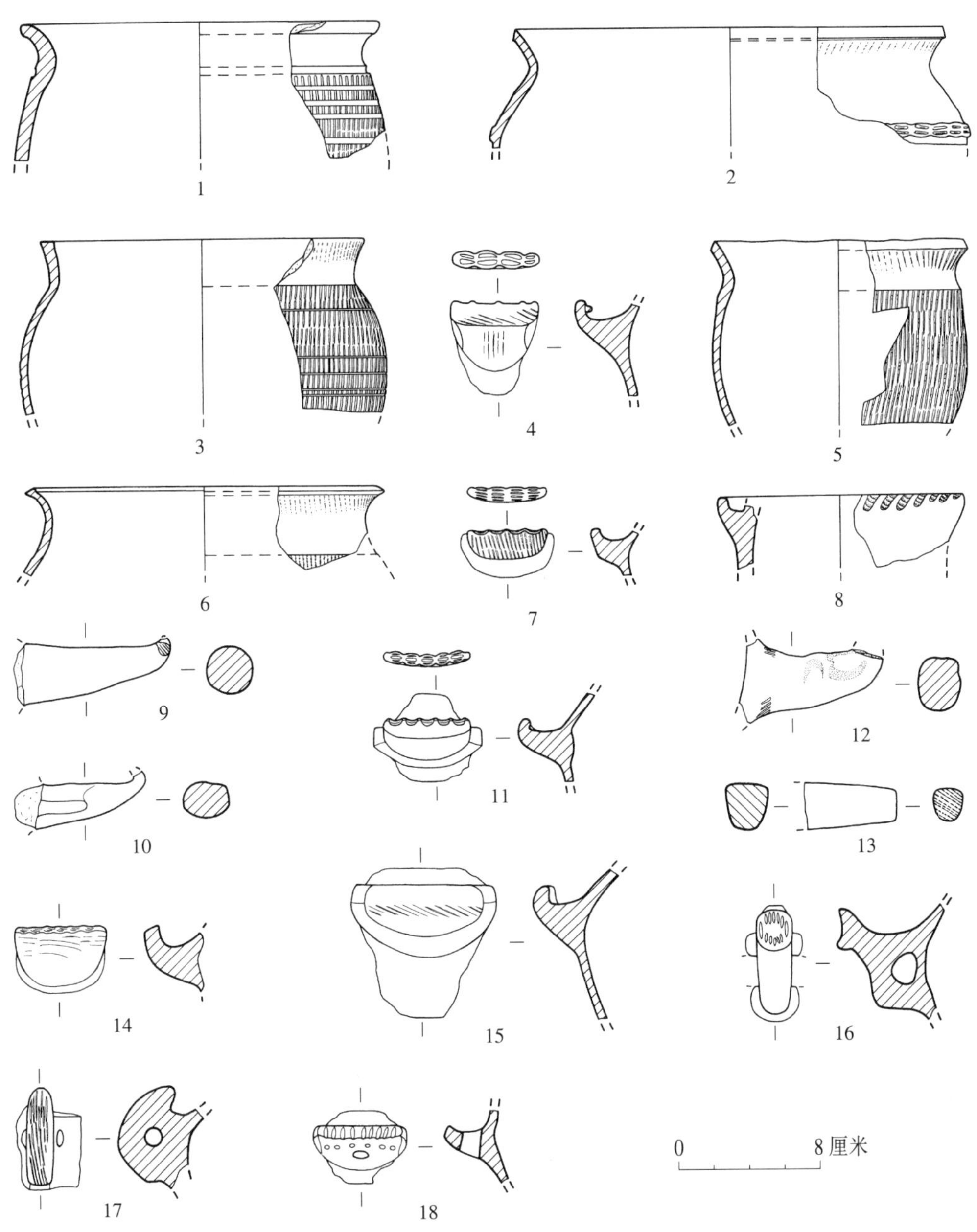

图五六二　03EG4出土陶器

1. Ca型Ⅱ式罐（03EG4∶34）　2. Aa型Ⅳ式罐（03EG4∶102）　3. Bb型Ⅱ式罐（03EG4∶98）　4、7、11、15. Bg型器耳（03EG4∶53、94、50、96）　5. Bc型Ⅱ式罐（03EG4∶20）　6. Fb型罐（03EG4∶35）　8. E型罐（03EG4∶111）　9、10、12. Ab型器鋬（03EG4∶113、114、115）　13. Ag型器鋬（03EG4∶97）　14. Bg型器耳（03EG4∶44）　16. Ag型器耳（03EG4∶80）　17. Aa型器耳（03EG4∶75）　18. Bb型器耳（03EG4∶95）

凹，弧直颈，斜折肩，弧直腹。腹饰弦断条纹。口径32、残高12厘米（图五六三，1）。标本03EG4:73，Aa型。夹细砂黄褐陶。敞口，弧沿，方唇，斜弧颈，斜肩。唇面、肩部饰条纹。口径34、残高5.8厘米（图五六三，2）。标本03EG4:22，Aa型。夹细砂黄皮灰胎陶。敞口，弧沿，方唇，唇面内凹，弧直颈，斜肩。颈部纹饰被抹。口径36、残高6.4厘米（图五六三，3）。标本03EG4:13，Ac型Ⅱ式。泥质黑皮黄胎陶。敞口，方唇，唇上缘尖圆上侈，弧直颈，斜弧肩，弧腹。肩、腹饰弦断条纹。口径28、残高7.4厘米（图五六三，5）。标本03EG4:10，Ca型Ⅱ式。夹细砂黄褐陶。侈口，弧沿，方唇，唇上缘上侈，弧束颈，弧肩，圆鼓腹。颈部纹饰被抹，肩、

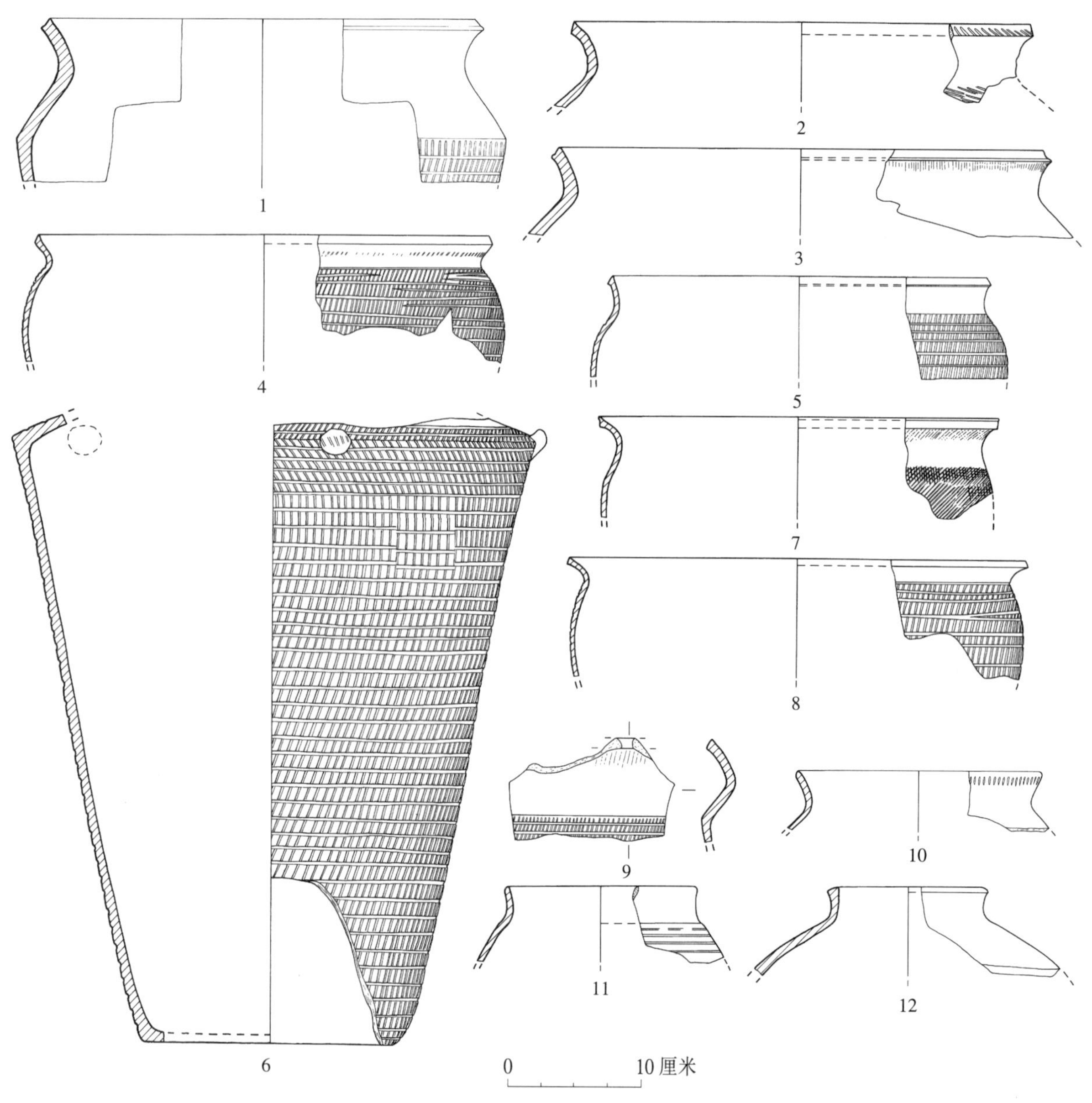

图五六三 03EG4出土陶器

1. Aa型Ⅲ式瓮（03EG4:24） 2、3. Aa型瓮（03EG4:73、22） 4、7、8. Ca型Ⅱ式瓮（03EG4:10、64、11） 5. Ac型Ⅱ式瓮（03EG4:13） 6. Ea型瓮（03EG4:2） 9. 瓮（03EG4:107） 10. Ba型罍（03EG4:33） 11. Gb型Ⅱ式瓮（03EG4:27） 12. Gd型Ⅱ式瓮（03EG4:38）

腹饰弦断条纹。口径34.5、残高9.3厘米（图五六三，4）。标本03EG4∶11，Ca型Ⅱ式。夹细砂黄褐陶。侈口，弧沿，方唇，弧束颈，弧肩，圆腹。肩、腹饰弦断条纹。口径34、残高9.3厘米（图五六三，8）。标本03EG4∶64，Ca型Ⅱ式。泥质黄褐陶。敞口，弧卷沿，方唇，弧颈，弧肩，弧腹。唇面有一周凹弦纹，颈部条纹被抹，腹饰交叉条纹。口径30、残高7.5厘米（图五六三，7）。标本03EG4∶2，Ea型。夹细砂黄褐陶。斜折肩，斜直深腹，平底。肩、腹部饰弦断条纹，肩腹相交处等距离饰六个泥钉。底径20、残高45.6厘米（图五六三，6；图版三六，5）。标本03EG4∶27，Gb型Ⅱ式。泥质黄皮灰胎陶。直口微敞，圆唇，直颈，斜弧肩，弧腹。肩、腹饰凹弦纹。口径14、残高5.5厘米（图五六三，11）。标本03EG4∶38，Gd型Ⅱ式。泥质黄皮灰胎陶。直口，厚方唇，弧直颈，斜弧广肩。素面。口径12、残高6.6厘米（图五六三，12）。标本03EG4∶107，型式不明。夹细砂黄皮灰胎陶。敞口，弧沿，方唇，弧直颈，斜折肩，弧直腹。颈部纹饰被抹，腹饰弦断条纹。残高7.5厘米（图五六三，9）。

陶罍　1件。标本03EG4∶33，Ba型。泥质黄陶。敞口，圆唇，斜直颈，斜弧肩。颈部条纹被抹。口径18.4、残高4.6厘米（图五六三，10）。

陶盆　3件。标本03EG4∶21，Aa型。泥质红褐陶。敞口，斜弧沿，方唇，斜直颈，溜肩，弧腹。颈部条纹被抹，腹饰弦断条纹。口径28、残高8.4厘米（图五六四，1）。标本03EG4∶17，Ba型Ⅱ式。泥质褐陶。侈口，圆唇，斜直颈，小斜肩，弧腹。颈部纹饰被抹，腹饰弦断条纹。口径18.4、残高7.2厘米（图五六四，3）。标本03EG4∶19，Ba型Ⅲ式。泥质黄褐陶。侈口，方唇，唇上缘尖圆上侈，斜弧颈，小斜肩，圆弧腹。肩、腹饰弦断条纹。口径20、残高7.6厘米（图五六四，2）。

陶尊　1件。标本03EG4∶25，A型Ⅲ式。泥质灰陶。敞口，圆唇，高弧直颈，小圆肩，圆弧腹内收。颈肩相交处一周凸棱，腹饰交叉条纹。口径24、残高6.8厘米（图五六四，4）。

陶盂　2件。标本03EG4∶99，Ab型Ⅰ式。泥质黑皮红褐胎陶。侈口，方唇，斜直颈，弧肩，圆弧腹。素面。口径12.4、残高7.4厘米（图五六四，7）。标本03EG4∶32，Ac型Ⅰ式。泥质灰皮褐胎陶。敞口，口内一周凹槽，尖圆唇，小平肩，弧腹。颈肩相交处一周凹弦纹，腹饰凹弦纹，残留一个圆形泥饼。口径18、残高5.7厘米（图五六四，5）。

陶钵　1件。标本03EG4∶68，Ca型。泥质红褐皮灰胎陶。敛口，方唇，弧腹。腹饰条纹。口径22、残高4.4厘米（图五六四，6）。

陶豆　5件。标本03EG4∶116，Aa型Ⅲ式。夹细砂褐陶。敞口，圆唇，弧盘，喇叭形豆座。残柄上镂长方形孔。口径24、高约20厘米（图五六五，1）。标本03EG4∶8，Aa型。夹细砂黄褐陶。直口，圆唇，弧盘，圆圈形柄残。素面。口径21.6、残高6厘米（图五六五，3）。标本03EG4∶28，Ab型。夹细砂黄褐陶。直口微敞，圆唇，折盘。盘外壁饰绳纹。口径21.2、残高4.2厘米（图五六五，2）。标本03EG4∶51，A型。泥质黑皮褐胎陶。喇叭形豆座。座顶面残留三周凹弦纹，其间一周“S”形纹。底径20、残高4厘米（图五六五，4）。标本03EG4∶69，A型。夹细砂褐皮灰胎陶。喇叭形豆座。素面。底径18、残高5.6厘米（图五六五，5）。

陶器盖　3件。标本03EG4∶7，Ab型Ⅰ式。泥质黑灰陶。圆盘形器盖，弧盖顶残，盖壁直，直口微敞，圆唇。盖顶残有三周凹弦纹。口径17、残高5.6厘米（图五六四，9）。标本03EG4∶29，Ba型Ⅱ式。泥质红褐皮灰胎陶。弧顶残，斜弧壁，敞口，方唇。壁饰绳纹。口径22、残高3厘米

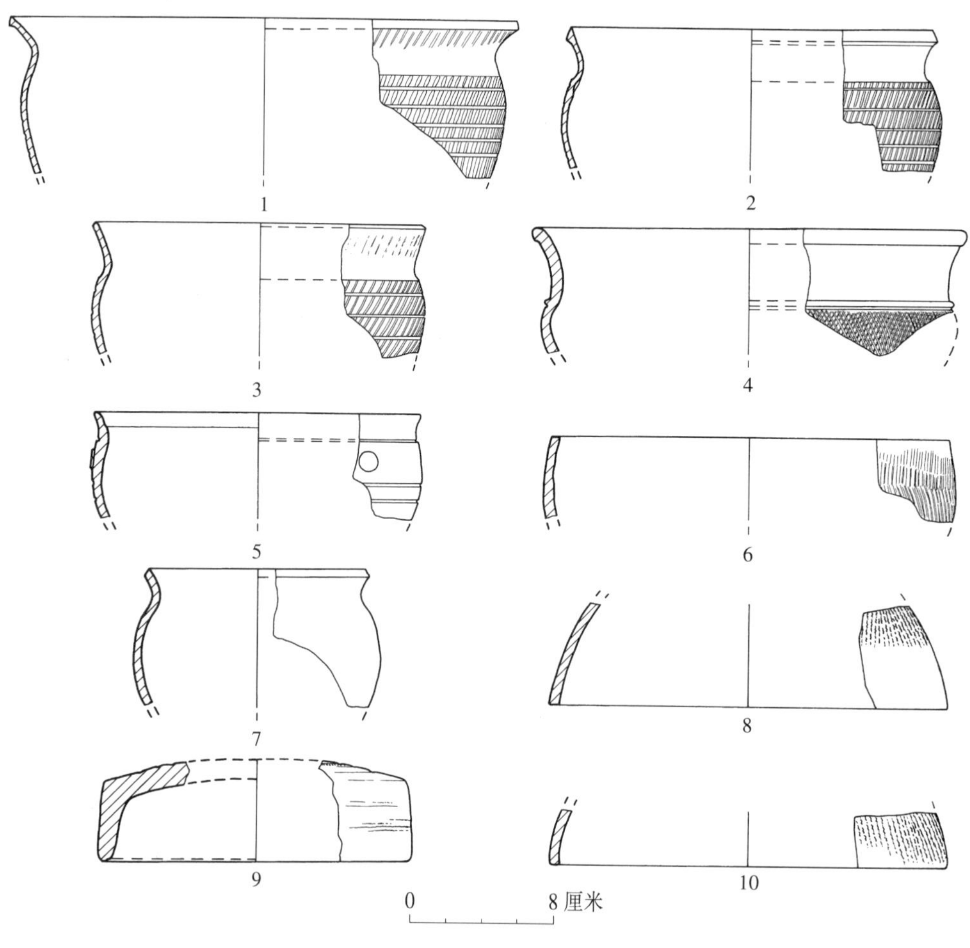

图五六四 03EG4出土陶器

1. Aa型盆（03EG4:21） 2. Ba型Ⅲ式盆（03EG4:19） 3. Ba型Ⅱ式盆（03EG4:17） 4. A型Ⅲ式尊（03EG4:25） 5. Ac型Ⅰ式盂（03EG4:32） 6. Ca型钵（03EG4:68） 7. Ab型Ⅰ式盂（03EG4:99） 8、10. Ba型Ⅱ式器盖（03EG4:70、29） 9. Ab型Ⅰ式器盖（03EG4:7）

（图五六四，10）。标本03EG4:70，Ba型Ⅱ式。泥质黑皮褐胎陶。弧顶残，斜弧壁，敞口，方唇。壁饰绳纹。口径22、残高5.6厘米（图五六四，8）。

陶器耳 24件。标本03EG4:79，Aa型。夹细砂红褐陶。鸟头形扁直耳，耳根部横穿圆孔（图五六六，3）。标本03EG4:75，Aa型。夹砂黄褐陶。鸟头形扁直耳，耳中部横穿圆孔。耳顶面饰条纹（图五六二，17）。标本03EG4:43，Aa型。夹细砂黄褐陶。鸟头形扁直耳，耳根部横穿圆孔（图五六六，4）。标本03EG4:74，Ac型。夹砂黄褐陶。扁直耳略呈鸟头形，耳根部横穿圆孔。耳顶面饰条纹（图五六六，2）。标本03EG4:76，Ac型。夹细砂黄褐皮灰胎陶。扁直耳略呈鸟头形，耳根部横穿圆孔（图五六六，13）。标本03EG4:82，Ac型。夹砂黄褐陶。扁直耳略呈鸟头形，耳根部横穿圆孔。耳顶面饰条纹（图五六六，6）。标本03EG4:59，Af型。夹砂黄褐陶。扁直耳略呈猪头形，耳根部横穿圆孔。耳顶面和嘴面饰条纹（图五六六，14）。标本03EG4:80，Ag型。夹砂黄褐陶。扁直耳略呈羊头形，耳根部横穿圆孔。唇面饰条纹（图五六二，16）。标本03EG4:110，Ba型。夹细砂红褐陶。长方形泥片状横耳，耳残，耳根中部残存一个圆形孔痕。器

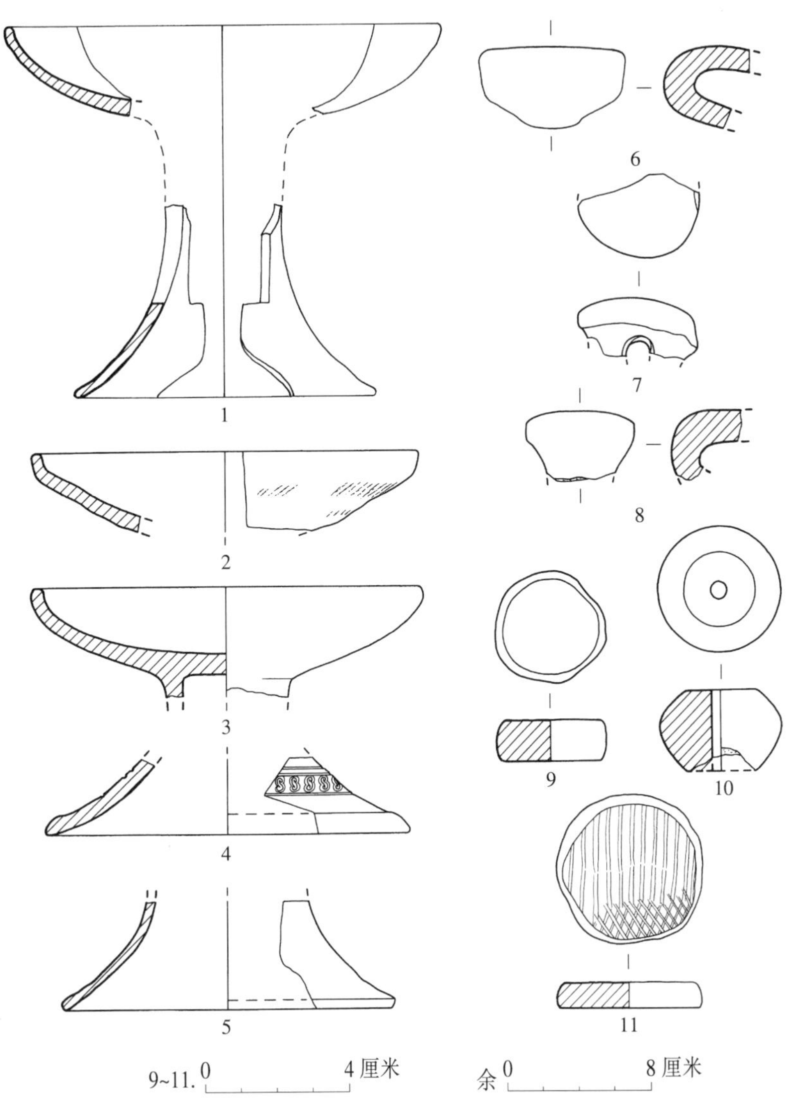

图五六五　03EG4 出土陶器

1. Aa 型Ⅲ式豆（03EG4:116）　2. Ab 型豆（03EG4:28）　3. Aa 型豆（03EG4:8）　4、5. A 型豆（03EG4:51、69）　6、8. A 型支（拍）垫（03EG4:46、47）　7. B 型支（拍）垫（03EG4:67）　9. Ab 型Ⅰ式饼（03EG4:72）　10. Ca 型Ⅰ式纺轮（03EG4:9）　11. Aa 型Ⅱ式饼（03EG4:71）

表饰一周交叉条纹（图五六六，11）。标本 03EG4:95，Bb 型。夹细砂黄褐陶。长方形泥片状横耳，耳顶凹凸不平呈鸡冠状，耳面弧上侈。耳面饰六个圆圈纹，根部一个圆形竖穿孔（图五六二，18）。标本 03EG4:41，Bc 型。夹细砂黄褐皮灰胎陶。长方形泥片状横耳，耳面微弧。耳面饰条纹，耳顶面戳印长条形点纹（图五六六，15）。标本 03EG4:40，Be 型。夹细砂黄褐陶。长方形泥片状横耳，耳顶呈鸡冠状，压印凹凸不平条纹，耳面弧上侈。耳面饰条纹和四个圆圈纹（图五六六，16）。标本 03EG4:45，Be 型。夹细砂黄褐皮灰胎陶。长方形泥片状横耳，耳顶呈鸡冠状，压印凹凸不平条纹，耳面弯弧上侈。耳面饰条纹（图五六六，7）。标本 03EG4:39，Be 型。夹细砂褐黄皮灰胎陶。长方形泥片状横耳，耳顶压印凹凸不平横条纹呈鸡冠状，耳面微折斜上侈。耳面饰四道划痕（图五六六，9）。标本03EG4:48，Be型。夹细砂黄皮灰胎陶。长方形片状横耳，耳顶平，耳面微折斜上侈，耳面根部有三条凹窝（图五六六，10）。标本03EG4:42，Bf型。夹细砂黄褐陶。长方形泥片状横耳，耳顶平，耳顶上缘圆，耳面微弧上翘（图五六六，8）。标本03EG4:49，Bf型。夹细砂黄褐皮灰胎陶。长方形片状横耳，耳顶呈鸡冠状，耳面弧折上弯。耳顶压印凹凸不平横条纹（图五六六，5）。标本03EG4:94，Bg型。夹细砂黄褐陶。长方形泥片状横耳，耳顶压印凹凸不平横条纹呈鸡冠状，耳端折上翘。耳面饰条纹（图五六二，7）。标本03EG4:50，Bg型。夹细砂黄褐陶。长方形泥片状横耳，耳顶呈鸡冠状，压印凹凸不平条纹，耳端折上翘（图五六二，11）。标本03EG4:53，Bg型。夹细砂黄褐陶。长方形泥片状横耳，耳顶压印凹凸不平横条纹呈鸡冠状，耳端折上翘。耳面饰条纹（图五六二，4）。标本03EG4:96，Bg型。夹细砂黄褐陶。长方形泥片状横耳，耳顶平，耳缘圆，耳端折上翘。耳面饰条纹（图五六二，15）。标本03EG4:44，Bg型。夹细砂黄陶。长方形泥片状横耳，耳顶呈鸡冠状，压印凹凸不平条纹，耳中部折上翘。耳面饰条纹（图五六二，14）。标本03EG4:54，Bg型。夹细砂黄褐陶。长方形泥片状横耳，耳顶压印凹凸不平横条纹呈鸡冠状，耳中部折上翘。耳面饰条纹（图五六六，12）。标本03EG4:83，Bh型。夹细砂黄褐陶。长方形泥片状横耳，耳顶呈鸡冠状，耳面折直上侈。耳面饰条纹（图五六六，1）。

陶器鋬　4件。标本03EG4:113，Ab型。夹细砂黄陶。圆柱形器鋬，鋬端弧上翘呈鸟首形（图五六二，9）。标本03EG4:114，Ab型。夹细砂黑皮灰胎陶。椭圆柱形器鋬，鋬根部有圆形短榫，鋬端弧上翘（图五六二，10）。标本03EG4:115，Ab型。夹细砂黑皮褐胎陶。椭圆柱形器鋬，鋬端弧上翘，端残。鋬根部饰条纹。鋬上有手捏痕迹（图五六二，12）。标本03EG4:97，Ag型。夹细砂黄陶。柱形鋬残，截面圆角梯形。鋬端顶面饰绳纹（图五六二，13）。

陶纺轮　1件。标本03EG4:9，Ca型Ⅰ式。夹细砂褐黄陶。厚体，圆形，圆中间一直壁圆孔，周壁弧，中部外鼓。素面。直径3.4、孔径0.5、厚2.2厘米（图五六五，10）。

陶饼　2件。标本03EG4:71，Aa型Ⅱ式。夹细砂灰陶。陶片打磨而成。扁圆形，两面平，周壁弧。一面饰条纹和交叉条纹。直径4、厚0.7厘米（图五六五，11）。标本03EG4:72，Ab型Ⅰ式。夹细砂灰陶。陶片打磨而成。扁圆形，两面平，周壁弧。素面。直径3～3.1、厚1.1厘米（图五六五，9）。

陶支（拍）垫　3件。标本03EG4:46，A型。夹砂灰褐陶。残垫面弧，垫背隆起穿孔。素面。残高4.4厘米（图五六五，6）。标本03EG4:47，A型。夹砂灰褐陶。残垫面弧，垫背隆起穿孔。素面。残高3.8厘米（图五六五，8）。标本03EG4:67，B型。夹砂灰褐陶。柄形握手残，柄根部残有对穿圆孔，圆饼形垫残，垫面弧。素面。残高3厘米（图五六五，7）。

硬陶片　2件。标本03EG4:112，器类不明。灰硬陶。饰弦纹和水波纹（图二九七，7）。标本03EG4:105，器类不明。灰褐硬陶。饰压印叉心回字形纹（图二九七，5）。

炉壁　1块。标本03EG4:117，断为两块，皆为块状，内侧经火炼烧为胶结状，呈深褐色，外侧为浅红色，内侧烧结处有明显的孔隙，整体的胎质为夹砂红陶。可观察到有很明显的白色颗粒和植物梗叶结构，较为坚硬。检测分析表明胎体主要成分的含量为三氧化二铁17.12%，二氧化硅41.94%，氧化钙1.41%，三氧化二铝28.72%，氧化钾8.31%。经镜下观察，其岩相薄片及XRD物相分析，岩相镜下结果为黏土矿物、石英、长石、褐铁矿、云

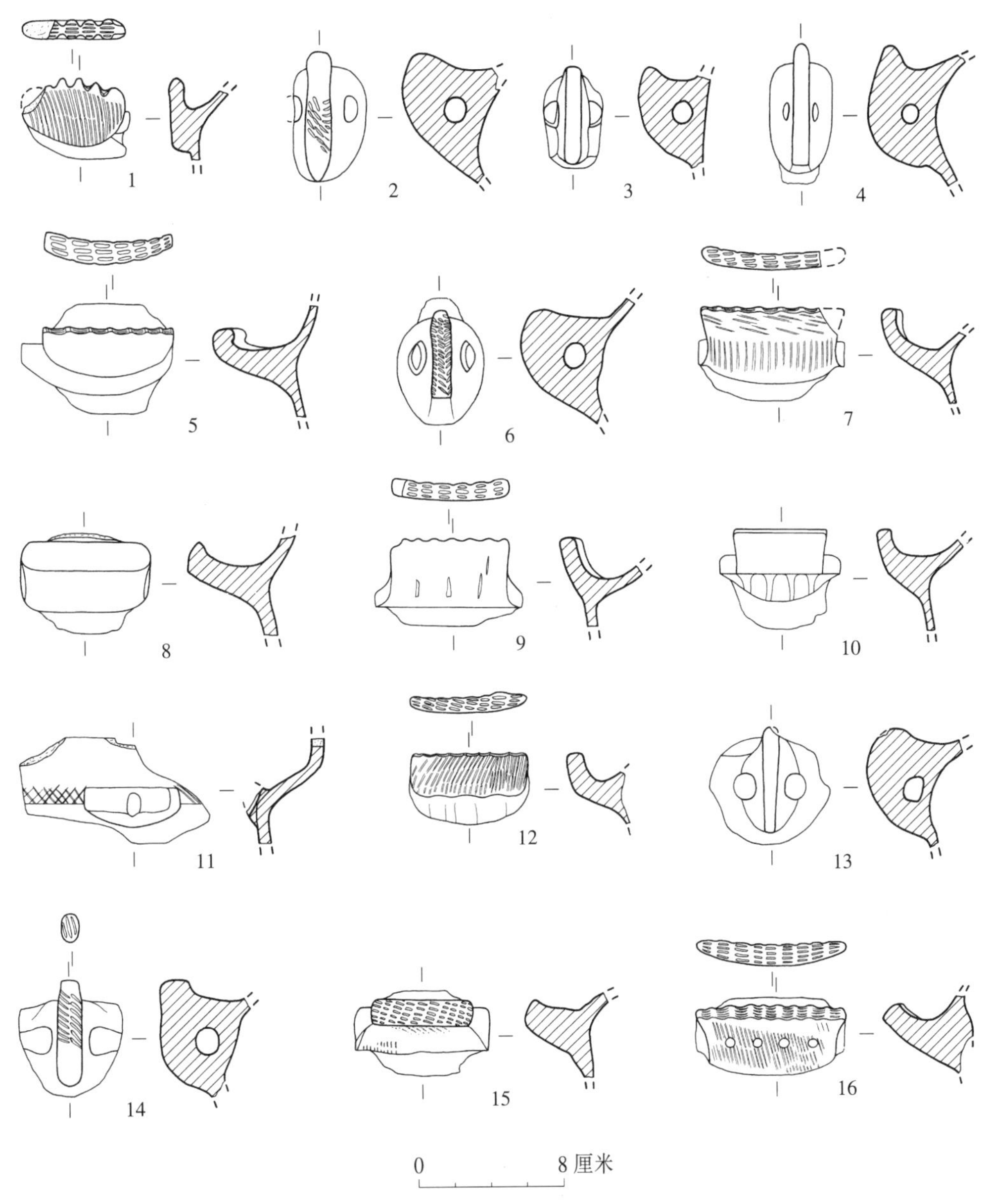

图五六六　03EG4 出土陶器耳

1. Bh 型（03EG4∶83）　2、6、13. Ac 型（03EG4∶74、82、76）　3、4. Aa 型（03EG4∶79、43）　5、8. Bf 型（03EG4∶49、42）　7、9、10、16. Be 型（03EG4∶45、39、48、40）　11. Ba 型（03EG4∶110）　12. Bg 型（03EG4∶54）　14. Af 型（03EG4∶59）　15. Bc 型（03EG4∶41）

母、植物纤维。标本长分别为 3.1、3.8 厘米，宽 3、3.7 厘米，厚 2、2.2 厘米（彩版三六，2；见附录二）。

炼渣　1 块。标本 03EG4∶118，体呈片状，体表褐色夹有绿色铜锈斑，体中有明显的孔隙。经检测分析，含铜 13.72%，三氧化二铝 5.56%，氧化钙 8.94%，二氧化硅 27.79%。岩相薄片及 XRD 物相分析结构为透辉石、石英、赤铁矿、磁铁矿、赤铜矿。标本长 5.3、宽 3.8、厚 0.8 厘米（彩版四一，6；见附录二）。

（三）陶窑

2003年在遗址东区中部清理陶窑1座，编号为03EY1。

03EY1 位于03ET2606东部，开口于第4层下，紧邻03EH116和03EJ1。西部被03EG4打破，打破生土层。

03EY1营造在生土层上，即在生土层上掏挖而成。由操作间、窑床、窑箅、火道和火膛等部分构成。绝大部分被03EG4破坏，但整体形状和结构仍可辨别。窑床在南，操作间和火道在北。窑床为圆形竖穴式，其下横卧火膛和火道。窑床残长1.38、残宽0.5、残高0.4~0.5米；窑箅厚0.12米，箅孔圆形，直径0.1米；火道长0.8、残宽0.12、高0.35米；火膛长1.34、残宽0.44、高0.6米；火道与火膛通长2.14米。窑床、窑箅垮塌，窑床和火膛、火道内充填大量窑体垮塌窑壁烧土、灰烬和少许炼渣，包含有陶鬲、甗、鼎、罐、瓮、缸、盆、豆、纺轮、饼及石器和铜器等（图五六七；彩版二，3）。

03EY1共提取遗物标本36件，其中陶器33件，石器2件，铜器1件。

陶鬲　3件。标本03EY1∶8，Ac型。夹细砂褐陶。敞口，弧沿，方唇，唇上缘尖，斜弧颈，弧肩。肩腹部饰弦断条纹。口径18、残高4.1厘米（图五六八，1）。标本03EY1∶24，F型。夹细砂褐陶。残存鬲裆足。上弧裆，圆柱状矮足。下腹、底及足根饰绳纹。残高6厘米（图五六八，3）。标本03EY1∶10，Ha型Ⅱ式。夹细砂红褐陶。敞口，弧沿，尖圆唇，斜弧颈，弧腹内收，鬲身呈盆形，口径大于腹径。腹饰弦断绳纹，残有一个圆形泥饼。口径16、残高5.4厘米（图五六八，2）。

陶鬲足　10件。标本03EY1∶21，Aa型Ⅰ式。夹砂黄褐陶。圆柱状尖锥足。足外侧一道竖刻槽，足根饰绳纹。残高9厘米（图五六八，5）。标本03EY1∶22，Aa型Ⅰ式。夹砂红褐陶。圆柱

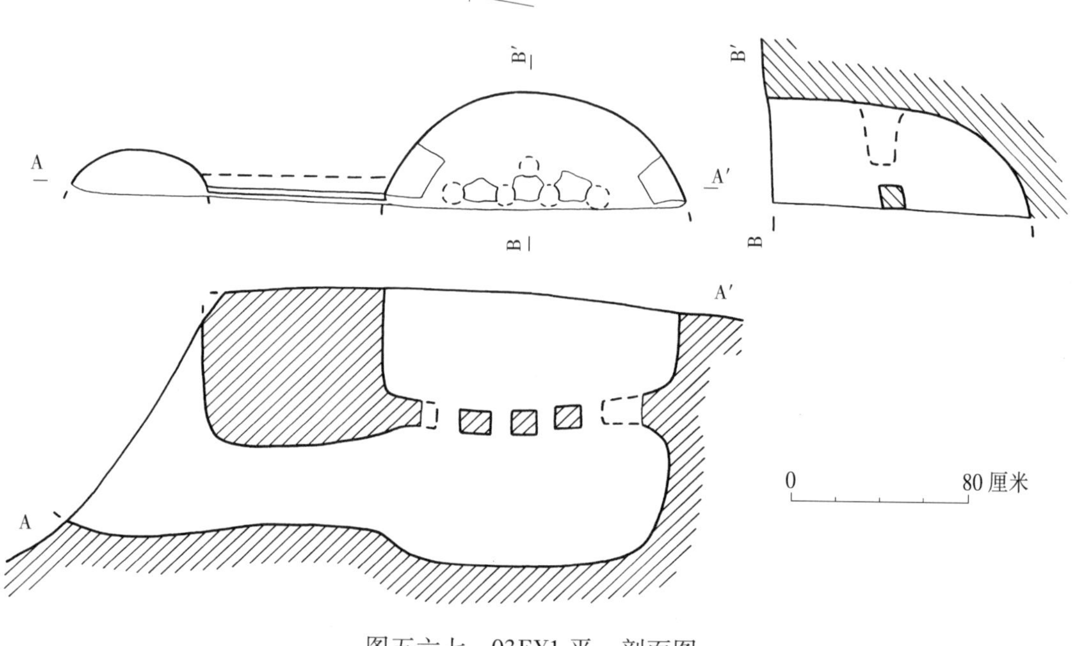

图五六七　03EY1平、剖面图

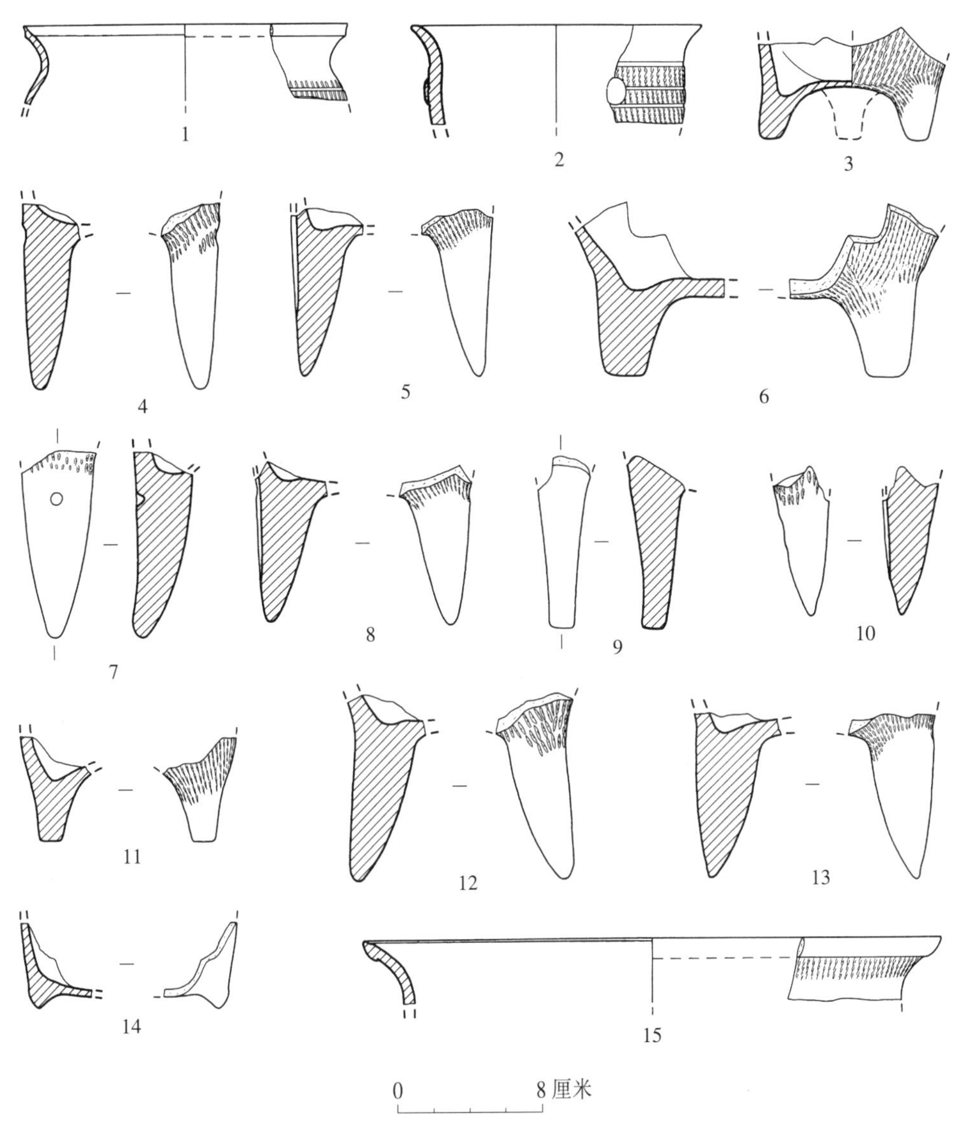

图五六八　03EY1 出土陶器

1. Ac 型鬲（03EY1∶8）　2. Ha 型Ⅱ式鬲（03EY1∶10）　3. F 型鬲（03EY1∶24）　4、12、13. Ac 型Ⅰ式鬲足（03EY1∶16、18、20）　5、8、10. Aa 型Ⅰ式鬲足（03EY1∶21、22、23）　6、11. Ac 型Ⅱ式鬲足（03EY1∶26、29）　7. C 型Ⅰ式鬲足（03EY1∶17）　9. Aa 型鼎足（03EY1∶19）　14. D 型Ⅰ式鬲足（03EY1∶31）　15. Ab 型甗（03EY1∶36）

状尖锥足。足外侧一道竖刻槽，足根饰绳纹。残高 8.6 厘米（图五六八，8）。标本 03EY1∶23，Aa 型Ⅰ式。夹砂红褐陶。圆柱状尖锥足。足外侧一道竖刻槽，足根饰绳纹。残高 8 厘米（图五六八，10）。标本 03EY1∶16，Ac 型Ⅰ式。夹砂红褐陶。圆柱状尖锥足。足根饰绳纹。残高 10 厘米（图五六八，4）。标本 03EY1∶18，Ac 型Ⅰ式。夹砂黄褐陶。圆柱状锥足。足根饰绳纹。残高 10 厘米（图五六八，12）。标本 03EY1∶20，Ac 型Ⅰ式。夹砂黄褐陶。圆柱状尖锥足。足根饰绳纹。残高 8.8 厘米（图五六八，13）。标本 03EY1∶26，Ac 型Ⅱ式。夹砂黄褐陶。圆柱状矮足。下腹、底及足根饰绳纹。残高 9.3 厘米（图五六八，6）。标本 03EY1∶29，Ac 型Ⅱ式。夹砂黄褐陶。圆柱状截锥矮足。下腹、底及足根饰绳纹。残高 5.6 厘米（图五六八，11）。标本 03EY1∶17，C 型Ⅰ式。

夹砂黄褐陶。圆柱状尖锥足，外侧有一个圆窝。足根饰绳纹。残高10厘米（图五六八，7）。标本03EY1∶31，D型Ⅰ式。夹砂黄褐陶。带錾罐形鬲足。圆柱状矮锥足。素面。残高4.6厘米（图五六八，14）。

陶甗　1件。标本03EY1∶36，Ab型。夹细砂黄褐陶。敞口，弧沿，圆唇，唇上缘尖圆，下缘弧圆，斜弧颈。沿面一周凹弦纹，颈部绳纹被抹。口径32、残高3.6厘米（图五六八，15）。

陶甗足　3件。标本03EY1∶25，Aa型Ⅰ式。夹砂黄褐陶。圆柱状矮足。下腹饰弦断条纹，底及足根饰条纹。残高7厘米（图五六九，11）。标本03EY1∶28，Aa型Ⅰ式。夹砂黄褐陶。圆柱状矮锥足。足根饰绳纹。残高5.6厘米（图五六九，12）。标本03EY1∶27，Da型。夹砂黄褐陶。圆柱状矮足略呈蹄形，足根有足窝。足底面饰条纹。残高3.5厘米（图五六九，10）。

陶鼎足　1件。标本03EY1∶19，Aa型。夹砂黄褐陶。圆柱状截锥足。素面。残高9.2厘米

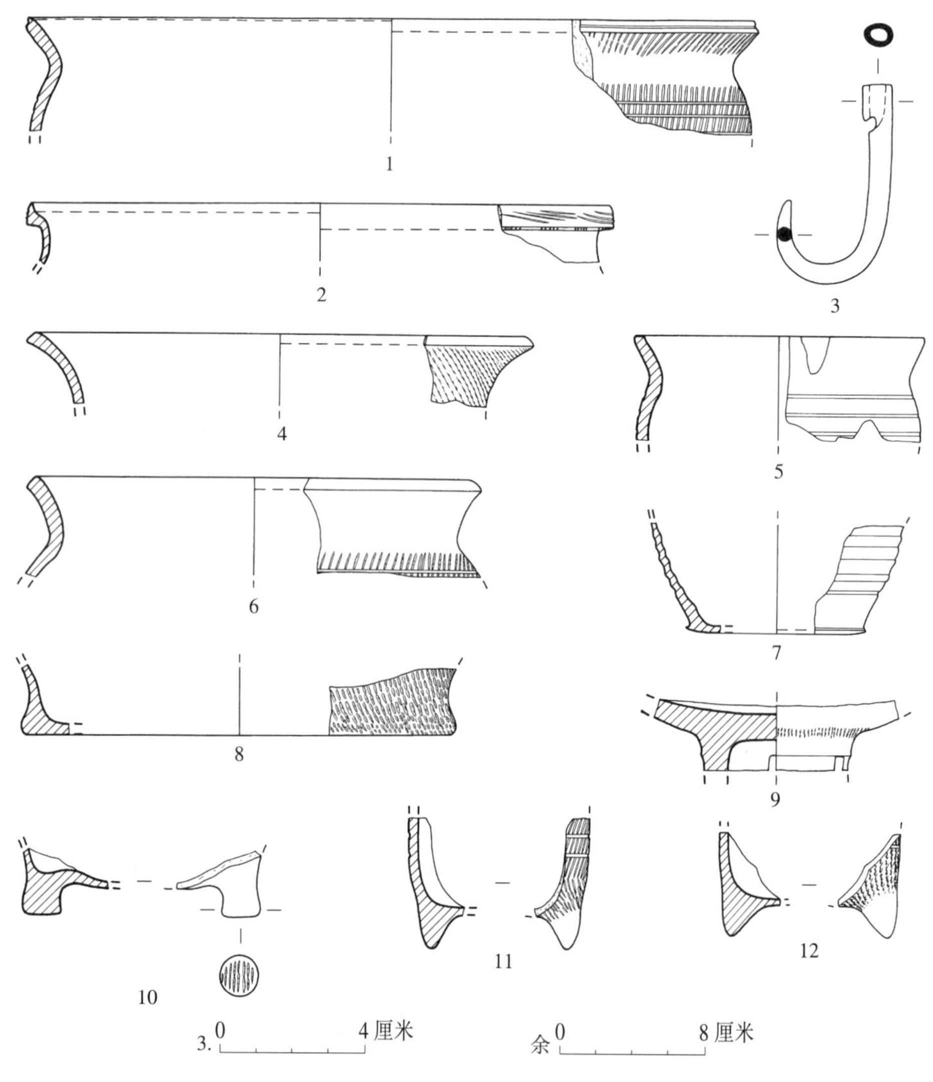

图五六九　03EY1出土器物

1. Cb型Ⅰ式陶瓮（03EY1∶34）　2. Aa型陶瓮（03EY1∶30）　3. Ⅰ式铜钩（03EY1∶4）　4. Fb型陶罐（03EY1∶35）　5. Ba型Ⅲ式陶罐（03EY1∶9）　6. Aa型陶罐（03EY1∶7）　7、8. E型陶器底（03EY1∶15、14）　9. A型陶豆（03EY1∶33）　10. Da型陶甗足（03EY1∶27）　11、12. Aa型Ⅰ式陶甗足（03EY1∶25、28）

（图五六八，9）。

陶罐　3件。标本03EY1∶7，Aa型。夹细砂红褐陶。敞口，弧沿，方唇，斜直颈。肩腹部饰弦断条纹。口径24、残高5.2厘米（图五六九，6）。标本03EY1∶9，Ba型Ⅲ式。夹细砂红褐陶。侈口，方唇，斜直颈，溜肩，弧腹。腹部饰弦纹。口径16、残高5.6厘米（图五六九，5）。标本03EY1∶35，Fb型。泥质黑皮褐胎陶。敞口，弧沿，方唇，弧颈。颈部饰绳纹。口径28、残高3.8厘米（图五六九，4）。

陶瓮　2件。标本03EY1∶30，Aa型。泥质红黄陶。敞口，弧沿，厚弧唇，唇上缘尖圆上侈略呈盘口状，弧颈。唇面饰条纹。口径32、残高3.3厘米（图五六九，2）。标本03EY1∶34，Cb型Ⅰ式。夹细砂黄褐陶。敞口，方唇，斜弧颈，弧肩。唇面一周凹弦纹，颈部条纹被抹，肩腹饰弦断条纹。口径40、残高6.1厘米（图五六九，1）。

陶缸　1件。标本03EY1∶12，Bb型Ⅱ式。夹砂红褐陶。口微敛，方唇，斜弧腹。腹部饰绳纹，残留一周凸棱，棱面压印凹凸条纹呈锯齿状。口径28、残高12.8厘米（图五七〇，1）。

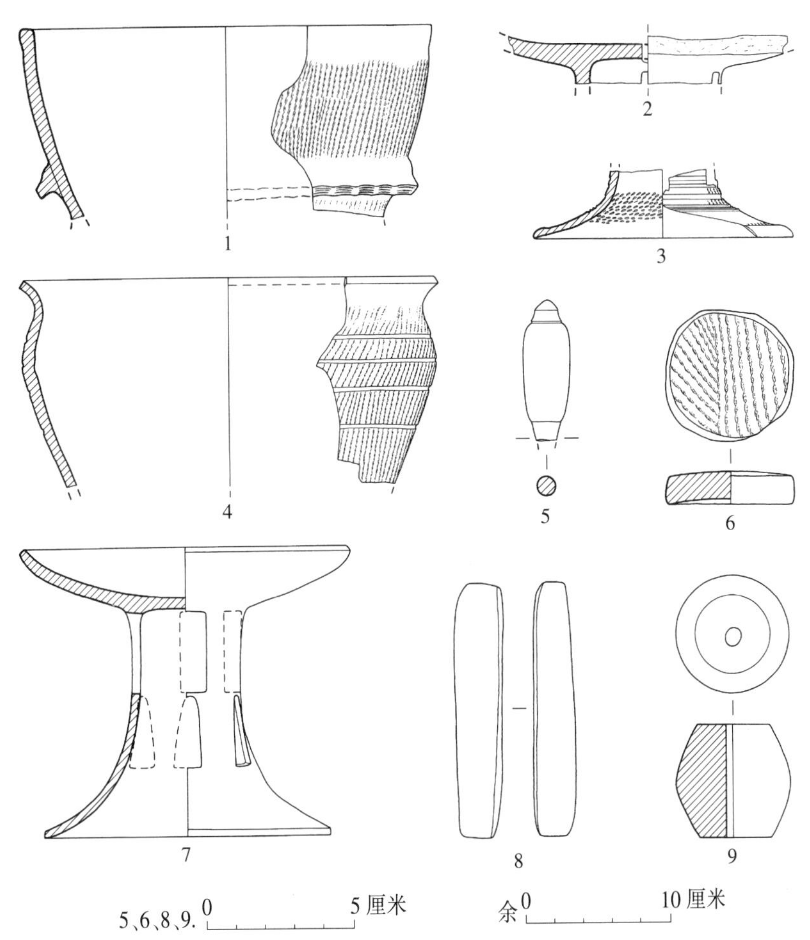

图五七〇　03EY1出土器物

1. Bb型Ⅱ式陶缸（03EY1∶12）　2、3. A型陶豆（03EY1∶32、11）　4. Aa型Ⅲ式陶盆（03EY1∶13）　5. 石钻（03EY1∶3）　6. Aa型Ⅰ式陶饼（03EY1∶1）　7. Aa型Ⅲ式陶豆（03EY1∶6）　8. B型石料（03EY1∶2）　9. Ab型Ⅰ式陶纺轮（03EY1∶5）

陶盆　1件。标本03EY1∶13，Aa型Ⅲ式。夹细砂黄褐陶。敞口，弧沿，方唇，弧颈，斜弧肩，圆弧腹斜内收。肩腹部饰弦断绳纹。口径28、残高13.9厘米（图五七〇，4）。

陶豆　4件。标本03EY1∶6，Aa型Ⅲ式。夹细砂红褐陶。敞口，圆唇，弧盘，柄上分两层镂六个长方形孔，每层三个，喇叭形豆座。素面。口径22.6、高19.3厘米（图五七〇，7；图版四五，5）。标本03EY1∶32，A型。夹细砂褐陶。圆圈形柄上残存三个长方形镂孔。素面。残高3.2厘米（图五七〇，2）。标本03EY1∶33，A型。泥质灰皮黄胎陶。盘底弧，圆圈形柄上残存三个长方形镂孔。底饰绳纹。残高3.8厘米（图五六九，9）。标本03EY1∶11，A型。泥质黑皮灰胎陶。喇叭形豆座。圆圈形柄上施凹弦纹，残存三个长方形镂孔，座顶内壁有谷粒状纹饰，顶面饰绳纹和弦纹。残高4.6厘米（图五七〇，3）。

陶器底　2件。标本03EY1∶14，E型。夹细砂黄褐陶。下腹曲弧内收，平底残。下腹饰条纹。底径24、残高3.6厘米（图五六九，8）。标本03EY1∶15，E型。泥质黄褐陶。下腹弧内收，平底出郭，底残。下腹饰凹凸弦纹。底径10、残高5.8厘米（图五六九，7）。

陶纺轮　1件。标本03EY1∶5，Ab型Ⅰ式。夹细砂灰褐陶。厚体，圆形，两面平，圆中间一直壁圆孔，周壁中间凸起一周折棱，折棱上下斜面弧。素面。直径3.9、孔径0.6、厚3.8厘米（图五七〇，9；图版五二，9）。

陶饼　1件。标本03EY1∶1，Aa型Ⅰ式。夹细砂灰陶。陶片打磨而成。扁圆形，周壁弧。一面饰交错绳纹。直径4.5、厚1厘米（图五七〇，6）。

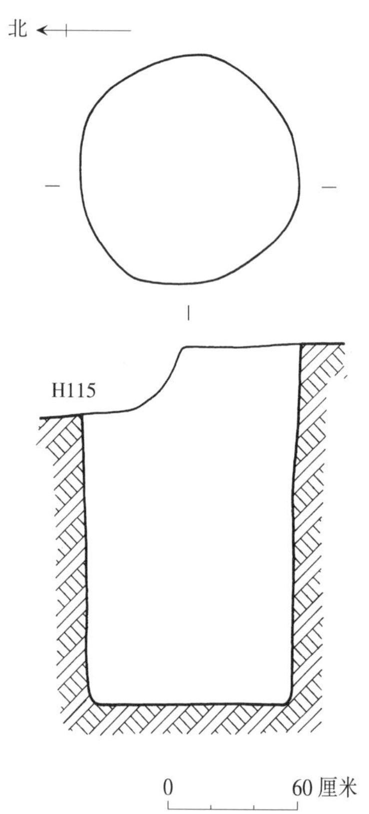

图五七一　03EJ1平、剖面图

石钻　1件。标本03EY1∶3，青灰色。琢磨而成，器表光滑。钻身圆柱形，钻头圆锥形，向钻身渐粗。残长4.6厘米（图五七〇，5；彩版三三，9）。

石料　1件。标本03EY1∶2，B型。青绿色。琢磨而成，器表光滑。长条方形，截面近正方形。平顶，偏锋，直刃。长8.5、宽1.4、厚1厘米（图五七〇，8；图版六八，6）。

铜钩　1件。标本03EY1∶4，Ⅰ式。钩尖圆，钩尖端无倒刺，顶端略呈椭圆形，系绳处有斜向向顶穿孔，孔略呈椭圆形。钩弧长5.4、宽3厘米（图五六九，3；图版六二，2）。

（四）水井

2003年在遗址东区中部清理水井1眼，编号为03EJ1。

03EJ1

位于03ET2706西部，紧邻03EH116和03EY1。开口于第4层下，被03EH115打破，打破生土层。井口略呈圆形，井壁修理规整。井口直径1米，井深1.58米。井内充溢灰褐色杂土，土质较松软，含少许夹砂红褐色条纹陶器碎片。此井和03EH116可能是与03EY1有关的建筑，其用途疑与陶器制作有关（图五七一；彩版二，2）。

阳新大路铺

下

湖北省文物考古研究所
湖北省黄石市博物馆
湖北省阳新县博物馆　编著

主　编　冯少龙
副主编　田桂萍　付守平

文物出版社

The Dalupu Site in Yangxin County

Compiled by
Hubei Provincial Institute of Cultural Relics and Archaeology
Huangshi Municipal Museum
Yangxin County Museum

Cultural Relics Press

（五）烧坑

7处。其中03E中部4处，编号为03ESK1～SK4；03E南部3处，编号为03ESK5～SK7。7处烧坑都不同程度被晚期破坏，其完整形状、结构不清，整体布局不明。依残存的形状、结构和大小分析，与土坑灶和陶窑不同，故定名烧坑。根据烧结面的厚度、烧成颜色均为高温形成的红褐色以及多包含有炼渣等推测，可能与冶炼有关。

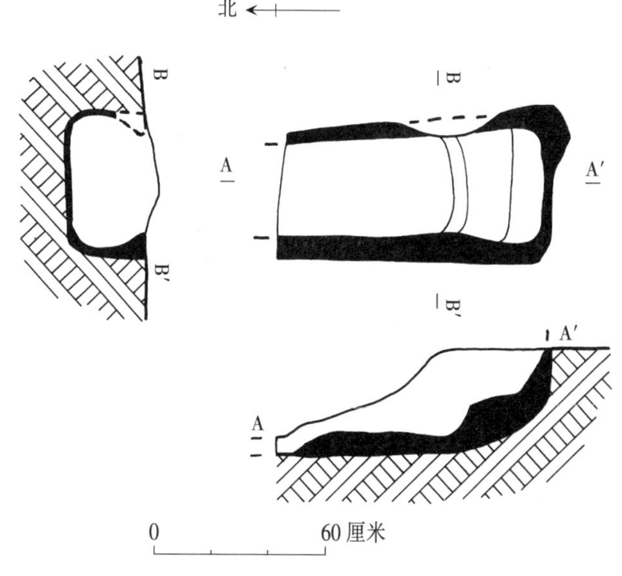

图五七二　03ESK1平、剖面图

03ESK1

位于03ET2505西北部。开口于第3层下，上部及火口、火膛被破坏，打破生土。依地势而建，南高北低。坑口平面略呈长方形，由长条形火道、拱形火门和弧形火膛组成，火门朝北。最长处1米，最宽处0.52米。烧坑东、南和西三壁为红褐色烧土壁，烧土壁最厚处达0.2米。底为厚0.05～0.18米不等的烧结面，火道和火门底部近平，火膛底部高出火道和火门底部0.1米。烧坑残深0.1～0.42米。坑内填土为黄褐色土，土质较硬，含较多的烧土块；火道底层堆积厚0.05米的灰烬，含少量炼渣和很少陶器碎片（图五七二；彩版三，1）。

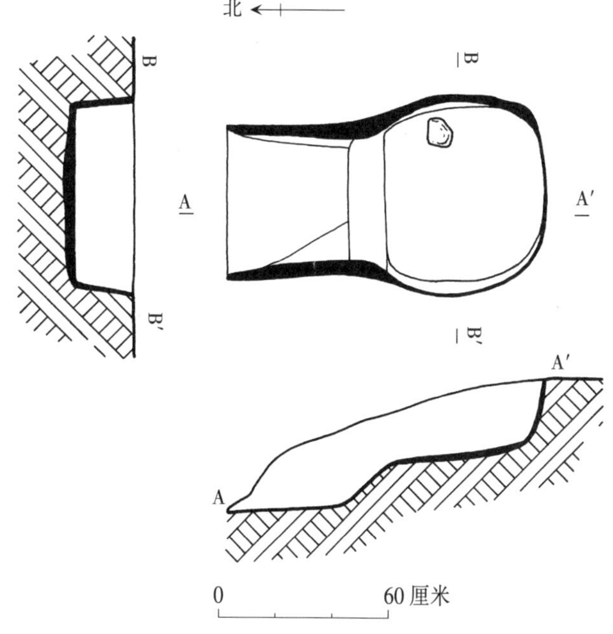

图五七三　03ESK2平、剖面图

03ESK2

位于03ET2506西北部。开口于第3层下，上部及火口、火膛被破坏，打破生土。依地势而建，南高北低。坑口平面略呈长方形，由长方形火道、拱形火门和圆形火膛组成，火道口朝北。最长1.12米，最宽0.68米。烧坑东、南和西三壁为红褐色烧土壁。烧土壁最厚处0.08米。火道和火门底部部分烧结面被毁，其他分布有厚0.02～0.06米不等的烧结面。火膛底部有厚0.04～0.06米的烧结硬面。火膛东北底部近火门处，放置一块直径约0.1米的石块，石上有磨损。火道底平，火门、火膛底部呈坡面。烧坑残深0.02～0.26米。坑内填土为红褐色，土质较硬，火道底层堆积厚0.03米的灰烬；含炼渣、烧土块、草木灰和少量陶器碎片（图五七三；彩版三，2）。

03ESK3

位于03ET2506南部。开口于第3层下，上部及火口、火膛被破坏，打破生土。依地势而建，南高北低。坑口平面略呈长方形，由长方形火道、坍塌的火门和椭圆形火膛组成，火道口朝北。烧坑东、南和西三壁为红褐色烧土壁。烧土壁最厚处 0.1 米。火道入口处稍高，最长 1.2 米，最宽 0.65 米。紧邻火膛西壁近火门处平置一块石头，且火膛西壁留有一土坎。底无烧土面，斜面平。烧坑残深 0.02～0.32 米。坑内填土为红褐色，土质较硬，含少量炼渣、较多烧土块和少量草木灰、陶器碎片（图五七四）。

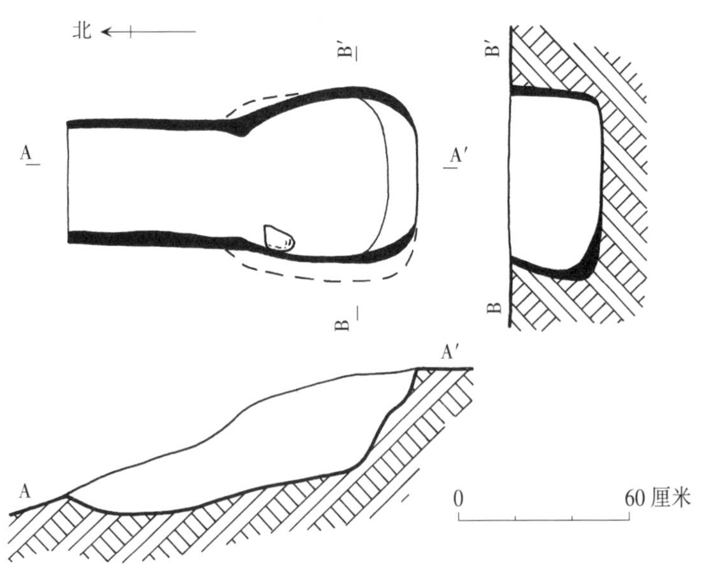

图五七四　03ESK3 平、剖面图

03ESK4

位于 03ET2604 东隔梁南部。开口于第 5 层下，东部被 03EG1 打破，打破生土层。开口距地表深 0.45～0.48 米。仅存火膛，残存烧坑北、南、西三壁有厚约 0.16 米的红褐色烧土壁。残长 1.02、宽 0.48～0.76 米。坑的底平，保留有厚 0.05 米的烧土面。烧坑残深 0.16～0.18 米。坑内填土为黄褐色黏土，土质较硬，含较多烧土和石块等，其下有较纯净的灰烬，含少量陶器碎片（图五七五；彩版四，2）。

03ESK5

位于 03ET2407 中部偏西。开口于第 3 层下，建在人为的厚约 0.6 米的黄土台地上，东部火道口被第 2 层下开口的 03EH8 打破，打破第 7 层。烧坑坑口平面略呈不规则长条方形，由长圆形火道、方形火门和长条方形火膛组成，火道入口处稍高，与火膛底部最高处几乎平齐，火道口朝东。灶门顶部宽 0.3、厚 0.16 米，用拌有卵石和植物根茎的黏土砌成。最长 1.7、最宽 0.62 米。烧坑北、南二壁为厚 0.06～0.12 米不等的红褐色烧土壁。火道、火膛底部有厚 0.03～0.05 米的烧结面。烧坑残深 0.2～0.54 米。坑内填土为红褐色，土质较软，含炼渣、烧土块、草木灰和陶器碎片。陶器器类有鼎、豆等（图五七六；彩版四，1）。

03ESK6

位于 03ET2407 中部偏北。开口于第 3 层下，上部及火口、火膛被破坏，打破第 7 层。紧邻 03ESK5，并与其方向相同。坑口平面呈长条形，仅存部分火道，残长 0.62、宽 0.2～0.32 米。火道北、南二壁为红褐色烧土壁，且口小底大。底平，无烧土结面。烧坑残深 0.3 米。坑内填土为灰黑色，土质较软，含烧土、草木灰和陶器碎片（图五七七）。

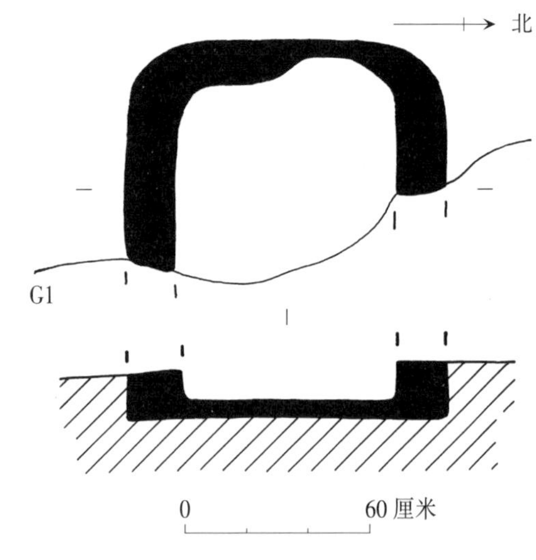

图五七五　03ESK4 平、剖面图

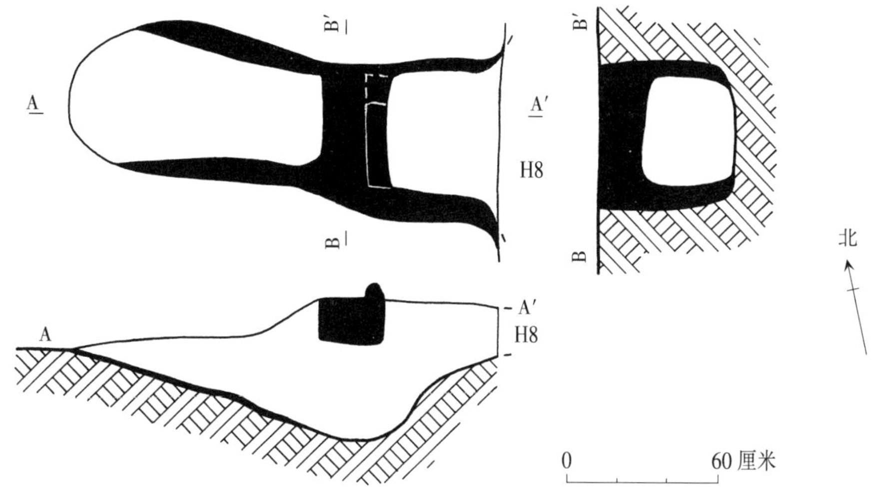

图五七六　03ESK5 平、剖面图

03ESK7

位于 03ET2408 西部。开口于第 4 层下，上部及火口、火膛和南边被破坏，打破第 7 层。现残存火道、火膛。火道坑口平面呈不规则长方形，残长 0.94、残宽 0.46 米。坑北、南二壁残存部分红褐色烧土壁。底无烧土结面，斜底平。烧坑残深 0.34～0.44 米。坑内填土为红褐色，土质较软，火道底部保存厚 0.03 米的灰烬和陶器碎片（图五七八）。

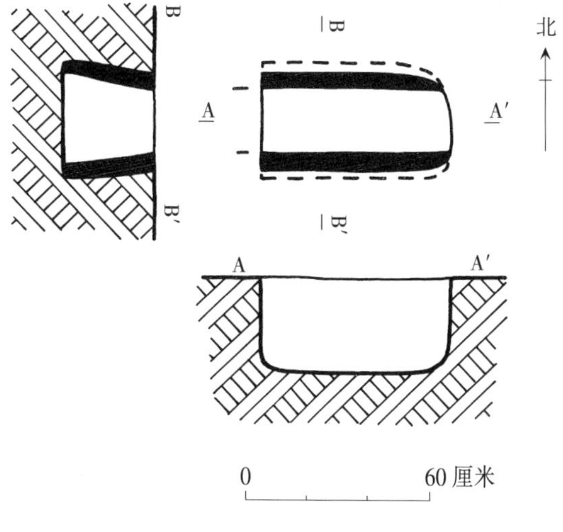

图五七七　03ESK6 平、剖面图

（六）炼渣堆积

2003 年在遗址东区中部 03ET2805③层下东南角清理一层平面略呈椭圆形、厚薄不均的炼渣土层。此层堆积较纯净，主要是炼渣，分布范围约 1.2 平方米，最厚达 0.4 米（见图三〇；彩版五，1）。

（七）烧土堆积

2003 年在遗址东区南部第 3 层下清理烧土堆积 3 处。编号分别为 03EST1～ST3（图二〇）。现分别介绍如下：

03EST1

位于 03ET2407 东南角，延伸至隔梁。开口于第 3 层下，打破 03EH30。烧土略呈圆形分布，结构松散，为废弃后的堆积，残存面积约 2 平方米。

03EST2

位于 03ET2409 西南部。开口于第 3 层下，叠压第 4 层。烧土分布散乱，结构松散，夹杂有石块和陶器碎片。有的烧土块上有箅孔状，可能是陶窑废弃后的堆积物，残存面积约 3 平方米（彩版五，2）。

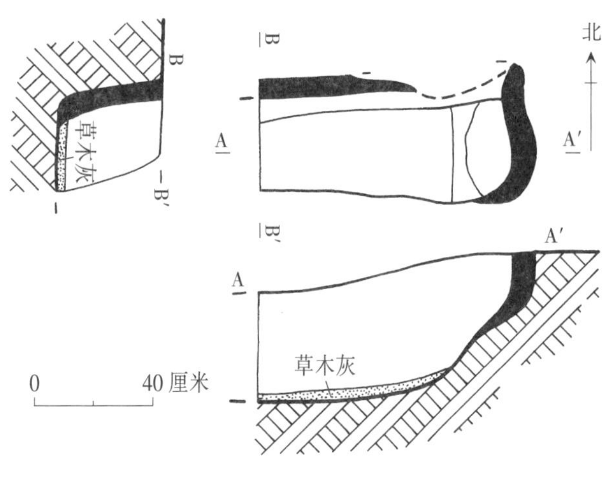

图五七八 03ESK7平、剖面图

03EST3

位于03ET2510西部。开口于第3层下，叠压第4层。烧土分布呈长条形，结构松散，为某类建筑废弃后的堆积，长4.3、宽0.2～0.5米，面积约4.3平方米。

（八）文化层

2003年在遗址东区共清理商周时代文化层五层，即第2～6层。遗址东区商周时代文化层各层土质土色与东区南部和中部的基本一致。现以探方为单位逐层介绍包含遗物标本。

1. 03ET2307⑥

器类有陶鬲、甗、鼎、罐、瓮、壶、盆、豆、纺轮、纹印，硬陶瓮、瓿，石铲、石范、石管等。标本25件，其中陶器19件，硬陶器、石器各3件，另有铜铁混生矿石、铁矿石、炼渣。

陶鬲 3件。标本03ET2307⑥:11，Aa型Ⅰ式。夹砂灰褐陶，器表有烟熏痕迹。敞口，斜弧沿，方唇，直弧腹内收，鬲身呈罐形，口径大于腹径。唇面有两道凹弦纹，腹饰弦断交错粗条纹，足根外侧残有三个圆窝纹。口径18、残高13厘米（图五七九，3；图版一五，1）。标本03ET2307⑥:20，Af型。夹砂灰褐陶。敞口，弧沿，圆唇，弧腹，鬲身呈罐形，口径大于腹径。颈部绳纹被抹，腹饰弦断绳纹。口径12、残高5.8厘米（图五八〇，6）。标本03ET2307⑥:28，Ha型Ⅰ式。夹砂褐陶。敞口，方唇，唇上缘微内弧，弧直腹，鬲身呈盆形，口径大于腹径。沿上一周凹弦纹，腹饰弦断绳纹。口径16、残高7.4厘米（图五七九，4）。

陶甗 3件。标本03ET2307⑥:12，Aa型Ⅰ式。夹砂灰褐陶，器表有烟炱。敞口，卷沿，圆唇，弧颈，溜肩，弧腹，口径略大于腹径，弧束腰内壁等距离安三个小舌状泥片用以支箅。口沿外侧残有护耳脱落痕迹。甑部饰弦断交错绳纹，下部的钵饰交错绳纹。口径28、残高28厘米（图五七九，1；图版二七，3）。标本03ET2307⑥:29，Ac型Ⅰ式。夹砂灰陶。残存甑口部。敞口，圆唇，斜直腹残。口沿外侧残有护耳，耳内甗壁上戳穿一圆形孔。甑腹饰一周凹弦纹，其下饰交错条纹，耳面饰绳纹。口径22、残高7.4厘米（图五八〇，1）。标本03ET2307⑥:9，Ad型。夹砂褐陶，器表有烟炱。敛口，圆唇，弧腹，口径略小于腹径，弧束腰用以支箅，厚平底微下弧，有足窝。口沿外侧贴施两个对称泥片护耳，两耳内根部甗壁上各戳穿一圆形孔。通饰绳纹。口径14.8、残高13.8厘米（图五七九，2；彩版一七，4）。

陶甗腰 1件。标本03ET2307⑥:30，Ca型。夹砂灰陶。甗腰部起隔支箅。甑腰有绳纹。残高2厘米（图五八〇，2）。

陶鼎足 1件。标本03ET2307⑥:15，B型。夹砂灰陶。圆柱状锥足，足根外壁隆起，有两个椭圆凹窝。足根饰绳纹。残高9.6厘米（图五八〇，3）。

陶罐 1件。标本03ET2307⑥:21，H型Ⅰ式。夹砂灰陶。敞口，平沿，圆唇，弧颈。颈部饰

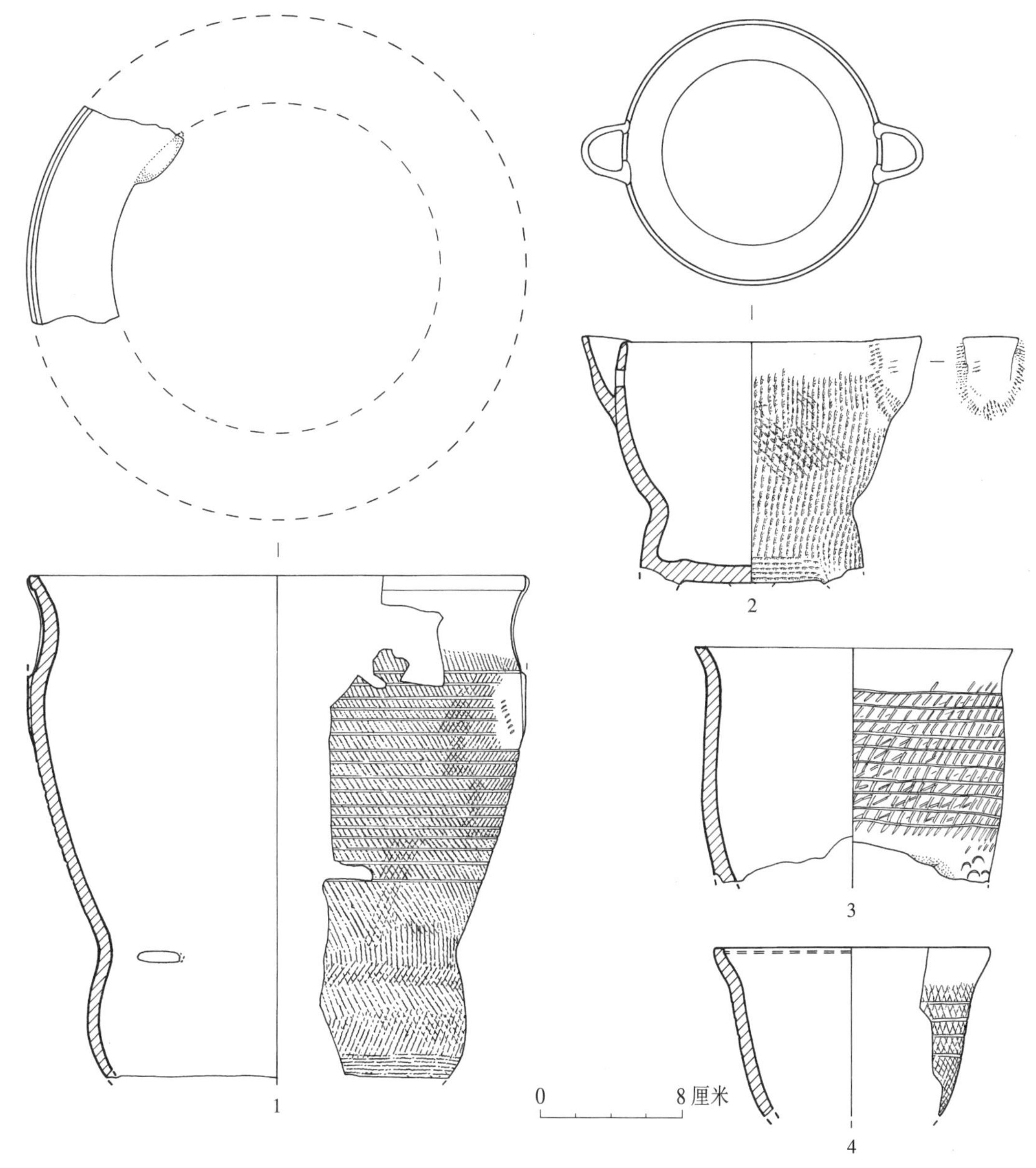

图五七九　03ET2307⑥出土陶器

1. Aa型Ⅰ式甗（03ET2307⑥:12）　2. Ad型甗（03ET2307⑥:9）　3. Aa型Ⅰ式鬲（03ET2307⑥:11）
4. Ha型Ⅰ式鬲（03ET2307⑥:28）

绳纹。口径20、残高3.6厘米（图五八〇，11）。

陶瓮　1件。标本03ET2307⑥:18，Ed型Ⅰ式。夹砂灰陶。直口微敛，平沿，圆唇，斜直颈，斜肩近平，颈部有器耳脱落痕迹。素面。口径18、残高4.6厘米（图五八〇，8）。

陶壶　1件。标本03ET2307⑥:2，D型Ⅰ式。夹砂灰陶。斜弧肩，弧腹，肩部残有两个圆形凹窝，平底。底径6.3、残高6.4厘米（图五八〇，7；图版三八，4）。

陶盆　1件。标本03ET2307⑥:32，Ab型Ⅰ式。夹砂褐陶。侈口，弧沿，圆唇，斜直腹，鬲身呈罐形，口径大于腹径。腹饰弦断绳纹。口径24、残高8厘米（图五八〇，5）。

陶豆　3件。标本03ET2307⑥:14，Aa型。泥质磨光黑皮灰胎陶。敞口，圆唇，弧盘。盘外壁底部饰绳纹。口径16、残高3.4厘米（图五八〇，16）。标本03ET2307⑥:24，A型。泥质灰陶。圆圈形柄。圜底内壁残有线纹，柄饰绳纹，上有两层镂孔，每层镂三个长条方形孔，用弦纹间隔。残高9厘米（图五八〇，9）。标本03ET2307⑥:31，Bd型。夹细砂灰褐陶。圆圈形柄残。圜底内壁残有线纹。残高4.4厘米（图五八〇，10）。

陶器盖　1件。标本03ET2307⑥:23，Bd型Ⅱ式。夹砂红褐陶。盖纽椭圆球形，斜弧顶残。盖纽和顶面饰绳纹。残高9厘米（图五八〇，17）。

陶器鋬　1件。标本03ET2307⑥:17，Ab型。夹细砂红褐陶。圆柱形器鋬，鋬根部有圆形榫

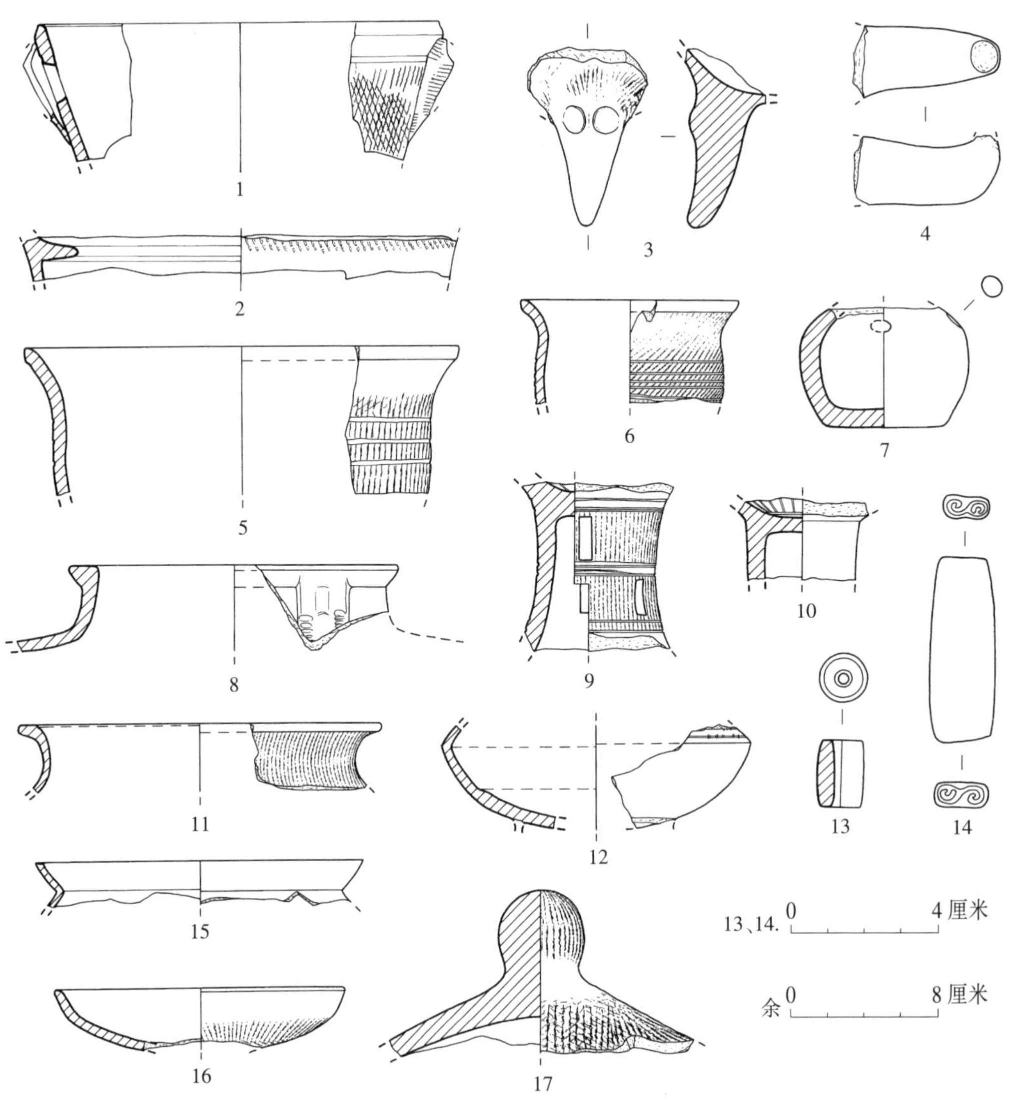

图五八〇　03ET2307⑥出土器物

1. Ac型Ⅰ式陶甗（03ET2307⑥:29）　2. Ca型陶甗腰（03ET2307⑥:30）　3. B型陶鼎足（03ET2307⑥:15）　4. Ab型陶器鋬（03ET2307⑥:17）　5. Ab型Ⅰ式陶盆（03ET2307⑥:32）　6. Af型陶鬲（03ET2307⑥:20）　7. D型Ⅰ式陶壶（03ET2307⑥:2）　8. Ed型Ⅰ式陶瓮（03ET2307⑥:18）　9. A型陶豆（03ET2307⑥:24）　10. Bd型陶豆（03ET2307⑥:31）　11. H型Ⅰ式陶罐（03ET2307⑥:21）　12. 硬陶瓿（03ET2307⑥:26）　13. A型石管（03ET2307⑥:3）　14. A型Ⅰ式陶纹印（03ET2307⑥:4）　15. Ab型Ⅰ式硬陶瓮（03ET2307⑥:25）　16. Aa型陶豆（03ET2307⑥:14）　17. Bd型Ⅱ式陶器盖（03ET2307⑥:23）

头，銎端上弧，銎端残（图五八〇，4）。

陶纺轮 2件。标本03ET2307⑥:6，Ah型Ⅰ式。夹砂红褐陶。扁圆形，正面稍鼓，背面平，扁圆中间正、背面各一个圆凹，周壁中间凸起一周折棱，折棱上下斜面直。素面。直径5.1、凹径0.6、厚0.9～1厘米（图五八一，2；图版五六，1）。标本03ET2307⑥:7，Ah型Ⅰ式。夹砂红褐陶。扁圆形，两面平，圆中间一直壁圆孔，周壁中间凸起一周折棱，折棱上下斜面直。素面。直径4.8、孔径0.6、厚0.9厘米（图五八一，3；图版五六，2）。

陶饼 1件。标本03ET2307⑥:5，Ab型Ⅰ式。夹砂红褐陶。用陶片打磨而成。扁圆形，两面平，周壁不齐。素面。直径4.1～4.3、厚1.2厘米（图五八一，6）。

陶纹印 1件。标本03ET2307⑥:4，A型Ⅰ式。夹细砂褐陶。印呈长条形，截面圆角长方形，两面平，两边壁微弧，两端为印模。纹样均为单线“S”形，纹样凸起，俗称“朱文”印。长5、宽1.3～1.8、厚0.6～0.7厘米（图五八〇，14；彩版二六，6）。

硬陶瓮 1件。标本03ET2307⑥:25，Ab型Ⅰ式。黄灰硬陶。敞口，斜弧折沿，方唇，束颈，斜肩。唇面一周凹弦纹。口径18、残高2.4厘米（图五八〇，15）。

硬陶瓿 1件。标本03ET2307⑥:26，灰硬陶。斜折肩，弧腹，其下有安圈足残痕。肩部残有凹弦纹和压印点纹。残高5.5厘米（图五八〇，12）。

硬陶器耳 1件。标本03ET2307⑥:27，器类不明。灰褐硬陶。横环耳，耳孔呈月牙形，耳环截面圆角长方形。耳面和器表饰压印方格纹（图五八一，4）。

石铲 1件。标本03ET2307⑥:8，B型Ⅰ式。黄灰色。扁平长方形，平顶边角略残，两面平，边壁直，偏锋，直刃两端微弧。长3.2、刃宽2.5、厚0.3厘米（图五八一，5；图版六六，2）。

石范 1件。标本03ET2307⑥:1，A型。黄灰色砂石。器形不明。单扇范，上部残，两边和下部完好，范面内弧，背面光滑外弧，两边壁一面弧、一面平，其上对应各有一个扁圆形卯眼。残长9.6、宽9～9.7、厚4.4～4.9厘米（图五八一，1；图版六六，7、8）。

石管 1件。标本03ET2307⑥:3，A型。灰白色。长条圆形，周壁微弧，两端平，中间对钻穿一弧壁圆孔。长1.8、直径1.1、孔径0.3～0.5厘米（图五八〇，13；彩版三三，8）。

矿石 4块。标本03ET2307⑥:10，矿体呈块状，浅绿色体为主，矿体中夹杂有细小的色粒状。质地较为坚实，比重较大。可观察到含铜量较高。经检测，含铜量为27.61%，三氧化二铁21.09%，二氧化硅26.22%。镜下岩相薄片及XRD物相分析为孔雀石、石英石等。标本长4.5、宽3.1、高2.6厘米（彩版三七，4；附录二）。标本03ET2307⑥:13，扁体块状，整体呈浅绿色，可观察到有深绿色的颗粒状结构。矿体坚实，无孔隙，器表沾满泥土。可以凭眼睛观察判定为是含铜量较高的矿石。经检测分析含铜量为27.61%，三氧化二铁21.09%。镜下岩相构造为孔雀石，含石英石。标本长3.9、宽3、厚1.8厘米（彩版三七，3）。标本03ET2307⑥:16，两块。一块呈尖角圆尾的长形块状。褐红色，断面夹杂有浅黄斑及少量的绿斑，另一块三角形块状。断面呈褐红色，表面呈浅褐红色。经检测，含三氧化二铁93.18%，二氧化硅3.11%。岩相镜下XRD结果为赤铁矿，石英石。标本分别长3.5、4.5厘米，宽2.3、2.5厘米，厚1.7、2.1厘米（彩版三六，1）。

炼渣 2块。标本03ET2307⑥:19，厚块状琉结体，表面有琉结的凸起叠痕，渣体灰色，夹杂有细小的白色等豆粒，表面泛薄膜似红褐色，局部有明显的绿锈色。标本长5.1、宽4.2、厚2.2厘米（彩版四〇，1；附录二）。

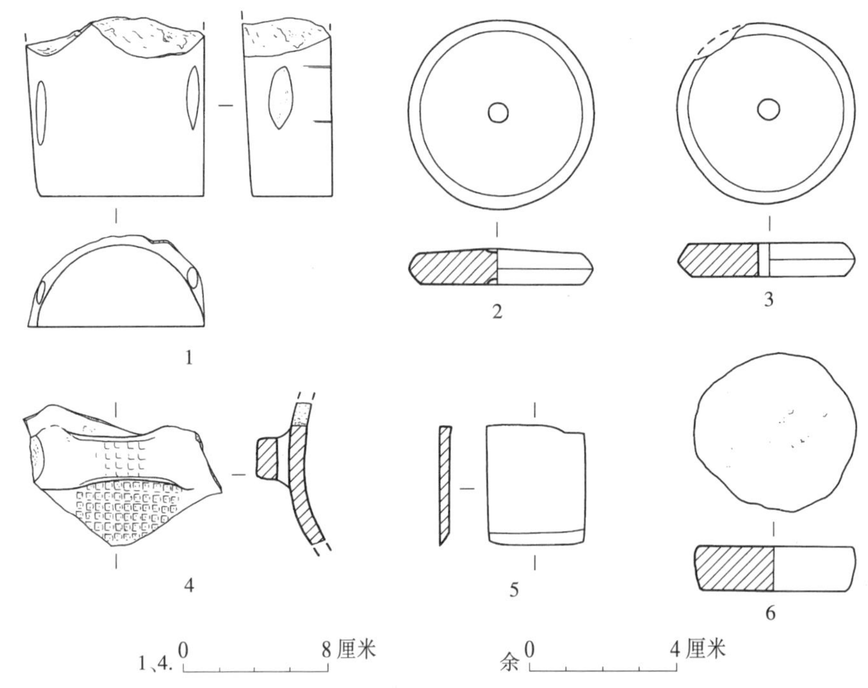

图五八一　03ET2307⑥出土器物

1. A型石范（03ET2307⑥:1）　2、3. Ah型Ⅰ式陶纺轮（03ET2307⑥:6、7）　4. 硬陶器耳（03ET2307⑥:27）　5. B型Ⅰ式石铲（03ET2307⑥:8）　6. Ab型Ⅰ式陶饼（03ET2307⑥:5）

2. 03ET2406⑥~④、②

03ET2406⑥

器类有陶鬲、甗、鼎、瓮、盆，硬陶瓮，石斧等。

标本14件，其中陶器7件，硬陶器6件，石器1件。另有炼渣。

陶鬲　1件。标本03ET2406⑥:1，Hc型Ⅰ式。夹砂灰褐陶，器表有烟熏痕迹。敞口，卷沿，厚方唇，弧束颈，弧肩，圆弧腹内收，鬲身呈盆形，口径大于腹径，下弧裆，圆柱状尖锥足，器内壁底部与足根对接处有较浅足窝。唇面、沿上各一周凹槽，颈部绳纹被抹，肩、腹饰弦断细绳纹，底、足根饰细绳纹。足根部有手指捏痕。口径21、高20.2厘米（图五八二，1；彩版一六，2）。

陶鬲足　1件。标本03ET2406⑥:10，E型Ⅰ式。夹砂黄褐陶。尖锥状足，足根外侧有两个椭圆形小圆窝。残高8厘米（图五八二，7）。

陶鼎足　1件。标本03ET2406⑥:8，B型。夹砂红褐陶。圆柱状锥足，外壁微隆起，有两个椭圆凹窝，足根部有圆形短榫头。残高9.6厘米（图五八二，8）。

陶瓮　3件。标本03ET2406⑥:13，Ed型Ⅰ式。夹砂灰陶。直口，平沿，圆唇，沿唇呈“T”字形，弧颈，斜弧肩。肩部一周凸棱。口径14、残高5.2厘米（图五八二，5）。标本03ET2406⑥:12，Fb型Ⅰ式。泥质灰陶。敞口，卷沿，圆唇，弧束颈，斜弧肩。沿上有一周凹弦纹，肩、腹部饰凹弦纹。口径14、残高6厘米（图五八二，3）。标本03ET2406⑥:7，Hb型。夹砂灰陶。敛口，方唇，曲弧颈。素面。口径14、残高3.6厘米（图五八二，9）。

陶盆　1件。标本03ET2406⑥:6，Ba型Ⅰ式。夹砂灰陶。敞口，弧沿，方唇，斜弧折肩，口径与腹径略相等。腹部饰绳纹。口径19.8、残高6.8厘米（图五八二，2）。

硬陶瓮　1件。标本03ET2406⑥:5，Ab型Ⅰ式。灰硬陶。敞口，斜弧折沿，方唇，束颈，斜肩。肩部有戳印纹。口径18、残高2.8厘米（图五八二，4）。

硬陶片　5件。标本03ET2406⑥:3，器类不明。褐硬陶。饰压印锯齿形附加堆纹（图二九四，4）。标本03ET2406⑥:4，器类不明。灰硬陶。饰戳印"人"字形纹（图二九四，9）。标本03ET2406⑥:9，器类不明。褐硬陶。饰戳印纹、弦纹（图二九四，2）。标本03ET2406⑥:11，器类不明。褐硬陶。饰压印凹方格纹（图二九四，1）。标本03ET2406⑥:14，器类不明。灰硬陶。饰波浪纹（图二九四，6）。

石斧　1件。标本03ET2406⑥:2，Aa型Ⅰ式。青灰色。打磨制法，器表粗糙，且有崩疤。长方

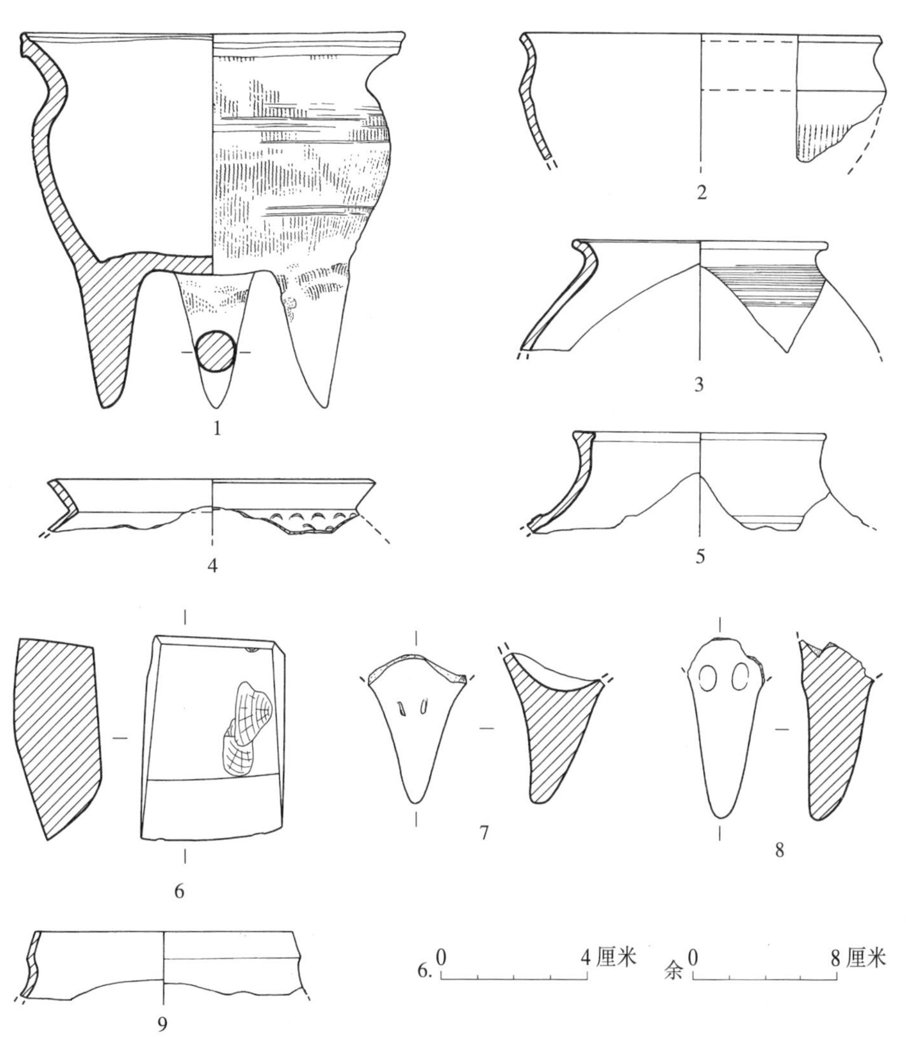

图五八二　03ET2406⑥出土器物

1. Hc型Ⅰ式陶鬲（03ET2406⑥:1）　2. Ba型Ⅰ式陶盆（03ET2406⑥:6）　3. Fb型Ⅰ式陶瓮（03ET2406⑥:12）　4. Ab型Ⅰ式硬陶瓮（03ET2406⑥:5）　5. Ed型Ⅰ式陶瓮（03ET2406⑥:13）　6. Aa型Ⅰ式石斧（03ET2406⑥:2）　7. E型Ⅰ式陶鬲足（03ET2406⑥:10）　8. B型陶鼎足（03ET2406⑥:8）　9. Hb型陶瓮（03ET2406⑥:7）

形，顶平，刃面平，背面弧，偏锋，弧刃。长 5.5、刃宽 3.8、厚 2.2～2.4 厘米（图五八二，6）。

03ET2406⑤

器类有陶甗、钵、纺轮、饼，硬陶瓮，石凿等。

标本 6 件，另有炼渣。

陶甗足　1 件。标本 03ET2406⑤:2，Aa 型Ⅰ式。夹砂褐陶。椭圆柱状尖锥足，外侧一个圆窝。足根、足根顶部凹面饰绳纹，安足底面有清晰条纹痕迹。残高 4.8 厘米（图五八三，6；彩版三〇，2）。

陶钵　1 件。标本 03ET2406⑤:4，Aa 型Ⅱ式。泥质灰陶。敛口，圆唇，圆肩，弧腹内收。素面。口径 14、残高 5.6 厘米（图五八三，2）。

陶纺轮　1 件。标本 03ET2406⑤:1，Ad 型Ⅰ式。夹细砂黄灰陶。体较厚，圆形，两面中部内凹，圆中间一直壁圆孔，周壁中间凸起一周弧折棱，折棱上下斜面弧。周壁弧折棱上饰一周横“V”形纹。直径 3.4、孔径 0.5、厚 1.6 厘米（图五八三，4；图版五三，9）。

陶饼　1 件。标本 03ET2406⑤:5，Ab 型Ⅰ式。夹砂灰陶。用陶片打磨而成。扁圆形，周壁直。素面。直径 4.4、厚 0.9 厘米（图五八三，3）。

硬陶瓮　1 件。标本 03ET2406⑤:3，Ab 型Ⅰ式。灰硬陶。敞口，斜折沿，方唇，束颈，斜肩。唇面一周凹弦纹，肩部戳印波浪纹。口径 18、残高 3.3 厘米（图五八三，1）。

石凿　1 件。标本 03ET2406⑤:6，Ⅰ式。青灰色。长条方形，截面长方形，顶平，四壁平整光滑，刃部残。残长 10、宽 2.6、厚 1.8～2.4 厘米（图五八三，5）。

炼渣　3 块。标本 03ET2406⑤:7，岩相薄片 XRD 物相分析结果为铁橄榄石、石英、赤铜矿、

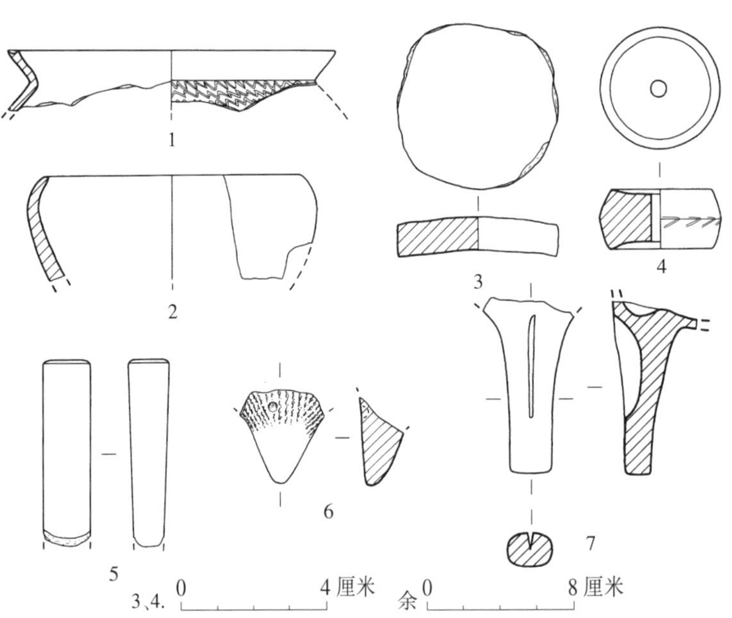

图五八三　03ET2406⑤、②出土器物

1. Ab 型Ⅰ式硬陶瓮（03ET2406⑤:3）　2. Aa 型Ⅱ式陶钵（03ET2406⑤:4）　3. Ab 型Ⅰ式陶饼（03ET2406⑤:5）　4. Ad 型Ⅰ式陶纺轮（03ET2406⑤:1）　5. Ⅰ式石凿（03ET2406⑤:6）　6. Aa 型Ⅰ式陶甗足（03ET2406⑤:2）　7. Aa 型Ⅳ式鬲足（03ET2406②:1）

镁铁矿、铜蓝、硫铜矿。标本长8.5、宽5.7厘米（彩版三八，2）。标本03ET2406⑤:8，近方形块状溶琉结体，表面有明显的溶琉凸起的痕迹，面上红黑色和浅褐色，断面灰色，质地坚硬，有小气孔，局部有明显的铁锈斑。标本长10.5、宽7.5、厚3.5厘米（彩版三八，4）。标本03ET2406⑤:9，溶胶结状，灰黑色，表面似有薄褐色，底面较平，两面可见凸起的溶胶，可观察到为二层溶胶状，断面及表面有细小的孔隙。标本长5、宽3.3、厚0.08～1.7厘米（彩版三八，6）。

03ET2406④

器类有陶鼎、罐、支（拍）垫和硬陶瓮等。

标本11件，其中陶器4件，硬陶器7件。

陶鼎　1件。标本03ET2406④:4，Ba型Ⅲ式。夹砂灰陶。口微敛，平沿，圆唇，斜直颈，弧腹。颈部绳纹被抹，腹饰绳纹，上腹部一周附加堆纹。口径24、残高8.4厘米（图五八四，5）。

陶鼎足　1件。标本03ET2406④:7，B型。夹砂灰黄陶。圆柱状足足尖残，足根外壁隆起，有两个椭圆形凹窝。残高8厘米（图五八四，6）。

陶罐　1件。标本03ET2406④:3，Gb型Ⅱ式。夹砂褐陶。敞口，弧沿，方唇，弧颈，斜肩。素面。口径18、残高5.4厘米（图五八四，7）。

陶支（拍）垫　1件。标本03ET2406④:2，Bc型Ⅱ式。夹砂红褐陶。由圆柱状柄形握手和圆饼形垫构成。柄顶微弧，柄柱弧束，圆饼形垫垫面弧形。素面。垫径5.7、垫厚1.5、柄顶径3.4、通高5.4厘米（图五八四，4；彩版二七，5）。

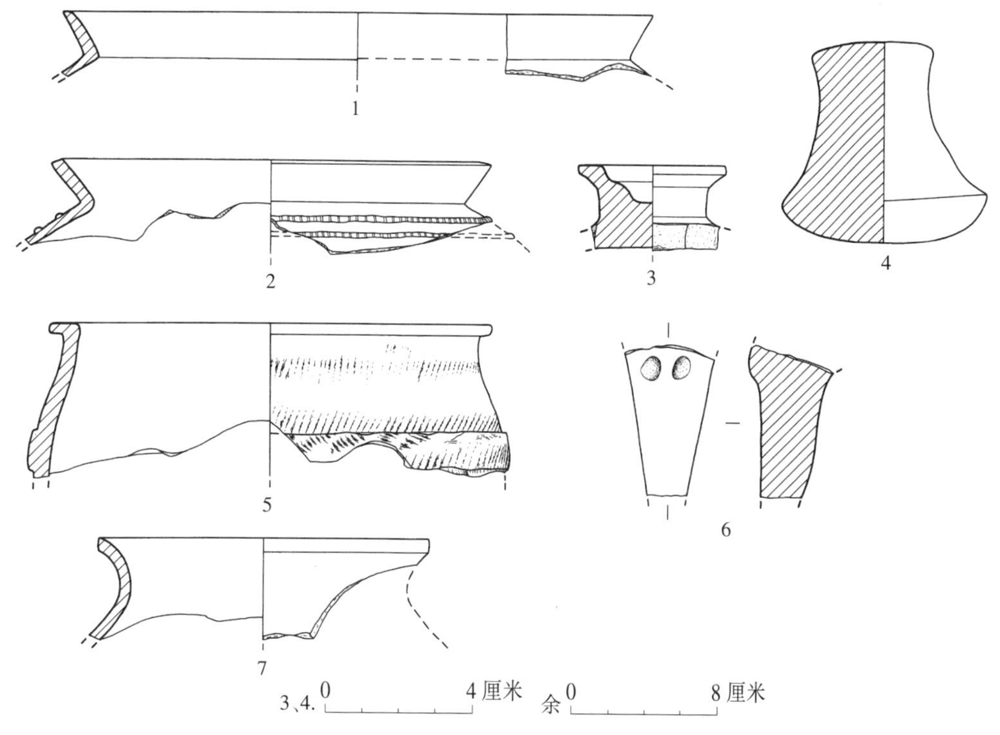

图五八四　03ET2406④出土器物

1. Ac型Ⅰ式硬陶瓮（03ET2406④:11）　2. Ac型Ⅱ式硬陶瓮（03ET2406④:6）　3. A型硬陶盖纽（03ET2406④:1）　4. Bc型Ⅱ式陶支（拍）垫（03ET2406④:2）　5. Ba型Ⅲ式陶鼎（03ET2406④:4）　6. B型陶鼎足（03ET2406④:7）　7. Gb型Ⅱ式陶罐（03ET2406④:3）

硬陶瓮　2件。标本03ET2406④:11，Ac型Ⅰ式。泥质灰陶。敞口，斜折沿，方唇，束颈，斜肩。素面。口径32、残高3.6厘米（图五八四，1）。标本03ET2406④:6，Ac型Ⅱ式。泥质灰陶。敞口，斜折沿，方唇，束颈，斜肩。肩部残存两周附加堆纹，堆纹上压印凹槽呈锯齿状。口径24、残高5厘米（图五八四，2）。

硬陶盖纽　1件。标本03ET2406④:1，A型。灰黄硬陶。圆圈形凹盖纽，纽内壁曲弧，纽口敞，平沿，圆唇，纽颈直。素面。纽口径4、残高2.3厘米（图五八四，3）。

硬陶片　4件。标本03ET2406④:5，器类不明。灰硬陶。饰压印凹方格纹（图二九四，11）。标本03ET2406④:8，器类不明。黄褐硬陶。饰弦纹和菱形网格纹（图二九四，7）。标本03ET2406④:9，器类不明。灰硬陶。饰戳印“人”字形纹（图二九四，3）。标本03ET2406④:10，器类不明。浅灰硬陶。饰弦纹、波浪纹（图二九五，8）。

03ET2406②

器类有陶鬲等。

标本1件。

陶鬲足　1件。标本03ET2406②:1，Aa型Ⅳ式。夹砂褐陶。椭圆柱状足。足外侧一道竖刻槽。残高9.4厘米（图五八三，7）。

3. 03ET2409⑥～②

03ET2409⑥

器类有陶鬲、甗、罐、瓮、盆、豆、钵、钵形器、杯、器盖，还有硬陶器。

标本47件，其中陶器46件，硬陶器1件。

陶鬲　7件。标本03ET2409⑥:5，Aa型Ⅰ式。夹砂灰褐陶。敞口，圆唇，斜直颈，弧腹内收，鬲身呈罐形，口径略小于腹径，圆柱状足尖，器内壁底部与足根对接处有较深足窝，足外侧有植物状划痕。腹饰弦断绳纹，底和足饰绳纹。口径18.6、高22.6厘米（图五八五，1；图版一五，2）。标本03ET2409⑥:47，Aa型Ⅰ式。夹砂灰褐陶。敞口，弧沿，圆唇，弧颈，溜肩，圆弧腹。肩腹饰弦断绳纹，腹部一周附加堆纹。口径16、残高7厘米（图五八五，2）。标本03ET2409⑥:49，Aa型Ⅰ式。夹砂灰褐陶，器表有烟熏痕迹。敞口，圆唇，斜弧颈，弧腹内收，鬲身呈罐形，口径与腹径相等。腹饰弦断绳纹。口径18、残高10厘米（图五八五，6）。标本03ET2409⑥:10，Af型Ⅰ式。夹砂红褐陶，器表有烟炱。敞口，弧沿，圆唇，斜直颈，溜肩，弧腹内收，鬲身呈罐形，口径略小于腹径，裆下弧，圆柱状足足尖残，器内壁底部与足根对接处有较深足窝。腹、底和足根饰绳纹。口径10、残高9.2厘米（图五八五，7；图版二〇，3）。标本03ET2409⑥:11，Ag型Ⅰ式。夹砂红褐陶，器表有烟熏痕迹。侈口，圆唇，斜弧颈，弧肩，圆弧腹斜内收，鬲身呈罐形，口径略大于腹径，器内壁底部与足根对接处有较浅足窝。肩腹饰弦断绳纹，下腹、底和足饰绳纹。口径13.4、残高10.8厘米（图五八五，5；图版二〇，6）。标本03ET2409⑥:8，Ah型Ⅰ式。夹砂褐陶。敞口，弧沿，圆唇，斜弧颈，弧肩，圆腹内收，鬲身呈罐形，口径与腹径相等，圆柱状足足尖残，器内壁底部与足根对接处有较浅足窝。颈部绳纹被抹，腹饰弦断绳纹，底和足饰绳纹。口径13.8、残高12.8厘米（图五八五，3；图版二二，3）。标本03ET2409⑥:17，Ha型Ⅰ式。夹砂灰褐陶。敞口，弧沿，圆唇，弧颈，溜肩，弧腹斜内收，鬲身呈盆形，口径大于腹径，

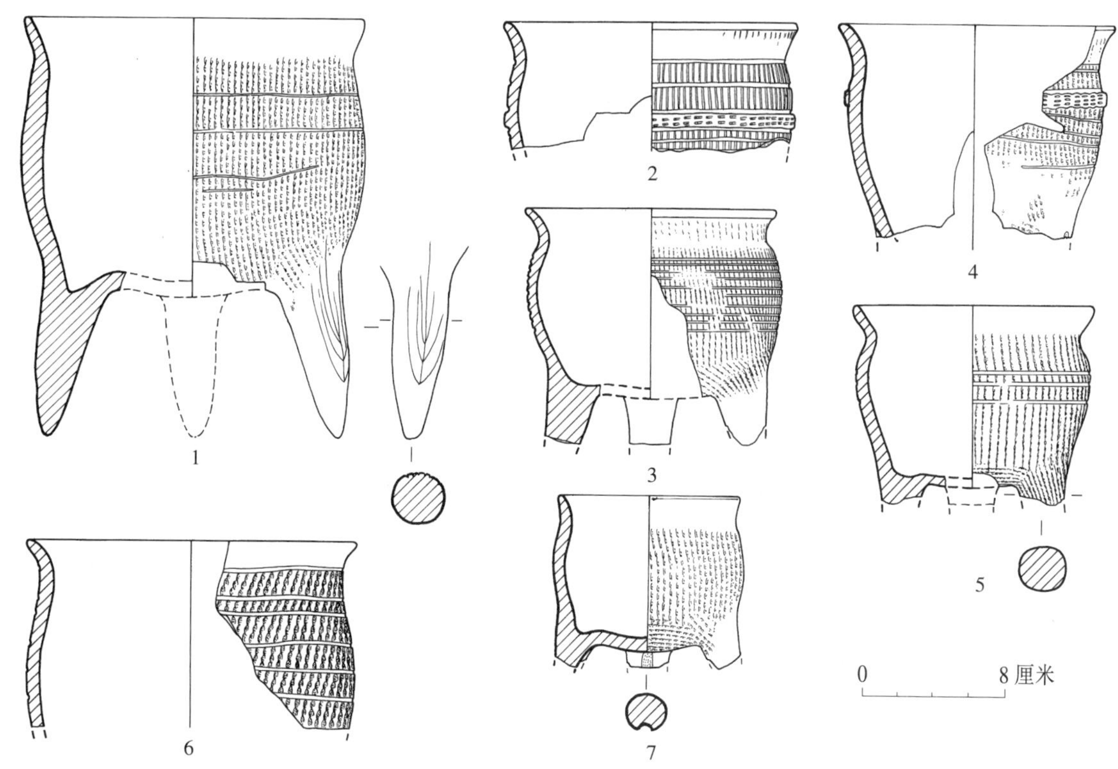

图五八五　03ET2409⑥出土陶鬲
1、2、6. Aa型Ⅰ式（03ET2409⑥:5、47、49）　3. Ah型Ⅰ式（03ET2409⑥:8）　4. Ha型Ⅰ式（03ET2409⑥:17）
5. Ag型Ⅰ式（03ET2409⑥:11）　7. Af型Ⅰ式（03ET2409⑥:10）

足根外侧残有两个圆窝。肩腹饰弦断绳纹，肩腹相交处一周附加堆纹，下腹、底和足饰绳纹。口径15.5、残高11.4厘米（图五八五，4；图版二六，1）。

陶鬲足　10件。标本03ET2409⑥:24，Aa型Ⅰ式。夹砂褐陶。圆柱状锥足，有足窝。足根外侧有一道竖刻槽，足根饰绳纹。残高11厘米（图五八六，6）。标本03ET2409⑥:25，Ab型Ⅰ式。夹砂灰褐陶。圆柱状尖锥足。足外侧三个圆窝和一道竖刻槽，足根饰绳纹。残高12.6厘米（图五八六，1）。标本03ET2409⑥:23，Ab型Ⅰ式。夹砂黄褐陶。圆柱状锥足。足外侧有两个圆窝和一道竖刻槽，足根饰绳纹。残高14.8厘米（图五八六，5）。标本03ET2409⑥:55，Ab型。夹砂黄褐陶。圆柱状足残。足外侧残有七个圆窝和三道竖刻槽，足根饰绳纹。足芯清晰，包足明显。残高6厘米（图五八六，7；图版六一，1）。标本03ET2409⑥:28，Ac型Ⅰ式。夹砂黄褐陶。圆柱状尖锥足。有足窝。足根饰绳纹。残高12.4厘米（图五八六，3）。标本03ET2409⑥:20，Ac型Ⅰ式。夹砂褐陶。圆柱状尖锥足。足根饰绳纹。残高10.5厘米（图五八六，8）。标本03ET2409⑥:27，B型Ⅰ式。夹砂黄褐陶。圆柱状尖锥足。足根外侧有三道枝杈状刻划槽，足根饰绳纹。残高13厘米（图五八六，2）。标本03ET2409⑥:21，C型Ⅰ式。夹砂黄褐陶。圆柱状尖锥足，有足窝，外侧三个圆窝。足根饰条纹。残高9.3厘米（图五八六，9）。标本03ET2409⑥:26，C型Ⅰ式。夹砂黄褐陶。圆柱状尖锥足，有足窝，外侧三个圆窝。足根饰条纹。残高19厘米（图五八六，4）。标本03ET2409⑥:29，C型Ⅰ式。夹砂灰褐陶。圆柱状尖锥足，有足窝，外侧三个圆窝。足根饰绳纹。残高6.6厘米（图五八六，10）。

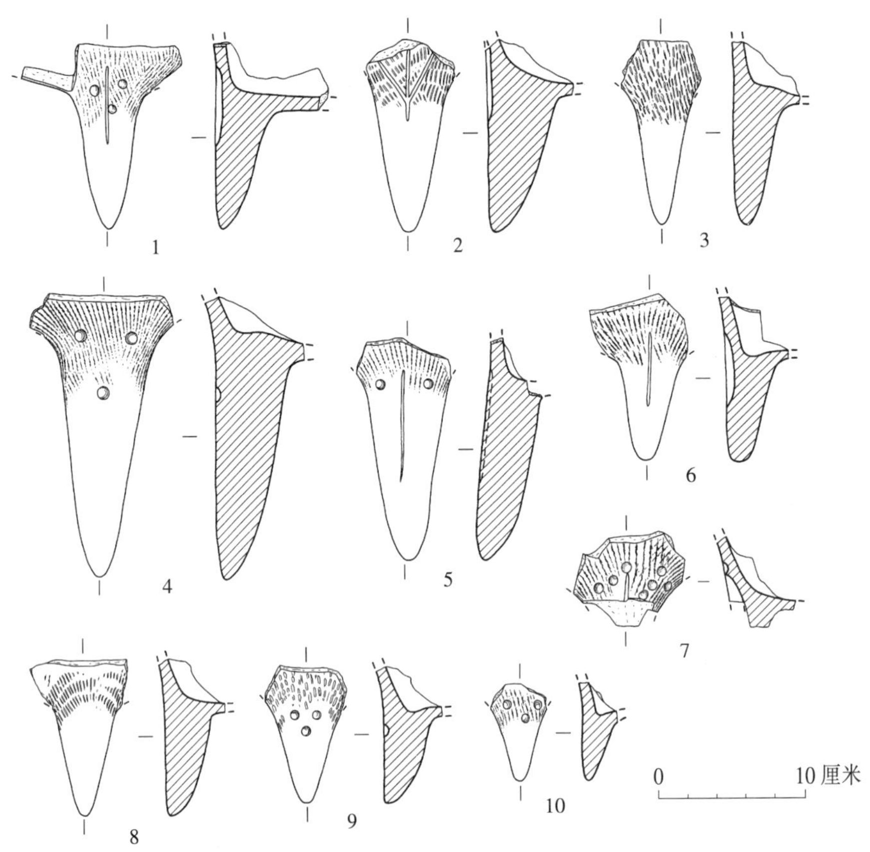

图五八六 03ET2409⑥出土陶鬲足

1、5. Ab型Ⅰ式（03ET2409⑥：25、23） 2. B型Ⅰ式（03ET2409⑥：27） 3、8. Ac型Ⅰ式（03ET2409⑥：28、20） 4、9、10. C型Ⅰ式（03ET2409⑥：26、21、29） 6. Aa型Ⅰ式（03ET2409⑥：24） 7. Ab型（03ET2409⑥：55）

陶甗 4件。标本03ET2409⑥：32，Aa型Ⅰ式。夹砂褐陶。敞口，弧沿，方唇，斜弧颈，弧肩，圆弧腹内收，口径大于腹径。口沿外侧贴施两个对称泥片护耳，两耳内根部甗壁上各戳穿一圆形孔。腹饰弦断绳纹，耳面饰绳纹。口径28、残高11厘米（图五八七，1）。标本03ET2409⑥:9,Aa型Ⅰ式。夹砂褐陶，器表有烟炱。甗身整体由上部罐形甑和下部三足钵两部分构成。敞口，卷沿，圆唇，弧颈，溜肩，弧腹，口径略大于腹径，弧束腰内壁等距离安三个小舌状泥片用以支箅，圆柱状矮锥足。口沿外侧贴施两个对称泥片护耳，两耳内根部甗壁上各戳穿一圆形孔。颈部纹饰被抹，甑部饰弦断绳纹，钵及足根饰绳纹，耳面绳纹脱落。口径28、高31.6厘米（图五八七，3；彩版一六，3）。标本03ET2409⑥：18，Aa型Ⅰ式。夹砂褐陶，器表有烟炱。敞口，弧沿，圆唇，斜弧颈，溜肩，圆弧腹内收，口径大于腹径。口沿外侧贴施两个对称泥片护耳，两耳内根部甗壁上各戳穿一圆形孔。颈部纹饰被抹，肩、腹饰弦断交错绳纹，耳面饰绳纹。口径30、残高20厘米（图五八七，5；图版二七，4）。标本03ET2409⑥：2，Ab型Ⅰ式。夹砂黄褐陶，器表有烟熏痕迹。甗身整体由上部罐形甑和下部三足钵两部分构成。侈口，方唇，斜颈，圆肩，甑部下腹弧内收，与钵构成弧腰，口径与腹径相等，腰内壁等距离安三个小舌状泥片用以支箅，钵腹底相交处弧外鼓，圆柱状矮锥足，足根外侧有一个圆窝。颈部纹饰被抹，甑及钵腹部饰弦断绳

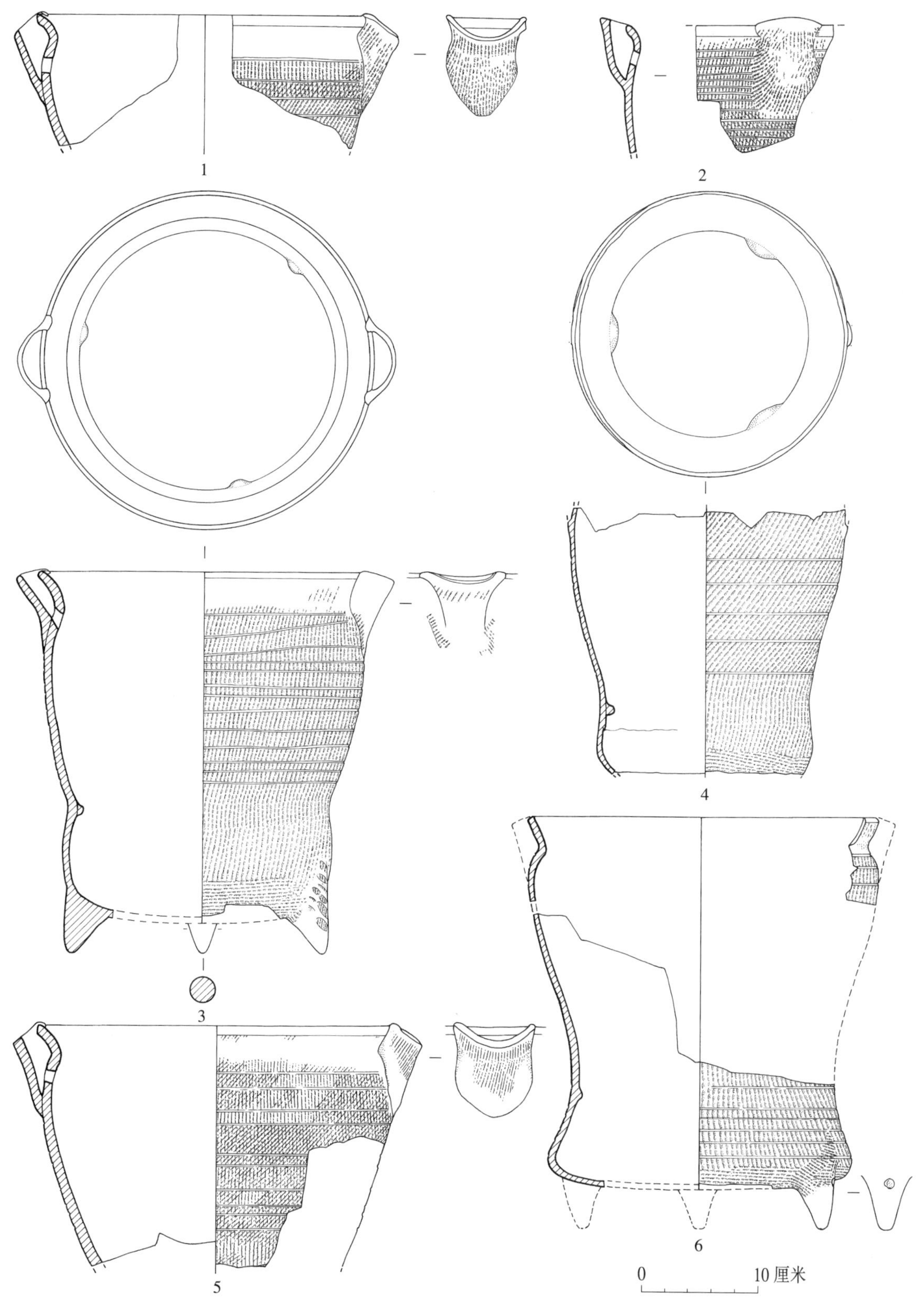

图五八七　03ET2409⑥出土陶甗

1、3、5. Aa型Ⅰ式甗（03ET2409⑥:32、9、18）　2. Aa型甗耳（03ET2409⑥:34）　4. Aa型甗腰（03ET2409⑥:16）　6. Ab型Ⅰ式甗（03ET2409⑥:2）

纹，钵底及足根饰绳纹。口径29.6、高约34厘米（图五八七，6；图版二八，2）。

陶甗耳　1件。标本03ET2409⑥:34，Aa型。夹砂黄褐陶。口沿外侧贴施泥片护耳，耳内根部壁上各戳穿一圆形孔。颈部绳纹被抹，肩、腹饰弦断绳纹，耳面饰绳纹（图五八七，2）。

陶甗腰　1件。标本03ET2409⑥:16，Aa型。夹砂褐陶，器表有烟炱。弧腹，弧束腰内壁等距离安三个小舌状泥片用以支箅。甑部饰弦断绳纹，钵饰绳纹。残高21.7厘米（图五八七，4）。

陶罐　5件。标本03ET2409⑥:1，Aa型Ⅱ式。夹砂红褐陶。敞口，弧沿，圆唇，斜弧颈，溜肩，弧腹内收。颈部纹饰被抹，腹饰交错绳纹。口径30、残高23.5厘米（图五八八，1）。标本

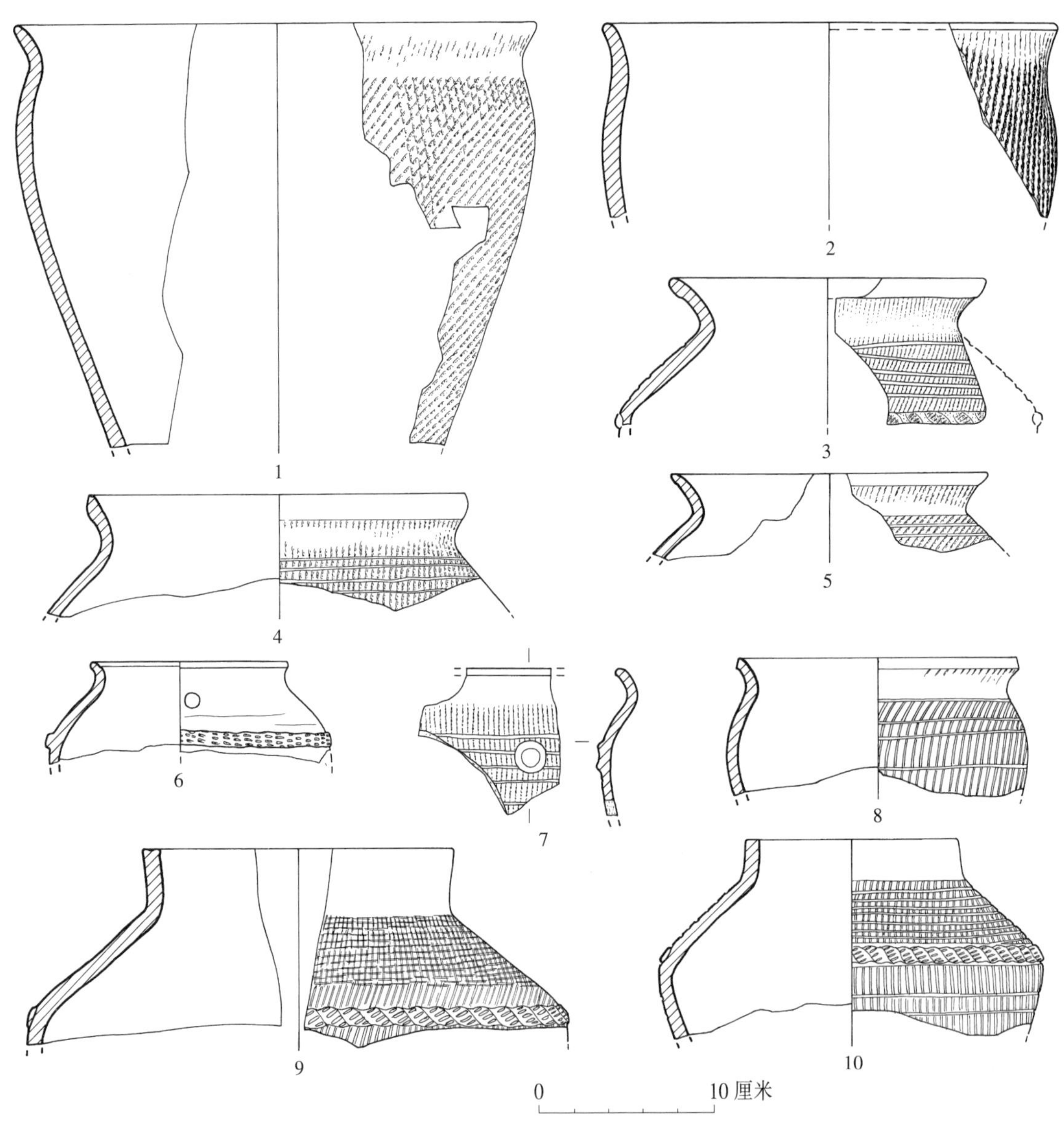

图五八八　03ET2409⑥出土陶器

1. Aa型Ⅱ式罐（03ET2409⑥:1）　2. Cb型Ⅰ式罐（03ET2409⑥:45）　3、5. Fb型Ⅱ式罐（03ET2409⑥:44、50）　4. Fa型Ⅰ式瓮（03ET2409⑥:36）　6. Fc型Ⅰ式瓮（03ET2409⑥:38）　7. Fc型瓮（03ET2409⑥:40）　8. Ab型Ⅰ式罐（03ET2409⑥:39）　9. Ee型Ⅰ式瓮（03ET2409⑥:43）　10. Gc型Ⅱ式瓮（03ET2409⑥:35）

03ET2409⑥:39，Ab型Ⅰ式。夹砂灰褐陶。敞口，弧沿，方唇，弧颈，溜肩，圆鼓腹。颈部条纹被抹，腹饰弦断条纹。口径16、残高7.8厘米（图五八八，8）。标本03ET2409⑥:45，Cb型Ⅰ式。夹砂红黄陶。敞口，圆唇，弧颈，弧腹。颈、腹饰粗绳纹。口径26、残高11厘米（图五八八，2）。标本03ET2409⑥:44，Fb型Ⅱ式。泥质灰陶。敞口，圆唇，斜弧颈，斜弧肩。颈部绳纹被抹，肩腹饰弦断绳纹，肩腹相交处饰一周附加堆纹。口径18、残高8.2厘米（图五八八，3）。标本03ET2409⑥:50，Fb型Ⅱ式。夹砂灰陶。敞口，圆唇，斜直颈，斜弧肩。颈部绳纹被抹，肩饰弦断绳纹。口径18、残高4.6厘米（图五八八，5）。

陶瓮　5件。标本03ET2409⑥:43，Ee型Ⅰ式。夹细砂灰陶。直口微敞，方唇，直颈，斜肩弧折。肩、腹部饰弦断条纹，肩腹相交处饰一周附加堆纹。口径18、残高11.2厘米（图五八八，9）。标本03ET2409⑥:36，Fa型Ⅰ式。夹砂黄褐陶。敞口，圆唇，斜弧颈，斜弧肩。颈部绳纹被抹，肩腹饰弦断绳纹。口径22、残高6.4厘米（图五八八，4）。标本03ET2409⑥:38，Fc型Ⅰ式。夹砂褐陶。敞口，卷沿，圆唇，弧颈，斜弧肩。颈肩部饰圆形泥饼，肩腹相交处饰一周附加堆纹。口径11.2、残高5.8厘米（图五八八，6）。标本03ET2409⑥:40，Fc型。夹砂红褐陶。敞口，卷沿，圆唇，弧颈，斜弧肩。肩部饰圆形泥饼，肩腹饰弦断绳纹（图五八八，7）。标本03ET2409⑥:35，Gc型Ⅱ式。夹细砂红褐陶。直口微敛，方唇，直颈，斜折肩，弧直腹。肩、腹部饰弦断条纹，肩腹相交处饰一周附加堆纹。口径12、残高11厘米（图五八八，10）。

陶盆　2件。标本03ET2409⑥:46，Aa型。夹细砂红褐陶。敞口，弧沿，圆唇，斜弧颈，溜肩，圆弧腹。颈部纹饰被抹，肩、腹饰弦断绳纹。口径28、残高8厘米（图五八九，1）。标本03ET2409⑥:48，Aa型。夹细砂黄褐陶。敞口，斜直沿，方唇，斜直颈，溜肩，弧腹。颈部绳纹被抹，肩、腹饰弦断绳纹。口径28、残高7.8厘米（图五八九，2）。

陶豆　3件。标本03ET2409⑥:4，Aa型Ⅱ式。泥质黑皮褐胎陶。敞口，圆唇，弧盘，圆圈形柄，豆座呈喇叭形。盘内壁饰两周凹弦纹，其间饰一周“S”形纹，底部饰线纹，线纹呈辐射状；柄上有两层镂孔，每层镂三个长条方形孔，用弦纹间隔；豆座顶部饰弦纹。口径21、底径18、高22厘米（图五九〇，1；彩版二五，2）。标本03ET2409⑥:7，Aa型Ⅱ式。夹细砂灰陶。敞口，圆唇，弧盘，圆圈形柄。盘内壁饰两周凹弦纹，其间饰一周“S”形纹；柄上有两层镂孔，每层镂三个长条方形孔，用弦纹间隔，下层孔残。口径24、残高13厘米（图五九〇，2）。标本03ET2409⑥:54，Aa型。夹细砂灰陶。敞口，圆唇，弧盘。盘内壁饰两周凹弦纹，其间饰一周“S”形纹。口径20、残高4厘米（图五九〇，3）。

陶钵　2件。标本03ET2409⑥:19，Aa型。夹砂红褐陶。弧腹内收，平底。腹饰弦断绳纹，底饰交错绳纹。残高8.2厘米（图五九一，2）。标本03ET2409⑥:52，Ab型Ⅰ式。夹砂灰褐陶。口微敛，圆唇，弧腹。腹饰绳纹。口径14、残高4.6厘米（图五九一，1）。

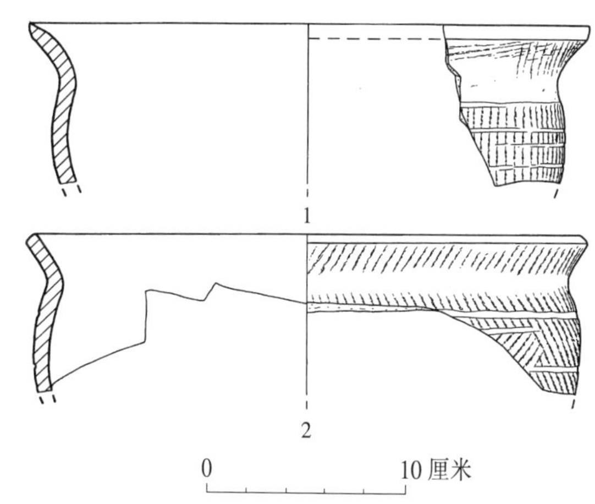

图五八九　03ET2409⑥出土Aa型陶盆
1. 03ET2409⑥:46　2. 03ET2409⑥:48

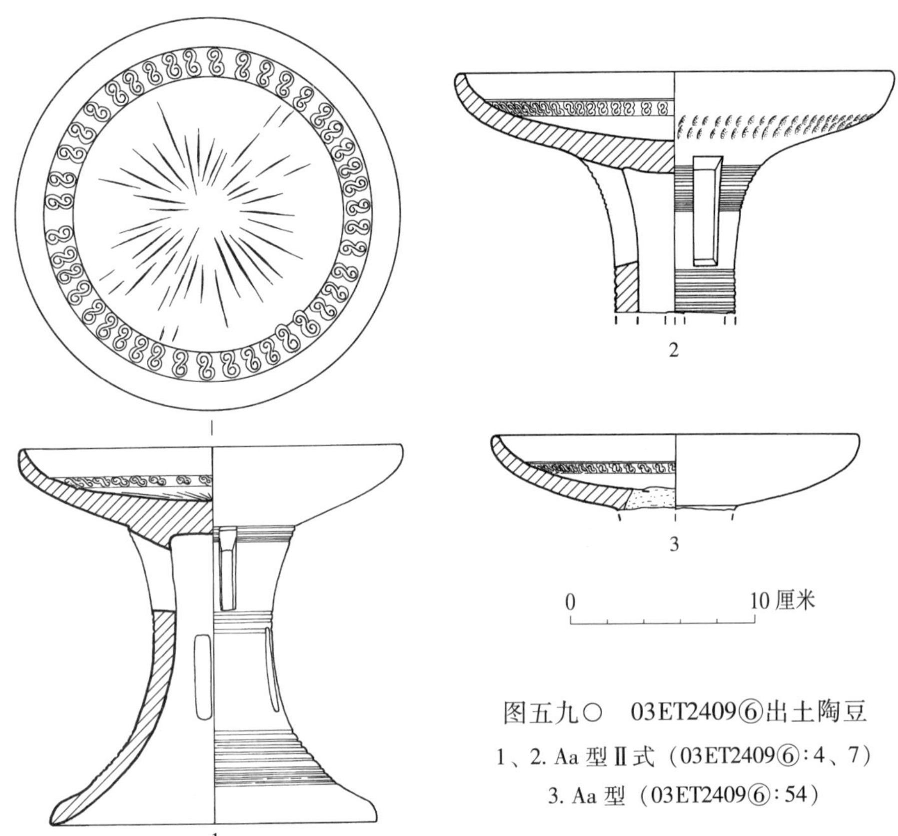

图五九〇　03ET2409⑥出土陶豆
1、2. Aa型Ⅱ式（03ET2409⑥:4、7）
3. Aa型（03ET2409⑥:54）

陶钵形器　2件。标本03ET2409⑥:3，A型Ⅰ式。夹砂灰陶。器小，敞口，圆唇，弧腹，平底。素面。口径3、底径1.6、高1.4厘米（图五九一，4；图版四三，5）。标本03ET2409⑥:15，C型Ⅰ式。夹砂褐陶。钵口俯视略呈半圆形，敛口，圆唇，直腹，平底微内凹。腹饰斜绳纹。口长径9.5、短径4.6、高5.2厘米（图五九一，3；图版四四，4）。

陶杯　1件。标本03ET2409⑥:51，B型。夹砂黄褐陶。敞口，圆唇，直弧腹。腹饰交错绳纹。口径10、残高7厘米（图五九一，8）。

陶器盖　2件。标本03ET2409⑥:14，Aa型Ⅰ式。夹砂黄褐陶。盖顶内凹，顶残，斜直壁，敞口，方唇。盖壁饰弦断绳纹，其间残有一个椭圆形泥饼，近口部一周凹弦纹。顶径14.4、口径18.8、高6.2厘米（图五九一，5；图版四七，4）。标本03ET2409⑥:41，Ad型Ⅰ式。夹砂灰陶。盖纽残，顶面平斜，斜直壁。盖壁饰弦断条纹。残高4厘米（图五九一，6）。

陶器鋬　1件。标本03ET2409⑥:42，Ab型。夹细砂红褐陶。椭圆柱形器鋬，鋬根部有较长的圆锥形榫头，鋬末端弧上钩（图五九一，7；图版四八，7）。

硬陶片　1件。标本03ET2409⑥:12，器类不明。灰硬陶。饰压印云纹（图二九四，12）。

03ET2409⑤

器类有陶鬲、甗、鼎、罐、瓮、钵、钵形器、器盖、饼，还有硬陶器等。

标本29件，其中陶器26件，硬陶器3件。

陶鬲　3件。标本03ET2409⑤:1，Aa型Ⅲ式。夹砂黄褐陶，器表有烟熏痕迹。敞口，弧沿，方唇，斜弧颈，溜肩，弧腹内收，鬲身呈罐形，口径略大于腹径，器内壁底部与足根对接处有较

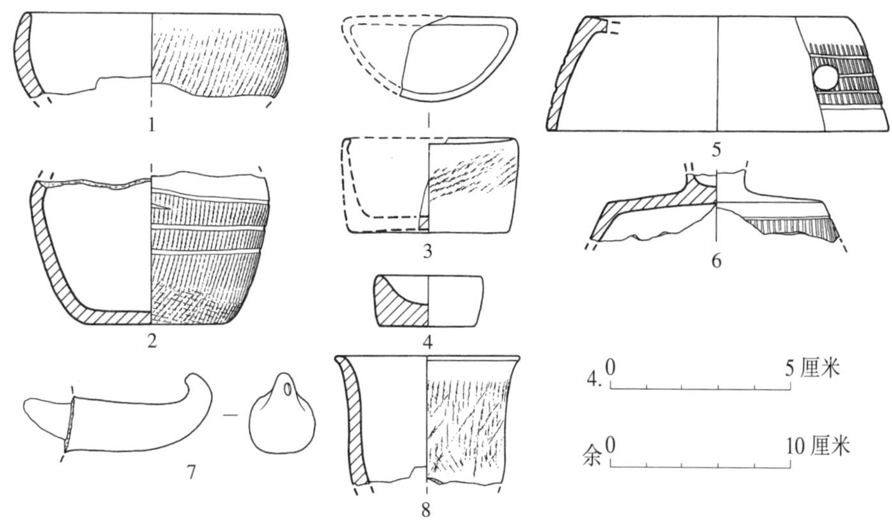

图五九一　03ET2409⑥出土陶器

1. Ab型Ⅰ式钵（03ET2409⑥:52）　2. Aa型钵（03ET2409⑥:19）　3. C型Ⅰ式钵形器（03ET2409⑥:15）　4. A型Ⅰ式钵形器（03ET2409⑥:3）　5. Aa型Ⅰ式器盖（03ET2409⑥:14）　6. Ad型Ⅰ式器盖（03ET2409⑥:41）　7. Ab型器鋬（03ET2409⑥:42）　8. B型杯（03ET2409⑥:51）

深足窝，圆柱状尖锥足。颈部纹饰被抹，肩、上腹饰弦断绳纹，下腹、足根饰绳纹。口径19.2、高约20.6厘米（图五九二，6；图版一六，3）。标本03ET2409⑤:30，Ad型Ⅲ式。夹砂黄褐陶，器表有烟熏痕迹。侈口，圆唇，弧直束颈，隆肩，弧腹斜内收，鬲身呈罐形，口径小于腹径，下弧裆，器内壁底部与足根对接处有较浅足窝。内壁肩腹部一周指窝纹，器表颈部绳纹被抹，肩、上腹饰弦断绳纹，下腹、底足根饰绳纹。口径15、残高12.3厘米（图五九二，9；图版二〇，1）。标本03ET2409⑤:6，Ah型Ⅱ式。夹砂红褐陶，器表有烟熏痕迹。敞口，卷沿，圆唇，弧颈，溜肩，圆腹弧内收，鬲身呈罐形，口径略大于腹径，下弧裆，器内壁底部与足根对接处有较浅足窝，圆柱状足。肩、上腹饰弦断绳纹，下腹、底及足根饰绳纹。口径13.3、残高13.4厘米（图五九二，8；图版二二，6）。

陶鬲足　3件。标本03ET2409⑤:9，Aa型Ⅰ式。夹砂褐陶。圆柱状尖锥足，有足窝。足外侧一道竖刻槽，足根饰绳纹。残高15.8厘米（图五九三，6）。标本03ET2409⑤:8，B型Ⅰ式。夹砂褐陶。圆柱状锥足。足外侧有三道枝杈状刻槽，足根饰绳纹。足根部足芯清晰，包足痕迹明显。残高12.3厘米（图五九三，10）。标本03ET2409⑤:4，B型Ⅰ式。夹砂褐陶。圆柱状尖锥足，有足窝，外侧一个小圆窝。足有三道呈枝杈状刻槽。足根饰绳纹。残高9.8厘米（图五九三，12）。

陶甗耳　3件。标本03ET2409⑤:17。Aa型。夹砂黄褐陶。口沿外侧贴施泥片护耳，耳内甗壁上戳圆形穿孔。器表饰弦断绳纹，耳面饰交叉绳纹（图五九三，4）。标本03ET2409⑤:18，Aa型。夹砂红褐陶。口沿外侧贴施泥片护耳，耳内甗壁上戳圆形穿孔。器表饰弦断绳纹，耳面饰绳纹（图五九三，1）。标本03ET2409⑤:16，Ab型。夹砂黄褐陶。口沿外侧贴施泥片护耳，耳内甗壁上戳圆形穿孔。器表饰弦断条纹，耳面饰交错条纹（图五九三，2）。

陶甗足　3件。标本03ET2409⑤:13，Aa型Ⅱ式。夹砂灰褐陶。椭圆柱状锥足。下腹饰弦断条纹，足根饰条纹。残高10厘米（图五九三，11）。标本03ET2409⑤:14，Aa型Ⅱ式。夹砂灰褐

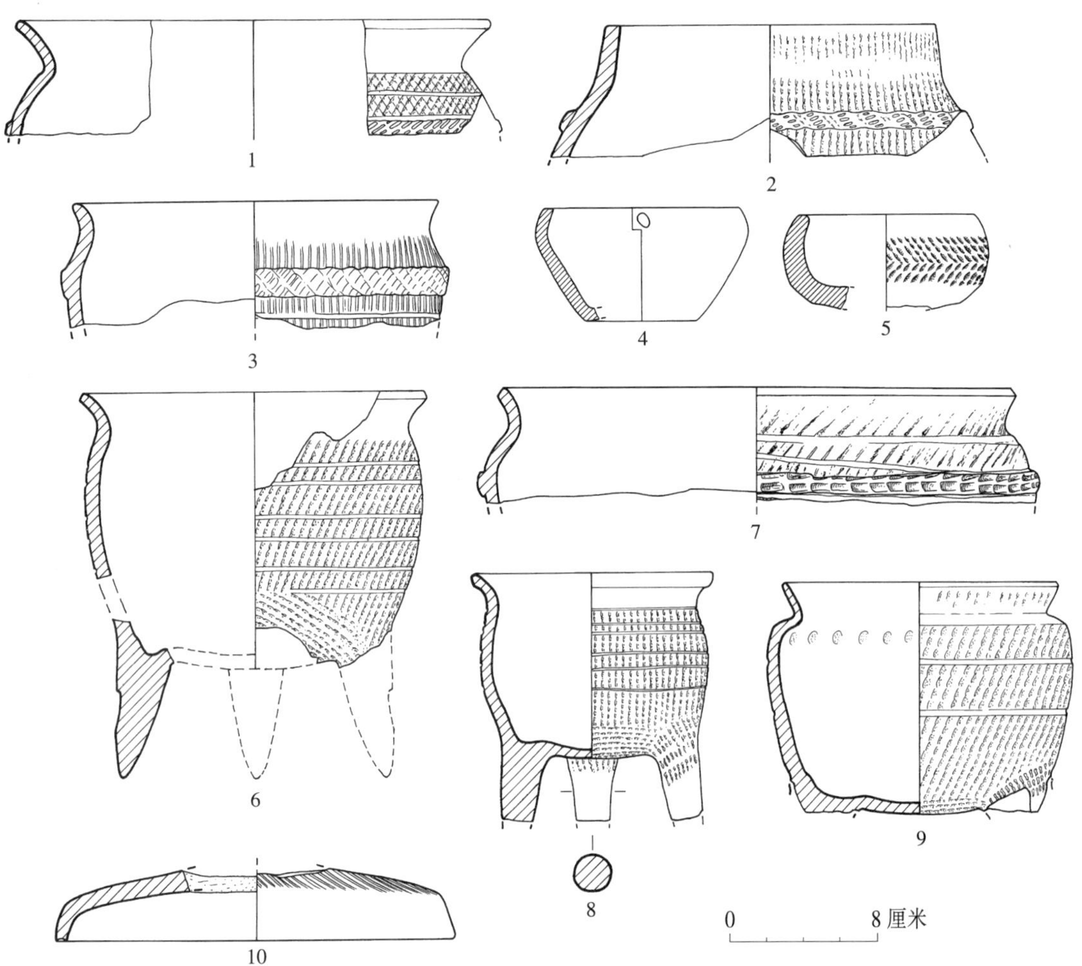

图五九二 03ET2409⑤出土陶器

1、7. Ac 型瓮（03ET2409⑤:19、21） 2. Gb 型Ⅰ式瓮（03ET2409⑤:22） 3. Aa 型Ⅱ式罐（03ET2409⑤:20） 4. Ac 型Ⅰ式钵（03ET2409⑤:3） 5. B 型Ⅰ式钵形器（03ET2409⑤:2） 6. Aa 型Ⅲ式鬲（03ET2409⑤:1） 8. Ah 型Ⅱ式鬲（03ET2409⑤:6） 9. Ad 型Ⅲ式鬲（03ET2409⑤:30） 10. Ac 型Ⅲ式器盖（03ET2409⑤:25）

陶。椭圆柱状截锥足。下腹饰弦断绳纹，底、足根饰绳纹。残高 9.2 厘米（图五九三，14）。标本 03ET2409⑤:12，Ac 型Ⅱ式。夹砂灰褐陶。椭圆柱状锥足。下腹饰弦断条纹，底、足根饰条纹，足底面饰条纹。残高 9.6 厘米（图五九三，5）。

陶鼎耳 1 件。标本 03ET2409⑤:29，A 型。仿铜。夹砂红褐陶。立耳，耳环截面呈长方形（图五九三，13）。

陶鼎足 1 件。标本 03ET2409⑤:26，Ae 型。夹砂褐陶。圆柱状足，足根外侧隆起，压印三个圆凹窝。足根饰条纹。残高 10 厘米（图五九三，7）。

陶罐 1 件。标本 03ET2409⑤:20，Aa 型Ⅱ式。夹砂黄褐陶。敞口，卷沿，圆唇，弧颈，斜肩，弧腹。肩、腹饰弦断条纹，肩腹相交处一周附加堆纹。口径 20、残高 6.8 厘米（图五九二，3）。

陶瓮 3 件。标本 03ET2409⑤:21，Ac 型。夹砂黄褐陶。敞口，方唇，斜直颈，圆弧肩。颈、肩部饰弦断条纹，肩腹相交处一周附加堆纹。口径 28、残高 6.2 厘米（图五九二，7）。标本 03ET2409⑤:19，Ac 型。夹砂灰黄陶。敞口，弧沿，圆唇，斜弧束颈，斜弧肩。肩部饰弦断交叉条纹，肩腹相交处一周附加堆纹。口径 26、残高 6 厘米（图五九二，1）。标本 03ET2409⑤:22，Gb 型Ⅰ式。夹砂褐陶。敛口，方唇，斜直颈，斜肩。颈部绳纹被抹，肩、腹饰绳纹，肩腹相交处

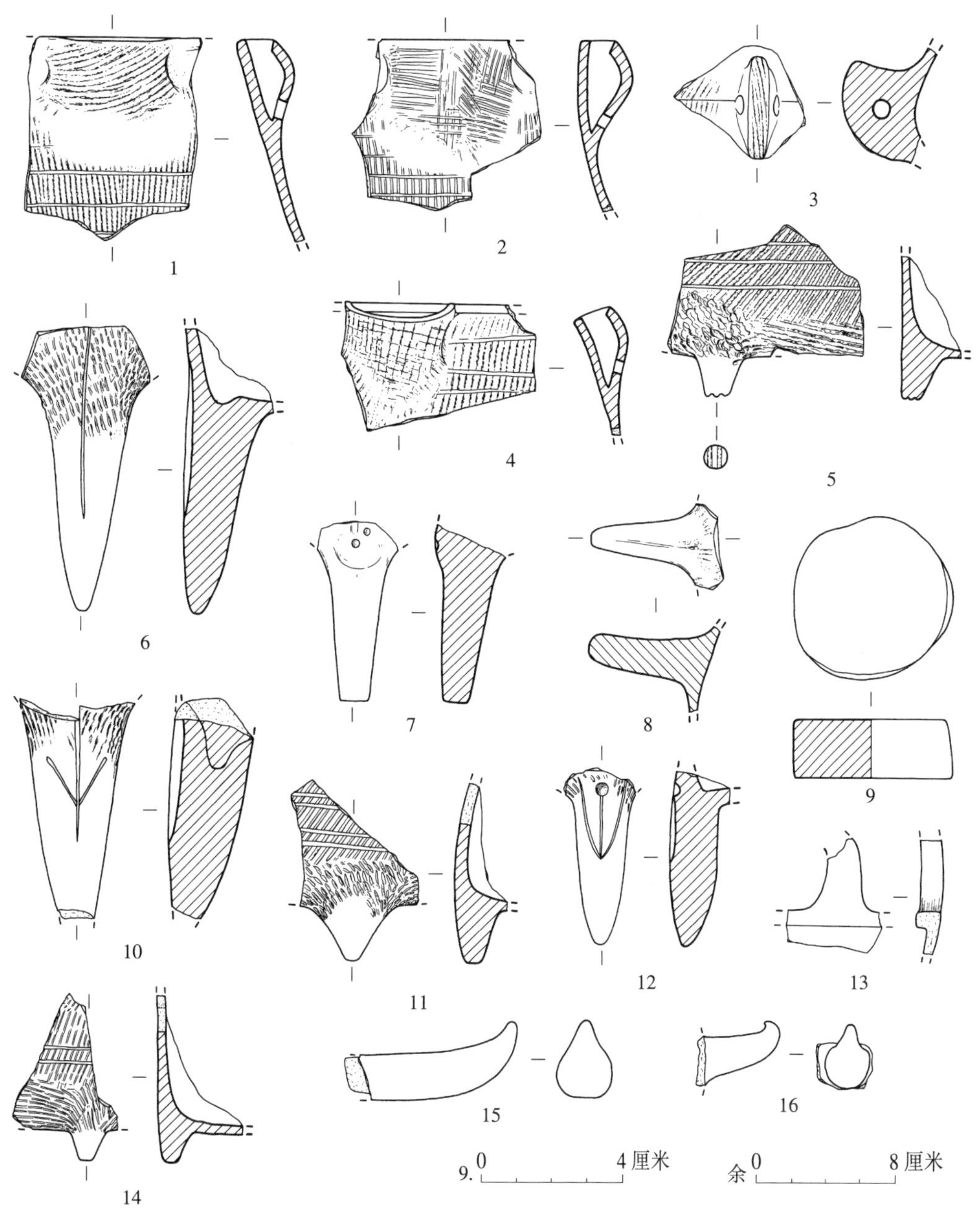

图五九三　03ET2409⑤出土陶器

1、4. Aa 型甗耳（03ET2409⑤:18、17）　2. Ab 型甗耳（03ET2409⑤:16）　3. Ac 型器耳（03ET2409⑤:24）　5. Ac 型Ⅱ式甗足（03ET2409⑤:12）　6. Aa 型Ⅰ式鬲足（03ET2409⑤:9）　7. Ae 型鼎足（03ET2409⑤:26）　8. Ad 型器鋬（03ET2409⑤:27）　9. Ab 型Ⅱ式饼（03ET2409⑤:28）　10、12. B 型Ⅰ式鬲足（03ET2409⑤:8、4）　11、14. Aa 型Ⅱ式甗足（03ET2409⑤:13、14）　13. A 型鼎耳（03ET2409⑤:29）　15、16. Ab 型器鋬（03ET2409⑤:10、11）

一周附加堆纹。口径18、残高7.4厘米（图五九二，2）。

陶钵 1件。标本03ET2409⑤:3，Ac型Ⅰ式。夹砂褐陶。敛口，方唇，上腹弧折，下腹斜直内收。近口部残有一个椭圆形泥饼。口径10.6、高6.1厘米（图五九二，4；图版四二，4）。

陶钵形器 1件。标本03ET2409⑤:2，B型Ⅰ式。夹砂褐陶。敛口，圆唇，圆弧腹内收。腹饰绳纹。口径9.6、残高5.1厘米（图五九二，5；图版四四，1）。

陶器盖 1件。标本03ET2409⑤:25，Ac型Ⅲ式。夹砂灰陶。盖纽残，斜顶，斜直壁，敞口，方唇。盖顶饰条纹，唇面一周凹弦纹。盖口径22、残高3.8厘米（图五九二，10）。

陶器耳 1件。标本03ET2409⑤:24，Ac型。夹砂褐陶。鸟头形扁直耳，耳根部横穿圆孔。器身饰弦断绳纹，耳顶面饰绳纹（图五九三，3）。

陶器鋬 3件。标本03ET2409⑤:11，Ab型。夹细砂黄褐陶。圆柱形器鋬，鋬端弧上钩（图五九三，16）。标本03ET2409⑤:10，Ab型。夹细砂黄褐陶。椭圆柱形器鋬，鋬根部有圆形榫头，鋬端弧上翘（图五九三，15）。标本03ET2409⑤:27，Ad型。夹细砂黄褐陶。圆柱形器鋬，鋬微弧。根部残有绳纹（图五九三，8）。

陶饼 1件。标本03ET2409⑤:28，Ab型Ⅱ式。夹砂灰陶。用陶片打磨而成。体厚，圆形，两面平，周壁斜直。素面。直径4.3～4.5、厚1.6厘米（图五九三，9）。

硬陶片 3件。标本03ET2409⑤:5，器类不明。灰硬陶。压印勾连卷云纹（图二九四，10）。标本03ET2409⑤:7，器类不明。灰硬陶。饰弦纹（图二九五，5）。标本03ET2409⑤:15，器类不明。灰硬陶。压印锯齿形附加堆纹（图二九五，10）。

03ET2409④

器类有陶鬲、甗、鼎、罐、瓮、罍、盆、豆、雉形器、纺轮、饼等。

标本41件，均为陶器。

陶鬲 2件。标本03ET2409④:13，Ab型Ⅲ式。夹砂灰褐陶。侈口，弧沿，方唇，斜弧颈，弧肩，圆弧腹内收，鬲身呈罐形，口径小于腹径。肩腹部饰弦断绳纹，腹饰绳纹。口径14、残高7.4厘米（图五九四，6）。标本03ET2409④:3，Aj型Ⅱ式。夹砂褐陶，器表有烟熏痕迹。侈口，卷沿，方唇，斜弧颈，圆肩，鼓腹弧内收，鬲身呈罐形，口径小于腹径，器内壁底部与足根对接处有较深足窝，椭圆柱状矮足。素面。口径11.6、高10厘米（图五九四，1；图版二三，6）。

陶鬲足 2件。标本03ET2409④:39，Aa型Ⅱ式。夹砂黄褐陶。圆柱状截锥足，有足窝。足外侧一道竖刻槽，足根饰绳纹。残高10.8厘米（图五九五，5）。标本03ET2409④:47，Ac型Ⅱ式。夹砂褐陶。椭圆柱状截锥足，有足窝。足根饰条纹。残高10厘米（图五九五，3）。

陶鼎 3件。标本03ET2409④:4，Ab型Ⅲ式。夹砂褐陶，器表有烟熏痕迹。侈口，方唇，斜直颈，弧肩，圆鼓腹弧内收，鬲身呈罐形，口径小于腹径。肩、上腹饰弦断条纹，下腹、底及足根饰条纹。口径14.6、残高11厘米（图五九四，4；图版三〇，6）。标本03ET2409④:14，Da型。仿铜。夹砂黄褐陶。直口微敞，口缘内勾，有一周凹痕，平沿，方唇，弧颈，斜溜肩。肩腹交界处两周弦纹，其间饰网格状条纹，腹饰条纹。口径16、残高7厘米（图五九四，8）。标本03ET2409④:15，Da型。夹砂灰褐陶。敞口，平沿，方唇，弧束颈，沿上立耳残。素面。口径30、残高7厘米（图五九六，1）。

陶鼎耳 1件。标本03ET2409④:17，A型。仿铜。夹砂灰褐陶。耳直立在器口上，环耳整体

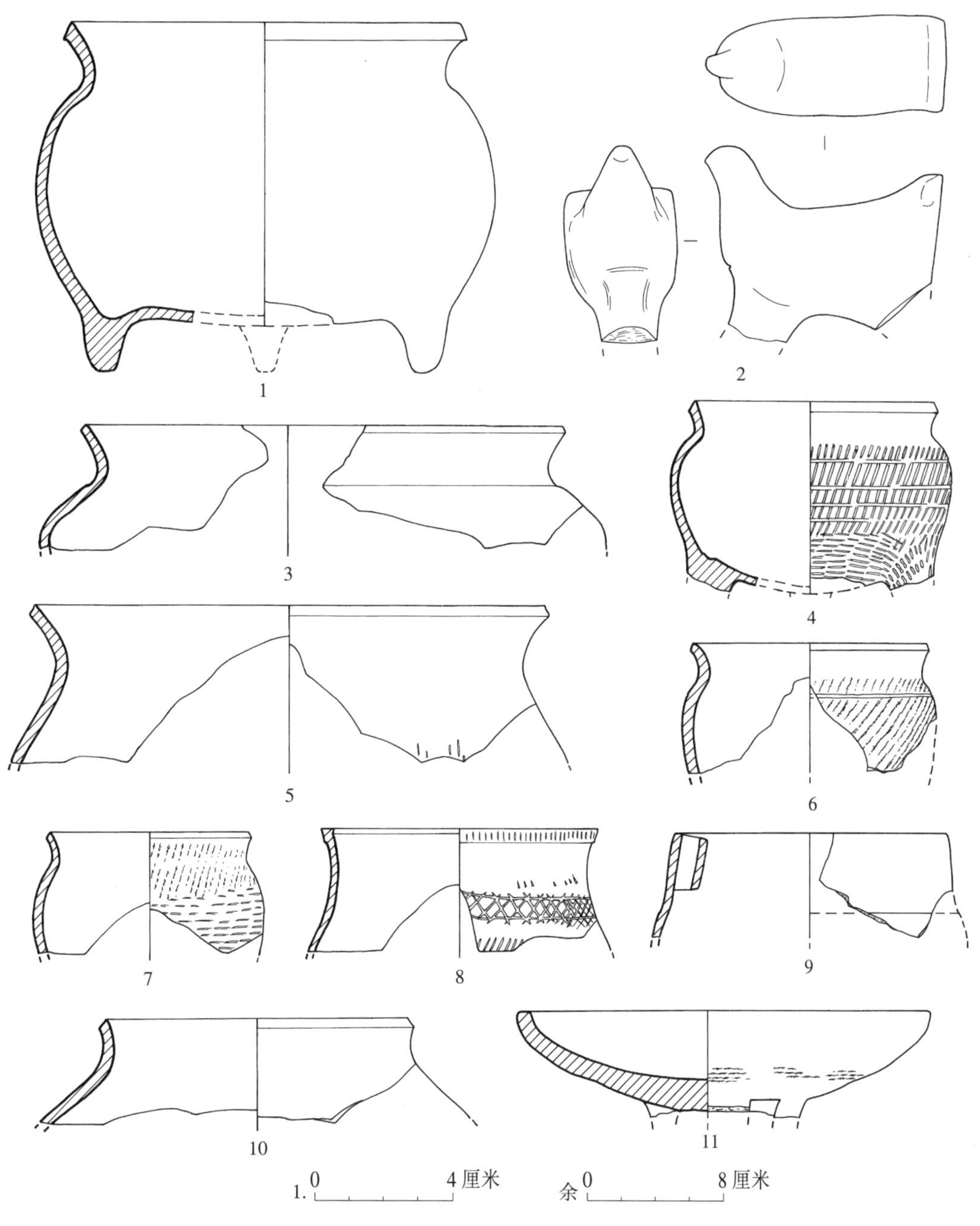

图五九四　03ET2409④出土陶器

1. Aj型Ⅱ式鬲（03ET2409④:3）　2. Aa型器纽（03ET2409④:32）　3. Aa型Ⅲ式瓮（03ET2409④:10）　4. Ab型Ⅲ式鼎（03ET2409④:4）　5. Ba型罍（03ET2409④:11）　6. Ab型Ⅲ式鬲（03ET2409④:13）　7. Ab型Ⅳ式罐（03ET2409④:12）　8. Da型鼎（03ET2409④:14）　9. Cb型甗（03ET2409④:21）　10. Fd型Ⅱ式罐（03ET2409④:35）　11. Aa型Ⅳ式豆（03ET2409④:5）

略呈圆角方形，截面略呈长方形（图五九七，2）。

陶鼎腹片　1件。标本03ET2409④:16，仿铜。夹砂黄褐陶。腹饰两周凸棱，凸棱中间凸起一椭圆形饼，饼中心一个圆形凹窝，饼缘一周饰八个椭圆形凹窝，饼两边残有云纹状纹饰（图五九六，10）。

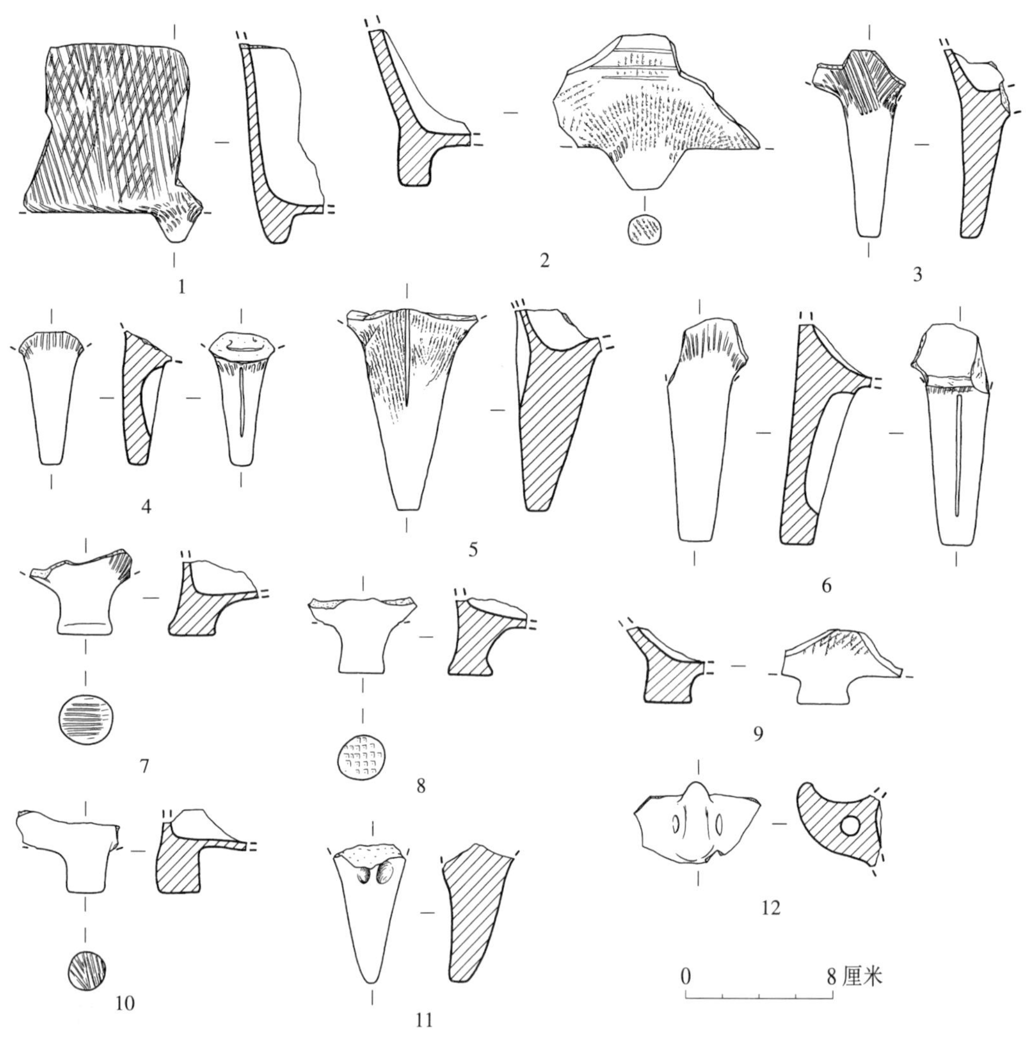

图五九五　03ET2409④出土陶器

1. Aa型Ⅱ式甗足（03ET2409④:45）　2. C型Ⅱ式盆足（03ET2409④:30）　3. Ac型Ⅱ式鬲足（03ET2409④:47）　4、6. Ab型鼎足（03ET2409④:41、31）　5. Aa型Ⅱ式鬲足（03ET2409④:39）　7～9. Da型甗足（03ET2409④:26、29、28）　10. Db型甗足（03ET2409④:27）　11. B型鼎足（03ET2409④:42）　12. Aa型器耳（03ET2409④:22）

陶鼎足　3件。标本03ET2409④:31，Ab型。夹砂褐陶。圆柱状截锥足。足内侧一道竖刻槽，足根饰条纹。残高12厘米（图五九五，6）。标本03ET2409④:41，Ab型。夹砂褐陶。圆柱状截锥足。足内侧一道竖刻槽，足根饰条纹。残高7.2厘米（图五九五，4）。标本03ET2409④:42，B型。夹砂灰陶。圆柱状锥足，足根外壁微隆起，有两个椭圆形凹窝。残高7.4厘米（图五九五，11）。

陶甗　1件。标本03ET2409④:21，Cb型。夹砂灰陶。敛口，方唇，斜直颈，斜腹。口沿内壁近口部施横向牛鼻形耳，耳孔上下对穿。素面。口径16、残高6厘米（图五九四，9）。

陶甗耳　2件。标本03ET2409④:19，Ab型。夹砂黄褐陶。口沿外侧贴施泥片护耳，耳内甗壁上戳圆形穿孔（图五九七，5）。标本03ET2409④:20，Ab型。夹砂黄褐陶。口沿外侧贴施泥片护耳，耳内甗壁上戳圆形穿孔。耳面饰绳纹，器表饰弦断绳纹（图五九七，4）。

陶甗足　5件。标本03ET2409④:45，Aa型Ⅱ式。夹砂黄灰陶。椭圆柱状矮截锥足。下腹饰

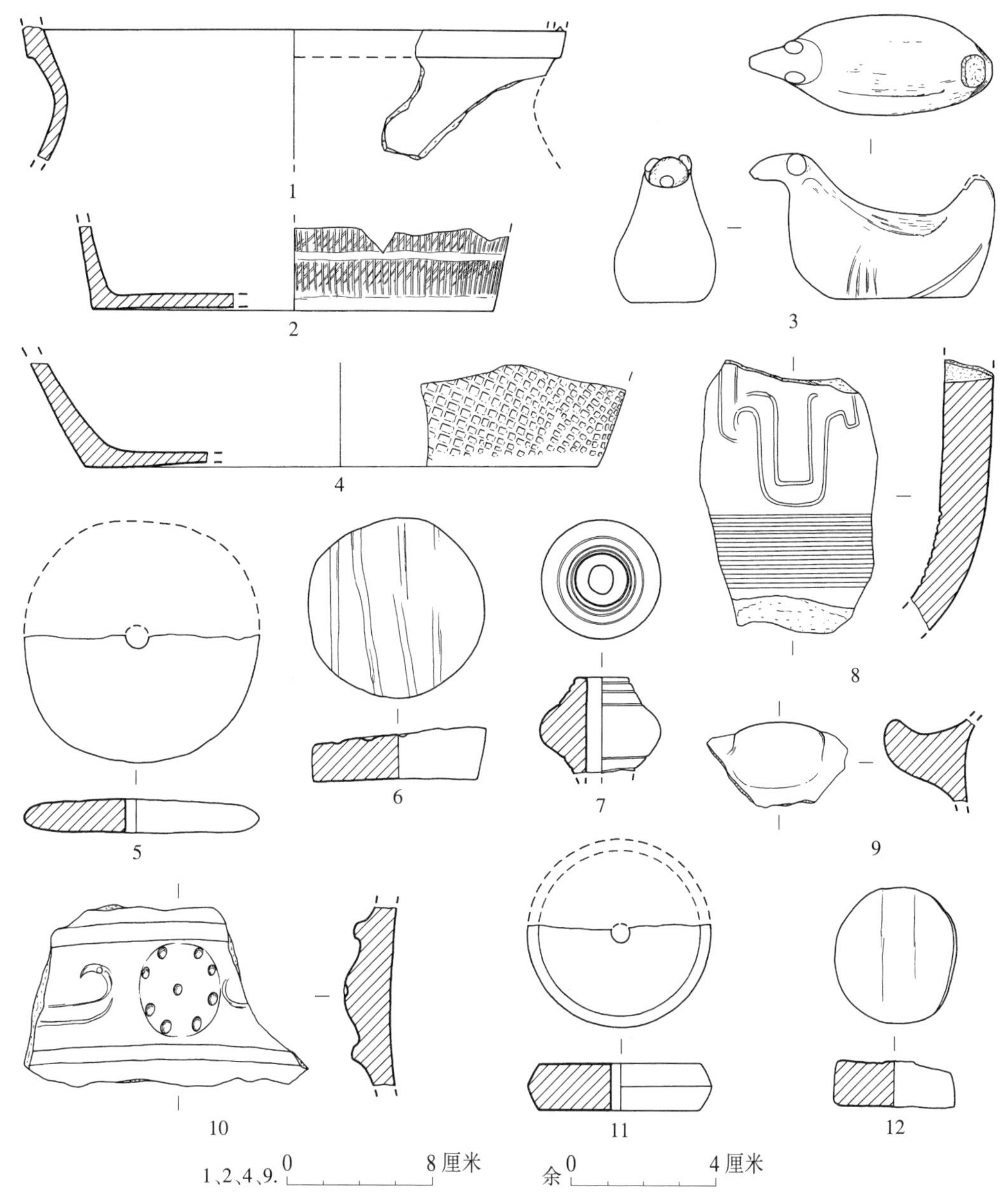

图五九六 03ET2409④出土陶器

1. Da型鼎（03ET2409④:15） 2、4. A型器底（03ET2409④:36、48） 3. Ⅲ式雉形器（鸡）（03ET2409④:2） 5. Af型Ⅲ式纺轮（03ET2409④:8） 6、12. Aa型Ⅱ式饼（03ET2409④:6、7） 7. B型Ⅰ式纺轮（03ET2409④:1） 8. A型豆（03ET2409④:33） 9. Bd型器耳（03ET2409④:24） 10. 鼎腹片（03ET2409④:16） 11. Ah型Ⅰ式纺轮（03ET2409④:9）

交叉条纹，底、足根饰条纹。底足相接处有明显挤压捏痕。残高10.6厘米（图五九五，1；图版六一，7）。标本03ET2409④:26，Da型。夹砂灰褐陶。椭圆柱状矮足略呈蹄形，足根有足窝。足根和足底面饰条纹。残高4.6厘米（图五九五，7）。标本03ET2409④:28，Da型。夹砂褐陶。椭圆柱状矮足略呈蹄形，足根有足窝。足根饰交错条纹。残高4厘米（图五九五，9）。标本03ET2409④:29，Da型。夹砂褐陶。椭圆柱状矮足略呈蹄形，足根有足窝。足底面饰席纹。残高4.2厘米（图五九五，8）。标本03ET2409④:27，Db型。夹砂灰褐陶。椭圆柱状矮足。足底面饰

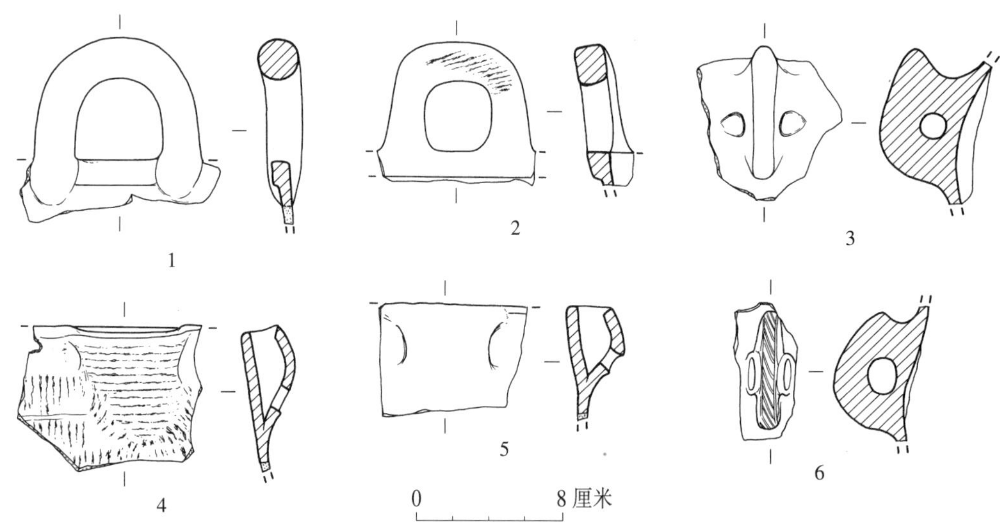

图五九七　03ET2409④出土陶器

1. Ca型器耳（03ET2409④：18）　2. A型鼎耳（03ET2409④：17）　3. Aa型器耳（03ET2409④：25）　4、5. Ab型甗耳（03ET2409④：20、19）　6. Ab型器耳（03ET2409④：23）

条纹。残高4.4厘米（图五九五，10）。

陶罐　2件。标本03ET2409④：12，Ab型Ⅳ式。夹砂褐陶。敞口，方唇，弧颈，溜肩，弧腹。颈、肩部竖绳纹被抹，腹饰横绳纹。口径12、残高7厘米（图五九四，7）。标本03ET2409④：35，Fd型Ⅱ式。夹砂褐陶。敞口，方唇，直颈，斜肩。素面。口径18、残高6厘米（图五九四，10）。

陶瓮　1件。标本03ET2409④：10，Aa型Ⅲ式。夹砂褐陶。敞口，斜弧沿，方唇，弧颈，颈肩相交处平折，斜弧折肩。素面。口径28、残高7厘米（图五九四，3）。

陶罍　1件。标本03ET2409④：11，Ba型。夹砂红褐陶。敞口，斜弧沿，方唇，弧颈，斜肩。肩腹部残有条纹。口径30、残高9厘米（图五九四，5）。

陶盆足　1件。标本03ET2409④：30，C型Ⅱ式。夹砂褐陶。椭圆柱状矮截锥足。下腹饰弦断绳纹，底、足根饰绳纹。残高8.4厘米（图五九五，2）。

陶豆　2件。标本03ET2409④：5，Aa型Ⅳ式。夹细砂灰褐陶。敞口，方唇，弧盘，圆圈形柄上有长方形镂孔痕。盘外壁底部饰绳纹。口径24.2、残高6厘米（图五九四，11）。标本03ET2409④：33，A型。泥质黑陶。器表残有形似兽面的云纹纹样，下饰密集的凹弦纹（图五九六，8）。

陶雉形器（鸡）　1件。标本03ET2409④：2，Ⅲ式。夹砂灰陶。实心，雉呈俯卧状，仰首，长喙，突眼，弧背，平腹，翘尾略残。器身饰象征翅膀和羽毛的纹样，纹样不清晰。通长6.8、通首高4厘米（图五九六，3；彩版二八，4）。

陶器耳　5件。标本03ET2409④：25，Aa型。夹砂黄褐陶。鸟头形扁直耳，耳根部横穿圆孔（图五九七，3）。标本03ET2409④：22，Aa型。夹砂褐陶。鸟头形扁直耳，耳根部横穿圆孔（图五九五，12）。标本03ET2409④：23，Ab型。夹砂黄褐陶。鸟头形扁直耳，耳根部横穿椭圆孔。耳顶面饰条纹（图五九七，6）。标本03ET2409④：24，Bd型。夹砂褐陶。长方形泥片状横耳，耳顶面弧，耳面弧上侈（图五九六，9）。标本03ET2409④：18，Ca型。夹砂灰褐陶。耳直立，耳根套包在器口上，整体略呈圆环形，环耳顶部截面呈圆形（图五九七，1）。

陶器纽　1件。标本03ET2409④:32，Aa型。夹砂灰陶。动物形器纽作站立状，昂首翘尾，足外张（图五九四，2）。

陶器底　2件。标本03ET2409④:36，A型。夹砂灰褐陶。下腹斜直内收，平底微内凹。下腹饰间断交叉条纹。底径22、残高4.5厘米（图五九六，2）。标本03ET2409④:48，A型。夹砂灰褐陶。下腹斜弧内收，平底微内凹。下腹饰压印方格纹。底径28、残高5.6厘米（图五九六，4）。

陶纺轮　3件。标本03ET2409④:8，Af型Ⅲ式。夹砂灰褐陶。扁圆形残，两面微弧，圆中间一个直壁圆孔，周壁圆弧。素面。直径6.5、孔径0.6、厚0.9厘米（图五九六，5）。标本03ET2409④:9，Ah型Ⅰ式。夹砂灰褐陶。扁圆形残，两面平，圆中间一个直壁圆孔，周壁中间凸起一周折棱，折棱上下斜面直。素面。直径5、孔径0.6、厚1.3厘米（图五九六，11）。标本03ET2409④:1，B型Ⅰ式。泥质灰褐陶。圆形，一面平，一面略残，圆中间一直壁椭圆孔，周壁中部圆鼓。圆鼓上下斜面饰凹弦纹。直径3.4、孔径0.6～0.8、残厚2.6厘米（图五九六，7；图版五六，6）。

陶饼　2件。标本03ET2409④:6，Aa型Ⅱ式。夹砂褐陶。用陶片打磨而成。扁圆形，周壁直。一面饰稀疏条纹。直径4.5～4.8、厚1～1.5厘米（图五九六，6）。标本03ET2409④:7，Aa型Ⅱ式。夹砂褐陶。用陶片打磨而成。扁圆形，周壁直。一面饰稀疏条纹。直径3.4～3.7、厚0.9～1.2厘米（图五九六，12）。

03ET2409③

器类有陶鬲、甗、鼎、豆等。

标本4件，均为陶器。

陶鼎　1件。标本03ET2409③:4，Ba型。夹砂黑皮褐胎陶。敞口，斜折沿，方唇，弧颈，弧腹。颈部绳纹被抹，腹饰绳纹。口径20、残高5.6厘米（图五九八，2）。

陶鬲足　1件。标本03ET2409③:3，Aa型Ⅳ式。夹砂灰褐陶。椭圆柱状足。下腹饰压印方格纹，足外侧一道竖刻槽。残高13.8厘米（图五九八，8）。

陶甗足　1件。标本03ET2409③:2，Da型。夹砂褐陶。圆柱状矮足略呈蹄形，足根有足窝。下腹饰压印方格纹。残高6.4厘米（图五九八，3）。

陶豆　1件。标本03ET2409③:1，Cb型。夹砂黄褐陶。弧底，圆圈形细柄。素面。残高8.7厘米（图五九八，7）。

03ET2409②

器类有陶罐、瓮等。

标本4件，均为陶器。

陶罐　1件。标本03ET2409②:2，Fe型Ⅲ式。夹砂黄褐陶。敞口，斜弧沿，方唇，弧颈，斜肩。肩腹饰压印方格纹。口径18.2、残高7.6厘米（图五九八，5）。

陶瓮　1件。标本03ET2409②:1，Ec型Ⅲ式。夹砂红褐陶。直口微敛，厚方唇，直颈，斜广折肩。肩腹饰弦断条纹。口径20、残高6.8厘米（图五九八，1）。

陶器鋬　1件。标本03ET2409②:4，Ac型。夹细砂黄陶。圆柱形器鋬，鋬弧弯斜上侈（图五九八，4）。

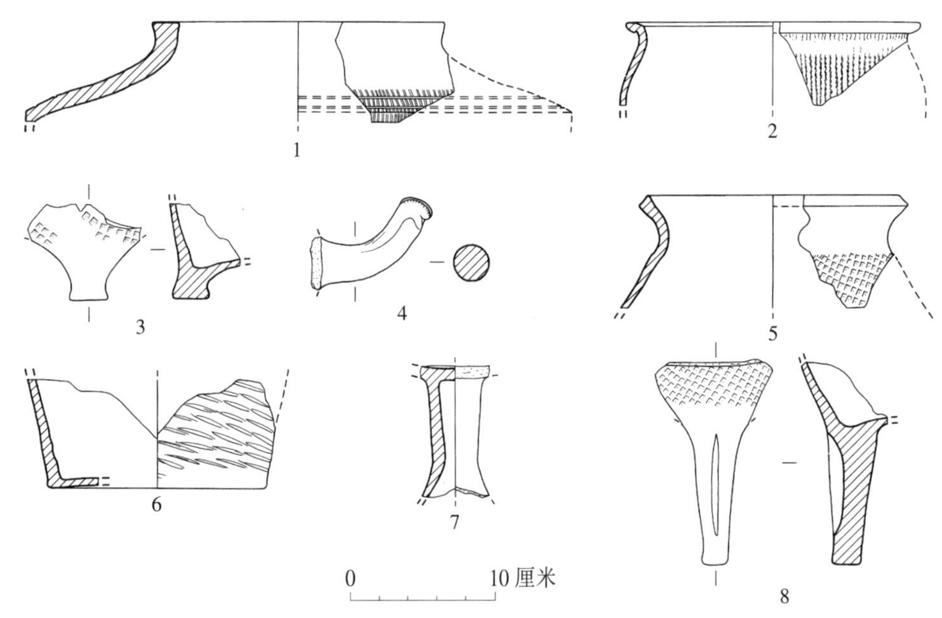

图五九八　03ET2409③、②出土陶器

1. Ec 型Ⅲ式瓮（03ET2409②：1）　2. Ba 型鼎（03ET2409③：4）　3. Da 型甗足（03ET2409③：2）　4. Ac 型器鋬（03ET2409②：4）　5. Fe 型Ⅲ式罐（03ET2409②：2）　6. A 型器底（03ET2409②：3）　7. Cb 型豆（03ET2409③：1）　8. Aa 型Ⅳ式鬲足（03ET2409③：3）

陶器底　1 件。标本 03ET2409②：3，A 型。夹砂黄陶。下腹斜直内收，平底微内凹。下腹饰斜条纹。底径 15、残高 7.2 厘米（图五九八，6）。

4. 03ET2410⑥～②

03ET2410⑥

器类有陶鬲、甗、鼎、滤盉、罐、瓮、盆、豆、杯、范和石刀等。

标本 39 件，其中陶器 38 件，石器 1 件。

陶鬲　8 件。标本 03ET2410⑥：19，Aa 型Ⅰ式。夹砂灰褐陶。敞口，卷沿，圆唇，弧颈，溜肩，弧腹内收，鬲身呈罐形，口径略大于腹径。颈部纹饰被抹，肩、腹饰弦断条纹，肩腹相交处一周附加堆纹。口径 20、残高 8.6 厘米（图五九九，6）。标本 03ET2410⑥：20，Aa 型Ⅰ式。夹砂灰褐陶。敞口，卷沿，圆唇，弧颈，溜肩，弧腹内收，鬲身呈罐形，口径略大于腹径。颈部纹饰被抹，肩、上腹饰弦断绳纹，下腹饰交叉绳纹，肩腹相交处一周附加堆纹。口径 20、残高 10.4 厘米（图五九九，8）。标本 03ET2410⑥：17，Ab 型Ⅰ式。夹砂红褐陶，器表有烟熏痕迹。敞口，圆唇，唇上缘微内弧，弧颈，溜肩，弧腹内收，鬲身呈罐形，口径略大于腹径。颈至腹饰弦断绳纹，肩腹相交处一周附加堆纹。口径 15.4、残高 6.8 厘米（图五九九，10）。标本 03ET2410⑥：2，Af 型Ⅰ式。夹砂黄灰陶。侈口，弧沿，圆唇，斜直颈，溜肩，腹弧内收，鬲身呈敞口钵形，口径略大于腹径，器内壁底部与足根对接处有浅窝，圆柱状锥足足尖残。颈部纹饰被抹，上腹饰弦断绳纹，下腹、底和足饰绳纹。口径 10.6、残高 9.4 厘米（图五九九，7；图版二〇，4）。标本 03ET2410⑥：16，Ah 型Ⅰ式。夹砂灰褐陶，器表有烟熏痕迹。器小，敞口，卷沿，圆唇，弧颈，弧肩，圆腹弧内收，鬲身呈罐形，口径略大于腹径。颈部纹饰被抹，上腹饰弦断条纹，下腹、底

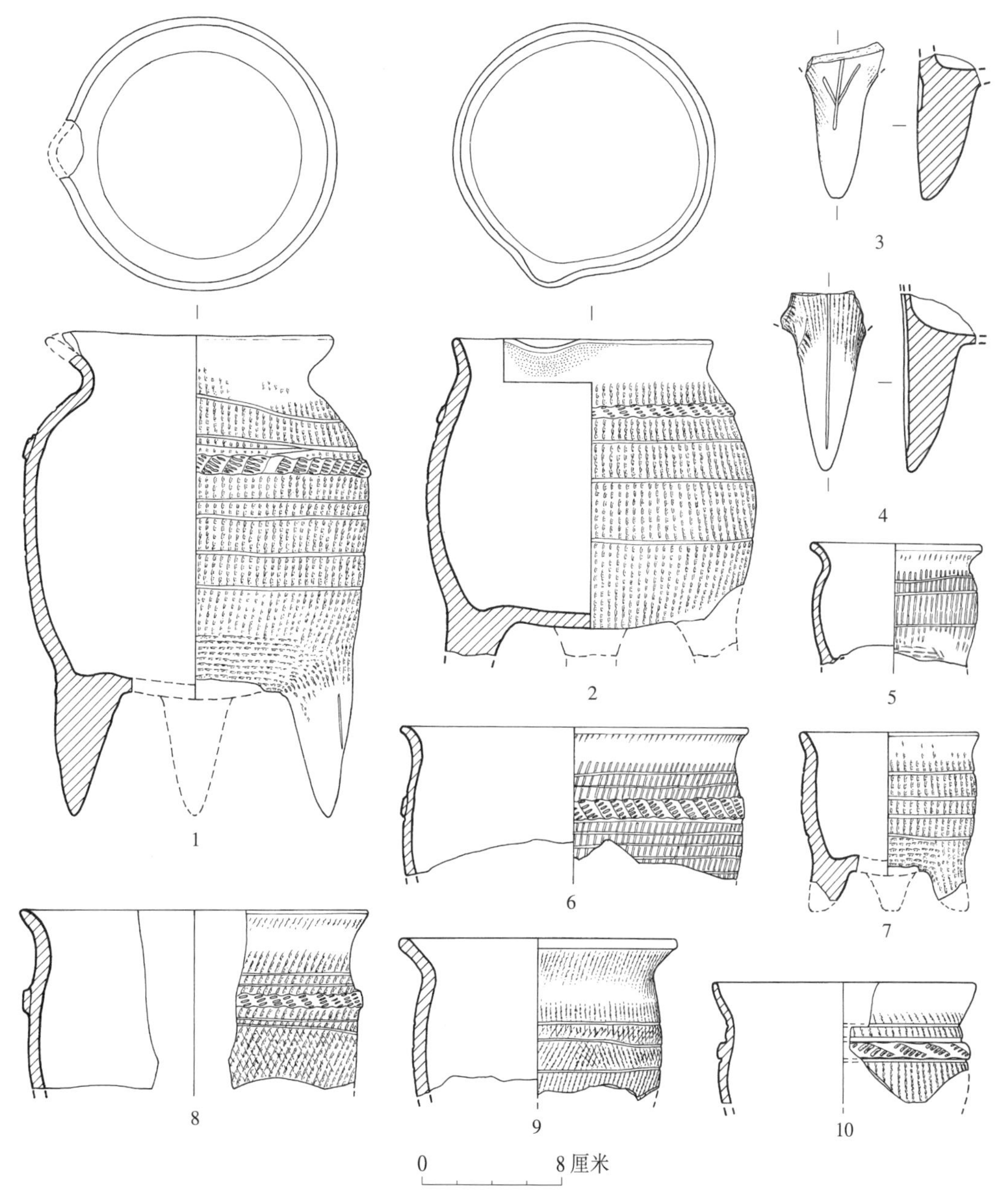

图五九九　03ET2410⑥出土陶鬲

1. Ba 型Ⅰ式鬲（03ET2410⑥:7）　2. Bb 型Ⅰ式鬲（03ET2410⑥:6）　3. B 型Ⅰ式鬲足（03ET2410⑥:32）　4. Aa 型Ⅰ式鬲足（03ET2410⑥:29）　5. Ah 型Ⅰ式鬲（03ET2410⑥:16）　6、8. Aa 型Ⅰ式鬲（03ET2410⑥:19、20）　7. Af 型Ⅰ式鬲（03ET2410⑥:2）　9. Ah 型鬲（03ET2410⑥:15）　10. Ab 型Ⅰ式鬲（03ET2410⑥:17）

和足根饰条纹。口径 10.2、残高 7 厘米（图五九九，5）。标本 03ET2410⑥:15，Ah 型。夹砂灰褐陶，器表有烟熏痕迹。敞口，斜沿，圆唇，斜直颈，弧腹内收，鬲身呈罐形，口径大于腹径。颈部纹饰被抹，腹饰弦断绳纹。口径 16、残高 9 厘米（图五九九，9）。标本 03ET2410⑥:7，Ba 型Ⅰ式。夹砂褐陶。敞口，口沿处突出一个凹流，圆唇，斜弧束颈，弧肩，圆腹弧内收，鬲身呈深腹罐形，口径小于腹径，圆柱状尖锥足，足窝浅。颈部纹饰被抹，肩、腹饰弦断绳纹，上腹部一周附加堆纹，底、足根饰绳纹，足外侧一道刻槽。口径 15.4、高 27.4 厘米（图五九九，1；彩版一四，6）。标本03ET2410⑥:6，Bb型Ⅰ式。夹砂褐陶，器表有烟熏痕迹。敞口，口沿处突出一个凹流，圆唇，斜直颈，溜肩，垂腹弧内收，鬲身呈罐形，口径小于腹径，下弧裆，圆柱状足，足窝浅。肩、腹部饰弦断绳纹，肩腹相交处一周附加堆纹，底、足根饰绳纹。口径14.4～15.2、残高18厘米（图五九九，2；图版二四，5）。

陶鬲足　7件。标本03ET2410⑥:29，Aa型Ⅰ式。夹砂黄灰陶。圆柱状尖锥足，足根有足窝。足外侧一道竖刻槽，足根饰绳纹。残高10.1厘米（图五九九，4）。标本03ET2410⑥:27，Ab型Ⅰ式。夹砂红褐陶。圆柱状尖锥足，足根有足窝。足根外侧有三个圆窝和一道竖刻槽，足根饰绳纹。残高11厘米（图六〇〇，2）。标本03ET2410⑥:28，Ac型Ⅰ式。夹砂黄灰陶。圆柱状尖锥足，足根有足窝。足根饰条纹。残高10.8厘米（图六〇〇，3）。标本03ET2410⑥:51，Ac型Ⅰ式。夹砂红褐陶。圆柱状尖锥足。足根饰条纹。足芯清晰，有明显包足痕迹。残高8.4厘米（图六〇〇，5；图版六一，5）。标本03ET2410⑥:32，B型Ⅰ式。夹砂红褐陶。圆柱状尖锥足，足根有足窝。足外侧有枝杈状刻槽，足根饰绳纹。残高8.8厘米（图五九九，3）。标本03ET2410⑥:26，C型Ⅰ式。夹砂红褐陶。圆柱状尖锥足，足根有足窝。足根外侧有三个圆窝，足根饰绳纹。残高11.6厘米（图六〇〇，1）。标本03ET2410⑥:31，C型Ⅰ式。夹砂红褐陶。圆柱状尖锥足，足根有足窝。足根外侧有三个圆窝，足根饰绳纹。残高11厘米（图六〇〇，4）。

陶甗　2件。标本03ET2410⑥:21，B型。夹细砂黄褐陶。敞口，方唇，弧颈，溜肩，弧腹。口沿外残有附加泥条抠耳。颈部斜条纹被抹，肩腹交界处饰一周附加堆纹，肩、腹饰弦断绳纹。残高12.1厘米（图六〇〇，12）。标本03ET2410⑥:22，Ca型。夹砂灰褐陶。仅存器口残片。口沿残，内壁近口部施对称横向牛鼻形耳，耳孔上下对穿。近口部有一周凸棱，器表饰绳纹（图六〇〇，6）。

陶甗腰　1件。标本03ET2410⑥:46，Ca型。夹砂黄灰陶。腰内壁残有支箅横隔沿。器表饰弦断绳纹（图六〇〇，11）。

陶鼎　1件。标本03ET2410⑥:14，Bb型Ⅰ式。夹细砂灰陶。敞口，平沿，圆唇，斜直颈，弧肩。颈和肩腹部饰弦断绳纹。口径20、残高5厘米（图六〇〇，7）。

陶鼎足　3件。标本03ET2410⑥:37，Aa型。夹砂红褐陶。圆柱状足，足根有圆形短榫头。残高6厘米（图六〇〇，9）。标本03ET2410⑥:36，Af型。夹砂红褐陶。圆柱状足，足根外壁一个长方形凸棱。残高4.4厘米（图六〇〇，10）。标本03ET2410⑥:35，B型。夹砂黄灰陶。圆柱状足，足尖残，足根外壁有两个椭圆形凹窝，足根有圆形短榫头。残高5.5厘米（图六〇〇，8）。

陶滤盉　2件。标本03ET2410⑥:9，Aa型Ⅰ式。夹砂红褐陶。器由上部滤钵和下部带流带把手鬲构成。上部钵底封闭并连接鬲口。鬲为敛口，弧广肩，肩腹部安椭圆口短流，残有安鋬圆孔，圆弧腹，平底，圆柱状足足尖残，足根有浅窝。钵底上中心戳一圆穿孔，周围七个长条形穿孔。鬲身腹部饰弦断绳纹，底、足饰绳纹，足外侧一个圆窝纹。残高14厘米（图六〇一，1；图版三三，1）。标本03ET2410⑥:23，Aa型。夹砂褐陶。钵为敛口，圆唇，弧腹内收，上弧底。钵底封闭并连接下部鬲口，下部鬲敛口，弧肩。钵通饰条纹，钵底上中心戳一圆穿孔，周围七个长条形穿孔，鬲肩残有弦断条纹。口径9.3、残高6.2厘米（图六〇二，4）。

陶罐　3件。标本03ET2410⑥:18，Fb型Ⅱ式。泥质灰陶。敞口，斜沿，尖圆唇，斜直颈，斜肩。颈部纹饰被抹，肩、腹饰弦断条纹。口径24、残高8.6厘米（图六〇一，6）。标本03ET2410⑥:44，H型Ⅰ式。夹砂褐陶。敞口，平沿，圆唇，弧直颈，斜弧肩。口沿内面一周凹弦

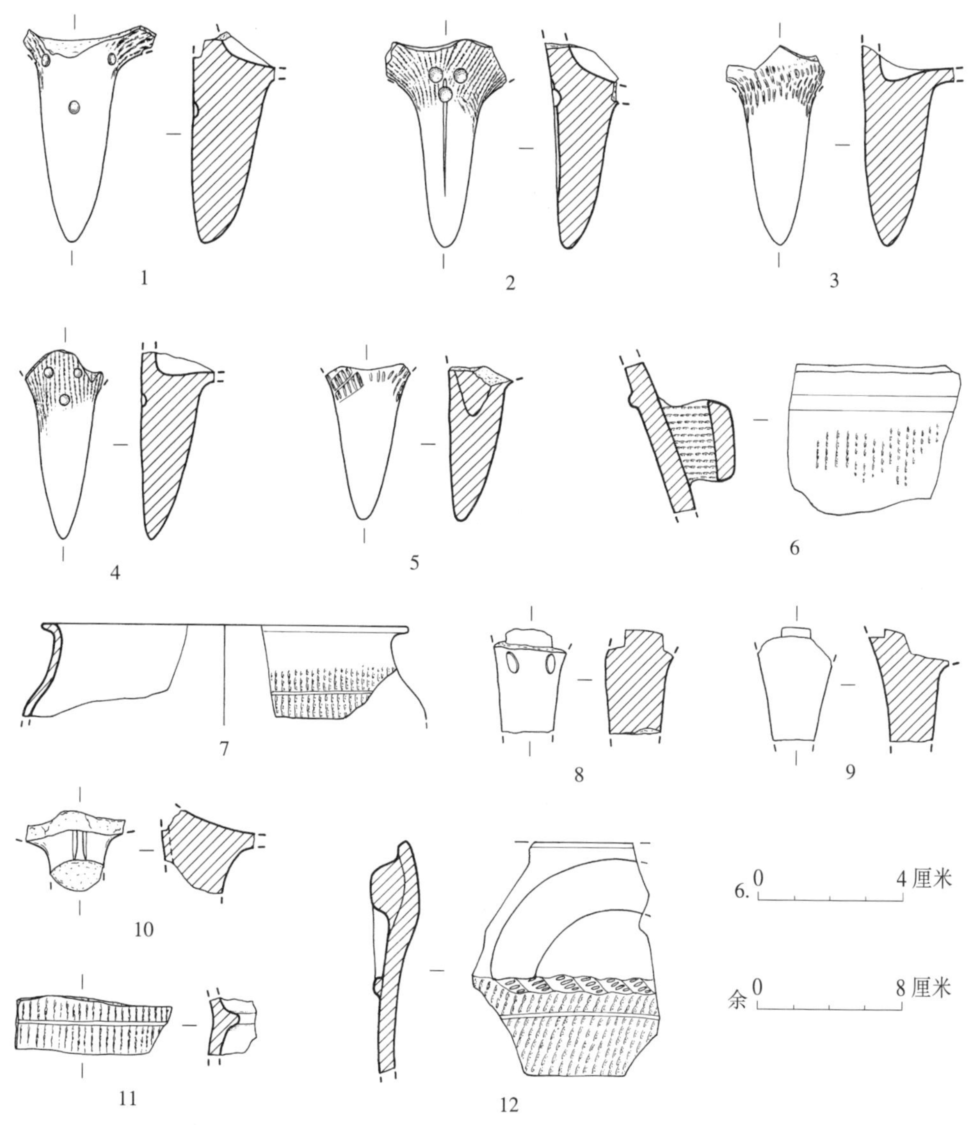

图六〇〇　03ET2410⑥出土陶器

1、4. C型Ⅰ式鬲足（03ET2410⑥:26、31）　2. Ab型Ⅰ式鬲足（03ET2410⑥:27）　3、5. Ac型Ⅰ式鬲足（03ET2410⑥:28、51）　6. Ca型陶甗（03ET2410⑥:22）　7. Bb型Ⅰ式鼎（03ET2410⑥:14）　8. B型鼎足（03ET2410⑥:35）　9. Aa型鼎足（03ET2410⑥:37）　10. Af型鼎足（03ET2410⑥:36）　11. Ca型甗（03ET2410⑥:46）　12. B型甗（03ET2410⑥:21）

纹。口径16、残高5厘米（图六〇一，9）。标本03ET2410⑥:8，Ⅰ型。夹细砂褐陶。器小，直口微敛，圆唇，斜弧颈，弧折肩，弧腹内收，平底。素面。口径3.1、底径2.5、高4.8厘米（图六〇一，3；图版三六，1）。

陶瓮　4件。标本03ET2410⑥:24，Aa型Ⅰ式。夹砂褐陶。敞口，弧沿，方唇，斜弧颈，斜折肩，直腹。素面。口径28、残高8厘米（图六〇一，2）。标本03ET2410⑥:12，Eh型Ⅰ式。夹砂黄褐陶。敛口，方唇，斜直颈，斜折肩，斜直腹。颈下通饰条纹，颈肩相交处一周凹弦纹，肩腹相交处一周附加堆纹。口径22、残高9.2厘米（图六〇一，5）。标本03ET2410⑥:50，Fc型Ⅰ式。夹细砂褐灰陶。侈口，圆唇，斜直颈，斜弧折肩。肩、腹部饰弦断绳纹，肩腹相交处一周附

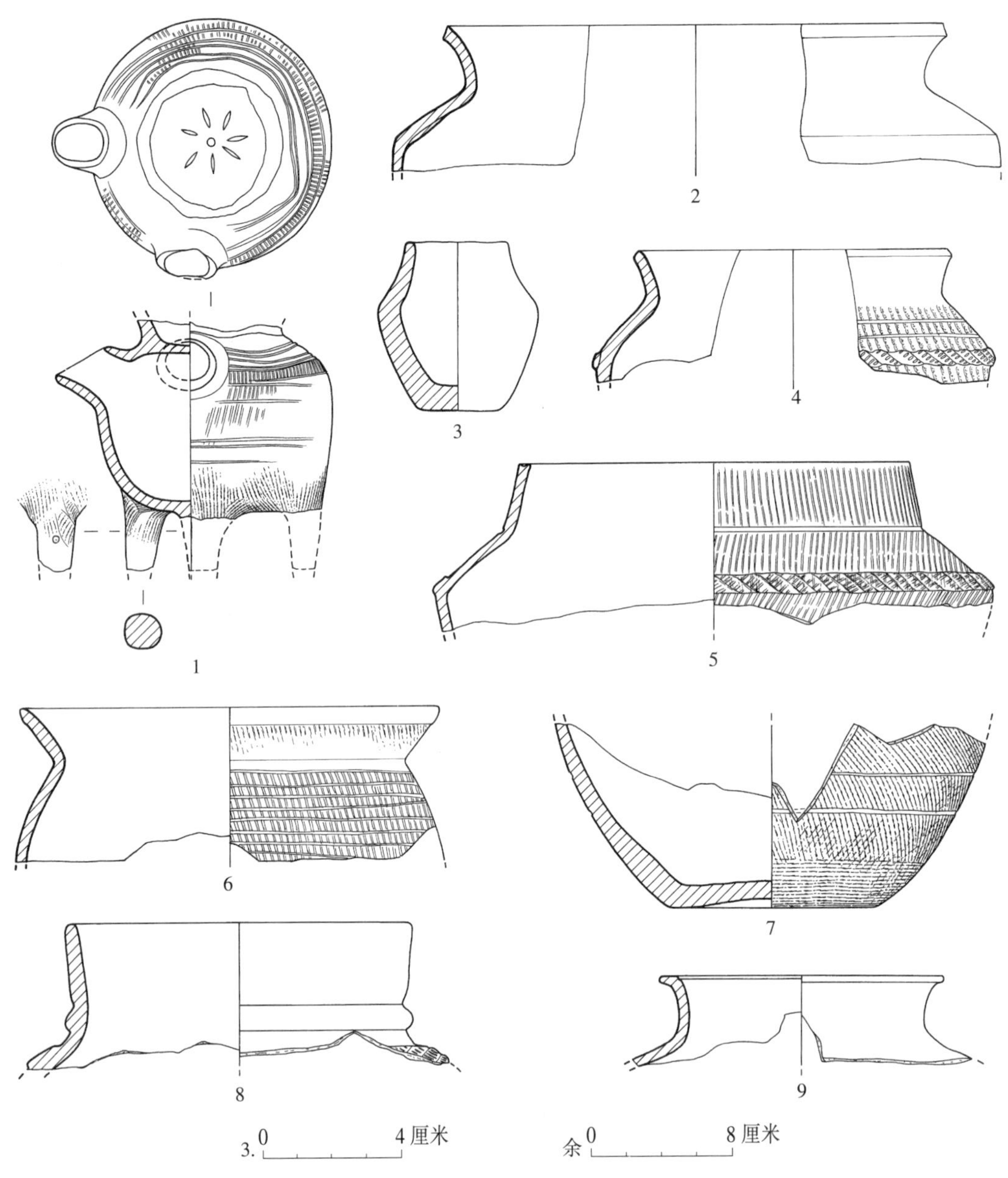

图六〇一 03ET2410⑥出土陶器

1. Aa 型Ⅰ式滤盉（03ET2410⑥:9） 2. Aa 型Ⅰ式瓮（03ET2410⑥:24） 3. Ⅰ型罐（03ET2410⑥:8） 4. Fc 型Ⅰ式瓮（03ET2410⑥:50） 5. Eh 型Ⅰ式瓮（03ET2410⑥:12） 6. Fb 型Ⅱ式罐（03ET2410⑥:18） 7. C 型器底（03ET2410⑥:4） 8. Ha 型Ⅱ式瓮（03ET2410⑥:11） 9. H 型Ⅰ式罐（03ET2410⑥:44）

加堆纹。口径 18、残高 7.4 厘米（图六〇一，4）。标本 03ET2410⑥:11，Ha 型Ⅱ式。泥质灰陶。直口微敞，圆唇，斜直颈，弧肩。颈肩相交处一周凸棱，肩腹相交处一周附加堆纹。口径 20、残高 8 厘米（图六〇一，8）。

陶盆足 1 件。标本 03ET2410⑥:42，C 型Ⅰ式。夹砂褐陶。下腹斜直收，平底，椭圆柱状矮截锥足。下腹饰弦断绳纹，足饰绳纹。残高 6 厘米（图六〇二，7）。

陶豆 2 件。标本 03ET2410⑥:48，Aa 型。泥质灰陶。仅存豆盘。敞口，方唇，弧盘。盘内壁饰线纹和一周重环纹，外壁盘底饰绳纹。口径 24、残高 2.8 厘米（图六〇二，8）。标本

03ET2410⑥∶5，A 型。泥质黑陶。喇叭形豆座。圆圈形柄上分两层镂六个长方形孔，每层三个，施凹弦纹间隔。底径 16.8、残高 12.4 厘米（图六〇二，6；图版四六，1）。

陶杯　1 件。标本 03ET2410⑥∶3，A 型Ⅰ式。夹细砂褐陶。器小，敞口，圆唇，束腰，平底上有三足残损痕迹。素面。口径 4.6、底径 3.7、残高 4.9 厘米（图六〇二，3）。

陶器底　1 件。标本 03ET2410⑥∶4，C 型。夹细砂灰白陶。下腹斜弧内收，平底内凹。下腹饰弦断绳纹。底径 12、残高 10.4 厘米（图六〇一，7）。

陶范　2 件。标本 03ET2410⑥∶1，A 型。夹细砂陶，范面灰色，背面红褐色。残存器物单扇范一部分，器形不明。范面内凹，背面光滑外弧，顶、底两端和一边壁残，截面由范面向背面呈斜坡状。素面。残长 9.4、残宽 8.4、厚 1.8～3.4 厘米（图六〇二，1；图版五八，7）。标本 03ET2410⑥∶54，B 型。夹细砂陶，范面灰色，背面黄褐色。残存器物范极小部分，器形不明。顶面斜平，两边和底残，纹饰刻槽不深。纹样似云纹。残长 4.4、残宽 3.7、厚 0.3～1.2 厘米（图六〇二，5；彩版二八，3）。

石刀　1 件。标本 03ET2410⑥∶47，A 型Ⅰ式。青色。残刀身扁平，刀背直，残存的一端壁斜直，上端近背处残存两面对钻穿孔一个，刃残。残长 8、残宽 5.5、厚 0.5～0.7 厘米（图六〇二，2）。

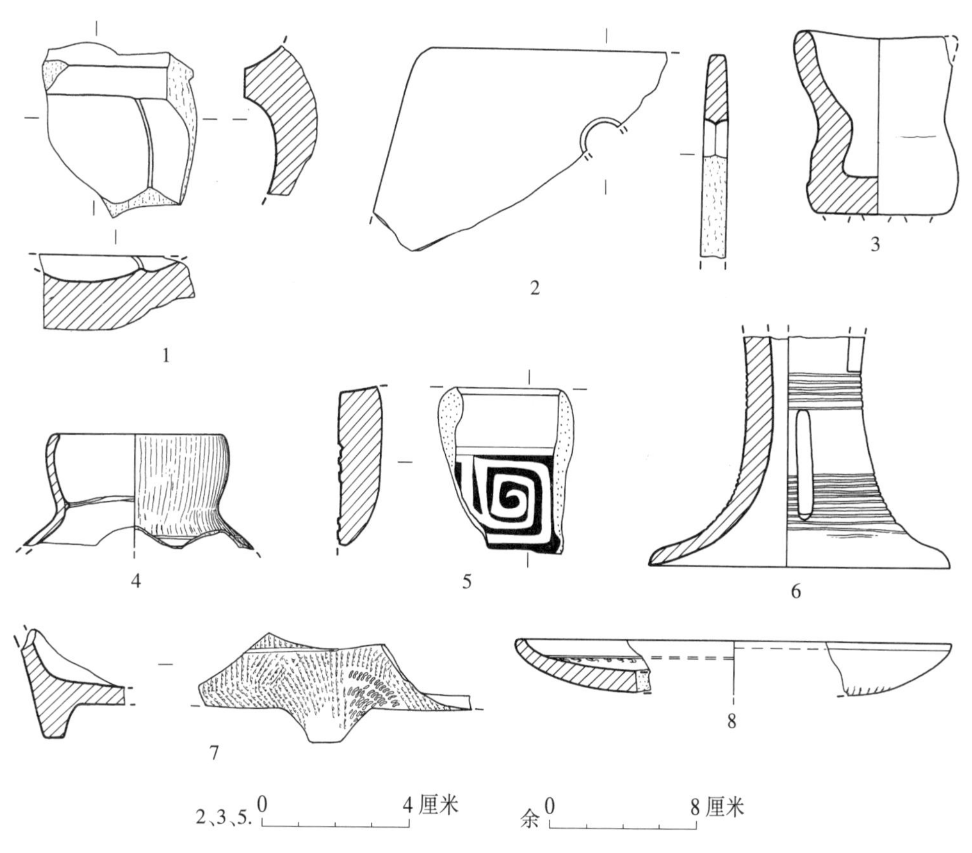

图六〇二　03ET2410⑥出土器物

1. A 型陶范（03ET2410⑥∶1）　2. A 型Ⅰ式石刀（03ET2410⑥∶47）　3. A 型Ⅰ式陶杯（03ET2410⑥∶3）　4. Aa 型陶滤盉（03ET2410⑥∶23）　5. B 型陶范（03ET2410⑥∶54）　6. A 型陶豆（03ET2410⑥∶5）　7. C 型Ⅰ式陶盆足（03ET2410⑥∶42）　8. Aa 型陶豆（03ET2410⑥∶48）

03ET2410⑤

器类有陶鬲、甗、鼎、滤盉、罐、瓮、缸、盆、豆、器盖、饼，石刀等，另有硬陶器。

标本31件，其中陶器28件，硬陶器2件，石器1件。

陶鬲　3件。标本03ET2410⑤:9，Aa型Ⅱ式。夹砂灰褐陶。敞口，弧沿，圆唇，弧颈，溜肩，圆弧腹内收，鬲身呈罐形，口径略小于腹径。肩、腹饰弦断绳纹。口径13.6、残高6.6厘米（图六〇三，10）。标本03ET2410⑤:3，Ac型Ⅱ式。夹砂灰褐陶，器表有烟熏痕迹。侈口，斜弧沿，方唇，斜直颈，隆肩，弧腹斜内收，鬲身呈罐形，口径略小于腹径，足根外侧有一个圆窝。颈部纹饰被抹，上腹饰弦断绳纹，下腹、底和足根饰绳纹。口径16.4、残高13.6厘米（图六〇三，1；图版一九，4）。标本03ET2410⑤:16，Ad型Ⅲ式。夹砂灰褐陶。敞口，圆唇，弧直颈，隆肩，圆弧腹内收，鬲身呈罐形，口径小于腹径。肩、腹饰弦断绳纹。口径20、残高11.6厘米（图六〇三，2）。

陶鬲足　7件。标本03ET2410⑤:6，Aa型Ⅰ式。夹砂红褐陶。圆柱状尖锥足。有足窝。足外侧一道竖刻槽，足根饰绳纹。残高9.4厘米（图六〇四，6）。标本03ET2410⑤:2，Ab型Ⅰ式。夹砂黄褐陶。圆柱状尖锥足，外侧两个圆窝。足外侧有一道竖刻槽，足根饰绳纹。残高12.6厘米（图六〇四，3）。标本03ET2410⑤:4，Ac型Ⅰ式。夹砂黄褐陶。圆柱状尖锥足，有足窝。足根饰绳纹。残高9厘米（图六〇四，5）。标本03ET2410⑤:22，Ac型Ⅰ式。夹砂灰褐陶。圆柱状尖锥足。足根饰绳纹。残高12厘米（图六〇四，7）。标本03ET2410⑤:21，Ac型Ⅱ式。夹砂红褐陶。圆柱状截锥足，有足窝。足根饰绳纹。残高7.5厘米（图六〇四，8）。标本03ET2410⑤:1，C型Ⅰ式。夹砂红褐陶。圆柱状尖锥足，外侧三个圆窝。足根饰绳纹。残高15.6厘米（图六〇四，2）。标本03ET2410⑤:5，C型Ⅰ式。夹砂黄灰陶。圆柱状尖锥足，外侧一个圆窝，有足窝。足根饰绳纹。残高9.4厘米（图六〇四，4）。

陶甗腰　2件。标本03ET2410⑤:31，Ca型。夹细砂灰陶。腰内壁残有支箅隔沿。器表饰绳纹（图六〇三，15）。标本03ET2410⑤:32，Ca型。夹细砂灰陶。腰内壁残有支箅隔沿。器表饰条纹（图六〇三，14）。

陶鼎足　1件。标本03ET2410⑤:8，B型。夹砂黄灰陶。圆柱状锥足，外壁两个椭圆形凹窝，足根部有圆形短榫头。残高14厘米（图六〇四，1）。

陶滤盉　1件。标本03ET2410⑤:23，B型。夹细砂黄褐陶。仅存上部。敛口，圆唇，弧腹。器表饰绳纹，近口部残有一个圆形泥饼。口径16、残高4厘米（图六〇三，12）。

陶罐　1件。标本03ET2410⑤:17，Aa型Ⅱ式。夹砂黄陶。敞口，弧沿，圆唇，斜弧颈，溜肩。肩、腹部饰弦断绳纹，肩腹相交处一周附加堆纹。口径24、残高6.8厘米（图六〇三，5）。

陶瓮　3件。标本03ET2410⑤:15，Ac型Ⅱ式。夹砂黄褐陶。敞口，弧沿，方唇，斜弧颈，弧肩，弧腹。颈部纹饰被抹，肩、腹饰弦断条纹，肩腹相交处一周附加堆纹。口径32、残高7.2厘米（图六〇三，6）。标本03ET2410⑤:10，Fa型Ⅱ式。泥质灰陶。敞口，弧沿，方唇，唇上缘微内弧，弧颈，斜肩。唇面一周凹弦纹，器内壁颈部一周指窝纹，外壁肩、腹部饰弦断绳纹。口径22、残高8厘米（图六〇三，8）。标本03ET2410⑤:12，Ha型Ⅱ式。夹砂黄陶。直口微敛，圆唇，直颈，小平肩，斜腹。肩腹相交处一周附加堆纹。口径13.6、残高4.8厘米（图六〇三，9）。

陶缸　1件。标本03ET2410⑤:11，Ba型Ⅱ式。夹砂褐陶。敞口，圆唇，斜直腹。腹饰交错

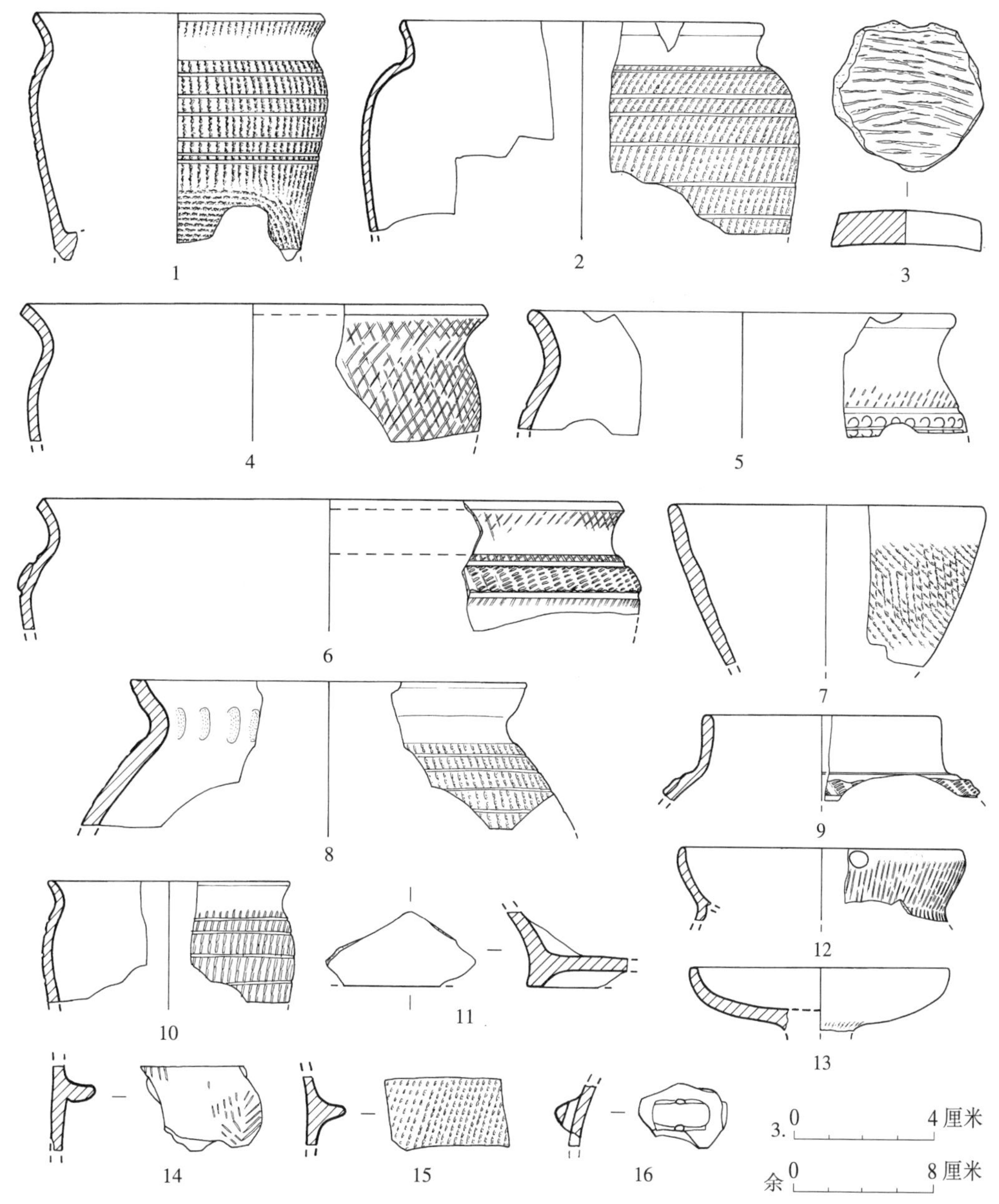

图六〇三　03ET2410⑤出土陶器

1. Ac型Ⅱ式鬲（03ET2410⑤:3）　2. Ad型Ⅲ式鬲（03ET2410⑤:16）　3. Aa型Ⅰ式饼（03ET2410⑤:26）　4. Aa型盆（03ET2410⑤:14）　5. Aa型Ⅱ式罐（03ET2410⑤:17）　6. Ac型Ⅱ式瓮（03ET2410⑤:15）　7. Ba型Ⅱ式缸（03ET2410⑤:11）　8. Fa型Ⅱ式瓮（03ET2410⑤:10）　9. Ha型Ⅱ式瓮（03ET2410⑤:12）　10. Aa型Ⅱ式鬲（03ET2410⑤:9）　11. E型器底（03ET2410⑤:18）　12. B型滤盉（03ET2410⑤:23）　13. Ca型Ⅰ式豆（03ET2410⑤:7）　14、15. Ca型甗腰（03ET2410⑤:32、31）　16. E型器耳（03ET2410⑤:29）

绳纹。口径18、残高8.8厘米（图六〇三，7）。

陶缸圈足　2件。标本03ET2410⑤:27，Ba型。夹细砂红褐陶。矮喇叭形圈足。素面。残高5厘米（图六〇四，12）。标本03ET2410⑤:13，Bb型。夹砂褐陶。斜直腹内收，平底，矮圈足呈喇叭口形。下腹残留一周凸棱。底径10、残高5.2厘米（图六〇四，11）。

陶盆　1件。标本03ET2410⑤:14，Aa型。夹砂褐陶。敞口，弧沿，方唇，斜弧颈，溜肩，圆弧腹。颈至腹饰交叉条纹。口径26、残高7.6厘米（图六〇三，4）。

陶豆　1件。标本03ET2410⑤:7，Ca型Ⅰ式。夹细砂红褐陶。敞口，圆唇，弧盘。素面。口径14.8、残高3.5厘米（图六〇三，13）。

陶盖纽　1件。标本03ET2410⑤:28，A型。夹细砂黄陶。圆筒形纽，纽根隆起，盖顶上弧。素面。纽径5.9、残高4厘米（图六〇四，13）。

陶器耳　1件。标本03ET2410⑤:29，E型。泥质灰褐陶。横耳，耳面根部对穿圆形孔，耳截面呈圆角三角形。素面（图六〇三，16）。

陶器鋬　1件。标本03ET2410⑤:24，Ac型。夹细砂褐陶。椭圆柱形器鋬，鋬呈弧形内钩（图六〇四，10）。

陶器底　1件。标本03ET2410⑤:18，E型。夹砂灰陶。下腹斜直内收，矮圈足。素面。残高4厘米（图六〇三，11）。

陶饼　1件。标本03ET2410⑤:26，Aa型Ⅰ式。夹砂红褐陶。用陶片打磨而成。扁圆形，周壁不齐。一面饰绳纹。直径4.1~4.3、厚1厘米（图六〇三，3）。

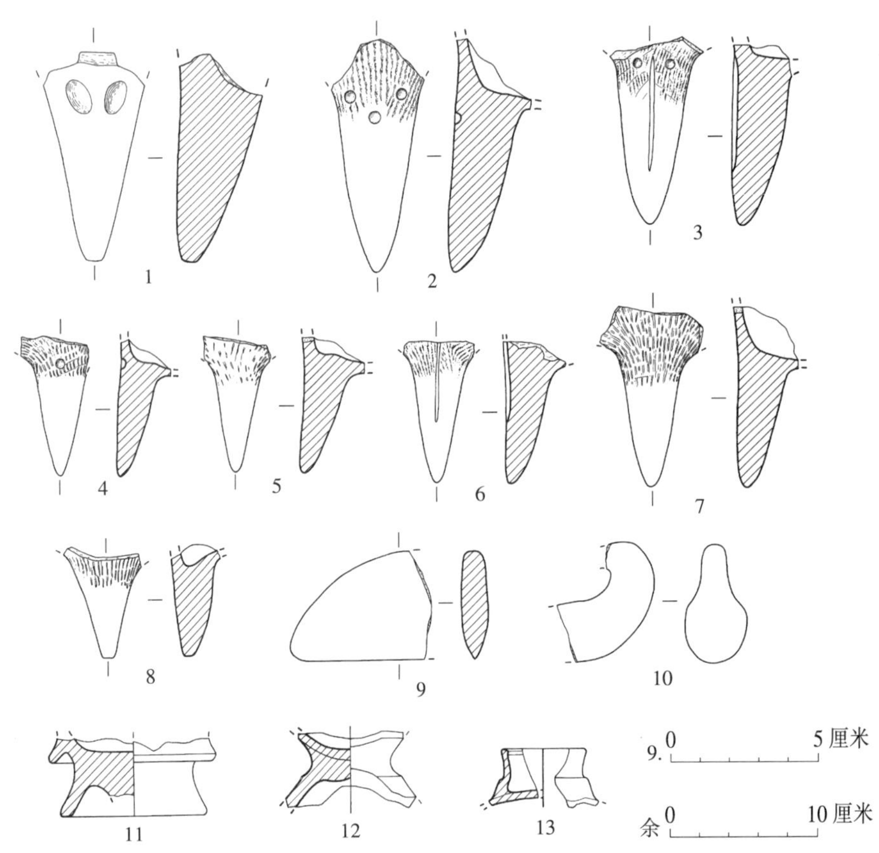

图六〇四　03ET2410⑤出土器物

1. B型陶鼎足（03ET2410⑤:8）　2、4. C型Ⅰ式陶鬲足（03ET2410⑤:1、5）　3. Ab型Ⅰ式陶鬲足（03ET2410⑤:2）　5、7. Ac型Ⅰ式陶鬲足（03ET2410⑤:4、22）　6. Aa型Ⅰ式陶鬲足（03ET2410⑤:6）　8. Ac型Ⅱ式陶鬲足（03ET2410⑤:21）　9. B型Ⅱ式石刀（03ET2410⑤:20）　10. Ac型陶器鋬（03ET2410⑤:24）　11. Bb型陶缸圈足（03ET2410⑤:13）　12. Ba型陶缸圈足（03ET2410⑤:27）　13. A型陶盖纽（03ET2410⑤:28）

硬陶片 2件。标本03ET2410⑤:19，器类不明。褐硬陶。饰压印凹方格纹（图二九四，5）。标本03ET2410⑤:25，器类不明。褐硬陶。饰水波纹（图二九五，6）。

石刀 1件。标本03ET2410⑤:20，B型Ⅱ式。青灰色。残刀身扁，两面微弧，刀背上弧，端壁弧，正锋，双面直刃。残长4.8、残宽3.6、厚0.6~0.9厘米（图六〇四，9）。

03ET2410④

器类有陶鬲、甗、鼎、罐、瓮、盆、钵、豆、器盖、支（拍）垫等。

标本28件，均为陶器。

陶鬲 1件。标本03ET2410④:13，Ac型。夹砂黄陶。敞口，方唇，斜直颈，斜肩。肩、腹饰条纹。口径16、残高3.6厘米（图六〇五，7）。

陶鬲足 1件。标本03ET2410④:35，Aa型Ⅲ式。夹砂褐陶。圆柱状足，有足窝。足外侧一道竖刻槽。残高10厘米（图六〇六，3）。

陶甗腰 1件。标本03ET2410④:42，D型。夹砂黄褐陶。残存甗腰部，束腰。器表压印方格纹。腰部有明显上下对接痕迹。残高5厘米（图六〇五，8）。

陶甗足 4件。标本03ET2410④:24，Aa型Ⅰ式。夹砂灰褐陶。椭圆柱状锥足。下腹饰弦断

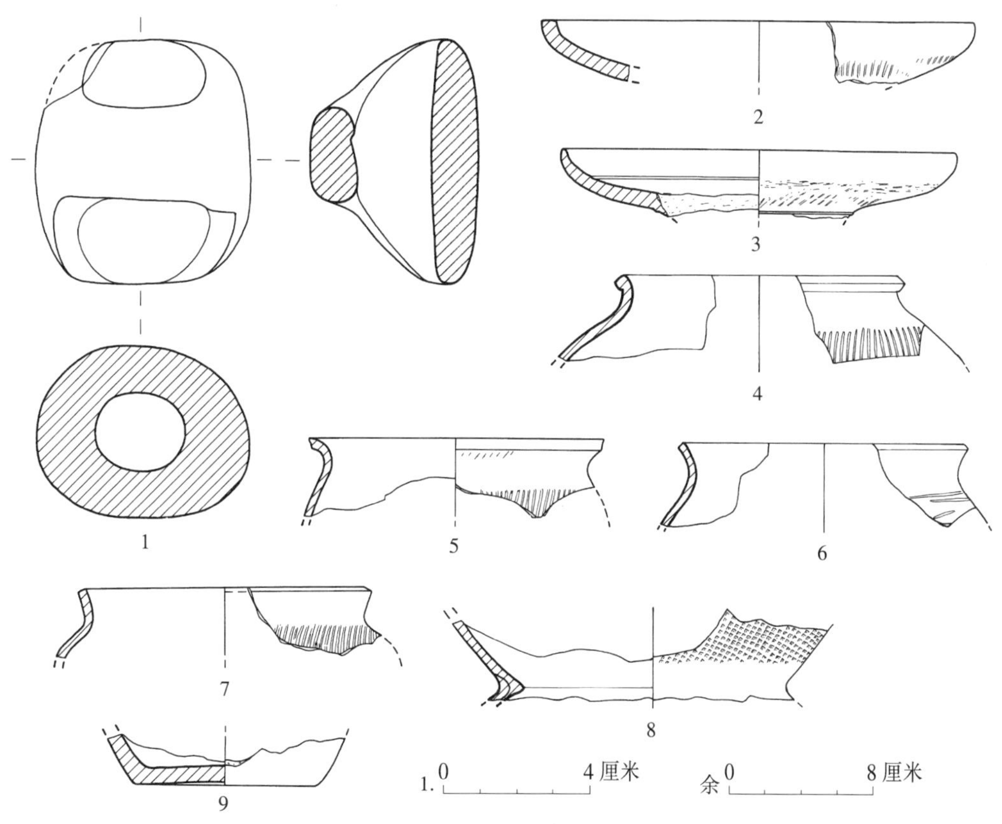

图六〇五 03ET2410④出土陶器

1. Ab型Ⅰ式支（拍）垫（03ET2410④:7） 2. Ab型豆（03ET2410④:41） 3. Aa型豆（03ET2410④:18） 4. Fb型Ⅳ式瓮（03ET2410④:14） 5. Ba型鼎（03ET2410④:12） 6. Ab型罐（03ET2410④:16） 7. Ac型鬲（03ET2410④:13） 8. D型甗腰（03ET2410④:42） 9. B型器底（03ET2410④:39）

条纹，底、足饰条纹。残高6.2厘米（图六〇六，9）。标本03ET2410④:26，Ab型Ⅰ式。夹砂灰褐陶。椭圆柱状矮锥足，外壁一个圆窝。足根饰绳纹。残高6厘米（图六〇六，6）。标本03ET2410④:30，Da型。夹砂褐陶。椭圆柱状足略呈蹄形，足根有足窝。足根饰绳纹。残高3.8厘米（图六〇六，10）。标本03ET2410④:33，Da型。夹砂褐陶。椭圆柱状足略呈蹄形，足根有足窝。足底面饰条纹。残高3.4厘米（图六〇六，4）。

陶鼎　1件。标本03ET2410④:12，Ba型。夹砂黄褐陶。敞口，卷沿，方唇，弧颈，弧腹。颈部条纹被抹，腹饰条纹。口径16、残高4.2厘米（图六〇五，5）。

陶鼎足　1件。标本03ET2410④:36，C型。夹砂褐陶。圆柱状足呈蹄形。足底面饰条纹。残高7厘米（图六〇六，8）。

陶罐　4件。标本03ET2410④:10，Aa型Ⅳ式。夹砂红褐陶。敞口，斜弧沿，圆唇，斜直颈，弧肩，圆弧腹。颈部条纹被抹，肩、腹饰弦断条纹，肩腹相交处一周附加堆纹。口径30、残高10.8厘米（图六〇七，5）。标本03ET2410④:16，Ab型。夹砂黄褐陶。敞口，斜弧沿，方唇，弧颈，溜肩。肩饰条纹。口径16、残高4.4厘米（图六〇五，6）。标本03ET2410④:4，Bd型Ⅱ式。

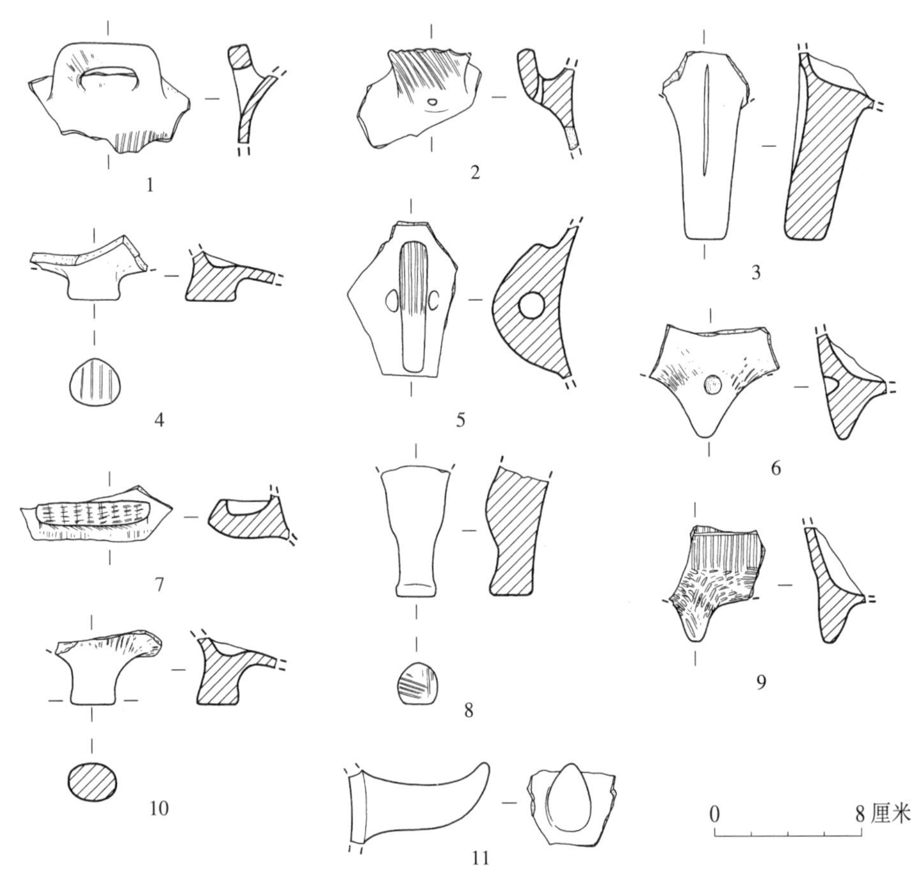

图六〇六　03ET2410④出土陶器

1. Cc型器耳（03ET2410④:23）　2. Ba型器耳（03ET2410④:21）　3. Aa型Ⅲ式鬲足（03ET2410④:35）　4、10. Da型甗足（03ET2410④:33、30）　5. Ab型器耳（03ET2410④:22）　6. Ab型Ⅰ式甗足（03ET2410④:26）　7. Bf型器耳（03ET2410④:20）　8. C型鼎足（03ET2410④:36）　9. Aa型Ⅰ式甗足（03ET2410④:24）　11. Ab型器鋬（03ET2410④:37）

夹砂黄褐陶。敞口，方唇，弧颈，弧隆肩，圆弧腹内收。肩、上腹饰弦断条纹，下腹饰条纹，肩腹相交处一周附加堆纹。口径22.2、残高13.6厘米（图六〇七，4）。标本03ET2410④∶1，Bd型Ⅲ式。夹砂红褐陶，器表有烟熏痕迹。侈口，方唇，弧颈，斜弧肩，圆弧腹内收，平底微内凹。肩、腹饰弦断条纹，底饰交错条纹。口径21.6、高20.4厘米（图六〇七，1；图版三四，3）。

陶瓮　2件。标本03ET2410④∶11，B型Ⅱ式。夹砂褐陶。敞口，方唇，斜直颈，斜弧肩。肩部绳纹被抹，腹饰弦断细绳纹。口径26、残高7厘米（图六〇七，7）。标本03ET2410④∶14，Fb型Ⅳ式。夹砂红褐陶。敞口，卷沿，厚尖圆唇，斜颈，斜肩。肩、腹饰条纹。口径16、残高4.8厘米（图六〇五，4）。

陶盆　2件。标本03ET2410④∶5，Aa型Ⅲ式。夹砂黄褐陶。敞口，斜弧沿，方唇，斜直颈，溜肩，弧腹斜内收。肩、上腹饰弦断绳纹，下腹饰绳纹，肩腹相交处一周附加堆纹。口径24.8、残高16.2厘米（图六〇七，2；图版四〇，4）。标本03ET2410④∶9，Aa型Ⅲ式。夹砂褐陶。敞口，斜弧沿，方唇，斜直颈，弧肩，弧腹斜内收。腹饰弦断条纹。口径22、残高12厘米（图六〇七，3）。

陶钵　1件。标本03ET2410④∶2，Aa型。夹砂灰褐陶。弧腹内收，平底。腹饰弦断绳纹。底径11、残高9厘米（图六〇七，6）。

陶豆　2件。标本03ET2410④∶18，Aa型。夹细砂黄灰陶。敞口，圆唇，弧盘。盘内壁一周凹弦纹，外壁底部饰绳纹。口径22、残高3.6厘米（图六〇五，3）。标本03ET2410④∶41，Ab型。夹细砂红褐陶。敞口，方唇，折盘。盘外壁底部饰条纹。口径24、残高3.2厘米（图六〇五，2）。

陶器盖　1件。标本03ET2410④∶6，Bb型Ⅱ式。夹细砂红褐陶。圆圈形纽，盖顶弧，盖壁口残。纽根及盖顶饰条纹，盖顶有一对穿圆形孔，其下一周附加堆纹。纽径9.6、残高7.2厘米（图六〇七，8；图版四八，3）。

陶器耳　4件。标本03ET2410④∶22，Ab型。夹砂红褐陶。鸟头形扁直耳，耳根部横穿圆孔。耳顶面饰条纹（图六〇六，5）。标本03ET2410④∶21，Ba型。夹砂灰褐陶。长方形泥片状横耳，耳顶面凹凸不平呈鸡冠状，耳根中部一个圆形竖穿孔，耳面弧折上翘。耳面饰条纹（图六〇六，2）。标本03ET2410④∶20，Bf型。夹砂黄褐陶。长方形泥片状横耳，耳顶面压印凹条纹呈鸡冠状，耳面弧折上钩（图六〇六，7）。标本03ET2410④∶23，Cc型。夹砂黄褐陶。圆角长方形环耳，耳环截面呈方形。器表饰条纹（图六〇六，1）。

陶器鋬　1件。标本03ET2410④∶37，Ab型。夹细砂褐陶。椭圆柱形器鋬，鋬端弧上侈。素面（图六〇六，11）。

陶器底　1件。标本03ET2410④∶39，B型。夹砂黄灰陶。下腹斜内收，平底。素面。底径10、残高2.6厘米（图六〇五，9）。

陶支（拍）垫　1件。标本03ET2410④∶7，Ab型Ⅰ式。夹砂褐陶。垫呈圆角长方形，垫面平，垫背隆起穿孔，孔呈椭圆形用于握手。素面。垫长径6.5、短径5.9、支垫通高4.6厘米（图六〇五，1；图版五〇，7）。

03ET2410③

器类有陶罐、石杵，还有硬陶器等。

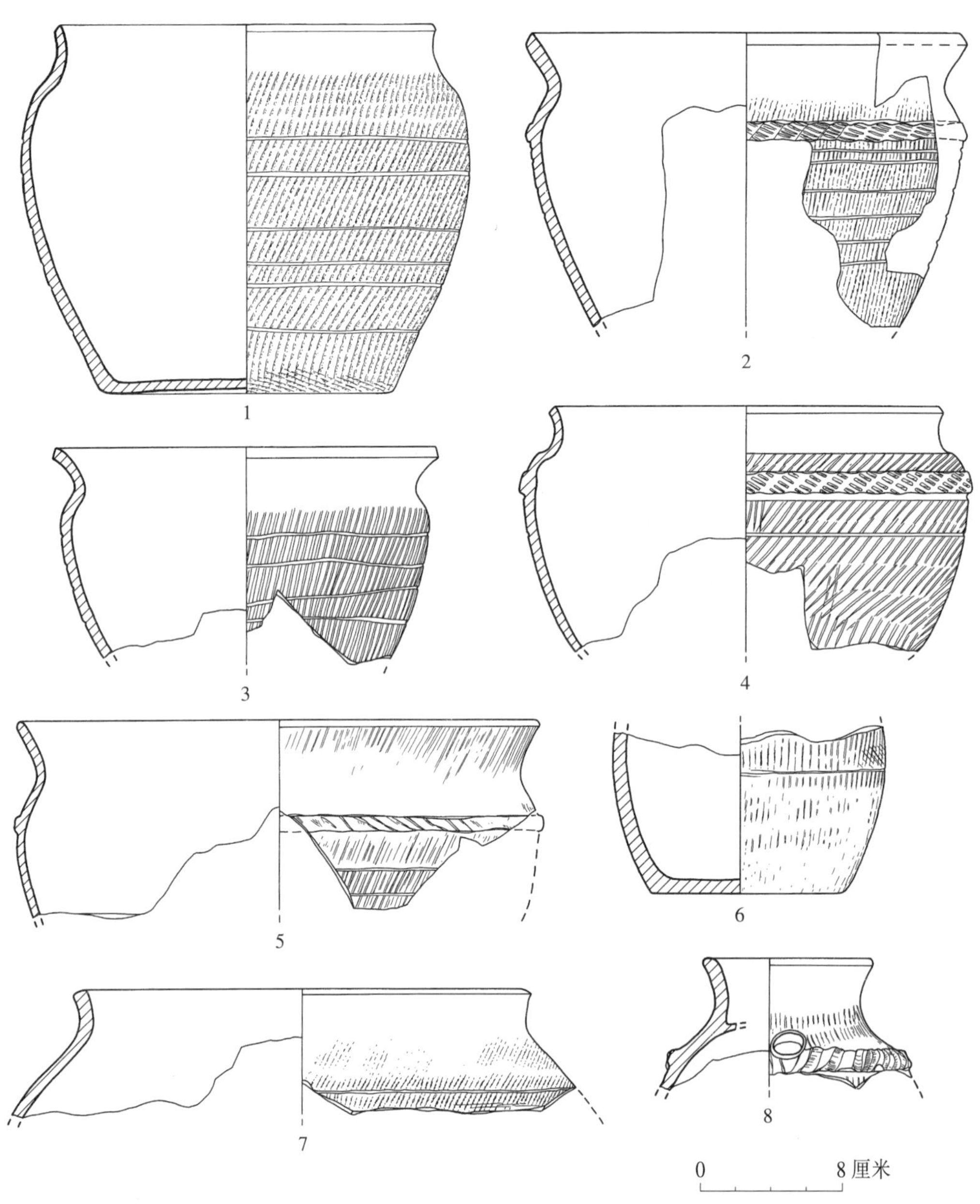

图六〇七 03ET2410④出土陶器

1. Bd型Ⅲ式罐（03ET2410④:1） 2、3. Aa型Ⅲ式盆（03ET2410④:5、9） 4. Bd型Ⅱ式罐（03ET2410④:4） 5. Aa型Ⅳ式罐（03ET2410④:10） 6. Aa型钵（03ET2410④:2） 7. B型Ⅱ式瓮（03ET2410④:11） 8. Bb型Ⅱ式器盖（03ET2410④:6）

标本3件，其中陶器、硬陶器、石器各1件。

陶罐 1件。标本03ET2410③:3，Aa型Ⅵ式。夹砂黄褐陶，器表有烟熏痕迹。敞口，卷沿，方唇，斜直颈，溜肩，圆弧腹斜内收。肩、腹饰弦断交错条纹，肩腹相交处一周附加堆纹，底饰交错条纹。口径28、高26.4厘米（图六〇八，2；彩版二〇，3）。

硬陶片 1件。标本03ET2410③:2，器类不明。灰硬陶。饰压印凹方格纹（图二九五，4）。

石杵 1件。标本03ET2410③:1，Ⅱ式。灰色。打磨制法。圆柱体，周壁平整光滑，顶细底

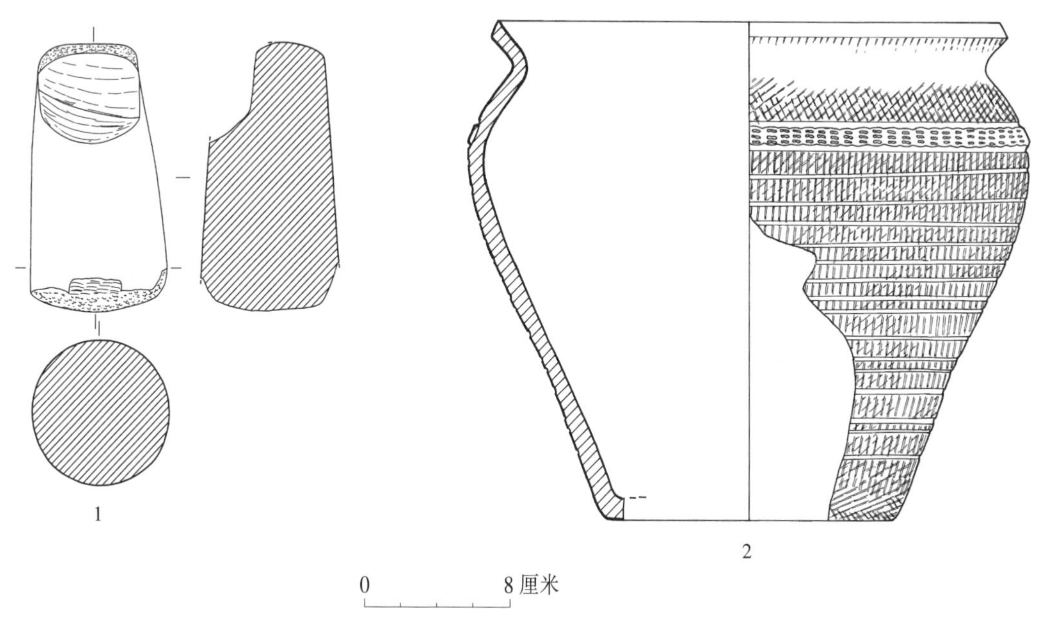

图六〇八　03ET2410③出土器物

1. Ⅱ式石杵（03ET2410③：1）　2. Aa型Ⅵ式陶罐（03ET2410③：3）

粗，顶面弧，残损，底面弧，粗糙不平有使用痕迹。长14.3、最大直径7.7厘米（图六〇八，1；彩版三五，2）。

03ET2410②

器类有陶鬲、甗，还有硬陶器。

标本4件，其中陶器3件，硬陶器1件。

陶鬲　1件。标本03ET2410②：3，Ba型。夹砂褐陶，器表有烟熏痕迹。斜折肩，直弧腹内收，圜底近平，器内壁底部与足根对接处有较深足窝，圆柱状足足外撇，足根外侧有五个圆凹窝。肩、腹、底及足根饰压印方格纹，足外侧一道竖刻槽。残高26.2厘米（图六〇九，1；图版二四，4）。

陶甗　1件。标本03ET2410②：2，B型。夹砂灰褐陶。敞口，圆唇，溜肩。口沿外附加泥条抠耳，耳残。器和耳面饰条纹。残高8厘米（图六〇九，2）。

陶甗耳　1件。标本03ET2410②：1，Ab型。夹砂黄褐陶。口沿外侧贴施泥片护耳，耳内甗壁上戳圆形穿孔。器表饰弦断绳纹，耳面饰绳纹（图六〇九，3）。

硬陶片　1件。标本03ET2410②：4，器类不明。褐硬陶。饰方格纹和回字形纹（图二九七，11）。

5. 03ET2509⑤～②

03ET2509⑤

器类有陶鬲、瓮、缸、钵、器盖。

标本5件，均为陶器，还有炼渣。

陶鬲足　1件。标本03ET2509⑤：4，Ac型Ⅰ式。夹砂灰褐陶。椭圆柱状尖锥足，有足窝。下腹、底及足根饰条纹。残高7.8厘米（图六一〇，4）。

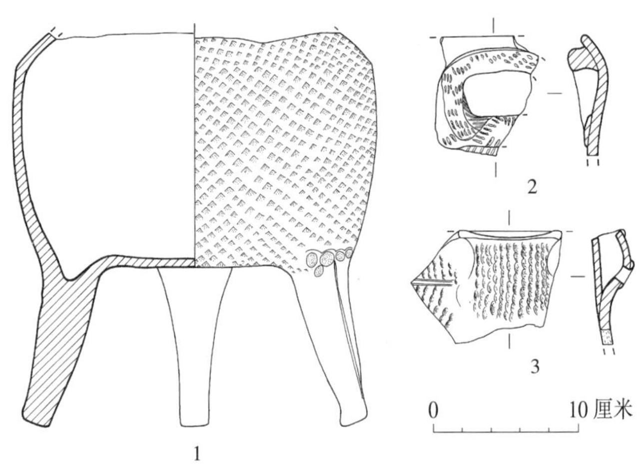

图六〇九　03ET2410②出土陶器

1. Ba 型鬲（03ET2410②：3）　2. B 型甗（03ET2410②：2）　3. Ab 型甗耳（03ET2410②：1）

陶瓮　1 件。标本 03ET2509⑤：3，Gd 型Ⅰ式。夹砂黄褐陶。直口，方唇，直颈，斜肩。素面。口径 20、残高 10.2 厘米（图六一〇，1）。

陶缸　1 件。标本 03ET2509⑤：2，Bb 型Ⅰ式。夹砂黄褐陶。口微敛，方唇，斜弧腹内收。通体饰条纹，下腹残留一周凸棱。口径 24、残高 17.5 厘米（图六一〇，3；图版三九，3）。

陶钵　1 件。标本 03ET2509⑤：1，Ba 型Ⅱ式。泥质灰陶。敛口，尖圆唇，斜弧肩，肩腹相交处起一周凸棱，弧腹斜内收。肩部饰凹凸弦纹，腹饰交错绳纹。口径 14、残高 4.6 厘米（图六一〇，2）。

陶盖纽　1 件。标本 03ET2509⑤：5，B 型。夹砂黄褐陶。盖纽圆柄状“Y”字形，顶面两边缘弧，一端弧尖，一端弧直略呈鸡冠状。素面。残高 7.4 厘米（图六一〇，5）。

炼渣　1 块。标本 03ET2509⑤：6，冶炼溶渣，扁平片状，表面凹凸不平，胶结有明显的红烧土结构，断面为灰色，孔隙较多，可见到有明显的绿色的铜锈点。经检测分析，以氧化硅为主，占 35.57%，含铜也较高，为 13.86%，含铁 16.52%。标本长 3.6、宽 1.2、厚 0.7 厘米（彩版四二，2；附录二）。

03ET2509④

器类有陶鬲、鼎、纺轮，另有硬陶器。

标本 6 件，其中陶器 5 件，硬陶器 1 件。

陶鬲足　2 件。标本 03ET2509④：4，Ac 型Ⅰ式。夹砂黄褐陶。圆柱状尖锥足。足根饰条纹。残高 11.4 厘米（图六一一，3）。标本 03ET2509④：5，E 型Ⅲ式。夹细砂褐陶。尖锥状足，足尖外撇。素面。残高 6.6 厘米（图六一一，2）。

陶鼎足　1 件。标本 03ET2509④：6，B 型。夹砂褐陶。圆柱状足。足外壁饰两组“V”形划纹。残高 10.4 厘米（图六一一，1）。

陶纺轮　2 件。标本 03ET2509④：1，Aa 型Ⅲ式。夹砂灰陶。厚体，圆形，两面平，器呈算珠形，圆中间一直壁椭圆孔，周壁中间凸起一周折棱，折棱上下斜面弧直。直径 2.7、孔径 0.4、厚 2.2～2.3 厘米（图六一一，5；图版五二，4）。标本 03ET2509④：2，Ca 型Ⅱ式。夹砂灰褐陶。厚

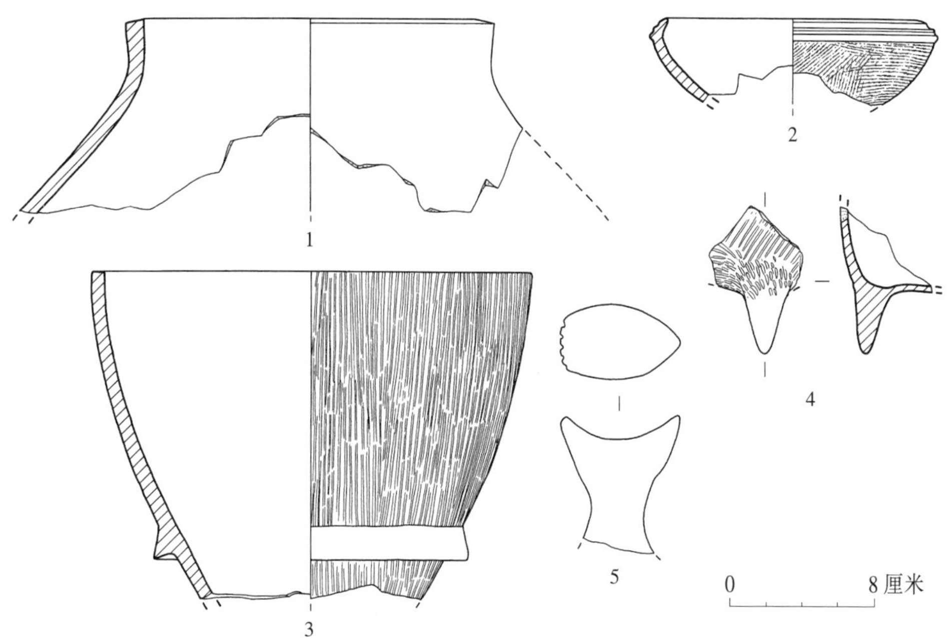

图六一〇　03ET2509⑤出土陶器

1. Gd 型Ⅰ式瓮（03ET2509⑤:3）　2. Ba 型Ⅱ式钵（03ET2509⑤:1）　3. Bb 型Ⅰ式缸（03ET2509⑤:2）
4. Ac 型Ⅰ式鬲足（03ET2509⑤:4）　5. B 型盖纽（03ET2509⑤:5）

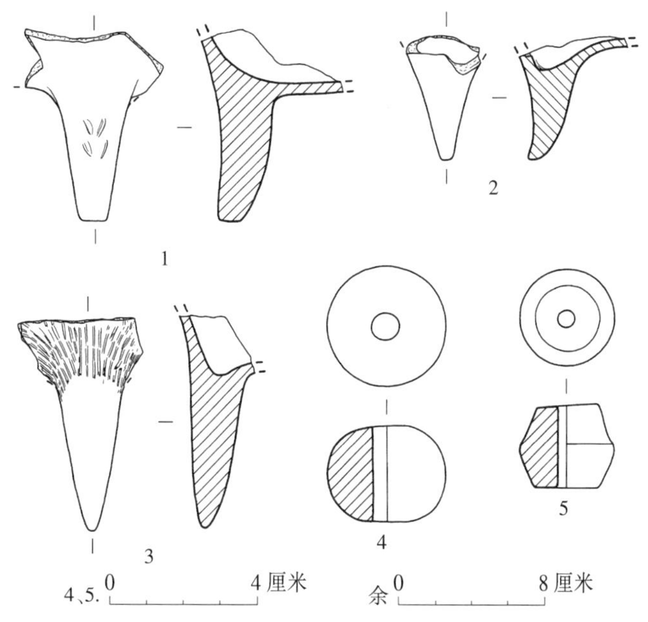

图六一一　03ET2509④出土陶器

1. B 型鼎足（03ET2509④:6）　2. E 型Ⅲ式鬲足（03ET2509④:5）　3. Ac 型Ⅰ式鬲足（03ET2509④:4）
4. Ca 型Ⅱ式纺轮（03ET2509④:2）　5. Aa 型Ⅲ式纺轮（03ET2509④:1）

体，圆形，两面弧，侧视略呈椭圆形，圆中间一直壁椭圆孔。直径 3.2、孔径 0.8、厚 2.6 厘米（图六一一，4）。

硬陶片　1 件。标本 03ET2509④:3，器类不明。褐灰硬陶。饰弦纹、波浪纹和压印方格纹（图二九四，8）。

03ET2509③

器类有陶鼎、簋、盂、钵、豆和硬陶瓮等。

标本 9 件，其中陶器 8 件，硬陶器 1 件。

陶鼎耳　1 件。标本 03ET2509③:6，A 型。仿铜。夹砂褐陶。整体略呈圆角方形立耳，环耳截面呈长方形（图六一二，6）。

陶鼎足　2 件。标本 03ET2509③:8，B 型。夹砂灰褐陶。圆柱状足。足外壁饰两组划纹。残高 11.4 厘米（图六一二，3）。标本 03ET2509③:9，B 型。夹砂灰黄陶。圆柱状足，足根外壁两个椭圆形凹窝。残高 10.3 厘米（图六一二，2）。

陶簋　1 件。标本 03ET2509③:5，B 型。夹砂黄褐陶。敞口，弧沿，圆唇，弧颈，圆弧腹，

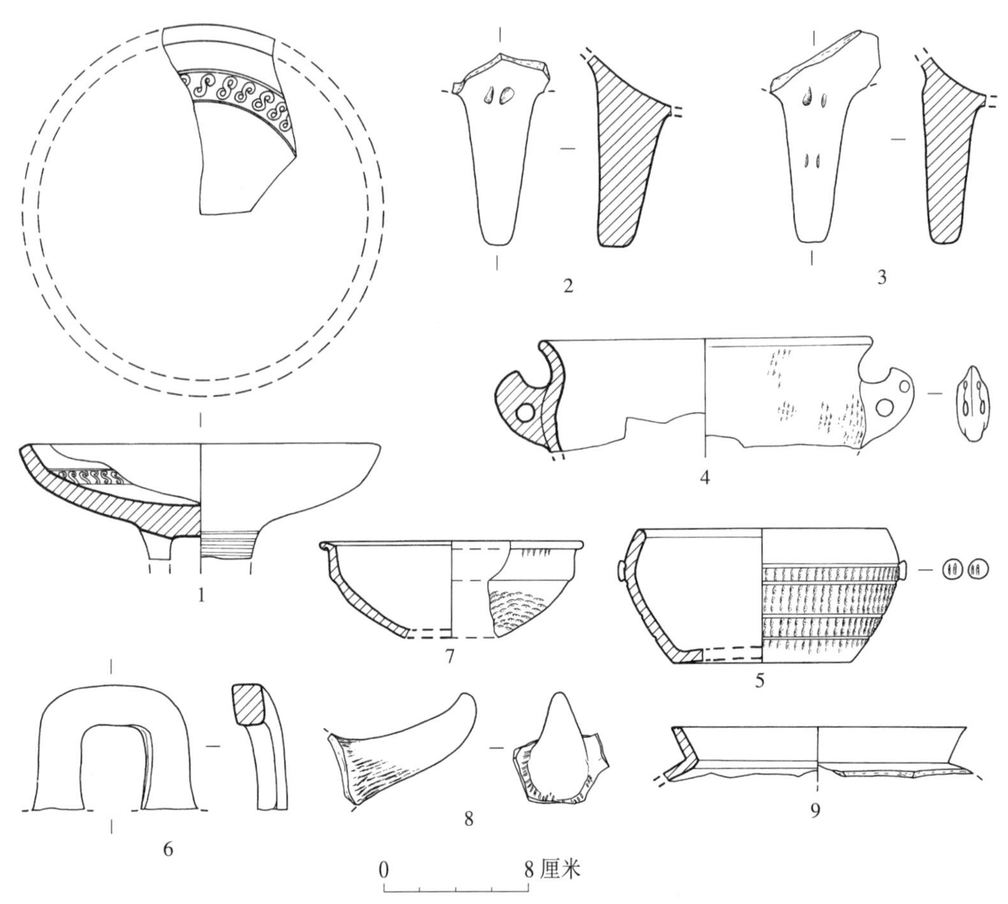

图六一二　03ET2509③出土器物

1. Aa 型Ⅴ式陶豆（03ET2509③:1）　2、3. B 型陶鼎足（03ET2509③:9、8）　4. B 型陶簋（03ET2509③:5）　5. Aa 型Ⅲ式陶钵（03ET2509③:2）　6. A 型陶鼎耳（03ET2509③:6）　7. Bb 型Ⅱ式陶盂（03ET2509③:3）　8. Ab 型陶器鋬（03ET2509③:7）　9. Ab 型Ⅲ式硬陶瓮（03ET2509③:4）

颈腹部对称安鸟头形耳。器表绳纹被抹。口径18、残高6厘米（图六一二，4）。

陶盂　1件。标本03ET2509③:3，Bb型Ⅱ式。泥质灰陶。直口，弧折沿，圆唇，上腹直，下腹斜弧内收。上、下腹相交处一周凸棱，下腹饰绳纹。口径14.4、残高5.2厘米（图六一二，7）。

陶钵　1件。标本03ET2509③:2，Aa型Ⅲ式。夹细砂黄褐陶。敛口，圆唇，圆弧腹斜内收，平底微内凹。腹饰弦断绳纹，其上并列两个圆形泥饼。口径13.5、高7.2厘米（图六一二，5；彩版二四，3）。

陶豆　1件。标本03ET2509③:1，Aa型Ⅴ式。夹细砂灰陶。敞口，方唇，弧盘。盘内壁饰两周凹弦纹，其间饰一周“S”形纹，柄上残有镂孔和弦纹。口径20、残高6.2厘米（图六一二，1）。

陶器鋬　1件。标本03ET2509③:7，Ab型。夹细砂黄灰陶。椭圆柱形器鋬，鋬端微弧上侈。鋬根饰绳纹（图六一二，8）。

硬陶瓮　1件。标本03ET2509③:4，Ab型Ⅲ式。灰硬陶。敞口，斜折沿，方唇，束颈，斜肩。素面。口径16、残高3厘米（图六一二，9）。

03ET2509②

有硬陶片。

标本1件。

硬陶片　1件。标本03ET2509②:1，器类不明。灰硬陶。饰压印锯齿形附加堆纹（图二九六，7）。

6. 03ET2510⑤～④、②

03ET2510⑤

器类有陶甗、鼎、瓮、豆、纺轮等。

标本5件，均为陶器。

陶鼎足　1件。标本03ET2510⑤:3，B型。夹砂褐陶。圆柱状锥足，足根外壁微隆起，有两个椭圆凹窝。残高7厘米（图六一三，5）。

陶甗　1件。标本03ET2510⑤:2，Ca型。夹细砂灰陶。敞口，方唇，斜直腹。唇下一周凹槽，腹饰绳纹。口径24、残高7厘米（图六一三，2）。

陶瓮　1件。标本03ET2510⑤:1，Eb型。夹砂灰黄陶。直口，方唇，直颈，斜广肩。素面。口径20、残高7.2厘米（图六一三，1）。

陶豆　1件。标本03ET2510⑤:4，Aa型。夹细砂红褐陶。敞口，方唇，弧盘。盘外壁底部饰绳纹。口径16、残高2.6厘米（图六一三，4）。

陶纺轮　1件。标本03ET2510⑤:5，Ac型Ⅱ式。夹细砂黄灰陶。体厚，圆形，两面平，圆中间一直壁圆孔，周壁中间凸起一周折棱，折棱上下斜面直。素面。直径4、孔径0.6、厚2厘米（图六一三，3；图版五三，4）。

03ET2510④

器类有陶鬲、鼎、罐、瓮、盆、纺轮等。

标本12件，均为陶器。

陶鬲　1件。标本03ET2510④:1，Ab型。夹砂褐陶。敞口，弧沿，方唇，弧颈，斜弧肩，圆腹。颈部绳纹被抹，肩、腹饰弦断绳纹。口径20、残高6.5厘米（图六一四，2）。

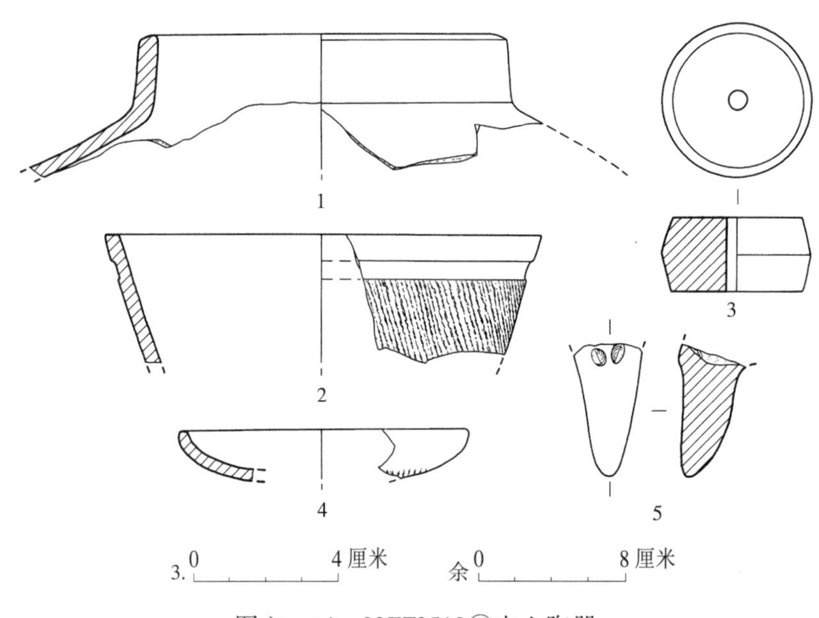

图六一三　03ET2510⑤出土陶器

1. Eb型瓮（03ET2510⑤:1）　2. Ca型甗（03ET2510⑤:2）　3. Ac型Ⅱ式纺轮（03ET2510⑤:5）
4. Aa型豆（03ET2510⑤:4）　5. B型鼎足（03ET2510⑤:3）

陶鼎耳　1件。标本03ET2510④:16，A型。夹砂褐陶。立耳，耳顶呈弧形，环耳截面略呈长方形（图六一四，6）。

陶鼎足　1件。标本03ET2510④:7，Ab型。夹砂褐陶。圆柱状截锥足。足外侧一道竖刻槽；内侧三道刻槽，中间一道竖刻槽一贯到底，两侧槽向中间斜刻。残高8.4厘米（图六一四，8）。

陶罐　2件。标本03ET2510④:3，Ca型。泥质灰褐陶。敞口，圆唇，斜弧颈，溜肩。肩、腹饰弦断交叉条纹。口径26、残高5.6厘米（图六一四，3）。标本03ET2510④:2，Fd型。夹砂褐陶。直口微敞，方唇，斜直颈，斜弧肩。素面。口径16、残高5.8厘米（图六一四，4）。

陶瓮　2件。标本03ET2510④:5，Ec型。夹砂褐陶。直口，厚方唇，直颈，斜弧肩。素面。口径24、残高6.4厘米（图六一四，1）。标本03ET2510④:6，Ee型Ⅲ式。夹砂褐陶。敞口，方唇，斜直颈，斜折广肩。肩饰弦断条纹，腹饰条纹。口径16、残高10厘米（图六一四，5）。

陶盆（底）足　1件。标本03ET2510④:10，C型Ⅱ式。夹砂灰褐陶。下腹斜直内收，平底，椭圆柱状矮截锥足。下腹饰弦断条纹。残高8厘米（图六一四，7）。

陶器耳　3件。标本03ET2510④:13，Aa型。夹砂褐陶。鸟头形扁直耳，耳根部横穿圆孔（图六一四，10）。标本03ET2510④:14，Ab型。夹砂红褐陶。鸟头形扁直耳，耳根部横穿圆孔（图六一四，11）。标本03ET2510④:12，Cc型。夹砂黄褐陶。椭圆形环耳，耳环截面略呈椭圆形。素面（图六一四，12）。

陶纺轮　1件。标本03ET2510④:4，Cb型。夹砂灰褐陶。厚体，圆形，两面平，圆中间一直壁圆孔，周壁弧。直径2.9、孔径0.5、厚2.6厘米（图六一四，9）。

03ET2510②

器类有陶鬲、罐，另有硬陶器。

标本1件。

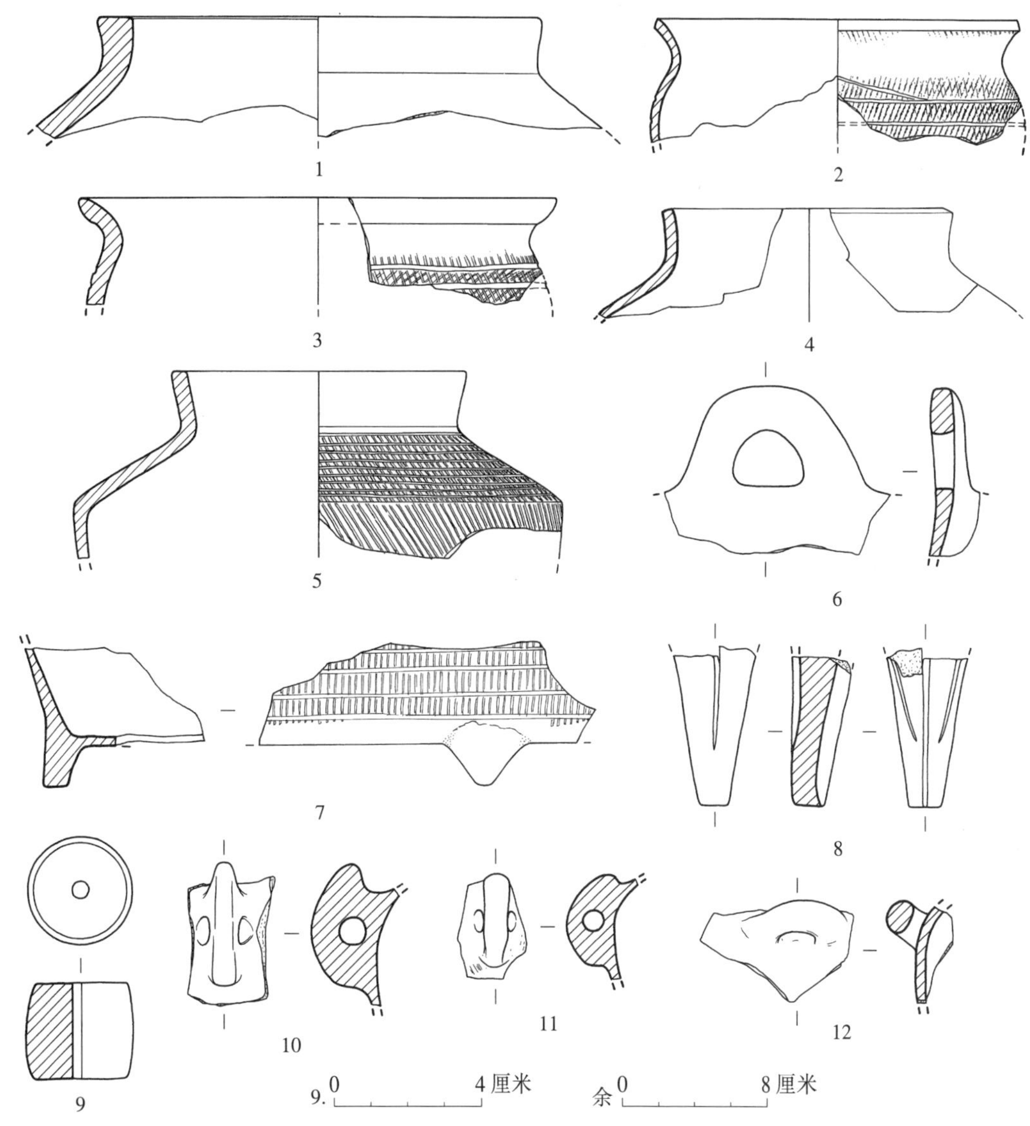

图六一四　03ET2510④出土陶器

1. Ec 型瓮（03ET2510④:5）　2. Ab 型鬲（03ET2510④:1）　3. Ca 型罐（03ET2510④:3）　4. Fd 型罐（03ET2510④:2）　5. Ee 型Ⅲ式瓮（03ET2510④:6）　6. A 型鼎耳（03ET2510④:16）　7. C 型Ⅱ式盆（底）足（03ET2510④:10）　8. Ab 型鼎足（03ET2510④:7）　9. Cb 型纺轮（03ET2510④:4）　10. Aa 型器耳（03ET2510④:13）　11. Ab 型器耳（03ET2510④:14）　12. Cc 型器耳（03ET2510④:12）

硬陶片　1 件。标本 03ET2510②:1，器类不明。灰褐硬陶。饰压印条纹（图二九六，2）。

7. 03ET2407④、②

03ET2407④

器类有陶瓮，还有硬陶器。

标本 1 件。

硬陶片　1 件。标本 03ET2407④:1，器类不明。灰硬陶。饰弦纹和戳印鳞纹（图二九五，3）。

03ET2407②

器类有陶鬲、瓮等。

标本2件，均为陶器。

陶瓮　2件。标本03ET2407②:1，Ab型。夹砂黄陶。敞口，厚方唇，弧颈，斜肩。素面。口径36、残高6.2厘米（图六一五，1）。标本03ET2407②:2，Ec型。夹砂黄陶。敛口，厚方唇，弧颈，斜广肩。唇面有两周凹弦纹，颈部有指窝纹。口径20、残高6.8厘米（图六一五，2）。

8. 03ET2508④～②

03ET2508④

器类有陶鬲、甗、鼎、滤盉、罐、瓮、缸、盆、豆、杯、器盖、饼、支（拍）垫等。

标本31件，均为陶器

陶鬲　7件。标本03ET2508④:25，Aa型。夹砂灰褐陶。敞口，方唇，斜弧颈，溜肩。颈部绳纹被抹，肩、腹饰弦断绳纹。口径20、残高6.2厘米（图六一六，12）。标本03ET2508④:9，

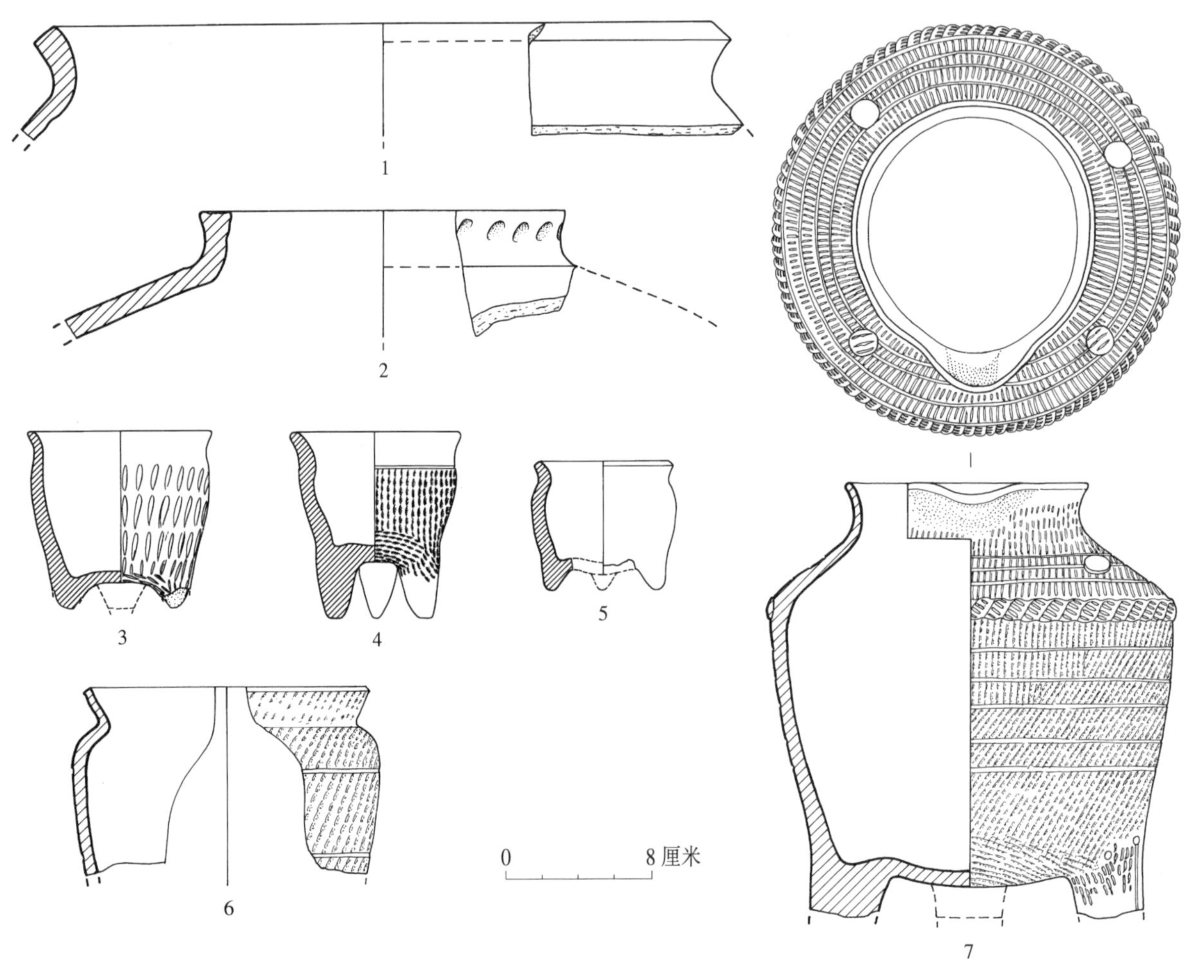

图六一五　03ET2407②、T2508④出土陶器

1. Ab型瓮（03ET2407②:1）　2. Ec型瓮（03ET2407②:2）　3、4. Ha型Ⅲ式鬲（03ET2508④:6、4）　5. Aj型Ⅰ式鬲（03ET2508④:5）　6. Ad型Ⅲ式鬲（03ET2508④:9）　7. Ba型Ⅲ式鬲（03ET2508④:10）

Ad 型Ⅲ式。夹砂褐陶。侈口，方唇，斜直束颈，隆肩，弧腹直内收，鬲身呈罐形，口径小于腹径。颈部绳纹被抹，肩、腹饰弦断绳纹。口径 15.6、残高 10 厘米（图六一五，6）。标本03ET2508④:5，Aj 型Ⅰ式。夹砂灰褐陶，器表有烟熏痕迹。侈口，卷沿，方唇，斜直颈，弧肩，圆鼓腹内收，鬲身呈罐形，口径小于腹径，器内壁底部与足根对接处有较浅足窝，圆柱状矮锥足。素面。口径 7.6、高 6.8 厘米（图六一五，5；图版二三，5）。标本 03ET2508④:10，Ba 型Ⅲ式。夹砂褐陶。敞口，圆唇，口沿处突出一个凹流，弧颈，斜弧折肩，弧腹斜直内收，口径小于腹径，器内壁底部与足根对接处有较深足窝。颈、肩、腹通饰弦断绳纹，肩部等距离饰四个圆形泥饼，肩腹相交处饰一周附加堆纹，底及足根饰绳纹，足根外侧有三个圆窝和一道竖刻槽。口径 13、残高 23.5 厘米（图六一五，7；彩版一五，1）。标本 03ET2508④:3，Da 型Ⅲ式。夹砂黄褐陶。敞口，弧沿，圆唇，斜直颈，弧肩，弧腹内收，鬲身呈罐形，口径小于腹径，器内壁底部与足根对接处有较深足窝。腹部绳纹被抹。口径 8.4、残高 8.8 厘米（图六一六，1；图版二五，4）。标本03ET2508④:4，Ha 型Ⅲ式。夹砂褐陶，器表有烟熏痕迹。敞口，弧沿，圆唇，斜弧颈，溜肩，弧腹斜内收，鬲身呈盆形，口径大于腹径，下弧裆，器内壁底部与足根对接处有较浅足窝，圆柱状截锥足。肩部一周凹弦纹，腹、底及足根饰绳纹。口径 9.4、高 10 厘米（图六一五，4；图版二六，4）。标本 03ET2508④:6，Ha 型Ⅲ式。夹砂褐陶。敞口，弧沿，圆唇，斜直颈，溜肩，弧腹内收，鬲身呈盆形，口径略大于腹径，下弧裆，器内壁底部与足根对接处有较深足窝，圆柱状足尖残，有明显包足痕迹。器表饰竖条纹。口径 10、残高 9.5 厘米（图六一五，3；图版二六，5）。

陶鬲足 2 件。标本 03ET2508④:31，Ab 型Ⅰ式。夹砂黄褐陶。圆柱状锥足，残有三个圆窝。足外侧一道竖刻槽，足根饰绳纹。足根部足芯清晰，包足痕迹明显。残高 12.2 厘米（图六一六，2）。标本 03ET2508④:24，C 型Ⅰ式。夹砂灰白陶。圆柱状锥足，有三个圆窝。足根饰绳纹。残高 9.8 厘米（图六一六，3）。

陶甗耳 4 件。标本 03ET2508④:18，Aa 型。夹砂黄褐陶。口沿外侧贴施泥片护耳，耳内甗壁上戳圆形穿孔。器表和耳面饰绳纹（图六一六，7）。标本 03ET2508④:19，Ab 型。夹砂灰白陶。口沿外侧贴施泥片护耳，耳内甗壁上戳圆形穿孔。器表饰弦断绳纹，耳面饰绳纹（图六一六，8）。标本 03ET2508④:20，Ab 型。夹砂红褐陶。口沿外侧贴施泥片护耳，耳内甗壁上戳圆形穿孔。耳面饰条纹（图六一六，14）。标本 03ET2508④:21，Ab 型。夹砂褐陶。口沿外侧贴施泥片护耳，耳内甗壁上戳圆形穿孔。耳面饰条纹（图六一六，10）。

陶甗足 2 件。标本 03ET2508④:23，Ab 型Ⅰ式。夹砂灰褐陶。椭圆柱状矮锥足，足根外壁有三个圆窝和一道竖刻槽。下腹、底及足根饰绳纹。残高 6 厘米（图六一六，13）。标本03ET2508④:22，Ab 型Ⅱ式。夹砂灰陶。圆柱状截锥矮足，外侧有三个圆窝。足根饰绳纹，足底面饰条纹。残高 4.7 厘米（图六一六，11）。

陶鼎耳 1 件。标本 03ET2508④:28，A 型。仿铜。夹砂褐陶。耳直立在器口上，环耳整体略呈圆角方形，截面呈长方形（图六一六，6）。

陶滤盉 1 件。标本 03ET2508④:30，Aa 型。夹砂黄灰陶。直口微敛，圆唇，弧腹。器表饰条纹。口径 10、残高 5.3 厘米（图六一七，2）。

陶罐 1 件。标本 03ET2508④:12，Aa 型Ⅳ式。夹砂黄褐陶。敞口，圆唇，斜直颈，斜肩，弧腹。颈部纹饰被抹，肩、腹饰弦断条纹，肩腹相交处一周附加堆纹。口径 20、残高 8.8 厘米

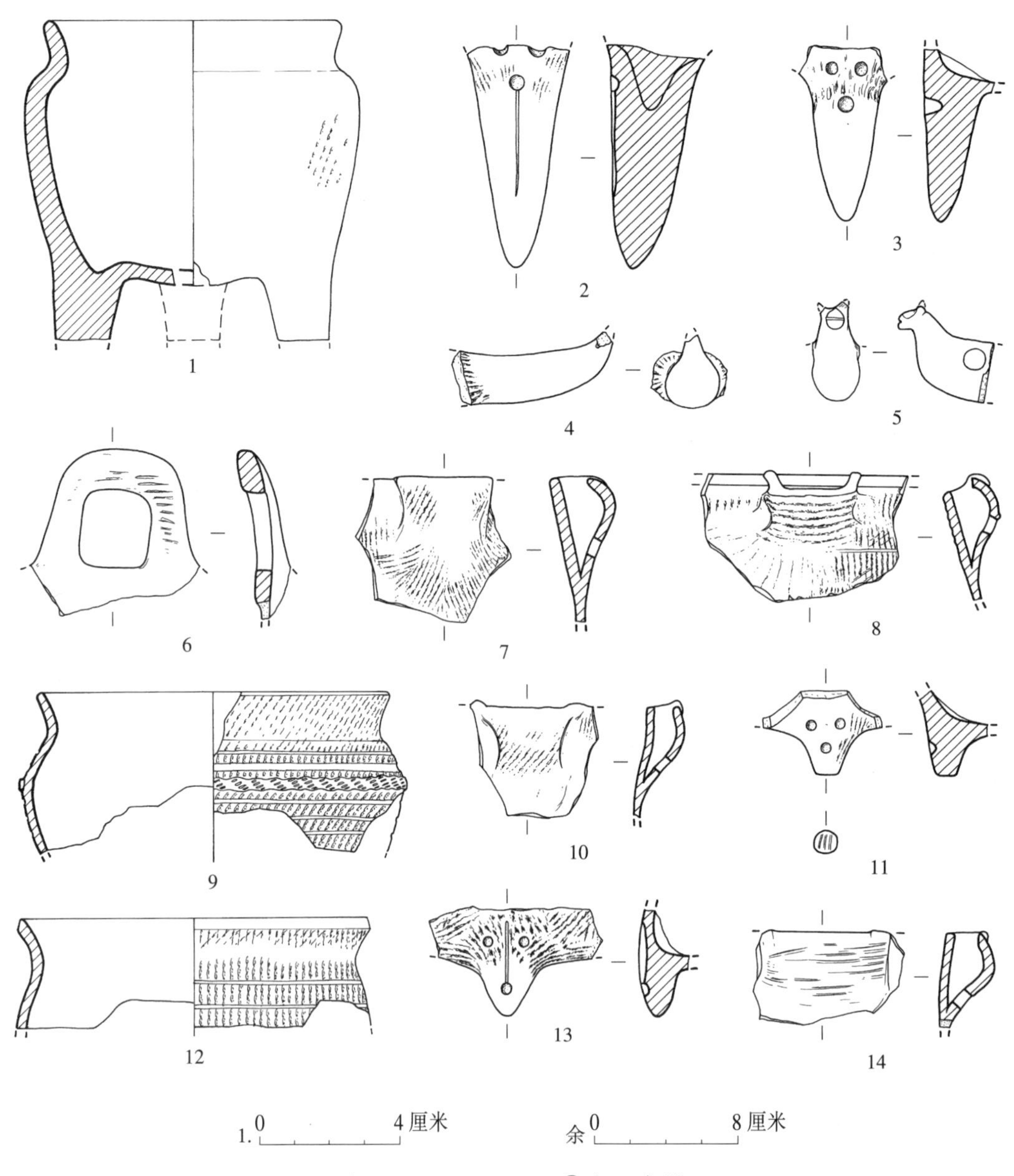

图六一六　03ET2508④出土陶器

1. Da型Ⅲ式鬲（03ET2508④:3）　2. Ab型Ⅰ式鬲足（03ET2508④:31）　3. C型Ⅰ式鬲足（03ET2508④:24）　4. Ab型器鋬（03ET2508④:29）　5. B型器鋬（03ET2508④:27）　6. A型鼎耳（03ET2508④:28）　7. Aa型甗耳（03ET2508④:18）　8、10、14. Ab型甗耳（03ET2508④:19、21、20）　9. Aa型Ⅳ式罐（03ET2508④:12）　11. Ab型Ⅱ式甗足（03ET2508④:22）　12. Aa型鬲（03ET2508④:25）　13. Ab型Ⅰ式甗足（03ET2508④:23）

（图六一六，9）。

陶瓮　1件。标本03ET2508④:13，Ab型。夹砂黄褐陶。敞口，方唇，斜弧颈，弧折肩。肩、腹饰弦断条纹。口径38、残高8.4厘米（图六一八，7）。

陶缸　1件。标本03ET2508④:32，Bc型。夹砂黄褐陶。敞口，方唇，斜直腹。器表饰条纹，腹部残有一道凸棱。口径16、残高6.8厘米（图六一七，3）。

陶盆　3件。标本03ET2508④:15，Aa型。夹砂黄褐陶。敞口，方唇，斜弧颈，溜肩。颈、

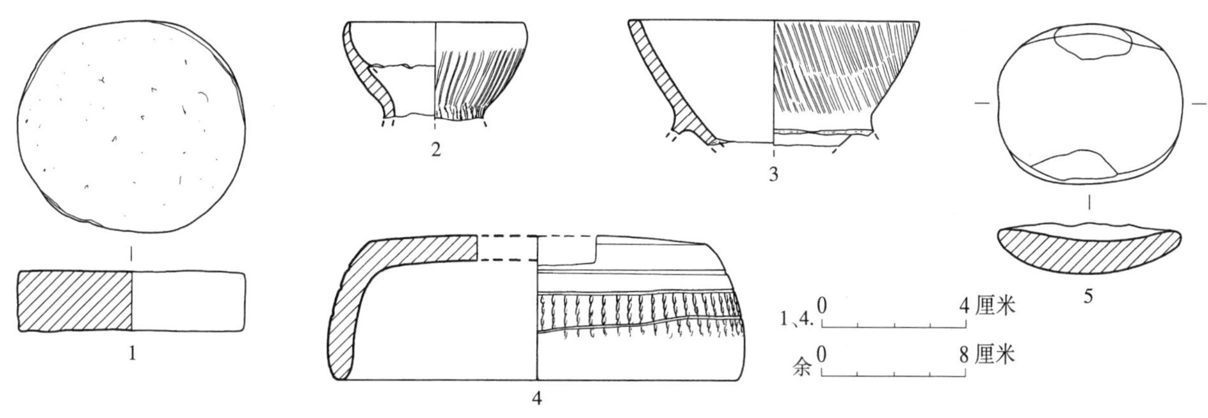

图六一七　03ET2508④出土陶器

1. Ab型Ⅱ式饼（03ET2508④:2）　2. Aa型滤盉（03ET2508④:30）　3. Bc型缸（03ET2508④:32）
4. Aa型Ⅳ式器盖（03ET2508④:7）　5. A型支（拍）垫（03ET2508④:33）

肩饰弦断绳纹。口径32、残高9.4厘米（图六一八，3）。标本03ET2508④:14，Bb型Ⅲ式。夹砂灰陶。侈口，弧沿，方唇，斜弧颈，斜弧肩，弧腹，口径与腹径相等。肩腹相交处一周附加堆纹，上腹饰绳纹。口径24、残高6.8厘米（图六一八，5）。标本03ET2508④:1，Bb型Ⅲ式。夹砂红褐陶。侈口，弧沿，圆唇，斜弧颈，斜弧肩，弧腹内收，口径略小于腹径，平底微内凹。肩部饰绳纹，肩腹相交处一周附加堆纹，上腹饰弦断绳纹，下腹及底饰交错绳纹。口径25.4、底径14.2、高16厘米（图六一八，1；彩版二二，5）。

陶豆　2件。标本03ET2508④:8，Aa型Ⅳ式。夹细砂灰陶。敞口，方唇，弧盘。盘内壁饰一周凹弦纹，外壁底部饰绳纹，柄上残有长方形镂孔和两组弦纹。口径23.4、残高13.5厘米（图六一八，2）。标本03ET2508④:17，Aa型。夹细砂灰陶。敞口，方唇，弧盘。盘内壁饰两周凹弦纹，其间饰一周“S”形纹，外壁底部饰绳纹。口径24、残高4厘米（图六一八，6）。

陶杯　1件。标本03ET2508④:11，C型。夹细砂灰褐陶。直口，圆唇，直腹，平底上有圆圈形柄残痕。器表饰条纹。口径8.9、残高6.5厘米（图六一八，4；图版四七，2）。

陶器盖　1件。标本03ET2508④:7，Aa型Ⅳ式。夹砂灰褐陶。盖顶残，平顶，弧壁，口微敛，圆唇。盖壁饰凹弦纹和弦断绳纹。盖口径11、残高3.9厘米（图六一七，4；图版四七，5）。

陶器鋬　2件。标本03ET2508④:29，Ab型。夹细砂红褐陶。圆柱形器鋬，鋬端弧上侈，端顶残。鋬根残有条纹（图六一六，4）。标本03ET2508④:27，B型。泥质黑陶。柄残，兽首形扁直耳，耳根部横穿圆孔。素面（图六一六，5）。

陶饼　1件。标本03ET2508④:2，Ab型Ⅱ式。夹砂黄褐陶。用陶片打磨而成。扁圆形，周壁直。素面。直径6.2、厚1.6厘米（图六一七，1）。

陶支（拍）垫　1件。标本03ET2508④:33，A型。夹细砂红褐陶。残存垫面呈椭圆形。素面。垫面长径10、短径8.6、厚1～1.8厘米（图六一七，5）。

03ET2508③

器类有陶鬲、甗、罍、饼和石镞等。

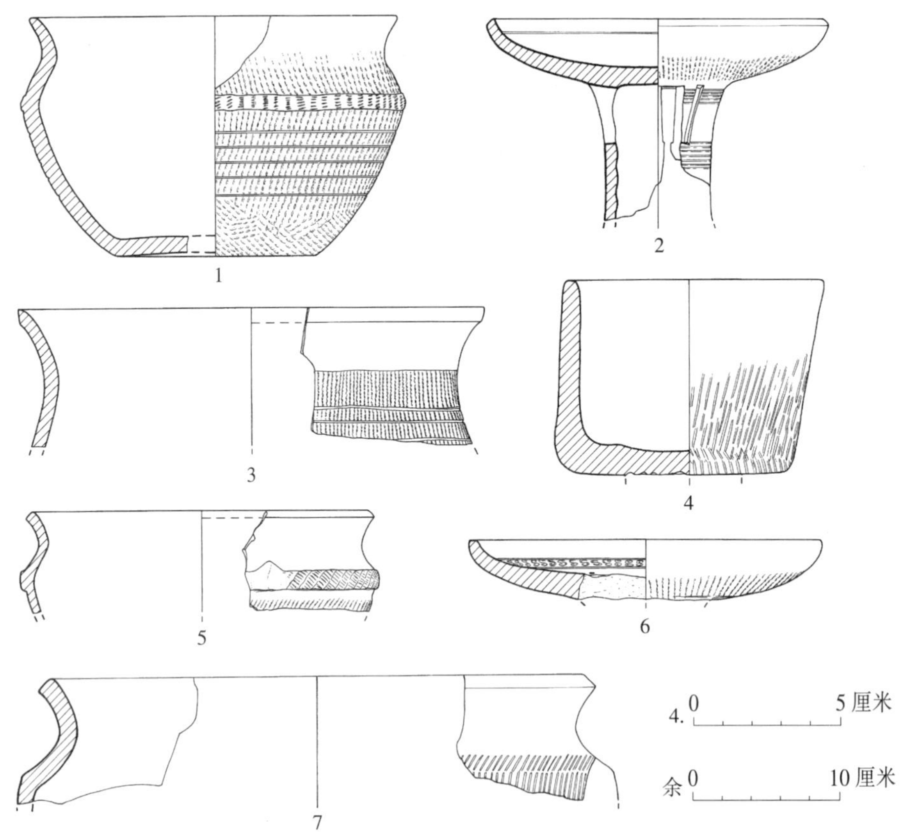

图六一八 03ET2508④出土陶器

1、5. Bb型Ⅲ式盆（03ET2508④:1、14） 2. Aa型Ⅳ式豆（03ET2508④:8） 3. Aa型盆（03ET2508④:15） 4. C型杯（03ET2508④:11） 6. Aa型豆（03ET2508④:17） 7. Ab型瓮（03ET2508④:13）

标本8件，其中陶器7件，石器1件。

陶鬲 2件。标本03ET2508③:5，Aa型。夹砂褐陶。敞口，圆唇，弧直颈，溜肩，弧腹。肩、腹饰弦断条纹，肩腹相交处一周附加堆纹。口径22、残高9厘米（图六一九，1）。标本03ET2508③:4，Ab型Ⅳ式。夹砂黄褐陶。敞口，弧沿，方唇，弧颈，斜弧肩，圆鼓腹。肩、腹饰弦断交错绳纹。口径18、残高8厘米（图六一九，7）。

陶甗足 1件。标本03ET2508③:7，Da型。夹砂褐陶。圆柱状矮足略呈蹄形，足根有足窝。下腹及足根饰压印方格纹。残高6厘米（图六一九，8）。

陶罍 1件。标本03ET2508③:6，Cb型Ⅱ式。夹砂红褐陶。直口微敞，方唇，直颈，斜肩。肩部饰弦断绳纹。口径14、残高7厘米（图六一九，5）。

陶器耳 1件。标本03ET2508③:3，Bc型。夹砂褐陶。长方形泥片状横耳，耳顶面微弧，耳面弧上翘（图六一九，6）。

陶饼 2件。标本03ET2508③:2，Aa型Ⅰ式。夹砂灰陶。用陶片打磨而成。扁圆形，周壁直。一面有稀疏绳纹。直径4.4~4.5、厚0.8厘米（图六一九，2）。标本03ET2508③:10，Ab型Ⅰ式。夹砂灰陶。用陶片打磨而成。扁圆形，周壁弧。素面。直径4.2~4.3、厚0.8~1.1厘米（图六一九，3）。

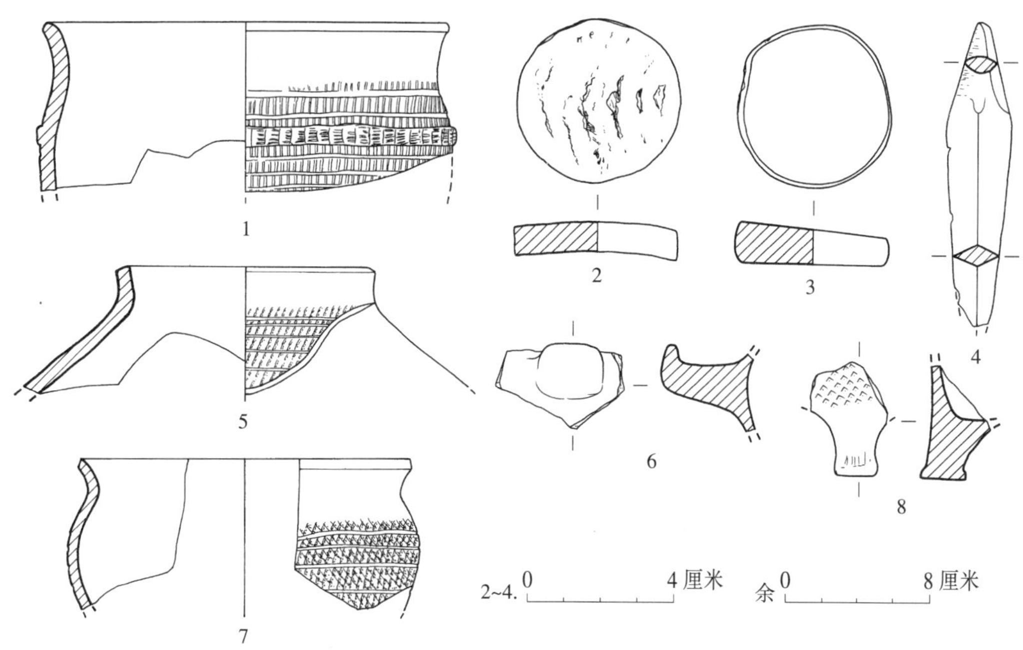

图六一九　03ET2508③出土器物

1. Aa型陶鬲（03ET2508③:5）　2. Aa型Ⅰ式陶饼（03ET2508③:2）　3. Ab型Ⅰ式陶饼（03ET2508③:10）　4. Aa型Ⅳ式石镞（03ET2508③:1）　5. Cb型Ⅱ式陶罍（03ET2508③:6）　6. Bc型陶器耳（03ET2508③:3）　7. Ab型Ⅳ式陶鬲（03ET2508③:4）　8. Da型陶甗足（03ET2508③:7）

石镞　1件。标本03ET2508③:1，Aa型Ⅳ式。青色。磨制。镞锋尖残，中部起棱，截面菱形，翼窄；铤略呈椭圆锥形，铤根至尖渐细。残长8.2厘米（图六一九，4；图版六七，4）。

03ET2508②

器类有陶盂形器、豆、支（拍）垫等。

标本3件，均为陶器。

陶盂形器　1件。标本03ET2508②:3，夹细砂褐陶。敞口，方唇，束颈，斜腹。素面。口径14、残高5.8厘米（图六二〇，1）。

陶豆　1件。标本03ET2508②:2，Aa型。夹细砂灰陶。敞口，圆唇，弧盘。素面。口径20、残高3.7厘米（图六二〇，2）。

陶支（拍）垫　1件。标本03ET2508②:1，Bc型Ⅳ式。夹砂红褐陶。由圆柱状柄形握手和圆饼形垫构成。柄中空呈圆孔，圆饼形垫垫面微内弧。素面。垫直径5、柄径2.6~3.6、高5.6厘米（图六二〇，3）。

9. 03ET2512③~②

03ET2512③

器类有陶罐、瓮、器盖。

标本3件，均为陶器。另有炼渣。

陶罐　1件。标本03ET2512③:3，Fd型Ⅲ式。夹砂黄褐陶。敞口，方唇，弧直颈，斜弧肩。

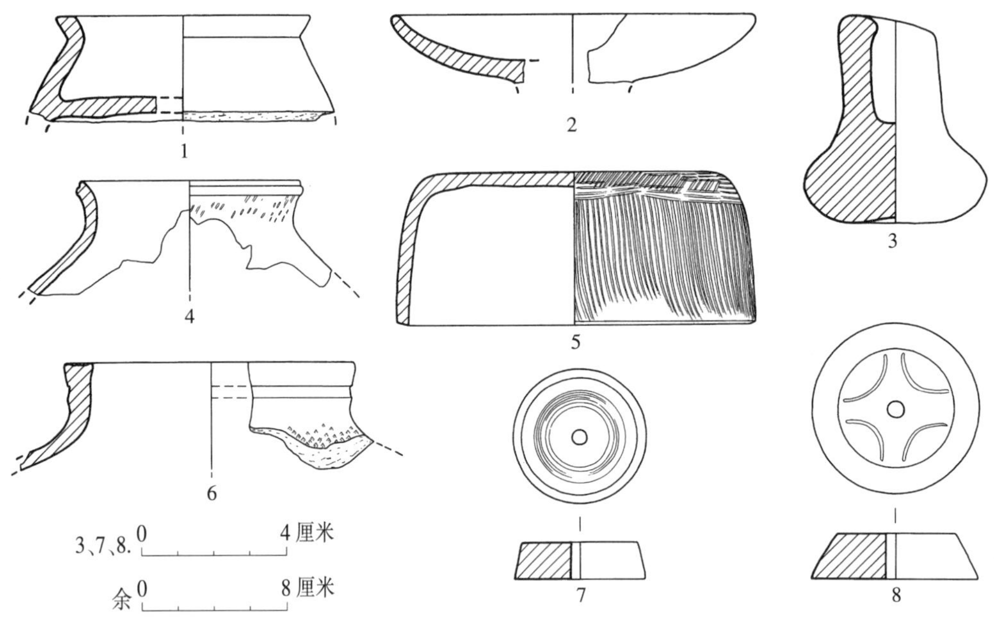

图六二〇 03ET2508②、T2512③、T2512②出土陶器

1. 盂形器（03ET2508②:3） 2. Aa型豆（03ET2508②:2） 3. Bc型Ⅳ式支（拍）垫（03ET2508②:1） 4. Fd型Ⅲ式罐（03ET2512③:3） 5. Aa型Ⅴ式器盖（03ET2512③:1） 6. Ec型瓮（03ET2512③:2） 7. D型Ⅰ式纺轮（03ET2512②:2） 8. D型Ⅱ式纺轮（03ET2512②:1）

颈部有条纹。口径12.4、残高6厘米（图六二〇，4）。

陶瓮 1件。标本03ET2512③:2，Ec型。夹砂红褐陶。直口微敞，厚方唇，直颈起棱，斜弧肩。肩部压印方格纹。口径16、残高5.8厘米（图六二〇，6）。

陶器盖 1件。标本03ET2512③:1，Aa型Ⅴ式。夹砂褐陶。盖顶平，弧壁，口微敛，圆唇。盖顶和壁饰条纹。盖口径19.8、高8.3厘米（图六二〇，5；图版四七，6）。

炼渣 1块。标本见附录一。

03ET2512②

器类有陶纺轮，还有硬陶器。

标本3件，其中陶器2件，硬陶器1件。

陶纺轮 2件。标本03ET2512②:2，D型Ⅰ式。泥质红褐陶。扁圆形，两面平，圆中间一直壁圆孔，周壁斜直，截面略呈梯形。素面。直径3.8、孔径0.4、厚1厘米（图六二〇，7；图版五八，5）。标本03ET2512②:1，D型Ⅱ式。夹砂褐陶，正面黑灰色。扁圆形，两面平，圆中间一直壁圆孔，周壁斜直，截面呈梯形。沿边缘对称饰四道弧纹，构成几何形纹样。直径4.6、孔径0.4、厚1.2厘米（图六二〇，8；图版五八，6）。

硬陶片 1件。标本03ET2512②:3，器类不明。红褐硬陶。饰回纹（图二九六，3）。

10. 03ET2201⑤～③

03ET2201⑤

器类有陶钵形器和石镞等。

标本 2 件，其中陶器、石器各 1 件。

陶钵形器　1 件。标本 03ET2201⑤:1，A 型Ⅱ式。夹细砂黄褐陶。敞口，方唇，弧腹，平底。腹饰条纹。口径 3.6、高 1.6 厘米（图六二一，2；图版四三，6）。

石镞　1 件。标本 03ET2201⑤:2，Aa 型Ⅱ式。青灰色。磨制。镞锋尖，中部起棱，截面菱形，翼窄，铤残。残长5.7 厘米（图六二一，1；图版六七，1）。

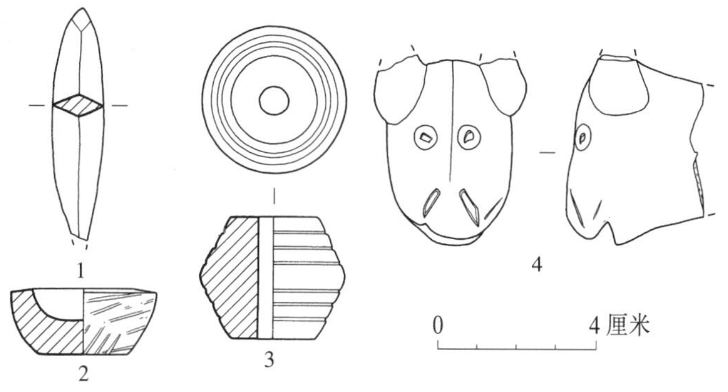

图六二一　03ET2201⑤、④出土器物

1. Aa 型Ⅱ式石镞（03ET2201⑤:2）　2. A 型Ⅱ式陶钵形器（03ET2201⑤:1）　3. B 型Ⅱ式陶纺轮（03ET2201④:1）　4. Ⅰ式陶牛（03ET2201④:2）

03ET2201④

器类有陶牛、纺轮等。

标本 2 件，均为陶器。

陶牛　1 件。标本 03ET2201④:2，Ⅰ式。泥质灰陶。仅存牛头部。牛角及耳残，大眼，阔鼻，宽嘴。素面。残长 3.4、面宽 3.8、残高 4.7 厘米（图六二一，4；图版六〇，3）。

陶纺轮　1 件。标本 03ET2201④:1，B 型Ⅱ式。夹砂灰褐陶。圆形，两面平，圆中间一直壁圆孔，周壁中部圆鼓，圆鼓上下斜面饰凹弦纹。直径 3.6、孔径 0.7、厚 3 厘米（图六二一，3；图版五六，7）。

03ET2201③

器类有陶纺轮、石锥。

标本 2 件，其中陶器、石器各 1 件。还有炼渣。

陶纺轮　1 件。标本 03ET2201③:3，Ae 型Ⅱ式。夹砂褐陶。器不规整，厚体，椭圆形，正面斜，背面平，椭圆中间一个直壁圆孔，周壁斜弧。素面。直径 3、孔径 0.5、厚 1.3 ~ 2 厘米（图六二二，5；图版五四，8）。

石锥　1 件。标本 03ET2201③:1，黑青色。磨制。圆柱状锥，锥尖残。残长 4.7 厘米（图版六八，1）。

炼渣　2 块 。标本见附录一。

11. 03ET2101⑤ ~ ③

03ET2101⑤

器类有石锤。

标本 2 件。

石锤　2 件。标本 03ET2101⑤:1，A 型Ⅱ式。用铁铜矿石制成，器表铁色夹有铜绿色，有明显砸痕。顶面呈圆形，截面略呈圆角方形。直径 7 ~ 7.5、厚 6.2 厘米（图六二二，3；图版六六，6）。标本 03ET2101⑤:2，A 型Ⅱ式。青色夹有铁红色，有明显砸痕。顶面呈圆形，截面略呈圆角

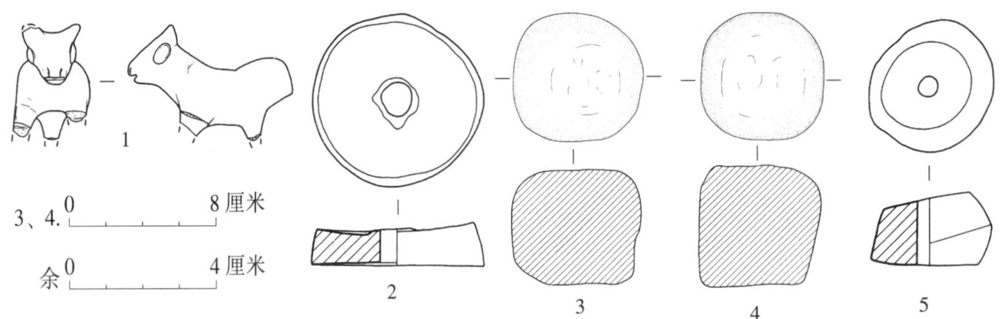

图六二二　03ET2101④、T2101⑤、T2201③出土器物

1. Aa型陶器纽（03ET2101④:10）　2. D型Ⅰ式陶纺轮（03ET2101④:9）　3、4. A型Ⅱ式石锤（03ET2101⑤:1、2）　5. Ae型Ⅱ式陶纺轮（03ET2201③:3）

方形。直径6.5~7、厚6.5厘米（图六二二，4；图版六六，5）。

03ET2101④

器类有陶器纽、纺轮等。

标本2件，均为陶器。

陶器纽　1件。标本03ET2101④:10，Aa型。夹砂褐陶。动物形器纽作站立状，大眼，口鼻明显，昂首竖耳，弧背，阔尾，平腹，三足外张。残长4.5、残宽2.1、残高3.1厘米（图六二二，1）。

陶纺轮　1件。标本03ET2101④:9，D型Ⅰ式。夹砂灰褐陶。扁圆形，器不规整，正面边缘和中部微隆起，背面微内凹，圆中间一个直壁椭圆孔，周壁斜直。素面。直径4.6~4.7、孔径0.8~0.9、厚1~1.2厘米（图六二二，2；图版五八，4）。

03ET2101③

器类有陶纺轮等。

标本2件，均为陶器。

陶器鋬　1件。标本03ET2101③:4，B型。夹细砂褐陶。椭圆柱形器鋬，鋬柱斜上侈，鋬端呈兽首形，兽首顶部两角，面部刻“X”形符号，两侧各一只大眼，吻部平（图六二三，2）。

陶纺轮　1件。标本03ET2101③:8，Cc型Ⅰ式。夹砂灰褐陶。扁椭圆形，两面中部隆起，椭圆中间一个直壁椭圆孔，周壁直。器面及周壁饰绳纹。直径6.2~6.6、孔径0.6~0.8、厚1.6厘米（图六二三，1；图版五八，1）。

12. 03ET2507⑥~②

03ET2507⑥

器类有陶鬲、甗、鼎、纺轮、坩形器等。

标本7件，均为陶器。

陶鬲足　1件。标本03ET2507⑥:10，Ac型Ⅱ式。夹砂灰陶。圆柱状截锥足。素面。残高8厘米（图六二四，4）。

陶甗足　1件。标本03ET2507⑥:8，Da型。夹砂红褐陶。椭圆柱状矮足略呈蹄形，足根有足窝。素面。残高 4.2 厘米（图六二四，6）。

陶鼎足　1 件。标本 03ET2507⑥:11，B 型。夹砂灰陶。圆柱状截锥足，足根外壁两个椭圆凹窝。素面。残高 6.4 厘米（图六二四，7）。

陶纺轮　3 件。标本 03ET2507⑥:2，Ag 型Ⅰ式。夹砂灰褐陶。扁圆形，正面中部隆起，背面平，圆中间一直壁圆孔，周壁中间凸起一周折棱，折棱上下斜面弧。素面。直径 5、孔径 0.5、厚 1～1.2 厘米（图六二四，2；图版五五，7）。标本 03ET2507⑥:3，Ah 型Ⅰ式。夹砂灰褐陶。扁圆形残，两面平，圆中间一直壁圆孔，周壁中间凸起一周折棱，折棱上下斜面直。素面。直径 5、孔径 0.5、厚 1.2 厘米（图六二四，3）。标本 03ET2507⑥:4，D 型Ⅰ式。夹砂灰褐陶。扁圆形残，体较厚，两面平，周壁斜微内弧，正面圆径略小于背面，截面略呈梯形，圆中间一直壁圆孔。素面。直径 5、孔径 0.5、厚 1.7 厘米（图六二四，5）。

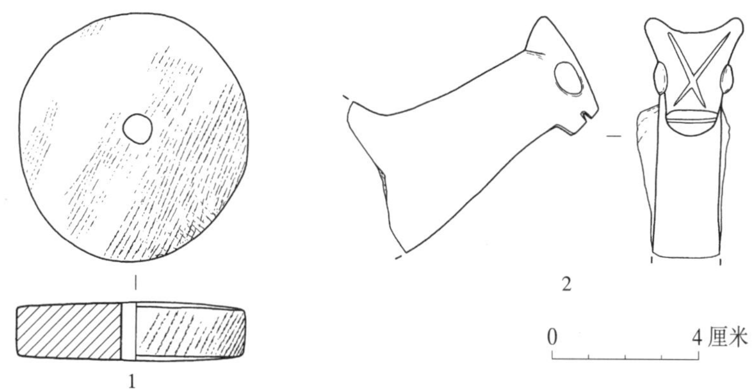

图六二三　03ET2201③出土陶器

1. C 型Ⅰ式纺轮（03ET2101③:8）　2. B 型器鋬（03ET2101③:4）

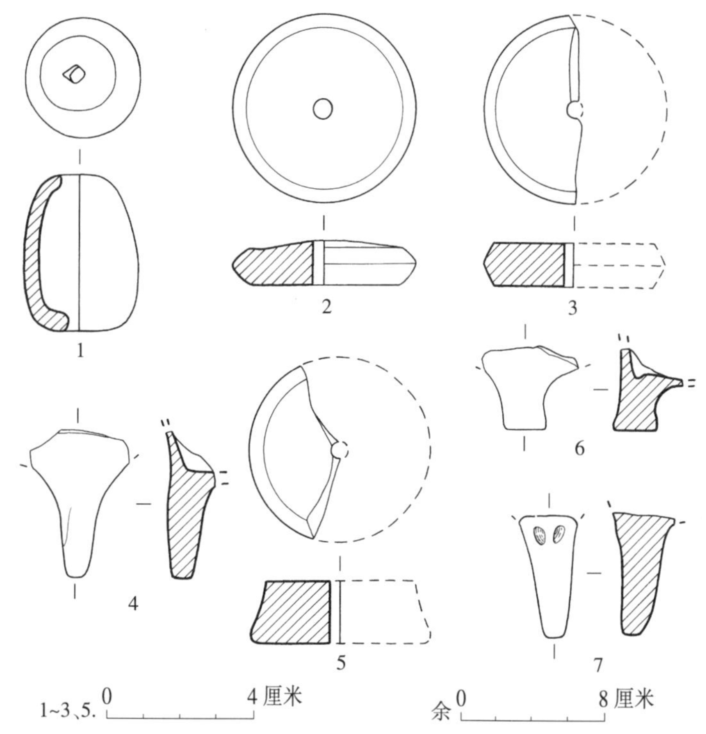

图六二四　03ET2507⑥出土陶器

1. 埙形器（03ET2507⑥:1）　2. Ag 型Ⅰ式纺轮（03ET2507⑥:2）　3. Ah 型Ⅰ式纺轮（03ET2507⑥:3）　4. Ac 型Ⅱ式鬲足（03ET2507⑥:10）　5. D 型Ⅰ式纺轮（03ET2507⑥:4）　6. Da 型甗足（03ET2507⑥:8）　7. B 型鼎足（03ET2507⑥:11）

陶埙形器　1 件。标本 03ET2507⑥:1，泥质黑褐陶。器小。圆筒形中空，上下对穿孔，弧壁。素面。最大径 3.1、孔径 0.4～0.6、高 4.2 厘米（图六二四，1）。

03ET2507⑤

器类有陶鬲、甗、鼎等。

标本 10 件，均为陶器。另有矿石、炼渣。

陶鬲足　6件。标本03ET2507⑤:3，Aa型Ⅱ式。夹砂褐陶。圆柱状截锥足，足微弧外撇，有足窝。足外侧有一道刻槽，足根饰条纹。残高11厘米（图六二五，1）。标本03ET2507⑤:4，Aa型Ⅱ式。夹砂褐陶。圆柱状截锥足，有足窝。足外侧有一道刻槽，足根饰条纹。残高11.6厘米（图六二五，6）。标本03ET2507⑤:6，Aa型Ⅱ式。夹砂褐陶。圆柱状截锥足，足微内弧，足根有足窝。足外侧有一道刻槽。素面。残高11.6厘米（图六二五，4）。标本03ET2507⑤:5，Aa型Ⅲ式。夹砂灰黄陶。圆柱状足。足外侧有一道刻槽。素面。残高11.2厘米（图六二五，5）。标本03ET2507⑤:7，Aa型Ⅲ式。夹砂褐陶。圆柱状截锥足。足外侧有一道刻槽。素面。残高8.4厘米（图六二五，3）。标本03ET2507⑤:8，Ac型Ⅱ式。夹砂褐陶。圆柱状截锥足，有足窝。足根饰条纹。残高5.8厘米（图六二五，7）。

陶甗足　1件。标本03ET2507⑤:9，Da型。夹砂褐陶。椭圆柱状矮足略呈蹄形，足根有足窝。素面。残高6.2厘米（图六二五，10）。

陶鼎足　1件。标本03ET2507⑤:11，Ab型。夹砂黄褐陶。圆柱状截锥足。足内侧有上浅下深凹槽。残高9.6厘米（图六二五，2）。

陶器耳　1件。标本03ET2507⑤:2，Bf型。夹砂黄灰陶。长方形扁平泥片横耳，耳面微上翘。器壁残有条纹（图六二五，9）。

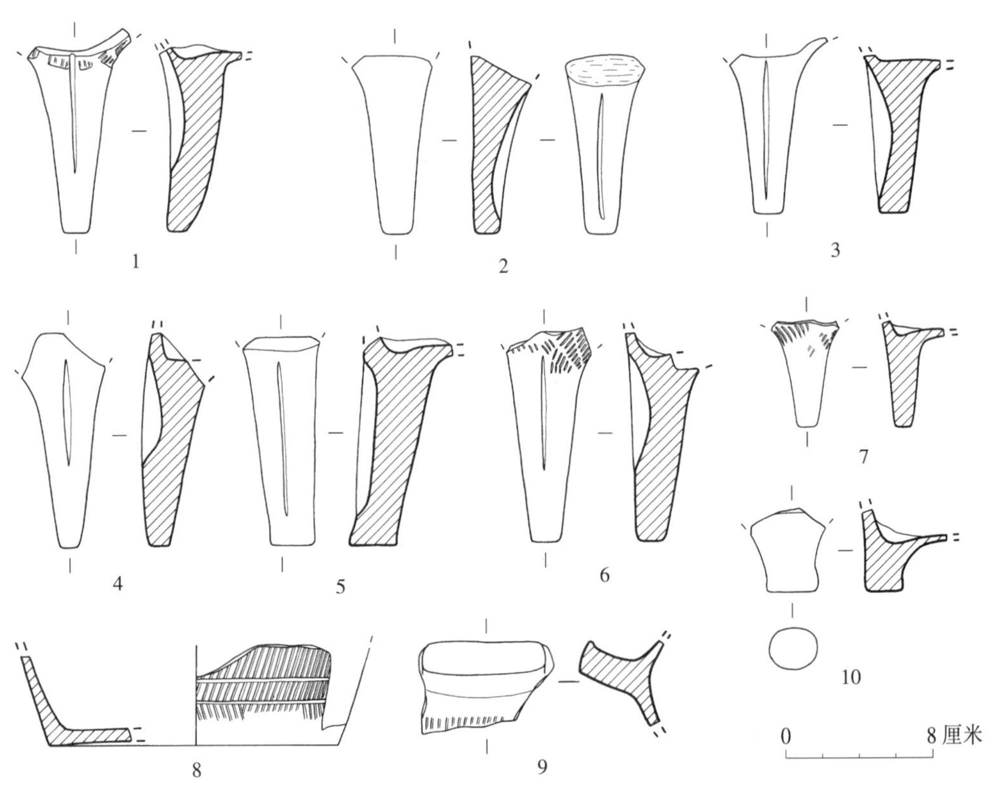

图六二五　03ET2507⑤出土陶器

1、4、6. Aa型Ⅱ式鬲足（03ET2507⑤:3、6、4）　2. Ab型鼎足（03ET2507⑤:11）　3、5. Aa型Ⅲ式鬲足（03ET2507⑤:7、5）　7. Ac型Ⅱ式鬲足（03ET2507⑤:8）　8. A型器底（03ET2507⑤:10）　9. Bf型器耳（03ET2507⑤:2）　10. Da型甗足（03ET2507⑤:9）

陶器底　1件。标本03ET2507⑤:10，A型。夹砂褐陶。仅存下腹和底部，下腹斜直内收，平底微内凹。下腹饰弦断条纹。底径16、残高5.4厘米（图六二五，8）。

矿石　2块。标本03ET2507⑤:1，两块，一块呈三角形，自然破碎状，矿体表面有红色斑块，矿体褐红色。另一块为长方形块状，质地坚固硬实，比重大。经检测，含铁量为92.01%，二氧化硅2.91%，氧化钙4.47%。岩相镜下XRD结果为赤铁矿、磁铁矿、石英石（附录二）。标本分别长2.5、2.7厘米，宽1.5、1.85厘米，厚1.1、0.8厘米（彩版三六，5）。

炼渣　1块。标本见附录一。

03ET2507④

器类有陶鬲、甗、鼎、罐、瓮、纺轮；硬陶器和铜条。

标本12件，其中陶器10件，硬陶器1件，铜器1件。另有炼渣。

陶鬲足　1件。标本03ET2507④:2，Aa型Ⅱ式。夹砂褐陶。圆柱状足，足根有足窝。足外壁刻划一道竖槽。残高9.6厘米（图六二六，5）。

陶甗足　1件。标本03ET2507④:9，Ba型。夹砂褐陶。椭圆柱状矮足略呈蹄形，足根有足窝。足根饰条纹。残高3.8厘米（图六二六，12）。

陶鼎足　4件。标本03ET2507④:7，Aa型。夹砂褐陶。圆柱状截锥足。素面。残高8.6厘米（图六二六，8）。标本03ET2507④:3，Ab型。夹砂褐陶。圆柱状足。足内壁刻划一道竖槽，足根饰条纹。残高12厘米（图六二六，4）。标本03ET2507④:4，Ac型。夹砂褐陶。圆柱状截锥足。残有四个圆窝纹，足内壁刻划一道竖槽，足根饰条纹。残高11.8厘米（图六二六，3）。标本03ET2507④:5，Af型。夹砂黄红陶。圆柱状足。根外壁残有一长方形凸棱。足面有刮削痕迹。残高7.8厘米（图六二六，6）。

陶罐　1件。标本03ET2507④:14，H型。夹砂褐陶。直口，平沿，圆唇，斜直颈，斜弧肩。素面。口径20、残高4.6厘米（图六二六，2）。

陶瓮　1件。标本03ET2507④:15，B型Ⅲ式。夹砂褐陶。直口微敞，沿面凹弧，圆唇，斜直颈，斜肩。素面。口径22、残高6.6厘米（图六二六，1）。

陶器耳　1件。标本03ET2507④:13，Aa型。夹砂灰褐陶。鸟头形扁直耳，耳根部横穿圆孔。耳顶饰条纹（图六二六，11）。

陶纺轮　1件。标本03ET2507④:1，Af型Ⅰ式。泥质灰陶。扁圆形，两面中部隆起，圆中间一直壁圆孔，周壁中间凸起一周折棱，折棱上下斜面直。素面。直径5.2、孔径0.6、厚0.9~1.1厘米（图六二六，9）。

硬陶器底　1件。标本03ET2507④:18，A型。灰褐硬陶。下腹斜弧内收，平底内凹。下腹及底饰绳纹。底径10、残高3.2厘米（图六二六，7）。

铜条　1件。标本03ET2507④:20，B型。锈蚀严重。器表绿色，里青色。三棱条形，截面三角形。残长4.2厘米（图六二六，10；图版六二，1）。

炼渣　2块。标本见附录一。

03ET2507③

器类有陶鬲、罐、纺轮、支（拍）垫和玉璧等。

标本7件，其中陶器6件，玉器1件。另有炼渣。

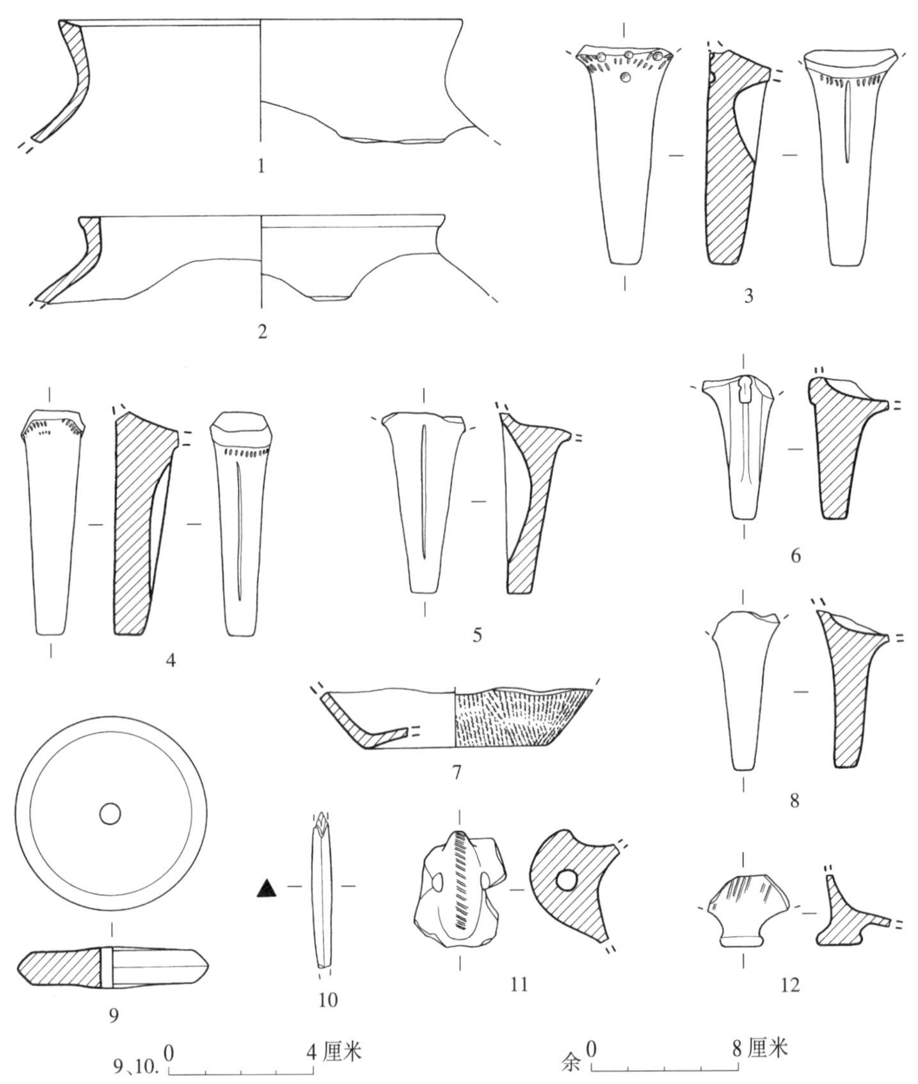

图六二六　03ET2507④出土器物

1. B型Ⅲ式陶瓮（03ET2507④:15）　2. H型陶罐（03ET2507④:14）　3. Ac型陶鼎足（03ET2507④:4）　4. Ab型陶鼎足（03ET2507④:3）　5. Aa型Ⅱ式陶鬲足（03ET2507④:2）　6. Af型陶鼎足（03ET2507④:5）　7. A型硬陶器底（03ET2507④:18）　8. Aa型陶鼎足（03ET2507④:7）　9. Af型Ⅰ式陶纺轮（03ET2507④:1）　10. B型铜条（03ET2507④:20）　11. Aa型陶器耳（03ET2507④:13）　12. Ba型陶甗足（03ET2507④:9）

陶鬲足　2件。标本03ET2507③:4，Aa型Ⅲ式。夹砂黄红陶。圆柱状足，足根有足窝。足外壁刻划一道竖槽。残高11.6厘米（图六二七，6）。标本03ET2507③:5，Aa型Ⅲ式。夹砂黄红陶。圆柱状足，足根有浅足窝。足外壁刻划一道竖槽。残高9.8厘米（图六二七，5）。

陶罐　1件。标本03ET2507③:9，Fe型Ⅱ式。夹砂黄灰陶。侈口，圆唇，弧颈，斜肩。肩部饰压印方格纹。口径14、残高3.8厘米（图六二七，4）。

陶器耳　1件。标本03ET2507③:10，Bh型。夹砂黄灰陶。长方形泥片横耳，耳面斜折上翘，耳顶凹凸不平呈鸡冠状。耳面饰压印方格纹（图六二七，7）。

陶纺轮　1件。标本03ET2507③:3，Ac型Ⅲ式。夹砂黄褐陶。扁圆形残，两面平，圆中间一

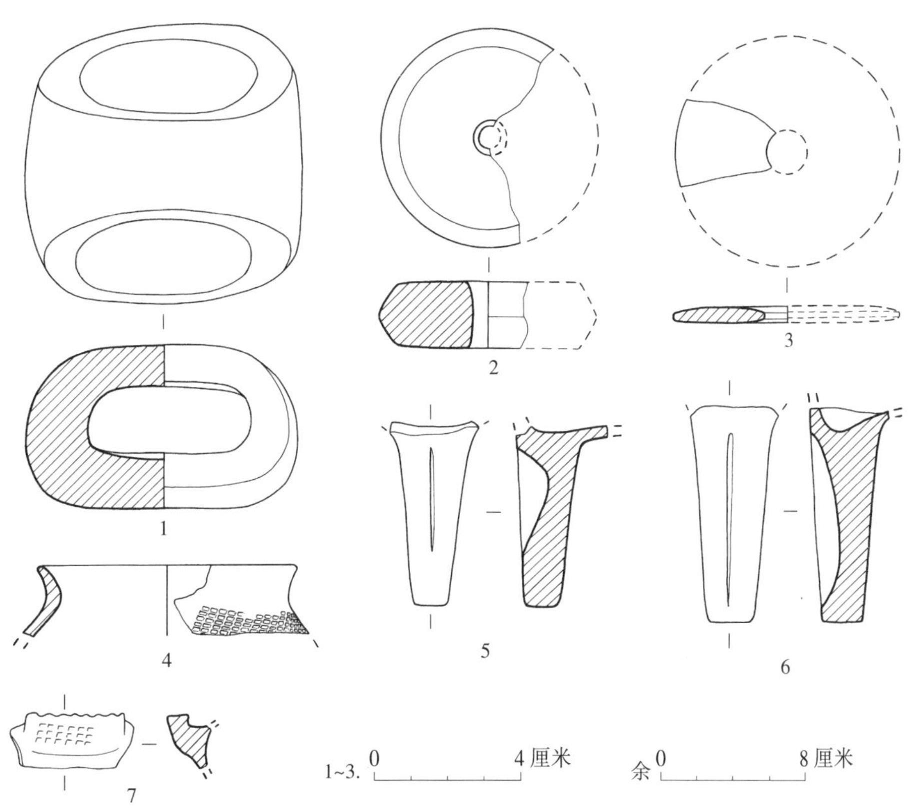

图六二七　03ET2507③出土器物

1. Aa型Ⅳ式陶支（拍）垫（03ET2507③:1）　2. Ac型Ⅲ式陶纺轮（03ET2507③:3）　3. 玉璧（03ET2507③:2）
4. Fe型Ⅱ式陶罐（03ET2507③:9）　5、6. Aa型Ⅲ式陶鬲足（03ET2507③:5、4）　7. Bh型陶器耳（03ET2507③:10）

弧壁圆孔，周壁中间凸起一周折棱，折棱上下斜面直。素面。直径6、孔径0.6~0.9、厚1.8厘米（图六二七，2；图版五三，6）。

陶支（拍）垫　1件。标本03ET2507③:1，Aa型Ⅳ式。夹砂灰褐陶。垫面平，垫背隆起穿孔，孔呈椭圆形用于握手。素面。垫长7.5、宽7.4、厚1.5厘米，支垫通高4.5厘米（图六二七，1；图版五〇，5）。

玉璧　1件。标本03ET2507③:2，灰白色。扁圆形，两面平，圆中间对钻穿孔，周壁弧。素面。直径6.2、肉宽2.5、厚0.2~0.4厘米（图六二七，3；图版六八，5）。

炼渣　2块。标本03ET2507③:5，块状溶琉结体，体表有浅褐色薄膜，渣体灰色，表面凸凹不平而光滑，夹裹有矿石，较致密。断口铁锈色，局部青黑色。非玻璃态，流动性一般，有一定气泡、空腔，有较强磁性。标本长4.4、宽3.2、厚2.8厘米（彩版四〇，4）。标本03ET2507③:6，块状溶琉结体，断面呈尖角三角形，体表有浅褐色薄膜，渣体灰色，表面凸凹不平而光滑，有光泽。断面有大小气孔，局部有褐红色斑块和细小的白色颗粒，还有的局部泛绿锈。标本长3.4、宽2.2、厚3.5厘米（彩版四〇，2；附录二）。

03ET2507②

器类有陶环、球。

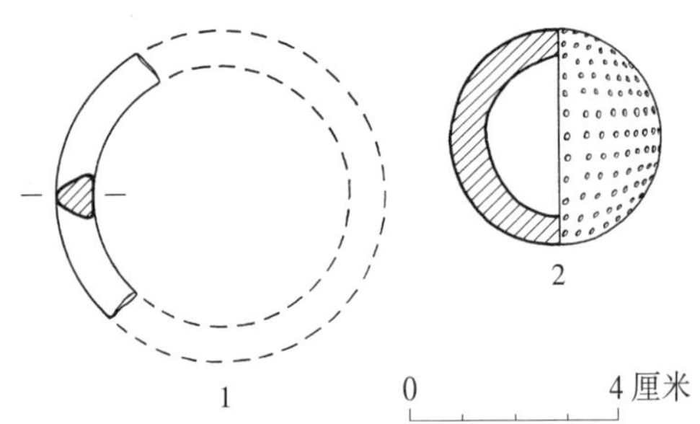

图六二八　03ET2507②出土陶器

1. A 型陶环（03ET2507②∶1）

2. B 型陶球（03ET2507②∶2）

标本2件，均为陶器。另有炼渣。

陶环　1件。标本03ET2507②∶1，A型。泥质灰陶。圆形环残，平面外薄内厚，截面呈圆角三角形。素面。直径6.2、肉宽0.7、厚0.2～0.8厘米（图六二八，1）。

陶球　1件。标本03ET2507②∶2，B型。夹砂红褐陶。圆形空心球。通体戳饰密集的麻点纹。直径4厘米（图六二八，2）。

炼渣　1块。标本见附录一。

13. 03ET2605⑥～③

03ET2605⑥

器类有陶鬲、甗。

标本2件，均为陶器。另有矿石、炼渣。

陶鬲　1件。标本03ET2605⑥∶1，Ac型Ⅰ式。夹砂褐陶。敞口，卷沿，方唇，斜弧颈，圆肩，圆腹，口径小于腹径。颈部纹饰被抹，肩、腹饰弦断条纹。口径24、残高8.2厘米（图六二九，12）。

陶甗腰　1件。标本03ET2605⑥∶2，D型。夹砂褐陶。束腰。器表饰条纹。腰部有明显上下对接痕迹。残高6.6厘米（图六二九，13）。

矿石　1块。标本03ET2605⑥∶3，形状呈三角形的自然破碎体，矿体灰褐色，断面有赤红色斑及浅绿色斑。质地坚固硬实，比重大。经检测，含三氧化二铁98.82%，二氧化硅0.35%，氧化钙0.49%。岩相镜下XRD结果为磁铁矿、赤铁矿。标本长4.7、宽2.4、厚1.8厘米（彩版三六，3；附录二）。

炼渣　2块。标本03ET2605⑥∶4，溶胶结状。灰黑色，表面似有薄褐色。底面较平，两面可见凸起的溶胶，可观察到为二层溶胶状，断面及表面有细小的孔隙。标本长5、宽3.3、厚0.08～1.7厘米（彩版四〇，3）。标本03ET2605⑥∶5，厚块状琉结体。表面有琉结的凸起叠痕，渣体灰色，有气孔，夹杂有细小的白色等豆粒，表面泛薄膜似红褐色。局部有明显的绿锈色。标本长5.1、宽4.2、厚2.2厘米（彩版四〇，6）。

03ET2605⑤

器类有陶鬲、甗、鼎、罐、盆、钵、豆和石斧等。

标本12件，其中陶器11件，石器1件。

陶鬲　1件。标本03ET2605⑤∶5，Ac型。夹砂黄红陶。敞口，卷沿，方唇，束颈，弧肩。肩部饰条纹。口径12、残高4.8厘米（图六二九，14）。

陶鼎耳　1件。标本03ET2605⑤∶12，A型。仿铜。夹砂红褐陶。立耳，耳环截面略呈方形（图六二九，5）。

陶甗　1件。标本03ET2605⑤∶4，Ab型。夹砂褐陶。敞口，卷沿，方唇，斜直颈。颈部纹饰被抹，肩饰条纹。口径34、残高4.8厘米（图六二九，6）。

陶甗足　1件。标本03ET2605⑤:8，Da型。夹砂褐陶。椭圆柱状矮足略呈蹄形。底、足根和足底面饰条纹。残高4.4厘米（图六二九，8）。

陶罐　1件。标本03ET2605⑤:3，Fa型。夹砂灰陶。敞口，卷沿，圆唇，弧颈，斜弧肩。颈、肩部饰抹断绳纹。口径16、残高4.8厘米（图六二九，4）。

陶盆　1件。标本03ET2605⑤:6，Aa型。夹砂褐陶。侈口，卷沿，方唇，弧颈，溜肩，弧腹，口径大于腹径。颈部纹饰被抹，肩、腹饰弦断绳纹。口径16、残高3.8厘米（图六二九，10）。

陶钵　1件。标本03ET2605⑤:7，Ab型Ⅰ式。夹砂褐陶。敛口，方唇，唇面一道凹槽，弧腹。腹饰条纹。口径10、残高4.8厘米（图六二九，11）。

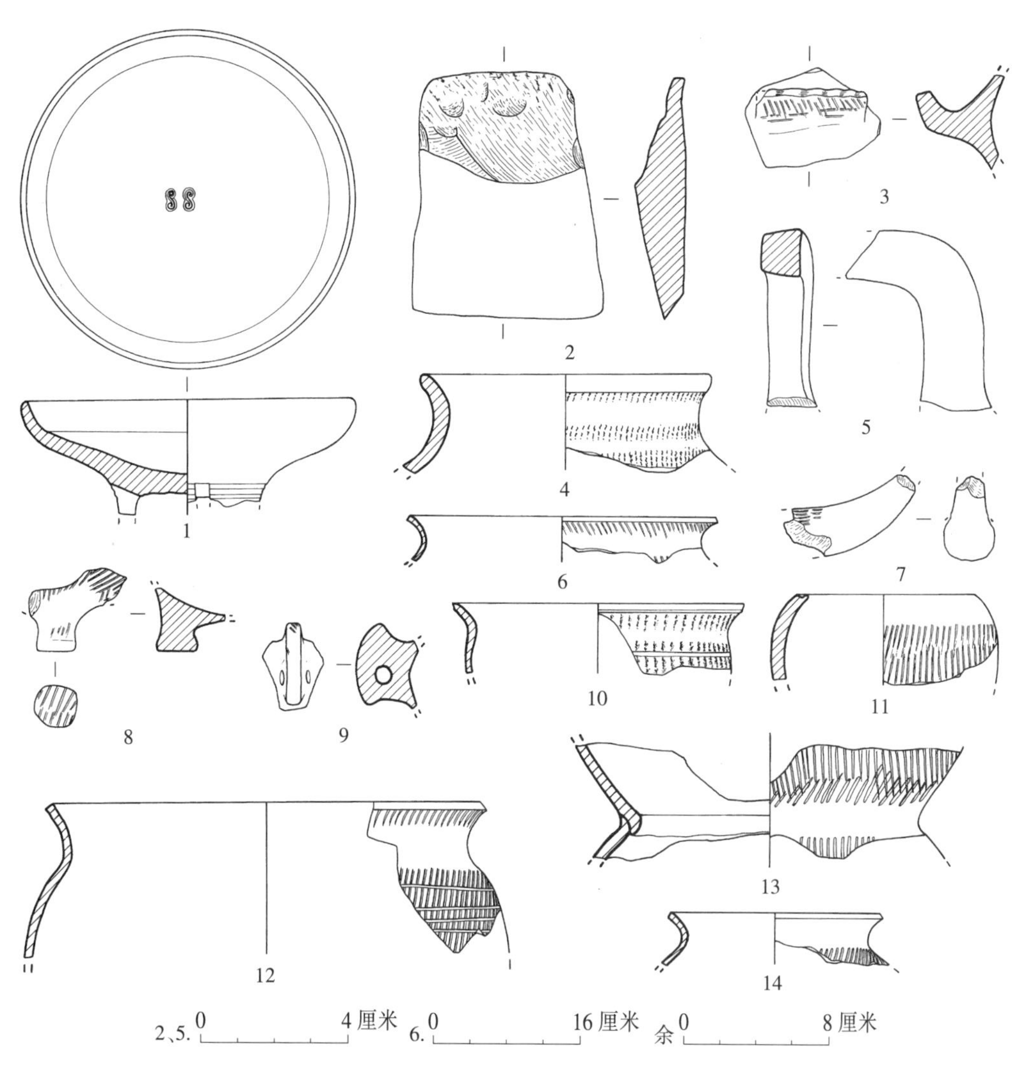

图六二九　03ET2605⑥、⑤出土器物

1. Aa型陶豆（03ET2605⑤:2）　2. Ab型Ⅰ式石斧（03ET2605⑤:1）　3. Be型陶器耳（03ET2605⑤:10）　4. Fa型陶罐（03ET2605⑤:3）　5. A型陶鼎耳（03ET2605⑤:12）　6. Ab型陶甗（03ET2605⑤:4）　7. Ab型陶器鋬（03ET2605⑤:9）　8. Da型陶甗足（03ET2605⑤:8）　9. Ab型陶器耳（03ET2605⑤:11）　10. Aa型陶盆（03ET2605⑤:6）　11. Ab型Ⅰ式陶钵（03ET2605⑤:7）　12. Ac型Ⅰ式陶鬲（03ET2605⑥:1）　13. D型陶甗腰（03ET2605⑥:2）　14. Ac型陶鬲（03ET2605⑤:5）

陶豆 1件。标本03ET2605⑤:2，Aa型。夹细砂灰陶。敞口，圆唇，弧盘，豆盘较深。豆盘内有一周凹弦纹，底部中心饰两个复线“S”形纹，盘柄相接处残有长方形孔。口径18.2、残高6.4厘米（图六二九，1）。

陶器耳 2件。标本03ET2605⑤:11，Ab型。夹砂褐陶。鸟头形扁直耳，耳根部横穿圆孔（图六二九，9）。标本03ET2605⑤:10，Be型。夹砂褐陶。长方形泥片状横耳，耳面斜弧折上侈。耳顶面压印凹条纹呈鸡冠状，耳面饰条纹（图六二九，3）。

陶器鋬 1件。标本03ET2605⑤:9，Ab型。夹细砂灰陶。椭圆柱状弧形器鋬（图六二九，7）。

石斧 1件。标本03ET2605⑤:1，Ab型Ⅰ式。灰色。扁平长方梯形，两面平，正面及顶部残，边壁斜直，偏锋，直刃。长6.6、刃宽5.2、残厚0.3~1.5厘米（图六二九，2；图版六三，1）。

03ET2605④

器类有陶甗、鼎、罍、纺轮和石管等。

标本5件，其中陶器4件，石器1件。

陶甗腰 1件。标本03ET2605④:5，D型。夹砂褐陶。束腰。器表饰压印方格纹。腰部有明显上下对接痕迹。残高6.4厘米（图六三〇，2）。

陶鼎足 1件。标本03ET2605④:4，Ac型。夹砂黄陶。圆柱状足，足根外部饰条纹和三个圆窝，足内壁刻划一道竖槽。残高12厘米（图六三〇，5）。

陶罍 1件。标本03ET2605④:7，Ba型。夹砂褐陶。敞口，弧沿，方唇，斜直颈，斜肩。颈部纹饰被抹，肩饰绳纹。口径22、残高5.6厘米（图六三〇，1）。

陶纺轮 1件。标本03ET2605④:2，Aa型Ⅳ式。夹砂灰褐陶。圆形厚体，两面平，圆中间一直壁圆孔，周壁中间凸起一周折棱，折棱上下斜面直。素面。直径3.4、孔径0.5、厚2.6厘米（图六三〇，4；图版五二，6）。

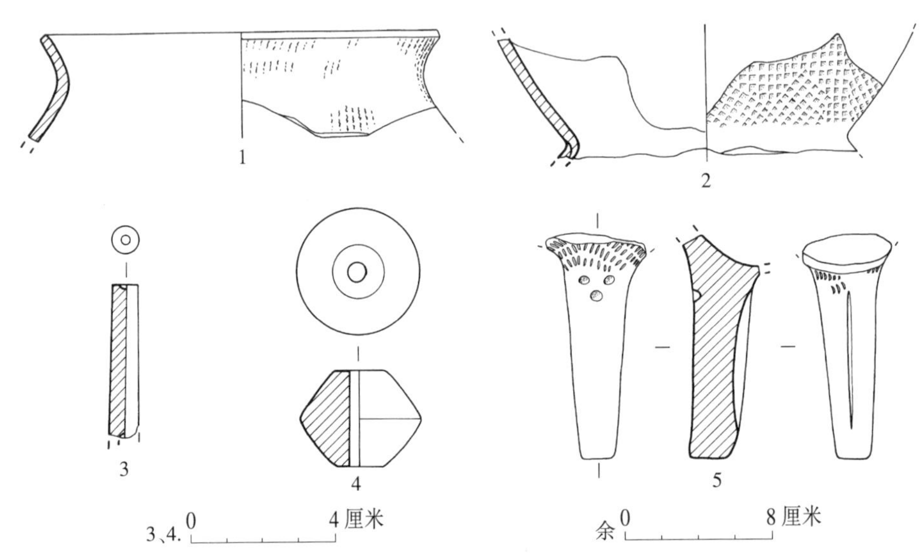

图六三〇 03ET2605④出土器物

1. Ba型陶罍（03ET2605④:7） 2. D型陶甗腰（03ET2605④:5） 3. B型石管（03ET2605④:1）
4. Aa型Ⅳ式陶纺轮（03ET2605④:2） 5. Ac型陶鼎足（03ET2605④:4）

石管　1件。标本03ET2605④:1，B型。灰白色。圆柱状，一端略细，一端稍粗，粗端残，中心有孔。残长4.1、直径0.7~0.8厘米（图六三〇，3）。

03ET2605③

器类有陶鬲、甗、罍、豆，还有硬陶器。

标本9件，其中陶器8件，硬陶器1件。

陶鬲足　1件。标本03ET2605③:2，Aa型Ⅲ式。夹砂褐陶。圆柱状足。足外壁刻划一道竖槽。残高7.4厘米（图六三一，4）。

陶甗腰　1件。标本03ET2605③:8，D型。夹砂黄灰陶。束腰。器表饰弦断条纹。腰部有明显上下对接痕迹。残高6.8厘米（图六三一，7）。

陶甗足　2件。标本03ET2605③:3，Da型。夹砂褐陶。椭圆柱状矮足略呈蹄形，足根有足窝。足根饰条纹。残高4.4厘米（图六三一，5）。标本03ET2605③:4，Db型。夹砂褐陶。椭圆柱状矮足，足根有足窝。腹、底及足根饰条纹。残高7.2厘米（图六三一，3）。

陶罍　1件。标本03ET2605③:6，Ba型Ⅳ式。夹砂灰黄陶。敞口，卷沿，方唇，斜直颈，斜折广肩。肩腹部饰弦断条纹。口径26、残高9.6厘米（图六三一，1）。

陶豆　1件。标本03ET2605③:1，Ab型Ⅲ式。夹砂红陶。直口，方唇，弧壁，折盘，圆圈柱状喇叭形豆座。柄上分两层镂六个长方形孔，每层三个。口径21、底径16、高21.6厘米（图六三一，2；彩版二五，4）。

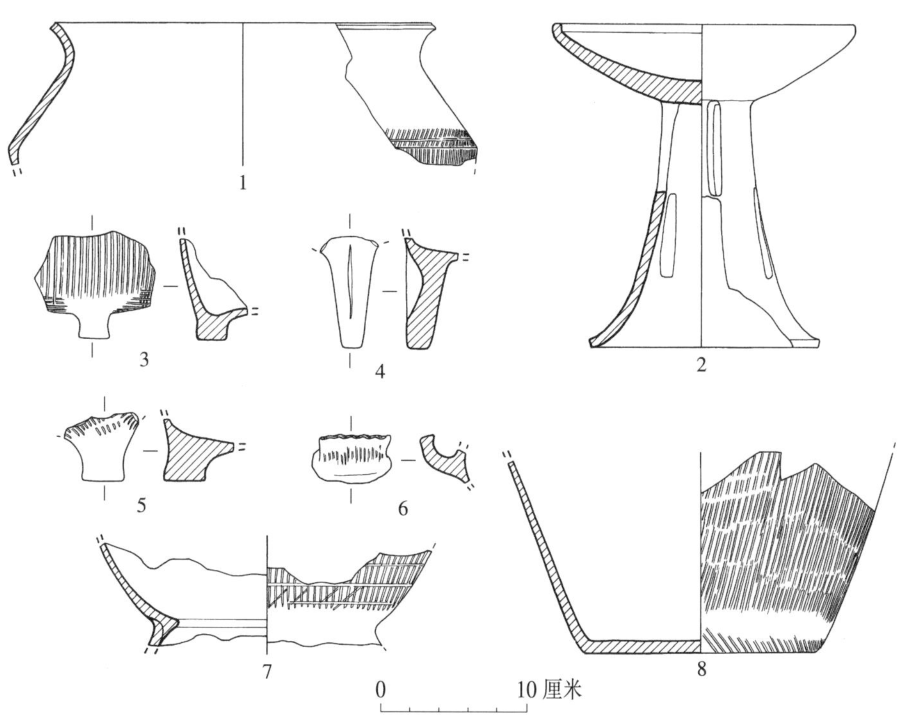

图六三一　03ET2605③出土陶器

1. Ba型Ⅳ式罍（03ET2605③:6）　2. Ab型Ⅲ式豆（03ET2605③:1）　3. Db型甗足（03ET2605③:4）　4. Aa型Ⅲ式鬲足（03ET2605③:2）　5. Da型甗足（03ET2605③:3）　6. Bg型器耳（03ET2605③:5）　7. D型甗腰（03ET2605③:8）　8. A型器底（03ET2605③:7）

陶器耳　1件。标本03ET2605③:5，Bg型。夹砂黄灰陶。长方形泥片横耳，耳顶凹凸不平呈鸡冠状，耳中部弧折上翘（图六三一，6）。

陶器底　1件。标本03ET2605③:7，A型。夹砂黄灰陶。下腹斜直内收，平底。下腹至底饰条纹。底径16、残高13.4厘米（图六三一，8）。

硬陶片　1件。标本03ET2605③:9，器类不明。灰硬陶。饰弦纹和鳞纹（图二九五，13）。

14. 03ET2606⑥~⑤、③

03ET2606⑥

器类有陶鬲、甗、鼎、瓮、缸、豆。

标本13件，均为陶器。另有炼渣。

陶鬲足　2件。标本03ET2606⑥:2，Aa型Ⅰ式。夹砂褐陶。圆柱状尖锥足，有足窝。足外侧有一道刻槽，足根饰绳纹。残高11.2厘米（图六三二，4）。标本03ET2606⑥:4，Aa型Ⅱ式。夹砂褐陶。圆柱状截锥足。足外侧有一道刻槽。残高9.2厘米（图六三二，3）。

陶鼎足　1件。标本03ET2606⑥:6，Aa型。夹砂褐陶。椭圆柱状锥足。素面。残高9.2厘米（图六三二，8）。

陶甗足　3件。标本03ET2606⑥:8，Aa型Ⅰ式。夹砂褐陶。椭圆柱状矮锥足。足根饰条纹。残高5.6厘米（图六三二，13）。标本03ET2606⑥:7，Ab型Ⅰ式。夹砂褐陶。椭圆柱状矮锥足。外壁一个圆窝纹，足根饰条纹。残高5.5厘米（图六三二，12）。标本03ET2606⑥:17，Da型。夹砂褐陶。椭圆柱状矮足略呈蹄形，足根有足窝。足根有条纹。残高4.6厘米（图六三二，6）。

陶瓮　2件。标本03ET2606⑥:11，Aa型。夹砂褐陶。敞口，卷沿，方唇，弧颈。唇面有一周凹弦纹。口径39.2、残高8.5厘米（图六三二，2）。标本03ET2606⑥:12，Aa型。夹砂褐陶。敞口，卷沿，方唇，弧颈。唇面饰斜条纹。口径44、残高8.5厘米（图六三二，1）。

陶缸　1件。标本03ET2606⑥:1，Ba型Ⅰ式。夹砂红褐陶。口微敛，方唇。器表饰条纹。弧腹外壁有附加堆纹脱落痕迹。口径16、残高10厘米（图六三二，7）。

陶豆　1件。标本03ET2606⑥:19，A型。泥质灰陶。仅存残盘底和圆圈形柄。柄上镂长方形孔。残高8.2厘米（图六三二，9）。

陶器耳　2件。标本03ET2606⑥:14，Be型。夹砂褐陶。长方形泥片横耳，耳面斜弧折。耳顶压印凹凸条纹呈鸡冠状，耳面饰条纹（图六三二，5）。标本03ET2606⑥:15，Be型。夹砂褐陶。长方形泥片横耳，耳面弧上侈。耳顶压印凹凸条纹呈鸡冠状，耳面饰条纹（图六三二，11）。

陶器底　1件。标本03ET2606⑥:18，A型。夹砂黄褐陶。仅存罐底。下腹壁斜直，平底。下腹饰弦断条纹。底径14、残高3.8厘米（图六三二，10）。

炼渣　3块。标本03ET2606⑥:3，圆角方形块状溶结体，渣体表面尖滑，泛褐色薄膜，渣体灰黑色，局部有铜锈绿色块面。渣体较为坚硬，有较大的孔隙，推测含铜较高。标本长4.2、宽3.8、厚3.8厘米（彩版四一，1；附录二）。另有炼渣2块见附录一。

03ET2606⑤

器类有陶鬲、甗、鼎、罐、豆。

标本13件，均为陶器。另有炼渣。

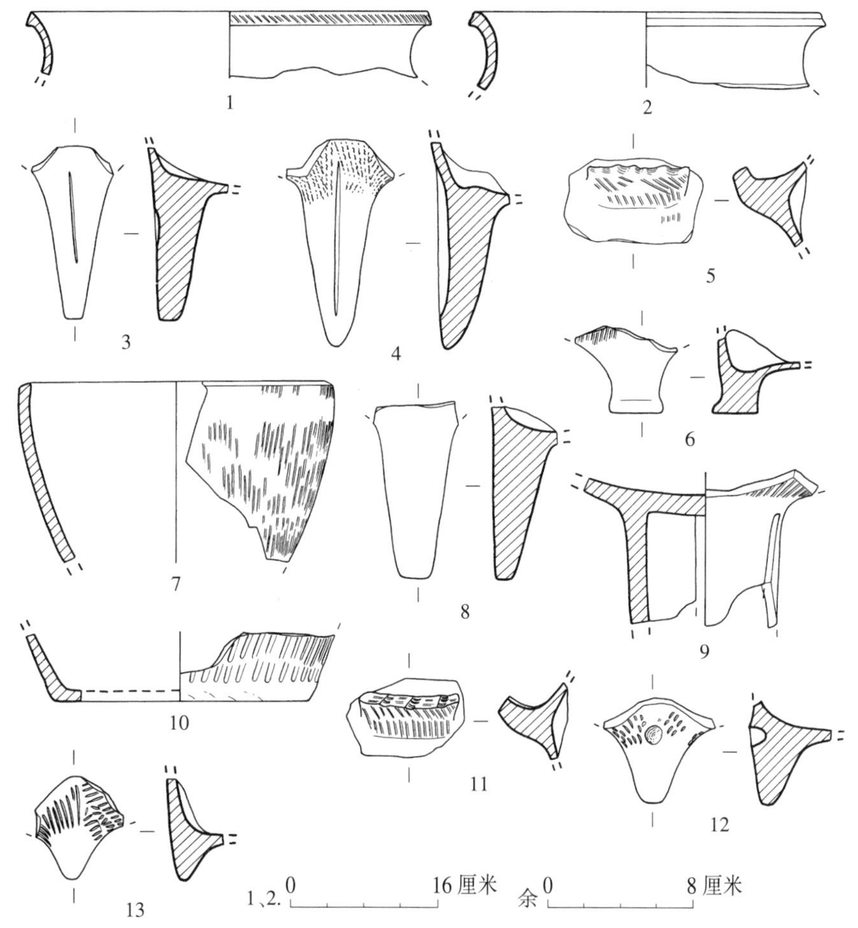

图六三二　03ET2606⑥出土陶器

1、2. Aa 型瓮（03ET2606⑥:12、11）　3. Aa 型Ⅱ式鬲足（03ET2606⑥:4）　4. Aa 型Ⅰ式鬲足（03ET2606⑥:2）　5、11. Be 型器耳（03ET2606⑥:14、15）　6. Da 型甗足（03ET2606⑥:17）　7. Ba 型Ⅰ式缸（03ET2606⑥:1）　8. Aa 型鼎足（03ET2606⑥:6）　9. A 型豆（03ET2606⑥:19）　10. A 型器底（03ET2606⑥:18）　12. Ab 型Ⅰ式甗足（03ET2606⑥:7）　13. Aa 型Ⅰ式甗足（03ET2606⑥:8）

陶鬲足　3 件。标本 03ET2606⑤:3，Aa 型Ⅱ式。夹砂褐陶。圆柱状截锥足。足外侧有一道刻槽，足根饰绳纹。残高 9.5 厘米（图六三三，4）。标本 03ET2606⑤:14，Aa 型Ⅲ式。夹砂褐陶。圆柱状足。足外侧有一道刻槽。残高 11 厘米（图六三三，1）。标本 03ET2606⑤:4，Ac 型Ⅱ式。夹砂褐陶。圆柱状截锥足。足根饰条纹。残高 9.2 厘米（图六三三，13）。

陶甗耳　1 件。标本 03ET2606⑤:12，Ab 型。夹砂黄褐陶。耳内器壁上一圆形穿孔。耳面饰条纹（图六三三，11）。

陶甗足　2 件。标本 03ET2606⑤:6，Da 型。夹砂灰褐陶。椭圆柱状矮足略呈蹄形，足根有足窝。素面。残高 4.6 厘米（图六三三，10）。标本 03ET2606⑤:16，Db 型。夹砂灰褐陶。椭圆柱状矮足，有足窝。足根饰条纹。残高 6.8 厘米（图六三三，12）。

陶鼎足　1 件。标本 03ET2606⑤:2，Aa 型。夹砂褐陶。圆柱状截锥足。足外侧有四道划纹。残高 12 厘米（图六三三，3）。

陶罐　2 件。标本 03ET2606⑤:7，Ba 型Ⅲ式。夹砂褐陶。侈口，斜沿，圆唇，斜直颈，溜

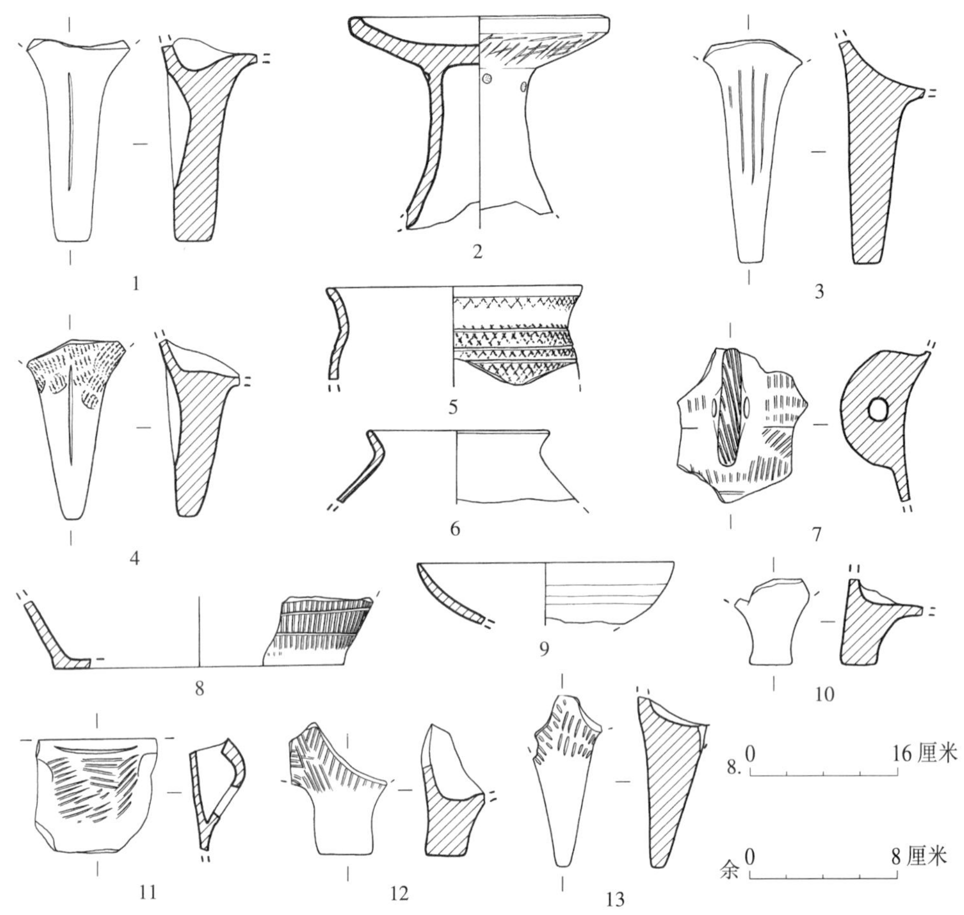

图六三三　03ET2606⑤出土陶器

1. Aa型Ⅲ式鬲足（03ET2606⑤:14）　2. Ba型Ⅰ式豆（03ET2606⑤:1）　3. Aa型鼎足（03ET2606⑤:2）　4. Aa型Ⅱ式鬲足（03ET2606⑤:3）　5. Ba型Ⅲ式罐（03ET2606⑤:7）　6. Fb型罐（03ET2606⑤:8）　7. Ad型器耳（03ET2606⑤:13）　8. D型器底（03ET2606⑤:10）　9. Cb型Ⅰ式豆（03ET2606⑤:11）　10. Da型甗足（03ET2606⑤:6）　11. Ab型甗耳（03ET2606⑤:12）　12. Db型甗足（03ET2606⑤:16）　13. Ac型Ⅱ式鬲足（03ET2606⑤:4）

肩，圆腹。颈部纹饰被抹，肩、腹饰弦断交叉条纹。口径14、残高5.4厘米（图六三三，5）。标本03ET2606⑤:8，Fb型。夹砂褐陶。侈口，卷沿，圆唇，斜直颈，斜肩。素面。口径10、残高3.9厘米（图六三三，6）。

陶豆　2件。标本03ET2606⑤:1，Ba型Ⅰ式。夹细砂黑衣褐胎陶，黑衣多脱落。豆盘浅，盘壁厚。敞口，方唇，斜弧壁，圆圈柄形足，喇叭形豆座残。豆盘外壁饰划纹，圆圈柄根部一周等距离饰六个圆窝纹。口径14.3、残高11.6厘米（图六三三，2；图版四六，3）。标本03ET2606⑤:11，Cb型Ⅰ式。夹细砂褐陶。斜弧盘，豆盘较深。侈口，圆唇。豆盘外壁饰三周弦纹。口径14、残高3.4厘米（图六三三，9）。

陶器耳　1件。标本03ET2606⑤:13，Ad型。夹砂褐陶。扁直耳略呈鸟头形，耳根部横穿圆孔。耳顶面和器壁饰条纹（图六三三，7）。

陶器底　1件。标本03ET2606⑤:10，D型。夹砂黄褐陶。下腹斜直内收，平底。下腹饰弦断条纹。底径32、残高7.6厘米（图六三三，8）。

炼渣　1块。标本见附录一。

03ET2606③

器类有陶鬲、甗、鼎、罐、豆、器盖、支（拍）垫、陀螺等。

标本14件，均为陶器。

陶鬲足　2件。标本03ET2606③:3，Aa型Ⅱ式。夹砂褐陶。圆柱状截锥足，足根有足窝。足外壁刻划一道竖槽。残高10.4厘米（图六三四，3）。标本03ET2606③:4，Aa型Ⅲ式。夹砂褐陶。圆柱状足，足根有足窝。足外壁刻划一道竖槽。残高11厘米（图六三四，2）。

陶甗　1件。标本03ET2606③:8，Aa型。夹砂红褐陶。侈口，卷沿，方唇，弧颈，弧肩。颈部纹饰被抹，肩、腹饰条纹。口径32、残高6.4厘米（图六三四，7）。

陶甗耳　2件。标本03ET2606③:16，Ab型。夹砂褐陶。耳内器壁上一圆形穿孔。耳面饰条纹（图六三四，13）。标本03ET2606③:15，Ca型。夹砂褐陶。横向牛鼻形耳，耳孔上下对穿。饰条纹（图六三四，11）。

陶鼎耳　1件。标本03ET2606③:14，A型。仿铜。夹砂灰褐陶。耳直立在器口上，环耳整体略呈方形，截面略呈长方形（图六三四，1）。

陶罐　1件。标本03ET2606③:7，Aa型。夹砂褐陶。敞口，方唇，斜直颈，溜肩。肩饰弦断条纹。口径24.8、残高5.2厘米（图六三四，6）。

陶豆　1件。标本03ET2606③:9，Cb型Ⅱ式。泥质灰陶。敞口，圆唇，弧壁，弧盘。盘外壁一周凹弦纹。口径14、残高4.4厘米（图六三四，8）。

陶盖纽　1件。标本03ET2606③:13，B型。夹砂褐陶。扁圆柄“Y”字形纽。纽根有条纹。残高4.6厘米（图六三四，10）。

陶器耳　3件。标本03ET2606③:12，Aa型。夹砂褐陶。鸟头形扁直耳，耳根部横穿圆孔。耳顶面饰条纹（图六三四，12）。标本03ET2606③:10，Ba型。夹砂褐陶。长方形泥片横耳，耳根中部上下对穿圆孔，耳面弧折上翘。耳面饰斜条纹和竖条纹（图六三四，14）。标本03ET2606③:11，Bb型。夹砂黄灰陶。梯形泥片横耳，耳根中部上下对穿圆孔，耳面弧微上扬（图六三四，5）。

陶支（拍）垫　1件。标本03ET2606③:17，C型Ⅱ式。夹砂黄灰陶。半圆形垫，垫面弧形。素面。垫径7.2、残高5.2厘米（图六三四，4）。

陶陀螺　1件。标本03ET2606③:1，夹砂黄褐陶。圆锥形实体，顶平，壁斜直内收呈螺尖。素面。顶径2.9、高3.8厘米（图六三四，9；图版五九，4）。

15. 03ET2607⑥～②

03ET2607⑥

器类有陶鬲、甗、鼎、罐、瓮等。

标本12件，均为陶器。另有炼渣。

陶鬲　1件。标本03ET2607⑥:16，Ha型Ⅰ式。夹砂褐陶。侈口，沿面斜，圆唇，腹壁直，口径大于腹径。口沿外纹饰被抹，腹饰弦断绳纹。口径16、残高4.8厘米（图六三五，5）。

陶鬲足　2件。标本03ET2607⑥:9，Aa型Ⅰ式。夹砂褐陶。圆柱状截锥足，足根有足窝。足外侧有一道刻槽。足根饰条纹。残高7.6厘米（图六三五，11）。标本03ET2607⑥:7，C型Ⅰ式。

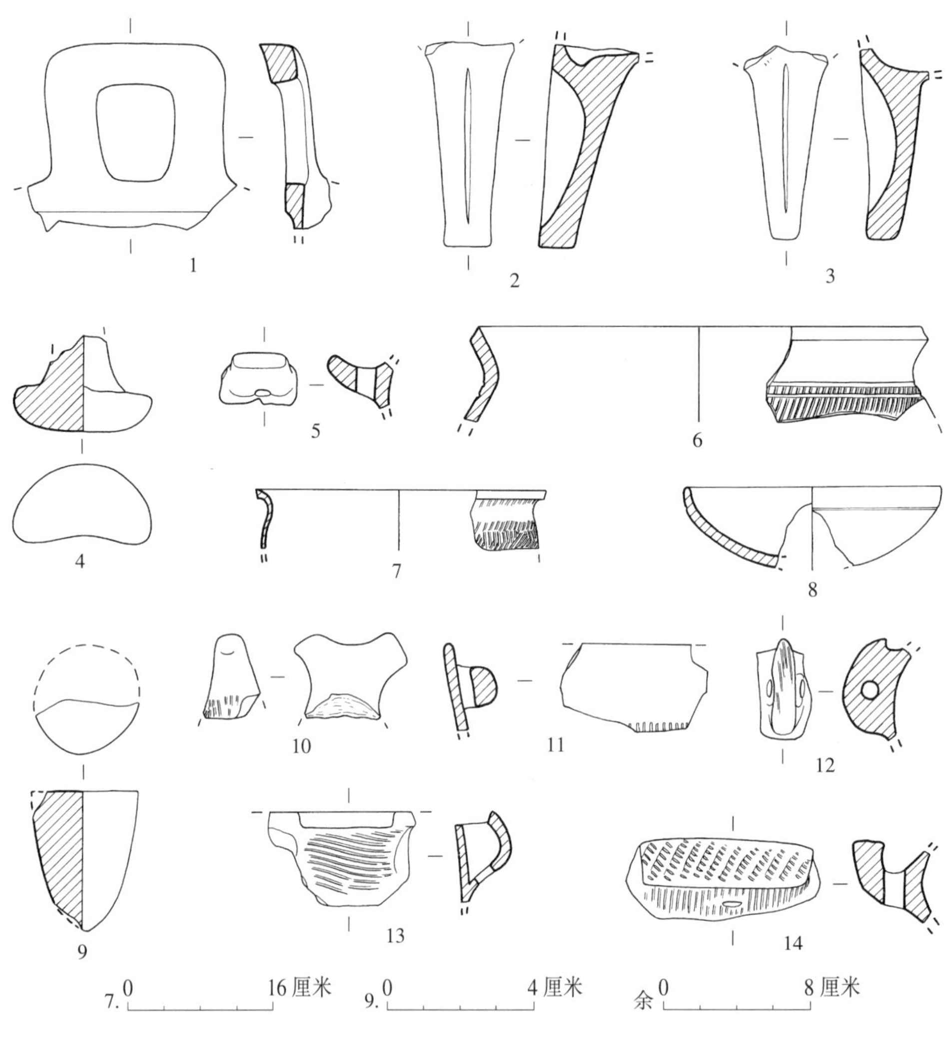

图六三四 03ET2606③出土陶器

1. A型鼎耳（03ET2606③:14） 2. Aa型Ⅲ式鬲足（03ET2606③:4） 3. Aa型Ⅱ式鬲足（03ET2606③:3） 4. C型Ⅱ式支（拍）垫（03ET2606③:17） 5. Bb型器耳（03ET2606③:11） 6. Aa型罐（03ET2606③:7） 7. Aa型甗（03ET2606③:8） 8. Cb型Ⅱ式豆（03ET2606③:9） 9. 陀螺（03ET2606③:1） 10. B型盖纽（03ET2606③:13） 11. Ca型甗耳（03ET2606③:15） 12. Aa型器耳（03ET2606③:12） 13. Ab型甗耳（03ET2606③:16） 14. Ba型器耳（03ET2606③:10）

夹砂褐陶。圆柱状锥足。足根饰绳纹，外侧一圆窝纹。残高8厘米（图六三五，8）。

陶甗 2件。标本03ET2607⑥:12，Ab型Ⅰ式。夹砂褐陶。侈口，卷沿，方唇，颈微束，斜弧肩，口径小于腹径。唇面饰条纹，肩、腹饰弦断条纹。口径36、残高12厘米（图六三五，2）。标本03ET2607⑥:14，D型Ⅰ式。夹砂褐陶。敞口，方唇，斜直颈，溜肩，口径小于腹径。口颈纹饰被抹，肩、腹饰弦断条纹。口径22、残高6.2厘米（图六三五，9）。

陶甗足 1件。标本03ET2607⑥:11，Aa型Ⅰ式。夹砂灰褐陶。下腹直，底平，椭圆柱状矮锥足。下腹饰弦断条纹，底饰横条纹，足根饰竖条纹。残高8.6厘米（图六三五，6）。

陶鼎足 1件。标本03ET2607⑥:8，B型。夹砂灰陶。圆柱状锥足足尖残，足根外壁微隆起，有两个椭圆凹窝。残高9厘米（图六三五，7）。

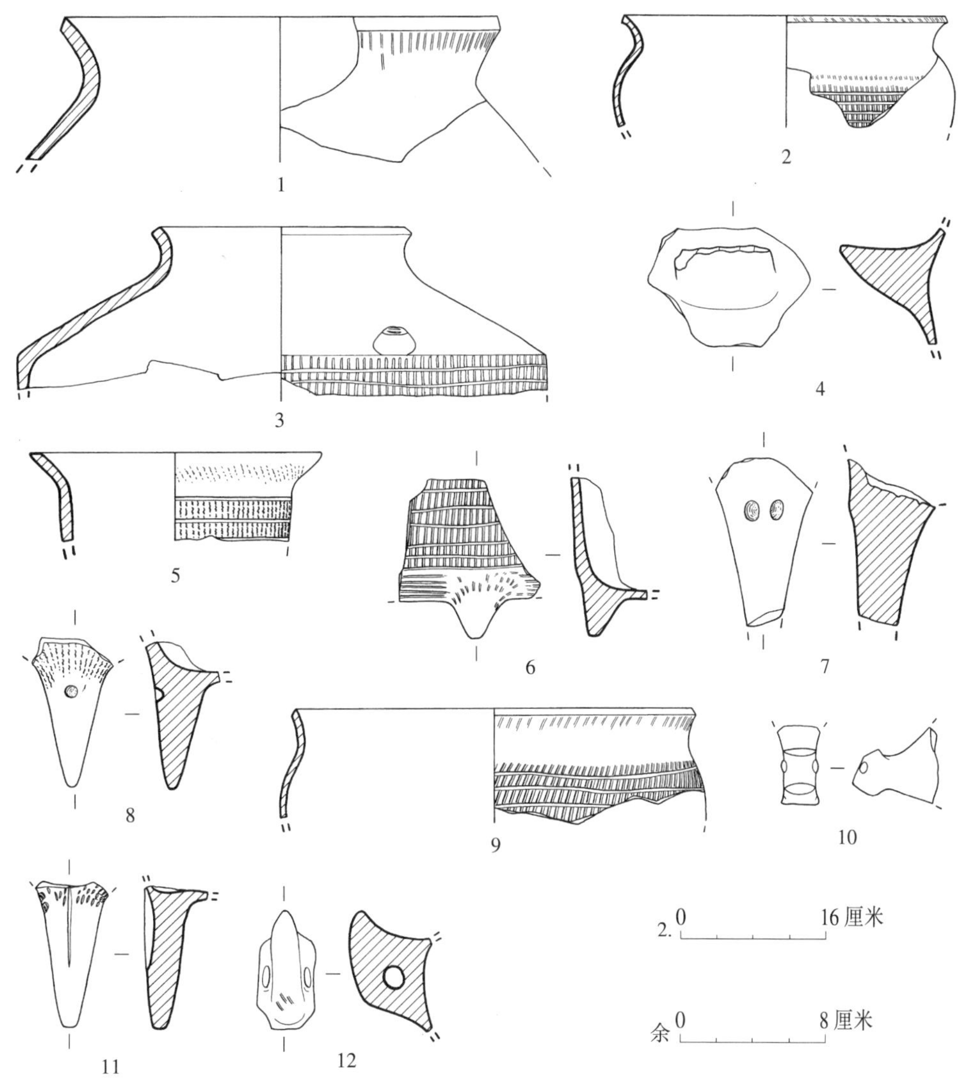

图六三五　03ET2607⑥出土陶器

1. Fd 型Ⅰ式罐（03ET2607⑥:13）　2. Ab 型Ⅰ式甗（03ET2607⑥:12）　3. Ea 型Ⅰ式瓮（03ET2607⑥:15）　4. Bc 型器耳（03ET2607⑥:3）　5. Ha 型Ⅰ式鬲（03ET2607⑥:16）　6. Aa 型Ⅰ式甗足（03ET2607⑥:11）　7. B 型鼎足（03ET2607⑥:8）　8. C 型Ⅰ式鬲足（03ET2607⑥:7）　9. D 型Ⅰ式甗（03ET2607⑥:14）　10. B 型器鋬（03ET2607⑥:1）　11. Aa 型Ⅰ式鬲足（03ET2607⑥:9）　12. Aa 型器耳（03ET2607⑥:2）

陶罐　1 件。标本 03ET2607⑥:13，Fd 型Ⅰ式。夹砂褐陶。侈口，卷沿，方唇，斜直颈，斜肩。颈部纹饰被抹。口径 24、残高 7.8 厘米（图六三五，1）。

陶瓮　1 件。标本 03ET2607⑥:15，Ea 型Ⅰ式。夹砂黄褐陶。敞口，卷沿，方唇，束颈，斜折广肩。肩部饰乳丁，乳丁顶面有条纹，肩以下饰弦断竖条纹。口径 14、残高 9.2 厘米（图六三五，3）。

陶器耳　2 件。标本 03ET2607⑥:2，Aa 型。夹砂褐陶。鸟头形扁直耳，耳根部横穿圆孔（图六三五，12）。标本 03ET2607⑥:3，Bc 型。夹砂褐陶。长方形泥片横耳，耳顶凹凸不平略呈鸡冠状（图六三五，4）。

陶器鋬　1 件。标本 03ET2607⑥:1，B 型。夹砂褐陶。兽首形鋬，柄及兽首顶部残（图六三五，10）。

炼渣　1块。标本03ET2607⑥:4，形状呈不规整的三角形块，底面较平，面上凸凹明显灰黑色，质块坚硬，表面极少有孔隙。标本长5.1、宽2.5、厚1.1厘米（彩版三八，1）。

03ET2607⑤

器类有陶鬲、甗、鼎、罐、瓮、豆、器盖、纺轮、模具，硬陶瓮和石饼等。

标本30件，其中陶器27件，硬陶器2件，石器1件。另有炼渣。

陶鬲足　2件。标本03ET2607⑤:8，Aa型Ⅰ式。夹砂黄褐陶。圆柱状尖锥足。足外侧一道刻划槽，足根饰绳纹。残高11.8厘米（图六三六，6）。标本03ET2607⑤:7，Aa型Ⅱ式。夹砂褐陶。圆柱状截锥足。足外侧一道刻划槽，足根饰绳纹。残高12厘米（图六三六，7）。

陶甗耳　2件。标本03ET2607⑤:21，Aa型。夹砂黄灰陶。耳内器壁上一圆形穿孔。耳面饰条纹（图六三六，8）。标本03ET2607⑤:20，Ab型。夹砂黄灰陶。耳内器壁上一圆形穿孔。耳面

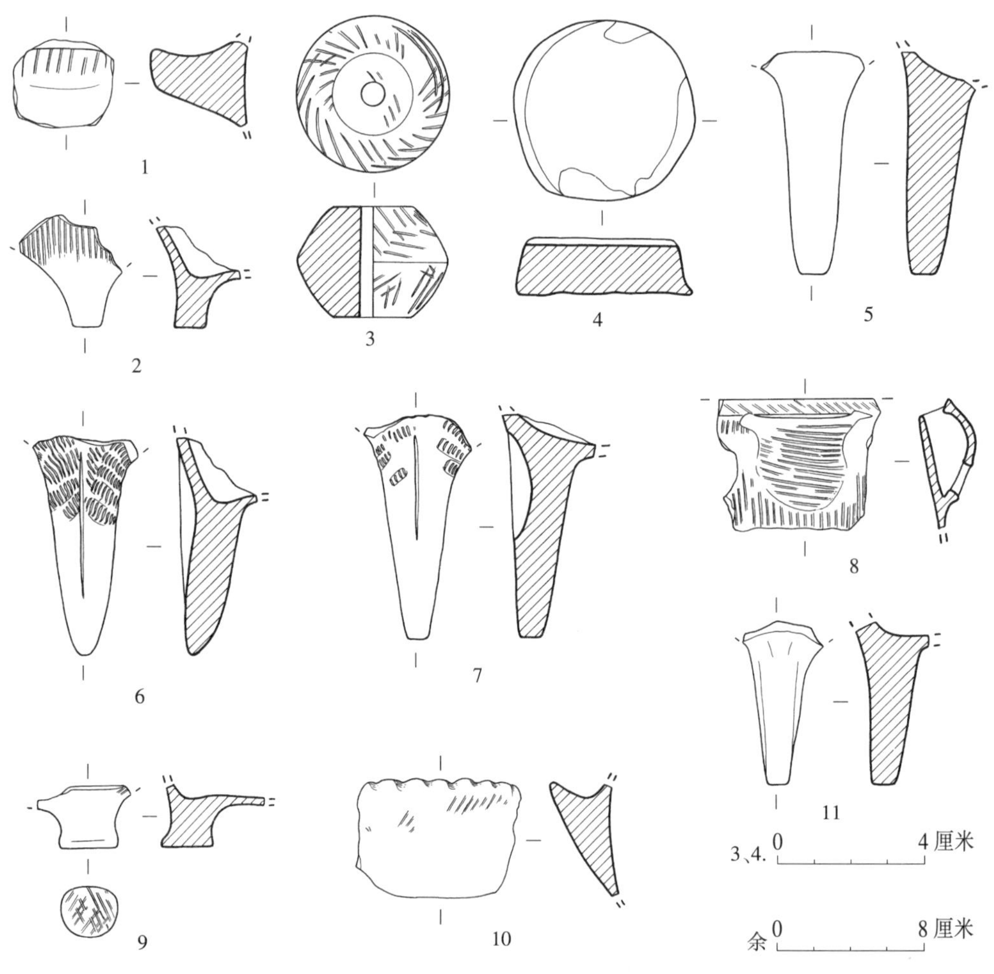

图六三六　03ET2607⑤出土器物

1. Bc型陶器耳（03ET2607⑤:32）　2. Db型陶甗足（03ET2607⑤:9）　3. Aa型Ⅱ式陶纺轮（03ET2607⑤:1）　4. 石饼（03ET2607⑤:27）　5、11. Aa型陶鼎足（03ET2607⑤:4、5）　6. Aa型Ⅰ式陶鬲足（03ET2607⑤:8）　7. Aa型Ⅱ式陶鬲足（03ET2607⑤:7）　8. Aa型陶甗耳（03ET2607⑤:21）　9. Da型陶甗足（03ET2607⑤:10）　10. Bd型陶器耳（03ET2607⑤:30）

饰条纹（图六三七，18）。

陶甗腰　1件。标本03ET2607⑤:19，D型。夹砂褐陶。束腰。饰压印方格纹。腰部有明显对接痕迹。残高4.8厘米（图六三七，6）。

陶甗足　2件。标本03ET2607⑤:10，Da型。夹砂灰褐陶。椭圆柱状矮足略呈蹄形，足根有足窝。足底面饰条纹。残高3.4厘米（图六三六，9）。标本03ET2607⑤:9，Db型。夹砂褐陶。椭圆柱状矮足，有足窝。足根饰条纹。残高6厘米（图六三六，2）。

陶鼎足　2件。标本03ET2607⑤:4，Aa型。夹砂黄灰陶。圆柱状截锥足。素面。残高12厘米（图六三六，5）。标本03ET2607⑤:5，Aa型。夹砂黄灰陶。圆柱状截锥足。素面。足面有刮削痕迹。残高8.8厘米（图六三六，11）。

陶罐　3件。标本03ET2607⑤:17，Ab型。夹砂褐陶。敞口，卷沿，方唇，斜直颈，溜肩。素面。口径28、残高8厘米（图六三七，16）。标本03ET2607⑤:18，Fa型Ⅲ式。夹砂灰黄陶。敞口，卷沿，圆唇，斜直颈，斜弧广肩。颈、肩饰弦断条纹。口径18、残高9厘米（图六三七，1）。标本03ET2607⑤:12，Fb型。夹砂灰黄陶。侈口，卷沿，方唇，斜直颈，弧肩。素面。口径16、残高3.8厘米（图六三七，2）。

陶瓮　3件。标本03ET2607⑤:14，Aa型。夹砂褐陶。敞口，卷沿，方唇，斜直颈。颈部纹饰被抹，肩饰弦断条纹。口径32、残高4.8厘米（图六三七，12）。标本03ET2607⑤:13，Ac型。夹砂褐陶。敞口，卷沿，方唇，斜直颈，弧肩。肩、腹饰弦断条纹。口径36、残高6厘米（图六三七，3）。标本03ET2607⑤:11，Ec型。夹砂灰褐陶。敞口，卷沿，平方唇较厚，斜直颈，弧肩。素面。口径16、残高4.2厘米（图六三七，8）。

陶豆　3件。标本03ET2607⑤:23，Aa型。夹细砂灰陶。敞口，方唇，弧盘。豆盘内壁一周弦纹，盘外壁底部饰绳纹。口径24、残高3.6厘米（图六三七，4）。标本03ET2607⑤:24，Aa型。夹细砂灰黄陶。敞口，圆唇，弧盘。素面。口径24、残高3.8厘米（图六三七，7）。标本03ET2607⑤:22，Ba型。夹细砂褐陶。仅残存圈足柄座，座口呈喇叭形。柄根有两周凸棱。底径16、残高10厘米（图六三七，15）。

陶器盖　2件。标本03ET2607⑤:25，Ac型Ⅰ式。夹细砂褐陶。顶残，直壁，敞口，方唇。盖壁饰绳纹。盖口径24、残高3.8厘米（图六三七，5）。标本03ET2607⑤:2，Ac型Ⅱ式。夹细砂黄褐陶。平顶，斜直壁，敞口，圆唇。素面。盖口径16、高1.8厘米（图六三七，13）。

陶器耳　4件。标本03ET2607⑤:32，Bc型。夹砂黄灰陶。长方形泥饼状横耳，耳面微弧。耳顶端饰条纹（图六三六，1）。标本03ET2607⑤:33，Bd型。夹砂灰黄陶。长方形泥片横耳，耳顶略呈鸡冠状，耳面折弧上翘。耳面饰麻点纹（图六三七，10）。标本03ET2607⑤:30，Bd型。夹砂褐陶。长方形泥片鸡冠状横耳，耳面斜上侈。耳面饰稀疏条纹（图六三六，10）。标本03ET2607⑤:31，Be型。夹砂黄灰陶。长方形泥片状横耳，耳面弧上翘。耳面饰条纹（图六三七，14）。

陶器鋬　1件。标本03ET2607⑤:28，Ad型。夹砂褐陶。椭圆柱形器柄，柄端折弧上侈。素面（图六三七，11）。

陶纺轮　1件。标本03ET2607⑤:1，Aa型Ⅱ式。夹细砂褐陶。圆形，体厚，两面平，圆中间一直壁圆孔，周壁中间凸起一周弧折棱，折棱上下斜面弧。周壁上下有划槽痕迹。直径4.2、孔径0.6、厚3厘米（图六三六，3；图版五二，2）。

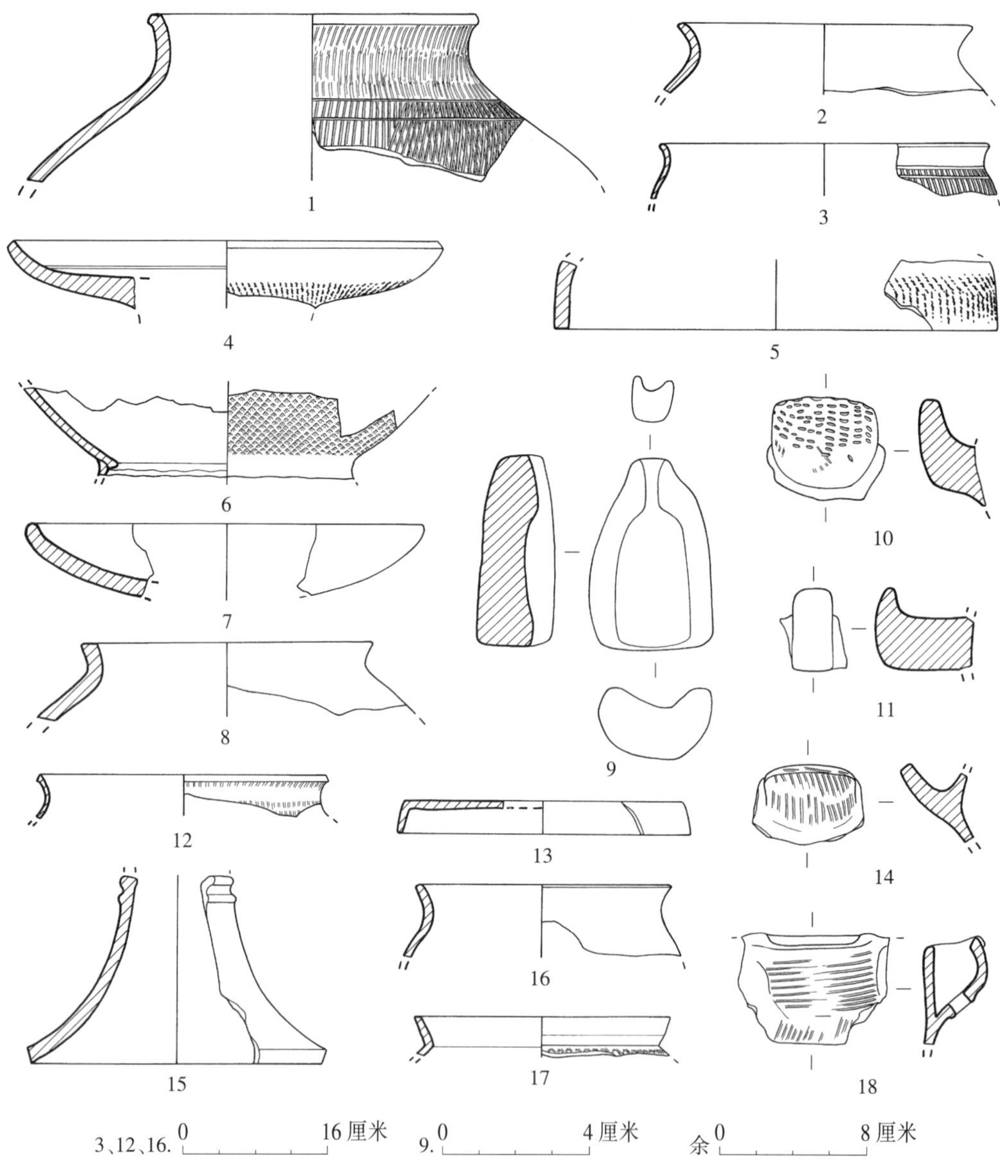

图六三七　03ET2607⑤出土器物

1. Fa型Ⅲ式陶罐（03ET2607⑤:18）　2. Fb型陶罐（03ET2607⑤:12）　3. Ac型陶瓮（03ET2607⑤:13）　4、7. Aa型陶豆（03ET2607⑤:23、24）　5. Ac型Ⅰ式陶器盖（03ET2607⑤:25）　6. D型陶甗腰（03ET2607⑤:19）　8. Ec型陶瓮（03ET2607⑤:11）　9. B型Ⅰ式陶模具（03ET2607⑤:3）　10. Bd型陶器耳（03ET2607⑤:33）　11. Ad型陶器鋬（03ET2607⑤:28）　12. Aa型陶瓮（03ET2607⑤:14）　13. Ac型Ⅱ式陶器盖（03ET2607⑤:2）　14. Be型陶器耳（03ET2607⑤:31）　15. Ba型陶豆（03ET2607⑤:22）　16. Ab型陶罐（03ET2607⑤:17）　17. Aa型Ⅱ式硬陶瓮（03ET2607⑤:16）　18. Ab型陶甗耳（03ET2607⑤:20）

陶模具　1件。标本03ET2607⑤:3，B型Ⅰ式。夹细砂黄褐陶。半块模，模顶、底平，顶部留有浇铸孔，弧肩，弧壁，模腔似铙形，腔面光滑。素面。宽1～3.2、高5.1厘米（图六三七，9；图版五八，8）。

硬陶瓮　1件。标本03ET2607⑤:16，Aa型Ⅱ式，灰黄硬陶。敞口，卷沿，方唇，斜直颈。肩部戳印“人”字形纹。口径14、残高2.2厘米（图六三七，17）。

硬陶片　1件。标本03ET2607⑤:6，器类不明。红褐皮灰胎硬陶。饰菱形曲折纹（图二九五，9）。

石饼　1件。标本03ET2607⑤:27，黄灰色。磨制。扁圆形，两面平，一面使用天然平面，一面磨平，两面及周壁略有破损，周壁微弧。直径4.9、厚1.2～1.6厘米（图六三六，4）。

炼渣　1块。标本03ET2607⑤:26，胶结体，可观察到为上下两层，下层较平。结构紧密，体表呈灰褐色，断面可观察有孔隙。标本长4.5、宽4.1、厚3.1厘米（彩版四二，3）。

03ET2607④

器类有陶甗、鼎、瓮、壶、豆、器盖，硬陶瓮。

标本18件，其中陶器17件，硬陶器1件。另有炼渣。

陶甗　1件。标本03ET2607④:12，Aa型。夹砂红黄陶。侈口，卷沿，方唇，弧颈微束，弧肩。颈部纹饰被抹，肩、腹饰条纹。口径28、残高6.2厘米（图六三八，2）。

陶甗耳　1件。标本03ET2607④:18，Ab型。夹砂褐陶。耳内器壁上一圆形穿孔。耳面压印方格纹（图六三九，5）。

陶甗足　2件。标本03ET2607④:6，Da型。夹砂灰黄陶。椭圆柱状矮足略呈蹄形，足根有足窝。足根和足底面饰条纹。残高6.8厘米（图六三九，9）。标本03ET2607④:7，Da型。夹砂褐陶。椭圆柱状矮足略呈蹄形，足根有足窝。足根和足底面饰条纹。残高3.8厘米（图六三九，4）。

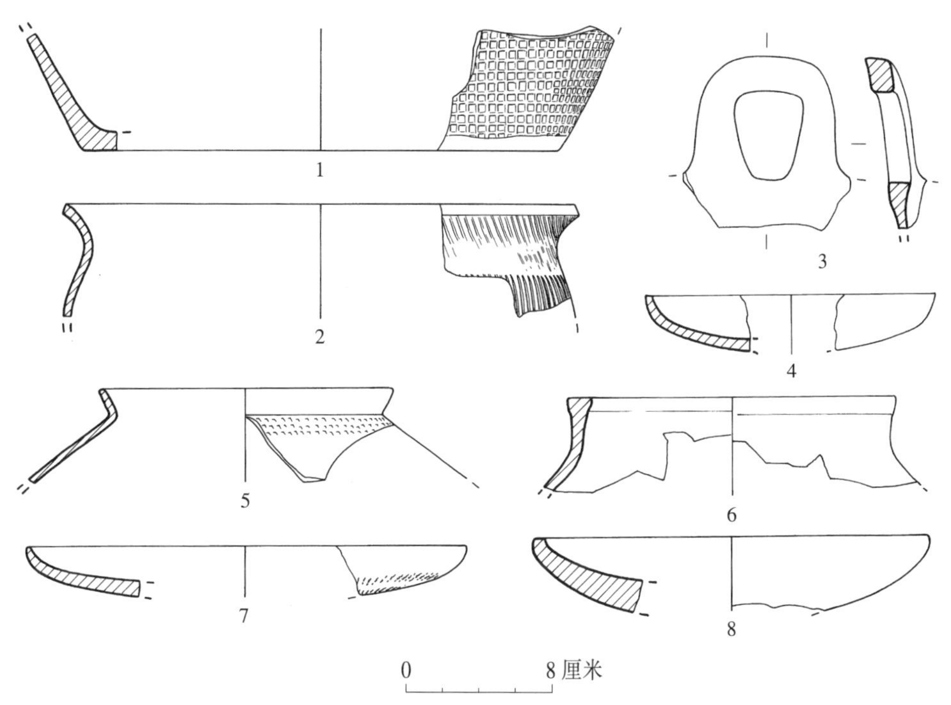

图六三八　03ET2607④出土器物

1. D型陶器底（03ET2607④:15）　2. Aa型陶甗（03ET2607④:12）　3. A型陶鼎耳（03ET2607④:16）　4. Ca型Ⅱ式陶豆（03ET2607④:14）　5. Ab型Ⅱ式硬陶瓮（03ET2607④:9）　6. Ed型Ⅲ式陶瓮（03ET2607④:11）　7. Aa型陶豆（03ET2607④:13）　8. Ab型陶豆（03ET2607④:2）

陶鼎耳　1件。标本03ET2607④:16，A型。仿铜。夹砂黄红陶。立耳整体略呈方形，耳体截面长方形（图六三八，3）。

陶鼎足　2件。标本03ET2607④:5，Ae型。夹砂黄灰陶。椭圆柱状足，足根外侧凸起，其上残留三个圆窝。残高10.8厘米（图六三九，10）。标本03ET2607④:23，C型。夹砂褐陶。椭圆柱状蹄形足。器底局部饰方格纹。残高17.4、足高12厘米（图六三九，8）。

陶瓮　1件。标本03ET2607④:11，Ed型Ⅲ式。夹砂灰黄陶，敛口，平沿，直颈，斜肩。素面。口径18、残高4.9厘米（图六三八，6）。

陶壶　2件。标本03ET2607④:22，E型Ⅲ式。夹细砂灰陶。壶呈卧雉形，中空，雉首残，雉尾留椭圆壶嘴。素面。长5、宽2.9、残高3.5厘米（图六三九，2）。标本03ET2607④:21，E型。夹细砂褐陶，残留器底片。素面（图六三九，3）。

陶豆　3件。标本03ET2607④:13，Aa型。夹细砂红陶。敞口，圆唇，弧盘。豆盘底部饰条纹。口径24、残高2.7厘米（图六三八，7）。标本03ET2607④:2，Ab型。夹细砂褐陶，胎较厚。敞口，方唇，折盘。素面。口径22、残高4厘米（图六三八，8）。标本03ET2607④:14，Ca型Ⅱ式。夹细砂红陶。敞口，方唇，弧盘。素面。口径16、残高3厘米（图六三八，4）。

陶器盖　1件。标本03ET2607④:1，C型Ⅱ式。夹细砂黄褐陶。盖纽残，壁直微内弧，盖口敞，圆唇。盖顶面残留三周凸棱，盖顶饰短条纹。盖口径8.5、残高2.6厘米（图六三九，1）。

陶器耳　2件。标本03ET2607④:17，Cc型。夹砂灰黄陶。圆角方形环耳，耳体截面略呈椭圆形（图六三九，7）。标本03ET2607④:20，D型。夹砂褐陶。长方形横耳，耳根中部上下对穿圆孔，耳平直微上扬，耳截面呈长方形。耳顶压印凹凸条纹呈鸡冠状（图六三九，6）。

陶器底　1件。标本03ET2607④:15，D型。夹砂褐陶。下腹壁斜直，平底。下腹饰压印方格纹。底径26、残高6.7厘米（图六三八，1）。

硬陶瓮　1件。标本03ET2607④:9，Ab型Ⅱ式。灰黄硬陶。敞口，斜弧沿，方唇，斜直颈，斜肩。肩部戳印“人”字形纹。口径16、残高5厘米（图六三八，5）。

炼渣　2块。标本见附录一。

03ET2607③

器类有陶鬲、甗、鼎、瓮、豆、纺轮、支（拍）垫及石斧，还有硬陶器。

标本19件，其中陶器17件，硬陶器1件，石器1件。另有炼渣。

陶鬲足　1件。标本03ET2607③:5，Aa型Ⅰ式。夹砂黄陶。圆柱状截锥足，足根有足窝。足外壁刻划一道竖槽，足根饰条纹。残高10.4厘米（图六四〇，2）。

陶甗　1件。标本03ET2607③:8，Aa型。夹砂黄红陶。侈口，卷沿，方唇，弧颈，弧肩。颈部纹饰被抹，肩、腹饰条纹。口径32、残高5.6厘米（图六四〇，7）。

陶甗足　1件。标本03ET2607③:6，Db型。夹砂褐陶。椭圆柱状矮足，有足窝。足根饰条纹。残高5.8厘米（图六四一，1）。

陶鼎耳　1件。标本03ET2607③:13，B型。仿铜。夹砂褐陶。附耳整体呈长方形，耳体截面呈方形（图六四〇，9）。

陶鼎足　1件。标本03ET2607③:4，Ab型。夹砂褐陶。圆柱状足。足内壁刻划一道竖槽，足根饰绳纹。残高13.6厘米（图六四〇，1）。

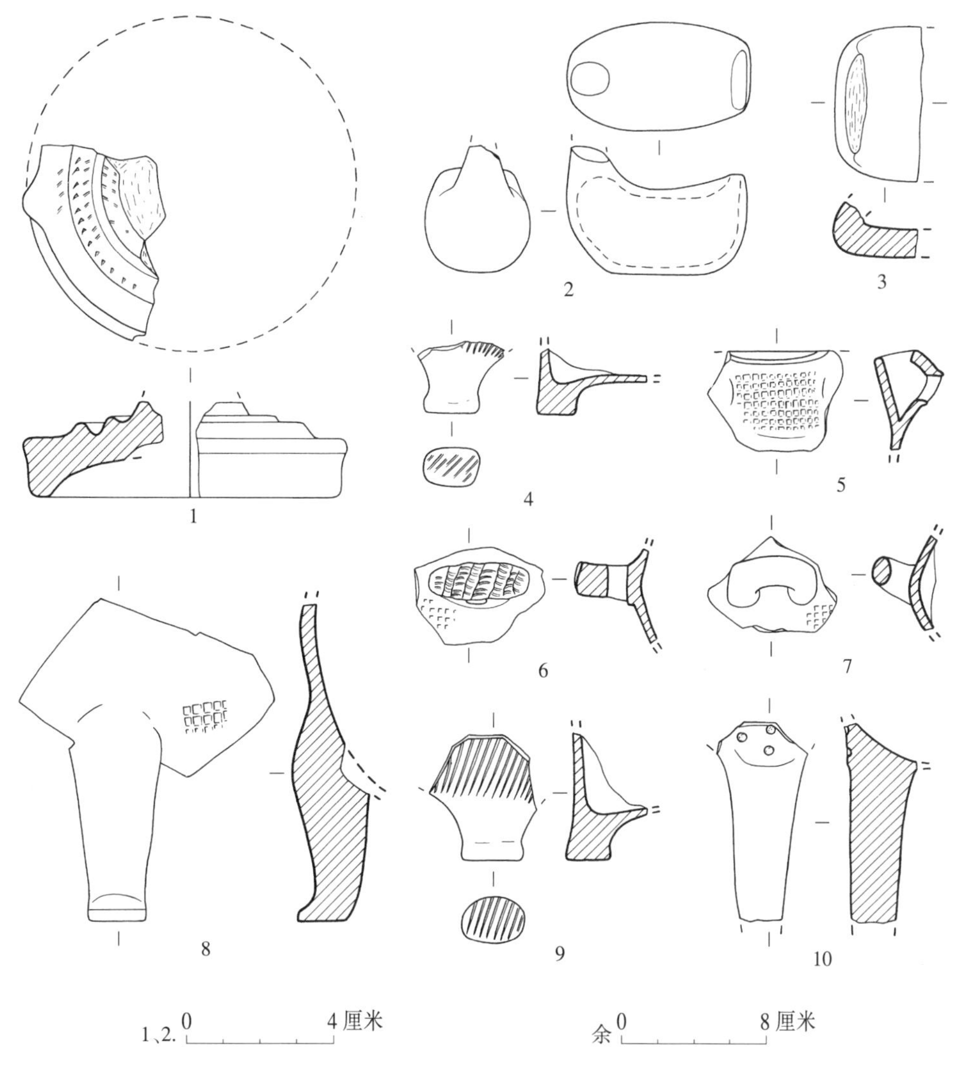

图六三九　03ET2607④出土陶器

1. C 型Ⅱ式器盖（03ET2607④:1）　2. E 型Ⅲ式壶（03ET2607④:22）　3. E 型壶（03ET2607④:21）　4、9. Da 型甗足（03ET2607④:7、6）　5. Ab 型甗耳（03ET2607④:18）　6. D 型器耳（03ET2607④:20）　7. Cc 型器耳（03ET2607④:17）　8. C 型鼎足（03ET2607④:23）　10. Ae 型鼎足（03ET2607④:5）

陶瓮　2 件。标本 03ET2607③:10，Aa 型。夹砂褐陶。敞口，方唇，斜直颈。唇面饰压印方格纹。口径 36、残高 4 厘米（图六四〇，6）。标本 03ET2607③:9，Ef 型Ⅲ式。夹砂黄灰陶。侈口，圆唇，斜直颈，斜折广肩。肩部饰横条纹，腹饰竖条纹。口径 12、残高 7.6 厘米（图六四〇，8）。

陶豆　1 件。标本 03ET2607③:19，Cb 型。泥质灰陶。残存豆盘底和圆圈柱状细豆柄。柄盘交界处和柄座交界处各饰一周凹弦纹。残高 8 厘米（图六四一，6）。

陶器耳　5 件。标本 03ET2607③:16，Aa 型。夹砂褐陶。鸟头形扁直耳，喙较长，耳根部横穿圆孔。素面（图六四〇，10）。标本 03ET2607③:18，Ac 型。夹砂黄红陶。椭圆形扁直耳，耳根部横穿圆孔。耳顶面饰条纹（图六四一，2）。标本 03ET2607③:17，Af 型。夹砂黄红陶。扁直耳略呈猪头形，嘴部略呈圆角三角形，耳根部横穿椭圆孔。素面（图六四〇，5）。标本 03ET2607③:15，Ba 型。夹砂褐陶。长方形泥片横耳，耳顶面饰条纹，耳根中部上下对穿圆孔，耳面斜上

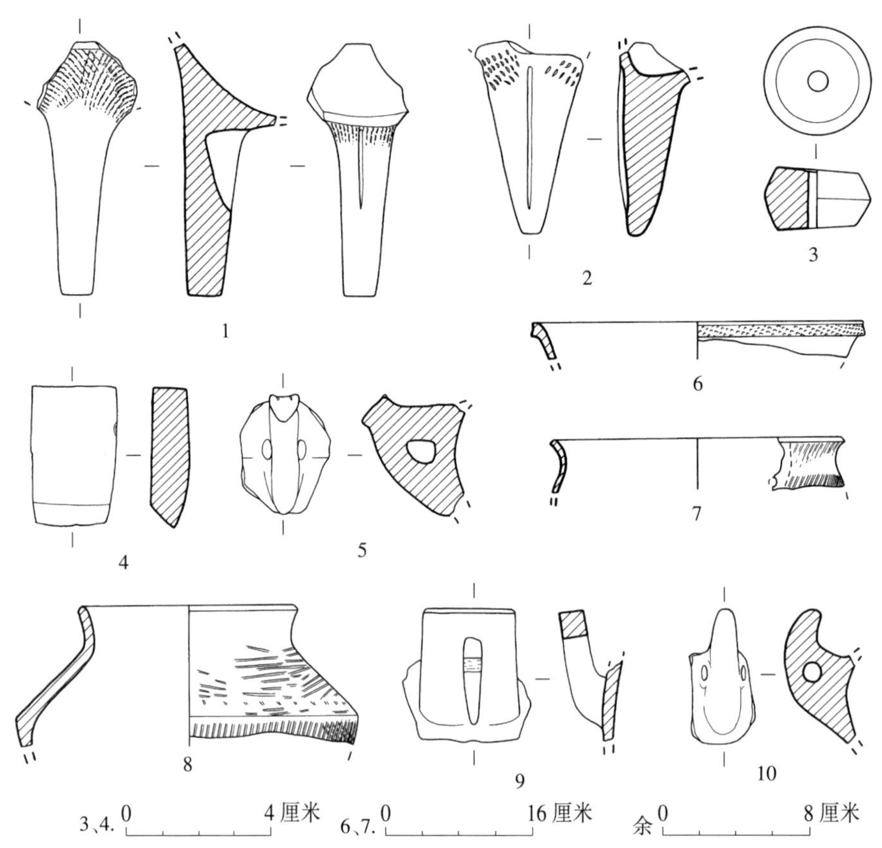

图六四〇 03ET2607③出土器物

1. Ab 型陶鼎足（03ET2607③∶4） 2. Aa 型Ⅰ式陶鬲足（03ET2607③∶5） 3. Ae 型Ⅱ式陶纺轮（03ET2607③∶3）
4. Ac 型Ⅲ式石斧（03ET2607③∶1） 5. Af 型陶器耳（03ET2607③∶17） 6. Aa 型陶瓮（03ET2607③∶10）
7. Aa 型陶甗（03ET2607③∶8） 8. Ef 型Ⅲ式陶瓮（03ET2607③∶9） 9. B 型陶鼎耳（03ET2607③∶13）
10. Aa 型陶器耳（03ET2607③∶16）

侈（图六四一，7）。标本 03ET2607③∶14，Be 型。夹砂褐陶。梯形泥片横耳，耳面斜上侈。耳顶面饰条纹（图六四一，8）。

陶器底 1 件。标本 03ET2607③∶11，A 型。夹砂灰黄陶。下腹斜直内收，平底。下腹至底饰压印方格纹。底径 24、残高 5.8 厘米（图六四一，5）。

陶支（拍）垫 1 件。标本 03ET2607③∶20，A 型。夹砂褐陶。垫面平，垫背隆起穿孔，孔呈椭圆形用于握手。顶面饰条纹。垫残长 4.6、宽 7.8、支垫残高 6 厘米（图六四一，3）。

陶纺轮 2 件。标本 03ET2607③∶2，Ac 型Ⅳ式。夹砂浅灰陶。扁圆形，两面平，圆中间一直壁圆孔，周壁中间凸起一周折棱，折棱上下斜面直。素面。直径 3、孔径 0.6、厚 1 厘米（图六四一，4；图版五三，8）。标本 03ET2607③∶3，Ae 型Ⅱ式。夹砂褐陶。圆形，厚体，正面斜，中部微凹，背面平，圆中间一直壁圆孔，周壁中间凸起一周折棱，折棱上下斜面直。素面。直径 2.9、孔径 0.5、厚 1.4～1.7 厘米（图六四〇，3；图版五四，9）。

硬陶片 1 件。标本 03ET2607③∶7，器类不明。灰褐硬陶。饰压印叉心回字形纹（图二九五，7）。

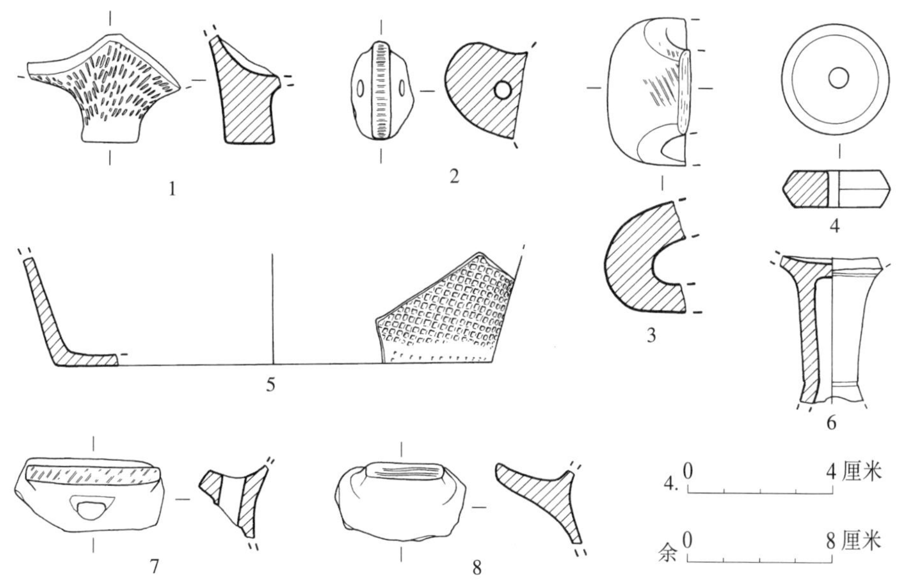

图六四一　03ET2607③出土陶器

1. Db型甗足（03ET2607③:6）　2. Ac型器耳（03ET2607③:18）　3. A型支（拍）垫（03ET2607③:20）　4. Ac型Ⅳ式纺轮（03ET2607③:2）　5. A型器底（03ET2607③:11）　6. Cb型豆（03ET2607③:19）　7. Ba型器耳（03ET2607③:15）　8. Be型器耳（03ET2607③:14）

石斧　1件。标本03ET2607③:1，Ac型Ⅲ式。灰色。磨制。扁体长方形，偏锋，直刃略弧。长3.8、刃宽1.9、厚1厘米（图六四〇，4；图版六三，5）。

炼渣　3块。标本见附录一。

03ET2607②

有硬陶器。

标本2件，均为硬陶器。另有矿石、炼渣。

硬陶片　2件。标本03ET2607②:1，器类不明。灰硬陶。饰压印凹方格纹（图二九七，12）。标本03ET2607②:2，器类不明。灰硬陶。饰压印叉心回字形纹（图二九六，4）。

矿石　1块。标本03ET2607②:3，为块状。断面呈扇形，矿体为深绿色，质地较为坚实，矿体中有细小的白色颗粒和浅褐色小块状杂质，有明显的细小孔隙。经检测分析铜含量为10.51%，三氧化二铁19.47%，氧化钙2.88%。经镜下观察，其岩相薄片及XRD物相分析，岩相结构是孔雀石、石英石、高岭石，属铜铁混生矿石。标本长2.1、宽1.7、厚1.6厘米（彩版三七，6；附录二）。

炼渣　3块。标本见附录一。

16. 03ET2707⑥～③

03ET2707⑥

器类有陶鬲、器盖等。

标本2件，均为陶器。

陶鬲足　1件。标本03ET2707⑥:2，Ac型Ⅰ式。夹砂褐陶。圆柱状锥足。足根饰绳纹。残高8厘米（图六四二，7）。

陶器盖　1件。标本03ET2707⑥:1，Bd型Ⅰ式。泥质灰陶。纽呈椭圆珠形，顶面斜。顶饰弦纹。残径14.8、残高5.6厘米（图六四二，6）。

03ET2707⑤

器类有陶甗、鼎、罐、钵、器盖等。

标本5件，均为陶器。

陶甗　1件。标本03ET2707⑤:4，Ab型。夹砂黄褐陶，器表有烟熏痕迹。残存甗腰以下部分，弧腰内壁等距离安三个小舌状泥片，用以支箅，下腹与底相接处外鼓，底部等距离安三个乳头状小矮足。腹饰弦断绳纹，底及足根饰横竖绳纹。残高21.6厘米（图六四二，5）。

陶鼎　1件。标本03ET2707⑤:3，Da型Ⅰ式。仿铜。夹砂黄褐陶，器表有烟熏痕迹。敞口，

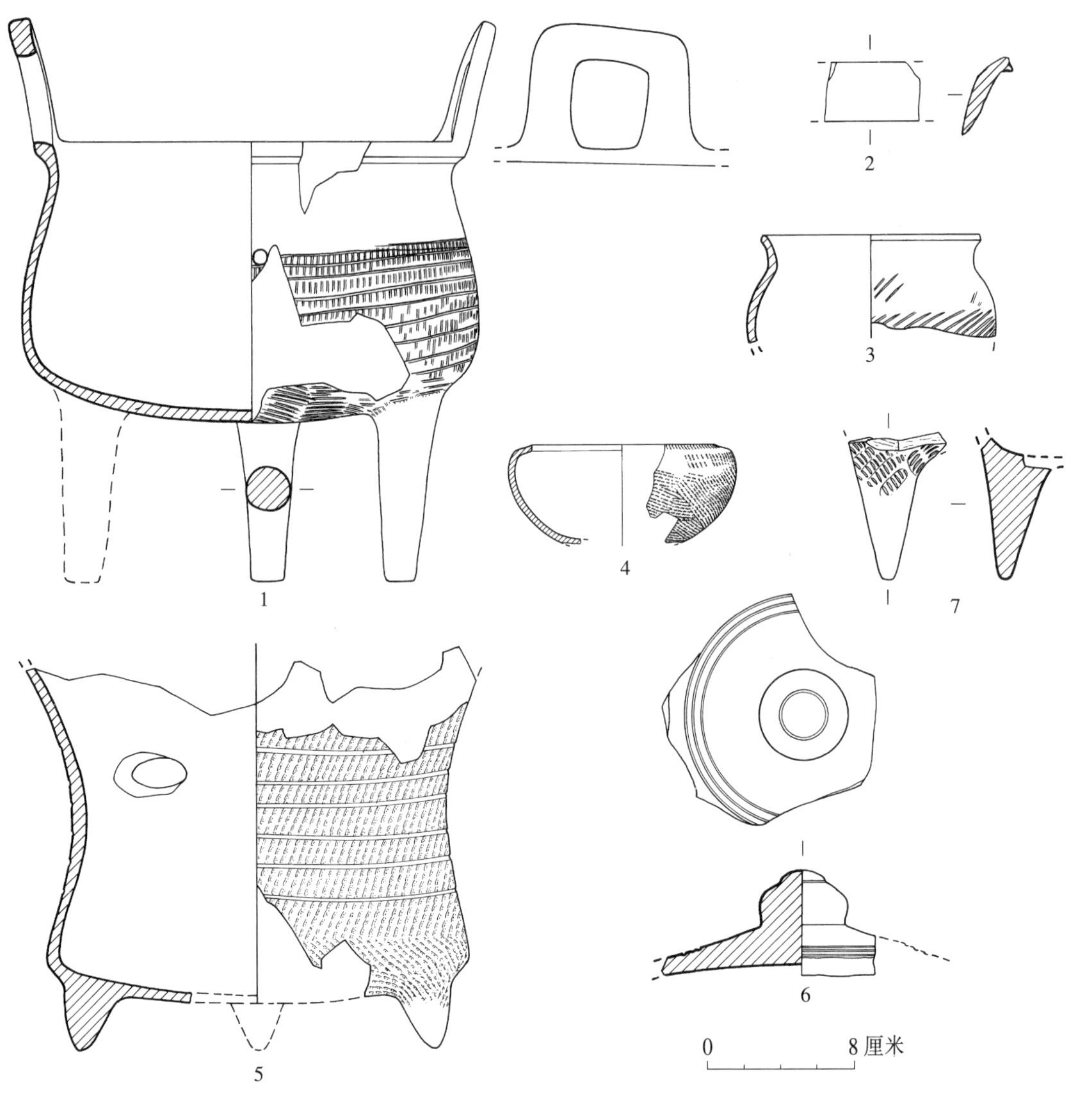

图六四二　03ET2707⑤、⑥出土陶器

1. Da型Ⅰ式鼎（03ET2707⑤:3）　2. Aa型器盖（03ET2707⑤:2）　3. Ab型Ⅱ式罐（03ET2707⑤:5）　4. Bb型钵（03ET2707⑤:1）　5. Ab型甗（03ET2707⑤:4）　6. Bd型Ⅰ式器盖（03ET2707⑥:1）　7. Ac型Ⅰ式鬲足（03ET2707⑥:2）

平沿，方唇，弧腹，下腹外鼓呈垂腹，三圆柱形截锥状足。沿面对称安两个圆角方形立耳。肩施泥饼乳丁，腹饰弦断条纹，底饰横条纹。口径24、通高30.2厘米（图六四二，1；图版三一，3）。

陶罐　1件。标本03ET2707⑤:5，Ab型Ⅱ式。夹砂褐陶。敞口，卷沿，圆唇，斜直颈，溜肩，圆腹，口径小于腹径。肩、腹饰斜条纹。口径12、残高5.8厘米（图六四二，3）。

陶钵　1件。标本03ET2707⑤:1，Bb型。夹砂灰陶。敛口，圆唇，有肩，上腹圆鼓，下腹弧内收。器表通饰交错绳纹。口径10、残高5.3厘米（图六四二，4；图版四二，6）。

陶器盖　1件。标本03ET2707⑤:2，Aa型。夹砂灰褐陶。平顶残，直壁，盖口圆唇。素面。残高3.2厘米（图六四二，2）。

03ET2707④

器类有陶鬲、鼎、罐、钵、器盖，硬陶瓮。

标本11件，其中陶器10件，硬陶器1件。

陶鬲　1件。标本03ET2707④:10，Aa型Ⅲ式。夹砂褐陶。侈口，弧沿，方唇，斜直颈，溜肩，弧腹，口径略小于腹径。颈部纹饰被抹，肩、腹饰弦断条纹。口径20、残高6.4厘米（图六四三，5）。

陶鼎　1件。标本03ET2707④:8，Da型。仿铜。夹砂褐陶。敞口，平沿，方唇，弧腹，口径小于腹径。沿面对称安两个圆角方形立耳。腹饰条纹。口径18、残高9.2厘米（图六四三，1）。

陶鼎足　1件。标本03ET2707④:6，Af型。夹砂灰褐陶。椭圆形柱状截锥足。足根外侧中部隆起一圆形泥饼，足根饰绳纹。残高11.3厘米（图六四三，7）。

陶罐　3件。标本03ET2707④:3，Aa型Ⅳ式。夹砂灰陶。敞口，卷沿，圆唇，弧颈，溜肩。颈部纹饰被抹，肩上有圆形泥饼纹和弦断条纹，肩腹交界处压印一周绳索状附加堆纹。口径28、残高7厘米（图六四三，2）。标本03ET2707④:4，Aa型。夹砂浅灰陶。敞口，卷沿，圆唇，弧颈，溜肩。沿面一周凹槽，颈、肩部饰绳纹，肩腹交界处压印一周带状附加堆纹，其上突出一鸟喙状堆条。口径28、残高7.4厘米（图六四三，4）。标本03ET2707④:11，Ca型Ⅲ式。夹砂灰褐陶。侈口，卷沿，尖圆唇，斜直颈，弧腹。腹饰凹弦纹和交叉条纹。口径18、残高6.2厘米（图六四三，11）。

陶钵　1件。标本03ET2707④:2，Ad型Ⅱ式。夹砂黄褐陶。器瘦高。敛口，圆唇，上腹圆弧，下腹斜弧内收呈平底。上腹有圆形泥饼，腹通饰斜条纹。口径14、底径9.2、高13.2厘米（图六四三，9；彩版二四，6）。

陶器盖　1件。标本03ET2707④:1，D型。泥质黄灰陶。圆饼形残，顶面平，圆面边缘微凹，周壁圆。两面饰稀疏条纹。直径17、厚1.6厘米（图六四三，3）。

陶盖纽　1件。标本03ET2707④:5，A型。夹砂褐陶。圆圈形凹纽。饰条纹。纽口径8.8、残高5.2厘米（图六四三，6）。

陶器耳　1件。标本03ET2707④:7，Cb型。夹砂黄红陶。椭圆形耳，耳根套包在口沿上，耳体一半附着在器壁沿外至颈部，环耳顶部截面椭圆形（图六四三，10）。

硬陶瓮　1件。标本03ET2707④:9，Aa型Ⅲ式。灰黄硬陶。敞口，斜沿，方唇，束颈。肩部划波浪纹。口径12、残高2.5厘米（图六四三，8）。

03ET2707③

器类有陶鼎、罐、瓮等。

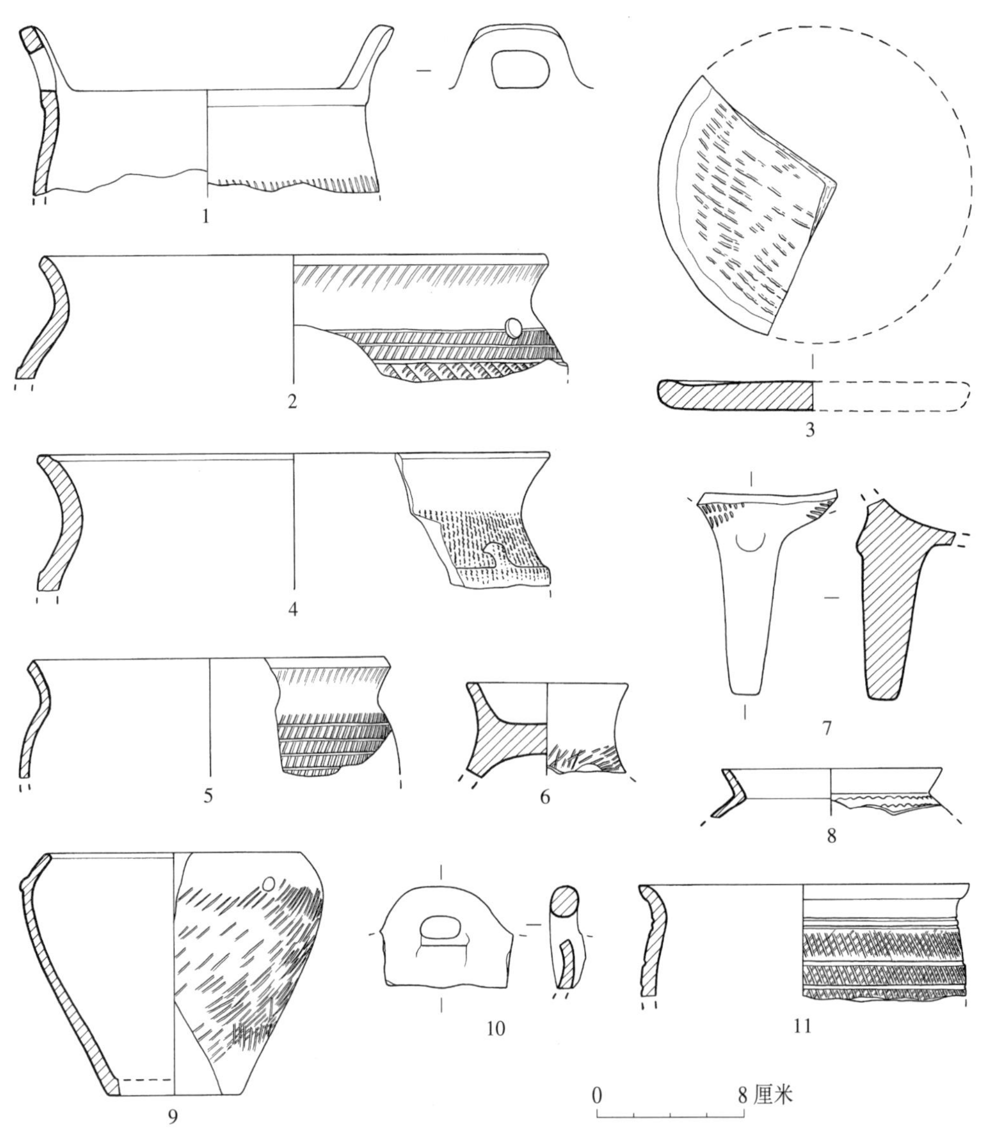

图六四三　03ET2707④出土器物

1. Da 型陶鼎（03ET2707④∶8）　2. Aa 型Ⅳ式陶罐（03ET2707④∶3）　3. D 型陶器盖（03ET2707④∶1）　4. Aa 型陶罐（03ET2707④∶4）　5. Aa 型Ⅲ式陶鬲（03ET2707④∶10）　6. A 型陶盖纽（03ET2707④∶5）　7. Af 型陶鼎足（03ET2707④∶6）　8. Aa 型Ⅲ式硬陶瓮（03ET2707④∶9）　9. Ad 型Ⅱ式陶钵（03ET2707④∶2）　10. Cb 型陶器耳（03ET2707④∶7）　11. Ca 型Ⅲ式陶罐（03ET2707④∶11）

标本 8 件，均为陶器。

陶鼎　1 件。标本 03ET2707③∶2，Da 型。夹砂褐陶。直口，平沿，厚方唇，斜颈，溜肩，弧腹。腹饰网格纹。口径 15.8、残高 6.2 厘米（图六四四，7）。

陶罐　1 件。标本 03ET2707③∶3，Fd 型Ⅱ式。夹砂褐陶。敞口，方唇，斜直颈，弧肩。素面。口径 14、残高 5.6 厘米（图六四四，6）。

陶瓮　3 件。标本 03ET2707③∶5，Ac 型Ⅲ式。夹砂红褐陶。侈口，弧沿，圆唇，弧颈，斜折肩。肩腹饰弦断条纹，肩腹交界处饰绳索状附加堆纹。口径 28、残高 10 厘米（图六四四，8）。标本 03ET2707③∶4，Ac 型。夹砂黄陶。侈口，卷沿，方唇，弧颈，弧腹。颈部纹饰被抹，腹饰条

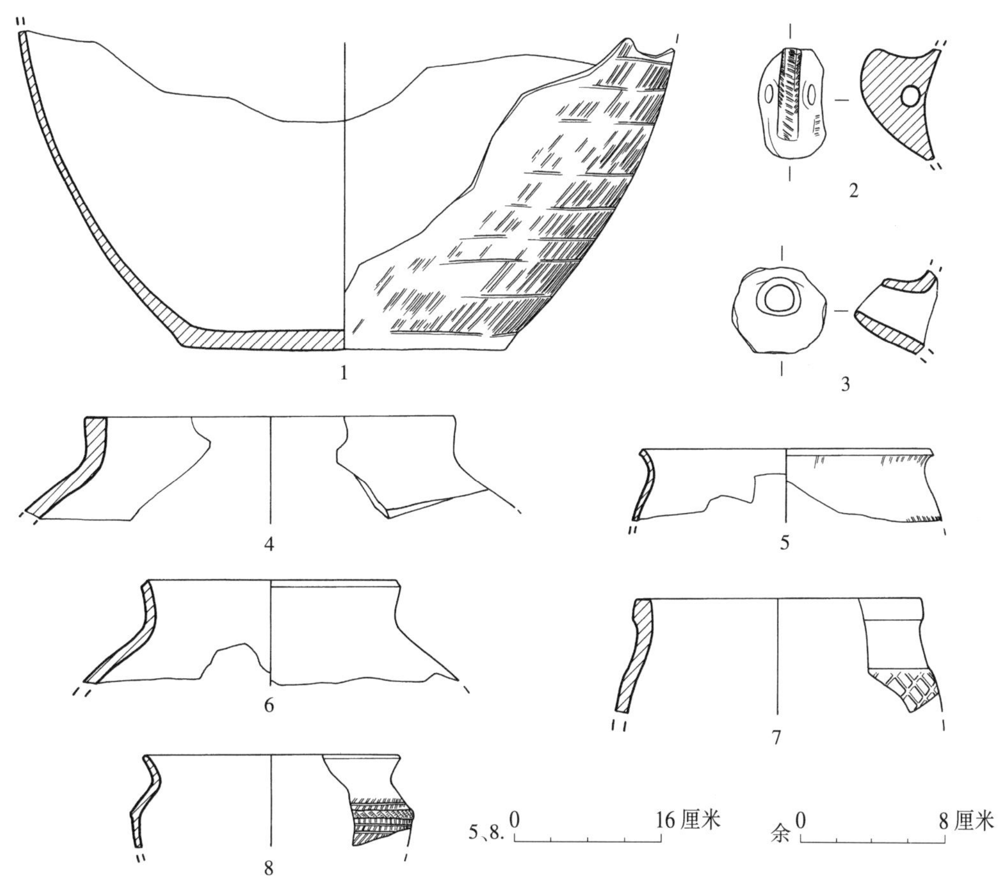

图六四四　03ET2707③出土陶器

1. D型器底（03ET2707③：1）　2. Ac型器耳（03ET2707③：9）　3. Ⅰ式器流（03ET2707③：10）　4. Ec型瓮（03ET2707③：6）　5. Ac型瓮（03ET2707③：4）　6. Fd型Ⅱ式罐（03ET2707③：3）　7. Da型鼎（03ET2707③：2）　8. Ac型Ⅲ式瓮（03ET2707③：5）

纹。口径32、残高8厘米（图六四四，5）。标本03ET2707③:6，Ec型。夹砂黄陶。直口，平沿，直颈，弧肩。素面。口径20、残高5.5厘米（图六四四，4）。

陶器流　1件。标本03ET2707③:10，Ⅰ式。夹砂黄灰陶。圆筒状流微上侈，流口椭圆形。素面（图六四四，3）。

陶器耳　1件。标本03ET2707③:9，Ac型。夹砂黄灰陶。扁直耳略呈鸟头形，耳根部横穿圆孔。耳顶面饰条纹（图六四四，2）。

陶器底　1件。标本03ET2707③:1，D型。夹砂红褐陶。下腹弧内收，平底。下腹饰弦断条纹，底饰交叉条纹。底径17.6、残高17厘米（图六四四，1）。

17. 03ET2604⑤～④

03ET2604⑤

器类有陶鬲、甗、罐、瓮等。

标本10件，均为陶器。

陶鬲　3件。标本03ET2604⑤:3，Aa型。夹砂灰褐陶。敞口，方唇，斜直颈，弧腹，口径略大于腹径。颈部纹饰被抹，腹饰弦断绳纹。口径22、残高5.4厘米（图六四五，2）。标本03ET2604⑤:1，Ab型。夹砂灰陶。侈口，卷沿，圆唇，斜直颈，溜肩，口径略大于腹径。颈部纹饰被抹，肩、腹饰弦断绳纹。口径16、残高4.2厘米（图六四五，9）。标本03ET2604⑤:6，Ha型Ⅰ式。夹砂褐陶。侈口，卷沿，方唇，斜直颈，溜肩，圆腹，鬲身呈盆形，口径大于腹径。颈部纹饰被抹，肩、腹饰弦断绳纹。口径14、残高4.8厘米（图六四五，8）。

陶鬲足　2件。标本03ET2604⑤:9，Aa型。夹砂浅灰陶。圆柱状截锥足，有足窝。足外侧有一道刻槽，足根饰条纹。残高9厘米（图六四五，6）。标本03ET2604⑤:10，Ac型Ⅰ式。夹砂褐陶。圆柱状尖锥足。足根饰绳纹。残高8.8厘米（图六四五，3）。

陶甗足　1件。标本03ET2604⑤:11，Aa型Ⅱ式。夹砂灰黄陶。椭圆柱状矮截锥足。下腹饰弦断条纹，底及足根饰绳纹。残高6.2厘米（图六四五，5）。

陶罐　2件。标本03ET2604⑤:4，Ba型Ⅲ式。夹砂黄褐陶。侈口，尖圆唇，斜直颈较高，溜肩，弧腹。颈部纹饰被抹，肩、腹交界处饰两道凹弦纹，其间一周附加堆纹，上下饰绳纹。口径20、残高9.2厘米（图六四五，4）。标本03ET2604⑤:2，Bb型Ⅰ式。夹砂褐陶。敞口，方唇，斜直颈，弧肩，弧腹。颈部纹饰被抹，肩、腹部饰弦断绳纹。口径14、残

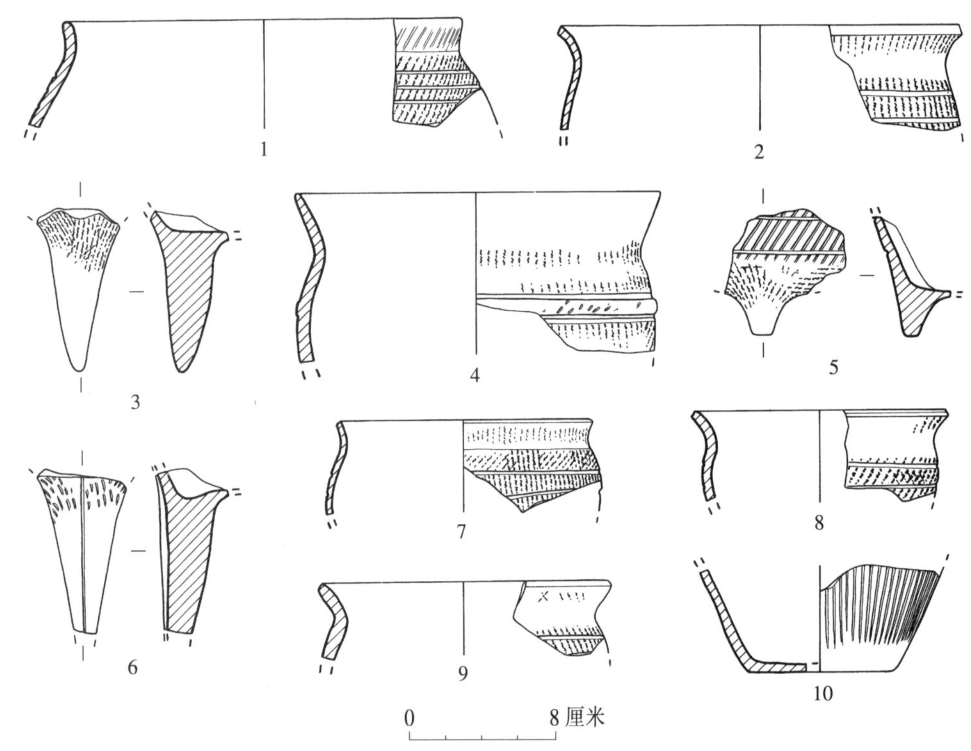

图六四五　03ET2604⑤出土陶器

1. B型Ⅰ式瓮（03ET2604⑤:5）　2. Aa型鬲（03ET2604⑤:3）　3. Ac式Ⅰ式鬲足（03ET2604⑤:10）
4. Ba型Ⅲ式罐（03ET2604⑤:4）　5. Aa型Ⅱ式甗足（03ET2604⑤:11）　6. Aa型鬲足（03ET2604⑤:9）
7. Bb型Ⅰ式罐（03ET2604⑤:2）　8. Ha型Ⅰ式鬲（03ET2604⑤:6）　9. Ab型鬲（03ET2604⑤:1）
10. B型器底（03ET2604⑤:7）

高 5 厘米（图六四五，7）。

陶瓮　1 件。标本 03ET2604⑤:5，B 型Ⅰ式。夹砂褐陶。直口微敞，圆唇，直颈，斜肩。颈、肩、腹部饰弦断斜绳纹。口径 22、残高 5.8 厘米（图六四五，1）。

陶器底　1 件。标本 03ET2604⑤:7，B 型。夹砂黄灰陶。仅存下腹和底部，下腹斜直内收，平底。下腹饰条纹。底径 8、残高 5.6 厘米（图六四五，10）。

03ET2604④

器类有陶鬲、甗、模具。

标本 5 件，均为陶器 5 件。另有炼渣。

陶鬲足　1 件。标本 03ET2604④:4，Ac 型Ⅱ式。夹砂褐陶。圆柱状截锥足，足根有足窝。足根饰条纹。残高 8 厘米（图六四六，5）。

陶甗足　2 件。标本 03ET2604④:3，Da 型。夹砂褐陶。椭圆柱状矮足略呈蹄形，足根有足窝。足底面饰条纹。残高 3 厘米（图六四六，7）。标本 03ET2604④:2，Db 型。夹砂褐陶。椭圆柱状矮足，足根有足窝。足底面饰条纹。残高 4.2 厘米（图六四六，9）。

陶器耳　1 件。标本 03ET2604④:5，Bf 型。夹砂褐陶。长方形泥片状横耳，折耳直上侈。耳根饰条纹（图六四六，8）。

陶模具　1 件。标本 03ET2604④:6，B 型Ⅱ式。夹细砂灰褐陶。半块模，模体长方扁形，四壁直，模顶平，顶部留有浇铸孔，模腔似铙形，腔面有凹窝。模残长 3.2、宽 2.3、厚 1.6 厘米，模腔净深 0.4 厘米（图六四六，6；图版五八，9）。

炼渣　1 块。标本 03ET2604④:1，扁平块状溶琉体，渣体表面气孔较为密集，灰色体夹白色，绿色小颗粒，质地较松散，可见到明显的小点绿铜锈。标本长 3.05、宽 1.6、高 0.8 厘米（彩版四二，1）。

18. 03ET2806⑤～③

03ET2806⑤

器类有陶鬲、饼等。

标本 4 件，均为陶器。

陶鬲　1 件。标本 03ET2806⑤:3，Aa 型。夹砂灰褐陶。敞口，卷沿，方唇，斜直颈，溜肩。颈部纹饰被抹，肩、腹饰弦断绳纹。口径 20、残高 5.4 厘米（图六四六，1）。

陶鬲足　1 件。标本 03ET2806⑤:1，Ac 型Ⅰ式。夹砂灰褐陶。圆柱状尖锥足。足根饰绳纹。残高 8 厘米（图六四六，2）。

陶器耳　1 件。标本 03ET2806⑤:2，Af 型。夹砂褐陶。扁直耳略呈猪头形，耳根部横穿圆孔（图六四六，3）。

陶饼　1 件。标本 03ET2806⑤:4，Ab 型Ⅱ式。夹砂褐陶。用陶片打磨而成。扁圆形，两面平，周壁斜直。素面。直径 5.6～6、厚 2.4 厘米（图六四六，4）。

03ET2806④

器类有陶鬲、罐、瓮、钵、豆、动物。

标本 9 件，均为陶器。还有炼渣。

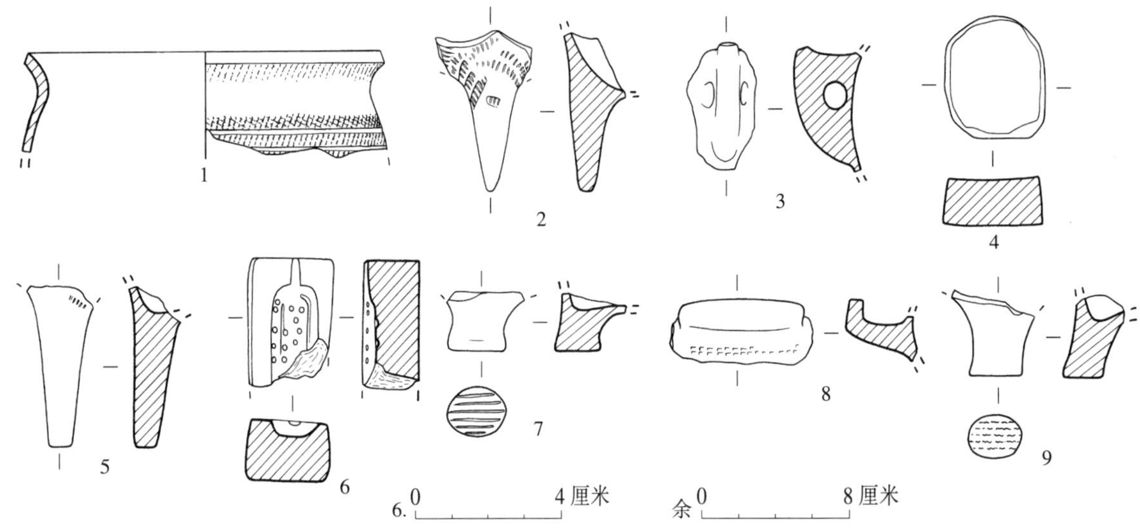

图六四六　03ET2806⑤、T2604④出土陶器

1. Aa型鬲（03ET2806⑤:3）　2. Ac型Ⅰ式鬲足（03ET2806⑤:1）　3. Af型器耳（03ET2806⑤:2）　4. Ab型Ⅱ式饼（03ET2806⑤:4）　5. Ac型Ⅱ式鬲足（03ET2604④:4）　6. B型Ⅱ式模具（03ET2604④:6）　7. Da型甗足（03ET2604④:3）　8. Bf型器耳（03ET2604④:5）　9. Db型甗足（03ET2604④:2）

陶鬲　2件。标本03ET2806④:2，Ab型Ⅲ式。夹砂红褐陶。侈口，卷沿，尖圆唇，斜弧颈，圆腹弧内收，鬲身呈罐形，口径大于腹径，器内壁底部与足根对接处有足窝。肩及上腹饰交叉绳纹，下腹、底和足根饰绳纹。口径14、残高12厘米（图六四七，5）。标本03ET2806④:12，C型Ⅲ式。夹砂褐陶。侈口，卷沿，方唇，斜弧颈，圆弧腹，口径略大于腹径。口外对称附加泥条堆贴鬲耳，耳呈抠耳状。颈部纹饰被抹，肩及上腹饰条纹。口径31、残高10.4厘米（图六四七，3）。

陶鬲足　1件。标本03ET2806④:7，Ab型Ⅱ式。夹砂褐陶。圆柱状截锥足，有足窝，足根外侧三个圆窝呈等边三角形排列，有一道刻划槽连接最上一个圆窝。足根饰绳纹。残高11.6厘米（图六四七，6）。

陶罐　1件。标本03ET2806④:4，H型。夹砂褐陶。敞口，平沿，圆唇，弧颈，斜肩。素面。口径18、残高5.2厘米（图六四七，4）。

陶瓮　1件。标本03ET2806④:5，Ed型Ⅲ式。夹砂褐陶。直口，平沿微上侈，圆唇，斜直颈，斜广肩。素面。口径14、残高8.2厘米（图六四七，1）。

陶钵　1件。标本03ET2806④:1，Aa型Ⅱ式。夹砂黄褐陶。敛口，圆唇，小圆肩，上腹折弧，中腹圆弧，下腹斜弧内收呈平底。上腹饰弦断交叉条纹，下腹饰弦断竖条纹，底饰成组短横条纹。口径11、底径7.6、高8.4厘米（图六四七，9；图版四二，3）。

陶豆　1件。标本03ET2806④:6，Aa型。夹细砂灰陶。敞口，方唇，弧盘，弧壁。外壁中部饰条纹。口径22、残高4厘米（图六四七，2）。

陶器耳　1件。标本03ET2806④:10，Ba型。夹砂褐陶。长方形泥片横耳，耳根部上下对穿圆孔，耳面弧折斜上侈。耳面顶端饰竖条纹（图六四七，8）。

陶动物　1件。标本03ET2806④:3，夹砂褐陶。动物头顶似有独角，作昂首俯伏状，后肢及尾残，是何种动物不明。残长5.4、高3.5厘米（图六四七，7；图版六〇，6）。

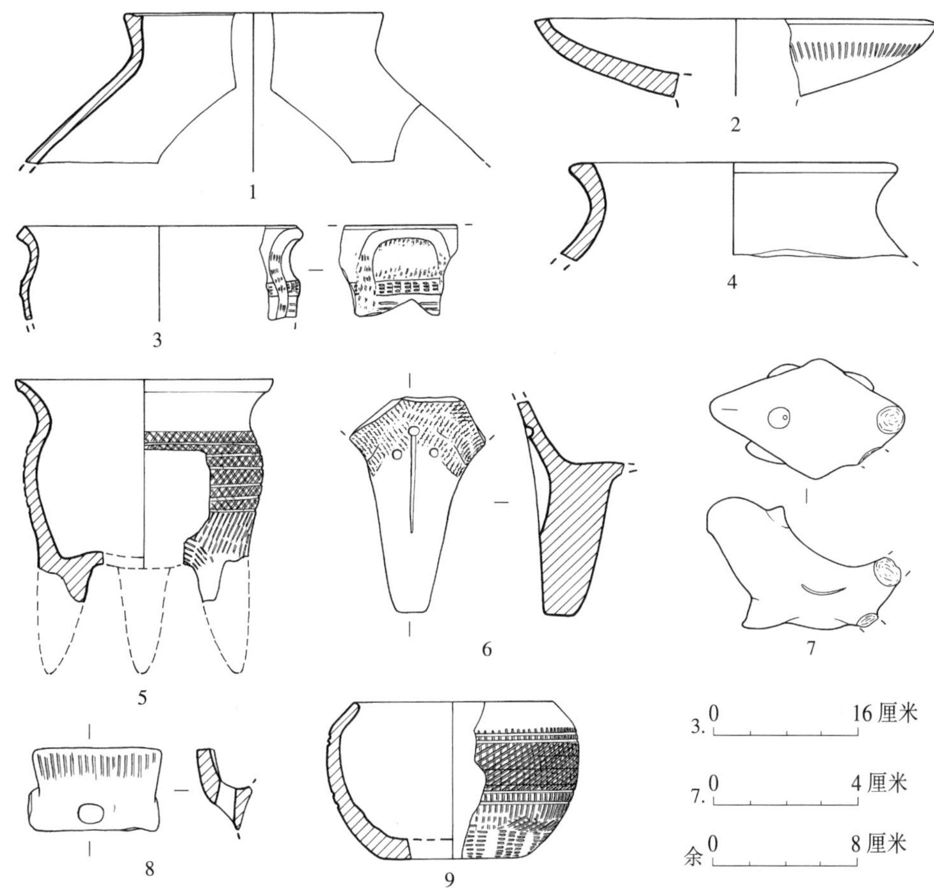

图六四七　03ET2806④出土陶器

1. Ed型Ⅲ式瓮（03ET2806④：5）　2. Aa型豆（03ET2806④：6）　3. C型Ⅲ式鬲（03ET2806④：12）　4. H型罐（03ET2806④：4）　5. Ab型Ⅲ式鬲（03ET2806④：2）　6. Ab型Ⅱ式鬲足（03ET2806④：7）　7. 陶动物（03ET2806④：3）　8. Ba型器耳（03ET2806④：10）　9. Aa型Ⅱ式钵（03ET2806④：1）

炼渣　4块。标本见附录一。

03ET2806③

器类有陶鬲、壶、支（拍）垫、纺轮、饼和石斧等。

标本6件，其中陶器5件，石器1件。

陶鬲　1件。标本03ET2806③：5，Ac型Ⅳ式。夹砂褐陶，器表有烟熏痕迹。敞口，弧沿，圆唇，斜直颈，圆肩，圆腹弧内收，鬲身呈罐形，口径小于腹径，器内壁底部与足根对接处有窝。肩腹饰弦断条纹，足外侧有一道刻槽，底及足根饰条纹。口径15.8、残高16厘米（图六四八，2；图版一九，6）。

陶壶　1件。标本03ET2806③：4，E型Ⅳ式。夹砂灰褐陶。壶呈卧雉形，中空，雉首端留椭圆形壶嘴，雉尾上翘。素面。长7.5、残宽4.2、高4.9厘米（图六四八，6；图版三九，1）。

陶支（拍）垫　1件。标本03ET2806③：6，Aa型Ⅲ式。夹砂褐陶。垫面弧形，垫背隆起穿孔，孔呈椭圆形用于握手。握手一面及垫片边缘饰绳纹。垫长6.7、宽6.3、厚2厘米，支垫通高4.7厘米（图六四八，3；图版五〇，4）。

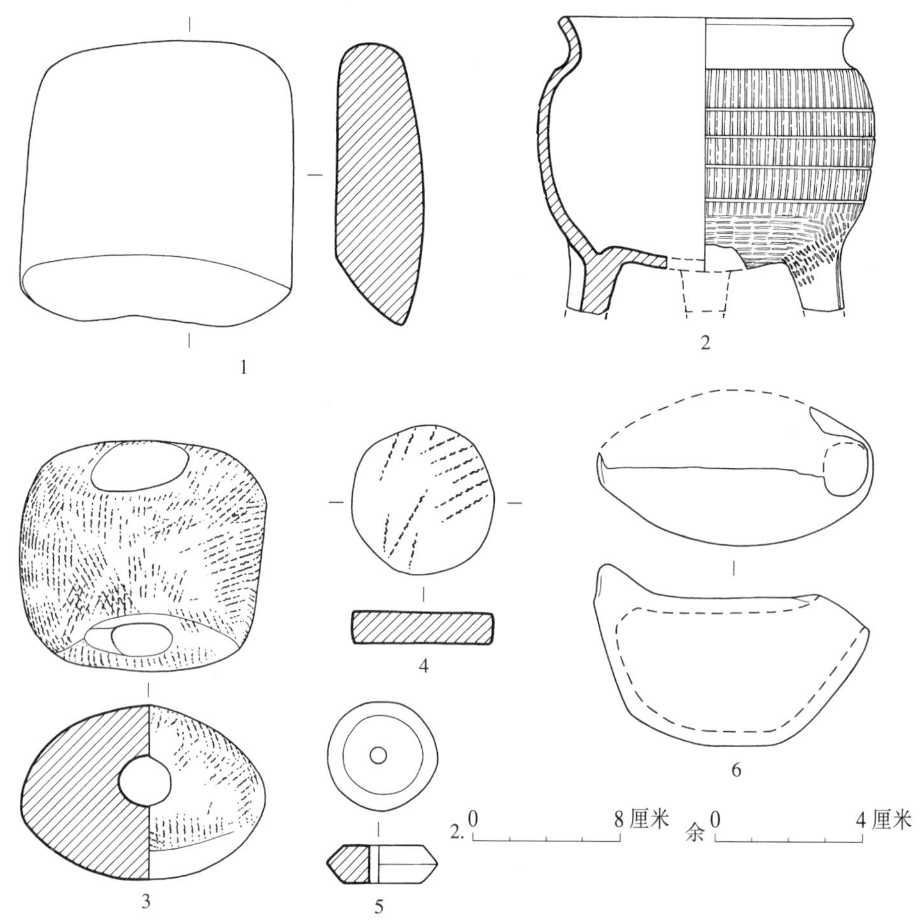

图六四八 03ET2806③出土器物

1. Ab 型Ⅲ式石斧（03ET2806③:2） 2. Ac 型Ⅳ式陶鬲（03ET2806③:5） 3. Aa 型Ⅲ式陶支（拍）垫（03ET2806③:6） 4. Aa 型Ⅰ式陶饼（03ET2806③:3） 5. Ac 型Ⅳ式陶纺轮（03ET2806③:1） 6. E 型Ⅳ式陶壶（03ET2806③:4）

陶纺轮 1 件。标本 03ET2806③:1，Ac 型Ⅳ式。夹砂灰褐陶。扁圆形，两面平，圆中间一直壁圆孔，周壁中间凸起一周折棱，折棱上下斜面直。素面。直径 2.9 ~3.1、孔径 0.4、厚 1 厘米（图六四八，5）。

陶饼 1 件。标本 03ET2806③:3，Aa 型Ⅰ式。夹砂灰褐陶。用陶片打磨而成。扁圆形，两面平，周壁直。一面有稀疏细绳纹。直径 3.9 ~4、厚 0.9 厘米（图六四八，4）。

石斧 1 件。标本 03ET2806③:2，Ab 型Ⅲ式。青色。磨制。扁体长方形，偏锋，直刃。长 7.7、宽 6.8 ~7.5、厚 1.8 ~2.4 厘米（图六四八，1；图版六三，3）。

19. 03ET3006④ ~ ③

03ET3006④

器类有陶鬲、鼎、瓮、缸、钵、纺轮、饼等。

标本 12 件，均为陶器。

陶鬲　1件。标本03ET3006④：13，Ac型。夹砂褐陶。侈口，方唇，斜直颈，溜肩，弧腹。颈部饰条纹，肩腹饰弦断条纹。口径22、残高5.7厘米（图六四九，4）。

陶鬲足　1件。标本03ET3006④：11，Aa型Ⅱ式。夹砂褐陶。圆柱状截锥足。足外侧有一道刻划槽，足根饰条纹。残高12.4厘米（图六四九，9）。

陶鼎　1件。标本03ET3006④：16，Dd型。夹砂红褐陶。直口，平沿，厚方唇，直颈。唇面饰竖条纹。口径26、残高6厘米（图六四九，5）。

陶瓮　1件。标本03ET3006④：14，B型Ⅲ式。夹砂褐陶。敞口，平沿，内敛圆唇，斜直颈，斜肩。素面。口径24、残高7厘米（图六四九，1）。

陶缸　1件。标本03ET3006④：12，Bb型。夹砂黄灰陶。直口，厚方唇，弧腹斜弧内收。器表饰交错条纹。口径25.8、残高8.8厘米（图六四九，3）。

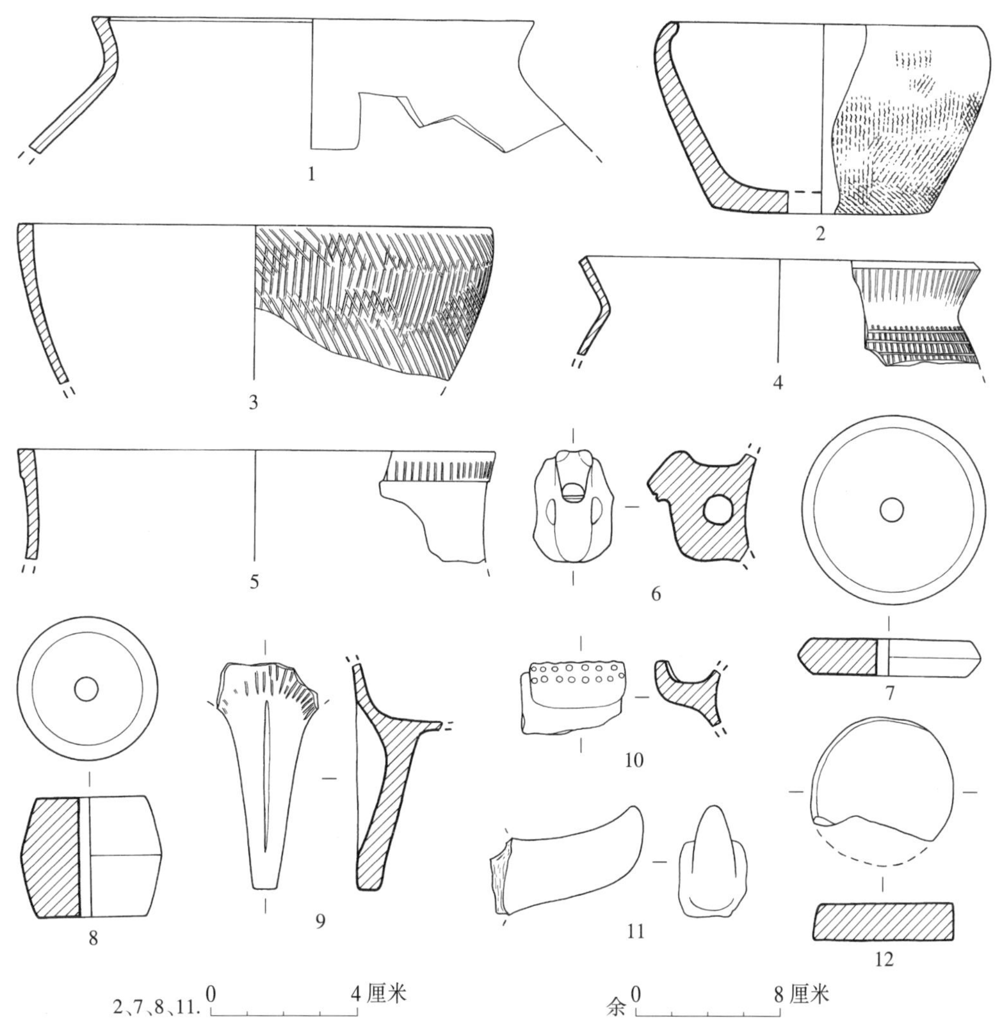

图六四九　03ET3006④出土陶器

1. B型Ⅲ式瓮（03ET3006④：14）　2. Ac型Ⅲ式钵（03ET3006④：4）　3. Bb型缸（03ET3006④：12）　4. Ac型鬲（03ET3006④：13）　5. Dd型鼎（03ET3006④：16）　6. Ag型器耳（03ET3006④：8）　7. Ah型Ⅰ式纺轮（03ET3006④：1）　8. Ab型Ⅱ式纺轮（03ET3006④：2）　9. Aa型Ⅱ式鬲足（03ET3006④：11）　10. Bg型器耳（03ET3006④：9）　11. Ab型器鋬（03ET3006④：10）　12. Ab型Ⅰ式饼（03ET3006④：3）

陶钵　1件。标本03ET3006④:4，Ac型Ⅲ式。夹砂灰陶，火候不均，器表有黑斑块。敛口，圆唇，上腹圆弧，下腹斜直内收呈平底。器表饰交错绳纹被抹。口径8.4、底径6、高5.1厘米（图六四九，2；图版四二，5）。

陶器耳　2件。标本03ET3006④:8，Ag型。夹砂红褐陶。扁直耳略呈羊头形，耳根部横穿圆孔（图六四九，6）。标本03ET3006④:9，Bg型。夹砂灰黄陶。长方形泥片状横耳，耳顶压印呈凹凸不平鸡冠状，耳中部折上翘。耳面戳印两排圆窝纹（图六四九，10）。

陶器鋬　1件。标本03ET3006④:10，Ab型。夹砂黄褐陶。椭圆柱形器柄，柄根部有椭圆形短榫头，柄端微上弯。素面（图六四九，11）。

陶纺轮　2件。标本03ET3006④:2，Ab型Ⅱ式。夹砂褐陶。圆形厚体，两面平，圆中间一直壁圆孔，周壁中间凸起一周圆弧折棱，折棱上下斜面直。素面。直径3.8、孔径0.6、厚3.2厘米（图六四九，8）。标本03ET3006④:1，Ah型Ⅰ式。夹砂褐陶。扁圆形，两面平，圆中间一直壁圆孔，周壁中间凸起一周折棱，折棱上下斜面直。素面。直径5、孔径0.6、厚1厘米（图六四九，7；图版五六，3）。

陶饼　1件。标本03ET3006④:3，Ab型Ⅰ式。夹砂黄褐陶。用陶片打磨而成。扁圆形，两面平，周壁直。素面。直径3.8~3.9、厚1厘米（图六四九，12）。

03ET3006③

器类有陶鬲、甗、鼎、罐、瓮、缸、盆、钵、豆、杯、纺轮、饼等。

标本18件，均为陶器。

陶鬲足　1件。标本03ET3006③:12，Aa型Ⅱ式。夹砂褐陶。圆柱状足，有足窝。足外壁刻划一道竖槽，足根饰条纹。残高12.8厘米（图六五〇，3）。

陶鼎　1件。标本03ET3006③:7，Db型。夹砂灰褐陶。盘口，弧沿，斜方唇，斜直颈，颈腹交接处内束，斜弧腹。颈部饰条纹，腹部饰弦断条纹。口径24、残高7.4厘米（图六五一，5）。

陶甗耳　1件。标本03ET3006③:15，Aa型。夹砂红黄陶。耳内器壁上一圆形穿孔。耳面饰条纹（图六五一，10）。

陶甗足　1件。标本03ET3006③:13，Da型。夹砂灰黄陶。椭圆柱状矮足略呈蹄形，足根有足窝。足根、足底面饰条纹。残高3.6厘米（图六五一，9）。

陶罐　3件。标本03ET3006③:8，Ab型Ⅳ式。夹砂灰黄陶。敞口，弧沿，方唇，直颈，溜肩，圆弧腹。颈部纹饰被抹，肩、腹饰绳纹。口径12、残高5厘米（图六五〇，5）。标本03ET3006③:9，Fa型。夹砂褐陶。敞口，卷沿，圆唇，斜直颈，斜肩。颈部纹饰被抹，肩部饰弦断绳纹。口径16、残高5.6厘米（图六五一，6）。标本03ET3006③:11，Fc型Ⅳ式。夹砂褐陶。敞口，弧沿，圆唇，斜直颈，斜肩。颈部纹饰被抹，肩部饰条纹。口径18、残高5.2厘米（图六五一，8）。

陶瓮　1件。标本03ET3006③:2，Ea型。夹砂黄褐陶。敞口，方唇，斜直颈，斜平折广肩。肩腹交界处饰压印绳索状附加堆纹。口径17.2、残高6厘米（图六五一，1）。

陶盆　1件。标本03ET3006③:10，Ba型Ⅳ式。夹砂灰褐陶。侈口，弧沿，圆唇，斜直颈，圆弧腹。颈部纹饰被抹，腹饰弦断绳纹。口径16、残高7.8厘米（图六五〇，1）。

陶缸圈足　1件。标本03ET3006③:16，Ba型。夹砂褐陶。圈足呈喇叭形。下腹饰压印绳索

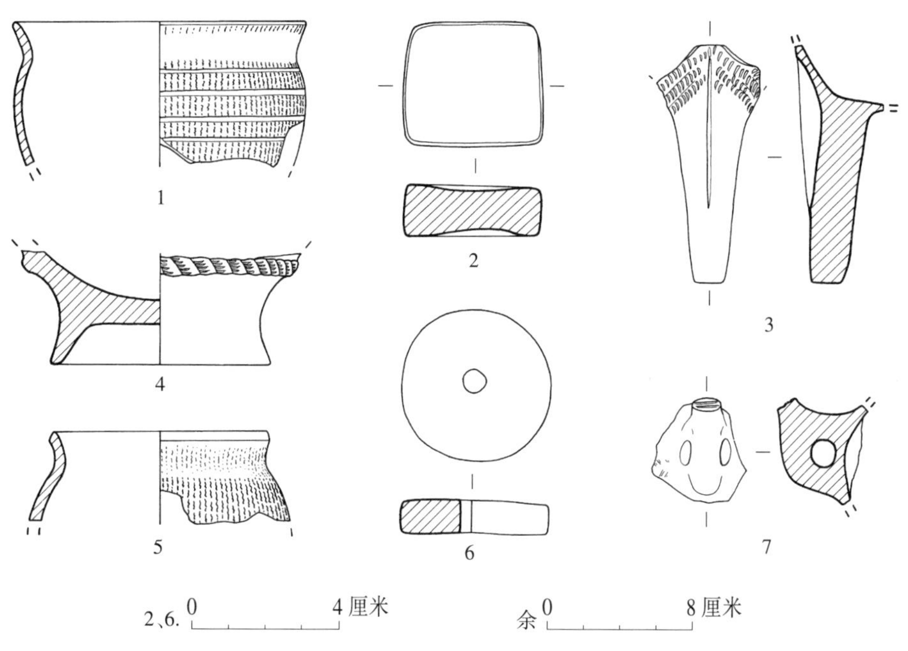

图六五〇　03ET3006③出土陶器

1. Ba型Ⅳ式盆（03ET3006③:10）　2. B型Ⅰ式饼（03ET3006③:5）　3. Aa型Ⅱ式鬲足（03ET3006③:12）　4. Ba型缸圈足（03ET3006③:16）　5. Ab型Ⅳ式罐（03ET3006③:8）　6. Cc型Ⅰ式纺轮（03ET3006③:1）　7. Af型器耳（03ET3006③:14）

状附加堆纹。底径12、残高6.2厘米（图六五〇，4）。

陶豆　3件。标本03ET3006③:3，Aa型。夹细砂灰褐陶。敞口，方唇，弧壁。素面。口径19.2、残高4.4厘米（图六五一，4）。标本03ET3006③:17，Aa型。夹细砂灰陶。敞口，方唇，弧壁。盘下壁饰条纹。豆柄残留有长方形镂孔痕迹。口径24、残高4.6厘米（图六五一，7）。标本03ET3006③:6，A型。夹细砂黄褐陶。豆柄圆圈柱形，豆座呈喇叭形。柄上分两层镂六个长方形孔，每层三个。底径16、残高14.8厘米（图六五一，3）。

陶杯　1件。标本03ET3006③:4，A型Ⅱ式。夹砂红褐陶。圆桶形三足带耳杯。素面。口径10、残高7.7厘米（图六五一，11；图版四七，1）。

陶器耳　1件。标本03ET3006③:14，Af型。夹砂褐陶。扁直耳略呈猪头形，耳根部横穿圆孔。吻部饰条纹（图六五〇，7）。

陶器底　1件。标本03ET3006③:18，A型。夹砂灰褐陶。下腹斜直内收，平底。下腹饰弦断条纹。底径18.4、残高10.2厘米（图六五一，2）。

陶纺轮　1件。标本03ET3006③:1，Cc型Ⅰ式。夹砂灰褐陶。扁圆形，两面平，圆中间一直壁圆孔，周壁直。素面。直径4.1、孔径0.6～0.7、厚0.8～0.9厘米（图六五〇，6；图版五七，7）。

陶饼　1件。标本03ET3006③:5，B型Ⅰ式。夹砂黄褐陶。扁方形，两面中部内凹，四壁直。素面。长3.8、宽3.3、厚1～1.4厘米（图六五〇，2）。

20. 03ET3007④

器类有陶鬲、甗、罐、瓮、豆、器盖、饼，石锥，另有硬陶器。

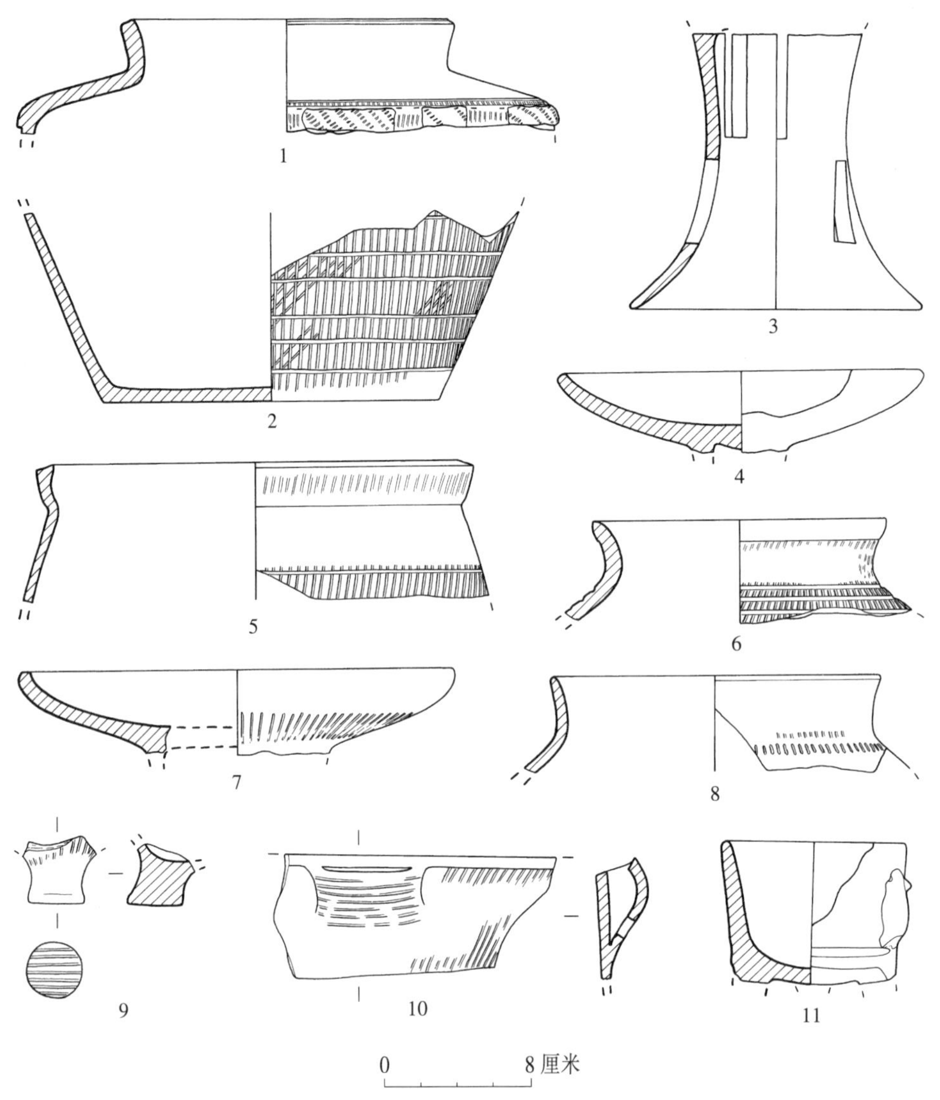

图六五一　03ET3006③出土陶器

1. Ea型瓮（03ET3006③:2）　2. A型器底（03ET3006③:18）　3. A型豆（03ET3006③:6）　4、7. Aa型豆（03ET3006③:3、17）　5. Db型鼎（03ET3006③:7）　6. Fa型罐（03ET3006③:9）　8. Fc型Ⅳ式罐（03ET3006③:11）　9. Da型甗足（03ET3006③:13）　10. Aa型甗耳（03ET3006③:15）　11. A型Ⅱ式杯（03ET3006③:4）

标本13件，其中陶器10件，硬陶器2件，石器1件。

陶鬲　1件。标本03ET3007④:4，Aa型。夹砂褐陶。侈口，卷沿，圆唇，斜直颈，溜肩，弧腹。颈、肩、腹饰弦断绳纹，肩腹交界处施一周压印附加堆纹。口径24、残高13.8厘米（图六五二，1）。

陶鬲足　2件。标本03ET3007④:11，Aa型Ⅱ式。夹砂灰褐陶。圆柱状截锥足，有足窝。足外侧有一道刻划槽，足根饰绳纹。残高8厘米（图六五二，6）。标本03ET3007④:12，Aa型Ⅱ式。夹砂褐陶。圆柱状截锥足。足外侧有一道刻划槽，足根饰绳纹。残高8厘米（图六五二，9）。

陶甗足　1件。标本03ET3007④:13，Da型。夹砂褐陶。椭圆柱状矮足略呈蹄形。足根饰条纹。残高4.8厘米（图六五二，10）。

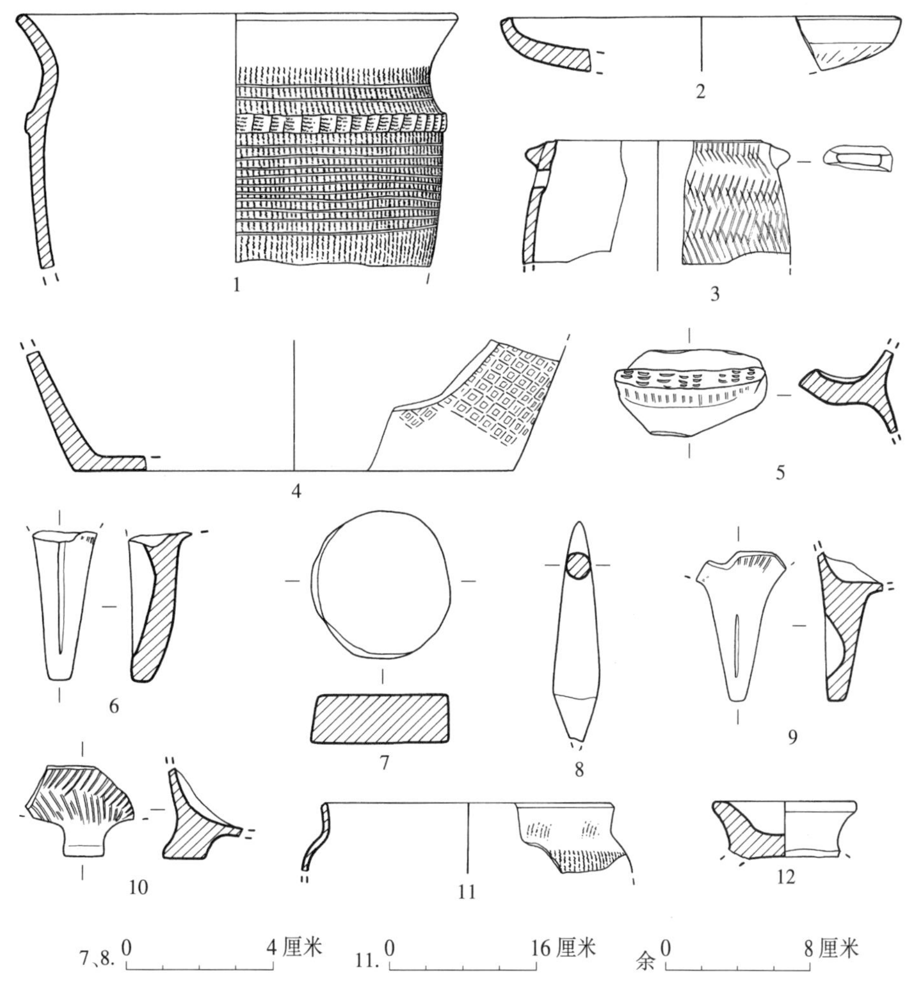

图六五二　03ET3007④出土器物

1. Aa型陶鬲（03ET3007④:4）　2. Ab型陶豆（03ET3007④:10）　3. D型Ⅱ式陶罐（03ET3007④:3）　4. B型硬陶器底（03ET3007④:9）　5. Bf型陶器耳（03ET3007④:15）　6、9. Aa型Ⅱ式陶鬲足（03ET3007④:11、12）　7. Ab型Ⅱ式陶饼（03ET3007④:1）　8. 石锥（03ET3007④:2）　10. Da型陶甗足（03ET3007④:13）　11. Ac型陶瓮（03ET3007④:8）　12. A型陶盖纽（03ET3007④:14）

陶罐　1件。标本03ET3007④:3，D型Ⅱ式。夹细砂黄陶。敛口，方唇，弧腹。口外两个对称横泥片状耳，耳下对应在器壁上各穿一孔。器表通饰竖波浪形条纹。口径12.4、残高6.6厘米（图六五二，3）。

陶瓮　1件。标本03ET3007④:8，Ac型。夹砂灰褐陶。直口，方唇，直颈，弧肩。颈部纹饰被抹，肩、腹部饰绳纹。口径32、残高7.6厘米（图六五二，11）。

陶豆　1件。标本03ET3007④:10，Ab型。夹细砂灰陶。口微敞，方唇，折盘，弧壁。外壁饰一周弦纹，其下纹饰被抹。口径22、残高2.8厘米（图六五二，2）。

陶盖纽　1件。标本03ET3007④:14，A型。夹砂褐陶。圆圈形凹纽，斜弧壁。素面。纽口径8、残高3厘米（图六五二，12）。

陶器耳　1件。标本03ET3007④:15，Bf型。夹砂灰黄陶。长方形泥片状横耳，耳顶压印呈凹凸不平鸡冠状，耳面微弧上翘。耳顶和耳面饰条纹（图六五二，5）。

陶饼　1件。标本03ET3007④:1，Ab型Ⅱ式。夹砂黄褐陶。用陶片打磨而成。扁圆形，两面平，周壁斜直。素面。直径3.8～3.9、厚1.3厘米（图六五二，7）。

硬陶器底　1件。标本03ET3007④:9，B型。黄灰硬陶。下腹壁斜直，平底。下腹饰压印回字形纹。底径24、残高7厘米（图六五二，4）。

硬陶片　1件。标本03ET3007④:5，器类不明。灰硬陶。饰压回字形纹（图二九六，1）。

石锥　1件。标本03ET3007④:2，青色。磨制。椭圆柱状锥，锥顶端残。残长6厘米（图六五二，8；彩版三四，3）。

21. 03ET2704④～②

03ET2704④

器类有陶器盖、纺轮，石镞，另有硬陶器。

标本4件，其中陶器2件，硬陶器1件，石器1件。

陶器盖　1件。标本03ET2704④:3，Ab型Ⅲ式。泥质灰陶。盖顶残，壁斜直，盖口敞，圆唇。素面。盖口径15、残高4厘米（图六五三，8）。

陶纺轮　1件。标本03ET2704④:2，Cc型Ⅰ式。夹砂黄褐陶。扁圆形，两面中部隆起，圆中间一弧壁圆孔，周壁弧。素面。直径3.3、孔径0.3～0.4、厚0.7～0.8厘米（图六五三，4；图版五七，6）。

硬陶片　1件。标本03ET2704④:4，器类不明。灰硬陶。饰压印菱形方格纹（图二九五，12）。

石镞　1件。标本03ET2704④:1，型式不明。青色。锋、铤均残，截面菱形。残长3.3厘米（图六五三，9）。

03ET2704③

器类有陶鬲等。

标本1件。

陶鬲足　1件。标本03ET2704③:1，Aa型Ⅱ式。夹砂褐陶。圆柱状足。足外壁刻划一道竖槽，足根饰条纹。残高9.2厘米（图六五四，10）。

03ET2704②

有陶饼和硬陶器等。

标本2件，其中陶器、硬陶器各1件。

陶饼　1件。标本03ET2704②:1，Ab型Ⅰ式。夹砂褐陶。用陶片打磨而成。扁圆形，两面中部微内凹，周壁弧。素面。直径3.4、厚1.1厘米（图六五四，9）。

硬陶片　1件。标本03ET2704②:2，器类不明。灰硬陶。饰弦纹和鳞纹（图二九六，9）。

22. 03ET2706④

器类有陶鬲、甗、鼎、罐、纺轮，另有硬陶器。

标本11件，其中陶器9件，硬陶器2件。另有炼渣。

陶鬲　1件。标本03ET2706④:7，Aa型Ⅲ式。夹砂灰褐陶。侈口，卷沿，圆唇，弧颈，圆弧腹，口径略大于腹径。颈饰绳纹，腹饰弦断绳纹。口径14、残高5.6厘米（图六五三，10）。

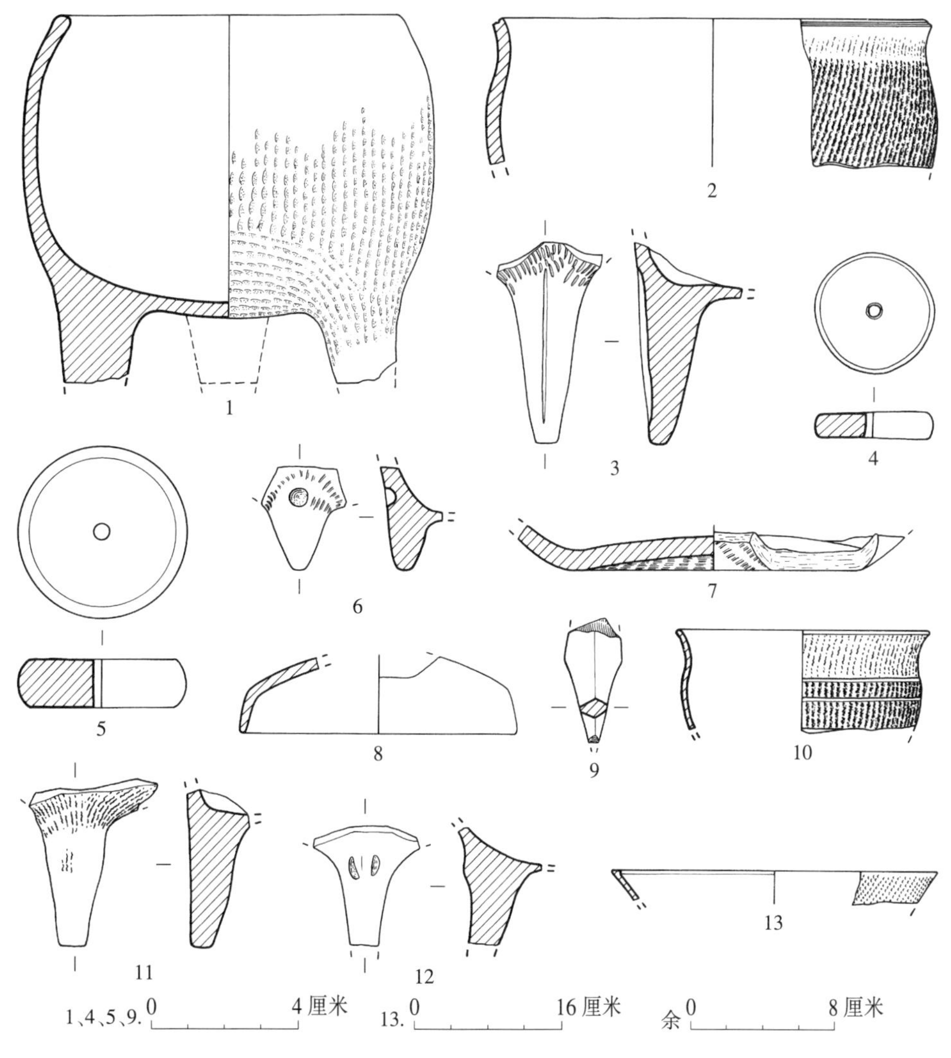

图六五三　03ET2704、T2706④出土器物

1. C型Ⅱ式陶鼎（03ET2706④:1）　2. Cb型Ⅱ式陶罐（03ET2706④:8）　3. Aa型Ⅱ式陶鬲足（03ET2706④:3）　4. Cc型Ⅰ式陶纺轮（03ET2704④:2）　5. Cc型Ⅱ式陶纺轮（03ET2706④:11）　6. Ab型Ⅰ式陶甗足（03ET2706④:6）　7. C型陶器底（03ET2706④:10）　8. Ab型Ⅲ式陶器盖（03ET2704④:3）　9. 石镞（03ET2704④:1）　10. Aa型Ⅲ式陶鬲（03ET2706④:7）　11. Ac型Ⅱ式陶鬲足（03ET2706④:4）　12. B型陶鼎足（03ET2706④:2）　13. 硬陶器口（03ET2706④:9）

陶鬲足　2件。标本03ET2706④:3，Aa型Ⅱ式。夹砂褐陶。圆柱状截锥足，有足窝。足外壁刻划一道竖槽，足根饰条纹。残高10.8厘米（图六五三，3）。标本03ET2706④:4，Ac型Ⅱ式。夹砂红褐陶。圆柱状截锥足，有足窝。足根饰绳纹。残高9厘米（图六五三，11）。

陶甗足　1件。标本03ET2706④:6，Ab型Ⅰ式。夹砂褐陶。椭圆柱状矮锥足。足根饰条纹，外壁一个圆窝纹。残高5.6厘米（图六五三，6）。

陶鼎　1件。标本03ET2706④:1，C型Ⅱ式。夹砂褐陶。敛口，圆唇，弧腹，鼎身呈钵形，口径小于腹径，圆柱状足。口部纹饰被抹，腹、底及足根饰绳纹。口径9.3、残高10厘米（图六五三，1；图版三一，2）。

陶鼎足　1件。标本03ET2706④:2，B型。夹砂灰陶。圆柱状足，足根外壁微隆起，有两个椭圆形凹窝。残高6.4厘米（图六五三，12）。

陶罐 1件。标本03ET2706④:8，Cb型Ⅱ式。夹砂灰褐陶。敞口，弧沿，方唇，斜直颈，弧腹，口径略小于腹径。颈部纹饰被抹，腹饰绳纹。口径24、残高8厘米（图六五三，2）。

陶器底 1件。标本03ET2706④:10，C型。夹砂灰陶。下腹斜弧内收，平底微凹。下腹及底饰绳纹。底径16、残高2.4厘米（图六五三，7）。

陶纺轮 1件。标本03ET2706④:11，Cc型Ⅱ式。泥质灰陶。扁圆形，两面平，圆中间一直壁圆孔，周壁弧。素面。直径4.6、孔径0.4、厚1.3厘米（图六五三，5）。

硬陶器口 1件。标本03ET2706④:9，器类不明。灰硬陶。侈口，平沿内勾，圆唇，斜直颈。颈部饰压印方格纹。口径36、残高3.6厘米（图六五三，13）。

硬陶片 1件。标本03ET2706④:5，器类不明。灰硬陶。饰压印菱形方格纹（图二九五，1）。

炼渣 1块。标本03ET2706④:12，岩相薄片分析结果为铁橄榄石、石英（彩版四〇，5）。

23. 03ET2705③

器类有陶鬲、甗、鼎、瓮、罍、豆、条形器。

标本19件，均为陶器。另有矿石、炼渣。

陶鬲足 2件。标本03ET2705③:13，Aa型Ⅱ式。夹砂褐陶。圆柱状截锥足。足根有足窝，足外壁刻划一道竖槽。残高9.2厘米（图六五四，1）。标本03ET2705③:14，Aa型Ⅳ式。夹砂黄灰陶。椭圆柱状足。足根有足窝，足外壁刻划一道竖槽。残高8.8厘米（图六五四，2）。

陶甗耳 1件。标本03ET2705③:17，Aa型。夹砂黄陶。耳内器壁上一圆形穿孔。耳面饰条纹（图六五四，4）。

陶甗足 1件。标本03ET2705③:16，Da型。夹砂黄红陶。椭圆柱状矮足略呈蹄形，足根有足窝。下腹及足根饰条纹。残高6厘米（图六五四，3）。

陶鼎 2件。标本03ET2705③:6，Da型。仿铜。夹砂褐陶。直口微敞，平沿，方唇，弧颈。颈部饰一周凹弦纹。口径16、残高3.8厘米（图六五四，7）。标本03ET2705③:7，Da型。仿铜。夹砂灰褐陶。直口，平沿，方唇，弧颈。腹饰网格纹。口径16、残高4.4厘米（图六五四，8）。

陶鼎耳 1件。标本03ET2705③:21，A型。仿铜。夹砂褐陶。立耳整体略呈方形，耳体截面长方形（图六五五，10）。

陶瓮 1件。标本03ET2705③:3，Ed型Ⅳ式。泥质灰陶。直口微敛，平沿，方唇，直颈，弧广肩。肩部饰网格纹。口径14、残高4.5厘米（图六五五，1）。

陶罍 1件。标本03ET2705③:5，Bb型Ⅲ式。夹砂灰黄陶。侈口，方唇，斜直颈，斜肩。沿外饰条纹。口径16、残高6.2厘米（图六五五，5）。

陶豆 2件。标本03ET2705③:2，Ca型Ⅲ式。夹细砂黄褐陶。直口，圆唇，弧盘，弧壁。盘壁饰一周弦纹。口径14.2、残高3.8厘米（图六五五，9）。标本03ET2705③:8，Ca型Ⅲ式。夹细砂灰黄陶。敞口，圆唇，弧盘，弧壁。素面。口径18、残高4厘米（图六五五，8）。

陶器耳 3件。标本03ET2705③:18，Aa型。夹砂黄灰陶。鸟头形扁直耳，耳根部横穿圆孔。耳顶面和器表饰压印方格纹（图六五四，5）。标本03ET2705③:20，Aa型。夹砂褐陶。鸟头形扁直耳，耳根部横穿圆孔。耳顶面条纹（图六五四，6）。标本03ET2705③:19，Bg型。夹砂褐陶。

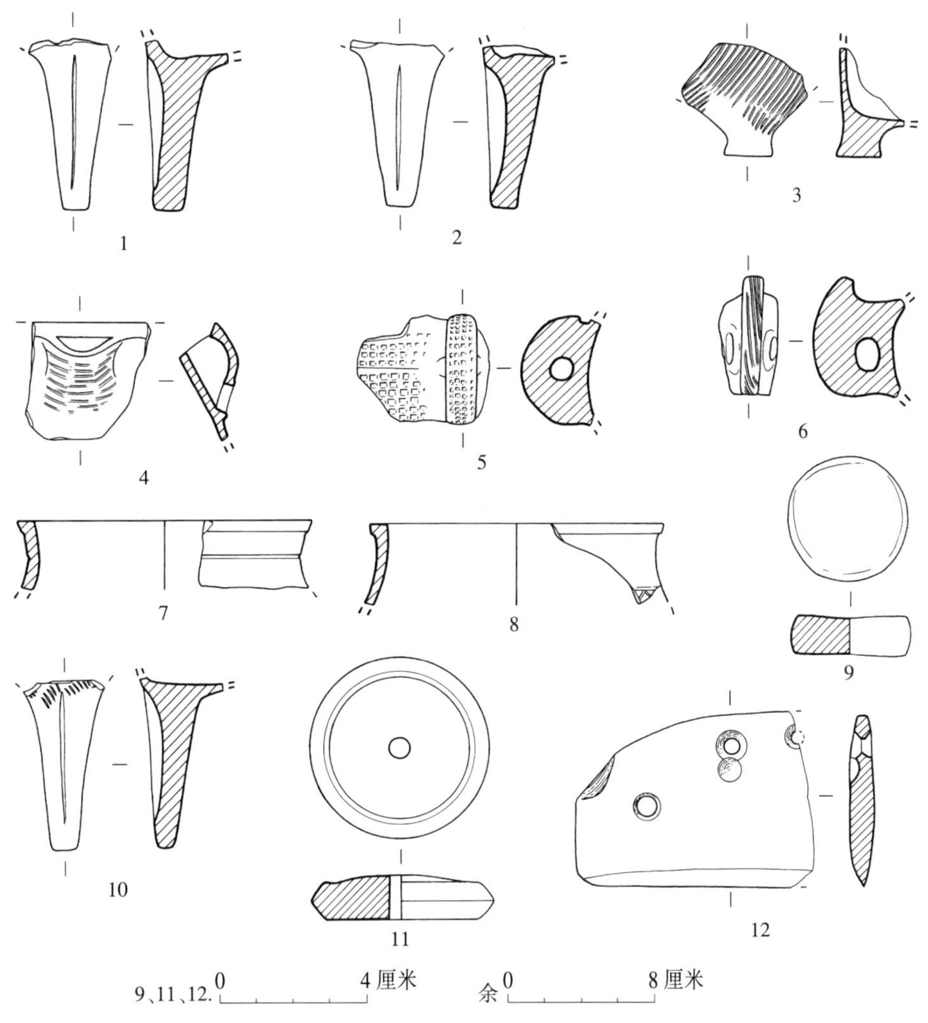

图六五四　03ET2705、T2704③及03ET2704、T2506、T2805②出土器物

1. Aa型Ⅱ式陶鬲足（03ET2705③:13）　2. Aa型Ⅳ式陶鬲足（03ET2705③:14）　3. Da型陶甗足（03ET2705③:16）　4. Aa型陶甗耳（03ET2705③:17）　5、6. Aa型陶器耳（03ET2705③:18、20）　7、8. Da型陶鼎（03ET2705③:6、7）　9. Ab型Ⅰ式陶饼（03ET2704②:1）　10. Aa型Ⅱ式陶鬲足（03ET2704③:1）　11. Ag型Ⅰ式陶纺轮（03ET2506②:1）　12. B型Ⅲ式石刀（03ET2805②:1）

长方形泥片状横耳，耳顶平，耳中部折上翘。耳面饰条纹（图六五五，6）。

陶器鋬　1件。标本03ET2705③:22，Ab型。夹砂褐陶。椭圆柱形器柄，柄根部有椭圆形短榫头，柄端残微上弯。素面（图六五五，7）。

陶器底　3件。标本03ET2705③:10，A型。夹砂红褐陶。下腹斜直内收，平底。下腹饰凹弦纹。底径18、残高3.6厘米（图六五五，2）。标本03ET2705③:11，A型。夹砂红褐陶。下腹斜直内收，平底。下腹饰压印方格纹。底径18、残高5厘米（图六五五，3）。标本03ET2705③:12，A型。夹砂黄灰陶。下腹斜直内收，平底。下腹饰条纹和凹弦纹。底径18、残高3.6厘米（图六五五，4）。

陶条形器　1件。标本03ET2705③:15，Ⅱ式。夹砂灰陶。条形圆柱状。饰条纹。残长8.7、直径2.5厘米（图六五五，11）。

矿石　2块。标本03ET2705③:1，从外部形貌及内部结构来看，应是为了利用粉矿，而将孔

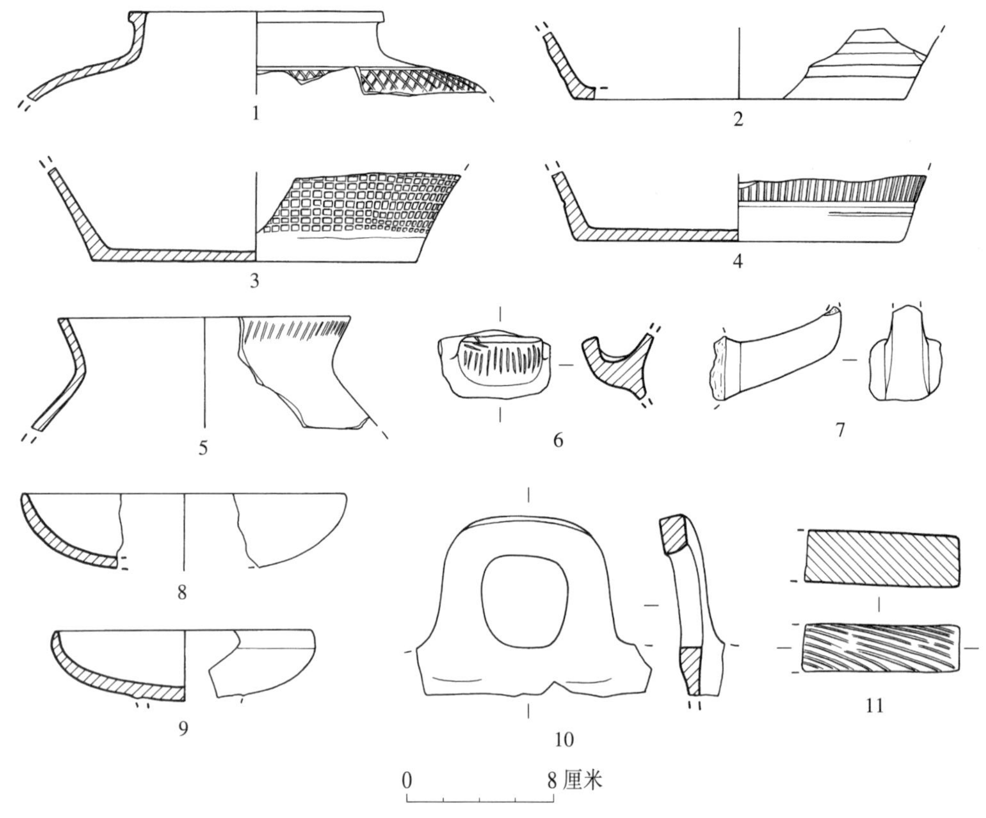

图六五五　03ET2705③出土陶器

1. Ed 型Ⅳ式瓮（03ET2705③:3）　2～4. A 型器底（03ET2705③:10、11、12）　5. Bb 型Ⅲ式罍（03ET2705③:5）　6. Bg 型器耳（03ET2705③:19）　7. Ab 型器鋬（03ET2705③:22）　8、9. Ca 型Ⅲ式豆（03ET2705③:8、2）　10. A 型鼎耳（03ET2705③:21）　11. Ⅱ式条形器（03ET2704④:15）

雀石等矿粉用少量黏土等黏结为一起的团矿样品（彩版三七，7；附录二）。

炼渣　4 块。标本 03ET2705③:4，不规则扁平片状，表面凹凸不平，胶结有明显的红烧土结构，断面为灰色，孔隙较多，可见到有明显的绿色的铜锈点（彩版四二，6）。另有 3 块样品见附录一。

24. 03ET2506②

器类有陶纺轮等。

标本 1 件。

陶纺轮　1 件。标本 03ET2506②:1，Ag 型Ⅰ式。夹砂灰褐陶。扁圆形，正面周缘微凹，中部隆起，背面平，圆中间一直壁圆孔，周壁中间凸起一周折棱，折棱上下斜面直。素面。直径 4.9、孔径 0.6、厚 1～1.2 厘米（图六五四，11；图版五五，6）。

25. 03ET2805③～②

03ET2805③

器类有陶纺轮。

标本1件。另有炼渣。

陶纺轮　1件。标本03ET2805③:1，Ah型Ⅱ式。夹砂灰褐陶。扁圆形，正面周缘微凹，中部隆起，背面平，圆中间一直壁圆孔，周壁中间凸起一周折棱，折棱上下斜面直。素面。直径4.5、孔径0.6、厚1～1.2厘米（图版五六，5）。

炼渣　2块。标本见附录一。

03ET2805②

器类有陶鬲、甗，石刀。

标本1件。另有矿石。

石刀　1件。标本03ET2805②:1，B型Ⅲ式。青灰色。残刀身扁平，两面微弧，刀背上弧，两面近刀背三个对钻穿孔，一个未穿透，端壁直，正锋，双面直刃。残长6.6、宽2～4.8、厚0.3～0.7厘米（图六五四，12；图版六五，6）。

矿石　1块。标本03ET2805②:2，从外部形貌及内部结构来看，应是为了利用粉矿，而将孔雀石等矿粉用少量黏土等黏结为一起的团矿样品（图版六八，7）。

26. 03ET2905③

器类有石锛。

标本1件。

石锛　1件。标本03ET2905③:1，B型Ⅲ式。青灰色。磨制。有段，长条形，偏锋，单面直刃。长14.5、宽3.3～3.5、厚1.5～2.2厘米（彩版三四，1）。

27. 03ET3107②

器类有陶鬲、石锛，另有硬陶器。

标本3件，其中陶器、硬陶器、石器各1件。

陶鬲　1件。标本03ET3107②:2，Aa型。夹砂黄褐陶，器表有烟熏痕迹。敞口，斜沿，厚唇唇面弧，沿面微下弧，斜直颈，溜肩，弧腹内收，鬲身呈罐形，口径大于腹径。颈部纹饰被抹，肩、腹饰附加堆纹和弦断绳纹。口径23、残高12厘米（图六五六，5）。

硬陶片　1件。标本03ET3107②:3，器类不明。灰硬陶。饰戳印人字形纹（图二九五，11）。

石锛　1件。标本03ET3107②:1，Aa型Ⅲ式。青灰色。磨制。长方条形，偏锋，单面直刃。残长10.5、宽3.4～3.5、厚2.6～2.8厘米（图六五六，2；图版六五，3）。

（九）采集品

2003年发掘期间采集到5件器物。器类有陶鬲、网坠和石锛、斧。

陶鬲　1件。标本03E采:3，Ab型Ⅳ式。夹砂灰褐陶，器表有烟熏痕迹。敞口，卷沿，方唇，弧颈，弧肩，鬲身呈罐形，口径小于腹径，圆腹弧内收呈下弧裆。肩、腹饰弦断绳纹。口径13、残高13厘米（图六五六，4）。

陶网坠　1件。标本03E采:2，Ⅱ式。泥质红褐陶。平面呈长条圆角弧壁长方形，截面椭圆形，两面中间有凹槽，两端有凹槽。坠长2.3、坠截面长径1.5、短径0.9厘米（图六五六，3）。

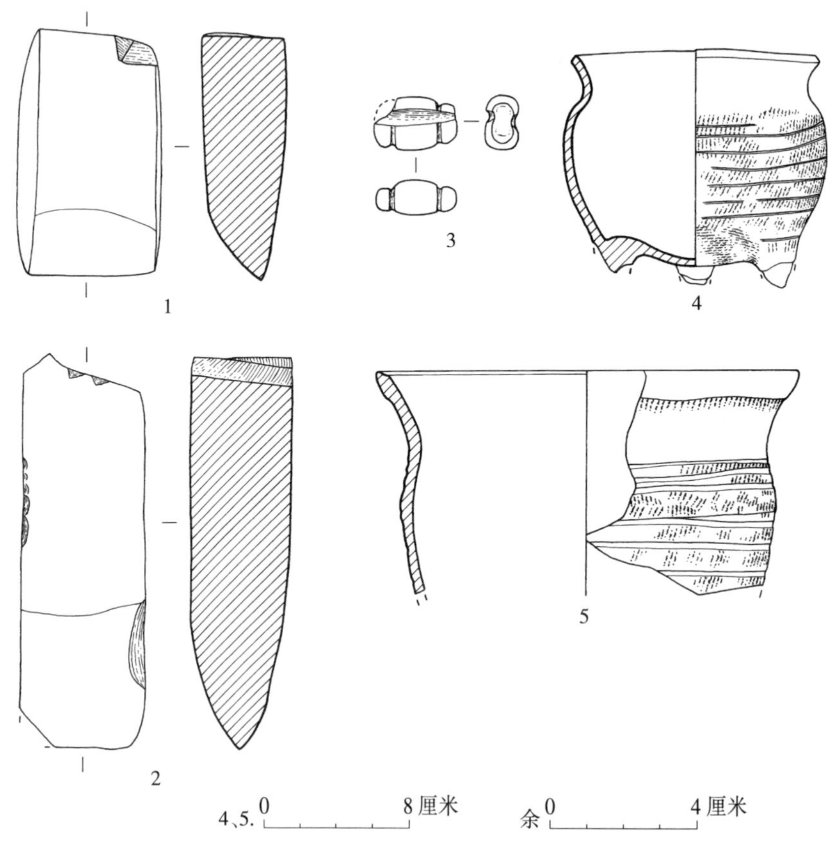

图六五六 03ET3107②出土及03E采集器物

1. Aa型Ⅳ式石锛（03E采:1） 2. Aa型Ⅲ式石锛（03ET3107②:1） 3. Ⅱ式陶网坠（03E采:2）
4. Ab型Ⅳ式陶鬲（03E采:3） 5. Aa型陶鬲（03ET3107②:2）

石锛 2件。标本03E采:1，Aa型Ⅳ式。青色。磨制。长方形，偏锋，单面直刃。长6.6、宽3.3~3.9、厚1.8~2.4厘米（图六五六，1；图版六五，4）。标本03E采:4，B型Ⅲ式。青灰色。磨制。有段，长条形，偏锋，单面斜刃。长6.5、宽2.3~2.5、厚1.2~1.4厘米（图版六四，6）。

石斧 1件。标本03E采:5，Ab型Ⅱ式。灰色。磨制。长方形，顶略残，偏锋，单面斜刃。长7.5、宽5.3~5.5、厚2.3~2.4厘米（图版六三，2）。

二 东区1990年文化遗存

1990年在大路铺遗址东区北部清理的商周时代文化遗存有灰坑、灰沟、房址（柱洞）、墓葬和文化层等类。

（一）灰坑

1990年共清理商周时代灰坑20个。陶片以夹砂红褐为主，纹饰以条纹最多（附表七）。

在20个灰坑中，仅有6个灰坑可提取遗物标本。共提取标本11件，分别出自于90EH3、H5、H8、H13、H24、H25等单位。其中，开口于第3层下的灰坑有90EH3、H5、H8、H24、H25，开口于第2层下的灰坑有90EH13。

90EH3

位于90ET262西北角，坑口于第3层下，打破90EH5。坑口形状不明，弧壁平底。残存坑最长处为2.6米，坑深0.45米。坑内充填灰褐土，土质较软，夹杂烧土块，所含陶片以夹砂红、褐陶为主，包含器类有陶支（拍）垫等。

标本1件。

陶支（拍）垫 1件。标本90EH3:1，Bc型Ⅲ式。夹细砂褐陶，素面。由圆柱状柄形握手和圆饼形垫构成。柄顶面平，顶端略粗，圆形垫周壁弧，垫面弧形。垫直径5.8、垫厚2.5、支垫高6.8厘米（图六五七；彩版二七，6）。

90EH5

位于90ET262西壁，坑口于第3层下，被90EH3打破，打破第4层。坑口形状不明，弧壁平底坑。残存坑口最长处为2.2米，坑深0.5米。坑内充填深灰土，土质较疏松，夹杂木炭颗粒。所含陶片以夹砂红、褐陶为主。包含器类有陶罐、滤盉、支（拍）垫等。

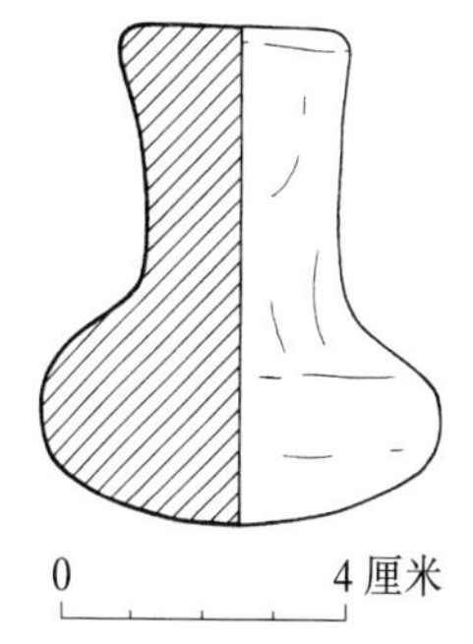

图六五七 90EH3出土陶器

Bc型Ⅲ式支（拍）垫（90EH3:1）

标本3件，均为陶器。

陶罐 1件。标本90EH5:1，H型Ⅱ式。夹砂褐陶。敞口，沿面平，内外唇为圆唇，弧颈，斜直肩。素面。口径20、残高7.2厘米（图六五八，1）。

陶滤盉 1件。标本90EH5:2，Aa型。夹砂褐陶。敛口，圆唇，弧腹内收。下部残。钵沿下饰弦断绳纹，其间有两个对称圆形泥饼，钵底中间戳一条形穿孔，周围环绕八个条形穿孔。口径8、残高5.4厘米（图六五八，3）。

陶支（拍）垫 1件。标本90EH5:3，Ab型Ⅱ式。夹砂灰褐陶。垫呈椭圆形，垫面弧形，垫背隆起穿孔，孔呈圆形用于握手。素面。垫长径8.5、短径7.6、厚1.5厘米，支垫通高4.8厘米（图六五八，2；图版五〇，9）。

90EH8

位于90ET272东壁，坑口于第3层下，打破90EH16和90EH25。坑口形状不明，弧壁圜底坑。残存坑口最长处1.35米，坑深0.55米。坑内充填灰褐土，土质较松软，夹杂烧土粒和木炭粒。所含陶片以夹砂红、褐陶为主。

标本1件。

陶鬲 1件。标本90EH8:1，Ab型Ⅲ式。夹砂褐陶。敞口，卷沿，方唇，斜直颈，弧肩，圆弧腹内收，鬲身呈罐形，口径略小于腹径，器内壁底部与足根对接处有窝。颈部纹饰被抹，肩、腹饰弦断条纹，底饰横条纹，足外侧有一道浅刻槽。口径14.2、残高12.6厘米（图六五九；图版一八，3）。

90EH13

位于90ET217西北部，开口于第2层下，打破90EG1。坑口形状不明，弧壁圜底坑。残存坑最长处为2.6米，坑深0.35米。坑内充填深灰土，土质较松软，夹杂烧土粒和木炭粒。包含器类有陶瓮、器盖、支（拍）垫、饼等。

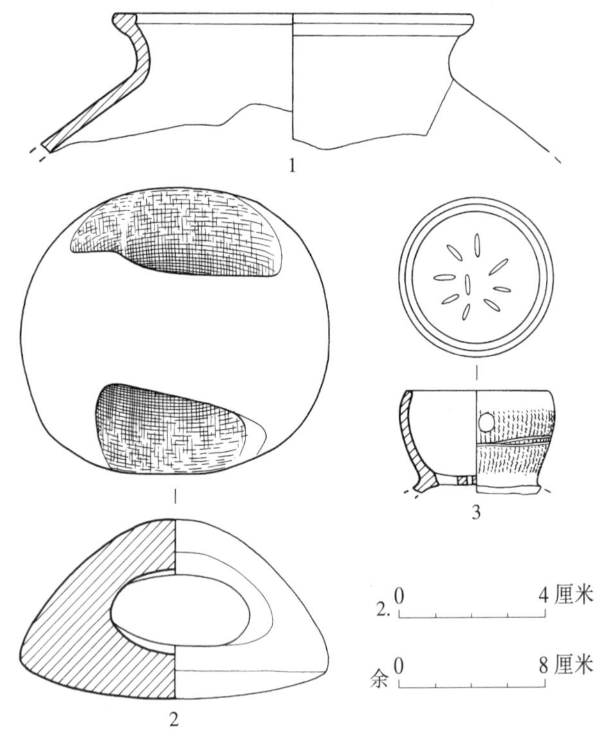

图六五八 90EH5出土陶器

1. H型Ⅱ式罐（90EH5∶1）
2. Ab型Ⅱ式支（拍）垫（90EH5∶3）
3. Aa型滤盉（90EH5∶2）

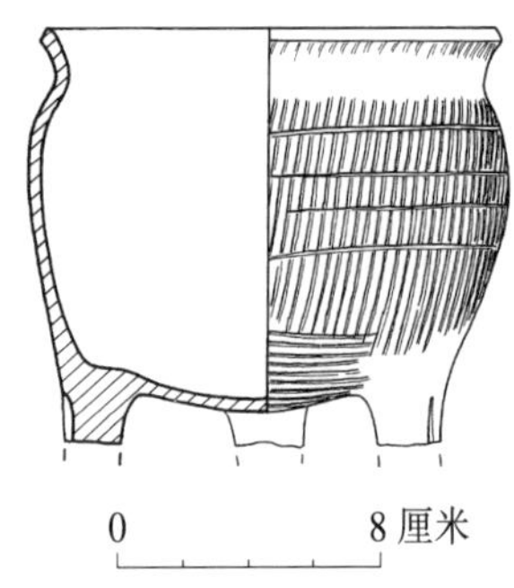

图六五九 90EH8出土陶器

Ab型Ⅲ式鬲（90EH8∶1）

标本4件，均为陶器。

陶瓮 1件。标本90EH13∶4，Ea型。夹砂黄褐陶。器较高大。折肩，斜直深腹，平底。肩部一周等距离施六个顶面有条纹的乳丁，肩以下至底通饰弦断竖条纹。底径22、残高46厘米（图六六〇，1）。

陶盖纽 1件。标本90EH13∶3，B型。夹砂褐陶。纽呈立鸟形，立柱截面椭圆形，鸟首尾残。素面。残高7.2厘米（图六六〇，4）。

陶支（拍）垫 1件。标本90EH13∶2，Aa型Ⅳ式。夹砂褐陶。垫呈椭圆形，垫面微弧，垫背隆起穿孔，孔呈椭圆形用于握手。握手一面及垫片边缘饰条纹。垫长径7.5、短径4.9、厚1.5厘米，支垫通高4.5厘米（图六六〇，2；图版五一，5）。

陶饼 1件。标本90EH13∶1，Aa型Ⅰ式。夹砂灰陶。器略呈扁圆形，正面微上弧，背面平，周壁弧。一面有绳纹。直径4.4、厚0.9～1.1厘米（图六六〇，3；图版四九，5）。

90EH24

位于90ET272中部，开口于第3层下，打破第4层。坑口呈椭圆形，弧壁弧底浅坑。坑口径0.98～1.25米，坑深0.2米。坑内充填土黄褐色，土质较松软，内含少量烧土颗粒和石块。所含陶片以夹砂红、褐陶为主。

标本1件。

石斧 1件。标本90EH24∶1，型式不明。残损严重。灰色。磨制。偏锋，平刃。残长6.6、刃残宽1.2、厚3厘米（图六六一）。

90EH25

位于90ET272东南角，开口于第3层下，被90EH8打破，打破第4层、90EH26。坑口形状不

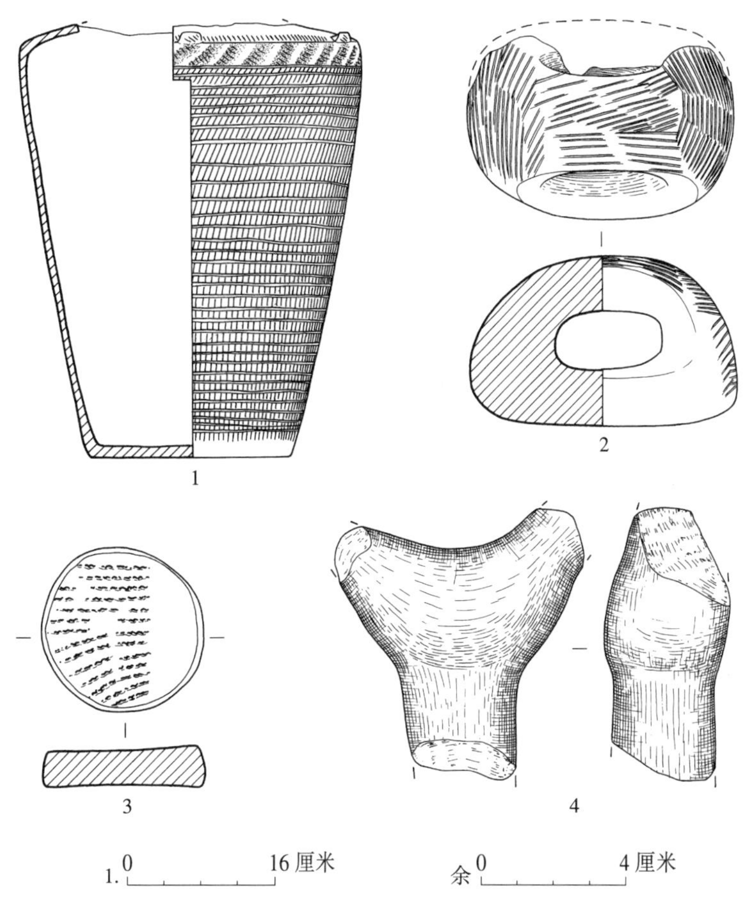

图六六〇　90EH13 出土陶器

1. Ea 型瓮（90EH13:4）　2. Aa 型Ⅳ式支（拍）垫（90EH13:2）　3. Aa 型Ⅰ式饼（90EH13:1）　4. B 型盖纽（90EH13:3）

明，弧壁弧底浅坑。残存坑口径 0.35～1.35 米，坑深 0.23 米。坑内充填灰色沙质土，土质较松软，所含陶片以夹砂红、褐陶为主。

标本 1 件。

石斧　1 件。标本 90EH25:1，B 型Ⅱ式。青色。磨制。器残，有段，偏锋，直刃。残长 2.7、刃残宽 1.7、厚 1.2 厘米（图六六二）。

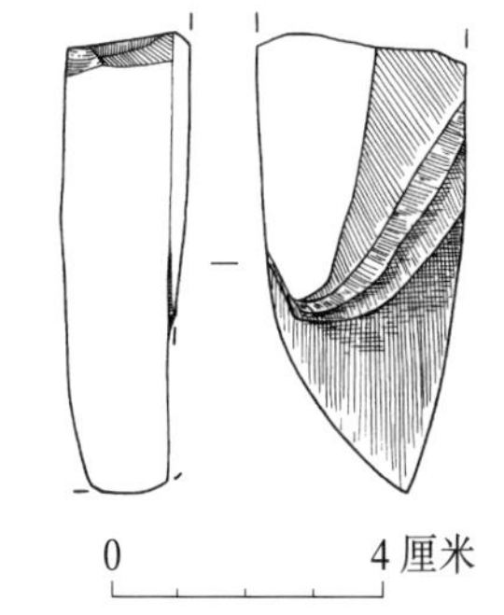

图六六一　90EH24 出土石器

石斧（90EH24:1）

（二）灰沟

1990 年在东区清理 2 条灰沟，编号为 90EG1、G2（见图三九；附表八）。仅 90EG1 可提取遗物标本。

90EG1

位于 90ET217 和 90ET233 探方内，两端延伸至探方壁。开口于第 2 层下，西南部被 90EH13 打破，打破第 3 层。略呈东南—西北走向。平面形状为不规则长条弧形，南部窄而深，北部渐宽而浅，斜壁，圜底，口部长 8.95、宽 2.4～3.4 米，沟深 0.55～1.55 米。沟内堆积杂乱的灰黑土，

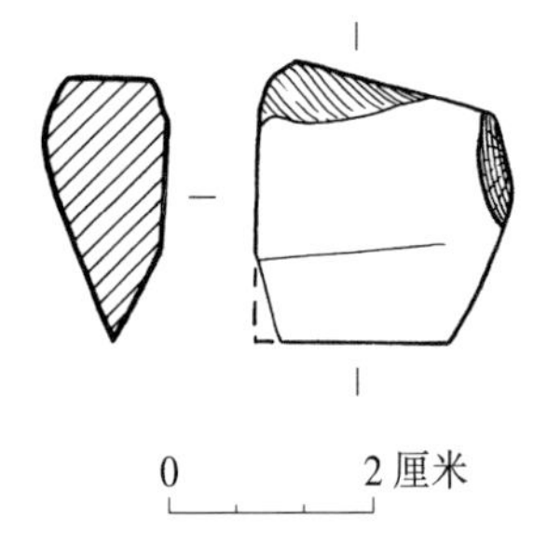

图六六二 90EH25出土石器

B型Ⅱ式石斧（90EH25∶1）

夹杂较多木炭渣、烧土块等，包含遗物比较丰富，有陶鬲、甗、鼎、罐、瓮、豆、盆、钵形器、纺轮、饼、支垫及石锛等器类。

标本25件，其中陶器24件，石器1件。

陶甗 1件。标本90EG1∶17，Aa型Ⅳ式。夹砂红褐陶。侈口，斜弧沿，方唇，弧颈微束，溜肩，口径略小于腹径。口沿外侧贴施两个对称泥片护耳，两耳内根部甗壁上各戳穿一圆形孔。肩腹饰条纹。口径33.2、残高7.7厘米（图六六三，14）。

陶甗足 2件。标本90EG1∶11，Da型。夹砂红陶。椭圆柱状足略呈蹄形，足根有足窝。足根饰条纹。残高8厘米（图六六三，4）。标本90EG1∶13，Da型。夹砂褐陶。椭圆柱状足略呈蹄形，足根有足窝。足根饰方格纹。残高6.3厘米（图六六三，6）。

陶鼎耳 1件。标本90EG1∶22，A型。仿铜。夹砂红褐陶。耳呈圆角长方形。残高14.5厘米（图六六三，11）。

陶鼎足 1件。标本90EG1∶16，C型。夹砂褐陶。椭圆柱状蹄形足。残高11.2厘米（图六六三，2）。

陶罐 1件。标本90EG1∶19，H型Ⅱ式。夹砂灰褐陶。敞口，斜平沿，方唇，直颈，斜弧肩。素面。口径22.2、残高5厘米（图六六三，17）。

陶瓮 1件。标本90EG1∶18，Ed型。夹砂灰陶。直口，平沿，圆唇，沿唇略呈“T”字形，斜颈，斜弧肩。素面。口径16、残高5.2厘米（图六六三，16）。

陶豆 3件。标本90EG1∶20，Ab型。夹细砂红陶。敞口，方唇，折盘。素面。口径23.2、残高3.2厘米（图六六三，13）。标本90EG1∶23，Bd型。泥质磨光红陶。残存圆圈形豆柄座，豆柄中部偏下有鼓棱。素面。残高10.5厘米（图六六四，7）。标本90EG1∶25，Cb型。泥质磨光红陶。柄残存圆圈柱状细豆柄。下部饰两周凹弦纹。残高10.3厘米（图六六三，9）。

陶盆足 2件。标本90EG1∶24，C型Ⅰ式。夹砂黄褐陶。椭圆柱状足。下腹饰条纹。残高9.8厘米（图六六三，3）。标本90EG1∶12，C型Ⅱ式。夹细砂黄褐陶。下腹斜直内收，椭圆柱状足。下腹饰条纹。残高9.8厘米（图六六三，7）。

陶钵形器 2件。标本90EG1∶7，A型Ⅳ式。泥质褐陶。器不规整。敞口，圆唇，弧壁，底内凹。素面。口径5.5、底径2.4、高2.3～3.2厘米（图六六三，12）。标本90EG1∶2，C型Ⅱ式。夹砂褐陶。器小，不规整。敞口，圆唇，斜直壁，平底。素面。口径2.7～2.9、底径2.4、高1.2厘米（图六六三，10）。

陶器纽 1件。标本90EG1∶21，Ab型。夹砂褐陶。动物形器纽作站立状，昂首翘尾，首尾残，足内敛，足与器身相接处残留有榫头。残高6.4厘米（图六六四，8；图版五〇，2）。

陶器耳 1件。标本90EG1∶15，Bf型。夹砂黄灰陶。长方形片状横耳，耳顶呈鸡冠状。耳面饰条纹（图六六三，8）。

陶器底 1件。标本90EG1∶14，E型。夹砂红褐陶。下腹斜内收，矮圈足。素面。底径9.6、残高3.2厘米（图六六三，15）。

陶支（拍）垫 5件。标本90EG1∶6，Aa型Ⅲ式。夹砂褐陶。垫呈椭圆形，垫面弧形，垫背

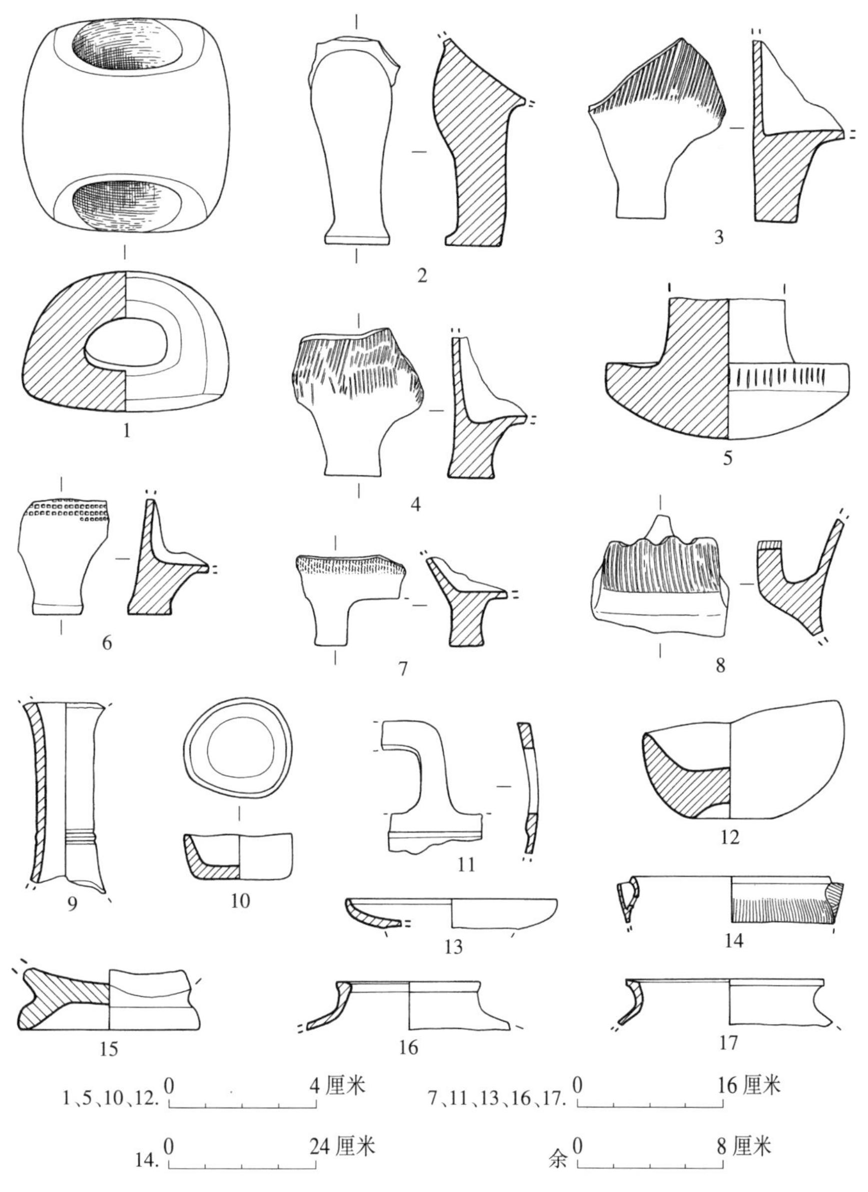

图六六三　90EG1 出土陶器

1. Ab 型Ⅲ式支（拍）垫（90EG1∶5）　2. C 型鼎足（90EG1∶16）　3. C 型Ⅰ式盆足（90EG1∶24）　4、6. Da 型甗足（90EG1∶11、13）　5. Ba 型Ⅱ式支（拍）垫（90EG1∶10）　7. C 型Ⅱ式盆足（90EG1∶12）　8. Bf 型器耳（90EG1∶15）　9. Cb 型豆（90EG1∶25）　10. C 型Ⅱ式钵形器（90EG1∶2）　11. A 型鼎耳（90EG1∶22）　12. A 型Ⅳ式钵形器（90EG1∶7）　13. Ab 型豆（90EG1∶20）　14. Aa 型Ⅳ式甗（90EG1∶17）　15. E 型器底（90EG1∶14）　16. Ed 型瓮（90EG1∶18）　17. H 型Ⅱ式罐（90EG1∶19）

隆起穿孔，孔呈椭圆形用于握手。素面。垫长径 9、短径 7.6、高 3.8 厘米（图六六四，1）。标本 90EG1∶9，Aa 型Ⅳ式。夹砂褐陶。垫呈圆角弧边长方形，垫面弧形，垫背隆起穿孔，孔呈椭圆形用于握手。素面。垫长 8.2、宽 6.8、高 5.2 厘米（图六六四，2；彩版二七，1）。标本 90EG1∶5，Ab 型Ⅲ式。泥质黑衣灰胎陶。垫呈圆角弧边长方形，垫面弧形，垫背隆起穿孔，孔呈椭圆形用于握手。素面。垫长 5.7、宽 5.6、高 3.8 厘米（图六六三，1；彩版二七，2）。标本 90EG1∶8，A 型。夹砂褐陶。垫呈圆角弧边长方形，垫面弧形，垫背面握手残。素面。垫长 7.3、残宽 6.7、残高 3.2 厘米（图六六四，5）。标本 90EG1∶10，Ba 型Ⅱ式。夹细砂褐陶。垫圆形，顶平微下弧，周壁直，垫面弧形。素面。垫直径 6.7、残高 3.8 厘米（图六六三，5）。

陶纺轮 2 件。标本 90EG1∶4，Ad 型Ⅲ式。夹细砂褐陶。体较厚，算珠形，两面微内凹，圆中间一直壁圆孔，周壁中间凸起一周折棱，折棱上下斜面直。周壁上下斜面饰方形和条形麻点纹。直径 3.3、孔径 0.5、厚 1.4 厘米（图六六四，3；图版五四，6）。标本 90EG1∶3，B 型Ⅲ式。夹细

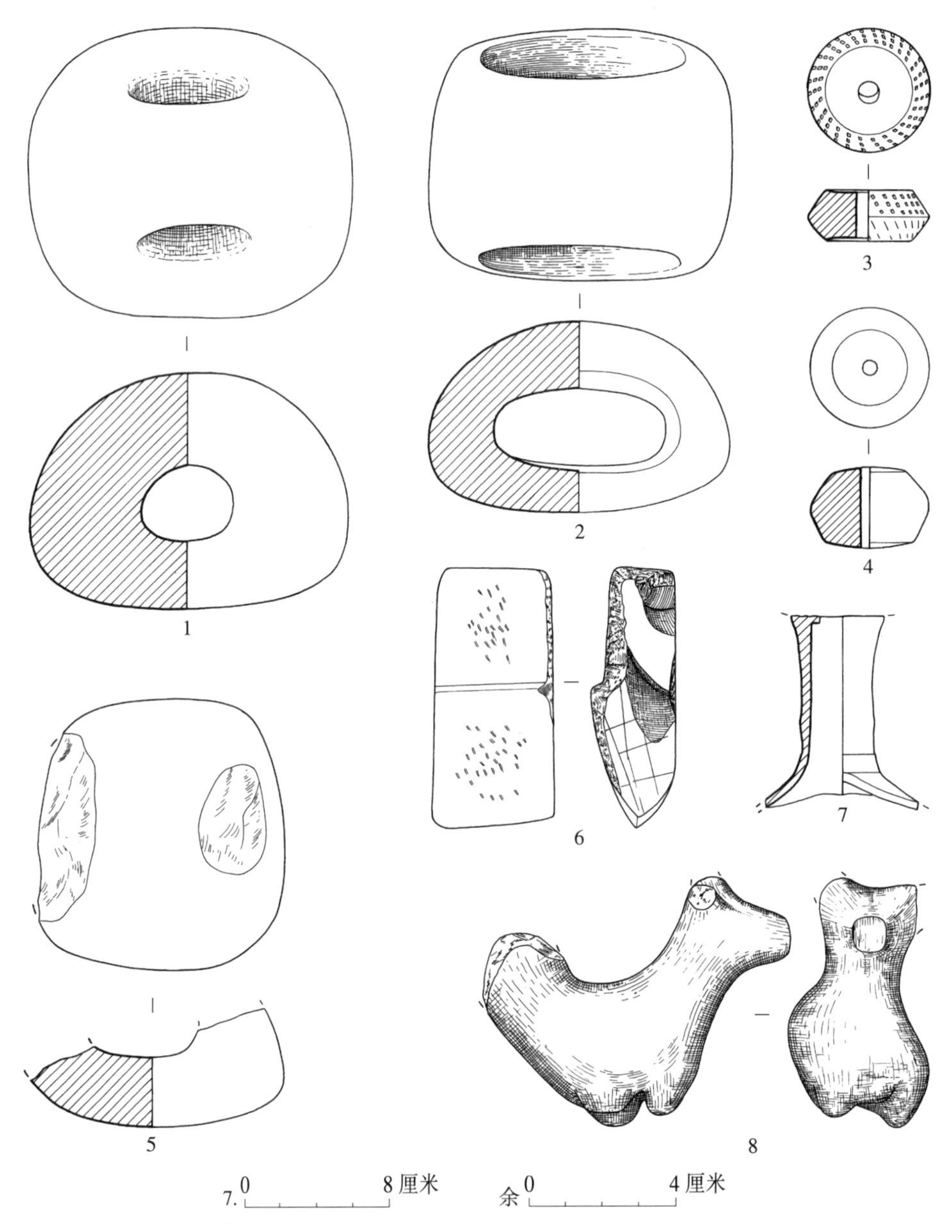

图六六四　90EG1 出土器物

1. Aa 型Ⅲ式陶支（拍）垫（90EG1∶6）　2. Aa 型Ⅳ式陶支（拍）垫（90EG1∶9）　3. Ad 型Ⅲ式陶纺轮（90EG1∶4）　4. B 型Ⅲ式陶纺轮（90EG1∶3）　5. A 型陶支（拍）垫（90EG1∶8）　6. B 型Ⅱ式石锛（90EG1∶1）　7. Bd 型陶豆（90EG1∶23）　8. Ab 型陶器纽（90EG1∶21）

砂褐陶。体厚，圆算珠形，两面隆起，圆中间一直壁圆孔，周壁中间凸起一周折棱，折棱上下斜面弧。素面。直径3.2、孔径0.4、厚2.2厘米（图六六四，4；图版五六，9）。

石锛 1件。标本90EG1∶1，B型Ⅱ式。灰色。平面长方形，顶平，有段，边壁直，偏锋，斜直刃。长6.6～7、顶宽3、厚1.8～2.3厘米（图六六四，6；彩版三四，5）。

90EG2

位于90ET233探方内，开口于第3层下，东北部被90EH14打破，打破90EH6。略呈东北—西南走向。平面形状为长条形，南端略窄而深，北端稍宽，斜壁，圜底，口部长3.25、宽0.3～0.4米，沟深0.3米。沟内从上至下堆积杂乱的灰褐色土，夹杂木炭渣、烧土块、石块、炼渣等，包含少许碎陶片。

（三）房址（柱洞）

1990年东区共有2座房址，编号为90EF1、F2。

90EF1

位于90ET262和90ET248中，开口于第4层下，被90EH3、H5、H6和90EM1打破，打破第5层。由于发掘面积有限，90EF1的分布范围不清楚。

90EF1为南北向地面建筑。平面呈长方形，残留有墙、垫土、居住面、门道、灶坑、柱洞。可分为南北两室，门道向北，四周由泥墙围合。墙内南北通长6.86～7.15米，北室东西宽3.1米，南室宽度不清。北室有灶坑和柱洞。房屋墙基在第5层上建造，堆积层次自上而下分为废弃、居住面、垫土三种堆积（图六六五）。

泥墙：由青灰色泥土夹少量细沙土堆砌而成，未发现版筑痕迹，但墙面较平，可能经刮削擦抹修整。厚0.56～0.6米，残存高0.3～0.9米。

居住面：褐黄色沙泥土夹烧土粒，结构紧密，质地坚硬呈硬壳状分布在垫土层上，局部残缺或被晚期遗迹破坏。厚0.08～0.13米。

垫土：土色杂，土质板结有黏性，但未发现夯筑痕迹。夹杂少许碎石和碎陶片。垫土仅分布在四周墙基范围内，应是有意铺垫。厚0.12～0.44米。

门道：用褐黄色沙泥土夹烧土块和石块铺垫而成，结构紧密有黏性。设在北墙偏西处，内高外低略呈坡状。门道宽1.46、厚0.1米。

灶坑：位于北室东南角紧贴东墙壁的垫土层上，被废弃堆积覆盖。坑口平面呈椭圆形，坑壁直，坑壁触火面呈深灰色硬壳。坑口残长0.88、残深0.25米。灶坑西部有长0.2、宽0.18、残高0.3米的方柱状由灰色细腻的胶泥土制成的烟道泥墩，其上设有长0.12、宽0.1米的烟囱，烟囱朝灶坑的一面未闭合，其余三面被烧熏成一圈厚约0.06米的硬壳。灶坑内堆积由上至下分三层。

第1层：草木灰烬层，质细腻，结构松散，含水分较重。厚0.04～0.1米。

第2层：烧土硬面。沙土夹烧土块层，土质板结坚硬。厚0.08～0.1米。

第3层：深灰色粗沙质土层，结构疏松。厚0.05米（图六六六）。

柱洞：仅在北间中部发现一个柱洞，编号90ED1。开口于废弃堆积层下，打破居住面，深入至第5层。平面呈圆形，直径0.26、深0.48米。

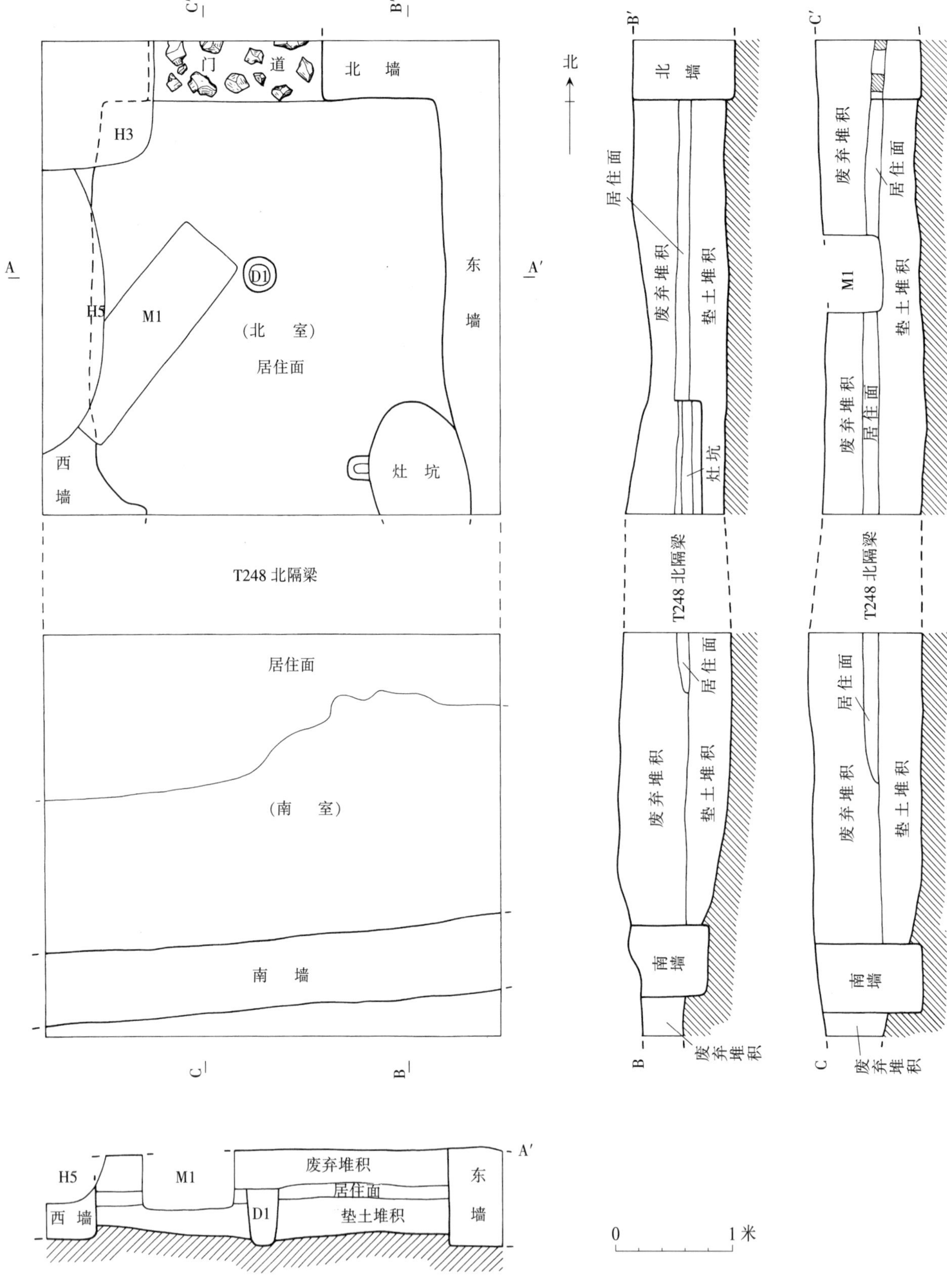

图六六五 90EF1 平、剖面图

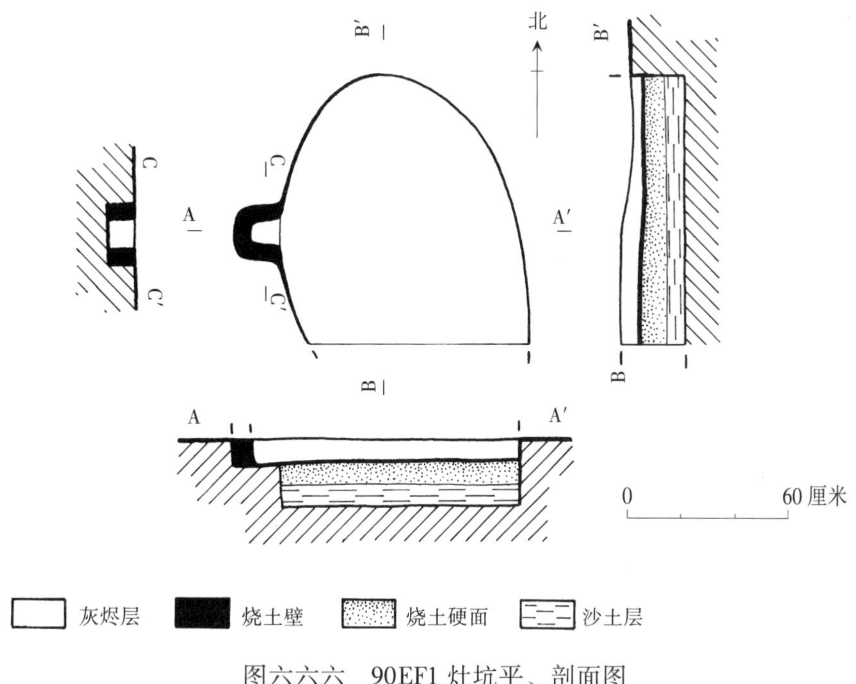

图六六六　90EF1 灶坑平、剖面图

废弃堆积：深灰色土夹杂墙壁碎土块、烧土块、沙泥石块、草木枝茎腐蚀物等。土色杂，土质松软。厚0.28～0.6米。

在废弃堆积和居住面之间，发现有较完整的陶钵和纺轮等遗物。

标本8件，其中陶器6件，石器2件。

陶盂　1件。标本90EF1∶4，Ac型Ⅱ式。夹砂褐陶。直口微敞，方唇，斜直颈，溜肩，弧腹内收呈平底。肩部饰泥饼，肩、腹部饰凹弦纹。口径14.6、底径6.8、高11.2厘米（图六六七，7；图版四一，1）。

陶豆　2件。标本90EF1∶6，Aa型Ⅱ式。夹细砂灰陶。敞口，圆唇，浅弧盘，斜弧壁。盘内壁唇下通饰线纹，线纹呈辐射状；盘外壁饰绳纹。口径17.4、残高4.5厘米（图六六七，8）。标本90EF1∶5，Bb型。夹细砂灰陶。仅存残盘底和圆圈柄喇叭形圈足，柄中下部内束。圈足上有两周凹弦纹。底径10.4、残高12.5厘米（图六六七，6）。

陶纺轮　3件。标本90EF1∶1，Ad型Ⅱ式。夹砂褐陶。扁圆体，圆算珠形，两面微内凹，圆中间一直壁圆孔，周壁中间凸起一周折棱，折棱上下斜面直。素面。直径3.3～3.4、孔径0.45、厚1.1厘米（图六六七，3；图版五四，3）。标本90EF1∶7，Ag型Ⅱ式。泥质灰陶。扁圆形，正面中部微隆起，背面平，圆中间一直壁圆孔，周壁中间凸起一周折棱，折棱上下斜面直。素面。直径5、孔径0.6、厚1.1～1.2厘米（图六六七，5；图版五五，8）。标本90EF1∶8，Cc型Ⅰ式。夹砂褐陶。扁圆形，体较厚，两面平，圆中间一直壁圆孔，周壁弧。素面。直径4～4.1、孔径0.6、厚1.4～1.45厘米（图六六七，4；图版五七，5）。

石刀　1件。标本90EF1∶2，A型Ⅰ式。青色。残刀身两面扁平光滑，残有钻透穿孔、未透钻痕，两端直壁，正锋双面直刃。残长4.2、宽4.7、厚0.7厘米（图六六七，2）。

石器　1件。标本90EF1∶3，器形不明。青色。磨制。残长9.3、残宽7.3、厚1.3厘米（图

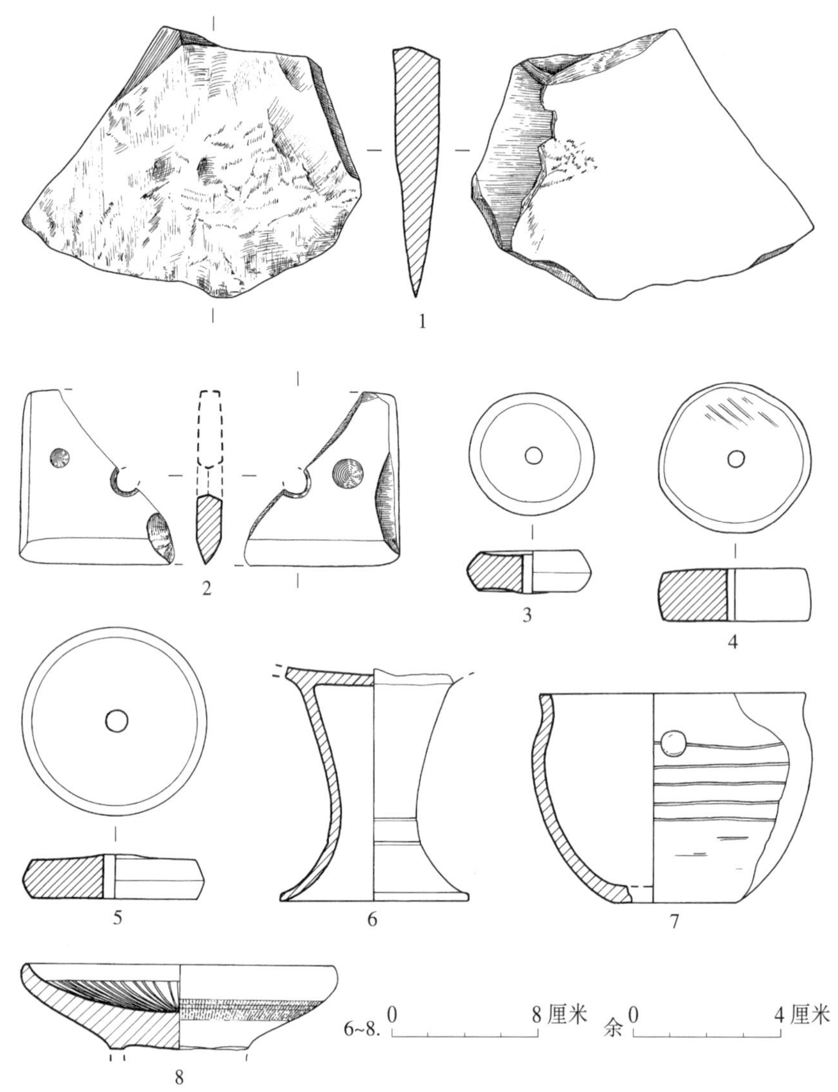

图六六七　90EF1 出土器物

1. 石器（90EF1∶3）　2. A 型Ⅰ式石刀（90EF1∶2）　3. Ad 型Ⅱ式陶纺轮（90EF1∶1）　4. Cc 型Ⅰ式陶纺轮（90EF1∶8）　5. Ag 型Ⅱ式陶纺轮（90EF1∶7）　6. Bb 型陶豆（90EF1∶5）　7. Ac 型Ⅱ式陶盂（90EF1∶4）　8. Aa 型Ⅱ式陶豆（90EF1∶6）

六六七，1）。

90EF2

位于 90ET262 和 90ET248 中，开口于第 5 层下，打破第 7 层，深入至第 9 层。由于发掘面积有限，90EF2 的分布范围、平面布局和结构不完全清楚。

90EF2 为半地穴式建筑，地穴深 0.7 ~ 0.8 米。在坑内从上至下残留有废弃堆积、柱洞、绿色斑点沙泥土硬面和居住面。

居住面：为呈褐红色夹有黑色或深灰色颗粒烧土硬面。表面较平整，厚薄较均匀地充填铺垫在浅坑范围内。厚 0.1 米。

绿色斑点沙泥硬面：质坚硬，残存形状略呈椭圆形，在五个环形排列的柱洞范围内。厚 0.02 ~

0.06米。硬面的形成可能是长期烧烤的结果。

柱洞：共5个。编号分别为：90ED2～D6。呈环形间距排列，洞口直径0.22～0.38、深0.45～0.58米（图六六八）。

在废弃堆积和居住面之间，发现有较完整的陶鬲、罐、盆、豆、纺轮、支（拍）垫、模具、陶饼和石器、漆木器等。

标本24件，其中陶器17件，漆木器4件，石器3件。

陶鬲　3件。标本90EF2∶1，Aa型Ⅰ式。夹砂红褐陶。侈口，斜弧沿，方唇，斜直颈，颈肩分界不明显，直弧腹内收，鬲身呈罐形，口径大于腹径，底近平，圆柱状足残，器内壁底部与足根对接处有窝。颈部纹饰被抹，肩、腹饰竖条纹，下腹、底和足根饰交叉条纹。口径16.6、残高14.2厘米（图六六九，6；图版一五，4）。标本90EF2∶7，Aa型Ⅰ式。夹砂灰褐陶，器表有烟熏痕迹。侈口，斜弧沿，平方唇，斜直颈，溜肩，弧腹内收，鬲身呈罐形，口径大于腹径，圆柱状足残，器内壁底部与足根对接处有窝。肩、腹饰弦断绳纹，底饰交错绳纹，足根有一个圆圈凹纹，其下饰斜绳纹，留有手捏痕迹。口径18.4、残高17厘米（图六六九，1；图版一五，5）。标本90EF2∶2，Aa型Ⅰ式。夹砂褐陶。侈口，弧沿，圆唇，斜弧颈，溜肩，圆弧腹内收，鬲身呈罐形，口径与腹径相等，器内壁底部与足根对接处有窝。肩、腹饰弦断绳纹，底饰交错绳纹，足根饰绳纹。口径18、残高12.8厘米（图六六九，3）。

陶罐　2件。标本90EF2∶17，Ba型Ⅱ式。泥质灰陶。侈口，平方唇，斜直颈，溜肩，斜直腹。肩、腹部饰弦纹。口径18、残高6.8厘米（图六六九，7）。标本90EF2∶18，Ca型Ⅰ式。夹砂黑皮灰胎陶。侈口，斜弧沿，厚方唇，弧颈，垂腹。颈、腹饰压印方格纹。口径21、残高11厘米（图六六九，4）。

陶盆　4件。标本90EF2∶10，Aa型Ⅰ式。泥质黑皮灰胎陶。侈口，卷沿，圆唇，斜直颈，圆弧腹。颈部纹饰被抹，腹饰弦断交叉绳纹。口径20、残高10.6厘米（图六六九，5）。标本90EF2∶22，Aa型Ⅰ式。泥质黑皮灰胎陶。敞口，卷沿，圆唇，斜直颈，弧腹。口沿沿面有一周凹槽，颈部纹饰被抹，上腹饰弦断交叉绳纹，下腹饰绳纹。口径27、残高10.4厘米（图六六九，2）。标本90EF2∶8，C型Ⅰ式。夹砂黑皮褐胎陶。敞口，卷沿，口沿沿面有一周凹槽，圆唇，弧颈，弧腹。口沿外侧对称贴两个泥片护耳，护耳内盆壁上各留一圆形孔。颈部纹饰被抹，肩、腹饰弦断绳纹，耳饰交错绳纹。口径25、残高16.6厘米（图六七〇，2）。标本90EF2∶11，C型Ⅱ式。夹砂黑皮褐胎陶。侈口，圆唇，弧颈。口沿外侧对称贴两个泥片护耳，耳内盆壁上各留一圆形孔。肩、腹饰弦断绳纹，耳饰绳纹。口径26、残高7厘米（图六七〇，1）。

陶豆　2件。标本90EF2∶26，Ab型Ⅰ式。泥质灰陶。敞口，圆唇，斜弧壁，折盘，豆盘较深，圆圈柄形足，豆座呈喇叭形。盘内壁唇下通饰呈线形辐射状暗纹，盘外壁饰绳纹；柄饰绳纹和三周成组弦纹，并有两层镂孔，每层镂三个长条方形孔。口径18.6、底径13.1、高17.1厘米（图六七一，2；彩版二五，3）。标本90EF2∶19，Bc型。泥质黑皮褐胎陶。仅存残盘底和圆圈直桶柄喇叭形圈足。圈足上有三组凹弦纹。底径12.6、残高11.4厘米（图六七一，5）。

陶纺轮　3件。标本90EF2∶4，Ac型Ⅰ式。夹砂红褐陶。扁圆形，体较厚，两面平，圆中间

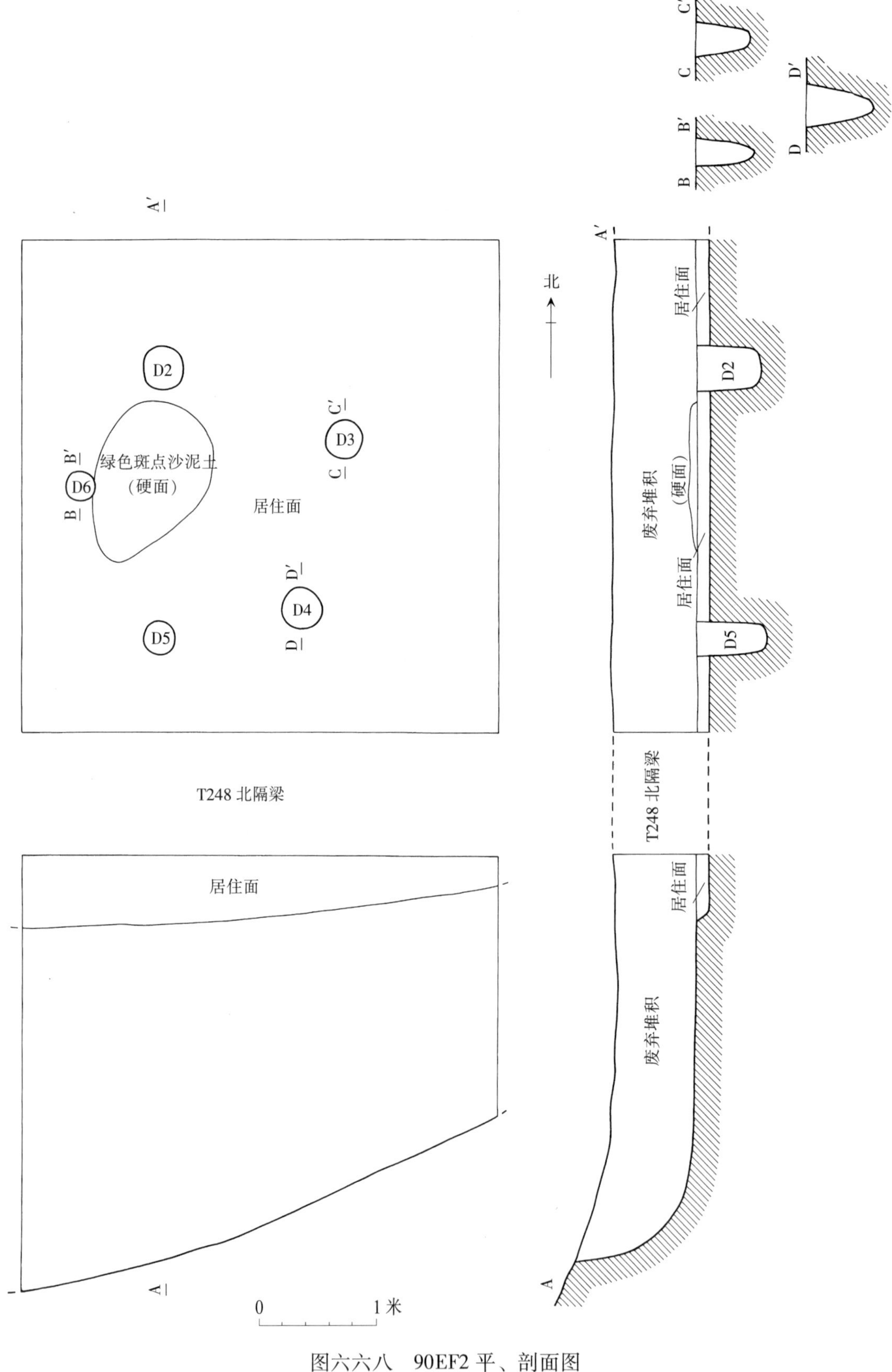

图六六八　90EF2 平、剖面图

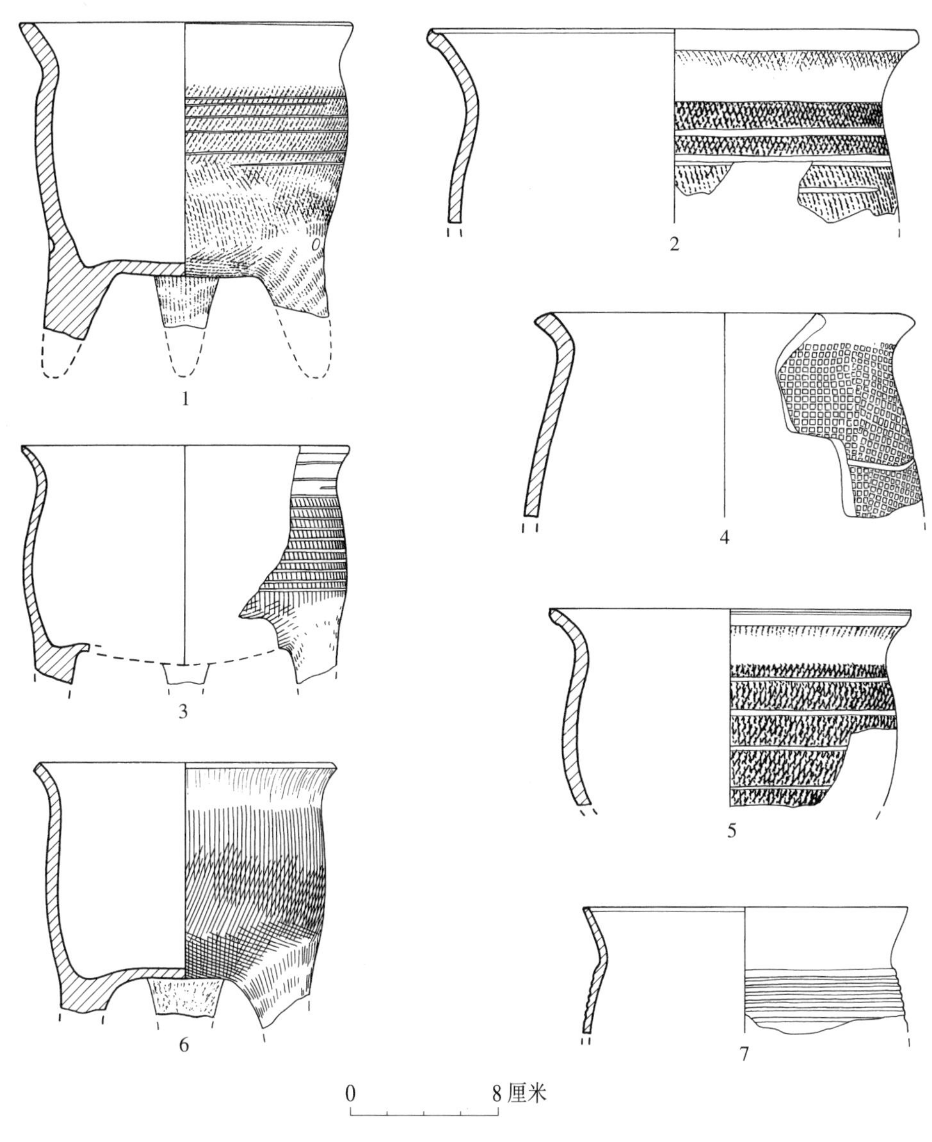

图六六九　90EF2出土器物

1、3、6. Aa型Ⅰ式陶鬲（90EF2∶7、2、1）　2、5. Aa型Ⅰ式陶盆（90EF2∶22、10）
4. Ca型Ⅰ式陶罐（90EF2∶18）　7. Ba型Ⅱ式陶罐（90EF2∶17）

一直壁圆孔，周壁中间凸起一周折棱，折棱上下斜面直。素面。直径3.4、孔径0.8、厚1.5～1.6厘米（图六七一，8）。标本90EF2∶15，Af型Ⅰ式。泥质红褐陶。扁圆形，正面中部隆起，背面微隆，圆中间一直壁圆孔，周壁中间凸起一周折棱，折棱上下斜面直。素面。直径5.4、孔径0.4、厚0.9～1.2厘米（图六七一，10）。标本90EF2∶16，Af型Ⅰ式。泥质灰陶。扁圆形，正面中部隆起，背面微隆，圆中间一直壁圆孔，周壁中间凸起一周折棱，折棱上下斜面直。素面。直径4.8、孔径0.4、厚0.8～1厘米（图六七一，9；图版五五，1）。

陶支（拍）垫　1件。标本90EF2∶14，Bd型Ⅱ式。夹砂灰陶。顶面微弧。握手顶面及壁饰绳纹。残高5.7厘米（图六七一，1；图版五一，8）。

陶模具　1件。标本90EF2∶24，A型。夹砂灰陶，胎厚。中空呈斧形空腔，器表粗糙，器里平整，腔口略呈长方形，向下渐窄渐薄。腔口长6～6.7、宽1.6～2.4、残高16.4厘米（图六七

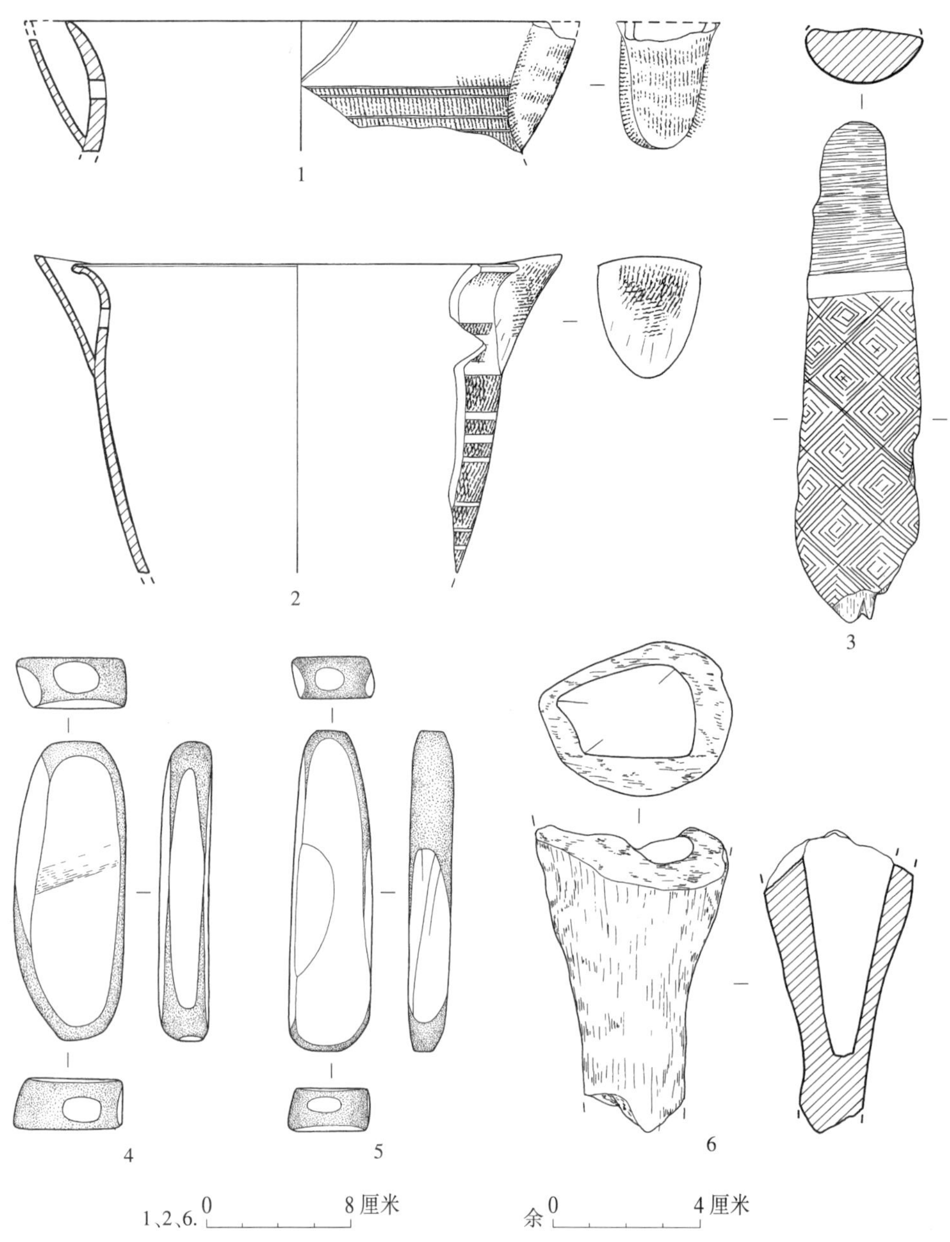

图六七〇　90EF2 出土器物

1. C 型Ⅱ式陶盆（90EF2∶11）　2. C 型Ⅰ式陶盆（90EF2∶8）　3. 漆木柲（90EF2∶6）
4、5. A 型石料（90EF2∶9、3）　6. A 型陶模具（90EF2∶24）

〇，6）。

陶饼　1 件。标本 90EF2∶27，Aa 型Ⅰ式。夹砂黄褐陶夹灰白粗砂粒。扁圆形，两面平，周壁弧。素面。直径 4、厚 0.8 厘米（图版四九，6）。

漆木柲　1 件。标本 90EF2∶6，柲残。截面椭圆形，仅保存一半有漆膜，另一半漆膜残缺。柲胎木质髹黑漆。一端在表面用丝线缠绕出一定的纹饰，一端饰雷纹。脱水前残长 14、残最宽处 3.9 厘米，脱水后残长 13.8、残最宽处 3.5 厘米（图六七〇，3；彩版三二，4）。

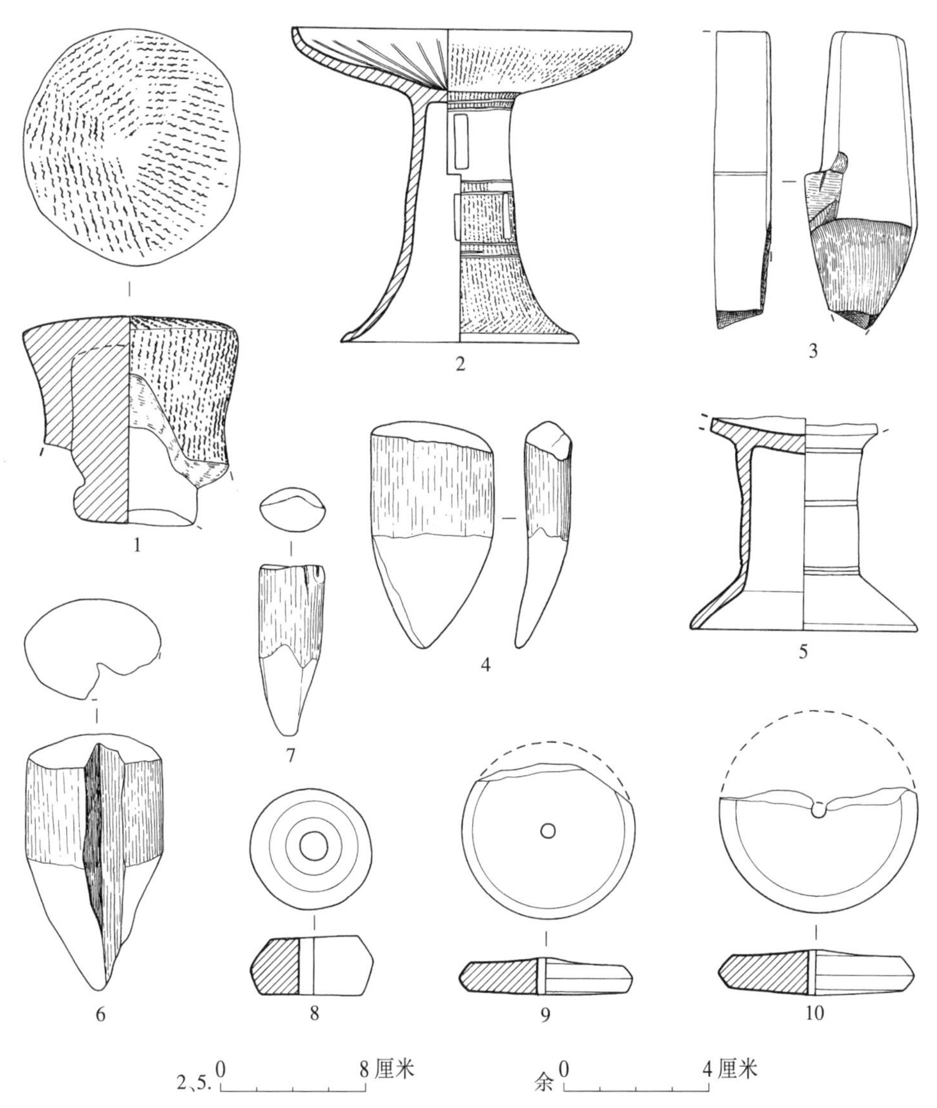

图六七一　90EF2 出土器物

1. Bd 型Ⅱ式陶支（拍）垫（90EF2∶14）　2. Ab 型Ⅰ式陶豆（90EF2∶26）　3. B 型Ⅰ式石锛（90EF2∶5）
4、6、7. 木楔（90EF2∶20、13、21）　5. Bc 型陶豆（90EF2∶19）　8. Ac 型Ⅰ式陶纺轮（90EF2∶4）
9、10. Af 型Ⅰ式陶纺轮（90EF2∶16、15）

木楔　3 件。标本 90EF2∶13，黑灰色。削制。残断形状呈陀螺形。残长 6.9、残径 3.8 厘米（图六七一，6；彩版三二，5）。标本 90EF2∶20，黑灰色。削制。残断截面扁圆形。残长 6.1、残径 1.3～3.4 厘米（图六七一，4；彩版三二，6）。标本 90EF2∶21，黑灰色。削制。残断截面椭圆形。残长 4.6、残径 1.8 厘米（图六七一，7；彩版三二，7）。

石锛　1 件。标本 90EF2∶5，B 型Ⅰ式。青色。平面长方形，残破。顶平，有段，边壁直，正锋，刃残。残长 8、残宽 1.4、厚 3.1 厘米（图六七一，3；图版六四，5）。

石料　2 件。均为青色。平面略呈扁平圆角长条形，六面均有磨痕。标本 90EF2∶3，A 型。长 8.7、宽 2.3、厚 1.2 厘米（图六七〇，5；图版六八，2）。标本 90EF2∶9，A 型。长 8.1、宽 3、厚1.4厘米（图六七〇，4；图版六八，4）。

（四）墓葬

1990年在东区清理1座商周时代墓葬（编号为90EM1）。

90EM1

位于90ET262西南部，开口于第4层下，被90EH5打破，打破90EF1。墓向38°。长方形竖穴墓，坑浅壁直。墓长1.95、宽0.63米，墓圹深0.45米。葬具已朽无痕。人骨已朽，头向及葬式不明。随葬品陶罐、陶支（拍）垫各1件放置于墓坑北壁中部（图六七二）。

随葬品2件，组合为陶罐、支（拍）垫。

陶罐 1件。标本90EM1:1，Fe型Ⅰ式。夹砂褐陶。敞口，尖唇，短弧颈，圆弧腹，平底。肩、腹至底通饰压印方格纹。颈部有手指捏印痕迹。口径11.4、底径14.3、高19.2厘米（图六七三，2；图版三五，3）。

陶支（拍）垫 1件。标本90EM1:2，Db型。夹细砂褐陶。垫不规整，略呈圆形，垫顶斜，周壁弧，垫面平，柄截面呈圆角长方形。素面。垫直径6.4、垫厚1.8、残高9.2厘米（图六七三，1；图版五一，4）。

（五）文化层

1990年在遗址东区北部共清理商周时代文化层四层，即第2～5层。文化层各层在各探方土质土色基本一致。现以探方为单位逐层介绍包含遗物标本。

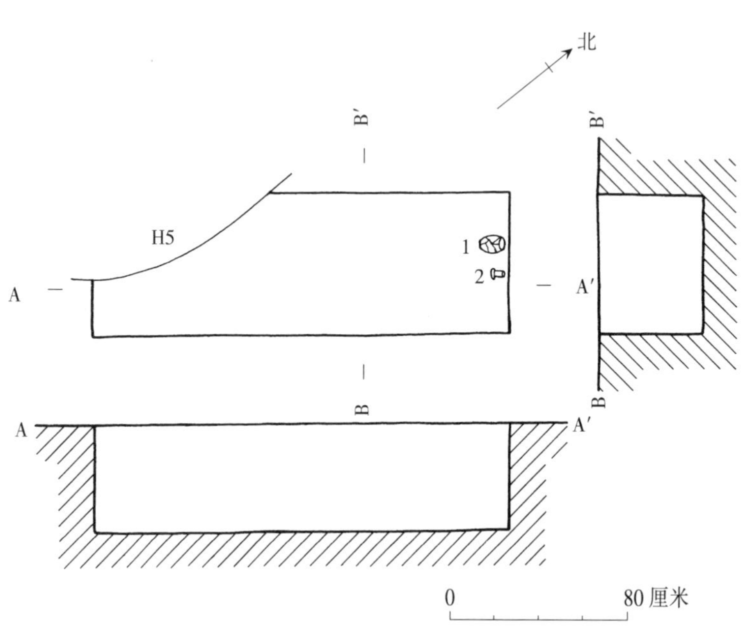

图六七二 90EM1平、剖面图

1. 陶罐 2. 陶支（拍）垫

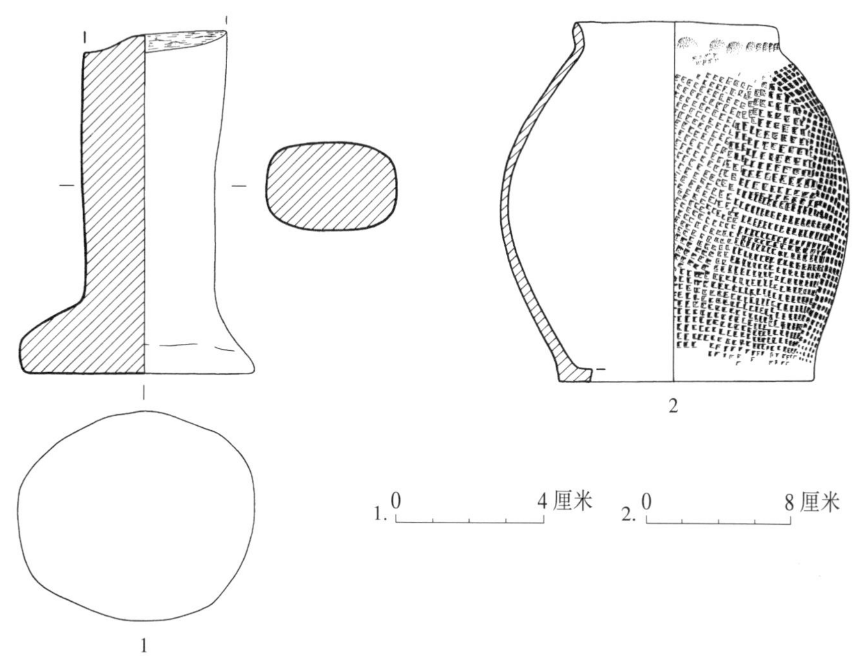

图六七三　90EM1出土陶器

1. Db型支（拍）垫（90EM1∶2）　2. Fe型Ⅰ式罐（90EM1∶1）

1. 90ET216⑤

器类有陶纺轮和石铲、石斧。

标本4件，其中陶器2件，石器2件。

陶纺轮　2件。标本90ET216⑤∶3，Ae型Ⅰ式。夹砂灰褐陶。器不规整，圆形，体厚，正面斜，背面平，圆中间一直壁圆孔，周壁中间凸起一周折棱，折棱上下斜面直。素面。直径3、孔径0.4、厚1.6～1.8厘米（图六七四，1；图版五四，7）。标本90ET216⑤∶1，Cd型。夹砂褐陶。扁圆形，中部隆起，圆中间一弧壁圆孔，周壁直。素面。直径3.7、孔径0.4～0.6、厚1.1～1.3厘米（图六七四，2；图版五八，3）。

石铲　1件。标本90ET216⑤∶2，B型Ⅱ式。青灰色。器小体薄。表面光滑。平面长方形，有段，顶平、边壁直，偏锋，直刃略残。长4.1、刃宽1.8、厚0.4厘米（图六七四，5；彩版三三，7）。

石斧　1件。标本90ET216⑤∶4，Ac型Ⅱ式。青灰色沉积岩。器小。表面光滑。平面梯形，顶平、边壁微弧，偏锋，弧刃。长3.5、宽2.6～3.3、厚0.9厘米（图六七四，4；彩版三三，6）。

2. 90ET217⑤～③

90ET217⑤

器类有陶鬲、滤盉、罐、瓮、盆、豆、器盖、陶纺轮和石斧。

标本13件，其中陶器12件，石器1件。

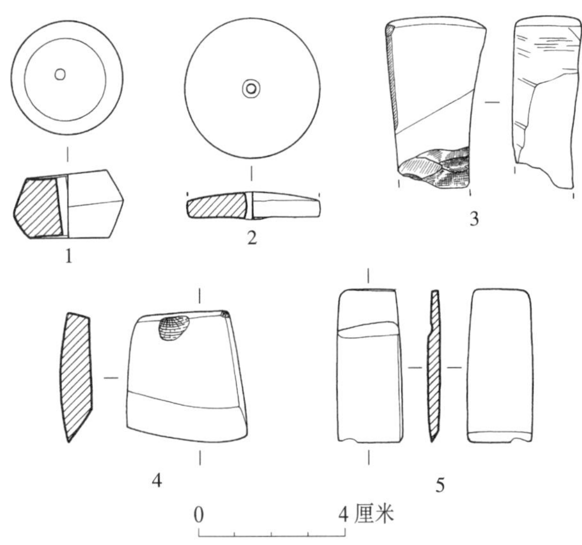

图六七四　90ET216、T262⑤出土器物

1. Ae型Ⅰ式陶纺轮（90ET216⑤:3）　2. Cd型陶纺轮（90ET216⑤:1）　3. Ⅰ式石杵（90ET262⑤:1）　4. Ac型Ⅱ式石斧（90ET216⑤:4）　5. B型Ⅱ式石铲（90ET216⑤:2）

陶鬲　3件。标本90ET217⑤:12，Aa型Ⅰ式。夹砂褐陶。侈口，斜沿，沿面弧，方唇，肩、腹近直，鬲身呈罐形，口径大于腹径。肩下至下腹饰弦断绳纹，下腹、底饰交叉绳纹。口径14.8、残高9.5厘米（图六七五，10）。标本90ET217⑤:16，Aa型Ⅰ式。夹砂红褐陶。口微敞，方唇，颈、肩、腹近直，鬲身呈罐形，口径与腹径相等，器内壁底部与足根对接处有足窝。肩腹交界处饰一周绳索状附加堆纹，肩下至腹饰弦断绳纹，下腹、底、足根饰交叉绳纹。口径17.2、残高14.5厘米（图六七五，7；图版一五，3）。标本90ET217⑤:1，Ha型Ⅱ式。夹砂褐陶。器小。敞口，卷沿，圆唇，圆弧腹，鬲身呈盆形，口径与腹径相等，三圆柱状截锥足。上腹饰弦断绳纹，下腹、底、足根饰交叉绳纹。口径10.8、高10厘米（图六七五，9）。

陶滤盉　1件。标本90ET217⑤:3，Ab型。夹砂褐陶。钵为直口，平沿，方唇，弧腹内收，平底。钵底封闭并连接鬲口，底中心戳一椭圆形孔，周围戳六条长条形穿孔。下部鬲为直口，溜肩，弧直腹。器表自钵沿下至鬲腹饰绳纹，钵沿下残有两个泥饼形乳丁。口径8.6、残高8.8厘米（图六七五，6）。

陶罐　1件。标本90ET217⑤:9，Gb型Ⅰ式。夹砂褐陶。敞口，卷沿，方唇，弧直颈，弧肩。颈部纹饰被抹，肩及上腹饰弦断绳纹。口径18、残高7.6厘米（图六七五，3）。

陶瓮　1件。标本90ET217⑤:2，Gc型。夹砂褐陶。斜弧折广肩，弧腹。肩腹交界处饰一周薄片附加堆纹，肩、上腹饰弦断绳纹，下腹至底饰斜绳纹。底径16、残高18厘米（图六七五，1）。

陶盆　1件。标本90ET217⑤:11，Bb型Ⅰ式。夹砂褐陶。敞口，卷沿，圆唇，短弧颈，小圆肩，圆腹。颈部纹饰被抹，肩腹交界处饰一周绳索状附加堆纹，肩至下腹饰近底部饰交叉绳纹。口径24、残高13.4厘米（图六七五，4）。

陶豆　1件。标本90ET217⑤:4，Aa型Ⅱ式。泥质灰陶。敞口，方唇，弧盘。豆盘内两周凹弦纹间镶嵌一排“S”形纹，底部饰线纹，线纹呈辐射状；盘外底部饰细绳纹，盘与柄连接处数周弦纹，长方形镂孔残。口径21.8、残高9厘米（图六七五，2）。

陶器盖　2件。标本90ET217⑤:5，Ba型Ⅰ式。夹细砂灰褐陶。弧顶，弧直壁，直口平沿。有弦纹和纽钉。口径16、残高7.3厘米（图六七五，12）。标本90ET217⑤:19，Bb型。夹砂褐陶。仅存盖纽，圆圈形凹纽。素面。纽径9、残高3.8厘米（图六七五，11）。

陶纺轮　2件。标本90ET217⑤:10，Ac型Ⅱ式。夹砂灰陶。扁圆形，中部隆起，圆中间一直壁圆孔，周壁中间凸起一周折棱，折棱上下斜面直。素面。直径3.2、孔径0.8、厚1.4厘米（图版五三，5）。标本90ET217⑤:6，Af型Ⅰ式。夹砂褐陶。扁圆形，中部隆起，圆中间一直壁圆孔，

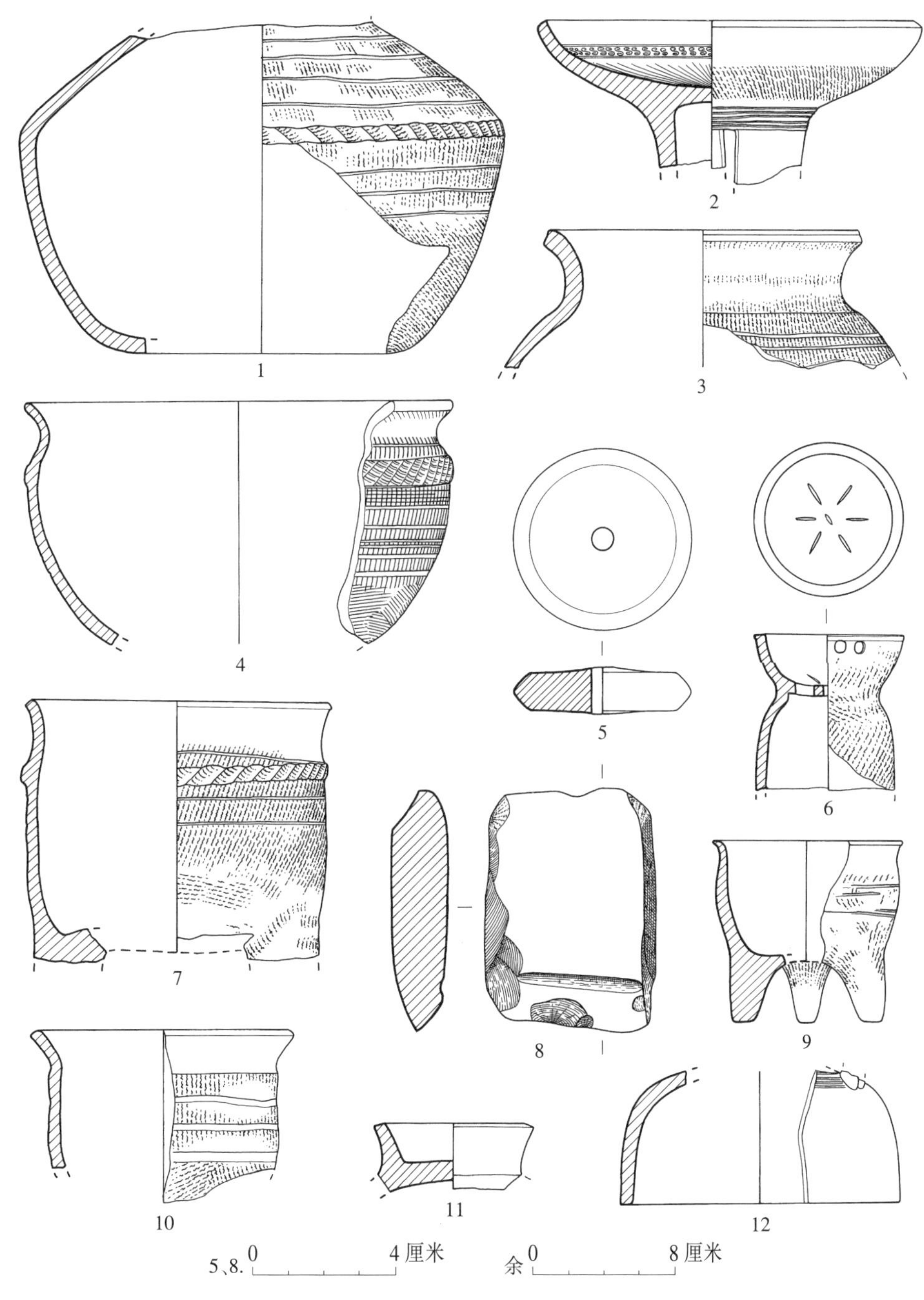

图六七五 90ET217⑤出土器物

1. Gc 型陶瓮（90ET217⑤:2） 2. Aa 型Ⅱ式陶豆（90ET217⑤:4） 3. Gb 型Ⅰ式陶罐（90ET217⑤:9） 4. Bb 型Ⅰ式陶盆（90ET217⑤:11） 5. Af 型Ⅰ式陶纺轮（90ET217⑤:6） 6. Ab 型陶滤盉（90ET217⑤:3） 7、10. Aa 型Ⅰ式陶鬲（90ET217⑤:16、12） 8. Ab 型Ⅰ式石斧（90ET217⑤:8） 9. Ha 型Ⅱ式陶鬲（90ET217⑤:1） 11. Bb 型陶器盖（90ET217⑤:19） 12. Ba 型Ⅰ式陶器盖（90ET217⑤:5）

周壁中间凸起一周折棱，折棱上下斜面直。素面。直径5、孔径0.6、厚1.1～1.3厘米（图六七五，5；图版五五，2）。

石斧 1件。标本90ET217⑤:8，Ab 型Ⅰ式。灰白色。表面光滑。长方形，顶、边壁和刃部均残。平顶，斜直刃。长6.8、宽4.8、厚1.6厘米（图六七五，8；图版六二，5）。

90ET217④

器类有陶鬲、罐、罍、器盖、纺轮、模具、支（拍）垫和石斧、镞。

标本12件。

陶鬲　4件。标本90ET217④:6，Ab型Ⅲ式。夹砂褐陶。侈口，卷沿，方唇，斜直颈，弧肩，圆弧腹，鬲身呈罐形，圆柱状截锥足外侧有浅刻槽，器内壁底部与足根对接处有窝。颈部纹饰被抹，肩、腹饰弦断条纹，底饰横条纹。口径17、高20.2厘米（图六七六，1；图版一八，2）。标本90ET217④:7，Ae型Ⅱ式。夹砂褐陶。侈口，卷沿，圆唇，弧颈较高，溜肩，上腹圆鼓，鬲身瘦高，呈深腹罐形。颈、肩、腹部饰弦断绳纹，肩腹交界处饰一周绳索状附加堆纹，底、足根饰交错绳纹。口径16.2、残高14厘米（图六七六，4）。标本90ET217④:9，Ak型。夹砂褐陶，器表有烟熏痕迹。器小，敞口，厚方唇，短颈微束，上腹弧，下腹圆弧外鼓呈垂腹状，鬲身呈罐形，三个乳头状足外撇，器内壁底部与足根对接处有窝。上腹部饰压印方格纹。口径10.2、高9.4厘米（图六七六，7；图版二四，1）。标本90ET217④:11，Db型。夹砂褐陶。器小，敞口，卷沿，圆唇，弧颈，溜肩，上腹圆鼓，鬲身呈罐形，弧内收。肩部安鋬。肩、腹部饰弦断条纹，裆饰交错条纹，腹部对称施四个圆形泥饼。口径12.6、残高8.7厘米（图六七六，6）。

陶罐　1件。标本90ET217④:8，Gb型Ⅱ式。夹砂褐陶。敞口，卷沿，圆唇，直颈较高，溜肩，圆弧腹。颈、肩、腹部饰弦断绳纹，肩腹交界处饰一周绳索状附加堆纹，堆纹上对称施四个圆形泥饼。口径16、残高18.4厘米（图六七六，5；图版三五，6）。

陶罍　1件。标本90ET217④:12，Cb型Ⅰ式。夹砂红褐陶。直口微敞，方唇，斜直颈，斜直广肩。颈上饰交叉条纹，肩、腹部饰条纹。口径17.6、残高9.3厘米（图六七六，2）。

陶器盖　1件。标本90ET217④:10，Ab型Ⅱ式。夹砂褐陶。弧顶中部隆起，斜直壁，方唇。盖顶、壁饰乱绳纹。盖口径16、残高4.6厘米（图六七七，5）。

陶纺轮　1件。标本90ET217④:2，B型Ⅱ式。夹细砂黑陶。圆形，两面平，圆中间一直壁圆孔，周壁中间凸鼓，凸鼓上下斜面施凹凸棱。直径3.5、孔径0.6、厚3厘米（图六七七，3；彩版二八，5）。

陶模具　1件。标本90ET217④:4，C型。夹细砂灰褐陶。半块模具，器略呈圆角菱形，中部圆形凹窝，凹窝壁上起凹凸棱，中心有直壁圆形穿孔，用作纺轮模型。素面。模具长10、宽5.3、厚2.9厘米，纺轮圆形凹窝直径3.8、孔径0.6、深1.2厘米（图六七七，1；彩版二八，5、6）。

陶支（拍）垫　1件。标本90ET217④:1，E型。夹砂褐陶。圆柱形，壁中部对穿一圆形孔。素面。直径4～4.1、高4.2厘米（图六七七，4；彩版二七，10）。

石斧　1件。标本90ET217④:3，Aa型Ⅳ式。青灰色。器表光滑。平面长方形，顶平、边壁直，正锋，斜直刃残。长6、宽3.1～3.2、厚2.2厘米（图六七七，2；彩版三三，2）。

石镞　1件。标本90ET217④:5，型式不明。青色。打磨制法。残存镞身，锋尖和翼部均残。残长4.6、残宽2.3厘米（图六七六，3）。

90ET217③

器类有陶豆。

标本1件。

陶豆　1件。标本90ET217③:1，Ca型Ⅱ式。夹砂褐陶。敞口，圆唇，弧壁，圆柱状柄。素

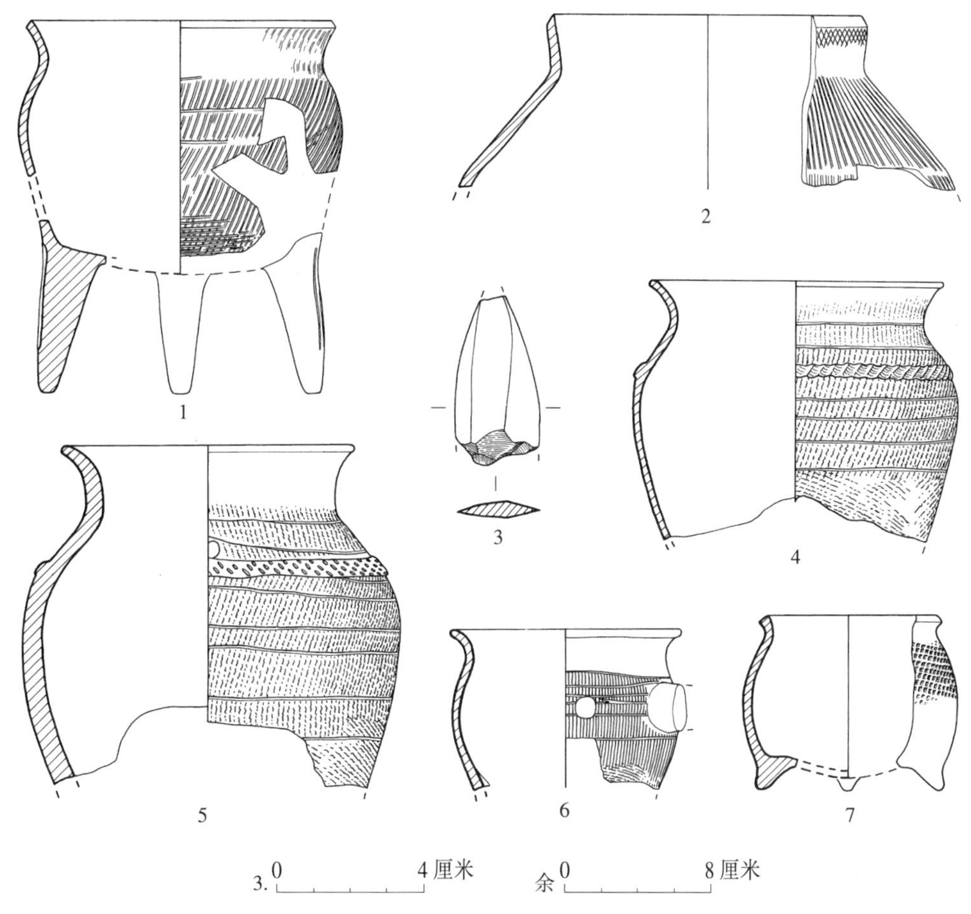

图六七六　90ET217④出土器物

1. Ab 型Ⅲ式陶鬲（90ET217④:6）　2. Cb 型Ⅰ式陶罍（90ET217④:12）　3. 石镞（90ET217④:5）
4. Ae 型Ⅱ式陶鬲（90ET217④:7）　5. Gb 型Ⅱ式陶罐（90ET217④:8）　6. Db 型陶鬲（90ET217④:11）
7. Ak 型陶鬲（90ET217④:9）

面。口径 15、残高 4 厘米（图六七八，4）。

3. 90ET262⑤～②

90ET262⑤

器类有石杵。

标本 1 件。

石杵　1 件。标本 90ET262⑤:1，Ⅰ式。青色。磨制。柱状，截面略呈椭圆形，顶平，下端残。残长 4.6、顶面长径 2.8、顶面短径 1.8 厘米（图六七四，3）。

90ET262④

器类有陶瓮、钵、纺轮。

标本 3 件，均为陶器。

陶瓮　1 件。标本 90ET262④:2，Ed 型Ⅲ式。夹砂褐陶。直口，沿面平，有内唇，沿面与颈呈“T”字形，内外唇为圆唇，直颈，斜直广肩折。肩腹部饰压印方格纹。口径 19.6、残高 14 厘

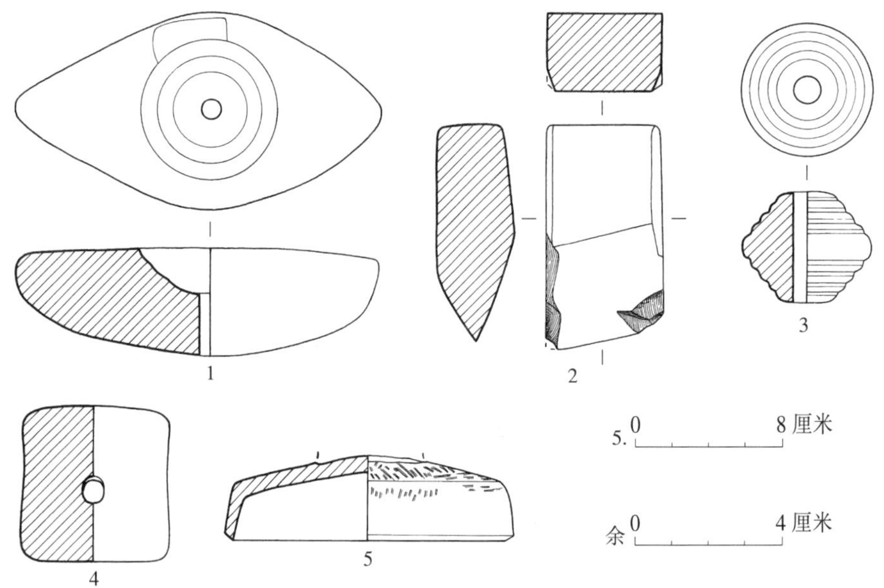

图六七七 90ET217④出土器物

1. C 型陶模具（90ET217④:4） 2. Aa 型Ⅳ式石斧（90ET217④:3） 3. B 型Ⅱ式陶纺轮（90ET217④:2）
4. E 型陶支（拍）垫（90ET217④:1） 5. Ab 型Ⅱ式陶器盖（90ET217④:10）

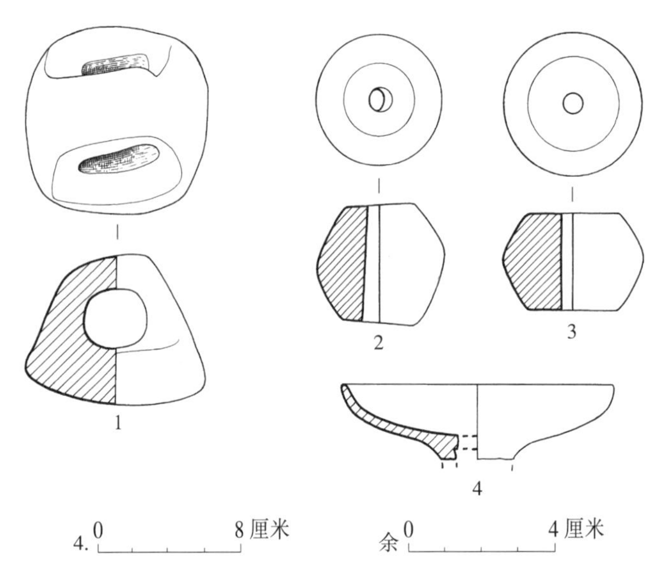

图六七八 90ET217、T262③出土陶器

1. Aa 型Ⅱ式支（拍）垫（90ET262③:3） 2. Ab 型Ⅲ式纺轮（90ET262③:2）
3. Aa 型Ⅱ式纺轮（90ET262③:1） 4. Ca 型Ⅱ式豆（90ET217③:1）

米（图六七九，3）。

陶钵 1 件。标本 90ET262④:3，Cb 型Ⅲ式。夹砂褐陶。敛口，圆唇，弧腹，下腹外鼓，平底。腹部饰压印方格纹。口径 12、底径 12、高 8.6 厘米（图六七九，1）。

陶纺轮 1 件。标本 90ET262④:1，Af 型Ⅱ式。夹砂黑皮褐胎陶。扁圆形，两面中部隆起，圆中间一直壁圆孔，周壁中间凸起一周折棱，折棱上下斜面直。素面。直径 5.1、孔径 0.6、厚

1.1～1.3厘米（图六七九，2；图版五五，4）。

90ET262③

器类有陶纺轮、支（拍）垫。

标本3件，均为陶器。

陶纺轮　2件。标本90ET262③：1，Aa型Ⅱ式。夹砂褐陶。体较厚，圆算珠形，两面平，圆中间一直壁圆孔，周壁中间凸起一周折棱，折棱上下斜面弧。素面。直径3.9、孔径0.6、厚2.6厘米（图六七八，3；图版五二，3）。标本90ET262③：2，Ab型Ⅲ式。夹砂细褐陶。体厚，器不规整，圆算珠形，两面平，圆中间一直壁圆孔，周壁中间凸起一周折棱，折棱上下斜面弧。素面。直径3.5、孔径0.5～0.6、厚3～3.3厘米（图六七八，2；图版五三，1）。

陶支（拍）垫　1件。标本90ET262③：3，Aa型Ⅱ式。夹砂灰褐陶。垫呈椭圆形，垫面弧形，垫背弧隆起穿孔，孔呈椭圆形用于握手。素面。垫长径5.4、短径5、高4厘米（图六七八，1）。

90ET262②

器类有陶器纽、盖纽和石刀。

标本3件，其中陶器2件，石器1件。

陶盖纽　1件。标本90ET262②：3，B型。夹砂灰陶。纽呈立鸟形，鸟喙残。立柱截面椭圆形。纽根饰绳纹。残高5.5厘米（图六七九，4）。

陶器纽　1件。标本90ET262②：2，Aa型。夹砂灰陶。动物形器纽作站立状，首尾残，三足外张，后一足与器身相接处残留有榫头。残高3.1厘米（图六七九，5）。

石刀　1件。标本90ET262②：1，A型Ⅲ式。青色。磨制。残刀身扁平，平面呈梯形，平顶，偏锋，直刃。残长3.5、残宽1.8、厚0.5厘米（图六七九，6）。

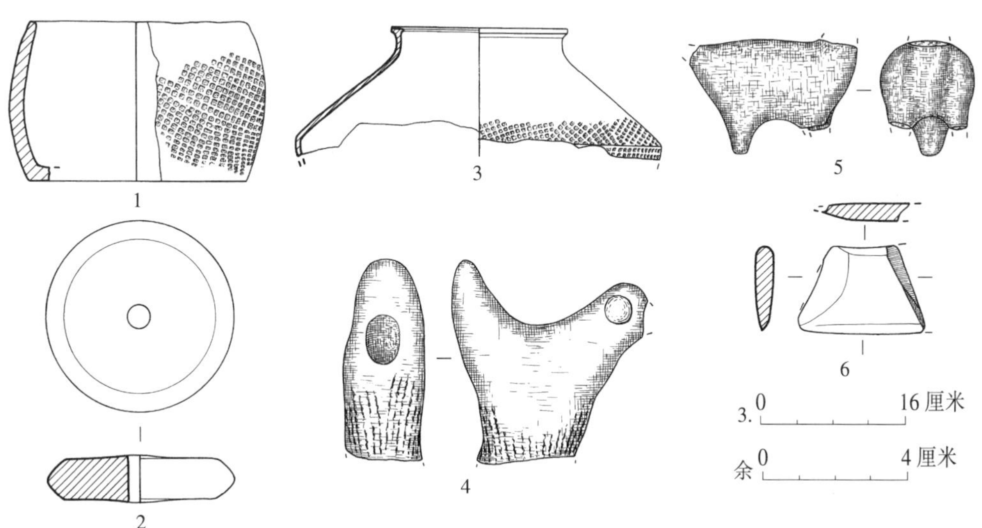

图六七九　90ET262④、②出土器物

1. Cb型Ⅲ式陶钵（90ET262④：3）　2. Af型Ⅱ式陶纺轮（90ET262④：1）　3. Ed型Ⅲ式陶瓮（90ET262④：2）　4. B型陶盖纽（90ET262②：3）　5. Aa型陶器纽（90ET262②：2）　6. A型Ⅲ式石刀（90ET262②：1）

4. 90ET233⑤～③

90ET233⑤

器类有陶鬲、甗、鼎、滤盉、瓮、罍、盆、豆、纺轮、支（拍）垫和硬陶瓮等。

标本29件，其中陶器23件，硬陶器6件。

陶鬲　5件。标本90ET233⑤:64，Aa型Ⅱ式。夹砂褐陶，器表有烟熏痕迹。侈口，斜沿，尖圆唇，斜直束颈，弧肩，弧腹。颈、肩、腹通饰弦断绳纹，肩腹相接处附加一周压印堆纹。口径26.4、残高9.7厘米（图六八〇，6）。标本90ET233⑤:10，Aa型Ⅱ式。夹砂红褐陶。侈口，卷沿，圆唇，弧腹，鬲身呈罐形，圆柱状足，器内壁底部与足根对接处有窝。腹部通饰弦断绳纹，底饰横绳纹，足饰竖绳纹。口径12.4、残高10厘米（图六八〇，5）。标本90ET233⑤:9，Aa型Ⅱ式。夹砂褐陶，器表有烟熏痕迹。侈口，卷沿，方唇，斜直颈，肩腹分界不明显，弧腹，鼎身呈罐形，圆柱状截锥足，器内壁底部与足根对接处有浅窝。肩下至下腹饰弦断条纹，底、足根饰交叉条纹，足外侧有浅刻槽。口径21.6、高23.4厘米（图六八〇，4；图版一五，6）。标本90ET233⑤:58，Ac型Ⅱ式。夹砂褐陶。敞口，弧沿，尖圆唇，弧腹，鬲身呈罐形。肩腹相接处附加一周压印堆纹，肩部以下至腹部通饰弦断绳纹，底饰横绳纹，足饰竖绳纹。口径19、残高13.6厘米（图六八〇，9）。标本90ET233⑤:6，Hb型Ⅰ式。夹砂红褐陶。器小。侈口，斜沿，沿面平，圆唇，腹壁直，鼎身呈盆形，圆柱状尖锥足，器内壁底部与足根对接处有浅窝。腹部通饰弦断绳纹，底饰横绳纹，足饰竖绳纹。口径11.6、高12.4厘米（图六八〇，3；图版二六，6）。

陶甗　2件。标本90ET233⑤:15，Ca型。夹细砂灰褐陶。敞口，唇面较宽，唇上缘圆，斜直腹内收。器表通饰弦断细竖绳纹。口径27.8、残高6.4厘米（图六八〇，8）。标本90ET233⑤:11，D型Ⅰ式。夹砂红褐陶，器表甑腹上局部有青灰色。侈口，卷沿，方唇，弧颈微束，溜肩，圆鼓腹。甑肩、腹饰条纹。甑鬲两部分有明显对接痕迹，甑底套接在鬲口内。口径30、残高28.4厘米（图六八〇，1；图版二九，1）。

陶鼎　1件。标本90ET233⑤:16，Aa型Ⅱ式。夹砂红褐陶。侈口，卷沿，圆唇，斜直颈，肩腹分界不明显，弧腹近直，鼎身呈罐形，圆柱状截锥足，器内壁底部与足根对接处有浅窝。肩下至下腹饰弦断绳纹，底饰横绳纹，足饰竖绳纹。口径12.8、高14.4厘米（图六八〇，2；图版三〇，5）。

陶滤盉　1件。标本90ET233⑤:13，Aa型。夹砂褐陶。仅存钵。敛口，圆唇，弧腹内收。钵底封闭并连接鬲口，底上戳六条长条形穿孔。钵沿下有两周弦纹，底饰绳纹。口径8.8、残高5.3厘米（图六八〇，7）。

陶瓮　2件。标本90ET233⑤:2，Ef型Ⅰ式。夹砂灰褐陶。侈口，卷沿，方唇，斜直颈，斜直折肩，斜直腹内收。肩部等距离施七个圆柱形泥钉，肩下、腹饰弦断条纹。口径20.6、残高21.2厘米（图六八一，2）。标本90ET233⑤:30，Gb型Ⅰ式。夹砂褐陶。敛口，尖圆唇，斜颈，弧肩，弧腹。肩、腹部饰弦断绳纹，肩腹相交处一周附加堆纹。口径26、残高8.1厘米（图六八一，9）。

陶罍　1件。标本90ET233⑤:1，Bb型Ⅰ式。夹砂褐陶。侈口，卷沿，方唇，斜直颈，斜直肩，直弧腹内收。唇面有斜条纹，颈部纹饰被抹，肩腹交界处对称施两个鸡冠状錾耳，肩腹部饰弦断交错条纹。口径19.6、残高16.2厘米（图六八一，1）。

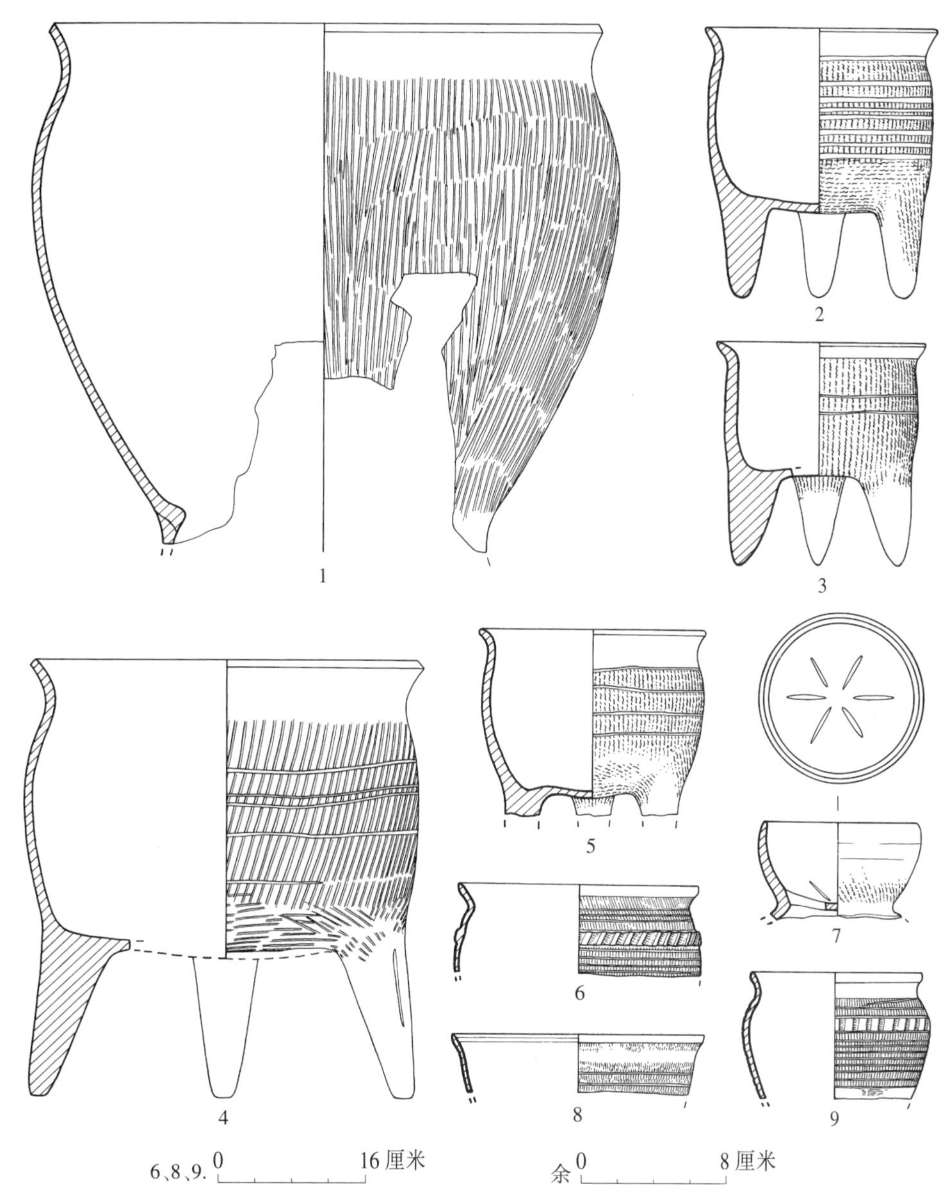

图六八〇　90ET233⑤出土陶器

1. D型Ⅰ式甗（90ET233⑤:11）　2. Aa型Ⅱ式鼎（90ET233⑤:16）　3. Hb型Ⅰ式鬲（90ET233⑤:6）
4～6. Aa型Ⅱ式鬲（90ET233⑤:9、10、64）　7. Aa型滤盉（90ET233⑤:13）　8. Ca型甗（90ET233⑤:15）
9. Ac型Ⅱ式鬲（90ET233⑤:58）

陶盆　2件。标本90ET233⑤:66，Ab型Ⅱ式。夹砂褐陶。敞口，弧沿，方唇，弧腹。颈部纹饰被抹去，腹部饰绳纹和一周附加堆纹。口径23.8、残高11.8厘米（图六八一，8）。标本90ET233⑤:59，D型。夹砂褐陶。敞口，卷沿，方唇，斜直颈，溜肩，弧腹。口沿下颈肩处对称粘贴两个附加泥条抠耳。肩及腹部饰弦断绳纹，肩腹交界处施附加堆纹。残高12.9厘米（图六八一，4）。

陶豆　4件。标本90ET233⑤:8，Aa型Ⅱ式。夹细砂灰陶。敞口，圆唇，弧盘。豆盘内一周凹弦纹，盘外壁饰细绳纹，盘柄相接处残有弦纹和长方形穿孔。口径19.8、残高4.8厘米（图六

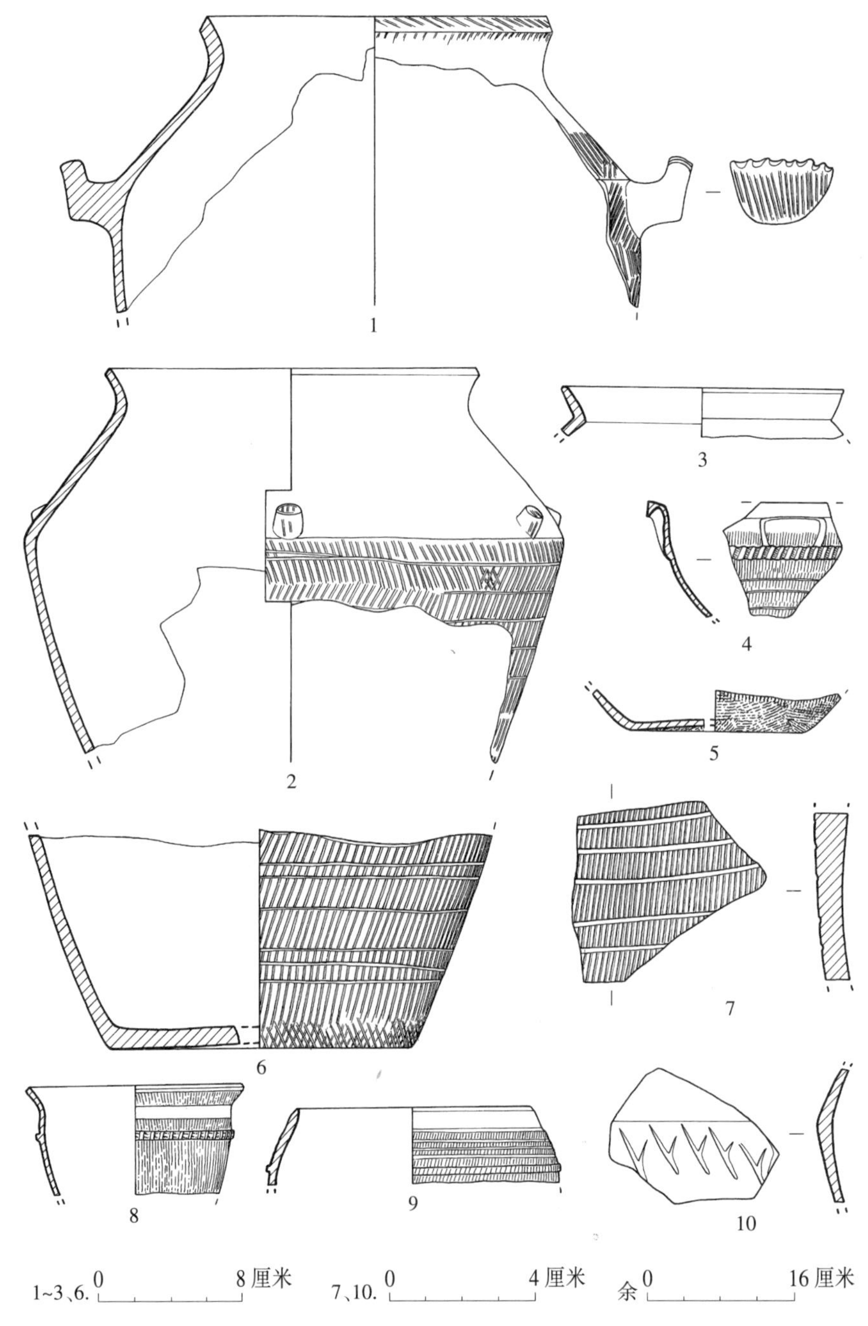

图六八一 90ET233⑤出土器物

1. Bb型Ⅰ式陶罍（90ET233⑤:1） 2. Ef型Ⅰ式陶瓮（90ET233⑤:2） 3. Ac型Ⅰ式硬陶瓮（90ET233⑤:74） 4. D型陶盆（90ET233⑤:59） 5. C型陶器底（90ET233⑤:60） 6. A型陶器底（90ET233⑤:3） 7. 陶片（90ET233⑤:73） 8. Ab型Ⅱ式陶盆（90ET233⑤:66） 9. Gb型Ⅰ式陶瓮（90ET233⑤:30） 10. 硬陶片（90ET233⑤:63）

八二，3）。标本90ET233⑤:4，Aa型Ⅱ式。夹细砂黑皮灰胎陶。直口，圆唇，斜弧壁，豆盘较深，圆圈柄形足中部微束，豆座呈喇叭形。盘外壁下部有交错细绳纹，圆圈足柄饰三周成组弦纹，并有两层镂孔，每层镂三个长条方形孔。口径22、底径19.2、高19.6厘米（图六八二，1；图版四五，1）。标本90ET233⑤:5，Aa型Ⅱ式。夹细砂灰陶。敞口，方唇，斜弧壁，豆盘较浅，圆圈柄形足中部微束，豆座呈喇叭形。豆盘内两周凹弦纹间镶嵌一排“S”形纹，底部饰线纹，线纹呈辐射状；盘外壁下部纹饰被抹，圆圈足柄饰三周成组弦纹，并有两层镂孔，每层镂三个长条方形孔。口径19.6、底径16.8、高20厘米（图六八二，2；图版四五，2）。标本90ET233⑤:12，Aa型Ⅱ式。夹细砂黑衣灰胎陶。敞口，圆唇，斜弧壁，豆盘较深，圆圈柄形足中部微束，豆座呈喇叭形。豆盘内一周凹弦纹，下至底饰线纹，线纹呈辐射状；圆圈足柄饰三周成组弦纹，并有两层镂孔，每层镂三个长条方形孔。口径20.5、底径19.2、高20.8厘米（图六八二，4；图版四五，3）。

陶器底　2件。标本90ET233⑤:3，A型。夹砂褐陶。下腹直弧内收，平底微凹。腹饰弦断条纹，底饰交错条纹。底径17、残高11.8厘米（图六八一，6）。标本90ET233⑤:60，C型。夹细砂灰陶。下腹斜弧内收，平底内凹。下腹至底饰交错横绳纹。底径19、残高4.4厘米（图六八一，5）。

陶纺轮　1件。标本90ET233⑤:17，D型Ⅱ式。夹砂褐陶。扁圆形残，正面平，背面微内凹，截面呈梯形，圆中间一弧壁圆孔，周壁斜直。正面中部饰圆圈纹，圆圈纹周围残留三个月牙形划纹。直径4.8、孔径0.3～0.5、厚1.1～1.3厘米（图六八二，6）。

陶支（拍）垫　1件。标本90ET233⑤:7，Ba型Ⅰ式。夹砂红褐陶。圆形垫垫面弧形，柄残。素面。垫直径6.2、残高3.3厘米（图六八二，5）。

陶片　1件。标本90ET233⑤:73，泥质灰白陶。饰弦断条纹（图六八一，7）。

硬陶瓮　2件。标本90ET233⑤:67，Aa型Ⅲ式。灰黄硬陶。敞口，斜沿，方唇，束颈，斜肩。肩部划波浪纹。口径15.2、残高3.4厘米（图六八二，10）。标本90ET233⑤:74，Ac型Ⅰ式。灰硬陶。敞口，斜折沿，尖圆唇，束颈，斜肩。素面。口径15.4、残高2.7厘米（图六八一，3）。

硬陶器圈足　1件。标本90ET233⑤:62，灰硬陶。素面。底径11.2、残高2.4厘米（图六八二，9）。

硬陶片　3件。标本90ET233⑤:63，器类不明。灰硬陶。饰枝杈纹（图六八一，10）。标本90ET233⑤:68，器类不明。灰硬陶。饰戳印纹（图六八二，8）。标本90ET233⑤:72，器类不明。灰硬陶。附加堆纹，堆纹上压印呈菠萝状纹样（图六八二，7）。

90ET233④

器类有陶鬲、甗、鼎、罐、瓮、豆、甑、盆、网坠，硬陶瓮和石斧、石镞。

标本20件，其中陶器15件，硬陶器3件，石器2件。

陶鬲　1件。标本90ET233④:4，Ac型Ⅲ式。夹砂红褐陶，器表有烟熏痕迹。敞口，弧沿，方唇，斜直颈，圆肩，圆腹弧内收。颈部纹饰被抹去，肩腹及裆饰条纹。口径16.2、残高15.3厘米（图六八三，8）。

陶鬲足　1件。标本90ET233④:82，Aa型Ⅱ式。夹砂红褐陶。圆柱状截锥足，足根有足窝。足外侧有一道刻槽，足根饰条纹。残高13厘米（图六八三，1）。

陶甗　1件。标本90ET233④:75，Ab型。夹细砂红褐陶。侈口，斜沿，方唇，束颈，斜肩。口沿外侧贴施两个对称泥片护耳，两耳内甗壁上各戳穿一圆形孔。肩、腹饰弦断条纹，耳面饰绳纹。口径28.4、残高6厘米（图六八三，3）。

陶鼎　1件。标本90ET233④:89，Dc型。仿铜。夹砂红褐陶。直口微敞，平沿，方唇，弧颈。素面。口径16.4、残高5厘米（图六八四，5）。

陶鼎耳　1件。标本90ET233④:78，A型。仿铜。夹砂红褐陶。直口微敛，平沿，方唇，耳

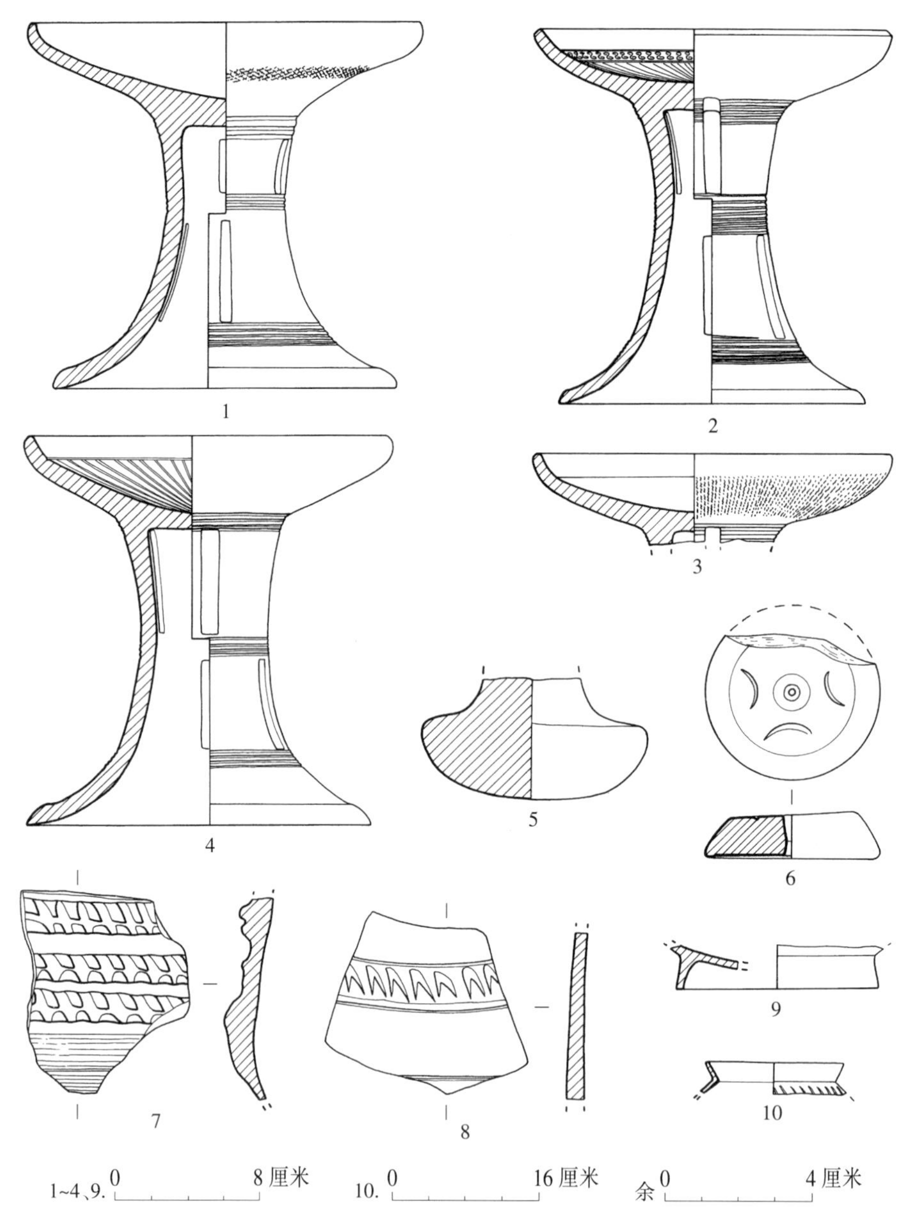

图六八二　90ET233⑤出土器物

1～4. Aa型Ⅱ式陶豆（90ET233⑤:4、5、8、12）　5. Ba型Ⅰ式陶支（拍）垫（90ET233⑤:7）
6. D型Ⅱ式陶纺轮（90ET233⑤:17）　7、8. 硬陶片（90ET233⑤:72、68）　9. 硬陶器圈足（90ET233⑤:62）
10. Aa型Ⅲ式硬陶瓮（90ET233⑤:67）

略呈圆角方形（图六八三，7）。

陶罐　1件。标本90ET233④:88，Gb型Ⅰ式。夹砂红陶。敞口，尖方唇，斜直颈，斜肩。素面。口径17.4、残高5厘米（图六八四，4）。

陶瓮　2件。标本90ET233④:77，Aa型Ⅲ式。夹细砂灰褐陶。敞口，弧沿，尖方唇，弧直颈，斜折肩，直腹。肩饰条纹，腹饰弦断条纹。口径39.6、残高11.6厘米（图六八三，4）。标本90ET233④:81，Eh型Ⅱ式。夹砂黄褐陶。敛口，方唇，斜直颈，隆肩。素面。口径30.2、残高3.6厘米（图六八三，10）。

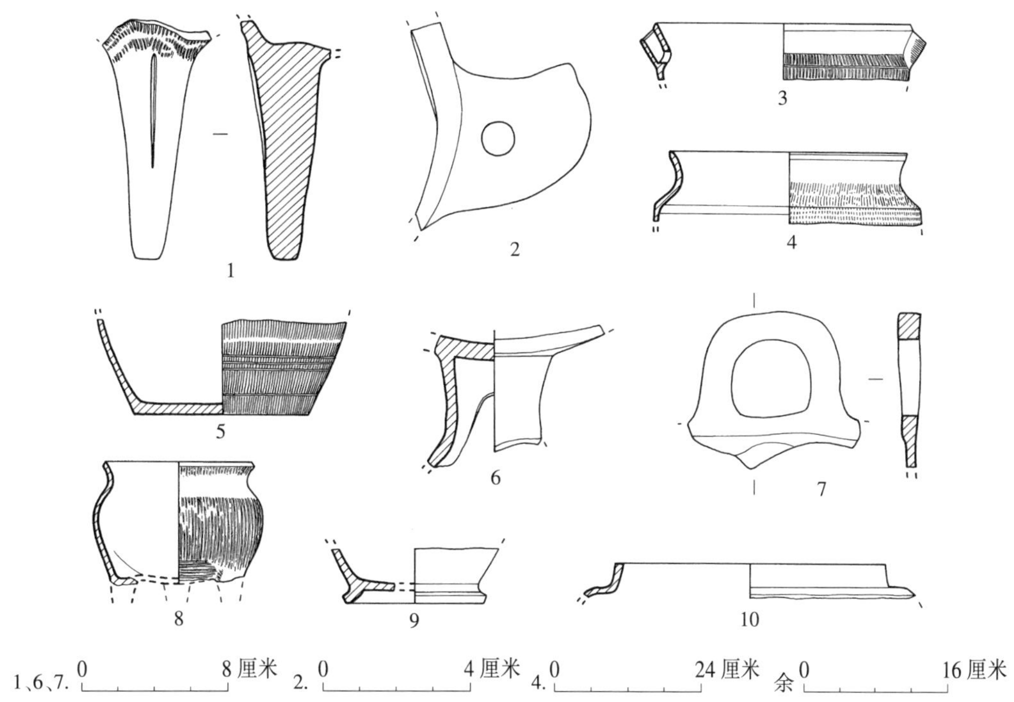

图六八三　90ET233④出土陶器

1. Aa型Ⅱ式鬲足（90ET233④:82）　2. Ac型器耳（90ET233④:90）　3. Ab型甗（90ET233④:75）　4. Aa型Ⅲ式瓮（90ET233④:77）　5. D型器底（90ET233④:84）　6. Ba型豆（90ET233④:80）　7. A型鼎耳（90ET233④:78）　8. Ac型Ⅲ式鬲（90ET233④:4）　9. E型器底（90ET233④:86）　10. Eh型Ⅱ式瓮（90ET233④:81）

陶甑　1件。标本90ET233④:87，夹砂红褐陶。下腹斜弧。平箅上残有不规则条形孔。下腹饰条纹。底径10.4、残高5.8厘米（图六八四，8）。

陶盆足　1件。标本90ET233④:76，C型Ⅲ式。夹砂红陶。圆柱状矮足。下腹及足根饰条纹。残高6.5厘米（图六八四，10）。

陶豆　1件。标本90ET233④:80，Ba型。夹细砂灰陶。柄较粗。素面。残高7.6厘米（图六八三，6）。

陶器耳　1件。标本90ET233④:90，Ac型。夹砂红褐陶。鸟头形扁直耳，耳根部横穿圆孔。素面（图六八三，2）。

陶器底　2件。标本90ET233④:84，D型。夹砂红褐陶。下腹斜弧内收，平底。下腹饰弦断条纹。底径18.2、残高10.2厘米（图六八三，5）。标本90ET233④:86，E型。夹砂红褐陶。下腹斜内收，矮圈足。素面。底径16、残高6厘米（图六八三，9）。

陶网坠　1件。标本90ET233④:2，Ⅰ式。泥质褐陶。平面长条圆角方形，截面椭圆形，两面有凹槽，两端侧壁有凹槽。长3、宽1.2厘米（图六八四，3；图版五九，1）。

硬陶瓮　1件。标本90ET233④:79，Ac型Ⅱ式。灰硬陶。敞口，斜折沿，方唇，束颈，斜肩。素面。口径20.4、残高4.3厘米（图六八四，9）。

硬陶片　2件。标本90ET233④:83，器类不明。灰硬陶。饰压印方格纹（图六八四，2）。标本90ET233④:85，器类不明。灰硬陶。饰锯齿状附加堆纹（图六八四，1）。

石斧　1件。标本90ET233④:3，Aa型Ⅲ式。青色。磨制。平面略呈长方梯形，顶平微弧，

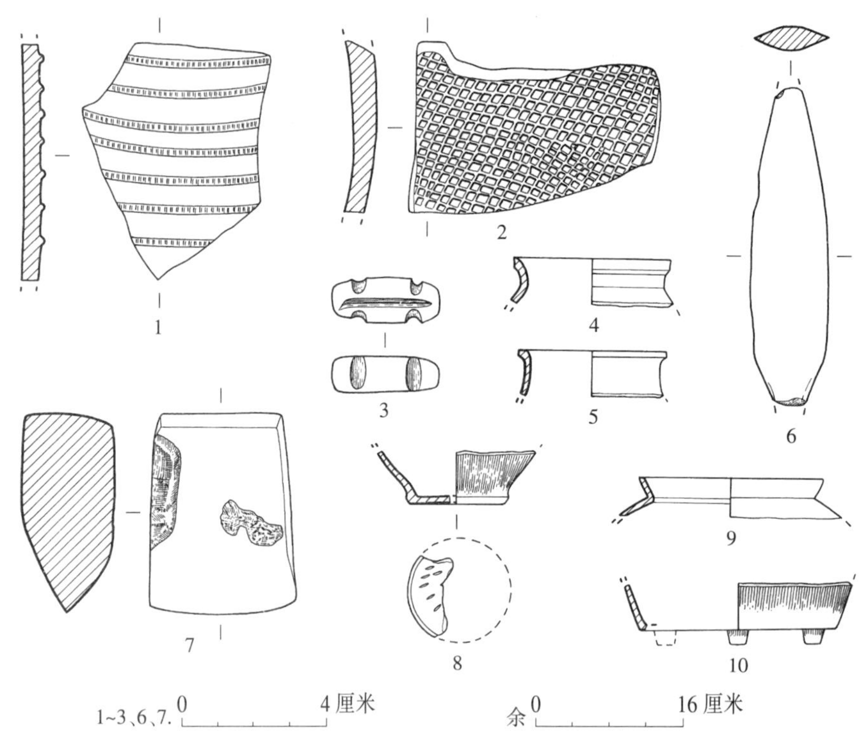

图六八四 90ET233④出土器物

1、2. 硬陶片（90ET233④:85、83） 3. Ⅰ式陶网坠（90ET233④:2） 4. Gb型Ⅰ式陶罐（90ET233④:88） 5. Dc型陶鼎（90ET233④:89） 6. Aa型Ⅲ式石镞（90ET233④:1） 7. Aa型Ⅲ式石斧（90ET233④:3） 8. 陶甑（90ET233④:87） 9. Ac型Ⅱ式硬陶瓮（90ET233④:79） 10. C型Ⅲ式陶盆足（90ET233④:76）

边壁直，正锋，弧刃。长5.4、宽3.5~4、厚2.5厘米（图六八四，7；图版六二，3）。

石镞 1件。标本90ET233④:1，Aa型Ⅲ式。青色。打磨制法。镞身两面平，无脊，铤残。残长8.6、宽2.1、厚0.7厘米（图六八四，6；图版六七，3）。

90ET233③

器类有陶甗、鼎、罐、瓮等。

标本12件，均为陶器。

陶甗足 2件。标本90ET233③:94，Da型。夹砂红褐陶。椭圆柱状足略呈蹄形，足根有足窝。足根饰条纹。残高5.5厘米（图六八五，6）。标本90ET233③:99，Da型。夹砂红陶。椭圆柱状足略呈蹄形，足根有足窝。足根饰条纹。残高6.3厘米（图六八五，2）。

陶鼎足 1件。标本90ET233③:97，C型。夹砂褐陶。柱状足，足内侧平。残高9.2厘米（图六八五，5）。

陶罐 1件。标本90ET233③:100，Gb型Ⅲ式。夹砂红褐陶。侈口，卷沿，方唇，直颈较高，斜弧肩。素面。口径11.6、残高6.6厘米（图六八五，11）。

陶瓮 4件。标本90ET233③:91，Eb型Ⅲ式。夹砂红褐陶。直口微敛，厚方唇，直颈，斜直折广肩，直腹。肩部饰弦纹，肩腹相接处压印一周附加堆纹。口径21.6、残高10.6厘米（图六八五，1）。标本90ET233③:92，Ec型Ⅲ式。夹砂红褐陶。直口微敛，厚方唇，直颈，斜广肩。素面。口径26、残高6.5厘米（图六八五，3）。标本90ET233③:95，Ed型Ⅳ式。夹砂红褐陶。直

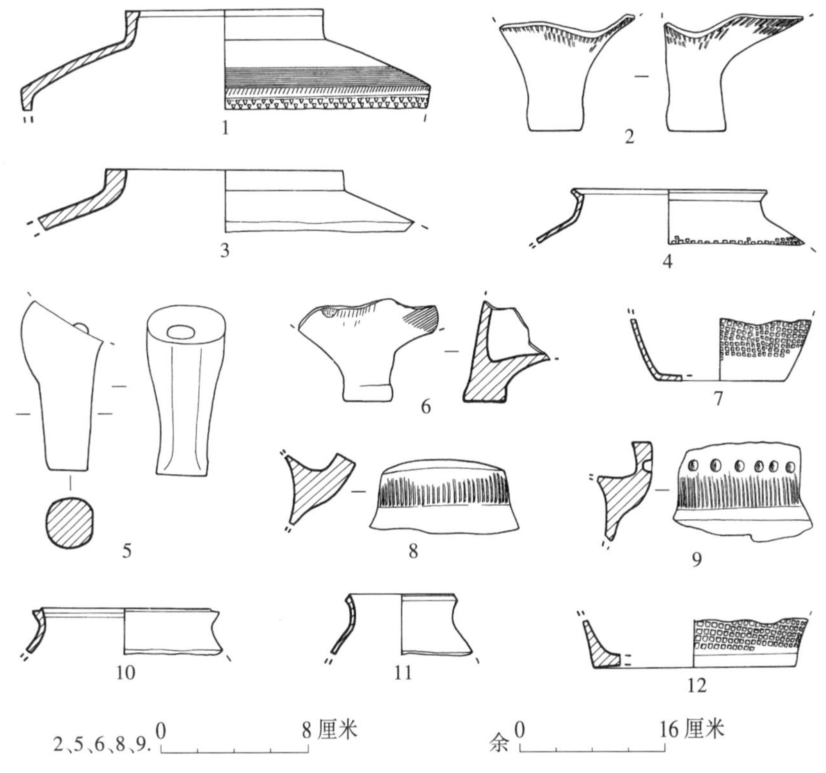

图六八五　90ET233③出土陶器

1. Eb型Ⅲ式瓮（90ET233③:91）　2、6. Da型甗足（90ET233③:99、94）　3. Ec型Ⅲ式瓮（90ET233③:92）　4. Ed型Ⅳ式瓮（90ET233③:95）　5. C型鼎足（90ET233③:97）　7、12. D型器底（90ET233③:102、96）　8. Be型器耳（90ET233③:98）　9. Bf型器耳（90ET233③:103）　10. Fb型Ⅲ式瓮（90ET233③:101）　11. Gb型Ⅲ式罐（90ET233③:100）

口微敛，斜折凹沿，尖圆唇，直颈，弧广肩。肩部饰方格纹。口径21.6、残高5.8厘米（图六八五，4）。标本90ET233③:101，Fb型Ⅲ式。夹砂灰褐陶。敞口，子母唇，子唇尖，母唇圆，斜弧颈，斜肩。素面。口径19、残高5厘米（图六八五，10）。

陶器耳　2件。标本90ET233③:98，Be型。夹砂红褐陶。长方形泥片状横耳，耳顶微弧，耳面斜弧上侈。耳面饰条纹（图六八五，8）。标本90ET233③:103，Bf型。夹砂黄褐陶。方形泥片状横耳，耳面折上侈。耳顶面压印凹凸不平条纹略呈鸡冠状，耳面饰条纹和一排六个小圆窝（图六八五，9）。

陶器底　2件。标本90ET233③:96，D型。夹砂红褐陶。下腹斜直内收，平底微内凹。下腹饰方格纹，底缘一周手指按窝纹，底面饰交错绳纹。底径19.8、残高10.3厘米（图六八五，12）。标本90ET233③:102，D型。夹砂红褐陶。下腹斜弧内收，平底。下腹饰方格纹。底径14.2、残高6.7厘米（图六八五，7）。

5. 90ET272④~③

90ET272④

器类有陶鬲、支（拍）垫、饼、环等。

标本4件，均为陶器。

陶鬲　1件。标本90ET272④:1，Ab型Ⅲ式。夹砂灰褐陶。侈口，卷沿，方唇，斜直颈，弧肩，上腹圆鼓，下腹弧内收，鬲身呈罐形，口径与腹径相等，圆柱状足残，足外侧有一道浅刻槽，器内壁底部与足根对接处有凹窝。颈部纹饰被抹，腹饰弦断条纹，底饰横条纹，足根饰竖条纹。口径20、残高17.4厘米（图六八六，1；图版一八，1）。

陶支（拍）垫　1件。标本90ET272④:4，C型Ⅰ式。夹细砂褐陶。整体呈“T”形，捉手圆柱形，顶部有圆形孔；垫面弧形，两端各施一个圆形凹窝。素面。垫长10.1、高13.7厘米（图六八六，10；图版五一，3）。

陶饼　1件。标本90ET272④:3，Ab型Ⅱ式。夹砂红陶。器略呈扁圆形，两面平，截面呈梯形，周壁不甚规整。素面。面径3.2～3.4、底径4～4.2、厚1.6厘米（图六八六，8）。

陶环　1件。标本90ET272④:2，B型。泥质灰陶。圆形环残，截面直壁长方形。素面。宽1、厚0.25厘米（图六八六，9）。

90ET272③

器类有陶器底。

标本1件。

陶器底　1件。标本90ET272③:1，A型。夹砂灰陶。残存下腹和底，下腹斜直内收，平底。腹饰竖条纹，底饰斜条纹。底径15、残高12.1厘米（图六八六，3）。

6. 90ET248④、②

90ET248④

器类有陶瓮、滤盉和石锛、玉环。

标本5件，其中陶器3件，石器1件，玉器1件。

陶滤盉　1件。标本90ET248④:5，Aa型。夹砂褐陶。敛口，圆唇，弧腹斜内收。钵底上戳三排九个圆形穿孔。钵沿下有五周凹弦纹，其间饰条纹。口径10.6、残高5厘米（图六八六，6）。

陶瓮　2件。标本90ET248④:1，Ab型Ⅱ式。夹砂灰褐陶。敞口，方唇，斜直颈，斜直折肩，直腹斜内收。肩上残有泥钉，肩、腹部饰弦断交叉条纹。口径42、残高17厘米（图六八六，4）。标本90ET248④:4，Gc型Ⅲ式。夹砂褐陶。直口，圆唇，直颈，斜直广肩。颈部纹饰被抹，肩上有一周绳索状附加堆纹，肩部饰弦断绳纹，其间残有鸟首形泥钉。口径13.6、残高9.8厘米（图六八六，2）。

石锛　1件。标本90ET248④:2，Ab型Ⅰ式。青色。磨制。平面长条方形，顶平残、边壁直，偏锋，直刃。长7.4、宽2.3～3、厚1.2厘米（图六八六，5；图版六四，3）。

玉环　1件。标本90ET248④:3，玉色白。器呈圆形，中部穿孔。表面琢磨光滑，中孔单面管钻，孔壁起棱，肉从外缘至好由薄渐厚。外径3.3、好径1.3、厚0.1～0.4厘米（图六八六，7）。

90ET248②

器类有石锛等。

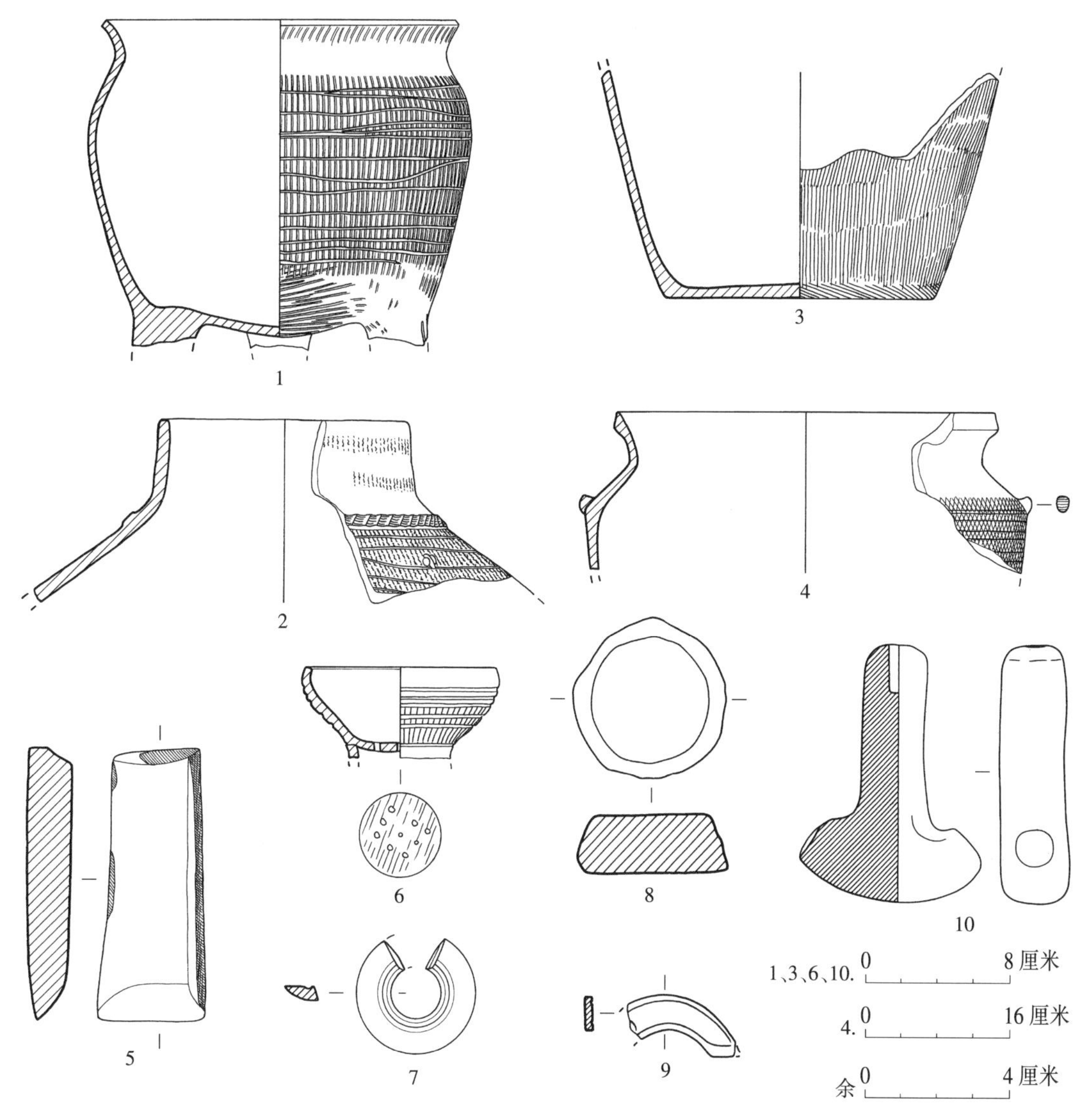

图六八六　90ET272③、T272④、T248④出土器物

1. Ab 型Ⅲ式陶鬲（90ET272④:1）　2. Gc 型Ⅲ式陶瓮（90ET248④:4）　3. A 型陶器底（90ET272③:1）
4. Ab 型Ⅱ式陶瓮（90ET248④:1）　5. Ab 型Ⅰ式石锛（90ET248④:2）　6. Aa 型陶滤盉（90ET248④:5）
7. 玉环（90ET248④:3）　8. Ab 型Ⅱ式陶饼（90ET272④:3）　9. B 型陶环（90ET272④:2）
10. C 型Ⅰ式陶支（拍）垫（90ET272④:4）

标本 1 件。

石锛　1 件。标本 90ET248②:1，Aa 型Ⅳ式。青色。磨制。平面呈长方形，顶平，边壁直，锋面平，背面弧，偏锋，直刃微弧。长 7.4、宽 4.3、厚 2.4 厘米（图六八七，2；图版六五，5）。

另，1990 年在东区采集 1 件陶鬲。

陶鬲　1 件。标本 90E 采:1，Aa 型Ⅲ式。夹砂褐陶。敞口，卷沿，方唇，斜直颈，溜肩，上腹圆鼓，下腹弧内收，圆柱状足，器内壁底部与足根对接处有窝。颈、肩、腹饰弦断绳纹，底饰横绳纹，足外侧有一道浅刻槽，足根饰竖绳纹。口径 18.4、残高 16 厘米（图六八七，1；图版一六，4）。

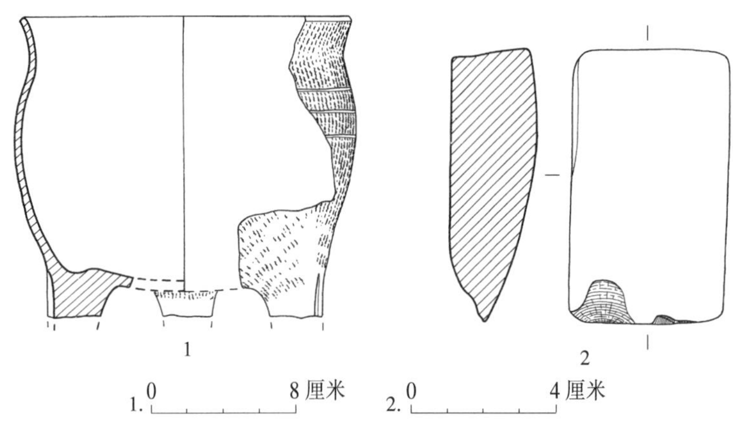

图六八七 90ET248②出土及90E采集器物

1. Aa型Ⅲ式陶鬲（90E采:1） 2. Aa型Ⅳ式石锛（90ET248②:1）

三 东区1984年文化遗存

1984年在大路铺遗址东区南部清理的商周时代文化遗存有灰坑和文化层等。现分类介绍如下。

（一）灰坑

1984年共清理灰坑2个，编号为84EH1、H2（附表九）。

84EH1

位于84ET5东南角，开口于第4层下，打破第5层。坑口形状不明，弧壁圜底坑，坑深0.45米。坑内充填黄灰土，土质较疏松，夹杂烧土粒，所含陶片以夹砂红、褐陶为主。器类有陶瓮、豆等。

标本4件，均为陶器。

陶瓮 1件。标本84EH1:4，Ef型Ⅱ式。夹砂灰褐陶。敞口，方唇，斜直颈，斜折肩，弧直腹。肩部饰横竖条纹组成的方格纹，腹部饰弦断条纹。口径22、残高10厘米（图六八八，3）。

陶豆 3件。标本84EH1:3，Aa型Ⅲ式。夹砂褐陶。敞口，厚圆唇，斜弧壁，豆盘较浅，圆圈柄形足残。盘内壁唇下通饰线纹，线纹呈辐射状。口径23.4、残高4.8厘米（图六八八，2）。标本84EH1:1，Aa型Ⅳ式。夹砂灰陶。敞口，方唇，弧盘，圆圈柄形足中部微束，豆座呈喇叭形。盘底外壁饰绳纹，圆圈足柄通饰弦纹，并有两层镂孔，每层镂三个长条方形孔。口径24.4、底径16.2、高19.4厘米（图六八八，4）。标本84EH1:2，Ab型Ⅰ式。夹砂褐陶。敞口，圆唇，斜弧壁，折盘，豆盘较深，圆圈柄形足残。盘底外壁饰两周斜短条纹。口径23.2、残高5.6厘米（图六八八，1）。

84EH2

位于84ET5东壁中部，开口于第5层下，打破生土层。坑口形状不明，直壁平底坑，坑深0.5米。坑内充填黄灰色土，土质较疏松，夹杂烧土粒，所含陶片以夹砂红、褐陶为主。器类有陶甗、罐、瓮、缸等。

标本7件，均为陶器。

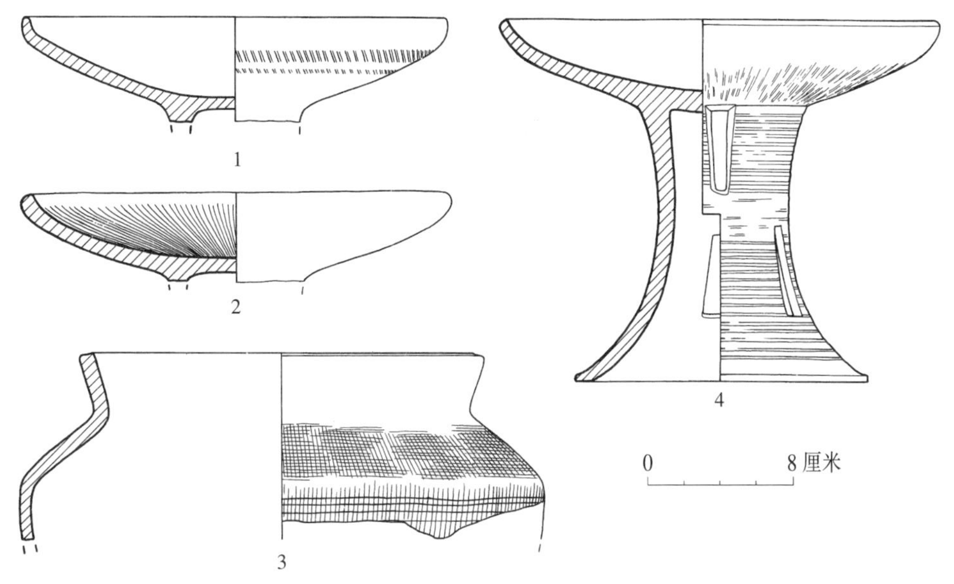

图六八八　84EH1 出土陶器

1. Ab 型Ⅰ式豆（84EH1∶2）　2. Aa 型Ⅲ式豆（84EH1∶3）　3. Ef 型Ⅱ式瓮（84EH1∶4）
4. Aa 型Ⅳ式豆（84EH1∶1）

陶甗　3 件。标本 84EH2∶5，Ab 型Ⅱ式。夹砂灰陶。侈口，斜弧沿，圆唇，束颈，弧肩，上腹圆鼓，下腹直斜内收，甗壁上各残留一圆形孔。口沿外侧贴两个对称泥片护耳。肩、腹饰弦断绳纹。口径 28、残高 17.6 厘米（图六八九，2）。标本 84EH2∶3，Ab 型Ⅱ式。夹砂褐陶，器表有烟熏痕迹。由罐形甑和三足钵构成。侈口，方唇，弧束颈，圆肩，甑上腹圆鼓，下腹弧内收与钵口连接呈束腰，腰部内壁等距离安三个舌状横泥片用以支箅，钵上腹壁斜直外鼓，下腹圆弧急收呈圜底，底上等距离安三个圆锥状小矮足，足尖略残。口沿外侧贴施两个对称泥片护耳，耳残，两耳内甗壁上各戳穿一圆形孔。颈部纹饰被抹，肩、上腹饰弦断绳纹，下腹饰弦断交叉绳纹，底、足根饰横绳纹，足根绳纹间有两个小圆窝纹。口径 27.2、残高 33 厘米（图六九〇，1；图版二八，3）。标本 84EH2∶7，Ab 型。夹砂灰陶。残存甗下腹和底，下腹弧外鼓，略呈垂腹状，圜底近平。腹饰弦断绳纹。残高 14.4 厘米（图六八九，4）。

陶罐　2 件。标本 84EH2∶2，Fc 型Ⅰ式。夹砂褐陶。器形不甚规整。敞口，方唇，斜直颈，斜弧广肩，弧腹斜直内收呈平底。肩、腹部通饰弦断条纹，肩腹交界处饰一周绳索状附加堆纹，底部饰绳纹。口径 15.6、底径 16.5、高 29.8～30.6 厘米（图六八九，1；图版三四，5）。标本 84EH2∶6，Ff 型Ⅰ式。泥质灰陶。敞口，斜弧沿，唇上缘尖圆，斜弧颈，斜肩。肩部饰弦断绳纹。口径 21、残高 10.4 厘米（图六九〇，3）。

陶瓮　1 件。标本 84EH2∶4，Ac 型Ⅱ式。夹细砂灰陶。敞口，弧沿，方唇，斜直颈，圆肩，圆弧腹。颈部纹饰被抹，肩、腹部饰弦断绳纹，肩腹交界处饰一周绳索状附加堆纹。口径 28.4、残高 11.2 厘米（图六九〇，2）。

陶缸底　1 件。标本 84EH2∶1，Bb 型。夹砂褐陶。残存下腹和底部，下腹弧内收，圜底。内壁有浅划痕，矮圈足颈部有绳纹和三个兽首状泥钉。缸腹外壁残留四周泥条，泥条与缸壁有粘贴面，应是缸体成型后附加而成。底径 8.6、残高 14 厘米（图六八九，3；彩版二六，1）。

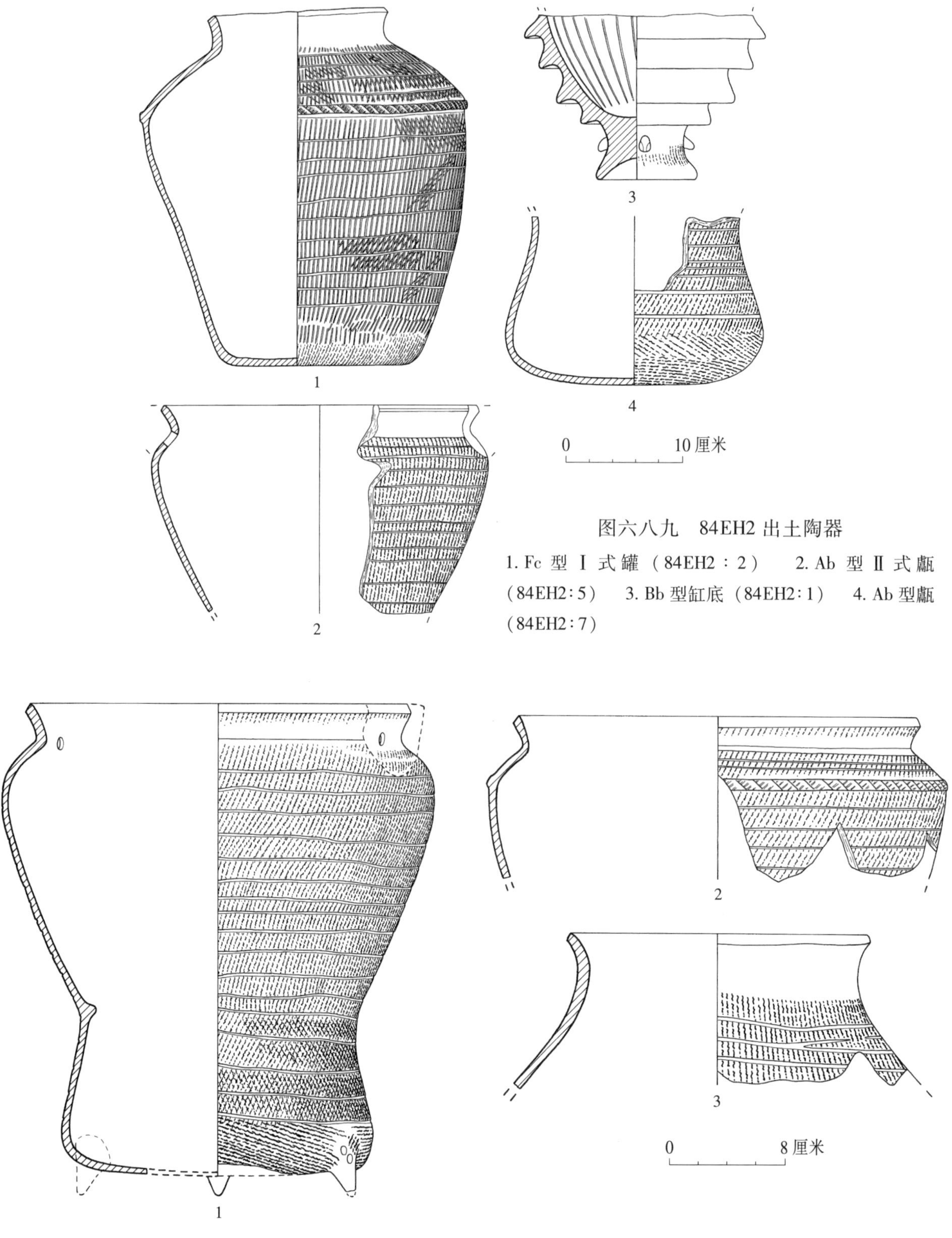

图六八九 84EH2 出土陶器

1. Fc 型Ⅰ式罐（84EH2：2） 2. Ab 型Ⅱ式甗（84EH2:5） 3. Bb 型缸底（84EH2:1） 4. Ab 型甗（84EH2:7）

图六九〇 84EH2 出土陶器

1. Ab 型Ⅱ式甗（84EH2:3） 2. Ac 型Ⅱ式瓮（84EH2:4） 3. Ff 型Ⅰ式罐（84EH2:6）

（二）文化层

1984 年在遗址东区南部共清理商周时代文化层五层，即第 2 ~ 6 层。文化层各层在各探方土质土色基本一致。现以探方为单位逐层介绍包含遗物标本。

1. 84ET1⑥ ~ ⑤、③ ~ ②

84ET1⑥

器类有陶鼎、器盖、纺轮、球和石斧、石刀。

标本 10 件。

陶鼎　1 件。标本 84ET1⑥∶1，Aa 型Ⅰ式。夹砂红褐陶。侈口，卷沿，圆唇，颈肩分界不明显，腹微下垂，圆柱状足。口沿沿面有一周凹槽，颈部纹饰被抹，腹至底及足根饰绳纹。口径 19、残高 15.4 厘米（图六九一，1；图版三〇，3）。

陶盖纽　1 件。标本 84ET1⑥∶4，C 型。夹砂黑衣褐陶。圆锥状纽，纽壁中部等距离施三乳丁。残高 6 厘米（图六九一，2；图版四八，4）。

陶纺轮　3 件。标本 84ET1⑥∶28，Af 型Ⅰ式。泥质灰褐陶。扁圆形残，中部隆起，圆中间一直壁圆孔，周壁中间凸起一周折棱，折棱上下斜面直。素面。直径 4.8、孔径 0.6、厚 1 厘米（图六九一，8）。标本 84ET1⑥∶30，Af 型。泥质灰陶。扁圆形残，周壁中间凸起一周折棱，折棱上下斜面直。残面上有两道凹槽。直径 5.6、厚 1 厘米（图六九一，3）。标本 84ET1⑥∶26，Ag 型Ⅱ式。泥质灰褐陶。扁圆形，正面中心隆起，背面平，圆中间一直壁圆孔，周壁中间凸起一周折棱，折棱上下斜面直。素面。直径 5、孔径 0.6、厚 1 ~ 1.2 厘米（图六九一，5；图版五五，9）。

陶球　2 件。标本 84ET1⑥∶29，Aa 型。夹砂红陶。圆球形实心球。球面上下中心各有一圆形凹窝，以凹窝为中心通体饰竖条纹。直径 5.3 厘米（图六九一，9）。标本 84ET1⑥∶27，Aa 型。夹砂红陶。圆球形实心球。球面饰圆圈纹。直径 4.2 厘米（图六九一，10；图版五九，7）。

石斧　2 件。残损严重。青色。磨制。扁体长方形，顶、面、边、刃均残，偏锋。标本 84ET1⑥∶21，型式不明。残长 9、残宽 5.6、厚 2.4 厘米（图六九一，4）。标本 84ET1⑥∶17，型式不明。残长 4.9、残宽 3.5、厚 1.7 厘米（图六九一，6）。

石刀　1 件。标本 84ET1⑥∶19，A 型Ⅰ式。灰褐色。刀身扁平，刀面残留一直壁孔，正锋双面直刃。残长 8.9、残宽 6.6、厚 1 厘米（图六九一，7）。

84ET1⑤

器类有陶罐、瓿、钵、器盖、纺轮，玉璧，石镞、石斧和铜削刀。

标本 13 件，其中陶器 6 件，玉器 1 件，石器 5 件，铜器 1 件。

陶罐　2 件。标本 84ET1⑤∶6，Ca 型Ⅱ式。夹砂红褐陶。侈口，卷沿，圆唇，短弧颈，溜肩，圆弧腹。颈部纹饰被抹，肩、腹部饰弦断绳纹。口径 16、残高 8.4 厘米（图六九二，2）。标本 84ET1⑤∶3，Fb 型Ⅱ式。夹砂褐陶。敞口，叠唇尖圆，斜直颈，斜溜肩，圆弧腹。肩、腹部饰弦断交叉条纹。口径 16、残高 9.4 厘米（图六九二，1）。

陶瓿　1 件。标本 84ET1⑤∶4，泥质黑皮褐胎陶。直口，斜方唇，短直颈，圆鼓腹。上腹部饰两周凹弦纹，其间饰一周双环圆点纹，下腹饰绳纹。口径 11、残高 4.4 厘米（图六九二，12）。

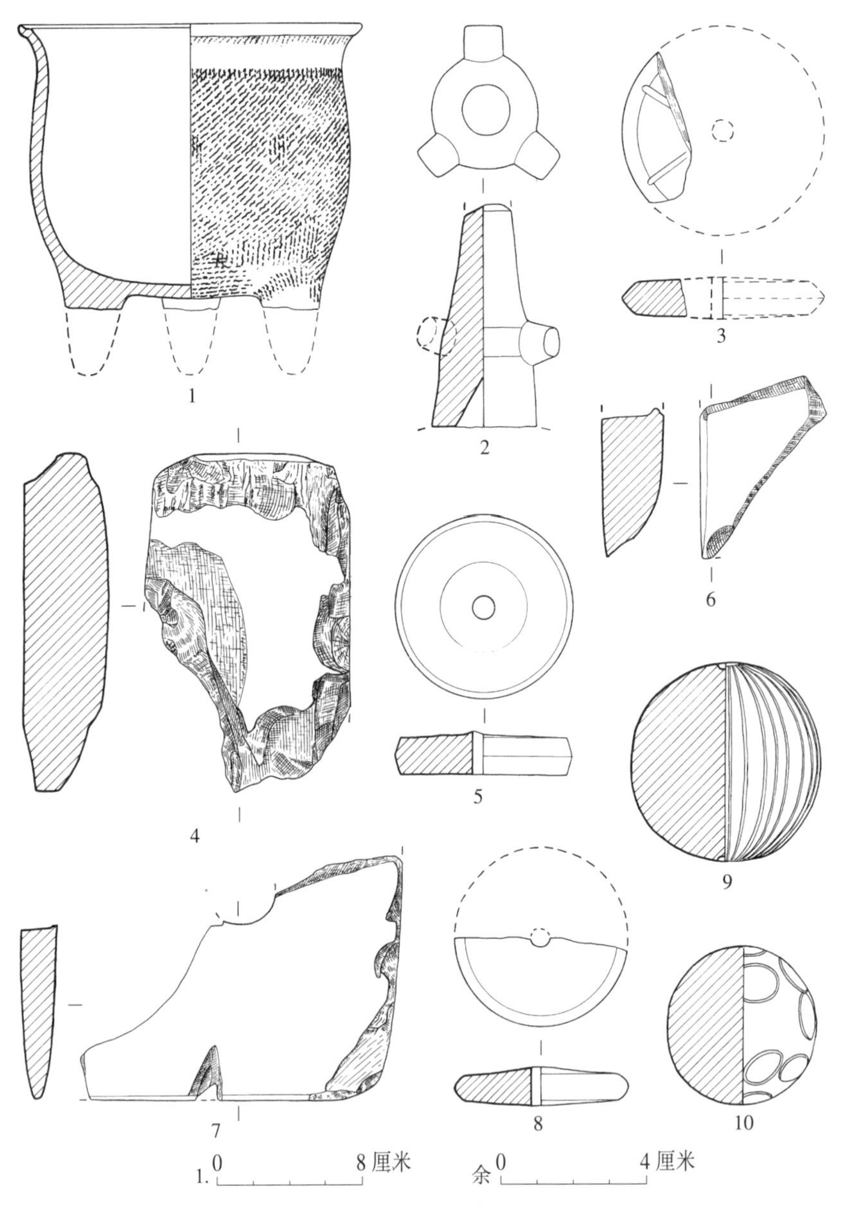

图六九一　84ET1⑥出土器物

1. Aa 型Ⅰ式陶鼎（84ET1⑥∶1）　2. C 型陶盖纽（84ET1⑥∶4）　3. Af 型陶纺轮（84ET1⑥∶30）　4、6. 石斧（84ET1⑥∶21、17）　5. Ag 型Ⅱ式陶纺轮（84ET1⑥∶26）　7. A 型Ⅰ式石刀（84ET1⑥∶19）　8. Af 型Ⅰ式陶纺轮（84ET1⑥∶28）　9、10. Aa 型陶球（84ET1⑥∶29、27）

陶钵　1 件。标本 84ET1⑤∶2，Da 型Ⅱ式。泥质灰褐陶。敛口，小圆唇，短斜直颈，圆腹。上腹饰不规整弦纹，中腹至底饰竖绳纹和交叠绳纹。口径 12、残高 7 厘米（图六九二，10）。

陶器盖　1 件。标本 84ET1⑤∶1，Aa 型Ⅱ式。夹砂红褐陶。盖纽残，平顶，直壁，直口微敞，圆唇。盖壁中部饰绳纹。口径 12、残高 4.6 厘米（图六九二，13）。

陶纺轮　1 件。标本 84ET1⑤∶14，Ad 型Ⅱ式。夹砂褐陶。扁圆形，两面微凹，圆中间一直壁圆孔，周壁中间凸起一周折棱，折棱上下斜面直。素面。直径 3.4、孔径 0.3 ~ 0.4、厚 1.2 厘米（图六九二，5；图版五四，4）。

玉璧　1件。标本84ET1⑤:11，玉色杂。器呈扁平圆形，中部穿孔。表面琢磨光滑，中孔两面管钻，孔壁有管钻台痕，肉外壁直，外缘至好由薄渐厚。外径5.4、好径2.1～2.3、厚0.4～0.6厘米（图六九二，8；图版六八，3）。

石镞　2件。标本84ET1⑤:9，Aa型Ⅱ式。青色。磨制。镞身中部起脊，正面略呈长条形，截面菱形，正锋，两边锋微弧，刃薄，窄翼。铤截面略呈圆角长方形，铤根至尖渐细。残长10.2、

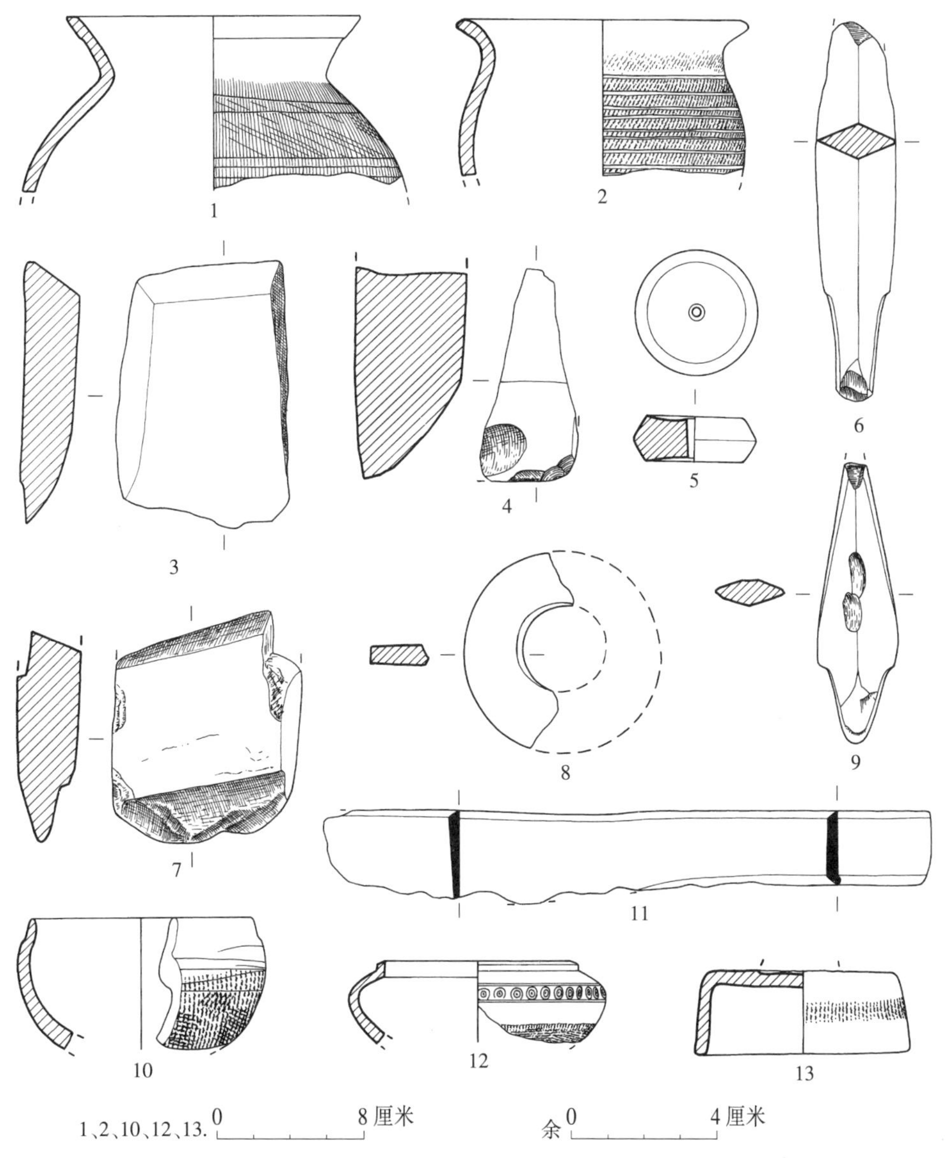

图六九二　84ET1⑤出土器物

1. Fb型Ⅱ式陶罐（84ET1⑤:3）　2. Ca型Ⅱ式陶罐（84ET1⑤:6）　3. Ab型Ⅰ式石斧（84ET1⑤:7）　4、7. 石斧（84ET1⑤:10、12）　5. Ad型Ⅱ式陶纺轮（84ET1⑤:14）　6. Aa型Ⅱ式石镞（84ET1⑤:9）　8. 玉璧（84ET1⑤:11）　9. B型Ⅱ式石镞（84ET1⑤:13）　10. Da型Ⅱ式陶钵（84ET1⑤:2）　11. A型铜削刀（84ET1⑤:15）　12. 陶瓿（84ET1⑤:4）　13. Aa型Ⅱ式陶器盖（84ETi⑤:1）

宽2.2厘米（图六九二，6；图版六七，2）。标本84ET1⑤：13，B型Ⅱ式。青色。磨制。镞身中部起脊，正面呈三角形，截面菱形，正锋，两边锋较直，刃薄，窄翼。铤短根宽，截面略呈圆角长方形，铤根至尖渐窄。残长7.5、宽2.2厘米（图六九二，9；图版六七，7）。

石斧　3件。标本84ET1⑤：7，Ab型Ⅰ式。打磨制法。扁体梯形，斜顶，直边，偏锋，单面刃残。残长7.2、宽4.8、厚1.6厘米（图六九二，3；图版六二，6）。标本84ET1⑤：10，型式不明。残损严重。残长5.7、残宽2.6、厚3厘米（图六九二，4）。标本84ET1⑤：12，型式不明。残损严重。残长6.3、残宽5.2、厚1.8厘米（图六九二，7）。

铜削刀　1件。标本84ET1⑤：15，A型。铜绿色，严重锈蚀。二合范，有铸痕。刀体扁平。长方条形柄，刀身与柄无明显分界，柄上缘与刀背连成一线。残长16.7、柄宽2、厚0.2～0.3厘米（图六九二，11；彩版三一，3）。

84ET1③

器类有陶纺轮、支（拍）垫、球，另有水晶石。

标本4件，其中陶器3件，水晶石1件。

陶纺轮　1件。标本84ET1③：4，Aa型Ⅳ式。夹砂褐陶。器不规整，体厚，圆形两面微凹，圆中间一直壁圆孔，周壁中间起折棱，折棱上下面斜直。通体饰条纹。直径4.4～4.7、孔径0.5～0.6、厚3.2～3.4厘米（图六九三，2；图版五二，7）。

陶支（拍）垫　1件。标本84ET1③：3，Da型Ⅱ式。夹砂褐陶。器不规整。垫面略呈圆角长方形，顶端一牛鼻形穿孔，握手呈不规则椭圆形，上有手捏痕迹。素面。垫面长11、垫面宽8.4、高13.4厘米（图六九三，3；彩版二七，9）。

陶球　1件。标本84ET1③：2，Ab型。夹砂褐陶。椭圆形扁圆体实心球，侧面中部起脊，整体形状似桃仁形。素面。长径3.6、短径3.1、最厚2.3厘米（图六九三，4；图版六〇，1）。

水晶石　1件。标本84ET1③：1，白色底透有浅黄色。残长4.6、残宽1.9、厚1.6厘米（图六九三，5；图版六八，8）。

84ET1②

器类有石镞、镯。

标本2件，均为石器。

石镞　1件。标本84ET1②：1，型式不明。青色。残存镞身上半截。镞中部起脊，弧形锋，截面菱形。残长2.4厘米（图六九四，1）。

石镯　1件。标本84ET1②：2，残存一小部分。青色。表面琢磨光滑。器呈扁平圆形，外缘至好由薄渐厚，肉外壁薄圆，肉内壁厚直。截面三角形。镯宽1.7、厚0.2～0.8厘米（图六九四，2）。

2. 84ET4⑥～⑤、②

84ET4⑥

器类有陶瓮、缸。

标本2件，均为陶器。

陶瓮　1件。标本84ET4⑥：2，Ee型Ⅰ式。夹砂灰白陶。直口，方唇，直颈，斜广折肩，直腹。颈部纹饰被抹，肩、腹饰弦断绳纹，弦纹不规整。口径16、残高11.5厘米（图六九五，1）。

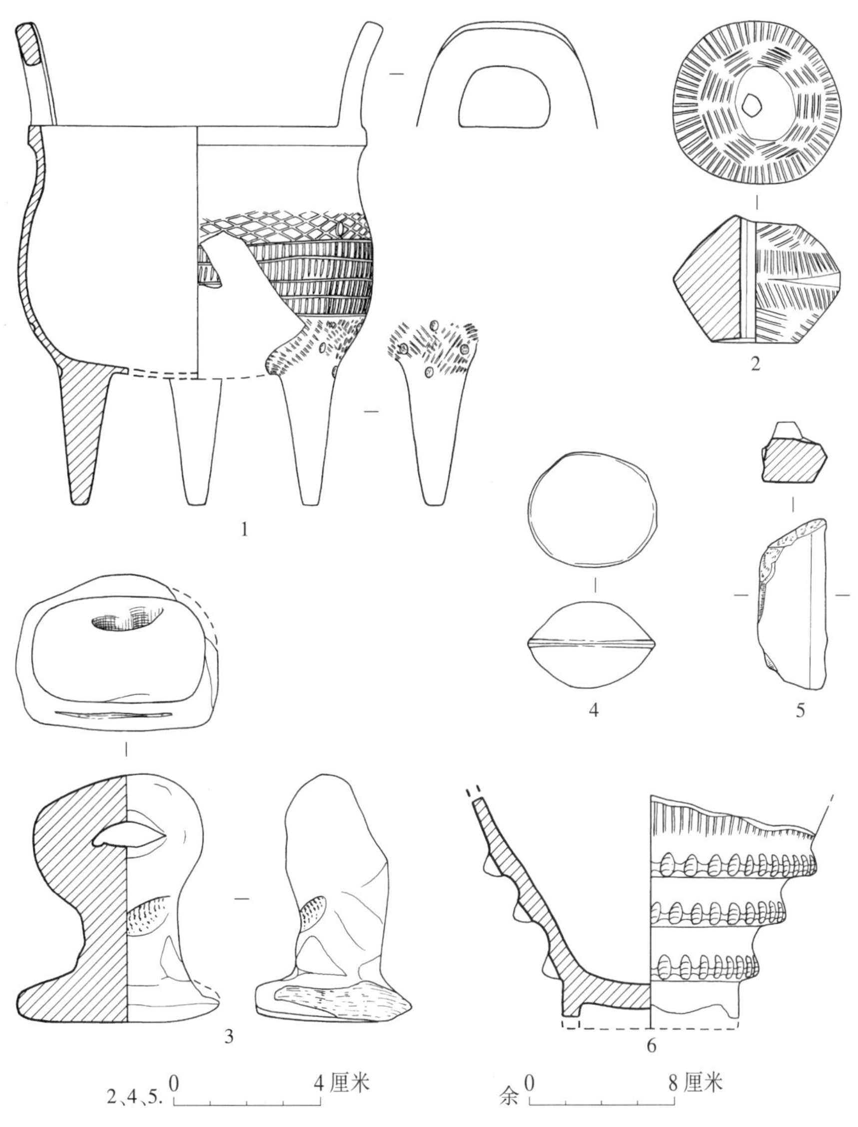

图六九三　84ET1、T2、T3③出土器物

1. Da型Ⅲ式陶鼎（84ET2③：4）　2. Aa型Ⅳ式陶纺轮（84ET1③：4）　3. Da型Ⅱ式陶支（拍）垫（84ET1③：3）　4. Ab型陶球（84ET1③：2）　5. 水晶石（84ET1③：1）　6. Bc型陶缸底（84ET3③：1）

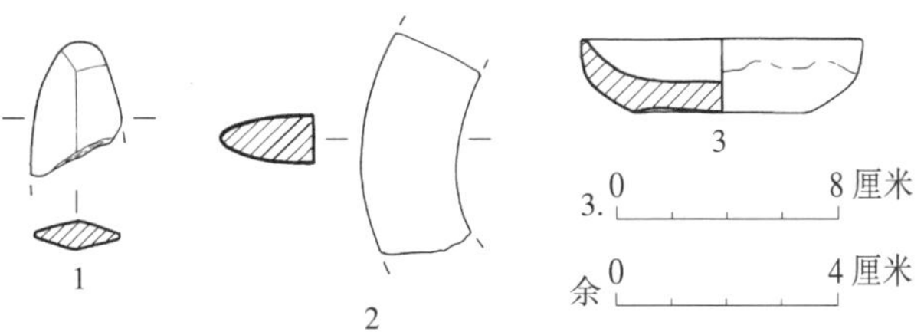

图六九四　84ET1、T4②出土器物

1. 石镞（84ET1②：1）　2. 石镯（84ET1②：2）　3. F型陶钵形器（84ET4②：1）

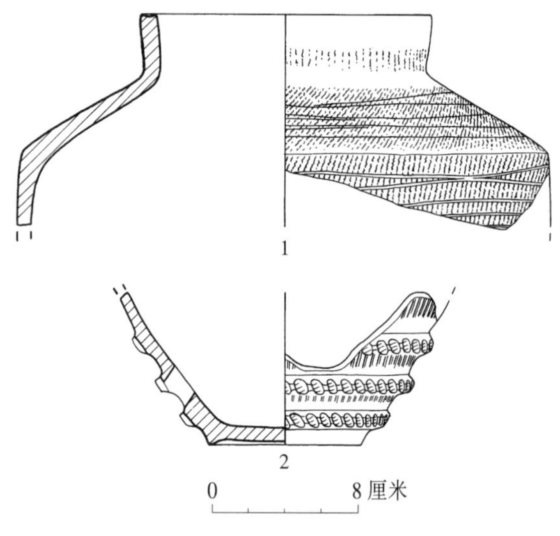

图六九五　84ET4⑥出土陶器
1. Ee型Ⅰ式瓮（84ET4⑥:2）
2. Bd型Ⅰ式缸底（84ET4⑥:1）

陶缸底　1件。标本84ET4⑥:1，Bd型。泥质褐陶。斜直腹，平底微内凹，近底部有对称两圆形穿孔。下腹部残存三周绳索状附加堆纹，其间饰竖条纹。底径8.4、残高8.2厘米（图六九五，2）。

84ET4⑤

器类有陶罐。

标本2件。

陶罐　2件。标本84ET4⑤:2，Aa型Ⅳ式。夹砂褐陶。敞口，卷沿，方唇，短弧颈，溜肩，圆腹。颈部纹饰被抹，肩、腹交界处饰一周绳索状附加堆纹，腹部饰条纹。口径28、残高8.6厘米（图六九六，3）。标本84ET4⑤:1，Bd型Ⅰ式。夹砂褐陶。侈口，方唇，斜直颈，溜肩，圆弧腹。颈部纹饰被抹，肩、腹交界处饰一周绳索状附加堆纹，腹饰弦断条纹。口径26、残高9.2厘米（图六九六，4）。

84ET4②

器类有陶钵形器。

标本1件。

陶钵形器　1件。标本84ET4②:1，F型。夹砂褐陶。敞口，圆唇，浅盘，盘上壁直，下壁弧折斜内收，平底微内凹。素面。口径10.2、底径6.4、高2.6厘米（图六九四，3）。

3. 84ET5⑤~④

84ET5⑤

器类有陶甗、器盖。

标本3件，均为陶器。

陶甗　1件。标本84ET5⑤:3，Ab型Ⅱ式。夹砂褐陶。敞口，方唇，斜直颈，圆肩，圆弧腹。口沿外侧对称贴两个泥片护耳，甗壁上各残留一圆形孔。颈部纹饰被抹，肩、腹饰交叉呈菱形绳纹。口径30.4、残高8.4厘米（图六九六，2）。

陶器盖　2件。标本84ET5⑤:1，Ba型Ⅱ式。夹砂褐陶。盖纽残，弧顶，斜弧壁；盖口平，圆唇。顶饰交错条纹，壁饰竖条纹。盖口径22.8、残高8.8厘米（图六九六，5；图版四八，2）。标本84ET5⑤:2，Bb型Ⅰ式。夹砂褐陶。器形不规整，圆圈喇叭口形凹纽，盖顶弧，斜弧壁，敞口，圆唇。顶饰交叉绳纹，壁饰竖绳纹。纽径8.6、盖口径15.6、高9.2~10.4厘米（图六九六，6；彩版二六，5）。

84ET5④

器类有陶盆。

标本1件。

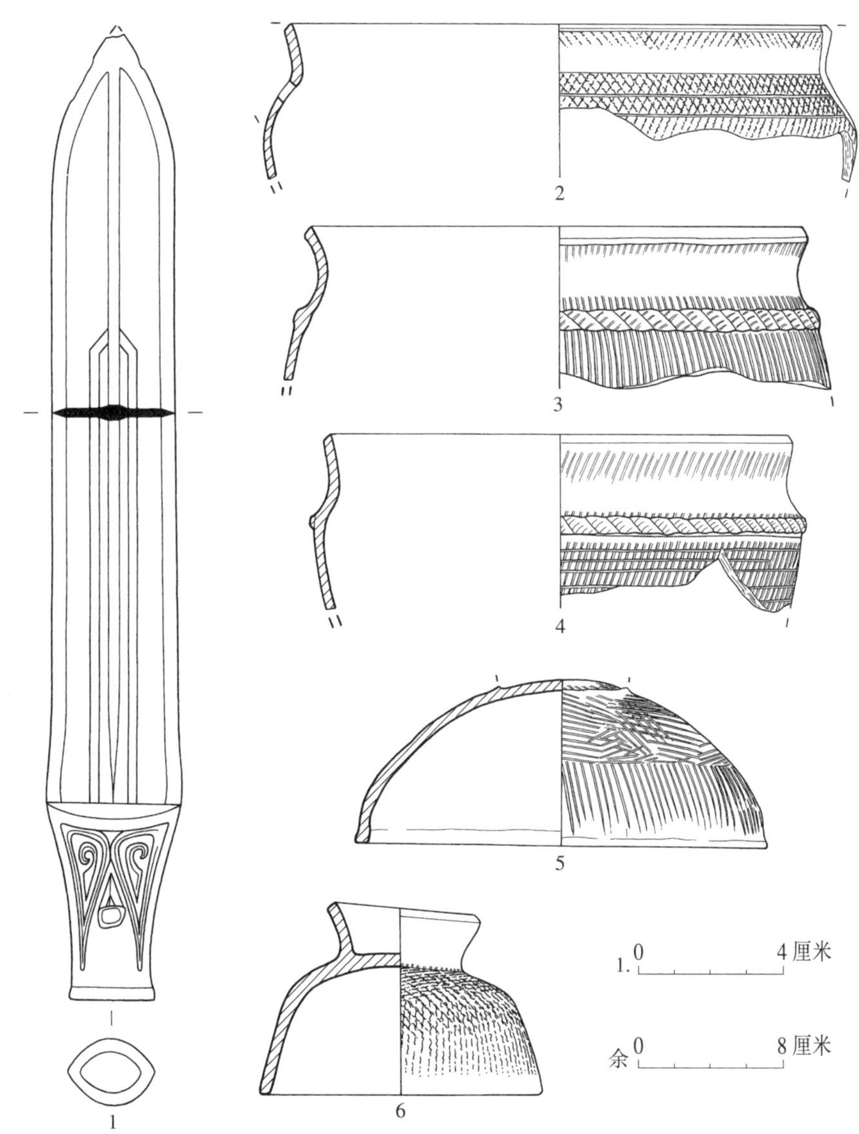

图六九六　84ET4、T5、T6⑤出土器物

1. 铜剑（84ET6⑤:1）　2. Ab型Ⅱ式陶甗（84ET5⑤:3）　3. Aa型Ⅳ式陶罐（84ET4⑤:2）　4. Bd型Ⅰ式陶罐（84ET4⑤:1）　5. Ba型Ⅱ式陶器盖（84ET5⑤:1）　6. Bb型Ⅰ式陶器盖（84ET5⑤:2）

陶盆　1件。标本84ET5④:1，C型Ⅲ式。夹砂褐陶。敞口，圆唇，斜直颈，弧腹较直。口沿外侧对称贴两个泥片护耳，耳残，盆壁上各残留一圆形孔。颈部纹饰被抹，腹饰弦断绳纹。口径28、残高12.9厘米（图六九七，1）。

4. 84ET6⑤

器类有铜剑。

标本1件。

铜剑　1件。标本84ET6⑤:1，青灰色。器表有多处绿色铜锈。剑首呈椭圆空首亚腰形，首中部有对穿的长方形小孔，两面均绘有对称斜三角形云纹。剑身中部起脊，铸有规矩形凸棱，正锋，

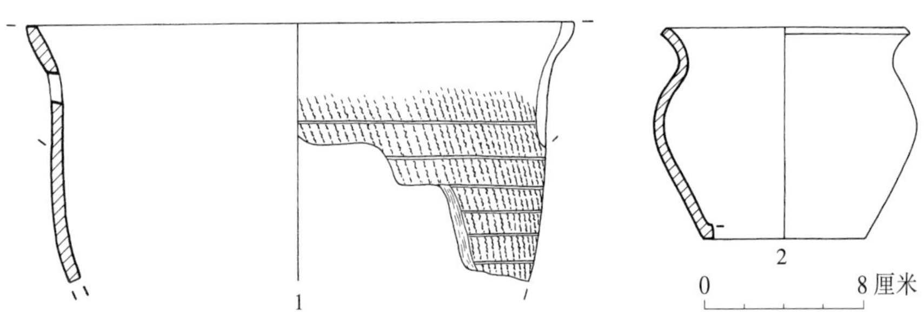

图六九七 84ET5、T2④出土陶器

1. C型Ⅲ式盆（84ET5④：1） 2. Aa型Ⅱ式盂（84ET2④：1）

双面刃，刃部断面呈三角形。残长25.6、最宽处3.7厘米（图六九六，1；彩版三一，2）。

5. 84ET2④～③

84ET2④

器类有陶盂。

标本1件。

陶盂 1件。标本84ET2④：1，Aa型Ⅱ式。夹细砂灰陶。侈口，斜弧沿，方唇，弧颈，弧肩，上腹圆鼓，下腹斜内收。素面。口径12.6、底径8.2、高10.4厘米（图六九七，2）。

84ET2③

器类有陶鼎。

标本1件。

陶鼎 1件。标本84ET2③：4，Da型Ⅲ式。仿铜。夹砂褐陶，器表有烟炱。敞口，平沿，方唇，深弧腹，下腹微外鼓，圆柱形截锥足，沿面对称安两个圆角方形立耳。上腹饰菱形网格纹，其间对称施四个圆形泥饼，中腹饰弦断竖条纹，下腹、底及足根饰交错绳纹，足根绳纹间有四个圆窝。口径18.4、通高25.8厘米（图六九三，1；彩版一八，6）。

6. 84ET3③

器类有陶缸。

标本1件。

陶缸底 1件。标本84ET3③：1，Bc型。夹砂褐陶。斜直腹，圈足残。下腹残存竖条纹和三周锯齿状附加堆纹，其上饰横条纹。残高11.8厘米（图六九三，6；彩版二六，3）。

四 西区1984年文化遗存

1984年在大路铺遗址西区清理的商周时代文化遗存有灰坑和文化层等类。

（一）灰坑

西区1984年共清理商周时代灰坑7个。大多数灰坑坑口不大，坑浅，包含物为碎陶片和烧土粒（块），陶片以夹砂红褐陶为主，纹饰以条纹为主（图六九八；附表一〇）。

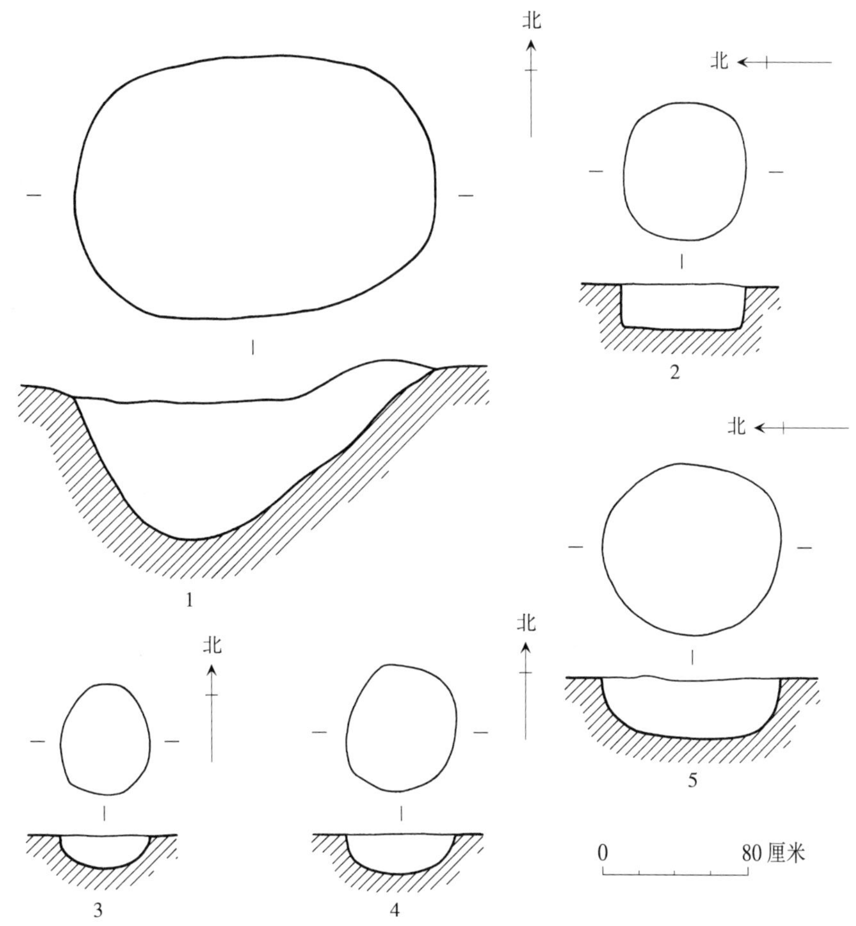

图六九八　84W 灰坑平、剖面图

1. 84WH3　2. 84WH6　3. 84WH5　4. 84WH4　5. 84WH7

在 7 个灰坑中，仅有 3 个灰坑可提取遗物标本，共 5 件标本，分别出自于 84WH1、H2、H6。

84WH1

位于 84WT15 北壁西部，开口于第 4B 层下，打破第 5 层。根据已发掘的部分推测，坑口为圆形，弧壁弧底。坑深 0.7 米。坑内充填灰色夹烧土粒沙质土，土质较软，所含陶片以夹砂红、褐陶为主。器类有陶甗、滤盉。

标本 2 件，均为陶器。

陶甗　1 件。标本 84WH1∶1，Aa 型Ⅱ式。夹砂灰褐陶。侈口，斜弧沿，方唇，弧颈微束，溜肩，圆鼓腹，下腹弧内收。口沿外侧贴施对称泥片护耳两个，两耳内甗壁上各戳穿一圆形孔。颈部纹饰被抹，肩腹饰弦断绳纹。口径 31.6、残高 24 厘米（图六九九，1）。

陶滤盉　1 件。标本 84WH1∶2，Aa 型Ⅱ式。夹砂灰陶。钵为敛口，方唇，折弧腹内收，平底。钵底戳圆角长方形穿孔。鬲为敛口，弧广肩，肩腹部安圆桶倒喇叭形短流和椭圆柱状鋬，圆柱状锥足内足根有浅足窝。器表自钵沿下至鬲足根部饰弦断绳纹，鬲底饰横绳纹。口径 8.6、高 16.6 厘米（图六九九，2；彩版一九，3）。

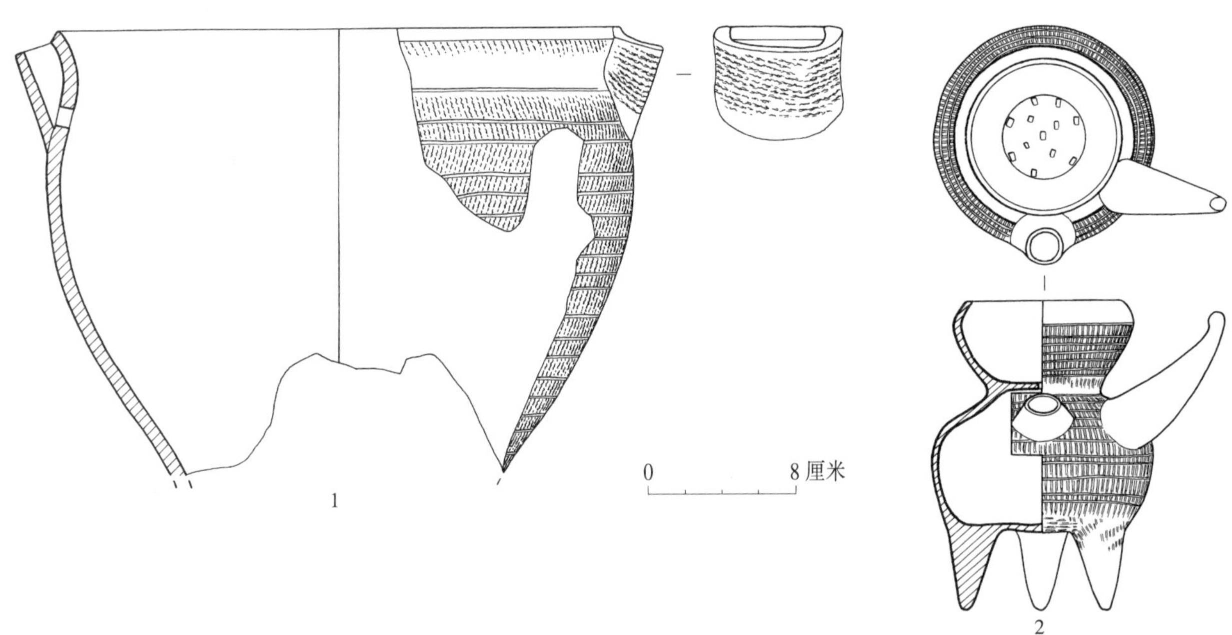

图六九九 84WH1出土陶器

1. Aa型Ⅱ式甗（84WH1:1） 2. Aa型Ⅱ式滤盉（84WH1:2）

84WH2

位于84WT15西北角，开口于第3层下，打破第5层。根据已发掘的部分推测，坑口为圆形，弧壁弧底坑。坑口径不清，坑深1米。坑内充填灰色夹烧土粒沙质土，土质较软，所含陶片以夹砂红、褐陶为主。器类有陶豆和铜臿。

标本2件。

陶豆 1件。标本84WH2:1，Bb型。夹砂灰陶。仅存豆柄座。圆柱形豆柄较粗短，豆座呈喇叭口形。柄、座上饰凹弦纹。底径9.6、残高9.8厘米（图七〇〇，2）。

铜臿 1件。标本84WH2:2，青色，器表布满绿色铜锈。立面正视略呈亚腰长方形，正面微弧，中部有一方形凹窝，背面平直光滑，俯视銎口呈梯形，纵剖呈“V”字形，单面弧刃。通长8.9、銎口宽4.5～8.8、刃宽6.6厘米（图七〇〇，1；彩版三二，1）。

84WH6

位于84WT9西北部，开口于第5层下，打破生土层。坑口为圆形，直壁平底。坑口径0.7～0.74米，坑深0.24米。坑内充填黄灰色沙质土，土质较软，所含陶片以夹砂红、褐陶为主（图六九八，2）。

标本1件。

陶鬲 1件。标本84WH6:1，F型。夹砂褐陶。斜弧腹，上弧联裆。腹、裆、足根饰绳纹。残高8.4厘米（图七〇一）。

（二）文化层

1984年在遗址西区共清理商周时代文化层四层，即第3～6层。文化层各层在各探方土质土色基本一致。现以探方为单位逐层介绍包含遗物标本。

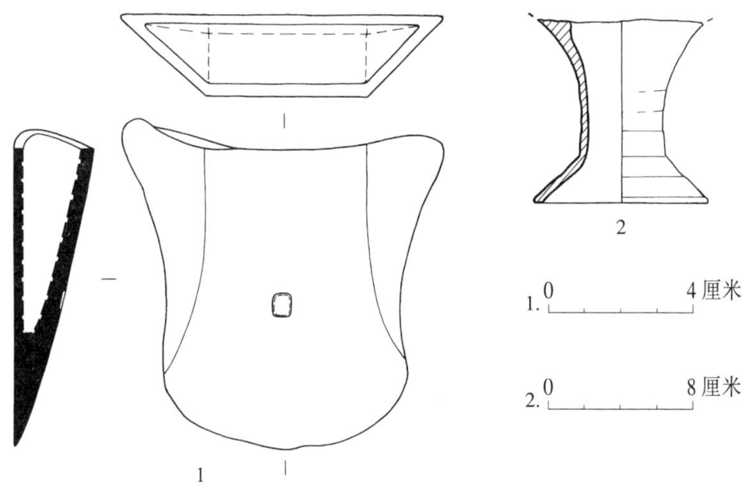

图七〇〇 84WH2出土器物

1. 铜臿（84WH2:2） 2. Bb型陶豆（84WH2:1）

1. 84WT14⑥、③

84WT14⑥

器类有陶鬲、甗、鼎。

标本4件。

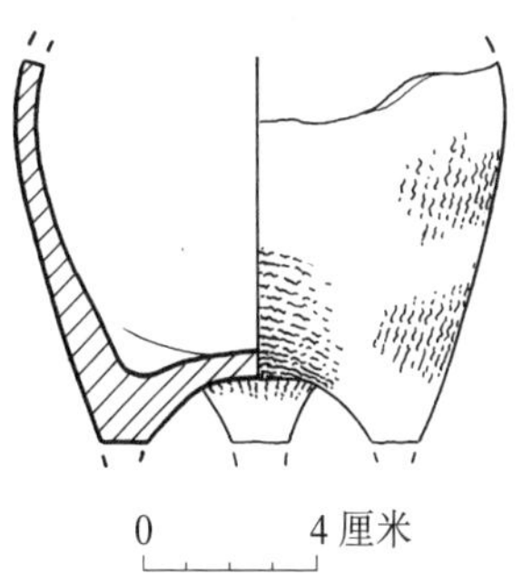

图七〇一 84WH6出土陶器

F型鬲（84WH6:1）

陶鬲 1件。标本84WT14⑥:1，C型Ⅰ式。夹砂褐陶，表有烟炱。侈口，卷沿，方唇，弧颈，溜肩，腹壁弧内收，鼎身呈罐形，器内壁底部与足根对接处有较浅足窝。口沿下颈肩处对称粘贴两个附加泥条抠耳。肩腹交界处施附加堆纹，肩及上腹部饰弦断绳纹，下腹至底及足饰绳纹，足外侧有三道枝杈状刻槽。口径30、残高31.4厘米（图七〇二，1；彩版一五，5）。

陶甗 1件。标本84WT14⑥:3，Aa型Ⅰ式。夹砂灰黄陶。仅存甑部。侈口，卷沿，圆唇，弧颈微束，溜肩，甑腹弧内收。口沿外侧贴施两个对称泥片护耳，两耳内甗壁上各戳穿一圆形孔。肩腹饰弦断绳纹。口径18.2、残高9.8厘米（图七〇二，4）。

陶鼎 2件。标本84WT14⑥:2，Aa型Ⅰ式。夹砂灰褐陶。侈口，卷沿，圆唇，腹壁直弧。腹至底及足饰弦断交叉绳纹。口径14、残高13厘米（图七〇二，2；图版三〇，4）。标本84WT14⑥:4，Ac型Ⅰ式。夹砂褐陶。侈口，卷沿，圆唇，颈肩分界不明显，鼓腹微下垂，圜底近平，圆柱状足。腹至底及足根饰绳纹，腹中部饰一周附加堆纹。口径9.6、残高8.3厘米（图七〇二，3）。

84WT14③

器类有陶豆。

标本1件。

陶豆 1件。标本84WT14③:1，Ca型Ⅱ式。夹细砂灰陶。敞口，圆唇，弧盘，豆盘较深，圆柱形豆柄由上至下渐粗。素面。口径14.8、残高10.4厘米（图七〇七，7）。

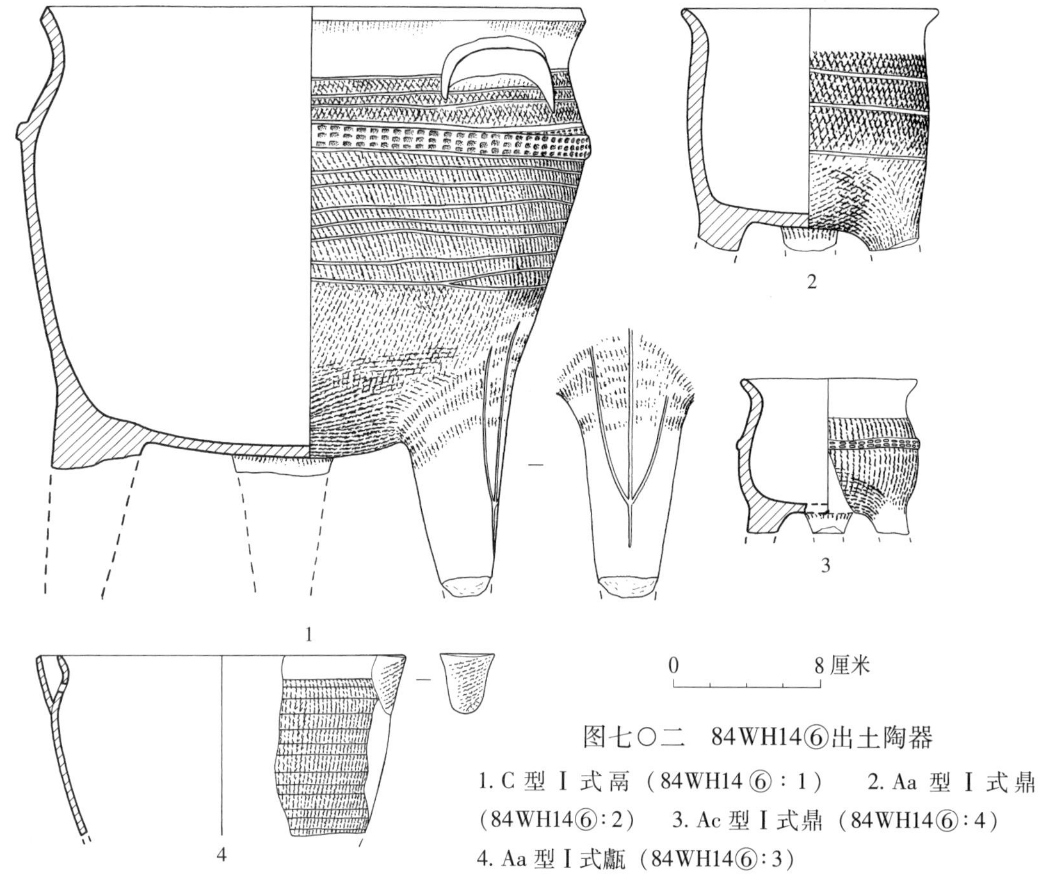

图七〇二 84WH14⑥出土陶器

1. C型Ⅰ式鬲（84WH14⑥:1） 2. Aa型Ⅰ式鼎（84WH14⑥:2） 3. Ac型Ⅰ式鼎（84WH14⑥:4） 4. Aa型Ⅰ式甗（84WH14⑥:3）

2. 84WT2⑤、③

84WT2⑤

器类有陶瓮、纺轮。

标本2件。

陶瓮 1件。标本84WT2⑤:2，Ea型Ⅱ式。泥质灰黄陶。直口，方唇，直颈，斜弧折广肩，斜直腹。肩、腹部饰弦断条纹，肩腹相交处等距离施六个顶面有条纹的泥钉，其下饰一周附加堆纹。口径22、残高12厘米（图七〇三，2）。

陶纺轮 1件。标本84WT2⑤:1，Af型Ⅱ式。夹细砂灰褐陶。扁圆形，两面中部微隆起，圆中间一直壁圆孔，周壁中间凸起一周折棱，折棱上下斜面直。素面。直径5、孔径0.6、厚1～1.4厘米（图七〇三，4；图版五五，3）。

84WT2③

器类有陶鬲、甗、鼎、罐、瓮、盆、尊、钵、豆、纺轮。

标本11件，均为陶器。

陶鬲 1件。标本84WT2③:1，F型。夹砂灰皮褐胎陶。敞口，平沿，圆唇，斜直颈，溜肩，弧腹，上弧联裆，圆锥状实足。颈肩部饰凹弦纹，上腹饰圆泥饼形乳丁纹，肩、腹至足尖饰绳纹。口径15、高15.8厘米（图七〇四，1；图版二五，5）。

陶甗 2件。标本84WT2③:9，Aa型Ⅳ式。夹砂褐陶。残存甑部。侈口，卷沿，方唇，束颈，

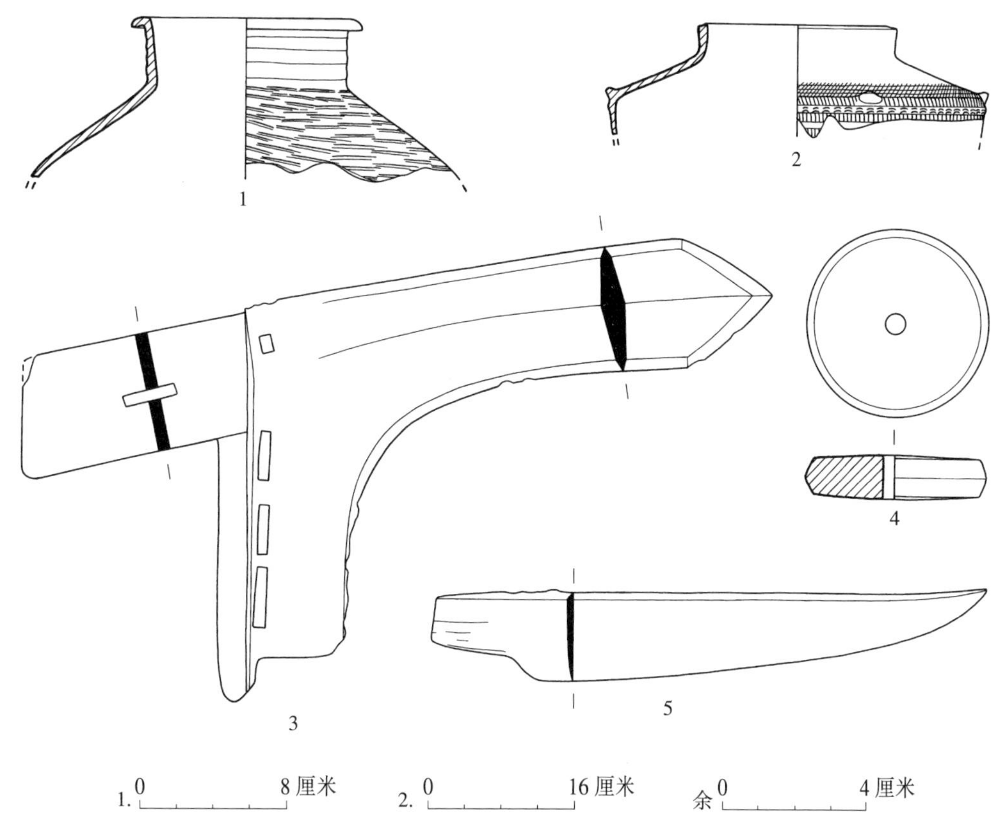

图七〇三　84WT2、T9、T13⑤出土器物

1. B型陶壶（84WT9⑤:2）　2. Ea型Ⅱ式陶瓮（84WT2⑤:2）　3. 铜戈（84WT9⑤:1）
4. Af型Ⅱ式陶纺轮（84WT2⑤:1）　5. B型铜削刀（84WT13⑤:1）

溜肩，圆弧腹。口沿外侧对称泥片护耳残，甗壁上各残留一圆形孔。肩、腹压印方格纹。口径31、残高14厘米（图七〇四，8）。标本84WT2③:7，Ca型Ⅰ式。夹砂灰陶，陶质较好。器形规整。残存甗甑部呈斜直壁圆桶形。敞口，尖圆唇，唇面宽。内壁近口部施对称横向牛鼻形耳，耳孔上下对穿。器表饰较细竖绳纹。口径26、残高14厘米（图七〇四，5）。

陶鼎　1件。标本84WT2③:2，Bb型Ⅱ式。夹砂灰陶。口微敞，平沿微上侈，圆唇，斜直颈，溜肩，垂腹。肩、上腹部起棱，饰一周凹弦纹。口径16、残高8.8厘米（图七〇四，3）。

陶罐　1件。标本84WT2③:3，Ga型。夹砂灰陶。圆肩，圆弧腹，平底微凹。肩至底通体饰绳纹。底径10、残高21.2厘米（图七〇四，9）。

陶瓮　1件。标本84WT2③:8，Ac型Ⅲ式。夹砂灰陶。侈口，斜直沿，方唇，短颈，溜肩，弧腹。外沿下纹饰被抹去。口径36、残高10厘米（图七〇四，6）。

陶盆　1件。标本84WT2③:11，Aa型Ⅳ式。夹砂褐陶。敞口，卷沿，方唇，短弧颈，弧肩，圆腹。肩、腹压印方格纹。口径26、残高14厘米（图七〇四，7）。

陶尊　1件。标本84WT2③:10，B型Ⅱ式。泥质灰陶。大敞口，斜弧沿，圆唇，斜折肩，斜直腹内收。外沿下纹饰被抹，肩部饰弦纹和绳纹，腹饰绳纹。口径28、残高11厘米（图七〇四，11）。

陶钵　1件。标本84WT2③:15，Ba型Ⅲ式。泥质黑衣褐胎陶。敛口，圆唇，折腹斜弧内收，平底微上凹。折腹部饰一周绳索状附加堆纹，下腹至底饰交错绳纹。口径12.8、底径8、高5.4厘米（图七〇四，10，图版四三，4）。

陶豆　1件。标本84WT2③:5，Ca型。泥质灰陶。仅存残豆盘底部和豆柄座。圆柱形豆柄，喇叭口形豆座。素面。底径8.7、残高8.8厘米（图七〇四，2）。

陶纺轮　1件。标本84WT2③:4，Af型Ⅰ式。泥质黑皮褐胎陶。扁圆形，两面微凹，圆中部隆起，中间一直壁圆孔，周壁中间凸起一周折棱，折棱上下弧面，一面有两道凹槽。直径5.1、孔

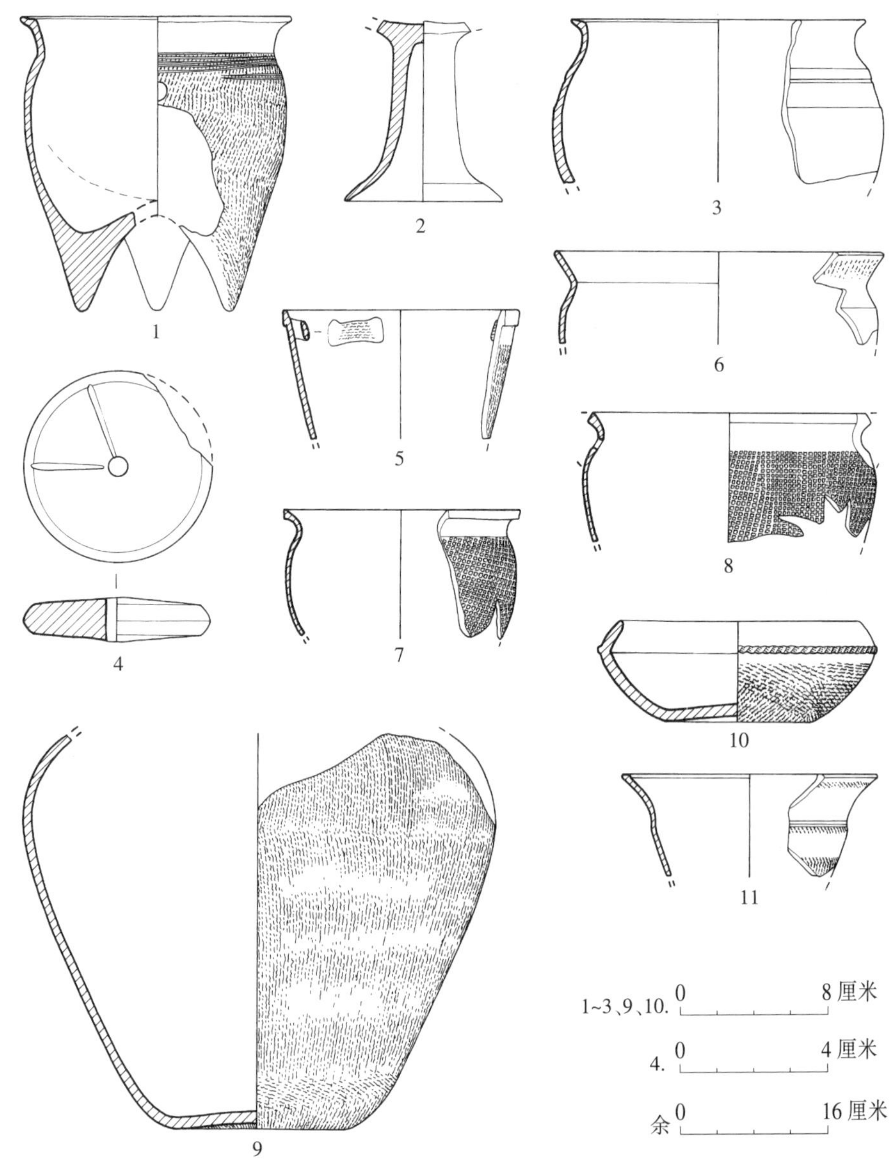

图七〇四　84WT2③出土陶器

1. F型鬲（84WT2③:1）　2. Ca型豆（84WT2③:5）　3. Bb型Ⅱ式鼎（84WT2③:2）　4. Af型Ⅰ式纺轮（84WT2③:4）　5. Ca型Ⅰ式甗（84WT2③:7）　6. Ac型Ⅲ式瓮（84WT2③:8）　7. Aa型Ⅳ式盆（84WT2③:11）　8. Aa型Ⅳ式甗（84WT2③:9）　9. Ga型罐（84WT2③:3）　10. Ba型Ⅲ式钵（84WT2③:15）　11. B型Ⅱ式尊（84WT2③:10）

径0.6、厚0.8～1.2厘米（图七〇四，4）。

3. 84WT9⑤～④

84WT9⑤

器类有陶壶和铜戈。

标本2件。

陶壶　1件。标本84WT9⑤：2，B型。夹砂黄陶。敞口，平沿，沿面向下，尖圆唇，斜直颈较高，斜弧广肩。颈施四周凹凸棱，肩饰间断横条纹。口径12.6、残高8.6厘米（图七〇三，1）。

铜戈　1件。标本84WT9⑤：1，青灰色，器表有绿锈。援、内短直厚实，援上刃与内上缘略在一条直线上，有脊，胡较短，援锋呈等腰三角形尖，阑上穿四孔，内上穿一孔。通长21、援长14.5、援宽3.5、内长6.3、胡长7厘米（图七〇三，3；彩版三一，1）。

84WT9④

器类有陶罐。

标本1件。

陶罐　1件。标本84WT9④：1，Bd型Ⅱ式。泥质黄陶。侈口，方唇，斜直颈，弧肩，上腹圆下腹弧内收，平底。肩下至下腹饰弦断绳纹，底饰交错绳纹。口径21.6、高约18厘米（图七〇五，1）。

4. 84WT13⑤

器类有铜削刀。

标本1件。

铜削刀　1件。标本84WT13⑤：1，B型。青色，器表有绿锈。二合范，有铸痕。刀体扁平，短柄，刀身与柄有明显分界，斜弧刃。通长15.3、刀身长13.1、刀身最宽处2.6、刀身最厚处0.2厘米（图七〇三；5；彩版三一，4）。

5. 84WT8④～③

84WT8④

器类有陶鼎、盆、纺轮和石凿。

标本4件，其中陶器3件，石器1件。

陶鼎　1件。标本84WT8④：1，C型Ⅰ式。夹砂褐红陶。敛口，方唇，弧腹。腹至足饰竖绳纹，底饰横绳纹。口径8.6、残高7.2厘米（图七〇五，6）。

陶盆　1件。标本84WT8④：2，Aa型Ⅲ式。夹砂褐陶。敞口，斜弧沿，方唇，弧束颈，上腹圆弧，下腹斜直内收，平底。腹饰弦断竖条纹。口径24.8、底径16.8、高17厘米（图七〇五，2；彩版二二，4）。

陶纺轮　1件。标本84WT8④：3，Ca型Ⅱ式。夹砂灰褐陶。体厚，圆形，两面平，圆中间一直壁圆孔，周壁圆弧。素面。直径3.2、孔径0.6、厚2.6厘米（图七〇五，4；图版五

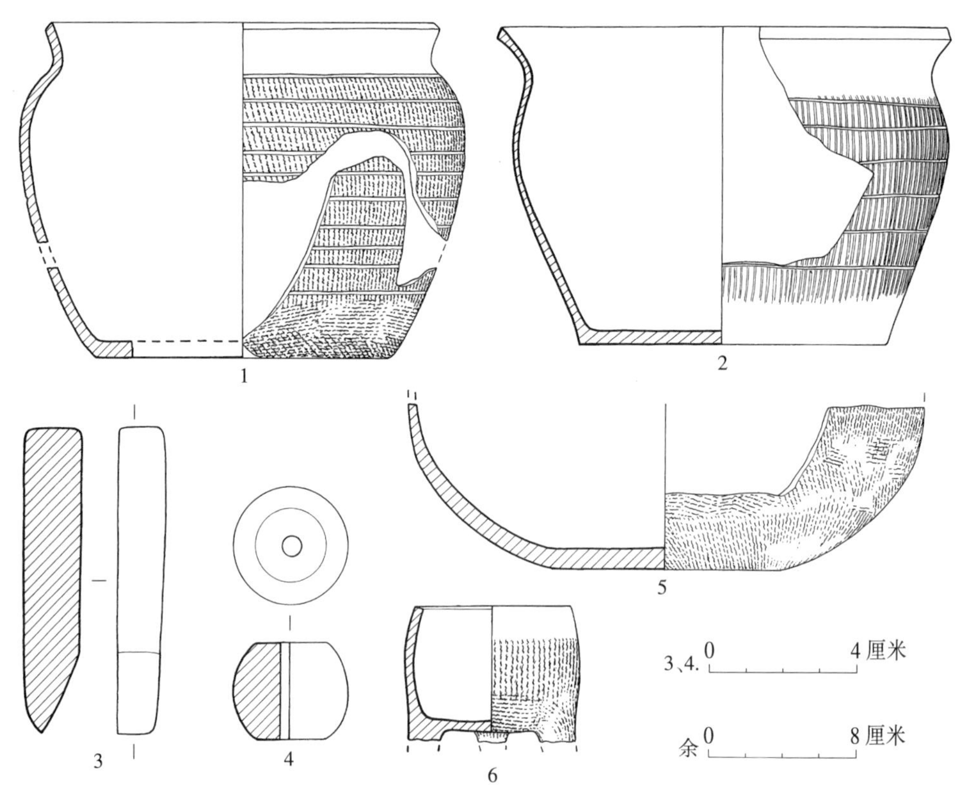

图七〇五　84WT8、T9、T10④出土器物

1. Bd型Ⅱ式陶罐（84WT9④:1）　2. Aa型Ⅲ式陶盆（84WT8④:2）　3. Ⅲ式石凿（84WT8④:4）
4. Ca型Ⅱ式陶纺轮（84WT8④:3）　5. C型陶器底（84WT10④:1）　6. C型Ⅰ式陶鼎（84WT8④:1）

七，2）。

石凿　1件。标本84WT8④:4，Ⅲ式。黄色。磨制，器表光滑，制作精致小巧。长条形，截面近正方形。平顶，偏锋，直刃。长8.2、宽1.2、厚1.6厘米（图七〇五，3；彩版三四，2）。

84WT8③

器类有陶罐、钵、器盖、纺轮、饼、角形器及石镞等。

标本9件，其中陶器6件，硬陶器1件，石器2件。

陶罐　1件。标本84WT8③:7，H型Ⅱ式。夹砂灰褐陶。敞口，平沿，圆唇，斜直颈，弧广肩，下腹斜内收，平底微内凹。口沿下有指窝纹，肩下至下腹近底部压印方格纹。口径17.8、底径18.4、高约34厘米（图七〇六，1）。

陶钵　1件。标本84WT8③:4，Ca型Ⅱ式。夹砂褐陶。敛口，方唇，折弧腹斜内收。腹至底压印方格纹。口径21.6、底径14.8、高11.6厘米（图七〇六，6；图版四三，2）。

陶器盖　1件。标本84WT8③:10，Ab型Ⅲ式。夹细砂灰陶。弧顶，敞口，圆唇。素面。口径16.2、残高4厘米（图七〇六，9）。

陶纺轮　1件。标本84WT8③:5，Cc型Ⅰ式。泥质灰陶。体较厚，圆形两面平，圆中间一直壁圆孔，周壁直。素面。直径4、孔径0.6、厚1.6厘米（图七〇六，2）。

陶饼　1件。标本84WT8③:1，Ab型Ⅰ式。夹砂褐陶。用陶片打磨而成。体较厚，近圆形两面平，周壁较直。素面。直径2.7、厚1厘米（图七〇六，7）。

陶角形器　1件。标本84WT8③:2，夹砂褐陶。平面呈方块四角星形，截面扁椭圆形。素面。对角长3.6~3.8、中心最厚处1.2厘米（图七〇六，4；彩版二八，1）。

硬陶盖纽　1件。标本84WT8③:13，B型。褐硬陶。纽面平。素面。直径2、厚0.9厘米（图七〇六，3）。

石镞　2件。标本84WT8③:3，B型Ⅳ式。灰褐色。磨制。由镞身和铤两部分构成。镞身中部起脊，平面三角形，截面菱形，正锋，前锋较尖，两边锋微弧，刃薄，翼较宽。铤截面呈椭圆形，铤根至尖渐细。长7.3、宽2.2厘米（图七〇六，5；彩版三四，7）。标本84WT8③:9，型式不明。灰色。磨制。残存镞身。残长3.9厘米（图七〇六，8）。

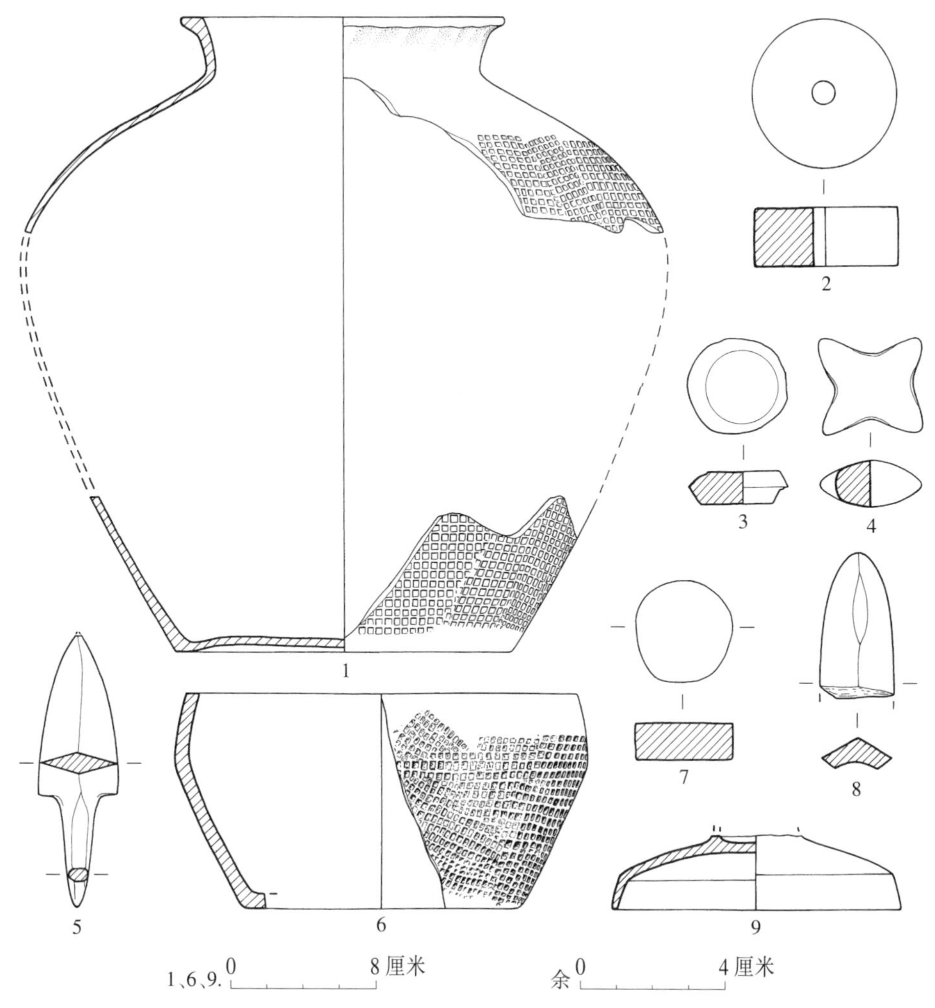

图七〇六　84WT8③出土器物

1. H型Ⅱ式陶罐（84WT8③:7）　2. Cc型Ⅰ式陶纺轮（84WT8③:5）　3. B型硬陶盖纽（84WT8③:13）　4. 陶角形器（84WT8③:2）　5. B型Ⅳ式石镞（84WT8③:3）　6. Ca型Ⅱ式陶钵（84WT8③:4）　7. Ab型Ⅰ式陶饼（84WT8③:1）　8. 石镞（84WT8③:9）　9. Ab型Ⅲ式陶器盖（84WT8③:10）

6. 84WT10④～③

84WT10④

器类有陶器底等。

标本1件。

陶器底 1件。标本84WT10④:1，C型。泥质褐陶。下腹弧内收，平底。腹饰绳纹。底径13、残高8.8厘米（图七〇五，5）。

84WT10③

器类有陶罐、钵形器。

标本3件。

陶罐 1件。标本84WT10③:2，H型Ⅱ式。夹砂黄褐陶。敞口，平沿，厚方唇，斜直颈，弧肩。唇面有竖条纹。口径20、残高7.3厘米（图七〇七，6）。

陶钵形器 2件。标本84WT10③:3，B型Ⅱ式。泥质灰褐陶。器小。直口，圆唇，弧腹，平底。素面。口径3.4、底径3、高3.9厘米（图七〇七，3；图版四四，2）。标本84WT10③:1，B型Ⅳ式。泥质灰褐陶。器小，器不规整。敛口，方唇，口沿下有对称两个小圆孔，弧腹，平底。素面。口径3.2～3.6、底径2.4、高2.6～3厘米（图七〇七，8）。

7. 84WT11③

器类有陶豆和硬陶瓮。

标本2件，其中陶器、硬陶器各1件。

陶豆 1件。标本84WT11③:2，Ca型。泥质灰陶。仅存残豆盘底部和豆柄座。圆柱形豆柄细高，喇叭口形豆座。素面。底径7.3、残高14.8厘米（图七〇七，2）。

硬陶瓮 1件。标本84WT11③:1，Ab型Ⅲ式。泥质灰陶。侈口，折沿，方唇，弧广肩，折腹斜内收，底上有圈足残痕。肩及上腹部饰三周波浪纹，每周波浪纹由四道波折线纹组成，腹中部饰菱形网格纹，下腹至底饰压印方格纹。口径21.4、残高27.4厘米（图七〇七，1）。

8. 84WT16③

器类有陶罐和石刀。

标本2件。

陶罐 1件。标本84WT16③:2，Ga型Ⅲ式。夹细砂灰陶。敞口，弧沿，圆唇，直颈，圆肩，圆鼓腹。颈部饰绳纹，颈肩部饰三周凹弦纹，肩腹部压印交叉细绳纹，纹饰疏松。口径17、残高15厘米（图七〇七，4；图版三五，5）。

石刀 1件。标本84WT16③:4，A型Ⅱ式。青色。马鞍形石刀。刀身扁平长方体，刀背微内凹，两端直壁微内斜，上端中部近背处两面对钻透穿双孔，偏锋单面直刃。长13.2、宽6.4～7.2、厚1厘米（图七〇七，5；彩版三五，3）。

五 北区1984年文化遗存

1984年在大路铺遗址北区清理的商周时代文化遗存有灰坑和文化层。

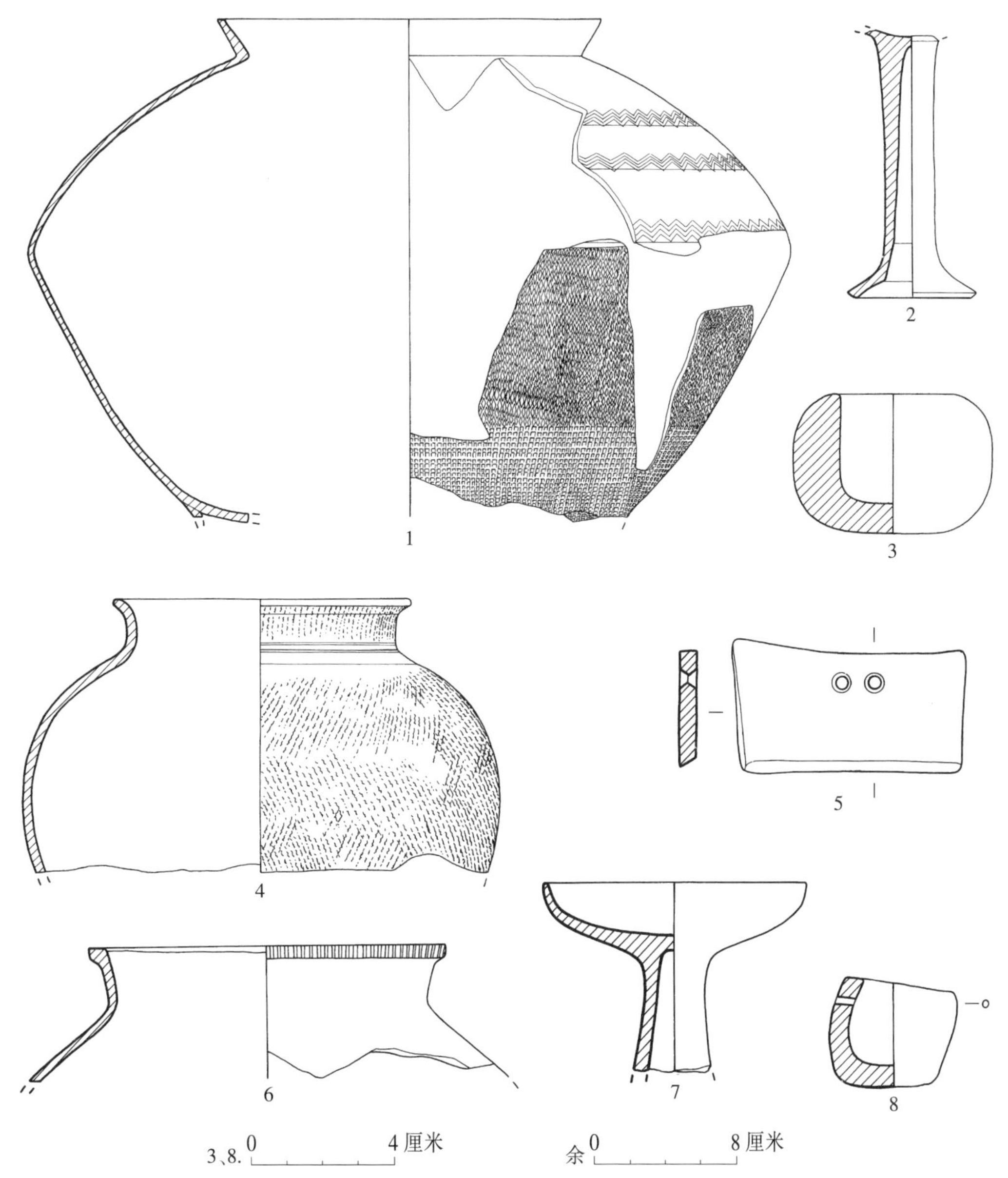

图七〇七　84WT10、T11、T14、T16③出土器物

1. Ab型Ⅲ式硬陶瓮（84WT11③:1）　2. Ca型陶豆（84WT11③:2）　3. B型Ⅱ式陶钵形器（84WT10③:3）　4. Ga型Ⅲ式陶罐（84WT16③:2）　5. A型Ⅱ式石刀（84WT16③:4）　6. H型Ⅱ式陶罐（84WT10③:2）　7. Ca型Ⅱ式陶豆（84WT14③:1）　8. B型Ⅳ式陶钵形器（84WT10③:1）

（一）灰坑

北区1984年共清理灰坑16个。其中有2个为近现代窖坑，余14坑属商周时代灰坑。大多数坑口不大，坑浅，包含物多为碎陶片和烧土粒（块），陶片以夹砂红褐为主，纹饰以条纹为主（图七〇八、七〇九；附表一一）。

在14个灰坑中，仅有3个灰坑可提取遗物标本，共8件标本，出自于84NH1、H8、H10。

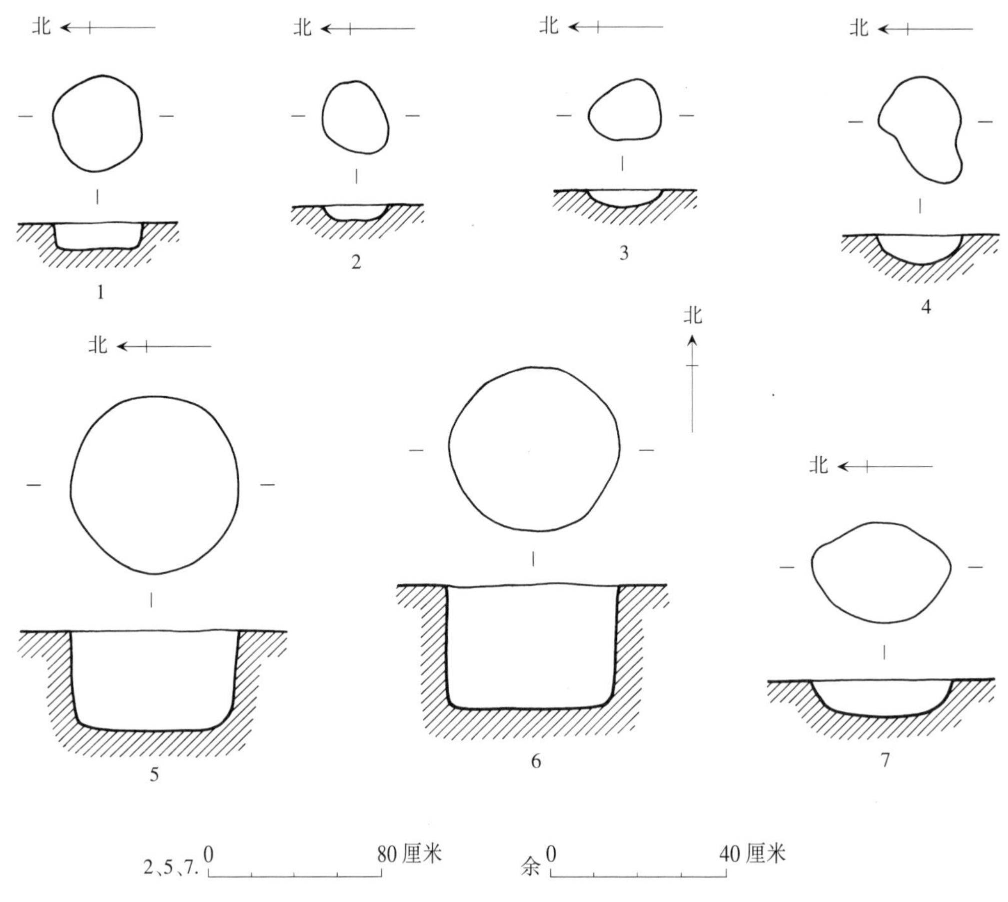

图七〇八　84N 灰坑平、剖面图

1. 84NH5　2. 84NH2　3. 84NH3　4. 84NH4　5. 84NH6　6. 84NH8　7. 84NH1

84NH1

位于 84NT3 北端中部，开口于第 3 层下，打破生土层。不规则椭圆形弧壁弧底浅坑。坑口长径 0. 62、短径 0. 44 米，坑深 0. 17 米。坑内充填黄灰色夹烧土粒沙质土，土质较软，所含陶片极少且碎，以夹砂红、褐陶为主（图七〇八，7）。

标本 1 件。

陶钵形器　1 件。标本 84NH1∶1，E 型。夹细砂灰褐陶。器形不规整。直口微敞，圆唇，直腹微弧，平底。通体饰不规则条纹，纹饰大多被抹去。口径 10～10. 6、高 6. 4 厘米（图七一〇；图版四四，6）。

84NH8

位于 84NT5 西部偏南，开口于第 4 层下，打破生土层。圆形直壁平底坑。坑口直径 0. 8 米，坑深 0. 56 米。坑内充填黄灰色夹烧土粒沙质土，土质较软，所含陶片不多，以夹砂红、褐陶为主，器类有陶鬲、鼎等（图七〇八，6）。

标本 2 件，均为陶器。

陶鬲　1 件。标本 84NH8∶1，E 型。夹砂黑灰衣褐胎陶，黑灰衣有脱落。小敞口，卷沿，沿面平，圆唇，短颈，斜弧形广肩，弧形腹内收，上弧联裆，尖锥状足。颈肩、肩腹交界处各饰一周

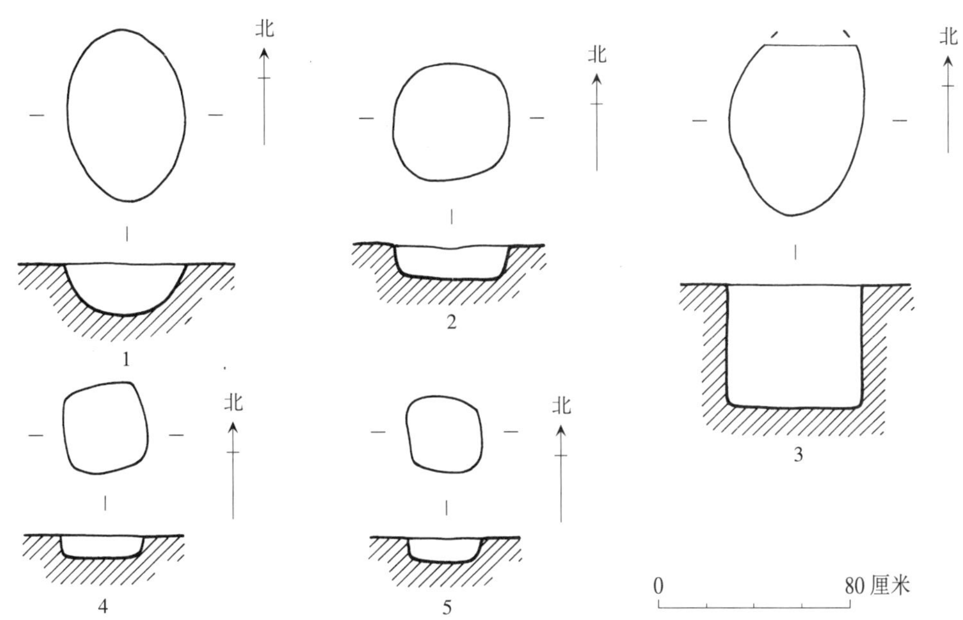

图七〇九　84N 灰坑平、剖面图

1. 84NH11　2. 84NH12　3. 84NH10　4. 84NH13　5. 84NH14

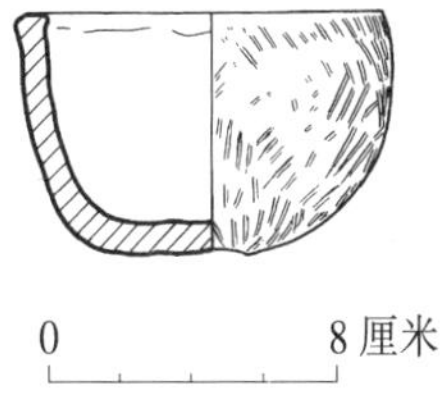

绳索状附加堆纹，颈部纹饰被抹去，肩、腹、裆至足根部通饰细绳纹。口径 18.8、高 33.4 厘米（图七一一，1；彩版一五，6）。

陶鼎　1 件。标本 84NH8∶2，Ab 型Ⅰ式。夹砂红褐陶。侈口，方唇，斜直颈，溜肩，圆腹，圆柱状足。颈部条纹被抹，肩下至足根通饰弦断条纹，底饰横条纹。口径 14、高 15.6 厘米（图七一一，2；彩版一八，2）。

0　8 厘米

图七一〇　84NH1 出土陶器

E 型钵形器（84NH1∶1）

84NH10

位于 84NT5 北部，开口于第 3 层下，打破第 4 层。椭圆形直壁平底坑。坑口长径（距探方北壁）0.7、短径 0.55 米，坑深 0.5 米。坑内充填黄灰色夹烧土粒沙质土，土质较软。器类有陶鬲、鼎及硬陶瓮等（图七〇九，3）。

标本 5 件，其中陶器 4 件，硬陶器 1 件。

陶鬲　2 件。标本 84NH10∶1，Ae 型Ⅱ式。夹细砂灰陶。侈口，弧沿，圆唇，束颈，弧肩，圆弧腹。颈、肩部饰弦纹，腹饰交叉绳纹，足根饰竖条纹。口径 20、残高 15.6 厘米（图七一二，3）。标本 84NH10∶3，F 型。夹砂灰陶。鬲口、颈残，小隆肩，斜弧腹内收，上弧联裆，圆柱形足，足尖残。肩腹相交处饰一周凹弦纹，腹、底至足根饰绳纹。残高 7.8 厘米（图七一二，4）。

陶鼎　2 件。标本 84NH10∶2，Da 型Ⅲ式。仿铜。夹细砂灰陶。敛口，沿面平，圆唇，斜直颈，小圆肩，弧腹微垂，耳、底、足残。上腹饰一周凹弦纹，其下至底饰绳纹。口径 18、残高 9.4 厘米（图七一二，2）。标本 84NH10∶5，Dd 型Ⅱ式，仿铜。夹细砂褐陶。直口，平沿，方唇，直腹弧内收，底、足残。沿面对称施两个圆角方框形立耳。下腹饰弦断条纹。口径 24、残高 19.2 厘米（图七一二，5）。

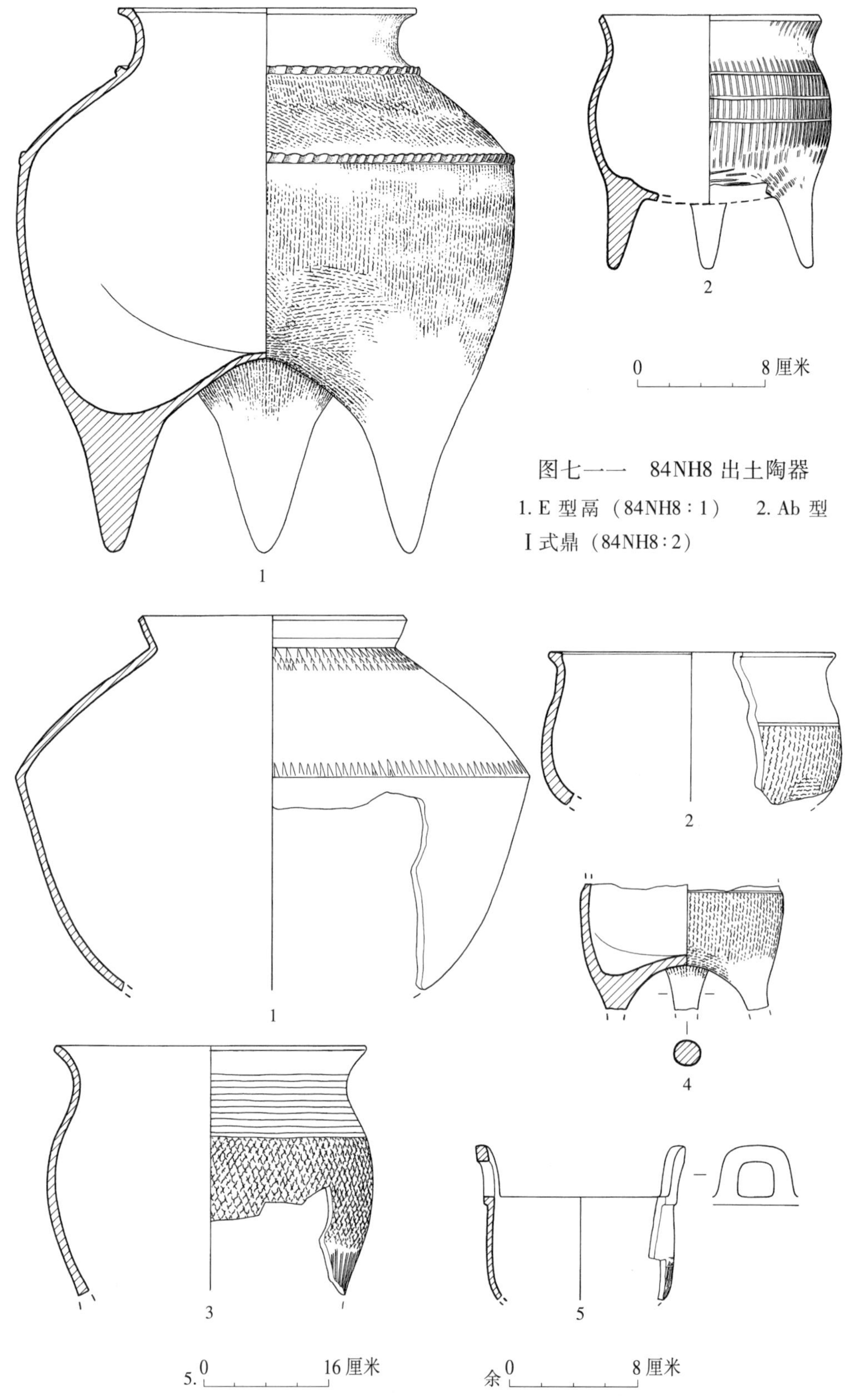

图七一一 84NH8 出土陶器

1. E 型鬲（84NH8：1） 2. Ab 型Ⅰ式鼎（84NH8：2）

图七一二 84NH10 出土器物

1. Ab 型Ⅱ式硬陶瓮（84NH10：4） 2. Da 型Ⅲ式陶鼎（84NH10：2） 3. Ae 型Ⅱ式陶鬲（84NH10：1） 4. F 型陶鬲（84NH10：3） 5. Dd 型Ⅱ式陶鼎（84NH10：5）

硬陶瓮　1件。标本84NH10∶4，Ab型Ⅱ式。灰硬陶。侈口，斜折沿，方唇，束颈，斜弧广折肩，肩腹交界处起折棱，弧腹斜内收。上肩戳饰三周“人”字形纹，下肩戳饰一周“人”字形纹。口径17.2、残高23.2厘米（图七一二，1）。

（二）文化层

1984年在遗址北区共清理商周时代文化层三层，即第2～4层。文化层各层在各探方的土质土色基本一致。现以探方为单位逐层介绍包含遗物标本。

1. 84NT2④～③

84NT2④

器类有陶鼎。

标本1件。

陶鼎　1件。标本84NT2④∶1，Ab型Ⅱ式。夹砂红褐陶。侈口，方唇，斜直颈，弧肩，圆鼓腹，圆柱状足。颈部条纹被抹，肩下至足根通饰弦断条纹，底饰横条纹。口径14、高15厘米（图七一三，2）。

84NT2③

器类有陶鼎、甗、瓮、豆。

标本7件，均为陶器。

陶鼎　1件。标本84NT2③∶3，Ab型Ⅲ式。夹砂褐陶，器表有烟熏痕迹。直口微敞，方唇，斜直颈，弧肩，圆鼓腹弧内收，器内壁底部与足根对接处有浅足窝。腹饰竖条纹，底饰横条纹。口径15.2、残高12厘米（图七一四，2；图版三一，1）。

陶甗　2件。标本84NT2③∶4，Aa型Ⅳ式。夹砂红褐陶，器表甑腹上局部有青灰色。由罐形甑和三足钵构成。侈口，斜弧沿，方唇，弧颈微束，溜肩，弧腹斜直内收，束腰内壁等距离安三个舌状横泥片用以支箅，底部等距离安三个圆柱状矮锥足。口沿外侧贴施两个对称泥片护耳，两耳内根部甗壁上各戳穿一圆形孔。通体饰弦断条纹。口径32.8、高42厘米（图七一五，3；彩版

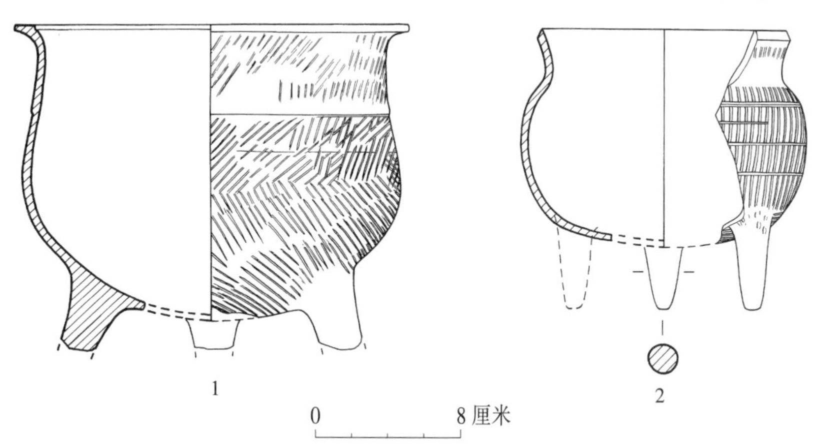

图七一三　84NT2、T5④出土陶器

1. Ba型Ⅱ式鼎（84NT5④∶1）　2. Ab型Ⅱ式鼎（84NT2④∶1）

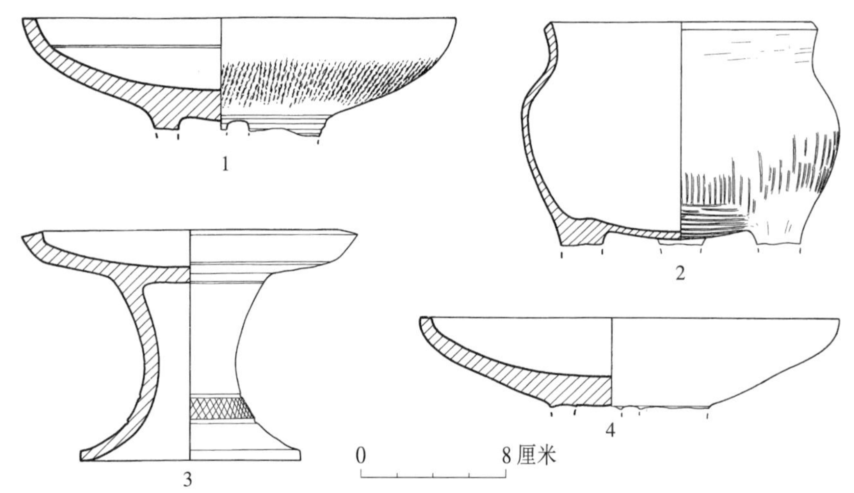

图七一四　84NT1、T2③出土陶器

1、4. Aa型Ⅴ式豆（84NT2③：2、6）　2. Ab型Ⅲ式鼎（84NT2③：3）　3. Bb型豆（84NT1③：1）

一七，1）。标本84NT2③：1，D型Ⅱ式。夹砂褐陶。由罐形甑和折肩鬲构成。侈口，斜弧沿，方唇，弧颈微束，圆肩，圆弧腹，束腰，斜折广肩鬲。通体饰弦断条纹。甑鬲两部分有明显对接痕迹，甑底套接在鬲口内。口径31.2、残高29厘米（图七一五，1；图版三〇，1）。

陶瓮　2件。标本84NT2③：5，Ab型Ⅲ式。夹砂黄褐陶，器表肩、腹上局部有青灰色。器较高大。大敞口，斜弧沿，方唇，束颈，斜折肩，斜弧深腹。肩部一周等距离安六个顶面有条纹乳丁，肩以下至底通饰弦断竖条纹。口径42、底径18.9、高52厘米（图七一五，4；彩版二一，1）。标本84NT2③：7，Ea型Ⅲ式。夹砂黄褐陶，器表腹上局部有青灰色。器较高大。小口，口微敞，方唇，斜直颈，斜弧折广肩，斜弧深腹，平底。器内颈部一周手指压印纹；器表肩部一周等距离安四个顶面有条纹乳丁，肩以下至底通饰弦断条纹。口径24.8、底径18.8、高46厘米（图七一五，2；彩版二一，2）。

陶豆　2件。标本84NT2③：2，Aa型Ⅴ式。夹细砂黄灰陶。敞口，方唇，弧盘。豆盘内一周凹弦纹，豆盘外口沿处一周深灰色陶衣带，衣带下饰细绳纹，盘与柄连接处数周弦纹，长条方形镂孔残。口径24、残高6.5厘米（图七一四，1）。标本84NT2③：6，Aa型Ⅴ式。夹细砂红褐陶。直口微敞，方唇，弧盘。素面。口径23.2、残高5厘米（图七一四，4）。

2. 84NT5④～②

84NT5④

器类有陶鼎。

标本1件。

陶鼎　1件。标本84NT5④：1，Ba型Ⅱ式。夹砂灰陶。敞口，卷沿，沿面平，圆唇，上腹斜直，下腹微垂，圆柱状足。口沿下至底部通饰交错绳纹，绳纹被抹，近似篮纹状，上下腹交界处饰一周凹弦纹。口径21.8、残高17.4厘米（图七一三，1；彩版一八，4）。

84NT5③

器类有陶甗、球，硬陶瓮和铜钩。

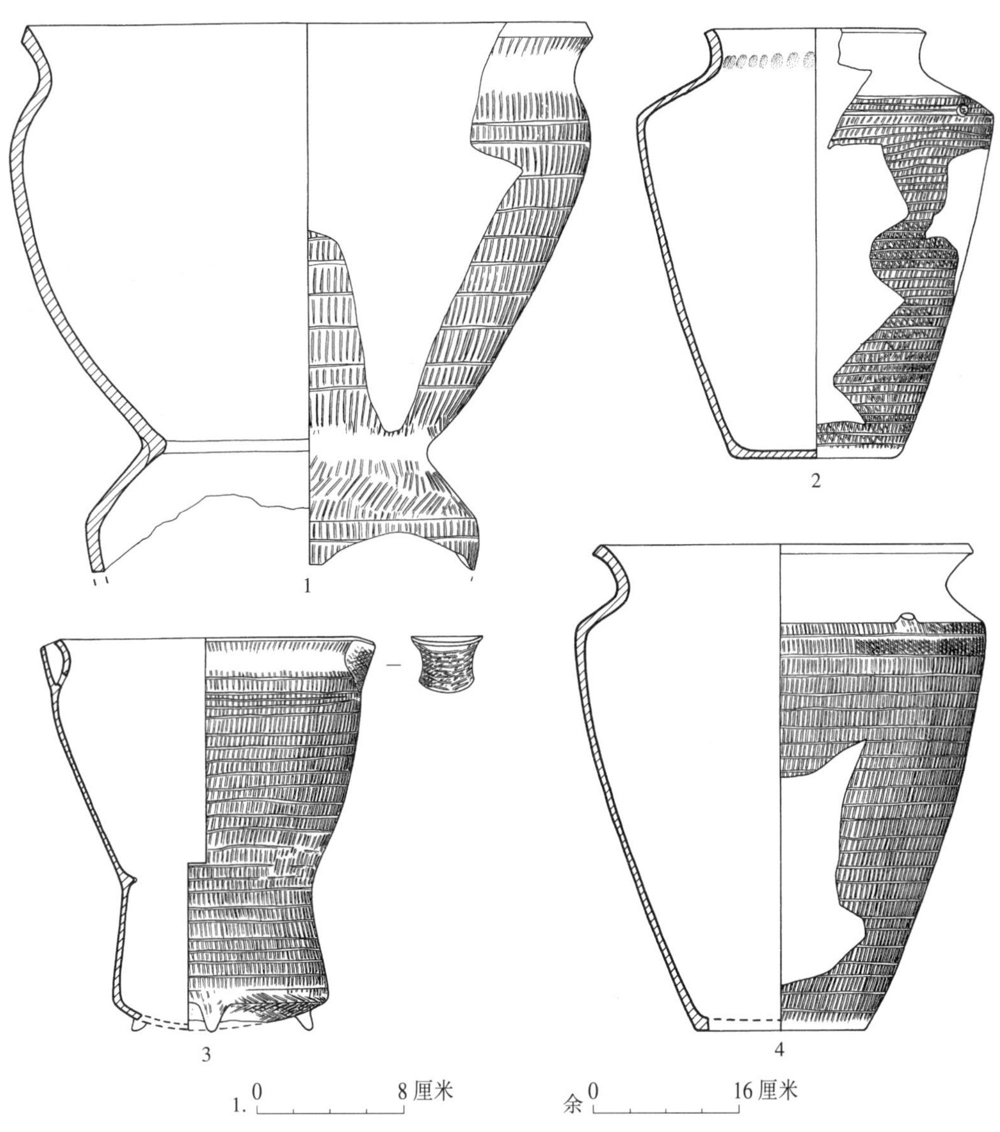

图七一五 84NT2③出土陶器

1. D型Ⅱ式甗（84NT2③:1） 2. Ea型Ⅲ式瓮（84NT2③:7） 3. Aa型Ⅳ式甗（84NT2③:4）
4. Ab型Ⅲ式瓮（84NT2③:5）

标本4件，其中陶器2件，硬陶器、铜器各1件。

陶甗 1件。标本84NT5③:3，Ca型Ⅱ式。夹砂灰陶，陶质较好。仅存甑部及甗腰。器形规整。甑部呈斜直壁圆桶形，敞口，近口部有一周凹槽，方唇，甗腰微束，腰内壁一周横隔沿用于支箅。内壁近口部安对称横向牛鼻形耳，耳孔上下对穿。器表通饰较细的竖绳纹。口径24、残高19.8厘米（图七一六，1；图版二九，2、3）。

陶球 1件。标本84NT5③:1，Aa型。泥质灰褐陶。圆形实心球。器表饰圆圈纹和划纹，纹饰模糊。直径3厘米（图七一六，4；图版五九，6）。

硬陶瓮 1件。标本84NT5③:4，Ab型Ⅳ式。灰硬陶。器形规整。侈口，折沿，方唇，束颈，弧肩，圆腹。器表肩腹部有三周戳饰成组的“人”字形纹。口径17.2、残高7.9厘米（图七一六，2）。

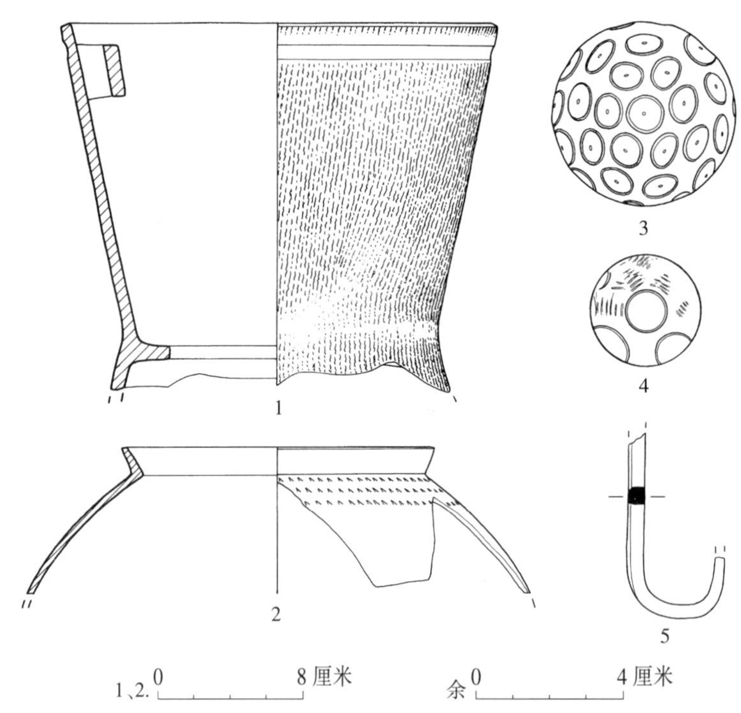

图七一六 84NT3、T5③出土器物

1. Ca型Ⅱ式陶甗（84NT5③:3） 2. Ab型Ⅳ式硬陶瓮（84NT5③:4）
3、4. Aa型陶球（84NT3③:1、84NT5③:1） 5. Ⅱ式铜钩（84NT5③:2）

铜钩 1件。标本84NT5③:2，Ⅱ式。青绿色。钩尾和钩尖均残损，截面圆角方形。残长4.8厘米（图七一六，5；彩版三二，2）。

84NT5②

器类有陶球。

标本1件。

陶球 1件。标本84NT5②:1，Aa型。夹细砂灰陶。圆形实心球。器表饰条纹。直径3.4厘米（图七一七，4；图版五九，9）。

3. 84NT1③~②

84NT1③

器类有陶豆。

标本1件。

陶豆 1件。标本84NT1③:1，Bb型。夹细砂灰陶。直口，厚方唇，浅折盘，圆柱状柄较粗矮，中部内弧，座口呈喇叭形。豆柄座处饰两周凹弦纹，其间饰菱形网格纹。口径18.8、底径12.2、高12.4厘米（图七一四，3；彩版二五，6）。

84NT1②

器类有陶支（拍）垫。

标本1件。

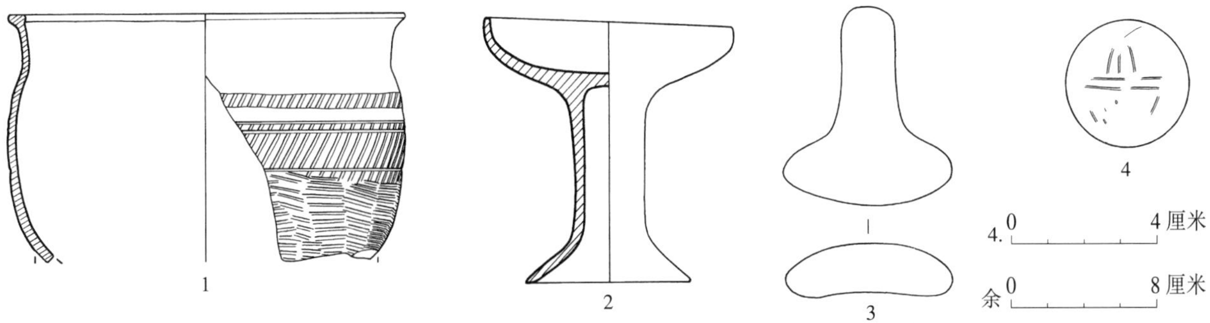

图七一七　84NT1、T5、T6②出土陶器

1. Db 型Ⅲ式鼎（84NT6②:1）　2. Ca 型Ⅲ式豆（84NT6②:2）　3. C 型Ⅱ式支（拍）垫（84NT1②:1）　4. Aa 型球（84NT5②:1）

陶支（拍）垫　1 件。标本 84NT1②:1，C 型Ⅱ式。夹细砂褐陶。由圆柱状柄形握手和圆饼形垫构成，柄顶弧，圆形垫周壁弧，垫面弧形。素面。垫直径 9.2、高 10.6 厘米（图七一七，3；彩版二七，7）。

4. 84NT3③

器类有陶球。

标本 1 件。

陶球　1 件。标本 84NT3③:1，Aa 型。夹细砂褐陶。圆形实心球。器表饰圆圈纹，圆圈中心饰圆点纹。直径 5 厘米（图七一六，3；图版五九，8）。

5. 84NT13③

器类有陶鬲、鼎、瓮及石斧和铜锥。

标本 6 件，其中陶器 4 件，石器 1 件，铜器 1 件。

陶鬲　2 件。标本 84NT13③:2，Aa 型Ⅲ式。夹砂黄褐陶。敞口微侈，卷沿，小方唇，颈肩分界不明显，弧腹，鬲身呈大口浅腹罐形，器内壁底部与足根对接处有较浅足窝。肩以下至足根饰条纹，底饰交错条纹。口径 15、残高 10.4 厘米（图七一八，3）。标本 84NT13③:3，Aa 型Ⅳ式。夹砂黄褐陶。侈口，卷沿，方唇，弧束颈，溜肩，圆鼓腹，鬲身呈大口浅腹罐形，器内壁底部与足根对接处有较浅足窝。肩以下至足根饰交错条纹。口径 16.8、残高 13 厘米（图七一八，4）。

陶鼎　1 件。标本 84NT13③:5，Ac 型Ⅱ式。夹砂褐陶。短颈，溜肩，圆鼓腹，鼎身呈罐形，圆柱状矮截锥足。颈部残留两道弦纹，肩下至足根饰绳纹。残高 11 厘米（图七一八，2）。

陶瓮　1 件。标本 84NT13③:4，Ab 型Ⅱ式。夹砂黄褐陶。侈口，弧沿，方唇，直颈，斜弧折肩，弧腹。肩腹相交处残有泥钉，腹部饰弦断条纹。口径 48、残高 17.2 厘米（图七一八，1）。

石斧　1 件。标本 84NT13③:6，Ab 型Ⅱ式。青灰色。磨制。扁体长方梯形，顶微弧，直边，偏锋直刃。长 9.3、宽 6.8、厚 2.4 厘米（图七一八，6）。

铜锥　1 件。标本 84NT13③:1，通体绿色。长条圆角方锥体，锥尖残损。残长 9、最大直径 0.8 厘米（图七一八，5；彩版三二，3）。

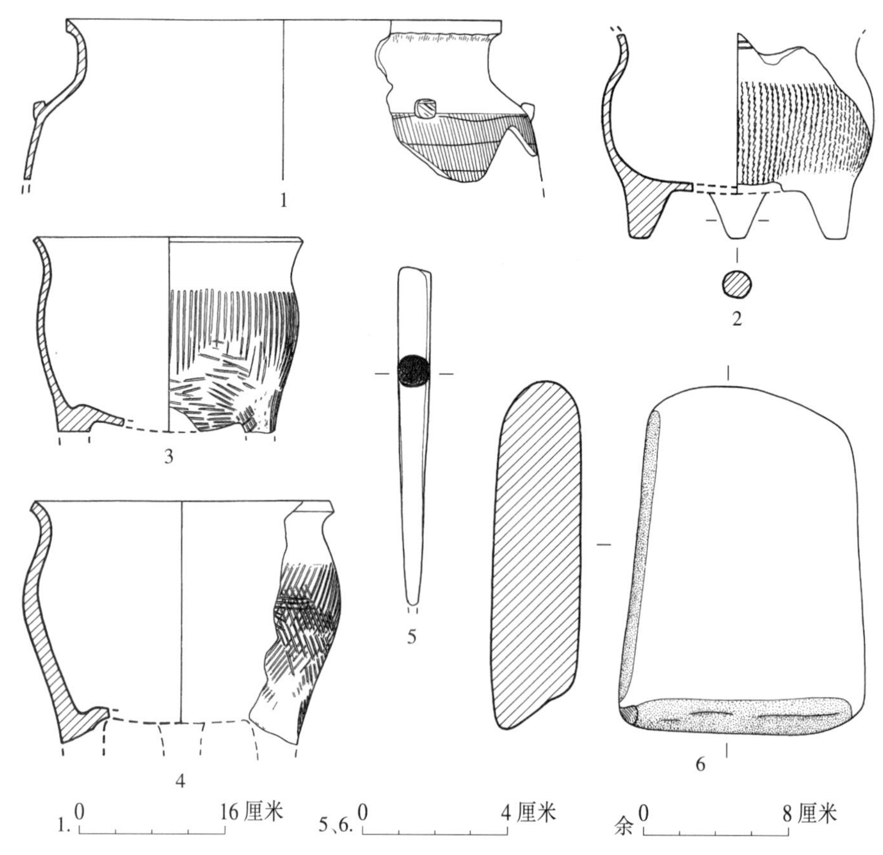

图七一八　84NT13③出土器物

1. Ab 型Ⅱ式陶瓮（84NT13③:4）　2. Ac 型Ⅱ式陶鼎（84NT13③:5）　3. Aa 型Ⅲ式陶鬲（84NT13③:2）　4. Aa 型Ⅳ式陶鬲（84NT13③:3）　5. 铜锥（84NT13③:1）　6. Ab 型Ⅱ式石斧（84NT13③:6）

6. 84NT6②

器类有陶鼎、豆。

标本 2 件。

陶鼎　1 件。标本 84NT6②:1，Db 型Ⅲ式。仿铜。夹砂灰陶。直口，沿面平，圆唇，斜直颈，小圆肩，弧腹。上腹饰弦断斜条纹，下腹饰横条纹。口径 22、残高 13.4 厘米（图七一七，1）。

陶豆　1 件。标本 84NT6②:2，Ca 型Ⅲ式。夹细砂黄褐陶。盘口略呈椭圆形，直口，圆唇，弧盘较深，豆柄圆柱状较瘦高，座口呈喇叭形。素面。口径 14.1 ~ 14.4、底径 9.2、高 13.6 厘米（图七一七，2；图版四六，5）。

第三节　分期与年代

一　分期

商周时代的文化遗存，包括东区南部第 2 ~ 6 层、北部第 2 ~ 5 层和中部第 2 ~ 6 层、西区第

3～6层、北区第2～4层等地层层位和灰坑、灰沟、房址（柱洞）、灶（坑）、陶窑、水井、烧土堆积、墓葬等遗迹单位。这些地层和遗迹单位互相间构成的叠压、打破关系十分复杂，为分期创造了一定的条件。分期条件较好的遗存主要在东区，尤其是2003年在东区南部和中部。我们从东区选择有代表性的层位关系讨论分期。

（1）东区南部层位、单位关系

1）⑥→03EH50→03EH53→生土层

2）⑥→03EH44→$\left[\begin{array}{l}\text{03EH58}\rightarrow\text{03EH59}\\\text{03EH54}\end{array}\right]$→生土层

3）⑤→03EH24→⑥

4）④→03EH18→03EH25→生土层

5）④→03EH15→03EH26→03EH45→⑤

6）③→03EH17→④

7）②→03EH19→03EH22→03EH39→生土层

8）②→03EH8→③

（2）东区中部层位、单位关系

1）⑥→03EH74→03EH169→03EH103→03EH88→03EH89→03EH84→生土层

2）⑥→03EH96→03EH124→03EH132→03EH105→03EH133→03EH138→生土层

3）⑤→03EH72→$\left[\begin{array}{l}\text{03EH81}\rightarrow\text{03EH79}\rightarrow\text{03EH80}\rightarrow\text{03EH127}\rightarrow\text{03EH90}\rightarrow\text{03EH87}\\\text{03EH177}\rightarrow\text{03EH93}\rightarrow\text{03EH144}\rightarrow\text{03EH146}\end{array}\right]$→生土层

4）⑤→03EG1→03ESK4、03EF1（新石器房子）→生土层

5）⑤→03EH139→生土层

6）⑤→03EH72→03EH82→03EH86→03EH92→生土层

7）④→03EH115→03EJ1→生土层

8）④→$\left[\begin{array}{l}\text{03EH114}\\\text{03EH141}\end{array}\right]$→03EG4→03EY1→03EH116→生土层

9）④→03EH117→03EH122→$\left[\begin{array}{l}\text{03EH162}\rightarrow\text{03EH159}\rightarrow\text{03EH157}\rightarrow\text{03EH172}\rightarrow\text{03EH164}\\\text{03EH121}\rightarrow\text{03EH118}\rightarrow\text{03EH145}\end{array}\right]$→生土层

10）④→03EH117→03EH161→03EH129→$\left[\begin{array}{l}\text{03EH68}\rightarrow\text{03EH94}\\\text{03EH70}\end{array}\right]$→生土层

11）④→03EH123→03EH98→03EH120→03EH65→03EH76→⑤

12）③→03EH112→$\left[\begin{array}{l}\text{03EH149}\rightarrow\text{03EH130}\rightarrow\text{03EH67}\rightarrow\text{03EH71}\rightarrow④\\\text{03EH106}\rightarrow\text{03EH178}\end{array}\right]$→生土层

13）②→03EH151→③

（3）东区北部层位、单位关系

②→③→$\left[\begin{array}{l}\text{90EH3}\rightarrow\text{90EH5}\\\text{90EH4}\end{array}\right]$→④→90EM1→90EF1→⑤→90EH17→90EF2→⑨（新石器地层）

上述22组层位关系，共涉及商周时代5个地层层位（2～6层）和81个遗迹单位，从东区层位关系排列中可以看出，几乎每层下开口的遗迹单位都有隔层打破或直接打破生土层的现象，可见地层覆盖是不完全性的，存在分布上的层位缺环。同时表明，对文化遗存的分期不能全凭地层叠压关系，必须结合器物形态的逻辑演进关系综合分期。如第5层下开口，或直接或间接打破生土层的遗迹单位有03EH72、H79～H82、H86、H87、H90、H92、H93、H122、H127、H139、H144、H146、H157、H159、H162、H164、H172、H177、H178和03EG1等。第4层下开口，或直接或间接打破生土层的遗迹单位有03EH18、H25、H68、H70、H94、H114、H116、H117、H118、H121、H129、H141、H145、H161和03EG4、Y1等。第3层下开口的03EH106，打破第5层下开口的03EH178等。第2层下开口，打破生土层的遗迹单位有03EH19、H22、H39等。再一个是第4～6层下的遗迹存在块状、条状集中分布，连续打破，形成“遗迹串遗迹”现象，反映了商周时代人们在遗址上生活范围的消长和生产内容的变更。此外，第6层下开口的遗迹绝大多数直接打破生土层，绝少打破第7层。如第6层下开口，或直接或间接打破生土层的遗迹有03EH44、H50、H53、H54、H74、H84、H88、H89、H96、H103、H105、H124、H132、H133、H138、H169等单位。反映了在同一个遗址上新石器时代人们的生活范围与商周时代的有所不同。

从上述地层和遗迹单位中，我们选择层位关系比较典型、器物组合相对齐全的地层和遗迹单位进行分组排序。

第1组：东区南部典型地层和遗迹单位有03EH58、H50、H44、T2410⑥、T2409⑥、H24、T2410⑤、T2409⑤、T2509⑤、H25、H26、T2410④、T2508④、H17、T2509③、H22、H19、H8等。

第2组：东区中部典型地层和遗迹单位有03EH103、H105、H132、H139、H79、H93、H144、H146、H72、T2707⑤、T2607⑤、Y1、G4、H164、H129、H120、H118、H98、H115、H117、T2707④、H106、H67、H130、H149、T2605③、H151等。

第3组：东区北部典型地层和遗迹单位有90EF2、T217⑤、T233⑤、T217④、T233④等。

上述三组地层和遗迹单位，包含的主要陶器器类有10类28型，是商周时代典型陶器型式组合（表一八）。

从表一八中可以看出，第1组中的03EH58、H50、H44、T2410⑥、T2409⑥等单位，出Aa型Ⅰ式、Ab型Ⅰ式、Ba型Ⅰ式鬲，Aa型Ⅰ式、Ab型Ⅰ式甗，Aa型Ⅰ式、Aa型Ⅱ式、Fa型Ⅰ式、Fa型Ⅱ式罐，Aa型Ⅰ式、Ga型Ⅰ式、Gc型Ⅰ式、Gc型Ⅱ式、Ha型Ⅰ式、Ha型Ⅱ式瓮，A型Ⅰ式罍，Aa型Ⅰ式、Aa型Ⅱ式豆，Aa型Ⅰ式钵等器物；第2组中的03EH103、H105、H132等单位，出Ac型Ⅰ式、Ad型Ⅰ式鬲，Ab型Ⅰ式甗，Aa型Ⅰ式罐，Ca型Ⅰ式瓮，Aa型Ⅰ式钵等器物；第3组中的90EF2等单位，出Aa型Ⅰ式、Ac型Ⅱ式鬲，Aa型Ⅰ式盆，Ab型Ⅰ式豆等器物。这些器物处在遗址商周时代文化堆积下层，可定为最早的第一段。

第1组中的03EH24、T2410⑤、T2409⑤、T2509⑤等单位，出Aa型Ⅱ式、Aa型Ⅲ式、Ac型Ⅱ式、Ad型Ⅲ式、Da型Ⅰ式鬲，Aa型Ⅱ式罐，Ha型Ⅱ式瓮，Bb型Ⅰ式缸等器物；第2组中的03EH139、H79、H93、H144、H146、H72、T2707⑤、T2607⑤、Y1等单位，出Aa型Ⅱ式、Ab型

表一八　商周时代典型层位主要陶器组合关系对应表

组序	单位（地层、灰坑）	鬲						甗		鼎			罐		瓮						罍			盆		缸	豆		钵
		A				Ba	Da	Aa	Ab	D			Aa	Fa	A		Ca	G		Ha	A	Ba	Ca	Aa	Bb	Bb	A		Aa
		Aa	Ab	Ac	Ad					Da	Dc	Dd			Aa	Ab		Ga	Gc								Aa	Ab	
1	03EH58	Ⅰ						Ⅰ					Ⅰ																
	03EH50												Ⅱ	Ⅰ				Ⅰ		Ⅰ	Ⅰ								
	03EH44	Ⅰ	Ⅰ											Ⅱ					Ⅰ								Ⅰ		Ⅰ
	03ET2410⑥	Ⅰ	Ⅰ			Ⅰ									Ⅰ					Ⅱ									
	03ET2409⑥	Ⅰ						Ⅰ	Ⅰ				Ⅱ						Ⅱ								Ⅱ		
	03EH24	Ⅱ		Ⅱ			Ⅰ																						
	03ET2410⑤	Ⅱ		Ⅱ	Ⅲ								Ⅱ							Ⅱ									
	03ET2409⑤	Ⅲ			Ⅲ								Ⅱ																
	03ET2509⑤																									Ⅰ			
	03EH25																												Ⅱ
	03EH26	Ⅲ	Ⅲ					Ⅱ													Ⅱ			Ⅲ	Ⅱ	Ⅲ	Ⅳ	Ⅱ	
	03ET2410④												Ⅳ											Ⅲ					
	03ET2508④				Ⅲ	Ⅲ	Ⅲ						Ⅳ												Ⅲ				
	03EH17	Ⅲ											Ⅴ														Ⅳ		
	03ET2509③																												Ⅲ
	03EH22			Ⅳ	Ⅳ						Ⅲ	Ⅲ				Ⅳ	Ⅲ	Ⅲ					Ⅲ				Ⅴ	Ⅳ	
	03EH19	Ⅳ				Ⅳ									Ⅳ														
	03EH8	Ⅳ						Ⅳ	Ⅳ									Ⅲ									Ⅴ	Ⅳ	
2	03EH103			Ⅰ	Ⅰ				Ⅰ								Ⅰ												
	03EH105			Ⅰ					Ⅰ								Ⅰ												
	03EH132												Ⅰ																Ⅰ
	03EH139			Ⅱ	Ⅱ	Ⅱ		Ⅰ、Ⅱ																					
	03EH79							Ⅰ							Ⅱ		Ⅰ							Ⅱ					
	03EH93	Ⅱ	Ⅱ		Ⅱ				Ⅱ						Ⅱ														
	03EH144																					Ⅰ							

续表一八

组序	单位（地层、灰坑）	鬲						甗		鼎			罐		瓮						罍			盆		缸	豆		钵
		A				Ba	Da	Aa	Ab	D			Aa	Fa	A		Ca	G		Ha	A	Ba	Ca	Aa	Bb	Bb	A		Aa
		Aa	Ab	Ac	Ad					Da	Dc	Dd			Aa	Ab		Ga	Gc								Aa	Ab	
2	03EH146		Ⅱ													Ⅰ													
	03EH72												Ⅲ		Ⅱ														
	03ET2707⑤									Ⅰ																			
	03ET2607⑤													Ⅲ															
	03EY1																							Ⅲ		Ⅱ	Ⅲ		
	03EG4		Ⅱ、Ⅲ				Ⅱ	Ⅱ	Ⅱ				Ⅳ		Ⅲ		Ⅱ									Ⅲ			
	03EH164											Ⅰ																	
	03EH129		Ⅲ	Ⅲ						Ⅲ		Ⅱ			Ⅲ		Ⅱ					Ⅱ	Ⅰ					Ⅰ	Ⅰ
	03EH120	Ⅲ		Ⅲ							Ⅰ																		
	03EH118								Ⅲ																				
	03EH98	Ⅲ		Ⅲ						Ⅱ																			
	03EH115																			Ⅱ	Ⅲ								
	03EH117				Ⅲ																	Ⅲ		Ⅲ			Ⅳ		
	03ET2707④	Ⅲ											Ⅳ																
	03EH106												Ⅳ	Ⅳ															
	03EH67												Ⅳ									Ⅳ				Ⅳ			
	03EH130		Ⅳ					Ⅲ		Ⅲ													Ⅱ				Ⅳ	Ⅲ	Ⅱ
	03EH149		Ⅳ					Ⅲ			Ⅱ				Ⅳ							Ⅳ							
	03ET2605③																					Ⅳ						Ⅲ	
	03EH151																					Ⅳ	Ⅲ						
3	90EF2	Ⅰ																						Ⅰ				Ⅰ	
	90ET217⑤	Ⅰ																							Ⅰ		Ⅱ		
	90ET233⑤	Ⅱ		Ⅱ																							Ⅱ		
	90ET217④		Ⅲ																										
	90ET233④			Ⅲ											Ⅲ														

Ⅱ式、Ac型Ⅱ式、Ad型Ⅱ式、Ba型Ⅱ式鬲，Aa型Ⅰ式、Aa型Ⅱ式、Ab型Ⅱ式甗，Da型Ⅰ式鼎，Aa型Ⅲ式、Fa型Ⅲ式罐，Aa型Ⅱ式、Ab型Ⅰ式、Ca型Ⅰ式瓮，Ba型Ⅰ式罍，Aa型Ⅱ式、Aa型Ⅲ式盆，Bb型Ⅱ式缸，Aa型Ⅲ式豆等器物。第3组中的90ET217⑤、T233⑤等单位，出Aa型Ⅰ式、Aa型Ⅱ式、Ac型Ⅱ式鬲，Bb型Ⅰ式盆，Aa型Ⅱ式豆等器物。这些器物处在遗址商周时代文化堆积中、下层，可定为第二段。

第1组中的03EH25、H26、T2410④、T2508④等单位，出Aa型Ⅲ式、Ab型Ⅲ式、Ad型Ⅲ式、Ba型Ⅲ式、Da型Ⅲ式鬲，Aa型Ⅱ式甗，Aa型Ⅳ式罐，Aa型Ⅱ式罍，Aa型Ⅲ式、Bb型Ⅱ式、Bb型Ⅲ式盆，Bb型Ⅲ式缸，Aa型Ⅳ式、Ab型Ⅱ式豆，Aa型Ⅱ式钵等器物；第2组中的03EG4、H164、H129、H120、H118、H98、H115、H117、T2707④等单位，出Aa型Ⅲ式、Ab型Ⅱ式、Ab型Ⅲ式、Ac型Ⅲ式、Ad型Ⅲ式、Da型Ⅱ式鬲，Aa型Ⅱ式、Ab型Ⅱ式、Ab型Ⅲ式甗，Da型Ⅱ式、Da型Ⅲ式、Dc型Ⅰ式、Dd型Ⅰ式、Dd型Ⅱ式鼎，Aa型Ⅳ式罐，Aa型Ⅲ式、Ca型Ⅱ式、Ea型Ⅱ式、Ha型Ⅱ式瓮，A型Ⅲ式、Ba型Ⅱ式、Ba型Ⅲ式、Ca型Ⅰ式罍，Aa型Ⅲ式盆，Aa型Ⅲ式、Aa型Ⅳ式、Ab型Ⅰ式豆，Aa型Ⅰ式钵等器物；第3组中的90ET217④、T233④等单位，出Ab型Ⅲ式、Ac型Ⅲ式鬲，Aa型Ⅲ式瓮等器物。这些器物处在遗址商周时代文化堆积中层，可定为第三段。

第1组中的03EH17、T2509③、H22、H19、H8等单位，出Aa型Ⅲ式、Aa型Ⅳ式、Ac型Ⅳ式、Ad型Ⅳ式、Ba型Ⅳ式鬲，Aa型Ⅳ式、Ab型Ⅳ式甗，Dc型Ⅲ式、Dd型Ⅲ式鼎，Aa型Ⅴ式罐，Aa型Ⅳ式、Ab型Ⅳ式、Ca型Ⅲ式、Ga型Ⅲ式瓮，Ca型Ⅲ式罍，Aa型Ⅳ式、Aa型Ⅴ式、Ab型Ⅳ式豆，Aa型Ⅲ式钵等器物；第2组中的03EH106、H67、H130、H149、T2605③、H151等单位，出Ab型Ⅳ式鬲，Aa型Ⅲ式甗，Da型Ⅲ式、Dc型Ⅱ式鼎，Aa型Ⅳ式、Fa型Ⅳ式罐，Aa型Ⅳ式瓮，Ba型Ⅳ式、Ca型Ⅱ式、Ca型Ⅲ式罍，Bb型Ⅳ式缸，Aa型Ⅳ式、Ab型Ⅲ式豆，Aa型Ⅱ式钵等器物。这些器物处在遗址商周时代文化堆积上层，可定为第四段。

我们根据上述东区三组典型层位关系和陶器比较，归纳出反映东区第6层下至第2层下相对顺序的4个时间段。即东区南部、中部第6层下开口的遗迹单位，第6层和部分5层下开口打破生土层的遗迹单位；东区北部第5层下开口的遗迹单位为最早的第一段。东区南部、中部第5层下和南部、中部、北部第5层及第4层下开口的Y1等遗迹单位为第二段。东区南部、中部、北部第4层下开口的遗迹单位，第4层为第三段。东区南部、中部第3层下开口的遗迹单位，第3层和2层下开口（包括第2层）以03EH22、H19、H8、H151为代表的遗迹单位为第四段。

遗址东区03ET2001、T2101、T2201等3个探方，属东区南部单独发掘的一个小区块，地层堆积共分5层，第3～5层为商周时期文化层，所出的遗物标本不多，其期段可以03EG3的期段为据。03EG3位于03ET2001、T2101、T2201中，开口于第3层下，打破第4层，深入生土层（砂岩）。03EG3自身分四层，其中的第3层，可代表03EG3的期段。03EG3第3层陶器的基本组合为Aa型Ⅲ式鬲，Ac型Ⅱ式、Fc型Ⅲ式罐，Cb型Ⅰ式、Eb型Ⅱ式、Eg型Ⅱ式、Ga型Ⅱ式、Gc型Ⅲ式瓮，Bb型缸，Bc型Ⅰ式、Bd型缸底，Aa型Ⅲ式盆等，与上述四段中的第三段相当。1984年在遗址东区南部发掘6个探方（沟），共清理商周时期灰坑2个，文化层5

层（2～6层）。地层堆积与2003年发掘的地层堆积相吻合，所出陶器器类相同，可依次排列到上述划分的四个发展阶段中。

遗址西区地层堆积尽管比较零乱，遗迹单位中出土的遗物不多。但是商周时期的陶器基本组合比较齐备，可与上述四个发展阶段作比较，将所出遗物分别划分到上述四个发展阶段中。

遗址北区2～4层和灰坑属商周时代文化遗存。所出陶器基本组合比较齐备，与上述四个发展阶段可作比较，并可依次排列到上述四个发展阶段中。

综上所述，可将大路铺遗址商周时代文化遗存归纳如下：

第一段有东区南部03EH44、H50、H53、H54、H58、H59和第6层（含1984年第6层）；东区中部03EH74、H84、H88、H89、H96、H103、H105、H108、H124、H132、H133、H138、H169、H170和第6层及H82、H86、H92、H104；东区北部90EH17、H22和F2；西区第6层等。

第二段有东区南部03EH3、H24、H35、H42、H43、H52和第5层（含1984年第5层），84EH2；东区中部03EH72、H79、H80、H81、H87、H90、H93、H127、H131、H139、H142、H144、H146、H158、H177、H178、G1、SK4和第5层以及第4层下开口打破生土层的H116、H160、H164、Y1、J1；东区北部90EH17、H22、F1和第5层；北区84NH8；西区84WH3、H4、H5、H6、H7和第5层等。

第三段有东区南部03EH7、H9、H10、H13、H14、H15、H18、H20、H21、H25、H26、H27、H29、H33、H38、H45、SK7和第4层（含1984年第4层）及03EG3（D19～D36、D37～D41），84EH1；东区中部03EH65、H68、H69、H70、H73、H76、H77、H83、H94、H95、H98、H111、H113、H114、H115、H117、H118、H119、H120、H121、H122、H123、H128、H129、H135、H136、H140、H141、H145、H147、H148、H150、H154、H155、H157、H159、H161、H162、H163、H165、H167、H168、H171、H172、H173、H174、G4和第4层；东区北部90EH8、H18、H19、H20、H21、M1和第4层；西区84WH1和第4层；北区84NH11、H12、H13、H14、H10和第4层等。

第四段有东区南部03EH1、H2、H5、H6、H8、H11、H12、H16、H17、H19、H22、H23、H28、H36、H37、H39、H55，SK5、SK6、ST1、ST2、ST3和第3、2层（含1984年第3、2层）；东区中部03EH67、H71、H106、H112、H130、H149、G2、SK1、SK2、SK3、H97、H100、H101、H102、H107、H110、H125、H126、H151、H152、H175、H66、H75、H85、H99、H143、H176和第3、2层；东区北部90EH3、H4、H5、H6、H7、H9、H14、H16、H24、H25、H26、G2、H10、H13、G1和第3、2层；西区84WH2和第3层；北区84NH1、H2、H3、H4、H5、H6、H7、H9和第3、2层等。

综合东、西、北三个区块四段文化遗存，可归纳成代表商周时代主要陶器型式组合关系表（表一九）。

表一九基本上覆盖了大路铺遗址商周时代陶器群，在此表基础上，根据四段主要陶器器类组合、型式变化，器类增减等要素，可将商周时期遗存分为四期。

第一期主要出土Aa型Ⅰ式、Ab型Ⅰ式、Ac型Ⅰ式、Ad型Ⅰ式、Ae型Ⅰ式、Af型Ⅰ式、Ag型Ⅰ式、Ah型Ⅰ式、Ba型Ⅰ式、Bb型Ⅰ式、C型Ⅰ式、Ha型Ⅰ式、Hc型Ⅰ式鬲，Aa型Ⅰ式、Ab

表一九　商周时代主要陶器型式组合关系表

期段	单位（地层、灰坑）	鬲						甗		鼎			罐		瓮						罍			盆		缸	豆		钵
		A				Ba	Da	Aa	Ab	D			Aa	Fa	A		Ca	G		Ha	A	Ba	Ca	Aa	Bb	Bb	A		Aa
		Aa	Ab	Ac	Ad					Da	Dc	Dd			Aa	Ab		Ga	Gc								Aa	Ab	
一	03EH58	Ⅰ						Ⅰ					Ⅰ																
	03EH50												Ⅱ	Ⅰ				Ⅰ		Ⅰ	Ⅰ								
	03EH44	Ⅰ	Ⅰ											Ⅱ					Ⅰ								Ⅰ		Ⅰ
	03ET2410⑥	Ⅰ	Ⅰ			Ⅰ									Ⅰ					Ⅱ									
	03ET2409⑥	Ⅰ						Ⅰ	Ⅰ				Ⅱ						Ⅱ								Ⅱ		
	03EH103			Ⅰ	Ⅰ				Ⅰ								Ⅰ												
	03EH105			Ⅰ					Ⅰ								Ⅰ												
	03EH132												Ⅰ																Ⅰ
	90EF2	Ⅰ																						Ⅰ				Ⅰ	
二	03EH24	Ⅱ		Ⅱ			Ⅰ																						
	03ET2410⑤	Ⅱ		Ⅱ	Ⅲ								Ⅱ							Ⅱ									
	03ET2409⑤	Ⅲ			Ⅲ								Ⅱ																
	03ET2509⑤																									Ⅰ			
	03EH139			Ⅱ	Ⅱ	Ⅱ		Ⅰ Ⅱ																					
	03EH79														Ⅱ		Ⅰ							Ⅱ					
	03EH93	Ⅱ	Ⅱ		Ⅱ				Ⅱ						Ⅱ														
	03EH144																					Ⅰ							
	03EH146		Ⅱ													Ⅰ													
	03EH72												Ⅲ		Ⅱ														
	03ET2707⑤									Ⅰ																			
	03ET2607⑤													Ⅲ															
	03EY1																							Ⅲ		Ⅱ	Ⅲ		
	90ET217⑤	Ⅰ																							Ⅰ		Ⅱ		
	90ET233⑤	Ⅱ		Ⅱ																							Ⅱ		

续表一九

期段	单位（地层、灰坑）	鬲						甗		鼎			罐		瓮						罍			盆		缸	豆		钵
		A				Ba	Da	Aa	Ab	D			Aa	Fa	A		Ca	G		Ha	A	Ba	Ca	Aa	Bb	Bb	A		Aa
		Aa	Ab	Ac	Ad					Da	Dc	Dd			Aa	Ab		Ga	Gc								Aa	Ab	
三	03EH25																												Ⅱ
	03EH26	Ⅲ	Ⅲ					Ⅱ													Ⅱ			Ⅲ	Ⅱ	Ⅲ	Ⅳ	Ⅱ	
	03ET2410④												Ⅳ											Ⅲ					
	03ET2508④				Ⅲ	Ⅲ	Ⅲ						Ⅳ												Ⅲ				
	03EG4		Ⅱ Ⅲ				Ⅱ	Ⅱ	Ⅱ				Ⅳ		Ⅲ		Ⅱ										Ⅲ		
	03EH129		Ⅲ	Ⅲ						Ⅲ		Ⅱ			Ⅲ		Ⅱ					Ⅱ	Ⅰ					Ⅰ	Ⅰ
	03EH120	Ⅲ		Ⅲ							Ⅰ																		
	03EH118								Ⅲ																				
	03EH98	Ⅲ		Ⅲ						Ⅱ																			
	03EH115																			Ⅱ	Ⅲ								
	03EH117				Ⅲ																	Ⅲ		Ⅲ			Ⅳ		
	03ET2707④	Ⅲ											Ⅳ																
	90ET217④		Ⅲ																										
	90ET233④			Ⅲ											Ⅲ														
四	03EH17	Ⅲ											Ⅴ														Ⅳ		
	03ET2509③																												Ⅲ
	03EH22			Ⅳ	Ⅳ						Ⅲ	Ⅲ				Ⅳ	Ⅲ	Ⅲ					Ⅲ				Ⅴ	Ⅳ	
	03EH19	Ⅳ				Ⅳ									Ⅳ														
	03EH8	Ⅳ						Ⅳ	Ⅳ									Ⅲ									Ⅴ	Ⅳ	
	03EH106												Ⅳ	Ⅳ															
	03EH67												Ⅳ									Ⅳ				Ⅳ			
	03EH130		Ⅳ					Ⅲ		Ⅲ													Ⅱ				Ⅳ	Ⅲ	Ⅱ
	03EH149		Ⅳ					Ⅲ			Ⅱ				Ⅳ							Ⅳ							
	03ET2605③																					Ⅳ						Ⅲ	
	03EH151																					Ⅳ	Ⅲ						

型Ⅰ式、Ac型Ⅰ式和Ad型、B型、Ca型甗，Aa型Ⅰ式滤盉，Aa型Ⅰ式、Ac型Ⅰ式、Bb型Ⅰ式鼎，Aa型Ⅰ式、Aa型Ⅱ式、Ab型Ⅰ式、Ac型Ⅰ式、Ba型Ⅰ式、Ba型Ⅱ式、Bb型Ⅰ式、Ca型Ⅰ式、Cb型Ⅰ式、Fa型Ⅰ式、Fa型Ⅱ式、Fb型Ⅰ式、Fb型Ⅱ式、Fd型Ⅰ式、Ga型Ⅰ式、H型Ⅰ式和Ⅰ型罐，Aa型Ⅰ式、Ac型Ⅰ式、Ca型Ⅰ式、D型、Ea型Ⅰ式、Ed型Ⅰ式、Ee型Ⅰ式、Eh型Ⅰ式、Fa型Ⅰ式、Fb型Ⅰ式、Fc型Ⅰ式、Ga型Ⅰ式、Gc型Ⅰ式、Gc型Ⅱ式、Ha型Ⅰ式、Ha型Ⅱ式和Hb型瓮，Aa型Ⅰ式和Ba型罍，Aa型Ⅰ式、Ab型Ⅰ式、Ba型Ⅰ式、C型Ⅰ式、C型Ⅱ式盆，B型Ⅰ式尊，Aa型Ⅰ式、Ab型Ⅰ式、Ba型Ⅰ式钵，Aa型Ⅰ式、Aa型Ⅱ式、Ab型Ⅰ式和Bc型豆，A型Ⅰ式、Ba型Ⅰ式缸，Aa型Ⅰ式、Ad型Ⅰ式、Ba型Ⅰ式、Bc型Ⅰ式器盖等。

第二期主要出土Aa型Ⅰ式、Aa型Ⅱ式、Aa型Ⅲ式、Ab型Ⅰ式、Ab型Ⅱ式、Ac型Ⅱ式、Ad型Ⅱ式、Ad型Ⅲ式、Af型Ⅱ式、Ag型Ⅱ式、Ah型Ⅱ式、Ba型Ⅱ式、C型Ⅱ式、Ha型Ⅱ式鬲，Aa型Ⅰ式、Aa型Ⅱ式、Ab型Ⅱ式、B型、Ca型甗，Aa、Ab型滤盉，Aa型Ⅱ式、Bb型Ⅱ式鼎，Aa型Ⅱ式、Aa型Ⅲ式、Aa型Ⅳ式、Ab型Ⅱ式、Ba型Ⅲ式、Bb型Ⅰ式、Ca型Ⅱ式、Fa型Ⅲ式、Fb型Ⅱ式、H型罐，Aa型Ⅱ式、Ac型Ⅱ式、Ca型Ⅰ式、Ea型Ⅱ式、Ed型Ⅱ式、Fa型Ⅱ式、Fb型Ⅱ式、Ga型Ⅱ式、Gc型、Ha型Ⅱ式瓮，Ba型Ⅰ式罍，Aa型Ⅱ式、Aa型Ⅲ式、Ab型Ⅱ式、Ba型Ⅰ式、Ba型Ⅱ式、C型Ⅱ式盆，Ab型Ⅰ式、Ab型Ⅱ式、Ba型Ⅱ式、Bb型钵，Aa型Ⅱ式、Aa型Ⅲ式、Ab型Ⅰ式、Bc型豆，A型Ⅱ式、A型Ⅲ式、Ba型Ⅰ式、Ba型Ⅱ式缸，Aa型Ⅱ式、Ad型Ⅱ式器盖等。新增器类有Ai型Ⅰ式、Da型Ⅰ式、E型、F型、G型、Hb型Ⅰ式鬲，D型Ⅰ式甗，Ab型Ⅰ式、Ba型Ⅰ式、Da型Ⅰ式、Db型、Dd型Ⅰ式鼎，Ad型Ⅰ式、Bc型Ⅰ式、Bd型Ⅰ式、Fc型Ⅰ式、Fc型Ⅱ式、Ff型Ⅰ式、Ff型Ⅱ式、Gb型Ⅰ式罐，Ab型Ⅰ式、B型Ⅰ式、Eb型Ⅰ式、Ec型Ⅰ式、Ef型Ⅰ式、Eg型Ⅰ式、Fd型Ⅰ式、Gb型Ⅰ式、Gd型Ⅰ式瓮，Bb型Ⅰ式罍，A型Ⅰ式尊，D型Ⅰ式壶，Bb型Ⅰ式、Bc型Ⅰ式、Bc型Ⅱ式盆，Ac型Ⅰ式、Ad型Ⅰ式、Cb型Ⅰ式、Da型Ⅰ式、Db型Ⅰ式钵，Ba型Ⅰ式、Bd型、Ca型Ⅰ式、Ca型Ⅱ式、D型豆，Bb型Ⅰ式、Bb型Ⅱ式缸，Ab型Ⅰ式、Ac型Ⅰ式、Ac型Ⅱ式、Ac型Ⅲ式、Ba型Ⅰ式、Ba型Ⅱ式器盖等。

第三期主要出土Aa型Ⅲ式、Ab型Ⅱ式、Ab型Ⅲ式、Ac型Ⅲ式、Ad型Ⅲ式、Ae型Ⅱ式、Af型Ⅱ式、Af型Ⅲ式、Ag型Ⅲ式、Ag型Ⅳ式、Ah型Ⅱ式、Ah型Ⅲ式、Ba型Ⅲ式、Bb型Ⅱ式、C型Ⅱ式、C型Ⅲ式、Da型Ⅱ式、Da型Ⅲ式、Ha型Ⅱ式、Ha型Ⅲ式、Hc型Ⅱ式鬲，Aa型Ⅱ式、Aa型Ⅲ式、Ab型Ⅱ式、Ab型Ⅲ式、Ac型Ⅱ式、Ca型、D型Ⅰ式甗，Aa型Ⅱ式滤盉，Ab型Ⅱ式、Ab型Ⅲ式、Ba型Ⅱ式、Ba型Ⅲ式、Bb型Ⅱ式、Da型Ⅱ式、Da型Ⅲ式、Db型Ⅰ式、Dd型Ⅱ式鼎，Aa型Ⅳ式、Ab型Ⅱ式、Ab型Ⅲ式、Ab型Ⅳ式、Ac型Ⅱ式、Ad型Ⅱ式、Ba型Ⅲ式、Bb型Ⅱ式、Bc型Ⅱ式、Bd型Ⅰ式、Bd型Ⅱ式、Bd型Ⅲ式、Ca型Ⅱ式、Ca型Ⅲ式、Cb型Ⅱ式、D型Ⅰ式、D型Ⅱ式、Fa型Ⅲ式、Fb型Ⅱ式、Fb型Ⅲ式、Fb型Ⅳ式、Fc型Ⅲ式、Ff型Ⅲ式、Ga型Ⅱ式、Gb型Ⅰ式、Gb型Ⅱ式、H型、J型罐，Aa型Ⅲ式、Ab型Ⅱ式、Ac型Ⅱ式、B型Ⅱ式、B型Ⅲ式、Ca型Ⅱ式、Ea型Ⅱ式、Eb型Ⅰ式、Eb型Ⅱ式、Ec型Ⅱ式、Ed型Ⅲ式、Ee型Ⅱ式、Ee型Ⅲ式、Ef型Ⅱ式、Eg型Ⅱ式、Eh型Ⅱ式、Fb型Ⅲ式、Fb型Ⅳ式、Fc型Ⅱ式、Fd型Ⅱ式、Fd型Ⅲ式、Ga型Ⅱ式、Gb型Ⅰ式、Gb型Ⅱ式、Gb型Ⅲ式、Gc

型Ⅲ式、Gd 型Ⅱ式、Ha 型Ⅱ式瓮，A 型Ⅱ式、A 型Ⅲ式、Ba 型Ⅱ式、Ba 型Ⅲ式、Bb 型Ⅱ式罍，A 型Ⅰ式、A 型Ⅱ式、A 型Ⅲ式尊，D 型Ⅱ式、D 型Ⅲ式壶，Aa 型Ⅲ式、Ab 型Ⅱ式、Ab 型Ⅲ式、Ba 型Ⅱ式、Ba 型Ⅲ式、Bb 型Ⅱ式、Bb 型Ⅲ式、Bc 型Ⅱ式、C 型Ⅲ式盆，Aa 型Ⅰ式、Aa 型Ⅱ式、Ac 型Ⅱ式、Ac 型Ⅲ式、Ad 型Ⅱ式、Cb 型Ⅱ式、Cb 型Ⅲ式钵，Aa 型Ⅲ式、Aa 型Ⅳ式、Ab 型Ⅰ式、Ab 型Ⅱ式、Ba 型、Ca 型Ⅱ式豆，A 型Ⅳ式、Bb 型Ⅲ式、Bc 型缸，Aa 型Ⅲ式、Aa 型Ⅳ式、Ab 型Ⅰ式、Ab 型Ⅱ式、Ab 型Ⅲ式、Ba 型Ⅱ式、Bc 型Ⅱ式器盖等。新增器类有 Aj 型Ⅰ式、Aj 型Ⅱ式、Ak 型、Db 型鬲，Cb 型甗，Ac 型滤盉，Ad 型Ⅰ式、C 型Ⅰ式、C 型Ⅱ式、Dc 型Ⅰ式鼎，E 型、Fd 型Ⅰ式、Fd 型Ⅱ式、Fe 型Ⅰ式罐，Cb 型Ⅰ式瓮，Ca 型Ⅰ式、Cb 型Ⅰ式罍，Ca 型Ⅰ式钵等。

第四期主要出土 Aa 型Ⅲ式、Aa 型Ⅳ式、Ab 型Ⅳ式、Ac 型Ⅳ式、Ad 型Ⅳ式、Ae 型Ⅱ式、Ae 型Ⅲ式、Af 型Ⅲ式、Ag 型Ⅳ式、Ag 型Ⅴ式、Ah 型Ⅲ式、Ai 型Ⅱ式、Ba 型Ⅳ式、C 型Ⅲ式、F 型、Ha 型、Hb 型Ⅱ式鬲，Aa 型Ⅲ式、Aa 型Ⅳ式、Ab 型Ⅳ式、Ca 型Ⅰ式、Ca 型Ⅱ式、D 型Ⅱ式、D 型Ⅲ式甗，Aa 型Ⅲ式、Ab 型滤盉，Ab 型Ⅲ式、Ac 型Ⅱ式、Ad 型Ⅱ式、Bb 型Ⅱ式、Bb 型Ⅲ式、Da 型Ⅲ式、Db 型Ⅱ式、Db 型Ⅲ式、Dc 型Ⅱ式、Dc 型Ⅲ式、Dd 型Ⅱ式、Dd 型Ⅲ式鼎，Aa 型Ⅳ式、Aa 型Ⅴ式、Aa 型Ⅵ式、Ab 型Ⅳ式、Ab 型Ⅴ式、Ad 型Ⅲ式、Ba 型Ⅳ式、Bb 型Ⅳ式、Bc 型Ⅲ式、Fa 型Ⅳ式、Fb 型Ⅳ式、Fc 型Ⅲ式、Fc 型Ⅳ式、Fd 型Ⅱ式、Fd 型Ⅲ式、Fe 型Ⅱ式、Fe 型Ⅲ式、Ga 型Ⅲ式、Ga 型Ⅳ式、Gb 型Ⅲ式、H 型Ⅱ式、H 型Ⅲ式、I 型罐，Aa 型Ⅳ式、Ab 型Ⅱ式、Ab 型Ⅲ式、Ab 型Ⅳ式、Ac 型Ⅲ式、B 型Ⅲ式、Ca 型Ⅲ式、Cb 型Ⅱ式、Ea 型Ⅲ式、Ea 型Ⅳ式、Eb 型Ⅲ式、Ec 型Ⅱ式、Ec 型Ⅲ式、Ed 型Ⅲ式、Ed 型Ⅳ式、Ee 型Ⅲ式、Ee 型Ⅳ式、Ef 型Ⅲ式、Ef 型Ⅳ式、Eg 型Ⅲ式、Eg 型Ⅳ式、Fa 型Ⅲ式、Fa 型Ⅳ式、Fb 型Ⅲ式、Fb 型Ⅳ式、Fb 型Ⅴ式、Fc 型Ⅲ式、Ga 型Ⅲ式、Gd 型Ⅲ式瓮，Ba 型Ⅳ式、Bb 型Ⅱ式、Bb 型Ⅲ式、Ca 型Ⅱ式、Ca 型Ⅲ式、Cb 型Ⅱ式罍，B 型Ⅱ式尊，D 型Ⅳ式壶，Aa 型Ⅳ式、Ba 型Ⅳ式、Bc 型Ⅱ式、Bc 型Ⅲ式盆，Aa 型Ⅱ式、Aa 型Ⅲ式、Ab 型Ⅲ式、Ac 型Ⅳ式、Ba 型Ⅲ式、Ca 型Ⅰ式、Ca 型Ⅱ式、Ca 型Ⅲ式钵，Aa 型Ⅳ式、Aa 型Ⅴ式、Ab 型Ⅲ式、Ab 型Ⅳ式、Ba 型Ⅱ式、Bb 型、Ca 型Ⅱ式、Ca 型Ⅲ式豆，Ba 型Ⅱ式、Bb 型Ⅳ式缸，Aa 型Ⅳ式、Aa 型Ⅴ式、Ab 型Ⅲ式、Ba 型Ⅲ式器盖等。

从上述四期主要陶器中，选择有代表性、变化明显、连续发展的十二类 37 型主要陶器进行型式排列，构成大路铺遗址商周时代文化主要器类的演变序列分期图（图七一九）。

从图七一九中可以看出，贯穿一期至四期的主要陶器器类有鬲、甗、鼎、罐、瓮、罍、缸、盆、尊、钵、豆、器盖等。其中，Aa、Ab、Ac、Ad、Ba 型鬲，Aa、Ab 型甗，Aa 型罐，Ea 型瓮，Aa、Ba 型盆，Aa 型钵，Aa、Ab 型豆和 Aa 型器盖等器类，一期至四期连续发展，贯穿始终。而鼎、罍、缸、尊等器类，则在期段发展过程中器型上有所更替。如 Aa 型鼎，第一期出现，第二期后不见；新出现的 Ab、Da、Dd 型鼎，使鼎类器得以连续发展。罍类器中的 A 型罍，第一期出现，第三期后不见；第二期出现的 Ba 型罍和第三期出现的 Bb 型罍，使罍类器得以连续发展。尊类器中的 A 型尊，第一期出现，第二期后不见；缸类器中的 A 型缸，第一期出现，第三期后不见；第二期出现的 Bb 型缸，使缸类器得以连续发展等。

综合上述四期主要陶器，可以看出陶器群的基本组合从第一期至第四期，其结构比较稳定，

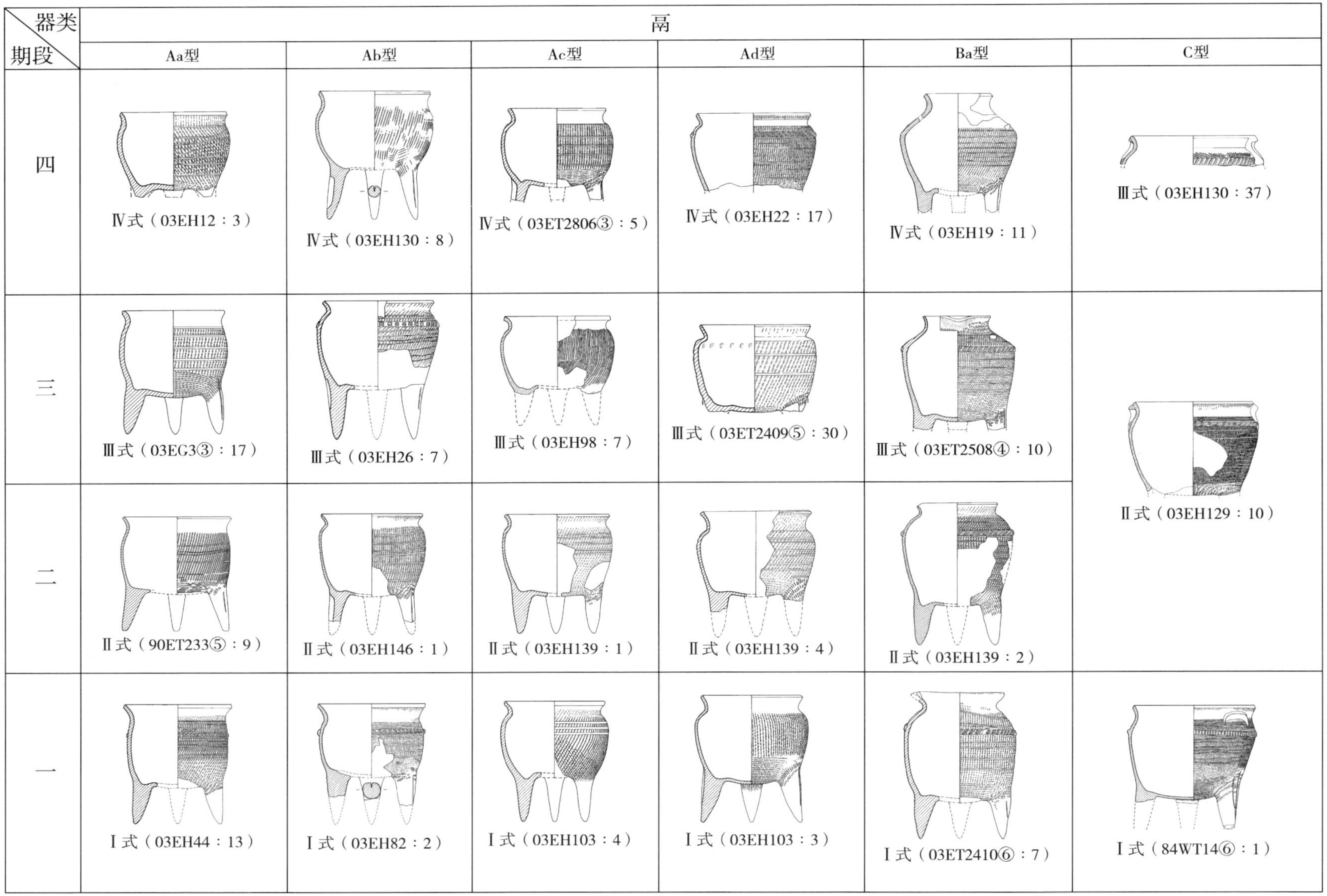

期段＼器类	鬲					
	Aa型	Ab型	Ac型	Ad型	Ba型	C型
四	Ⅳ式（03EH12：3）	Ⅳ式（03EH130：8）	Ⅳ式（03ET2806③：5）	Ⅳ式（03EH22：17）	Ⅳ式（03EH19：11）	Ⅲ式（03EH130：37）
三	Ⅲ式（03EG3③：17）	Ⅲ式（03EH26：7）	Ⅲ式（03EH98：7）	Ⅲ式（03ET2409⑤：30）	Ⅲ式（03ET2508④：10）	Ⅱ式（03EH129：10）
二	Ⅱ式（90ET233⑤：9）	Ⅱ式（03EH146：1）	Ⅱ式（03EH139：1）	Ⅱ式（03EH139：4）	Ⅱ式（03EH139：2）	
一	Ⅰ式（03EH44：13）	Ⅰ式（03EH82：2）	Ⅰ式（03EH103：4）	Ⅰ式（03EH103：3）	Ⅰ式（03ET2410⑥：7）	Ⅰ式（84WT14⑥：1）

图七一九（一） 商周时代陶器分期图（一）

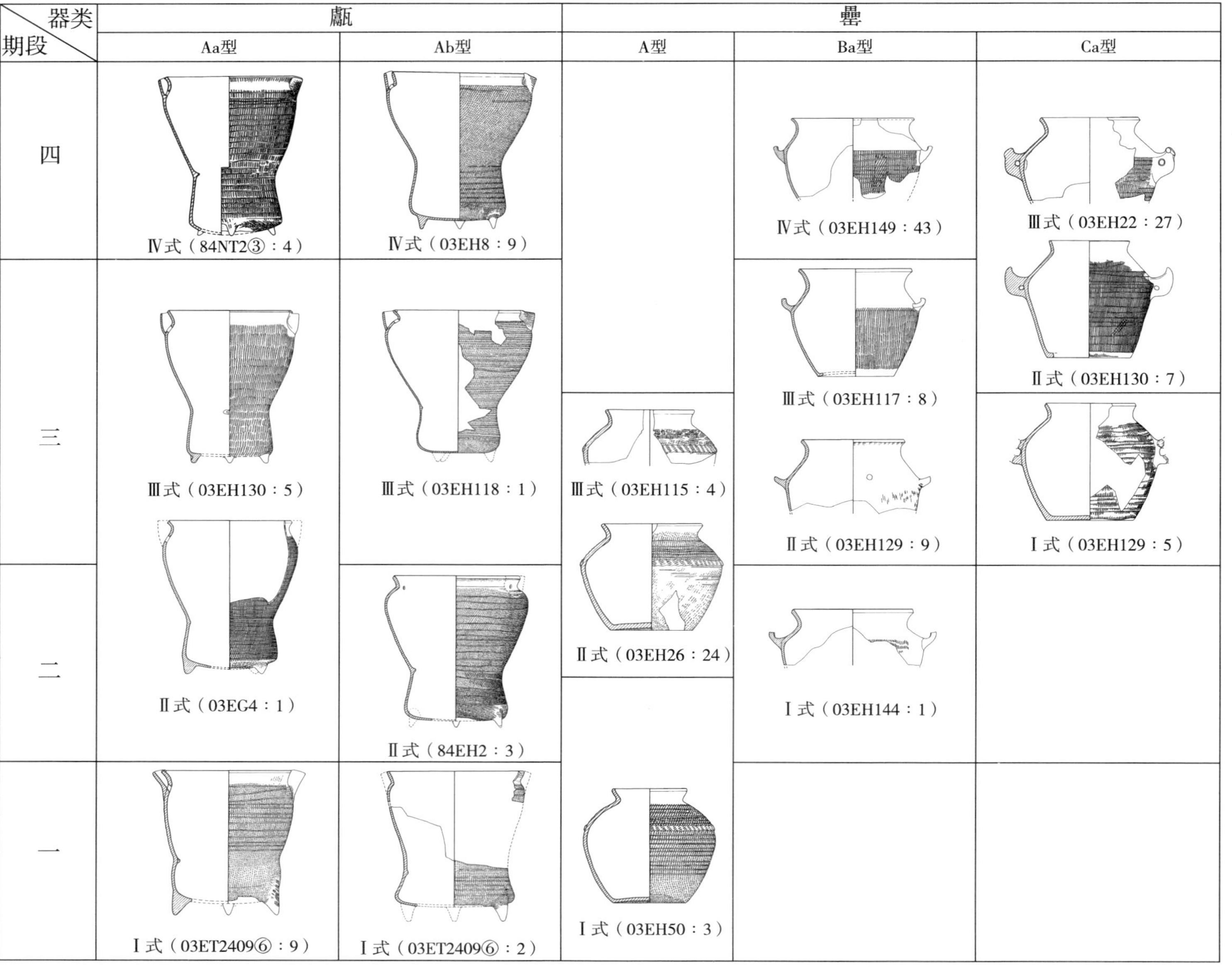

图七一九（二） 商周时代陶器分期图（二）

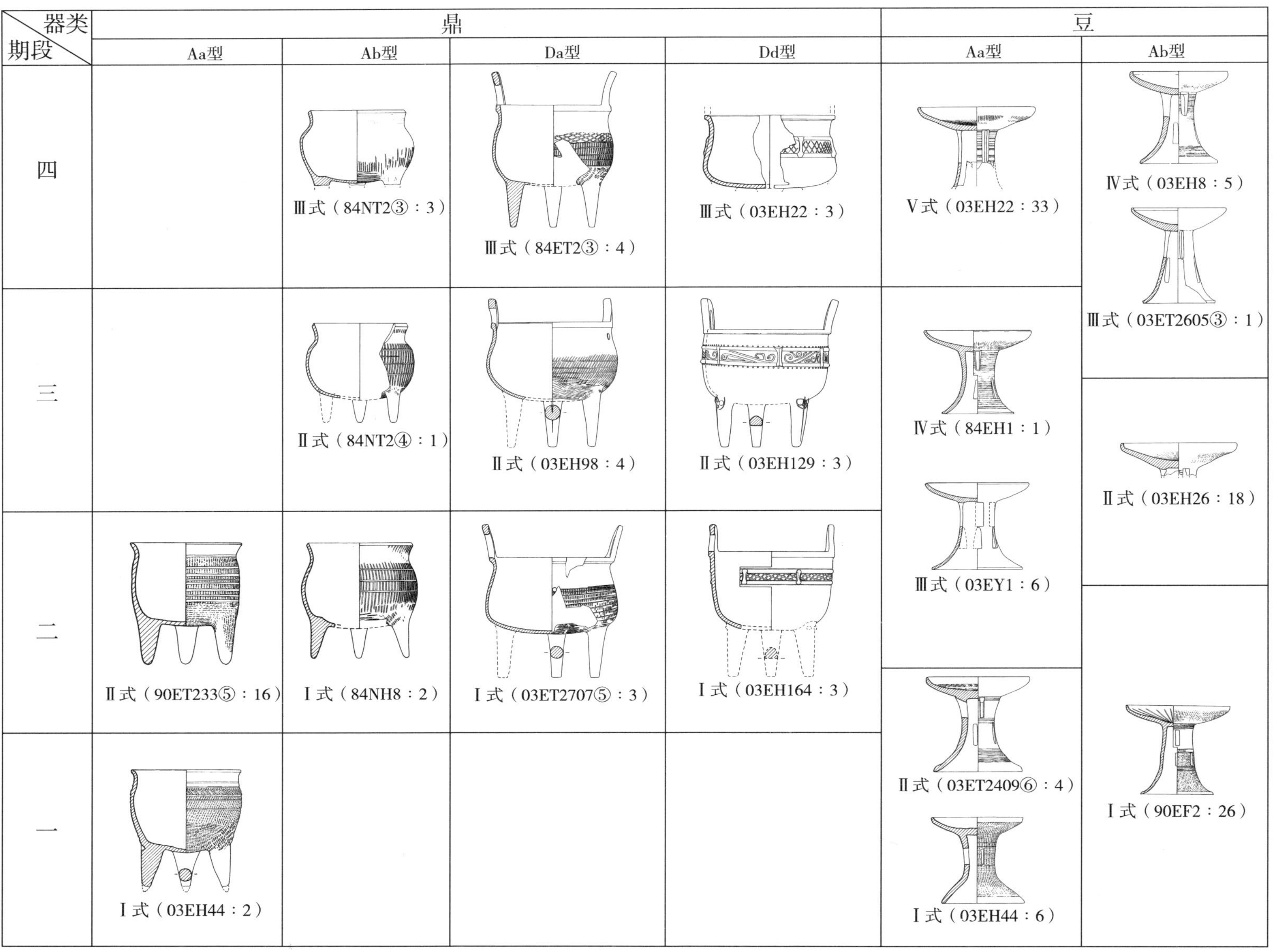

图七一九（三）　商周时代陶器分期图（三）

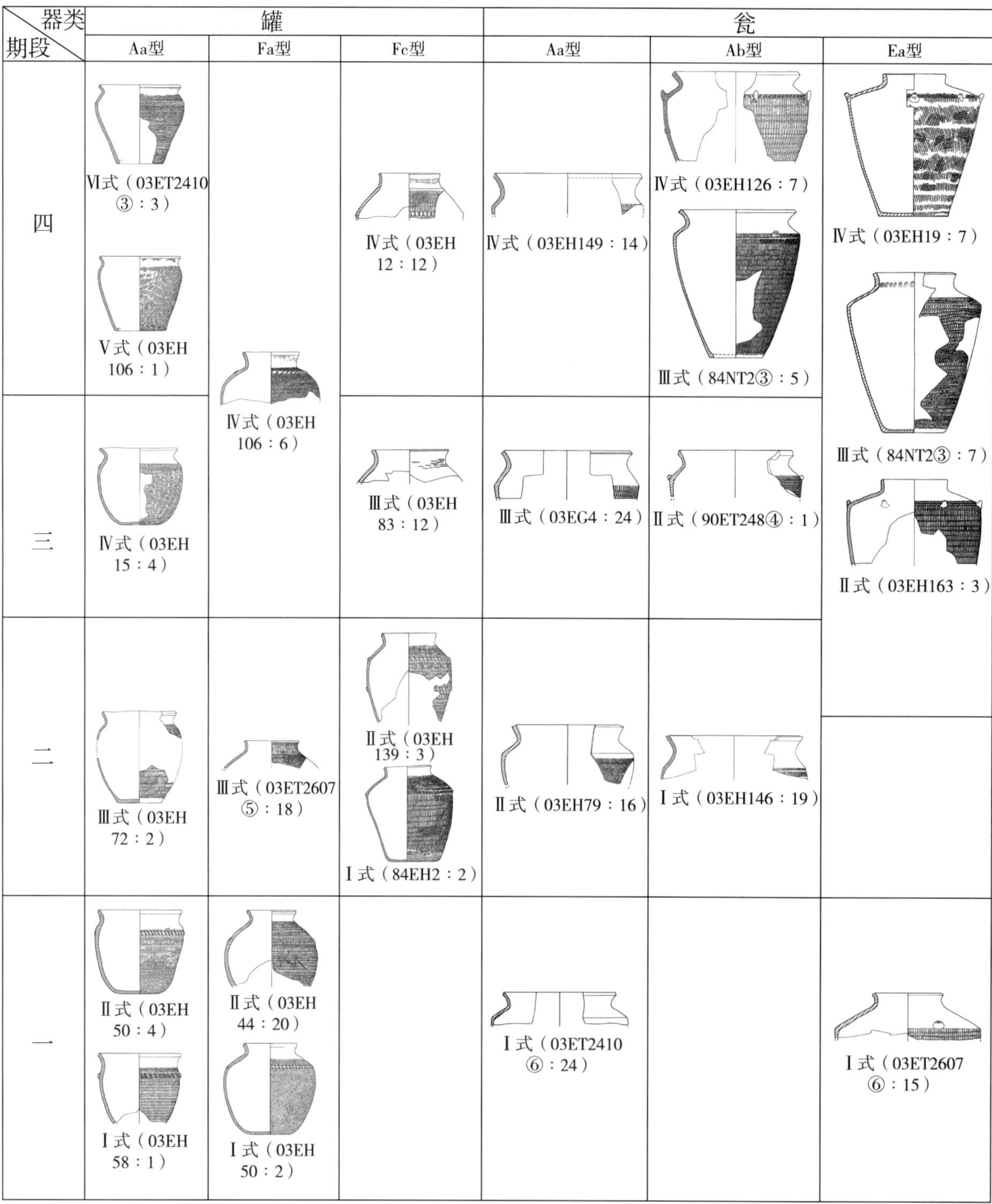

图七一九（四）　商周时代陶器分期图（四）

期段＼器类	盆 Aa型	盆 Ab型	盆 Ba型	盆 Bb型	盆 C型	钵 Aa型	钵 Ac型
四	Ⅳ式（84WT2③：11）		Ⅳ式（03EH19：65）			Ⅲ式（03ET2509③：2）	Ⅳ式（03EH8：3）
三	Ⅲ式（84WT8④：2）	Ⅲ式（03EH21：3）	Ⅲ式（03EH21：1）	Ⅲ式（03ET2508④：1） Ⅱ式（03EH26：29）	Ⅲ式（03EH26：22）		Ⅲ式（03ET3006④：4） Ⅱ式（03EH26：10）
二	Ⅱ式（03EH79：18）	Ⅱ式（90ET233⑤：66）	Ⅱ式（03EG4：17）	Ⅰ式（90ET217⑤：11）	Ⅱ式（03EH164：13）	Ⅱ式（03EH25：1）	Ⅰ式（03ET2409⑤：3）
一	Ⅰ式（90EF2：22）	Ⅰ式（03EH133：1）	Ⅰ式（03ET2406⑥：6）		Ⅰ式（90EF2：8）	Ⅰ式（03EH132：1）	

图七一九（五）　商周时代陶器分期图（五）

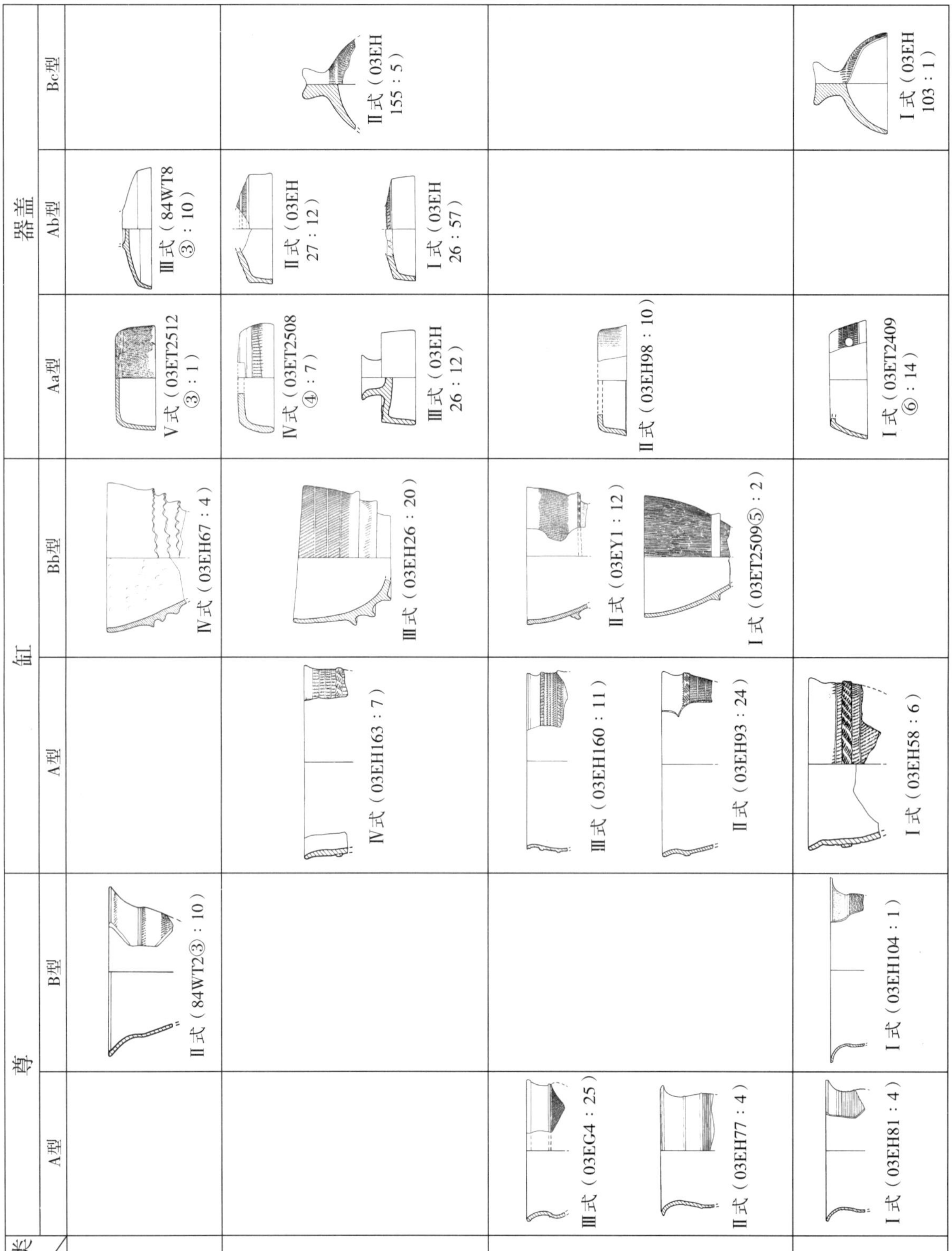

期段＼器类	尊		缸		器盖		
	A型	B型	A型	Bb型	Aa型	Ab型	Bc型
四		Ⅱ式（84WT2③：10）		Ⅳ式（03EH67：4）	Ⅴ式（03ET2512③：1）	Ⅲ式（84WT8③：10）	
三			Ⅳ式（03EH163：7）	Ⅲ式（03EH26：20）	Ⅳ式（03ET2508④：7） Ⅲ式（03EH26：12）	Ⅱ式（03EH27：12） Ⅰ式（03EH26：57）	Ⅱ式（03EH155：5）
二	Ⅲ式（03EG4：25） Ⅱ式（03EH77：4）		Ⅲ式（03EH160：11） Ⅱ式（03EH93：24）	Ⅱ式（03EY1：12） Ⅰ式（03ET2509⑤：2）	Ⅱ式（03EH98：10）		
一	Ⅰ式（03EH81：4）	Ⅰ式（03EH104：1）	Ⅰ式（03EH58：6）		Ⅰ式（03ET2409⑥：14）		Ⅰ式（03EH103：1）

图七一九（六） 商周时代陶器分期图（六）

基本组合中的同类同型器物形态的演进比较连贯，反映出一至四期文化是没有间断地发展。第二期出现的新陶器器形较多，如E、F、G型鬲及D型甗、D型鼎等，极大地丰富了这支文化的内涵；尤其是出现具有鲜明的时代特点D型仿铜陶鼎，反映出这支文化在一、二期之际陶器群结构上发生了一定的变化。第三、四期在陶器器形方面稍有增损，总的状况趋于平稳，继承第二期文化继续发展。

二　年代

大路铺商周时代四期遗存没有直接的测年数据，但是，在四期陶器群中，有些陶器器形与周邻地区同时期同类器有诸多因素是可以比较的。因此，根据有可比性的陶器器形，我们可推断出大路铺商周时期四期遗存的相对年代。

大路铺商周时代第一期出土的Aa型Ⅰ式陶鬲（03EH44∶13）、A型Ⅰ式陶罍（03EH50∶3）与潜山薛家岗陶鼎式鬲（H25∶88、H37∶1）和陶折肩罐（T44③b∶4）的陶系特征和器物形制相近似[①]；Ab型Ⅰ式鬲（03EH82∶2）与黄陂盘龙城杨家湾陶折沿平裆鬲（PYWH6∶37），整体特征除口部外，在陶系和器物整体形态特征等方面较相似[②]。出土的Aa型Ⅰ式鼎（03EH44∶2）与潜山薛家岗陶鼎式鬲（T44③b∶30）[③]、荆州荆南寺D型陶深腹盆形鼎（T22④B∶3、T24④B∶1）[④]、偃师尸乡沟商城宫殿遗址陶鼎（H24∶51、52）[⑤]等，均为大口、深弧腹、圜底、圆柱形锥状足，陶系特征和整体器物形制相近似。出土的Fa型Ⅰ式陶罐（03EH50∶2）和Fa型Ⅱ式陶罐（03EH44∶20）与偃师尸乡沟商城宫殿遗址陶瓮（H24∶64、60）[⑥]、安阳小屯西北地A型Ⅰ式陶瓮（H2∶3）[⑦]、安阳花园庄南地A型Ⅱ式陶罐（H7∶2）[⑧]等器物的形制特征较相似。出土的Aa型Ⅰ式瓮（03ET2410⑥∶24）与杞县段岗遗址A型Ⅰ式大口陶尊（90ⅡT16③∶8）[⑨]和樟树市吴城遗址Aa型Ⅱ式陶尊（1974秋QSWT2②∶2）[⑩]等器类，均为敞口、弧沿、方唇、斜弧颈、斜折肩，在形态特征方面有许多相似。出土的Ea型Ⅰ式陶瓮（03ET2607⑥∶15）、Aa型Ⅰ式陶钵（03EH132∶1）与樟树市吴城遗址B型Ⅲ式陶小口折肩瓮（1975QSW（律）M2∶666）和B型Ⅳ式陶钵（1986QSWT18③∶32）[⑪]等器类相似。上述所举周邻地区几类陶器，黄陂盘龙城杨家湾陶折沿平裆鬲（PYWH6∶37），在盘龙城遗址分期中为第七期，其年代相当于二里岗上层二期晚段；河南偃师尸乡沟商城宫殿遗址H24出土的陶鼎和陶瓮为二里岗上层时期；江西樟树市吴城遗址1975QSW

① 安徽省文物考古研究所：《潜山薛家岗》，文物出版社，2004年。

② 湖北省文物考古研究所：《盘龙城——1963～1994年考古发掘报告》，文物出版社，2001年。

③ 安徽省文物考古研究所：《潜山薛家岗》，文物出版社，2004年。

④ 荆州博物馆：《荆州荆南寺》，文物出版社，2009年。

⑤ 中国社会科学院考古研究所河南二队：《1984年春偃师尸乡沟商城宫殿遗址发掘简报》，《考古》1985年第4期。

⑥ 中国社会科学院考古研究所河南二队：《1984年春偃师尸乡沟商城宫殿遗址发掘简报》，《考古》1985年第4期。

⑦ 中国社会科学院考古研究所：《安阳小屯》，世界图书出版公司，2002年。

⑧ 中国社会科学院考古研究所安阳工作队：《1986～1987年安阳花园庄南地发掘报告》，《考古学报》1992年第1期。

⑨ 郑州大学文博学院等：《豫东杞县发掘报告》，科学出版社，2000年。

⑩ 江西省文物考古研究所等：《吴城——1973～2002年考古发掘报告》，科学出版社，2005年。

⑪ 江西省文物考古研究所等：《吴城——1973～2002年考古发掘报告》，科学出版社，2005年。

（律）M2，在吴城遗址分期中为第三期晚段，其年代相当于殷墟文化四期早段，绝对年代为公元前1087～前1038年。由此推断大路铺商周时代第一期文化遗存年代在二里岗上层二期晚段至殷墟四期早段之间，其相对时代为晚商早期。

大路铺商周时代第二期出土的G型陶鬲（03EH116：2）整体特征除口颈部外，与安阳殷墟大司空村Ⅱ式鬲（SH326：63）和苗圃北地Ⅲ期早段XIX式鬲（VAT1③：86）整体特征相近①；出土的E型鬲（84NH8：1）除口、颈部外，与武昌放鹰台西周文化遗存Aa型鬲（T3②：1）② 作风相似。出土的F型鬲（84WT2③：1）与瑞昌檀树咀遗址A型鬲（G1：2）③ 陶系和形制相同；另与樟树市吴城遗址C型Ⅲ式陶鬲（1975QSWT8Z7：1）④ 和蕲春毛家嘴直壁实足式陶鬲（Ⅲ9/1：3：1）⑤除足部内收外，特征亦相近似。出土的陶卣（03EH79：1）与安阳小屯西地Ⅳ期Ⅱ式陶卣（GM233：24）和大司空铜卣（SM101：1）⑥ 整体特征相似。出土的Dd型Ⅰ式仿铜陶鼎（03EH164：3）与安阳小屯西地Ⅲ式铜鼎（GM248：1）和Ⅳ式陶鼎（GM233：26）⑦ 整体特征相似。出土的Aa型Ⅱ式陶盆与长安沣西陶盆（76M8：1）⑧ 整体特征相似。上述所举安阳大司空和苗圃的陶鬲，其年代在殷墟苗圃分期二、三期；大司空铜卣和小屯陶卣在殷墟分期三、四期；小屯铜鼎和陶鼎在殷墟分期三、四期，属商殷武丁时代前后期。长安沣西76M8为西周前期，蕲春毛家嘴西周文化遗存的年代为西周初期或更早，武昌放鹰台西周文化遗存的年代为西周早期，由此推断大路铺商周第二期文化遗存的年代在殷墟晚期至西周早期。

大路铺商周时代第三期的相对年代，可以D型（仿铜）鼎为代表。Dd型Ⅱ式仿铜陶鼎（03EH129：3）为夹砂褐陶，立耳盆形鼎，鼎耳和腹部饰由夔纹组成的饕餮纹图样，足根部饰兽面纹，这类纹样构图和图样所饰部位为西周早、中期所常见，如铜陵县顺安镇出土的夔龙纹鼎、铜陵市区出土的变形夔龙纹鼎⑨等。Dd型Ⅱ式仿铜陶鼎的整体作风与黄陂鲁台山Ⅱ式铜鼎（M30：1）⑩、宝鸡茹家庄铜鼎（M2：1）⑪ 和蕲春达城新屋湾西周圆鼎（标本7）⑫ 等形制相似。鲁台山M30的年代为西周早、中期；宝鸡茹家庄M2：1铜鼎的年代在西周穆王前后，为西周中期之初。据此推断大路铺商周时代第三期文化遗存的年代在西周中期。

大路铺商周时代第四期出土的Ac型Ⅳ式陶鬲（03ET2806③：5）和Ad型Ⅳ式陶鬲（03EH22：17），

---

① 中国社会科学院考古研究所：《殷墟发掘报告》（1958～1961），文物出版社，1987年。

② 湖北省文物考古研究所：《武昌放鹰台》，文物出版社，2003年。

③ 江西省文物考古研究所：《江西瑞昌市檀树咀商周遗址发掘简报》，《考古》2000年第12期。

④ 江西省文物考古研究所等：《吴城——1973～2002年考古发掘报告》，科学出版社，2005年。

⑤ 中国科学院考古研究所湖北发掘队：《湖北圻春毛家嘴西周木构建筑》，《考古》1962年第1期。

⑥ 中国社会科学院考古研究所：《殷墟发掘报告》（1958～1961），文物出版社，1987年。

⑦ 中国社会科学院考古研究所：《殷墟发掘报告》（1958～1961），文物出版社，1987年。

⑧ 中国社会科学院考古研究所沣西发掘队：《1976～1978年长安沣西发掘简报》，《考古》1981年第1期。

⑨ 安徽大学、安徽省文物考古研究所：《皖南商周青铜器》，文物出版社，2006年。

⑩ 黄陂县文化馆等：《黄陂鲁台山两周遗址和墓葬》，《江汉考古》1982年第2期。

⑪ 宝鸡茹家庄西周墓发掘队：《陕西省宝鸡市茹家庄西周墓发掘简报》，《文物》1976年第4期。

⑫ 黄冈市博物馆：《湖北蕲春达城新屋湾西周青铜器窖藏》，《鄂东考古发现与研究》，湖北科学技术出版社，1999年。

除裆足外，整体形态与荆州荆南寺遗址西周时期陶鬲（T18③：51、H75：1）[①] 相似；Aa 型Ⅳ式陶鬲（03EH12：3）与黄石大冶铜绿山遗址Ⅺ号矿体陶鬲（T10⑤：1）[②] 形态相近。荆南寺西周时期陶鬲年代为西周晚期，铜绿山遗址Ⅺ号矿体陶鬲（T10⑤：1）的年代为春秋，由此推断大路铺商周时代第四期文化遗存的相对年代在西周晚期至春秋初年。

① 荆州博物馆：《荆州荆南寺》，文物出版社，2009 年。

② 黄石市博物馆：《铜绿山古矿冶遗址》，文物出版社，1999 年。

第五章 结语

鄂东南（包括武汉市江夏区、鄂州市、咸宁市和黄石市所辖地区）是一处被山水环抱相对独立的自然区域，北部、西部有长江环绕，东南有幕阜山脉作为屏障，西南有洞庭湖区域以为阻隔。境内多山丘、盆地、河流、湖泊，物产众多，矿藏丰富。该区域四季分明，气候温和。考古工作者对该区域一直非常重视，并做了不少的工作，使人们对该区域新石器时代至先秦时期先民们的生活、生产概貌、文化传承与变迁以及与周边地区的关系等有一定的了解。

大路铺遗址处在阳新至大冶狭长盆地的中部，是一处由山丘岗地和台地构成的遗址。大路铺遗址发掘的主要收获在于：（1）通过对遗址东、西、北三个区块较大面积的系统揭露，取得了一批新石器时代晚期和商周时代的文化遗存资料。与此同时，通过对新石器时代晚期和商周时代遗存细致的分期，把绵延发展较长的时间过程，以“物象”为标识划分为较短小的期段，以便观察其继承和演进的细节，为该地区考古学文化编年序列框架的逐步建立，起到了应有的作用。（2）鄂东南地区的文物保护工作起步较早，20世纪50年代中期配合修筑武汉至大冶铁路时，就调查发现了大批文化遗存①；70年代初至80年代中期为配合大冶有色金属公司开采大冶铜绿山矿，对铜绿山古矿冶遗址进行了连续的考古发掘，先后清理多处古代采矿遗址和冶炼遗址②。同时，20世纪50年代以来，考古工作者多次开展文物考古调查、普查和考古试掘、发掘工作，对这一区域古代文化遗存的分布状况、遗存种类和数量、文化面貌和基本特征等，有了诸多了解。尤其是铜绿山古矿冶遗址发掘，其意义重大而深远。它不仅使人们认识到该地区的铜矿资源早在商周时代就得以采冶，是一个以矿冶文化为基本特征的古文化区，而且还促进了矿冶考古工作的展开。对它的研究填补了我国古代科技发展史的一段空白，在国际采矿、冶金、考古、科技史学界产生了广泛而深刻的影响。而阳新大路铺遗址的发掘，又获取了一批与古代铜矿采冶与铸造相关的新资料。在大路铺遗址新石器时代第二期文化遗存中有矿石、炉壁、炼渣和铜片（铜、锡、铅三元合金）等遗物，说明这一区域的人们在新石器时代晚期已经掌握了简单的采矿和金属铜冶炼以及合金铜铸造技术。继新石器时代后，商周时代的矿冶文化遗存更加丰富。除发现大量的炼渣、矿石、炉壁外，还出土了一批与铜的冶炼和铜器铸造密切相关的文化遗存。如有与捡选矿石相关的石砧、石锤，与炼铜相关的烧坑，与熔铜有关的B型陶缸和与铸造铜器相关的陶（石）范（模）等遗存。商周时代文化遗存还有铜兵器和铜工具。此外，还出土了一批仿铜陶器，器类有鼎、卣、铙形器等。这批遗存反映了大路铺商周时代的矿冶文化特征，矿冶文化是大路铺商周时代考古学文

① 熊亚云：《武大铁路修建中发现大批古墓葬和古遗址》，《文物参考资料》1956年第11期。

② 黄石市博物馆：《铜绿山古矿冶遗址》，文物出版社，1999年。

化的重要组成部分。然而，该地区最核心的问题并不是矿冶文化，而是这一区域新石器时代至商周时代矿冶文化的人文背景问题，也即是考古学文化共同体问题。也就是说这一区域新石器时代至商周时代的矿冶文化先后是由谁创造的？大路铺遗址的发掘资料，若能为探讨这一重大问题提供一定的帮助，将是本报告最重要的考古学学术价值和学术意义之所在。

第一节　新石器时代文化晚期遗存

一　文化特征与面貌

大路铺遗址新石器时代早、晚两期三段文化遗存具有明显的共性：石器以磨制石器为主；陶器以夹砂陶为多，泥质陶中以灰、黑色居多；陶器以素面为主，流行篮纹、弦纹、镂孔等纹饰和按窝、刻槽、安耳鋬的装饰作风。两期（三段）陶器主要有陶鼎、甑、罐、瓮、缸、壶、盆、豆、盘、杯、器盖等器类。其中，有着明显继承演进关系的器类有鼎、罐、瓮、缸、壶等。如A型鼎中的Aa、Ab两型鼎，鼎身均为罐形，鼎足均为侧装。Ab型鼎为第二期新增鼎，其上安装的凿形鼎足，显然是从第一期Aa型鼎上安装的侧扁凿形足演变分化而来的。两种鼎足整体形状相同，只是由第一期Aa型的宽扁高变为第二期Ab型的窄厚矮。第二期新出现的扁宽内凸棱鼎足，也是在第一期扁宽鼎足的基础上形成的鼎足。鼎足根部内加凸棱，使之与鼎身的对接更加牢固。第二期Ac型罐，其口部斜折沿上扬的作风，是在第一期基础上的发展。较之第一期沿面加宽了，上扬更甚了。第二期C型罐，罐口呈盘口作风，与第一期的盘口罐有着明显的继承关系。A型瓮的子母口风格和B型缸的内折沿风格，也是一至二期连续发展，有着继承关系的器类。第二期新出现的Ab型敞口圈足陶壶，由敞口无沿、弧腹渐变至有沿、折垂腹。这一变化与第一期出现Aa型陶壶的变化相近似，有着密切的关系。Aa型陶壶由敞口、无沿渐变至有沿、盘口、折圆腹。第二期陶器器口盘口、器身安耳鋬、器腹折圆腹作风，器上镂孔、按窝、刻槽等特征，都可在第一期寻其根源。因此，新石器时代早、晚两期文化的关系是早晚相连的继承发展关系。第一期与第二期遗存中陶器的主要差异是：一期以夹粗砂为主，二期则以夹细砂为主，第二期2段出现少量硬陶，二期泥质黄陶稍增，出现少量橙黄陶；一期以弦纹为主，少量红衣陶和篮纹，二期以篮纹为主，篮纹种类增加，并新见绳纹和方格纹；碗、擂钵等器类二期未见，瓮、器座和支（拍）垫、鬲等器类二期出现①。由此可知，两期文化遗存共性是主要的，应是同一文化前后衔接的两个发展阶段。

遗址北区属于第二期的6座墓葬，分布集中，排列有序，墓向一致，墓与墓之间无叠压、打破关系。墓圹结构在长方形竖穴墓坑基础上，有的有墓道和二层台，随葬品基本陶器组合为鼎、壶（罐）、簋（钵）、豆（杯）等。陶器的质、色、纹饰、器形风格相同，是同一文化类型的墓葬。墓地布局、墓葬结构和随葬品组合等，与湖北武穴鼓山墓地②和黄梅陆墩墓地③类同。

---

① 该遗址出土的新石器时代鬲仅此1件（03EF1∶1），其器形特别，与该遗址商周时代Af型和H型鬲有可比性，应有一定的传承关系。

② 湖北省京九铁路考古队、湖北省文物考古研究所：《武穴鼓山——新石器时代墓地发掘报告》，科学出版社，2001年。

③ 中国社会科学院考古研究所湖北工作队：《湖北黄梅陆墩新石器时代墓葬》，《考古》1991年第6期。

大路铺新石器时代文化遗存属龙山时代石家河文化系统。例如大路铺出土Aa型罐形鼎、B型釜形鼎、A型甑、盆形陶钵、B型缸、G型斜腹平底杯、B型器盖、镂孔器座等均属石家河文化中的常见器物。Aa型深腹平折沿盆和Ab型深腹弧折沿盆，Aa型敛口、沿面内折豆，D型盘，Aa型器盖等器类，也与石家河文化有一定的关联①。但是，大路铺文化内涵比较复杂。陶器器类中数量最多、形态变化丰富的Ab、C型鼎，A型罐，瓮，A、B型盆，壶，C型豆，盘，A、B、C型杯等，是构成大路铺一、二期遗存的主体。这批陶器大多数在湖北武穴鼓山、麻城栗山岗、罗田庙山岗、通城尧家林、大冶上罗村②、武昌放鹰台③和安徽潜山薛家岗④、安庆张四墩⑤等遗址中常见，但少见于年代与此相当的以江汉平原为中心的石家河文化。而有段石斧、石锛和硬陶的出现，应是受到樊城堆文化⑥的影响。C型豆盘的作风或可认为是受到良渚文化的影响⑦。C型鼎和A型盘与湖北黄冈螺蛳山鼎（M1:8）和盘（M1:3）鼎的作风相似，应该是继承和发展了屈家岭文化晚期风格；而Ab型鼎和A型壶与湖北黄冈螺蛳山A型鼎和A型壶的作风相似⑧，或可认为是保留了屈家岭文化的传统风格。由此可见，大路铺新石器时代文化遗存是一支文化面貌与江南湖北通城尧家林、大冶上罗村和江北湖北武穴鼓山、黄梅陆墩、罗田庙山岗、麻城栗山岗类同的考古学文化，这支文化属于龙山时代石家河文化系统中的一个地方类型。

二　居址形式

大路铺遗址新石器时代第二期遗存中发现有房址，其分布有一定的规律，基本结构简单。除北区84NF1为半地穴式房屋基址外，东区几处房址仅有垫土、灶（坑）和柱洞，没有发现明显的半地穴式或平地式居址迹象（如墙、居住面等）。构成房子要素的柱洞排列清楚，柱洞排列有的呈梅花形，有的呈圆形或圆角方形。当时大路铺一带雨水充沛，温暖湿润，我们初步推测，大路铺遗址新石器时代房址除半地穴式、地面式外，有可能还存在干栏式建筑形式。

三　经济类型

在大路铺遗址新石器时代一、二期遗存中，出土有陶、石、骨等质地的生产工具，其中以石质工具的种类居多。工具中有农业生产工具的石斧、锛、铲、刀，农作物加工工具陶擂钵、臼，制陶用的陶支（拍）垫；狩猎用的石镞等。另外还出土大量大小、厚薄不同的陶纺轮，说明当时纺织业发达。在第二期文化遗存中，还发现有铜、锡、铅三元合金铜片（03ET2307⑦:13）、矿石、炼渣和炉壁等遗物，表明大路铺新石器时代文化第二期已掌握了一定的采矿、炼铜和铜器铸

---

① 石河考古队：《湖北省石河遗址群1987年发掘简报》，《文物》1990年第8期。

② 黄石市博物馆：《大冶上罗村遗址试掘》，《江汉考古》1983年第4期。

③ 湖北省文物考古研究所：《武昌放鹰台》，文物出版社，2003年。

④ 安徽省文物考古研究所：《潜山薛家岗》，文物出版社，2004年。

⑤ 北京大学考古学系、安徽省文物考古研究所：《安徽安庆市张四墩遗址试掘简报》，《考古》2004年第1期。

⑥ 江西省文物工作队：《清江樊城堆遗址发掘简报》，《考古与文物》1989年第2期。

⑦ 浙江省文物考古研究所反山考古队：《浙江余杭反山良渚墓地发掘简报》，《文物》1988年第1期。

⑧ 黄冈市博物馆：《1990年湖北黄冈螺蛳山遗址墓葬清理发掘》，《鄂东考古发现与研究》，湖北科学技术出版社，1999年；湖北省黄冈地区博物馆：《湖北黄冈螺蛳山遗址墓葬》，《考古学报》1987年第3期。

造技术，尤其是合金铜冶炼新技术的掌握和运用，其意义十分重大。正如张忠培先生所说："制铜所需掌握的火温及造范的技术，虽能从制陶及治石工艺中得到启发，甚至吸取一些技术，但比起制陶及治石，制铜却是人们开发自然所创造的一种从捡选矿石、冶炼到锻铸的新工艺，既需掌握技术的专业人员，又要有组织的劳动协作，绝非任何熟练陶工或石匠所能把握的技术。故这一工艺的出现，是继快轮制陶之后更具时代意义的工业革命。"①

综上所述，阳新大路铺新石器时代晚期文化，属于龙山时代石家河文化系统中的一个地方文化类型，人们过着定居生活，属农业经济形态，并掌握了简单的采矿和金属铜冶炼、铸造技术。

阳新县在湖北省东南部，与江西瑞昌毗邻，地处长江中、下游连接处，是江汉平原、洞庭湖区域及苏皖和赣鄱新石器时代文化系统的交汇区，文化因素错综复杂。这一地区的考古工作不多，大路铺新石器时代晚期遗存的发掘，对建立该区域新石器时代文化时空框架有着极为重要的意义。

第二节　商周时代文化遗存

大路铺商周时代文化遗存丰富，遗迹有房址（灶坑）、陶窑、烧坑、水井、灰坑和灰沟等；遗物主要有陶鬲、甗、鼎、罐、瓮、罍、盆、钵、豆等，另有石（玉）器、铜器和漆、木器以及矿石、炼渣、炉壁等等。现利用这批资料，就以下问题加以讨论。

一　文化特征、面貌及主要来源

大路铺商周时代文化遗存中，尤以陶器最为重要。陶器数量大，器类多，组合关系明确，文化特征鲜明。一至四期陶器基本组合由陶鬲（垂裆，足部刻划槽和口部带流或抠耳）、甗（口沿外侧贴施两个对称泥片护耳或抠耳）、鼎（无耳、罐形）、罐（大敞口）、瓮（大口、小口折肩）、罍（肩部饰附加堆纹或饰鸡冠状、鸟头形耳）、盆（浅腹或口部贴施护耳）、钵（敛口，圆弧肩或折肩）、豆（柄部镂长方形孔）等器类构成。这套基本组合尽管器类不多，但出土的数量较大，包含炊器、食器、储存器等最常用的生活器皿，体现了这支文化的基本特征。基于遗址中存在这样一套特征鲜明、前后衔接、一脉相承的陶器组合，因此认识到大路铺遗址商周时代一至四期是一个连续发展的文化整体。

第一期文化有Aa型Ⅰ式陶鬲、Ac型Ⅰ式陶鼎、Aa型Ⅰ式陶罐、Aa型Ⅰ式陶滤盉等，其中Aa型Ⅰ式鬲和Aa型Ⅰ式罐，就整体风格而言，与安徽潜山薛家岗遗址H25出土的夏商时期陶鼎式鬲和陶罐，有着明显的渊源关系。而Ac型Ⅰ式鼎和Aa型Ⅰ式滤盉在薛家岗夏商时期文化遗存中更是可以窥见源头。此外，B型豆、F型罐等均可从薛家岗夏商时期文化遗存中寻觅到根源②。

① 张忠培：《中国古代文明形成的考古学研究》，《故宫博物院院刊》2000年第2期。

② 参见薛家岗遗址夏商时期陶鼎（H11∶1）和陶盉（H38∶13、H152∶3、T34③∶12）等。安徽省文物考古研究所：《潜山薛家岗》，文物出版社，2004年。

出土的B型大口陶尊、A型敞口缸等，受到来自西边盘龙城（或荆南寺）商文化地方因素的影响①。出土的Aa型盆可能更多地受到了吴城商文化的影响，而Ab型硬陶瓮显然接纳了吴城商文化的因素。出土的C型陶甗也可在吴城商文化中寻找踪迹②。出土的陶瓮、罐、罍等器类体现的折肩风格，则更是受到了周边商时期文化的影响。

第二期文化中出现的新器形较多，主要有Da、E、F、G型陶鬲及D型陶甗、A型陶尊、D型陶鼎、A和B型陶壶、陶卣、陶瓿和D型陶豆（假腹）等。Da型鬲的带鋬风格在盘龙城商文化中有所体现，而在薛家岗夏商时代文化中则是比较常见的器类。与大路铺遗址一江之隔的湖北黄梅焦墩③等商周遗址中也有同类器。为此，Da型鬲的出现极大可能是受到了薛家岗夏商时代文化的影响。E型鬲形制较特别，肩以上部分与Fa型小口罐相同，而腹、裆、足有明显商式鬲的风格，因此，E型鬲很有可能是本土文化与外来文化相结合的产物。F型陶鬲、陶瓿和A、B型陶壶可从吴城商文化中寻其源头④。G型陶鬲、A型陶尊和陶卣，无论是陶系特征，还是器物造型风格等，与中原商殷文化中的同类器相似；D型陶豆（假腹）尽管陶质陶色发生了变化，但从豆盘的形状上仍可认为是中原商殷文化的因素。出现的D型陶甗，其形态与周边同期陶甗大同小异，上部为外来甗的风格，中部采用了束腰承箅的功能，下部则连接本土的鬲形器，成为具有土著特色的新器形。D型陶鼎的出现是划分大路铺商周时代第二期的标志，它的出现和连续发展，不仅使陶器基本组合发生改变，文化面貌发生了变化，而且仿铜陶鼎的出现，使之与一般聚落相区别，因此在这个时期大路铺遗址应是级别较高的聚落。

上面提到的第一期不见，第二期新出现的E、F、G型陶鬲、卣、瓿、D型陶豆（假腹）和A、B型陶壶等，在第三期骤然消失。究其原因，疑与商人北去、周人西来有一定关系。第三、四期在陶器器形方面稍有增损，总的状况趋于平稳，在第二期文化基础上继续发展。

总之，大路铺商周时代文化源头复杂，但主要应是源自于安徽潜山薛家岗夏商文化。在安徽潜山薛家岗夏商文化中夹砂红褐陶的比重较大，这与大路铺商周时代文化极其近似，纹饰种类和施法也多与大路铺商周时代文化接近，陶器的形态特征及主要陶器器类两者也比较接近。以Aa型鬲、Ac型鼎、Aa型滤盉、Aa型罐，A型罍等为代表的大路铺陶器器类，在薛家岗夏商文化遗存中都能找到源头。纵观大路铺商周时代文化，应是一支以陶鬲（垂裆，足部刻划槽和口部带流或抠耳）、A型甗（口沿外侧贴施两个对称泥片护耳或抠耳）、D型甗、鼎（无耳、罐形）、罐（大

---

① 大路铺商周时代B型尊可参见盘龙城“大口无肩尊”和荆南寺夏商时代大口尊。大路铺商周时代A型敞口缸可参见盘龙城和荆南寺商代陶缸。见《盘龙城——1963～1994年考古发掘报告》，文物出版社，2001年；荆州博物馆：《荆州荆南寺》，文物出版社，2009年。

② 参见江西樟树市吴城遗址B型Ⅰ式陶釜（1974秋QSWT2③:2）和A、B型甗及B型Ⅳ式陶甗（1993ZW（采）:5）等。江西省文物考古研究所等:《吴城——1973～2002年考古发掘报告》，科学出版社，2005年；江西省文物考古研究所等:《江西瑞昌市檀树咀商周遗址发掘简报》，《考古》2000年第12期。

③ 20世纪90年代初，为配合京九铁路修筑工程，湖北省文物考古研究所会同黄冈市、黄梅县文博人员，在湖北省黄梅县发掘了焦墩遗址。湖北黄梅焦墩遗址商周时代文化遗存中主要器类有陶刻槽鬲、护耳甗、护耳盆、滤盉、长方形镂孔豆及仿铜陶器等，许多因素与大路铺遗址商周时代文化遗存雷同，疑与大路铺遗址商周时代文化属同一个文化共同体。焦墩资料待刊。

④ 参见江西樟树市吴城遗址出土的陶联裆鬲、A型陶瓿形器、A型陶小口长颈罐等。江西省文物考古研究所等:《吴城——1973～2002年考古发掘报告》，科学出版社，2005年。

敞口）、瓮（大口、小口折肩）、罍（肩部饰附加堆纹或饰鸡冠状、鸟头形耳）、盆（浅腹或口部贴施护耳）、钵（敛口，圆弧肩或折肩）、豆（柄部镂长方形孔）等器类为主要特征构成的区域考古学文化。同时，这支文化受到了周边同时代文化的强烈影响（这种影响在第一、二期显得最为突出），并吸收融合了周邻地区诸多文化因素而形成的土著文化。这支文化在这一相对区域内，自成体系，一脉相承，自晚商时代早期至春秋初年，延续发展约600年之久，是一支独特的考古学文化——大路铺文化。

二　居址形式

大路铺遗址仅在1990年发掘了2座属于大路铺文化的房址，一、二期各1座。这2座房子仅对局部进行了清理。属于一期的房子（90EF2）为圆形半地穴式结构。即在圆形坑的中部再挖一定范围的浅坑，并在浅坑内铺垫泥土，泥土经火焙烧，形成表面较平整的居住面，然后栽埋木柱支撑房顶。属于二期的房子（90EF1）为长方形地面围墙分间式结构。残留有墙、垫土、居住面、门道、灶坑、柱洞等。从残留的墙体可知，是分间式房子，门道朝北，四周由泥墙围合。这两种房子的建筑形式都起源于新石器时代，其中半地穴房子在我国新石器时代是比较常见的一种居住形式；大路铺文化第二期的房子为地面围墙分间式结构，这类建筑方式早在新石器时代就比较成熟。如1979年在淮阳平粮台龙山文化城址就清理类似的房子多处①。1998年底至1999年初，在湖北应城门板湾遗址中清理出一座保存完好的属于屈家岭文化时期的大型房屋建筑，为长方形分间式结构。墙体为土坯砖砌筑而成，墙面内外涂抹夹有稻草及谷壳的黄白色涂料，室内有火膛②。湖北黄陂盘龙城的房屋也属类式建筑，但规模较大，等级较高。

三　经济类型

首先是农业生产。遗址中出土有石刀、石铲、石斧、石杵等，这类遗物数量不多，器形较小。究其用途，可能主要还是用于农业生产。而出土的石凿、石锥、石钻等工具则更为小巧。其中的石钻，人们普遍认为它是制玉工具。在大路铺文化中出土的玉器极少，相当于玉料的水晶石仅发现3件，另有漆木器等，这类小型工具抑或与生产玉器、漆木器等精致器物相关。在遗址中纺轮的数量比较大，种类较多，反映出纺织生产业是一项较重要的经济活动。在遗址东区清理了1座属于大路铺文化的陶窑（03EY1），窑床为圆形竖穴式，其下横卧火膛和火道。从平面分布看，应是与03EH116和03EJ1共同构成的一处生产陶器的场所。另外，还在东区调查发现了同时代的陶窑2座，因不在发掘范围内而未清理。由此可见，制陶业也是十分重要的生产活动。这类陶窑尽管规模小，生产陶器的数量不大，但生产周期短，可重复使用。在我国商周时代黄河流域和长江流域都比较流行这类形状和结构的陶窑，如山西夏县东下冯③、山东兖州西吴寺④等遗址中都有类式陶窑。

---

① 河南省文物考古研究所等：《河南淮阳平粮台龙山文化城址试掘简报》，《文物》1983年第3期。

② 李桃元：《应城门板湾遗址大型房屋建筑》，《江汉考古》2000年第1期。

③ 中国社会科学院考古研究所等：《夏县东下冯》，文物出版社，1988年。

④ 国家文物局考古领队培训班：《兖州西吴寺》，文物出版社，1990年。

商周时代大路铺遗址出土的与矿冶相关的遗存更加丰富。在与矿冶铸造相关的遗存中，最醒目的是烧坑。此类遗迹在发掘范围内共发现七处，自5层下至3层下都有分布，结合矿石、炼渣、炉壁等遗物分析，烧坑遗迹可能是炼铜的炼炉遗存①。与冶炼有关的遗存还有用于矿石捡选加工的石锤、石砧，有矿石、炼渣、炉壁等炼铜遗存，有B型陶缸和陶范、石范等溶铜和铸铜遗存等。出土的矿石、炼渣、炉壁等标本，经中国科学技术大学理化科学实验中心检测分析，“该遗址炼铜所利用的是氧化铜矿石，矿石类型可能是孔雀石—矽卡岩和孔雀石—石英。矿石大多还伴有较高的褐铁矿或赤铁矿，说明原矿是铜、铁共生或伴生矿床，这也是炼铜渣中铁含量较高的原因。铜矿石品位较高，且往往具有铜高铁低和铜低铁高的特点”②。北京科技大学冶金与材料史研究所根据地层和遗迹单位的早晚关系，从大路铺遗址各地层或遗迹单位中，提取70个渣样进行了检测，其中“（1）64个是正常炼铜渣，其产品为铜或冰铜……（2）大路铺遗址较早的第6、5层冶炼技术主要为氧化矿—铜工艺或硫化矿—铜工艺。第4层冶炼技术仍以氧化矿—铜工艺或硫化矿—铜工艺为主，可能已经出现硫化矿—冰铜—铜工艺。第3层冶炼技术以氧化矿—铜工艺或硫化矿—铜工艺为主，没有发现硫化矿—冰铜—铜工艺存在的证据。大路铺遗址第2层时期硫化矿—冰铜—铜工艺可能为主要工艺，与氧化矿—铜工艺以及硫化矿—铜工艺并存。（3）大路铺遗址炉渣为$FeO-CaO-SiO_2$系和$FeO-SiO_2$系炉渣，较晚的第2层出土炉渣含钙量较早期地层的高，显示造渣技术上的进步。（4）大路铺遗址炉渣与五里界古城和风住山遗址炉渣及其反映的冶炼技术有更大的相似性，而与大冶铜绿山遗址有一定的差异。大路铺的炼铜技术从早期到晚期有一个比较明显的发展过程，这批矿冶遗存的深入研究对全面考察先秦时期鄂东南地区的矿冶技术发展有重要的参考价值”③。

综上所述，大路铺文化一至四期发现的文化遗存，涉及农业、纺织、制陶、矿冶铸造等多种经济类型，尤其是采矿、冶炼、铸造业的出现，意义重大。它的整个生产过程不仅是当时科学技术的集中体现，同时也给我们提出了许多需要深思的问题。如由特有的区域自然资源而产生的具有区域特色的经济类型，它的生产形式、结构和组织管理如何，矿冶铸造生产是否可以认为是我国早期工业化生产？夏鼐先生早在20世纪80年代初，根据大冶铜绿山古铜矿的发现与发掘指出：“铜绿山古铜矿的发现与发掘，对了解我国古代的社会生产，尤其是青铜业的生产具有重要意义。它证实了我国商周时代青铜器铸造业与采矿、冶炼业是分地进行的，并在采矿、冶炼和铸造业之间，甚至它们的内部都已有了分工。”④ 关于生产铜资源的方式问题，李延祥等先生通过比较研究发现“大路铺遗址炉渣与五里界古城和风住山遗址炉渣及其反映的冶炼技术有更大的相似性，而与大冶铜绿山遗址有一定的差异”⑤，这一技术上的差异是否反映当时既存在像铜绿山那样大规模的管理和技术相对“先进”的冶炼生产方式，同时，也有像大路铺、风住山等小规模的管理和技

① 在湖北大冶铜绿山卢家垴清理了一座汉代冶炼炉底部，其形状与大路铺商周时代烧坑略同。湖北省文物考古研究所等：《大冶市铜绿山卢家垴冶炼遗址发掘简报》，《江汉考古》2013年第2期。

② 秦颖、南普恒：《阳新大路铺遗址矿冶遗物的检测分析》，见本报告附录二。

③ 李延祥、李建西：《阳新大路铺遗址炉渣初步研究》，见本报告附录一。

④ 夏鼐：《铜绿山古铜矿的发掘（代序）》，《铜绿山古矿冶遗址》，文物出版社，1999年。

⑤ 李延祥：《五里界城及风住山冶炼遗址样品初步研究》，《大冶五里界——春秋城址与周围遗址考古报告》附录四，科学出版社，2006年。

术相对“落后”冶炼生产方式。假若两种生产方式确实共存，那么大路铺文化的社会结构如何，政治体制又是怎样？在铜绿山和大路铺遗址都发现大量炼渣（尤其是大冶铜绿山遗址），说明铜的产量较大。但是，在这一区域内发现铸造铜器的陶、石范模却很少，而且发现的范模多是铸造铜工具斧、臿类。目前还没有发现铸造铜容器类的范模，那么，生产的铜是否以商业的形式或其他方式交换流通到外地？若果如此，其商业行为是如何规范的，交通状况又是怎样的等等问题，都是需要在今后的考古工作中深入探讨的。

中华文明曾经拥有灿烂辉煌的青铜文化，面世的夏、商、周时代青铜器物数以万计，我们不禁要问生产如此众多铜器的铜材料主要源自于何地，工业化开采始于何时？开采铜矿、冶炼铜料生产的人们，是否能够构成一支独特的“族群”？① 这一“族群”在中华民族多元一体文明进程中起着怎样的历史作用等等。对上述这些问题的讨论，无疑将是中国考古学研究中的重大课题之一。

四　分布范围

大路铺文化中，最具代表性的陶器器类是垂裆、足部刻划槽鬲，口沿外侧贴施两个对称泥片护耳甗，肩部饰附加堆纹或饰鸡冠状、鸟头形耳罍，柄部镂长方形孔豆等主要四类。其中，鬲、甗、豆等三类在鄂东及江西西北、安徽西南长江两岸有一定的分布。下面根据这三类最具代表性陶器，结合考古工作情况，将大路铺文化的大概分布范围廓定。

长江南岸鄂东南至江西省西北，代表性遗址有湖北武昌放鹰台遗址②、武汉江夏大商家坝遗址③、大冶铜绿山古矿冶遗址④、大冶上罗村遗址⑤、蟹子地遗址⑥、阳新县和尚垴遗址⑦等，江西九江神墩遗址、九江磨盘墩遗址⑧、瑞昌铜岭古铜矿遗址⑨等。此外，在湖北境内长江南岸的咸宁市所辖的赤壁市、嘉鱼县、通城县、崇阳县、通山县、咸安区等地，经考古调查，在属于商周时代的遗存中，多发现有刻划槽风格的鬲足⑩。在江西省境已波及到赣鄱地区⑪。长江北岸鄂东北至

① 编者产生如此思想，源于这支青铜文化的分布范围。在其范围内，有两大商周时代铜矿采冶区，即湖北大冶铜绿山、江西瑞昌铜岭。这两大采冶区处在同一条有色金属矿脉带上，两大采冶区商周时代的文化遗存反映出的文化面貌，其共性大与个性，属于同一个极富特色的文化系统，并且这支文化延续了相当长的时间。将这一文化与周邻同时代文化比较，区别十分明显。又，历史上有“农业民族”、“游牧民族”等，历史上是否会有“矿冶民族”？于是有此思想。

② 湖北省文物考古研究所：《武昌放鹰台》，文物出版社，2003 年。

③ 据湖北省武汉市江夏区博物馆馆长刘志云先生介绍，该遗址于1984 年调查发现，2005 年和2008 年进行过发掘，发掘资料现藏武汉市江夏区博物馆。

④ 黄石市博物馆：《铜绿山古矿冶遗址》，文物出版社，1999 年。

⑤ 黄石市博物馆：《大冶上罗村遗址试掘》，《江汉考古》1983 年第 4 期。

⑥ 湖北省文物考古研究所、黄石市博物馆：《湖北大冶蟹子地遗址 2009 年发掘报告》，《江汉考古》2010 年第 4 期。

⑦ 咸宁地区博物馆、阳新县博物馆：《阳新县和尚垴遗址调查简报》，《江汉考古》1984 年第 4 期。

⑧ 江西省文物工作队、九江市博物馆：《江西九江神墩遗址发掘简报》，《江汉考古》1987 年第 4 期；江西省博物馆、九江县文化工作站：《江西九江县沙河街遗址发掘简报》，《考古学集刊》（第 2 集），中国社会科学出版社，1982 年。

⑨ 江西省文物考古研究所铜岭遗址发掘队：《江西瑞昌铜岭商周矿冶遗址第一期发掘简报》，《江西文物》1990 年第 3 期；江西省文物考古研究所、瑞昌博物馆：《铜岭古铜矿遗址发现与研究》，江西科学技术出版社，1997 年。

⑩ 此考古资料信息由咸宁市博物馆副馆长袁红提供。

⑪ 彭适凡：《赣鄱地区西周时期古文化的探讨》，《文物》1990 年第 9 期。

安徽省西南，代表性遗址有湖北黄冈罗田庙山岗遗址①、英山白石坳和郭家湾、蕲春鳜鱼咀遗址、广济方家墩遗址②、浠水片街遗址③、武穴雨山垴家遗址④及黄梅姚松林、塔船墩、张墩、黄家大山、焦墩遗址等⑤。

通过上述遗址的分布情况，我们可将大路铺文化的相对分布范围勾画出来，即西南以湖南洞庭湖为界，与以费家河文化和炭河里文化为代表的考古学文化毗邻⑥；西北以湖北黄冈地区巴河为界，与以盘龙城为代表的考古学文化类型毗邻⑦；东南以江西鄱阳湖为界，与以吴城文化为代表的考古学文化毗邻⑧；东北与安徽潜山薛家岗遗址为代表的夏商周时期考古学文化毗邻⑨。在这一广大区域范围内，这支以足部刻划槽鬲、口沿外侧贴施两个对称泥片护耳甗、柄部镂长方形孔豆和鸡冠状耳、鸟头形耳罍等器类为代表的大路铺文化，其分布以湖北大冶、阳新和江西瑞昌为中心，是商周时代有着浓郁地域特征的一支考古学文化。

五　与新石器时代文化遗存的关系

大路铺文化遗存，从文化的总体面貌上考察，与大路铺遗址中的新石器时代文化遗存存在时间上的缺环，没有直接的承继关系。但是，新石器时代中的有些文化因素，被大路铺文化所继承。如新石器时代和大路铺文化的陶器，都以夹砂陶为多；新石器时代陶器上按窝、刻槽⑩、安耳（鋬）⑪、镂孔⑫的作风被大路铺文化所继承；新石器时代和大路铺文化的石器，都以小型的石斧为主；新石器时代和大路铺文化的分布，基本上在同一个区域。由此推测，大路铺遗址新石器时代文化和大路铺文化，应属同一个文化圈中两个不同时期的文化。两个文化存在的时间缺环，在今后的工作中应该可以得到弥补。

---

① 湖北省文物考古研究所、黄冈地区博物馆等：《湖北罗田庙山岗遗址发掘报告》，《鄂东考古发现与研究》，湖北科学技术出版社，1999 年。

② 黄冈地区博物馆：《黄冈地区几处古文化遗址》，《江汉考古》1989 年第 1 期。

③ 黄冈地区博物馆：《湖北黄冈浠水流域古文化遗址调查》，《江汉考古》1995 年第 1 期。

④ 武穴市博物馆：《武穴市新石器及商周遗址调查》，《江汉考古》1995 年第 1 期。

⑤ 京九铁路考古队：《合九铁路（湖北段）文物调查》，《江汉考古》1993 年第 3 期。

⑥ 向桃初：《湘江流域商周青铜文化研究》第 52 ~ 138 页，线装书局，2008 年。

⑦ 黄冈市博物馆：《鄂东考古发现与研究》第 98 ~ 99 页，湖北科学技术出版社，1999 年。

⑧ 江西省文物考古研究所等：《吴城——1973 ~ 2002 年考古发掘报告》，科学出版社，2005 年。

⑨ 安徽省文物考古研究所：《潜山薛家岗》，文物出版社，2004 年。

⑩ 足上刻槽风格，屡见于湖南湘乡岱子坪、江西萍乡市禁山下等新石器时代遗址。湖南省博物馆：《湘乡岱子坪新石器时代遗址》，《湖南考古辑刊》（第二集），岳麓书社，1984 年；江西省文物考古研究所、萍乡市博物馆：《江西萍乡市禁山下遗址的发掘》，《考古》2000 年第 12 期。

⑪ 鸟头形器耳（鋬）在麻城栗山岗新石器时代晚期陶器遗存中就有发现。武汉大学历史系考古教研室等：《湖北麻城栗山岗新石器时代遗址》，《考古学报》1990 年第 4 期。

⑫ 豆柄上镂长方形孔的做法，在福泉山遗址崧泽文化遗存中已经存在，镂孔同样分单层和双层。见上海市文物管理委员会：《青浦福泉山遗址崧泽文化遗存》，《考古学报》1990 年第 3 期。

附表一　03E 新石器时代灰坑登记表

序号	编号	所在探方	期段	层位		口径（米）	深度（米）	包含物	备注
				上	下				
1	H30	T2408	二2	③	⑦	2.14～1.22	0.9～1.08	陶鼎足 Aa、Ac，盘 AbⅡ，器盖 Aa，圈足 Aa、Ba，环 B	
2	H31	T2407	二1	⑧	⑨	1.5～1.72	0.38	陶鼎 C，鼎足 Ab、Ac2、Ba，罐 E，壶 AaⅡ2、AaⅢ3、Ac，缸口 AⅡ，盆 AaⅠ3、AbⅠ、AcⅠ，簋 AⅡ，豆 AaⅡ、AbⅡ，杯 EⅡ，器盖 AbⅠ、AdⅠ、E，圈足 Aa、Ba，球 Aa	
3	H32	T2407	二1	⑧	⑨	1.04～2.35	0.48	陶鼎 AaⅡ，鼎足 Aa、Ab2、Ac，缸口 AⅡ，豆 AaⅡ、AbⅠ、AbⅡ，器耳 C，圈足 Aa、Ab2，纺轮 Ab、Bb；石锛 A	
4	H34	T2408	二2	⑦	生土	0.57～0.7	0.34～0.5	陶器碎片	
5	H40	T2408	二2	⑦、H61	H62	0.8～0.92	0.46～0.5	陶鼎足 Ab、Ac，罐 AaⅢ	
6	H41	T2307	二2	⑦	⑧	0.55	0.34	陶器碎片	
7	H46	T2307	二1	⑧	⑨	1.4～2.4	0.7～0.76	陶鼎 AbⅡ2，鼎足 Aa、Ab4、Ac、Ba，甑 BⅡ，罐 AaⅡ、AbⅡ、Ab，瓮 D、E，缸口 AⅠ、BⅠ，簋 AⅡ3，器盖 AbⅡ、CbⅡ，器耳 Ab，圈足 Ab、Ba，环 B、Da	
8	H47	T2307	二1	H41、⑧	⑨	1	0.5	陶鼎足 Aa、Bb，缸口 AⅠ、AⅡ，簋 BⅡ，杯 EⅠ	
9	H48	T2307	二2	⑦	⑧	0.8	0.56	陶鼎足 Bb，器座Ⅰ	
10	H49	T2307	二2	⑦	⑧	0.5～0.78	0.4～0.45	陶圈足 Aa、Ac	
11	H51	T2307	二1	⑧	⑨	0.35～0.4	0.42	陶罐 AbⅡ	
12	H56	T2408	二2	⑦	H63	0.72～0.9	0.36～0.4	陶鼎足 Aa、Ab	
13	H57	T2407	二1	⑧	⑨	0.65～0.75	0.62	陶鼎足 Aa2，罐 CaⅠ，缸口 AⅡ，壶 AaⅢ，圈足 Aa，环 B	

续附表一

序号	编号	所在探方	期段	层位		口径（米）	深度（米）	包含物	备注
				上	下				
14	H60	T2408	二2	⑦	H62	0.52～0.6	0.5	陶器碎片；烧土颗粒、草木灰	
15	H61	T2408	二2	⑦	H40、H62、H153	1.8	0.34～0.56	陶缸AⅡ，壶Aa，杯EⅡ，圈足Ba，环B	
16	H62	T2408	二2	H60、H61	生土	1.41～1.7	0.92	陶鼎足Ab、Ba、Bb，壶AaⅢ	
17	H63	T2408	二2	⑦、H56	H153	0.74～1	0.35	陶鼎足Ab，罐CbⅠ，器盖AbⅡ	
18	H64	T2506	二2	⑦	生土	0.67～0.7	0.5	陶鼎Ab，鼎足Ab、Bc，罐Aa、AdⅡ，缸口AⅠ，簋AⅡ，盘AaⅠ，器耳B，圈足Ab	
19	H78	T2507	二2	⑦	⑧	0.77～0.87	0.55～0.6	陶鼎AbⅡ、BⅢ2，鼎足Ab，甑A，缸口AⅡ，盆BbⅠ2，簋BⅡ	
20	H91	T2507	二2	⑦	⑧	0.25～0.8	0.28～0.3	陶鼎，壶，豆；炼渣	
21	H109	T2507	二1	⑧	生土	0.7～0.8	0.52	陶鼎C，罐AcⅠ，盆BbⅠ，圈足Ab、Bb	
22	H134	T2507	二1	⑧	生土	0.7～0.85	0.45	陶缸口AⅠ、BⅠ	
23	H137	T2607	二2	⑥	生土	0.76～0.79	0.45	陶鼎足Aa	
24	H153	T2408	二2	H61、H63	生土	0.46～0.8	0.58～0.66	陶鼎足Ab、Bb，壶Ae，豆AbⅠ2	

说明：“包含物”栏中，器物未注明件数者均为1件。下同。

附表二　90E新石器时代灰坑登记表

序号	编号	所在探方	期段	层位		口径（米）	深度（米）	包含物	备注
				上	下				
1	H11	T248	一	⑨	生土	0.95	0.2	陶鼎AaⅠ、CⅠ，鬶，罐AbⅡ，盆AbⅠ，器底B，圈足Ba、Bb，彩陶片	
2	H12	T216	二2	⑥	⑦	0.85	0.32	陶鼎AaⅣ2，鬶Ⅱ，罐BⅡ，豆AbⅢ，钵D，器盖BⅢ、BⅣ，圈足Aa2、Ba	
3	H15	T216	二2	⑦	⑧	0.94	0.3	陶鼎AaⅢ、C，鼎足Ba，罐AbⅢ，盆BbⅠ，盘CⅠ，杯EⅢ，器盖AaⅡ、AdⅡ、AdⅢ、BⅡ，圈足Bb，器座Ⅱ	
4	H23	T248	一	⑨	生土	0.85～1	0.25	陶圈足Aa、Ba、Bb	

附表三　84N 新石器时代房址（柱洞）登记表

序号	编号	所在探方	期段	层位		门道（米）		房基（米）			包含物	备注
				上	下	长	宽	长	宽	深		
1	F1	T13	二2	④	生土	0.6～1.15	0.66	2.9	1.68～2.65	0.2～0.38	陶鼎 AaⅡ，鼎足 A2，瓮 Cb，壶 Aa，盆 AbⅡ，盘 C，器盖 Ad	半地穴式房基，外侧东面和南面有 6 个椭圆形柱洞

附表四　84N 新石器时代墓葬登记表

序号	编号	所在探方	期段	层位		墓向	墓圹（米）					随葬品	备注
				上	下		墓口		墓底		墓深		
							长	宽	长	宽			
1	M1	T8	二1	④	生土	78°	3.14	1.26	3.05	0.72	1.5	陶鼎 CⅡ，壶 C，钵 AⅡ	墓圹南、北两边壁留有生土二层台
2	M2	T8、T6	二1	④	生土	255°	3.04	1.2	3.02	0.7	1.08	陶鼎 AbⅠ，簋 AⅡ；石锛 A	墓圹西南设墓道，南、北壁有生土二层台
3	M3	T6	二1	④	生土	264°	2.1	0.8	1.92	0.75	0.88	陶鼎 AbⅡ，簋 BⅡ，壶 AbⅡ、AcⅡ、AdⅠ，杯 Bb2	
4	M4	T6	二1	④	生土	264°	2.88～2.94	1.4	2.9	1.68	1.15	陶鼎 AbⅠ，簋 AⅠ，壶 AbⅠ，球 Ba	墓圹西南设墓道
5	M5	T12	二2	④	生土	260°	2.72	0.8	2.65	0.76	0.94	陶鼎 Ac，钵 B，纺轮 Ab	
6	M6	T2	二2	④	生土	124°	2	1	1.98	0.98	1.05	陶鼎 AbⅡ、AbⅢ，罐 DⅡ，壶 AaⅣ、AbⅢ、AeⅡ，豆 Bb；石铲	

附表五 **03E 商周时代灰坑登记表**

序号	编号	所在探方	期段	层位		口径（米）	深度（米）	包含物	备注
				上	下				
1	H1	T2511	四	③	H6	2～2.3	1.2	陶鬲 Ac，鼎足 Ab、C，甗 AaⅣ、Ab，甗耳 Aa，甗足 Da2，器耳 Aa、Ba、Be、Bf、Bg、Cc，器錾 B，瓮 EcⅡ，缸 Bb、Bc，缸圈足 Ba，盖纽 A 型，豆 A、CaⅡ，纺轮 BⅢ、CaⅡ；硬陶片	
2	H2	T2508	四	②	H12	1.7	0.3	陶鬲 AcⅣ，甗 Aa，甗耳 Aa，豆 A，陶片	
3	H3	T2510	二	⑤	⑥	0.5～0.6	0.2	陶盂 BbⅠ，陶器片	
4	H5	T2611	四	H19	生土	1.35～2.5	0.2	陶鬲 Ab、CⅢ，鼎足 Ae，甗足 AaⅡ2，罐 Fd，器耳 Aa、Cc，纺轮 CcⅡ	
5	H6	T2511	四	H1	④	1.3～2.4	0.28	陶鼎足 Aa，器耳 Be，豆 AaⅤ	
6	H7	T2509	三	H13	⑤	2.4～2.6	0.45	陶鼎足 B2，罐 AdⅡ、H；硬陶瓮 AbⅠ	
7	H8	T2407	四	②	③	4.75	0.3～0.56	陶鬲 AaⅣ、Ac、Ad、AgⅤ、Ag，甗 AaⅣ、Aa、AbⅣ2，罐 AbⅤ，瓮 Ea、Eb、Ed、Ef、GaⅢ，盆（底）足 CⅡ，钵 AcⅣ，豆 AaⅤ、AbⅣ2，簋圈足，器盖 BaⅢ，网坠Ⅱ；石锛 BⅢ；炼渣	
8	H9	T2509	三	H13	H10、H26	1.2～1.85	0.25	陶鬲，甗，瓮；硬陶瓮 AbⅢ	
9	H10	T2509	三	H9	H26	1.3～2.7	0.6	陶鬲足，甗足，罐 Aa，盆 Aa，支（拍）垫	
10	H11	T2408	四	②	⑦	0.95	0.5	陶器碎片	
11	H12	T2508	四	H2	③	1.9～2.3	0.56	陶鬲 AaⅣ2、F，甗 Aa，甗腰（底足）Aa，甗足 AbⅡ2，滤盉 Aa，罐 AbⅤ、FcⅣ，豆 AaⅤ	
12	H13	T2509	三	④	H7、H9	1.2～1.55	0.25	陶鼎足 B，瓮	

续附表五

序号	编号	所在探方	期段	层位		口径（米）	深度（米）	包含物	备注
				上	下				
13	H14	T2510	三	④	⑤	0.75～1.55	0.86	陶鬲足AaⅠ，鼎足Ab、Ac，甗耳Ab，盆足CⅠ，罐BaⅢ，瓮EcⅡ，盆AaⅡ、BcⅡ，豆D，器耳Ae，缸圈足Bb；硬陶瓮AbⅡ	
14	H15	T2410	三	④	H26	1.4～1.9	0.25	陶鼎腹片，罐AaⅣ、BdⅠ，簋圈足，豆AaⅣ，盖纽A，饼AbⅠ	
15	H16	T2406	四	②	④	1.4	0.32	陶鬲足AaⅢ、AaⅣ，瓮Gd，盆AaⅣ	
16	H17	T2508	四	③	④	2.6～5.8	0.8	陶鬲AaⅢ2、Aa，鬲足AaⅠ、AbⅠ、AcⅠ2，甗耳Aa、Ab，甗足AaⅡ，滤盉Ab，罐AaⅤ、CaⅢ，瓮Ca、Ea，盆BcⅡ，钵AbⅢ，豆AaⅣ2、A，器盖AaⅣ，簋圈足，器底B；硬陶瓮AbⅠ，硬陶片	
17	H18	T2410	三	④	H25、H26	1.55～1.95	0.6	陶鬲足AaⅡ、AcⅡ，鼎耳A，鼎足Ab、Ac、B，罐BbⅢ，瓮Ec	
18	H19	T2612	四	②	H5、H22	3.75～4.76	1.6	陶鬲Aa、AaⅣ、AfⅢ、BaⅣ，鬲足AaⅡ3、AbⅡ、AcⅠ、BⅠ，鼎Da、DbⅡ、Db、Dd，鼎足Aa、Ab4、Af，甗耳Aa2、Ab，甗腰D2，甗足Da，罐GaⅣ、HⅢ，瓮AaⅣ、Ab2、BⅢ2、EaⅣ、Ec、EfⅣ，盆BaⅣ，盆足CⅠ、CⅡ2，缸Bb，缸圈足Bb、Bd，钵CaⅢ，豆Aa、Ca、CaⅢ2，器流Ⅱ，器耳Aa3、Ab2、Ad2、Bc、Bd、Be2、Bf2、Bg2、Ca、G，器鋬Aa、B，器底B、D、F，纺轮AaⅤ、BⅡ、BⅢ、CcⅠ2；硬陶瓮B，硬陶片；水晶石	

续附表五

序号	编号	所在探方	期段	层位		口径（米）	深度（米）	包含物	备注
				上	下				
19	H20	T2410	三	④	H26	1.85～2.5	0.4	陶鬲Ab，鬲足AaⅡ3，鼎耳A2，鼎腹片，甗足AbⅠ、AbⅡ、AcⅡ、Da，瓮Ca，盆足CⅠ，簋圈足，缸Bb，饼AaⅡ，器耳Ac、Bc，器底B；矿石	
20	H21	T2508	三	④	H27	1.6～1.9	0.74	陶瓮Ca，盆AbⅢ、BaⅢ，鬲，甗，罐，豆	
21	H22	T2612	四	H19	H39	3.3～4.55	1.7	陶鬲AcⅣ、Ac2、AdⅣ、Ba、HbⅡ2，鬲足AaⅠ2、AbⅠ2、Ab、AcⅠ、BⅠ2、CⅠ2、DⅠ，鼎DcⅢ、DdⅢ，鼎足Aa、Ae、Af2，甗耳Aa3，甗足AaⅡ、AcⅡ2、Da，罐Fc、FdⅢ4、Ⅰ，器耳Af、Bc、Bf、Cb3，瓮AbⅣ2、CaⅢ、EaⅢ、Ea、Ec3、EfⅣ、EgⅣ、FaⅣ、FbⅣ、FbⅤ、GaⅢ，罍CaⅢ、CbⅡ，缸BaⅡ，壶DⅡ，钵形器D，豆Aa、AaⅤ3、Ab、AbⅣ2、BaⅡ，支（拍）垫AbⅣ，饼BⅠ、BⅡ，铙形器，器鋬Ab，缸底Bb、Bc，盆（底）足CⅢ，器底A、B2、D2、E；硬陶片1；矿石	
22	H23	T2410	四	②	③	1.2	0.76	陶器碎片	
23	H24	T2406	二	⑤	⑥	3.8	0.44	陶鬲AaⅡ、AcⅡ2、DaⅠ2，鬲足AaⅠ、EⅡ，甗足AaⅡ	
24	H25	T2510	三	H18	生土	0.8～1	0.3	陶钵AaⅡ，鬲，甗	

续附表五

序号	编号	所在探方	期段	层位		口径（米）	深度（米）	包含物	备注
				上	下				
25	H26	T2409	三	H10、H15、H18、H20	H45	3.3～6.4	1.3	陶鬲 AaⅢ3、AbⅢ、AgⅢ、Ag、AhⅡ2、HaⅡ，鬲足 AbⅡ、CⅠ4，甗 AaⅡ、Ab，甗耳 Aa、Ab，滤盉 B，罐 Aa、AbⅢ、FcⅢ、FdⅠ，瓮 Cb、EeⅡ、Gd，罍 AⅡ，缸 BbⅢ，盆 AaⅢ2、BbⅡ、CⅢ，盆（底）足 CⅡ，钵 AcⅡ，钵形器 BⅡ，豆 Aa、AaⅣ、AbⅡ2、A，器盖 AaⅢ、AbⅠ，支（拍）垫 BcⅠ，饼 AaⅠ，方条，器纽 B，器底 B、C2、E；硬陶瓮 AaⅢ，硬陶片；石镞 BⅡ；炼渣，铁矿石	
26	H27	T2508	三	H21	H29	4.7	0.76	陶鬲 AdⅢ、AgⅣ、Ah、Ha，鬲足 AaⅢ，罐 BbⅡ、CaⅡ，盂 Ba，豆 A，器盖 AbⅡ；硬陶片	
27	H28	T2712	四	②	H36	1.15	0.45	陶鬲足 AaⅡ2，甗 DⅢ，甗足 Da2，鼎 BbⅢ，鼎足 Aa，罐 Aa、I，瓮 EeⅣ、EfⅢ，盆 BaⅣ、BcⅢ，盆足Ⅰ，缸底 Ba，器盖 AbⅢ	
28	H29	T2508	三	H27	H38	1.55	0.56	陶罐 Aa，瓮 GbⅢ	
29	H33	T2408	三	④	⑦	0.85～1.3	0.62	陶器碎片	
30	H35	T2410	二	⑤	H42、H43	1.8	0.65	陶鬲 AbⅠ、AbⅡ、AfⅡ，鬲足 CⅠ，鼎足 B，器底 B	

续附表五

序号	编号	所在探方	期段	层位		口径（米）	深度（米）	包含物	备注
				上	下				
31	H36	T2712	四	H28	生土	1.1	0.4	陶鬲AbⅣ、AgⅣ，鬲足AaⅠ2、AaⅡ，鼎腹片，滤盉AaⅢ、B，罐FbⅣ，瓮GdⅢ，壶A，豆Ab，钵形器AⅢ，支（拍）垫BbⅡ，器耳Ae、Bg，器鋬B；硬陶瓮AbⅢ；矿石	
32	H37	T2001	四	③	⑤	1.7	0.65	陶器碎片	
33	H38	T2508	三	H29	H38	2.5	0.42	烧土块，石块	
34	H39	T2712	四	H22	生土	2	0.7	陶瓮AbⅣ、GaⅢ	
35	H42	T2410	二	H35、H52	H43	2.6	1	陶鬲足AcⅠ、AcⅡ、EⅡ，甗腰A，罐Ca，盆BcⅡ	
36	H43	T2410	二	H35、H42	生土	1.8	0.5	陶鬲足AaⅠ、AcⅠ，鼎足Aa，罐H，豆A	
37	H44	T2410	一	⑥	H54、H58	4.55	1.05	陶鬲AaⅠ4、AbⅠ、AeⅠ、AfⅠ、AhⅠ、HaⅠ，鬲足AaⅠ2、AcⅠ2、CⅠ，鼎AaⅠ，甗腰Ca，甗耳Aa、Ab，罐BaⅠ、FaⅡ、FbⅡ、HⅠ，瓮GcⅠ，钵AaⅠ，豆AaⅠ4、Aa、A；硬陶器口，硬陶片3；石锤AⅠ2	
38	H45	T2409	三	H26	⑤	2.9～3.12	1.2	陶鬲AfⅡ，滤盉Ac，罐Fb、FfⅢ，豆A，钵形器BⅢ，条形器Ⅰ；炼渣，炉壁	

续附表五

序号	编号	所在探方	期段	层位		口径（米）	深度（米）	包含物	备注
				上	下				
39	H50	T2409	一	⑥	H53	1.85	0.66	陶鬲 HaⅠ，鬲足 AcⅠ、CⅠ，鼎 Aa，甗 B，甗耳 Ab，滤盉 AaⅠ，罐 AaⅡ、FaⅠ、GaⅠ，瓮 FcⅠ、GaⅠ、HaⅠ，罍 AⅠ，豆 A，器鋬 Aa，器底 A；石块；矿石	
40	H52	T2410	二	⑤	H42	1.84	1.25	陶器碎片	
41	H53	T2409	一	H50	生土	1.94	0.42	陶鬲 Aa、HaⅠ，鬲足 AaⅠ2、AcⅠ2，鼎足 B，罐 AcⅠ2、BbⅠ、Fa、HⅠ，钵 BaⅠ2，饼 AbⅠ；硬陶瓮 AbⅠ	
42	H54	T2410	一	H44	生土	2.1	0.96	陶鬲 AbⅠ，鼎足 Aa，甗腰 Aa，罐 FbⅠ2，盆；硬陶片	
43	H55	T2610	四	②	生土	1.1	0.76	陶鬲足 AaⅡ、AcⅠ、Ac，鼎足 Ae，盆 BcⅢ，器底 D	
44	H58	T2410	一	H44	H59	2.24～2.42	0.35	陶鬲 AaⅠ，鬲足 AcⅠ2，甗 AaⅠ、B，甗腰 A，滤盉 AaⅠ，罐 AaⅠ，缸 AⅠ，豆 A2；硬陶瓮 AaⅠ；炼渣	
45	H59	T2410	一	H58	生土	1.5～2.15	0.3	陶鬲 AaⅠ、AbⅠ，豆 A	
46	H65	T2605	三	H120	H76	1.23～1.58	0.3	陶钵 CaⅠ，豆 Aa，鬲，罐	
47	H66	T3006	四	①	②	1.5	0.4	陶鬲，甗，罐，豆；烧土块	

续附表五

序号	编号	所在探方	期段	层位		口径（米）	深度（米）	包含物	备注
				上	下				
48	H67	T2906	四	H130	H71	2.75～4.5	0.5	陶鬲 Ac3、AeⅢ，鬲足 AaⅠ、AaⅡ4、AaⅢ、AcⅠ，甗 Aa3，甗耳 Ab，甗足 AaⅡ、Da，鼎耳 A，鼎足 Ae，罐 AaⅣ、BaⅣ、Fd，瓮 Ab、Ac、B、CbⅡ、Ec、EdⅢ、EfⅢ2，罍 BaⅣ、Ba2、BbⅡ，簋 A，缸 BbⅣ，饼 AaⅡ，支（拍）垫 AbⅢ，雉形器Ⅳ，器耳 Aa、Ac、Ae、Bc、Be，器鋬 Aa2、Ab、Ad，器底 A2、B；石镞 AbⅡ，砺石 C	
49	H68	T3006	三	H129	H69、H94	2.05～2.3	0.8	陶鼎 DaⅢ、DbⅠ，鬲足 AaⅠ、AaⅡ2，甗 AaⅢ、Ab，甗耳 Aa，罐 Fb，瓮 Eb，罍 Ba，豆 Aa，盖纽 A，器耳 Aa、Ab、Ac、Ag、Bc、Cc；炼渣	
50	H69	T3006	三	H68、H83	生土	1.2～1.35	0.7	陶器碎片	
51	H70	T3006	三	H129	生土	1.35～2.1	0.5	陶鬲足 AcⅠ、CⅡ，鼎足 B，甗足 AaⅡ，罐 Fc，盂 AbⅡ，器鋬 Ab	
52	H71	T2906	四	H67、H130	④	1.8～2.15	0.5	陶甗耳 Ab，豆 A，缸底 Bc，纺轮 AfⅡ；石锛 AbⅡ	
53	H72	T2806	二	⑤	H82、H81、H177	1.95～3.15	0.4	陶鬲 Aa、Ab，鬲足 AbⅡ，鼎耳 A，鼎足 Ad，罐 AaⅢ、AdⅠ2、Fa、H，瓮 AaⅡ、Eb，盆 BcⅠ，豆 Ab、Bc，器盖 AcⅠ，器耳 Ad、Bc；石刀 BⅠ	

续附表五

序号	编号	所在探方	期段	层位		口径（米）	深度（米）	包含物	备注
				上	下				
54	H73	T2705	三	④	H77	0.8～2	0.52	陶甗耳 Aa，盖纽 A，支（拍）垫 AaⅠ	
55	H74	T2507	一	⑥	H169	2.2～3.2	0.5	陶鬲足 CⅠ，甗 AbⅠ2，器鋬 Ae，纺轮 AaⅠ，饼 AaⅠ、AbⅠ，环 A；石镞 AaⅠ，环	
56	H75	T3006	四	①	③	3.1～4.4	0.5	陶鬲足 AaⅡ，甗足 Db，罐 FdⅢ、GaⅣ、I2，瓮 GdⅢ，壶 C，豆 AbⅣ、Ab，纺轮 AbⅢ，饼 AbⅠ，器耳 Ae，器底 A、E，猴，牛Ⅱ；硬陶片；石斧 AbⅣ	
57	H76	T2605	三	H65	⑤	1.25～2	0.2	陶器碎片	
58	H77	T2705	三	H73、H98	生土	2.45～4.5	1	陶鬲足 CⅡ，甗 AcⅡ，鼎 BbⅡ，罐 Aa、Fb，尊 AⅠ、AⅡ，钵 CaⅠ，器耳 Ad；石镞 BⅢ、型式不明，范 B；炼渣	
59	H79	T2806	二	H81	H80	2.8～3	1.7	陶鬲 AiⅠ，鬲足 AaⅠ，甗 AaⅠ、Ab，鼎 BaⅠ，鼎耳 A，鼎足 Aa、Ae，罐 Fb、Fc，瓮 AaⅡ2、CaⅠ、EbⅠ、Eb、EcⅠ、EdⅡ，卣，盆 AaⅡ、Aa、BaⅠ，缸圈足 Ba，器耳 Aa、Bc2、Bd，器鋬 Aa2，器底 A、B、D、E；炼渣	
60	H80	T2806	二	H79	H127	2.85～4.98	0.25	陶鬲 AaⅡ2、AbⅠ2、HaⅡ，鬲足 AaⅡ2、AcⅠ、AcⅡ，甗 Ab，甗足 Da，罐 AaⅡ，瓮 Aa、Ab、GaⅡ、Gd，钵 DaⅠ2、DbⅠ，豆 AbⅠ，器耳 Be、Bg，器鋬 Ac、Af；硬陶片；石镞 AbⅠ；炼渣	

续附表五

序号	编号	所在探方	期段	层位		口径（米）	深度（米）	包含物	备注
				上	下				
61	H81	T2906	二	H93	H79	1.35～1.55	0.62	陶鬲足AaⅠ2，鼎Ba，罐Fb，瓮Eb，盆Aa，尊AⅠ，豆AaⅢ，纺轮AaⅡ，器耳Bc；硬陶片3	
62	H82	T2806	一	H72	H86	1.32～2.2	0.36	陶鬲AbⅠ，纺轮AhⅡ，罐，豆	
63	H83	T2906	三	H129	H69、H147	3.1～4.9	0.35	陶鬲Ab、Ac、BbⅡ、HaⅡ，鬲足AaⅠ2、AcⅠ，鼎足Ab，甗耳Ab，罐AaⅣ、Ab、BaⅢ、FcⅢ，瓮Ac、FcⅡ、Gb，盆BaⅢ，豆Ab2，支（拍）垫AbⅠ，饼AaⅡ、AbⅠ、AbⅡ，器耳Ab、Ad、Ae、Af、Ag、Be，器鋬Ab；硬陶饼；炼渣	
64	H84	T2606	一	H89	生土	1.25～1.3	0.3	陶鼎足Aa，盆Aa，器底C，支（拍）垫BdⅠ	
65	H85	T3006	四	明墓	H94	1.05～2.45	0.34	陶器碎片	
66	H86	T2806	一	H82	H92	1.75～2.8	0.32	陶甗耳Aa，盖纽A、D，纺轮AdⅠ，饼AaⅠ	
67	H87	T2906	二	H90	生土	0.8～0.95	0.65	陶鬲Aa，甗足AbⅡ，罐Aa，滤盉钵Aa；石锛AaⅡ	
68	H88	T2606	一	H103	H89	1.65～2.8	0.54	陶鬲足AaⅠ；硬陶片	
69	H89	T2606	一	H88	H84	1.15～2.35	1	陶器碎片；石块	
70	H90	T2906	二	H127	H87	0.66	0.26	陶器碎片	

续附表五

序号	编号	所在探方	期段	层位		口径（米）	深度（米）	包含物	备注
				上	下				
71	H92	T2806	一	H86	生土	1.25～1.75	0.38	陶甗，罐，豆，陶器碎片	
72	H93	T2906	二	H177	H144	3.36～4.16	0.92～1.16	陶鬲AaⅡ、AbⅡ、Ac、AdⅡ、HaⅡ，鬲足AaⅠ、AaⅡ2、AbⅠ、AcⅠ，甗AbⅡ2，甗足AaⅠ2、AaⅡ、Da，鼎Db，罐Fb，瓮AaⅡ2、Ac、Gd，缸AⅡ，盂AaⅠ，豆Aa、Ab，盆耳C，纺轮CcⅠ2，饼AaⅠ、AaⅢ、AbⅠ、AbⅡ、AbⅢ2，支（拍）垫AaⅠ、BaⅠ、BbⅠ，纹印B，陀螺，器盖CⅠ，盖纽A，器耳Bc，器鋬Ad，器底E；硬陶瓮AaⅡ，硬陶片；石砧B，斧BⅠ，刀AⅡ，镞BⅠ，砺石A；炼渣	
73	H94	T3006	三	H68	生土	0.85～1.3	0.48	陶甗DⅠ，陶器碎片	
74	H95	T2605	三	H173	H155	1.05～1.55	0.98	陶器碎片；矿石，炼渣	
75	H96	T2607	一	⑥	H124	1～1.8	0.44	陶甗腰Ca	
76	H97	T2807	四	②	④	2.05	0.7	陶鬲，鼎，甗，罐，器盖，陶器碎片	
77	H98	T2604、T2605、T2704、T2705	三	H123	H77、H120	2.8～3.6	0.74	陶鬲AaⅢ、Aa、AcⅢ、AgⅢ，陶鬲足AaⅠ、AaⅡ2、AaⅢ、AcⅠ，鼎BbⅡ、DaⅡ，甗足Da3，罐H、J，瓮B、Ec、EfⅡ、FbⅢ，钵AbⅡ、AdⅠ，豆AaⅢ、CaⅡ，器盖AaⅡ，盖纽A，器耳Ab2、Ad2、Bc、Bd、Bg、E，器底D；石支（拍）垫Ⅰ，铲A；玉片；炼渣	

续附表五

序号	编号	所在探方	期段	层位		口径（米）	深度（米）	包含物	备注
				上	下				
78	H99	T2705	四	①	④	1.15～3.05	0.32	陶鼎足 Aa，甗 Ca，罐 H；硬陶瓮 AcⅢ	
79	H100	T2805	四	②	④	1.28～1.9	0.74	陶鼎 Db；炼渣	
80	H101	T2707	四	②	生土	0.65	0.46	陶罐；陶器碎片；烧土粒，炼渣	
81	H102	T2604	四	②	④	1.95	0.35	陶纺轮 CaⅢ，陶器碎片；炼渣	
82	H103	T2607	一	H169	H88	1.95	0.7	陶鬲 AcⅠ、AdⅠ，鬲足 AaⅠ、AbⅠ、AcⅠ，甗 AbⅠ，甗足 AaⅠ，滤盉 Aa，瓮 CaⅠ，豆 Aa、Ab，器盖 BcⅠ，器耳 Aa，器底 B；炼渣	
83	H104	T2604	一	H123、H135	生土	1.6	0.52	陶尊 BⅠ	
84	H105	T2607	一	H132	H108、H133、H138	0.7～1.45	0.54	陶鬲 AcⅠ，鬲足 AaⅠ、D，甗 AbⅠ，甗足 AaⅠ、AbⅠ，罐 BaⅡ，瓮 CaⅠ，豆 Aa、A，器盖 AaⅠ，器鋬 Ae；石锤 AⅠ，石砧 A；矿石	
85	H106	T2806	四	H112	H178	2.25	0.9	陶鬲 Aa、Ac，鬲足 AaⅡ、AcⅠ、AcⅡ，鼎 Dd，鼎耳 A，鼎足 Ac、Af、B，甗 Aa，罐 AaⅣ、FaⅣ，瓮 Ec，盆 Aa，盆耳 C，豆 Aa，饼 AbⅠ，纹印 AⅡ，盖纽 A，器耳 Bh；硬陶瓮 AbⅢ；石支（拍）垫Ⅱ，斧，镞 AbⅢ；炼渣	
86	H107	T2507	四	②	④	1.1～1.4	0.44	硬陶片	

续附表五

序号	编号	所在探方	期段	层位		口径（米）	深度（米）	包含物	备注
				上	下				
87	H108	T2607	一	H105	生土	0.5～0.6	0.4	陶器碎片；石锛 Aa Ⅰ	
88	H110	T2706	四	②	④	0.8～1.15	0.5	陶鬲足 C Ⅰ，甗足 Aa Ⅰ，罐 Bc Ⅲ，纺轮 Ac Ⅳ，饼 Aa Ⅱ；矿石；炼渣	
89	H111	T2604	三	H120	生土	1.86	0.25	陶鼎足 Ae，甗 Ca，甗足 Aa Ⅱ，豆 Aa，钵 Aa；硬陶瓮 Ab Ⅰ	
90	H112	T2806	四	③	H106	1.14～2.2	0.4	陶鬲足 Aa、D Ⅰ，豆 Ca	
91	H113	T2707	三	④	⑤	1.15～1.7	0.9	陶鬲足 Ab，甗 Aa，甗足 Aa Ⅰ，豆 Aa	
92	H114	T2507	三	④	G4	2.5	0.45	陶鬲 Aa，鬲足 Aa Ⅱ、Aa Ⅲ，甗足 Db，罐 Fd Ⅰ，器耳 Ag	
93	H115	T2706	三	④	J1	2.1～2.7	0.56	陶鬲 Ab，鬲足 Aa Ⅰ、C Ⅰ、E Ⅱ，鼎 Dd，鼎足 B，罐 Fb，瓮 Ha Ⅱ，罍 A Ⅲ，支（拍）垫 Ba Ⅱ，纺轮 Ad Ⅱ；硬陶瓮 Aa Ⅲ，硬陶片；石镞；炼渣	
94	H116	T2606	二	④	生土	1.8～2.1	0.4	陶鬲 G，鬲足 E Ⅲ，甗腰 Ca，鼎 Bb Ⅱ，鼎足 B，瓮 Ga Ⅱ，豆 A，指托	
95	H117	T3007	三	④	H122、H150、H154、H161	3.1～4.6	1	陶鬲 Ad Ⅲ、Ah Ⅲ，鬲足 Aa Ⅰ、Ac Ⅰ，甗耳 Aa，甗足 Aa Ⅰ，滤盉 Ac，罐 D Ⅰ、Ga Ⅱ，瓮 Ea Ⅱ、Eb Ⅰ、Ee Ⅱ、Fd Ⅱ、Fd Ⅲ，罍 Ba Ⅲ，盆 Aa Ⅲ2、Ab Ⅱ，缸（底）圈足 Bb，豆 Aa Ⅳ、A、Bd，器盖 Aa Ⅳ、Aa，纺轮 Aa Ⅲ、Ac Ⅰ，饼 Ab Ⅰ，雉形器 Ⅱ，器耳 Ah、D，器底 A、E；铜条 A	

续附表五

序号	编号	所在探方	期段	层位		口径（米）	深度（米）	包含物	备注
				上	下				
96	H118	T3107	三	H121	H145	1.75～2.2	0.32	陶甗AbⅢ，鬲，钵	
97	H119	T3107	三	H117	生土	1.54	0.3	陶鬲足AcⅠ2，甗耳Ab，豆A2，器底B；石凿Ⅱ	
98	H120	T2604	三	H98、H128	H65、H111、H135、H148	3～5.65	0.34	陶鬲AaⅢ、AcⅢ、Ac，鬲足CⅠ，鼎DcⅠ，鼎足B，甗Ab，甗耳Aa，罐BaⅢ、FbⅢ，盆Aa，盆耳C，豆Aa，器流Ⅰ，饼AbⅡ；硬陶器口，硬陶片	
99	H121	T3107	三	H122	H118	1.5	0.5	陶器碎片；烧土块，石块	
100	H122	T3107	三	H117	H121	0.8～2	0.44	陶鬲足AcⅡ，罐Fb	
101	H123	T2605	三	④	H98	2.2～3.22	0.46	陶鬲足AaⅡ2、AaⅢ、AcⅠ2，鼎足B，甗足Da，瓮Aa，盆BaⅡ，豆CaⅡ，器耳Ab、Be、E，纺轮CcⅡ	
102	H124	T2607	一	H96	H132	1～1.2	0.53	陶鬲AcⅠ，鬲足AaⅠ，鼎BbⅠ，甗AbⅠ，甗底Aa、Ab，罐AbⅠ；炼渣	
103	H125	T3107	四	H126	生土	0.9～1.25	0.54	陶鬲，甗，罐，陶器碎片	
104	H126	T3107	四	②	H125	2.05	0.5	陶鬲AdⅣ，鬲足Ac，瓮AbⅣ、Ea、EgⅢ、FaⅢ，铃形器	
105	H127	T2906	二	H80	H90	残1.1	0.64	陶鬲足AcⅠ，甗耳Aa，瓮Ab、Ec；硬陶片；石斧	
106	H128	T2605	三	④	H120	1～2.05	0.48	陶鬲AcⅢ，鬲足AaⅡ，器耳Be；硬陶瓮AbⅠ	

续附表五

序号	编号	所在探方	期段	层位		口径（米）	深度（米）	包含物	备注
				上	下				
107	H129	T3006	三	H161	H68、H70、H83	2～4.05	0.65	陶鬲 AbⅢ、AcⅢ2、CⅡ，鬲耳 C，鬲足 AaⅠ、AaⅡ2、AcⅠ2，鼎 DaⅢ、DdⅡ，鼎足 Ad、Ae、C，罐 AbⅡ、FdⅠ，瓮 AaⅢ、Aa、CaⅡ、CbⅠ2，罍 BaⅡ、Ba、CaⅠ、CbⅠ，盆 BaⅢ，钵 AaⅠ，豆 AbⅠ，器耳 Aa、Ac、Ba，器流Ⅰ，器底 E，器片，猪；石斧	
108	H130	T2906	四	H149	H67、H71	2.35～6	0.65	陶鬲 AbⅣ、Ac、AiⅡ、CⅢ、Ha，鬲足 AaⅡ2、AcⅡ2、DⅡ，甗 AaⅢ、Aa，甗耳 Ab2，甗足 AaⅠ、Da，鼎 DaⅢ、D，鼎耳 A，鼎腹片，鼎足 Ae，罐 BbⅣ、FdⅡ3、I，瓮 Aa2、AcⅢ、CbⅡ、EeⅢ、EfⅢ、FcⅢ、GdⅢ，罍 Ba、CaⅡ，缸 Bb，盆足 CⅠ2，钵 AaⅡ，豆 AaⅣ、AbⅢ、A，盖纽 A2，器耳 Aa6、Ae、Ba2、Bb、Cb，器鋬 Af，器底 A、B；硬陶片 2；石斧，砺石 B；炼渣	
109	H131	T2806	二	H177	H178	0.95～1.25	0.3	陶器碎片	
110	H132	T2607	一	H169	H105	2.3	0.65	陶鬲足 AaⅠ、Ac，甗 Ca，甗足 AaⅠ，罐 AaⅠ，瓮 D，盆 AbⅠ，钵 AaⅠ2，器耳 F	
111	H133	T2607	一	H105	H138	2.1	0.88	陶鬲足 Aa，瓮 Hb，盆 AbⅠ2，器盖 BaⅠ；炼渣	
112	H135	T2604	三	H120	H104	2.6	0.4	陶鬲 AhⅡ，鼎足 B，罐 Fa，豆 Aa，器鋬 Ad，器底 A	

续附表五

序号	编号	所在探方	期段	层位		口径（米）	深度（米）	包含物	备注
				上	下				
113	H136	T2806	三	④	⑤	1.5～2.3	0.56	陶鬲 AfⅢ，鼎 AdⅠ，罐 FbⅣ，豆 A，器盖 AbⅠ，纺轮 AdⅢ；炼渣	
114	H138	T2607	一	H133	生土	0.85	0.5	陶鬲足 AcⅠ，豆 AaⅠ，器底 B，器片；硬陶片	
115	H139	T2704	二	⑤	生土	2.1	0.78	陶鬲 AcⅡ2、AdⅡ、BaⅡ，陶鬲足 AaⅠ2、AcⅠ2、BⅠ，甗 AaⅠ、AaⅡ，甗足 AaⅠ、AbⅠ、AbⅡ，罐 FcⅡ，豆 A	
116	H140	T2705	三	④	⑤	1.05	0.32	陶器碎片	
117	H141	T2605	三	④	G4	0.8～1.55	0.6	陶鬲足 AaⅡ、AcⅠ，鼎足 B，甗足 Da2，罐 AbⅢ、FbⅡ，盆耳 C，器耳 Bh	
118	H142	T2704	二	⑤	F1	1.6	0.6	陶豆 Aa，器鋬 Ab；石锤 B；矿石	
119	H143	T2606	四	近代沟	②	1～5.27	0.3～1.5	陶鬲足 CⅠ，鼎足 Aa，甗 DⅢ，罐 AbⅤ，瓮 BⅢ，器耳 Aa；石锛 AaⅤ；矿石；炼渣	
120	H144	T2907	二	H93	H146	0.65～1	0.52	陶鬲 Ac3，鬲足 AaⅡ、Ac，甗足 Db，罐 Fb、FfⅡ，瓮 FdⅠ、Gd，罍 BaⅠ，壶 EⅠ，盆 BaⅠ，杯 D，雉形器Ⅰ，纺轮 AbⅠ，器底 A；硬陶器口，硬陶片；砺石 B	
121	H145	T3107	三	H118	生土	1.1～1.4	0.28	陶鬲足 Ac，甗腰 A	
122	H146	T2907	二	H79、H93、H144	生土	1.1～1.3	0.98	陶鬲 AbⅡ、F，鬲足 AaⅠ2、AaⅡ，鼎 Db，鼎耳 A2，鼎足 B，甗足 AaⅡ、Db，瓮 AbⅠ，缸 BaⅠ，盆 Aa，盆（底）足 CⅠ，饼 AbⅡ，器口，器耳 Aa、Ab、Bc、Be2；炼渣	

续附表五

序号	编号	所在探方	期段	层位		口径（米）	深度（米）	包含物	备注
				上	下				
123	H147	T2907	三	H83	H160	0.75～1.45	0.48	陶鬲 Aa，鼎足 B，甗 Ca，罐 H，纺轮 CcⅠ，器耳 Bb；炼渣	
124	H148	T2604	三	H120	H173	0.95	0.5	陶器碎片	
125	H149	T2906	四	H112	H130	2.5～3.35	0.5	陶鬲 AbⅣ、Ab、AhⅢ、CⅢ，鬲足 AaⅡ、AaⅢ、AcⅡ，甗 AaⅢ，甗足 Da、Db，鼎 Da、DcⅡ，鼎足 Aa、Ab、Ad、Af，罐 AdⅢ、FcⅢ、FdⅡ、HⅡ、H，瓮 AaⅣ、Aa，罍 BaⅣ，壶 E，钵 CaⅠ，饼 AbⅠ3、AbⅡ，条形器Ⅱ，盖纽 A、B，器耳 Aa、Ae、Bc、Bf2、Ca、D，器鋬 Aa，器底 A；石镞 AbⅢ、型式不明，水晶石；炼渣	
126	H150	T3007	三	H117	H172	2.05	0.88	陶鬲足 AcⅠ、AcⅡ，瓮 EgⅠ、Gb，器耳 Ca	
127	H151	T2906	四	②	③	1.25	0.9	陶鼎 AdⅡ，甗 DⅡ，罍 BaⅣ、CaⅢ，豆 Aa，支（拍）垫 AaⅤ，饼 AbⅠ、AbⅡ；木炭、烧土块、炼渣、碎骨	
128	H152	T3107	四	H126	生土	0.9	0.2	陶甗 Ab，盆足 CⅡ，豆 AaⅤ，盖纽 A	
129	H154	T3007	三	H117	H164	0.75～1.5	0.43	陶器碎片	
130	H155	T2604	三	H95	生土	0.45～0.75	0.5	陶鬲足 Ac，甗 AaⅢ，鼎腹片，鼎足 Ab，豆 Aa、A，器盖 BcⅡ	
131	H157	T3007	三	H159	H172	1.9	0.33	陶鬲 Ab、Ha，甗 B，甗足 AaⅠ，瓮 Eb；硬陶瓮 AbⅡ	
132	H158	T2907	二	H93	生土	1.14	0.36	陶鬲，甗，罐，豆，陶器碎片；炼渣	

续附表五

序号	编号	所在探方	期段	层位		口径（米）	深度（米）	包含物	备注
				上	下				
133	H159	T3007	三	H162	H157	1.7～1.75	0.24	陶罐 CaⅡ、Fb，盆 Aa	
134	H160	T3007	二	H147、H174	生土	1.5～2.75	1.6	陶鬲 AgⅡ，鬲足 AaⅠ、AcⅠ，甗足 AaⅡ，鼎腹片，罐 Aa2、AbⅡ、Fa、FfⅡ，缸 AⅢ，盆 AaⅡ，豆 Aa、A，器耳 Cb，器底 B；石斧 AaⅡ；炉壁	
135	H161	T3007	三	H117	H129	2.1～2.95	0.5	陶鬲 HcⅡ，陶鬲足 Aa、AcⅠ、CⅠ，甗耳 Aa，罐 Fa，钵 CbⅡ，器耳 Ab；硬陶片	
136	H162	T3007	三	H122	H159	1.2～2.5	0.56	陶器碎片	
137	H163	T3007	三	H129	H165	1.3～1.7	0.36	陶鬲 AdⅢ、AgⅢ、HaⅡ，鬲足 AcⅠ、CⅠ，甗耳 Ab，甗足 AaⅠ，瓮 EaⅡ、Eb、GbⅠ，缸 AⅣ，豆 AaⅢ、Aa、A，支（拍）垫 BbⅠ、陶片；石锤 AⅡ	
138	H164	T3007	二	H154、H172	生土	1.6～2.3	1.09	陶鬲足 AcⅠ3，甗 B、Ca，鼎 DdⅠ，罐 Aa，缸 Bb，盆 BcⅡ、CⅡ，豆 Ab、Bd、A2，陶片 3	
139	H165	T3007	三	H163	H174	2.4～2.75	0.2	陶鬲足 AaⅠ、AcⅠ、EⅡ，甗耳 Aa，甗足 AaⅠ，罍 BbⅡ，盆 BcⅡ，豆 Aa，器盖 AaⅢ；炼渣	
140	H167	T3007	三	H165	H168	1.82～2.4	0.8	陶鬲足 Aa，罐 BbⅡ、Fb，瓮 Ac，豆 Ab；硬陶片	
141	H168	T3007	三	H167	生土	1.1～1.5	0.36	陶鬲，豆 A	

续附表五

序号	编号	所在探方	期段	层位		口径（米）	深度（米）	包含物	备注
				上	下				
142	H169	T2607	一	H74	H103、H170	1.94	0.38	陶鬲足AaⅠ、AcⅠ，甗足AcⅠ，瓮AcⅠ、CaⅠ，豆A	
143	H170	T2607	一	H169	⑦	0.9	0.48	陶器碎片	
144	H171	T3107	三	H118	H172	1.5	0.56	陶鬲、甗；陶器碎片，多夹砂褐红色饰条纹陶；木炭粒	
145	H172	T3007	三	H157、H171	H164	1.35～1.75	0.7	陶鬲AbⅢ2，鬲足AcⅠ2、AcⅡ、CⅠ，甗Aa，甗足AaⅡ，鼎耳A，罐Fb，瓮Aa，壶EⅡ，豆AaⅢ、A，支（拍）垫DaⅠ，器耳Bc，器底E；炼渣	
146	H173	T2605	三	H148	H95	1.6～1.7	0.2	陶鬲足AcⅡ，罐AbⅣ，瓮Eb，盆足Ⅰ；矿石	
147	H174	T3007	三	H165	H160	1～1.05	0.52	陶鬲足Ac，甗耳Ab，罐BbⅡ，饼AaⅠ，器底B；石块	
148	H175	T2507	四	②	⑦	1～1.6	0.55	陶器碎片；炼渣	
149	H176	T3006	四	①	④	0.95	0.35	陶器碎片	
150	H177	T2806	二	H72	H93、H131、H178	2.65～5	0.6	陶鬲AaⅡ、Ac，鬲耳C，鬲足AaⅠ、AcⅠ，甗Ab，鼎足Aa、B，罐BcⅠ、FbⅡ，瓮CaⅠ、Ec，豆Aa、A，钵DbⅡ，器盖AdⅡ，器耳Ba，支（拍）垫BaⅠ；硬陶罐Ⅱ、Ⅲ，瓮AaⅡ；石斧AcⅠ；矿石；炼渣	
151	H178	T2806	二	H131	H80	1.5～3.95	1.5	陶鬲CⅡ，鬲足AcⅡ3，甗耳Ab，鼎Dd，鼎足Ad、B，瓮FbⅡ，盆BbⅠ，钵AbⅠ、CbⅠ，陶器口，器耳Aa；石斧	

附表六　03E 商周时代灰沟登记表

序号	编号	所在探方	期段	层位		长（米）	宽（米）	深（米）	包含物	备注
				上	下					
1	G1	T2605、T2704	二	⑤	SK4F1	8.9	0.9～1.8	0.45～0.6	陶鬲 AaⅡ、Aa、AhⅡ2，鬲足 AcⅠ，甗耳 Ab，甗足 AaⅠ、Da，鼎足 Aa，瓮 EgⅠ；硬陶瓮 AbⅡ，罐Ⅰ	
2	G2	T2706	四	③	④	3.85	0.6	0.5	陶鬲足 AcⅠ，鼎足 B，罐 Fa；硬陶片	
3	G3	T2001、T2101、T2201	三	③	④	5～14	1.75～3	0.45～1.4	G3④：陶鬲 Aa，鬲足 AcⅡ、BⅡ，罐 AbⅣ、FaⅢ、FbⅣ，瓮 Ec G3③：陶鬲 AaⅢ、Aa、Ag2，鬲足 AaⅢ、Ab2、AcⅠ、CⅠ，鼎足 Ab，甗足 Da，罐 Ab、AcⅡ、FcⅢ，器耳 Ba、Bc、Be、Bf、Bg、D，瓮 CbⅠ、EbⅡ、Ec、EgⅡ、GaⅡ、GcⅢ，缸 Bb，缸底 Bc、Bd2，盆 AaⅢ，豆 Aa、A2、Ba2、Cb，支（拍）垫 AbⅢ，器鋬 Ad，器口；硬陶瓮 AbⅢ，硬陶片 5 G3②：陶鬲 AbⅢ、AcⅢ，鼎耳 A，鼎足 Aa、Ab2，罐 GaⅡ2，瓮 EbⅡ、Ec2、EdⅢ、GdⅡ，缸圈足 Ba2，器耳 Af、Ba、Be、Bf3、Ca，纺轮 AcⅢ，陶网坠Ⅱ G3①：陶鬲 AaⅢ、Ac，鬲足 AaⅡ2，甗 Ab、Ca，甗耳 Aa2，甗足 Da，壶 E，簋圈足，豆 Ba，器耳 Aa、Ba、Bg、Cc	在沟的南北两边有柱洞排列
4	G4	T2606、T2607	三	H114、H141	Y1	8.55	0.5～1.65	0.55～1.55	陶鬲 AbⅡ、AbⅢ2、DaⅡ2，鬲足 AaⅠ2、AaⅡ3、AbⅠ、AcⅠ5、AcⅡ6，甗 AaⅡ、AbⅡ、Ab4、Ca，甗足 AaⅠ2、AcⅡ、Da6，鼎 Db2、鼎耳 A2，鼎足 Ab2，罐 AaⅣ、BbⅡ、BcⅡ、CaⅡ、E、Fb，瓮 AaⅢ、Aa2、AcⅡ、CaⅡ3、Ea、GbⅡ、GdⅡ、形式不明，罍 Ba，盆 Aa、BaⅡ、BaⅢ，尊 AⅢ，盂 AbⅠ、AcⅠ，钵 Ca，豆 AaⅢ、Aa、Ab、A2，器盖 AbⅠ、BaⅡ2，器耳 Aa3、Ac3、Af、Ag、Ba、Bb、Bc、Be4、Bf2、Bg6、Bh，器鋬 Ab3、Ag，纺轮 CaⅠ，饼 AaⅡ、AbⅠ，支（拍）垫 A2、B；硬陶片 2；炼渣；炉壁	

附表七 90E 商周时代灰坑登记表

序号	编号	所在探方	期段	层位		口径（米）	深度（米）	包含物	备注
				上	下				
1	H3	T262	四	③	H5	2.6	0.45	陶支垫 BcⅢ；烧土块	
2	H4	T262	四	③	④	1.85	0.38	陶器碎片；烧土块	
3	H5	T262	四	H3	④	2.2	0.5	陶罐 HⅡ，滤盉 Aa，支（拍）垫 AbⅡ	
4	H6	T248	四	G2	④	1.4～1.65	0.35	陶器碎片；硬陶片	
5	H7	T248	四	③	④	0.65～1.65	0.4	陶器碎片；硬陶片	
6	H8	T272	三	③	H16、H25	1.35	0.55	陶鬲 AbⅢ，罐，豆	
7	H9	T233	四	H14	④	1.6	1.2	陶器碎片	
8	H10	T216	四	②	③	0.6	0.3	陶器碎片；烧土块，炼渣	
9	H13	T217	四	②	G1	2.6	0.35	陶瓮 Ea，支（拍）垫 AaⅣ，盖纽 B，饼 AaⅠ	
10	H14	T248	四	③	H9、G2	0.95	0.85	陶器碎片；烧土块	
11	H16	T272	四	H8	④	1.65	0.7	陶器碎片	
12	H17	T262	二	⑤	F2	2.65	0.3	陶器碎片；烧土块；木炭粒	
13	H18	T216	三	④	⑤	2.75	0.45	陶器碎片	
14	H19	T216	三	④	H21	1.5	0.32	陶器碎片	
15	H20	T233	三	④	⑤	4.9	0.4	陶器碎片；硬陶片；烧土块	
16	H21	T216	三	H19	⑤	2.35	0.42	陶器碎片	
17	H22	T217	二	⑤	⑧	1.2	0.25	陶器碎片	
18	H24	T272	四	③	④	0.98～1.25	0.2	陶器碎片；石斧	
19	H25	T272	四	H8	H26	0.35～1.35	0.23	陶器碎片；石斧 BⅡ	
20	H26	T272	四	H25	④	1.75	0.2	陶器碎片；烧土块；木炭粒	

附表八　90E 商周时代灰沟登记表

序号	编号	所在探方	期段	层位		长（米）	宽（米）	深（米）	包含物	备注
				上	下					
1	G1	T217、T233	四	H13	③	8.95	2.4～3.4	0.55～1.55	陶甗 AaⅣ，甗足 Da2，鼎耳 A，鼎足 CⅠ，罐 HⅡ，瓮 Ed，豆 Ab、Bd、Cb，盆足 CⅠ、CⅡ，钵形器 AⅣ、CⅡ，支（拍）垫 AaⅢ、AaⅣ、A、AbⅢ、BaⅡ，纺轮 AdⅢ、BⅢ，器耳 Bf，器底 E，器纽 Ab；石锛 BⅡ；木炭粒；石块；炼渣	
2	G2	T233	四	H14	H6	3.25	0.3～0.4	0.3	陶器碎片；木炭粒；石块；炼渣	

附表九　84E 商周时代灰坑登记表

序号	编号	所在探方	期段	层位		口径（米）	深度（米）	包含物	备注
				上	下				
1	H1	T5	三	④	⑤	1.25	0.45	陶瓮 EfⅡ，陶豆 AaⅢ、AaⅣ、AbⅠ	
2	H2	T5	二	⑤	生土	1.7	0.5	陶甗 AbⅡ2、Ab，罐 FcⅠ、FfⅠ，瓮 AcⅡ，缸底 Bb	

附表一〇　84W 商周时代灰坑登记表

序号	编号	所在探方	期段	层位		口径（米）	深度（米）	包含物	备注
				上	下				
1	H1	T15	三	④B	⑤	?	0.7	陶甗 AaⅡ，滤盉 AaⅡ；烧土块；木炭粒；炼渣	
2	H2	T15	四	③	⑤	?	1	陶豆 Bb；铜臿；烧土块	
3	H3	T9	二	⑤	生土	1.4～1.98	0.74	陶器碎片；烧土粒；炼渣	
4	H4	T9	二	⑤	生土	0.58～0.66	0.22	陶器碎片；烧土粒；炼渣	
5	H5	T9	二	⑤	生土	0.48～0.6	0.18	陶器碎片；烧土粒	
6	H6	T9	二	⑤	生土	0.7～0.74	0.24	陶鬲 F；陶器碎片；烧土粒；炼渣	
7	H7	T9	二	⑤	生土	0.92～1	0.32	陶器碎片；烧土粒；炼渣	

附表一一　84N 商周时代灰坑登记表

序号	编号	所在探方	期段	层位		口径（米）	深度（米）	包含物	备注
				上	下				
1	H1	T3	四	③	生土	0.44～0.62	0.17	陶钵形器 E，陶器碎片；烧土粒	
2	H2	T3	四	③	生土	0.28～0.35	0.07	陶器碎片；烧土粒	
3	H3	T3	四	③	生土	0.26～0.34	0.08	陶器碎片；烧土粒；炼渣	
4	H4	T3	四	③	生土	0.38～0.5	0.14	陶器碎片；烧土粒	
5	H5	T3	四	③	生土	0.4～0.44	0.12	陶器碎片；烧土粒	
6	H6	T3	四	③	生土	0.76～0.8	0.44	陶器碎片；烧土粒；炼渣	
7	H7	T5	四	②	③	0.42	0.4	陶鬲、甗、豆、罐、瓮、钵等碎片；炼渣	
8	H8	T5	二	④	生土	0.8	0.56	陶鬲 E，鼎 Ab Ⅰ；烧土粒	
9	H9	T5	四	③	④	1.08	0.25	陶器碎片	
10	H10	T5	三	③	④	0.55～0.77	0.5	陶鬲 Ae Ⅱ、F，鼎 Da Ⅲ、Dd Ⅱ；硬陶瓮 Ab Ⅱ；炼渣	
11	H11	T5	三	④	生土	0.48～0.68	0.2	陶器碎片；烧土粒；炼渣	
12	H12	T5	三	④	生土	0.46	0.14	陶器碎片；烧土粒	
13	H13	T5	三	④	生土	0.33	0.1	陶器碎片；烧土粒	
14	H14	T5	三	④	生土	0.3	0.1	陶器碎片；烧土粒	

附录一　阳新大路铺遗址炉渣初步研究

李延祥　李建西

（北京科技大学冶金与材料史研究所）

大路铺遗址出土了一批与冶金相关的遗物，有用于矿石加工的石锤、石砧，用于铸造的石范，以及大量的炼渣及矿石。该遗址从新石器时代晚期延续至青铜时代。在鄂东长江南北广大区域和相关地区的江西、安徽省，以前有关这类文化遗存所做的考古发掘工作不多，尤其像大路铺遗址这样内涵丰富的发掘工作则更少。因此，这批资料的整理对该区域考古学文化的发展序列和矿冶研究有重要意义①。在铜绿山炼铜技术研究的基础上，我们通过本遗址所出土有明确地层关系的矿冶遗物的分析检测，进一步揭示先秦时期鄂东南地区冶铜技术的发展与变迁。

本研究主要以大路铺遗址各地层或发掘单位出土的炉渣为检测对象。矿冶遗址上的各种遗迹遗物都可用于研究其冶炼技术，其中最易获得的是炉渣。炉渣是冶炼产物之一，在冶炼温度下呈熔融状态排放到炉外凝成致密固体，其携带的冶炼反应信息被永久封闭，因此炉渣分析可揭示古代炼铜技术②。

（一）样品制备与实验

本研究选取渣样70个（编号DLP001～070），取样原则为：①尽量涉及各个地层和遗迹单位（年代），对年代较早的炉渣全部取样，对标本较集中的地层或遗迹单位重点取样；②尽量选取大块的典型样品，对于熔融不好、风化严重或疏松多孔不能明确反映冶炼信息的渣状标本尽量避免取样。③考虑到样品有明确出土层位信息，比较珍贵，大多样品较小，选取了其中20个样品制成200目粉末样完全过筛，进行化学分析，精确测定其 *Cu/S*。

电镜能谱样品制备及检测过程是：①标本核对、照相、作性状描述记录并确定实验室编号。②因标本在出土后已经过清洗，直接从标本上截取长宽10～15mm、高约10mm的样品。③在砂轮上将样品在长宽截面方向初步打磨出一个平面。④用金相镶样机（规格22mm）将其镶嵌在电木中，露出初磨的平面，刻写实验室编号。⑤经多道由粗到细的水砂纸磨光。⑥在金相抛光机上抛光至金相显微镜下观察不到擦痕。⑦金相显微镜观察，记录重点观测位置。⑧样品表面喷碳，进行电镜观测。各实验步骤期间做好各种图片、数据的记录和整理。具体实验室编号、出土单位及样品性状见表1。

---

① 冯少龙：《湖北阳新大路铺遗址发现矿冶遗存》，《古代文明研究通讯》第28期，2006年。

② 李延祥、洪彦若：《炉渣分析揭示古代炼铜技术》，《文物保护与考古科学》1995年第1期。

表1 大路铺遗址检测样品出土单位及性状

实验室编号	样品出土单位及性状
DLP001	取自03EG4的Ⅰ号样品，片状，4cm×3cm×1.5cm，断口、表面皆为黑色。流动性较好，非玻璃态，有气泡分布于近下底面部分，有较强磁性
DLP002	取自03EG4的Ⅳ号样品，块状，4cm×3.5cm×3cm，新鲜断口黑色，表面风化呈青灰色，能分出上下面，上表面瘤状有黄色沉积物，下表面有与地面接触痕迹。流动性一般，非玻璃态，较致密，有较强磁性
DLP003	取自03EG4的Ⅸ号样品，块状，3.5cm×2.5cm×2cm，断口黑色，能分出流动的上下面。流动性较好，非玻璃态，有气泡，较致密，有较强磁性
DLP004	取自03EH22，块状，5.6cm×5cm×3cm，断口黑色，表面黑色，上表面泛红，夹裹脉石。流动性较好，非玻璃态，有少量气泡，致密，有较强磁性
DLP005	取自03EH100的Ⅲ号样品，块状，3.8cm×3.9cm×2.2cm，断口黑色，局部铁锈色，表面黑色泛红，局部有土状沉积物。流动性较好，非玻璃态，有气泡，致密，有较强磁性
DLP006	取自03EH110的Ⅰ号样品，块状，3.3cm×3.3cm×2.5cm，断口蓝黑闪亮，可分出上下面，上表面黑色泛红。流动性较好，非玻璃态，有较大的气泡或空腔，致密，有较强磁性
DLP007	取自03EH110的Ⅱ号样品，块状，4cm×2cm×2cm，断口黑色，表面有铁锈状风化产物和黄色土状沉积物。流动性一般，非玻璃态，有较多气泡和空腔，无气泡空腔处致密，有较强磁性
DLP008	取自03EH110的Ⅴ号样品，块状，4cm×2.5cm×2.5cm，断口黑色，能分出上下面，表面有黄绿色土状沉积物。流动性一般，气泡和空腔较多，致密，有较强磁性
DLP009	取自03EH110的Ⅷ号样品，块状，5cm×3cm×2.5cm，断口黑色有闪亮颗粒，表面有黄色土状沉积物。流动性一般，非玻璃态，有较多气泡和空腔，磁性较强
DLP010	取自03EH110的Ⅸ号样品，块状，4.5cm×3.5cm×3cm，新鲜断口黑色，有上下原始表面，但分不出方向。流动性较好，非玻璃态，有较大气泡，层状大空腔和靠表面局部分布有小气泡，致密，有极弱磁性
DLP011	取自03EH130的Ⅰ号样品，长块状，7cm×4cm×2.6cm，断口黑色带紫，有较多小气孔、孔雀石、脉石混杂。流动性不好，非玻璃态，表面较粗糙，有较强磁性
DLP012	取自03EH130的Ⅱ号样品，块状，5cm×3cm×2.5cm，断口黑色，表面有黄色土状沉积物。流动性较好，非玻璃态，较致密，有较强磁性
DLP013	取自03EH130的Ⅲ号样品，块状，4.5cm×4cm×2cm，断口黑色，表面黑带铁锈红色，局部有黄绿色土状沉积物，可见夹裹脉石。流动性较好，非玻璃态，较致密，有较强磁性
DLP014	取自03EH130的Ⅳ号样品，片状，6.5cm×3.5cm×1.5cm，断口黑色，底面较平坦、黑色泛红，上表面不平整、瘤状。流动性较好，非玻璃态，较致密，有较强磁性
DLP015	取自03EH130的Ⅴ号样品，块状，5cm×3.5cm×2.5cm，断口黑色，表面有黑色和绿色沉积物。流动性较好，非玻璃态，有大气泡，较致密，有较强磁性
DLP016	取自03EH177的Ⅰ号样品，块状，7cm×4cm×3cm，表面和断口黑色泛红。流动性一般，非玻璃态，有较多气泡和空腔，磁性较强
DLP017	取自03EH177的Ⅲ号样品，块状，4cm×3.5cm×3cm，青灰色断口，表面风化，表面局部及破碎大空腔中有黄色土状沉积物，能分出流动时的上下面。流动性较好，非玻璃态，有较多大小气泡，磁性较强
DLP018	取自03EH177的Ⅷ号样品，块状，4cm×3cm×2.7cm，断口黑色。流动性一般，非玻璃态，有较多气泡和空腔，磁性较强

续表 1

实验室编号	样品出土单位及性状
DLP019	取自 03EH177 的Ⅸ号样品，片状，5cm×4cm×2.5cm，断口黑色，能分出流动时的上下面。流动性一般，非玻璃态，有较多的气泡和空腔，无气泡空腔处致密，有较强磁性
DLP020	取自 03EH177 的Ⅹ号样品，块状，4.5cm×3cm×1.5cm，断口黑色，能分出上下面，上表面黑色泛红，下表面黑褐色。流动性较好，非玻璃态，气泡较多，有很强磁性
DLP021	取自 03EH68 的Ⅱ号样品，片状，6cm×3.6cm×2.5cm，表面黑色泛红，有黑绿色沉积物。流动性较好，非玻璃态，有大小气泡，较致密，有较强磁性
DLP022	取自 03EH79 的Ⅰ号样品，块状，6.2cm×5.3cm×3.5cm，断口黑色。流动性一般，非玻璃态，有一定气泡，致密，有较强磁性
DLP023	取自 03EH79 的Ⅱ号样品，块状，3.5cm×2.7cm×2.5cm，断口黑色。流动性较好，非玻璃态，有一定气泡和空腔，致密，磁性较弱
DLP024	取自 03EH91 的Ⅰ号样品，块状，4.2cm×2.5cm×1.8cm，断口黑色。流动性较好，非玻璃态，有较大气泡空腔，致密，有较强磁性
DLP025	取自 03EH91 的Ⅲ号样品，片状，5.5cm×4.3cm×1cm，断口、表面黑色，一面黏附砂粒（炉内壁、地面?），一面流动状。流动性一般，非玻璃态，有中小气泡，不够致密，有较强磁性
DLP026	取自 03EH91 的Ⅵ号样品，片状，7cm×6.5cm×2.7cm，断口黑色，表面黑色泛红，一面瘤状粗糙，一面似大空腔内壁。流动性较好，非玻璃态，致密，有较强磁性
DLP027	取自 03EH103 的Ⅲ号样品，片状，4cm×3.5cm×1.5cm，黑色。流动性较好，非玻璃态，有中小气泡，有较强磁性
DLP028	取自 03EH147 的Ⅲ号样品，块状，6cm×4.5cm×2.5cm，断口铁锈色和青色，表面青色，表面瘤状，分不清流动方向，局部有锈状沉积。流动性一般，非玻璃态，气泡和空腔较多，不致密，有较强磁性
DLP029	取自 03EH147 的Ⅴ号样品，块状，5cm×4cm×2.5cm，一面瘤状，一面较平坦，似大空腔内壁。流动性较好，非玻璃态，有少量大气泡，致密，有较强磁性
DLP030	取自 03EH164 的Ⅰ号样品，块状，8cm×4cm×5.5cm，表面黑色泛红。流动性较好，非玻璃态，有较多气泡、空腔，夹裹木炭、脉石，有较强磁性
DLP031	取自 03EH165 的Ⅰ号样品，块状，5.3cm×3.3cm×3.3cm，新鲜断口黑色，原始表面有木炭印痕。非玻璃态，有较多气泡、空腔，无气泡、空腔处致密，有较强磁性
DLP032	取自 03EH165 的Ⅱ号样品，块状，5.3cm×3.8cm×3.7cm，断口黑色。流动性较好，非玻璃态，有气泡和空腔，无气泡、空腔处致密，有较弱磁性
DLP033	取自 03EH165 的Ⅲ号样品，块状，4.4cm×4.6cm×2cm，新鲜断口黑色，表面有黄绿色沉积物。流动性较好，非玻璃态，有气泡，无气泡处致密，有较强磁性
DLP034	取自 03ET2201③层的Ⅲ号样品，块状，2.5cm×2cm×0.8cm，断口黑色，表面黑色，夹杂绿色铜矿物。流动性一般，非玻璃态，有气泡和空腔，致密，有较强磁性
DLP035	取自 03ET2201③层的Ⅳ号样品，块状，5cm×2.5cm×2cm，断口黑色，表面黑色。流动性一般，非玻璃态，有气泡和空腔，致密，磁性较弱
DLP036	取自 03ET2507②层的Ⅳ号样品，可与 T2507②层的Ⅰ、Ⅲ号样品缀合，缀合后块状，8.5cm×6cm×4.5cm，断口黑色，表面流动状，局部有铁锈状风化产物和木炭印痕。流动性较好，非玻璃态，有气泡空腔，致密，磁性较弱

续表 1

实验室编号	样品出土单位及性状
DLP037	取自 03ET2507②层的Ⅵ号样品，片状，4.5cm×4cm×2cm，表面、断口黑色。流动性较好，非玻璃态，有气泡空腔，致密，磁性很弱
DLP038	取自 03ET2507④层的Ⅴ号样品，块状，4.5cm×3.5cm×3cm，断口铁锈色，局部黑色，表面有木炭嵌痕。流动性较好，非玻璃态，有大气泡、空腔，致密，磁性较强
DLP039	取自 03ET2507④层的Ⅵ号样品，片状，9cm×5cm×（1.5～2.5）cm，断口黑色，表面黑色泛红，上表面较平坦，底面有地面印痕。流动性较好，非玻璃态，有少量大气泡，致密，磁性较强
DLP040	取自 03ET2507④层的Ⅶ号样品，块状，3.5cm×3.5cm×3cm，黑色，青白色，表面有铁锈状风化产物和黄绿色土状沉积物。流动性差，非玻璃态，有气泡、空腔，较疏松，不均匀，磁性较强
DLP041	取自 03ET2507⑤层的Ⅳ号样品，块状，3.3cm×2.2cm×2.7cm，断口黑色，分不清流动时的上下面，混杂有褐色岩块（矿石?）和孔雀石（风化产物?）。流动性一般，气泡空腔多，非玻璃态，有较强磁性
DLP042	取自 03ET2512③层的Ⅰ号样品，片状，5cm×3.8cm ×1.5cm，新鲜断口黑色，表面有较厚黄色沉积物。流动性较好，非玻璃态，气泡靠近一面分布，致密，有较弱磁性
DLP043	取自 03ET2512③层的Ⅱ号样品，小片状，2.5cm×1.6cm×1cm，新鲜断口黑色，表面黑色泛红。流动性较好，非玻璃态，有少量气泡，致密，有较强磁性
DLP044	取自 03ET2606⑤层的Ⅰ号样品，块状，6cm×5cm×3cm，新鲜断口黑色夹杂白点，表面黑色泛红。流动性一般，玻璃态，气泡、空腔少，致密，密度较小，不同于一般炉渣，有较弱磁性。电镜分析未见含金属颗粒
DLP045	取自 03ET2606⑥层的Ⅰ号样品，块状，5.7cm×5cm×3.5cm，断口黑带铁锈色，表面有大量黄绿色土状沉积物，有上下面，一面有木炭。流动性较好，非玻璃态，致密，有较强磁性
DLP046	取自 03ET2606⑥层的Ⅱ号样品，块状，5cm×4.7cm×2.6cm，断口黑色泛绿。流动性一般，非玻璃态，疏松，磁性很强
DLP047	取自 03ET2606⑥层的Ⅰ号样品靠近无木炭一面，块状，5cm×4.5cm×5cm，断口黑色，表面青黑色，有上下面但分不出方向，一表面有木炭和锈状风化产物。流动性较好，非玻璃态，有较多气泡空腔，无气泡空腔处致密，有木炭一面有较弱磁性，另一面有较强磁性
DLP048	取自 03ET2607②层的Ⅰ号样品，块状，4.5cm×4.3cm×3cm，断口黑色，表面有铁锈状风化产物，部分空腔和裂隙中有孔雀石，应是风化产物。流动性较好，非玻璃态，有气泡、空腔，致密，有较强磁性
DLP049	取自 03ET2607②层的Ⅳ号样品，块状，3.7cm×2.7cm×1.7cm，断口黑色，表面有褐色沉积物和铁锈状风化产物。流动性一般，非玻璃态，有气泡，致密，有较强磁性
DLP050	取自 03ET2607②层的Ⅸ号样品，块状，3.5cm×3cm×2cm，断口黑色，表面有黄色夹杂铁锈状沉积覆盖物。流动性较好，非玻璃态，有中小气泡，致密，有极弱磁性
DLP051	取自 03ET2607③层的Ⅰ号样品，块状，5cm×4.2cm×2.2cm，断口黑色，局部铁锈色，表面黑色泛红，有黄绿色沉积物。流动性一般，非玻璃态，有气泡、空腔，致密，有较强磁性
DLP052	取自 03ET2607③层的Ⅳ号样品，块状，3.1cm×2.8cm×1.7cm，断口黑色，表面黑色泛红。流动性较好，非玻璃态，有较多气泡、空腔，有较弱磁性
DLP053	取自 03ET2607③层的Ⅶ号样品，块状，5.8cm×5cm×3cm，断口黑色。流动性一般，非玻璃态，有较多气泡，致密，有较强磁性

续表 1

实验室编号	样品出土单位及性状
DLP054	取自03ET2607④层的Ⅰ号样品，块状，5cm×3.3cm×2cm，断口紫黑色夹杂孔雀石。流动性一般，非玻璃态，有气泡、空腔，致密，无磁性
DLP055	取自03ET2607④层的Ⅴ号样品，块状，4cm×3.7cm×1.9cm，断口黑带铁锈色。流动性较好，非玻璃态，有气泡、空腔，致密，有较弱磁性
DLP056	取自03ET2705③层的Ⅰ号样品，块状，6cm×5cm×5cm，断口铁锈色，局部青黑色，可分出两层：一层为矿石、木炭混合层，另一层为较致密渣层。流动性一般，非玻璃态，有气泡、空腔，有较强磁性
DLP057	取自03ET2705③层的Ⅳ号样品，可与03ET2705③层的Ⅲ、Ⅵ号样品缀合，缀合后块状，5cm×2.5cm×2cm，断口铁锈色，局部青黑色，可分出上下面，上表面青黑光亮，下表面粗糙，有木炭嵌痕。流动性一般，非玻璃态，有少量气泡，有较强磁性
DLP058	取自03ET2705③层的Ⅶ号样品，3cm×2.5cm×2cm，断口铁锈色，局部青黑色。流动性一般，非玻璃态，有气泡、空腔，夹裹有矿石，较致密，有较强磁性
DLP059	取自03ET2706④层的Ⅳ号样品，块状，3cm×3cm×2cm，断口黑色。流动性一般，非玻璃态，有气泡与空腔，致密，有较弱磁性。
DLP060	取自03ET2706④层的Ⅵ号样品，块状，5.5cm×5.5cm×3.5cm，表面黑色，有黄绿色沉积物，有上下面，上表面有流动状，下表面木炭嵌痕。流动性一般，非玻璃态，有较多气泡与空腔，有较强磁性
DLP061	取自03ET2706④层的Ⅶ号样品，块状，4.5cm×4.5cm×2.6cm，断口黑色，残存一个原始表面，有木炭嵌痕。流动性较好，非玻璃态，气泡与空腔较少，有较强磁性
DLP062	取自03ET2706④层的Ⅷ号样品，块状，6cm×5cm×4cm，表面黑色，有少量点状铁锈状风化产物，能分出上下面，底面较平坦，上表面不规则，有木炭嵌痕。流动性较好，非玻璃态，有大小气泡与空腔，有较强磁性
DLP063	取自03ET2707④层的Ⅰ号样品，块状，4cm×3.5cm×3cm，断口黑色，表面有木炭嵌痕和黄绿色沉积物。流动性一般，非玻璃态，有较多气泡与空腔，有极弱磁性
DLP064	取自03ET2707⑥层的Ⅱ号样品，块状，5.4cm×5cm×4cm，黑色泛红。流动性较好，非玻璃态，有少量气泡与空腔，致密，有较强磁性
DLP065	取自03ET2805③层的Ⅱ号样品下部，可与T2805③层Ⅰ号样品缀合，缀合后呈残缺圆饼状，厚5.5cm，推算直径约17cm。断口有铁锈呈青黑色。流动性一般，非玻璃态，上部气孔较多，下部较致密，有较强磁性
DLP066	取自03ET2805③层的Ⅲ号样品，瘤块状，4cm×4.4cm×2.3cm，表面钢黑色，局部有黄绿色土状沉积物和铁锈状风化物覆盖。流动性较好，非玻璃态，有大气泡、空腔，致密，有较强磁性
DLP067	取自03ET2806④层的Ⅲ号样品，小块片状，2.5cm×2.6cm×1.3cm，断口黑色，表面黑色。流动性较好，非玻璃态，有少量气泡、空腔，有较强磁性
DLP068	取自03ET2806④层的Ⅳ号样品，块状，3.4cm×1cm×1cm，断口、表面青黑泛红色。流动性较好，非玻璃态，有气泡、空腔，致密，有较强磁性
DLP069	取自03ET2806④层的Ⅴ号样品，小块流动状，3.7cm×1.2cm×0.9cm，断口黑色，表面黑色泛红。流动性较好，非玻璃态，无气泡、空腔，致密，有较强磁性
DLP070	取自03ET2806④层的Ⅶ号样品，块状，5.5cm×3.6cm×2.5cm，断口黑色，表面黑色，能分出上下面，其中上表面泛红。流动性较好，非玻璃态，有大、小气泡、空腔，致密，有较强磁性

由表1可见本批所取渣状标本除DLP044断口呈玻璃光泽、密度较小外，其余样品皆为非玻璃态、断口黑色。炉渣原始表面黑色泛红，表面常有黄绿色土状沉积物，少部分炉渣有风化。炉渣大部分呈块状或片状，部分炉渣能分出上下原始表面，上表面有显示炉渣凝固前流动状态和方向的波纹，下表面有与地表接触而留下的沙石等痕迹。DLP047等12个炉渣样品中可见夹裹木炭或残留木炭印痕，说明冶炼以木炭为燃料和还原剂。DLP004、DLP011、DLP013、DLP030、DLP034、DLP041、DLP056、DLP058共8个炉渣样品可见夹裹未完全熔融的矿石或脉石。

（二）分析结果

使用剑桥S－360扫描电镜配备Tracor Northern 524X射线能谱仪对各样品的基体和含铜等金属颗粒进行了观测。对每个样品的基体成分的扫描电镜能谱无标样成分测定结果见表2，每个样品视其基体均一性不同而进行1～6次的面分析，累计分析面积不低于15mm^2。由于使用的扫描电镜能谱不能准确测定氧含量，表2中的数据以元素的形式给出。按冶金反应的基本条件，可以将其换算成氧化物形式。各样品基体成分检测结果见表2，样品中含铜颗粒的分析结果见表3及图1～155。

表2　大路铺遗址样品基体成分测定

实验室编号	扫描电镜能谱无标样成分测定元素组成（wt%）									化学分析（wt%）		
	Mg	Al	Si	S	K	Ca	Fe	Cu	备注	Cu	S	*Cu/S*
DLP001	0.0	2.5	16.5	0.2	1.4	4.2	74.1	1.1				
DLP002	0.0	0.7	20.8	0.4	0.6	20.8	55.0	1.8				
DLP003	0.0	1.0	16.8	0.4	1.0	7.0	72.2	1.5				
DLP004	0.1	1.8	19.5	0.9	1.4	6.5	68.5	1.3		0.83	0.51	1.63
DLP005	0.0	1.7	16.0	0.3	1.3	4.3	75.2	1.2				
DLP006	0.0	0.8	14.8	0.6	0.7	5.1	75.9	1.9				
DLP007	0.5	1.8	16.4	0.4	0.2	0.6	78.0	2.0				
DLP008	0.1	1.4	14.2	0.7	0.5	2.9	79.8	0.4				
DLP009	0.0	0.2	16.0	1.1	0.8	3.0	77.1	1.6		0.54	0.50	1.08
DLP010	0.1	2.5	24.2	0.5	0.4	23.5	47.1	1.8				
DLP011	1.1	1.4	17.5	0.2	0.9	1.6	19.7	57.6				
DLP012	0.0	0.1	19.5	0.4	0.1	8.3	70.1	1.5		1.22	0.18	6.78
DLP013	0.0	2.1	18.8	0.4	1.8	3.2	72.3	1.3		0.85	0.23	3.70
DLP014	0.0	1.2	17.5	0.3	1.2	5.4	73.1	1.4		1.18	0.34	3.47
DLP015	0.0	0.0	17.5	0.3	0.7	1.3	78.6	1.6		1.27	0.25	5.08
DLP016	0.1	1.0	14.7	0.7	0.6	7.9	73.8	1.2				
DLP017	0.1	0.7	13.9	0.0	0.0	8.1	76.1	1.1				
DLP018	1.2	1.5	23.0	0.0	0.6	15.8	57.1	0.7	炉渣			
	0.0	7.9	44.1	0.0	5.2	8.3	33.9	0.5	炉壁			

续表 2

实验室编号	扫描电镜能谱无标样成分测定元素组成（wt%）									化学分析（wt%）		
	Mg	Al	Si	S	K	Ca	Fe	Cu	备注	Cu	S	*Cu/S*
DLP019	0. 1	1. 1	21. 9	0. 2	0. 2	2. 2	74. 3	0. 1				
DLP020	0. 0	1. 6	16. 7	0. 4	1. 0	7. 9	70. 5	1. 8				
DLP021	0. 0	0. 3	18. 5	0. 4	0. 2	5. 1	74. 5	1. 1		0. 98	0. 40	2. 45
DLP022	0. 0	1. 6	16. 8	0. 5	0. 8	1. 4	78. 7	0. 2				
DLP023	0. 0	1. 1	21. 5	0. 3	0. 7	8. 3	66. 2	1. 9				
DLP024	0. 3	1. 5	15. 3	0. 0	1. 5	11. 0	65. 1	0. 9	Pb4. 4			
DLP025	0. 0	4. 2	23. 7	0. 4	1. 2	7. 9	61. 8	1. 0				
DLP026	0. 2	1. 4	17. 4	1. 1	1. 0	9. 0	68. 3	1. 5		1. 24	0. 74	1. 68
DLP027	0. 0	0. 0	20. 6	0. 1	0. 3	12. 5	65. 6	0. 7				
DLP028	0. 0	0. 1	18. 5	0. 0	0. 3	8. 6	71. 6	1. 1				
DLP029	0. 0	1. 0	23. 1	0. 3	0. 7	2. 6	72. 3	0. 0		1. 43	0. 33	4. 33
DLP030	0. 0	0. 9	16. 8	0. 5	0. 7	3. 0	76. 4	1. 7				
DLP031	0. 0	0. 2	22. 2	0. 5	1. 1	5. 4	70. 5	0. 1				
DLP032	0. 0	1. 8	17. 1	0. 4	1. 5	6. 4	72. 0	0. 8				
DLP033	0. 1	2. 9	23. 9	1. 3	2. 1	7. 1	60. 7	2. 0				
DLP034	0. 1	11. 1	42. 0	0. 1	17. 5	0. 7	13. 0	15. 4	疏松区			
	1. 0	1. 7	19. 1	0. 4	1. 2	2. 6	17. 5	56. 5	致密区			
DLP035	0. 0	0. 6	9. 9	0. 7	0. 2	7. 7	78. 3	2. 5				
DLP036	0. 0	0. 0	19. 3	0. 7	0. 7	10. 7	67. 9	0. 8		0. 83	0. 24	3. 46
DLP037	0. 0	0. 1	25. 8	0. 2	0. 4	20. 4	53. 1	0. 0				
DLP038	0. 0	2. 1	21. 8	0. 0	0. 4	5. 3	64. 4	1. 7	Pb4. 1	1. 12	0. 097	11. 55
DLP039	0. 0	1. 1	18. 6	0. 6	0. 8	9. 1	67. 5	2. 2				
DLP040	0. 1	0. 1	21. 2	0. 1	0. 0	23. 3	54. 0	1. 1				
DLP041	0. 2	3. 2	16. 3	0. 3	0. 5	16. 1	60. 3	3. 0				
DLP042	0. 1	1. 3	21. 4	0. 4	0. 1	17. 2	58. 1	1. 3		0. 40	0. 27	1. 48
DLP043	0. 1	1. 5	17. 8	0. 7	0. 8	6. 7	71. 7	0. 7				
DLP044	0. 0	10. 8	60. 1	0. 2	9. 1	4. 1	15. 6	0. 0				
DLP045	0. 0	0. 3	13. 1	0. 3	0. 3	2. 5	81. 9	1. 6				
DLP046	0. 3	0. 5	15. 3	0. 0	0. 0	11. 1	71. 3	1. 4				
DLP047	0. 2	1. 5	20. 7	0. 3	1. 0	9. 4	66. 3	0. 5				
DLP048	0. 3	1. 0	12. 1	0. 4	1. 1	13. 2	66. 4	5. 0				
DLP049	0. 0	1. 3	16. 4	1. 1	0. 9	13. 2	66. 1	0. 9				

续表 2

实验室编号	扫描电镜能谱无标样成分测定元素组成（wt%）									化学分析（wt%）		
	Mg	Al	Si	S	K	Ca	Fe	Cu	备注	Cu	S	*Cu/S*
DLP050	0.3	4.6	18.5	1.1	3.5	12.2	56.9	2.9		0.48	0.57	0.84
DLP051	0.1	2.8	12.0	0.2	0.2	1.5	83.2	0.0		1.4	0.18	7.78
DLP052	0.0	2.1	18.9	0.6	0.9	9.5	67.2	0.8				
DLP053	0.0	3.9	11.6	0.0	0.0	6.1	77.1	1.2		0.53	0.04	13.25
DLP054	0.4	1.9	11.0	0.0	0.4	0.7	7.4	78.1				
DLP055	0.3	0.4	15.7	0.8	0.2	13.2	68.5	0.8		0.48	0.52	0.92
DLP056	0.0	0.5	11.9	0.6	0.3	3.3	82.0	1.4				
DLP057	0.1	0.9	13.0	0.5	0.7	3.6	79.5	1.7				
DLP058	0.0	0.7	15.0	0.4	0.4	3.7	78.4	1.5				
DLP059	0.1	1.2	26.5	0.2	1.3	6.1	61.8	2.6				
DLP060	0.1	1.2	23.3	0.2	0.3	20.5	52.7	1.7				
DLP061	0.0	0.2	19.1	0.1	0.2	12.3	67.2	1.0				
DLP062	0.1	1.6	16.4	0.4	0.5	8.6	70.4	2.1		1.08	0.33	3.27
DLP063	0.1	1.7	16.3	0.6	1.2	4.5	74.9	0.7		0.72	0.12	6.00
DLP064	0.3	1.4	15.5	0.9	0.6	7.5	73.2	0.6		0.98	0.27	3.63
DLP065	0.3	2.7	24.7	0.1	1.4	28.9	39.9	2.1				
DLP066	0.1	1.0	21.7	0.1	0.5	0.6	63.1	13.0	银灰区			
	0.0	0.1	71.7	0.6	0.5	0.4	13.5	13.2	黑亮区			
DLP067	0.1	1.0	17.3	1.2	1.2	6.5	72.6	0.0				
DLP068	0.0	1.1	17.1	0.9	1.0	5.8	73.4	0.8				
DLP069	0.1	1.4	15.2	0.9	1.1	4.8	76.0	0.5				
DLP070	0.0	0.3	19.3	0.4	0.0	6.9	71.8	1.1		0.92	0.26	3.54

表 3　大路铺遗址炉渣含铜颗粒 SEM－EDS 分析

实验室编号	粒径（μm）	颗粒形状、扫描类型*	能谱无标样成分测定（wt%）				图号、位置
			Cu	Fe	S	其他	
DLP001	50		80.6	3.3	14.8		1 左
	10		71.1	10.4	17.7		1 右
	70		82.3	2.9	14.6		2
DLP002	130		75.2	4.3	20.1		3
	160		77.1	3.7	18.7	有 Pb	4
	250－255**	内相	99.3	0.3	0.0		5 右
		外相	84.0	1.4	14.4		
	170		81.7	1.4	16.4		5 左

续表 3

实验室编号	粒径（μm）	颗粒形状、扫描类型*	能谱无标样成分测定（wt%）				图号、位置
			Cu	Fe	S	其他	
DLP003	150	面扫	75.1	7.7	16.6	有 Pb	6
	150	面扫	75.8	7.0	15.7	有 Pb	7
DLP004	150	面扫	75.6	6.8	15.1	有 Ag、Pb	8
	80	面扫	73.1	8.1	18.5	有 Pb、Ag	9
	100		76.8	6.5	16.0	有 Ag	
	80		74.5	8.4	16.6	有高亮相	10 上
	15		70.8	11.8	17.2	伴存 Pb、Ag	10 下
DLP005	80	平滑区	99.5	0.3	0.0		11
		粗糙区	89.6	1.1	8.8		
	70	平滑区	99.1	0.6	0.1		12
		粗糙区	83.4	1.2	15.0		
DLP006	100		98.9	0.8	0.0		14
	60		83.5	1.0	14.8		15
DLP007	10	平滑区	77.4	5.0	17.1		16
		粗糙区	78.6	11.1	8.1		
	10	粗糙	80.1	7.3	9.0		
	5		93.5	6.5	0.0		17
DLP008	15		25.2	51.2	22.7		
	15		64.8	16.2	18.4		
	20		62.3	17.7	19.0		18 下
	15		61.3	17.4	20.3		18 上
DLP009	40		80.5	2.9	16.0		20 右
	15		66.0	10.8	22.2		20 左
	5		77.3	7.1	15.4		20 下
	60		79.0	3.8	16.7		21 下
	20		79.5	3.4	16.5		21 上
DLP011	20		98.6	1.0	0.1		27
DLP012	100		84.1	1.4	14.1		28 右
	200		75.2	0.9	23.2		29
	60		74.2	1.3	23.3		
	4		92.0	8.0	0.0		30

续表 3

实验室编号	粒径（μm）	颗粒形状、扫描类型*	能谱无标样成分测定（wt%）				图号、位置
			Cu	Fe	S	其他	
DLP013	20	平滑区	76.8	6.1	16.5		32
		粗糙区	78.6	5.1	14.4		
DLP014	200		81.3	2.5	15.7		34
	150		80.3	4.6	14.0		
	200		77.6	6.3	14.7		
	200		83.5	1.7	14.4		35
DLP015	150		84.5	0.3	14.9		36 右上
	80		84.1	1.3	14.4		36 右下
	80		84.8	0.0	14.4		36 中
	80		83.8	1.2	14.8		36 左上
	4		93.5	6.4	0.1		37 左
	2		91.9	7.8	0.3		37 右
DLP016	200－250	内相	98.9	0.1	0.3		38
		外相	83.8	1.3	14.7		
	80		60.7	18.3	20.2	有 Pb	39
DLP017	20		81.5	2.5	15.6		40
	2		90.7	8.0	1.2		41
DLP018	2		94.2	5.8	0.0		42
DLP019	200	不规则	78.1	0.9	20.6		
	60	破裂状	71.5	3.1	24.3		46
	20		69.4	2.9	24.7	Ag 2.7	47 右
	20	亮相	75.8	3.7	19.9		47 左
		暗相	71.2	12.1	15.5		
DLP020	120	主体（锈蚀）	89.2	1.9	7.9		48
		主体残留	98.4	1.3	0.1		
		外圈残留	75.9	3.1	18.9		
	50		83.9	1.4	14.7		49
DLP021	40		75.5	6.3	17.7		50
	50		78.5	4.1	16.4		51
DLP022	60		74.5	1.2	24.1		52
	20		96.2	3.5	0.1		53 左
	10		95.7	3.9	0.0		53 右

续表 3

实验室编号	粒径（μm）	颗粒形状、扫描类型*	能谱无标样成分测定（wt%）				图号、位置
			Cu	Fe	S	其他	
DLP023	80－120	内相面扫	99.5	0.3	0.1	有 Pb	54
		外相	83.3	0.7	15.8		
	50		96.6	2.9	0.0		55
DLP025	130	主体亮相	99.5	0.2	0.0		61
		暗相	54.8	44.6	0.1		
	40		82.8	2.5	14.6		60
DLP026	90		70.1	10.3	19.2		62
	90		63.6	14.9	21.3		63 左
	30		54.6	21.7	23.5		63 右
DLP027	30		97.4	2.0	0.4		64
	15		95.9	3.2	0.6		65
DLP028	3		90.2	6.2	1.7		66
DLP029	380		82.4	0.0	16.8		67 上
	260		83.2	0.2	16.5		67 下
	280		81.8	0.8	16.5		68 右
	150		82.4	0.2	17.0		68 左
	200	面扫	81.2	1.2	16.7		
	8－10	内相	95.5	4.3	0.2		69
		外相	80.5	4.3	15.2		
DLP030	80		78.6	2.8	18.3		70
	50		80.6	2.6	16.3		71
DLP031	50		74.7	1.8	23.5		72
	15	主体相	96.4	3.1	0.4		73
		周边	87.0	4.2	8.0		
DLP032	200		99.3	0.3	0.0		74
DLP033	110－150	内相	96.3	0.3	0.2		75
		外相	78.1	1.8	14.6		
	20－25	内相	98.1	1.8	0.0	有 Pb	76
		外相	83.5	2.9	13.0		
DLP034	100		99.9	0.1	0.0		78

续表 3

实验室编号	粒径（μm）	颗粒形状、扫描类型*	能谱无标样成分测定（wt%）				图号、位置
			Cu	Fe	S	其他	
DLP035	60－80	内相	98.7	0.9	0.0		79
		外相	83.7	1.2	14.8		
	10		70.0	11.6	18.1		
	50		72.0	9.3	18.3		80
DLP036	700	不规则 白相 1	74.6	7.6	17.6		81
		不规则 白相 2	96.3	3.7	0.0		82
		不规则 亮相	95.3	4.7	0.0		
	500	不规则	67.6	12.4	19.6		
	400	不规则	69.7	13.0	16.8		
DLP037	10		95.2	4.1	0.1		84
	5		94.3	4.4	0.0		
DLP038	15		66.5	13.7	19.1		86
DLP039	650－720	内相面扫	98.9	0.3	0.5		88
		外相面扫	81.8	2.0	14.5		
	700－720	内相	97.2	2.6	0.0		90
		内部灰相	10.0	89.9	0.0		
		内部黑相	26.0	73.6	0.0		
		外相	79.5	4.9	15.3		89
	40		78.6	5.3	15.5		90 右上
	100－180	内相	94.5	2.4	2.5		
		外相	84.1	0.4	15.0		
	120－170	内相面扫	97.9	1.4	0.3		
		外相面扫	82.7	2.7	13.7		
DLP040	250	内部亮相	94.1	4.8	0.6	风化严重	91
		外相	85.6	2.7	11.2		
	70	内相	96.3	2.8	0.1		92
		外相	83.2	1.6	14.8		
DLP041	50－55	内相	97.8	2.0	0.0	有 Pb	93 右
		外相	78.2	6.9	13.2		
	5		82.4	3.2	13.9		93 左
	30－50	内相脱落					94
		外相	83.3	2.1	14.3		
	50－55	内相	90.7	2.1	7.0		
		外相	83.0	2.9	13.9		

续表 3

实验室编号	粒径（μm）	颗粒形状、扫描类型*	Cu	Fe	S	其他	图号、位置
			能谱无标样成分测定（wt%）				
DLP042	100		71.5	7.2	20.0	有 Ag	95
	150		76.0	5.6	17.9	有 Ag	96
	40		73.0	7.6	19.0	有 Ag	
DLP043	180	面扫	78.1	3.4	18.0		97
DLP045	8		78.2	3.9	13.8		
	20	不连续圈状	78.0	3.3	13.8		
	50		79.7	2.1	14.3		100
	30		98.1	1.8	0.1		101 中
	20		96.6	3.2	0.2		101 上
	25		97.4	2.5	0.1		101 下
DLP046	20		97.3	1.7	0.3		102 中
	15		97.2	2.7	0.0		102 右
DLP047	40		59.8	17.8	22.2		
	3		31.8	41.9	24.4		
	15		55.7	21.0	22.5		
	10		51.7	24.2	23.2		
	20		58.0	18.9	22.2		103 左
	25		61.4	15.9	21.8		103 中
	25		60.8	17.0	21.3		103 右
	70		65.2	8.4	25.8		104
	100		81.9	2.0	16.1		105 右
	2000	不规则 白相	99.2	0.3	0.0	有 Ag	105 左
		不规则 灰白相	4.8	94.8	0.4		106
		不规则 灰相	80.8	3.8	15.4		
DLP048	160－300	内相	95.6	3.5	0.5		
		外相	84.3	0.5	14.9		
	25		96.8	3.0	0.0		
	30		97.6	1.7	0.1		
	50		81.8	1.4	16.2		107
	15－25	内相	96.0	3.4	0.0	有 Ag	108 左
		外相	81.3	3.1	14.4		
	3－6	内相	94.5	4.9	0.0		108 右
		外相	81.7	5.0	12.9		

续表 3

<table>
<tr><th rowspan="2">实验室编号</th><th rowspan="2">粒径（μm）</th><th rowspan="2">颗粒形状、扫描类型*</th><th colspan="4">能谱无标样成分测定（wt%）</th><th rowspan="2">图号、位置</th></tr>
<tr><th>Cu</th><th>Fe</th><th>S</th><th>其他</th></tr>
<tr><td rowspan="6">DLP049</td><td rowspan="2">70</td><td>主体亮相</td><td>62.5</td><td>15.0</td><td>21.5</td><td></td><td rowspan="2">109</td></tr>
<tr><td>局部暗相</td><td>0.4</td><td>67.7</td><td>30.9</td><td></td></tr>
<tr><td>30</td><td></td><td>71.0</td><td>8.6</td><td>19.6</td><td></td><td></td></tr>
<tr><td>50</td><td></td><td>57.2</td><td>18.7</td><td>20.9</td><td></td><td>110 上</td></tr>
<tr><td>50</td><td></td><td>37.3</td><td>34.7</td><td>27.2</td><td></td><td>110 中</td></tr>
<tr><td>50</td><td></td><td>58.7</td><td>20.0</td><td>20.6</td><td></td><td>110 下</td></tr>
<tr><td rowspan="2">DLP050</td><td rowspan="2">150</td><td>主体</td><td>52.6</td><td>29.5</td><td>17.0</td><td></td><td rowspan="2">111</td></tr>
<tr><td>裂纹状相</td><td>75.2</td><td>7.5</td><td>17.0</td><td></td></tr>
<tr><td rowspan="4">DLP051</td><td>20</td><td></td><td>68.3</td><td>12.4</td><td>18.4</td><td></td><td></td></tr>
<tr><td rowspan="2">15</td><td>主体</td><td>73.8</td><td>8.9</td><td>16.8</td><td></td><td rowspan="2"></td></tr>
<tr><td>局部暗相</td><td>41.5</td><td>22.2</td><td>34.5</td><td></td></tr>
<tr><td>20</td><td></td><td>95.4</td><td>4.1</td><td>0.1</td><td></td><td>112</td></tr>
<tr><td rowspan="4">DLP052</td><td>80</td><td></td><td>98.8</td><td>0.7</td><td>0.1</td><td></td><td>113</td></tr>
<tr><td>110</td><td></td><td>98.5</td><td>0.7</td><td>0.3</td><td></td><td>114</td></tr>
<tr><td rowspan="2">40 - 50</td><td>内相</td><td>98.4</td><td>1.2</td><td>0.0</td><td></td><td rowspan="2">115</td></tr>
<tr><td>外相</td><td>80.4</td><td>2.5</td><td>16.7</td><td></td></tr>
<tr><td>DLP053</td><td>40</td><td></td><td>73.4</td><td>8.6</td><td>17.2</td><td></td><td>116</td></tr>
<tr><td>DLP054</td><td>700</td><td></td><td>99.4</td><td>0.0</td><td>0.0</td><td></td><td>117</td></tr>
<tr><td rowspan="2">DLP055</td><td>20</td><td></td><td>54.3</td><td>23.6</td><td>21.7</td><td></td><td>120 中</td></tr>
<tr><td>3</td><td></td><td>8.5</td><td>65.2</td><td>24.4</td><td></td><td>120 右上</td></tr>
<tr><td rowspan="6">DLP056</td><td>35</td><td></td><td>73.8</td><td>5.6</td><td>20.0</td><td></td><td>123</td></tr>
<tr><td rowspan="2">25 - 30</td><td>内相</td><td>96.1</td><td>3.6</td><td>0.1</td><td></td><td rowspan="2">124 右</td></tr>
<tr><td>外相</td><td>70.6</td><td>13.7</td><td>15.4</td><td></td></tr>
<tr><td>5</td><td></td><td>69.7</td><td>15.9</td><td>13.6</td><td></td><td>124 左</td></tr>
<tr><td rowspan="2">15 - 35</td><td>内相</td><td>96.4</td><td>3.4</td><td>0.0</td><td></td><td rowspan="2">125</td></tr>
<tr><td>外相</td><td>76.7</td><td>7.4</td><td>15.6</td><td></td></tr>
<tr><td rowspan="5">DLP057</td><td rowspan="2">10 - 50</td><td>内相</td><td>97.4</td><td>2.2</td><td>0.0</td><td></td><td rowspan="2">126</td></tr>
<tr><td>外相</td><td>81.5</td><td>3.2</td><td>14.7</td><td>有 Ag</td></tr>
<tr><td rowspan="2">20 - 25</td><td>内相</td><td>96.2</td><td>3.4</td><td>0.1</td><td></td><td rowspan="2"></td></tr>
<tr><td>外相</td><td>78.9</td><td>5.4</td><td>15.4</td><td></td></tr>
<tr><td>20</td><td></td><td>95.6</td><td>3.9</td><td>0.0</td><td></td><td></td></tr>
</table>

续表 3

实验室编号	粒径（μm）	颗粒形状、扫描类型*	能谱无标样成分测定（wt%）				图号、位置
			Cu	Fe	S	其他	
DLP058	70		66.9	9.8	23.1		127
	50		71.1	6.4	22.4		128
	20		72.7	9.7	17.4		
	5 - 25	内相	95.2	4.8	0.0		129
		外相	73.4	9.0	17.5		
DLP059	130 - 150		99.6	0.1	0.0		130 左
			80.7	3.2	14.3		
	40		96.9	2.6	0.1		130 右
	80		82.4	1.3	16.1		131
DLP060	70		98.6	0.8	0.0		
	15		96.3	2.3	0.1		
	20		94.4	4.7	0.1		132 左
	30		96.2	3.2	0.0		132 中
	20		94.1	5.4	0.0		132 右
DLP061	20		95.7	4.0	0.1		134 右上
	5		94.0	5.4	0.1		134 左下
	30		96.9	2.9	0.1		
DLP062	150		82.4	1.9	15.4		135 左上
	150		79.3	3.5	16.7		135 右下
	200		80.0	2.5	17.1		
	200		80.7	2.9	16.1		136
	60		79.5	4.0	16.2		
DLP063	5		45.7	28.2	24.0		137
	20		61.3	15.7	22.7		138
DLP064	20		73.7	8.4	17.3		140 右
	20		73.7	8.2	17.7		140 左
DLP065	2000		82.3	0.9	15.8		141
	20		98.5	0.9	0.0		141 下
	30 - 50	内相	99.6	0.1	0.1		143
		外相	84.2	0.7	14.5		
	30 - 50	内相	98.0	1.3	0.1		144
		外相	82.5	1.8	15.1		

续表 3

实验室编号	粒径（μm）	颗粒形状、扫描类型*	能谱无标样成分测定（wt%）				图号、位置
			Cu	Fe	S	其他	
DLP066	35		97.7	1.7	0.2		147
	500	白亮相	98.9	0.7	0.0		
		灰相	73.4	10.0		Cl 13.2	
	30		97.4	2.3	0.1		
DLP067	120		72.5	8.7	18.5		148
	100	白亮相	80.6	2.2	16.9		149
		灰相	67.5	7.8	24.3		
	95	白亮相	77.7	4.8	17.3		
		灰相	66.9	9.5	23.0		
	4－12－25	白亮内相	94.7	5.2	0.1		150
		灰白中相	3.6	66.7	29.7		
		白外相	54.3	23.7	22.0		
DLP068	150	白亮相	73.8	6.7	19.2		152
		灰相	69.0	6.1	24.2		
	100		79.2	3.1	17.3		
	190		76.1	1.0	22.6		
	100		69.6	10.6	19.3		
	20		92.9	6.7	0.4		153 右
	15		67.3	15.9	16.8		153 左
DLP069	80		69.6	11.5	18.6		154
	25		66.3	14.4	18.6		
DLP070	45		79.0	3.7	16.9		155 左上
	45		81.4	3.6	15.0		155 左中
	30		79.0	5.5	15.0		155 下
	20		80.0	3.9	15.5		155 右
	15		76.0	5.2	18.4		

*　未注明者均为圆形或近圆形颗粒，采用点扫描分析。

**　250－255 指颗粒内相和总体直径分别为 250μm 、255μm，下同。

注：（1）含铜颗粒成分数据中有很少量的 Si、Al 等轻元素，应是炉渣基体的影响，表中未列出。

（2）DLP010 和 DLP024 两样品中大块的不规则金属铅和铜、冰铜伴存，未列入本表。

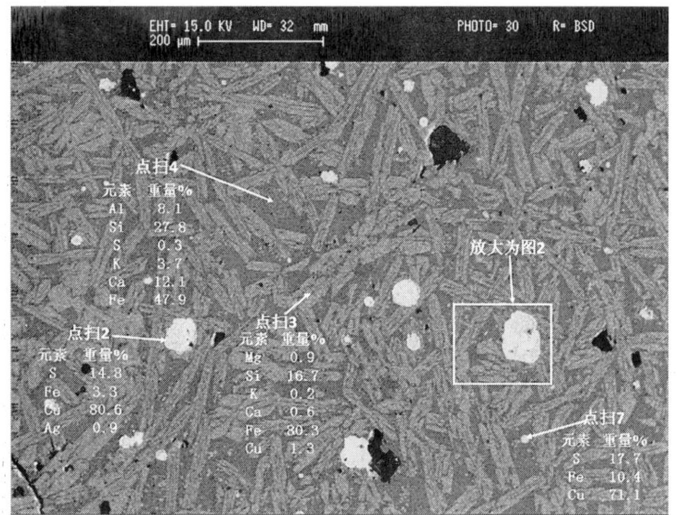

图 1 DLP001 的检测

渣体较均匀，有少量块状氧化亚铁分布。白颗粒（点扫 1、2、7）皆为高品位冰铜，条状灰相是铁橄榄石，灰黑相是含钙、铝较高的低熔点玻璃相。局部放大为图 2

（注：为减少篇幅，本研究将必要的分析数据和谱线叠加到图像上，下同。电镜照片上方的 BSD 指背散射电子像，SE1 指二次电子像。背散射电子像能较好地对比出轻重元素，适用于炉渣中金属夹杂等的研究分析。二次电子像则能更好地反映微观形貌）

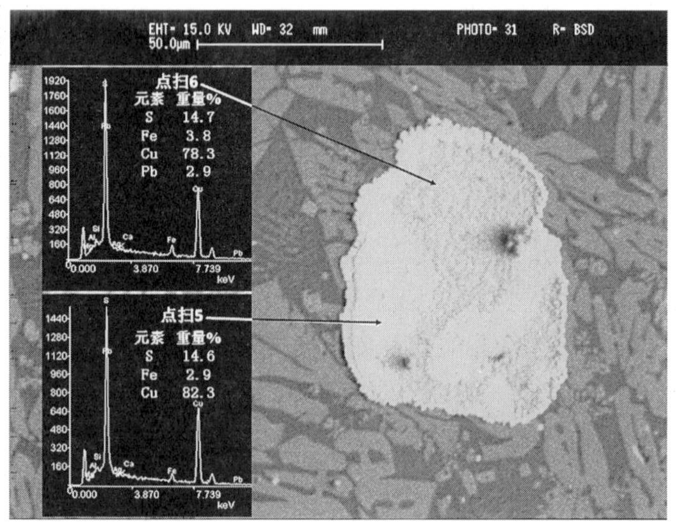

图 2 DLP001 的检测

图 1 局部放大。颗粒为白冰铜，有毛细铜的不均匀析出（点扫 5、6），条状灰白相是铁橄榄石，灰黑相是含钙、铝较高的低熔点玻璃相

（冰铜是 FeS 和 Cu_2S 完全互溶的混合物，最高含铜品位可达 80% 左右，品位接近 80% 的冰铜称为白冰铜。下同）

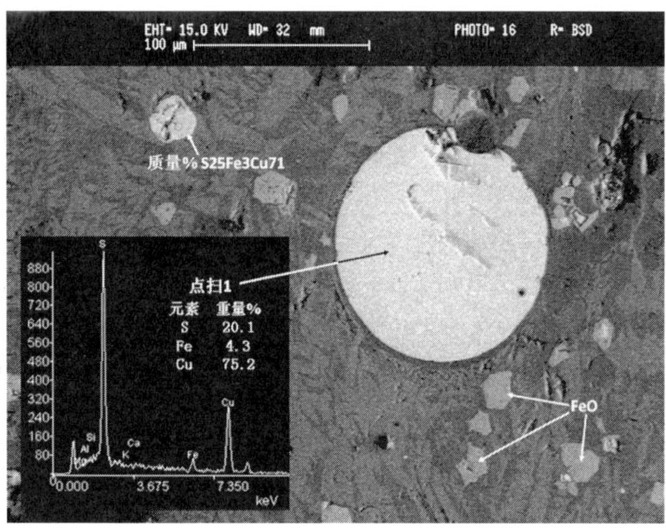

图 3 DLP002 的检测

白色大颗粒（点扫 1）和较小颗粒皆为高品位冰铜，灰白相为氧化亚铁

（本次分析使用的电镜能谱分析对氧等轻元素检测不到或定量较难，检测数据中未给出氧，各相的成分结合能谱数据和物理化学的基本原理加以判定。下同）

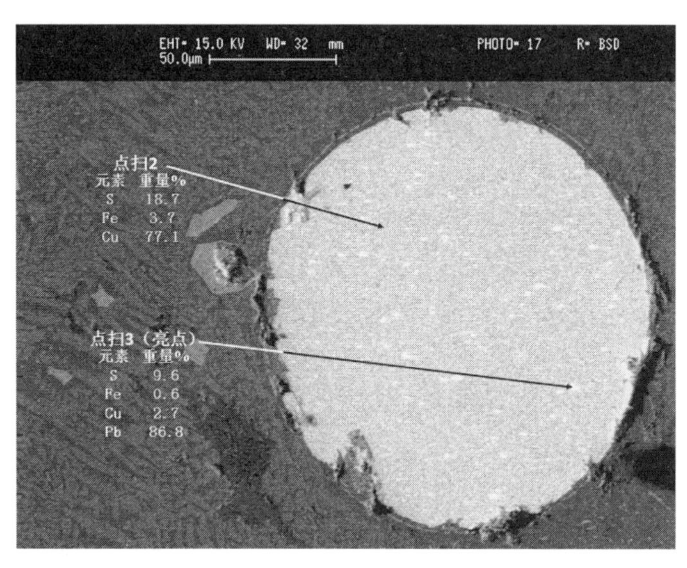

图4 DLP002 的检测

白色大颗粒（点扫2）为高品位冰铜，其中白亮点（点扫3）为铅，渣中少量灰白相为氧化亚铁（注：由于某些颗粒或相太小（如点扫3），成分数据受到其背景相影响较大，结合物理化学的基本原理可以判定某种元素是否受到背景相的影响，从而判断其物相成分。下同）

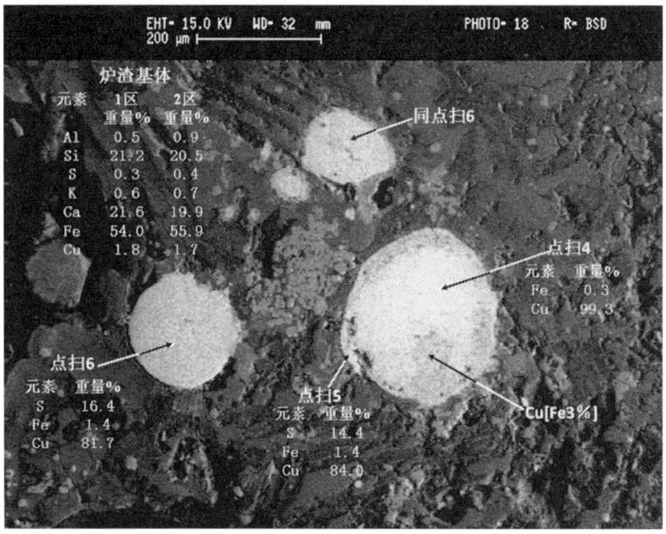

图5 DLP002 的检测

右侧较大颗粒白亮相（点扫4）几乎为纯铜，局部含少量铁。较小的两个白色颗粒为白冰铜。三颗粒之间的团絮状灰相为氧化亚铁

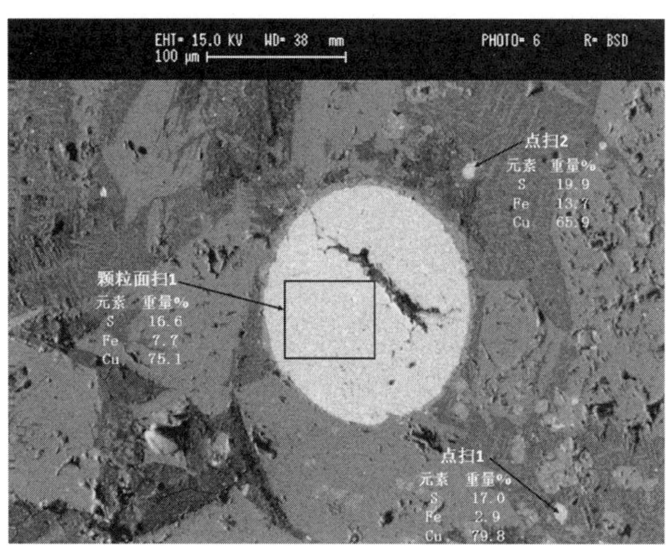

图6 DLP003 的检测

炉渣均匀致密。白颗粒（颗粒面扫1；点扫1、2）皆为高品位冰铜，渣中灰相为铁橄榄石，灰黑相为玻璃相

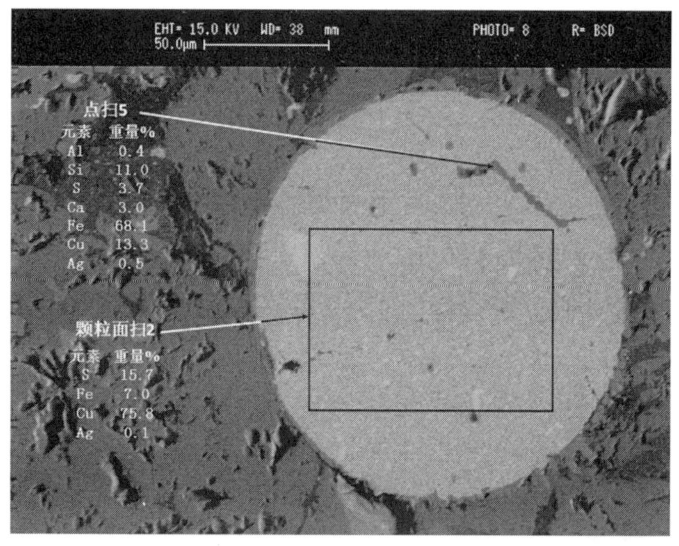

图 7　DLP003 的检测

白颗粒主体成分（颗粒面扫 2）为白冰铜，其中白亮点为铅，颗粒中的虫状黑相（点扫 5）含铜富银的硅酸盐夹杂，渣中灰相为铁橄榄石，灰黑相为玻璃相

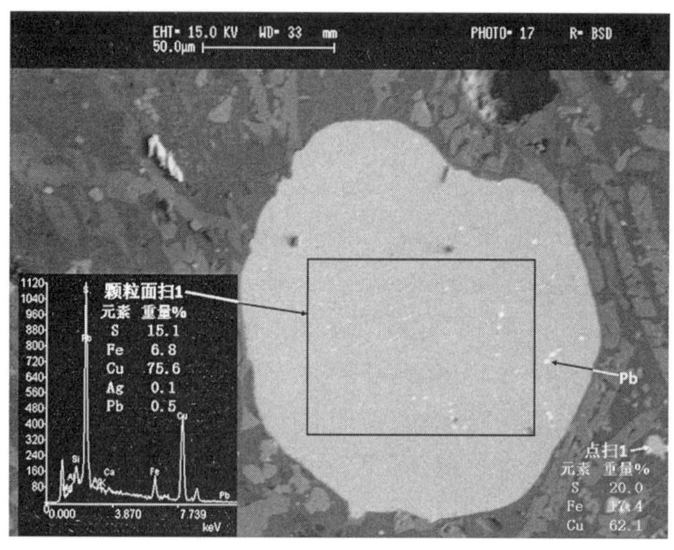

图 8　DLP004 的检测

白色大颗粒（颗粒面扫 1）为品位 76% 左右的冰铜，其中白亮点状相为铅。白色小颗粒（点扫 1）为品位稍低（62%）的冰铜。渣中灰白相为氧化亚铁，条状灰相为铁橄榄石，黑相为含钙、铝较高的低熔点玻璃相

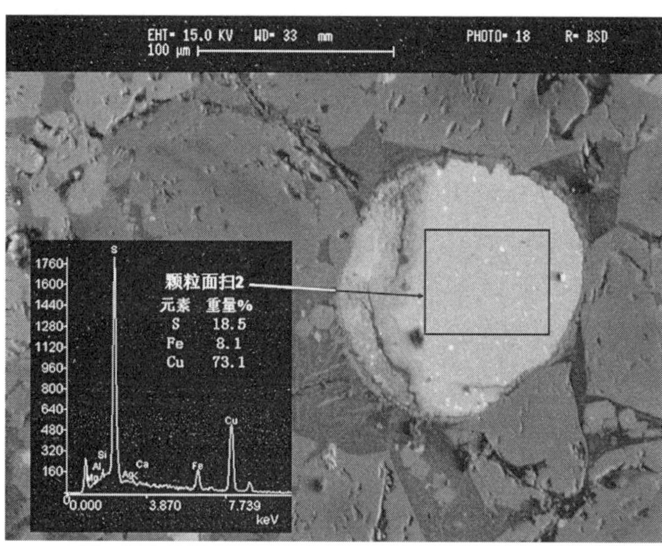

图 9　DLP004 的检测

白色大颗粒（颗粒面扫 2）为品位 73% 左右的冰铜，其中白亮点为铅。渣中灰白相为氧化亚铁，灰相为铁橄榄石，黑相为含钙、铝较高的低熔点玻璃相

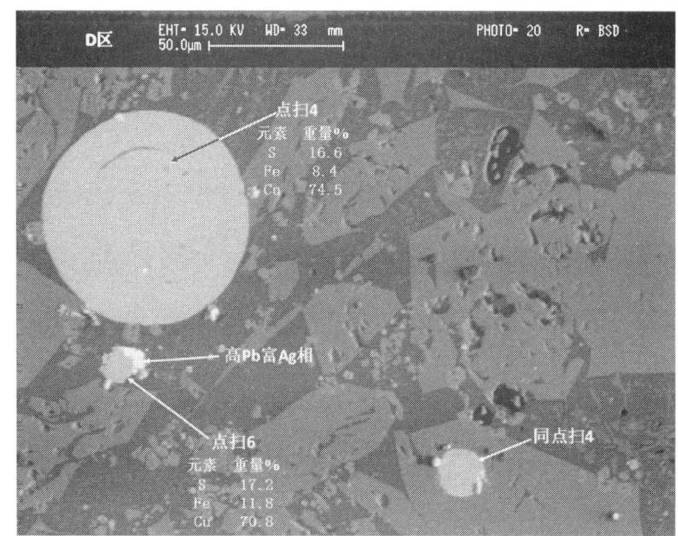

图 10　DLP004 的检测
白色颗粒（点扫4、6）为高品位冰铜，颗粒旁或颗粒中分布富银的金属铅，渣中灰相为铁橄榄石，黑相为含钙、铝较高的低熔点玻璃相

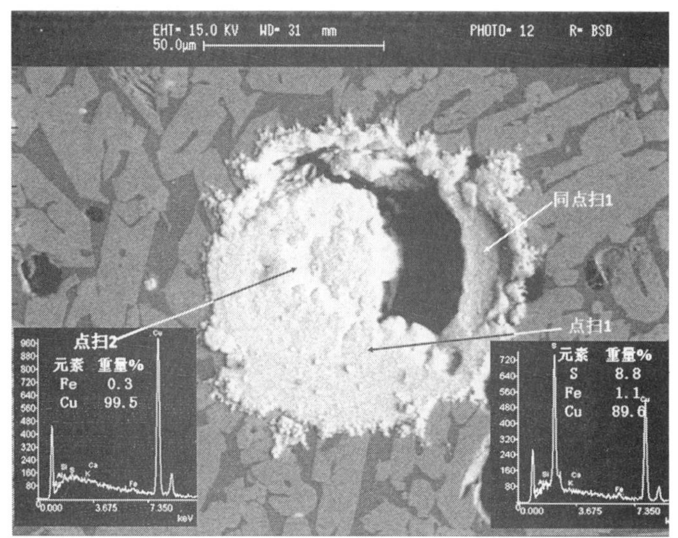

图 11　DLP005 的检测
白色颗粒光滑区（点扫2）为纯铜，粗糙区（点扫1）为有毛细铜析出的白冰铜，渣中灰相为铁橄榄石，黑相为低熔点玻璃相

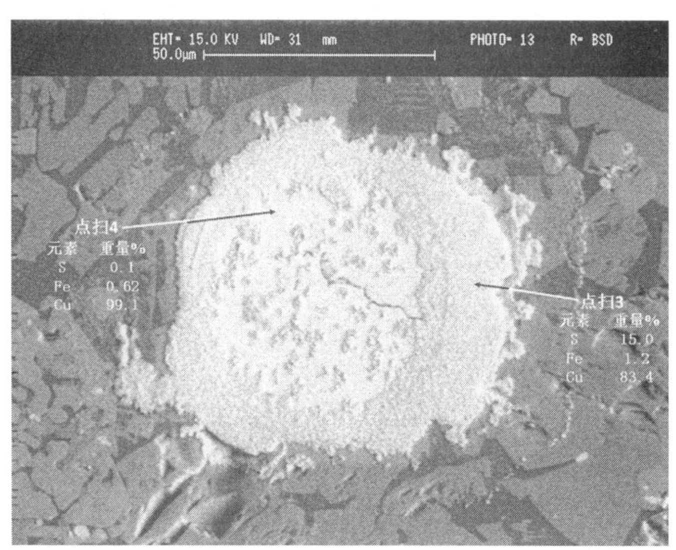

图 12　DLP005 的检测
白色颗粒光滑区（点扫4）为纯铜，粗糙区（点扫3）为有毛细铜析出的白冰铜，渣中灰相为铁橄榄石，黑相为低熔点玻璃相

图 13 DLP006 的检测

渣中分布较大含铜颗粒，渣中灰相主体为铁橄榄石，黑相为含钙较高的低熔点玻璃相。局部放大为图 14、15

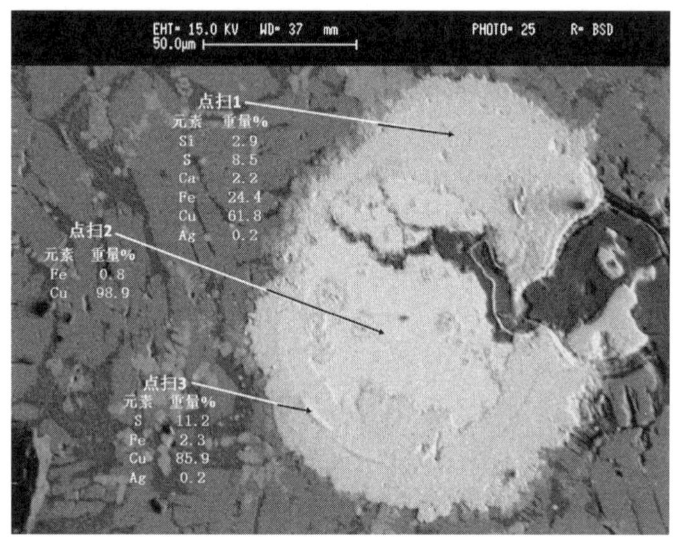

图 14 DLP006 的检测

图 13 局部放大。颗粒内部白亮光滑区（点扫 2）为铜，外圈（点扫 1、3）为表面析出毛细铜的冰铜。渣中灰相为铁橄榄石，黑相为含钙较高的低熔点玻璃相

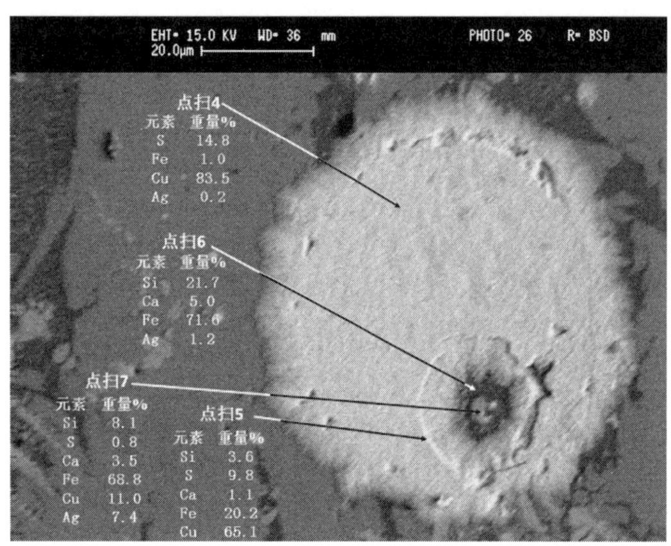

图 15 DLP006 的检测

图 13 局部放大。白颗粒（点扫 4）为白冰铜，其中有夹裹的黑色渣相（点扫 6）和灰白色富银相（点扫 7）。渣中少量灰白相为氧化亚铁，灰相为铁橄榄石，黑相为含钙较高的玻璃相

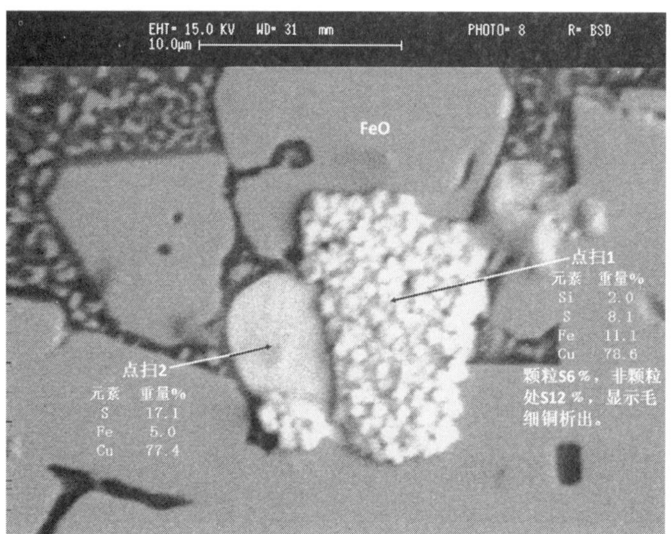

图 16　DLP007 的检测

白亮颗粒左侧光滑（点扫 2）为高品位冰铜，右侧粗糙（点扫 1），成分稍有不均，显示毛细铜析出状况。渣中灰白相为氧化亚铁，黑相为含钙较高的玻璃相

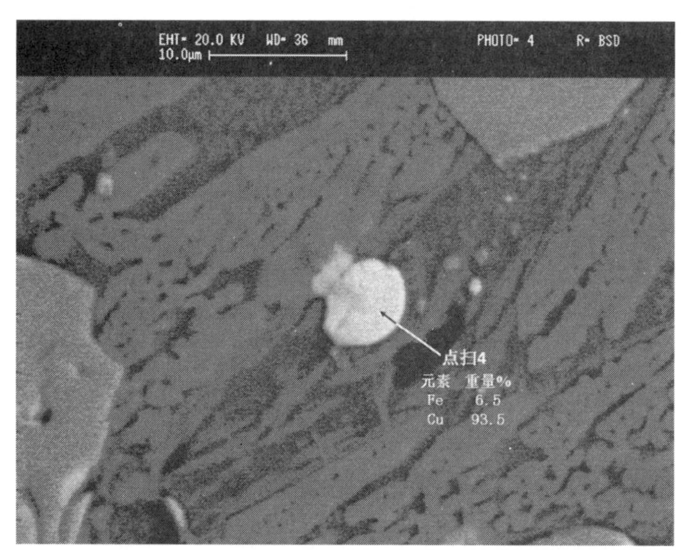

图 17　DLP007 的检测

白颗粒为含少量铁的铜（点扫 4），渣中灰白相为氧化亚铁，灰相为铁橄榄石，黑相为含钙较高的玻璃相

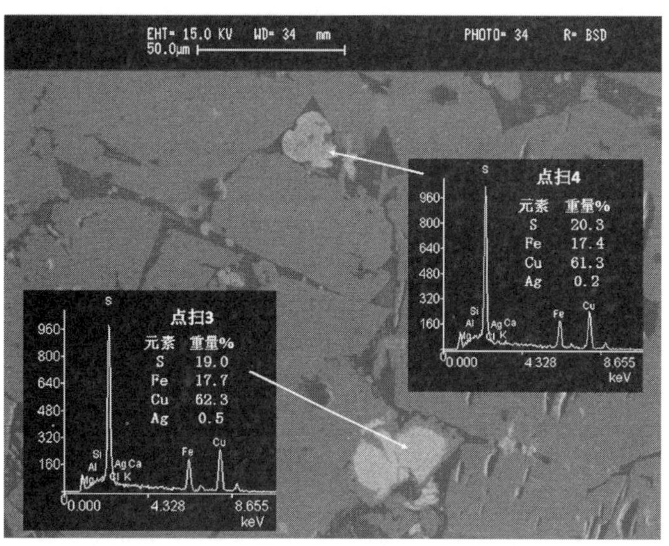

图 18　DLP008 的检测

白色颗粒（点扫 3、4）为品位 62% 左右的冰铜，灰相为铁橄榄石，黑相为含钙较高的低熔点玻璃相

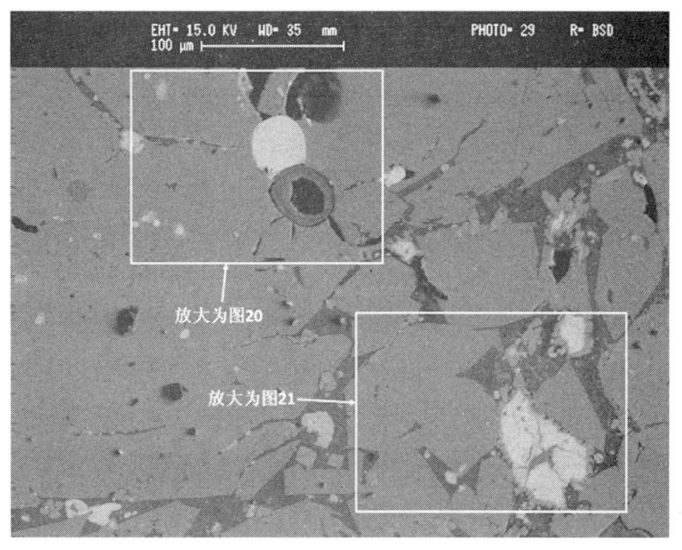

图 19 DLP009 的检测

渣中分布较多含铜颗粒，渣相以铁橄榄石（灰相）为主，其次为含钙较高的低熔点玻璃相（黑相）。局部放大为图 20、21

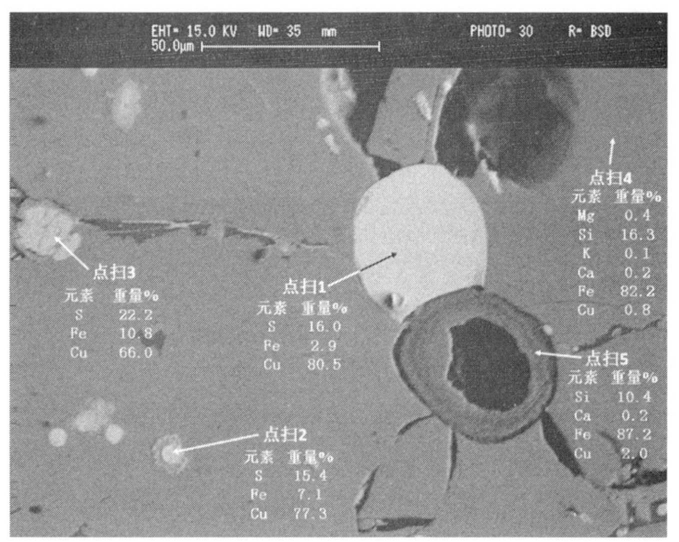

图 20 DLP009 的检测

图 19 局部放大。白色颗粒（点扫 1、2、3）皆为品位较高的冰铜，主体灰相（点扫 4）为铁橄榄石

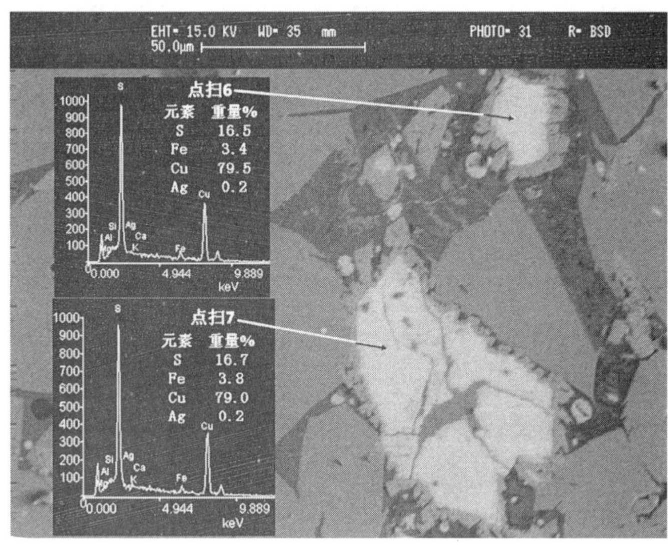

图 21 DLP009 的检测

图 19 局部放大。白色颗粒（点扫 6、7）皆为高品位冰铜，灰相为铁橄榄石，黑相为含钙较高的低熔点玻璃相

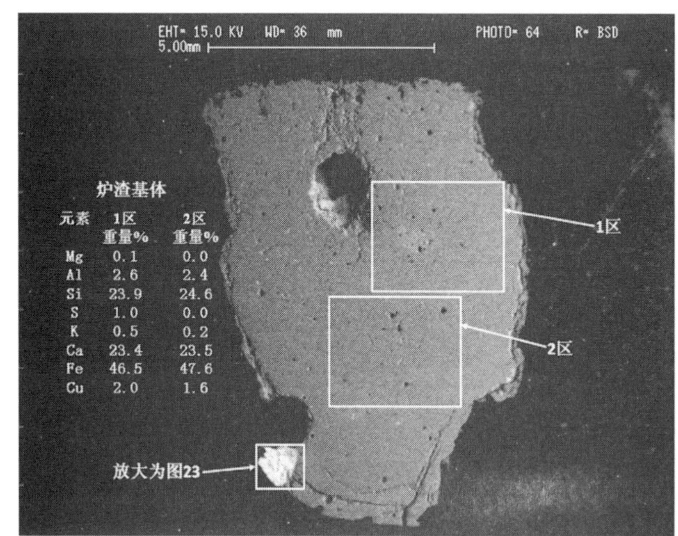

图22　DLP010的检测

炉渣整体较均匀，有大块金属夹杂。局部放大为图23

图23　DLP010的检测

图22局部放大。大块金属夹杂由金属铅（颗粒面扫1）、铜（点扫1）和冰铜（颗粒面扫2）组成

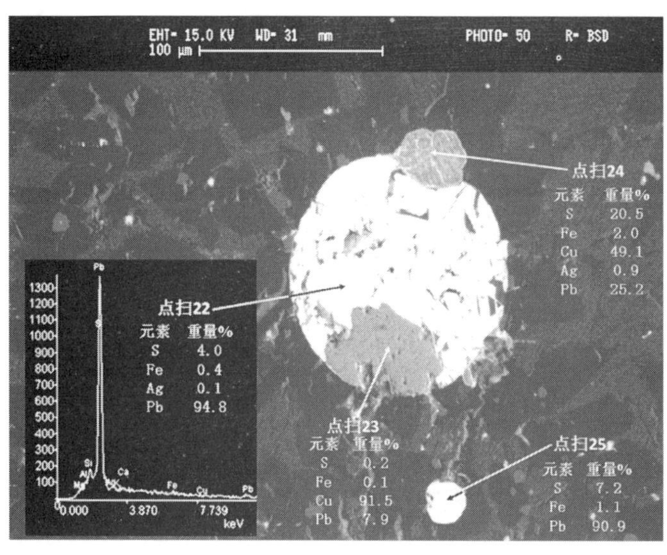

图24　DLP010的检测

金属铜（点扫23）、冰铜和铅（点扫22、24）伴存，渣中灰相为铁橄榄石，黑相为硅灰石

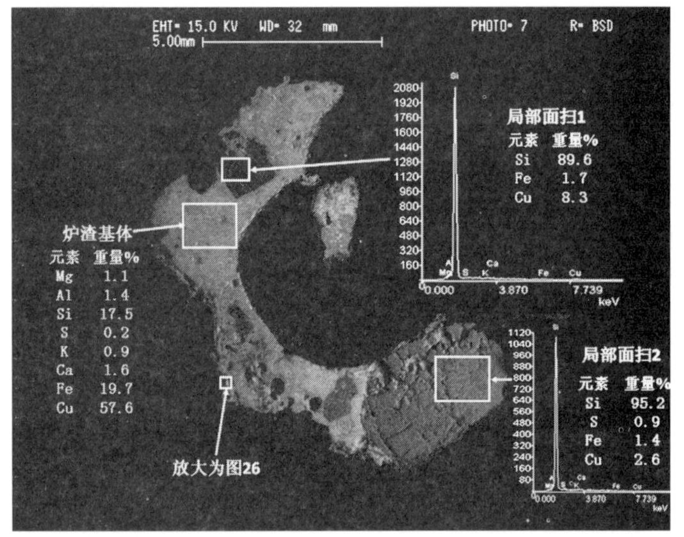

图 25 DLP011 的检测

样品不均匀，主体高铜，几乎不含硫，混杂石英等脉石（局部面扫 1、2），是利用氧化矿石直接还原冶炼铜的遗物。局部放大为图 26

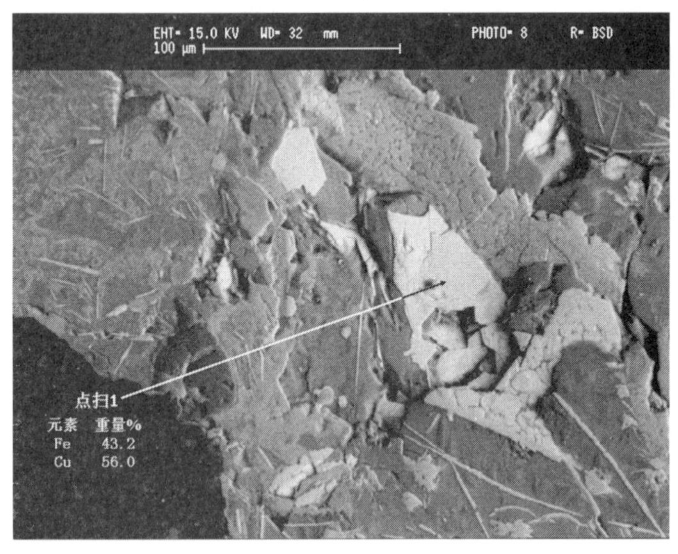

图 26 DLP011 的检测

图 25 局部放大。白亮块状和针状相皆为氧化态铜铁化合物（铜的铁酸盐 $CuFeO_2$），灰相为氧化亚铁，黑相为含硅较高渣相

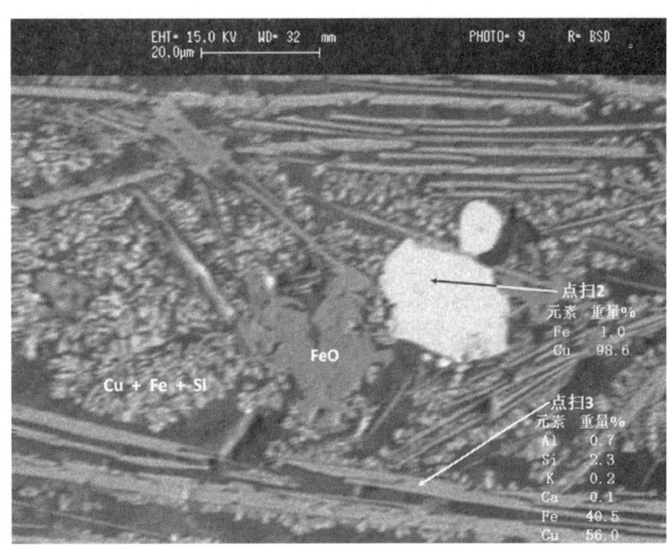

图 27 DLP011 的检测

白亮颗粒（点扫 2）为含少量铁的铜，针状灰相（点扫 3）为氧化态铜铁化合物（铜的铁酸盐 $CuFeO_2$），灰黑相为氧化亚铁，菜花状相的为铜、铁的硅酸盐，黑相为含硅较高渣相

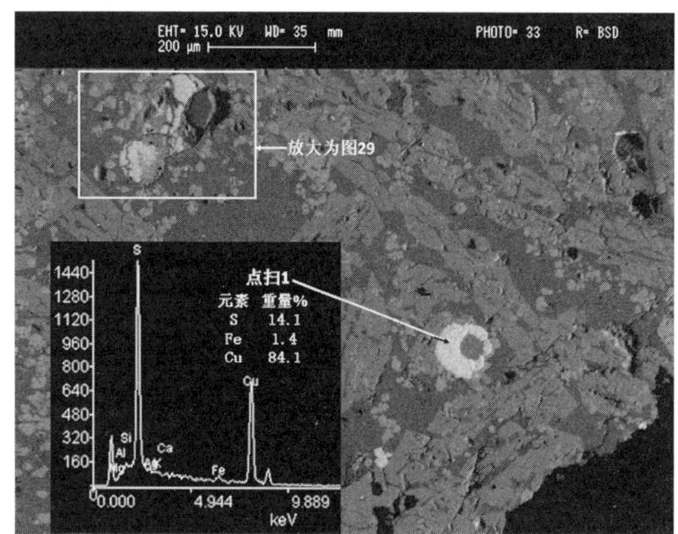

图 28　DLP012 的检测

白亮颗粒（点扫 1）为白冰铜，碎片状分布的灰白相为氧化亚铁，粗条状灰相为铁橄榄石，黑相（包括圆形大颗粒中的夹裹）为含钙、硅较高的低熔点玻璃相。局部放大为图 29

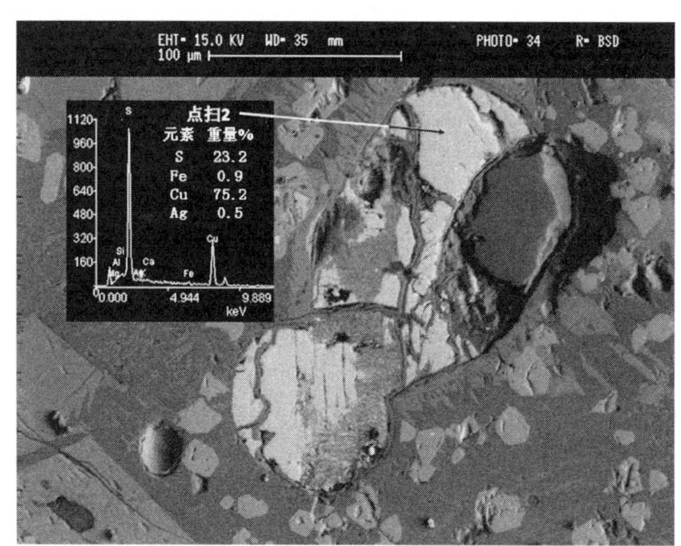

图 29　DLP012 的检测

图 28 局部放大。白相（点扫 2）为高品位冰铜，碎片状分布的灰白相为氧化亚铁，灰相为铁橄榄石，黑相为含钙、硅较高的低熔点玻璃相

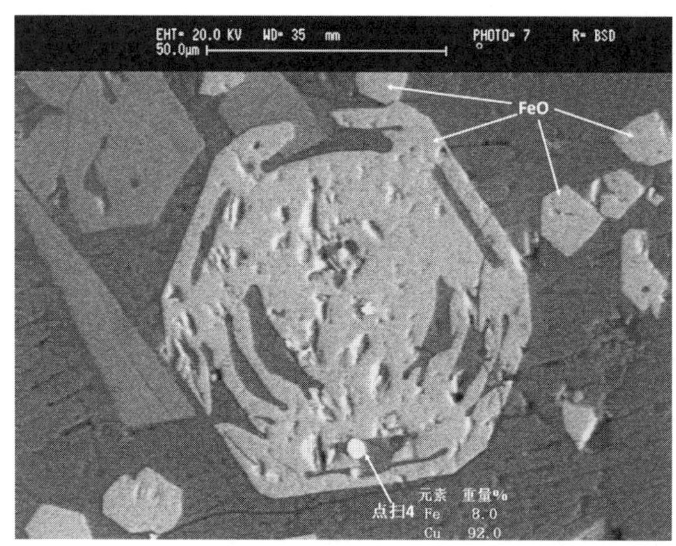

图 30　DLP012 的检测

白色颗粒（点扫 4）为含铁的铜，灰白相为氧化亚铁，灰相为铁橄榄石，灰黑相为含钙、硅较高的渣相

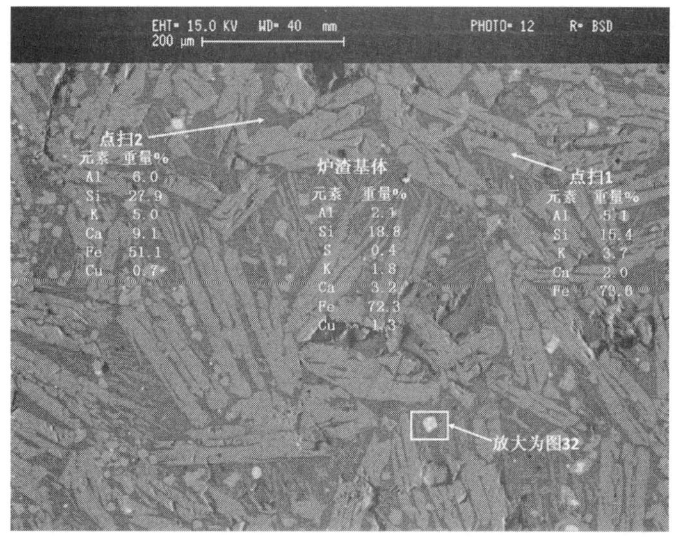

图 31 DLP013 的检测

条状灰相为铁橄榄石，黑相为含钙、硅较高的玻璃相。亮白点为含铜颗粒。局部放大为图 32

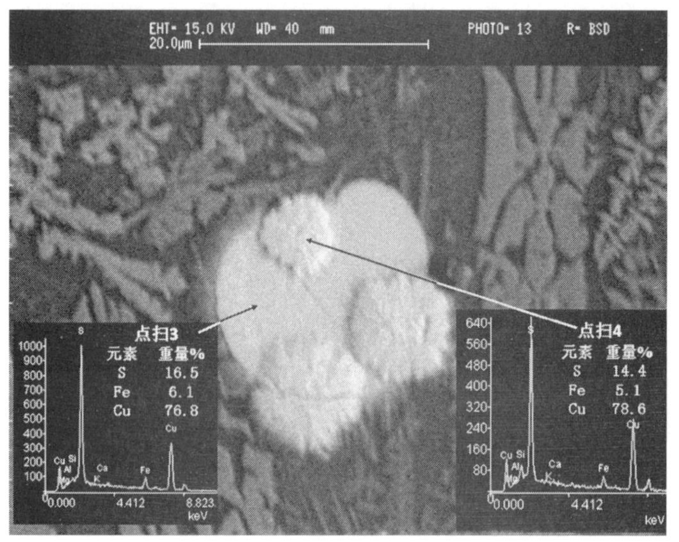

图 32 DLP013 的检测

图 31 局部放大。白亮颗粒（点扫 3）为高品位冰铜，有菊花状区域有毛细铜析出（点扫 4），灰白相为氧化亚铁，灰相为铁橄榄石，黑相为含钙、硅较高的低熔点玻璃相

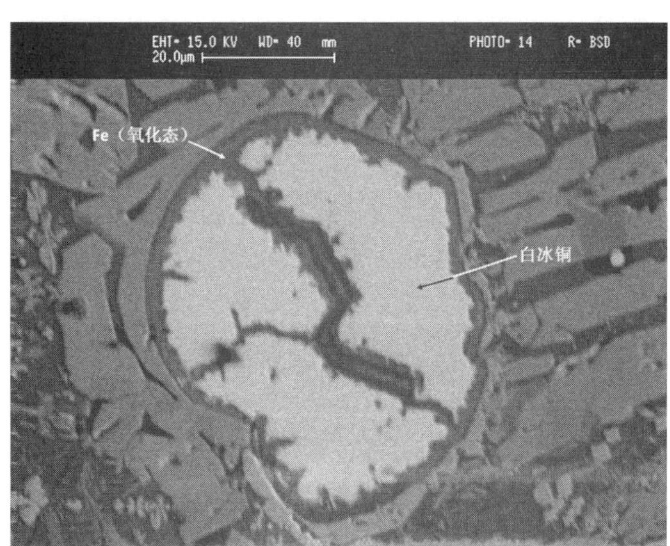

图 33 DLP013 的检测

白色颗粒为白冰铜，渣中少量灰白相为氧化亚铁，颗粒裂隙中灰黑相为氧化态的铁，灰相为铁橄榄石，黑相为含钙、硅较高的低熔点玻璃相

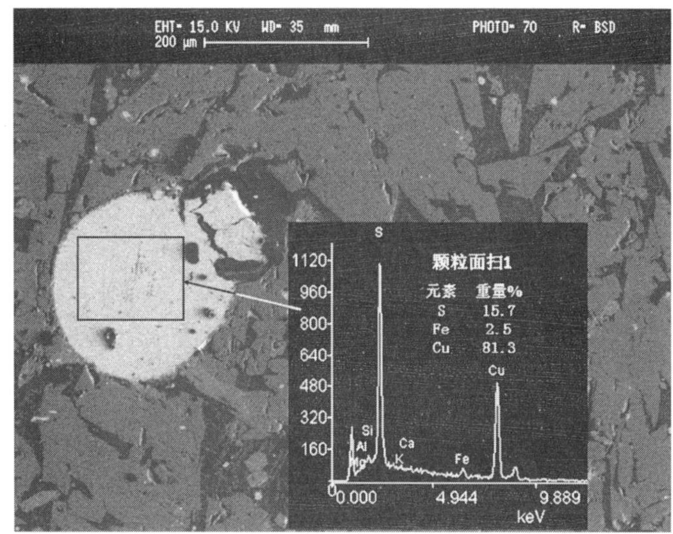

图 34　DLP014 的检测

白色颗粒（颗粒面扫 1）为白冰铜，灰相为铁橄榄石，黑相为含钙、硅较高的低熔点玻璃相

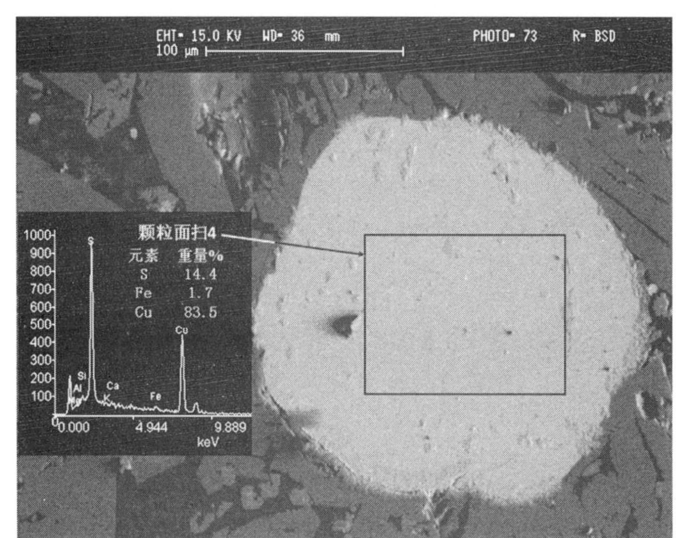

图 35　DLP014 的检测

白色颗粒（颗粒面扫 4）为白冰铜，灰相为铁橄榄石，黑相为含钙、硅较高的玻璃相

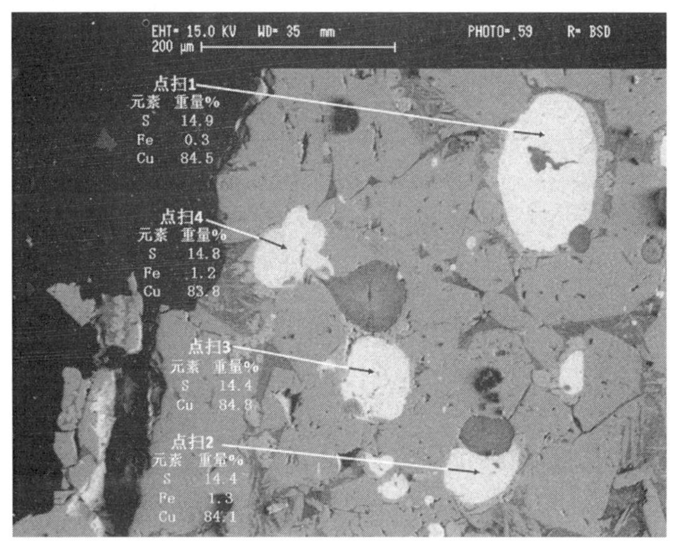

图 36　DLP015 的检测

白颗粒（点扫 1、2、3、4）皆为白冰铜，渣相主要为灰色的铁橄榄石相，黑色的低熔点玻璃相较少

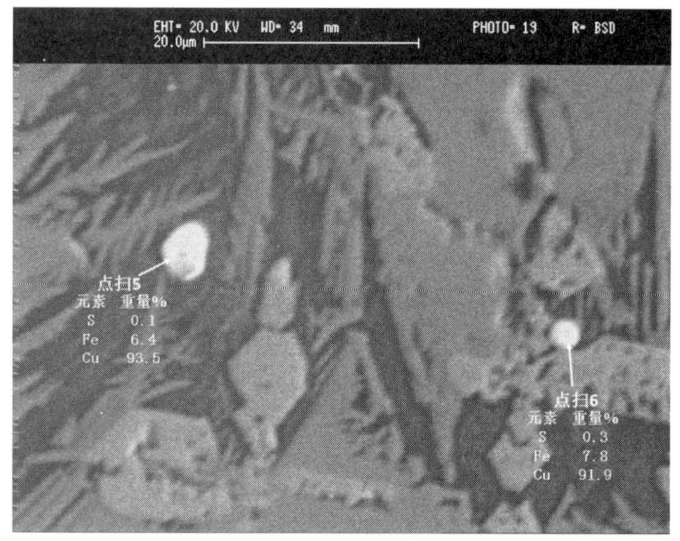

图 37 DLP015 的检测

白亮颗粒（点扫5、6）皆为含铁的铜，灰相为铁橄榄石相，黑相为低熔点玻璃相

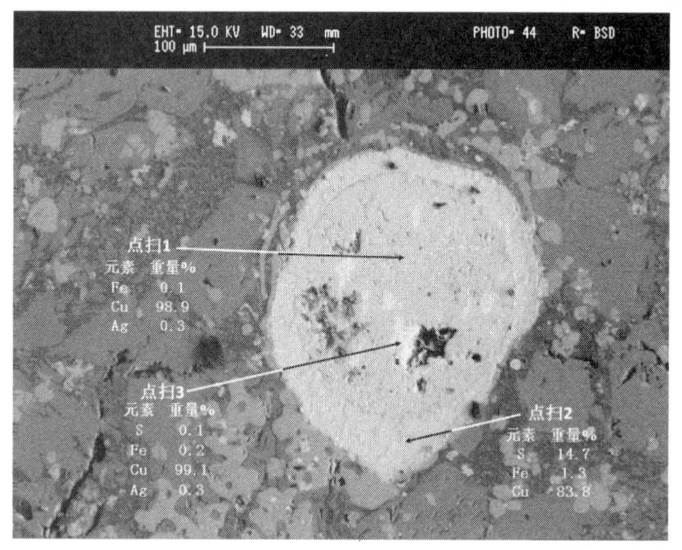

图 38 DLP016 的检测

颗粒内部（点扫1、3）为纯铜，外圈（点扫2）为白冰铜，渣中灰白相为氧化亚铁，主体的灰相为铁橄榄石，黑相为含钙较高的玻璃相

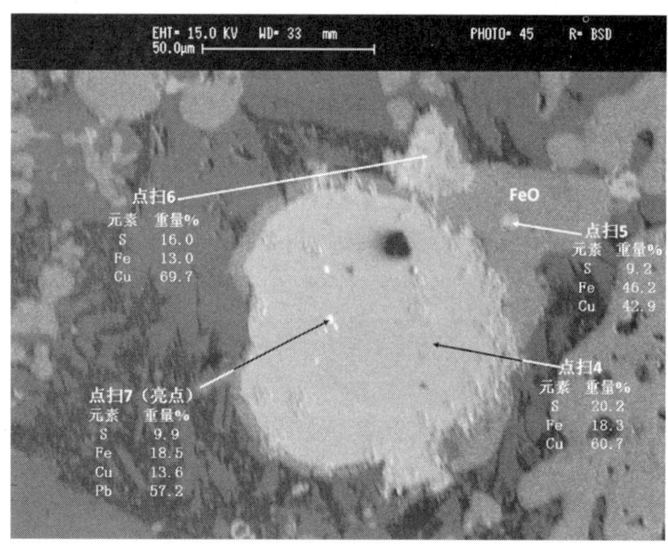

图 39 DLP016 的检测

白色大颗粒（点扫4）为品位61%的冰铜，冰铜中的白亮点（点扫7）为高铅相，白色小颗粒（点扫5）为品位较低的冰铜，渣中灰白相为氧化亚铁，灰相为铁橄榄石，黑相为含钙较高的玻璃相

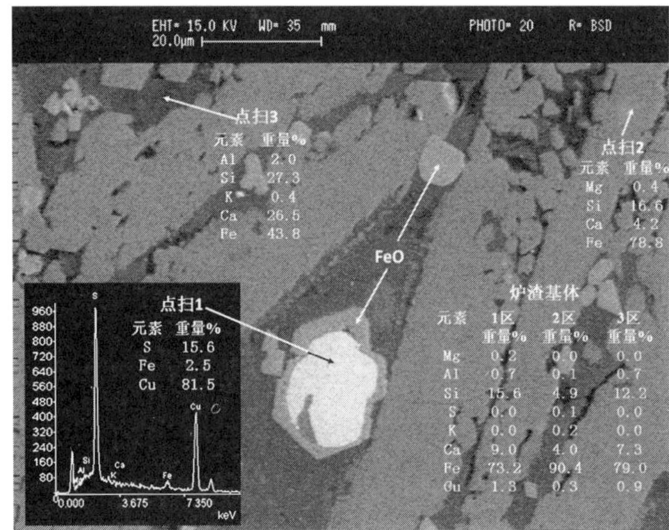

图40　DLP017的检测

白色大颗粒（点扫1）为白冰铜，灰白相为氧化亚铁，灰相（点扫2）为铁橄榄石，黑相（点扫3）为含钙较高渣相

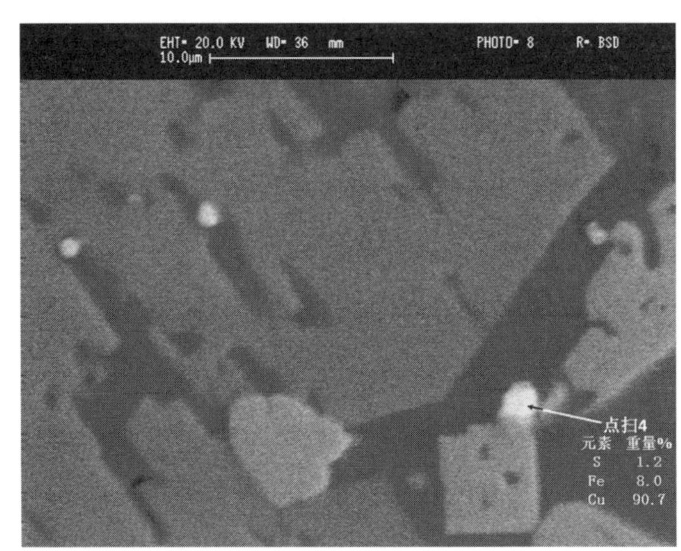

图41　DLP017的检测

白色颗粒（点扫4）为含铁的铜，灰白相为氧化亚铁，灰相为铁橄榄石，黑相为含钙较高渣相

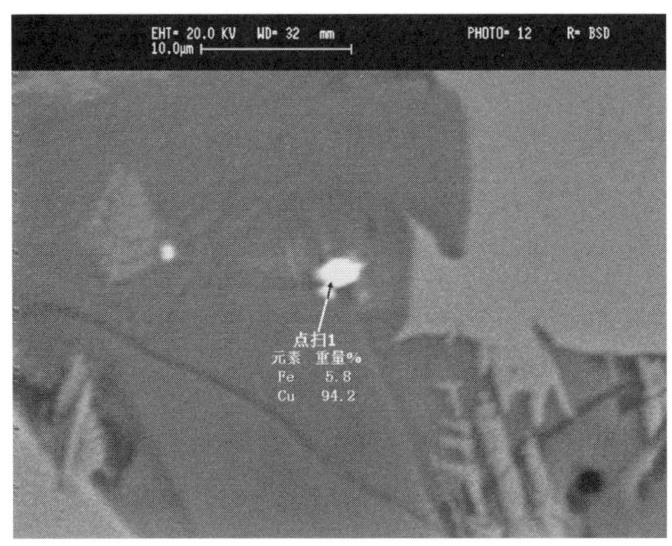

图42　DLP018的检测

白色颗粒（点扫1）为含铁的铜，灰相为铁橄榄石，灰黑相为含钙较高渣相

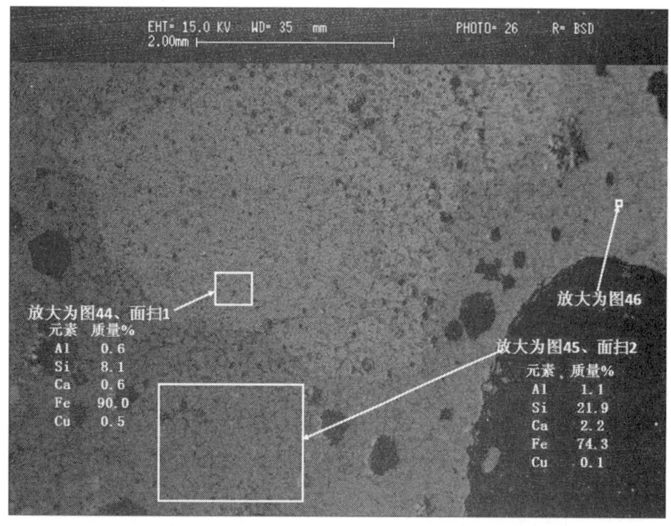

图 43　DLP019 的检测

渣体局部高铁（灰白区，面扫 1），主体部分（灰区，面扫 2）与其他渣一样。局部放大为图 44、45、46

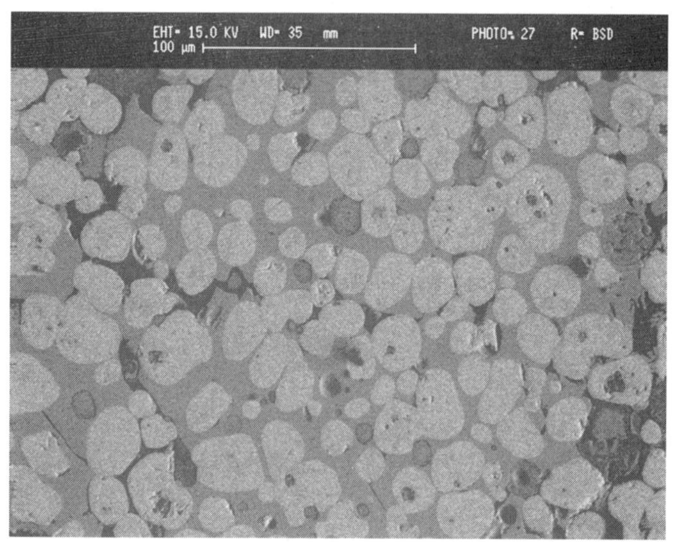

图 44　DLP019 的检测

图 43 局部放大。豆状灰白相为氧化亚铁，灰相为铁橄榄石，黑相为含钙、铝较高的低熔点玻璃相

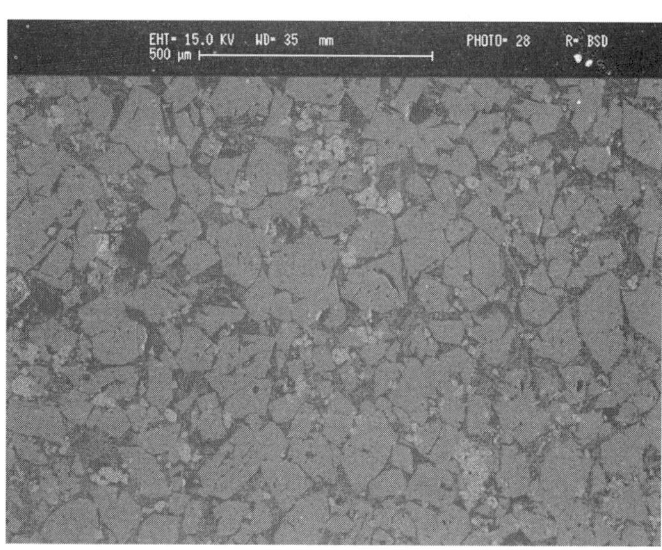

图 45　DLP019 的检测

图 43 局部放大。少量灰白相为氧化亚铁，主体灰相为铁橄榄石，黑相为含钙、铝较高的低熔点玻璃相

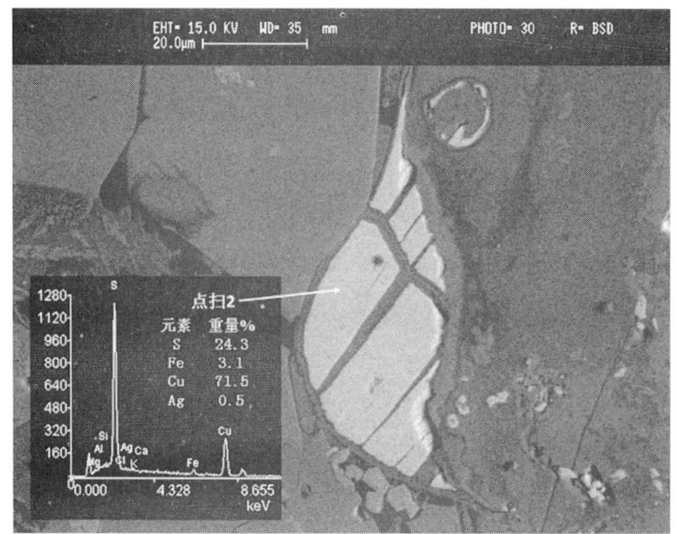

图46　DLP019的检测

图43局部放大。白相（点扫2）为高品位冰铜，白相下方少量小碎片状灰白相为氧化亚铁，灰相为铁橄榄石，黑相为含钙、铝较高的低熔点玻璃相

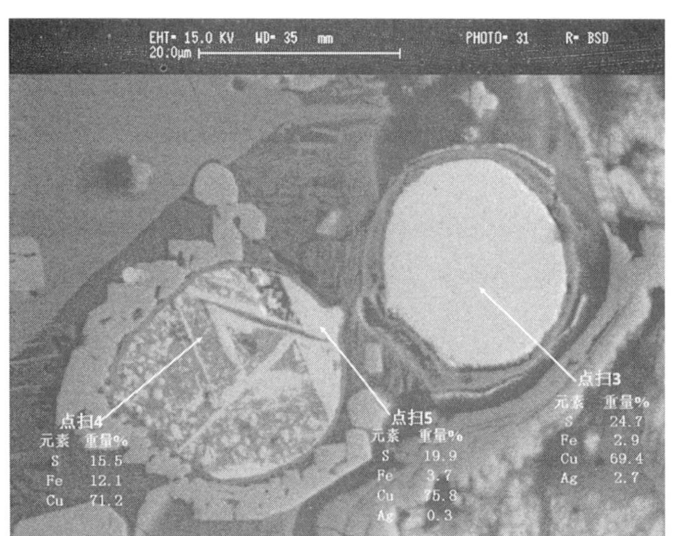

图47　DLP019的检测

右侧白色颗粒（点扫3）为品位70%左右的富银冰铜颗粒，左侧颗粒较复杂，由不同品位冰铜构成（点扫4、5），灰白相为氧化亚铁，灰相为铁橄榄石，黑相为含钙、铝较高的低熔点玻璃相

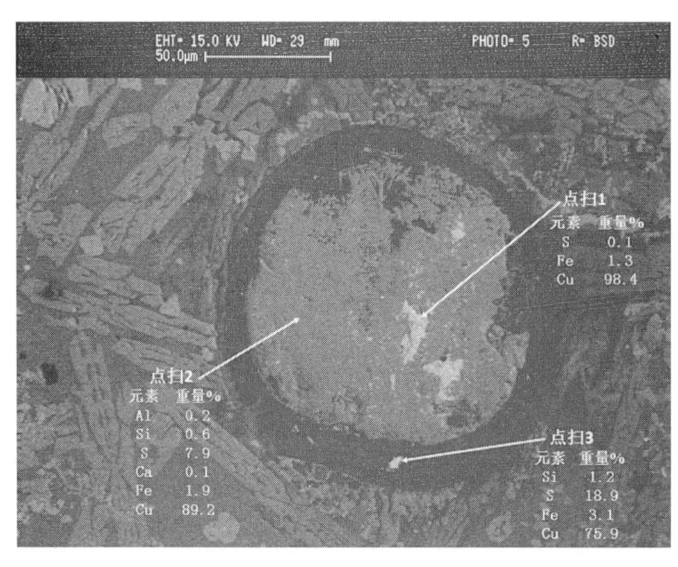

图48　DLP020的检测

圈状物为受风化的颗粒，内部（点扫2）原为含少量铁的铜，有少量残留（点扫1），黑色外圈原为白冰铜，也有少量残留（点扫3），少量灰白相为氧化亚铁，灰相为铁橄榄石，黑相为含钙、铝较高的低熔点玻璃相

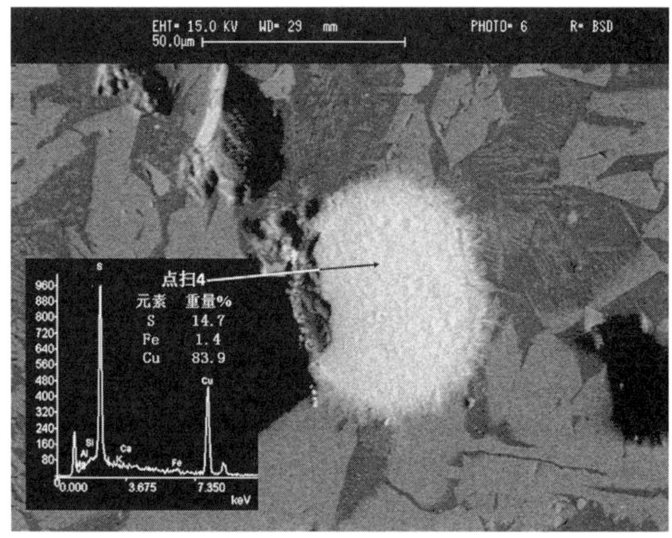

图 49 DLP020 的检测

白色颗粒（点扫 4）为高品位冰铜，有毛细铜析出，上方小片灰白相为氧化亚铁，灰相为铁橄榄石，灰黑相为含钙、铝较高的低熔点玻璃相

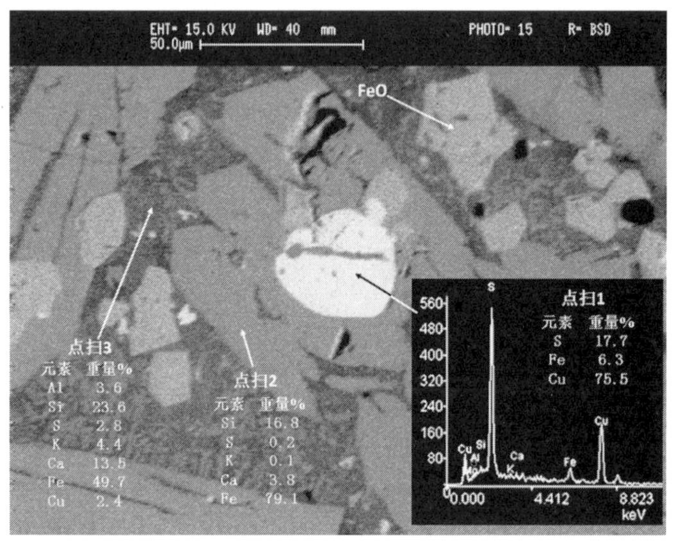

图 50 DLP021 的检测

白色颗粒（点扫 1）为高品位冰铜，渣中碎片状灰白相为氧化亚铁，灰相（点扫 2）为铁橄榄石，黑相（点扫 3）为低熔点玻璃相

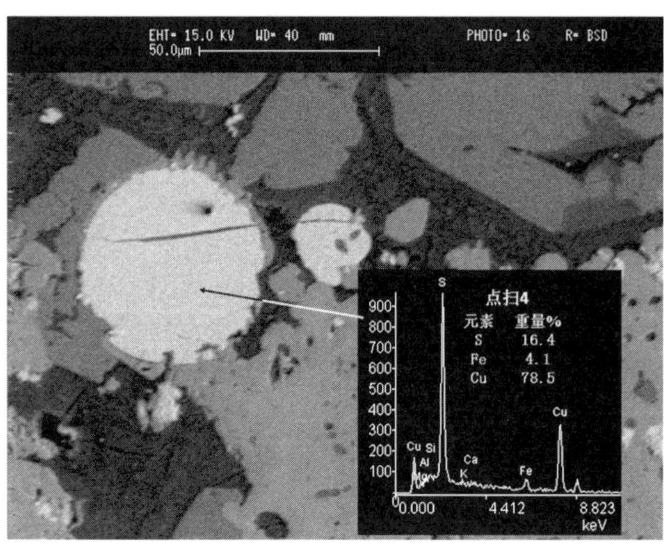

图 51 DLP021 的检测

白色颗粒（点扫 4）为高品位冰铜，渣中灰白相为氧化亚铁，灰相为铁橄榄石，黑相为低熔点玻璃相

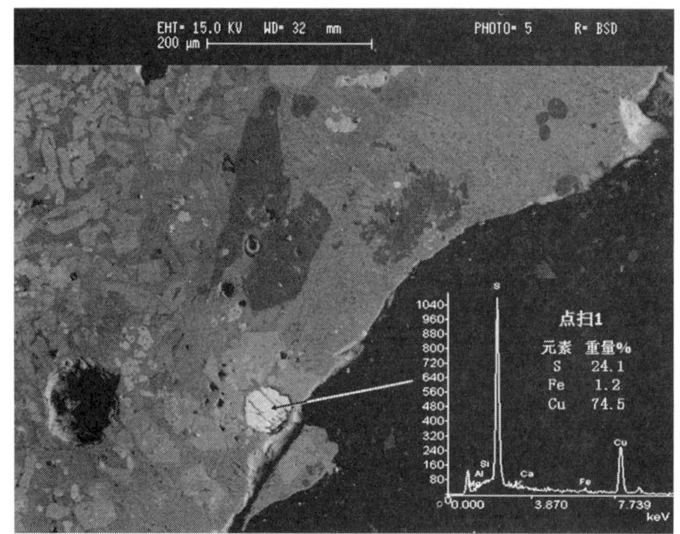

图52　DLP022的检测

白亮颗粒（点扫1）为高品位冰铜，小碎片状灰白相为氧化亚铁，灰相为铁橄榄石，灰黑相为含钙、铝硅稍高渣相，黑相为半熔融脉石

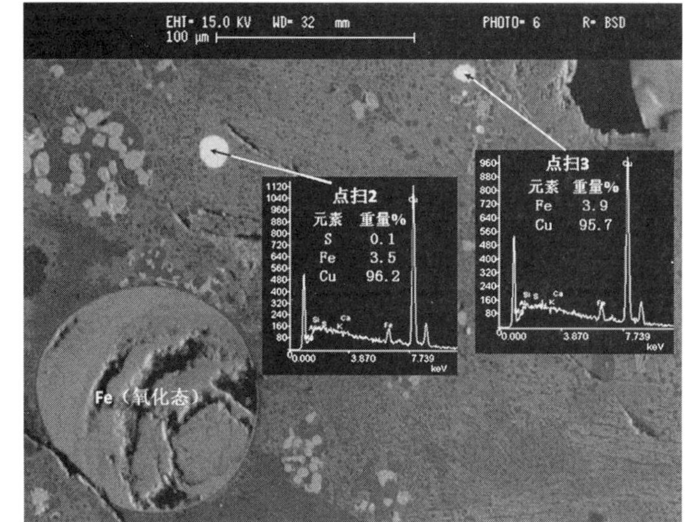

图53　DLP022的检测

白亮颗粒（点扫2、3）为含铁的铜，左下方次灰白大颗粒和渣中灰白相皆为氧化亚铁，灰相为铁橄榄石，灰黑相为含钙、铝硅稍高渣相，黑相为高硅相

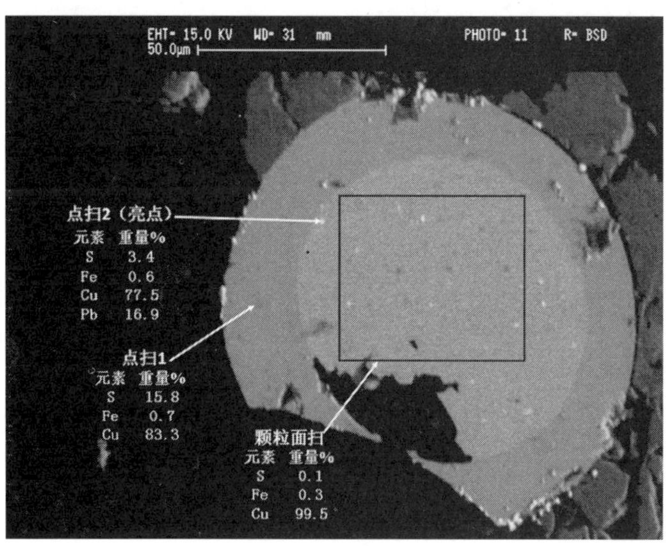

图54　DLP023的检测

炉渣中气泡呈局部集中分布。大颗粒内部白相（颗粒面扫）几乎为纯铜，外圈灰白相（点扫1）为白冰铜，颗粒中白亮点（点扫2）为铅

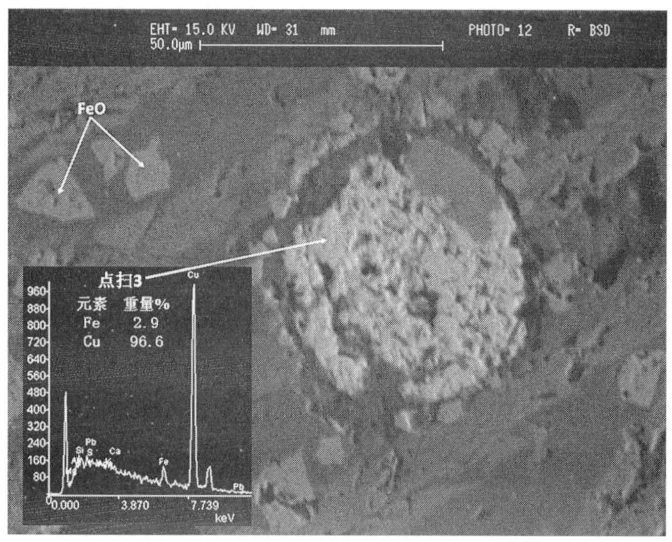

图 55 DLP023 的检测

白色颗粒（点扫 3）为锈蚀的铜颗粒，含有少量铁。渣中灰白相为氧化亚铁，灰相为铁橄榄石，黑相为含钙较高的低熔点玻璃相

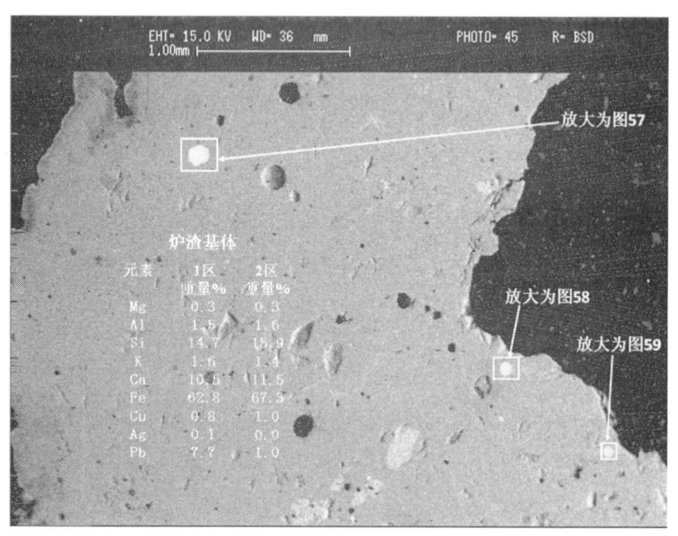

图 56 DLP024 的检测

渣体较均匀。金属颗粒较大。局部有块状氧化亚铁分布。局部放大为图 57、58、59

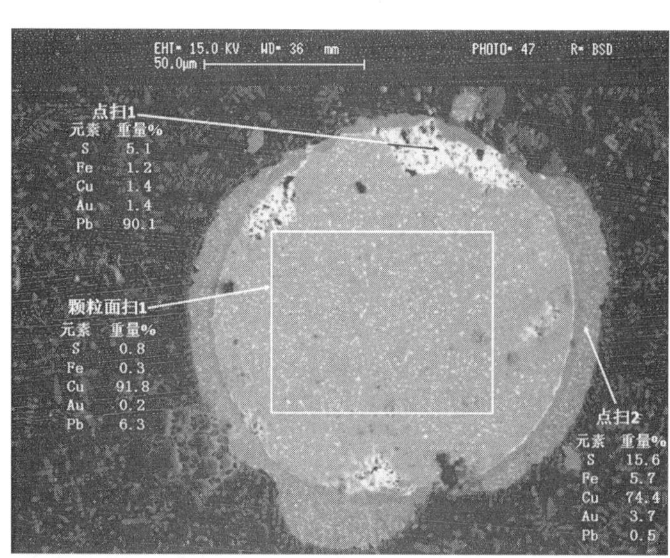

图 57 DLP024 的检测

图 56 局部放大。颗粒中主体（颗粒面扫 1）为铜，其中有亮白的大块（点扫 1）和弥散状铅分布，颗粒外圈灰白相为高品位冰铜（点扫 2），其中也有弥散状铅分布，大块铅和冰铜相中富金

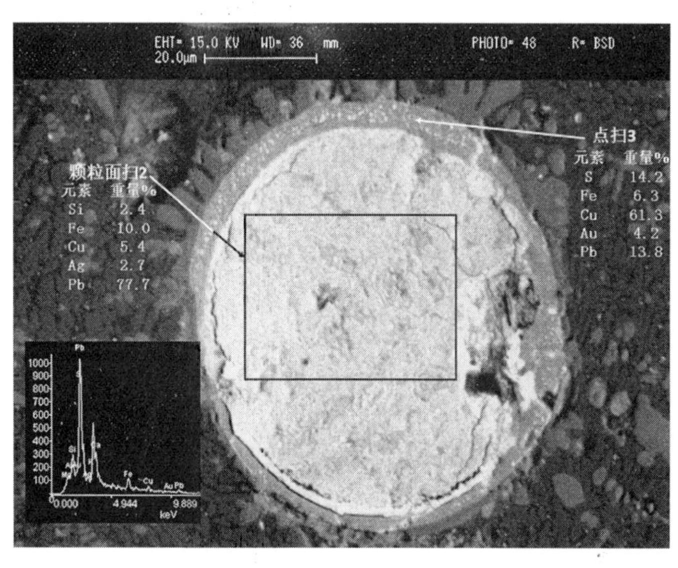

图58　DLP024的检测

图56局部放大。颗粒白亮相（颗粒面扫2）为含少量铁、铜、银的金属铅，颗粒外圈灰白相（点扫3）为富金的冰铜，其中有弥散状铅分布，渣中灰相为氧化亚铁，灰黑相为铁橄榄石，黑相为含钙较高的低熔点玻璃相

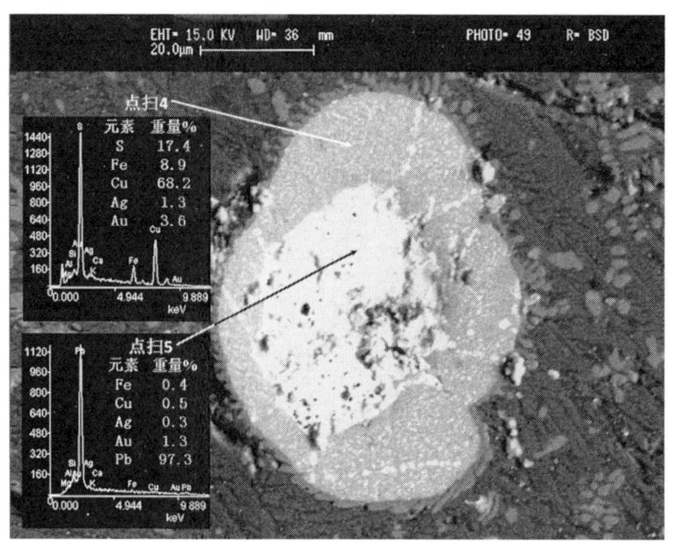

图59　DLP024的检测

图56局部放大。颗粒白亮相（点扫5）为含少量杂质的富金的金属铅，颗粒外圈灰白相（点扫4）为富金、银的冰铜，其中有弥散状铅分布，渣中灰相为氧化亚铁，灰黑相为铁橄榄石，黑相为含钙较高的低熔点玻璃相

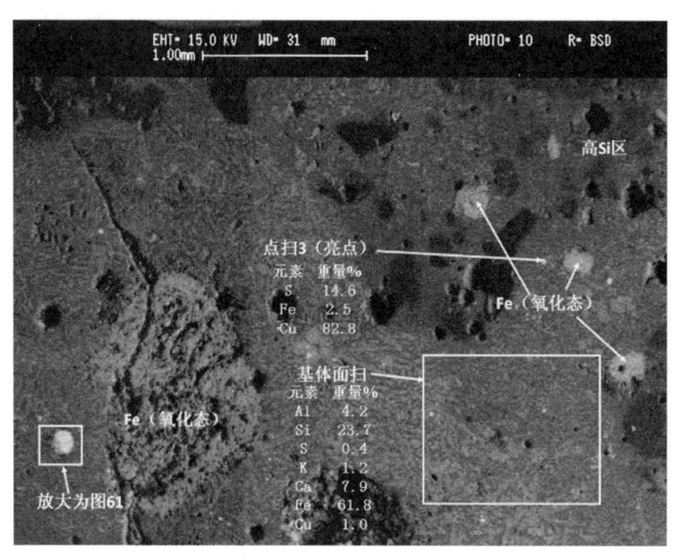

图60　DLP025的检测

渣体很不均匀，有块状氧化亚铁（灰白相）和石英颗粒（黑相）分布，白色小颗粒（点扫3）为高品位冰铜，条状灰相为铁橄榄石，灰黑相为含钙、铝较高的低熔点玻璃相。局部放大为图61

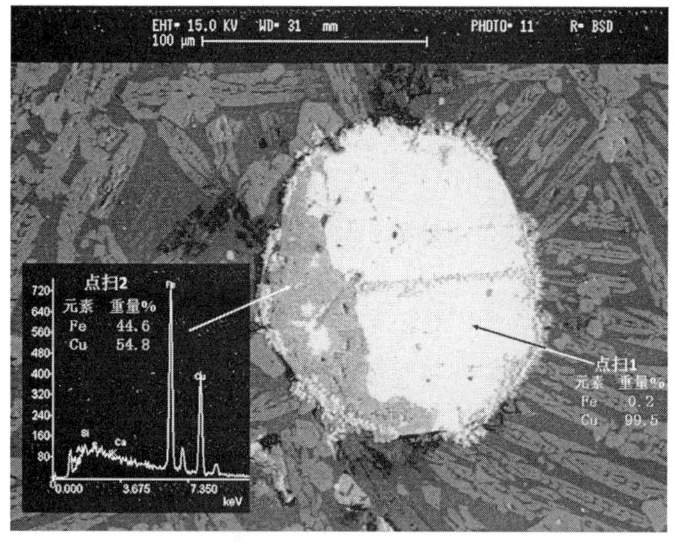

图 61　DLP025 的检测

图 60 局部放大。颗粒白相（点扫 1）为纯铜，灰白相（点扫 2）为铜的铁酸盐 $CuFeO_2$，渣中条状灰相是铁橄榄石，黑相是含钙、铝较高的低熔点玻璃相

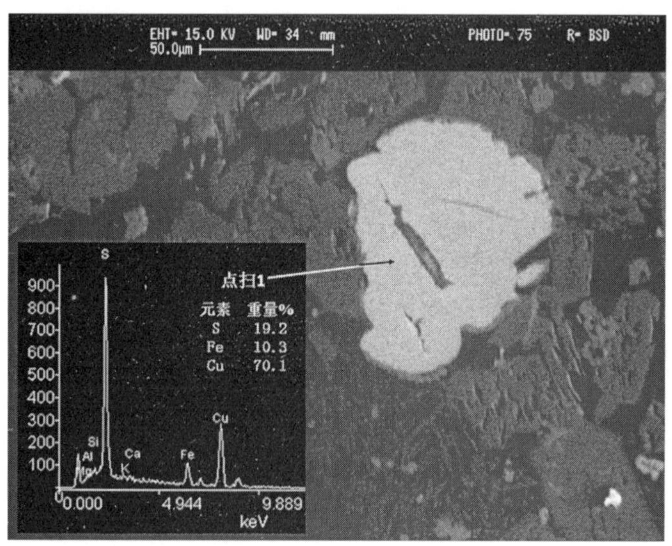

图 62　DLP026 的检测

颗粒是品位 70% 左右的冰铜，渣中灰白相是氧化亚铁，灰相是铁橄榄石，黑相是含钙较高的低熔点玻璃相

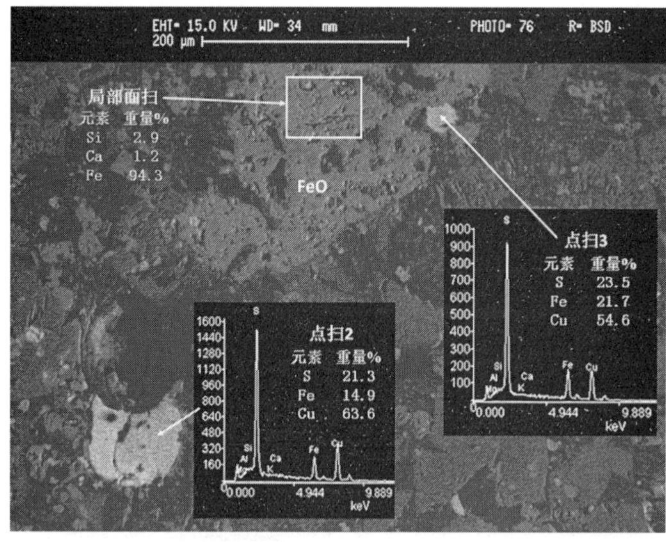

图 63　DLP026 的检测

白色颗粒（点扫 2、3）是品位不等的冰铜，渣中灰白相（局部面扫）是氧化亚铁，灰相是铁橄榄石，黑相是含钙较高的低熔点玻璃相

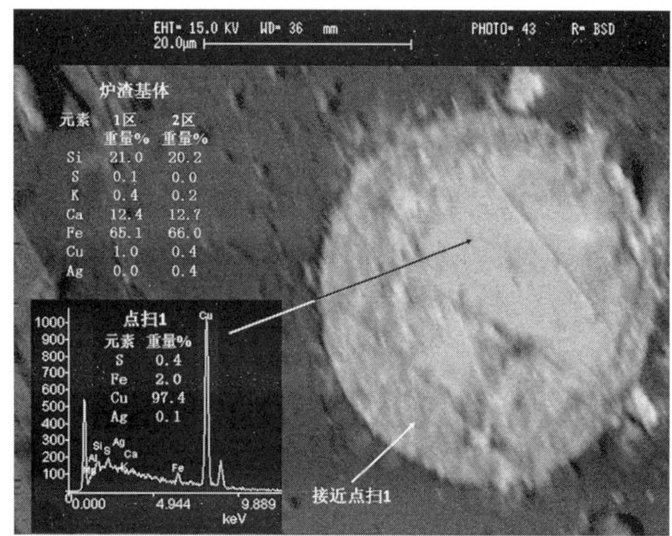

图 64　DLP027 的检测

颗粒主体（点扫 1）是含少量铁的铜，局部可能受氧化

图 65　DLP027 的检测

白色颗粒（点扫 2）是含少量铁的铜。少量碎片状灰相是氧化亚铁

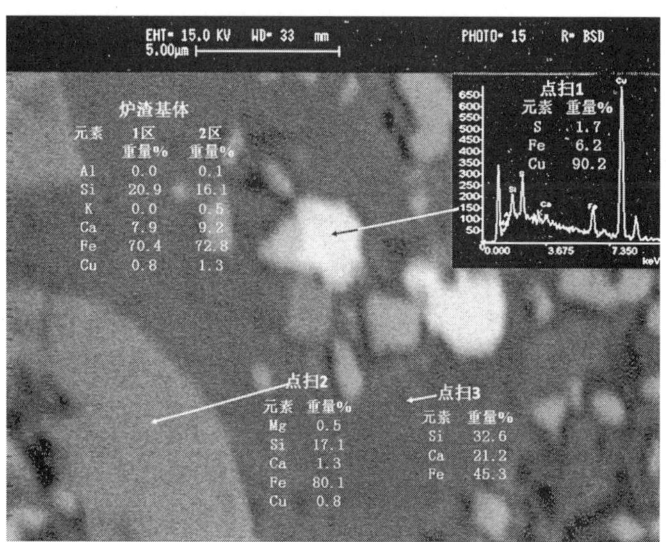

图 66　DLP028 的检测

白色颗粒相（点扫 1）是含铁的铜，渣中灰相（点扫 2）是铁橄榄石，黑相（点扫 3）是含钙较高的低熔点玻璃相

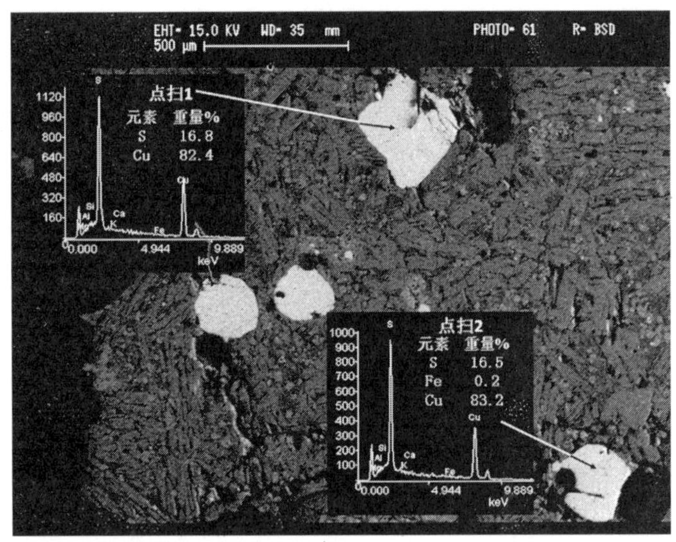

图67 DLP029的检测

白色颗粒相（点扫1、2）是白冰铜，渣中小碎片状灰白相是氧化亚铁，灰相是铁橄榄石，黑相是含钙较高的低熔点玻璃相

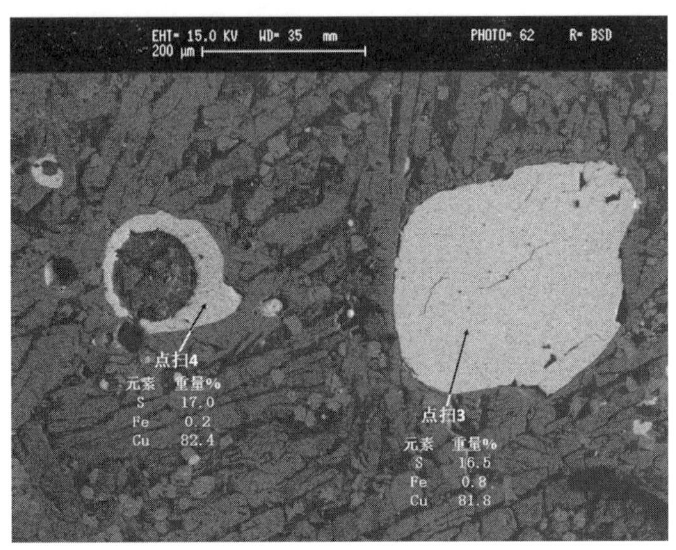

图68 DLP029的检测

白色颗粒相（点扫3、4）为白冰铜，渣中小碎片状灰白相为氧化亚铁，灰相为铁橄榄石，黑相为含钙较高的低熔点玻璃相

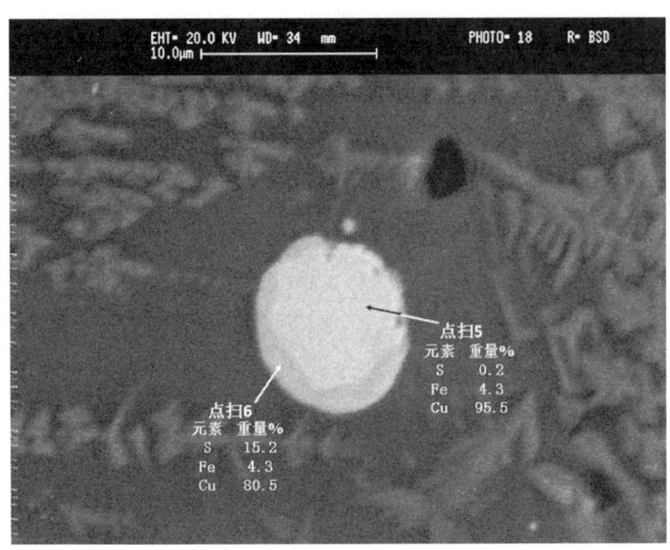

图69 DLP029的检测

白色颗粒相（颗粒面扫）为白冰铜，渣中小碎片状和树枝状灰白相为氧化亚铁，灰相为铁橄榄石，黑相为含钙较高的低熔点玻璃相

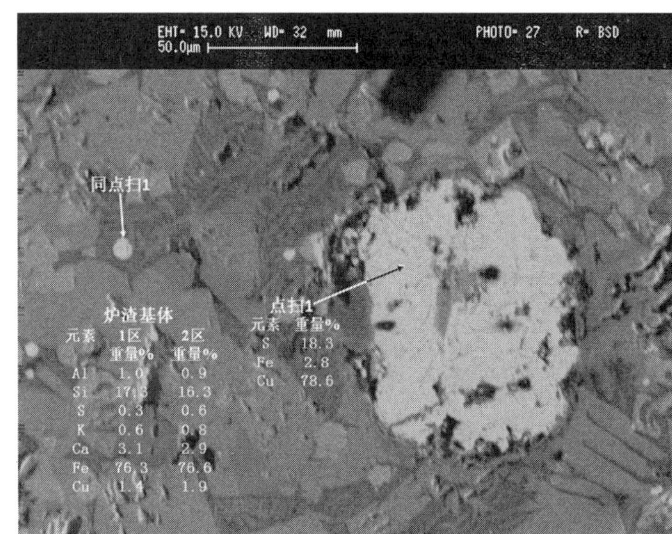

图 70　DLP030 的检测

白色大小颗粒（点扫 1）皆为高品位冰铜，渣中灰相为铁橄榄石，黑相为低熔点玻璃相

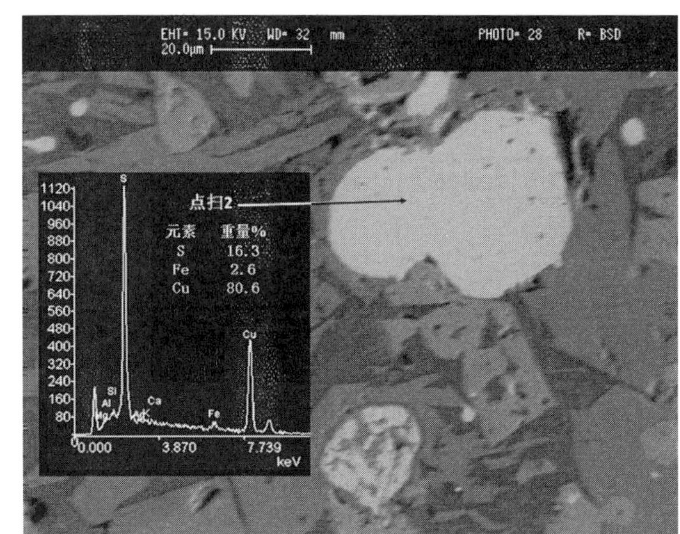

图 71　DLP030 的检测

白色颗粒（点扫 2）为高品位冰铜，渣中灰白相为氧化亚铁，灰相为铁橄榄石，黑相为低熔点玻璃相

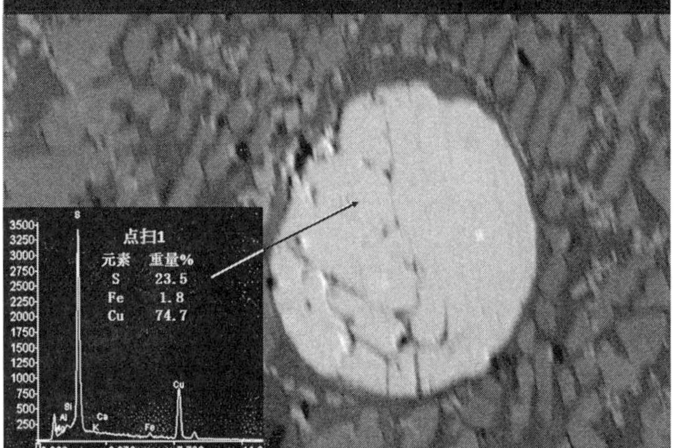

图 72　DLP031 的检测

炉渣熔融较好，有较大的气泡和空腔。白色颗粒相（点扫 1）为高品位冰铜，灰白相为氧化亚铁，灰相为铁橄榄石，黑相为含钙较高的低熔点玻璃相

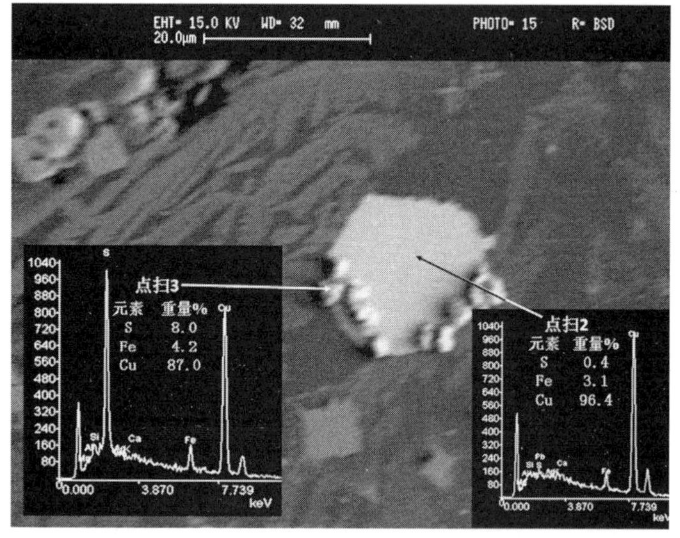

图 73 DLP031 的检测

白色颗粒相（点扫 2）为含少量铁的铜，周边瘤状物是在颗粒外圈冰铜中析出的毛细铜，灰白相为氧化亚铁，灰相为铁橄榄石，黑相为含钙较高的低熔点玻璃相

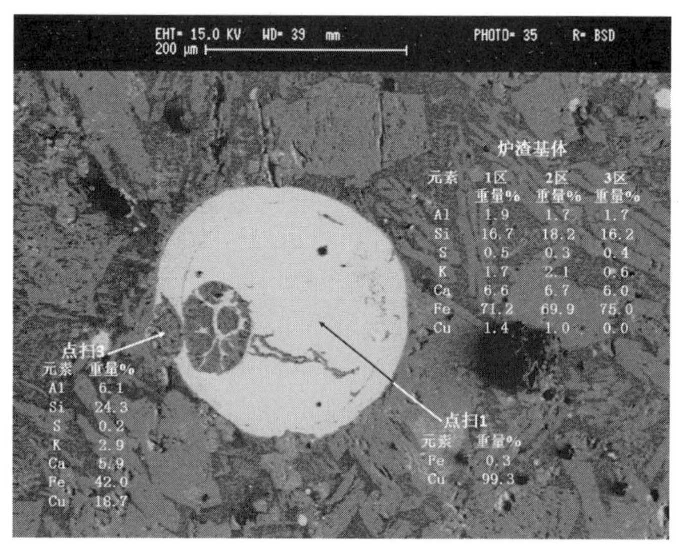

图 74 DLP032 的检测

亮白颗粒主体（点扫 1）几乎为纯铜，颗粒中夹裹（点扫 3）含铜混合物，渣中灰相为铁橄榄石，黑相为含钙较高的低熔点玻璃相

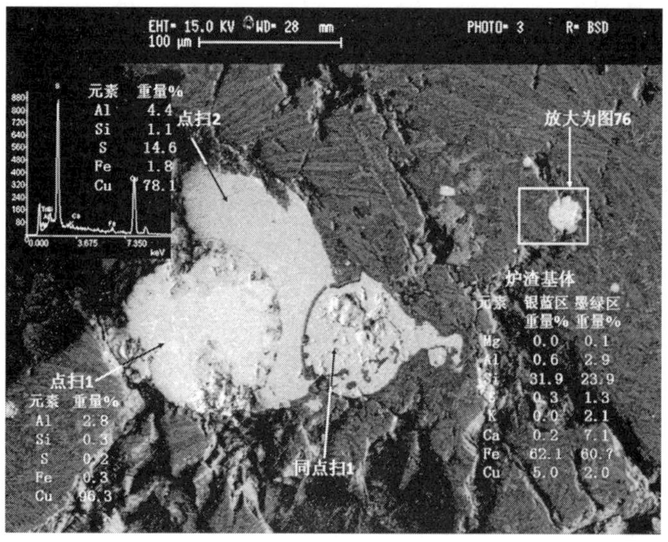

图 75 DLP033 的检测

白色颗粒相（点扫 1）为含少量杂质的铜，其中有铅（亮白相）分布，灰白相（点扫 2）为高品位冰铜，渣中条状灰相为铁橄榄石，黑相为低熔点玻璃相。局部放大为图 76

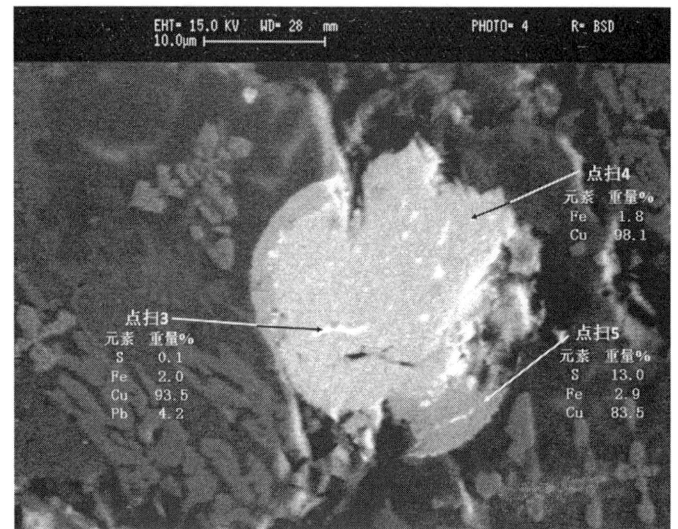

图76　DLP033的检测

图75局部放大。白色颗粒相（点扫4）为含少量铁的铜，其中有富铅亮白相（点扫3）分布，灰白相（点扫5）为白冰铜，渣中灰相为氧化亚铁，灰黑相为铁橄榄石，黑相为低熔点玻璃相

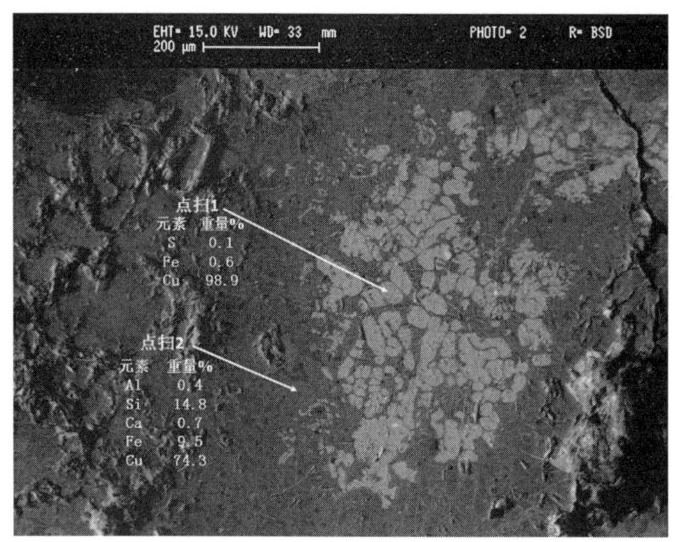

图77　DLP034的检测

成分分析显示样品高铜，硫含量低于或接近检测下限，推测是使用氧化矿石直接还原炼铜的遗物，样品基体含铜很高，成分不均，不是正常排放的炼铜渣。视场显示冶炼中间产物氧化态铜（白相，点扫1）在样品中的分布，样品基体高铜（点扫2）

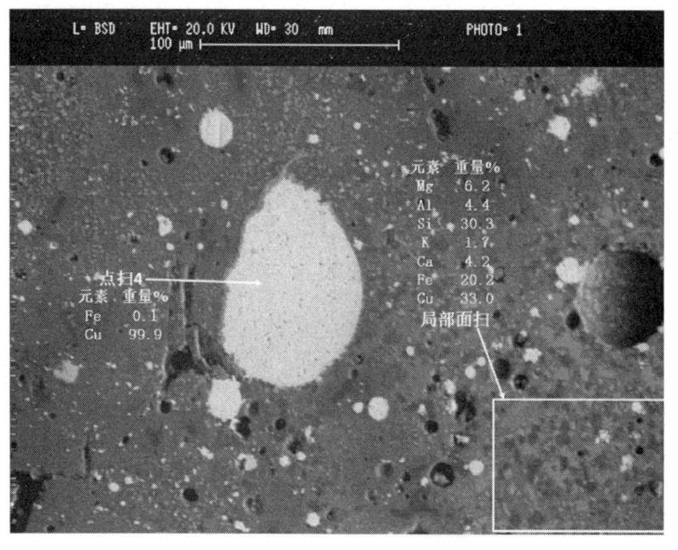

图78　DLP034的检测

据基体成分推测为非正常排放的炼铜渣，白亮颗粒（点扫4）几乎为纯铜，在炉渣中有较多分布，表明冶炼产品为金属铜

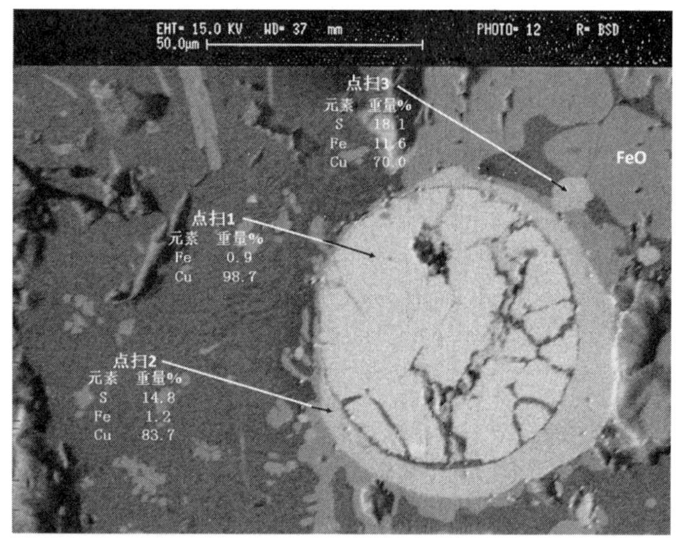

图 79 DLP035 的检测

大颗粒内部白亮相（点扫 1）为铜，白色外相（点扫3）为白冰铜，白色小颗粒冰铜（点扫 3）品位约 70%。颗粒周边分布的灰白相为氧化亚铁，灰相为铁橄榄石等渣相

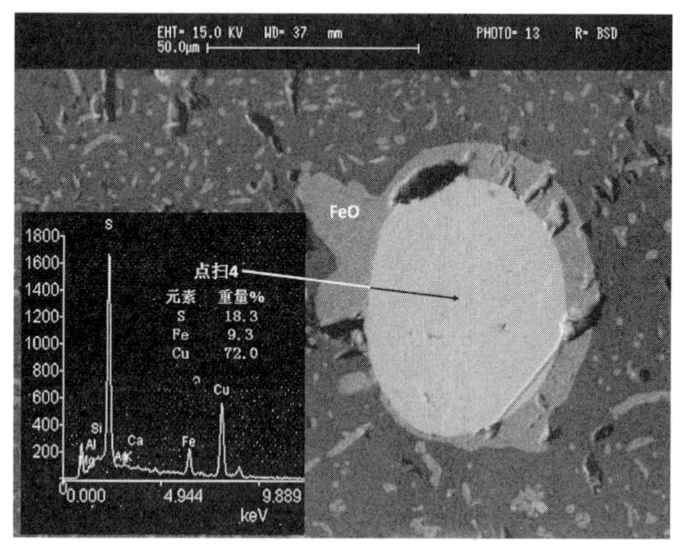

图 80 DLP035 的检测

白颗粒（点扫4）为品位 72% 左右的冰铜，颗粒外围灰相及渣基体中弥散分布的灰白相为氧化亚铁

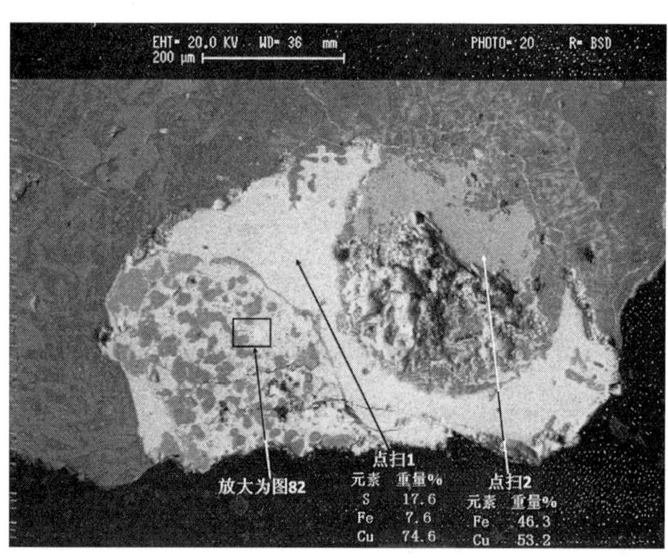

图 81 DLP036 的检测

白相（点扫 1）为高品位冰铜，其中局部混杂氧化亚铁，灰白相（点扫 2）为铜铁的氧化态化合物 $CuFeO_2$。局部放大为图 82

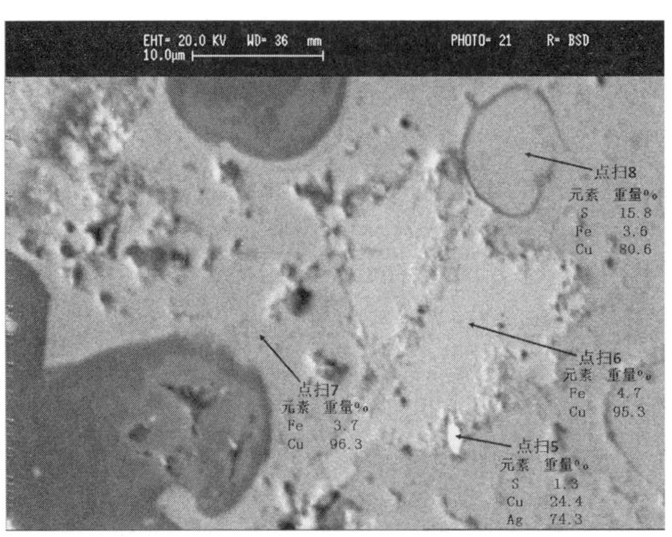

图 82　DLP036 的检测

图 81 局部放大。亮白点（点扫 5）为高银相，白相（点扫 6）结合金相显微镜观察确认为含少量铁的铜，圈内灰白相（点扫 8）为白冰铜，灰白相为铜的氧化物，灰相和黑相为不同价态铁的氧化物

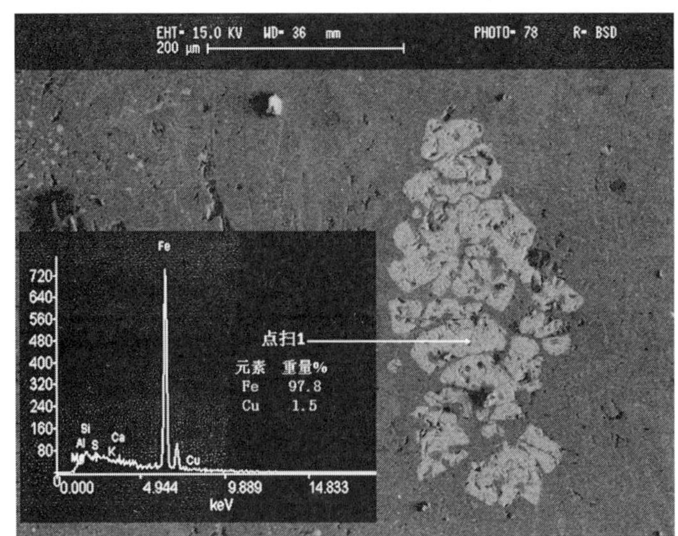

图 83　DLP037 的检测

炉渣为铁硅钙渣型，较均匀，局部分布少量氧化亚铁（白相，点扫 1）

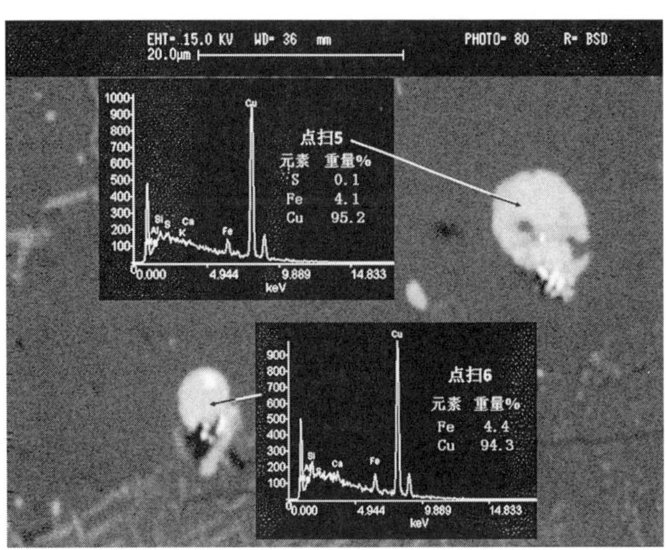

图 84　DLP037 的检测

白颗粒（点扫 5、6）为含 4% 左右铁的铜，表观直径较小，都不超过 10μm

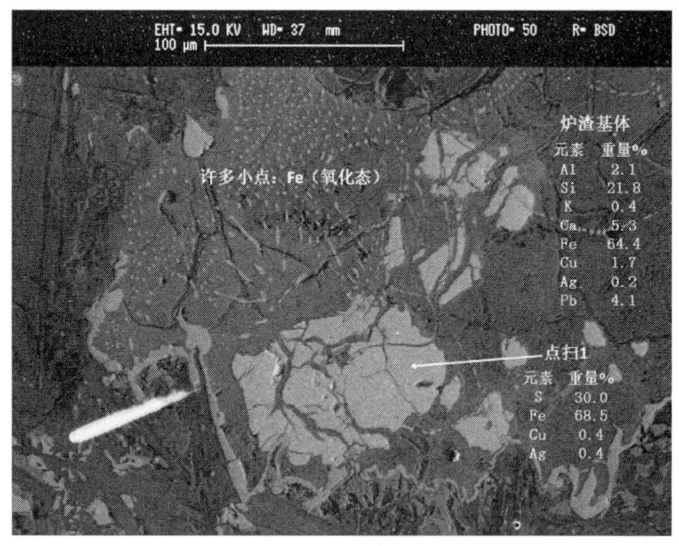

图 85 DLP038 的检测

渣中局部分布的大块硫化亚铁（白相，点扫 1）和弥散状氧化亚铁，指示冶炼利用了硫化矿石或含硫氧化矿石

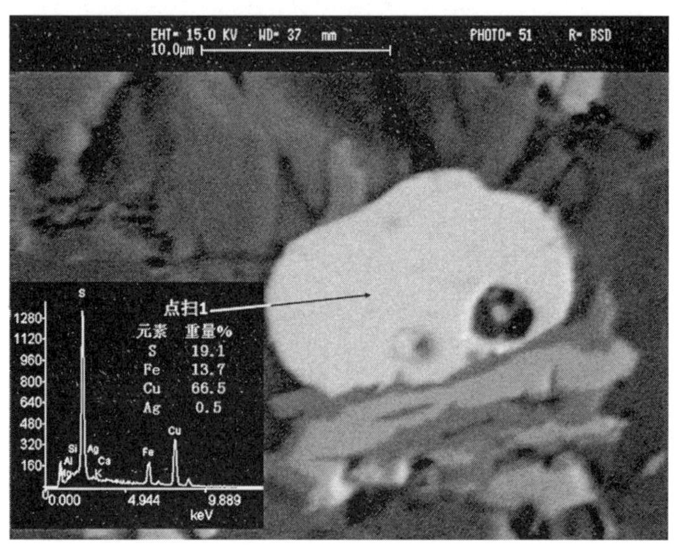

图 86 DLP038 的检测

渣中含铜颗粒较少，观测中只发现表观直径 10μm 的一个（点扫 1），成分为品位 67% 左右的冰铜

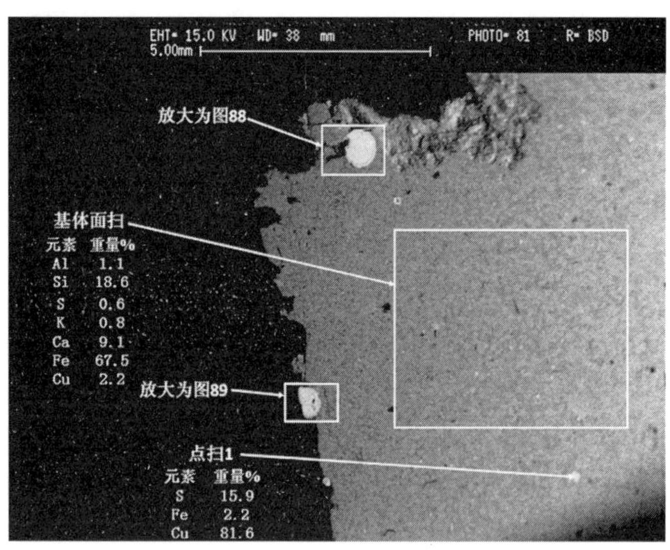

图 87 DLP039 的检测

炉渣基体很均匀，说明熔融较好，其中发现较多较大含铜颗粒，表观直径达到几百微米，可以很好地指示其冶炼产品成分。局部放大为图 88、89

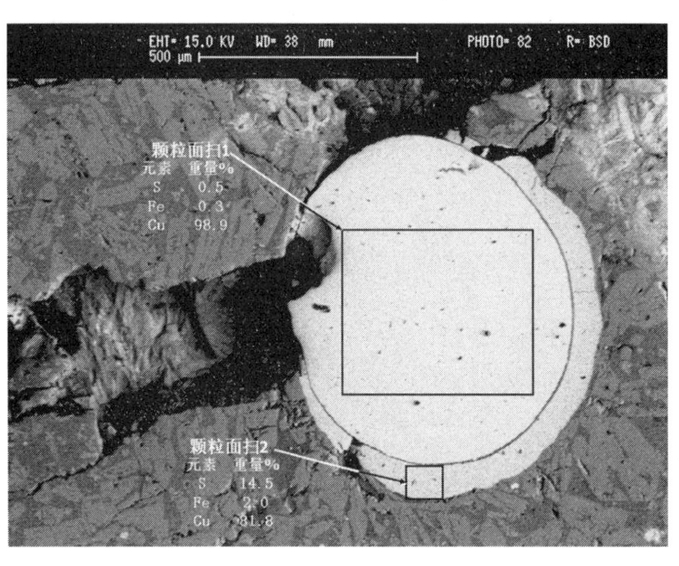

图 88　DLP039 的检测

图 87 局部放大。颗粒直径达 700μm 左右，颗粒亮白内相（颗粒面扫 1）几乎为纯铜，白色外相（颗粒面扫 2）为白冰铜，渣中条状灰相为铁橄榄石，黑相为含硅、钙、铝较高的低熔点玻璃相，此炉渣为还原渣

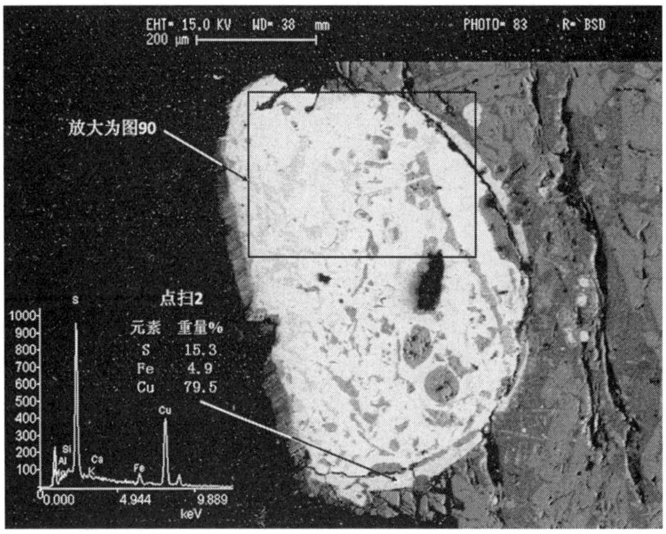

图 89　DLP039 的检测

图 87 局部放大。大颗粒外相（点扫 2）为白冰铜，内部由含铜铁比例不同的相构成，使用的是含硫氧化矿石或硫化矿石。局部放大为图 90

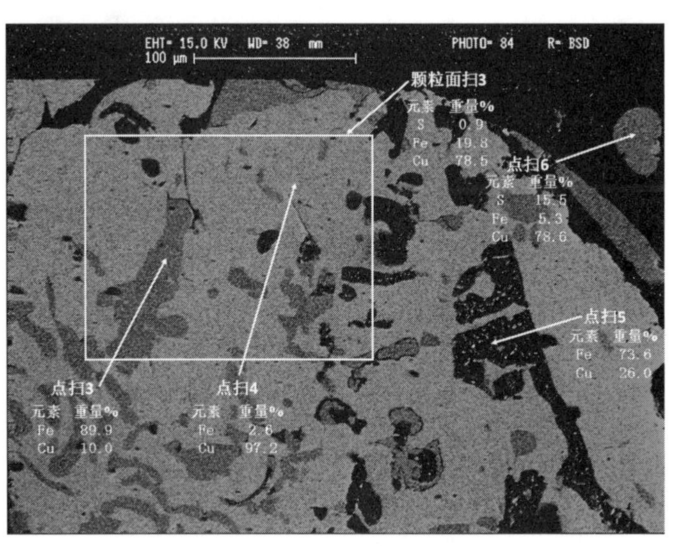

图 90　DLP039 的检测

图 89 局部放大。大颗粒内部主体（点扫 4）是 2.6% 的铁在铜中的固溶体，灰相（点扫 3）是铜在铁中的固溶体，黑相（点 5）可能是锈蚀产物。大颗粒外相（点扫 2）及周边小颗粒（点扫 6）为白冰铜

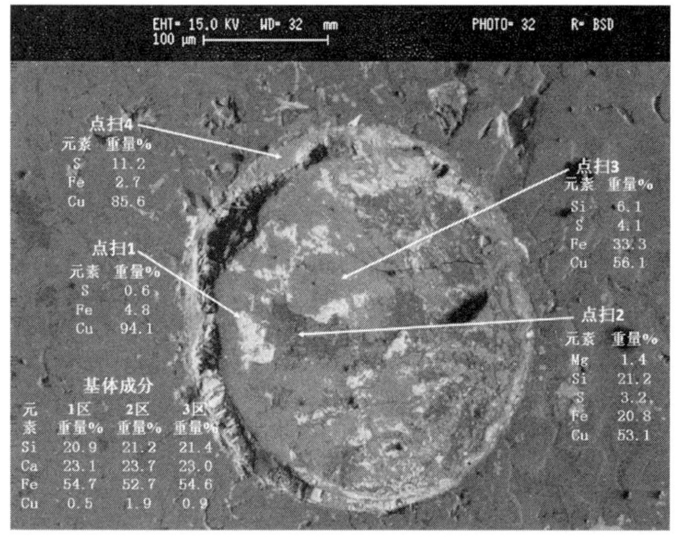

图 91 DLP040 的检测

颗粒较复杂，颗粒灰色外圈相（点扫 4）为白冰铜。颗粒内部有三种相：含少量铁的铜（白亮相，点扫 1）；含少量硅、硫的氧化态铜铁化合物（颗粒内灰相，点扫 3）；富硅的氧化态铜铁化合物（颗粒内黑相，点扫 2）

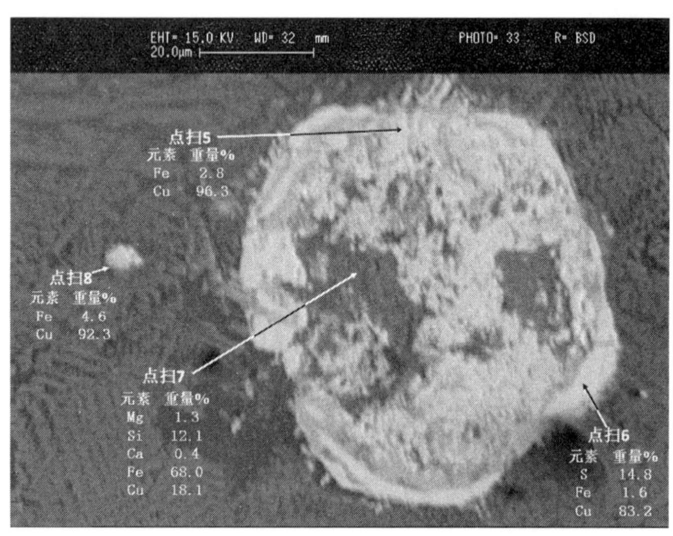

图 92 DLP040 的检测

大颗粒外圈相（点扫 6）为白冰铜，大颗粒内部白亮相（点扫 5）和小颗粒（点扫 8）为含少量铁的铜，夹裹大量黑色高铜渣相（点扫 7）

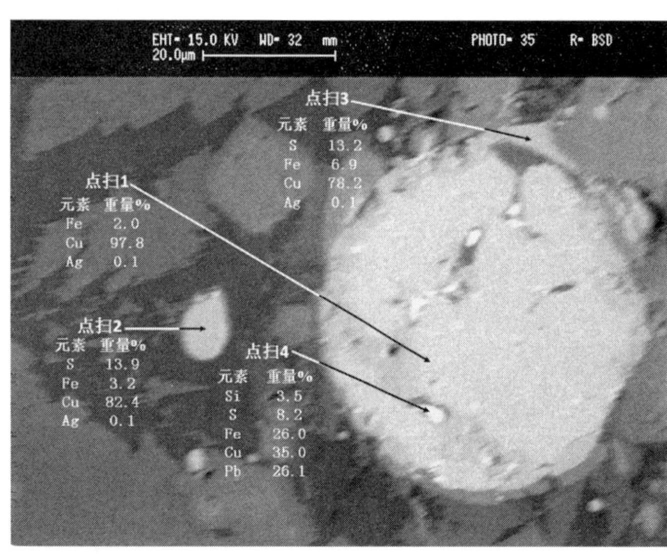

图 93 DLP041 的检测

大颗粒主体（点扫 1）为铜，大颗粒外相（点扫 3）和小颗粒（点扫 2）为白冰铜，大颗粒中白亮小颗粒为铅，渣中灰白相为氧化亚铁，灰相为铁橄榄石，黑相为含钙、铝较高的低熔点玻璃相

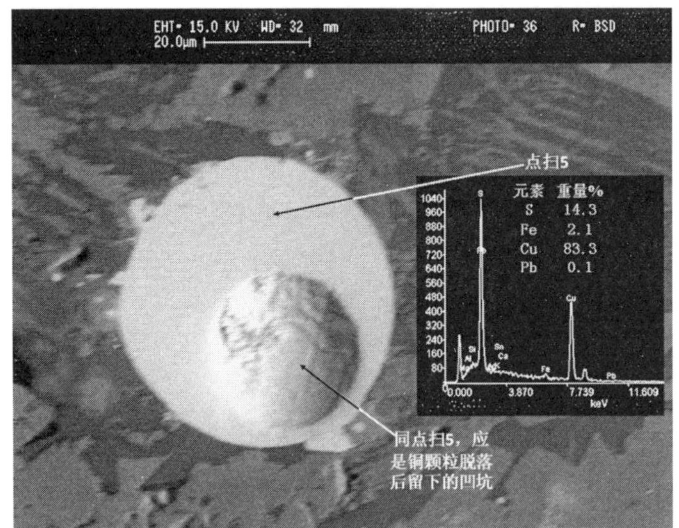

图 94　DLP041 的检测

白颗粒外相（点扫 5）为白冰铜，内相铜颗粒脱落留下凹坑，炉渣基体灰相为铁橄榄石，黑相为含钙、铝较高的低熔点玻璃相

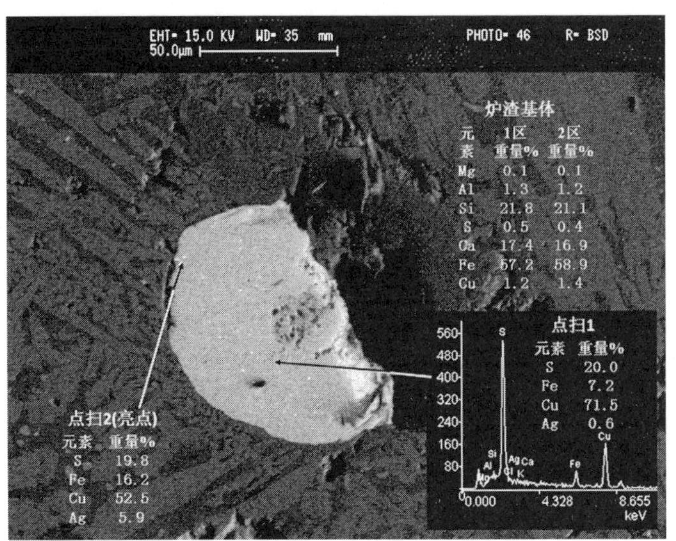

图 95　DLP042 的检测

白色颗粒相（点扫 1）为高品位冰铜，其中有富银亮白相分布，渣中条状灰相为铁橄榄石，黑相为含钙较高的低熔点玻璃相。颗粒中亮白点（点扫 1）富银

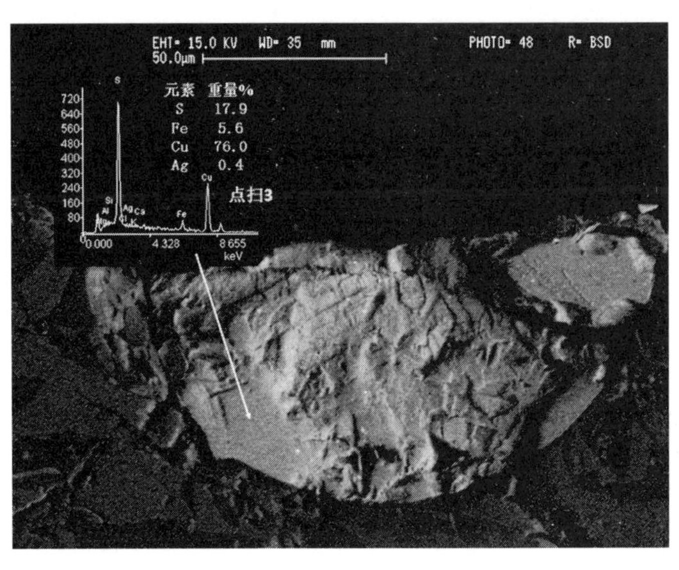

图 96　DLP042 的检测

白色颗粒相（点扫 3）为高品位冰铜，其中有少量富银亮白点状相分布，渣中灰相为铁橄榄石，黑相为含钙较高的低熔点玻璃相

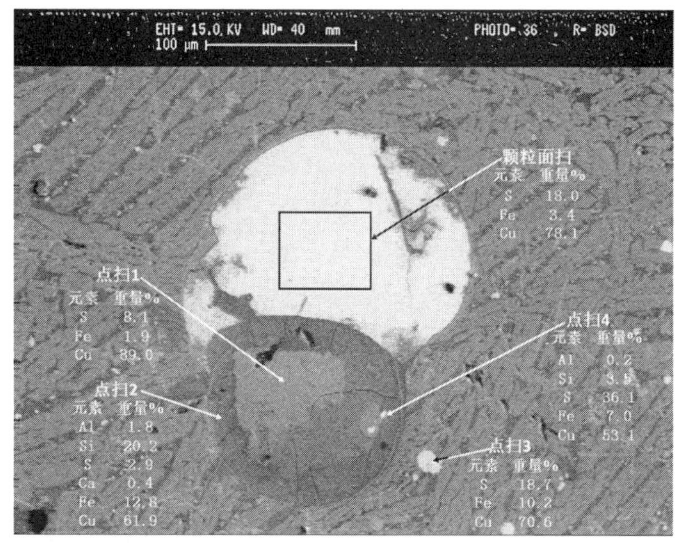

图 97 DLP043 的检测

白色颗粒（颗粒面扫）为高品位冰铜，渣中条状灰相为铁橄榄石，少量细小的灰白枝晶相为氧化亚铁，黑相为低熔点玻璃相。与白色冰铜颗粒相邻的为高铜颗粒，其中铜以硫化物（点扫 2、3、4）等形式存在

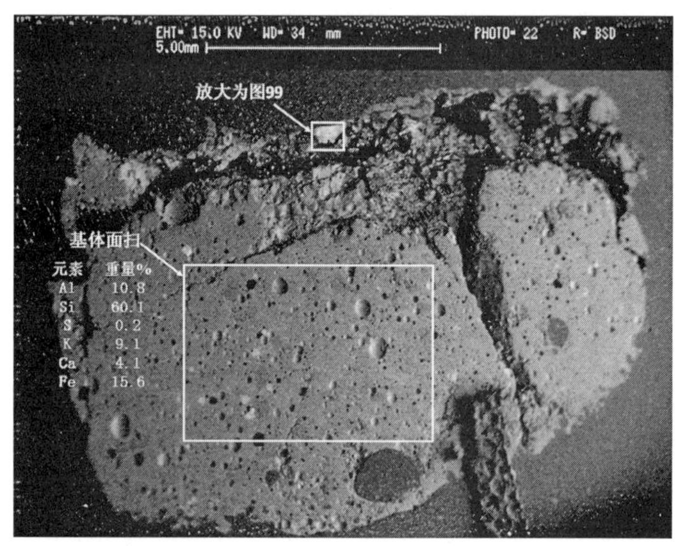

图 98 DLP044 的检测

样品玻璃态，密度较小，有一定量气泡，基体成分高硅，其次为铁、铝、钾、钙等。局部有高亮相，放大为图 99

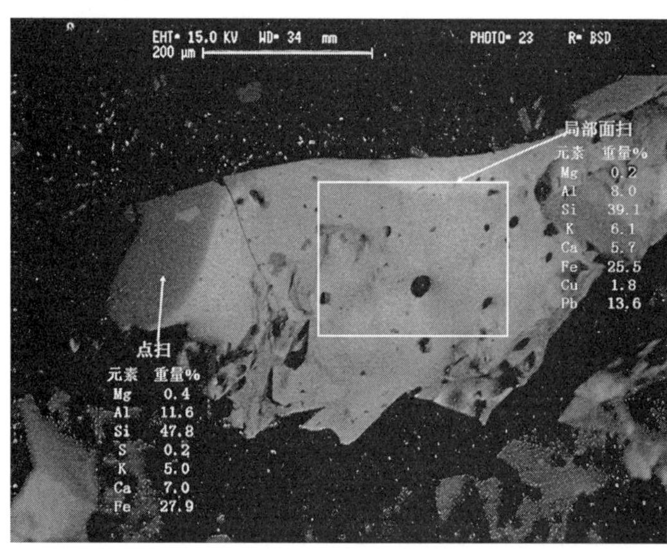

图 99 DLP044 的检测

图 98 局部放大。样品宏观性状与其他炉渣不同，电镜分析显示基体成分高硅低铁，还含一定的铝、钙、钾等元素，未见含铜颗粒，只发现了高铅玻璃相（局部面扫），不符合正常炉渣的特征

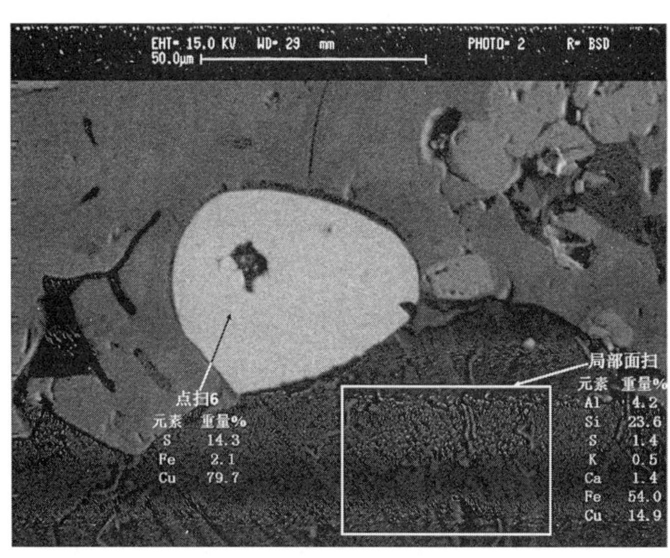

图 100　DLP045 的检测

白亮颗粒为高品位冰铜，灰白相为氧化亚铁，灰相为铁橄榄石，深黑相（局部面扫）高铜且含硫较低。基体中有一相含铜很高（15%左右）而含硫很低（1.5%左右），发现的含铜颗粒均为表观直径较小的高品位冰铜，推测使用的是利用含硫氧化矿石的氧化矿—铜冶炼工艺

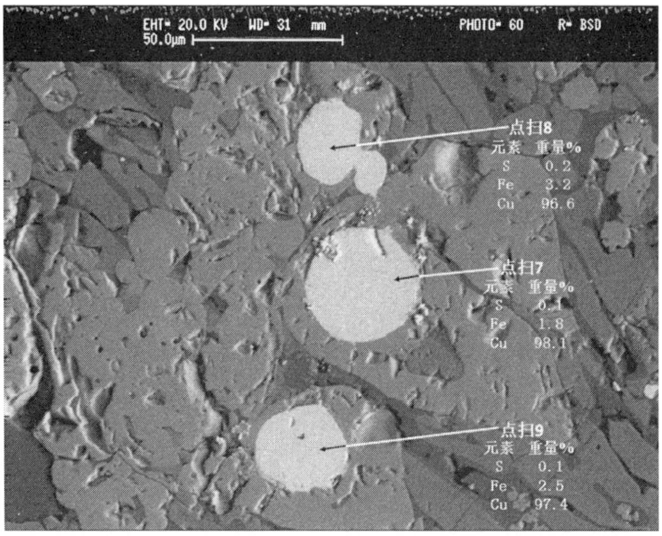

图 101　DLP045 的检测

3 个白颗粒（点扫 7、8、9）为含少量铁的铜，灰白相为氧化亚铁，灰相为铁橄榄石，黑相（点扫 3、4）为低熔点玻璃相

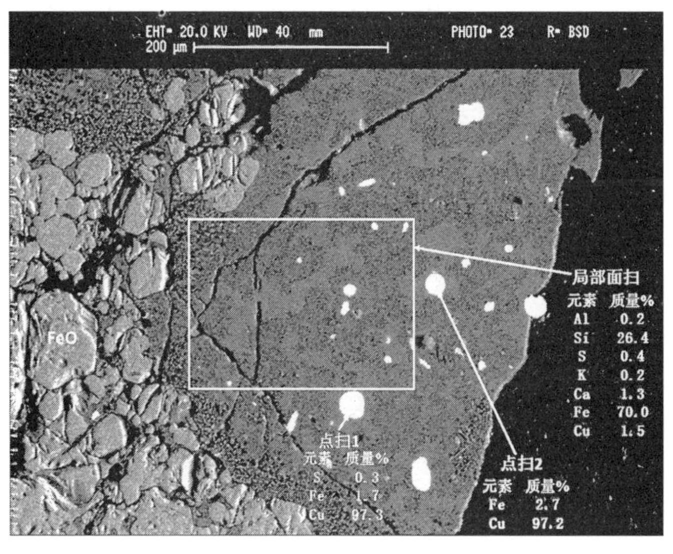

图 102　DLP046 的检测

样品在宏观上可分为黑亮和银灰两个区域。分析显示银灰区为氧化亚铁，可能为未熔融的铁矿石，黑亮区为炉渣，发现较小的含少量铁的纯铜颗粒（点扫 1、2），局部含铜较高而硫含量接近检测下线。推测本样品为熔融不好的炼铜渣

图 103 DLP047 的检测

灰相为铁橄榄石，黑相为低熔点玻璃相，白色颗粒（点扫 8、9、10）为品位 60% 左右的冰铜

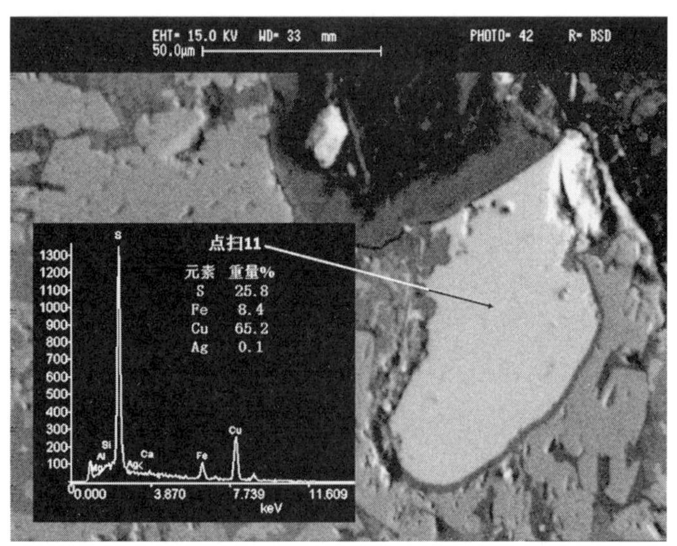

图 104 DLP047 的检测

白色不规则颗粒（点扫 11）为品位 65% 左右的冰铜，灰相为铁橄榄石

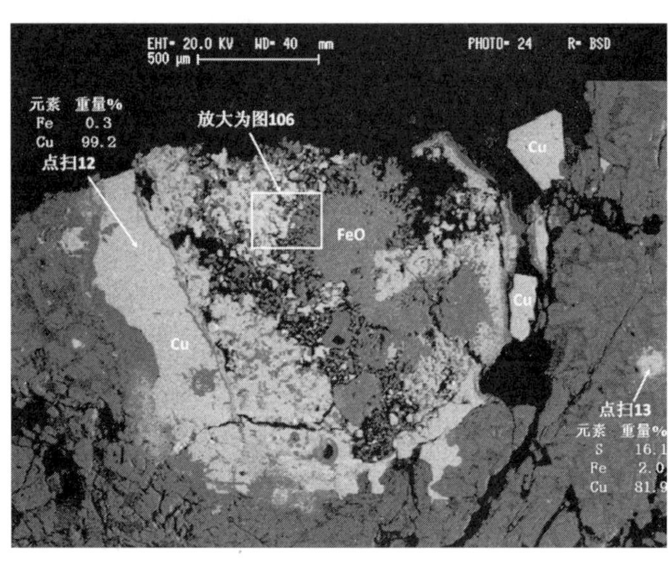

图 105 DLP047 的检测

颗粒主体白相（点扫 12）为纯铜，右侧较小颗粒（点扫 13）为白冰铜。说明本炉渣对应产品以纯铜为主。局部放大为图 106

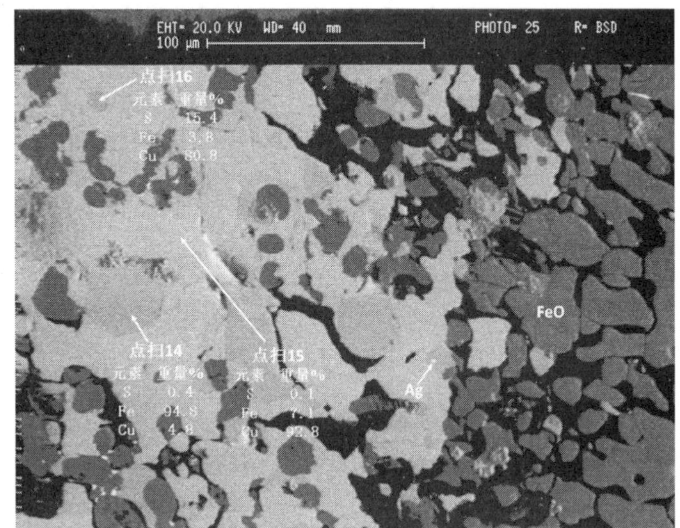

图 106　DLP047 的检测

图 105 局部放大。白相（点扫 15）为含铁的铜，灰白相（点扫 14）为含少量铜的铁，灰相（点扫 16）为白冰铜。灰黑相为氧化亚铁，亮白小点为银

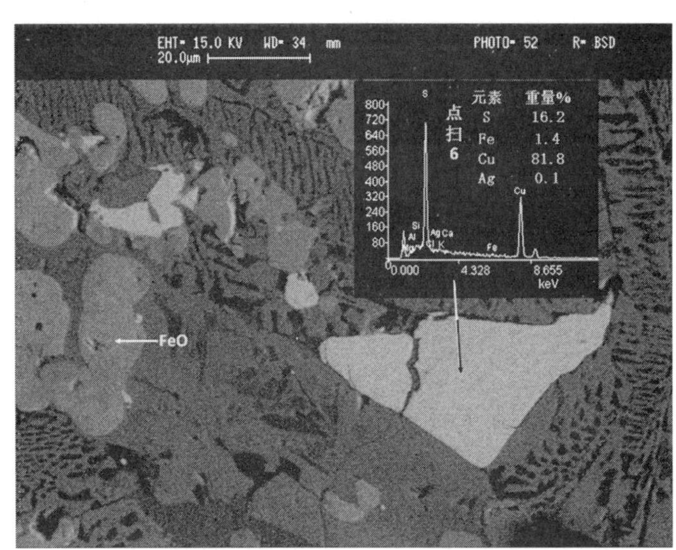

图 107　DLP048 的检测

白相（点扫 6）为白冰铜，灰白相为氧化亚铁，灰相为铁橄榄石，黑相为低熔点玻璃相

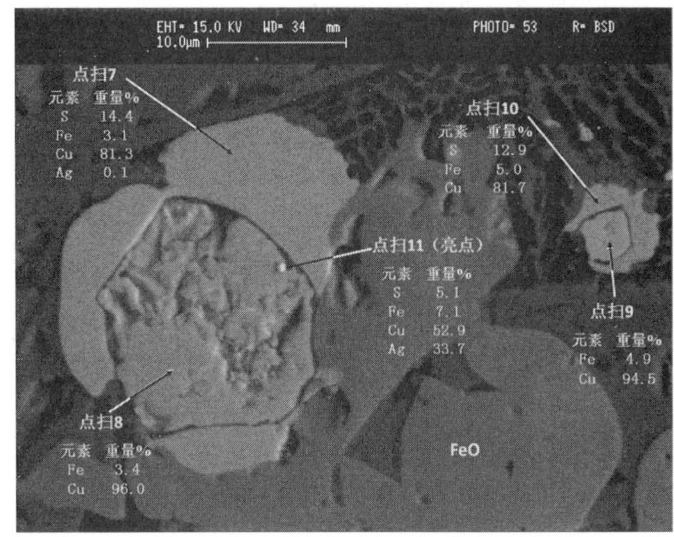

图 108　DLP048 的检测

两个颗粒的外相（点扫 7、10）都是白冰铜，内相（点扫 8、9）是含少量铁的铜，与颗粒相邻的灰相是氧化亚铁，灰黑相为铁橄榄石，黑相为低熔点玻璃相

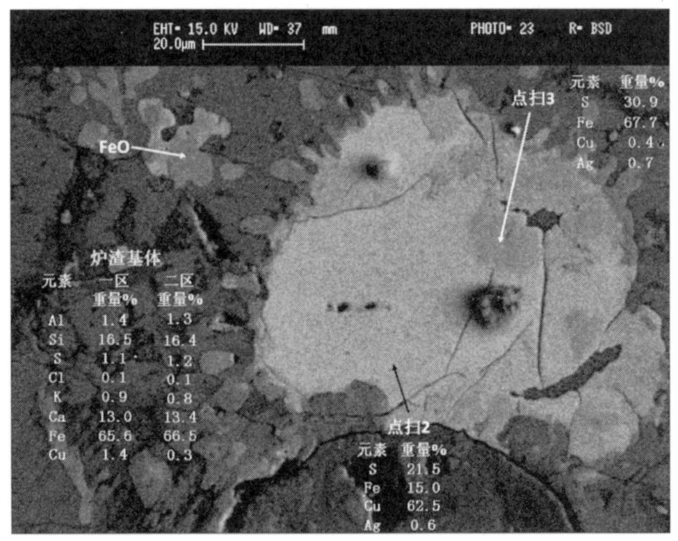

图 109 DLP049 的检测

颗粒主体白亮相（点扫 2）为品位 60% 左右的冰铜，局部灰相（点扫 3）为硫化亚铁，颗粒周边分布少量灰相为氧化亚铁，灰黑相为铁橄榄石，黑相为低熔点玻璃相

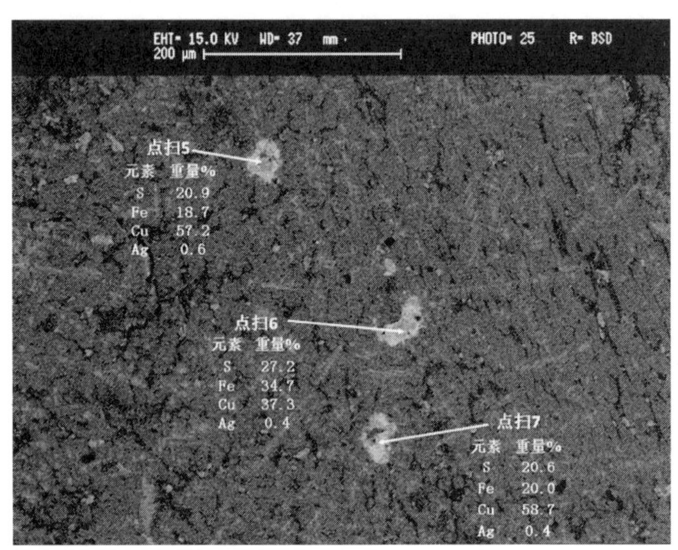

图 110 DLP049 的检测

渣基体中观察到的冰铜颗粒表观直径在 20 ~ 70μm 之间，成分波动也较大，约在 40% ~ 70% 之间，以 60% 左右居多（点扫 2、5、7），少量细小灰白相为氧化亚铁，灰相为铁橄榄石，少量黑相为低熔点玻璃相

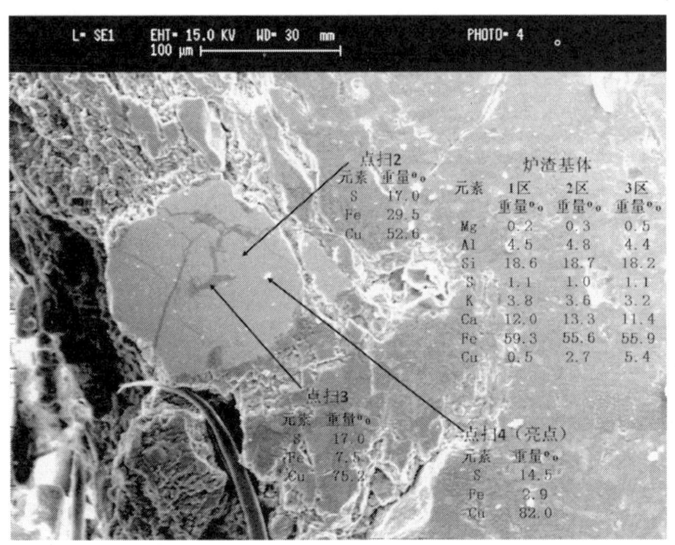

图 111 DLP050 的检测

颗粒主体（点扫 2）是品位 50% 左右的冰铜，亮点（点扫 4）是高品位的白冰铜，灰相（点扫 3）是品位 75% 左右的冰铜

（注：此图为二次电子像，各相颜色对比关系与背散射像不同，反应形貌较好）

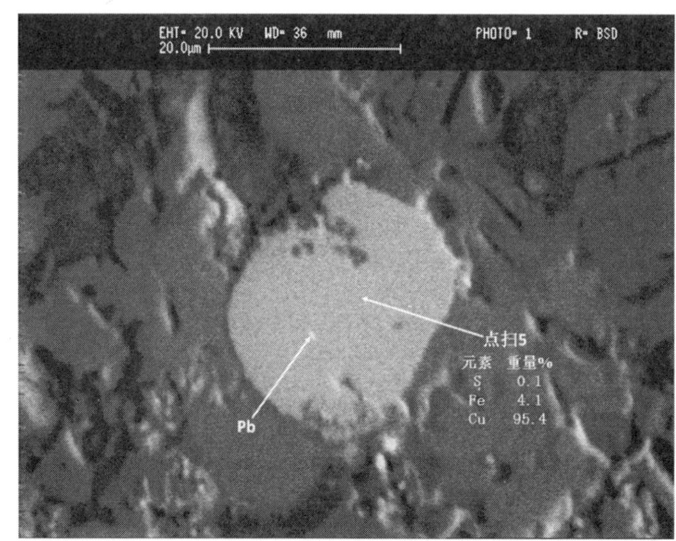

图 112 DLP051 的检测

白色颗粒（点扫 5）是含少量铁的铜，其中亮白点为铅，渣中灰白相为氧化亚铁，灰相为铁橄榄石，黑相为低熔点玻璃相

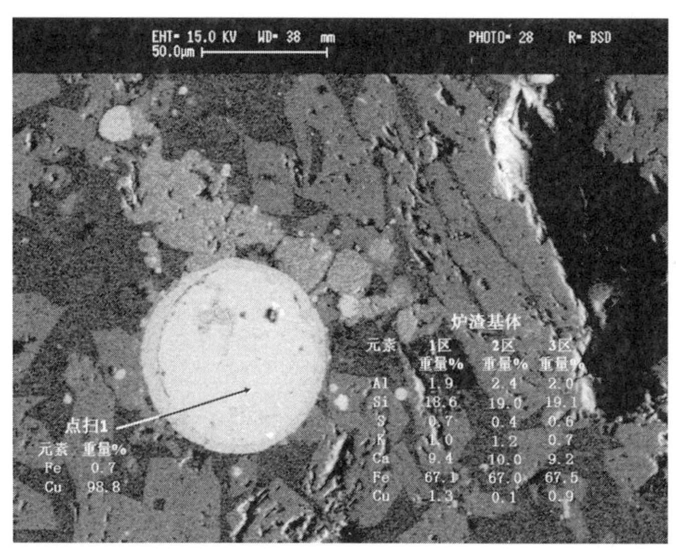

图 113 DLP052 的检测

颗粒主体（点扫 1）为铜，渣中灰相是氧化亚铁，灰黑相是铁橄榄石，黑相为低熔点玻璃相

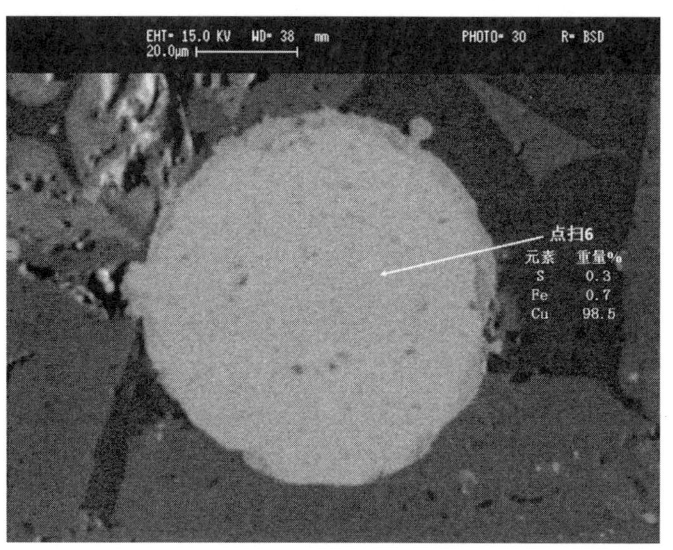

图 114 DLP052 的检测

白颗粒（点扫 6）为铜，渣中灰白相为氧化亚铁，灰相为铁橄榄石，黑相为低熔点玻璃相

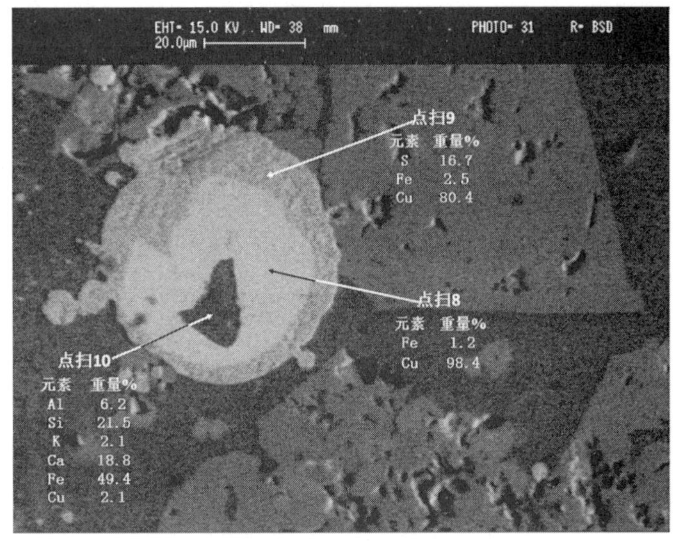

图 115　DLP052 的检测

颗粒白相（点扫 8）为铜，外围灰白相（点扫 9）是白冰铜，渣中灰相为铁橄榄石，颗粒内部夹裹（点扫 10）和渣中黑相皆为低熔点玻璃相

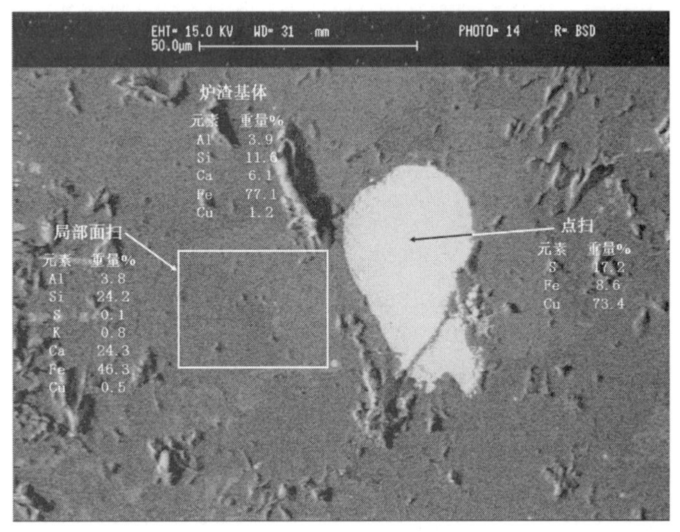

图 116　DLP053 的检测

颗粒为品位 73% 左右的冰铜，局部面扫显示靠近颗粒的渣相与整体成分有差异，Si、Ca 含量更高

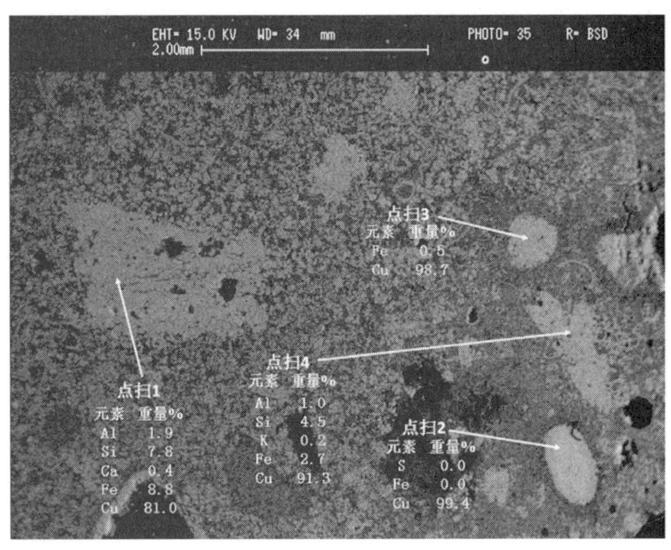

图 117　DLP054 的检测

视场面扫显示样品高铜（78%），几乎不含硫。结合金相显微镜观察确认白相（点扫 2）为金属铜，灰相（点扫 1、3、4）是含杂质不等的氧化态的铜，黑相含硅、铁等稍高

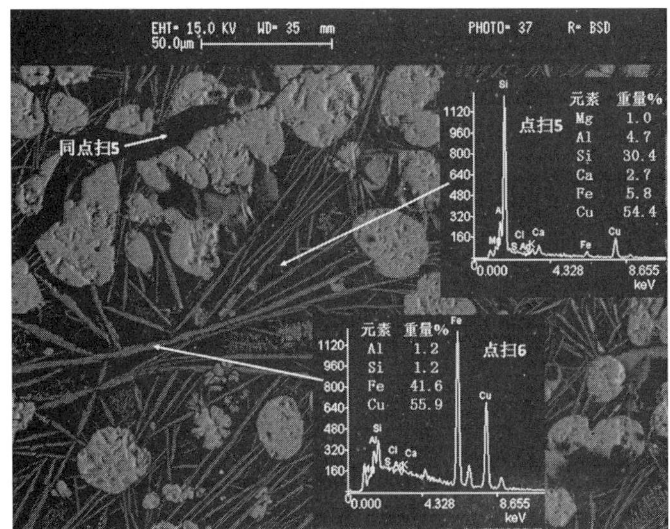

图 118　DLP054 的检测

白相是氧化态铜，针状灰相（点扫 6）为铜铁的氧化态化合物 $CuFeO_2$，黑相（点扫 5）为含杂质的铜的硅酸盐

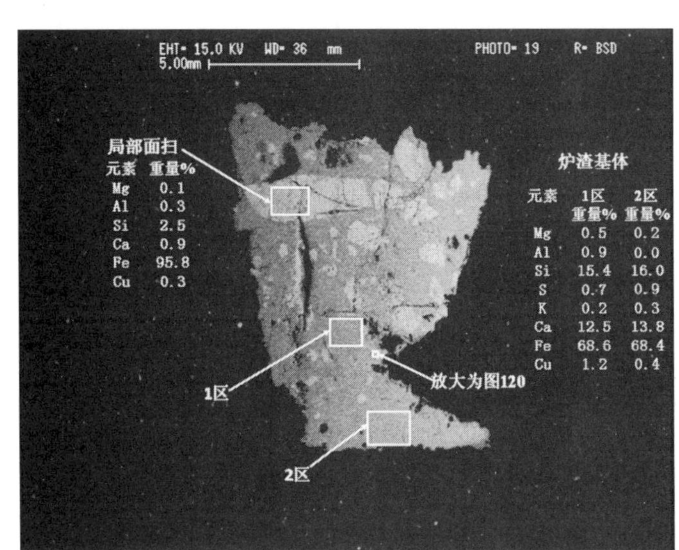

图 119　DLP055 的检测

炉渣整体不均匀，其间有大块氧化亚铁（白相，局部面扫）分布。局部放大为图 120

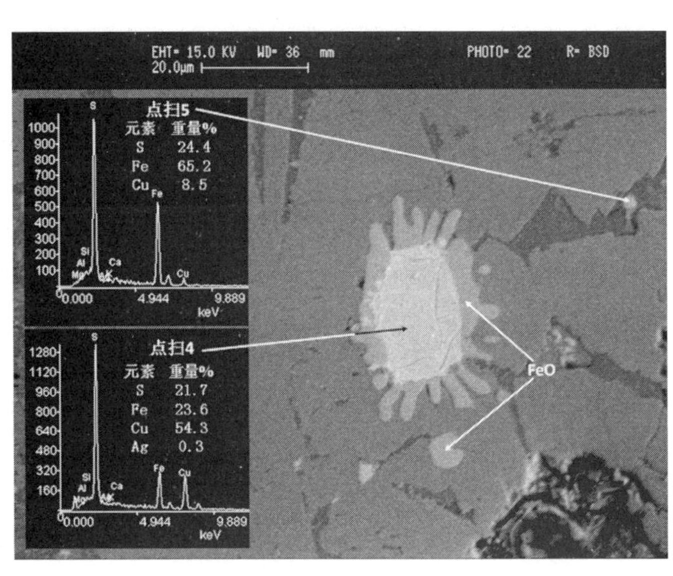

图 120　DLP055 的检测

图 119 局部放大。白相为品位 55% 左右的冰铜，外围有灰白色氧化亚铁相，次灰白小颗粒（点扫 5）为含铜的硫化亚铁，渣中灰相为铁橄榄石，黑相为含钙、硅较高的低熔点玻璃相

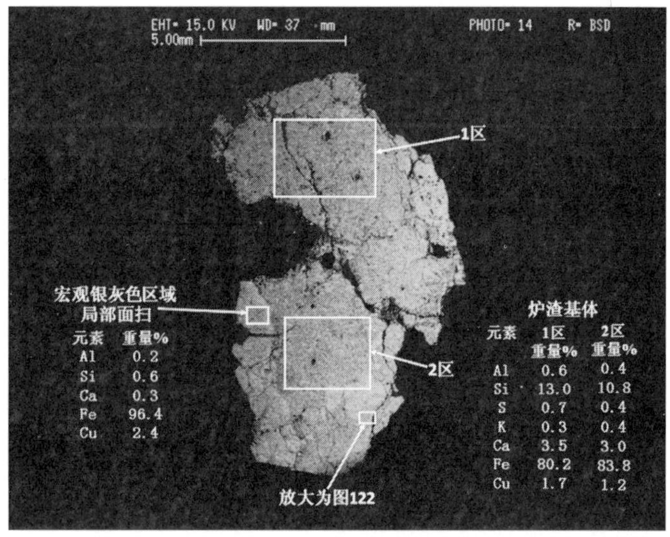

图 121 DLP056 的检测

高铁低硅渣，局部面扫显示渣体边缘的相为氧化亚铁。局部放大为图 122

图 122 DLP056 的检测

图 121 局部放大。视场显示白亮含铜颗粒在渣中的分布，肠状灰相为氧化亚铁，灰黑相为铁橄榄石，少量黑相为含钙、钾、铝的低熔点玻璃相。局部放大为图 123、124、125

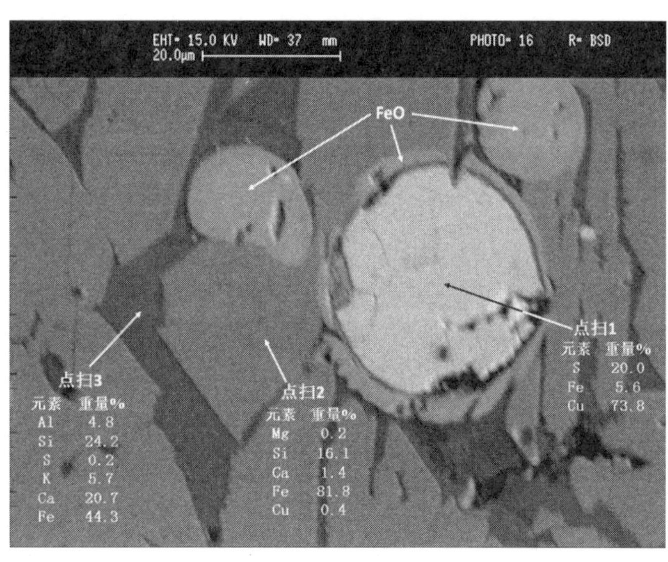

图 123 DLP056 的检测

图 122 局部放大。白亮颗粒（点扫 1）为品位 74% 左右的冰铜，灰相为氧化亚铁，灰黑相（点扫 2）为铁橄榄石，黑相（点扫 3）为含钙、钾、铝的低熔点玻璃相

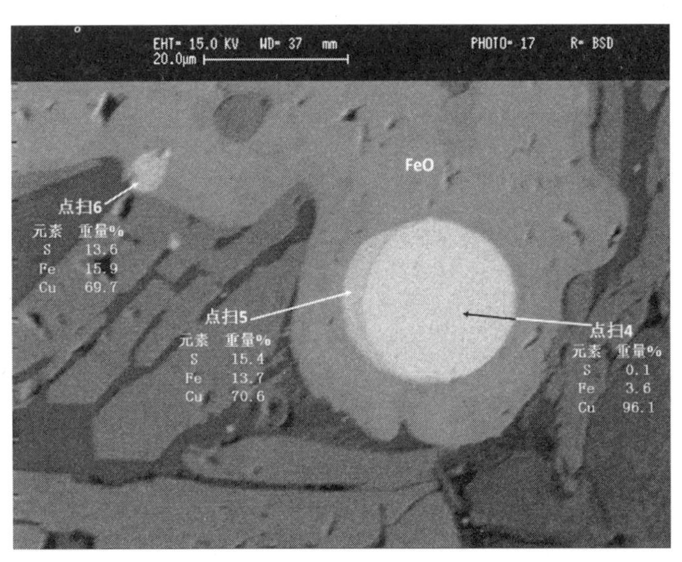

图 124　DLP056 的检测

图 122 局部放大。大颗粒主体亮白相（点扫 4）为含少量铁的铜，白相大颗粒外围（点扫 5）及小颗粒（点扫 6）为品位 70% 左右的冰铜，包裹含铜颗粒的灰白相为氧化亚铁，条状灰相为铁橄榄石，黑相为含钙、钾、铝的低熔点玻璃相

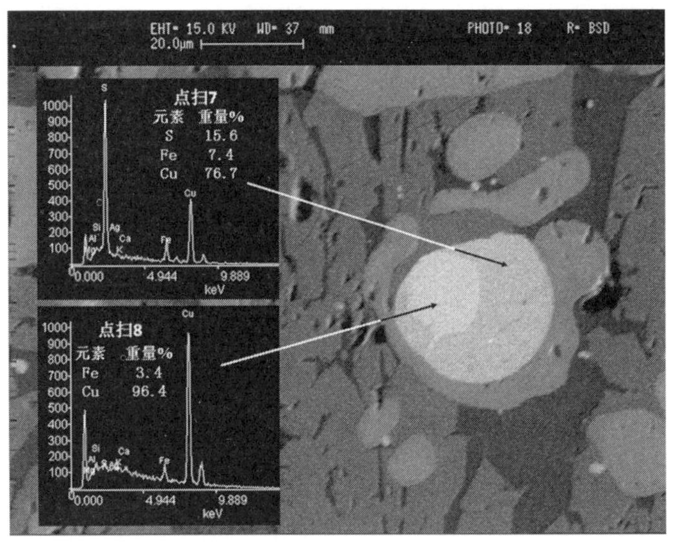

图 125　DLP056 的检测

图 122 局部放大。颗粒主体亮白相（点扫 8）为含少量铁的铜，颗粒外围白相（点扫 7）为品位 77% 左右的冰铜，灰白相为氧化亚铁，灰相为铁橄榄石，黑相为含钙、钾、铝的低熔点玻璃相

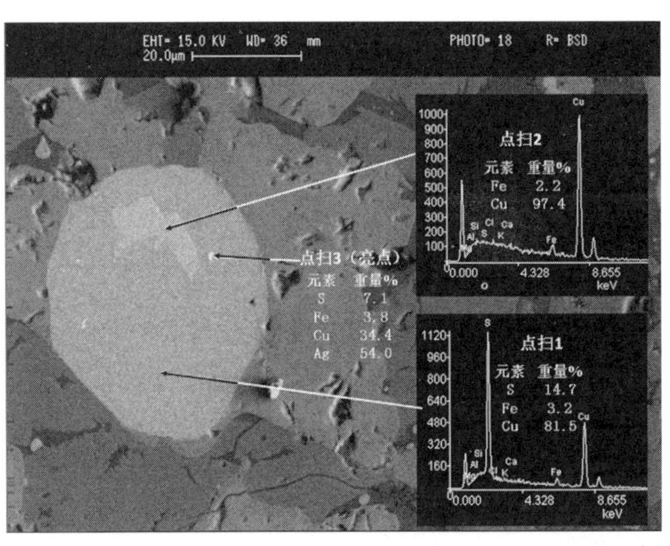

图 126　DLP057 的检测

颗粒白亮相（点扫 2）为含 2% 左右铁的铜，颗粒白相（点扫 1）为白冰铜，高亮白点（点扫 3）高银，灰白相为氧化亚铁，灰相为铁橄榄石，黑相为含钙、钾、铝的低熔点玻璃相

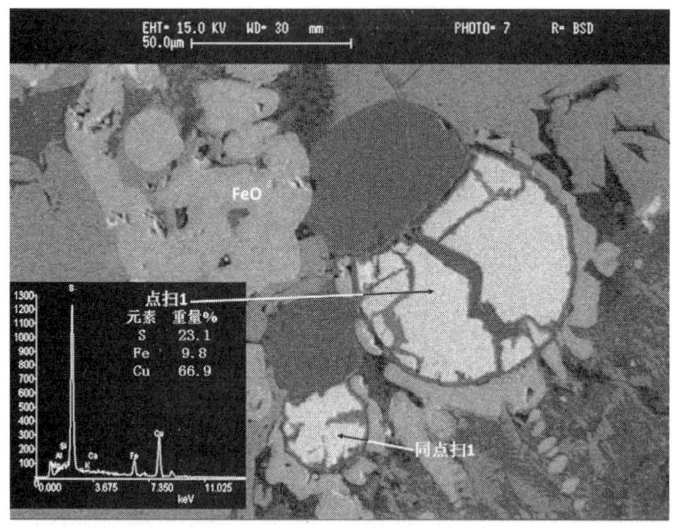

图 127 DLP058 的检测

颗粒主体亮白相（点扫 1）为高品位冰铜，灰白相为氧化亚铁，灰相为铁橄榄石，黑相为含钙、钾、铝的低熔点玻璃相

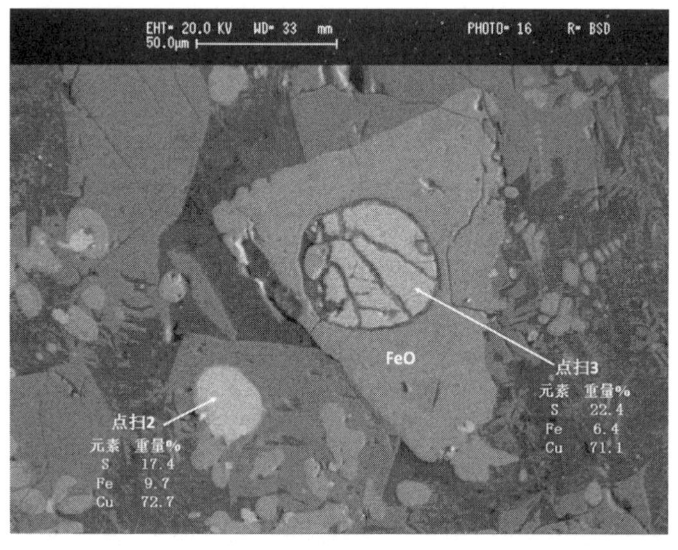

图 128 DLP058 的检测

白颗粒（点扫 2、3）为高品位冰铜，灰白相为氧化亚铁，灰相为铁橄榄石，黑相为含钙、钾、铝的低熔点玻璃相

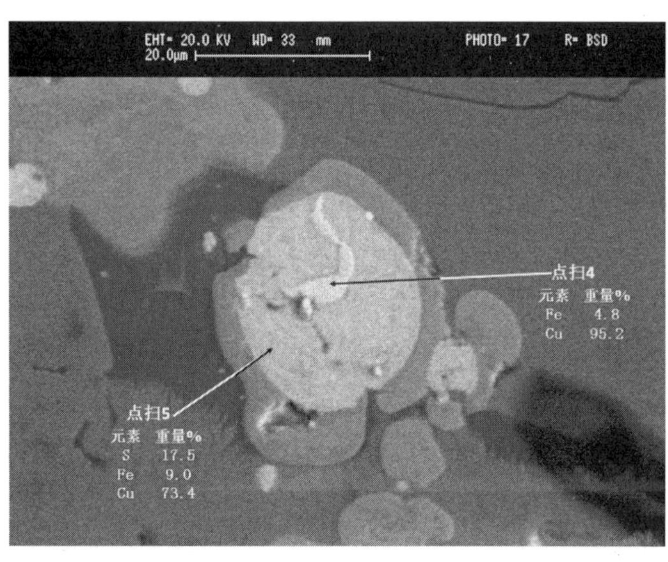

图 129 DLP058 的检测

颗粒亮相（点扫 4）为含少量铁的铜，白相（点扫 5）为白冰铜，灰白相为氧化亚铁，灰相为铁橄榄石，黑相为含钙、钾、铝的低熔点玻璃相

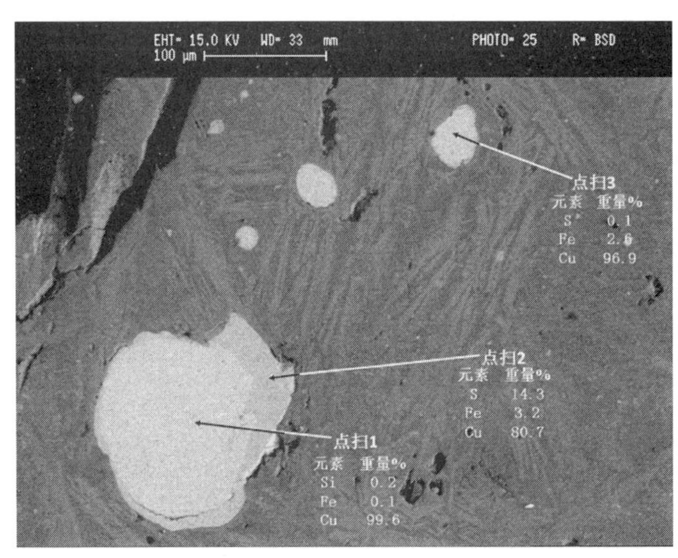

图 130　DLP059 的检测

炉渣较均匀，有较大的气泡和空腔。大颗粒白相（点扫 1）几乎为纯铜，灰白相（点扫 2）为白冰铜，白色小颗粒（点扫 3）为含少量铁的铜，条状灰相为铁橄榄石，黑相为含硅、钙较高的低熔点玻璃相

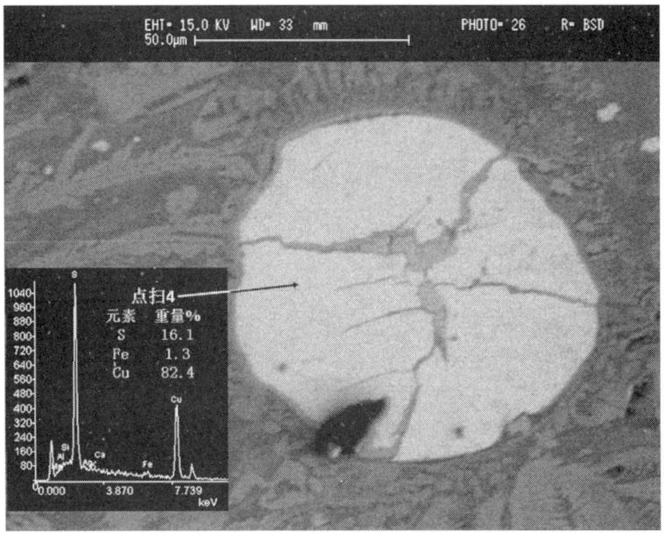

图 131　DLP059 的检测

白亮颗粒（点扫 4）为白冰铜，裂纹是炉渣凝固过程中流动或渣中各相晶体生长的应力造成的

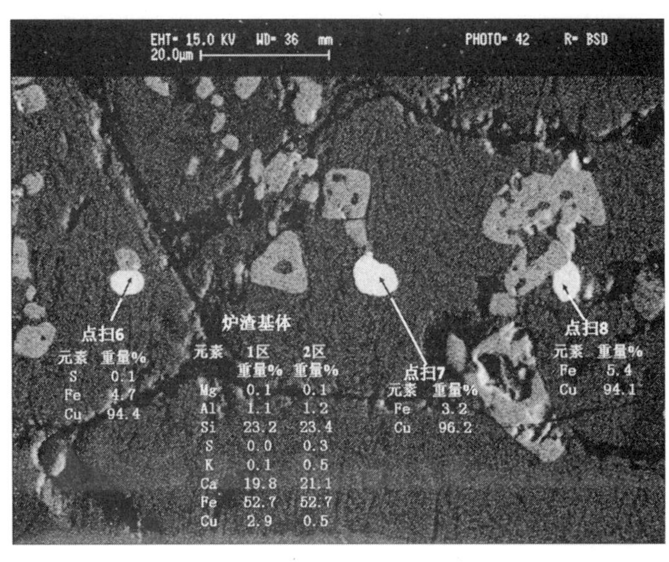

图 132　DLP060 的检测

三个白色颗粒（点扫 6、7、8）皆为含少量铁的铜，表观直径较小，渣中灰白相为氧化亚铁

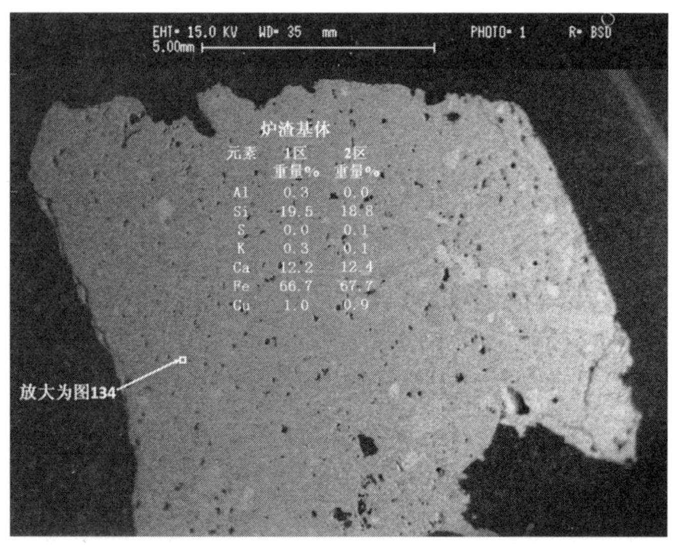

图 133 DLP061 的检测

炉渣较致密，有氧化亚铁的不均匀分布。局部放大为图 134

图 134 DLP061 的检测

图 133 局部放大。白亮颗粒（点扫 3、4）为含铁的铜，灰白相（点扫 5）为氧化亚铁，灰相为含少量钙的铁橄榄石，黑相为含钙较高的低熔点玻璃相

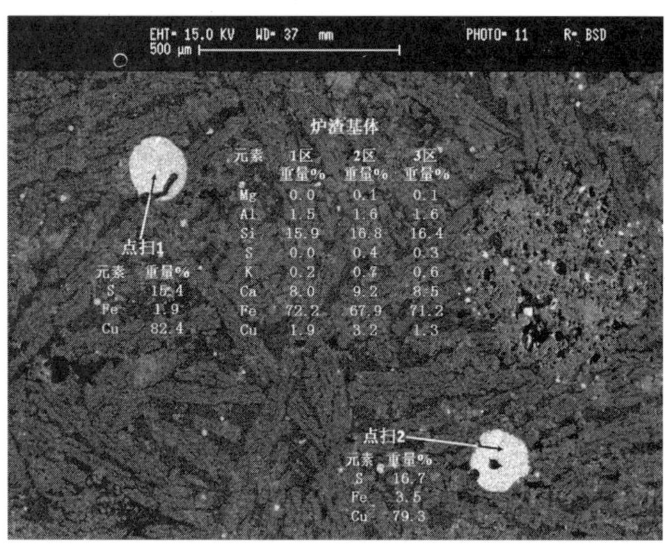

图 135 DLP062 的检测

白颗粒（点扫 1、2）为白冰铜，灰白相为氧化亚铁，条状灰相为铁橄榄石，黑相为含钙较高的玻璃相

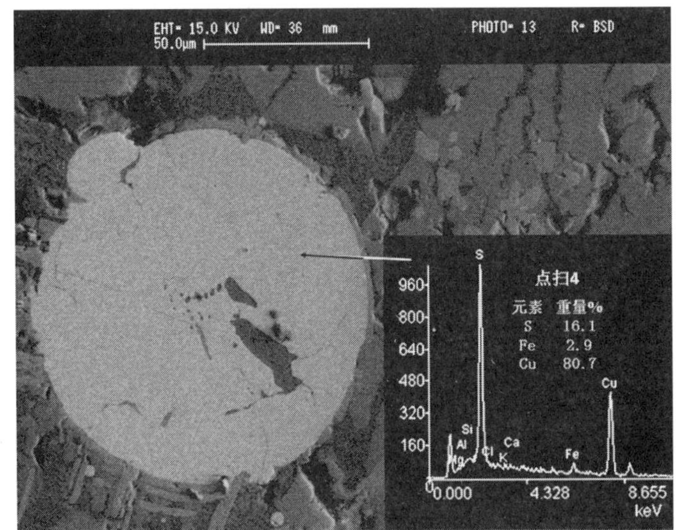

图 136　DLP062 的检测

白颗粒（点扫4）为白冰铜，其中夹杂渣相，渣中少量碎片状灰白相为氧化亚铁，灰相为铁橄榄石，黑相为含钙较高的玻璃相

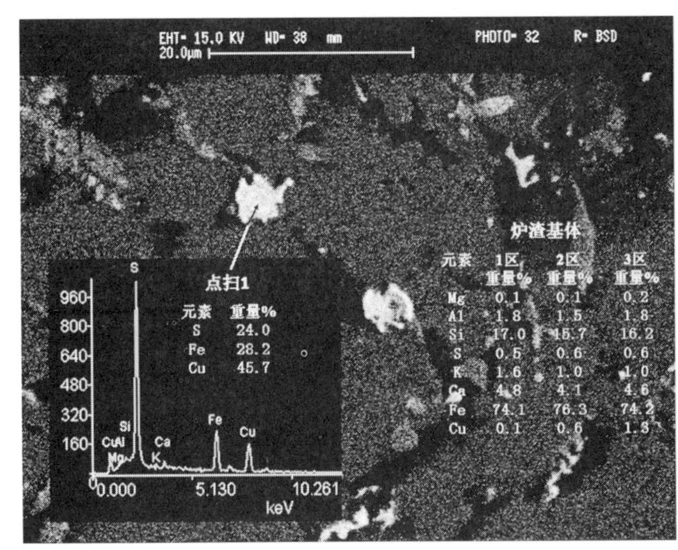

图 137　DLP063 的检测

白颗粒（点扫1）为品位 45% 左右的冰铜，颗粒较小，灰相为铁橄榄石，黑相为含钙较高的低熔点玻璃相

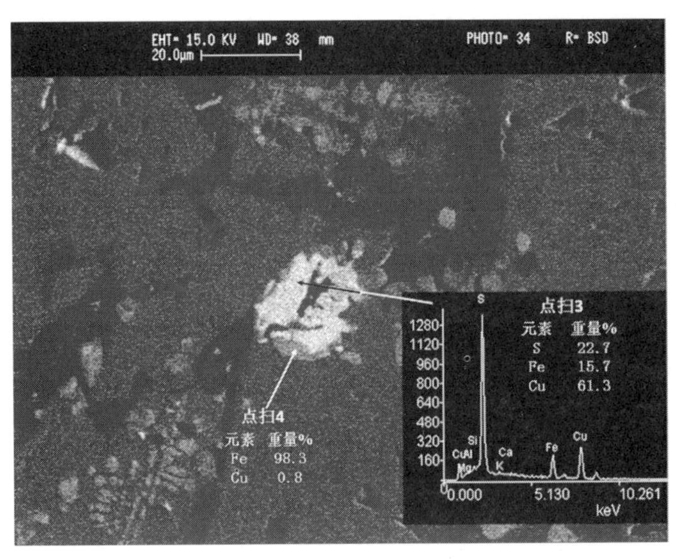

图 138　DLP063 的检测

白颗粒（点扫3）为品位 60% 左右的冰铜，颗粒较小，颗粒外圈灰白相（点扫 4）为氧化亚铁，灰相为铁橄榄石，黑相为含钙较高的低熔点玻璃相

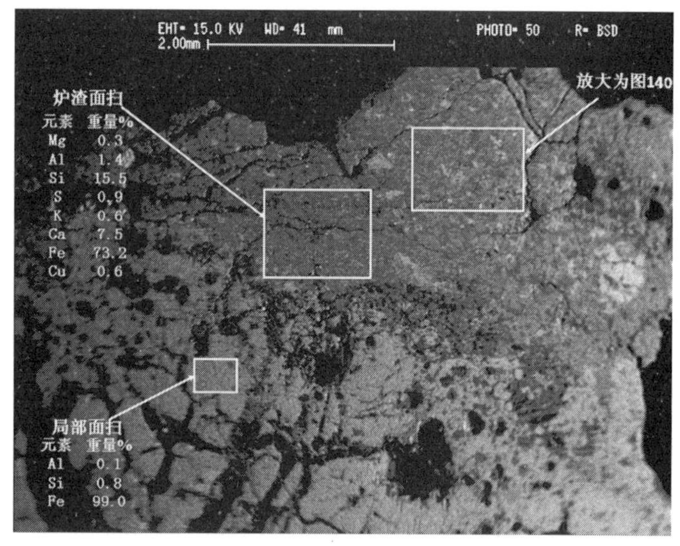

图 139 DLP064 的检测

渣有分层，黑灰区（4 区，炉渣外层）为正常炉渣成分，灰白区（3 区，炉渣内部，疏松）为氧化亚铁。在正常渣体中有含铜颗粒分布。局部放大为图 140

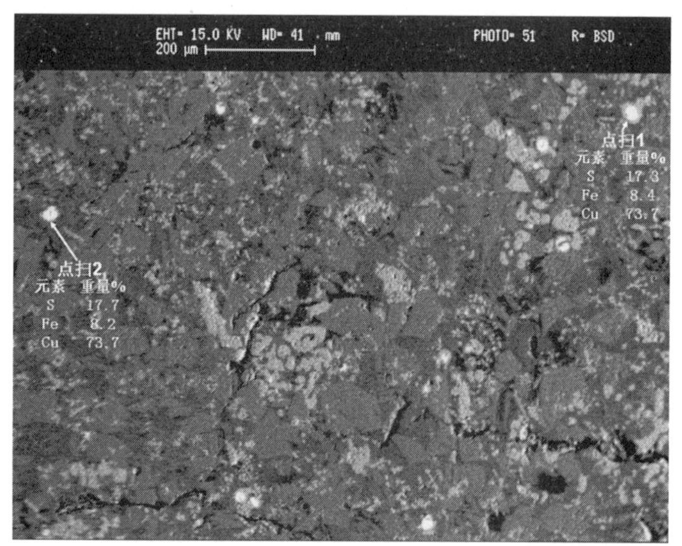

图 140 DLP064 的检测

图 139 局部放大。白色颗粒为品位 74% 的高品位冰铜，较大范围的观察显示颗粒表观直径都在 30μm 左右，品位都在 70% 左右，灰白相为氧化亚铁，灰相为铁橄榄石，黑相含钙、铝较高渣相

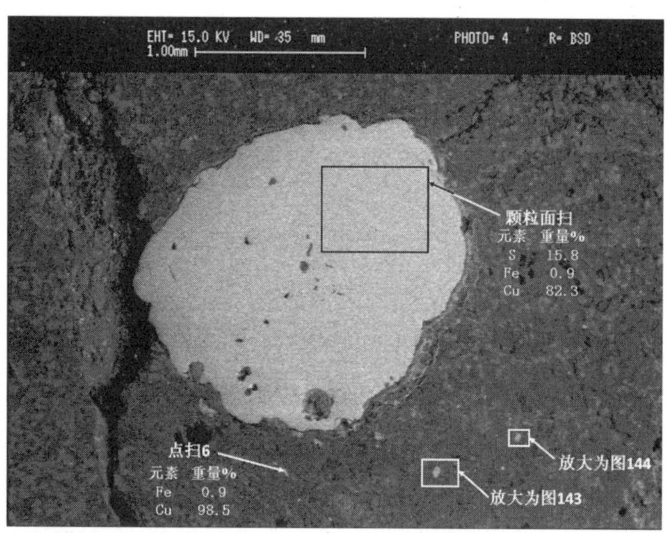

图 141 DLP065 的检测

大颗粒（颗粒面扫）成分为白冰铜，周围小颗粒为铜（点扫 6）或铜 - 白冰铜两相颗粒，渣基体较均匀，偶有大块氧化亚铁。局部放大为图 142、143、144

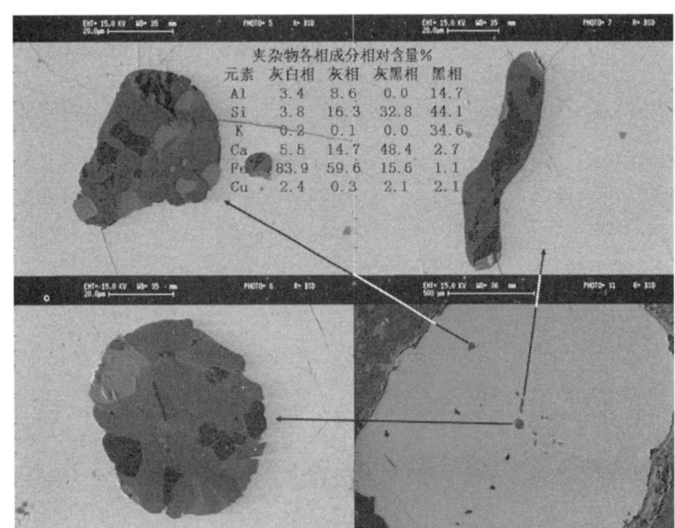

图 142　DLP065 的检测

图 141 白冰铜大颗粒夹杂物局部放大。大冰铜颗粒中夹杂物形态各异，最大表观直径达 80μm 左右，其中 4 相与渣中 4 相（灰白、灰、灰黑、黑）对应

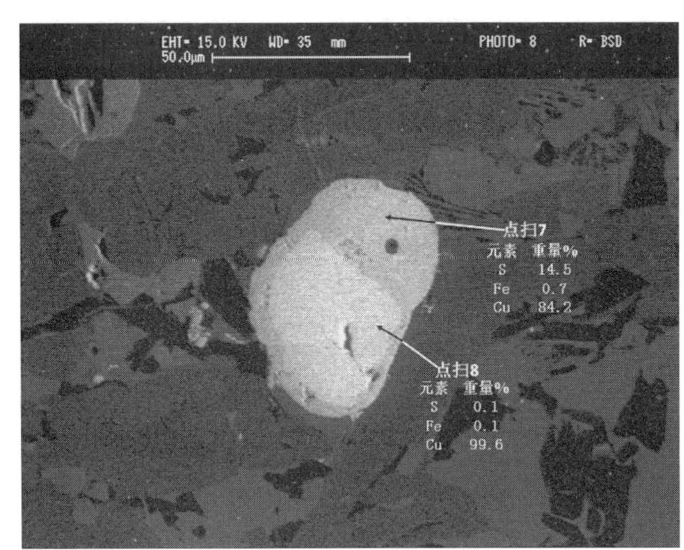

图 143　DLP065 的检测

图 141 局部放大。颗粒亮白相（点扫 8）几乎为纯铜，白相（点扫 7）为白冰铜，渣中 4 相与大颗粒中夹杂 4 相对应一致

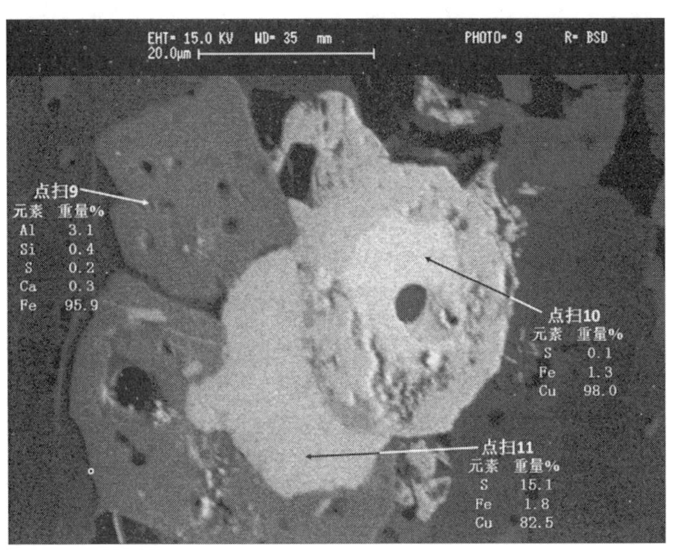

图 144　DLP065 的检测

图 141 局部放大。颗粒亮白相（点扫 10）为含少量铁的铜，白相（点扫 11）为白冰铜，颗粒旁灰白相（点扫 9）为含少量杂质的氧化亚铁

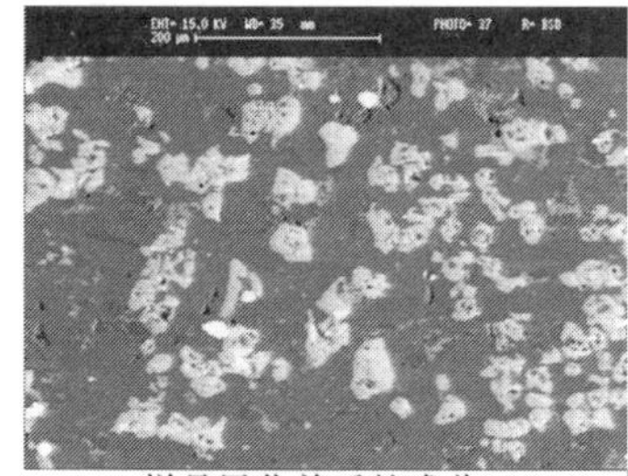

样品内部未受风化区

样品靠表面风化层

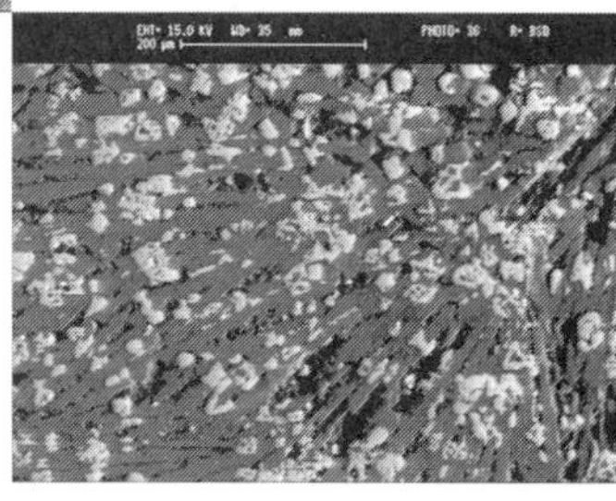

样品风化前后的成分

元素	内部 重量%	风化区 重量%
Mg	0.3	0.2
Al	2.7	3.9
Si	24.7	22.9
S	0.1	0.2
K	1.4	0.7
Ca	28.9	2.3
Fe	39.9	45.9
Cu	2.1	23.7

图 145　DLP065 的检测

样品表面风化层和炉渣内部的成分和形貌分析显示，高钙炉渣在风化过程中流失的主要为钙，同时埋藏环境中的铜离子在风化层空隙中沉积

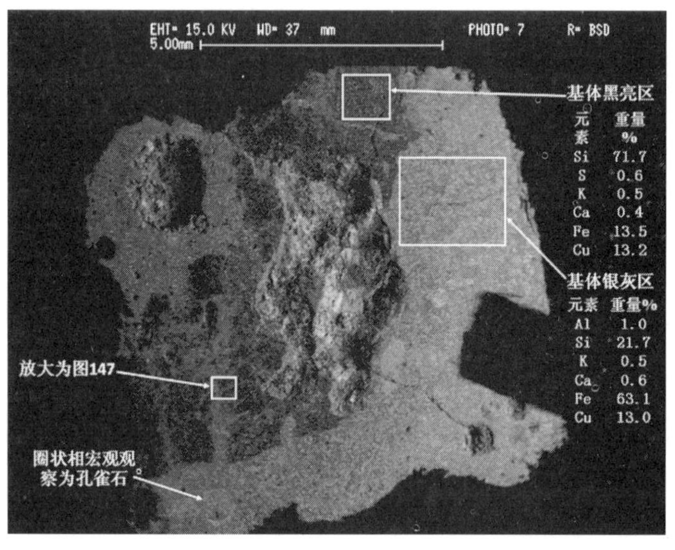

图 146　DLP066 的检测

渣基体分为黑色高硅区和白色高铁区，但两区含铜都很高。观察到的铜颗粒全部分布在高铁区中。局部放大为图 147

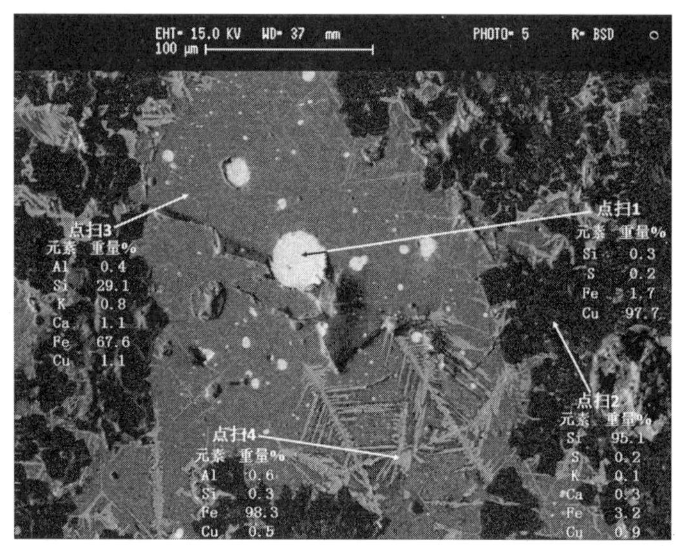

图 147　DLP066 的检测

图 146 局部放大。亮白颗粒相（点扫 1）为含少量铁的铜，灰相（点扫 3）为铁橄榄石，鱼刺状灰相（点扫 4）为氧化亚铁，黑相（点扫 2）为石英

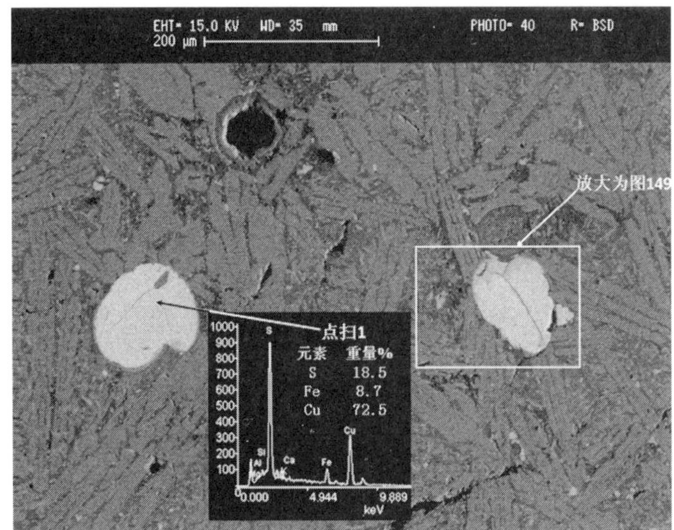

图148　DLP067 的检测

渣体较均匀，有较大冰铜颗粒分布。左侧白亮颗粒（点扫1）为品位73%左右的冰铜，条状灰相为铁橄榄石，黑相为含钙较高的低熔点玻璃相。局部放大为图149

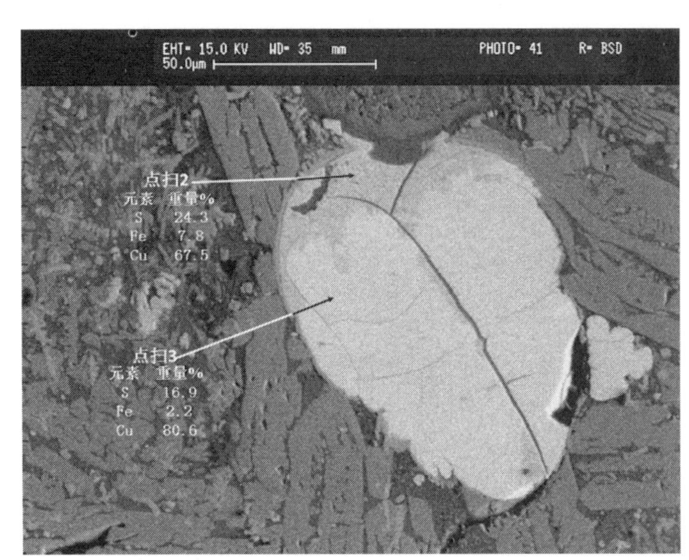

图149　DLP067 的检测

图148局部放大。颗粒白亮相（点扫3）为白冰铜，颗粒白相（点扫2）为品位68%左右的冰铜，条状灰相为铁橄榄石，黑相为含钙较高的低熔点玻璃相

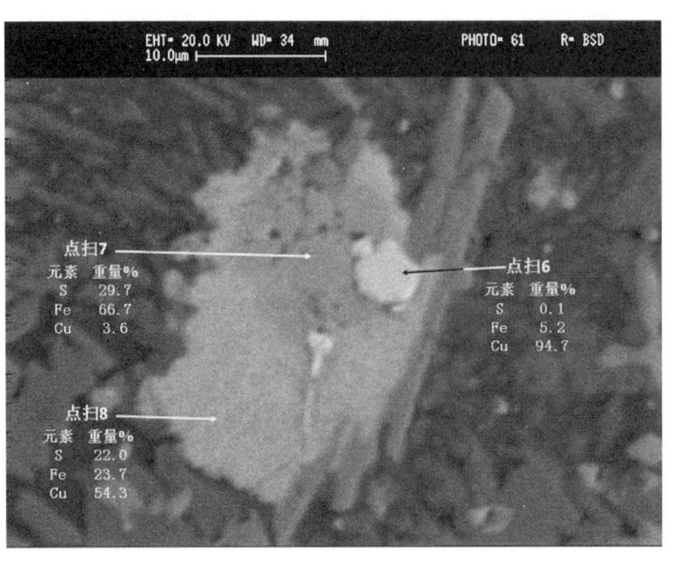

图150　DLP067 的检测

颗粒白亮相（点扫6）为含少量铁的铜，颗粒白相（点扫8）为中品位冰铜，灰白相（点扫8）为硫化亚铁，灰相为铁橄榄石，黑相为含钙较高的低熔点玻璃相

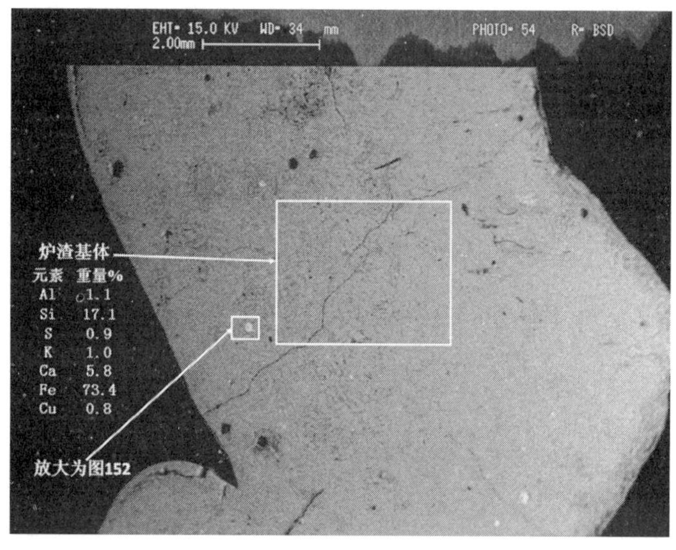

图 151　DLP068 的检测

炉渣较均匀、致密，发现较多冰铜颗粒和 1 个纯铜颗粒。局部放大为图 152

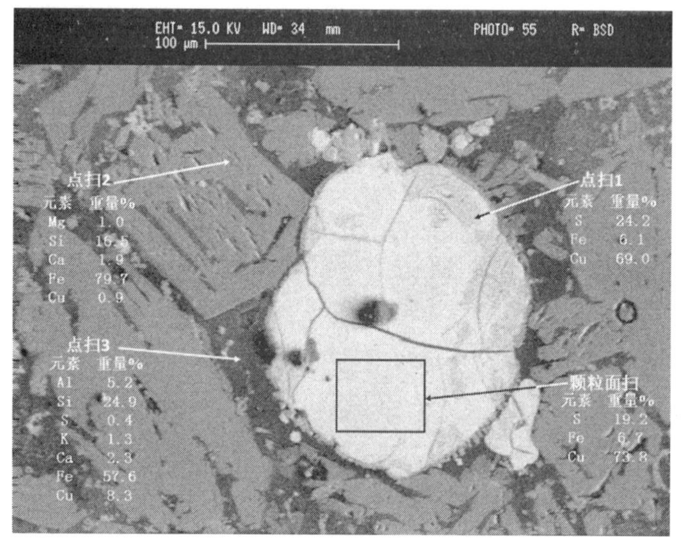

图 152　DLP068 的检测

图 151 局部放大，较大颗粒为高品位冰铜，渣中有铁橄榄石、氧化亚铁及玻璃相

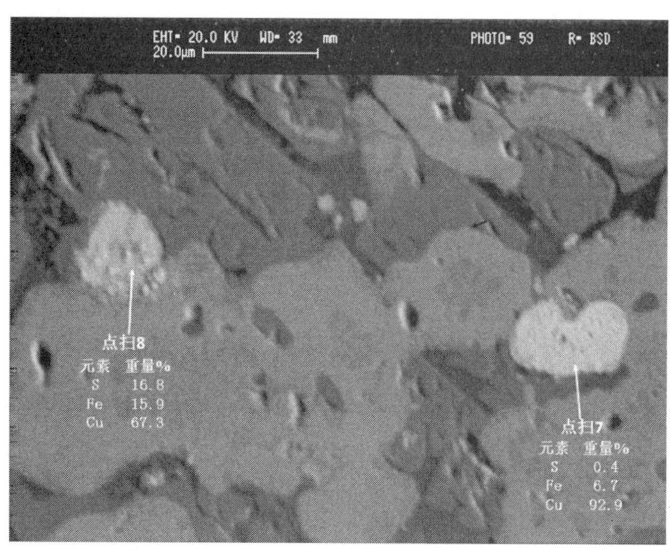

图 153　DLP068 的检测

右侧白亮颗粒（点扫 7）为含少量铁的铜，左侧白颗粒（点扫 8）为品位 67% 左右的冰铜，灰白相为氧化亚铁，灰相为铁橄榄石，黑相为低熔点玻璃相

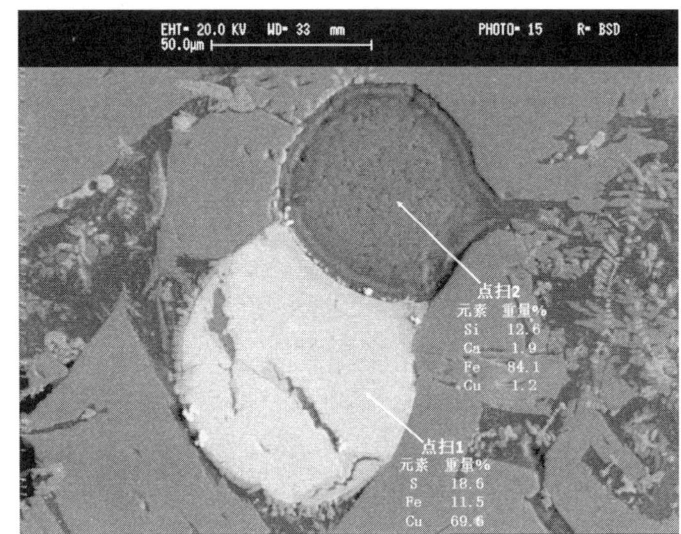

图 154　DLP069 的检测

白亮颗粒（点扫1）为品位70%左右的冰铜，少量灰白相为氧化亚铁，上方灰黑相（点扫2）为混合渣相，灰相为铁橄榄石，黑相为低熔点玻璃相

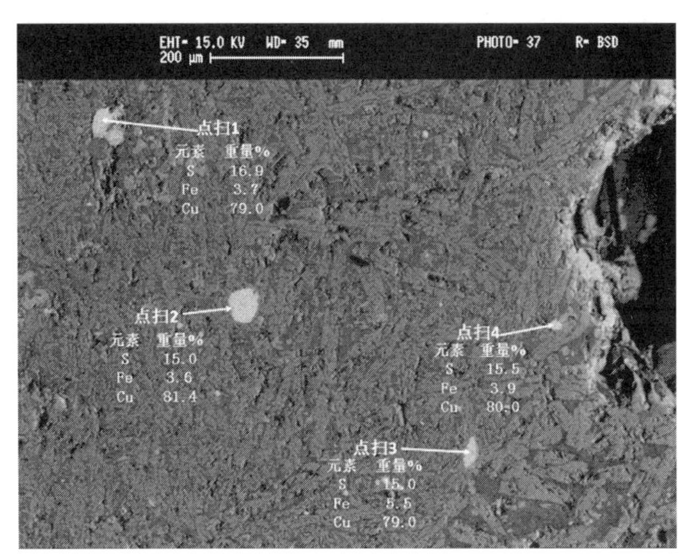

图 155　DLP070 的检测

炉渣均匀，有较大气泡和空腔。渣中分布高品位冰铜颗粒（点扫1、2、3、4），条状灰相为铁橄榄石，黑相为含钙较高的低熔点玻璃相

（三）分析结果讨论

据研究，古代火法炼铜技术实际上采用了三种原则性工艺：氧化矿石直接还原冶炼成铜，简称“氧化矿—铜”工艺；高品位硫化矿石死焙烧后还原冶炼成铜，简称“硫化矿—铜”工艺；低品位硫化矿石（焙烧后）先炼成冰铜，再将冰铜焙烧、冶炼提高品位，最后烧死、还原冶炼成铜，简称“硫化矿—冰铜—铜”工艺①。

三种炼铜工艺实质上只有两种冶炼过程，相应产生两种炉渣：（1）还原熔炼，得到铜及还原渣；（2）富集熔炼，得到冰铜及冰铜渣。“氧化矿—铜”、“硫化矿—铜”工艺只排放还原渣；“硫化矿—冰铜—铜”工艺可数次排放冰铜渣，最后排放还原渣。因此，冰铜渣的存在，直接标志着

---

① 李延祥、洪彦若：《炉渣分析揭示古代炼铜技术》，《文物保护与考古科学》1995 年第 1 期。

"硫化矿—冰铜—铜"工艺的使用①。李延祥在研究长江中下游等地古代炼铜渣的过程中建立了根据炉渣中的铜与硫的赋存状态、铜与硫的相对含量（*Cu/S*）以及基体成分，结合地质、考古等证据判定冶炼工艺类型的理论体系②。

1. 炉渣中的含铜颗粒

由于炉渣、冰铜和金属铜之间的密度差，使得还原出的金属铜可以沉降在下部，铜颗粒和冰铜颗粒可能由于粒度较小、炉渣黏度较大、气泡挟裹等原因来不及沉降而留在凝固的炉渣中，较大的金属或冰铜夹杂则能很好地指示冶炼产品。

电镜观察70个样品中除DLP044不是炉渣外，其余69个样品都发现了数量不等的金属铜或冰铜颗粒（其中DLP010和DLP024发现含铜颗粒与较大铅颗粒共存），能确认为炼铜遗物。

在69个炉渣的扫描电镜能谱检测中发现铜或冰铜夹杂的情况主要有以下两种：

第1类：金属铜颗粒或金属铜与冰铜共存，共46个，此类样品占多数。炉渣中夹杂金属铜指示冶炼过程还原出了金属铜，能确认为还原渣。

其中的DLP011、DLP041、DLP056、DLP058共4个炉渣在取样和电镜检测过程中可见未完全熔融的矿石或脉石，可以判定是以氧化矿石或次生硫化矿石直接冶炼出金属铜的。

少数样品只发现金属铜颗粒，多数样品发现纯铜与冰铜共存，例如DLP047分析的9个冰铜颗粒（图103、104、105）表观直径都较小，在3～100μm之间，而发现的不规则纯铜颗粒表观长2000μm以上（图105）。冰铜的存在说明所使用的矿石是含硫氧化矿石或硫化矿石。个别样品夹杂较大冰铜颗粒，如DLP065中发现1个表观直径达2000μm的白冰铜颗粒（图141），其他含铜颗粒表观直径都小于100μm，有纯铜颗粒（图141），也有金属铜和白冰铜构成的两相颗粒（图143、144）。从成分判断这些与金属铜共存的白冰铜大都是饱和了Cu的Cu_2S。较大块白冰铜颗粒的存在说明在冶炼过程中可能也有白冰铜的沉降或排出。

炉渣样品DLP010（图23、24）和DLP024（图57～59）中发现金属铜、白冰铜和较大块金属铅共存，是铜铅共生矿的冶炼遗物，可能有金属铅与铜一起产出，讨论见后。

第2类：只发现冰铜颗粒，23个样品。

如前所述，冰铜的存在说明所使用的矿石是含硫氧化矿石或硫化矿石。

其中DLP026（图62、63）、DLP049（图109、110）、DLP050（图111）共3个样品所发现颗粒为中品位冰铜，表观直径大于50μm，推测其产品为中品位冰铜，炉渣为冰铜渣。

其余有17个样品夹杂的大部分颗粒为高品位的白冰铜或饱和了Cu的Cu_2S。DLP008（图18）、DLP055（图120）、DLP063（图137、138）共3个样品只发现中低品位冰铜颗粒，但是表观直径较小，最大的只有20μm左右。这20个样品都不能单纯根据冰铜颗粒判断产品种类及炉渣性质，需要进一步测定其*Cu/S*才能区别是还原渣还是冰铜渣。

---

① 李延祥、洪彦若：《炉渣分析揭示古代炼铜技术》，《文物保护与考古科学》1995年第1期。

② 李延祥：《铜绿山Ⅺ号矿体炉渣冶炼冰铜说》，《有色金属》1998年第3期；李延祥：《铜绿山Ⅺ矿体古代炉渣的熔炼过程》，《有色金属》1999年第4期；李延祥、韩汝玢、柯俊：《九华山唐代炼铜炉渣研究》，《自然科学史研究》1996年第3期。

2. 特殊样品

表4显示70个样品中DLP011（03EH130）、DLP034（03ET2201③）、DLP054（03ET2607④）、DLP066（03ET2805③）4个样品基体成分铜含量很高（9.6%～78%）而硫含量很低（<1%），同时铁含量相对于硅含量都不低，可以确认为还原渣。由于铜含量很高，推测并不是正常排放抛弃的炉渣。

表4　大路铺5个特殊样品讨论与判断

样品号及出土单位	样品检测结果	性质、工艺判断
DLP011（03EH130）	熔融不好，混杂石英等脉石，主体高Cu（57.6%），含Si 17.5%，Fe 19.7%，几乎不含S，夹杂较小纯铜颗粒	高铜炉渣，还原渣，氧化矿—铜工艺
DLP034（03ET2201③）	样品高Cu（13%～72%）且不均匀，局部含较高的Al、K，可能来自矿石，致密区含Si 19.1%，Fe 17.5%，含S低于1%，夹杂大量纯铜颗粒	高铜炉渣，还原渣，氧化矿—铜工艺
DLP044（03ET2606⑤）	样品密度较小，无磁性，类似玻璃态，成分与炉渣区别较大，高Si低Fe，又含Al、K各为10%左右，局部为含Pb14%左右的玻璃态	炉壁烧流物，可能与含铅矿石的冶炼有关
DLP054（03ET2607④）	样品高Cu（78.1%），含Fe 7.4%、Si 11.0%、Al 1.9%，几乎不含S，发现700μm左右的纯铜颗粒	高铜炉渣，还原渣
DLP066（03ET2805③）	样品基体不均匀，分为两区：银灰区与黑亮区，银灰区高铁低硅，黑亮区高硅低铁，可能为脉石残留，两区均含13%左右的Cu，银灰区中有大量纯铜颗粒夹杂	高铜炉渣，还原渣，氧化矿—铜工艺

3. 炉渣的*Cu/S*

还原渣与冰铜渣的区别是铜与硫的赋存状态及相对含量不同。理论上冰铜渣的*Cu/S*不大于4，还原渣中铜与硫的赋存状态大部分为Cu和Cu_2S，*Cu/S*应大于4。在实际冶炼过程中，即便是氧化矿石也往往含有一定量的硫，利用含硫氧化矿石或未彻底焙烧脱硫的硫化矿石冶炼，由于反应未达到完全平衡，炉渣中通常存在一定量的中低品位初生冰铜颗粒和较大的高品位冰铜或饱和了Cu的Cu_2S颗粒。由于金属铜比冰铜密度大，在沉降过程中，冰铜更容易残留于炉渣之中，而金属铜在渣中残留较少，这种分馏作用会使含冰铜的还原渣的*Cu/S*向稍低于4的方向靠近。

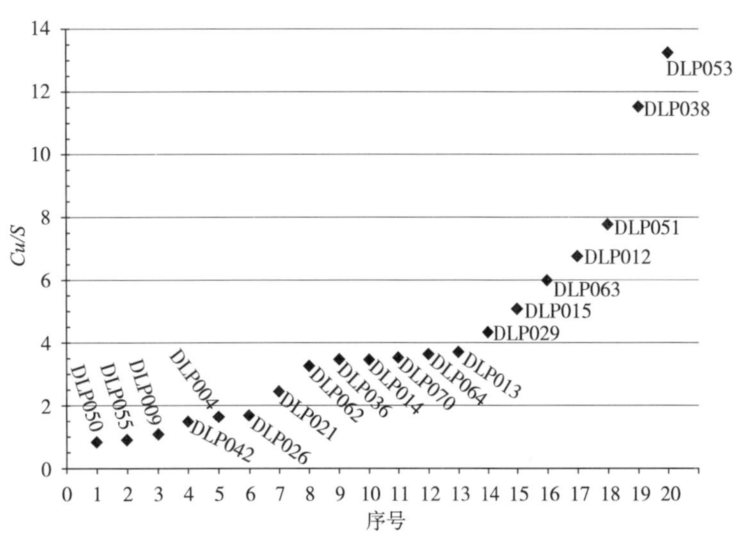

图156　化学分析测定20个样品*Cu/S*

化学分析测定 20 个样品的 *Cu/S*。其中 DLP013、DLP014、DLP036、DLP062、DLP064、DLP070 共 6 个样品的 *Cu/S* 集中分布在 3.27～3.70 范围内（图 156），平均 3.51，正是上述分馏作用造成的。与 DLP013、DLP014 同出于 03EH130 的 DLP011、DLP012、DLP015 都发现有金属铜夹杂，能确认为还原渣。DLP011 为高铜渣。DLP012、DLP015 的 *Cu/S* 分别为 6.78、5.08，与 DLP013、DLP014 的 *Cu/S* 差别不大。03EH130 出土的 DLP013、DLP014 与 DLP012、DLP015 的性质可能相同。DLP036 的 *Cu/S* 为 3.46，发现较大的高品位冰铜颗粒，有少量的金属铜和铜的氧化物共存（图 81、82），表明冶炼过程还原出了金属铜，DLP036 为还原渣，也说明夹杂较多冰铜的还原渣的 *Cu/S* 可以稍低于 4，并集中分布于 3.5 上下，一般不会低于 3。这 6 个炉渣的产品除了金属铜之外同时还有高品位冰铜。

DLP012、DLP015、DLP029、DLP038、DLP051、DLP053、DLP063 共 7 个样品 *Cu/S* 大于 4，基本上可判定为还原渣。DLP004、DLP009、DLP021、DLP026、DLP042、DLP050、DLP055 共 7 个样品 *Cu/S* 小于 3，基本上可判定为冰铜渣。

4. 各地层冶炼工艺

大路铺遗址较早的第 6、5 层以及第 4 层下 03EG4 共 9 个样品。其中 DLP044 为烧流物，不是炉渣。DLP046 只发现金属铜颗粒，为还原渣。DLP002、DLP041、DLP045、DLP047 共 4 个炉渣发现金属铜和冰铜共存，也为还原渣。DLP001、DLP003、DLP064 只发现冰铜颗粒，其中 DLP064 的 *Cu/S* 为 3.63，推测为还原渣，DLP001 和 DLP003 未测 *Cu/S*，性质不明。第 4 层下 03EG4 的 3 个样品（DLP001、DLP002、DLP003）发现较多 70～150μm 的高品位冰铜颗粒（图 1～7），可能有冰铜的排出，而第 6、5 地层中出土的 5 个炉渣夹杂冰铜颗粒直径都不大于 50μm，表明 03EG4 出土的炉渣与第 6、5 地层中出土炉渣为不同冶炼过程产物，怀疑 03EG4 出土的炉渣属于较晚时期，可能与第 4 层相当。第 6、5 层时期冶炼技术主要为利用氧化矿石或硫化矿石直接还原冶炼出铜的氧化矿—铜工艺或硫化矿—铜工艺。

大路铺第 4 层 14 个炉渣中 3 个（DLP054、DLP060、DLP061）只发现金属铜颗粒，5 个发现金属铜和高品位冰铜颗粒共存，6 个只发现冰铜颗粒。结合 *Cu/S* 能判断只发现冰铜颗粒的样品中 1 个（DLP055）为冰铜渣，4 个为还原渣。总共可确认 12 个为还原渣，另外 1 个（DLP069）未测 *Cu/S*，性质不明，只有 1 个样品符合冰铜渣的特征。第 4 层炉渣中发现的部分冰铜颗粒较大，其中 DLP062、DLP067、DLP068、DLP069 等发现的冰铜颗粒最大的达到 80～200μm，相应冶炼过程可能有一定量高品位冰铜伴随金属铜排出。本时期冶炼技术仍以氧化矿—铜工艺或硫化矿—铜工艺为主，可能已经出现硫化矿—冰铜—铜工艺。

大路铺第 3 层，2 个样品只发现金属铜颗粒，7 个样品发现金属铜和高品位冰铜颗粒共存；只发现冰铜颗粒的样品 1 个（DLP053），经化学分析测定 *Cu/S* 为 13.25，因此 10 个炉渣全部为还原渣。8 个样品中发现的冰铜颗粒都较小，大多直径都不大于 70μm，只有 DLP065 发现一个直径 2000μm 的白冰铜颗粒与较小的冰铜—铜双相颗粒及纯铜颗粒共存（图 141～144）。DLP065 的炉渣基体成分与其他炉渣相比，含 Ca 是最高的，含 Fe 较低，大颗粒白冰铜的存在说明冶炼过程可能排出高品位冰铜，可能与第 3 层其他炉渣是不同性质冶炼过程的遗物。本时期冶炼技术以氧化矿—铜工艺或硫化矿—铜工艺为主，没有发现硫化矿—冰铜—铜工艺存在的证据。

大路铺第2层5个炉渣。DLP037只发现金属铜颗粒，为还原渣。DLP036的*Cu/S*为3.46，发现较大的高品位冰铜颗粒（400～700μm）和少量的金属铜共存（图81、82），表明冶炼过程还原出了金属铜，同时有高品位冰铜的排出，为还原渣。DLP048发现内相直径160μm、外相直径300μm的铜—冰铜双相颗粒，表明冶炼过程还原出了金属铜，同时可能有高品位冰铜的排出，为还原渣。DLP050发现150μm中品位冰铜颗粒，*Cu/S*为0.84，DLP049也发现较多直径大于50μm的中品位冰铜颗粒。DLP049和DLP050为冰铜渣，产品为中高品位冰铜，表明本时期硫化矿—冰铜—铜工艺的存在。第2层总计3个还原渣，2个冰铜渣，冰铜渣占总炉渣量的40%，考虑到晚期地层包含早期炉渣的因素，当时排放的冰铜渣占总炉渣量的比例可能更高，硫化矿—冰铜—铜工艺可能为主要工艺，与氧化矿—铜工艺以及硫化矿—铜工艺并存。

综上大路铺69个炼铜渣中54个能确认为还原渣，8个为冰铜渣，7个性质尚未确定。8个冰铜渣中有5个出于灰坑和房址，2个（DLP049、DLP050）出土于较晚的第2层，另1个（DLP055）出土于第4层，早晚期地层炉渣反映出冶炼技术比较明显的发展过程（表5）。

表5　大路铺炉渣样品性质

地层＼性质	还原渣	不明	冰铜渣	冰铜渣（%）	小计
⑥、⑤	6	2	0	0.0	8
④	12	1	1	7.1	14
③	10	0	0	0.0	10
②	3	0	2	40.0	5
灰坑、房址	23	4	5	15.6	32
小计	54	7	8	11.6	69

5. 炉渣渣型与造渣技术

分析显示DLP046（图102）、DLP057和DLP064（图139）等样品基体分为两个部分：高铁区（Fe 90%以上）和正常炉渣区。DLP018为黏附炉渣的炉壁。DLP044在宏观性状（密度小，无磁性）和基体成分方面都与其他炼铜渣有很大区别，未发现金属颗粒或金属硫化物颗粒，不是炼铜渣或其他金属冶炼渣，应为炉壁烧流物（图98、99）。

除5个特殊样品（DLP011、DLP034、DLP044、DLP054、DLP066）外，65个样品的炉渣渣体（不计个别样品的高铁区）平均成分相对含量如下（表6）。

65个普通渣Mg含量接近检测下限。Al含量全部在5%以下，应来自炉壁和矿石。K含量除DLP050为3.5%外，其余全在2%以下，主要应来源于燃料以及脉石和炉壁。

65个普通渣Ca含量在0%～30%之间分布，总平均值为8.4%。其中56个都在0.1%～15%之间，接近正态分布，平均6.6%，其来源可能有意添加和矿石两方面，有待进一步探究。其余9个在15%～30%之间，平均20.7%，可认为有意加入（图157）。

表6　大路铺65个普通渣平均成分相对含量（按地层、单位分）

地层、单位	样品数量	扫描电镜能谱无标样成分测定（wt%）								
		Mg	Al	Si	S	K	Ca	Fe	Cu	其他
②	5	0.1	1.4	18.4	0.7	1.3	13.9	62.1	1.9	0.2
③	8	0.1	1.8	14.6	0.4	0.5	8.0	73.2	1.4	0.0
④	13	0.1	1.0	19.1	0.5	0.6	9.8	67.3	1.3	0.3
⑤、⑥	9	0.1	1.4	16.9	0.4	0.7	9.8	69.3	1.4	0.0
灰坑、房址	30	0.1	1.3	18.7	0.5	0.8	7.0	70.4	1.2	0.0
总计	65	0.1	1.3	18.0	0.5	0.8	8.6	69.3	1.3	0.1

大冶县铜绿山等多处古矿冶遗址的检测仅发现有 $FeO-SiO_2$系炉渣（表7）①，五里界古城和风住山遗址首次检测到 $FeO-CaO-SiO_2$系炉渣②（表8）。$FeO-CaO-SiO_2$系炉渣比 $FeO-SiO_2$系炉渣密度小，更有利于冰铜或者铜的沉降（产品和渣的分离），是更合理的有色冶金渣系。大路铺的炉渣检测显示普遍含 Ca，较晚的第2层出土炉渣含钙量明显比更早地层炉渣高，显示配料造渣技术上的进步。

大路铺遗址炼铜渣与五里界古城和风住山炼铜渣都只有少量 Mg、Al，而铜绿山各遗址炉渣含 Al 平均值在7%～11%之间。大路铺遗址炼铜渣与五里界古城和风住山炼铜渣及其反映的冶炼技术有更大的相似性，而与铜绿山各遗址有所不同。

表7　铜绿山炼铜渣成分

遗址	样品数	化学分析（wt%）			电镜能谱分析（wt%）				
		Cu	S	*Cu/S*	Fe	Si	Al	Ca	K
铜绿山Ⅺ号矿体	52	0.61	0.38	1.61	60.9	23.5	7.1	4.1	1.2
铜绿山动力科	12	0.78	0.017	45.9	53.4	32.9	10.2	2.2	1.4
铜绿山农行	5	0.84	0.027	31.3	52.0	31.4	10.8	1.7	1.6
铜绿山Ⅶ号矿体	5	0.49	0.071	6.9	53.0	28.2	8.7	4.8	2.0
铜绿山模拟	5	0.83	0.044	20.2	48.11	24.54	7.21	16.41	2.40

表8　五里界古城和风住山冶炼遗址正常炉渣成分

编号	遗址	电镜能谱分析（wt%）							
		Mg	Al	Si	S	K	Ca	Fe	Cu
WLJ4	五里界古城	0.3	1.8	22.6	0.2	0.2	24.3	49.1	1.3
WLJ6	风住山冶炼遗址	0.3	0.6	23.1	0.4	0.5	25.9	48.1	1.0
WLJ7	风住山冶炼遗址	0.1	0.6	23.9	0.5	0.7	26.2	46.5	1.2

① 李延祥、韩汝玢、柯俊：《铜绿山Ⅺ号矿体古代炼铜炉渣研究》，《铜绿山古矿冶遗址》，文物出版社，1999年。

② 李延祥：《五里界城及风住山冶炼遗址样品初步研究》，《大冶五里界——春秋城址与周围遗址考古报告》，科学出版社，2006年。

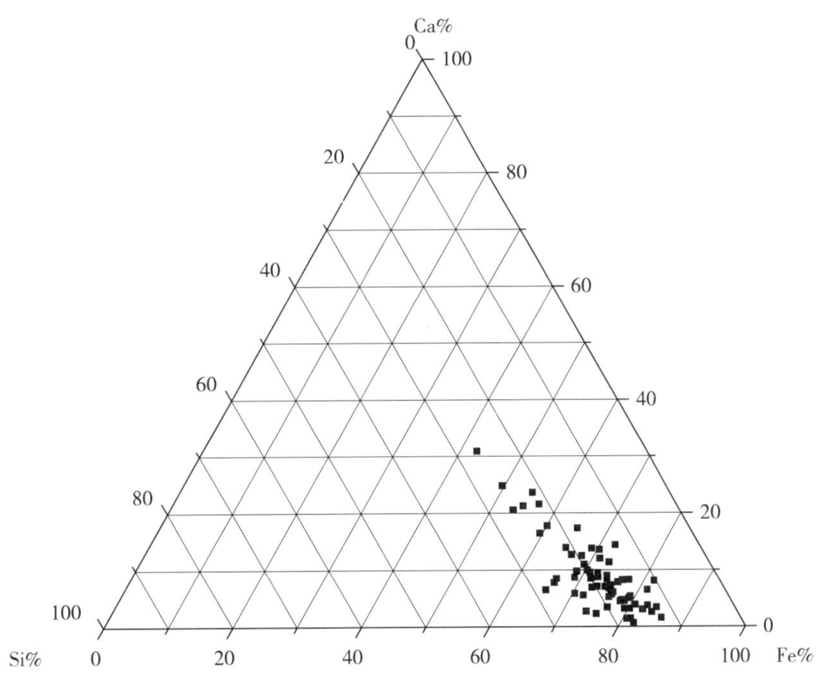

图 157　大路铺遗址 65 个普通炉渣成分分布

（不计对含量很低不影响渣型讨论的 Mg、Al、K，对 Fe、Si、Ca 归一后得此图）

6. 关于样品中的 Pb、Ag、Au

DLP010（03EH110）和 DLP024（03EH91）两个样品炉渣基体成分与其他普通渣没有区别，其中 DLP024 含有 4.4% 左右的铅。渣中夹杂颗粒有铅、纯铜、白冰铜共存（图 22～24、56～59），推测是铜、铅共生矿的冶炼遗物。冶炼过程中可能先排出易还原、密度较大、熔点较低的金属铅，后排出纯铜。明代宋应星著《天工开物》中记载铅“一出铜矿中，入烘炉炼化，铅先出，铜后随，曰铜山铅，此铅贵州为盛”，记载的就是铜、铅共生矿的冶炼情景。

DLP038（03ET2507④）含铜颗粒很少，只有一个小纯铜颗粒（图 86），基体含 4.4% 左右的铅，可能也是铜、铅共生矿的冶炼渣，只是铅与渣分离较好，没在渣中发现铅颗粒。DLP044（03ET2606⑤）不是炉渣，但是在局部有高铅的玻璃相（图 98、99），可能为含铅矿石冶炼过程留下的炉壁烧流物。

以上几个样品说明大路铺遗址的冶炼活动有铅的产出。从炉渣基体成分与其他渣成分相同的特点看，铅可能只是炼铜过程的副产品。

部分样品夹杂含铜颗粒中有富银相或银颗粒，例如 DLP036（图 82）、DLP047（图 106）、DLP048（图 108）、DLP057（图 126），应源于与铜矿共生的银矿物。

DLP024 渣中夹杂颗粒有铅、纯铜、白冰铜共存（图 56～59），其中冰铜相富金，含 Au 4% 左右，也应源于与铜矿共生的金。

（四）结论

现将大路铺遗址炉渣的初步研究小结如下：

（1）大路铺遗址分析的70个样品中64个是正常炼铜渣，其产品为铜或冰铜，其中个别样品（DLP010、DLP024等）是铜铅共生矿的冶炼渣，其产品为铅和铜。其他5个样品中除DLP044可能是炉壁烧流物，还有4个炉渣含铜很高，可能是没有正常排出的炼铜渣。

（2）大路铺遗址较早的第6、5层冶炼技术主要为氧化矿—铜工艺或硫化矿—铜工艺。第4层冶炼技术仍以氧化矿—铜工艺或硫化矿—铜工艺为主，可能已经出现硫化矿—冰铜—铜工艺。第3层冶炼技术以氧化矿—铜工艺或硫化矿—铜工艺为主，没有发现硫化矿—冰铜—铜工艺存在的证据。大路铺遗址第2层时期硫化矿—冰铜—铜工艺可能为主要工艺，与氧化矿—铜工艺以及硫化矿—铜工艺并存。

（3）大路铺遗址炉渣为 $FeO-CaO-SiO_2$ 系和 $FeO-SiO_2$ 系炉渣，较晚的第2层出土炉渣含钙量较早期地层的高，显示造渣技术上的进步。

（4）大路铺遗址炉渣与五里界古城和风住山遗址炉渣及其反映的冶炼技术有更大的相似性，而与大冶铜绿山遗址有一定的差异。

大路铺的炼铜技术从早期到晚期有一个比较明显的发展过程，这批矿冶遗存的深入研究对全面考察先秦时期鄂东南地区的矿冶技术发展有重要的参考价值。

附录二　阳新大路铺遗址矿冶遗物的检测分析

秦　颖　南普恒

（中国科学技术大学科技史与科技考古系）

（一）样品及测试仪器

此次检测分析的样品均为大路铺遗址2003年东区发掘提取的。有矿石、炼渣、炉壁及一件青铜残片。

样品的成分分析采用XRF及ICP－AES进行。XRF分析在中国科学技术大学理化科学实验中心进行，测试仪器为XRF－1800型X射线荧光仪（日本岛津公司）。工作条件：该仪器配有4kW端窗铑（Rh）靶X光管，管口铍窗厚度为75μm，并配以最大电流140mA的X射线电源及发生器，高精度的$\theta \sim 2\theta$独立驱动系统，双向旋转的10位晶体交换系统，3种狭缝可交换，灵敏自动控制系统，为获取高可靠性的成分数据提供了保证；ICP－AES分析在国土资源部安徽省合肥矿产资源监督检测中心进行，测试仪器为全谱直读电感耦合等离子发射光谱仪（美国热电公司生产的）。工作条件：波长范围175～1051nm，200nm处的分辨率0.007nm；等离子气流量15L/min，辅助气流量0.5L/min，雾化气压力0.22mPa，高频功率1.15kW，蠕动泵转速100r/min，积分时间：长波（>265nm）10s，短波（<265 nm）10s，检测器（CID）为512×512感光单元。

样品的矿物组成分析采用岩相鉴定及X射线衍射技术进行。岩相鉴定在中国科学技术大学科技考古实验室进行，鉴定仪器为Axioskop 40 FL型偏光显微镜（德国蔡司公司生产）；XRD分析在中国科学技术大学理化实验中心进行，检测仪器为中国科学技术大学理化科学实验中心的D/max－rA型转靶X射线衍射仪（日本理学电机公司生产）。实验条件：X光源为Cu Kα辐射，工作管压和管流分别为40 kV和100 mA，扫描角度范围（2θ）为5°～70°，量程为2000 cps/min。

炼渣熔融温度的估测在中国科学技术大学科技考古实验室，采用马弗炉进行。

（二）分析结果

1. 青铜残片的测试分析

样品03ET2307⑦：13为片状，表面较光滑且已完全矿（孔雀石等）化，见不到金属基体。为了鉴别该样品是金属腐蚀产物还是玉器残片，采用X射线荧光技术对样品进行了无损成分检测，分析结果如表1所示。

表 1　03ET2307⑦:13 样品 XRF 无损检测结果（wt%）

Cu	Sn	Pb	Fe	Si	P	Al	Ca
19.84	41.34	25.02	7.07	2.28	1.94	1.62	0.88

从分析结果来看，这应该是一件 Cu－Sn－Pb 三元合金物的锈蚀物，因为自然界中还未见到同时含有如此高的铜、锡、铅的矿物或集合体。

2. 铜矿石的测试分析

7 件铜矿石的样品经过表面处理后，用玛瑙研钵研成粉末，采用 ICP－AES 进行成分分析，岩相薄片及 XRD 鉴定矿物组成，分析结果如表 2、表 3 及彩版四三，1、2 所示。

表 2　铜矿样品的 ICP 分析结果（wt%）

考古编号	Cu	TFe_2O_3	SiO_2	CaO	Al_2O_3	K_2O	P_2O_5	Na_2O	MgO	MnO	S
03EH142:4	28.15	31.06	17.43	0.97	4.36	0.15	0.28	0.82	0.47	0.24	0.4
03ET2307⑥:10	27.61	21.09	26.22	1.37	6.32	2.14	0.46	1.06	0.12	0.66	0.17
03ET2607②:3	10.51	19.47	38.92	2.88	26.03	2.28	0.32	0.91	0.21	0.09	0.03
03EH143:8	6.72	52.86	8.32	1.97	13.1	3.33	0.89	2.01	0.64	0.23	0.78
03ET2307⑦:16	40.12	2.35	9.04	20.8	6.04	0.73	0.06	0.12	0.09	0.13	0.03
03ET2506⑦:15	3.18	38.56	28.46	16.03	1.13	2.07	0.05	0.84	0.22	1.03	0.52
03ET2506⑦:18	1.53	30.27	39.03	22.27	0.58	0.06	0.27		4.86	0.85	0.06

表 3　部分铜矿石的矿物组成分析结果

考古编号	岩相（镜下及 XRD 结果）	考古编号	岩相（镜下及 XRD 结果）
03EH142:4	孔雀石、褐铁矿、石英	03EH143:8	孔雀石、石英、赤铁矿
03ET2307⑥:10	孔雀石、石英	03ET2307⑦:16	孔雀石、石英、高岭石
03ET2607②:3	孔雀石、石英、高岭石	03ET2506⑦:15	辉石、铜蓝、孔雀石

综合上述分析可以看出，该遗址炼铜所利用的是氧化铜矿石，矿石类型可能是孔雀石－矽卡岩和孔雀石－石英。矿石大多还伴有较高的褐铁矿或赤铁矿，说明原矿是铜、铁共生或伴生矿床，这也是炼铜渣中铁含量较高的原因。铜矿石品位较高，且往往具有铜高铁低和铜低铁高的特点。

从样品 03ET2705③:1（彩版三七，7）的外部形貌及内部结构来看，应是为了利用粉矿，而将孔雀石等矿粉用少量黏土等黏结为一起的团矿样品，团矿颗粒 3～6cm。

样品 03ET2506⑦:15（彩版一一，5）应为铜矿冶炼之前由于品位较低，而挑选出的废弃矿石。

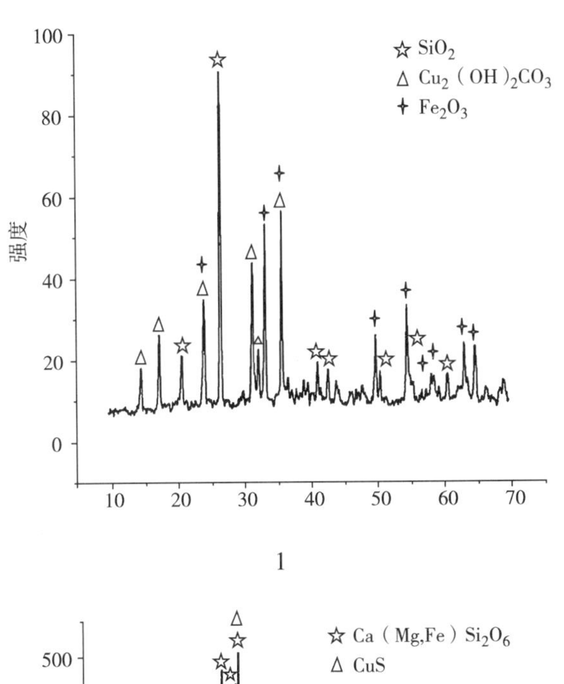

1

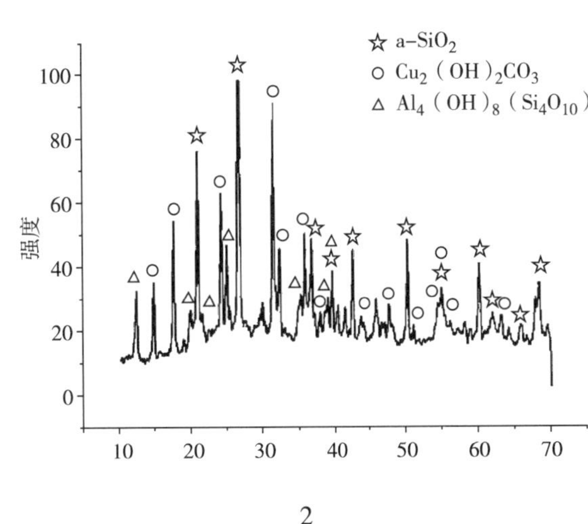

2

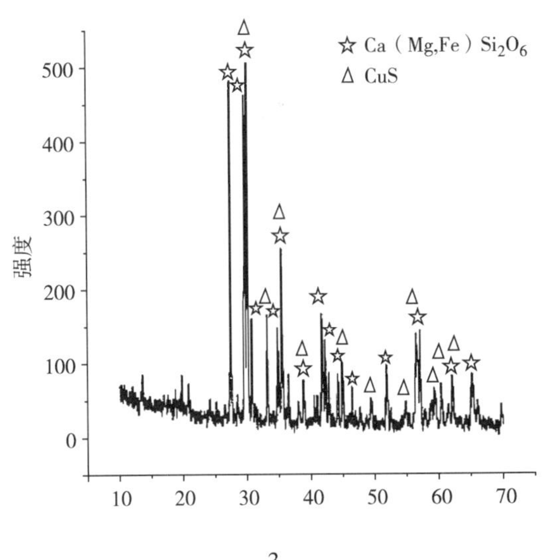

3

图1　部分铜矿石样品的X射线衍射图

1. 03EH143：8

2. 03ET2307⑦：16

3. 03ET2506⑦：15

3. 铁矿石的测试分析

4件铁矿石的样品经过表面处理后，用玛瑙研钵研成粉末，采用ICP－AES进行成分分析，岩相薄片及XRD鉴定矿物组成，分析结果如表4、表5、图2及彩版四三，3。

表4　铁矿样品XRF粉末定量成分分析结果（wt%）

考古编号	TFe_2O_3	SiO_2	CaO	Al_2O_3	K_2O	P_2O_5	MnO	Cu
03ET2507⑤：1	92.01	2.91	4.47	0.15	0.06	0.04	0.16	0.2
03ET2307⑥：16	93.18	3.11	0.11	2.31	0.08	0.56	0.06	0.57
03ET2605⑥：3	98.82	0.35	0.49			0.04	0.26	
03ET2506⑦：19	97.84	1.85	0.14		0.04	0.04	0.06	

表 5 铁矿样品的物相分析结果

考古编号	岩相（镜下及 XRD 结果）
03ET2507⑤:1	赤铁矿、磁铁矿、石英
03ET2307⑥:16	赤铁矿、石英
03ET2605⑥:3	磁铁矿、赤铁矿
03ET2506⑦:19	赤铁矿、石英

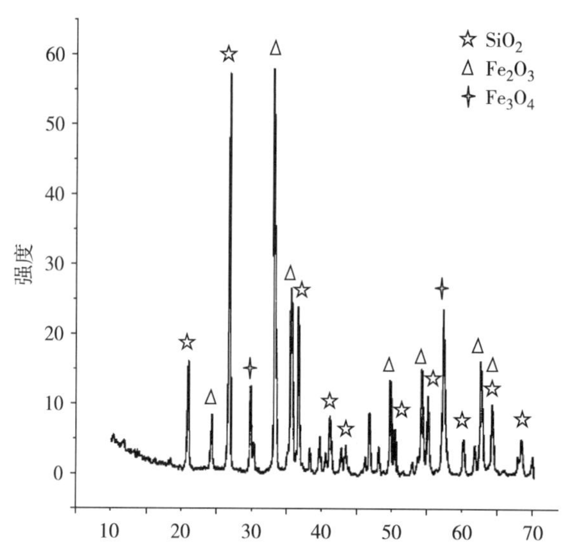

图 2 铁矿样品 03ET2507⑤:1 的 X 射线衍射图

从炼渣成分看，该遗址应该是炼铜的。因此，这些铁矿可能是和铜矿共生在一起，经选矿后被扔掉的。这也和上述铜矿分析结果吻合。如此高品位的铁矿石被废弃，也说明该遗址不是炼铁的。

4. 炉壁的测试分析

三件炉壁样品的成分及岩相分析结果如表 6、表 7、图 3 及彩版四三，4～6 所示。

表 6 炉壁样品的 XRF 粉末定量分析（wt%）

考古编号	Fe_2O_3	SiO_2	CaO	Al_2O_3	K_2O	P_2O_5	Na_2O	MgO	MnO	TiO	Cu
03EG4:117	17.12	41.94	1.41	28.72	8.31	0.8	0.18	0.4	0.2	0.91	0.05
03EH160:6	18.28	38.44	3.85	23.14	10.66	2.42	0.33	0.46	0.12	0.76	1.19
03ET2507⑧:11	13.24	54.49	2.06	18.27	5.57	4.22	0.64	0.23	0.18	1.09	0.18

表 7　炉壁样品的矿物组成分析结果

考古编号	岩相（镜下及 XRD 结果）
03EG4∶117	黏土矿物、石英、长石、褐铁矿、云母、植物纤维等
03EH160∶6	黏土矿物、石英、长石、褐铁矿、云母、植物纤维等
03ET2507⑧∶11	黏土矿物、石英、长石、炭屑、植物、纤维等

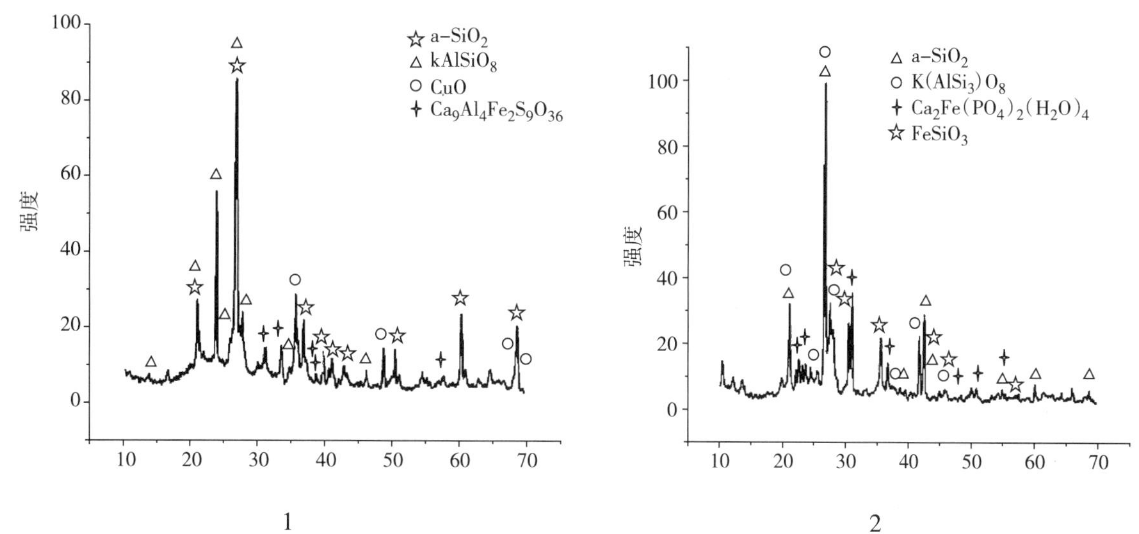

图 3　部分炉壁样品的 X 射线衍射图

1. 03EG4∶117　2. 03EH160∶6

与当地一般土壤相比，SiO_2、Fe_2O_3、Al_2O_3、K_2O 等含量较高，推测制作过程中，为了增加强度可能添加了细沙、铁矿石等物料，岩相分析结果也与此吻合。同时，薄片中还发现较多的炭屑及植物根茎痕迹。

5. 炼渣的测试分析

采用 XRF 技术分析了 26 件炼渣样品的主成分，结果如表 8 所示。部分样品进行了薄片鉴定及 XRD 岩相分析，结果如表 9、彩版四四。

03EH110∶6（彩版四二，4）、03ET2406⑤∶7（彩版三八，2）、03ET2706④∶12（彩版四〇，5）、03EH106∶26（彩版三九，4）、03ET2506⑦∶20（彩版一二，3）等是正常的炼铜渣，呈灰黑色，硬度较大，玻璃状断口，表面滴痕或流动状，内部有大小及分布不均的气孔，有的还夹有未烧尽的木炭。抛光面上有时可见金属铜颗粒。显微镜下以粒状或短柱状铁橄榄石为主，此外还有磁铁矿、石英、赤铁矿、透辉石、钙铝榴石、赤铜矿、孔雀石、蓝铜矿等少量矿物。成分分析显示其含 Fe 高，Ca、K、Na 等碱质成分较低，故炼渣熔融温度较高。

样品 03ET2407⑧∶13（彩版一二，1）、03ET2507⑧∶3（彩版一二，2）、03ET2507⑦∶24（彩版一二，4）、03EH143∶9（彩版四一，5）呈多孔蜂窝状，比重较小。03ET2507⑦∶24、03EH143∶9

表 8　炼渣样品 XRF 粉末定量分析结果（wt%）

考古编号	时代	TFe_2O_3	SiO_2	CaO	Al_2O_3	K_2O	P_2O_5	MgO	MnO	TiO	ZnO	NaO_2	Cu	S
03EH110:8	商周时代	71.69	17.56	2.26	5.22	1.03	0.39	0.21	0.21	0.31	0.08	0.45	0.37	0.29
03EG4:118	商周时代	40.23	27.79	8.94	5.56	0.63	1.54	0.43	0.6	0.11	0.22	0.26	13.72	0.03
03EH130:64	商周时代	71.41	20.32	3.25	2.82	0.54	0.64	0.18	0.17	0.08	0.06		0.29	0.02
03EH136:7	商周时代	56.92	27.06	6.28	5.98	0.73	0.6	0.18	0.17	0.09	0.06	0.23	1.72	0.08
03EH106:26	商周时代	69.00	16.44	6.87	5.08	0.74	0.32	0.32	0.22	0.1	0.06	0.35	0.56	0.12
03EH149:46	商周时代	50.18	22.55	12.07	9.21	0.35	2.98	1.1	0.36	0.19			0.84	0.04
03EH83:31	商周时代	76.31	15.26	1.13	5.09	0.37	0.88	0.11	0.14	0.12	0.08		0.41	0.11
03EH93:54	商周时代	69.3	20.59	3.92	3.46	1.1	0.35	0.2	0.15	0.1	0.05	0.19	0.57	0.15
03EH133:6	商周时代	62.23	30.73	0.30	3.06	0.35	0.38	0.13		0.29			2.37	0.14
03EH143:9	商周时代	14.42	49.68	2.73	18.75	6.37	1.17	0.51	0.2	0.68	0.03	2.01	3.17	
03ET2507③:6	商周时代	72.03	17.6	2.7	5.27	0.62	0.6	0.18	0.12	0.12	0.09		0.44	0.14
03ET2604④:1	商周时代	71.95	18.09	4.55	3.21	0.8	0.34	0.11	0.18	0.07	0.05		0.48	0.18
03ET2706④:12	商周时代	72.95	10.51	3.14	1.63	5.61	0.32		0.31	0.56	0.13		4.69	0.05
03ET2406⑤:7	商周时代	22.28	19.92	2.84	5.19	0.73	1.37	0.2	0.08				41.25	6.16
03EH110:6	商周时代	8.27	3.33	0.76	0.83	0.77	1.28						82.87	0.84
03ET2509⑤:6	商周时代	16.52	35.57	3.55	18.09	6.14	4.69	0.52	0.28				13.86	
03ET2406⑤:7	商周时代	72.98	20.33	1.25	2.56	0.846	0.21	0.14	0.13			0.26	1.17	0.11
03EH93:54	商周时代	74.61	16.42	1.66	5.1	0.51	0.7	0.12	0.12	0.06		0.31	0.27	0.21
03EH177:24	商周时代	41.15	10.91	5.91	5.23	1.13	1.07	1.21	0.33				23.06	1.06
03ET2307⑥:19	商周时代	70.79	19.94	0.68	4.57	0.84	0.98	0.23	0.15		0.48	0.15		
03ET2607⑥:4	商周时代	73.63	11.22	2.6	3.38	5.82	0.23		0.36	0.09			1.69	
03ET2606⑥:3	商周时代	81.3	3.92	1.08	0.59	1.04	0.28		0.14	0.11	2.47		8.86	0.1
03ET2507⑦:24	新石器时代	14.74	47.78	5.00	20.07	7.84	0.87	0.44	0.17	0.85		2.61	0.03	0.03
03ET2506⑦:20	新石器时代	90.27	2.53	4.68	0.25	0.21	0.19		0.15	0.08			1.19	
03ET2407⑧:13	新石器时代	19.53	41.24	1.47	27.29	7.42	0.73	0.56	0.28			1.08	0.04	0.25
03ET2507⑧:3	新石器时代	14.92	46.87	3.94	22.79	6.03	0.88	0.46	0.18	0.88		2.15		

表 9　部分炼渣的矿物组成分析结果

考古编号	岩相薄片及 XRD 分析结果
03EH110∶8	铁橄榄石、石英
03EG4∶118	赤铜矿、石英、赤铁矿、磁铁矿、透辉石
03EH106∶26	磁赤铁矿、铁橄榄石
03EH133∶6	石英、赤铁矿、橄榄石
03ET2507⑧∶3	石英、钾长石
03ET2706④∶12	铁橄榄石、石英
03EH110∶6	孔雀石、赤铁矿、金属铜
03ET2406⑤∶7	石英、孔雀石、赤铜矿、铁橄榄石、镁铁矿、铜蓝、靛铜矿、雅硫铜矿
03EH177∶24	孔雀石、褐铁矿、钙铝榴石、橄榄石等

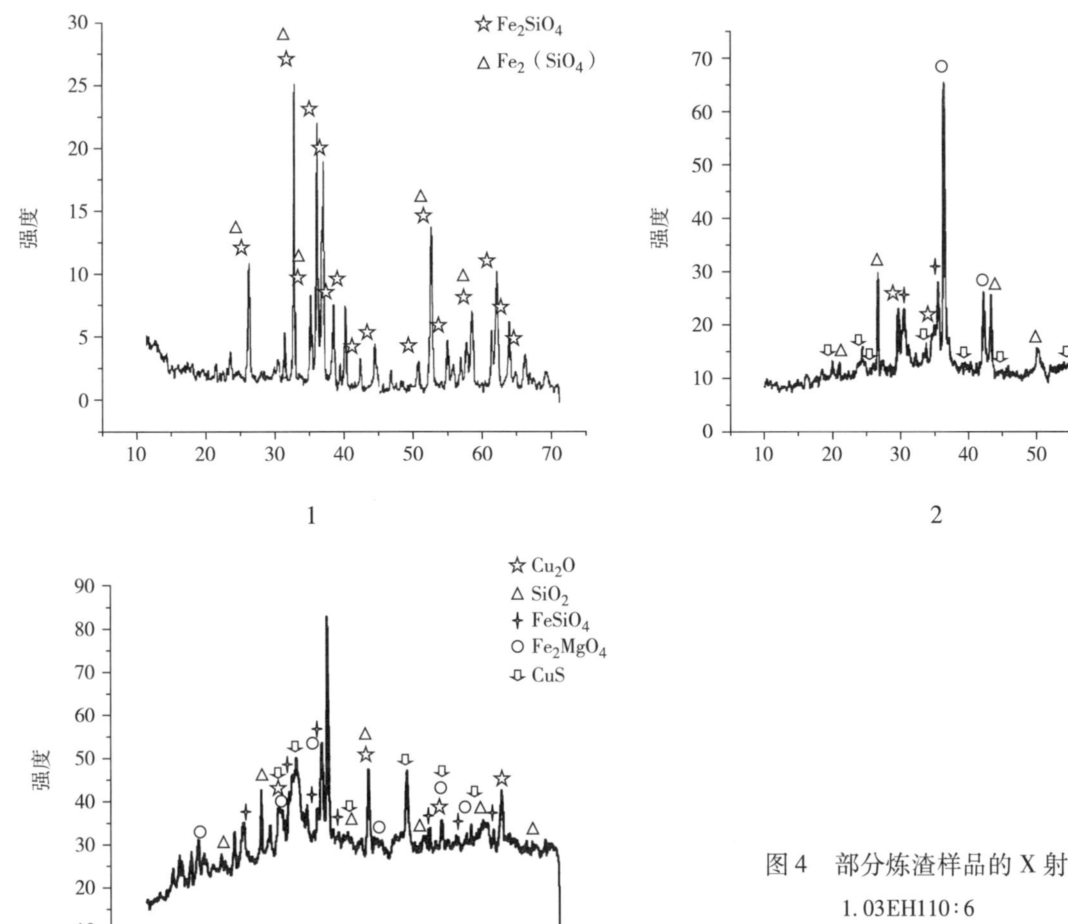

图 4　部分炼渣样品的 X 射线衍射图

1. 03EH110∶6
2. 03EG4∶118
3. 03ET2406⑤∶7

表 10　部分炼渣样品物相分析

考古编号	物相（镜下及 XRD 结果）
03EH110∶8	孔雀石、赤铁矿、金属铜
03ET2406⑤∶7	石英、孔雀石、赤铜矿、铁橄榄石、镁铁矿、铜蓝、靛铜矿、雅硫铜矿
03EH177∶24	孔雀石、褐铁矿、钙铝榴石、橄榄石等

可能是炼铜时最上面的浮渣；而 03ET2407⑧∶13、03ET2507⑧∶3 与炉壁成分接近，结合岩性及形貌特征，它们可能是烧流的炉壁或炼铜坩埚渣。

样品 03EH110∶6、03ET2509⑤∶6（彩版四二，2）、03ET2406⑤∶7 及 03EH177∶24 的外观形貌像炼铜渣，但其含铜量很高，甚至超过了铜矿石（如表 8；图 5）。显然，它们既不是正常的炼铜渣，又不是正常的铜矿石。物相分析也显示其既有炼渣的成分，也有大量含铜矿物，甚至金属铜。推测它们可能是炼铜炉内炉料因烧结而未冶炼成功的产物。

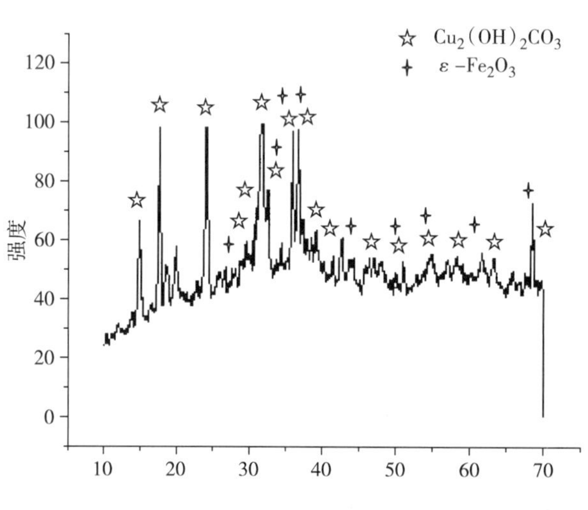

图 5　03EH110∶8 的 X 射线衍射图

6. 部分炼渣样品的熔融温度测试

炼渣的熔点应与熔炼过程的条件相适应。太难熔的渣会使燃料消耗增大和耐火材料损坏，太易熔的渣则会在主要熔炼反应完成之前过早地成为液体状态。

将部分炼渣样品放进马弗炉，加热使之重熔。结果发现，03ET2407⑧∶13、03ET2507⑧∶3 到 1150℃时已基本熔融；03ET2507⑦∶24、03ET2604④∶1 、03ET2606⑥∶3、03ET2605⑥∶4、03ET2307⑥∶19、03EH149∶46 到 1260℃保持五小时基本全熔融；03ET2506⑦∶20、03EH83∶31、03EH143∶9、03EH133∶6、03EH110∶8 仅部分熔融，甚至未熔。

该遗址大多数炼渣成分和铜绿山炼渣相近，含铁高，Ca 等碱质成分较低，故炼渣熔融温度较高。

附录三　阳新大路铺遗址出土商代饱水黑漆木柲的脱水保护

李　玲

（湖北省文物考古研究所）

1990 年 11 月，阳新县白沙大路铺遗址出土了一件商代中晚期的黑漆木柲（残）（90EF2:6），这是在湖北境内迄今发现的最早的古代漆器。该漆器制作工艺精湛独特，其纹饰装饰技法颇受青铜器影响，是极其少见而不可多得的商代髹饰漆木器资料。由于器物含水率高，为了长久保存，亟须采取脱水定型保护。

1. 器物分析

出土的黑漆木柲残，保存部分长 14cm，最宽处 3.9cm。木柲仅保留半片，保留部分保存着纹饰、漆膜，另约一半木质及漆膜已不存在。漆膜为黑色，纹饰分两种：一种是线圈纹，另一种是雷纹。第一种纹饰是采用直径约 0.04mm 的丝线平整而密集地缠绕，宽度为 4.5cm，其后在线层表面髹黑漆；另一种是采用约 0.04mm 的丝线编织成方格云雷纹，宽度 9cm，每组图案为五层方格和一个十字，丝线编织纹形成后在其表面髹黑漆。

1980 年，河南省罗山县天湖商代中晚期的墓地出土有类似木质的木柲残段，表面髹黑漆，木柲握手部位隐起方格云雷纹，每组图案为四层方格和一个十字，“该木柲上的纹饰系由五层丝线缠绕而成”①。王世襄先生认为：“这件木柲残段上呈高低状，说明当时已有堆漆工艺存在”②。

从有关资料看，罗山与阳新大路铺出土木柲的髹漆及装饰工艺基本相同。通过显微镜观察，发现在纹饰处有丝纤维，在漆膜的下面有灰层存在，我们推测，大路铺黑漆木柲的髹漆及装饰工艺为：

（1）该器物第一是制胎：用木材制成木柲胎体；（2）第二是合缝：就是将所做漆器的坯胎木块用生漆黏合、固化，拼成器形。第三是捎当：就是将合缝成型的胎骨上裂缝、接口等处用牛胶、生漆之类的黏合剂进行填充，待干后经过打磨，然后再通体髹一道生漆。当生漆层干燥至不粘手但对丝线有黏接作用时，在其表面用丝线缠绕出一定的纹饰。（3）再在丝纤维面髹生漆，目的是让纹饰定型。由于髹饰的漆液层较薄，干燥之后丝线缠绕处明显高于无丝线的地方，自然就形成凹凸有致的纹饰。木柲胎用丝线缠绕成纹饰上再髹漆数层，这样木柲不仅美观，而且能防止木柲

---

① 河南信阳地区文管会等：《罗山天湖商周墓地》，《考古学报》1986 年第 2 期第 181 页。

② 王世襄、朱家溍：《中国美术全集·美术工艺编 8 漆器》第 4 页，文物出版社，1989 年。

在干燥气候下变形开裂，有加固木胎的作用，同时能增大摩擦力，防止木柲在使用过程中脱落。

商周时期（约公元前16世纪~前771年），青铜器制造业相当发达，铸造工艺集中反映了时代的特点和手工业技术的高超水平。但从出土的考古资料看，漆器工艺也日趋成熟，与青铜器相比毫不逊色。商代漆器纹饰有着明显的时代特点，即仿铜器纹饰。发掘出土的商周漆器，为数不少，虽大多木胎腐蚀，但有的仍能辨别器形。如：（1）1981年，河南省偃师县二里头墓葬中发现商代漆钵、漆角瓜、漆鼓等，器表涂朱红色漆；（2）1973年，河北省藁城县台西村遗址发现商代漆器残片26块，木胎已朽，可见器表浮雕式花纹，朱红底，黑漆花，有的嵌绿松石；（3）商代墓葬中常见有漆绘棺椁。殷墟西区墓中的棺上一般涂红、黄色漆，少数有彩绘，为粉红、杏黄、黑、白等色。（4）1974年发掘的湖北黄陂盘龙城李家咀二号墓①是商代中期的墓葬，墓中出土撑板一面皆阳刻饕餮纹和云雷纹，每组图案间的阴线部分涂朱漆，阳面黑漆，出土时色彩斑斓，有可能就是漆绘。

由此可见：商代制漆、兑色、髹漆、镶嵌等漆器工艺技术水平较前大为提高，漆器的装饰技法颇受青铜器影响，漆器已突破食器和祭器的使用范围而发展到兵器、盛器、乐器和丧葬用具。

大路铺出土的漆木柲从漆工艺上讲，虽然属一般的髹漆制品，尚未使用堆漆、雕漆等工艺，但其器物采用丝线缠绕形成纹饰作装饰却很有特色，它的出现为研究我国古代漆工艺以及漆器装饰艺术提供了珍贵的实物资料。

2. 黑漆木柲保护处理

漆木柲因长期埋入地下，出土时饱含水分，一直将其浸入水中临时保存。为了长期保存这一珍贵文物，对其进行脱水处理是最佳方式。由于漆木器材质为有机质地，很多环境因素会使其降解腐朽，如：光照能使漆膜老化，造成漆膜暗淡无光或开裂；微生物能使木材降解等。同时漆木器也是多种材料复合而成，因此漆木器脱水保护是一个较为复杂的过程。饱水漆木器脱水的方法有十余种，其脱水主要从两方面着手：（1）在不改变器物原有形状的前提下，设法使漆器木胎体过量的水分除掉。如自然干燥法、溶剂置换法、冷冻干燥法等。（2）选择适当的材料，充填加固器物内降解掉纤维素，以提高漆器胎质的强度，如溶剂树脂法、PEG渗透加固法等。大路铺出土的商代木柲，体积小，表面有丝纤维编织纹饰，若在脱水处理过程中使用填充材料，则当器物保存时间较长，填充材料发生老化时会对纤维纹饰产生不利影响，同时有的填充材料也会对木柲髹漆工艺的进一步研究有所干扰。因此，对于这件小型器物脱水保护，笔者认为采用目前较为成熟的醇－醚联浸置方法换掉器物中水分是最佳的选择。

大路铺遗址出土的木柲，出土时采用泡水保存，经考古绘图、照相后，送实验室进行脱水处理。1992年3月开始使用乙醇水溶液进行脱水保护。所使用乙醇溶液是采用浓度逐步递增的工艺方法进行器物中水分置换的。最初采用的是60%乙醇溶液浸泡，随后逐步增加，最后二次使用无水乙醇浸泡木柲。浸泡过程中，浸泡液一律密封。当一种浓度溶液浸泡三天后，我们就将其溶液测一次比重，当最后二次所测的浸泡液比重与无水乙醇比重相同时，并且采用二甲苯溶液检验浸泡液，当浸泡液不呈乳白色时，说明浸泡液不含水分。这样就换成无水乙醚溶液浸泡器物，进而

① 盘龙城发掘队：《盘龙城一九七四年度田野考古纪要》，《文物》1975年第2期。

置换掉器物内所含的无水乙醇。乙醚溶液浸泡器物三天后，测得乙醚比重与其无水乙醚若有不同，这时更换新的无水乙醚溶液浸泡，三天后所测验比重与无水乙醚相同，说明乙醚已经完全置换掉乙醇。这时将器物取出，对容易起翘的漆膜边缘采用塑料薄膜条包裹器物，控制因乙醚的挥发造成漆膜起翘（彩版三二，4）。器物包扎完后将其放入通风橱中任乙醚自由挥发（表1、2）。

表1　不同浓度醇－醚联浸木柲脱水时间

乙醇溶液（%）	浸泡时间（D）	备注
60%	6	
75%	12	
85%	6	
100%	6	两次
无水乙醚	6	两次

表2　黑漆木柲脱水前后的相关数据

	通长（cm）	最宽处（cm）	重量（g）	木质颜色	漆膜颜色
处理前	14	3.9	46.7	灰黄	黑
处理后	13.8	3.5	12	灰白	黑

3. 醇－醚联浸脱水漆木器的机理及优缺点

醇－醚联浸方法脱水保护漆木器，是利用水、乙醇、乙醚三种溶液表面张力不同，对漆木器产生最小影响机理而设计。三种溶液表面张力的大小分别是：水＞乙醇＞乙醚。漆木器胎体是木材，木材由细胞组成，构成细胞壁的有机物质是纤维素（约占42%以上）、半纤维素（约占20%～35%）和木素（约占15%～35%）等（表3）。

表3　构成木材的成分

树种	纤维素（%）	半纤维素		木素（%）	树脂（%）	灰分（%）
		木聚糖	葡甘聚糖			
针叶木	40～50	6～15	5～16	20～30	2.5	0.2～0.5
阔叶木	45～50	15～20	0	20～25	2	0.5

纤维素是骨架物质，是以纤维丝形态存在着。纤维素（$C_6H_{10}O_{55}$）n，组成纤细状的微纤丝，它是以旋转叠积呈有规则地排列在薄层里面，再由薄层聚集成细胞壁层次，由d－葡萄糖基构成，每一个d－葡萄糖基有三个羟基OH。羟基的氢原子与相邻羟基的氧原子之间的距离在0.28～0.3nm以下，就可以形成氢键O－H－O。氢键起着缔合作用，纤维素中所有羟基都被包含在氢键之中（见图）。

微纤维的纤维素分子的横侧链羟基吸附水以后，引起相邻链的分离，使微纤维之间间隙增大，

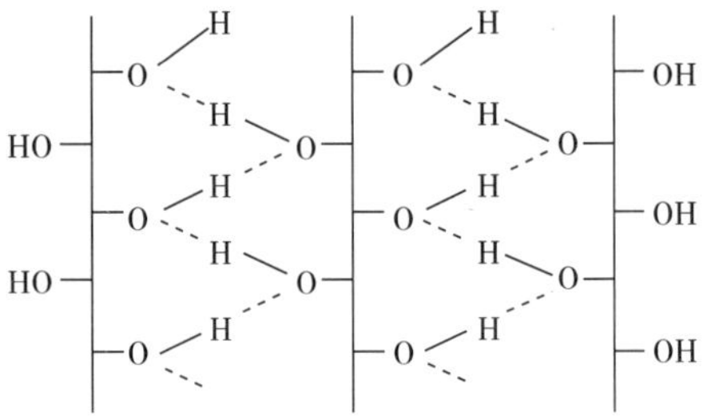

纤维素中羟基被包含在氢键中图示

产生横向膨胀，反之，水的散失就要收缩①。氢键的存在对纤维素的性质起着主要的作用，水和乙醇、乙醚对于木纤维素形成的氢键量不一样，单元醇类虽然与水同样具有羟基，但由于单醇的分子比水分子体积大，在木纤维素内所占体积大，则相对形成的氢键数目就少。因此，单元醇从木材内挥发比水直接从木材内挥发所引起的木材内缩率小。醚类没有羟基，不和纤维素产生氢键，渗入后充满在木材和纤维素的空间，所以没有羟基的乙醚对木纤维基本不起润胀作用，因此不易引起木材变形。表面张力的大小，反映了液体物质内聚力的大小。水的表面张力比醇、醚等的表面张力都大，说明水的内聚力即分子之间的相对作用比醇醚大。一般讲，表面张力低的液体，如乙醇、乙醚等，要比水容易挥发，表面张力的大小对木纤维在脱水时产生收缩是有影响的。醇－醚联浸漆木器脱水方法，可以使木材的细胞组织保存尚完好。此方法对于那种体积小、工艺独特、含水率在200%～400%以内的漆木器脱水定形效果好，时间短，成本也低廉。但值得注意的是，漆木器上的漆膜是高分子膜，任何有机溶剂对漆膜都会产生溶胀作用，使漆膜失去光泽，这是醇—醚联浸法脱水漆木器的不足之处。

漆器工艺在中国有着悠久的历史，湖北境内商代中晚期出土的黑漆木柲的发现以及脱水保护的成功，更加丰富了我国漆器工艺宝库，也进一步说明髹漆传统工艺在我国非物质遗产保护中得到了继承和发展。

① 张景良：《木材知识》，中国林业出版社，1991年。

后记

《阳新大路铺》考古发掘报告就要付梓了，长久压在我们编写小组身上的重任终将完成。我们编写小组由省、市、县考古专业人员构成，共八人。分别是湖北省阳新县文物局、博物馆程军、费世华；大冶市文物局、博物馆姜胜；黄石市博物馆周百灵；湖北省文物考古研究所院文清、田桂萍、付守平、冯少龙等。

报告由冯少龙主编，田桂萍、付守平任副主编。第一章由程军、姜胜、周百灵、费世华、冯少龙编写完成；第二章由冯少龙、付守平编写完成；第三章和第五章由田桂萍、冯少龙编写完成；第四章由冯少龙、付守平编写完成。报告中涉及的矿冶资料由院文清编写完成。报告编写完成后，由冯少龙统一修改定稿。

承蒙李延祥、秦颖、李玲、李建西、南普恒诸位先王惠赐论文形成报告附录，使报告增色添彩。在此，深表谢意！

报告绘图工作由曾令斌、李天智、马小娇、肖志华、费世霞、周世本等完成；器物纹饰拓本由费世华制作；田野摄影由董志伟、费世华承担；器物中的陶、石、铜、木器摄影由余乐承担；漆木柲摄影由郝勤建承担；报告中的表格由付守平、陈钢制作，其中大部分表格由陈钢完成。

报告中的英文提要由西北大学文化遗产学院张良仁教授完成。

大路铺古遗址考古资料的获得十分不易，它跨越世纪，饱含着几代人的艰辛。20 世纪 80 年代初，考古经费短缺，田野工作条件艰苦，我们的老馆长、老前辈王劲先生亲自领队组织发掘，给予我们极大的关怀和鼓舞。在那个年代关心、支持我们田野工作的还有原湖北省文化局文物处处长孙启康先生、武汉大学历史系王光镐先生、湖北省博物馆王红星先生。90 年代初，在湖北省文物考古研究所党委书记陈迺成、所长陈振裕先生的支持下，争取到壹万元专项经费，使我们得以对阳新大路铺遗址进行补充发掘。在那艰苦的年月，阳新县博物馆原馆长李儒俦先生长时间陪伴着我们在工地，处理各种矛盾，协调各方面的关系，从而使我们的文物保护工作得以顺利展开。21 世纪初，我们的发掘工作得到原湖北省文物考古研究所所长王红星、副所长张昌平先生和湖北省文物考古研究所副所长孟华平先生、湖北省文物局副局长吴宏堂先生的大力支持。发掘期间，他们多次到工地组织研讨，科学指导发掘工作。对此，我们表示由衷的感激！

报告编写之初，武汉大学历史学院考古系教授陈冰白先生，湖北省文物考古研究所王红星、孟华平、胡雅丽研究员等，到阳新整理现场，指导报告编写，并提出许多衷肯意见。报告的编写还得到了武汉大学历史学院考古系教授杨宝成先生的悉心指导。给予报告编写诸多支持与帮助的还有湖北省文物考古研究所周国平、宋有志、韩楚文先生。特别是韩楚文先生，帮助组织曾令斌、孟军涛、韩恒、吴帅岚、陈明芳等先生，对报告中的线图、图版进行了认真细致的编排，给报告的编写予以诸多支持。

回顾大路铺遗址发掘和报告编写工作，我们深感到这是集体的智慧，大家共同协作的结果。为此，我们再次对关心、支持、帮助本报告出版的专家、学者和师友们表示诚挚的谢意和衷心的感激！

编者

ABSTRACT

From 1984 to 2003, the Hubei Province Institute of Cultural Relics and Archaeology and collaborating institutions carried out four seasons of excavation at the Dalupu site, about 80,000 square meters in dimension, in Yangxin County, Hubei Province. Based on the layout of the site, excavations were executed in the eastern, western, and northern zones, and a great quantity of Neolithic and Bronze Age (synchronic with Shang and Zhou periods in the Central Plain in northern China) materials were acquired.

Ⅰ. **Neolithic Materials**

Neolithic cultural features of this site consist of: 1) the 7th-10th layers, as well as trashpits, houses (postholes), and fire-places in the south of the eastern zone; 2) the 7th-8th layers, as well as trashpits, houses (postholes), and fire-places in the middle of the eastern zone; 3) the 6th-9th layers and trashpits in the north of the eastern zone; 4) the 7th layer in the western zone; 5) houses (postholes) and tombs in the northern zone. Among the artifacts found at the site, there are ceramic, stone, bone, copper-based artifacts, in combination with copper ore, furnace fragments, and slag. The Neolithic culture of this site, which appears to be a local variant of the Shijiahe Culture of the Longshan Period, and falls into two periods (three sub-periods). Dating to 4350- 4100BP, it overlaps with the beginning of the historical Xia Dynasty.

Ⅱ. **Bronze Age Materials**

Bronze Age cultural remains consist of this site consist of: 1) the 2nd-6th layers in the south of the eastern zone; 2) the 2nd-6th layers in the middle of the eastern zone; 3) the 2nd-5th layers in the north of the eastern zone; 4) the 3rd-6th layers in the western zone; 5) the 2nd-4th layers in the northern zone. In addition, trashpits, trash trenches, houses (postholes), stoves (pits), kilns, wells, fireplaces, fired earth debris, and tombs, and pottery, copper-based, lacquered wooden, stone, and jadeite artifacts were found.

The Bronze Age culture of this site is characterized by *li*-tripods with incised lines on their legs, *yan*-tripods with a pair of clay appliqué on their rims, *dou*-tureens with rectangular openwork on their stands, and *lei*-jars with bird-crown-shaped ears, and bird-head-shaped ears. Sites of this culture have been found in a area centering on Daye and Yangxin in Hubei Province, and Ruichang in Jiangxi, and deserve the nomination of a distinctive culture—the Dalupu Culture, which passes through four periods, in terms of the chronology of Bronze Age cultures in the Central Plain: 1) early late Shang; 2) from late Yinxu to early Western Zhou; 3) middle Western Zhou; 4) from late Western Zhou to early Spring-Autumn.

The Dalupu site is rich in smelting and metalworking remains. Apart from slag, copper ore, and furnace fragments that have been found in large quantities, a number of artifacts and features that are related to copper smelting and casting operations were also discovered. The stone anvils, pestles, smelting-related firing pits, melting-related urns, and casting-related pottery/stone molds provide fresh data for the study of mining and casting activities in the Yangxin and Daye areas in Hubei Province, and for the study of Chinese ancient metallurgy.

1. 大路铺遗址全貌(由东向西)

2. 2003年遗址东区中部布方全貌(由西向东)

大路铺遗址

1. 03EF1 新石器时代房基（由南向北）

2. 商周时代 03EJ1 与 03EH116

3. 商周时代 03EG4 与 03EY1

新石器、商周时代遗迹

1. 03ESK1

2. 03ESK2

商周时代烧坑

1. 03ESK5

2. 03ESK4

商周时代烧坑

1. 03ET2805 ③下炼渣堆积

2. 03EST2 烧土堆积

商周时代炼渣、烧土堆积

1. Aa 型Ⅲ式（84ET1⑦：1）

2. Ab 型Ⅰ式（84NM2：1）

3. Ab 型Ⅱ式（03EH78：1）

4. Ab 型Ⅱ式（84NM3：4）

5. Ab 型Ⅲ式（84NM6：4）

6. Ac 型（84NM5：3）

新石器时代陶鼎

1. C 型Ⅲ式鼎（03ET2307 ⑦：2）

2. A 型Ⅱ式甑（03ET2506 ⑦：4）

3. A 型Ⅲ式甑（84ET1 ⑦：2）

4. A 型Ⅲ式甑（84ET1 ⑦：2）底部

5. Aa 型Ⅲ式盆（03ET2307 ⑦：5）

6. Aa 型Ⅳ式盆（03ET2406 ⑦：1）

新石器时代陶器

1. Ab 型Ⅱ式壶（84NM3：6）

2. Ab 型Ⅲ式壶（84NM6：6）

3. Ac 型Ⅱ式壶（84NM3：7）

4. Ad 型Ⅰ式壶（84NM3：1）

5. D 型Ⅱ式罐（84NM6：3）

6. Ⅰ式器座（03ET2407⑧：9）

新石器时代陶器

1. A 型Ⅱ式簋（84NM2：3）

2. B 型Ⅱ式簋（84NM3：3）

3. B 型钵（84NM5：2）

4. Bb 型豆（84NM6：2）

5. Bb 型杯（84NM3：5）

6. B 型Ⅱ式器盖（03ET2406⑦：6）

新石器时代陶器

1. B 型Ⅲ式器盖（90EH12 ：4）

2. A 型石锛（03ET2407 ⑨：14）

3. Ⅰ式石凿（03ET2406 ⑦：70）

4. B 型Ⅱ式石锛（03ET2307 ⑦：90）

5. Da 型Ⅱ式陶盖纽（03ET2406 ⑦：64）

6. 骨钻（03ET2406 ⑦：71）

7. ①、② B、A 型彩陶环（84WT8 ⑦：4、3），③、④彩陶片（84WT8 ⑦：5、6）

新石器时代器物

1. 炉壁（03ET2507⑧：11）

2. 矿石（03ET2307⑦：16）

3. 铜片（03ET2307⑦：13）

4. 矿石（03ET2506⑦：19）

5. 矿石（03ET2506⑦：15）

新石器时代遗物

1. 03ET2407⑧：13

2. 03ET2507⑧：3

3. 03ET2506⑦：20

4. 03ET2507⑦：24

新石器时代炼渣

1. Aa 型Ⅰ式（03EH44 ：13）

2. Aa 型Ⅲ式（03EG3 ③：17）

3. Ab 型Ⅰ式（03EH82 ：2）

4. Ab 型Ⅱ式（03EH146 ：1）

5. Ab 型Ⅲ式（03EH129 ：6）

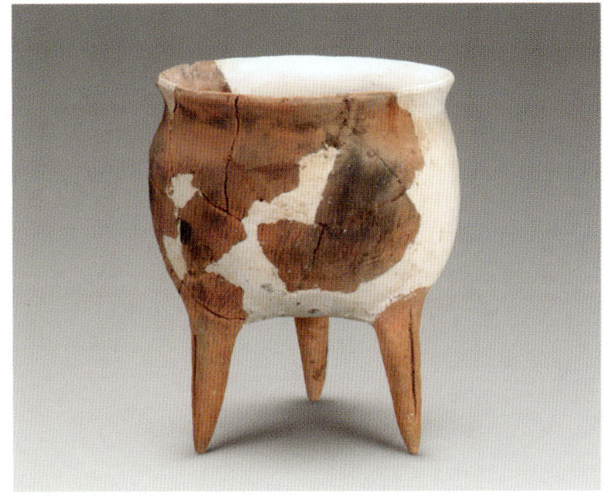

6.Ab 型Ⅳ式（03EH130 ：8）

商周时代陶鬲

1. Ad 型Ⅰ式（03EH103：3）

2. Af 型Ⅰ式（03EH44：4）

3. Af 型Ⅲ式（03EH19：14）

4. Ah 型Ⅲ式（03EH117：30）

5. Ai 型Ⅱ式（03EH130：9）

6. Ba 型Ⅰ式（03ET2410⑥：7）

商周时代陶鬲

1. Ba 型Ⅲ式（03ET2508④：10）

2. Ba 型Ⅳ式（03EH19：11）

3. Da 型Ⅱ式（03EG4：5）正视

4. Da 型Ⅱ式（03EG4：5）侧视

5. C 型Ⅰ式（84WT14⑥：1）

6. E 型（84NH8：1）

商周时代陶鬲

1. G 型鬲（03EH116：2）

2. Hc 型Ⅰ式鬲（03ET2406⑥：1）

3. Aa 型Ⅰ式甗（03ET2409⑥：9）

4. Aa 型Ⅲ式甗（03EH130：5）

商周时代陶器

1. Aa 型Ⅳ式（84NT2 ③：4）

2. Ab 型Ⅲ式（03EH118：1）

3. Ab 型Ⅳ式（03EH8：9）

4. Ad 型（03ET2307 ⑥：9）

商周时代陶甗

1. Aa 型Ⅰ式（03EH44：2）

2. Ab 型Ⅰ式（84NH8：2）

3. Ad 型Ⅱ式（03EH151：2）

4. Ba 型Ⅱ式（84NT5④：1）

5. Da 型Ⅱ式（03EH98：4）

6. Da 型Ⅲ式（84ET2③：4）

商周时代陶鼎

1. Dd 型Ⅱ式鼎（03EH129：3）

2. Db 型Ⅱ式鼎（03EH19：8）

3. Aa 型Ⅱ式滤盉（84WH1：2）

4. B 型滤盉（03EH36：6）

商周时代陶器

1. Aa 型Ⅱ式（03EH50：4）

2. Aa 型Ⅴ式（03EH106：1）

3. Aa 型Ⅵ式（03ET2410 ③：3）

4. D 型Ⅰ式（03EH117：7）

5. Fa 型Ⅰ式（03EH50：2）

商周时代陶罐

1. Ab 型Ⅲ式（84NT2 ③：5）

2. Ea 型Ⅲ式（84NT2 ③：7）

3. Ea 型Ⅳ式（03EH19：7）

4. Ga 型Ⅰ式（03EH50：6）

商周时代陶瓮

1. Gc 型Ⅰ式瓮（03EH44：3）

2. Ha 型Ⅰ式瓮（03EH50：1）

3. E 型Ⅱ式壶（03EH172：2）

4. Aa 型Ⅲ式盆（84WT8④：2）

5. Bb 型Ⅲ式盆（03ET2508④：1）

6. C 型Ⅲ式盆（03EH26：22）

商周时代陶器

1. A 型Ⅰ式（03EH50：3）

2. A 型Ⅱ式（03EH26：24）

3. Ba 型Ⅱ式（03EH117：8）

4. Ca 型Ⅰ式（03EH129：5）

5. Ca 型Ⅱ式（03EH130：7）

商周时代陶罍

1. A 型簋（03EH67：6）

2. Aa 型Ⅰ式钵（03EH44：19）

3. Aa 型Ⅲ式钵（03ET2509 ③：2）

4. 卣（03EH79：1）

5. Ac 型Ⅱ式钵（03EH26：10）

6. Ad 型Ⅱ式钵（03ET2707 ④：2）

商周时代陶器

1. Aa 型Ⅰ式（03EH44：6）

2. Aa 型Ⅱ式（03ET2409⑥：4）

3. Ab 型Ⅰ式（90EF2：26）

4. Ab 型Ⅲ式（03ET2605③：1）

5. Ab 型Ⅳ式（03EH8：5）

6. Bb 型（84NT1③：1）

商周时代陶豆

1. Bb 型缸底（84EH2：1）

2. Bc 型Ⅰ式器盖（03EH103：1）

3. Bc 型缸底（84ET3③：1）

4. Aa 型Ⅲ式器盖（03EH26：12）

5. Bb 型Ⅰ式器盖（84ET5⑤：2）

6. A 型Ⅰ式纹印（03ET2307⑥：4）

7. A 型Ⅱ式纹印（03EH106：3）

商周时代陶器

1. Aa 型Ⅳ式（90EG1：9）

2. Ab 型Ⅲ式（90EG1：5）

3. Bb 型Ⅱ式（03EH36：5）

4. Bc 型Ⅰ式（03EH26：11）

5. Bc 型Ⅱ式（03ET2406④：2）

6. Bc 型Ⅲ式（90EH3：1）

7. C 型Ⅱ式（84NT1②：1）

8. Da 型Ⅰ式（03EH172：1）

9. Da 型Ⅱ式（84ET1③：3）

10. E 型（90ET217④：1）

商周时代陶支（拍）垫

1. 角形器（84WT8 ③：2）

2. 指托（03EH116：1）

3. B 型范（03ET2410 ⑥：54）

4. Ⅲ式雉形器（鸡）（03ET2409 ④：2）

5. C 型模具和 B 型Ⅱ式纺轮（90ET217 ④：4、2）

6. C 型模具（90ET217 ④：4）

商周时代陶器

1. 鬲底（03EH117：30）

2. 鼎底（03EH98：4）

3. 鬲底（03EG1：2）

4. 鼎底（03EH120：3）

5. 鬲包足痕

6. 鼎粘贴足痕

商周时代陶器制法

1. 鼎足榫、鬲包足（03EH22）

2. Aa 型Ⅰ式甗粘贴足（03ET2406⑤：2）

3. Aa 型器盖上蝉纹（03EH117：32）

4. 鼎足榫（03EH22）

5. 鬲包足（03EH22）

6. A 型壶上蝉纹（03EH36：8）

商周时代陶器制法和陶器纹饰

1. 戈（84WT9⑤：1）

2. 剑（84ET6⑤：1）

3. A 型削刀（84ET1⑤：15）

4. B 型削刀（84WT13⑤：1）

商周时代铜器

1. 铜臿（84WH2：2）

2. Ⅱ式铜钩（84NT5③：2）

3. B型铜锥（84NT13③：1）

4. 漆木柲（90EF2：6）

5. 木楔（90EF2：13）

6. 木楔（90EF2：20）

7. 木楔（90EF2：21）

商周时代铜、漆木器

1. B 型石砧（03EH93：52–1）和石锤（03EH93：52–2）

2. Aa 型Ⅳ式石斧（90ET217④：3）

3. A 型Ⅰ式石锤（03EH44：1）

4. A 型Ⅰ式石锤（03EH44：5）

5. A 型Ⅱ式石锤（03EH163：1）

6. Ac 型Ⅱ式斧（90ET216⑤：4）

7. B 型Ⅱ式铲（90ET216⑤：2）

8. A 型管（03ET2307⑥：3）

9. 钻（03EY1：3）

商周时代石器

1. B 型Ⅲ式锛（03ET2905 ③：1）

2. Ⅲ式凿（84WT8 ④：4）

3. 锥（03ET3007 ④：2）

4. Ab 型Ⅲ式镞（03EH149 ：4）

5. B 型Ⅱ式锛（90EG1 ：1）

6. B 型Ⅱ式镞（03EH26 ：27）

7. B 型Ⅳ式镞（84WT8 ③：3）

商周时代石器

1. Ⅱ式石支（拍）垫（03EH106：7）

2. Ⅱ式石杵（03ET2410③：1）

3. A型Ⅱ式石刀（84WT16③：4）

4. B型石范（03EH77：1）

5. 水晶石（03EH149：41）

6. 水晶石（03EH19：28）

商周时代遗物

1. 矿石（03ET2307⑥：16）

2. 炉壁（03EG4：117）

3. 矿石（03ET2605⑥：3）

4. 炉壁（03EH160：6）

5. 矿石（03ET2507⑤：1）

6. 矿石（03EH143：8）

商周时代炉壁、矿石

1. 03EH142 ：4

5. 03EH177 ：23

2. 03EH110 ：7

6. 03ET2607 ②：3

3. 03ET2307 ⑥：13

7. 03ET2705 ③：1

4. 03ET2307 ⑥：10

商周时代矿石

1. 03ET2607 ⑥：4

2. 03ET2406 ⑤：7

3. 03EH83 ：31

4. 03ET2406 ⑤：8

5. 03EH149 ：46

6. 03ET2406 ⑤：9

商周时代炼渣

1. 03EH136：8

2. 03EH130：64

3. 03EH136：7

4. 03EH106：26

5. 03EH93：54

6. 03EH93：55

商周时代炼渣

1. 03ET2307⑥：19

2. 03ET2507③：6

3. 03ET2605⑥：4

4. 03ET2507③：5

5. 03ET2706④：12

6. 03ET2605⑥：5

商周时代炼渣

1. 03ET2606⑥：3

2. 03EH110：9

3. 03EH133：6

4. 03EH110：8

5. 03EH143：9

6. 03EG4：118

商周时代炼渣

1. 03ET2604 ④：1

2. 03ET2509 ⑤：6

3. 03ET2607 ⑤：26

4. 03EH110 ：6

5. 03EH175 ：1

6. 03ET2705 ③：4

商周时代炼渣

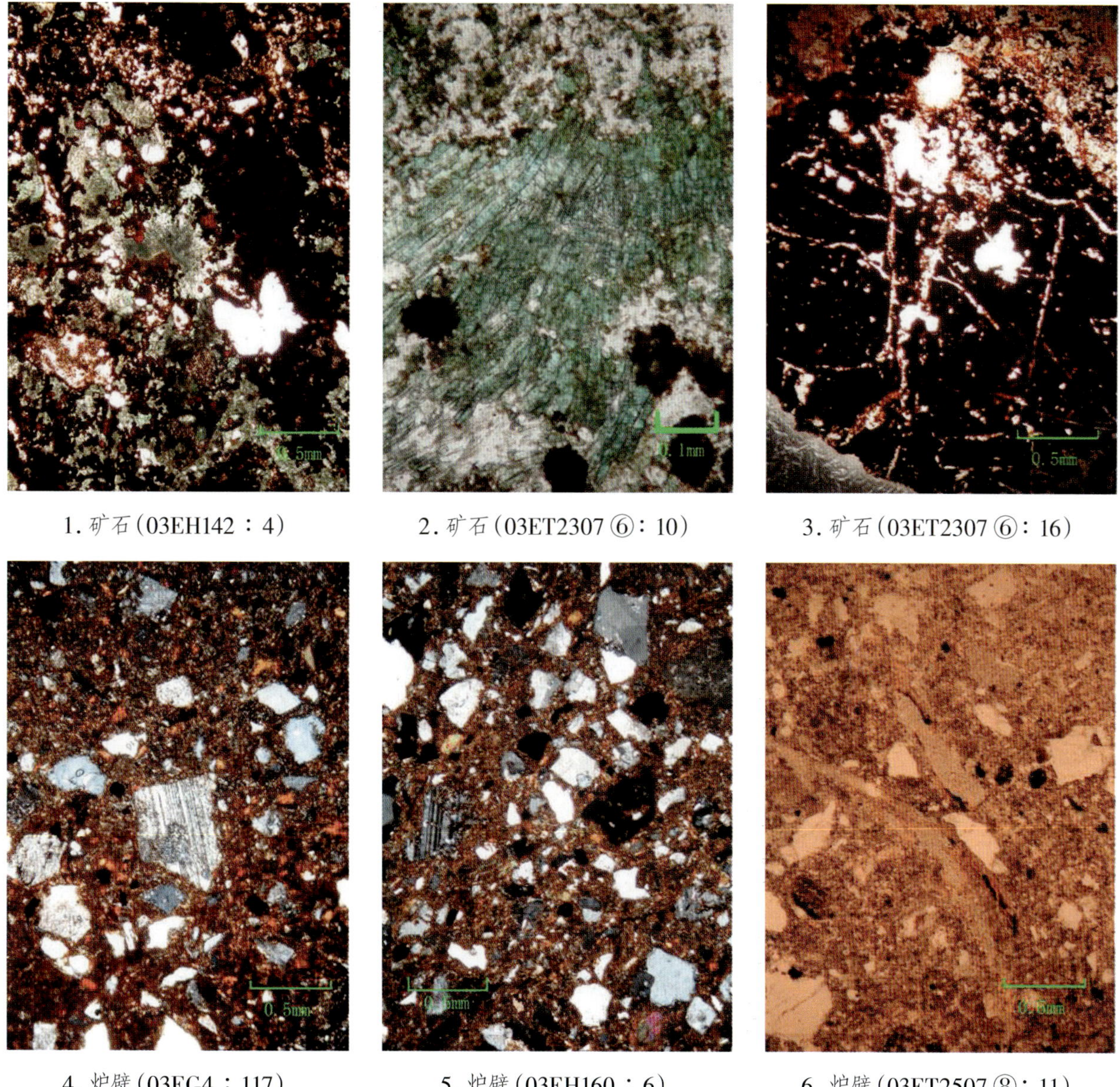

1. 矿石（03EH142：4） 2. 矿石（03ET2307⑥：10） 3. 矿石（03ET2307⑥：16）

4. 炉壁（03EG4：117） 5. 炉壁（03EH160：6） 6. 炉壁（03ET2507⑧：11）

矿冶遗物岩相分析图

（6为新石器，余为商周时代）

1. 炼渣（03ET2507⑦：24）　2. 炼渣（03ET2606⑥：3）　3. 炼渣（03ET2307⑥：19）

4. 炼渣（03EH83：31）　5. 炼渣（03EH149：46）　6. 炼渣（03EH110：6）

矿冶遗物岩相分析图

（1为新石器，余为商周时代）

1. Aa 型Ⅱ式（03ET2407 ⑧：1）

2. Ab 型Ⅰ式（84NM4：1）

3. Ab 型Ⅱ式（84NM6：1）

4. B 型Ⅲ式（03ET2307 ⑦：10）

5. C 型Ⅲ式（03ET2307 ⑦：3）

新石器时代陶鼎

1. C 型Ⅱ式鼎（84NM1：2）

2. D 型Ⅱ式鼎（03ET2307 ⑦：95）

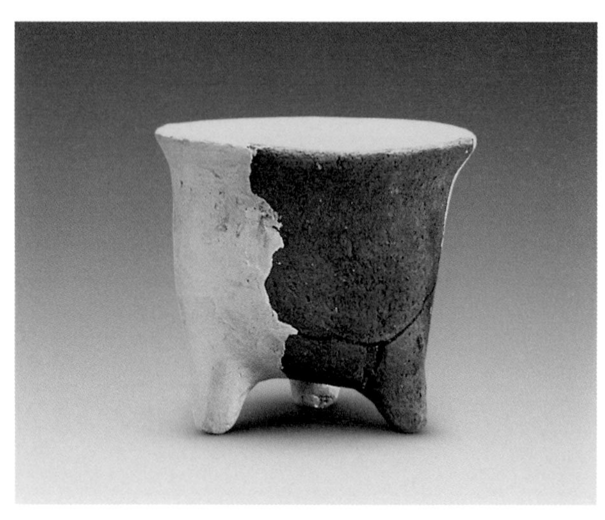

3. 陶鬲（03EF1：1）

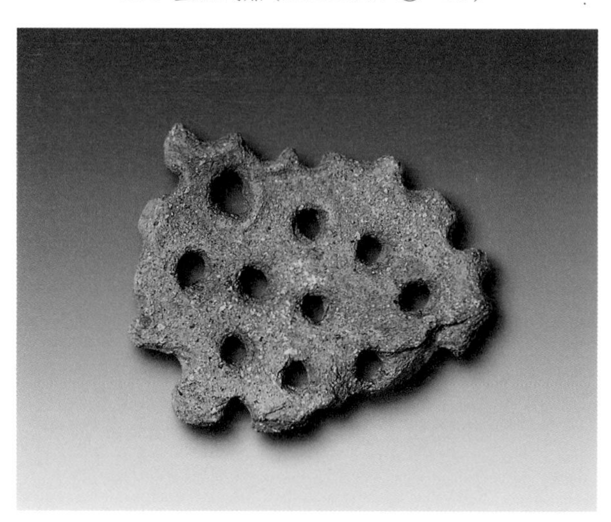

4. A 型甑底（03ET2506 ⑦：3）

5. Ⅱ式鬶（90EH12：11）

6. Aa 型Ⅳ式壶（84NM6：8）

新石器时代陶器

1. Ab 型Ⅰ式（84NM4：3）

2. Ac 型Ⅰ式（03ET2407 ⑨：1）

3. Ad 型Ⅱ式（84WT2 ⑦：6）

4. C 型（84NM1：1）

5. Ae 型Ⅰ式（03ET2407 ⑧：12）

6. Ae 型Ⅱ式（84NM6：7）

新石器时代陶壶

1. Ac 型Ⅲ式罐（03ET2307⑦：97）

2. Ca 型Ⅱ式罐（03ET2307⑦：1）

3. A 型Ⅲ式缸口（03ET2307⑦：6）

4. B 型缸底（03ET2307⑦：11）

5. Bb 型Ⅱ式盆（03ET2307⑦：100）

新石器时代陶器

1. A型Ⅰ式簋（03ET2307⑩：45）

2. A型Ⅰ式簋（03ET2307⑨：1）

3. A型Ⅲ式钵（03ET2407⑧：2）

4. C型钵（03ET2507⑧：50）

5. A型碗（03ET2307⑩：44）

6. C型Ⅰ式盘（90EH15：1）

7. Aa型Ⅱ式盘（03ET2507⑦：5）

新石器时代陶器

1. A型Ⅰ式(03ET2307⑩:84)

2. Bb型(84NM3:2)

3. Cb型Ⅰ式(84WT2⑦:8)

4. Cb型Ⅰ式(84ET1⑧:3)

5. Cc型(84WT2⑦:5)

6. E型Ⅱ式(03EH31:26)

新石器时代陶杯

1. Ab 型Ⅱ式（03ET2307 ⑦：8）

2. Ad 型Ⅰ式（90ET217 ⑧：8）

3. B 型Ⅱ式（90EH15：2）

4. B 型Ⅱ式（03ET2407 ⑧：4）

5. B 型Ⅲ式（03ET2406 ⑦：9）

6. B 型Ⅳ式（84WT2 ⑦：1）

新石器时代陶器盖

1. Ⅱ式器座（03ET2307⑦：102）

2. 支（拍）垫（03ET2507⑧：24）

3. Ba 型圈足（90EH23：2）

4. 陀螺（03ET2507⑧：25）

5. B 型饼（03ET2407⑨：17）

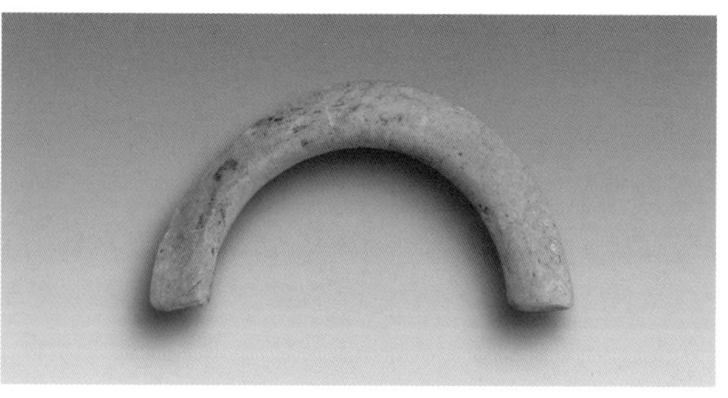

6. B 型环（90ET216⑥：4）

7. Ca 型环（03ET2407⑨：15）

新石器时代陶器

1. Aa 型（03ET2407 ⑧：8）　2. Aa 型（03ET2407 ⑧：11）　3. Aa 型（03ET2507 ⑧：21）

4. Aa 型（03ET2507 ⑧：22）　5. Aa 型（03ET2307 ⑦：9）　6. Aa 型（03ET2406 ⑦：26）

7. Ab 型（03ET2407 ⑧：5）　8. Ab 型（90ET217 ⑧：16）　9. Ab 型（03ET2408 ⑦：39）

新石器时代陶纺轮

1. Ab 型（03ET2307 ⑦：103）
2. Ab 型（03ET2406 ⑦：17）
3. Ab 型（84WT8 ⑦：1）
4. Ab 型（03EH32：10）
5. Ba 型（03ET2406 ⑦：63）
6. Bb 型（90ET217 ⑧：12）
7. Bb 型（90ET216 ⑥：2）
8. Bb 型（03EH32：1）
9. C 型（90ET216 ⑦：1）

新石器时代陶纺轮

1. Aa 型（03ET2307 ⑨：38）

2. Aa 型（03ET2407 ⑧：6）

3. Aa 型（03EH31：1）

4. Ab 型（03ET2406 ⑦：15）

5. Ba 型（03ET2307 ⑧：58）

6. Ba 型（84NM4：2）

新石器时代陶球

1. A型（03ET2507⑧：20）

2. B型（90ET217⑧：9）

3. A型（03ET2307⑧：56）

4. A型（03ET2507⑦：3）

5. A型（90ET233⑨：17）

6. A型（84WT8⑦：2）

新石器时代石斧

1. B 型石斧（90ET217 ⑧：15）

2. B 型石斧（84WT2 ⑦：10）

3. B 型石斧（90ET216 ⑦：3）

4. A 型石锛（84NM2：2）

5. B 型石锛（03ET2407 ⑦：12）

6. B 型Ⅰ式石锛（03EF2：1）

新石器时代石器

1. 石铲（03ET2307 ⑨：41）

2. Ⅱ式石刀（90ET248 ⑧：1）

3. Ⅰ式石凿（03ET2406 ⑦：10）

4. Ⅰ式石凿（90ET217 ⑧：14）

5. 石镞（90ET233 ⑧：16）

6. 石镞（90ET248 ⑥：1）

7. 石镞（90ET216 ⑥：5）

新石器时代石器

1. Ⅰ式（03ET2307⑥：11）

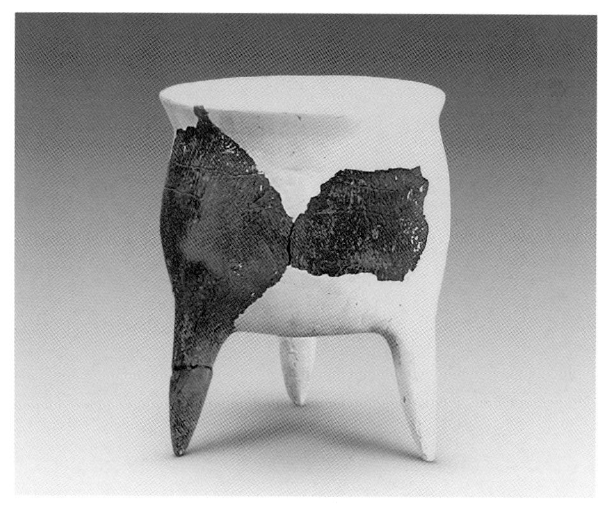

2. Ⅰ式（03ET2409⑥：5）

3. Ⅰ式（90ET217⑤：16）

4. Ⅰ式（90EF2：1）

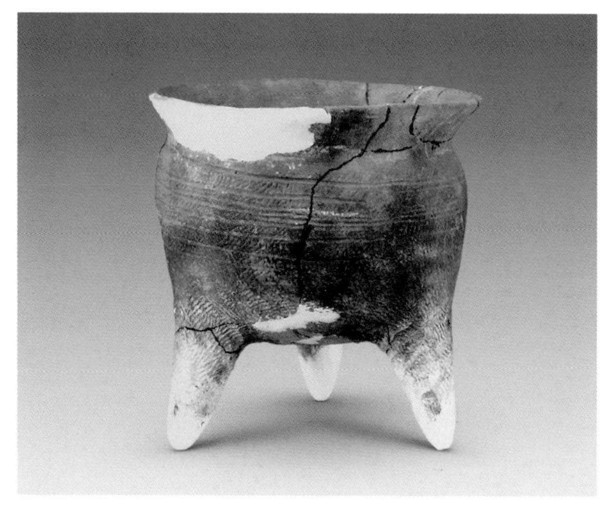

5. Ⅰ式（90EF2：7）

6. Ⅱ式（90ET233⑤：9）

商周时代 Aa 型陶鬲

1. Ⅱ式（03EG1：2）

2. Ⅱ式（03EH80：1）

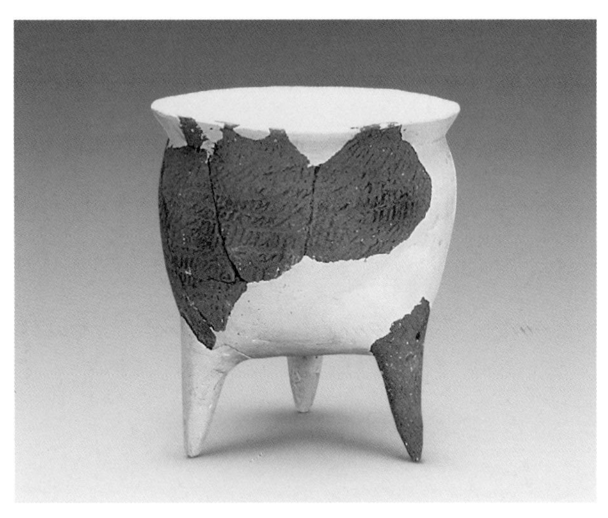

3. Ⅲ式（03ET2409⑤：1）

4. Ⅲ式（90E采：1）

5. Ⅲ式（03EG3①：18）

6. Ⅲ式（03EH26：6）

商周时代Aa型陶鬲

1. Aa 型Ⅳ式（03EH12：3）

2. Aa 型（03EH17：4）

3. Ab 型Ⅱ式（03EH35：2）

4. Ab 型Ⅱ式（03EG4：3）

5. Ab 型Ⅱ式（03EH93：14）

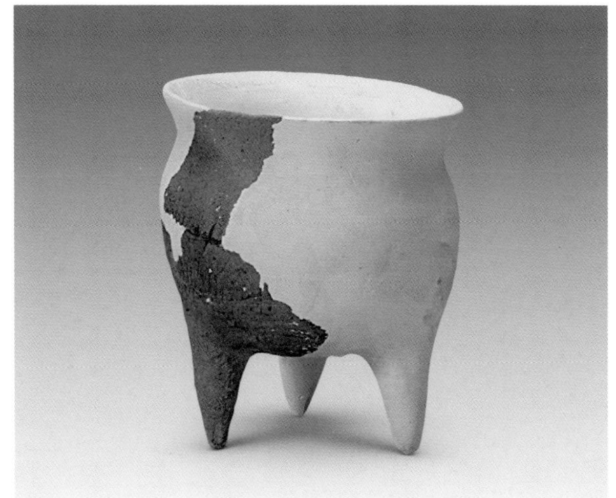

6. Ab 型Ⅲ式（03EG3 ②：19）

商周时代 A 型陶鬲

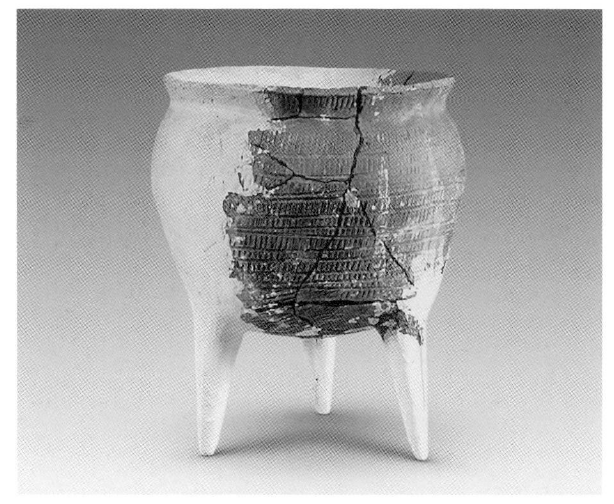

1. Ⅲ式（90ET272④：1）

2. Ⅲ式（90ET217④：6）

3. Ⅲ式（90EH8：1）

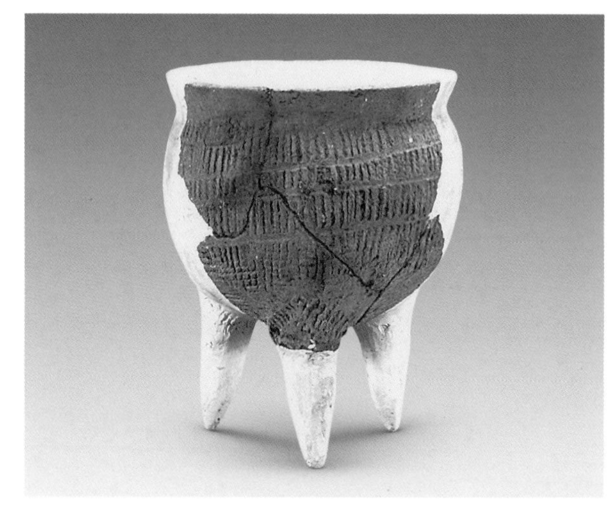

4. Ⅲ式（03EG4：4）

5. Ⅲ式（03EH26：7）

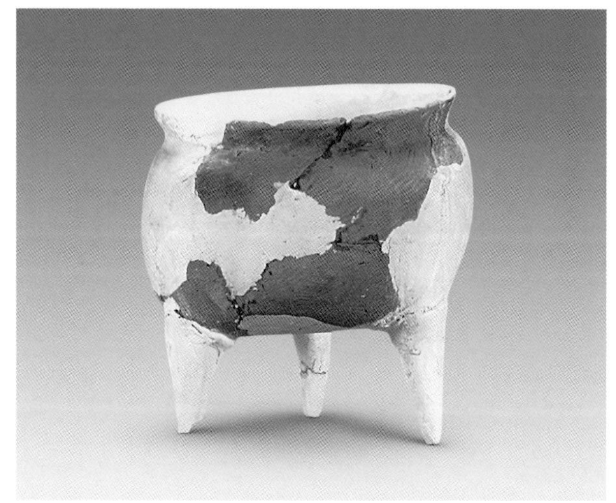

6. Ⅳ式（03EH149：3）

商周时代Ab型陶鬲

1. Ⅰ式（03EH103：4）

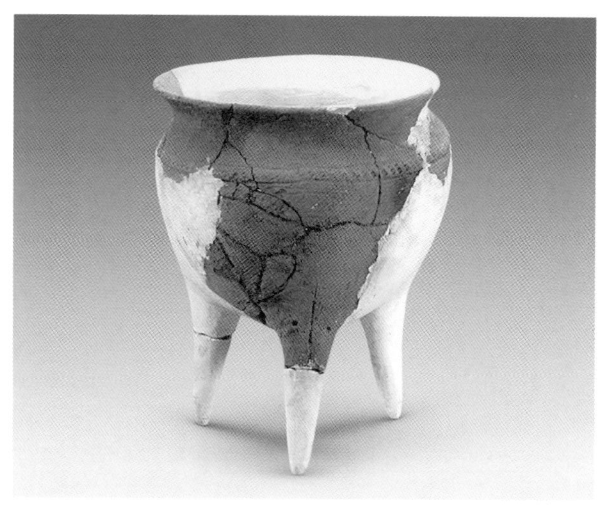

2. Ⅰ式（03EH105：2）

3. Ⅱ式（03EH139：1）

4. Ⅱ式（03ET2410⑤：3）

5. Ⅲ式（03EH98：7）

6. Ⅳ式（03ET2806③：5）

商周时代 Ac 型陶鬲

1. Ad 型Ⅲ式（03ET2409⑤：30）

2. Ad 型Ⅳ式（03EH22：17）

3. Af 型Ⅰ式（03ET2409⑥：10）

4. Af 型Ⅰ式（03ET2410⑥：2）

5. Af 型Ⅱ式（03EH35：1）

6. Ag 型Ⅰ式（03ET2409⑥：11）

商周时代 A 型陶鬲

1. Ⅱ式（03EH160：2）

2. Ⅲ式（03EH26：3）

3. Ⅲ式（03EH163：18）

4. Ⅳ式（03EH27：1）

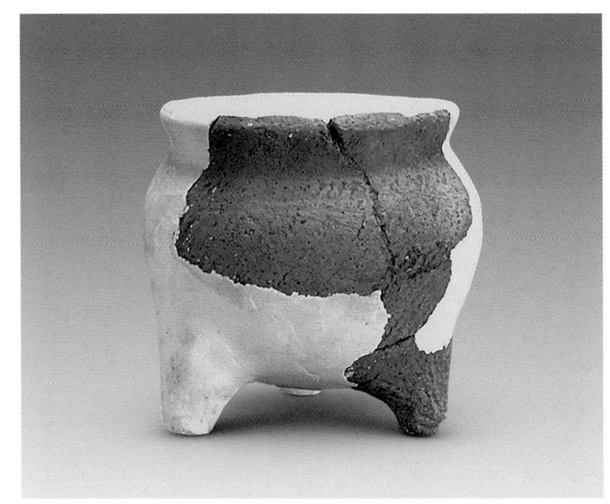

5. Ⅳ式（03EH36：1）

6. Ⅴ式（03EH8：8）

商周时代 Ag 型陶鬲

图版二二

1. Ag 型（03EG3 ③：20）

2. Ag 型（03EG3 ③：21）

3. Ah 型Ⅰ式（03ET2409 ⑥：8）

4. Ah 型Ⅱ式（03EG1：3）

5. Ah 型Ⅰ式（03EH44：18）

6. Ah 型Ⅱ式（03ET2409 ⑤：6）

商周时代 A 型陶鬲

1. Ah 型Ⅱ式（03EG1：4）

2. Ah 型Ⅱ式（03EH26：16）

3. Ah 型Ⅱ式（03EH135：1）

4. Ai 型Ⅰ式（03EH79：31）

5. Aj 型Ⅰ式（03ET2508④：5）

6. Aj 型Ⅱ式（03ET2409④：3）

商周时代 A 型陶鬲

图版二四

1. Ak 型（90ET217④：9）

2. Ba 型Ⅱ式（03EH139：2）

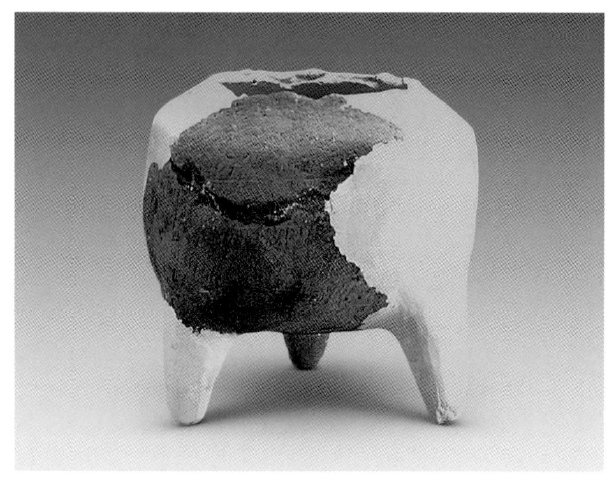

3. Ba 型（03EH22：18）

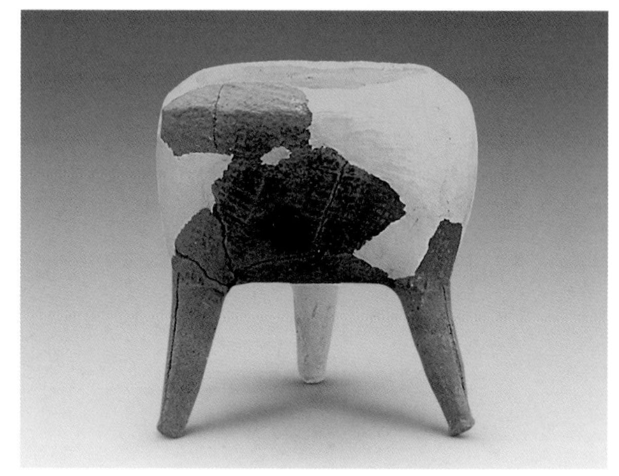

4. Ba 型（03ET2410②：3）

5. Bb 型Ⅰ式（03ET2410⑥：6）

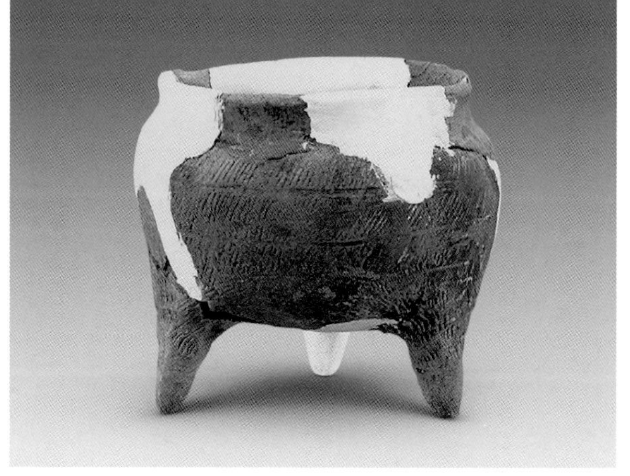

6. Bb 型Ⅱ式（03EH83：8）

商周时代陶鬲

1. C 型Ⅱ式（03EH129：10）

2. Da 型Ⅰ式（03EH24：1）

3. Da 型Ⅰ式（03EH24：2）

4. Da 型Ⅲ式（03ET2508④：3）

5. F 型（84WT2③：1）

商周时代陶鬲

1. Ha 型Ⅰ式（03ET2409 ⑥：17）

2. Ha 型Ⅰ式（03EH44 ：17）

3. Ha 型Ⅱ式（03EH26 ：8）

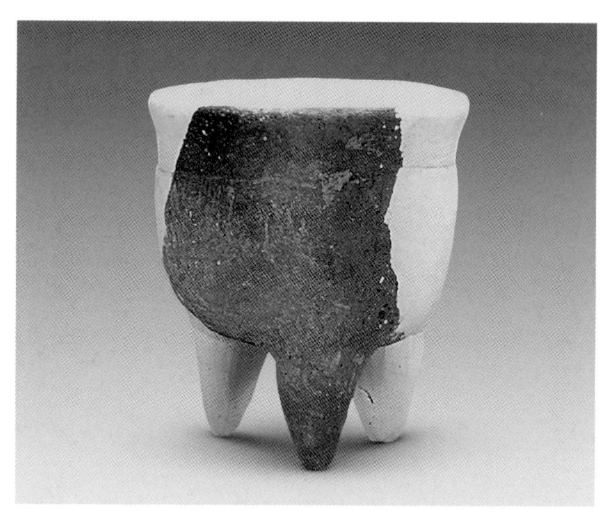
4. Ha 型Ⅲ式（03ET2508 ④：4）

5. Ha 型Ⅲ式（03ET2508 ④：6）

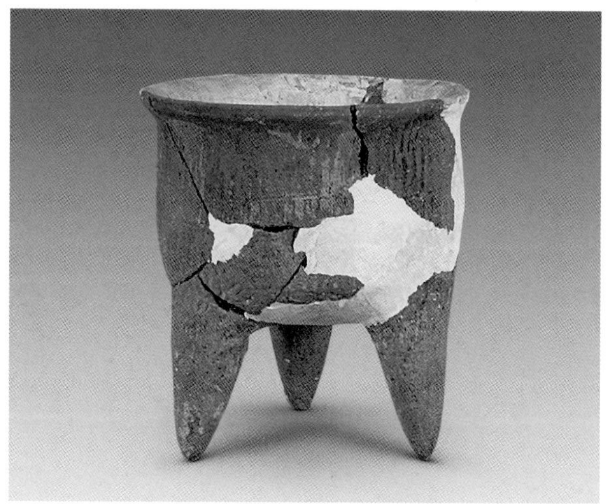
6. Hb 型Ⅰ式（90ET233 ⑤：6）

商周时代 H 型陶鬲

1. Hb 型Ⅱ式鬲（03EH22：29）

2. Hb 型Ⅱ式鬲（03EH22：30）

3. Aa 型Ⅰ式甗（03ET2307⑥：12）

4. Aa 型Ⅰ式甗（03ET2409⑥：18）

5. Aa 型Ⅱ式甗（03EG4：1）

商周时代陶器

图版二八

1. Aa 型Ⅱ式（03EH26：23）

2. Ab 型Ⅰ式（03ET2409⑥：2）

3. Ab 型Ⅱ式（84EH2：3）

4. Ab 型（03EH26：19）

商周时代 A 型陶甗

1. D 型Ⅰ式（90ET233 ⑤：11）上部

2. Ca 型Ⅱ式（84NT5 ③：3）

3. Ca 型Ⅱ式（84NT5 ③：3）俯视

4. D 型Ⅰ式（03EH94 ：1）下部

5. D 型Ⅱ式（03EH151 ：3）下部

商周时代陶甗

1. D 型Ⅱ式甗（84NT2 ③：1）上部

2. D 型Ⅲ式甗（03EH143 ：1）下部

3. Aa 型Ⅰ式鼎（84ET1 ⑥：1）

4. Aa 型Ⅰ式鼎（84WT14 ⑥：2）

5. Aa 型Ⅱ式鼎（90ET233 ⑤：16）

6. Ab 型Ⅲ式鼎（03ET2409 ④：4）

商周时代陶器

1. Ab 型Ⅲ式（84NT2 ③：3）

2. C 型Ⅱ式（03ET2706 ④：1）

3. Da 型Ⅰ式（03ET2707 ⑤：3）

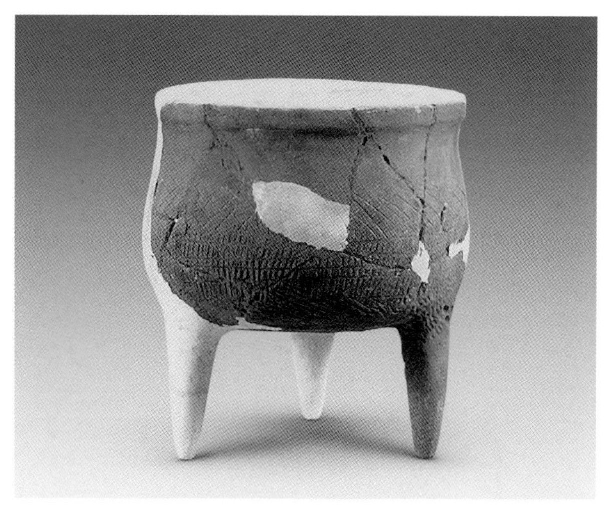

4. Da 型Ⅲ式（03EH68 ：1）

5. Da 型Ⅲ式（03EH129 ：8）

6. Da 型Ⅲ式（03EH130 ：10）

商周时代陶鼎

1. Db 型Ⅰ式（03EH68：2）

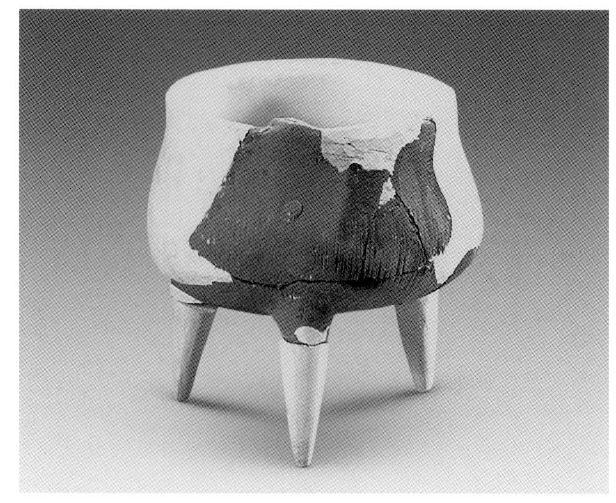

2. Dc 型Ⅰ式（03EH120：3）

3. Dc 型Ⅱ式（03EH149：2）

4. Dc 型Ⅲ式（03EH22：22）

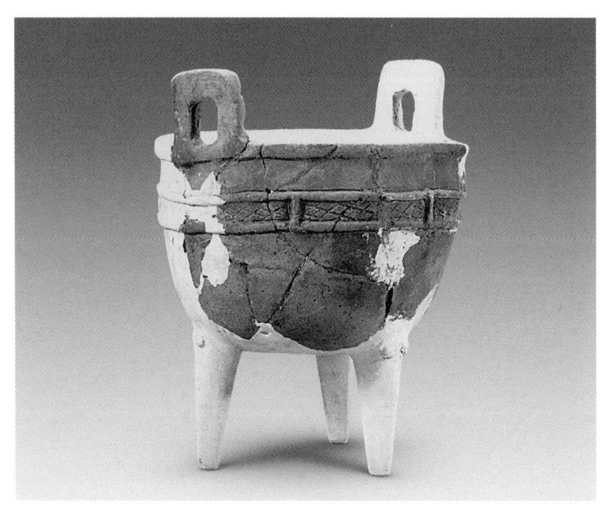

5. Dd 型Ⅰ式（03EH164：3）

6. Dd 型Ⅲ式（03EH22：3）

商周时代 D 型陶鼎

1. Aa 型Ⅰ式滤盉（03ET2410 ⑥：9）

2. Aa 型Ⅰ式滤盉（03EH58：3）

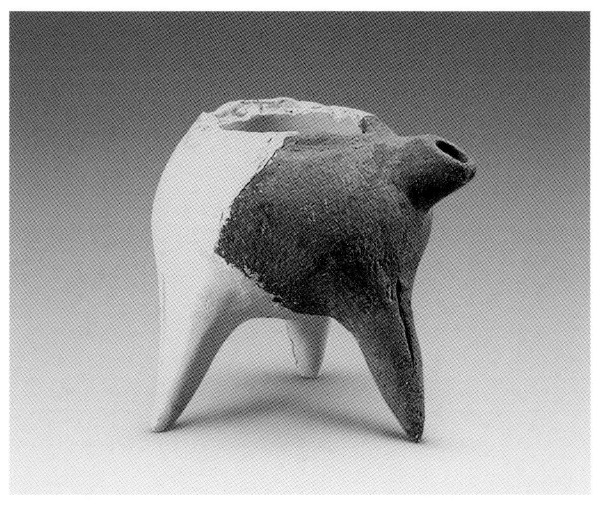

3. Ac 型滤盉（03EH117：3）

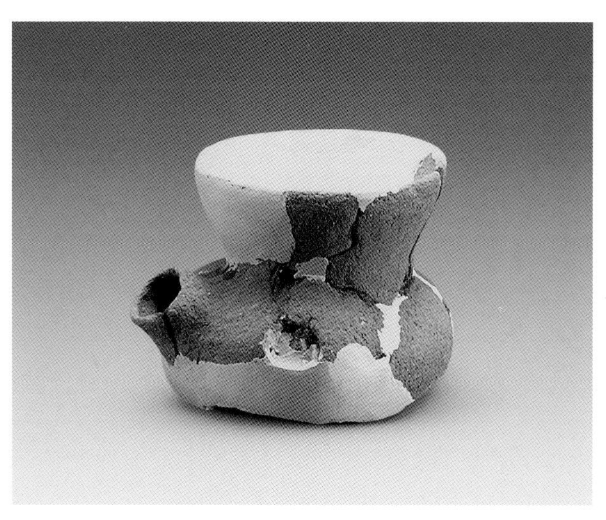

4. Aa 型Ⅲ式滤盉（03EH36：3）

5. Aa 型Ⅰ式罐（03EH58：1）

6. Aa 型Ⅲ式罐（03EH72：2）

商周时代陶器

1. Aa 型Ⅳ式（03EH15：4）

2. Ab 型Ⅱ式（03EH160：3）

3. Bd 型Ⅲ式（03ET2410 ④：1）

4. Fa 型Ⅱ式（03EH44：20）

5. Fc 型Ⅰ式（84EH2：2）

6. Fc 型Ⅱ式（03EH139：3）

商周时代陶罐

1. Fc 型(03EH70：1)

2. Fc 型(03EH79：3)

3. Fe 型Ⅰ式(90EM1：1)

4. Ga 型Ⅰ式(03EH50：5)

5. Ga 型Ⅲ式(84WT16③：2)

6. Gb 型Ⅱ式(90ET217④：8)

商周时代陶罐

图版三六

1. Ⅰ型罐（03ET2410⑥：8）

2. Ⅰ型罐（03EH22：24）

3. Ⅰ型罐（03EH75：4）

4. Ⅰ型罐（03EH75：5）

5. Ea型瓮（03EG4：2）

6. Ec型Ⅰ式瓮（03EH79：2）

商周时代陶器

1. Ab型Ⅳ式（03EH126：7）

2. Ea型Ⅱ式（03EH163：3）

3. Ea型（03EH8：32）

4. Eg型Ⅰ式（03EG1：1）

5. Gc型Ⅲ式（03EG3③：11）

商周时代陶瓮

1. Ba 型Ⅰ式罍（03EH144：1）

2. Ba 型Ⅲ式罍（03EH129：9）

3. Cb 型Ⅰ式罍（03EH129：7）

4. D 型Ⅰ式壶（03ET2307⑥：2）

5. D 型Ⅱ式壶（03EH22：11）

6. E 型Ⅰ式壶（03EH144：2）

商周时代陶器

1. E 型Ⅳ式壶（03ET2806 ③：4）

2. Ba 型Ⅱ式缸（03EH22：32）（倒置）

3. Bb 型Ⅰ式缸（03ET2509 ⑤：2）（倒置）

4. Bb 型Ⅲ式缸（03EH26：20）（倒置）

5. Bb 型Ⅳ式缸（03EH67：4）

商周时代陶器

1. Bb 型缸圈足（03EH19：5）（倒置）

2. Bb 型缸（底）圈足（03EH117：12）

3. Bc 型缸底（03EH22：5）（倒置）

4. Aa 型Ⅲ式盆（03ET2410④：5）

5. Ba 型Ⅲ式盆（03EH21：1）

6. C 型Ⅲ式盆（底）足（03EH22：19）

商周时代陶器

1. Ac 型Ⅱ式盂（90EF1：4）

2. Ba 型盂（03EH27：2）

3. Bb 型Ⅰ式盂（03EH3：1）

4. Aa 型Ⅰ式钵（03EH129：4）

5. Aa 型Ⅰ式钵（03EH132：1）

6. Aa 型Ⅰ式钵（03EH132：2）

商周时代陶器

1. Aa 型Ⅱ式（03EH25：1）

2. Aa 型Ⅱ式（03EH130：6）

3. Aa 型Ⅱ式（03ET2806④：1）

4. Ac 型Ⅰ式（03ET2409⑤：3）

5. Ac 型Ⅲ式（03ET3006④：4）

6. Bb 型（03ET2707⑤：1）

商周时代陶钵

1. Ac 型Ⅳ式钵（03EH8：3）

2. Ca 型Ⅱ式钵（84WT8③：4）

3. Ca 型Ⅲ式钵（03EH19：16）

4. Ba 型Ⅲ式钵（84WT2③：15）

5. A 型Ⅰ式钵形器（03ET2409⑥：3）

6. A 型Ⅱ式钵形器（03ET2201⑤：1）

商周时代陶器

1. B 型Ⅰ式（03ET2409 ⑤：2）

2. B 型Ⅱ式（84WT10 ③：3）

3. B 型Ⅱ式（03EH26：14）

4. C 型Ⅰ式（03ET2409 ⑥：15）

5. D 型（03EH22：31）

6. E 型（84NH1：1）

商周时代陶钵形器

1. Aa型Ⅱ式（90ET233⑤：4）

2. Aa型Ⅱ式（90ET233⑤：5）

3. Aa型Ⅱ式（90ET233⑤：12）

4. Aa型Ⅲ式（03EH81：1）

5. Aa型Ⅲ式（03EY1：6）

6. Aa型Ⅳ式（03EH117：11）

商周时代陶豆

1. A 型（03ET2410 ⑥：5）

2. A 型（03EH58 ：2）

3. Ba 型Ⅰ式（03ET2606 ⑤：1）

4. Ba 型Ⅱ式（03EH22 ：10）

5. Ca 型Ⅲ式（84NT6 ②：2）

商周时代陶豆

1. A型Ⅱ式杯（03ET3006 ③：4）

2. C型杯（03ET2508 ④：11）

3. D型杯（03EH144：4）

4. Aa型Ⅰ式器盖（03ET2409 ⑥：14）

5. Aa型Ⅳ式器盖（03ET2508 ④：7）

6. Aa型Ⅴ式器盖（03ET2512 ③：1）（倒置）

商周时代陶器

1. Ac 型Ⅰ式器盖（03EH72：1）

2. Ba 型Ⅱ式器盖（84ET5⑤：1）

3. Bb 型Ⅱ式器盖（03ET2410④：6）

4. C 型器纽（84ET1⑥：4）

5. Aa 型器鋬（03EH50：15）

6. Ac 型器鋬（03EH80：26）

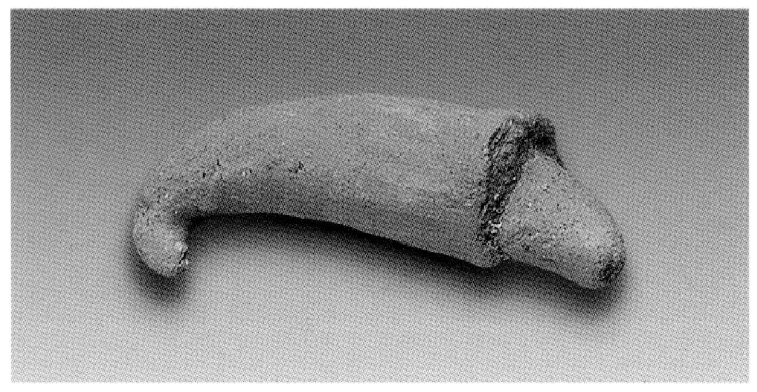

7. Ab 型器鋬（03ET2409⑥：42）

商周时代陶器

1. Aa 型器耳（03EH19：53）　2. Ag 型器耳（03EH83：3）　3. Ag 型器耳（03EH114：4）
4. Bf 型器耳（03EH22：85）　5. Aa 型Ⅰ式饼（90EH13：1）　6. Aa 型Ⅰ式饼（90EF2：27）
7. Aa 型Ⅲ式饼（03EH93：11）　8. Ab 型Ⅰ式饼（03EH93：13）　9. B 型Ⅱ式饼（03EH22：8）

商周时代陶器

1. B 型器鋬（03EH36：2）

2. Ab 型器纽（90EG1：21）

3. Aa 型Ⅰ式支（拍）垫（03EH73：3）

4. Aa 型Ⅲ式支（拍）垫（03ET2806③：6）

5. Aa 型Ⅳ式支（拍）垫（03ET2507③：1）

6. Aa 型Ⅴ式支（拍）垫（03EH151：6）

7. Ab 型Ⅰ式支（拍）垫（03ET2410④：7）

8. Ab 型Ⅰ式支（拍）垫（03EH83：1）

9. Ab 型Ⅱ式支（拍）垫（90EH5：3）

商周时代陶器

1. Ba 型Ⅱ式（03EH115：3）　2. Bb 型Ⅰ式（03EH163：4）　3. C 型Ⅰ式（90ET272④：4）

4. Db 型（90EM1：2）　5. Aa 型Ⅳ式（90EH13：2）　6. Ab 型Ⅲ式（03EG3③：14）

7. Ab 型Ⅲ式（03EH67：1）　8. Bd 型Ⅱ式（90EF2：14）（倒置）　9. Ba 型Ⅰ式（03EH93：8）

商周时代陶支（拍）垫

1. Aa 型Ⅰ式（03EH74：1）　2. Aa 型Ⅱ式（03ET2607⑤：1）　3. Aa 型Ⅱ式（90ET262③：1）
4. Aa 型Ⅲ式（03ET2509④：1）　5. Aa 型Ⅲ式（03EH117：6）　6. Aa 型Ⅳ式（03ET2605④：2）
7. Aa 型Ⅳ式（84ET1③：4）　8. Ab 型Ⅰ式（03EH144：3）　9. Ab 型Ⅰ式（03EY1：5）

商周时代 A 型陶纺轮

1. Ab 型Ⅲ式（90ET262 ③：2）
2. Ab 型Ⅲ式（03EH75：1）
3. Ac 型Ⅰ式（03EH117：2）
4. Ac 型Ⅱ式（03ET2510 ⑤：5）
5. Ac 型Ⅱ式（90ET217 ⑤：10）
6. Ac 型Ⅲ式（03ET2507 ③：3）
7. Ac 型Ⅳ式（03EH110：1）
8. Ac 型Ⅳ式（03ET2607 ③：2）
9. Ad 型Ⅰ式（03ET2406 ⑤：1）

商周时代 A 型陶纺轮

1. Ad 型Ⅰ式（03EH86∶1）
2. Ad 型Ⅱ式（03EH115∶2）
3. Ad 型Ⅱ式（90EF1∶1）
4. Ad 型Ⅱ式（84ET1⑤∶14）
5. Ad 型Ⅲ式（03EH136∶2）
6. Ad 型Ⅲ式（90EG1∶4）
7. Ae 型Ⅰ式（90ET216⑤∶3）
8. Ae 型Ⅱ式（03ET2201③∶3）
9. Ae 型Ⅱ式（03ET2607③∶3）

商周时代 A 型陶纺轮

1. Af 型Ⅰ式（90EF2：16）　2. Af 型Ⅰ式（90ET217⑤：6）　3. Af 型Ⅱ式（84WT2⑤：1）

4. Af 型Ⅱ式（90ET262④：1）　5. Af 型Ⅱ式（03EH71：1）　6. Ag 型Ⅰ式（03ET2506②：1）

7. Ag 型Ⅰ式（03ET2507⑥：2）　8. Ag 型Ⅱ式（90EF1：7）　9. Ag 型Ⅱ式（84ET1⑥：26）

商周时代 A 型陶纺轮

1. Ah型Ⅰ式（03ET2307⑥：6）
2. Ah型Ⅰ式（03ET2307⑥：7）
3. Ah型Ⅰ式（03ET3006④：1）
4. Ah型Ⅱ式（03EH82：1）
5. Ah型Ⅱ式（03ET2805③：1）
6. B型Ⅰ式（03ET2409④：1）
7. B型Ⅱ式（03ET2201④：1）
8. B型Ⅱ式（03EH19：4）
9. B型Ⅲ式（90EG1：3）

商周时代陶纺轮

1. B 型Ⅲ式（03EH1：4） 2. Ca 型Ⅱ式（84WT8④：3） 3. Ca 型Ⅱ式（03EH1：5） 4. Cc 型Ⅰ式（03EH93：2） 5. Cc 型Ⅰ式（90EF1：8） 6. Cc 型Ⅰ式（03ET2704④：2） 7. Cc 型Ⅰ式（03ET3006③：1） 8. Cc 型Ⅰ式（03EH93：1） 9. Cc 型Ⅰ式（03EH147：1）

商周时代陶纺轮

图版五八

1. Cc 型Ⅰ式纺轮（03ET2101③：8）　2. Cc 型Ⅱ式纺轮（03EH5：1）　3. Cd 型纺轮（90ET216⑤：1）

4. D 型Ⅰ式纺轮（03ET2101④：9）　5. D 型Ⅰ式纺轮（03ET2512②：2）　6. D 型Ⅱ式纺轮（03ET2512②：1）

7. A 型范（03ET2410⑥：1）　8. B 型Ⅰ式模具（03ET2607⑤：3）　9. B 型Ⅱ式模具（03ET2604④：6）

商周时代陶器

1. Ⅰ式网坠（90ET233④：2）
2. 铙形器（03EH22：23）
3. 陀螺（03EH93：9）
4. 陀螺（03ET2606③：1）
5. 方条（03EH26：15）
6. Aa型球（84NT5③：1）
7. Aa型球（84ET1⑥：27）
8. Aa型球（84NT3③：1）
9. Aa型球（84NT5②：1）

商周时代陶器

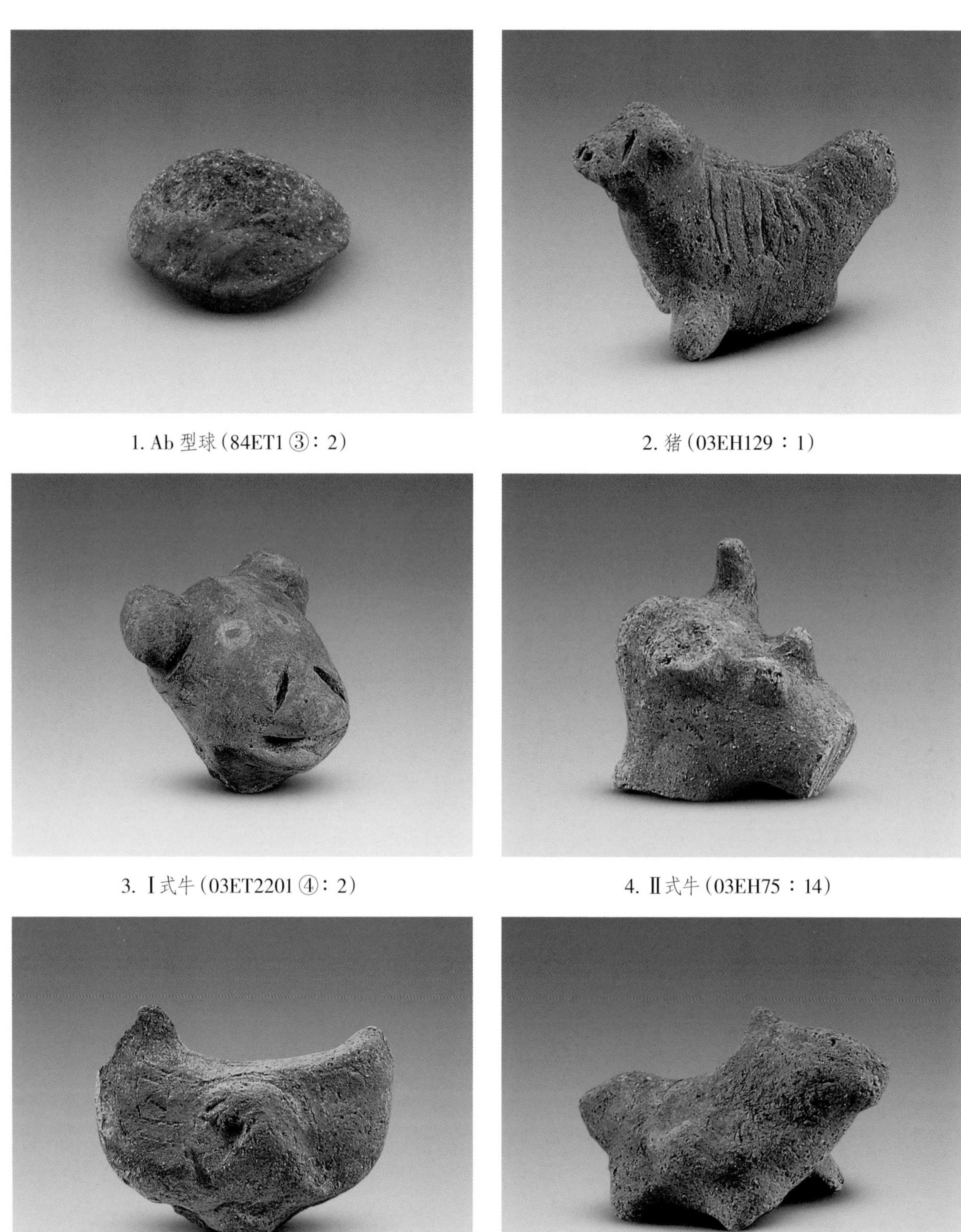

1. Ab 型球（84ET1 ③：2）

2. 猪（03EH129：1）

3. Ⅰ式牛（03ET2201 ④：2）

4. Ⅱ式牛（03EH75：14）

5. Ⅱ式雉形器（鸡）（03EH117：10）

6. 动物（03ET2806 ④：3）

商周时代陶器

1. Ab 型鬲足榫头（03ET2409 ⑥：55）

2. 鬲足榫头（03ET2307 ⑥）

3. Aa 型Ⅰ式甗粘贴足（03ET2406 ⑤：2）

4. 鬲足刻槽（03EH12）

5. Aa 型Ⅰ式鬲足卯凹（03ET2410 ⑥：51）

6. 鼎足内侧刻槽（03EH116）

7. Aa 型Ⅱ式甗底粘足痕（03ET2409 ④：45）

商周时代陶器制法

图版六二

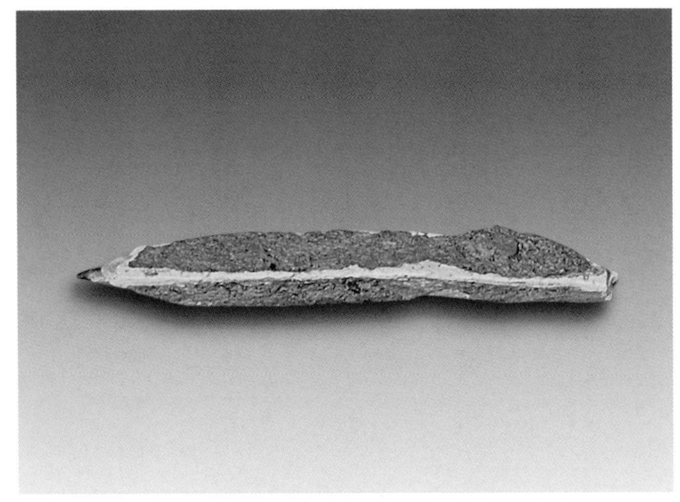

1. B 型铜条（03ET2507 ④：20）

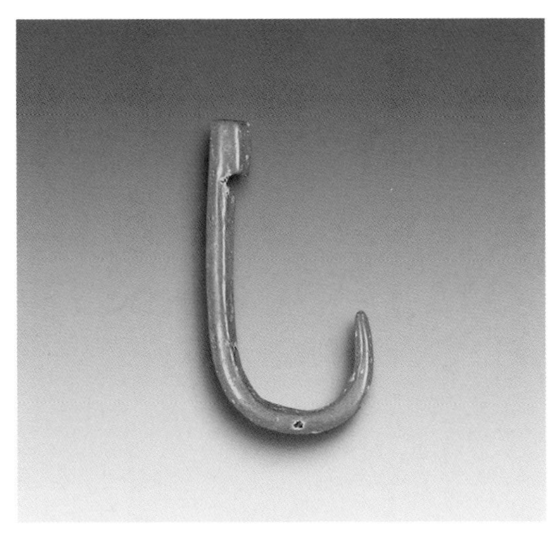

2. Ⅰ式铜钩（03EY1：4）

3. Aa 型Ⅲ式石斧（90ET233 ④：3）

4. Aa 型Ⅱ式石斧（03EH160：1）

5. Ab 型Ⅰ式石斧（90ET217 ⑤：8）

6. Ab 型Ⅰ式石斧（84ET1 ⑤：7）

商周时代器物

1. Ab 型Ⅰ式（03ET2605 ⑤：1）

2. Ab 型Ⅱ式（03E 采：5）

3. Ab 型Ⅲ式（03ET2806 ③：2）

4. Ac 型Ⅰ式（03EH177 ：1）

5. Ac 型Ⅲ式（03ET2607 ③：1）

6. B 型Ⅰ式（03EH93 ：5）

商周时代石斧

1. 石斧（03EH130 ：2）

2. 石斧（03EH127 ：4）

3. Ab 型Ⅰ式石锛（90ET248 ④：2）

4. Ab 型Ⅱ式石锛（03EH71 ：2）

5. B 型Ⅰ式石锛（90EF2 ：5）

6. B 型Ⅲ式石锛（03E 采：4）

商周时代石器

1. Aa 型Ⅰ式石锛（03EH108：1）

2. Aa 型Ⅱ式石锛（03EH87：1）

3. Aa 型Ⅲ式石锛（03ET3107②：1）

4. Aa 型Ⅳ式石锛（03E 采：1）

5. Aa 型Ⅳ式石锛（90ET248②：1）

6. B 型Ⅲ式石刀（03ET2805②：1）

商周时代石器

1. A 型石铲（03EH98 ：2）

2. B 型Ⅰ式石铲（03ET2307 ⑥：8）

3. Ⅰ式支（拍）垫（03EH98 ：3）

4. A 型Ⅰ式石锤（03EH105 ：10–1）
和 A 型石砧（03EH105 ：10–2）

5. A 型Ⅱ式石锤（03ET2101 ⑤：2）

6. A 型Ⅱ式石锤（03ET2101 ⑤：1）

7. A 型石范（03ET2307 ⑥：1）（正面）

8. A 型石范（03ET2307 ⑥：1）（背面）

商周时代石器

1. Aa型Ⅱ式（03ET2201⑤：2）　2. Aa型Ⅱ式（84ET1⑤：9）　3. Aa型Ⅲ式（90ET233④：1）

4. Aa型Ⅳ式（03ET2508③：1）　5. Ab型Ⅰ式（03EH80：3）　6. B型Ⅰ式（03EH93：4）

7. B型Ⅱ式（84ET1⑤：13）　8. B型Ⅲ式（03EH77：2）　9. 03EH149：1

商周时代石镞

1. 石锥（03ET2201③：1）

2. A型石料（90EF2：3）

3. 玉璧（84ET1⑤：11）

4. A型石料（90EF2：9）

5. 玉璧（03ET2507③：2）

6. B型石料（03EY1：2）

7. 矿石（03ET2805②：2）

8. 水晶石（84ET1③：1）

商周时代遗物